AD-I-14a

LANGENSCHEIDTS
HANDWÖRTERBÜCHER

LANGENSCHEIDTS HANDWÖRTERBUCH FRANZÖSISCH

Teil II
Deutsch-Französisch

Von
Dr. Ernst Erwin Lange-Kowal

LANGENSCHEIDT
BERLIN · MÜNCHEN · WIEN · ZÜRICH · NEW YORK

Die Nennung von Waren erfolgt in diesem Werk, wie in Nachschlagewerken üblich, ohne Erwähnung etwa bestehender Patente, Gebrauchsmuster oder Warenzeichen. Das Fehlen eines solchen Hinweises begründet also nicht die Annahme, eine Ware sei frei.

Inhaltsverzeichnis
Table des matières

Vorwort	645
Préface	647
Hinweise für die Benutzung des Wörterbuches	
Indications pour l'emploi du dictionnaire	649
Erklärung der Zeichen und Abkürzungen	
Explication des signes et abréviations	651
Tableau de la prononciation allemande à l'usage des lecteurs français	654
Deutsch-Französisches Wörterbuch	
Dictionnaire allemand-français	657
Gebräuchliche Abkürzungen der deutschen Sprache	
Abréviations usuelles de la langue allemande	1303
Zahlwörter	
Adjectifs numéraux	1307
Deutsche Maße und Gewichte	
Poids et mesures allemands	1308
Verbes forts et irréguliers en allemand	1309
Orthographe et ponctuation allemandes	1313

Auflage:	10.	9.	*Letzte Zahlen*
Jahr:	1992	91	*maßgeblich*

© 1963, 1977, 1983 Langenscheidt KG, Berlin und München
Druck: C. H. Beck'sche Buchdruckerei, Nördlingen
Printed in Germany · ISBN 3-468-04157-8

Vorwort

Aktualisierung durch Neubearbeitung

Die rasche Entwicklung in vielen Bereichen des deutschen und französischen Wortschatzes machte eine gründliche Neubearbeitung des bisherigen deutsch-französischen Handwörterbuches erforderlich. Es galt, zahlreiche Neuwörter der letzten Jahre und – was zunächst weniger ins Auge fällt – neue Bedeutungen bereits bestehender Wörter zu berücksichtigen.

Wort-für-Wort-Überprüfung

Mit der Aktualisierung des Wörterbuches war eine genaue Durchsicht aller Artikel sowie die gezielte Durchforstung des bisherigen Wortbestandes verbunden. Veraltendes oder weniger wichtiges Wortgut wurde zurückgedrängt oder ganz ausgesondert.

Zahlreiche Neologismen

Wie weitgespannt der Rahmen neu aufgenommener Wörter ist, geht aus folgenden Einzelbeispielen hervor, die vom *Geisterfahrer* bis zur *Radarfalle*, vom *Mikrowellenofen* bis zum *Retortenbaby*, von der *Bohrinsel* bis zur *Neutronenbombe*, von der *Regenbogenpresse* bis zur *Ufoforschung* und vom *Schlumpf* bis zum *Punk* reichen. Wichtige Bereiche, die ständig neue

Erfassung aller Lebensbereiche

Erscheinungen und damit auch den entsprechenden neuen Wortschatz hervorbringen, wurden eingehend erfaßt. So lieferte etwa die Politik Ausdrücke wie *Datenschutzgesetz, Filzokratie, die Grünen, NATO-Doppelbeschluß, SALT-Gespräche*. Neue gesellschaftliche Entwicklungen spiegeln sich in Wörtern wie *Aussteiger, Hausbesetzer, Pillenknick* wider. Die Wirtschaft (*Multis, ölexportierend, Tante-Emma-Laden*) ist mit Neuwörtern ebenso vertreten wie die Drogenszene (*high sein, Stoff*).

Heutiger Fachwortschatz

Fachausdrücke im engeren Sinn konnten in einem Wörterbuch dieser Größe dann berücksichtigt werden, wenn sie in die allgemeine Sprache eingedrungen sind, also beispielsweise in der Tagespresse oder im Fernsehen vorkommen. Dies ist sicher der Fall bei allgemein interessierenden Gebieten wie Raumfahrt, Atom- und Solartechnik, EDV, aus denen etwa *Raumtransporter, Skylab, Schneller Brüter, Endlagerung, Sonnenkollektor* und *Mikroprozessor* übernommen wurden. Aber auch ein Neuwort wie *Tutor* aus dem Bereich der Pädagogik findet in diesem Wörterbuch noch seinen Platz.

Moderne Idiomatik

Umgangssprache

Wahrung der Stilebene

Idiomatische Wendungen finden in dieser Neubearbeitung reichlich Raum. Dies gilt in besonderem Maße für die umgangssprachlichen Redensarten. Aus der familiären Sprechweise, sogar aus der bildhaft-derben Volkssprache schöpft heute die Hoch- und Schriftsprache. Das Wörterbuch folgt dieser Tendenz, ohne eine Wertung vorzunehmen. Zur Information des Benutzers und gelegentlich zur Warnung wurde jedoch die Sprachgebrauchsebene (F = familiär, P = populär, V = vulgär) sorgfältig verzeichnet. Außerdem wurde angestrebt, die französischen Übersetzungen, wo immer dies möglich war, in der Stilebene dem deutschen Ausdruck anzupassen.

Übersichtlicher Aufbau

Satzzusammenhang und Grammatik

Langenscheidts bewährtes lexikographisches System wurde beibehalten. Die einzelnen Stichwortartikel sind durch vier verschiedene Schriftarten, durch römische und arabische Ziffern und durch Exponenten übersichtlich gegliedert. Die Bedeutungen werden durch bildliche Zeichen sowie durch kursiv gedruckte zusätzliche Angaben und Erläuterungen klar herausgearbeitet. Die Verwendung der deutschen Stichwörter und ihrer französischen Entsprechungen wird durch typische Anwendungsbeispiele und grammatikalische Konstruktionsmuster verdeutlicht. Dabei ist besonders der vielfältige Anwendungsbereich der Präpositionen in Verbindung mit Verben, Substantiven und Adjektiven berücksichtigt.

Wörterbuch der goldenen Mitte

Unter den sieben Wörterbuchgrößen unseres Hauses hat sich Langenscheidts Handwörterbuch als Wörterbuch der goldenen Mitte bewährt. Es ist umfassend – denn es ist doppelt so groß wie unser weitverbreitetes Taschenwörterbuch – und doch handlich. Es steht in der Tradition und ist doch auf dem neuesten Stand, denn es basiert auf dem neuen Sachs-Villatte. Wir hoffen, daß die Neubearbeitung dieses Wörterbuchs eine gute Aufnahme finden wird.

Diese Neubearbeitung ist insbesondere dem unermüdlichen Einsatz des Autors, Herrn Dr. Ernst Erwin Lange-Kowal, zu verdanken. Seine langjährige lexikographische Erfahrung, seine engagierte Beobachtung der französischen und deutschen Sprache sowie seine zügige Arbeitsweise kamen diesem Werk voll zugute. Ihm sei dafür an dieser Stelle aufrichtig gedankt.

DER VERLAG

Préface

Modernisation L'évolution rapide des vocabulaires français et allemand dans de nombreux domaines rendait nécessaire un remaniement du « Handwörterbuch » français-allemand. Il fallait intégrer les néologismes apparus ces dernières années, ainsi que les acceptions nouvelles de mots déjà existants.

Examen systématique Cette mise à jour signifiait qu'il fallait reconsidérer tous les articles et procéder à un choix des coupes dans la nomenclature. On a donc éliminé les mots vieillis ou moins courants.

Néologismes
Nouveaux domaines Des exemples comme *Geisterfahrer, Radarfalle, Mikrowellenofen, Retortenbaby, Bohrinsel, Neutronenbombe*, en passant par *Regenbogenpresse, Ufoforschung, Schlumpf* et *Punk*, montrent l'ampleur des ajouts de nomenclature. On a particulièrement tenu compte des domaines essentiels qui diffusent constamment des termes nouveaux: ainsi la politique a créé les expressions *Datenschutzgesetz, Filzokratie, die Grünen, NATO-Doppelbeschluß, SALT-Gespräche*. Des phénomènes sociaux se reflètent dans les mots *Aussteiger, Hausbesetzer, Pillenknick, high sein, Stoff*, et l'économie moderne dans *Multi, ölexportierend, Tante-Emma-Laden*.

Vocabulaire spécialisé Dans un dictionnaire de cette taille, on a retenu les termes techniques et scientifiques lorsque ceux-ci sont passés dans la langue courante, dans la presse écrite et parlée, par exemple. L'astronautique, les techniques de l'énergie solaire et atomique, le traitement de l'information sont des domaines d'intérêt général qui nous ont fourni des mots comme *Raumtransporter, Skylab, Schneller Brüter, Endlagerung, Sonnenkollektor* et *Mikroprozessor*, sans oublier d'autres domaines comme la pédagogie avec *Tutor*, par exemple.

Locutions idiomatiques modernes
Langue courante Les expressions idiomatiques, et particulièrement celles de la langue usuelle, sont nombreuses dans ce dictionnaire. Il est un fait que la langue écrite et littéraire puise de nos jours dans la langue familière et même dans la langue populaire, imagée et crue. Ce dictionnaire a suivi cette tendance, sans porter de jugement de valeur. Dans le but d'informer ou d'avertir le lecteur, une marque d'usage indique le niveau de langue (F =

Niveaux de langue équivalents	familier, P = populaire, V = vulgaire). En outre et dans la mesure du possible, on a fourni des traductions du même style.
Plan des articles	Le système lexicographique de Langenscheidt ayant fait ses preuves, on l'a conservé. Quatre types de caractères typographiques ainsi que des chiffres romains ou arabes et des exposants rendent clair le plan des articles. Pour distinguer les divers sens des mots, on a eu recours à des symboles et à des indications en italique. L'emploi des mots allemands et de leurs traductions françaises est expliqué par des exemples-types et des modèles de construction. Les nombreuses constructions de verbes, de substantifs et d'adjectifs avec des prépositions sont particulièrement bien représentées.
Les mots dans le contexte et grammaire	
Le dictionnaire du juste milieu	Parmi les sept formats de nos dictionnaires, le « Handwörterbuch Langenscheidt » représente le juste milieu. Deux fois plus épais que le dictionnaire de poche, il contient une vaste nomenclature et, cependant, il est facile à manier. Basé sur le nouveau Sachs-Villatte, il est aussi bien placé sous le signe de la tradition qu'entièrement mis à jour. Nous espérons qu'on lui réservera un bon accueil.

Nous devons au labeur incessant de l'auteur, Monsieur Ernst Erwin Lange-Kowal, docteur ès lettres, la parution rapide de cette nouvelle édition remaniée, cinq ans seulement après la dernière mise à jour. Il a mis au service de cet ouvrage une longue expérience lexicographique et une observation aiguë de l'évolution des langues française et allemande. Qu'il trouve ici l'expression de notre profonde gratitude.

L'ÉDITEUR

Hinweise für die Benutzung des Wörterbuches
Indications pour l'emploi du dictionnaire

I. Die alphabetische Reihenfolge der Stichwörter ist überall beachtet worden. Hierbei werden die Umlaute (ä, ö, ü) den Buchstaben a, o, u gleichgestellt.

An ihrem alphabetischen Platz sind gegeben:

a) die unregelmäßigen Formen der Zeitwörter (mit Verweis auf die Grundform) sowie die unregelmäßigen Steigerungsformen der Eigenschaftswörter;

b) die verschiedenen Formen der Fürwörter;

c) die wichtigsten Eigennamen (Personennamen, geographische Bezeichnungen usw.).

II. Die Tilde (das Wiederholungszeichen) ~ ~ ♀ ♀ dient dazu, abgeleitete und zusammengesetzte Stichwörter raumsparend zusammenzufassen.

Die fette Tilde (~) vertritt das ganze voraufgegangene Stichwort oder den Wortteil vor dem senkrechten Strich (|), z. B. **Abbild** *n* image *f*; **~ung** *f* (= Abbildung) reproduction *f*; **Abend|mahlzeit** *f* dîner *m*; *späte*: souper *m*; **~zeitung** *f* journal *m* du soir.

Die einfache Tilde (~) vertritt in den Anwendungsbeispielen und Redewendungen das unmittelbar voraufgegangene Stichwort, das auch mit Hilfe der Tilde gebildet sein kann, z. B. **abwarten** attendre; ...; **~d** *adj.*: **~e** (= *abwartende*) *Haltung* expectative *f*; *sich* ~ (= *abwartend*) *verhalten* rester dans l'expectative; ...

I. L'ordre alphabétique des mots-vedettes a été rigoureusement observé. Les voyelles infléchies (ä, ö, ü) correspondent aux lettres a, o, u.

Vous trouverez à leur place alphabétique:

a) les formes irrégulières des verbes (dont les infinitifs sont toujours indiqués) ainsi que les comparatifs et les superlatifs irréguliers des adjectifs;

b) les formes diverses des pronoms;

c) les noms propres les plus importants (noms de personnes, noms géographiques, etc.)

II. Le tilde (signe de répétition) ~ ~ ♀ ♀ sert à grouper les mots-vedettes dérivés ou composés pour économiser de la place.

Le tilde en caractère gras (~) remplace la totalité du mot-vedette précédent ou la partie devant le trait vertical (|), p. ex. **Abbild** *n* image *f*; **~ung** *f* (= Abbildung) reproduction *f*; **Abend|mahlzeit** *f* dîner *m*; *späte*: souper *m*; **~zeitung** *f* journal *m* du soir.

Le tilde normal (~) remplace dans les exemples et les locutions le mot-vedette immédiatement précédent, parfois représenté à l'aide du tilde, p. ex. **abwarten** attendre; ...; **~d** *adj.*: **~e** (= *abwartende*) *Haltung* expectative *f*; *sich* ~ (= *abwartend*) *verhalten* rester dans l'expectative; ...

Die Tilde mit Kreis (⊙) weist darauf hin, daß sich die Schreibung des Anfangsbuchstabens des voraufgegangenen Wortes in der Wiederholung ändert (groß in klein oder umgekehrt), z. B. **abgeschieden, ⊙heit** = Abgeschiedenheit; **Abmarsch, ⊙bereit** = abmarschbereit.

III. Die Bedeutungsunterschiede der verschiedenen Übersetzungen sind durch bildliche Zeichen, abgekürzte Bedeutungshinweise (s. Verzeichnis S. 651) oder durch Sammelbegriffe wie *Sport*, *Auto* usw., zuweilen auch durch verwandte Ausdrücke gekennzeichnet.

IV. Die betonte Silbe der Stichwörter wird durch ein vorhergehendes Akzentzeichen gekennzeichnet (ˈ).

V. Der kurze Strich (-) in Wörtern wie ab-ändern, Ab-art usw. deutet die Trennung der Sprechsilben an, um den Ausländer vor Irrtümern in der Aussprache des Deutschen zu bewahren.

VI. Das grammatische Geschlecht der Hauptwörter (*m, f, n*) ist bei jedem deutschen und französischen Wort angegeben.

VII. Zweierlei Schreibweise wird, wenn solche gebräuchlich ist, durch Buchstaben in runden Klammern gekennzeichnet, z. B. **Friede(n)** *m* paix *f*.

VIII. Das Femininum der französischen Adjektive ist immer angegeben, außer in den Fällen, wo es durch Hinzufügung eines stummen e gebildet wird.

IX. Aufeinanderfolgende gleichlautende Wortteile sind durch den Bindestrich ersetzt, z. B. **Ankläger(in** *f*) *m* accusateur, -trice = accusatrice.

X. Rechtschreibung. Für die Rechtschreibung der französischen Wörter dienen als Grundlage die Regeln der Académie française, für die deutschen Wörter der „Duden".

Le tilde avec cercle (⊙) indique que le mot en question prend, contrairement au mot précédent, une majuscule ou une minuscule, p. ex. **abgeschieden, ⊙heit** = Abgeschiedenheit; **Abmarsch, ⊙bereit** = abmarschbereit.

III. Les différences d'acception des diverses traductions sont signalées par des signes symboliques, par des abréviations explicatives (voir le tableau page 651) ou sont indiquées par des mots collectifs tels que *Sport*, *Auto*, etc. Parfois, ces différences sont expliquées par des expressions analogues.

IV. La syllabe accentuée des mots-vedettes est indiquée par un accent qui la précède (ˈ).

V. Le trait court (-) dans des mots comme ab-ändern, Ab-art, etc. indique la séparation des syllabes pour éviter que l'étranger prononce mal le mot allemand.

VI. Le genre grammatical des substantifs (*m, f, n*) est indiqué pour tous les mots allemands et français.

VII. S'il y a deux manières d'écrire, la seconde est indiquée entre parenthèses, p. ex. **Friede(n)** *m* paix *f*.

VIII. Le féminin des adjectifs français est toujours indiqué, sauf dans les cas où il se forme par l'adjonction d'un e muet.

IX. Les parties homonymes d'un mot qui se succèdent ont été remplacées par un trait d'union, p. ex. **Ankläger(in** *f*) *m* accusateur, -trice = accusatrice.

X. L'orthographe. L'orthographe des mots français est conforme aux prescriptions de l'Académie française, celle des mots allemands se règle sur le livre de Duden.

Erklärung der Zeichen und Abkürzungen

1. Bildliche Zeichen

~♀	siehe Seite 649: Die Tilde.	✝	Handel, *commerce*.
F	familiär, *familier*.	🚂	Eisenbahn, *chemin de fer*.
P	populär, *populaire*.	♪	Musik, *musique*.
V	vulgär, *trivial*.	△	Baukunst, *architecture*.
*	Argot, Gaunersprache, Jargon, *argot*.	⚡	Elektrizität, *électricité*.
✴	selten, *rare*.	⚖	Rechtswissenschaft, *droit*.
†	veraltet, *vieux*.	✉	Postwesen, *postes*.
🕮	wissenschaftlich, *terme scientifique*.	♉	Mathematik, *mathématiques*.
♀	Pflanzenkunde, *botanique*.	✁	Landwirtschaft, Gartenbau, *agriculture, agronomie, horticulture*.
⊕	Technik, Handwerk, *terme technique*.		
✕	Bergbau, *mines*.	♈	Chemie, *chimie*.
✕	militärisch, *terme militaire*.	⚕	Medizin, *médecine*.
⚓	Marine, Schiffersprache, *marine, langage des marins*.	⊘	Wappenkunde, *blason*.
		✈	Flugwesen, *aéronautique*.

2. Abkürzungen

a.	auch, *aussi*.		Ausspr.	Aussprache, *prononciation*.
abr.	*abréviation*, Abkürzung.		Auto	Automobilwesen, *automobilisme*.
abs.	*absolu*, absolut.		belg.	*belge*, belgisch.
abus.	*abusivement*, mißbräuchlich.		bét.	*béton*, Beton.
acc.	*accusatif*, Akkusativ (4. Fall).		bibl.	*biblique*, biblisch.
adj.	*adjectif*, Adjektiv, Eigenschaftswort.		bij.	*bijouterie*, Juwelen.
			bill.	*billard*, Billard(spiel).
adjt.	*adjectivement*, als Adjektiv.		biol.	*biologie*, Biologie.
adm.	*administration*, Verwaltung.		bisw.	bisweilen, *parfois*.
adv.	*adverbe*, Adverb, Umstandswort.		bot.	*botanique*, Botanik.
advt.	*adverbialement*, als Adverb.		bsd.	besonder(s), *principal(ement)*.
All.	*Allemagne*, Deutschland.		bzw.	beziehungsweise, *respectivement*.
allg.	allgemein, *au sens général*.		cart.	*(jeu de) cartes*, Kartenspiel.
alp.	*alpinisme*, Bergsport.		cath.	*catholique*, katholisch.
a/n.	*adjectif numéral*, Zahlwort.		ch.	*chasse*, Jagd.
anat.	*anatomie*, Anatomie.		charp.	*charpenterie*, Zimmermannsausdruck.
a/n.c.	*adjectif numéral cardinal*, Grundzahl.			
			chir.	*chirurgie*, Chirurgie.
a/n.o.	*adjectif numéral ordinal*, Ordnungszahl.		cin.	*cinéma*, Kino.
			cj.	*conjonction*, Konjunktion, Bindewort.
ant.	*antonyme*, entgegengesetzter Sinn.			
anthropol.	*anthropologie*, Anthropologie.		cjt.	*conjonctionnellement*, als Konjunktion.
antiq.	*antiquité*, Altertum.			
arab.	*arabe*, arabisch.		co.	*comique*, komisch, scherzhaft.
arch.	*archéologie*, Archäologie.		coiff.	*coiffure*, Frisur.
arith.	*arithmétique*, Arithmetik.		coll.	*terme collectif*, Sammelbegriff.
arp.	*arpentage*, Feldmeßkunst.		comp.	*comparatif*, Komparativ.
art.	*article*, Artikel, Geschlechtswort.		compl.	*complément*, Ergänzung.
art. déf.	*article défini*, bestimmter Artikel.		cond.	*conditionnel*, Konditional.
artill.	*artillerie*, Artillerie.		cons.	*consonne*, Konsonant, Mitlaut.
ast.	*astronomie*, Sternkunde.		cord.	*cordonnerie*, Schuhmacherei.
astrol.	*astrologie*, Astrologie.		cosm.	*cosmétique*, Kosmetik.
astron.	*astronautique*, Raumfahrt.		cout.	*couture*, Schneidern.
at.	*science atomique*, Atomwissenschaft.		cuis.	*cuisine*, Kochkunst, Küche.
			cyb.	*cybernétique*, Kybernetik.

cycl.	cyclisme, Radsport.	impér.	impératif, Befehlsform.
dat.	datif, Dativ (3. Fall).	impf.	imparfait, Mitvergangenheit.
dépt.	département, Bezirk, Abteilung.	ind.	indicatif, Indikativ.
dial.	dialecte, Dialekt.	indir.	indirect, indirekt.
dipl.	diplomatie, Diplomatie.	inf.	infinitif, Infinitiv.
d-m	deinem, à ton, à ta.	inform.	informatique, Informatik.
d-n	deinen, ton, ta (acc.).	int.	interjection, Ausruf.
ea.	einander, l'un l'autre, réciproquement.	inv.	invariable, unveränderlich.
		iron.	ironiquement, spöttisch.
éc.	économie, Wirtschaft.	irr.	irrégulier, unregelmäßig.
écol.	école, Schule; langage des écoliers, Schülersprache.	j.	jemand, quelqu'un.
		Jh.	Jahrhundert, siècle.
e-e	eine, un, une.	j-m	jemand(em), à quelqu'un.
(EG)	Europäische Gemeinschaft, Communauté Européenne.	j-n	jemand(en), quelqu'un (acc.).
		journ.	journalisme, Zeitungswesen.
égl.	église, Kirche.	j-s	jemandes, de quelqu'un.
ehm.	ehemals, autrefois.	kl.	klein-e, -er, -es, petit.
électron.	électronique, Elektronik.	lat.	latin, lateinisch.
ell.	elliptiquement, unvollständig.	ling.	linguistique, Linguistik.
e-m	einem, à un, à une.	litt.	littérature, Literatur, nur in der Schriftsprache.
e-n	einen, un, une.		
enf.	langage des enfants, Kindersprache.	loc.	locution, Redensart.
		m	masculin, männlich.
engS.	im engeren Sinn, au sens restreint.	mach.	machines, Maschinenwesen.
ent.	entomologie, Insektenkunde.	man.	manège, Reitkunst.
e-r	einer, à un, à une; d'un, d'une.	m-ea.	miteinander, l'un avec l'autre.
e-s	eines, d'un, d'une.	méc.	mécanique, Mechanik.
esc.	escrime, Fechtkunst.	men.	menuiserie, Tischlerei.
etc.	et c³tera, und so weiter.	mép.	méprisable, verächtlich.
etw.	etwas, quelque chose.	mét.	métrique, Verslehre.
f	féminin, weiblich.	métall.	métallurgie, Hüttenwesen.
féod.	féodalité, Lehnswesen.	météo.	météorologie, Wetterkunde.
fig.	figuré, figürlich, bildlich.	min.	minéralogie, Mineralogie.
fil.	filature, Spinnerei.	Min., -min.	Ministerium, ministère.
fin.	finances, Finanz.	mot.	moteur, Motor.
for.	Forstwesen, sylviculture.	m/pl.	masculin pluriel, männliche Mehrzahl.
f/pl.	féminin pluriel, weibliche Mehrzahl.		
		mst.	meistens, le plus souvent.
Fr.	France, Frankreich.	mv. p.	en mauvaise part, im üblen od. schlimmen Sinne.
fr.	français, französisch.		
frt.	fortification, Befestigungswesen.	myth.	mythologie, Mythologie.
fut.	futur, Zukunft.	n	neutre, sächlich.
Gbd.	Grundbedeutung, sens primitif.	nég.	négation, Verneinung.
gén.	génitif, Genitiv (2. Fall).	néol.	néologisme, sprachliche Neubildung.
géogr.	géographie, Erdkunde.		
géol.	géologie, Geologie.	nom.	nominatif, Nominativ (1. Fall).
géom.	géometrie, Geometrie.	n/pl.	neutre pluriel, sächliche Mehrzahl.
gér.	gérondif, Gerundium.	npr.	nom propre, Eigenname.
geschr.	geschrieben, par écrit.	N.S.	Nebensatz, proposition subordonnée.
Ggs.	Gegensatz, contraire.		
gr.	grammaire, Grammatik.	num.	numismatique, Münzkunde.
gym.	gymnastique, Turnen.	od.	oder, ou.
hipp.	hippisme, Pferdesport.	opt.	optique, Optik.
hist.	histoire, Geschichte.	orn.	ornithologie, Vogelkunde.
hort.	horticulture, Gartenbau.	östr.	österreichisch, autrichien.
H.S.	Hauptsatz, proposition principale.	P.	Person, personne.
hydr.	hydrodynamique, Wasserkraftlehre.	parl.	parlement, Parlament.
		part.	participe, Partizip, Mittelwort.
icht.	ichtyologie, Fischkunde.	pass.	passif, Passiv, Leideform.
imp.	impersonnel, unpersönlich.	pât.	pâtisserie, Feinbäckerei.

péd.	*pédagogie*, Pädagogik.		Sud.
peint.	*peinture*, Malerei.	s-e	*seine, sa, son, ses.*
péj.	*péjoratif*, verächtlich.	*serr.*	*serrurerie*, Schlosserei.
pers.	*personne*, Person.	*sg.*	*singulier*, Einzahl.
pfort.	*plus fort*, verstärkter Sinn.	s-m	*seinem, à son, à sa.*
phil.	*philosophie*, Philosophie.	sn	*sein (Verb) être; (Pronomen) son.*
philat.	*philatélie*, Philatelie.	s-n	*seinen, son, sa (acc.).*
phm.	*pharmacie*, Pharmazie.	*soc.*	*sociologie*, Soziologie.
phon.	*phonétique*, Phonetik, Lautlehre.	*spr.*	*sprich, prononcez.*
phot.	*photographie*, Photographie.	s-r	*seiner, de son, de sa; à son, à sa.*
phys.	*physique*, Physik.	s-s	*seines, de son, de sa.*
physiol.	*physiologie*, Physiologie.	*stat.*	*statistique*, Statistik.
pl.	*pluriel*, Mehrzahl.	*st.s.*	*style soutenu*, gehobener Stil.
plais.	*par plaisanterie*, aus Spaß.	*su.*	*substantif*, Hauptwort.
poét.	*poétique*, dichterisch.	*subj.*	*subjonctif*, Konjunktiv.
pol.	*politique*, Politik.	*südd.*	*süddeutsch, de l'Allemagne du Sud.*
p/p.	*participe passé*, Partizip Perfekt.	*sup.*	*superlatif*, Superlativ.
p/pr.	*participe présent*, Partizip Präsens.	*su/pl.*	*substantif pluriel*, Hauptwort in der Mehrzahl.
pr.	*pronom*, Fürwort.		
pr. abs.	*pronom absolu*, absolutes Fürwort.	*syn.*	*synonyme*, sinnverwandtes Wort.
pr/d.	*pronom démonstratif*, hinweisendes Fürwort.	*télégr.*	*télégraphie*, Telegraphie.
		téléph.	*téléphonie*, Fernsprechwesen.
préf.	*préfixe*, Präfix, Vorsilbe.	*télév.*	*télévision*, Fernsehen.
prés.	*présent*, Präsens, Gegenwart.	*text.*	*textiles*, Textilindustrie.
prét.	*prétérit*, Vergangenheit.	*thé.*	*théâtre*, Theater.
pr/i.	*pronom interrogatif*, fragendes Fürwort.	*théol.*	*théologie*, Theologie.
		tiss.	*tissage*, Weberei.
pr/ind.	*pronom indéfini*, unbestimmtes Fürwort.	*tram.*	*tramway*, Straßenbahn.
		tric.	*tricotage*, Stricken.
prot.	*protestant*, protestantisch.	*typ.*	*typographie*, Buchdruck.
Prov.	Provence.	*u.*	*und, et.*
prov.	*proverbe*, Sprichwort.	*ungebr.*	*ungebräuchlich, inusité.*
provc.	*provincialisme*, Provinzialismus.	*univ.*	*université*, Universität.
prp.	*préposition*, Präposition.	*usw.*	*und so weiter, et cætera.*
pr/p.	*pronom personnel*, persönliches Fürwort.	*v., v.*	*von, vom, de.*
		var.	*variable*, veränderlich.
pr/poss.	*pronom possessif*, besitzanzeigendes Fürwort.	*v/aux.*	*verbe auxiliaire*, Hilfszeitwort.
		vb.	*verbe*, Verb(um), Zeitwort.
prpt.	*prépositionnellement*, als Präposition.	*v/dft.*	*verbe défectif*, unvollständiges Verb.
pr/r.	*pronom relatif*, bezügliches Fürwort.	*vél.*	*vélo*, Fahrrad.
		vét.	*art vétérinaire*, Tierheilkunde.
p/s.	*passé simple*, historisches Perfekt.	*vgl.*	*vergleiche, comparer, comparez.*
psych.	*psychologie*, Psychologie.	*v/i.*	*verbe intransitif*, intransitives Verb.
q.	*quelqu'un*, jemand.	*v/imp.*	*verbe impersonnel*, unpersönliches Verb.
qch.	*quelque chose*, etwas.		
rad.	*radio*, Rundfunk.	*vit.*	*viticulture*, Weinbau.
R.D.A.	*République démocratique allemande*, DDR.	*Vn.*	Vorname, *prénom.*
		vo.	*voyelle*, Vokal, Selbstlaut.
resp.	*respectivement*, beziehungsweise.	*v/rf.*	*verbe réflechi*, reflexives Verb.
rhét.	*rhétorique*, Rhetorik, Redekunst.	*v/rp.*	*verbe réciproque pronominal*, gegenseitig-reflexives Verb.
rl.	*religion*, Religion.		
S.	Seite, *page.*	*v/t.*	*verbe transitif*, transitives Verb.
S.	Sache, *chose.*	weit S.	im weiteren Sinne, *par extension.*
s.	*siehe, voir.*	*z.B.*	*zum Beispiel, par exemple.*
sc. nat.	*sciences naturelles*, Naturwissenschaften.	*zo.*	*zoologie*, Zoologie, Tierkunde.
		zsgs.	*zusammengesetzt, composé.*
sculp.	*sculpture*, Bildhauerkunst.	*zs., Zs.*	*zusammen, com-, con-, ensemble.*
s. d.	*siehe dort, voir sous ce mot.*	*Zssg(n)*	*Zusammensetzung(en), mot(s) composé(s).*
sdd.	*süddeutsch, de l'Allemagne du*		

Tableau de la prononciation allemande à l'usage des lecteurs français

Lettre	Valeur phonétique	Explication	Exemple	
		a) les voyelles		
a	ɑː	long (**â**me)	Abend	[ˈɑːbənt]
			kam	[kɑːm]
			Paar	[pɑːr]
			Laden	[ˈlɑːdən]
	a	bref (**pa**tte)	Ast	[ast]
			Kamm	[kam]
			Markt	[markt]
			Matte	[ˈmatə]
ä	ɛː	ouvert et long (m**è**re)	ähnlich	[ˈɛːnlıç]
			Mähne	[ˈmɛːnə]
			Käse	[ˈkɛːzə]
			Träger	[ˈtrɛːgər]
	ɛ	ouvert et bref (**e**nnemi)	emsig	[ˈɛmzıç]
			Kämme	[ˈkɛmə]
			Teller	[ˈtɛlər]
			Herr	[hɛr]
e	eː	fermé et long	Esel	[ˈeːzəl]
			See	[zeː]
			leben	[ˈleːbən]
			nehmen	[ˈneːmən]
	e	fermé et moyen (d**é**fendre)	Debatte	[deˈbatə]
			Telephon	[ˈteːlefoːn]
	ə	faible et bref (moins arrondi que dans les mots **je**, **me**, **te**, etc.)	Tinte	[ˈtıntə]
			Rose	[ˈroːzə]
			gegeben	[gəˈgeːbən]
i	iː	fermé et long (**é**glise)	ihnen	[ˈiːnən]
			Bibel	[ˈbiːbəl]
			Dieb	[diːp]
	ı	ouvert et bref (**hi**stoire)	in	[ın]
			binden	[ˈbındən]
			Wind	[vınt]
o	oː	fermé et long (**ro**se)	oben	[ˈoːbən]
			Bote	[ˈboːtə]
			Moor	[moːr]
			Sohn	[zoːn]

Lettre	Valeur phonétique	Explication	Exemple	
	o	fermé et moyen (*ch*a*u*d)	Tomate	[to'mɑːtə]
			Geologe	[geo'loːgə]
			monoton	[mono'toːn]
	ɔ	ouvert et bref (*po*ste)	offen	['ɔfən]
			Form	[fɔrm]
			locken	['lɔkən]
ö	øː	fermé et long (*jeû*ne)	Öse	['øːzə]
			Töne	['tøːnə]
(oe)			Goethe	['gøːtə]
	œ	ouvert et bref (*neu*f)	öffnen	['œfnən]
			Löffel	['lœfəl]
u	uː	fermé et long (*tou*r)	Uhr	[uːr]
			Mut	[muːt]
			Bude	['buːdə]
	ʊ	ouvert et bref (*mou*stache)	unten	['ʊntən]
			bunt	[bʊnt]
			Mutter	['mʊtər]
ü	yː	fermé et long (*pu*r)	Übel	['yːbəl]
			Tür	[tyːr]
			Mühle	['myːlə]
	ʏ	ouvert et bref (*bru*sque)	üppig	['ʏpɪç]
			Müll	[mʏl]
			Rücken	['rʏkən]

b) les diphtongues

ai/ei/ey	aɪ	se rapproche des voyelles ai des mots français tels que *bêtai*l, *ai*l	Eisen	['aɪzən]
			Mai	[maɪ]
			Geysir	['gaɪzɪr]
au	aʊ	se rapproche des voyelles aou des mots français tels que *cao*utchouc, *Rao*ul	Aufbau	['aʊfbaʊ]
			Maus	[maʊs]
			Brause	['braʊzə]
äu/eu	ɔʏ	se rapproche des voyelles eui ou œi des mots français tels que *tr*eu*il*, *œi*llade	euch	[ɔʏç]
			Beute	['bɔʏtə]
			läuten	['lɔʏtən]

c) les consonnes

p	pʻ	p, t, k sont aspirés en allemand, c'est-à-dire suivis d'un souffle	Panne	['pʻanə]
t	tʻ		tragen	['tʻrɑːgən]
k	kʻ		Wecker	['vɛkʻər]
j	j	comme dans le mot *ma*y*onnaise*	jeder	['jeːdər]
			gejagt	[gə'jɑːkt]
s	z	à l'initiale du mot devant voyelle et à l'intérieur du mot entre voyelles (*z*èle; *rai*son)	Sonne	['zɔnə]
			Base	['bɑːzə]
	s	dans tous les autres cas et pour les graphies ss ou ß (*au*stère)	Aster	['astər]
			lispeln	['lɪspəln]
			Haus	[haʊs]
			Messer	['mɛsər]
			naß	[nas]

Lettre	Valeur phonétique	Explication	Exemple	
sch	ʃ	comme dans le mot **ch**eval	Asche	[ˈaʃə]
			Mensch	[mɛnʃ]
(sp)			Spiel	[ʃpiːl]
(st)			Stein	[ʃtaɪn]
			gestehen	[gəˈʃteːən]
z	ts	comme dans le mot **ts**é-**ts**é	Zange	[ˈtsaŋə]
			kurz	[kʊrts]
(tz)			Platz	[plats]
v	f	comme dans le mot **f**aible	Vater	[ˈfɑːtər]
			vergessen	[fɛrˈgɛsən]
			passiv	[ˈpasiːf]
	v	comme dans le mot **v**endre	Klavier	[klaˈviːr]
			Vene	[ˈveːnə]
w	v	comme dans le mot **v**endre	Waage	[ˈvɑːgə]
			verwegen	[fɛrˈveːgən]
			ewig	[ˈeːvɪç]
ng	ŋ	comme dans campi**ng**	singen	[ˈzɪŋən]
			Rang	[raŋ]
(nk)			wanken	[ˈvaŋkən]
			Bank	[baŋk]
h	h	comme parfois dans les interjections **h**a, **h**a! (imitant le rire) ou **h**op!	heben	[ˈheːbən]
			erholen	[ɛrˈhoːlən]
			Uhu	[ˈuːhu]
(i)ch	ç	son qui ressemble à la semi-consonne i des mots français tels que m**i**el, s**i**en	ich	[ɪç]
			rechnen	[ˈrɛçnən]
			Teich	[taɪç]
			leuchten	[ˈlɔyçtən]
			räuchern	[ˈrɔyçɛrn]
			Bücher	[ˈbyːçər]
			Löcher	[ˈlœçər]
			Fläche	[ˈflɛçə]
			Milch	[mɪlç]
			mancher	[ˈmançər]
			China	[ˈçiːna]
(a)ch	x	son purement laryngal qui peut se comparer à la prononciation du r vélaire final, surtout des Parisiens, dans les mots ga**r**e, gue**rr**e	Dach	[dax]
			Loch	[lɔx]
			Buch	[buːx]
			auch	[aʊx]
			machen	[ˈmaxən]
			acht	[axt]
	k	comme dans le mot **c**amp	Chor	[koːr]
			Christ	[krɪst]
			Fuchs	[fʊks]
			sechs	[zɛks]

A

A, a n (*Buchstabe*) A, a m; ♪ la m (*angeben donner*); *das A und O* l'essentiel m; *von A bis Z* depuis A jusqu'à Z; *wer A sagt, muß auch B sagen* quand le vin est tiré, il faut le boire; ♪ *A-Dur* la m majeur; *a-Moll* la m mineur.

à ✝ *prp.* à; *e-e Briefmarke ~ fünfzig Pfennig* un timbre à cinquante pfennigs.

Aachen n Aix-la-Chapelle f.

Aal m anguille f; *grüner ~* de l'anguille f au bleu; *fig. sich wie ein ~ winden* essayer de se dérober; '**~en** v/rf.: *sich ~ se prélasser; sich in der Sonne ~* F faire le lézard, F lézarder au soleil; '**~glatt** *fig. péj. adj.* mielleux, -euse; hypocrite; souple comme une anguille.

Aas n (*Tierleiche*) charogne f (*a. Schimpfwort*); cadavre m; *Schimpfwort*: sale bête f, P salaud m.

aasen v/i. F mit etw. ~ gaspiller qch.

'**Aas|fliege** f mouche f bleue; **~fressend** *adj.* qui se nourrit de charogne; **~geier** *a. fig.* m charognard m; **~gestank** m odeur f de charogne; **~käfer** zo. m/pl. silphidés m/pl.; **~seite** f *Gerberei*: côté m chair.

ab *adv. u. prp.* (*dat.*) 1. *räumlich*: *Hut ~!* chapeau bas!; ⚔ *Gewehr ~!* reposez armes!; F *~ nach Kassel!* F file(z)!; *weit ~ von hier sein; einige Schritte vom Wege ~* à quelques pas du chemin ; *thé.* (il *resp.* elle) sort; (ils *resp.* elles) sortent; *von hier ~* à partir d'ici; *✝ ~ Bahnhof* pris à la gare; *~ Berlin* pris à, depuis Berlin; *~ Lager* pris au magasin; *~ Werk* départ usine, pris à l'usine; 2. *zeitlich*: *von heute ~* à partir d'aujourd'hui; *von jetzt ~* dès maintenant; *von da ~* dès lors; *~ ... an ... auf Fahrplänen usw.*: départ... arrivée...; 3. *~ und an, ~ und zu* par-ci, par-là; de temps à autre; de temps en temps; parfois; 4. *von fünf drei ~* cinq moins trois; 5. (*abzüglich*) à déduire; (*abgereist*) parti; (*abgespannt*) à bout (de forces), éreinté, F échiné, F à plat, P vidé.

'**ab-änderlich** *adj.* modifiable; variable; ⚖ commuable; **2keit** f variabilité f; ⚖ commuabilité f.

'**ab-änder|n** v/t. changer; *teilweise*: modifier; *verbessernd*: corriger; (*umarbeiten*) remanier; retoucher; *Urkunde*: altérer; *parl.* amender; modifier; ⚖ *Urteil*: réformer; ✝ *rückbuchen*) contre-passer; **2ung** f changement m; *teilweise*: modification f; *parl.* amendement m; *~ e-r Satzung* refonte f d'un statut.

'**Ab-änderungs|antrag** *parl.* m amendement m (*stellen* proposer); **2fähig** *adj.* modifiable; **~vorschlag** *parl.* m amendement m.

Aban'don-erklärung ✝ f avis m d'abandon.

abandon'nieren ✝ v/t. abandonner.

'**ab-ängstigen** v/rf.: *sich ~* se ronger d'angoisse; se tourmenter.

'**ab-arbeiten** 1. v/t. *Schuld*: travailler pour rembourser; 2. v/rf.: *sich ~* se tuer au travail, F s'éreinter, F s'échiner.

'**ab-ärgern** v/rf.: *sich ~* se consumer de dépit.

'**Ab-art** f *bot., zo.* variété f; **2en** v/i. varier; **2ig** *adj.* anomal; **~igkeit** f anomalie f.

'**ab-ätzen** v/t. ⊕ décaper; ⚕ cautériser.

'**abbalgen** *ch.* v/t. dépouiller; écorcher.

'**Abbau** m ⛏ exploitation f; abattage m; (*Demontage*) démontage m; v. *Personal*: compression f; réduction f; diminution f; *der Preise, Gehälter, Löhne, Rüstung usw.*: réduction f; diminution f (*a. v. Kräften*); *der Zwangswirtschaft, v. Ämtern usw.*: suppression f; ⚕ dégradation f; décomposition f; **2bar** ⚕ *adj.* dégradable; *durch das Tageslicht ~* photodégradable; **2en** v/t. ⛏ exploiter; abattre; (*demontieren*) démonter; *Personal*: comprimer; réduire; diminuer; *Preise, Gehälter, Löhne, Rüstung usw.*: réduire; diminuer; *Zwangswirtschaft, Ämter usw.*: supprimer; ⚕ dégrader; décomposer; *fig. die Furcht*: désamorcer; *Vorurteile*: liquider, démolir, faire disparaître; **2fähig** ⛏ *adj.* exploitable; **~feld** ⛏ n champ m d'exploitation; **~gerechtigkeit** ⛏ f droit m d'exploitation; **~mittel** ⚕ n décomposant m; **~produkt** ⚕ n produit m de dégradation (*od.* de décomposition); **~sohle** ⛏ f étage m d'extraction; **~strecke** ⛏ f voie (*od.* galerie) f d'exploitation; **~verfahren** ⛏ n méthode f (*od.* procédé m) d'exploitation; **2würdig** ⛏ *adj.* exploitable.

'**abbefördern** v/t. transporter; (*evakuieren*) évacuer.

'**abbehalten** v/t.: *den Hut ~* rester découvert.

'**abbeißen** v/t. arracher (*od.* couper) avec les dents.

'**abbeiz|en** v/t. ⊕ décaper; ⚕ cautériser; **2mittel** n ⊕ décapant m; ⚕ cautère m.

'**abbekommen** v/t. (*loskriegen*) réussir à détacher; (*erhalten*) avoir sa part (de); F *eins ~ haben* F en avoir pris un coup.

'**abberuf|en** v/t. révoquer; *Botschafter*: rappeler; *j-n von s-m Posten ~* relever q. de ses fonctions; **2ung** f révocation f; *e-s Botschafters*: rappel m.

'**abbestell|en** ✝ v/t. décommander (*a. eingeladene Gäste*); *e-e Zeitung ~* se désabonner d'un journal; **2ung** ✝ f annulation f d'une commande; *e-r Zeitung*: désabonnement m.

'**abbetteln** v/t.: *j-m etw. ~* obtenir qch. de q. à force de prières; *er hat es mir abgebettelt* il m'a tant prié que je le lui ai donné.

'**abbezahlen** v/t. *durch Raten*: payer par acomptes (*od.* à tempérament); (*tilgen*) finir de payer.

'**abbiegen** 1. v/t. (*Gespräch, Streit etc.*) détourner; 2. v/i. in eine andere Straße ~ prendre une autre rue; *vom Wege ~* s'écarter de la route; *von der Richtung ~* changer de direction; *nach rechts (links) ~* tourner (*od.* obliquer *od.* prendre) à droite (à gauche), virer sur la droite (sur la gauche).

'**Abbild** n image f; *e-r Person*: portrait m; **2en** v/t. reproduire; *j-n ~* faire le portrait de q.; *in Gips ~* mouler; (*modellieren*) modeler; **~ung** f reproduction f; *typ.* illustration f; *mit ~en versehen* illustrer.

'**abbind|en** 1. v/t. délier; détacher; ⚕ ligaturer; ⛓ enliasser; *Faß*: cercler; *charp.* assembler; *Kalb*: sevrer; 2. v/i. *Zement*: prendre; **2en** n ⚕ ligature f; *von Zement etc.*: prise f.

'**Abbitte** f: *~ tun* demander pardon (à q.); (*zu Kreuze kriechen*) courber l'échine.

'**abblas|en** v/t. *Staub etc.*: souffler; ⚔ remettre; *Gas*: émettre; *Veranstaltung*: décommander; annuler; **2en** *ch.* n retraite f; **2eventil** n soupape f d'évacuation.

'**abblättern** 1. v/t. effeuiller; 2. v/i. (*sich ablösen*) s'exfolier; *Farbe, Putz*: s'écailler; *Haut*: se desquamer.

'**abblend|en** v/t. *Lichtquelle*: voiler; masquer; *phot.* diaphragmer; *Film*: fermer en fondu; *Auto*: mettre en code; v/i. *Auto*: se mettre en code, baisser ses phares; **2licht** n *Auto*: feux m/pl. de croisement; phares m/pl. code; **2schalter** m *Auto*: alternateur m phare-code, inverseur-code m.

'**abblitzen** F v/i. essuyer un refus; *j-n ~ lassen* éconduire q.; envoyer promener q., rabrouer P od. rebuter q.

'**abblühen** v/i. se faner (*a. fig.*).

'**abböschen** v/t. taluter.

'**Abbrand** m *métall.* résidu m; *at.* combustion f; ⚙ usure f.

'**abbrausen** 1. F v/i. *Auto*: partir à toute vitesse, 2. v/t. (*sich*) se doucher; (*sprengen*) arroser.

'**abbrechen** 1. v/t. *Spitze, Zweige*:

casser; (losmachen) détacher; zerbrechend: briser; Blumen, Früchte: cueillir; Zahn: ébrécher; Haus, Mauer: démolir; Gerüst, Zelt, Lager: démonter; Beziehungen, Verhandlungen: rompre; plötzlich: couper court (à); Reise, Spiel, Studium, Kampf: arrêter; fig. alle Brücken hinter sich ~ couper les ponts derrière soi; fig. s-e Zelte ~ plier bagage; 2. v/i. se casser; se briser; (aufhören) cesser; kurz ~ couper court; in der Rede ~ s'interrompre; brechen wir ab! restons-en là!

'**abbremsen** v/t. freiner a. fig.; at., mot. a. ralentir; at. modérer.

'**abbrennen** I 1. v/t. (einäschern) brûler; incendier; réduire en cendres; Feuerwerk: tirer; 2. v/i. brûler de fond en comble, être consumé par le feu; ~ lassen Feuer: laisser s'éteindre; II ♀ n e-s Hauses: incendie m.

'**abbringen** v/t.: j-n von etw. ~ détourner q. de qch.; j-n von e-r Gewohnheit ~ faire perdre une habitude à q.; er läßt sich davon nicht ~ on ne peut lui enlever cette idée de la tête; sich nicht von etw. ~ lassen ne pas démordre de qch.; j-n von s-r Meinung ~ faire changer q. d'avis; das bringt uns von unserem Thema ab cela nous écarte de notre sujet; j-n von e-m Vorhaben ~ faire abandonner un projet à q.

'**abbröckeln** v/i. s'émietter (a. v. Parteianhängern); Farbe: s'écailler; Putz, Preise, Kurse: s'effriter.

'**Abbruch** m démolition f; ein Haus auf ~ verkaufen vendre une maison à charge de la démolir; fig. v. Verhandlungen, Beziehungen: rupture f; e-s Gesprächs, Wettkampfes, Studiums: arrêt m, interruption f; e-r Sache (dat.) ~ tun porter atteinte à qch.; dem Handel ~ tun entraver le commerce; ~**höhe** ✈ f altitude f d'une montée interrompue; ♀**reif** adj. bon, -nne pour la démolition; délabré; ~**sieger** m Boxen: gagnant m par arrêt de l'arbitre; ~**unternehmen** n entreprise f de démolition.

'**abbrühen** v/t. Gemüse: ébouillanter, blanchir; Geflügel: échauder.

'**abbuch|en** † v/t. e-n Betrag ~ porter une somme en décharge.

'**abbürsten** v/t. (v/rf.: sich se) brosser; (mit der Bürste entfernen) enlever à la brosse.

'**abbüßen** v/t. Schuld: expier; Strafe: purger; subir.

Ab'c n alphabet m; fig. abc m; ~**Buch** n abécédaire m.

ABC|-Kriegführung ⚔ f stratégie f ABC; ~**Schutz** ⚔ m protection f ABC.

Ab'c-Schütze n enfant m, f du cours préparatoire.

ABC-Waffen f/pl. armes f/pl. ABC.

'**abdach|en** v/t. (abschrägen) aménager en pente; ♀**ung** f pente f; déclivité f.

'**abdämm|en** v/t. endiguer; ♀**ung** f endiguement m.

'**Abdampf** m vapeur f d'échappement; ♀**en** v/i. s'évaporer; ~ lassen faire évaporer; F (abfahren) partir; ~**en** n ♠, phys. évaporation f.

'**abdämpfen** v/t. ♪ assourdir; Farben, Licht: atténuer.

'**Abdampf|heizung** f chauffage m à vapeur d'échappement; ~**turbine** f turbine f à vapeur d'échappement; ~**verwertung** f utilisation f de la vapeur d'échappement.

'**abdank|en** v/i. donner sa démission; démissionner; Monarch: abdiquer; ♀**ung** f démission f; e-s Monarchen: abdication f.

'**abdeck|en** v/t. Haus: enlever la toiture (de); Vieh: équarrir; écorcher; (zudecken) recouvrir; ✞ Schuld: rembourser; Fußball usw.: marquer, couvrir; das Bett ~ enlever la couverture; den Tisch ~ desservir; e-e Straße ~ (mit) revêtir une route (de); ♀**er** m équarrisseur m; ♀**e'rei** f équarrissage m; écorcherie f; ♀**plane** f bâche f; ♀**platte** f plaque f de recouvrement; ♀**stift** (gegen Augenränder) cosm. m anticerne m.

'**abdestillieren** ♠ v/t. distiller.

'**abdicht|en** v/t. rendre étanche; étancher; calfeutrer; boucher; colmater; étouper; Leck: aveugler; ⚓ calfater; ♀**en** n, ♀**ung** f étanchement m; étoupement m; e-s Lecks: aveuglement m; ⚓ calfatage m; → Dichtung.

'**abdienen** v/t. ⚔ s-e Zeit ~ faire son service militaire.

'**abdrängen** v/t. écarter; repousser; Sport: tasser, enfermer; Auto: j-n seitlich ~ beim Überholen faire une queue de poisson à j-n.

'**abdrehen** 1. v/t. détacher en tordant; Licht: éteindre; Film: (beenden) terminer le tournage (de); das Gas ~ fermer le robinet (du gaz); 2. v/i. changer de direction; ✈ changer de cap; ⚓ changer de route.

'**Abdrift** ⚓ u. ✈ f dérive f.

'**abdrosseln** v/t. ⊕ étrangler; Motor: mettre au ralenti; réduire (les gaz).

'**Abdruck** m (das Abdrucken) impression f; e-s Artikels: reproduction f; (Abgedrucktes) copie f; Kupferstecherei: épreuve f; e-s Stempels, e-s Fußes: empreinte f; ♀**en** v/t. imprimer; (in eine Zeitung aufnehmen) reproduire; (abprägen) empreindre.

'**abdrücken** 1. v/t. (durch Drücken abformen) prendre une empreinte (de); j-n herzlich ~ serrer q. dans ses bras; 2. v/t. Gewehr, Revolver: appuyer sur la gâchette.

'**Abdruckrecht** n droit m de reproduction.

'**abducken** v/i. Boxen: esquiver un coup.

Abdukti'on anat. f abduction f.

'**abdunkeln** v/t. obscurcir; Farben: nuancer.

'**Abdunstung** f évaporation f.

'**ab-ebben** v/i. se calmer peu à peu.

'**Abend** m Zeitpunkt: soir m; Zeitdauer: soirée f (a. Abendgesellschaft); des ~s le soir; gegen ~ vers le soir; gestern ♀ hier soir; heute ♀ ce soir; bis heute ♀! à ce soir!; guten ~! bonsoir!; j-m guten ~ sagen dire bonsoir à q.; j-m e-n guten ~ wünschen souhaiter (od. donner) le bonsoir à q.; man soll den Tag nicht vor dem ~ loben tel qui rit vendredi dimanche pleurera; es ist noch nicht aller Tage ~ qui vivra verra; attendons la fin; zu ~ essen dîner (etw. de qch.), spät: souper (etw. de qch.); es wird ~ le jour baisse; la nuit vient; am ~ vorher la veille au soir; der Heilige ~ la veille de Noël; fig. der ~ s-s Lebens le soir de sa vie; ~**andacht** f office m du soir; ~**anzug** m tenue f de soirée; ~**ausgabe** f édition f du soir; ~**blatt** n journal m du soir; ~**brot** n dîner m; spätes: souper m; ~**dämmerung** f crépuscule m; ~**essen** n = ~brot; ♀**füllend** adj. Programm: dont l'exécution dure (od. demande) toute la soirée; ~**er** Film long métrage m; ~**gebet** n prière f du soir; ~**geläut(e)** n angélus m du soir; ~**gesellschaft** f soirée f; ~**gottesdienst** m office m du soir; ~**gymnasium** n cours m/pl. secondaires du soir; ~**kleid** n robe f du soir; ~**kühle** f fraîcheur f du soir; ~**kurs** m cours m du soir; ~**land** n Occident m; ~**ländisch** adj. occidental; de l'Occident; ♀**lich** adj. du soir.

'**Abendmahl** n rl. cène f; Cène f (Kunst); das ~ reichen donner la communion; das ~ empfangen communier; recevoir la communion.

'**Abend|mahlzeit** f dîner m; späte: souper m; ~**messe** égl. cath. f messe f du soir; ~**rot** n, ~**röte** f coucher m de soleil; ♀**s** adv. le soir; um sieben Uhr ~ à sept heures du soir; von morgens bis ~ du matin au soir; ~**schule** f école f du soir; ~**sonne** f soleil m couchant; ~**stern** m étoile f du soir; Vénus f; ~**toilette** (Kleid) f robe f du soir; ~**veranstaltung** f soirée f; ~**wind** m vent m du soir; ~**zeitung** f journal m du soir.

'**Abenteuer** n aventure f; auf ~ ausgehen chercher aventure; galantes ~ aventure f amoureuse; ♀**lich** adj. aventureux, -euse; fig. extravagant; ~**lichkeit** f caractère m aventureux; fig. extravagance f; ~**lust** f esprit m d'aventure; ~**roman** m roman m d'aventures; ~**spielplatz** m terrain m d'aventure(s).

'**Abenteurer** m aventurier m; ~**geist** m esprit m d'aventure; ~**leben** n vie f aventureuse (od. d'aventurier, -ière); ~**tum** pol., ⚔ n aventurisme m.

'**aber** I cj. mais; nun ~ folgernd: or; oder ~ ou bien; ~ dennoch néanmoins, cependant; II adv. ~ sicher! mais oui!; ~ und ~**mals** à maintes reprises; III ♀ n mais m; ein Wenn oder ein ~ un si ou un mais; nach vielem Wenn und ~ après beaucoup de si et de mais; ohne Wenn und ~ sans aucun si ni mais; ♀**glaube** m superstition f; ~**gläubisch** adj. superstitieux, -euse.

'**ab-erkenn|en** v/t.: j-m etw. ~ contester (od. refuser) qch. à q.; ⚖ priver q. Staatsangehörigkeit: retirer; ♀**ung** f contestation f; ⚖ privation f; déchéance f; ~ der bürgerlichen Ehrenrechte dégradation f civique.

'**aber|malig** adj. répété; autre; ~**mals** adv. de (a. à) nouveau; encore une fois.

'**ab-ernten** ⚘ v/t.: den Acker ~ rentrer toute la récolte; das Getreide ~ moissonner le blé.

Ab-errati'on phys. f aberration f.

'**ab-essen** v/t. Teller: finir; Knochen: ronger.

'**abfädeln** v/t. Perlen: désenfiler; Bohnen: ôter les fils (de).

'**abfahren** 1. v/i. partir (nach pour); Auto: a. démarrer; in die Ferien:

prendre la route; *Ski:* descendre; ~! en route!; **2.** *v/t. Lasten:* transporter; camionner; charrier; *Schutt:* enlever; *Holz aus dem Wald, Steine aus dem Steinbruch:* débarder; *Strecke:* parcourir; *Sport:* e-e Runde ~ faire un tour; *(abnutzen)* user; *(abquetschen)* écraser; **3.** *v/rf.:* sich ~ *(abnutzen)* s'user.

'**Abfahrt** *f* départ *m; Auto: a.* démarrage *m;* ✈, ⚓ partance *f; Ski:* descente *f;* **~sbahnsteig** *m* quai *m* de départ; **~sbereit** *adj.* prêt à partir; ✈, ⚓ en partance; **~sgleis** *n* voie *f* de départ; **~slauf** *Ski m* descente *f;* **~splatz** ⚓ *m* embarcadère *m;* ~(**s**)**signal** *n* signal *m* de départ; **~svorbereitungen** *f/pl.* préparatifs *m/pl.* de départ; **~szeit** *f* heure *f* de départ.

'**Abfall** *m (das Abfallen) der Blätter:* chute *f; (abschüssige Lage)* pente *f;* déclivité *f;* ~ von e-r Partei défection *f;* ~ zum Feinde désertion *f;* ~ von e-r *Religion* apostasie *f; (Aufstand)* révolte *f;* soulèvement *m;* ⊕ *am Gewicht:* manque *m* de poids; *Abfälle pl. (Unbrauchbares)* déchets *m/pl.;* rognures *f/pl.; (Küchenabfälle)* épluchures *f/pl.; bei Tisch:* restes *m/pl.* du repas; 🔆 résidu *m;* **~eimer** *m* boîte *f* à ordures; **~en** *v/i.* tomber; *fig. von j-m* abandonner q.; *von der Partei* ~ abandonner le parti, *abs.* faire défection; *zum Feind:* déserter; *rl. vom Glauben* ~ apostasier; renier sa foi; *(revoltieren)* se révolter; se soulever; *(abmagern)* maigrir; *Sport:* perdre du terrain; *(an Höhe abnehmen)* aller en pente; s'incliner; *Straße:* descendre; *fig. (minderwertiger als j., etw. sein)* ne pas valoir q., qch.; *fig. es wird etw. für dich* ~ tu en auras ta part; **~end** *adj.* incliné; *steil* ~ escarpé; en pente raide.

'**abfällig** *adj.* péjoratif, -ive; défavorable; *etw.* ~ *beurteilen* juger qch. défavorablement; *von j-m* ~ *sprechen* dénigrer q.

'**Abfall|kasten** *m* boîte *f* à ordures; **~koks** *m* menu coke *m;* **~korb** *m auf der Straße:* corbeille *f* à détritus; **~produkt** *n* sous-produit *m;* **~säure** *f* acide *m* résiduaire; **~verwertung** *f* récupération *f* des déchets; **~wärme** *f* chaleur *f* résiduaire *(od.* d'échappement*).*

'**abfang|en** *v/t. (lauernd fangen)* saisir; attraper; *Ball, Briefe, Feindflieger, Meldung usw.:* intercepter; 🔆 *(stützen)* étançonner; 🔆 *aus dem Sturzflug:* redresser; *Stoß:* amortir; *Hieb:* parer; *Flüssigkeit, Radio:* capter; *(ableiten)* dériver; **~jäger** ✈ *m* intercepteur *m.*

'**abfärben** *v/i.* déteindre; *fig. auf j-n* ~ déteindre sur q.

'**abfasen** ⊕ *v/t.* chanfreiner.

'**abfasern** *v/t. Bohnen:* ôter les fils (de).

'**abfass|en** *v/t. Schrift(stück):* rédiger; formuler; *in vorgeschriebener Form:* libeller; *Vertrag:* dresser, rédiger; **~en** *n,* **~ung** *f* rédaction *f; in vorgeschriebener Form:* libellé *m.*

'**abfaulen** *v/i.* pourrir.

'**abfeder|n** *v/t.* ⊕ suspendre; amortir; **~ung** *f* suspension *f;* ~ *der Stöße* amortissement *m* des chocs.

'**abfegen** *v/t.* balayer.

'**abfeilen** *v/t.* limer.

'**abfeilschen** *v/t. =* abhandeln.

'**abfertig|en** *v/t. Zug:* faire partir; *Publikum, Kunden:* servir; *bei der Paß- u. Zollkontrolle:* contrôler; zollamtlich ~ dédouaner; *fig. j-n kurz* ~ *(abweisen)* renvoyer q.; envoyer promener q.; **~en** *n,* **~ung** *f* 🎫 *des Gepäcks:* enregistrement *m; v. Kunden:* service *m; v. Reisenden:* écoulement *m;* ~ *des Publikums* service *m* du public; ~ *außer der Reihe* tour *m* de faveur; *zollamtliche* ~ dédouanement *m; fig. (Abweisung)* renvoi *m; Sport:* défaite *f,* échec *m,* déroute *f.*

'**Abfertigungs|formalitäten** 🎫 *f/pl.* formalités *f/pl.* d'embarquement; **~gebäude** 🎫 *n* bâtiment *m* satellite *(od.* annexe) de desserte et de contrôle; **~schalter** *m* guichet *m* d'enregistrement *bzw.* de contrôle; **~zeit** *f* heures *f/pl.* d'ouverture.

'**abfetten** *v/t.* dégraisser.

'**abfeuern** *v/t.* tirer; *Fußball:* tirer, shooter, lancer.

'**abfiltrieren** *v/t.* passer au filtre, filtrer.

'**abfind|en 1.** *v/t.: j-n* ~ désintéresser q.; *für e-n Verlust:* indemniser *(od.* dédommager) q.; **2.** *v/rf.:* sich mit *j-m* ~ s'arranger avec q.; *sich mit etw.* ~ se résigner à qch.; *sich damit* ~ *en* prendre son parti; **~ung** *f* dédommagement *m,* indemnisation *f; fig.* ~ *mit s-m Gewissen* capitulation *f* de sa conscience.

'**Abfindungs|summe** *f* indemnité *f;* **~vertrag** *m* transaction *f.*

'**abfischen** *v/t. Teich:* dépeupler.

'**abflachen** *v/t.* aplatir.

'**abflauen** *v/i. Wind:* mollir; *Anteilnahme:* diminuer, baisser; 🕈 *Kurse, Preise:* fléchir, baisser.

'**abfliegen** *v/i.* s'envoler *(a.* ✈; *nach* pour); prendre son vol; ✈ partir, décoller *(nach* pour); F prendre le chemin *(nach* de).

'**abfließen** *v/i.* s'écouler.

'**Abflug** *m der Störche usw.:* départ *m;* ✈ *a.* envol *m,* décollage *m;* **~bahn** *f* piste *f* de départ *(od.* d'envol); **~hafen** *m* aéroport *m* d'envol *(od.* de départ); **~zeit** *f* heure *f* de départ *(od.* d'envol).

'**Abfluß** *m (Abfließen, a.* 🔆, *fin.)* écoulement *m; (Vorrichtung)* égout *m; e-s Teiches, Staubeckens usw.:* décharge *f;* déversoir *m;* **~gebiet** *géol. n* bassin-versant *m;* **~graben** *m* rigole *f;* **~hahn** *m* robinet *m* d'écoulement; **~kanal** *m* canal *m* d'écoulement; **~rohr** *n* tuyau *m* d'écoulement *(bzw.* de descente), déchargeoir *m;* **~schacht** *m* puits *m* d'évacuation; **~ventil** *n* soupape *f* de trop-plein.

'**abfordern** *v/t.: j-m etw.* ~ demander *(od.* réclamer) qch. à q.; *Pässe:* demander.

'**abformen** ⊕ *v/t.* mouler.

'**abforsten** *v/t. Berg usw.:* déboiser.

'**abfragen** *v/t. Schüler:* faire réciter sa leçon (à); *ich frage ihn Vokabeln ab je* l'interroge sur les mots appris.

'**abfräsen** ⊕ *v/t.* fraiser.

'**abfressen** *v/t.* brouter; ronger; ⊕, *géol.* corroder.

'**abfrieren** *v/i.* geler; tomber sous l'effet de la gelée; *die Nase ist ihm*

abgefroren il a eu le nez gelé.

'**abfühlen** *v/t.* tâter; 🖐 palper.

'**Abfuhr** *f von Müll, Schutt:* enlèvement *m; fig.* rebuffade *f,* exécution *f,* éreintement *m; Sport:* raclée *f; j-m* e-e ~ *erteilen* éconduire q., rabrouer q., rembarrer q.

'**abführ|en 1.** *v/t.: j-n* ~ emmener q.; *in das Gefängnis* ~ conduire en prison; *(ableiten)* détourner; 🔆 dégager; *phys., physiol.* éliminer; *Schuld:* acquitter, payer; *Summe:* verser; *Weg:* éloigner; 🕈 expulser; **2.** *v/i.* 🕈 vider son intestin; **~end** 🕈 *adj.* laxatif, -ive; purgatif, -ive; **~mittel** *n* laxatif *m;* purgatif *m;* **~tablette** 🕈 *f* pilule *f* laxative.

'**Abfüll|anlage** *f* installation *f* de mise en bouteilles; **~en** *v/t.: in Flaschen* ~ mettre en bouteilles; *auf Fässer* ~ mettre en fûts; **~maschine** *f (Flaschen*⚲*)* remplisseuse *f;* **~waage** *f* balance *f* à remplissage.

'**abfüttern** *v/t. Vieh usw.:* donner à manger (à); *Kleidung:* doubler *(mit* de); *mit Pelz* ~ fourrer; *mit Watte* ~ ouater; ⊕ revêtir *(mit* de).

'**Abgabe** *f (Ablieferung)* remise *f;* livraison *f; (Steuer)* impôt *m;* taxe *f; des Gepäcks:* mise *f* en consigne; *des Balles:* passe *f; e-r Erklärung* déclaration *f; der Stimme* vote *m; phys. v. Strahlungen:* émission *f; (Verkauf)* vente *f;* sociale ~n charges *f/pl.* sociales; **~nfrei** exempt d'impôts; **~nfreiheit** *f* immunité *f* fiscale; **~npflichtig** soumis à un impôt; **~preis** 🕈 *m* prix *m* de vente; **~stelle** 🖐 *f* lieu *m* de distribution *(od.* de remise); **~termin** *e-r schriftl. Arbeit m* date *f* limite.

'**Abgang** *m e-s Zuges, e-s Schiffs, von Post, Waren; Ausscheiden v. Personen:* départ *m; e-s Schauspielers, Turners od. Schülers:* sortie *f; beim* ~ *von der Schule* en quittant l'école; 🕈 *(Verlust)* perte *f,* diminution *f.*

'**Abgänger** *écol. m* sortants *m/pl.*

'**Abgangs|alter** *écol. n* âge *m* de fin de scolarité; **~hafen** *m* port *m* de départ; **~mikrophon** *n* microphone *m* émetteur son; **~ort** *m* lieu *m* de départ; **~prüfung** *f* examen *m* de fin d'études *(od.* de sortie); **~zeugnis** *n* certificat *m* de fin d'études.

'**Abgas** *n* gaz *m* d'échappement; 🔆**~e** *n/pl.* rejets *m/pl.;* gaz *m/pl.* brûlés; **~entgiftung** *f* désintoxication *f* de gaz brûlés; **~turbine** *f* turbine *f* à gaz d'échappement; **~turbolader** *m* turbo-compresseur *m* à gaz d'échappement; **~überwachung** *f* contrôle *m* de gaz brûlés; **~verschmutzung** *f* pollution *f* de l'air causée par des gaz brûlés; **~verwertung** *f* récupération *f* des gaz perdus.

'**abgaunern** *v/t.: j-m etw.* ~ soutirer *(od.* escroquer) qch. à q.

'**abgearbeitet** *adj.* fatigué *od.* éreinté par le travail.

'**abgeben I 1.** *v/t. (abliefern)* (dé)livrer; *(zurückgeben, a. Schulheft)* rendre, remettre *(o.* überbringen, übergeben); *Gepäck:* déposer; mettre à la consigne; *Schuß:* tirer; *e-n Ball* ~ *Sport:* faire une passe; *(verteilen)* distribuer; 🕈 *(verkaufen)* vendre; *e-n Wechsel auf j-n* ~ tirer une lettre de change sur q.; *s-e Karte bei*

Abgeben — abhaben

j-m ~ déposer sa carte chez q.; *Urteil*: prononcer (*über acc.* sur); donner (sur); *Meinung, Gutachten*: donner (*über acc.* sur); *Erklärung*: faire; s-e *Stimme* ~ voter; *abgegebene Stimmen* suffrages *m/pl*. exprimés; (*überlassen*) céder; *Beschwerliches*: se défaire (de); (*dienen als*) servir (de); *er wird e-n guten Arzt* ~ il fera un bon médecin; (*absondern*) dégager; *Leistung, Strom*: débiter; **2.** *v/rf.*: *sich* ~ *mit* s'occuper de; *péj. sich mit j-m* ~ (*einlassen*) s'accointer avec q.; **II** ♀ *n des Gepäcks*: mise *f* en consigne.

'abgebrannt *fig. adj.* (*mittellos*) F désargenté; ~ sein être à sec; être complètement fauché.

'abgebrochen *adj.* cassé.

'abgebrüht *fig. adj.* endurci (à), mithridatisé (à), F blindé (contre); *gegen alles* ~ *sein* n'avoir plus 'honte de rien; *ein* ~*er Bursche* un dur à cuire.

'abgedroschen *fig. adj.* banal; rebattu; F rabâché.

'abgefeimt *adj.* astucieux, -euse; rusé; madré; ~*er Schurke* fieffé gredin *m*.

'abgeflacht *adj.* méplat.

'abgefordert ✆ *nicht* ~ non réclamé, en souffrance.

'abgegrenzt *adj.* délimité.

'abgegriffen *adj.* usé (*a. fig.*).

'abgehackt *adj. fig. Worte, Rhythmus, Stil*: saccadé.

'abgehärmt *adj.* rongé de chagrin.

'abgehärtet *adj.* endurci (*gegen* à).

'abgehen 1. *v/i. Zug, Schiff*: partir (*nach* pour); s'en aller; ~ *lassen* expédier; faire partir; ✝ (*abgezogen werden*) *500 Franken gehen ab* cinq cents francs à déduire; (*sich loslösen*) se détacher; *Beamter*: prendre sa retraite; *von s-m Amt* ~ démissionner; *von der Schule* ~ quitter l'école; *da geht der Weg ab* c'est là que le chemin bifurque; *fig. von etw. nicht* ~ persévérer dans qch.; *von s-r Meinung* ~ changer d'avis; *j-m* ~ (*fehlen*) manquer (*od.* faire défaut) à q.; ✝ (*Absatz finden*) se débiter; se vendre; *reißend* ~ s'enlever; *der Knopf ist abgegangen* le bouton a sauté; *alles ist gut abgegangen* tout s'est bien passé; tout a bien marché; *es wird nicht* ~ *ohne* ... ça ne se passera pas sans ...; **2.** *v/t.* (*durch Gehen abnutzen*) user; (*abmessen*) mesurer en marchant.

'abgehetzt *adj.* surmené.

'abgekämpft *Sport adj.* pompé, claqué.

'abgekartet *adj.*: ~*e Sache* coup *m* monté.

'abgeklärt *adj.* (*reif*) mûr; (*weise*) sage, plein de sagesse.

'abgelagert *adj. Wein*: reposé en cave; qui a de la cave; *Holz, Zigarre usw.*: bien sec; *géol.* sédimentaire.

'abgelaufen *adj. Schuhe*: usé; *Teppich*: usé jusqu'à la corde; *fig.* échu; périmé.

'abgelebt *adj.* décrépit.

'abgelegen *adj.* écarté, éloigné, isolé, excentrique; ~*er Stadtteil* quartier *m* perdu; ♀*heit* *f* éloignement *n*, isolement *m*, excentricité *f*.

'abgelenkt *fig. adj.* distrait, dans les nuages.

'abgelt|en *v/t. Schuld*: s'acquitter (de); payer; (*entschädigen*) indemniser; ♀*ung f e-r Schuld*: acquittement *m*; paiement *m*; (*Entschädigung*) indemnisation *f*; *zur* ~ *von Barleistungen* à titre de compensation pour des paiements comptants.

'abgemacht *adj.*: ~*er Preis* prix *m* convenu; *es ist so gut wie* ~ l'affaire est pour ainsi dire faite; ~! entendu!; c'est convenu!

'abgemagert *adj.* amaigri.

'abgeneigt *adj.* peu enclin (à); défavorable (à); *j-m* ~ *sein* avoir de l'antipathie (*od.* de l'aversion) pour q.; *e-r Sache* (*dat.*) ~ *sein* n'être pas favorable à qch.; répugner à qch.

'abgenutzt *adj.* usé; *Kleidung*: *a.* élimé.

Abgeordnete(r) *m, f* député *m*; délégué *m*, -e *f*.

Abgeordneten|haus *n* Chambre *f* des députés; *Fr. heute*: Assemblée *f* nationale; ~**wahl** *f* élection *f* d'un (*resp.* des) député(s).

'abgerichtet *adj. Hund*: dressé, savant.

'abgerissen *adj. Kleidung*: déguenillé; (*fadenscheinig*) usé jusqu'à la corde; élimé; *Sätze*: décousu; incohérent.

'abgerundet *adj.* arrondi; *Stil*: balancé; *adv.* ✝ en chiffres ronds.

Abgesandter *m* envoyé *m*.

'abgeschieden *adj.* (*einsam*) solitaire; (*abgelegen*) isolé; ~ *leben* vivre dans l'isolement; ♀*heit* *f* isolement *m*, solitude *f*, dépaysement *m*; *e-s Dorfes*: éloignement *m*.

'abgeschliffen *adj.* poli (*a. fig.*).

'abgeschlossen *adj.* fermé; (*vollendet*) achevé; ✝ ~ *an* ... *Bücher, Bilanz*: arrêté le...; *gr.* ~*e Handlung f* action *f* révolue; ♀*heit* *f* isolement *m*; *Angst vor der* ~ claustrophobie *f*.

'abgeschmackt *adj.* fade; insipide; (*widersinnig*) absurde; ♀*heit* *f* fadeur *f*; insipidité *f*; (*Widersinnigkeit*) absurdité *f*.

'abgesehen: 1. ~ *von* abstraction (*od.* exception) faite de, à l'exception de, sauf; *davon* ~ à part cela; ~ *von diesen Vorbehalten* à ces réserves près; **2.** ~ *von* (*neben, zusätzlich zu*) en dehors (*od.* en plus) de, outre; ~ *davon, daß* ... outre que ... (*ind.*); **3.** *es auf* (*acc.*) ~ *haben* avoir des visées sur (qch.; q.).

'abgesondert *adj.* séparé; *fig.* isolé.

'abgespannt *adj. fig.* fatigué; énervé; épuisé; à plat; (*schlapp*) sans énergie; ♀*heit* *f* fatigue *f*, épuisement *m*, atonie *f*, asthénie *f*, abattement *m*; (*Schlappheit*) manque *m* d'énergie.

'abgestanden *adj.* pas frais, fraîche; *Wein*: éventé.

'abgestempelt *adj.* timbré; oblitéré.

'abgestorben *adj.* mort; sans vie; *Glieder*: engourdi, *für immer*: paralysé.

'abgestumpft *adj. fig.* abruti; ~ *sein gegen* être indifférent à; ♀*heit* *f* abrutissement *m*; (*Gleichgültigkeit*) indifférence *f* (*gegen* à).

'abgetakelt ⚓ *adj.* dégréé.

'abgetan *adj.* réglé; fini.

'abgeteilt *adj.* divisé; (*abgetrennt*) séparé; ~*er Raum* compartiment *m*.

'abgetragen *adj.* usagé; élimé.

'abgewetzt *adj. Hose*: élimé.

'abgewinnen *v/t.*: *j-m e-n Vorsprung* ~ gagner une avance sur q.; *j-m Liebe* ~ se faire aimer de q.; *e-r Sache* (*dat.*) *Geschmack* ~ trouver goût à qch.; *dem Meer* ~ conquérir sur la mer.

'abgewirtschaftet *adj.* ruiné; perdu; *fig.* F *er hat* ~ il est au bout de son rouleau; *pol.* ~ *haben* être à bout de course.

'abgewöhnen *v/t.*: *j-m etw.* ~ faire perdre l'habitude de qch. à q.; *sich das Rauchen* ~ se déshabituer de fumer.

'abgezehrt *adj.* amaigri; émacié.

'abgießen I *v/t.* verser (ce qui est en trop); (*umgießen*) transvaser; 🜍 (*abklären*) décanter; ⊕ *in e-e Form*: couler; mouler.

'Abglanz *m* reflet *m* (*a. fig.*).

'abgleich|en *v/t.* égaliser; *Boden*: aplanir; niveler; ✝ *Konto*: solder; *Schuld und Forderung* ~ balancer un compte; ⚠ *Mauer*: araser; *Flächen*: affleurer; ⊕ *a.* balancer; équilibrer; ♀**fehler** ⊕ *m* défaut *m* d'équilibrage; ♀**kondensator** *m* condensateur *m* d'appoint; ♀**mittel** *rad. n* moyen *m* de syntonisation; ♀*ung f des Bodens*: aplanissement *m*; nivellement *m*; ⚠ *e-r Mauer*: arasement *m*; *v. Flächen*: affleurement *m*; ⊕ équilibrage *m*.

'abgleiten *v/i.* glisser; ✝ *Kurse*: fléchir; *Auto*: déraper; chasser sur les roues; *fig. Jugendliche*: se dévoyer; *fig. an j-m* ~ laisser q. froid.

'abglühen 1. *v/t.* ⊕ *Eisen usw.*: rougir au feu; *Wein* ⊕ ~ préparer du vin chaud; **2.** *v/i.* refroidir; s'éteindre.

'Abgott *m* idole *f*; *fig.* *j-n zu s-m* ~ *machen* faire de q. son idole.

Abgötte'rei *f* idolâtrie *f*; ~ *treiben* s'abandonner à l'idolâtrie.

'abgöttisch *adj.* idolâtre; *adv.* avec idolâtrie; ~ *lieben* idolâtrer.

'Abgottschlange *f* boa *m* constricteur.

'abgraben *v/t.* aplanir en bêchant; (*ableiten*) détourner; *Sumpf usw.*: saigner; *fig. j-m das Wasser* ~ couper à q. l'herbe sous le pied.

'abgrämen *v/rf.*: *sich* ~ se consumer (*od.* se ronger) de chagrin.

'abgrasen *v/t. v. Tieren*: brouter; *fig. Gebiet, Gegend* ratisser.

'abgraten ⊕ *v/t.* ébarber.

'abgrätschen *gym. v/i.* sortir jambes écartées.

'abgreifen *v/t.* (*v/rf.*: *sich* s')user (à force de manier); (*abmessen*) mesurer; → *abgegriffen*.

'abgrenz|en *v/t.* délimiter; borner; (*absondern*) séparer; *Sinn usw.*: circonscrire; (*definieren*) définir; → *abgegrenzt*; ♀*ung f a. All. pol.* délimitation *f*, démarcation *f*; *des Sinnes usw.*: circonscription *f*; (*Definition*) définition *f*; *pol. völlige* ~ *zu e-m Staat* séparation *f* totale avec un État.

'Abgrund *m* abîme *m*; (*Schlund*) gouffre *m*; *steiler*: précipice *m*; *am Rande des* ~*s stehen* être au bord de l'abîme (*fig.* de la catastrophe).

'abgründig, 'abgrundtief *adj.* abyssal; *fig.* insondable.

'abgucken *v/t. Schüler*: copier (*von j-m* sur q.).

'Abguß *m* moulage *m*; *métall.* coulé *m*; *in Gips*: moulage *m* (en) plâtre *m*.

'abhaben F *v/t. etw.* ~ *wollen* vouloir en avoir un peu.

'**abhacken** v/t. détacher à coups de hache.
'**abhaken** I v/t. décrocher; *auf e-r Liste*: cocher, pointer; II ⁀n *auf e-r Liste*: pointage m.
'**abhalftern** v/t. ôter le licou (à); *fig.* (j-n) renvoyer; débarquer; limoger.
'**abhalt|en** 1. v/t.: *j-n von etw.* ⁀ (*hindern*) empêcher q. de faire qch.; (*zurückhalten*) retenir; (*stören*) déranger; *ein Kind* ⁀ faire faire ses besoins à un bébé; (*veranstalten*) organiser; *Sitzung usw.*: tenir; *abgehalten werden* se tenir, avoir lieu; *Examen*: faire passer; *Besichtigung, Vorlesung*: faire; *Fest, Gottesdienst*: célébrer; *e-e Lehrstunde* ⁀ donner un cours; *e-e Truppenschau* ⁀ passer les troupes en revue; 2. v/i. ⚓ *vom Lande* ⁀ se tenir au large; ⁀**ung** f (*Hinderung*) empêchement m; (*Störung*) dérangement m; (*Veranstaltung*) organisation f; ⁀ *e-r Sitzung* séance f; ⁀ *e-r Besichtigung* inspection f; *e-s Festes, des Gottesdienstes*: célébration f.
'**abhandeln** v/t. (*erörtern*) traiter; *mündlich*: discuter, *schriftlich*: disserter (sur); *etw. vom Preis* ⁀ rabattre un peu sur le prix.
ab'handen adv.: ⁀ *kommen* s'égarer; se perdre; *mein Regenschirm ist mir* ⁀ *gekommen* mon parapluie a disparu.
'**Abhandlung** f traité m; étude f; (*Doktorarbeit*) thèse f; (*Aufsatz*) dissertation f.
'**Abhang** f pente f; *e-s Geländes*: déclivité f; *e-s Hügels*: côte f; flanc m; *e-s Gebirges*: versant m.
'**abhängen** 1. v/t. *Anhänger*: décrocher; détacher; *Sport*: *j-n* ⁀ distancer q.; laisser q. derrière soi; F lâcher, semer q.; 2. v/i.: ⁀ *von* dépendre de.
'**abhängig** adj. dépendant; *gegenseitig* ⁀ interdépendant; *j-n* ⁀ *machen* rendre q. dépendant (*von* de); *etw.* ⁀ *machen von* ... subordonner qch. à ...; *gr.* ⁀*er Satz* subordonnée f; ⁀**keit** f dépendance f; *gegenseitige* ⁀ interdépendance f; ⁀**keitsverhältnis** n état m de dépendance.
'**abharken** v/t. ratisser.
'**abhärmen** v/rfl.: *sich* ⁀ se consumer (*od.* se ronger) de chagrin.
'**abhärt|en** v/t. (v/rf.: *sich* s')endurcir (*gegen* à); ⁀**en** n, ⁀**ung** f endurcissement m (*gegen* à).
'**abhauen** 1. v/t. abattre; couper; 2. F v/i. (*sich fortmachen*) décamper; filer, (*déguerpir*; s'éclipser; P se trotter; P se tailler; *riper.
'**abhäuten** v/t. dépouiller, écorcher.
'**abheben** I 1. v/t. ôter, enlever; *téléph*. décrocher; *Masche*: passer, sauter; *Karten*: couper (*abs.*); *Geld*: retirer; 2. v/i. décoller 3. v/rfl. *sich* ⁀ *peint*. se détacher; II ⁀ n *Kartenspiel*: coupe f; *Geld*: retrait m; ✈ décollage m.
'**abheften** v/t. *Akten*: mettre dans un classeur.
'**abheilen** ✱ v/i. guérir.
'**abhelfen** v/i. remédier (à qch.).
'**abhetzen** v/rfl.: *sich* ⁀ se dépêcher, se presser.
'**Abhilfe** f remède m.
'**Abhitze** f chaleur f perdue.
ab'hold st.s. adj.: *e-r Sache (dat.)* ⁀ *sein* répugner à qch.

'**abhol|en** v/t.: *j-n, etw.* ⁀ aller *bzw.* venir chercher (*od.* prendre) q., qch.; *Gepäck, Müll usw.*: a. enlever (*vom Hause* à domicile); *Briefe auf dem Postamt*: retirer; ⁀**preis** m prix m départ entrepôt; ⁀**ung** f: ⁀ *am Schalter* retrait m (*od.* prise f de courrier) au guichet.
'**abholz|en** I v/t. déboiser; II ⁀**en** n, ⁀**ung** f déboisement m; démantèlement m des forêts.
'**abhorchen** v/t. écouter; *Funkspruch, Telefongespräch*: intercepter; ✱ ausculter.
'**Abhör|dienst** m ✕ service m des écoutes; ⁀**en** *téléph*. n écoutes f/pl. téléphoniques; ⁀**en** v/t. écouter; *Schüler*: faire réciter (sa leçon à q.); *Funkspruch, Telefongespräch*: intercepter; ⁀**gerät** *téléph*. n appareil m d'écoute; *geheimes* ⁀ dispositif m d'écoutes clandestines; ⁀**skandal** m scandale m des écoutes; ⁀**stelle** f poste m d'écoute; ⁀**tafel** *rad.* f table f d'écoute; ⁀**vorrichtung** f dispositif m d'écoute, oreille f électronique, détectophone m.
'**abhülsen** v/t. *Erbsen*: écosser.
Abioge'nese biol. f abiogenèse f, génération f spontanée.
'**ab-irr|en** v/i. (*sich verirren*) s'égarer; s'écarter du chemin (*beide a. fig.*); ⁀**en** n, ⁀**ung** f (*Verirrung*) égarement m; *fig. u. ast.* aberration f.
Abi'tur n baccalauréat m; F bac m, F bachot m.
Abituri'ent|(in f) m candidat(e) m (f) au baccalauréat; *erfolgreicher*: ⁀ bachelier m, -ière f; ⁀**enzeugnis** n diplôme m du baccalauréat.
'**abjagen** v/t. *Pferd usw.*: 'harasser; fatiguer; *j-m etw.* ⁀ (*abnehmen*) faire lâcher prise à q.
'**abkämmen** v/t. peigner; *fig. Gelände*: ratisser.
'**abkanten** v/t. *men.* chanfreiner; *Blech*: plier.
'**abkanzeln** v/t. F *fig.*: *j-n* ⁀ sermonner, chapitrer, F moucher, rabrouer q.
'**abkapseln** v/rfl. *sich* ⁀ ✱ s'enkyster; *fig.* s'isoler; se replier sur soi-même; ⁀**ung** *fig.* f repli m (*od.* repliement m) sur soi (-même).
'**abkarten** v/t. tramer, ourdir, comploter; *abgekartete Sache* coup m monté; complot m.
'**abkauen** v/t. ronger.
'**abkaufen** v/t.: *j-m etw.* ⁀ acheter qch. à q.
'**Abkehr** f abandon m (*von* de).
'**abkehren** v/t. u. v/rfl.: (*abfegen*) balayer; *sich* ⁀ détourner (*von* de).
'**abkeltern** v/t. pressurer.
'**abketten** v/t. *Hund*: détacher.
'**abkippen** v/i. perdre l'équilibre; ✈ ⚓ tanguer.
'**abklappen** v/t. rabattre.
'**abklappern** v/t.: *alle Häuser* ⁀ faire du porte-à-porte; *die Geschäfte* ⁀ courir les magasins, F faire le tour des boutiques.
'**abklären** v/t. *Flüssigkeit*: épurer; clarifier; décanter.
'**Abklatsch** m *typ.* épreuve f; (*Stereotypplatte*) cliché m; (*Abdruck*) épreuve f à la brosse; *fig. péj.* mauvais décalque m, (mauvaise) copie f, F mouture f.

'**abklauben** v/t. *Knochen*: ronger.
'**abklemmen** v/t. ✱ pincer; *Finger*: sectionner; ✱ déconnecter; *Auto*: *j-n* ⁀ faire une queue de poisson à q.
'**abklingen** v/i. *Ton*: s'évanouir; *Scherz*: diminuer; s'atténuer.
'**abklopfen** v/t. faire tomber en tapant; *Zigarettenasche*: secouer; *den Staub von etw.* ⁀ épousseter qch.; ✱ percuter; *Orchester*: (faire) arrêter; *den Kesselstein* ⁀ détartrer (*von etw.* qch.).
'**abknabbern** v/t. grignoter.
'**abknallen** v/t. (*abfeuern*) décharger; F (*erschießen*) descendre.
'**abkindern** v/t.: *Schulden (Ehestandsdarlehen)* ⁀ s'acquitter progressivement des primes au mariage en accouchant d'enfants.
'**abknapsen** F v/t. rogner (qch. à q.); *sich etw.* ⁀ épargner qch. en se privant.
'**abkneifen** v/t. ôter en pinçant; pincer; *Draht*: couper.
'**abknicken** v/t. casser.
'**abknipsen** v/t. *Draht*: couper; F *e-n Film* ⁀ tirer un film.
'**abknöpfen** v/t. déboutonner; F *fig. j-m etw.* ⁀ soutirer qch. à q.
'**abknutschen** F v/t.: *j-n* ⁀ embrasser q. avec fougue; F *sich* ⁀ s'embrasser à pleine bouche, à bouche que veux-tu.
'**abkochen** I v/t. faire cuire; *Milch, Wasser*: faire bouillir.
'**abkommandier|en** ✕ v/t. détacher; ⁀**ung** ✕ f détachement m.
'**Abkomme** m descendant su.
'**abkommen** I v/i. s'écarter (*von* de); s'éloigner (de); (*starten*) *Sport*: faire un départ; ✈ s'enlever; (*aus der Mode kommen*) passer de mode; *vom Kurs* ⁀ ⚓ s'écarter de sa route; *vom Thema* ⁀ s'écarter du sujet; *vom Wege* ⁀ s'écarter du chemin; s'égarer; *beim Schießen*: viser bien et tirer à temps; *fig. davon bin ich längst abgekommen* j'en suis revenu depuis longtemps; ⁀ (*sich freimachen*) können pouvoir s'arranger pour être libre; être disponible; *von etw. nicht* ⁀ *können* ne pouvoir se libérer de qch.; II ⁀ n (*Übereinkommen*) accord m; convention f; *mit Gläubigern*: arrangement m; *Sport*: départ m; ✈ décollage m.
'**abkömmlich** adj. disponible.
'**Abkömmling** m descendant m.
'**abkoppeln** v/t. *Hunde*: découpler; v/i. *Raumfahrt*: se désarrimer, se séparer, se désaccoupler, s'éloigner.
'**abkratzen** 1. v/t. gratter; enlever; *den Schmutz von den Schuhen* ⁀ décrotter les souliers, 2. P v/i. (*sterben*) casser sa pipe; clam(p)ser.
'**abkriegen** F v/t. s. abbekommen.
'**abkühl|en** 1. *cuis.* v/t. rafraîchir; réfrigérer; 2. v/rfl.: *sich* ⁀ se rafraîchir; *a. fig.* se refroidir; ⁀**en** n, ⁀**ung** f rafraîchissement m; refroidissement m (*a. fig*); ⁀**ungszeit** f période f de refroidissement.
'**Abkunft** f origine f; descendance f; *v. Tieren*: race f; *von bürgerlicher* ⁀ d'origine bourgeoise; *von niederer* (*hoher*) ⁀ de basse (haute) extraction.
'**abkürz|en** v/t. raccourcir; *Besuch*: écourter; *Wörter usw.*: abréger; ⁀**en** n, ⁀**ung** f raccourcissement m; v.

Wörtern usw.: abréviation *f*; (*Sigel*) sigle *m*.
¹**Abkürzungs|fimmel** *m* abréviomanie *f*; lubie *f* des abréviations; **~zeichen** *n* signe *m* d'abréviation.
abküssen *v/t.* (*v/rf.*: *sich se*) couvrir de baisers.
¹**Ablade|kosten** *pl.* frais *m/pl.* de déchargement; ⁀**n** *v/t.* décharger; ⁀**n** *n* déchargement *m*; **~platz** *m* endroit *m* de déchargement; *von Schutt*: décharge *f*; **~r** *m* déchargeur *m*.
¹**Ablage** *f Ort*: dépôt *m*; magasin *m*; *für Kleider*: vestiaire *m*; *im Badezimmer*: tablette *f*; (*Ablegen*) *v*. *Akten*: classement *m*; **~fach** *Auto* ⁀ vide-poches *m*; **~kasten** *für Akten*: classeur *m*.
¹**ablager|n** 1. *v/t.* (*absetzen*) déposer (*a.* 🜨); (*lagern*) mettre en cave (*resp.* en dépôt *resp.* sur chantier); ~ *lassen Wein usw.*: laisser vieillir; 2. *v/i. Wein usw.*: vieillir; 3. *v/rf.*: *sich* ~ se déposer (*a.* 🜨); → *abgelagert*; ⁀**ung** *f* dépôt *m* (*a.* 🜨); (*Lagerung*) mise *f* en cave (*resp.* en dépôt, *resp.* sur chantier); *géol.* gisement *m*.
¹**Ablaß** *m* (*Abfluß*) écoulement *m*; *rl.* indulgence *f*; **~brief** *m* lettre *f* d'indulgence.
¹**ablassen** 1. *v/t. Teich, Faß*: vider; *Graben*: saigner; *j-m Blut* ~ faire une saignée à q.; *Wein vom Faß* ~ soutirer du vin; *aus e-m Faß in ein anderes* ~ transvaser; *Reifen: die Luft* ~ dégonfler (*aus etw. qch.*); *Dampf* ~ évacuer la vapeur; ✝ *etw. vom Preise* ~ rabattre qch. du prix; (*überlassen*) céder, *käuflich*: vendre; 2. *v/i.* (*aufhören*) cesser (*de*); *von etw.* ~ renoncer à qch.; *von s-r Hartnäckigkeit* ~ revenir sur son obstination; *j-m etw.* ~ donner une part à q. de qch.
¹**Ablaß|hahn** ⊕ *m* robinet *m* d'évacuation; **~handel** *rl. hist. m* trafic *m* des indulgences; **~rohr** ⊕ *n* tuyau *m* d'écoulement; **~ventil** ⊕ *n* soupape *f* d'évacuation.
¹**Ablativ** *gr. m* ablatif *m*.
¹**ablauern** *v/t.* épier; guetter.
¹**Ablauf** *m* (*Abfluß*) écoulement *m*; ⊕ (*Röhre usw.*) déchargeoir *m*; (*Zeit*) expiration *f*; (*der Ereignisse usw.*) déroulement *m*; *nach* ~ *von* au bout de; *vor* ~ *von* dans un délai de.
¹**ablauf|en** 1. *v/i.* (*abfließen*) s'écouler; (*zu Ende gehen*) se terminer, finir; *Frist*: arriver à expiration; (*ungültig werden*) perdre sa validité; *s-e Uhr ist abgelaufen* sa montre s'est arrêtée, *fig.* sa dernière heure est venue; (*abrollen*) se dérouler; (*verlaufen*) se dérouler; se passer; *gut* (*schlecht*) ~ tourner bien (mal); *das wird* (*nicht*) *gut* ~ cela finira bien (mal); 2. *v/t. Gegend usw.*: parcourir; *sich die Schuhsohlen* ~ user ses semelles; *fig. sich die Beine nach etw.* ~ courir partout trouver qch.; *sich die Hörner* ~ jeter sa gourme.; *j-m den Rang* ~ l'emporter sur q.; *die Geschäfte nach etw.* ~ courir les magasins pour trouver qch.; ⁀**frist** *f* échéance *f*; ⁀**rinne** *f* dégorgeoir *m*; rigole *f*; ⁀**röhre** ⊕ *f* tuyau *m* d'écoulement; ⁀**termin** *m* date *f* d'expiration.
¹**ablaugen** I *v/t.* lessiver.
¹**ablauschen** *v/t.* intercepter; *ein Geheimnis* ~ surprendre un secret.

¹**Ablaut** *gr. m* apophonie *f*.
¹**ablauten** *gr. v/i.* changer la voyelle du radical.
¹**ableben** I *v/i.* mourir; décéder; II ⁀ *n* mort *f*, décès *m*, disparition *f*.
¹**ablecken** *v/t.* lécher.
¹**Ableg|efach** *n* casier *m*; **~ekasten** *m*, **~emappe** *f Büro*: classeur *m*; ⁀**en** *v/t.* déposer; *Garderobe*: ôter; enlever; *legen Sie ab!* débarrassez-vous; *abgelegte Kleider* vêtements *m/pl.* qu'on ne porte plus; vieux habits *m/pl.*; *die Maske* ~ jeter le masque; *die Trauer* ~ quitter le deuil; *fig. Gewohnheit*: se défaire de; *e-n Fehler* ~ se corriger d'un défaut; *Gelübde*: faire; *Karten*: écarter; *Prüfung*: subir; passer; *e-n Eid* ~ prêter serment; *e-e Probe* ~ fournir une preuve; *Rechenschaft* ~ rendre compte; *Zeugnis* ~ rendre témoignage (*für* à; *von* de), (*aussagen*) déposer (*für* pour; *gegen* contre; *über acc.* au sujet de); *Briefe, Akten*: classer; **~er** *m* ♂ marcotte *f*; *v. Wein*: provin *m*; **~e-raum** *m* vestiaire *m*.
¹**ablehn|en** *v/t.* refuser; décliner (*a. Verantwortung*); *Antrag*: rejeter; repousser; *Zeugen usw.*: récuser; *jede Verantwortung* ~ rejeter (*od.* décliner) toute responsabilité; **~end** *adj.*: **~e** *Antwort* refus *m*; *sich* ~ *verhalten gegen* se refuser à; *abs.* pencher pour la négative; ⁀**ung** *f* refus *m*; *e-s Antrages*: rejet *m*; ⚖ *v. Zeugen usw.*: récusation *f*; ⁀**ungsfall** *m*: *im* ~ en cas de refus; ⁀**ungsfront** *pol. f* (*Nahostkonflikt*) *f* Front *m* du refus.
¹**ableisten** *v/t. Militärdienst*: faire; accomplir.
¹**ableit|bar** *adj.* dérivable; **~en** 1. *v/t.* détourner; *gr.*, ℞ dériver (*a.* ♂); *Flußwasser in e-n Kanal*: déverser; (*zurückführen*) faire remonter (à); *phil.* déduire; 2. *v/rf.*: *sich* ~ *aus* découler de; *gr.* dériver de; *fig.* résulter de; ⁀**ung** *f* détournement *m*; *gr.* dérivation *f* (*a.* ♂); *v. Flußwasser in e-n Kanal*: déversement *m*; *gr.* dérivation *f*; étymologie *f*; ℞ dérivation *f*; *phil.* déduction *f*; ¹**Ableitungs|silbe** *gr. f* suffixe *m* dérivatif, **~wort** *gr. n* (mot *m*) dérivé *m*.
¹**ablenk|en** 1. *v/t.* détourner (*a. fig.*); (*zerstreuen*) distraire ⁀ dévier (*phys. Lichtstrahlen*): dévier; diffracter, 2. *v/i.* s'éloigner (*von* de); ⁀**ung** *f* (*Zerstreuung*) distraction *f*; *dérivatif* ; *a.* ⚔ diversion *f*; ⚛ déviation *f*; *phys.* diffraction *f*.
¹**Ablenkungs|angriff** ⚔ *m* diversion *f*; **~ball** (*Tennis*) *m* F carotte *f*; **~winkel** *phys. m* angle *m* de déflexion.
¹**Ablese|fehler** *m* erreur *f* de lecture; **~genauigkeit** *f* précision *f* des lectures; ⁀**n** *v/t.* lire; *Zähler*: relever; *j-m etw. von den Augen* ~ lire qch. dans les yeux de q.; *von den Lippen* ~ lire sur les lèvres; *Früchte*: cueillir; *Trauben*: grappiller; *die Raupen von den Bäumen* ~ écheniller les arbres; **~n** *n* (*Lesen*) lecture *f* (*a.* ⊕); (*Einsammeln*) récolte *f*; *v. Trauben*: vendange *f*; ~ *der Raupen* échenillage *m*.
¹**ableucht|en** *v/t.* examiner à la lampe; ⁀**lampe** *f* baladeuse *f*.
¹**ableugn|en** *v/t.* (dé)nier (*a.* ⚖), désavouer; *s-n Glauben*: renier; ⁀**en** *n*, ⁀**ung** *f* dénégation *f* (*a.* ⚖); désaveu

m; *s-s Glaubens*: reniement *m*.
¹**Ablicht|gerät** *n* (thermo) copieur *m*; **~ung** *f* thermocopie *f*.
¹**ablieferr|n** *v/t.* livrer; remettre; fournir; ⁀**n** *n*, ⁀**ung** *f* remise *f*; livraison *f*; ✝ *nach erfolgter* ~ après livraison.
¹**Ablieferungs|buch** *n* livre *m* de sortie du magasin; **~schein** *m* bulletin *m* de livraison; **~termin** *m*, **~zeit** *f* date *f* de livraison.
¹**abliegen** *v/i.* (*entfernt sein*) être éloigné (*von* de); → *abgelegen*.
¹**ablisten** *v/t.*: *j-m etw.* ~ obtenir qch. de q. par ruse; soutirer qch. à q.
¹**ablocken** *v/t.*: *j-m etw.* ~ tirer habilement qch. de q.; *j-m ein Geständnis* ~ arracher un aveu à q.
¹**ablösbar** *adj.* détachable; séparable; amovible; *Anleihe*: remboursable; *Rente*: rachetable.
¹**ablöschen** *v/t. Tinte*: sécher.
¹**ablös|en** 1. *v/t.* détacher; séparer; *Pflaster*: enlever; *chir. Glied*: amputer; *das Zahnfleisch* ~ déchausser les dents; *die Haut* ~ enlever la peau; *fig.* (*loslösen*) dégager; (*abtragen*) *Kapital*: amortir, *Hypothek*: purger, *Schuld*: rembourser; (*loskaufen*) racheter; (*an j-s Stelle treten*) prendre la place (*de*); *bei der Arbeit*: relayer; prendre la relève de; ⚔ *Wache*: relever; 2. *abs.* prendre le relais; 3. *v/rf.*: *sich* ~ se détacher; se séparer; *Farbe, Putz*: s'écailler; (*sich ersetzen*) se remplacer; *bei der Arbeit*, *beim Fahren*: se relayer; *v. Dingen*: alterner; ⁀**ung** *f* séparation *f*; *e-r Schuld*: amortissement *m*; remboursement *m*; (*Loskauf*) rachat *m*; *Ersatzmann*, ⚔ *der Wache*: relève *f*. ¹**Ablösungs|fonds** ✝ *m* fonds *m* d'amortissement; **~mannschaft** *bsd.* ⚔ *f* relève *f*.
¹**abluchsen** *v/t.*: *j-m etw.* ~ soutirer qch. à q.
¹**Abluft** *f* air *m* d'échappement (*od.* d'évacuation).
¹**abmach|en** *v/t.* (*losmachen*) détacher; défaire; (*wegnehmen*) ôter; (*ordnen*) arranger; régler; (*vereinbaren*) convenir (de); tomber (*od.* se mettre) d'accord (sur); (*vertraglich festlegen*) stipuler; *e-e Sache gütlich* ~ s'arranger à l'amiable; → *abgemacht*; ⁀**en** *n*: *das ist ein* ~ cela s'appelle faire d'une pierre deux coups; ⁀**ung** *f* (*Übereinkommen*) accord *m*; convention *f*; arrangement *m*; (*vertragliche Bestimmung*) stipulation *f*; *e-e* ~ *treffen* faire un accord (*über acc.* sur); convenir (de); conclure un arrangement (au sujet de); s'arranger (au sujet de).
¹**abmager|n** *v/i.* maigrir; ⁀**n** *n*, ⁀**ung** *f* amaigrissement *m*, régime *m* amaigrissant; ⁀**ungskur** *f* cure *f* d'amaigrissement; ⁀**ungs-pille** *f* pilule *f* pour maigrir.
¹**abmähen** *v/t.* faucher; *Rasen*: tondre; couper.
¹**abmalen** *v/t.* peindre; *j-n* ~ faire le portrait de q.; (*kopieren*) copier.
¹**Abmarsch** *m* départ *m*; **~bereit** *adj.* prêt à partir (*nach* pour); ⚔ en alerte; ⁀**ieren** *v/i.* partir (*nach* pour); se mettre en marche; **~zeit** *f* heure *f* du départ.
¹**abmartern** *v/rf.*: *sich* ~ *geistig*: se torturer l'esprit.

'abmeißeln v/t. enlever au ciseau.
'Abmeld|eformular n formulaire m de départ; en 1. v/t.: j-n ⁓ déclarer le départ de q.; 2. v/rf.: sich ⁓ déclarer son départ; ⁓ung f auf der Polizei: déclaration f de départ; von Fahrzeugen: déclaration f qu'on n'utilise plus qch.
'abmeßbar adj. mesurable.
'abmess|en v/t. mesurer; (einrichten nach) proportionner (nach à); conformer (à); fig. s-e Worte ⁓ peser ses paroles; → abgemessen; ung f mesurage m.
'abmieten v/t. louer.
'abmontieren I v/t. démonter; II 2 n démontage m.
'abmühen v/rf.: sich ⁓ se donner du mal (od. de la peine); peiner.
'abmurksen F v/t. assassiner; descendre; P zigouiller; P bousiller.
'abmustern ⚓ v/t. licencier.
'abnagen v/t. ronger.
'abnäh|en v/t.: die Taille ⁓ diminuer la taille; abgenähte Falte pli m d'ajustage; er m pince f.
'Abnahme f (Wegnahme) enlèvement m (a. e-s Verbands); e-s Siegels: levée f; chir. amputation f; v. Bauten, Eid: réception f, (Entgegennahme) réception f; acceptation f; (Kontrolle) contrôle m; inspection f; ✝ (Absatz) débit m; (gute) ⁓ finden se vendre (bien); bei ⁓ größerer Mengen en prenant de grandes quantités; (Kleinerwerden) diminution f; décroissance f; décroissement m (a. v. Tagen, Mond); (Kürzerwerden) racourcissement m; (Verfall) décadence f; der Geschäfte: ralentissement m; des Mondes: déclin m; des Wassers: baisse f; décrue f; der Spannung: chute f; ⚔ ⁓ der Kräfte affaiblissement m; ⁓beamte(r) m réceptionnaire m; ⁓prüfung f épreuve f de réception; ✝ examen m des marchandises reçues; ⁓verweigerung f refus m de prendre livraison; ⁓vorschrift f prescription f pour la réception.
'abnehm|bar adj. amovible; démontable; ⁓en 1. v/t. (herunternehmen, wegnehmen) ôter; enlever (a. Brille); chir. amputer; téléph. Hörer: décrocher; Wäsche: décrocher; Telegramm, Ferngespräch, Bauten: recevoir; (entgegennehmen) recevoir; accepter; (kontrollieren) contrôler; (prüfen v. Waren) réceptionner; Rechnung: examiner; Masche: diminuer; Bart: couper; raser; (abpflücken) cueillir; j-m etw. ⁓ prendre qch. à q.; Pässe, Fahrkarten: retirer; den Besatz von e-m Kleid ⁓ dégarnir une robe; j-m etw. in e-m Eid ⁓ faire prêter serment à q.; j-m sein Geld ⁓ soutirer son argent à q.; den Hut vor j-m ⁓ se découvrir (od. ôter son chapeau) devant q.; donner un coup de chapeau à q.; j-m e-e Last ⁓ décharger q. d'un fardeau; j-m die Maske ⁓ démasquer q.; j-m die Sahne ⁓ écrémer (von etw. qch.); j-m e-e Sorge ⁓ délivrer q. d'un souci; j-m ein Versprechen ⁓ faire promettre qch. à q.; j-m die Waffen ⁓ désarmer q.; j-m Waren ⁓ acheter des marchandises à q.; die Zeit ⁓ chronométrer (von etw. qch.); zuviel für etw. ⁓ surfaire le prix de qch.; 2. v/i. diminuer (a. Tage); décroître (a. Tage, Mond); immer mehr: aller en diminuant (resp. en décroissant); (kürzer werden) se raccourcir; (schwächer werden) s'affaiblir; fig. déchoir, baisser; Geschwulst: diminuer; être en régression; Körper: maigrir; dépérir; en n → Abnahme; téléph. des Hörers: décrochage m; ⁓ der Zeit chronométrage m; im ⁓ sein être sur son déclin (od. en décroissance); er(in f) m acheteur m, -euse f; preneur m, -euse f; consommateur m, -trice f; ⁓ finden trouver acheteur (od. preneur); se vendre.
'Abneigung f aversion f (gegen j-n pour od. contre q.; gegen etw. pour qch.); désaffection f (gegen etw. pour qch.); tiefe ⁓ litt. animadversion f (gegen j-n contre q.); e-e ⁓ fassen gegen prendre q. (qch.) en aversion.
ab'norm adj. ano(r)mal; i'tät f anomalie f; itätenkabinett n *fosse f mystérieuse, bisw. *barnum m.
'abnötigen v/t.: j-m Bewunderung ⁓ forcer l'admiration de q.
'abnutz|en v/t. (v/rf.: sich s')user; (se) détériorer par l'usage; → abgenutzt; ung f usure f; détérioration f; ungserscheinung ⚔ f symptôme m d'usure; ungskrieg m guerre f d'usure; ungsstrategie f stratégie d'usure.
Abonne'ment n auf ein Lieferungswerk: souscription f (auf acc. à); thé., Zeitung usw.: abonnement m (auf acc. à); das ⁓ erneuern se réabonner; das ⁓ abbestellen se désabonner; ⁓s-erneuerung f réabonnement m; ⁓skarte f carte f d'abonnement; ⁓spreis m prix m de l'abonnement.
Abon'nent(in f) m abonné m, -e f.
abon'nieren v/t., v/i. u. v/rf. (sich s')abonner (auf acc. à); auf ein Lieferungswerk: souscrire (à); in e-m Theater abonniert sein être abonné à un théâtre.
'ab-ordn|en v/t. déléguer; députer; ung f délégation f; députation f.
'Ab-ort m cabinets m/pl.; W.-C. m; toilettes f/pl.
A'bortus ⚕ m avortement m; fausse couche f.
'abpacken v/t. Waren empaqueter; emballer; (Fördertechnik) 'housser.
'abpassen v/t. Kleid: ajuster; Zeitpunkt, Gelegenheit: attendre; guetter.
'abpellen v/t. Pellkartoffeln, Pfirsiche: peler.
'abpfeifen v/t. Sport: siffler l'arrêt bzw. la fin d'un match.
'Abpfiff m coup m de sifflet d'arrêt bzw. de fin.
'abpflöcken v/t. jalonner (à l'aide de piquets).
'abpflücken v/t. cueillir.
'abpflügen v/t. labourer.
'abpicken v/t. enlever à coups de bec.
'abplagen v/rf. sich ⁓ se fatiguer; F s'échiner; s'éreinter.
'abplatten v/t. aplatir.
'abplatzen v/i. sauter.
'abprägen v/rf.: sich ⁓ laisser une empreinte (auf dat. sur); s'empreindre (sur).
'Abprall m rebondissement m; en v/i. rebondir; Geschoß: ricocher; alles prallt von ihm ab tout le laisse indifférent.
'abpressen v/t. fig. j-m etw. ⁓ arracher (od. extorquer) qch. à q.
'abprotzen ⚔ v/t. décrocher l'avant-train (du canon).
'Abpuster ⊕ cout. m arrondisseur m.
'abputzen v/t. nettoyer; Schuhe: décrotter.
'abquälen v/rf.: sich ⁓ se donner un mal de chien; s'éreinter.
'abquetschen v/t. écraser.
'abrackern F v/rf.: sich ⁓ s'éreinter.
'abrahmen v/t. écrémer.
'abrasieren v/t. raser.
'abraspeln ⊕ v/t. râper.
'abraten v/t.: j-m (v/i. ⁓ von) etw. ⁓ déconseiller qch. à q.; dissuader q. de qch.
'abräumen v/t. débarrasser; Schutt ⁓ déblayer (von etw. qch.); den Tisch ⁓ desservir; défaire la table.
'Abreaktion psych. f défoulement m.
'abrechnen 1. v/t. (abziehen) déduire (von de); décompter; défalquer; (ausgleichen) régler; balancer; Konto: liquider; fig. faire abstraction (von de); 2. v/i.: mit j-m ⁓ régler ses comptes avec q. (a. fig.).
'Abrechnung f (Abzug) déduction f; décompte m; défalcation f; (Rechnungsabschluß) règlement m de comptes (a. fig.); bilan m; e-s Kontos: liquidation f; gegenseitige ⁓ compensation f; nach ⁓ von déduction faite de; ⁓s-stelle f bureau m de liquidation; office m de compensation; ⁓s-tag m jour m de liquidation (resp. du règlement des comptes); ⁓sverkehr m transactions f/pl. de clearing.
'Abrede f: etw. in ⁓ stellen contester qch.; mettre qch. en doute.
'abregen F v/rf.: sich ⁓ se calmer.
'abreib|en 1. v/t. frictionner; frotter; (wegreiben) ôter en frottant; reinigend: nettoyer; polir; abnützend: user en frottant; 2. v/rf.: sich ⁓ (frottieren) se frotter; ung f friction f; frottement m; (Prügel) rossée f; raclée f, F pile f, P dérouillée f, F (Schelte) savon m; lavage m de tête.
'Abreise f départ m (nach pour); fertig zur ⁓ prêt à partir; en v/i. partir (nach pour); wieder ⁓ repartir; ⁓nde(r, m) m, f celui, celle qui part; partant m.
'abreiß|en 1. v/t. arracher; détacher; Haus: démolir; raser; (zerreißen) déchirer; Faden: casser; (aufzeichnen) tracer; 2. v/i. se détacher; fig. cesser; s'arrêter; nicht ⁓ (nicht aufhören) ne pas finir; 3. v/rf.: sich ⁓ se détacher; en n (Niederreißen) démolition f; kalender m calendrier-bloc m; éphéméride f; notizblock m bloc-notes m.
'abreiten 1. v/t. Pferd.: fatiguer; 'harasser; Strecke: parcourir à cheval; ⚔ die Front ⁓ passer à cheval devant le front d'une troupe; 2. v/i. partir (à cheval).
'abrennen v/t.: alle Geschäfte ⁓ courir (od. faire) tous les magasins.
'abricht|en v/t. Tiere: dresser; Falken: affaiter; fig. j-n ⁓ endoctriner q.; en n, ung f dressage m; e-s Falken: affaitage m; fig. endoctrinement m; er m dresseur m.
'Abrieb ⊕ m (Abschabung) abrasion f;

(*Abnutzung durch Reibung*) usure *f* par frottement; (*Schleif*≳) déchets *m/pl.*; (*Sieb*≳) criblure *f*.

'abriegel|n *v/t.* verrouiller; fermer au verrou; ⚔ *u. Straße*: barrer; *durch Polizei*: boucler; *Frontlücke*: verrouiller; ⟨ung *a.* ⚔, *pol. f* verrouillage *m*; ⟨ungsfeuer ⚔ *n* tir *m* de barrage; ⟨ungsstellung ⚔ *f* position *f* en bretelle.

'abrinden *v/t.* écorcer; décortiquer.

'abringen *v/t.* arracher.

'Abriß *m* (*Skizze*) esquisse *f*; ébauche *f*; (*kurze Darstellung*) abrégé *m*; précis *m*; *e-s Hauses*: démolition *f*; ⟨haus *n* maison *f* à démolir; *bei Straßenbegradigung*: maison *f* frappée d'alignement; ⟨unternehmer *m* entrepreneur-démolisseur *m*.

'abrollen 1. *v/t.* (*v/rf.: sich se*) dérouler (*a. fig.*); 2. *v/i. fig. Zeit*: s'écouler; ⟨ lassen Film: passer; projeter.

'abrücken 1. *v/t.* reculer; éloigner; 2. *v/i.* se retirer (*von de*); ⚔ partir; *fig.* prendre ses distances (*von j-m* à l'égard de *q.*).

'Abrudern *n* fin *f* de la saison de canotage.

'Abruf *m* cyb. appel *m*; ✝ *auf* ⟨ *sur appel*; ⟨en *v/t.* 🚂 *zum Einsteigen*: annoncer le départ d'un train; *inform.* (*wählen*) ein Programm ⟨ appeler (*a. auslösen* lancer) un programme; *Daten* ⟨ demander des données.

'abrund|en *v/t.* arrondir (*a. fig.*: *nach oben* en plus, *nach unten* en moins); *men.* chantourner; *charp.* délarder; → *abgerundet*; ⟨en *n*, ⟨ung *f* arrondissement *m*; *men.* chantournage *m*.

'abrupfen *v/t. Huhn usw.*: plumer.

ab'rupt *adj.* abrupt.

'abrüst|en *v/t.*, ⚔ *a. v/i.* désarmer; ⊕ démonter un échafaudage; ⟨en *n*, ⟨ung *f* ⚔ désarmement *m*; ⟨ungskonferenz *f* conférence *f* sur le désarmement.

'abrutschen *v/i.* glisser; *Auto*: déraper; chasser.

'absäbeln F *v/t.* couper grossièrement.

'absacken *v/i.* ♣ couler bas; ✈ tomber dans un trou d'air; *Boden, Mauer*: s'affaisser; *fig.* perdre pied.

'Absage *f* réponse *f* négative *f*; (*Entschuldigung*) excuses *f/pl.*; ⟨n 1. *v/t.* (*abbestellen*) annuler, décommander; *thé.* remettre; *Veranstaltung*: décommander, annuler; *das Konzert wurde abgesagt* le concert n'a pas eu lieu; (*eine Einladung*) ⟨ s'excuser; décliner une invitation; *v. Einladenden*: retirer une invitation; 2. *v/i.* donner une réponse négative (*j-m* à *q.*); *nach Zusage*: se décommander; se déclarer empêché.

'absägen *v/t.* scier.

'absahnen *v/t.* écrémer.

'absatteln *v/t.: Pferd*: desseller.

'Absatz *m* *in e-r Schrift*: alinéa *m*; paragraphe *m*; *beim Diktat*: ⟨! à la ligne!; alinéa!; (*Treppen*≳) palier *m*; *im Gelände*: terrasse *f*; *an Schuh*: talon *m*; ✝ débit *m*; débouché *m*; placement *m*; vente *f*, diffusion *f*; *leichten* ⟨ *finden* se vendre facilement, être d'un placement facile; *guten* ⟨ *finden* avoir un (*od.* être de) bon débit; *reißenden* ⟨ *finden* s'enlever rapidement, F partir en flèche;

⟨anstrengungen *f/pl.* efforts *m/pl.* de vente; ⟨fähig ✝ *adj.* vendable; de bon débit; ⟨flaute *f* mévente *f*; ⟨gelegenheit *f* occasion *f* de vente; ⟨höhe *f* volume *m* des ventes; ⟨kosten *pl.* frais *m/pl.* de vente; ⟨krise *f* mévente *f*; ⟨markt *m* marché *m*; débouché *m*; ⟨menge *f* volume *m* des ventes; ⟨möglichkeit *f* possibilité *f* de vente; ⟨rückgang *m* diminution *f* du chiffre d'affaires; ⟨schwierigkeit *f* difficulté *f* de vente; ⟨steigerung *f* augmentation *f* des ventes; ⟨stockung *f* stagnation *f* des ventes; mévente *f*; ⟨weise *adv.* par alinéas.

'absaufen F *v/i. Schiff*: couler bas.

'absaugen *v/t. Teppich*: nettoyer à l'aspirateur.

'abschab|en *v/t.* gratter; racler; ⟨er *m* racloir *m*; ⟨sel *n* raclure *f*.

'abschaff|en *v/t.* abolir; *Fest, Mißbrauch usw.*: supprimer; *Schulfach usw. a.* larguer; *Gesetz*: abroger; *Personal*: congédier; ⟨ung *f* abolition *f*; *e-s Festes, Mißbrauches usw.*: suppression *f*; *Schulfach*: F *a.* largage *m*; *écol.* ⟨ *der Noten* suppression *f* des notes; *e-s Gesetzes*: abrogation *f*; *v. Personal*: congédiement *m*.

'abschäl|en 1. *v/t.* peler; 2. *v/rf.: sich* ⟨ (*Haut*) peler.

'abschalten 1. *v/t.* ⚡ *Strom*: couper; *Geräte*: débrancher; *mach.* arrêter; 2. *v/i. fig.* ne plus écouter; ⟨ *fig.* dépaysement *m*.

'abschätz|bar *adj.* estimable; évaluable; ⟨en *v/t.* estimer; évaluer; taxer; ⟨er *m* taxateur *m*; ⟨ig *adj.* méprisant; ⟨ung *f* estimation *f*; évaluation *f*; taxation *f*.

'abschaufeln *v/t.* ôter à la pelle.

'Abschaum *m* écume *f*; *fig.* ⟨ *der Menschheit* rebut *m* (*od.* raclure *f*) de l'humanité.

'abschäumen *v/t.* écumer.

'abscheid|en *v/t.* (*v/rf.: sich se*) séparer; 🫘 *a.* (*se*) précipiter; → *abgeschieden*; ⟨ung *f* séparation *f*; 🫘 *a.* précipitation *f*.

'abscheren *v/t. Schafe*: tondre.

'Abscheu *m* (*Abneigung*) répulsion *f*; aversion *f*; (*Entsetzen*) abomination *f*; (*Schauder*) horreur *f*; (*Ekel*) dégoût *m*; ⟨ einflößen faire horreur; *vor j-m* (*vor etw.*) ⟨ *haben* avoir *q.* (*qch.*) en horreur.

'abscheuern 1. *v/t.* récurer; 2. *v/rf.: sich* ⟨ (*abnutzen*) s'user par frottement.

ab'scheulich *adj.* horrible; détestable; abominable; atroce; affreux, -euse; ⟨keit *f* horreur *f*; abomination *f*; atrocité *f*.

'abschicken *v/t.* envoyer; expédier.

'abschieben 1. *v/t. Schuld usw.*: rejeter (*sur*); *lästige Person*: F expédier (*q.*); se débarrasser (de); 2. *v/i.* P (*weggehen*) filer; déguerpir.

'Abschied *m* (*Lebewohl*) adieux *m/pl.*; *offiziell*: congé *m*; ⟨ *von der Welt nehmen* dire adieu au monde; ⟨ *nehmen* prendre congé (*von j-m* de *q.*); *für länger*: faire ses adieux (à *q.*); (*Entlassung*) démission *f*; retraite *f*; *s-n* ⟨ *nehmen* (*od. einreichen*) demander sa mise à la retraite, donner sa démission, ⚔ quitter le service; *j-m*

s-n ⟨ *erteilen* (*bewilligen*) mettre *q.* à la retraite (sur sa demande); ⟨s-ansprache *f* discours *m* d'adieu(x); ⟨s-auftritt *thé.* *m* adieux *m/pl.* sur scène; ⟨s-essen *n* dîner *m* (*od.* repas *m*) d'adieu(x); ⟨sfeier *f* fête *f* d'adieu(x); ⟨sgesuch *n* demande *f* de mise à la retraite; ⟨skuß *m* baiser *m* d'adieu; ⟨sschmerz *m* douleur *f* de l'adieu; ⟨strunk *m* coup *m* de l'étrier.

'abschießen I 1. *v/t. Gewehr*: décharger; *Kugel, Schuß*: tirer; *Pfeil usw.*: décocher; *Rakete, Torpedo*: lancer; *mit Katapult*: catapulter; *Flugzeug*: abattre; descendre; *Panzer*: détruire; *fig.* F (*entlassen*) débarquer.

'abschind|en *v/rf.* F *sich* ⟨ s'éreinter; s'échiner.

'abschirm|en *v/t.* protéger (*gegen contre*); 🎇 *a.* blinder; ⚔ (*decken*) couvrir; *abgeschirmt* 🎇 *a.* sous écran; ⟨ung *f* protection *f*; 🎇 blindage *m*; ⚔ (*Deckung*) couverture *f*.

'abschirren *v/t.* déharnacher.

'abschlachten *v/t.* égorger; abattre.

'Abschlag *m* Fußball: (*Abstoß*) coup *m* de pied de but; ✝ diminution *f*; déduction *f*; (*Rabatt*) remise *f*; rabais *m*; *auf* ⟨ *kaufen* acheter à tempérament; *ohne* ⟨ sans rien rabattre; ⟨en *v/t.* abattre; *Früchte*: gauler (*von e-m Baum* un arbre); *Kopf usw.*: couper; trancher; *Lager, Gerüst*: démonter; *Bitte*: repousser; refuser.

'abschlägig *adj.* négatif; *ein Gesuch* ⟨ *bescheiden* rejeter une demande; ⟨ *beschieden werden* essuyer un refus.

'Abschlags|dividende *f* dividende *m* provisoire; ⟨zahlung *f* paiement *m* par acomptes (*od.* à tempérament).

'abschlämmen *v/t.* débourber.

'abschleifen I *vt.* enlever à la meule; (*v/rf.: sich se*) polir (*a. fig.*); (*schärfen*) affiler; *Messer*: aiguiser; *Edelsteine*: égriser.

'Abschlepp|dienst *m* Auto: service *m* de dépannage; ⟨en 1. *v/t. Auto*: remorquer (*a. Schiff*); dépanner; 2. *v/rf.: sich* ⟨ s'éreinter (en portant des fardeaux), traîner un lourd fardeau; ⟨en *n* Auto: dépannage *m*; remorquage *m*; ⟨kran *m* grue *f* dépanneuse; ⟨seil *n* câble *m* de remorquage; ⟨wagen *m* Auto: dépanneuse *f*.

'abschleudern ⚔ *v/t.* catapulter.

'abschließ|bar *adj.* fermant à clé; ⟨en 1. *v/t. Tür usw.*: fermer (à clef); (*isolieren*) isoler; (*beenden*) achever; terminer; *Debatte, Streitigkeiten*: clore; ✝ *Bücher*: clôturer; arrêter; *Anleihe*: contracter; *Vertrag*: conclure; *Rechnung*: régler; *Konto*: arrêter; *Wette*: faire; 2. *v/rf.: sich* ⟨ s'isoler; s'enfermer; 3. *v/i. Jahr*: se terminer (*mit par*); *mit e-m Defizit* ⟨ *laisser un déficit*; rester en déficit; ⟨end *adv.* à la fin; finalement; pour finir.

'Abschluß *m* *e-r Arbeit, e-s Buches, des Studiums, e-s Vertrages usw.*: conclusion *f*; *e-r Debatte, Rechnung, Anleihe*: clôture *f*; (*Bilanz*) bilan *m*; *zum* ⟨ *pour finir* (*od.* terminer *od.* conclure); finalement; enfin; *zum* ⟨ *bringen* finir; terminer; conclure; *zum* ⟨ *kommen* s'achever; *mit etw. zum* ⟨ *kommen* en finir avec qch.; ~klasse f classe f terminale; ~prüfung f examen m final (od. de fin d'études); ~termin m date f de clôture; ~zeugnis n diplôme m, certificat m de fin d'études.

'**abschmecken** v/t. goûter (a. à od. de); Getränke: a. déguster.

'**Abschmelz|dauer** f durée f de fusion; ~draht m fil m fusible; ℒen 1. v/t. séparer par fusion; 2. v/i. fondre.

'**abschmieren I** v/t. Auto usw.: graisser; **II** ℒ n graissage m.

'**abschminken** v/t. (v/rf.: sich se) démaquiller; thé. (se) dégrimer.

'**abschmirgeln** v/t. polir à l'émeri.

'**abschnallen** v/t. Gürtel: enlever.

'**abschneiden** 1. v/t. couper; Fingernägel: (sich se) rogner; den Weg ~ (e-n kürzeren Weg einschlagen) prendre un raccourci; j-m den Weg ~ couper la route à q.; j-m das Wort ~ couper la parole à q.; 2. v/i.: gut ~ s'en tirer bien; vergleichend: être bien placé.

'**Abschnitt** m morceau m; tranche f; coupon m; ⚔ segment m; (Teil e-s Ganzen) partie f; section f; (Kontrollabschnitt) talon m; souche f; e-s Buches: paragraphe m; in Gesetzbüchern: titre m; in der Geschichte: période f; époque f; (Etappe) étape f; ✕ der Front: secteur m; ℒ(s)**weise** adv. par sections usw.

'**abschnüren** v/t. (mit e-r Schnur abbinden) serrer avec une corde; ✂ ligaturer.

'**abschöpfen** v/t. enlever (à la partie supérieure d'un liquide); Kaufkraft: absorber; das Fett von einer Brühe ~ dégraisser un bouillon; die (Sahne von der) Milch ~ écrémer le lait; den Schaum ~ écumer; fig. das Beste (od. das Fett) ~ écrémer qch.

'**abschott|en** v/t. ⚓ cloisonner; fig. pol. DDR séparer totalement; s-e Grenzen ~ renforcer ses frontières; fig. die Gefangenen ~ séparer les prisonniers du monde extérieur; ℒung f pol. DDR renforcement m des frontières; séparation f totale.

'**abschräg|en** v/t. tailler en biseau; ⊕ chanfreiner; biseauter; Erdboden: taluter; ℒung f ⊕ chanfreinage m.

'**abschraub|bar** adj. dévissable; ~en v/t. dévisser.

'**abschreck|en** v/t. fig. intimider; effaroucher; ⊕ Stahl: tremper; cuis. mit kaltem Wasser ~ rafraîchir; ~end adj. effrayant; repoussant; ✕ dissuasif, -ive; ~es Beispiel exemple m à ne pas suivre; ℒung f fig. intimidation f; ✕ dissuasion f; ⊕ des Stahls: trempe f; ℒungsmacht ✕ f force f de frappe (od. de dissuasion).

'**abschreib|en** v/t. copier (von j-m sur q.); (ins reine schreiben) mettre au net; ✝ (abrechnen) déduire; (tilgen) amortir; (abbestellen) décommander par écrit; (absagen) s'excuser par écrit; Feder usw.: user en écrivant; ℒ écol., univ. n copiage m; ℒung f ✝ amortissement m; ℒungsbetrag m montant m de l'amortissement; ℒungsrücklage f réserve f pour les amortissements.

'**abschreiten** v/t. mesurer en comptant les pas; ✕ die Front ~ passer les troupes en revue.

'**Abschrift** f copie f; e-r Urkunde: double m; duplicata m; beglaubigte ~ copie f certifiée conforme; für gleichlautende ~ pour copie conforme; ~ nehmen prendre copie (von de); ℒ**lich** adv.: ~ fügen wir ... bei ci-joint la copie de ...

'**abschrubben** v/t. nettoyer à la brosse bzw. au balai-brosse.

'**Abschub** m (polizeiliche Entfernung) expulsion f; (Evakuierung) évacuation f.

'**abschuften** v/rf.: sich ~ s'éreinter.

'**abschuppen** 1. v/t. écailler; 2. v/rf. sich ~ (Haut) se desquamer.

'**abschürf|en** v/t. sich die Haut ~ s'érafler la peau; ℒung f éraflure f.

'**Abschuß** m e-s Torpedos, Raumschiffes, e-r Rakete: lancement m; ✈ victoire f au combat aérien.

'**abschüssig** adj. en pente; raide; escarpé; à pic; ~ verlaufen Straße: dévaler; ℒ**keit** f déclivité f.

'**Abschußrampe** f für Raketen: rampe f de lancement.

'**abschütteln** v/t. Obst: faire tomber en secouant l'arbre; j-m von sich ~ se débarrasser de q., F semer q.

'**abschütten** v/t. verser le trop-plein.

'**abschwäch|en** v/t. affaiblir (a. phot.); Wirkung, Lautstärke: réduire; Stoß: amortir; Farbe, Ausdruck: atténuer; ℒer phot. m faibliseur m; ℒung f affaiblissement m; e-s Stoßes: amortissement m; fig. atténuation f; modération f.

'**abschwatzen** F v/t.: j-m etw. ~ soutirer qch. à q. par de belles paroles.

'**abschweif|en** v/i. s'écarter od. s'égarer (vom Thema du sujet); se livrer à des digressions; divaguer; ~end adj. incohérent; ℒung f digression f.

'**abschweißen** ⊕ v/t. dessouder.

'**abschwellen** v/i. ✂ désenfler; fig. diminuer.

'**abschwemm|en** v/t. Ufersand: entraîner; emporter; géol. (unterspülen) éroder; ℒung f (Erosion) érosion f; Kanalisation: dégorgement m, dégorgeage m.

'**abschwenken** v/i. Truppe usw.: tourner (nach rechts à droite); fig. se détourner (de).

'**abschwimmen** v/i. s'éloigner à la nage.

'**abschwindeln** v/t.: j-m etw. ~ escroquer qch. à q.

'**abschwören** v/t. s-m Glauben, s-n Prinzipien: abjurer.

'**Abschwung** m gym. sortie f; ✈ inclinaison f brusque; éc. régression f.

'**absegeln** ⚓ v/i. partir (nach pour); mettre à la voile (nach pour).

'**absegnen** F fig. bsd. pol. v/t.: etw. ~ approuver qch.; donner son accord à qch.

'**absehbar** adj. prévisible; in ~er Zeit dans un avenir peu éloigné; sous peu.

'**absehen** 1. v/t. (voraussehen) prévoir; es ist noch kein Ende abzusehen on ne sait pas encore comment cela va finir; die Folgen sind nicht abzusehen cela peut avoir des conséquences graves; j-m etw. ~ apprendre de q. en le regardant faire; j-m etw. an den Augen ~ lire qch. dans les yeux de q.; es auf j-n abgesehen haben viser q.; es ist auf Sie abgesehen vous êtes visé; es auf etw. (acc.) abgesehen haben avoir des visées sur qch.; 2. v/i. fig. (nicht in Betracht ziehen) faire abstraction (von de); Schule: von j-m ~ copier sur q.; → abgesehen.

'**abseifen** v/t. savonner.

'**abseilen** alp. 1. v/t. j-n (etw.) ~ descendre q. (qch.) à la corde; 2. v/rf.: sich ~ descendre en rappel; faire un rappel; se laisser descendre à la corde.

'**absein** v/i. Knopf: avoir sauté; fig. être à bout (de forces); F être éreinté (od. échiné od. à plat).

'**abseits** 1. adv. à l'écart; Sport: 'hors--jeu; 2. prp. ~ von à l'écart de; ℒ**stellung** f Sport: 'hors-jeu m; ℒ**tor** n Sport: but m marqué en 'hors-jeu.

'**absend|en** v/t. envoyer; expédier; ℒ**er(in** f) m expéditeur m, -trice f; zurück an ~! retour à l'expéditeur (od. à l'envoyeur)!; falls unzustellbar, zurück an ~ si inconnu à l'adresse indiquée, prière de retourner à l'expéditeur; ℒung f envoi m; expédition f; ℒungs-ort m lieu m d'expédition; ℒungs-postamt n bureau m expéditeur.

'**absengen** v/t. flamber.

'**absenk|en** 1. v/t. Wein: provigner; ein Reis: marcotter; ✕ Schacht: creuser; 2. sich ~ aller en pente; s'incliner; ℒen Weinstocks: provignement m; e-s Reises: marcottage m; ℒer m vgl. Ableger.

'**absetz|bar** adj. Beamter: destituable; ✝ vendable; (abzugsfähig) déductible; ℒ**bewegung** ✕ f repli m; décrochage m; ~en 1. v/t. u. v/rf. ⚓, Staub: sich ~ déposer; Hut: ôter; enlever; Beamte: destituer; sich ~ se replier (de); décrocher (de); ✝ (abziehen) déduire (de); thé. ♪ (staccato spielen) détacher les notes; (entwöhnen) sevrer; (entthronen) détrôner; vom Budget (von der Tagesordnung) ~ rayer du budget (de l'ordre du jour); Waren: vendre, diffuser, placer; écouler; débiter; leicht abzusetzen de bon débit; typ. Manuskript: composer; die Zeile ~ aller à la ligne; 2. v/i. s'interrompre; s'arrêter; faire une pause; ohne abzusetzen d'un seul trait; vom Lande ~ s'éloigner de terre; ℒung f v. Beamten: destitution f, révocation f; bsd. pol. éviction f.

'**absicher|n** v/t. protéger; assurer; ℒung f protection f; éc. garantierte ~ der vorhandenen Arbeitsplätze ossification f; fin. außenwirtschaftliche ~ mesures f/pl. correctives du commerce extérieur.

'**Absicht** f intention f; dessein m; (Ziel) but m; fin f; visée f; ~en pl. (Pläne) projets m/pl.; vues f/pl.; auf j-n ~en haben avoir des vues sur q.; in welcher ~? avec quelle intention?; dans quel dessein?; à quelle fin?; in der ~, zu (inf.) dans l'intention (od. le dessein) de... (inf.); mit ~ à dessein; F exprès; ohne ~ sans dessein; sans intention; F pas exprès; ohne böse ~ sans mauvaise intention; sans penser à mal; in der besten ~ avec les meilleures intentions; in böser ~ dans une mauvaise intention; die ~ haben zu ... (inf.) avoir l'intention de ... (inf.); die feste ~ haben avoir la ferme intention

absichtlich — abstoßen

(zu ... inf. de ... inf.); das lag nicht in m-r ~ ce (od. telle) n'était pas mon intention; ⸰lich 1. adj. intentionnel, -elle; voulu; 2. adv. à dessein, exprès; avec intention, de propos délibéré; ~ etw. tun faire qch. exprès; ~erklärung a. pol. f déclaration f d'intention; ⸰slos adj. u. adv. sans intention.

'**absingen** v/t. Lied: chanter (vom Blatt à livre ouvert od. à première vue).

'**absinken** I v/i. tomber; fig. baisser; II ⸰ n des Fiebers: relâchement m; das Fieber ist im ~ la fièvre baisse.

Ab'sinth m absinthe f.

'**absitzen** 1. v/i.: von j-m (weit) ~ être assis à distance de q.; vom Pferd ~ descendre de cheval; 2. v/t. e-e Strafe ~ purger une peine.

abso'lut 1. adj. absolu; 2. adv. absolument; ⸰e(s) n absolu m.

Absolu'tion rl. f absolution f; j-m ~ erteilen absoudre q.

Absolu'tis|mus m absolutisme m; ⸰tisch adj. absolutiste.

Absol'vent(in f) m celui (celle) qui a achevé (od. terminé) ses études.

absol'vieren v/t. s-e Studien ~ achever (od. terminer) ses études.

ab'sonderlich (sonderbar) adj. singulier; bizarre; étrange; ⸰keit f (Sonderbarkeit) singularité f; bizarrerie f; étrangeté f.

'**absondern** 1. v/t. séparer (von de); détacher; (vereinzeln) isoler; physiol. sécréter; ⸰ précipiter; 2. v/rf. sich ~ se séparer (von de); abs. s'isoler; se mettre à part; a. pol. faire bande à part; ⸰ se précipiter.

'**Absonderung** f séparation f; (Isolierung) isolement m; physiol. sécrétion f; ~sanspruch m im Konkurs: droit m au traitement séparé; ⸰sberechtigt adj. im Konkurs: bénéficiant d'un traitement séparé; ~sdrüse physiol. f glande f sécrétoire.

absor'bier|bar adj. absorbable; ~en v/t. absorber.

'**absorgen** v/rf.: sich ~ se faire des soucis; s'inquiéter; se tracasser.

Absorpti'on f absorption f; ~sfähigkeit f faculté f d'absorption; ~sfilter n filtre m d'absorption; ~skühlmaschine f réfrigérateur m à absorption; ~smittel n absorbant m; ~svermögen n puissance f d'absorption.

'**abspalten** v/t. séparer; détacher; fendre.

'**Abspann|draht** m fil m d'arrêt; ⸰en v/t. Feder ausw.: détendre; Tiere: dételer; → abgespannt; ~en n détente f; v. Tieren: dételage m; ~klemme f borne f d'arrêt; ~ung fig. f fatigue f.

'**absparen** v/t. économiser; sich etw. vom Munde ~ économiser qch. sur sa nourriture.

'**abspecken** F v/i. perdre du poids, maigrir.

'**abspeisen** v/t.: j-n mit etw. ~ donner qch. à manger à q.; fig. j-n mit leeren Worten ~ payer q. de belles paroles, de belles promesses, en monnaie de singe.

'**abspenstig** adj.: j-n j-m ~ machen prendre q. à q.; Kunden a.: enlever; Arbeiter usw.: débaucher; j-m ~ werden quitter le parti de q.

'**absperr|en** v/t. (abschließen) fermer; Straße usw.: barrer; (durch Barrikaden verrammeln) barricader; Gelände, Viertel: cerner; encercler; (absondern) isoler; Verkehr, Maschine: arrêter; Wasser, Gas, Strom: couper; Hafen: bloquer; ⸰ung f e-r Straße usw.: barrage m; (Absonderung) isolement m; des Verkehrs, e-r Maschine: arrêt m; Wasser usw.: coupure f; e-s Hafens: blocus m; ⸰hahn m robinet m d'arrêt; ⸰ventil n soupape f d'arrêt.

'**abspiegeln** v/t. (v/rf. sich se) refléter (a. fig.), ⸰ung f reflet m.

'**abspiel|en** 1. v/t. Schallplatte: passer; ♪ vom Blatt ~ jouer à livre ouvert (od. à première vue); 2. v/rf.: sich ~ se passer; avoir lieu; se dérouler; ⸰kopf m Tonband: tête f de lecture; lecteur m.

'**absplittern** v/i. sauter en éclats.

'**Absprache** f arrangement m; accord m; règlement m; gemeinsame ~ mit j-m concertation f avec q.

'**absprechen** 1. v/t.: j-m etw. ~ contester od. dénier qch. à q.; mit j-m etw. ~ convenir de qch. avec q.; 2. v/rf.: sich ~ se donner le mot; ~d adj. in ~er Weise défavorablement; d'un ton de dénigrement.

'**absprengen** v/t. faire sauter; Blumen: arroser, leicht: asperger.

'**abspringen** v/i. sauter; abs. Sport: partir; ✈ mit dem Fallschirm ~ sauter en parachute; (sich ablösen) se détacher; (abfallen) tomber; (zurückprallen) rebondir; der Knopf (die Kette) ist abgesprungen le bouton (la chaîne) a sauté; fig. changer; von e-r Partei ~ se détacher d'un parti; faire défection à un parti; abs. ~ (Beruf wechseln) changer de profession.

'**abspritzen** v/t. Blumen: arroser, leicht: asperger; Auto: (waschen) laver, (lackieren) peindre au pistolet.

'**Absprühung** cosm. f: ~ mit Mineralwasser pulvérisation f d'eau minerale.

'**Absprung** m saut m; bsd. Sport: appel m; ~ mit dem Fallschirm saut m en parachute.

'**abspulen** ⊕ v/t. dévider.

'**abspül|en** v/t. rincer; ⸰ung géol. f: pluviale (nivale) ~ ruissellement m pluvial (nival).

'**abstamm|en** v/i. descendre (von de); ⸰ung f descendance f; ⸰ungslehre f théorie f de la descendance.

'**Abstand** m distance f; écart m; intervalle m; △ espacement m; in gleichen Abständen à distances égales; mit ~ de loin; de beaucoup; ~ nehmen von renoncer à, s'abstenir de, v. e-r Meinung: se distancer de; ~sgeld n (Entschädigung) indemnité f; bei Wohnungen usw.: pas m de porte.

'**abstatten** v/t.: j-m e-n Besuch ~ rendre visite à q.; j-m s-n Dank ~ exprimer ses remerciements à q.

'**abstauben** épousseter; dépoussiérer.

'**abstech|en** 1. v/t. Tiere: saigner; Rasen: couper; Hochofen, Kanal: percer; Wein: soutirer; Teich: drainer; 2. v/i. gegen etw. (acc.) (od. von) etw. (dat.) ~ contraster avec qch.; bsd. Farben: grell ~ trancher (sur); jurer (avec); ⚓ (vom Lande) ~ s'éloigner de terre; ⸰er m crochet m (nach à jusqu'à), escapade f, pointe f (vers/jusqu'à).

'**absteck|en** v/t. Schneiderei: épingler; Lager, Gebiet, Fahrbahn: jalonner; Bahnlinie, Grenzen, Programm, Ziele: tracer; (abgrenzen) délimiter; ⸰erin cout. f essayeuse f; ⸰fähnchen n fanion m de jalonnement; ⸰leine f cordeau m; ⸰linie f zu e-m Gebäude usw.: tracé m; ⸰pfahl m, ⸰pflock m piquet m; jalon m.

'**abstehen** 1. v/i. être distant; gleich weit ~ von être à égale distance de; von etw. ~ renoncer à qch., se désister de qch.; 2. v/t.: sich (dat.) die Beine ~ se fatiguer à rester debout; → abgestanden; ~d adj.: ~e Ohren oreilles f/pl. décollées.

'**absteifen** I v/t. ⊕ étayer; △ arc-bouter; II ⸰ n ⊕ étayage m.

'**absteigen** v/i. descendre; mettre pied à terre; ⸰equartier n gîte m; péj. hôtel m de passe.

'**abstell|en** v/t. Lasten: poser; Gepäck: déposer; Mißstände: remédier (à); Fehler: corriger; Auto: garer, ranger, parquer; Maschinen, Motor: arrêter; stopper; Heizung, Radio: arrêter; fermer; Gas: couper; ⸰gleis n voie f de garage; ⸰hahn m robinet m d'arrêt; ⸰platz m (für Fahrzeuge) place f, emplacement m (pour garer une voiture); (für beschlagnahmte Autos) m fourrière f; ⸰raum m débarras m; ⸰vorrichtung f dispositif m d'arrêt.

'**abstemmen** ⊕ v/t. enlever au ciseau.

'**abstempeln** v/t. timbrer; Briefmarke: oblitérer; fig. qualifier (de).

'**absteppen** v/t. piquer.

'**absterben** v/i. Glieder: s'engourdir; ✿ s'atrophier.

'**Abstieg** m descente f; fig. déclin m.

'**abstielen** Obst: équeuter.

'**Abstimm|bereich** m rad. gamme f d'accord; ⸰en 1. v/t. (in Einklang bringen) accorder (a. ♪ u. rad.); fig. etw. aufea. ~ harmoniser qch.; 2. v/i. (wählen) voter; über etw. (acc.) ~ voter qch.; soumettre qch. à un vote; mettre qch. aux voix; ⸰ende(r) m votant m; ⸰knopf m bouton m d'accord (od. de réglage); ⸰kondensator m condensateur m de syntonisation (od. d'accord); ⸰schärfe f sélectivité f; ⸰spule f bobine f de syntonisation; ⸰ung f rad. syntonisation f; v. Produktionsprogrammen: harmonisation f; (Wahl) vote m; scrutin m (geheime secret; offene public); (Volks⸰) plébiscite m; référendum m; zur ~ bringen mettre aux voix; zur ~ schreiten passer au vote (über etw. acc. qch.); namentliche ~ vote m par appel nominal; ~ durch Sitzenbleiben und Aufstehen (durch Erheben der Hände od. durch Handzeichen) vote m par assis et levé (à mains levées); ⸰ungs-ergebnis n résultat m du vote; ⸰ungsverfahren n procédure f de vote.

absti'nent adj. antialcoolique.

Absti'nenz f antialcoolisme m; ⸰ler m antialcoolique su.

'**abstoppen** 1. v/t. arrêter; stopper; Lauf: chronométrer; Tempo: ralentir; fig. mettre un frein (à); 2. v/i. s'arrêter; ralentir.

'**Abstoß** m Fußball: coup m de pied de but.

'**abstoß|en** v/t. Boot vom Ufer: don-

ner une poussée; *phys.* repousser; (*verkaufen*) vendre; *die Ecken e-s Buchdeckels* ~ écorner un livre; *sich die Hörner* ~ jeter sa gourme; ⚒ *Steine*: chanfreiner; *fig.* dégoûter; *Raumfahrt*: se débarrasser (de); ~**end** *adj.* repoussant; dégoûtant; rebutant; répugnant; écœurant; ⚙**ung** *phys., fig. f* répulsion *f*.
'**abstottern** F *v/t.* (*abbezahlen*) payer par acomptes (*od.* à tempérament).
ab'strakt *adj.* abstrait; ~**e** *Kunst f* art *m* abstrait; ~ *Malerei f* peinture *f* abstraite; ⚙**um** *ling. n* nom *m* (*od.* terme *m*) abstrait.
'**Abstrampeln** F *n* piétinement *m*.
'**abstreichen** *v/t. Schaum, Schmutz*: enlever; ⚔ *Scheinwerfer, Beschuß*: balayer.
'**abstreifen** *v/t. Handschuhe usw.*: enlever, ôter; *die Asche von der Zigarre* ~ enlever la cendre de son cigare; *fig. etw.* ~ se débarrasser (*od.* se défaire) de qch.; *Joch*: secouer; se libérer de; *Gelände*: battre.
'**abstreiten** *v/t.* (*ableugnen*) nier (*mit reinem inf.*); 🏛 *a.* désavouer (qch.); *Rechte, Kenntnisse*: contester; dénier.
'**Abstrich** *m* (*Einsparung*) réduction *f*; 🏥 prélèvement *m*, frottis *m*; (*Schrift*) plein *m*; *éc.* ~**e** *von e-m Programm machen* porter la hache dans un programme.
'**abstriegeln** *v/t.* étriller.
'**abströmen** *v/i.* s'écouler à flots; ⚓ être entraîné par le courant; *fig. Menge*: se disperser; s'écouler.
ab'strus *adj.* abstrus.
'**abstuf|en** *v/t. géol.* étager; (*staffeln*) échelonner; *nach Graden*: graduer; *Farben*: (*v/rf.: sich se*) nuancer (*a. fig.*); *peint.* dégrader; ⚙**ung** *f* gradation *f*; nuance *f*; (*Staffelung*) échelonnement *m*; *peint.* dégradation *f*.
'**abstumpfen** *v/t.* (*v/rf.: sich* s'é-mousser; (*die Spitze abbrechen*) épointer; *Kegel*: tronquer; *fig.* abrutir; 🎵 neutraliser.
'**Absturz** *m* (*Fallen*) chute *f* (*a.* ✈); (*Abhang*) pente *f* escarpée; précipice *m*; *zum* ~ *bringen* ✈ abattre, descendre.
'**abstürzen** *v/i.* faire une chute; tomber; ✈ s'abattre; *alp.* dévisser; dérocher; *Abhang*: tomber à pic.
'**abstützen** *v/t.* ⊕ étayer (*a. fig.*); ⚒ arc-bouter, contrebuter.
'**absuchen** *v/t.* fouiller; *Gelände*: explorer; *nach Raupen* ~ écheniller; *ch.* battre; *mit Scheinwerfer, Radar*: balayer le ciel.
ab'surd *adj.* absurde; saugrenu; ⚙**i-tät** *f* absurdité *f*.
Ab'szeß *m* abcès *m*.
Ab'szisse ⚬ *f* abscisse *f*.
Abt *m* abbé *m*.
'**abtakeln** ⚓ *v/t.* dégréer; *Mast*: désarmer.
'**Abtast|dose** *f am Plattenspieler*: pick-up *m*; ⚙**en** *v/t.* (*v/rf.: sich se*) tâter; *Schallplatte, Lochkarte*: lire, détecter, explorer; *télév., Radar*: balayer; *fig.* sonder; ~**er** *télév. m* dispositif *m* de balayage.
'**abtauen 1.** *v/i.* dégeler; **2.** *v/t.* dégeler; ⚡, *Kühlschrank, Fenster usw.*: dégivrer.
Ab'tei *f* abbaye *f*; ~**kirche** *f* église *f* abbatiale.
'**Abteil** 🚂 *n* compartiment *m*.
'**abteilen** *v/t.* diviser; (*absondern*) séparer; *durch e-e Wand* ~ cloisonner.
'**Abteilung**¹ *f* (*Einteilung*) division *f*; (*Lostrennung*) séparation *f*; *durch e-e Wand*: cloisonnement *m*.
Ab'teilung² *f* (*e-r Behörde*) bureau *m*, service *m*, division *f*, département *m*; (*e-r Firma*) département *m*, service *m*; section *f*; (*e-s Krankenhauses*) service *m*; (*e-s Warenhauses*) rayon *m*; ⚔ groupe *m*; ~**sleiter** *m e-r Behörde*: chef *m* de service; *e-s Warenhauses*: chef *m* de rayon.
'**abtelefonieren** *v/t.* décommander par téléphone.
'**abteufen** ⛏ *v/t.* foncer; creuser.
'**abtippen** *v/t.* taper (à la machine); *noch einmal* ~ retaper.
Äb'tissin *f* abbesse *f*.
'**abtönen** *v/t. Farben*: nuancer.
'**abtöten** *v/t. Bazillen, Nerv*: tuer; *Zahn*: dévitaliser; *Gefühl*: étouffer.
'**abtragen 1.** *v/t. Haus*: démolir; *Hügel*: aplanir; *die Tafel* ~ desservir (la table); *Schuld*: acquitter; *Hypotheken*: purger; *Rente*: amortir; (*abnutzen*) user.
'**abträglich** *adj.* nuisible; préjudiciable.
'**Abtransport** *m* transport *m*; (*Evakuierung*) évacuation *f*; ⚙**ieren** *v/t.* transporter; (*evakuieren*) évacuer.
'**abtreib|en 1.** *v/t. Wind, Strömung*: déporter; ⚓ *a.* drosser; *chir. das Kind* ~ *lassen* se faire avorter; **2.** *v/i.* ⚓, ✈ dériver; ~**end** *adj.* ✈ *ein Kind* ~ abortif, -ive; ⚙**ung** *chir. f* avortement *m*; ⚙**ungsmittel** *n* abortif *m*.
'**abtrenn|bar** *adj.* séparable; ~**en** *v/t.* (*v/rf.: sich se*) séparer; (s')isoler; *An-genähtes*: découdre; *Abschnitt*: détacher; ⚙**ung** *f* séparation *f*.
'**abtret|bar** *adj.* qui peut être cédé; 🏛 cessible; ⚙**barkeit** 🏛 *f* cessibilité *f*; ~**en 1.** *v/t.* (*abnutzen*) user en marchant dessus; user à force d'y passer; *Schuhabsätze*: éculer; *sich die Füße* ~ s'essuyer les pieds; *fig. j-m etw.* ~ céder qch. à q. (*a. Gebiet,* 🏛); **2.** *v/i.* se retirer; *Beamte*: démissionner; *von der Bühne* ~ quitter la scène; ⚙**er** *m* décrottoir *m*; (*Fußmatte*) paillasson *m*; ⚙**ung** *f* cession *f*; ⚙**ungs-urkunde** *f* acte *m* de cession.
'**Abtrieb** *m e-r Herde*: transhumance *f* d'hiver.
'**Abtrift** *f* ⚓, ✈ dérive *f*; *bei Sturzbächen*: charriage *m*; ~**messer** ⚓, ✈ *m* dérivomètre *m*.
'**abtrinken** *v/t.* boire le trop-plein.
'**Abtritt** *thé. m* sortie *f*.
'**abtrocknen 1.** *v/t. Geschirr, Hände usw.*: essuyer; *sich die Hände* ~ s'essuyer les mains; **2.** *v/i.* sécher.
'**Abtropf|bank** *f*, ~**brett** *n* égouttoir *m* à vaisselle.
'**abtropfen** *v/i.* dégoutter; *Bäume*: s'égoutter; ~ *lassen* égoutter.
'**Abtropfgestell** *n* égouttoir *m*.
'**abtrotzen** *v/t.: j-m etw.* ~ extorquer qch. à q.
'**abtrudeln** ✈ *v/i.* tomber en vrille.
'**abtrünnig** *a. pol. adj.* renégat; s-m *Glauben* ~ *werden* renier sa foi; ⚙**e(r)** *a. pol. m* renégat *m*; ⚙**keit** *pol. f* défection *f*.
'**abtun** *v/t.*: *e-n Einwand mit ein paar Worten* ~ passer brièvement sur une objection; (*erledigen*) régler.
'**abtupfen** *v/t.* tamponner.
'**aburteil|en** *v/t.*: *j-n* ~ juger q.; *abgeurteilt werden* passer en jugement; ⚙**ung** *f* jugement *m*.
'**abverlangen** *v/t.* demander (qch. à q.).
'**abvermieten** *v/t.* louer.
'**abwägen** *fig. v/t.* peser.
'**abwälzen** *v/t. Schuld, Verantwortung*: rejeter (*auf acc.* sur); *etw. von sich* ~ se décharger de qch.
'**abwand|elbar** *gr. adj.* déclinable; *Verb*: conjugable; ~**eln** *v/t. gr.* (*v/rf.: sich se*) décliner, *Verb*: (se) conjuguer; (*ändern*) modifier, varier; changer; ⚙**lung** *f gr.* déclinaison *f*; *e-s Verbums*: conjugaison *f*; (*Änderung*) modification *f*; variation *f*; changement *m*.
'**abwander|n 1.** *v/t. e-e Gegend*: parcourir; **2.** *v/i.* quitter un endroit pour un autre; (*auswandern*) émigrer; ⚙**ung** *f* (*Auswanderung*) émigration *f*; *e-s Volks*: exode *m*; *des Kapitals*: fuite *f*.
'**Abwärme** *f* chaleur *f* perdue.
'**abwarten** *v/t. u. v/i.* attendre; *abs.* rester dans l'expectative; ~ *bis* attendre que (*subj.*); *die Zeit* ~ patienter; temporiser; ~**d** *adj.*: ~**e** *Haltung* expectative *f*; attitude *f* expectante; *pol. a.* attentisme *m*; *sich* ~ *verhalten* rester dans l'expectative, se tenir sur la réserve.
'**abwärts** *adv.* en bas; vers le bas; en descendant; en contrebas; (*strom*)~ en aval; ~ *fahren* (*gehen*) descendre; *der Weg führt immer* ~ *le* chemin va toujours en descendant; ⚙**bewegung** *f* mouvement *m* descendant (*od.* vers le bas); ✝ baisse *f*; ~**gehen** *v/imp.*: *es geht mit ihm* ~ 🏥 il baisse; *allg.* ses affaires vont mal; ⚙**hub** *m des Motors*: course *f* descendante; ⚙**transformator** *m* transformateur *m* abaisseur.
'**abwasch|bar** *adj.* lavable; ~**en** *v/t.* laver; (*reinigen*) nettoyer; *cuis.* faire la vaisselle; F *fig. das ist ein* ⚙**en** *cela* fera d'une pierre deux coups.
'**Abwässer** *n/pl.* eaux *f/pl.* usées (*od.* résiduaires); eaux *f/pl.* d'égout (*od.* de rejet); *radioaktive* ~ effluent *m* radioactif.
'**abwassern** ✈ *v/i.* décoller.
'**abwässern** *v/t.* drainer.
'**abwechs|eln** *v/i.* alterner (*mit avec*); *mit-ea.* ~ se relayer; ~**elnd 1.** *adj. v. Personen u. Konkretem*: alternant; *v. Abstraktem*: alternatif, -ive (*a. phys. Bewegung*); (*mannigfaltig*) varié; *ein sich* ~**er** *Vorsitz* une présidence tournante; **2.** *adv.* alternativement; à tour de rôle; (*der Reihe nach*) tour à tour; ⚙**(e)lung** *f* changement *m*; variation *f*; (*Wechselfolge*) alternance *f*; (*Mannigfaltigkeit*) variété *f*; (*Zerstreuung*) diversion *f*; ~ *in etw.* (*acc.*) *bringen* apporter de la diversion bzw. de la diversité bzw. de la variété dans qc.; *zur* ~ *pour* changer; ~**lungs-reich** *adj.* varié, diversifié; mouvementé; ~ *gestalten* diversifier; ~**lungsweise** *adv.* alternativement.
'**Abweg** *fig. m* fausse route *f*; égarement *m*; *auf* ~**e** *führen* détourner du droit chemin; *auf* ~**e** *geraten* se dé-

baucher, se dévoyer, mal tourner, quitter le droit chemin; ⁀ig *adj.* 'hors de propos; ⁀e *Ansicht* opinion *f* erronnée.

'**Abwehr** *f* défense *f*; *gegen Spione*: contre-espionnage *m*; ⁀**dienst** *m* service *m* de contre-espionnage; ⁀en *v/t. Angriff, Feind*: repousser; *Stoß*: parer; *Unglück*: détourner; *Dank, Lob usw.*: refuser; ⁀end *adj.* défensif, -ive; ⁀**feuer** *n* tir *m* d'arrêt; ⁀**griff** *m Ringen*: prise *f* de défense; ⁀**jagdflugzeug** *n* intercepteur *m*; chasseur *m* d'interception; ⁀**kräfte** *f/pl.*: *natürliche* ⁀ défenses *f/pl.* naturelles; ⁀**schlacht** *f* bataille *f* défensive; ⁀**stoff** *m* anticorps *m*.

'**abweichen**[1] 1. *v/t.*: *etw.* ⁀ détacher qch. en l'humectant; 2. *v/i.* se détacher par humidité.

'**abweichen**[2] *v/i.* dévier (*von* de); diverger; *von etw.* ⁀ s'écarter de qch.; *von der Wahrheit* ⁀ s'écarter de la verité; *voneinander* ⁀ différer l'un de l'autre; *phys.* décliner; ⁀**end** *adj.* divergent; différent; anomal; irrégulier, -ière; ⁀**ler** *pol.* m déviationniste *m*; ⁀**lertum** *pol.* déviationnisme *m*; ⁀**ung** *f vom Kurs*: écart *m*; *phys.*, *a. pol.* déviation *f*; *e-s Geschosses v. der Richtung*: dérivation *f*; ⚓, ✈ dérive *f*; (*Unterschied*) différence *f*; décalage *m*; *v. der Regel*: anomalie *f*; *gr.* irrégularité *f*; exception *f*; *psych.*, *pol.* déviance *f*; *v. der grammatischen Norm*: agrammaticalité *f*; ⁀**ungsmeßgerät** ⊕, ✈ *n* écartomètre *m*.

'**abweiden** *v/t. Tiere*: brouter; paître; pâturer; *e-e Wiese* ⁀ faire brouter l'herbe d'un pré.

'**abweisen** *v/t. Angriff usw.*: repousser; *Kandidaten*: refuser; *Person*: renvoyer (*a.* ⚖); éconduire; *j-n kurz* ⁀ envoyer promener q.; *scharf abgewiesen werden* essuyer une rebuffade; *Bitte*: repousser; rejeter; *j-n mit s-r Klage* ⁀ débouter q. de sa plainte; ⁀**ung** *f* refus *m*; renvoi *m*; *scharfe* ⁀ rebuffade *f*; *e-s Angriffs*: repoussement *m*; ⚖ déboutement *m*.

'**abwendbar** *adj.* que l'on peut détourner; ⁀**en** 1. *v/t.* détourner (*a. fig.*); prévenir; *e-n Hieb von sich* ⁀ parer un coup; 2. *v/rf.*: *sich von etw.* (*von j-m*) ⁀ se détourner de qch. (de q.).

abwerben *v/t. Kunden*: détourner; *Arbeiter*: débaucher; ⁀**ung** *f v. Arbeitern*: débauchage *m*.

'**abwerfen** *v/t.* (*von sich werfen*) jeter; se débarrasser de; *Joch*: s'affranchir de; secouer; *Maske*: jeter; *Reiter*: désarçonner; démonter; *Bomben*: larguer, lancer; *mit dem Fallschirm* ⁀ parachuter; *Ballast* ⁀ jeter (*od.* lâcher) du lest; délester (*aus etw.* qch.); *ch. das Gehörn* ⁀ jeter ses bois; *Kartenspiel*: *er hat Pik abgeworfen* il s'est débarrassé de son pique; *schlechte Karten* ⁀ se défausser; (*einbringen*) rapporter; *es wirft nichts ab* on n'y trouve pas son compte; ça ne rapporte rien.

'**abwerten** ✝ dévaluer; dévaloriser; ⁀**ung** ✝ *f* dévaluation *f*; dévalorisation *f*.

'**abwesend** *adj.* absent; *fig.* distrait; ⚖ défaillant; ⁀**de(r)** *f* (*m*) absent *m*, -e *f*; ⁀**heit** *f* absence *f*; (*Zerstreutheit*) distraction *f*; ⚖ non-comparution *f*; *während e-r Tat*: alibi *m*; *in* ⁀ *par défaut*; *par contumace*; *durch* ⁀ *glänzen* briller par son absence; ⁀**heitsliste** *f* liste *f* des absents; ⁀**pfleger** ⚖ *m* curateur *m* de l'absent.

'**abwetzen** *v/t.* (*Kleidung*) user, élimer.

'**abwickeln** *v/t.* dérouler; *Garn usw.*: dévider; *Geschäft*: régler; liquider; (*zu gutem Ende führen*) mener à bonne fin; ⁀**(e)lung** *f e-s Geschäfts*: règlement *m*; liquidation *f*; ⁀**(e)lungsstelle** *f* service *m* de liquidation.

'**Abwiege|maschine** *f* machine *f* à peser; (*Dosiermaschine*) machine *f* à doser; ⁀**n** *v/t. mit der Hand*: soupeser; *mit der Waage*: peser; ⚒ doser; ⁀**n** *n* pesage *m*.

'**abwimmeln** F *v/t. j-n* ⁀ se débarrasser de q.; envoyer promener q.

'**Abwind** ✈ *m* vent *m* abattant.

'**abwinden** 1. *v/t. Knäuel usw.*: dévider (*a. fig.*); *Tau*: dévirer; 2. *v/rf.*: *sich* ⁀ se dévider (*a. fig.*).

'**abwinken** *v/i.* 🚗 donner le signal de départ; *Auto usw.*: *nach links* ⁀ faire signe de tourner à gauche; *ablehnend*: faire signe que non.

'**abwischen** *v/t.* essuyer (*a. Tränen*); (*reinigen*) nettoyer; (*auslöschen*) effacer; *mit dem Schwamm* ⁀ éponger; *sich den Mund* ⁀ s'essuyer la bouche.

'**abwracken** ⚓, *Auto*, ✈ *v/t.* démolir; démonter.

'**Abwurf** ✈ *m* largage *m*; lancement *m*; *mit dem Fallsch*i*rm* parachutage *m*; *Handball*: renvoi *m* de but; ⁀**behälter** ✈ *m* réservoir *m* largable; ⁀**vorrichtung** ✈ *f* mécanisme *m* de largage.

'**abwürgen** *v/t.* étrangler; *Motor*: caler.

'**abzahlen** I *v/t.*: *etw.* ⁀ payer qch. par acomptes.

'**abzählen** *v/t. Geld*: compter (*an den Fingern* sur les doigts); *das Fahrgeld abgezählt bereithalten* préparer sa monnaie; ⁀**reim** *m* comptine *f*.

'**Abzahlung** *f* paiement *m* par acomptes; (*Betrag*) acompte *m*; *monatliche* ⁀ mensualité *f*; (*Tilgung*) amortissement *m*; *auf* ⁀ à tempérament; *par acomptes*; ⁀**sgeschäft** *n Unternehmen*: maison *f* vendant à crédit; ⁀**skauf** *m* achat *m* à tempérament (*od.* acomptes); ⁀**ssystem** *n* système *m* de paiement par acomptes.

'**abzapfen** *v/t. Wein, Bier*: (sou)tirer; *j-m Blut* ⁀ faire une saignée à q.; saigner q.

'**abzäpfen** *v/t.* débrider.

'**abzäunen** *v/t.* clôturer, enclore; ⁀**ung** *f* clôture *f*.

'**abzehren** *v/t.* consumer; miner; ⁀**ung** *f* (*Magerwerden*) amaigrissement *m*; ⚕ consomption *f*; (*Entkräftung*) épuisement *m*.

'**Abzeichen** *n* (*Vereins*⁀, *Sport*⁀, ⚔) insigne *m*.

'**abzeichnen** 1. *v/t.* (*abbilden*) copier (*au crayon usw.*); dessiner; *am Rande* ⁀ (*quittieren*) émarger; 2. *v/rf.*: *sich* ⁀ se dessiner, prendre tournure; *pol. Konsens*: se dégager; *sich* ⁀ *gegen* se découper sur; contraster avec.

'**Abzieh|apparat** *m* duplicateur *m*; ⁀**bild** *n* décalque *m*; décalcomanie *f*; ⁀**bildverfahren** *n* décalcomanie *f*; ⁀**bürste** *f* brosse *f*; ⁀**en** 1. (*herunterziehen*) ôter (en tirant); retirer; enlever; *Bett*: enlever les draps (de); *Bohnen*: enlever les fils des haricots; *das Fell* ⁀ dépouiller; écorcher; *Abziehbild*: décalquer; 🍷 décanter; *Parkett*: poncer; *Schußwaffe*: presser sur la détente; *den Schlüssel* ⁀ retirer la clef (de la serrure); *arith.* soustraire; *v. e-r Summe*: déduire; décompter; (*diskontieren*) escompter; *etw. vom Preise* ⁀ rabattre qch. du prix; *vom Gehalt*: retenir (*sur*); *Messer*: repasser, aiguiser; *Wein usw.*: (sou)tirer; *Teich*: saigner; (*vervielfältigen*) ronéotyper; *typ.* tirer (*od.* faire) une (*resp.* des) épreuve(s) (de), *weit S.* imprimer, tirer, *in Fahnenabzügen*: placarder; *Photo*: tirer (*od.* faire) une épreuve (de); 2. *v/i.* s'en aller; partir; *Truppen*: se retirer; *Rauch*: sortir; *leer* ⁀ s'en retourner les mains vides; *unverrichteter Sache* ⁀ s'en retourner bredouille; *fig. mit langer Nase* ⁀ s'en aller tout penaud; *sang- und klanglos* ⁀ s'en aller (*od.* partir) sans tambour ni trompette; ⁀**feile** *f* lime *f* douce; ⁀**muskel** *m* muscle *m* abducteur; ⁀**papier** *n* papier *m* à épreuves; *für Vervielfältigungsmaschinen*: papier *m* à copies; ⁀**riemen** *m* cuir *m* à repasser.

'**abzielen** *v/i.*: ⁀ *auf* (*acc.*) avoir pour but; viser à.

'**abzirkeln** *v/t.* mesurer exactement.

'**Abzug** *m* départ *m*; (*Zurücknahme*) *Truppen*: retrait *m*; (*Rückzug*) retraite *f*; *des Wassers usw.*: écoulement *m* (*a. fig.*: *e-r Menschenmenge*); ⊕ *des Rauches*: sortie *f*; (*Kanal*) rigole *f*; *von e-r Summe*: déduction *f*; décompte *m*; défalcation *f*; (*Diskont*) escompte *m*; *vom Gehalt usw.*: retenue *f* (*von* sur); (*Nachlaß am Preis*) rabais *m*; remise *f*; ⁀ *für Verpackung am Gewicht*: tare *f*; *in* ⁀ *bringen* déduire; défalquer; *in* ⁀ *kommen* venir en déduction; *gegen e-n* ⁀ *moyennant un escompte*; *nach* ⁀ *von, unter* ⁀ *von* déduction faite de; *nach* ⁀ *der Unkosten* tous frais payés (déduits); *typ., phot.* épreuve *f*; *e-n anfertigen* tirer (*od.* faire) une épreuve; *Kupferstich*: ⁀ *vor der Schrift* épreuve *f* avant la lettre; *am Gewehr*: détente *f*.

'**Abzugs|bogen** *typ. m* épreuve *f*; ⁀**bügel** *m am Gewehr*: pontet *m*; ⁀**fähig** ✝ *adj.* déductible; ⁀**graben** ✈ *m* fossé *m* de décharge; ⁀**kanal** *m* canal *m* d'écoulement; ✈ drain *m*; ⁀**loch** ⚠ *n* chatière *f*; ⁀**rohr** *n* tuyau *m* de décharge (*od.* d'évacuation).

'**abzwacken** *fig. v/t.* rogner (qch. à q.).

'**Abzweig** *m Autobahn*: bretelle *f*; ⁀**dose** ⚡ *f* boîte *f* de dérivation; ⁀**en** 1. ⚡ brancher; dériver; F *fig. Geld*: prélever (*von* sur); 🚂, *Wege*: bifurquer; ⁀**klemme** ⚡ *f* borne *f* de dérivation; ⁀**leitung** ⚡ *f* ligne *f* de dérivation; ⁀**ung** *f* ⚡, *Wege*: bifurcation *f*; embranchement *m*; ⚡ point *m* de dérivation; (*Wasser-*)*Leitung*:

branche f (a. fig.).
'abzwicken v/t. couper à la pince.
'abzwingen v/t.: j-m etw. ~ extorquer (od. arracher) qch. à q.
ach! I int. (Bewegung) ah!; (Erstaunen) 'ha!; pas possible!; F sans blague?; (Resignation) bof!;(Wehklage) hélas!; ~ ja! ah mais oui!; ~ nein! ah mais non alors!; ~ so! ah! c'est ça!; ~ was! bah!; ~ wo! pensez-vous!; ~ und weh schreien jeter les 'hauts cris; ~ daß (doch) ... plût à Dieu que ... (subj.); II 2 n mit ~ und Krach avec bien du mal.
A'chat min. m agate f.
Achil'lea ♀ f achillée f.
A'chilles|ferse f talon m d'Achille (a. fig.); ~sehne f tendon m d'Achille.
achro'matisch phys. adj. achromatique.
'Achsdruck m charge f par essieu.
'Achse f essieu m; ✝ per ~ par la route, par roulage, par camions; um die sich etw. dreht: axe m (a. der Erde u. pol.); mach. u. horl. arbre m; (Hinter2) pont m arrière; sich um s-e eigene ~ drehen faire un tête-à-queue; fig. ständig auf der ~ liegen être toujours en route, F en vadrouille; F rouler sa bosse; alles wird auf ~ sein tout le monde va prendre la route.
'Achsel f aisselle f; die ~n zucken 'hausser les épaules; fig. über die ~ ansehen regarder de haut (od. avec dédain); etw. auf die leichte ~ nehmen prendre qch. à la légère; ~bein anat. n clavicule f; ~gelenk n articulation f de l'épaule; ~höhle f creux m de l'aisselle; ~klappe ✗ f patte f d'épaule; ~streifen m, ~stück ✗ n épaulette f; patte f d'épaule; ~träger m Kleid: épaulette f; ~zukken n 'haussement m d'épaules.
Achsen|abstand m empattement m; ~antrieb m commande f directe; ~bruch m rupture f d'essieu; ~drehung f rotation f axiale; ~kreuz ✗ n système m de coordonnées.
achsparallel adj. parallèle à l'axe.
Acht¹ hist. f ban m; bannissement m; mise f 'hors la loi; bsd. fig. proscription f; in die ~ erklären (od. tun) bannir; mettre au ban; proscrire.
Acht² f: außer 2 lassen négliger; perdre de vue; sich in 2 nehmen (sich hüten) prendre garde (vor dat. à); → achtgeben.
acht I adj./n.c. 'huit; binnen ~ Tagen en 'huit jours; vor ~ Tagen il y a 'huit jours; vor Ablauf von ~ Tagen avant 'huit jours; heute in ~ Tagen aujourd'hui en 'huit; etwa ~ une 'huitaine de; II 2 f 'huit m.
'achtbar adj. respectable; 2keit f respectabilité f.
'achte(r) adj./n.o. 'huitième; ~s Kapitel chapitre m 'huit; der (den, am) ~(n) Juli le 'huit (8) juillet; Karl der 2 Charles VIII ('huit).
'Acht-eck ✗ n octogone m; 2ig adj. octogonal.
'Achtel n 'huitième m; ~note ♪ f croche f; ~pause ♪ f demi-soupir m.
'achten 1. v/t. estimer; considérer; faire cas de; Gesetze: respecter; geringe (od. nicht) ~ mépriser; dédaigner; für gut ~ juger bon; j-n (etw.) für nichts ~ ne faire aucun cas de q. (de qch.). 2. v/i.: auf etw. (acc.) ~ faire

attention à qch.; tenir compte de qch.
'ächten v/t. bannir; (in den Bann tun) mettre au ban (od. 'hors la loi); proscrire (a. fig.).
'Acht-ender ch. m 'huit-cors m.
'achtens adv. 'huitièmement.
'achtenswert adj. estimable; respectable.
'Achter m Rudersport, Eislauf usw.: 'huit m.
'achteraus ⚓ adv. à l'arrière.
'Achter|bahn f grand 'huit m, montagnes f/pl. russes; ~deck ⚓ n plage f arrière.
'Achter|raum m cale f arrière; ~rennen n Rudersport: course f (od. régate f) de 'huit; ~schiff n arrière m; ~steven m étambot m.
'acht|fach, ~fältig adj. 'huit fois autant; ~flächig ✗ adj. octaèdre; octaédrique; 2füßler m octopode m.
'acht|geben, ~haben v/i.: ~ auf (acc.) faire attention à; prendre garde à; (Sorge tragen für) prendre soin de.
'acht|hundert adj./n.c. 'huit cents; ~jährig adj. Alter: (âgé) de 'huit ans; ~kantig adj. fig.: j-n hinauswerfen flanquer q. carrément à la porte.
'achtlos I adj. inattentif, -ive; négligent; II adv. sans faire attention; négligemment; 2igkeit f inattention f; négligence f.
'achtmal adv. 'huit fois.
'achtsam adj. attentif; (sorgfältig) soigneux; 2keit f attention f; (Sorgfalt) soin m.
'acht|silbig mét. adj. octosyllabe; octosyllabique; 2silber mét. m octosyllabe m; 2stundentag m journée f de 'huit heures; ~tägig adj. de 'huit jours.
'Achtung f attention f; (Hochachtung) respect m; estime f; ('haute) considération f; (Rücksicht) égards m/pl.; aus ~ par respect (für pour); ~ vor den Gesetzen respect m des lois; ~ haben respecter (vor j-m q.; vor etw. dat. qch.); avoir de l'estime (vor j-m pour q.); ~ verschaffen faire respecter (j-m q.; e-r Sache dat. qch.); sich ~ verschaffen se faire respecter; j-m einflößen inspirer du respect (od. de l'estime) à q.; j-m ~ erweisen témoigner du respect à q.; in hoher ~ stehen être tenu en grande estime; ~! attention!, gare!, ✗ garde à vous!; Sport: ~! fertig! los! à vos marques! prêts! partez!; Film: ~, Aufnahme! silence, on tourne!
'Ächtung f bannissement m; mise f 'hors la loi; proscription f.
'achtung|gebietend adj. imposant; estimable; respectable; 2sbezeigung f marque f de respect; 2s-erfolg m succès m d'estime; ~svoll adj. respectueux, -euse.
'acht|zehn adj./n.c. dix-'huit; ~zehnte(r) adj./n.o. dix-'huitième.
'achtzig a/n.c. quatre-vingts; in den ~er Jahren dans les années quatre-vingts; ~jährig adj. octogénaire; 2jährige(r) m f octogénaire su.; ~ste(r) quatre-vingtième.
'Achtzylindermotor m moteur m à 'huit cylindres.
'ächzen I v/i. geindre; gémir; II 2 n gémissement m.
'Acker m champ m; ~bau m agricul-

ture f; 2bautreibend adj. cultivateur m, -trice f.
'Acker|bestellung f labour(age) m; ~boden m terre f labourable (od. arable); ~fläche f surface f cultivée; ~furche f sillon m; ~gaul m cheval m de labour; ~gerät n instrument(s pl.) m aratoire(s); ~land n terre f arable.
'ackern F fig. v/i. schuften: travailler dur; büffeln: F piocher, bûcher.
'Acker|schlepper m tracteur m agricole; ~scholle f glèbe f; ~walze f rouleau m agricole.
a conto ✝ adv. à titre d'acompte.
A'cryl text. n acrylique m; ~plüsch m peluche f acrylique.
'Adam m Adam m; fig. den alten ~ ausziehen dépouiller le vieil homme; seit ~s Zeiten depuis toujours; ~s-apfel anat. m pomme f d'Adam; ~skostüm n: im ~ en costume d'Adam; dans son plus simple appareil.
adä'quat adj. adéquat.
ad'dier|en v/t. additionner; ajouter; 2maschine f machine f à additionner; additionneuse f.
Additi'on f addition f.
'Adel m noblesse f; (die Adligen) les nobles m/pl.; niederer ~ petite noblesse f; von ~ sein être noble.
'ad(e)lig adj. noble; nicht ~ non noble; roturier, -ière f 2e(r) (m) noble m, f.
'adeln I v/t. anoblir; fig. ennoblir; II 2 n anoblissement m; fig. ennoblissement m.
'Adels|brief m lettres f/pl. de noblesse; ~buch m nobiliaire m; ~herrschaft f règne m de l'aristocratie; ~prädikat n particule f nobiliaire; ~stand m noblesse f; in den ~ erheben anoblir; ~stolz m orgueil m de noblesse.
'Ader f anat. (Puls2) veine f (a. im Holz, in Steinen usw.); ✗ filon m; couche f, veine f; (Schlag2) artère f (a. Verkehr); e-s Kabels: fil m.
'Äderchen anat. n veinule f.
'Ader|haut f choroïde f; ~laß m saignée f.
'ädern ⊕ v/t. veiner.
'Äderung f veines f/pl.
Adhäsi'on f adhésion f.
Adjektiv gr. n adjectif m; 2isch adj. adjectif.
Adju'tant m aide m de camp.
'Adler m aigle m (Feldzeichen u. ⬛ f); ~auge n œil m d'aigle; ~n haben avoir une vue d'aigle (od. des yeux de lynx); ~horst m aire f de l'aigle; ~nase f nez m aquilin.
'adlig noble.
Admi'ral m amiral m; ~i'tät f amirauté f; ~s-schiff n vaisseau m amiral; ~stab m état-major m général de la marine; ~swürde f amiralat m.
adop|'tieren v/t. adopter; 2ti'on f adoption f; 2'tiv-eltern pl. parents m/pl. adoptifs; 2'tivsohn m fils m adoptif; 2'tivtochter f fille f adoptive; 2'tivvater m père m adoptif.
Adrena'lin phm. n adrénaline f.
Adres'sant(in) m expéditeur m, -trice f.
Adres'sat(in f) m destinataire m, f; ~ unbekannt destinataire inconnu(e).
A'dreßbuch n All. livre m d'adresses; Fr. etwa: Bottin m.
A'dresse f adresse f; per ~ aux (bons)

soins de ...; ~nverzeichnis n liste f d'adresses.
adres'sier|en v/t. adresser; mettre l'adresse sur; 2maschine f adressographe m.
a'drett adj. (sauber) propre; soigné.
'Adria f l'Adriatique f.
adsor'bieren v/t. adsorber.
Adsorpti'on f adsorption f; ~svermögen n pouvoir m d'adsorption.
'A-Dur ♪ n la m majeur.
Ad'vent rl. m Avent m; ~'ist rl. m adventiste m; ~'ivkrater géol. cratère m adventif; ~s-zeit f temps m de l'Avent.
Ad'verb gr. n adverbe m; 2ial adj. adverbial.
Advo'kat|(in f) m avocat m, -e f; ~ werden embrasser la profession d'avocat; devenir avocat; ~enkniff m truc m d'avocat.
Aero|dy'namik f aérodynamique f; 2dy'namisch adj. aérodynamique; ~mechanik f science f concernant l'aérostatique et l'aéromécanique; ~'nautik f aéronautique f; ~'sol n aérosol m; ~'statik f aérostatique f.
'Affe m singe m (a. fig.); fig. F e-n kleinen ~n (Rausch) haben être parti, être un peu gris; ⚔ P (Tornister) 'havresac m, sac m à dos.
Af'fekt m émotion f; passion f; Verbrechen im ~ crime m passionnel; 2bedingt adj. passionnel, -lle.
affek'tier|en v/t. affecter; ~t adj. affecté; maniéré; minaudier, -ière; 2theit f affectation f, minauderie f, préciosité f.
'Affen|-art f espèce f de singe; 2-artig adj. simiesque; fig. ~e Geschwindigkeit vitesse f vertigineuse; ~hitze F f F four m, F fournaise f; ~komödie fig. f simagrées f/pl.; ~liebe f amour m aveugle (od. exagéré od. ridicule); ~pinscher zo. m chien m griffon; ~schande fig. f scandale m; es ist e-e ~ c'est scandaleux; ~theater fig. n simagrées f/pl.
'affig fig. F adj. maniéré; ridicule; minaudier, -ière.
'Äffin zo. f guenon f.
Affini'tät f affinité f; parenté f.
'Afrika n l'Afrique f; ~forscher explorateur m de l'Afrique.
Afri'kan|er m Africain su.; ~ertum n africanité f; 2isch adj. africain; d'Afrique.
'After anat. m anus m.
ä'gäisch adj.: 2es Meer mer f Égée.
A'gave ♀ f agave m.
'Agens a. ♠ n agent m.
A'gent m (a. Spion) agent m.
Agen'tur f agence f.
Agglome'rat n agglomérat m.
aggluti'nieren ♠ v/t. agglutiner.
'Aggregat n agrégat m; ~zustand m état m d'agrégation.
Aggressi'on f agression f.
aggres'siv adj. agressif, -ive.
Ä'gide f égide f.
a'gieren v/i. agir (contre).
'Agio ✝ n (Aufgeld) agio m; ~konto n compte m d'agios; ~papiere n/pl. valeurs f/pl. à intérêts fixes; ~tage f agiotage m.
Agi|tati'on f agitation f; ~'tator m agitateur m; 2ta'torisch adj. séditieux, -euse 2'tieren v/i. faire de l'agitation.

A'gnost|iker phil. m agnostique m; 2isch adj. agnostique.
Ago'nie f agonie f.
A'graffe f agrafe f.
A'grar|gesetze n/pl. lois f/pl. agraires; ~politik f politique f agricole; ~reform f réforme f agraire; ~sektor m secteur m agraire; ~staat m pays m agricole; ~wirtschaft f économie f agricole.
Agro'nom m agronome m; 2isch adj. agronomique.
Ä'gypt|en n l'Égypte f; ~er(in f) m Égyptien m, -ne f; 2isch adj. égyptien, -ne; d'Égypte.
ah! int. ah!; ~ was! ah bah!
a'ha! int. ah! ah!; je l'avais bien dit!
'Ahle f cord. alêne f; typ. pointe f.
'Ahn(e f) m aïeul m, -e f; ~en pl. ancêtres m/pl., weniger entfernt: aïeux m/pl.
'ahnd|en v/t. (bestrafen) punir; réprimer; 2ung f (Bestrafung) punition f, répression f.
'ähneln v/i.: j-m ~ ressembler (un peu) à q.
'ahnen v/t. u. v/i. se douter (de); (mutmaßen) présager; (Vorgefühl v. etw. haben) pressentir; (erraten; vorhersehen) deviner; (argwöhnen) soupçonner; ~ lassen faire pressentir; es ahnt mir nichts Gutes je n'augure rien de bon; ich ahne, daß ... j'ai le pressentiment que ...
'Ahnen|bild n portrait m de famille; ~galerie f galerie f des ancêtres (resp. des aïeux); ~reihe f lignée f d'ancêtres, ~stolz m orgueil m de sa naissance; ~tafel f arbre m généalogique.
'Ahn|frau f, ~herr m aïeul m, -e f.
'ähnlich adj. semblable (a. ♠), pareil, analogue, ressemblant néol. similitaire; j-m ~ sein (od. sehen) ressembler à q.; (zum Verwechseln à s'y méprendre; das sieht ihm ganz ~ cela lui ressemble bien!; je le reconnais bien là; in e-m ~en Falle en pareil cas; ~ machen assimiler; ~ wie ... de même que ...; 2keit f ressemblance f; fig. analogie f; (bsd. ♠) similitude f.
'Ahnung f (Vorgefühl) pressentiment m; prémonition f; (Besorgnis) appréhension f; (Argwohn) soupçon m; (Vorstellung) idée f; e-e ~ von etw. haben se douter de qch., (etw. argwöhnen) soupçonner qch.; keine blasse (od. nicht die geringste) ~ von etw. haben ne pas avoir la moindre idée (od. notion) de qch.; F er hat von Tuten und Blasen keine ~ il s'y entend comme à ramer des choux; 2slos adj. qui ne se doute de rien; II adv. sans se douter de rien; ~slosigkeit f impréparation f; 2svoll adj. plein de pressentiments.
'Ahorn ♀ m érable m.
'Ähre ✣ f épi m: ~n lesen glaner; ~leser(in f) m glaneur m, -euse f.
'Aide-mémoire n mémorandum m, exposé m.
'Airbus ✈ m Airbus m.
'ais ♪ n la m dièse.
Akade'mie f académie f; Mitglied der ~ académicien m.
Aka'dem|iker m universitaire m; diplômé m d'université; personne f qui a fait des études universitaires; 2isch adj. a) universitaire; ~ gebildet qui a fait des études universitaires; ~e Jugend jeunesse f universitaire; b) fig. (lebensfern) académique; ~er Stil style m académique.
A'kazie ♀ f, ~nbaum ♀ m, ~nholz n acacia m.
akklimati'sier|en v/t. acclimater; 2ung f (Handlung) acclimatation f; (Ergebnis) acclimatement m.
Ak'kord m 1. ♪ accord m; e-n ~ anschlagen frapper un accord; 2. (Stücklohn) ~ arbeiten travailler à la tâche (od. à la pièce od. aux pièces od. à forfait); ~arbeit f travail m à la tâche (od. à la pièce od. aux pièces); ~arbeiter(in f) m ouvrier m, -ière f à la tâche; tâcheron m.
Ak'kordeon ♪ n accordéon m..
Ak'kordfolge ♪ f cadence f; enchaînement m d'accords.
Ak'kordlohn m salaire m à la tâche (od. à la pièce od. aux pièces).
akkredi'tieren v/t. accréditer; 2'tiv n dipl. lettres f/pl. de créance; ✝ accréditif m; lettre f de crédit.
Akku(mu'lator) ⚡ m accu(mulateur) m ([auf]laden [re]charger); ~element n élément m d'accu(mulateur).
Akkumula'toren|batterie f batterie f d'accu(mulateur)s; ~säure f acide m pour accu(mulateur)s.
akkumulieren v/t. accumuler.
akku|'rat adj. soigneux, -euse; ~ra'tesse f soin m.
'Akkusativ gr. m accusatif m; ~objekt n complément m direct.
A'konto-zahlung ✝ f paiement m par acomptes; (Betrag) acompte m; (Aufgeld) arrhes f/pl.
Akquisi'teur ✝ m prospecteur m, publicitaire m, démarcheur m.
Akri'bie f méticulosité f.
Akri'dinfarbstoff m colorant m acridinique.
Akro'bat|(in f) m acrobate m, f; ~ik f acrobatie f; 2isch adj. acrobatique.
Akt m (Handlung, thé. Aufzug, ⚖ Verhandlungsschrift) acte m; ~ nehmen von prendre acte de; ~ der Verzweiflung acte m, geste m de désespoir; (nacktes Modell u. Studie) nu m.
'Akte f pièce f; document m; ~n pl. a. dossier m; zu den ~n (ad acta) legen joindre au dossier; classer (auch fig.) fig. ne plus parler (de); ~ndeckel m chemise f; ~n-einsicht f examen m du dossier; 2nkoffer m attaché-case m; 2nkundig adj. inscrit dans un dossier; ~nmensch m bureaucrate m; F rond-de-cuir m; ~nordner m classeur m; ~nschrank m armoire f à dossiers; ~nständer m cartonnier m; rayons m/pl. de dossiers; ~nstoß m pile f de dossiers; ~nstück n document m; ~ntasche f serviette f, porte-documents m; ~nzeichen n cote f.
'Aktie ✝ f action f; die ~n stehen auf (dat.) ... les actions f/pl. sont à ...; die ~n sind gestiegen (gefallen) les actions f/pl. ont monté (baissé); fig. die chancen sont favorables; ~n-abschnitt m coupon m; ~n-ausgabe f émission f d'actions; ~nbank f banque f par actions; ~nbesitzer m, ~n-inhaber m actionnaire m; ~nbörse f bourse f aux actions; ~ngesellschaft f société f par actions; société f anonyme (abr. S.A.); ~nkapital n capital m en ac-

tions; fonds *m* social; ~nmarkt *m* marché *m* des actions; ~nmehrheit *f* majorité *f* des actions; ~n-notierung *f* cotation *f* des actions; ~npaket *n* paquet *m* d'actions; ~nschein *m* bordereau *m* d'actions.
ak'tinisch *phys. adj.* actinique.
Akti'on *f* action *f.*
Akti'onär *m* actionnaire *m.*
Akti'ons|komitee *n* comité *m* d'action; ~plan *m* plan *m* d' (*od.* des) opérations; ~radius ⚔, ✕ *m* rayon *m* d'action; ⚔ autonomie *f.*
ak'tiv *adj.* actif; (*unternehmend*) entreprenant; ✕ ~er Soldat (*Offizier*) soldat *m* (officier *m*) de l'active; ~er Wortschatz vocabulaire *m* actif.
'Aktiv *gr. n* actif *m*; voix *f* active.
Ak'tiva ✝ *n/pl.* actif *m*; ~ und Passiva l'actif et le passif.
Ak'tiv|bestand *m* actif *m*; ~bilanz *f* bilan *m* actif; ~geschäft *n* opération *f* active; ~handel *m* commerce *m* actif.
akti|'vieren *v/t.* ✝ passer à l'actif; ⚔, *fig.* activer; 2vi'tät *f* activité *f.*
Ak'tiv|kohle ⚔ *f* charbon *m* activé; ~posten *m* actif *m*; ~saldo ✝ *m* solde *m* créditeur; ~seite *f* actif *m*; ~zinsen *m/pl.* intérêts *m/pl.* créditeurs.
Aktstudie *f* étude *f* de nu.
Aktuali'tät *f* actualité *f*; ~enkino *n* cinéma *m* d'actualités.
aktu'ell *adj.* actuel; e-e ~e Frage une question d'actualité.
A'kust|ik *f* acoustique *f*; ~iker(in *f*) *m* acousticien *m*, -enne *f*; 2isch *adj.* acoustique.
a'kut *adj. a.* ⚔ aigu, -ë; *fig.* brûlant; Krankheit: dans sa phase aiguë; ~er Zustand acuité *f.*
Ak'zent *m* accent *m*; *fig.* den ~ setzen auf (*acc.*) mettre l'accent sur; insister sur; 2los *adj.* sans accent.
akzentu'ieren *v/t.* accentuer; mettre l'accent sur; 2ung *f* accentuation *f.*
Ak'zept ✝ *n* acception *f*; (*Wechsel*) traite *f* acceptée; mangels ~ faute *f* d'acceptation; zum ~ vorlegen présenter à l'acceptation; Verweigerung des ~s non-acceptation *f.*
akzep'tabel *adj.* acceptable.
Akzep'tant ✝ *m* accepteur *m*, tiré *m.*
Ak'zeptbank *f* banque *f* d'acceptations.
akzep'tieren *v/t.* accepter; ✝ *a.* faire honneur (à); ✝ nicht ~ ne pas accepter; ne pas honorer.
Akzi'denzdruck *typ. m* bilboquet *m.*
Ala'baster *m* albâtre *m*; ~gips *m* albâtre *m* gypseux.
A'larm *m* alarme *f*; alerte *f* (*bsd.* Flieger2); ~ blasen (schlagen) sonner (donner) l'alarme; donner l'alerte; blinder ~ fausse alerte *f*; ~anlage *f* dispositif *m* d'alarme; ~bereitschaft *f*: sich in ~ befinden être en état d'alerte; ~glocke ⚡ *f* sonnerie *f* d'alarme.
alar'mieren *v/t.* alerter; alarmer.
A'larm|schwelle *f* seuil *m* d'alerte; ~signal *n* signal *m* d'alarme; *bei Fliegeralarm*: signal *m* d'alerte; ~sirene ⚔, ✕ *f* sirène *f* d'alarme; ~stufe *f*: erste ~ premier signal *m* d'alerte; ~system *a.* ✕ *n* système *m* d'alerte; ~zentrale *f* poste *m* d'alerte; ~zustand *m* état *m* d'alerte.
A'laun ⚔ *m* alun *m*; 2haltig *adj.*

aluneux, -euse; *géol.* alunifère; ~werk ⊕ *n* fabrique *f* d'alun; alunerie *f.*
Al'ban|ien *n* l'Albanie *f*; ~ier *m* Albanais *su.*; 2isch *adj.* albanais; die 2e Volksrepublik la République populaire d'Albanie; ~ist(in *f*) *m* albaniste *m, f.*
'albern *adj.* niais; sot, sotte; inepte; nigaud; sei doch nicht ~! ne fais pas le petit sot! (*bzw. f*: la petite sotte!); 2heit *f* niaiserie *f*; sottise *f*; fadaise *f*; ineptie *f.*
Al'bino *m* albinos *m.*
'Album *n* album *m.*
Albu'min ⚔ *n* albumine *f*; ~stoff *m* substance *f* albumineuse, protéine *f.*
Alchi'mie *f* alchimie *f.*
Alde'hyd ⚔ *n* aldéhyde *m.*
Alexan'driner *mét. m* alexandrin *m.*
Ale'xie *f* alexie *f.*
'Alge ♀ *f* algue *f*; fucus *m.*
'Algebra *f* algèbre *f.*
alge'braisch algébrique.
Al'geri|en *n* l'Algérie *f*; ~er *m* Algérien *su.*; 2sch *adj.* algérien, -ne.
'Algier *n* Alger *m.*
alias *adv.* alias.
'Alibi ⚖ *n* alibi *m*; sein ~ nachweisen prouver (*od.* fournir) son alibi.
Ali'mente *n/pl.* pension *f* alimentaire; 2npflichtig *adj.* obligé de payer la pension alimentaire.
aliphatisch ⚔ *adj.* acyclique, aliphatique.
Al'kali ⚔ *n* alcali *m*; ~artig *adj.* alcaloïdique; 2fest *adj.* résistant à l'alcali; 2sch *adj.* alcalin; 2'sieren *v/t.* alcali(ni)ser.
Alkalo'id *n* alcaloïde *m.*
'Alkohol ⚔ *m* alcool *m*; ~ zusetzen alcooliser (*zu etw. qch.*); ~einfluß *m*: unter ~ sous l'influence de l'alcool; 2frei *adj.* non-alcoolisé; ~e Getränke boissons *f/pl.* non-alcooliques; ~gehalt *m* teneur *f* en alcool; ~ im Blut taux *m* d'alcoolémie; 2haltig *adj.* alcoolique; alcoolisé.
Alko'holi|ker *m* alcoolique *m*; 2sch *adj.* alcoolique; ~e Getränke *n/pl.* boissons *f/pl.* alcooliques.
alkoholi'sieren *v/t.* alcooliser.
'Alkohol|kunde *f* alcoologie *f*; ~test (-gerät *n*) *m* alcootest *m*; ~vergiftung *f* intoxication *f* par l'alcool, éthylisme *m*; leichte ~ alcoolémie *f*; ~verweigerer *m* antialcoolique *m.*
Al'koven *m* alcôve *f.*
all I *adj.* tout, -e; *pl.* ~e tous *m*, toutes *f*; alle Welt tout le monde; alle Menschen tous les hommes; alle beide tous, toutes (les) deux; diese Bücher habe ich ~e gelesen ces livres, je les ai tous lus; ~e zwei Tage tous les deux jours; auf ~e Fälle (= auf jeden Fall) en tout cas; de toute façon; für ~e Fälle à tout 'hasard; (pour parer) à toute éventualité; ~es mögliche tout le (*resp.* mon, ton, *etc.*) possible; ohne ~en Zweifel sans aucun doute; in ~er Frühe de grand (*od.* bon) matin; II 2 *n* univers *m.*
all|'-abendlich *adv.* tous les soirs; ~bekannt *adj.* connu de tout le monde.
'alle I *adj. u. adv.* F: das Brot (die Milch) ist ~ il n'y a plus de pain (de lait); das Geld ist ~ il n'y a plus d'argent; l'argent est épuisé; ~ werden s'épuiser; Essen ~ machen manger tout; II *pl. v. all*; ~dem: bei ~ avec (*od.* malgré) tout cela; trotz ~ malgré tout.
Al'lee *f kleinere*: allée *f*, *größere*: avenue *f.*
Allego'rie *f* allégorie *f.*
alle'gorisch *adj.* allégorique.
al'lein I *adj. u. adv.* seul; er ~ rauchte il était le seul à fumer; jeder Teil für sich ~ chaque partie séparément; schon ~ der Gedanke la seule pensée; nicht ~ ..., sondern auch non seulement ... mais encore (*od.* aussi); einzig und ~ uniquement; ~ (ohne fremde Hilfe, selbst) tout seul; mit j-m ~ sein être seul (*od.* en tête-à-tête) avec q.; II *cj.* mais; cependant; toutefois; 2'auslieferer *m* seul dépositaire *m*; 2berechtigung *f* droit *m* exclusif; 2erbe *m*, 2erbin *f* héritier *m*, -ière *f* universel, -elle; 2flug *m*: e-n ~ machen faire un vol seul; 2gang *m* e-r Partei: marche *f* (*Sport*: course *f*) solitaire; im ~ en solitaire; *fig.* e-n ~ machen faire cavalier seul; 2handel *m* monopole *m*; 2herrscher *m* souverain *m* absolu; 2hersteller *m* producteur *m* exclusif; ~ig *adj.* exclusif, -ive; (*ohne Genossen*) seul; isolé; (*einzig*) unique; 2sein *n* solitude *f*; ~stehend *adj.* seul; isolé; (*hilflos*) sans appui; (*einsam*) solitaire; (*ehelos*) célibataire; 2verkauf *m* vente *f* exclusive; 2vertreter *m* représentant *m* exclusif; 2vertretung *f* représentation *f* exclusive.
'alle'mal *adv.* toujours; ein für ~ une fois pour toutes.
'allen'falls *adv.* (*höchstens*) à la rigueur; au besoin; tout au plus.
'allent'halben *adv.* partout; en tous lieux.
'aller|'art *adv.* de toutes sortes; ~'äußerst *adj.* extrême; ~er Preis prix *m* le plus juste; ~'best I *adj.* le meilleur de tous; das 2e ce qu'il y a de mieux; II *adv.* en; aufs ~ au mieux; le mieux du monde; ~'dings *adv.* sans doute; assurément; bien sûr; certainement; (*selbstverständlich*) bien entendu; (*in der Tat*) en effet; (*einschränkend*) à vrai dire; il est vrai que; pourtant; cependant; nach Verneinung: si mais si; F que si; ~'erst I *adj.* le premier de tous, la première de toutes *usw.*; II *adv.*: zu ~ avant tout; en premier lieu.
Aller'gie *f* allergie *f.*
al'lergisch *adj.* allergique *f.*
'aller|'hand *adj.* toutes sortes de; er hat ~ Geld il a pas mal d'argent; das ist ~ c'est trop fort; 2'heiligen *rl. n* la Toussaint *f*; 2'heiligste(s) *n* in e-m Tempel: sanctuaire *m*; ~'höchst *adj.* le (la) plus 'haut'(e); ~'höchstens *adv.* tout au plus; ~'lei I *adj.* → ~hand; II 2 *n* pêle-mêle *m*; F salade *f*; *fig.* vom täglichen ~ beansprucht absorbé par le quotidien; ~'letzt I *adj.* le dernier de tous, la dernière de toutes *usw.*; II *adv. zu* ~ en tout dernier lieu; en fin de compte; en dernier ressort; ~'liebst I *adj.* a) le plus cher de tous, la plus chère de toutes; b) charmant; adorable; ravissant; mignon, -onne; II *adv. am* ~en de préférence; am ~en würde ich ... (*inf.*) je préférerais de beaucoup ... (*reiner inf.*); ~'min-

destens *adv.* pour le moins; tout au moins; au minimum; ~ˈ**nächst I** *adj.* le plus proche; *in den ~en Tagen* dans les tout prochains jours; **II** *adv.* (*räumlich*) *am ~en* tout près; (*zeitlich*) *~ens* tout prochainement; ~ˈ**neu(e)st** *adj.* le plus nouveau, la plus nouvelle; le dernier, la dernière; le (la) plus récent(e); *die ~e Mode* la dernière nouveauté; 2ˈ**neu(e)ste** *n*: *das ~* le dernier cri; ~ˈ**nötigst** *adj.* le (la) plus indispensable; 2ˈ**seelen** *rl. n* le Jour *m* des Morts; **~seits** *adv.* F *guten Abend ~!* bonsoir, tout le monde!; 2ˈ**weltskerl** F *m* homme *m* à toutes mains, débrouillard *m*; 2**weltsverb** *n* verbe *m* à tout faire; 2ˈ**weltswort** *n* mot *m* passe-partout; mot-valise *m*; 2ˈ**werteste(r)** F *m* derrière *m*; postérieur *m*.

ˈ**alles** *pr/ind.* tout; *das ~* tout cela; *~, was ...* tout ce qui (*acc.*: ce que) ...; *das ist ~* voilà (*od.* c'est) tout; *wenn das ~ ist* si ce n'est que cela; *~ in allem* en somme; somme toute; *~ eingerechnet* au bout du (*od.* en fin de) compte; tout bien considéré; à tout prendre; *~ andere* tout le reste; *~ Schöne* tout ce qui est beau; *damit ist ~ gesagt* c'est tout dire; *da hört doch ~ auf* c'est (F par) trop fort!; c'est le comble!; *bis hierher wäre ~ gut* jusque là il n'y a rien à dire; *nicht um ~ in der Welt* pour rien au monde (*bei vb. mit* ne); *Mädchen für ~* bonne *f* à tout faire; *prov. ~ zu s-r Zeit* chaque chose en son temps; *Ende gut, ~ gut* tout est bien qui finit bien.

ˈ**alleˈsamt** *adv.* tous (*resp.* toutes) ensemble.

alles|fressend *adj.* omnivore; 2**kleber** *m* colle *f* universelle.

ˈ**Allgegen|wart** *f* omniprésence *f*; ubiquité *f*; 2**wärtig** *adj.* omniprésent.

allgeˈmein *adj. u. adv.* général; universel; *im ~en* en général; *man sagt ~* le bruit court; *~ gesprochen* généralement parlant; 2**e(s)** *n*: *das* 2*e und das Besondere* le général et le particulier; 2**befinden** *n* état *m* général (de la santé); 2**bildung** *f* culture *f* (*od.* formation *f*) générale; **~gültig** *adj.* universellement reconnu; 2**heit** *f* universalité *f*; généralité *f*; (*alle*) public *m*; 2**unkosten** *pl.* frais *m/pl.* généraux; **~verständlich** *adj.* à la portée de tous; 2**wohl** *n* intérêt *m* général.

Allˈheilmittel *n* remède *m* universel; panacée *f*.

Alliˈanz *f* alliance *f*.

Alliˈgator *zo. m* alligator *m*.

Alliˈierte(r) *m* allié *m*.

ˈ**all|ˈjährlich** *adj.* annuel; ˈ2**macht** *f* toute-puissance *f*; ~ˈ**mächtig** *adj.* tout-puissant; *der* 2*e* le Tout-Puissant; ~ˈ**mählich I** *adj.* graduel, -elle, progressif, -ive; **II** *adv.* peu à peu; petit à petit.

Alˈlonge ✝ *f* allonge *f*.

Allo|paˈthie *f* allopathie *f*; 2ˈ**pathisch** *adj.* allopathique; *~ behandeln* traiter par l'allopathie.

Alˈlotria *n/pl.* frasques *f/pl.*; *~ treiben* faire des frasques (*od.* des siennes).

ˈ**All|parteien...** ... de tous les partis; 2**seitig I** *adj.* universel; **II** *adv.*: *~ betrachten* considérer sous tous ses angles; **~strom-empfänger** *m Radio*: récepteur *m* tous courants; **~tag** *m* quotidien *m*; jour *m* ordinaire.

allˈtäglich *adj.* quotidien, -enne; de tous les jours; *fig.* banal; terre (-) à (-) terre; *das ist bei ihm etw.* 2*es* cela lui arrive tous les jours; 2**keit** *f* banalité *f*.

ˈ**alltags** *adv.* (*werktags*) en semaine; 2**leben** *n* vie *f* de tous les jours; F train-train *m* de la vie; 2**sorgen** *f/pl.* soucis *m/pl.* quotidiens.

allumˈfassend *adj.* universel, -elle.

all|wissend *adj.* qui sait tout; omniscient; 2ˈ**wissenheit** *f* omniscience *f*; ~ˈ**wöchentlich I** *adj.* hebdomadaire; **II** *adv. a.* toutes les semaines; ˈ**~zu**, **~zuˈsehr**, **~zuˈviel** *adv.* trop; *allzuviel ist ungesund* trop est trop; 2**zweck...** polyvalent *adj.*; 2**zwecklastwagen** *m* camion *m* pour tout faire; 2**zweckschrank** *m* loge-tout *m*.

Alm *f* pâturage *m* alpestre; alpage *m*.

ˈ**Almanach** *m* almanach *m*.

ˈ**Almosen** *n* aumône *f*.

ˈ**Aloe** ⚘ *f* aloès *m*.

Alˈpaka *n* alpaga *m*; alpaca *m*.

al ˈpari ✝ *adv.* au pair.

ˈ**Alpdrücken** *n* cauchemar *m*.

ˈ**Alpen** *f/pl.* Alpes *f/pl.*; 2**-artig** *adj.* alpestre; **~bahn** 🚂 *f* chemin *m* de fer alpin; **~glühen** *n* alpenglühen *m*; **~jäger** ⚔ *m* chasseur *m* alpin; **~rose** ⚘ *f* rhododendron *m* des Alpes; **~sport** *m* alpinisme *m*; **~straße** *f* route *f* alpestre; **~veilchen** ⚘ *n* cyclamen *m*.

Alphaˈbet *n* alphabet *m*; 2**isch I** *adj.* alphabétique; *in ~er Reihenfolge* = **II** *adv.* par ordre alphabétique.

alphanuˈmerisch *EDV adj.* alphanumérique.

ˈ**Alpha|strahlen** *phys. m/pl.* rayons *m/pl.* alpha; **~teilchen** *n* particule *f* alpha.

alˈpin *adj.* alpin; alpestre; des Alpes.

Alpiˈnist *m* alpiniste *m*; **~enmütze** *m* passe-montagne *m*.

Alˈraun *m*, **~e** *f* mandragore *f*.

als *cj.* (*wie*) comme; en; en qualité de; en tant que; à titre de; *schon ~ Knabe* étant encore enfant; *behandeln ~* traiter en; *j-n nehmen ~* prendre q. pour; *j-n ~ Richter wählen* choisir q. pour (*od.* comme) juge; *ein Haus ~ Wohnsitz wählen* choisir une maison comme domicile; *~ etw. dienen* servir de qch.; *zeitlich*: quand, lorsque, (*in dem Augenblick, als ...*) comme; au moment où; *e-s Tages, ~ ...* un jour où (*st. s.* que) ...; *kaum ... ~* à peine ... que; *damals ~* alors que; *~ ob* comme si; *tun ~ ob* faire semblant (*od.* feindre) de (*inf.*); *es sieht aus, ~ ob es regnen wollte* on dirait qu'il va pleuvoir; *nicht ~ ob* non (pas) que (*subj.*); ce n'est pas que (*subj.*); *er ist zu jung, ~ daß ...* il est trop jeune pour que ... (*subj.*) (*od.* pour ... [*inf.*]); *nach comp.* que; *mit* ne *nach bejahendem vb.*: *größer ~ du glaubst* plus grand que tu ne (le) crois; *mehr* (*weniger*) *~ vor e-r Zahl*: plus (moins) de, *beim Vergleich zweier Subjekte unter e-m Prädikat*: plus (moins) que; *vier arbeiten mehr ~ zwei* quatre travaillent plus que deux.

ˈ**also** *adv. Folgerung*: donc; par conséquent; en conséquence; ainsi; dès lors; *litt.* partant; *na ~!* eh bien!; *~ gut!* bon alors!; eh bien alors!

alt âgé; vieux, *vor vo. und h aspiré*: vieil (*f*: vieille); (*ehemalig, altertümlich*) ancien; (*ur~*; *~modisch*) antique; (*abgenutzt*) usé; *~ werden* vieillir; *~ machen* vieillir; *hundert Jahre ~ werden* atteindre l'âge de cent ans; *zehn Jahre ~* âgé de dix ans; *wie ~ ist er?* quel âge a-t-il?; *er ist zwanzig Jahre ~* il a (*od.* il est âgé de) vingt ans; *für wie ~ halten Sie ihn?* quel âge lui donnez-vous?; *er sieht nicht so ~ aus, wie er ist* on ne lui donnerait pas son âge; *~ genug sein, um zu ...* (*inf.*) être d'âge à ... (*inf.*); être en âge de ... (*inf.*); *zu ~ sein, um zu ...* (*inf.*) avoir passé l'âge de ... (*inf.*); *er und ich, wir sind gleich ~* il est de mon âge; nous sommes de même âge; nous avons le même âge; *~ und jung* jeunes et vieux; *um zwei Jahre älter* de deux ans son aîné; *~ und jung* jeunes et vieux; *auf m-e ~en Tage* sur mes vieux jours; *~e Sprachen* langues *f/pl.* anciennes; *~e Geschichte des Altertums*: histoire *f* ancienne, (*längst bekannte Erzählung*) vieille histoire *f*; *die ~en Griechen* les anciens Grecs *m/pl.*; *das* 2*e Testament* l'Ancien Testament *m*; *die ~e Zeit* le bon vieux temps; *~e Bücher* livres *m/pl.* d'occasion, *für Bibliophilen*: vieux livres *m/pl.*, livres *m/pl.* anciens; *etw. ~ kaufen* acheter qch. d'occasion; *er ist immer der ~e* il est toujours le même; *es bleibt alles beim ~en* il n'y a rien de changé; tout reste comme par le passé.

Alt ♪ *m* alto *m*.

Alˈtan ⚠ *m* plate-forme *f*; galerie *f*; *am Hause*: balcon *m*.

Alˈtar *m* autel *m*; **~bild** *n* tableau *m* d'autel; **~decke** *f* nappe *f* d'autel; **~raum** *m* sanctuaire *m*.

ˈ**alt|backen** *adj.* rassis; 2**bauten** *m/pl.* habitat *m* ancien; **~bekannt** *adj.* connu depuis longtemps; F archiconnu; 2**besitz** *m* possession *f* ancienne; **~bewährt** *adj.* infaillible.

ˈ**Alte(r)** *f* (*m*) vieux *m*, vieille (femme) *f*; vieillard *m*; F *mein ~r* (*Vater*) mon paternel; *m-e ~n* (*Eltern*) mes parents; F *der ~* (*Chef*) singe *m*; *hist. die ~n* les Anciens *m/pl.*; *das ~* l'ancien *m*.

altˈ-eingesessen *adj.* établi depuis longtemps.

Alt-ˈeisen *n* ferraille *f*; **~händler** *m* marchand *m* de ferraille; ferrailleur *m*.

Altenteil ⚖ *n* part *f* réservataire des parents.

Alter *n* âge *m*; (*Greisen*2) vieillesse *f*; (*Dienst*2) ancienneté *f*; *hohes ~* grand âge *m*, *v. Dingen*: vétusté *f*; *in m-m ~* à mon âge; *er ist in m-m ~* il est de mon âge; *im ~ von zwanzig Jahren* à (l'âge de) vingt ans; *man sieht ihm sein ~ nicht an* il ne paraît pas (*od.* il ne porte pas) son âge; *von* 2*s her* de tout temps; depuis toujours; de temps immémorial; *mittleren ~s* entre deux âges; d'âge moyen.

ˈ**älter** (*comp. v. alt*) plus âgé; *mein ~er Bruder* mon frère aîné; *er ist zwei Jahre ~ als ich* il est mon aîné de deux ans; il a deux ans de plus que moi; *ein ~er Herr* un homme d'un certain âge; *~ werden* vivre plus vieux, avancer en

âge.
alte'rieren ♪ *v/t.* altérer.
'altern *v/i.* vieillir; *anfangen zu* ~ prendre de l'âge.
Alterna'tive *f* alternative *f*.
'Alters|aufbau *m* pyramide *f* des ages; ²**genosse** *m*, ~**genossin** *f* camarade *m, f* du même âge; ~**grenze** *f* limite *f* d'âge, âge *m* limite; ~**gruppe** *f: nach* ~*n* par tranches d'âge; ~**heim** *n* maison *f* de retraite *(od.* de retraités), foyer-logement *m (od.* résidence *f od.* ensemble *m* résidentiel) pour personnes âgées; ~**hilfe** *f* aide *f* aux personnes âgées; ~**klasse** *f* catégorie *f* d'âge; ~**präsident** *m (Doyen)* doyen *m* d'âge; ~**pyramide** *f* s. ~**aufbau**; ~**rente** *f* pension *f* de vieillesse; ²**schwäche** *adj.* sénile; ~**schwäche** *f* sénilité *f*, gérontisme *m*; ~**unterschied** *m* différence *f* d'âge;~**unterstützung** *f* allocation *f* vieillesse; ~**versorgung** *f* pension *f* de retraite; ~**zulage** *f* prime *f* d'ancienneté.
'Alter|tum *n (o. pl.)* Antiquité *f*; ~**tümer** *nur pl.* antiquités *f/pl.*; ²**tümlich** *adj.* antique; *Wort:* archaïque.
'Altertums|forscher *m* archéologue *m*; ~**forschung** *f*, ~**kunde** *f* archéologie *f*.
'Alterungsprozeß ⚙ *m* processus *m* de vieillissement.
'alt|französisch *adj.* ancien *(od.* vieux) français; ~**'hergebracht,** ~**'herkömmlich** *adj.* traditionnel, -elle; ancien, -enne; ~**hochdeutsch** *adj.* ancien 'haut allemand.
Al'tistin ♪ *f* contralto *m*.
alt|'jüngferlich *adj.* de vieille fille; **'~katholisch** *adj.* vieux- (vieille-) catholique; ~**'klug** *adj.* précoce; blanc-bec; *den* ²*en spielen* prendre des airs de grande personne.
'ältlich *adj.* qui n'est plus de la première jeunesse; vieillot, -otte.
'Alt|material *n* déchets *m/pl.*; résidus *m/pl.*; matériaux *m/pl.* de récupération; ~**material-erfassung** *f* récupération *f* des déchets; ~**materialverwertung** *f* utilisation *f* des déchets; ~**meister** *m* vieux maître *m*; F chef *m* de file; *Sport:* ancien champion *m*; ~**metall** *n* métal *m* de récupération; ²**modisch** *adj.* passé de mode; démodé; ~**papier** *n* vieux papier *m*; ~**philologe** *m*, ~**philologin** *f* philologue *su.* classique.
'Alt|stadt *f* cité *f*; vieille ville *f*; ²**stimme** ♪ *f* contralto *m*; ²**übernehmen** *(Ruf) adj.* bien assis; ~**warenhändler** *m* brocanteur *m*; fripier *m*; ~**'weibersommer** *m* été *m* de la Saint-Martin; *(Spinnefäden)* fils *m/pl.* de la Vierge.
'Alu-Folie *f* feuille *f* d'alu(minium).
Alu'minium *n* aluminium *m*; ~**hütte** *f* fonderie *f* d'aluminium; ~**oxyd** *n* alumine *f*; oxyde *m* d'aluminium.
'Alwegbahn *f* monorail *m*.
am *prp.:* ~ *Arm* au bras; ~ *Morgen* le matin; ~ 7. *Mai* le sept (7) mai; ~ *vergangenen* 7. *und* 8. *Mai* les sept (7) et huit (8) mai derniers; ~ *Tage darauf* le lendemain; ~ *Main* sur le Main (Mein); ~ *besten* le mieux.
Amal||gam *n* amalgame *m*; ²**ga'mieren** *v/t.* amalgamer; ~**ga'mierung** *f* amalgamation *f*.
Ama'teur *m* amateur *m*; ~**photograph** *m* photographe *m* amateur; ~**sport** *m* sport *m* d'amateurs.
'Amboß *m* enclume *f*.
ambu'|lant *adj.* ambulant; ~*e Behandlung* traitement *m* qui ne nécessite pas d'hospitalisation; ~*er Patient* malade *m* non hospitalisé; ~*er Gewerbetreibende(r)* marchand *m* ambulant *(od.* forain); ²**lanz** *f* ambulance *f*.
'Ameise *ent. f* fourmi *f*; ~**nbär** *zo. m* fourmilier *m*; tamanoir *m*; ~**nhaufen** *m* fourmilière *f*; ~**nkönigin** *f* reine *f* des fourmis; ~**nsäure** 🜋 *f* acide *m* formique.
'Amen *adv. (u. n)* amen *(m); zu allem* ~ *sagen* dire amen à tout.
A'merika *n* l'Amérique *f*; ²**freundlich** *adj.* américanophile.
Ameri'kan|er *m* Américain *su.*; ²**isch** *adj.* américain; ~**ist(in** *f) m* américaniste *m, f*.
amerika|ni'sieren *v/t.* américaniser; ²**ni'sierung** *f* américanisation *f*; ²**'nismus** *m* américanisme *m*.
Ame'thyst *min. m* améthyste *f*.
A'mino-säure 🜋 *f* acide *m* aminé.
'Amme *f* nourrice *f (a. fig.);* F *nou-nou f*; ~**nmärchen** *n* conte *m* à dormir debout.
'Ammer *orn. f* bruant *m*.
Ammoni'|ak 🜋 *n* ammoniaque *f*; ~**gewinnung** *f* production *f* d'ammoniaque; ²**haltig** *adj.* ammoniacal; ~**wasser** *n* eau *f* ammoniacale.
Am'monium 🜋 *n* ammonium *m*; ~**karbonat** *n* carbonate *m* d'ammonium.
Amne'sie ⚕ *f* amnésie *f*.
Amnes'tie *f* amnistie *f*; ²**ren** *v/t.* amnistier.
A'möbe *zo. f* amibe *f*; ~**nruhr** ⚕ *f* dysenterie *f* amibienne.
'Amok|laufen *n* amok *m*; crise *f* de folie meurtrière; ~**läufer** *m* amok *m*; fou *m* furieux
a-Moll ♪ *n* la *m* mineur.
'Amor *m* Cupidon *m*; Amour *m*.
amoralisch *adj.* amoral.
a'morph *adj.* amorphe.
Amortisati'on ⚙ *f* amortissement *m*; ~**sfonds** *m* fonds *m* d'amortissement; ~**skasse** *f* caisse *f* d'armortissement; ~**swert** *m* valeur *f* amortie.
amorti'sier|bar *adj.* amortissable; ~**en** *v/t.* amortir; ²**ung** *f* amortissement *m*.
'Ampel *f* suspension *f*; *(Verkehrs*²*)* feux *m/pl.* de signalisation, feu *m* tricolore; *die* ~ *ist auf Rot* les feux sont au rouge.
Am'pere ⚡ *n* ampère *m*; ~**meter** *n* ampèremètre *m*; ~**stunde** *f* ampère-heure *m*; ~**zahl** *f (Stromstärke)* ampèretour *m*.
'Ampfer ♀ *m* oseille *f*.
Am'phib|ie *zo. f* amphibie *m*; ~**ien** *pl.* amphibiens *m/pl.*; batraciens *m/pl.*; ~**ienfahrzeug** *n* véhicule *m* amphibie; ~**ienflugzeug** *n* avion *m* amphibie; ~**ienpanzer** *m* char *m* amphibie; ²**isch** *adj.* amphibie.
Am'phitheater *n* amphithéâtre *m*; *(Kampfplatz)* arènes *f/pl.*
Ampli'tude *f* amplitude *f*.
Am'pulle *f* ampoule *f*.
Amputati'on *f* amputation *f*; ~**sbesteck** *n* trousse *f* de chirurgien.
ampu'tieren *v/t.* amputer.
'Amsel *orn. f* merle *m*.
Amt *n* 1. *Dienststelle:* service *m*; office *m*; administration *f*; bureau *m*; 2. *amtliche Tätigkeit:* fonction(s) *f(pl.);* charge *f*; *Posten:* poste *m*; place *f*; emploi *m*; *kraft s-s* ~*es* en vertu de ses fonctions; *von* ~*s wegen* d'office; *im* ~*e sein* être en fonction; *ein* ~ *antreten* entrer en fonction; *ein* ~ *bekleiden* exercer une fonction; occuper un poste; *j-n s-s* ~*es entheben* relever q. de ses fonctions; *s-s* ~*es walten* faire son devoir; *in* ~ *und Würden stehen* être arrivé aux honneurs; 3. *rl. cath.* messe *f* chantée.
am'tieren *v/i.* être en fonction; ~ *als* exercer les fonctions de; *stellvertretend:* faire fonction de.
'amtlich *adj.* officiel, -elle; *in* ~*er Eigenschaft* à titre officiel; en qualité officielle; *auf* ~*em Wege* par la voie officielle; ~*e Verlautbarung* communiqué *m* officiel.
'Amts|-anmaßung *f* usurpation *f* de fonctions; ~**antritt** *m* entrée *f* en fonction; ~**arzt** *m* médecin *m* attaché aux services de la santé publique; médecin *m* fonctionnaire; ~**befugnis** *f* pouvoirs *m/pl.*; attributions *f/pl.*; ~**bereich** *m* ressort *m*; ~**blatt** *n* bulletin *m* officiel; ~**dauer** *f* durée *f* des fonctions; ~**diener** *m* huissier *m*; ~**eid** *m* serment *m* d'entrée en fonction; *den* ~ *ablegen* prêter le serment professionnel; ~**enthebung** *f* destitution *f*; ~**führung** *f* gestion *f* de la charge; ~**gebühren** *f/pl.* droits *m/pl.*; taxes *f/pl.*; frais *m/pl.*; ~**geheimnis** *n* secret *m* professionnel; ~**gericht** *n* tribunal *m* d'instance; ~**geschäfte** *n/pl.* fonctions *f/pl.*; ~**gewalt** *f* pouvoirs *m/pl.*; ~**handlung** *f* acte *m* officiel; ~**miene** *f* air *m* officiel, professionnel; mine *f* officielle; ~**mißbrauch** *m* abus *m* de pouvoir; ²**müde** *adj.* fatigué de ses fonctions; ~**niederlegung** *f* démission *f*; ~**person** *f* personnage *m* officiel; ~**richter** *m* juge *m* auprès d'un tribunal d'instance; ~**schimmel** *iron. m* bureaucratie *f*; chinoiseries *f/pl.* administratives; routine *f* administrative; ~**schreiber** *m* greffier *m*; ~**siegel** *n* sceau *m* officiel; ~**sprache** *f* langue *f* officielle; *(Verwaltungssprache)* langage *m* administratif; ~**stelle** ⋓ *f* agence *f* postale; ~**stunden** *f/pl.* heures *f/pl.* de service; ~**tracht** *f* costume *m* officiel; ~**träger** *m* personne *f* exerçant une charge; *(Beamter)* fonctionnaire *m*; ~**unterschlagung** *f* malversation *f*; ~**vergehen** *n* délit *m* commis dans l'exercice de ses fonctions; ~**verschwiegenheit** *f* discrétion *f* professionnelle; ~**vorgänger** *m* prédécesseur *m*; ~**vorsteher** *m* chef *m* de bureau.
Amu'lett *n* amulette *f*.
amü'|sant *adj.* amusant; ~**'sieren** *v/t. (v/rf.:* sich s')amuser.
an I *prp. (mit dat. auf die Frage wo?, acc. auf die Frage wohin?)* **a)** *örtliche Nähe:* à; ~ *der Tür* à la porte; *am (dem) Fenster* à la fenêtre; *(nahe bei)* près de; auprès de; *am Feuer sitzen* être assis près du feu; *(in)* dans; en; ~ *e-m Ort* dans *(od.* en) un endroit;

(*gegen*) contre; ~ *die Wand stellen* mettre (*od.* placer) contre le mur; **b)** *geogr. Lage*: (situé) sur; *Frankfurt am Main* Francfort-sur-le-Main; **c)** *Zeit*: *am Tage nach Ostern n* le lendemain de Pâques; ~ *e-m schönen Frühlingsmorgen* par une belle matinée de printemps; *auf Fahrplänen*: arrivée; — *das liegt mir am Herzen* j'ai cela à cœur; j'y tiens beaucoup; *ich habe e-e Bitte* ~ *Sie* j'ai une prière à vous adresser; j'ai un service à vous demander; *der Brief ist* ~ *Sie* la lettre est pour vous; *breit* ~ *den Schultern* large d'épaules; ~ *Leib und Seele krank* malade de corps et d'âme; ~ *seinen Wunden sterben* mourir de ses blessures; *es fehlt ihm* ~ *Geld* il manque d'argent; *die Schuld liegt* ~ *Ihnen* c'est (de) votre faute; *die Sache* ~ *und für sich* la chose en elle-même; *reich* ~ riche de (*bzw.* en); j-n ~ *der Hand führen* conduire q. par la main; *j-n am Arm fassen* saisir q. par le bras; ~ *Krücken gehen* marcher avec des béquilles; *sich ein Beispiel nehmen* ~ prendre exemple sur; ~ *die Tafel schreiben* écrire au tableau (noir); *e-e Tafel schreiben* écrire sur un tableau (noir); ~ *der Leine führen* tenir en laisse; *soviel* ~ *mir liegt* autant qu'il dépend de moi; *was mir* ~ *e-m Mann gefällt* ce qui me plaît chez un homme; *wer ist* ~ *der Reihe* (*zu ...* [*inf.*])? à qui le tour (de ... [*inf.*])?; c'est à qui (de ... [*inf.*])? *die Reihe ist* ~ *mir, zu ...* (*inf.*) c'est mon tour (*od.* c'est à moi) de ... (*inf.*); **II** *adv. von ...* ~ dès ...; *von diesem Tage* ~ *Vergangenheit*: à dater (*od.* compter) de ce jour, *Gegenwart*: à partir d'aujourd'hui; désormais; dorénavant.

Anachro'nis|mus *m* anachronisme *m*; ⁀**tisch** *adj.* anachronique.

ana'log *adj.* analogue.

Analo'gie *f* analogie *f*.

An-alpha'bet *m* illettré *m*; ~**entum** *n* analphabétisme *m*.

Ana'ly|se *f* analyse *f*; ⁀**sieren** *v/t.* analyser; ~**tiker** *m* analyste *m*; ⁀**tisch** *adj.* analytique.

Anä'mie ⚕ *f* anémie *f*.

a'nämisch *adj.* anémique.

'Ananas ⚘ *f* ananas *m*.

Ana'mnese *f* anamnèse *f*.

An|ar'chie *f* anarchie *f*; ⁀**archisch** *adj.* anarchique; ~**ar'chismus** *m* anarchisme *m*; ~**ar'chist** *m* anarchiste *su.*; ⁀**ar'chistisch** *adj.* anarchiste.

Anästhe'sie *f* anesthésie *f*; ⁀**ren** *v/t.* anesthésier.

Ana'tom *m* anatomiste *m*.

Anato'mie *f* anatomie *f*; ~**saal** *m* amphithéâtre *m* d'anatomie; salle *f* de dissection.

ana'tomisch *adj.* anatomique.

'anbacken *v/t. u. v/i.* (faire) cuire légèrement; (*festbacken*) s'attacher.

'anbahnen 1. préparer; préparer la voie (à); **2.** *v/rf.*: *sich* ~ se préparer, s'ébaucher; *Verhandlungen bahnen sich an* on s'engage dans la voie des négociations.

'anbändeln *v/i.*: *mit j-m* ~ faire des tentatives d'approche auprès de q.; (*mit j-m Streit suchen*) chercher noise (*od.* querelle) à q.

'Anbau *m* ⚒ *der Felder usw.*: culture *f*; *gewerblicher* ~ culture *f* de rapport; △ construction *f* ajoutée; ⁀**en** *v/t.* ⚒ *Gemüse, Feldfrucht*: cultiver, faire pousser; *Gebäude*: ajouter une construction *od.* adosser (*an acc.* à); ⁀**fähig** ⚒ *adj.* cultivable; ~**fläche** ⚒ *f* terre *f* cultivable (*od.* arable); ~**küche** *f* ensemble *m* de cuisine; ~**möbel** *n/pl.* meubles *m/pl.* à éléments d'assemblage (*od.* juxtaposables).

'Anbeginn *m* début *m*; origine *f*; commencement *m*; *von* ~ *an* dès l'origine (*od.* le début).

'anbehalten *v/t. Kleidungsstück*: garder; ne pas ôter.

an'bei *adv.* ci-joint; ci-inclus; sous ce pli.

'anbeißen 1. *v/t.* mordre (dans); entamer; **2.** *v/i.* mordre à l'hameçon; *fig. a.* se laisser prendre (à); *zum* ⁀ *schön* joli à croquer.

'anbellen *v/t.*: *j-n* ~ aboyer après q.; *den Mond* ~ aboyer à la lune.

'anberaum|en *v/t.* fixer; ⚖ préfixer; ⁀**ung** *f* fixation *f*.

'anbet|en *v/t.* adorer (*a. fig.*); ⁀**er(in** *f*) *m* adorateur *m*, -trice *f*.

'Anbetracht: *in* ~ (*gén.*) en considération de; vu; étant donné; eu égard à; *in* ~*, daß ...* attendu (*od.* vu *od.* étant donné) que ...

'anbetteln *v/t.*: *j-n* ~ mendier auprès de q., demander la charité à q.

'Anbetung *f* adoration *f*; ⁀**swürdig** *adj.* digne d'adoration; adorable.

'anbiedern *v/rf.*: *sich* ~ se montrer familier, -ière (avec q.); ✗, *écol.* sich durch Übereifer ~ *fayoter.

'anbieten *v/t.* (*v/rf.*: *sich* s')offrir; *zum Kauf* ~ mettre en vente.

'anbinden *v/t.*: ~ *an* (*dat. od. acc.*) attacher (*od.* lier) à; *Reben*: accoler, palisser; *Boot*: amarrer.

'anblasen *v/t. Feuer*: attiser; *Hochofen*: mettre à feu; ♪ entonner; *das Feuer* ~ *a.* souffler sur le feu.

'Anblick *m* (*das Anblicken*) regard *m*; coup d'œil *m*; (*das Angeblickte*) aspect *m*; vue *f*; (*Schauspiel*) spectacle *m*; ⁀**en** *v/t.* regarder.

'anblinzeln *v/t.* regarder en clignant de l'œil; lancer un clin d'œil à.

'anbohren *v/t.* ⊕ forer; *Harzbäume*: térébrer; (*bohrend öffnen*) percer; ⚓ saborder; *ein Faß* ~ mettre un tonneau en perce.

'anbraten *v/t. Fleisch*: faire revenir.

'anbrechen 1. *v/t. Brot, Flasche usw.*: entamer; **2.** *v/i. Tag*: se lever; poindre; paraître; *Nacht*: tomber; *bei* ~*der Nacht* à la nuit tombante, à la tombée de la nuit.

'anbrennen 1. *v/i.* prendre feu; s'allumer; *Speisen*: brûler; **2.** *v/t.* mettre le feu à; *Licht, Zigarre*: allumer.

'anbringen *v/t.* placer (*a. Wort*) mettre; poser; appliquer; ⊕ installer; (*herbringen*) apporter; (*herbeiführen*) amener; *Plakat*: afficher.

'Anbruch *m*: *bei* ~ *des Tages* au point (*od.* à la pointe *od.* au lever) du jour; *bei* ~ *der Nacht* à la tombée de la nuit; à la nuit tombante.

'anbrüllen *v/t.*: F *j-n* ~ crier (*od.* hurler) après q.

'anbrummen *v/t.*: F *j-n* ~ gronder (*od.* rabrouer) q.

'anbrüten *v/t.* commencer à couver; *angebrütetes Ei* œuf *m* couvé.

'Andacht *f* (*innere Sammlung*) recueillement *m*; *rl.* prières *f/pl.*; *s-e* ~ *halten* faire ses dévotions (*od.* sa prière).

'andächtig *adj.* pieux, -euse; dévot; religieux, -euse; recueilli; (*aufmerksam*) attentif, -ive.

An'dante ♪ *n* andante *m*.

'andauern *v/i.* continuer; durer; ~**d** *adj.* continuel, -elle; ininterrompu.

'Andenken *n* (*a. Gegenstand*) souvenir *m*; *zum* ~ *an* (*acc.*) en souvenir de; *in gutem* ~ *bei j-m stehen* avoir laissé un bon souvenir à q.

'ander *adj.* autre; *er ist ein ganz* ~*er geworden* il est tout changé; *das machen Sie* ~*en weis!* à d'autres!; *einmal über das* ~*e* toutes les deux fois; *e-n Tag um den* ~*en* tous les deux jours; *am* ~*en Tage* le lendemain; *nach dem* ~*en tour* à tour; *ein* ~*es Hemd anziehen* changer de chemise; ~*en Sinnes werden* changer d'avis; *er macht e-e Dummheit nach der* ~*en* il fait bêtise sur bêtise; *es vergeht ein Jahr um das* ~*e* les années s'écoulent; *unter* ~*en entre autres*; *und* ~*es mehr* et autres choses encore; *alles* ~*e* tout le reste; *etw.* ~*es* autre chose; *nichts* ~*es* (*bei vb. mit* ne) rien d'autre; *das ist etw. anderes* c'est autre chose; c'est différent; ~**erseits** *adv.* d'autre part; par ailleurs; par contre; ~**mal** *adv.*: *ein* ~ une autre fois.

'ändern 1. *v/t.* changer, modifier; *etw.* ~ *an* (*dat.*) (*e-e Änderung daran vornehmen*) changer qch. à; (*etw. anderes an die Stelle setzen*) changer (de); *cout. Kleid usw.*: faire des retouches; reprendre; *bessernd*: corriger; *auf nachteilige Weise*: altérer; ⚖ *e-e Strafe in e-e mildere*: commuer; *Urteil*: modifier; *den Kurs* ~ ⚓, ✈ changer de route; changer de cap; *das ändert m-e Ansicht nicht* cela ne change rien à mon opinion; cela ne modifie en rien mon opinion; *s-e Meinung* ~ changer d'avis; se déjuger; *die Richtung* ~ changer de direction (*od.* de sens); *das ändert nichts an der Tatsache, daß ...* cela ne change rien au fait que ...; **2.** *v/rf.*: *sich* ~ changer; *v. Preisen*: varier; *die Sache kann sich* ~ les choses peuvent changer; *daran läßt sich nichts* ~ on n'y saurait rien changer.

'andernfalls *adv.* autrement; sinon; (*wenn das Gegenteil eintritt*) dans le cas contraire.

'anders *adv.* autrement; (*verschieden*) différemment; *nach sein, werden, scheinen*: autre; *er wird sein Lebtag nicht* ~ il ne changera jamais; *damit ist es nicht* ~ il n'en est pas autrement; *es wird noch ganz* ~ *kommen* on en verra bien d'autres; *das ist nun einmal nicht* ~ c'est comme ça; *es ist nicht* ~ c'est comme je vous le dis; *sich* ~ *besinnen* se raviser; *nicht* ~ *können* ne pouvoir faire autrement; *ich konnte nicht* ~*, ich mußte lachen* je ne pouvais m'empêcher de rire; *j.* ~ quelqu'un d'autre; *irgend jemand* ~ n'importe quelle autre personne; n'importe qui d'autre; *niemand* ~ *als er* personne d'autre que lui (*bei vb. mit* ne); *wer* ~ *als er?* qui d'autre que lui?; qui d'autre sinon lui?; ~**denkend** *adj.* qui pense autrement;

d'avis différent; *rl.*, *pol. a.* dissident; **~farbig** *adj.* d'une couleur différente; **~ge-artet** *adj.* d'un autre caractère; **~gesinnt** *adj.* d'une autre opinion; **~gläubig** *adj.* hétérodoxe; **2sprachiger** *m* allophone *m (a. adj.)*; **~wie** *adv.* d'une autre manière; autrement; **~wo** *adv.* ailleurs; autre part; **~wo'her** *adv.* d'ailleurs; d'autre part; **~wo'hin** *adv.* ailleurs; autre part.

andert'halb *adj.* un et demi; ~ *Stunden* une heure et demie.

'Änderung *f* changement *m*; *bessernde:* correction *f*; *nachteilige:* altération *f*; *teilweise:* modification *f*; *der Preise:* variation *f*; *Schneiderei:* kleine ~ retouche *f*; ⚖ *e-r Strafe in e-e mildere:* commutation *f*.

'Änderungsvorschlag *parl. m* amendement *m*.

'ander|wärts *adv.* ailleurs; **~weitig** I *adj.* autre; II *adv.* ailleurs; autre part.

'andeut|en 1. *v/t.* *durch Zeichen:* indiquer; *durch Worte* ~ donner à entendre; insinuer; *Malerei:* indiquer, ébaucher; esquisser; *(hindeuten)* dénoter; indiquer; *als Vorbedeutung:* présager, préfigurer, annoncer; **2.** *v/rf.:* sich ~ se manifester; **~end** *adj.* allusif, -ive; **2ung** *f* indication *f*; *leise* ~ *(an, auf acc.)* légère allusion (à); *(Malerei usw.)* ébauche *f*; esquisse *f*; *(Vorbedeutung)* présage *m*; **~ungsweise** *adv.* vaguement.

'andichten *v/t.:* j-m etw. ~ attribuer (faussement) qch. à q., prêter qch. à q.

'Andocken *(Raumfahrt) n* accostage *m* et arrimage *m*.

'andonnern *v/t.:* j-n ~ apostropher q. violemment.

'Andrang *m v. Menschen:* affluence *f*, flot *m*, *a.* 🞥 afflux *m*; *der* ~ *zu diesem Stück ist sehr groß* le public se presse pour voir cette pièce; 🞥 *des Blutes usw.:* congestion *f*.

'andrehen *v/t. Gas, Radio usw.:* ouvrir; *Motor:* mettre en marche; *Licht:* allumer; F j-m etw. ~ F refiler qch. à q.

'androh|en *v/t.:* j-m etw. ~ menacer q. de qch.; **2ung** *f* menace *f*; *unter* ~ *e-r Geldstrafe* sous peine d'amende.

Androlo'gie 🞥 *f* andrologie *f*.

'andrück|en *v/t.* serrer *(od. presser)* contre; **2walze** *f an Schreibmaschine:* cylindre *m* presse-papier.

'an-ecken *v/i. fig.* überall ~ 'heurter tout le monde.

'an-eignen *v/rf.* sich etw. ~ *(Fremdsprache usw.)* assimiler qch.; *herrenloses Gut:* s'approprier qch.; *sich mehrere Handwerke* ~ se mettre en main plusieurs métiers; *sich widerrechtlich etw.* ~ usurper qch.

an-ein'ander *adv.* l'un à *(bzw.* près de *bzw.* contre) l'autre; **~fügen** *v/t.* joindre; **~geraten** *v/i.* s'entrechoquer; en venir aux mains; ~ *lassen* mettre aux prises; **~grenzen** *v/i.* se toucher; être contigu *(od.* attenant); *géogr. a.* être limitrophe; **~hängen** *v/t.* adhérer l'un à l'autre; *bsd. fig.* être liés; **~reihen** *v/t.* mettre à la file; *Gedanken:* enchaîner; **~rücken** *v/t. (v/i.* se) rapprocher; **2rücken** *a. pol. n* resserrement *m*; **~stoßen** *v/i.* entrer en collision; s'entrechoquer.

Anek'dot|e *f* anecdote *f*; **2enartig**, **2enhaft** *adj.* anecdotique.

'an-ekeln *v/t.* dégoûter; écœurer; répugner (à); rebuter.

Ane'mone ⚘ *f* anémone *f*.

'An-erbieten *n* offre *f*.

'an-erkannt *adj.* (généralement) admis; reconnu; **~ermaßen** *adv.* il est reconnu que ...; de l'aveu de tous.

'an-erkennbar *adj.* admissible.

'an-erkenn|en *v/t.* reconnaître *(als, für pour); lobend:* apprécier; *Rekord:* homologuer; *gesetzlich* ~ légitimer; *gerichtlich* ~ légaliser; *nicht* ~ désavouer *(a. ⚖);* **~end** *adj.:* von j-m mit **~en Worten sprechen** parler de q. en termes élogieux; **~enswert** *adj.* digne d'admiration *od.* de reconnaissance; **2ung** *f* reconnaissance *f*; *gesetzliche:* légalisation *f*; *(lobende Würdigung)* approbation *f*; *e-s Rekordes:* homologation *f*; **2ungsschreiben** *n* lettre *f* de reconnaissance.

'an-erziehen *v/t.* inculquer.

'anfachen *v/t.* attiser *(a. fig.).*

'anfahren 1. *v/t. Getränke, Steine usw.:* apporter; *Fußgänger:* 'heurter; *ein anderes Fahrzeug:* tamponner; *Auto von hinten* ~ emboutir à l'arrière; *j-n von hinten* ~ attraper q. par l'arrière; *fig. j-n mit heftigen Worten:* apostropher q. violemment, brusquer q., rudoyer q., rabrouer q., enguirlander q., engueuler q.; **2.** *v/i. Zug:* se mettre en marche; s'ébranler; *Auto:* démarrer.

'Anfahrt *f* **1.** *zum Arbeitsplatz:* trajet *m;* **2.** *(Zufahrt)* accès *m; die* ~ *zum Flughafen von Roissy* la desserte de l'aéroport de Roissy; **~sstraße** *f* voie *f* d'accès.

'Anfall *m ⚕* attaque *f*; *e-r Krankheit a.* accès *m (a. fig.);* poussée *f*; ✝ *v. Waren:* arrivage *m*; bouffée *f*; *(Attentat)* attentat *m*; ⚔ choc *m*; assaut *m*; *durch Erbschaft:* dévolution *f;* **2en 1.** *v/t.* attaquer *(a. v. Krankheiten);* ungestüm: assailir; fondre (sur); *mörderisch:* attenter (à); **2.** *v/i.* ✝ *Waren:* arriver.

'anfällig *adj.* de santé délicate; sujet, -ette à des maladies.

'Anfang *m* début *m*; commencement *m; e-r Mahlzeit usw.:* entrée *f*; ~ *Mai* (au) début (de) mai; *er ist* ~ *fünfzig* il est entré dans la cinquantaine; ~ *nachmittag* en début d'après-midi; *zu* ~ au commencement; *sich noch in den Anfängen befinden* en être à ses débuts; *von* ~ *an* dès le début; *von* ~ *bis zu Ende* du commencement à la fin; *den* ~ *mit etw. machen* commencer par qch.; *s-n* ~ *nehmen* commencer; ~ *der Schule* rentrée *f* des classes; **2en** *v/t., v/i., v/imp. (beginnen)* commencer (*zu* à, >; *mit par*); se mettre à; débuter *(mit par)*; *Gespräch:* entamer; *es fängt an, wieder stärker zu regnen* la pluie recommence de plus belle; *wieder* ~ recommencer; reprendre; *damit muß wieder ganz von vorn angefangen werden* c'est à prendre de ... (*inf.*) ne pas tarder à ... (*inf.*); *die Schule fängt wieder an* c'est la rentrée des classes; *e-n Prozeß mit j-m* ~ intenter un procès à *(od.* contre*) q.; Streit mit j-m* ~ chercher querelle à q.; *(tun)* faire; *es ist mit ihm nichts anzufangen* il n'y a rien à faire avec lui; *wenn ich einmal anfange* si je m'y mets; *er hat es recht angefangen* il s'y est bien pris; *ich weiß nicht, was ich* ~ *soll* je ne sais que faire; *was fangen wir mit dem Abend an?* que ferons-nous de notre soirée?

'Anfäng|er *m* commençant *su.*; débutant *su.*; novice *su.*; F *a. cin.* bébert *m*; *écol., univ., Sport:* *bizut(h) m;* **2lich** *adj.* premier.

'anfangs *adv.* au début; d'abord; au commencement; à l'origine; **2buchstabe** *m* (lettre *f*) initiale *f*; *großer* ~ majuscule *f*; *kleiner* ~ minuscule *f*; **2fahrer** *m* conducteur *m* novice; **2gehalt** *n* salaire *m* initial; **2geschwindigkeit** *f* vitesse *f* initiale; **2gründe** *m/pl. e-r Wissenschaft:* éléments *m/pl.*; rudiments *m/pl.*; **2kapital** *n* capital *m* initial; **2klassen** *écol. f/pl.* petites classes *f/pl.*; **2kurs** *m Börse:* cours *m* d'ouverture; **2punkt** *m* point *m* de départ; **2spannung** *f* tension *f* initiale; **2stadium** *n* phase *f* initiale; **2unterricht** *m* enseignement *m* primaire.

'anfassen 1. *v/t.* toucher; prendre; *fig.* etw. beim rechten Ende ~ prendre une affaire par le bon bout; *etw. verkehrt* ~ s'y prendre de travers; *ich weiß nicht, wie ich ihn* ~ *soll* je ne sais pas où le prendre; *j-n mit Glacéhandschuhen* ~ prendre des gants avec q.; **2.** *v/i. (helfen)* mit ~ donner un coup de main.

'anfauchen *v/t. Katze: j-n* ~ souffler et cracher sur q.

'anfaulen *v/i.* commencer à pourrir *(od.* à se gâter *od.* à s'abîmer).

'anfecht|bar *adj.* contestable; **2barkeit** *f* contestabilité *f*; **~en** *v/t. (bestreiten)* contester; *Testament:* contester la validité (de); *ein Urteil* ~ contester un jugement; *ein Schriftstück als falsch* ~ arguer une pièce de faux; *(versuchen)* tenter; *Leidenschaften:* inquiéter; agiter; *was ficht ihn an? qu'est-ce qui le prend?;* quelle mouche le pique?; **2ung** *f ⚖* contestation *f*; *(Versuchung)* tentation *f*; **2ungsklage** ⚖ *f* recours *m* en annulation.

'anfeind|en *v/t.* attaquer; manifester de l'hostilité (à); **2ung** *f* hostilité *f*.

'anfertig|en *v/t. Kleider: a.* confectionner; ⊕ fabriquer; *Schriftliches:* rédiger; *(aufstellen)* établir; dresser; **2ung** *f* fabrication *f; v. Kleidung:* confection *f*; *(Abfassung)* rédaction *f*; *(Aufstellung)* établissement *m*.

'anfetten *v/t.* graisser.

'anfeuchten *v/t.* humecter.

'anfeuer|n *v/t.* allumer; *abs.* faire du feu; *fig.* enflammer; électriser; exciter; *Sport:* encourager; **2ung** *fig. f* encouragement *m*.

'anflanschen ⊕ *v/t.:* etw. ~ mettre une bride à qch.

'anflehen *v/t.* implorer (*j-n um etw.* qch. de q.); supplier.

'anfletschen *v/t.* montrer les dents (à).

'anflicken *v/t.* ajouter *(an acc.* à).

'anfliegen ✈ *v/t.* faire escale (à); s'approcher (de); se diriger (vers);

aborder; e-e *Stadt regelmäßig* ~ desservir une ville.
'**Anflug** *m* ⚔ approche *f*; (✈ *Angriffsziel*) objectif *m* d'attaque; *fig.* (*leise Spur*) trace *f*, relent *m*, teinte *f*, idée *f*, soupçon *m*; ⚕ *ein leichter* ~ von un symptôme peu grave de; ~**achse** ✈ *f* axe *m* de la piste d'atterrissage; ~**korridor** (*Raumkapsel*) *m* corridor *m* de rentrée; ~**zeit** *f* durée *f* de l'approche.
'**anforder|n** *v/t.* j-n (etw.) ~ demander q. (qch.); etw. ~ *a.* faire venir qch.; ℒ**ung** *f* (*Anspruch*) exigence *f*; an j-n ~en stellen exiger qch. de q.
'**Anfrage** *f* demande *f*; *parl.* interpellation *f*; *parl.* an j-n e-e ~ richten interpeller q.; ℒ**n** *v/i. bei j-m nach etw.* ~ demander qch. à q.; s'informer de qch. auprès de q.
'**anfressen** *v/t.* ronger; 🐁 attaquer; corroder.
'**anfreunden** *v/rf.*: *sich mit j-m* ~ se lier d'amitié avec q.; *sich mit etw.* ~ se familiariser avec qch.
'**anfrieren** *v/i.* geler.
'**anfüg|en** *v/t.* joindre (*an acc.* à); ajouter (*an acc.* à); ℒ**ung** *f* addition *f*; adjonction *f*.
'**anfühlen 1.** *v/t.* toucher; *tastend:* tâter; palper; **2.** *v/rf.: sich* (*hart, rauh; weich*) ~ être (dur; rude; doux, douce; mou, molle) au toucher.
'**Anfuhr** *f* (*Transport*) transport *m*; roulage *m*; camionnage *m*; (*Lieferung*) livraison *f*.
'**anführ|en** *v/t.* Truppe, Abordnung usw.: conduire; être à la tête de; *den Tanz* ~ mener la danse; (*erwähnen*) citer; *Zitat:* faire, alléguer, amener; *Beispiel:* donner; *Gründe:* alléguer; *als Entschuldigung* ~ alléguer pour excuse; *Zeugen:* produire; *weiter habe ich nichts anzuführen* je n'ai plus rien à dire; (*hintergehen*) duper, tromper, F mettre dedans; *angeführt* (*hintergangen*) *werden* être dupé; *sich* ~ (*hereinlegen*) *lassen* se laisser prendre; donner dans le panneau; ℒ**er** *m* chef *m*; commandant *m*; conducteur *m*; *e-s Aufruhrs, Streiks:* meneur *m*; ℒ**ung** *f leitend:* conduite *f*; (*Erwähnung*) citation *f*; *v. Gründen, Zitaten:* allégation *f*; *v. Zeugen:* production *f*; ℒ**ungszeichen** *n/pl.* guillemets *m/pl.*
'**anfüllen** *v/t.* remplir (*mit de*).
'**anfunken** *v/t.* entrer en communication radio (avec).
'**Angabe** *f* (*Aussage, a.* ⚖ *u.* †) déclaration *f*; indication *f*; *v. Gründen, Zitaten:* allégation *f*; *als Zeuge:* témoignage *m*; déposition *f*; (*Auskunft*) renseignement *m*; ~**n** *pl.* (*Merkmale, Daten*) données *f/pl.*; ~ *von Tatsachen* énoncé *m* de faits; *nach s-r* ~ d'après lui; *nähere* ~**n** détails *m/pl.*; (*Prahlerei*) F esbroufe *f*, F épate *f*, F flafla *m*, F m'as-tu-vuisme *m*; *aus* ~ pour la montre.
'**angaffen** F *v/t.* dévisager; regarder bouche bée; F zyeuter.
'**angängig** *adj.* possible; faisable.
'**angeb|en 1.** *v/t.* Namen, Adresse, Alter usw.: donner; indiquer (*a. Preis, Richtung*); (*anzeigen*) dénoncer, F cafarder; *Schule:* cafarder; *genau* ~ préciser; *als Grund* ~ invoquer comme raison; ♪ *den Ton* ~ donner le ton (*a.*

fig.); **2.** *v/i.* (*wichtig tun*) faire l'important, F crâner, se donner de grands airs, F faire de l'esbroufe, F faire de l'épate (*od.* le mariole), F faire du volume (*od.* des fla-fla *od.* le flambard), P juter, P ramener sa fraise, bomber le torse; *Tennis:* servir; *Kartenspiel:* donner le premier; ℒ**er**(**in** *f*) *m* (*Wichtigtuer*) F crâneur *su.*, F esbroufeur *su.*, F frimeur *m*, fanfaron *su.*, F m'as-tu-vu *m/inv.*, matamore *m*; ℒ**e'rei** *f* (*Wichtigtuerei*) F esbroufe *f*; *s. a.* Angabe; ~**erisch** *adj.* fanfaron; F crâneur.
'**angeblich I** *adj.* prétendu; soi-disant; **II** *adv.* à ce qu'on dit, il paraît que... (*ind.*); paraît-il.
'**angeboren** *adj.* inné; naturel; de nature; de naissance; ⚕ congénital; *es ist ihm* ~ il tient cela de nature (*od.* de naissance); c'est inné chez lui.
'**Angebot** *n* offre *f*; ~ *und Nachfrage* l'offre et la demande; ~**s-ausschreibung** ✉ *f* appel *m* d'offres.
'**angebracht** *adj.* opportun; indiqué; convenable; *nicht* ~ déplacé; *es ist* ~ *zu schweigen* c'est le moment de se taire.
'**angebrannt** *adj.*: ~ riechen sentir le brûlé; ~ *schmecken* avoir un goût de brûlé.
angebraust *p.p.*: F ~ *kommen* arriver à toute vitesse (*od.* en trombe *od.* en coup de vent).
'**angebrütet** *adj.* couvi.
'**angebunden** *adj.*: *kurz* ~ *sein* se montrer brusque.
'**angedeihen** *v/i.*: *j-m etw.* ~ *lassen* accorder qch. à q.; *Erziehung:* donner.
'**angefault** *adj.* ~**es Obst** des fruits *m/pl.* tachés (*od.* abîmés).
'**angeflitzt** F *adj.*: ~ *kommen* arriver en trombe (*od.* en coup de vent *od.* à toute pompe).
'**angefressen** *v. Motten:* mité; *vom Rost:* rongé.
'**angeführt** *adj.* dupé, F refait.
'**angegossen** *adj. Kleid: wie* ~ *sitzen* aller comme un gant.
'**angegriffen** *adj.*: ~ *aussehen* avoir l'air fatigué (*od.* souffrant).
'**angeheiratet** *adj.* par alliance.
'**angeheitert** *adj.* éméché; un peu gris.
'**angehen 1.** *v/i. Licht:* s'allumer; *Motor:* se mettre en marche; *Feuer:* prendre; *frischgesetzte Pflanzen:* prendre racine; *gegen ein Übel* ~ lutter contre un mal; *der Teig ist angegangen* la pâte a levé; *es mag noch* ~, *daß* ... passe encore que ... (*subj.*); *es geht nicht an, daß* ... il n'est pas permis (*od.* convenable) que ... (*subj.*); **2.** *v/t.: j-n um etw.* ~ s'adresser à q. pour avoir qch.; demander qch. à q.; (*betreffen*) regarder; concerner; *was geht das Sie an?* de quoi vous mêlez-vous?; *was mich angeht* quant à moi; en ce qui me concerne; pour ma part; *wen es angeht* à qui de droit; ~**d** *adj.* (*zukünftig*) futur; *ein* ~**er** *Gelehrter* un futur savant *m*; ~*er Vierziger* qui approche de la quarantaine.
'**angehör|en** *v/i. e-r Gruppe, Abordnung:* faire partie de; *e-r Partei, e-m Verein:* être membre de; adhérer (à); ℒ**ige**(**r**) *f* (*m*) parent *m*, -e *f*; *e-r Partei,*

e-s Vereins: membre *m*; adhérent *m*, -e *f*.
'**Angeklagte**(**r**) *f* (*m*) accusé *m*, -e *f*; *Kriminalprozeß:* prévenu *m*, -e *f*; inculpé *m*, -e *f*; *Zivilprozeß:* (*Beklagter*) défendeur *m*, défenderesse *f*.
'**Angel** *f der Tür:* gond *m*; *fig. zwischen Tür und* ~ entre deux portes; en sortant.
'**angelangt** *p.p.* arrivé.
'**angelegen** *adj. sich* (*dat.*) *etw.* ~ *sein lassen* s'intéresser à qch.; s'occuper de qch.; ℒ**heit** *f* affaire *f*; *bsd.* ⚖ cause *f*; *in welcher* ~ *kommen Sie?* quel est le but de votre visite?; ~**tlich I** *adj. Bitte:* instant; *Frage:* pressant; **II** *adv.* instamment; *sich* ~ *mit etw. beschäftigen* s'occuper de qch. intensivement; *sich* ~ *bemühen* faire tout son possible.
'**angelernt** *adj.*: ~**er Arbeiter** ouvrier *m* spécialisé.
'**angelesen** *adj.*: ~**es Wissen** science *f* livresque.
'**Angel|fische'rei** *f* pêche *f* à la ligne; ~**gerät** *n* ustensiles *m/pl.* de pêche; ~**haken** *m* hameçon *m*; ~**leine** *f* ligne *f*; ℒ**n** *v/t. u. v/i.* pêcher (à la ligne); ~**n** *n* pêche *f* à la ligne; ~**punkt** *fig. m e-s Problems:* pivot *m*; charnière *f*; clé *f* de voûte; point *m* crucial; ~**rute** *f* canne *f* à pêche; gaule *f*.
'**angemessen** *adj. Ton, Form:* convenable; approprié (à); *Belohnung, Verhalten:* convenable; *Preis:* raisonnable; *Straße:* équitable; juste; *für* ~ *halten* juger bon *bzw.* bonne (*od.* à propos).
'**angenehm** *adj.* agréable; sympathique; *Ferien:* reposant; *Lage, behaglich:* confortable; *sehr* ~! (*bei der Vorstellung*) enchanté!
'**angenommen** *adj.* ~**es Kind** enfant *m* adoptif; ~**er Name** nom *m* de guerre (*od.* d'emprunt); ~, *daß* ... supposé que ... (*subj.*).
'**angeregt** *adj.* ~**e Unterhaltung** conversation *f* animée (*od.* vive).
'**angeschlagen** *adj. Boxsport:* touché; *Geschirr:* ébréché; *fig. schwer* ~**e Wirtschaft** économie *f* frappée de plein fouet.
'**angeschrieben** *adj.*: *bei j-m gut* (*schlecht*) ~ *sein* (ne pas) avoir la cote auprès de q.; (ne pas) être dans les bonnes grâces (*od.* dans les petits papiers) de q.
'**angeschwemmt** *adj.* alluvial.
'**angesehen** *adj. Person, Familie:* estimé; considéré; *Zeitschrift:* réputé; *schlecht* (*gut*) ~ *sein bei* être mal (bien) vu de.
'**Angesicht** *n nur noch in: von* ~ *zu* ~ face à face; *fig. dem Tode ins* ~ *sehen* regarder la mort en face; *im Schweiße s-s* ~**s** à la sueur de son front; ℒ**s** (*gén.*) *adv.* en vue de; en présence de; face à; vu (*inv.*); eu égard à; étant donné (*inv.*).
'**angespannt** *adj.* tendu.
'**angestammt** *adj.* héréditaire.
'**Angestellt|e**(**r** *a. m*) *m, f* employé *m*, -e *f*; *m-e* ~**n** mon personnel; *leitende* ~ *pl.* cadres *m/pl.*; *höherer* ~**r** employé *m* supérieur; *kleiner* ~ (*employé m*) subalterne *m*, F lampiste *m*; ~**r des öffentlichen Dienstes** *od. in beamtenähnlicher Stellung* employé *m* de la fonction publi-

que; ~engewerkschaft f syndicat m d'employés; ~enversicherung f assurance f des employés.
'angestrengt adj. durch ~es Arbeiten à force de travail intense; adv. ~ arbeiten travailler intensément.
'angetan adjt. 1. von j-m ~ sein être conquis par q.; 2. danach ~, daß ... de nature à ... (inf.); fait pour ... (inf.).
'angetrunken adj. en état d'ébriété; F éméché, gris; 2heit f légère ébriété f, pointe f de vin.
'angewandt adj.: ~e Wissenschaften (Mathematik) sciences f/pl. (mathématiques f/pl.) appliquées; falsch ~es Wort mot m impropre.
'angewiesen adj.: ~ sein auf (acc.) dépendre de; ich bin darauf ~ je n'ai que cette ressource.
'angewöhnen 1. v/t.: j-m etw. ~ habituer (od. accoutumer) q. à qch.; 2. v/rf.: sich (dat.) etw. ~ prendre l'habitude de faire qch.
'Angewohnheit f habitude f.
'angewurzelt adjt. wie ~ dastehen être comme cloué sur place; wie ~ stehenbleiben rester là comme une souche.
'angießen ⚡ v/t. arroser légèrement.
An'gina 🌿 f angine f; ~ pectoris angine f de poitrine.
'angleich|en v/t. assimiler (an acc. à); Löhne, Preise: adapter, r(é)ajuster (à); Vorschriften: coordonner (à, avec), rapprocher (de), harmoniser (avec); 2ung f assimilation f (an acc. à); ✝ réajustement m (à).
'Angler m pêcheur m (à la ligne); ~karte f permis m de pêche.
'anglieder|n v/t. Land: annexer; Verein: affilier; 2ung f annexion f.
Angli'ka|ner(in f) m anglican m, -e f; 2nisch adj. anglican.
angli'sieren v/t. angliciser.
An'glist(in f) m angliciste m, f.
Angli'zismus m anglicisme m.
anglonor'mannisch adj. anglo-normand.
'anglotzen F v/t. reluquer; F zyeuter.
An'gora|katze f chat m angora, ~ziege f chèvre f angora.
'angreif|bar adj. attaquable; contestable; ~en v/t. Gegner (a. Sport) attaquer; (anfassen) toucher; prendre; ⚖ belangen; pol. prendre q. à partie; Vorräte, Kapital: entamer; Kräfte: fatiguer; affaiblir; épuiser; Gesundheit: attaquer, ébranler, affecter; 🍽 ronger, corroder, mordre; v. e-m Waschmittel: abîmer; 2er m agresseur m; attaquant m; assaillant m.
'angrenzen v/i.: an etw. (acc.) ~ confiner à (od. avec) qch.; avoisiner qch., toucher à qch.; géogr. a. être limitrophe de qch.; ~d adj. contigu, -ë; Straße: voisin, avoisinant, adjacent; géogr. a. limitrophe.
'Angriff m attaque f (auf acc. contre) a. Sport; agression f (contre); rollende ~e attaques f/pl. successives; e-n ~ machen faire (od. lancer) une attaque; zum ~ übergehen déclencher l'attaque, passer à l'attaque, prendre l'offensive; fig. e-n ~ auf j-s Ehre machen porter atteinte à l'honneur de q.; Arbeit: in ~ nehmen entreprendre, commencer, se mettre (à); s'attaquer (à); Problem: aborder, se pencher (sur); ~sbefehl m ordre m d'attaque; ~sfläche f ⊕ surface f de prise; fig. niemandem e-e ~ bieten ne donner aucune prise à personne; ~shandlung f acte m d'agression; ~s-krieg m guerre f d'agression; 2s-lustig adj. agressif, -ive; ~s-plan m plan m d'attaque; ~s-punkt m phys. point m d'application; fig. prise f; ~swaffe f arme f offensive; ~s-ziel n objectif m d'attaque.
'angrinsen v/t. regarder en ricanant.
Angst I f peur f (vor dat. de); crainte f (de); vorübergehend: frayeur f; angoisse f; anxiété f; krankhafte ~: phobie f; ~ vor den Autos autophobie f; ~ haben avoir peur (vor dat. de), P avoir les foies, avoir la frousse; haben Sie keine ~! n'ayez pas peur!, soyez sans crainte!, F n'ayez crainte!; in ~ geraten prendre peur; s'effrayer; j-m ~ machen faire peur à q.; effrayer q.; aus ~, daß er (nicht) kommt de peur (od. de crainte) qu'il ne vienne (pas); II 2 adj.: mir ist ~ j'ai peur; mir wird ~ je prends peur; 2erfüllt adj. plein d'anxiété; ~gefühl n (sentiment m d') angoisse f; ~geschrei n cris m/pl. d'angoisse (od. de détresse); ~hase m poltron m, couard m, lâche m, timoré m, P froussard m.
'ängstigen v/t. faire peur (à); (sich ~) s'inquiéter (um de); sich zu Tode ~ mourir de peur.
'Angstkäufe m/pl. achats m/pl. de panique (od. de précaution).
'ängstlich adj. craintif, -ive; peureux, -euse; timoré; es wird mir ~ zumute je commence à avoir peur; ~ besorgt sein um j-n (etw.) être inquiet, -ète pour q. (pour qch.); 2keit f anxiété f; psych. caractère m craintif; scrupule m.
'Angst|meier F m ~ ~hase; ~meierei F f poltronnerie f; ~neurose f névrose f d'angoisse; ~röhre F f (Zylinder) 'huit-reflets m/inv.
'Angst|schrei m cri m d'angoisse (od. de détresse); ~schweiß m sueur f froide; 2voll adj. plein d'angoisse, angoissé; ~e Stunden f/pl. heures f/pl. d'angoisse; ~zustand m état m d'angoisse.
'angucken v/t. regarder; dévisager; verstohlen: lorgner; F reluquer.
'anhaben v/t. Kleidungsstücke usw.: avoir mis; porter; j-m etw. ~ wollen vouloir du mal à q.; man kann ihm nichts ~ on ne peut rien contre lui.
'anhaften v/i. adhérer (à); ~d adj. adhérent (à); inniger: inhérent (à).
'anhäkeln v/t. ajouter (au crochet).
'anhaken v/t. accrocher; agrafer.
'anhalt|en 1. v/t. arrêter; als Polizist: interpeller; Auto usw.: (faire) arrêter; Atem: retenir; Ton: tenir, filer; j-n zu etw. ~ exhorter q. à qch.; 2. v/i. (still halten) s'arrêter; faire une pause; (fortdauern) continuer; durer; persister; um die Hand der Tochter ~ demander la main de la fille (bei j-m à q.); 2en n e-s Fahrzeugs: arrêt m; (Fortdauer) continuation f, persistance f; ~end adj. continuel, -elle; Parfümduft: tenace; 2er m autostoppeur m; per ~ fahren fare de l'auto-stop, F du stop; sich deplacer en auto-stop; 2evorrichtung f dispositif m d'arrêt; 2spunkt m indice m; point m de repère.
'Anhang m zu e-m Werk: appendice m; Nachtrag: supplément m; e-s Testaments: codicille m; (Anhängerschaft) adhérents m/pl., partisans m/pl., supporters m/pl., mv.p. coterie f, péj. clique f; Mann m ohne ~ homme sans attaches (sans famille).
'anhäng|en 1. v/t. Bilder, Kleidung, Lampen, Schilder: suspendre (à), accrocher (à); Anhänger e-s Autos: accrocher, atteler; téléph. Hörer: raccrocher; (hinzufügen) ajouter (à); fig. j-m etw. ~ imputer (od. attribuer) qch. à q.; 2. v/rf.: sich ~ an ein Auto, Kind an s-e Mutter: s'accrocher (à); 2er m partisan m, adhérent m; Sport: supporter m; (Schüler) disciple m; (Schmuck) pendentif m; der Straßenbahn: remorque f; baladeuse f; Auto: remorque f; (Schild) étiquette f mobile, porte-adresse m; 2erin f partisane f, adhérente f; 2erschaft f partisans m/pl., adhérents m/pl.; 2e-schloß n cadenas m; 2e-zettel m étiquette f mobile; ~ig ⚖ adj. pendant, en instance; e-e Sache bei e-m Gerichtshof ~ machen saisir un tribunal d'une affaire; e-n Prozeß gegen j-n ~ machen intenter un procès à (od. contre) q.; ~lich adj. attaché, dévoué; 2lichkeit f attachement m, dévouement m (an acc. pour); 2sel n für Ohrring: pendeloque f; für Uhr: breloque f; F Person: compagnon m, compagne f.
'anhauchen v/t. souffler sur.
'anhäufeln I v/t. ✝ Kartoffeln: butter; II 2 n buttage m.
'anhäuf|en v/t. (v/rf. sich ~) amasser (a. fig.); (s')accumuler (a. Kapital); (s')agglomérer; in geordneten Haufen: (sich s')entasser; (s')empiler; ungeordnet: (sich s')amonceler; 2ung f amas m; accumulation f (a. v. Kapital); agglomération f (a. v. Kapital); amoncellement m; empilage m.
'anheben 1. v/t. soulever; Gehälter, Preise: relever; Pensionen: revaloriser; 2. v/i. st. s. (anfangen) commencer.
'anheften v/t. attacher (an acc. à); Plakat: (ap)poser; mit Nadeln ~ épingler; maintenir par des épingles.
'anheimeln v/t. rappeler le pays (od. le foyer); ich fühle mich angeheimelt cela me rappelle mon chez-moi, je me sens comme chez moi.
an'heim|fallen st. s. v/i. Vermögen: échoir (à q.); der Vergangenheit ~ tomber dans l'oubli; ~stellen v/t.: ich stelle es Ihnen anheim je m'en remets (od. je m'en rapporte) à vous.
'anheizen v/t. commencer à chauffer; fig. pol. aiguiser.
'anheuern ⚓ v/t. enrôler, engager.
'Anhieb m: auf ~ fig. du premier coup, d'emblée.
'anhimmeln F v/t. adorer, porter aux nues, aduler.
'Anhöhe f éminence f, élévation f, 'hauteur f; (Hügel) colline f, coteau m; kleine ~ butte f, tertre m, mamelon m.
'anhören I 1. v/t. écouter; Zeugen usw.: entendre; thé. Schauspieler, Sänger: auditionner; (anmerken) man hört ihm an, daß ... on reconnaît à sa voix que ...; 2. v/rf.: sich gut ~ flatter l'oreille; être agréable à en-

tendre; **II** ⚥ *n v. Zeugen, Schallplatten, Schauspielern, Sängern*: audition *f*; ⚖ *nach ~ der Parteien* les parties entendues.
'**anhumpeln** *v/i.*: *angehumpelt kommen* arriver clopin-clopant (*od.* en clopinant).
'**anhüpfen** *v/i.*: *angehüpft kommen* arriver en sautillant.
Ani'lin ⚥ *n* aniline *f*; **~fabrik** *f* fabrique *f* d'aniline; **~farbe** *f* colorant *m* à l'aniline; **~industrie** *f* industrie *f* de l'aniline; **~rot** *n* rouge *m* d'aniline.
ani'malisch *adj.* animal; *fig.* bestial.
Animali'tät *f* animalité *f*.
Ani'mier|dame *f* entraîneuse *f*, allumeuse *f*, F aguicheuse *f*, F frôleuse *f*; **⚥en** *v/t.* entraîner (*zu* à); F aguicher.
Animosi'tät *f* animosité *f*.
A'nis ⚥ *m* anis *m*; **~brot** *n* pain *m* à l'anis; **~likör** *m* anisette *f*.
'**anjagen** *nur p.p. v/i.*: *angejagt kommen* arriver (*od.* s'approcher) à toute vitesse.
'**ankämpfen** *v/i.* lutter (*gegen* contre).
'**Ankauf** *m* achat *m*; **⚥en** **1.** *v/t.* acheter; **2.** *v/rf.*: *sich ~* (s')acheter une propriété.
'**Ankaufs|genehmigung** *f* autorisation *f* d'achat; **~preis** *m*, **~summe** *f* prix *m* d'achat.
'**ankeilen** *v/t.* caler; claveter; P *fig. Personen auf der Straße*: accoster.
'**Anker** *m* ⚓ ancre *f* (*a. fig. u. horl.*); *den ~ werfen, vor ~ gehen* jeter l'ancre; mouiller; *den ~ lichten* lever l'ancre; *vor ~ liegen* être à l'ancre.
'**Anker|boje** ⚓ *f* bouée *f* d'orin; **~feld** *phys. n* champ *m* de l'induit; **~gebühr** *f* ancrage *m*; **~grund** *m* fond *m* mouillage *m*; **~kette** *f* chaîne *f* d'ancre; **~mast** *m* mât *m* d'amarrage; **⚥n** *v/i.* ancrer; jeter l'ancre; mouiller; **~n** *n*, **~platz** *m* mouillage *m*; **~pfahl** *m* pieu *m* d'amarrage, duc *m* d'albe; **~spill** *n* guindeau *m*; **~tau** *n* câble *m* de mouillage; **~uhr** *f* montre *f* à ancre; **~wicklung** ⚡ *f* enroulement *m* d'induit; (*Spule*) bobine *f* d'induit.
'**anketten** *v/t.* attacher (*od.* mettre) à la chaîne.
'**ankeuchen** *v/i.*: F *angekeucht kommen* arriver tout 'haletant.
'**Anklage** *f* accusation *f*; *gegen j-n ~ erheben* accuser q.; *unter ~ stehen* être accusé; **~bank** *f* banc *m* des accusés; **~behörde** *f* ministère *m* public; **⚥n** *v/t.*: *j-n wegen e-r Sache* (*gén.*) *~* accuser q. de qch.; *öffentlich ~* dénoncer; **~punkt** *m* chef *m* d'accusation.
'**Ankläger(in** *f*) *m* accusateur *m*, -trice *f*; *als ~ (in) auftreten* se porter accusateur, -trice.
'**Anklage|schrift** *f* acte *m* d'accusation; **~vertreter** *m* représentant *m* de l'accusation; **~zustand** *m* état *m* d'accusation; prévention *f*; *in den ~ versetzen* mettre en état d'accusation.
'**anklammern** *v/t. Brief*: attacher avec un trombone; *Wäsche*: accrocher; (*v/rf.*: *sich se*) cramponner (*an acc.* à).
'**Anklang** *m* **1.** trace *f* (*an* de); **2.** écho *m*; *fig.* (*großen*) *~ finden* être bien accueilli; avoir du succès, trouver de

l'écho, éveiller beaucoup de résonance, avoir un grand retentissement; *Waren*: se vendre bien.
'**ankleben I. 1.** *v/t.* coller; *Zettel usw.*: afficher; *Plakate ~ verboten!* défense d'afficher!; **2.** *v/i.* coller ensemble; adhérer (*an dat.* à); *das klebt nicht an* cela ne tient pas; **II** ⚥ *n v. Tapeten usw.*: collage *m*; *v. Zetteln usw.*: affichage *m*.
'**ankleiden** *st. s.* **I** *v/t.* (*v/rf.*: *sich s'*)habiller; *litt.* (se) vêtir; **II** ⚥ *n* habillage *m*; *j-m beim ~ helfen* aider q. à s'habiller.
'**Ankleide|raum** *m*, **~zimmer** *n* cabinet *m* de toilette; *der Schauspieler*: loge *f*; *für Mannequins*: salon *m* d'habillage.
'**ankleistern** *v/t.* coller (*an acc.* à).
'**anklemmen** *v/t.* fixer avec des pinces.
'**anklingen** *v/i.*: *an etw.* (*acc.*) *~* évoquer (*od.* rappeler) qch.
'**anklopfen** *v/i.*: *an die Tür ~* frapper à la porte; *fig. bei j-m ~* (*vorsichtig anfragen*) tâter le terrain auprès de q.
'**anknabbern** *v/t.* grignoter.
'**anknipsen** F ⚡ *v/t.* allumer.
'**anknöpfen** *v/t.* boutonner.
'**anknüpf|en 1.** *v/t.* attacher (*an acc.* à); nouer; *fig. e-n Briefwechsel mit j-m ~* entrer en correspondance avec q.; *mit j-m ein Gespräch ~* entamer une conversation avec q.; *Verhandlungen ~* engager (*od.* entamer) des négociations; **2.** *v/i.*: *an etw.* (*acc.*) *~* partir de qch.; se rattacher à qch.; **⚥ungs-punkt** *m* (*Ausgangspunkt*) point *m* de départ (*für* pour).
'**anknurren** *v/t. vom Hund*: gronder (*j-n* contre q.).
'**ankommen** *v/i.* arriver; P s'abouler, F s'amener, F rappliquer; ⚓ *a.* aborder; *ist nichts für mich angekommen?* est-ce qu'il n'y a rien pour moi?; *fig. gut ~* être bien accueilli; tomber bien; passer la rampe; *übel ~* être mal accueilli; tomber mal; *es kommt darauf an* c'est selon; cela dépend; *es kommt darauf an, zu erfahren ...* il s'agit de savoir ...; *es kommt viel darauf an* il importe beaucoup; *es kommt mir darauf an, zu ...* (*inf.*) il m'importe de ... (*inf.*); *je tiens à ...* (*inf.*) *es kommt mir darauf an, daß ... je tiens à ce que ...* (*subj.*); *es kommt mir nicht so sehr darauf an* cela ne me paraît pas si important; je n'y regarde pas de si près; *es kommt mir nicht auf das Geld an* je ne regarde pas à l'argent; la question de la dépense est secondaire; *darauf soll es nicht ~ qu'à cela ne tienne*; *es auf gut Glück ~ lassen* s'en remettre à la chance; aller au petit bonheur; *ich lasse es darauf ~* je m'en remets à la chance; *man kommt nicht gegen ihn an* on ne sait comment le prendre; F *das kommt bei mir nicht an* ça ne prend pas avec moi; **⚥de(r)** *f* (*m*) arrivant *m*, -e *f*.
'**ankönnen** *v/i.*: *ich kann gegen ihn nicht an* je ne peux rien (faire) contre lui; *dagegen kann ich nicht an* je n'y peux rien; je ne peux rien faire contre cela.
'**ankörnen** ⊕ *v/t.* marquer au pointeau; pointer.
'**ankotzen** P *v/t.* P débecter, débec-

queter; emmerder; (*anschimpfen*) P engueuler.
'**ankrallen** *v/rf.*: *sich ~* se cramponner (*an acc.* à).
'**ankreiden** *v/t.* marquer à la craie; *Fehler*: relever; *fig. das werde ich ihm ~* il me le paiera.
'**ankreuzen** *v/t.* marquer d'une croix.
'**ankriechen** *v/i.*: *angekrochen kommen* s'approcher en rampant.
'**ankündig|en** *v/t.* (*v/rf.*: *sich s'*)annoncer; *j-m etw.*, *daß ... a.* faire savoir à q. que ...; *feierlich*: proclamer; *förmlich*: notifier; *öffentlich*: publier; *Heirat ~* faire part (de); **⚥ung** *f* annonce *f*; *feierliche*: proclamation *f*; *förmliche*: notification *f*; *öffentliche*: publication *f*; (*Warnung*) avertissement *m*; avis *m*.
'**Ankunft** *f* arrivée *f*; **~sbahnsteig** *m* quai *m* d'arrivée; **~s-ort** *m* lieu *m* d'arrivée; **~s-zeit** *f* heure *f* d'arrivée.
'**ankuppeln** *v/t. Anhänger usw.*: atteler, accrocher.
'**ankurbel|n** *v/t.* mettre en marche; *Wirtschaft*: relancer, stimuler, redresser, encourager; **⚥ung** *éc. f* relance *f*; **⚥ungs-kredit** *m* crédit *m* destiné à la relance.
Anky'lose *f* ankylose *f*.
'**anlächeln** *v/t.*: *j-n ~* sourire à q.
'**anlachen** *v/t.* regarder en riant.
'**Anlage** *f* *e-s Kapitals auf Zinsen*: placement *m*; investissement *m*; *v. Gebäuden usw.*: établissement *m*; ⊕ installation *f*; (*Bau*) construction *f*; *e-s Verbandes*: application *f*; *e-s Gartens*: plantation *f*; *öffentliche ~n pl.* jardins *m/pl.* publics; *e-s Gedichts usw.*: plan *m*; ébauche *f*; *e-s Buches*: disposition *f*; (*natürliche Befähigung*) disposition *f* (*zu* pour); aptitude (*zu* à); *abs. ~n haben* avoir des dispositions; être doué; (*beigefügtes Schriftstück*) annexe *f*; pièce *f* annexée (*od.* jointe); *in der ~, en annexe*; **~bedarf** *m* besoin *m* d'investissements; demande *f* d'investissements; **~kapital** *n* capital *m* d'investissement; **~kosten** *pl.* frais *m/pl.* de premier établissement; **~kredit** *m* crédit *m* d'investissement; **~papier** *n* valeur *f* de placement; **~vermögen** *n* biens *m/pl.* investis.
'**anlagern** ⚥ *v/rf.*: *sich ~* se fixer (*an* à).
'**anlangen** *v/t.* (*betreffen*) concerner; *was diese Sache anlangt* en ce qui concerne cette affaire.
'**Anlaß** *m* (*Gelegenheit*) occasion *f*; (*Ursache*) cause *f*; (*Beweggrund*) motif *m*; (*Grund*) raison *f*; *aus ~* (*gén.*) à l'occasion de; *aus diesem ~* pour cette raison; *~ geben zu ... (inf.)* donner lieu à; *~ haben, zu ... (inf.)* avoir sujet de ... (*inf.*); *~ nehmen, zu ... (inf.)* profiter de l'occasion pour ... (*inf.*); *ohne àllen ~* sans aucun motif (*od.* aucune raison); **~druckknopf** *m* bouton *m* de mise en marche.
'**anlass|en 1.** *v/t.* (*anbehalten*) garder; *Maschine*: mettre en marche; *Fahrzeug*: démarrer; *Motor*: mettre en marche; lancer; *j-n hart ~* rudoyer q., brusquer q.; **2.** *v/rf.*: *sich ~* s'annoncer; se présenter; *die Sache läßt sich gut an* l'affaire s'annonce (*od.* se présente) bien; **⚥en** *n Motor*: mise *f*

en marche; lancement m; 2er m Auto: démarreur m; den ~ betätigen actionner le (od. appuyer sur le) démarreur.

'anläßlich prp. (gén.) à l'occasion de; lors de.

'anlasten v/t. j-m etw. ~ imputer (od. reprocher) qch. à q.

'Anlauf m bsd. zum Springen: élan m; mit ~ avec élan; e-n ~ nehmen prendre son élan; fig. im ersten ~ d'emblée; du premier coup; ~bahn Sport f piste f d'élan; 2en 1. v/i. (beginnen) commencer; (zu laufen beginnen) commencer à courir; bsd. beim Springen: prendre son élan; Fahrzeug: démarrer (a. fig.); Film: sortir; rot ~ rougir; blau ~ bleuir; angelaufen kommen arriver en courant; ~ lassen Maschine: mettre en marche, Fahrzeug: démarrer (a. fig.), Motor: mettre en marche, lancer; feucht ~ lassen Glas: embuer; kämpfen: ~ gegen lutter contre; (den Glanz verlieren) se ternir; durch Feuchtigkeit: se couvrir de buée. 2. v/t.: e-n Hafen ~ toucher un port; relâcher od. faire relâche (od. escale) dans un port; e-e Stadt regelmäßig ~ desservir une ville; ~en n Sport: élan m; e-r Maschine: mise f en marche; e-s Fahrzeugs: démarrage m (a. fig.); e-s Motors: mise f en marche; lancement m; ♣ relâche f; v. Zinsen: accumulation f; ~piste f Schi: piste f conduisant au tremplin; ~zeit f durée f de démarrage.

'Anlaut gr. m son m initial.

'Anlege|brücke f embarcadère m, débarcadère m; appontement m; ~gebühren ♣ f/pl. droits m/pl. de mouillage; ~hafen m port m de relâche; 2n 1. v/t. (e-e Leiter) mettre (an acc. contre); fig. die letzte Hand an etw. (acc.) ~ mettre la dernière main à qch.; Feuer ~ mettre le feu (an acc. à); incendier (an etw. acc. qch.); Gewehr: épauler, mettre en joue; (mit) Hand ~ donner un coup de main, mettre la main à la pâte; Hand an sich selbst ~ attenter à ses jours; e-n Maßstab an etw. (acc.) ~ appliquer une norme (od. un critère) à qch.; Trauer ~ prendre le deuil; (herstellen) faire (a. Sammlung, Kartei usw.); ♣ planter; ✱ appliquer; Wege: tracer; construire; faire; Fabrik usw.: établir; installer; Kanal: creuser, percer; Skizze: ébaucher; Geld: placer; (ausgeben) dépenser; Konto: ouvrir; es darauf ~, zu ... (inf.) viser à ... (inf.). 2. v/i.: auf j-n ~ mettre od. coucher q. en joue; viser q.; ♣ (vor Anker gehen) se mettre à l'ancre; (landen) aborder; accoster; faire escale; 3. v/rf.: sich e-e Sammlung ~ se constituer une collection; sich mit j-m ~ chercher querelle (F des pouilles od. F des poux) à q.; ~n e-r Fabrik usw.: établissement m; installation f; (Bau) construction f; ♣ plantation f; ✱ application f; e-r Skizze: ébauchage m; v. Geld: placement m; (planmäßige Einrichtung) disposition f; organisation f.

'anlehnen v/t. (v/rf.: sich s')appuyer (an acc. contre); s'adosser (contre od. à); Tür: entrebâiller.

'Anleihe f emprunt m (machen contracter; auflegen émettre; unterbringen placer; zeichnen souscrire à); bei j-m e-e ~ machen emprunter qch. à q.; ~ablösung f remboursement m d'un emprunt; ~ausgabe f émission f d'un emprunt; ~papier n titre m d'emprunt; ~schuld f dette f contractée par un emprunt.

'anleimen v/t. coller (an acc. à).

'anleit|en v/t. (belehren) instruire (j-n in dat. q. dans; zu ... inf. à ... inf.); j-n zum Guten ~ montrer à q. le chemin du bien; 2ung f instruction f; (Buch) guide m; unter Ihrer Anleitung sous votre direction.

'Anlern|beruf m profession f à formation accélérée; 2en v/t. initier, former; ~zeit f période f d'initiation.

'anlesen v/t.: ein Buch ~ commencer la lecture d'un livre.

'anlieg|en v/i. v. Kleidungsstücken: être collant, coller; mouler (an etw. dat. qch.); 2en n (Wunsch) désir m; préoccupation f; (Bitte) demande f; ~end adj. Kleidungsstücke: collant; (beigefügt) ci-annexé, ci-inclus, ci-joint; sous ce pli; 2er m riverain m; 2erzone f zone f riveraine.

'anlocken v/t. attirer; allécher; Fische, Vögel: appâter.

'anlöten ⊕ I v/t. souder; II 2 n soudage m; soudure f.

'anlügen v/t.: j-n ~ dire des mensonges à q.; mentir à q.

'anmachen v/t. (befestigen) attacher (an à); fixer; Mörtel, Kalk, Gips usw.: gâcher; cuis. préparer; Salat: faire; préparer; assaisonner; Feuer ~ allumer le (od. faire du) feu, im Ofen: allumer le poêle; das Radio (den Fernseher) ~ allumer la radio (la télévision).

'anmalen v/t. (v/rf.: sich se) peindre.

'Anmarsch m ✗ approche f; im ~ sein approcher; ~weg m zum Arbeitsplatz: trajet m.

'anmaß|en v/rf.: sich (dat.) etw. ~ s'arroger qch.; Recht: usurper; Erfindung, Erfolg: s'attribuer; sich ein Urteil ~ über (acc.) se permettre un jugement sur; sich etw. zu tun ~ avoir la prétention (od. l'audace) de faire qch.; ~end adj. arrogant, outrecuidant; prétentieux, -euse, suffisant; 2ung f arrogance f, outrecuidance f, prétention f, présomption f, suffisance f; widerrechtliche ~ usurpation f.

'Anmelde|formular n zur Teilnahme: formulaire m d'inscription, für das Einwohnermeldeamt: de déclaration d'un nouveau domicile; ~frist f délai m (od. terme) m de déclaration; zur Teilnahme: délai (od. terme) m d'inscription; ~gebühr f (Einschreibegebühr) droits m/pl. d'inscription; ~liste f für Einschreibungen: liste f des inscriptions; 2n v/t. (v/rf.: sich s')anmelden; (einschreiben lassen) (sich se) faire inscrire (zu, für à); zur Verzollung: déclarer; Patent: déposer; Recht: produire; réclamer; s-n Besuch ~ annoncer sa visite; téléph. ein Gespräch ~ demander une communication; ein Kind beim Standesamt ~ déclarer un enfant à la mairie; déclarer une naissance; sich bei der Polizei ~ faire une déclaration de séjour au commissariat de police;

~pflicht f obligation f de s'inscrire bzw. de déclarer son domicile; 2-pflichtig adj. sujet, -ette à déclaration; ~schein m fiche f de déclaration; ~stelle f bureau m des inscriptions bzw. de déclaration.

'Anmeldung f annonce f; zur Verzollung: déclaration f; (Einschreibung) inscription f (zu, für à); e-s Patents: dépôt m; téléph. (Gesprächs2) demande f de communication; polizeiliche ~ déclaration f de séjour au commissariat de police; nach vorheriger ~ sur rendez-vous.

'anmerk|en v/t. remarquer; j-m etw. ~ lire qch. sur le visage de q.; sich ~ lassen laisser voir; sich nichts ~ lassen ne faire semblant de rien; ich habe Ihnen gleich angemerkt, daß ... rien qu'à vous regarder j'ai vu que ...; (notieren) noter; 2ung f remarque f; zu e-m Werk: note f; annotation f; observation f; ~ zu e-m Buch machen annoter un livre; Ausgabe mit ~en édition f annotée.

'anmontieren v/t. installer, monter.

'Anmut f grâce f, charme m; peint. der Formen: élégance f; 2en st. s. v/t. donner l'impression (de); heimatlich ~ rappeler le pays; 2ig adj. gracieux, -euse; charmant; ~ sein avoir du charme; ~e Gegend contrée f riante.

'annageln v/t. clouer (an acc. à).

'annagen v/t. grignoter.

'annähen v/t. coudre (an acc. à); wieder ~ recoudre.

'annäher|n v/t. (v/rf.: sich s')approcher (de), geistig, menschlich: (se) rapprocher (de); ~nd adj. approximatif, -ive; adv. à peu près, environ; 2ung f approche f, fig. rapprochement m; 2ungs-politik f politique f de rapprochement; 2ungsversuch m (Versöhnung) tentative f de rapprochement; ~e j-m gegenüber machen faire des avances à q.; ~ungsweise adv. approximativement.

'Annahme f e-s Geschenks, Wechsels usw.: acceptation f; ~ verweigert! refusé!; zur ~ vorlegen présenter pour acceptation; (Abnahme) réception f; (Zulassung) admission f (Vermutung) supposition f; (Hypothese) hypothèse f; e-r Meinung, e-s Gesetzes, e-r Entschließung, Tagesordnung, e-s Antrages, Vorschlages, e-s Kindes: adoption f; zur ~ bringen Gesetz, Antrag usw.: faire adopter; in der ~, daß ... supposé que ... (subj.); ~stelle f bureau m; agence f; e-r Reinigung: dépôt m; für Reisegepäck: bureau m d'enregistrement; für Gepäckaufbewahrung: consigne f; ~verweigerung f refus m d'acceptation, v. Waren: de prendre livraison.

An'nalen f/pl. annales f/pl.

'annehm|bar adj. acceptable; ~er Preis prix m acceptable; ~en 1. v/t. Geschenk, Vorschlag, Wechsel: accepter; nicht ~ refuser; Meinung, Entschließung, Tagesordnung, Antrag, Vorschlag, Kind: adopter; das Gesetz ist angenommen la loi a passé (od. a été adoptée od. votée); Auftrag: se charger (de); Gesuch: admettre; Konfession: embrasser; Rat: écouter; Wette: tenir; j-s Gründe ~ admettre les raisons de q.; Vernunft ~

entendre raison; *wieder Vernunft* ~ revenir à la raison; *Farbe, Gewohnheit*: prendre; *ch. Fährte*: suivre; (*voraussetzen*) supposer; *als wahr* ~ admettre pour vrai; 2. v/rf.: *sich e-r Sache (e-r Person)* (*gén.*) ~ se charger (*od.* prendre soin) de qch. (de q.).

'**Annehmlichkeit** *f* commodité *f*, agrément *m*.

annek'tier|en v/t. annexer; ♀**ung** *f* annexion *f*.

An'nex *m* annexe *f*.

Annexi'on *f* annexion *f*.

'**anniesen** v/t.: *j-n* ~ éternuer à la figure de q.

An'nonce *f* annonce *f*; *e-e* ~ *in e-e Zeitung setzen* mettre une annonce dans un journal; ~**nteil** *m* petites annonces *f/pl.*

annon'cieren v/t. publier une annonce.

Annui'tät *f* annuité *f*.

annul'lier|en v/t. annuler; ♀**ung** *f* annulation *f*.

An'ode *f* anode *f*.

'**an-öden** v/t. ennuyer, F barber.

An'oden|batterie *f* batterie *f* anodique; ~**gleichrichter** *m* redresseur *m* anodique; ~**kreis** *m* circuit *m* anodique; ~**spannung** *f* tension *f* anodique; ~**stecker** *m* fiche *f* de tension anodique; ~**strahl** *m* rayon *m* anodique; ~**strom** *m* courant *m* anodique.

an'odisch adj. anodique.

ano'mal adj. anomal.

Anoma'lie *f* anomalie *f*.

ano'nym I adj. anonyme; **II** adv. anonymement.

Anonymi'tät *f* anonymat *m*.

'**Anorak** *m* anorak *m*.

'**an-ordn|en** v/t. (*verordnen*) ordonner; (*ordnen*) arranger; *Tag usw.*: fixer; ♀**ung** *f im ganzen*: arrangement *m*; agencement *m*; *der einzelnen Teile*: disposition *f*; (*Verordnung*) ordre *m*; *seine Anordnungen treffen* prendre ses dispositions; *die Anordnung treffen, daß* ... décider que ...

'**an-organisch** adj. anorganique; ~*e Chemie* chimie *f* minérale.

'**anormal** adj. anormal.

'**anpacken** v/t. (*bei etw.*) *mit* ~ donner un coup de main; *Problem*: aborder.

'**anpass|en** v/t. u. v/rf. (*sich s'*) adapter (*an acc.* à); approprier (à); *Löhne*: r(é)ajuster; (*in Übereinstimmung bringen*) (sich se) conformer (à); *Auge: sich* ~ s'accommoder; ⊕ ajuster (à); *sich den Umständen* ~ s'adapter aux circonstances; ♀**ung** *f* adaptation *f*; appropriation *f*; *berufliche* ~ réadaptation *f* professionnelle; *der Löhne*: r(é)ajustement *m*; *nach e-m Indexsystem* indexation *f*; *des Auges*: accommodation *f*; ⊕ ajustage *m*; ~**ungsfähig** adj. capable de s'adapter; ♀**ungsfähigkeit** *f* faculté *f* d'adaptation.

'**anpeil|en** v/t. repérer; ♀**ung** *f* repérage *m*.

'**anpellen** F v/rf.: *sich* ~ se fringuer.

'**anpfählen** v/t. attacher à un (*resp.* à des) pieu(x); *Bäume*: palisser; *Weinstöcke*: échalasser.

'**anpfeifen** v/t. *Sport*: donner le coup de sifflet d'envoi (à); F *fig. j-n* ~ apostropher q. vertement; passer un savon à q.; savonner q.

'**Anpfiff** *m Sport*: coup *m* de sifflet d'envoi; F *fig.* savon *m*, P suée *f*, P suif *m*.

'**anpflanz|en** v/t. planter; ♀**en** *n*, ♀**ung** *f* plantation *f*.

'**anpflaumen** F v/t.: *j-n* ~ plaisanter (*od.* blaguer) q.

'**anpflocken** v/t. *Ziege usw.*: attacher à un piquet.

'**anpinnen** F v/t. punaiser F.

'**anpinseln** v/t. peindre; badigeonner; F peinturlurer.

'**anpochen** v/i. frapper (à la porte).

'**Anprall** *n* choc *m*; collision *f*; ♀**en** v/i.: ~ *an* (*acc.*) donner (*od.* 'heurter) contre.

'**anprangern** v/t. dénoncer.

'**anpreis|en** v/t. vanter, recommander vivement, préconiser; *übermäßig*: prôner; porter aux nues; *s-e Ware* ~ *a.* faire l'article; ♀**en** *n*, ♀**ung** *f* vive recommandation *f*.

'**Anprob|e** *f beim Schneider*: essayage *m*; ♀**en**, ♀**ieren** v/t. essayer.

'**anpumpen** F *fig.* v/t.: *j-n um etw.* ~ F taper q. de qch.

'**Anrainer** *m* riverain *m*.

'**anranzen** F v/t.: *j-n* ~ F attraper q., F enguirlander, P engueuler q.

'**anraten I** v/t.: *j-m etw.* ~ conseiller qch. à q., recommander qch. à q.; **II** ♀ *n* conseil *m*; *auf sein* ~ sur son conseil.

'**anrauchen** v/t. tirer les premières bouffées de, entamer; *e-n Pfeifenkopf* ~ culotter une pipe.

'**anräuchern** v/t. *Fleisch*: fumer légèrement.

'**anrechenbar** (*fürs Abi*) *écol.* adj. capitalisable.

'**anrechn|en** v/t. *Dienstjahre usw.*: mettre (*od.* porter) au compte de; mettre sur le compte de; *fig.* (*zuschreiben*) attribuer; ⚖ *Untersuchungshaft*: imputer; *j-m etw. hoch* ~ savoir beaucoup de gré à q. de qch.; *j-m etw. als Fehler* ~ imputer qch. comme une faute à q.; *écol. etw. als Fehler* ~ compter qch. comme faute; *j-m etw. zur Ehre* ~ faire honneur de qch. à q.; *sich etw. als Verdienst* ~ se faire un mérite de qch.; *etw.* ~ *auf* (*acc.*) imputer qch. à qch.; ♀**ung** *f* mise *f* en compte; ✝, ⚖ imputation *f*; *in* ~ *auf* (*acc.*) en imputation à; *in* ~ *bringen* passer en compte; mettre en ligne de compte; *etw. in* ~ *bringen auf* (*acc.*) imputer qch. à.

'**Anrecht** *n* droit *m* (*auf acc.* à); titre *m* (à); *ein* ~ *haben auf* (*acc.*) avoir droit à.

'**Anrede** *f* formule *f* pour s'adresser à q.; *Titel*: titre *m*; *im Brief*: appellation *f*; ♀ *n* v/t.: *j-n* ~ adresser la parole à q., *unvermittelt*: aborder q.; *er redete mich folgendermaßen an* il me parla en ces termes; *j-m mit dem Vornamen* ~ appeler q. par son prénom; *j-n mit Du* ~ tutoyer q.; *j-n mit Sie* ~ vouvoyer q.

'**anreg|en** v/t. animer; exciter (*zu* à); inciter (*zu* à); stimuler (*a.* 𝕊); *Appetit*: exciter, stimuler; *zum Denken* ~ stimuler l'esprit; donner à penser; *Unternehmung*: suggérer; prendre l'initiative (de); *j-n zu e-m Werk* ~ donner (*od.* fournir) à q. l'idée d'une œuvre; ~**end** adj. excitant; stimulant (*a.* 𝕊); suggestif, -ive; *Buch usw.*: qui ouvre de nouveaux horizons; *écol.* ~**es Fach** *n* discipline *f* d'éveil; ♀**ung** *f* animation *f*; excitation *f*; stimulation *f* (*a.* 𝕊); suggestion *f*; initiative *f*; instigation *f*; incitation *f*; (*Anstoß*) impulsion *f*; *auf* ~ *von* à l'instigation de; *j-m* ~ *en geben* stimuler q.; *etw. in* ~ *bringen* suggérer qch.; prendre l'initiative de qch.

'**anreiben** v/t. *Farben*: broyer.

'**anreicher|n** v/t. enrichir; ♀**ung** *f* enrichissement *m*.

'**anreihen 1.** v/t. mettre sur une file, sur un rang; 2. v/rf.: *sich* ~ se joindre à la file; faire la queue.

'**anreisen** v/i. arriver.

'**anreiß|en** v/t. F *Schachtel Zigaretten*: entamer; *Außenbordmotor*: mettre en marche; ⊕ tracer; ♀**er** (*Zirkus*) *m* *bonimenteur *m*, *bonisseur *m*; ♀**nadel** ⊕ *f* pointe *f* à tracer.

'**anreiten** v/i.: F *angeritten kommen* arriver à cheval.

'**Anreiz** *m* attrait *m*, stimulant *m*, encouragement *m*; ♀**en** v/t. exciter; inciter; stimuler; encourager.

'**anrempel|n** F v/t.: *j-n* ~ bousculer q., (*brüsk behandeln*) brusquer q., rudoyer q.; *Taschendiebstahl durch* ♀ *vol m* à l'esbroufe; ♀**ung** *f* bousculade *f*.

'**anrennen** v/i.: *gegen j-n* ~ donner contre q.; F *angerannt kommen* arriver en courant.

'**Anricht|e** *f* desserte *f*, dressoir *m*, bahut *m*, crédence *f*; ♀**en** v/t.: *das Essen* ~ mettre la dernière main au repas et le servir; *Sie können* ~ vous pouvez servir; *es ist angerichtet* Madame est servie; (*verursachen*) causer; *iron. da haben Sie was Schönes angerichtet!* vous avez fait là du beau travail!; ~**etisch** *m* desserte *f*, dressoir *m*, crédence *f*.

'**anritzen** v/t. *Haut*: érafler.

'**anrollen 1.** v/i. F *angerollt kommen* arriver en roulant; 2. v/t. *Güter*: apporter en camion.

'**anrüchig** adj. suspect; mal famé; *vachard*; louche; ♀**keit** *f* mauvaise réputation *f*.

'**anrücken** ⚔ v/i. arriver (*gegen* sur), s'approcher (*gegen* de), s'avancer (*gegen* vers).

'**anrudern** v/i. ouvrir (*od.* inaugurer) la saison d'aviron par une sortie collective; F *angerudert kommen* s'approcher en ramant.

'**Anruf** *m* appel *m*; *téléph.* coup *m* de téléphone (F de fil); appel *m* téléphonique; *téléph.* ~ *im Ortsverkehr* appel *m* local, ~ *im Fernverkehr* appel *m* interurbain; ~**beantworter** *téléph.* *m* répondeur *m* (automatique); ♀**en** v/t.: *j-n* ~ appeler q.; *téléph.* téléphoner à q., appeler q. au téléphone; donner un coup de téléphone à q.; ⚔ crier qui-vive; *bei j-m* ~ *téléph.* téléphoner chez q.; ⚓ *Schiff*: 'héler; *Gott usw.*: invoquer; *Instanz*: faire appel à; avoir recours à; *j-m um Hilfe* ~; *j-s Hilfe* ~ appeler le secours de q.; *um Hilfe* ~ appeler au secours; *j-n zum Zeugen* ~ prendre q. à témoin; *ein höheres Gericht* ~ faire appel; ~**er** *téléph. m* demandeur *m*; ~**ung** *f* saisine *f* (*e-s Gerichts* d'un tribunal); *Gottes usw.*: invocation *f*.

'**anrühren** *v/t.*: etw. ~ toucher (à) qch.; etw. nicht ~ *(auf sich beruhen lassen)* laisser dormir qch.; *(auflösen)* délayer; *Eier usw.*: battre; brouiller; *Mörtel, Kalk, Gips*: gâcher.

'**Ansag**|*e f rad., télév. usw.*: présentation *f*; 2*en v/t. a. rad. usw.* annoncer; die Zeit ~ donner l'heure; j-m den Kampf ~ défier q.; ~**er**(**in** *f*) *m rad., télév.* speaker *m*, speakerine *f*; *Kabarett*: présentateur *m*, -trice *f*; animateur *m*, -trice *f*.

'**ansamm**|**eln** *v/t.* (*v/rf.*: sich s')amasser; *v. Menschen*: (se) rassembler; *Reichtümer usw.*: (s')accumuler; 2**ung** *f* amassement *m*; *v. Menschen*: rassemblement *m*; *v. Reichtümern*: accumulation *f*.

'**ansässig** *adj.* domicilié; demeurant; établi; *v. Ausländern a.*: résident; ~ werden s'établir; 2**e**(**r**) *f* (*m*) domicilié *m*, -e *f*.

'**Ansatz** *m* pièce *f* ajoutée; *(Tisch*2) rallonge *f*; *an Instrumenten*: embouchure *f*; ⊕ *(unterster Teil verschiedener Gegenstände)* talon *m*; ♀ *v. Blättern usw.*: pousse *f*; *v. Haar*: naissance *f*; ~**punkt** *m* point *m* de départ; von e-m falschen ~ ausgehen pécher par la base.

'**ansäuern** *v/t. Teig*: mettre du levain dans; 🜛 acidifier.

'**ansaufen** P *v/t.*: sich e-n ~ P flanquer une cuite.

'**ansaug**|**en** 1. *v/t. phys.* aspirer; 2. *v/rf.*: sich ~ s'attacher en suçant; 2**rohr** *n* tube *m* d'aspiration; 2**stutzen** *m Motorrad*: tubulure *f* d'aspiration; 2**ventil** *n* soupape *f* d'aspiration.

'**ansausen** *v/i.*: F angesaust kommen arriver en trombe *(od.* en coup de vent).

'**anschaff**|**en** *v/rf.*: sich ~ s'acheter; 2**ungspreis** *m* prix *m* d'achat.

'**anschalten** *v/t. rad., télév. u. andere elektrische Geräte, Licht*: allumer; *Maschine*: mettre en marche.

'**anschau**|**en** *v/t* regarder; ~**lich** *adj.* clair; évident; expressif, -ive; concret, -ète; ~ *machen* mettre en évidence; donner une idée claire (de); 2**lichkeit** *f* évidence *f*; clarté *f*; 2**ung** *f* *(Betrachten)* contemplation *f*; *(Erfahrung)* expérience *f*; *phil.* intuition *f*; *(Meinung, Standpunkt)* opinion *f*, manière *f* de voir; point *m* de vue; *(Vorstellung)* idée *f*; *durch eigene ~ etw. sehen* voir qch. de ses propres yeux; *zu der ~ neigen, daß ...* avoir tendance à croire que ...; 2**ungsmaterial** *m* matériel *m* d'illustration; 2**ungsunterricht** *m* enseignement *m* pratique; 2**ungsvermögen** *n* faculté *f* intuitive.

'**Anschein** *m* apparence *f*; *dem ~ nach* selon les apparences; *es hat (ganz) den ~, als ob ...* on dirait, il semble que ... *(ind.)*; *(äußerer Schein)* semblant *m*; *sich den ~ geben (zu od. als ob)* se donner l'air (de *inf.*); faire semblant (de *inf.*); 2**end** I *adj.* apparent; II *adv.* apparemment; en apparence; selon toute apparence; il semble que *(ind.)*, il paraît que *(ind.)*.

'**anschicken** *v/rf.*: sich zu etw. ~; sich ~, etw. zu tun se préparer *(od.* s'apprêter *od.* se disposer) à faire qch.

'**anschieben** *v/t.*: das Auto ~ pousser la voiture; *Kegelspiel*: avoir la boule.

'**anschielen** *v/t. fig. j-n* ~ lorgner q.

'**anschienen** *chir. v/t.* éclisser.

'**anschießen** 1. *v/i.* F *angeschossen kommen* arriver en trombe; 2. *v/t.* blesser *od.* toucher d'un coup de revolver, d'une balle.

'**anschimmeln** *v/i.* (se) moisir.

'**anschirren** *v/t. Pferd*: 'harnacher.

'**Anschlag** *m*: ~ *auf j-n (auf etw.)* attentat *m* contre q. (à qch.); ♪ *Klavier*: touche *f*, *des Spielers*: toucher *m*; *(Bekanntmachung)* affiche *f*; *durch ~ bekanntgeben* faire connaître par voie d'affiches; *e-s Gewehrs*: mise *f* en joue; *der Schreibmaschine*: frappe *f*; *e-s Balles*: envoi *m*; ⊕ butée *f*; *(Kosten*2) devis *m*; *etw. in ~ bringen* faire entrer *(od.* mettre) qch. en ligne de compte; ~**brett** *n* tableau d'affichage; porte-affiches *m*; 2**en** 1. *v/t. Plakate*: afficher; placarder; *Holzleiste*: clouer, fixer; *Glocke*: sonner, tinter; *Akkord*: plaquer; ♪ *e-e Saite* ~ toucher *(od.* faire vibrer *a. fig.)* une corde; *e-e Taste stark* ~ frapper une touche; *fig. e-n Ton* ~ prendre un ton; *e-n andern Ton* ~ changer de ton; *Boxsport*: toucher; *Ball*: envoyer; *Schreibmaschine*: frapper; *das Gewehr* ~ mettre en joue; *das Gewehr auf j-n* ~ coucher q. en joue; *(abschätzen)* estimer; évaluer; taxer; *etw. hoch* ~ attacher un grand prix à qch.; *wie hoch schlagen Sie das an?* à combien l'estimez-vous?; 2. *v/i.*: *Hund*: aboyer; *Schwimmsport*: toucher le but; *Türglocke*: retentir; *Kur, Medizin*: être efficace; *Landluft*: faire du bien *(od.* de l'effet); *das Essen schlägt bei ihm an* la nourriture le fait profiter; ~**en** *n v. Plakaten*: affichage *m*; *e-r Glocke*: tintement *m*; *e-r Taste*: toucher *m*; *e-r Kur usw.*: effet *m*, efficacité *f*; ~**säule** *f* colonne *f* d'affichage, colonne *f* Morris.

'**anschleichen** *v/i.*: F *angeschlichen kommen* arriver *(od.* s'approcher) à pas de loup *(od.* à pas feutrés).

'**anschlendern** *v/i.*: F *angeschlendert kommen* arriver *(od.* s'approcher) nonchalamment.

'**anschleppen** *v/t. Steine usw.*: apporter, amener; *j-n angeschleppt bringen* amener (de force).

'**anschließen** 1. *v/t. Fahrrad*: attacher *(an acc.* à); *Wasserschlauch*: raccorder *(an acc.* à); *elektr. Geräte*: brancher *(an à); rad., télév. alle Sender sind angeschlossen* tous les postes d'émission sont relayés; *anfügen: der Schule wird ein Internat angeschlossen* on va ajouter un internat à l'école; 2. *v/rf.*: sich ~ *an (acc.)* se joindre à, se ranger aux côtés de, *pol.* se rattacher à; *sich der Meinung e-s anderen* ~ se ranger à l'avis d'un autre; *an den Vortrag schloß sich e-e Diskussion an* la conférence fut suivie d'une discussion; 3. *v/i. v. Kleidungsstücken*: être collant; ~**d** *adv. (danach, darauf)* ensuite, après.

'**Anschluß** *m* ⊕: ⚡, *téléph., Gas, Wasser*: raccordement *m*; *(Haus-)Anschlüsse* servitudes *f/pl.* d'urbanisme; *téléph. Einzelgespräch*: communication *f* téléphonique; 🚃 correspondance *f*; 🚃 *mit ~ zu den Zügen ... avec correspondance pour les trains ...; dieser Zug hat ~ an ... avec* ce train, correspondance assurée à ... en direction de ...; *den ~ erreichen nach* arriver à temps pour prendre *(od.* attraper) la correspondance de; *den ~ verpassen* manquer *(od.* F rater, F louper) la correspondance; *fig.* rester sur la touche, arriver trop tard; *pol.* rattachement *m*; *hist. der ~ Österreichs* l'Anschluss *m* (de l'Autriche); ✠ *(Angliederung)* affiliation *f*; *(Bekanntschaft)* connaissances *f/pl.*; ~ *suchen* chercher à faire connaissance *od.* à prendre contact *(bei j-m avec* q.); *im ~ an (acc.)* à la suite de; ~**bahn** *f* embranchement *m*; ~**dose** ⚡ *f* prise *f* de courant; ~**draht** *m* fil *m* de raccordement; ~**linie** *f Straßenbahn usw.*: (ligne *f* de) correspondance *f*; ~**rohr** *n* tuyau *m* de raccordement; ~**schlauch** *m* raccord *m* en plastique; ~**stelle** *f Autobahn*: accès *m*; ~**stück** *n* raccord *m*, jonction *f*; ~**zug** *m* (train *m* de) correspondance *f*.

'**anschmeicheln** *v/rf.*: sich *(bei) j-m* ~ s'insinuer auprès de q. par des flatteries.

'**anschmieden** *v/t.* ⊕ attacher en forgeant.

'**anschmieg**|**en** *v/rf.*: sich ~ *an (acc.)* se serrer contre; se blottir contre; *Kleidungsstücke*: sich ~ être collant; coller; mouler *(an etw. acc.* qch.); ~**sam** *adj.* souple; *Person*: caressant; câlin.

'**anschmieren** F *fig. v/t.* rouler q.

'**anschnall**|**en** *v/t.* attacher; *Schlittschuhe usw. a.* boucler; *sich* ~ ✈, *Auto*: attacher *(od.* mettre) sa ceinture, s'attacher; *bitte* ~! *a.* bouclez vos ceintures; veuillez vous attacher; 2**gurt** *m* ceinture *f* de sécurité.

'**anschnauz**|**en** F *v/t.* apostropher vertement; F attraper, savonner, F enguirlander, P engueuler, rabrouer; 2**er** F *m* F savon *m*; P engueulade *f*.

'**anschneiden** *v/t.* entamer *(a. fig.)*; *e-e Frage* ~ entamer *(od.* aborder) une question.

An'**schovis** *icht. f* anchois *m*.

'**anschrauben** ⊕ I *v/t.* visser *(an acc.* à); *e-e Schraube* ~ *(anziehen)* serrer une vis; II 2 *n* vissage *m*.

'**anschreiben** I *v/t.* écrire (✟ *j-n à* q.; *an die Tafel* au tableau); *(anmerken)* marquer; ✠ *für j-n* ~ *(lassen)* (faire) mettre *(od.* porter) au compte de; ~ *lassen* prendre *(od.* acheter) à crédit; II 2 *n* mise *f* en compte.

'**anschreien** *v/t.*: *j-n* ~ crier après q.

'**Anschrift** *f* adresse *f*; ~**en-änderung** *f* changement *m* d'adresse; ~**enverzeichnis** *n* liste *f* d'adresses.

'**anschuldig**|**en** *v/t.*: *j-n* ~ accuser *(od.* inculper) q. *(e-r Sache gén.* de qch.); 2**ung** *f* accusation *f*; inculpation *f*.

'**anschüren** *v/t.* atiser *(a. fig.)*.

'**anschütten** *v/t. Gelände*: remblayer.

'**anschwärmen** *v/t.*: *Filmstar*: adorer, idolâtrer.

'**anschwärz**|**en** F *fig. v/t.* noircir; dénigrer, diffamer, F débiner; 2**ung** *fig. f* dénigrement *m*, diffamation *f*, F débinage *m*.

'**anschweißen** ⊕ I *v/t.* souder *(an acc.* à); II 2 *n* soudure *f*.

anschwell|en 1. v/i. ⚕ se gonfler, enfler; *Stimme*: s'enfler; *Flüsse*: être en crue; *Lärm, Akten*: augmenter; **2.** v/t. enfler; gonfler; **ung** f ⚕ enflure f, gonflement m; *e-s Flusses*: crue f.

anschwemm|en v/t.: *Sand* ~ déposer du sable; *e-e Leiche* ~ rejeter un cadavre; **ung** f alluvion f.

anschwimmen v/i.: F *angeschwommen kommen Mensch*: arriver à la nage; *Tier*: s'approcher en nageant; *v. Sachen*: flotter (vers).

anschwindeln v/t.: j-n ~ mentir à q., tromper q., duper q., en faire accroire à q., F monter un bateau à q.

ansehen I 1. v/t. regarder; j-n *genauer* ~ dévisager (od. fixer) q.; j-n *schief* ~ regarder q. de travers; j-n *über die Schultern* ~ regarder q. pardessus l'épaule; *sich (dat.) etw.* ~ examiner (resp. aller voir) qch.; *sich etw. näher* ~ regarder qch. de près; *etw. von der schlimmsten Seite* ~ prendre qch. au tragique; *etw. mit* ~ être témoin de qch., assister à qch., (*dulden*) tolérer; *es nicht länger mit* ~ *können* ne plus pouvoir voir qch.; n'y plus tenir; *irrtümlich* ~ *für* prendre pour; *als etw. angesehen werden* passer pour; *als etw.* ~ (*bestimmt auffassen*) considérer (od. regarder) comme; *fig. mit anderen Augen* ~ voir d'un autre œil; *wie man die Sache auch* ~ *mag* de quelque manière qu'on envisage la chose; *sieht man mir an, daß ich geweint habe?* voit-on que j'ai pleuré?; *man sieht es ihm nicht an* il ne voir on ne s'en doute pas, il ne paie pas de mine; *man sieht ihm sein Alter nicht an* on ne lui donnerait pas son âge, il ne porte pas son âge, il ne paraît pas son âge; *sieh mal e-r an!* tiens!; **2.** v/rf.: *sich* ~ se regarder; *sich von oben bis unten* ~ se regarder de la tête aux pieds (od. des pieds à la tête od. depuis les pieds jusqu'à la tête); **II** 2 n (*Sehen*) vue f; j-n vom ~ *kennen* connaître q. de vue; (*Rücksicht*) égard m; (*Achtung*) estime f; considération f; réputation f; prestige m; *ohne* ~ *der Person* sans égard à la personne, sans acception (od. sans considération) de personne(s); (*Geltung*) autorité f; (*Einfluß*) crédit m; *prestige m*; *importance f*; *wieder zu* ~ *kommen* retrouver son crédit (od. son prestige); *in* ~ *stehen* être considéré; *an* ~ *verlieren* perdre de sa réputation; *sich* ~ *verschaffen* acquérir du prestige.

ansehnlich adj. (*die Blicke auf sich ziehend*) de belle apparence, beau (*vor vo. od. stummem h bel*), belle; néol. sortable; (*bedeutend*) considérable; (*wichtig*) important; (*bemerkenswert*) remarquable; (*in Ansehen stehend*) notable; (*Achtung gebietend*) respectable; **keit** f (*stattliches Aussehen*) prestance f; belle apparence f; (*Angesehensein*) notabilité f.

anseilen v/t. (v/rf.: *sich s'*)encorder; allg. attacher à une corde.

ansengen v/t. roussir.

ansetzen I 1. v/t. (*anfügen*) ajouter (à); joindre (à); *Feder*: prendre; *Becher*: porter aux lèvres; *Blasinstrument*: emboucher; *Bowle, Essig, Likör*: préparer; faire; (*bestimmen*) fixer (*a. Preis*); *Tag und Stunde* ~ fixer le jour et l'heure; (*den Preis od. Wert schätzen*) compter; taxer; estimer; évaluer; *Blätter, neue Schößlinge usw.*: pousser; *e-n Bauch* ~ prendre du ventre; *Fett* ~ engraisser; *Kesselstein* ~ se couvrir de tartre; **2.** v/i. (*Anlauf nehmen*) prendre son élan; (*anfangen*) commencer; *se mettre à*; *die Früchte setzen an* les fruits nouent; ✈ *gut* ~ venir bien; ✈ *zur Landung* ~ se préparer à atterrir, amorcer l'atterrissage; *zum Wassern* ~ se préparer à amerrir; **3.** v/rf.: *sich* ~ ⚗ se déposer.

Ansicht f (*Handlung des Ansehens*) vue f; ✝ *Ware zur* ~ *schicken* envoyer de la marchandise à condition; *Bücher zur* ~ *schicken* envoyer des livres pour un examen gratuit (sans obligation d'achat); (*geistige Anschauung*) manière f de voir; vue f; (*Meinung*) opinion f (*über acc., von de; au sujet de*); avis m (*sur, au sujet de*); idée f (*sur*); *nach m-r* ~ d'après moi; à mon avis (od. sens); *die* ~ *vertreten, daß ...* être d'avis que ...; *e-e andere* ~ *vertreten* être d'un autre avis; penser différemment; *ich vertrete nicht Ihre* ~ je ne suis pas de votre avis; *welche* ~ *vertreten Sie (über acc.)?* quel est votre avis (sur od. au sujet de)?; *que pensez-vous (de)?*; *ich bin der* ~, *daß ...*; *m-e* ~ *dahin, daß ...* je suis d'avis que ..., je considère que ..., mon avis est que ..., j'estime que ...; *darüber habe ich m-e eigenen* ~*en* j'ai mes idées là-dessus; *verschiedener* ~ *sein über (acc.)* n'être pas du même avis sur; différer sur; *darüber kann man verschiedener* ~ *sein* c'est affaire d'opinion; *s-e* ~ *äußern* dire (od. donner od. exprimer od. faire connaître) son avis (od. son opinion); ~ *ändern* changer d'avis (od. d'opinion); *mit s-r* ~ *zurückhalten* garder son opinion pour soi.

Ansichts|(post)karte f carte f (postale) illustrée; **nummer** f *e-r Zeitung usw.*: spécimen m; **sache** f affaire f d'opinion; **sendung** f ✝ envoi m à condition (od. au choix).

ansiedel|n v/t. (v/rf.: *sich s'*)établir; **2 n**, **ung** f établissement m; colonie f.

Ansiedler m colon m.

Ansinnen n exigence f; j-m ein ~ *stellen* exiger qch. de q.

anspann|en v/t. *Bogen, Muskeln*: tendre; *Geist*: tendre, appliquer; *Pferde, Wagen*: atteler; **ung** fig. f tension f; ~ *des Geldmarktes* situation f tendue du marché financier.

anspiel|en v/t. *Sport*: *den Stürmer usw.*: passer la balle à; *Kartenspiel*: er hat Herz angespielt il a donné (od. joué) cœur; v/i. *Domino*: avoir la pose; *Kartenspiel*: avoir la main; *Kegelspiel*: avoir la boule; *fig. auf etw. (acc.)* ~ faire allusion à qch.; **ung** fig. f allusion f.

anspinnen v/rf.: *sich* ~ fig. *Freundschaft*: naître, se nouer.

anspitzen v/t. *Bleistifte usw.*: tailler, a. ⊕ appointer.

Ansporn m stimulant m; stimulation f; **en** v/t. éperonner; fig. aiguillonner, stimuler, éperonner; *zur Arbeit* ~ encourager au travail.

Ansprache f allocution f; 'harangue f; *e-e* ~ *an j-n halten* adresser (od. prononcer od. faire) une allocution à q.

ansprech|bar adj.: *nicht* ~ *sein* être mal disposé; **en 1.** v/t.: j-n ~ adresser la parole à q.; aborder q.; *j-n um etw.* ~ demander qch. à q.; fig. (*Eindruck auf j-n machen*) intéresser; plaire (à); **2.** v/i. ⊕ réagir (*auf acc.* à); **end** adj. agréable; tentant.

ansprengen 1. v/i.: *angesprengt kommen* arriver au galop; **2.** v/t. (*besprengen*) arroser; asperger.

anspringen 1. v/i. *Motor*: partir; F *angesprungen kommen* arriver en bondissant; **2.** v/t.: j-n ~ *Tier*: bondir (od. sauter) sur q.; **3.** **2 n** *Auto*: *schnelles* ~ nervosité f.

anspritzen v/t. asperger.

Anspruch m prétention f (*a. bei Bewerbung*); droit m; revendication f; réclamation f; ~ *haben auf (acc.)* avoir droit à; *auf etw. (acc.)* ~ *machen* (od. *erheben*) prétendre à (od. réclamer) qch.; avoir des prétentions sur qch.; *große Ansprüche machen* avoir des prétentions; *j-s Güte in* ~ *nehmen* avoir recours à la bonté de q.; *diese Arbeit nimmt viel Zeit in* ~ ce travail prend (od. demande od. exige) beaucoup de temps; *j-s Zeit übermäßig in* ~ *nehmen* abuser du temps de q.; *diese Sache nimmt ihn sehr in* ~ cette chose le préoccupe beaucoup; *etw. als sein Eigentum in* ~ *nehmen* revendiquer la possession de qch.; **slos** adj. sans prétention; modeste; **slosigkeit** f modestie f; (*Schlichtheit*) simplicité f; **svoll** adj. exigeant; péj. prétentieux, -euse.

anspucken v/t. cracher sur.

anstacheln fig. v/t. éperonner, aiguillonner, stimuler.

Anstalt f (*Einrichtung, a. Schule*) établissement m, institution f; **en** pl. (*Vorbereitungen*) dispositions f/pl.; préparatifs m/pl. (*zu de*); **en machen**, *etw. zu tun* se préparer à faire qch.; *s-e* (od. *die nötigen*) ~*en treffen* prendre ses dispositions (en vue de).

Anstand m (*schickliches Benehmen*) bienséance f, convenances f/pl., savoir-vivre m; *moralischer* ~: décence f; *mit* ~ décemment; *den* ~ *verletzen* manquer aux convenances; *Anstoß*: *ich nehme keinen* ~, *zu je n'hésite pas à ...* (*inf.*); ch. affût m.

anständig adj. bienséant; (*geziemend*) convenable; *nicht* ~ inconvenant; (*sittsam*) décent, adv. décemment; (*ehrbar*) honnête; F ~*e Wohnung* f logement m convenable (od. décent); *~e Leute* pl. des gens m/pl. comme il faut, F (*ausreichend*) suffisant; raisonnable; ~ *bezahlen* payer largement (od. comme il faut); ~*e Keile* f F solide rossée f.

Anstands|besuch m visite f de politesse (od. de bienséance); **dame** f chaperon m; **gefühl** n sentiment m des convenances; tact m; **halber** adv. pour la forme; **los** adj. sans hésitation; sans la moindre difficulté; **regeln** f/pl. règles f/pl. de bienséance; **widrig** adj. inconvenant, malséant.

anstarren v/t. dévisager; regarder

fixement; F zyeuter.
an'statt I *prp.* (*gén.*) au lieu de; à la place de; pour; ~ *m-r* à ma place; **II** *cj.* ~ *zu* (*inf.*) au lieu de (*inf.*).
'anstauen *v/rf.*: *sich* ~ s'amasser; *Wasser, Ärger usw.*: s'accumuler.
'anstaunen *v/t.* regarder avec étonnement (*od.* bouche bée).
'anstechen *v/t.* piquer; *Faß usw.*: mettre en perce.
'ansteck|en *v/t.* épingler; attacher avec une épingle; *Ring*: mettre; passer; *Licht, Streichholz, Zigarette usw.*: allumer; *das Haus* ~ mettre le feu à la maison; 🔥 (*sich*) ~ (se) contaminer; (s')infecter; *Lachen steckt an* le rire est contagieux; **~end** *adj.* 🔥 contagieux, -euse; *Lachen, Gähnen*: contagieux, -euse; communicatif, -ive; **2nadel** *f* épingle *f*; broche *f*; **2ung** 🔥 *f* contagion *f* (*a. fig.*); infection *f*; **2ungsgefahr** *f* danger *m* de contagion (*od.* d'infection); **2ungsmöglichkeit** *f* possibilité *f* de contagion (*od.* d'infection).
'anstehen *v/i. in e-r Schlange*: faire la queue; *st.s.* (*geziemen*) es steht Ihnen nicht an, in diesem Ton zu sprechen il ne vous sied pas de parler sur ce ton; *etw.* steht *j-m gut* (*schlecht*) *an* qch. sied bien (mal) à q.; (*geziemen*) *Probleme, Fragen*: être en suspens; *die ~den Probleme* les problèmes en suspens; *etw.* ~ *lassen* ajourner (*od.* différer *od.* remettre) qch.; ⚒ (*zu Tage stehen*) être à fleur de terre; *~des Gestein* pierre *f* vive.
'ansteigen I *v/i.* monter; aller en montant; *Wasser*: croître; monter; être en crue; (*Preise, Fieber*) sprunghaft ~ monter en flèche; **II** **2** *n*: *das* ~ *der Preise* la montée (*od.* la 'hausse) des prix; *das* ~ *der Schülerzahl* le flot montant des élèves; **~d** *adj.* montant; (*leicht*) ~ en pente (douce); *steil* ~ escarpé; **~e Kurve** courbe *f* croissante.
'anstell|en 1. *v/t.* engager; placer; employer; donner un poste (à); nommer à un poste; *Arbeiter*: embaucher; *fest* ~ engager ferme (*od.* à titre définitif); *Radio usw.*: ouvrir; allumer; *Vergleich*: faire; *Betrachtungen usw.*: se livrer (à); faire; *Vermutungen*: se livrer (à); échafauder; faire; former; *e-e Untersuchung* ~ faire une étude (*od.* enquête) (*über acc.* sur), ⚖ faire une enquête (sur); enquêter (sur); *ich weiß nicht, wie ich es ~ soll* je ne sais comment m'y prendre; *iron. da haben Sie was Schönes angestellt!* vous avez fait là du beau travail (*od.* du joli!)!: vous en avez fait de belles!; *es so* ~, *daß* ... s'arranger de manière que ... (*subj.*) (*od.* à ... [*inf.*]); **2.** *v/rf.*: *sich* ~ (*wartend*) faire la queue, prendre la file; *sich geschickt* ~ s'y prendre adroitement; *sich ungeschickt* ~ s'y prendre maladroitement; *stell dich nicht so an!* ne fais pas tant de façons!; **2ung** *f* (*Anstellen*) engagement *m*; *v. Arbeitern*: embauchage *m*, F embauche *f*; (*Stelle*) place *f*; emploi *m*; poste *m*; situation *f*; *eine* (*gute*) ~ *haben* être (bien) placé; **2ungsberechtigt** *adj. als Beamter*: ayant droit à un emploi; **2ungsvertrag** *m* contrat *m* d'embauchage (*od.* d'emploi *od.* d'engagement).

'anstemmen 1. *v/t.* appuyer; **2.** *v/rf.*: *sich gegen etw.* ~ s'appuyer, s'arc-bouter contre qch.
'ansteuer|n *v/t.* ⚓, ✈ faire route (pour); ✈ mettre le cap (sur); **2ungs-sender** ✈ *m* dispositif *m* de radioguidage; radiophare *m*.
'Anstich *m e-s Fasses*: mise *f* en perce.
'Anstieg *m* montée *f*; ascension *f*; *der Temperatur*: augmentation *f*.
'anstieren F *v/t.* regarder d'un air stupide.
'anstift|en *v/t.* causer; (*hervorrufen*) provoquer; susciter; (*anzetteln*) machiner; *weitS.* être l'auteur de (de); *Unruhen*: faire naître; fomenter; *j-n zu etw.* ~ exciter (*od.* provoquer) q. à qch.; **2ung** *f* provocation *f*; excitation *f*; instigation *f*; **2er(in** *f*) *m* amateur *m*; provocateur *m*, -trice *f*; instigateur *m*, -trice *f*.
'anstimmen *v/t. Lied usw.*: entonner; *ein Klagelied* ~ se lamenter; se répandre en jérémiades.
'Anstoß *m* choc *m*, 'heurt *m*; *fig.* (*Antrieb*) impulsion *f*, branle *m*; *den* ~ *geben zu etw.* donner l'impulsion (*od.* le branle) à qch., lancer qch.; (*tätig eingreifen*) prendre l'initiative de qch.; *Sport*: coup *m* d'envoi; *fig.* (*Ärgernis*) scandale *m*; *Stein des ~es* pierre *f* d'achoppement; *bei j-m* ~ *erregen* scandaliser q.; choquer q.; *an etw.* (*dat.*) ~ *nehmen* être choqué par qch.; se formaliser (*od.* se scandaliser *od.* s'offusquer) de qch.; **2en 1.** *v/t.* donner un petit coup à; pousser (qch.); *die Gläser* ~ trinquer; **2.** *v/i.* donner (contre); se 'heurter (à *od.* contre); *auf j-s Wohl* ~ boire à la santé de q.; *bei j-m* ~ scandaliser q.; choquer q.; offusquer q.; *mit der Zunge* ~ zézayer; **3.** *abs. Fußball*: donner le coup d'envoi; *mit den Gläsern*: choc *m*; *mit der Zunge* zézaiement *m*.
'anstößig *adj.* choquant; scandaleux, -euse; inconvenant; indécent; **2keit** *f* inconvenance *f*, indécence *f*, grivoiserie *f*.
'anstrahlen *v/t. Gebäude usw.*: illuminer.
'anstreben *v/t. etw.* ~ aspirer à (obtenir) qch.; *gegen etw.* ~ s'opposer à qch.; lutter contre qch.
'anstreich|en *v/t. Zaun*: peindre; *mit Wasserfarbe* ~ badigeonner; *e-e Zimmerdecke weiß* ~ blanchir un plafond; *Buchstaben*: marquer; *e-n Fehler mit Rot* ~ souligner une faute en rouge; *fig. e-n Tag im Kalender rot* ~ marquer un jour d'une pierre blanche; **2er** *m* peintre *m* en bâtiment.
'anstreng|en 1. *v/t.* (*ermüden*) fatiguer; *Geist*: faire travailler son esprit; *alle s-e Kräfte* ~ faire tous ses efforts, faire tout son possible; ⚖ *e-e Klage* (*e-n Prozeß*) *gegen j-n* ~ intenter une action (un procès) contre q.; **2.** *v/rf.*: *sich* ~ s'efforcer (*zu* de); se donner du mal (pour), faire des efforts *od.* tout son possible (pour); *fig.* (*freigebig sein*) se mettre en frais; *sich über die Maßen* (*od. die Kräfte*) ~ se fatiguer outre mesure; se surmener; **~end** *adj.* fatigant; **2ung** *f* effort *m*.
'Anstrich *m* (*couche f* de) peinture *f*; *fig.* (*Anschein*) apparence *f*.
'anstricken *v/t.* ajouter en tricotant;

Strümpfe: rempiéter.
'anströmen *v/i.*: F *angeströmt kommen* affluer, arriver à flots, *in großer Anzahl*: arriver en foule.
'anstücke(l)n *cout. v/t.* rajouter (une pièce); *der Länge nach*: rallonger.
'Ansturm *m* ⚔ assaut *m*; *v. Kunden, allg. Verkehr*: affluence *f*, ruée *f*, rush *m*.
'anstürmen *v/i.* s'avancer avec impétuosité; ~ *gegen* (*od. auf acc.*) donner l'assaut à; fondre sur; assaillir; se précipiter sur.
'anstürzen *v/i.* F *angestürzt kommen* arriver (*od.* accourir) précipitamment.
'ansuchen I *v/i.*: *bei j-m um etw.* ~ demander qch. à q.; solliciter qch. auprès de q. *od.* q. de faire qch.; avoir recours à q. pour obtenir qch.; **II 2** *n* demande *f*; requête *f*; *j-m ein* ~ *stellen* adresser une demande à q.; *auf mein* ~ à ma demande.
'ansüßen *v/t.* sucrer légèrement.
Antago|'nismus *m* antagonisme *m*; **~'nist** *m* antagoniste *m*.
'antailliert *cout. adj.* cintré.
'antanzen *v/i.*: F *bei j-m angetanzt kommen* F s'amener chez q.
Ant-'arkt|is *f* Antarctique *m*; **~is-expedition** *f* expédition *f* dans l'Antarctique; **2isch** *adj.* antarctique.
'antasten I *v/t.* tâter; toucher; palper; *Vorräte*: toucher (à); *Ehre*: porter atteinte (à); (*angreifen*) attaquer; (*in Frage stellen*) mettre en question; **II 2** *n der Ehre*: atteinte *f* (à).
'Anteil *m* (*Teil*) part *f*; portion *f*; *e-s Teilhabers*: quote-part *f*; mise *f* de fonds; (*Aktie*) action *f*; *j-s* ~ *bestimmen* faire (*od.* déterminer) la part de q.; *s-n vollen* ~ *haben* en avoir sa bonne part; *s-n* ~ *an der Zeche bezahlen* payer son écot; *an etw.* (*dat.*) ~ *haben* avoir part (*od.* participer) à qch.; (*Teilnahme*) intérêt *m*; *an etw.* (*dat.*) ~ *nehmen* prendre part à qch.; *ich kann Ihnen gar nicht sagen, wie lebhaften* ~ *ich an Ihrer Lage nehme* je ne saurais vous dire toute la part que je prends à votre situation; **2mäßig** *adj.* proportionnel, -elle; **~nahme** *f* participation *f*; intérêt *m*; **~schein** ★ part *f*; (*Aktie*) action *f*; **~scheinbesitzer** *m* détenteur *m* de parts; actionnaire *m*.
An'tenne *f* antenne *f*; **~ndraht** *m* fil *m* d'antenne; **~nklemme** *f* borne *f* d'antenne; **~nlitze** *f* câble *m* d'antenne; **~nmast** *m* mât *m* d'antenne; **~nstecker** *m* fiche *f* d'antenne.
Antholo'gie *f* anthologie *f*.
Anthra'zit *min. m* anthracite *m*; **2haltig** *adj.* anthraciteux, -euse.
Anthropo|'loge *m* anthropologiste *m*; anthropologue *m*; **~lo'gie** *f* anthropologie *f*; **2'logisch** *adj.* anthropologique; **~me'trie** *f* anthropométrie *f*; **2'metrisch** *adj.* anthropométrique; **2'morph(isch)** *adj.* anthropomorphe; **~mor'phismus** *m* anthropomorphisme *m*; **'~phage** *m* anthropophage *m*; **~pha'gie** *f* anthropophagie *f*; **~'soph** *m* anthroposophe *m*; **~so'phie** *f* anthroposophie *f*; **2so'phisch** *adj.* anthroposophique; **2'zentrisch** *adj.* anthropocentrique.
'Antialkoholiker *m* antialcoolique

m; partisan *m* du régime sec.
Anti'babypille ♀ *f* pilule *f* anticonceptionnelle (*od.* contraceptive).
Antibe'schlag... (*Auto*) ... de désembuage, antibuée.
Antibi'otikum *n* antibiotique *m*.
'antichambrieren *v/i.* faire antichambre.
'Antichrist *m* Antéchrist *m*; ♀**lich** *adj.* antichrétien, -enne.
Anti|depressi'onsmittel *phm. n* anti-dépresseur *m*; ~**'drogenpolizei** *f* Police *f* mondaine.
Antifa'schis|mus *m* antifascisme *m*; ~**t** *m*, ♀**tisch** *adj.* antifasciste (*m*).
an'tik I *adj.* antique; **II** *adv.* à l'antique; ♀**e** *f* *als Epoche*: Antiquité *f*; *Kunst*: antique *m*.
An'tiken|händler *m* marchand *m* d'antiquités; antiquaire *m*; ~**sammlung** *f* collection *f* d'antiquités (*od.* d'objets anciens).
antikleri'kal *adj.* anticlérical.
Anti'klopfmittel *n Motor*: antidétonant *m*.
'Antikörper *physiol. m* anticorps *m*.
An'tillen *f/pl.*: die ~ les Antilles *f/pl.*
Anti'lope *f* antilope *f*.
'antimagnetisch *adj.* antimagnétique.
Antimilita'ris|mus *m* antimilitarisme *m*; ~**t** *m*, ♀**tisch** *adj.* antimilitariste (*m*).
Anti'mon ♠ *n* antimoine *m*; ♀**haltig** *adj.* antimonié.
Antiniko'tinmittel *n* désaccoutumant *m* du tabac.
Antino'mie *f* antinomie *f*.
antiparlamen'tarisch *adj.* antiparlementariste.
Antipa'thie *f* antipathie *f*.
anti'pathisch *adj.* antipathique.
Anti'pod|e *m* antipode *m*; ♀**isch** *adj.* antipodal.
'antippen *v/t.* tapoter du bout des doigts; taper doucement; F *fig. bei j-m* ~ sonder q., tâter le terrain auprès de q.; *auf etw.* (*acc.*) *leise* ~ faire une allusion discrète à qch.
Antipy'rin ♠ *n* antipyrine *f*.
An'tiqua *typ. f* (caractère *m*) romain *m*.
Anti'quar *m* (*Buchhändler*) marchand *m* de livres d'occasion, F bouquiniste *m*.
Antiquari'at *n* → ~**sbuchhandlung**; ~**sbuchhändler** *m* marchand *m* de livres d'occasion, F bouquiniste *m*; ~**sbuchhandlung** *f* librairie *f* d'occasion, F bouquinerie *f*; ~**s-katalog** *m* catalogue *m* de livres d'occasion.
anti'quarisch *adj. u. adv.* d'occasion; *ein Buch* ~ *kaufen* acheter un livre d'occasion.
anti'quiert *adj.* démodé; désuet, -ète.
Antiqui'täten *f/pl.* antiquités *f/pl.*; ~**händler** *m* marchand *m* d'antiquités; antiquaire *m*; brocanteur *m*.
'Antiraketen ⚔ *f/pl.* missiles *m/pl.* antibalistiques; antimissiles *m/pl.*; ~**netz** ⚔ *n* réseau *m* de missiles antimissiles.
Antise'mit *m* antisémite *m*; ♀**isch** *adj.* antisémite, antisémitique.
Antisemi'tismus *m* antisémitisme *m*.
Anti'sep|sis *f* antisepsie *f*; ♀**tisch** *adj.*

antiseptique.
anti'statisch *phys., text. adj.* antistatique.
Anti'the|se *f* antithèse *f*; ♀**tisch** *adj.* antithétique.
Antizy'klone *f* anticyclone *m*.
'Antlitz *st.s. n* face *f*; visage *m*.
'antraben *v/i.*: *angetrabt kommen* arriver (*od.* s'approcher) au trot.
'Antrag *m* demande *f* (*stellen* faire); *parl.* motion *f*; ♃ requête *f*; *e-n* ~(*Heirats*♀) *machen* faire une demande en mariage; *auf den* ~ *von* à la demande de, ♃ à la requête de; ~**sformular** *n* formulaire *m* de demande; ~**steller(in** *f*) *m* celui (celle) qui fait une proposition (*resp.* une demande); ♃ requérant *m*.
'antreffen *v/t.* rencontrer; trouver.
'antreib|en *v/t.* exciter (*zu* à); stimuler (à); (*ermuntern*) exhorter (*zu* à); *mach.* actionner, commander, entraîner; *Auto*, ⚓, *Rakete*: propulser; *mit Atomkraft angetrieben* à propulsion atomique; ♀**er** *fig., péj. m* garde--chiourme *m*.
'antreten I 1. *v/i.* (*sich aufstellen*) se mettre en rangs; *der Größe nach* ~ se ranger (*od.* s'aligner) par ordre de taille; *Sport*: *zu e-m Wettkampf* ~ se présenter à une épreuve; *zum Tanz* ~ se mettre en place pour la danse; *angetreten!* rassemblement!; *bei j-m* ~ passer chez q.; **2.** *v/t.* (*in etw. eintreten*) commencer; *ein Amt* ~ entrer en charge (*od.* en fonctions); *den Beweis* ~ fournir la preuve; *e-e Erbschaft* ~ recueillir un héritage; *die Regierung* ~ prendre le pouvoir; *e-e Reise* ~ partir en voyage; **II** ♀ *n* (*Sammeln*) rassemblement *m*.
'Antrieb *m* impulsion *f*; instigation *f*; incitation *f*; excitation *f*; ♠ stimulus *m*; *natürlicher*: instinct *m*; *Auto*, ⚓, *Rakete*: propulsion *f*; *e-r Maschine usw.*: commande *f*; *aus eigenem* ~ *de mon* (*ton, etc.*) *propre mouvement*; *aus freiem* ~ de son plein gré; spontanément.
'Antriebs|-achse *f* arbre *m* de commande; ~**aggregat** *n* groupe *m* propulseur; ♀ propulseur *m*; ~**beschleunigung** *f* accélération *f* de propulsion; ~**hebel** *m* levier *m* (*kleiner*: manette *f*) de mise en marche; ~**kraft** *f* force *f* motrice; ~**maschine** *f* machine *f* motrice; ~**mechanismus** *m* mécanisme *m* de commande; *bei Fahrzeugen*: mécanisme *m* de propulsion; ~**organ** *n* organe *m* de commande; ~**riemen** *m* courroie *f* de commande (*od.* de transmission); ~**welle** *f* arbre *m* de commande.
'antrinken: *sich e-n Rausch* ~ s'enivrer, F prendre une cuite; *sich Mut* ~ boire pour se donner du courage.
'Antritt *m e-s Besitztums*: entrée *f* en possession; *e-s Amtes* entrée *f* en fonction; ~ *der Regierung* prise *f* du pouvoir; arrivée *f* au pouvoir; (*Beginn*) commencement *m*; *bei* ~ *der Fahrt* au début du voyage; ~**sbesuch** *m*: *e-n* ~ *machen* faire une première visite (de politesse); ~**srede** *f pol. als neuer Präsident*: discours *m* inaugural (*Fr. als neues Akademiemitglied*: de réception); ~**svorlesung** *f* cours *m* inaugural.
'antrocknen *v/i.* commencer à sé-

cher.
'antun *v/t. u. v/rf. j-m Ehre* (*Gewalt*) ~ faire honneur (violence) à q.; *j-m e-e große Ehre* ~ faire un grand honneur à q.; *sich* (*dat.*) *ein Leid* ~; *sich* (*et*)*was* ~ attenter à ses jours; *sich Zwang* ~ se forcer, se contraindre, se faire violence; *s-n Gefühlen keinen Zwang* ~ *ne pas se gêner*; *tun Sie mir das nicht an* (*zuleide*) ne me faites pas cela; *es j-m angetan haben* avoir enchanté q.
Ant'werpen *n* Anvers *m*; ~**er**(**in** *f*) *m* Anversois *m*, -*e f*.
'Antwort *f* réponse *f* (*auf etw. acc.* à qch.); *auf e-e Antwort usw.*: réplique *f*; *abschlägige* ~ refus *m*; *rasche* ~ repartie *f*; riposte *f*; *es bedarf keiner* ~ inutile de répondre; *zur* ~ *bekommen* recevoir en réponse; *in* ~ *auf* en réponse à; *die* ~ *schuldig bleiben* laisser q. sans réponse; *die* ~ *nicht schuldig bleiben* riposter; *keine* ~ *schuldig bleiben* friedlich, *bsd. beim Examen*: (savoir) répondre à toutes les questions, *beim Streit*: avoir réponse (*od.* réplique) à tout; *keine* ~ *auf e-e Frage wissen* ne pas pouvoir répondre à une question, *écol.* sécher; *um* ~ *wird gebeten* (*abr. u. A.w.g.*) répondez, s'il vous plaît (*abr.* R.S.V.P.); *um e-e* ~ *verlegen sein* ne savoir que répondre; *um e-e* ~ *nicht verlegen sein a.* être prompt à la riposte; *das ist keine* ~ (*auf m-e Frage*) vous ne répondez point (à ma question); ce n'est pas répondre (à ma question); *ein leises* ~ *ist auch eine* ~ qui ne dit mot consent; *Rede und* ~ *über etw.* (*acc.*) *stehen* rendre raison de qch.; ♀**en** *v/t. u. v/i.* répondre (*auf acc.* à); faire réponse à; (*erwidern*) répliquer; *schnell* ~ repartir; riposter; *telegraphisch* ~ répondre par télégramme; *darauf läßt sich nichts* ~ il n'y a point de réponse à cela; ~**karte** *f* carte-réponse *f*; ~**schein** *m für das Ausland*: coupon-réponse *m* international; ~**schreiben** *n* réponse *f*.
'An- und 'Abfuhr *f v. Gütern* camionnage *m*.
'anvertrauen *v/t. u. v/rf.* (*übergeben*) confier; *sich j-m* ~ se confier à q., (*mitteilen*) faire ses confidences (*od.* s'ouvrir) à q.; *j-m etw.* ~ (*mitteilen*) faire confidence de qch. à q.
'anvisieren *v/t.*: *j-n* (*etw.*) ~ viser q. (qch.).
'anwachsen I *v/i.* (*Wurzel schlagen*) s'enraciner; prendre racine; (*an etw. festwachsen*) s'attacher (*an acc.* à); adhérer (à); (*zunehmen*) s'accroître, augmenter; *fig. lawinenartig* ~ faire boule de neige; **II** ♀ *n* (*Zunehmen*) accroissement *m*; augmentation *f*.
'Anwalt *m* avocat *m* (*a. fig.*); *fig.* défenseur *m*; ~**sbüro** *n* cabinet *m* d'avocat; ~**schaft** *f* barreau *m*; ~**sgebühren** *f/pl.* frais *m/pl.* d'avocat; ~**skammer** *f* ordre *m* des avocats; ~**szwang** *m* obligation *f* de prendre un avocat.
'anwand|eln *v/t.*: *es wandelt ihn* (*sie*) *die Lust an, zu* ... (*inf.*) l'envie lui (*bzw.* leur) prend de ... (*inf.*) *od.* il lui (*bzw.* leur) prend envie de ... (*inf.*); ♀**lung** *f* bouffée *f*, velléité *f* (*Krankheit*: atteinte *f*); accès *m*; *Laune usw.*: lubie *f*; ~ *von Großmut* élan *m* de générosité.

'anwanken *v/i.*: *angewankt kommen* s'approcher en chancelant.
'anwärmen *v/t.* chauffer légèrement; *Füße, Wasser*: dégourdir.
'Anwärter *m* candidat *m*; postulant *m*; (*Thron*⚵) prétendant *m*.
'Anwartschaft *f* expectative *f* (*auf acc.* de); candidature *f* (à).
'anwedeln *v/t. v. Hund: j-n* ~ accueillir q. en remuant la queue.
'anwehen *v/t.: j-n (etw.)* ~ souffler contre q. (qch.); *Schnee*: amonceler.
'anweis|en *v/t.* (*bezeichnen*) indiquer; (*zuweisen*) assigner (*a. Platz*); (*anleiten*) diriger, *belehrend*: instruire; (*befehlen*) ordonner; *Geldsumme: für e-e Sache*: affecter, *e-r Person*: assigner; *zur Zahlung* ordonnancer; ⚵ung *f* (*Anleitung*) instruction *f*; (*Direktive*) directive *f*; (*Angabe*) indication *f*; (*Anordnung, Befehl*) ordre *m*; ordonnance *f*; (*Zuweisung*) assignation *f*; ✝ chèque *m*; bon *m*, (*Zahlungs*⚵) ordonnancement *m*; ⚵ mandat *m*.
'anwend|bar *adj.* applicable; utilisable; ⚵barkeit *f* possibilité *f* d'appliquer; applicabilité *f*; ~en *v/t.* employer; user (de); se servir (de); faire usage (de); *alle seine Kräfte* ~ faire tous ses efforts (*od.* tout son possible); *etw. gut (schlecht)* ~ faire un bon (mauvais) emploi de qch.; *etw. nützlich* ~ mettre qch. à profit; *Regel usw.*: appliquer (*auf etw. acc.* à qch.); ⚵ung *f* emploi *m*; usage *m*; utilisation *f*; *e-r Regel usw.*: application *f*; (*Praxis*) pratique *f*; *die* ~ *e-s Systems* la mise en application d'un système; ~ *von Gewalt* emploi *m* de la violence; *zur* ~ *kommen* s'appliquer; ~ *finden auf (acc.)* s'appliquer (*od.* être applicable) à; *in* ~ *des Artikels ...* en application de (*od.* vu) l'article ...; ⚵ungsbereich *m* champ (*od.* domaine) *m* d'application; ⚵ungsweise *f* mode *m* d'emploi.
'anwerb|en *v/t.* engager, embaucher, *Mitglieder*: recruter (*a.* ⚔); enrôler (*a.* ⚔); ⚵ung *f* engagement *m*; embauchage *m*; *v. Mitgliedern u.* ⚔ enrôlement *m*.
'anwerfen *v/t. Motor*: lancer; mettre en marche; △ *v. Kalk, Mörtel*: projeter (à).
'Anwesen *n* propriété *f*.
'anwesend *adj.* présent; ~ (*Zeuge*) *sein* être témoin (de); *als* ~ *geführt werden* être tenu présent; ⚵e(**r**) *f* (*m*) personne *f* présente; *die Anwesenden pl.* l'assistance *f*; (*Zuhörerschaft*) l'auditoire *m*; *verehrte Anwesende!* mesdames et messieurs!
'Anwesenheit *f* présence *f*; *in m-r* ~ en ma présence; ~skontrolle *f* pointage *m*; ~sliste *f* liste *f* de présence.
'anwidern *v/t.: j-n* ~ répugner à q.; dégoûter q.; inspirer de l'aversion (*od.* de la répugnance) à q.
'Anwohner|(in *f*) *m e-s Flusses*: riverain *m*, -e *f*; ~schaft *f* riverains *m/pl.*
'Anwurf *m*: *den* ~ *haben* avoir le premier coup, *beim Kegelspiel*: avoir la boule, *Würfelspiel*: avoir le dé; *Ballspiel*: premier jet *m*; △ *v. Kalk, Mörtel*: crépi *m*.
'anwurzeln *v/i. u. v/rf.* prendre racine; *bsd. fig.* s'enraciner.
'Anzahl *f* nombre *m*.
'anzahl|en *v/t.* payer un acompte; ⚵ung *f* (*Betrag*) acompte *m*, arrhes *f/pl.*
'anzapfen *v/t. Faß*: mettre en perce; *Fichten zur Harzgewinnung*: gemmer; F *fig. j-n* ~ soutirer de l'argent à q., F taper q. (um de); F *Geldbetrag, Pension*: ponctionner.
'Anzeichen *n* indice *m*; signe *m*; symptôme *m* (*a.* ⚕); (*Vorzeichen*) signe *m* avant-coureur; *die ersten* ~ les premiers surgissements.
'anzeichnen *v/t.* (*markieren*) marquer; (*zeichnen*) dessiner.
'Anzeig|e *f journ.* annonce *f*; *bei der Behörde*: plainte *f*, dénonciation *f*; *v. Familienereignissen*: faire-part *m*; *zur* ~ *bringen* dénoncer; *e-e* ~ *erstatten gegen j-n* déposer une plainte contre q.; dénoncer q.; ~en *v/t. journ.* annoncer; *bei Gericht*: dénoncer; *Grade am Thermometer*: marquer; *Weg usw.*: indiquer (*a. fig. u.* ⚕); *v. Familienereignissen*: faire part (de); faire savoir; ~en-abteilung, ~enannahme *f* service *m* des (petites) annonces; ~enbüro *n* agence *f* de publicité; ~enpreis *m* prix *m* d'une annonce; ~enpreisliste *f* tarif *m* des (petites) annonces; ~enteil *m journ.* petites annonces *f/pl.*; ~epflicht *f* déclaration *f* obligatoire; ~er *m* (*Gerät*) indicateur *m*; ~evorrichtung *f Schießstand*: dispositif *m* de signalisation.
'anzetteln I *v/t. fig. Verschwörung usw.*: ourdir, tramer, machiner, fomenter; II ⚵ *n* fomentation *f*.
'anzieh|en **1.** *v/t. Kleidungsstück*: mettre; F *schnell* ~ enfiler; *Hemd, Pulli: a.* passer; *Jacke, Uniform*: endosser; (s-e) *Handschuhe* ~ mettre ses gants; *andere Kleider* ~ changer de vêtements; *Schuhe* ~ mettre ses souliers (*od.* chaussures); *se chausser*; *frische Wäsche* ~ changer de linge; *j-n* ~ habiller q.; *nichts anzuziehen haben* n'avoir rien à se mettre; *gut (schlecht) angezogen sein* être bien (mal) mis; (*durch Ziehen in Bewegung setzen*) tirer; (*spannen*) tendre; *Bremse, Schraube*: serrer; *da Zügel* ~ tenir la bride 'haute; (*etw. an sich ziehen*) attirer; intéresser; *e-e Schriftstelle* ~ citer un passage; *die angezogenen Fälle* les exemples *m/pl.* cités; **2.** *v/i. Pferde*: commencer à tirer; *Lokomotive*: se mettre en mouvement; *Preise*: être en hausse, monter; **3.** *v/rf. sich* ~ s'habiller; *sich sonntäglich* ~ s'endimancher, mettre ses habits du dimanche; ⚵en *n e-s Kindes*: habillage *m*; *der Preise*: 'hausse *f*; ~end *adj. phys.* attractif, -ive; *fig. Person*: attirant; *Sache*: attrayant, intéressant; *Preise*: en hausse; *die* ⚵e *e-r Sache*: l'attrait *m*; le charme; le piquant; ⚵ung *f phys.* attraction *f*; ⚵ungskraft *f phys.* force *f* attractive (*od.* d'attraction); pouvoir *m* d'attraction; *fig.* charme *m*; attrait *m*; attirance *f*; ~ *ausüben fig.* attirer; ⚵ungspunkt *m* centre *m* (*od.* pôle *m*) d'attraction.
'anzuckern *v/t.* saupoudrer de sucre.
'Anzug *m* costume *m*; complet *m*; *im* ~e *sein* approcher; (*vorbereitet werden*) se préparer; *ein Gewitter ist im* ~e il y a de l'orage dans l'air; le temps est à l'orage; l'orage s'approche.
'anzüglich *adj.* désobligeant, piquant; *Witz*: scabreux, -euse; *er wird* ~ il se permet des allusions piquantes (*od.* désobligeantes); ⚵keit *f* allusion *f* piquante.
'Anzugskraft ⚙ *f* effort *m* au démarrage.
'anzünd|en *v/t.* allumer; *Streichholz*: frotter; craquer, *a.* allumer; (*in Brand stecken*) mettre le feu à; incendier; ⚵en *n* allumage *m*.
'anzwecken *v/t.* fixer avec des punaises; punaiser.
'anzweif|eln *v/t.: etw.* ~ mettre qch. en doute; ⚵lung *f* mise *f* en doute.
'Äolsharfe *f* 'harpe *f* éolienne.
Ao'rist *gr. m* aoriste *m*.
A'orta *anat. f* aorte *f*.
a'part *adj.* qui a du cachet (*od.* du chic); élégant; *dieses Kleid ist* ~ cette robe a du cachet (du chic); ⚵heit *f* apartheid *m*; *Politik der* ~ politique *f* d'apartheid.
Apa'thie *f* apathie *f*, inertie *f*.
a'pathisch *adj.* apathique, inerte.
Apen'nin *m* l'Apennin *m*.
aperi'odisch *phys. adj.* apériodique.
Aperi'tif *m* apéritif *m*.
'Apfel *m* pomme *f*; *fig. man muß in den sauren* ~ *beißen* il faut avaler la pilule; il faut en passer par là; *prov. der* ~ *fällt nicht weit vom Stamm* tel père, tel fils; bon chien chasse de race; ~auflauf *cuis. m* soufflé *m* aux pommes; ~baum *m* pommier *m*; ~blüte *f* fleur *f* de pommier; ~kuchen *m* gâteau *m* (*od.* tarte *f*) aux pommes; ~most *m* cidre *m*; ~mus *n* compote *f* (*od.* marmelade *f*) de pommes; ~saft *m* jus *m* de pomme; ~säure *f* acide *m* malique; ~schale *f* pelure *f* de pomme; ~schimmel *zo. m* cheval *m* gris pommelé; ~schnitte *pât. f* beignet *m* aux pommes.
Apfel'sine *f* orange *f*; ~nbaum *m* oranger *m*; ~nlimonade *f* orangeade *f*; ~nschale *f* pelure *f* d'orange.
'Apfel|soße *f*: *passierte* ~ coulis *m* de pommes; ~strudel *m*, ~tasche *f* chausson *m* aux pommes; ~wein *m* cidre *m*.
Apho'ris|mus *m* aphorisme *m*; ⚵tisch I *adj.* aphoristique; II *adv.* par aphorismes.
aphro'disisch *adj.* aphrodisiaque.
'Apo *pol. All. f* opposition *f* extra-parlementaire.
apo'diktisch *adj.* apodictique.
Apoka'lyp|se *f* Apocalypse *f*; ⚵tisch *adj.* apocalyptique.
'apolitisch *adj.* apolitique; ~e *Haltung f* apolitisme *m*.
Apolo'get *m* apologiste *m*; ~ik *f*, ⚵isch *adj.* apologétique (*f*).
Apolo'gie *f* apologie *f*.
apo'plektisch ⚕ *adj.* apoplectique.
Apople'xie ⚕ *f* apoplexie *f*.
Apos'tat *m* apostat *m*.
A'postel *m* apôtre *m*; ~amt *n* apostolat *m*; ~geschichte *f* Actes *m/pl.* des Apôtres.
apos'tolisch *adj.* apostolique.
Apo'stroph *gr. m* apostrophe *f*.
apostro'phieren *v/t. gr.* mettre une apostrophe; *j-n als etw.* ~ qualifier q. de qch.
Apo'theke *f* pharmacie *f*; ~nschränkchen *n* armoire *f* à pharmacie.

Apo'theker|(in *f*) *m* pharmacien *m*, -enne *f*; ~**ware** *f* produit *m* pharmaceutique.
Apothe'ose *f* apothéose *f*.
Appa'rat *m* appareil *m* (*a. fig.*); bleiben Sie am ~! restez à l'écoute!; ne quittez pas!; *photographischer* ~ appareil *m* photographique; *Philologie: kritischer* ~ apparat *m* (*od.* appareil *m*) critique; ~**e-bau** *m* construction *f* d'appareils.
Appara'tur *f* appareillage *m*.
Apparte'ment *n* appartement *m*; *Ein-Zimmer-Wohnung*: studio *m*.
Ap'pell *m fig.* appel *m*; ⚔ ~ **blasen** sonner le rassemblement; *a.* ⚔ ~ *abhalten Namensaufruf*: faire l'appel; ⚔ *mit Montierungsstücken*: faire une revue de détail; *a.* ⚔ *beim* ~ *fehlen* manquer à l'appel.
Appellati'on ⚖ *f* appellation *f*; appel *m*; ~**sgericht** *n*, ~**shof** *m* cour *f* d'appel.
appel'lieren *v/i.* ⚖ (*Berufung einlegen*): *wegen e-s Spruches* ~ en appeler d'un jugement; *fig. an die Nachwelt* ~ en appeler à la postérité.
Appe'tit *m* appétit *m* (*auf acc. od. nach de*); *guten* ~! bon appétit!; ~ *bekommen* se sentir de l'appétit; ~ *haben* avoir de l'appétit; ~ *machen* donner de l'appétit; *j-m* ~ *machen* donner de l'appétit à q.; mettre q. en appétit; *den* ~ *anregen* exciter (*od.* aiguillonner) l'appétit; *den* ~ *nehmen* ôter l'appétit; *der* ~ *ist mir vergangen* j'ai perdu l'appétit; *sich e-s guten* ~ *erfreuen* jouir d'un excellent appétit; *ohne* ~ *essen* manger sans appétit, F pignocher; *der* ~ *kommt beim Essen* l'appétit vient en mangeant; ~**häppchen** *n*, ~**happen** *m* canapé *m*, amuse-gueule *m*; ~**hemmer** *m* freinateur *m* (*od.* modérateur *m* de l'appétit; anorexiant *m*; P coupe-faim *m*; médicament *m* antiappétit; ²**lich** *adj.* appétissant; ²**los** *adj.* sans appétit; ~**losigkeit** *f* manque *m* d'appétit; ~**zügler** *m s.* ~**hemmer**.
applau'dieren *v/i.* applaudir (*j-m* q.; *e-r Sache dat.* qch.).
Ap'plaus *m* applaudissements *m/pl.*
appor'tier|en *v/t. Hund*: rapporter; ²**en** *n* rapport *m*; ²**holz** *n* témoin *m*.
Appositi'on *gr. f* apposition *f*.
appre'tieren ⊕ *v/t.* apprêter.
Appre'tur ⊕ *f* apprêt *m*.
Approbati'on *f*: *e-s Apothekers* autorisation *f* d'exercer la pharmacie.
appro'biert *adj. Arzt, Apotheker*: diplômé; autorisé à exercer.
approxima'tiv *adj.* approximatif, -ive.
Après-Ski-Schuhe *m/pl.*: ~ *anziehen* mettre des après-ski(s).
Apri'kose ♀ *f* abricot *m*; ~**nbaum** ♀ *m* abricotier *m*.
A'pril *m* avril *m*; *j-n in den* ~ *schicken* faire un poisson à q.; ~**scherz** *m* poisson *m* d'avril; ~**wetter** *n* temps *m* d'avril.
apri'orisch *adj.* a priori.
Ap'side *f*, '**Apsis** *f* (*sg. inv., pl.* Apsiden) abside *f*.
Aquä'dukt *m* aqueduc *m*.
Aquakul'tur *f* aquaculture *f*.
Aquama'rin *min.* ~ *m* aigue-marine *f*.
Aqua'naut *m* aquanaute *m*.

Aqua'planing (*Auto*) *n* aquaplaning *m*.
Aqua'rellfarbe *f* couleur *f* à l'eau.
aquarel'lieren *v/i.* peindre à l'aquarelle.
Aqua'rellmaler *m* aquarelliste *m*.
A'quarium *n* aquarium *m*.
Ä'quator *m* équateur *m*; ²**i'al** *adj.* équatorial; ~**taufe** *f* baptême *m* de la ligne; *bizuthage* *m*.
Aqua'vit *m* eau-de-vie *f* aromatisée de cumin.
äquinokti'al *adj.* équinoxial; ²**sturm** *m* tempête *f* d'équinoxe.
Äqui'noktium *n* équinoxe *m*.
äquiva'lent *adj.* (²*n*) équivalent (*m*); ²**lenz** *f* équivalence *f*.
Ar *n* (*Flächenmaß*) are *m*.
'**Ära** *f* ère *f*.
'**Araber**|(**in** *f*) *m* Arabe *m, f*; (*Pferd*) (cheval *m*) arabe *m*.
'**Arabertum** *n* arabité *f*.
Ara'beske *f* arabesque *f*.
A'ra|bien *n* l'Arabie *f*; ²**bisch** *adj.* arabe; *die* ~**e Liga** la Ligue arabe.
Ara'bist *m* arabisant *m*.
'**Arbeit** *f* travail *m*; F boulot *m*; *zu schaffende* ~ besogne *f*; *gute* ~ *machen* faire du bon travail; *mühevolle*: labeur *m*; *schwere, lästige*: corvée *f*; (*Gegenstand der* ~) *als Erzeugnis*: ouvrage *m, als Tat*: œuvre *f, Schule*: (*häusliche schriftliche* ~) devoir *m*, (*Straf*²) punition *f*, (*Übungs*²) exercice *m*, (*Prüfungs*²) épreuve *f* écrite; copie *f*; composition *f*; *an die* ~ *gehen*, *sich an die* ~ *machen* se mettre au travail (*od.* à la besogne); *in* ~ *sein v. e-r Sache*: être en voie d'exécution; *Ihr Kleid ist in* ~ on travaille à votre robe; *bei j-m in* ~ *stehen* travailler (*od.* être en service) chez q.; *in* ~ *stecken* être plongé dans le travail; *über der* ~ *sitzen* être à son travail; *in* ~ *geben* commander qch.; *ohne* ~ *sein* être sans travail; chômer; *die* ~ *einstellen* (*niederlegen*) cesser le travail, débrayer, (*streiken*) faire grève; *sich mettre en grève*; *prov. wie die* ~, *so der Lohn* à chacun selon ses mérites; (*Anstrengung*) *ermüdend*: fatigue *f*, *schwierig*: peine *f*; *fig. das ist vergebliche* ~ c'est peine perdue; (*Art und Weise der Ausführung*) *allgemein*: travail *m*; (*Gestaltung*) façon *f*; *main-d'œuvre f*; *getriebene* ~ ouvrage *m* repoussé; ²**en 1.** *v/i.* travailler (*an etw. dat., auf etw. acc. hin* à qch.); (*beschäftigt sein*) s'occuper (à); *nicht gern* ~ ne pas aimer le travail; *Hand in Hand* ~ travailler la main dans la main; *bei welchem Schneider lassen Sie* ~? quel est votre tailleur?; *schwer* ~ travailler dur, P bosser; *bei j-m* ~ (*in Arbeit stehen*) travailler (*od.* être en service) chez q.; *Maschine*: marcher travailler, fonctionner; *Teig*: lever; *Holz, Beton, Teig, Kapital*: travailler; *Kapital* ~ *lassen* faire travailler des capitaux; **2.** *v/t. etw.* sehr sorgfältig ~ faire qch. très soigneusement; **3.** *v/rf.*: *sich tot* (*od. zu Tode*) ~ se tuer au travail; *sich krank* ~ travailler à se rendre malade; *sich durch etw.* ~ *se frayer un chemin à travers qch.*; *es arbeitet sich schlecht, wenn* ... on travaille mal, quand ...; ²**end** *adj.*: *die* ~**e Bevölkerung** la population active; *die* ~**en Klassen** la classe ouvrière; les classes *f/pl.* laborieuses.
'**Arbeiter**|(**in** *f*) *m* travailleur *m*, -euse *f*; *in der Industrie*: ouvrier *m*, -ière *f*; *geistiger* ~ travailleur *m* intellectuel; *gelernter* ~ (*Fach*²) ouvrier *m* qualifié; *angelernter* ~ ouvrier *m* spécialisé; *ungelernter* ~ ouvrier *m* non qualifié (*od.* non spécialisé); *prov. jeder* ~ *ist seines Lohnes wert* toute peine mérite salaire; ~**abordnung** *f*, ~**ausschuß** *m* délégation *f* ouvrière; ~**aussperrung** *f* lock-out *m*; renvoi *m* des ouvriers; ~**ausstand** *m* grève *f*; ~**bedarf** *m* besoin *m* de main-d'œuvre; ~**bevölkerung** *f* population *f* ouvrière; ~**bewegung** *f* mouvement *m* ouvrier; ~**dichter** *m* poète *m* ouvrier; ~**familie** *f* famille *f* ouvrière; ²**feindlich** *adj.* antiouvrier, -ière; ~**frage** *f* question *f* ouvrière; ~**gewerkschaft** *f* syndicat *m* ouvrier; ~**internationale** *f* Internationale *f* des Travailleurs; ~**klasse** *f* classe *f* ouvrière; ~**kolonie** *f* colonie *f* ouvrière; ~**kolonne** *f* équipe *f* d'ouvriers; ~**mangel** *m* manque *m* (*od.* pénurie *f*) d'ouvriers (*od.* de main-d'œuvre); ~**massen** *f/pl.* masses *f/pl.* laborieuses; ~**partei** *f* parti *m* ouvrier; *in England*: parti *m* travailliste; ~**presse** *f* presse *f* ouvrière; ~**priester** *m* prêtre-ouvrier *m*; ~**regierung** *f in England*: gouvernement *m* travailliste; ~**schaft** *f* ouvriers *m/pl.*; ~**schutz** *m* protection *f* ouvrière; ~**schutzgesetzgebung** *f* législation *f* ouvrière; ~**siedlung** *f* cité *f* ouvrière; ~**verband** *m* association *f* ouvrière; ~**versicherung** *f* assurance *f* ouvrière; ~**versicherungsgesetz** *n* loi *f* sur les assurances ouvrières; ~**viertel** *n* quartier *m* ouvrier; ~**wochenkarte** *f* carte *f* hebdomadaire (d'ouvrier); ~**wohlfahrt** *f* assistance *f* sociale des travailleurs; ~**wohnblock** *m* cité-bloc *f* ouvrière.
'**Arbeit|'geber** *m* employeur *m*, patron *m*; ~'**geber-anteil** *m bei Versicherung*: cotisation *f* patronale; ~'**geberschaft** *f* patronat *m*; ~'**geberverband** *m* association *f* patronale (*od.* d'employeurs); ~'**nehmer** *m* salarié *m*; *Fr.* ~ *mit dynamischem Mindestlohn* smicard *m*; ~'**nehmer-anteil** *m* cotisation *f* du salarié; ~'**nehmerschaft** *f* salariat *m*; ~'**nehmerverband** *m* syndicat *m* ouvrier, association *f* des travailleurs.
'**arbeitsam** *adj.* laborieux, -euse, travailleur, -euse; ²**keit** *f* caractère *m* laborieux (*od.* travailleur), activité *f*.
'**Arbeits|amt** *n* service *m* (*od.* bureau *m*) de l'emploi; *Internationales* ~ Bureau *m* International du Travail (*abr.* B.I.T.); ~**anzug** *m* bleu *m* de travail, combinaison *f*, salopette *f*; ~**aufwand** *m* somme *f* (*od.* dépense *f*) de travail; ~**ausschuß** *m* comité *m* de travail; ~**bedingungen** *f/pl.* conditions *f/pl.* de travail; ~**beschaffungsmaßnahmen** *f/pl.* mesures *f/pl.* de placement; ~**beschaffungsprogramm** *n* programme *m* de création d'emplois; ~**bescheinigung** *f* attestation *f* (*od.* certificat *m*) de travail; ~**besuch** *a. pol. m* visite *f* de travail; ~**biene** *f* abeille *f* ouvrière; *fig.* bourreau *m* de travail; ~**brigade** *f* brigade *f* du travail; ~

buch n livret m de travail; **~dienst** m service m du travail; **~dienstpflicht** f service m du travail obligatoire; **~eifer** m ardeur f au travail; **~einkommen** n revenus m/pl. du travail; **~einsatz** m mobilisation f pour le travail; zum ~ kommen être affecté à des travaux; **~einstellung** f cessation f (od. arrêt m) du travail; débrayage m; **~erlaubnis** f permis m de travail; **~ertrag** m produit m du travail; **~essen** a. pol. n déjeuner m (od. dîner m) -débat m; déjeuner m d'affaires; 2**fähig** adj. capable de travailler; apte au travail; **~fähigkeit** f capacité f au travail; aptitude f au travail; **~feld** n champ m d'activité; **~freudigkeit** f zèle m au travail; **~friede** m paix f sociale; **~gang** m opération f; phase f de travail; **~gebiet** n champ m d'activité; **~gemeinschaft** f groupe m de travail; Schule: a. cercle m d'études; **~genehmigung** f autorisation f de travail; **~gerät** n instrument m de travail; **~gericht** n Fr. conseil m de prud'hommes; (Bundes2) tribunal m fédéral du travail; **~gesetzgebung** f législation f du travail; **~gruppe** f groupe m de travail; e-r Tagung: atelier m, panel m; **~haus** m maison f de correction; **~hub** m e-s Motors: temps m d'explosion; **~invalide** m mutilé m du travail; **~kamerad** m camarade m de travail; **~kittel** m blouse f de travail; **~kleidung** f vêtements m/pl. de travail; **~kommando** n équipe f d'ouvriers; **~kosten** pl. (frais m/pl. de) main-d'œuvre f; **~kraft** f puissance f de travail; **~kräfte** pl. (Arbeiter) ouvriers m/pl.; **~kreis** m groupe m de travail; centre m de formation; **~lager** n champ m de travail; **~leistung** f e-r Maschine od. Person: rendement m; **~lenkung** f orientation f professionnelle; **~lohn** m salaire m; paye f; **~lohnsätze** f/pl. barème m de salaires, échelle f des salaires; 2**los** adj. sans travail; ~ sein être en chômage; **~lose(r** m) m, f chômeur m, -euse f, sans--travail m, f; **~losenfürsorge** f assistance f aux chômeurs; **~losenproblem** n problème m du chômage; **~losen-unterstützung** f assistance f chômage, allocation de chômage (erhalten toucher); **~losenunterstützungsempfänger** m bénéficiaire m de l'allocation (de) chômage; **~losenversicherung** f assurance f (contre le) chômage; **~losigkeit** f chômage m; **~lust** f ardeur f (od. zèle m) au travail; **~mangel** m manque m de travail; **~mann** m ouvrier m; (Handlanger) manœuvre m; für niedere Arbeiten: homme m de peine; **~markt** m marché m du travail; **~medizin** f médecine f du travail; **~methode** f méthode f de travail; **~minister(ium** n) m ministre (ministère) m du travail; **~möglichkeit** f possibilité f de trouver du travail; **~moral** f mentalité f, attitude f vis-à-vis du travail; **~nachweis** m (Dienststelle) bureau m de placement; **~niederlegung** f débrayage m; **~norm** f norme f de travail; **~ordnung** f règlement m d'entreprise; **~papier** pol. n document m de travail; **~regelung** f réglementation f du travail; **~organisation** f: Internationale ~ Organisation f Internationale du Travail (abr. O.I.T.); **~ort** m lieu m d'emploi; **~paß** m carte f de travail; **~pause** f pause f; **~periode** f période f de travail; séance f; **~pferd** n cheval m de trait; **~plan** m plan m de travail; **~platz** m poste m, place f, emploi m; (Stätte) lieu m de travail; chantier m (a. ⚒); atelier m; **~prämie** f prime f de travail; **~programm** n programme m de travail; **~prozeß** m processus m de travail; **~raum** m local m de travail; atelier m; **~recht** n droit m du travail; **~ruhe** f arrêt m de (od. du) travail; **~saal** m atelier m; (Studiersaal) salle f d'études; 2**scheu** adj. paresseux, -euse; **~scheu** f paresse f; **~schicht** f journée f de travail; **~schule** f école f active; **~schutz** m protection f du travail; **~schutzgesetz** n loi f sur la protection du travail; **~sitzung** f réunion f de travail; **~sprache** f langue f du travail; **~stätte** f lieu m de travail; atelier m; chantier m; **~stelle** f → **~platz**; **~streitigkeit** f conflit m du travail; **~stufe** f phase f de travail; **~stunde** f heure f de travail; **~system** n système m de travail; **~tag** m journée f de travail; (Werktag) jour m ouvrable; **~tagung** f séance f de travail; **~teilung** f division (od. répartition) f du travail; **~tier** F fig. n gros travailleur m, F piocheur m, -euse f, bête f de somme, bourreau m de travail, P bosseur m; **~tisch** m table f de travail; (Schreibtisch) bureau m; **~überlastung** f surcharge f de travail; 2**unfähig** adj. incapable de travailler, inapte au travail, invalide; **~unfähigkeit** f incapacité f de travail, invalidité f; **~unfall** m accident m du travail; **~unterricht** m Schule: école f active; **~verfahren** n procédé m de travail; **~verhältnis** n rapport m (od. contrat m) de travail; emploi m; ~se pl. conditions f/pl. de travail; **~vermittlungsbüro** n bureau m de placement; **~versäumnis** n absence f au travail; **~vertrag** m contrat m de travail; **~verweigerung** f refus m de travailler; **~vorgang** m opération f; processus m de travail; **~weise** f → **~methode**; 2**willig** adj. disposé (od. prêt) à travailler; **~willige(r** m) m, f (Streikbrecher) briseur m, -euse f de grève; antigréviste m, f; **~woche** f semaine f de travail; 2**wütig** adj. hypertravailleur m, -euse f; maniaque du travail; **~zeit** f heures f/pl. de travail; durée f du travail; der Schüler: (heures f/pl. d')étude f; **~zeitabkommen** n accord m sur la durée du travail; **~zeit-einteilung** f répartition f des heures de travail; **~zeitordnung** f, **~zeitregelung** f règlement m de la durée du travail; **~zeitverkürzung** f réduction f du temps de travail; **~zeug** n (Kleidung) vêtements m/pl. de travail; (Werkzeug) outils m/pl.; **~zimmer** n cabinet m de travail; **~zwang** m obligation f de travailler, travail m obligatoire.

Arbi'trage ✝ f arbitrage m.

ar|cha-isch adj. archaïque.
Archa'ismus m archaïsme m.
Archäo'loge m archéologue m.
Archäolo'gie f archéologie f.
archäo'logisch adj. archéologique.
¹**Arche** f arche f; ~ Noah arche f de Noé.
Archi'pel m archipel m.
Archi'tekt m architecte m.
Architek'ton|ik f architectonique f; 2**isch** adj. architectonique.
Archi'tektur f architecture f.
Archi'trav △ m architrave f.
Ar'chiv n archives f/pl.
Archi'var m archiviste m.
Archi'volte △ f archivolte f.
Ar'dennen pl.: die ~ les Ardennes f/pl.
Are'al n aire f; superficie f.
A'rena f arène f.

arg I adj. mauvais; adv. beaucoup; très; (übermäßig stark) fort; es zu ~ treiben aller trop loin; das ist denn doch (gar) zu ~ c'est (par) trop fort; so ~ ist es doch noch nicht les choses n'en sont pas à ce point; es war nicht so ~, wie wir gefürchtet haben nous avons eu plus de peur que de mal; II adv. j-m ~ zusetzen malmener q.; die Krankheit hat ihn ~ mitgenommen la maladie l'a beaucoup affaibli; III 2 n: an nichts ~es denken ne pas penser à mal; ich sehe dabei nichts ~es je n'y vois point de mal; im ~en liegen aller de mal en pis; ohne ~ sans malice; kein ~ dabei haben ne pas penser à mal.

Argen'tini|en n l'Argentine f; **~er(in** f) m Argentin m, -e f; 2**sch** adj. argentin, -e.

¹**ärger** (comp. v. arg) pire (adv. pis); ~ werden aller de mal en pis; etw. noch ~ machen empirer qch.

¹**Ärger** m dépit m; colère f; (Unannehmlichkeit) contrariété f, F embêtement m; (Verdruß) ennui(s pl.) m; aus ~ de dépit; s-n ~ an j-m auslassen verser sa colère (od. décharger sa bile) sur q.; s-n ~ hinunterschlucken avaler des couleuvres; ronger son frein; 2**lich** adj. (Ärger empfindend) contrarié; fâché; j-n ~ machen contrarier q., ~ werden se fâcher (über acc. de); auf j-n ~ sein en vouloir à q.; leicht ~ werden s'irriter facilement, avoir la tête près du bonnet; (Ärger erregend) fâcheux, -euse, ennuyeux, -euse, irritant, vexant, agaçant, F embêtant; **~e** Sache fâcheuse affaire f; 2**n** v/t. u. v/refl.: j-n ~ fâcher q., mettre q. en colère, (j-n wütend machen) faire enrager q., bei j-m Anstoß erregen) scandaliser q., offusquer q.; j-n (halb)tot ~ faire crever q. de dépit, (j-n plagen) tracasser q., tourmenter q., F embêter q., turlupiner q., (j-n bekümmern) chagriner q., F chiffonner q.; sich ~ se fâcher (über acc. de), se mettre en colère (de), (Anstoß nehmen) se scandaliser (de); s'offusquer (de); sich schwarz ~ crever de dépit; das kann mich ~ cela (F ça) m'agace; es kann e-n (furchtbar) ~, wenn man sieht ... il y a de quoi vous faire enrager, quand on voit ...; j-n damit ~, daß man ... agacer (F embêter) q. en (p/pr.); **~nis** n esclandre m; scandale m; (Ärger) dépit m; öffent-

liches ~ *erregen* faire (*od.* provoquer) un esclandre; *Erregung öffentlichen* ~*ses outrage m* public à la pudeur; ~ *erregend* scandaleux, -euse; ~ *nehmen* se scandaliser (*an dat.* de).

'Arg|list *f* astuce *f*; sournoiserie *f*; perfidie *f*; ♀listig *adj.* astucieux, -euse; sournois, -e; insidieux, -euse; perfide; ♀los *adj.* (*vertrauensvoll*) sans méfiance; candide; (*unbefangen*) ingénu; (*ohne schlechte Absicht*) sans malice; ~losigkeit *f* candeur *f*; ingénuité *f*.

Ar'gonnen *pl.*, Ar'gonner Wald *m* l'Argonne *f*.

Ar'got *n od.* ~*m* argot *m*; ~wort *n* mot *m* argotique.

ärgst (*sup. v. arg*) le pire (*adv.* le pis); *das* ♀*e* le pire; le pis; *im* ~*en Falle* au pis-aller; en mettant les choses au pire.

Argu'ment *n* argument *m*.

argumen'tieren *v/t.* argumenter.

'Arg|wohn *m* soupçon *m*; défiance *f*; suspicion *f*; ~ *hegen* soupçonner (*gegen j-n* de q.); ~ *erregen* exciter les soupçons (*de q.*); ♀wöhnen *v/t. u. v/i.* soupçonner; avoir des soupçons; *er argwöhnt nichts* il ne se doute de rien; ♀wöhnisch *adj.* soupçonneux, -euse; (*mißtrauisch*) défiant; méfiant; ombrageux, -euse.

'Arie ♪ *f* air *m*; aria *f*; *kleine* ~ ariette *f*.

'Ar|ier(in) *m* Aryen *m*, -enne *f*; ♀isch *adj.* aryen, -enne.

Aristo'krat(in) *f* aristocrate *m*, *f*.

Aristokra'tie *f* aristocratie *f*.

aristo'kratisch *adj.* aristocratique.

Aris'toteles *m* Aristote *m*.

Aristo'te|liker *m* aristotélicien *m*; ♀lisch *adj.* aristotélique; ~*e Schule* école *f* péripatéticienne.

Arith'met|ik *f* arithmétique *f*; ~iker *m* arithméticien *m*; ♀isch *adj.* arithmétique.

Ar'kade △ *f* arcade *f*.

'Ark|tis *f*: *die* ~ l'Arctique *m*; la région arctique; ♀tisch *adj.* arctique.

arm *adj.* pauvre (*an en, bisw.* de); ~ *machen* appauvrir; ~ *werden* s'appauvrir; ~ *an Bodenschätzen* pauvre en ressources minérales; ~ *an Talent*, *an Ideen* pauvre de talent, d'idées; ~ *an Geist*, *geistig* ~ (🎭 pauvre) d'esprit; ~ *wie eine Kirchenmaus* pauvre comme un rat d'église; *armer Leute Kind sein* être né de parents pauvres; ~*er Teufel* (*Schlucker*) pauvre diable *m*; *ich* ~*er Mensch!* pauvre de moi!, malheureux que je suis!

Arm *m* bras *m* (*a. fig. u.* ⊕; (*Träger*) potence *f*; (*Deichsel*♀) limon *m*; *der weltliche* ~ le bras séculier; *sich den* ~ *brechen* (*ausrenken*) se casser (se démettre) le bras; *j-n am* ~ *packen* saisir q. par le bras; *auf den* ~*en tragen* porter dans ses bras; *sich aus j-s* ~*en retten* s'arracher aux bras de q.; *in* ~ *bras dessus, bras dessous*; *in die* ~*e schließen* serrer dans ses bras; *in j-s* ~*e treiben* livrer q. à q.; *die* ~*e in die Seite stemmen* mettre les poings sur les 'hanches; *j-m in die* ~*e laufen* tomber sur q.; *j-m in die* ~*e sinken* se jeter (*zusammenbrechend*) dans les bras de q.; *mit ausgestrecktem* ~ à bras tendu; *etw. unter dem* ~ *tragen* porter qch. sous le bras; *fig. die* ~*e frei haben* avoir ses coudées

franches; *e-n langen* ~ *haben* avoir le bras long; *j-m unter die* ~*e greifen* venir en aide à q.; *donner un coup d'épaule à q.*; *mit offenen* ~*en aufnehmen* recevoir q. à bras ouverts; *F j-n auf den* ~ *nehmen* mettre q. en boîte.

Arma'turen ⊕ *f* armatures *f/pl.*; garnitures *f/pl.*; robinetterie *f*; ~brett *n* tableau *m* de bord.

'Arm|band *n* bracelet *m*; ~banduhr *f* montre-bracelet *f* (*goldene* en or; *die sich automatisch aufzieht* à remontage automatique); ~beuge *f* pli *m* du bras, saignée *f*; ~bewegung *f* beim Schwimmen: brassée *f*; ~binde *f* écharpe *f*; *als Erkennungszeichen*: brassard *m*; ~blatt *n am Kleid*: dessous *m* de bras; ~brust *hist. f* arbalète *f*; ~brustschütze *m* arbalétrier *m*; ♀dick *adj.* de la grosseur du bras; gros, grosse comme le bras.

Ar'mee *f* armée *f*; ~befehl *m* ordre *m* de l'armée; ~korps *n* corps *m* d'armée; ~oberkommando *n* état-major *m* d'une armée; ~pistole *f* pistolet *m* en service dans l'armée.

'Ärmel *m* manche *f*; *j-n beim* ~ *zupfen* tirer q. par la manche; *fig. etw. aus dem* ~ *schütteln* faire qch. sans difficulté (*od.* en un tour de main); improviser; ~aufschlag *m* revers *m* de manche(s); ~ausschnitt *n* emmanchure *f*; ~brett *n* jeannette *f*; ~halter *m/pl.* élastiques *m/pl.* pour tenir les manches; ~kanal *m*: *der* ~ la Manche; ~loch *n* emmanchure *f*; ~schoner *m* manchette *f*, garde-manche *m*.

'Armen|fürsorge *f* assistance *f* aux pauvres; ~hilfe *f* aide *f* aux pauvres.

Ar'meni|en *n* l'Arménie *f*; ~er(in *f*) *m* Arménien *m*, -enne *f*; ♀sch arménien, -enne.

'Armen|recht *t⁄t n* assistance *f* judiciaire; ~viertel *n* quartier *m* des pauvres.

ar'mieren *v/t.* △ armer (*mit* de); ♀ung *f* △ armature *f*.

'Arm|lehne *f* bras *m* (d'un fauteuil); accoudoir *m*; ~leuchter *m* chandelier *m* à branches; *großer*: candélabre *m*.

ärmlich *adj.* pauvre (*vorgestellt*), misérable; ♀keit *f* pauvreté *f*; misère *f*.

'Arm|muskel *m* muscle *m* brachial; ~reif *m* bracelet *m*.

armselig *adj.* (*mangelhaft*) pauvre, misérable; minable; piètre; (*erbarmungswürdig*) pitoyable; ♀keit *f* état *m* misérable (*od.* pitoyable); pauvreté *f*.

'Arm|sessel *m* fauteuil *m*; ~stuhl *m* fauteuil *m* à accoudoirs.

'Armut *f* pauvreté *f* (*an dat.* de); indigence *f*; *geistige* ~ pauvreté *f* d'esprit; *prov.* ~ *schändet nicht* pauvreté n'est pas vice; ~szeugnis *t⁄t n* certificat *m* d'indigence; *fig. sich* (*dat.*) *selbst ein* ~ *ausstellen* faire preuve de (*od.* démontrer) son incapacité.

'Armvoll *m* brassée *f*.

'Arnika ♀ *f* arnica *f*.

A'roma *n* arôme *m*, parfum *m*.

aro'matisch *adj.* aromatique.

'Arrak *m* arac(k) *m*.

arran'gieren *v/t.* arranger.

Ar'rest *m* ⚔ arrêts *m/pl.* (*leichter* simples; *strenger* de rigueur); *mit* ~ *bestrafen* mettre aux arrêts; *im* ~ *sein* être aux arrêts; *Schule*: retenue *f*, *écol.* colle *f*; *t⁄t* (*Beschlagnahme*) saisie *f*; ~(*Beschlag*) *auf etw.* (*acc.*) *legen* etw. *mit* ~ *belegen* saisir qch.

Arres'tant(in *f*) *m* détenu *m*, -e *f*; (*Gefangener*) prisonnier *m*, -ère *f*; *Schule*: élève *m*, *f* en retenue (*écol.* collé[e]).

Ar'restzelle *f* cellule *f*; ⚔ salle *f* de police.

arre'tieren ⊕ *v/t.* arrêter, bloquer.

arro'gan|t *adj.* arrogant; ♀z *f* arrogance *f*.

Arsch *m* V cul *m*; ~backe V *f* fesse *f*; ~kriecher V *m* lèche-cul *m*; ~loch V *n* trou *m* du cul.

Ar'sen 🜂 *n* arsenic *m*.

Arse'nal *n* ⚔ dépôt *m* d'armes; *hist.* arsenal *m*; *fig. Sammlung*: panoplie *f*.

ar'senhaltig 🜂 *adj.* arsenical.

ar'senig 🜂 *adj.* arsénieux, -euse.

Ar'sen|ik 🜂 *n* arsenic *m*; ~salz *n* sel *m* arsenical; ~säure *f* acide *m* arsénique; ~vergiftung *f* empoisonnement *m* par l'arsenic.

Art *f*: ~ (*und Weise*) manière *f*; façon *f*; (*Gattung*) espèce *f*; sorte *f*; (*Genre*) genre *m*; (*Rasse*) race *f*; *auf diese* ~ de cette manière; *die* ~, *auf die er ...* la manière dont il ...; *nach* ~ *von* à la manière de ...; *das ist nicht meine* ~ ce n'est pas mon genre (*od.* dans ma nature); *es kommt alles auf die* ~ *und Weise an* c'est le ton qui fait la musique (*od.* la chanson); *was ist das für eine* ~! en voilà des manières!; *ein Mann s-r* ~ un homme de sa sorte (*od.* de son espèce, de sa trempe); *einzig in s-r* ~ unique en son genre; *aus der* ~ *schlagen* démentir ses origines; dégénérer; ♀eigen *adj.* caractéristique de l'espèce; ♀en *v/i.*: *nach j-m* ~ ressembler à q.; tenir de q.; ♀enreich *adj.* riche en espèces.

Ar'terie *anat. f* artère *f*; ~verband *chir. m* patch *m*; ~verkalkung *s⁄⁴ f* artériosclérose *f*.

ar'tesisch *adj.*: ~*er Brunnen* puits *m* artésien.

'artfremd *adj.* étranger, -ère à l'espèce.

Ar'thri|tis *s⁄⁴ f* arthrite *f*; ♀tisch *adj.* arthritique.

'artig *adj. v. Kindern*: sage, gentil, -ille; ♀keit *f der Kinder*: sagesse *f*, gentillesse *f*.

Ar'tikel *m* article *m*; 🕂 *e-n* ~ *führen* tenir (*od.* vendre) un article; ~schreiber *m* publiciste *m*.

Artikulati'on *f* articulation *f*.

artiku'lieren *v/t.* articuler.

Artille'rie *f* artillerie *f*; *schwere* ~ artillerie *f* lourde; *grosse artillerie f*.

Artille'rist *m* artilleur *m*, canonnier *m*.

Arti'schocke ♀ *f* artichaut *m*.

Ar'tist|(in *f*) *m* artiste *m*, *f* de cirque, acrobate *m*, *f*; ♀isch *adj.* acrobatique.

'Artung *f* nature *f*; caractère *m*.

Arz'nei *f* médicament *m*; remède *m*; *flüssige a.*: potion *f*; ~buch *n* codex *m*, recueil *m* de médicaments, phar-

macopée f; ~fläschchen n fiole f; ~kräuter n/pl. plantes f/pl. médicinales; simples m/pl.; ~kunde f pharmacologie f; ~mittel n médicament m; ~mittelkontrolle f pharmacovigilance f; ~schrank m armoire f à médicaments; ~sucht f médicomanie f; ~trank m potion f; ~ver-ordnung f ordonnance f (médicale).
Arzt m médecin m; docteur m; F toubib m; praktischer ~ généraliste m; adm. omnipraticien m; ~beruf m profession f médicale.
'Ärzte|kammer f ordre m des médecins; ~kommission f commission f médicale; ~schaft f corps m médical.
'Arzt|gebühren f/pl., ~honorar n honoraires m/pl. médicaux (od. de médecin); ~geheimnis n secret m médical.
'Ärztin f (femme f) docteur m od. médecin m; nur im Munde der Patienten: doctoresse f (in der Anrede nur docteur).
'Arztkosten pl. honoraires m/pl. (od. frais) m/pl. médicaux.
'ärztlich adj. médical; ~e Behandlung soins m/pl. médicaux; ~e Verordnung ordonnance f (médicale); ~es Gutachten expertise f médicale; consultation f; ~e Untersuchung examen m médical; ~es Attest certificat m médical.
'Arzt|praxis f cabinet m de consultation; ~tasche f trousse f de docteur; ~wahl f: freie ~ libre choix m du médecin.
As[1] n Spiel: as m.
as[2] ♪ n inv. la m bémol.
As'best m amiante m, asbeste m; ~bekleidung f revêtement m en amiante; ~dichtung ⊕ f joint m d'amiante; ~faser f fibre f d'amiante; ~pappe f carton m d'amiante; ~platte f plaque f d'amiante; ~verkleidung f revêtement m en amiante.
'Asch|becher m cendrier m; 2**blond** adj. blond cendré; ~e f cendre f (mst im pl.); radioaktive ~ cendres f/pl. radioactives; die ~ von der Zigarette abstreifen enlever la cendre de sa cigarette; in ~ verwandeln réduire en cendres, ♪ incinérer; (e-s Verstorbenen) cendres f/pl.
'Aschen|bahn f Sport: cendrée f; ~becher m cendrier m; ~brödel n Cendrillon f; ~kasten m im Ofen: cendrier m; ~regen m pluie f de cendres.
'Aschermittwoch m mercredi m des Cendres.
'asch|farben adj. cendré; ~grau adj. gris cendré; aschgrau färben cendrer; fig. livide; 2**kasten** m im Ofen: cendrier m.
'As-Dur ♪ n la m bémol majeur.
'äsen v/i. ch. viander.
A'sep|sis f asepsie f; 2**tisch** adj. aseptique.
Asi'at|(in f) m Asiatique m, f; 2**isch** adj. asiatique.
'Asien n l'Asie f.
As'ke|se f ascétisme m; ~t m ascète m; 2**tisch** adj. ascétique.
'Äskulapstab m caducée m.
'as-Moll ♪ n la bémol mineur.
'asozial adj. asocial.
As'pekt m aspect m.

'Asphalt m asphalte m; bitume m; ~anstrich m enduit m à l'asphalte; ~arbeiter m asphalteur m; bitumier m; ~beton m béton m asphaltique (od. bitumineux); ~decke f revêtement m en asphalte; ~guß m asphalte m coulé.
asphal'tier|en v/t. asphalter; bitum(in)er; ~en n, 2**ung** f asphaltage m; bitumage m.
'Asphalt|lack m peinture f à l'asphalte; ~pappe f carton m bitumé; ~schicht f couche f d'asphalte; ~straße f route f asphaltée.
Aspi'rant m aspirant m; candidat m.
aspi'rier|en v/t. bsd. gr. aspirer; 2**en** n, 2**ung** f aspiration f.
Aspi'rin n aspirine f; ~tablette f cachet (od. comprimé) m d'aspirine.
As'sessor All. m ♂♀ (Beisitzer) magistrat m débutant; (Studien2) professeur m de lycée certifié non-titulaire.
Assimilati'on f assimilation f.
assimi'lier|en v/t. assimiler; 2**ung** f assimilation f.
Assis'tent(in f) m assistant m, -e f; aide m, f.
Assis'tenz|arzt m médecin m assistant; ~professor univ. m maître-assistant m.
assis'tieren v/i. (helfen): j-m ~ assister q.
Asso'nanz f assonance f.
asso'nierend adj. assonant.
assor'tiert ✝ adj.: gut ~ bien assorti; nicht ~ sein être désassorti.
Assoziati'on f association f; 2**tiv** adj. associatif, -ive.
assozi'ieren v/t. (v/rf.: sich s')associer.
Ast m branche f; sich in Äste teilen se ramifier; (Stelle im Holz) nœud m; fig. F sich e-n ~ lachen rire comme un bossu; auf dem absteigenden ~ en perte de vitesse.
'Aster ♀ f aster m.
Asthe'nie ⚕ f asthénie f.
As'then|iker m asthénique m, f; 2**isch** adj. asthénique.
Äs'thet m esthète m; ~ik f esthétique f; ~iker m esthéticien m; 2**isch** adj. esthétique.
'Asthma ⚕ n asthme m; an ~ leiden être asthmatique.
Asth'mat|iker ⚕ m asthmatique m; 2**isch** adj. asthmatique.
astig'matisch adj. astigmate.
Astigma'tismus m astigmatisme m.
As'tral|leib m corps m astral; ~licht n lumière f astrale.
'ast-rein fig. F adj.: das ist nicht ~ ça n'est pas très catholique.
Astro'loge m astrologue m.
Astrolo'gie f astrologie f.
astro'logisch adj. astrologique.
Astro'naut m astronaute m; ~ik f, 2**isch** adj. astronautique (f).
Astro'nom m astronome m.
Astrono'mie f astronomie f.
astro'nomisch adj.: astronomique.
'Astro-physik f astrophysique f.
'Astwerk n branchage m.
'Äsung ch. f nourriture f du gibier.
A'syl n asile m; ~ für Obdachlose asile m de nuit; ~recht n droit m d'asile; um ~ bitten demander à bénéficier du droit d'asile.
Asym|me'trie f asymétrie f; 2**metrisch** adj. asymétrique.

Asymp'tot|e f asymptote f; 2**isch** adj. asymptotique.
'asynchron adj. asynchrone.
Ata'vismus m atavisme m.
Ate'lier n (Werkstatt) atelier m; cin., phot., peint. studio m; ~sekretärin cin. f script-girl f; secrétaire f de plateau.
'Atem m haleine f; (das Atmen) respiration f; sich außer ~ laufen courir à perdre haleine; außer ~ kommen perdre haleine; außer ~ bringen essouffler; außer ~ sein être essoufflé (od. 'hors d'haleine); tief ~ holen respirer à fond; den ~ anhalten retenir son souffle; wieder zu ~ kommen reprendre haleine; nach ~ ringen 'haleter; respirer avec difficulté; avoir des étouffements; j-m den ~ nehmen couper la respiration à q.; fig. in ~ halten tenir en haleine (od. en suspens); 2**bar** adj. Luft: respirable; 2**beraubend** adj. Tempo: vertigineux, -euse; ~beschleunigung f accélération f respiratoire; ~beschwerden f/pl. troubles m/pl. respiratoires; difficulté f de respirer; dyspnée f; étouffements m/pl.; asthme m; ~gerät n appareil m respiratoire; ~geräusch n bruit m respiratoire; ~gymnastik f gymnastique f respiratoire; ~holen n inspiration f; 2**los** adj. 'hors d'haleine; essoufflé; fig. ~e Stille silence m complet (od. absolu); ~losigkeit f essoufflement m; ~not f insuffisance f respiratoire, manque m de souffle, dyspnée f; ~pause f répit m; temps m d'arrêt; ~übung f exercice m respiratoire; ~wege m/pl. voies f/pl. respiratoires; ~zug m souffle m; letzter ~ dernier souffle m; in e-m ~e (hinterea.) d'affilée; (gleichzeitig) au même moment (od. instant).
Athe'is|mus m athéisme m; ~t m athée m; 2**tisch** adj. athée.
A'then n Athènes f; ~er(in f) m Athénien m, -enne f; 2**isch** adj. athénien, -enne.
'Äther m éther m; mit ~ erfüllt éthéré; mit ~ betäuben éthériser; ~bildung f éthérification f; ~dämpfe m/pl. vapeurs f/pl. d'éther.
ä'therisch adj. éthéré (a. fig.).
ätheri'sieren v/t. éthériser.
'Äther|krieg m guerre f des ondes; ~narkose f éthérisation f.
Äthi'o|pien n l'Éthiopie f; ~pier(in f) m Éthiopien m, -enne f; 2**pisch** adj. éthiopien, -enne.
Ath'let m athlète m; ~ik f athlétisme m; ~in f athlète f femme; 2**isch** adj. athlétique; ~ gebaut taillé en athlète.
Ä'thyl n éthyle m; ~alkohol m alcool m éthylique.
Äthy'len n éthylène m.
At'lantik m s. atlantisch; ~charta f Charte f de l'Atlantique; ~er pol. m atlantiste m; ~pakt m Pacte m de l'Atlantique Nord; ~politik f atlantisme m.
At'lantis f l'Atlantide f.
at'lantisch adj.: der 2**e** Ozean (l'océan m) Atlantique m; ~e Gemeinschaft communauté f atlantique.
'Atlas[1] m (Kartenwerk, pl. a. At'lanten) atlas m (de géographie).
'Atlas[2] m (Art Seidenstoff) satin m;

artig adj. satiné; band n ruban m de satin; gebirge n Atlas m; glanz m satiné m; kleid n robe f de satin; papier n papier m satiné.
'atm|en 1. v/i. respirer; schwer avoir la respiration gênée (od. difficile); respirer difficilement; 2. v/t. respirer; fig. alles atmet (empfindet) dort Freude tout y respire la joie; en n, ung f respiration f.
Atmo'sphä|re f atmosphère f; (Stimmung) a. ambiance f; risch adj. atmosphérique.
'Atmungs|beschwerden f/pl. troubles m/pl. respiratoires; organe n/pl. appareil m respiratoire; technik f spirotechnique f; weg m voie f respiratoire.
A'toll n atoll m.
A'tom n atome m; antrieb m: mit à propulsion atomique.
ato'mar adj. atomique.
A'tom|batterie f pile f (od. réacteur m) atomique; behörde f autorité f chargée des recherches atomiques (od. nucléaires); bombe f bombe f atomique; bombe f A; bombensicher adj. à l'épreuve des bombes atomiques; brenner m → batterie; bunker m abri m antiatomique (od. antiretombées); für etwa 10 Personen: casemate f paratome; paratome m; energie f énergie f atomique (od. nucléaire); energie-Kommission f Commission f de l'Énergie Atomique; explosion f explosion f atomique (od. nucléaire); forscher m atomiste m; forschung f recherche f atomique (od. nucléaire); fragen f/pl.: Minister für ministre m des affaires atomiques; frei adj.: e Zone zone f dénucléarisée (od. désatomisée); Schaffung e-r en Zone création f d'une zone dénucléarisée; dénucléarisation f; gemeinschaft f: Europäische (abr. Euratom) Communauté f européenne de l'énergie atomique (abr. Euratom); geschoß n projectile m atomique; gewicht n poids m atomique; hülle f couche f des électrons.
atomi'sieren v/t. atomiser.
A'tom|kern m noyau m (od. cœur m) atomique; kernbeschuß m bombardement m du noyau atomique; kern-umwandlung f transmutation f du noyau atomique; kernzertrümmerung f désintégration f du noyau atomique; kontrolle f contrôle m de l'énergie atomique; kraft f → energie; kraftwerk n centrale f (d'énergie) atomique, centrale f thermo-nucléaire); krieg m guerre f atomique (od. nucléaire); F guerre f presse-boutons; ladung f charge f atomique (od. nucléaire); luftschutzraum m abri m contre les attaques atomiques (od. nucléaires); macht f puissance f atomique (od. nucléaire); meiler m pile f atomique, réacteur m nucléaire; müll m déchets m/pl. radioactifs; mülldepot n dépôt m de déchets radioactifs; physik f physique f atomique; pilz m champignon m atomique; radius m rayon m de l'atome; rakete f fusée f atomique; rat m directoire m nucléaire; reaktor m réacteur m (od. pile f od.

chaudière f) nucléaire; rüstung f armement m nucléaire; schild m bouclier m atomique; schirm m parapluie m atomique (od. nucléaire); schwelle f seuil m atomique; spaltung f fission f nucléaire; sperrvertrag m traité m de non--prolifération (od. de non-dissémination) nucléaire; sprengkopf m ogive f nucléaire; strahlen m/pl. radiations f/pl. atomiques; streitmacht f force f de frappe; teilchen n particule f atomique; theorie f théorie f atomique; -U-Boot n sous-marin m atomique; umwandlung f transmutation f atomique; versuch m essai m (od. expérience f) atomique (od. nucléaire); versuchsgelände n centre m d'essais atomiques; versuchs-stop m suspension f des expériences nucléaires (od. atomiques); waffe f arme f atomique; waffenfrei adj. → frei; werk n usine f nucléaire; wissenschaft f science f atomique, atomistique f; wissenschaftler m atomiste m; wolke f nuage m atomique; zahl f nombre m d'atomes; atomicité f; zeit-alter n âge m de l'atome, ère f atomique; zentrum n centre m nucléaire; zerfall m, zertrümmerung f désintégration f atomique.
ato'nal adj. atonal.
Atonali'tät f atonalité f.
ätsch! int. F c'est bien fait!
At'tacke f 1. ⚔ attaque f; a. der Kavallerie: charge f; 2. ⚕ attaque f, accès m subit.
atta'ckieren v/t. attaquer.
Atten'tat n attentat m; ein auf j-n (etw. acc.) verüben commettre (od. se livrer à) un attentat contre q. (contre qch.); 'täter m auteur m d'un attentat.
At'test n certificat m; attestation f; ärztliches certificat m médical.
attes'tieren v/t. certifier; attester.
Attrakti'on f clou m; attraction f.
At'trappe f (Schaupackung) article (od. produit m) m factice d'étalage).
Attri'but n (äußeres Zeichen) attribut m; gr. (complément m) déterminatif m.
attribu'tiv adj.: es Adjektiv adjectif m épithète.
A'tü m (od. n) kilo m (de pression); bar m.
'atypisch biol., ⚕ atypique.
'Ätzdruck m gravure f à l'eau-forte.
'atz|en v/t. donner la becquée (à); nourrir; en n, ung f nourriture f.
'ätz|en v/t. corroder; brûler (a. fig.); weit S. a. ronger; mordre; chir. cautériser; eingravierend: graver à l'eau--forte; en n gravure f à l'eau-forte; end adj. corrosif, -ive; caustique (a. fig.); mordant (a. fig.); kali n potasse f caustique; kalk m chaux f vive; kunst f gravure f à l'eau--forte; mittel n caustique m; nadel f échoppe f; natron n soude f caustique; ung f gravure f à l'eau-forte; chir. cautérisation f; wasser n eau-forte f.
au! int. Schmerz: aïe!, ouïe!, ouille!
auch cj. (ebenfalls) aussi; (ebenso) de même; ich moi aussi; es kann Ihnen so gehen cela peut vous arriver aussi;

il peut vous en arriver autant; das noch cela encore; das noch! il ne manquait plus que cela!; nicht nur ..., sondern non seulement ..., mais encore (od. aussi); sowohl ... als aussi bien ... que; Sie tun es ja vous en faites bien autant (od. de même); oder ou bien; ist es wahr? est-ce (bien) vrai?; mais est-ce vrai?; es ist aber (od. doch) Grund dazu c'est qu'aussi il y a des raisons pour cela; nicht ne ... pas non plus; ich nicht (ni) moi non plus; (selbst, sogar) même; ohne nur zu fragen sans même demander; wenn même si; alors même que; Einräumung: wenn quoique (subj.), bien que (subj.), ell. quand même; verallgemeinernd: wer es (immer) sein mag qui que ce soit; was er (immer) sagen mag quoi qu'il dise; so arm sie sind si (od. quelque) pauvres qu'ils soient; wie groß sein Reichtum sein mag pour (od. aussi) riche qu'il soit; quelque grandes que soient ses richesses; wie dem (immer) sei quoi qu'il en soit; wo er immer sein mag où qu'il se trouve; gut! soit!
Audi'enz f audience f (erteilen donner; gewährt bekommen obtenir).
Audio'meter n audiomètre m.
'Audion n audion m; röhre f tube f audion.
'audio-visu'ell adj. audio-visuel, -elle.
audi'tiv adj. auditif, -ive.
Audi'torium n auditoire m; (Hörsaal) salle f de conférences.
'Auer|hahn m coq m de bruyère; henne f poule f de bruyère; ochs m aurochs m.
auf I prp. a) örtlich (mit dat. auf die Frage wo?, mit acc. auf die Frage wohin?): sur; à; dans; de; en; par; vers; dem (den) Tisch sur la table; der Stelle sur-le-champ; Treu und Glauben sur l'honneur; dem (den) Ball au bal; dem (den) Felde (auf) aux champs; dem (das) Gymnasium au lycée; der (die) Jagd à la chasse; dem Lande (aufs Land) à la campagne; dem (den) Markt au marché; der (die) Post à la poste; dem (den) Hof dans la cour; der (die) Straße dans la rue; der ganzen Welt dans le monde entier; e-r Insel dans une île; sein(em) Zimmer dans sa chambre; e-m Bauernhof dans une ferme; dem Platz sur la place; diese(r) Seite de ce côté(-ci); allen Seiten de tous côtés; de toutes parts; e-m Fuße hinken boiter d'un pied; Besuch en visite; in Aussicht (acc.) en vue de; sich den Weg machen se mettre en route; die Erde fallen tomber par terre, ohne vorherige Berührung: tomber à terre; welchem Wege? par quel chemin?; mich zu vers (od. sur) moi; b) zeitlich: vers; à; pour; en; pendant; den Abend vers le soir; morgen! à demain!; immer à jamais; Wiedersehen! au revoir!; kurze Zeit pour peu de temps; e-n Augenblick pour un moment; drei Tage pour trois jours; Reisen en voyage; der Flucht pendant (od. en) fuite; c) fig. par; à; sur; de; en; (meinen) Befehl sur (mon) ordre; Ihre Bitte à (od. sur) votre demande, à votre prière; Ihre

Gefahr (hin) à vos risques et périls; ~ *Kredit* à crédit; ~ *Leben und Tod* à la vie et à la mort; ~ *meinen Rat* sur mon conseil; ~ *e-n Wink* sur un signe; ~ *diese Weise* de cette manière; ~ *folgende Art* de la manière suivante; ~ *einmal* d'un seul coup, *(plötzlich)* tout à coup; ~ *den ersten Blick* du premier coup d'œil; ~ *e-n Zug* tout d'un trait; ~ *französisch* en français; ~ *alle Fälle* en tout cas; dans tous les cas; **II** *adv*. ~ *und ab* (~ *und nieder*) de haut en bas, *(hin und her)* de long en large; ~ *und ab gehen* marcher *(od.* aller*)* de long en large; faire les cent pas; ~ *und davon fliegen* s'envoler; *sich* ~ *und davon machen* se sauver, F filer, décamper; *er war schon* ~ *und davon* il était déjà parti; ~ *und nieder steigen* monter et descendre; ~ *(offen) sein* être ouvert; ~ *(aufgestanden) sein* être levé *(od.* debout*)*; *von klein* ~ dès la plus tendre enfance; **III** *int*. ~! *(an die Arbeit usw.)* allez! *bzw.* allons!; *(aufgestanden!)* debout!; **IV** *cj.* ~ *daß* afin *(od.* pour*)* que *(subj.)*.

'**auf-arbeit|en** *v/t. Kleider*: remettre à neuf; retaper; ✞ mettre à jour; *(vollenden)* achever; ⟨en *v/t.,* ⟨ung *f v. Kleidern*: remise *f* à neuf; ✞ mise *f* à jour; *(Vollendung)* achèvement *m.*

'**auf-atmen** *fig. v/i.* respirer; se sentir *(od.* être*)* soulagé; soupirer d'aise.

'**aufbahr|en** *v/t. Leichnam*: exposer sur un catafalque; ⟨en, ⟨ung *f e-s Leichnams*: exposition *f* sur un catafalque.

'**Aufbau** *m von Gebäuden*: construction *f*; *(Wieder*⟨*)* reconstruction *f*; ⊕ montage *m*; *Auto*: carrosserie *f*; ⚛ synthèse *f*; ~ *des Atomkerns* édifice *m* nucléaire; *(Gliederung)* organisation *f*; *(Gefüge)* structure *f*; *e-r Rede*: contexture *f*; *(Plan)* plan *m*; *(System)* système *m*; *der Wirtschaft, e-s Unternehmens*: édification *f*; **~element** *(Möbel)* n élément *m* superposable; ⟨en *v/t.* construire; édifier; *(wieder~)* reconstruire; élever; ⊕ monter; *fig.* organiser.

'**aufbäumen** *v/rf.*: *sich* ~ se cabrer; *fig. a.* se révolter.

'**Aufbau|möbel** *n/pl.* meubles *m/pl.* superposables *(od.* de rangement*)*; **~rücklage** ✞ *f* réserve *f* pour extension.

'**aufbauschen** *v/t.* enfler *(a. fig.)*; e-e *Angelegenheit* ~ gonfler *(od.* grossir*)* une affaire; monter une affaire en épingle.

'**Aufbauwerk** *n e-r Nation*: œuvre *f* d'édification.

'**aufbegehren** *v/i.* protester *(gegen* contre*)*; se révolter *(contre)*; F se rebiffer *(gegen* contre*).*

'**aufbehalten** *v/t. Kopfbedeckung*: garder; *den Hut* ~ garder son chapeau; rester couvert; *Augen usw.*: tenir ouvert(s).

'**aufbeißen** *v/t.* ouvrir *(resp.* casser*)* avec ses dents.

'**aufbekommen** *v/t. Tür usw.*: réussir *(od.* parvenir*)* à ouvrir; *Aufgabe*: avoir à faire.

'**aufbereit|en** *v/t. Erze*: préparer; *at.* faire le retraitement du combustible; ⟨ung *f v. Erz*: préparation *f*; *at.* retraitement *m*; ⟨ungs-anlage *f Erze*: installation *f* de préparation; *at.* usine *f* de retraitement.

'**aufbesser|n** *v/t.* améliorer; *Gehalt usw.*: augmenter; ⟨en *n,* ⟨ung *f* amélioration *f*; *des Gehalts usw.*: augmentation *f.*

'**aufbewahr|en** *v/t.* conserver; sorgfältig: garder; *das läßt sich nicht* ~ cela ne se conserve pas; *trocken* ~ tenir au sec; ⟨en *n,* ⟨ung *f* conservation *f*; dépôt *m*; *e-n Koffer zum* ~ *geben* mettre une valise à la consigne. '**Aufbewahrungs|gebühr** *f* frais *(od.* droits*) m/pl.* de dépôt *(od.* de consigne*)*; **~frist** *f* durée *f* de la mise en consigne; **~ort,** **~platz,** **~raum** *m* dépôt *m*; *bsd. v. Kunstgegenständen*: réserve *f.*

'**aufbiegen** *v/t.* ouvrir, *Stäbe*: écarter.

'**aufbieten** *v/t. Polizei, Militär*: mettre en action; *Verlobte* ~ publier les bans *(de q.)*; *fig.* s-e *ganze Überredungskunst* ~ um ... déployer toute son éloquence pour ...; *alle Mittel* ~ employer tous les moyens; *alle s-e Kräfte* ~ déployer toutes ses forces.

'**aufbinden** *v/t. (losbinden)* délier; *(aufknüpfen)* dénouer; *(bindend befestigen)* lier *(auf acc.* sur*)*; attacher; *fig. j-m e-n Bären* ~ en faire accroire à q.; en conter à q.; mystifier q.; la bailler belle *(od.* bonne*)* à q.; F monter un bateau à q.; *sich etw.* ~ *lassen* se laisser duper, s'en laisser conter, F gober une blague.

'**aufbläh|en** *v/t.* (v/rf.: *sich se)* gonfler *(a. fig.)*; (s')enfler; (se) boursoufler; *fig. sich* ~ se rengorger; *Stadt*: s'enfler; ⟨en *n,* ⟨ung *f a. fig.* gonflement *m*, enflure *f*; *fig.* boursouflure *f.*

'**aufblasen** *v/t.* (v/rf.: *sich se)* gonfler *(a. fig.).*

'**aufblättern** *v/t. Buch*: feuilleter.

'**aufbleiben** *v/i.* rester ouvert; *(wachen)* rester debout, veiller.

'**aufblenden I** *v/t. Film*: ouvrir en fondu; *Auto*: mettre les feux de route *(od.* les phares*)*; *kurz* ~ faire un appel de phares; **II** ⟨ *n Film*: ouverture *f* en fondu; *Auto*: mise *f* en feux de route.

'**aufblicken**: *v/i.* ~ *zu* lever les yeux vers; *fig. zu j-m mit Achtung* ~ respecter q.

'**aufblitzen** *v/i.* jeter une vive lueur; jaillir (comme un éclair) *(a. fig.).*

'**aufblüh|en** *v/i. a. fig.* s'épanouir; *fig. a.* être florissant *(od.* en plein essor*)*; *Land, Geschäfte*: prospérer; ⟨en *n* épanouissement *m*; floraison *f*; **~end** *fig. adj.* florissant, prospère.

'**aufbocken** *v/t.* mettre sur *(des)* chevalets.

'**aufbohren** *v/t.* percer au foret.

'**aufbrauchen** *v/t.* épuiser.

'**aufbrausen** *v/i.* 🜋 entrer en effervescence; *Meer*: bouillonner, mugir; *Beifall*: éclater; *fig.* s'emporter; prendre le mors aux dents; F prendre la mouche; *leicht* ~ être soupe au lait; ⟨en *n* 🜋 effervescence *f (a. fig.)*; ébullition *f*; *des Meeres*: bouillonnement *m*, mugissement *m*; *fig.* emportement *m*; **~end** *adj.* 🜋 *a. fig.* effervescent; *fig.* emporté, fougueux, -euse; volcanique; *(jähzornig)* irascible; *(reizbar)* irritable.

'**aufbrechen 1.** *v/t. Eis*: briser; *Tür, Schloß, Stahlschrank*: forcer; fracturer; *Kiste*: ouvrir; *Straße, Betondecke*: défoncer, éventrer; **2.** *v/i. Knospen*: s'ouvrir; *Geschwür*: crever; percer; *(fortgehen)* se mettre en route, plier bagage(s), partir.

'**aufbrennen** *v/t.*: *ein Zeichen* ~ marquer au fer rouge *(j-m q.)*; F *j-m eins* ~ flanquer un coup à q.

'**aufbringen** *v/t. Moden*: lancer, mettre en vogue, introduire; *Gerücht*: faire courir, mettre en circulation; *Geld usw.*: mobiliser; procurer; trouver; réunir; ⚓ *Schiff*: capturer; *die Kosten für etw.* ~ faire face aux frais de qch.; *fig. j-n* ~ pousser q. à bout, *(in Zorn bringen)* mettre q. hors de lui *(od.* en colère*)*; fâcher q.; *Mut* ~ faire preuve de courage.

'**Aufbruch** *m (Abreise)* départ *m*; *ch.* entrailles *f/pl.*; *im* ~ *begriffen sein* être sur le départ *(Rückreise*: sur le retour*).*

'**aufbrühen** *v/t. Tee, Kamille*: (faire) infuser; *Kaffee* ~ faire du café.

'**aufbügeln I** *v/t.* repasser; donner un coup de fer (à); **II** ⟨ *n* repassage *m.*

'**aufbürden** *v/t.*: *j-m etw.* ~ charger q. de qch., *fig. (Amt, Sorgen)* imposer qch. à q.

'**aufdecken** *v/t.*: *das Tischtuch* ~ mettre la nappe; *Bett*: découvrir; *vorgeschichtliche Gräber*: mettre à jour; *die Karten* ~ découvrir *(od.* montrer*)* son jeu; *(bloßlegen) fig.* découvrir; dévoiler; *(offenbaren)* révéler.

'**aufdonnern** *v/rf.*: *sich* se harnacher, s'accoutrer, s'attifer.

'**aufdrängen** *v/t. u. v/rf.*: *fig. j-m etw.* ~ imposer qch. à q.; *sich j-m* ~ s'imposer à q. *(a. Gedanke).*

'**aufdrehen** *v/t. Strick*: détortiller; *Hahn usw.*: ouvrir; *Schraube*: desserrer; *v/i. mit dem Auto*: appuyer sur le champignon; *Sport*: accélérer *(od.* forcer*)* l'allure.

'**aufdringlich** *adj.* importun, envahissant, F casse-pieds *m*; F stressant; ⟨keit *f* importunité *f.*

'**Aufdruck** *m* impression *f*; *auf Briefmarken*: surcharge *f*; ⟨en *v/t.* imprimer *(sur).*

'**aufdrücken I** *v/t. Schreibfeder*: appuyer *(sur)*; *Siegel*: appliquer; apposer; *(durch Drücken öffnen)* ouvrir en poussant, *Geschwür*: faire crever; **II** ⟨ *n e-s Siegels*: apposition *f.*

auf-ein'ander *adv.* l'un sur *(zeitlich*: après*)* l'autre; les uns sur *(resp.* après*)* les autres; ⟨folge *f* succession *f*; **~folgen** *v/i.* se succéder; **~folgend** *adj.* successif, -ive; consécutif, -ive; en cascade; **~häufen** *v/t.* entasser, empiler; **~legen** *v/t.* mettre l'un sur l'autre; superposer; **~liegen** *v/i.* être mis l'un sur l'autre; **~prallen,** **~stoßen** *v/i.* se heurter, s'entrechoquer *(beide a. fig.)*, 🚗, *Auto usw.*: entrer en collision, se tamponner, se télescoper; ⟨prallen *n* choc *m (a.* ⚔ *u. fig.)*; 'heurt *m (a. fig.)*; 🚗, *Auto usw.*: collision *f (a. fig.)*; tamponnement *m*; télescopage *m*; ⟨treffen *n* interférence *f*; **~türmen I** *v/t.* amonceler, entasser, empiler; ⟨türmen *II* amoncellement *m*, entassement *m (a. fig.)*, empilement *m.*

'**Aufenthalt** *n* arrêt *m*; *(Verspätung)*

retard *m*; *nach kurzem* ~ après un court arrêt; 🚅 *fünf Minuten* ~ cinq minutes d'arrêt; (*Verweilen an e-m Ort*) séjour *m*; ~ *nehmen* séjourner; **~sdauer** *f* durée *f* du séjour; **~s-erlaubnis** *f*, **~sgenehmigung** *f* permis *m* de séjour; **~s-ort** *m* lieu *m* de séjour (*od.* de résidence); **~sraum** *m* salle *f* de réunion; living *m*; séjour *m*; **~s-verbot** *n* interdiction *f* de séjour.

'**auf-erleg|en** *v/t.* imposer; *Strafen*: infliger; *sich Zwang* ~ se contraindre; se faire violence; **~ung** *f* imposition *f*.

'**auf-erstanden** *p.p.* ressuscité.

'**auf-ersteh|en** *v/i.* ressusciter; **~ung** *f* résurrection *f*.

'**auf-erweck|en** *v/t. e-n Toten*: ressusciter; **~ung** *f* résurrection *f*.

'**auf-essen** *v/t.* manger tout; achever (*od.* finir *od.* terminer) son repas.

'**auffädeln** *v/t.* (*auf e-n Faden ziehen*) enfiler.

'**auffahren 1.** *v/i.* (*aufschrecken*) sursauter; *aus dem Schlaf* ~ s'éveiller en sursaut; *mit dem Wagen*: donner (*auf etw. acc.* contre qch.); tamponner (qch.); aufeinander ~ se tamponner, se télescoper; *auf den LKW von hinten* ~ se jeter sur l'arrière du camion; 🚅 *auf en Zug* ~ *a.*: percuter un train; *vor e-m Theater usw.*: se présenter, arriver devant; *in feierlichem Aufzug*: faire son entrée solennelle; ⚔ *Panzer*: prendre position; ⚓ s'échouer; s'ensabler; donner sur un fond; **2.** *v/t.* ⚔ *Batterie*: pousser en position; F *Speisen usw.*: couvrir la table de ...; **~d** *adj.*: *der ~e Wagen* la voiture tamponneuse.

'**Auffahrschaden** *m* dommage *m* causé par un télescopage.

'**Auffahrt** *f* (*Fahrt in die Höhe*) montée *f*; *vor e-m Gebäude*: rampe *f*; ~ *zur Autobahn* voie *f* d'accès à l'autoroute.

'**Auffahr·unfall** *m* télescopage *m* (en série).

'**auffallen** *fig. v/t.* se faire remarquer; *nur Person*: se donner en spectacle; *nicht* ~ passer inaperçu; (*überraschen*) frapper; **~d** *adj.* → auffällig.

'**auffällig** *adj.* frappant; (*wunderlich*) bizarre; (*exzentrisch*) excentrique; (*überspannt*) extravagant; *v. Kleidung, Farben*: voyant; (*grellbunt*) tape-à-l'œil; (*anstößig*) choquant, 2-**keit** *f* caractère *m* frappant.

'**auffangen** *v/t.* saisir (au vol); *Signal, Strahlen, Flüssigkeit*: capter; *Stoß*: amortir; *Hieb*: parer; *die letzten Worte j-s*: recueillir; *Evakuierte*: accueillir; *freigewordene Arbeitskräfte* ~ recueillir la main-d'œuvre libérée; *die Arbeitslosigkeit* ~ résorber le chômage.

'**Auffang|lager** *n* centre *m* (*od.* camp *m*) d'accueil; **~schale** ⊕ *f* bac *m* collecteur; **~stellung** ⚔ *f* position *f* de repli.

'**auffärben** *v/t.* reteindre; *text.* biser.

'**auffass|en** *v/t.* (*geistig erfassen*) saisir; (*verstehen*) comprendre; entendre; (*begreifen*) concevoir; (*deuten*) interpréter; **~ung** *f* conception *f*; manière *f* de comprendre; (*Deutung*) interprétation *f*; (*Meinung*) opinion *f*; avis *m*; *nach m-r* ~ à mon avis, à mon sens, selon (*od.* d'après) moi; à ce que je pense; *ich bin der* ~, *daß* ... je suis d'avis que ...; *ich bin nicht Ihrer* ~

je ne suis pas de votre avis; *s-e* ~ *äußern* dire (*od.* donner *od.* exprimer *od.* faire connaître) son avis (*od.* son opinion); *anderer* ~ *sein* être d'un autre avis, penser différemment; *verschiedener* ~ *sein über* (*acc.*) ne pas être du même avis sur, différer sur; **2ungsgabe** *f*, **2ungsvermögen** *n* compréhension *f*.

'**auffind|bar** *adj.* trouvable; **~en** *v/t.* trouver; *Verborgenes*: découvrir, dépister; **2en** *n*, **2ung** *f* découverte *f*, dépistage *m*.

'**auffischen** *v/t.* repêcher; retirer de l'eau.

'**aufflackern** *v/i. Licht*: s'aviver; *fig. Unruhen*: éclater (ici et là).

'**aufflammen** *v/i. Holzstoß, a. fig. Haß*: s'embraser, s'enflammer; *Feuer*: flamb(oy)er.

'**aufflechten** *v/t.* défaire.

'**auffliegen I** *v/i.* prendre son essor, s'envoler; *Tür usw.*: s'ouvrir brusquement; *fig. Unternehmen*: faire faillite; (*aufgelöst werden*) être dissous, -te; **II** 2 *n* envol *m*, essor *m*.

'**aufforder|n** *v/t.* höflich: inviter (*zu* à); *überredend*: engager (*zu* à); (*ermahnen*) exhorter (*zu* à); ✝, ⚖ sommer (*zu* de), mettre en demeure (de); *zur Übergabe* ~ sommer de se rendre; *zum Duell* ~ provocation *f* en duel; ~ *zur Nachzahlung* demande *f* de versement complémentaire.

'**aufforst|en** *v/t.* reboiser; **2en** *n*, **2ung** *f* reboisement *m*.

'**auffressen** *v/t.* dévorer.

'**auffrisch|en 1.** *v/t. Gemälde, Kenntnisse*: rafraîchir; *fig. Erinnerung*: raviver; *Vorrat*: renouveler; **2.** *v/i.* ⚓ *der Wind frischt auf* le vent fraîchit (*od.* se lève); **2en** *n*, **2ung** *f* rafraîchissement *m*; renouvellement *m*.

'**aufführ|bar** *adj. thé.* jouable; ♪ exécutable; **~en 1.** *v/t. thé.* représenter, jouer; *Musikstück*: exécuter; (*nennen*) citer; ⚖ *Zeugen*: produire; ✝ *Posten*: énumérer; *einzeln* ~ spécifier; *in e-r Rechnung*: porter en compte; **2.** *v/rf.*: *sich* ~ se conduire; se comporter; **2en** *n*, **2ung** *f thé.* représentation *f*; ♪ exécution *f*; *e-r Stelle*: citation *f*; ⚖ *v. Zeugen*: production *f*; ✝ *v. Posten*: énumération *f*; ~ *im einzelnen* spécification *f*; *in e-r Rechnung*: inscription *f* en compte; *e-s Verzeichnisses*: énumération *f*; *ein Drama zur Aufführung bringen* faire jouer un drame; *ein Musikstück zur Aufführung bringen* faire exécuter un morceau de musique; **2ungsrecht** *n* droit *m* de représentation *bzw.* d'exécution.

'**auffüllen** *v/t.* remplir (*mit* de); *Lücke, Loch*: combler; ✝ *Reserven*: compléter; *Benzin* ~ faire le plein d'essence.

'**auffüttern** *v/t.* nourrir; élever.

'**Aufgabe** *f* (*auszuführende Arbeit*) tâche *f*, devoir *m*; (*Auftrag*) mission *f*; (*Zweck*) but *m*; *Schule*: mündliche ~ leçon *f*, schriftliche ~ devoir *m*, mathematische ~ problème *m*; (*Verzicht*) abandon *m*; renonciation *f*(à); *es ist* ~ *der Eltern* il appartient aux parents (*zu* ... *inf.* de ... *inf.*); *e-s Telegramms, des Gepäcks*: expédition *f*; ✝ *wegen*

~ *des Geschäfts* pour cause de cessation de commerce; *sich etw. zur* ~ *machen* se donner (*od.* se fixer) pour tâche, *litt.* prendre à tâche de faire qch.; *j-n für e-e* ~ *einspannen* atteler q. à une tâche; **~bahnhof** *m* gare *f* expéditrice.

'**aufgabeln** F *fig. v/t.* dénicher; trouver; pêcher; F dégot(t)er; F *ein Mädchen* ~ emballer une fille.

'**Aufgaben|bereich** *m* ressort *m*; attributions *f/pl.*; compétence *f*; **~gebiet** *n* champ *m* d'activité; **~heft** *n* cahier *m* de devoirs (*Fr.* de textes).

'**Aufgabe|ort** ✆ *m* lieu *m* de l'expédition; **~schein** *m* récépissé *m*; **~stempel** *m* (*Datumsstempel*) timbre *m* dateur.

'**Aufgang** *m* (*Treppe*) escalier *m*; *der Gestirne*: lever *m*; (*aufwärtsführender Gang*) montée *f*.

'**aufgeb|en 1.** *v/t.* ✆ mettre à la poste; poster; expédier; *sein Gepäck* ~ (faire) enregistrer ses bagages; *Rätsel*: proposer; *Schulaufgabe*: donner; *mathematische Aufgabe*: poser; *j-m etw.* ~ charger q. de qch., *zwingend*: imposer qch. à q.; *etw. zu raten* ~ donner qch. à deviner; (*verzichten*) renoncer (à); *Hoffnung, Stellung, Spiel, Sport*: abandonner; *Studien*: délaisser, abandonner; *Dienst*: quitter; *sein Amt* ~ se démettre de ses fonctions; *e-n Kranken*: condamner, déclarer perdu; *den Geist* ~ rendre l'âme; *ein Geschäft* ~ se retirer des affaires; *e-e Meinung* ~ revenir d'une opinion; *e-e Meinung nicht* ~ *a.* ne pas en démordre; ⚖ *den Besitz e-r Sache* ~ se dessaisir de qch.; *e-n Prozeß* ~ renoncer à poursuivre un procès; **2.** *v/i., abs.* renoncer, déclarer forfait, F décrocher, F démissionner, F flancher; **2en** *n* ✆ mise *f* à la poste; postage *m*; expédition *f*; *v. Gepäck*: enregistrement *m*; (*Verzicht*) renonciation *f*; ⚖ dessaisissement *m*; délaissement *m*.

'**aufgebläht** *adj. Leib*: ballonné; *vét.* météorisé; *Verwaltung, Geldumlauf*: pléthorique.

'**aufgeblasen** *adj.* (*selbstgefällig*) suffisant, fat; (*anmaßend*) arrogant; 2-**heit** *f* présomption *f*; (*Selbstgefälligkeit*) suffisance *f*, fatuité *f*; (*Anmaßung*) arrogance *f*.

'**Aufgebot** *n zur Ehe*: publications *f/pl.* de mariage; F publication *f* des bans; *an Material, Menschen*: mise *f* en action; *fig. unter* ~ *aller seiner Kräfte* de toutes ses forces; **~sfrist** ⚖ *f* délai *m* de sommation publique; **~sverfahren** ⚖ *n* procédure *f* de la sommation publique.

'**aufgebracht** *adj.* (*empört*) indigné (*über acc.* de); (*böse*) fâché (*über acc.* de); (*erregt*) irrité (*gegen j-n* contre q.; *über etw. acc.* de qch.).

'**aufgedonnert** *adj.* attifé

'**aufgedunsen** *adj.* bouffi; boursouflé; **2heit** *f* bouffissure *f*; boursouflure *f*.

'**aufgeführt** *adj.*: ~ *sein* figurer.

'**aufgehen** *v/i. Samenkorn, Teig*: lever; *Saat*: pousser; *Vorhang, Gestirne*: se lever; *fig.* naître; apparaître; *es geht mir ein Licht auf* je commence à y voir clair; je comprends; (*sich öffnen*) s'ouvrir; *Geschwür*: s'ouvrir; percer;

Haar: se défaire; se dénouer; *Kleidungsstücke: zugeknöpft*: se déboutonner, *zugehakt*: se décrocher; *Knoten*: se défaire; se dénouer; *Naht*: se découdre; *Schnüre*: se délacer (a. ⚓); *Geflecht*: se défaire; *fig.* die Augen sind ihm aufgegangen ses yeux se sont dessillés; *Blüte*: s'épanouir; éclore; *arith.* tomber juste; es geht gerade auf le compte y est; (sich in etw. verwandeln) se transformer en; se réduire en; in Asche ~ être réduit (od. se réduire) en cendres; in Dampf (Rauch) ~ s'en aller en vapeur (en fumée); in Flammen ~ être la proie des flammes; ~ in (dat.) être absorbé par; fusionner avec; (aufgebraucht werden) s'épuiser; ganz in j-m ~ s'anéantir en q.

'**aufgehoben** *adj.*: gut ~ sein être en bonnes mains; *fig.* hier ist man gut ~ on est bien ici.

'**aufgeklärt** *adj.* éclairé; (vorurteilsfrei) sans préjugés; ℒheit *f* opinions *f/pl.* avancées, esprit *m* éclairé.

'**aufgeknöpft** F *adj. fig.* communicatif, -ive; (zugänglich) liant.

'**aufgekratzt** F *fig. adj.* en train, de bonne humeur, enjoué.

'**Aufgeld** *n Börse*: agio *m*; *Zuschlag*: prime *f*.

'**aufgelegt** *adj.* disposé (zu à); gut (schlecht) ~ sein être de bonne (mauvaise) humeur.

'**aufgepaßt**! *int.* attention!

'**aufgeräumt** *adj. Zimmer*: rangé; *fig.* de bonne humeur; ℒheit *fig. f* bonne humeur *f*; entrain *m*.

'**aufgeregt** *adj.* agité; ému; excité; nerveux, -euse; ℒheit *f* agitation *f*; émotion *f*; excitation *f*; nervosité.

'**aufgeschlossen** *adj. Person*: für etw. ~ ouvert *od.* sensibilisé à qch.; *abs.* évolué; à l'esprit ouvert; ℒheit *f* ouverture *f* d'esprit, largeur *f* de vues (für à).

'**aufgeschmissen** F *adj.* perdu, F fichu, P foutu.

'**aufgeschoben** *adj.* différé; remis; die Sache ist (nur) ~ c'est seulement partie remise; *prov.*: besser ~ als aufgehoben mieux vaut tard que jamais; ~ ist nicht aufgehoben ce qui est différé n'est pas perdu.

'**aufgeschossen** *adj.* élancé; *lang* ~er *Mensch* F échalas *m*.

'**aufgesessen**! *int.* à cheval!; en selle!

'**aufgestaut** *adj. Betrag*: accumulé.

'**aufgeweckt** *adj.* éveillé, dégourdi, intelligent; ℒheit *f* esprit *m* éveillé; intelligence *f*.

'**aufgeworfen** *p.p.*: ~e *Lippen* lèvres *f/pl.* épaisses.

'**aufgießen** *v/t. Tee*: (faire) infuser, faire, préparer.

'**aufgliedern** *v/t.* analyser; décomposer; *Konten*: spécifier; ℒn *n*, ℒung *f* analyse *f*; décomposition *f*; *v. Konten*: spécification *f*.

'**aufglimmen** *v/i.* émettre une faible lueur.

'**aufgraben** *v/t.* creuser; fouiller.

'**aufgreifen** *v/t.* ramasser; saisir (au passage); *pol. Streikbewegung*: récupérer; *Dieb*: arrêter; *fig. Gedanken*: reprendre; retenir; en revenir à; e-e *Idee begeistert* ~ enfourcher une idée.

'**Aufguß** *phm. m* infusion *f*; *fig. péj. litt.* mouture *f* F; ~**tierchen** *zo. n/pl.* infusoires *m/pl.*

'**aufhaben** *v/t. Hut*: avoir sur la tête; *Geschäft*: être ouvert; *Aufgaben*: avoir à faire.

'**aufhacken** *v/t. Eisdecke*: ouvrir (à coups de 'hache *od.* de pioche, *Vogel*: de bec); *Erde*: piocher.

'**aufhaken** *v/t.* décrocher; dégrafer; défaire.

'**aufhalsen** F *v/t.*: j-m etw. ~ mettre qch. sur le dos de q.; sich etw. ~ se coltiner qch.; sich etw. ~ lassen hériter de qn.

'**aufhalten** 1. *v/t.* laisser (*od.* tenir) ouvert; *fig.* die Hand ~ tendre la main; (hemmen) arrêter; entraver; (verzögern) retarder; (verhindern) empêcher; (zurückhalten) retenir; ich will Sie nicht lange ~ je ne vous retiendrai pas longtemps; *Schlag*: amortir; 2. *v/rf.*: sich ~ (verweilen) s'arrêter (bei etw. à qch.), länger: séjourner; sich im Freien ~ passer son temps en plein air; sich gern ~ se plaire; sich über j-n ~ (tadeln) trouver à redire à q.; critiquer q.

'**aufhängen** 1. *v/t.* j-n pendre; etw. suspendre; *Gardinen*: poser; *Wäsche, Bild*: accrocher; *téléph. Hörer*: raccrocher; ℒe-**draht** *m* fil *m* de suspension; ℒer *m* cout. attache *f*; ruban *m* (*od.* chaînette *f*) pour accrocher un vêtement; *fig. rad., télév.* accrochage *m*, transition *f*; ℒe-**vorrichtung** *f* dispositif *m* de suspension *f*; ℒung *f* der Autoräder: suspension *f*.

'**aufhaspeln** *v/t. Garn*: mettre sur le dévidoir.

'**aufhauen** *v/t.* casser.

'**aufhäufen** *v/t.* (*v/rf.*: sich s')entasser; (s')empiler; (s')amonceler; (s')accumuler; (s')amasser; ℒung *f* entassement *m*; amoncellement *m*; accumulation *f*; (Aufschichtung) empilement *m*; empilage *m*.

'**aufheben** 1. *v/t.* von der *Erde*: ramasser; (hochheben) soulever; *Hand, Finger, Auge usw.*: lever; ⚕ *Bruch*: réduire; (aufbewahren) mettre de côté; *zeitweise*: suspendre; *dauernd*: faire cesser; (abschaffen) abolir; supprimer; (auflösen) dissoudre; (ungültig machen) annuler; ⚖ annuler; invalider; casser; infirmer; (widerrufen) révoquer; *Gesetz*: abroger; *Verlobung*: rompre; *Sitzung, Maßnahme, Belagerung*: lever; die *Tafel* ~ lever de table; *Vertrag*: résilier; 2. *v/rf.*: sich (einander) ~ se compenser; se neutraliser; *kn n fig. viel Aufhebens von etw. machen* faire grand bruit (*od.* se faire un monde) de qch.; faire beaucoup de battage autour de qch.; ℒung *f*: ~ des Lohnstopps, des Preisstopps déblocage *m* des salaires, des prix; *e-r Sitzung, e-r Maßnahme, e-r Belagerung*: levée *f*; (Abschaffung) abolition *f*; suppression *f*; *zeitweilige*: suspension *f*; (Auflösung) dissolution *f*; ⚖ annulation *f*; invalidation *f*; (Widerruf) révocation *f*; *v. Gesetzen*: abrogation *f*; *e-s Urteils*: cassation *f*; *e-s Vertrages*: résiliation *f*; *e-r Beschlagnahme*: mainlevée *f*; ℒungs-**klage** ⚖ *f* demande *f* d'annulation.

'**aufheitern** *v/t.* (*v/rf.*: sich s')éclaircir; (se) rasséréner; *Gemüt*: (s')égayer; es heitert sich auf le ciel s'éclaircit; das Wetter heitert sich auf le temps s'éclaircit (*od.* se [re]met au beau); sein Gesicht heitert sich auf sa figure s'éclaire; ℒung *f des Wetters*: retour *m* du beau temps, *vorübergehende*: éclaircie *f*; embellie *f*.

'**aufhelfen** *v/i.*: j-m ~ aider q. à se relever; relever q.

'**aufhellen** (*Wetter*) *v/rf.*: sich s'éclaircir; ℒung *f des Wetters*: éclaircie *f*; embellie *f*.

'**aufhetzen** *v/t.*: j-n gegen j-n ~ monter (*od.* exciter) q. contre q.; j-n zu etw. ~ inciter (pousser, provoquer) q. à qch.; ℒer *m* provocateur *m*, agitateur *m*; ℒe'**rei** *f* excitation *f*; provocation *f*; ℒung *f* ~ ℒerei.

'**aufheulen** *v/i. Sirene*: se mettre à 'hurler.

'**aufholen** 1. *v/t. Versäumtes*: rattraper; 2. *v/i. Sport*: regagner du terrain.

'**aufholzen** *v/t.* reboiser; ℒen *n*, ℒung *f* reboisement *m*.

'**aufhorchen** *v/i.* tendre (*od.* dresser) l'oreille; être tout oreilles.

'**aufhören** *v/i.* cesser (zu de); finir (de); s'arrêter (de); mit etw. ~ mettre fin à qch.; en finir avec qch.; hören Sie doch endlich damit auf! finissez-en!; wo hatten wir aufgehört? où en étions-nous restés?; da hört doch alles auf! en voilà assez!; c'est le (*od.* un) comble!; c'est inouï!; c'est vraiment par trop fort!; hör' auf damit! la barbe! P; der Weg hörte plötzlich auf le chemin se perdit; zur rechten Zeit ~ s'arrêter à temps; ~, wenn es am besten schmeckt savoir se retenir (a. *fig.*).

'**aufjagen** *v/t. Wild*: débusquer; débucher.

'**aufjauchzen**, '**aufjubeln** I *v/i.* pousser des cris d'allégresse, de joie; F jubiler; II ℒ *n* F jubilation *f*.

'**Aufkauf** *m* achat *m* (en masse *od.* en bloc); *péj.* accaparement *m*; ℒen *v/t.* acheter (en masse *od.* en bloc); *péj.* accaparer.

'**Aufkäufer(in** *f*) *m* acheteur *m*, -euse *f*; *mv. p.* accapareur *m*, -euse *f*.

'**aufkehren** *v/t.* balayer.

'**aufkeimen** I *v/i.* germer; *fig. a.* prendre naissance; II ℒ *n* germination *f*; *fig.* naissance *f*; ~**d** *adj. fig.* naissant.

'**aufklappbar** *adj.* relevable; ~**en** *v/t. Messer*: ouvrir; *Gartenstuhl usw.*: déplier; *das Verdeck* ~ décapoter (la voiture).

'**aufklaren** ⚓ *v/i. Wetter*: s'éclaircir; se mettre au beau; ℒ *n* éclaircie *f*.

'**aufklären** 1. *v/t.* éclairer (*über acc.* sur), informer (*über acc.* de), instruire (*über acc.* de); (einweihen) mettre au fait (*über etw.* de qch.); *Frage usw.*: tirer au clair; élucider; débrouiller; j-n über e-n Irrtum ~ tirer q. de son erreur; j-n sexuell ~ initier q. aux problèmes sexuels; ⚔ *Gelände*: explorer; reconnaître; 2. *v/rf.*: sich ~ *Wetter*: s'éclaircir (a. *fig.*); se mettre au beau; *Flüssigkeit*: se clarifier; jetzt klärt sich alles auf tout s'explique maintenant; ℒ*er m* éclaireur *m*; ⚔ avion *m* de reconnaissance; ~**erisch** *adj.* rationaliste; ℒ**ung** *f* éclaircissement *m*; explication *f*; information *f*; *pol.* déniaisement *m*; e-r

Frage usw.: élucidation *f*; *phil.* rationalisme *m*, esprit *m* philosophique, philosophie *f* des lumières; *Zeitalter der* ~ siècle *m* philosophique (*od.* des lumières); ⚔ exploration *f*; reconnaissance *f*; *e-r Flüssigkeit*: clarification *f*; *écol.* sexuelle ~ éducation *f* sexuelle; enseignement *m* de la sexualité; *die* ~ *der betroffenen Personen* la sensibilisation des personnes concernées; ⟳ungs-abteilung ⚔ *f* détachement *m* de reconnaissance; ⟳ungsfilm *m* film *m* d'éducation sexuelle; ⟳ungsflug *m* vol *m* de reconnaissance; ⟳ungsflugzeug *n* avion *m* de reconnaissance; ⟳ungsphilosophie *f* philosophie *f* des lumières; ⟳ungsschrift *f religiöse, politische usw.*: tract *m*; *allg.* brochure *f* d'information; ⟳ungs-zeitalter *m* siècle *m* philosophique (*od.* des lumières); ⟳ungs-zug ⚔ *m* détachement *m* de reconnaissance.
'**aufkleb|en** *v/t.* coller (*auf acc.* sur); ⟳er *m* autocollant *m*; ⟳e-zettel *m* papillon *m*; étiquette *f* à coller.
'**aufklinken** *v/t.* e-e Tür ~ ouvrir une porte.
'**aufklotzen** *v/t. Auto*: mettre sur cales.
'**aufknacken** *v/t. Nuß*: casser; *Geldschrank*: forcer.
'**aufknöpfen** *v/t.* (*v/rf.*: sich se) déboutonner.
'**aufknüpfen** *v/t. Knoten*: défaire; délier; dénouer; F *j-n* ~ pendre q.
'**aufkochen 1.** *v/i.* bouillir; **2.** *v/t.* faire bouillir; (*wieder kochen*) réchauffer; recuire.
'**aufkommen I** *v/i. Sturm*: ~ se lever; *Gewitter*: (s')approcher; *Gerücht*: survenir; se répandre; *Verdacht, Zweifel*: naître; *Zweifel a.* s'élever; *Stimmung*: se répandre; *Mode*: être lancé, se répandre; (*gebräuchlich werden*) s'établir; s'introduire; s'implanter; *der Gedanke kam in mir auf* l'idée germa dans mon esprit; *keinen Zweifel* ~ *lassen* ne souffrir aucun doute; *niemand neben sich* ~ *lassen* ne pas souffrir de rival; *gegen j-n, etw. nicht* ~ *können* ne pouvoir rien faire contre q., contre qch.; *gegen j-n* ~ *für* se porter garant de; répondre de; être responsable de; *für den Schaden* ~ être responsable du dommage, F payer les pots cassés; **II** ⟳ *n* (*Entstehung*) naissance *f*; origine *f*; *e-r Mode usw.*: introduction *f*; *v. Steuern usw.*: produit *m*; rendement *m*.
'**aufkratzen** *v/t. Wunde*: gratter; *Haut*: égratigner.
'**aufkreischen** *v/i.* pousser des cris perçants.
'**aufkrempeln** *v/t. Ärmel*: retrousser.
'**aufkreuzen** *v/i.* faire surface, apparaître, surgir, déboucher; F rappliquer, F se ramener.
'**aufkriegen** F *v/t. Dose*: réussir à ouvrir.
'**aufkündig|en** *v/t. Vertrag*: ⚖ résilier; ⟳ung *f* ⚖ résiliation *f*.
'**auflachen** *v/i.*: *laut* ~ éclater de rire; s'esclaffer.
'**Auflad|e-gebläse** *n* compresseur *m* à suralimentation; ⟳en *v/t.* charger (*auf acc.* sur); *Akku*: (re)charger; *Motor*: suralimenter; *j-m etw.* ~ charger q. de qch.; mettre qch. sur le dos de q.; *sich etw.* ~ se charger de qch.; se coltiner qch.; ~en *n*, ~ung *f* chargement *m*; *e-s Motors*: suralimentation *f*; ~er *m für Akku*: chargeur *m*.
'**Auflage** *f* (*Bedingung*) condition *f*; *e-s Industrievertrages*: spécification *f*; (*Auflegen e-r Steuer*) imposition *f*; *éc., adm., pol.* obligation *f*; *bei e-m Testament*: charge *f*; *mit der* ~, ... à charge de ... (*inf.*); *e-s Buches*: édition *f*; tirage *m*; *vermehrte und verbesserte* ~ édition *f* corrigée et augmentée; (*Stütze*) appui *m*; support *m*; (*Schicht*) couche *f*; ~fläche *f* surface *f* d'appui; *des Autoreifens*: plan *m* de roue.
'**Auflageziffer** *f e-r Zeitung*: tirage *m*.
'**auflass|en** *v/t.*: den Hut ~ garder son chapeau; *Männer a.*: rester couvert; *die Tür* ~ laisser la porte ouverte; *Ballon, Tauben*: lâcher; ⟳ung ⚖ *f* accord *m* des parties pour le transfert de propriété d'un bien foncier.
'**auflauern** *v/i.*: *j-m* ~ guetter q.
'**Auflauf** *m* rassemblement *m*; (*Zusammenrottung*) attroupement *m*; *es entstand ein* ~ il se forma un attroupement; *cuis.* soufflé *m*; ⟳en **1.** *v/i. Beträge, Zinsen, Postsachen usw.*: s'accumuler; s'accroître; ⚓ (s')échouer; *auf e-e Mine* ~ 'heurter une mine; **2.** *v/t.*: *sich* (*dat.*) *die Füße* ~ s'écorcher les pieds en marchant; ~en *n v. Beträgen, Zinsen*: accumulation *f*, accroissement *f*; ⚓ échouement *m*.
'**aufleben I** *v/i.*: (*wieder*) ~ se réveiller; revivre; renaître à la vie; se ranimer; *Wirtschaft*: reprendre; **II** ⟳ *n* retour *m* à la vie; (*Wiedergeburt*) renaissance *f*; *der Wirtschaft*: reprise *f*.
'**auflecken** *v/t.* lécher; *v. Hunden u. Katzen*: laper.
'**Auflegematratze** *f* matelas *m*.
'**auflegen** *v/t.* poser (*auf acc.* sur); mettre (sur); *téléph.* raccrocher; *Arm*: appuyer; *Steuern*: imposer (*a. rl. die Hände*); *Anleihe*: émettre; *Buch*: éditer; *neu* (*od. wieder*) ~ faire (*od.* publier) une nouvelle édition; rééditer.
'**auflehn|en** *v/t.* (*v/rf.*: sich s')appuyer; *sich mit dem Ellenbogen* ~ s'accouder; *fig. sich* ~ *gegen* se révolter (*od.* se soulever *od.* s'insurger) contre; ⟳ung *f fig.* révolte *f*, rébellion *f*, soulèvement *m*, insurrection *f*.
'**aufleimen** *v/t.* coller (*auf acc.* sur).
'**auflesen** *v/t.* ramasser; *Ähren*: glaner.
'**aufleuchten I** *v/i. Scheinwerfer*: s'allumer; flamber, flamboyer; jeter un vif éclat; *Sterne*: apparaître; **II** ⟳ *n* allumage *m*; apparition *f*; flamboiement *m*.
'**aufliegen 1.** *v/i.* être posé (*od.* couché) (*auf dat.* sur); *fest* ~ bien tenir; *bien joindre*; *Waren*: être étalé; **2.** *v/rf.*: *sich* ~ (*wund liegen*) s'écorcher; contracter des escarres (à force d'être couché).
'**Auflieger** *m* semi-remorque *f*.
'**auflocker|n** *v/t.* (*v/rf.*: sich se) desserrer; (se) défaire; ✍ *den Boden*: rendre meuble; ameublir; *Federbett*: secouer; *Häuserfront, Programm, Stil*: aérer, dégager; *Bewölkung*: sich ~ se dissiper, se disperser; *Sitten*: sich ~ se relâcher; *écol. den Unterricht*: diversifier; *aufgelockerte Abfahrten Auto*: étalement *m* des départs; ⟳ung *f* desserrage *m*; *fig. écol.* ~ *auf e-m Gebiet* diversification *f* d'une matière; ~ *der Schule* destructuration *f* de l'école; △ *v. Wohnvierteln*: dénoyautage *m*; *pol.* assouplissement *m*.
'**auflodern** *v/i. Feuer*: flamber; *Flammen*: monter; jaillir.
'**auflöffeln** F *v/t.* manger tout.
'**auflös|bar** *adj.* ⚛ résoluble; ⟳**barkeit** *f* ⚛ solubilité *f*; ⚛ résolubilité *f*; ~en *v/t. u. v/rf.* Verschlungenes: (sich se) dénouer; (se) délier; (se) défaire; *Zucker*: (sich ~) fondre; *Rätsel, Problem, Gleichung*, ♪ *Dissonanz*: (sich se) résoudre; *zur Untersuchung*: analyser; ⚛ *Bruch*: (sich ~) réduire; (*zersetzen*) (sich se) désorganiser; (se) décomposer; (se) désagréger; (*liquidieren*) liquider; *Tabletten in Wasser mst.*: faire fondre; ⚛ dissoudre; délayer; *Vereinigung, Geschäft, Parlament*: (sich se) dissoudre; ⚔ *Truppenverbände*: se rompre; ⚔ sich ~ (*auseinanderlaufen*) se débander; *sich in nichts* ~ disparaître entièrement; *v. e-m Reich*: sich in s-e Teile ~ se démembrer; *sich in Tränen* ~ fondre en larmes; *sich in Wohlgefallen* ~ finir à la satisfaction de tous; ⟳en *n*, ⟳ung *f* dénouement *m*; *e-s Rätsels, Problems, e-r Gleichung*: solution *f*; ♪ *e-r Dissonanz*: résolution *f*; *zur Untersuchung*: analyse *f*; *e-s Bruches*: réduction *f*; (*Zersetzung*) désorganisation *f*; *von Wolken*: dissipation *f*; décomposition *f*; désagrégation *f*; (*Liquidierung*) liquidation *f*; *e-s Haushalts*: dissolution *f* (*a. e-r Vereinigung, e-s Geschäfts, e-s Parlaments*); ⚔ (*Auseinanderlaufen*) débandade *f*; *e-s Reiches*: démembrement *m*; ⟳ungserscheinung *f* phénomène *m* de dissolution; ⟳**ungsmittel** *n* ⚛ (dis)solvant *m*; ⟳**ungsvermögen** *n* ⚛ pouvoir *m* dissolvant; solubilité *f*; *opt.* pouvoir *m* séparateur; ⟳**ungszeichen** ♪ *n* bécarre *m*.
'**auflöten** *v/t.* souder sur; *entfernend*: dessouder.
'**aufmach|en 1.** *v/t.* ouvrir; *Flasche*: déboucher; *Knoten usw.*: défaire; *Tür, Fenster etw.* ~ entrouvrir; **2.** *v/rf.*: *sich* ~ se mettre en route (pour), s'acheminer (vers); ⟳er F *m e-s Buchs*: jaquette *f*, accroche-œil *m*; ⟳ung *f e-r Ware*: conditionnement *m*, présentation *f*; *e-s Buchs*: jaquette *f*; *thé. Film*: mise *f* en scène; *thé.* (*Ausstattung*) décors *m/pl.*; *journ. etw. in großer* ~ *bringen* consacrer son gros titre à qch.; donner la vedette à qch.; *thé.* monter qch. à grand spectacle; *journ. in großer* ~ *erscheinen* faire l'objet de gros titres.
'**Aufmarsch** *m* défilé *m*; *von Demonstranten, Truppen usw.*: rassemblement *f*, déploiement *m*; ~**gebiet** *n* zone *f* de concentration; ⟳**ieren** *v/i.* défiler; *zum Kampf*: se déployer en ligne de bataille, se concentrer, entrer en ligne.

'**aufmeißeln** v/t. ouvrir au ciseau; chir. trépaner.
'**aufmerk|en** v/i.: ~ auf (acc.) faire attention à; prêter (son) attention à; ~**sam** adj. attentif, -ive; j-n auf etw. (acc.) ~ machen attirer l'attention de q. sur qch.; faire remarquer qch. à q.; darauf ~ machen, daß ... rappeler que ...; (zuvorkommend) plein d'attentions (od. de prévenances); prévenant; empressé; ℒ**samkeit** f attention f; j-s ~ auf sich lenken retenir (accrocher od. attirer) l'attention de q. sur soi; s-e ~ richten auf (acc.) porter (od. fixer od. arrêter) son attention sur; die ~ j-s ablenken détourner l'attention de q. (von de); j-s ~ in Anspruch nehmen demander l'attention de q.; j-m (e-r Sache dat.) ~ schenken prêter attention à q. (à qch.); die ~ lenken auf (acc.) appeler (od. retenir) l'attention sur; ~**en** pl. (Zuvorkommenheiten) attentions f/pl.; prévenances f/pl.; égards m/pl.; j-m ~**en** erweisen avoir des égards pour q.
'**aufmessen** △ v/t. métrer, mesurer.
'**aufmöbeln** F v/t. ravigoter, remonter.
'**aufmontieren** v/t. monter sur.
'**aufmucken** F v/i. (se) regimber, F se rebiffer; F rouspéter.
'**aufmunter|n** v/t. (ermutigen) encourager; stimuler; (aufheitern) égayer; ℒ**ung** f encouragement m; réconfort m.
'**aufmüpfig** adj. (= aufsässig) F culotté, audacieux, -euse; ℒ**keit** f F culot m, audace f.
'**aufnageln** v/t. clouer (auf acc. sur).
'**aufnähen** v/t. coudre (auf acc. sur).
'**Aufnahme** f in e-n Verein, e-e Schule: admission f (in acc. dans); in e-e Gesellschaft: réception f (in acc. à); ~ in ein Krankenhaus hospitalisation f; (Einschreibung) inscription f (in acc. dans); e-s Kindes, Wortes: adoption f; (Entgegennahme) réception f; acceptation f; (Empfang) réception f; accueil m; freundliche ~ bon accueil m; er fand e-e gute ~ il a été bien reçu; v. Geld: emprunt m; v. Beziehungen, Verbindungen: établissement m; v. Waren, Speisen, phys.: absorption f; (Bestands2) inventaire m; (Warenbestands2) inventaire m des marchandises; (Vermessung) mesurage m, arp. arpentage m; topographische ~ relevé m topographique; (Verständnis) compréhension f; (Auslegung) interprétation f; (Eingliederung) incorporation f (in acc. à); intégration f; physiol. assimilation f; flüchtige ~ e-r Gegend: croquis m; $\frac{d}{d}$ ~ von Beweisen ouverture f d'une information (od. d'une instruction); ~ e-s Protokolls établissement m d'un procès-verbal; verbalisation f; (Einfügung) ~ in e-e Zeitung) insertion f (in e-e Zeitung); (Erfolg) succès m; in ~ bringen mettre en vogue (od. à la mode); in ~ kommen s'introduire; s'imposer; se répandre; phot. photo(graphie) f, als Handlung: prise f; e-s Filmes: prise f de vues; Achtung, ~! silence, on tourne!; e-r Schallplatte, e-s Tonbandes: enregistrement m; (Röntgen2) radiographie f (a. Ergebnis), F radio f; ~ der Herstellung (Produktion) mise f en fabrication; ~**antrag** m demande f d'admission; ~**bedingung** f condition f d'admission; ℒ**fähig** adj. geistig: réceptif, -ive; phys., physiol., éc. capable d'absorber; ~**fähigkeit** f e-r Schule usw.: nombre m de places disponibles; capacité f d'accueil; geistige: réceptivité f, faculté f d'assimilation; ~**gebühr** f droit m d'admission; ~**gerät** n cin., télév. appareil m de prise de vues; akustisches appareil m d'enregistrement du son (od. de prise de son); ~**land** n für Flüchtlinge usw.: pays m d'accueil; ~**leiter** m cin., télév. directeur m de la photographie, chef m de la prise de son; Film régisseur m; a. réalisateur m; ~**prüfung** f examen m d'admission (od. d'entrée); ~**raum** m rad., télév. salle f d'enregistrement; studio m; auditorium m; ~**stellung** ⚔ f position f de repli; ~**taste** f rad. bouton m pour l'enregistrement; ~**techniker** m opérateur m (de prise de vues resp. de prise de son); ~**vermögen** n s. ~**fähigkeit**; ~**wagen** m car m de reportage.
'**aufnehmen** v/t. vom Boden ~ ramasser; den Handschuh ~ relever le gant; Arbeit, Produktion, Flugverkehr, Kampf, Ermittlungen: commencer; wieder ~, wieder aufgenommen werden reprendre; es mit j-m ~ se mesurer avec q.; défier q.; Strickmasche: relever; die Laufmasche(n) e-s Strumpfes ~ remmailler un bas; Besprechung, Verhandlungen: entamer; engager; Faden, Gespräch: wieder ~ reprendre; (entgegennehmen) recevoir; accepter; (empfangen) recevoir; accueillir; (beherbergen) héberger; loger; (in sich) ~ absorber; s'assimiler; Kind, Wort: adopter; Beziehungen, Verbindungen: établir; Waren, Speisen, phys.: absorber; (speichern) emmagasiner; ⚡ accumuler; Brennstoff ~ s'approvisionner en combustibles; Benzin ~ (tanken) faire le plein (d'essence); se ravitailler en essence; Inventar, Lagerbestand: dresser; relever; (vermessen) mesurer, arp. arpenter; topographisch ~ faire un relevé topographique; (eingliedern) incorporer (in acc. dans); physiol. assimiler; (einfügen) in e-e Zeitung ~) insérer (in acc. dans); in e-n Verein, in e-e Schule: admettre (in acc. dans); in ein Verzeichnis: inscrire (in acc. dans); (katalogisieren) cataloguer; (stenographieren) sténographier; (notieren) noter; in ein Krankenhaus ~ hospitaliser; (fassen) contenir; fig. (verstehen) comprendre; (auslegen) interpréter; etw. gut (schlecht) ~ prendre qch. bien (mal); (borgen) emprunter; Darlehen, Anleihe: contracter; Hypothek: prendre; ein Protokoll ~ établir (od. dresser od. établir) un procès-verbal; Spur: suivre; phot. photographier; (auf od. prendre) une photo (de); Schallplatte, Band: enregistrer; auf Schallplatte (Band) ~ enregistrer sur disque (sur bande magnétique); (filmen) filmer; prendre des vues (de).
'**aufnötigen** v/t.: j-m etw. ~ obliger q. à prendre qch.
'**auf-oktroyieren** v/t.: j-m etw. ~ imposer qch. à q.
'**auf-opfer|n** v/t. (v/rf.: sich se) sacrifier; (s')immoler; (sich hingeben) (se) dévouer; ~**nd** adj. dévoué; ℒ**ung** f sacrifice m; dévouement m; ~**ungsfreudig** adj. qui a l'esprit de sacrifice.
'**aufpacken** v/t. charger (auf acc. sur); F (aufmachen) Koffer: défaire.
'**aufpäppeln** v/t. Kind, Jungtier: élever au biberon.
'**aufpass|en** v/i. fig. faire attention (auf acc. à); (Obacht geben) prendre garde (auf acc. à); (auf der Lauer liegen) être (od. se tenir) aux aguets; (genau zuhören) écouter attentivement; auf j-n ~ (j-n beobachten) observer q., (j-n überwachen, beaufsichtigen) surveiller q., (j-n bespitzeln) espionner q., (j-n belauern) guetter q.; aufgepaßt! attention!; ℒ**er(in** f) m (Wächter) gardien m, -enne f; (Späher) guetteur m, -euse f; (Spion) espion m, -onne f; (Spitzel) mouchard m; Schule: surveillant m, -e f, écol. pion m.
'**aufpeitschen** v/t. Leidenschaften usw.: exciter; fouetter.
'**aufpflanzen** v/t. Fahne: planter; das Seitengewehr ~ mettre la baïonnette au canon.
'**aufpfropfen** ✗ v/t. greffer (auf acc. sur); enter (sur).
'**aufpicken** v/t. picorer; becqueter; (öffnen) ouvrir à coups de bec.
'**aufplätten** v/t. repasser.
'**aufplatzen** v/i. Geschwür, Pellkartoffeln: crever; Naht: craquer; Wunde: se rouvrir.
'**aufplustern** v/rf.: sich ~ Vögel, Hühner: gonfler ses plumes; fig. se rengorger; faire l'important.
'**aufpolieren** v/t. repolir.
'**aufpolstern** v/t. rembourrer; renouveler le rembourrage; refaire le capitonnage.
'**aufprägen** v/t. graver (auf acc. sur).
'**Aufprall** m choc m; e-s Geschosses, v. heißem Teer: impact m; e-s Steins auf dem Wasser: ricochet m; ℒ**en** v/i. (prallend auf etw. stoßen) donner (auf etw. acc. contre qch.); 'heurter (contre qch.); tamponner (qch.); aufeinander ~ se tamponner; se télescoper; Geschoß, Stein: ricocher; rebondir.
'**aufpressen** v/t. imprimer (auf acc. sur).
'**aufprobieren** v/t. Hut: essayer.
'**aufprotzen** v/t. atteler.
'**aufpumpen** v/t. (re)gonfler.
'**aufputschen** v/t. exciter; pousser à la révolte.
'**Aufputschmittel** n/pl. stimulants m/pl.; excitants m/pl.
'**Aufputz** m parure f; F attifement m; ℒ**en** v/t. (v/rf.: sich se) parer; F (sich s')attifer.
'**aufquellen 1.** v/i. gonfler.
'**aufraffen 1.** v/t. ramasser précipitamment; **2.** v/rf.: sich ~ se relever; se rassaisir; se reprendre; rassembler ses forces; sich von s-m Sessel ~ se sortir de son fauteuil.
'**aufragen** v/i. se dresser; s'élever; surgir.
'**aufrappeln** F v/i.: sich wieder ~ se retaper; se remonter.
'**aufrauchen** v/t. Zigarre usw.: finir.
'**aufrauhen** v/t. Oberfläche: rendre

rugueux, -euse; *aufgerauhter Stoff* tissu *m* molletonné.
'**aufräumen** *Umherliegendes*: ranger; mettre en ordre; *das Zimmer* ~ faire (*od.* ranger) la chambre; mettre la chambre en ordre; *fig.* mit *etw.* ~ faire table rase de qch.; *unter der Bevölkerung* ~ *Seuchen*: faire des ravages dans la population.
'**aufrechn|en** *v/t. u. v/i.* porter au compte de; *etw. gegen etw.* ~ compenser une chose par l'autre; 2**ung** *f* compensation *f*.
'**aufrecht** *adv. u. adj.* droit (*a. fig.*); (*stehend*) debout; (*senkrecht*) vertical; ~ *halten* tenir droit; *sich* ~ *halten* (*sich geradehalten*) se tenir droit, (*stehend*) se tenir debout; ~**erhalten** *v/t.* (*v/rf.: sich se*) maintenir; ⚖ *e-n Anklagepunkt gegen j-n* ~ retenir un chef d'accusation contre q.; 2**erhaltung** *f* maintien *m*; 2**stehen** *n* station *f* debout.
'**aufrecken** *v/rf.: sich* ~ se dresser.
'**aufreg|en** 1. *v/t.* agiter; énerver; (*erregen*) exciter; (*reizen*) irriter; (*rühren*) émouvoir; 2. *v/rf.: sich* ~ s'agiter; s'énerver; s'affoler; se fâcher; (*sich erregen*) s'exciter; (*gereizt werden*) s'irriter; (*gerührt werden*) s'émouvoir; (*wütend werden*) s'emporter; s'emballer; *warum regt er sich auf?* quelle mouche le pique?; ~**end** *adj.* excitant; 2**ung** *f* agitation *f*; excitation *f*; énervement *m*; F agace--nerfs *m*; ⚔ branle-bas *m*; (*Erregtheit, a.* ✝︎) émotion *f*; *in* ~ *geraten* → *sich aufregen*; *alles ist in* ~ tout le monde est dans la plus grande agitation; *kein Grund zur* ~ il n'y a pas de quoi s'énerver (*od.* s'agiter *od.* fouetter un chat).
'**aufreiben** 1. *v/t. wund*: écorcher; *fig.* ⚔ (*vernichten*) anéantir, exterminer; ⚔ *völlig* ~ F battre à plate couture; *Ärger, Arbeit usw.*: user, épuiser, tuer; 2. *v/rf.: sich* ~ s'exténuer (*durch par*); s'user; ~**d** *adj.* exténuant.
'**aufreihen** *v/t.* ranger; *Perlen*: enfiler.
'**aufreißen** 1. *v/t.* déchirer; *Tür usw.*: ouvrir violemment; *die Augen* ~ écarquiller les yeux; *Pflaster, Schienen*: enlever; ôter; arracher; *das Pflaster e-r Straße* ~ dépaver (éventrer) une rue; ([*auf*]*zeichnen*) dessiner; tracer; 2. *v/i. Wolkendecke*: se déchirer; *Eisdecke*: se rompre; *Naht*: ~ se découdre.
'**Aufreißpackung** ✝︎ *f* ouverture *f* éclair.
'**aufreiz|en** *v/t.* exciter (*zu* à); irriter; provoquer; 2**en** *n*, 2**ung** *f* excitation *f*; irritation *f*; provocation *f*.
'**aufricht|en** 1. *v/t. Mauern usw.*: élever; ériger; construire; (*wieder* ~) relever; redresser; *fig. j-n* ~ remonter (*od.* relever) le moral de q.; consoler q.; rendre courage à q.; 2. *v/rf.: sich* ~ se dresser; se mettre debout; *fig.* (re)prendre courage; *sich im Bett* ~ se mettre sur son séant; 2**en** *n*, 2**ung** *f v. Mauern usw.*: érection *f*; construction *f*; (*Wieder*2) relèvement *m*; redressement *m*; *fig.* consolation *f*.
'**aufrichtig** *adj.* sincère; franc, franche; droit; honnête; 2**keit** *f* sincérité *f*; franchise *f*; droiture *f*.
'**aufriegeln** *v/t.* déverrouiller.

'**Aufriß** *m* △ élévation *f*; (*Überblick*) vue *f* d'ensemble; synopsis *f*.
'**aufritzen** *v/t.* (*v/rf.: sich s'*)égratigner; (s')érafler.
'**aufrollen** *v/t.*(*v/rf.: sich s'*)enrouler; (se) mettre en rouleau; *bsd.* ✤ (*sich se*) lover; (*entfalten*) (sich se) dérouler; *Frage*: poser, soulever, mettre sur le tapis; ⚔ *Stellung*: bousculer par une attaque de flanc.
'**aufrücken** *v/i.* avancer (*od.* monter) en grade; *zum Hauptmann* ~ passer capitaine; ⚔ (*zusammenrücken*) serrer les rangs; *in die Gehaltsgruppe X* ~ passer à l'échelon X.
'**Aufruf** *m öffentlicher* ~, *cyb.*: proclamation *f*; ~ *der Zeugen* appel *m* des témoins; *v. Banknoten*: retrait *m*; 2**en** *v/t.* appeler (*zu etw.* à qch.); ⚖ *die Parteien* ~ appeler les parties; ~**en** *n* appel *m*; ~ *der Namen* appel *m* nominal.
'**Aufruhr** *m* (*Empörung*) révolte *f*; rébellion *f*; sédition *f*; soulèvement *m*; insurrection *f*; émeute *f*; (*Unruhen*) troubles *m/pl.*; (*Tumult*) tumulte *m*; (*Revolution*) révolution *f*; (*Aufregung*) agitation *f*; (*Wallung*) bouillonnement *m*; ébullition *f*; effervescence *f*; *in* ~ *versetzen* soulever, (*aufregen*) agiter; *in* ~ *geraten* entrer en ébullition, en effervescence; (*sich aufregen*) s'agiter.
'**aufrühr|en** *v/t.* remuer; *Gefühle*: agiter, troubler; *Vergangenheit, Streit usw.*: réveiller, raviver; *Leidenschaften*: exciter; 2**er**(**in** *f*) *m* rebelle *m*,*f*;révolté *m*,*f*;émeutier *m*, -ière *f*; séditieux *m*, -euse *f*; insurgé *m*, -e *f*; factieux *m*, -euse *f*; ~**erisch** *adj.* rebelle; séditieux, -euse; insurrectionnel, -elle; factieux, -euse.
'**Aufruhrstifter** *m* fauteur *m* de troubles.
'**aufrunden** *v/t. Zahl*: arrondir.
'**aufrüst|en** *v/t.* (*u. v/i.* s')armer; 2**en** *n*, 2**ung** *f* armement *m*.
'**aufrütteln** *v/t.* secouer (pour ouvrir); *j-n aus dem Schlaf* ~ réveiller q.; *fig. j-n* (*die öffentliche Meinung*) ~ secouer (*od.* enfiévrer *od.* sensibiliser) q. (l'opinion publique).
'**aufsagen** I *v/t.* réciter (par cœur); II 2 *n* récitation *f*.
'**aufsammeln** *v/t.* ramasser.
'**aufsässig** *adj.* récalcitrant; rebelle; insoumis; ~**er Mensch** *m* forte tête *f*, esprit *m* frondeur; 2**keit** *f* caractère *m* récalcitrant; insoumission *f*.
'**Aufsatz** *m* (*Oberteil*) dessus *m*; (*Möbel*2) chapeau *m*; *am Schornstein*: mitre *f*; (*Schul*2) rédaction *f*, *Oberstufe*: dissertation *f*;*in e-r Zeitschrift*: article *m*; *vermischte Aufsätze pl.* mélanges *m/pl.*; ~**thema** *n Schule*: sujet *m* de rédaction (*resp.* de dissertation).
'**aufsaug|en** *v/t.* absorber (*a. fig.*); 2**ung** *f* absorption *f* (*a. fig.*); ✤ résorption *f*.
'**aufscharren** *v/t.: den Boden* ~ gratter la terre.
'**aufschauen** *v/i.* lever les yeux (*zu* vers).
'**aufschäumen** *v/i. Wasser*: écumer; *Seife, Sekt*: mousser.
'**aufscheuchen** *v/t.* effaroucher; effrayer; *bsd. Wild*: débusquer, débucher.

'**aufscheuern** *v/rf.: sich (die Haut)* ~ s'écorcher.
'**aufschicht|en** *v/t.* empiler, superposer, disposer par couches; 2**en** *n*, 2**ung** *f* empilement *m*; *géol.* stratification *f*.
'**aufschieb|en** *v/t.* pousser; *Tür usw.*: ouvrir (en poussant), faire glisser; *zeitlich*: remettre, renvoyer, ajourner, reporter, différer; *etw.* ~ *auf* (*acc.*) remettre qch. à; ⚖ proroger qch. à; *Zahlungsfrist*: atermoyer; 2**en** *n*, 2**ung** *f* ajournement *m*, remise *f*, report *m*; ⚖ prorogation *f*; *e-r Zahlungsfrist*: prorogation *f* d'échéance.
'**aufschießen** *v/i.* s'élever (brusquement); prendre son essor; *Pflanzen*: pousser; *Menschen*: grandir vite.
'**Aufschlag** *m* (*Fall*) chute *f* (*auf acc. sur*); *e-s Steines, Geschosses*: ricochet *m*; ⚔ impact *m*; *Tennis*: service *m*; *am Ärmel*: parement *m*; *am Jackett*: revers *m*; *bei Preisen*: augmentation *f*; renchérissement *m*; majoration *f*; 'hausse *f*; *Steuer*: surtaxe *f*; 2**en** 1. *v/t. Augen*: lever; *Schleier*: soulever, die *Augen halb* ~ entrouvrir les yeux; *Tennisball*: servir; *Ärmel, Hutkrempe*: retrousser; (*errichten*) dresser (*a. Gerüst*); *Wohnsitz, Lager*: établir; *Bett*: monter; *Zelt*: dresser; planter; *Tür*: enfoncer; *Spund*: faire sauter; (*entfalten*) déplier; *Buch*: ouvrir; *in e-m Buch* ~ chercher dans (*od.* consulter) un livre; *Karte*: retourner; *Preis*: augmenter; majorer; 'hausser; 2. *v/i. Stein, Geschoß*: rebondir; ricocher; *Flugzeug: auf den Boden* ~ s'écraser sur le sol; *Mondfähre*: se poser; ~**en** *in e-s Bettes*: montage *m*; *e-s Lagers, e-s Wohnsitzes*: établissement *m*; *e-s Zeltes*: dressage *m*, montage *m*; ~ *e-s Gerüstes* échafaudage *m*; ~**granate** *f* obus *m* percutant; ~**linie** *f Tennis*: ligne *f* de service; ~**stelle** ⚔ *f* point *m* d'impact; ~**zünder** *m* fusée *f* percutante.
'**aufschließen** *v/t.* (*v/rf.: sich s'*)ouvrir; *v/i.* ⚔ (*zusammenrücken*) serrer les rangs; *Sport: zur Spitzengruppe* ~ rejoindre le groupe de tête.
'**aufschlitzen** *v/t. Sack*: éventrer; *j-m den Bauch* ~ éventrer q.
'**aufschluchzen** *v/i.* éclater en sanglots.
'**aufschlürfen** *v/t.* boire bruyamment tout.
'**Aufschluß** *m* éclaircissements *m/pl.*; explication *f*; (*Auskunft*) renseignement *m*; information *f*; *j-m* ~ *geben* donner (*od.* fournir) des explications à q. (*über acc.* de), (*Auskunft*) donner (*od.* fournir) des renseignements (*od.* des informations) à q. (sur), renseigner q. (sur); *sich* (*dat.*) ~ *verschaffen* s'instruire (*od.* s'informer) (*über acc.* de); prendre des renseignements (*od.* des informations) (sur).
'**aufschlüsseln** *v/t.* répartir;*fin.* ventiler; 2**ung** *f* 1. répartition *f*; ~ *nach Berufen* répartition *f* par profession; 2. *fin.* ventilation *f*.
'**aufschlußreich** *adj.* instructif, -ive, riche en renseignements, révélateur, -trice, éclairant, *iron.* édifiant.
'**aufschmieren** *v/t.* mettre (*auf acc. sur*); *Butter* ~ *auf* (*acc.*) beurrer; *Fett* ~ *auf* (*acc.*) graisser.

aufschnallen v/t.: sich den Rucksack ~ mettre (od. attacher) son sac à dos; (losschnallen) déboucler.

aufschnappen v/t. 'happer; attraper; F fig. Nachricht usw.: apprendre, prendre, F pêcher.

aufschneid|en 1. v/t. ouvrir (en coupant); Buch: couper; Braten, Wurst usw.: couper en tranches; Geflügel: découper; chir. inciser; **2.** v/i. fig. bluffer, faire le fanfaron, fanfaronner; gasconner, se vanter (mit de), 'hâbler, F faire de l'esbroufe, faire de l'épate; galéjer; ⩾**en** n e-s Buches, von Geflügel: découpage m; chir. incision f; → ⩾**erei**; ⩾**er(in** f) m bluffeur m, -euse f, fanfaron m, -onne f; gascon m, -onne f, vantard m, -e f, 'hâbleur m, -euse f, F esbroufeur m, -euse f; galéjeur m; ⩾**e'rei** f bluff m, fanfaronnade f, gasconnade f, vantardise f, F esbroufe f, galéjade f; ~**erisch** adj. fanfaron, -onne; gascon, -onne; vantard, -e.

Aufschnitt cuis. m: kalter ~ viandes f/pl. froides assorties; tranches f/pl. de charcuterie; bsd. Braten⩾: assiette f anglaise.

aufschnüren v/t. öffnend: Paket: défaire, déficeler; Schuh: délacer.

aufschrammen v/t. Haut usw.: (sich s')érafler.

aufschrauben v/t. visser (auf acc. sur); (lösen) dévisser.

aufschrecken 1. v/t. effrayer; j-n aus dem Schlaf ~ tirer q. brusquement de son sommeil; **2.** v/i. sursauter (de peur).

Aufschrei m grand cri m.

aufschreiben v/t. mettre par écrit; (notieren) noter; sich etw. ~ prendre note de qch.; bei e-m Vortrag: prendre des notes.

aufschreien v/i. pousser un (od. des) cri(s); vor Schmerz ~ crier de douleur.

Aufschrift f e-s Briefes: adresse f; adm. suscription f; auf e-r Flasche: étiquette f; auf Münzen: inscription f; légende f; auf Büchern: titre m; über e-m Laden: enseigne f.

Aufschub m délai m (bewilligen accorder); (Vertagung) ajournement m; remise f; ~ der Zahlungsfrist prorogation f d'échéance; ⁑⁑ sursis m; die Sache duldet keinen ~ la chose ne souffre (od. n'admet) aucun retard.

aufschürfen v/t. Haut: (v/rf.: sich s')écorcher.

aufschürzen v/t. (v/rf.: sich se) retrousser.

aufschütteln v/t. Kissen: arranger.

aufschütt|en v/t. verser (auf acc. sur); (aufspeichern) entasser; emmagasiner; Damm: remblayer; ⩾**ung** f (Speicherung) emmagasinage m; e-s Dammes, e-r Straße: remblai m.

aufschwatzen F v/t.: j-m etw. ~ P refiler qch. à q.

aufschweißen v/t. Geldschrank: ouvrir au chalumeau.

aufschwell|en 1. v/i. (se) gonfler; (s')enfler; **2.** v/t. gonfler; enfler; ⩾**en** n, ⩾**ung** f gonflement m.

aufschwemmen v/t. (anschwellen lassen) boursoufler, bouffir.

aufschwingen v/rf.: sich ~ gym. faire un rétablissement; fig. sich zu etw. ~ se résoudre à qch.

Aufschwung m relance f, essor m, expansion f, envol m, redressement m; reprise f; gym. rétablissement m; ~ nehmen prendre un essor; sich in vollem ~ befinden être en plein essor.

aufseh|en v/i. regarder en 'haut; lever les yeux (zu vers); ⩾**en** n sensation f; éclat m; ~ erregen (od. machen) v. Personen: se faire remarquer, a. v. Sachen: faire sensation; großes ~ erregen faire grand bruit; ärgerliches ~ scandale m; ~**en-erregend** adj. sensationnel, -elle, spectaculaire; retentissant; ⩾**er(in** f) m surveillant m, -e f; gardien m, -enne f; garde m; in franz. Schulen: surveillant m, -e f, maître m (maîtresse f) d'études, écol. pion m, -ne f.

aufsein v/i. être debout; Geschäft: être ouvert.

aufsetzen 1. v/t. mettre (od. poser) (auf acc. sur); Flicken, Taschen: appliquer (auf acc. sur); Siegel: apposer; peint. Lichter ~ distribuer des lumières; den Hut ~ mettre son chapeau; die Krone ~ (krönen) couronner; Wasser: faire chauffer de l'eau; △ noch ein Stockwerk ~ surélever d'un (od. ajouter un) étage; fig. ein Gesicht (od. e-ne Miene) ~ prendre un air; schriftlich: mettre par écrit; rédiger; Rechnung, Kontrakt, Plan, Vollmacht: dresser; Urkunde: minuter; flüchtig ~ ébaucher; Kegel usw.: planter; dresser; Brille: mettre; chausser; **2.** v/rf.: gym., im Bett: sich ~ se mettre (od. se dresser) sur son séant; sich den Hut ~ mettre son chapeau; **3.** v/i. ≿ toucher terre; atterrir; se poser; Raumkapsel: weich ~ atterrir en douceur; auf dem Mars ~ se poser sur Mars.

Aufsetzrahmen (Fördertechnik) m entourage-palette m.

aufseufzen v/i. pousser un soupir.

Aufsicht f surveillance f; (Musterung) inspection f; (Kontrolle) contrôle m; unter ~ stellen placer sous surveillance; ⩾**führend** adj. qui est chargé de la surveillance; surveillant; ~**führende(r)** f (m) surveillant m, -e f.

Aufsichts|beamte(r) m surveillant m; (Kontrolleur) contrôleur m; ~**befugnis** f droit m de contrôle; ~**behörde** f (Amt) inspection f; ~**person** f agent m de surveillance; ~**personal** n employés m/pl. (od. personnel m) de surveillance; ~**rat** m conseil m d'administration; ~**ratsmitglied** n membre m du conseil d'administration; ~**ratssitzung** f séance f du conseil d'administration; ~**ratsvergütungen** f/pl. jetons m/pl. de présence; ~**ratsvorsitzende(r)** m président m du conseil d'administration; ~**stelle** f service m de surveillance.

aufsitzen v/i. auf ein Pferd: monter à cheval; auf ein Motorrad: monter derrière; j-n auf das Motorrad ~ lassen faire monter q. derrière; Kranker: être assis.

aufspalt|en 1. v/t. diviser, dissocier; **2.** ~ sich se diviser, se dissocier; ⩾**ung** f division f, dissociation f.

aufspannen v/t. Schirm: ouvrir; (befestigen) fixer; Saite: monter.

aufsparen v/t. (v/rf.: sich se) réserver; tenir en réserve; économiser; mettre de côté.

aufspeicher|n v/t. emmagasiner, stocker; ⩾**n** n, ⩾**ung** f emmagasinage m, stockage m; ⚡ accumulation f.

aufsperren v/t. ouvrir (largement); die Augen weit ~ écarquiller de grands yeux; F Mund und Nase ~ demeurer bouche bée.

aufspielen v/i.: zum Tanz ~ jouer des airs de danse; v/rf.: sich ~ faire l'important (od. P le mariole), P ramener sa fraise, P la ramener; se donner des airs; poser (als en); sich vor den Leuten groß ~ F épater la galerie.

aufspießen v/t. embrocher; empaler.

aufsplitter|n v/t. Partei: (v/rf.: sich se) fractionner; ⩾**ung** f e-r Partei: fractionnement m.

aufsprengen v/t. forcer; faire sauter.

aufsprieß|en I v/i. pousser; germer (a. fig.); **II** ⩾ n pousse f.

aufspringen v/i. sursauter; se lever d'un bond; vor Freude: bondir; Ball: rebondir; beim Schisprung usw.: se poser; Tür usw.: s'ouvrir tout d'un coup; (aufbersten) (se) crev(ass)er; (aufspalten) se fendre; Haut: (se) gercer; die Lippen sind mir vor Kälte aufgesprungen le froid m'a fait gercer les lèvres; ~**de Falte** pli m ouvrant.

aufspritzen v/i. jaillir.

aufsprudeln v/i. bouillonner.

Aufsprung m Fallschirm-, Schispringer: atterrissage m.

aufspulen ⊕ v/t. (em)bobiner.

aufspür|en v/t. dépister; détecter (a. Mine usw.); découvrir; ⩾**en** n, ⩾**ung** f dépistage m; détection f.

aufstacheln v/t. exciter; pousser.

aufstampfen v/i. frapper du pied.

Aufstand m révolte f; soulèvement m; émeute f; insurrection f; tumulte m.

aufständisch adj. rebelle; révolté; séditieux, -euse, insurrectionnel, -elle; ⩾**e(r)** m rebelle m; insurgé m.

aufstapel|n v/t. (aufschichten) empiler; (aufhäufen) entasser; (aufspeichern) emmagasiner; ✝ stocker; ⩾**n** n, ⩾**ung** f empilement m; entassement m; emmagasinage m; ✝ stockage m.

aufstauen v/t. accumuler; Wasser a.: retenir.

aufstechen v/t. percer; Geschwür a.: ouvrir.

aufstecken v/t. Kleid: retrousser; relever; Haar, Vorhänge usw.: relever; Kerzen: mettre (auf acc. sur); F fig. j-m ein Licht ~ dessiller les yeux à q.; F (aufgeben) renoncer (à); abandonner.

aufstehen I v/i. (sich erheben) se lever; se mettre debout; vom Tisch ~ se lever de table; von e-r Krankheit ~ relever de maladie; fig. mit dem linken Fuß aufgestanden sein s'être levé du pied gauche; (offen sein) être ouvert; (sich empören) se soulever (gegen contre); s'insurger (contre); **II** ⩾ n: beim ~ au lever; en se levant; nach dem ~ après le lever; après s'être levé.

aufsteigen I v/i. monter; s'élever; Gestirne: se lever; ≿ décoller, s'élever, prendre de la hauteur, monter; in e-m Luftballon ~ faire une ascension en ballon; fig. mir steigt der Gedanke auf il me vient à l'idée; II ⚤ n montée f; der Gestirne: lever m; phys. v. Flüssigkeiten, Ballon: ascension f; ☒ décollage m, envol m; ~d adj. montant; bsd. Bewegung: ascendant; ascensionnel, -elle; ~e Linie der Verwandtschaft: ligne ascendante.

'aufstell|en 1. v/t. mettre en place (od. sur pied); placer; poser; (aufrichten) mettre debout; Falle, Netz: tendre; Bett, Leiter, Schachfiguren, Liste, Bilanz: dresser; Denkmal usw.: ériger; Waren zum Verkauf: étaler; Kegel: redresser; ⊕ Maschine: monter (a. Sonderprogramm); installer; Telefonkabine: implanter; ✗ Wache: poster; Truppen: mettre sur pied (a. Anschlüsse); (anordnen) disposer, ranger; Geschütz: mettre en batterie; Mannschaft: former, composer; fig. Behauptung, Theorie: avancer; lancer; présenter; Beweis: fournir; Zeugen: produire; Rekord, Tarif, Rechnung, Konto, Bilanz, Etat, Budget, Verzeichnis, Tagesordnung, Programm: établir; Inventar: dresser; faire; établir; Bedingung, Gleichung: poser; als Grundsatz ~ poser en principe; als Beispiel ~ proposer en exemple; als Kandidat(en) ~ présenter comme candidat; Hypothesen ~ échafauder les hypothèses; 2. v/rf: sich ~ se placer; se poster; (sich aufrichten) se mettre debout; ✗ se former; hintereinander sich zu zweit ~ se mettre en rangs par deux; v. Wagen: prendre la file; sich als Kandidat(en)en ~ se porter candidat; poser sa candidature; sich zu e-r Wahl ~ lassen se compter à une élection; ⤴en n, ⤴ung f mise f en place; placement m; (Ordnen) arrangement m; (Aufrichten) érection f; v. Waren zum Verkauf: étalage m; ⊕ montage m; Telefonkabine: installation f; e-s Gerüstes: mise f en place; ✗ Batterie: mise f en position; Truppen: disposition f, (Aufgebot) mise f sur pied; (Anordnung) disposition f; agencement m; e-r Mannschaft: formation f, composition f; e-r Behauptung, Theorie: présentation f; v. Zeugen: production f; e-s Rekords, Tarifs, e-r Rechnung, e-s Kontos, e-r Bilanz, e-s Etats, Budgets, Verzeichnisses, e-r Tagesordnung, e-s Programmes: établissement m; (Inventar) inventaire m; (Verzeichnis) relevé m; état m; detaillierte Aufstellung bei Rechnungen: spécification f détaillée; Aufstellung als Kandidat candidature f.

'aufstemmen 1. v/t. ⊕ ouvrir au ciseau; 2. v/rf: sich ~ s'appuyer (auf acc. sur).

'aufsticken v/t. piquer (auf acc. sur).

'Aufstieg m montée f; ascension f; (Abflug) décollage m; fig. avancement m, progression f; ~sgeschwindigkeit ☒ f vitesse f ascensionnelle; ~smöglichkeit f possibilité f d'avancement.

'Aufstöber|er ch. m déterreur m; ~n ch. n déterrage m.

'aufstöbern v/t. ch. débusquer; débucher, déterrer; fig. dénicher; ✗ débusquer.

'aufstock|en v/t. △ surélever (um de); exhausser (de); ✝ augmenter le (resp. les) stock(s); (Kapital erhöhen) augmenter le capital; ⤴ung △ f surélévation f.

'aufstören v/t. effaroucher; ch. débusquer; débucher.

'aufstoßen I 1. v/t. ouvrir en poussant d. en donnant un coup de pied; 2. v/i. (rülpsen) avoir des renvois, éructer, F roter, sauer: avoir des aigreurs (d'estomac); II n (Rülpsen) renvois m/pl., saures: aigreurs f/pl.

'aufstreben v/i. (hochragen) s'élever; fig. ~ zu aspirer à.

'aufstreichen v/t. Farbe: appliquer; Butter ~ auf (acc.) beurrer, recouvrir de beurre.

'aufstreifen v/t. Ärmel: retrousser.

'aufstreuen v/t. répandre; Salz, Mehl usw.: saupoudrer (de).

'Aufstrich n der Schrift: délié m; ♪ poussé m; (Butter⤴) beurre m; (Schicht) couche f.

'aufstülpen v/t. retrousser; Hut: enfoncer sur la tête.

'aufstützen v/t. (v/rf: sich s')appuyer (auf acc. sur); sich mit dem Ellbogen ~ s'accouder (auf acc. sur); Kranker: sich im Bett ~ se redresser dans son lit.

'aufsuchen v/t. (besichtigen) visiter; j-n ~ aller trouver (od. voir) q., rendre visite à, passer chez q.; e-n Arzt ~ aller voir (od. consulter) un médecin; (auflesen) ramasser; bei Alarm: den Keller ~ aller à la cave.

Auftake'lei F fig. f falbalas m/pl., accoutrement m.

'auftakel|n 1. v/t. Schiff: gréer; 2. v/rf: sich ~ F (sich ausstaffieren) s'accoutrer; s'affubler; F s'attifer; ⤴ung f ⚓ gréement m; agrès m/pl.

'Auftakt m ♪ anacrouse f; e-r Bewegung: point m de départ; e-s Ereignisses: ouverture f; prélude m; den ~ geben zu etw. mettre qch. en train (od. en branle); donner le branle (od. préluder) à qch.

'auftanken v/i. (re)faire le plein (d'essence); ein Flugzeug in der Luft ~ ravitailler un avion en vol; ⤴ n ravitaillement m en essence.

'auftauchen I v/i. apparaître à la surface; aus Wasser, Wolken: émerger (aus de); U-Boot, a. Menschen: faire surface; allg. naître; v. Sonne, Mond: apparaître; wieder ~ réapparaître; revenir sur l'eau; fig. apparaître; surgir; II ⤴ n émergence f; fig. apparition f.

'auftauen I 1. v/i. Erde: dégeler; Eis: fondre; fig. se dégeler; 2. v/t. dégeler; gefrorene Eßwaren: décongeler; II ⤴ n dégel m; v. gefrorenen Eßwaren: décongélation f.

'aufteil|en v/t. u. v/rf: partager; Land: démembrer; (parzellieren) parceller, lotir; Grundbesitz: morceler; ⤴ung f partage m; e-s Landes: démembrement m; (Parzellieren) parcellement m; lotissement m; v. Grundbesitz: morcellement m.

'auftischen v/t. mettre sur la table; j-m etw. ~ servir qch. à q.; fig. Neuigkeiten usw.: raconter; débiter.

'Auftrag m (Weisung) ordre m; höherer: mission f; (Bestellung) demande f; ordre m; commande f; ✝ im ~ par ordre (od. autorisation); im ~ j-s de la part (od. au nom) de q.; e-r Regierung sur l'ordre d'un gouvernement; im ~ u. für die Rechnung von d'ordre et pour le compte de; e-n ~ für j-n besorgen faire une commission pour q.; in ~ geben commander; e-n ~ erteilen (entgegennehmen, ausführen) passer (prendre; exécuter) une commande (od. un ordre); Ihrem ~e gemäß conformément à vos instructions (od. aux termes de votre commande); den ~ zur Regierungsbildung erhalten être chargé de former le nouveau gouvernement; v. Farbe: couche f, (Auftragen) application f; ⤴en 1. v/t. Speisen: servir; mettre sur la table; Farbe usw.: mettre, appliquer; peint. étendre; dick ~ Farben: mettre une couche très épaisse; fig. exagérer, forcer la note; j-m etw. ~ charger q. de (faire) qch.; Kleidungsstücke: (v/rf: sich s')user; ⚭ als Ordinate ~ porter en ordonnée; Erde ~ remblayer; 2. v/i. Stoff: bouffer; ~en n service m; v. Farben: application f; ~geber m donneur m d'ordre; commettant m; ⚖ a. mandant m; Bauherr: maître m de l'ouvrage; ~nehmer m preneur m d'ordre; mandataire m; ~s-ausführung f exécution f d'un ordre; ~sbestätigung f confirmation f de commande; ~sdecke f volume m des commandes; ~s-empfangsbestätigung f accusé m de réception de commande; ~s-erteilung f passation f de commande; commande f; ⤴sgemäß adv. conformément à l'ordre; ~sheft ✝ n carnet m de commandes; ~snummer f numéro m d'ordre; ~s-schein m bon m de commande; ~s-sperre f blocage m des commandes.

'aufträufeln v/t. verser goutte à goutte.

'auftreffen v/i. Gegenstand, Rakete: 'heurter, rencontrer (auf etw. qch.); Strahlen: tomber sur; rencontrer.

'auftreiben v/t. (aufblähen) gonfler; boursoufler; Hefe den Teig: faire lever; (ausfindig machen) dénicher; (beschaffen) trouver; se procurer; Wild: débucher; débusquer; (aufwirbeln) soulever.

'auftrennen cout. v/t. découdre.

'auftreten I 1. v/i. poser le pied sur le sol; fest ~ marcher d'un pas ferme; fig. sicher ~ avoir de l' (od. se présenter avec) assurance (od. aplomb); öffentlich: se présenter; se produire; (sich benehmen) se conduire; Zweifel, Befürchtung usw.: se présenter; s'élever; Gerücht: naître; s'élever; (erscheinen) apparaître; Krankheit: apparaître, se manifester; zum ersten Male ~ débuter; ~ als allgemein: se présenter comme, (sich ausgeben) se poser en; gegen etw. ~ s'élever contre qch.; gegen j-n ~ prendre parti contre q.; ⚖ als Ankläger ~ se porter accusateur; als Kläger gegen j-n ~ se porter partie contre q.; als Wahlkandidat ~ se porter candidat aux élections; 2. v/t. Tür: enfoncer à coups de pied; II ⤴ n (Benehmen) manières f/pl.; conduite f; (Haltung) attitude f; maintien m; (äußeres Aussehen) tenue f; (Erscheinen) apparition f (a.

e-r Krankheit); *thé.* entrée *f* (en scène); *erstes* ~ début *m*; *Sicherheit im* ~ *haben* avoir de l'assurance (*od.* de l'aplomb).
'**Auftrieb** *m* élan *m*, encouragement *m*, poussée *f*; ⊕ sustentation *f*; △ portance *f*, force *f* ascensionnelle; *éc.* essor *m*, relance *f*, F coup *m* de pouce; ~ *des Alpenviehs* transhumance *f*; *fig.* coup *m* de fouet, impulsion *f*; *pol. Spekulationen* ~ *geben* donner libre cours à des spéculations; **~anzeiger** *m* indicateur *m* de sustentation; **~sballon** *m zur Bergung e-r Raumkapsel*: ballon *m* de stabilisation; **~skraft** *f* force *f* ascensionnelle.
'**auftrinken** *v/t.* vider; boire tout.
'**Auftritt** *m thé.* scène *f*, *(Auftreten)* entrée *f* en scène; *fig.* e-*n* ~ *mit j-m haben* avoir une scène (*od.* une dispute) avec q.; **~sverbot** *thé. n*: er hat ~ il lui est interdit de paraître en scène.
'**auftrumpfen** *v/i.* mit etw. ~ faire étalage de qch.; *gegen j-n* ~ réduire q. au silence; dire son fait à q.
'**auftun** *v/t.*: *den Mund* ~ ouvrir la bouche; *den Mund nicht aufzutun wagen* n'oser souffler mot; *Speisen*: servir.
'**auftupfen** *v/t. Blut usw.*: tamponner.
'**auftürmen** *v/t.* (*v/rf.*: *sich s'*)amonceler; (s')entasser.
'**aufwachen I** *v/i.* se réveiller (*a. fig.*); **II** ⚲ *n* réveil *m*.
'**aufwachsen I** *v/i.* croître; grandir; pousser; *zs. aufgewachsen sein* avoir grandi (*od.* avoir été élevés) ensemble; **II** ⚲ *n* croissance *f*.
'**aufwall|en** *v/i.* bouillonner; entrer en ébullition; *Rauch*, *Staub*: s'élever; *fig. Freude usw.*: monter (in ihm en lui); (*sich hinreißen lassen*) s'emporter; s'emballer; **~en** *n*, **⚲ung** *f Freude, Zorn usw.*: accès *m*; *Freude a.* transport *m*; *Zorn a.* emportement *m*.
'**Aufwand** *m* dépenses *f/pl.*; frais *m/pl.*; *(Prunk)* pompe *f*; faste *m*; (*Luxus*) luxe *m*; *großen* ~ *machen* (*od.* *treiben*) mener grand train; *mit* (*od.* *unter*) *großem* ~ *von* à grand renfort de; *mit großem* (*geringem*) ~ *an Kosten* à grands (à peu de) frais; **~s-entschädigung** *f* indemnité *f* pour frais de représentation; **~sgelder** *n/pl.* frais *m/pl.* de représentation.
'**aufwärmen** *v/t. Speisen*: réchauffer; *fig. Streit*: réveiller; ressusciter; faire renaître.
'**Aufwartefrau** *f* femme *f* de ménage.
'**aufwarten** *st. s. v/i.*: *j-m mit etw.* ~ offrir qch. à q.
'**Aufwartestelle** *f* ménage *m*.
'**aufwärts** *adv.* en montant; vers le 'haut; *den Strom* ~ en amont; *den Fluß* ~ *fahren* remonter le fleuve; **⚲bewegung** *f Börse*: 'hausse *f*; **⚲entwicklung** *éc. f* progression *f*; essor *m*; **⚲haken** *m Boxkampf*: uppercut *m*.
'**Aufwartung** *f* service *m*; (*Besuch*) visite *f*; *j-m seine* ~ *machen* rendre visite (*od.* ses devoirs) à q.; *(Aufwartefrau*) femme *f* de ménage.
'**aufwecken** *v/t.* réveiller.
'**aufweichen 1.** *v/t.* ramollir; *durch Feuchtigkeit, Flüssigkeit*: détremper (*a. Boden, Wege*); ✶ *Geschwür*: résoudre; **2.** *v/i.* se ramollir; *in Flüssigkeit*: se détremper; *Schokolade a.*: fondre; **~d** ✶ *adj.* émollient.
'**Aufweichung** *f Geschwür*: résolution *f*; **~s-erscheinung** *pol. f* laxisme *m*.
'**aufweinen** *v/i.*: *laut* ~ se mettre à pleurer, éclater en sanglots.
'**aufweisen** *v/t.* présenter; montrer; faire preuve (de); *ein Defizit* ~ être en déficit; *e-n Saldo* ~ présenter un solde.
'**aufweiten I** *v/t. Handschuh*: élargir; **II** ⚲ *n* élargissement *m*.
'**aufwend|en** *v/t.* mettre en œuvre; *Geld*: dépenser; *Mühe* ~ se donner de la peine; **~ig** *adj.* dispendieux, -euse; **⚲ung** *f* dépense *f* (*a. fig.*).
'**aufwerfen 1.** *v/t. Erde mit dem Pflug*: retourner; *Damm*: élever; remblayer; *Graben usw.*: creuser; *fig. Frage*: poser, évoquer, soulever; *Frage, Bedenken*: susciter; *Zweifel*: élever; *Kopf, Hand*: lever; *die Lippen* ~ (*maulen*) faire la moue (*od.* la lippe); *mit aufgeworfenen Lippen* lippu; (*aufschütten*) amonceler; entasser; **2.** *v/rf.*: *sich* ~ *Holz*: gauchir; se déjeter; *péj. sich* ~ *als s'ériger* (*od.* se poser) en.
'**aufwert|en** *v/t.* réévaluer, renchérir, revaloriser; **⚲ung** *f* réévaluation *f*, revalorisation *f*; **⚲ungs-satz** *m* taux *m* de réévaluation.
'**aufwickeln I** *v/t. u. v/rf.* enrouler; ⊕ *Garn*: (em)bobiner; *Paket*: défaire, déballer; **II** ⚲ *n e-s Pakets*: déballage *m*.
'**aufwiegel|n** *v/t.* soulever, provoquer; exciter à la révolte; **⚲n** *n*, **⚲ung** *f* provocation *f*; excitation *f* à la révolte.
'**aufwiegen** *v/t.* contrebalancer, compenser; *fig. nicht mit Gold aufzuwiegen sein* valoir son pesant d'or.
'**Aufwiegler**|(**in** *f*) *m* agitateur *m*, -trice *f*; émeutier *m*, -ière *f*; **⚲isch** *adj.* factieux, -euse; séditieux, -euse.
'**Aufwind** *m* courant *m* d'air ascendant; *fig.* ~ *haben* faire des progrès.
'**aufwinden** *v/t.* guinder; 'hisser; monter; *Auto a.*: soulever (avec un cric).
'**aufwirbeln 1.** *v/i.* s'élever en tourbillons; **2.** *v/t.* soulever; *fig. viel Staub* ~ faire beaucoup de bruit.
'**aufwisch**|**en** *v/t.* essuyer; *Fußboden a.*: laver; **⚲lappen** *m* serpillière *f*; toile *f* à laver.
'**aufwühlen** *v/t. v. Tieren*: fouiller, fouir; *Granaten*: retourner; défoncer; *Sturm, die See*: démonter; *fig.* bouleverser.
'**aufzähl**|**en** *v/t.* énumérer; *Geld*: compter; **⚲en** *n*, **⚲ung** *f* énumération *f*.
'**aufzäumen** *v/t. Pferd usw.*: brider.
'**aufzehr**|**en** *v/t.* consommer; *zerstörend*: consumer; *fig. sein Vermögen* ~ manger sa fortune; **⚲ung** *f* consommation *f*; *zerstörend*: consomption *f*.
'**aufzeichn**|**en** *v/t.* dessiner (*auf acc.* sur); *fig.* tracer; (*aufschreiben*) noter; prendre note de; mettre par écrit; (*registrieren*) enregistrer; *Radar*: ploter; **⚲en** *n*, **⚲ung** *f* dessin *f*; *e-s Planes*: établissement *m*; (*Notiz*) note *f*; annotation *f*; (*Registrierung*) enregistrement *m*.
'**aufzeigen** *v/t.* mettre en évidence, montrer, indiquer.
'**aufziehen I 1.** *v/t. Gardinen*: ouvrir; *Geschäft usw.*: monter; *Fahne*: 'hisser; *Reifen*: mettre; *Anker*, *thé. Vorhang*: lever; *Schublade*: ouvrir; *Perlen*: enfiler; *den Korken e-r Flasche* ~ déboucher une bouteille; *Uhr*, *Grammophon*: remonter; (*auf etw.* *spannen*) tendre (*auf acc.* sur); *Bild, Karte, Saite*: monter; *auf Leinwand* ~ entoiler; *Kind, Vieh*: élever; nourrir; *Pflanzen*: cultiver; *fig.* (*einrichten*) organiser; arranger; (*zum besten haben*) plaisanter, F blaguer, se moquer de; *andere Saiten* ~ changer de ton; *ich werde andere Saiten bei ihm* ~ je le ferai chanter sur un autre ton; *gelindere Saiten* ~ baisser le ton; **2.** *v/i.* défiler; passer en cortège (*rl.* en progression); *Gewitter*: s'approcher; ⚔ *auf Wache* ~ monter la garde; **II** ⚲ *n des Vorhanges*: lever *m*; *e-r Uhr, e-s Grammophons*: remontage *m*; *e-s Bildes, e-r Karte, Saite*: montage *m*; *auf Leinwand* entoilage *m*; *v. Haustieren*: élevage *m*; *v. Pflanzen*: culture *f*; *fig.* (*Einrichten*) organisation *f*; arrangement *m*; (*Scherzen*) plaisanterie *f*.
'**Aufziehvorrichtung** *f e-r Uhr*: remontoir *m*.
'**Aufzucht** *f v. Tieren*: élevage *m*.
'**Aufzug** *m* (*Fahrstuhl*) ascenseur *m*; *für Lasten*: monte-charge *m*; *für Speisen*: monte-plats *m*; (*Seilbahn*) téléférique *m*; téléphérique *m*; (*Sessellift*) téléskige *m*; (*Schilift*) téléski *m*; remonte-pente *m*; *Weberei*: chaîne *f*; *thé.* acte *m*; (*Kleidung*) tenue *f*; F pelure *f*; *öffentlicher*: cortège *m*, défilé *m*; *rl.* procession *f*; ~ *zu Pferde* cavalcade *f*; ⚔ ~ *der Wache* garde *f* montante; (*Vorbeimarsch*) défilé *m*.
'**aufzwingen** *v/t.*: *j-m etw.* ~ forcer q. à prendre qch., *fig.* imposer qch. à q.
'**Aug-apfel** *m* globe *m* oculaire; etw. *wie s-n* ~ *hüten* tenir à qch. comme à la prunelle de ses yeux; *du bist mein* ~ je tiens à toi comme à la prunelle de mes yeux.
'**Auge** *n* œil *m* (*pl.* yeux); *Würfel*: point *m*; ♣ œil *m*; bouton *m*; 🗡 écusson *m*; (*Sehen*) vue *f*; regard *m*; *phys.* *elektrisches* ~ œil *m* photo-électrique; *magisches* ~ œil *m* magique; *blaue* ~*n haben* avoir les yeux bleus; (*ein*) *blaues* (*od.* *blaugeschlagenes*) ~ (*haben avoir l'*)œil *m* poché; *j-m das* ~ *blau schlagen* pocher l'œil à q.; *fig. mit e-m blauen* ~ *davonkommen* l'échapper belle; *mit bloßem* ~ à l'œil nu; *mit den* ~*n schätzen* estimer à vue d'œil; *mit eigenen* ~*n* de mes (tes, ses, *etc.*) (propres) yeux; *fig. mit j-s* ~*n* avec les yeux de q.; *mit geschlossenen* ~*n* les yeux fermés; *große* ~*n machen* ouvrir de grands yeux (*od.* des yeux tout ronds); *in m-n* ~ à mes yeux; *vor m-n* ~*n sous* mes yeux; *j-m in die* ~*n sehen* regarder q. dans le blanc des yeux; *man sieht nicht die Hand vor den* ~*n* on n'y voit goutte; ⚔ *Kommando*: ~*n rechts!* tête droite!; ~*n im Kopf haben* avoir des yeux; *fig.* F *keine* ~*n im Kopf haben* ne pas voir clair; *gute* ~*n haben* avoir de bons yeux; avoir la

vue bonne; *schwache* ~*n haben* avoir la vue faible; *das schadet den* ~*n* c'est mauvais pour les yeux (*od.* pour la vue); *vor aller* ~*n* à la vue de tout le monde; au vu (et au su) de tout le monde; *vor* ~*n führen* retracer; *sich vor* ~*n halten* avoir dans l'esprit; *sich etw. ernsthaft vor* ~*n halten* garder qch. très présent à l'esprit; *kein* ~ *zutun* (*nicht schlafen können*) ne pas fermer l'œil; *das* ~ *beleidigen* offenser la vue; *in die* ~ *treten Tränen*: venir aux yeux; *in die* ~*n springen* sauter aux (*od.* crever les) yeux; *fig. das sticht mir in die* ~*n* cela me donne dans les yeux; *die* ~*n treten ihm aus dem Kopf* les yeux lui sortent de la tête; *soweit das* ~ *reicht* à perte de vue; *unter vier* ~ seul à seul; entre quatre yeux; en tête à tête; *ein* ~ *haben auf j-n* (*etw. acc.*) avoir l'œil sur q. (sur qch.); *aus den* ~*n verlieren* perdre de vue; *im* ~ *behalten, nicht aus den* ~ *lassen* ne pas perdre de vue; *ins* ~ *fassen* envisager; *mit ganz anderen* ~*n ansehen* envisager d'un tout autre œil; *s-n* ~*n nicht trauen* ne pas en croire ses yeux; *vor* ~*n führen* mettre en évidence; *etw. vor* ~*n haben* avoir qch. sous les yeux; *s-e* ~*n überall haben, die* ~*n offenhalten* avoir l'œil à tout; *kein* ~ *von j-m wenden* couver q. des yeux; *j-m* ~ *machen* faire les yeux doux à q.; *fig. j-m die* ~*n öffnen* ouvrir les yeux à q. (*über acc.* sur); dessiller les yeux à q.; *j-m etw. an den* ~*n ablesen* lire qch. dans les yeux de q.; *ein* ~ *werfen auf* (*acc.*) jeter un regard sur; *fig. auf etw.* (*acc.*) *ein* ~ *werfen* jeter son dévolu sur qch.; *mit den* ~*n verschlingen* dévorer (*od.* manger) des yeux; *mit den* ~*n sprechen* (*liebäugeln*) jouer de la prunelle; *die* ~*n vor etw.* (*dat.*) *schließen* fermer les yeux sur qch.; *ein* ~ *bei etw. zudrücken* (*nicht sehen wollen*) fermer les yeux sur qch., (*nicht so genau nehmen*) ne pas y regarder de trop près; *j-m die* ~*n zudrücken e-m Sterbenden*: fermer les yeux à q.; *die* ~*n verdrehen* faire les yeux blancs, F faire des yeux de merlan frit; *fig. ich bin ihm ein Dorn im* ~ je suis sa bête noire; *dem Tode ins* ~ *sehen* voir la mort de près; *der Gefahr ins* ~ *sehen* affronter (*od.* braver) le danger; faire face au danger; *j-m unter die* ~*n treten* paraître devant q.; *fig. j-m Sand in die* ~*n streuen* abuser (*od.* tromper) q.; *die* ~*n gingen ihm über* il est resté bouche bée (*od.* F baba), il a été tout ébahi (F sidéré); ~ *um* ~, *Zahn um Zahn* œil pour œil, dent pour dent; *sich* ~ *in* ~ *gegenüberstehen* se trouver face à face; *s-e* ~*n sind größer als sein Magen* il a les yeux plus grands que le ventre; *fig. das paßt wie die Faust aufs* ~ c'est tout à fait déplacé; *aus den* ~, *aus dem Sinn* loin des yeux, loin du cœur; *geh mir aus den* ~! va-t-en!; qu'on ne te voie plus!

'**äugeln** *v/i.* lancer des œillades; jouer de la prunelle; F faire de l'œil.

'**Augen|abstand** *m* espace *m* entre les yeux; ~**arzt** *m* oculiste *m*; ophtalmologiste *m*; ~**bad** *n* bain *m* d'yeux; ~**binde** *f* bandeau *m* pour les yeux (*wenn getragen*: sur l'œil); ~**blick** *m* moment *m*; *den* ~, *im* ~ (*gerade*) *eben*

noch) à l'instant; il y a un instant; *tout à l'heure*; *in diesem* ~ à ce moment, à cet instant; *alle* ~*e* à tout moment; à chaque instant; *er kann jeden* ~ *kommen* il peut arriver d'un moment à l'autre; *im* ~, *als* ... *au moment où* ...; *in e-m* ~, *wo* ... à un moment où ...; *entscheidender* ~ moment *m* décisif; *letzte* ~*e derniers moments* *m/pl.*; *lichter* ~ *moment m lucide*; *schlimmer* ~ mauvais moment *m*; *mauvais quart* *m* d'heure; *keinen* ~ *zur Ruhe kommen* n'avoir pas le temps de respirer; **²blicklich I** *adj.* actuel, -le; présent; **II** *adv.* (*sofort*) à l'instant; tout de suite; sur-le--champ; (*zur Zeit*) pour l'instant; ~**blicks-erfolg** *m* succès *m* instantané; ~**blickswert** *m* valeur *f* momentanée; ~**blickswirkung** *f* effet *m* instantané; ~**braue** *f* sourcil *m*; ~**brauenbogen** *m* arcade *f* sourcilière; ~**brauenstift** *m* traceur *m* pour sourcils, crayon *m* à sourcils; ~**entzündung** *f* inflammation *f* de l'œil; ophtalmie *f*; **²fällig** *adj.* évident; clair; qui saute aux yeux; ~**farbe** *f* couleur *f* des yeux; ~**fehler** *m* défaut *m* visuel; ~**flimmern** *n* éblouissement *m*; ~**heilkunde** *f* ophtalmologie *f*; ~**höhe** *f*: *in* ~ à la hauteur des yeux; ~**höhle** *anat. f* orbite *f*; ~**klappe** *f der Pferde*: œillère *f*; ~**klinik** *f* clinique *f* ophtalmologique; ~**krankheit** *f* → ~*leiden*; ~**leiden** *n* affection *f* de l'œil; ~**licht** *n* (*o. pl.*) vue *f*; ~**lid** *n* paupière *f*; ~**lid-entzündung** *f* inflammation *f* des paupières; blépharite *f*; ~**maß** *n* estimation *f* à vue d'œil; *ein gutes* ~ *haben* avoir l'œil juste; avoir le compas dans l'œil; *nach* ~ à vue d'œil; ~**merk** *n*: *sein* ~ *auf etw. richten* fixer son attention sur qch.; ~**mittel** *n* collyre *m*; ~**muskel** *m* muscle *m* oculaire; ~**nerv** *anat. m* nerf *m* optique; ~**optiker** *m* opticien *m* lunetier; ~**paar** *n* (les) deux yeux *m/pl.*; ~**pulver** *n*: *fig. das ist das reinste* ~ c'est du véritable poison pour les yeux; ~**salbe** *f* onguent *m* pour les yeux; collyre *m* mou; ~**schein** *m*: *in* ~ *nehmen* inspecter; examiner; *gerichtlich*: faire une descente sur les lieux; *nach dem* ~ selon l'apparence; **²scheinlich I** *adj.* évident; **II** *adv.* évidemment; ~**scheinlichkeit** *f* évidence *f*; ~**schirm** *m* visière *f*; ⊕ garde-vue *m*; ~**schwäche** *f* faiblesse *f* de la vue; ~**spiegel** *m* ophtalmoscope *m*; ~**sprache** *f* langage *m* des yeux; ~**stern** *fig. m* trésor *m*; ~**triefen** *n* lippitude *f*; ~**tropfen** *m/pl.* gouttes *f/pl.* pour les yeux; ~**tusche** *f* rimmel *m*; ~**verdrehen** *n* roulement *m* des yeux; ~**wasser** *n* s. ~*tropfen*; ~**weide** *f* régal *m* pour la vue; ~**wimper** *f* cil *m*; ~**wimperntusche** *f* rimmel *m*; ~**winkel** *m* coin *m* de l'œil; ~**wischerei** *f* (= *Betrug*) trompe-l'œil *m*; ~**zahn** F *m* canine *f*; ~**zeuge** *m* témoin *m* oculaire; ~**zwinkern** *n* clignement *m* de l'œil.

'**Augur** *m* augure *m*.

Au'gust *m* août *m*; ~**urlauber**(**in** *f*) *m* aoûtien(ne) *f m*.

Augus'tiner(**in** *f*) *m* augustin, -e *f*; ~**orden** *m* ordre *m* des augustins.

Aukti'on *f* vente *f* aux enchères (*od.* à l'encan).

Aukti'o'nator *m* commissaire-priseur *m*.

aukti'o'nieren *v/t.* vendre aux enchères (*od.* à l'encan).

Aukti'ons|gebühren *f/pl.* droits *m/pl.* de vente aux enchères; ~**kosten** *pl.* frais *m/pl.* de vente aux enchères; ~**liste** *f* catalogue *m* (*od.* liste *f*) des objets à vendre aux enchères; ~**lokal** *n* salle *f* des ventes aux enchères.

'**Aula** *f écol.* salle *f* des fêtes; *univ.* salle *f* des actes et des fêtes.

Au'rikel ⚘ *f* oreille-d'ours *f*.

Au'rora *f* (*Polarlicht*) aurore *f* polaire; *als npr. myth.* Aurore *f*.

aus I *prp.* (*dat.*) **a**) *örtlich*: de; 'hors de; dans; par; ~ *der Stadt kommen* venir de la ville; *der Zug* ~ *Paris* train venant (*od.* en provenance) de Paris; *fig.* ~ *den Angeln* sorti de ses gonds; ~ *e-m Glas trinken* boire dans un verre; ~ *e-m Buch lernen* apprendre dans un livre; ~ *dem Fenster sehen* regarder par la fenêtre; **b**) *zeitlich*: de; ~ *der Zeit von* du temps de; **c**) *Stoff*: de; en; ~ *Holz* de (*od.* en) bois; **d**) *Ursache*: de; par; pour; ~ *Furcht* de peur; par crainte de; ~ *Liebe zu* par amour de; ~ *diesem Grund* pour cette raison; **e**) *Mittel, Art und Weise*: de; à; ~ *allen Kräften* de toutes (tes, ses *usw.*) forces; ~ *vollem Halse* à tue--tête; **II** *adv.*: *es ist* ~ c'est fini; *m-e Kraft ist* ~ je suis à bout de forces; *es ist* ~ *mit ihm* c'en est fait (*od.* fini) de lui; *die Flasche ist* ~ la bouteille est vide; *der Wein ist* ~ il n'y a plus de vin; *das Lied ist* ~ finie la chanson; *von hier* ~ d'ici; *von diesem Standpunkt* ~ de (*od.* à) ce point de vue; *von Grund* ~ de fond en comble, *fig.* à fond; *von Hause* ~ dès l'origine; *von Hause* ~ *arm* de famille pauvre; *nicht* ~ *oder ein* (*od. weder* ~ *noch ein*) *wissen* ne savoir que faire, ne savoir où donner de la tête; ~ *Sport*: 'hors jeu, *Tennis*: out.

'**aus-arbeit|en** *v/t. u. v/rf.* élaborer, mettre au point; *schriftlich*: rédiger; *sich* ~ se tuer à la tâche; se dépenser physiquement; **²en** *n*, **²ung** *f* élaboration *f*, mise *f* au point; *schriftliche*: rédaction *f*.

'**aus-art|en** *v/i.* dégénérer (*in acc.* en); **²ung** *f* dégénération *f*; dégénérescence *f*.

'**aus-äst|en** ✗ *v/t. Baum*: ébrancher; émonder; élaguer; **²en** *n*, **²ung** *f* ébranchage *m*; émondage *m*; élagage *m*.

'**aus-atm|en 1.** *v/i.* expirer; **2.** *v/t.* (*ausdünsten*) exhaler, dégager; **²en** *n*, **²ung** *f* expiration *f*; (*Ausdünstung*) exhalation *f*, dégagement *m*.

'**ausbaden** *v/t. fig.*: *etw.* ~ *müssen* avoir à payer les pots cassés; F être sur la sellette.

'**ausbagger|n** *v/t.* creuser, excaver; *Hafen etc.* draguer; **²n** *n*, **²ung** *f* excavation *f*; *e-s Hafens etc.* dragage *m*.

'**ausbalancieren** *v/t.* équilibrer.

'**Ausball** *m Sport*: balle *f* 'hors jeu.

'**Ausbau** *m* (*Vollendung*) achèvement *m*; (*Erweiterung*) extension *f*; (*Vergrößerung*) agrandissement *m*; *e-s Hauses*: aménagement *m*; ⊕ démontage *m*; *fig.* développement *m*.

'**ausbauch|en** v/t. bomber; renfler; ₂en n, ₂ung f bombement m; renflement m.
'**ausbau|en** v/t. (vollenden) achever; (erweitern) élargir; (ausdehnen) étendre; (vergrößern) agrandir; Haus: aménager; ⊕ démonter; fig. développer; ~**fähig** adj. fig. susceptible d'être développé.
'**ausbedingen** v/t. stipuler; sich (dat.) etw. ~ se réserver qch.
'**ausbeißen** v/t.: sich (dat.) e-n Zahn ~ se casser une dent.
'**ausbeizen** ⚒ v/t. cautériser.
'**Ausbesser|er** m, ~**in** f réparateur m, -trice f; v. Gemälden: restaurateur m, -trice f; (Ausbesserin für Kleidung, Wäsche) raccommodeuse f; ₂n v/t. réparer; refaire; notdürftig ~ rafistoler; Gemälde: restaurer; Kleidung, Wäsche: raccommoder; Schiff: radouber; Straßenpflaster: repiquer; ~**n** n, ~**ung** f réparation f; réfection f; v. Gemälden: restauration f; v. Kleidung, Wäsche: raccommodage m; e-s Schiffes: radoub m; e-s Straßenpflasters: repiquage m; ₂**ungsfähig** adj. réparable; Kleidung, Wäsche: raccommodable; ~**ungskosten** pl. frais m/pl. de réparation; ~**ungswerkstatt** f atelier m de réparation(s).
'**ausbeulen** v/t. Karosserie: débosseler; Hose: faire des poches.
'**Ausbeut|e** f rendement m; fig. bénéfice m, gain m, fruits m/pl., profit m; ₂**en** v/t. ⚒, ✍ usw.: exploiter; fig. weit S. profiter (de); péj. j-n ~ exploiter q., F gruger q.; ~**en** n, ~**ung** f exploitation f (a. fig.); ~**er(in** f) m (Unternehmer) exploitant m, -e f; mv.p. exploiteur m, -euse f; profiteur m, -euse f; chacal m; ₂**ungsfähig** adj. exploitable; ~**ungsfähigkeit** f exploitabilité f; ~**ungskosten** pl. frais m/pl. d'exploitation; ~**ungsverfahren** n procédé m d'exploitation.
'**ausbezahl|en** v/t. payer; ₂en n, ₂ung f paiement m.
'**ausbiegen** 1. v/t. plier; courber; 2. v/i. s. ausweichen.
'**ausbild|en** v/t. (v/rf.: sich se) former; entwickelnd: (se) développer; vervollkommnend: (se) perfectionner; Geist: cultiver; durch Übung: exercer; ✍ usw.: entraîner (a. Sport); in den guten Sitten ~ styler; ₂**er** m (Trainer) entraîneur m; ✍ instructeur m; écol. Grundschule: maître m d'application; höhere Schule: conseiller m pédagogique; ₂**ung** f formation f; développement m; culture f; (Studien) études f/pl.; (Vervollkommnung) perfectionnement m; durch Übung: exercice m; ✍ instruction f; entraînement m (a. Sport); ₂**ungsbeihilfe** f bourse m d'études; ₂**ungsdauer** f durée f de la formation (resp. des études resp. de l'instruction); ₂**ungshilfe** f in Entwicklungsländern: coopération f (a. fig.); ₂**ungslager** n camp m d'entraînement; ₂**ungslehrgang** m cours m d'instruction; ₂**ungsprogramm** n programme m de formation (resp. ✍ d'instruction); ₂**ungsstätte** f centre m de formation; ₂**ungsvorschrift** ✍ f règlement m d'instruction; ₂**ungs-**

zeit f période f de la formation (resp. des études resp. ✍ de l'instruction).
'**ausbitten** v/t.: sich etw. von j-m ~ demander qch. à q.; (verlangen) exiger qch. de q.; sich ein Buch ~ emprunter un livre; das bitte ich mir aus! (das verbitte ich mir) je ne supporte pas ces manières!; (je ne veux) pas de ça!
'**ausblasen** v/t. souffler; éteindre.
'**Ausbläser** ✍ m obus m non éclaté.
'**ausbleiben I** v/i. Nachricht: ne pas arriver; Person, a. Hilfe: ne pas venir; Person: rester absent; lange ~ tarder à rentrer; ê être attendre; die ganze Nacht ~ ne pas rentrer de toute la nuit; das kann nicht ~ cela arrivera sûrement; ✍ beim Appel ~ manquer à l'appel; ᵗᵗ (vor Gericht nicht erscheinen) faire défaut; die Strafe wird nicht ~ la punition ne se fera pas attendre; mit der Zahlung ~ être en retard pour le paiement; **II** ₂ n absence f; ᵗᵗ défaut m, contumace f.
'**ausbleichen** 1. v/t. faire passer; faire pâlir; 2. v/i. passer; pâlir; se décolorer.
'**Ausblick** m vue f; perspective f.
'**ausblühen** v/i. cesser de fleurir.
'**ausbluten** v/i. saigner; ~ lassen laisser saigner.
'**ausbohr|en** v/t. forer; creuser; aléser; ₂en n, ₂ung f forage m; creusement m; alésage m.
'**ausbooten I** v/t. débarquer; fig. a. limoger, débouloner; **II** ₂ n débarquement m; fig. limogeage m.
'**ausborgen** v/t. (verleihen) prêter; sich etw. ~ (entleihen) emprunter (von à).
'**ausbraten** v/t. (auslassen) Schmalz ~ faire fondre de la graisse.
'**ausbrech|en I.** v/t. enlever (od. détacher) (en rompant); arracher; Speisen usw.: vomir; Arznei usw.: wieder ~ rendre; die Zähne ~ édenter (j-m à.); sich e-n Zahn ~ s'ébrécher une dent; se casser une dent; fig. sich die Zähne an etw. (dat.) ~ se casser les dents sur qch.; 2. v/i. s'évader (aus de); s'échapper (de); ✍ (Ausfall machen) faire une sortie; Feuer, Krieg: éclater; Krankheit: se déclarer (a. Feuer; Vulkan: entrer en action (od. en activité od. en éruption); in Beifall ~ éclater en applaudissements; in Klagen ~ se répandre en plaintes; in lautes Gelächter ~ éclater de rire; in Tränen ~ fondre en larmes; in Schweiß ~ se mettre à transpirer, vor Angst: avoir des sueurs froides; ₂**en** n v. Speisen usw.: vomissement m; (Flucht) évasion f; ₂**er(in** f) m évadé m, -e f; échappé m, -e f; fuyard m, -e f.
'**ausbreit|en** v/t. (v/rf.: sich s')étendre (a. fig.); (auseinanderlegen, -falten) (sich se) déployer; (auslegen) étaler (sich se); (entwickeln) (sich se) développer (a. fig.); (breiter machen, breiter werden) (s')élargir; Tischtuch: déplier; (verbreiten) (sich se) répandre, a. Feuer: (se) propager, phys. diffuser, sich ~ a. gagner du terrain (a. fig.), Unsitte, Aufstand a.: faire tache d'huile, faire boule de neige; das Gerücht breitet sich aus le bruit se répand; ₂**en** n, ₂**ung** f extension f; déploiement m; a. éc. weltweite ~

mondialisation f, planétarisation f, planétisation f; (Erweiterung) élargissement m; phys. diffusion f; (Verbreitung) propagation f; tache f d'huile.
'**ausbrennen I** 1. v/t. brûler; chir. cautériser; 2. v/i. être détruit (od. consumé) par le feu; (erlöschen) s'éteindre; **II** ₂ ⚒ n cautérisation f.
'**ausbringen** v/t.: e-n Trinkspruch auf j-n ~ porter un toast à q.
'**Ausbruch** m e-s Vulkans, ⚒: éruption f; e-r Leidenschaft: explosion f; der Freude: éclat m; e-r epidemischen Krankheit: apparition f; aus der Haft: évasion f; fig. rafale f; bei ~ des Krieges lorsque la guerre éclata; zum ~ kommen éclater; se déclarer; ~**s-versuch** m tentative f d'évasion.
'**ausbrüten** v/t. couver; faire éclore; fig. machiner.
'**Ausbuchtung** f e-r Grenze: saillie f.
'**ausbuddeln** v/t. déterrer.
'**ausbügeln** v/t. Falten usw.: enlever en repassant; fig. dumme Sache: réparer; arranger.
'**Ausbund** iron. m: er ist ein ~ von Frechheit c'est l'insolence personnifée (od. en personne).
'**ausbürger|n** v/t. déclarer déchu de sa nationalité; ₂**ung** f déclaration f de déchéance de la nationalité.
'**ausbürsten** v/t. brosser; donner un coup de brosse (à).
'**ausbüxen** F v/i. F décamper, F déguerpir, F filer, P se trotter.
'**Ausdauer** f persévérance f, constance f, ténacité f, persistance f; Sport: endurance f, (Widerstandsfähigkeit) (force f de) résistance f; ₂**nd** adj. persévérant, constant, persistant; ♀ vivace.
'**ausdehn|en** adj. s. dehnbar; ~**en** v/t. (v/rf.: sich s')étendre (a. fig.); (verbreitern) (sich s')élargir; (vergrößern) (sich s')agrandir; (verlängern) (sich s')allonger; (se) prolonger (a. zeitlich); phys. (sich se) dilater; fig. Diskussion, Prozeß: endlos ~ éterniser; ₂**ung** f e-r Epidemie: extension f; (Erweiterung) élargissement m; (Vergrößerung) agrandissement m; (Verlängerung) allongement m; zeitlich: prolongation f; (Strecken) étirage m; phys. dilatation f; des Dampfes usw.: expansion f; (nur Ausdehnung; Raumunhalt) étendue f; die drei Ausdehnungen les trois dimensions f/pl.; ₂**ungsko-effizient** m coefficient m de dilatation; ₂**ungskraft** f, ₂**ungsvermögen** n capacité f de dilatation.
'**ausdenk|bar** adj. imaginable; ~**en** v/t.: sich etw. ~ s'imaginer qch.
'**ausdeut|en** v/t. expliquer; interpréter; ₂en n, ₂ung f explication f; interprétation f.
'**ausdorren, ausdörren I** v/t. (v/i. se) dessécher; **II** ₂ n dessèchement m.
'**ausdrehen** v/t. Licht, Radio, Gas: éteindre, fermer.
'**ausdreschen** v/t. battre.
'**Ausdruck** m expression f; énonciation f; (Wort) terme m; rhét. bildlicher ~ expression f figurée; métaphore f; veralteter ~ archaïsme m; expression f vieillie; zum ~ bringen exprimer; formuler; (Sprechweise) diction f; élocution f; weit S. forme f;

ausdrucken — ausfragen

symbole *m*, caractéristique *f*; (*Schreibart*) style *m*; ⟨en *v/t.* imprimer en toutes lettres.

'ausdrück|en *v/t.* (*v/rf.*: sich s')exprimer; *e-e Meinung*: émettre; *e-e Überzeugung*: exprimer; professer; *sich nicht ~ lassen* être inexprimable; *Art, sich auszudrücken* façon (*od.* manière) *f* de s'exprimer; (*auspressen*) presser; pressurer; *Schwamm*: presser; *Zigarette*: éteindre, écraser; **~lich I** *adj.* exprès, -esse; formel, -elle; **II** *adv.* expressément; formellement; exprès; *~ erwähnen* faire mention expresse.

'**Ausdruckskraft** *f*: *virtuose ~* verve *f*.

'**ausdrucks|los** *adj.* sans expression; ⟨tanz *m* danse *f* d'expression; **~voll** *adj.* expressif, -ive; ⟨weise *f* manière (*od.* façon) *f* de s'exprimer; élocution *f*; phraséologie *f*; (*Stil*) style *m*.

'**ausdünsten** *v/t.* exhaler.

'**Ausdünstung** *f* (*Geruch*) exhalaison *f*; émanation *f*; *der Haut*: exhalation *f*.

aus-ein-ander *adv.* séparés l'un de l'autre (*resp.* les uns des autres); séparément; **~brechen 1.** *v/t.* rompre; **2.** *v/i.* se rompre; **~breiten** *v/t.* déployer; **~bringen** *v/t.* séparer; **~fallen** *v/i.* tomber en morceaux (*resp.* en ruines); *pol.* se disloquer; **~falten** *v/t.* déplier; **~fliegen** *v/i.* s'envoler dans toutes les directions; se disperser dans l'air; s'égailler; **~gehen** *v/i.* se séparer (*a. fig.*); (*sich auflösen*) se dissoudre; *e-r Menge*: se disperser; *v. e-m Umzug*: se disloquer; *fig. Meinungen*: différer; être partagés; (*entzweigehen*) se disjoindre; se casser; *Gewebtes*: se défiler; ⟨gehen *n* séparation *f*; (*Auflösen*) dissolution *f*; *e-r Menge*: dispersion *f*; *e-s Umzuges*: dislocation *f*; *v. Meinungen*: divergence *f*; *vor dem ~ avant de se séparer*; **~halten** *v/t.* séparer; *Gedanken usw.*: distinguer; **~jagen** *v/t.* disperser; **~klaffen** *v/i.* être béant; *fig. Meinungen*: diverger; **~klamüsern** F *v/t.* démêler; **~kommen** *v/i.* se séparer; *zufällig*: se perdre de vue; **~laufen** *v/i.* se séparer; *Menge*: se disperser; **~legen** *v/t.* *fig.* expliquer; exposer; *ausführlicher*: interpréter; **~liegen** *v/t.* être écartés (*od.* distants) l'un de l'autre (*resp.* les uns des autres); **~machen** *v/t.* séparer; *pfort.* disjoindre; *mit Mühe*: desserrer; *Beine*: écarter; **~nehmbar** démontable; **~nehmen** *v/t.* *Maschine usw.*: démonter; *weit S.* défaire; *men.* déboîter; ⟨nehmen *n* démontage *m*; **~reißen** *v/t.* déchirer; **~rollen** *v/t.* dérouler; **~rücken** *n*: *militärisches ~* désengagement *m* des forces armées (*od.* militaires); **~setzen 1.** *v/t.* (*trennen*) séparer; *Begriffe usw.*: analyser; (*darlegen*) exposer; (*klarmachen*) expliquer; **2.** *v/rf.*: *sich ~* s'asseoir à distance (l'un de l'autre); *fig. sich mit j-m* (*wegen e-r Sache*) *~* avoir une explication (*od.* une discussion *od.* une dispute) avec q. (sur qch.); *sich mit der Meinung der anderen ~* se colleter avec l'opinion des autres; † *sich mit s-n Gläubigern ~* s'arranger avec ses créanciers; ⟨setzung *f v. Begriffen usw.*: analyse *f*; (*Erklärung*) explication *f*; (*Darle-*

gung) exposé *m*; (*Meinungsaustausch*) discussion *f*; (*Streit*) dispute *f*, démêlé *m*, querelle *f*, explication *f*; *bewaffnete*: conflit *m* armé, guerre *f*; † arrangement *m*; *e-e ~ mit j-m haben* avoir des mots avec q.; **~spalten** *v/t.* fendre; **~stehen** *v/i.* être écartés (*od.* distants) l'un de l'autre (*resp.* les uns des autres); **~stellen** *v/t.* séparer, écarter, desserrer; **~stieben** *v/i.* se disperser; s'envoler dans toutes les directions; s'égailler; **~streben** *v/i.* tendre à se séparer; **~treiben** *v/t.* disperser; chasser de tous côtés; **~wickeln** *v/t.* dérouler, défaire; **~ziehen** *v/t.* séparer (en tirant); (é)tirer.

'**aus-erkoren** *adj.* choisi; (*a. rl.*).

'**aus-erlesen** *adj. Gesellschaft*: choisi, d'élite; *nur v. Sachen*: sélectionné, de choix, de première qualité, exquis; ⟨das⟨ste (*gén.*) le fin du fin de ..., la fine fleur de ...

'**aus-ersehen** *v/t.* choisir; (*bestimmen*) destiner (*zu* à).

'**aus-erwähl|en** *v/t.* élire; choisir; (*bestimmen*) destiner (*zu* à); *v. der Vorsehung*: prédestiner; *viele sind berufen, aber wenige sind auserwählt* il y a beaucoup d'appelés, mais peu d'élus; ⟨te(r) *f* (*m*) élu *m*, -e *f*.

'**aus-essen** *v/t.* manger tout; achever (un plat).

'**ausfädeln** *cout. v/rf.*: *der Faden hat sich ausgefädelt* l'aiguille s'est désenfilée; *vom Faden*: sortir de l'aiguille; (*ausfasern*) (s')effilocher.

'**ausfahr|en 1.** *v/i.* (*spazierenfahren*) sortir (*od.* se promener) en voiture (en bateau, à *od.* en bicyclette, etc.); *aus dem Hafen ~* quitter le port; ⚓ remonter; **2.** *v/t. j-n ~* sortir (*od.* promener) q.; *Holz, Kohle, Pakete*: livrer, apporter; ⚒ *Fahrwerk, Landeklappen*: sortir; *Straße*: défoncer; creuser (d'ornières); *Motor*: *voll ~* mettre plein gaz; pousser à fond; → *ausgefahren*; ⟨en *n* ⚓ remontée *f*; → ⟨t; ⟨er † *m* chauffeur-livreur *m*; ⟨t *f a. Autobahn*: sortie *f*; (*Spazierfahrt*) sortie (*od.* promenade) *f* en voiture (en bateau, à *od.* en bicyclette, etc.); ⚓ départ *m*; (*Torweg*) porte *f* cochère; *auf dem Gehweg*: bateau *m*; *Parkplatz*: unterirdische ~ trémie *f* de sortie.

'**Ausfall** *m der Haare, Zähne*: chute *f*; *des Motors*: arrêt *m*; panne *f*; (*Fehlbetrag*) manque *m*; *von Personal*: absence *f*; *télév.* (*auf dem Bildschirm*) blanc *m*; (*Verlust*) perte *f*; (*Defizit*) déficit *m*; *~ an Gewicht* perte *f* de poids; ⚔ précipité *m*; *phys.* réflexion *f*; ⚔ sortie *f*; *esc.* botte *f* (*machen* porter *od.* pousser), attaque *f* (*a. fig.*), fente *f*; *fig. in Worten*: sortie *f*; attaque *f*; algarade *f*; (*Beschimpfung*) insulte *f*; *launenhaft*: boutade *f*; (*Ergebnis*) résultat *m*; *~ des Unterrichts* (*der Züge*) suppression *f* des leçons (des trains); ⟨en *v/i. Haare, Zähne usw.*: tomber; *allmählich*: se détacher; *esc.* porter (*od.* pousser) une botte; se fendre; (*ausscheiden müssen*) *Sport*: être éliminé; *Motor*: s'arrêter; tomber en panne; (*nicht stattfinden*) n'avoir pas lieu; *écol.* *die Stunde fällt aus* la leçon n'a pas lieu *od.* est supprimée; *der Unterricht* (*od.* *die*

Schule) *fällt heute aus* il n'y a pas classe (*od. adm.* les cours vaqueront) aujourd'hui; l'école a congé aujourd'hui; *~ lassen* supprimer; *fällt aus* (*als Eintragung ins Klassenbuch*) supprimé; annulé; *fig.* (*ausgehen*) tourner; *gut ~* réussir; finir (*od.* tourner) bien; *das Fest ist gut ausgefallen* la fête a été une réussite; *die Ernte ist schlecht ausgefallen* la récolte a été mauvaise; † *die Dividende ~ lassen* passer le dividende; **~en** *n der Haare, Zähne*: chute *f*.

'**ausfällen** ⚗ *v/t.* précipiter.

'**ausfallend** *adj.* (*grob, beleidigend*) grossier, -ière; insultant.

'**Ausfall|phänomen** *psych. n* fading *m* mental; **~straße** *f* route *f* (*od.* voie *f od.* axe *m*) de sortie; *~ aus dem Zentrum* autoroute *f* radiale; **~stunden** *f/pl.* heures *f/pl.* non effectuées; heures *f/pl.* perdues.

'**ausfasern I** *v/t.* (*v/rf.*: *sich s'*)effilocher; (s')effiler; **II** ⟨ *n* effilochage *m*; effilage *m*; *text.* boulochage *m*.

'**ausfechten** *v/t. mit Worten*: *e-n Streit* (*Prozeß*) *~* vider un différend (un procès).

'**ausfegen I** *v/t.* balayer; donner un coup de balai (à); **II** ⟨ *n* balayage *m*.

'**ausfeilen** *v/t.* limer; *fig. Text*: polir, fignoler; *Stil*: châtier.

'**ausfertig|en** *v/t.* (*abfassen*) rédiger; confectionner, dresser; établir; ⟨ung *f* expédition *f*; (*Abfassung*) rédaction *f*; confection *f*, établissement *m*; (*Schriftstück*) pièce *f*; document *m*; acte *m*; contrat *m*; *zweite ~* duplicata *m*; *copie f*; *double m*; *in zweifacher ~ en double*; *in dreifacher ~ en trois exemplaires*; *für die Richtigkeit der ~ pour copie conforme*.

'**ausfindig** *adj.*: *~ machen* trouver, découvrir, dénicher, dépister.

'**ausfischen** *v/t. Teich*: dépeupler.

'**ausflicken** *v/t.* raccommoder; (*viele Stückchen aufsetzen*) rapiécer.

'**ausfliegen** *v/i. Vogel*: s'envoler; quitter son nid; *Menschen*: prendre la clef des champs; *v. Flüchtlinge, Verwundete usw.*: évacuer en avion (*nach* vers).

'**ausfließen** *v/i.* s'écouler.

'**Ausflucht** *fig. f* faux-fuyant *m*; subterfuge *m*; échappatoire *f*; *Ausflüchte machen* faire des détours; biaiser; tergiverser.

'**Ausflug** *m* excursion *f*; tour *m*; F virée *f*; circuit *m* touristique; *zu Fuß*: randonnée *f*.

'**Ausflügler**(**in** *f*) *m* excursionniste *m, f*.

'**Ausflugs|dampfer** *m* bateau *m* de plaisance; **~gegend** *f* contrée *f* touristique; **~lokal** *n* guinguette *f*; **~verkehr** *m* circulation *f* du week-end, du dimanche.

'**Ausfluß** *m* écoulement *m*; *e-s Teiches usw.*: décharge *f*; ⚕ flux *m*; *phys., fig.* émanation *f*; **~menge** *f* débit *m*; **~öffnung** *f* orifice *m* d'écoulement; **~röhre** *f* tuyau *m* d'écoulement; **~ventil** *n* soupape *f*; vanne *f*.

'**ausforschen** *v/t.* explorer; chercher à découvrir; scruter; *j-n ~ sonder* q. (*über acc.* sur); confesser q.; *j-n geschickt ~* F cuisiner q.

'**ausfrag|en** *v/t.*: *j-n über etw. ~* interroger, questionner q. sur qch.; *ge-*

schickt ~ F cuisiner; (verhören) interroger; lange ~ questionner longuement; zudringlich ~ tenir (od. mettre) sur la sellette; presser de questions; ²erei f manie f de questionner.
'ausfransen v/t. (v/rf.: sich s')effranger.
'ausfräs|en v/t. fraiser; ²ung f fraisage m.
'ausfressen v/t. Trog: vider son écuelle (bzw. son auge); F fig. etw. ausgefressen haben avoir qch. sur la conscience.
'Ausfuhr ✝ f exportation f; bei der ~ à la sortie; ~artikel m article m d'exportation; ~aussichten ✝ f/pl. perspectives f/pl. à l'exportation.
'ausführbar adj. exécutable; réalisable; Plan: a. viable; ✝ exportable; ²keit f possibilité f d'exécuter (od. de réaliser).
'Ausfuhr|bescheinigung f certificat m d'exportation; ~beschränkung f restriction f des exportations; ~bewilligung f permis m d'exportation.
'ausführen v/t. ✝ exporter; Auftrag usw.: exécuter; accomplir; (verwirklichen) réaliser; Bau: élever; construire; Rechnung: opérer; fig. (darlegen) exposer, expliquer, traiter en détail; développer; fig. e-n Gegenstand ~ s'étendre (od. se pencher) sur un sujet; Hund, Kind: j-n ~ sortir q., emmener q. en promenade.
'Ausfuhr|erklärung f déclaration f d'exportation; ~erlaubnis f → ~bewilligung; ~firma f maison f d'exportation; ~förderung f encouragement m à l'exportation; ~genehmigung f autorisation (od. licence) f d'exportation; ~hafen m port m d'exportation; ~handel m commerce m d'exportation; ~industrie f industrie f d'exportation (od. travaillant pour l'exportation); ~kontingent n contingent m d'exportation; ~kredit m crédit m à l'exportation; ~land n pays m exportateur.
aus'führlich I adj. détaillé, circonstancié; II adv. en détail; ~ schreiben écrire une lettre détaillée; ²keit f abondance f de détails; in aller ~ en détail, dans les moindres détails.
'Ausfuhr|möglichkeit f possibilité f d'exportation; ~prämie f prime f à l'exportation; ~sperre f embargo m sur les exportations; ~überschuß m excédent m d'exportation.
'Ausführung f réalisation f; exécution f; accomplissement m; (Konstruktion) construction f; (Typ) type m; (Modell) modèle m; (Qualität) qualité f; fig. (Darlegung) exposé m, développement m, F topo m; zur ~ bringen exécuter; mettre à exécution; weit S. réaliser; ~sbestimmungen f/pl. dispositions f/pl. d'exécution; ~sgesetz n loi f d'exécution.
'Ausfuhr|verbot n interdiction f de sortie; ~ware f article m (od. marchandise f) d'exportation; ~ziffer f chiffre m des exportations; ~zoll m droit m de douane à l'exportation; droit m de sortie.
'ausfüllen v/t. remplir (mit de); Bildungslücke: combler (mit de).
'Ausgabe f dépense f; kleine ~n pl. menues dépenses f/pl.; laufende ~n pl. dépenses f/pl. courantes; unvor-

hergesehene ~n pl. dépenses f/pl. imprévisibles; (Verteilung) distribution f; v. Fahrkarten, Lebensmitteln: délivrance f; v. Aktien, Papiergeld usw.: émission f; e-s Buches: édition f; handliche ~ édition f commode (od. maniable); die neueste ~ la dernière édition; ~bank f banque f d'émission; ~kurs m cours m d'émission; ~nbuch n livre m des dépenses; ~nposten m poste m de dépenses; ~stelle f (Verteilungsstelle) centre m de distribution.
'Ausgang m sortie f (a. ✝); issue f (a. fig.); kein ~! sortie interdite!; (Ende) fin f; dénouement m; (Folge) suite f; (Ergebnis) résultat m; issue f; (Lösung) dénouement m; e-n guten (schlimmen) ~ nehmen tourner bien (mal); ~sbasis f base f de départ; für e-n Sprachkurs: niveau m seuil; ~serzeugnis n produit m de base; ~sleistung ⚡ f rendement m de sortie; ~s-punkt m point m de départ; ~s-sperre f couvre-feu m; ~s-stellung f Sport: position f initiale; ⚔ base f de départ; ~s-tür f porte f de sortie f.
'ausgären v/i. bien fermenter; (zu Ende gären) finir de fermenter.
'ausgeben 1. v/t. Geld: dépenser; das Geld mit vollen Händen ~ dépenser son argent à pleines mains, sans compter; (verteilen) distribuer (an acc. à); (aushändigen) délivrer; Aktien, Anleihe: émettre; (in Umlauf setzen) mettre en circulation; Krankheitsbericht: publier; Befehle: donner; F e-n ~ payer une bouteille (od. F la chopine); ⚔ die Parole ~ donner le mot d'ordre; 2. v/rf.: sich ~ für se faire passer pour.
'ausgebombt adj.: ~ sein être sinistré; avoir tout perdu dans un bombardement.
'ausgebrannt p.p. (Auto, Flugzeug) calciné.
'ausgebucht p.p.: unsere Reisen sind ~ nos voyages font le plein; toutes les places sont réservées.
'Ausgeburt f produit m; ~ der Hölle suppôt m de Satan (od. du diable).
'ausgedehnt adj. étendu, vaste.
'ausgedient adj. Kleidung: usé; Maschine: 'hors d'usage; ~er Soldat vétéran m; a. Sachen: ~ haben avoir fait son temps.
'ausgefahren adj. Straße: défoncé; plein d'ornières.
'ausgefallen adj. étrange; extraordinaire; singulier, -ière; excentrique; écol., univ.: ~e Stunde cours m supprimé.
'ausgefertigt adj. fait.
'ausgefranst adj. effrangé; (schäbig) élimé.
'ausgeglichen adj. équilibré; pondéré; ²heit f caractère m équilibré, pondération f.
'ausgehalten ♩ adj. Ton: louré.
'Ausgeh|anzug m tenue f de sortie; ~beschränkung f limitation f des heures de sortie.
'ausgehen I v/i. sortir; aus- und eingehen entrer et sortir; aller et venir; bei j-m aus- und eingehen avoir ses grandes et ses petites entrées chez q.; fréquenter q.; von etw. Bekanntem ~ partir de qch. de connu; ich gehe

davon aus, daß ... j'estime (od. je considère od. je suis d'avis od. je pars du fait od. je suppose) que ...; frei ~ échapper à une punition; être acquitté; leer ~ ne rien obtenir; revenir les mains vides; gut ~ tourner bien, schief (od. schlecht) ~ tourner mal; Geld, Kräfte: manquer; ihm ist das Geld ausgegangen il est à court d'argent; il est à sec; Feuer, Licht: s'éteindre; ~ lassen Feuer: éteindre, Hochofen: a. mettre 'hors feu; Farbe: déteindre; dial. Flecken: s'en aller; Vorräte: s'épuiser; Quelle: tarir; Haare: tomber; der Atem geht mir aus je suis à bout de souffle; die Geduld geht mir aus ma patience est à bout; (ein Ende nehmen) finir; se terminer; auf e-n Vokal ~ se terminer par une voyelle; auf etw. (acc.) ~ (zum Endzweck haben) viser (od. tendre) à qch.; auf Abenteuer ~ chercher les aventures; darauf ~, zu ... (inf.) avoir pour but (od. s'efforcer) de ...; II ² n sortie f; Aus- und Eingehen n allées et venues f/pl.; des Feuers usw.: extinction f; v. Vorräten: épuisement m; (Ende) fin f; ~ e-e Wortes auf ... terminaison f en ...; ~ der Haare chute f des cheveux.
'Ausgehtag m jour m de sortie.
'ausgehungert adj. affamé; famélique.
'Ausgeh|uniform f tenue f de sortie; ~verbot n (Sperrstunde) couvre-feu m; ⚔ consigne f.
'ausgeklügelt adj. sophistiqué, astucieux, -euse.
'ausgekocht adj. roublard, roué, *chinois, retors; ein ~er Bursche un franc coquin; un roublard.
'ausgelassen adj. plein d'entrain; folâtre; pétulant; exubérant; turbulent; ²heit f folle gaieté f; pétulance f; exubérance f; turbulence f.
'ausgeleiert adj. usé; ~ sein Schraube usw.: avoir pris du jeu.
'ausgelernt p/p. u. adj.: ~ haben avoir fini son apprentissage.
'ausgeliefert p.p. u. adj.: j-m ~ sein être à la merci de q.
'ausgemacht p.p. u. adj. (sicher) sûr; Preis: convenu; Schwindler usw.: fieffé; consommé.
'ausgemergelt adj. fig. 'hâve, efflanqué.
'ausgenommen I adv. à l'exception (de); excepté; 'hors, 'hormis; sauf; II cj. ~, daß ... excepté que ... (ind.).
'ausgepfiffen p.p.: ~ werden être sifflé (od. 'hué od. conspué).
'ausgeprägt adj fig. prononcé; marqué; ~es Profil profil m accusé (od. typé).
'ausgepumpt adj. (erschöpft) épuisé, vidé.
'ausgerechnet adj. précisément; justement.
'ausgereift adj. mûri.
'ausgerichtet adj. centré (auf sur).
'ausgeruht adj. reposé.
'ausgerüstet adj. armé (mit de); muni (de); ⊕ garni (mit de); équipé (de); pourvu (de).
'ausgeschaltet adj. éliminé, ⚡ coupé; Radio usw. arrête.
'ausgeschlachtet (Auto, Radio usw.) adj. désossé.
'ausgeschlossen I adj. exclu; es ist

ausgeschnitten — auskitten 704

nicht ~, *daß* ... il n'est pas exclu (*od.* impossible) que ... (*subj.*); **II** *adv.*: *alle, keinen* (*od. keiner*) ~ tous, sans exception; *int.* ~! (*undenkbar*) impossible!
'**ausgeschnitten** *adj. Kleid*: décolleté, échancré.
'**ausgeschrieben** *adj.*: ~*e Handschrift* écriture *f* bien formée; *in Buchstaben* ~ en toutes lettres.
'**ausgesetzt** *p.p.*: ~ *sein* être exposé (*od.* en butte).
'**Ausgesiedelte(r)** *f* (*m*), évacué *m*, -e *f*.
'**ausgespielt** *p.p. u. adj.*: ~ *haben* fig. avoir joué sa dernière carte; être fini.
'**ausgesprochen** *adj.* (*entschieden*) prononcé; marqué; déclaré; net, -tte.
'**ausgestalt|en** *v/t. Fest*: arranger; (*weiterbilden*) développer; 2*ung f* arrangement *m*; (*Weiterbildung*) développement *m*.
'**ausgestorben** *adj.* (*erloschen*) éteint; ~*e Straße* rue *f* déserte.
'**Ausgestoßene(r)** *f* (*m*) réprouvé *m*, -e *f*; banni *m*, -e *f*; paria *m*.
'**ausgesucht** *adj.* choisi, de choix; recherché; trié sur le volet; exquis; F select (*bisw. a. f*); *Stil*: recherché; châtié; *Weine*: sélectionnés; *Gesellschaft*: distinguée.
'**ausgetragen** *adj.*: ~*es Kind* enfant *m* venu à terme.
'**ausgetreten** *adj.*: ~*er Pfad* sentier *m* battu; *Schuh*: avachi.
'**ausgewachsen** *adj. Tier, Pflanze*: qui a terminé sa croissance; ~*er Bursche* gars *m* fait.
'**ausgewählt** *adj.* de choix; d'élite.
'**Ausgewanderte(r)** *f* (*m*) émigré *m*, -e *f*, interdit *m*, *f* de séjour.
'**Ausgewiesene(r)** *f* (*m*) expulsé *m*, -e *f*.
'**ausgewogen** *adj.* équilibré.
'**ausgezeichnet** *adj.* excellent; fameux, -euse; parfait; exquis; *int.* ~! parfait!; à merveille!; *etw.* ~ *können* savoir qch. sur le bout du doigt.
'**ausgiebig** *adj.* abondant; copieux, -euse.
'**ausgieß|en** *v/t.* (*leeren*) vider; 2*ung f rl. die Ausgießung des Heiligen Geistes* la descente *f* du Saint-Esprit.
'**Ausgleich** *m* compensation *f*; † *a.* péréquation *f*; (*Gleichmachung*) égalisation *f*; (*Vergleich*) compromis *m*; arrangement *m*; accord *m*; *des Budgets*: équilibre *m*; *v. Ein- und Ausgaben, e-s Kontos*: balance *f*; *zum* ~ *lhrer Rechnung* pour solder (*od.* régler) votre compte; *Sport* (*Vorgabe*) 'handicap *m*, *im Torverhältnis*: égalisation *f*; ~*düse* *f* gicleur *m* compensateur; 2*en 1. v/t. Unebenheiten*: égaliser; aplanir (*a. fig.*); *fig.* arranger; accorder; *Rechnung*: solder; régler; *Budget*: équilibrer; *Konto, Salden, Ein- und Ausgaben*: balancer; *ein Passivsaldo* ~ solder un passif; *Verluste*: compenser; *Sport*: accorder un 'handicap (à), *Torverhältnis*: égaliser; **2.** *v/rf.* s'équilibrer, *fig.* se venir à un accord, (*sich aufheben*) se compenser; *sich mit s-n Gläubigern* ~ s'arranger avec ses créanciers; ~*en n*, ~*ung f* égalisation *f*; aplanissement *m* (*a. fig.*); *fig.* arrangement *m*; *e-s Verlustes*: compensation *f*; *e-r Rech-*

nung: règlement *m*; solde *m*; *zur Ausgleichung m-r Rechnung* pour solder (*od.* régler) mon compte; 2*end adj.*: ~*e Gerechtigkeit* justice *f* commutative; ~**s-entschädigung** *f* indemnité *f* compensatrice; ~**sfonds** *m* fonds *m* de compensation; ~**s-forderung** *f* créance *f* en compensation; ~**sgymnastik** *f* gymnastique *f* corrective; ~**s-kurs** *m* cours *m* de compensation; ~**s-posten** *m* poste *m* de compensation; ~**srücklage** *f* réserve *f* en compensation; ~**s-sport** *m* sport *m* de compensation; ~**s-steuer** *f* taxe *f* de compensation; ~**sverfahren** † *n* procédure *f* de compensation; ~**szahlung** *f* paiement *m* en compensation; ~**s-zulage** *f* indemnité *f* compensatrice.
ausgleiten *v/i.* glisser.
ausglieder|n *v/t.* (*aussondern*) séparer; (*eliminieren*) éliminer; 2*ung f* (*Aussonderung*) séparation *f*; (*Eliminierung*) élimination *f*.
'**ausglüh|en I** *v/t. Draht*: recuire; ⚙ calciner; **II** 2 *n* recuit *m*; ⚙ calcination *f*.
'**ausgrab|en** *v/t.* déterrer (*a. fig.*); fouiller; *Leiche*: exhumer; 2*ung f* déterrement *m*; fouille *f*; *e-r Leiche*: exhumation *f*; 2*ungs-stätte f* site *m* archéologique.
'**ausgreifen** *v/i. Pferd*: allonger le pas.
'**Ausguck** *m* poste *m* d'observation; 2*en 1. v/i. nach j-m od. etw.* ~ regarder attentivement pour voir si q., qch. arrive (*od.* vient); **2.** *v/t. sich* (*dat.*) *die Augen* ~ écarquiller les yeux.
'**Ausguß** *m* (~*becken*) évier *m*.
'**aushacken** *v/t.* arracher (à coups de bec *resp.* de 'hache); *Augen*: crever.
'**aushaken** *v/t.* (*v/rf. sich se*) décrocher; (se) dégrafer.
'**aushalten I 1.** *v/t.* ♪: *e-e Note* ~ tenir (*od.* filer *od.* prolonger) une note; (*ertragen*) soutenir (*a. Vergleich*); *Schmerzen usw.*: endurer; supporter; *Belagerung usw.*: résister (*a.*); (*unterhalten*) entretenir; *nicht mehr* ~ *vor* (*dat.*) n'en pouvoir plus de; *das ist nicht auszuhalten* c'est à n'y pas tenir; *ich halte es vor Hunger nicht mehr aus* je meurs de faim; *hier läßt es sich* ~ on est bien ici; **2.** *v/i. im Beruf usw., Sport*: tenir; *Sport a.* résister; (*ausharren*) persévérer; (*standhalten*) tenir bon (*od.* ferme); *bei j-m* ~ ne pas abandonner q.; rester chez q.; **II** 2 *n v. Schmerzen*: endurance *f*; (*Beharren*) persévérance *f*; ♪: *e-r Note* tenue (*od.* prolongation) *f* d'une note; *es ist hier nicht zum* ~ c'est à n'y pas tenir ici.
'**aushandeln** *v/t. Preis*: négocier, débattre.
'**aushändig|en** *v/t.* remettre; 2*ung f* remise *f*.
'**Aushang** *m* (*Anschlag*) affiche *f*.
'**Aushänge|bogen** *typ. m* bonne feuille *f*; 2*n v/t. Tür*: enlever de ses gonds; *Plakat usw.*: afficher; *v/i. Plakat*: être affiché; ~*n e-s Plakats usw.*: affichage *m*; ~**schild** *n* enseigne *f*; *fig. als* ~ *dienen* servir d'étiquette.
'**ausharren I** *v/i.* persévérer; **II** 2 *n* persévérance *f*.
'**aushauch|en** *v/t.* exhaler; expirer; 2*en n*, 2*ung f* exhalation *f*; expiration

f; (*Ausgehauchtes*) exhalaison *f*.
'**aushauen I** *v/t.* ⚔ *Zweige und Äste aus e-m Baum* ~ ébrancher un arbre; *einzelne Bäume aus e-m Baumbestand*: abattre; *Wald*: (*lichten*) éclaircir; ⊕ (*Stufen*) tailler; **II** 2 *n* ~ *von Zweigen und Ästen aus e-m Baum* ébranchement *m*; *e-s Baums*: abattage *m*; *e-s Waldes*: éclaircissement *m*.
'**aushäusig** *adj., adv.*: ~ *den Familienunterhalt verdienen* subvenir aux besoins de sa famille en dehors de la maison.
'**ausheben** *v/t. Bäume, Steine, Wurzeln*: enlever; *Tür*: enlever de ses gonds; *Eier, junge Vögel vom Nest, Verbrecher*: dénicher; *Spionagenetz*: démanteler; *Graben*: creuser; *Feind*: déloger; débusquer; *hist. Truppen*: lever.
'**aushecken** *péj. v/t.* machiner, manigancer, couver.
'**ausheil|en** *v/t. u. v/i.* guérir complètement; 2*en n*, 2*ung f* guérison *f* complète *f*.
'**aushelfen** *v/i.*: *j-m mit etw.* ~ aider (*od.* dépanner) q. avec qch.
'**Aushilfe** *f* (*Person*) aide *m*, *f* (temporaire); vacataire *m*, *f*.
'**Aushilfs|kellner** *m* extra *m*; ~*personal n* personnel *m* auxiliaire; ~**wagen** *m* voiture *f* de réserve; 2*weise adv.* provisoirement.
'**aushöhl|en** *v/t.* creuser; *bsd. v. Früchten*: évider; *géol.* raviner; *fig. das Vertrauen* ~ saper la confiance; 2*ung f im Gestein*: cavité *f*; creux *m*; ⚙, *pol.* érosion *f*; *fig.* sape *f*.
'**ausholen** *v/i.*: *mit der Hand zum Schlag* (*Wurf*) ~ lever le bras pour frapper (jeter); *zum Sprung* ~ prendre son élan (pour sauter); *fig. weit* ~ aller chercher bien loin, remonter aux sources (F au déluge).
'**ausholzen** *v/t. Wald*: éclaircir.
'**aushorchen** *v/t.*: *j-n* ~ sonder q.; *j-n geschickt* ~ F cuisiner q.
'**aushülsen** *v/t. Erbsen*: écosser.
'**aushungern** ⚔ *v/t.* affamer; réduire par la famine.
'**aushusten** *v/t. Schleim*: expulser en toussant; expectorer.
'**ausjäten** ✄ *v/t.* sarcler; désherber.
'**auskämmen** *v/t.* (*durch Kämmen entfernen*) enlever en peignant; *Haar*: démêler; peigner; *ausgekämmtes Haar n* démêlure *f*.
'**auskämpfen** *v/t.*: *e-n Rechtsstreit* (*zu Ende*) ~ vider un procès; *e-n schweren Kampf mit sich selbst* ~ lutter sérieusement avec soi-même.
'**auskehl|en** ⊕ *v/t.* canneler; 2*ung f* cannelure *f*.
'**auskehren** *v/t.* balayer; *mit eisernem Besen* ~ donner un bon (*od.* sérieux) coup de balai (à).
'**auskeilen** *v/i. v. Pferden usw.*: ruer.
'**auskennen** *v/rf.*: *sich* ~ se retrouver; *sich* ~ *in etw.* connaître; *sich nicht mehr* ~ ne plus s'y retrouver, F y perdre son latin.
'**auskernen** *v/t. Kirschen*: dénoyauter; ôter les noyaux (de); *Äpfel*: épépiner; ôter les pépins (de); *Gurken*: égrener; *Nüsse*: cerner.
'**auskippen** *v/t.* vider; *Loren a.*: basculer.
'**auskitten** *v/t.* remplir de mastic;

mastiquer.
'**ausklammern** v/t. ⚔ sortir de la parenthèse; *fig. ein Problem*: exclure, mettre entre parenthèses.
'**Ausklang** m fin f; note f finale; *e-r Veranstaltung*: fin f; épilogue m.
'**ausklappbar** adj. amovible.
'**auskleben** v/t.: *e-n Kasten innen mit Papier* ~ tapisser, revêtir de papier l'intérieur d'une boîte.
'**auskleiden** v/t. *st. s.* (v/rf.: *sich se*) dévêtir, (se) déshabiller; △ *mit etw.* ~ revêtir de qch.
'**ausklingeln** v/t. annoncer au son de la clochette (*Fr.*: du tambour).
'**ausklingen** v/i. s'achever, toucher à sa fin (*beide a. fig.*); *Töne*: se perdre; expirer; mourir; *Verse*: finir (*auf acc.* par); *harmonisch* ~ se terminer de façon harmonieuse.
'**ausklink|en** v/t. décliqueter; déclencher; ♀**vorrichtung** f dispositif m de déclenchement (✈ de largage).
'**ausklopf|en** v/t. *Pfeife*: débourrer; *Kleider, Polstersitze*: battre; *den Staub aus den Kleidern* ~ épousseter les habits; ⊕ *Beule*: enlever; ♀**er** m (*Teppichklopfer*) tapette f.
'**ausklügeln** v/t. étudier avec subtilité.
'**auskneifen** F v/i. s'esquiver F, filer, déguerpir, décamper, P se trotter.
'**ausknipsen** v/t. *Licht*: éteindre.
'**ausknobeln** v/t.: *e-e Runde Bier* ~ jouer aux dés pour savoir qui paiera une tournée de bière; *fig. e-n Plan* ~ combiner un projet.
'**ausknöpfbar** adj. amovible.
'**auskochen** v/t. (*kochend reinigen*) *Gefäß*: désinfecter à l'eau bouillante; stériliser (*a.* ⚕); *Fleisch, Wäsche*: faire bouillir.
'**auskommen I** v/i. ~ *mit* (pouvoir) s'en tirer (*od.* s'en sortir) avec, avoir assez de; *knapp* ~ avoir juste de quoi vivre; joindre à peine les deux bouts; *mit j-m* ~ s'accorder (*od.* s'entendre) avec q.; *mit ihm ist nicht auszukommen* il est insupportable; on ne peut s'entendre avec lui; *es läßt sich schwer mit ihm* ~; *es ist schwer mit ihm auszukommen* il est difficile à vivre; il est d'un commerce difficile; **II** ♀ n subsistance f; nécessaire m; (*gerade*) *sein* ~ *haben* avoir (juste) de quoi vivre; *es ist kein* ~ *mit ihm* il est insupportable, on ne peut s'entendre avec lui.
'**auskömmlich** adj. suffisant; *Amt usw.*: qui nourrit son homme.
'**auskörnen I** v/t. égrener; **II** ♀ n égrenage m.
'**auskosten** v/t.: *etw.* ~ savourer qch., déguster qch., jouir de qch.
'**auskragen** △ v/t. mettre en encorbellement, faire saillir; v/i. être en encorbellement (*od.* en saillie).
'**auskramen** v/t. (*ausräumen*) *Spielzeug*: déballer, sortir; *Schrank, Schublade*: vider; F *fig. sein Wissen* ~ déballer son savoir.
'**auskratz|en 1.** v/t. gratter; *fig. j-m die Augen* ~ arracher les yeux à q.; ⚕ faire un curetage; **2.** F v/i. filer, décamper; déguerpir; s'esquiver; se trotter; s'échapper; ♀**ung** ⚕ f curetage m.
'**auskriechen I** v/i. *Vögel*: éclore;

sortir de l'œuf; **II** ♀ n éclosion f.
'**auskriegen** F v/t. *Stiefel usw.*: arriver à enlever; *Glas*: parvenir à vider.
'**auskugeln** v/t.: *sich (dat.) den Arm* ~ se démettre le bras.
Auskul|tati|on ⚕ f auscultation f; ♀**tieren** ⚕ v/t. ausculter.
'**auskundschaften I** v/t. *Land*: explorer; ✕ reconnaître; *j-n* ~ (*endlich auffinden*) (finir par) découvrir (*od.* trouver) q.; **II** ♀ n *e-s Landes*: exploration f; ✕ reconnaissance f; (*Entdeckung*) découverte f.
'**Auskunft** f renseignement m; information f; *nähere* ~ *erteilen* donner des renseignements détaillés; (*nähere*) *Auskünfte hier* pour plus amples *od.* pour tous renseignements s'adresser ici; *wegen weiterer Auskünfte wende man sich an* ... pour de plus amples renseignements s'adresser à ...; *über j-n* (*etw. acc.*) ~ *einholen* prendre des renseignements sur q. (sur qch.); *j-m über etw.* (*acc.*) ~ *geben* renseigner q. sur qch.
Auskunf'tei ✝ f agence f de renseignements.
'**Auskunfts|beamter** m, ~**beamtin** f préposé m, -e f aux renseignements; ~**büro** n bureau m de renseignements.
'**auskuppeln** v/t. *beim Auto*: débrayer; *Anhänger*: décrocher, dé(sac)coupler.
'**auskurieren** v/t. guérir complètement.
'**auslachen 1.** v/t.: *j-n* ~ se moquer (*od.* se rire *od.* se gausser) de q.; *ausgelacht werden* être raillé (*od.* tourné en ridicule); **2.** v/rf.: *sich* ~ (*sich satt lachen*) rire (tout) à son aise.
'**Auslade|brücke** f débarcadère m; ~**kosten** pl. frais m/pl. de déchargement; ♀**n 1.** v/t. *Waren*: décharger; ⚓ *aus dem Schiff* ~ débarder; débarquer; *den Ballast* ~ délester (*aus etw.* qch.); △ (*hervortreten lassen*) faire saillir; *Gast*: décommander; **2.** △ v/i. (*hervortreten*) faire saillie; ~**n** n déchargement m; ⚓ débardage m; débarquement m; ⚓ *des Ballastes* délestage m; ~**platz** m, ~**stelle** f débarcadère m; ~**r** m déchargeur m; ⚓ débardeur m.
'**Ausladung** △ f saillie f.
'**Auslage** f (*Ausgabe*) dépense f; *v. Waren*: marchandises f/pl. en vitrine; étalage m; *Boxen, esc.* position f de garde; *e-s Krans*: portée f.
'**auslagern** v/t. *Kunstschätze*: transporter en lieu sûr.
'**Ausland** n étranger m; *im* ~, *ins* ~ à l'étranger.
'**Ausländ|er(in** f) m étranger m, -ère f; ♀**erfeindlich** adj. xénophobe; ♀**erfreundlich** adj. xénophile; ~**erpolizei** f police f des étrangers; ♀**isch** adj. étranger, -ère.
'**Auslands|anleihe** f emprunt m extérieur; ~**aufenthalt** m séjour m à l'étranger; ~**auftrag** m commande f de l'étranger; ~**berichterstatter(in** f) m correspondant m, -e f à l'étranger; ~**beteiligung** f participation f étrangère; ~**beziehungen** f/pl. relations f/pl. avec l'étranger; ~**brief** m lettre f pour *bzw.* de l'étranger; ~**deutsche(r** *a. m*), *m*, *f* Allemand(e *f*) *m* vivant à l'étranger; ~**dienst** m

service m à l'étranger; ~**gelder** n/pl. capitaux m/pl. étrangers; ~**geschäft** n affaire f avec l'étranger; ~**gespräch** *téléph.* n communication f internationale; ~**guthaben** n avoir m à l'étranger; ~**handel** m commerce m extérieur; ~**hilfe** f aide f à *bzw.* de l'étranger; ~**kapital** n capital m étranger; ~**korrespondent(in** f) m correspondancier m (-ière f) pour l'étranger; ~**kredit** m crédit m à *bzw.* de l'étranger; ~**lieferung** f livraison f destinée à l'étranger; ~**markt** m marché m extérieur (*od.* étranger); ~**nachrichten** f/pl. nouvelles f/pl. de l'étranger; ~**porto** n port m pour l'étranger; ~**presse** f presse f étrangère; ~**reise** f voyage m à l'étranger; ~**schulden** f/pl. dettes f/pl. à l'étranger; ~**tarif** m tarif m extérieur; ~**telegramm** n télégramme m international; ~**transport** m transport m international; ~**verkehr** m trafic m avec l'étranger; ~**vermögen** n avoirs m/pl. à l'étranger; ~**vertreter** m agent m commercial (*od.* représentant m) à l'étranger; ~**vertretung** f représentation f à l'étranger; ~**ware** f marchandise f provenant de l'étranger; ~**wechsel** ✝ m lettre f de change sur l'étranger; ~**werbung** f publicité f à l'étranger.
'**Auslaß** m (orifice m de) sortie f.
'**auslass|en 1.** v/t. sauter, passer, omettre; (*vergessen*) oublier; *absichtlich*: retrancher; *Zeile*: laisser en blanc; *Fett*: faire fondre; *Kleider*: élargir; *den Saum* ~ ressortir l'ourlet; *fig. Freude*: épancher; (*offenbaren*) manifester; *s-e Grausamkeit an j-m* ~ exercer sa cruauté sur q.; *s-e üble Laune an j-m* ~ passer sa mauvaise humeur sur q.; décharger sa bile sur q.; *s-e Wut an j-m* ~ passer sa colère sur q.; *ich lasse keinen einzigen Tanz aus* je ne manque pas une danse; *e-e Stelle* ~ sauter un passage; **2.** v/rf.: *sich* ~ *über* (*acc.*) s'étendre sur; se prononcer sur; s'expliquer sur; *sich nicht weiter* ~ ne pas entrer dans les détails; ♀**ung** f omission f; *absichtliche*: retranchement m; (*Äußerung*) expression f; *v. Kleidern*: élargissement m; *gr. v. Wörtern*: ellipse f; ♀**ungs-zeichen** *gr.* n apostrophe f.
'**Auslaßventil** n soupape f d'échappement.
'**auslasten** v/t. *Arbeitskräfte, Fahrzeuge, Maschinen*: exploiter (*od.* utiliser) pleinement la capacité (*od.* le rendement) de; *nicht genügend ausgelastet sein* ne pas être assez occupé, *Maschine usw.*: employé.
'**Auslauf** m *für Tiere*: enclos m; *für Hühner*: basse-cour f; *beim Schisprung*: piste f de sortie; ♀**en 1.** v/i. partir; sortir; ⚓ partir; sortir du port; *aus- und einlaufen* entrer et sortir; *bei j-m aus- und einlaufen* avoir ses grandes et ses petites entrées chez q.; fréquenter q.; *Gefäß, Kanister*: se vider; *Flüssigkeit*: (*lecken*) couler; fuir; *Farbe*: déteindre; (*anhalten*) s'arrêter; (*enden*) finir; *Termin*: venir à l'expiration; *fig. auf etw.* (*acc.*) ~ finir par qch.; aboutir à qch.; ~ *in* (*acc.*) se terminer par (*od.* en); **2.** v/t. *die Bahn* ~ parcourir toute la piste; **3.** v/rf.: F *sich* ~ marcher tout son con-

'**Ausläufer** *m* ⚥ rejeton *m*; ramification *f*; stolon *m*; *v. Erdbeeren a.*: coulant *m*; *e-s Gebirges*: contrefort *m*, rameau *m*; *météo.* zone *f* périphérique.

'**Auslaufhafen** *m* port *m* de partance (*od.* de départ).

'**auslaug|en** *v/t.* lessiver; lixivier; ⚭**en** *n*, ⚭**ung** *f* lessivage *m*.

'**Auslaut** *gr. m* finale *f*; son *m* final; *im* ~ à la finale; ⚭**en** *gr. v/i.* se terminer (*auf acc.* par *od.* en).

'**ausläuten** *v/t.*: *etw.* ~ sonner la fin de qch.

'**ausleben** *v/rf.*: *sich* ~ se donner du bon temps.

'**auslecken** *v/t.* lécher.

'**ausleer|en** *v/t.* vider; ⚭**ung** *f* vidage *m*.

'**ausleg|en** *v/t. Netze*: tendre; *bsd. zur Schau, Waren*: exposer, étaler; *Boje*: placer; *Kabel*: dérouler; (*erklären*) expliquer; commenter; (*ausdeuten*) interpréter; *etw. als Beleidigung* ~ s'offenser de qch.; *etw. übel* ~ prendre mal qch.; *alle Dinge zu s-m Vorteil* ~ tourner tout à son avantage; (*vorschießen*) avancer; *Möbel*: incruster (*mit de*); marqueter; *Fußboden: mit Parkett* ~ parqueter; *mit Steinplatten* ~ carreler; *ausgelegte Arbeit* incrustation *f*; marqueterie *f*; ⚭**en** *n* ⚥ (mise *f* à l'étalage *m*; (*Vorschießen*) avance *f*; *v. Möbeln*: incrustation *f*; *des Fußbodens*: ~ *mit Parkett* parquetage *m*, ~ *mit Steinplatten* carrelage *m*; (*Erklären*) explication *f*; interprétation *f*; *bsd. der Bibel*: exégèse *f*; ⚭**er** *m* commentateur *m*; interprète *m*; exégète *m*; *e-s Kranes*: flèche *f*; bras *m*; ⚭**erboot** *n* outrigger *m*, porte-en-dehors *m*; ⚭**erbrücke** △ *f* pont *m* cantilever; ⚭**erkran** *m* grue *f* à flèche horizontale; ⚭**eware** *f Teppich*: moquette *f*; ⚭**ung** *f* → ⚭**en**.

'**Ausleih|bibliothek** *f* bibliothèque *f* de prêt (*für Geld*: de location); ~**e** *f* prêt *m* à domicile; (*Leihstelle*) salle *f* de prêt; ⚭**en** *v/t.* prêter; *für Geld*: louer; ~**en** *n*, ~**ung** *f* prêt *m*; *für Geld*: location *f*; ~**er** *m* prêteur *m*; *für Geld*: loueur *m*; ~**saal** *m* salle *f* de prêt.

'**auslernen** *v/i.* finir son apprentissage; *man lernt nie aus* on n'a jamais fini d'apprendre.

'**Ausles|e** *f* (*Auswahl*) choix *m*; sélection *f*; (*Wein*) vin *m* de grand cru; meilleur cru *m*, cru *m* de choix; (*Elite*) *fig.* élite *f*, *f* crème *f*, dessus *m* du panier, P gratin *m*; *v. Gedichten*: anthologie *f*; ⚭**en** *v/t.* choisir; *Gemüse*: éplucher; (*sortieren*) trier; *Buch usw.*: finir (de lire); ~**en** *n* choix *m*, sélection *f*; *v. Gemüse*: épluchage *m*; (*Sortieren*) triage *m*; ~**eprozeß** *m* écrémage *m*.

'**ausleuchten** *v/t.* bien éclairer.

'**ausliefer|n** *v/t. Waren usw.*: fournir, livrer; *auszuliefern* livrable; ⚖ *pol. u. Verbrecher*: extrader; ⚭**ung** *f v. Waren*: livraison *f*; ⚖ *pol. u. Verbrecher*: extradition *f*; ⚭**ungs-antrag** *m* ⚖ demande *f* d'extradition; ⚭**ungsvertrag** ⚖ *m* traité *m* d'extradition.

'**ausliegen** *v/i.* être exposé.

'**auslöffeln** *v/t. Suppe*: manger; *Teller*: vider; *fig. die Suppe* ~ *müssen* avoir à payer les pots cassés.

'**auslogieren** *v/t.* loger ailleurs.

'**auslösch|en** *v/t. Licht usw.*: éteindre; *durch Zudecken*: étouffer; *Erinnerungen usw.*: effacer; ⚭**en** *n*, ⚭**ung** *f* extinction *f*; *durch Zudecken*: étouffement *m*; *Erinnerungen usw.*: effacement *m*.

'**auslos|en** *v/t.* tirer au sort; ⚭**ung** *f* tirage *m* au sort.

'**auslös|en** *v/t.* ⚙, ⊕, *phot.* déclencher; *inform.* (*abrufen*) ein Programm ~ lancer un programme; *fig.* (*hervorrufen*) provoquer; *diese Stelle löste großen Beifall aus* ce passage a été très applaudi; *Alarm* ~ déclencher l'alarme; *e-n Schuß* ~ faire partir un coup; ⚭**en** *n* ⚙, ⊕, *phot.* déclenchement *m*; ⚭**er** *m phot.* déclencheur *m*; *psych.* évocateur *m*; ⚭**ung** *f* → ⚭**en**.

'**Auslosung** *f* tirage *m* au sort.

'**ausloten** *v/t.* sonder (*a. fig.*).

'**auslüften** *v/t.* aérer.

'**ausmachen** I *v/t. Licht usw.*: éteindre; *rad., télév.* fermer, arrêter; (*bilden, darstellen*) constituer; (*ausfindig machen*) *a.* ⚔ repérer; dénicher, dépister; (*festsetzen*) arrêter; décider; (*vertraglich festlegen*) stipuler; (*betragen*) faire; *e-n* (*notwendigen*) *Teil von etw.* ~ faire partie (intégrante) de qch.; *was macht das aus?* (*was hat das zu sagen?*) qu'importe?; *das macht nichts aus* n'importe; cela ne fait rien; II ⚭ *n des Lichtes*: extinction *f*; (*Abmachen*) arrangement *m*; stipulation *f* (*Auffingen*) *a.* ⚔ repérage *m*.

'**ausmahlen** I *v/t. Getreide*: moudre finement; II ⚭ *n* mouture *f*.

'**ausmalen** I *v/t. Raum*: décorer; *Kinderbücher*: colorier; peindre, *fig.* (*schildern*) peindre, dépeindre, décrire; *sich etw.* ~ se figurer qch., s'imaginer; II ⚭ *n e-s Raumes*: décoration *f*; *v. Kinderbüchern*: coloriage *m*; *fig. Schilderung*: description *f*.

'**Ausmarsch** ⚔ *m* sortie *f*; *für längere Zeit*: départ *m*; ⚭**ieren** *v/i.* sortir (*aus de*); *zu e-m Feldzug* ~ partir en campagne.

'**Ausmaß** *n* dimension(s *pl.*) *f*; étendue *f*; *in geringem* ~ dans une faible mesure; *im großen* ~ *exportieren* exporter sur une grande échelle.

'**ausmauern** *v/t.* maçonner.

'**ausmeißeln** *v/t.* tailler au ciseau; sculpter.

'**ausmelken** *v/t.* traire complètement.

'**ausmergel|n** *v/t.* dessécher, épuiser, exténuer; ⚭**ung** *f* épuisement *m*.

'**ausmerz|en** *v/t. Fehler, anstößige Stellen, Ungeziefer*: supprimer, éliminer; *Fehler, Vorurteile a.*: extirper; ⚭**en** *n*, ⚭**ung** *f* suppression *f*, élimination *f*; extirpation *f*.

'**ausmeßbar** *adj.* mesurable.

'**ausmess|en** *v/t.* mesurer; prendre les mesures de; *mit dem Metermaß* ~ *a.* métrer; *ein Feld usw.*: arpenter; *den Rauminhalt* ~ *e-s Körpers*: cuber; ⚓ jauger; ⚭**en** *n*, ⚭**ung** *f* mesurage *m*; ~ *mit dem Metermaß* métrage *m*; *e-s Feldes usw.*: arpentage *m*; ~ *des Rauminhalts* cubage *m*; ⚓ jaugeage *m*.

'**ausmisten** *v/t. Stall usw.*: nettoyer; F *fig.* ranger, mettre de l'ordre (dans).

'**ausmontieren** F *v/t. Motor*: démonter.

'**ausmünzen** *v/t.* monnayer, monétiser; *fig.* exploiter.

'**ausmuster|n** *v/t.* (*Unbrauchbares wegwerfen*) rejeter; ⚔ réformer; mettre à la réforme; ⚭**en** *n*, ⚭**ung** *f* ⚔ réforme *f*.

'**Ausnahme** *f* exception *f*; *mit* ~ *von* à l'exception de; excepté; sauf; *bis auf wenige* ~**n** à peu d'exceptions près; *keine* ~ *gestatten* n'admettre aucune exception; *e-e* ~ *zur Regel bilden* faire exception à la règle; *bei j-m e-e* ~ *machen* faire une exception pour (*od.* en faveur de) q.; ~**n** *bestätigen die Regel* l'exception confirme la règle; ~**angebot** *n* offre *f* exceptionnelle; ~**bestimmung** *f* mesure *f* d'exception; ~**fall** *m* cas *m* exceptionnel; ~**genehmigung** *f* autorisation *f* exceptionnelle; ~**gericht** *n* tribunal *m* d'exception; ~**gesetz** *n* loi *f* d'exception; ~**preis** *m* prix *m* exceptionnel; ~**tarif** *m* tarif *m* exceptionnel; ~**zustand** *m* état *m* d'exception (*od.* d'urgence).

'**ausnahms|los** *adv.* sans exception; ~**weise** *adv.* exceptionnellement, par exception, à titre exceptionnel, par extraordinaire, pour une fois.

'**ausnehmen** 1. *v/t. Fisch, Geflügel*: vider; *Vögel aus dem Nest* ~ dénicher des oiseaux; (*ausschließen*) excepter; F *fig.* j-n ~ (*ausbeuten*) plumer q., F gruger q.; *im Restaurant*: matraquer q.; 2. *v/rf.*: *sich gut* (*schlecht*) ~ faire bon (mauvais) effet; *sich* ~ *wie* avoir l'air de; faire l'effet de.

'**ausnutz|en**, '**ausnütz|en** *v/t.*: *etw.* ~ profiter de qch., tirer profit de qch.; *j-n* ~ (*ausbeuten*) exploiter q.; *jeden Augenblick* ~ mettre à profit chaque instant; ⚭**ung** *f* mise *f* à profit; (*Ausbeutung*) exploitation *f*.

'**auspacken** I *v/t.* dépaqueter; *Kiste usw.*: ouvrir; *Waren*: déballer; *Koffer*: défaire; vider; F *fig.* (*ausplaudern*) déballer; mettre flamberge au vent; faire un déballage (de); II ⚭ *n* dépaquetage *m*; *v. Waren*: déballage *m* (*a. fig.*).

'**auspeitschen** *v/t.* fouetter.

'**auspellen** *v/rf.*: F *sich* ~ se déshabiller; P se défringuer, P se défrusquer.

'**auspfeifen** *v/t.* siffler; 'huer.

'**auspflanz|en** *v/t.* déplanter; ✿ *aus e-m Topf* ~ dépoter; ⚭**en** *n*, ⚭**ung** *f* déplantage *m*; ~ *aus e-m Topf* dépotage *m*.

'**auspicken** *v/t.*: *alles* ~ picorer (*od.* becqueter) tout.

'**auspinseln** ⚗ *v/t.* badigeonner.

Au'spizien *pl.* auspices *m/pl.*

'**ausplappern** F *v/t. s. ausplaudern*.

'**ausplätten** *v/t. Falten*: enlever au fer (*od.* en repassant).

'**ausplaudern** *v/t.* ébruiter; divulguer; *ein Geheimnis* ~ divulguer un secret, F vendre la mèche.

'**ausplündern** *v/t. Stadt*: piller; saccager, mettre à sac; *j-n* ~ détrousser q., dévaliser q.; *Laden, Auto*: piller, dévaliser.

'**auspolstern** *v/t.* rembourrer; *Möbel mst.*: capitonner.

'**ausposaunen** F *v/t. Neuigkeit*: raconter à qui veut l'entendre, claironner

ner, crier sur les toits, carillonner, annoncer à sons de trompe.
'**auspower|n** F v/t. appauvrir; exploiter; ₂ung F f appauvrissement m; exploitation f.
'**ausprägen** 1. v/t. Münze usw.: monnayer, monétiser; 2. v/rf.: fig. (sich klar ausdrücken) s'exprimer nettement, se manifester (in par).
'**auspreis|en** † v/t. Waren: étiqueter; ₂ung † étiquetage m.
'**auspressen** v/t. pressurer; presser; Öl aus etw. ~ extraire de l'huile de qch.; fig. pressurer; exploiter.
'**ausprobieren** I v/t. essayer, expérimenter (an sur); ₂ung f expérimentation f; z.B. e-r Schulordnung: rodage m.
'**Auspuff** m Auto: échappement m; ₂en v/t. (Gase ausstoßen) expulser; ~gas n gaz m d'échappement; ~hub m course f d'échappement; ~klappe f clapet m d'échappement; ~krümmer m coude m d'échappement; ~leitung f conduite f d'échappement; ~rohr n tuyau m d'échappement; ~topf m pot m d'échappement; ~ventil n soupape f d'échappement.
'**auspumpen** I v/t. pomper; vider; Magen: laver; phys. die Luft ~ faire le vide (aus dans); II ₂ n pompage m; vidage m; phys. raréfaction f; des Magens: lavage m.
'**auspunkten** v/t. Boxsport: battre aux points.
'**auspusten** F v/t. souffler.
'**ausputzen** 1. v/t. Baum: ébrancher; élaguer; Weberei: éplucher; (putzen u. reinigen) nettoyer; Kanal usw.: curer; (schmücken) parer; orner; enjoliver; embellir; décorer; Kleid: garnir; 2. v/rf.: sich ~ se parer; F s'attifer; ₂ n e-s Baumes: élagage m; (Putzen u. Reinigen) nettoyage m; e-s Kanals: curage m; Verschönern: embellissement m; décoration f.
'**ausquartieren** v/t.: j-n ~ loger q. ailleurs.
'**ausquetschen** v/t. press(ur)er; F fig. j-n ~ 'harceler q. de questions, tenir q. sur la sellette.
'**ausradeln** v/t. 1. Teig: découper à la roulette; 2. cout. tracer à la roulette.
'**ausradieren** v/t. effacer (à la gomme); gommer; fig. a. ⚔ e-e Stadt: rayer de la carte du monde.
'**ausrangieren** v/t. mettre au rebut (od. au rancart).
'**ausrasieren** F v/t. raser.
'**ausrasten** ⊕ v/t. faire un déclic; décliqueter.
'**ausrauben** v/t. piller; dévaliser.
'**ausrauchen** v/t.: s-e Pfeife ~ finir sa pipe.
'**ausräuchern** v/t. Wespen, Fuchs: enfumer; mit Gasen: fumiger.
'**ausraufen** v/t. Haare: arracher; 2. v/rf.: sich die Haare vor Verzweiflung ~ s'arracher les cheveux de désespoir.
'**ausräumen** v/t. Wohnung: déménager les meubles de; vider de ses meubles; démeubler; Schrank, Kasse: vider; Bücher, Wäsche, Möbel: sortir, enlever (aus de); fig. Mißverständnisse ~ éclaircir des malentendus; die Schwierigkeit ~ trancher la difficulté.

'**ausrech|enbar** adj. calculable; ~nen v/t. calculer; (überschlagen) supputer.
'**ausrecken** v/t. Arm: (é)tendre; (v/rf.: sich s')étirer; sich den Hals nach j-m, nach etw.: tendre le cou pour voir q., qch.
'**Ausrede** f détour m; subterfuge m; excuse f; (Ausflucht) faux-fuyant m; échappatoire f; e-e ~ haben avoir une bonne excuse (toute prête); répondre par une échappatoire; da hilft keine ~ il n'y a pas d'excuse qui tienne; ₂n 1. v/i. achever (od. cesser) de parler; j-n nicht ~ lassen couper la parole à q.; 2. v/t.: j-m etw. ~ dissuader (od. détourner) q. de qch.; das lasse ich mir nicht ~ on ne m'ôtera pas cela de l'idée; je ne m'en laisse pas dissuader (od. détourner).
'**ausreiben** v/t. Flecken: enlever en frottant; sich die Augen ~ se frotter les yeux; Schüssel: nettoyer.
'**ausreichen** v/i. suffire; ~ mit avoir assez de; ~d adj. suffisant; Schulnote: passable.
'**ausreifen** v/i. mûrir.
'**Ausreise** f départ m pour l'étranger; sortie f; Ein- und ~ entrée f et sortie f; ~erlaubnis f autorisation de sortie; ₂n v/i. partir (nach pour); quitter (aus e-m Land un pays); ~visum n visa m de sortie.
'**ausreiß|en** 1. v/t. arracher; mit der Wurzel ~ déraciner; fig. das Übel mit der Wurzel ~ couper le mal à sa racine; er reißt sich kein Bein aus il ne se casse rien; F il ne se foule pas (la rate); 2. v/i. a. Radsport: échapper (mit avoir/); (nicht mehr zusammenhalten) se déchirer; Naht: se découdre; F (fliehen) se sauver à toutes jambes, s'évader, F déguerpir, décamper, filer, P se trotter, tourner (od. montrer) les talons, gagner (od. prendre) le large, prendre la clé des champs; ⚔ déserter; Pferde usw.: prendre le mors aux dents; s'emballer; ₂en n mst. v. Kindern: fugue f; Radsport: échappée f; ~er m évadé m; fuyard m; ⚔ déserteur m; Radsport: coureur m échappé.
'**ausreiten** 1. v/i. sortir à cheval; 2. v/t. Pferd: promener.
'**ausrenk|en** v/t. Glied: démettre; luxer; disloquer; déboîter; sich den Arm (die Schulter) ~ se démettre le bras (l'épaule); ₂en n, ₂ung f luxation f; dislocation f; déboîtement m.
'**ausricht|en** v/t. ⊕ ajuster, centrer; ⚔ (v/rf.: sich s')aligner (nach sur); Auftrag, Gruß: transmettre; richten Sie ihm aus, daß ... dites-lui que ...; geistig, pol.: (sich s')orienter (auf acc. vers); richten Sie ihm m-n Gruß aus! saluez-le de ma part; ich werde es ~ (als Antwort) je n'y manquerai pas; Befehl: exécuter; etw. ~ (erreichen) réussir à faire qch.; Fest, Tagung: organiser; ₂ung f ⊕ ajustage m; e-s Befehls, Auftrags: transmission f; geistig, pol.: orientation f.
'**Ausritt** m sortie f (od. promenade f) à cheval.
'**ausrod|en** v/t. essarter; (urbar machen) défricher; e-n Wald auf e-m Hügel ~ déboiser une colline); ₂en n, ₂ung f essartage m; (Urbarmachen) défrichement m; ~ e-s Waldes dé-

boisement m.
'**ausrollen** I v/t. Teppich: dérouler; Teig: étendre avec le rouleau; II v/i. ⚔ rouler de plus en plus lentement et s'arrêter.
'**ausrott|en** v/t. fig. extirper; ⚔ exterminer; ₂ung f fig. extirpation f; ⚔ extermination f; ₂ungskrieg m guerre f d'extermination.
'**ausrücken** 1. v/t. beim Maschineschreiben, typ. sortir (aus de); ⊕ débrayer; déclencher; 2. v/i. ⚔ se mettre en marche; partir; für kürzere Zeit: sortir; F (entfliehen) se sauver, s'enfuir, guerpir, décamper, filer.
'**Ausruf** m cri m; exclamation f; bei e-r Versteigerung: annonce f (à haute voix); ₂en 1. v/i. s'écrier; verwundernd: s'exclamer; 2. v/t. crier; Schaffner usw.: annoncer à 'haute voix; j-n als König ~ proclamer q. roi; ~en v. Wettbewerbsergebnissen: proclamation f; ~er m: ~ von Zeitungen crieur m de journaux; ~ung f der Republik: proclamation f; die ~ des Streiks le lancement de l'ordre de grève; ~ungswort gr. n interjection f; ~ungszeichen gr. n point m d'exclamation.
'**ausruhen** I 1. v/t. Glieder usw.: reposer; 2. v/rf.: sich von etw. ~ se reposer de qch.; II ₂ n repos m.
'**ausrupfen** v/t. arracher; e-m Vogel die Federn ~ plumer un oiseau.
'**ausrüst|en** v/t. (v/rf.: sich se) munir (mit de); ⚔, ⚓ (sich s')équiper, (bewaffnen) (s')armer; fig. mit großen Anlagen ausgerüstet doué de beaucoup de talents; ₂ung f équipement m; (Bestückung, Bewaffnung) armement m; feldmäßige ~ tenue f de campagne; ₂ungsgegenstände m/pl. effets m/pl. d'équipement.
'**ausrutschen** v/i. glisser.
'**Aussaat** ✽ f allg. ensemencement m; von Getreide: semailles f/pl.; von Weizen a.: emblavage m; nur hort.: semis m.
'**aussäen** ✽ I v/t. semer; II ₂ n ensemencement m.
'**Aussage** f déclaration f, énoncé m; thé., litt. affirmation f; Kunst: expression f, message m; gr. attribut m; ₰₰ déposition f; témoignage m; eidliche ~ déposition f sous serment; die ~ verweigern refuser de déposer (od. de témoigner); e-e ~ widerrufen se dédire; ₂n v/t. dire; déclarer; (berichten) rapporter; gr. énoncer; ₰₰ déposer (über acc. au sujet de); als Zeuge ~ déposer comme témoin; témoigner (gegen j-n contre q.; vor Gericht en justice).
'**aussägen** v/t. découper à la scie.
'**Aussage|satz** gr. m proposition f affirmative; ~verweigerung ₰₰ f refus m de déposer (od. de témoigner).
'**Aussatz** ✚ m lèpre f.
'**aussätzig** adj. lépreux, -euse; ₂e(r a. m) m, f lépreux m, -euse f.
'**aussaugen** v/t. sucer (a. fig.); vider.
'**aussaug|en** v/t. sucer (a. fig.); ✽ Boden: épuiser (a. fig.); (ausbeuten) exploiter, plumer, saigner, profiter de, F sucer, F gruger; ₂en n, ₂ung f succion f; ✽ des Bodens: épuisement m (a. éc.); ₂er m der Arbeitskraft: exploiteur m.
'**ausschaben** ✚ v/t. faire un curetage;

cureter.

'**ausschacht|en** ⊕ *u*. ⚒ *v/t.* creuser; excaver; foncer; ⟨en *n*, ⟨ung *f* creusage *m*; creusement *m*; excavation *f*; foncage *m*.

'**ausschalen** △ *v/t.* décoffrer; (*verschalen*) planchéier.

'**ausschälen** ⚕ *v/t.*: die Mandeln ∼ ôter (*od.* enlever) les amygdales.

'**ausschalt|en** *v/t.* éliminer (*a. arith., Sport*); exclure; écarter; ⊕, ⚡ interrompre; couper; *téléph.* débrancher; *Licht*: éteindre; *Radio*: fermer; arrêter; *Kupplung*: débrayer; F *fig. j-n* ∼ laisser q. de côté, F court-circuiter q.; ⟨en *n*, ⟨ung *f* exclusion *f*; ⚡ *e-r Verbindung*: interruption *f*; *des Stromkreises*: mise *f* 'hors circuit; *der Kupplung*: débrayage *m*.

'**Ausschalung** △ *f* décoffrage *m*; (*Verschalung*) planchéiage *m*.

'**Ausschank** *m v. Getränken*: débit *m* de boissons; buvette *f*.

'**ausscharren** *v/t. Körner, Leiche usw.*: déterrer.

'**ausschattieren** *v/t.* ombrer.

'**Ausschau** *f*: ∼ halten regarder (*od.* scruter) l'horizon; ⟨en *v/i.* regarder; nach j-m ∼ chercher q. (des yeux *od.* du regard); gut ∼ avoir bonne mine.

'**ausschaufeln** *v/t. Grab*: creuser (avec la pelle).

'**ausscheid|en** 1. *v/t.* ⚕ *Salz usw.*: dégager; extraire; ⚕, ⚡, *gr. u. Sport*: éliminer; ∼ müssen *Sport*: être éliminé; *physiol.* excréter; 2. *v/i.* se retirer; donner sa démission; *aus dem Dienst* ∼ quitter le service; *aus e-r Gesellschaft*: quitter; se retirer (de); *das scheidet aus* cela n'entre pas en ligne de compte; *die* ∼*den Mitglieder* les membres *m/pl.* sortants; ⟨en *n*, ⟨ung *f* ⚕ dégagement *m*; extraction *f*; ⚕, ⚡, *gr., Sport*: élimination *f*; *physiol.* sécrétion *f*; ⟨ungskampf *m Sport*: (épreuve *f*) éliminatoire *f*; *bsd. cycl. u. hipp.* critérium *m*; ⟨ungs-organe *physiol. n/pl.* organes *m/pl.* sécréteurs; ⟨ungsrennen *n* (course *f*) éliminatoire *f*; ⟨ungsrunde *f Sport*: tour *m* éliminatoire; ⟨ungsspiel *n Sport*: match *m* éliminatoire (*od.* de sélection).

'**ausschelten** *v/t.*: *j-n* ∼ morigéner q.; gronder q.; F passer un savon à q.

'**ausschenken** I *v/t.* verser; (*verkaufen*) *Getränke*: débiter; II ⟨ *n v. Getränken*: débit *m*.

'**ausscheren** *v/i. Auto*: sortir de la file, déboîter, faire une embardée; changer brusquement de file, se déporter; ⟨ (*Auto*) *n* déportement *m*, embardée *f*.

'**ausscheuern** I *v/t. Kessel*: récurer; II ⟨ *n* récurage *m*.

'**ausschicken** *v/t. Boten*: envoyer; expédier; ∼ nach envoyer chercher.

'**ausschießen** *v/t.* tirer; *j-m ein Auge* ∼ crever un œil à q. d'un coup de feu; *e-n Preis* ∼ tirer à qui aura un prix; *typ.* imposer.

'**ausschiff|en** *v/t. Güter, Truppen*: débarquer; ⟨en *n*, ⟨ung *f* débarquement *m*.

'**ausschildern** *v/t. Verkehr*: signaliser par des panneaux.

'**ausschimpfen** *v/t.*: *j-n* ∼ morigéner q., gronder q., fustiger q., F passer un savon à q.

'**ausschirren** I *v/t.* déharnacher; II ⟨ *n* déharnachement *m*.

'**ausschlacht|en** *v/t. Schlächterei*: dépecer; F ⊕ *Auto*: retirer tout ce qui est encore utilisable; démonter en vue de réutiliser; *fig.* (*ausnutzen*) exploiter; *Text, Artikel a.*: décortiquer; ⟨er *m*: ∼ von Autowracks désosseur *m*.

'**ausschlacken** ⊕ *v/t. métall.* débarrasser des scories.

'**ausschlafen** 1. *v/i. u. v/rf.*: sich ∼ dormir tout son content; 2. *v/t.*: s-n Rausch ∼ F cuver son vin (*od.* sa bière).

'**Ausschlag** *m* ⚕ éruption *f* cutanée; exanthème *m*; (*Hitzpickel*) bouton *m* de chaleur; eczéma *m*; *vom Nesselfieber*: urticaire *f*; *an den Wänden*: efflorescence *f*; *der Magnetnadel*: déviation *f*; *der Waage*: trait *m*; *fig.* den ∼ geben être déterminant; faire pencher la balance; emporter la décision; être décisif, -ive; décider; avoir la voix prépondérante; *bei Stimmengleichheit den* ∼ *geben*; départager les voix; ⟨en 1. *v/t. Feuer*: éteindre en frappant dessus; *j-m ein Auge* (einen Zahn) ∼ crever un œil (casser une dent) à q.; *e-m Faß den Boden* ∼ défoncer un tonneau; *fig. das schlägt den Faß den Boden aus* c'en est trop; (*bekleiden*) garnir (mit de); revêtir (de); *fig. etw.* ∼ repousser qch.; refuser qch. (*od.* de faire qch.); *Erbschaft*: refuser; répudier; renoncer (à); 2. *v/i. Pferd*: ruer; lancer des ruades; *alles schlägt zu s-m Vorteil aus* tout tourne à son avantage; *Waage*: nach e-r Seite ∼ pencher d'un côté; ⚡ bourgeonner; (*commencer à*) pousser; *das Feuer schlägt zum Dache aus* les flammes jaillissent du toit; *Wände*: (*beschlagen*) suer; *Pendel*: osciller; *Magnetnadel*: dévier; *die Uhr hat ausgeschlagen* la pendule a fini de sonner; ⟨gebend *adj.* décisif, -ive; (*überwiegend*) prépondérant; ∼ung *f*: ∼ *e-r Erbschaft* répudiation *f* d'une succession; renonciation *f* à une succession; ∼ungsfrist *f e-r Erbschaft*: délai *m* de répudiation; ∼winkel *phys. m* angle *m* de déviation.

'**ausschlämmen** *v/t. Teich*: débourber; *Graben*: curer.

'**ausschleifen** *v/t.* passer à la meule; affiler; aléser.

'**ausschleudern** *v/t.* lancer; *v. Vulkanen*: vomir; (*zentrifugieren*) essorer.

'**ausschließ|en** *v/t.*: *j-n* ∼ fermer sa porte à q.; *aus e-m Verein usw.*: (*v/rf.*: *sich s'*)exclure (*aus, von* de); *Sport*: disqualifier; ⚡ *e-n Unbekannte*: éliminer; *typ.* justifier; *Arbeiter*: (*aussperren*) lock-outer; ⚖ *vom Prozeß* ∼ mettre 'hors de cause; *ich schließe niemand davon aus ja er nicht excepte personne*; ∼lich I *adj.* exclusif, -ive; ∼es Recht droit *m* exclusif; monopole *m*; II *adv.* exclusivement; III *prp.* (*gén.*) à l'exclusion de; ⟨lichkeit *f* exclusivité *f*; ⟨ung *f* exclusion *f*; *Sport*: disqualification *f*; ⚡ *e-r Unbekannten*: élimination *f*; (*Aussperrung*) lock-out *m*; → *Ausschluß*.

'**ausschlüpfen** I *v/i.* éclore; *aus dem Ei*: ∼ sortir de l'œuf; II ⟨ *n* éclosion *f*.

'**ausschlürfen** *v/t. langsam, mit Genuß*: déguster, savourer, F siroter;

Auster, Ei: gober.

'**Ausschluß** *m* exclusion *f*; *mit* ∼ von (*od. gén.*) à l'exclusion de; *Sport*: disqualification *f*; ⚖ (*Rechts*⟨) forclusion *f*; ∼ *der Gütergemeinschaft* séparation *f* de biens; *unter* ∼ *der Öffentlichkeit* à 'huis clos; *den* ∼ *der Öffentlichkeit beantragen* demander le 'huis clos; ∼frist ⚖ *f* délai *m* de forclusion.

'**ausschmieren** *v/t. Backform*: graisser; beurrer; *die Fugen* ∼ *e-r Mauer*: jointoyer.

'**ausschmück|en** *v/t.* orner (*mit de*); parer (*mit de*); décorer (*mit de*); (*verzieren*) enjoliver; (*verschönern*) embellir; *Nachricht*: habiller; ⟨en *n*, ⟨ung *f* ornementation *f*; décoration *f*; △, *thé.* décor *m*; (*Verzierung*) enjolivement *m*; (*Verschönerung*) embellissement *m*.

'**ausschneiden** I *v/t. Baum*: élaguer; *Holz, aus der Zeitung*: découper; *Kleid*: échancrer; décolleter; évider; *chir. Gewächs usw.*: exciser, enlever; II ⟨ *n* ⚒ élagage *m*; *v. Holz, aus der Zeitung*: découpage *m*; *am Kleid*: évidement *m*; *chir.* excision *f*, enlèvement *m*.

'**Ausschnitt** *m e-s Baumes*: élagage *m*; *v. Holz, Zeitungsausschnitt*: découpure *f*; *am Kleid*: échancrure *f*; décolletage *m*; décolleté *m*; *fig. e-s Buches, e-r Rede*: extrait *m*; ⚡ secteur *m*; *fig. e-s Programmes, aus dem Leben*: tranche *f*; ∼blende *f* modestie *f*.

'**ausschnitzen** *v/t.* sculpter (sur bois).

'**ausschnüffeln** *v/t.* flairer; dépister.

'**ausschöpf|en** *v/t. Brunnen*: vider, épuiser; *Wasser aus e-m Boot*: écoper; *Thema*: épuiser; ⟨ung *f* Statistik: die ∼ der Antworten la ventilation *f* des réponses.

'**ausschrauben** *v/t.* dévisser.

'**ausschreib|en** *v/t.* (*ohne Abkürzung*) écrire en toutes lettres; *Sitzung*: convoquer; *Wahlen* ∼ fixer la date des élections; *Stelle*: mettre au concours; *Arbeiten*: mettre en adjudication; ⚡ *Scheck*: remplir; *Rechnung, Vollmacht*: rédiger; *Anleihe*: émettre; *Attest*: écrire; ⟨en *n*, ⟨ung *f v.* Wahlen: fixation *f* de la date; *e-r Stelle*: mise *f* au concours; *v. öffentlichen Arbeiten*: mise *f* en adjudication, appel *m* d'offres; *e-r Rechnung*: établissement *m*; ⟨ungs-unterlagen *f/pl.* dossier *m* d'adjudication (*od.* de concours).

'**ausschreien** F: sich (dat.) den Hals ∼ s'égosiller.

'**ausschreit|en** *v/i.* marcher à grands pas; allonger le pas; ⟨ungen *f/pl.* excès *m/pl.*

'**ausschulen** *v/t.* retirer de l'école.

'**Ausschuß** *m* comité *m*; *bsd. parl.* commission *f*; *geschäftsführender* ∼, *Präsidial*⟨: bureau *m*; † *fehlerhafte Ware*: rebut *m*; pacotille *f*; ⚒ (*Austrittsstelle e-s Geschosses*) sortie *f* d'un projectile; ∼mitglied *n* membre *m* du comité, de la commission; ∼sitzung *f* séance *f* de comité, de la commission; ∼ware *f* marchandise *f* de rebut; camelote *f*.

'**ausschütteln** *v/t.* secouer.

ausschütt|en v/t. vider; † *Dividende*: distribuer, répartir, verser; *fig. j-m sein Herz ~* épancher son cœur (*od.* s'épancher) auprès de q.; *sich vor Lachen ~* être pris d'un fou rire; se tordre de rire; *das Kind mit dem Bade ~ jeter* le bon avec le mauvais; tout condamner sans discrimination; être trop absolu (*od.* exclusif, -ive) dans ses jugements; **2ung** *f e-r Dividende*: distribution *f*; répartition *f*; versement *m*.

ausschwärmen I v/i. *Bienen*: essaimer; ⚔ se déployer (*bei Infanterie* en tirailleurs); **II** 2 *n der Bienen*: essaimage *m*; ⚔ déploiement *m* (*bei Infanterie* en tirailleurs).

ausschwatzen s. *ausplaudern*.

ausschwefeln I v/t. soufrer; **II** 2 *n* soufrage *m*.

ausschweif|en 1. v/t. men. chantourner; **2.** v/i. (*liederlich leben*) se livrer à la débauche; **~end** *adj. moralisch*: débauché; dévergondé; libertin; déréglé; vicieux, -ieuse; *v. Sachen*: licencieux, -euse; *Phantasie*: extravagant; *ein ~es Leben führen* se livrer à la débauche; **2ung** *f moralisch*: débauche *f*; dévergondage *m*; libertinage *m*.

ausschweigen v/rfl.: *sich ~* garder le silence (*über acc.* sur).

ausschwenken v/t. *Glas, Wäsche ausspülen*: rincer; ⊕ *den Arm e-s Krans*: faire pivoter.

ausschwingen v/i. *Pendel*: cesser d'osciller; *Leine, Saite*: cesser de vibrer; *Glocke*: cesser de se balancer.

ausschwitzen v/t. ✱ exsuder; *e-e Erkältung ~* éliminer un refroidissement par la transpiration.

aussehen I v/i.: *~ wie* avoir l'air de; faire l'effet de; paraître; *wie j. (etw.) ~* ressembler à q. (à qch.); *wie siehst du denn aus!* comme te voilà arrangé!; *so siehst du aus!* penses-tu!; *er sieht (ganz) danach aus* il en a bien l'air; *das sieht ganz danach aus* cela en a tout l'air; *das sieht nach nichts aus* cela n'a l'air de rien; *appetitlich ~* être appétissant; *gut ~ (gut gebaut sein)* avoir une belle taille, être bien découplé, être bien de sa personne, *gesundheitlich*: avoir bonne mine, *Sache*: faire bien; *schlecht ~* faire mauvais effet, *gesundheitlich*: avoir mauvaise mine, *anständig ~* avoir l'air comme il faut; *gutmütig ~* avoir l'air bon; *unordentlich ~* avoir l'air débraillé; *wie Sie ~!* comme vous voilà fait!; *Gold auf Grün sieht gut aus* l'or va bien avec le vert; *sie sieht nicht übel aus* (= *ist hübsch*) F elle n'est pas mal; *er sieht älter aus, als er ist* il paraît plus que son âge; *sie sieht aus, als wäre sie 60 Jahre alt* elle a l'air d'avoir soixante ans; *wie sieht es mit Ihrer Angelegenheit aus?* où en est votre affaire?; *es sieht gut (schlecht) damit aus* cela (F ça) va bien (mal); *so sieht es aus* il en est ainsi (*mit s-r Angelegenheit* de son affaire); *wie sieht es mit ihm aus?* comment va-t-il?; comment vont ses affaires?; *es sieht gut mit ihm aus* il va bien; *es sieht schlecht* (*od.* übel *od.* F faul) *mit ihm aus* il va mal; *ses affaires vont mal*; il en est en point; *es sieht nach Regen aus* le temps semble se mettre à la pluie; **II** 2 *n mine f; air m;* configuration *f*; aspect *m*; apparence *f*; *ein gesundes ~ haben* avoir l'air bien portant (*od.* l'air en bonne santé); *ein frisches, jugendliches ~ haben* avoir de l'éclat; *nach dem (äußeren) ~ zu urteilen* à en juger sur les apparences; *das ~ verleihen* donner l'aspect (*gén.* de q. *resp.* de qch.); *stattliches ~* prestance *f*; maintien *m* imposant; *ein blühendes ~ (gepflegtes ~) haben* avoir une mine florissante (un extérieur soigné); *sein ~ trügt* il a une mine qui trompe; **~d** *adj.*: *ein gut ~er junger Mann* un jeune homme bien (*od.* de belle apparence).

aussein v/i. (*zu Ende sein*) être fini; (*begehren*) *~ auf (acc.)*; *~ nach* être à la recherche de; viser à.

außen adv. à l'extérieur; dehors; *nach ~ (hin)* à (*od.* vers) l'extérieur; *au* (*od.* en) dehors; *die Tür geht nach ~* auf la porte s'ouvre en dehors (*od.* vers l'extérieur); *die Füße nach ~ setzen* mettre les pieds en dehors; *die Türen sollen von ~ nach innen geöffnet werden* les portes doivent s'ouvrir de dehors en dedans; *von ~ gesehen* vu du dehors (*od.* de l'extérieur); *e-e Tür von ~ öffnen* ouvrir une porte du dehors; *fig. Hilfe von ~ erhalten* obtenir de l'aide de l'étranger; **2ansicht** *f* vue *f* extérieure; **2antenne** *f* antenne *f* extérieure; **2aufnahmen** *cin. f/pl.* prises *f/pl.* de vue extérieures; extérieurs *m/pl.*; **~bahn** *f Sport*: piste *f* extérieure; *at.* orbite *f* externe (*od.* extérieure); **2beleuchtung** *f* éclairage *m* extérieur; **2bezirk** *m e-r Stadt*: quartier *m* extérieur; **2bordmotor** *m* moteur *m* 'hors-bord'; motogodille *f*; **2bordmotorboot** *n* 'hors-bord *m*.

aussenden v/t. *Strahlen, Wellen*: émettre; *Boten*: envoyer.

Außen|dienst *m* service *m* extérieur; **~durchmesser** *m* diamètre *m* extérieur; **~fläche** *f* surface *f* extérieure; **~hafen** ♆ *m* avant-port *m*; **~handel** *m* commerce *m* extérieur; **~handelsbilanz** *f* balance *f* du commerce extérieur; **~haut** ♆, ✈ *f* revêtement *m*; **~hof** *m* cour *f* extérieure; **~linie** *f* contour *m*; **~luft** *f* air *m* extérieur; **~minister** *m* ministre *m* des Affaires étrangères; **~ministerium** *n* ministère *m* des Affaires étrangères; **~politik** *f* politique *f* extérieure; **2politisch** *adj.* de la politique extérieure; concernant les affaires étrangères; *~er Ausschuß* commission *f* des affaires étrangères; **~putz** △ *m* crépi *m*; **~seite** *f* extérieur *m*; dehors *m*; *v. Stoffen*: endroit *m*; **~seiter** *m Sport u. allg.*: outsider *m*; *allg.* original *m*; *psych.* désadapté *m*; **~seitertum** *psych. n* désadaptation *f*; **~stände** ✝ *m/pl.* créances *f/pl.* à recouvrer; *die ~ einziehen* opérer les rentrées; **~stehende(r)** *f (m)* profane *m/f*; **~stelle** *f* service *m* détaché; (*Filiale*) succursale *f*; ⚔, *a.* ✱ antenne *f*; **~stürmer** *m Sport*: ailier *m*; **~tasche** *f* poche *f* extérieure; **~temperatur** *f* température *f*; extérieure; **~treppe** *f* escalier *m* extérieur; **~tür** *f* porte *f* extérieure; **~wand** *f* mur *m* extérieur; **~welt** *f* monde *m* extérieur; **~werk** *hist.* ⚔ *frt. n* ouvrage *m* avancé; **~winkel** *m* angle *m* externe; **~wirtschaft** *f* économie *f* extérieure.

außer I *prp. (dat.; gén.)* 'hors de; en dehors de; (*abgesehen von*) à part, excepté, à l'exception de, exception faite de, sauf, *litt.* 'hormis; (*dazu*) outre; *ich habe keinen Freund ~ ihm* je n'ai d'autre ami que lui; *~ Dienst sein (dienstfrei sein)* ne pas être en (*od.* de) service, être en dehors du service, (*im Ruhestand sein*) être en retraite; *~ der Zeit* mal à propos; 'hors de saison'; *~ acht lassen* négliger; perdre de vue; *sich ~ Atem laufen* courir à perte haleine; *~ Fassung bringen* déconcerter; déconcerter; *~ Fassung kommen* se déconcerter; *~ Fassung sein* être déconcerté; *~ Gefahr sein* être 'hors de danger; *plötzlich ~ sich geraten* avoir un 'haut-le-corps; *~ dem Hause essen* déjeuner (*resp.* dîner) en ville; 2 *dem Hause schlafen* découcher; *~ Kraft setzen* abroger; *~ Landes gehen* quitter le pays; *~ Landes sein* être à l'étranger; *~ Zweifel setzen* mettre 'hors de doute; *j-n ~ sich bringen* exaspérer q.; *~ sich sein* être 'hors de soi; *vor Freude ~ sich sein* être transporté (*od.* éperdu) de joie; **II** *cj.*: *~ wenn es regnet* sauf (*od.* excepté) s'il pleut; à moins qu'il ne pleuve; si ce n'est qu'il pleut; *zeitlich*: *der Mensch ist normal, ~ wenn er trinkt* (=... *ist dann normal, wenn er nicht trinkt*) l'homme est normal sauf (*od.* excepté) quand il boit (*od.* à moins qu'il ne boive); *~ (der Tatsache), daß* ... **a)** *hinzufügend* (= *abgesehen davon, daß*): outre que (*ind.*); **b)** *einschränkend*: sauf (*od.* excepté) que (*ind.*), à moins que ... ne ... (*subj.*); à moins de (*inf.*); hormis le fait que (*inf.*); si ce n'est que (*ind.*); à part le fait que (*ind.*); **~amtlich** *adj.* non officiel, -elle; privé; **2betriebsetzung** *f* mise *f* 'hors de service (d'usage); **~dem** *adv.* (*überdies*) en outre, de plus, en plus, au surplus; par ailleurs, par-dessus le marché; (*und auch noch*) encore; **~dienstlich** *adj.* en dehors du service; **2dienststellung** *f v. Personen*: mise *f* en non-activité.

Äußere I *n* extérieur *m*; dehors *m/pl.*; apparence *f*; (*Anblick*) aspect *m*; *ein angenehmes ~ (s) haben* avoir un physique agréable; *nach dem ~n zu urteilen* à en juger sur l'apparence; *vom ~n aufs Innere schließen* juger sur l'apparence; *Minister des ~n →* Außenminister; **II** 2 *adj.* extérieur.

außer|ehelich *adj.* extra-conjugal; 'hors du mariage'; *~e Beziehungen* relations *f/pl.* extra-conjugales; *~es Kind* enfant *m* (*f*) illégitime (*od.* naturel[le]); **~etatmäßig** *adj.* extra-budgétaire; **~europäisch** *adj.* extra-européen, -enne; situé 'hors d'Europe; **~fahrplanmäßig** *adj.*: *~er Zug* train *m* supplémentaire; **~gerichtlich** *adj.* extrajudiciaire; **~gewöhnlich** *adj.* exceptionnel, -elle; extraordinaire; 'hors série; 'hors pair; 'hors du commun; 'hors ligne; 'hors classe; **~halb I** *prp. (gén.)* en dehors de; 'hors de; *~ der Stadt* en dehors (*od.* 'hors) de la ville; *~ Frankreichs* 'hors de France; *~ der Schule* en dehors de l'école; **II** *adv.* au-dehors; à l'extérieur; ~ *essen* déjeuner (*resp.* dîner) en ville; ~ *schlafen* découcher; ~**kirchlich** *adj.* en dehors de l'église; **²kurssetzung** *f* mise 'hors cours, 'hors (de la) circulation; démonétisation *f*.

'**äußerlich** *adj.* extérieur; externe; *phm. auf Medizinflaschen*: pour l'usage externe; *er ist nur ~ fromm* il n'est dévot qu'en apparence; (*oberflächlich*) superficiel, -elle; (*unwesentlich*) non essentiel, -elle; accidentel, -elle; (*nicht zum inneren Wesen gehörig*) extrinsèque; **²keit** *f* extérieur *m*; dehors *m/pl.*; apparences *f/pl.*

'**äußern 1.** *v/t.* dire; exprimer; émettre; déclarer; *Furcht, Freude usw.*: manifester, objectiver; **2.** *v/rfl.* *sich* ~ (*offenbaren*) se manifester; se montrer; ⚕ *v. Krankheiten* se déclarer; *sich* ~ *über* (*acc.*) se prononcer sur; *sich ungünstig über etw.* (*acc.*) ~ porter un jugement défavorable sur qch.; *sich dahin* ~ s'exprimer dans ce sens.

'**außer-ordentlich I** *adj.* extraordinaire; ~*er Professor* professeur *m* sans chaire; (*ungewöhnlich*) étonnant; prodigieux, -euse; (*hervorragend*) éminent; remarquable; (*ungeheuer*) énorme; **II** *adv.*: ~ *reich* extrêmement riche; **²e(s)** *n* extraordinaire *m*; ~ *leisten* faire des choses extraordinaires (*od.* des prodiges).

'**außer|parlamentarisch** *adj.* extra-parlementaire; ~**planmäßig** *adj.* 'hors-plan (*a. adv.*); *Beamter*: non-titulaire; *Etat*: extra-budgétaire; ~ *finanziert* financé 'hors plan'; ~**schulisch** *adj.* extra-scolaire.

'**äußerst I** *adj.* extrême; *fig. im* ~*en Elend* dans une misère extrême; *im* ~*en Falle* (*allenfalls*) à la rigueur; (*schlimmstenfalls*) au pis aller; ~*er* (*billigster*) *Preis* dernier prix *m*; *von* ~*er Wichtigkeit* de la plus 'haute importance; **II** *adv.* extrêmement; *au ~ten Grade*; *es geht ihm* ~ *schlecht* il va extrêmement mal; *ses affaires vont extrêmement mal.*

außer'**stande** 'hors d'état.

'**Äußerste(s)** *n* (cas *m*) extrême *m*; extrémité *f*; *sein* ~*es tun* faire tout son possible, F mettre le paquet; *aufs* ~*e* à outrance; (*sehr*) à l'extrêmement; *das ist das* ~*e, was ich tun kann* c'est tout ce que je peux faire; *j-n zum* ~*en bringen* (*od.* treiben) pousser q. à bout; pousser q. à la dernière extrémité; *die Dinge zum* ~*en treiben* pousser les choses à l'extrême; *zum* ~*en greifen* avoir recours aux extrêmes; *wenn es zum* ~*en kommt* en dernière extrémité; **²stenfalls** *adv.* (*allenfalls*) à la rigueur; (*schlimmstenfalls*) au pis aller; ~**ung** *f* manifestation *f*; expression *f*; (*Anspruch*) propos *m*; (*Erklärung*) déclaration *f*; (*Bemerkung*) remarque *f*; observation *f*; *gutachtliche* ~ analyse *f*; *der Freundschaft usw.*: démonstration *f*; *verletzende* ~ propos *m* blessant.

'**außervertraglich** *adj.* extra-contractuel, -elle.

'**aussetz|en 1.** *v/t. Kind*: abandonner; ⚓ *Passagiere*: débarquer; *Boot*: mettre à la mer; *Segel*: déployer; *Tiere, Pflanzen*: mettre dehors; *Fischbrut* ~ aleviner (*in e-n Fluß* une rivière); *Geld beim Spiel*: miser; jouer; *als Preis* ~ proposer en prix; *Vermächtnis*: faire; *testamentarisch* ~ léguer par testament; (*bestimmen*) destiner; *Summe*: allouer; *Rente*: constituer; (*zeitweise unterbrechen*) interrompre; *Arbeit*: suspendre; *etw. vorläufig* ~ remettre qch. à plus tard; *e-r Gefahr, den Blicken, dem Licht, der Sonne usw.*: exposer (à); *e-r Beanspruchung*: soumettre (à); *Belohnung*: offrir; ⚖ *etw.* ~ surseoir à qch.; *an j-m* (*e-r Sache*) *etw.* ~ (*od. auszusetzen haben*) critiquer q. (qch.); trouver à redire à qch.; *was haben Sie daran auszusetzen?* qu'y trouvez-vous à redire?; *ausgesetzt sein in butte* (à); **2.** *v/i.* s'interrompre; faire une pause; s'arrêter; *Puls*: être intermittent; *Motor*: avoir des ratés; **3.** *v/rfl.: sich* ~ s'exposer; *sich der Kritik* ~ prêter le flanc (*od.* donner prise) à la critique; **²en** *n*, **²ung** *f* exposition *f*; *e-s Kindes*: abandon *m*; ⚓ débarquement *m*; *e-s Bootes*: mise *f* à la mer (*od.* à l'eau); *e-s Preises*: proposition *f*; *testamentarisch*: legs *m*; *e-r Summe*: allocation *f*; *e-r Rente*: constitution *f*; ⚖ sursis *m*; (*Unterbrechung*) interruption *f*; suspension *f*; ⚕ intermittence *f*; *des Motors*: raté *m*; ~**end** *adj.* intermittent.

'**Aussicht** *f* vue *f*; *Haus, Fenster, usw.*: ~ haben donner sur; *mit für immer ungestörter Aussicht* vue imprenable; *fig.* perspective *f*; espérance *f*; chance *f*; ~*en haben* avoir des chances; *neue* ~ *en eröffnen* ouvrir des horizons; ~ *auf Erfolg* chance *f* de succès; *etw. in* ~ *haben* avoir qch. en vue; *etw. in* ~ *nehmen* se proposer qch. (*od.* de faire qch.); *j-n für etw. in* ~ *nehmen* avoir q. en vue pour qch.; *in* ~ *stehen* avoir en perspective; *j-m etw. in* ~ *stellen* faire espérer qch. à q.; ~ *in die Zukunft* perspective *f* d'avenir; **²slos** *adj.* voué à l'échec; sans chance de succès; sans issue; vain; ~**slosigkeit** *f* situation *f* désespérée; ~**s-punkt** *m* point *m* de vue; endroit *m* d'où la vue est étendue; **²sreich** *adj. fig. Beruf, Studium*: riche de promesses; ~**s-turm** *m* tour *f* avec beau point de vue; belvédère *m*; **²svoll** *adj.* prometteur, -euse; plein d'espoirs (*od.* de chances); ~**swagen** *m* voiture *f* panoramique.

'**aussied|eln** *v/t.* évacuer; **²lung** *f* évacuation *f*.

'**aussöhn|en** *v/t.* (*v/rfl.: sich se*) réconcilier (*mit* avec); (se) raccommoder (avec); F (se) rabibocher; **²en** *n*, **²ung** *f* réconciliation *f*; raccommodement *m*; F rabibochage *m*.

'**aussonder|n** *v/t.* séparer; (*sondernd auswählen*) trier; (*ausscheiden*) éliminer, écarter; *physiol.* sécréter; *untereinandergemengte Sachen*: démêler; **²n** *n*, **²ung** *f* séparation *f*; (*Auswählen*) triage *m*; (*Ausschalten*) élimination *f*; ⚕ sécrétion *f*; *im Konkursverfahren*: disjonction *f*, distraction *f*; **²ungsrecht** *n im Konkursverfahren*: droit *m* de disjonction (*od.* de distraction).

'**aussortieren** *v/t. allg.* retirer; *nach den besten Dingen od. Personen*: écrémer.

'**ausspähen 1.** *v/i.:* ~ *nach* guetter; **2.** *v/t.* épier; espionner.

'**ausspann|en** *v/t. Zugtiere*: dételer; *Netze*: tendre; *Flügel*: déployer; F *fig. j-m etw.* ~ escamoter (*od.* F chiper) qch. à q.; *v/i. fig.* se reposer, se détendre, prendre du repos, se relaxer; **²en** *n*, **²ung** *f v. Zugtieren*: dételage *m*; *fig.* repos, détente *f*, relaxation *f*.

'**aussparen** *v/t. Wort, Zeile*: laisser en blanc.

'**ausspeien** *v/t.* cracher; *Vulkan a.*: vomir.

'**aussperr|en** *v/t.: j-n* ~ fermer la porte à q.; *Arbeiter*: lock-outer; renvoyer; **²en** *n*, **²ung** *f v. Arbeitern*: lock-out *m*; renvoi *m*.

'**ausspielen 1.** *v/t. Karte*: jouer; *fig. den letzten Trumpf* ~ jouer sa dernière carte (*od.* son va-tout); (*als Gewinn aussetzen*) mettre en loterie; *j-n gegen j-n* ~ se servir de q. contre q.; **2.** *v/i. Spiel*: jouer le premier, la première; *wer spielt aus?* à qui de jouer? qui commence?

'**ausspinnen** *v/t.* (*e-e Geschichte*) développer, allonger.

'**ausspionieren I** *v/t.* espionner; **II** **²** *n* espionnage *m*.

'**Aussprache** *f* prononciation *f*; *e-e reine* ~ *haben* parler sans accent; *fremdartige* ~ accent *m* étranger; (*Erörterung*) discussion *f*; ~ *zu zweit* face-à-face *m*, tête-à-tête *m*; (*klärendes Gespräch*) explication *f*; ~**bezeichnung** *f* notation *f* phonétique; ~**fehler** *m* faute *f* de prononciation.

'**aussprech|bar** *adj. Wort*: prononçable; prononcé; *Gedanke*: exprimable; ~**en 1.** *v/t.*: *gut* (*schlecht*) ~ prononcer bien (mal); *deutlich* ~ prononcer distinctement, bien articuler; *schwer auszusprechen* difficile à prononcer; *Satz*: achever; *lassen Sie mich* ~ laissez-moi finir; (*ausdrücken*) exprimer; dire; énoncer; *Wunsch a.*: formuler; *Urteil*: rendre; prononcer; *Drohung*: proférer; (*offenbaren*) manifester; *parl. sein Vertrauen* ~ accorder sa confiance; **2.** *v/rfl.: sich* ~ *über* (*acc.*) s'expliquer sur; se prononcer sur; *sich mit j-m* ~ s'expliquer avec q. (*über etw. acc.* de qch.); *sich* ~ *für* se déclarer (se prononcer) pour (*od.* en faveur de); (*sich offenbaren*) se manifester; **²en** *n e-s Gedankens*: expression *f*.

'**ausspreizen I** *v/t.* écarter; **II** **²** *n* écartement *m*.

'**aussprengen** *v/t. Stück*: faire sauter (aus de); *mit Wasser* ~ asperger d'eau.

'**ausspritz|en** *v/t. v. Flüssigkeiten*: projeter; *Sperma*: éjaculer; ⚕ *Ohr, Nase, Rachen*: laver; **²ung** *f v. Flüssigkeiten*: projection *f*; ⚕ lavage *m*.

'**Ausspruch** *m* sentence *f*.

'**ausspuck|en I** *v/t.* cracher; **II** **²** *n* crachement *m*.

'**ausspülen** *v/t. Ufer*: creuser, ronger; *Sand, Erde*: emporter; *Wurzeln der Bäume*: déchausser; *Gläser usw.*: rincer; *Magen*: laver; *sich den Mund* ~ se rincer la bouche.

'**ausstaffier|en 1.** *v/t. Kleid*: garnir (*mit* de); *Roman*: étoffer; *j-n* ~ accou-

trer (od. affubler) q. (mit de); P fringuer q.; 2. v/rf.: sich ~ s'accoutrer (mit de); s'affubler (de); P se fringuer; 2ung f accoutrement m.
'Ausstand m ⚓ (Forderung) créance f; nicht einzutreibende Ausstände créances f/pl. irrécouvrables; (Streik) grève f; in den ~ treten se mettre en grève.
'ausstanzen v/t. poinçonner, découper.
'ausstatt|en v/t. équiper; mit Einkünften (od. Renten) ~ doter; Tochter: donner un trousseau (à); mit Mitgift ~ doter; mit Tatsachen ~ Roman: étoffer; (v/rf.: sich) ~ mit (se) pourvoir de; (se) munir de; fig. garnir (mit de); (staatlich ausrüsten) orner (mit de); parer (de); décorer (de); mit Werkzeugen ~ outiller; 2ung f équipement m; ~ mit Einkünften (od. Renten) dotation f; (Mitgift) dot f; Heirats2) trousseau m; (Ausschmückung) décoration f; (Komfort) confort m; standing m; (Mobiliar) mobilier m; thé. décors m/pl.; 2er cin., m ensemblier m; 2ungsfilm m film m à grand spectacle; über die Antike: péplum m; 2ungskosten pl. frais m/pl. d'équipement; 2ungs-stück thé. n pièce f à grand spectacle.
'ausstauben I v/t. épousseter; II 2 n époussetage m.
'ausstechen v/t. enlever avec un instrument pointu; Auge: crever; Austern: ouvrir; écailler; cuis. Plätzchen, Torf: découper; Graben: creuser; j-n ~ beim Turnier: désarçonner q. (d'un coup de lance), F fig. enfoncer q., évincer (od. supplanter od. éclipser od. F griller) q., l'emporter sur q.
'ausstehen 1. v/i. Geld aus(zu)stehen haben avoir de l'argent à recevoir, à recouvrer; ~de Gelder sommes f/pl. à recouvrer; ~de Forderung dette f active; Bescheid, Nachricht usw.: être attendu; F n'être pas encore arrivé; Geld: n'être pas encore rentré; 2. v/t. supporter; endurer; Strafe usw.: subir; Sturm usw.: essuyer (a. fig.); Hunger und Durst ~ endurer la faim et la soif; große Angst ~ avoir très peur; suer sang et eau; j-n nicht ~ können ne pouvoir souffrir q., F ne pouvoir sentir (od. P blairer) q., ne pas en-caisser q.
'aussteig|en v/i. descendre; aus dem Schiff ~ débarquer; alles ~! tout le monde descend!; F fig. (untertauchen) se marginaliser; 2en n descente f; ♣ débarquement m; 2er F fig. m marginal m (pl. marginaux).
'aussteinen v/t. Kirschen: ôter les noyaux (de); Äpfel: ôter les pépins (de).
'ausstell|en v/t. zur Schau: exposer; zum Verkauf: étaler; mettre à l'étalage en devanture; Netze: tendre; ✂ Zeugnis, Paß, Totenschein: délivrer; Urkunde, Rechnung: dresser; établir (a. Karteikarte); Obligation: émettre; Wechsel: tirer (auf j-n sur q.); 2er(in f) m auf e-r Ausstellung: exposant m, -e f; e-s Passes: celui (celle) qui délivre; e-s Wechsels: tireur m, -euse f; 2ung f zur Schau: exposition f; zum Verkauf: étalage m; e-s Schriftstückes: délivrance f; e-r Rechnung: établissement m; e-s

Wechsels: émission f; 2ungsdatum n e-s Schriftstückes: date f de délivrance; e-r Rechnung: date f d'établissement; e-s Wechsels: date f d'émission; 2ungsgebäude n palais m de l'exposition (resp. des expositions); 2ungsgegenstand m objet m exposé; 2ungsgelände n terrain m d'exposition; 2ungshalle f salle f (od. 'hall m) d'exposition; 2ungs-katalog m catalogue m (od. livret m) de l'exposition; 2ungsleitung f direction f de l'exposition; 2ungsmo-dell n modèle m destiné à une (od. à l')exposition; 2ungsraum m salle f (od. 'hall m) d'exposition; 2ungs-stand m stand m; 2ungs-tag m → 2ungsdatum.
'ausstemmen ⊕ v/t. creuser au fer-moir (od. au ciseau).
'Aussterbe-etat m: auf den ~ kommen (od. gesetzt werden) être destiné à disparaître; être condamné.
'aussterben I v/i. Familie: s'éteindre; Pflanzen usw.: périr (veröden) se dépeupler; fig. ausgestorbene Straße rue f déserte; II 2 n extinction f; (Veröden) dépeuplement m; im 2 en voie de disparition.
'Aussteuer f trousseau m; (Mitgift) dot f; 2n v/t. → ausstatten; ~ungs-anzeiger m Tonband- u. Stereogeräte: vumètre m; ~versicherung f assurance f dotale.
'Ausstieg m sortie f; ~luke ✈ f trappe f de départ.
'ausstochern v/t.: sich die Zähne ~ se curer les dents.
'ausstopf|en v/t. capitonner; rembourrer; Tiere: empailler; naturaliser; mit Watte ~ ouater; ouatiner; 2en n, 2ung f capitonnage m; rembourrage m; v. Tieren: empaillage m.
'Ausstoß m e-r Fabrik: production f; débit m; rendement m; 2en v/t. pousser dehors; expulser; (v. innen heraus wegstoßen) rejeter; faire tomber; gr. Vokal: élider, Konsonanten: supprimer; ♣, ✈ éliminer; aus e-r Gesellschaft usw.: exclure (aus de); (verbannen) bannir; Torpedo: lancer; (produzieren) produire, débiter; Flüssigkeit: débiter; projeter; ✂ exclure de l'armée; j-m ein Auge ~ crever un œil à q.; Schrei usw.: pousser; Schmähungen proférer, F cracher; ~en n, ~ung f expulsion f; gr. v. Vokalen: élision f, v. Konsonanten: suppression f; ♣, ✈ élimination f; aus e-r Gesellschaft: exclusion f; (Verbannung) bannissement m; e-s Torpedos: lancement m; aus der Armee: exclusion f; ~ des Atems expiration f; ~rohr n: ~ für Torpedos lance-torpilles m.
'ausstrahl|en 1. v/i. (strahlen) émaner, rayonner; fig. (s')irradier; 2. v/t. (verbreiten) répandre, bsd. rad. usw. répercuter; a.: radiodiffuser; 2en n, 2ung f a. fig. rayonnement m; nur phys. irradiation f; 2ungskraft fig. f puissance f de rayonnement.
'ausstrecken I v/t. (v/rf.: sich s')étendre; sich ganz ~ (lang hinlegen) s'étendre tout de son long; (walzen) laminer, étirer; den Arm: étendre, allonger; mit ausgestrecktem Arm halten tenir à bras tendu; II 2 n extension f; (Walzen) laminage m; éti-

rage m.
'ausstreichen I v/t. (ungültig machen) rayer; biffer; barrer; raturer; effacer; radier (a. ⚖ löschen); (glatt streichen) aplanir; (einfetten) graisser; Fugen: jointoyer; II 2 n biffage m; radiation f (a. ⚖ Löschen); (Glattstreichen) aplanissement m; (Einfetten) graissage m; v. Fugen: jointoiement m.
'ausstreu|en v/t. disséminer; disperser; Dünger: (verbreiten) répandre; fig. Gerüchte usw.: 2en n, 2ung f dissémination f; v. Dünger: épandage m; fig. v. Gerüchten: propagation f.
'ausström|en 1. v/i. s'écouler; se répandre à flots; (hervorsprudeln) jaillir; phys. émaner (a. fig.); (entweichen) s'échapper; fuir; 2. v/t. Wärme (a. fig.) dégager, répandre; Gas, Dampf, Duft: exhaler; phys. émettre; 2en n écoulement m; (Hervorsprudeln) jaillissement m; v. Gas, Dampf, Duft: échappement m; fuite f; exhalation f; phys. émission f; émanation f (a. fig.); 2ungsrohr ⊕ n tuyau m de sortie.
'ausstudieren v/i. cesser d'étudier; ausstudiert haben avoir terminé ses études.
'aussuchen I v/t. choisir; (aussondern) trier; abs. faire son choix; sich j-n (etw.) ~ porter son choix sur q. (sur qch.); II 2 n choix m.
'austäfel|n v/t. Wand: lambrisser toute une pièce; 2n n, 2ung f e-r Wand: lambrissage m.
'austapezieren v/t. tapisser.
'Austausch m échange m (für od. gegen contre); ⚓ a. troc m; 2bar adj. échangeable; interchangeable; ~barkeit f interchangeabilité f; ~dienst m: Akademischer ~ Office m d'échanges universitaires; 2en v/t. échanger (für od. gegen contre); s-e Gedanken ~ échanger ses idées; ⚓ a. troquer; ~lehrer m professeur m qui fait un échange; ~motor m moteur m d'échange; ~professor m professeur m d'université qui fait un échange; ~programm n programme m d'échanges; ~schüler m élève m qui fait un échange; ~student(in f) m étudiant m, -e f qui fait un échange.
'austeil|en v/t. distribuer; répartir; Befehle: donner; Titel usw.: conférer; décerner; Sakramente: administrer (a. Schläge); ~ unter (acc.) partager entre; 2en n, 2ung f distribution f; rl. v. Sakramenten: administration f.
'Auster zo. f huître f; ein Korbvoll ~n une bourriche, cloyère d'huîtres; ~nbank f banc m d'huîtres; huîtrière f; ~nbrut f naissain m; ~nfang m pêche f aux (od. des) huîtres; ~nfischer m pêcheur m d'huîtres; ~ngabel f fourchette f à huîtres; ~nhandel m commerce m d'huîtres; ~nhändler m marchand m d'huîtres; écailler m; ~npark m parc m à huîtres; ~nschale f écaille f d'huître; ~nschäler m écailler m, -ère f; ~nzucht f ostréiculture f; ~nzüchter m ostréiculteur m.
'austilgen v/t. Ungeziefer, Völkerstämme: exterminer; Unkraut, La-

ster usw.: extirper; *schreckliche Krankheit*: anéantir; *Erinnerung*: effacer.
'**austoben** 1. *v/t.* s-e *Wut*, s-n *Zorn* ~ donner libre cours à sa colère; 2. *v/rf.*: *sich* ~ se dépenser physiquement, prendre ses ébats, s'ébattre; *Unwetter, Epidemie*: faire rage; *in s-r Wut*: s'abandonner à sa fureur, *in s-n Leidenschaften*: s'abandonner à ses passions, *(sich die Hörner abstoßen)* jeter sa gourme; *sich ausgetobt haben (Unwetter, Brand usw.)* se calmer, s'apaiser.
'**austragen** & *Briefe*: distribuer; *Neuigkeiten*: débiter; divulguer; *Leibesfrucht*: porter jusqu'à terme; *Kleider*: user jusqu'au bout; *Streit*: vider; *Konflikt*: régler; F liquider; *Wettkampf*: disputer.
'**Austräger(in** *f*) *journ. m* distributeur *m*, -trice *f*.
'**Austragungs-spiel** *n Sport*: match *m* décisif.
Au'strall|ien *n* l'Australie *f*; **~ier** (**-in** *f*) *m* Australien *m*, -enne *f*; **2isch** *adj.* australien, -enne.
'**ausräumen** 1. *v/t.*: s-n *Traum* ~ achever son rêve; *der Traum ist ausgeträumt* le rêve est fini (*od.* F est à l'eau); 2. *v/i.* finir de rêver; être rappelé à la réalité.
'**austreib|en** *v/t.*: j-m etw. ~ faire passer qch. à q.; *Geister*: exorciser; **2ung** *f v. Geistern*: exorcisation *f*.
'**austrennen** *v/t. cout.*: découdre.
'**austreten** 1. *v/i.* (*verlassen*) se retirer (*aus de*); sortir (de); quitter (*aus etw. qch.*); *Wasser*: déborder; *ast.* émerger; *v/t.* s'extravaser; *W.C.*: darf ich mal ~? est-ce que je peux sortir?; 2. *v/t. Schuhe, ausweiten*: élargir, agrandir par l'usage; *abnutzen*: avachir; éculer; *Feuer*: éteindre en piétinant, avec le pied.
'**austrinken** *v/t.* vider, finir, achever, terminer; *alles* ~ boire tout; *mit e-m Zuge* ~ boire (*od.* vider) d'un (seul) trait.
'**Austritt** *m aus e-m Verein*: départ *m* (*aus de*); *e-s Flusses*: débordement *m*; **~s-erklärung** *f* déclaration *f* de départ; **~stemperatur** *f* température *f* de sortie (*od.* de refoulement).
'**austrockn|en** 1. *v/t. Erde, Sumpf, Kehle*: dessécher; (*trockenlegen*) assécher, mettre à sec; 2. *v/i.* se dessécher; *Brunnen, Quellen*: tarir; **2en** *n*, **2ung** *f* dessèchement *m*; mise *f* à sec; *v. Brunnen, Quellen*: tarissement *m*.
'**austrompeten** s. *ausposaunen*.
'**austüfteln** F *v/t.* combiner.
'**austuschen** *v/t. Zeichnung*: faire un lavis à l'encre de chine.
'**aus-üb|en** *v/t. Handwerk, Beruf, Amt, Einfluß, Zwang*: exercer; *Sport, Kunst*: pratiquer; **2en** *n*, **2ung** *f* exercice *m*; (*Praxis*) pratique *f*; **~end** *adj.*: **~er** *Künstler* exécutant *m*; **~e Gewalt** pouvoir *m* exécutif.
'**aus-ufern** *a. fig. v/i.* déborder.
'**Ausverkauf** *m* soldes *m/pl.*; ~ *wegen Aufgabe des Geschäfts* liquidation *f* pour cessation de commerce; **2en** *v/t. Ware*: solder, mettre en solde; *wegen Aufgabe des Geschäfts*: liquider; *fig. pol. péj. der große* ~ l'abandon; **2t** *adj.*: ~ *sein* être épuisé; *thé.*

afficher complet; jouer à bureaux fermés.
'**auswachsen** I 1. *v/i.* ✓ *Korn*: germer; 2. *v/t.*: *die Kleider* ~ grandir tellement que les vêtements sont devenus trop petits; 3. *v/rf.*: *sich zu e-r Katastrophe* ~ devenir une (vraie *od.* véritable) catastrophe; II 2 *n des Korns*: germination *f*; *fig. das ist zum* ~ (*man könnte rasend werden*) c'est à se cogner la tête contre les murs; es ist zum ~ *langweilig* c'est assommant, F c'est barbant (*od.* rasant).
'**Auswahl** *f* choix *m*; *a. Sport*: sélection *f*; ✝ assortiment *m*; élite *f*; ~ *von Texten* morceaux *m/pl.* choisis; (*a. v. Gedichten*) anthologie *f*; *große* ~ *an Waren* grand choix *m* de marchandises; *e-e große* ~ *haben* être bien assorti; *zur* ~ au choix; *e-e* ~ *treffen* faire un choix; *e-e* ~ *von Romanen* un choix de romans.
'**auswähl|en** *v/t.* choisir; sélectionner; *abs.* faire un choix; *sich j-n (etw.)* ~ porter son choix sur q. (sur qch.).
'**Auswahl|kampf** *m Sport*: épreuve *f* de sélection; **~mannschaft** *f Sport*: équipe *f* sélectionnée; **~sendung** *f* ✝ envoi *m* d'un assortiment, d'une sélection d'objets; *v. Büchern*: envoi *m* à l'appréciation du client; **~spiel** *n Sport*: match *m* de sélection.
'**auswalzen** *v/t.* ⊕ *Eisen*: laminer.
'**Auswand|(e)rer** *m*, **~rerin** *f* auswandernd: émigrant *m*, -e *f*; *Ausgewanderter*: émigré *m*, -e *f*; **2ern** *v/i.* émigrer; **~ern** *n*, **~erung** *f* émigration *f*; **~erungsgesetz** *n* loi *f* sur l'émigration; **~erungsgesuch** *n* demande *f* d'émigration; **~erungsverbot** *n* interdiction *f* d'émigrer.
'**auswärtig** *adj.* étranger, -ère; extérieur; **~er** Schüler externe *m*; *das* 2e *Amt* le ministère des affaires étrangères.
'**auswärts** *adv.*: ~ *essen* déjeuner (*resp.* dîner) au restaurant, en ville, 'hors de chez soi'; ~ *wohnen* en banlieue (*od.* 'hors de la ville'); **2spiel** *n Sport*: match *m* en déplacement; **2übernachtung** *f* nuit *f* passée hors de chez soi; découcher *m*.
'**auswaschen** *v/t. Flecken, Schmutz*: enlever (en lavant); *Kleid, Wunde*: laver (*a. fig.*); (*ausspülen*) rincer; (*unterspülen*) creuser; affouiller; *Gold*: extraire (par lavage).
'**auswechsel|bar** *adj.* échangeable, amovible; *untereinander*: interchangeable; **2barkeit** *f* interchangeabilité *f*; **~n** *v/t.* échanger (*gegen contre*); (*ersetzen*) remplacer (*durch par*); **2n** *n*, **2ung** *f* échange *m*; (*Ersetzen*) remplacement *m*.
'**Ausweg** *m fig.* issue *f*, expédient *m*; ~ *für etw.* exutoire *m* à (*bzw.* pour) qch.; **2los** *adj.* sans issue.
'**ausweich|en** *v/t.* s'effacer; faire place (*j-m* à q.); se ranger, s'écarter pour laisser passer; (*aus dem Wege gehen*) éviter (*j-m* q.); *e-r Sache* ~; *im Straßenverkehr*: s'éviter; *Boxen*: esquiver; *e-r Frage (Schwierigkeit)* ~ éluder (*od.* esquiver) une question (une difficulté); (*Ausflüchte machen*) biaiser; tergiverser; **~end** I *adj.* évasif, -ive; II *adv.* évasivement; ~ *antworten* répondre évasivement; **2fach** *univ. n* matière *f* de remplacement;

2gleis *n* voie *f* d'évitement; **2klausel** ✝ *f* clause *f* échappatoire; **2nische** *f für Autos bei Serpentinen*: garage *m*; **2reaktion** *psych. f* réaction *f* d'évitement; **2routenkarte** Fr. (*Auto*) F bison *m* futé.
'**ausweiden** *v/t. ch. Wild*: vider, étriper.
'**ausweinen** 1. *v/i.* finir de pleurer; 2. *v/t.*: *sich (dat.) die Augen* ~ pleurer toutes les larmes de son corps; 3. *v/rf.*: *sich* ~ soulager sa peine (*od.* son cœur).
'**Ausweis** *m* carte *f* (d'identité, d'étudiant, de presse *usw.*); *e-r Bank*: situation *f*; *nach* ~ *der Rechnung* selon compte; **2en** 1. *v/t.* expulser (*aus de*); (✝ *eintragen*) inscrire; (*zeigen*) montrer; 2. *v/rf.*: *sich* ~ justifier (de) son identité (*resp.*) (de) sa qualité; montrer sa carte, ses papiers; **~karte** *f* carte *f* d'identité, d'étudiant *usw.*; **2lich** *prp*, *adm.* (*mit gén.*) selon; d'après; **~papiere** *n/pl.* papiers *m/pl.* d'identité.
'**Ausweisung** *f* expulsion *f*; **~sbefehl** *m* ordre *m* d'expulsion.
'**ausweit|en** *v/t. Pulli usw.*: élargir; *Produktion, Handel*: développer; *fig.* (= *sich ausbreiten*) faire boule de neige; **2ung** *f* élargissement *f*; *fig.* développement *m*.
'**auswendig** *adv.*: ~ *lernen* (können) apprendre (savoir) par cœur; '**2lernen** *n* par cœur *m*.
'**auswerfen** *v/t. Netze, Anker*: jeter; *Asche, Feuer usw.*: vomir; lancer; *Blut usw.*: cracher; rendre; ⊕ expectorer; *Graben usw.*: creuser; ⊕ éjecter (*a. Patronenhülsen*); *Lava, Muscheln, Erde, Sand*: rejeter; (*anweisen*) assigner; *Rente*: constituer; *e-e Summe für etw.* ~ affecter une somme à qch.; *j-m e-e Summe* ~ *für* allouer une somme à q. pour.
'**auswert|en** *v/t.* utiliser; *a. statistisch*: exploiter; mettre en valeur; (*bewerten*) évaluer; (*auslegen*) interpréter; **2ung** *f a. Statistik*: exploitation *f*; mise *f* en valeur; (*Bewertung*) évaluation *f*; (*Auslegung*) interprétation *f*.
'**auswetzen** *v/t. fig.*: *e-e Scharte* ~ réparer un échec.
'**auswickeln** *v/t.* défaire, développer; *Kind*: démailloter.
'**auswiegen** I *v/t.* peser; II 2 *n* pesée *f*, pesage *m*.
'**auswirk|en** *v/rf.*: *sich* ~ avoir des conséquences (*od.* effets); **2ung** *f* conséquence *f*, effet *m*; *a.* retombées *f/pl.* (*bsd. pol.*); ~ *auf éc.*, *pol.* impact *m* sur.
'**auswischen** *v/t. Gläser*: essuyer; *sich den Schlaf aus den Augen* ~ se frotter les yeux pour chasser le sommeil; *Schrift*: effacer; *fig.* F *j-m eins* ~ (*j-m übel mitspielen*) jouer un vilain tour à q.
'**auswittern** *géol.* 1. *v/t.* désagréger, décomposer; 2. *v/i.* se désagréger, se décomposer à l'air.
'**auswringen** *v/t. Wäsche*: tordre, essorer.
'**Auswuchs** *m* excroissance *f*; (*Buckel*) bosse *f*; ⚕ *u.* ✿ tumeur *f*; loupe *f*; *fig. abus m*; *bsd. der Phantasie usw.*: aberrations *f/pl.*; *die Auswüchse des Städtebaus* les outrances de l'urbanisation; *die Auswüchse e-s Streiks* le débordement d'une grève.

'auswuchten v/t. équilibrer.
'auswühlen v/t. aus der Erde: déterrer.
'Auswurf m ✱ expectoration f; crachat m.
'auswürfeln v/t.: etw. ~ décider qch. sur un coup de dés.
'Auswurfmasse f e-s Vulkans: déjections f/pl.
'auszacken text. v/t. denteler.
auszahl|bar adj. payable; ~en v/t. payer; Rente mst.: verser; sich ~ (sich lohnen) être payant.
'auszähl|en v/t. faire le compte de, compter, dénombrer; Boxsport: compter out; die Stimmen ~ dépouiller le scrutin; ~en n, ~ung f dénombrement m; ~ der Stimmen dépouillement m du scrutin; zum Auszählen auf die Bretter gehen Boxen: aller au tapis pour le compte.
'Auszahlung f paiement m; paye f; ~s-schalter m guichet m de paiement.
'auszahnen v/t. denteler.
'auszehr|en v/t. consumer, dessécher; fig. Gebiet: dévitaliser; ~ung f ✱ consomption f, phtisie f; fig. e-r Gegend: dévitalisation f.
'auszeichn|en 1. v/t. (mit etw. bezeichnen) marquer; (anzeigen) indiquer; † durch Aufschriften: étiqueter; mit dem Preis ~ marquer le prix (de); coter; am Rande ~ émarger; j-n ~ distinguer q., singulariser q., mit e-m Orden: décorer q., mit e-r sonstigen Auszeichnung: accorder une distinction à q.; 2. v/rf.: sich ~ se distinguer (vor, unter dat. parmi; durch par); (sich hervortun) se signaler (durch par); sich ~ in (dat.) exceller dans; ~en n † marquage m; étiquetage m; ~ung f distinction f; mit Orden: décoration f; † étiquette f; marque f.
'auszieh|bar adj. Tisch: à rallonges; Antenne usw.: télescopique; ~en 1. v/t. Haar, Zahn, Dorn: arracher; Nägel, Buchstellen, Rechnungen, Zähne: extraire (a. ⚕); Tisch: rallonger; Kleidungsstück: enlever, retirer, ôter; bisw. quitter; Person: déshabiller, dévêtir; 2. v/rf.: sich ~ se déshabiller, P se déballer; sich die Schuhe ~ se déchausser; sich ses chaussures; sich bis aufs Hemd ~ se mettre en chemise; 3. v/i. partir (nach pour); aus e-r Wohnung ~ déménager (heimlich à la cloche de bois); déloger; ~en n arrachement m; v. Nägeln, Buchstellen, Rechnungen, Zähnen: extraction f (a. ⚕); (Auskleiden) déshabillage m; aus e-r Wohnung: déménagement m; ~feder f tire-ligne m; ~leiter f échelle f coulissante; ~platte f e-e Tisches: rallonge f; ~tisch m table f à rallonges (od. extensible); ~tusche f encre f de Chine.
'auszischen v/t. Schauspieler: siffler, 'huer, conspuer, F chuter.
'Auszug m (Schublade) tiroir m; aus e-m Buch usw.: extrait m; kurzer ~ e-r Schrift: abrégé m; (Zusammenfassung) résumé m; sommaire m; aus e-m Konto: relevé m; aus e-m Lande: exode m; émigration f; aus e-m Ort: départ m; aus e-r Wohnung: déménagement m; ~smehl n fleur f de farine; ~s-platte f e-s Tisches: rallonge f;

~s-weise adv. en abrégé; par extraits.
'auszupfen v/t. Grashalm, Feder: arracher; Haare mit e-r Pinzette: épiler.
au'tark(isch) adj. autarcique.
Autar'kie f autarcie f.
au'thentisch adj. authentique.
Authentizi'tät f authenticité.
Au'tismus psych. m autisme m.
'Auto n auto f; voiture f; ~ fahren Fahrer: conduire; mit dem ~ fahren aller en auto (nach [Stadt] à); ~anhänger m remorque f; ~anruf m poste m d'appel de la station de taxis; ~antenne f antenne-auto f; ~ausstellung f große: Salon m de l'automobile; ~bahn f autoroute f; ~bahnausfahrt f sortie f d'autoroute; ~bahnbrücke f pont m d'autoroute; ~bahngebühr f péage m; ~bahnknotenpunkt m nœud m autoroutier; ~bahnnetz n réseau m d'autoroutes; ~bahnraststätte f restoroute m; relais m routier sur l'autoroute; ~bahnzubringer m voie f od. bretelle f d'accès à l'autoroute; ~bestand m parc m automobile.
Autobio|gra'phie f autobiographie f; ~'graphisch adj. autobiographique.
'Auto|box f box m de garage; ~bus m autobus m, F bus m; (Reise~) (auto-) car m; ~busbahnhof m gare f routière; ~bushaltestelle f arrêt m d'autobus; ~buslinie f ligne f d'autobus.
auto'chrom adj. autochrome.
autoch'thon adj. autochtone.
Autoda'fé n autodafé m.
Autodi'dakt m autodidacte m; ~isch adj. autodidacte.
'Auto|dieb m voleur m de voiture(s); ~diebstahl m vol m de voiture (s); ~fachmann m expert m en automobiles; ~fahren n conduite f automobile; ~fahrer(in f) m automobiliste m, f; ~fahrt f excursion f en auto; ~falle f piège m (od. traquenard m) pour autos (od. pour voitures); ~friedhof m cimetière m d'autos (od. de voitures); ~garage f garage m (pour autos).
auto'gen adj. autogène; ~ schweißen souder à l'autogène; ~schweißung f soudure f autogène.
'Auto|geschäft n auto-marché m; ~glas n vitrage m automobile.
Auto'gramm n autographe m; ~'grammjäger m chasseur m d'autographes; ~'graphisch adj. autographique.
'Auto|händler m marchand m d'autos; ~heber m cric m; ~hilfsdienst m service (od. poste) m de dépannage; ~hof m relais m routier (avec parking, auberge et poste m d'essence); ~industrie f industrie f automobile; ~informationsdienst rad. m radioguidage m; ~karte f carte f routière; ~kino n cinéroute m, drive-in m; autorama m.
Auto'klav ⚙ m autoclave m.
'Auto|klub m club m automobile, automobile-club m; ~knacker m roulottier m; voleur m à la roulotte; ~kolonne f file f de voitures; ⚔ convoi m automobile.
Auto'krat m autocrate m.
Autokra'tie f autocratie f.
auto'kratisch adj. autocratique.
'Autolotsendienst m service m de pilotage des voitures.

Auto'mat m automate m; (Verkaufs-~) distributeur m automatique; (Spiel~) machine f à sous; (Fernsprech~) téléphone m automatique; taxiphone m; ~enrestaurant n restaurant m à distributeurs automatiques; ~enstahl m acier m de décolletage; ~enstraße f série f de distributeurs automatiques.
Auto'matik f Betrieb: fonctionnement m automatique, automaticité f, automatisme m; Gerät: dispositif m automatique; ~-Sicherheitsgurt m ceinture f de sécurité à enrouleur.
Automati'on f automatisation f.
auto'matisch adj. automatique.
automati'sier|en v/t. automatiser; ~ung f automatisation f.
Automa'tismus m automatisme m.
'Auto|mechaniker m mécanicien m; dépanneur m; ~mensch soc. m hommauto m.
Automo'bil n automobile f; ~ausstellung f große: Salon m de l'auto; ~fahrer(in f) m automobiliste m, f; ~garage f, ~halle f garage m (pour automobiles); ~industrie f industrie f automobile; ~karussell n im Parkhaus: tour-auto m.
Automobi'list(in f) m automobiliste m, f.
Automo'bil|klub m club m automobile, automobile-club m; ~könig m roi m de l'automobile.
auto'nom adj. autonome.
Autono|'mie f, ~'miegelände n: ~ e-r Universität franchises f/pl. universitaires; ~'mist m autonomiste m.
'Auto|nummer f numéro m d'immatriculation; numéro m minéralogique; ~papiere n/pl. papiers m/pl. de la voiture; ~park m parc m automobile; ~parkplatz m parking m; parc m de stationnement; parcage m; auf der Straße: stationnement (od. parking) m autorisé; ~pflege f entretien m d'une voiture bzw. de voitures.
Autop'sie f autopsie f.
'Autor m auteur m.
'Auto|radio n (poste m) autoradio m (!); ~raststätte f restoroute m, restoroute m; ~reifen m pneu m; ~reisezug m train m auto-couchettes; ~rennbahn f autodrome m; ~rennen n course f d'autos; ~rennfahrer m coureur m automobile; ~reparatur f dépannage m; ~reparaturwerkstatt f service m de dépannage; atelier m de réparation de voitures.
Au'torin f (femme f) auteur m.
autori'sieren v/t. autoriser.
autori'tär adj. autoritaire; ~t f autorité f; als ~ gelten faire autorité.
autori'tativ adj. qui fait autorité.
'Autor|korrektur f correction f d'auteur; ~schaft f qualité f d'auteur.
'Auto|ruf m appel m de taxis; ~rufnummer f numéro m de la station de taxis; ~salon m Salon m de l'auto; ~schlange f file f (od. chapelet m) d'autos (od. de voitures); ~schlosser m mécanicien m, F mécano m, dépanneur m, garagiste-motoriste m; ~schlüssel m clef f de voiture; ~schonbezug m 'housse f pour voiture; ~schuppen m garage m (pour

autos); ~service (*Autobahn*) m aire f de service voitures; ~skooter m *Kirmes*: auto f tamponneuse; ~sport m sport m automobile; ~straße f autoroute f; ~straßengebühr f péage m routier.
Auto-suggesti'on f autosuggestion f.
'Auto|tankstelle f poste m d'essence; ~taxe f taxi m; ~telefon n téléphone m de bord (*od.* de voiture); ~tod m mort f automobile; ~tour f excursion f en auto; ~tür f portière f d'auto.
Autoty'pie f similigravure f; *abr.* simili f.
'Auto|unfall m accident m d'auto (*od.* en automobile); *bei e-m* ~ dans un accident d'auto; ~verkehr m circulation f automobile; ~verschrotter m casseur m (*od.* démolisseur m) de carcasses de voitures; ~verschrottung f déchiquetage m (*od.* brassage m *od.* casse f) de voitures endommagées; ~verschrottungsfabrik f usine f de broyage (*od.* de déchiquetage) des carcasses de voitures; ~versicherung f assurance f auto(mobile); ~wesen n automobilisme m; ~wrack n carcasse f, épave f; ~wrackhändler m démolisseur m de voitures; ~wrackpresse f aplatisseur m; presse f à ferrailles d'autos; presse f à fracasser des voitures; broyeur m (*od.* broyeuse f) d'autos; ~zubehör n accessoires m/pl. d'automobile.
A'val ✝ m aval m; cautionnement m; ~akzept n acceptation f de cautionnement; 2'ieren v/t. avaliser.
avan'cieren I v/i. avancer; *zum Hauptmann* ~ passer capitaine; II 2 n avancement m.
Avant'gard|e f avant-garde f; ~'ist (-in f) m avant-gardiste m,f; auteur m de l'avant-garde.
avantgar'distisch *adj.* d'avant-garde, F avant-gardiste.
A'vers m avers m; face f.
Aversi'on f aversion f (*gegen j-n* pour *od.* contre q.).
A'vis ✝ m (*od.* n) avis m; 2'ieren v/t. donner avis (à); aviser.
axi'al *adj.* axial; 2druck m pression f axiale; 2turbine f turbine f axiale.
Axi'om n axiome m.
axio'matisch *adj.* axiomatique.
Axt f 'hache f; cognée f; *kleine* ~ 'hachette f.
Aza'lee f, A'zalie f ♀ azalée f.
Aze'tat n acétate m.
Azety'len n, ~gas n acétylène m; ~lampe f lampe f à acétylène; ~schweißung f soudure f à l'acétylène.
Aze'tylzellulose f acétocellulose f.
Azi'mut *ast.* m (a. n) azimut m.
A'zoren pl.: *die* ~ les Açores f/pl.
A'zur m min., poét. azur m; 2blau *adj.* bleu d'azur; 2n *adj.* d'azur.
'azyklisch *adj.* acyclique.

B

B, b n B, b m; ♪ si m bémol.
'Babel n Babel f; *der Turm(bau) zu* ~ la tour de Babel.
'Baby n bébé m; **~ausstattung** f layette f; **~hös-chen** n couche-culotte f; **~jäckchen** n brassière f.
baby'lonisch adj. babylonien, -enne; *~e Gefangenschaft* captivité f de Babylone.
'Baby|nahrung f aliments m/pl. (od. nourriture f) pour enfants du premier âge; diététique f infantile; **~schuhe** m/pl. chaussures f/pl., chaussons m/pl. de bébé; **~sitter(in** f) m baby-sitter m, f; **~sitting** n garde f d'enfants; **~tragetasche** f couffin m; caisson m porte-bébé; (baby-)pullman m; **~wäsche** f layette f.
Bach m ruisseau m.
'Bache ch. f laie f.
'Bachforelle icht. f truite f de rivière.
'Bächlein n ruisselet m.
'Bachstelze orn. f bergeronnette f; lavandière f; F 'hochequeue m.
'Backbord ⚓ n bâbord m; **~motor** m moteur m de bâbord.
'Backe f joue f (a. am Lehnstuhl); dicke ~ joue f enflée; zo. bajoue f; ⚙ pl. am Schraubstock: mâchoires f/pl.; F au ~! oh! là, là!
'backen I 1. v/i. im Backofen: cuire; der Schnee backt an den Schuhen die neige colle aux chaussures; 2. v/t. Brot, Kuchen: faire cuire; Ziegelsteine: cuire; **II** ⚙ n cuisson f; der Ziegelsteine: cuite f.
'Backen|bart m favoris m/pl.; pattes f/pl. de lapin; **~knochen** m (os m de la) pommette f; vorspringende ~ pommettes f/pl. saillantes; **~tasche** zo. f abajoue f; **~zahn** m molaire f.
'Bäcker(in f) m boulanger m, -ère f.
Bäcke'rei f boulangerie f.
'Bäcker|geselle m garçon m boulanger; mitron m; **~laden** m boulangerie f; **~lehrling** m apprenti m boulanger; **~meister** m maître m boulanger.
'Back|fisch fig. m petite jeune fille f, fillette f à l'âge ingrat, iron. jouvencelle f; F oie f blanche; **~fisch-alter** n âge m ingrat; **~form** f moule m à pâtisserie; **~hefe** f levure f de boulanger; **~hitze** f chaleur f du four; **~obst** n fruits m/pl. séchés; **~ofen** m four m; fig. (sehr heißes Zimmer) étuve f, fournaise f; **~ofen-Spray** m décape-four m; **~pfeife** f gifle f; claque f; F taloche f, F calotte f, P baffe f, P torgnole f; **~pfeifengesicht** F n tête f à claques (od. à massacre); **~pflaume** f pruneau m; **~pulver** n levure f en poudre; **~stein** m brique f; **~steinbau** m construction f en briques; **~steinmauer** f mur m en briques; **~steinmauerwerk** n maçonnerie f en briques; **~steinpflaster** n pavé m de briques; **~stube** f fournil m; **~trog** m pétrin m; **~ware** f produits m/pl. de boulangerie bzw. biscuits m/pl.; (Konditorware) pâtisseries f/pl.
Bad n bain m; (Badezimmer) salle f de bains; (Badeort) (ville f d')eaux f/pl.; station f thermale, an der See: balnéaire; ins ~ reisen aller aux eaux; ins (aus dem) ~ steigen entrer dans le (sortir du) bain; phot. bain m; das Kind mit dem ~e ausschütten jeter le bon avec le mauvais; tout condamner sans discrimination, être trop absolu (od. exclusif, -ive) dans ces jugements.
'Bade|anstalt f établissement m de bains; (Schwimmbad) piscine f; **~anzug** m maillot m de bain une pièce; zweiteiliger ~ maillot m deux-pièces; **~arzt** m médecin m des eaux; **~betrieb** m activité f balnéaire; **~gast** m baigneur m, -euse f, e-s Thermalbades: curiste m; **~hose** f maillot (resp. slip m) m de bain; **~kabine** f cabine f de bain; **~kappe** f bonnet m de bain; **~kur** f cure f balnéothérapique; e-e ~ machen in ... faire une cure à la station thermale de ...; **~laken** n → **~tuch**; **~mantel** m peignoir m (de bain); **~matte** f tapis m de bain; **~meister** m maître m baigneur.
'baden I 1. v/t. baigner; 2. v/i. se baigner; in e-r Wanne: prendre un bain; kalt ~ prendre un bain froid; **II** ⚙ n baignade f.
'Badende(r) f (m) baigneur m, -euse f.
'Bade|ofen m chauffe-bain m, chauffe-eau m; **~ordnung** f règlement m pour les bains; **~ort** m (ville f d')eaux f/pl.; station f balnéaire (mit warmer Quelle: thermale); an der See: plage f; **~perlen** cosm. f/pl. perles f/pl. de bain.
'Bäder|behandlung f, **~heilverfahren** n balnéothérapie f, crénothérapie f.
'Bade|reise f voyage m aux eaux; **~sachen** f/pl. affaires f/pl. de bain; **~saison** f saison f balnéaire; **~salz** n sels m/pl. de bain; **~schuhe** m/pl. sandales f/pl. de bain; **~schwamm** m éponge f de toilette; **~stelle** f baignade f; **~strand** m plage f; **~stube** f salle f de bains; **~thermometer** n thermomètre m de bain; **~tuch** n serviette f (od. größer drap m) de bain; **~wanne** f baignoire f; **~wasser** n eau f du bain; **~wetter** n temps m idéal pour se baigner; **~zeit** f Saison: saison f balnéaire; Termin: heure f du bain; **~zelle** f cabine f de bain; **~zimmer** n salle f de bains; **~zimmereinrichtung** f installation f de salle de bains; **~zuber** m früher: baquet m.
baff F adj. sidéré; abasourdi; ahuri; pantois; F ébaubi; F baba.
Ba'gage fig. F f (Gesindel) racaille f.
Baga|telle f bagatelle f, incident m de parcours, vétille f, futilité, babiole f, broutille f; **~n** f/pl. a. F bricoles f/pl.; **~tellisieren** v/t. minimiser.
'Bagger m excavatrice f; Löffel⚙ pelleteuse f; großer: excavateur m; (Schwimm⚙) drague f; **~eimer** m godet m; **~führer** m conducteur m d'une excavatrice; **~greifer** m benne f preneuse; **~n** v/t. excaver; ⚓ draguer; **~n** n excavation f: ⚓ dragage m; **~schiff** n drague f.
'bähen I v/i. Schaf: bêler; **II** ⚙ n v. Schaf: bêlement m.
Bahn f 1. 🚆 chemin m de fer; train m; mit der ~ fahren prendre le train; voyager par le train; per ~ schicken expédier par chemin de fer; e-s Geschosses: trajectoire f; astr., phys., at.: orbite f; fig. freie ~ haben avoir le champ libre; sich e-e freie ~ durch die Menge schaffen se frayer un chemin à travers la foule; 3. text. (Stoffbreite) lé m, laize f, laise f; cout. e-s Kleides: panneau m; 4. ~ frei! cédez la piste!, laissez le passage!, laissez passer!; 5. fig. auf die schiefe ~ geraten tourner mal.
'Bahn|anlagen f/pl. installations f/pl. ferroviaires; **~anschluß** m raccordement m à la voie ferrée; **~arbeiter** m cheminot m; **~beamte(r)** m employé m de chemin de fer; Fr. employé m S.N.C.F.; **~betrieb** m service m de chemins de fer; exploitation f ferroviaire; **⚙brechend** adj. pionnier, -ière; qui ouvre de nouvelles voies, de nouveaux horizons; révolutionnaire; **⚙brecher** m pionnier m, protagoniste m, initiateur m; **⚙brücke** f pont m de chemin de fer; viaduc m; **⚙bus** m autocar m des chemins de fer; **⚙damm** m remblai m, ballast m.
'bahnen v/t. Weg: frayer; percer; ouvrir; sich (dat.) e-n Weg ~ se frayer un chemin; fig. j-m den Weg ~ préparer la voie à q.
'Bahnenrock cout. m jupe f à lés.
'Bahn|fahrt f voyage m en chemin de fer; trajet m en train; **~fracht** f fret m ferroviaire; **~gleis** n voie f; rails m/pl.; **~hof** m gare f; station f; auf dem ~ à la gare; F ich verstehe immer nur ~ *j'entrave que dalle; **⚙hofsbüfett** n buffet m de gare; **⚙hofsgebäude** n bâtiment m de la gare (od.de la station); **⚙hofshalle** f 'hall

m de la gare; (*Wandelhalle*) salle *f* des pas perdus; ~**hofsmission** *f* centre *m* d'accueil de la gare; ~**hofs-uhr** *f* horloge *f* de gare; ~**hofsvorsteher** *m* chef *m* de gare; ~**hofswache** *f* poste *m* de police de la gare; ~**hofswirt** *m* propriétaire (*od.* patron *od.* tenancier *od.* gérant) *m* d'un buffet (*od.* d'une buvette) de la gare; ~**knotenpunkt** *m* nœud *m* ferroviaire; ~**körper** *m* terrassement *m* (*od.* terre-plein *m od.* assiette *f*) de la voie; 2**lagernd** *adj.* gare restante; en gare; ~**linie** *f* ligne *f* de chemin de fer; 2**mäßig** *adv.*: ~ **verpackt** emballé pour le transport par chemin de fer; ~**netz** *n* réseau *m* ferroviaire (*od.* de chemin de fer); ~**polizei** *f* police *f* des chemins de fer; ~**post** *f* poste *f* ambulante; ~**post-amt** *n* bureau-gare *m* de poste; 2**postlagernd** *adj.* gare restante; ~**postwagen** *m* wagon-poste *m*; ~**rennen** *n* Sport: course *f* sur piste; ~**schranke** *f* barrière *f* du passage à niveau; ~**schwelle** *f* traverse *f*; ~**station** *f* station *f* de chemin de fer; ~**steig** *m* quai *m* (de la gare); ~**steigkarte** *f* ticket (*od.* billet) *m* de quai; ~**steigsperre** *f* barrière *f* d'accès aux quais; contrôle *m* des billets; ~**steig-uhr** *f* horloge *f* du quai; ~**strecke** *f* ligne *f*; voie *f*; ~**transport** *m* transport *m* par voie ferrée (*od.* par chemin de fer *od.* par wagon); ~**überführung** *f* passage *m* supérieur; ~**übergang** *m*: schienengleicher ~ passage *m* à niveau; ~**unterführung** *f* passage *m* inférieur; ~**verbindung** *f* communication *f* (*od.* liaison *f*) ferroviaire; ~**verkehr** *m* trafic *m* ferroviaire; ~**versand** *m* expédition *f* par chemin de fer; ~**wärter** *m* garde-barrière *m*; ~**wärterhäus-chen** *n* maison *f* de garde-barrière; ~**zeit** *f* heure *f* légale.

'**Bahr**|**e** *f* civière *f*; *für Kranke*: brancard *m*; ~**tuch** *n* drap *m* mortuaire; poêle *m*.

Bai *f* baie *f*.

Bai'**ser** *pât. n* meringue *f*.

'**Baisse** ✝ *f* baisse *f*; *auf* ~ **spekulieren** spéculer (*od.* jouer) à la baisse; ~**klausel** *f* clause *f* de baisse; ~**spekulant** *m* baissier *m*; spéculant *m* à la baisse; ~**spekulation** *f* spéculation *f* à la baisse; ~**tendenz** *f* tendance *f* à la baisse.

Bajo'**nett** ⚔ *n* baïonnette *f*; *mit aufgepflanztem* ~ baïonnette au canon; ~**angriff** *m* charge *f* à la baïonnette; ~**verschluß** ⊕ *m* fermeture *f* à baïonnette.

'**Bake** *f* balise *f*; *mit* ~**n markieren** baliser.

Bake'**lit** *n* bakélite *f*.

Bak'**terie** ⚕ *f* bactérie *f*; ~**nforscher** *m* bactériologiste *m*; ~**nforschung** *f* bactériologie *f*; ~**ngift** *n* poison *m* bactérien; ~**nkrieg** *m* guerre *f* bactériologique; ~**nkultur** *f*, ~**nzucht** *f* culture *f* bactérienne (*od.* de bactéries); 2**ntötend** *adj.* bactéricide; ~**nträger** *biol. m* vecteur *m*.

Bakterio'**loge** *m* bactériologiste *m*; ~**lo**'**gie** *f* bactériologie *f*; 2'**logisch** *adj.* bactériologique; ~'**phage** *m* bactériophage *m*.

Ba'**lance** *f* équilibre *m*; ~**regler** (*Stereoanlage*) *m* réglage *m* de balance.

balan'**cier**|**en** *v/i.* se tenir en équilibre; 2**en** *n* équilibrage *m*; 2**stange** *f* balancier *m*.

bald *adv.* bientôt; sous peu; ~ *darauf* peu (*od.* bientôt) après; aussitôt après; *sehr* ~ dans un moment; dans un instant; *so* ~ de si tôt; *so* ~ *kommt er nicht* il n'arrivera pas de si tôt (*od.* sitôt); (*all*)*zu* ~ (par) trop tôt; *so* ~ *wie möglich, möglichst* ~ le plus tôt possible, au plus tôt, aussitôt que possible; *leicht* ~ *das ist* ~ *gesagt* c'est facile à dire; c'est vite dit; *schnell*: *zehn Tage gehen* ~ *dahin* dix jours sont bien vite passés; ~ ..., ~ ... tantôt ... tantôt ...; *F fast*: près de, presque; *ich wäre* ~ *gefallen* j'ai failli (*od.* j'ai manqué de) tomber; *es ist* ~ *fünf Uhr* il est près de (*od.* presque) cinq heures; F *auf* (*od. bis*) ~! à bientôt!

'**Baldachin** *m* baldaquin *m*; dais *m*.

'**Bälde** *f* in ~ bientôt; sous peu.

'**baldig** *adj.* prompt; prochain; *auf* ~**es Wiedersehen!** à bientôt!; ~**st** *adv.* aussitôt que possible; au plus tôt.

baldmöglichst *adv.* le plus tôt possible; dans le plus bref délai.

'**Baldrian** ♃ *m* valériane *f*; ~**tee** *m* tisane *f* de valériane; ~**tropfen** *phm. m/pl.* teinture *f* de valériane.

Balg *m* (*Haut*) peau *f*; *v. sich häuten den Tieren, Schlangen usw.*: dépouille *f*; (*Blase*2) soufflet *m* (*a. phot. usw.*): *mst. n* (*unartiges Kind*) P moutard *m*, F mioche *m*, F lardon *m*, F marmot *m*.

'**balgen** *v/rf.*: *sich* ~ (*raufen*) se chamailler, se prendre aux cheveux.

'**Balgen**|**gebläse** *n* soufflerie *f*; ~**werk** *n* soufflets *m/pl.* d'orgue(s).

Balge'**rei** *f* rixe *f*.

'**Balgtreter** *m* souffleur *m* d'orgue.

'**Balkan** *m* les Balkans *m/pl.*; *auf dem* ~ dans les Balkans; ~**halb-insel** *f* péninsule *f* balcanique (*od.* des Balkans); ~**staaten** *m/pl.*: die ~ les États *m/pl.* balkaniques.

'**Balken** *m* poutre *f*; (*Decken*2) solive *f*, *dünner*: poutrelle *f*, soliveau *m*, traveau *m*; *am Pflug*: age *m*; *an der Waage*: fléau *m*; *an der Schnellwaage*: branche *f*; ♪ barre *f*; *anat.* corps *m* calleux; (*Wappen*2) fasce *f*; *Wasser hat kein* ~ l'eau est perfide; *den Splitter im fremden Auge, aber den* ~ *im eigenen Auge nicht sehen* voir la paille dans l'œil de son prochain et ne pas voir la poutre qui est dans le sien; ~**decke** *f* plafond *m* à solives; ~**gerüst** *n* chaise *f*; ~**holz** *n* bois *m* équarri en solives; ~**träger** *m* pointal *m*; ~**überschrift** *journ. f* manchette *f*; titre *m* en gros caractères; ~**waage** *f* balance *f* à fléau; ~**werk** *n* poutrage *m*.

Bal'**kon** *m a. cin.* balcon *m*; *thé. heute mst.* corbeille *f*; fauteuils *m/pl.* de foyer; *sich auf den* ~ *setzen* se mettre au balcon; ~**fenster** *n* fenêtre *f* qui donne sur le balcon; ~**tür** *f* porte *f* du balcon; ~**zimmer** *n* chambre *f* avec balcon.

Ball[1] *m zum Spielen*: balle *f*; ~ **spielen** jouer à la balle; (*Fuß*2) ballon *m*; *balle f*; *den* ~ *mit dem Fuß anstoßen* donner un coup de pied dans le ballon; *den* ~ *mit der Hand abwehren* arrêter le ballon de la main; *den* ~ *köpfen* envoyer le ballon de la tête; *den* ~ *fausten* frapper le ballon du poing; *den* ~ *abgeben* passer le ballon; *den* ~ *schießen* shooter (dans le ballon, dans la balle); *den* ~ *ins Tor* (*ins Netz*) *stoßen* pousser le ballon dans le but (dans les filets); *schnell am* ~ *sein* être rapide à la balle; *am* ~ *bleiben* coller au ballon; P *fig. am* ~ *sein* être dans le coup; (*Billardkugel*) bille *f*; *den* ~ *an die Bande spielen* coller la bille à la bande.

Ball[2] *m* (*Gesellschafts*2) bal *m*; *auf den* ~ *gehen aller au bal*; '~**abend** *m* soirée *f* dansante.

'**Ball-abgabe** *Sport f* passe *f*.

Bal'**lade** *f* ballade *f*.

balla'**desk** *adj.* de ballade.

'**Ballast** *m* lest *m*; ~ **abwerfen** jeter du lest; *in ein Schiff* ~ *einnehmen* lester un navire; *aus e-m Schiff* ~ *ausladen* délester un navire; *fig.* bagage *m* inutile; fatras *m*; *v. Personen*: charge *f*.

'**Ballbeherrschung** *f* maniement *m* du ballon (*od.* de la balle).

'**Ballen** *m anat.* éminence *f* du pouce, thénar *m*; *am Fuß*: éminence *f* du gros orteil; *bei Tieren*: sole *f*; ✝ balle *f*; ballot *m*; ~ *Papier* ballot *m* de papier; ~ *Tuch* douze pièces *f/pl.* (*od.* rouleaux *m/pl.*) de drap; *in* ~ *packen* mettre en balles (*od.* en ballots).

'**ballen** 1. *v/t. die Faust* ~ fermer (*od.* serrer) le poing; ⚔ *geballte Ladung* (*fig. Energie*) charge *f* (énergie *f*) concentrée. 2. *v/i. der Schnee ballt* la neige colle.

'**Ballen**|**waren** *f/pl.* marchandises *f/pl.* en ballots; 2**weise** ✝ *adv.* par ballots.

'**ballern** F *v/i.* ⚔ tirer *f*; (*lärmen*) faire du tapage.

Bal'**lett** *n* ballet *m*; ~**kunst** *f* chorégraphie *f*; ~**meister** *m* maître *m* de ballet; ~**musik** *f* musique *f* de ballet; ~**röckchen** *n* tutu *m*; ~**schuhe** *m/pl.* chaussons *m/pl.* de danse; ~**tänzer** (-**in** *f*) *m* danseur *m*, -euse *f* de ballet; (*Solotänzerin*) ballerine *f*; ~**truppe** *f* corps *m* de ballet.

'**Ballgesellschaft** *f* soirée (*resp.* matinée) *f* dansante.

Bal'**listik** *f* balistique *f*; 2**isch** *adj.* balistique.

'**Ball**|**junge** *m* ramasseur *m* de balles; ~**kleid** *n* robe *f* de bal; ~**königin** *f* reine *f* du bal; ~**lokal** *n* salle *f* de bal; ~**netz** *n* filet *m*.

Bal'**lon** *m* ballon *m*; aérostat *m*; *mit e-m* ~ *aufsteigen* monter (*od.* faire une ascension) en ballon; *den* ~ *einholen* ramener le ballon à terre; P (*Kopf*) calebasse *f*; citron *m*; ~**aufstieg** *m*, ~**fahrt** *f* ascension *f* en ballon; ~**führer** *m* pilote *m* d'aérostat; aérostier *m*; ~**gondel** *f* nacelle *f* du ballon; ~**halle** *f* hangar *m*; ~**hülle** *f* enveloppe *f* du ballon; ~**netz** *n* filet *m* de ballon; ~**reifen** *m Auto*: pneu *m* ballon; ~**sperre** *f* barrage *m* de ballons.

'**Ball**|**saal** *m* salle *f* de bal; ~**saison** *f* saison *f* des bals; ~**schuhe** *m/pl.* chaussures *f/pl.* de bal; ~**spiel** *n* jeu *m* de balle; ~**technik** *f* technique *f* de la balle.

'**Ballung** *f* agglomération *f*; *v. Truppen*: concentration *f*; ~**sraum** *m*, ~**szentrum** *n* agglomération *f*, conurbation *f*; ensemble *m* urbain.

'**Balsaholz** *n* balsa *m*.

'**Balsam** *m* baume *m* (*a. fig.*); ~**duft** *m* parfum *m* embaumé.
'**Balsam**|**kraut** ♀ *n* balsamite *f*; ~**öl** *n* huile *f* balsamique.
'**Balt**|**e** *m*, ~**in** *f* Balte *m*, *f*.
Balus'trade *f* balustrade *f*.
Balz *orn. f* pariade *f*; ²**en** *orn. v/i.* appeler.
'**Bambus** ♀ *m* bambou *m*; ~**stock** *m* canne *f* de bambou *m*.
'**Bammel** F *m*: e-n ~ haben avoir les foies (*od.* le trac *od.* la frousse).
'**bammeln** *v/i.* (*baumeln*) pendiller.
banali'sieren *v/t.* banaliser.
ba'nal *adj.* banal.
Banali'tät *f* banalité *f*.
Ba'nane ♀ *f* banane *f*; ~**nbaum** ♀ *m*, ~**ndampfer** *m* bananier *m*; ~**nplantage** *f* bananeraie *f*; ~**nstecker** *m* *Radio:* fiche *f* banane; ~**ntraube** *f* regime *m* de bananes.
Ba'naus|**e** *m* homme *m* sans culture; esprit *m* terre à terre; ~**entum** *n* primitivisme *m*; mentalité *f* terre à terre; ²**isch** *adj.* grossier,-ière; primitif, -ive; terre-à-terre.
Band 1. *m* (*pl.* **Bände**) (*Buch*) volume *m*; *Teil e-s Werkes a.:* tome *m*; **2.** *n* (*pl.* **Bänder**) (*Bindfaden*) ficelle *f*; (*Schnur*) cordon *f*; (*Streifen, Einfassung, Leiste*) bande *f*; (*Binde*²*, bsd.* zum Putz*) ruban *m*; (*Ordens*²) ruban *m, breites:* cordon *m*; ~ *der Ehrenlegion* ruban *m* rouge; *das Blaue* ~ *le* ruban bleu; *schmales* (*seidenes*) ~ faveur *f*; *zum Anbinden v. Bäumen usw.:* lien *m*; *anat.* (*sehniges*) ~ ligament *m*; tendon *m*; *der Zunge:* filet *m*; ⊕ *um Fässer usw.:* cercle *m*; (*Förder*²) bande (*od.* courroie) *f* transporteuse; convoyeur *m* à bande; (*Montage*²) tapis *m* de montage; *laufendes* ~ tapis *m* roulant; *Arbeit am laufenden* ~ travail *m* à la chaîne; △ bandeau *m*; (*Tür*²*, Fenster*²) penture *f*; (*Ton*²) bande *f* (*od.* ruban *m*) magnétique; *auf* ~ *aufnehmen* enregistrer sur bande magnétique; *fig. pl.* *Bande der Freundschaft* liens *m/pl.*;
3. ♩ [bɛnt] *f* orchestre *m* de danse.
Ban'dage *f* bandage *m*.
banda'gieren *v/t.* bander.
Banda'gist *m* bandagiste *m*.
'**Band**|**aufnahme** *f* enregistrement *m* sur bande magnétique; ~**bezeichnung** *typ. f* tomaison *f*; ~**breite** *rad. f* largeur *f* de bande.
'**Bändchen** *n* (*kleines Buch*) petit volume *m*.
'**Bande** *f* bande *f*, gang *m*.
'**Band-eisen** *n* feuillard *m*.
'**Banden**|**führer** *m* chef (*od.* meneur *m*) *m* de (la) bande; ~**krieg** *m* guérilla *f*; ~**wesen** *n* banditisme *m*.
Bande'role (*Steuerband*) *f* bande *f* fiscale.
'**Band**|**förderer** *m* bande *f* transporteuse; tapis *m* roulant; ²**förmig** *adj.* en forme de ruban; ♀ ligulé; ~**führung** *f an Schreibmaschine:* guidage *m* du ruban; ~**geschwindigkeit** (*Tonband*) *f* vitesse *f* de défilement *m*.
'**bändig**|**en** *v/t.* dompter; maîtriser; *fig. a.* mettre un frein (à); F civiliser; ²**ung** *f* domptage *m*.
Ban'dit *m* bandit *m*; brigand *m*; ~**enwesen** *n* banditisme *m*.
'**Band**|**keramik** *f* céramique *f* rubanée; ~**maß** *n* mètre-ruban *m*;

nudeln *f/pl.* nouilles *f/pl.* plates; ~**nummer** *typ. f* tomaison *f*.
Ban'don|**eon** ♩ *n*, ~**ion** ♩ *n* bandonéon *m*; *abus.* concertina *f*.
'**Band**|**säge** *f* scie *f* à ruban; ~**scheibe** *anat. f* disque *m* de la colonne vertébrale; disque *m* intervertébral; ~**stahl** *m* acier *m* feuillard; ~**wurm** *m* ver *m* solitaire; ι ténia *m*; ~**wurmmittel** *n* ténifuge *m*.
bang, '**~e** *adj.:* in ~*er Erwartung* dans une attente inquiète; *in* ~*er Sorge sein* s'inquiéter (fort); (*um de*); ~*e Tage verbringen* vivre des jours d'angoisse; *mir ist* ~ j'ai peur (*vor dat.* de); *ihm ist* ~ *für* (*acc.*) *sein Leben* il craint pour sa vie; *j-n* ~*e machen vor* (*dat.*) faire peur à q. de; '~**en** *v/i.:* ~ *um* craindre pour; '²**igkeit** *f* crainte *f*, inquiétude *f*; angoisse *f*; anxiété *f*.
Bank¹ *f* (*pl.* **Bänke**) banc *m*; 👥 banquette *f*; *thé. vor leeren Bänken spielen* jouer devant les banquettes (*od.* devant une salle vide); *fig. auf die lange* ~ *schieben* traîner en longueur; F *durch die* ~ sans exception, sans faire (de) distinction.
Bank² ♀ *f* (*pl.* **Banken**) banque *f*; *sein Geld auf die* ~ *legen* déposer son argent à la (*od.* en) banque; *Geld bei der* ~ *stehen haben* avoir un compte en banque (*od.* à la) banque; *die* ~ *halten* tenir la banque; *die* ~ *sprengen* faire sauter la banque; '~**abschluß** *m* bilan *m* de la banque; '~**angestellte**(**r**) *m* employé *m* de banque; '~**anweisung** *f* assignation *f* sur la banque; chèque *m* (*od.* virement *m*) bancaire; '~**auftrag** *m* ordre *m* de banque; '~**ausweis** *m* situation *f* de la banque; '~**beamte**(**r**) *m* employé *m* de banque; '~**direktor** *m* directeur *m* de (la) banque; *Banque de France:* gouverneur *m*; '~**diskont** *m* escompte *m* bancaire; '~**einbruch** *m* effraction *f* (*od.* cambriolage *m*) dans une banque; '~**einlage** *f* dépôt *m* en banque.
'**Bänkelsänger** *m* chanteur *m* ambulant.
Ban'kett *n* banquet *m*; (*Straße*) banquette *f*; accotement *m*.
'**Bank**|**fach** *n: im* ~ *tätig sein* être dans la finance; ²**fähig** *adj.* bancable; banquable; ~**filiale** *f* filiale (*od.* succursale) *f* de banque; ~**geheimnis** *n* secret *m* de banque; ~**geschäft** *n* banque *f*; établissement *m* bancaire; ~*e pl.* (*Operationen*) opérations *f/pl.* bancaires; ~**gesetz** *n* loi *f* sur les banques; ~**guthaben** *n* avoir *m* (*od.* dépôt *m*) en banque; ~**halter** *m* banquier *m*; ~**haus** *n* banque *f*.
Ban'kier *m* banquier *m*.
'**Bank**|**institut** *n* banque *f*; établissement *m* bancaire; ~**kapital** *n* capital *m* banque (*od.* de banque); ~**konto** *n* compte *m* en banque; *sich ein* ~ *einrichten* se faire ouvrir un compte en banque; ~**kredit** *m* crédit *m* bancaire (*od.* de banque); ~**kreditbrief** *m* accréditif *m* bancaire; ~**lehne** *f* dossier *m* d'un banc; ²**mäßig** *adj.* bancaire; bancable; banquable; ~**note** *f* billet *m* (de banque); ~**noten-ausgabe** *f* émission *f* de billets de banque; ~**noten-umlauf** *m* circulation *f* fiduciaire (*od.* monétaire); ~**papiere** *n/pl.* valeurs *f/pl.*

(*od.* titres *m/pl.*) de banque; ~**praxis** *f* pratique *f* bancaire; ~**prokura** *f* procuration *f* de banque; ~**provision** *f* commission *f* de banque; frais *m/pl.* de banque; ~**raub** *m* 'hold-up *m* d'une banque; '~**rott** *m* faillite *f*; banqueroute *f*; *adj.* ² *sein* être en faillite; *sich für* ² *erklären* déclarer sa faillite; '~**rott-erklärung** *f* ²² déclaration *f* de faillite; *fig. mit e-r* ~ *enden* s'achever sur un constat d'échec; ~**reihe** *f* (*in e-m Saal*) travée *f*; ~**scheck** *m* chèque *m* bancaire; ~**schuld** *f* dette *f* bancaire; ~**spesen** *pl. m/pl.* de banque; ~**überfall** *m* attaque *f* de banque; ~**überweisung** *f* virement *m* bancaire; ~**umsatz** *m* chiffre *m* d'affaires d'une banque; ~**verbindung** *f* relation *f* bancaire; ~**verkehr** *m* opérations *f/pl.* bancaires; ~**vollmacht** *f* procuration *f* de banque; ~**wert** *m* valeur *f* bancaire; ~**wesen** *n:* das ~ les banques *f/pl.*; ~**zinsen** *m/pl.* intérêts *m/pl.* bancaires.
Bann *fig.* (*Zauber*) charme *m*; ensorcellement *m*; fascination *f*; *in j-s* ~ *geraten* subir l'influence de q.; ~**brief** *m*, **bulle** *f* bulle *f* d'excommunication; ²**en** *v/t.* (*vertreiben*) bannir; mettre au ban; (*ächten*) proscrire; *kirchlich:* excommunier; anathématiser; (*fesseln*) captiver; fasciner; charmer; (*bezaubern*) ensorceler; *Geister, Gefahr:* conjurer; (*festhalten*) retenir; *Inflation:* juguler.
'**Banner** *n* bannière *f*; ~**träger** *m* porte-bannière *m*.
'**Bann**|**fluch** *hist. m* anathème *m*; excommunication *f*; ~**meile** *f* banlieue *f*; ~**strahl** *hist. m* foudres *f/pl.* de l'excommunication; *den* ~ *schleudern* fulminer l'excommunication; ~**ware** *f* contrebande *f*.
'**Bantamgewicht** *n Sport:* poids *m* coq.
Bap'tist *rl. m* baptiste *m*.
Baptis'terium *n* baptistère *m*.
bar *adj. v. Geld:* comptant; ⚖ réel, -elle; ~*es Geld* argent *m* comptant; espèces *f/pl.*; numéraire *m*; *gegen* (*od. in*) ~ au comptant; en espèces; *gegen* ~ *kaufen* acheter (au) comptant; ~ (*be*)*zahlen* payer (au) comptant; ~ *ohne Abzug* comptant sans escompte; *so gut wie* ~*es Geld sein* être de l'or en barre (*a. fig.*); *fig. für* ~*e Münze nehmen* prendre pour argent comptant; F gober; *es ist* ~*er Unsinn* c'est de la pure folie; (*mit gén.*) dépourvu (*od.* dénué) de.
Bar *f* bar *m*.
'**Bär**(**in** *f*) *m zo.* ours *m*, -e *f* (*a. fig.*); *junger* ~ ourson *m*; *ast. der Große* (*Kleine*) ~ la grande (petite) Ourse; *fig. j-m e-n* ~*en aufbinden* en faire accroire à q.; en conter à q.; la bailler belle (*od.* bonne) à q.; monter un bateau à q.; mystifier q.; *sich e-n* ~*en aufbinden lassen* se laisser duper.
'**Bar-abfindung** *f* indemnité *f* en espèces.
Ba'racke *f* baraque *f*; ~**nlager** *n* baraquement *m*.
'**Bar-auszahlung** *f* paiement *m* comptant.
Bar'bar(**in** *f*) *m* barbare *m*, *f*.
Barba'rei *f* barbarie *f*.

bar'barisch adj. barbare.
'Barbe icht. f barbeau m.
'bärbeißig adj. renfrogné; revêche; rébarbatif, -ive; 'hargneux, -euse'; ⸗keit f caractère m 'hargneux.
'Bar|bestand m montant m de la caisse; avoir m en caisse; ⸗betrag m montant m en espèces.
'Barchent m futaine f.
'Bardame f barmaid f; serveuse f de bar.
'Barde hist. m barde m.
'Bar|deckung f couverture f métallique (od. en numéraire); ⸗eingang m recettes f/pl. au comptant; ⸗einkauf m achat m au comptant; ⸗einnahmen f/pl. recettes f/pl. au comptant.
'Bären|dienst m: er hat ihm e-n ⸗ erwiesen il lui a rendu un mauvais service; c'est le pavé de l'ours; ⸗fell n peau d'ours; ⸗führer m montreur m d'ours; ⸗haut f peau f d'ours; fig. F auf der ⸗ liegen fainéanter; battre sa flemme; ⸗jagd f chasse f à l'ours; ⸗hunger m: e-n ⸗ haben avoir une faim de loup; ⸗klau ♀ f od. m acanthe f; ⸗natur f: e-e ⸗ haben être une force de la nature; ⸗zwinger m fosse f aux ours.
Ba'rett n (Kardinalshut) barrette f; der Richter, Konditoren, Jockeys usw.: toque f.
'bar|fuß, ⸗füßig adj. u. adv. nu-pieds; pieds nus; ⸗fußdoktor m médecin m aux pieds nus; ⸗geld n argent m comptant; espèces f/pl.; numéraire m; ⸗geldbestände m/pl. espèces f/pl. liquides; ⸗geldlos adj. par mandat (postal); par virement (od. chèque); ⸗geldverkehr m opérations f/pl. en numéraire (od. d'espèces); ⸗geschäft n opération f (od. marché m) au comptant; ⸗häuptig adj. u. adv. nu-tête; tête nue; ⸗helfer m commis m de bar; ⸗hocker m tabouret m de bar.
'Bariton ♪ m baryton m.
'Barium n baryum m.
Barka'role ♪ f barcarolle f.
Bar'kasse ⚓ f barcasse f.
'Barkauf m achat m au comptant.
'Barke ⚓ f barque f.
'Barkeeper m tenancier m de bar.
'Barkredit m crédit m de caisse.
'Bärlapp ♀ m lycopode m.
'Bar|lauf m jeu m de barres; ⸗ spielen jouer aux barres; ⸗leistung f prestation f en espèces (od. en argent); ⸗lohn m rémunération f en espèces (od. en numéraire).
'Bärme f levure f.
barm'herzig adj. charitable; miséricordieux, -euse; ⸗e Schwester sœur f de charité; ⸗keit f charité f; pitié f; miséricorde f; aus ⸗ par charité; ⸗ üben faire la charité.
'Barmittel n/pl. argent m liquide, fonds m/pl. disponibles.
'Barmixer m barman m.
ba'rock I adj. baroque; II ♀ n od. m baroque m; ⸗stil ♎ m style m baroque.
Baro'graph m barographe m.
Baro'meter n, a. m baromètre m; das ⸗ steigt (fällt; steht auf schön; steht auf Regen; steht auf veränderlich) le baromètre monte (baisse; est au beau fixe; est à la pluie; est au variable); ⸗stand m 'hauteur f barométrique.

baro'metrisch adj. barométrique.
Ba'ron(in f) m baron m, -onne f.
'Barpreis m prix m (au) comptant.
'Barre f barre f.
'Barren m Gold usw.: lingot m; barre f; (Turngerät) barres f/pl. parallèles; ⸗gold n or m en lingots (od. en barres).
Barri'ere f barrière f.
Barri'kade f barricade f; ⸗nbau m construction f de barricades; ⸗n-kampf m combat m sur les barricades; ⸗nkämpfer m combattant m des barricades.
Barsch icht. m perche f.
barsch adj. brusque; bourru; rude; ⸗ anfahren rudoyer; ⸗es Wesen manières f/pl. brusques (od. rudes).
'Bar|schaft f argent m comptant; ⸗scheck m chèque m ouvert.
'Barschemel m tabouret m de bar.
'Barschheit f brusquerie f.
Bart m barbe f; e-n ⸗ bekommen commencer à avoir de la barbe; j-m den ⸗ abnehmen faire (od. enlever) la barbe à q.; sich e-n ⸗ wachsen (od. stehen) lassen laisser pousser sa barbe; fig. j-m um den ⸗ gehen courtiser q.; P j-m um den ⸗ schmieren P faire de la lèche à q.; in den ⸗ murmeln parler dans sa barbe; grommeler; parler entre les dents; sich um des Kaisers ⸗ streiten se disputer pour rien (od. pour des vétilles); F das hat so'n ⸗ c'est du réchauffé!; c'est archi-connu!; an Austern, Federn: barbe f; bei Fischen: barbillons m/pl.; ♀ arête f; e-s Schlüssels: panneton m; (Schnurr♀) moustache f; der Katze: moustaches f/pl.
'Bärtchen n an der Oberlippe: petite moustache f; am Kinn: barbiche f.
'Bart|flechte ♀ sycosis m; ♀ usnée f barbue; ⸗haar n poil m de barbe.
'bärtig adj. barbu; ♀ a. barbé.
'bart|los adj. imberbe; sans barbe; ⸗nelke ♀ œillet m des poètes; ⸗wuchs m: starker ⸗ barbe f dure.
'Bar|vergütung f rémunération f pécuniaire; ⸗verkauf m vente f au comptant; ⸗verlust m perte f en argent comptant; ⸗vorschuß m avance f de caisse (od. en espèces).
Ba'ryt ♎ m baryte m.
'Barzahlung f paiement m comptant; gegen ⸗ payable au comptant.
Ba'salt min. m basalte m; ⸗bruch m carrière f de basalte; ♀haltig adj. basaltique.
Ba'sar m bazar m; weitS. vente f de charité (od. de bienfaisance).
'Base¹ f cousine f.
'Base² ♎ f base f.
'Baseball m base-ball m.
'Basedow m, ⸗sche Krankheit f maladie f de Basedow; goitre m exophtalmique.
'Basenbildung ♎ f basification f.
ba'sieren v/i. se fonder, être fondé, a. se baser (auf dat. sur).
Ba'silika f basilique f.
Basi'lisk m basilic m.
'Basis f base f.
'basisch adj. basique.
Basizi'tät ♎ f basicité f.
'Bask|e m, ⸗in f Basque m, f; ⸗enland n pays m basque; ⸗enmütze f béret m basque.

'Basketball m als Spiel: basket(-ball) m; der Ball selbst: ballon m de basket; ⸗spieler m basketteur m.
'baskisch adj. basque.
'Basrelief n bas-relief m.
baß adv.: ⸗ erstaunt très étonné.
Baß ♪ m (Stimme) (voix f de) basse f; (Instrument) contrebasse f; erster ⸗ basse-taille f; basse f chantante; zweiter, tiefer ⸗ basse f profonde; basse-contre f; ⸗ spielen jouer de la contrebasse; ⸗bläser m basson m.
'Basset zo. m basset m.
Bas'setthorn ♪ n cor m de basset.
'Baß|geige f contrebasse f; ⸗geiger m contrebasse f; contrebassiste m.
Bas'sin n bassin m; (Schwimm♀) piscine f.
Bas'sist m (Baßsänger) basse f; (Baß-spieler) contrebasse f, contrebassiste m.
'Baß|klarinette f clarinette f basse; ⸗noten f/pl. notes f/pl. de la basse; ⸗regler (Plattenspieler) m réglage m des graves; ⸗saite f corde f de contrebasse; ⸗schlüssel m clef f de fa; ⸗stimme f (voix f de) basse f.
Bast m ♀ liber m; zum Flechten: raphia m; ch. der Hirsche usw.: refaits m/pl.
'basta! int. basta!; suffit!; assez!; pas un mot de plus!
'Bastard ♀ a. zo. bâtard m; enfant m naturel; ♀ u. zo. hybride m, métis m; ⸗art f espèce f bâtarde.
Bas'tei ♁ u. fig. bastion m.
'basteln I v/t. u. v/i. bricoler; II ♀ n bricolage m.
'Bastfaser f fibre f de raphia.
Bas'tille f bastille f.
Basti'on f bastion m.
'Bastler(in f) m bricoleur m, -euse f.
'Bast|matte f natte f de raphia; ⸗seide f soie f écrue.
Batail'lon n bataillon m; ⸗sführer m chef m de bataillon.
'Batik m batik m.
Ba'tist m batiste f; ♀en adj. de batiste; ⸗taschentuch m mouchoir m de batiste.
Batte'rie ♁ ⚡ batterie f (a. Gruppe v. Maschinen; Brauerei); ⚡ pile f; (Akkumulatoren♀) batterie f d'accu(mulateur)s; ⸗chef m chef m de batterie; ⸗element n élément m de batterie; ⸗empfänger m récepteur m à batteries; ⸗gehäuse n boîtier m (de la batterie); ⸗ladegerät n chargeur m d'accumulateurs; ⸗spannung f tension f de batterie (od. de pile od. d'accumulateur); ⸗wecker m réveil m à pile; ⸗zündung f allumage m par batterie.
'Batzen F m: ein ⸗ Geld une belle somme d'argent.
Bau m construction f; e-s Flughafens a.: implantation f; (Struktur) structure f; e-s organischen Körpers: organisation f; (Gebäude) bâtiment m; édifice m; monument m; (im Bau begriffen) maison f en (voie od. cours de) construction (od. en travaux); ⸗ten pl. thé.; Film: décors m/pl.; öffentliche ⸗ en pl. édifices m/pl. publics; ♪ culture f; ♎ structure f; constitution f; ⚒ exploitation f; (Höhle) terrier m; tanière f; '⸗abnahmeschein m certificat m de réception; '⸗abschnitt m tranche f de

travaux; ~**akademie** f école f d'architecture; ~**amt** n service m de l'urbanisme; ~**arbeiten** f/pl.: ~ der öffentlichen Hand travaux m/pl. publics; ~**arbeiter** m ouvrier m du bâtiment; ~**art** f style m; architecture f; (Typ) type m; version f; (Modell) modèle m; (Ausführungsart) technique f (od. mode m) de construction; ~**aufsicht** f surveillance f des travaux; ~**ausführung** f exécution f des travaux; réalisation f d'une construction; ~**bedarf** m matériaux m/pl. de construction; ~**beginn** m mise f en chantier (für de); ~**besichtigung** f inspection f des bâtiments; ~**bewilligung** f autorisation f (od. permis m) de bâtir (od. de construire); ~**biene** ent. f cirière f; ~**boom** m boom m immobilier, à la construction; ~**boß** péj. m promoteur m; ~**bude** f baraque f, guérite f; ~**büro** n (Bauunternehmen) entreprise f de construction; auf der Baustelle: bureau m de chantier.

Bauch m ventre (a. der Schwingung od. e-r Flasche) (Unterleib) abdomen m; e-n ~ bekommen (haben) prendre (avoir) du ventre; P faire de la brioche; sich flach auf den ~ legen se coucher à plat ventre; P sich den ~ vollschlagen s'en mettre plein la lampe; sich ein Loch in den ~ stehen faire le pied de grue; sich den ~ halten vor Lachen se tenir les côtes de rire; e-r Geige: coffre m; e-s Schiffes: coque f; fond m; '~**binde** f ceinture f; e-r Zigarre: bague f; mit e-r ~ versehen Zigarre: baguer; '²**en** v/rf.: sich ~ se gonfler, se bomber; △ se forjeter; '~**fell** anat. n péritoine m; '~**fell-entzündung** ⚕ f péritonite f; '~**flosse** f nageoire f abdominale; '²**frei** cout. adj.: ~e Bluse f brassière f; ~**gegend** f région f abdominale; '~**gurt** m zwischen den Deichselarmen: sous-ventrière f; ~**höhle** anat. f cavité f abdominale; '~**ig** adj. ventru, bombé; renflé ~**klatscher** m beim Schwimmen: plat m; '~**krampf** m colique f; '~**laden** m éventaire m; '~**lage** f position f à plat ventre; ~ einnehmen se coucher à plat ventre; '~**landung** ✈ f atterrissage m sur le ventre; e-e ~ machen se poser sur le ventre; '~**muskel** m muscle m abdominal; '~**nabel** m nombril m; '~**reden** n ventriloquie f; '~**redner** m ventriloque m; '~**rolle** Sport f rouleau m ventral; '~**schmerzen** m/pl.: ich habe ~ j'ai mal au ventre; '~**speicheldrüse** anat. f pancréas m; ~**tanz** m danse f du ventre; '~**ung** f convexité f; '~**wassersucht** f hydropisie f abdominale; ascite f.

'**Baude** f chalet m; 'hutte f.

'**Bau**|**denkmal** n: geschütztes ~ monument m classé; ~**element** n élément m (de construction); elektronisches ~ composant m électronique; vorgefertigtes ~ élément m préfabrique.

'**bauen** 1. v/t. bâtir; construire; große Bauten: a. édifier; (errichten) élever; ériger; dresser; sein Nest ~ faire son nid (a. fig.); fig. Luftschlösser ~ faire des châteaux en Espagne; sein Urteil auf etw. (acc.) ~ fonder son jugement sur qch.; 2. v/i. fig. ~ auf (acc.)

compter sur; fig. auf Sand ~ bâtir sur le sable.

'**Bauer**[1] m ('**Bäuerin** f) paysan m, -anne f; cultivateur m, -trice f; (Landmann) laboureur m; fig. péj. rustre m; péquenot m; lourdaud m; Kartenspiel: valet m; Schach: pion m.

'**Bauer**[2] n (Käfig) cage f.

'**bäuerisch** péj. adj. rustaud; grossier, -ière.

'**Bau-erlaubnis** f permis m de construire.

bäuerlich adj. paysan, -anne.

'**Bauern**|**arbeit** f travail m du paysan; ~**art** f façon (od. manière) f des paysans; ~**aufstand** m révolte f de(s) paysans; jacquerie f; ~**brot** n pain m de ménage; ~**bund** m ligue f des paysans; ~**bursche** m jeune paysan m; ~**dichter** m poète m paysan; ~**fang** m attrape-nigaud m; ~**fänger** m faiseur m de dupes; ~**fänge**'**rei** f attrape-nigaud m; ~**flegel** P péquenot m; ~**frau** f paysanne f; ~**gut** n ferme f; ~**haus** n maison f paysanne; ~**hochzeit** f noce f de village; ~**hof** m ferme f; in Südfrankreich: mas m; ~**krieg** hist. m guerre f des paysans; ~**lümmel** m péquenot m; ~**mädchen** n jeune paysanne f; ~**möbel** n/pl. meubles m/pl. rustiques; ~**partei** f parti m paysan; ~**roman** m roman m paysan; ~**schaft** f paysans m/pl.; paysannerie f; ~**schenke** f auberge f de village; ²**schlau** adj. madré; ~**sitten** f/pl. mœurs f/pl. paysannes; ~**stand** m classe f paysanne; paysans m/pl.; paysannerie f; ~**stolz** m fierté f paysanne; ~**stück** thé. n pièce f de la vie rurale; ~**tracht** f costume m villageois; ~**volk** n peuple-paysan m.

'**Bauersfrau** f paysanne f.

'**Bau**|**fach** n (Baukunst) architecture f; ²**fällig** adj. délabré, tombant en ruines, vétuste; ~ werden menacer ruine; ~**fälligkeit** f délabrement m, vétusté f; ~**fehler** m défaut m de construction; ~**fläche** △ f dalle f; ~**flucht** △ f alignement m; ~**fluchtplan** m plan m d'alignement; ~**führer** m chef m de chantier; ~**gelände** n terrain m à bâtir; ~**gelder** n/pl. fonds m/pl. destinés à la construction; ~**genehmigung** f autorisation f de construire; ~**genossenschaft** f coopérative f de construction; ~**gerüst** ⊕ n échafaudage m; ~**geschäft** n entreprise f de construction; ~**gesellschaft** f société f promotrice (od. immobilière od. de construction); ~**gesuch** n demande f d'un permis de construire; ~**gewerbe** n industrie f du bâtiment m; ~**gewerbeschule** f école f professionnelle d'architecture; ~**glied** n élément m de construction; ~**grube** f fouille f de construction; ~**grund** m terrain m à bâtir; ~**handwerk** n métier m du bâtiment; ~**handwerker** m ouvrier m du bâtiment; ~**herr** m propriétaire m qui fait bâtir; maître m de l'ouvrage; ~**hof** m dépôt m de machines et de matériaux de construction; ~**holz** ⊕ n bois m de construction; ~**industrie** f industrie f du bâtiment; ~**ingenieur** m ingénieur m du bâtiment; ~**jahr** n année f de la construction (resp. de la fabrication); ~ 1982 mo-

dèle m 1982; ~**kasten** m (Kinderspielzeug) jeu m de construction; ~**kastensystem** ⊕ n système m de construction par blocs; ~**klotz** m: fig. F Bauklötzer pl. staunen être tout ébahi (od. ébaubi); ~**kompanie** f compagnie f du génie; ~**kosten** pl. coût m de la construction; ~**kostenanschlag** m devis m; ~**kostenzuschuß** m subvention f aux frais de construction; ~**kran** m grue f de chantier; ~**kredit** m crédit m à la construction; ~**kunst** f architecture f; ~**land** n terrain m à bâtir; ~**landumlegung** f remembrement m des terrains à bâtir; ~**leiter** m conducteur m des travaux; chef m de chantier; maître m d'œuvre; maître m ouvrier; ~**leitung** f direction f des travaux; ~**leute** pl. ouvriers m/pl. du bâtiment.

'**baulich** adj. architectural; ²**keit** (Gebäude) f construction f; immeuble m; bâtiment m; édifice m.

'**Baulinie** f alignement m.

'**Baulöwe** F fig. péj. m promoteur m.

Baum m arbre m; zwischen ~ und Borke sitzen être entre l'enclume et le marteau; er sieht den Wald vor lauter Bäumen nicht il ne voit plus l'essentiel parce qu'il se perd dans les détails; es ist dafür gesorgt, daß die Bäume nicht in den Himmel wachsen il y a des limites à tout; ~ der Erkenntnis arbre m de la science du bien et du mal.

'**Baumarkt** m: Krise auf dem ~ crise f du bâtiment.

'**Baum**|**art** f e-s Waldes: espèce f d'arbres; ²**artig** adj. arborescent.

'**Baumaterial**(**ien** pl.) n matériaux m/pl. de construction.

'**Baum**|**axt** f cognée f; ~**bestand** m peuplement m forestier; ~**blüte** f floraison f des arbres; ~**chirurg** m jardinier m dendrochirurgien.

'**Baumeister** m architecte m.

'**baumeln** v/i. pendiller; mit den Armen ~ balancer les bras.

'**bäumen** v/rf.: sich ~ v. Pferden: se cabrer.

'**Baum**|**fäller** m bûcheron m; ~**fraß** ⚕ m carie f des arbres; ~**frevel** m délit m forestier; ~**grenze** f limite f d'arbres; ~**gruppe** f bouquet m d'arbres; ~**harz** n résine f; ~**krone** f cime f; ~**kuchen** m pièce f montée; ~**kunde** f dendrologie f; ²**lang** adj. F fig. long, -gue comme une perche; ~**läufer** orn. m grimpereau m; ~**laus** ent. f puceron m; ²**los** adj. sans arbres; ~**marder** zo. m mart(r)e f; ~**pfahl** m tuteur m; ~**pflanzung** f plantation f d'arbres; ~**reihe** f rangée f d'arbres; ~**rinde** f écorce f; ~**säge** (Motor~) f tronçonneuse f; ~**schere** f sécateur m; ~**schule** f pépinière f; ~**sperre** ⚔ f abattis m/pl.; ~**stamm** m tronc m d'arbre; ²**stark** adj. fig. fort comme un chêne; ~**stumpf** m souche f d'arbre; ~**stütze** f pieu m; starke: étai m.

'**Baumuster** n modèle m de construction.

'**Baumwachs** 🖉 n mastic m à greffer.

'**Baumwoll**|**abfall** m déchets m/pl. de coton; ~**anbau** m culture f du coton; ~**e** f coton m; ²**en** adj. de (resp.en) coton; ~**fabrikation** f fabrication f de coton; ~**faser** f fibre f de coton; ~**garn** n fil m de coton;

Baumwollgewebe — Beckengürtel

~gewebe n tissu m de coton; ~industrie f industrie f cotonnière; ~pflanzung f plantation f de coton; ~samen m graine f de cotonnier; ~spinnerei f filature f de coton; ~staude f, ~strauch m cotonnier m; ~stoff m tissu m de coton; ~waren f/pl. articles m/pl. de coton, cotonnades f/pl.

'Baum|zucht f arboriculture f; ~züchter m arboriculteur m.

'Bau|nummer f numéro m d'ordre dans la série de constructions; ~ordnung f règlement m concernant les constructions; ~planer m promoteur m; ~platz m → ~stelle; ~polizei f service m d'urbanisme; ~programm n programme m de construction; ~rat m conseiller m du service d'urbanisme.

'bäurisch péj. adj. grossier, -ière; (de) rustre; rustaud; balourd; adv. a. comme un péquenot.

Bausch m (Watte♀) tampon m de (od. d')ouate; ~ am Ärmel bouffant m; fig. in ~ und Bogen en bloc; ¹~ärmel m manche f bouffante; ¹²~ig adj. bouffant.

'Bau|schlosser m serrurier m du bâtiment; ~schule f école f spéciale d'architecture; ~schutt m gravats m/pl.; ~sparbuch n livret m d'épargne-logement; ~sparen n épargne-logement f; ~sparer m épargnant m à la construction; ~sparkasse f caisse f d'épargne-logement; ~sparvertrag m contrat m d'épargne-logement; ~stahl m acier m de construction; ~stein m pierre f à bâtir; fig. ~e pl. (zu ...) matériaux m/pl. (pour ...); ~stelle f chantier m; Grundstück: terrain m à bâtir; n zu verkaufen terrains à vendre; ~stil △ m style m (architectural); ~stoff m matériau m; ~stofflager n entrepôt m de matériaux de construction; ~tätigkeit f activité f de construction; ~techniker m technicien m du bâtiment; ~teil m élément m de construction; ~e pl. (Einzelteile) pièces f/pl. détachées; ~ten m/pl. thé., Film: décors m/pl.; öffentliche ~ édifices m/pl. publics; ~tischler m menuisier m du bâtiment; ~tischle'rei f menuiserie f de bâtiment; ~träger m promoteur m; ~trupp m équipe f d'ouvriers du bâtiment; ~typ m type m de construction; famille f, génération f; ~unternehmen n entreprise f de construction; ~unternehmer m entrepreneur m de construction (od. en bâtiment), promoteur m immobilier; ~verbot n interdiction f de construire; ~vor-anschlag m devis m estimatif; ~vorhaben n projet m de construction; öffentliches: projet m de travaux publics; ~vorschrift f règlement m sur les constructions; ~weise f → ~art; ~werk n construction f; (Gebäude) édifice m; bâtiment m; ~wesen n bâtiment m; das öffentliche ~ les travaux m/pl. publics; ~wirtschaft f (industrie f du) bâtiment m; ~wissenschaft f architecture f.

Bau'xit min. m bauxite f.

'Bau|zaun m palissade f; ~zeit f délai m de construction.

'Bayer|(in f) m Bavarois m, -e f; ♀isch adj. bavarois; ~n n la Bavière.

Ba'zill|enträger m porteur m de bacilles; ~us m bacille m.

be'absichtigen v/t.: etw. ~ avoir qch. en vue; se proposer qch.; ~ zu ... avoir l'intention de ..., envisager de ..., compter ...; (nichts) Böses ~ (ne pas) songer à mal.

be'acht|en v/t. faire attention (à); (berücksichtigen) tenir compte (de); considérer; prendre en considération; Rat: écouter; Regel: observer; etw. sehr ~ müssen garder qch. très présent à l'esprit; ~enswert, ~lich adj. considérable, remarquable, respectable, exponentiel, -lle; ♀ung f v. Verkehrszeichen: respect m; v. Vorschriften: observation f; ~ schenken (dat.) tenir compte (de); faire attention (à).

be'ackern v/t. labourer; fig. étudier à fond.

be'amten v/t. titulariser, pérenniser.

Be'amte(r) m fonctionnaire m; agent m; (höherer Gerichts♀, Verwaltungs♀) magistrat m; weit S. a. employé m; auf Lebenszeit fonctionnaire m à vie; ~ auf Zeit fonctionnaire m stagiaire.

Be'amten|abbau m licenciement m de fonctionnaires; ~beleidigung f outrage m à agent de la force publique (od. à magistrat); ~besoldung f rétribution f des fonctionnaires; ~bestechung f corruption f de fonctionnaire(s); ~bund m syndicat m (od. union f) des fonctionnaires; ~gesetz n loi f sur le statut des fonctionnaires; ~schaft f fonctionnaires m/pl.; ~tum n qualité f de fonctionnaire; → ~schaft; ~versicherung f assurance f des fonctionnaires.

beam'tieren v/t. fonctionnariser; s. a. beamten.

Beam'tierung f titularisation f à vie.

Be'amtin f fonctionnaire f; weit S. employée f.

be'ängstig|en v/t. alarmer; angoisser; inquiéter; ~end adj. angoissant; inquiétant; psych. anxiogène; ♀ung f angoisse f; inquiétude f.

be'anspruch|en v/t. demander (a. Zeit); réciamer; als Recht: revendiquer; ⊕ charger; faire travailler; fatiguer; ♀ung f demande f; réclamation f; als Recht: revendication f; ⊕ effort m, contrainte f, sollicitation f.

be'anstand|en v/t. critiquer (qch.); incriminer (qch.); faire une réclamation od. protester (contre); faire (od. formuler) des objections (à); trouver à redire (à); se plaindre (de); ♀ung f réclamation f (contre); objection f (à); ~das gibt zu ~en keinen Anlaß cela ne donne lieu à aucune réclamation, objection, contestation.

be'antragen v/t. demander; requérir; in Versammlung: proposer.

be'antwort|en v/t. répondre (à); e-e Frage nicht ~ können ne pas pouvoir répondre à une question, écol. sécher; ♀ung f réponse f; in ~ Ihres Schreibens en réponse à votre lettre.

be'arbeit|en v/t. travailler; (Form geben) façonner; ♪ arranger; Akten, Gesuch, Angelegenheit: étudier, examiner; thé. Text: adapter; (abfassen) rédiger; ✓ cultiver; labourer; ⊕ usiner; ouvrer; Stoff usw.: traiter (a.

behandeln); neu ~ remanier; refaire; renouveler; etw. (ganz) neu ~ refondre qch.; fig. j-n ~ travailler q.; chercher à gagner q.; matraquer q.; mettre q. en condition; ♀en, ♀ung f travail m; (Formgebung) façonnement m; ♪ arrangement m; v. Akten, Gesuchen, Angelegenheiten: étude f; thé. e-s Textes: adaption f; ~ für den Film adaptation f cinématographique; (Abfassung) rédaction f; ✓ culture f; ⊕ usinage m; v. Stoff usw.: traitement m (a. Behandlung); in Bearbeitung en préparation; weitere ~ perfectionnement m et ♀er m celui qui travaille (resp. façonne resp. remanie) qch.; ♪ arrangeur m; thé. e-s Textes: adaptateur m; (Verfasser) rédacteur m; ♀ungsverfahren ⊕ n procédé m d'usinage.

be'argwöhn|en v/t. soupçonner; suspecter; ♀ung f soupçon m; suspicion f.

'Beatlefrisur f coiffure f à la Beatles.

be'aufsichtig|en v/t. surveiller; contrôler; garder; veiller sur; ♀en n, ♀ung f surveillance f; contrôle m; garde f.

be'auftrag|en v/t. charger (mit de); mandater, députer, déléguer (à); donner une commission à q.; er wurde damit beauftragt, zu ... (inf.) on lui confia la tâche (od. la mission) de ... (inf.); beauftragt von par ordre (od. sur la demande od. au nom de); mit der Wahrnehmung der Geschäfte beauftragt chargé de l'expédition des affaires courantes; ♀te(r) m chargé m d'affaires; (Bevollmächtigter) mandataire m; (Abgeordneter) délégué m; député m; ✝ commissionnaire m; ♀ung f charge f; (com)mission f; mandat m; délégation f.

be'äugeln F v/t. guigner; lorgner.

be'bau|en v/t. couvrir de bâtiments; élever un (resp. des) bâtiment(s) sur; ✓ cultiver; labourer; bebautes Grundstück terrain m bâti; ♀ung ✓ f culture f; exploitation f; ♀ungs-plan △ m plan m d'aménagement urbain.

'beben I v/i. trembler (vor dat. de); (schaudern) frissonner (vor dat. de); frémir (de); tressaillir (de); (vibrieren) vibrer; II ♀ n tremblement m; (Schaudern) frissonnement m; frémissement m; tressaillement m; (Vibrieren) vibration f; ~d adj. tremblant; (schaudernd) frissonnant; frémissant.

be'bilder|n v/t. illustrer; ♀ung f illustration f.

be'brillt adj. portant des lunettes.

be'brüten I v/t. couver; bebrütetes Ei n m couvi; II ♀ n incubation f.

Bécha'melsoße béchamel f; sauce f à la Béchamel.

'Becher m gobelet m; aus Metall: timbale f; mit Fuß: coupe f; kleiner ~ godet m; (Würfel♀) cornet n; ~förderer ⊕ m transporteur m à godets; ♀n F v/i. ♥ chopiner; ♥ picoler; ♥ pinter; ~werk n noria f à godets.

'Becken n bassin m (a. anat. u. géogr.); (Wasch♀) cuvette f; (Tauf♀) fonts m/pl. baptismaux; ♪ n/pl. cymbales f/pl.; ~bein anat. n os m iliaque; ~bruch ⚕ m fracture f du bassin; ~endlage ⚕ f présentation f du siège; ~gürtel anat. m ceinture f

pelvienne; ~schlag ♪ m coup m de cymbales; ~schläger ♪ m cymbalier m.
'Beck|messer m critique m mesquin; ~messe'rei f critique f mesquine; 2messern v/i. critiquer d'une manière mesquine.
be'dachen v/t. couvrir (d'un toit).
Be'dacht I st.s. m (Überlegung) nur noch in: mit (ohne) ~ avec (sans) réflexion; Umsicht: voll ~ avec prudence; II 2 adj. réfléchi; ~ auf (acc.) attentif, -ive à; soucieux, -euse de; soigneux, -euse de; péj. jaloux, -ouse de; sourcilleux, -euse sur; er ist nur auf sich ~ il ne pense qu'à lui-même; von der Natur gut ~ sein être bien partagé par la nature; darauf ~ sein, daß ... veiller à ce que ... (subj.).
be'dächtig I adj. (langsam) lent; mesuré; flegmatique; (umsichtig) circonspect; prudent; II adv.: in ~ Werke gehen procéder avec circonspection; 2keit f (Langsamkeit) lenteur f.
Be'dachung f couverture f; toiture f.
be'danken v/rf.: sich bei j-m für etw. ~ remercier q. de (od. pour, bsd. vor konkreten Dingen) qch.; aber vor inf. nur de: sich bei j-m dafür ~, etw. gemacht zu haben remercier q. d'avoir fait qch.
Be'darf m 1. besoin(s pl.) m; nach ~ suivant les besoins; ~ an Kapital besoins m/pl. en capital; ~ an Rohstoffen besoins m/pl. en matières premières; an etw. (dat.) ~ haben avoir besoin de qch.; ich habe m-n ~ gedeckt j'ai ce qu'il me faut; den ~ decken satisfaire aux besoins; für den dringendsten ~ Vorsorge treffen parer aux besoins les plus urgents; 2. (Büro2, Schul2 usw.) fournitures f/pl. (de bureau, scolaires etc.); ~s-artikel m article m (d'usage) courant; article m de consommation; ~sdeckung f satisfaction f des besoins; ~s-ermittlung f détermination f des besoins; ~sfall m: im ~e au (od. en cas de) besoin; si besoin est; si le besoin s'en fait sentir; s'il en est besoin; ~sfluggesellschaft f compagnie f de charters; ~sgüter n/pl. m bzw. m/pl. de consommation; ~shaltestelle f arrêt m facultatif; ~slenkung f orientation f des besoins; ~slücke f: ~ an etw. (od. an j-m) manque m (od. pénurie f) de qch. (od. de q.); e-e ~ überbrücken faire de soudure; ~sträger m consommateur m.
be'dauer|lich adj. regrettable; (beklagenswert) déplorable; ~n v/t. regretter; avoir le regret ..., être au regret (de + inf.); (beklagen) déplorer; j-n ~ plaindre q. (wegen de); er ist zu ~ il est à plaindre; 2n n regret m; zu m-m großen ~ à mon grand regret; sein ~ ausdrücken exprimer ses regrets; ~nswert adj. regrettable; (beklagenswert) déplorable; ~nswürdig adj. digne de pitié.
be'deck|en v/t. (v/rf.: sich se) couvrir (mit de); ~ Sie sich! couvrez-vous!; mettez votre chapeau!; (verhüllen) (se) cacher; ~t adj. couvert (a. Himmel); bleiben Sie ~! restez couvert!; 2ung f couverture f; (Geleit) ⚔ escorte f.
be'denk|en 1. v/t. (erwägen) prendre

en considération; considérer; (überlegen) penser (od. songer od. réfléchir) (à); vorher ~ préméditer; die Folgen ~ peser les conséquences; j-n mit etw. ~ pourvoir q. de qch., léguer qch. à q.; wenn man's recht bedenkt quand on y réfléchit bien; tout bien considéré; à tout prendre; 2. v/rf.: sich ~ (sich besinnen) délibérer; méditer; réfléchir; sich e-s andern (od. e-s Bessern) ~ se raviser; (zögern) hésiter (à); 2en n considération f; (Überlegung) réflexion f; (Zögern) hésitation f; (Zweifel) doute m; (Skrupel) scrupule m; (Vorbehalt) réserve f; ohne ~ sans hésiter; ~ tragen, etw. zu tun hésiter à (od. se faire un scrupule de) faire qch.; ~ gegen etw. äußern faire des réserves sur qch.; ~enlos adj., adv. sans scrupules; ~lich adj. qui donne à penser; douteux, -euse; louche; inquiétant, sérieux, -euse; (heikel) délicat; scabreux, -euse; 2lichkeit f caractère m louche; 2zeit f temps m (od. délai m) de réflexion; j-m acht Tage ~ geben donner à q. 'huit jours pour se décider.
be'deppert F adj. embarrassé.
be'deut|en v/t. (bestimmten Sinn haben) signifier; vouloir dire; (v. Wichtigkeit sein) être important; das hat nichts zu ~ cela n'a aucune importance; c'est sans importance; (anzeigen) indiquer; (ankündigen) annoncer, als Vorbedeutung: présager; das bedeutet nichts Gutes cela ne présage rien de bon; F das hat was zu ~ il y a qch. là--dessous; st.s. j-m etw. ~ (zu verstehen geben) donner à entendre (od. faire comprendre) qch. à q.; ~end adj. important; considérable; remarquable; ~sam adj. significatif, -ive; 2ung f (Sinn) signification f; sens m; gr. acception f; eigentliche (bildliche) ~ sens m propre (figuré); (Wichtigkeit) importance f; von ~ d'importance; von großer ~ de grande (od. de haute) importance; von größter ~ de la plus 'haute importance; von geringer ~ de peu d'importance; ohne ~ sans importance; e-r Sache (dat.) ~ beimessen attacher de l'importance à qch.; an ~ gewinnen prendre de l'importance; von ~ sein avoir de l'importance; von ~ sein für important à; (Wert) valeur f; (Tragweite) portée f, poids m; 2ungs-entwicklung f ~es Wortes: évolution f de sens; 2ungsfeld ling. n champ m sémantique f; ~ungslos adj. insignifiant; sans importance; 2ungslosigkeit f insignifiance f; 2ungs-umfang m éventail m des significations; 2ungsverschiebung f glissement m de sens; ~ungsvoll adj. très significatif, -ive; très important; d'une grande importance; de grande portée; 2ungswandel m changement m de sens.
be'dien|en 1. v/t. servir; bei Tisch ~ servir à table; ⊕ manier; manœuvrer; desservir; (regulieren) régler; Kartenspiel: donner de la même couleur, fournir; nicht ~ renoncer; 2. v/rf.: sich e-r Sache (gén.) ~ se servir de qch.; 2stete(r) m bei Ämtern: agent m; employé m; 2ung f service m; (Kellner[in]) garçon m, serveuse f; ⚔ e-s Geschützes: servants m/pl.; ⊕

commande f, actionnement m, (Regulierung) réglage m; 2ungs-anleitung f, 2ungs-anweisung f instructions f/pl. de service; (Gebrauchsanweisung) mode m d'emploi; 2ungsgeld n pourboire m; (frais m/pl. de) service m; 2ungshebel m levier m de manœuvre (od. de commande); 2ungsknopf m bouton m de commande; 2ungsmann m ⚔ opérateur m; ⚔ servant m; 2ungsmannschaft ⚔ f, 2ungs-personal n (a. e-s Computers) servants m/pl.; 2ungs-pult ⊕ n pupitre m (od. table f) de commande; 2ungsstand m poste m de manœuvre (od. de commande); 2ungsvorschrift f → 2ungsanleitung.
be'ding|en v/t. conditionner; être la condition (de); (ausbedingen) stipuler; sich (dat.) etw. ~ se réserver qch.; (erfordern) exiger; (notwendig machen) nécessiter; (in sich schließen) impliquer; (voraussetzen) supposer; ~t adj. conditionné; conditionnel, -elle; (beschränkt) limité; ~ durch dû, due à; ~ sein durch avoir pour condition; dépendre de; 2theit f caractère m conditionnel; relativité f; phil. mode m; 2ung f condition f; unerläßliche ~ condition f sine qua non; e-e ~ stellen faire une condition; an e-n etw. (acc.) knüpfen mettre des conditions à qch.; es zur ~ machen en faire une condition; unter jeder ~ à n'importe quelle condition; unter dieser ~ à cette condition; unter der ~, daß ... à condition que ... (subj.); à la condition que ... (fut. bzw. cond.); 2ungsform gr. f (mode m) conditionnel m; ~ungslos adj. sans condition; inconditionnel, -elle; 2ungssatz gr. m proposition f conditionnelle; ~ungsweise adv. à titre conditionnel; sous condition (od. réserve); conditionnellement.
be'dräng|en v/t. serrer de près; assaillir; presser; poursuivre; talonner; Schuldner a.: 'harceler; in bedrängter Lage sein être dans l'embarras (od. dans la gêne); von Sorgen bedrängt sein être assailli de soucis; 2nis f embarras m; situation f fâcheuse; (Not) détresse f; gêne f.
be'droh|en v/t.: j-n ~ menacer q. (mit de); ~lich adj. menaçant; 2ung f menace f.
be'drucken v/t. imprimer; II 2 n impression f.
be'drück|en v/t. oppresser; (seelisch) déprimer; accabler; ~t adj. déprimé; 2t-heit f accablement m; dépression f.
Bedu'ine m Bédouin m.
be'dürfen v/imp.: es bedarf nur e-s Wortes il ne faut qu'un mot; un mot suffit; das bedarf e-r Erklärung cela demande explication (od. à être expliqué); 2nis n besoin m; (Notwendigkeit) nécessité f; es ist mir ein ~ zu ... j'éprouve le besoin de ...; j'aimerais (m. reinem inf.); ein ~ verspüren éprouver (od. ressentir) un besoin; j-s ~se befriedigen satisfaire les besoins (od. subvenir aux besoins de q.; für die dringendsten ~se Vorsorge treffen parer aux besoins les plus urgents; (s)ein ~ (s-e Notdurft) verrichten faire ses besoins; 2nis-an-

Bedürfnisanstalt — befragen

stalt f W.C. m, lavabos m/pl. publics, toilettes f/pl. publiques, lavatory m, cabinets m/pl.; *nur für Herren*: urinoir m, vespasienne f; **nisfall** m: *im (e) au (od.* en cas de) besoin; **nislos** adj. sans besoins; peu exigeant; très modeste; **nislosigkeit** f absence f de besoins; modestie f; peu m d'exigence; **tig** adj. pauvre; indigent; nécessiteux, -euse; dans le besoin; économiquement faible; **tigkeit** f pauvreté f; indigence f; nécessité f; **tigkeits-nachweis** m carte f d'économiquement faible.

be'duselt F adj. (*angeheitert*) éméché.
'**Beefsteak** n bifteck m.
be'ehren 1. v/t. ~ *mit* honorer q. de; **2.** v/rf.: *sich ~* avoir l'honneur (de).
be'eid(ig)en v/t.: *etw. ~* affirmer qch. sous (la foi du) serment; *j-n ~* assermenter q.; faire prêter serment à q.; **en** n, **ung** f affirmation f sous (la foi du) serment.
be'eilen v/rf.: *sich ~* se hâter, se dépêcher, se presser, s'empresser (de + *inf.*); s'activer (à + *inf.*).
be'eindruck|bar adj. impressionnable; **en** v/t. impressionner.
be'einflußbar adj. influençable; leicht ~ suggestionnable.
be'einfluss|en v/t.: *j-n ~* influencer q.; ⚖ *Zeugen*: suborner q.; *etw. ~* influer sur qch.; (*wirken auf*) avoir de l'effet (sur); **ung** f influence f.
be'einträchtig|en v/t. faire tort (à); porter préjudice (*od.* atteinte) (à); affecter; *den Ruf*: ternir; empiéter (sur); léser; (*behindern*) gêner, empêcher, entraver; 'handicaper; **ung** f (*gén.; von*) préjudice m (porté à); tort m (fait à); (*Behinderung*) empêchement m; entrave f; 'handicap m.
be'end(ig)en v/t. finir; terminer; achever; mettre fin (à); **ung** f fin f; terminaison f; achèvement m.
be'eng|en v/t. serrer, rétrécir; (*beklemmen*) oppresser, comprimer, gêner, *pfort* étrangler; *fig.* restreindre; *t p.p.* à l'étroit; *sich beengt fühlen* se sentir à l'étroit; **theit** f serrement m; rétrécissement m; *der Brust*: oppression f, *pfort* étranglement m; *fig.* restriction f.
be'erben v/t. hériter (de); recueillir l'héritage (de).
be'erdig|en v/t. enterrer; inhumer; **ung** f enterrement m; inhumation f.
Be'erdigungs|anzeige f faire-part m de décès; **büro** n entreprise f (de) pompes funèbres; **dienst** m pompes f/pl. funèbres; **feier** f obsèques f/pl.; funérailles f/pl.; **institut** n → büro; **kosten** pl. frais m/pl. d'enterrement; **unternehmer** m entrepreneur m de pompes funèbres.
'**Beere** ♀ f baie f; (*Wein*) grain m (de raisin); **nfrucht** ♀ f fruit m bacciforme.
Beet ⚘ n carré m; planche f; plate-bande f; *für Blumen a.*: parterre m.
be'fähig|en v/t. qualifier (zu pour); rendre apte *od.* propre (zu à); rendre capable (zu de); mettre en état (zu de); *t* adj. capable (zu de); qualifié (pour); **ung** f qualification f; capacité f; *zu e-r Kunst, Wissenschaft usw.*: aptitude f (zu pour); s-e ~ nachweisen justifier de son aptitude (für etw. à qch.); **ungsnachweis** m certificat m d'aptitude; **ungszeugnis** m brevet m de capacité; certificat m d'aptitude.

be'fahr|bar adj. v. *Wegen*: praticable; carrossable; **barkeit** f v. *Wegen*: praticabilité f; **en** v/t. *Straße usw.*: emprunter; suivre; circuler sur; passer (en voiture) sur; *sehr e Straße* route (*resp.* rue) f très fréquentée (*od.* passante *od.* très utilisée *od.* à forte circulation); ⚒ *e-n Schacht ~* descendre dans un puits; **en** n circulation f sur *une route*; passage m (en voiture) sur; ⚒ descente f dans.
be'fallen v/t. 🐛 *Schädlinge e-n Baum*: envahir, attaquer; *fig. Schwäche, Angst, Lachen*: prendre, saisir, gagner; *Krankheit*: atteindre, toucher, envahir; *~ sein von* être atteint (*od.* affecté *od.* pris *od.* saisi) de.
be'fangen adj. (*verlegen*) gêné, embarrassé, empêtré; (*eingeschüchtert*) intimidé; (*verwirrt*) déconcerté; perplexe; ⚖ (*parteiisch*) partial; (*voreingenommen*) prévenu; **heit** f embarras m; perplexité f; (*Vorurteil*) prévention f; parti m pris; ⚖ *wegen ~ ablehnen* récuser pour cause de suspicion.
be'fass|en 1. v/t. ⚖ *ein Gericht ~ mit* saisir un tribunal de; **2.** v/rf.: *sich ~ mit* s'occuper de; *das Buch befaßt sich mit ... le livre traite de ...; die Diskussion befaßt sich mit ...* la discussion porte sur ...
Befassung ⚖ f saisine f; *~ von Amts wegen* auto-saisine f.
be'fehd|en 1. v/t. faire la guerre (à); combattre; **2.** v/rf.: *sich ~* se faire la guerre; se combattre.
Be'fehl m *allg.* commandement m; *besonderer*: ordre m; *~ geben* donner l'ordre; *den ~ durchführen* exécuter l'ordre; *den ~ zuwiderhandeln* contrevenir à l'ordre; *den ~ führen (über acc.)* avoir le commandement (de); *auf ~ (gén.)* par ordre (de); *auf allerhöchsten ~* par ordre supérieur; *unter dem ~ von* sous les ordres de; *zu ~!* à vos ordres!; **en** v/t. donner (à q.) l'ordre de [faire] qch.); *abs.* ordonner; commander; *zu ~ haben* avoir des ordres à donner; *wer hat hier zu ~?* qui commande ici?; *Sie haben hier nicht zu ~* vous n'avez rien à dire ici; *ich lasse mir nichts ~* je n'ai d'ordres à recevoir de personne; **igen** v/t. commander.
Be'fehls|bereich ⚔ m zone f de commandement; **empfänger** m: *einfacher ~* simple exécutant m; **form** *gr.* f impératif m; **gerät** ⊕, 🔋 n poste m à boutons-poussoirs; **gewalt** f commandement m (*über acc.* de *od.* sur); **haber** m commandant m; *oberster ~* commandant m en chef; **haberisch** adj. impérieux, -euse; autoritaire; **stab** m guidon m de départ; **stelle** ⚔ f poste m de commandement; **ton** m ton m de commandement; **übermittlung** f transmission f des ordres; **verweigerung** f refus m d'obéissance; **widrig** adj. contraire aux ordres.
be'feinden v/t. se livrer à des hostilités (contre).
be'festig|en v/t. attacher, fixer (*an dat. resp. acc.* à); affermir; *mit Krampen ~* cramponner; ⚔ *Ort*: fortifier; *mit e-m Tau ~* amarrer; *Straße, Ufer*: stabiliser; **ung** f fixation f; ⚔ fortification f; *mit e-m Tau* amarrage m; *Straße, Ufer*: stabilisation f; **ungsanlagen** ⚔ f/pl. fortifications f/pl.; **ungsgürtel** ⚔ m ceinture f fortifiée.
be'feuchten v/t. humecter; mouiller; humidifier.
be'feuer|n ⚓, ⚐ v/t. baliser; **ung** ⚓, ⚐ f balisage m.
'**Beffchen** n rabat m.
be'fiedert adj. à plumes.
be'find|en v/t. trouver; *für gut ~* trouver (*od.* juger) bon, bonne (*od.* à propos); approuver; **2.** v/i.: *~ über (acc.)* juger (*od.* décider) de; **3.** v/rf.: *sich ~* être; se trouver; *gesundheitlich*: se porter; *wie ~ Sie sich?* comment allez-vous?; comment vous portez-vous?; **en** n (*Gesundheitszustand*) état m de santé; *sich nach j-s ~ erkundigen* demander des nouvelles de q.; *lich* adj. se trouvant; *v. Häusern*: a. situé.
be'flagg|en v/t. pavoiser; **en** n, **ung** f pavoisement m.
be'flecken v/t. tacher; salir; *fig. Ruf*: entacher; flétrir; souiller; *mit Blut ~* ensanglanter.
be'fleißigen v/rf.: *sich e-r Sache (gén.) ~* s'appliquer *od.* s'attacher à (faire) qch.; prendre qch. à tâche; *sich ~, etw. zu tun a.* s'efforcer de faire qch.
be'fliegen v/t.: *e-e Luftverkehrslinie ~* exploiter (*od.* desservir *od.* emprunter) une ligne aérienne.
be'flissen adj. empressé (à); (*dienst*) empressé; (*eifrig*) zélé; **heit** f application f; zèle m.
be'flügeln v/t. *fig.* (*eilen machen*) donner des ailes (à); *s-e Schritte ~* accélérer le pas.
be'folg|en v/t. *Beispiel, Rat usw.*: suivre; *Befehl*: exécuter; *Regel, Gesetz*: observer; obéir (à); **ung** f *e-s Befehls*: exécution f; *e-r Regel, e-s Gesetzes*: observation f; obéissance f (à).
be'förder|n v/t. (*hinschaffen*) expédier; transporter; acheminer; (*in e-e höhere Stellung bringen*) faire avancer (en grade); promouvoir; *befördert werden* monter (*od.* avancer) en grade; être promu; ⚔ *zum General befördert werden* passer général; F *j-n ins Jenseits ~* expédier q. dans l'autre monde; **ung** f expédition f; transport m; acheminement m; *e-s Zuges*: traction f; *in höhere Stellung*: avancement m; promotion f; **ungs-art** f mode m de transport; **ungsbedingungen** f/pl. conditions f/pl. de transport; **ungskosten** pl. frais m/pl. de transport; **ungsliste** f tableau m d'avancement; **ungsmittel** n moyen m de transport; **ungsschein** m bulletin m d'expédition; **ungssperre** f *im öffentlichen Dienst*: suspension f d'avancement; **ungswesen** n transports m/pl.
be'fracht|en v/t. charger; ⚓ affréter; **er** ⚓ m affréteur m; **ung** f chargement m; ⚓ affrètement m.
be'frackt adj. en habit.
be'frag|en v/t.: *j-n um, über (acc.), nach, wegen* demander qch. à q., *um Rat*: consulter q. au sujet de; (*ausfragen*) questionner (*nach* sur); (*in-*

terviewen) interviewer; (*verhören*) interroger; ℨte(r) *f (m)* interrogé *m*, -e *f*; interlocuteur *m*, -trice *f*; ℨung *f* consultation *f*; enquête *f*; interview *f*; (*Verhör*) interrogatoire *m*; télév. öffentliche ~ échantillonnage *m* de l'homme de la rue.

be'frei|en *v/t. u. v/rf.* (sich se) libérer (von de); (sich se) délivrer (von de); mettre en liberté; *Sklaven*: affranchir; *aus gefährlicher Lage*: dégager (*a. Sport*); *sein Gewissen* ~ décharger (*od.* libérer) sa conscience; (*sich*) *aus der Gefahr* ~ (se) tirer du danger; *v. Lasten, Pflichten*: exempter (von de); dispenser (von de); exonérer (von de); *v. Verpflichtungen, Versprechen usw.*: dégager (von de); *v. Hemmnissen*: débarrasser (von de); *sich von Vorurteilen* ~ secouer des préjugés; ℨer(in *f*) *m* libérateur *m*, -trice *f*; ℨung *f* libération *f*; délivrance *f*; *v. Sklaven*: affranchissement *m*; *aus bedrängter Lage*: dégagement *m* (*a. Sport*); *v. Lasten, Pflichten*: exemption *f*; dispense *f*; immunité *f*; exonération *f*; *v. Verpflichtungen, Versprechen usw.*: dégagement *m*; (*Urlaub*) *v. Bindungen*: dépaysement *m*; ℨungskrieg *m* guerre *f* de libération.

be'fremd|en *v/t.* surprendre; étonner; dépayser; paraître étrange (); *das befremdet mich* cela me surprend; je trouve cela étrange; ℨen *n* surprise *f*; étonnement *m*; ~end, ~lich adj. surprenant; étrange.

be'freund|en *v/rf.*: sich mit j-m ~ se lier d'amitié avec q.; *sich mit e-m Gedanken* ~ se familiariser avec une idée; ~et *adj.* ami; ~ sein mit être ami de; être lié avec; *eng* ~ *sein* être très lié avec; *miteinander* ~ être ami(e)s.

be'frieden (*ein Land*) *v/t.* pacifier.

be'friedig|en *v/t.* contenter; satisfaire (*a. Nachfrage, Bedürfnisse, Ansprüche usw.*); *Gläubiger*: rembourser; payer; *die Nachfrage* ~ *a.* faire face à la demande; ~end *adj.* satisfaisant; *Schulnote*: assez bien; ℨung *f* contentement *m*; satisfaction *f* (*a. v. Nachfrage, Bedürfnissen, Ansprüchen usw.*).

Be'friedung *f* pacification *f*.

be'frist|en *v/t.* fixer un délai (à); soumettre à un délai; ~et *adj.* à durée limitée; temporaire.

be'frucht|en *v/t.* biol. (*a. künstlich*): féconder (artificiellement); künstlich ~ *v. Tieren u. Menschen mst.*: inséminer artificiellement; *v. Regen*: fertiliser; *geistig*: enrichir; ℨung *f* künstliche ~ fécondation *f* artificielle; *bei Tieren u. Menschen mst.*: insémination *f* artificielle; *geistige*: enrichissement *m*.

Be'fug|nis *f* autorisation *f*; attribution(s) *f* (*pl.*); droit *m*; pouvoir *m*; qualité *f* (*zu inf.* pour *inf.*); compétence *f*; *j-m* ~ *erteilen* autoriser q. (*zu inf.* à *inf.*); *s-e* ~ *überschreiten* outrepasser ses pouvoirs; ℨt *adj.* autorisé (zu à); qualifié (pour); ~ *sein a.* avoir qualité (*a. zu pour*); *Richter*: compétent; *dazu bin ich nicht* ~ c'est en dehors de mes attributions.

be'fühlen *v/t.* toucher; palper; tâter.

be'fummeln F *v/t.* tripoter.

Be'fund *m* résultat *m*; constatation *f*; observation *f*; *nach dem* ~ *der Sachverständigen* d'après le rapport des experts; ꝛ *ohne* ~ résultat *m* négatif.

be'fürcht|en *v/t.* craindre; redouter; appréhender; ~, *daß etwas geschieht* craindre que qch. n'arrive (= *subj.*); *das Schlimmste ist zu* ~ il faut s'attendre au pire; ℨung *f* crainte *f*; appréhension *f*.

be'fürwort|en *v/t. Antrag, Gesuch*: appuyer; *Vorgehen, Politik*: préconiser; ℨung *f e-s Antrags, e-s Gesuches*: appui *m*; *e-r Politik*: préconisation *f*.

be'gab|t *adj.* doué; de talent; talentueux, -euse; ~ *sein* être doué (mit de; für pour); avoir de grands talents, des aptitudes, des dispositions (für pour); *er ist für Sprachen* ~ il a le don (F la bosse) des langues; il a l'étoffe d'un linguiste; *ein* ~*er Verhandler un* négociateur de talent; ℨung *f* don(s) *m/pl.*, talent(s) *m/pl.*, aptitude(s) *f/pl.*, disposition(s) *f/pl.*

be'gaffen *v/t.* regarder bouche bée.

be'gangen *adj. Straße*: fréquenté.

be'gatt|en *v/rf.*: sich ~ s'accoupler; ℨen *n*, ℨung *f* accouplement *m*; *v. Menschen mst.* copulation *f*; union *f* charnelle.

be'gaunern *v/t.* escroquer; F rouler.

be'geb|bar ꝉ *adj.* négociable; ℨbarkeit ꝉ *f* négociabilité *f*; ~en 1. *v/t.* ꝉ *Aktien, Anleihe*: émettre; lancer; *Wechsel*: négocier; 2. *v/rf.*: sich ~ se rendre; aller; *sich an die Arbeit* ~ se mettre au travail; *sich an Ort und Stelle* ~ se transporter sur les lieux; *sich auf die Flucht* ~ prendre la fuite; *sich auf die Reise* ~ partir en voyage; *sich auf die Rednerbühne* ~ monter à la tribune; *sich in Gefahr* ~ s'exposer au danger; *sich zu Bett* ~ aller se coucher; *st.s.* (*sich ereignen*) *mst. v/imp.* arriver; se passer *st.s. sich s-r Rechte* (*gén.*) ~ (*darauf verzichten*) renoncer à ses droits; ℨung *f* ꝉ *v. Aktien, e-r Anleihe*: émission *f*; *e-s Wechsels*: négociation *f*; ℨenheit *f* événement *m*; affaire *f*; incident *m*.

be'gegn|en *v/i. u. v/rf.*: *j-m* ~ rencontrer q.; *sich* (*od. ea.*) ~ se rencontrer; (*j-m zustoßen*) arriver (à); *es soll mir nicht wieder* ~ cela ne m'arrivera plus; *j-m übel* ~ mal recevoir q.; *st.s.* (*abhelfen*) remédier (à); (*zuvorkommen*) prévenir (*e-r Sache dat.* qch.); obvier (*e-r Sache dat.* à qch.); parer (*e-r Sache dat.* à qch.); ℨung *f* rencontre *f*; ℨungsstätte *f* lieu *m* de rencontre.

be'geh|en *v/t. Weg*: passer sur; parcourir; *Fest*: fêter; *festlich* ~ célébrer; *Sünde, Verbrechen*: commettre (*an dat.* sur); perpétrer; ꝛ consommer; *Fehler, Dummheit*: faire; *Handlung*: accomplir; ℨen *n*, ℨung *f e-s Festes*: célébration *f*; *e-s Verbrechens*: perpétration *f*; ꝛ consommation *f*.

Be'gehr|en *n* demande *f*; désir *m* (*nach* de); (*Gelüst*) convoitise *f*; ℨen *st.s. v/t.*: *etw.* ~ prétendre à qch.; demander qch. (von *j-m* à q.); *j-n zur Ehe* ~ demander (*od.* rechercher) q. en mariage; (*wünschen*) désirer; souhaiter; (*gelüsten*) avoir envie de; convoiter; ℨenswert *adj.* désirable; souhaitable; convoitable; ℨlich *péj. adj.* avide (*nach* de); plein de convoitise; *erotisch mst.*: concupiscent; *erotisch* ~*lichkeit f* avidité *f*; convoitise *f*; *erotisch* *mst.*: concupiscence *f*; ℨt ꝉ *adj.* demandé, recherché, en faveur.

be'geister|n *v/t.* (*v/rf.*: sich s')enthousiasmer (für pour); (s')enflammer (für pour); électriser; galvaniser; (sich s')échauffer, (s')exalter, F (s')emballer; *sich leidenschaftlich* ~ se passionner *od.* se prendre de passion (für pour); ~t *adj.* enthousiasmé (von de; für pour); höchst~ P gonflé à bloc; ℨung *f* enthousiasme *m* (für pour); exaltation *f* (pour); passion *f* (für de *od.* pour); F emballement *m* (pour); *des Dichters*: fougue *f*; verve *f* (poétique).

Be'gier|(de) *f* (*Gelüst der Sinne*) appétits *m/pl.*; (*naturgemäßes Verlangen*) soif *f*, envie *f* (*nach* de); désir *m* (*nach* de); (*Sinneslust*) concupiscence *f*; ꝛ appétence *f*; (*Gier*) avidité *f* (*nach* de); convoitise *f* (*nach* de); (*Habgier*) cupidité *f* (*nach* de); ℨig *adj.* avide (*nach od. auf acc.* de); désireux, -euse (de); (*lüstern*) concupiscent; (*habgierig*) cupide (*nach* de); (*neugierig*) curieux, -euse (*nach* de; *zu inf.* de *inf.*).

be'gießen *v/t.* arroser; *mit etw.* ~ verser (*od.* répandre) qch. sur; *cuis.* napper; *fig. das muß begossen werden!* il faut arroser ça!

Be'ginn *m* commencement *m*; début *m*; amorce *f*; ~ *der Vorstellung* thé. lever *m* du rideau; ℨen *v/t. u. v/i.* commencer (etw. qch., *zu mst.* à, *aber auch* de; mit par, *vor su. od. inf.*); *mst. v/i.* débuter (nur: mit *etw.* par qch.); *aber a.* F *v/t.*: e-e Arbeit (e-e Melodie, den Bau) ~ débuter un travail (une melodie, la construction); (*unternehmen*) entreprendre; faire; *Kampf, Gespräch*: engager; → *anfangen*; ~en *n* commencement *m*; (*allererstes Anfangen*) début *m*; (*Unternehmen*) entreprise *f*.

be'glaubig|en *v/t.* authentifier, certifier; *amtlich*: légaliser; *sportliche Höchstleistung*: homologuer; beglaubigte Abschrift copie *f* certifiée conforme; ℨung *f* authentification *f*; *e-r Abschrift* certification *f* conforme; *amtliche*: légalisation *f*; *e-r sportlichen Höchstleistung*: homologation *f*; ℨungsschreiben *dipl. n* lettres *f/pl.* de créance.

be'gleich|en ꝉ *v/t.* régler; solder; payer; acquitter; ℨung *f* règlement *m*; balance *f*; paiement *m*; acquittement *m*.

Be'gleit|brief ꝉ *m* lettre *f* d'accompagnement; ℨen *v/t.* accompagner (*a. ♪*); (*heimgeleiten*) raccompagner, reconduire; *j-n auch dem Klavier* ~ accompagner q. au piano; ꝅ, ♣, ꝏ escorter; convoyer; ~er(in *f*) *m* personne qui accompagne q.; compagnon *m*, compagne *f*; *v. Touristengruppe*: accompagnateur *m*, -trice *f*; ~erscheinung *f* phénomène (*od.* symptôme) *m* concomitant; épiphénomène *m*; ~fahrzeug Sport *n* voiture *f* suiveuse; ~flugzeug *n* escorteur *m*; avion *m* d'escorte; ~kommando *n* détachement *m* d'escorte; ~mannschaft *f* escorte *f*; ~musik *f* musique *f* d'accompagnement; ~papiere ꝉ *n/pl.* papiers *m/pl.* d'accompagnement; ~schiff ♣ *n* escorteur *m*; convoyeur *m*; ~schreiben ꝉ *n* lettre

Begleitschutz — Behebung

f d'accompagnement; ~schutz m escorte f; ~text unter e-m Bild m légende f; ~umstände m/pl. faits m/pl. concomitants; ~ung f accompagnement (a. ♪) m; in ~ von accompagné de; en compagnie de.

be'glück|en v/t. rendre heureux, -euse; faire plaisir (avec); faire le bonheur (de); ~end adj. qui rend heureux, -euse; qui fait le bonheur (de); ~t adj. heureux, -euse; enchanté; ravi.

be'glückwünsch|en v/t. féliciter (zu etw. od. wegen e-r Sache de qch.); 2ung f félicitations f/pl.

be'gnadet adj. comblé des grâces du ciel; divinement doué; béni des dieux; ~er Dichter poète m génial.

be'gnadig|en v/t. gracier; amnistier; 2ung f grâce f; amnistie f; 2ungsgesuch n recours m en grâce; 2ungsrecht n droit m de grâce.

be'gnügen v/rfl.: sich mit etw. ~ se contenter de qch.; ich begnüge mich damit a. cela me suffit.

Be'gonie f bégonia m.

be'gönnern v/t.: j-n ~ se faire le protecteur de q.; traiter q. avec condescendance.

be'graben v/t. enterrer (a. fig.); ensevelir (unter dat. sous); fig. da liegt der Hund ~! voilà le 'hic!

Be'gräbnis n enterrement m.

be'gradig|en v/t. Straße: rectifier (a. ⚔ Front); 2ung f e-r Straße: rectification f.

be'grapschen F v/t. tripoter; 2 n tripotage m.

be'greif|en v/t. comprendre; saisir; concevoir; das ist nicht zu ~ cela est incompréhensible (od. inconcevable); 2en n geistiges: compréhension f; ~lich adj. compréhensible; concevable; naturel, -elle; j-m etw. ~ machen faire comprendre qch. à q.; expliquer qch. à q.; ~licherweise adv. naturellement.

be'grenz|en v/t. limiter, borner (beide a. fig.); 2en n, 2ung f limitation f; durch Grenzsteine: bornage m; 2theit fig. f limitation f.

Be'griff m (Vorstellung) idée f; notion f; phil. concept m; das geht über alle ~e. c'est inconcevable (od. cela n'a pas de nom); cela dépasse l'imagination; sich e-n ~ von etw. machen se faire une idée de qch.; e-n ~ von etw. haben avoir (une) idée de qch.; e-n ~ von etw. geben (od. vermitteln) donner une idée de qch.; gar keinen ~ von etw. haben ne pas avoir la moindre idée de qch.; ne pas se douter de qch.; schwer von ~ sein avoir la tête dure (od. l'esprit obtus); im ~(e) sein, etw. zu tun être sur le point de (od. en train de od. aller) faire qch.; s'apprêter (od. se disposer) à faire qch.; man macht sich keinen ~ davon (es spottet jeder Beschreibung) on n'a pas idée de cela; 2en I p.p. v. begreifen; II adj.: im Werden ~ en train de naître; in der Heilung ~ en voie de guérison; in der Ausführung ~ en cours (od. en voie) d'exécution; im Rückzug ~ en train de se retirer; das Haus ist im Bau ~ la maison est en construction; auf der Reise ~ en train de voyager; en voyage; 2lich adj. abstrait; conceptuel, -elle; ~sbestimmung f définition f;

~s-einheit écol. (beim Sprachenlernen) f centre m d'intérêt; 2sstutzig adj.: ~ sein avoir la tête dure (od. l'esprit obtus); ~svermögen n entendement m; ~sverwirrung f confusion f d'idées.

be'gründ|en v/t. fonder; établir (a. Recht); constituer; (beweisen) donner des raisons (de); justifier; (motivieren) motiver (mit par) (a. Antrag); ~end adj. (rechts~) constitutif, -ive; 2er(in f) m fondateur m, -trice f; ~et adj. fondé; 2ung f (Gründung) fondation f; établissement m; (Erklärung) raison f; (Motivierung) motivation f; (Motiv) motif m; (Angabe der Gründe) exposé m des motifs; (Beweis) preuve f; zur ~ m-r Ansprüche auf (acc.) à l'appui de mes prétentions sur; mit der ~, daß ... au motif que ...; en donnant comme raison (od. pour motif) que ...

Be'grünung f aménagement m d'espaces verts.

be'grüß|en v/t. saluer; (willkommen heißen) souhaiter la bienvenue (à); etw. freudig ~ se réjouir de qch.; voir venir qch. avec satisfaction; j-n mit Handschlag ~ accueillir q. en lui serrant la main; 2ung f salutations f/pl., accueil m; ~enswert adj. dont il convient de se féliciter; satisfaisant; réjouissant; 2ungs-ansprache f allocution f de bienvenue; 2ungsformel (im Brief) f formule f de salutation.

be'gucken F v/t. regarder.

be'günstig|en v/t. favoriser; avantager; (unterstützen) seconder; aider; protéger; 2te(r) m (Nutznießer) bénéficiaire m; 2ung f (Unterstützung) protection f; 2ungswesen n favoritisme m.

be'gut-acht|en v/t.: etw. ~ émettre (od. donner) son avis sur qch.; expertiser qch.; den Schaden ~ faire l'expertise des dégâts; 2er m expert m; 2ung f avis m; expertise f.

be'gütert adj. riche; opulent; à l'aise.

be'gütigen v/t. apaiser.

be'haart adj. chevelu; Körper: poilu (zottig) velu; e-e ~e Brust haben avoir une toison sur la poitrine.

be'häbig adj. Sachen: commode; Personen: qui aime ses aises, a. Sachen: F pépère; 2keit f v. Sachen: commodité f; v. Personen: aisance f.

be'haftet adj.: mit Schulden ~ sein être chargé (od. grevé) de dettes; mit e-m Übel ~ sein être atteint d'un mal; mit Irrtümern ~ entaché d'erreurs.

be'hagen I v/i. plaire; convenir; sourire; II 2 n agrément m; plaisir m; bien-être m; aises f/pl.; ~ an etw. (dat.) finden trouver du plaisir à qch.

be'haglich adj. où l'on se sent bien; où il fait bon vivre; ein ~es Gefühl un sentiment de bien-être; (Behagen empfindend) qui se sent à son aise; ~ leben mener une vie confortable; vivre sans soucis; 2keit f bien-être m; confort m.

be'halten v/t. garder; (zurückbehalten) retenir (a. im Gedächtnis, in der Erinnerung); ([auf]bewahren) conserver; etw. für sich ~ garder qch. pour soi; im Auge ~ ne pas perdre de vue; garder à vue; die Oberhand ~ avoir le

dessus; l'emporter (über acc. sur); den Kopf oben ~ conserver (od. garder) son sang-froid; freie Hand ~ garder les mains libres; recht ~ avoir raison, ⚖ avoir gain de cause; gagner sa cause.

Be'hält|er m, ~nis st.s. n réservoir m; récipient m; (Kasten, Kiste) caisse f; für Stückgüter: container m; (für Wein) contenant m; (Akku❷) bac m; ~erdruck m pression f dans le réservoir; ~er-inhalt m contenance f du réservoir; ~erwagen m (Tankwagen) camion-citerne m; 🚞 (Kesselwagen) wagon-citerne m; wagon-réservoir m; (für Container) wagon m porte-containers.

be'hand|eln v/t. traiter; ⚕ a. soigner; erschöpfend ~ traiter à fond; épuiser; se pencher à fond sur (a. v. e-m Buch als Subjekt!); schlecht ~ maltraiter; malmener; grob ~ rudoyer; schonend ~ ménager; als Freund ~ traiter en ami; ⊕ (bearbeiten) travailler; (handhaben) manipuler; manier; 2eln n, 2lung f traitement m (a. ⚕); ⚕ séance f; medikamentöse ~ traitement m médicamenteux; médication f; (Handhaben) manipulation f; maniement m; 2lungsweise f manière f de traiter; traitement m (beide a. ⚕).

Be'hang m tenture f; e-s Obstbaumes: fruits m/pl.; charge f.

be'hängen v/t. garnir (mit de); (schmücken) orner (mit de); schwarz ~ tendre de noir.

be'harken F⚔ v/t. balayer, pilonner, marteler.

be'harr|en v/i. persévérer (od. persister) (bei etw. dans qch. od. à faire qch.); auf etw. (dat.) ~ insister sur qch.; hartnäckig (od. eigensinnig) bei (od. auf) etw. (dat.) ~ s'opiniâtrer (od. s'obstiner od. s'entêter) dans qch. (od. à faire qch.); ~lich adj. persévérant (adv. avec persévérance); persistant (adv. avec persistance); (beständig) constant (adv. constamment); (fest) ferme; 2lichkeit f persévérance f; persistance f; (Beständigkeit) constance f; (Festigkeit) fermeté f; 2ung f persévérance f; persistance f; 2ungsvermögen n force f d'inertie; éc. statisme m; 2ungszustand ⊕ m état m permanent.

be'hauen v/t. tailler; façonner (à la hache od. au ciseau); △ charp. Holz: charpenter; dégauchir; aus dem Groben: dégrossir; Stein: tailler, mit dem Spitzhammer: délarder, (aushauen) sculpter; vierkantig ~ équarrir.

be'haupt|en v/t. (versichern) prétendre; affirmer; soutenir, (aufrechterhalten) (v/rfl.: sich se) maintenir; (se) soutenir; (se) défendre; s-n Rang ~ tenir son rang; ✞ die Kurse ~ sich cours sont fermes; ⚔ das Feld ~ rester maître du champ de bataille; steif und fest ~ soutenir contre vents et marées (od. F mordicus); von sich ~ se flatter (de); 2ung f affirmation f; assertion f; das ist e-e bloße Behauptung c'est une affirmation gratuite.

Be'hausung f demeure f; gîte m; in m-r ~ chez moi.

be'heb|en v/t. Zweifel: écarter; Übel: remédier (à); Schaden: réparer, am Auto usw.: a. dépanner; Schwierigkeit: aplanir; 2ung f e-s Schadens:

réparation *f*, *am Auto usw.*: a. dépannage *m*; *v. Schwierigkeiten*: aplanissement *m*.
be'heimatet *adj.* (*gebürtig*) originaire (de); (*ansässig*) domicilié (à).
be'heizbar *adj.*: *Autofenster* ~*e Heckscheibe* lunette *f* arrière dégivrante.
be'heiz|en *v/t.* chauffer; *Autofenster* dégivrer; 2ung *f* chauffage *m*; *Autofenster* dégivrage *m*.
Be'helf *m* chose *f* provisoire; *ein kümmerlicher* ~ du mauvais provisoire; 2en *v/rf.*: *sich* ~ se tirer d'affaire; se débrouiller; *sich ohne etw.* ~ se passer de qch.; *sich mit wenigem* ~ se contenter de peu.
Be'helfs|antenne *f* antenne *f* de fortune; ~brücke *f* pont *m* de circonstance; ~heim *n* habitation *f* provisoire (*od.* de fortune); *Siedlung aus* ~*en pl.* cité *f* d'urgence; ~lösung *f* solution *f* provisoire; 2mäßig *adj.* provisoire; de fortune; ~unterkunft *f* abri *m* de fortune.
be'hellig|en *v/t.* importuner (*mit* de); F embêter (*mit par*); *j-n mit e-m Thema* ~ entreprendre q. sur un sujet; 2ung *f* importunité *f*.
be'hend|(e) *adj.* agile; rapide; prompt; preste; leste; 2igkeit *f* agilité *f*; rapidité *f*; promptitude *f*; prestesse *f*.
be'herberg|en *v/t.* héberger; *v. e-m Gebäude*: abriter; 2ung *f* hébergement *m*; logement *m*; 2ungsgewerbe *n* industrie *f* hôtelière, hôtellerie *f*; 2ungs-ort *m* lieu *m* d'hébergement.
be'herrsch|en 1. *v/t. Volk, Gefühle, die Gegend, den Markt, die Lage*: dominer; *Gefühle a.*: maîtriser, commander à; *Land, Volk a.*: être maître de; *Sprache*: maîtriser, posséder, bien manier; *beherrscht werden von* être en proie à; être dominé par; 2. *v/rf.*: *sich* ~ se dominer; se contenir; être maître de soi; se maîtriser; se posséder; 2er(in *f*) *m* souverain *m*, -e *f*; *fig.* maître *m*, -esse *f*; dominateur *m*, -trice *f*; 2ung *f e-s Landes*: domination *f*; *e-r Situation, e-r Sprache, s-r selbst*: maîtrise *f*; *e-r Technik*: possession *f*.
be'herzig|en *v/t.* suivre, écouter, prendre à cœur (*od.* en considération); ~enswert *adj.* digne de considération; 2ung *f* prise *f* en considération.
be'herzt *adj.* courageux, -euse; brave; vaillant; 2heit *f* courage *m*.
be'hex|en *v/t.* ensorceler; envoûter; jeter un sort sur; (*blenden*) fasciner; 2ung *f* ensorcellement *m*; envoûtement *m*.
be'hilflich *adj.* secourable; ~ *sein* aider (*j-m bei etw.* q. à faire qch.); secourir (*j-m* q.); donner un coup de main (*j-m* à q.); (*nützen*) être utile (*j-m* à q.).
be'hinder|n *v/t.*: *den Verkehr*: entraver, gêner; 2te(r) *m*: *körperlich* (*geistig*) ~ (') handicapé (*od.* diminué *m od.* inadapté *m*) physique (mental); 2ung *f*: ~ *des Verkehrs* l'arrêt *m* de la circulation.
be'hobeln *v/t.* raboter; dresser au rabot; dégauchir.
Be'hörd|e *f* autorité(s) *f(pl.)*; administration *f*; service *m* public; 2lich

adj. officiel, -elle; 2licherseits *adv.* de la part des autorités compétentes.
Be'huf *adm. m zu diesem* ~ à cet effet; dans ce but; 2s *prp.* (*gén.*) dans le but de; en vue de; à l'effet de; pour (*inf.*).
be'humsen F *v/t.* F rouler.
be'hüten *v/t.* garder; (*beschützen*) protéger; *j-n vor etw.* (*dat.*) ~ préserver q. de qch.; *Gott behüte*! Dieu m'en garde!; jamais de la vie!
be'hutsam *adj.* précautionneux, -euse; discret, -ète; prudent; circonspect; ~ *zu Werke gehen* s'y prendre avec précaution (*od.* prudemment); 2keit *f* précaution *f*; prudence *f*; circonspection *f*.
bei *prp.* (*dat.*) a) *örtlich*: à; près de; auprès de; avec; chez; dans; de; en; sur; vous; contre; ✆ (= *per Adresse, auf Briefumschlägen*) aux bons soins de; ~ *Hofe* à la cour; ~ *Tisch* à table; ~ *Berlin* près de Berlin; ~*m Feuer* auprès du feu; ~ *der Mutter* auprès de la mère; ~ *ihm lernt man viel* avec lui on apprend beaucoup; ~ *ihm ist alles möglich* avec lui tout est possible; *er ist Lehrling* ~ *e-m Elektriker* il est apprenti chez un électricien; ~ *mir* (*zu Hause*) chez moi; ~ *uns zulande* chez nous; ✕ *er dient* ~ *der Artillerie* il est dans l'artillerie; ~ *Schiller* dans Schiller; *die Schlacht* ~ *Verdun* la bataille de Verdun; ~ *j-m im Dienst stehen* être au service de q.; *er hört die Vorlesungen bei ...* il suit les cours de ...; ~ *dir selbst* en toi-même; *etw.* ~ *sich haben* avoir qch. sur soi; *etw.* ~ *der Hand haben* avoir qch. sous la main; *dicht* ~ *der Tür* tout contre la porte; b) *zeitlich*: à; lors de; tout près de; pendant; ~ *s-r Ankunft* à son arrivée; ~ *Gelegenheit* à l'occasion; ~ *jedem Schritt* à chaque pas; ~*m ersten Wink* au premier signe; ~ *Lebzeiten* de son vivant; ~ *Nacht* de nuit; ~ *hellem Tage* en plein jour; ~ *Frost* en cas de gel; ~ *schönem Wetter* par tous les temps; ~ *Regenwetter* par temps de pluie; ~ *Nordwind* par vent du nord; ~ *der jetzigen Zeit* par les temps qui courent; ~*m Aufenthalt* lors de (*od.* pendant) son séjour; c) *Zustand, Art und Weise*: à; de; en; par; sous; par; ~ *der Arbeit sein* être au travail; *nicht* ~ *Kasse sein* n'être pas en fonds, être à court d'argent; ~ *Kasse sein* être en fonds; ~ *Neonlicht* au néon; ~ *Wasser und Brot* au pain et à l'eau; ~ *guter Laune* de bonne humeur; ~ *guter Gesundheit* en bonne santé; ~ *Stimme* en voix; schwören ~ jurer par; ~*m Namen nennen* nommer par son nom; ~ *der Hand nehmen* prendre par la main; ~ *Todesstrafe* sous peine de mort; ~ *m-r Ehre* sur mon honneur; d) *Vergleichung, Einräumung*: avec; malgré; ~ *s-m Charakter* avec son caractère; *das ist* ~*m besten Willen nicht möglich* avec la meilleure volonté du monde, c'est impossible; ~ *alledem* avec (*od.* malgré) tout cela.
'beibehalt|en *v/t.* garder; conserver; 2ung *f* conservation *f*; *unter* ~ en gardant; en conservant.
'Beiblatt *n* supplément *m*.
'Beiboot *n* canot *m*.
'beibring|en *v/t. Beweise*: produire; fournir; administrer (*a. Arznei,*

Gift); *Gründe*: alléguer; *Zeugen*: produire; *Gewährsmänner*: citer; *Niederlage, Verluste*: infliger (*a. Wunde*); faire essuyer (*od.* subir); *Stoß*: porter; *j-m etw.* ~ faire comprendre qch. à q., (*lehren*) apprendre (*od.* enseigner) qch. à q.; *fig. ich werde ihm andere Töne* ~ je le ferai chanter sur un autre ton; 2ung *f v. Beweisen, Zeugen*: production *f*; *v. Gründen*: allégation *f*; *v. Gewährsmännern*: citation *f*.
'Beicht|e *f* confession *f*; *die* ~ *ablegen* se confesser; *zur* ~ *gehen* aller à confesse; *von der* ~ *kommen* revenir de confesse; *j-m die* ~ *abnehmen* confesser q.; *j-s* ~ *hören* entendre q. en confession; 2en 1. *v/t.* confesser; (*gestehen*) avouer 2. *v/i.* se confesser (*bei* à; *etw.* de qch.); ~geheimnis *n* secret *m* de la confession; ~kind *n* pénitent *m*, -e *f*; ~stuhl *m* confessionnal *m*; ~vater *m* confesseur *m*; père *m* spirituel; directeur *m* de conscience; ~zettel *m* billet *m* de confession.
'beide *pl.* les deux; l'un(e *f*) *m* et l'autre; *alle* ~ tous (les) deux; *auf* ~*n Seiten des deux côtés*, de part et d'autre; *ein Photo von ihnen* ~*n* une photo d'eux deux; ~mal *adv.* les deux fois.
'beider|lei *adj.* les (*resp.* des) deux sortes; *auf* ~ *Art* d'une manière et de l'autre; ~ *Geschlechts* des deux sexes, *gr.* des deux genres; ~seitig *adj.* des deux côtés; (*gegenseitig*) réciproque, mutuel, -elle; ~seits *adv.* de part et d'autre; (*gegenseitig*) réciproquement; mutuellement.
'beides *n* l'un(e) et l'autre (chose *f*) *m*.
'Beid|händer *m* ambidextre *m*; 2händig *adj.* ambidextre.
'beidrehen 1. ⚓ *v/i.* mettre en panne; 2. ⚓, ⚔ changer de direction.
'beidrücken *v/t. Siegel*: apposer.
bei-ein'ander *adv.* l'un avec l'autre, les uns avec les autres; ensemble.
'Beifahrer *m bei Lastauto*: aide-camionneur *m*, convoyeur *m*; *beim Reisebus od. PKW*: chauffeur *m* adjoint; (*Mitfahrer*) passager *m*; *Sport*: coéquipier *m*.
'Beifall *m* applaudissements *m/pl.*; *stürmischer* ~ applaudissements *m/pl.* à tout rompre; tonnerre *m* d'applaudissements; ~ *finden* (*ernten, haben*) être approuvé; avoir du succès; *Beifall klatschen* (*spenden*; *zollen*) applaudir (*j-m* q.; *e-r Sache dat.* qch.).
'beifällig *adj.* approbateur, -trice; favorable; ~ *nicken* incliner la tête en signe d'approbation; faire un signe de tête approbatif.
'Beifall|klatschen *n* applaudissements *m/pl.*; ~klatscher *m* applaudisseur *m*; ~sbezeugung *f* témoignage *m* d'approbation; ~sruf *m* acclamation *f*, bravo *m*; ~ssturm *m* tempête (*od.* rafale *f od.* salve *f*) *f* d'applaudissements.
'Beifilm *m* court métrage *m*.
'beifüg|en *v/t.* ajouter, joindre, annexer (*qch. à qch.*); inclure; *gr.* mettre en apposition; 2ung *f* addition *f*; adjonction *f*; *gr.* apposition *f*; *unter Beifügung* en ajoutant.
'Beifuß ♀ *m* armoise *f*.
'Beigabe *f* supplément *m*; complé-

ment *m*; *arch.* mobilier *m* funéraire.
'**beige** *adj.* beige.
'**beigeben** *v/t.* ajouter, joindre; *Personen mst.* adjoindre; *j-m e-n Gehilfen* ~ donner un aide à q.; *fig. klein* ~ baisser. pavillon (*od.* le ton); filer doux; faire marche (*od.* machine) arrière; reculer.
'**beigefarben** *adj.* beige; mastic.
'**Beige-ordnete(r)** *m* adjoint *m*.
'**Beigeschmack** *m* goût *m* particulier, petit goût *m* (de); *fig.* relent *m*.
'**beigesellen** *v/rfl.: sich j-m* ~ se joindre à q., s'associer à q.
'**Beiheft** *n* supplément *m*.
'**beiheften** *v/t.* annexer.
'**Beihilfe** *f* finanzielle: allocation *f*, aide *f*; *für Ausbildungszwecke*: bourse *f*; ⚖ complicité *f*; *j-m* ~ *leisten* être complice de q.
'**beiholen** ⚓ *v/t.* border.
'**beikommen** *v/i.: j-m (e-r Sache dat.)* ~ venir à bout de q. (de qch.); avoir prise sur q. (sur qch.); *ihm ist nicht beizukommen* il ne donne point prise sur lui.
Beil *n* 'hachette *f*.
'**Beilage** *f* e-r Zeitung: supplément *m*; *cuis.* garniture *f*, accompagnement *m*; *als* ~ en supplément.
'**beiläufig** **I** *adj.* accessoire; **II** *adv.* incidemment; entre parenthèses; ~ *gesagt* soit dit en passant.
'**beileg|en** 1. *v/t.* ajouter; joindre; annexer; *Bedeutung*: attacher; *Namen, Titel*: donner; *Absicht*: prêter; (*zuschreiben*) attribuer; *Streit*: régler, liquider, terminer, faire cesser, vider; 2. *v/i.* ⚓ mettre à la cape; ℒ**ung** *f* (*Zuschreibung*) attribution *f*; *e-s Streites*: règlement *m*; arrangement *m*; liquidation *f*; *gütliche* ~ règlement m à l'amiable; *friedliche* ~ *internationaler Streitfälle* règlement *m* pacifique de différends internationaux; *gerichtliche* ~ règlement *m* judiciaire; *schiedsgerichtliche* ~ règlement *m* arbitral; ⚓ mise *f* à la cape.
bei'leibe *adv.: etw.* ~ *nicht tun* se garder bien de faire qch.; ~ *nicht!* pas du tout!; certainement (*od.* sûrement) pas!
'**Beileid** *n* condoléances *f/pl.*; *weitS.* compassion *f*; *sein* ~ *aussprechen* témoignage *m* (*od.* marques *f/pl.*) de sympathie; exprimer (*od.* présenter *od.* offrir *od.* faire) ses condoléances; *nehmen Sie mein volles* ~ *entgegen!* croyez à toute ma sympathie!; ~**sbezeigung** *f* condoléances *f/pl.*; témoignage *m* (*od.* marques *f/pl.*) de sympathie; ~**sschreiben** *n* lettre *f* de condoléances; ~**stelegramm** *n* télégramme *m* de condoléances.
'**beiliegen** *v/i.* être joint à; ~**d** *adj.* (*a. adv.*) ci-joint; sous ce pli.
'**beimess|en** *v/t.* attribuer; *j-m die Schuld* ~ imputer la faute à q.; ℒ**ung** *f* attribution *f*; *e-r Schuld*: imputation *f*.
'**beimisch|en** *v/t.* incorporer, additionner, ajouter (qch. à qch.); ℒ**ung** *f* addition *f*.
Bein *n* (*Körperteil*) jambe *f*; *künstliches* ~ jambe *f* artificielle; *schöne* (*häßliche*) ~*e haben* avoir la jambe bien (mal) faite; (*Knochen*) os *m*; *es geht mir durch Mark und* ~ cela me fait frissonner jusqu'à la moelle; *e-s Ti-*

sches: pied *m*; *auf die* ~*e bringen* (*a.* ⚔) mettre sur pied; *auf den* ~*en sein* être sur pied, *Kranker*: être debout; (*immer wieder*) *auf die* ~*e fallen* (re)tomber sur ses pieds (*a. fig.*); *wieder auf die* ~*e bringen Kranken*: remettre sur pied; *j-m wieder auf die* ~*e helfen* remettre q. sur ses pieds (*a. fig.*); *j-m* ~*e machen* faire marcher q.; *sich auf die* ~*e machen* se mettre en route, F filer, décamper, déguerpir; *gut auf den* ~*en sein* avoir de bonnes jambes; *flinke* ~*e haben* courir (vite); *immer auf den* ~*en sein* être toujours sur pied; *fig.* noch fest auf den ~*en stehen* être encore solide (*od.* bien d'aplomb) sur ses jambes; *j-n wieder auf die* ~*e bringen* remettre q. d'aplomb; *die* ~*e in die Hand nehmen* prendre ses jambes à son cou; *j-m ein* ~ *stellen* donner un croc-en-jambe à q.; *fig.* tendre un piège à q.; *j-m e-n Knüppel zwischen die* ~*e werfen fig.* mettre des bâtons dans les roues à q.; donner (*od.* jeter) un (*od.* des) os à ronger à q.; faire des difficultés à q.; F *sich die* ~*e in den Bauch stehen* faire le pied de grue; F *sich kein* ~ *ausreißen* ne rien se casser; ne pas se fouler (la rate); *auf e-m* ~ *ist nicht gut stehen* on ne s'en va pas sur une jambe; *prov. mit e-m* ~ *im Grabe stehen* avoir un pied dans la tombe.
bei'nah(e) *adv.* presque; à peu près; *vor Zahlen*: près de; *ich wäre* ~ *gefallen* j'ai manqué (de) (*od.* j'ai failli) tomber; ~ *hätte ich es ihr gesagt* peu s'en est fallu (*od.* il s'en est fallu de peu) que je ne le lui dise.
Bei'nahe-Zusammenstoß *Auto*, ✈, ⚓ *m* quasi-télescopage *m*.
'**Beiname** *m* surnom *m*; (*Spitzname*) sobriquet *m*.
'**Bein|arbeit** *f Boxen*: jeu *m* de jambes; *gute* ~ *leisten* avoir un beau jeu de jambes; ~**bruch** *m* fracture *f* de la jambe; F *Hals- und* ~! bonne chance!; V *merde puissance treize!*; ~**chen** *n* jambette *f*; ℒ**ern** *adj.* d'os; en os; ~**haus** *n* ossuaire *m*; ~**prothese** *f* jambe *f* artificielle (*od.* articulée); ~**schiene** *chir. f* éclisse *f*; attelle *f*; ~**schlag** *Schwimmen m* battement *m* de jambes; ~**schutz** *m Sport*: jambière *f*; ~**stellen** *n* croc-en-jambe *m*; ~**stoßen** *n Sport*: chausson *m*; ~**stumpf** *m* moignon *m* de jambe.
'**bei-ordn|en** *v/t.* (*beigeben*) adjoindre; *gr.* coordonner; ℒ**ung** *f* adjonction *f*; *gr.* coordination *f*.
'**beipflichten** *v/i.:* e-r Sache (dat.) ~ consentir à qch.; approuver qch.; applaudir à qch.; acquiescer à qch.; *j-m* ~ se ranger à l'avis de q.
'**Beiprogramm** *cin. n* avant-programme *m*.
'**Beirat** *m* (*Körperschaft*) comité *m* consultatif; (*Person*) *juristischer* ~ avocat-conseil *m*.
be'irren *v/t.: sich nicht* ~ *lassen* ne pas se laisser déconcerter.
bei'sammen *adv.* ensemble; réuni; ℒ**sein** *n*: (*geselliges*) ~ réunion *f*; ~**sitzen** *v/i.* être assis l'un à côté de l'autre; ~**stehen** *v/i.* être ensemble.
'**Beischlaf** *m* coït *m*; acte *m* sexuel; copulation *f*; *außerehelicher* ~ concubinage *m*.
'**Beischläfer(in** *f*) *m mv.p.* concubin

m, *-e f*.
'**Beischreiben** *n* lettre *f* jointe.
'**Beisegel** ⚓ *n* bonnette *f*.
'**Beisein** *n* présence *f*; *im* ~ (*gén.*) en présence de; *im* ~ *e-s Notars* par-devant notaire; *im* ~ *e-s Rechtsanwalts* assisté d'un avocat.
bei'seite *adv.* à part; *Scherz* ~*!* trêve de plaisanterie!; ~ **bringen** *v/t.* faire disparaître; (*unterschlagen*) soustraire; ~ **gehen** *v/i.* se mettre à l'écart; s'écarter; ~ **halten** *v/t.* rester à l'écart (*od.* sur la touche); ~ **lassen** *v/t.* laisser de côté; négliger; ~ **legen** *v/t.* mettre de côté; mettre en réserve; réserver; ~ **nehmen** *v/t.* prendre à part; ~ **schaffen** *v/t. Schutt*: mettre (*od.* transporter) à l'écart; ~ **schieben** *v/t.* écarter; ~ **setzen** *v/t.* mettre de côté; ~ **stehen** *v/i.* se tenir à l'écart; ~ **stellen** *v/t.* mettre de côté; reléguer; ~ **treten** *v/i.* → ~ *gehen*; ~ **tun** *v/t.* mettre de côté (*od.* à l'écart).
'**beisetz|en** *v/t.* (*beerdigen*) enterrer; inhumer; ⚓ *ein Segel* mettre une voile supplémentaire; voiles dehors; ℒ**ung** *f* (*Beerdigung*) enterrement *m*; inhumation *f*; ℒ**ungsfeier** *f* funérailles *f/pl.*; obsèques *f/pl.*
'**Beisitzer** ⚖ *m* assesseur *m*.
'**Beispiel** *n* exemple *m*; *gr. a.* paradigme *m*; *zum* ~ (*abr. z. B.*) par exemple (*abr.* p. e[x].); *nach dem* ~ (*gén.*) à l'exemple de; *als* ~ *dienen* servir d'exemple (*für* à); *als* ~ *nennen* citer en exemple; *mit gutem* ~ *vorangehen* donner le bon exemple; *sich ein* ~ *an j-m nehmen* prendre exemple (*od.* modèle) sur q.; *e-e Behauptung mit* ~*en untermauern* donner des exemples à l'appui d'une affirmation; ℒ**haft** *adj.* exemplaire; à titre d'exemple; ℒ**los** *adj.* sans exemple; (*unerhört*) inouï; ℒ**losigkeit** *f* caractère *m* exceptionnel; ℒ**sweise** *adv.* par exemple.
'**beispringen** *v/i.: j-m* ~ aider, secourir, assister q.
'**beißen** *v/t., v/i. u. v/rfl.* mordre (*in acc.* dans; *à; auf acc.* sur) (*a. Schlangen u. fig.*); *Insekten, Schlangen usw.*: piquer; (*kauen*) mâcher; (*brennen*) cuire; *nach j-m* ~ chercher à mordre q.; *sich* ~ (*nicht zueinander passen*) détonner; *sich auf die Zunge* (*die Lippen*) ~ se mordre la langue (les lèvres); *fig. ins Gras* ~ mordre la poussière; mourir; *fig. in den sauren Apfel* ~ avaler la pilule; *das beißt auf der Zunge* cela pique la langue; *in die Augen* ~ *Rauch*: piquer les yeux; *nichts zu* ~ *haben* n'avoir rien à se mettre sous la dent; P bouffer des briques; *prov. Hunde, die bellen*, ~ *nicht* chien qui aboie ne mord pas; ~**d** *adj.* mordant; *fig. a.* caustique; *Schmerz*: cuisant.
'**Beißerchen** *enf. n* quenotte *f*.
Beiße'rei *f* bataille *f* à coups de dents.
'**Beistand** *m* assistance *f*; aide *f*; secours *m*; appui *m*; soutien *m*; *moralischer* ~ réconfort *m* moral; *j-m* ~ *leisten* prêter assistance (*od.* main-forte) à q.; ~**spakt** *m* pacte *m* d'assistance; ~**svertrag** *m* traité *m* d'assistance.
'**beistehen** *v/i.: j-m* ~ assister q.; seconder q.; prêter assistance à q.;

mit Worten: plaider la cause de q.
'**Beistelltischchen** *n*: Satz *m* ~ *n/pl.* table *f* gigogne.
'**beisteuern** *v/t.* contribuer (etw. zu etw. à qch. en faisant qch.); apporter (qch. à qch.).
'**beistimmen** *v/i.*: j-m ~ se ranger à l'avis de q.; e-r *Sache* (*dat.*) ~ consentir à qch.; approuver qch.
'**Beistrich** *gr. m* virgule *f*.
'**Beitrag** *m* contribution *f*, apport *m*; *Vereins*♀: cotisation *f*; *bei Versicherungsgesellschaften*: prime *f*; (*schriftlicher* ~) article *m*; ♀en *v/t.* contribuer (zu à); *sein Teil* ~ y mettre du sien; *zur Unterhaltung* ~ prendre part à la conversation; ~s-anteil *m* quote-part *f*; ~smarke *f* timbre-cotisation *m*, ~spflichtig *adj.* assujetti à une cotisation; ~szahler *m* cotisant *m*.
'**beitreib**|**bar** *adj.* recouvrable; récupérable; ~en *v/t.* e-e Summe ~ recouvrer (*od.* récupérer) une somme; ♀ung *f* recouvrement *m*; récupération *f*; ♀ungsverfahren *n* procédure *f* de recouvrement (*od.* de récupération).
'**beitreten** *v/i.* e-r *Meinung*, e-m *Vertrag*: accéder (à); adhérer (à), se joindre (à) (*a.* e-r *Partei*, e-r *Gesellschaft*); e-r *Gesellschaft*: entrer (dans); *pol. der Gemeinschaft* ~ entrer dans la Communauté.
'**Beitritt** *m* zu e-r *Partei*: adhésion *f* (à); *zu* e-r *Gesellschaft*, *a. pol.*: entrée *f* (dans); s-n ~ erklären donner son adhésion; ~s-erklärung *f* déclaration *f* d'adhésion; ~s-urkunde *f* instrument *m*, acte *m* d'adhésion.
'**Beiwagen** *m* voiture *f* supplémentaire; *Motorrad*: side-car *m*; *Straßenbahn*: baladeuse *f*.
'**Beiwerk** *n* accessoires *m/pl.*; *modisches* ~ accessoires *m/pl.* à la mode; *unnützes* ~ *im Roman*: remplissage *m*, délayage *m*, longueurs *f/pl.*
'**Beiwert** *m* coefficient *m*.
'**beiwohnen** *v/i.* e-m *Vorgang*: assister (à); être présent (à).
'**Beiwort** *gr. n* adjectif *m*; (*schmückendes*) ~ epithète *f*.
'**Beize** *f* Mittel zum Abbeizen: décapant *m*; (*Ätzmittel*) caustique *m* (*a.* ✝); corrosif *m*; mordant *m* (*a. Färberei*); *für Holz*: teinture *f*; ✧ désinfectant *m*; *ch.* chasse *f* au faucon.
bei'**zeiten** *adv.* (*frühzeitig*) de bonne heure, avant l'heure; tôt; (*rechtzeitig*) à temps, à l'heure.
'**beiz**|**en** *v/t. Metall*: décaper (*ätzen*) corroder; mordre; ✝ cautériser; *Holz*: teinter; schwarz ~ ébéner; *Färberei*: mordancer; *Kupferstecherei*: graver à l'eau-forte; *Tabak*: saucer; ✧ désinfecter; *ch.* chasser au faucon; ~end *adj.* caustique; corrosif, -ive; ♀falke *m* faucon *m* de chasse.
be'**jahen** *v/t.* dire oui à; répondre affirmativement (*od.* par l'affirmative) à; *fig.* approuver; ~d *adj.* affirmatif, -ive; ~denfalls *adv.* dans l'affirmative.
be'**jahrt** *adj.* âgé; avancé en âge; ♀heit *f* âge *m* avancé.
Be'**jahung** *f* réponse *f* affirmative; affirmation *f*; *fig.* approbation *f*; ~s-fall *m*: im ~e dans l'affirmative.

be'**jammern** *v/t.* déplorer; *pfort* se lamenter sur; ~**swert, ~swürdig** *adj.* déplorable; lamentable; digne de pitié; misérable; pitoyable.
be'**jubeln** *v/t.* acclamer.
be'**kämpf**|**en** *v/t.* combattre; lutter contre; ♀ung *f* lutte *f* (contre); *Zentrale f zur ~ des Menschenraubs* centre *m* antirapt.
be'**kannt** *adj.* connu (j-m de q.); familier, -ière; *allgemein* ~ v. e-r *Sache*: notoire; public, -ique; v. e-r *Person*: bien connu *od.* connu de tous; renommé; ~es Gesicht visage *m* connu; er ist ~ *wie ein bunter Hund* il est connu comme le loup blanc; *es ist ~*, *daß ...* on sait que ...; ~ *werden Person*: devenir célèbre; *mit* ~ *miteinander machen* faire connaissance; *mit j-m werden* faire la connaissance de q.; faire connaissance avec q.; *machen Sie mich mit ihr* ~ présentez-moi à elle; faites-moi faire sa connaissance; *j-n mit etw.* ~ *machen* faire connaître qch. à q.; ♀enkreis *m* relations *f/pl.*; connaissances *f/pl.*; ♀e(r *a. m*) *m*, *f* connaissance *f*; ~e *pl.* gens *m/pl.* de connaissance; amis *m/pl.*; *ein ~er von mir* un monsieur de ma connaissance; une personne de ma connaissance; une de mes connaissances; e-e *~e von mir* une personne de ma connaissance; une de mes connaissances; *ein alter ~er* une vieille connaissance; *ein guter ~er von mir* un de mes amis; ~**ermaßen** *adv.* comme on sait; notoirement; ♀**gabe** *f* → ♀**machung**; ~**geben** *v/t.* → *~machen*; ♀**heit** *f* notoriété *f*; ~**lich** *adv.* comme on sait; notoirement; ~**machen** *v/t.* publier; annoncer; *amtlich*: notifier; faire connaître; porter à la connaissance (de); *öffentlich* ~ porter à la connaissance du public; *durch Anschlag* ~ afficher; annoncer par affiche; *feierlich* ~ proclamer; *Geheimnis*: révéler; ébruiter; (*verbreiten*) divulguer; ♀**machung** *f* publication *f*; *amtliche*: notification *f*; *feierliche*: proclamation *f*; (*Warnung*) avertissement *m*; (*Anzeige*) avis *m*; *in der Zeitung*: annonce *f*; (*Anschlag*) affiche *f*; ♀**schaft** *f* connaissance *f*; j-s (*od. mit j-m*) ~ *machen* faire la connaissance de q.; faire connaissance avec q. (*mit etw.* avec qch.); *bei näherer ~ gewinnen* gagner à être connu; ~**werden** *v/i. Person*: devenir célèbre; *Sache*: être divulgué; se répandre; *nur im passé composé*: se savoir.
be'**kehr**|**en** *v/t.* (*v/rf.*: sich se) convertir (zu à); ♀**te**(r *a. m*) *m, f* converti *m*, -e *f*; prosélyte *m, f*; ♀**ung** *f* conversion *f* (zu à); ♀**ungs-eifer** *m* prosélytisme *m*.
be'**kenn**|**en** 1. *v/t.* confesser; avouer; (*anerkennen*) reconnaître; *Farbe ~ Kartenspiel*: donner de la (même) couleur, *fig.* jouer cartes sur table; *Kartenspiel*: nicht ~ renoncer; 2. *v/rf.*: *sich zu etw.* ~ professer qch., *als Anhänger*: se déclarer partisan de qch.; *sich zu e-r Tat* ~ avouer qu'on a fait qch.; *sich zu e-m Verbrechen* ~ revendiquer un crime; *sich schuldig* ~ s'avouer (*od.* se reconnaître) coupa-

ble; ♀en *n* aveu *m*; profession *f* (de foi); ~**end** *p.pr.*: ♀e *Kirche All.* Église *f* de la Confession; ♀**tnis** *n* confession *f*; aveu *m*; profession *f* (de foi); ♀**tnisschule** *f* école *f* confessionnelle; *Fr.* école *f* libre.
be'**klagen** 1. *v/t.* plaindre; regretter; *pfort* déplorer; *Menschenleben sind nicht zu* ~ on n'a pas eu à déplorer la perte de vies humaines; 2. *v/rf.*: *sich* (*bei j-m*) *über* (*acc.*) se plaindre (à q. *od.* auprès de q.) de; ~**swert** *adj. Person*: à plaindre; *Sache*: déplorable; lamentable.
Be'**klagte**(**r**) *f* (*m*) défendeur *m*, -deresse *f*.
be'**klatschen** *thé. v/t.* applaudir.
be'**kleben** I *v/t.*: *mit Papier* ~ coller du papier sur; *mit Plakaten* ~ afficher; placarder; II ♀ *n*: *das ~ der Wand ist verboten* défense *f* d'afficher.
be'**kleckern, be**'**klecksen** *v/t.* tacher (mit de); barbouiller (mit de).
be'**kleid**|**en** *v/t.* (*v/rf.*: sich se) revêtir (mit de); *Wände*: revêtir, couvrir (mit de); *mit Holz* ~ boiser; *Amt*: remplir; exercer; occuper; e-e *Stellung* ~ détenir une position; *mit e-m Amt*: revêtir (mit de); investir (mit de); ♀**ung** *f* revêtement *m*; (*Kleider*) vêtement *m*; habillement *m*; *fig. e-s Amtes*: exercice *m*; *mit e-m Amt*: investiture *f*; ♀**ungs-amt** *n* atelier *m* d'habillement; ♀**ungs-industrie** *f* industrie *f* du vêtement, du prêt-à-porter; confection *f*; ♀**ungsstück** *n* effet *m* (*od.* pièce *f*) d'habillement.
be'**klemm**|**en** *v/t.* serrer; (*ängstigen*) oppresser; ♀**en** *n*, ♀**ung** *f* serrement *m* de cœur; angoisse *f*; gêne *f*; oppression *f*; ~**end** *adj.* angoissant.
be'**klommen** *adj.* oppressé; angoissé; *ich bin ganz* ~ j'ai le cœur serré; ♀**heit** *f* angoisse *f*; malaise *m*.
be'**klopfen** *v/t.* frapper sur; ✝ percuter.
be'**kloppt** *F adj. P* dingue, *P* frappé; ~ *sein* être cinglé (*od.* timbré *od.* toqué); *en* avoir une couche; avoir le coup de bambou.
be'**knabbern** *v/t.* grignoter.
be'**kommen 1.** *v/t.* recevoir; *Radiostation*: *a.* capter; (*erlangen*) obtenir; *Durst, Hunger*: commencer à avoir; *Erlaubnis*: obtenir; *Zug*: attraper; *Krankheit*: prendre; attraper; *Angst ~* prendre peur; e-n *Bauch* ~ prendre de l'embonpoint (*od.* du ventre); *Durst* (*Hunger*) ~ finir par avoir soif (faim); *Fieber* ~ être pris de fièvre; *Schnupfen* ~ s'enrhumer; prendre un rhume; *kalte Füße* ~ prendre froid aux pieds; *wir* ~ *Besuch* nous aurons du monde; *ich habe es zugeschickt* ~ on me l'a envoyé; *Geschmack an etw.* (*dat.*) ~ prendre goût à qch.; *zu Gesicht* ~ apercevoir; *in s-e Gewalt* ~ se rendre maître de; *wir* ~ *Gewitter* nous aurons de l'orage; *graue Haare* ~ commencer à avoir des cheveux gris; grisonner; devenir gris; *Junge* ~ mettre bas; *ein Kind* ~ accoucher d' (*im fut. a.*: avoir) un enfant; *Laub* ~ se couvrir de feuilles; *e-n Korb* ~ *fig.* essuyer un refus; *er hat Lust* ~, *zu ...* il lui a pris envie de ...; *e-n Mann* ~ trouver un mari; *Risse* ~ se fendre; *fig. von etw. Wind* ~ avoir vent de

qch.; *Zähne* ~ faire ses dents; *wo bekommt man ...?* où peut-on trouver ...?; *Sie* ~ *noch 300 Franken von mir* je vous dois encore cent francs; *e-e Audienz gewährt* ~ obtenir une audience; **2.** *v/i.*: *es bekommt ihm gut* il s'en trouve bien; cela lui réussit; *der Rotwein bekommt mir nicht* je ne supporte pas le vin rouge; le vin rouge ne me réussit pas; *es wird ihm schlecht* ~ cela ne lui réussira pas; *wohl bekomm's!* à votre santé!; à la vôtre!; *iron.* grand bien vous fasse!

be'**kömmlich** *adj.* der Gesundheit ~ salutaire; *Speise*: d'une digestibilité parfaite.

be'**köstig|en 1.** *v/t.*: *j-n* ~ nourrir q.; **2.** *v/rf.*: *sich selbst* ~ pourvoir soi-même à sa nourriture; ℒ**ung** *f* nourriture *f*; *Wohnung mit* ~ le vivre et le couvert.

be'**kräftig|en** *v/t. Aussage*: renforcer, confirmer, appuyer, corroborer; ℒ**ung** *f* renforcement *m*, confirmation *f*, corroboration *f*; *zur* ~ (*gén.*) à l'appui de.

be'**kränzen** *v/t. Person* (*v/rf.*: *sich se*) couronner (*mit de*).

be'**kreuz(ig)en** *v/rf.*: *sich* ~ se signer; faire le signe de (la) croix.

be'**kriegen** *v/t.*: *j-n* ~ faire la guerre à q.

be'**kritteln** *v/t.* critiquer (d'une manière mesquine), F chercher la petite bête (dans qch., chez q.); *alles* ~ trouver à redire à tout; ℒ**n** *n*, ℒ**ung** *f* critique *f* mesquine.

be'**kritzeln I** *v/t.* griffonner; **II** ℒ *n* griffonnage *m*.

be'**kümmer|n** *v/t.* affliger; chagriner; donner du souci (*od.* du chagrin) (à); F chiffonner; (*beunruhigen*) inquiéter; *das bekümmert mich nicht* je ne m'en soucie pas; → *kümmern*; ~**t** *adj.* soucieux, -euse (*um de*); inquiet, -iète (*um j-n de q.*; *um etw.* sur qch.).

be'**kund|en** *v/t.* (*aussagen*) déclarer; *vor Gericht*: déposer; (*bezeugen*) témoigner; (*zeigen*) montrer; (*offenbaren*) manifester; ℒ**ung** *f* (*Ausdruck*) manifestation *f*, expression *f*; (*Aussage*) déclaration *f*; *vor Gericht*: déposition *f*.

be'**lächeln** *v/t.* sourire de.

be'**lachen** *v/t.* rire de.

be'**laden I** *v/t.* (*v/rf.*: *sich se*) charger (*mit de*); *bsd. fig.* accabler (*mit de*); (*sich*) *zu sehr* ~ (se) surcharger; **II** ℒ *n* chargement *m*.

Be'**lag** *m e-r Straße, e-s Fußbodens*: revêtement *m*; *e-r Bremse*: garniture *f*; *der Zunge*: enduit *m*; *cuis.* Brot℥: charcuteries *f/pl.*, viande *f* froide *bzw.* fromages; *dünne Schicht*: couche *f* mince.

Be'**lager|er** ⚔ *m* assiégeant *m*; ℒ**n** *v/t.* ⚔ assiéger; *fig. a.* obséder; importuner; ~**te(r)** *m* assiégé *m*; ~**ung** *f* siège *m*; ~**ungskrieg** *m* guerre *f* de siège; ~**ungszustand** *m* état *m* de siège.

Be'**lang** *m* importance *f*; intérêt *m*; *das ist nicht von* ~ cela n'a pas d'importance; *cela ne tire pas à conséquence*; *die* ~**e** *pl. e-s Landes vertreten* représenter les intérêts d'un pays.

be'**langen** *v/t.*: ⚖ *gerichtlich* ~ traduire en justice; poursuivre; déférer en justice; intenter des poursuites (con-tre).

be'**lang|los** *adj.* sans (aucune) importance; anodin, contingent; ℒ**losigkeit** *f* affaire *f* sans (aucune) importance; (*Lappalie*) bagatelle *f*, vétille *f*, futilité *f*, F babiole *f*, F broutille *f*; ~**en** *f/pl.* contingences *f/pl.*; ~**voll** *adj.* important; de conséquence.

be'**lassen** *v/t.* laisser (à sa place); *ich werde es dabei* ~ je m'en tiendrai là.

be'**lastbar** *pol. adj.* susceptible d'être mis à l'épreuve; ℒ**keit** *f pol. f* mise *f* à l'épreuve; flexibilité *f*.

be'**last|en** *v/t.* (*v/rf.*: *sich se*) charger (*mit de*; *a.* ⚖); *Bremsen*, *Motor*: mettre à l'épreuve, à contribution; *mit e-r Hypothek, fig.* ~ hypothéquer; *mit Hypotheken* ~ grever d'hypothèques; *mit Schulden* ~ grever de dettes; † *j-s Konto* (*od. j-n*) *mit etw.* ~ porter qch. au débit de q.; débiter q. de qch.; débiter le compte de q. de qch.; *fig.* peser sur; ~**end** ⚖ *adj.*: ~**e** *Geräusche* bruits *m/pl.* stressants; ~**et** *adj.*: *erblich* ~ sein avoir une tare héréditaire, être taré héréditairement.

be'**lästig|en** *v/t.* importuner (*mit de*); ennuyer (avec); incommoder (de); *pfort.* molester (de); (*plagen*) tourmenter; enquiquiner; ℒ**ung** *f* ennuis *m/pl.*; F enquiquinements *m/pl.*; *durch Lärm etc.* nuisance *f*.

Be'**lastung** *f* charge *f* (*a. fig.*); *Arbeits*℥: servitude *f*; (*Bürde*) fardeau *m*; *höchstzulässige* ~ charge *f* maxima admissible; *erbliche* ~ tare *f* (*od.* mal *m*) héréditaire; ~**s-anzeige** † *f* note *f* (*od.* avis *m*) de débit; ~**sfähigkeit** *f* capacité *f* de charge; ~**sgrenze** *f* limite *f* de charge; ~**sprobe** *f* essai *m* de charge; *fig.* (*schwere* rude) épreuve *f*; ~**sspitze** *f* maximum *m* de charge; ~**szeuge** ⚖ *m* témoin *m* à charge.

be'**laub|en** *v/rf.*: *sich* ~ se couvrir de feuilles; ~**t** *adj.* garni de feuilles; *dicht* ~ feuillu; touffu.

be'**laufen** *v/rf.*: *sich* ~ *auf* (*acc.*) se monter (*od.* s'élever *od.* se chiffrer) à; être de; *sich höher* ~ *als ...* dépasser (*od.* excéder) ...

be'**lauschen** *v/t.* épier; *Geheimnis*: surprendre.

be'**leb|en** *v/t.* animer; égayer; éveiller; stimuler; *neu* ~ ranimer; *e-e Unterhaltung* ~ animer (*od.* égayer) une conversation; *den Handel* ~ stimuler (*od.* relancer) le commerce; *fig. neu* ~ *Hoffnungen*: raviver; ~**t** *adj.* animé; vif, vive; *Straße*: fréquentée; ℒ**theit** *f* animation *f*; mouvement *m*; vie *f*; ℒ**ung** *f* animation *f*; † stimulation *f*.

be'**lecken** *v/t.* lécher.

Be'**leg** *m* pièce *f* justificative (*od.* à l'appui); justificatif *m*; (~**stelle**) référence *f*; (*Urkunde*) document *m*; (*Beweis*) preuve *f*; *als* ~ à titre documentaire; ℒ**bar** *adj.* prouvable; justifiable; ℒ**en** *v/t.* mettre sur; *Platz*: retenir (*a. Sport*); réserver; marquer; *Raum*: occuper; *Tiere*: couvrir, saillir; *Spiegel*: étamer; *e-e Vorlesung* ~ s'inscrire à un cours; (*beweisen*) prouver; justifier (*a. Rechnung*); *durch Stellen* ~ prouver par des citations; *urkundlich* ~ documenter; (*bezeugen*) attester; *ein Butterbrot mit etw.* ~ garnir une tartine de qch.; ⊕ *mit Brettern* ~ planchéier; *mit Fliesen* ~ carreler; *mit Steinplatten* ~ daller; *j-n mit e-r Strafe* ~ infliger une peine à q.; *mit e-r Geldstrafe* ~ frapper d'une amende; *mit Steuern* ~ frapper d'impôts; imposer; ⚔ *mit Feuer* ~ prendre sous le feu; *mit Bomben* ~ bombarder; *e-n Ort mit Truppen* ~ cantonner des troupes dans un endroit; *mit Beschlag* ~ confisquer; saisir; *mit e-m Namen* ~ donner un nom à; nommer; ~**en** *n e-r Behauptung*: justification *f*; ~**schaft** *f* personnel *m*; effectif *m*; ⚔ équipe *f*; ~**stelle** *f* référence *f*; ℒ**t** *adj. Platz*: marqué; retenu; *Raum*: occupé; *Zunge*: chargé; *Stimme*: voilé; *Wort*: attesté; ~**es Brötchen** sandwich *m*.

be'**lehn|en** *hist. v/t.*: *j-n mit etw.* ~ investir q. de qch.; *Vasallen*: donner un fief à q.; inféoder q.; ℒ**ung** *f*, *hist.* inféodation *f*.

be'**lehr|en** *v/t.* instruire (*über acc.* de); donner une leçon (à q. sur qch.); informer (de); *j-n en es Besseren* ~ ouvrir les yeux à q. (*über acc.* sur); *sich lassen* (*Vernunft annehmen*) entendre raison; ~**end** *adj.* instructif, -ive; ℒ**ung** *f* instruction *f*; information *f*.

be'**leibt** *adj.* corpulent; *pfort.* replet, -ète; ~ *werden* prendre de l'embonpoint; ℒ**heit** *f* corpulence *f*; embonpoint *m*.

be'**leidig|en** *v/t.* offenser; insulter; injurier; outrager; faire outrage (à); (*verletzen*) blesser; *sich durch etw. beleidigt fühlen* s'offenser de qch.; ~**end** *adj.* offensant; insultant; injurieux, -ieuse; ~**er** *m* offenseur *m*; ℒ**te(r)** *m* offensé *m*; ℒ**ung** *f* offense *f*; insulte *f*; affront *m*; injure *f*; outrage *m*; *zu ausstoßen* proférer (*od.* dire) des injures; *verleumderische* ~ injure *f* calomnieuse; ℒ**ungsklage** *f* procès *m* en diffamation.

be'**leih|en** † *v/t.* **1.** *vom Geldgeber*: prêter *une somme* sur; **2.** *vom Geldnehmer*: contracter un emprunt sur; mettre en gage; ℒ**ung** *f* **1.** prêt *m* sur gage; **2.** mise *f* en gage.

be'**lesen** *adj.*: ~ *sein* avoir beaucoup lu; ℒ**heit** *f* connaissances *f/pl.* acquises par la lecture *f*.

be'**leucht|en** *v/t.* éclairer; *festlich*: illuminer; *fig.* éclaircir; (*näher*) ~ examiner (de près); ⊕ *m* électricien *m*; *bsd. thé.* étaleur *m* d'appareillage électrique; ℒ**ung** *f* éclairage *m*; *festliche*: illumination *f*; *fig.* éclaircissement *m*; *indirekte* ~ éclairage *m* indirect; *Auto*: *die* ~ *anstellen* allumer les phares; ℒ**ungs-anlage** ⚡ *f* installation *f* d'éclairage; ℒ**ungskörper** ⚡ *m* appareil *m* d'éclairage; ℒ**ungskosten** *pl.* (frais *m/pl.* d')éclairage *m*; ℒ**ungsstärke** *f* intensité *f* d'éclairement; ℒ**ungstechnik** *f* technique *f* de l'éclairage; éclairagisme *m*; ℒ**ungstechniker** *m* éclairagiste *m*.

be'**leum(un)det** *adj.*: *gut* (*schlecht*) ~ bien (mal) famé; qui a bonne (mauvaise) réputation.

'**Belg|ien** *n* la Belgique; ~**ier(in** *f*) *m* Belge *m*, *f*; ℒ**isch** *adj.* belge.

be'**licht|en** *phot. v/t.* exposer; ℒ**ung** *phot. f* pose *f*; exposition *f*.

Be'**lichtungs|messer** *phot. m* posemètre *m*; ~**tabelle** *f phot.* table *f* de

pose; ⁓zeit *phot. f* temps *m* de pose; durée *f* d'exposition.
be'lieben I *v/t., v/i. u. v/impers.:wie es Ihnen beliebt* comme il vous plaira; *wenn es Ihnen beliebt* si bon vous semble; *si vous le jugez bon; wie beliebt?* plaît-il?; *Sie* ⁓ *zu scherzen* vous plaisantez; II ⁓ *n* (bon) plaisir *m*; gré *m*; goût *m*; volonté *f*; *nach* ⁓ à discrétion; à volonté; *nach Ihrem* ⁓ à votre gré; comme il vous plaira; *es steht in Ihrem* ⁓, *zu* ... (*inf.*) vous êtes libre (*od.* maître) de ... (*inf.*); *ich stelle es in Ihr* ⁓ je m'en remets à votre discrétion.
be'liebig I *adj.* quelconque; *jeder* ⁓*e* le premier venu; e-e (F x-)⁓*e Linie* une ligne quelconque; *ein* ⁓*es Buch* n'importe quel livre; *auf jede* ⁓*e Weise* de toute manière; *zu* ⁓*em Gebrauch* à toutes fins utiles; II *adv.* à volonté; à discrétion; ⁓ *viele* un nombre quelconque de.
be'liebt *adj. v. Personen*: populaire, aimé, estimé; *v. Sachen*: très demandé, en vogue; *ein* ⁓*es Buch* un livre très lu (*od.* populaire *od.* en vogue); *sich bei j-m* ⁓ *machen* se faire aimer de q.; ⁓heit *f v. Personen*: popularité *f*; *v. Sachen*: vogue *f*.
Be'liefer|er *m* approvisionneur *m*; ⁓n *v/t.* approvisionner; *j-n mit Waren* ⁓ livrer (*od.* fournir) des marchandises à q.; *e-e Stadt mit Fleisch* ⁓ approvisionner (*od.* ravitailler) une ville en viande; ⁓n *n*, ⁓ung *f* approvisionnement *m*.
'bellen I *v/i.* aboyer; (*kläffen*) japper; II ⁓ *n* aboiement *m*; (*Kläffen*) jappement *m*.
Belle'trist *péj. m* littérateur *m*, auteur *m* d'œuvres littéraires légères; ⁓ik *péj. f* littérature *f* à la mode; ⁓isch *péj. adj.* relatif, -ive à la littérature à la mode.
be'lobig|en *v/t.* faire l'éloge de; ⁓ung *f* éloge *m*; louange *f*.
be'lohn|en *v/t.* récompenser (*für* de); *j-n mit Undank* ⁓ payer q. d'ingratitude; ⁓ung *f* récompense *f* (*für* de).
be'lüft|en *v/t.* aérer; ventiler; ⁓ung *f* aération *f*; ventilation *f*; ⁓ungs-anlage *f* installation *f* d'aération, de ventilation; ⁓ungskanal *m* gaine *f* de ventilation; ⁓ungs-klappe *f* clapet *m* d'aération, de ventilation; ⁓ungsrohr *n* conduit *m* d'aération, de ventilation.
be'lügen *v/t.*: *j-n* ⁓ mentir à q.
be'lustig|en *v/t.* (*v/rf.*: *sich* s')amuser (*über acc.* de); (se) divertir; ⁓end *adj.* amusant; divertissant; ⁓ung *f* amusement *m*; divertissement *m*.
be'mächtig|en *v/rf.*: *sich* ⁓ (*gén.*) s'emparer de; se saisir de (*a. v. Personen*); *sich widerrechtlich* ⁓ usurper (*e-r Sache gén.* qch.); ⁓ung *f* prise *f*; saisie *f*.
be'mäkeln *v/t.* critiquer (d'une manière mesquine); *alles* ⁓ trouver à redire à tout.
be'mal|en *v/t.* peindre; *sich das Gesicht* ⁓ maquiller son visage; ⁓ung *f* peinture *f*; *des Gesichts*: maquillage *m*.
be'mängel|n *v/t.* critiquer; dénoncer; ⁓ung *f* critique *f*.
be'mann|en ⚓ *v/t.* équiper; ⁓t *adj. Satellit etc.* habité; ⁓ung ⚓ *f* (*Mann-schaft*) équipage *m*.
be'mäntel|n (*vertuschen*) cacher, dissimuler, *v/t.* pallier, farder; voiler, déguiser; ⁓ung *f* palliation *f*, déguisement *m*.
be'merk|bar *adj.* apercevable; (*wahrnehmbar*) perceptible; *sich* ⁓ *machen Person*: se faire remarquer, se mettre en évidence, *Anstrengung usw.*: se faire sentir; ⁓en *v/t.* remarquer, observer, noter; *unbewußt*: apercevoir; *bewußt*: s'apercevoir de; (*aufmerksam machen, äußern*) faire remarquer (*od.* observer) *od.* faire la remarque *que*, déclarer *od.* dire *que*; *bemerkte er* (*als Einschubsatz*) *fit-il remarquer*; ⁓en *n*: *mit dem* ⁓, *daß* ... en faisant observer que ...; ⁓enswert *adj.* remarquable; ⁓ung *f* (*Beobachtung*) observation *f*; (*Äußerung*) remarque *f*.
be'mess|en I *v/t.* calculer, mesurer; *bsd. phm.* (*angleichen*) proportionner (*nach* à); (*abschätzen*) estimer; évaluer; taxer; (*bestimmen*) fixer; déterminer; II ⁓ *f*: *m-e Zeit ist* ⁓ mon temps est mesuré; je suis pressé; ⁓ung *f* mesure *f*; *bsd.* ⊕ mesurage *m*; (*Abschätzung*) estimation *f*; évaluation *f*; taxation *f*; (*Bestimmung*) détermination *f*; fixation *f*.
be'mitleiden *v/t.*: *j-n* ⁓ avoir pitié de q.; prendre q. en pitié; avoir de la compassion pour q.; ⁓swert *adj.* pitoyable; digne de pitié (*od.* de compassion).
be'mittelt *adj.* aisé, cossu; ⁓ *sein* être dans l'aisance.
be'mogeln F *v/t.* rouler.
be'moost *adj.* moussu; F *fig.* ⁓*es Haupt* (*Mensch*) vieux type; (*Student*) éternel étudiant.
be'müh|en 1. *v/t.*: *j-n* ⁓ donner de la peine à q. (*mit od. wegen od. in* [*dat.*] *etw.* pour qch.), (*stören*) déranger q., (*belästigen*) incommoder q.; 2. *v/rf.*: *sich* ⁓; *bemüht sein* se donner de la peine; *sich* ⁓, *zu* ... (*inf.*) se donner la peine de ... (*inf.*); s'efforcer de (*od.* à) ... (*inf.*); *sich* (*sehr*) ⁓, *zu* ... (*inf.*) s'évertuer à ... (*inf.*); *sich* (*eifrig*) ⁓, *zu* ... (*inf.*) s'empresser à ... (*inf.*); *sich um etw.* ⁓ faire des efforts pour obtenir qch.; *sich um* ⁓ se mettre en frais pour q.; *sich für j-n um etw.* ⁓ se mettre en peine pour obtenir qch. à q.; *sich eifrig um etw.* ⁓ briguer qch.; *sich zu j-m* ⁓ se donner la peine d'aller trouver q.; *sich umsonst* ⁓ perdre sa peine; ⁓ *Sie sich nicht!* ne vous dérangez pas; *bemüht sein, zu* ... (*inf.*) s'efforcer de ... (*inf.*); ⁓ung *f* effort *m*; *fig.* service *m*.
be'müßigen *v/rf.*: *sich bemüßigt fühlen, etw. zu tun* se sentir obligé de faire qch.
be'muster|n *v/t.* échantillonner; ⁓n *n*, ⁓ung *f* échantillonnage *m*.
be'mutter|n *v/t.*: *j-n* ⁓ entourer q. de soins maternels; F materner q.; ⁓ung *f f* maternage *m*.
be'nachbart *adj.* voisin.
be'nachrichtig|en *v/t.* informer, prévenir (*j-n von etw.* q. de qch.); faire savoir (*j-n von etw.* qch. à q.); ⁓ung *f* information *f*; avis *m*.
be'nachteilig|en *v/t.*: *j-n* ⁓ désavantager q.; léser q.; faire tort à q.; porter préjudice à q.; *j-n um etw.* ⁓ frustrer q. de qch.; ⁓t *éc. adj.* économiquement faible; mal loti; ⁓ung *f* désavantage *m*; préjudice *m*; frustration *f*.
be'nageln *v/t.* garnir de clous.
be'nagen *v/t.* ronger.
be'nannt *adj.* nommé; A concret, -ète.
be'nebel|n *v/t. Alkohol*: griser, émécher; *fig. Erfolg usw.*: troubler l'esprit; embrumer; ⁓t *adj.* (*betrunken*) gris; éméché; entre deux vins.
Benedik'tiner|(in *f*) *m* bénédictin *m*, -e *f*; ⁓kloster *n* couvent *m* de bénédictins; ⁓orden *m* ordre *m* de saint Benoît.
be'nehmen I *v/rf.*: *sich* ⁓ se comporter; se conduire; *sich zu* ⁓ *wissen* avoir des manières; *sich nicht zu* ⁓ *wissen* manquer de savoir-vivre; ne pas être dans le ton; *sich feige* ⁓ se conduire en lâche; F *sich daneben* ⁓ faire une gaffe; II ⁓ *n* conduite *f*; manières *f/pl.*; (*Verhalten*) comportement *m*; *feines* ⁓ bonnes manières *f/pl.*; *ungewandtes* ⁓ savoir-vivre *m*; *ungehöriges* ⁓ conduite *f* inconvenante (*od.* contraire aux bonnes mœurs); *ungeschicktes* ⁓ gaucherie *f*; *sich mit j-m ins* ⁓ *setzen* se concerter avec q. (*über acc.* sur); se mettre d'accord avec q. (sur).
be'neid|en I *v/t.*: *j-n* ⁓ envier q.; porter envie à q.; *j-n um etw.* ⁓ envier qch. à q.; II ⁓ *n* envie *f*; jalousie *f*; ⁓swert *adj.* enviable.
Bene'luxstaaten *m/pl.* Benelux *m*, Bénéluxiens *m/pl.*
be'nenn|en *v/t.* (dé)nommer; appeler; désigner; *Zeit und Ort* ⁓ désigner le temps et le lieu; ⁓ung *f* nom *m*; dénomination *f*; désignation *f*.
be'netzen *v/t.* mouiller; humecter; *pfort* tremper; *fig.* arroser (*mit* de); *mit Tränen* ⁓ baigner de larmes.
Ben'gal|e *m*, ⁓in *f* Bengali *m*, *f*; ⁓en *n* le Bengale; ⁓isch *adj.* bengali (*a. f*); ⁓*es Feuer* feu *m* de Bengale.
'Bengel *m* garnement *m*, galopin *m*, môme *m*, mioche *m*, P moutard *m*; gamin *m*, polisson *m*; *dummer* ⁓ grand nigaud *m*.
be'nommen *adj.* abasourdi; e-n ⁓en *Kopf haben* avoir la tête lourde; ⁓heit *f* abasourdissement *m*.
be'nötigen *v/t.*: *etw.* ⁓ avoir besoin de qch.
Be'notung *écol. f* notation *f*.
be'nummern *v/t.* numéroter.
be'nutz|bar *adj.* utilisable; ⁓en *v/t.* utiliser; employer; se servir de; *Straße, Treppe, Verkehrsmittel*: prendre; F emprunter; *Gelegenheit*: saisir; (*Nutzen ziehen*) profiter (de); mettre à profit; tirer parti (de); (*Nießbrauch haben*) avoir l'usufruit (de); (*ausbeuten*) exploiter; ⁓en *n*, ⁓ung *f* utilisation *f*; usage *m*; emploi *m*; mise *f* à profit; (*Nießbrauch*) usufruit *m*; jouissance *f*; ⁓er(in *f*) *m* usager *m*, -ère *f*; utilisateur *m*, -trice *f*; ⁓er e-r Autobahn emprunteur *m* (*od.* usager *m*) d'une autoroute; ⁓ungs-gebühr *f* frais *m/pl.* d'utilisation; ⁓ungsrecht *n* droit *m* d'usage.
Ben'zin *n* 1. (*Kraftstoff*) essence *f*; ⁓ *auftanken* faire le plein d'essence; 2. (*Wasch-, Wundbenzin*) benzine *f*; ⁓behälter *m* réservoir *m* à (resp.

d')essence; ~feuerzeug n briquet m à essence; ~hahn m robinet m d'essence; ~kanister m bidon m à (resp. d')essence; jerrycan m; nourrice f; ~lager m entrepôt m d'essence; ~leitung f tuyauterie f d'essence; ~motor m moteur m à essence; ~pumpe f pompe f à essence; ~stand m niveau m d'essence; ~uhr f jauge f d'essence; ~tank m réservoir m d'essence; ~verbrauch m consommation f d'essence.

'Benzoe f benjoin m; ~säure f acide m benzoïque.

Ben'zol n benzène m; ✝ benzol m.

be'obacht|en v/t. (v/rf.: sich s')observer; (genau betrachten) (sich s')examiner; Gesetz, Anweisung, Regel: observer; durch Polizei: surveiller; j-n auf Schritt und Tritt ~ surveiller les allées et venues de q.; den Gang e-r Sache ~ suivre le cours d'une affaire; Stillschweigen ~ garder le silence; 2er(in f) m observateur m, -trice f; 2ung f observation f; surveillance f; observance f; zur ~ stellen mettre en observation; zur ~ im Krankenhaus unterbringen placer en observation à l'hôpital; 2ungsflug m vol m d'observation; 2ungsflugzeug n avion m d'observation; 2ungsgabe f esprit (od. don) m d'observation; 2ungsposten m ⚔ poste m (od. station f) d'observation; (Wachturm) mirador m; 2ungssatellit m satellite m d'observation; 2ungsstand m poste m d'observation; 2ungsstation f 🏥 station f d'observation; 2ungsturm m (Wachturm) mirador m.

be'ordern v/t. ordonner (à q.) de venir, d'aller, de se rendre (nach à, zu chez); j-n zu sich ~ mander q.; zu j-m ~ envoyer chez q.; ~ nach envoyer à beordert werden, zu ... (inf.) recevoir ordre de ... (inf.).

be'pack|en v/t. charger (mit de); 2en n chargement m.

be'pflanz|en v/t. planter (mit de); 2en n, 2ung f plantation f.

be'pinseln I v/t. badigeonner (a. 🩺); II 2 n badigeonnage m (a. 🩺).

be'quem I adj., advt. commode; confortable; (leicht) aisé; facile; nur v. Personen: qui aime ses aises; es sich ~ machen se mettre à son aise; prendre ses aises, se prélasser; es j-m ~ machen mettre q. à son aise; j-m e-e Arbeit ~ machen faciliter la besogne à q.; ~ sitzen Kleidungsstück: aller bien; II adv. commodément; confortablement; (leicht) aisément; à l'aise; facilement; ~en v/rf.: sich zu etw. ~ daigner consentir à qch.; 2lichkeit f commodité f; aises f/pl.; confort m; die ~ lieben aimer ses aises; (Nachlässigkeit) nonchalance f; (Faulheit) paresse f; mangelnde ~ manque m de confort; inconfort m.

be'ranken v/t. couvrir de ses branches (od. de son feuillage).

be'rapp|en v/t. △ crépir; F fig. (bezahlen) payer, F casquer; 2ung △ f enduit m 'hourdé.

be'rat|en v/t., v/i. u. v/rf.: j-n ~ conseiller q., im Hinblick auf die Berufswahl: orienter q.; j-n übel ~ donner un mauvais conseil à q.; übel ~ sein être mal conseillé; etw. ~; über etw. (acc.) ~ délibérer sur qch.; sich über etw. (acc.) ~ conférer de qch. (mit j-m avec q.); tenir conseil sur qch. (mit j-m avec q.); ~end adj.: ~e Stimme haben avoir voix consultative; ~er Ausschuß comité m consultatif; ~er Arzt médecin m consultant; ~er Ingenieur ingénieur-conseil m; 2er(in f) m conseiller m, -ère f; ~schlagen 1. v/i. délibérer (über acc. sur); conférer (sur); 2. v/rf.: sich ~ conférer (über acc. de); tenir conseil (über acc. sur); 2ung f délibération f; der Ärzte: consultation f; zur ~ stellen mettre en délibération; 2ungs-ausschuß m comité m consultatif; 2ungsgegenstand m objet m de délibération; 2ungssaal m salle f des délibérations; 2ungsstelle f bureau m de consultation; 2ungszimmer n salle f des délibérations.

be'raub|en v/t. dévaliser; dépouiller; détrousser; st.s. j-n e-r Sache (gén.) ~ priver (od. frustrer) q. de qch.; der Freiheit ~ priver de sa liberté; der Sinne beraubt qui a perdu l'usage de ses sens; privé de sa raison; aller Hilfe beraubt dépourvu (od. dénué) de tout secours; 2ung f dépouillement m; (Entziehen) privation f.

be'rausch|en v/t. (v/rf.: sich s')enivrer (a. fig.); (se) griser (a. fig. an de, de); ~end adj. enivrant; Wein: capiteux, -euse; ~t adj. enivré (a. fig.); F gris; F pompette; fig. grise.

Berbe'ritze ♀ f épine-vinette f.

be'rech|enbar adj. calculable; ~nen v/t. calculer; compter; (überschlagen) supputer; (abschätzen) évaluer; estimer; taxer; ✝ (fakturieren) facturer; ~nend adj. calculateur, -trice; ~er Mensch calculateur m; 2nung f calcul m; compte m; (Überschlagen) supputation f; (Abschätzung) évaluation f; estimation f; taxation f; ✝ (Fakturierung) facturation f; alles mit ~ tun faire tout par calcul; 2nungstabelle f barème m.

be'rechtig|en v/t. autoriser (zu à); das berechtigt zu der Annahme, daß ... cela autorise à supposer que ...; zu Hoffnungen ~ justifier les espérances; ~t adj. autorisé (zu à); 🏛 fondé (in droit); ayant qualité (pour); ~ sein zu être en droit de; ~es Interesse intérêt m légitime; 2er(r) 🏛 m ayant droit m; 2ung f autorisation f; droit m; 2ungsnachweis m preuve f d'un droit; légitimation f; 2ungsschein m (Diplom) diplôme m; (Lizenz) licence f.

be'red|en 1. v/t.: etw. (mit j-m) ~ discuter de qch., débattre qch. (avec q.); j-n zu etw. ~ (j-n ~, etw. zu tun) persuader q. de (faire) qch., décider (od. amener od. engager) q. à (faire) qch.; 2. v/rf.: sich mit j-m über etw. (acc.) ~ conférer avec q. de qch.; 2samkeit f éloquence f; ~t adj. éloquent; disert; sich ~ ausdrücken parler avec éloquence.

Be'reich m, n zone f, région f; a. fig. domaine m; (Amts2) ressort m; (Befugnis) attributions f/pl.; compétence f; (Reich- u. Tragweite) portée f; Radio: bande f; (Wellen2) gamme f d'ondes, bande f de fréquence; in dem Ruinen2 von Pompei dans l'enceinte des ruines de Pompéi.

be'reicher|n v/t. (v/rf.: sich s')enrichir (mit de; durch par); Kenntnisse a.: augmenter; 2ung f enrichissement m.

be'reif|en v/t. Fahrrad, Auto usw.: munir (od. garnir) de pneus; monter des pneus sur; chausser; neu ~ rechausser; ~t adj. 1. (voller Reif) givré; 2. gut ~ (Auto usw.) équipé de bons pneus; 2ung f Fahrrad, Auto usw.: montage m des pneus; (Reifen) Fahrrad: bandage m, Auto usw.: pneus m/pl.

be'reinig|en v/t. Angelegenheit, Schuld: régler; pfort vider; (prüfen) fin. apurer; fig. e-n Streitpunkt ~ apurer un contentieux; 2ung f règlement m; fin. apurement m.

be'reisen v/t. Land: voyager dans; parcourir; Märkte: fréquenter.

be'reit adj. prêt (zu à); (geneigt) disposé (zu à); ✝ wir sind gern ~ nous sommes tout disposés (zu à); für alle Fälle ~ sein être prêt à toute éventualité; sich ~ erklären consentir (zu à); être prêt (od. disposé) (zu à); accepter (zu de); sich ~ finden zu ... se montrer prêt (od. disposé) à ...; sich ~ halten se tenir prêt.

be'reiten¹ v/t. Essen: préparer; faire; Empfang: réserver, faire; Kummer, Vergnügen, Untergang usw.: causer; Überraschung: ménager.

be'reiten² I v/t. Gegend: parcourir à cheval; Pferd: dresser; II 2 n e-s Pferdes: dressage m.

be'reit|halten v/t. tenir prêt; sich ~ se tenir prêt (um pour + inf.); ~legen v/t. préparer; disposer; ~machen 1. v/t. préparer; disposer, 2. v/rf.: sich zu etw. ~ se préparer (od. se disposer) à qch.

be'reits adj. déjà.

Be'reit|schaft f disposition f (zu à); ⚔, der Polizei: piquet m; sich in ~ befinden être de piquet; die Polizei liegt in ~ la police est alertée; in ~ halten tenir prêt; ~schafts-arzt m médecin m de garde; ~schaftsdienst m permanence f; ärztlicher ~ permanence f médicale; ~ haben être de permanence; ~schaftspolizei f C.R.S. m/pl.; gardes m/pl. mobiles; forces f/pl. de police encasernées; ~schaftsstellung ⚔ f position f d'attente; 2stehen v/i. être prêt; 2stellen v/i. (vorbereiten) préparer; (anordnen) disposer; (versorgen) approvisionner; (mobilisieren) mobiliser; die Mittel für etw. ~ financer qch.; j-m etw. ~ mettre qch. à la disposition de q.; ~stellung f (Vorbereitung) préparation f; (Anordnung) disposition f; (Versorgung) approvisionnement m (von en); ⚔ mise f en place; (Mobilisierung) mobilisation f; ~ von Geldmitteln für etw. financement m de qch.; ~ung f (Auf-, Vor-, Zubereitung) préparation f; 2willig I adj. prêt (zu à), être prêt; 2stellen empressé; II adv. volontiers; avec empressement; ~willigkeit f obligeance f; serviabilité f, complaisance f, bonne volonté f empressement m.

be'rennen v/t. attaquer, charger, assaillir, donner l'assaut à.

be'reuen v/t.: etw. ~ se repentir de qch.; regretter; er wird es noch ~! il lui en cuira!

Berg m montagne f; mit Namen: mont m; fig. ~e (Haufen) von ... tas *m/pl.* de ...; *goldene ~e versprechen* promettre monts et merveilles; *in die ~e fahren* partir à la montagne; *mit s-r Meinung hinterm ~ halten* dissimuler ses opinions; mettre son drapeau dans sa poche; *über alle ~e sein* avoir pris le large (*od.* la clé des champs); être bien loin d'ici; *über~ und Tal* par monts et par vaux; *wir sind über den ~* nous avons fait le plus difficile; *wir sind noch nicht über den ~* nous n'avons pas encore surmonté tous les obstacles; *die Haare stehen ihm zu ~e* ses cheveux se dressent sur sa tête; *~e versetzen* transporter (*od.* abattre) des montagnes; ⚤**ab** *adv.* en descendant; dans la descente;*fig.* es geht mit ihm *~ gesundheitlich*: sa santé décline, il décline, F il file un mauvais coton, *v. Geschäften*: ses affaires vont mal; '**~abhang** *m* versant *m* (d'une montagne); '**~akademie** ⚒ *f* école *f* supérieure des mines; '**~amt** ⚒ *n* service *m* des mines; '**~arbeiter** ⚒ *m* mineur *m*; '**~arbeitersiedlung** *f in Nordfrankreich*: coron *m*; ⚤**auf** *adv.* en montant; à la montée; '**~bahn** 🚂 *f* chemin *m* de fer de montagne; '**~bau** ⚒ *m* exploitation *f* des mines; '**~baugebiet** *n* région *f* minière; '**~bau-industrie** *f* industrie *f* minière; '**~bau-ingenieur** *m* ingénieur *m* des mines; '**~bauschule** *f* école *f* technique des mines; '**~bau-unternehmen** *n* entreprise *f* minière; '**~besteigung** *f* ascension *f* d'une montagne; '**~bevölkerung** *f* population *f* montagnarde; '**~bewohner(in** *f) m* montagnard *m*, *-e f*; '**~dohle** *orn.* *f* choucas *m* noir; '**~dorf** *n* village *m* de montagne, village *m* montagnard. '**Berge|kosten** *pl.* frais *m/pl.* de sauvetage; ⚤**n** *v/t.* sauver (*a.* ⚓); mettre en sûreté; *Personen*: retirer; *aus dem Wasser a.* repêcher; *Verschüttete usw. a.* dégager *fig. in sich ~* contenir; renfermer; *die Segel ~* serrer les voiles. '**Berg|enge** *f* défilé *m*; **~führer** *m* guide *m* de montagne; **~geist** *myth.* *m* génie *m* de la montagne; **~gipfel** *m* sommet *m*; cime *f*; **~grat** *m* arête *f*; **~honig** *m* miel *m* des montagnes. '**bergig** *adj.* montagneux, -euse. '**Berg|ingenieur** *m* ingénieur *m* des mines; **~kamm** *m* crête *f* (d'une montagne); **~kegel** *m* montagne *f* en cône; **~kessel** *m* cirque *m*; **~kette** *f* chaîne *f* de montagne; **~krankheit** *f* mal *m* des montagnes; **~kristall** *min.* *m* cristal *m* de roche; **~kuppe** *f* sommet *m* arrondi; **~land** *n* pays *m* de montagnes; **~luft** *f* air *m* des montagnes; **~mann** ⚒ *m* mineur *m*; ⚤**männisch** *adj.* des mineurs; **~not** *f*: *in ~ sein* être en détresse dans la montagne; **~predigt** *bibl.* *f* Sermon *m* sur la Montagne; **~rat** *m* conseiller *m* des mines; **~recht** ⚒ *n* droit *m* minier; **~rennen** *n Sport*: course *f* en montagne; **~rücken** *m* croupe *f* de montagne; **~rutsch** *m* glissement *m* de terrain; éboulement *m*; **~salz** *n* sel *m* gemme; **~schuhe** *m/pl.* chaussures *f/pl.* (*od.* brodequins *m/pl.*) d'alpiniste; **~schuhnägel** *m/pl.* crampons *m/pl.*; **~schule** ⚒ *f* École *f* des mines; **~seil** *n* corde *f*; **~spitze** *f* sommet *m*; cime *f*; pic *m*;

aiguille *f*; piton *m*; **~sport** *m* alpinisme *m*; **~steigefähigkeit** *f Auto*: tenue *f* (*od.* aptitudes *f/pl.*) dans les côtes, **~steiger(in** *f) m* alpiniste *m*, *f*; grimpeur *m*, -euse *f*; **~steiger-ausrüstung** *f* équipement *m* de montagne; **~stock** *m* bâton *m* ferré; alpenstock *m*; **~stollen** ⚒ *m* galerie *f* de mine; **~straße** *f* (*Alpenstraße*) route *f* alpestre; (*Gebirgsstraße*) route *f* de montagne; **~strom** *m* torrent *m*; **~sturz** *m* éboulement *m*; **~tour** *f* excursion *f* en montagne; **~~ und Talbahn** *f* montagnes *f/pl.* russes. '**Bergung** *f* sauvetage *m*; *e-r Raumkapsel*: récupération *f*; **~s-arbeiten** *f/pl.* travaux *m/pl.* de sauvetage; **~s-boot** *n* canot *m* de sauvetage; **~s-dampfer** *m* remorqueur *m* de sauvetage; **~sflotte** (*für e-e Raumkapsel*) *f* flotte *f* de récupération; **~skosten** *pl.* frais *m/pl.* de sauvetage (*od.* de renflouage); **~smannschaft** *f* équipe *f* de sauvetage. '**Berg|verkehr** ⚓ *m* mouvement *m* d'amont; **~volk** *n* montagnards *m/pl.*; **~wacht** *f* secours *m* en montagne; **~wand** *f* paroi *f* d'une montagne; **~wanderung** *f* excursion *f* en montagne; **~welt** *f* monde *m* alpestre. '**Bergwerk** *n* mine *f*; *im Tagebau*: minière *f*; *ein ~ betreiben* exploiter une mine (*resp.* une minière); **~s-aktie** *f* action *f* minière; **~s-anteil** *m* part *f* de mine; **~s-arbeiter** *m → Bergmann*; **~sgesellschaft** *f* société (*od.* compagnie) *f* minière; **~s-ingenieur** *m* ingénieur *m* des mines. '**Bergwesen** *n* industrie *f* minière; **~zinn** *m* étain *m* pur. **Beri'beri** ⚕ *f* béribéri *m*. **Be'richt** *m* rapport *m*; *~ erstatten* faire un rapport (*über acc.* sur), *abs.* en référer; *stenographischer ~* rapport *m* sténographique; (*Presse*⚤) reportage *m*; (*Rechenschafts*⚤, *Niederschrift*) compte rendu *m*; *amtlicher*: bulletin *m*; *e-r Sitzung*: procès-verbal *m*; communiqué *m*; (*genauer ~ a.* 🗂) relation *f*; ⚤**en** *v/t. u. v/i.* informer (*über acc.* de); instruire (*über acc.* de); faire un rapport (*a. abs.*; *über acc.* sur); *abs.* en référer; *journ.* relater (*über etw. acc.* qch.); *j-m etw. ~* rapporter qch. à q.; faire savoir (*od.* apprendre) qch. à q.; informer q. de qch.; *falsch berichtet* mal informé; **~er** *m*, **~erstatter** *m* 🗂 *Parlament*: rapporteur *m*; *für Zeitungen*: reporter *m*, correspondant *m*, *für e-e bestimmte Sparte*: courriériste *m*; (*Rundfunk*⚤) radio reporter *m*; **~erstattung** *f* information *f*. **be'richtig|en** *v/t.* rectifier; *Fehler, Arbeit*: corriger; **~end** *adj.* rectificatif, -ive; ⚤**ung** *f* rectification *f*; *v. Fehlern, e-r Arbeit*: correction *f*; (*verbesserte Niederschrift*) corrigé *m*; ⚤**ungs-anzeige** *f* avis *m* de rectification; *amtliche, typ.*: rectificatif *m*. **Be'richts|jahr** *n* année *f* de référence; **~zeit** *f* période *f* de référence. **be'riechen 1.** *v/t. Tier*: flairer, renifler; *2. v/rf.: sich ~ s'entre-flairer;fig.* F *v. Menschen*: chercher à pénétrer l'un l'autre. **be'rieseln** *v/t.* irriguer; arroser; F *fig. rad. usw.* j-n *~* matraquer q. F pilon-

ner q.; ⚤**ung** *f* irrigation *f*; arrosage *m*; F *fig. rad. usw. f* F intox(e) *f*, matraquage *m*; ⚤**ungs-anlage** *f* installation *f* d'arrosage; ⚤**ungskanal** *m* canal *m* d'irrigation. **be'ringen** *v/t. Vogel*: baguer. **be'ritten** *adj.* monté; à cheval. **Ber'lin|er(in** *f) m* Berlinois *m*, -e *f*; *All. pol. das ~er Abkommen* l'accord sur Berlin; ⚤**erisch** *adj.* berlinois *m* de Berlin; **~gespräche** *n/pl.* pourparlers *m/pl.* sur Berlin; **~hilfe** *f* aide *f* à Berlin. **Bernhar'diner** *m* (*Hund*) saint-bernard *m*. '**Bernstein** *min.* *m* ambre *m* jaune; ⚤**farben** *adj.* ambré. **Bero'lina** (*dicke Frau*) F *f* F dondon *f*. '**bersten** *v/i.* se fendre; se briser; *fig.* *vor Ärger ~* crever de dépit; *vor Lachen ~* éclater de rire. **be'rüchtigt** *adj.* mal famé. **be'rückend** *adj.* captivant; charmant; fascinant; ravissant. **be'rücksichtig|en** *v/t. etw. ~* prendre qch. en considération; avoir égard à qch.; tenir compte de qch.; ⚤**ung** *f* considération *f*; *unter ~* (*gén.*) en considération de; en raison de; en tenant compte de; en égard à. **Be'ruf** *m* (*Tätigkeit*) profession *f*; (*Fach, Gewerbe, Handwerk*) métier *m*; (*Laufbahn*) carrière *f*; *handwerklicher ~* métier *m* manuel (*a.* artisanal); *freier ~* profession *f* libérale; *von ~* (*s-s Zeichens*) de son métier; *s-m ~ nachgehen* exercer son métier (*bzw.* sa profession; *s-n ~ verfehlen* manquer (*od.* se tromper de) sa vocation. **be'rufen¹ 1.** *v/t. j-n zu etw. ~* appeler (*od.* nommer) q. à qch., *2. v/rf.: sich ~ auf* (*acc.*) s'en rapporter à, se référer à, se recommander de, en appeler à, (*als Zeugen nehmen*) prendre à témoin; *sich in etw.* (*dat.*) *auf j-n ~* s'en rapporter de qch. à q.; *sich auf etw.* (*acc.*) *~* (*etw. anrufen, geltend machen*) invoquer qch., se prévaloir de qch., (*sich auf etw. stützen*) s'appuyer sur qch.; s'autoriser de qch., 🗂 exciper de qch.; *sich auf s-e Unschuld ~* protester de son innocence. **be'rufen²** *adj.* (*befugt*) autorisé (*zu* à); (*kompetent*) compétent; (*geeignet*) qualifié (*zu* pour); *zu etw. ~ sein* avoir la vocation pour qch.; *viele sind ~, aber wenige sind auserwählt* il y a beaucoup d'appelés, mais peu d'élus. **be'ruflich I** *adj.* professionnel, -elle; **II** *adv.: tätig sein* exercer (*od.* pratiquer) une profession (*resp.* un métier). **Be'rufs|arbeit** *f* travail *m* professionnel; **~ausbildung** *f* formation *f* professionnelle; **~aussichten** *f/pl.* débouchés *m/pl.*; perspectives *f/pl.* d'emploi; **~aus-übung** *f* pratique *f* professionnelle; **~be-amtentum** *n* fonctionnaires *m/pl.* de carrière; **~be-amte(r)** *m*, **~be-amtin** *f* fonctionnaire *m*, *f* de carrière; **~berater** (**-in** *f) m* orienteur *m*, -trice *f*; **~beratung** *f* orientation *f* professionnelle; **~beratungsstelle** *f* office *m* d'orientation professionnelle; **~bezeichnung** *f* dénomination *f* professionnelle; **~bezogenheit** *écol., péd. f* professionnalisme *m*;

⒝**bildend** *adj.*: ⸺er Unterricht *m* préapprentissage *m*; ⸺**boxer** *m* boxeur *m* professionnel; ⸺**ehre** *f* honneur *m* professionnel; ⸺**eignung** *f* aptitude *f* professionnelle; ⸺**fachschule** *f* école *f* professionnelle; ⸺**fahrer** *m* chauffeur (*resp.* cycliste) *m* professionnel; *Sport*: professionnel *m*; ⸺**geheimnis** *n* secret professionnel; *ärztliches* ⸺ secret *m* médical; ⸺**gemeinschaft** *f* communauté *f* professionnelle; ⸺**genossenschaft** *f* caisse *f* d'assurance mutuelle; ⸺**gruppe** *f* groupe *m* professionnel; ⸺**heer** *n* armée *f* de métier; ⸺**kleidung** *f* vêtement *m* de travail; ⸺**krankheit** *f* maladie *f* professionnelle; ⸺**leben** *n* vie *f* professionnelle; ⒝**mäßig** *adj.* professionnel, -elle; ⸺**offizier** *m* officier *m* de carrière; ⸺**organisation** *f* organisation *f* professionnelle; ⸺**pflicht** *f* devoir *m* professionnel, déontologie *f* professionnelle; ⸺**praxis** *f* pratique *f* professionnelle; ⸺**rennfahrer** *m* coureur *m* professionnel; ⸺**schule** *f* centre *m* de formation professionnelle; ⸺**schulunterricht** *m* enseignement *m* professionnel; ⸺**soldat** *m* soldat *m* de carrière; ⸺**spieler** *m* *Sport*: (joueur *m*) professionnel *m*; ⸺**sport** *m* sport *m* professionnel; ⸺**sportler** *m* professionnel *m*; ⸺**sportlertum** *n* professionnalisme *m*; ⸺**sprache** *f* langage *m* professionnel; ⸺**stand** *m* corps *m*; ⒝**tätig** *adj.* qui exerce une profession (*resp.* un métier); engagé dans la vie professionnelle; ⸺**tätige(r)** *f* (*m*) travailleur *m*, -euse *f*; personne *f* engagée dans la vie professionnelle; ⸺**tätigkeit** *f* activité *f* professionnelle; ⸺**tüchtigkeit** *f* aptitude *f* professionnelle; ⸺**verband** *m* organisation (*od.* association) *f* professionnelle; ⸺**verbot** *n* interdiction *f* d'exercer sa profession; interdiction *f* professionnelle; ⸺**verkehr** *m* trafic *m* aux heures de pointe; ⸺**vertretung** *f* représentation *f* professionnelle; ⸺**wahl** *f* choix *m* d'une profession (*resp.* d'un métier); ⸺**wettkampf** *m* concours *m* professionnel; ⸺**zweig** *m* branche *f* professionnelle.

Be'rufung *f* (*Ernennung*) nomination *f* (*zu* de); *innere*: vocation *f* (*zu* de); (*Ein*⒝) convocation *f*; ⚖ appel *m*; pourvoi *m*; ⸺ *einlegen* interjeter appel (*gegen* de); appeler (de); *gegen das Urteil kann* ⸺ *eingelegt werden* le jugement est susceptible d'appel; e-e ⸺ *annehmen*, e-r ⸺ *stattgeben* admettre un appel (*od.* un pourvoi); e-e ⸺ *zurückweisen* rejeter un appel (*od.* un pourvoi); *mit* (*unter*) ⸺ *auf* (*acc.*) en se réclamant de; en se référant à; ⸺**santrag** *m* conclusions *f/pl.* d'appel; ⸺**sbeklagte(r)** *m* intimé *m*; ⸺**s-einlegung** *f* interjection *f* d'appel; ⸺**sfall** *m* (*Präzedenzfall*) précédent *m*; ⸺**sfrist** *f* délai *m* d'appel; ⸺**sgericht** *n* cour *f* (*od.* instance *f* od. tribunal *m*) d'appel; ⸺**sgerichtsbarkeit** *f* juridiction *f* d'appel; ⸺**s-instanz** *f* → ⸺*sgericht*; ⸺**skläger** *m* appelant *m*; ⸺**sverfahren** *n* instance *f* d'appel.

be'ruhen *v/i.*: ⸺ *auf* (*dat.*) reposer sur, être basé (*od.* fondé) sur, s'appuyer sur; résider en *qch.*; *das beruht auf e-m Irrtum* cela provient d'une erreur; *das beruht auf Gegenseitigkeit* c'est réciproque; c'est à charge de réciprocité; *etw. auf sich* ⸺ *lassen* laisser dormir (*od.* ne pas poursuivre) une affaire.

be'ruhig|en *v/t.* (*v/rf.*: *sich se*) calmer (*a. Wind, Meer*); (s')apaiser (*a. Wind, Meer*); (se) tranquilliser; *pol. Unruhen*: se résorber; *Person a.*: (se) rassurer (*a. Wetter*); *sich* ⸺ *Wind, Meer*: calmir; (*befrieden*) pacifier; *sich bei etw.* ⸺ être satisfait de qch.; *sein Gewissen* ⸺ tranquilliser sa conscience;⸺**end** *adj.* calmant; sédatif, -ive; ⸺*es Mittel* calmant *m*; ⸺*er Gedanke* pensée *f* rassurante; ⒝**ung** *f* apaisement *m*, assagissement *m*; (*Befriedigung*) pacification *f*; *zu Ihrer* ⸺ pour vous tranquilliser; *zur* ⸺ *des Gewissens* par acquit de conscience; *zur* ⸺ *Ihres Gewissens* pour l'acquit (*od.* pour la paix) de votre conscience; *das hat viel zu s-r* ⸺ *beigetragen* cela a beaucoup contribué à le calmer; ⒝**ungsmittel** *n* calmant *m*; médicament *m* tranquillisant.

be'rühmt *adj.* renommé (*wegen* pour); célèbre; fameux, -euse; *hoch* ⸺ illustre; ⸺ *machen* rendre célèbre; *sich* ⸺ *machen* se rendre célèbre; se faire un nom; ⒝**heit** *f* renom *m*; renommée *f*; célébrité *f* (*a. Person*); (*Star*) star *f*; ⸺ *erlangen* devenir célèbre.

be'rühr|en 1. *v/t.* toucher (*etw.* [à] qch.); (*erwähnen*) mentionner; *leicht* ⸺ frôler; effleurer; *traurig* ⸺ attrister; *unangenehm* ⸺ choquer; blesser; froisser; **2.** *v/rf.*: *sich* ⸺ se toucher; (*aneinandergrenzen*) être contigus; ⒝**ung** *f* attouchement *m*; contact *m* (*a. fig.*); *fig.* rapport *m*; *in* ⸺ *kommen mit* entrer (*od.* se mettre) en rapport (*od.* en contact) avec; *abus.* contacter q.; *in* ⸺ *bringen* mettre en contact; ⒝**ungsfläche** *f* surface *f* de contact; ⒝**ungslinie** ⚡ *f* tangente *f*; ⒝**ungspunkt** *m* point *m* de contact; ⒝**ungsschutz** *m* protection *f* contre le contact accidentel.

Be'ryll *m* béryl *m*.

be'sabbern F *v/t.* baver sur.

be'säen *v/t.* semer; ensemencer; *fig. mit etw.* ⸺ parsemer de qch.

be'sagen *v/t.* vouloir dire; signifier; *das besagt alles* cela veut tout dire; *das hat nicht viel zu* ⸺ cela ne veut pas dire grand-chose.

be'sagt *adj.* susdit; ledit, ladite (à).

be'saiten *v/t.* mettre des cordes (à).

be'saitet *adj.*: *zart* ⸺ tendre; sensible.

be'sam|en *v/t.*: *künstlich* ⸺ inséminer; ⒝**ung** *f*: *künstliche* ⸺ insémination *f*.

be'sänftig|en *v/t.* (*v/rf.*: *sich* s')adoucir; (s')apaiser; (se) calmer; ⸺**end** *adj.* calmant; sédatif, -ive; ⒝**ung** *f* adoucissement *m*; apaisement *m*; ⒝**ungsmittel** *n* calmant *m*.

Be'sanmast ⚓ *m* mât *m* d'artimon.

Be'satz *cout.* *m* parement *m*, parementure *f*, garniture *f*.

Be'satzung *f* ⚓✈ *fremde*: occupation *f*; *e-r Festung*: garnison *f*; ⚓, ✈ équipage *m*; ⸺**s-armee** *f* armée *f* d'occupation; ⸺**sbehörde** *f* autorités *f/pl.* d'occupation; ⸺**skosten** *pl.* frais *m/pl.* d'occupation; ⸺**smacht** *f* puissance *f* occupante; ⸺**sschäden** *m/pl.* dommages *m/pl.* dus à l'occupation; ⸺**sstatut** *n* statut *m* d'occupation; ⸺**struppen** *f/pl.* troupes *f/pl.* d'occupation; ⸺**szone** *f* zone *f* d'occupation.

be'saufen P *v/rf.*: *sich* ⸺ se soûler; se piquer le nez; prendre une cuite.

be'schädig|en *v/t.* (*v/rf.*: *sich* s'endommager; (se) gâter; (se) détériorer; (*Sachen*) chahuter; ⚓, ⚙, ✈ avarier; ⒝**ung** *f* endommagement *m*; *mutwillige* ⸺ öffentlichen Eigentums dégradations *f/pl.* volontaires de biens d'utilité publique.

be'schaffen¹ *v/t.* (*v/rf.*: *sich se*) procurer.

be'schaffen² *adj.* fait; *gut* ⸺ en bon état; *so ist es damit* ⸺ il en est ainsi.

Be'schaffenheit *f* qualité *f*; nature *f*; état *m*; condition *f*; (*Körper*⒝) constitution *f*; complexion *f*.

Be'schaffung *f* procuration *f*; ⸺**s-amt** *n*, ⸺**sstelle** *f* centre (*od.* bureau) *m* d'approvisionnement (*nur für Materialien*: des fournitures).

be'schäftig|en *v/t.* (*v/rf.*: *sich* s')occuper (*mit etw.* de [*nur als Zeitvertreib*: à] qch.); (*zu arbeiten geben*) employer; *dieser Gedanke beschäftigt ihn sehr* cette pensée le préoccupe; ⒝**ung** *f* occupation *f*; *bsd. auf dem Arbeitsmarkt*: emploi *m*; *der Industrie*: activité *f*; ⒝**ungs-index** *m* e-r *Industrie*: indice *m* d'activité; ⒝**ungslage** *f* situation *f* de l'emploi; ⸺**ungslos** *adj.* sans travail; ⒝**ungsmöglichkeit** *f* débouché *m*; ⒝**ungsnachweis** *m* certificat *m* d'emploi; ⒝**ungspolitik** *f* politique *f* de l'emploi; ⒝**ungsverbot** *n* interdiction *f* d'emploi.

be'schäl|en *zo.* *v/t.* saillir; couvrir; monter; ⒝**ung** *f* saillie *f*; monte *f*.

be'schäm|en *v/t.* rendre 'honteux, -euse *od.* tout confus; humilier; couvrir de honte; (*verwirren*) confondre; remplir de confusion; *Ihre Güte beschämt mich* je suis confus de vos bontés; ⸺**end** *adj.* humiliant; ⸺**t** *adj.* 'honteux, -euse (*über acc.* de); confus (*über acc.* de); ⒝**ung** *f* humiliation *f*; (*Schande*) 'honte *f*; (*Verwirrung*) confusion *f*.

be'schatt|en *v/t.* ombrager; couvrir d'ombre; donner de l'ombre (à) (*a. fig.*); *fig. j-n* ⸺ (*beobachten*) surveiller q., prendre q. en filature; ⒝**ung** *f durch Kriminalpolizei*: filature *f*.

be'schau|en *v/t.* regarder; (*prüfen*) examiner; *Fleisch usw.*: inspecter; *sich im Spiegel* ⸺ se regarder dans la glace; ⸺**lich** *adj.* contemplatif, -ive; (*friedlich*) paisible; ⒝**lichkeit** *f* contemplation *f*; vie *f* paisible.

Be'scheid *m* réponse *f*; décision *f* administrative; (*Auskunft*) renseignement(s *pl.*) *m*; (*Anweisung*) directives *f/pl.*; (*Befehl*) ordre *m*; (*Belehrung*) instruction *f*; *j-m* ⸺ *geben* renseigner q. (*über acc.* sur); *litt., adm.* aviser q. (*über acc.* de); *über etw.* (*acc.*) ⸺ *wissen* être au fait (*od.* au courant) de qch.; *über j-n* ⸺ *wissen* (*j-n kennen*) connaître q., (*wissen, was mit j-m los ist*) savoir ce qu'il en est de q., F connaître le numéro de q.; *mit* (*in dat.*) *etw.* ⸺ *wissen* s'y connaître en qch., connaître qch., savoir s'y prendre pour faire qch.; *er* weiß in dem Haus ~ il connaît la maison; F~ wissen la connaître; P être à la coule; j-m gehörig ~ geben dire carrément son fait (od. ses quatre vérités) à q.; bis auf weiteren ~ jusqu'à nouvel ordre; einstweiliger ~ arrêt m interlocutoire; abschlägiger ~ refus m; ⚖ fin f de non-recevoir.

be'scheiden¹ 1. v/t.: j-n abschlägig ~ répondre à q. par une fin de non--recevoir (od. par un refus); abschlägig beschieden werden essuyer un refus; es war mir nicht beschieden, zu ... (inf.) il ne m'a pas été donné de ... (inf.); 2. v/rf.: sich ~ abs. se modérer; er weiß sich zu ~ il sait se contenter de peu; sich mit etw. ~ se contenter (od. s'accommoder) de qch.; se résigner à qch.; F s'arranger de qch., faire avec qch.

be'scheiden² adj. modeste (a. [mittel]mäßig); simple; Essen: frugal; (niedrig) humble; aus ~en Verhältnissen stammen être d'origine modeste (od. humble od. d'humble origine); 2heit f modestie f; simplicité f.

be'scheinen v/t. éclairer; litt. répandre sa lueur sur.

be'scheinig|en v/t. certifier; attester; den Empfang ~ e-r Summe: donner quittance (od. un reçu); hierdurch wird bescheinigt, daß ... il est certifié par la présente que ...; 2ung f attestation f; certificat m.

be'scheißen P v/t. (betrügen) rouler.

be'schenken v/t.: j-n ~ faire un cadeau (od. un présent) à q.; j-n mit etw. ~ faire cadeau (od. présent) à q. de qch.; j-n reich(lich) ~ combler q. de cadeaux (od. de présents); mit etw. beschenkt werden recevoir en cadeau (od. en présent).

be'scher|en v/t.: j-m etw. ~ offrir qch. à q.; donner qch. en cadeau à q.; was hat Ihnen das Christkind beschert? qu'avez-vous eu pour Noël (od. comme cadeau de Noël)? 2ung f distribution f (de cadeaux); zu Neujahr: étrennes f/pl.; das ist ja e-e schöne ~! c'est une sacrée tuile!; da haben wir die ~! nous voilà propres (od. frais)!; nous voilà dans de beaux draps!

be'schick|en v/t. Ausstellung, usw.: participer (od. prendre part) à; envoyer des participants à; e-n Markt: approvisionner (de); Ofen: alimenter (en); 2ung f v. Ausstellungen: participation f (à); envoi m de participants (à); Ofen: alimentation f (mit de).

be'schieß|en v/t. mitrailler; tirer contre; (mit Geschützfeuer belegen) canonner; (bombardieren) bombarder; sich gegenseitig ~ se tirer dessus; 2en n, 2ung f mitraillage m, pilonnage m, bsd. ⚓ canonnage m; (Bombardierung) bombardement m.

'beschilder|n v/t. signaliser; 2ung f signalisation f.

be'schimpf|en v/t. insulter; outrager; injurier; sich gegenseitig ~ s'invectiver; 2en n, 2ung f insulte f; invective f; injure f; affront m.

be'schirmen v/t. protéger (vor dat. de od. contre); Personen a.: prendre sous sa protection.

be'schissen P adj. P emmerdant; V dégueulasse.

be'schlafen v/t. fig. e-e Sache ~ laisser passer la nuit sur qch.; es ~ F consulter son oreiller.

Be'schlag m an Türen: ferrures f/pl.; e-s Pferdes: fers m/pl.; etw., j-n mit ~ belegen accaparer qch.; 2en I 1. v/t.: mit etw. ~ garnir (od. revêtir) de qch.; mit Eisen ~ ferrer (a. Pferd); (bereifen) cercler; Räder: embattre; mit eisernen Reifen ~ fretter; 2. v/i. Fenster: se couvrir de buée; s'embuer; Lebensmittel: se couvrir de moisissure; II adj. Glas: embué; fig. in etw. (dat.) gut ~ sein connaître qch. à fond; être versé dans (od. fort en od. F ferré sur od. calé en) qch.; ~nahme f saisie f; mise f sous séquestre; confiscation f; ⚔ réquisition f; Auto, ⚔ mise f en fourrière; 2nahmen v/t. saisir; confisquer; mettre la main sur; ⚔ réquisitionner; Auto, ⚔ mettre en fourrière; ~nahmerecht n droit m de saisie bzw. de réquisition.

be'schleichen v/t.: j-n ~ s'approcher de (od. surprendre) q. à pas de loup; die Furcht beschleicht ihn la peur le gagne.

be'schleunig|en v/t. accélérer; 'hâter; presser; (überstürzen) précipiter; beschleunigte Abreise départ m précipité; beschleunigter Puls pouls m rapide; ~end adj. accélérateur, -trice; 2er m accélérateur m; 2ung f accélération f; 2ungsmesser m accéléromètre m; 2ungsvermögen n pouvoir m d'accélération.

be'schließen v/t. résoudre, décider (etw. zu tun de faire qch.); v. seiten e-r Behörde usw.: décréter; (beenden) finir; terminer (a. Reihe usw.); mettre fin (à); conclure, clore (bsd. Sitzung, Debatte); seine Leben ~ terminer (od. finir) ses jours; in geheimer (offener) Abstimmung ~ décider au scrutin secret (public).

Be'schluß m résolution f, décision f; Potsdamer Beschlüsse accords m/pl. de Potsdam; 2fähig adj.: ~ sein avoir atteint le quorum; le quorum est atteint; ~fähigkeit f quorum m; die ~ feststellen constater que le quorum est atteint; die ~ erreichen atteindre le quorum; ~fassung f résolution f, décision f; 2unfähig adj.: ~ sein n'avoir pas atteint le quorum.

be'schmieren v/t. F Scheibe Brot: tartiner (mit avec, de); mit Teer, Öl usw.: tacher, barbouiller; Wände: gribouiller sur; 2. v/rf.: sich ~ se barbouiller; se tacher.

be'schmutzen I v/t. (v/rf.: sich se) salir; (se) souiller (beide a. fig.); fig. sein eigenes Nest ~ salir sa propre famille, son propre pays, etc.; II 2 n verbal.

Be'schneid|emaschine f für Papier: massicot m; 2en v/t. rogner (a. fig.); Fingernägel: couper; Haare: couper; tailler; rafraîchir; Bäume: tailler; ébrancher; émonder; Hecke: tailler; tondre; charp. vierkantig ~ équarrir; rl. circoncire; (schmälern) réduire; fig. j-m die Flügel ~ rogner les ailes à q.; ~ung f typ. massicotage m; der Fingernägel. der Haare: coupe f; der Bäume: taille f; ébranchage m; e-r Hecke: taille f, tonte f; rl. circoncision f; (Schmälerung) réduction f.

Be'schnittene(r) m circoncis m.

be'schnüffeln, be'schnuppern v/t. flairer, renifler; fig. alles ~ fourrer son nez partout.

be'schönig|en v/t. (bemänteln) pallier; (durch Worte) embellir, enjoliver, farder; ~end adj. (durch Worte) euphémique; 2ung f (durch Worte) euphémisme m; ohne ~ sans fard.

be'schotter|n v/t. empierrer; 🚂 ballaster; 2n n, 2ung f empierrement m; 🚂 ballastage m.

be'schränken 1. v/t. limiter, restreindre, réduire (auf à); 2. v/rf.: sich ~ se borner, se limiter, s'en tenir (auf à).

be'schrankt 🚂 adj. gardé.

be'schränkt adj. borné (a. fig.); limité; (eng) étroit (a. fig.), exigu, -uë; fig. faible d'esprit, béotien, -nne; primaire; simpliste; in ~em Sinne au sens étroit (od. restreint); in ~en Verhältnissen leben être dans la gêne; vivre à l'étroit; ~ steuerpflichtig bénéficiaire d'une réduction d'impôt; 2heit f étroitesse f (d'esprit), philistinisme m; des Raumes: exiguïté f; der Mittel: insuffisance f.

Be'schränkung f limitation f; restriction f; sich ~en auferlegen s'imposer des restrictions; ~en unterliegen être soumis à des restrictions.

be'schreib|en v/t. Papier: écrire sur; fig. (schildern) décrire (a. Kreis); (de)peindre; näher ~ (bestimmen) définir; genau (detailliert) ~ détailler; e-n Dieb ~ donner le signalement d'un voleur; nicht zu ~ indescriptible; 2ung f description f; e-r Person: signalement m; ~end adj. descriptif, -ive.

be'schreiten v/t.: e-n Weg ~ s'engager dans une voie (a. fig.); ⚖ den Rechtsweg ~ avoir recours à la justice.

be'schrift|en v/t. mettre une inscription sur; (etikettieren) étiqueter; 2ung f inscription f; (Etikettierung) étiquetage m.

be'schuldig|en v/t.: j-n e-r Sache (gén.) ~ accuser q. de qch.; imputer qch. à q.; ⚖ inculper; e-s Verbrechens ~ incriminer; 2te(r) f (m) accusé m, -e f; inculpé m, -e f; prévenu m, -e f; 2ung f accusation f; imputation f; inculpation f; incrimination f.

be'schummeln F v/t. estamper, rouler, refaire (um de).

Be'schuß m ⚔ feu m; bombardement m.

be'schütten v/t.: mit Sauce ~ renverser de la sauce sur; absichtlich: jeter sur.

be'schütz|en v/t. protéger (vor dat., gegen de od. contre); 2er(in f) m protecteur m, -trice f.

be'schwatzen F v/t.: j-n ~ (betören) enjôler q., F embobeliner q., F embobiner q., F entortiller q.

Be'schwerde f (Klage) plainte f; grief m; réclamation f; 🏥 n f/pl. douleurs f/pl.; incommodités f/pl.; (Berufung) recours m; appel m; pourvoi m; dienstliche ~ recours m 'hiérarchique; im Falle n ~ en cas de réclamation; ~n vorbringen, ~ einlegen (führen) (sich beklagen) se plaindre (über acc. de; bei j-m à [od. auprès de] q.); faire des récriminations (über acc.

sur; *bei j-m à q.*); élever des réclamations (*über acc.* contre); ~ *einlegen* interjeter recours (*gegen de*); *zu* ~*n Anlaß geben* donner lieu à des réclamations; ~**ausschuß** *m* commission *f* des réclamations; ~**buch** *n* registre *m* des réclamations; ~**erhebung** ⚖ *f* interjection *f* de recours; ~**führer(in** *f*) *m* ⚖ réclamant *m*, -e *f*; ~**grund** ⚖ *m* cause *f* de recours (*od.* de pourvoi); ~**recht** *n* droit *m* de plainte; (*Berufungsrecht*) droit *m* de recours; ~**schrift** *f* plainte *f* (écrite); ~**verfahren** ⚖ *n* procédure *f* de recours.

be'**schweren 1.** *v/t.* charger (*a. Magen*); alourdir; *fig.* peser sur; **2.** *v/rf.*: *sich* ~ *über* (*acc.*) se plaindre de (*bei* à *od.* auprès de); faire (*bei j-m* à *q.*) des récriminations sur; élever des réclamations contre.

be'**schwerlich** *adj.* pénible; fatigant; difficile; malaisé; ~**keiten** *f/pl.* inconvénients *m/pl.*, difficultés *f/pl.*, fatigues *f/pl.*

Be'**schwerung** ⚖ *f* lestage *m.*

be'**schwichtig|en** *v/t.* apaiser; calmer; tranquilliser; ℒ**ung** *f* apaisement *m*; ℒ**ungspolitik** *f* politique *f* d'apaisement.

be'**schwindeln** F *v/t.* mentir (à); raconter des histoires (*od.* des bobards) (à).

be'**schwingt** *adj.* (*frohgestimmt*) enjoué; joyeux, -euse; gai; ~*er Gang* démarche *f* légère; ℒ**heit** *f* agilité et aisance *f.*

be'**schwipst** F *adj.* F éméché, F gris, F pompette.

be'**schwör|en** *v/t.*: *j-n* ~ implorer *q.*, conjurer *q.*, supplier *q.*; *Geister*: (*rufen*) évoquer; (*austreiben*) conjurer, exorciser; *Gefahr*: conjurer; ℒ**en** *n*, ℒ**ung** *f* affirmation *f* par serment; *v. Geistern*: (*Herbeirufen*) évocation *f*, (*Austreibung*) conjuration *f*, exorcisation *f*, exorcisme *m*; *e-r Gefahr*: conjuration *f*; ℒ**ungsformel** *f* formule *f* d'exorcisme.

be'**seel|en** *v/t.* animer; ~**t** *adj.*: *von dem Wunsche* ~, *zu ... (inf.*) animé du désir de ... (*inf.*).

be'**sehen** *v/t. u. v/rf.* regarder; (*aller*) voir; *prüfend*: examiner; *aus der Nähe* ~ regarder de près; *etw. bei Licht* ~ regarder qch. au grand jour (*od.* de plus près); *sich im Spiegel* ~ se regarder dans la glace; *genau* ~ (*betrachtet*) à y regarder de près.

be'**seitig|en** *v/t.* écarter; *fig.* gommer; (*wegnehmen*) enlever; *Zweifel*: lever, dissiper; (*abschaffen*) abolir; (*unterdrücken*) supprimer; (*sich entledigen*) se débarrasser (de); (*erledigen*) liquider; *Schwierigkeiten*: aplanir; *Hindernis, Fehler*: éliminer; *Übel*: remédier (à); *Schaden*: réparer; *am Auto usw.*: *a.* dépanner; *j-n* ~ faire disparaître *q.*, (*liquidieren*) liquider *q.*; ℒ**en** *n*, ℒ**ung** *f* (*Wegschaffen*) enlèvement *m*; (*Abschaffen*) abolition *f*; (*Unterdrücken*) suppression *f*; *v. Schwierigkeiten*: aplanissement *m*; *v. Hindernissen, Fehlern*: élimination *f*; *e-s Schadens*: réparation *f*, *am Auto usw.*: *a.* dépannage *m*; (*Erledigung, Liquidierung*) liquidation *f.*

'**Besen** *m* **1.** balai *m*; *mit eisernem* ~ *auskehren* donner un bon (*od.* sérieux) coup de balai (à); **2.** F *fig. péj. für e-e Frau*: P chipie *f*, mégère *f*; ~**binder** *m* faiseur *m* de balais; ~**schrank** *m* armoire *f* à balais (*od.* de rappel); ~**stiel** *m* manche *m* à balai (*a. fig. Person*).

be'**sessen** *adj.* possédé (*vom Teufel du* démon); obsédé; ℒ**e(r)** *f* (*m*) possédé *m*, -e *f*, obsédé *m*, -e *f*; ℒ**heit** *f* obsession *f*; manie *f.*

be'**setz|en** *v/t.* (*mit etw. versehen*) garnir (*mit de*); *mit Tressen* ~ galonner; *Teich mit Fischen*: peupler (*mit de*); *Platz*: réserver; *Amt*: faire occuper (qch. par q.); pourvoir (à); *thé.* distribuer; (*in Besitz nehmen*) occuper (*a.* ⚔); *leerstehendes Haus*: squatteriser; ⚔ *die Straßen mit Militärposten* ~ quadriller les rues; *e-e freie Stelle neu* ~ combler une vacance; ~**t** *adj. Zug, Bus*: complet, -ète; *WC, Platz, téléph.*: occupé; *Person*: pris; retenu; *halten* (*Stühle, Räume*) garnir; ℒ**tzeichen** *n* téléph. signal *m* «pas libre» *od.* «d'occupé»; ℒ**ung** *f thé. der Rollen*: distribution *f* (des rôles); *Sport*: formation *f*, équipe *f*; (*Inbesitznahme*) occupation *f* (*a.* ⚔).

be'**sichtig|en** *v/t.* inspecter; faire l'inspection (de); (*besuchen*) visiter (*a. Sehenswürdigkeiten*); *prüfend*: examiner; *z.B. Haus, Wohnung*: explorer; ℒ**ung** *f* inspection *f*; (*Besuch*) visite *f* (*a. v. Sehenswürdigkeiten*); (*Prüfung*) examen *m*; ⚖ ~ *an Ort und Stelle* descente *f* sur les lieux; ℒ**ungsreise** *f* tournée *f* d'inspection.

be'**siedel|n** *v/t.* coloniser; ℒ**ung** *f* colonisation *f.*

be'**siegeln** *fig. v/t.* sceller (*mit par, de*); *dein Schicksal ist besiegelt* ton destin est arrêté.

be'**sieg|en** *v/t.* vaincre; battre; triompher (de); *sich für besiegt erklären* se déclarer vaincu (*od.* battu); ℒ**te(r)** *m* vaincu *m.*

be'**singen** *v/t.* chanter; célébrer.

be'**sinn|en** *v/rf.*: *sich* ~ *auf etw.* (*acc.*) se souvenir de qch.; se rappeler qch.; *sich* ~ (*nachdenken*) réfléchir (à); *sich e-s Besseren* ~ se raviser; changer d'avis; *sich lange* ~ (*zögern*) hésiter (*od.* balancer) longtemps; *ich besinne mich darauf* cela me revient à l'esprit; *ohne sich zu* ~ (*ohne nachzudenken*) sans réfléchir, (*sogleich*) sans hésiter (*od.* balancer); *wenn ich mich recht besinne* si je ne me trompe; ℒ**en** *n* réflexion *f*; *ohne* ~ (*Zögern*) sans hésitation; *nach kurzem* ~ après quelques moments de réflexion; ~**lich** *adj.* de recueillement, de méditation; *Person*: pensif, -ive; songeur, -euse; *Buch*: qui donne à réfléchir; ℒ**ung** *f* (*Bewußtsein*) connaissance *f*; (*innere Sammlung*) recueillement *m*; (*Verinnerlichung*) ressourcement *m*; *bei voller* ~ *sein* avoir toute sa connaissance; *ohne* ~ sans connaissance; *nicht bei* ~ *sein* avoir perdu connaissance, *fig.* avoir perdu la tête; *die* ~ *verlieren* perdre connaissance, (*ohnmächtig werden*) s'évanouir, *fig.* perdre la tête; (*wieder*) *zur* ~ *kommen* reprendre connaissance, se remettre, revenir à soi, *fig.* revenir à la raison; *j-n wieder zur* ~ *bringen* faire reprendre connaissance à q.; *fig. j-n zur* ~ *bringen* ramener q. à la raison; ~**ungslos** *adj.* sans connaissance; évanoui; ℒ**ungslosigkeit** *f* évanouissement *m.*

Be'**sitz** *m* possession *f*; (*Eigentum*) propriété *f*; (*Güter*) biens *m/pl.*; (*un*)*beweglicher* ~ biens *m/pl.* (im)meubles; *in den* ~ *von etw. gelangen* (*kommen*) entrer en possession de qch.; *etw. in* ~ *nehmen, von etw.* ~ *ergreifen* prendre possession de qch., s'approprier qch., s'emparer de qch.; *von etw. in* ~ *sein, etw. in* ~ *haben* posséder qch.; être en possession de qch.; *in den* ~ *von etw. kommen* récupérer qch.; *j-n* (*wieder*) *in den* ~ *von etw. setzen* (re)mettre q. en possession de qch.; réintégrer q. dans la possession de qch.; *in j-s* ~ *übergehen* passer à q.; *aus dem* ~ *bringen* déposséder; exproprier; ℒ**anzeigend** *gr. adj.* possessif, -ive; ~**einweisung** *f* envoi *m* en possession; ℒ**en** *v/t.* posséder; avoir; (*innehaben*) *Platz usw.*: détenir; occuper; *die* ~**den Klassen** les classes *f/pl.* possédantes; ~**entziehung** ⚖ *f* spoliation *f*; ~**er(in** *f*) *m* mst. propriétaire *m*, *f*; possesseur *m*; détenteur *m*, -trice *f*; ~**ergreifung** *f* prise *f* de possession; ~**gier** *f* possessivité *f*; ~**klage** ⚖ *f* action *f* possessoire; ℒ**los** *adj.* qui ne possède rien; ~**losigkeit** *f* manque *m* de biens; ~**recht** *n* droit *m* de posséder; ⚖ *f* possessoire *m*; ~**stand** *m* état *m* de fortune; ~**störung** *f* trouble *m* de la possession; ~**übertragung** *f* transmission *f* de propriété; ~**ungen** *f/pl.* biens *m/pl.*; terres *f/pl.*; ~**urkunde** *f* acte *m* de propriété; ~**verhältnisse** *n/pl.* situation *f* de la propriété; ~**verteilung** *f* distribution *f* de la propriété; ~**wechsel** *m* changement *m* de propriétaire; ⚖ *f* mutation *f* de propriété.

be'**soffen** P *adj.* P soûl *od.* saoul, rond, bituré, noir; *total* ~ P blindé; ℒ**heit** P *f* P biture *f.*

be'**sohl|en** *v/t. Schuhe*: ressemeler; ℒ**en** *n*, ℒ**ung** *f* ressemelage *m.*

be'**sold|en** *v/t.* payer; *Truppen*: payer la solde à; *Beamte, Angestellte*: rémunérer; donner le traitement à; appointer; ℒ**ung** *f der Truppen*: solde *f*; *der Beamten, Angestellten*: traitement *m*; appointements *f/pl.*; ℒ**ungsgruppe** *f* échelon *m* de traitement; ℒ**ungs-ordnung** *f* tarif *m* des traitements; ℒ**ungsskala** *f* échelle *f* des traitements; ℒ**ungszulage** *f* supplément *m* de traitement.

be'**sonder** *adj.* particulier, -ière; (*speziell*) spécial; spécifique; (*einzigartig*) unique; singulier, -ière (*außergewöhnlich*) exceptionnel, -elle; extraordinaire; ℒ**e(s)** *n*: *etw.* ~ *s* qch. de particulier (*resp.* de spécial, *etc.*); *im* ℒ*n en particulier; ℒ**heit** *f* particularité *f*; spécificité *f*; (*Spezialität*) spécialité *f*; (*Einzigartigkeit*) singularité *f*; ~**s** *adv.* en particulier; particulièrement; spécialement; (*hauptsächlich*) surtout; principalement; *ganz* ~ tout particulièrement; au plus 'haut degré; *nicht* ~ (*bei vb.* ne...) pas trop (bien).

be'**sonnen** *adj.* réfléchi; (*vorsichtig*) prudent; circonspect; ℒ**heit** *f* réflé-

xion *f*; (*Vorsicht*) prudence *f*; circonspection *f*.
be'sorg|en *v/t.* (*erledigen*) s'occuper (de); (*ausführen*) s'acquitter (de); (*übernehmen*) se charger (de); faire; (*beschaffen*) procurer; ~ *Sie mir e-e Taxe* faites-moi venir un taxi; 2nis *m* appréhension *f*; crainte *f*; préoccupation *f*; souci *m*; ~niserregend *adj.* inquiétant; préoccupant; ~t *adj.* inquiet, -iète (*um* de); soucieux, -euse (*um* de); préoccupé (*um* de); *das macht mich*~ cela me donne du souci; 2theit *f* souci *m*; inquiétude *f*; 2ung *f* (*Gang*) course *f*; ~en *machen* faire des courses (*od.* des commissions *od.* des emplettes *od.* des achats).
be'spann|en *v/t. Wand usw.*: tendre (*mit* de); *Schirm usw.*: recouvrir (*mit* de); *Instrumente, Tennisschläger*: garnir (de cordes); *Bogen*: mettre une corde (à); *e-n Wagen mit Pferden* ~ atteler des chevaux à une voiture; 2ung *f* tenture *f*; recouvrement *m*; garniture *f*.
be'spielen *v/t. Tonband, Schallplatte*: enregistrer.
be'spitzeln *v/t.* espionner.
be'spötteln *v/t.* se moquer (de).
be'sprech|en 1. *v/t.* parler (de qch. avec q.); discuter, débattre (qch. avec q.); *Ereignis*: commenter; *Buch*: faire le compte rendu (*od.* la critique) de); *Krankheit*: conjurer par des formules; *e-e Schallplatte (ein Band)* ~ enregistrer un texte sur disque (sur bande); 2. *v/rf.: sich mit j-m* ~ se concerter, s'entretenir, conférer avec q.; 2er *m e-s Buches*: critique *f*; 2ung *f* discussion *f*; conférence *f*; réunion *f*; entretien *m*; *pol.* pourparlers *m/pl.*; ✕, *journ.* briefing *m*, mise *f* au courant; *e-s Werkes*: compte rendu *m*; critique *f*; *e-r Krankheit*: conjuration *f*; ~ *e-r Schallplatte (e-s Bandes)* enregistrement *m* d'un texte sur disque (sur bande); 2ungs-exemplar *n* spécimen *m* pour compte rendu (*od.* destiné à la presse); 2ungsraum *m* (*Konferenzraum*) salle *f* de conférence.
be'spreng|en *v/t.* arroser (*mit* de); asperger; *Wäsche*: mouiller; *mit Weihwasser* ~ asperger d'eau bénite; 2en *n*, 2ung *f* arrosage *m*; arrosement *m*, aspersion *f*; 2ungs-anlage ⚒ *f*: ~ *auf e-m Rohrgestell* rampe *f* d'aspersion; asperseur *m*.
be'spritzen *v/t.* arroser (*mit* de); asperger (*mit Farbe* de peinture); *mit Schmutz* ~ éclabousser; *mit Blut* ~ couvrir de sang.
be'sprochen *p.p.: a.* ✝ *wie* ~ selon nos arrangements.
be'spucken *v/t.* cracher sur.
be'spülen *v/t. Meer*: baigner.
'besser *adj. u. adv.* meilleur (*adv.* mieux); (*überlegen, überragend*) supérieur; ~*e Tage* des jours meilleurs; *das* ~*e Teil* la meilleure part; *ein* ~*er Herr* un monsieur bien; *die* ~*en Leute* les gens *m/pl.* bien; *m-e* ~*e Hälfte* (*Frau*) F ma (chère *od.* tendre) moitié; ~*es Befinden* mieux-être *m*; *wider* ~*es Wissen* tout en sachant le contraire; ~ *werden* devenir meilleur, s'améliorer, *Wetter: a.* se remettre au beau, *Wein*: se bonifier; ~ *sein* valoir

mieux (*als que*), être meilleur (*als que*), (*überlegen*) être supérieur (*als* à); *es wäre* ~ *zu ... (inf.) als zu ... (inf.) mieux vaudrait ... (inf.) que (de) ... (inf.); vielleicht wäre es* ~ *gewesen peut-être eût-il mieux valu; es ist* ~, *dies nicht zu tun* il vaut mieux ne pas faire cela *od.* c'est mieux de ne pas faire cela; *ihm ist* ~ il va (*od.* est) mieux; *il se rétablit*; il se remet; *um so* ~; *desto* ~ tant mieux; *je eher, desto* ~ le plus tôt sera le mieux; *je mehr, desto* ~ plus il y en a, mieux ça vaut; *immer* ~ de mieux en mieux; ~ *gesagt* pour mieux dire; ~ *spät als nie* mieux vaut tard que jamais; *in Ermangelung e-s* 2*(e)n* faute de mieux; *Sie können nichts* 2*es tun als ... (inf.)* ce que vous avez de mieux à faire, c'est de ... (*inf.*); *j-n e-s* 2*(e)n belehren* ouvrir les yeux à q. (*über acc.* sur); détromper q.; *sich e-s* 2*(e)n besinnen* se raviser; *Wendung zum* 2*en* amélioration *f*; *e-e Wendung zum* 2*en nehmen* s'améliorer; ~n 1. *v/t.* rendre meilleur; améliorer; 2. *v/rf.: sich* ~ devenir meilleur, changer en bien, s'améliorer, *sittlich*: se corriger; *Kranker*: aller (*od.* être) mieux, se rétablir, se remettre, *in Leistungen*: faire des progrès, *Wetter*: se mettre au beau, *Wein*: se bonifier; 2gestellte *m/pl.*: *die* ~n *le mieux nantis*; 2ung *f* amélioration *f*; *sittliche*: correction *f*; ✝ rétablissement *m*; *auf dem Wege der* ~ en voie de guérison; *es ist e-e merkliche* ~ *eingetreten* il y a un mieux sensible; *gute* ~*!* meilleure santé!; bon rétablissement!; 2ungs-anstalt *f* maison *f* de correction; ~ungsfähig *adj.* susceptible de se corriger; perfectible; 2wisser *m* raisonneur *m* inconvertible; pédant *m*.
be'stall|en *v/t.:* ~ *mit* (*einsetzen*) installer dans, (*ernennen*) nommer à; 2ung *f* installation *f*; nomination *f*; 2ungs-urkunde *f* titre *m* de nomination.
Be'stand *m* (*Bestehen*) existence *f*; *an Waren*: stock *m*; *an Wagen, Schiffen u. Maschinen*: parc *m*; *an Personal*: effectif *m*; *an Tieren, Pflanzen*: peuplement *m*; (*Baum*2) peuplement *m* forestier; (*Vieh*2) cheptel *m*; (*Inventar*) inventaire *m*; ~ *an Computern* parc *m* informatique; (*Kassen*2) encaisse *f*; *von* ~ *sein*; ~ *haben* subsister; être stable; durer; être durable; *eiserner* ~ stock *m* permanent, (*Rücklagefonds*) fonds *m* de réserve; *greifbare Bestände* stocks *m/pl.* visibles; *den* ~ (*das Inventar*) *aufnehmen* inventorier (*von etw.* qch.); faire l'inventaire (*von etw.* de qch.).
be'ständig *adj.* stable; constant; (*dauerhaft*) durable; (*ausdauernd*) persévérant; (*unbeweglich*) fixe; (*unterbrochen*) continuel, -elle; (*immerwährend*) permanent; (*auf Lebenszeit*) perpétuel, -elle; (*widerstandsfähig*) résistant (*gegen* à); *das Barometer steht auf* ~ le baromètre est au beau fixe; 2keit *f* stabilité *f*; constance *f*; (*Fortdauer*) durée *f*; perpétuité *f*; permanence *f*; persistance *f*; (*Ausdauer*) persévérance *f*; (*Widerstandsfähigkeit*) résistance *f* (*gegen* à).

Be'stands|aufnahme *f* (établissement *m* d'un) inventaire *m*; ~ *machen* inventorier (*von etw.* qch.); faire l'inventaire (*von etw.* de qch.); ~buch *n* livre *m* d'inventaire; ~liste *f*, ~verzeichnis *n* inventaire *m*
Be'standteil *m* partie *f* constituante; élément *m*; *wesentlicher* ~ élément *m* essentiel; ⚛ composant *m*
be'stärk|en *v/t.* renforcer, confirmer (*j-n in dat.* q. dans); 2ung *f* verbal.
be'stätig|en 1. *v/t.* confirmer; *die Richtigkeit* ~ certifier la justesse (de), confirmer l'exactitude (de); *Vertrag*: ratifier; *Gesetz*: sanctionner; ⚖ *gerichtlich* ~ entériner; homologuer; ✝ *den Empfang e-s Briefes* ~ accuser réception d'une lettre; 2. *v/rf.: sich* ~ se vérifier; ~end *adj.* confirmatif, -ive; 2ung *f* confirmation *f*; (*Feststellung*) constatation *f*; *durch Nachprüfung*: vérification *f*; *e-s Vertrages*: ratification *f*; *e-s Gesetzes*: sanction *f*; ⚖ *gerichtliche* ~ entérinement *m*; homologation *f*; *zur* ~ (*gén.*) en confirmation de; *um die* ~ *dafür zu haben* pour en avoir confirmation; *e-e* ~ *für etw. schicken* envoyer confirmation de qch.; 2ungs-schreiben *n* lettre *f* de confirmation; ✝ accusé *m* de réception.
be'statt|en *v/t.* ensevelir, inhumer; 2er *m* entrepreneur *m* de pompes funèbres; 2ung *f* ensevelissement *m*; inhumation *f*; 2ungsbüro *n*, 2ungs-institut *n* entreprise *f* des pompes funèbres; 2ungsdienst *m* pompes *f/pl.* funèbres; 2ungskosten *pl.* frais *m/pl.* d'enterrement.
be'stauben *v/t.* (*v/i.* se) couvrir de poussière.
be'stäuben ⚘ *v/t.* féconder (par le pollen).
Be'stäubung ⚘ *f* pollinisation *f*.
be'staunen *v/t.* regarder avec étonnement (*bewundernd*: avec admiration).
'beste (*sup. v. gut*): *der* (*die*) 2 *le* (*la*) meilleur(e); *der* ~ *Freund* le meilleur ami; *in den* ~*n Jahren sein* être à la fleur de l'âge; *das* ~ *Teil erwählen* choisir la meilleure part; *auf dem* ~*n Wege sein, zu ... (inf.)* être bien en train de ... (*inf.*); prendre le meilleur chemin pour ... (*inf.*); *beim* ~*n Willen* avec la meilleure volonté du monde; *im* ~*n Schlaf* en plein sommeil; *nach* ~*n Kräften* de mon (ton, son, *etc.*) mieux; *nach* ~*m Wissen und Gewissen* en toute conscience; *nach m-m* ~*n Wissen* autant que je sache; *der erste* ~ le premier venu; *mein* 2*r!* mon cher!; *das* 2 le mieux; *das ist das* 2, *was Sie tun können* c'est ce que vous pouvez faire de mieux; *es ist das* 2 (*od. am* ~*n*), *zu ... (inf.)* le mieux est de ... (*inf.*); *es ist das* 2, *er ... le mieux est qu'il ... (subj.); alles geht zum* 2*n* tout va pour le mieux; *hoffen wir das* 2 espérons que tout ira pour le mieux; *sein* 2*s tun* faire de son mieux; *das* 2 (*vor de* = *der beste Teil*) le meilleur *m/inv.*; *das* 2 *an der Geschichte* le meilleur de l'histoire; *er will nur dein* 2*s* il n'a en vue que ton bien; *zum* 2*n der Armen* au profit des pauvres; *etw. zum* ~*n geben* raconter, réciter, chanter qch. à la société; *j-n zum* ~*n haben* se moquer de q.; ~*ns*; *aufs* ~; *zum* ~*n*

bestechen — Bestürzung 736

au mieux; le mieux; le mieux du monde; le mieux possible; *im ~n Falle* (en mettant les choses) au mieux; *danke ~ns!* merci bien!; tous mes remerciements!; *mit ~m Gruß* recevez mes meilleures salutations *od.* mes sentiments les meilleurs.
be'stech|en *fig. v/t.* corrompre; acheter; F graisser la patte (à); *Zeugen*: suborner; *durch Freundlichkeit*: séduire; **~end** *adj.* séduisant; **~lich** *adj.* corruptible; vénal; **2lichkeit** *f* corruptibilité *f*; vénalité *f*; **2ung** *f* corruption *f*; *der Zeugen*: subornation *f*; *durch Freundlichkeit*: séduction *f*; *passive ~* corruption *f* passive; **2ungsgelder** *n/pl.* pot-de-vin *m*.
Be'steck *n* (Eß2) couvert *m*; *chir*. trousse *f*; ♣ (*Schiffsort auf der Karte*) point *m*; *das ~ nehmen* (*den Schiffsort berechnen*) faire (*od.* prendre) le point; **2en** *v/t.* garnir (de).
be'stehen I 1. *v/t. Kampf*: soutenir (avec succès); *glücklich ~ Abenteuer*: sortir à son honneur de; *Probe*: subir; *e-e Prüfung ~* passer un examen avec succès; réussir (à) un examen; *e-e Prüfung nicht ~* échouer à un examen; rater (*od.* F louper) un examen; **2.** *v/i.* exister; (*fort~*) subsister; se maintenir; (*ausdauern*) durer; persister; (*sich behaupten*) se maintenir; *vor s-m Richter ~* se justifier devant son juge; *auf etw. ~* (*dat.*) insister sur qch., persister dans qch., *hartnäckig, eigensinnig*: s'opiniâtrer (*od.* s'obstiner *od.* s'entêter) dans qch. (*od.* à faire qch.); *auf s-m Kopfe ~* s'entêter; *~ aus* être composé *od.* constitué (*od.* se composer) de; consister en *~ in* (*dat.*) consister en; consister à ... (*inf.*); **II 2** *n* existence *f*; (*Fort2*) subsistance *f*; (*Ausdauer*) persistance *f*; durée *f*; *nach ~ der Prüfung* après avoir passé l'examen; **~d** *adj.* existant; composé (*aus* de).
be'stehlen *v/t.* voler.
be'steig|en *v/t.* monter (sur); *Berg*: escalader; faire l'ascension (de); *Pferd*: monter (à); *Fahrrad usw.*: enfourcher (*acc.*), monter (sur); *die Kanzel ~* monter en chaire; **2ung** *f* ascension *f*; (*Thron2*) avènement *m*; accession *f* au trône.
be'stell|bar 🖋 *adj.* cultivable; labourable; **2buch** ✝ *n* carnet *m* de commandes; **~en** *v/t. Waren*: commander; *Zeitung*: s'abonner (à); prendre un abonnement (à); *Feld*: cultiver, façonner, labourer; *die Saat ~* faire les semailles; *Platz, Zimmer*: retenir; *j-n ~* faire venir q.; *~ Sie ihm Grüße von mir* faites (*od.* transmettez)-lui mes compliments; *soll ich ihm etw. ~?* dois-je lui faire une commission?; *es ist schlecht damit bestellt* cela prend une mauvaise tournure; cela tourne mal; *es ist schlecht mit ihm bestellt* il est mal en point; il va mal; il file un mauvais coton; **2er(in)** *m* celui (celle) qui passe une commande, acheteur *m*, -euse *f*; **2formular** *n* bon *m*, feuille *f*, bulletin *m* de commande; **2(l)iste** *f* liste *f* de commandes; **2nummer** *f* numéro *m* de commande; référence *f*; **2schein** *m* bulletin *m* (*od.* feuille *f* *od.* bon *m*) de commande; **2ung** *f* commande *f*; ✝ *a.* ordre *m*; (*Abon-*

nement) abonnement *m* (*e-r Zeitung* à un journal); *e-s Feldes*: culture *f*, façon *f*, labourage *m*; *auf ~* sur commande; **2zettel** *m* bulletin *m* (*od.* feuille *f*) de commande.
'besten|falls *adv.* en mettant les choses au mieux; dans le cas le plus favorable; **~s** *adv.* le mieux possible; le mieux; au mieux; le mieux du monde; *danke ~!* mille remerciements (*od.* mercis)!; *ich empfehle mich ~* recevez mes salutations distinguées (*od.* mes sentiments les meilleurs); *ich werde es ~ erledigen* je ferai cela de mon mieux; *alles geht ~* tout va pour le mieux.
be'steuer|bar *adj.* imposable, taxable; **~n** *v/t.* imposer; fiscaliser; *mit zehn Mark ~* taxer de dix marks; **2ung** *f* imposition *f*; **2ungsfähigkeit** *f* imposabilité *f*; **2ungsgrenze** *f* limite *f* d'imposition; **2ungsgrundlage** *f* base *f* d'imposition; **2ungsrecht** *n* droit *m* d'imposition.
besti'alisch *adj.* bestial.
Bestiali'tät *f* bestialité *f*.
be'sticken *v/t.* garnir de broderies, broder.
'Bestie *f* bête *f* féroce; brute *f* (*a. fig.*).
be'stimm|bar *adj.* déterminable; (*erklären*) définissable; **~en 1.** *v/t.* déterminer; destiner (*zu*: *für* à); affecter (*zu* à); (*festsetzen*) fixer; (*festlegen*) arrêter; (*erklären*) définir; (*ernennen*) désigner; *näher ~* préciser; (*taxieren*) taxer; évaluer; (*entscheiden*) décider; (*anordnen*) ordonner; *vertraglich ~* stipuler; (*vorschreiben*) prescrire; (*diagnostizieren*) diagnostiquer; ♠ *qualitativ od. quantitativ*: doser; *j-n ~ zu* destiner (*überreden*: décider) q. à; *j-n zu s-m Nachfolger ~* désigner q. pour être son successeur; **2.** *v/i. über* (*acc.*) disposer de; **~end** *adj.* déterminant; décisif, -ive; *gr.* déterminatif, -ive.
be'stimmt *adj.* (*genau*) déterminé; défini; (*entschieden*) décidé; résolu; (*stark ausgeprägt*) prononcé; (*sicher*) certain; sûr; (*kurz u. genau*) précis; net, nette; (*festgelegt*) fixe; *für* (*zu*) *etw. ~ sein* être destiné à qch.; *~ nach* 🚂, ♣ à destination de; **~er Ton** ton *m* décidé (*od.* décisif *od.* catégorique); *zu e-r ~en Stunde* à une heure donnée; à heure fixe; *sich ~ ausdrücken* s'exprimer clairement, nettement; *~ behaupten* affirmer avec certitude (*od.* catégoriquement); *es handelt sich ~ um ihn* c'est bien de lui qu'il s'agit; **2theit** *f* certitude *f*; *etw. mit ~ wissen* être sûr de qch.; **2ung** *f* détermination *f*; (*Zweck2*) destination *f*; affectation *f*; (*Schicksals2*) destin *m*; (*Festsetzung*) fixation *f*; (*Erklärung*) définition *f*; (*Bezeichnung*) désignation *f*; *nähere ~* précision *f*, *gr.* complément *m*; (*Taxierung*) taxation *f*; évaluation *f*; (*Entscheidung*) décision *f*; (*Anordnung*) arrêté *m*; ordonnance *f*; disposition *f* (*a. e-s Vertrages*); *vertragliche ~* stipulation *f*; (*Vorschrift*) prescription *f*; disposition *f*; (*Diagnose*) diagnostic *m*; ♠ *qualitative od. quantitative*: dosage *m*; *s-r ~ entziehen* désaffecter; *~ treffen über* (*acc.*) statuer sur; *nach den geltenden ~en* d'après les dispositions en vigueur; **2ungsbahnhof** *m* gare *f* de

destination; **2ungshafen** *m* port *m* de destination; **2ungsland** *n* pays *m* de destination; **2ungs-ort** *m* lieu *m* de destination.
be'stirnt *adj.* étoilé.
'Best|leistung *f Sport*: record *m*; **2möglich** *adj.* le meilleur (*adv.* le mieux) possible.
be'straf|en *v/t.* punir (*mit* de; *für*, *wegen* pour, à cause de); *aber*: *wegen etw. bestraft werden* être puni de qch.; **2ung** *f* punition *f*.
be'strahl|en *v/t.* (*bescheinen*) éclairer, illuminer; *phys.* irradier; 🩺 *mit etw. ~* exposer aux rayons de qch.; 🩺 traiter par les *od.* aux rayons X; *von der Sonne ~ lassen* exposer au soleil; **2ung** *f phys.* irradiation *f*; 🩺 radiothérapie *f*; séance *f* de rayons; **2ungs-apparat** *m* appareil *m* de radiation (🩺 *a.* de radiothérapie).
Be'streb|en *n* effort *m*; (*Neigung*) tendance *f*; *es wird mein ~ sein, zu ...* (*inf.*) je m'efforcerai de ... (*inf.*); **2t** *adj.*: *~ sein, zu ...* (*inf.*) s'efforcer de ... (*inf.*); s'appliquer à ... (*inf.*).
be'streichen *v/t.* enduire (*mit* de); ✕ balayer; *mit Fett ~* graisser; *mit Butter ~* beurrer; *Brot mit Butter ~* tartiner du pain de beurre; *mit Öl ~* huiler; enduire d'huile; *mit Ei ~* badigeonner à l'œuf.
be'streit|bar *adj.* contestable; discutable; controversable; **~en** *v/t.* contester; (*abstreiten*) dénier; nier; *sich ~ lassen* être contestable (*od.* discutable *od.* controversable); *etw. ~'s inscrire* en faux contre qch.; *das ist nicht zu ~*; *das läßt sich nicht ~* c'est incontestable; *Kosten*: payer; subvenir (à); *Sport*: disputer; *Programm*: remplir; *die Unterhaltung ~* animer la conversation; faire les frais de la conversation; *j-s Ausgaben ~* subvenir aux dépenses de q.; *j-s Unterhalt ~* subvenir aux besoins de q.; **2en** *n* *e-r Behauptung*: contestation *f*; **2ung** *f Kosten*: paiement *m* (de); subvention *f* (à); *zur ~ der Unkosten* pour payer les (*od.* subvenir aux) frais.
be'streuen *v/t. mit etw. ~* répandre (*od.* semer) qch. sur, *mit Salz, Mehl, Zucker*: saupoudrer de, *mit Blumen usw.*: parsemer de; *mit Sand ~* sabler; *den Boden ~* joncher (*mit* de).
be'strick|en *fig. v/t.* charmer; (*berücken*) captiver; ravir; séduire; **~end** *adj.* charmant; (*berückend*) captivant; ravissant; séduisant; **2ung** *f* charme *m*.
'Bestseller *m* best seller *m*; livre *m* à gros tirage.
be'stück|en *v/t.* garnir (*mit* de); munir (*mit* de); équiper (*mit* de); ✕ armer de canons; **2ung** ✕, ♣ *f* armement *m*.
be'stürm|en *v/t.* assaillir (*a. fig.*); *j-n mit Fragen ~* assaillir q. de questions; *j-n mit Bitten ~* poursuivre q. de ses prières; **2en** *n*, **2ung** *f* assaut *m*.
be'stürz|en *v/t.* (*außer Fassung bringen*) consterner; déconcerter; **~t** *adj.* consterné; déconcerté; (*entsetzt*) stupéfait; (*verwirrt*) confus; effaré; (*ratlos*) perplexe; (*sprachlos*) interdit; *~ machen* consterner; déconcerter; effarer; **2ung** *f* consternation *f*; stupéfaction *f*; (*Verwirrung*) confusion *f*; effare-

ment *m*; (*Ratlosigkeit*) perplexité *f*; *in* ~ *geraten* être frappé de consternation.

'**Best|wert** *m* optimum *m*; **~zeit** *f Sport*: record *m*; meilleur temps *m*.

Be'such *m* visite *f*; *Schule*: fréquentation *f*; *auf* (*od. zu*) ~ en visite; *bei j-m auf* (*od. zu*) ~ *sein* être en visite chez q.; *er hat* ~ *il* (y) a du monde (*od.* q.) chez lui; *j-s* ~ *erwidern* rendre sa visite à q.; *j-m e-n* ~ *abstatten* (*od. machen*) aller (*resp.* venir) voir q., *förmlich*: rendre (*od.* faire une) visite à q.; *du hast* ~ tu as des visites, *od.* de la visite; **2en** *v/t*. aller (*resp.* venir) voir, *förmlich*: rendre (*od.* faire une) visite à; *oft* ~ fréquenter (*Arzt, Stadt, Museum usw.*: visiter; *Schule*: fréquenter; aller à (*a. thé., Konzert*); *Versammlung*: assister à; *Vorlesung*: suivre; **~er(in)** *f m* visiteur *m*, -euse *f*; *thé.* spectateur *m*, -trice *f*; regelmäßiger ~ *e-s Lokals*: habitué *m*, -e *f*; **~skarte** *f* carte *f* de visite; **~s-tag** *m* jour *m* de visite(s); (*Empfangstag*) jour *m* (de réception); **~szeit** *f* heures *f/pl.* de visite; **2t** *adj.*: *das Konzert ist gut* ~ le concert est bien fréquenté (*od.* suivi); **~s-zimmer** *n* salon *m*.

be'sudel|n *v/t*. (*v/rf.*: *sich* ~) salir (*mit* de); (se) souiller (*mit* de; *beide u. fig.*); **2ung** *f* souillure *f* (*a. fig.*).

'**Betablocker** *phm. m* bêtabloquant *m*, *bisw. a.* bêtabloueur *m*.

be'tagt *adj.* âgé; **2heit** *f* grand âge *m*, âge *m* avancé.

be'tasten *v/t*. tâter; palper; toucher.

'**Betastrahlen** *m/pl.* rayons *m/pl.* bêta.

be'tätig|en 1. *v/t*. actionner; ⊕ *a.* mettre en action; commander; manœuvrer; 2. *v/rf.*: *sich* ~ être actif, -ive; *sich bei etw.* ~ prendre part (*od.* participer) à qch.; *sich als Arzt* ~ pratiquer (*od.* exercer) la médecine; **2ung** *f* activité *f*; (*Teilnahme*) participation *f*; ⊕ commande *f*; mise *f* en action; actionnement *m*; manœuvre *f*; **2ungsfeld** *n* champ *m* d'activité.

be'tätscheln F *v/t*. tapoter.

be'täub|en *v/t*. (*v/rf. a. sich* ~ *durch Lärm*: assourdir; (*Besinnung rauben*) étourdir; (*einschläfern*) assoupir (*a. Schmerz*); (*narkotisieren*) narcotiser, administrer un narcotique (à); (*unempfindlich machen*) anesthésier, insensibiliser; (*chloroformieren*) chloroformer; *mit Äther* ~ éthériser; **~end** *adj. Lärm*: assourdissant, étourdissant; (*einschläfernd*) assoupissant; stupéfiant; (*narkotisch*) narcotique; (*unempfindlich machend*) anesthésique; insensibilisateur, -trice; **2ung** *f durch Lärm*: assourdissement *m*; *der Besinnung*: étourdissement *m*; (*Schlummer*) assoupissement *m*; (*Erstarrung*) stupeur *f*; torpeur *f*; (*Narkose*) narcose *f*; (*Unempfindlichmachung*) anesthésie *f*; insensibilisation *f*; (*Chloroformierung*) chloroformisation *f*; ~ *mit Äther* éthérisation *f*; *fig.* (*Taumel*) étourdissement *m*; **2ungsmaske** *f* masque *m* anesthésique; **2ungsmittel** *n* narcotique *m*; anesthésique *m*.

be'taut *adj.* couvert de rosée.

'**Betbruder** *péj. m* bigot *m*.

'**Bete** ✿ *f* betterave *f* rouge.

be'teilig|en 1. *v/t*.: *j-n* ~ *an* (*dat.*) faire participer q. à; intéresser q. à; *j-n an e-m Unternehmen* ~ intéresser q. dans une entreprise; *j-n zur Hälfte* ~ *an* (*dat.*) mettre q. de moitié dans; 2. *v/rf.*: *sich* ~ *an* (*dat.*) participer (*od.* prendre part) à; s'intéresser à; *sich an e-m Unternehmen* ~ entrer dans une entreprise; *sich an e-m Unternehmen mit e-r Geldeinlage* ~ commanditer une entreprise; **~t** *adj.* intéressé; ~ *sein* avoir part (*an dat.* à); participer (*an dat.* à); *zu gleichen Teilen* ~ *sein* participer au même prorata; **2te(r** *a. m) m, f* intéressé *m*, -e *f*; (*Teilnehmer*) participant *m*, -e *f*; **2ung** *f* participation *f* (*stille tacite*); intérêt *m*; (*Mitwirkung*) coopération *f*; collaboration *f*; concours *m*; *unter zahlreicher* ~ en présence d'une nombreuse assistance; *Gewinn aus* ~*en* bénéfice *m* sur participation; **2ungsgesellschaft** *f* société *f* en participation; **2ungsquote** *f* quote-part *f* dans une participation.

'**beten I** 1. *v/i*. faire (*od.* dire) sa prière; (*zu Gott*) ~ prier (Dieu); *vor Tisch* ~ dire le bénédicité; *nach Tisch* ~ dire ses grâces. 2. *v/t*.: *ein Vaterunser* ~ dire un Notre Père; **II 2** *n* prière *f*.

be'teuer|n *v/t*. protester (de) (*hoch und heilig* solennellement); (*versichern*) affirmer; **2ung** *f* protestation *f*; (*Versicherung*) affirmation *f*.

be'titeln *v/t. Schriftstück*: intituler; *j-n* ~ donner un titre à q.; qualifier (*od.* traiter) q. de.

be'tölpeln *v/t*. tromper; F empaumer; mettre dedans; *sich* ~ *lassen* se laisser tromper; F se laisser empaumer; donner dans le panneau.

Be'ton *m* béton *m* (*armierter* armé; *gegossener* coulé; *gestampfter* damé *od.* pilonné); **~ba'ron** *péj. m* promoteur *m*; **~bau** *m* construction *f* en béton; (*Gebäude*) bâtiment *m* en béton; **~bauwerk** *n* caisson *m*; **~brücke** *f* pont *m* en béton; **~bunker** *m* abri *m* bétonné.

be'tonen I *v/t*. accentuer; appuyer sur; mettre l'accent sur (*a. hervorheben*); *fig.* insister sur; (*hervorheben*) souligner, faire ressortir, mettre en avant; bien spécifier; **II 2** *n* accentuation *f*; *fig.* insistance *f*; (*Hervorheben*) soulignement *m*.

Be'tonie ✿ *f* bétoine *f*.

Be'ton|kästen *fig. péj. m/pl.* citadelles *f/pl.* en béton; **~mischmaschine** *f* bétonnière *f*; **~pfeiler** *m* pile *f*, pilier *m* en béton; **~platte** *f* plaque *f* (*od.* dalle *f*) de béton; **~riese** △ *m* mastodonte *m* de béton; tour *f*; **~rüttler** *m* vibrateur *m* de béton; **~schicht** *f* couche *f* de béton; **~stampfer** *m* pilon *m* à béton; **~straße** *f* route *f* en béton.

be'tont *adj.* accentué; (*ausgesprochen*) prononcé; (*emphatisch*) emphatique; *adv.* ~ *nichtkonformistisch* volontairement non-conformiste.

Be'tonung *f* accentuation *f*; (*Akzent*) accent *m*; (*Tonfall*) intonation *f*; *fig.* insistance *f*; (*Hervorhebung*) soulignement *m*.

Be'tonverkleidung *f* revêtement *m* en béton.

be'tör|en *v/t*. tromper par des paroles captieuses; envoûter, ensorceler, enjôler; (*verführen*) séduire; (*irreführen*) égarer; **~end** *adj.* enjôleur, -euse; envoûtant; **2theit** *f* égarement *m*; **2ung** *f* enjôlement *m*; (*Verführung*) séduction *f*.

Be'tracht *m*: *etw. außer* ~ *lassen* laisser qch. de côté; *außer* ~ *bleiben* ne pas être pris en considération; *etw. in* ~ *ziehen* prendre qch. en considération; *in* ~ *kommen* entrer en ligne de compte (*od.* en considération); **2en** *v/t. u. v/rf.* (*besehen*) regarder; *Gestirne, Himmel*: contempler; *erwägend*: envisager; considérer; *nachdenklich*: méditer (sur); réfléchir (à); (*beobachten*) observer; P viser; (*sich*) ~ *als* (se) considérer comme; *alles recht betrachtet* tout bien considéré; *genau betrachtet* à y regarder de près; **~er(in)** *f m* contemplateur *m*, -trice *f*; (*Beobachter*) observateur *m*, -trice *f*; (*Zuschauer*) spectateur *m*, -trice *f*.

be'trächtlich *adj.* considérable; important; *e-e* ~*e Anzahl von* un bon nombre de.

Be'trachtung *f* contemplation *f*; réflexion *f*; méditation *f*; ~*en anstellen* faire des réflexions; *bei näherer* ~ à y regarder de plus près; **~sweise** *f* façon (*od.* manière) *f* d'envisager les choses.

Be'trag *m* montant *m*; somme *f*; (*Wert*) valeur *f*; ~ *erhalten* reçu; pour acquit; *im* ~*e von* ... se montant à ...; *bis zum* ~*e von* ... jusqu'à concurrence de ...

be'tragen I 1. *v/i*. se monter (*od.* s'élever) à; être au nombre de; faire; 2. *v/rf.*: *sich* ~ se comporter; se conduire; **II 2** *n* conduite *f*; (*Verhalten*) comportement *m*.

be'trauen *v/t*.: *j-n mit etw.* ~ confier qch. à q.; charger q. de qch.

be'trauern *v/t*. regretter; déplorer; *j-n* ~ (*um j-n in Trauer sein*) porter le deuil de q.

betreff|en *v/t*. (*ertappen*) attraper; (*überraschen*) surprendre; (*in Mitleidenschaft ziehen*) affecter; (*angehen*) regarder; concerner; *was ... betrifft* en ce qui concerne ...; *was mich betrifft* quant à moi; *es betrifft ... il s'agit de ...*; **~end I** *adj.* en question; *die* **2en** les personnes *f/pl.* en question; *das* ~*e Wort* le mot en question; *die* ~*e Behörde* l'autorité *f* compétente; **II** *adv.*, **~s** *prp.* (*gén.*) à l'égard (*od.* au sujet) de; en (*od.* pour) ce qui concerne; par rapport à; concernant; **2-Vermerk** *m* indications *f/pl.* concernant l'objet.

be'treiben I *v/t. Prozeß*: poursuivre; *Beruf*: exercer; *Studien*: se livrer à; faire; *e-e Angelegenheit mit Nachdruck* ~ activer une affaire; *Pension*: tenir (*od.* diriger); *Unternehmen*: exploiter; *Maschinen*: actionner; *gleichzeitig* ~ mener de front; **II 2** *n e-s Prozesses*: poursuite *f*; *auf* ~ *von* à l'instigation de.

be'treten I *v/t. Zimmer*: entrer dans; *Rasen*: marcher sur; *die Schwelle* ~ franchir le seuil; *den Kampfplatz* ~ entrer en lice; **II** *adj. Weg*: battu; fréquenté; *fig.* (*verlegen*) confus; embarrassé; (*verwirrt*) consterné; interdit; **III 2** *n* entrée *f*; ~ *verboten*! défense d'entrer; *das* ~ *des Rasens ist verboten* défense de marcher sur le gazon; **2heit** *f* confusion *f*; conster-

nation f.
be'treu|en v/t. se charger de; prendre en charge; prendre (od. avoir) soin de; liebevoll ~ couver; 2**er** m moniteur m; 2**ung** f soin m (donné à); Pflege, a. ärztlich: soins m/pl.; kulturelle ~ animation f culturelle.
Be'trieb m (Leben, Bewegung) animation f; mouvement m; (Unternehmen) entreprise f; exploitation f; (Fabrik) usine f; fabrique f; (Werkstatt) atelier m; (Inganghaltung) service m; (Gang) marche f; activité f; (~sdienst) service m d'exploitation; écoulement m (od. déroulement m) du service; activités f/pl.; v. Maschinen: fonctionnement m; forstwirtschaftlicher ~ exploitation f forestière; gemeinnütziger ~ exploitation f d'utilité publique; gewerblicher ~ exploitation f industrielle; handwerklicher ~ entreprise f artisanale; kaufmännischer ~ exploitation (od. entreprise) f commerciale; landwirtschaftlicher ~ exploitation f agricole (od. rurale); öffentlicher ~ entreprise f publique; in ~ setzen Maschinen: mettre en marche (od. en service od. en activité od. en action), actionner, Unternehmer: mettre en exploitation; in ~ sein Maschinen: marcher, être en [état de] marche (od. en service od. en activité od. en action), Unternehmen: être en exploitation; den ~ einstellen (verlegen) arrêter (déplacer) l'exploitation; den ~ wieder aufnehmen reprendre le travail, le service; außer ~ 'hors service; 2**sam** adj. actif, -ive; agissant; übertrieben: affairé; ~**samkeit** f activité f.
Be'triebs|angehörige(r) m membre m de l'entreprise; ~**angestellte(r** a. m) m, f employé m, -e f de l'entreprise; ~**anlage** f installations f/pl.; ~**anleitung** f, ~**anweisung** f instructions f/pl. d'emploi; notice f d'entretien; ~**arzt** m médecin m de l'entreprise; ~**ausgaben** f/pl. dépenses f/pl. d'exploitation; ~**ausschuß** m délégation f d'entreprise; comité m d'établissement; 2**bedingt** adj. conditionné par l'entreprise; ~**bedingungen** f/pl. conditions f/pl. de l'exploitation; ~**buchführung** f comptabilité f d'exploitation; ~**dauer** f heures f/pl. de travail; ~**direktor** m directeur m de l'entreprise; ~**einnahmen** f/pl. recettes f/pl. de l'entreprise; ~**einrichtung** f installation f; ~**einstellung** f fermeture f de l'exploitation; suspension f de l'exploitation; ~**er-öffnung** f ouverture f de l'entreprise; mise f en service; 2**fähig** adj. en état de fonctionnement; ~**ferien** pl. fermeture f annuelle; 2**fertig** adj. prêt à fonctionner (od. à marcher); en état de marche; ~**führer** m chef m d'entreprise (od. d'exploitation); directeur m d'exploitation; gérant m; F patron m; ~**führung** f direction f de l'exploitation; ~**gebäude** n bâtiment m de l'entreprise, de l'exploitation; usine f; ~**geheimnis** n secret m d'entreprise (od. d'exploitation); ~**gemeinschaft** f communauté f d'entreprise; ~**gewinn** m bénéfice m d'exploitation; ~**ingenieur** m ingénieur m d'exploitation, ingénieur m technico-commercial, ingénieur-système m; ~**jahr** n exercice m; ~**kampfgruppe** DDR f groupe m de combat d'entreprise; ~**kapital** n capital m d'exploitation (od. de roulement); fonds m de roulement; ~**klima** n climat m social; ~**kosten** pl. frais m/pl. d'exploitation; ~**krankenkasse** f caisse f (de) maladie de l'entreprise; ~**leiter** m chef m d'entreprise; ~**leitung** f direction f d'entreprise; ~**nudel** F f type m sans cesse remuant; das ist e-e ~ c'est la mouche du coche; ~**obmann** m délégué m de l'entreprise; ~**ordnung** f règlement m d'entreprise (od. d'exploitation); ~**personal** n personnel m d'exploitation; ~**rat** m comité m d'entreprise; ~**schutz** m protection f contre les accidents du travail; 2**sicher** adj. de fonctionnement sûr; ~**sicherheit** f sécurité f de fonctionnement; ~**spannung** ₤ f tension f de régime (od. de service); ~**stab** ⊕, adm. m équipe f d'exploitation; ~**stillegung** f fermeture f d'une entreprise; ~**stockung** f interruption f dans la production; ~**störung** f perturbation f dans l'exploitation; bei elektrischen Anlagen: perturbation f de service; ~**strom** m courant m de régime (od. de service); 2**technisch** adj.: ~e Anforderungen exigences f/pl. techniques de l'entreprise; ~**überwachung** f surveillance f de l' (od. des) entreprise(s); ~**unfall** m accident m du travail; ~**unkosten** pl. frais m/pl. d'exploitation; ~**verfassungsgesetz** n loi f sur le statut des entreprises; ~**verhältnisse** n/pl. situation f de l'entreprise; conditions f/pl. de l'exploitation; ~**vermögen** n fonds m/pl. de roulement; ~**versammlung** f assemblée f du personnel; ~**vorschrift** f règlement m intérieur; ~**wirt** m titulaire m du certificat d'aptitude à la gestion des entreprises; organisateur-conseil (diplômé) m; ~**wirtschaft** f gestion f d'entreprises; ~**wirtschaftler** m expert m de la gestion d'entreprises; ~**wirtschaftslehre** f science f de l'organisation et de la gestion des entreprises; ~**wissenschaft** f science f des organisations; ~**zählung** f recensement m des entreprises; ~**zeit** f heures f/pl. de travail; ~**zweig** m secteur m de l'exploitation.
be'trifft: (am Briefkopf) objet:
be'trinken v/rf.: sich ~ s'enivrer; F se griser; P se cuiter; prendre une cuite.
be'troffen adj. (verlegen) confus; embarrassé; (verwirrt) confondu; (bestürzt) troublé; interdit; (betätigt) ~ werden être affecté (od. atteint od. frappé) (von de); von e-m Gesetz ~ sein tomber sous le coup d'une loi; von e-r Maßnahme ~ sein être visé par une mesure; von der Krise ~ touché par la crise; ich fühle mich ~ j'en suis affecté; 2**heit** f confusion f; embarras m; trouble m.
Be'trogene(r a. m) m, f dupe f.
be'trüb|en v/t. affliger; attrister; contrister; chagriner; tief ~ désoler; ~**end**, ~**lich** adj. affligeant; attristant; tief ~ désolant; 2**nis** f affliction f; tristesse f; tiefe ~ désolation f; ~**t** adj. affligé; attristé; tief ~ désolé (über acc. de).

Be'trug m fraude f; tromperie f; duperie f; imposture f; supercherie f; escroquerie f; im Spiel: tricherie f.
be'trüg|en v/t. u. v/rf. tromper; frauder; duper; (prellen) escroquer; P entuber; im Spiel: tricher; j-n ~ um frustrer q. de; sich selbst ~ se faire des illusions; 2**er(in** f) m trompeur m, -euse f; fraudeur m, -euse f; dupeur m, -euse f; fourbe m; (Hochstapler) imposteur m; (Gauner) escroc m; im Spiel: tricheur m, -euse f; 2**e'rei** f s. Betrug; ~**erisch** I adj. trompeur, -euse; frauduleux, -euse; II adv. par fraude; ~ handeln frauder.
be'trunken adj. ivre; F gris, *bourré; völlig (schwer) ~ complètement ivre, ivre mort, F complet, -ète, F noir, F soûl od. saoul; im ~en Zustand en état d'ivresse; ~ machen enivrer, F griser; 2**e(r)** f (m) homme m (femme f) ivre; 2**heit** f ivresse f.
'**Bet|saal** m oratoire m; ~**schwester** f bigote f; ~**stuhl** m prie-Dieu m; ~**stunde** f heure f de la prière.
Bett n lit m (a. e-s Flusses u. ⚓, ⊕ a. couchette f; ⊕ (Werkbank) banc m; (Kanal2) zu ~ bringen mettre au lit; coucher; zu ~ gehen, sich zu ~ legen se mettre (od. aller) au lit, (aller) se coucher, krankheitshalber: a. s'aliter; krank zu ~ liegen être alité; ans ~ fesseln aliter; ans ~ gefesselt sein être cloué au lit; das ~ hüten garder le lit; ins (aus dem) ~ steigen se mettre au (sortir du) lit; aus dem ~ springen sauter à bas du lit; aus den Federn, Kind: lever; ein ~ (frisch) überziehen changer les draps d'un lit; ein ~ aufschlagen (aufstellen) dresser (od. monter) un lit; sein ~ machen faire son lit; zweischläfriges ~ lit m à deux personnes; zusammenklappbares ~ lit m pliable; ineinanderschiebbares ~ lit m gigogne; eisernes ~ lit m de fer; fig. sich ins gemachte ~ legen se mettre dans le nid tout fait; ~**bezug** m 'housse f de couette (od. d'édredon); ~**chen** n petit lit m; couchette f; ~**couch** f canapé-lit m, divan-lit m; ~**decke** f unter der man schläft: couverture f de lit; Steppdecke usw.: zum Überdecken: couvre-pieds m; (Tages2) couvre-lit m; gesteppte ~ courtepointe f.
'**bettel|'arm** adj. pauvre comme Job (od. comme un rat d'église); misérable; 2**brief** m lettre f de quémandeur; (Bittgesuch) supplique f; 2**ei** f mendicité f; 2**mönch** m moine m mendiant; frère m quêteur; ~**n** v/i. mendier; demander l'aumône; 2**n** n → 2**ei**; ~ und Hausieren verboten! mendicité et colportage interdits; 2**orden** m ordre m mendiant; 2**sack** m besace f; 2**stab** m bâton m de mendiant; fig. an den ~ bringen réduire à la mendicité; 2**volk** n mendiants m/pl.
'**betten 1.** st.s. v/t.: j-n ~ coucher q.; j-n zur letzten Ruhe ~ s. beerdigen; nicht gerade auf Rosen gebettet sein ne pas être dans une situation brillante; **2.** v/rf.: sich ~ prov. wie man sich bettet, so schläft man comme on fait son lit, on se couche.
'**Bettenburg** F ⚠ iron. fig. f mastodonte m de béton pour dormir.
'**Bett|federn** f/pl. duvet m; ~**gestell** n

bois *m* de lit; châlit *m*; ~**kasten** *m* coffre *m* à literie; **ˈlägerig** *adj.* alité; ~**lägerigkeit** *f* alitement *m*; ~**laken** *n* drap *m* de lit.

ˈBettler(in *f*) *m* mendiant *m*, -*e f*; zum ~ machen réduire à la mendicité; zum ~ werden être réduit à la mendicité.

ˈBett|nachbar *m* voisin *m* de lit; ~**nässen** *n* incontinence *f* d'urine; énurésie *f*; ~**nässer** *m* enfant *m*, *f* qui fait pipi au lit; enfant *m*, *f* énurétique; ~**nische** *f* alcôve *f*; ~**pfosten** *m* pied *m* de lit; ~**ruhe** *f* repos *m* au lit; ~ verordnen prescrire le lit; strenge ~ alitement *m*; ~**schlitten** ⊕ *m* chariot *m*; ~**schüssel** *f* bassin *m* hygiénique (od. de lit); ~**sofa** *n* divan-lit *m*; ~**stelle** *f* bois *m* de lit; châlit *m*; eiserne ~ lit *m* de fer; ~**ung** *f* Bauhandwerk: lit *m*; ✕ (Geschützˈ) plate-forme *f*; 🚢 ballast *m*; e-r Schleuse, e-s Kanals: radier *m*; ~**vorhang** *m* rideau *m* de lit; ~**vorleger** *m* descente *f* de lit; ~**wanze** *f* punaise *f* de lit; ~**wäsche** *f* draps *m/pl.* et taies *f/pl.* (d'oreiller); ~**zeug** *n* literie *f*.

beˈtulich *adj.* prévenant; *adv.* posément; lentement.

beˈtupfen *v/t.* Wunde, Stirn: tamponner; (tüpfeln) moucheter.

ˈBeug|e *f* gym. flexion *f*; ~**ehaft** ⚖ *f* détention *f* décidée après le refus de témoigner; ~**emuskel** *m* fléchisseur *m*; **ˈen** *v/t.* plier; fléchir; Recht, Gesetz: violer; fausser; tourner, faire une entorse à; gr. Hauptwort: décliner, Zeitwort: conjuguer; sich über j-n, über etw. ~ se pencher sur q., sur qch.; sich e-m Argument ~ s'incliner devant un argument; ~**ung** *f* fléchissement *m*; flexion *f* (a. gr.); des Rechts, des Gesetzes: violation *f*; gr. des Hauptworts: déclinaison *f*, des Zeitworts: conjugaison *f*.

ˈBeule *f* bosse *f*; *atout m; e-e ~ bekommen se faire une bosse; ~**npest** ⚕ *f* peste *f* bubonique.

beˈunruhig|en *v/t. u. v/rfl.* inquiéter; alarmer; sich ~ wegen (gén.) s'inquiéter (od. s'alarmer) (au sujet) de; se frapper (pour); ~**end** *adj.* inquiétant, alarmant, alarmiste; **ˈung** *f* inquiétude *f*.

beˈurkund|en *v/t.* certifier, authentifier, dresser acte de; constater; **ˈung** *f* constatation *f*; zur ~ dont acte.

beˈurlaub|en *v/t.* accorder un congé (✕ une permission) à; vom Amt: suspendre de ses fonctions; ~**t** *adj.* en congé; ✕ en permission; **ˈung** *f* mise *f* en congé; ✕ permission *f*; vom Amt: suspension *f*.

beˈurteil|en *v/t.* juger (q., qch. od. de q., de qch.); porter un jugement (sur); (analysieren) analyser; (würdigen) apprécier; j-n ~ nach juger de q. sur; Buch usw.: faire un compte rendu (od. une critique) (de); ~**er(in** *f*) *m* juge *m*; critique *m*; **ˈung** *f* jugement *m* (gén. sur); critique *f*; compte rendu *m*; (Analyse) analyse *f*; (Würdigung) appréciation *f*, écol. notation *f*.

ˈBeute *f* butin *m*; (Raub) proie *f*; ~ machen faire du butin; auf ~ ausgehen chercher une proie; s-e ~ fahrenlassen lâcher sa proie; ~**anteil** *m* part *f* du butin; j-n um s-n ~ bringen faire de la glisse à q.; **ˈgierig** *adj.* avide de

butin; Tier: rapace.

ˈBeutel *m* sac *m* (a. ♃); (Tabaksˈ) blague *f* (à tabac); (Geldˈ) bourse *f*, porte-monnaie *m*; der Beuteltiere: poche *f*; (Mehlˈ) blutoir *m*; (Brotˈ) musette *f*; ~**chen** *n* sachet *m*; ~**hängebahn** ⚙ *f* transport *m* des sacs postaux par rail suspendu (od. aérien); **ˈn 1.** *v/t.* Mehl: bluter; **2.** *v/i. (u. v/rfl.: sich ~)* Kleider: faire des poches (od. des faux plis); ~**ratte** *zo. f* sarigue *f*; ~**tier** *n* marsupial *m*.

ˈBeutezug *m* razzia *f*; raid *m*.

beˈvölker|n *v/t. (v/rfl.: sich se)* peupler; stark bevölkert très peuplé; populeux, -euse; **ˈn** *n* peuplement *m*; **ˈung** *f* population *f*; **ˈungsabnahme** *f* décroissement *m* de la population; ~**ungs-aufbau** *m* structure *f* de la population; ~**ungsbewegung** *f* mouvement *m* de la population; ~**ungsdichte** *f* densité *f* de (la) population; ~**ungsentwicklung** *f* évolution *f* démographique; ~**ungsexplosion** *f* explosion *f* (bisw. boom *m*) démographique; ~**ungskunde** *f*, ~**ungslehre** *f* démographie *f*; ~**ungspolitik** *f* politique *f* démographique; ~**ungsrückgang** *m* diminution *f* de la population; décroissance *f* de population; ~**ungsstand** *m* état *m* od. situation *f* démographique; ~**ungsstatistik** *f* statistiques *f/pl.* démographiques; ~**ungsüberschuß** *m* excédent *m* (od. trop-plein *m*) de population; ~**ungsverschiebung** *f* déplacement *m* de la population; ~**ungszunahme** *f* accroissement *m* (od. croissance *f*) démographique.

beˈvollmächtig|en *v/t.* autoriser (à); commissionner; revêtir de pouvoir(s); ~**t** *adj.*: ~ sein avoir pleins pouvoirs; ~**er** Gesandter ministre *m* plénipotentiaire; ordnungsgemäß ~**er** Vertreter représentant *m* dûment autorisé; **ˈte(r)** *m* dipl. plénipotentiaire *m*; ⚓ commissaire *m*; mandataire *m*; fondé *m* de pouvoir; **ˈung** *f* autorisation *f*; ⚓ procuration *f*; a. dipl. pleins pouvoirs *m/pl*.

beˈvor *cj.* avant que (subj.); avant de (inf.).

beˈvormund|en *v/t. fig.* tenir sous sa tutelle (od. F en laisse); von j-m bevormundet werden être sous la tutelle de q.; **ˈen** *n*, **ˈung** *f* tutelle *f* (a. fig.).

beˈvorrat|en *v/t.* approvisionner; **ˈung** *f* approvisionnement *m*.

beˈvorrecht(ig)en *v/t.* privilégier; ~**igt** *adj.* privilégié; Industrie, Straße, Wagen: prioritaire.

beˈvorschuss|en *v/t.*: j-n ~ donner un acompte à q.; **ˈung** *f* acompte *m*.

beˈvorstehen I *v/i.* être imminent (od. en perspective); mir steht etw. ~ bevor ich ~ suis à la veille de qch.; es steht ihm ein großes Unglück bevor il est menacé d'un grand malheur; **II** **ˈ** *n*: unmittelbares ~ imminence *f*; ~**d** *adj.* imminent.

beˈvorzug|en *v/t.* préférer; accorder (od. donner) la préférence (à); (begünstigen) favoriser; avantager; Personen a.: accorder un traitement de faveur à; bevorzugt werden avoir un tour de faveur à; **ˈen** *n*, **ˈung** *f* préférence *f*; avantages *m/pl.* (accordés à); ungerechte ~ passe-droit *m*.

beˈwach|en *v/t.* garder; surveiller; **ˈen** *n*, **ˈung** *f* garde *f*; surveillance *f*.

beˈwachsen *adj.*: ~ sein mit être (re)couvert de.

beˈwaffn|en *v/t. (v/rfl.: sich* s')armer (mit de); bewaffneter Angriff agression *f* armée; bewaffnete Neutralität neutralité *f* armée; **ˈung** *f* armement *m*.

beˈwahren *v/t. u. v/rfl.* conserver; j-n ~ vor (dat.) garder, préserver od. garantir) q. de; tenir q. à l'écart de; Gott möge mich davor ~! Dieu m'en préserve (od. m'en garde)!; Gott bewahre! pas du tout; sich ~ vor (dat.) se garder (od. se préserver) de; Ruhe ~ garder (od. conserver) son calme.

beˈwähren *v/rfl.*: sich ~ (sich als gut erweisen) faire ses preuves; répondre à l'attente; mener à bien; Personen a.: prouver ses capacités; sich nicht ~ ne pas faire ses preuves, ne pas s'avérer bon, -nne.

Beˈwahrer *m*: ~ von Traditionen mainteneur *m* de traditions.

beˈwahrheit|en *v/rfl.*: sich ~ se confirmer; se vérifier; **ˈung** *f* confirmation *f*.

beˈwährt *adj.* éprouvé; *f* port à toute épreuve; **ˈheit** *f* e-s Arzneimittels usw.: vertu *f* éprouvée.

Beˈwahrung *f* conservation *f*; (Schutz) préservation *f*; (Beschützung) protection *f* (contre).

Beˈwährung *f* épreuve *f*; die Strafe zur ~ aussetzen surseoir à la peine; Verurteilte(r) mit ~ probationnaire *m*; ~**frist** ⚖ *f* sursis *m*; délai *m* d'épreuve.

beˈwald|en *v/t.* boiser; **ˈung** *f* boisement *m*.

beˈwältigen *v/t.* Arbeit usw.: venir à bout de; Stoff: dominer; Strecke: parcourir; s-e Vergangenheit ~ surmonter son passé.

beˈwandert *fig. adj.*: ~ sein in (dat.) être versé (od. fort) dans (F calé en od. ferré en od. sur od. plais. grand clerc en).

Beˈwandtnis *f*: damit hat es folgende ~ voici comment la chose se présente; voici ce qu'il en est; das hat e-e ganz andere ~ la chose est tout autre; das hat s-e eigene ~ c'est une chose à part.

beˈwässer|n *v/t.* arroser; Land a.: irriguer; **ˈung** *f* arrosage *m*; e-s Landes: irrigation *f*; ~**ungs-anlage** *f*, ~**ungssystem** *n* système *m* d'irrigation; installation *f* d'arrosage; ~**ungsgraben** *m* canal *m* (od. rigole *f*) d'irrigation.

beˈweg|en *v/t. u. v/rfl. (sich se)* mouvoir; (se) mettre en mouvement (od. en marche); (se) remuer; sich ~ (gehen) marcher; circuler; (sich) von der Stelle ~ bouger; (se) déplacer; (hin u. her ~) agiter (a. fig.); sich in guter Gesellschaft ~ fréquenter la bonne société; ⊕ sich ~ jouer; sich ~ um tourner autour de; sich im Kreise ~ tourner en rond; innerlich: émouvoir; attendrir; (in Ruhe versetzen) troubler; fig. sich ~ lassen se laisser toucher (od. fléchir), (nachgeben) fléchir; j-n zu etw. ~ engager (od. déterminer od. amener od. pousser) q. à qch.; bewogen durch poussé par; ~**de** Kraft force *f* motrice; ~**end** *fig. adj.* émouvant, pathétique, touchant; **ˈ**-

grund *m* motif *m*; mobile *m*; *als ~ pour motif* (*od.* mobile); ⸰**kraft** *f* force *f* motrice; **~lich** *adj.* mobile; (*transportabel*) transportable; (*tragbar*) portatif, -ive; (*sich bewegend*) mouvant; (*flink*) agile; (*flexibel*) flexible; (*wendig*) souple; maniable; (*lebhaft*) vivace, allant; ⚖ *~ Güter* biens *m/pl.* meubles; *~e Habe* biens *m/pl.* mobiliers; ⸰**lichkeit** *f* mobilité *f*; (*Flinkheit*) agilité *f*; (*Flexibilität*) flexibilité *f*; (*Wendigkeit*) souplesse *f*; maniabilité *f*; (*Lebhaftigkeit*) vivacité *f*; **~t** *adj.* agité (*a. See*); mouvementé; (*unruhig*) troublé; *die See ist heftig ~* la mer est 'houleuse (*od.* grosse); (*gerührt*) ému; touché; ⸰**theit** *f* agitation *f*; ⸰**ung** *f a. pol.* mouvement *m*; (*heftige ~*; *Unruhe*) agitation *f*; (*Geste*) geste *m*; (*Dreh⸰*) rotation *f*; (*Rührung*) émotion *f*; *körperliche* ~: exercice *m*; ✕ manœuvre *f*; *rückläufige* ~ rétrogradation *f*; *sich* ~ *machen* se donner de l'exercice; *in ~ setzen* faire marcher; mettre en mouvement (*od.* en marche), ⊕ *a.* manœuvrer, commander; *sich in ~ setzen* se mettre en mouvement (*od.* en marche *od.* en branle); s'ébranler; *fig. Himmel und Erde in ~ setzen* remuer ciel et terre; ⸰**ungs-armut** *f* sédentarité *f*; ⸰**ungsbehinderte(r)** *m* (⁰)handicapé *m* moteur; ⸰**ungsdrang** *psych. m* psychomotricité *f*; ⸰**ungsenergie** *f* énergie *f* cinétique; **~ungsfähig** *adj.* capable de se mouvoir; ⸰**ungsfreiheit** *f* liberté *f* de mouvement; ⸰**ungskraft** *f* force *f* motrice; ⸰**ungskrieg** *m* guerre *f* de mouvement (*od.* d'évolution); ⸰**ungslehre** *f* cinématique *f*; **~ungslos** *adj.* immobile; ⸰**ungslosigkeit** *f* immobilité *f*; ⸰**ungsnerv** *m* nerf *m* moteur; ⸰**ungsspiele** *n/pl.* jeux *m/pl.* d'action (*od.* en plein air); ⸰**ungstherapie** *f* mécanothérapie *f*; **~ungs-unfähig** *adj.* incapable de se mouvoir; immobilisé.

be'wehr|en *v/t.* armer (*mit* de); ⸰**ung** *f e-s Kabels usw.*: armature *f*; ⸰**ungsmonteur** △ *m* ferrailleur *m*; charpentier *m* en fer; installateur *m* de structures métalliques.

be'weihräuchern *péj. v/t.* encenser.

be'weinen *v/t. Tote*: pleurer; (*beklagen*) déplorer.

Be'weis *m* preuve *f* (*für* de); (*~grund*) argument *m*; raison *f* probante; ⚖ démonstration *f*; (*Zeichen*) témoignage *m*; *als ~*; *zum ~* comme preuve (*für od. gén.* de); en témoignage (*für od. gén.* de); *bis zum ~ des Gegenteils* jusqu'à preuve du contraire; *den ~ antreten*; *den ~ liefern* fournir des preuves (*für* de); *~e beibringen* produire (*od.* apporter) des preuves (*für* de); **~aufnahme** *f* instruction *f*; *Schluß der ~* clôture *f* de l'instruction; *die ~ beschließen* ordonner l'ouverture de l'instruction; ⸰**bar** *adj.* prouvable; démontrable; ⸰**en** *v/t.* prouver, démontrer (*a.* ⚖); (*zeigen*) montrer, témoigner (*etw.* de qch.); *Eifer, Mut*: faire preuve de; **~führung** *f* démonstration *f*; argumentation *f*; raisonnement *m*; **~grund** *m* argument *m*; raison *f* probante; **~kraft** *f* force *f* probante (*od.* démonstrative); ⸰**kräftig** *adj.* con-

cluant; probant; **~last** *f* charge *f* de la preuve; *die ~ ruht auf* (*dat.*) la preuve incombe à; **~material** *n* preuves *f/pl.*; *~ sammeln* rassembler des preuves; **~mittel** *n/pl.* moyens *m/pl.* de preuve; **~stück** *n* preuve *f*; pièce *f* à conviction; *für die Überführung*: corps *m* du délit.

be'wenden I *v/t.*: *es bei etw. ~ lassen* s'en tenir à qch.; *es dabei ~ lassen* en rester (*od.* demeurer) là; s'en tenir là; **II** ⸰ *n*: *dabei* (*od. damit*) *mag es sein ~ haben* il faut en rester (*od.* demeurer) là.

be'werb|en *v/rf.*: *sich um etw. ~* tâcher d'obtenir qch., solliciter qch., aspirer à qch.; *um ein Amt*: *a.* postuler qch.; *sich um e-n Preis ~* concourir pour un prix; ⸰**er(in** *f*) *m* prétendant *m*, -e *f* (*a. um ein Mädchen* (de), *e-n Thron* à); *um ein Amt usw.*: candidat *m*, -e *f* (à); aspirant *m*, -e *f* (à); postulant *m*, -e *f* (de); (*Mit⸰*) concurrent *m*, -e *f* (*um pour*); ⸰**ung** *f* sollicitation *f* (de); *um ein Preis*: concours *m* (pour); (*Kandidatur*) candidature *f* (à); ⸰**ungsschreiben** *n* lettre *f* de demande d'emploi (*od.* de sollicitation); ⸰**ungsunterlagen** *f/pl.* dossier *m* de candidature.

be'werfen I *v/t. Mauer mit Mörtel*: crépir; *j-n mit Steinen ~* jeter des pierres à q.; *mit Bomben ~* bombarder; **II** ⸰ *n e-r Mauer*: crépissage *m*.

be'werkstellig|en *v/t.* effectuer; exécuter; faire; accomplir; réaliser; *Zusammenkunft*: ménager; ⸰**ung** *f* accomplissement *m*; réalisation *f*.

be'wert|en *v/t.* (*abschätzen*) estimer; évaluer; taxer; (*würdigen*) apprécier; (*zensieren*) coter (*a. notieren an der Börse*); (*klassifizieren*) classer; *zu hoch ~* surestimer; *neu ~* réévaluer; ⸰**ung** *f* estimation *f*; *écol.* évaluation *f*; taxation *f*; (*Würdigung*) appréciation *f*; (*Einschätzung*) cote *f* (*a. Notierung an der Börse*); (*Klassifizierung*) classement *m*; (*Punktzahl*) *Sport*: score *m*; *écol.* note *f*; ⸰**ungsschlüssel** *fin. m* grille *f* de cotation.

be'willig|en *v/t.* accorder; *Geld*: allouer; *Rechte*: concéder; *parl.* voter; ⸰**ung** *f e-r Summe*: allocation *f*; *v. Rechten*: concession *f*; *parl.* vote *m*.

be'willkommn|en *v/t.* souhaiter la bienvenue (à); ⸰**ung** *f* bienvenue *f*.

be'wirken *v/t.* faire; effectuer; produire; (*verursachen*) causer; (*hervorrufen*) provoquer; (*zur Folge haben*) avoir pour conséquence.

be'wirten *v/t.* offrir un repas (à); *j-n mit etw. gut ~* régaler q. de (*od.* avec) qch.

be'wirtschaft|en *v/t.* exploiter; (*verwalten*) gérer, administrer; *Felder*: cultiver, mettre en valeur; *Waren usw.*: rationner; contingenter; *Devisen*: réglementer; ⸰**ung** *f* exploitation *f*; (*Verwaltung*) administration *f*; gestion *f*; *v. Waren usw.*: rationnement *m*; *v. Devisen*: réglementation *f*; *~ des Wohnraums* rationnement *m* des logements.

Be'wirtung *f* repas *m od. m/pl.*; *die ~ ist gut* on est bien servi.

Be'witterung △ *f* action *f* des agents atmosphériques.

be'witzeln *v/t.* se moquer de.

be'wohn|bar *adj.* habitable; ⸰**bar-**

keit *f* habitabilité *f*; **~en** *v/t.* habiter; *ein schönes Haus* habiter (dans) une belle maison; *ein ganzes Haus ~* occuper une maison tout entière; *nicht zu ~ inhabitable*; ⸰**er(in** *f*) *m* habitant *m*, -e *f*; ⸰**erschaft** *f* habitants *m/pl.*, occupants *m/pl.*

be'wölk|en *v/t.* (*v/rf.*: *sich se*) couvrir de nuages; *fig. sich s'assombrir*; se rembrunir; **~t** *adj.* couvert; nuageux, -euse; ⸰**ung** *f* nuages *m/pl.*

Be'wund|(e)rer *m*, **~(r)erin** *f* admirateur *m*, -trice *f*; ⸰**ern** *v/t.* admirer; ⸰**ernswert, ⸰ernswürdig** *adj.* admirable; **~erung** *f* admiration *f*; *Gegenstand der allgemeinen ~ sein* faire l'admiration de tous.

Be'wurf △ *m* crépi *m*.

be'wußt *adj.* conscient (*adv. a.* sciemment; en connaissance de cause); *sich e-r Sache* (*gén.*) *~ sein* avoir conscience (*od.* être conscient) de qch.; se rendre compte de qch.; *sich e-r Sache* (*gén.*) *~ werden* prendre conscience de qch.; *sich keiner Schuld ~ sein* n'avoir rien à se reprocher; *die ~e Sache* l'affaire en question; **~los** *adj.* sans connaissance; évanoui; *~ werden* perdre connaissance; s'évanouir; ⸰**losigkeit** *f* perte *f* de la connaissance; évanouissement *m*; *psych.* inconscience *f*; ⸰**sein** *n* conscience *f* (*s-r selbst* de soi-même); *ohne ~* sans connaissance; *bei vollem ~ sein* avoir toute sa connaissance (*od.* toute sa tête); *in dem ~* (*gén.*) conscient de; *das ~ verlieren* perdre connaissance; *das ~ wiedererlangen*, *wieder zum ~ kommen* reprendre connaissance; *im s-r Unschuld* conscient de son innocence; *j-m etw. zum ~ bringen* faire sentir qch. à q.; *etw. kommt mir zum ~* je prends conscience de qch.; ⸰**seinsbildung** *a. pol. f* prise *f* de conscience; conscientisation *f*; ⸰**seinsspaltung** *f* schizophrénie *f*; *an ~ leiden* être schizophrène; ⸰**seinstrübung** 💊 *f* trouble *m* de la conscience; trouble *m* psychique.

be'zahl|bar *adj.* payable; **~en** *v/t. u. v/i.* payer (*mit* de); (*begleichen*) acquitter; (*vergüten*) rétribuer; rémunérer; *Wechsel, Arzt, Anwalt*: honorer; *bar ~* payer (au) comptant; *teuer ~ payer cher*; *etw. aus s-r eigenen Tasche ~* payer qch. de sa poche; *in Raten ~* payer à tempérament (*od.* par acomptes); *nachträglich ~* payer après (*od.* postérieurement *od.* ultérieurement); *im voraus ~* payer d'avance (*od.* par avance *od.* par anticipation); ⸰**er(in** *f*) *m* payeur *m*, -euse *f*; **~t** *adj.* Rückantwort *~* réponse *f* payée; *sich ~ machen* rapporter; être payant; ⸰**ung** *f* paiement *m*; (*Begleichung*) acquittement *m*; (*Vergütung*) rétribution *f*; rémunération *f*; (*Honorar für Arzt, Anwalt*) honoraires *m/pl.*; *gegen ~* contre (*od.* moyennant) paiement.

be'zähmen *v/t.* (*v/rf.*: *sich se*) dominer; (se) maîtriser.

be'zauber|n *v/t.* charmer; enchanter; fasciner; ravir; captiver, envoûter; ensorceler; **~nd** *adj.* charmant, enchanteur, -eresse; fascinateur, -trice; *~ schön* beau, belle comme le jour (*od.* comme un astre); *~e Stimme* voix *f* enchanteresse; **~t** *adj.*: *~ sein*

von être enchanté de; ℒung *f* charme *m*; enchantement *m*.
be'zechen *v/rf*.: *sich* ~ s'enivrer; F se griser.
be'zeichn|en *v/t*. marquer; *durch ein Wort*: désigner; *(angeben)* dénoter; indiquer; *(bedeuten)* signifier; *(kennzeichnen)* caractériser; *näher* ~ préciser; *(spezifizieren)* spécifier; *als etw.* ~ qualifier *(od.* traiter*)* de qch.; *durch das Los* ~ désigner par le sort; ~**end** *adj.* significatif, -ive; caracteristique; ~ *sein für ...* en dire long sur ...; ℒung *f* marque *f*; *durch Wort*: désignation *f*; *(Angabe)* indication *f*; *(Bedeutung)* signification *f*; *(Zeichen)* signe *m*.
'**be'zeig|en** *v/t.* Achtung usw.: témoigner; marquer; manifester; ℒung *f* témoignage *m*.
be'zeug|en *v/t.* attester; témoigner (de); certifier; ℒung *f* attestation *f*.
be'zichtig|en *v/t.: j-n e-r Sache (gén.)* ~ accuser q. de qch.; ℒung *f* accusation *f*.
be'zieh|bar *adj. (käuflich)* achetable; *(bewohnbar)* habitable; *fig.* qui peut se rapporter *(od.* s'appliquer*) (auf acc.* à); ~**en** 1. *v/t. Haus:* aller occuper; s'installer dans; *Wohnung:* aller habiter; *Ort:* s'établir à *(resp.* dans*); Schule:* entrer dans; *Universität:* s'inscrire à; *e- Geige mit Saiten* ~ mettre des cordes à un violon; *(überziehen)* revêtir *(mit* de*); (bedecken)* couvrir *(mit* de*); ein Bett* ~ mettre des draps à un lit; *ein Kopfkissen* ~ mettre une taie à un oreiller; *Waren* ~ acheter; faire venir; *dieses Buch ist durch alle Buchhandlungen zu* ~ ce livre se trouve dans toutes les librairies; *(empfangen)* recevoir; *Gehalt, Unterstützung:* toucher; *Sozialrente* ~ émarger à la sécurité sociale; *Pension, Rente* ~ bénéficier d'une pension, d'une rente; *Zeitung:* être abonné à; *Quartiere:* prendre; ✕ ~ e-e Stellung ~ occuper une position; *fig. Stellung* ~ prendre position *(hinsichtlich gén.* à l'égard de*); etw. auf etw. (acc.)* ~ rapporter qch. à qch., *(anwenden)* appliquer qch. à qch.; 2. *v/rf.: sich* ~ *Himmel:* se couvrir de nuages; *sich auf etw. (acc.)* ~ se rapporter à qch. *(a. gr.),* avoir rapport *(od.* trait*)* à qch., être relatif, -ive à qch.; *(betreffen)* concerner qch., *(in Anwendung kommen)* s'appliquer à qch.; *Kritik:* porter sur qch.; *sich auf j-n* ~ se référer à q.; *sich auf sein Schreiben* ~ se référer à sa lettre; ~**er(in** *f*) *m* e-r *Zeitung:* abonné *m*, -e *f; (Käufer)* acheteur *m*, -euse *f*; ℒung *f* rapport *m (a. gr.);* relation *f; zu etw. in* ~ *stehen* être en rapport *(od.* en relation*)* avec qch.; *zu j-m in* ~ *stehen* avoir des rapports *(od.* être en relations*)* avec q.; avoir affaire avec q.; *in* ~ *treten zu* entrer en rapport *(od.* en relations*)* avec; *in* ~ *setzen* mettre en rapport; *ausgedehnte* ~**en** *haben* avoir de nombreuses relations; *alle* ~**en** *zu j-m abbrechen* rompre *(od.* cesser*)* tous rapports avec q.; *geschäftliche* ~**en** relations *f/pl.* commerciales *(od.* d'affaires*); wirtschaftliche* ~**en** relations *f/pl.* économiques; *diplomatische* ~**en** relations *f/pl.* diplomatiques; *diplomatische* ~**en** *aufnehmen* établir

des relations diplomatiques avec; *in dieser* ~ sous ce rapport; à cet égard; *in* ~ *auf (acc.)* par rapport à; relativement à; en ce qui concerne; concernant; touchant; *in jeder* ~ à tous égards; sous tous les rapports; *in gewisser* ~ à certains égards; *in mancher* ~ à beaucoup d'égards; *in keiner* ~ en aucune façon; ~**ungsweise** *adv.* respectivement.
be'ziffer|n 1. *v/t.* chiffrer (auf à); *Seiten: a.* numéroter; paginer; 2. *v/rf.: sich* ~ *auf (acc.)* se chiffrer à, se monter à, s'élever à; *aber: sich auf Tausende* ~ se chiffrer par milliers; ℒung *f der Seiten:* numérotage *m*; pagination *f*.
Be'zirk *m* district *m*; région *f; (Wahl-*ℒ*, Wehr*ℒ*)* circonscription *f; (Stadtteil)* quartier *m*, *in Paris:* arrondissement *m; (größerer Verwaltungs*ℒ*)* département *m*; ~**sverband** *m* union *f* régionale; ~**svertreter** *m* représentant *m* d'une région.
Be'zogene(r) ✝ *m bei Wechseln:* tiré *m*.
Be'zug *m Bett*ℒ, *Kissen*ℒ: enveloppe *f; Kopfkissen*ℒ: taie *f* d'oreiller; *Schon*ℒ: housse *f; v. Möbeln:* tissu *m; (Plane)* bâche *f; fig. (Empfang)* réception *f; (Kauf)* achat *m; (Erwerb)* acquisition *f; (Lieferung)* livraison *f; v. Zeitschriften:* abonnement *m (a); in Schreiben:* référence *f*, ~ *nehmen auf (acc.)* se référer à; faire référence à; faire état de qch.; *auf etw. (acc.)* ~ *haben* se rapporter à qch.; avoir rapport *(od.* trait*)* à qch.; *in* ℒ *auf (acc.), mit* ~ *auf (acc.)* par rapport à; relativement à; quant à; en ce qui concerne; concernant; *mit* ~ *auf Ihr Schreiben me (bzw.* nous*)* référant à votre lettre; *Bezüge pl. (Einkünfte)* revenus *m/pl., (Gehälter) der Beamten, Angestellten:* appointements *m/pl., der Arbeiter:* salaires *m/pl., der freien Berufe:* honoraires *m/pl.; Bezüge aus öffentlicher Fürsorge* allocations *f/pl.* d'assistance sociale.
be'züglich I *prp. (gén.)* au sujet de; concernant; touchant; **II** *adj.* relatif, -ive *(auf acc.* à*); gr.* ~**es Fürwort** pronom *m* relatif.
Be'zugnahme *f* référence *f*; *mit (od. unter)* ~ *auf (acc.)* en référence à; *me (bzw.* nous*)* référant à.
Be'zugs|bedingungen *f/pl.* conditions *f/pl.* de livraison *(resp.* d'abonnement*);* ~**berechtigte(r)** *m* ayant droit *m*; ℒ**beschränkt** *adj.* rationné; soumis au rationnement.
be'zugsfertig *adj. Wohnung:* à occuper; ℒ**genossenschaft** *f* coopérative *f* d'achats; ℒ**land** *n* pays *m* d'origine; ℒ**person** *f* personne *f* de contact *(od.* de confiance*); ~**pflichtig** *adj.* soumis au rationnement; rationné; ℒ**preis** *m* prix *m* d'achat; *e-r Zeitung:* prix *m* d'abonnement; ℒ**punkt** *m (Peil*ℒ*)* point *m* de repère; ℒ**quelle** *f* source *f;* ~**recht** *n* droit *m* d'achat; droit *m* de souscription; ℒ**schein** *m* bon *m* d'achat; ℒ**stoff** *m* tissu *m (od.* étoffe *f)* de revêtement; ℒ**system** *phys. usw. n* système *m* de référence.
be'zuschussen *adm. v/t.* accorder une *(bzw.* des*)* subvention(s) à.
be'zwecken *v/t.* viser (à + *inf. od.* qch.); avoir pour but *(od.* pour objet*)*

de *(mit inf.); was* ~ *Sie damit?* que vous proposez-vous par là?
be'zweifeln *v/t.* douter de; mettre en doute; *das ist nicht zu* ~ c'est 'hors de doute.
be'zwing|en *v/t. (besiegen)* vaincre; mater; triompher (de); *(unterwerfen)* soumettre; assujettir; *(unterjochen)* subjuguer; asservir; *Festung, Rebellen:* réduire; *Verbrecher:* neutraliser; *Leidenschaft:* maîtriser; *Schmerz:* surmonter; ~**er** *m* vainqueur *m*; ℒung *f (Unterwerfung)* soumission *f; v. Leidenschaften:* maîtrise *f*.
'**Biathlon** *n* biathlon *m*.
'**bibbern** F *v/i.* frissonner.
'**Bibel** *f*: *die* ~ *la Bible;* l'Écriture *f* sainte; ~**auslegung** *f* exégèse *f* de la Bible; ℒ**fest** *adj.* versé dans la Bible; ~**gesellschaft** *f* Société *f* biblique; ~**sprache** *f* langage *m* de la Bible; ~**spruch** *m* citation *f* de la Bible; ~**stelle** *f* passage *m* de la Bible; ~**stunde** *f der Konfirmanden:* formation *f* chrétienne; ~**übersetzung** *f* traduction *f* de la Bible; ~**wort** *n* parole *f* de la Bible.
'**Biber** zo. castor *m;* ~**bau** *m* construction *f* de castor; ~**fell** *n* peau *f* de castor; ~**geil** *pharm. n* castoréum *m*; ~**pelz** *m* fourrure *f* de castor; ~**ratte** zo. *f* myocastor *m*; ~**schwanz** *m (Flachziegel)* tuile *f* plate.
Biblio'graph *m* bibliographe *m*; ~**gra'phie** *f* bibliographie *f*; ℒ**graphisch** *adj.* bibliographique.
Biblio'phile *m* bibliophile *m*.
Bibliophi'lie *f* bibliophilie *f*.
Biblio'thek *f* bibliothèque *f*; ℒ**the'kar(in** *f) m* bibliothécaire *m, f;* ℒ**the'karisch** *adj.* de bibliothécaire; ~'**thekswissenschaft** *f* bibliothéconomie *f*.
'**biblisch** *adj.* biblique; de la Bible; ℒ**e** *Geschichte* histoire *f* sainte.
'**Bichromat** ⚗ *n* bichromate *m*.
'**Bickbeere** *f* airelle *f*; myrtille *f*.
'**bieder** *adj. (ehrenhaft)* brave; honnête; *(tugendhaft)* vertueux, -euse; *(rechtschaffen)* loyal; droit; *(unbescholten)* intègre, loyauté *f;* droiture *f;* ℒ**mann** *m* honnête homme *m;* homme *m* de bien; *a. scherzhaft:* bonhomme *m*; ℒ**meierstil** *m* style *m* Louis-Philippe.
'**Biegefestigkeit** *f* résistance *f* à la flexion.
'**bieg|en** 1. *v/t. (v/rf.: sich se)* plier; *(krümmen) (sich se)* courber; *Knie:* *(sich se)* plier; *(se)* fléchir; *phys.* infléchir; ⊕ *mst.* cintrer; *knieförmig:* couder; ~ *(sich verziehen)* se déjeter; *in kaltem (warmem) Zustand* ~ courber à froid (à chaud); *gr.* décliner; *sich vor Lachen* ~ se tordre de rire; P se gondoler; 2. *v/i.: es muß* ~ *oder brechen; es geht auf* ℒ *oder Brechen* il faut que ça plie ou que ça rompe *(od.* casse*);* il faut que ça aille de gré ou de force; *auf* ℒ *oder Brechen* à l'usure; au finish; *um die Ecke* ~ tourner le coin; ~**sam** *adj.* pliable, flexible; *(geschmeidig)* souple *(a. fig.); fig.* malléable; ℒ**samkeit** *f* flexibilité *f;* souplesse *f;* malléabilité *f*; ℒung *f* courbure *f;* courbe *f;* pliage *m; (Durch*ℒ*)* flexion *f; e-s Flusses:*

Biegungselastizität — bildschön

détour *m*; sinuosité *f*; e-s *Weges*: tournant *m*; coude *m*; (*Kurve*) virage *m*; *gr*. déclinaison *f*; ⚇**ungselastizität** *f* élasticité *f* de flexion; ⚇**ungsspannung** *f* tension *f* de flexion.
'**Biene** *ent*. *f* abeille *f*; *männliche* ~ abeille *f* mâle; P *fig*. flotte ~ P poupée *f*; P pépée *f*; P souris *f*.
'**Bienen|fang** (*Mädchensuche*) *m* *drague *f*; ~**fleiß** *fig. m* diligence *f*; zèle *m*; ~**haus** *n* rucher *m*; ~**honig** *m* miel *m* (d'abeilles); ~**königin** *f* reine *f* (des abeilles); ~**korb** *m* ruche *f*; ~**maske** *f* masque *m* d'apiculteur; ~**schwarm** *m* essaim *m* (d'abeilles); ~**staat** *m* cité *f* des abeilles; ~**stand** *m* rucher *m*; ~**stich** *m* piqûre *f* d'abeille; *pât.* biscuit *m* fourré de crème et recouvert d'amandes; ~**stock** *m* ruche *f*; ~**volk** *n* ruchée *f*; ~**wabe** *f* rayon *m* de miel; ~**wachs** *m* cire *f* d'abeille; ~**zelle** *f* alvéole *m*; ~**zucht** *f* apiculture *f*; ~**züchter** *m* apiculteur *m*.
Bier *n* bière *f* (*helles blonde*; *dunkles* brune); *ein* ~! une bière!; (*Dünn*⚇) bibine *f* (*Stark*⚇) bière *f* forte; (*Lager*⚇) bière *f* de garde; F *fig. das ist nicht mein* ~ cela ne me regarde pas; *ce n'est pas mon affaire*; ~**ausschank** *m* débit *m* de bière; '~**baß** *m* voix *f* rauque; '~**brauer** *m* brasseur *m*; '~**braue'rei** *f* brasserie *f*; '~**dekkel** *m* dessous *m* de verre; '~**eifer** *m* zèle *m* ridicule; '~**faß** *n* tonneau *m* à bière; '~**flasche** *f* bouteille *f* de bière; '~**gelage** *n* beuverie *f*; '~**glas** *n* verre *m* à bière; '~**halle** *f*, '~**haus** *n* brasserie *f*; '~**hefe** *f* levure *f* de bière; '~**keller** *m* cave *f* à bière; (*Lokal*) brasserie *f*; '~**krug** *m* pot *m* à bière; '~**reise** *f*: e-e ~ *machen* faire la tournée des brasseries; '~**schenke** *f* bistro *m*; café *m*; débit *m* de bière; '~**seidel** *n* chope *f*; '~**stube** *f* débit *m* de bière; soupe *f* à la bière; '~**trinker** *m* buveur *m* de bière; '~**untersatz** *m* dessous *m* de verre; '~**wirt** *m* débitant *m* de bière; '~**wirtschaft** *f* brasserie *f*.
'**Biese** *f cout.* petit pli *m*; *an Uniformen*: passepoil *m*.
Biest *péj. n* F sale bête *f*; chameau *m*.
'**biet|en** 1. *v/t.* offrir; *j-m die Hand* ~ tendre (*od.* prêter) la main à q. (*a. fig.*); *bei Versteigerungen*: zuerst ~ faire la première offre; *mehr* ~ *als ein anderer* surenchérir; *dem König Schach* ~ faire échec au roi; *j-m die Stirn* ~ tenir tête à q.; *j-m Trotz* ~ défier (*od.* braver) q.; 2. *v/rf.: sich* ~ s'offrir; se présenter *fig. sich etw.* ~ *lassen* supporter qch.; ⚇**en** *n* offre *f*; ⚇**er** *m* offrant *m*.
bifo'kal (*Brille*) *adj.* à double foyer.
Biga|'mie *f* bigamie *f*; ~'**mist** *m* bigame *m*.
bi|'gott *adj.* bigot; ⚇**gotte'rie** *f* bigoterie *f*.
Bijoute'rie *f* bijouterie *f* de fantaisie; articles *m/pl.* de Paris.
Bi'kini *m* (*Badeanzug*) bikini *m*.
bilab'ial *adj.* bilabial; ~*er Laut* bilabiale *f*.
Bi'lanz *f* (*Vermögensaufstellung, Jahresbilanz, Schlußabrechnung*) bilan *m*; (*Handels-, Zahlungs-*⚇; *Abschlußsaldo*) balance *f*; e-e ~ *aufstel-*

len établir (*od.* dresser *od.* arrêter) un bilan; e-e ~ *vorlegen* présenter un bilan; *die* ~ *ziehen* faire (*od.* dresser) le bilan; *in die* ~ *einstellen* porter au bilan; *die* ~ *frisieren* (*od.* verschleiern) camoufler (*od.* truquer *od.* déguiser) le bilan; *die* ~ *ist aktiv* la balance est favorable (*od.* excédentaire *od.* en excédent); *die* ~ *ist passiv* la balance est défavorable (*od.* déficitaire *od.* en déficit); ~**abschluß** *m* clôture *f* du bilan; ~**abteilung** *f* service *m* du bilan; ~**aufstellung** *f* établissement *m* du bilan; ~**auszug** *m* relevé *m* du bilan; ~**buch** *n* livre *m* des bilans.
bilan'zieren *v/i.* faire (*od.* établir *od.* dresser *od.* arrêter) un bilan.
Bi'lanz|konto *n* compte *m* de bilan; ~**posten** *m* poste *m* de bilan; ~**prüfer** *m* vérificateur *m* du bilan; ~**prüfung** *f* vérification *f* du bilan; ~**stichtag** *m* date *f* du bilan; ~**veröffentlichung** *f* publication *f* du bilan; ~**verschleierung** *f* camouflage (*od.* truquage) *m* du bilan; ~**vorlegung** *f* présentation *f* du bilan; ~**wert** *m* valeur *f* figurant au bilan; ~**ziehung** *f* établissement *m* du bilan.
bilate'ral *adj.* bilatéral.
Bild *n* image *f* (*a. fig.*); (*Bildnis*) portrait *m*; (*Gemälde*) tableau *m*; (*Zeichnung*) dessin *m*; (*Licht*⚇) photo(graphie) *f*; (*Abbildung*) illustration *f*; *auf Münzen*: effigie *f*; *thé.* tableau *m*; *lebende Bilder* tableaux *m/pl.* vivants; *rhét.* métaphore *f*; figure *f* (*Sinn*⚇) symbole *m*; *in* ~*ern sprechen* parler par images (*od.* en langage figuré *od.* en langage imagé); *im* ~ *sein* être au fait (*od.* au courant), F être à la page; y voir clair; y être; avoir compris; *ich bin über dich im* ~*e* j'ai appris à te connaître, je vois clair à ton sujet; je suis édifié sur ton compte; F je connais ton numéro; *ein* ~ *von etw. entwerfen* faire la description de qch., *flüchtig*: esquisser qch.; *ein richtiges* ~ *von etw. geben* donner une idée juste de qch.; *sich ein* ~ *von etw. machen* se faire une idée de qch.; *man macht sich kein* ~ *davon* (*es spottet jeder Beschreibung*) on n'a pas idée de cela; '~**abtastung** *f* balayage *m* de l'image; '~**archiv** *n* photothèque *f*; archives *f/pl.* photographiques; '~**aufklärung** ⚔ *f* reconnaissance *f* photo(graphique); '~**auswertung** ⚔ *f* interprétation *f* des photos aériennes; '~**begrenzung** *f* cadrage *m*; '~**bericht** *m* reportage *m* photographique (*od.* filmé *od.* télévisé); '~**berichter**(**statter**) *m* reporter--photographe *m*; photo-reporter *m*; '~**bericht-erstattung** *f* information *f* par l'image; ~**betrachter** *cin. m* visionneuse *f*; '~**ebene** *f* plan *m* de l'image; '~**eindruck** *m* aspect *m* de l'image; '~**einstellung** *f* cadrage *m*; '⚇**en** *v/t.* (*v/rf.: sich se*) former; *Verein, Ausschuß*: constituer (*a. ausmachen*); *Geist*: (*sich se*) cultiver; *gr.* faire; (*gestalten*) façonner; (*belehren*) instruire; (*erziehen*) éduquer; (*entwickeln*) (*sich se*) développer; (*schaffen*) créer; '⚇**end** *adj.* formateur, -trice; (*schöpferisch*) créateur, -trice; (*belehrend*) instructif, -ive; ~*e Künste f/pl.* arts *m/pl.* plastiques;

~**entzerrung** *phot. f* redressement *m* de l'image.
'**Bilder|anbeter**(**in** *f*) *m* iconolâtre *m*, *f*; ~**anbetung** *f* iconolâtrie *f*; ~**ausstellung** *f* exposition *f* de tableaux; ~**bibel** *f* Bible *f* illustrée; ~**bogen** *m* feuille *f* d'images; ~**buch** *n* livre *m* d'images; ~**galerie** *f* galerie *f* de tableaux; ~**rahmen** *m* cadre *m*; ~**rätsel** *n* rébus *m*; ⚇**reich** *adj.* riche en images; *rhét.* imagé; figuré; métaphorique; ~**reichtum** *rhét. m* abondance *f* d'images; ~**schrift** *f* idéographie *f*; écriture *f* pictographique; ~**sprache** *f* langage *m* figuré (*od.* métaphorique); ~**stürmer** *m* iconoclaste *m*; ⚇**stürmerisch** *adj.* iconoclaste; ~**ver-ehrung** *rl. f* culte *m* des images; ~**wand** *rl. f* iconostase *f*.
'**Bild|feld** *phot. n* champ *m* de l'image; ~**fenster** *phot. n* voyant *m*; ~**fläche** *f* surface *f* de l'image; *Film*: écran *m*; *fig.* wieder auf der ~ *erscheinen* faire sa réapparition; *von der* ~ *verschwinden* disparaître; ~**folge** *f* suite *f* d'images (*od.* de photos); *Film*: séquence *f* d'images; *phot.* (*Zeitfolge der Auslösungen*) cadence *f* des images; ~'**format** *n* format *m* de l'image; ~**funk** *m* téléphotographie *f*; (*Fernsehen*) télévision *f*; ~**gießer** *m* fondeur *m* de statues; ~**größe** *f* grandeur *f* de l'image; ~**hauer**(**in** *f*) *m* sculpteur *m*, femme *f* sculpteur; ~**hauer-arbeit** *f*, ~**haue'rei** *f* sculpture *f*; ~**hauerwerkstatt** *f* atelier *m* de sculpteur; ⚇**hübsch** *adj.* très joli; ~**kontrolle** *télév. f*: ~ *durch e-n Monitor* monitoring *m*, télésurveillance *f*; ~**kontrollgerät** *télév. n* moniteur *m*; ⚇**lich** *adj.* figuratif, -ive; *fig.* figuré (*adv.* au figuré); (*sinnbildlich*) symbolique; allégorique; *rhét.* métaphorique; ~*er Ausdruck* métaphore *f*; *im* ~*en Sinne* au sens figuré; ~**material** *n* (*Photos*) matériel photo(graphie)s *f/pl.*; ~**mitte** *f* centre *m* de l'image; ~**ner** *m* sculpteur *m*; (*Erzieher*) éducateur *m*; ~**nis** *n* portrait *m*; (*Abbildung*) image *f*; *auf Münzen*: effigie *f*; ~ *in ganzer Figur* portrait *m* en pied; ~**nismaler** *m* portraitiste *m*; peintre *m* de portraits; ~**nismale'rei** *f* peinture *f* de portraits; ~**platte** *f* Video-Kassette: disque *m* vidéo, vidéodisque *m*; ~**plattenspieler** *m* lecteur *m* de vidéodisque; ~**reportage** *f* reportage *m* illustré (*od.* par l'image); ~**reporter** *m* reporter-photographe *m*; ~**röhre** *télév. f* tube-image *m*; tube *m* à image; ⚇**sam** *adj.* malléable, souple (*beide a. fig.*); *Ton usw. a.* plastique; *Sprache*: maniable; ~**reich** (*Sprache*) *adj.* imagé; ~**reportage** *f* reportage *m* illustré (*od.* par l'image); ~**reporter** *m* reporter-photographe *m*; ~**röhre** *télév. f* tube-image *m*; tube *m* à image; ⚇**sam** *adj.* malléable, souple (*beide a. fig.*); *Ton usw. a.* plastique; ~**samkeit** *f* souplesse *f*; plasticité *f*; ~**säule** *f* statue *f*; ~**schärfe** *f* netteté *f* de l'image; ~**schieber** *m am Projektor*: passe-vues *m*; ~**schirm** *m* écran *m*; *télév.* für den ~ *geeignet* télégénique; ~**schirmtext** *télév. m* vidéotexte *m* télévisé; ~**schnitzer** *m* sculpteur *m* sur bois; ~**schnitze'rei** *f* sculpture *f* sur bois; ⚇**schön** *adj.* superbe; beau,

belle comme le jour; ~seite f e-r Münze: face f; ~stelle f cinémathèque f et photothèque f; ~störung télév. f coupure f; ~streifen m bande f de film; ~sucher phot. m viseur m; ~telegramm n bélinogramme m; ~telegraphie f photétélégraphie f; ~teppich m tapisserie f; ~-'Ton-Kamera f caméra-son f; ~träger télév. m porteur m d'images; ~übertragung f transmission f d'images.
'Bildung f formation f; (Einrichtung) constitution f (a. e-s Vereins, Ausschusses); (Schaffung) création f; (Formgeben) façonnement m; (Kultur) culture f; (a. Schul&) instruction f; éducation f; (Entwicklung) développement m; geistige ~ formation f intellectuelle; culture f de l'esprit; allgemeine ~ culture f générale; politische ~ éducation f politique; ~ haben être cultivé; avoir de l'éducation; ohne ~ sans culture; inculte; sans éducation; ~sbedürfnis n besoin m de culture; ~s-einrichtung f institution f éducative; ~sfähig adj. éducable; v. geistig Zurückgebliebenen: récupérable; ~sfähigkeit f éducabilité f; ~sgebiet n zone f de priorités éducatives; ~sgrad m degré m d'instruction (od. de culture); ~s-lücke f manque m de connaissance; lacune f; ~smittel n instrument m de culture; ~snotstand m carence f éducative, manque m (od. pénurie f) d'établissements d'éducation (od. d'occasions éducatives); ~splanung f planification f de l'enseignement; ~spolitik f politique f d'éducation nationale; ~sreise f voyage m culturel; ~sroman m roman m de formation; ~sstand m niveau m éducationnel; ~sstufe univ. f filière f (de formation); ~stechnologie f technologie f de l'enseignement; ~strieb m désir m de s'instruire; ~s-urlaub m congé m de formation; ~swärme phys. f chaleur f de réaction; ~sweg écol. m: gemeinsamer ~ tronc m commun; ~swerk All. n: ~ Europäischer Politik centre m de formation politique européenne; ~swert m valeur f éducatrice; ~swesen n éducation f; ~szweck m dessein m culturel.
'Bild|unterschrift f légende f; ~verstärker télév. m amplificateur m vidéo; ~wagen cin. m voiture-images f; ~weite f distance f de l'image; ~werbung f publicité f par images; ~werfer m appareil m de projection; projecteur m; cin. visionneuse f; ~werk n œuvre f d'art; ~wörterbuch n dictionnaire m en images; ~zeile f ligne f d'exploration (od. d'analyse); ~zerlegung f analyse f de l'image.
'Billard n billard m; ~ spielen jouer au billard; e-e Partie ~ spielen faire une partie de billard; ~kugel f bille f de billard; ~spiel n (jeu m de) billard m; ~spieler m joueur m de billard; ~stock m queue f (de billard); ~tisch n billard m; ~zimmer n salle f de billard.
Bi'llett n billet m; ticket m.
'billig adj. bon marché; (gerecht) juste; équitable; ~er meilleur marché, moins cher; am ~sten le meilleur marché; le moins cher; das ist nicht mehr als ~ ce n'est que juste; was dem e-n recht ist, ist dem anderen ~ il ne doit pas y avoir deux poids et deux mesures; das Leben ist hier ~ la vie n'est pas chère ici; die ~eren (~sten) Hotels les hôtels (les) moins chers; ~en v/t. approuver; agréer; (zustimmen) consentir (à); ~er'weise adv. en toute équité; à juste raison; de bon droit; 2keit f Gerechtigkeit: équité f; justice f; von Preisen: modicité f du (bzw. des) prix; 2keitsgründe m/pl.: aus ~n pour des raisons d'équité; 2ung f approbation f; consentement m; agrément m.
Bil'lion f billion m.
'Bilsenkraut ♀ n jusquiame f.
'Bimbam¹ n tintement m.
'Bimbam² F m: heiliger ~! bonté divine!
bim, bam! int. ding, dong!
Bime'talleffekt m effet m bilame.
Bimetal'lismus m bimétallisme m.
'Bimmel f sonnette f; (Glöckchen) clochette f; ~bahn f tortillard m; 2n v/i. sonner; tinter; andauernd: sonnailler.
'bimsen F écol. v/t. F bûcher, piocher, potasser.
'Bimsstein min. m pierre f ponce.
Bi'närsystem inform. système m (od. code m) binaire.
'Binde f bande f; (Verbandzeug) bandage m; ♀ ligature f, (Arm&) écharpe f (a. Schulter&), in der ~ en écharpe (Arm& der Blinden usw.) brassard m; (Damen&) serviette f hygiénique; (Augen&, Stirn&) bandeau m; fig. j-m die ~ von den Augen nehmen faire tomber le bandeau des yeux de q.; F e-n hinter die ~ gießen s'en jeter un derrière la cravate, se rincer la dalle; ~bogen ♪ m liaison f; ~draht m fil m de ligature; ~garn ✗ n ficelle f; ~gewebe anat. n tissu m conjonctif m; ~glied n lien m; fig. pol. coagulant m; ~haut f des Auges: conjonctive f; ~hautentzündung ✗ f conjonctivite f; ~mittel cuis., peint., ⚠ liant m; 2n 1. v/t. u. v/rf. lier (a. fig.); sittlich: obliger; (an etw. befestigen) attacher (an acc.); nouer; Besen, Strauß, Garben: faire; Buch: relier, Noten: lier; couler; gr. lier; faire la liaison; ✗ Gegner: accrocher; Streitkräfte: immobiliser; Faß: cercler; ♫ (ver~) combiner; Wärme: conserver; (verschnüren) ficeler; (bündeln) fagoter; fester ~ serrer davantage; (sich) ein Tuch um den Hals ~ mettre un foulard autour du cou; j-m etw. auf die Seele (od. auf: Gewissen) ~ mettre qch. sur la conscience de q.; fig. j-m etw. auf die Nase ~ raconter qch. à q.; mettre q. au courant de qch.; fig. sich ~ s'engager; se lier; j-n an etw. (acc.) ~ attacher q. à qch.; fig. astreindre q. à qch.; sich an j-n ~ s'attacher à q.; 2. v/i. Zement, Mörtel usw.: prendre; ~n n e-s Buches: reliure f; e-s Fasses: cerclage m; s. a. Bindung; 2nd fig. adj. obligatoire.
'Binder m (Krawatte) cravate f; ✗ lieuse f, (Person) lieur m; ⚠ boutisse f; ~balken ⚠ m ferme f.
'Binde|strich m trait m d'union; ~wort gr. n conjonction f.
'Bindfaden m ficelle f; es regnet Bindfäden il pleut à seaux (od. des 'hallebardes).

'Bindung f sittliche: obligation f; engagement m; beim Sprechen: liaison f; ♪ coulé m; Ski: fixation f; in Kanada: 'harnais m; ✝ vertragliche ~ engagement m contractuel.
'binnen prp. dans l'espace de; dans le délai de; en; ~ kurzem sous peu.
'Binnen|fische'rei f pêche f en eau douce; ~gewässer n/pl. eaux f/pl. continentales (od. intérieures); ~hafen m port m fluvial (od. intérieur); bsd. am Mittelmeer: darse f; ~handel m commerce m intérieur; ~klima n climat m continental; ~kontrolle All. (in e-r Gesamtschule) f test m provisoire; ~land n région f continentale; 2ländisch adj. continental; ~markt m marché m intérieur; ~meer n mer f intérieure; ~reim mét. m rime f intérieure; ~schiffahrt f navigation f fluviale (od. intérieure); ~schiffahrtsverkehr m trafic m fluvial; ~see m lac m intérieur; ~verkehr m circulation f intérieure; trafic m intérieur; ~währung f monnaie f nationale; ~wanderung f migration f intérieure; ~zoll m douanes f/pl. intérieures.
binoku'lar adj. binoculaire.
Bi'nom ∆ n binôme m; 2isch ∆ adj. ~er Satz m binôme m de Newton.
'Binse ♀ f jonc m; ~nwahrheit f vérité f de La Palice; banalité f; lapalissade f.
Bioche'mie f biochimie f.
bio'chemisch adj. biochimique.
bio'gen adj. biogène.
Bioge'nese f biogenèse f.
bioge'netisch adj. biogénétique.
Bio|'graph m biographe m; ~gra'phie f biographie f; 2'graphisch adj. biographique.
Bio|'log(e) m biologiste f; ~lo'gie f biologie f; ~lo'gielehrer m professeur m de sciences naturelles; 2'logisch adj. biologique; ~ abbaubar biodégradable.
Biomasse f biomasse f.
Biome'trie f biométrie f.
Bi'onik f bionique f; ~er(in f) m bionicien(ne f) m.
Biophy'sik f biophysique f.
Bio'sphäre f biosphère f.
bipo'lar adj. bipolaire; 2i'tät f bipolarité f.
'Birke ♀ f bouleau m; ~nholz n bois m de bouleau; ~nsaft m sève f de bouleau; ~nwäldchen n boulaie f.
'Birk|hahn m petit coq m de bruyère; ~huhn n poule f de bruyère.
'Birn|baum ♀ m poirier m; ~e f ♀ poire f; ¥ ampoule f; F (Kopf) poire f; citron m; calebasse f; F e-e weiche ~ haben être un peu cinglé; avoir un grain; 2enförmig adj. en forme de poire; piriforme; ~enmost m poiré m; ~enmus n marmelade f de poires; ~ensaft m jus m de poires.
bis I prp. jusque; 7 ~ 8 7 à 8; 7 ou 8; ~ zu, ~ nach, ~ auf (acc.), ~ an (acc.) jusqu'à; ~ gleich! à tout à l'heure!; à tout de suite!; ~ bald! à bientôt!; ~ aujourd'hui od. litt. jusqu'aujourd'hui; ~ heute abend jusqu'à ce soir; ~ heute abend! à ce soir!; ~ dahin jusque-là; ~ bald! à tantôt!; ~ hierher jusqu'ici; ~ wann? jusqu'à quand?; ~ wohin? jusqu'où?; ~ Pfingsten jusqu'à la Pentecôte; von ... bis ... de ... à ... ;

Bisam — blaß

von Kopf ~ Fuß de la tête aux pieds; *des pieds à la tête;* ~ *über den Kopf* par-dessus la tête; ~ *oben* jusqu'en 'haut; ~ *an (acc.) (ungefähr)* environ; près de; ~ *auf (acc.) (einschließlich)* y compris *(inv.), (ausgenommen)* excepté, sauf, à ... près; ~ *auf e-e od. zwei Ausnahmen* à une ou deux exceptions près; ~ *auf weiteres* jusqu'à nouvel ordre; ~ *in die späte Nacht hinein* jusque tard dans la nuit; ~ *Mittag bin ich wieder da* d'ici midi je serai de retour; ~ *nach Berlin* jusqu'à Berlin; ~ *nach Asien* jusqu'en Asie; ~ *um zehn Uhr* jusqu'à dix heures; ~ *vor wenigen Jahren* il y a quelques années encore; ~ *zu Ende* jusqu'au bout; **II** *cj. bis; bis daß* jusqu'à ce que *(subj.);* ~ *1980 warten, um etw. zu tun* attendre 1980 pour faire qch.; *tun Sie es nicht,* ~ *ich es Ihnen sage* ne le faites pas (avant) que je ne vous le dise.

'**Bisam** *m musc m;* ~**katze** *zo. f* civette *f;* ~**kraut** ♀ *n* moscatelle *f;* ~**ratte** *zo. f* rat *m* musqué.

'**Bischof** *m rl.* évêque *m; (Getränk)* bi(s)chof *m*.

bischöflich *adj.* épiscopal.

'**Bischofs|amt** *n* charge *f* d'évêque; ~**hut** *m* chapeau *m* d'évêque; ~**sitz** *m* siège *m* épiscopal; évêché *m;* ~**stab** *m* crosse *f* (épiscopale); ~**würde** *f* dignité *f* épiscopale; épiscopat *m*.

bis'her *adv.* jusqu'à présent; jusqu'à maintenant; jusqu'alors; jusqu'ici; jusque-là; *wie* ~ comme par le passé; ~**ig** *adj.* qui a été jusqu'à présent; *das* ~*e Wetter* le temps qu'il a fait jusqu'ici; *das* ⩔*e* ce qui vient d'être dit.

Bis'kaya *f* la Biscaye; *Golf m von* ~ golfe *m* de Gascogne.

Bisku'it *n od. m* biscuit *m;* ~**porzellan** *n* biscuit *m*.

bis'lang *adv.* jusqu'ici; jusqu'à présent.

'**Bison** *zo. m* bison *m*.

Biß *m v. Tieren:* morsure *f (a. v. Schlangen); v. Menschen:* coup *m* de dent; *v. Insekten, Schlangen:* piqûre *f*.

'**bißchen** *adv.: ein* ~ un peu *(su. mit de); ein (ganz) klein* ~ un (tout) petit peu *(su. mit de);* un tantinet (de); un brin (de); une miette (de); *ein* ~ *viel* un peu trop; *so ein* ~ *su* pas si peu; *sein* ~ *Vermögen* le peu de fortune qu'il a.

'**Bissen** *m (Mundvoll)* bouchée *f; (Stück, Teil v. Speisen)* morceau *m; ein leckerer* ~ un fin morceau; *fig. j-m die* ~ *im Munde zählen* compter les morceaux à q.; *sich den* ~ *vom Munde absparen* économiser durement; ⩔**weise** *adv.* par bouchées; par petits morceaux.

'**bissig** *adj. fig.* mordant; 'hargneux, -euse; acrimonieux, -euse; ~*er Hund!* chien méchant *(od.* dangereux)!; ⩔**keit** *f* 'hargne *f,* humeur *f* 'hargneuse; acrimonie *f; e-r Bemerkung:* mordant *m*.

'**Bißstelle** *f,* ~**wunde** *f* morsure *f*.

'**Bis-tum** *n* évêché *m*.

bis'weilen *adv.* quelquefois; parfois; *(dann u. wann)* de temps en temps; de temps à autre.

'**Bitte I** *f* demande *f;* prière *f;* sollicitation *f;* requête *f; instândige* ~ instances *f/pl.; ich habe e-e* ~ *an Sie* j'ai une prière à vous adresser; *auf s-e* ~ *hin (od.* sur) sa demande; à sa prière; *e-e* ~ *äußern* faire *(od.* formuler *od.* présenter) une demande; *e-e* ~ *gewähren* accorder *(od.* satisfaire *od.* exaucer) une demande; *e-r* ~ *entsprechen* répondre *(od.* donner suite) à une demande; *e-e* ~ *abschlagen* refuser *(od.* repousser *od.* rejeter) une demande; **II** ⩔! s'il vous *(bzw.* te) plaît!; *als Antwort auf e-n Dank:* (il n'y a) pas de quoi!; de rien!; *als Antwort auf e-e Entschuldigung:* (il n'y a) pas de mal!; je vous en prie!; *sehr!* je vous en prie!; faites donc!; *entschuldigen Sie,* ~! excusez-moi, s'il vous plaît!; ~ *sagen Sie mir* dites-moi, s'il vous plaît!; veuillez me dire; ~ *nicht rauchen!* prière de ne pas fumer; *wie* ~? comment?; F vous dites?; *st.s.* plaît-il?; ⩔**n** *v/t. für j-n* ~ intercéder en faveur de q.; *j-n* ~ *um etw.* demander qch. à q.; *prier q. de ... (inf.); j-n zu Tisch* ~ prier q. de *(inf.); j-n zu Tisch* ~ prier q. de ... *(inf.);* venir déjeuner *(resp.* dîner); *sehr* ~ solliciter, (fle'hentlich) supplier; *wenn ich* ~ *darf* si vous voulez bien; F *si ça ne vous fait rien; ich lasse* ~! faites entrer!; *(ich) bitte (Sie) um Verzeihung* je vous demande pardon; *ich bitte tausendmal um Pardon* mille pardons; *ich bitte Sie um Nachsicht* je réclame votre indulgence; *da muß ich doch sehr* ~! je vous en prie!; *um das Wort* ~ demander la parole; *sich lange* ~ *lassen* se faire prier, F se faire tirer l'oreille; ~**n** *n: nach vielem (od.* langem) ~ *auf vieles* ~ à force de prières.

'**Bittende(r)** *f (m)* personne *f* qui demande à q. *(od.* qui prie q.) de faire qch.

'**bitter** *adj.* amer, -ère *(a. fig.); Kälte:* piquant; sévère; rigoureux, -euse; *Not:* dur; *Kampf:* acharné; *e-n* ~*en Geschmack im Munde haben* avoir un goût amer dans la bouche; ~*e Tränen* larmes *f/pl.* amères; *es ist* ~*er Ernst ce n'est que trop vrai; es ist mein* ~*er Ernst* je le pense très sérieusement; *kalt* excessivement froid; ~**böse** *adj.* fort en colère; très fâché; ⩔**e(r)** *m (Schnaps)* amer *m;* ~ *bitter m;* ⩔**erde** *f* 🜛 magnésie *f;* ⩔**holz** *n* bois *m* du quassia; ~**kalt** *adj.* excessivement froid; ⩔**keit** *f* amertume *f (a. fig.); ein Gefühl der* ~ *haben* ressentir de l'amertume; ⩔**klee** ♀ *m* trèfle *m* d'eau; ményanthe *m;* ~**lich I** *adj.* amer, -ère; **II** *adv.* amèrement; *weinen* pleurer des larmes amères; ⩔**mandel-öl** *n* essence *f* d'amandes amères; ⩔**mittel** *phm. n/pl.* amers *m/pl.;* ⩔**salz** 🜛 *n* sel *m* amer; ⩔**spat** *min. m* magnésite *f;* ~**süß** *adj.* aigre-doux, -ce.

'**Bitt|gang** *rl. m* procession *f;* ~**gesuch** *n,* ~**schreiben** *n,* ~**schrift** *f* demande *f,* pétition *f;* supplique *f;* requête *f (a.* 🜛), ~**steller(in)** *f m* pétitionnaire *m,* solliciteur *f,* -euse *f;* ⚖ requérant *m, -e f;* ~**woche** *rl. f* semaine *f* des Rogations.

Bi'tumen *n* bitume *m; mit* ~ *bestreichen* bitumer.

bitumi'nös *adj.* bitum(in)eux, -euse.

'**Biwak** *n* bivouac *m*.

biwa'kieren *v/i.* bivouaquer.

bi'zarr *adj.* bizarre; fantasque.

'**Bizeps** *m* biceps *m*.

'**Blähbauch** 🜛 *m* ballonnement *m;* météorisme *m*.

'**bläh|en 1.** *v/t. (v/rf.: sich se)* gonfler; (s')enfler; **2.** ⩔ *v/i.* ballonner le ventre; ⩔**ung** 🜛 *f* ballonnement *m*.

'**blaken** *v/i.* filer; fumer.

bla'mabel *adj.* qui fait 'honte.

Bla'mage *f* F gaffe *f;* impair *m; (Schande)* 'honte *f*.

bla'mieren 1. *v/t.* ridiculiser; rendre ridicule; **2.** *v/rf.: sich* ~ se compromettre; se rendre ridicule; F faire une gaffe; gaffer.

blank I *adj.* luisant; *(glänzend)* brillant; *(blitzend)* étincelant; *(glatt, poliert)* poli; *(bar, bloß)* nu; F ~ *sein (ohne Geld)* être à sec; être fauché *(od.* désargenté); *mit der* ~*en Waffe* à l'arme *f* blanche; **II** *adv.:* ~ *machen (putzen)* faire reluire, astiquer, *Waffen:* fourbir, *(polieren)* polir.

Blan'kett *n* blanc-seing *m*.

'**blanko** † *adj.: in* ~ en blanc; *in* ~ *akzeptieren (od.* annehmen) *Wechsel:* accepter en blanc *(od.* à découvert); ⩔**akzept** *n* acceptation *f* à découvert; ⩔**geschäft** *n* opération *f* à découvert; ⩔**kredit** *m* crédit *m* à découvert; ⩔**scheck** *m* chèque *m* en blanc; ⩔**unterschrift** *f* signature *f* en blanc; ⩔**vollmacht** *f* blanc-seing *m; fig.* carte *f* blanche; ⩔**wechsel** *m* lettre *f* de change en blanc.

'**Blankvers** *m* vers *m* blanc.

'**Bläs-chen** *n anat.* vésicule *f;* 🜛 bouton *m; phys.,* 🜛 bulle *f*.

'**Blase** *f Luft:* bulle *f; (Haut*⩔*)* cloque *f;* ampoule *f;* ~ *ziehen* faire des cloques; *(Harn*⩔*)* vessie *f;* ⊕ *in Gußstücken:* soufflure *f;* F *die ganze* ~ toute la bande; ~**balg** *m* soufflet *m*.

'**blasen I** *v/i. u. v/t.* souffler; *Flöte* ~ jouer de la flûte; *ein Lied auf der Flöte* ~ jouer un air sur la flûte; *Horn* ~ sonner du cor; *fig. in dasselbe Horn (mit j-m)* ~ être d'intelligence (avec q.); F être de mèche (avec q.); *zum Angriff* ~ sonner l'attaque; *j-m etw. ins Ohr* ~ souffler qch. à l'oreille de q.; *Trübsal* ~ faire triste mine; broyer du noir; *j-n den Marsch* ~ envoyer promener q.; dire son fait à q.; **II** ⩔ *n* sonnerie *f;* F *er hat von Tuten und* ~ *keine Ahnung* il s'y entend comme à ramer des choux.

'**blasen|artig** *adj.* vésiculeux, -euse; ⩔**ausschlag** 🜛 *m* pemphigus *m,* éruption *f* bulleuse; ⩔**entzündung** 🜛 *f* cystite *f;* ~**förmig** *adj.* vésiculeux, -euse; ⩔**katarrh** *m* cystite *f;* ⩔**leiden** *n* affection *f* de la vessie; ⩔**stein** *m* calcul *m* vésical; ~**ziehend** *adj.* vésicant.

'**Bläser** *m (Glas*⩔*)* souffleur *m* (de verre); ♪ joueur *m* d'un instrument à vent.

bla'siert *adj.* blasé; *(snobistisch)* snob; *ein* ~*er Mensch* un blasé; un snob; ⩔**heit** *f* esprit *m* blasé; *(Snobismus)* snobisme *m*.

'**blasig** *adj.* bulleux, -euse; *Haut:* ampoulé.

'**Blas-instrument** *n* instrument *m* à vent.

Blasphe'mie *f* blasphème *m*.

blas'phemisch *adj.* blasphématoire.

'**Blasrohr** *n der Indianer:* sarbacane *f;* 🜛 chalumeau *m;* ⊕ fêle *f*.

blaß *adj.* pâle; blême; *(fahl)* blafard; *(farblos)* décoloré; *(abgezehrt, elend)*

'hâve; ~ werden devenir pâle, pâlir, *Farben*: passer; *er hat keinen blassen Schimmer davon* il n'en a pas la moindre idée.
'**Blässe** *f* pâleur *f*.
'**Blaß|gesicht** *n* visage *m* pâle; ♀**grün** *adv.* vert pâle.
'**Bläßhuhn** *n* foulque *f* noire; judelle *f*.
'**bläßlich** *adj.* pâlot, -otte.
Blatt *n* ♀ feuille *f*; *e-r Blütenkrone*: pétale *m*; *e-s Blütenkelches*: sépale *m*; *e-s Buchs*: feuille *f* (*a. v. Papier, Metall*); (*Zettel*) feuillet *m*; (*Noten*♀) feuille *f* de musique; *des Ruders, der Luftschraube*: pale *f*; *des Messers, der Säge*: lame *f*; *des Speers*: fer *m*; pointe *f*; *Weberei*: peigne *m*; *v. Stoff*: lé *m*; (*Platte*) plaque *f*; (*Schulter*♀) omoplate *f*; *ch.* épaule *f*; (*Zeitung*) journal *m*; feuille *f*; (*Zeichnung*) dessin *m*; (*Stich*) gravure *f*; estampe *f*; *s-e* (*od. die*) *Blätter verlieren* s'effeuiller; *fliegende Blätter pl.* feuilles *f/pl.* volantes; ♪ *vom ~ lesen* (*od.* singen *od.* spielen) déchiffrer; *vom ~ singen od. spielen* chanter à livre ouvert (*od.* à première vue); *fig. kein ~ vor den Mund nehmen* parler franchement (*litt.* franc); dire carrément ce qu'on pense; ne pas mâcher ses mots; parler sans ambages; *das ~ hat sich gewendet* la chance a tourné; la situation s'est renversée; *ein unbeschriebenes ~ sein* être encore inconnu; *das steht auf e-m anderen ~* c'est une autre question; '**~ader** ♀ *f* nervure *f*; '**~ansatz** ♀ *m* stipule *f*; ♀**artig** *adj.* foliacé.
'**Blättchen** *n* petite feuille *f*; (*kleiner Zettel*) petit feuillet *m*; (*Lamelle*) lamelle *f*; lame *f*; feuillet *m*.
'**Blattern** ♂ *f/pl.* petite vérole *f*; variole *f*.
'**blätt(e)rig** *adj.* feuilleté.
'**Blätter|gebäck** *n* gâteau *m* feuilleté; **~magen** *m der Wiederkäuer*: feuillet *m*; ♀*n v/i.*: *in e-m Buch ~* feuilleter un livre.
'**Blattern** ♂ *f/pl.* (*Pockenkrankheit*) petite vérole *f*; variole *f*.
'**Blatternarb|e** *f* marque *f* de petite vérole; ♀**ig** *adj.* variolé; marqué de petite vérole; grêlé.
'**Blätter|pilz** ♀ *m* agaric *m*; **~teig** *m* pâte *f* feuilletée; **~teigpastete** *f* vol-au-vent *m*; **~wald** *journ. m* tas *m* de journaux de toutes les couleurs; **~werk** *n* feuillage *m*.
'**Blatt|feder** ⊕ *f* ressort *m* à lames; ♀**förmig** *adj.* en forme de feuille; **~gold** *n* or *m* battu (*od.* en feuilles); **~grün** *n* chlorophylle *f*; ♀ *adj.* vert feuille; **~halter** *m an Schreibmaschine*: tige *f* pour soutenir le papier; **~laus** *f ent.* puceron *m*; ♀**los** *adj.* sans feuilles; **~metall** *n* métal *m* en feuilles; **~pflanze** *f* plante *f* verte; plante *f* d'ornement; **~rippe** *f* côte *f* (d'une feuille); **~säge** ⊕ *f* égoïne *f*; **~scheide** ♀ *f* gaine *f*; **~silber** *n* argent *m* battu (*od.* en feuilles); **~stiel** ♀ *m* pétiole *m*; queue *f* (d'une feuille); **~vergoldung** ⊕ *f* dorure *f* en feuilles; ♀**weise** *adv.* feuille par feuille; **~werk** *n* feuillage *m*; **~wespe** *ent. f* tenthrède *f*; **~zinn** *n* étain *m* en feuilles; *für den Spiegel*: étamure *f*.

blau I *adj.* bleu; (*himmel~*) azuré; F (*betrunken*) gris; noir; rond; F lancé; *~ machen*; *~ werden* bleuir; *~ färben* teindre en bleu; *~ anlassen Stahl*: bleuir; *~ anlaufen lassen Eisen*: oxyder le fer au bleu; *~ sieden Fisch*: faire (cuire) au bleu; *~e Augen haben* avoir les yeux bleus; *ein ~es Auge* un œil poché; *j-m das Auge ~ schlagen* pocher l'œil à q.; *fig. mit e-m ~en Auge davonkommen* l'échapper belle; s'en tirer à bon compte; *die Räume mit e-m ~en Auge verlassen* quitter les locaux avec un œil au beurre noir; *j-n grün und ~ schlagen* rouer q. de coups; *~er Fleck m. Schlägen*: meurtrissure *f*, F bleu *m*; *j-m ~en Dunst vormachen* monter un bateau à q.; en conter à q.; *sich in ~en Dunst auflösen* s'évanouir en fumée; *~(en Montag) machen* ne pas travailler le lundi; *ich habe zwei Tage ~ gemacht* je me suis fait porter pâle deux jours; *sein ~es Wunder erleben* en voir de belles; *F ~e Bohnen* pruneaux *m/pl.*; *~es Blut* sang *m* bleu (*od.* noble); F *~ sein a. Wind du vent dans les voiles*; **II** ♀ *n*, ♀**(e)s** *n bleu m*; couleur *f* bleue; *des Himmels*: azur *m*; *fig. ins ~e hinein* en l'air; *ins ~e hinein schwatzen* parler à tort et à travers; *das ~e vom Himmel herunter schwören* jurer par tous les saints; *das ~e vom Himmel lügen* mentir comme un arracheur de dents; *Fahrt ins ~e* voyage-surprise *m*; *ins ~e fahren* faire de la route; *j-n ~ äugig adj.* aux yeux bleus; *fig.* naïf, -ïve; '♀**bart** *m* Barbe-Bleue *m*; '♀**beere** ♀ *f* myrtille *f*.
'**Bläue** *f des Himmels*: bleu *m*; azur *m*.
'**blauen** *v/i. Fische*: cuire au bleu.
'**bläuen** *v/t. Wäsche*: passer au bleu.
'**Blau|fuchs** *zo. m* renard *m* bleu; ♀**grau** *adj.* gris bleuâtre; ♀**grün** *adj.* glauque; vert bleuâtre; **~holz** *n* bois *m* de campêche; **~kehlchen** *orn. n* gorge *f* bleue; **~kraut** *südd.*, *östr. n* chou *m* rouge.
'**bläulich** *adj.* bleuâtre; tirant sur le bleu.
'**Blau|meise** *orn. f* mésange *f* bleue; **~papier** *n* papier *m* carbone (bleu); **~pause** *f* bleu *m*; photocalque *m* bleu; ♀**rot** *adj.* rouge violacé; **~säure** ♂ *f* acide *m* prussique (*od.* cyanhydrique); ♀**schwarz** *adj.* noir tirant sur le bleu; **~specht** *orn. m* sittelle *f* bleue; **~stift** *m* crayon *m* bleu; **~strumpf** *fig. péj. m* bas-bleu *m*; **~sucht** ♂ *f* cyanose *f*; **~wal** *zo. m* rorqual *m* bleu; grande baleine *f* bleue.
Blech *n* (*Eisen*♀, *Stahl*♀) tôle *f*; (*Weiß*♀) fer-blanc *m*; (*Fein*♀) tôle *f* fine; (*Grob*♀) tôle *f* forte; F *fig.* (*Geschwätz*) bêtises *f/pl.*; absurdités *f/pl.*; balivernes *f/pl.*; '**~bearbeitungsmaschine** *f* machine *f* à travailler les tôles; '**~belag** *m* revêtement *m* en tôle; '**~büchse** *f*, '**~dose** *f* boîte *f* en fer-blanc; '**~druck** *typ. m* impression *f* sur fer-blanc; '♀**en** *v/t.* F payer; F casquer; P foncer; F cracher; '♀**ern** *adj.* de (*resp.* en) fer-blanc; de (*resp.* en) tôle; *fig.* creux, creuse; '**~flasche** ⨯ *f* bidon *m*; '**~geschirr** *n* vaisselle *f* en fer-blanc; '**~instrument** *n* (instrument *m* de) cuivre *m*; '**~kanister** *m*, '**~kanne** *f* bidon *m*; '**~konstruktion** *f* construction *f* en tôle; '**~lawine** *fig. f* circulation *f* pare-chocs contre pare-chocs; magma *m* automobile; flot *m* de voitures; '**~marke** *f* jeton *m*; '**~musik** *f* musique *f* des cuivres; '**~packung** *f* emballage *m* en tôle; '**~schaden** *Auto m* tôle *f* froissée; '**~schere** *f* cisailles *f/pl.*; '**~schlosser** *m*, '**~schmied** *m* ferblantier *m*; tôlier *m*; '**~schmiede** *f* ferblanterie *f*; tôlerie *f*; '**~streifen** *m* ruban *m* (*od.* bande *f*) de tôle; '**~verkleidung** *f* revêtement *m* en tôle; '**~walzwerk** *n* laminoir *m* à tôles; '**~waren** *f/pl.* ferblanterie *f*; tôlerie *f*.
'**blecken** *v/t.*: *die Zähne ~* montrer les dents.
Blei[1] *n* (*Metall*) plomb *m*; (*Senk*♀) ⚓ sonde *f*, ⊕ fil *m* à plomb; *mit ~ ausfüllen* (*od.* belegen) plomber; *fig. das liegt wie ~ im Magen* c'est un plomb sur l'estomac; *das ist schwer wie ~* c'est du plomb.
Blei[2] *icht. m* brème *f*.
Blei[3] *m* (*Bleistift*) crayon *m*.
'**Blei|ader** *f* veine *f* de plomb; **~arbeit** *f* plomberie *f*; **~arbeiter** *m* plombier *m*; **~bad** ⊕ *n* bain *m* de plomb; **~barren** *m* saumon *m* de plomb.
'**Bleibe** F *f* gîte *m*; demeure *f*; *keine ~ haben a.* n'avoir ni feu ni lieu.
'**bleiben I** *v/i.* rester; *litt.* demeurer; *~* (*beharren*) *bei* persister dans; *ich bleibe dabei, daß ...* je persiste à dire que ...; *es wird nicht dabei ~* l'affaire n'en restera pas là; *es bleibt dabei* (*ist abgemacht*) c'est convenu; c'est entendu; *es bleibt alles beim alten* il n'y a rien de changé; tout reste comme par le passé; *ernsthaft ~* garder son sérieux; *gesund ~* rester en bonne santé; *nüchtern ~* rester à jeun; *er bleibt lange* (*weg*) il tarde à venir; *es bleibt hell bis 5 Uhr* il fait jour jusqu'à 5 heures; *am Leben ~* rester en vie; *auf sich selbst gestellt ~* rester face à soi-même; *aus dem Spiel ~* rester en dehors du jeu; ne pas s'en mêler; *bei der Wahrheit ~* s'en tenir à la vérité; *bei der Sache ~* ne pas s'écarter du sujet; *nicht bei der Sache ~* s'écarter du sujet; *bei s-r Aussage ~* maintenir sa déposition; *das bleibt unter uns!* cela reste entre nous!; *~ Sie mir vom Halse* (*od. vom Leibe*)! laissez-moi tranquille (*od.* en paix); *wo ~ Sie denn?* qu'est-ce que vous devenez?; *wo ist das Geld geblieben?* qu'a-t-on fait de l'argent?; *in Kraft ~* rester en vigueur; *im Rückstand ~* être (*od.* demeurer en reste; *zu Hause ~* rester chez soi (*od.* à la maison); **II** ♀ *n* séjour *m*; *hier im m-s ~s nicht mehr* je ne peux plus rester ici; **~d** *adj.* durable; **~lassen** *v/t.*: *etw. ~* laisser tomber (*od.* délaisser qch.); *wenn Sie es nicht glauben wollen, so lassen Sie es bleiben!* si vous ne le croyez pas, tant pis pour vous!; *das werde ich wohl ~* je me garderai bien de le faire; je m'en garderai bien; *laß das bleiben!* ne le fais pas!; ne t'en mêle pas!; *es dabei ~ lassen* en rester là.
bleich *adj.* blême; pâle; blafard; *~ werden* blêmir; pâlir.
'**Bleich|e** (*Rasenstück zum Wäschebleichen*) gazon *m* où l'on étend le linge; ♀**en 1.** *v/i.* blanchir; se décolorer; *fig.* passer (*a. Farbe*); **2.** *v/t.*

Bleichgesicht — Block

Wäsche: blanchir sur pré; exposer sur l'herbe au soleil; ~gesicht *n* visage *m* pâle; **mittel** ⚕ *n* décolorant *m*; produit *m* de blanchiment; ~sucht ⚕ *f* chlorose *f*; **2süchtig** ⚕ *adj.* chlorotique.

'**bleiern** *adj.* de plomb (a. *fig.*); en plomb; ~er *Schlaf* sommeil *m* de plomb; *wie e-e* ~*e Ente schwimmen* nager comme un fer à repasser.

'**Blei|erz** *n* minerai *m* de plomb; **~farbe** ⚕ *f* peinture *f* au plomb; **2farben** *adj.* plombée; de plomb; **~gehalt** ⚕ *m* teneur *f* en plomb; **~gewicht** *n* e-r *Standuhr usw.*: poids *m*; plomb *m*; **~gießen** *in zu Silvester*: coutume *f* de lire l'avenir dans des figures de plomb obtenues en jetant du plomb fondu dans de l'eau; **~glanz** *min. m* galène *f*; sulfure *m* de plomb; **~glätte** *métall. f* litharge *f*; **~glas** *n* verre *m* au plomb; **2grau** *adj.* couleur *m* de plomb; plombée; **2haltig** *adj.* plombifère; **~kabel** *n* câble *m* sous plomb; **~kugel** *f* balle *f* de (*od.* en) plomb; **~legierung** *f* alliage *m* de plomb; **~mantel** *m* e-s *Kabels*: gaine *f* de plomb; **~oxyd** *n* oxyde *m* de plomb; **~plombe** *f* (cachet *m* de) plomb; **~rohr** *n* tuyau *m* de (*od.* en) plomb; **~salz** *n* sel *m* de plomb; **~schrot** *n* plombs *m/pl.*; **2schwer** *adj.* lourd comme du plomb; *fig.* accablant; **~soldat** *m* soldat *m* de plomb; **~stift** *m* crayon *m*; **~stifthalter** *m* porte-crayon *m*; **~stifthülse** *f* capuchon *m* de crayon; **~stiftmine** *f* mine *f* de crayon; **~stiftnotiz** *f* note *f* au crayon; **~stiftspitzer** *m* taille-crayon *m*; **~stiftspitzmaschine** *f* machine *f* à tailler les crayons; **~stiftzeichnung** *f* dessin *m* au crayon *m*; **~vergiftung** *f* saturnisme *m*; **~wasser** *phm. n* eau *f* blanche; **~weiß** *peint. n* céruse *f*.

'**Blende** *f opt., phot.* diaphragme *m*; (*Fassade*) arcade *f* feinte (*od.* aveugle); *cout.*, garniture *f*; *Schießstand*: murs *m/pl.* latéraux de protection; *min.* blende *f*; **2n** *v/t.* aveugler, éblouir (*beide a. fig.*); **2nd** *adj.* aveuglant; *durch Glanz, Licht u. fig. a.*: éblouissant; *fig.* (*zauberhaft*) prestigieux, -euse; (*wunderbar*) merveilleux, -euse; ~ *aussehen* avoir une mine superbe; ~er *Erfolg* succès *m* éblouissant.

'**Blenden|einstellung** *phot. f* mise *f* au point (*od.* réglage *m*) du diaphragme; **~öffnung** *phot. f* ouverture *f* du diaphragme.

'**Blender** *fig. m* bluffeur *m*; F esbroufeur *m*; baudruche *f*.

'**Blend|fenster** *n* fenêtre *f* à dormant; **2frei** *adj.* anti-éblouissant; **~glas** *n* verre *m* foncé (*od.* anti-éblouissant); **~laterne** *f* lanterne *f* sourde; **~rahmen** *m peint.* cadre *m*; △ (bâti *m*) dormant *m*; *e-r Tür*: bâti *m*; **~schirm** *m* visière *f*; **~schutz** *Auto m* pare-soleil *m*; **~stein** △ *m* pierre *f* de parement; **~ung** *f* éblouissement *m a. fig.*; **2ungsfrei** *adj.* anti-éblouissant; **~werk** *fig. m* péj. *n* tromperie *f*; illusion *f*; fantasmagorie *f*; **~ziegel** △ *m* tuile *f* de parement.

'**Blesse** *f* étoile *f*; marque *f* blanche au front d'un cheval.

'**Bleßhuhn** *n* foulque *f*.

Blick *m* regard *m*; *flüchtiger*: coup *m* d'œil; (*Auge*) vue *f*; *fig.* œil *m*; *verstohlener (verliebter)* ~ œillade *f*; *verstohlene* ~e *zuwerfen* lancer des œillades; *böser* ~ regard *m* méchant, *zauberkräftiger*: mauvais œil *m*; *auf den ersten* ~ du premier coup d'œil, *Liebe*: à première vue; *es war bei ihm Liebe auf den ersten* ~ il a eu le coup de foudre; *mit e-m* ~ d'un seul regard; *mit e-m schnellen* ~ d'un coup d'œil; *s-e* ~e *heften auf* (*acc.*) fixer (*od.* attacher) ses regards sur; *e-n neugierigen* ~ *werfen* jeter un regard (*auf acc. 'sur*); *e-n flüchtigen* ~ *tun in* (*acc.*) jeter un coup d'œil dans; *wütende* ~e *schleudern* lancer des regards furieux; *j-n mit* ~en *messen* mesurer q. du regard; toiser q.; *mit* ~en *töten* mitrailler du regard; *s-e* ~e *schweifen lassen* promener ses regards; *den* ~ *senken* baisser les yeux; *die* ~e *auf sich ziehen* attirer les regards; *j-m verliebte* ~e *zuwerfen* faire les yeux doux à q.; ~ *für* etw. *haben* avoir l'œil pour qch.; **2en** *v/i.* regarder (*auf j-n* q.; *auf etw. acc.* qch.); porter ses regards (*auf* sur); *soweit das Auge blickt* à portée de vue; *gen Himmel* ~ lever les yeux au ciel; *in die Zukunft* ~ scruter l'avenir; *zur Erde* ~ baisser les yeux; *starr* ~ regarder fixement; fixer (*od.* attacher) ses regards (sur); *finster* ~ avoir l'air sombre; *sich* ~ *lassen* se montrer; apparaître; *das läßt tief* ~ cela donne à penser; cela révèle pas mal de choses; '**~fang** *m* pôle *m* d'attraction; '**~feld** *n* champ *m* visuel; *fig. etw. ins* ~ *rücken* porter qch. au grand jour; '**~punkt** *m* point *m* de vue; *fig.* centre *m* d'intérêt; '**~richtung** *f* direction *f* du regard; '**~winkel** *m* angle *m* visuel.

blind I *adj.* aveugle; *auf e-m Auge* ~ borgne; *Metall, Glas*: terne; (*trügerisch*) faux, fausse; feint; ~er *Alarm* fausse alerte *f*; ~es *Fenster* fausse fenêtre *f*; ~er *Glaube* foi *f* aveugle; ~e *Liebe* amour *m* aveugle; ~er *Passagier* passager *m* clandestin; ~er *Schuß* coup *m* à blanc; ~e *Wand* mur *m* orbe; ~ *werden* perdre la vue, *Spiegel*: devenir terne, se ternir; *für etw.* ~ *sein* ne pas (vouloir) voir qch.; ~er *Eifer schadet nur trop de zèle nuit*; **II** *adv.* → ~*lings*; ~ *machen* aveugler; *j-m* ~ *vertrauen* faire confiance aveuglément à q.

'**Blind|darm** *anat. m* cæcum *m*; **~darm-entzündung** ⚕ *f* appendicite *f*; **~ekuh** *f*: ~ *spielen* jouer à colin-maillard; **~enanstalt** *f* institut *m* pour aveugles; **~enhund** *m* chien *m* d'aveugle; chien-guide *m* pour aveugles; **~enschrift** *f* écriture *f* Braille; **~e(r** *a. m*), *m f*, aveugle *m*, *f*, *das sieht ja ein* ~ (mais) c'est évident; **2fliegen** *v/i.* voler sans visibilité; **~flug** *m* pilotage *m* sans visibilité; **~gänger** ⚔ *m* obus *m* (*resp.* bombe *f*) non éclaté(e); **2geboren** *adj.* aveugle-né; **~geborene(r** *a. m*) *m*, *f* aveugle-né *m*, *f*; **2gläubig** *adj.* qui croit aveuglément; **~heit** *f* cécité *f*; *fig.* aveuglement *m*; *wie mit* ~ *geschlagen sein* être aveugle; avoir la berlue; **~landung** *f* atterrissage *m* sans visibilité; **2lings** *adv.* aveuglément; à l'aveuglette; à l'aveugle; à tâtons; ~ *zugreifen* se jeter tête baissée sur; ~ *drauflosschlagen* taper dans le tas; frapper à tort et à travers; *sich* ~ *in die Gefahr stürzen* se précipiter à corps perdu dans le danger; **2schießen** *v/i.* tirer à blanc; **~schleiche** *f zo.* orvet *m*; serpent *m* de verre; **~start** ✈ *m* décollage *m* sans visibilité; **~strom** ⚡ *m* courant *m* déwatté (*od.* réactif); **~widerstand** ⚡ *m* réactance *f*.

'**blink|en** *v/i.* Warnlichter: clignoter; (*glänzen*) reluire; briller; (*funkeln*) étinceler; *ast.* scintiller; ⚔ faire des signaux lumineux; **2en** *n v. Licht*: clignotement *m*; *ast.* scintillement *m*; ⚔ signalisation *f* optique; **~er** *m* ⚔ signaleur *m*; *Auto*: clignotant *m*; **2erkontrollampe** *f Auto*: répétiteur *m* clignotants; **2erschalter** *Auto m* commutateur *m* des clignotants; **2feuer** ⚓ *n* feu *m* à éclipses; **2licht** *n an Bahnübergängen*: feu *m* clignotant; *Auto*: clignotant *m*; **2zeichen** *n* ⚔ signal *m* lumineux; *Verkehr*: clignotant *m*.

'**blinzeln I** *v/i.* cligner (*mit den Augen* des yeux); *wiederholt*: clignoter; **II 2** *n* clign(ot)ement *m*.

Blitz *m* (*Schein*) éclair *m* (a. *fig.*); (*Schlag*) foudre *f*; *der* ~ *hat eingeschlagen* la foudre est tombée (*in acc.* sur); *vom* ~ *getroffen* frappé par la foudre; *durch e-n* ~ *erschlagen* foudroyer; *wie der* ~ comme l'éclair; F *wie ein geölter* ~ avec la rapidité de l'éclair; *comme une flèche; ein* ~ *aus heiterem Himmel* un coup de foudre; '**~ableiter** *m* paratonnerre *m*; '**2artig** *adj.* (*plötzlich*) foudroyant; '**~besuch** *m* visite *f* éclair; '**2blank** *adj.* reluisant; resplendissant; parfaitement propre; '**2en** *v/i. u. v/imp.* étinceler; flamboyer; *es blitzt* il fait des éclairs; *s-e Augen blitzen vor Zorn* ses yeux flamboient de colère; '**~en** *n* éclairs *m/pl.*; '**~esschnelle** *f*: *in* ~ avec la rapidité *f* de l'éclair; '**~gefahr** *f* danger *m* de foudre; '**~gespräch** *téléph. n* communication-éclair *f*; '**~karriere** *f* carrière *f* météorique; '**~krieg** *m* guerre *f* éclair; '**~licht** *phot. n* flash *m*; '**~licht-aufnahme** *phot. f* photo *f* au flash; '**~licht-automat** *phot. m* compute(u)r *m*; '**~lichtlampe** *f* flash *m*; '**~offensive** ⚔ *f* offensive *f* éclair; '**~reise** *f* voyage *m* éclair; '**2sauber** *adj.* propre comme un sou neuf; '**~schaden** *m* dégât *m* causé par la foudre; '**~schlag** *m* coup *m* de foudre; '**2schnell I** *adj.* rapide comme l'éclair; **II** *adv.* avec la rapidité de l'éclair; '**~schutz** *m* parafoudre *m*; '**~sieg** *m* victoire *f* éclair; '**~strahl** *m* éclair *m*; '**~telegramm** *n* télégramme-éclair *m*.

Block *m* bloc *m* (*a. pol., parl.*); (*Holz*2) *a.* bille *f*; billot *m* (*a. Hack*2, *Richt*2, *Stapel*2); *Metall*: saumon *m*; lingot *m*; *vorgewalzter Stahl*2 bloom *m*; (*Riegel*) *Seife*: pain *m*, barre *f*, *Schokolade*: bâton *m*; (*Fels*2) bloc *m* de roche; (*Notiz*2) bloc-notes *m*; (*Kassen*2) bloc *m* de caisse; (*Kalender*2) bloc *m* à calendrier; (*Brief*2) bloc-correspondance *m*; (*Durchschreibe*2) bloc *m* à copier; (*Zeichen*2)

bloc *m* à dessin; (*Häuser*⚓) pâté *m* de maisons; e-n ~ bilden faire bloc, former un bloc.
'Blo'ckade *f* blocus *m*; *typ.* blocage *m*; *die* ~ *verhängen über* (*acc.*) décréter le blocus de; bloquer (*acc.*); *die* ~ *aufheben* (*brechen*) lever (rompre *od.* forcer) le blocus.
'Block|eis *n* glace *f* en blocs; ⚓en *v/t. Ballspieler*: bloquer; *Boxsport: Schläge*: contrer; ~en *Ballspiele n* blocage *m*; ~flöte *♪ f* flûte *f* à bec; ⚓frei *pol. adj.* non-aligné; ~haus *n* maison *f* faite de troncs d'arbres.
blo'ckier|en *v/t.* bloquer; ⚓en *n*, ⚓ung *f* blocage *m*; e-r *Straße*: barrage *m* routier; *Reitsport*: obstruction *f*.
'Block|konstruktion *f* construction *f* monobloc; ~politik *f* politique *f* de blocs; ~schrift *f* caractères *m/pl.* d'imprimerie (lettres *f/pl.*) capitales *f/pl.*; *in* ~ *schreiben* écrire en lettres d'imprimerie (*od.* en capitales *od.* en script); ~signal 🚂 *n* signal *m* de bloc; sémaphore *m*; ~station *f* poste *m* sémaphorique; ~wärter 🚂 *m* sémaphoriste *m*.
'blöd|e *adj.* bête; stupide; ⚓igkeit *f* stupidité *f*; ⚓sinn *m* imbécillité *f*; idiotie *f*; stupidité *f*; *fichaise *f*; ~sinnig *adj.* faible d'esprit; imbécile; idiot; stupide.
'blöken I *v/i. Rind*: beugler; *Schaf*: bêler; II ⚓ *n Rind*: beuglement *m*; *Schaf*: bêlement *m*.
blond *adj.* blond; *Kinder a.*: blondinet, -tte; '~haarig *adj.* aux cheveux blonds; ~'ieren *v/t. Haare*: oxygéner; ⚓'ine *f* blonde *f*; ⚓kopf *m* blondinet *m*, -tte *f*.
bloß I *adj.* (*weiter nichts als*) simple; (*allein*) seul; *der* ~e *Gedanke* la seule (*od.* simple) pensée; *rien que la pensée*; *der* ~e *Anblick* rien que la vue; la vue seule; (*unbedeckt*) découvert; (*nackt*) nu; *mit* ~en *Füßen* nu-pieds; pieds nus; *mit* ~em *Auge* à l'œil nu; *mit* ~em *Kopf* nu-tête; tête nue; II *adv.* seulement; *ich habe ihn* ~ *berührt* je n'ai fait que le toucher; *ich will ihn* ~ *sehen* je ne veux que le voir; *laß mich* ~ *sehen* laisse-moi seulement voir; *wie machst du das* ~? comment donc fais-tu cela?; *geh* ~! pars donc!; → *nur.*
'Blöße *f* (*Nacktheit*) nudité *f*; *fig.* (*schwache Seite*) côté *m* faible; faible *m*; *esc.* partie *f* découverte; *sich e-e* ~ *geben fig.* se découvrir, donner prise sur soi.
'bloß|legen *v/t.* dénuder; mettre à nu; *fig.* dévoiler, révéler; ~liegen *v/i.* être mis à nu; ~stellen *v/t.* (*v/rf.*: *sich se*) compromettre; couvrir de honte (*bzw.* de ridicule).
'blubbern *v/i. Wasser*: gargouiller; ⚓ *n Wasser*: gargouillement *m*.
Bluff *m* P épate *f*, F esbroufe *f*, bluff *m*; ⚓en *v/t. u. abs.* F épater; bluffer; ~er *m* bluffeur *m*.
'blühen I *v/i.* fleurir; être en fleur; *fig.* prospérer; être florissant; *fig. das kann dir auch noch* ~ cela peut t'arriver aussi; II ⚓ *n* floraison *f*; prospérité *f*; ~d *adj.* fleuri; en fleur(s); *fig.* florissant; prospère; ~es *Aussehen* teint *m* florissant; ~e *Gesundheit* santé *f* florissante; *im* ~en

Alter à la fleur de l'âge.
'Blümchen *n* fleurette *f*; petite fleur *f*; ~kaffee F *m* café *m* léger; P jus *m* de chaussette.
'Blume *f ♀* fleur *f* (*a. fig.*); *mit* ~n *schmücken* orner (*od.* garnir) de fleurs; fleurir; *fig.* (*Duft feiner Weine*) bouquet *m*; *Bierschaum*: mousse *f*; (*Schwanz*) queue *f*; *durch die* ~ à mots couverts; en termes figurés; *laßt* ~n *sprechen!* dites-le avec des fleurs!
'Blumen|ausstellung *f* exposition *f* florale; ~beet ✿ *n* parterre *m* (*od.* plate-bande *f*) de fleurs; *rundes, ovales*: corbeille *f*; massif *m* de fleurs; ~blatt ♀ *n* pétale *m*; ~brett *n* jardinière *f*; ~dekoration *f* décoration *f* florale; ~draht *m* fil *m* à lier des fleurs; ~duft *m* parfum *m* de fleurs; ~erde *f* terreau *m*; ~flor *m* assortiment *m* de fleurs; *weit.S.* floraison *f*; ~frau *f* bouquetière *f*; ~garten *m* jardin *m* de fleurs; ~gärtner *m* jardinier *m* fleuriste; ~gebinde *n* gerbe *f* de fleurs; ~geschäft *n* (boutique *f* de) fleuriste *m*; ~händler(in *f*) *m* marchand *m*, -e *f* de fleurs; fleuriste *m, f*; ~kasten *m* jardinière *f*; ~kohl *m* chou-fleur *m*; ~korb *m* corbeille *f* à (*resp.* de) fleurs; ~korso *m* corso *m* fleuri; ~kranz *m* couronne *f* de fleurs; ~krone ♀ *f* corolle *f*; ~laden *m* (boutique *f* de) fleuriste *m*; ~mädchen *n* bouquetière *f*; ~markt *m* marché *m* aux fleurs; ~muster *n* dessin *m* floral; *mit* ~ à fleurs; ⚓reich *adj.* plein de fleurs; ~e *Sprache* langage *m* fleuri; ~schale *f* coupe *f* à (*resp.* de) fleurs; vasque *f*; ~schau *f* exposition *f* florale (*od.* de fleurs); Floralies *f/pl.*; ~schmuck *m* ornement *m* de fleurs; *bsd.* ⚘ fleurons *m/pl.*; ~sprache *f* langage *m* des fleurs; ~spritze *f* seringue *f* (d'horticulteur); ~stand *m* kiosque *m* de fleuriste; ~ständer *m* jardinière *f*; ~stengel *m*, ~stiel *m* tige *f* (d'une fleur); (*Blütenstengel*) pédoncule *m*; ~strauß *m* bouquet *m* (de fleurs); ~tisch *m*, ~tischchen *n* jardinière *f*; ~topf *m* pot *m* à (*resp.* de) fleurs; ~topfmanschette *f* cache-pot *m*; ~topfuntersatz *m* dessous *m* de pot de fleurs; ~vase *f* vase *m*; ~verkäuferin *f* vendeuse *f* de fleurs; bouquetière *f*; ~zucht *f* culture *f* des fleurs; floriculture *f*; ~zwiebel ♀ *f* (*Knolle*) bulbe *m*.
'Bluse *f* corsage *m*, blouse *f*; (*Hemd*⚓) chemisier *m*.
Blut *n* sang *m*; *fig.* race *f*; ~ *der Reben* jus *m* de la treille; *blaues* ~ sang *m* bleu (*od.* noble); *fig. junges* ~ jeune personne *f*; *böses* ~ *schaffen* irriter les esprits; échauffer la bile; *bis aufs* ~ jusqu'au sang; *heißes* ~ sang *m* très passionné; *ruhig* ~! du calme!; *das* ~ *steigt ihm ins Gesicht* le sang (*od.* le rouge) lui monte au visage; *j-m in Fleisch und* ~ *übergehen* devenir une seconde nature chez q.; ~ *und Wasser schwitzen* avoir grand-peur; *Gut und* ~ *aufopfern* sacrifier sa vie et ses biens; *das liegt im* ~ c'est dans le sang; *das steckt mir im* ~ F j'ai cela dans la peau; *sein* ~ *für etw. vergießen* verser son sang pour qch.; ~ *lassen* saigner; *das* ~ *stillen* arrêter le sang; ~

aushusten (*od. spucken*) cracher du sang; *mit* ~ *beflecken* ensanglanter; tacher de sang; '~adel *m* noblesse *f* de sang; '~alkohol *m* teneur *f* en alcool du sang; alcoolémie *f*; ~andrang *m* congestion *f*; '~apfelsine *f* (orange *f*) sanguine *f*; ⚓arm 💀 *adj.* anémique; '~armut 💀 *f* anémie *f*; '~austausch 💀 *m* exsanguino-transfusion *f*; '~auswurf *m* crachements *m/pl.* de sang; '~bad *n* boucherie *f*, carnage *m*; tuerie *f*; massacre *m*; '~bahn *f* circulation *f* du sang; '⚓befleckt *adj.* taché (*od.* maculé) de sang; '~bank *f* banque *f* du sang; '⚓bespritzt *adj.* couvert de sang; '~bild *n* hémogramme *m*; '⚓bildend *adj.* hémoplastique; '~bildung 💀 *f* hémoplastie *f*; '~blase 💀 *f* vésicule *f* (de sang); '~buche ♀ *f* 'hêtre *m* rouge; '~druck *m* tension *f* artérielle; *erhöhter* ~ hypertension *f*; *zu niedriger* ~ hypotension *f*; ~druckmesser *m* tensiomètre *m*; appareil *m* à mesurer la tension; '~drucksenker *phm. m* hypotenseur *m*; '~durst *m* soif *f* de sang; goûts *m/pl.* sanguinaires; férocité *f*; '⚓dürstig *adj.* altéré de sang; sanguinaire; féroce.
'Blüte ♀ *f* fleur *f*; *in* ~ *stehen* être en fleur; fleurir; (*Blütezeit*) floraison *f*; *fig.* (*Wohlstand*) prospérité *f*; (*das vorzüglichste in s-r Art*) fleur *f*; élite *f*; *in der* ~ *der Jahre* à la fleur de l'âge.
'Blut-egel *zo. m* sangsue *f* (*a. fig.*).
'Blutempfänger 💀 *m* receveur *m* de sang.
'bluten I *v/i.* saigner; *das Herz blutet mir* le cœur me saigne; *aus der Nase* ~ saigner du nez; *Reben*: pleurer; *v. Stoff*: *s-e Farbe verlieren* perdre sa couleur; (*zahlen*) payer; *er soll mir dafür* ~! il me le payera!; *fig. dafür wird er* ~ *müssen* il faudra qu'il casque pour cela; II ⚓ *n* saignement *m*.
'Blüten|becher ♀ *m* cupule *f*; ~blatt ♀ *n* pétale *m*; ~boden ♀ *m* réceptacle *m*.
'blutend *adj.* saignant (*a. fig.*); ~en *Herzens* le cœur navré.
'Blüten|dolde *f* ombelle *f*; ~hülle *f* périanthe *m*; ~kelch *m* calice *m*; ~kelchblatt *n* sépale *m*; ~knospe *f* bouton *m*; ~lese *fig. f* florilège *m*; ~stand ♀ *m* inflorescence *f*; ~staub ♀ *m* pollen *m*; ~stecher *ent. m* anthonome *m*; ~stengel ♀ *m* pédoncule *m*.
'Blut-entnahme *f* prise *f* de sang.
'blütentragend *adj.* florifère.
'Blut-entziehung *f* saignée *f*.
'Bluter 💀 *m* hémophile *m*.
'Blut-erguß 💀 *m* hémorragie *f*.
'Bluter-krankheit 💀 *f* hémophilie *f*.
'Blütezeit *f* floraison *f*; *fig.* prospérité *f*; apogée *m*; ~ *des Lebens* printemps *m* de la vie.
'Blut|farbstoff *m* hémoglobine *f*; ~faserstoff *m* fibrine *f*; ~fink *orn. m* bouvreuil *m*; ~fleck *m* tache *f* de sang; ~gefäß *anat. n* vaisseau *m* sanguin; ~gerinnsel *n* caillot *m* sanguin (*od.* de sang); ~gerüst *n* échafaud *m*; ~geschwür *n* clou *m*; furoncle *m*; ~gier *f* goût *m* du sang; férocité *f*; goûts *m/pl.* sanguinaires; ⚓gierig *adj.* altéré de sang; féroce; sanguinaire; ~gruppe 💀 *f* groupe *m*

sanguin; ~hänfling *orn. m* linotte *f* rouge; ~harnen ⚕ *n* hématurie *f*; ~hochzeit *f: Pariser* ~ (le massacre *m* de) la Saint-Barthélemy, ~hund *m* braque *m; fig.* boucher *m;* buveur *m* de sang; ~husten ⚕ *n* hémoptysie *f;* ²ig *adj.* sanglant *(a. Kampf);* ensanglanté; *Braten:* saignant; *(blutbefleckt)* taché de sang; *(blutfarbig, mit Blut vermischt)* sanguinolent; ~er Anfänger vrai débutant *m; es ist mir ~er Ernst c'est très sérieux; fig.* ~e Tränen larmes *f/pl.* amères; ²jung *adj.* tout jeune; ~klumpen ⚕ *m* caillot *m* sanguin; ~konserven *f/pl.* flacons *m/pl.* de sang conservé; ~körperchen *physiol. n* globule *m* du sang; *rotes* ~ globule *m* rouge; hématie *f;* weißes ~ globule *m* blanc; leucocyte *m;* ~krankheit *f* maladie *f* du sang; ~kreislauf *m* circulation *f* du sang; ~lache *f* mare *f* de sang; ~laus *f* puceron *m* lanigère; ²leer *adj.* exsangue; ~leere *f,* ~mangel ⚕ *m* ischémie *f,* anémie *f* locale; ~orange *f* (orange *f)* sanguine *f;* ~plasma *n* plasma *m* sanguin; ~plättchen *n* plaquette *f* sanguine; ~probe *f* prise *f* de sang; ~rache *f* vendetta *f;* ~rausch *m* goûts *m/pl.* sanguinaires; ²reich *adj.* sanguin; ²reinigend ⚕ *adj.* dépuratif, -ive; ~es Mittel dépuratif *m;* ~reinigung *f* dépuration *f;* ~reinigungsmittel *n* dépuratif *m;* ²rot *adj.* rouge sang; (rouge) sanguin; *er wurde* ~ il devint tout rouge; le rouge lui monta au visage; son visage s'empourpra; ²rünstig *adj.* sanguinaire; ~sauger *m zo. u. fig.* sangsue *f;* ~schande *f* inceste *m;* ~schänder(in *f) m,* ²schänderisch *adj.* incestueux, -euse; ~senkung ⚕ *f* sédimentation *f* du sang; ~spaltung ⚕ *f* plasmaphérèse *f;* ~spende *f* don *m* de sang; ~spender(in *f) m* donneur *m,* -euse *f* de sang; ~spukken *n* crachements *m/pl.* de sang; hémoptysie *f;* ~spuren *f/pl.* traces *f/pl.* de sang; ~stauung *f* congestion *f;* ²stillend *adj.* hémostatique; ~es Mittel hémostatique *m;* ~stillung *f* hémostase *f;* ~stockung ⚕ *f* stagnation *f* du sang; ~s-tropfen *m* goutte *f* de sang; ~sturz *m* ⚕ hémorragie *f;* ²sverwandt *adj.,* ~sverwandte(r *a. m) m, f* consanguin *m,* -e *f;* ~s-verwandtschaft *f* consanguinité *f;* ~tat *f* crime *m* sanglant; meurtre *m;* ~transfusion ⚕ *f* transfusion *f* de sang; ²triefend *adj.* dégouttant de sang; sanglant; ²überströmt *adj.* inondé de sang; ~übertragung ⚕ *f* transfusion *f* de sang; ~ung *f* hémorragie *f;* saignement *m;* ²unterlaufen *adj.* ecchymosé; *Auge:* poché; ~untersuchung *f* analyse *f* de sang; examen *m* du sang; ~vergießen *n* effusion *f* de sang; massacre *m;* carnage *m;* ~vergiftung ⚕ *f* empoisonnement *m* du sang; septicémie *f;* ~verlust *m* perte *f* de sang; ~wärme *f* température *f* du sang; ~wäsche *f* hémodialyse *f;* épuration *f* du sang; ~wasser *m* sérum *m;* ~wurst *f* boudin *m;* ~zucker ⚕ *m* glucose *m* présent dans le sang.

b-Moll ♩ *n* si *m* bémol mineur.
Bö ⚓ *f* rafale *f,* bourrasque *f.*
Boa *zo. f* boa *m (a. Halsbekleidung).*

Bob(-schlitten *m*) *m* bobsleigh *m;* *(Zweier²)* bobsleigh *m* à deux.
Bock *m zo.* mâle *m;* (Ziegen²) bouc *m;* (Kaninchen²) lapin *m* mâle; *ch.* bouquin *m;* (Schaf², Sturm²) bélier *m; gym.* cheval *m* de bois; (Kutscher²) siège *m* (de cocher); *(Gerüst)* chevalet *m;* tréteau *m;* (Feuer²) chenet *m;* *Bier:* demi *m; fig.* ~ lourdaud *m;* balourd *m;* maladroit *m;* sturer ~ tête *f* de mule; *fig. den* ~ *zum Gärtner machen* enfermer le loup dans la bergerie; *fig. F e-n* ~ *schießen* faire une bévue *(od.* une gaffe); gaffer; *fig. ihn stößt der* ~ il reste récalcitrant; *fig.* e-n ~ *haben (störrisch sein)* être entêté *(od.* rétif, -ive), *(schmollen)* faire la moue; ~ *springen Spiel:* jouer à saute-mouton; *die Schafe von den Böcken trennen* séparer le bon grain de l'ivraie; ²beinig *adj.* buté; ~ *sein (störrisch sein)* être récalcitrant *(od.* entêté *od.* rétif, -ive *od.* revêche), *(schmollen)* faire la moue; ¹bier *n* bière *f* forte.

Böckchen *n* chevreau *m.*
¹bock|en *v/i.* sauter comme un bouc; *Motor:* caler; P cafouiller; *Pferd:* se cabrer; *fig. (störrisch sein)* s'entêter, être récalcitrant *(od.* entêté *od.* rétif, -ive *od.* revêche), *(schmollen)* faire la moue; ~ig *adj.* → ~beinig; ²leiter *f* escabeau *m;* ~sbart *m* barbe *f* de bouc; ♣ salsifis *m* sauvage; ²sbeutel *m* vin *m* de Wurtzbourg; ²shorn *n: fig. j-n ins* ~ *jagen* intimider q.; faire peur à q.; P donner la trouille à q.; *sich nicht ins* ~ *jagen lassen* ne pas s'en laisser imposer, n'avoir pas froid aux yeux; ²springen *n* saute-mouton *m;* ²sprung *m gym.* saut *m* au cheval; *(Luftsprung)* cabriole *f;* gambade *f; Bocksprünge machen (herumtollen)* gambader; faire des cabrioles, sauter comme un cabri; ²wurst *f* saucisse *f* de Francfort.

¹Boden *m* ⚓, *géol.* ⚓ sol *m;* terrain *m (a. Baugrund);* terre *f; e-s Gefäßes usw.:* fond *m; e-r Flasche:* cul *m;* (Fuß²) plancher *m;* (Dach²) grenier *m; (Heu²)* fenil *m;* (Geschoß²) culot *m; der Uhr:* boîte *f; leichter (schwerer)* ~ terre *f* légère (lourde); *fruchtbarer* ~ sol *m* fertile; *mit doppeltem* ~ *Gefäß usw.:* à double fond; *Grund und* ~ biens-fonds *m/pl.;* *Grund und* ~ *besitzen* posséder des terres; *in Grund und* ~ à fond; *dem* ~ *gleichmachen* raser; *j-m* ~ *abgewinnen* gagner du terrain sur q.; *an* ~ *gewinnen* (verlieren) gagner (perdre) du terrain; *auf den* ~ *legen (od. setzen od. stellen)* mettre à terre; *sich auf den* ~ *legen* se coucher par terre; *auf dem* ~ *sein Sport:* être à terre; *aus dem* ~ *stampfen* faire sortir du sol; *dieses improvisierte, wie aus dem* ~ *gestampfte Heer* cette armée improvisée, comme jaillie du sol; *sich vom* ~ *heben* ✈ décoller; *zu* ~ *schlagen* terrasser, abattre, assommer; *Rugby: j-n zu* ~ *bringen* plaquer q.; *zu* ~ *werfen* renverser, *fig.* accabler; *zu* ~ *gehen Boxen:* aller à terre; *zu* ~ *fallen* tomber à *(bzw.* par) terre; *fig. das schlägt dem Faß den* ~ *aus* c'en est trop; *auf dem* ~ *des Gesetzes* sur le terrain de la loi; *sich auf den* ~ *der Tatsachen stellen* s'en tenir aux faits; *den* ~ *der Wirklichkeit*

verlassen se livrer à des spéculations; *(festen)* ~ *fassen* prendre pied; *den* ~ *unter den Füßen verlieren* perdre pied; *fig. der* ~ *brennt ihm unter den Füßen* le sol lui brûle sous les pieds; *fig. wieder* ~ *fassen (als Flüchtling)* reprendre racine; ~abtragung *géol. f:* die ~ *durch Sturzbäche* le charriage des terres par les torrents; ~abwehr *f* défense *f* aérienne; ~art *f* nature *f* du sol *(od.* du terrain); ~be-arbeitung ✍ *f* culture *f;* ~beschaffenheit *f* nature *f* du sol *(od.* du terrain); ~besitz *m* propriété *f* foncière; ~-Boden-Rakete ✈ *f* fusée *f* sol-sol; ~bretter *n/pl..* *e-s Bettes, Fasses:* fonçailles *f/pl.;* ~einrichtungen ✈ *f/pl.* installations *f/pl.* au sol; ~erhebung *f* élévation *f* de terrain; éminence *f;* ~ertrag *m* rendement *m* du sol; 🌱 revenu *m* foncier; ~erzeugnis *n* produit *m* agricole; ~falte *f* pli *m* de terrain; ~fenster *n* lucarne *f;* ~fläche *f* étendue *f;* superficie *f;* contenance *f;* ~formen *f/pl.* formes *f/pl.* du terrain; ~fräse ✍ *f* motoculteur *m;* fraiseuse *f* de labour; ~freiheit *Auto f* garde *f* au sol; ~frost *m* gelée *f* au sol; ~gestaltung *f* configuration *f* du terrain; ~güte *f* qualité *f* du sol; ~haftung *f* adhérence *f;* ~kammer *f* mansarde *f;* ~kontrolle ✈ *f* contrôle *m* au sol; ~kredit *m* crédit *m* foncier; ~kreditbank *f* banque *f* foncière; ~kunde *f* pédologie *f;* ²los *adj.* sans fond; *fig.* inouï; énorme; ~-Luft-Rakete ✈ *f* missile *m (od.* fusée *f)* sol-air; ~luke *f* lucarne *f;* ~nebel *m* brouillard *m* au sol; ~operationen ✈ *f/pl.* opérations *f/pl.* au sol; ~personal *n* personnel *m* non navigant *(od.* au sol); mécaniciens *m/pl. (od.* techniciens *m/pl.)* au sol; ~proben *f/pl.* échantillons *m/pl.* du sol; *ausgebohrte* ~ carottes *f/pl.;* ~produkte *n/pl.* produits *m/pl.* agricoles; ~reform *f* réforme *f* agraire; ~satz *m* fond *m;* dépôt *m;* ~schätze *m/pl.* richesses *f/pl.* naturelles *(od.* du sous-sol); ressources *f/pl.* minières *(od.* minérales); ~see *m* lac *m* de Constance; ~senke *f* dépression *f* de terrain; ~speku'lant *m* spéculateur *m* sur les terrains; ~spekulation *f* spéculation *f* foncière *(od.* sur les terrains); ²ständig *adj.* autochtone; ~streitkräfte *f/pl.* forces *f/pl.* terrestres; ~temperatur *f* température *f* au sol; ~truppen *pl.* forces *f/pl.* terrestres; ~turnen *n* gymnastique *f* au sol; ~un-ebenheit *f* accident *m* de terrain; ~verdichtung ⚛ *f* compactage *m;* ~verschmutzung 🐛 *f* pollution *f* du sol; ~versuch *m* essai *m* au sol; ~wellen *f/pl.* ondulation *f* du terrain; *rad.* ondes *f/pl.* directes; ~wind *m* vent *m* au sol.

'Bodybuild|er *m* culturiste *m;* ~ing *n* culturisme *m.*
'Bofist ♣ *m* boviste *m.*
'Bogen *m* arc *m;* △ *a.* cintre *m;* *(Krümmung)* courbe *f (a. Kurve);* courbure *f;* (Spitz²) ogive *f;* arc *m* ovival *(od.* en ogive); (Brücken²) arche *f;* (Geigen²) archet *m;* (Sattel²) arçon *m;* (Papier²) feuille *f* de papier; *e-s Flusses:* coude *m; den* ~ *spannen* bander l'arc; *mit dem* ~ *schießen* tirer à l'arc; *fig. den* ~ *Bogen*

überspannen exagérer; aller trop loin; passer la mesure; F *große ~ spucken* faire l'important (*od.* le fanfaron); *den ~ raushaben* s'y connaître; avoir trouvé le filon; *den ~ rauskriegen* trouver le filon; **~brücke** *f* pont *m* à arches; **~fenster** *n* fenêtre *f* cintrée; **²förmig** *adj.* arqué; en arc; en cintre; cintré; voûté; *~ ausschneiden* échancrer; **~führung** ♩ *f* coup *m* d'archet; **~gang** △ *m* arcade *f*; **~gewölbe** △ *n* voûte *f* en plein cintre; **~haare** *n/pl.* crins *m/pl.*; **~halle** △ *f* portique *m*; **~lampe** *f*, **~licht** *n* lampe *f* à arc; **~linie** *f* courbe *f*; **~pfeiler** △ *m* arc-boutant *m*; **~schießen** *n* tir *m* à l'arc; **~schütze** *m* archer *m*; *antiq. a.* sagittaire *m*; **~sehne** *f* corde *f* de l'arc; **~strich** ♩ *m* coup *m* d'archet; **²weise** *adv.* par feuilles.
'**Bohle** ⊕ *f* madrier *m*; planche *f*.
'**böhmisch** *adj.*: *fig. das sind für ihn ~e Dörfer* pour lui c'est de l'hébreu.
'**Bohne** *f* 'haricot *m*; *grüne ~n* 'haricots *m/pl.* verts; *weiße ~n* 'haricots *m/pl.* blancs; *fayots m/pl.*; *dicke ~n* fèves *f/pl.*; (*Kaffee²*) grain *m* de café; ⚕ *blaue ~n pl.* F pruneaux *m/pl.*; *fig. das ist keine ~ wert* cela ne vaut pas un sou.
'**Bohnen|gericht** *n* plat *m* de 'haricots; **~hülse** *f* cosse *f* de 'haricot; **~kaffee** *m* café *m*; F grand café *m*; **~kraut** ♀ *n* sarriette *f*; **~stange** *f* rame *f*; F *fig.* perche *f*; échalas *m*; grande sauterelle *f*; longue échine *f*; *Mann:* grand flandrin *m*; *nur Mädchen od. Frau:* P grande gigue *f*; **~stroh** *n fig.* F *dumm wie ~* bête comme une oie; **~suppe** *f* soupe *f* aux 'haricots.
'**Bohner|besen** *m* cireuse *f*; **~bürste** *f* brosse *f* à parquet; **~lappen** *m* chiffon *m* à parquet; **~maschine** *f* cireuse *f*; **²n** *v/t.* cirer; encaustiquer; **~n** *n* cirage *m*; encaustiquage *m*; **~wachs** *n* encaustique *f*, cire *f*.
'**Bohr|arbeiten** *f/pl.* travaux *m/pl.* de forage; **²en 1.** *v/t. u. v/rf.* forer; (*durch~*) percer; perforer; (*aus~*) aléser; *ein Loch:* percer; faire; creuser; *Brunnen:* forer; creuser; *in e-m Zahn ~* creuser une dent; *sich in das Holz ~ Würmer:* se loger dans le bois; *sich in den Grund ~* couler; envoyer par le fond; **2.** *v/i. Zahnarzt:* passer la roulette; (*mit dem Finger*) *in der Nase ~* F se fourrer le(s) doigt(s) dans le nez; **~en** *n* forage *m*; perçage *m*; percement *m*; (*Aus²*) alésage *m*; *Zahnarzt: das ~ tut nicht weh* la roulette ne fait pas mal; *e-s Brunnens:* creusage *m*; forage *m* (*a. nach Öl*); (*Erd²*) sondage *m*; **~er** *m für Holz, Stein, Metall:* foret *m*; (*Durch²*) perçoir *m*; (*Gewinde²*) taraud *m*; (*großer Holz²*) tarière *f*; (*kleiner Holz²*) vrille *f* (*Zahn²*) fraise *f*; *→ ~maschine*; (*Person*) foreur *m*; perceur *m*; **~erspitze** *f* mèche *f*; **~futter** ⊕ *n* mandrin *m*; **~insel** ⊕, ♂ *f* plate-forme *f* de forage; **~käfer** *ent. m* vrillette *f*; **~loch** *n* ⊕ forure *f*; ⚒ trou *m* de mine; (*Erd²*) puits *m* de sondage; (*Öl²*) puits *m* à pétrole; **~maschine** *f leichte:* perceuse *f*; *schwere:* foreuse *f*; *für Gesteine:* perforatrice *f*; **~meißel** *m* trépan *m*; **~turm** *m Ölfeld:* tour *f* de forage; *derrick m*; **~ung** *f → ~en*; **~winde** ⊕ *f* vilebrequin *m*; **~wurm** *ent. m* taret *m*.
'**bö-ig** *adj.* en rafales.
'**Boiler** *m* chauffe-eau *m*.
'**Boje** ⚓ *f* bouée *f*; balise *f*.
Bo'lero *m* boléro *m*.
Bo'livien *n* la Bolivie.
'**böller|n** ⚔ *v/i.* tirer le canon; **²schüsse** *m/pl.* coups *m/pl.* de canon.
'**Bollwerk** *n hist.* ⚔ bastion *m*; *fig.* rempart *m*; sanctuaire *m*; (*Wehr gegen die See*) digue *f*.
'**Bolzen** *m* ⊕ (*Pflock*) boulon *m*; cheville *f*; goujon *m*; *für Kindergewehre:* flèche *f*.
Bombard|e'ment *n* bombardement *m*; **²ieren** *v/t.* bombarder (*a. fig. mit etw.* de qch.).
Bombar'don ♩ *n* bombardon *m*.
Bom'bast *m* emphase *f*; pathos *m*; **²isch** *adj.* emphatique.
'**Bombe** *f* ⚔ bombe *f*; *cuis.* (*Eis²*) bombe *f* glacée; *mit ~n belegen* bombarder; arroser de bombes; *~n abwerfen* lâcher (*od.* lancer *od.* larguer *od.* jeter) des bombes; *fig. wie e-e ~ platzen* éclater comme une bombe; *Nachricht: wie e-e ~ einschlagen* faire l'effet d'une bombe; *fig. die ~ ist geplatzt* la bombe a éclaté.
'**Bomben|abwurf** *m* lancement (*od.* largage) *m* de bombes; *gezielter ~ bombardement m* de précision; **~abwurfvorrichtung** *f* dispositif *m* de largage des bombes; **~a'larm** *m* alerte *f* à la bombe; **~angriff** *m* bombardement *m* (*aus geringer Höhe* à basse altitude; *aus großer Höhe* à 'haute altitude; *in geschlossenem Verband* en formation; *en groupe*); **~anschlag** *m*, **~attentat** *n* attentat *m* à la bombe (*weitS.* par explosifs); **~auslöser** *m* déclencheur *m* de bombes; **~erfolg** *m* succès *m* éclatant (*od.* fou *od.* monstre); **²fest** *adj.* à l'épreuve des bombes; F *fig. das steht ~* c'est sûr comme deux et deux font quatre; **~flugzeug** *n* avion *m* de bombardement; bombardier *m*; **~geschädigte(r** *a. m) m, f* sinistré *m*, *-e f*; **~geschäft** *n* F bonne affaire *f*; affaire *f* sensationnelle; **~geschwader** *n* escadre *f* de bombardement; **~klappe** *f* trappe *f* de la soute à bombes; **~ladung** *f*, **~last** *f* charge *f* de bombes; **~leger** *m* poseur *m* de bombes; **~magazin** ✈ *n* soute *f* à bombes; **~rolle** F *thé. f* rôle *m* sensationnel; **~schütze** *m* bombardier *m*; **²sicher → ²fest**; **~splitter** *m* éclat *m* de bombe; **~teppich** *m* tapis *m* de bombes; **~trichter** *m* entonnoir *m* de bombe; **~werfen** *n* bombardement *m*; **~werfer** *m* lance-bombes *m*; **~wurf** *m s. ~abwurf*; **~zielgerät** *n* viseur *m* de bombardement.
'**Bomber** ⚔ *m* bombardier *m*; *viermotoriger ~* bombardier *m* quadrimoteur; **~geschwader** *n* escadre *f* de bombardement; **~gruppe** *f* groupe *f* de bombardiers; **~staffel** *f* escadrille *f* de bombardement; **~verband** *n* formation *f* de bombardiers.
Bon *m* bon *m*.
Bon'bon *m od. n* bonbon *m*; **~dose** *f* bonbonnière *f*; **~laden** *m* confiserie *f*; **~tüte** *f* sachet *m* de bonbons.
'**Bonne** *f* (*Erzieherin*) gouvernante *f*; (*Kindermädchen*) bonne *f* d'enfant; nurse *f*.
'**Bonus** ✝ *m* bonus *m*.
'**Bonze** *a. péj. m* bonze *m*, pontife *m* (*beide a. péj.*); F grosse légume *f*; F huile *f*; F (gros) ponte *m*; puissant *m* du jour; *a.* grand manitou *m*; **~n-wirtschaft** *pol. f* régime *m* des bonzes (*od.* des pontifes); mandarinisme *m*; mandarinat *m*.
'**Booking** ⛵, ✈ *n* location *f*.
Boot *n* bateau *m*; *großes:* chaloupe *f*; *kleines:* canot *m*; embarcation *f*; (*Barke*) barque *f*; *fig. im gleichen ~ sitzen* être logé à la même enseigne.
'**Boots|anhänger** *m* remorque-canot *f*; **~bau** *m* construction *f* de bateaux; **~besatzung** *f* équipage *m*; **~fahrt** *f* promenade *f* en bateau; **~führer** *m* batelier *m*; **~haken** *m* gaffe *f*; **~haus** *n* 'hangar *m* (*remise f od.* garage *m*) pour (*od.* de) bateaux *od.* canots; **~leute** *pl.* équipage *m*; **~mann** *m* second maître *m*; **~mannschaft** *f* équipage *m*; **~motor** *m* moteur *m* de bateau; **~rennen** *n* régates *f/pl.*, course *f* de bateaux; **~steg** *m* passerelle *f*; **~verleih** *m* location *f* de bateaux.
'**Borax** 🜨 *m* borax *m*.
Bord ⚓, ✈ *m* bord *m*; *an ~* à bord; *~ nehmen* (*bleiben*) prendre (rester) à bord; *an ~ gehen* aller (*od.* se rendre) à bord; *s'embarquer*; *Mann über ~!* un homme à la mer!; *über ~ fallen* tomber à la mer; *über ~ werfen* jeter par-dessus bord (*a. fig.*); ✝ *frei an ~* franco à bord, fob; **~anlage** *f* installation *f* de bord; **~buch** *n* journal *m* de bord; **'~computer** ⚓ *m* ordinateur *m* de bord.
Bor'dell *n* bordel *m*; maison *f* close (*od.* de passe, de prostitution, de tolérance); bar *m* à filles; **bobinard m*; **clandé m*; **~besitzer(in** *f) m* patron(ne *f*) *m* de maison close; lanternier *m*.
'**Bord|flugzeug** ⚓ *n* avion *m* embarqué; **~funker** ⚓, ✈ *m* radiotélégraphiste *m*, F radio *m*; **~kanone** ✈ *f* canon *m* de bord; **~kante** *f Bürgersteig:* bordure *f* de (*od.* du) trottoir; **~monteur** ✈ *m* mécanicien *m* de bord; **~personal** ✈ *n* personnel *m* de bord; **~radar** ✈ *n* radar *m* de bord; **~schütze** ✈ *m* mitrailleur *m* de bord; **~schwelle** *f s. ~kante*; **~stein** *m* pierre *f* de bordure; **~steintaster** *m Auto:* guide-trottoir *m*.
Borg *m*: *etw. auf ~ kaufen* acheter qch. à crédit; **'²en** *v/t.* **1.** *etw. bei* (*od. von*) *j-m* emprunter qch. à q.; **2.** *j-m etw. ~* prêter qch. à q.
'**Borke** *f* (*Rinde*) écorce *f*.
Born *m* puits *m*; (*Quell*) source *f* (*a. fig.*).
bor'niert *adj.* borné, **²heit** *f* étroitesse *f* d'esprit.
'**Borretsch** ♀ *m* bourrache *f*.
'**Bor|salbe** *f* vaseline *f* boriquée; **~säure** *f* acide *m* borique.
'**Börse** *f* ✝ Bourse *f*; *an der ~ spekulieren* spéculer (*od.* jouer) à la Bourse, *péj.* boursicoter; *an der ~ notiert werden* être coté en Bourse; *die ~ ist gestiegen* (*gefallen*) la Bourse a monté (a baissé); *die ~ ist gedrückt* la Bourse est déprimée.
'**Börsen|bericht** *m* bulletin *m* de la

Bourse; ~besucher *m* boursier *m*; ~blatt *n* journal *m* de la Bourse; 2fähig *adj.* négociable; ~fieber *n* fièvre *f* boursière; 2gängig *adj.* négocié (*od.* coté) en Bourse; ~es Wertpapier valeur *f* de Bourse; ~gebäude *n* Bourse *f*; ~gerücht *n* nouvelle *f* de Bourse; ~geschäft *n* transaction *f* boursière (*od.* en Bourse); opération *f* de Bourse; ~index *m* indice *m* boursier; ~krach *m* débâcle *f* financière; krach *m*; ~kurs *m* cours *m* de la Bourse; ~makler *m* agent *m* de change; ~manöver *n* manœuvre *f* boursière; 2mäßig *adj.* suivant les coutumes boursières; ~notierung *f* cotation *f* en Bourse; ~ordnung *f* règlement *m* de la Bourse; ~papier *n* valeur *f* boursière; ~preis *m* prix *m* coté en Bourse; ~schluß *m* clôture *f* de la Bourse; ~schwindel *m* tripotages *m*/*pl.* de Bourse; ~spekulant *m* spéculateur *m* à la Bourse, boursier *m*; ~spekulation *f* spéculation *f* boursière; ~steuer *f* impôt *m* sur les opérations de Bourse; ~strömung *f* tendance *f* boursière; ~stunden *f*/*pl.* heures *f*/*pl.* de Bourse; ~sturz *m* effondrement *m* des cours, chute *f* resp. la Bourse; ~termingeschäft *n* opération *f* de Bourse à terme; ~umsatzsteuer *f* s. ~steuer; ~vorstand *m* conseil *m* d'administration de la Bourse; direction *f* de la Bourse; ~zeitung *f* journal *m* de la Bourse; ~zettel *m* cote *f*; ~zulassung *f* admission *f* à la Bourse (*od.* à la cote); ~zusammenbruch *m* débâcle *f* financière; krach *m*.

Börsi'aner *m* boursier *m*.

'Borste *f* soie *f*; 🔱 *a.* poil *m*; *pl.* ~*n e-s Pinsels usw.*: soies *f*/*pl.*, poils *m*/*pl.*; ~nvieh *n* espèce *f* porcine.

'borstig *adj.* 'hérissé; 🔱 séteux, -euse; *fig.* (*widerspenstig*) rébarbatif, -ive; *fig.* ~ werden se 'hérisser.

'Borte *cout. f* galon *m*, bordé *m*, bordure *f*; *mit e-r* ~ *besetzen* (*od. einfassen*) mettre un galon à, galonner.

'Borwasser *n* eau *f* boriquée.

'bös-artig *adj.* 🔱 malin, -igne; (*boshaft*) méchant; de mauvaise foi; 2keit *f* malignité *f*; (*Boshaftigkeit*) méchanceté *f*.

'böschen *v*/*t.* taluter; 2ung *f* talus *m*; pente *f*; *steile*: berge *f*; 2ungsabsatz *m* banquette *f*; 2ungswinkel *m* angle *m* de pente.

'böse *adj.* mauvais (*adv.* mal); (*boshaft*) méchant; (*erzürnt*) fâché; irrité; *Zeiten*: dur; ~*r Blick* regard *m* méchant, *zauberkräftiger*: mauvais œil *m*; *e-e* ~ *Zunge haben* être une mauvaise (*od.* méchante) langue; ~*s Blut machen* irriter les esprits; échauffer la bile; ~ *werden* se fâcher; *j-n* ~ *machen* fâcher (*od.* irriter) q.; *j-m* ~ *sein*; *auf j-n* ~ *sein* en vouloir à q.; être fâché contre q.; *nicht* ~ *meinen* ne pas penser à mal; *es war nicht* ~ *gemeint* c'était sans mauvaise intention; *er hat ein* ~*s Gewissen* il a mauvaise conscience; il n'a pas la conscience tranquille.

'Böse(s) *n* mal *m*; *Böses über j-n reden* dire du mal de q.; *Böses beabsichtigen* (*od. im Sinn haben*) méditer un mauvais coup; *nichts Böses beabsichtigen*

n'avoir pas de mauvaise intention; ne pas penser à mal; *Böses mit Gutem vergelten* rendre le bien pour le mal.

'Bösewicht *m* méchant *m*.

'bos|haft *adj. Person*: méchant; malveillant; de mauvaise foi; (*arglistig*) malicieux, -euse; 2heit *f* malignité *f*; méchanceté *f*; (*Arglist*) malice *f*; *aus* (*reiner*) ~ par (pure) malice.

'Bosporus *m* Bosphore *m*.

Boß *m* patron *m*, F boss *m*, manager *m*, chef *m*; F grand manitou *m*; *nur péj.* séide *m*, caïd *m*.

'bosseln F: *an etw.* ~ fignoler qch.

'böswillig *adj.* malveillant; méchant; malintentionné; 2keit *f* malveillance *f*.

Bo'tan|ik 🌿 *f* botanique *f*; ~iker *m* botaniste *m*; 2isch *adj.* botanique; ~er Garten jardin *m* botanique (*in Paris*: Jardin *m* des Plantes).

botani'sier|en *v*/*t.* herboriser; 2en *n* herborisation *f*; 2trommel *f* boîte *f* à herboriser, boîte *f* en fer de botaniste.

'Bote *m* messager *m*; *für Gänge*: garçon *m* de courses; commissionnaire *m*; *in e-m Hotel od. in e-r Behörde*: coursier *m*; *durch* ~*n* par messager resp. porteur; ~ngang *m* course *f*; commission *f*; ~nlohn *m* pourboire *m*; ~nzustellung *f* remise *f* à domicile par porteur.

'botmäßig *adj.* soumis; 2keit *f*: *unter seine* ~ *bringen* assujettir, soumettre.

'Botschaft *f* (*Kunde*) message *m*; (*Nachricht*) nouvelle *f*; *dipl.* ambassade *f*; ~er(in) *m* ambassadeur *m*, -drice *f*; ~erposten *m* poste *m* d'ambassade; ~srat *m* conseiller *m* d'ambassade.

'Böttcher *m* tonnelier *m*.

Böttche'rei *f* tonnellerie *f*.

'Bottich *m* baquet *m*; cuve *f*.

'bottnisch *adj.*: 2er Meerbusen golfe *m* de Botnie.

Bou'doir *n* boudoir *m*.

Bouil'lon *f* bouillon *m*; *kräftige*: consommé *m*.

Boule'vard *m* boulevard *m*; ~blatt *n* feuille *f* boulevardière, journal *m* populaire.

Bou'tique *cout. f* boutique *f*.

'Bowle *f* punch *m* froid.

Box *f* box *m*.

'box|en *v*/*i.* u. *v*/*rf.*: *sich se*) boxer; 2en *n* boxe *f*; 2er *m* boxeur *m*; 2fan *m* féru *m* de boxe; 2handschuh *m* gant *m* de boxe; 2kampf *m* match *m* de boxe; 2ring *m* ring *m*; 2sport *m* boxe *f*; 2weltmeister *m* champion *m* du monde de boxe; 2weltmeisterschaft *f* championnat *m* du monde de boxe.

Boy|'kott *m* boycottage *m*; 2kot'tieren *v*/*t.* boycotter.

brach *adj.* en friche; *vorübergehend*: en jachère; 'acker *m*, 2e *f*, 2feld *n* friche *f*; jachère *f*; terre *f* (*od.* champ *m*) en friche (*od.* en jachère).

Brachi'algewalt *f*: *mit* ~ à la force du poignet; de vive force.

'Brach|land *n* terre *f* inculte; *s. a.* ~acker; 2liegen *v*/*i.* être en friche (*od.* en jachère); 🗸 *a.* laisser en friche (*od.* en jachère); *fig. Industrie*: chômer; *fig. etw.* ~ *lassen* laisser dormir qch.; 2liegend *adj.*: ~*es Geld* argent *m* mort (*od.* improductif);

~vogel *orn. m* courlis *m*; ~zeit *f* période *f* de jachère.

'Bracke *ch. m* braque *m*.

'Bramsegel *n* (voile *f* de) perroquet *m*.

'Branche ✝ *f* branche *f*; 2nkundig *adj.* expert dans une branche, un domaine.

Brand *m* incendie *m*; feu *m*; *v. Ziegeln usw.*: cuite *f*; ⚕ gangrène *f*; nécrose *f*; 🌿 rouille *f*; charbon *m*; F (*Durst*) soif *f*; *in* ~ *stecken* mettre le feu (à); *incendier; in* ~ *geraten* prendre feu; s'enflammer; *in* ~ *stehen* être en flammes; *e-n* ~ *verursachen* provoquer (*od.* allumer) un incendie; '~bekämpfung *f* lutte *f* contre le feu; '~blase *f* cloque *f*; '~bombe *f* bombe *f* (*od.* engin *m*) incendiaire; '~brief F *m fig.* demande *f* très pressante de secours; '~direktor *m* chef *m* des sapeurs-pompiers.

'branden *v*/*i.* déferler; se briser contre; *fig.* (*toben*) se déchaîner.

'Brand|fackel *f* torche *f* incendiaire; brandon *m* (*a. fig.*); ~ *trace f* de brûlure; ~fuchs *m* (*Pferd*) alezan *m* brûlé; ~gefahr *f* danger *m* d'incendie; ~gerste *f* orge *f* niellée; ~geruch *m* odeur *f* de brûlé; ~geschmack *m* goût *m* de brûlé (*od.* de roussi); ~granate ⚔ *f* obus *m* incendiaire; ~herd *m* foyer *m* d'incendie; 2ig *adj.* qui sent le brûlé (*od.* le roussi); ⚕ gangreneux, -euse; gangrené; 🌿 rouillé; niellé; charbonné; ~kasse *f* caisse *f* d'assurance contre l'incendie; ~katastrophe *f* incendie *m* monstre (*od.* gigantesque); ~mal *n* cicatrice *f* de brûlure; *fig.* stigmate *m*, flétrissure *f*; ~male'rei *f* pyrogravure *f*; 2marken *fig. v*/*t.* stigmatiser, flétrir, dénoncer; ~markung *fig. f* stigmatisation *f*; ~mauer *f* mur *m* de refend réfractaire (*od.* coupe--feu; ~meister *m* capitaine *m* des pompiers; ~opfer *bibl. n* holocauste *m*; ~pflaster *phm. n* pansement *m* contre les brûlures; ~rakete *f* fusée *f* incendiaire; ~rede *f* discours *m* incendiaire; ~salbe *f* pommade *f* (*od.* liniment) *m* contre les brûlures; ~schaden *m* dégâts *m*/*pl.* causés par le feu; 2schatzen *v*/*t.* rançonner; ~schneise *silv. f* réseau *m* pare-feux; coupe-feu *m*; coupure *f* anti-feux; ~schutz *m* protection *f* contre l'incendie; ~sohle *cord. f* première semelle *f*; semelle *f* intérieure; ~stätte *f*, ~stelle *f* lieu *m* de l'incendie; ~stifter(in *f*) *m* incendiaire *m*, *f*; ~stiftung *f* incendie *m* volontaire; *fahrlässige* ~ incendie *m* par imprudence.

'Brandung *f* déferlement *m* des flots; ressac *m*.

'Brand|wache *f* piquet *m* d'incendie; ~wirkung *f* e-*s Geschosses*: effet *m* incendiaire; ~wunde *f* brûlure *f*.

'Branntwein *m* eau-de-vie *f*; ~brenner *m* distillateur *m*; brûleur *m*; ~brenne'rei *f* (*Fabrik*) distillerie *f*; brûlerie *f*; ~monopol *n* monopole *m* des alcools.

Brasili'an|er(in *f*) *m* Brésilien *m*, -enne *f*; 2isch *adj.* brésilien, -enne; du Brésil.

Bra'silien *n* le Brésil.

'Brasse[1] ⚓ *f* bras *m* (d'une vergue).

'Brasse[2] *icht. f* brème *f*.

'brassen ⚓ v/t. brasser.
'Brat-apfel m pomme f cuite au four.
'braten I v/t. faire cuire; a. mettre cuire qch.; mettre qch. à cuire; im Ofen a.: faire rôtir; im Fett: faire frire; am Grill: faire griller, faire rôtir; Bratkartoffeln: faire sauter; braun ~ faire rissoler, faire dorer; v/i. cuire, rôtir; griller; fig. a. v/rf.: (sich) in der Sonne ~ (lassen) se faire griller (od. rôtir) au soleil; II ⚓ n cuisson f (à la poêle, au four, à la cocotte); im Ofen, am Grill a. rôtissage m; im Öl: friture f.
'Braten m rôti m; fig. den ~ riechen éventer la mèche; ~duft m fumet m; ~fett n graisse f de rôti, ~schüssel f plat m à rôti; ~wender m tournebroche m.
'Brat|fisch m poisson m à frire; gebraten: poisson m frit; friture f; ~hering m zum Braten: hareng m frit; ~huhn n poulet m rôti; ~kartoffeln f/pl. pommes f/pl. de terre sautées; ~ofen m four m; ~pfanne f poêle f; ~rost m gril m; barbecue m.
'Bratsche ♩ f alto m; ~ist m altiste m.
'Brat|spieß m broche f; ~wurst f saucisse f fraîche; gebraten: saucisse f grillée.
'Braubottich m cuve f de brasseur.
Brauch m coutume f; usage m; '²bar adj. qui peut servir (für acc. à); utile (à); (verwendbar) utilisable, employable; Kleider: mettable; Mensch: zu allem ~ à toutes mains; '~barkeit f utilité f.
'brauchen v/t. (nötig haben) avoir besoin (de); er braucht etw. a. il lui faut qch.; (verbrauchen) consommer; abs. er braucht viel Geld (gibt viel aus) il dépense beaucoup (d'argent); Zeit: mettre; Sie ~ nur zu ... (inf.) vous n'avez qu'à ... (inf.); das ~ Sie mir nicht zu sagen à qui le dites-vous?; ich brauche wohl nicht (erst) zu sagen, daß ... inutile de dire (od. faut-il dire) que ...?; er braucht nicht zu kommen il n'a pas besoin de venir; il ne faut pas (od. il n'est pas nécessaire) qu'il vienne; das braucht niemand zu wissen cela ne regarde personne.
'Brauchtum n coutumes f/pl.; Aberglaube: superstitions f/pl.
'Braue f sourcil m.
'brau|en v/t. Essig, Punsch, usw.: faire; préparer; Bier: brasser; ²en n v. Essig, Punsch usw.: préparation f; v. Bier: brassage m; ²er m brasseur m; ²e'rei f brasserie f; ²gerechtigkeit f droit m de brasseur; ²haus n brasserie f; ²kessel m chaudière f à brasser; ²malz n malt m pour brasseries; ²meister m maître m brasseur.
braun I adj. brun; Gesicht: bruni; 'hâlé; basané; bronzé; Pferd: bai; Butter: noir; ~ färben; ⊕ ~ beizen; durch die Sonne ~ werden (se) brunir; cuis. ~ braten (faire) rissoler; ~es Mädchen brune f; brunette f; II ⚓ n couleur f brune; brun m; '~äugig adj. aux yeux bruns; '²beizen ⊕ ~ bronzage m; '²bier n bière f de brune.
'Bräune f couleur f brune; teint m 'hâlé (od. bruni od. bronzé), 'hâle m; 𝔐 (Hals~) angine f; häutige ~ croup m; angine f couenneuse.

'Braun-eisen|erz n, ~stein m limonite f.
'bräunen v/t. Sonne, Luft, die Haut: bronzer, brunir, 'hâler, basaner; cuis. Fleisch, Zwiebel: faire revenir, rissoler; Butter: faire dorer; v/i. in der Sonne od. Luft: bronzer, brunir; cuis. rissoler; Butter, Brathähnchen: dorer; v/rf. sich in der Sonne ~ (lassen) se bronzer (se brunir, se basaner) au soleil.
'Braun|e(r) m (Pferd) cheval m bai; ²haarig adj. aux cheveux bruns; ~kohle f lignite m; ~kohlenkoks m coke m de lignite.
'bräunlich adj. brunâtre.
'braunrot adj. rouge brun; mordoré.
'Braunsche Röhre f oscillographe m cathodique.
'Braunstein min. m manganèse m.
'Bräunung f Haut: bronzage m; ~skur f cure f brunissante; ~smatte f bronzoir m.
'Braurecht n droit m de brasser; licence f de brasseur.
Braus m: in Saus und ~ leben mener une vie de plaisirs (od. la vie à grandes guides).
'Brause f e-r Gießkanne: pomme f d'arrosoir; (Limonade) limonade f gazeuse; (Dusche) douche f; ~bad n douche f; ~kabine f cabine f de douche; ~kopf fig. m tête f chaude; ~limonade f limonade f gazeuse; ²n v/i. Sturm, Meer, Wellen: mugir; (wallen) bouillonner; Beifall: déferler; Wogen: a. gronder; Wind: souffler; bsd. 𝔐 entrer (resp. être) en effervescence; sich ~ prendre une douche; se doucher; ~n des Sturms usw.: mugissement m; bsd. 𝔐 effervescence f; (Dusche) douche f; ²nd adj. Sturm usw.: mugissant; bsd. 𝔐 effervescent; (ungestüm) impétueux, -euse; fougueux, -euse; ~er Beifall tonnerre m d'applaudissements; ~pulver n limonade f en poudre; ~raum m douches f/pl.; ~wanne f bac m à douches.
Braut f fiancée f; F future f; am Hochzeitstage: mariée f; '~bett n lit m nuptial; '~führer m garçon m d'honneur; '~geschenke n/pl. cadeaux m/pl. entre les fiancés.
'Bräutigam m fiancé m; F futur m; am Hochzeitstage: marié m.
'Braut|jungfer f demoiselle f d'honneur; ~kleid n robe f de mariée; ~kranz m couronne f de mariée; ~leute pl. s. ~paar.
'bräutlich adj. d'une mariée; comme une mariée.
'Braut|nacht f nuit f de noces; ~paar n fiancés m/pl.; am Hochzeitstag: mariés m/pl.; ~schau f: auf ~ gehen chercher femme; ~schleier m voile m de mariée; ~schmuck m parure f de mariée; ~vater m père m de la mariée; ~werbung f demande f en mariage; ~zeit f temps m des fiançailles.
brav adj. (wacker, bieder) brave; Kind: sage; gentil, -lle; docile; ~ gemacht! (c'est) bien!; ²heit f sagesse f; docilité f; gentillesse f.
'bravo! int. bravo!; ²rufen n cris m/pl. de bravo.
Bra'vour f: mit ~ avec brio; ~arie ♩ f air m de bravoure; ~stück n action f

d'éclat; ♩ ~ e-r Oper morceau m de bravoure d'un opéra
'brechbar adj. fragile; opt. réfrangible; ²keit f fragilité f; opt. réfrangibilité f.
'Brech|bohnen f/pl. 'haricots m/pl. verts; ~durchfall 𝔐 m gastro-entérite f; ~eisen n pince-monseigneur f; ²en 1. v/t. rompre; casser; briser; (durch etw. hindurch) percer; Gliedmaßen: (sich se) casser; (se) fracturer; sein Arm ist gebrochen il a le bras cassé (od. fracturé); Flachs, Hanf: broyer; Eis: rompre; Papier: plier; e-n Rand ~ faire une marge; opt., phys. réfracter; Steine: extraire; Schweigen: rompre; Widerstand: briser; forcer; Blockade: rompre; forcer; Rekord: battre; sich Bahn ~ se frayer un chemin (od. un passage), fig. se faire jour; fig. den Stab über j-n ~ jeter la pierre à q.; fig. etw. übers Knie ~ brusquer qch.; (hinpfuschen) bâcler qch.; etw. vom Zaun ~ saisir le premier prétexte pour faire qch.; für j-n e-e Lanze ~ rompre une lance pour q., fig. (nicht halten) Frieden, Vertrag usw.: rompre; Wort, Treue: manquer à; Eid: violer; Gesetz: enfreindre; die Ehe ~ être adultère; commettre un adultère; sein Auge bricht son regard s'éteint; das bricht ihm das Herz cela lui brise le cœur; 2. v/i. rompre; se casser; se briser; (brüchig werden) Oberleder: se fendre; Stoff: se couper; Stimme: muer; Auge: s'éteindre; ~ mit rompre avec; (sich erbrechen) vomir; gebrochen Deutsch sprechen écorcher l'allemand; gebrochene Worte paroles f/pl. entrecoupées; mit gebrochenem Herzen le cœur brisé; 3. v/rf.: sich ~ se rompre; Wellen: se briser (an dat. contre); déferler (an dat. sur); ~en n rupture f; cassement m; brisement m; fracture f; v. Flachs, Hanf: broyage m, v. Papier: pliage m; phys. réfraction f; v. Steinen: extraction f; des Friedens, e-s Vertrages usw.: rupture f; v. Eid: violation f; der Stimme: mue f; (Erbrechen) vomissement m; ²end adv. ~ voll plein à craquer; ~er m 1. ⊕ concasseur m; 2. ⚓ (Sturzwelle) paquet m de mer; ~koks m coke m concassé; ~mittel n 𝔐 vomitif m; fig. péj. individu m répugnant; ~reiz m nausée f; envie f de vomir; ~stange f → ~eisen; ~ung f phys. réfraction f; phon. brisure f; ~ungs-ebene f, ~ungsfläche phys. f plan m de réfraction; ~ungswinkel phys. m angle m de réfraction.
'Bregen cuis. m cervelle f.
Brei m bouillie f; v. Hülsenfrüchten usw.: purée f; (Papier²) pâte f; phm. pulpe f; 𝔐 magma m; F j-n zu ~ schlagen réduire q. en bouillie; mettre q. en capilotade; wie den Katze um den heißen ~ gehen tourner autour du pot; viele Köche verderben den ~ trop de cuisiniers gâtent la sauce; '²artig, '²ig adj. comme de la bouillie, en bouillie.
breit adj. large; ample; Stil: ample, mv.p. prolixe; Nase: plat (a. Fuß); camus; zwei Meter ~ large de deux mètres; ~(er) machen élargir; ~er werden s'élargir; ~ drücken (od. schlagen) aplatir; ~ treten Schuhe: élargir; ava-

breitbeinig — Briefmarkensammlung

chir; die ~e Masse le gros public; ~e Schultern haben être large de dos; fig. e-n ~en Rücken (od. Buckel) haben avoir bon dos; weit und ~ (überall) au loin, partout, (nirgendwo) nulle part (bei vb. mit ne); '~beinig adv. les jambes écartées; sich ~ aufstellen se camper; '~blätt(e)rig adj. latifolié; ²e f largeur f dans le fait; e-s Films: format m; 60 cm in der ~ 60 cm de large; in die ~ gehen s'élargir, fig. s'étendre; F Korpulenz: grossir; géogr., ast. latitude f; nördliche ~ latitude f nord; des Stils: ampleur f, mv.p. prolixité f; (Spannweite) envergure f; e-s Stoffs: largeur f; ~ der Schultern carrure f; (abwechselnd) in die Länge und ~ de long en large; untere ~ Schneiderei: largeur f dans le bas; '~en v/t. persuader; ²engrad m degré m de latitude; '~enkreis m parallèle m; '~ensport m sport m pour tous les âges, sport m (pour) tout âge; '~gefächert écol., univ. adj. pluridisciplinaire; '~leinwand f Film: écran m large; grand écran m; '~machen v/rf.: sich ~ (viel Platz einnehmen) occuper beaucoup de place, prendre ses aises; '~nasig adj. au nez camus; '~schlagen fig. ✝ v/t. (übertölpeln) duper; '~schult(e)rig adj. carré des épaules, de forte carrure; '~schwanz m breitschwanz m; '²seite ⚓, ⚔ f bordée f; '~spur 🚂 f surécartement m; '~spurig adj. 🚂 à surécartement m; '~stirnig adj. au front large; '~treten fig. v/t.: e-n Gegenstand ~ trop s'appesantir sur un sujet; '²wand f écran m large; grand écran m; '~wandfilm m film m à grand écran (od. en cinémascope).

Brems|ausgleich m palonnier m; ~backe f mâchoire f de frein; ~belag m garniture f de frein; ~betätigung f commande f de frein; ~dauer f période f de freinage.

Bremse¹ ent. f taon m.

Brems|e² f frein m (anziehen serrer; lösen desserrer; lâcher; nachstellen régler); (Nasenknebel für Pferde) tord-nez m; ~en v/t. freiner; serrer le frein; scharf ~ freiner brusquement; ~en n freinage m; ~er 🚂 m garde-frein m; ~fallschirm (Raumkapsel) m parachute m de queue od. parachute-frein m; ~feder f ressort m du frein; ~fläche f surface f de freinage; ~flüssigkeit f liquide m de frein; ~fußhebel m pédale f de frein; ~hebel m levier m de frein; ~klotz m cale f; sabot m de frein; ~kraftregler Auto m régulateur m de la force de freinage; ~kraftverstärker Auto m servofrein m; ~leistung f puissance f de freinage; ~licht n feu m de stop; ~pedal n pédale f de frein; ~probe f essai m de freinage; ~rakete f rétrofusée f; ~scheibe f disque m de frein; ~schuh m → ~klotz; ~seil n câble m de frein; ~spur f trace f de freinage; ~stabilisator Auto m freinage m auto-stabilisant; ~stand m banc m d'épreuve; ~stoff at. m modérateur m; ~trommel f tambour m de frein; ~ung f freinage m; ~verteiler Auto m répartiteur m de freinage; ~vorrichtung f dispositif m de freinage; freins m/pl.; ~weg m distance f de freinage; ~wirkung f effet m de freinage; ~zylinder m cylindre m de frein.

'brenn|bar adj. inflammable; combustible; ²bar|keit f inflammabilité f; combustibilité f; ²dauer f durée f d'éclairage, e-r Rakete: de combustion; ²eisen n chir., vét. thermocautère m; ~en 1. v/t. (v/rf. sich se) brûler (a. fig.); e-m Tier in Zeichen aufs Fell ~ marquer un animal au fer rouge; (rösten) griller; Haare: friser; donner un coup de fer (à); Branntwein: distiller; brûler; Mehl: roussir; Kaffee: torréfier; Kalk usw.: calciner; Ziegel, Porzellan: cuire; chir. (aus~) cautériser; 2. v/i. brûler, Wunde, Auge: (brûler, cuire; Rauch, Pfeffer, Nessel: piquer; Ofen: marcher; Licht: être allumé, (leuchten) éclairer; Lampe: éclairer; Sonne: être brûlant (od. ardent); es brennt! au feu!; sengen und ~ mettre à feu et à sang; fig. darauf ~ zu ... (inf.) brûler de (inf.); es brennt ihm auf den Nägeln c'est urgent, pressé pour lui; das Wort brennt (liegt) mir auf der Zunge j'ai le mot sur le bout de la langue; vor Ungeduld ~ brûler (od. griller) d'impatience; der Boden brennt ihm unter den Füßen il sent que cela devient dangereux, malsain pour lui; vor Verlangen ~ brûler de désir; F wo brennt's denn? qu'est-ce qui ne va pas? ²en n (🏥 Sodbrennen) brûlures f/pl. d'estomac; v. Branntwein: distillation f; v. Kaffee: torréfaction f; v. Kalk: calcination f; v. Ziegeln, Porzellan usw.: cuisson f (a. v. Wunden); ~end adj. brûlant; ardent (beide a. fig.); Licht, Zigarre usw.: allumé; ~es Dorf village m en feu (od. en flammes); ~er Schmerz douleur f cuisante; von ~em Interesse d'un vif intérêt; ²er m. v. Branntwein: distillateur m; (Wein²; Ziegel²) cuiseur m; ⊕ brûleur m; (Schweiß²) brûleur od. chalumeau m à souder; (Gas²) bec m de gaz; ²e'rei f distillerie f; ²(n)essel ♣ f ortie f; ²glas n loupe f; lentille f; ²holz n bois m de chauffage; ²kammer e-r Rakete usw. f chambre f de combustion; ²material n combustibles m/pl.; ²ofen m four m (für Ziegel, Porzellan usw.: four m à cuire; ²punkt m foyer m; fig. centre m; im ~ der öffentlichen Meinung stehen être la préoccupation principale (od. le centre d'intérêt principal) de l'opinion publique; ²punktstreik m grève-bouchon f; ²schere f fer m à friser; ²spiegel m miroir m ardent; ²spiritus m alcool m à brûler.

'Brennstoff m combustible m; Auto usw.: carburant m; mit ~ versehen (od. versorgen) Auto usw.: ravitailler; ~bedarf m besoins m/pl. en combustible (Auto usw.: en carburant); ~verbrauch m consommation f de combustible (Auto usw.: de carburant); ~versorgung f alimentation f en combustible (Auto usw.: en carburant).

'Brenn|strahl opt. m rayon m focal; ~weite opt. f distance f focale; ~zeit f der Rakete: temps m de combustion; ~zünder m fusée f.

'brenzlig adj. qui sent le brûlé; ~er Geruch odeur f de brûlé; fig. es wird ~ ça sent le roussi.

'Bresche f brèche f; e-e ~ schlagen ouvrir une brèche; für j-n in die ~ springen prendre fait et cause pour q.

Bre'tagne f: die ~ la Bretagne.

Bre'ton|e m, ~in f Breton m, -onne f; ²isch adj. breton, -onne.

Brett n planche f (a. fig.); Schwarzes ~ tableau m d'affichage; (Bücher²) rayon m; tablette f; (Tablett) plateau m; (Spiel²) damier m; ~er thé. n/pl. scène f, planches f/pl.; Schier: skis m/pl.; fig. ein ~ vor dem Kopf haben être bouché (od. borné), F en avoir une couche; bei j-m e-n Stein im ~ haben être dans les bonnes grâces de q.; être en faveur auprès de q.; '~chen n planchette f.

'Bretter|bude f baraque f (en planches); ~dach n toit m en planches; ~fußboden m plancher m simple; ~zaun m clôture f en planches.

'Brett|spiel n jeu m qui se joue sur un damier bzw. un échiquier.

Bre'vier n bréviaire m; sein ~ beten lire, dire son bréviaire.

'Brezel f bretzel m.

Bridge n bridge m; ~ spielen jouer au bridge; bridger; '~spieler(in f) m bridgeur m, -euse f.

Brief m lettre f; im Geschäftsstil auch: missive f; (frankieren; freimachen affranchir; zur Post bringen mettre à la poste; poster); (Epistel) épître f; ~ mit Wertangabe lettre f à valeur déclarée; eingeschriebener ~ lettre f recommandée; '~abfertigung f expédition f des lettres; '~ablage ✝ f classement m de lettres; '~adel hist. m noblesse f par lettres; '~annahme 🏛 f expédition f des lettres; '~aufschrift f adresse f; '~ausgabe f distribution f des lettres; '~beschwerer m presse-papiers m; '~bestellung f factage m; distribution f des lettres; '~beutel 🏛 m sac m pour dépêches; '~block m bloc-correspondance m; '~bogen m feuille f de papier à lettres; '~bombe f lettre f piégée; '~bote m messager m qui apporte une lettre; '~drucksache f imprimé-lettre m; '~einwurf m (Schlitz) fente f pour lettres; '~fach n casier m à lettres; '~form f: in ~ sous forme de lettre; '~geheimnis n secret m postal; '~karte f carte-lettre f; '~kasten m boîte f aux lettres (a. als Zeitungsrubrik); '~kastenleerer m boîtier m; '~kastenleerung f levée f des boîtes aux lettres; relevage m; '~kopf m en-tête m (de lettre); '~kurs ✝ m cours m offert; '²lich adj. u. adv. par lettre(s); par écrit; '~liste 🏛 f feuille f d'avis; '~mappe f buvard m de voyage; '~marke f timbre(-poste) m; ~marken-album n album m de timbres(-poste); '~marken-anfeuchter m mouilleur m; '~markenautomat m distributeur m (automatique) de timbres(-poste); '~markengeschäft n magasin m de philatélie; '~markenhändler m marchand m de timbres-poste; commerçant m en philatélie; '~markenheft n carnet m de timbres(-poste); '~markenkunde f philatélie f; '~markensammler (-in f) m philatéliste m, f; '~markensammlung f collection f de tim-

bres(-poste); '~öffner *m* coupe-papier *m*; '~ordner *m* classeur *m*; '~papier *n* papier *m* à lettres; '~partner(in *f*) *m* correspondant *m*, -e *f*; '~porto *n* port *m* de lettre; '~post *f* courrier *m*; ⚓ dépêche *f* de lettres; '~roman *m* roman *m* épistolaire; '~schaften *f/pl*. lettres *f/pl*.; '~schalter *m* expédition *f* des lettres; '~schluß (*als Formel*) *m* formule *f* de fin de lettres; '~schreiber(in *f*) *m* auteur *m* (d'une lettre); *litt.* épistolier *m*, -ière *f*; '~sortierer *m* (*Person*) classeur *m* de lettres; '~steller *m* (*Buch*) guide *m* épistolaire; manuel *m* de correspondance; → ~schreiber; '~stempel *m* date *f* de la poste; '~stil *m* style *m* épistolaire; '~tasche *f* portefeuille *m*; '~taube *f* pigeon *m* voyageur; '~taubensport *m* sport *m* colombophile; '~taubenzucht *f* colombophilie *f*; '~taubenzüchter *m* colombophile *m*; '~telegramm *n* télégramme-lettre *m*; '~träger *m* facteur *m*; *amtlich*: préposé *m*; '~umschlag *m* enveloppe *f*; '~unterschlagung *f* suppression *f* de correspondance; '~verkehr *m* échange *m* de lettres; correspondance *f*; '~verteilanlage ⚓ *f* installation *f* à trier les lettres; trieuse *f* des lettres; '~waage *f* pèse-lettre *m*; '~wahl *f* vote *m* par correspondance; '~wechsel *m* correspondance *f*; mit j-m in ~ stehen correspondre avec q.; être en correspondance avec q.; mit j-m in ~ treten entrer en correspondance avec q.; '~zensur *f* censure *f* des lettres (*od.* du courrier).
Bri'gade *f* brigade *f*; **~general** *m* ⚔ général *m* de brigade.
Brigg ⚓ *f* brick *m*.
Bri'kett *n* briquette *f*, aggloméré *m*.
Brillant I *m* brillant *m*; **II** ⚓ *adj.* brillant; excellent; **~ring** *m* bague *f* à brillant(s).
'**Brille** *f* lunettes *f/pl*.; (*Klosett*⚓) lunette *f*; ~ *mit doppeltem Brennpunkt* lunettes *f/pl*. bifocales; *randlose* ~ lunettes *f/pl*. à verres nus; ~ *mit Rand* lunettes *f/pl*. à verres cerclés; e-e *une paire de lunettes*; e-e ~ *aufsetzen* mettre des lunettes; e-e ~ *tragen* porter des lunettes; *etw. durch e-e andere* ~ *sehen* envisager qch. d'un autre point de vue; *alles durch e-e rosarote* ~ *sehen* voir tout en rose; **~nbügel** *m* branche *f* de lunettes; **~n(ein)fassung** *f* monture (*od.* châsse) *f* de lunettes; **~n-etui** *n*, **~nfutteral** *n* étui *m* à lunettes; **~ngestell** *n* monture *f* de lunettes; **~nglas** *n* verre *m* à lunettes; **~nindustrie** *f* industrie *f* lunet(t)ière; **~nmacher** *m* lunetier *m*; **~nrand** *m* cercle *m* de lunettes; **~nschlange** *zo. f* serpent *m* à lunettes; **~nträger(in** *f*) *m* qui porte des lunettes.
Brim'borium F *n*: *viel* ~ *machen* faire beaucoup d'embarras (*od.* de façons).
'**bringen** *v/t. Opfer*: faire; *Ständchen*: donner; (*etw. hin*~) porter; (*etw. her*~) apporter; (*j-n, etw. her*~) von e-m Ort an en andern: transporter; (*begleiten*) accompagner, conduire; j-n ins Krankenhaus ~ conduire (*od.* emmener) q. à l'hôpital; hospitaliser q.; (*erzeugen*) produire; *Vorteil*: rap-

porter; *der Wind bringt uns Regen* le vent nous apporte la pluie; *nun, was bringen Sie? eh bien! qu'y a-t-il?; Hilfe (Glück; Unglück)* ~ porter secours (bonheur; malheur); *Ehre* ~ faire honneur; *Verdruß* ~ causer des ennuis; *die Menge muß es* ~ il faut se rattraper sur la quantité; *Gewinn* ~ rapporter (un bénéfice); *Zinsen* ~ rapporter des intérêts; *Schande* ~ faire 'honte; *dem Untergang nahe* ~; *an den Rand des Verderbens* ~ mettre à deux doigts de sa perte; *es weit* ~ aller loin; faire son chemin; bien réussir; *es so weit* ~, *daß* ... faire tant et si bien que ...; *an den Tag* ~ mettre au jour; révéler; *etw. an den Mann* ~ placer qch., *péj.* refiler qch., (*zu j-s Kenntnis bringen*) porter qch. à la connaissance de q., (*es losschlagen*) se défaire de qch.; ⚓ *Waren*: placer; *s-e Tochter an den Mann* ~ caser sa fille; *an den Bettelstab* ~ réduire à la mendicité; *an die Öffentlichkeit* ~ publier; rendre public, -ique; *j-n wieder auf die Beine* ~ remettre q. sur ses pieds (*a. fig.*); *auf die Bühne* ~ mettre en scène; produire sur la scène; *j-n auf den Gedanken* ~, *zu* ... (*inf.*) donner l'idée à q. de ... (*inf.*); *j-n auf andere Gedanken* ~ changer les idées à q., distraire q.; *auf den Markt* ~ mettre sur le marché; *péj. etw. auf die Seite* ~ (*wegschaffen*) faire disparaître qch., détourner qch.; *j-n auf s-e Seite* ~ mettre q. de son côté; *etw. zur Sprache* ~ mettre qch. sur le tapis (*od.* en discussion); *auf die Spur* ~ mettre sur la voie; *j-n (wieder) auf den rechten Weg* ~ remettre q. sur le bon chemin (*a. fig.*); *ein Kind auf die Welt* ~ mettre un enfant au monde; *etw. (mit) auf die Welt* ~ naître avec (*od.*) aufs *Tapet* ~ mettre sur le tapis; *es auf 80 Jahre* ~ parvenir à l'âge de 80 ans; *j-n aus der* (*od. der*) *Fassung* ~ déconcerter q.; *j-n außer sich* ~ exaspérer q.; *j-n dahin* (*dazu*) ~, *daß* ... amener q. à ... (*inf.*); *in Anregung* ~ suggérer l'idée (de); *in Anwendung* ~ employer, *Gesetze*: appliquer; *in Aufregung* ~ exciter; énerver; *etw. in s-n Besitz* ~ s'approprier qch.; *in Verse* ~ mettre en vers; *in Erfahrung* ~ apprendre; *j-m etw. in Erinnerung* ~ rappeler qch. à q.; *in die Garage* ~ mettre au garage; *in s-e Gewalt* ~ se rendre maître de; *j-n in Harnisch* ~ mettre q. en colère; *Licht in etw.* (*acc.*) ~ éclaircir qch.; *in Mode* ~ mettre à la mode; *in Ordnung* ~ mettre en ordre; *in Rechnung* ~ passer en compte; *etw. ins reine* ~ tirer qch. au clair; *in üblen Ruf* ~ faire une mauvaise réputation (à); (*sich*) *in Sicherheit* ~ (se) mettre à l'abri (*od.* en sécurité); *in Stellung* ~ placer, *Geschütz*: mettre en batterie; *in Umlauf* ~ faire circuler; mettre en circulation; *in Verbindung* ~ mettre en contact; *in Verdacht* ~ rendre suspect; *in Vergessenheit* ~ faire oublier; *in Verlegenheit* ~ mettre dans l'embarras; *in Verruf* ~ discréditer; *in Vorschlag* ~ proposer; *in Wallung* ~ mettre en colère, faire bouillir; *in die Zeitung* ~ (*veröffentlichen*) publier dans le journal; *es mit sich* ~ entraîner; avoir pour conséquence; *die Sache bringt es*

so mit sich la chose le veut ainsi; *j-n (wieder) nach Hause* ~ (re)conduire q. chez lui; *Unglück über j-n* ~ attirer le malheur sur q.; *es über sich* (*übers Herz*) ~ se résoudre (à); *j-n um etw.* ~ frustrer q. de qch.; faire perdre qch. à q.; *sich um etw.* ~ (*sich berauben*) se priver de qch.; *ums Leben* ~ tuer; *unter Dach und Fach* ~ *Ernte usw.*: rentrer; *fig.* terminer; *fig.* unter die Erde ~ faire mourir q. (de chagrin); pousser q. au désespoir; *unter die Leute* ~ faire circuler; mettre en circulation; *vom Fleck (von der Stelle)* ~ faire remuer (*od.* bouger); *j-n vor den Richter* ~ traduire q. en justice; *zum Abschluß* ~ terminer, *Rechnung, Handel, Verhandlung*: clore; *zur Abstimmung* ~ mettre aux voix; *zu Bett* ~ coucher; mettre au lit; *j-m zum Bewußtsein* ~ faire sentir qch. à q.; *zu Ende* ~ achever; *etw. zur Entscheidung* ~ décider q. (*a. abs.*); *zum Entschluß* ~ déterminer; *zu Fall* ~ faire tomber, *fig.* perdre; *zum Gehorsam* ~ réduire à l'obéissance; *zum Geständnis* ~ amener à des aveux; *j-m zur Kenntnis* ~ porter à la connaissance de q.; *j-n wieder zu Kräften* ~ rendre ses forces à q.; *zum Lachen* ~ faire rire; *zu Papier* ~ mettre par écrit; *zum Reden* ~ faire parler; *zur Ruhe* ~ tranquilliser; *j-n zum Schweigen* ~ faire taire q.; *j-n wieder zu sich* ~ faire reprendre connaissance à q.; faire revenir q. à soi; *zum Stehen* ~ réussir à arrêter; *zur Vernunft* ~ mettre à la raison; *zur Verzweiflung* ~ pousser au désespoir; *etw. zustande* ~ venir à bout de qch.; *es zu etw.* ~ faire son chemin; *es zu nichts* ~ n'arriver à rien.
'**Bringschuld** *f* dette *f* portable.
bri'san|t *adj.* très explosif, -ive; *fig.* très actuel, -lle; **⚓z** *m f* force *f* explosive.
'**Brise** *f* brise *f*; *steife* ~ brise *f* forte.
'**Brit|e** *m*, **~in** *f* Britannique *m*, *f*; **⚓isch** *adj.* britannique.
'**Bröck|chen** *n* petit morceau *m*; miette *f*; **⚓(e)lig** *adj.* (*zerreibbar*) friable; **⚓eln** *v/i.* s'émietter; **~eln** *n* émiettement *m*.
'**Brocken** *m* morceau *m*; ⚔ *dicke* ~ marmites *f/pl*.; *fig. das sind harte* ~ c'est dur à avaler; *fig. pl. e-s Gesprächs*: bribes *f/pl*.
'**brockenweise** *adv.* par petits morceaux; par fragments; par bribes.
'**brodeln I** *v/i.* bouillonner; *fig. es brodelt in der Menge* la foule s'agite; **II** ⚓ *n* bouillonnement *m*; *fig.* agitation *f*.
Bro'kat *m* brocart *m*; **~kleid** *n* robe *f* de brocart.
Brom ⚓ *n* brome *m*.
'**Brombeer|e** ⚓ *f* mûre *f* (sauvage); **~gebüsch** *n*, **~gestrüpp** *n* ronces *f/pl*.; roncier *m*; ronceraie *f*.
'**brom|haltig** *adj.* contenant du brome; **~id** [~'mi:d] *m* bromure *m*; **⚓kalium** ⚓ *n* bromure *m* de potassium; **⚓säure** *f* acide *m* bromique; **⚓silber** ⚓ *n* bromure *m* d'argent; **⚓verbindung** ⚓ *f* composé *m* du brome.
'**Bronchien** *anat. f/pl*. bronches *f/pl*.
Bron'chitis ⚓ *f* bronchite *f*; *an* ~ *Leidende(r)* bronchitique *m*, *f*.
'**Bronze** *f* bronze *m*; **~arbeiter** *m* bronzeur *m*; **~farbe** *f* peinture *f*

bronze; ⸺**farben** adj. couleur bronze; ⸺**figur** f statue f de bronze; ⸺**lack** m peinture f bronze; ⸺**medaille** f médaille f de bronze; ⸺**n** adj. de bronze; → ⸺**farben**; ⸺**zeit** f âge m de bronze.

bron'zier|en v/t. bronzer; ⸺en n, ⸺ung f bronzage m.

'**Brosamen** pl. (Krümel) miettes f/pl.

'**Brosche** f broche f.

bro'schier|en v/t. brocher; ⸺t adj. broché.

Bro'schüre f brochure f.

Brot n pain m; weißes (graues od. gemischtes; schwarzes) ⸺ pain m blanc (bis; noir); frisch(gebacken)es (alt[backen]es) ⸺ pain m frais (rassis); geröstetes ⸺ pain m grillé; Stange ⸺ pain m long; baguette f; dünner: flûte f; unser täglich(es) ⸺ notre pain quotidien; ⸺ backen cuire du pain; fig. sein ⸺ haben avoir de quoi vivre; sein ⸺ verdienen gagner sa vie; fremder Leute ⸺ essen manger le pain des autres; bei Wasser und ⸺ sitzen être au pain et à l'eau; '⸺**aufstrich** m s. '⸺**belag**; '⸺**backen** n cuisson f du pain; '⸺**baum** ♀ m arbre m à pain; '⸺**belag** cuis. m charcuterie f (od. F cochonnaille f) et fromage m; '⸺**beutel** ⚔ m musette f.

'**Brötchen** n petit pain m; belegtes ⸺ sandwich m.

'**Brot|erwerb** m gagne-pain m; ⸺**getreide** n céréales f/pl. panifiables; ⸺**geber** m patron m; ⸺**kanten** m entame f, F quignon m de pain; ⸺**kasten** m boîte f à pain; ⸺**korb** m corbeille f à pain; fig. j-m den ⸺ höher hängen serrer la ceinture à q.; prendre q. par la famine; ⸺**krümchen** miette f (de pain); ⸺**kruste** f croûte f de pain; ⸺**laib** m miche f (de pain); ⸺**los** adj. sans ressources; sans travail; Kunst: peu lucratif, -ive; ingrat; j-n ⸺ machen ôter ses moyens d'existence à q.; faire perdre son gagne-pain à q.; ⸺**mangel** m manque m de pain; ⸺**marke** f ticket m de pain; ⸺**messer** n couteau m à pain; ⸺**neid** m jalousie f de métier; ⸺**preis** m prix m du pain; ⸺**rinde** f croûte f de pain; Stück ⸺ croûton m; ⸺**röster** m grille-pain m; toaster m; ⸺**schneidemaschine** f machine f à couper (od. à trancher) le pain; ⸺**schnitte** f tranche f de pain; geröstete ⸺ toast m; rôtie f; ⸺**studium** n études f/pl. faites pour avoir un gagne-pain; ⸺**suppe** f panade f; ⸺**teig** m pâte f à pain; ⸺**teller** m assiette f à pain.

brr! int. zu Pferden: 'ho!

Bruch[1] n od. m (Sumpf) marais m.

Bruch[2] m rupture f (a. fig.); (Knochen⸺) fracture f; Eingeweide: 🩺 'hernie f, a. F descente f; géol. (Spalte) faille f; (Abfall) déchets m/pl.; débris m/pl.; v. Keksen: casse f; (gebrochene Stelle im Material) cassure f; im Papier: pli m; ch. brisées f/pl.; (Stein⸺) carrière f; F (Schund) camelote f; ⚕ fraction f; gemeiner (od. echter) ⸺ fraction f ordinaire; gemischter (od. unechter) ⸺ nombre m fractionnaire; ⸺, bis (nicht) auf-hebt fraction f (ir)réductible; periodischer ⸺ fraction f périodique; e-n kürzen réduire une fraction; fig. e-s Vertrages usw.: rupture f; violation f; es ist zwischen ihnen zum ⸺ gekommen ils en sont venus à une rupture; fig. in die Brüche gehen Plan échouer; Freundschaft casser; F ⸺ machen F casser du bois; faire de la casse; '⸺**band** chir. n bandage m 'herniaire; '⸺**belastung** ⊕ f charge f de rupture; '⸺**bude** F f taudis m, P cambuse f; ⸺**fest** adj. résistant à la rupture; incassable; ⸺**festigkeit** f résistance f à la rupture; '⸺**fläche** bei Metallen f cassure f; surface f de rupture.

'**brüchig** adj. (leicht zerbrechlich) fragile; (spröde) cassant; ⸺**e** Stimme voix f cassée.

'**Bruch|landung** f: e-e ⸺ machen faire de la casse; F casser du bois; ⸺**pilot** ⚔ m casseur m de bois; ⸺**rechnung** f calcul m fractionnaire (od. des fractions); ⸺**schaden** m an Waren: casse f; ⸺**sicher** adj. résistant à la rupture; incassable; ⸺**stein** m moellon m; ⸺**stelle** f point m de rupture; cassure f; ⸺**strich** m barre f (od. trait m) de fraction; ⸺**stück** n fragment m; morceau m; ⸺**stückweise** adv. par fragments; ⸺**teil** m partie f; fraction f; im ⸺ e-r Sekunde en une fraction de seconde; ⸺**zahl** f nombre m fractionnaire.

'**Brücke** f pont m (schwimmende flottant); (Zahn⸺) bridge m; (Teppich) carpette f; ⚓ passerelle f; e-e ⸺ über e-n Fluß schlagen jeter un pont sur une rivière; e-e ⸺ sprengen faire sauter un pont; fig. alle ⸺n hinter sich abbrechen couper (od. brûler) les ponts; brûler ses vaisseaux; j-m goldene ⸺n bauen faire un pont d'or à q.; ⸺**nbahn** f tablier m d'un pont; ⸺**nbalken** m longeron m; ⸺**nbau** m construction f de ponts; ⚔ pontage m; ⸺**nbogen** m arche f (d'un pont); ⸺**nboot** n ponton m; ⸺**ndecke** f tablier m; ⸺**ngeländer** n garde-corps m; garde-fou m; parapet m; ⸺**nkolonne** ⚔ f colonne f de pontonniers; ⸺**nkopf** ⚔ m tête f de pont (bilden créer; constituer); ⸺**n-oberbau** m superstructure f d'un pont; ⸺**npfeiler** m pilier m d'un pont; ⸺**nschaltung** ⚡ f couplage m en pont; treillis m; ⸺**nsteg** m passerelle f; ⸺**nträger** △ m voussoir m; ⸺**nwaage** f bascule f; ⸺**nzoll** m péage m.

'**Bruder** m frère m; P frangin m; ⸺ Leichtfuß écervelé m; ⸺ Liederlich débauché m; ⸺ Lustig joyeux compère m; P warmer ⸺ P pédé m, P tapette f, P tante f.

'**Brüder|chen** n petit frère; F frérot m.

'**Bruder|hand** f main f fraternelle; ⸺**krieg** m guerre f fratricide; ⸺**kuß** m accolade f fraternelle.

'**Brüder|lein** n petit frère m; F frérot m; ⸺**lich** I adj. fraternel, -elle; II adv. a. en frère(s); ⸺**lichkeit** f fraternité f.

'**Bruder|liebe** f amour m fraternel; ⸺**mord** m fratricide m; ⸺**mörder(in** f) m fratricide m, f; ⸺**mörderisch** adj. fratricide; ⸺**partei** f parti m frère.

'**Brüderschaft** f fraternité f; mit j-m ⸺ schließen (trinken) sceller l'amitié avec q. (le verre en main).

'**Bruder|volk** n peuple m frère; ⸺**zwist** m querelle f de frères.

'**Brügge** n Bruges f.

'**Brühe** f bouillon m; kräftige: consommé m; P (dünne Suppe od Sauce) lavasse f.

'**brüh|en** v/t. Geflügel usw.: échauder; ⸺en n v. Geflügel usw.: échaudage m; ⸺**heiß** adj. bouillant; tout chaud; ⸺**kartoffeln** f/pl. ragoût m de pommes f/pl. de terre; ⸺**reis** m riz m au gras; ⸺'**warm** adv. bouillant; tout chaud (a. fig.); F fig. etw. ⸺ erzählen servir une nouvelle toute chaude; ⸺**würfel** m cube m de consommé.

Brui'tismus ♪ m art m des bruits; futuriste f.

'**Brüll|affe** zo. m 'hurleur m; ⸺**en** v/i. Rind: mugir; beugler; Löwe: rugir; (laut weinen) brailler; (zornig schreien) 'hurler; vociférer; ⸺**en** n der Rinder: mugissement m; beuglement m; des Löwen: rugissement m; (Heulen) braillements m/pl.; (zorniges Schreien) 'hurlements m/pl. vociférations f/pl.

'**Brumm|bär** fig. m bougon m; ronchonneur m; F ronchon m; ⸺**baß** ♪ m (tiefe Stimme) voix f grave; ⸺**en** v/i. gronder; Bär, Insekten, Motor, Maschine: bourdonner; Flugzeug: vrombir; Kreisel: ronfler; mir brummt der Kopf (j'ai) la tête (qui) me bourdonne; F drei Jahre (im) Gefängnis ⸺ müssen devoir passer trois ans sous les verrous (od. F en taule); Schüler: er hat zwei Stunden gebrummt (nachsitzen müssen) il a eu deux heures de colle; v/t. etw. vor sich hin (od. in den Bart) ⸺ grommeler od. marmonner qch. entre ses dents; ein Lied vor sich hin ⸺ chantonner od. fredonner une chanson; ⸺**en** n grondement m; bourdonnement m; vrombissement m; ronflement m.

'**Brumm|i** F (Auto) m poids m lourd; ⸺**ig** adj. grognon, -nne; ⸺**kreisel** m toupie f ronflante; ⸺**schädel** m: e-n ⸺ haben avoir mal aux cheveux.

brü'**nett** adj. brun; ⸺**e** f allg. brune f; aber: eine hübsche, junge ⸺ une jolie brunette.

Brunft ch. f chaleur f; rut m; '⸺**en** ch. v/i. être en chaleur (od. en rut); '⸺**ig** adj. en chaleur; en rut; '⸺**zeit** f temps m (od. saison f) du rut.

brü'nier|en v/t. brunir; ⸺**stein** m pierre f à brunir; ⸺**ung** f brunissage m.

'**Brunnen** m puits m; (natürliche Quelle) source f; (künstliche Quelle) fontaine f; zur Kur: eaux f/pl. (minérales); ⸺ trinken prendre les eaux; artesischer ⸺ puits m artésien; ⸺**bauer** m puisatier m; ⸺**becken** n vasque f; ⸺**gräber** m puisatier m; ⸺**kresse** ♀ f cresson m de fontaine; ⸺**kur** f cure f d'eau minérale; e-e ⸺ nehmen prendre les eaux; ⸺**rand** m margelle f; ⸺**röhre** f tuyau m de fontaine; ⸺**vergiftung** f empoisonnement m des puits; ⸺**wasser** n eau f de puits (resp. de fontaine); ⸺**zeit** f saison f des cures.

Brunst f chaleur f; rut m → Brunft.

'**brünstig** adj. ch. en chaleur; en rut.

brüsk adj. brusque; rude.

brüs'**kieren** v/t. brusquer.

'**Brüssel** n Bruxelles f.

'**Brüsseler(in** f) m Bruxellois m, -e f; adj. bruxellois; de Bruxelles.

Brust f poitrine f; (Busen) sein m; weibliche ~ a. poitrine f; mamelle f; thorax m; e-s Pferdes: poitrail m; cuis. e-s Fasans, Rebhuhns: filet m, e-s Huhnes: blanc m; fig. cœur m; die ~ geben donner le sein; donner à téter; an der ~ saugen téter; von der ~ entwöhnen sevrer; sich an die ~ schlagen se frapper la poitrine; sich in die ~ werfen se rengorger; se pavaner; Schwimmen hundert Meter ~ cent mètres brasse; j-m die Pistole auf die ~ setzen mettre à q. le pistolet sur la gorge; ⚔ sich bei j-m auf die ~ legen prendre q. à la gorge; aus voller ~ à gorge déployée; bis zur ~ ausgeschnitten la gorge décolletée; ~ heraus! bombez la poitrine!; '~**bein** anat. n bei Menschen: sternum m; beim Geflügel: bréchet m; '~**beklemmung** f, '~**beschwerden** f/pl. oppression f (dans la poitrine); ~**beutel** m tour m du cou; aumônière f; ~**bild** n buste m; '~**bonbon** m pastille f pectorale; '~**drüse** f glande f mammaire.

brüsten v/rf.: sich ~ se rengorger; se pavaner; plastronner; sich ~ mit faire parade de.

Brust|fell anat. n plèvre f; ~**fellentzündung** ⚔ f pleurésie f; ~**flosse** f nageoire f pectorale; ~**harnisch** hist. m cuirasse f; plastron m; ~**höhe** f: in ~ à hauteur de la poitrine; ~**kasten** m, ~**korb** m anat. thorax m, cage f thoracique, F coffre m; 2**krank** adj. malade de la poitrine; phtisique; ~**kranke**(**r** a. m) m, f phtisique m, f; ~**krankheit** f maladie f de poitrine; phtisie f; ~**krebs** ⚔ m cancer m de la poitrine; ~**leiden** n → ~**krankheit**; ~**muskel** m muscle m pectoral; ~**pulver** n poudre f pectorale; 2**reinigend** adj. expectorant; ~**es Mittel** expectorant m; ~**riemen** am Pferdegeschirr: poitrail m; ~**schmerz** m douleur f dans la poitrine; ~**schwimmen** n brasse f; ~**sirup** phm. m sirop m pectoral; ~**stimme** ♪ f voix f de poitrine; mit der ~ singen chanter de la gorge; ~**stück** n Schlächterei: morceau m de poitrine f; ~**tasche** f poche f intérieure; ~**tee** m tisane f pectorale; ~**ton** m fig.: im ~ der Überzeugung du ton le plus convaincant; ~**umfang** m tour m de poitrine.

'**Brüstung** f parapet m; balustrade f.

'**Brust|warze** f mamelon m; bout m du sein; '~**wehr** ⚔ f parapet m; ~**weite** f tour m de poitrine; ~**wirbel** m vertèbre f dorsale.

Brut f (die ausgebrüteten Jungen) couvée f; (Insekten2) couvain m; (Eier der Seidenwürmer) graine f; (Fisch2) alevin m; frai m; fig., péj. sale engeance f.

bru'tal adj. brutal.

Brutali'tät f brutalité f.

'**Brut|apparat** a. ⚔ m couveuse f; incubateur m; ~**ei** n œuf m à couver; angebrütet: œuf m (à moitié) couvé; dial. œuf m couvi.

'**brüten** I v/i. u. v/t. couver (a. fig.); (nachsinnen) méditer (sur); réfléchir (à); ruminer; fig. über etw. dat.) ~ couver (od. tramer od. machiner) qch.; Rache ~ couver une vengeance; II 2 n incubation f; (Zeit des ~s) durée f d'incubation; (Nachsinnen) médi-

tation f.

'**Brüter** at. m: schneller ~ surrégénérateur m, breeder m.

'**Brut|henne** f couveuse f; ~**hitze** f chaleur f d'incubation; fig. chaleur f tropicale; chaleur f d'étuve; ~**kasten** m für Seidenwürmer: cabane f; ⚔ s. ~**apparat**; ~**reaktor** at. m réacteur m régénérateur; pile f couveuse; ~**stätte** fig. f foyer m; ~**temperatur** f chaleur f d'incubation.

'**brutto** ⚔ adj. u. adv. brut; ~ wiegen peser brut; 2**betrag** m somme f brute; montant m brut; 2**einkommen** n revenu m brut; 2**einnahme** f recette f brute; 2**gewicht** n poids m brut; 2**preis** m prix m fort; 2**registertonnen** ⚓ f/pl. jauge f brute; 2**sozialprodukt** n produit m national brut; 2**tonnage** f tonnage m brut.

'**Brut|wärme** f chaleur f d'incubation; ~**zeit** f durée f d'incubation.

'**brutzeln** v/i. chanter dans la poêle (resp. dans la casserole).

'**Brut-zwiebel** ♀ f caïeu m.

'**Bub** südd. m (petit) garçon m; gosse m; gamin m; ~**e** Kartenspiel f valet m; 2**enhaft** adj. de (adv. en) garçon; ~**enstreich** m gaminerie f.

'**Bubi|kopf** m coiffure f à la garçonne; ~**kragen** m col m Claudine.

'**bübisch** adj. (ungezogen) méchant.

Buch n livre m; bouquin m; die fünf Bücher Mosis le Pentateuque; antiquarisches ~ livre m d'occasion; Bücher zu herabgesetzten Preisen livres m/pl. en solde; fig. wie ein ~ reden parler comme un livre; darüber ließe sich ein ~ schreiben il y a de quoi en faire un livre; das ist mir ein ~ mit sieben Siegeln c'est de l'hébreu (od. du chinois) pour moi; immer hinter (od. über) den Büchern hocken (od. sitzen) pâlir (od. sécher) sur les livres; ⚔ führen tenir les livres; die Bücher abschließen arrêter (od. clôturer) les livres; in die Bücher eintragen inscrire dans (od. porter sur) les livres; Einsicht in die Bücher nehmen consulter la comptabilité; '~**abschluß** ⚔ m arrêté m des comptes (od. des livres); '~**ausstattung** f présentation f d'un livre; '~**ausstellung** f exposition f de livres; '~**besprechung** f compte rendu m (od. critique f) d'un livre; '~**binde** f bande f publicitaire; '~**binder** m relieur m; ~**binde'rei** f métier (resp. atelier) m de relieur; (das Buchbinden; Abteilung e-r Druckerei) reliure f; '~**binderpresse** f presse f de relieur; '~**deckel** m couverture f de livre; '~**drama** n drame m qui n'est pas écrit pour la scène; '~**druck** m impression f typo(graphique); ~**druckerkunst**; '~**drucker** m imprimeur m; (Schriftsetzer) typographe m; '~**drucke'rei** f imprimerie f; (Buchdruckerkunst) typographie f; '~**drucke'rei-besitzer** m propriétaire m d' imprimerie f; '~**druckerkunst** f art m typographique; typographie f; imprimerie f; '~**druckpresse** f presse f typographique.

'**Buche** ♀ f hêtre m; ~**ecker** f, ~**eichel** ♀ f faîne f.

'**Buch-einband** m reliure f.

'**buchen**[1] adj. en (bois de) hêtre.

'**buchen**[2] ⚔ I v/t.: etw. ~ comptabi-

liser qch.; passer écriture de qch.; e-e Summe zugunsten e-r Person ~ porter une somme au crédit de q.; II 2 n ⚔ comptabilisation f; inscription f dans les livres; e-r Reise: réservation f, booking m.

'**Buchen|gehölz** n hêtraie f; ~**hain** m bosquet m de hêtraie f; ~**holz** n bois m de hêtre; ~**holzteer** m goudron m de hêtre; ~**wald** m hêtraie f.

'**Bücher|abschluß** ⚔ m clôture f (od. arrêté m) des livres; ~**ausgabe** f salle f de prêt; ~**brett** n tablette f; planche f à livres; ~**ei** f bibliothèque f; ~**eistempel** m estampille f de bibliothèque; ~**eiverwalter** m bibliothécaire m; ~**freund** m bibliophile m; ~**gestell** n étagère f à livres; ~**karren** m chariot m pour les livres; ~**kiste** f caisse f de livres; ~**leihverkehr** m service m de prêt de livres; auswärtiger ~ prêt m de bibliothèque à bibliothèque; ~**liebhaber** m bibliophile m; ~**liebhabe'rei** f bibliophilie f; ~**markt** m marché m du livre; ~**narr** m bibliomane m; ~**nische** f niche f à livres; ~**paket** n paquet m (od. colis m) de livres; ~**regal** n rayons m/pl. à livres; ~**revisor** ⚔ m expert m comptable; vérificateur m de livres; ~**sammler** m bibliophile m; ~**sammlung** f collection f de livres; bibliothèque f; ~**schau** f exposition f de livres; ~**schrank** m (armoire-)bibliothèque f; ~**ständer** m étagère f à livres; ~**stoß** m pile f de livres; ~**stütze** f serre-livres m, presse-livres m; ~**tausch** m échange m de livres; ~**verbrennung** pol. f holocauste m de livres «maudits»; ~**verzeichnis** n catalogue m de livres; ~**wand** f bibliothèque f murale; ~**weisheit** péj. f sagesse f livresque; ~**wurm** m teigne f des livres; fig. F rat m de bibliothèque, F bouquineur m.

'**Buchfink** orn. m pinson m.

'**Buch|forderung** ⚔ f créance f comptable; ~**format** n format m d'un livre; typ. in ~ en volume; ~**führung** f comptabilité f (einfache en partie simple; doppelte en partie double); tenue f des livres; ~**führungsabteilung** f service m de la comptabilité; ~**führungsmaschine** f machine f comptable (od. de comptabilité); ~**geld** n monnaie f scripturale; ~**gelehrsamkeit** f érudition f livresque; ~**gemeinschaft** f club m du livre; ~**gewerbe** n industrie f du livre; ~**gewinn** m gain m comptable; ~**halter**(**in** f) m comptable m, f; commis m (od. employé m, -e f) aux écritures; ~**haltung** f → ~**führung**; ~**handel** m commerce m du livre; librairie f; im ~ sein Buch: être en librairie (od. en vente); ~**händler**(**in** f) m libraire m, f; ~**handlung** f librairie f; ~**hülle** f couvre-livre m, liseuse f; ~**karte** f fiche f de livre; ~**laden** m librairie f.

'**Büchlein** n petit livre m.

'**Buch|macher** m beim Wettrennen: bookmaker m; ~**messe** f foire f du livre; ~**prüfer** m expert m comptable; vérificateur m de livres; contrôleur m comptable; ~**prüfung** f vérification f des livres; ~**rücken** m dos m d'un livre.

'Buchs|baum ♀ m, ~holz n buis m.
'Buchschuld ✝ f dette f comptable.
'Buchse f ⊕ e-s Lagers: coussinet m; ⚡ borne f.
'Büchse f boîte f; étui m; für Almosen: tronc m; (Gewehr) carabine f; fusil m (rayé); in ~n verpacken mettre en conserve; ~nfleisch n viande f en (od. de) conserve; ⚔ F singe m; ~ngemüse n légumes m/pl. en (od. de) conserve; ~nlauf m canon m de carabine; ~nmacher m armurier m; ~nmilch f lait m condensé (od. en conserve); ~n-obst n fruits m/pl. en conserve; ~n-öffner m ouvre-boîtes m.
'Buchstabe m lettre f; caractère m (d'imprimerie); typ. type m; großer ~ majuscule f; kleiner ~ minuscule f; ~n en toutes lettres; mit lateinischen ~n en caractères romains; dem ~ nach à la lettre; au pied de la lettre; ~nblindheit f alexie f, cécité f verbale; ~nfolge f ordre m alphabétique; ~nglaube m dogmatisme m; ~ngleichung ♣ f équation f algébrique; ~nhengst péj. m baudet m bureaucratique; ~nmensch m pédant m; ~nrätsel n logogriphe m; ~nrechnung f calcul m algébrique; algèbre f; ~nschloß n cadenas m à combinaisons de lettres.
buchsta'bieren I v/t. épeler (a. mühsam lesen); II ⚘ n épellation f.
'buchstäblich I adj. littéral; (ausdrücklich im Text enthalten) textuel, -elle; II adv. littéralement; textuellement; au pied de la lettre; à la lettre.
'Buchstütze f serre-livres m; presse-livres m.
Bucht f baie f; kleine: anse f; crique f; (Meerbusen) golfe m.
'Buch|tausch m échange m de livres; ~titel m titre m d'un livre; ~umschlag m couverture f.
'Buchung f inscription f, écriture f; ⚡ réservation f; e-e ~ vornehmen (stornieren) passer (annuler) une écriture.
'Buchungs|beleg m pièce f comptable; ~formular n formulaire m de comptabilité; ~maschine f machine f comptable; ~methode f méthode f de comptabilité; ~nummer f contremarque f; ~stelle f service m de la comptabilité.
'Buch|verleih m location f de livres; ~weisheit f érudition f livresque.
'Buchweizen ♀ m sarrasin m.
'Buch|wert fin. m valeur f comptable (od. en compte); ~zeichen n signet n; (Eignerzeichen) ex-libris m.
'Buck|el m bosse f; gibbosité f; F (Rücken) dos m; e-n krummen ~ machen faire le gros dos; j-m den ~ voll hauen rouer q. de coups; fig. e-n breiten ~ haben avoir dos bien; F er kann mir den ~ runterrutschen je lui dis zut; ⚘(e)lig adj. bossu; voûté; gibbeux, -euse; ~(e)lige(r a. m) m, f bossu m, -e f.
'Buckel-ochse zo. m zébu m.
'bücken v/rf.: sich ~ se baisser; gebückt gehen marcher courbé; sich nach etw. ~ se baisser pour ramasser qch.
'Bückling¹ icht. m 'hareng m saur (od. fumé); P gendarme m.

'Bückling² plais. m (Verbeugung) révérence f; courbette f.
'buddeln F v/t. u. v/i. creuser.
Bud'dhis|mus m bouddhisme m; ~t m bouddhiste m; ⚘tisch adj. bouddhiste; bouddhique.
'Bude f (Verkaufs⚘) boutique f; échoppe f; (Bretterhaus) baraque f; P (Bruch⚘) cambuse f; carrée f; sturmfreie ~ P piaule f, P turne f; F Fabrik: boîte f; ~nzauber F m surboum f.
Bud'get n budget m; ~beratung f discussion f du budget; ~jahr m année f budgétaire.
Bu'dik|e f, ~er m P bistrot m.
Bü'fett n buffet m.
'Büffel m buffle m.
Büffe'lei F f piochage m; bachotage m.
'Büffel|herde f troupeau m de buffles; ~jagd f chasse f aux buffles; ~jäger m chasseur m de buffles; ~leder n peau f buffle m.
'büffeln F v/i. F piocher; bûcher; potasser; bachoter.
'Buffo ♪ m bouffe m.
Bug m ⚓ proue f; avant m; ✈ avant m; nez m; des Rindes: épaule f; des Pferdes: garrot m; '~anker m ancre f d'étrave.
'Bügel m (Kleider⚘) cintre m; (Steig⚘) étrier m; (Korb⚘) anse f; (Abzugs⚘) pontet m; sous-garde f; (Rahmen) monture f (a. e-r Tasche); e-r Brille: branche f; des Stromnehmers: archet m (a. e-r Säge); ~brett n planche f à repasser; ~eisen n fer m à repasser; ~falte f pli m (de) pantalon; ~maschine f machine f à repasser; ⚘n v/i. Wäsche: repasser; ~n n repassage m; ~riemen m (Steig⚘) étrivière f; ~säge f scie f à archet; ~tisch m table f à repasser.
'Büglerin f repasseuse f.
bug'sier|en ⚓ v/t. remorquer, prendre en remorque; pousser; ⚘en n remorquage m bzw. poussage m; ⚘er ⚓ m remorqueur m bzw. pousseur m.
'Bugspriet ⚓ n beaupré m.
'buhle|n v/i.: poét. mit j-m ~ flirter avec q.; faire la cour à q.; um j-n ~ courtiser q.; um etw. ~ rechercher od. briguer qch.; ⚘rei f flirt m; intrigue f amoureuse; coquetterie f; ⚘rin f femme f de mauvaise vie; demi-mondaine f; litt. courtisane f; ~risch adj. coquet, -tte; galant.
'Buhne f (Ufermauer) brise-lames m.
'Bühne f scène f; weitS. théâtre m (beide a. fig.); auf die ~ bringen mettre en scène; monter; über die ~ gehen être représenté; für die ~ bearbeiten adapter à la scène; sich lange auf der ~ halten tenir la scène; die ~ betreten entrer en scène; paraître sur la scène; von der ~ abtreten quitter la scène; se retirer; zur ~ gehen devenir acteur, -trice; monter sur les planches; (Podium) estrade f; ~n-anweisungen f/pl. indications f/pl. scéniques; ~n-aussprache f prononciation f adoptée au théâtre; ~n-ausstattung f décors m/pl.; ~nbe-arbeitung f adaptation f scénique; ~nbeleuchtung f éclairage m de la scène; ~nbild n décors m/pl.; ~nbildner m scénographe m; décorateur-créateur m; ~ndichter m au-

teur m dramatique; ~ndichtung f œuvre f dramatique; ~nfähig adj. scénique; qui convient à la scène; ⚘ngerecht adj. adapté à la scène; ~nkunst f art m théâtral; ~nkünstler(in f) m artiste m, f dramatique; acteur m, actrice f; ~nmaler m peintre m de décors; ⚘nmäßig adj. théâtral; → ⚘nfähig; ~nmusik f musique f de scène; ~nrequisiten f/pl. accessoires m/pl.; ~nschriftsteller m auteur m dramatique; ~nstar (od. star) f du théâtre; ~nstück n pièce f de théâtre; ~ntechniker thé. m machiniste m; ⚘ntechnisch adj. scénique; ~nvorhang m rideau m; toile f; ~nwand f coulisse f; ~nwart thé., rad. m régisseur m; ~nwerk n œuvre f dramatique (od. scénique od. P. a. théâtrale); ⚘nwirksam adj. qui a de l'effet théâtral (od. scénique); ~nwirkung f effet m théâtral (od. scénique).
'Bukarest n Bucarest m.
Bu'kett n bouquet m (a. Blume des Weins).
Bu'lette f boulette f.
Bul'ga|re m, ~rin f Bulgare m, f; ~rien n la Bulgarie f; ⚘risch adj. bulgare.
'Bull|auge ⚓ n 'hublot m; ~dogge f bouledogue m; ~dozer m bulldozer m.
'Bulle¹ zo. m taureau m.
'Bulle² f (Urkunde) bulle f.
'Bulle³ P (Polizist) m P flic m, P flicard m, P cogne m, P sergot m, *maton m.
'Bullen|hitze F f fournaise f; chaleur f torride (od. tropicale od. P à crever); ~kalb n veau m mâle.
'bullern v/i. (Ofen) ronfler; (brüllen, toben) vociférer.
Bulle'tin n bulletin m.
bum! int. boum!
Bum'bum n boum-boum m.
'Bumerang m boumerang m; boomerang m; ~wirkung f effet m boomerang.
'Bummel F m flânerie f; balade f (à pied); virée f; P vadrouille f; auf den ~ gehen, e-n ~ machen F aller se balader, faire une balade (od. une virée), P vadrouiller; in der Stadt: faire un tour en ville; ⚘'ant(in f) m F lambin m, -e f; ~'ei f (Nachlässigkeit) négligence f; F lambinage m; ⚘ig adj. (nachlässig) négligent; F lambin m, -e f; traînard; ⚘n v/i. flâner; se balader; P vadrouiller; (nichts tun) F fainéanter; (trödeln) lanterner; lambiner; traînasser; ~streik ⚒ m grève f du zèle; grève f perlée; ~zug ⚒ m train m omnibus; F tortillard m.
bums int.: ~! boum!; '~en v/i. faire boum; an e-e Tür ~ taper (od. F frapper) contre une porte; gegen etw. ~ (aufprallen) donner contre qch.; heurter qch.; '⚘lokal n P bastringue m, F boui-boui m.
'Buna m buna m.
Bund¹ m (Bündnis) union f (a. Ehe⚘); (Freundschafts⚘) alliance f (a. Ehe⚘); pol. coalition f; zu gegenseitiger Unterstützung: confédération f; zu Schutz u. Trutz: ligue f; (bindender Vertrag) pacte m; im ~e mit avec le concours de q.; der dritte im ~e sein être un tiers avec q.; mit j-m im ~e sein être le complice de q.; Hose: ceinture f.

Bund² n *Stroh, Gemüse*: botte *f*; *Garn*: écheveau *m*; ~ *Reisigholz* fagot *m*; (*Schlüssel⦵*) trousseau *m*; *Petersilie*: bouquet *m*.
'**Bundbreite** *f* largeur *f* de ceinture.
'**Bündchen-ärmel** *m* manche *f* à poignet.
'**Bündel** *n* faisceau *m* (*a. v. Strahlen, Linien usw.*); (*Paket*) paquet *m*; *Stroh, Gemüse*: botte *f*; (*Akten⦵*) liasse *f*; (*Reisig⦵*) fagot *m*; *fig.* sein ~ schnüren faire son paquet (F son bal[l]uchon); plier bagage; ⦵n *v/t.* lier en faisceau; lier ensemble; faire un paquet (de); ⦵**weise** *adv.* par paquets, *etc.*
'**Bundes|arbeitsgericht** *n* Cour *f* fédérale du travail; **~bahn** *All. f* Chemins *m/pl.* de fer de la République fédérale; **~behörde** *f* autorité *f* fédérale; **~bruder** *All. univ. m* camarade *m* de la corporation estudiantine; **~bürger** *m* citoyen *m* fédéral; **~ebene** *f*: auf ~ au niveau fédéral; **~gebiet** *n* territoire *m* fédéral; **~genosse** *m* allié *m*; **~gericht** *n* tribunal *m* fédéral; **~grenzschutz** *m* police *f* fédérale pour la protection des frontières; **~kabinett** *n* cabinet *m* fédéral; **~kanzler** *All. m* chancelier *m* de la République fédérale; **~kanzleramt** *n* Chancellerie *f* fédérale; **~kar'tell-amt** *All. n* Office *m* fédéral de contrôle des cartels; **~kriminalamt** *n* Office *m* fédéral de la police criminelle; **~lade** *bibl.* ~ arche *f* d'alliance; **~land** *n* land *m* (*pl.* lænder *m/pl.*); **~minister** *m* ministre *m* fédéral; **~minis'terium** *n* ministère *m* fédéral; **~post** *f*: *Deutsche* ~ Postes de la République fédérale; **~präsident** *All. m* président *m* de la République fédérale; *Schweiz*: président *m* de la Confédération, *Österreich*: de la Fédération; **~rat** *All. m* Conseil *m* fédéral (*od.* des laender); Sénat *m* fédéral de Bonn; Bundesrat *m*: deuxième chambre *f*; **~regierung** *f* gouvernement *m* fédéral; **~republik** *f*: *Deutsche* ~ République *f* fédérale d'Allemagne; *kurz*: l'Allemagne *f* fédérale; **~staat** *m* État *m* fédéral, confédération *f* d'États; *einzelner*: État *m* (con)fédéré; ⦵**staatlich** *adj.* fédéral; **~straße** *f* route *f* fédérale (*od.* nationale); **~tag** *m* Assemblée *f* fédérale, Bundestag *m*; **~tagsausschuß** *n* commission *f* du Bundestag; **~tagswahlen** *f/pl.* élections *f/pl.* à la Diète; **~verfassung** *f* constitution *f* fédérale; **~verfassungsgericht** *n* tribunal *m* constitutionnel de la République fédérale; **~versammlung** *All. f* Assemblée *f* fédérale; **~wehr** *All. f* armée *f* de la République fédérale, Bundeswehr *f*.
'**Bundhose** *f* knickers *m/pl.*
'**bündig** *adj.* (*beweiskräftig*) concluant; *Redeweise*: concis; succinct; net, nette; *Stil a.*: ramassé; (*gedrängt*) serré; *adv.* kurz und ~ laconiquement; en peu de mots; ⦵**keit** *f* (*Beweiskraft*) force *f* concluante; *der Redeweise*: concision *f*; netteté *f*.
'**bündisch** *adj.* corporatif, -ive.
'**Bündnis** *n* alliance *f*; pacte *m*; *s. Bund*; **~politik** *f* politique *f* d'alliance; **~vertrag** *m* traité *m* d'alliance.
'**Bundverlängerung** *cout. f* pince *f* d'aisance.
'**Bundweite** *f* tour *m* de taille.
'**Bunker** *m* ⚓ soute *f* à charbon; (*Schutzraum*) abri *m*; (*Luftschutz⦵*) *a.* abri *m* antiaérien (*od.* contre avions); (*Beton⦵*) blockhaus *m*; ⚔ (*Kampfstand*) abri *m* de combat; (*Arrest*) cellule *f*, F taule *f*; **~kohle** *f* charbon *m* de soute; ⦵n *v/t.* mettre en soute.
'**Bunsenbrenner** *m* bec *m* Bunsen.
bunt *adj.* en couleur(s); de couleurs variées; diapré; multicolore; polychrome; *Farbe*: varié; (*~scheckig*) bigarré; bariolé; *fig.* varié; folklorique; (*verworren*) confus; ~e Reihe machen faire alterner les messieurs avec les dames; (~ *durcheinander*) pêle-mêle; ~ durcheinandergehen aller sens dessus dessous; es wird (ist) mir zu ~ c'en est trop; er treibt es zu ~ il va trop loin; *iron.* es wird immer ~er (= schöner) ça va de mieux en mieux; die Sache wird immer ~er l'affaire se complique de plus en plus; bekannt wie ein ~er Hund connu comme le loup blanc; *cuis.* ~e Platte assiette *f* de charcuterie décorée; ~er Teller assiette *f* de gâteaux secs et de sucreries; *fig.* ~er Abend soirée *f* de variétés; '⦵**druck** *m* impression *f* en couleurs; chromotyp(ograph)ie *f*; '**~farbig** *adj.* → bunt; '**~fleckig** *adj.* tacheté; '**~gefiedert** *adj.* au plumage bigarré; '**~gemustert** *adj.* Stoff: fantaisie; '⦵**heit** *f* variété *f* de couleurs; bigarrure *f*; *fig.* variété *f*; '⦵**metall** *n* métal *m* non ferreux; '⦵**papier** *n* papier *m* peint; '**~sandstein** *m* grès *m* bigarré; '**~scheckig** *adj.* bariolé; bigarré; '⦵**scheckigkeit** *f* bigarrure *f*; bariolage *m*; '**~schillernd** *adj.* chatoyant; '⦵**specht** *orn. m* pic *m* rouge; épeiche *f*; '⦵**stift** *m* crayon *m* de couleur; '⦵**wäsche** *f* linge *m* de couleur.
Bürde *st.s. f* (*schwere Last*) fardeau *m*; faix *m*.
Burg *f* château *m* fort.
'**Bürg|e** *m*, **~in** *f* garant *m*, -e *f*; caution *f*; e-n ~n stellen fournir caution; citer q. comme garant; *sich als* ~ für j-n stellen, für j-n bürgen se porter caution *od.* garant pour q.; ⦵**en** *v/i.* garantir (für etw. qch.); être caution (für de); (*einstehen*) répondre (für de); cautionner (für j-n q.); für e-n Wechsel ~ avaliser un effet.
'**Bürger|(in** *f*) *m* (*Staats⦵*) citoyen *m*, -enne *f*; (*Stadtbewohner*) habitant *m*, -e *f*; *der mittleren Gesellschaft*: bourgeois *m*, -e *f*; **~initiative** *f* comité *m* de défense, de soutien, d'action (pour, à); **~könig** *hist.* Fr. *m* Roi-Citoyen *m*; **~königtum** *hist.* Fr. *m* monarchie *f* de juillet; **~krieg** *m* guerre *f* civile; ⦵**lich** *adj.* civil; als Staatsbürger: civique; 𝔏 ⦵es Gesetzbuch (Recht) Code (droit) *m* civil; ~e Ehrenrechte droits *m/pl.* civiques; *Verlust der ~en Ehrenrechte* dégradation *f* civique; ~es Drama drame *m* bourgeois; **~meister** *m* Frankreich: maire *m*; Belgien, Deutschland, Holland usw.: bourgmestre; *französische Schweiz*: syndic *m*; Regierender ~ *Berlin*: bourgmestre *m* régnant; stellvertretender ~ adjoint *m* (au maire); **~meiste'rei** *f* mairie *f*; *Belgien, französische Schweiz*: maison *f* communale; **~pflicht** *f* devoir *m* civique (*od.* du citoyen); **~recht** *n* e-r Stadt: droit *m* de cité; → Staatsbürgerrechte; ⦵**rechtlich** *adj.* du (*od.* de) droit civil; **~schaft** *f* citoyens *m/pl.*; e-r Stadt mst.: habitants *m/pl.*; *hist. a.*: bourgeois *m/pl.*; **~sinn** *m* civisme *m*; **~stand** *m* bourgeoisie *f*; **~steig** *m* trottoir *m*; **~steuer** *f* impôt *m* civique; **~tugend** *f* vertu *f* civique; **~tum** *n* bourgeoisie *f*.
'**Burg|friede(n)** *m* pol. trêve *f* politique (*od.* entre les partis); **~graben** *m* fossé *m* (d'un château fort); **~graf** *hist. m* burgrave *m*; **~herr** *hist. m* châtelain *m*; **~herrin** *hist. f* châtelaine *f*.
'**Bürgschaft** *f* caution *f*; garantie *f*; ~ leisten se porter garant (de qch. für etw.; pour qch.); e-e ~ übernehmen se porter garant *od.* caution (pour q., pour qch.); s'engager par caution; gegen ~ sous caution; **~serklärung** *f* cautionnement *m*; ⦵**spflichtig** *adj.* astreint à verser un cautionnement; **~sschein** *m*, **~ssumme** *f* cautionnement *m*.
'**Burgtor** *n* porte *f* du château fort.
Bur'gund *n* la Bourgogne; **~er(in** *f*) *m* Bourguignon *m*, -onne *f*; *hist.* die Burgunden *pl.* les Burgondes *m/pl.*; **~erwein** *m* vin *m* de Bourgogne; bourgogne *m*; ⦵**isch** *adj.* bourguignon, -onne; de Bourgogne; *hist.* burgonde.
'**Burg|verlies** *n* oubliettes *f/pl.*; **~vogt** *m* châtelain *m*; **~vog'tei** *hist. f* châtellenie *f*; **~warte** *f* échauguette *f*.
bur'lesk *adj.* burlesque; ⦵**e** *thé. f* pièce *f* burlesque.
'**Burnus** *m* burnous *m*.
Bü'ro *n* bureau *m*; **~angestellte(r** *a. m*), *f* employé *m*, -e *f* de bureau; **~baracke** 🏠 *f* guérite *f*; **~bedarf** *m* articles *m/pl.* (*od.* fournitures *f/pl.*) de bureau; **~chef** *m* chef *m* de bureau; **~diener** *m* garçon *m* de bureau; **~einrichtung** *f* équipement (*od.* matériel) *m* de bureau; **~haus** *n* bâtiment *m* (*hohes*: building *m*) administratif (*od.* d'administration); **~hengst** P *m* gratte-papier *m*; rond-de-cuir *m*; **~hochhaus** *n* tour *f*; **~klammer** *f* trombone *m*; **~kosten** *pl.* frais *m/pl.* de bureau.
Büro|'krat *péj. m* bureaucrate *m*; rond-de-cuir *m*; **~kra'tie** *f*, **~kra'tismus** *m* bureaucratie *f*; chinoiserie *f* administrative; fonctionnarisme *m*; ⦵'**kratisch** *adj.* bureaucratique.
Bü'ro|lampe *f* lampe-spot *f*; **~leim** *m* colle *f* de bureau; **~maschine** *f* machine *f* de bureau; **~möbel** *n/pl.* meubles *m/pl.* (*od.* mobilier *m*) de bureau; **~personal** *n* personnel *m* de bureau; **~schluß** *m* clôture *f* du (*resp.* des) bureau(x); **~stunden** *f/pl.* heures *f/pl.* de bureau; **~turm** *m* tour *f*; **~vorsteher** *m* chef *m* de bureau; beim Rechtsanwalt: principal *m*.
'**Bursch|e** *m* jeune homme *m*; garçon *m*; gars *m*; (*All.: Verbindungsstudent*) étudiant *m* de corporation de la deuxième (*bzw.* troisième) année; (*Ordonnanz*) ordonnance *f*; planton *m*;

(*Kerl*) type *m*, gaillard *m*, P zig(ue) *m*; *ein gutmütiger* ~ un bon garçon; *ein liederlicher* ~ un mauvais sujet; un vaurien; (F *Tier*) *ein strammer* ~ une belle pièce; ~**engröße** *cout. f* taille *f* garçonnet; ~**enherrlichkeit** *f* délices *m/pl.* de la vie d'étudiant; ~**enkleidung** *f* vêtements *m/pl.* pour garçonnets; ~**enschaft** *f etwa:* corporation *f* d'étudiants.
burschi'kos *adj.* désinvolte; sans gêne; cavalier, -ière.
'**Bürste** *f* brosse *f*; ⚡ *a.* balai *m*; ℒn *v/t.* (*v/rf.*: *sich se*) brosser; (*ein wenig*) ~ donner un coup de brosse (à); ~**n** *n* brossage *m*.
'**Bürsten|abzug** *typ. m* épreuve *f* à la brosse; ~**binde'rei** *f* brosserie *f*; ~**halter** *m* porte-brosses *m*; ~**handel** *m* brosserie *f*; ~**händler** *m* marchand *m* de brosses; ~**schnitt** *coiff. m* cheveux *m/pl.* coupés en brosse; ~**waren** *f/pl.* brosserie *f*.
'**Bürzel** *m* croupion *m*.
Bus *m* bus *m*; (*Reisebus*) car *m*; *mit dem* ~ *fahren* prendre le bus (*resp.* le car); ~ *für Videovorführungen* car *m* vidéo; '~**bahnhof** *m* gare *f* routière.
Busch *m* buisson *m*; (*dichter Tropenwald*) brousse *f*; *fig. sich* (*seitwärts*) *in die Büsche schlagen* s'esquiver; *fig. auf den* ~ *klopfen* sonder le terrain; *hinter dem* ~ *halten* cacher son jeu.
'**Büschel** *n* touffe *f* (*Haare* de cheveux; *Gras* d'herbes); (*Feder*ℒ) aigrette *f* (*a.* ⚡); (*Quaste*) 'houppe *f*; ⚡ **faisceau** *m*; *fascicule m*; ℒ**artig**, ℒ-**förmig** *adj.* en touffe; (*feder*~) en aigrette (*a.* ⚡); ⚡ en faisceau; fasciculé; ~**entladung** ⚡ *f* décharge *f* en aigrette; ℒ**weise** *adv.* par touffes, *etc.*
'**Busch|hemd** *n* saharienne *f*; ~**holz** *n* (*Strauchholz*) broussailles *f/pl.*; (*Zweigwerk*) branchage(s *pl.*) *m*.
'**buschig** *adj. Haare:* touffu; *Gelände:* buissonneux; embroussaillé; ~**e** *Augenbrauen* sourcils *m/pl.* embroussaillés (*od.* en broussaille).
'**Busch|klepper** *m* braconnier *m*; ~**mann** *m* Bo(s)chiman *m*; ~**messer** *n* machette *f*, coupe-coupe *m/inv.*; ~**vernichtungsmittel** 🜨*n* débroussaillant *m*; ~**werk** *n* broussailles *f/pl.*; buissons *m/pl.*; ~**windrös-chen** ♀ *n* anémone *f*.
'**Busen** *m* sein *m*; poitrine *f*; *litt.* gorge *f*; ~**freund(in** *f*) *m* ami *m*, -*e f* intime.
'**Bus|fahrbahn** *f* couloir *m* réservé aux autobus; ~**fahrer** *m* conducteur *m* de bus; machiniste *m*; ~**haltestelle** *f* arrêt *m* d'autobus; ~**linie** *f* ligne *f* d'autobus.
'**Bussard** *orn. m* buse *f*.
'**Busschaffner** *m* receveur *m* d'autobus.
'**Buße** *f* pénitence *f*; (*Geld*ℒ) amende *f*; ~ *predigen* prêcher la pénitence; ~ *tun* faire pénitence (*für de*).
'**büßen** *v/t. u. v/i.* expier; *für etw.* ~ expier *od.* payer qch.; *etw. mit s-m Leben* ~ expier qch. par sa mort; payer qch. de sa vie; *das soll er mir* ~! il me le paiera.
'**Büßer|(in** *f*) *m* pénitent *m*, -*e f*; ~**gewand** *n* habit *m* de pénitent; ~**hemd** *n* 'haire *f*.
'**buß|fertig** *adj.* contrit; repentant; ℒ**fertigkeit** *f* contrition *f*; repentir *m*; ℒ**gebet** *n* prière *f* de pénitence; ℒ**geld** *n* amende *f*.
Bus'sole ⚓ *f* boussole *f*.
'**Buß|gottesdienst** *m* cérémonie *f* pénitentielle; ~**predigt** *f* sermon *m* sur la pénitence.
'**Buß- und 'Bet-tag** *m* jour *m* de pénitence et de prières.
'**Büste** *f* buste *m*; ~**nhalter** *m* soutien-gorge *m*; *trägerloser* ~ bustier *m*.
Bu'tan 🜨 *n* butane *m*.
'**Butler** *m* maître *m* d'hôtel; majordome *m*; caviste *m*; intendant *m*; factotum *m*.
Butt *icht. m* barbue *f*; (*Stein*ℒ) turbot *m*.
'**Bütte** *f* (*Gefäß*) cuve *f*; (*Trag*ℒ) 'hotte *f*.
'**Büttel** *péj. m* sbire *m*.
'**Büttenpapier** *n* papier *m* à la cuve.

'**Butter** *f* beurre *m* (*frische* frais; *ranzige* rance; *braune* noir; *zerlassene* fondu); *mit* ~ *bestreichen* beurrer; *fig.* F *alles in* ~ tout va bien; tout marche comme sur des roulettes; ℒ**artig** *adj.* butyreux, -euse; ~**berg** *All. éc. m* montagne *f* de beurre; ~**birne** ♀ *f* beurré *m*; doyenné *f*; poire *f* duchesse; ~**blume** ♀ *f* bouton-d'or *m*; pissenlit *m*; ~**brot** *n* tartine *f* (de beurre); *belegtes* ~ sandwich *m*; *etw. für* ~ *kaufen* acheter qch. pour une bouchée de pain; *fig. enf.* ~**e** *werfen* (*Steine über e-e Wasseroberfläche*) faire des ricochets; ~**brotpapier** *n* papier *m* à beurre; papier *m* parchemin(é) *od.* sulfurisé; ~**dose** *f* beurrier *m*; boîte *f* à beurre; ~**faß** *n* *zum Buttern:* baratte *f*; ~**form** *f* moule *m* à beurre; ~**handel** *m* commerce *m* de beurre; ~**händler(in** *f*) *m* marchand *m*, -*e f* de beurre; ~**keks** *m* petit-beurre *m*; ~**klumpen** *m* motte *f* de beurre; ~**krem** *f* beurre *m* foisonné; ~**markt** *m* marché *m* au beurre; ~**maschine** *f* baratte *f*; ~**messer** *n* couteau *m* à beurre; ~**milch** *f* petit-lait *m*, babeurre *m*, *bisw.*lait *m* de beurre; ℒn *v/i.* (*Butter herstellen*) faire du beurre; baratter; ~**n** *n* barattage *m*; écrémage *m*; ~**säure** 🜨 *f* acide *m* butyrique; ~**schmalz** *n* beurre *m* fondu; ~**schnitte** *f* tartine *f* de beurre; ~**soße** *f* sauce *f* au beurre; ~**stulle** *f* tartine *f* de beurre; ~**topf** *m* pot *m* à (*resp.* de) beurre; ℒ-**weich** *adj.* mou, molle comme du beurre.
'**Büttner** *m* tonnelier *m*.
Bu'tylalkohol 🜨 *m* alcool *m* butylique.
'**Butzemann** *m* croque-mitaine *m*.
'**Butzenscheibe** *f* vitre *f* en culs-de--bouteille.
'**Butzkopf** *icht. m* épaulard *m*, orque *m*.
byzan|'tinisch *adj.* byzantin; ℒ**ti'nismus** *m* byzantinisme *m*.
By'zanz *n* Byzance *f*.

C

C, c n C, c m; ♪ ut m; do m.
Ca'fé n salon m de thé; pâtisserie f.
Cais'sonkrankheit ⚕ f mal m des caissons.
'camp|en v/i. camper; faire du camping; **2ing** n camping m; **2ingausrüstung** f matériel m de camping; **2ingbus** m camping-car m; **2ingplatz** m terrain m de camping; néol. campière f; **2ingwärter** m placier m.
Ca'priccio ♪ n caprice m.
Cäsar m César m.
Cä'saren|tum n césarisme m; **~wahnsinn** m mégalomanie f.
cä'sarisch adj. césarien, -enne.
'Catcher m catcheur m.
C-Dur ♪ n do m, ut m majeur.
Cel'list ♪ m violoncell(ist)e m.
'Cello ♪ n violoncelle m.
Cello'phan n cellophane f.
'Celsiusthermometer n thermomètre m Celsius.
'Cembalist(in f) m claveciniste m, f.
'Cembalo ♪ n clavecin m.
Ces ♪ n do m, ut m bémol.
'Ceylontee m thé m de Ceylan.
Cha'conne ♪ f chacon(n)e f.
Cha'grinleder n chagrin m.
Chaise'longue f divan m; ottomane f.
Cha'mäleon n caméléon m.
cha'mois adj. chamois; **2leder** n chamois m.
Cham'pagner m, **~wein** m vin m de Champagne; champagne m; ~ in Eis champagne m frappé; **~glas** n flûte f; **~schale** f coupe f à champagne.
'Champignon ♀ m champignon m de Paris.
'Champion m champion m, -nne f.
Chance f chance f; **~ngleichheit** f chances f/pl. égales, égalité f (od. égalisation f) des chances.
chan'gieren v/i. être changeant.
Chan'son-abend m soirée f de chansons; musicorama m.
'Cha-os n chaos m.
Cha'ot univ., pol. m trublion m, perturbateur m, anarchiste m; **~in** f anarchiste f, perturbatrice f.
cha'otisch adj. chaotique.
Cha'rakter m caractère m; (Naturell) naturel m; Mann von ~ homme m de caractère; **~bild** n portrait m; **2bildend** adj. qui forme le caractère; **~bildung** f formation f du caractère; **~darsteller** thé. m acteur m qui joue les rôles de caractère; **~erziehung** f formation f du caractère; **~fehler** m défaut m de caractère; **2fest** adj. d'un caractère ferme; **~festigkeit** f fermeté f de caractère; **2gestört** psych. adj. caractériel, -lle.
charakteri'sieren v/t. caractériser.
Charakte'ristik f caractéristique f; e-r Person: portrait m; **2isch** adj. caractéristique (für de); propre (à); **~ische(s)** n: das ~ an ... (dat.) ce qui caractérise ...
Cha'rakter|kopf m figure f qui a du caractère; **~kunde** f caractérologie f; **2lich** adj. de caractère; psych. ~ schwierig caractériel, -lle; ~ einwandfrei d'un caractère impeccable; **2los** adj. sans caractère; (wankelmütig) versatile; ~ sein manquer de caractère; ne pas avoir de caractère; **~losigkeit** f manque m de caractère; (Wankelmut) versatilité f; **~rolle** thé. f rôle m de caractère; **~schilderung** f peinture f de caractère; **~schwäche** f faiblesse f de caractère; **~stärke** f force f de caractère; **~störungen** f/pl. troubles m/pl. caractériels; **~zug** m trait m de caractère.
'Chargenrolle thé. f rôle m secondaire.
char'mant adj. charmant.
Charme m charme m.
Char'meur m charmeur m.
Char'meuse text. f charmeuse f.
'Charta f charte f.
'Charter|gesellschaft ✈ f compagnie f charter; **~system** n système m charter; **~transport** m transport m par charter; **~verkehr** m trafic m charter.
'chartern ⚓, ✈ v/t. affréter.
Chas'sis n châssis m.
Chauf'feur m chauffeur m.
Chaus'see f grand-route f; route f nationale; **~arbeiter** m cantonnier m; **~bau(ten** pl.) m construction f de grandes routes; **~graben** m fossé m; **~walze** f rouleau m compresseur.
Chauvi'nismus m chauvinisme m; **~'nist** m, **2'nistisch** adj. chauvin.
Check'up ⚕ m check up m; bilan m complet de l'organisme.
Chef m chef m; e-r Firma: a. patron m; ~ des Protokolls chef m du protocole; F fig. ~ vom Ganzen patron m de la barque; **~arzt** m médecin m en chef; médecin-chef m; **'~dolmetscher** m interprète m en chef; **'~ingenieur** m ingénieur m en chef; **'~konstrukteur** m constructeur m en chef; **'~redakteur** m rédacteur m en chef.
Che'mie f chimie f (organische organique; anorganische minérale); ~ der Kohlestoffverbindungen carbochimie f; **~aktie** ✝ f action f de l'industrie chimique; **~faserindustrie** f industrie f des matières synthétiques; **~fasern** f/pl. fibres f/pl. synthétiques; **~ingenieur** m ingénieur m chimiste; **~müll** m déchets m/pl. chimiques.
Chemi'kalien f/pl. produits m/pl. chimiques.

'Chem|iker m chimiste m; **2isch** adj. chimique; **~e Fabrik** fabrique f de produits chimiques; **~e Kampfstoffe** gaz m/pl. de combat; **~er Krieg** guerre f chimique; auf **~em Wege** chimiquement; **~e Reinigung** nettoyage m à sec; etw. ~ untersuchen faire l'analyse chimique de qch.; **2isch-pharma'zeutisch** adj. chimico-pharmaceutique.
chemothera'p|eutisch ⚕ adj. chimiothérapique; **2ie** ⚕ f chimiothérapie f.
Chev'reau n a. m, **~leder** n chevreau m.
Chiffonkleid cout. n robe f en mousseline de soie.
'Chiffre f chiffre m; unter der ~ ... journ. sous le numéro, **~schrift** f écriture f chiffrée; **~telegramm** n télégramme m chiffré.
Chif'frier|abteilung ⚔ f (section f du) chiffre m; **2en** v/t. chiffrer; écrire en chiffre; **~en** n chiffrage m; **~er** m chiffreur m; **~maschine** f machine f à chiffrer (od. à coder); **~schlüssel** m code m; **~ung** f chiffrage m.
'Chile n le Chili.
Chi'le|ne m, **~nin** f Chilien m, -enne f; **2nisch** adj. chilien, -enne.
chili'astisch rl. adj. millénariste.
'China n la Chine; Volksrepublik ~ République f populaire de Chine; **~kenner** m sinologue m; **~rinde** phm. f **~rindenbaum** m, **~wein** phm. m quinquina m.
Chi'ne|se m, **~sin** f Chinois m, -e f; **~senfeindschaft** f sinophobie f; **~senfreundschaft** f sinophilie f; **2sisch** adj. chinois; de Chine; **~er Kulturbereich** sinité f; **~e Mauer** muraille f de Chine; **~e Tusche** encre f de Chine; **2sisch-ja'panisch** adj. sino-japonais.
Chi'nin phm. n quinine f.
Chintz text. m chintz m.
Chiro|'mant(in f) m chiromancien m, -enne f; **~man'tie** f chiromancie f; **~'praktik** f, **~'praxie** f vertébrothérapie f; **~'praktiker** ⚕ m chiropracteur m; vertébrothérapeute m.
Chi'rurg m chirurgien m; **~ur'gie** f chirurgie f; **2urgisch** adj. chirurgical.
Chlor 🝮 n chlore m.
Chlo'rat 🝮 n chlorate m.
'chloren v/t. chlorurer.
'chlorhaltig adj. chloré.
Chlo'rid 🝮 n chlorure m.
chlo'rieren v/t. chlorurer.
'chlorig adj. chloreux, -euse.
Chlo'rit 🝮 n chlorite m.
'Chlor|kalium n chlorure m de potassium; **~kalk** m chlorure m de

chaux; ~kalzium *n* chlorure *m* de calcium; ~'natrium *n* chlorure *m* de sodium.
Chloro|'form ⚥ *n* chloroforme *m*; ⚲for'mieren *v/t.* chloroformer; ~for'mierung *n* chloroformation *f.*
Chloro'phyll *n* chlorophylle *f.*
'Chlor|säure *f* acide *m* chlorique; ~verbindung *f* chlorure *m*; ~wasserstoffsäure *f* acide *m* chlorhydrique.
'Cholera *f* choléra *m*; ~epidemie *f* épidémie *f* de choléra; ~erreger *m* virus *m* cholérique; ⚲krank *adj.* cholérique; ~kranke(r) *f(m)* malade *m, f* atteint du choléra; cholérique *m, f*; ~schutz-impfung *f* vaccination *f* contre le choléra.
Cho'ler|iker *m* colérique *m*; ⚲isch *adj.* colérique; coléreux, -euse.
Choleste'rinspiegel ⚕ *m* taux *m* de cholestérol.
Chor I *m im Drama u.* ♪: chœur *m*; im ~ en chœur; im ~ sprechen scander; II *m (a. n)* ⚛ *in Kirchen*: chœur *m*; (*Empore*) jubé *m.*
Cho'ral ♪ *m prot.* choral *m*; *cath.* plain-chant *m.*
Choreo|'graph *m* chorégraphe *m*; ~gra'phie *f* chorégraphie *f*; ⚲'graphisch *adj.* chorégraphique.
'Chor|gang *m* pourtour *m* du chœur; ~gesang *m* chant *m* du chœur; *cath.* plain-chant *m*; ~gesangbuch *cath. n* antiphonaire *m*; ~gestühl *n* stalles *f/pl.*; ~hemd *n* surplis *m*; ~herr *m* chanoine *m*; ~kapelle *f* absidiole *f*; ~knabe *m*, ~schüler *m* enfant *m* de chœur; ~sänger(in *f*) *m* choriste *m,f*; ~stuhl *m* stalle *f*; ~umgang *m* déambulatoire *m.*
Chrestoma'thie *f* chrestomathie *f.*
'Christ|(in *f*) *m* chrétien *m*, -enne *f*; ~abend *m* veille *f* de Noël; ~baum *m* arbre *m* de Noël; ~baumschmuck *m* garnitures *f/pl.* de sapin; décor *m* (de) sapin; décorations *f/pl.* pour arbres de Noël; ⚲enfeindlich *adj.* antichrétien, -enne; ~englaube *m* foi *f* chrétienne; ~enheit *f* chrétienté *f*; ~enliebe *f* charité *f* chrétienne; ~enpflicht *f* devoir *m* du chrétien; ~enseele *f* âme *f* chrétienne; ~entum *n* christianisme *m*; ~enverfolgung *f* persécution *f* des chrétiens; ~fest *n* Noël *m*; *ell.* la Noël *f.*
'Christkind *n* enfant *m* Jésus.
'christlich *adj.* chrétien, -enne; ~ leben vivre chrétiennement (*od.* en bon chrétien); mener une vie chrétienne; *etw.* mit dem Mantel ~er Liebe bedecken couvrir qch. du voile de l'indulgence; ⚲keit *f* sentiments *m/pl.* chrétiens.
'Christ|messe *f*, ~mette *f* messe *f* de minuit; ~nacht *f* nuit *f* de Noël.
'Christrose ♀ *f* ellébore *m* noir; rose *f* de Noël.
'Christus *m* Jésus-Christ *m*; le Christ; vor Christi Geburt avant Jésus-Christ; nach Christi Geburt après Jésus-Christ; ~bild *n* image *f* du Christ; christ *m*; ~kopf *m* tête *f* de Christ.
Chrom *n* chrome *m.*
Chro'mat ⚥ *n* chromate *m.*
Chro'matik *f* chromatisme *m.*
Chroma'tin *n* chromatine *f.*
chro'matisch *adj.* chromatique.
'chrom|gelb *adj.* (⚲ *n*) jaune (*m*) de chrome; ~haltig *adj.* chromé; ⚲leder *n* cuir *m* chromé; ⚲nickelstahl *m* nichrome *m*; acier *m* au nickel-chrome.
Chromo|lithogra'phie *typ. f* chromolithographie *f*; (*Bild*) chromo *m*; '~papier *n* papier *m* chromé.
Chromo'som *n* chromosome *m.*
Chromo'sphäre *phys. f* chromosphère *f.*
'chrom|sauer *adj.* chromique; ⚲säure *f* acide *m* chromique; ⚲stahl *m* acier *m* chromé; ⚲verkleidung *Auto f* enluminure *f* de chrome.
'Chronik *f* chronique *f.*
'chronisch *adj.* chronique.
Chro'nist *m* chroniqueur *m*; courriériste *m.*
Chrono'graph *m* chronographe *m.*
Chrono|lo'gie *f* chronologie *f*; ⚲'logisch *adj.* chronologique; ~ ordnen classer par ordre chronologique.
Chrono'meter *n* chronomètre *m.*
Chrysan'theme ♀ *f* chrysanthème *m.*
Chryso'lith *min. m* chrysolithe *f.*
'chthonisch *adj.* chtonien, -enne.
Cice'rone *m* cicérone *m.*
'circa *adv.* environ.
Cis ♪ *n* ut *m* dièse.
Claque *thé. f* claque *f.*
Clavi'cembalo ♪ *n* clavecin *m.*
Clavi'chord *n* clavicorde *m.*
'Clearing ✝ *n* clearing *m*; ~abkommen *n* accord *m* de clearing (*od.* de compensation); ~verkehr *m* opérations *f/pl.* de clearing.
Clinch *m Sport*: accrochage *m.*
'Clique *f* coterie *f*; clique *f*; ramassis *m*, chapelle *f*, cénacle *m*; ~ngeist *m* esprit *m* de chapelle; ~nwesen *n*, ~nwirtschaft *f* régime *m* de coteries; copinage *m.*
Clog (*modischer Holzpantinenschuh*) *m* sabot *m.*
Clou *m* clou *m.*
Clown *m* clown *m*; ⚲haft *adj.* clownesque.
c-Moll ♪ *n* ut *m* mineur.
'Cocktail *m* cocktail *m*; ~kleid *n* robe *f* de cocktail; ~party *f* cocktail *m.*
Code *m* code *m.*
Cœur *n Kartenspiel*: cœur *m.*
Col'lage *peint. f* collage *m*; papiers *m/pl.* collés.
'Collegemappe *f* sac *m* de cours; porte-documents *m.*
'Collie *zo.* ~ *m* colley *od.* collie *m*; berger *m* d'Écosse.
'Comics *m/pl.* bande *f* dessinée.
Com'puter *cyb. n* ordinateur *m*; auf ~ umstellen mettre sur ordinateur; cybernétiser; ⚲gesteuert *adj.* dirigé par ordinateur; ~Kolloquium téléph. *n* colloque *m* téléphonique traduit par ordinateur.
Conféren'cier *m Kabarett usw.*: présentateur *m*, animateur *m*, meneur *m* de jeu.
Con'sensus *pol. m* consensus *m.*
Con'tainer (*Transport*) *m* conteneur *m*; ~schiff *n* navire *m* porte-conteneurs.
Conter'gan *phm. n* thalidomide *f.*
'Cosinus ⚥ *m* cosinus *m.*
Couch *f* divan *m*, canapé *m.*
Count'down (*Raumrakete*) *n* compte *m* à rebours.
Cou'plet *n* chanson(nette) *f.*
Cou'pon *m* coupon *m.*
Cour *f*: j-m die ~ machen faire la cour à q.; courtiser q.
Cou'rage *f* courage *m*; F ~ haben P en avoir; V avoir des couilles au cul.
Cour'tage ✝ *f* courtage *m*; ~satz *m* taux *m* de courtage.
Cou'sin *m* cousin *m*; ~e *f* cousine *f.*
'Creme *f* crème *f (a. fig.);* ~farbe *f* couleur *f* crème; ⚲farben *adj.* couleur crème; ~schnitte *f* millefeuille *m*; ~torte *f* moka *m.*
Crossing-'over *biol. n* entrecroisement *m.*
'Cruise 'Missile (*Fernlenkwaffe*) ⚔ *n* missile *m* de croisière.
Cross-'Country-'Motorrad|fahrer *m* trialiste *m*; ~sport *m* trialisme *m.*
C-Schlüssel ♪ *m* clef *f* de do (*od.* d'ut).
'Cut *cout. m* jaquette *f.*
'Cutter(in *f*) *m Film*: monteur *m*, -euse *f.*
'cuttern *cin. v/t.* monter.

D

D, d n D, d m; ♪ ré m.

da I adv. **a)** örtlich: là; y; (hier) ici; hier und ∼; ∼ und dort çà et là; par-ci; par-là; wer geht ∼? qui va là?; ist j. ∼ gewesen? est-il venu q.?; ∼ ist; ∼ sind voilà; ∼ bin ich me voilà; ihr ∼! vous autres!; Sie ∼! eh, vous, là-bas!; ∼ kommt er le voilà qui vient; ∼ haben wir es! nous y voilà!; ça y est!; tu vois (resp. vous voyez) bien!; ✕ wer ∼? qui vive?; sieh ∼! voyez (donc)!; nichts ∼! il n'en sera rien; ∼ ist keiner, der ... il n'y a personne qui ... (subj.), pour ... (inf.); der Mann ∼ cet homme-là; l'homme que voilà; **b)** zeitlich: (damals, dann) alors; à ce moment-là; von ∼ an; von ∼ ab dès lors; à partir de (od. dès) ce moment-là; **c)** Umstand: alors; dans (od. en) ce cas; dans ces circonstances; ∼ irren Sie sich en cela vous faites erreur; was kann man ∼ machen? que faire dans ce cas-là?; **II** cj. **a)** zeitlich: lorsque, quand; comme; **b)** Grund: parce que; comme; ∼ (nun einmal); ∼ doch puisque; du moment que ... (ind.).

da'bei adv. **a)** örtliche Nähe: auprès; y; (anwesend) présent; er war ∼ il y était; il était présent; il en était; **b)** zeitliche Nähe: gerade ∼ sein, etw. zu tun être en train de faire qch.; nahe ∼ sein, zu ... (inf.); aller à ... (inf.); (bei dieser Gelegenheit) à cette occasion; à ce propos; **c)** Beziehung: er bleibt ∼ il s'en tient là; es bleibt ∼ c'est convenu; c'est entendu; es ist nichts ∼ ce n'est pas difficile, (es macht nichts) cela ne fait rien; ∼ komme ich zu kurz je n'y trouve pas mon compte; was ist denn ∼? quel mal y a-t-il à cela?; er befindet sich wohl ∼ il s'en trouve bien; das Gute ∼ ist ... ce qu'il y a de bon là-dedans, c'est ...; ich habe mir nichts Böses ∼ gedacht je l'ai fait sans penser à mal; ∼ kommt nichts heraus cela ne mène (od. sert) à rièn; (außerdem) avec cela; en outre; (dazu, ferner) de plus; en plus; au surplus; (doch) (et) pourtant; **∼bleiben** v/i. rester à côté de od. au(x) côté(s) de; **∼sein** v/i. être présent (à); assister (à); überall ∼ se multiplier; **∼sitzen**, **∼stehen** v/i. se tenir à côté.

'dableiben v/i. rester.

da 'capo adv. bis.

Dach n toit m; (Bedachung) toiture f; couverture f; züückschiebbares ∼ Auto: toit m ouvrant; flaches ∼ toit m en terrasse; unter ∼ und Fach bringen mettre en lieu sûr (od. à l'abri); Ernte: rentrer; engranger; fig. terminer; unter dem ∼ wohnen loger sous les combles; das ∼ decken couvrir une maison; das ∼ abdecken enlever la toiture; fig. F j-m aufs ∼ steigen passer un savon à q.; eins aufs ∼ bekommen recevoir une douche; en prendre pour son grade, en prendre pour son rhume; **'∼antenne** f antenne f (installée) sur le toit; **'∼balken** m entrait m; **'∼binder** m ferme f; **'∼boden** m grenier m; combles m/pl.; **'∼decker** m couvreur m; **'∼decker-arbeiten** f/pl. travaux m/pl. de couverture, de couvreur; **∼decke'rei** f atelier m (bzw. métier m) de couvreur; **'∼fenster** n lucarne f; **'∼first** m faitage m; faîte m; **'²∼förmig** adj. en forme de toit; **'∼garten** m toit m en terrasse; **'∼gebälk** n charpente f; **'∼gepäckträger** (Auto) ⚲ galerie f de toit; **'∼geschoß** n étage m mansardé; im ∼ wohnen loger sous les combles; **'∼gesellschaft** † f 'holding m; **'∼kammer** f mansarde f; **'∼landeplatz** ⚲ m toit-plateforme m d'atterrissage; **'∼kehle** △ f noue f; **'∼luke** f lucarne f; tabatière f; **'∼organisation** f organisme m dirigeant; organisation f de coordination; **'∼pappe** f carton m bitumé; **'∼rinne** f gouttière f; **'∼röhre** f tuyau m d'écoulement; descente f.

Dachs m zo. blaireau m; fig. frecher ∼ insolent m; wie ein ∼ schlafen dormir comme un loir (od. comme une marmotte); **'∼bau** m terrier m de blaireau.

'Dach|schiefer min. m ardoise f (de toiture); **∼schindel** △ f bardeau m.

'Dachs|haarpinsel m blaireau m; **∼hund** m basset m.

'Dach|sparren m chevron m; **∼spitze** f faîte m; **∼stroh** n chaume m; **∼stuhl** △ m charpente f du toit; comble m; **∼stuhlbrand** m incendie m des combles; **∼terrasse** △ f toiture-terrasse f; **∼traufe** △ f gouttière f; **∼verband** † m société f centrale; 'holding m; **∼werk** † n toiture f; **∼wohnung** f logement m mansardé; **∼ziegel** △ m tuile f.

'Dackel m teckel m; basset m allemand.

Dada'is|mus m dadaïsme m; **∼t** m dadaïste m.

'dadurch I adv. par là; (auf solche Weise) de cette manière; **II** cj.: ∼, daß ... étant donné que ...; du fait que ...; bei gleichem suj.: a. en faisant (telle ou telle chose).

da'für adv. (statt dessen) pour cela; Tausch: en échange; en retour; en revanche, Entgelt: en récompense; (in Beziehung auf etw.) à cela; de cela; mit Bezug auf Vorhergehendes: y; ich werde ∼ sorgen je m'en occuperai; ∼ mag er sorgen c'est son affaire; ich bürge ∼ j'en réponds; ich kann nichts ∼ ce n'est pas ma faute; je n'y puis rien; wer kann ∼? à qui la faute?; ∼ und dagegen sprechen parler pour et contre; ∼ sein approuver; cj. ∼, daß parce que bzw. à ce que, en sorte que; **²halten** n opinion f; avis m; nach m-m ∼ à mon avis.

da'gegen I adv. contre cela; là contre; ∼ sein être contre; être d'un avis contraire; nichts ∼ haben n'avoir rien contre; vouloir bien; ne pas s'opposer (à); **II** cj. tandis que; au contraire; par contre; **∼halten** v/t. (vergleichen) comparer (à); (erwidern) estimer au contraire que ...; objecter que ...

da'heim I adv. (zu Hause) chez moi (toi, etc.), à la maison; (in der Heimat) dans mon (ton, etc.) pays; **II** ⚲ n chez-soi m.

da'her I adv. **a)** örtlich: de là; de ce côté-là; **b)** 'daher Ursache: de là; aussi (mit Inversion); das kommt ∼, daß, ... cela vient de ce que ...; **II** cj. c'est (od. voilà) pourquoi; pour cette raison; (folglich) par conséquent; **∼gehen** v/i. passer; **∼reden** v/i.: dumm ∼ dire des niaiseries (od. des bêtises).

'dahin¹ adv. **a)** räumlich: là; là-bas; à cet endroit-là; y; ∼ und dorthin ici et là; en tous sens; **b)** zeitlich: bis ∼ jusque-là; bis ∼ werde ich Ihre Sache in Ordnung gebracht haben d'ici là j'aurai arrangé votre affaire; **c)** Ziel, Zweck: er äußerte sich ∼ il s'exprima en ces sens; es ∼ bringen y parvenir; es ∼ bringen, daß ... faire en sorte que ...; bei gleichem suj.: arriver à ... (inf.), parvenir à ... (inf.); j-n ∼ bringen, zu ... (inf.) amener q. à ... (inf.); man hat sich ∼ geeinigt, daß ... on a convenu de ... (inf.); on a convenu que ... (fut.); m-e Meinung geht ∼, daß ... je suis d'avis que ...; s-e Wünsche gehen ∼, zu ... (inf.) ses désirs tendent à ... (inf.); ∼ ist es gekommen c'est à quoi les choses en sont venues.

da'hin² adv. (verloren) perdu; (vergangen) passé.

da'hinbrausen v/i. Auto usw.: passer en trombe, foncer.

da'hin-eilen v/i. passer rapidement; Zeit: fuir.

'dahinein adv. (en entrant) par là; là-dedans.

da'hin|fahren v/i. s'éloigner; **∼fliegen** v/i. s'envoler; **∼fließen** v/i. couler; s'écouler; **∼geben** v/t. sacrifier.

da'hin|gehen v/i. s'en aller; (vergehen) passer; **∼gestellt**: ∼ sein lassen laisser indécis (od. en suspens); es ∼ sein lassen, ob ... ne pas discuter la question de savoir si ...; wir wollen es ∼ lassen; es mag ∼ bleiben passons là-dessus; **∼jagen** v/i. aller à

dahinleben — Dämpfung

toute vitesse; ~**leben** v/i. kümmerlich: végéter; vivoter; ~**raffen** v/t. enlever; emporter; faucher; ~**scheiden** v/i. trépasser; ~**schwinden** v/i. (vergehen) passer; (sterben) s'en aller; Vermögen: fondre; ~**siechen** v/i. dépérir; ~**stehen** v/i.: es steht dahin (ob) il n'est pas certain (que subj.); ~**sterben** v/i. se mourir; s'en aller.
da'**hinten** adv. là-bas.
da'**hinter** adv. (là-)derrière; ~ steckt etw. il y a qch. là-dessous; ~**klemmen**, ~**knien**: v/rf. sich ~ s'efforcer (de); faire effort (pour); ~**kommen** v/i. éclaircir la chose; découvrir le secret (od. le pot aux roses).
da'**hintreiben** v/i. Boot: aller (od. errer) à la dérive.
da'**hin|vegetieren** v/i. croupir; ~**welken** v/i. se flétrir.
'**Dahlie** ♀ f dahlia m.
'**Daimlermotor** ⊕ m moteur m Daimler.
Daktylosko'pie f dactyloscopie f.
'**Daktylus** mét. m dactyle m.
'**daliegen** v/i.: ausgestreckt ~ être étendu de tout son long.
'**Dalles** F m: den ~ haben être fauché; être dans la dèche.
'**dalli** adv.: ~ ~ dare-dare; ~, ~! int. et que ça saute!
Dalma'tinerhund m chien m dalmatien.
'**damalig** adj. d'alors; de l'époque.
'**damals** adv. alors; à cette époque (-là); schon ~; gleich ~ dès lors; seit ~ depuis lors.
'**Damast** m damas m; ~**arbeit** f damassure f; ℒ**artig** adj. damassé; ~ weben Tuch: damasser; ℒ**en** adj. de damas; damassé; ~**fabrik** f damasserie f; ~**tischtuch** n nappe f de damas; ~**weber** m, ~**wirker** m damasseur m; ~**webe'rei** f, ~**wirke'rei** f damasserie f.
Damas'zener|arbeit f damasquinure f; ~**klinge** f lame f damasquinée.
damas'zier|en v/i. damasquiner; ℒ**ung** f damasquinage m.
'**Dambock** m daim m.
'**Dame** f dame f (a. Spiel); die ~ des Hauses la maîtresse de maison; m-e ~! madame!; m-e ~n und Herren! mesdames et messieurs!; F messieurs dames!; ~ spielen jouer aux dames; Spiel: zu ~ machen damer; e-e ~ bekommen aller à dame; ~**brett** n damier m.
'**Damen|bekleidung** f habillement m féminin; ~**binde** f serviette f hygiénique (od. périodique); ~**doppel** (-spiel) n Tennis: double m dames; ~**einzel**(**spiel**) n simple m dames; ~(**fahr**)**rad** n bicyclette f de dame; ~**frisör** m coiffeur m pour dames; ~**handschuh** m gant m de femme; ~**hut** m chapeau f de femme; ~**hutkrempe** f passe f; ~**kleid** n robe f; ~**kleidung** f vêtements m/pl. de femme; ~**konfektion** f confection f féminine; ~**mannschaft** f Sport: équipe f féminine; ~**mantel** m manteau f de femme; ~**oberbekleidung** f vêtements m/pl. pour dames; ~**reitkleid** n amazone f; ~**sattel** m selle f pour dames; ~**schneider**(**in** f) m tailleur m pour dames; ~**schuh** m soulier m de femme; ~**sitz** m: im ~ reiten monter en amazone; ~**strumpf** m bas m; ~**täschchen** n réticule m; ~**toilette** f lavabos m/pl. pour dames; ~**überschuh** m bottillon m; ~(**unter**)**wäsche** f lingerie f; ~**welt** f: monde m féminin.
'**Dame|spiel** n jeu m de dames; ~**stein** m pion m.
'**Damhirsch** m daim m; ~**kuh** f daine f; ℒ**ledern** adj. de daim.
'**damit**¹ adv. (in Beziehung auf etw.) avec cela; mit Bezug auf Vorhergehendes: en; y; was macht er ~? qu'en fait-il?; ich bin ~ zufrieden j'en suis content; wie steht es ~? qu'en est-il?; où en est l'affaire?; lassen Sie mich ~ in Ruhe! laissez-moi tranquille avec ces histoires; ich bin ~ einverstanden je suis d'accord avec ça; j'y consens; ~ ist es nichts il n'en est rien; ~ ist es aus c'en est fait; c'est une affaire finie; was wollen Sie ~ sagen? que voulez-vous dire par là?; ~ ist mir nicht gedient cela ne me sert à rien; ~ ist alles gesagt c'est tout dire; nur her ~! donnez toujours!; heraus ~! allons, donnez!, (sprechen Sie!) allons vite!; ich fing ~ an, ihm zu sagen j'ai commencé par lui dire.
da'**mit**² cj. afin (od. pour) que (subj.); bei gleichem subj.: afin de (inf.); pour (inf.).

'**Däm|lack** F m imbécile m, ℒ**lich** F adj. imbécile; bête; nigaud; stupide; ~**lichkeit** F f imbécillité f; bêtise f.
Damm m (Deich) digue f (a. fig.); 🫀 remblai m; zur Seite e-s Flusses usw.: levée f de terre; bsd. zur Absperrung: barrage m; (Hafen℥) jetée f; quai m; (Fahrweg) chaussée f; anat. périnée m; fig. barrière f; fig. F nicht ganz auf dem ~ sein ne pas se sentir d'aplomb; auf den ~ sein être d'aplomb; wieder auf den ~ kommen se rétablir; wieder auf dem ~ sein être rétabli; j-n wieder auf den ~ bringen remettre q. d'aplomb; '~**bruch** m rupture f d'une digue.
'**dämmen** fig. v/t. endiguer; arrêter; refréner; réprimer.
'**dämmer|ig** adj. abends: déjà sombre; crépusculaire; morgens: encore sombre; ~**licht** n crépuscule m; lueur f du crépuscule; faible lueur f; (nur Morgen℥) lueur f de l'aube; ℒ**n 1.** v/i. (schlummern) somnoler; (träumen) rêvasser; **2.** v/imp.: es dämmert (schon) morgens: le jour (od. l'aube) point; le jour commence à poindre; abends: le soir (od. la nuit) tombe; il commence à faire nuit; fig. es dämmert mir je commence à y voir (plus) clair; ~**schein** m demi-jour m; ~**stunde** f heure f du crépuscule; F heure f entre chien et loup; ~**ung** f abends: crépuscule m; morgens: crépuscule m du matin; aube f; point m du jour; ~ au crépuscule; ~**zustand** ⚕ m état m de somnolence f.
'**Damm|riß** ⚕ m déchirure f du périnée; ~**rutsch** m éboulement m de remblai; ~**weg** m chaussée f.
'**Dämon** m démon m (a. fig.).
dä'**monisch** adj. démoniaque; mv.p. diabolique.
Dampf m vapeur f; v. Speisen usw.: fumée f; unter ~ stehen être sous pression; F fig. ~ hinter etw. (acc.) activer qch.; '~**antrieb** m commande f à vapeur; '~**bad** n bain m de vapeur; '~**badhalle** f vaporarium m; '~**bagger** m drague f à vapeur; '~**betrieb** m fonctionnement m à la vapeur; '~**bügel-eisen** n fer m à vapeur; '~**bügeln** n pressage m, pressing m, repassage m à la vapeur; '~**druck** m pression (od. tension) f de vapeur; '~(**druck**)**messer** m manomètre m; 'ℒ**en** v/i. dégager des vapeurs; v. Speisen usw.: fumer; ~**de** Pferde chevaux m/pl. en nage; 'ℒ**en** n dégagement m de vapeurs.
'**dämpf|en** v/t. (unterdrücken) réprimer; (schwächen) affaiblir; (abschwächen) atténuer; Töne: assourdir; Schlag, Radio: amortir; Gefühle: refroidir; Licht: filtrer; Brand, Stimme: étouffer; mit gedämpfter Stimme à voix basse (od. étouffée); à mi-voix; cuis. Fleisch: (en)dauber; étuver; cuire à l'étuvée; ♪ mettre la sourdine (à); Schneiderei: traiter à la vapeur; décatir; ℒ**en** n (Unterdrükken) répression f; (Schwächen) affaiblissement m; (Abschwächen) atténuation f; v. Tönen: assourdissement m; v. Schlägen, Stößen, Schwingungen, Radio: amortissement m; v. Gefühlen: refroidissement m; e-s Brandes, der Stimme: étouffement m; cuis. v. Fleisch: étuvée f; '**Dampfer** m bateau m à vapeur m; (Übersee℥) paquebot m; transatlantique m; in Paris auf der Seine: bateau-mouche m.
'**Dämpfer** m ♪ sourdine f; am Klavier: étouffoir m; ⊕ (Puffer) amortisseur m; tampon m; (Stoß℥) amortisseur m (de choc); (Schwingungs℥) amortisseur m de vibration; fig. douche f; j-m e-n ~ aufsetzen doucher q.; e-r Sache e-n ~ aufsetzen mettre une sourdine à qch.
'**Dampf|erlinie** f ligne f de vapeurs; ~**fähre** f bac m à vapeur; ℒ**förmig** adj. à l'état de vapeur; ~**hammer** m marteau-pilon m; ~**heizung** f chauffage m à vapeur.
'**Dampf|kessel** m chaudière f à vapeur; ~**kesselexplosion** f explosion f de chaudière à vapeur; ~**kochtopf** m cocotte-minute f; marmite f autoclave; ~**kraft** f force f de vapeur; ~**kraftwerk** n centrale f à vapeur; ~**leitung** f conduite f (od. tuyau m) de vapeur; (~**snetz**) tuyauterie f de vapeur; ~**maschine** f machine f à vapeur; ~**messer** m manomètre m; ~**pfeife** f sifflet m à vapeur; ~**pflug** m charrue f à vapeur; ~**rohr**, ~**röhre** f → ~**leitung**; ~**schiff** ⊕ n → ~**er**; ~**schiffahrt** ⊕ f navigation f à vapeur; ~**schiffahrtsgesellschaft** ⊕ f compagnie f de navigation à vapeur; ~**schiffahrtsverbindung** f communication f par bateau à vapeur; ~**spritze** f pompe f à vapeur; ~**strahl** m jet m de vapeur; ~**turbine** ⊕ f turbine f à vapeur; ~**überhitzer** m surchauffeur m (de vapeur).

'**Dämpfung** f (Unterdrückung) répression f; (Schwächung) affaiblissement m; (Abschwächung) atténuation f; v. Tönen: assourdissement m; v. Schlägen, Stößen, Schwingungen, Radio: amortissement m; v. Gefüh-

len: refroidissement m; *der Stimme*: étouffement m.

'Dampf-'Vakuum-Ver'fahren n vide-vapeur m.

'Dampfwalze f rouleau m compresseur à vapeur.

'Damwild n daims m/pl.

da'nach adv. *(nach etw.) als Ziel*: après; à cela; y; *ich sehne mich ~* j'en ai fortement envie; je le désire ardemment; *sich ~ richten s'y conformer*; *ich frage nicht ~* je ne m'en soucie guère; *ich habe ihn ~ gefragt* je le lui ai demandé; *Zeit*: après cela; puis; ensuite; *(demnach)* d'après *(od.* selon *od.* suivant) cela; conformément à cela; *handelt ~!* agissez en conséquence; *kannst du dich richten* tu peux te régler là-dessus; *~ aussehen* en avoir l'air; *er ist nicht der Mann ~* il n'est pas l'homme à cela; *die Ware ist gut, aber der Preis ist auch ~* la marchandise est bonne, mais le prix est en conséquence.

'Danaergeschenk n cadeau m empoisonné.

'Dän|e m, **~in** f Danois m, -e f.

da'neben adv. à côté; auprès (de cela); *(außerdem)* outre cela; en outre; *(gleichzeitig)* en même temps; **~gehen** v/i. *Schuß*: manquer; *fig.* rater; échouer; **~hauen** v/i. frapper à côté; **~liegen**, **~stehen** v/i. être à côté; **~schießen** v/i. tirer à côté; **~treffen** v/i. manquer; *a. fig.* rater le but.

'Dänemark n le Danemark.

da'niederliegen v/i. *(bettlägerig sein)* être alité; *schwer ~ (krank sein)* être gravement malade; *fig. Handel*: languir; être dans le marasme.

'dänisch adj. danois.

Dank I m remerciement m; *(dankbare Gesinnung)* (sentiment m de) reconnaissance f *(gegen* envers); gratitude f; *(Belohnung)* récompense f; *(Erkenntlichkeit)* reconnaissance f; *(haben Sie) vielen (od. besten) ~!* merci beaucoup *(od.* bien)!; grand merci!; *tausend (od.* heißen *od.* vielen herzlichen) ~!* mille mercis *(od.* remerciements)!; *mit ~ zurück* avec mes remerciements; *Gott sei ~!* grâce à Dieu!; Dieu merci!; *Gott sei ~ dafür, daß* ... Dieu soit loué de ce que ...; *~ sagen* dire merci; *j-m für etw. ~ sagen* remercier q. de *(od.* pour) qch.; *j-m für etw. ~ wissen* savoir gré à q. de qch.; *j-m für etw. zu ~ verpflichtet sein* être obligé à q. de qch.; *j-m s-n ~ für etw. aussprechen* faire ses remerciements de qch. à q.; *zum ~ en* remerciement (für de *od.* pour), *(Belohnung)* en récompense (für de); **II** ♀ *prp. (dat.)* grâce à; **~adresse** f d'adresse f de remerciements; **'~bar I** *adj.* reconnaissant *(für* de); *(verpflichtet)* obligé; *(lohnend)* qui rend (bien); qui n'est pas ingrat; *ich bin Ihnen sehr ~ dafür* je vous en suis très reconnaissant; *sich gegen j-n ~ erweisen* témoigner de la reconnaissance à q.; **II** *adv.* avec reconnaissance; **'~barkeit** f reconnaissance f *(für* de); gratitude f; *~s* en reconnaissance (für de); ♀ *int.: ~!* merci!; je vous remercie; ♀ *sehr (od.* schön)!* merci beaucoup *(od.* bien)!; grand merci!; *~ vielmals!* merci mille fois!; mille fois merci!; mille remerciements *(od.* mercis)!; *~*

für Deinen Brief merci de *(od.* pour) ta lettre; *~, daß Du gekommen bist* merci d'être venu(e); *~ nein!* non merci!; **'♀en 1.** v/i.: *j-m für etw. ~* remercier q. de *(od.* pour) qch.; *wie soll ich Ihnen jemals für all das ~!* comment vous remercier pour tout cela!; comment vous rendre jamais tout cela!; *(Gruß erwidern)* rendre le salut; *(dankend ablehnen)* refuser poliment; **2.** *v/t.* er hat es mir schlecht gedankt il s'est montré bien ingrat envers moi; *st. s. (verdanken)* devoir *(j-m etw.* qch. à q.*)*; **'~en** n remerciements m/pl.; **'♀end** adv. avec reconnaissance; *~ erhalten* ✝ pour acquit; **'♀enswert** *adj.* digne de reconnaissance; **'♀erfüllt** *adj.* plein *(od.* pénétré) de reconnaissance; **'~esbezeigung** f, **'~esbezeigung** f marque f *(od.* témoignage m) de reconnaissance; **'~esworte** n/pl. remerciements m/pl.; **'~fest** n fête f d'action de grâces; **'~gebet** n action f de grâces; *das ~ sprechen* dire les grâces; **'~gottesdienst** m service m d'action de grâces; **'~rede** f discours m de remerciement; **'♀sagen** v/i. → *♀en; rl.* rendre grâce(s); **'~sagung** f remerciement m; rl. action f de grâces; **'~schreiben** n lettre f de remerciements.

dann adv. *(damals)* alors; *(darauf)* après cela; puis; ensuite; *selbst ~* même dans ce cas; alors même; *selbst ~ nicht, als ... (bei vb.* ne ...) pas même lorsque ...; *und was ~?* et puis?; et après?; *~ und wann* de temps en temps; de temps à autre; par à-coups; par moments; *Bedingung*: dans *(od.* en) ce cas; alors; *(ferner, außerdem)* en outre; de plus.

da'ran, *a.* **'daran,** F **dran** *adv.* à cela; y; de cela; en; *(nahe dabei)* (au)près; à côté; *~ erkenne ich ihn* je le reconnais bien là; *ich habe nicht ~ gedacht, ihn einzuladen* je n'ai pas pensé à l'inviter; *er hat ~ glauben müssen (es sich gefallen lassen müssen)* il a dû en passer par là, *(sterben müssen)* il est resté; *es liegt mir ~, zu ...* je tiens à ... *(inf.);* *was liegt ~?* qu'importe?; *mir liegt nichts ~* peu m'importe *(pa ne);* *es liegt mir viel ~* j'y tiens beaucoup; j'y attache une grande importance; *~ soll es mir nicht liegen!* qu'à cela ne tienne!; *wer ist dran?* à qui le tour?; *wir sind dran* c'est notre tour *(zu* de); *es ist etw. dran (Wahres an der Sache)* il y a du vrai là-dedans; *gut (übel) dran sein* être en bonne (mauvaise) posture; *man wird sehen, was an ihm dran ist* on verra ce qu'il vaut; *man weiß nicht, wie (od.* wo) *man mit ihm dran ist* on ne sait à quoi s'en tenir avec lui; *nahe ~ sein zu ... (inf.)* être près *(od.* sur le point) de ... *(inf.);* *~ wird er sich nicht stoßen* il n'en sera pas choqué; *alles ~ setzen* mettre tout en œuvre; *drauf und dran sein, zu ... (inf.)* être sur le point de ... *(inf.);* *alles, was drum und dran ist (hängt)* tout ce qui en fait partie, *fig.* tout ce qui s'y rapporte; **~gehen** v/i., **~machen** v/rf.: *sich ~* se mettre (à [faire] qch.); **~setzen** v/t. alles *~* tout mettre en œuvre.

da'rauf, *a.* **'darauf,** F **drauf** *adv.* **a)** *räumlich*: (là-)dessus; sur cela; à ce-

la; y; de cela; en; **b)** *zeitlich*: après cela, *(später)* ensuite; puis; *am Tage ~* le lendemain; *das Jahr ~* l'année suivante; *ein Jahr ~* une année plus tard *(od.* après); **c)** *wie kommt er ~?* comment l'idée lui est-elle venue?; qu'est-ce qui lui a donné cette idée?; *es kommt ~ an* cela dépend; c'est selon; *es kommt ~ an, zu ... (inf.)* il s'agit de ... *(inf.);* *es kommt viel ~ an* il importe beaucoup, *es kommt ~ an, zu ... (inf.)* il m'importe de ... *(inf.);* *~ kommt es nicht an* cela ne compte, n'importe pas; *es kommt mir nicht so sehr ~ an* je n'y regarde pas de si près; *ich lasse es ~ ankommen* je courrai la chance; *~ soll es nicht ankommen* qu'à cela ne tienne; *~ kommt alles an* toute la question est là; *ich lasse mich nicht ~ ein* je ne m'engagerai pas dans cette affaire, *(ich willige nicht darin ein)* je n'y consentirai pas; *ich gebe nichts ~* je n'y attache pas d'importance; *~ halten, daß ...* insister sur; *losgehen* marcher sur; *drauf und dran sein* être sur le point *(zu* de); *~ steht Todesstrafe* c'est défendu sous peine de mort; *ich verlasse mich ~* je compte là-dessus; j'y compte; *ich wette ~* je parie qu'il en est ainsi; *achten Sie ~!* faites-y attention!; *~ sein, zu ... (inf.)* viser à ... *(inf.);* avoir en vue de ... *(inf.);* *es geht viel Zeit ~* on y passe beaucoup de temps; *es geht viel Geld ~* on y dépense beaucoup d'argent; **~folgend** *adj.* suivant; *der ~e Tag* lendemain; *am ~en Morgen* le lendemain matin.

darauf'hin adv. là-dessus; sur quoi; à ces mots; *(demgemäß)* d'après cela; d'après quoi.

da'raus, *a.* **'daraus,** F **draus** *adv.* (sortant) de là; en; *es folgt ~, daß ...* il s'ensuit *(od.* il en résulte) que ...; *es wird nichts ~* il n'en sera rien; cela ne donnera rien; *was wird ~ werden? aus dem Vorsatz*: qu'en adviendra-t-il?, *Folge*: qu'en sortira-t-il?; *ich kann nicht klug ~ werden* je n'y entends *(od.* comprends) rien; *fig. ich mache mir nichts ~* je m'en soucie guère; je ne m'en inquiète pas; je m'en moque; *ich mache mir nichts daraus, ob ... (es ist mir egal)* peu m'importe que ... *(+ subj.);* *ich weiß nicht, was ich ~ machen soll* je ne sais qu'en penser.

'darben **I** v/i. manquer du nécessaire; vivre dans l'indigence; **II** ♀ n indigence f.

'darbiet|en v/t. *(v/rf.: sich ~)*(s')offrir; (se) présenter; *thé.* représenter; ♀*en* n, ♀**ung** f cin. présentation f; *thé.* représentation f.

'darbring|en v/t. offrir; présenter; ♀*en* n, ♀**ung** f offre f, présentation f.

Darda'nellen pl. Dardanelles f/pl.

da'rein, *a.* **'darein,** F **drein** *adv.* dans ce lieu; là-dedans; **~finden,** **~fügen** v/rf.: *sich ~* s'y résigner; s'y plier.

da'rin, *a.* **'darin,** F **drin** *adv.* là-dedans; dans *(od.* en) cela; y; *~ irren Sie sich* en cela *(od.* c'est en cela) vous vous trompez; *mit ~ begriffen* y compris; *die Tugend besteht ~, daß ...* la vertu consiste en ceci que ...

'darleg|en v/t. exposer; *(erklären)* expliquer; *(zeigen)* montrer; *(aufweisen, erweisen, veranschaulichen,* de-

monstrieren) démontrer; (*entwickeln*) développer; (*darbieten*) présenter; *offen* ~ mettre en évidence; *genau* ~ (*angeben*) spécifier, (*erzählen*) détailler; ⸚en *n*, ⸚ung *f* exposé *m*; exposition *f*; (*Erklären*) explication *f*; (*Demonstrieren*) démonstration *f*; (*Entwickeln*) développement *m*; (*Darbieten*) présentation *f*; ~ *des Tatbestandes* exposition *f* du fait.

'**Darleh(e)n** *n* prêt *m* (*gewähren* accorder; *octroyer*; *aufnehmen* contracter); *verzinsliches* ~ prêt *m* à intérêts; *zinsloses* ~ prêt *m* sans intérêts; *unverzinsliches* ~ prêt *m* gratuit (*od.* sans intérêts); *langfristiges* ~ prêt *m* à long terme; *als* ~ à titre de prêt; ~**s-antrag** demande *f* de prêt; ~**bank** *f* banque *f* de prêts; ~**sgeber(in** *f*) *m* prêteur *m*, -euse *f*; ~**sgesellschaft** *f* société *f* de prêts; ~**skasse** *f* caisse *f* de prêts; ~**snehmer(in** *f*) *m* emprunteur *m*, -euse *f*; ~**sschulden** *f/pl.* prêts *m/pl.*; ~**svertrag** *m* contrat *m* de prêt.

Darm *m* anat. intestin *m*; *bei Tieren u.* F *bei Menschen*: boyau *m*; (*Wursthülle*) robe *f*; '~**bein** *n* ilion *m*; '~**blutung** ⚕ *f* hémorragie *f* intestinale; entérorragie *f*; '~**entleerung** *f* déjection *f*; défécation *f*; '~**entzündung** ⚕ *f* inflammation *f* des intestins, entérite *f*; '~**fistel** ⚕ *f* fistule *f* intestinale; '~**geschwür** ⚕ *n* ulcère *m* intestinal; '~**kanal** *m* canal *m* intestinal; '~**krankheit** *f* affection *f* intestinale; '~**krebs** *m* cancer *m* de l'intestin; '~**saft** *m* suc *m* intestinal; '~**saite** *f* corde *f* en boyau; '~**tätigkeit** *f* fonctions *f/pl.* digestives; '~**trägheit** *f* paresse *f* intestinale; '~**tuberkulose** *f* tuberculose *f* intestinale; '~**verschlingung** ⚕ *f* volvulus *m*; '~**verschluß** ⚕ *m* occlusion *f* intestinale; iléus *m*; '~**verstopfung** ⚕ *f* constipation *f*; '~**zotten** *f/pl.* villosités *f/pl.* intestinales.

'**Darre** *f* four *m* à sécher; étuve *f*; *Brauerei*: touraille *f*.

'**dar-reich|en** *v/t.* offrir; présenter; tendre; ⸚ung *f* présentation *f*.

'**darr|en** *v/t.* sécher au four; *Brauerei*: sécher à ⸚en *n* séchage *m* au four; *Brauerei*: séchage *m* à la touraille; ⸚**malz** *n* touraillon *m*.

'**darstell|bar** *thé. adj.* représentable; jouable; ~**en** *v/t.* (*v/rf.*: *sich se*) présenter; *mit Worten*: exposer; (*aufweisen, veranschaulichen, demonstrieren*) démontrer; (*zeigen*) montrer; (*entwickeln*) développer; (*beschreiben*) décrire; (*schildern*) (dé)peindre; (*vorstellen, bedeuten*) représenter; *thé.* jouer; interpréter; représenter; (*bilden*) constituer; *graphisch* ~ faire un graphique (*od.* un diagramme) (de); *bildlich* ~ figurer; *sinnbildlich* ~ symboliser; ~**end** *adj.* descriptif, -ive; ~**e** *Geometrie* géométrie *f* descriptive; ⸚**er(in** *f*) *m the.* acteur *m*, actrice *f*; interprète *m*, *f*; ⸚**ung** *f* présentation *f*; *thé.* représentation *f*; interprétation *f*; (*Beschreibung*) description *f*; exposé *m*; (*Schilderung*) peinture *f*; *cin.* mise *f* en images; mémoire *m*; (*Demonstrierung*) démonstration *f*; (*Entwicklung*) développement *m*; *graphische* ~ graphique *m*; diagramme *m*; ⸚**ungsart** *f*,

⸚**ungsweise** *f* façon (*od.* manière) *f* de (re)présenter, *etc.*; (*Stil*) style *m*.

'**dartun I** *v/t.* manifester; (*zeigen*) montrer; (*beweisen*) démontrer; prouver; **II** ⸚ *n* manifestation *f*; (*Beweisführung*) démonstration *f*.

da'rüber, *a.* '**darüber**, F **drüber** *adv.* **a**) *örtlich*: au-dessus (de); dessus; ~ *hin* par-dessus; ~ *hinaus* au--delà; **b**) *zeitlich*: pendant ce temps; là-dessus; *30 Jahre und* ~ *30 ans et plus* (*Alter*: et au-dessus); *vergaß ich ...* cela m'a fait oublier ...; ~ *vergeht die Zeit* et avec cela le temps passe; **c**) *fig.* là-dessus, de cela; en, y; *es geht nichts* ~ il n'y a rien de mieux; cela n'a pas son pareil; *es geht mir nichts* ~ je n'y tiens rien au--dessus; *ich bin* ~ *hinweg* (*erhaben*) je suis au-dessus de cela, (*das rührt mich nicht mehr*) cela ne me touche plus; *er ist* ~ *hinweggegangen* (*hat nicht davon gesprochen*) il a omis d'en parler; il a passé cela sous silence; *sich* ~ *hinwegsetzen* se mettre au--dessus de cela; *denken Sie* ~ *nach* réfléchissez-y; *er beklagte sich* ~, *daß ... il se plaignit que ...* (*subj.*) (*od.* de ce que ... [*ind.*]); F ~ *lasse ich mir keine grauen Haare wachsen* c'est là le moindre de mes soucis; je ne me fais pas de souci à ce sujet; ~**legen** *v/t.* mettre par-dessus; ~**liegen** *v/i.* être étendu (*od.* se trouver) par-dessus; ~**stehen** *v/i.* être au-dessus.

da'rum, *a.* '**darum**, F **drum I** *adv.* ~ (*herum*) autour (de cela); *Beziehung*: pour cela; de cela; en; *ich habe mich* ~ *bemüht* je me suis efforcé de l'obtenir; *ich bitte dich* ~ je t'en prie; *ich gäbe viel* ~, *wenn ...* je donnerais beaucoup pour ...; ~ *hat sich niemand zu kümmern* cela ne regarde personne; ~ *geht es* c'est bien de cela qu'il s'agit; ~ *handelt es sich nicht* ce n'est pas de cela qu'il s'agit; *es ist mir sehr* ~ *zu tun*, *nicht betrogen zu werden* il m'importe beaucoup de ne pas être trompé; *es ist mir bloß* ~ *zu tun*, *daß ...* tout ce que je demande, c'est que ..., *bei gleichem suj. a.* c'est de ... (*inf.*); *er weiß* ~ il est au courant de la chose; *es handelt sich* ~ *zu wissen, ob ...* il s'agit de savoir si ...; **II** '*darum a. cj.* *Grund*: voilà (*od.* c'est) pourquoi; pour cela; à cause de cela; pour cette raison; **III** ⸚ *n*: *das ganze Drum und Dran* tout ce qui s'y rattache; F tout le tremblement.

da'runter, *a.* '**darunter**, F **drunter** *adv.* là-dessous; au-dessous (de); par-dessous; *30 Jahre und* ~ *30 ans et moins* (*Alter*: et au-dessous); *Preis*: à moins; *aus e-r Anzahl*: du nombre; entre; parmi; ~ *sein* être du nombre; *es sind einige* ~ dans le nombre, il y en a; *was verstehen Sie* ~? qu'entendez--vous par là?; *er leidet* ~ il en souffre, (*es ist sein Schade*) cela lui fait du tort; *drunter und drüber* sens dessus dessous; *es geht alles drunter und drüber* tout est en désordre; *alles drunter und drüber gehen lassen* laisser tout aller à la débandade; ~**legen** *v/t.* mettre par-dessous; ~**mischen** *v/t.* y mêler ~**setzen** *v/t. Unterschrift*: y mettre.

das *art.* défini, *pr/d.*, *pr/r.* cela, F ça; → *der*.

'**dasein I** *v/i.* être présent; être là; être venu; *mit Bezug auf Vorheriges*: y être, (*bestehen*) exister; *nicht* ~ être absent; faire défaut; *ich werde gleich wieder* ~ je serai de retour à l'instant; *das ist noch nie dagewesen* cela ne s'est jamais vu; (*das ist*) *alles schon dagewesen* (il y a longtemps qu')on connaît cela; **II** ⸚ *n* présence *f*; (*Existenz*) existence *f*; vie *f*.

'**Daseins|berechtigung** *f* droit *m* à l'existence; raison *f* d'être; ~**kampf** *m* lutte *f* pour la vie.

da'selbst *adv.* là(-même); en ce lieu; y.

'**dasitzen** *v/i.* être assis (là); F *fig. mit s-r Kunst* ~ être au bout de son rouleau.

daß *cj.* que; *ein anderer Grund ist, daß die Menschen allein leben müssen* une autre raison est le fait que les gens doivent vivre seuls; *die Wahrheit ist, daß man Rechte im gleichen Verhältnis wie Pflichten hat* la vérité est qu'on a des droits en proportion de ses devoirs.

das'selbe *pr/d.* → *derselbe*.

'**da'steh(e)n** *v/i.* être là; *aufrecht*: être (*od.* se tenir) debout; *wie er dasteht!* regardez comme il se tient!; *wie versteinert* ~ rester médusé; *fig. jetzt steht er ganz anders da* le voilà dans une tout autre position.

Da'tei *inform. f* ensemble *m* de données.

'**Daten** *n/pl. a. cyb.* données *f/pl.*; ⊕ caractéristiques *f/pl.*; (*Angaben*) indications *f/pl.*; précisions *f/pl.*; '~**bank** *inform. f* banque *f* de données; ~**bibliothek** *inform. f* batterie *f* (*od.* bibliothèque *f*) de programmes; '~**endgerät** *inform. n*, ~**endstation** *f* terminal *m*; ~**erfassung** *inform. f* saisie *f* des données; '~**fernübertragung** *f* téléinformatique *f*; '~**fernverarbeitung** *f* télétraitement *m*; '~**schutzgesetz** *n* loi *f* informatique et libertés; '~**spezialist** *m* informaticien *m*; '~**stapelung** *f* stockage *m* de l'information; '~**typistin** (Locherin) *f* perforatrice *f*, perforeuse *f*; '~**verarbeiter** *m* analyste *m*; '~**verarbeitung** *f* utilisation *f* (*od.* traitement *m*) de l'information; '~**verarbeitungsanlage** *f* ordinateur *m*; '~**verdichtung** *f* réduction *f* des données.

da'tier|en *v/t. u. v/i.* dater (*von de*); ⸚**gerät** *n* composteur *m*; ⸚**ung** *f* datation *f*.

'**Dativ** *gr. m* datif *m*.

'**dato** *adv. bis* ~ jusqu'à ce jour; ⸚**wechsel** ✝ *m* lettre *f* de change à échéance fixe.

'**Dattel** 🌴 *f* datte *f*; ~**baum** *m*, ~**palme** *f* dattier *m*; ~**kern** *m* noyau *m* de datte; ~**öl** *n* huile *f* de dattes.

'**Datum** *n* date *f*; *ein* ~ *abmachen* prendre date; *das* ~ *einsetzen* mettre la date; *mit* ~ *versehen* dater; *ein früheres* (*späteres*) ~ *auf etw.* (*acc.*) *setzen* antidater (postdater) qch.; *was für ein* ~ *haben wir heute?* quel jour *od.* le combien (F tième) sommes-nous aujourd'hui?; *unter dem heutigen* ~ en date de ce jour (*od.* d'aujourd'hui); *alten* ~*s sein* dater de loin; ~**stempel** *m* (timbre *m*) dateur *m*; composteur *m*.

'**Daube** ⊕ *f* douve *f*.

'**Dauer** f durée f; (Fort⚙) permanence f; ununterbrochene ~ continuité f; auf die ~ à la longue; von ~ sein durer; von langer ~ sein être de (longue) durée; von kurzer ~ sein durer peu; être de courte durée; **~apfel** m pomme f qui se conserve bien; pomme f de bonne garde; **~ausstellung** f exposition f permanente; **~belastung** f charge f permanente; **~betrieb** m marche f continue; **~brand-ofen** m, **~brenner** m poêle m à feu continu; **~erfolg** m succès m durable; **~fahrer** m Sport: stayer m; Auto: roule-toujours m; **~fahrt** f course f d'endurance; **~feuer** n feu m continu; **~fleisch** n viande f en conserve; **~flug** ✈ m vol m d'endurance; **~frostboden** géol. m pergélisol m, permafrost m; permasol m; ⚙**gewellt** adj.: ~es Haar cheveux m/pl. permanentés; ⚙**haft** adj. durable; solide; stable; **~haftigkeit** f durabilité f; durée f; solidité f; stabilité f; **~karte** f carte f permanente; abonnement m; e-e ~ lösen prendre un abonnement (für à); s'abonner (à); **~kunde** m client m fidèle (od. régulier); **~lauf** m pas m de gymnastique; **~leistung** ⊕ f débit m continu; puissance f continue; **~marsch** ✕ m marche f forcée; **~mieter** m locataire m à demeure; **~milch** f lait m en conserve.

'**dauern** v/i. u. v/imp. durer; es dauerte nicht lange, da kam er il ne tarda pas à venir; das soll nicht lange ~ ce ne sera pas long; wie lange dauert es, bis Sie ...? combien de temps mettez--vous à ... (inf.)?

'**dauernd** adj. continuel, -lle; permanent; persistant; adv. ~ geöffnet ouvert en permanence.

'**Dauer|obst** n fruits m/pl. qui se conservent bien; fruits m/pl. de bonne garde; **~parker** Auto m voiture f ventouse; **~pflanze** f plante f vivace; **~prüfung** ⊕ f essai m d'endurance; **~regen** m pluie f persistante; **~stellung** f emploi m fixe; situation f stable; **~welle** f indéfrisable; permanente f; **~wurst** f saucisson m sec; **~zustand** m état m permanent.

'**Daumen** m pouce m; ⊕ (Hebe⚙) came f; den ~ auf den Geldbeutel halten serrer les cordons de la bourse; am ~ lutschen sucer son pouce; die ~ drehen (sich langweilen) tourner ses pouces; fig. j-m die ~ drücken penser à q.(en souhaitant son succès); über den ~ (gepeilt) (ungefähr) à peu près; environ; à vue de nez; etw. über den ~ peilen F faire qch. au pifomètre; **~abdruck** m empreinte f digitale; ⚙**breit** adj. large d'un pouce; **~breite** f largeur f d'un pouce; **~dick** adj. de l'épaisseur d'un pouce; **~schrauben** hist. f/pl. poucettes f/pl. (anlegen mettre).

'**Däumling** m Daumenkappe: poucier m; Handschuh: pouce m; im Märchen: Petit Poucet m.

'**Daune** f plumule f; **~n** pl. duvet m; **~nbett** n, **~ndecke** f édredon m.

da'von, a. '**davon** adv. de cela; en; 'davon ist nicht die Rede in n'est pas question de cela; nichts mehr ~!; still ~! n'en parlons plus!; er ist ~ gesund geworden cela l'a guéri; sie sind auf und ~ ils sont partis; ils ont décampé (od. F filé); was habe ich ~? à quoi cela m'avance-t-il?; **~eilen** v/i. partir à la 'hâte; fuir; **~fahren** v/i. partir (en voiture, etc.); **~fliegen** v/i. s'envoler; **~gehen** v/i. s'en aller; F filer; décamper; (heimlich weggehen) se sauver; s'esquiver; **~jagen** v/t. chasser; **~kommen** v/i. en réchapper; s'en tirer; mit dem Leben ~ avoir la vie sauve; heil ~ F s'en sortir; mit blauem Auge ~ l'échapper belle; en être quitte à bon marché; mit dem bloßen Schreck ~ en être quitte pour la peur; **~laufen** v/i. s'enfuir; Soldaten: déserter; es ist zum ⚙! c'est à n'y pas tenir!; **~machen** v/t.: sich (auf und) ~ s'enfuir; F filer; détaler; décamper; sich heimlich ~ s'esquiver; **~reiten** v/i. partir à cheval; **~schleichen** v/i. s'esquiver; **~tragen** v/t. emporter; Schande: en retirer; den Sieg über j-n ~ l'emporter (od. remporter la victoire) sur q.; **~ziehen** v/i. s'éloigner; partir.

da'vor, a. '**davor** adv. a) örtlich: devant (cela); b) Verhältnis: de cela; en; ich habe in n Abscheu ~ j'en ai horreur; **~legen**, **~setzen**, **~stellen** v/t. mettre devant; ein Schloß davor legen y mettre un cadenas; **~stehen** v/i. se trouver devant.

da'zu a. '**dazu** adv. a) örtlich: y; b) Zweck: à cela; pour cela; y, en; dans ce but; à cet effet; ~ gehört Zeit cela demande du temps; ~ wird es nicht kommen on n'en viendra pas là; wie komme ich ~? pour quelle raison le ferais-je?; ich komme nicht ~ je n'en trouve pas le temps; ich komme nicht ~, ihm zu schreiben je ne trouve pas le temps de lui écrire; ich rate Ihnen nicht ~ je ne vous le conseille pas; was sagst du ~? qu'en dis-tu?; ~ ist er ja da mais c'est pour cela qu'il est là; was kann ich ~ tun? (ändern) que voulez--vous que j'y fasse?; (ferner, noch) en outre; de plus; en plus; par--dessus le marché; ~ kommt, daß ... ajoutez (à cela) que ...; er arbeitet und singt ~ il travaille en chantant; **~gehören** v/i. en faire partie; ich gehöre nicht ~ je ne suis pas du nombre; **~gehörig** adj. qui en fait partie; y appartenant; **~gießen** cuis. v/t. rajouter; **~kommen** v/i. survenir; noch ~ s'ajouter; **~legen** v/t. y ajouter.

da'zu|tun v/t. y ajouter; ⚙**tun** n: ohne sein ~ sans son intervention.

da'zwischen adv. entre les deux; ~ einschalten intercaler; **~fahren**, **~funken** v/i. intervenir; unvermutet: survenir; **~kommen** v/i. intervenir; unvermutet: survenir; wenn nichts dazwischenkommt s'il n'arrive rien d'ici là; ⚙**kunft** f intervention f; **~liegen** v/i. se trouver au milieu; **~liegend** adj. intermédiaire; **~reden** v/i. se mêler à la conversation; j-m ~ interrompre q.; **~schalten** v/t. intercaler; **~schreiben** v/t. zwischen zwei Zeilen: écrire dans l'interligne; **~stellen** 1. v/t. interposer; 2. v/rf.: sich ~ s'interposer; intervenir; **~treten** v/i. intervenir; unvermutet: survenir.

D-Dur ♩ n ré m majeur.

De'batte f débat m (eröffnen ouvrir); discussion f; zur ~ stehen être discuté; être mis en discussion; etw. zur ~ stellen mettre qch. en discussion; in die ~ eingreifen intervenir dans les débats; die ~ drehte sich um ... le débat a roulé (od. porté) sur ...; **~nstenographin** f sténodactylographe f de débats.

debat'tieren I v/t. u. v/i. débattre (über etw. acc. qch.); discuter (über etw. acc. qch.); II ⚙ n débats m/pl.

'**Debet** ✝ n débit m; doit m; ins ~ stellen porter au débit; **~posten** m compte m débiteur; **~saldo** m solde m débiteur.

'**Debit** ✝ m débit m.

debi'tieren ✝ v/t. débiter; porter au débit.

'**Debitor** ✝ m débiteur m.

De'büt n début m.

Debü'tant(in f) m débutant m, -e f.

debü'tieren v/i. débuter; faire ses débuts.

dechiff'rieren I v/t. déchiffrer; II ⚙ n déchiffrement m.

Deck n ⚓ pont m; an (od. auf) ~ sur le pont; '**~bau** ⚓ m superstructure f; '**~bett** n édredon m; (Decke) couverture f; '**~blatt** n ♃ bractée f; v. Zigarren: robe f; '**~chen** n napperon m; '**~e** f couverture f; (Pferde⚙) 'housse f; (Bereifung) enveloppe f; (Tisch⚙) nappe f; (Wagen⚙) bâche f; (Zimmer⚙) plafond m; (Schicht) couche f; bât. plancher m; ♃ tégument m; enveloppe f; e-s Saiteninstruments: table f d'harmonie; fig. mit j-m unter e-r ~ stecken être de connivence (être de mèche) avec q.; fig. sich nach der ~ strecken s'accommoder aux circonstances; vivre selon ses moyens.

'**Deckel** m couvercle m; ⊕ a. chapeau m; dôme m; calotte f; (Klapp⚙) couvercle m à charnière; (Schraub⚙) couvercle m fileté; ♃, zo. opercule m; (Buch⚙) couverture f; (Uhr⚙) cuvette f; F (Hut) bob (für Frauen) m; P galure m, P galurin m.

'**decken** I v/t. u. v/rf. (sich se) couvrir (a. Dach, Kosten, Auslagen, Schaden, Farbe, Rückzug); Sport: marquer; den Tisch ~ mettre le couvert, la table; Bedarf: satisfaire (à); Defizit: combler; Wechsel: honorer; ⩓ sich ~ coïncider (mit avec); Meinungen: sich ~ être identique (mit à); Tiere: couvrir, monter, saillir; andersrassige Hündin: mâtiner; (schützen) (sich se) protéger (se) mettre à l'abri; (se) mettre à couvert; sich den Rücken ~ se couvrir; protéger ses arrières; II ⚙ n (Schützen) protection f; ⩓ coïncidence f; v. Tieren: monte f; ~ des Tisches mise f du couvert; ~ a. Deckung; ⚙**beleuchtung** f éclairage m du plafond; plafonnier m (électrique); ⚙**beleuchtungskörper** m plafonnier m; ⚙**gemälde** n fresque f de plafond m; ⚙**lampe** f, ⚙**leuchte** f, ⚙**licht** n plafonnier m; ⚙**oberlicht** ⌂ n éclairage m en 'haut.

'**Deck|farbe** f couleur f opaque; frottis m; **~hengst** m étalon m; **~leiste** ⊕ f couvre-joint m; **~mantel** m unter dem ~ ... sous le couvert m, sous le voile, sous le masque, sous prétexte m; unter dem ~ der Frömmigkeit sous le masque de la piété; pol. unter dem ~ der Hilfe sous couleur d'assistance;

Deckname — demnächst 766

~name *m* pseudonyme *m*; nom *m* de code; ~offizier ⚓ *m* sous-officier *m* de marine; ~platte (*Tonbandgerät*) platine *f*; ~platz ⚓ *m* place *f* de pont; ~ung *f* couverture *f*; ♱ *a.* garantie *f*; sûreté *f*; *Wechselschuld*: provision *f*; *Bogen*: garde *f*; *Sport*: marquage *m*; ohne ~ à découvert, *Wechsel: a.* sans provision; *genügende* ~ couverture *f* suffisante; *mangels* ~ faute de couverture; *zur* ~ *der Kosten* pour couvrir les dépenses; ⚔ ~ *suchen* se couvrir; se mettre à l'abri; *ohne* ~ *lassen* découvrir; laisser (à) découvert; *volle* ~! à couvert!; ~ungsbetrag *m* montant *m* de couverture; ~ungsgleich ♱ *adj.* congruent; ~ungsgleichheit ♱ *f* congruence *f*; ~ungsgraben *m* tranchée-abri *f*; ~ungskapital *n* capital *m* de couverture; ~ungsklausel *f* clause *f* de couverture; ~ungslinie ⚔ *f* ligne *f* de défense; ²ungslos *adj. u. adv.* à découvert; *Scheck*: sans provision; ~ungsmittel *n/pl.* fonds (*od.* moyens) *m/pl.* de couverture; ~ungstruppen *f/pl.* troupes *f/pl.* de couverture; ~weiß *n* blanc *m* permanent.
Dedi|kati'on *f* dédicace *f*; ²'zieren *v/t.* dédier.
Deduk|ti'on *f* déduction *f*; ~ti'onsverfahren *n* méthode *f* déductive; ²'tiv *adj.* déductif, -ive *f*.
dedu'zieren *v/t.* déduire.
Deets P *m* (*Kopf*) P caboche *f*.
de 'facto *adv.* de fait; de facto.
De-'facto-Anerkennung *f* reconnaissance *f* de fait (*od.* de facto).
Defä'tis|mus *m* défaitisme *m*; ~t *m* défaitiste *m*; ²tisch *adj.* défaitiste.
de'fekt I *adj.* défectueux, -euse; abîmé; endommagé; détérioré; avarié; en panne; **II** ² *m* ⊕ défectuosité *f*; *malfaçon f; geistiger* ~ déficience *f* mentale; ²bogen *typ. m* défet *m*; ²buchstabe *typ. m* caractère *m* défectueux.
defen|'siv *adj.* défensif, -ive; ²'sivbündnis *n* alliance *f* défensive; ²'sive *f* défensive *f*; *in der* ~ *bleiben* se tenir sur la défensive.
defi'lieren I *v/i. u. v/t.* défiler; **II** ² *n* défilé *m*.
defi'nier|bar *adj.* définissable; ~en *v/t.* définir.
Defini'ti'on *f* définition *f*.
defini'tiv *adj.* définitif, -ive.
'**Defizit** ♱ *n* déficit *m*; découvert *m*; *mit e-m* ~ *abschließen* se solder par un déficit; *ein* ~ *aufweisen* (*decken*) accuser (couvrir *od.* combler) un déficit.
Deflati'on *f* déflation *f*; ²'istisch *adj.* déflationniste.
Deformati'on *f* déformation *f*.
defor'mieren *v/t.* déformer.
Defrau'dant *m* fraudeur *m*.
'**Degen** *m* épée *f*; *zum* ~ *greifen* mettre l'épée à la main; *den* ~ *ziehen* dégainer; *den* ~ *wieder einstecken* rengainer.
Degene|rati'on *f* dégénération *f*; dégénérescence *f*; ²'rieren *v/t.* dégénérer.
'**Degen|fechten** *n* épéisme *m*; escrime *f* à l'épée; ~fechter *m* épéiste *m*; escrimeur *m* à l'épée; ~griff *m* poignée *f* d'épée; ~klinge *f* lame *f* d'épée; ~knopf *m* pommeau *m* (d'é-

pée); ~scheide *f* fourreau *m* d'épée; ~spitze *f* pointe *f* de l'épée; ~stich *m* coup *m* d'épée.
Degra|dati'on *f* dégradation *f*; rétrogradation *f*; ²'dieren *v/t.* dégrader; déclasser; rétrograder; ~dierung *fig. f* déqualification *f*.
Degressi'on *f* dégression *f*.
degres'siv *adj.* dégressif, -ive.
'**dehn|bar** *adj.* extensible (*elastisch*) élastique; (*geschmeidig*) *Leder*: souple; *Metall*: ductile; (*hämmerbar*) malléable; *Gase*: expansible, dilatable; ~er *Begriff* notion *f* extensive (*od.* mal définie); ²barkeit *f* extensibilité *f* (*Elastizität*) élasticité *f*; (*Geschmeidigkeit*) *des Leders*: souplesse *f*; *des Metalls*: ductilité *f*; (*Hämmerbarkeit*) malléabilité *f*; *v. Gasen*: expansibilité *f*; dilatabilité *f*; ~en *v/t.* (*v/rf.: sich s*')étendre; *phys.* (se) dilater; *in die Länge*: (s')allonger; *in die Breite*: (s')élargir; (*strecken*) (s')étirer; *fig. Worte*: traîner; *gedehnte Stimme* voix *f* traînante; ²ung *f* extension *f*; *phys.* dilatation *f*; ♱ élongation *f*; *in die Länge*: allongement *m*; *in die Breite*: élargissement *m*; ²ungsfuge *f* joint *m* de dilatation; ²ungsko-effizient *m* coefficient *m* de dilatation; ²ungsmesser *m* dilatomètre *m*; extensomètre *m*; ²ungszeichen *gr. n* signe *m* de longueur.
dehy'drieren ♱ *v/t.* déshydrogéner.
Deich *m* digue *f*; '~amt *n* inspection *f* des digues; '~arbeit *f* travail *m* aux digues; '~bau *m* construction *f* d'une digue; '~bruch *m* rupture *f* d'une digue; '~schleuse *f* écluse *f* à vanne de digue.
'**Deichsel** *f* timon *m*; ~arm *m* limon *m*; ~kette *f* chaîne *f* de timon; ²n F *v/t. Angelegenheit*: arranger; F goupiller.
'**Deichweg** *m* chemin *m* qui longe une digue.
dein *pr/poss.*; '~(**e** *f*) *m u. n* ton (*m*, *vor vo. od.* stummem *h a. f*), ta (*f vor cons.*); *pl.* tes; *ich bin* ~ je suis à toi; '~**er**, '~**e**, '~**es**: der (die, das) '~**ige** le tien, la tienne; *grüße die* ²n! salue les tiens; '~**er** (*gén. v. du*): *ich gedenke* ~ je me souviens de toi; je pense à toi; '~**erseits** *adv.* de ton côté; de ta part; '~**esgleichen** ton (tes) pareil(s), ta (tes) pareille(s); ton (tes) semblable(s); '~**ethalben**, '~**etwegen**, (*um*) '~**etwillen** *adv.* pour toi; à cause de toi.
'**deinige** *s.* dein.
De'is|mus *m* déisme *m*; ~t *m* déiste *m*; ²**tisch** *adj.* déiste.
De'kade *f* décade *f*.
deka'den|t *adj.* décadent; ²**z** *f* décadence *f*.
Deka'eder ♱ *n* décaèdre *m*.
'**Dekagramm** *östr. n* dix grammes *m/pl.*; décagramme *m*.
De'kan *m* doyen *m*.
Deka'nat *n* décanat *m*; (*Sprengel des Dechanten*) doyenné *m*.
dekan'tieren ♱ *v/t.* décanter.
dekarboni'sieren *v/t.* décarboniser.
Dekartelli'sierung *f* décartellisation *f*.
deka'tieren ⊕ *v/t.* décatir.
Dekla|ma'ti'on *f* déclamation *f*; (*Vortrag*) récitation *f*; ~'**mator** *m* déclamateur *m*; (*Rezitator*) récitant

m; ²**ma'torisch** *adj.* déclamatoire; ²'**mieren** *v/t. u. v/i.* déclamer; (*vortragen*) réciter.
Dekla|rati'on *f* déclaration *f*; ²'**rieren** *v/t.* déclarer.
deklas'sier|en *v/t.* déclasser; ~t *adj.* déclassé; ²**te(r** *a. m*) *m, f* déclassé *m*, -e *f*.
Dekli|nati'on *f* déclinaison *f*; ²'**nierbar** *adj.* déclinable; ~'**nierbarkeit** *f* déclinabilité *f*; ²'**nieren** *v/t.* décliner.
Dekoder *m* organe *m* de décodage.
Dekolle|'té *n* décolleté *m*; ²'**tiert** *adj.* décolleté.
De'kor *m* décor *m*.
Dekora|'teur *m* décorateur *m*; (*Schaufenster*²) étalagiste *m*; ~**ti'on** *f* décoration *f*; *thé.* décor *m*; (*Schaufenster*²) décoration *f* d'étalage; ~**ti'onsmaler** *m* peintre *m* décorateur; ~**ti'onsstück** *thé. n* pièce *f* à spectacle; ²'**tiv** *adj.* décoratif, -ive.
deko'rieren I *v/t.* décorer; **II** ² *n* décoration *f*.
De'kret *n* décret *m*.
dekre'tieren *v/t.* décréter.
Dele|gati'on *f* délégation *f*; ²'**gieren** *v/t.* déléguer; ~'**gierte(r** *a. m*) *m, f* délégué *m*, -e *f*; *ein ordnungsgemäß bestellter Delegierter* un délégué régulièrement désigné.
deli'kat *adj.* délicat; (*heikel*) *a.* difficile; (*köstlich*) délicieux, -euse.
Delika'tesse *f*: *diese Birne ist e-e* ~ cette poire est un régal *od.* est délicieuse *od.* exquise); *das ist e-e* ~ c'est quelque chose de très fin (*od.* d'exquis).
Delika'tessen *f/pl.*, ~**geschäft** *n* épicerie *f* fine.
De'likt ♱ *n* délit *m*; infraction *f*.
Delin'quent(in *f*) *m* ♱ délinquant *m*, -e *f*.
De'lirium ♱ *n* délire *m*.
'**Delle** F *f* creux *m*; bosselure *f*.
Del'phin *m* dauphin *m*.
'**Delta** *n* delta *m*; '~**flügel** ✈ *m* aile *f* delta.
dem *dat./sg. v.* der, das: au (*m*), à la (*f*); *als pr/p.*: à qui; auquel (*m*), à laquelle (*f*); à quoi; *wie* ~ *auch sei* quoi qu'il en soit; *wenn* ~ *so ist* s'il en est ainsi; *nach* ~, *was er gesagt hat* d'après ce qu'il a dit; ~ *steht nichts im Wege* cela peut s'arranger.
Dema'gog|e *m* démagogue *m*; ~'**ie** *f* démagogie *f*; ²**isch** *adj.* démagogique.
Demarkati'onslinie *f* ligne *f* de démarcation.
demas'kieren *v/t.* (*v/rf.: sich se*) démasquer.
De'menti *n* démenti *m*.
demen'tieren *v/t.* démentir.
dem|ent'sprechend I *adj.* (*passend, zutreffend*) approprié; convenable; *der Rest ist* ~ le reste est à l'avenant; **II** *adv.* → ~*gemäß*; '~**gegen-über** *adv.* en contre-partie; en opposition à cela; (*dagegen*) par contre; à l'inverse; '~**gemäß** *adv.* en conséquence; par conséquent.
Demissi'on *f* démission *f*.
demissio'nieren *v/i.* démissionner.
'**dem|nach** *adv.* d'après cela; *logische Folge*: en conséquence; par conséquent; donc; ~**nächst** *adv.* sous (*od.* d'ici) peu; bientôt; prochainement.

demobili'sier|en v/t. démobiliser; **♀ung** f démobilisation f.
Demo|'krat(in f) m démocrate m, f; **~kra'tie** f démocratie f; **♀'kratisch** adj. démocratique; Person: démocrate; **♀krati'sieren** v/t. démocratiser.
demo'lieren I v/t. démolir; **II** ♀ n démolition f.
Demon|'strant(in f) m manifestant m, -e f; **~strati'on** f Massenkundgebung: manifestation f; wissenschaftliche od. militärische Vorführung: démonstration f; **~strati'onszug** m cortège m de manifestants; **♀'strativ** adj. überzeugend; gr.: hinweisend: démonstratif, -ive; betont auffällig: ostensible; **~stra'tivpronomen** n pronom m démonstratif; **♀'strieren** v/t. Massenveranstaltung: manifester; vorführen: démontrer.
Demon|'tage f démontage m; **♀'tierbar** adj. démontable; **♀'tieren** v/t. démonter.
demorali'sieren I v/t. démoraliser; **II** ♀ n démoralisation f.
dem-unge'achtet adv. malgré cela; néanmoins; toutefois.
'Demut f humilité f.
'demütig adj. humble; **~en** v/t. (v/rf.: sich s')humilier; das ♀de ce qu'il y a d'humiliant; **♀ung** f humiliation f.
'demzufolge adv. en conséquence; par conséquent; (also) donc.
denatu'rieren I v/t. dénaturer; **II** ♀ n dénaturation f.
'Dendrochronolo'gie ⊡ f dendrochronologie f.
'dengeln v/t. Sense: battre.
'Denk|anstoß m suggestion f; impulsion f à réfléchir; pol. Denkanstöße austauschen entamer des échanges d'idées; **~art** f manière (od. façon) f de penser; mentalité f; **♀bar** adj. imaginable; adv. unter den ~ besten Umständen dans les meilleures conditions possibles; **♀en 1.** v/i. penser (an acc. à; über acc., von de); (urteilen) raisonner; (nachdenken) réfléchir (über acc. à od. sur); méditer (sur); (vorhaben) penser (à); songer (à); compter; se proposer (de); (sich zurückerinnern) se souvenir (de); (der Ansicht sein) être d'avis; zu ~ geben donner à penser; ~ Sie nur! figurez--vous!; wo ~ Sie hin? y pensez--vous?; ~ Sie mal! pensez donc!; solange ich ~ kann du plus loin dont je me souviens; er soll daran ~! il s'en souviendra!; (gar) nicht daran~, zu ... (inf.) être (bien) loin de ... (inf.); F denkste! F penses-tu!; F tu parles!; F des clous!; F bernique!; **2.** v/t. penser; (annehmen) a. croire; présumer; se douter de; (glauben) croire; das habe ich nicht von ihm gedacht je ne l'en ai pas cru capable; das übrige können Sie sich ~ vous devinez le reste; wer hätte das gedacht! qui aurait dit cela!; was ~ Sie! quelle idée!; ich dachte, ich sei einer von Ihren Freunden je l'ai cru un de vos amis; er denkt wunder, wer er ist il se croit je ne sais quoi; **3.** v/rf.: sich ~ s'imaginer; se figurer; ich kann mir's ~ j'imagine (od. je devine) ce que c'est; das hätte ich mir nicht gedacht je ne m'en serais jamais douté; das habe ich mir gedacht je m'y attendais; ~ Sie sich

m-e Freude jugez de ma joie; das läßt sich ~ cela se comprend; Sie können sich leicht ~, daß ... vous comprenez bien que ...; ich denke mir nichts Böses (dabei) je ne pense pas à mal; sich an j-s Stelle ~ se mettre à la place de q.; **~en** n pensée f; (Nach♀) réflexion f; méditation f; durch vieles ~ à force de penser; **~er** m penseur m; philosophe m; esprit m philosophique; scharfer ~ esprit m rigoureux; **♀fähig** adj. capable de penser; **~fähigkeit** f faculté f de penser; pensée f; **♀faul** adj. qui pense peu; paresseux, -euse d'esprit; **~faulheit** f paresse f d'esprit; **~fehler** m faute f de raisonnement; **~form** f forme f de pensée; **~freiheit** f liberté f de penser; **~hemmung** psych. f inhibition f mentale; **~lehre** f logique f; **~mal** n monument m; **~mal(s)pflege** f entretien m des monuments; **~mal(s)schutz** m protection f des monuments; unter ~ sauvegardé; unter ~ stehendes Gebäude monument m classé; unter ~ stellen classer comme monument historique; **~modell** n schéma m mental; **~münze** f médaille f (commémorative); **~pause** f pause-réflexion f; pause f de réflexion; **~schrift** f mémoire m; mémorandum m; **~sport (-aufgabe** f) m jeu m d'esprit; **~spruch** m sentence f; **♀ste**! F, int. F des clous!; des prunes!; la peau!; des 'haricots!; P du flan!; P des nèfles!; **~stein** m pierre f commémorative; **~übung** f exercice m intellectuel; **~vermögen** n faculté f de penser; pensée f; **~vers** m vers m mnémotechnique; **~weise** f manière (od. façon) f od. mode m de penser; **♀würdig** adj. mémorable; **~würdigkeit** f fait m mémorable; **~en** pl. als Titel: mémoires m/pl.; **~zettel** m (Notiz) note f; fig. j-m e-n ~ geben administrer une leçon (od. une correction) à q.

denn cj. u. adv. begründend: car; nach comp.: que, vor Zahlwörtern ohne Vergleich: de; mehr ~ einmal plus d'une fois; wo ist er ~? où est-il donc?; auf~! en avant donc!; nun ~! eh bien!; (na) ~ nicht! eh bien, laissons cela!; es sei ~, daß à moins que (ne u. subj.).
'dennoch cj. u. adv. cependant; pourtant; (gleichwohl) toutefois; (trotzdem) tout de même; (nichtsdestoweniger) néanmoins, pfort quand même (letzteres nie zu Anfang des Satzes).
den'tal adj. dental; **II** ♀ m, **♀laut** m dentale f.
Den'tist(in f) m dentiste m, f.
Denun|zi'ant(in f) m dénonciateur m, -trice f; délateur m, -trice f; **~ziati'on** f, **~'zieren** n dénonciation f; **♀'zieren** v/t. dénoncer.
De'pesche dipl. f dépêche f.
depla'ciert adj. unpassend: déplacé.
Depolari|sati'on f dépolarisation f; **♀'sieren** v/t. dépolariser.
De'ponens gr. n (verbe m) déponent m.
Depo'nent ✝ m déposant m.
Depo'nie (Müllkippe) f décharge f publique.
depo'nieren I v/t. déposer; mettre en dépôt; **II** ♀ n dépôt m.
Depor|tati'on f déportation f; **♀'tie-**

ren v/t. déporter; **~'tierung** f déportation f; **~'tierte(r** a. m) m, f déporté m, -e f.
Deposi'tar ✝ m dépositaire m.
Depo'siten ✝ pl. dépôts m/pl.; **~bank** f banque f de dépôts; **~gelder** n/pl. fonds m/pl. mis en dépôt; **~geschäft** n opération f de garde de fonds; **~guthaben** n avoir m en dépôt; **~kasse** f caisse f des dépôts (et consignations); **~konto** n compte m de dépôt; **~schein** m reconnaissance f de dépôt.
De'pot n dépôt m; **~abteilung** f service m des dépôts; **~schein** m récépissé m de dépôt; **~wechsel** m effet m déposé en nantissement.
Depressi'on f dépression f.
depri'mieren v/t. déprimer; abattre; accabler; décourager.
Depu'tat n prestations f/pl. en nature.
Depu|tati'on f députation f; **♀'tieren** v/t. députer; **~'tierte(r)** m député m.
der m, **die** f, **das** n **I** art. déf. m le (m), la (f) (beide vor od. stummem h: l'); pl. les; **II** pr/d. → dieser, jener; der Mann hier cet homme-ci; der Mann da cet homme-là; der und der un tel; zu der und der Zeit à telle et telle époque (resp. heure); das cela, ceci, vor être: ce; das sage ich nicht je ne dis pas cela; das, was nom. ce qui, acc. ce que; bei alledem avec tout cela; das heißt c'est-à-dire (abr. c.-à-d.); das ist, das sind mit Bezug auf Vorangehendes: voilà, c'est, ce sont, mit Bezug auf Folgendes: voici, c'est, ce sont; das ist doch sonderbar voilà qui est étrange; das geht ja gut! voilà qui va bien!; das ist ja schön! à la bonne heure!; das ist Herr X c'est (od. voilà) monsieur X; das bin ich! c'est moi!; **III** pr/r. → welcher; qui; lequel (m), laquelle (f); ich, der ich es weiß moi qui le sais; die Dame, mit (von) der ich spreche la dame à qui (dont. de qui) je parle; das Haus, das ihm gehört la maison qui lui appartient.
'der-art adv. de telle manière; de cette façon; tellement; **~, daß ...** de (od. en) sorte que ... (final: subj.); de manière (od. de façon) que ... (final: subj.); tellement (od. à tel point) que ... (konsekutiv nach verneintem od. fragendem Hauptsatz: subj.); **~ig** adj. tel; tellement; pareil, -eille; semblable; de ce genre; de cette espèce.
derb adj. (fest) solide; compact; ferme; (stark, kräftig) fort; vigoureux, -euse; (grob) rude; grossier, -ère; (hart) dur; Schuh: gros, grosse; **~e** Antwort verte réponse f; **~er** Spaß gauloiserie f; **~e** Wahrheiten dures vérités f/pl.; **♀heit** f (Festigkeit) solidité f; fermeté f; (Stärke) vigueur f; (Grobheit) rudesse f; grossièreté f.
'Derby n derby f; **~sieger** m vainqueur m du derby.
der'einst adv. Zukunft: un (od. quelque) jour.
'deret|wegen, (um) ~willen adv. à cause d'eux (resp. d'elles etc.).
'dergestalt adv. → derart.
der'gleichen adj. pareil, -eille; tel, telle; und ~ (abr. dgl.) mehr et autres choses semblables; etc. (= et cætera); ~ Dinge des choses pareilles; des choses semblables; de telles choses;

Derivat — Dextrin

nichts ~ (*bei vb.* ne ...) rien de pareil.
Deri'vat *n* dérivé *m*.
'derjenige *m*, **'diejenige** *f*, **'dasjenige** *n pr/d.* celui *m*, celle *f*; derjenige, welcher (der) celui qui.
'derlei *adj.* → *dergleichen.*
'dermaßen *adv.* derart.
Dermato|'loge *m* dermatologiste *m*; ~**lo'gie** *f* dermatologie *f*.
der'selbe *m*, **die'selbe** *f*, **das'selbe** *n pr/d.* le (*resp.* la) même; dasselbe la même chose; das kommt auf dasselbe hinaus cela revient au même; ein und dieselbe Sache une seule et même chose.
der'weilen *adv.* pendant ce temps; en attendant; entre-temps.
'Derwisch *m* derviche *m*.
'derzeitig *adj.* actuel, -elle; présent.
des' ♪ *n* ré *m* bémol.
De'saster *n* désastre *m*.
desavou'ieren *v/t.* désavouer.
desensibili'sieren ⚕ *v/t.* désensibiliser.
Deser|'teur *m* déserteur *m*; ⚄**'tieren** *v/i.* déserter.
Deseskalati'on ⚔ *f* désescalade *f*.
des'gleichen I *adj.* chose pareille; **II** *adv.* (*ebenso*) pareillement; de même.
'deshalb *adv.* à cause de cela; pour cette raison; c'est (*od.* voilà) pourquoi; (*für den Zweck*) pour cela; à cette fin; à cet effet; er hat mir's nur erlaubt, weil ... il ne me l'a permis que parce que ...
De'signer *m* designer *m*; créateur *su.* de formes; modéliste *su.*; esthéticien *m* industriel; styliste *su.*
Des-infekti'on *f* désinfection *f*; ~**apparat** *m* appareil *m* désinfecteur; ~**smittel** *n* désinfectant *m*.
des-infi'zieren *v/t.* désinfecter; ⚄**en** *n*, ⚄**ung** *f* désinfection *f*; ~**end** *adj.* désinfectant.
Des-integrati'on *f* désintégration *f*.
'Des-interesse|n *n* manque *m* d'intérêt; indifférence *f*; ⚄**iert** *adj.* indifférent (*an dat.* à).
deskrip'tiv *adj.* descriptif, -ive.
des-odo'rier|en *v/t.* désodoriser; ~**end** *adj.* désodorisant; ⚄**ungsmittel** *n* désodorisant *m*.
Des-organi|sati'on *f* désorganisation *f*; ⚄**'sieren** *v/t.* désorganiser.
Des-oxydati'on ⚗ *f* désoxydation *f*.
despek'tierlich *adj.* irrespectueux, -euse.
Des'pot *m* despote *m*; ⚄**isch** *adj.* despotique.
Despo'tismus *m* despotisme *m*.
'dessen-unge-'achtet *adv.* malgré cela; néanmoins; nonobstant; (*dennoch*) toutefois; pourtant.
Des'sert *n* dessert *m*; ~**gabel** *f* fourchette *f* à dessert; ~**löffel** *m* cuiller *f* à dessert; ~**messer** *n* couteau *m* à dessert; ~**teller** *m* assiette *f* à dessert.
Des'sin *n* dessin *m*.
Destil'lat *n* distillat *m*; produit *m* de distillation.
Destillati'on ⚗ *f* distillation *f*.
Destil'lier|apparat ⚗ *m* alambic *m*; ⚄**bar** ⚗ *adj.* distillable; ⚄**en** ⚗ *v/t.* distiller; passer à l'alambic; ~**en** *m* distillation *f*; ~**kolben** *m* alambic *m*; ballon *m* à distiller; ~**ung** *f* distillation *f*.
'desto *adv.* d'autant;~ besser d'autant mieux; *Ausruf:* tant mieux!; ~

schlimmer! tant pis!; je mehr ..., ~ mehr ... plus ..., plus ...; ~ besser plus il y en aura, mieux ça vaudra.
destruk'tiv *adj.* destructif, -ive.
'deswegen *adv.* → *deshalb.*
Deszen'denztheorie *f* théorie *f* de la descendance.
De'tail *n* détail *m*; im ~ (*im kleinen*) au détail, (*im einzelnen, ausführlich*) en détail; im ~ verkaufen vendre au détail; détailler; ins ~ gehen entrer dans le détail; sich nicht im ~ aufhalten ne pas s'attarder aux détails; ~**bericht** *m* rapport *m* détaillé (*od.* en détails); ~**geschäft** *n* magasin *m* de détail; ~**handel** *m* commerce *m* de détail; ~**händler** *m* détaillant *m*.
detail'lier|en *v/t.* détailler; ✝ *a.* vendre au détail; ~**t** *adj.* détaillé.
Detail'list *m* détaillant *m*.
De'tail|preis *m* prix *m* de détail; ~**reisehandel** *m* démarchage *m* à domicile; ~**schilderung** *f* description *f* détaillée (*od.* en détails); ~**verkauf** *m* vente *f* au détail; ~**zeichnung** ⊕ *f* dessin *m* détaillé.
Detek'tei *f* agence *f* de détectives privés; ~**dienst** *m* police *f* privée, *tricoche *f.
Detek'tiv *m* détective *m*; *tricocheur *m*, *condé *m*; ~**film** *m* film *m* policier; ~**roman** *m* roman *m* policier.
De'tektor ⚡ *m* détecteur *m*; ~**apparat** *m*, ~**empfänger** *m* poste (*od.* récepteur) *m* à galène; ~**röhre** *f* lampe *f* détectrice.
determi'nieren *v/t.* déterminer; ⚄**'nismus** *m* déterminisme *m*; ⚄**'nist** *m* déterministe *m*; ~**'nistisch** *adj.* déterministe.
Deto|nati'on *f* détonation *f*; ⚄**'nieren** *v/i.* détoner.
Deut *m*: keinen ~ wert sein ne pas valoir un sou; er kümmert sich keinen ~ darum il ne s'en soucie pas le moins du monde.
Deute'lei *f* subtilités *f/pl.*
'deuteln *v/i.* subtiliser (*an dat.* sur).
'deuten I 1. *v/i.:* auf etw. (*acc.*) ~ montrer (*od.* indiquer) qch. du doigt (*resp.* de la main *resp.* des yeux), *fig.* annoncer qch., présager qch., faire allusion à qch.; alles deutet darauf, daß ... tout porte à croire que ...; **2.** *v/t.* (*auslegen*) interpréter (*a.* Träume); donner un sens à; (*erklären*) expliquer; **II** ⚄ *n* (*Auslegen*) interprétation *f*; (*Erklären*) explication *f*.
Deu'terium ⚛ *n* deutérium *m*.
'deutlich *adj.* distinct; (*klar*) clair; net, nette; (*einleuchtend*) évident; (*verständlich*) intelligible; (*leserlich*) lisible; (*freimütig*) franc, franche; e-e ~e Sprache führen parler français; noch ~er werden renchérir; e-e ~ere Sprache sprechen muscler ses propos; ⚄**keit** *f* (*Klarheit*) clarté *f*; netteté *f*; (*Augenscheinlichkeit*) évidence *f*; (*Leserlichkeit*) lisibilité *f*; (*Freimütigkeit*) franchise *f*.
deutsch *adj.* allemand; d'Allemagne; *a. hist.* germanique; *hist.* ⚄**es Reich** *n*, Empire *m* allemand; ⚄**er Ritterorden** ordre *m* teutonique; auf ~ en allemand; ~ sprechen parler allemand; *fig.* parler français; ~ mit j-m reden dire son fait à q.; ~**er Abstammung** d'origine allemande; ~**e Re-**

densart germanisme *m*; ⚄**e Demokratische Republik** (*abr.* DDR) République *f* démocratique allemande (*abr.* R.D.A.); ~**e Schweiz** la Suisse alémanique; ⚄**(e) n**: das ~ l'allemand *m*; la langue allemande; im ~**en** en allemand; ⚄**(r** *a. m*) *m*, *f* Allemand *m*, -e *f*; ⚄**amerikaner(in** *f*) *m* Américain *m*, -e *f* d'origine allemande; ⚄**haß** *m* germanophobie *f*; ~**seits** *adv.* côté allemand; ~**feindlich** *adj.* franco-allemand; *Wörterbuch:* allemand-français; ~**freundlich** *adj.* germanophile; ~**freundlichkeit** *f* germanophilie *f*; ⚄**kunde** *f* histoire *f* de la civilisation allemande; ⚄**land** *n* l'Allemagne *f*; ~**sowjetisch** *adj.* germano-soviétique; ~**sprechend** *adj.* germanophone; ⚄**tum** *n* nationalité *f* allemande; caractère *m* allemand.
'Deutung *f* interprétation *f*.
devalori'sier|en *v/t.* dévaloriser; ⚄**ung** *f* dévalorisation *f*.
Deval|vati'on *f* dévaluation *f*; ⚄**'ieren** *v/t.* dévaluer.
De'vise *f* devise *f*; ✝ ~**n** *pl.* devises *f/pl.*; changes *m/pl.*
De'visen|abkommen *n* convention *f* sur les changes; ~**abschlüsse** *m/pl.* opérations *f/pl.* de change; ~**abteilung** *f* service *m* des changes; ~**ausgleichfonds** *m* fonds *m* de compensation des changes; ~**berechnung** *f* calcul *m* de changes; ~**beschaffung** *f* obtention *f* de devises; ~**bescheinigung** *f* certificat *m* de devises; ~**bestände** *m/pl.* stock *m* de devises; ~**bestimmungen** *f/pl.* règlement *m* de devises; ~**bewirtschaftung** *f* réglementation *f* des changes; ~**bilanz** *f* compte *m* devises; ⚄**bringend** *adj.* importateur, -trice de devises; ~**erfassung** *f* saisie *f* de devises; ~**genehmigung** *f* autorisation *f* de change; ~**geschäfte** *n/pl.* opérations *f/pl.* de change; ~**guthaben** *n* avoir *m* en devises; ~**kontingent** *n* contingent *m* de devises; ~**kontrolle** *f* contrôle *m* des changes (*od.* des devises); ~**kurs** *m* cours *m* des changes; ~**lage** *f* situation *f* des changes (*od.* des devises); ~**mangel** *m* pénurie *f* (*od.* manque *m*) de devises; ~**markt** *m* marché *m* des devises (*od.* des changes); ~**notierung** *f* cotation *f* des devises; ~**ordnung** *f* réglementation *f* des devises; ~**politik** *f* politique *f* de changes; ~**reserve** *f* réserve *f* de (*od.* en) devises; ~**spekulation** *f* spéculation *f* sur les changes; ~**stelle** *f* office *m* des changes (*od.* des devises); ~**überwachung** *f* contrôle *m* des changes (*od.* des devises); ~**vergehen** *n* infraction *f* à la réglementation des changes; ~**verkehr** *m* mouvement *m* des devises (*od.* des changes); ~**verordnung** *f* ordonnance *f* relative au contrôle des changes (*od.* des devises); ~**vorschriften** *f/pl.* prescriptions *f/pl.* en matière de change; ~**zuteilung** *f* octroi *m* de devises.
de'vot *adj.* (*unterwürfig*) soumis; (*demütig*) humble; (*frömmelnd*) dévot.
Devotio'nalien *pl.* articles *m/pl.* de piété.
Dex'trin *n* dextrine *f*.

De'zember *m* décembre *m*; *im (Monat)* ~ en *(od.* au mois de) décembre.
De'zennium *n* décennie *f.*
de'zent *adj.* décent; *(zart)* délicat; *Musik:* tendre.
Dezentrali|sati'on *f* décentralisation *f;* 2**'sieren** *v/t.* décentraliser; ~**'sierung** *f* décentralisation *f.*
Dezer'|nat *n* ressort *m;* ~**'nent** *m* chef *m* de service.
Dezi'|gramm *n* décigramme *m;* ~**'liter** *m* décilitre *m.*
dezi'mal ⚥ *adj.* décimal; 2**bruch** *m* (fraction *f)* décimale *f;* 2**rechnung** *f* calcul *m* décimal; 2**stelle** *f* fraction *f* décimale; 2**system** *n* système *m* décimal; *Umstellung f der Währung auf das* ~ décimalisation *f* de la monnaie; 2**waage** *f* bascule *f* (décimale); 2**zahl** *f* nombre *m* décimal.
'Dezime ♪ *f* dixième *f.*
Dezi'meter *n od. m* décimètre *m.*
dezi'mier|en *v/t.* décimer; 2**en** *n,* 2**ung** *f* décimation *f.*
'Dia-'Album *phot. n* classeur *m* pour diapositives.
Dia'be|tes *m* diabète *m;* ~**tiker** *m* diabétique *m;* 2**tisch** *adj.* diabétique.
'Diabetrachter *m* visionneuse *f.*
dia'bolisch *adj.* diabolique.
Dia'dem *n* diadème *m.*
Dia'gnose ✱ *f* diagnostic *m; die* ~ *e-r Krankheit stellen* diagnostiquer *(od.* faire le diagnostic d')une maladie.
dia'gnos|tisch *adj.* diagnostique; ~**tizieren** *v/t.* diagnostiquer.
diago'nal *adj.* diagonal; F ~ *(flüchtig) lesen* F lire en diagonale; 2**e** *f* diagonale *f;* 2**reifen** *(normaler Autoreifen) m* pneu *m* diagonal.
Dia'gramm *n* diagramme *m.*
Dia'kon *m* diacre *m.*
Diako'nat *n* diaconat *m.*
Diako'niss|e *f,* ~**in** *f* diaconesse *f;* ~**en-anstalt** *f* établissement *m* de diaconesses.
Dia'lekt *m* dialecte *m;* ~**ausdruck** *m* expression *f* dialectale; terme *m* dialectal; 2**al** *(mundartlich) adj.* dialectal; ~**forschung** *f* dialectologie *f;* 2**frei** *adj.* sans influence d'un dialecte; pur.
Dia'lektik *f* dialectique *f;* ~**er(in** *f) m* dialecticien *m,* -enne *f.*
dia'lektisch *phil. adj.* dialectique.
Dia'log *m* dialogue *m; Kunst des* ~s art *m* du dialogue; dialogue *m;* 2**isch** *adj.* en forme de dialogue; dialogué.
dialogi'sieren *v/t.* mettre en dialogue; dialoguer.
Dialo'gist *cin. m* dialoguiste *m.*
Dia'mant *m* diamant *m (geschliffener taillé; ungeschliffener* brut); *schwarzer* ~ carbonado *m; mit* ~**en besetzen** diamanter; 2**artig** *adj.* diamantique; 2**en** *adj.* de diamant(s); ~**e Hochzeit** noces *f/pl.* de diamant; ~**enbrosche** *f* broche *f* de diamants; ~**ennadel** *f* barrette *f* de diamants; ~**grube** *f* mine *f* de diamants; 2**haltig** *adj.* diamantifère; ~**händler** *m* diamantaire *m;* ~**kollier** *n* collier *m (od.* rivière *f)* de diamants; ~**ring** *m* bague *f* ornée de diamants; ~**schleifer** *m,* ~**schneider** *m* tailleur *m* de diamants; diamantaire *m;* ~**schleife'rei** *f* taillerie *f* de diamants.
diame'tral *adj.* diamétral; ~ *entgegengesetzt* diamétralement opposé.

dia'phan *adj.* diaphane.
Diaposi'tiv *n* diapositive *f;* ~**sammlung** *f* diathèque *f.*
Diapro'jektor *phot. m* projecteur *m* pour diapositives.
Di'arium *n (Tagebuch)* journal *m; (Unreines)* brouillon *m.*
Diar'rhö ✱ *f* diarrhée *f;* ~ *haben* avoir la diarrhée.
Di'aspora *rl. f* diaspora *f.*
Di'ät *f* régime *m;* ~ *halten* être au régime; suivre un régime; *auf* ~ *setzen* mettre au régime.
Di'äten *pl. (Tagegelder)* indemnités *f/pl.* journalières; *parl.* indemnité *f* parlementaire; *für Sitzungen:* jetons *m/pl.* de présence.
Diä'tet|ik *f* diététique *f;* ~**iker** *m* diététicien *m,* -enne *f;* 2**isch** *adj.* diététique.
Di'ätfehler *m* écart *m* de régime.
Diather'mie *f* diathermie *f.*
dia'tonisch ♪ *adj.* diatonique.
'Diavortrag *m* conférence *f* avec projection de diapositives.
dich *(acc. v. du)* te *(vor vo. od. stummem h:* t'); *als pr. abs. u. nach prp.* toi.
dicht *adj.* dense; *(kompakt)* compact; *(fest)* solide; *(dick; eng an-ea.-gelegen)* épais, -aisse *(a. Wald, Nebel); (eng zusammen)* serré *(a.* eng anliegend; *eng); Saat, Regen:* dru; *Laub:* touffu; *(gut schließend)* bien joint; *(wasser~)* étanche, imperméable; *(luft~)* hermétique, *(fugen~)* jointif, -ive; ~ *machen* → ~**en**[1]; ~ *bei* tout près (de), *(angrenzend)* attenant *(od.* contigu, -ë) à; ~ *aneinander* tout près l'un de l'autre; *wir sind* ~ *dabei* nous y touchons; ~ *hinter mir* juste derrière moi; **'~behaart** *adj.* (tout) velu; **'~belaubt** *adj.* touffu; **'~bevölkert** *adj.* très peuplé; 2**e** *f* densité *f; (Kompaktheit)* compacité *f; (Festigkeit)* solidité *f; (Dicke)* épaisseur *f (a. v. Wald, Nebel); (Undurchlässigkeit)* étanchéité *f;* imperméabilité *f.*
'dichten[1] *(mst.: abdichten)* **I** *v/t.* rendre dense; *(gutschließend machen)* boucher, obturer; *(mit Werg verstopfen)* étouper; *(wasserdicht machen)* étancher; *(luftdicht machen)* fermer hermétiquement; ⚓ *(kalfatern)* calfater; **II** ♀ *n* bouchage *m;* obturation *f; mit Werg:* étoupement *m; wasserdichtes:* étanchement *m;* ⚓ *(Kalfatern)* calfatage *m.*
'dichten[2] **I** *v/t. u. v/i. Verse:* faire; composer; *abs.* faire *(od.* composer) des vers; *(erdichten)* inventer; imaginer; **II** ♀ *n Versen:* composition *f; all sein* ~ *und Trachten* toute sa pensée et ses efforts.
'Dicht|er(in *f) m* poète *m,* femme *f* poète; 2**erisch** *adj.* poétique; ~**erfreiheit** licence *f* poétique; ~**erling** *péj. m* rimailleur *m.*
'dichtgedrängt *adj.* compact; serré.
'dichthalten F *v/i.* savoir se taire.
'Dicht|heit *f,* ~**igkeit** *f (Undurchlässigkeit)* étanchéité *f;* imperméabilité *f.*
'Dichtkunst *f* poésie *f.*
'Dichtung[1] *f* poésie *f;* littérature *f; (einzelnes Werk)* œuvre *f* poétique; poésie *f;* poème *m;* ~ *und Wahrheit* fiction *f* et vérité *f.*
'Dichtung[2] ⊕ *f* joint *m;* garniture *f;* ~**sring** ⊕ *m* bague *f* d'étanchéité; anneau *m* de joint *(od.* de garniture); rondelle *f* de joint *(od.* de garniture).
'Dichtwerk *n* œuvre *f* poétique.
dick *adj.* épais, -aisse; gros, grosse; *(umfangreich)* volumineux, -euse; *(beleibt)* corpulent, replet, -ète, F boulot, -otte; F empâté; *(geschwollen)* enflé; *e-e* ~*e Backe haben* avoir la joue enflée; *Milch:* caillé; ✱ consistant; ~ *werden* grossir, engraisser, prendre de l'embonpoint, F prendre du ventre, s'empâter, F bedonner, *Backe:* s'enfler, *Speisen:* s'épaissir, *Milch:* se cailler; ~ *machen* grossir, engraisser, *Luft, Speisen:* épaissir, F *es* ~*e haben* en avoir assez, P en avoir plein le dos, en avoir par-dessus la tête, en avoir marre, en avoir soupé; ~ *auftragen Farben:* peindre gras, *fig.* exagérer; ~ *und fett gros* (grosse) et gras (grasse); *ein Meter* ~ *sein* avoir un mètre d'épaisseur; ~*er Bauch* gros ventre *m,* F bedon *m;* ~*er Kerl* gros gaillard *m; durch* ~ *und dünn* quoi qu'il arrive; *er hat es* ~ *hinter den Ohren* c'est un fin matois; *fig.* ~*e Kopf (ein* ~*es Fell) haben* avoir la tête (la peau) dure; F ~*e Freunde* amis *m/pl.* intimes, F copains *m/pl.; fig.* F *es ist* ~*e Luft* ça va barder; il va y avoir du grabuge; *fig. das* ~*e Ende kommt noch* nous ne sommes pas encore au bout (des difficultés); dans la queue le venin; **'~bändig** *adj.* volumineux, -euse; **'**2**bauch** *m* homme *m* ventru, F bedon *m;* **'~bäuchig** *adj.* ventru; pansu, F ventripotent; bedonnant; **'**2**darm** *anat. m* gros intestin *m;* **'**2**e** *f* épaisseur *f;* grosseur *f; (Korpulenz)* corpulence *f;* ✱ consistance *f;* **'**2**e(r)** *m* gros *m;* **'**2**erchen** F *n* boulot *m,* -otte *f;* **'**2**etun** F *v/rf.: sich* ~ faire l'important; poser; se vanter; fanfaronner; se rengorger; F faire de l'épate; faire de l'esbroufe, esbroufer; P faire le zouave; ~ *mit* se vanter de; **'~fellig** F *adj.* qui a la peau dure; **'~flüssig** *adj.* épais, -aisse; filant; visqueux, -euse; ✱ consistant; ~ *machen a.* épaissir; ~ *werden a.* s'épaissir; **'**2**häuter** *m* pachyderme *m.*
'Dickicht *n* fourré *m; (Buschholz)* taillis *m.*
'Dick|kopf *m* grosse tête *f;* F cabochard *m; fig.* tête *f* dure; F cabochard *m,* -e *f;* tête *f* de lard; 2**köpfig** *adj.* qui a une grosse tête; *fig.* têtu, entêté, F cabochard; ~**köpfigkeit** *fig. f* entêtement *m;* obstination *f;* 2**leibig** *adj.* corpulent, replet, -ète, *(fettleibig)* obèse; *Buch:* gros, grosse; volumineux, -euse; 2**lich** *adj.* dodu; replet, -ète; boulot, -otte; F rondouillard; 2**lippig** *adj.* lippu; ~**schädel** *m* ~**kopf;** 2**stämmig** *adj.* à tige forte; 2**wandig** *adj.* à paroi épaisse; ~**wanst** F *m* pansu *m;* P pot-à-tabac *m;* *bibendum *m.*
Di'dak|tik *(Vermittlungswissenschaft) f* didactique *f;* ~**tiker** *m* didacticien *m;* 2**tisch** *adj.* didactique.
die → **der.**
'Dieb(in *f) m* voleur *m,* -euse *f; ein* ~!; *haltet den* ~! au voleur!; *prov. Gelegenheit macht Diebe* l'occasion fait le larron.
Diebe'rei *f* fric-frac *m;* vol *m.*
'Diebes|bande *f* bande *f* de voleurs; ~**gut** *n* produit *m* du vol; 2**sicher** *adj.* à l'abri des voleurs; antivol *inv.;*

Diebessprache — Differenzierung 770

~sprache f argot m des voleurs; **~volk** n gens m/pl. bzw. f/pl. de sac et de corde.
'**dieb|isch** adj. enclin au vol; voleur, -euse; die ~e Elster la pie voleuse; fig. sich ~ freuen s'amuser royalement, (schadenfroh) se réjouir malicieusement; ♀**stahl** m avec Einbruch vol m avec effraction; ♀♀ schwerer ~ vol m qualifié; geistiger ~ plagiat m; **~stahlsicher** antivol adj. inv.; ♀**stahlversicherung** f assurance f contre le vol.
'**diejenige** → derjenige.
'**Diele** f (Bohle) planche f; madrier m; (Fußboden) plancher m; (Flur) vestibule m; (Tanz♀) dancing m.
'**di-elektrisch** phys. adj. diélectrique.
Di-elektrizitätskonstante phys. f constante f diélectrique; permittivité f.
'**dielen I** v/t. planchéier; **II** ♀ n planchéiage m.
'**dien|en** v/i.: j-m ~ servir q.; ~ zu servir à; être bon, bonne à; ~ als servir de (j-m à q.); faire fonction (od. office) de; als Ersatz ~ tenir lieu de; bei j-m ~ être en service chez q.; j-m zu etw. ~ servir à q. de qch.; womit kann ich (Ihnen) ~? en quoi puis-je vous être utile?; qu'y a-t-il pour votre service?; kann ich Ihnen damit ~? cela pourrait-il vous aider?; damit ist mir nicht gedient cela ne m'arrange pas; cela ne me sert à rien; cela ne fait pas mon affaire; ⚔ bei der Artillerie ~ servir dans l'artillerie; von der Pike auf ~ sortir du rang; ⚔ freiwillig länger ~ *rempiler; ♀**er|in** f) m serviteur m, servante f; domestique m, f; **~ern** v/i. faire la révérence (à q.); ♀**erschaft** f domestiques m/pl.; gens m/pl. de maison; ♀**ertracht** f livrée f; **~lich** adj. utile (zu à); propre (zu à); ~ sein zu a. servir à; ♀**lichkcit** f utilité f.
Dienst m service m; (Stellung) condition f; emploi m; place f; im ~ de service; im ~ der Wahrheit au service de la vérité; außer ~ (nicht diensttuend) qui n'est pas de service, (im Ruhestand) en retraite; vom ~ de service; öffentlicher ~ service m public; ~ ist ~! service d'abord!; ~ am Kunden service m après vente; s-n ~ versehen faire son service; ~ haben (od. tun) être de service; in ~ stellen mettre en service; in ~ nehmen prendre en service; den ~ antreten entrer en service; in den diplomatischen (konsularischen) ~ eintreten entrer dans le service diplomatique (consulaire); bei j-m in ~ stehen être en service chez q.; aus dem ~ entlassen licencier; congédier; renvoyer; außer ~ stellen retirer du service; ⚓ mettre 'hors service; was steht (Ihnen) zu ~en? qu'y a-t-il pour votre service?; alles steht zu Ihren ~en tout est à votre disposition; j-m zu ~en stehen être aux ordres de q.; j-m e-n ~ erweisen rendre (un) service à q.; j-m e-n schlechten ~ erweisen rendre un mauvais service à q.; desservir q.; j-m gute (schlechte) ~e leisten rendre de bons (de mauvais) services à q.; pol. s-e guten ~e anbieten offrir ses bons offices à q.; j-s ~e in Anspruch nehmen utiliser les services de q.;

'**~abteil** n compartiment m réservé au service; '**~abzeichen** n insigne m officiel (⚔ réglementaire).
Dienstag m mardi m; ♀s adv. le mardi; tous les mardis.
'**Dienst|alter** n années f/pl. de service; ancienneté f; dem ~ nach par ordre d'ancienneté; **~alterszulage** f prime f d'ancienneté; **~älteste(r)** m le plus ancien; **~angelegenheit** f affaire f de service; **~anschluß** téléph. m poste m de service; **~antritt** m entrée f en service; **~anweisungen** f/pl. instructions f/pl.; **~anzug** m tenue f de service; **~aufwands-entschädigung** f indemnité f de représentation; ♀**bar** adj. serviable; **~barkeit** jur. f servitude f; **~befehl** m ordre m de service; ♀**beflissen** adj. serviable; empressé; zélé; **~befreiung** f décharge f de service; **~bereich** m compétence f; ♀**bereit** adj. prêt à servir; → ♀beflissen; **~betrieb** m fonctionnement m (od. marche f) du service; **~bezüge** m/pl. rémunérations f/pl.; appointements m/pl.; revenus m/pl.; traitement m; **~bote** m domestique m; **~botentreppe** f escalier m de service; **~eid** m serment m professionnel; **~eifer** m empressement m; zèle m; ♀**eifrig** adj. empressé; zélé; **~einkommen** n → ~bezüge; **~einteilung** f roulement m du service; **~enthebung** f destitution f; zeitweilige: suspension f; **~entlassung** f renvoi m; licenciement m; congédiement m; auf eigenen Antrag: démission f; ♀**fähig** adj. apte au service; bon pour le service; **~fahrt** f déplacement m; voyage m de service; ♀**fertig** adj. → ♀beflissen; ♀**frei** adj. libre (od. exempt) de service; **~gebrauch** m: zum ~ pour le service officiel; **~geheimnis** n secret m professionnel; **~gespräch** téléph. n communication f officielle; **~grad** m grade m; **~grad-abzeichen** n insigne m de grade; ♀**habend** adj. de service; ~er m officiant m; **~herr** m (Arbeitgeber) patron m; **~jahr** n année f de service; **~kleidung** f uniforme m; tenue f de service; **~leistung** f service m; ♂♀ prestation f de service; **~leistungsbetrieb** m prestataire m de services; **~leistungssektor** éc. m secteur m tertiaire; **~leitung** téléph. f ligne f de service officiel, -elle; ~ verhindert retenu par le service; ~e Stellung rang m; charge f; prestation f; **~lohn** m gages m/pl.; **~mädchen** n bonne f; **~mann** m porteur m; commissionnaire m; **~marke** f timbre(-poste) m de service; **~mütze** ⚔ f casquette f; képi m; **~obliegenheiten** f/pl. fonctions f/pl.; **~ordnung** f règlement m de service; **~personal** n personnel m de service; **~pflicht** f devoir m; obligation f de service; ⚔ allgemeine ~ service m militaire obligatoire; ♀**pflichtig** adj. obligé de servir; ⚔ astreint au service militaire; **~pistole** f pistolet m réglementaire; **~plan** m tableau m de service; **~raum** m bureau m; **~reise** f voyage m en service commandé; déplacement m pour motifs professionnels; **~sache** f affaire f officielle; portopflichtige ~ lettre f officielle en port dû; **~schrei-**

ben n lettre f officielle; **~siegel** n cachet m officiel; **~stelle** f service m; office m; bureau m; übergeordnete ~ service m hiérarchiquement plus élevé; **~stellenleiter** m chef m de service; **~stellung** f rang m; charge f; fonctions f/pl.; **~stunden** f/pl. heures f/pl. de service; ♀**tauglich** adj. bon, bonne pour le ~ od. apte au service; ♀**tuend** adj. de service; **~übergabe** f passation f de service; ♀**unfähig, ~untauglich** adj. inapte au service; ⚔ incapable de servir; ⚔ als ~ entlassen réformer; **~unfähigkeit** f, **~untauglichkeit** f, **~untüchtigkeit** f inaptitude f à travailler, ⚔ à servir; **~verhältnis** n contrat m de service; **~verhältnisse** n/pl. conditions f/pl. de service; ♀**verpflichtet** adj.: ~ werden être réquisitionné; **~vertrag** m contrat m de service (od. de travail), **~vorschrift** f règlement m (od. instruction f) de service; ⚔ consigne f; **~wagen** m voiture f de fonction; **~weg** m voie f 'hiérarchique; auf dem ~e par la voie 'hiérarchique; ♀**widrig** adj. contraire au règlement de service; ♀**willig** adj. serviable; empressé; obligeant; zélé; **~wohnung** f logement m de fonction; **~zeit** f temps m (od. années f/pl.) de service; (Dienststunden) heures f/pl. de service; **~zeugnis** n certificat m de service; ~ n/pl. ⚔ états m de service; **~zweig** m branche f de service.
dies → dieser; '**~bezüglich** adj. à cet effet; à ce sujet; sous ce rapport.
die'selbe → derselbe.
'**Diesel|motor** m moteur m diesel; **~öl** n gasoil m; Umstellung auf ~ diésélisation f.
'**dieser** m, '**diese** f, '**die(se)s** n I pr/d. adj. sg. ce (vor Vo. od. stummem h: cet) m, cette f; pl. ccs m, f; **II** su. sg. celui-ci m, celle-ci f; pl. ceux-ci m, celles-ci f; bald ~, bald jener tantôt l'un, tantôt l'autre; **III** die(se)s n ceci, cela, F ça; vor être a. ce; dies (hier) ist mein Bruder voilà mon frère.
'**diesig** adj. brumeux, -euse; nébuleux, -euse.
'**dies|jährig** adj. de cette année; **~mal** adv. cette fois(-ci); **~malig** adj. qui a lieu cette fois, de cette fois; **~seitig** adj. qui est en deçà; qui est de ce côté; **~seits** adv. u. prp. (gén.) en deçà (de); de ce côté; ~ und jenseits en deçà et au-delà; ♀**seits** n ce bas monde.
'**Dietrich** ⊕ m fausse clef (od. clé) f; passepartout m; Schlosser: crochet m; F rossignol m; mit e-m ~ öffnen crocheter.
diffa'mier|en v/t. diffamer; **~end** adj. diffamant; diffamatoire; ♀**ung** f diffamation f.
differential I adj. ⚠ différentiel, -elle; **II** ♀ n ⚠ différentielle f; Auto: différentiel m; ♀**getriebe** ⊕ n engrenage m différentiel; ♀**gleichung** f équation f différentielle; ♀**rechnung** ⚠ f calcul m différentiel; ♀**tarif** m tarif différentiel; ♀**zoll** m droit m différentiel.
Diffe'renz f différence f; (Streit) différend m; **~geschäft** ✝ n marché m différentiel (od. à découvert).
differen'zier|en v/t. différencier; ⚠ différentier; ♀**ung** f différenciation f.

diffe'rieren v/i. différer.
dif'fus adj. diffus.
Diffusi'on ⚥, opt. f diffusion f; ⚥sfähig adj. diffusible; ˷sfähigkeit f diffusibilité f.
Dif'fusor phys. m diffuseur m.
Digi'tal|rechner m calculateur m digital; ˷uhr f montre f digitale.
Dikta'phon n dictaphone m; F pense--précis m.
Dik'tat n 1. bes. écol. dictée f; nach j-s ˷ sous la dictée de q.; etw. nach ˷ schreiben écrire qch. sous dictée; die Klasse ein ˷ schreiben lassen faire faire une dictée à la classe; 2. pol. diktat m.
Dik'tator m dictateur m.
dikta'torisch adj. dictatorial.
Dikta'tur f dictature f.
Dik'tatzeichen n/pl. im Brief: initiales f/pl. de référence.
dik'tier|en v/t. dicter; ⚥en n dictée f; ⚥maschine f dictaphone m.
Dikti'on f diction f.
dila'torisch jur. adj. dilatoire.
Di'lemma n dilemme m.
Dilet'tant m amateur m; dilettante m; ⚥enhaft, ⚥enmäßig, ⚥isch adj. en dilettante; ˷entum n, Dilettan'tismus m dilettantisme m; amateurisme m.
Dill ⚥ m fenouil m; aneth m.
diluvi'al adj. diluvien, -enne.
Di'luvium n géol. diluvium m.
Dimensi'on f dimension f.
Diminu'tiv n diminutif m.
Di'ner n déjeuner m.
Ding n chose f, n F machin m; truc m; (Gegenstand) objet m; (Angelegenheit) affaire f; guter ˷e sein être de bonne humeur; unverrichteterdinge zurückkommen revenir bredouille; vor allen ˷en avant tout; surtout; das ˷ an sich la chose en soi; das ist ein ˷ der Unmöglichkeit c'est impossible; wie die ˷e liegen dans ces conditions; dans ces circonstances; dans l'état actuel des choses; wie die ˷e nun einmal liegen au point où nous sommes; ich habe ganz andere ˷e erlebt j'en ai vu bien d'autres; wichtigere ˷e im Kopf (andere Sorgen) haben F avoir d'autres chats à fouetter; das geht nicht mit rechten ˷en zu ce n'est pas naturel; F ein ˷ drehen *faire une magouille; es müßte nicht mit rechten ˷en zugehen, wenn ... il faudrait que le diable s'en mêle pour que ... (subj.); jedes ˷ hat zwei Seiten chaque médaille a son revers; aller guten ˷e sind drei jamais deux sans trois; das ˷ beim rechten Namen nennen nommer les choses par leur nom; v. Mädchen u. Frauen: das arme ˷ la pauvre petite; la pauvrette; das dumme (od. alberne) ˷ la (petite) sotte; freches ˷ impertinente f; naseweises ˷ F péronnelle f; niedliches ˷ (petite) mignonne f.
'Ding n da F: F machin m, F bidule m, F fourbi m, F chose m, F truc m.
'dingen I v/t. Personen: engager; Mörder: soudoyer; II ⚥ n engagement m.
'dingfest adj.: j-n ˷ machen mettre q. en état d'arrestation; écrouer q.
'dinglich 🕀 adj. réel, -elle.
Dings F n F chose f (auch m) machin m.

'Dingsda F m, f, n chose f; F machin m; Herr ˷ monsieur Chose m; monsieur Machin m.
di'nieren v/i. déjeuner.
'Dinkel ⚥ m épeautre m.
Di'ode ⚡ f diode f.
dio'nysisch adj. dionysiaque.
Di'op|ter n dioptre m; ˷trie phys. f dioptrie f; ˷trik phys. f dioptrique f; ⚥trisch phys. adj. dioptrique.
Dio'xyd ⚥ n bioxyde m.
Diöze'san m diocésain m; ˷bischof m évêque m diocésain.
Diö'zese f diocèse m.
Diphthe|'rie f, ˷'ritis f 🕀 diphtérie f; ˷'rie-serum n sérum m antidiphtérique.
Diph'thong gr. m diphtongue f.
diphthon'gieren gr. v/t. diphtonguer.
Di'plom n diplôme m; brevet m.
Diplo'mat m diplomate m (a. fig.); ˷enkrem cuis. f diplomate m; ˷enlaufbahn f carrière f diplomatique; ˷enpudding m s. ˷enkrem; ˷enschaft f diplomatie f; ˷enschreibtisch m bureau m ministre; ˷enschub m mouvement m diplomatique; ˷entasche f attaché-case m.
Diploma'tie f diplomatie f.
Diplo'ma|tik f (Urkundenlehre) diplomatique f; ˷tin f femme f diplomate; ⚥tisch adj. diplomatique; Person: diplomate; ˷es Korps corps m diplomatique; ˷er Vertreter représentant (od. agent) m diplomatique (bei auprès de); die ˷e Laufbahn einschlagen se destiner à (od. embrasser) la carrière diplomatique; in den ˷en Dienst eintreten entrer dans le service diplomatique; ˷er Verkehr relations f/pl. diplomatiques; ˷e Beziehungen relations f/pl. diplomatiques (unterhalten entretenir; abbrechen rompre; wieder aufnehmen reprendre; renouer; wiederherstellen rétablir); auf den üblichen ˷en Wege par la voie diplomatique normale.
Di'plom|ingenieur m ingénieur m diplômé; ˷kaufmann m diplômé m d'une école de commerce; ˷landwirt m agronome m diplômé; ˷psychologe m diplômé m en psychologie.
'Dipol-antenne f antenne f dipôle.
'Diptychon n diptyque m.
dir (dat. v. du) te (vor vo. od. stummem h: t'); als pr. abs. à toi; nach prp. toi.
di'rekt adj. direct; (gerade) (tout) droit; (unmittelbar) immédiat; adv. ˷ übertragen rad. retransmettre en direct; ˷ aus den Händen trinken boire à même les deux mains.
Di'rektflug m vol m sans escale.
Direkti'on f direction f; ˷ssekretärin f secrétaire f de direction.
Direk'tive f directive f; instruction f.
Di'rektor m directeur m; chef m; in Frankreich an e-m Gymnasium: proviseur m, der französischen Staatsbank: gouverneur m.
Direkto'rat n directorat m; in Frankreich an e-m Gymnasium provisorat m.
Direk'torin f directrice f.
Direk'torium n direction f; directoire m; in Frankreich 1895: Directoire m.
Di'rektreportage télév. f reportage m en direct.

Direk'trice f directrice f; e-s Modeateliers: première f.
Di'rektsendung f Radio, Fernsehen: émission f en direct.
Diri|'gent m chef m d'orchestre; ˷'gentenstab m, ˷'gentenstock m baguette f de chef d'orchestre; ⚥'gieren v/t. diriger; ˷'gieren n direction f; ˷'gismus m dirigisme m.
'Dirndlkleid n robe f tyrolienne.
'Dirne f prostituée f; P putain f; poule f; catin f.
dis ♪ n ré m dièse.
Dis'agio ✝ n perte f au change.
Dis'countladen m boutique f de discount; magasin-discount m.
Dis-Dur ♪ n ré m dièse majeur.
Dishar|mo'nie f ♪ dissonance f; discordance f; fig. a. discorde f; désunion f; dissension f; ⚥'monisch adj. sans harmonie; discordant.
Dis'kant ♪ m dessus m; ˷schlüssel m clef f de dessus.
Dis'kont ✝ m escompte m; abzüglich ˷ moins l'escompte; wie hoch ist der ˷? quel est le taux d'escompte?; ˷bank f banque f d'escompte; ˷erhöhung f augmentation f du taux d'escompte; ˷ermäßigung f réduction f du taux d'escompte; ⚥fähig adj. escomptable; ˷fuß m taux m d'escompte; ˷geschäft n affaire f d'escompte; ˷herabsetzung f réduction f du taux d'escompte; ˷heraufsetzung f augmentation f du taux d'escompte.
diskon'tier|bar ✝ adj. escomptable; ˷en v/t. escompter; ⚥en n, ⚥ung f opération f d'escompte.
Dis'kont|kasse ✝ f caisse f d'escompte; ˷markt m marché m d'escompte; ˷nehmer m escompteur m.
Dis'kont|rechnung ✝ f bordereau m d'escompte; ˷satz m taux m d'escompte; ˷senkung f réduction f du taux d'escompte; ˷wechsel m effet m (od. lettre f de change) à l'escompte.
Diskothek f discothèque f.
diskredi'tieren v/t. discréditer.
diskre'pan|t adj. (widersprechend) contradictoire; (abweichend) divergent; (nicht zusammenpassend) disparate; ⚥z f (Widerspruch) contradiction f; (Abweichung) divergence f; (Mißverhältnis) disparité f.
dis'kret adj. discret, -ète.
Diskreti'on f discrétion f.
diskrimi'nier|en v/t. discriminer; ˷end adj. discriminant; ⚥ung f discrimination f.
diskur'siv adj. discursif, -ive.
'Diskus m disque m.
Diskussi'on f discussion f; zur ˷ stehen être en discussion; zur ˷ stellen mettre en discussion; die ˷ dreht sich um la discussion porte (od. roule) sur; ˷sausschuß m panel m; ˷sgrundlage f base f de discussion; ˷sleiter m animateur m; ˷steilnehmer(in f) m participant m, -e f à une discussion.
'Diskus|werfer(in f) m lanceur m, -euse f de disque; a. hist. discobole m; ˷wurf m lancement m de disque.
disku'tabel, ˷'tierbar adj. discutable; ˷'tieren 1. v/t. discuter; 2. v/i. über (acc.) discuter de; abs. pol. dialoguer; ⚥'tiersucht f discussionnite f.

dis-Moll ♪ *n* ré *m* dièse mineur.
Dis'pens *m*, **Dispensati'on** *f* dispense *f*; passe-droit *m*.
dispen'sieren *v/t.*: *j-n von etw.* ~ dispenser q. de qch.
Dispo|'nent (*Bevollmächtigter*) ♱ *m* gérant *m*; ℒ**'nibel** *adj.* disponible; ℒ**'nieren** 1. *v/t.* disposer; *disponiert sein être disposé* (*zu* à) 2. *v/i.*: ~ *über* (*acc.*) disposer de; ~**siti'on** *f* disposition *f*; *j-n zur* ~ (*abr. z.D.*) *stellen* mettre q. en non-activité (*od.* en disponibilité); ~**siti'onsfonds** *m* fonds *m* disponible.
Dis'put *m* vive discussion *f*.
dispu'tieren *v/i.* discuter vivement (*über acc.* de *od.* sur).
Disqualifi|kati'on *f* disqualification *f*; ℒ**'zieren** *v/t.* disqualifier.
Dissertati'on *f* thèse *f* de doctorat.
Dissi'dent(in *f*) *m* dissident *m*, -*e f* (*a. pol.*); *pol.* contestataire *m*, *f*.
Dissi'dententum *pol. n* dissidence *f*; contestation *f*.
Disso'nanz *f* dissonance *f*.
Dis'tanz *f* distance *f*; *aus der* ~ à distance; *auf kurze* ~ à courte (*od.* à petite) distance; *in geringer* ~ à peu de distance; *zu j-m* ~ *wahren* tenir q. à distance.
distan'zieren *v/rf.*: *sich* ~ prendre (*od.* marquer) ses distances (*von j-m* à l'égard de *od.* envers q. *od.* avec q.); *sich von etw.* ~ désapprouver qch.
'Distel ♃ *f* chardon *m*; ~**fink** *orn. m* chardonneret *m*.
'Distichon *n* distique *m*.
distin'guiert *adj.* distingué.
distink'tiv *ling. adj.*: ~*es Merkmal* trait *m* pertinent (*od.* distinctif).
Dis'trikt *m* district *m*.
Diszi'plin *f* discipline *f*; (*Fach*) branche *f* d'enseignement; *Sport*: (*Wettkampf*) compétition *f*.
Diszipli'nar|fall *m* cas *m* disciplinaire; ~**gericht** *n* conseil *m* de discipline; ~**gewalt** *f* pouvoir *m* disciplinaire; ℒ**isch** *adj.* disciplinaire; ~**maßnahme** *f* mesure *f* disciplinaire; ~**strafe** *f* punition *f* disciplinaire; ~**verfahren** *n* procédure *f* disciplinaire.
diszipli'nieren *v/t.* discipliner.
diszi'plinlos *adj.* indiscipliné; ℒ**igkeit** *f* indiscipline *f*.
Dithy'ram|be *f*, ~**bus** *m* dithyrambe *m*; ℒ**bisch** *adj.* dithyrambique.
'Diva *f* vedette *f*; star *f*.
diver'gen|t *adj.* divergent; ℒ**z** *f* divergence *f*.
diver'gieren *v/i.* diverger.
di'vers *adj.* divers; différent.
Diver'sant *pol. m* déviationniste *m*; ~**entum** *pol. n* déviationnisme *m*.
Di'verse(s) *n* toutes sortes *f/pl.* de choses.
Divi'dent *arith. m* dividende *m*.
Divi'dende ♱ *f* dividende *m*; ~**ausschüttung** *f* distribution *f* des dividendes; ℒ**nberechtigt** *adj.* ayant droit au dividende; ℒ**nlos** *adj.* sans dividende; ~**npapier** *n* valeur *f* à dividendes; ~**nsatz** *m* taux *m* de dividendes; ~**nschein** *m* coupon *m* de dividende; ~**nverteilung** *f* répartition *f* des dividendes.
divi'dieren I *v/t.* diviser; *abs.* faire la division; **II** ℒ *n* division *f*.
Divinati'on *f* divination *f*; ~**sgabe** *f* don *m* divinatoire.
Divisi'on *f* division *f*; ~**sgeneral** *m* général *m* de division; ~**skommandeur** *m* commandant *m* de division.
Di'visor *arith. m* diviseur *m*.
'Diwan *m* divan *m*.
d-Moll ♪ *n* ré *m* mineur.
doch *cj. u. adv.* (*dennoch*) cependant; pourtant; toujours; toutefois; néanmoins; quand même: tout de même; (*aber*) mais; *nachdrücklich*: donc; *kommen Sie* ~! venez donc!; *ja* ~! mais oui!; *bejahend nach verneinter Frage*: si; mais si; *nicht* ~! mais non!; *lassen Sie das* ~! laissez cela!; *Sie wissen* ~, *daß* ... vous savez bien que ...; *du hast's ihm* ~ *gesagt*? tu le lui as dit, au moins?; *das ist* ~ (*gar*) *zu arg*! mais c'est (vraiment) trop fort!; *wenn er* ~ *käme*! si seulement il venait!
Docht *m* mèche *f*.
Dock ⚓ *n* dock *m*; cale *f*; *schwimmendes* ~ dock *m* flottant; (*Trocken*ℒ) cale *f* sèche; *forme f* de réparation navale; ~**arbeiter** *m* docker *m*.
'Docke *f e-s Geländers*: balustre *m*; *Garn*: écheveau *m*; ⊕ mandrin *m*; arbre *m*.
'docken[1] *v/t. Garn*: mettre en écheveaux; **II** ℒ *n des Garns*: mise *f* en écheveaux.
'docken[2] ⚓ *v/t.* faire entrer aux docks.
'Docking (*Raumfahrt*) *n* accostage *m* et arrimage *m* (*z. B.* entre Appollo et Soyouz).
Dodeka'eder *n* dodécaèdre *m*.
'Döfchen F *n* dadais *m*; P doux déconnant *m*.
'Doge *m* doge *m*; ~**npalast** *m* palais *m* des doges.
'Dogge *zo. f* dogue *m*.
'Dogma *n* dogme *m*.
Dog'ma|tik *f* dogmatique *f*; ~**tiker** *m* dogmatique *m*; ℒ**tisch** *adj.* dogmatique.
dogmati'sieren *v/i.* dogmatiser.
Dogma'tismus *m* dogmatisme *m*.
'Dohle *orn. f* choucas *m*.
'Dohne *ch. f* collet *m*; ~**nfang** *m* chasse *f* au(x) collet(s); ~**nschneise** *f*, ~**nstieg** *m* série *f* de collets.
'Doktor *m* docteur *m* (*med.* en médecine; *jur.* en droit; *phil.* ès lettres; *rer. nat.* ès sciences; *rer. pol.* ès sciences politiques); *den* ~ *machen* passer (*od.* faire) son doctorat; *passer* (*od.* être reçu) docteur; F (*Arzt*) médecin *m*, F docteur *m*; *Herr* ~! *bei Ärzten*: docteur, *sonst*: Monsieur; *Frau* ~! Madame le Docteur; *Frau Dr. X ist die einzige Ärztin* le Dr. X est le seul médecin.
Dokto'rand *m* candidat *m* au doctorat.
'Doktor-arbeit *f* thèse *f* de doctorat.
Dokto'rat *n* doctorat *m*.
'Doktor|diplom *n* diplôme *m* de docteur; ~**dissertation** *f* thèse *f* de doctorat; ~**examen** *n* (examen *m* de) doctorat *m*; *sein* ~ *machen* passer (*od.* faire) son doctorat; ~**grad** *m* doctorat *m*; grade *m* de docteur; ~**hut** *m* bonnet *m* de docteur.
Dok'torin *f* (*Ärztin*) femme *f* médecin; doctoresse *f*.
'Doktor|promotion *f* promotion *f* au doctorat; ~**titel** *m*, ~**würde** *f* titre *m* de docteur; doctorat *m*; *die* ~ *erhalten* être reçu docteur.
Dok'trin *f* doctrine *f*.
doktri'där I *adj.* doctrinaire; **II** ℒ *m* doctrinaire *m*.
Doktrina'rismus *m* doctrinarisme *m*.
Doku'ment *n* document *m*; pièce *f*; (*amtlicher Schein*) certificat *m*.
Dokumen|'tar *m* documentaliste *m*; ~**'tarfilm** *m* (film *m*) documentaire *m*; ℒ**'tarisch** *adj.* documentaire; ~**tati'on** *f* documentation *f*.
Doku'menten|akkreditiv *n* accréditif *m* sur documents; ~**inkasso** *n* encaisse *f* sur documents; ~**kredit** *m* crédit *m* sur documents; ~**mappe** *f* porte-documents *m*; ~**tratte** *f* traite *f* documentaire.
dokumen'tieren *v/t.* (*urkundlich belegen*) documenter; (*bescheinigen*) attester; (*beweisen*) prouver.
Dolch *m* poignard *m* (*a. fig.*); *kleiner* ~ stylet *m*; *mit e-m* ~ *erstechen* poignarder; **'**~**messer** *n* couteau-poignard *m*; **'**~**stich** *m*, **'**~**stoß** *m* coup *m* de poignard.
'Dolce vita *f*: dolce vita *f*; *die* ~ *la douceur de vivre*; *e-e* ~ *führen* mener une vie dorée.
'Dolde ♃ *f* ombelle *f*; ~**nblüt(l)er** *m/pl.*, ~**ngewächse** *n/pl.*, ~**npflanzen** *f/pl.* ombellifères *f/pl.*; ℒ**nförmig** *adj.* ombelliforme; ℒ**ntragend** *adj.* ombellifère.
'Dole *f* puisard *m*; égout *m*.
'Dollar *m* dollar *m*; ~**guthaben** *n* avoir *m* en dollars; ~**kurs** *m* cours *m* du dollar; ~**zone** *f* zone *f* dollar.
'Dolle ⚓ *f* tolet *m*; (*Ruder*ℒ) dame *f*.
'Dolmen *m* dolmen *m*.
'dolmetsch|en 1. *v/t.* interpréter; **2.** *v/i.* servir d'interprète; ℒ**en** *n* interprétation *f*; ℒ**er(in** *f*) *m* interprète *m*, *f*; ℒ**er-examen** *n* examen *m* d'interprétariat; ℒ**erschule** *f* école *f* d'interprètes; ℒ**erstand** *m*, ℒ**erwesen** *n* interprétariat *m*.
'Dolus ⚖ *m* dol *m*.
Dom *m* cathédrale *f*; (*Kuppel*) äußere: dôme *m*, *innere*: coupole *f*.
Do'mäne *f* domaine *m*; terre *f* domaniale; ~**npächter** *n* fermier *m* d'un domaine.
'Dom|herr *m* chanoine *m*; ~**herrnpfründe** *f*, ~**herrnstelle** *f*, ~**herrnwürde** *f* canonicat *m*.
domi'nant *adj.* dominant; ℒ**e** ♪ *f* dominante *f*.
domi'nieren I *v/i. u. v/t.* dominer; **II** ℒ *n* domination *f*; ℒ*d adj.* dominant.
Domini'kaner|(in *f*) *m* dominicain *m*, -*e f*; (*Volkszugehöriger*) Dominicain *m*, -*e f*; ~**orden** *m* ordre *m* des dominicains (*od.* de saint Dominique).
domini'kanisch *adj.* dominicain; ~*e Republik* République *f* Dominicaine.
'Domino I *m* domino *m*; **II** *n* (*Spiel*) domino *m*; ~ *spielen* jouer aux dominos; ~**maske** *f* domino *m*; ~**stein** *m* domino *m*.
Domi'zil *n* domicile *m* (*a.* ♱).
domizi'lier|en ♱ *v/t. Wechsel*: domicilier; ℒ**ung** *f* domiciliation *f*.
Domi'zilwechsel ♱ *m* effet *m* (*od.* lettre *f* de change) domicilié(e).
'Dom|kapitel *n* chapitre *m* de la cathédrale; ~**kirche** *f* cathédrale *f*;

~pfaff orn. m bouvreuil m; ~prediger m prédicateur m à (od. de) la cathédrale.
Domp'teur m dompteur m.
'Donau f: die ~ le Danube; ~becken n bassin m danubien; ~schiffahrt f navigation f du Danube; ~staat m État m danubien.
'Donner m tonnerre m; der ~ rollt le tonnerre gronde; unter ~ und Blitz au milieu du tonnerre et des éclairs; ~ des Geschützes grondement m du canon; (Blitzstrahl) foudre f; wie vom ~ gerührt comme frappé par la foudre; ~ und Doria! mille tonnerres!; 2n v/i. tonner (a. als v/imp. tonner il tonne); Meer: mugir; Geschütz: gronder; fig. tempêter (gegen contre); ~des Gelächter éclats m/pl. de rire formidables; ~der Beifall tempête f d'applaudissements; mit ~ der Stimme d'une voix tonitruante; ~n n roulement (od. grondement) m du tonnerre; ~ der Kanonen grondement m des canons; ~schlag m coup m de tonnerre; mst fig. coup m de foudre.
'Donners-tag m jeudi m; Grüner ~ jeudi m saint; 2s adv. le jeudi; tous les jeudis.
'Donner|stimme f voix f tonnante (od. tonitruante); ~wetter n int. (zum) ~! mille tonnerres!
doof F adj. bête; stupide; imbécile; F bouché; niais; (langweilig) rasant; assommant.
'dopen v/t. Sport: doper.
'Doping n dopage m; ~mittel n dopant m; substance f dopante.
'Doppel n double m; gemischtes ~ double m mixte; ~adler m aigle f impériale (od. à deux têtes); ~belichtung f double exposition f; ~beschluß m der NATO double décision f; ~besteuerung f double imposition f; ~bett n lit m à deux personnes; lits m/pl. jumeaux; ~boden m double fond m; ~buchstabe m lettre f double; ~decker ⚔ m biplan m; ~deckerbus m autobus m à impériale; 2deutig adj. ambigu, -ë; équivoque (a. mv.p.); ~ehe f bigamie f; ~fehler m double faute f; ~fenster n contre-fenêtre f; survitrage m; double fenêtre f; ~flinte f fusil m double; ~gänger(in f) m double m; sosie m; 2gängig adj. Schraube: à deux filets; ~gitterröhre f lampe f bigrille; ~gleis n double voie f; 2gleisig adj. à double voie; à deux voies; ~griff ♪ m double corde f; ~haus n maison f jumelée; maisons f/pl. jumelles; ~kinn n double menton m; ~kolbenmotor m moteur m à double piston; ~konsonant gr. m consonne f double; 2köpfig adj. à deux têtes; 2läufig adj. Waffe: à deux canons; ~laut gr. m diphtongue m; ~leben n vie f double; ~leitung ⚡ f ligne f à double fil; ~linie f ligne f double; ~los n billet m jumelé; 2n v/t. doubler; ~moral f système m de deux poids et deux mesures; ~packtasche cycl. f: hintere ~ sacoche f porte-bagages arrière; 2polig adj. bipolaire; ~posten ⚔ m sentinelle f double; ~punkt m deux points m/pl.; typ. deux-points m; ~rad n Auto: roue f jumelée; ~raufe f doublier m; ~reifen m Auto: pneu m jumelé; 2reihig adj. à deux rangs; Anzug: croisé; ~rippqualität (Herrenunterwäsche) f qualité f double-côte; ~rumpf ⚔ m fuselage m double; ~schalter ⚡ m interrupteur m double; ~schlag ♪ m doublé m; ~schloß ⊕ n (serrure f) bénarde f; ~schlußmotor m moteur m compound; ~schraubendampfer m vapeur m à deux hélices; 2seitig adj. double; bilatéral; ~er Stoff étoffe f double face; ~ bespielte Schallplatte disque m double face; ~ zu tragen Kleidung: réversible; ~sieg m double victoire f; ~sinn m double sens m; ambiguïté f; ling. m amphibologie f; 2sinnig adj. à double sens; ambigu, -ë; équivoque (a. mv.p.); ~sinnigkeit f ambiguïté f; mv.p. équivoque f; ~sitzer m biplace m; ~sohle f double semelle f; ~spiel n ♪ duo m; Tennis: double m; gemischtes ~ double m mixte; fig. duplicité f; ein ~ treiben jouer double jeu; ~stadt f bipole f; ~stecker ⚡ m fiche f double; fiche f à deux broches; ~stern m étoile f double; ~stoß esc. m coup m fourré; ~stück n (Dublette) double m.
'doppelt adj. double; ~e Buchführung f comptabilité f en partie double; in e-r Ausfertigung en double; fig. ein ~es Spiel haben jouer double jeu; ~ sehen (rechnen; bezahlen; wiegen) voir (compter; payer; peser) double; ~ heimzahlen rendre le double; ~ haben avoir en double; er ist ~ so alt wie ich il est deux fois plus âgé que moi; ~ soviel deux fois autant; ~ soviel bezahlen payer le double; ~ hält besser deux précautions valent mieux qu'une; 2e(s) n double m; um das ~ größer plus grand du double; ~kohlensauer 🜛 adj.: ~es Natron bicarbonate m de soude.
'Doppel|tür f contre-porte f; double porte f; (Flügeltür) porte f à deux battants; ~ung f doublage m; doublement m; ~verdiener 1. m/pl. ménage m à deux salaires 2. m/sg.: ~ sein cumuler deux places (od. deux traitements); ~währung f bimétalisme m; ~zentner m quintal m métrique; ~zimmer n chambre f à deux lits; ~zündung f e-s Motors: allumage m double m; 2züngig fig. adj. double; dissimulé; ~züngigkeit fig. f duplicité f.
Dorf n village m; kleines: hameau m; fig. das sind ihm böhmische Dörfer c'est de l'hébreu pour lui; '~bewohner(in f) m villageois m, -e f.
'Dörfchen n hameau m.
'Dorf|geistliche(r) m prot. pasteur m de village; cath. curé m de village; ~gemeinde f commune f rurale; ~kirche f église f de village; ~kneipe f café m de village; estaminet m; ~leben n vie f rustique (od. au village); ~leute pl. villageois m/pl.; ~museum n musée-village m de plein air; ~musikant m musicien m de village; früher ménétrier m; ~pfarrer m → ~geistliche(r); ~richter m juge m de village; ~schule f école f de village; ~schulze m maire m de village.
'dorisch adj. Örtlichkeit: dorien, -enne; Art u. Weise: dorique; △ die ~e Säulenordnung le dorique.
Dorn m ⚕ épine f; piquant m; am Rennschuh: pointe f; (Stichel) poinçon m; in Schnallen: ardillon m; (Ahle, Stift) broche f; métall. mandrin m; sich an e-m ~ ritzen s'égratigner avec une épine; sich e-n ~ in den Fuß treten s'enfoncer une épine dans le pied; fig. er ist mir ein ~ im Auge il me gêne; c'est ma bête noire; prov. keine Rose ohne ~en il n'y a pas de roses sans épines; '~busch ⚕ m arbuste m épineux.
'Dornen|gebüsch ⚕ n buisson m d'épines; ~hecke ⚕ f 'haie f d'épines; ~krone f couronne f d'épines; 2los adj. sans épines; 2voll fig. adj. 'hérissé d'épines; plein de difficultés.
'dorn|ig adj. épineux, -euse; 'hérissé d'épines (beide a. fig.); 2röschen n im Märchen: la Belle au bois dormant; 2rose ⚕ f rosier m sauvage; églantier m; 2strauch ⚕ m arbuste m épineux; buisson m d'épines.
'dorren v/i. (se) sécher.
'dörr|en v/t. sécher; dessécher; (rösten) torréfier; gedörrtes Obst fruits m/pl. séchés; 2en n dessiccation f; (Rösten) torréfaction f; 2fleisch n viande f séchée; 2gemüse n légumes m/pl. séchés; 2obst n fruits m/pl. séchés.
Dorsch icht. m dorsch m.
dort adv. là; dans cet endroit-là; mit Bezug auf e-n vorhergenannten Ort: y; in Verbindung mit vb. der Bewegung: par là; y; wer ~? qui parle?; allô? ~ oben là-'haut; ~ unten là-bas; da und ~ çà et là; von ~ → '~her adv.: (von) ~ de là; de là-bas; de ce côté-là; '~hin adv. (de) ce côté-là; là-bas; bisw. a. y; ~hin'ein adv. là-dedans; '~ig adj. (qui se trouve) en ce lieu (-là); qui se trouve là-bas; (qui vient) de ce lieu(-là) (od. de là-bas); unsere ~en Freunde nos amis de là-bas; der ~e Arzt le médecin de l'endroit.
'Dose m boîte f; (Schnupftabak2) tabatière f; (Steck2) prise f de courant; (Konserven2) boîte f à conserve; in ~n einmachen mettre en conserve.
'dösen F v/i. somnoler; rêvasser.
'Dosen|barometer n baromètre m à coquille; ~öffner m ouvre-boîtes m; ~sicherung ⚡ f fusible m en (od. à) boîte.
do'sieren I v/t. doser; II 2 n dosage m.
Do'sierung phm. f posologie f.
'dösig F adj. somnolent; engourdi.
'Dosis f dose f.
Dotati'on f dotation f.
do'tier|en v/t. doter (mit de); 2ung f dotation f.
'Dotter m. n jaune m d'œuf; ~blume ⚕ f renoncule f; 2gelb adj. jaune d'œuf.
'Double cin. n doublure f; cascadeur, -se.
'Dover n Douvres f.
Doy'en dipl. m doyen m.
Do'zent(in f) m chargé m, -e f de cours; maître m de conférences.
Dozen'tur f maîtrise f de conférences.
do'zieren v/t. u. abs. faire des cours; professer; fig. parler avec autorité; enseigner d'un ton professoral; ~d adj. sentencieux, -euse.
'Drachen m dragon m; fig. (böses

Weib) a. mégère f; chipie f; (*Papier*⚬) cerf-volant m; fig. *das ist ein Kampf mit dem ~* c'est le combat du pot de terre contre le pot de fer; **~brut** fig. f sale engeance f; **~fliegen** v/i vol m libre par deltaplane; **~flieger** m (*Person*) deltaplaniste m; vélideltiste m; **~flugzeug** n deltaplane m; véliplane m; aile f (volante).

'**Drachme** num. f drachme f.

Dra'goner ⚔ m dragon m.

Draht m fil m (métallique); (*Eisen*⚬) fil m de fer; (*Messing*⚬) fil m de laiton; (*Kupfer*⚬) fil m de cuivre; (*Kabel*) câble m; *blanker ~* fil m nu (*od.* dénudé); *umsponnener ~* fil m guipé (*od.* garni *od.* recouvert); *per ~ antworten* répondre par câble (*od.* par télégramme); F *auf ~ sein* avoir de l'allant, être d'aplomb, (*wachsam sein*) être sur le qui-vive; savoir saisir une occasion; *nicht ganz auf ~ sein* ne pas se sentir d'aplomb; *dipl. heißer ~* téléphone m rouge; **~anschrift** f adresse f télégraphique; **~antwort** f réponse f télégraphique; **~anweisung** f ordre m télégraphique; **~aufnahme** f enregistrement m sur fil; **~auslöser** m, **~auslösung** phot. f déclenchement m à fil (métallique); **~bericht** m rapport m télégraphique; **~bürste** f brosse f métallique; **⚬en** v/t. télégraphier; **~feder** f ressort m à boudin; **~fenster** n fenêtre f grillagée; **~funk** m télédiffusion f; **~gaze** f gaze f métallique; **~geflecht** n grillage m métallique; **~gestell** n monture f en fils de fer; **~gewebe** n toile f métallique; **~gitter** n treillis m métallique; **~glas** n verre m armé; **~haarterrier** zo. m fox m à poil dur; **~haspel** f dérouleuse f; **~hindernis** n réseau m de fils de fer; **~isolierung** f (*aus Kunststoff*) faveurs f/pl.; **~käfig** m cage f métallique; **~korb** m panier m métallique; **~lehre** f jauge f pour fils (métalliques); **~leitung** f ligne f télégraphique (*einzelner Draht*) fil m; câble m; **⚬lich** adj. u. adv. par câble; par télégramme; **⚬los** adj. sans fil; *~es Telegramm* radiotélégramme m; *~e Telegraphie* télégraphie f sans fil (abr. T.S.F.); radiotélégraphie f; *~er Fernsprechdienst* radiotéléphonie f; *~e Verbindung* radio-communication f; **~netz** n treillis m métallique; **~puppe** f marionnette f; **~saite** f corde f métallique; **~schere** f coupe-fil m; **~seil** n câble m métallique; **~seilbahn** 🚠 f funiculaire m; *moderner:* télécabine f; télébenne f; téléphérique m; téléférique m; **~sieb** n crible (*od.* tamis) m en toile métallique; **~speiche** f rayon m métallique; **~stärke** f épaisseur f du fil; **~stift** m pointe f de Paris; **~verhau** m barbelés m/pl.; **~walzwerk** n laminoir m à fils métalliques; **~zange** f coupe-fil m; **~zaun** m clôture f en fil de fer; treillage m métallique; **~zieher** m ⚙ tréfileur m; fig. machinateur m; instigateur m; **~ziehe'rei** ⚙ f tréfilerie f.

Drai'sine 🚲 f draisine f.

dra'konisch adj. draconien, -enne.

drall I adj. bien tordu; retors; (*steif*) raide; fig. ferme; solide; *~es Mädchen* fille f plantureuse; **II** ⚬ m torsion f, v. *Feuerwaffen:* pas m de la rayure.

'**Drama** n drame m.

Dra'matiker m auteur m dramatique; dramaturge m; **⚬tisch** adj. dramatique; fig. a. théâtral.

drama|ti'sieren v/t. dramatiser; **⚬'turg** m conseiller m dramatique (du metteur en scène); **⚬tur'gie** f dramaturgie f.

dran adv. → *daran; ich bin ~* c'est mon tour.

Drang m (*Bedürfnis*) besoin m; (*Druck*) pression f; (*Trieb*) désir m (impétueux); passion f; (*Antrieb*) impulsion f; poussée f; (*Bestreben*) aspiration f; tendance f; 🩺 (*Stuhlzwang*) épreintes f/pl.

'**drängeln I** v/i u. v/t. pousser; *nur v/t.* bousculer; **II** ⚬ n poussée f; bousculade f.

'**drängen I 1.** v/t. (*zs.-drücken*) serrer; presser; (*treiben*) pousser (*zu* à); *Gläubiger:* harceler; *j-n ~, etw. zu tun* presser q. de faire qch. **2.** v/imp.: *es drängt mich, zu ...* (*inf.*) j'éprouve le besoin de ... (*inf.*); j'ai grande envie (*od.* il me tarde) de ... (*inf.*). **3.** v/rf.: *sich ~* se presser; se pousser; se bousculer; *sich durch die Menge ~* fendre la foule; *man drängt sich dahin* on s'y porte en foule; *sich um j-n ~* se presser autour de q.; **4.** v/i. presser; *auf etw. (acc.) ~* insister sur qch.; **II** ⚬ n poussée f; fig. *auf ~ m-r Freunde* sur les instances f/pl. de mes amis.

'**Drangsal** f tourments m/pl., tribulations f/pl.

drangsa'lieren v/t. tourmenter; brimer; F tarabuster.

drä'nier|bar ✓ adj. drainable; **~en** v/t. drainer; **⚬ung** f drainage m.

dra'pier|en v/t. draper; **⚬ung** f draperie f.

'**drastisch** adj. expressif, -ive; vif, vive; énergique, radical (a. *Maßnahme*); (*kräftig*) fort; vert; *~er Ausdruck* expression f énergique (*od.* pleine de verdeur); terme m vif.

Drau f: *die ~* la Drave.

drauf adv. → *darauf; ~ und dran sein* être sur le point (*zu* de); '**⚬gänger** m risque-tout m; casse-cou m; F dur m; *battant m; Auto, mv.p.:* fou m du volant; fonceur m; **~gängerisch** adj. aventurier, -ière; **~gehen** v/i. (*umkommen*) mourir; *es geht viel Zeit drauf* on y passe beaucoup de temps; *es geht viel Geld drauf* on y dépense beaucoup d'argent; **⚬geld** n arrhes f/pl.; **~losgehen** v/i. se lancer sur; foncer sur; **~losleben** v/i. vivre au jour le jour; **~losreden** v/i. parler à tort et à travers; **~losschießen** v/i.: *auf j-n ~* F faire des cartons sur q.; **~losstürzen** v/i. se lancer sur; foncer sur; **⚬sicht** f vue f d'en 'haut.

'**draußen** adv. (au) dehors; (*im Freien*) en plein air; (*in der Fremde*) à l'étranger.

'**Drechsel|bank** ⚙ f tour m; **⚬n** v/t. u. v/i. tourner; faire au tour; (*ausarbeiten*) façonner méticuleusement; *Stil:* châtier; polir; **~n** n travail m au tour; tournage m.

'**Drechsler** ⚙ m tourneur m; **~arbeit** f travail m de tourneur; (*Werk*) ouvrage m fait au tour.

Drechsle'rei ⚙ f art m de tourneur; (*Werkstatt*) atelier m de tourneur.

Dreck m ordure f; *auf der Straße:* boue f; *a. v. Tieren:* crotte f; (*Exkremente*) excréments m/pl.; ∨ merde f; (*Fliegen*⚬) chiure f; (*Kuh*⚬) bouse f; (*Vogel*⚬) fiente f; (*Schund*) camelote f; F *sich um jeden ~ kümmern* fourrer son nez partout; F *ich mache mir e-n ~ daraus* je m'en fiche, P je m'en fous; F *das geht dich e-n ~ an* cela ne te regarde pas; F *im ~ sitzen* être dans la dèche (*od.* purée *od.* débine *od.* mouise); *~ am Stecken haben* être compromis; avoir qch. à se reprocher; **~arbeit** f gros ouvrage m; grosse besogne f; **~bürste** f brosse f à décrotter; **~fink** F m salaud m; saligaud m; cochon m; sagouin m; '**⚬ig** adj. sale, boueux, -euse; crotté; *crado inv.;* F *es geht ihm ~* il est dans la dèche (*od.* purée *od.* débine *od.* mouise); **~kerl** m salaud m; saligaud m; **~wetter** F n temps m de chien.

Dreh F m combine f; système m D; tripotage m; *auf den ~ kommen* trouver le truc; *den ~ heraushaben* (*od.* weghaben) avoir (*od.* connaître) le truc; *den ~ kennt jeder* a. c'est un truc éventé; '**~achse** ⚙ f axe m de rotation; '**~arbeiten** f/pl. travaux m/pl. de tournage; *die ~ haben begonnen* le premier tour de manivelle a été donné; '**~bank** ⚙ f *der Drechsler:* tour m; '**⚬bar** adj. mobile; orientable; pivotant; '**~bewegung** f mouvement m rotatif (*od.* rotatoire); '**~bleistift** m porte-mine m; stylomine m; '**~brücke** f pont m tournant; '**~buch** n *Film:* scénario m; '**~buchautor** m scénariste m; '**~bühne** f scène f tournante; '**⚬en** v/t., v/i. u.v/rf. (*wenden*) tourner; *die Erde dreht sich um die Sonne* la terre tourne autour du soleil; *der Wind dreht sich* le vent change (*od.* winden) tordre, tortiller; *Schiff:* virer de bord; *Pillen usw.:* faire; *Seide:* retordre; *Hanf:* corder; *Zigarette:* rouler; *Film:* tourner; réaliser; *sich im Kreise ~* tournoyer; pivoter; pirouetter; fig. *sich im Kreise ~* tournoyer; pivoter; pirouetter; *fig. sich ~ und wenden* tourner autour du pot; *fig. worum dreht es sich?* de quoi s'agit-il? (*od.* retourne-t-il?); *das Gespräch dreht sich um ...* la conversation tourne autour de ... (*od.* est axée sur ...); *alles dreht sich um* ihn il est le pivot de l'affaire; *es dreht sich mir alles im Kopfe* la tête me tourne; **~en** n um e-e Achse: rotation f; *um e-n Körper:* révolution f; (*Winden*) torsion f; tortillement m; (*Zwirnen*) retordage m; *e-s Filmes:* tournage m; '**~er** m (*Beruf*) tourneur m; '**~gelenk** ⊕ n articulation f pivotante (*od.* tournante); '**~geschütz** ⚔ n pièce f tournante; '**~gestell** ⚙ n bog(g)ie m; *für Waren:* stockage m tournant; '**~griff** m *am Motorrad:* poignée f tournante; '**~knopf** m bouton m de réglage; '**~kondensator** ⚡ m condensateur m variable (*od.* rotatif *od.* réglable); '**~kraft** f force f rotatrice; '**~kran** m grue f tournante; '**~krankheit** vét. f tournis m; '**~kreuz** n tourniquet m; '**~kuppel** f coupole f tournante;

~moment n moment m de rotation; **~orgel** ♪ f orgue m de Barbarie; a. limonaire m; **~punkt** m centre m de rotation; **~rolle** f calandre f; **~schalter** m commutateur m rotatif; **~scheibe** f plaque f tournante; ⚓ plate-forme f tournante; *Töpferei*: tour m; **~schranke** f barrière f pivotante; **~spieß** (*Grillgerät*) m tourne-broche m, broche f tournante; **~sprenger** ♂ m tourniquet m de jardinier; **~stab** m barre f de rotation; **~stahl** m outil m de tour; **~strom** ⚡ m courant m triphasé; **~stromleitung** ⚡ f terne m; **~stuhl** m chaise f pivotante; **~teil** ⊕ n (*gedrehtes Teil*) pièce f tournée; (*drehbares Teil*) partie f tournante (*od.* rotative od. pivotante); **~tisch** m table f tournante (*od.* rotative); **~tür** f porte f à tambour, tourniquet m, **~ung** f tour m (a. *Windung*); um e-e *Achse*: rotation f; um e-n *Körper*: révolution f; (*Verwindung*) torsion f; *Auto*: ~ um die eigne Achse tête-à-queue m; **~ungsfestigkeit** f résistance f à la torsion; **~wähler** m sélecteur m rotatif; **~werk** n dispositif m de rotation; **~wurm** zo. m cénure m; cœnure m; **~zahl** f e-s *Motors*: nombre m de tours; **~zahlmesser** m compte-tours m; **~zapfen** m pivot m.

drei I a/n.c. trois; *es ist halb* ~ il est deux heures et demie; ~ *Viertel zehn* dix heures moins le quart; *fig. ehe man bis* ~ *zählen konnte* en un clin d'œil; *fig. er kann nicht bis* ~ *zählen* il ne sait pas compter jusqu'à deux; II ♀ f trois m; ²**achser** m camion m à trois essieux; ²**achteltakt** ♪ m (mesure f à) trois-'huit m; ²**akter** m pièce f en trois actes; **~armig** adj. à trois bras (*resp.* branches); ²**bein** n escabeau m à trois pieds; **~beinig** adj. à trois pieds; ²**blatt** ♣ n trèfle m d'eau; ménynanthe m; **~blätt(e)rig** adj. à trois feuilles; ²**bund** hist. m Triple-Alliance f; ²**decker** m ⚓ (vaisseau m à) trois-ponts m; ✈ triplan m; **~dimensional** adj. à trois dimensions; *cin.* sur triple écran; **~drähtig** adj. à trois fils; ²**eck** ♣ n triangle m; (*Zeichenwinkel*) équerre f (de dessinateur); **~eckig** adj. triangulaire; ²**ecksschaltung** ⚡ f connexion f en triangle; **~einig** rl. adj.: ~e(r) *Gott* un seul Dieu en trois personnes; ²**einigkeit** rl. f Trinité f; ²**ergespräche** pol. n/pl. conversations f/pl. tripartites; **~erlei** adj. de trois espèces (*od.* sortes); *auf* ~ *Art* de trois manières (différentes); ²**erpakt** m pacte m à trois; **~erstadt** (*durch Zs.-legung*) f ville f troïka; cité f à trois têtes; ²**ersystem** pol. n tripartisme m; ²**erwette** (*Pferderennen*) f tiercé m; **~fach** adj. triple; *in* ~er *Ausfertigung* en triple exemplaire; ²**fache(s)** n triple m; ²**fadenlampe** f lampe f incandescente à trois fils; **~fältig** adj. triple; ²**fältigkeit** rl. f Trinité f; ²**farbendruck** m trichromie f; ²**farbenphotographie** f photographie f trichrome; **~farbig** adj. de trois couleurs; tricolore; *typ.*, *phot.* trichrome; ²**felderwirtschaft** ♂ f culture f à trois assolements; **~flächig** adj. trièdre m; ²**flächner** m

trièdre m; ²**fuß** m trépied m; **~füßig** adj. à trois pieds; ²**ganggetriebe** n boîte f à trois vitesses; **~gängig** adj. *Gewinde*: à trois filets (*od.* pas); ²**gespann** n voiture f à trois chevaux; **~gestrichen** ♪ adj. de la région cinq; **~geteilt** adj. triparti; tripartite; ²**gitterröhre** f *Radio*: lampe f trigrille; **~glied(e)rig** adj. de (*resp.* à) trois membres; (*in drei Reihen*) à trois rangs; ⚤ ~e *Größe* trinôme m; ²**groschenoper** f opéra m de quat'sous; **~heit** f triade f; **~hundert** a/n.c. trois cent(s); ²**hundertjahrfeier** f tricentenaire m; troisième centenaire m; ²**hundertste(r)** a/n.o. trois centième; **~jährig** adj. de trois ans; (*von* ~er *Dauer*) triennal; **~jährlich** I adj. qui revient tous les trois ans; II adv. tous les trois ans; ²**kampf** m *Sport*: triathlon m; **~kantig** adj. à trois bords; ²**käsehoch** F m moutard m haut comme trois pommes; ²**klang** ♪ m triple accord m; ²**königsfest** n, ²**königstag** m fête f (*od.* jour m) des Rois, Épiphanie f; **~lappig** ♣ adj. trilobé; ²**mächte-abkommen** n accord m tripartite; ²**mächteplan** m plan m tripartite; **~mal** adv. trois fois; **~malig** adj. répété trois fois; ²**master** m ⚓ trois-mâts m; (*Hut*) tricorne m; **~monatig** adj. de trois mois; **~monatlich** I adj. trimestriel, -elle; II adv. tous les trois mois; ²**monatswechsel** ✝ m effet m à trois mois; **~motorig** adj. trimoteur, -trice.

drein F adv. → *darein*.
~phasig ⚡ adj. triphasé; **~polig** adj. tripolaire; **~prozentig** adj. à trois pour cent; ²**rad** n tricycle m; *für Lastentransporter*: triporteur m; **~räd(e)rig** adj. à trois roues; ²**radwagen** (*Auto*) m triporteur m; ²**reihig** adj. à trois rangs; disposé sur trois rangs; ²**röhren-apparat** m *Radio*: poste m à trois lampes; ²**ruderer** antiq. m trière f; trirème f; ²**satztisch** m tables f/pl. gigognes; **~seitig** ⚤ adj. trilatéral; **~silbig** adj. trisyllab(iqu)e; ²**silbler** m trisyllabe m; ²**sitzer** ✈ m avion m triplace; **~sitzig** adj. *Flugzeug*: à trois places; **~spaltig** adj. a. (*resp.* de) trois colonnes; ²**spänner** m voiture f à trois chevaux; **~spännig** adj. à trois chevaux; **~sprachig** adj. trilingue; en trois langues; ²**sprung** m triple saut m.
dreißig I a/n.c. trente; *gegen* (*od. etwa od. rund*) ~ une trentaine (de); *die* ~*er Jahre* les années f/pl. trente; *in den* ~*er Jahren* entre 1930 et 1940; *dans les années trente*; II ♀ f trente m; ²**er(in** f) m homme m (femme f) de trente ans; *in den Dreißigern sein* avoir passé la trentaine; **~jährig** adj. de trente ans; *der 2e Krieg* la Guerre de Trente Ans; **~ste(r)** a/n.o. trentième; ²**stel** n trentième m.

dreist adj. 'hardi; osé; audacieux, -euse; (*frech*) effronté; impertinent; qui a du toupet; qui a de l'aplomb; F culotté.

dreistellig adj. *Zahl*: de trois chiffres.

Dreistigkeit f 'hardiesse f; (*Frechheit*) effronterie f; impertinence f; toupet m; aplomb m; F culot m.

drei|stimmig adj. à trois voix; **~stöckig** adj. à trois étages; **~stufig** adj. à trois degrés; *Rakete*: à trois étages; *Motor*: à trois vitesses; **~stündig** adj. de trois heures; **~tägig** adj. de trois jours; **~tausend** a/n.c. trois mille; ²**teiler** *cout.* (*dreiteiliger Anzug*) m trois-pièces m; **~teilig** adj. partagé (*od.* divisé) en trois parties; ²**teilung** f tripartition f; division f en trois parties; ⚤ trisection f; ²**~'viertel** a/n. trois quarts (de); *Uhrzeit*: um ~ à moins le quart; ²**viertelhose** f pantalon m corsaire; **~viertellang** adj.: ~er *Ärmel* manche f trois-quarts; ²**'viertelmehrheit** f majorité f des trois quarts; ²**vierteltakt** ♪ m mesure f à trois temps; ²**wegehahn** m robinet m à trois voies; ²**zack** m trident m; **zehn** a/n.c. treize; *jetzt schlägt's aber* ~! c'est le comble!; **~zehnte(r)** a/n.o. treizième; ²**zehntel** n treizième m; **~zeilig** adj. de trois lignes; ~e *Strophe* tercet m; ²**zimmerwohnung** f: e-e ~ un trois pièces; ²**zylindermotor** m moteur m à trois cylindres.

Dresch|boden m aire f à battre; **~e** F f bastonnade f; rossée f; ²**en** v/t. *Getreide*: battre; *fig.* leeres *Stroh* ~ perdre son temps et sa peine; faire des efforts inutiles; se battre les flancs; s'efforcer inutilement; **~en** n battage m; **~er** m batteur m; **~flegel** m fléau m; **~maschine** f batteuse f.

Dres|seur m dresseur m; ²**ieren** v/t. dresser; **~ierer** m dresseur m; ²**iert** (*Hund*) adj. savant; **~ur** f dressage m.

'dribb|eln v/i. dribbler; ²**ling** m dribble m.

Drift ⚓ f courant m de surface.

Drill ⚔ m entraînement m sévère; dressage m.

'Drillbohrer m drille f.

'drillen I v/t. faire tourner; ⊕ *mit dem Drillbohrer*: percer à la drille; *Fäden*: tortiller; *Seide*: croiser; ⚔ entraîner; dresser; ♂ semer en lignes; II ♀ n tournage m; ⊕ v. *Fäden*: tortillement m; ⚔ entraînement m; dressage m.

'Drillich m treillis m; coutil m; **~jacke** f vareuse f de treillis.

'Drilling m (*Gewehr*) fusil m à triple canon; ~e pl. triplés m/pl., triplées f/pl.

'Drillmaschine f semoir m en lignes.

drin adv. → *darin*.

'dring|en v/i. pénétrer (*in acc.* dans); *durch etw.* ~ pénétrer (*od.* passer) à travers qch.; traverser qch.; percer qch.; *durch die Menge* ~ fendre la foule; *in ein Geheimnis* ~ percer un mystère; *in die Öffentlichkeit* ~ transpirer dans le public; ~ *auf etw.* (*acc.*) ~ insister sur qch.; *darauf* ~, *daß* ... insister pour que ... (*subj.*); *in j-n* ~ insister auprès de q.; *mit Fragen in j-n* ~ presser q. de questions; → *gedrungen*; **~end** I adj. (*eilig*) pressant; urgent; d'urgence; (*unabweislich*) impérieux, -euse; (*bevorstehend*) imminent; *Verdacht*: grand; ~e *Bitte* instance f; prière f instante; ~er *Fall* cas m urgent (*od.* d'urgence); *in* ~en *Fällen* en cas d'urgence; ~er *Bedarf* besoin m urgent; *die Sache ist* ~ il y a

urgence; *das ⚬ste* le plus pressé; **II** *adv. (eilig)* d'urgence; ~ *bitten* prier instamment; ~ *werden* se faire pressant; ~ *empfohlen* instamment recommandé; ~ *verdächtig* très suspect; **~lich** *adj.* pressant; urgent; d'urgence; **⚬lichkeit** *f* urgence *f*; *Reihenfolge der* ~ ordre *m* de priorité; **⚬lichkeitsantrag** *m* demande *f* de priorité; **⚬lichkeitsbescheinigung** *f* certificat *m* de priorité; **⚬lichkeitsfall** *m* cas *m* urgent *(od.* d'urgence); **⚬lichkeitsfrage** *f* question *f* d'urgence; **⚬lichkeitsliste** *f* liste *f* de priorité; **⚬lichkeitsstufe** *f* degré *m* d'urgence; **⚬lichkeitsvermerk** *m* mention *f*: urgent.
'**drinnen** *adv.* (au) dedans; (là-)dedans.
dritt *a/n.o.*: *der, die, das* **'~e** le, la troisième; *der (od. den od. am)* ~*e(n)* *(3.) März* le trois (3) mars; *Heinrich III. (der* ⚬*e)* Henri III (trois); **♀** *in die* ~*e Potenz erheben* élever à la troisième puissance *(od.* au cube); cuber; *pol.* ~*e Macht* tierce puissance *f*; *die* ~*e Welt* le tiers monde; *politische Konzeption f der* ~*en Welt* tiers-mondisme *m*; ~*e Person* tierce personne *f*; *gr.* troisième personne *f*; *in der* ~*en Person reden* parler à la troisième personne; *aus* ~*er Hand haben* tenir d'un tiers; *an* ~*en Orte* en lieu tiers; *hist. der* ~*e Stand* le tiers État; *wir waren zu* ~ nous étions (à) trois; *er kam als* ⚬*er an* il arriva le troisième; '⚬*el* *n* tiers *m*; ~*eln* *v/t.* diviser en trois parties; '~*ens* *adv.* troisièmement; tertio *(mst geschr.* 3°).
'**Dritt|land** *pol. n* pays *m* tiers, pays *m* non-aligné; **~staat** *m* État *m* tiers.
Drive-'in-Bank ✝ *f* autobanque *f*.
'**droben** *adv.* là-'haut; en 'haut.
'**Droge** *f* drogue *f*, *défonce *f (harte dure; weiche douce);* ~*n nehmen* se droguer; *se défoncer; **~nabhängige(r)** *m* drogué *m*; intoxiqué *m*; **~nabhängigkeit** *f* pharmacodépendance *f*, assuétude *f*; **~nbekämpfung** *f* répression *f* de la drogue; lutte *f* contre la drogue; **~nhandel** *m* trafic *m* de la drogue, de stupéfiants; **~nhändler** *m* trafiquant *m*, dealer *m*; **~nparty** *f* drogue-partie *f*; ⚬**nsüchtig** *adj.* toxicomane; **~nsüchtige(r)** *m* toxicomane *su.*
'**Droge'rie** *f* droguerie *f*.
'**Dro'gist(in** *f) m* droguiste *m, f*.
'**Droh|brief** *m* lettre *f* de menaces; ⚬*en v/i.* menacer; *j-m* ~ menacer q. *(mit de); es droht zu regnen* la pluie menace; le temps est à la pluie; *er drohte zu ersticken* il allait s'étouffer; ⚬*end adj.* menaçant; *Ereignis*: imminent.
'**Drohne** *ent. f* faux bourdon *m*; *fig.* fainéant *m*.
'**dröhnen I** *v/i.* retentir; bourdonner; ronfler; ⚔ vrombir; *Donner*: gronder; **II** ⚬ *n* retentissement *m*; bourdonnement *m*; ronflement *m*; ⚔ vrombissement *m*; *des Donners*: grondement *m*.
'**Droh|rede** *f* propos *m* menaçant; **~ung** *f* menace *f*.
'**drollig** *adj.* plaisant; amusant; drôle; facétieux, -euse; F cocasse; rigolo, -ote; ~*er Kerl* rigolo *m*; joyeux luron *m*; *e-e* ~*e Geschichte* une histoire drôle, amusante; ⚬**keit** *f* caractère *m* plaisant; drôlerie *f*; F cocasserie *f*.
Drome'dar *n* dromadaire *m*.
Drops *pl.*: *saure* ~*s pl.* bonbons *m/pl.* acidulés.
'**Droschke** *f* fiacre *m*.
'**Drossel** *orn. f* grive *f*; **~ader** *anat. f (veine f)* jugulaire *f*; **~hebel** *m* levier *m (od.* manette *f)* d'étranglement; **~klappe** *f* clapet *m* d'étranglement; *am Motor*: papillon *m*; ⚬*n v/t. Einfuhr*: limiter; *fig. Inflation*: juguler; **~spule** ⚡ *f* bobine *f* de réactance *(od.* de self); **~ung** *f fig.* ~ *der Preise* freinage *m* des prix; **~ventil** ⊕ *n* soupape *f* d'étranglement.
'**drüben** *adv.* de l'autre côté; au-delà; *hüben und* ~ d'un côté comme de l'autre.
Druck¹ *m* pression *f*; *(Last)* poids *m*; *(Bedrückung)* oppression *f*; *(Magen*⚬*)* pesanteur *f* d'estomac; *(Zusammendrücken)* compression *f (a. die Wirkung)*, étreinte *f*; △ *e-s Gewölbes, der Erdmassen*: effort *m*; poussée *f*; *fig. péj.* mainmise *f*, emprise *f*; ~ *ausüben* faire pression *(auf acc.* sur); *j-n unter* ~ *setzen* presser q.; *F im* ~ *sein* être pressé par le temps; *finanziell* être dans l'embarras.
Druck² *typ. m* impression *f*; *in* ~ *geben* faire imprimer; *im* ~ *befindlich* sous presse; *Berlin,* ~ *und Verlag von L.* Berlin, chez L., imprimeur-éditeur; '**~abfall** ⊕ *m* diminution *(od.* chute *od.* baisse) *f* de pression; ⚡ dépressurisation *f*, décompression *f*; '**~ausgleich** *m* compensation *f* de pression; *mit* ~ pressurisé; '⚬*bar adj.* imprimable, publiable; '**~behälter** *m* réservoir *m* à pression; '**~bogen** *m* feuille *f*; '**~buchstabe** *typ. m* caractère *m (od.* lettre *f)* d'imprimerie.
'**Drückeberger** *m* F tire-au-flanc *m*, F capitulard *m*, F capon *m*; ⚔ embusqué *m*, P planqué *m*.
'**drucken I** *v/t.* imprimer; tirer; ~ *lassen* faire imprimer; mettre sous presse; *gedruckt bei* imprimé chez; imprimerie de; *fig. er lügt wie gedruckt* il ment comme un arracheur de dents; **II** ⚬ *n* impression *f*; tirage *m*.
'**drücken I 1.** *v/t.* presser; *(zusammen*~*)* serrer; comprimer; *Schuhe*: gêner; *j-m die Hand* ~ serrer la main à q.; *fig. j-n an die Wand* ~ *(ausschalten)* éliminer q.; *sein Siegel* ~ *auf (acc.)* appliquer *(od.* apposer) son sceau sur, *fig.* confirmer; *j-m ein Geldstück in die Hand* ~ glisser une pièce d'argent dans la main de q.; *j-n an sein Herz* ~ presser q. contre son cœur; *zu Boden* ~ faire aller à terre; *den Magen* ~ peser sur l'estomac; *Preise*: baisser; *Rekord*: battre; **2.** *v/i.* ~ *auf (acc.)* appuyer sur, presser *(acc.)*, *(lasten)* peser sur; **3.** *v/rf.*: *sich* ~ F tirer au flanc, se planquer, *(aus dem Staub machen)* s'esquiver, filer, ⚔ s'embusquer; *sich vor etw. (dat.)* ~ esquiver qch.; *sich vor e-r Frage* ~ se dérober devant une question; *sich nie vor e-r Anstrengung* ~ ne marchander jamais aucun effort; *sich in e-e Ecke* ~ se blottir *(od.* se tapir) dans un coin; **II** ⚬ *n* pression *f*; pressage *m*; *(Zusammen*⚬*)* serrement *m*; compression *f*; *fig. (Magen*⚬*)* pesanteur *f* d'estomac; **~d** *adj.* pesant; lourd; *es ist* ~ il fait lourd; ~*e Hitze* chaleur *f* accablante *(od.* étouffante).
'**Drucker** *m* imprimeur *m*.
'**Drücker** *m Klinke*: loquet *m*; *Klinken*⚬: poucier *m*; *& Tür*⚬: ouvre-porte *m*; *Gewehr*: détente *f*.
Drucke'rei *f* imprimerie *f*; **~maschine** *f* machine *f* à imprimer.
'**Druck-erlaubnis** *f* permission *f* d'imprimer; imprimatur *m*; bon *m* à tirer.
'**Drucker|presse** *f* presse *f* (d'imprimerie); *frisch aus der* ~ *kommen* sortir de presse; **~schwärze** *f* encre *f* d'imprimerie; **~streik** *m* grève *f* dans l'imprimerie, des ouvriers d'imprimerie.
'**Druck-erzeugnis** *n* imprimé *m*.
'**Druck|fahne** *typ. f* placard *m*; **~feder** *f* ressort *m* de *(od.* à) pression; **~fehler** *m* faute *f* d'impression, F coquille *f*; **~fehlerverzeichnis** *n* errata *m*; ⚬**fertig** *typ. adj.* bon, bonne à tirer; imprimable; ⚬**fest** *adj.* à l'épreuve de la (com)pression; **~festigkeit** *f* résistance *f* à la (com)pression; **~genehmigung** *f* permis *m* d'imprimer; imprimatur *m*; **~kabine** ✈ *f* cabine *f* pressurisée; **~knopf** *m* ⊕ bouton-pression *m*; *cout.* bouton-poussoir *m*; **~kochtopf** *m* autocuiseur *m*; **~kosten** *pl.* frais *m/pl.* d'impression; **~legung** *f* mise *f* sous presse; **~luft** *f* air *m* comprimé; **~luftbremse** *f* frein *m* à air comprimé; **~luftkrankheit** ⚕ *f* mal *m* des caissons; **~maschine** *f* machine *f* à imprimer; **~messer** *m* indicateur *m* de pression; *(Manometer)* manomètre *m*; **~minderung** *f v. Gas*: détente *f*; **~mittel** *n* moyen *m* coercitif *(od.* de pression); **~ort** *m* lieu *m* de l'impression; **~papier** *n* papier *m* d'impression *(od.* à imprimer); **~platte** *f* planche *f* à imprimer; **~posten** F *m* planque *f*; *filon m*; *sich e-n* ~ *verschaffen* trouver une planque; **~presse** *f* presse *f* (d'imprimerie); **~probe** *f typ.* épreuve *f* en placard; ⊕ épreuve *f* de (com)pression; **~pumpe** ⊕ *f* pompe *f* foulante; **~regler** ⊕ *m* régulateur *m* de pression; ⚬**reif** *adj.* bon, bonne à tirer; **~sache** *f (zu ermäßigter Gebühr)* à taxe réduite); **~schrift** *f* imprimé *m*; *in* ~ en capitales d'imprimerie; ⚬**sen** F *v/i. (zögern)* hésiter (à parler); **~stelle** *f Obst*: meurtrissure *f*; cotissure *f*; *mit* ~ talé; **~stock** *typ. m* cliché *m*; **~telegraph** *m* téléimprimeur *m*; **~ventil** *n* soupape *f* de compression; **~verband** ⚕ *m* bandage *m* compressif; **~verbot** *n* défense *f* d'imprimer; **~verfahren** *n* procédé *m* d'impression; **~versuch** *m* essai *m* de (com)pression; **~walze** *f* rouleau *m* d'imprimerie; **~wasserreaktor** *at. m* réacteur *m* nucléaire à eau sous pression *(od.* à eau pressurisée); **~zylinder** *typ. m* cylindre *m* rotatif; *für Stoffe*: rouleau *m* d'impression.
Dru'ide *m*, **~in** *f* druide *m*, -desse *f*.
drum *adv.* → *darum*; *das ganze* ⚬ *und Dran* tout ce qui s'y rattache; F tout le tremblement *(od.* F l'arsenal).
'**drunter und 'drüber** *adv.*: ~ *gehen* aller sens dessus dessous.

'Drus|e I *f min.* druse *f*; *vét.* gourme *f*; II (*Volksstamm*) *m* Druze *m*; 2isch *adj.* druze.
'Drüse *anat. f* glande *f*; n-artig *adj.* glandulaire; glanduleux, -euse; n-entzündung ♂ *f* adénite *f*; n-schwellung *f* tuméfaction *f* ganglionnaire; nstörung ♂ *f* dérèglement *m* glandulaire.
'Dschungel *m* jungle *f*; pfad *m* piste *f* au coupe-coupe.
'Dschunke ⚓ *f* jonque *f*.
du *pr/p.* tu; *als pr. abs.*: toi; *mit j-m auf* und stehen être à tu et à toi avec q.; *j-n mit* *anreden* tutoyer q.; *zueinander sagen se* tutoyer.
Dua'lis|mus *m* dualisme *m*; t *m* dualiste *m*; tisch *adj.* dualiste.
Dualsystem *inform. n* système *m* (*od.* code *m*) binaire.
'Dübel *m* cheville *f*; goujon *m*; tampon *m*.
dubi'os *adj.* douteux, -euse.
Du'blee *n* doublé *m*.
Du'blette *f* double *m*; *gr.* doublet *m*.
'duck|en 1. *v/t. fig.* (r)abaisser; humilier; *j-n* (*den Mund stopfen*) rabattre le caquet à q.; 2. *v/rf.*: *sich* baisser la tête (*a. fig.*); se baisser; (*niederkauern*) se tapir; se blottir; 2mäuser *m* sournois *m*; dissimulé *m*; cachottier *m*; 2mäuse'rei *f* sournoiserie *f*; dissimulation *f*; mäuserisch *adj.* sournois; dissimulé; cafard.
'dudel|n *v/i.* jouer de la cornemuse; 2sack *m* cornemuse *f*; 2sackpfeifer *m* joueur *m* de cornemuse.
Du'ell *n* duel *m*; (*Ehrenhandel*) affaire *f* d'honneur; *j-n zum* *herausfordern* provoquer q. en duel.
Duel'lant *m* duelliste *m*; combattant *m.*
Du'ellforderung *f* provocation *f* en duel.
duel'lieren *v/rf.*: *sich* *mit* se battre en duel avec; *sich* *aller* sur le pré.
Du'ellverbot *n* interdiction *f* des duels.
Du'ett ♪ *n* duo *m*.
Duft *m* (*Geruch*) parfum *m*; arôme *m*; 2e F *adj.* épatant; bath; chouette; chic; 2en *v/i.* répandre des odeurs; *lieblich*: répandre un parfum; sentir bon; exhaler une odeur suave; embaumer; *nach etw.* sentir qch.; *es duftet nach Rosen* cela sent la rose; *die Blumen* les fleurs sentent bon (*od.* embaument); 2end *adj.* odorant, qui sent bon; odoriférant; 2ig *adj. peint., Bluse:* vaporeux, -euse; *Kleid:* léger, -ère; (*wohlriechend*) odorant, odoriférant; embaumé; parfumé; 2los *adj.* inodore; 'zerstäuber *m* vaporisateur *m*.
Du'katen *m* ducat *m*; gold *n* or *m* ducat.
'duld|en *v/t. u. v/i.* souffrir; tolérer; *mit Geduld:* supporter; (*zulassen*) admettre; (*erlauben*) permettre; *keine Verzögerung* *ne* souffrir (*od.* n'admettre) *aucun* retard; 2en *n* souffrance *f*; 2er(in) *f) m* martyr *m*, -e *f*; sam *adj.* tolérant; 2samkeit *f*, 2ung *f* tolérance *f*.
Dum'dumgeschoß *n* dum-dum *f*.
dumm *adj.* sot, sotte; bête; *zinzin inv.* (*stumpfen Geistes*) stupide; (*unwissend*) ignorant; (*einfältig*) simple;

nigaud; (*albern*) niais; (*schwachsinnig*) imbécile; idiot; (*beschränkt*) borné; *wie Bohnenstroh* bête comme une cruche (*od.* une oie); es *Zeug* bêtises *f/pl.*, niaiseries *f/pl.*, sornettes *f/pl.*, *als Ausruf:* sottises *f/pl.*, balivernes *f/pl. que tout cela!*; *e-e* e *Geschichte* une fâcheuse affaire; F e *Gans* oie *f*; cruche *f*; bécasse *f*; dinde *f*; er *Junge* blanc--bec *m*; er *Mensch* sot *m*, sotte *f*; imbécile *m, f*; *machen* abêtir, hébéter, (*für* *verkaufen*) duper, rouler, *sich* *stellen* faire la bête; *es ist mir ganz* *im Kopf* je suis tout abasourdi; *er ist nicht so* , *wie er aussieht* il n'est pas si bête qu'il en a l'air; *das ist* (*unangenehm*) c'est fâcheux; *das ist* *mir zu* cela m'embête, m'ennuie; 'dreist *adj.* impertinent; *pfort* effronté; 'dreistigkeit *f* sotte impertinence *f*; *pfort* effronterie *f*; '2e(r *a. m*) *m, f sot m*, sotte *f*; niais *m*, -e *f*; imbécile *m, f*; F *der* *sein* être roulé; *die* n *werden nicht alle* il y a encore de la graine de niais au monde; 2e'jungenstreich *m* gaminerie *f*; '2heit *f* sottise *f*; bêtise *f*; (*Stumpfsinn*) stupidité *f*; (*Unwissenheit*) ignorance *f*; (*Albernheit*) niaiserie *f*; (*Schwachsinnigkeit*) imbécillité *f*; (*Ungeschicklichkeit*) F gaffe *f*; *e-e* *begehen* faire une bêtise (F une gaffe, P une connerie); '2kopf *m* sot *m*; imbécile *m*; benêt *m*; niais *m*.
dumpf *adj.* sourd, cotonneux, -euse; mat; (*bedrückt*) morne; (*gefühllos*) insensible; apathique; (*beklemmend*) accablant; (*schwül*) étouffant; lourd; (*muffig*) moisi; e *Ahnung* vague pressentiment *m*; '2heit *f* torpeur *f*; insensibilité *f*; apathie *f*; 'ig *adj.* lourd; étouffant; er *Geruch* odeur *f* de renfermé (*od.* de moisi).
'Dumping *n* dumping *n*.
'Düne *f* dune *f*; nbildung *f* formation *f* des dunes; nhafer ♀ *m* élyme *m.*
Dung *m natürlicher:* fumier *m*.
'Düng|emittel *n* engrais *m*; 2en 1. *v/t.* engraisser; fumer; *mit Kalk* chauler. 2. *v/i.* servir d'engrais; en *n* fumage *m*; *mit Kalk* chaulage *m*; er *m* *Dung*; ererde *f* terreau *m*; esalz *n* engrais *m*.
'Dung|gabel *f* fourche *f* à fumier; haufen *m* (tas *m* de) fumier *m.*
'Düngung *f* fumage *m*; fumure *f*; (*Kalk2*) chaulage *m.*
'dunkel I *adj.* obscur; (*finster, düster; a. Anzug*) sombre (*a. fig.*), *pfort* ténébreux, -euse; *es ist* il fait sombre (*od.* nuit); *Farbe:* foncé; *dunkles Blau* bleu *m* foncé (*od.* profond); *dunkles Haar* cheveux *m/pl.* foncés; *dunkler machen Farbe:* foncer; (*gebräunt*) basané; (*unbestimmt*) vague; *dunkle Ahnung* vague pressentiment *m*; (*verworren*) confus; *dunkles Bier* bière *f* brune; *dunkler Vokal* voyelle *f* sourde; *dunkle Nacht* nuit *f* noire (*od.* épaisse); *dunkle Geschäfte* affaires *f/pl.* douteuses (*od.* louches); *es gibt e-n dunklen Punkt in s-m Leben* il y a du louche dans sa vie; *dunkle Brillengläser* verres *m/pl.* fumés; *kleidet sein* être habillé de sombre; porter des couleurs foncées; *brennen éclairer* faiblement; *ein Zimmer*

machen faire l'obscurité dans une pièce; *mir wird* *vor den Augen* ma vue se trouble; *sich* *erinnern* se rappeler confusément; II 2 *n* obscurité *f*; ténèbres *f/pl.*; *im* n dans l'obscurité; dans l'ombre; (*Ungewißheit*) incertitude *f*; *im* n *tappen* tâtonner; marcher à tâtons.
'Dünkel *m* présomption *f*; suffisance *f*; fatuité *f*; prétention *f*; morgue *f*; (*Hochmut*) orgueil *m*; (*Eitelkeit*) vanité *f*; infatuation *f.*
'dunkel|äugig *adj.* aux yeux noirs; blau *adj.* bleu foncé (*inv.*); 'braun *adj.* brun foncé (*inv.*); (*gebräunt*) basané; *Pferd:* bai foncé (*inv.*); grün *adj.* vert foncé (*inv.*); 'haarig *adj.* brun.
'dünkelhaft *adj.* présomptueux, -euse; suffisant; (*hochmütig*) orgueilleux, -euse; (*eitel*) vaniteux, -euse; infatué.
'dunkel|häutig *adj.* à la peau sombre; 2heit *f* obscurité *f*; (*Unklarheit*) *a.* nébulosité *f*; (*Finsternis*) ténèbres *f/pl.*; *bei einbrechender* à la nuit tombante; 2kammer *phot. f* chambre *f* noire; 2mann *m* obscurantiste *m*; n 1. *v/t. Farbe:* foncer; 2. *v/i. Farbe:* devenir plus foncé; se foncer; 3. *v/imp.: es dunkelt* il commence à faire sombre (*od.* nuit); 2werden *n* obscurcissement *m*; 2ziffer *f* chiffre *m* hors statistique.
'dünken 1. *v/t., v/i. u. v/imp.* sembler; paraître; *es dünkt mich* (*od. mir*), *daß* (*od.* als ob *od.* als wenn) ... il me semble que ... (*ind.*); 2. *v/rf.: sich* se croire; *sich intelligent* se croire intelligent.
dünn *adj.* mince; (*nicht umfangreich*) menu; (*fein*) fin; ténu; (*hager*) grêle; fluet, -ette; (*schlank*) svelte; délié; (*mager*) maigre; (*wässerig*) clair; (*flüssig*) fluide; (*verdünnt*) allongé; (*schwach*) faible; *Stoff:* léger, -ère; *Luft:* léger, -ère; raréfié; *Haar:* rare; clairsemé; (er) *machen* amincir, *Sauce:* allonger, *Wein:* couper; (er) *werden* s'amincir, *Haar:* s'éclaircir; 'bevölkert *adj.* peu peuplé; 'bier *n* bière *f* légère; '2darm *anat. m* intestin *m* grêle; '2druckpapier *n* papier *m* pelure (*od.* bible); '2e *f* minceur *f*; *e-s Stoffes, der Luft:* légèreté *f*; *phys.* raréfaction *f*; 'e-machen F *v/rf.: sich* (*verschwinden*) s'esquiver; s'éclipser; filer; décamper; 'flüssig *adj.* fluide; 'gesät *adj.* clairsemé (*a. fig.*); 'häutig: *sein* F avoir l'épiderme chatouilleux (*od.* sensible); 2heit *f* 2e; '2schiß V *m* chiasse *f*; courante *f*; foire *f*; V *haben* avoir la chiasse, *etc.*; 'wandig *adj.* à paroi mince.
Dunst *m* (*Ausdünstung*) exhalaison *f*; (*Dampf*) vapeur *f*; (*Rauch*; *Qualm*) fumée *f*; (*schwacher Nebel*; *Bewölkung*) nébulosité *f*; *j-m blauen* *vormachen* en faire accroire à q.: monter un bateau à q.; *keinen blassen* *von etw. haben* n'avoir pas la moindre idée de qch.; 'abzugshaube *f* 'hotte *f* (filtrante); '2en *v/i.* dégager des vapeurs.
'dünsten *v/t. Fleisch:* étuver.
'Dunstglocke (*Umwelt*) *f* couche *f* de fumées.
'dunst|ig *adj.* vaporeux, -euse; char-

gé de vapeurs; ✱ *Haut*: moite; *(neblig)* nébuleux, -euse, es ist ~ *a.* il y a de la brume; ~**schleier** *m* (*Rauchschleier*) rideau *m* de fumée; (*Nebelschleier*) rideau *m* de brume.

'**Dünung** ⚓ *f* 'houle *f*.

Duo'**dez**|**format** *typ. n* (format *m*) in--douze *m*; ~**fürst** *péj. m* roitelet *m*.

Duodezi'**malsystem** *n* système *m* duodécimal.

dü'**pieren** *v/t.* duper.

'**Duplex**|**pumpe** *f* pompe *f* duplex; ~**verfahren** *n* duplex *m*.

Dupli'**kat** *n* duplicata *m*; copie *f*; double *m*.

Duplizi'**tät** *f* duplicité *f*.

Dur ♪ *n* mode *m* majeur.

'**Dur-aluminium** *n* duralumin *m*.

durch I *prp.* (*acc.*) **a)** *örtlich*: par; (*quer* ~) à travers; (*mitten* ~) au travers de; ~ e-n *Fluß schwimmen* traverser une rivière à la nage; **b)** *zeitlich*: pendant; durant; **c)** *Mittel*: par; au moyen de; moyennant; par le biais de; (*dank*) grâce à; ~ *vieles Arbeiten* à force de travail; ~ *Lesen en lisant*; ~ *die Post* par la poste; **II** *adv.*: er ist ~ (*vorbei*) il est passé, (*hindurch*) il a traversé, (*außer Gefahr*) il est 'hors de danger, (*durchs Examen*) il a réussi; *ich habe das Buch noch nicht* ~ je n'ai pas encore fini (de lire) le livre; *der Käse ist* ~ le fromage est bien fait; ~ *und* ~ d'un bout à l'autre; de bout en bout; de part en part; tout à fait; ~ *und* ~ *naß* trempé (jusqu'aux os); ~ *und* ~ *kennen* connaître à fond; er ist ~ *und* ~ *Künstler* il est artiste jusqu'au bout des doigts; *die ganze Nacht* ~ toute la nuit.

'**durch-ackern** *fig. v/t.* étudier à fond.

'**durch-arbeit**|**en 1.** *v/t.* travailler avec soin; *Geisteswerke*: étudier à fond; (*ausarbeiten*) élaborer; *abs.* travailler sans s'arrêter; *Teig*: pétrir; **2.** *v/rf.: sich* ~ se frayer un passage; en venir à bout à force de travailler; ~**en** *n*, ~**ung** *f v. Geisteswerken*: étude *f* approfondie; (*Ausarbeiten*) élaboration *f*.

'**durch-atmen** *v/i.* respirer à fond.

durch'**aus** *adv.* tout à fait; complètement; entièrement; (*v. Grund aus*) de fond en comble; (*unbedingt*) absolument; ~ *nicht* (*bei vb.* ne ...) nullement; (*bei vb.* ne ...) point du tout.

'**durchbacken** *v/t.* bien cuire.

durch'**beben** *v/t.* faire tressaillir (*od.* frissonner).

'**durchbeißen 1.** *v/t.* couper (*od.* percer) d'un coup de dent; **2.** *v/rf.: fig. sich* ~ faire son chemin, F se débrouiller.

'**durchbekommen** *v/t.* (réussir à) faire passer.

'**durchbetteln**: *sich* ~ s'en tirer en mendiant; vivre de mendicité.

'**durchbeuteln** *v/t.* bluter.

'**durchbiegen 1.** *v/t.* fléchir; courber; couder; **2.** *v/rf.*: se fléchir; se courber.

'**durchbilden** *v/t.* bien former.

'**durchblasen** *v/t.* souffler à travers.

'**durchblättern** *v/t.* feuilleter; parcourir.

'**durchbleuen** F *v/t.* rosser; étriller.

'**Durchblick** *m* échappée *f*; (*Schneise*) percée *f*.

'**durchblicken** *v/i.* voir (*durch* à travers); regarder (*durch* à travers); *fig.* percer; se trahir; ~ *lassen* laisser entendre.

durch'|**bluten** *anat. v/t.* irriguer; ~'**blutung** *f* irrigation *f* sanguine.

durch'**bohren** *v/t.* (trans)percer; (*durchlöchern*) trouer; *mit dem Blick* ~ transpercer du regard; ~*der Blick* regard *m* perçant; ~*der Schmerz* douleur *f* poignante; ~*das durchbohrt mir das Herz* cela me perce (*od.* me fend) le cœur; *von Kugeln durchbohrt* percé (*od.* criblé) de balles.

'**durchbraten** *v/t.* bien rôtir; bien cuire.

'**durchbrechen 1.** *v/t.* casser; briser; rompre; *Straße*: percer; **2.** *v/i. Pflanzen, Zähne*: percer; (*zerbrechen*) se rompre.

durch'**brechen** *v/t.* (*brechend spalten*) rompre; (*einstoßen*) enfoncer; ⚔ percer; entamer; *Regel*: manquer (à); ne pas tenir compte (de); *Schallmauer*: franchir.

'**durchbrennen** *v/t. u. v/i.* percer à l'aide du feu; ⚡ *Sicherung*: fondre; fuser; F sauter; *Lampe, Röhre*: griller; F claquer; F *fig.* (*fliehen, türmen*) s'esquiver; se débiner; filer; prendre la clef des champs; prendre la fuite.

'**durchbringen** *v/t.* faire passer; *Kind*: j-n in e-m *Examen* ~ faire réussir q. à un examen; *fig. Vermögen*: gaspiller; manger.

durch'**brochen** *adj.* ajouré; *Strümpfe*: à jour.

'**Durchbruch** *m* percement *m*; (*Bresche*) brèche *f*; e-s *Dammes*, ✱ e-s *Organs usw.*: rupture *f*; *des Wassers*: irruption *f*; *e-s Flusses*: débordement *m*; *géol.* trouée *f*; ✱ *der Zähne*: percée *f*; ⚔ *der Front*: percée *f*; rupture *f*; *fig.* ~ *zum* ~ *kommen* se faire jour; ~**sschlacht** ⚔ *f* bataille *f* de rupture (*od.* de percée); ~**sstelle** ⚔ *f* point *m* de rupture (*od.* de percée); ~**sversuch** ⚔ *m* tentative *f* de rupture (*od.* de percée).

durch'**dacht** *adj.* mûrement réfléchi; qui a été approfondi; (*Verfahren*) astucieux, -euse; *Programm*: structuré.

durch'**denken I** *v/t.* examiner à fond; approfondir; (*nachsinnen*) réfléchir mûrement; **II** ~ *n* examen *m* approfondi.

'**durchdrängen 1.** *v/t.* (faire) passer de force. **2.** *v/rf.: sich* ~ se frayer un passage; *sich* (*durch das Gewühl*) ~ fendre la foule.

'**durchdrehen 1.** *v/t. Fleisch*: passer au 'hachoir; **2.** F *v/i.* (*verwirrt werden*) s'embrouiller; s'affoler; → *durchgedreht*.

durch'**dringen** *v/i.* pénétrer (*durch* à travers); *abs.* se frayer un passage; *Stimme*: percer; *fig.* réussir; *Wahrheit*: percer; se faire jour; *mit s-r Meinung* ~ faire prévaloir son opinion.

durch'**dringen** *v/t.* pénétrer; percer; transpercer.

durch'**dringend** *adj.* pénétrant; ~*er Blick* regard *m* perçant (*od.* inquisiteur); ~*e Stimme* voix *f* perçante (*od.* aiguë *od.* stridente).

Durch'**dringung** *f* pénétration *f*; *pol. friedliche* ~ pénétration *f* pacifique.

'**durchdrücken** *v/t.* faire passer de force; (*eindrücken*) enfoncer; *Willen*: imposer; *Gesetz*: faire passer (*od.* adopter); *die Knie* ~ effacer les genoux; es ~, *daß* ... obtenir que ... (*subj. od. fut. resp. cond.*).

'**Durchdrückpackung** *phm. f* emballage *m* scellé (*od.* en blister).

durch'**drungen** *adj.* imbu (von de); pénétré (de); (*überzeugt*) convaincu (von de).

'**durch-eilen** *v/i.* passer à la hâte.

durch-'**eilen** *v/t.* parcourir.

durch-ein'**ander I** *adv.* confusément; pêle-mêle; sens dessus dessous; F en pagaille; en pagaye; (*ohne Auswahl*) indifféremment; **II** ~ *n* pêle-mêle *m*; remue-ménage *m*; confusion *f*; pataugis *m*; chaos *m*; F gâchis *m*; pagaille *f*; pagaye *f*; tohu-bohu *m*; fouillis *m*; embrouillamini *m*; *Gewühl*: mêlée *f*; foire *f* d'empoigne; ~**bringen**, ~**gehen**, ~**geraten** *v/t.* se confondre; s'embrouiller; ~**liegen** *v/i.* être pêle-mêle (*od.* en désordre); ~**mengen** *v/t.* confondre; embrouiller; ~**reden** *v/i.* parler confusément; ~**werfen** *v/t.* embrouiller; jeter pêle-mêle.

'**durchfahren 1.** *v/i.* passer (*durch* par *od.* à travers); *Zug*: brûler les stations; **2.** *v/t.*: e-e *Nacht* ~ rouler toute une nuit.

durch'**fahren** *v/t.* traverser (rapidement); *Auto*: die *Stadt* ~ sillonner (*od.* arpenter) la ville; *ein Schauder durchfuhr mich* un frisson me saisit.

'**Durchfahrt** *f* passage *m*; traversée *f*; (*Torweg*) porte *f* cochère; ~ *gesperrt* rue barrée; ~ *verboten!* passage interdit!; ~**shöhe** *f* 'hauteur *f* de passage; ~**srecht** *n* droit *m* de passage; ~**ssignal** *n* signal *m* de passage; ~**sstraße** *f* artère *f* (*od.* voie *f*) de passage; ~**szoll** *m* droit *m* de passage.

'**Durchfall** *m* ⚕ diarrhée *f*; ~ *haben* avoir la diarrhée (F la colique); *fig.* échec *m*, *thé. a.* four *m*, fiasco *m*; ~**en** *v/i.* tomber à travers; *fig. bei Wahlen*: échouer; essuyer un échec; ne pas réussir; *thé.* être un échec, un four; tomber; faire fiasco; völlig ~ échouer (*od.* être refusé) à un examen, F être recalé (*od.* collé) à un examen, rater (*od.* louper) un examen; F se faire étendre; chuter; *j-n* ~ *lassen* refuser q., F recaler q., coller q.

durch'**fallen** *v/t. Raum*: traverser en tombant.

'**durchfaulen**, **durch**'**faulen** *v/i.* pourrir entièrement.

'**durchfechten 1.** *v/t. Kampf*: terminer; *fig. Meinung usw.*: faire triompher; défendre victorieusement; **2.** *v/rf.: sich* ~ se tirer d'affaire vaille que vaille.

'**Durchfedern** ⊕ *n* débattement *m*.

'**durchfeiern** *v/t.* passer la nuit en faisant F la ribouldingue (*od.* V la noce *od.* F la bombe).

'**durchfeilen** *v/t.* limer; percer (*od.* couper) à la lime; *fig.* limer; polir; fignoler.

durch'**feuchten** *v/t.* bien humecter; tremper.

'**durchfinden** *v/rf.: sich* ~ trouver son

chemin; *fig.* se débrouiller.
durch'flechten *v/t.* entrelacer (*mit de*).
'durchfliegen *v/i.* voler (*durch* à travers); traverser; F *in der Prüfung*: échouer, essuyer un échec, ne pas réussir, être refusé, F être collé; *j-n ~ lassen* refuser q., F recaler q.
durch'fliegen *v/t.* traverser au vol; (*schnell lesen*) parcourir (des yeux); lire à la hâte.
'durchfließen *v/i.* couler (*durch* à travers); traverser; *Fluß*: passer (*durch* par *od.* à travers).
durch'fließen *v/t.* arroser; traverser; ℊ parcourir.
'Durchflug *m* traversée *f*; vol *m* (à travers).
'Durchfluß *m* passage *m*; (*Öffnung*) orifice *m*; débouché *m*; **~geschwindigkeit** *f* régime *m*; vitesse *f* d'écoulement; **~menge** *f* débit *m*.
durch'fluten *v/t.* inonder.
durch'forschen *v/t.* examiner à fond; approfondir; sonder; scruter; *Land*: explorer.
Durch'forschung *f* examen *m* profond; *e-s Landes*: exploration *f*.
durch'forst|en *v/t.* éclaircir; F *fig.* (*durchsuchen*): die Müllkästen ~ F faire les poubelles; **ung** *f* éclaircissement *m*.
'durchfragen *v/rf.*: *sich ~* demander son chemin.
'durchfressen 1. *v/t.* percer (*od.* trouer) en rongeant; ronger; *ätzend*: corroder; **2.** *v/rf.*: F *sich ~* (*als Schmarotzer*) faire le pique-assiette.
durch'frieren *v/i.* geler complètement; être transi.
'Durchfuhr ✝ *f* transit *m*.
'durchführ|bar *adj.* exécutable; *Plan*: *a.* viable; **barkeit** *f* possibilité *f* d'exécution (*od.* d'exécuter qch.); **~en** *v/t.* conduire à travers; *fig.* réaliser; exécuter; (*bewerkstelligen*) effectuer; (*vollenden*) accomplir; (*glücklich beenden*) mener à bonne fin (*od.* à bien); **ungsbestimmungen** *jur. f/pl.* dispositions *f/pl.* d'application.
'Durchfuhr|güter ✝ *n/pl.* marchandises *f/pl.* de transit; **~handel** *m* commerce *m* de transit; **~land** *n* pays *m* transitaire; **~schein** *m* bulletin *m* de transit; passavant *m*.
'Durchführung *f* exécution *f*; (*Verwirklichung*) réalisation *f*; (*Anwendung*) application *f*; *~ e-s Gesetzes* mise *f* en application d'une loi; *~ des Haushaltsplanes* exécution *f* budgétaire; **~sbestimmung** *f* ordonnance (*od.* prescription) *f* d'application; **~srichtlinien** *f/pl.* modalités *f/pl.* d'application; **~sverordnung** *f* décret *m* (*od.* ordonnance *f*) d'application.
'Durchfuhrzoll *m* droit *m* de transit.
durch'furchen *v/t.* sillonner.
'Durchgang *m* passage *m* (*a. ast.*); (*Flur*) couloir *m* (*a. im Zug*); (*Wahl, Sport*) tour *m*; *~ gesperrt!* rue barrée; *~ verboten!* passage interdit.
'durchgängig I *adj.* général; courant (*a. Preis*); **II** *adv.* généralement; couramment; communément.
'Durchgangs|bahnhof *m* gare *f* de passage; **~gut** *n* marchandises *f/pl.* de transit; **~handel** *m* commerce *m* de transit; **~lager** *n* camp *m* de transit; **~land** *n* pays *m* transitaire; **~schein** *m* bulletin *m* de transit; *für Waren*: passavant *m*; **~station** *f* station *f* de passage; **~straße** *f*: große *~* route *f* nationale; **~verkehr** *m* trafic *m* de transit; **~visum** *n* visa *m* de transit; **~wagen** 🚃 *m* wagon *m* (*od.* voiture *f*) à couloir; (*durchgehender Wagen*) voiture *f* directe; **~zoll** *m* droit *m* de transit; **~zug** 🚃 *m* rapide *m*; express *m*; direct *m*.
'durchgeben *v/t.* passer (*durch* par *od.* à travers); (*übermitteln*) transmettre.
'durchgedreht *adj. fig.* (*gerädert*) courbatu; (*übermüdet*) accablé de fatigue; (*verrückt*) fou (*vor vo. od. stummen h*: fol), folle; F timbré, toqué, P cinglé, maboul, dingo.
'durchgefroren *adj.* complètement gelé; transi; F frigorifié; F réfrigéré.
'durchgehen 1. *v/i.* passer; *durch etw. ~* passer par (*od.* à travers) qch.; traverser qch.; *Vorschlag usw.*: être adopté; (*fliehen*) s'enfuir, F filer, ⚔ déserter; *Pferd*: s'emballer (*a. Motor*); *die Phantasie geht mit ihm durch* son imagination s'emballe; *im Transitverkehr ~* transiter; **2.** *v/t. Sohlen*: user; *fig.* examiner; contrôler; réviser; vérifier; *noch einmal ~ Lektion*: repasser; *j-m etw. ~ lassen* passer qch. à q.; *im Transitverkehr ~ lassen* transiter; **~d** *adj. Fahrkarte*: de correspondance; *Fahrt, Zug, Wagen*: direct; (*fortlaufend*) continu; (*ununterbrochen*) ininterrompu; **~e Regel** règle *f* générale (*od.* courante); *cord.* **~e Sohlen** semelles *f/pl.* compensées; **II** *adv.* généralement; en général; (*ausnahmslos*) sans exception; (*ununterbrochen*) sans interruption; *~ geöffnet* ouvert sans interruption.
durch'geistigt *adj.* empreint (*od.* pénétré) d'esprit.
'durchgießen I *v/t.* filtrer; **II** 2 *n* filtrage *m*.
'durchgleiten *v/i.* glisser (*durch* à travers).
'durchglühen *v/t. Eisen*: faire rougir à blanc.
durch'glühen *fig. v/t.* enflammer; échauffer.
'durchgraben *v/t. Durchgang*: creuser.
'durchgreifen *v/i.* passer la main à travers; *fig.* prendre des mesures énergiques; avoir de la poigne (*od.* une main de fer); **~d** *adj.* énergique; tranchant; efficace.
'durchgucken F *v/i.* regarder (*durch* à travers).
'durchhalten *v/i.* tenir bon (*od.* ferme *od.* jusqu'au bout); F tenir le coup (*od.* la gageure).
'Durchhalte|politik *f*, **~strategie** *f* jusqu'auboutisme *m*.
'Durchhang ⊕ *m* déflexion *f*; flèche *f*.
'durchhängen *v/i.* fléchir.
'Durchhau *m* percée *f*; **en** *v/t.* trancher; couper en deux; (*spalten*) fendre; *Weg*: frayer à la hache; *fig. den Knoten ~* trancher le nœud; *j-n ~* donner une correction à q., F rosser q.
'durchhecheln *v/t.* ⊕ sérancer; *fig.* critiquer; déchirer à belles dents.
'durchheizen *v/t.* bien chauffer; n'arrêter jamais le chauffage.
'durchhelfen *v/i.*: *j-m ~* aider q. (à faire qch.).
durch'irren *v/t.* errer à travers (*od.* par).
'durchjagen *v/i.* passer à toute allure.
durch'jagen *v/t.* parcourir.
'durchkämmen *v/t.* démêler (avec le peigne); peigner; ⚔, *Polizei*: ratisser; *e-e Gegend ~* passer au peigne fin.
'durchkämpfen *v/rf.*: *sich ~* se frayer un passage en combattant; *fig.* faire son chemin.
'durchkauen *v/t.* bien mâcher; F *fig.* remâcher.
'durchkneten I *v/t.* bien pétrir; **II** 2 *n* pétrissage *m*.
'durchkommen I *v/i.* passer (*durch* par *od.* à travers); parvenir à passer; *fig.* (*Erfolg haben*) réussir; *heil* (*od. gesund od. glücklich*) *~* s'en tirer; en réchapper; *in der Prüfung*: s'enfuir, être reçu, *nicht ~* échouer, essuyer un échec, ne pas réussir, être refusé, F être collé; **II** 2 *n* passage *m* (*durch* par *od.* travers); *fig.* (*Genesung*) guérison *f*.
'durchkönnen *v/i.* pouvoir passer (*durch* par *od.* à travers).
'durchkosten *v/t.* goûter successivement; *erschöpfend*: épuiser; *fig. etw. ~* (*auskosten*) jouir de qch. jusqu'au bout; *die ganze Bitterkeit ~* boire le calice jusqu'à la lie.
durch'kreuzen *v/t.* croiser; traverser; *fig. Pläne*: contrarier; se mettre en travers (de).
'durchkriechen *v/i.* se glisser (*durch* par *od.* à travers).
'Durchlaß *m* passage *m*; (*Filter*) filtre *m*; **~bereich** (*Hifi*) *m* bande *f* passante.
'durchlassen *v/t.* laisser passer; *etw. ~ a.* donner passage à qch.; *dieser Stoff läßt kein Wasser durch* cette étoffe est imperméable; *im Examen*: ne pas refuser; *fig.* (*bei*) *j-m etw. ~* passer qch. à q.
'durchlässig *adj.* perméable (*a. écol.*); *a. Grenzen*: poreux, -euse; *écol.* flexible, ouvert, souple; **2keit** *f* perméabilité *f* (*a. écol.*); *écol.* perméabilité *f* scolaire; porosité *f*; *écol.* größere *~* assouplissement *m* de l'accès (*z. B. a. aux universités*); *~ v. Grenzen*: souplesse *f*.
'Durchlaucht *f* Altesse *f* (sérénissime); *Anrede*: Monseigneur *m*.
'durchlaufen 1. *v/i.* passer à la hâte (*od. en courant*); *Flüssigkeit*: passer; **2.** *v/t. Sohlen*: user; *sich die Füße ~* se blesser les pieds (par la marche).
durch'laufen *v/t.* parcourir (*a. fig.*); *die Schule ~* faire toutes ses classes.
'Durchlaufträger △ *m* panne *f* continue.
'durchlavieren F: *sich so ~* vivre d'expédients.
durch'leben *v/t. Zeit*: passer; *Stimmung*: passer par; *etw.* (*mit*) *~* assister à qch.; voir qch.
'durchleiten *v/t.* conduire (*od.* mener) à travers.
'durchlesen I *v/t.* lire entièrement;

Durchlesen — Durchschnitt

sich durch ein Buch ~ venir à bout d'un livre; *flüchtig* ~ parcourir; F lire en diagonale; *a. écol.* Geschriebenes noch einmal ~ se relire; II 2 *n:* nochmaliges ~ relecture *f.*
'durch'leucht|en *v/t.* examiner à la lumière; (*durchforschen*) examiner à fond; *sonder*; scruter; ✻ passer une radio(scopie) de ...; radiographier; *fig. alle Pakete* ~ passer aux rayons X (*od.* radioscopier) tous les colis; 2ung ✻ *f* radioscopie *f*; radiographie *f.*
'durch'liegen *v/rf.: sich* ~ avoir des escarres (dûes à un séjour prolongé au lit).
durch'lochen I *v/t.* perforer; *Fahrkarten*: poinçonner; II 2 *n* perforation *f*; *der Fahrkarten*: poinçonnage *m*; poinçonnement *m.*
durch'löchern *v/t.* trouer; cribler de trous.
'durchlüften *v/i.* aérer à fond.
durch'lüft|en *v/t.* aérer; 2en *n*, 2ung *f* aérage *m*; aération *f.*
'durchmachen *v/t.* passer par; *Klasse*: faire; e-e Klasse noch einmal ~ redoubler une classe; (*beenden*) achever; *Lehrgang*: suivre; *viel* ~ passer par de rudes épreuves; subir de rudes épreuves; *e-e Krise* ~ traverser une crise.
'Durchmarsch *m* passage *m*; P (*Durchfall*) colique *f*; 2ieren *v/i.* passer (*durch* par *od.* à travers); ~recht *n* droit *m* de passage.
'durchmessen *v/t.* mesurer dans toute son étendue.
durch'messen *v/t.* parcourir; (*durchschreiten*) marcher à travers; *mit großen Schritten* ~ arpenter.
'Durchmesser *m* diamètre *m*; (*Innen*2) calibre *m.*
'durchmischen *v/t.* bien mélanger.
durch'mischen *v/t.* mêler (*mit* de).
'durchmüssen *v/i.* être obligé de passer (*durch* par *od.* à travers); *er muß durch* (*muß es schaffen*) il faut qu'il réussisse.
'durchmustern, durch'mustern *v/t.* passer en revue; examiner.
'durchnagen, durch'nagen *v/t.* percer de part en part.
durch'nässen *v/t.* tremper; mouiller; *weitS.* doucher; 2 *n* (*absichtliches, beim Feuerlöschen*) noyage *m.*
'durchnehmen *v/t.* s'occuper (de).
'durchnumerieren *v/t.*: fortlaufend ~ numéroter à la file.
'durchorganisiert *adj.* structuré.
'durchpausen I *v/t.* calquer; II 2 *n* calquage *m.*
'durchpeitschen I *v/t.* fouetter; F *fig. ein Thema*: expédier; II 2 *n* fouettement *m.*
'Durchperlen ✻ *n* bullage *m.*
'durchpressen 1. *v/t.* faire passer en pressant; 2. *v/rf.: sich* ~ se frayer un passage à travers.
'durchprob(ier)en *v/t.* essayer l'un après l'autre.
'durchprügeln *v/t.: j-n* ~ donner une bonne correction à q.
durch'pulst *fig. adj.* animé (*von* de).
durch'quer|en *v/t.* traverser; sillonner; arpenter; *Pläne*: contrarier; 2en *n*, 2ung *f e-r Gegend*: traversée *f.*
'durchquetschen *v/t. Kartoffeln, Gemüse*: passer au presse-purée.

'durchrasen *v/i.* passer à une allure folle (*durch* par *od.* à travers).
durch'rasen *v/t.* traverser à une allure folle.
'durchrasseln *v/i.* F *bei* (*od.* in) e-r *Prüfung* ~ échouer (*od.* être refusé *od.* être recalé *od.* être collé) lamentablement à un examen; rater (P louper) un examen.
'durchräuchern, durch'räuchern *v/t. Fleisch*: bien fumer.
'durchrechnen I *v/t.* calculer jusqu'au bout; *noch einmal* ~ recalculer; recompter; II 2 *n* calcul *m.*
'durchregnen *v/i.*: *es regnet überall durch* la pluie dégouline de partout.
'durchreiben *v/t.* (*v/rf.: sich* ~ s')écorcher en frottant.
'Durchreiche (*Küche*) *f* passe-plat *m.*
'durchreichen *v/t.*: *j-m etw.* ~ tendre (*od.* passer) qch. à q. (*durch* à travers).
'Durchreise *f* passage *m*; *auf der* ~ *sein* être de passage; *auf der* ~ *durch* en passant par; 2n *v/i.* passer (*durch* par *od.* à travers).
durch'reisen *v/t.* parcourir.
'Durchreisende(r *a. m*) *m, f* passager *m*, -ère *f*, voyageur *m*, -euse *f* en transit.
'Durchreisevisum *n* visa *m* de transit.
'durchreißen 1. *v/t.* déchirer (de part en part); 2. *v/i.* se déchirer.
'durchreiten 1. *v/t. Reithose*: déchirer (en allant à cheval); *Pferd*: écorcher (en montant); 2. *v/rf.: sich* ~ s'écorcher en allant à cheval.
durch'reiten *v/t.* passer à cheval par (*od.* à travers).
'durchrieseln *v/i.* ruisseler (*durch* à travers).
durch'rieseln *v/t.*: *es durchrieselt e-n kalt* un frisson vous court le long du corps.
'durchringen *v/rf.: sich* ~ surmonter tous les obstacles; *sich zu e-r Entscheidung* ~ prendre une décision après de sérieuses réflexions.
'durchrosten *v/i.* (se) rouiller entièrement.
'durchrühren *v/t.* bien remuer.
'durchrutschen *v/i.* glisser à travers.
'durchrütteln *v/t.* bien secouer; cahoter.
'Durchsage *f* message *m*; 2n *v/t.*: *telefonisch* ~ téléphoner; dire par téléphone.
'durchsägen, durch'sägen *v/t.* couper à la scie, scier.
'durchsalzen, durch'salzen *v/t.* bien saler.
durch'säuern *v/t.: den Teig* ~ mettre du levain dans la pâte.
durch'schaubar *fig.* (*verständlich*) *adj.* compréhensible.
'durchschauen *v/i.* voir (*durch* à travers).
durch'schauen *v/t.* pénétrer; deviner; percer (à jour); *leicht zu* ~ *sein* F être cousu de fil blanc.
'durchschauern *v/t.* faire frissonner; donner le frisson (à).
'durchscheinen *v/i.* transparaître; ~ *durch* luire à travers.
durch'scheinen *v/t.*: *vom Sonnenlicht durchschienen* rempli de la lumière du soleil.
'durchscheinend *adj.* transparent;

translucide; diaphane.
'durchscheuern 1. *v/t.* écorcher (en frottant); 2. *v/rf.: sich* ~ s'écorcher (en frottant).
'durchschieben *v/t.* pousser à travers.
'durchschießen *v/t.* tirer (*durch* à travers); (*durcheilen*) passer rapidement.
durch'schießen I *v/t.* percer d'un trait (d'une balle, *etc.*); *typ.* espacer; interligner; *mit Papier* interfolier; II 2 *typ. n* interlignage *m.*
'durchschiffen *v/i.* naviguer à travers.
durch'schiffen *v/t.* parcourir; *Ozean*: traverser.
'durchschimmern *v/i.* transparaître; ~ *durch* luire à travers.
'Durchschlag *m* (*Sieb*) passoire *f*; ✻ percement *m*; claquage *m*; ⊕ poinçon *m*; *e-s Geschosses*: pénétration *f*; (*Durchschrift*) copie *f* (au papier carbone); 2en 1. *v/i.* percer; pénétrer; *Sicherung*: fondre; *Papier*: boire; *Farbe, Leim*: pénétrer; *Medikament*: faire effet; *fig.* être efficace (*od.* convaincant *od.* décisif, -ive); 2. *v/rf.: sich* ~ se frayer un passage, (*sich zu helfen wissen*) se débrouiller, *kümmerlich*: tirer le diable par la queue; 3. *v/t.* faire passer à travers; (*durchhauen*) trancher; couper en deux; (*spalten*) fendre; *Wand*: percer; *durch ein Sieb* ~ passer à la passoire; *durch ein Seihtuch* ~ filtrer.
durch'schlagen *v/t.* percer; traverser; *v/i.* ✻ fondre; *Tinte*: passer à travers; *Reklame*: être efficace.
'durchschlagend *adj.* efficace; convaincant; décisif, -ive; percutant; ~es *Medikament* médicament *m* efficace (*od.* qui fait son effet); ~er *Erfolg* succès *m* décisif (*od.* éborrifant); plein succès *m*; ~es *Argument* argument *m* décisif (*od.* percutant).
'Durchschlag|papier *n* papier en pelure; ~sfestigkeit *phys. f* rigidité *f* diélectrique; ~skraft *f e-s Geschosses*: force *f* de pénétration; force *f* percutante (*a. fig.*).
'durchschlängeln *v/rf.: sich* ~ se glisser (*durch* à travers); se faufiler (*durch* à travers).
'durchschleichen *v/rf.: sich* ~ se glisser (*durch* à travers).
durch'schleichen *v/t.* traverser furtivement (*od.* à pas de loup).
'durchschleppen 1. *v/t.* traîner (*durch* à travers); *fig. j-n* ~ secourir q.; 2. *v/rf.: sich* ~ vivoter.
'durchschleusen *v/t.* écluser; *fig.* faire passer.
'durchschlüpfen *v/i.* se glisser (*durch* à travers); se faufiler (*durch* à travers); (*entkommen*) échapper.
'durchschmelzen ✻ *v/i. Sicherung*: fondre; fuser.
'durchschmoren ✻ *v/i. Kabel*: brûler.
'durchschmuggeln *v/t.* faire passer en fraude, en contrebande.
'durchschneiden I *v/t.* couper en deux; trancher; *a.* ✻ sectionner; II 2 ✻ *n* sectionnement *m.*
durch'schneiden *v/t.* ⚔ *e-e Linie*: couper; *Wellen*: fendre.
'Durchschnitt *m* △ coupe *f*; profil *m*; (*Mittelmaß*) moyenne *f*; terme *m*

moyen; *im* ~ *(durchschnittlich)* en moyenne; *den* ~ *ermitteln* faire la moyenne; *e-n* ~ *erreichen* atteindre la moyenne; ⚥**lich I** *adj.* moyen, -enne; **II** *adv.* en moyenne; ~**salter** *n* âge *m* moyen; ~**s-auflage** *f e-r Zeitung usw.*: tirage *m* moyen; ~**sbestimmung** ♎ *f* analyse *f* moyenne; ~**einkommen** *n*, ~**s-einnahme** *f* revenu *m* moyen; ~**s-franzose** *m* Français *m* moyen; ~**sgeschwindigkeit** *f* vitesse *f* moyenne; ~**sgewinn** *m* bénéfice *m* moyen; ~**slohn** *m* salaire *m* moyen; ~**smensch** *m* homme *m* moyen; *(mittelmäßiger Mensch)* homme *m* médiocre; ~**spreis** *m* prix *m* moyen; ~**squalität** *f* qualité *f* moyenne; ~**stemperatur** *f* température *f* moyenne; ~**sverhältnis** *n* proportion *f* moyenne; ~**sware** *f* marchandise *f* (de qualité) moyenne; ~**swert** *m* (valeur *f*) moyenne *f*.
'**durchschnüffeln, durch'schnüffeln** *v/t.* fouiller, fureter dans.
'**Durchschreibe|block** *m* bloc *m* à calquer; ~**buch** *n* copie-lettres *m*; ~**buchhaltung** *f* comptabilité *f* par décalque; ⚥**n** *v/t.* calquer; ~**verfahren** *n* calquage *m*.
durch'schreiten *v/t.* traverser; *mit großen Schritten* ~ arpenter.
'**Durchschrift** *f* double *m*; copie *f*.
'**Durchschuß** *m* ⊕ trame *f*; *typ*. interligne *f*.
'**durchschütteln** *v/t.* bien secouer.
'**durchschütten** *v/t.* faire passer (*durch* à travers).
durch'schwärmen *v/t.*: *die Nacht* ~ passer la nuit à s'amuser.
durch'schweifen *v/t.* rôder par (*od.* à travers).
'**durchschwimmen** *v/i.* passer à la nage.
durch'schwimmen *v/t.* traverser (à la nage).
'**durchschwindeln** F *v/rf.*: *sich* ~ vivre d'expédients.
durch'schwitzen *v/t.* tremper de sueur.
'**durchsegeln** F *v/i. in der Prüfung*: échouer; essuyer un échec; ne pas réussir; être refusé; F être collé.
durch'segeln *v/t.* traverser; parcourir; *Lüfte*: fendre.
'**durchsehen I** *v/t.* regarder (*durch* à travers); parcourir (du regard); examiner; revoir; réviser; vérifier; **II** ⚥ *n* examen *m*; révision *f*.
'**durchseihen I** *v/t.* filtrer; **II** ⚥ *n* filtrage *m*.
'**durchsetzen 1.** *v/t.* venir à bout de; *Meinung usw.*: faire passer (*od.* adopter); *s-n Willen* ~ imposer sa volonté; *es* ~, *daß* ... obtenir que ... (*subj. od. fut. resp. cond.*); **2.** *v/rf.*: *sich* ~ s'imposer; arriver à ses fins; F faire le poids; *(sich zur Geltung bringen)* se faire valoir; *(Nachahmer finden)* faire école; *(sich herausstellen)* se faire jour.
durch'setzen *v/t.* entremêler (*mit de*).
'**Durchsicht** *f (Überprüfung)* examen *m*; vérification *f*; inspection *f*; révision *f*; ⚥**ig** *adj.* transparent; limpide; diaphane; *(klar)* clair; ~**igkeit** *f* transparence *f*; limpidité *f*; *(Klarheit)* clarté *f*.
'**durchsickern I** *v/i.* suinter (*durch* à travers); *fig. Nachricht*: s'éventer; filtrer; s'ébruiter; transpirer; **II** ⚥ *n* suintement *m*; *fig. e-r Nachricht*: ébruitement *m*; filtrage *m*.
'**durchsieben I** *v/t.* cribler; tamiser; passer au crible (*od.* au tamis); **II** ⚥ *n* criblage *m*; tamisage *m*.
'**durchspalten, durch'spalten** *v/t.* fendre (en deux).
'**durchspielen** *v/t. Stück*: jouer d'un bout à l'autre.
'**durchsprechen** *v/t.* discuter; débattre; *téléph.* téléphoner.
'**durchstarten** *(Auto) v/i.* démarrer brusquement.
'**durchstechen** *v/t. Nadel usw.*: passer à travers.
durch'stechen *v/t.* percer; transpercer; *(erdolchen)* poignarder.
'**durchstecken** *v/t.* (faire) passer (*durch* à travers).
'**durchstehen** *v/t.* tenir bon (*od.* ferme); F tenir le coup.
'**durchsteigen** *v/t.*: *durch ein Fenster* ~ passer par une fenêtre.
'**Durchstich** *m* percement *m*; ⊕ perçage *m*; *(durchstochene Stelle)* percée *f*; tranchée *f*; *unterirdisch*: tunnel *m*.
'**durchstöbern, durch'stöbern I** *v/t.* fouiller; fureter dans; **II** ⚥ *n* fouille *f*.
'**Durchstoß** ✕ *m* poussée *f*; percée *f*.
'**durchstoßen** *v/t.* pousser (*durch* à travers).
durch'stoßen *v/t.* percer; *(durchstechen) a.* transpercer; *(durchlöchern)* trouer; ✕ *Front*: enfoncer.
'**durchstreichen** *v/t.* barrer; rayer; biffer; raturer.
'**durchstreifen** *v/t.* rôder (*durch* par *od.* à travers); vagabonder (*durch* par); *nach allen Richtungen hin*: parcourir en tous sens; *Gelände*: battre.
'**durchströmen** *v/i.* couler (*durch* à travers).
durch'strömen *v/t.* traverser; arroser; *fig.* envahir; ~ *mit* inonder de; remplir de; pénétrer de.
'**durchstudieren** *v/t.* étudier à fond; *die Nächte* ~ passer les nuits à étudier.
'**durchsuchen, durch'suchen** *v/t.* fouiller; visiter; *gerichtlich*: perquisitionner; *Gelände*: explorer; *ch. (Treibjagd veranstalten)* faire une battue dans.
Durch'suchung *f* fouille *f*; visite *f*; *gerichtliche*: perquisition *f*; *e-s Geländes*: exploration *f*; *ch. (Treibjagd)* battue *f*.
'**durchtanzen** *v/t.*: *die Sohlen* ~ *user* ses semelles à force de danser.
durch'tanzen *v/t.*: *die Nacht* ~ passer la nuit à danser.
'**durchtrainiert** *adj.* bien entraîné.
durch'tränken *v/t.* imprégner (*mit de*); imbiber (*mit de*); *géol.* délaver.
'**durchtreiben** ⊕ *v/t.*: *etw.* ~ enforcer qch. à travers.
'**durchtreten** *v/t. Sohlen*: user; *das Gaspedal* ~ appuyer à fond sur l'accélérateur; F mettre le pied au plancher.
durch'trieben *adj.* roué; rusé; madré; astucieux, -euse; ~*er Mensch* roué *m*; rusé *m*; madré *m*; filou *m*; ⚥**heit** *f* rouerie *f*; malice *f*; ruse *f*.
'**durchtropfen** *v/i.* tomber goutte à goutte.
'**durchwachen, durch'wachen** *v/t.*:
die Nacht ~ veiller toute la nuit; passer la nuit à veiller; *durch'wachte Nacht* nuit *f* blanche.
durch'wachsen *adj.*: ~*es Fleisch* viande *f* entrelardée (*od.* persillée); ~*er Speck* lard *m* maigre.
'**durchwachsen** *v/i.* croître (*durch* à travers); pousser (*durch* à travers).
'**durchwagen** *v/rf.*: *sich* ~ oser passer (*durch* par *od.* à travers).
'**Durchwahl|nummer** *téléph. f adm.* numéro *m* interurbain; *allg.* automatique *m*; ~**zentrale** *téléph. f* centre *m* de transit.
'**durchwalken** *v/t.* ⊕ fouler; F *(verprügeln)* rosser; F étriller.
durch'wandern *v/t.* traverser (*od.* parcourir) à pied; *fig. pol. (durchdringen)*: eine Partei ~ conquérir un parti de l'intérieur.
'**durchwärmen, durch'wärmen** *v/t.* bien chauffer.
durch'wässern *v/t.* imbiber; *Fleisch*: laisser tremper.
'**durchwaten, durch'waten** *v/t.* passer à gué.
durch'weben *v/t.* entrelacer (*mit de*).
'**Durchweg** *m* passage *m*.
'**durchweg** *adv. (ausnahmslos)* tous *m/pl.*; toutes *f/pl.*; sans exception.
'**durchweichen** *v/i.* s'amollir; tremper; être imbibé.
durch'weichen *v/t.* amollir; *durch Nässe*: tremper.
'**durchwichsen** F *v/t.* rosser; F étriller.
'**durchwinden** *v/rf.*: *sich* ~ se faufiler (*durch* à travers); *Auto*: sich zwischen den Wagen ~ faire du slalom (*od.* se glisser) entre les voitures; *fig.* se tirer d'affaire.
durch'wirken *v/t.* entrelacer (*mit de*); *mit Gold* ~ brocher d'or.
'**durchwühlen, durch'wühlen I** *v/t.* fouiller; **II** ⚥ *n* fouille *f*.
'**durchwürgen** *v/rf.*: *sich* ~ se tirer d'affaire vaille que vaille.
'**durchwurschteln** F *v/rf.*: *sich* ~ (*sich zu helfen wissen*) se débrouiller.
durch'würzen *v/t.* bien épicer; bien assaisonner; aromatiser; *mit Duft*: embaumer.
'**durchzählen, durch'zählen** *v/t.* compter un à un.
'**durchzechen, durch'zechen** *v/t.*: *die Nacht* ~ passer la nuit à boire.
'**durchzeichnen** *v/t.* calquer.
'**durchziehen 1.** *v/t.* faire passer (en tirant); *Faden*: passer (*durch* par); *Linie*: tirer; tracer; *Querbalken*: poser; **2.** *v/i. Truppen*: passer; *Motor*: tirer bien; **3.** *v/rf.*: *sich* ~ s'étendre (*durch* à travers).
durch'ziehen *v/t.* parcourir; traverser.
durch'zucken *v/t. Blitz*: sillonner; *fig.* faire tressaillir.
'**Durchzug** *m* passage *m*; *(Luft*⚥*)* courant *m* d'air.
'**durchzwängen 1.** *v/t.* faire passer de force (*durch* par *od.* à travers); **2.** *v/rf.*: *sich* ~ forcer le passage.
'**dürf|en** *v/i.* avoir le droit (de); avoir la permission (de); pouvoir; être autorisé (à); *(wagen)* oser; *darf ich* ~? m'est-il permis?; *darf ich Sie fragen?* puis-je vous demander?; *darf ich bitten* s'il vous plaît; *wenn ich so sagen darf* si j'ose m'exprimer ainsi; *das*

dürfte wohl falsch sein c'est sans doute une erreur; *das~ Sie mir glauben* vous pouvez me croire; *darüber ~ Sie sich nicht wundern* il ne faut pas vous en étonner; cela ne doit pas vous surprendre; *man darf nicht rauchen* il ne faut pas fumer; défense de fumer; ~**tig** *adj.* (*kümmerlich:* Resultat, Lohn) maigre; (*unzureichend*) insuffisant; (*armselig*) pauvre; mesquin; (*mittelmäßig*) médiocre; (*gedankenarm*) indigent; ⸺**tigkeit** *f* (*Unzulänglichkeit*) insuffisance *f*; (*Armseligkeit*) mesquinerie *f*; (*Mittelmäßigkeit*) médiocrité *f*; (*Gedankenarmut*) indigence *f*.

dürr *adj.* sec, sèche, desséché; *Boden:* aride; (*unfruchtbar*) stérile; (*mager*) décharné; maigre; (*dünn*) mince; (*hager*) grêle; *mit ~en Worten* sèchement; !⸺**e** *f* sécheresse *f*; *des Bodens:* aridité *f*; (*Magerkeit*) maigreur *f*.

Durst *m* soif *f*; ⚕ *krankhafter ~* polydipsie *f*; ~ *haben* (*machen*) avoir (donner) soif; ~ *bekommen* commencer à avoir soif; *s-n ~ löschen* boire à sa soif; étancher sa soif; se désaltérer; *j-s ~ löschen* désaltérer q.; *e-n über den ~ getrunken haben* avoir bu un coup de trop.

'**dürsten 1.** *v/i.* avoir soif (*fig. nach* de); être altéré (*fig. nach* de); *j-n ~ lassen* laisser q. sur sa soif; **2.** *v/imp. bsd. st.s.: mich dürstet* j'ai soif (*fig. nach* de).

'**durstig** *adj.* assoiffé; altéré (*fig. nach* de); ~**löschend**, ~**stillend** *adj.* désal-

térant; ⸺**qualen** *f/pl.* tourments *m/pl.* de la soif.

'**Durton-art** ♪ *f* mode *m* majeur.

'**Dusche** *f* douche *f* (*a. fig.*); *fig. j-m e-e* (*kalte*) ~ *verabreichen* doucher q.; ⸺**n 1.** *v/i.* prendre une douche; **2.** *v/t.* (*v/rf.: sich se*) doucher.

'**Duschraum** *m* douches *f/pl.*; salle *f* de douches.

'**Düse** *f* tuyère *f*; buse *f*; (*Einspritz~*) injecteur *m*; *Auto:* gicleur *m*.

'**Dusel** F *m* (*Glück*) veine *f*; ~ (*Glück*) *haben* avoir de la veine.

Duse'lei F *f* (*Gedankenlosigkeit*) étourderie *f*; inadvertance *f*.

'**duselig** F *adj.* (*schläfrig, dösig*) somnolent; assoupi; engourdi.

'**duseln** F *v/i.* (*dösen*) somnoler; rêvasser.

'**Düsen|antrieb** *m* propulsion *f* par réaction; ~**bomber** ✈ *m* bombardier *m* à réaction; ~**flugzeug** *n* avion *m* à réaction; réacteur *m*; jet *m*; ~**jäger** ✈ *m* chasseur *m* à réaction; ~**motor** *m* moteur *m* à réaction; ~**triebwerk** *n* réacteur *m*; propulseur *m* à réaction.

'**Dussel** F *m* idiot *m*; ⸺**ig** F *adj.* idiot; stupide.

'**düster** *adj.* sombre; obscur; noir; ténébreux, -euse; ~ *werden* s'assombrir; *fig.* sombre; noir; triste; morne; (*Unheil verkündend*) lugubre; ~*es Schweigen* morne silence *m*; *sich ~e Gedanken machen* avoir des idées noires; broyer du noir; ⸺**heit** *f*, ⸺**keit** *f* obscurité *f*; ténèbres *f/pl.*; *fig.* gri-

saille *f*.

Dutt F *m* chignon *m*, F tignon *m*.

'**Dutzend** *n* douzaine *f*; *im ~ billiger* treize à la douzaine; ~**mensch** *m* homme *m* médiocre; ~**ware** *f* marchandise *f* à la douzaine; ⸺**weise** *adv.* par douzaines.

'**duz|en** *v/t.* (*v/rf.: sich se*) tutoyer; ⸺**en** *n* tutoiement *m*; ⸺**freund**(**in**) *f*) *m* ami *m*, -e *f* intime qu'on tutoie; *wir sind ~e* nous nous tutoyons; ⸺**fuß** *m*: *mit j-m auf dem ~ stehen* être à tu et à toi avec q.

Dy'**nam|ik** *f* dynamique *f*; ⸺**isch** *adj.* dynamique; ~**e Altersversorgung** *f* retraite *f* dynamique.

Dyna'**mismus** *m* dynamisme *m*.

Dyna'**mit** *n* dynamite *f*; *mit ~ in die Luft sprengen* dynamiter; faire sauter à la dynamite.

Dy'**namo**(**maschine** *f*) *m* dynamo *f*.

Dynamo'**meter** *n* dynamomètre *m*.

Dynas'**tie** *f* dynastie *f*.

dy'**nastisch** *adj.* dynastique.

Dysente'**rie** ⚕ *f* dysenterie *f*.

Dys'**lekt|iker** *psych. m*, ⸺**isch** *adj.* dyslexique.

Dysle'**xie** (*neurotische Lesehemmungen*) *f* dyslexie *f*.

Dyspep'**sie** ⚕ *f* dyspepsie *f*.

Dystro'**phie** ⚕ *f* dystrophie *f*.

'**D-Zug** 🚂 *m* rapide *m*; express *m*; direct *m*; *den ~ nach Paris nehmen* prendre l'express de Paris; ~**Liegewagen** 🚂 *m* voiture-couchettes *f* pour trains rapides; ~**Wagen** 🚂 *m* voiture *f* grandes lignes.

E

E, e n E, e m; ♪ mi m.
'**Ebbe** f marée f basse; *es ist ~ la mer est basse; ~ und Flut* marée f; F *fig. in m-m Geldbeutel ist ~ ma* bourse est dégarnie (*od.* plate *od.* à sec); *je suis à* sec.
'**eben**[1] *adj.* (*flach*) plat; plan (*a.* ⚠); (*glatt*) uni; lisse; (*gleichmäßig*) égal; *zu ~er Erde* au ras du sol; à ras de terre; *~ machen* aplanir; *~ werden* s'aplanir.
'**eben**[2] *adv.* (*gerade*) précisément; justement; *nicht ~ sonderlich* (*od. viel*) ne ... guère; (*knapp hinreichend*) à peine; (*gerade*) so *~* (*noch*) de justesse; *er ist ~ erst angekommen* il vient tout juste d'arriver; il est à peine arrivé; *er will ~ nicht kommen* c'est qu'il ne veut pas venir; *mit ~ diesen Worten* en ces propres termes; *~ etw. getan haben* venir de faire qch.; *ich wollte ~ sagen* j'allais dire; **2bild** n portrait m; image f (*Gottes de Dieu*); **~bürtig** *adj.* égal (par la naissance); de même condition; *fig.* d'égale valeur; *j-m ~ sein* égaler q.; **~da'her** *adv.* **begründend**: pour la même raison; **~der-, ~die-, ~das'selbe** *adj.* juste le, la même; **~des'halb, ~des'wegen** *adv.* voilà justement pourquoi.
'**Ebene** f plaine f; ⚠ *méc.* plan m; *schiefe ~* plan m incliné; *sich auf gleicher ~ befinden* se trouver de plain-pied (*mit avec*); *fig. auf die schiefe ~ geraten* s'écarter du bon chemin; *Konferenz*: *auf höchster ~* au plus 'haut échelon; au niveau le plus élevé; *auf europäischer ~* à l'échelle européenne.
'**eben-erdig** *adj.* au niveau du sol.
'**ebenfalls** *adv.* de même; aussi; pareillement; également; F itou.
'**Ebenheit** f planéité f; planitude f.
'**Ebenholz** n (bois m d')ébène f.
'**Eben|maß** n proportions f/pl. harmonieuses; symétrie f; harmonie f; **2mäßig** *adj.* bien proportionné; symétrique; (*gleichmäßig*) égal; **2so** *adv.* de même (*wie que*); *~ groß wie* aussi grand que; *es geht mir ~ c'est exactement mon cas; er macht es ~ il fait de même; il en fait autant; **2sogut** *adv.* tout aussi bien; **2sohäufig** *adv.* tout aussi souvent; **2solange** *adv.* tout aussi longtemps; **2so-oft** *adv.* autant de fois; tout aussi souvent; **2sosehr, 2soviel** *adv.* (tout) autant (*mit de vor su.*); ni plus ni moins; **2sowenig** *adv.*: (tout) aussi peu; ne ... pas plus; *ohne vb.*: non plus; *ich ~* (ni) moi non plus; *ohne compl.*: pas davantage.
'**Eber** m sanglier m; *zahmer*: verrat m.
'**Eber-esche** ♀ f sorbier m.
'**ebn|en** v/t. (v/rf.: *sich s'*)aplanir (*a.*

fig.); (*s'*)égaliser; (se) niveler; **2en** n, **2ung** f aplanissement m; égalisation f; nivellement m.
Ebo'nit n ébonite f.
'**Echo** n écho m (*a. fig.*); **~gerät** *biol.* n *a. e-r Fledermaus*: sonar m; **~lot** n sonde-écho f; **~lotturm** ⊕, ⚓ m tour-sonar f.
echt *adj.* vrai; véritable; (*unverfälscht*) naturel, -elle; (*unvermischt*) pur; (*gut*) bon, bonne; de bonne qualité; (*gediegen*) solide; (*verbürgt*) authentique; (*rechtmäßig*) légitime; *v. geistigen Erzeugnissen*: original; *~ französisch* bien (*od.* tout à fait) français; F *das ist ~ schick* c'est vraiment chic; *das ist ~* (*typisch*) c'est typique; *~e Perle* perle f fine; véritable perle f; *~er Stein* pierre f fine; ⚠ *~er Bruch* fraction f ordinaire; !**2e(s)** n vrai m; (*Unverfälschtes*) naturel m; (*Gediegenes*) solide m; !**2heit** f (*Reinheit*) pureté f; (*Gediegenheit*) solidité f; (*Verbürgtheit*) authenticité f; (*Rechtmäßigkeit*) légitimité f.
'**Eck|ball** m *Sport*: corner m; **~brett** n encoignure f; **~e** f coin m; encoignure f; angle m (*a.* ⚠); *Sport*: corner m; (*Ende*) bout m; extrémité f; abgestoßene *~* écornure f; *an allen ~n und Enden* partout; de tous côtés; *um die ~ biegen* tourner le (*od.* au) coin (de la rue); *prendre le tournant; etw. um die ~ bringen* soustraire qch.; *j-n um die ~ bringen* supprimer q., zigouiller q.; **~ensteher** m (*Nichtstuer*) fainéant m; F musard m.
'**Ecker** ♀ f gland m; (*Buch2*) faîne f.
'**Eck|fahne** (*Sport*) f drapeau m de corner; **~fenster** ⌂ n fenêtre f en encoignure; **~grundstück** n immeuble m d'angle; **~haus** n maison f du coin; *a.* angl. anguleux, -euse; *fig.* (*linkisch*) gauche; maladroit; (*ungeschliffen*) peu poli; **~e Klammer** crochet m; **~kneipe** F f bistrot m du coin; **~laden** m boutique f (*resp.* magasin m) du coin; **~lohn** m salaire m de référence normal; **~möbel** n encoignure f; **~pfeiler** m pilier m d'angle; **~pfosten** m poteau m cornier (*od.* d'angle); **~platz** 🚗 m: ~ *in Fahrtrichtung zum Gang hin* coin m de face côté couloir; *~ in Fahrtrichtung* coin m face; **~schrank** m armoire f d'angle; encoignure f; **~stein** m pierre f angulaire (*a. fig.*); **~zahn** m canine f; **~zimmer** n chambre f d'angle.
Ecua'dor n l'Équateur m.
Ecuadori'an|er m Équatorien m; **2isch** *adj.* équatorien, -ienne.
'**edel** *adj.* noble; (*~mütig*) généreux, -euse; *v. Früchten*: d'une bonne espèce; sélectionné; précieux, -euse;

Stil: élevé; *Pferd*: de race; *edler Wein* vin m fin (*od.* de grand cru); *edle Metalle* métaux m/pl. précieux; **~denkend** *adj.* généreux, -euse; **2gas** n gaz m rare; **~gesinnt, ~herzig** *adj.* généreux, -euse; **2kognak** m fine f; **2mann** m gentilhomme m; **2marder** *zo.* m mart(r)e f commune; **2metall** n métal m précieux; **2mut** m générosité f; noblesse f de cœur; **~mütig** *adj.* généreux, -euse; **2reis** n greffe f; greffon m; **2rost** m (*Patina*) patine f; **2stahl** n acier m spécial; **2stein** m pierre f précieuse; **2tanne** f sapin m argenté; **2weiß** ♀ n edelweiss m; pied-de-lion m; étoile f d'argent.
'**Eden** n Éden m.
E'dikt n édit m.
'**Edle(r** *a. m*) m, f noble m, f.
'**Edle(s)** n ce qui est noble; noblesse f de sentiments.
E-Dur ♪ n mi m majeur.
'**Efeu** ♀ m lierre m.
'**Eff-eff** F n: *etw. aus dem ~ verstehen* (*kennen*) savoir (connaître) qch. sur le bout du doigt.
Ef'fekt m (*Wirkung*) effet m.
Ef'fekten f titres m/pl.; valeurs f/pl.; **~abteilung** ✝ f services m des titres; **~börse** ✝ f bourse f des valeurs; **~geschäft** n, **~handel** m commerce m des valeurs; **~makler** ✝ m agent m de change; **~markt** m marché m des valeurs.
Ef'fekthasche'rei f de recherche f de l'effet; pose f; F fla-fla m; *rhét.* effet m de tribune.
effek'tiv *adj.* (*tatsächlich*) effectif, -ive; (*wirksam*) efficace; **2bestand** m effectif m; **2leistung** ⊕ f puissance f effective; **2lohn** m salaire m réel; **2stärke** ✕ f effectif m réel.
ef'fektvoll *adj.* à effet; qui a de l'effet.
Ef'fet n *Billard*: effet m; *~ geben* faire (*od.* donner) de l'effet.
EG *pol.* f Communauté f européenne; **~-Erfahrungen** f/pl. acquis m/sg. communautaire; *die Behandlung der Probleme nach ~-Grundsätzen* la communautarisation des problèmes; **~-Mitglied** *pol.* n membre m de la C.E.E.
e'gal *adj.* égal; *das ist mir ~* ça m'est égal.
egali'sier|en v/t. égaliser; **2ung** f égalisation f.
'**Egel** *zo.* m sangsue f.
'**Egge** ✓ f 'herse f; **2n** v/t. 'herser.
Ego'ismus m égoïsme m; **~ist(in** f) m égoïste m, f; **2istisch** *adj.* égoïste; **2zentrisch** *adj.* égocentrique.
'**ehe** *cj.* (*bevor*) avant que (*subj.*); *bei gleichem suj.*: avant de (*inf.*).
'**Ehe** f mariage m; (*eheliches Zusammenleben*) ménage m; *wilde ~* union f

libre; concubinage *m*; *in erster ~ en premières noces*; *in zweiter ~ en secondes noces*; *Kind erster ~* enfant *m* du premier lit; *die ~ versprechen* promettre le mariage; *e-e ~ schließen*; *in den Stand der ~ treten* se marier; contracter (un) mariage; *zur ~ geben* marier; donner en mariage; *die ~ brechen* être adultère; commettre un adultère; *die ~ trennen* rompre les liens du mariage; *wie in der ~ leben* vivre maritalement; *zerrüttete ~* ménage *m* désuni; *~ auf Probe* mariage à l'essai; **~anbahnungs-institut** *n* agence *f* matrimoniale; **~berater** *m* conseiller *m* conjugal; **~beratung** *f* consultation *f* conjugale; **~bett** *n* lit *m* conjugal; **~brecher(in** *f*) *m* adultère *m*, femme *f* adultère; **~brecherisch** *adj.* adultère; **~bruch** *m* adultère *m*; *~ begehen* être adultère; commettre un adultère; **~bund** *m* union *f* conjugale;

'**ehedem** *st. s. adv.* autrefois; jadis.

'**Ehe|fähigkeit** *f* capacité *f* matrimoniale; **~frau** *f*, **~gatte** *m* mari *m*; époux *m*; *adm.* conjoint *m*; **~gattin** *f* femme *f*; épouse *f*; **~gemeinschaft** *f* communauté *f* conjugale; **~glück** *n* bonheur *m* conjugal; **~hälfte** F *f* (chère) moitié *f*; **~hindernis** *n* empêchement *m* au mariage; **~konflikt** *m* conflit *m* conjugal; **~leben** *n* vie *f* conjugale; **~leute** *pl.* époux *m/pl.*; conjoints *m/pl.*; 2**lich I** *adj.* conjugal; *bsd.* ⚖ matrimonial; *Kind:* légitime; *~e Treue* fidélité *f* conjugale; *~e Pflichten* devoirs *m/pl.* conjugaux; **II** *adv.:* für *~ erklären* légitimer; *~ verbinden* unir par les liens du mariage; **~lichkeit** *f* *e-s Kindes:* légitimité *f*; **~lichkeits-erklärung** *f* légitimation *f*; 2**los** *adj.* célibataire; non marié; **~losigkeit** *f* célibat *m*.

'**ehemalig** *adj.* ancien, -enne; *das ~e Französisch-Afrika* l'ex-Afrique *f* française; 2**e(r)** *m* ancien *m*; **~s** *adv.* anciennement; autrefois; jadis.

'**Ehe|mann** *m* homme *m* marié; *in bezug auf s-e Frau*: mari *m*; époux *m*; **~paar** *n* époux *m/pl.*; couple *m*; ménage *m*; **~partner** *m* conjoint *m*; **~pflicht** *f* devoir *m* conjugal.

'**eher** *adv. (früher)* plus tôt; *je ~, desto besser* le plus tôt sera le mieux; *er war ~ da als du* il y était avant toi; *(lieber)* plutôt; de préférence; *~ sterben als ...* plutôt mourir que de ...; *um so ~* raison de plus.

'**Ehe|recht** *n* droit *m* matrimonial; **~ring** *m* alliance *f*.

'**ehern** *adj.* d'airain *(a. fig.).*

'**Ehe|scheidung** *f* divorce *m*; **~scheidungsklage** *f* action *f* en divorce; **~schließung** *f* mariage *m*; *Zahl der ~en* nuptialité *f*; **~stand** *m* mariage *m*; *in den ~ treten* se marier; contracter un mariage; **~standsdarlehen** *n* prêt *m* au mariage.

'**Ehe|streit** *m* querelle *f* conjugale *(od.* de ménage*)*; **~tauglichkeitszeugnis** *n* certificat *m* prénuptial; **~vermittlung(sbüro** *n*) *f* agence *f* matrimoniale; **~versprechen** *n* promesse *f* de mariage; **~vertrag** *m* contrat *m* de mariage; **~zerwürfnis** *n* mésentente *f* conjugale.

'**ehr|bar** *adj.* honorable; *(der Sitte gemäß)* honnête; *(dem Anstand gemäß)* décent; *(achtbar)* respectable; *(keusch)* chaste; 2**barkeit** *f* honorabilité *f*; honnêteté *f*; *(Anstand)* décence *f*; *(Keuschheit)* chasteté *f*; 2**begier(de)** *f* ambition *f*; **~begierig** *adj.* ambitieux, -euse.

Ehre *f* honneur *m*; *Mann von ~* homme *m* d'honneur; *in ~n* honorablement; *in allen ~n* en tout honneur; *um der ~ willen* pour l'honneur; *auf ~!*; sur l'honneur!; sur mon honneur!; parole d'honneur!; *aller ~n wert* très honorable; *Ihr Wort in ~n* pardonnez-moi de vous contredire; sauf votre respect; *zu j-s ~* en l'honneur de q.; pour l'honneur de q.; à l'honneur de q.; *sein Abschied in ~n* son départ sous les honneurs; *zur ~ Gottes* à la gloire de Dieu; *auf ~ versichern* affirmer *(od.* assurer*)* sur l'honneur; *die ~ haben (od. sich die ~ geben), zu ...* avoir l'honneur de ...; *es ist ihm e-e ~, zu ...* cela lui fait honneur de ...; *j-m die ~ erweisen, zu ...* faire à q. l'honneur de ...; *j-m hohe ~n erweisen* rendre de grands honneurs à q.; *j-m die letzte ~ erweisen* rendre les derniers honneurs *(od.* les honneurs funèbres*)* à q.; *j-m die militärischen ~n erweisen* rendre les honneurs militaires à q.; *~ im Leibe haben* avoir le sentiment de l'honneur; *auf s-e ~ halten* être jaloux, -ouse de son honneur; tenir à son honneur; *s-e ~ daransetzen, zu ...* se faire un point d'honneur de ...; *in ~n halten* honorer, *(hochhalten)* respecter, *Geschenk:* conserver avec soin; *zu ~n bringen* mettre en honneur; *wieder zu ~n bringen* réhabiliter; *j-n bei der ~ packen* prendre q. par sa fierté; *der Wahrheit die ~ geben* rendre hommage à la vérité; *sich etw. zur ~ anrechnen* se faire un honneur de qch.; *sich e-e ~ daraus machen, zu ...* se faire un honneur de ...; *mit wem habe ich die ~ zu sprechen?* à qui ai-je l'honneur de parler?; *mit etw. ~ einlegen* retirer de la gloire de qch.; *er wird damit ~ einlegen* cela lui rendra des honneurs; *~, wem ~ gebührt* honneur au mérite; à tout seigneur, tout honneur.

'**ehren** *v/t.* honorer *(mit de)*; faire honneur (à); *(ver~)* révérer; vénérer; *(Ehre erweisen)* rendre honneur (à); *(hochachten)* respecter; *Ihr Vertrauen ehrt mich* votre confiance me fait honneur *(od.* m'honore*)*; *Briefanfang: Sehr geehrter Herr X!...* Monsieur, ...

'**Ehren|amt** *n* charge *f* honorifique; 2**amtlich I** *adj.* honorifique; **II** *adv.* à titre honorifique; **~bezeigung** *f*, **~bezeugung** *f* honneurs *m/pl.*; marques *f/pl.* de respect; **~bürger(in** *f*) *m* citoyen *m*, -enne *f* d'honneur; **~bürgerbrief** *m* lettre *f* de citoyen d'honneur; **~dame** *hist. f* demoiselle *(resp.* dame*) f* d'honneur; **~doktor** *m* docteur *m* honoris causa; **~erklärung** *f* réparation *f* d'honneur; **~gabe** *f* don *m* d'honneur; **~gast** *m* hôte *m (od.* invité *m)* d'honneur; **~geleit** *n* escorte *f* d'honneur; **~gericht** *n* tribunal *m* d'honneur; 2**haft I** *adj.* honnête; honorable; **II** *adv. a.* avec honneur; **~haftigkeit** *f* honnêteté *f*; honorabilité *f*; 2**halber** *adv.* pour l'honneur; *Doktor ~* docteur *m* honoris causa; **~handel** (*Streit*) *m* affaire *f (od.* baroud *m)* d'honneur; **~kompanie** *f* compagnie *f* d'honneur; **~kränkung** *f* injure *f*; outrage *m*; **~legion** *f* Légion *f* d'honneur; *Kreuz n der ~* croix *f* de la Légion d'honneur; **~mal** *n* monument *m* commémoratif, monument *m* aux victimes de la guerre; **~mann** *m* homme *m* d'honneur; homme *m* de bien; **~mitglied** *n* membre *m* honoraire *(od.* d'honneur*)*; **~pforte** *f* arc *m* de triomphe; **~platz** *m* place *f* d'honneur; **~posten** *m* poste *m* d'honneur; **~präsident** *m* président *m* d'honneur; **~preis** *m* prix *m* d'honneur; ♀ véronique *f*; **~recht** *n* droit *m* honorifique; *gew. ~e n/pl.* droits *m/pl.* civiques; *Verlust (Aberkennung) der bürgerlichen ~e* dégradation *f* civique; privation *f* des droits civiques; **~rettung** *f* réparation *f* d'honneur; réhabilitation *f*; 2**rührig** *adj.* injurieux, -euse; diffamant; infamant; attentoire à l'honneur de q.; **~runde** *f Sport*: tour *m* d'honneur; **~sache** *f* question *f* d'honneur; **~schuld** *f* dette *f* d'honneur; **~spalier** *n* 'haie *f* d'honneur; **~strafe** *jur. f* peine *f* infamante; **~tafel** *f* plaque *f* commémorative; **~tag** *m* anniversaire *m*; jour *m* de fête; jour *m* où q. est à l'honneur; **~titel** *m* titre *m* honorifique; **~tor** *n Sport*: but *m* d'honneur; **~tribüne** *f* tribune *f* d'honneur; **~verpflichtung** *f* engagement *m* sur l'honneur; 2**voll I** *adj.* honorable; glorieux, -euse; **II** *adv.* honorablement; avec honneur; **~wache** *f* garde *f* d'honneur; 2**wert** *adj.* honorable; **~wort** *n* parole *f* d'honneur *(geben* donner*)*; *(auf) mein ~!* sur mon honneur!; parole d'honneur!; 2**wörtlich** *adv.* sur l'honneur de q.; **~zeichen** *n* décoration *f*.

'**ehr|erbietig** *adj.* respectueux, -euse; *(rücksichtsvoll)* déférent; plein d'égards; 2**erbietung** *f* 'haute considération *f*; respect *m*; *(Rücksicht)* déférence *f*; *(Verehrung)* vénération *f*; 2**furcht** *f* respect *m*; *(Verehrung)* vénération *f*; *j-m s-e ~ bezeigen* présenter ses respects *(od.* ses hommages*)* à q.; *j-m ~ einflößen* en imposer à q.; **~furchtgebietend** *adj.* qui impose le respect; *(imposant)* imposant; **~fürchtig** *adj.* respectueux, -euse; **~furchtsvoll** *adj.* plein de respect; respectueux, -euse; 2**gefühl** *n* sens *(od.* sentiment *m*) de l'honneur; *an j-s ~ appellieren* faire appel au sens de l'honneur de q.; 2**geiz** *m* ambition *f*; 2**geizling** *m* ambitieux *m*; **~lich I** *adj.* honnête; sincère; loyal; F *e-e ~e Haut* une bonne pâte; un brave homme; une brave femme; **II** *adv.:* *es ~ mit j-m meinen* agir de bonne foi envers q.; *~ gesagt* à parler franchement; 2**lichkeit** *f* honnêteté *f*; *(Aufrichtigkeit)* sincérité *f*; *(Rechtschaffenheit)* probité *f*; *(Loyalität)* loyauté *f*; bonne foi *f*; **~los** *adj.* infâme; 2**losigkeit** *f* déshonneur *m*; infamie *f*; 2**sucht** *f* ambition *f* démesurée; 2**ung** *f* honneur *m* (fait à q.); **~vergessen** *adj.* insoucieux, -euse de l'honneur; 2**verlust** ⚖ *m* dégrada-

tion *f* civique; ⁓**würden**: *Euer* ⁓ mon révérend; ⁓**würdig** *adj*. respectable; vénérable; ⁓*er Vater* révérend père *m*; ⁓**würdigkeit** *f* respectabilité *f*.
ei! *int*. tiens!; ⁓ *was*! allons donc!
Ei *n* œuf *m* (*frisches frais*; *faules* pourri, gâté; *couvi*; *weich[gekocht]es* à la coque; *mollet*; *hart[gekocht]es* dur; *rohes* cru); *gebackene* (*überbackene*; *verlorene*; *gerührte*) ⁓*er* œufs *m/pl*. frits (au gratin; pochés; brouillés); *Russische* ⁓*er* œufs *m/pl*. à la russe; *wie aus dem* ⁓ *gepellt* tiré à quatre épingles; *sich wie ein* ⁓ *dem anderen ähneln* se ressembler comme deux gouttes d'eau; *wie auf* ⁓*ern gehen* avoir l'air de marcher sur des œufs; *sich nicht um ungelegte* ⁓*er kümmern* ne pas se préoccuper de choses qui n'existent pas encore; *er ist kaum aus dem* ⁓ *gekrochen* il est à peine sorti de sa coquille; *man muß ihn wie ein rohes* ⁓ *behandeln* il faut prendre des gants avec lui; il est extrêmement susceptible; *das* ⁓ *will klüger sein als die Henne* c'est Gros-Jean qui veut en remontrer à son curé.
'Eibe ♀ *f f m*.
'Eibisch ♀ *m* guimauve *f*.
'Eich-amt *n* bureau *m* d'étalonnage des poids et mesures.
'Eiche *f* chêne *m*.
'Eichel *f* gland *m*; *Kartenspiel*: trèfle *m*; ⁓**häher** *orn*. *m* geai *m*.
'eichen[1] *adj*. de (*od*. en) chêne.
'eichen[2] **I** *v/t*. *Hohlmaße*: jauger; *Gewichte*, *Maße*: étalonner; **II** ⁓ *n v*. *Hohlmaßen*: jaugeage *m*; *v*. *Gewichten*, *Maßen*: étalonnage *m*; étalonnement *m*.
'Eichen|**blatt** *n* feuille *f* de chêne; ⁓**holz** *n* (bois *m* de) chêne *m*; ⁓**kranz** *m* couronne *f* de feuilles de chêne; ⁓**laub** *n* feuilles *f/pl*. de (*od*. feuillage *m* du) chêne; ⁓**lohe** *f*, ⁓**mehl** *n* Gerberei: tan *m*; ⁓**rinde** ♀ *f* écorce *f* de chêne; *Gerberei*: gemahlene ⁓ tan *m*; ⁓**wald**(**ung** *f*) *m* forêt *f* de chênes; chênaie *f*.
'Eichgebühr *f* droit *m* d'étalonnage (*bei Hohlmaßen*: de jaugeage).
'Eich|**hörnchen** *n*, ⁓**kätzchen** *n* écureuil *m*.
'Eich|**maß** *n* étalon *m*; matrice *f*; *für Hohlmaße*: jauge *f*; ⁓**stempel** *m* poinçon *m* d'étalonnage.
Eid *m* serment *m*; *an* ⁓*es Statt* à titre de serment; *j-m e-n* ⁓ *abnehmen* faire prêter serment à q.; *e-n* ⁓ *leisten* (*schwören*; *ablegen*) prêter serment; *e-n* ⁓ *brechen* violer (*od*. rompre) son serment; se parjurer; *durch* ⁓ *bekräftigen* affirmer par serment; *unter* ⁓ *erklären* (*aussagen*) déclarer (déposer) sous (la foi du) serment.
'Eid|**bruch** *m* parjure *m*; ⁓**brüchig** *adj*. parjure; ⁓ *werden* violer son serment; se parjurer; ⁓**brüchige**(**r**) *m* parjure *m*.
'Eidechse *zo*. *f* lézard *m*.
'Eider|**daunen** *f/pl*. duvet *m* de l'eider; ⁓**ente** *f* eider *m*.
'Eides|**formel** *f* formule *f* de serment; ⁓**leistung** *f* prestation *f* de serment; ⁓**stattlich** *adj*. sous (la foi du) serment; ⁓*e Erklärung* (*Aussage*) déclaration (déposition) *f* tenant lieu de serment; ⁓**verweigerung** *f* refus *m* de prêter serment.

'Eid|**genossenschaft** *f* confédération *f*; *die Schweizerische* ⁓ la Confédération helvétique; ⁓**genössisch** *adj*. fédéral.
'eidlich *adj*. *u*. *adv*. sous (la foi du) serment; par serment; ⁓*e Erklärung* (*Aussage*) déclaration (déposition) *f* sous (la foi du) serment; ⁓ *bekräftigen* affirmer par serment; *sich* ⁓ *verpflichten*, *etw*. *zu tun* jurer de faire qch.
Eido'phor *télév*. *n* éidophore *m*.
'Eidotter *m* jaune *m* d'œuf.
'Eier|**auflauf** *m* soufflé *m* aux œufs; ⁓**becher** *m* coquetier *m*; ⁓**brikett** *n* boulet *m* (de charbon); ⁓**handgranate** *f* grenade *f* à main ovoïde; ⁓**händler**(**in** *f*) *m* marchand *m*, -e *f* d'œufs; (*Eiergroßhändler*) coquetier *m*; ⁓**kohle** *f* boulet *m* (de charbon); ⁓**kuchen** *cuis*. *m* crêpe *f*; *dicker* ⁓ matefaim *m* *inv*.; ⁓**legend** *adj*.: ⁓*e Henne* (poule *f*) pondeuse *f*; ⁓**likör** *m* liqueur *f* aux œufs; ⁓**löffel** *m* cuiller *f* à œuf; ⁓**prüfer** ⊕ *m* zum Durchleuchten: mire-œufs *m*; ⁓**schale** *f* coquille *f* d'œuf; ⁓**schläger** *m* batteur *m* d'œufs; ⁓**schnee** *cuis*. *m* blancs *m/pl*. d'œuf en neige; ⁓**schwamm** ♀ *m* chanterelle *f*; girol(l)e *f*; ⁓**speise** *f* entremets *m* aux œufs; ⁓**spiegel** *m* *Prüfgerät* mire-œufs *m*; ⁓**stock** *anat*. *m* ovaire *m*; ⁓**uhr** *f* sablier *m*.
'Eifer *m* zèle *m*; *pfort* ardeur *f*; *in* ⁓ *geraten* s'emporter, s'échauffer, F s'emballer; *blinder* ⁓ *schadet nur trop* de zèle nuit.
'Eifer|**er** *m*, ⁓**in** *f* zélateur *m*, -trice *f*; fanatique *m*, *f*.
'eifern *v/i*.: ⁓ *für* montrer du zèle pour; ⁓ *gegen* s'emporter (*od*. s'échauffer, F s'emballer) contre.
'Eifer|**sucht** *f* jalousie *f* (*auf acc*. à l'égard de); ⁓**süchtig** *adj*. jaloux, -ouse (*auf acc*. de); *auf j-n* ⁓ *sein* a. jalouser q.; *auf j-n* ⁓ *werden* ressentir de la jalousie envers q.; ⁓**suchtsdrama** *n* drame *m* de la jalousie.
'eiförmig *adj*. ovale; oviforme; ovoïde.
'eifrig I *adj*. zélé; empressé; ardent (*in dat*. à); *pfort* fervent; **II** *adv*. avec empressement; ardemment; avec ardeur; avec ferveur; *sich* ⁓ *zu schaffen machen* s'affairer (à).
'Eigelb *n* jaune *m* d'œuf.
'eigen *adj*. propre; à soi; (*spezifisch*) spécifique; (*eigentümlich*) particulier, -ière; caractéristique *f*; (*besonder*) séparé, à part; (*befremdend*) étrange; (*sonderbar*) singulier, -ière; original; bizarre; drôle; (*anspruchsvoll*) exigeant; (*schwer zu befriedigen*) difficile; (*genau*) exact; (*sorgfältig*) soigneux, -euse; *in* ⁓*er Person* en personne; *zu* ⁓*en Händen* en main propre; *sein* ⁓*er Herr sein* être son maître; *ne dépendre de personne*; *e- Möbel haben*; *e-e* ⁓*e Wohnung haben* être dans ses meubles; *man kann sein* ⁓*es Wort nicht verstehen on ne peut s'entendre*; *er hat ein* ⁓*es Zimmer* il a sa propre chambre; *etw*. *auf* ⁓*e Faust* (*aus* ⁓*em Triebe*) *tun* faire qch. de son propre chef; *auf* ⁓*e Rechnung* pour mon (ton, *etc*.) propre compte; *ich habe es mit* ⁓*en Augen gesehen* je l'ai vu de mes propres yeux; *mit* ⁓*er Hand* de ma (ta,

etc.) propre main; *sich etw*. *zu* ⁓ *machen* s'approprier qch., *fig*. adopter qch.; *fig*. *sich etw*. *zu* ⁓ *machen* se pénétrer de qch.; *sich das Prinzip der nationalen Unabhängigkeit zu* ⁓ *machen* faire sien le principe de l'indépendance nationale; ⁓**art** *f* particularité *f*; caractéristique *f*; ⁓**artig** *adj*. particulier, -ière; singulier, -ière; caractéristique; (*seltsam*) curieux, -euse; (*sonderbar*) étrange; ⁓**bedarf** *m* besoins *m/pl*. personnels (*resp*. régionaux *resp*. nationaux); ⁓**betrieb** *m* entreprise *f* propre; ⁓**bewegung** *f* mouvement *m* propre; ⁓**brötelei** *f* originalité *f*; ⁓**brötler** *m* original *m*; maniaque *m*; barbon *m*; ⁓**brötlerisch** *pol*. *adj*. particulariste; ⁓**erzeugnis** *n* produit *m* de sa fabrication, de son jardin, *etc*.; ⁓*e-s Landes*: produit *m* du pays; production *f* nationale; ⁓**finanzierung** *f* autofinancement *m*; ⁓**gesetzlichkeit** *f* lois *f/pl*. propres; ⁓**gewicht** *n* poids *m* propre; *e-s Fahrzeuges*: poids *m* mort; ⁓**händig** *adj*. *u*. *adv*. de ma (*resp*. ta, *etc*.) propre main; ⁓ *unterschrieben* signé de sa propre main; ⁓*e Unterschrift* signature *f* de sa propre main; ⁓ *geschriebene* autographe; ⁓ *geschriebenes Testament* testament *m* olographe; ⁓ *übergeben* (*persönlich*) remettre personnellement, (*zu eigenen Händen*) remettre en main propre; ⁓**heim** *n* maison *f* individuelle; ⁓**heit** *f* (*Eigenschaft*) propriété *f*; propre *m*; (*Eigentümlichkeit*) particularité *f*; originalité *f*; (*Sonderbarkeit*) singularité *f*; ⁓ *der Sprache* idiotisme *m*; ⁓ *der deutschen Sprache* germanisme *m*; ⁓ *der französischen Sprache* gallicisme *m*; ⁓**kapital** *n* capital *m* propre; ⁓**leben** *n* vie *f* propre; ⁓**liebe** *f* (*Selbstliebe*) amour *m* de soi-même, *pfort* égoïsme *m*; ⁓**lob** *n* éloge *m* de soi-même; ⁓ *stinkt* la vantardise est un vilain défaut; ⁓**mächtig I** *adj*. arbitraire; **II** *adv*. *a*. de ma (*resp*. ta, *etc*.) propre autorité; ⁓**mächtigkeit** *f* autoritarisme *m*; ⁓**name**(**n**) *m* nom *m* propre; ⁓**nutz** *m* intérêt *m* personnel; égoïsme *m*; ⁓**nützig I** *adj*. intéressé, égoïste; **II** *adv*. par intérêt.
'eigens *adv*. exprès; spécialement; particulièrement.
'Eigenschaft *f* qualité *f*; (*das Eigentümliche*) propriété *f*; propre *m*; (*auszeichnende* ⁓) caractère *m*; (*Merkmal*) attribut *m*; *in der* (*od*. *s-r*) ⁓ *als* en qualité de; ⁓**swort** *gr*. *n* adjectif *m*.
'Eigen|**sinn** *m* entêtement *m*; (*Starrköpfigkeit*) obstination *f*; opiniâtreté *f*; ⁓**sinnig** *adj*. têtu, entêté; buté; opiniâtre; obstiné; ⁓ *beharren* (*od*. *bestehen*) *s'entêter* (*auf etw*. *dat*. dans qch.; *etw*. *zu tun* à faire qch.); s'obstiner (dans qch.; à faire qch.); se buter (dans qch.; à faire qch.); ⁓**staatlich** *adj*.: ⁓*e Währung* monnaie *f* nationale; ⁓**ständig** *adj*. indépendant; *Kirche*: autocéphale; ⁓**ständigkeit** *f* originalité *f*; *e-r Sprache od*. *Mundart*: droit *m* de cité; *völkische* ⁓ identité *f* ethnique; ⁓**stolz** *m* amour *m* propre.
'eigentlich I *adj*. véritable; vrai; proprement dit; (*innewohnend*) intrinsèque; ⁓*er Wert* valeur *f* intrinsèque; *im* ⁓*en Sinne* au sens propre; **II**

adv. (*offen gesagt*) à vrai dire; à dire vrai; (*strenggenommen*) à proprement parler; (*im Grunde genommen*) au fond; (*in Wirklichkeit*) en réalité; (*genau*) exactement; précisément; au juste.

'**Eigentor** (*Sport*) *n* but *m* marqué contre son camp.

'**Eigentum** *n* propriété *f*; *geistiges* ~ propriété *f* intellectuelle (*od.* littéraire et artistique); *gewerbliches* ~ propriété *f* industrielle; *bewegliches* ~ biens *m/pl.* meubles; *unbewegliches* ~ biens *m/pl.* immeubles; *als* ~ *besitzen* posséder en propre.

'**Eigentümer**(**in** *f*) *m* propriétaire *m*, *f*.

'**eigentümlich** *adj.* propre; particulier, -ière; (*seltsam, merkwürdig*) curieux, -euse; (*sonderbar*) étrange; ℒ**keit** *f* (*unterscheidende Eigenschaft*) propriété *f*; particularité *f*; caractère *m* (distinctif); trait *m* distinctif; propre *m*; génie *m*; caractéristique *f*; originalité *f*; (*Sonderbarkeit*) étrangeté *f*.

'**Eigentums|beschränkung** *f* restriction *f* de la propriété; ~**gewinnung** *f* accession *f* à la propriété; ~**nachweis** *m* preuve *f* de l'origine de la propriété; ~**recht** *n* droit *m* de propriété; ~**titel** *m* titre *m* de propriété; ~**übertragung** *f* transfert *m* (*od.* transmission *f*) de propriété; ~**vergehen** *n* délit *m* contre la propriété; ~**vorbehalt** *m* réserve *f* de propriété; ~**wechsel** *m* mutation *f* de propriété; changement *m* de propriétaire; ~**wohnung** *f* logement *m* en copropriété.

'**Eigen|verbrauch** *m* ⚕ auto-consommation *f*; ⊕ consommation *f* propre; ℒ**willig** *adj.* entêté; (*originell*) original; ~**willigkeit** *f* entêtement *m*; (*Originalität*) originalité *f*.

'**eign|en** *v/rf.*: *sich* ~ être propre (*od.* apte) (*zu* à); (*dazu* à pour); se prêter (*zu* à); ℒ**er** *m* propriétaire *m*; possesseur *m*; ℒ**ung** *f* qualification *f*; aptitude *f*; *berufliche* ~ aptitude *f* professionnelle; *s-e* ~ *nachweisen* justifier de son aptitude (*für etw.* à qch.); ℒ**ungsprüfung** *f* examen *m* (*od.* épreuve *f*) d'aptitude; ℒ**ungstest** *m* test *m* psychotechnique; ℒ**ungszeugnis** *n* certificat *m* d'aptitude.

'**Eil|bote** *m*: *durch* ~*n* par exprès; ~**brief** *m* lettre *f* exprès.

'**Eile** *f* 'hâte *f*; *ich bin in* ~ je suis pressé; *in aller* ~ à la (*od.* en toute) 'hâte.

'**Eileiter** *anat. m* trompe *f* utérine.

'**eilen** *v/i.* *zur Arbeit, nach Hause, zur Post, zur Schule, zum Bahnhof, zum Markt*: aller vite (à); courir (à); F foncer (à); se rendre vite (à); *zur Tür* ~ se précipiter à la porte; *j-m zu Hilfe* ~ voler au secours de q.; *es eilt* cela presse; c'est pressé; c'est urgent; il y a urgence; *eile! auf Postsendungen*: urgent; *eile mit Weile!* 'hâte-toi lentement; ~**ds** *adv.* à la (*od.* en) 'hâte; d'urgence; précipitamment.

'**eil|fertig** **I** *adj.* hâtif, -ive; **II** *adv.* à la 'hâte; ℒ**fertigkeit** *f* 'hâte *f*; ℒ**gespräch** *n* communication *f* urgente; ℒ**gut** *n* marchandises *f/pl.* en grande vitesse; *als* ~ en grande vitesse; ℒ**güterzug** *m* train *m* de messageries; ~**ig** *adj.* pressé; pressant; urgent; *ganz* ~ de toute urgence; *es* ~ *haben* être pressé; ℒ**iges** *n*: *er hatte nichts* ~ *zu tun als zu ...* il n'avait rien de plus pressé à faire que de ...; ~**igst** *adv.* au plus vite; en toute 'hâte; ℒ**marsch** ✕ *m* marche *f* forcée; *in Eilmärschen* à marches forcées; ℒ**paket** *n* colis *m* par exprès; ℒ**schritt** *m* pas *m* accéléré; ℒ**sendung** *f* envoi *m* par exprès; ℒ**zug** 🚆 *m* (train *m*) rapide *m*.

'**Eimer** *m* seau *m*; ⊕ *am Bagger*: godet *m*; F *fig. im* ~ *sein* être dans le lac; ℒ**weise** *adv.* par seaux.

ein **I** *a/n.c.*: *ein* *m*, '*eine* *f*, *ein* *n*; *abs. ohne su.* '**einer**, '**eine**, '**ein**(**e**)**s**; (*Punkt*) *ein Uhr* à une heure (précise); *ein für allemal* une fois pour toutes; *in einem fort* continuellement; *ihr ein und alles* son unique trésor *m*; *einer nach dem andern* l'un après l'autre; *weder ein noch aus wissen* ne (pas) savoir où donner de la tête; *ein und derselbe* une seule et même personne; *das ist alles eins* tout cela revient au même; *auf eins hinauslaufen* revenir au même; *eins* (*einig*) *werden* tomber d'accord; *eins* (*einig*) *sein* d'accord; **II** *art. indéfini* un (*m*), une *f*; *ein jeder* chacun; *welch* (*od. was für*) *ein Unglück!* quel malheur!; **III** *pr./ind.*: *bsd. für den obliquen Kasus v. man*; *wie kann einer so dumm sein!* comment peut-on être si bête!; *wenn einem etw. passiert* quand il vous arrive qch.; F *einen heben*(*od. trinken*) boire un coup; *singen wir eins* chantons-en une; *j-m eins versetzen* donner un coup à q.

'**ein|achsig** *adj.* à essieu unique; à un seul essieu; à deux roues; ℒ**akter** *m* pièce *f* en un acte.

ein'ander *adv.* l'un l'autre; les uns les autres; l'un à l'autre; les uns aux autres; (*gegenseitig*) mutuellement; réciproquement; ~ *helfen* s'entraider; ~ *schaden* se nuire réciproquement.

'**ein-arbeiten** **1.** *v/t.* mettre (q.) au courant d'un travail; initier (q.) à un travail; insérer; **2.** *v/rf.*: *sich* ~ *in* (*acc.*) se mettre au courant de; s'initier à.

'**ein-armig** *adj. anat.* qui n'a qu'un bras; manchot; ⊕ à bras unique.

'**ein-äscher|n** *v/t.* réduire en cendres; *Leichen*: incinérer; ℒ**ung** *f* réduction *f* en cendres; *v. Leichen*: incinération *f*; crémation *f*.

'**ein-atm|en** *v/t.* inspirer; inhaler; ℒ**en** *n*, ℒ**ung** *f* inspiration *f*; inhalation *f*.

'**ein-atomig** *adj.* monoatomique.

'**ein-ätzen** *v/t.* graver à l'eau-forte.

'**ein-äugig** *adj.* borgne.

'**EIN-'AUS-Schalter** *m* interrupteur *m* marche arrêt.

'**Einbahnstraße** *f* (rue *f* à) sens *m* unique; *v. der Gegenrichtung*: sens *m* interdit.

einbalsamier|en *v/t.* embaumer; ℒ**ung** *f* embaumement *m*.

'**Einband** *m* *e-s Buches*: reliure *f*.

'**einbändig** *adj.* en un volume.

'**einbasisch** 🜂 *adj.* monobasique.

'**Einbau** *m* encastrement *m*; *v. Maschinen, Apparaten*: installation *f* (*in acc.* dans); montage *m*; ~**elemente** (*Möbel*) *n/pl.* encastrables *m/pl.*; ℒ**en** *v/t.* encastrer (*in die Wand* dans le mur); *Maschinen, Apparate*: installer (*in acc.* dans); intégrer (à); monter; ~**fehler** *m* faute *f* (*od.* erreur) *f* de montage; montage *m* incorrect.

'**Einbaum** *m* pirogue *f*.

'**Einbauschrank** *m* armoire *f* encastrée.

'**einbe|greifen** *v/t.*: (*mit*) ~ y comprendre; (*mit*) ~ *in* (*acc.*) comprendre dans; ~**griffen** *adj.*: (*mit*) ~ y compris.

'**einbehalt|en** *v/t.* retenir (*vom Lohn* sur le salaire); ℒ**ung** *f* retenue *f*.

'**einbeinig** *adj.* unijambiste; *Tisch*: à un seul pied; ℒ**e**(**r** *a. m*) *m*, *f* unijambiste *m*, *f*.

'**einberuf|en** *v/t.* ✕ appeler (sous les drapeaux); *Konferenz*: réunir; *Parlament usw.*: convoquer; ℒ**ung** *f des Parlaments usw.*: convocation *f*; ✕ incorporation *f*; ℒ**ungsbefehl** *m* appel *m* (sous les drapeaux).

'**einbetonieren** *v/t.* encastrer dans du béton.

'**einbett|en** *v/t.* *pol. in ein Bündnis*: encadrer; *Fluß*: endiguer; ⊕ encastrer; ℒ**ung** *f*: ~ *im atlantischen Bündnis* ancrage *m* solide (*od.* encadrement *m*) dans l'alliance atlantique.

'**Einbett|kabine** *f* cabine *f* à un lit; ~**zimmer** *n* chambre *f* à un lit.

'**einbeul|en** *v/t.* bosseler; cabosser; ℒ**ung** *f* bossellement *m*; (*Beule*) bosse *f*.

'**einbezieh|en** *v/t.* comprendre (*in acc.* dans); associer; intégrer; ℒ**ung** *f* association *f*; inclusion *f*; intégration *f*.

'**einbieg|en** **1.** *v/t.* plier (*od.* courber) en dedans; infléchir; **2.** *v/rf.*: *sich* ~ plier (*od.* se recourber) en dedans; **3.** *v/i.* tourner (*nach rechts* à droite); ~ *in* (*acc.*) s'engager dans; *in e-n Weg* ~ prendre (*od.* s'engager dans *od.* entrer dans) un chemin; ℒ**en** *n*, ℒ**ung** *f* (*Kurve*) virage *m*.

'**einbild|en** *v/rf.*: *sich etw.* ~ (*sich denken*) s'imaginer (*od.* se figurer) qch.; *sich etw. steif und fest* ~ se fourrer qch. dans la tête; *sich etw.* ~ *auf* (*acc.*) être fier de; *sich viel auf etw.* ~ tirer vanité de qch.; se piquer (*de* + *inf.*); *sich viel* ~ avoir une 'haute opinion de soi; ℒ**ung** *f* (*Phantasie*) imagination *f*; (*Anmaßung*) prétention *f*; arrogance *f*; présomption *f*; fatuité *f*; infatuation *f*; (*Eitelkeit*) vanité *f*; ℒ**ungskraft** *f* imagination *f*; ℒ**ungsvermögen** *n* faculté *f* imaginative.

'**einbinden** **I** *v/t. Buch usw.*: relier; *in Pappe* ~ cartonner; **II** ℒ *n e-s Buches usw.*: reliure *f*.

'**einblasen** *v/t.* ✿ insuffler; F *fig.* suggérer; insinuer.

'**einblenden** *v/t. cin.* ouvrir (*od.* faire apparaître) en fondu; *Tonband*: nachträglich ~ surimpressionner; ℒ *Tonband n*: nachträgliches ~ surimpression *f*.

'**einbleuen** *v/t.*: *j-m etw.* ~ inculquer qch. à q.; fourrer qch. dans la tête de q.

'**Einblick** *m* coup *m* d'œil; *fig.* idée *f*; aperçu *m*; *j-m* ~ *in etw.* (*acc.*) *gewähren* mettre q. au courant de qch.;

initier q. à qch.; *in etw. (acc.)* ~ *nehmen* se mettre au courant de qch.; s'initier à qch.
einbrech|en 1. *v/t.* ⚔ *die Front*: enfoncer; percer; 2. *v/i.* ⚔ *die Front*: enfoncer; percer; 2. *v/i.* pénétrer *(in acc. dans)*; *Wasser*: faire irruption; *(einstürzen)* s'écrouler; s'effondrer; *auf dem Eis*: s'enfoncer; *gewaltsam*: entrer de force *(in acc. dans)*; *heimlich*: s'introduire en cachette *(in acc. dans)*; *in ein Haus* ~ cambrioler une maison; *in ein Land* ~ envahir un pays; *Nacht*: tomber; *bei ~der Nacht* à la nuit tombante; **2er(in** *f*) *m* cambrioleur *m*, -euse *f*; **2erbande** *f* bande *f* de cambrioleurs.
Einbrenne *cuis.* *f* roux *m*.
einbrennen *v/t.* marquer au fer chaud.
Einbrettschi *(Wasserski) m* monoski *m*.
einbring|en *v/t.* *Gefangene*: amener; *Ernte*: engranger; rentrer; garer; *Antrag*: présenter; déposer; *Gewinn*: rapporter; *viel ~d* lucratif, -ive; *(wieder)* ~ *Geld*: recouvrer; *das bringt mir nur Scherereien ein* cela ne me vaut que des ennuis; **2en** *n*, **2ung** *f der Ernte*: rentrée *f*; engrangement *m*; *e-s Antrages*: déposition *f*; *v. Gewinn*: rapport *m*; *(Wieder-)~ v. Geld*: recouvrement *m*.
einbrocken *v/t.* *Brot*: tremper; *fig. j-m etw.* ~ jouer un mauvais tour à q.; *er hat sich etw. Schönes eingebrockt!* il s'est mis dans de beaux draps!
Einbruch *m in ein Haus*: effraction *f*; cambriolage *m*; F fric-frac *m*; *v. Wasser*: irruption *f*; *in die Front*: enfoncement *m*; percée *f*; *in ein Land*: invasion *f*; *bei ~ der Nacht* à la tombée de la nuit; **~sdiebstahl** *m* cambriolage *m*; vol *m* avec effraction; **~sdiebstahlversicherung** *f* assurance *f* contre le vol par effraction; **2ssicher** *adj.* à l'épreuve de l'effraction; incrochetable; **~sstelle** ⚔ *f* point *m* d'attaque; percée *f*; **~sversicherung** *f* assurance *f* contre le vol par effraction.
einbuchten F *(einsperren) v/t.* F coffrer.
Einbuchtung *f géogr.* indentation *f*; *(Bucht)* baie *f*, *kleine*: anse *f*; *géol.* anfractuosité *f*; *(Innenarchitektur)* défoncé *m*.
einbuddeln F 1. *v/t.* enterrer; 2. *v/rf.*: *sich* ~ se terrer.
einbügeln *v/t.* rentrer au fer.
einbürger|n 1. *v/t.* naturaliser; *Sitten*: introduire; 2. *v/rf.*: *sich* ~ se faire naturaliser; *Schriftsteller*: s'établir; *Sitten*: s'introduire; **2ung** *f* naturalisation *f*; *v. Sitten*: introduction *f*; **2ungs-antrag** *m* demande *f* de naturalisation.
Einbuße *f* dommage *m*; perte *f*.
einbüßen *v/t.* perdre; *ich habe meinen Ruf dabei eingebüßt* j'en suis pour ma réputation.
eindämm|en *v/t.* endiguer; *Brand*: circonscrire; *Preise, fig.*: enrayer; maîtriser; **2en** *n*, **2ung** *f* endiguement *m*.
eindecken *v/rf.*: *sich* ~ *(versorgen)* se pourvoir *(mit de)*; s'approvisionner *(mit de)*.
Eindecker ✈ *m* monoplan *m*.

eindeichen *v/t.* endiguer.
eindeutig *adj.* clair; explicite; évident; manifeste; net, nette.
eindeutsch|en *v/t.* germaniser; **2ung** *f* germanisation *f*.
eindicken I *v/t.* épaissir; concentrer; II **2** *n* épaississement *m*; concentration *f*.
eindosen *v/t.* mettre en conserve.
eindrillen I *v/t.* faire répéter mécaniquement; *j-m etw.* ~ inculquer qch. à q.; II **2** *n* répétition *f* mécanique.
eindringen I *v/i.* pénétrer *(in acc. dans; gewaltsam de [od. par] force)*; entrer *in acc. dans; gewaltsam de [od.par], force)*; *Flüssigkeiten*: s'infiltrer; *Fremdwörter: in e-e Sprache* ~ s'immiscer dans une langue; *fig. auf j-n* ~ presser q.; *in ein Land* ~ envahir un pays; II **2** *n* pénétration *f*; *(feindlicher Einfall)* invasion *f*; *v. Flüssigkeiten*: infiltration *f*.
eindringlich *adj.* pénétrant; *(ergreifend)* émouvant; *(heftig)* pressant; avec insistance; **2keit** *f* insistance *f*.
Eindringling *m* intrus *m*.
Eindruck *m (Gepräge)* empreinte *f*; marque *f*; *fig.* impression *f*; *(Wirkung)* effet *m*; ~ *machen* faire de l'impression; faire de l'effet; *e-n guten* ~ *machen* faire une bonne impression; faire *(od. produire)* un bon effet; *großen* ~ *machen* faire grand effet; *e-n* ~ *vermitteln* donner une impression; ~ *auf j-n machen* impressionner q.
eindrücken *v/t.* ⚔ *Front*: enfoncer; *Scheibe a.*: casser; *bsd. Auto, Wand, Schaufenster*: défoncer.
eindrucks|fähig *adj.* impressionnable; **2fähigkeit** *f* impressionnabilité *f*; **~voll** *adj.* impressionnant.
eine → **ein**.
ein-ebnen *v/t.* aplanir; niveler.
Ein-ehe *f* monogamie *f*.
ein-eiig *adj.*: **~e** *Zwillinge* vrais jumeaux *m/pl.*
einen *v/t. (zusammenschließen)* unir; unifier; *(in Übereinstimnung bringen) (v/rf.: sich se)* mettre d'accord.
ein-engen *v/t.* resserrer; rétrécir; *fig.* gêner; *sich eingeengt fühlen* se sentir à l'étroit.
einer I → **ein**; II **2** *m arith.* unité *f*; *(Ruderboot)* canot *m* à un rameur; skiff *m*.
einer|lei I *adj.* de la même espèce; *(gleichgültig)* indifférent; *(das ist)* ~! c'est égal *(od.* indifférent)!; ~ *wer* n'importe qui; II **2** *n* monotonie *f*; uniformité *f*; routine *f*; *das tägliche* ~ le traintrain quotidien.
ein-ernten *v/t.* récolter; recueillir.
einerseits, **einesteils** *adv.* d'une part.
einfach I *adj.* simple; *(schmucklos)* uni; *(bloß)* pur; *(bescheiden)* modeste; *(demütig, niedrig)* humble; *(schlicht)* naturel, -elle; *Mahl*: frugal; *Brief*: ordinaire; *die ~en Leute* les humbles *m/pl.*; *aus ~en Verhältnissen stammen* être d'origine modeste *(od.* humble *od.* d'humble origine); II *adv.* simplement; *ganz* ~ tout simplement; bel et bien; purement et simplement; ~ *falten* mettre en double; **2heit** *f* simplicité *f*; *e-r Mahlzeit*: frugalité *f*; **~wirkend** ⊕ *adj.* à

simple effet.
einfädeln *v/t. Nadel*: enfiler.
einfahr|bar *adj. Fahrgestell*: escamotable; **~en** 1. *v/i.* entrer *(en voiture, etc.)*; ⛟ entrer en gare; ⚒ descendre *(dans le puits)*; 2. *v/t. Ernte*: rentrer; *Pferde*: dresser à la voiture; *Auto*: roder; *Fahrgestell, Sehrohr usw.*: escamoter; 3. *rf. sich (Auto)* s'entraîner; **2en** *n* entrée *f (en voiture, etc.;* ⛟ en gare); *der Ernte*: rentrée *f*; *e-s Autos*: rodage *m*.
Einfahrt *f* entrée *f*; *zum unterirdischen Parkhaus*: trémie *f* d'accès; ⚒ descente *f (dans les puits);* *(Torweg)* porte *f* cochère; **~sgleis** *n* voie *f* d'entrée *(od.* d'arrivée*);* **~(s)signal** *n* ⛟ signal *m* d'entrée (en gare).
Einfall *m* ⚔ irruption *f*; invasion *f (in acc.* dans bzw. en *od.* de*); phys. v. Strahlen*: incidence *f*; *(plötzlicher Gedanke)* idée *f*; glücklicher ~ bonne idée *f*; *launenhafter* ~ caprice *m*; *litt.* foucade *f*; *witziger* ~ boutade *f*; saillie *f*; *wunderlicher* ~ lubie *f*; *auf den* ~ *kommen avoir l'idée (zu de);* s'aviser *(zu de);* es kommt *j. auf den* ~ *zu ...* il prend fantaisie à q. de ...; **2en** *v/i. (einstürzen)* s'écrouler; s'effondrer; *(nach innen fallen)* s'enfoncer; *(zusammensinken)* s'affaisser; *phys. Strahlen*: faire incidence; ⚔ *in ein Land* ~ faire irruption dans *(od.* envahir*)* un pays; *(eingreifen)* intervenir *(in e-e Aussprache* dans une discussion*); in die Rede*: interrompre; *es fällt mir ein* il me vient à l'idée *(od.* à l'esprit*); es ist mir nicht eingefallen* j'avais l'esprit en escalier; *es sich* ~ *lassen, etw. zu tun* s'aviser de faire qch.; *was fällt ihm ein?* qu'est-ce qui lui prend?; quelle mouche le pique?; *das fällt mir nicht ein!* jamais de la vie; j'en suis bien loin; P zut (alors)!; *das hätte ich mir nie* ~ *lassen* je ne m'en serais jamais douté; *Ihr Name fällt mir nicht ein* votre nom ne me revient pas; → **eingefallen**; **2en** *n (Einstürzen)* écroulement *m*; effondrement *m*; *phys. v. Strahlen*: incidence *f*; *in die Rede*: interruption *f*; **2end** *phys. adj.* incident; **2sreich** *adj.* plein de bonnes idées; astucieux, -euse; **~swinkel** *m opt.* angle *m* d'incidence; *Funk*: angle *m* d'arrivée.
Einfalt *f* simplicité *f* d'esprit; naïveté *f*; niaiserie *f*.
einfältig *adj.* simplet, -ette; naïf, -ve; niais; F jobard, **~es Zeug** niaiseries *f/pl.*
Einfalts-pinsel F *m* nigaud *m*; benêt *m*; F bêta *m*; F jobard *m*.
Einfamilienhaus *n* maison *f* individuelle.
einfangen *v/t.* capturer; attraper; *phys.* capter.
einfarbig *adj.* d'une (seule) couleur; unicolore; monochrome; *Stoff*: uni.
einfass|en *v/t.* border *(mit de); (umgeben)* entourer *(mit de);* enclore; *Rand*: garnir *(mit de); Schmuck*: sertir; *Brillengläser*: monter; *Brillengestell*: cercler; *Edelsteine*: enchâsser; *in e-n Rahmen* ~ encadrer; **2ung** *f (das Einfassende)* bordure *f*; *(Saum)* bord *m*; *e-s Kleides*: garniture *f*; *v. Edelsteinen*: sertissure *f*; *e-r Brille*: monture *f*; *(Rahmen)* cadre *m*.
einfett|en *v/t.* graisser; lubrifier;

Einfetten — eingerückt 788

2en *n*, 2ung *f* graissage *m*; lubrification *f*.
'**einfinden** *v/rf.*: sich ~ se trouver à l'endroit indiqué; se présenter; être présent; y être; (*sich einlassen*) s'intégrer au groupe; *vor Gericht:* comparaître.
'**einflechten** *v/t.* entrelacer; entremêler (*a. fig.*); *fig.* insérer.
'**einflieg|en** ⚔ 1. *v/i.* s'approcher; *feindlich:* faire une incursion; pénétrer; 2. *v/t. Flugzeug:* essayer en vol; 2er *m* pilote *m* d'essai.
'**einfließen** *v/i.* couler (*in acc.* dans); ~ lassen *fig.* glisser (*in acc.* dans).
'**einflößen** *v/t. Arznei usw.:* faire prendre; faire ingurgiter; administrer; *fig.* inspirer; *j-m Bewunderung* ~ remplir q. d'admiration; (*e-n*) Schrecken ~ effrayer q.; épouvanter q.; terrifier q.; horrifier q.; faire peur à q.
'**einfluchten** *v/t.* aligner.
'**Einflug** ⚔ *m* approche *f*; *feindlicher:* incursion *f*; raid *m*; ~**schneise** *f* ligne *f* d'accès de la piste; ~**zeichensender** *m* radiobalise *f*.
'**Einfluß** *m fig.* influence *f*; *durch geistige Überlegenheit:* ascendant *m*; (*Ansehen*) crédit *m*; *unter dem* ~ (*gén.*) sous l'influence de; *auf j-n* ~ *haben* avoir de l'influence sur q.; *auf j-n e-n* ~ *ausüben* exercer une influence sur q.; *auf j-n* ~ *ausüben* influencer q.; *auf j-n od. auf etw. (acc.)* ~ *ausüben* influer sur q. *od.* sur qch.; *unter j-s* ~ *stehen* subir l'influence de q.; *unter j-s* ~ *geraten* tomber sous l'influence de q.; ~**bereich** *m* zone *f* d'influence; 2**los** *adj.* sans influence; 2**reich** *adj.* (très) influent; ~**sphäre** *f* sphère *f* d'influence; *pol. a.* orbite *f*; mouvance *f*.
'**einflüster|n** *v/t.: j-m etw.* ~ souffler qch. à q.; *fig.* suggérer (*od.* insinuer) qch. à q.; 2ung *f* suggestion *f*; insinuation *f*.
'**einfordern** *v/t. Geld:* réclamer.
'**einförmig** *adj.* uniforme (*adv.* uniformément); *fig.* monotone; 2**keit** *f* uniformité *f*; *fig.* monotonie *f*.
'**einfressen** *v/rf.:* sich in etw. (*acc.*) ~ *Staub:* s'incruster dans qch.; ⚓ corroder qch.
'**einfried(ig)en** *v/t.* enclore (*mit e-r Hecke* d'une 'haie); clôturer; 2ung *f* clôture *f*; enclos *m*.
'**einfrieren** *v/i.* geler; être pris dans les glaces; *v/t. cuis.* frigorifier; congeler; *fig. Gelder, Preise usw.:* geler; 2 *n fig. von Krediten, Löhnen usw.:* gel *m*.
'**einfüg|en** 1. *v/t.* insérer (*a. fig.*; *in acc.* dans); encastrer; emboîter; 2. *v/rf.: sich* ~ s'insérer (*in acc.* dans); ⚒ s'intégrer; *fig.* (*anpassen*) s'adapter (*in acc.* à); 2ung *f* insertion *f* (*in acc.* dans); encastrement *m*; *fig.* adaptation *f* (*in acc.* à).
'**einfühl|en** *v/rf.: sich* ~ *in j-n* se mettre au diapason (*in die Haut) de* q.; 2ungsvermögen *n* aptitude *f* à se mettre au diapason (*in acc.* de).
'**Einfuhr** ✝ *f* importation *f*; ~**artikel** *m* article *m* d'importation; ~**beschränkungen** *f/pl.* restrictions *f/pl.* à l'importation; ~**bewilligung** *f* licence *f* (*od.* permis *m*) d'importation.

'**einführen** *v/t. u. v/rf.* (*sich* s')introduire (*a. chir.*); *Gebrauch a.:* (*sich* s')établir; *Industrie; Sprache:* implanter; *Waren:* importer; *in ein Amt* ~ installer dans une charge; *in etw. (acc.)* ~ (*einweihen*) initier à qch.; *j-n in ein Geheimnis* ~ mettre q. dans un secret.
'**Einfuhr|erlaubnis** *f*, ~**genehmigung** *f* licence *f* (*od.* permis *m*) d'importation; ~**hafen** *m* port *m* d'importation; ~**handel** *m* commerce *m* d'importation; ~**kontingent** *n* contingent *m* d'importation; ~**kontrolle** *f* contrôle *m* d'importation; ~**land** *n* pays *m* importateur; ~**lizenz** *f* licence *f* d'importation; ~**sperre** *f* interdiction *f* d'importation; ~**überschuß** *m* excédent *m* d'importation.
'**Einführung** *f* introduction *f* (*in acc.* dans, *fig.* à); *e-s Gebrauchs:* établissement *m*; *fig.* initiation *f* (*in acc.* à); *v. Waren:* importation *f*; *in ein Amt:* installation *f* (*in acc.* dans); ~**skursus** *m* cours *m* d'initiation (*in acc.* à); ~**srohr** *n* tuyau *m* d'entrée.
'**Einfuhr|verbot** *n* interdiction *f* d'importation; ~**waren** *f/pl.* marchandises *f/pl.* d'importation; ~**zoll** *m* droit *m* d'entrée.
'**einfüll|en** *v/t.* verser (*in acc.* dans); *in Flaschen* ~ mettre en bouteilles; 2**öffnung** *f* orifice *m* de remplissage; 2**stutzen** *m* bouchon *m* de remplissage; 2**trichter** *m* entonnoir *m* de remplissage; 2ung *f:* ~ *in Flaschen* mise *f* en bouteilles.
'**Eingabe** *f e-r Bittschrift usw.:* présentation *f*; (*Gesuch*) pétition *f*; demande *f*; 🖳 requête *f*; (*Kybernetik*) entrée *f*.
'**Eingang** *m* entrée *f*; (*Zugang*) accès *m*; (*Ankunft*) arrivée *f*; ✝ *e-s Betrages:* rentrée *f*; *e-s Wechsels:* paiement *m*; *allg. Einnahme:* recette *f*; (*Waren*2) arrivage *m*; (*Empfang*) réception *f*; *nach* ~ après réception; *e-r Sache* ~ *verschaffen* faire admettre (*od.* accepter) qch.; ~ *finden* trouver accès; *kein* ~! ; ~ *verboten!* entrée interdite; défense d'entrer; *beim* ~ *en entrant;* à l'entrée; 2s *adv.* au commencement; au début; ~**anzeige** ✝ *f* avis *m* d'arrivée; ~**buch** ✝ *n* livre *m* des entrées; ~**sdatum** *n* date *f* d'arrivée; *v. Wechseln:* date *f* de paiement; ~**sformel** 🖳 *f* intitulé *m*; ~**shalle** *f* 'hall *m* d'entrée; ~**smeldung** *f* déclaration *f* d'arrivée; ~**sstempel** *m* cachet *m* d'arrivée; (*Instrument*) dateur *m*; ~**s-tor** *n*, ~**s-tür** *f* porte *f* d'entrée; ~**svermerk** *m* mention *f* de réception.
'**eingeben I** *v/t. Arznei:* administrer; faire prendre; faire ingurgiter; *fig.* *j-m etw.* ~ inspirer (*od.* suggérer qch. insinuer) qch. à q.; **II** 🖳 2 *n* administration *f*.
'**eingebildet** *adj.* (*nicht wirklich*) imaginaire; (*dünkelhaft*) présomptueux, -euse; suffisant; (*eitel*) vaniteux, -euse; infatué; (*prétentieux, -euse*); *auf etw. (acc.)* ~ *sein* tirer vanité (*od.* se piquer) de qch.; 2**heit** *f* (*Dünkel*) présomption *f*; suffisance *f*; (*Eitelkeit*) vanité *f*; infatuation *f*; fatuité *f*; prétention *f*.
'**eingeboren** *adj.* natif, -ive; naturel,

-elle; indigène; (*angeboren*) inné; 2**enforscher** *m* indigéniste *m*; 2**ensprache** *f* langue *f* indigène (*od.* vernaculaire); 2**e(r** *a. m*) *m*, *f* indigène *m, f*.
'**Eingebung** *f* inspiration *f*; suggestion *f*; insinuation *f*.
'**eingedenk** *adj.:* e-r *Sache* (*gén.*) ~ *bleiben* (*sein*) se souvenir de qch.; *ne pas oublier* qch.
'**eingefallen** *adj.:* ~*e Wangen* joues *f/pl.* creuses; ~*e Augen* yeux *m/pl.* enfoncés; ~*es Gesicht* visage *m* 'hâve; traits *m/pl.* tirés.
'**eingefleischt** *adj.* incarné; viscéral; ~*er Junggeselle* célibataire *m* endurci.
'**eingefroren** ✝ *adj.* gelé; bloqué.
'**eingehakt**, '**eingehängt** *adv.:* ~ gehen aller bras dessus, bras dessous.
'**eingehen I** 1. *v/i. in die Geschichte* entrer; (*ankommen*) arriver; *Gelder:* rentrer; (*erlöschen*) s'éteindre; (*sterben*) dépérir; mourir; *Zeitung:* cesser de paraître; *Firma, Gesellschaft:* se dissoudre; *Stoff:* (se) rétrécir; *Stelle:* ~ *lassen* supprimer; *auf etw. (acc.)* ~ (*in etw. einwilligen*) consentir à qch., (*sich zu etw. hergeben*) se prêter à qch., (*sich über etw. auslassen*) se prononcer sur qch.; *auf ein Thema* ~ s'étendre sur un sujet; *auf Einzelheiten* ~ entrer dans les détails; *auf e-e Bedingung* ~ souscrire à une condition; *in die Geschichte des Heilmittels* ~ faire date (*od.* entrer) dans l'histoire du médicament; *das geht ihm schwer ein* cela ne veut pas lui entrer dans la tête; 2. *v/t. Bedingung:* souscrire (à); accepter; *Vertrag:* conclure; *Ehe, Schuld, Verbindlichkeit:* contracter; *Wette:* faire; *Kontrakt:* passer; *e-e Verpflichtung* ~ contracter (*od.* prendre) un engagement; encourir une obligation; **II** 2 *n v. Geldern:* rentrée *f*; (*Erlöschen*) extinction *f*; (*Sterben*) dépérissement *m*; *e-r Zeitung:* disparition *f*, *e-r Gesellschaft:* dissolution *f*; *v. Stoffen:* rétrécissement *m*; *e-r Stelle:* suppression *f*; (*Einwilligung*) consentement *m* (*auf acc.* à); ~**d I** *adj.* (*ausführlich*) détaillé; circonstancié; (*genau*) exact; minutieux, -euse; *Stoff:* nicht ~ irrétrécissable; **II** *adv.: sich mit etw.* ~ *beschäftigen* s'occuper de très près de qch.
'**eingekeilt** *adj.:* ~ *zwischen (acc.)* coincé entre.
'**Eingeladene(r** *a. m*) *m*, *f* invité *m*, -e *f*.
'**eingelegt** *adj.:* ~*e Arbeit* incrustation *f*; marqueterie *f*.
'**Eingemachte(s)** *n* conserves *f/pl.*; (*Früchte*) confitures *f/pl.*
'**eingemeind|en** *v/t.* incorporer à une commune; communaliser; 2ung *f* incorporation *f* à une commune.
'**eingenommen** *adj.* prévenu (*für en faveur de; gegen contre*); épris (*für de*); (*vernarrt*) entiché (*für de*); engoué (*de*); *von e-r Idee sehr* ~ *sein* être très séduit par une idée; *von sich* ~ *sein* être suffisant (*od.* infatué), être épris de soi-même, F se gober; 2**heit** *f* prévention *f* (*für pour od.* en faveur de; *gegen contre*); *pol.* tropisme *m* (*für pour*).
'**eingerückt** *adv.:* ~*e Zeile* alinéa *m*.

Eingesandt *n* communiqué *m*.
eingeschlechtig ⚥ *adj.* unisexué.
eingeschlossen *adj.* inclus.
eingeschnappt F *adj.* froissé; piqué; offensé.
eingeschoben *p.p. gr.*: ~*er Satz* proposition *f* incise.
eingeschränkt *adj.* restreint.
eingeschrieben *adj.* inscrit; *Brief*: recommandé.
eingestandener'maßen *adv.* il faut avouer que ... bzw. comme q. l'a avoué ...
Eingeständnis *n* aveu *m*.
eingestehen *v/t.* avouer; (*zugeben*) admettre.
eingestellt *adj.*: *auf etw.* (*acc.*) ~ *sein* être prêt (*od.* disposé) à qch.; *er ist pazifistisch* ~ il a des idées pacifistes; *von Kopf bis Fuß auf Liebe* ~ *sein* ne vivre que pour l'amour.
eingestrichen ♩ *adj.* de la région trois.
eingetragen *adj.* enregistré; ~*e Schutzmarke* marque *f* déposée.
Eingeweide *n anat.* viscères *m/pl.*; (*Gedärme*) entrailles *f/pl.*; intestins *m/pl.*; *v. Tieren*: tripes *f/pl.*; ~**würmer** *m/pl.* vers *m/pl.* intestinaux.
eingeweiht *p.p. u. adj.* → *einweihen*; ⚶*e*(**r** *a. m*) *m*, *f* initié *m*, -e *f*; adepte *m, f*.
eingewöhn|en *v/t.* (*v/rf.*: *sich* s')acclimater; (s')habituer (à); ⚶*ung f* acclimatation *f*.
eingewurzelt *adj.* enraciné.
eingießen *v/t.* verser (*in acc. dans*).
eingipsen *chir. v/t.* mettre dans le plâtre.
Einglas *n* monocle *m*.
eingleisig *adj.* à voie unique.
eingliedern *v/t.* incorporer (*in acc. dans od.* à); intégrer; ⚶*ung f* incorporation *f*; intégration *f*; insertion *f*; *von Sprachschülern im Ausland*: immersion *f*.
eingrab|en 1. *v/t.* enterrer; mettre en terre; (*einscharren*) enfouir; *fig.* graver (*in acc. dans*); **2.** *v/rf.*: *sich* ~ *se* terrer,⚔ *a.* se retrancher;*fig. sich ins Gedächtnis* ~ se graver dans la mémoire; ⚶*en n,* ⚶*ung f* enterrement *m*; (*Einscharren*) enfouissement *m*; ⚔ retranchement *m*.
eingravieren *v/t.* graver (*in acc. dans*).
eingreifen I *v/i. Zahnräder*: (ineinandergreifen) (s')engrener; *fig.* intervenir (*a. pol.,*⚔; *in acc. dans*); rücksichtslos ~ sévir (*gegen* contre); *in j-s Rechte* ~ empiéter sur les droits de q.; **II** ⚶ *n* engrenage *m*; *fig.* intervention *f* (*in acc. dans*); *widerrechtliches*: empiétement *m* (*in acc. sur*).
Eingriff *m* intervention *f* (*in acc. dans*); *widerrechtlicher*: empiétement *m* (*in acc. sur*); *chir.* intervention *f* chirurgicale.
einhaken I *v/t.* agrafer; accrocher; ⊕ enclencher; *fig.* intervenir; *eingehakt gehen* aller bras dessus, bras dessous; **II** ⚶ *n* ⊕ enclenchement *m*; accrochage *m*; *fig.* intervention *f*.
Einhalt *m* arrêt *m*; (*Unterbrechung*) suspension *f*; interruption *f*; e-r *Sache* (*dat.*) ~ *gebieten* arrêter qch.; mettre un terme à qch.; refréner qch.; mettre un frein à qch.; enrayer qch.; *j-m* ~ *gebieten* refréner q.;⚔

riposter à q.; ⚶*en* **1.** *v/t. Vertrag, Bedingung, Vorschrift*: observer; *Versprechen*: tenir; *Termin, Programm*: respecter; *den Termin* ~ *a.* être exact au rendez-vous bzw. à la date fixée; (*Weg*: suivre; *die Zeit* ~ être exact; *den Dienstweg* ~ suivre la voie 'hiérarchique; **2.** *v/i.* s'arrêter; s'interrompre; *mit dem Lesen* ~ suspendre sa lecture; ⚶*en n,* ⚶*ung f v. Verträgen, Bedingungen, Vorschriften*: observation *f*; *v. Lieferfristen*: respect *m*; *rl.* observance *f*.
einhämmern *fig. v/t.* j-m etw. ~ inculquer qch. à q.; fourrer qch. dans la tête de q.
einhandeln *v/t.* ~ *gegen* échanger contre.
einhändig *a.* ♩ *adj.* à une (seule) main.
einhändig|en *v/t.* remettre (en main propre); ⚶*en n,* ⚶*ung f* remise *f*.
einhäng|en *v/t. Tür*: mettre sur ses gonds; (*aufhängen*) accrocher; suspendre; *Dachziegel*: poser; *téléph.* raccrocher; *Rad*: enrayer; *eingehängt gehen* aller bras dessus, bras dessous; ⚶*eträger* ⊕ (*Stahlbrücke*) *m* travée *f*.
einhauchen *v/t.* insuffler; *fig.* inspirer; *j-m Leben* ~ animer q. de son souffle.
einhauen 1. *v/t.* enfoncer; *Loch*: percer; **2.** *v/i.* (*zulangen*) F avoir un bon coup de fourchette.
Einhausung ⚠ *f* protection *f* contre le froid d'hiver.
einheften *v/t. Seite in ein Buch*: mettre (dans); *Futter*: faufiler.
einhegen *v/t.* enclore d'une 'haie.
einheimisch *adj.* indigène (*a.* ⚘); autochtone; natif, -ive; du pays; local; national; *Krankheit*: endémique; ~ *machen* naturaliser; s'assimiler; ~ *werden* se naturaliser; s'assimiler; *nicht* ~ allogène; ⚶*e*(**r** *a. m*) *m, f* indigène *m, f*.
einheimsen *v/t.* (*einstecken*) F empocher.
einheiraten *v/i.*: *in e-e Familie* ~ s'allier à une famille par mariage; entrer dans une famille par alliance.
Einheit *f* unité *f* (*a.* ⚔); *politische* ~ entité *f* politique;⚶*lich* **I** *adj.* qui a de l'unité; homogène; unique; (*gleichförmig*) uniforme; ~*er Plan* plan *m* suivi; (*nach Einheit strebend*) unitaire; **II** *adv.* avec esprit de suite; selon un plan d'ensemble; (*gleichmäßig*) uniformément; ~*lichkeit f* unité *f*; ensemble *m*; suite *f*; (*Gleichmäßigkeit*) uniformité *f*; *phon.* unicité *f*.
Einheits|bau-art ⊕ *f* type *m* standardisé; ~*bestrebung f* aspiration *f* à l'unité; mouvement *m* unitaire; ~**front** *f* front *m* unique; ~**gebühr** *f* taxe *f* unique; ~**kleidung** *f* vêtements *m/pl.* uniformes; ~**kurs** ✝ *m* cours *m* unique; ~**kurzschrift** *f* sténographie *f* unifiée; ~**liste** *f* liste *f* unique; ~**partei** *f* parti *m* unifié; *Sozialistische* ~ *parti m* socialiste unifié; ~**preis** *m* prix *m* unique; ~**preisgeschäft** *n* magasin *m* à prix unique; ~**staat** *m* État *m* unitaire; ~**tarif** *m* tarif *m* unique; ~**währung** *f* monométallisme *m*; ~**wert** (*Steuer*) *m* valeur *f* imposable; valeur-étalon *f*.

einheizen *v/i.* chauffer; *fig.* j-m ~ dire son fait à q.
einhellig I *adj.* unanime; **II** *adv.* à l'unanimité; ⚶*keit f* unanimité *f*.
ein'her|gehen *v/i.*: ~ *mit etw.* (*gleichzeitig auftreten mit*) aller de pair avec qch.; ~**stolzieren** *v/i.* se pavaner.
einhole|n *v/t.* (*erreichen*) atteindre; rejoindre; rattraper; (*herbeiholen*) aller chercher; *Ernte*: rentrer; *Tauwerk*: 'haler; *Fahne*: baisser; amener; (*einkaufen*) acheter; *abs.* faire des emplettes (*od.* des achats *od.* des courses); faire le marché; *Erlaubnis*: demander; *die verlorene Zeit* ~ rattraper le temps perdu; *j-s* (*od.* von *j-m*, *bei j-m*) *Rat* (*Befehle*) ~ prendre conseil (les ordres) de q.; *Nachricht* ~ (aller) prendre des informations (*über acc.* sur); *nicht wieder einzuholende Versäumnisse* des retards irrattrapables; ⚶**netz** *n* filet *m* à provisions; ⚶**tasche** *f* sac *m* à provisions.
Ein|horn *n* licorne *f*; ~**hufer** *zo. m* solipède *m*.
einhüllen *v/t.* (*v/rf.*: *sich* s')envelopper (*in acc.* dans); *sich warm* ~ s'emmitoufler.
einig *adj.* (*übereinstimmend*) d'accord; (*sich*) ~ *werden* tomber (*od.* se mettre) d'accord (*über acc.* sur); convenir (*über acc.* de); (*sich*) ~ *sein* être d'accord (*über acc.* sur); *alle sind sich darüber* ~ tout le monde est d'accord là-dessus; *mit sich selbst nicht* ~ *sein* être indécis; balancer.
einige *pr/ind.* quelques; *als su.* quelques-uns (-unes); ~ *vierzig* quarante et quelques; *vor* ~*r Zeit* il y a quelque temps; ~**mal** *adv.* plusieurs fois.
ein-igeln ⚔ *v/rf.*: *sich* ~ se 'hérisser.
einigen 1. *v/t.* (*zu e-m Ganzen zusammenfassen*) unifier; (*in Übereinstimmung bringen*) mettre d'accord; **2.** *v/rf.*: *sich* ~ tomber (*od.* se mettre) d'accord (*über acc.* sur); *sich über den Preis* ~ convenir du prix; (*sich aussöhnen*) se réconcilier; (*sich vergleichen*) s'arranger.
einiger'maßen *adv.* en quelque sorte; dans une certaine mesure; quelque peu; tant soit peu; (*leidlich*) passablement; F comme ci comme ça.
einiges *pr/ind.* quelque chose.
einiggehen *v/i.* être d'accord (*mit* avec).
Einigkeit *f* union *f*; (*Eintracht*) concorde *f*; (*Einmütigkeit*) unanimité *f*; *prov.* ~ *macht stark* l'union fait la force.
Einigung *f* accord *m*; (*Aussöhnung*) réconciliation *f*; (*Vergleich*) arrangement *m*; *pol.* unification *f*.
ein-impf|en *v/t.* ⚕ inoculer; *fig.* inculquer; ⚶*ung f* ⚕ inoculation *f*.
einjagen *v/t.*: j-m *Furcht* ~ faire peur à q.; *j-m* (*e-n*) *Schrecken* ~ *a.* effrayer q.; épouvanter q.; terrifier q.; horrifier q.
einjährig *adj.* d'un an; ⚶*e*(**s**) *écol. n* (*mittlere Reife*) *etwa*: niveau *m* du B.E.P.C. (Brevet d'études du premier cycle).
einkalkulieren *v/t.* mettre (*od.* faire entrer) en ligne de compte.
einkapsel|n *v/t. u. v/rfl.* ⚕ (sich s')enkyster; *fig. sich* ~ s'isoler; ⚶*ung* ⚕ *f* enkystement *m*.

einkassieren I v/t. encaisser; II ⚯ n encaissement m.
Einkauf m achat m; emplette f; ⚯**en 1.** v/t. acheter; faire l'emplette de; abs. faire des emplettes; **2.** v/rfl.: sich in die Lebensversicherung ~ prendre une assurance-vie.
Einkäufer(in f) m ⊕ acheteur m, -euse f; agent m d'achat.
Einkaufs|abteilung f service m des achats; **~genossenschaft** f coopérative f d'achat; **~korb** m panier m à provisions; **~netz** n filet m à provisions; **~preis** m prix m d'achat; **~tasche** f sac m à provisions; **~verband** m groupement m d'achat; **~wagen** (Selbstbedienung) m chariot m; **~zentrum** n supermarché m; centre m commercial; noch größer: hypermarché m; grande surface f; **~zettel** m F pense-bête m.
Einkehr f fig. innere ~ recueillement m; ⚯**en** v/i. entrer dans un restaurant (od. dans une auberge).
einkeilen v/t. coincer; enfoncer; wie eingekeilt sitzen (stehen) être serrés comme des harengs.
einkeller|n v/t. encaver; mettre en cave; ⚯**ung** f mise f en cave.
einkerb|en v/t. entailler; encocher; ⚯**ung** f entaille f, encoche f.
einkerker|n v/t. incarcérer; ⚯**ung** f incarcération f.
einkessel|n ⚔ v/t. encercler; ⚯**ung** f encerclement m.
Einkindersystem n système m de l'enfant unique.
einkitten I v/t. mastiquer; II ⚯ n masticage m.
einklag|bar adj. exigible; **~barkeit** ⚖ f exigibilité f; **~en** ⚖ v/t. e-e Schuld ~ poursuivre le recouvrement d'une dette.
einklammern v/t. Wörter usw.: mettre entre parenthèses (in eckige Klammern: entre crochets).
Einklang m ♪ unisson m; accord m; fig. in ~ bringen harmoniser; concilier; faire cadrer (avec); nicht in ~ zu bringen sein être inconciliable; im ~ stehen concorder (od. être en harmonie) (mit avec).
Ein|klassenschule f école f à classe unique.
einkleben I v/t. coller (in acc. dans); II ⚯ n collage m (in acc. dans).
einkleid|en v/t. u. v/rfl. (sich s')habiller (neu de neuf) Gedanken: habiller; ⚯**en** n, ⚯**ung** f a. e-s Gedankens: habillement m.
einklemm|en v/t. coincer; pincer; chir. étrangler; Auto: coincer; prendre en fourchette; ⚯**ung** ⚕ f étranglement m.
einklinken v/t. enclencher; (zuschnappen) Tür: (v/i. se) fermer.
einknicken 1. v/t. (biegen) plier; e-e Seite ~ faire une corne à une page; **2.** v/i. plier.
einkoch|en v/t. Saft: concentrer; Früchte: mettre en conserve; ⚯**ring** m rondelle f de caoutchouc.
einkommen I v/i. Geld: rentrer; ⚖ um etw. ~ (ersuchen) faire la demande de qch.; demander qch.; II ⚯ n revenu m; ⚯**sgrenze** f limite f des revenus; ⚯**sgruppe** f tranche f de revenus; ⚯**steuer** f impôt m sur le revenu; ⚯**steuer-erklärung** f déclaration f d'impôt sur le revenu; ⚯**steuergesetz** n loi f relative à l'impôt sur le revenu; **~steuerpflichtig** adj. assujetti à l'impôt sur le revenu; ⚯**steuertabelle** f barème m de l'impôt sur le revenu.
einkreis|en v/t. encercler; (a. ein Problem) cerner; pol. isoler; ⚯**en** n, ⚯**ung** f encerclement m; pol. isolement m; ⚯**ungspolitik** f politique f d'isolement (od. d'encerclement); ⚯**ungsschlacht** f bataille f d'encerclement.
einkremen v/t. (v/rf.: sich se) mettre de la crème.
Einkünfte pl. revenus m/pl.; (Nutzung von Grundstücken, Kapitalien, Rechten) rentes f/pl.
einkuppel|n ⊕ v/t. embrayer; ⚯**n** n, ⚯**ung** f embrayage m.
einlad|en v/t. Waren: charger (in acc. dans); Personen: inviter; convier; zum Abendessen ~ inviter à dîner; zu e-r Versammlung: convoquer; ⚯**en** n chargement m; v. Personen: invitation f; zu e-r Versammlung: convocation f; **~end** adj. (verlockend) engageant; (reizend) attrayant; séduisant; ⚯**ung** f invitation f; zu e-r Versammlung: convocation f; auf j-s ~ sur l'invitation de q.; ⚯**ungskarte** f carte f d'invitation; ⚯**ungsschreiben** n lettre f d'invitation.
Einlage f (Kapital⚯) mise f de fonds; apport m; beim Spiel: enjeu m; bei der Sparkasse: dépôt m; ♪, thé. intermède m; Schneiderei: triplure f; Schuh: semelle f orthopédique; Zahn⚯: pansement m; Suppe mit ~ soupe f garnie; **~kapital** n mise f de fonds; capital m d'apport.
einlager|n v/t. emmagasiner; entreposer; in e-n Silo: ensiler; ⚯**n** n, ⚯**ung** f emmagasinage m; entreposage m; in e-n Silo: ensilage m.
Einlaß m admission f; entrée f; ~ begehren demander à entrer.
einlassen 1. v/t. j-n (her) ~ laisser q. entrer; admettre q.; ⊕ Holz in ein anderes Holz: enchâsser; (einbauen) encastrer; **2.** v/rf.: sich auf (od. in) etw. (acc.) s'engager (od. s'embarquer od. F se fourrer) dans qch.; sich mit j-m ~ entrer en relations avec q.; sich mit j-m in ein Gespräch ~ entrer en conversation avec q.
Einlaß|karte f carte f d'entrée; **~klappe** ⊕ f soupape f d'admission; **~pforte** f, **~tür** f porte f d'entrée; **~rohr** n tuyau m d'admission; **~ventil** n soupape f d'admission.
Einlauf ⚕ m lavement m; ⚯**en 1.** v/i. Zug: entrer (od. arriver) en gare; Schiff: entrer au port; Stoff: rétrécir; rentrer; das Wasser in die Wanne ~ lassen faire couler l'eau dans la baignoire; **2.** v/t.: j-m das Haus ~ assiéger la maison de q.; den Motor ~ lassen roder le moteur; ⚯**en** n e-s Zuges: entrée f (od. arrivée f) en gare; e-s Schiffes: entrée f au port; v. Stoffen: rétrécissement m; e-s Motors: rodage m; ⚯**end** adj.: nicht ~ Stoff: irrétrécissable.
einläuten v/t. sonner.
einleben v/rfl.: sich in etw. (acc.) ~ s'habituer à qch.; sich an e-m Ort ~ s'acclimater dans un endroit.
Einlege|arbeit f incrustation f; marqueterie f; ⚯**n** v/t. mettre (od. passer) (in acc. dans); (einfügen) insérer (in acc. dans); (einzahlen) verser; Waren: déposer; cuis. conserver (in Salzwasser) dans la saumure, (in Essig) dans du vinaigre, (in Alkohol) dans de l'alcool; Fleisch, Fisch: mariner; Möbel: incruster; marqueter; ✧ Ableger: marcotter; e-n (neuen) Film ~ (re)charger une caméra; fig. ein gutes Wort ~ für intercéder pour (bei j-m auprès de q.); ⚖ Berufung ~ interjeter appel (gegen de); Verwahrung ~ protester; Ehre mit etw. ~ retirer de la gloire de qch.; er wird damit Ehre ~ cela lui vaudra des honneurs; **~n** n (Einfügen) insertion f; (Einzahlen) versement m; v. Fleisch, Fisch: marinage m; bei Möbeln: incrustation f; ✧ v. Ablegern: marcottage m; ⚖ ~ e-r Berufung interjection f d'appel; **~r** m bei der Bank: déposant m; ⚯**sohle** f semelle f intérieure; (Plattfußeinlage) semelle f orthopédique.
einleit|en v/t. introduire; (eröffnen) ouvrir; (vorbereiten) préparer; Verhandlungen usw.: entamer; ouvrir; (mit e-m Vorwort versehen) préfacer; ♪ préluder; **~end** I adj. préliminaire; ♪ prélude m; ouverture f; II adv. dans l'introduction; (eingangs) au début; au commencement; ⚯**ung** f introduction f; (Eröffnung) ouverture f; (Vorbereitung) préparation f (in acc., zu à); (Vorwort) préface f (zu de); avant-propos m (zu de); ♪ prélude m; ouverture f.
einlenken v/i. fig. (anderen Sinnes werden) faire des concessions; se montrer conciliant; se raviser.
einlesen v/rf.: sich ~ in (acc.) se familiariser avec le texte.
einleuchten v/i. paraître (od. être) évident (od. clair); das leuchtet c-m jeden ein cela saute aux yeux; **~d** adj. évident; clair.
einliefer|n v/t. (hinterlegen) déposer; im Krankenhaus eingeliefert werden être admis à l'hôpital; ins Krankenhaus ~ hospitaliser; amener à l'hôpital; ins Gefängnis ~ emprisonner; ⚯**ung** f (Hinterlegung) dépôt m; ~ ins Krankenhaus hospitalisation f; ~ ins Gefängnis emprisonnement m; ⚯**ungspostamt** n bureau m de poste d'origine; ⚯**ungsschein** m reçu m; récépissé m; bei Hinterlegung: bulletin m de dépôt.
einliegend adj. ci-inclus; ci-joint.
Einliegerwohnung f logement m indépendant à louer dans une maison individuelle, dans une villa.
einlochen F v/t. (einsperren) F boucler; F coffrer; F fourrer en prison.
einlogieren v/t. (v/rf.: sich se) loger.
einlös|bar ✝ adj. (konvertierbar) convertible; (tilgbar) remboursable; rachetable; **~barkeit** ✝ f (Konvertierbarkeit) convertibilité f; **~en** v/t. Scheck: toucher; encaisser; Pfand: a. retirer; racheter; Kupons: payer; Wechsel: honorer; payer; Banknoten: rembourser; Wertpapiere: convertir; Wort, Versprechen: tenir; ⚯**ung** f e-s Schecks: encaissement m; ✝ rachat m; paiement m; Banknoten: remboursement m; v. Wertpapieren: conversion f; ⚯**ungsfrist** f délai m de rachat; ⚯**ungskurs**

m cours *m* de rachat; ungspflicht *f* obligation *f* de rachat; ungsschein *m* billet (*od.* certificat) *m* de rachat; ungstermin *m* terme *m* de rachat.
'**einlöten** *v/t.* souder (*in acc.* dans).
'**einlullen** *v/t.* endormir (*a. fig.*).
'**einmach|en** *v/t.* mettre en conserve; *Saft*: faire du jus de fruits; glas *n* bocal *m* à conserves; verre *m* à confitures; ring *m* rondelle *f* de caoutchouc; topf *m* stérilisateur *m.*
'**einmal** *adv.* une fois; ~ *um das andere* une fois sur deux; de deux fois l'une; *noch* ~ encore une fois, (*aufs neue*) de nouveau; *noch* ~ *so groß wie das doppel de;* ~ ..., ~ ... tantôt ..., tantôt ...; *auf* ~ (*zu gleicher Zeit*) en même temps; à la fois, (*plötzlich*) tout à coup; *ein für allemal* une fois pour toutes; (*ehemals*) autrefois; *es war* ~ il y avait (*od.* il était) une fois; *Zukunft*: un jour; *es ist nun* ~ *geschehen!* que voulez-vous, la chose est faite!; *ich bin (nun)* ~ *so* voilà comme je suis, moi; *hör* ~! écoute donc; *nicht* ~ (*bei vb.* ne...) même pas; *pfort, ohne Verb*: pas même; (*bei vb.* ne...) pas seulement; '**eins** *n* table *f* de multiplication; ~**ig** *adj.* unique; *nach* ~*em Durchlesen* après simple lecture; ~*e Kosten* frais *m/pl.* qui ne sont à payer qu'une seule fois; **igkeit** *f* unicité *f*; caractère *m* unique.
'**Einmann|bus** *m* autobus *m* à un seul agent; ~**busfahrer** *m* conducteur-receveur *m*; ~**gesellschaft** ⚜ *f* société *f* à personne unique.
'**Einmarsch** *m* entrée *f*; **ieren** *v/t.* entrer; faire son entrée.
'**Einmaster** ⚓ *m* vaisseau *m* à un seul mât.
'**einmauern** *v/t.* (em)murer.
'**einmeißeln** *v/t.* graver au ciseau (*in acc.* dans).
'**einmieten** 1. *v/t.* ✱ mettre en silo; 2. *v/rf.: sich* ~ louer un logement.
'**einmisch|en** *v/rf.: sich* ~ *in (acc.)* se mêler de, s'immiscer dans; **ung** *f* ingérence *f*; immixtion *f.*
'**einmotorig** *adj.* monomoteur, -trice.
'**einmotten** *v/t.* mettre de l'antimite (dans).
'**einmumme(l)n** *v/t.* (*v/rf.: sich* s')emmitoufler, (s')engoncer, (se) pelotonner.
'**einmünd|en** *v/i.*: ~ *in (acc.)* déboucher (*od.* se jeter) dans, *Straße*: déboucher dans *bzw.* sur; **ung** *f a.* ⊕ embouchure *f*; *e-r Straße*: débouché *m.*
'**einmütig** *adj.* unanime; **keit** *f* unanimité *f.*
'**einnähen** *v/t.* coudre (*in acc.* dans).
'**Einnahme** *f Stadt*: prise *f*; *Land*: conquête *f*; *Steuern*: perception *f*; *Geld*: recette *f*; *von Mahlzeiten od. Arzneien*: absorption *f*; ~**quelle** *f* ressources *f/pl.*
'**einnebeln** *v/t.* ✗ (*v/rf.: sich* se) camoufler par brouillard artificiel; (se) dissimuler au moyen de fumigènes; *allg.* (s')entourer d'un nuage de fumée.
'**einnehm|bar** *adj.* prenable; ~**en** *v/t. a. Medizin*: prendre; ✱ ingérer; *Land*: conquérir; *Stellung*: occuper; *Steuern*: percevoir; *Geld*: encaisser; toucher; *fig. j-n für etw.* ~ gagner q. à

qch.; **en** ✱ *n* ingestion *f*; ~**end** *adj.* engageant; séduisant; captivant; ~**es** *Wesen* manières *f/pl.* avenantes; **er(in** *f*) *m* receveur *m*, -euse *f*; *v. Steuern*: percepteur *m.*
'**einnicken** *v/i.* s'assoupir.
'**einnisten** *v/rf.: sich* ~ se nicher; *fig.* s'implanter (*bei j-m* chez q.).
'**Ein-öde** *f* contrée *f* désertique; endroit *m* solitaire.
'**ein-ölen I** *v/t.* huiler; lubrifier; **II** *v/rf. sich* ~ se mettre de l'huile.
'**ein-ordn|en** 1. *v/t.* ranger; (*klassifizieren*) classifier; *Akten*: classer; 2. *v/rf.: sich* ~ se ranger dans la bonne file; s'insérer; s'intercaler; *fig.* s'adapter (*in acc.* à); **ung** *f* rangement *m*; (*Klassifizieren*) classification *f*; *v. Akten*: classement *m*; *fig.* adaptation *f* (*in acc.* à).
'**einpacken I** 1. *v/t.* empaqueter; emballer; *in Papier* ~ envelopper dans du papier; *in e-n Koffer* ~ mettre dans une valise; 2. *v/i.* faire sa malle; plier bagage; *damit kannst du* ~! ça ne prend pas!; à d'autres!; **II** *n* empaquetage *m*; emballage *m.*
'**einpassen** *v/t.* emboîter; ajuster.
'**einpauken** F *v/t.*: *j-m etw.* ~ seriner qch.; fourrer qch. dans la tête de q.; inculquer qch. à q.
'**einpendeln** *fig. v/rf.: sich* ~ s'équilibrer, se balancer.
'**einpferchen** *v/t.* parquer.
'**einpflanzen** *v/t.* planter.
'**einphasig** ⚡ *adj.* monophasé.
'**einplanen** *v/t.* comprendre dans un plan.
'**einpökeln I** *v/t.* saler; mettre dans la saumure; **II** *n* salaison *f*; saumurage *m.*
'**einpolig** ⚡ *adj.* unipolaire.
'**einprägen** 1. *v/t.* empreindre; graver (*a. fig.*); *fig.* inculquer; 2. *v/rf.: sich* ~ se graver (*dem Gedächtnis* dans la mémoire); mémoriser; *sich etw. geistig* ~ s'incruster (*od.* se mettre) qch. dans l'esprit; *n* mémorisation *f.*
'**einpressen** *v/t.* presser; serrer.
'**einprobieren** *v/t.* essayer; *thé.* répéter.
'**einpudern** *v/t.* (*sich* ~ se) poudrer.
'**einquartier|en** 1. *v/t.* loger; ✗ *a.* cantonner; installer; 2. *v/rf.: sich* ~ se loger; s'installer; ✗ *a.* prendre ses quartiers; **ung** *f* logement *m*; ✗ *a.* cantonnement *m*; ~ *haben* loger des soldats.
'**einrahm|en** *v/t.* encadrer (*a. fig.*); **en** *n*, **ung** *f* encadrement *m.*
'**einrammen I** *v/t.* enfoncer; **II** *n* enfoncement *m.*
'**einrasten** *v/i.* encliqueter, enclencher; *n* enclenchement *m.*
'**einräum|en** *v/t. Möbel*: ranger; mettre en place; *Wohnung*: (re-) mettre les meubles à leur place; (*einlagern*) emmagasiner; (*zugestehen*) accorder; concéder; **ung** *f* rangement *m*; (*Einlagerung*) emmagasinage *m*; (*Zugeständnis*) concession *f*; **ungssatz** *gr. m* proposition *f* concessive.
'**einrechnen** *v/t.* comprendre dans un compte; *mit eingerechnet y compris*; *nicht mit eingerechnet* non compris.
'**Einrede** *f* objection *f*; contradiction *f*; ⚖ exception *f*; **en** 1. *v/t.: j-m etw.* ~

persuader q. de qch.; faire croire qch. à q.; *das lasse ich mir nicht* ~ on ne me fera pas croire cela; *j-m Mut* ~ encourager q.; 2. *v/i.*: *auf j-n* ~ chercher à persuader q.
'**einregnen** *v/i.*: *wir sind hier eingeregnet* nous sommes bloqués ici par la pluie; *v/rf.* *es regnet sich ein* le temps se met à la pluie; la pluie s'installe.
'**einregulieren** *v/t.* régler; ajuster.
'**Einreib|emittel** *phm. n* liniment *m*; **en** *v/t.* (*v/rf.: sich* se) frictionner (*mit* avec); frotter (avec); ~**en** *n*, ~**ung** *f* friction *f* (*a.* ✱); frottement *m.*
'**einreichen** I *v/t.* présenter; *Gesuch*: faire; *Belege*: produire; fournir; *Patent*: déposer; *Abschied*: donner; (*abgeben*) remettre; ⚖ *ein Gnadengesuch* ~ se pourvoir en grâce; *e-e Klage gegen j-n* ~ porter plainte (*od.* intenter une action) contre q., **II** *n* présentation *f.*
'**einreih|en** *v/t.* ranger; mettre dans une série; ~**ig** *adj.* à un seul rang; *Anzug*: à veston droit.
'**Einreise** *f* entrée *f*; ~**erlaubnis** *f*, ~**genehmigung** *f* permis *m* d'entrée; **en** *v/i.* entrer; ~**visum** *n* visa *m* d'entrée.
'**einreißen I** 1. *v/t.* faire une déchirure (à); (*niederreißen*) démolir; raser; 2. *v/i.* se déchirer; *fig.* (*sich verbreiten*) se propager; se répandre; *Gewohnheiten*: prendre racine; s'introduire; **II** *n* déchirure *f*; (*Niederreißen*) démolition *f*; (*Verbreiten*) propagation *f*; *e-r Gewohnheit*: introduction *f.*
'**einreiten** *v/t. Pferd*: dresser.
'**einrenken** *v/t. chir.* remboîter; remettre; *fig.* (*v/rf.: sich* s')arranger; **II** *chir. n* remboîtement *m.*
'**einrennen** *v/t. fig.: offene Türen* ~ enfoncer une porte ouverte; prêcher un converti; *sich den Schädel* ~ se casser la tête contre le mur; *j-m das Haus* ~ assiéger la maison de q.
'**einricht|en** 1. *v/t.* arranger; disposer; (*herrichten*; *ausbauen*) aménager; ⊕ ajuster; (*errichten*) établir; fonder; *Anlage*: installer; *in der Verwaltung*: organiser; *Wohnung, Haus*: aménager; agencer; équiper; meubler; *Geschütz*: pointer; *fig. etw.* ~ *nach* régler qch. sur; *etw.* ~ *zu* (*anpassen*) accommoder qch. à; *es so* ~, *daß* faire en sorte que (*final subj.*); 2. *v/rf.: sich* ~ s'arranger; *sich* (*häuslich*) ~ se mettre dans ses meubles; monter son ménage; *abs.* (*sparsam sein*) être économe; **ung** *f* arrangement *m*; disposition *f*; (*Herrichtung, Ausbau*) aménagement *m*; ⊕ ajustage *m*; (*Errichtung, Gründung*) établissement *m*; fondation *f*; *v. Anlagen*: installation *f*; *in der Verwaltung*: organisation *f*; *e-r Wohnung, e-s Hauses*: aménagement *m*; équipement *m*; (*Haus*; *Wohnungs*) ameublement *m*; équipement *m*; (*Getriebe*) mécanisme *m*; (*Vorrichtung*) dispositif *m*; *e-s Geschützes*: pointage *m*; (*Institution*) établissement *m*; (*Anlage*) installation *f*; **ungsgegenstände** *m/pl.* objets *m/pl.* d'équipement, d'ameublement.
'**einriegeln** *v/t.* (*v/rf.: sich* s')enfer-

mer au verrou, (se) verrouiller.
'einritzen v/t. graver (in acc. dans); Haut: égratigner.
'einrollbar adj.: ~er Sicherheitsgurt ceinture f à enrouleur.
'einrollen v/t. (v/rf.: sich s')enrouler.
'einrosten v/i. rouiller; fig. se rouiller.
'einrück|en 1. v/t. Anzeige: insérer; Zahnrad: engrener; mach. embrayer; (einklinken) enclencher; encliqueter; typ. rentrer; 2. v/i. ⚔ entrer (in acc. dans); fig. in j-s Stelle ~ succéder à q. dans un emploi; eingerückte Zeile alinéa m; 2en n e-r Anzeige: insertion f; mach. embrayage m; ⚔ entrée f; 2hebel ⊕ m levier m d'embrayage; 2vorrichtung f dispositif m d'embrayage.
'einrühren v/t. (mit Wasser anrühren) délayer; détremper; Kalk, Mörtel usw.: gâcher.
Eins f: die ~ le un; → ein.
'einsacken I v/t. mettre en sac; ensacher; II F v/i. (einsinken) enfoncer.
'einsalben antiq. v/t. oindre.
'einsalzen I v/t. saler; II 2n salaison f.
'einsam adj. solitaire; isolé; seul; (zurückgezogen) retiré; ~e Gegend contrée f déserte; 2keit f solitude f; isolement m; (Zurückgezogenheit) retraite f.
'einsammel|n v/t. Schulhefte: ramasser, relever; Feldfrüchte: récolter; cueillir; Geld ~ faire une collecte; 2n n, 2ung f v. Früchten: récolte f; v. Geld: collecte f; quête f.
'einsarg|en v/t. mettre en bière; 2ung f mise f en bière.
'Einsatz m Spiel: enjeu m; mise f; der ganze ~ la poule; (Tisch2) rallonge f; im Koffer: châssis m; ⊕ cartouche f; (Ersatzstück) pièce f de rechange; ⚔ (Beschickung) charge f; (Filter2) cartouche f filtrante, der Gasmaske: cartouche f du masque à gaz; am Oberhemd: plastron m; (Spitzen2) entre--deux m; Schneiderei: empiècement m, dreieckiger ~ quille f; ♪ attaque f; als Reprise: rentrée f; (Operation) opération f; ⚔ mise f en fonction; entrée f en action; (a. e-s Spions) implantation f; (Kampf2) action f; engagement m; ⚔ mission f; sortie f aérienne; Feuerwehr: intervention f; sortie f; zum ~ kommen ⚔ entrer en ligne, ⚔ partir en mission; e-n ~ fliegen faire une sortie (od. mission); (Verwendung) emploi m; ~ von Arbeitskräften emploi m de la main-d'œuvre; (Anstrengung) effort m; (Wagnis) risque m; unter ~ s-s Lebens au risque de sa vie; ~basis f; créneau m; 2bereit adj. ⚔ prêt à entrer en action; bsd. Waffen: opérationnel, -lle; ⚔ prêt à partir en mission; ~bereitschaft f dévouement m; fureur f d'agir (od. de servir); ~besprechung a. ⚔ f briefing m; 2fähig adj. (verwendbar) utilisable; (verfügbar) disponible; ⊕, ⚔ opérationnel, -lle; Person: capable de faire qch.; ~flug ⚔ m mission f; ~kommando n commando m; ~wagen m voiture f supplémentaire; ~zeichen ♪ n signal m pour attaquer; ~zug m train m supplémentaire.

'einsäuern v/t. Viehfutter: ensiler (du fourrage vert).
'einsaugen I v/t. sucer; aspirer; 'humer; II 2 n succion f; aspiration f.
'einsäumen v/t. ourler.
'einschal|en ⚠ v/t. coffrer; 2en n, 2ung f coffrage m; 2er m coffreur m.
'einschalt|en 1. v/t. intercaler (a. typ.); insérer; interpoler; in den Stromkreis: mettre en circuit; Strom: fermer le circuit; mettre le contact; Licht, Radio usw.: allumer; Lichtschalter: tourner; mach. mettre en marche; den ersten Gang ~ mettre en première (vitesse); passer la (od. sa) première (vitesse); den Rückwärtsgang ~ passer en marche arrière; den richtigen Gang ~ mettre la bonne vitesse; 2. v/rf.: sich ~ fig. (eingreifen) intervenir (in acc. dans); (sich einmischen) s'immiscer (in acc. dans); s'ingérer (dans); 2hebel m levier m d'interrupteur; 2ung f e-r Maschine: mise f en marche; e-s Ganges beim Auto: passage m.
'einschärfen v/t. enjoindre; recommander expressément.
'einscharren I v/t. enfouir; enterrer; II 2 n enfouissement m.
'einschätz|en v/t. (v/rf.: sich s')estimer; évaluer; (beurteilen) apprécier; 2en n, 2ung f estimation f; évaluation f; (Beurteilung) appréciation f.
'einschenken v/t. servir à boire (in acc. dans); Glas: remplir; fig. j-m reinen Wein ~ ouvrir les yeux à q.; dire à q. la vérité toute nue.
'einscheren (Auto) v/i. se rabattre; rentrer dans la file.
'einschicken I v/t. envoyer; II 2 n envoi m.
'einschieb|en v/t. glisser (in acc. dans); (einschalten) intercaler (in acc. dans); insérer (dans); interpoler (in acc. dans); 2sel n passage m ajouté; interpolation f.
'Einschien|enbahn f monorail m; 2ig adj. monorail; à une seule voie.
'einschieß|en I 1. v/t. Gewehr: éprouver; régler le tir de; Geld: verser; Brot: enfourner; 2. v/rf.: sich ~ s'exercer au tir; II 2 n ⚔ exercice m au tir; réglage m du tir.
'einschiff|en v/t. (v/rf.: sich s')embarquer (nach pour); 2en n, 2ung f embarquement m.
'einschlafen v/i. s'endormir; vor dem 2 avant de s'endormir; Glieder: s'engourdir; Beziehungen: se ralentir; (sterben) s'éteindre; mourir.
'einschläfern v/t. endormir (a. fig.); assoupir; ⚕ des Mittel (Schlafmittel) somnifère m; soporifique m; narcotique m; dormitif m.
'Einschlag m der Kugel: point m d'impact (od. de chute); des Blitzes: chute f; Schneiderei: rempli m; Weberei: trame f; der Vorderräder v. Auto usw.: braquage m; 2en 1. v/t. Nägel, Tür: enfoncer; (zerstören) casser; briser; (einwickeln) envelopper (in acc. dans); emballer (dans); Bücher: couvrir; Vorderräder v. Auto usw.: braquer; Eier: pocher; Weberei: tramer; Kleid: remplier; Laufbahn: embrasser; die diplomatische Laufbahn ~ a. entrer dans la carrière diplomatique; Weg: prendre; e-n

falschen Weg ~ faire fausse route; e-n kürzeren Weg ~ prendre un raccourci; den kürzesten Weg ~ prendre au plus court; das Bettlaken ~ border un lit; e-m Faß den Boden ~ défoncer un tonneau; 2. v/i. (einwilligen) toper; auf j-n ~ battre (od. taper) q.; tomber sur q. à bras raccourcis; Blitz, Kugel: tomber (in acc. sur); es hat eingeschlagen la foudre est tombée; fig. réussir; tourner bien; ~en n v. Nägeln, e-r Tür: enfoncement m; (Einwickeln) enveloppement m; emballage m; des Blitzes, der Kugel: chute f; der Vorderräder v. Auto usw.: braquage m; fig. réussite f.
'einschlägig adj. se rapportant à; y relatif, -ive; ayant trait à; respectif, -ive; (zuständig) compétent; spécialisé.
'Einschlag|papier n papier m d'emballage; ~skraft f force f d'impact; ~winkel m angle m de braquage.
'einschleichen v/i. u. v/rf.: sich ~ se glisser (in acc. dans); s'insinuer (dans); fig. s'introduire furtivement (in acc. dans).
'einschleif|en ⊕ v/t. Ventile: roder; Zylinder: meuler; 2er m rectificateur m.
'einschleppen I v/t. Krankheit: importer; introduire; II 2 n v. Krankheit: importation f; introduction f.
'einschleusen v/t. faire entrer dans l'écluse; fig. faire entrer clandestinement.
'einschließ|en v/t. (v/rf.: sich s')enfermer à clé; ⚔ cerner; bloquer; investir; fig. renfermer; comprendre; englober; mit eingeschlossen y compris; j-n in sein Gebet ~ prier pour q.; ~lich adv. y compris; inclusivement; bis zum 31. Dezember ~ jusqu'au 31 décembre compris (od. inclus); 2ung f cernement m; investissement m.
'einschlitzen v/t. taillader; entailler.
'einschlummern v/i. s'assoupir.
'einschlürfen v/t. 'humer.
'Einschluß m inclusion f; mit ~ von y compris.
'einschmeicheln v/rf.: sich bei j-m ~ s'insinuer auprès de q.; ~d adj. insinuant; caressant; ~es Wesen manières f/pl. insinuantes.
'einschmeißen F v/t. Scheiben: casser.
'einschmelz|en v/t. fondre; Altmaterial: refondre; 2en n, 2ung f fonte f; v. Altmaterial: refonte f.
'einschmieren v/t. enduire (mit de); lubrifier; mit Fett ~ graisser; mit Öl ~ huiler; mit Salbe ~ oindre; II 2 n lubrification f; ~ mit Fett graissage m.
'einschmuggeln I v/t. introduire en contrebande; 2. v/rf.: sich ~ s'introduire furtivement; II 2 n contrebande f.
'einschmutzen v/t. salir; barbouiller.
'einschnappen v/i. se fermer brusquement; F fig. être froissé (od. piqué od. offensé); prendre qch. de travers.
'einschneiden 1. v/t. inciser; cranter; (einkerben) entailler; encocher; Namen: graver; 2. v/i. couper; (verwunden) blesser; die Stricke schneiden ins Fleisch ein les cordes entrent dans la chair; ~d adj. tranchant; fig. incisif, -ive; radical; qui va (bzw. vont)

loin.
'einschneien *v/t.* couvrir de neige; *eingeschneit sein* être bloqué par les neiges.
'Einschnitt *m* incision *f*; entaille *f*; encoche *f*; cran *m*; *im Gelände*: coupure *f*; (*Schlitz*) fente *f*; 🚂 usw.: tranchée *f*; déblai *m*; *mét.*, ♪ césure *f* (*a. fig.*); *fig. im Leben e-s Menschen*: événement *m* décisif.
'einschnitzen *v/t.* graver (*in acc. dans*).
'einschnüren *v/t.* lacer; *Taille*: serrer; *mit Bindfaden* ~ ficeler.
'einschränk|en 1. *v/t.* limiter; restreindre; réduire; **2.** *v/rf.: sich* ~ *in den Ausgaben*: réduire ses dépenses; **~end** *adj.* restrictif, -ive; limitatif, -ive; ♀**ung** *f* limitation *f*; restriction *f*; réduction *f*; (*Vorbehalt*) réserve *f*; ♀**ungsmaßnahme** *f* mesure *f* de restriction.
'einschrauben *v/t.* visser (*in acc. dans*).
'Einschreibe|brief *m* lettre *f* recommandée; **~gebühr** *f*, **~geld** *n* droits *m/pl.* (*od.* taxe *f*) d'inscription (ẞ d'enregistrement *od.* droit *m* de recommandation); **~zettel** *m* fiche *f* de recommandation postale.
'einschreib|en *v/t. u. v/rf.* inscrire; (*registrieren*) enregistrer; *e-n Brief* ~ *lassen* recommander une lettre; *sich* ~ (*lassen*) s'inscrire (*für* à); *sich* ~ *lassen Universität*: se faire inscrire; ♀**!** recommandé; ♀**en** *n*, ♀**ung** *f* inscription *f* (*zu*, *für* à); (*Registrierung*) enregistrement *m*; *e-s Briefes*: recommandation *f*; *Universität*: inscription *f*.
'Einschreibesendung *f* envoi *m* recommandé.
'einschreiten I *v/i.* intervenir; *streng* ~ sévir (*gegen contre*); ⚖️ *gerichtlich* ~ sévir, prendre des mesures (*gegen contre*); **II** ♀ *n* intervention *f*.
'einschrumpfen *v/i. Früchte*: se ratatiner.
'Einschub *péd.*, *rad.* *m* plage *f*.
'einschüchter|n *v/t.* intimider; ♀**n** *n*, ♀**ung** *f* intimidation *f*; ♀**ungsversuch** *m* tentative *f* d'intimidation.
'einschul|en *v/t.* scolariser; mettre à l'école; ♀**ung** *f* scolarisation *f*.
'Einschuß *m e-r Kugel*: entrée *f*; point *m* d'impact; ✝ versement *m*; mise *f*; *Weberei*: trame *f*; **~garn** *n* fil *m* de trame.
'einschütten *v/t.* verser (*in acc. dans*).
'einschwärzen *v/t.* noircir.
'einschwefeln I *v/t.* soufrer; **II** ♀ *n* soufrage *m*.
'einschwenk|en *v/i. pol. auf e-e Linie* ~ s'aligner sur ...; *Raumfahrt*: in e-e *Umlaufbahn um den Mars* ~ se mettre dans une orbite autour de Mars; ✈ opérer une conversion; (*drehen*) tourner; ♀**en** *a. pol. n* alignement *m*; ♀**ung** ✈ *f* conversion *f*.
'einsegn|en *v/t. konfirmieren*: confirmer; (*segnen*) bénir; ♀**ung** *f Konfirmation*: confirmation *f*; ♀**ungsfeier** *f* fête *f* de la confirmation; ♀**ungsgeschenk** *n* cadeau *m* de confirmation.
'einsehen I *v/t.* (*prüfen*) examiner; (*begreifen*) comprendre; voir; (*erkennen*) reconnaître; se rendre compte (de); ✝ (*Bücher prüfen*) examiner; **II**

♀ *n ein* ~ *haben* se rendre à la raison.
'einseifen *v/t.* savonner; *fig.* F baratiner q.
'Einseitenband-'Sender Funk *m* émetteur *m* à bande latérale unique.
'einseitig *adj.* d'un côté; qui n'a qu'un côté; *Verkehr*: à sens unique; *pol.*, ⚕, ⚖️ unilatéral; ✱**~e Lungenentzündung** pneumonie *f* simple; *fig.* trop spécialisé; *Auffassung*: étroit; (*ausschließlich*) exclusif, -ive; (*parteilich*) partial; *e-n ~en Frieden schließen* faire une paix séparée; ♀**keit** *f* caractère *m* unilatéral; point *m* de vue exclusif; (*Parteilichkeit*) partialité *f*.
'einsend|en *v/t.* envoyer; expédier; adresser; *an Zeitungen a.*: communiquer; ♀**en** *n*, ♀**ung** *f* envoi *m*; expédition *f*; (*Eingesandt*) communiqué *m*; ♀**er** *m* expéditeur *m*; *an Zeitungen*: correspondant *m*; ♀**etag** *m*: *letzter* ~ = ♀**etermin** *m* date *f* limite des envois.
'einsenk|en *v/t.* (faire) descendre; plonger; ♀**en** *n* descente *f*.
'einsetz|en 1. *v/t.* mettre (*in acc. dans*); placer (*dans*); poser (*dans*); *Scheibe*, *Zahn*: poser; *Flicken*: coudre à; *Kraft*, *Arbeitskräfte*: mettre en œuvre; *Leben*: risquer; *beim Spiel*: mettre en jeu; faire une mise; miser (*a. abs.*); ✿ planter; *Ärmel*: monter, in *e-n Topf* ~ empoter; *Anzeige*: insérer (*in acc. dans*); *Edelsteine*: sertir; enchâsser; (*Ausschuß*): constituer; instituer; *in ein Amt*: installer (*in acc. dans*); *in e-e Würde*: investir de; *zum Richter* ~ constituer juge; *j-n zu s-m Erben* ~ instituer q. son héritier, (*buchen*) porter au compte; *e-e Summe im Budget* ~ inscrire une somme au budget; *wieder in s-e Rechte* (*in ein Amt*) ~ réintégrer dans ses droits (dans ses fonctions); ♠ substituer; ⚔ engager; mettre en action; *fig. alle Kräfte für etw.* ~ déployer toutes ses forces pour faire qch.; **2.** *v/i.* commencer; se mettre à; ♪ (*einfallen*) attaquer; *als Reprise*: rentrer; **3.** *v/rf.: sich für j-n* ~ intervenir pour (*od.* en faveur de) q.; s'entremettre pour q.; s'employer pour q.; *sich für etw.* ~ s'employer à qch.; aller de l'avant pour q.; lutter pour qch.; ♀**er** 🚂 *m* train *m* (*U-Bahn*: rame *f*) à supplément; ♀**ung** *f* mise *f*; pose *f*; *der Kraft*, *Arbeitskräfte*: emploi *m*; *des Lebens*: risque *m*; *beim Spiel*: mise *f* (en jeu); ✿ plantation *f*; ~ *in e-n Topf* empotage *m*; *pol. e-s Organs*: mise *f* en place; *e-r Anzeige*: insertion *f*; *e-s Edelsteins*: sertissage *m*; *in ein Amt*: installation *f* (*in acc. dans*); *in e-e Würde*: investiture *f*; *e-s Richters*: constitution *f*; *e-s Erben*: institution *f*; ♠ substitution *f*; ⚔ entrée *f* en ligne.
'Einsicht *f* inspection *f*; (*Untersuchung*) examen *m*; *fig.* (*Verständnis*) intelligence *f*; jugement *m*; *~ nehmen in etw.* (*acc.*) examiner qch., prendre connaissance de qch.; ✝ *in die Bücher nehmen* consulter les livres; *nach* ~ *in die Akten* après consultation du dossier; ♀**ig** *adj.* intelligent; (*verständnisvoll*) compré-

hensif, -ive; **~nahme** *f*: *zur gefälligen* ~ avec prière de vouloir bien prendre connnaissance; *nach* ~ après avoir pris connaissance; ~ *in die Bücher* consultation *f* des livres; *nach* ~ *in die Akten* après consultation du dossier; ♀**svoll** *adj.* raisonnable.
'einsickern I *v/i.* s'infiltrer (*in acc. dans*); **II** ♀ *n* infiltration *f*.
Einsiede'lei *f* ermitage *m*.
'Einsiedler *m* ermite *m*; solitaire *m*; anachorète *m*; *fig. wie ein* ~ *leben* vivre en ermite; ♀**isch** *adj.* d' (*adv.* en) ermite.
'einsilbig *adj.* monosyllab(iqu)e; *fig.* qui parle peu; taciturne; *weit S.* silencieux, -euse; ♀**keit** *fig. f* taciturnité *f*.
'einsingen *v/rf.: sich* ~ s'exercer (*od.* s'entraîner) au chant.
'einsink|en I *v/i.* (s')enfoncer; *Erdboden usw.*: s'affaisser; (*einstürzen*) s'effondrer; s'écrouler; ♀**en** *n* enfoncement *m*; *des Erdbodens usw.*: affaissement *m*; (*Einstürzen*) effondrement *m*; écroulement *m*.
'Einsitzer *m* voiture *f* à une place; ✈ monoplace *m*.
'einsitzig *adj.* à une place; monoplace.
'einspannen *v/t.* tendre dans (*resp.* sur); ⊕ encastrer; *in den Schraubstock* ~ serrer dans l'étau; *fig.* employer; faire travailler; *j-n für e-e Aufgabe* ~ atteler q. à une tâche.
'Einspänn|er *m* voiture *f* à un cheval; ♀**ig** *adj.* à un cheval.
'einspar|en *v/t.* économiser; ♀**ung** *f* économie *f*; ~**en** *machen* faire des économies; ~**en** *im Haushalt* réductions *f/pl.* budgétaires.
'einsperren I *v/t.* enfermer; *in ein Gefängnis* ~ mettre en prison, écrouer, emprisonner; F coffrer, boucler, fourrer en prison; *widerrechtlich* ~ séquestrer; **II** ♀ *n*: ~ *in ein Gefängnis* emprisonnement *m*.
'einspielen *v/t.* (*v/rf.: sich s'*)exercer à jouer (*od.* au jeu); *sich* ~ *Waage*: s'équilibrer, *fig.* s'arranger; *gut eingespielt sein* former un bon ensemble, (*in guter Form sein*) être bien entraîné.
'einspinnen *v/rf.: sich* ~ (*Seidenraupen*) se mettre en cocon.
'einsprachig *adj.* unilingue; ♀**keit** *f* unilinguisme *m*.
'Einsprengling *géol. m* phénocristal *m*.
'einspringen *v/i.* ⚠ rentrer; *für j-n* ~ remplacer q.; **~d** *adj.*: ~*er Winkel* angle *m* rentrant.
'Einspritz|düse *f* gicleur *m*; injecteur *m*; ♀**en** *v/t.* injecter; **~motor** *m* moteur *m* à injection; **~pumpe** *f* pompe *f* à injection; **~ung** ⚕, ⊕ *f* injection *f*.
'Einspruch *m* opposition *f*; objection *f*; (*Verwahrung*) protestation *f* (*a. Sport*); (*Beschwerde*) réclamation *f*; ~ *erheben gegen* protester contre, ⚖️ former opposition à; **~sfrist** *f* délai *m* d'opposition; **~srecht** *n* droit *m* de former opposition; droit *m* de veto.
'einspurig *adj.* à une (seule) voie; monorail.
einst *adv. Vergangenheit*: un jour; (*früher*) autrefois; jadis; *Zukunft*: un (*od.* quelque) jour.

einstampfen v/t. Bücher: mettre au pilon.
Einstand m 1. s-n ~ geben arroser son entrée f en fonction; 2. Tennis: égalité f; **~spreis** ✝ m prix m de revient.
einstauben v/i. se couvrir de poussière.
einstechen v/t. enfoncer; Löcher: percer.
einsteck|en v/t. ficher (in acc. dans); Schwert: rengainer; in die Tasche ~ mettre dans sa poche; empocher; Brief: mettre à la boîte; Hieb: encaisser; fig. essuyer, Kränkung: avaler; **♀kamm** m petit peigne m (à cheveux); **♀schloß** n serrure f encastrée.
einstehen v/i.: ~ für répondre de; se porter garant de; füreinander ~ être solidaires.
einsteig|en v/i. monter (en voiture, en wagon, dans le train); ~! en voiture!; **♀schacht** △ m regard m; bouche f d'accès.
einstellen 1. v/t. mettre (in acc. dans); Auto usw.: garer; remiser (au garage); ⊕ ajuster; phot. mettre au point; opt., ⚔ pointer; Radio: régler; Bücher usw.: mettre en place; Arbeitskräfte: embaucher; recruter; (unterbrechen) interrompre; suspendre; (stillegen) arrêter; Arbeit, Tätigkeit, Feuer: cesser; Zahlung, Feindseligkeiten: cesser; suspendre; (abschaffen) abolir; Buslinie, Zeitung: supprimer; Rekord: égaler; fig. (lenken, richten) diriger (auf acc. vers od. sur); ein gerichtliches Verfahren ~ rendre une ordonnance de non-lieu; 2. v/rf.: sich ~ se montrer; se trouver; sich plötzlich ~ survenir; (sich fühlbar machen) se faire sentir; (sich wieder ~ revenir; reparaître; sich ~ auf (acc.) se mettre à la portée (de q.), s'adapter à, (sich vorbereiten) se préparer à, (sich anpassen) s'accommoder de, se conformer à, auf die Fassungskraft: se mettre à la portée de, Radio: s'accorder sur.
einstellig adj. d'un seul chiffre.
Einstell|knopf m bouton m de réglage; **~schraube** f vis f de réglage.
Einstellung f ⊕ réglage m; ajustage m; ajustement m; phot. mise f au point; opt., ⚔ pointage m; Radio: réglage m; Arbeitskräfte: embauche f; embauchage m; (Unterbrechung) interruption f; suspension f; (Aufhören) cessation f; (Stillegung) arrêt m; der Arbeit, Tätigkeit: cessation f; der Zahlung, Feindseligkeiten: cessation f; suspension f; (Abschaffung) abolition f; v. Buslinien od. Zeitungen: suppression f; ⚖ Befehl zur ~ des Verfahrens ordonnance f de non-lieu; fig. (Ansicht) opinion f (zu au sujet de); avis m (au sujet de); (Haltung) attitude f (zu au sujet de).
einstemmen v/t. creuser au fermoir (in acc. dans); die Arme ~ mettre les poings sur les 'hanches.
einsticken v/t. broder (in acc. sur).
Einstieg m Bergsport, Bus: entrée f.
einstig adj. ancien, -enne; d'autrefois.
einstimmen v/i. joindre sa voix (in acc. à); fig. faire chorus; se joindre (in acc. à).
einstimmig I adj. à une voix; fig. unanime; durch ~en Beschluß par décision statuant à l'unanimité; II adv. a. à l'unanimité; ~ beschließen (annehmen) décider (adopter) à l'unanimité; **♀keit** f unanimité f; falls keine ~ erzielt wird à défaut d'accord unanime; **♀keitsregel** f règle f de l'unanimité.
einstmals adv. autrefois.
einstöckig adj. à un (seul) étage.
einstoßen v/t. enfoncer; Scheibe: casser.
einstreich|en v/t. Geld: encaisser; empocher; **♀ung** (Einsparung) f von Ausgaben compression f de dépenses.
einstreuen v/t. répandre (in acc. dans); Stroh ~ faire la litière; fig. insérer, jeter (in acc. dans).
einströmen v/i. affluer (in acc. dans).
einstudieren v/t. apprendre par cœur, Rolle usw.: étudier.
einstuf|en v/t. classer (in acc. parmi); classifier; **~ig** adj. Rakete: à un (seul) étage; **♀ung** f classement m; classification f; **♀ungsprüfung** f 1. école. examen m d'entrée (od. d'admission) dans une classe; 2. Lohnstufe: examen m pour fixation du barème; test m professionnel.
einstündig adj. d'une heure.
einstürmen v/i.: auf j-n mit Fragen ~ assaillir q. de questions.
Einsturz m écroulement m; effondrement m; Erdmassen: éboulement m.
einstürzen 1. v/i. s'écrouler; s'effondrer; tomber en ruine; Erdmassen: s'ébouler; einzustürzen drohen menacer ruine (od. de s'écrouler).
Einsturzgefahr f danger m d'écroulement (od. d'éboulement).
einst'weil|en adv. en attendant; entre-temps; provisoirement; **~ig** adj. provisoire; intérimaire; ⚖ provisionnel, -elle; ~e Verfügung ordonnance f de référé; disposition f provisoire.
eintägig adj. d'un jour; fig. éphémère.
Eintagsfliege ent. f éphémère m.
Eintänzer m danseur m mondain.
eintauchen v/t. plonger (in acc. dans); tremper (a. Brot; in acc. dans); immerger; Feder: tremper; plonger; die Feder ~ a. prendre de l'encre.
Eintausch m échange m; troc m; **♀en** v/t. échanger; troquer.
eintausend a/n.c. mille.
einteil|en v/t. diviser (in acc. en); phys. graduer; (verteilen) distribuer; répartir; in Klassen ~ classer; classifier; s-e Zeit ~ répartir (od. distribuer od. régler) son temps; **~ig** adj. d'une seule pièce; **~er Badeanzug** costume m de bain d'une pièce; **♀ung** f division f; phys. graduation f; (Grad-) échelle f; (Verteilung) distribution f; répartition f; ~ in Klassen classement m; classification f.
eintönig adj. monotone (a. fig.); languissant; **♀keit** f monotonie f; grisaille f.
Eintopfgericht n potée f.
Eintracht f concorde f; harmonie f; bonne intelligence f; union f.
einträchtig adj. u. adv. en accord; en bonne intelligence.
eintragen v/t. u. v/rf. in e-e Liste: (sich s')inscrire (in acc. dans); sich ~ für s'inscrire à; (registrieren) enregistrer; ✝ auf j-s Soll ~ porter au débit de q.; ins Handelsregister ~ inscrire au registre du commerce; ⚖ gerichtlich: entériner; Patent: immatriculer; sich ins Goldene Buch ~ signer le livre d'or; eingetragene Schutzmarke marque f déposée.
einträglich adj. profitable; lucratif, -ive; sehr ~ sein a. rapporter beaucoup; **♀keit** f rendement m; productivité f.
Eintragung f inscription f; enregistrement m; ins Register: transcription f; ⚖ gerichtliche: entérinement m; e-s Patents: immatriculation f.
einträufeln I v/t. verser goutte à goutte, instiller; II ♀ n instillation f.
eintreffen I v/i. arriver; Voraussage: s'accomplir; se réaliser; als erster ~ arriver le premier; II ♀ n arrivée f; e-r Voraussage: accomplissement m; réalisation f.
eintreib|bar adj. exigible; recouvrable; **♀barkeit** f exigibilité f; **~en** v/t. Vieh: ramener; Geld: recouvrer; **♀en** n, **♀ung** f v. Geld: recouvrement m.
eintreten 1. v/i. entrer (in acc. dans); wieder ~ rentrer; fig. ~ für défendre, (einstehen) répondre de, se porter garant de; faire campagne pour; (geschehen) arriver; advenir; se produire; se faire; Wirkung: se produire; (auftreten) se présenter (a. Fall); stattfinden) avoir lieu; (beginnen) commencer; plötzlich ~ survenir; ✝ als Teilhaber ~ entrer comme sociétaire; 2. v/t. enfoncer (d'un coup de pied); sich e-n Dorn ~ s'enfoncer une épine dans le pied; II ♀ n entrée f; schon beim ~ dès l'entrée; **~denfalls** adv. le cas échéant.
eintrichtern I v/t. a. école. entonner; fig. j-m etw. ~ inculquer qch. à q.; fourrer (od. faire rentrer) qch. dans la tête de q.; II ♀ n fig. entonnage m.
Eintritt m entrée f; ~ verboten! entrée interdite; défense d'entrer; ~ frei entrée libre (od. gratuite); ~ des Schadensfalles réalisation f du sinistre; **~sgeld** n entrée f; es wird ein ~ erhoben entrée payante; **~skarte** f billet m (d'entrée); **~spreis** m prix m d'entrée.
eintrocknen I 1. v/i. se dessécher; Quelle: tarir; (einschrumpfen) Früchte: se ratatiner; 2. v/t. dessécher; II ♀ n dessèchement m.
eintröpfeln, eintropfen I v/t. verser goutte à goutte, instiller; II ♀ n instillation f.
eintrüben v/i. se couvrir; s'assombrir.
eintunken v/t. tremper (in acc. dans).
Einturner m moniteur m.
ein-üben I 1. v/t. étudier; etw. auf dem Klavier ~ travailler qch. au piano; 2. v/rf.: sich ~ s'exercer; II ♀ n étude f; exercice m.
Ein- und Ausgabegerät (Informatik) n terminal m.
einverleib|en v/t. incorporer (e-r Sache dat. dans qch.); englober (dans); intégrer (à); annexer (à qch.); **♀en** n, **♀ung** f incorporation f; intégration f; e-s Gebietes: annexion f

'Einvernehmen n accord m; entente f; intelligence f; ~ mit dem Feinde intelligences f/pl. avec l'ennemi; gutes ~ bonne entente f; herzliches ~ entente f cordiale; in gutem ~ mit j-m stehen s'entendre bien avec q.; sich ins ~ setzen (mit) se mettre d'accord (avec); s'entendre (avec); im ~ mit en accord avec; d'accord avec; de concert avec; in vollem ~ mit en plein accord avec.

'einverstanden adj.: ~! d'accord!; entendu!; ~ sein mit etw. approuver qch.; ~ sein mit j-m être d'accord avec q.

'Einverständnis n accord m; intelligence f; (Einwilligung) consentement m; strafbares: connivence f; collusion f; im ~ mit en accord avec; d'accord avec; de concert avec.

'einwachsen v/i. ❀ Nagel: s'incarner; (mit Wachs einreiben) cirer.

'Einwand m objection f; ⚖ opposition f; e-n ~ machen faire une objection (⚖ une opposition); e-n ~ erheben soulever une objection; ⚖ faire une opposition; e-n ~ widerlegen réfuter une objection (⚖ une opposition); e-n ~ beiseite schieben écarter une objection (⚖ une opposition); ⚖ e-n ~ verwerfen débouter une opposition.

'Einwander|er m, ~in f immigrant m, -e f; ⚒ v/i. immigrer; ~ung f immigration f.

'einwandfrei adj. (tadellos) impeccable; exempt de tout reproche; irréprochable; incontestable; (unwiderlegbar) irrécusable.

'einwärts adv. en dedans.

'einwässern v/t. tremper dans l'eau; (entsalzen) dessaler.

'einweben v/t. tisser (in acc. dans).

'einwechseln I v/t. changer; **II** ⚒ n change m.

'einweck|en cuis. v/t. mettre en conserve; Saft: faire du jus de fruits; ⚒glas n bocal m à conserves.

'Einweg|flasche f bouteille f perdue; ~spritze f seringue f à usage unique; ~verpackung f emballage(s) m(pl.) perdu(s); emballage m pour un seul trajet (od. parcours).

'einweichen I v/t. (r)amollir en trempant; Wäsche: (faire) tremper; essanger; **II** ⚒ n der Wäsche: trempage m; essangeage m.

'einweih|en v/t. inaugurer; Kleidungsstück: étrenner; j-n in etw. (acc.) ~ initier q. à qch.; mettre q. au courant de qch.; j-n in ein Geheimnis ~ mettre q. dans un secret; in etw. (acc.) eingeweiht sein être initié à qch.; être au courant de qch.; in ein Geheimnis eingeweiht sein être du secret (od. dans le secret); ⚒ung f inauguration f; (Einführung) initiation f; ⚒ungsrede f discours m d'inauguration.

'einweis|en v/t. in ein Amt: installer (in acc. dans); (einführen) initier (in acc. à); in e-e Arbeit: affecter (in acc. à); ⚒ung f installation f (in acc. dans); (Einführung) initiation f (in acc. à); in e-e Arbeit: affectation f (in acc. à).

'einwend|en v/t. objecter (gegen à); opposer (à); dagegen läßt sich nichts ~ il n'y a rien à objecter à cela; il n'y a

pas d'objection à cela; ⚒ung f objection f (gegen à); opposition f (à); ~en machen (erheben) faire (soulever) des objections.

'einwerfen I v/t. casser (od. briser) (à coups de pierres); Brief: mettre à la boîte; Ball: remettre en jeu; Geld in e-n Automaten: introduire; fig. objecter; **II** ⚒ n e-s Balles: remise f en jeu; e-s Briefes: mise f à la boîte; fig. objection f.

'einwertig ❀ adj. monovalent.

'Einwickel|maschine f fardeleuse f; ⚒n v/t. (v/rf.: sich s')envelopper (in acc. dans); in Papier ~ envelopper dans du papier; (einpacken) emballer; Kind: (in Windeln) ~ emmailloter; fig. F j-n ~ F emberlificoter q.; F entortiller q.; F empaumer q.; enjôler q.; ~n n enveloppement m, (einpacken) emballage m; e-s Kindes: emmaillotement m; ~papier n papier m d'emballage.

'einwillig|en v/i. consentir (in acc. à); acquiescer (à); ⚒ung f consentement m; acquiescement m.

'einwirk|en v/i.: auf etw. (acc.) ~ agir (od. influer) sur qch., (in Mitleidenschaft ziehen) affecter; auf j-n ~ agir sur q.; influencer q.; ❀~ lassen faire agir q.; ⚒ung f influence f (auf acc. sur); incidence f (sur); action f (a. ❀); auf acc. sur); effet m (sur); den ~en der Kälte widerstehen résister aux atteintes du froid; ⚒ungszeit (Haarfärbemittel) f temps m de pose.

'einwöchig adj. d'une semaine.

'Einwohner|(in f) m habitant m, -e f; ~melde-amt n bureau m de déclaration de résidence; ~schaft f habitants m/pl.; population f; ~zahl f nombre m d'habitants; population f.

'einwühlen v/rf.: sich ~ in (acc.) s'enfouir dans.

'Einwurf m am Briefkasten: fente f; des Balles: remise f en jeu; rentrée f en touche; fig. objection f.

'einwurzel|n 1. v/i. prendre racine; **2.** v/rf.: sich ~ fig. s'enraciner; e-e eingewurzelte Gewohnheit une habitude invétérée; ⚒ung f enracinement m.

'Einzahl gr. f singulier m.

'einzahl|en v/t. payable; à verser; à payer; ~en v/t. verser (auf ein Konto à un compte); payer; bei e-r Bank: déposer; ⚒er(in f) m bei e-r Bank: déposant m, -e f; ⚒ung f versement m; paiement m; ⚒ungsschein m bordereau m de versement.

'einzahnen ⊕ v/t. endenter.

'einzäun|en v/t. entourer d'une clôture; enclore; ⚒ung f clôture f.

'einzeichnen v/t. dessiner (in acc. dans); (einschreiben) (v/rf.: sich s')inscrire (in acc. dans).

'Einzel|anfertigung f fabrication f sur commande; ~aufhängung ⊕ f suspension f indépendante; der Auforäder: roues f/pl. indépendantes; ~aufstellung f état m détaillé; ~aufzählung f énumération f détaillée; ~betrag m montant m particulier; ~bett n Schlafwagen: single m; ~fall m cas m isolé; ~gänger m solitaire m; ~haft f détention f cellulaire; ~handel m commerce m de détail; ~handelsgeschäft n magasin m de détail; ~handelspreis m prix m de détail;

~händler m détaillant m; ~haus n maison f individuelle; ~heit f détail m; (Besonderheit) particularité f; alle ~en e-r Angelegenheit kennen connaître les tenants et les aboutissants d'une affaire; auf ~en eingehen entrer dans les détails (od. le détail); in allen ~en tout au long; in allen ~en erzählen détailler; sich in ~en verlieren se perdre (od. se noyer) dans des détails; sich nicht mit ~en aufhalten ne pas s'attarder aux détails; ~kabine ⚓ f cabine f à une place; ~kampf (Sport) m épreuve f individuelle; ~leben n vie f solitaire.

'einzellig adj. unicellulaire.

'einzeln I adj. seul; (besondere[r]) particulier, -ère; (für sich allein bestehend) individuel, -elle; (abgesondert) séparé; détaché; isolé; (nur auf Teile des Ganzen bezüglich) partiel, -elle; die ~en Teile les différentes parties f/pl.; die ~en Umstände les détails m/pl.; les particularités f/pl.; ~er Band volume m séparé; **II** adv. un à un; séparément; isolément; en particulier; en détail; ~ angeben spécifier; man kann sie ~ kaufen on peut les acheter séparés; ~e m/pl., f/pl. quelques-uns m/pl., quelques-unes f/pl.; ~e(r) m homme m seul; individu m; jeder ~ chacun en particulier; ~e(s) n fait m isolé; détail m; im ~en en détail; ins ~ gehen entrer dans les détails (od. le détail).

'Einzel|paar n paire f isolée; ~prokura f procuration f individuelle; ~spiel n Tennis: simple m; single m; ⚒stehend adj. isolé; (allein) seul; (einsam) solitaire; ~stück n exemplaire m isolé (od. dépareillé); ~teile ⊕ n/pl. pièces f/pl. détachées; ~tisch m table f individuelle; ~unternehmen n entreprise f individuelle; ~verkauf m vente f au détail; v. Zeitungen: vente f au numéro; ~wahl f scrutin m uninominal; ~wesen n individu m; ~wettkampf m compétition f individuelle; ~wirtschaft f micro-économie f; ~zelle f cellule f d'isolement; (Badekabine) cabine f individuelle; ~zimmer n chambre f à un lit.

'einzieh|bar adj. zo. rétractile; Geld: recouvrable; ~es Fahrgestell train m d'atterrissage escamotable (od. relevable); ~en 1. v/t. faire entrer; den Faden ins Nadelöhr ~ enfiler l'aiguille; Flüssigkeit: absorber; Krallen, Bauch, Beine: rentrer; Fahrgestell: escamoter; rentrer; relever; Kranausleger: relever; Schultern: effacer; Fahne: baisser; amener; Segel: amener; rentrer; Flügel: replier; Luft: aspirer; Münzen, Banknoten: retirer de la circulation; typ. Zeile: rentrer; Geld: encaisser; faire rentrer; recouvrer; Steuern: percevoir; Soldaten: appeler (sous les drapeaux); ⚒ confisquer; Erkundigungen: prendre; Amt, Stelle: supprimer; **2.** v/i. entrer (in acc. dans); faire son entrée (dans); Flüssigkeit: pénétrer (in acc. dans); in e-e Wohnung ~ emménager; bei j-m ~ aller loger chez q.; ⚒en n rentrée f; v. Flüssigkeit: absorption f; v. Luft: aspiration f; v. Münzen, Banknoten: retrait m; v. Geld: encaissement m; recouvrement m; v.

Steuern: perception *f*; *des Kranauslegers*: relevage *m*; *des Fahrgestells*: escamotage *m*; ⚔ appel *m* sous les drapeaux; ⚖ confiscation *f*; *e-s Amtes, e-r Stelle*: suppression *f*; ~ (*in e-e Wohnung*) emménagement *m*; ⟨2⟩kran *m* grue *f* à flèche relevable; ⟨2⟩ung *f* → ⟨2⟩en; ~ *des Führerscheins* annulation *f* du permis de conduire; ⟨2⟩werk *n e-s Krans*: dispositif *m* de relevage.

'**einzig I** *adj.* unique; seul; *ein ~es Mal* une seule fois; *der ~e Sohn* le fils unique; *das ~e die seule chose*; **II** *adv.*: ~ *und allein* uniquement; ~artig *adj.* singulier, -ère; unique; ⟨2⟩e(**r** *a. m*) *m*, *f* seul *m*, -*e f*; unique *m*, *f*.

Ein'zimmerwohnung *f* studio *m*, unipièce *f*.

'**einzuckern** *v/t.* saupoudrer de sucre; (*einmachen*) confire.

'**Einzug** *m* entrée *f*; → *Einziehen*; *s-n ~ halten* faire son entrée; ~ *in e-e Wohnung* emménagement *m*; ~**sbereich** *m*, *n*, ~**sgebiet** *e-r Schule n* zone *f* attenante (*od.* avoisinante); *wirtschaftliches ~sgebiet* zone *f* d'attraction économique; ~**sschmaus** *m* pendaison *f* de crémaillère.

'**einzwängen** *v/t.* faire entrer en forçant; *eingezwängt sein* être serré.

'**Ei**|**pulver** *n* œufs *m/pl.* en poudre; ⟨2⟩**rund** *adj.* ovale.

'**e-is** ♪ *n* mi m. dièse.

Eis *n* glace *f*; *zu ~ gefrieren* se congeler; *in ~ stellen* mettre à la glace, *Wein*: frapper; *das ~ treibt auf dem Fluß* la rivière charrie des glaçons; *das ~ brechen* rompre la glace (*a. fig.*); *fig. das ~ zum Schmelzen bringen* rompre, briser la glace; *gemischtes ~ glace f panachée*; *am Stiel* esquimau *m*, chocolat *m* glacé; *fig. j-n aufs ~ führen* tendre un piège à q.; *j-n auf ~ legen bsd. pol.* mettre q. sur la touche; '~**bahn** *f* patinoire *f*; '~**bank** *f* banc *m* de glace; (*Packeis*) banquise *f*; '~**bär** *zo. m* ours *m* blanc; '~**becher** *m* coupe *f* glacée; ⟨2⟩**bedeckt** *adj.* couvert de glace; '~**bein** *n* jambonneau *m* de porc; *fig. ~e haben* avoir les pieds glacés; '~**berg** *m* iceberg *m*; '~**beutel** ⚕ *m* poche *f* de glace; '~**blumen** *f/pl.* fleurs *f/pl.*, cristaux *m/pl.* de glace (*od.* de givre); '~**bombe** *cuis. f* parfait *m*; bombe *f* glacée; '~**brecher** *m* brise-glace *m*; '~**decke** *f* couche *f* de glace; '~**diele** *f litt.* débit *m* de glaces (*od.* de crèmes glacées); *als Firmenschild*: glacier *m*; *ich gehe in e-e ~ je vais chez le marchand des glaces*; '~**eimer** *m* seau *m* à glace.

'**Eisen** *n* fer *m*; *altes ~* ferraille *f*; *zum alten ~ werfen* mettre à la ferraille (*od.* au rancart); *glühendes ~* fer *m* rouge, ⚕ cautère *m*; *fig. heißes ~* question *f* délicate (*od.* brûlante); *das ~ schmieden, solange es heiß ist* battre le fer; *mehrere ~ im Feuer haben* avoir plus d'un tour dans son sac; avoir plusieurs cordes à son arc; ~**abfälle** *m/pl.* limaille *f* de fer; ⟨2⟩**artig** *adj.* qui ressemble au fer.

'**Eisenbahn** 🚂 *f* chemin *m* de fer; voie *f* ferrée; *mit der ~* par chemin de fer; par voie ferrée; *mit der ~ fahren* prendre le chemin de fer; F *es ist höchste ~* il est grand temps; il n'y a plus une minute à perdre; ~**abteil** *n* compartiment *m*; ~**aktie** *f* action *f* de chemins de fer; ~**arbeiter** *m* cheminot *m*; F *pl.* roulants *m/pl.*; ~**beamter** *m*, ~**beamtin** *f* employé *m*, -*e f* de chemin de fer; ~**betrieb** *m* service *m* de chemins de fer; ~**brücke** *f* pont *m* de chemin de fer; pont-rails *m*; ~**damm** *m* remblai *m* de chemin de fer; ~**direktion** *f* direction *f* des chemins de fer; ~**er** *m* cheminot *m*; *Widerstand ~er adj.* résistance *f* cheminote; ~**fähre** *f* ferry-boat *m*; ~**fahrplan** *m* indicateur *m*; horaire *m*; ~**fahrt** *f* voyage *m* ferroviaire; ~**fracht** *f* fret *m* ferroviaire; ~**gesellschaft** *f* compagnie *f* ferroviaire; ~**katastrophe** *f* catastrophe *f* ferroviaire; ~**knotenpunkt** *m* gare *f* de jonction (*od.* de correspondance); nœud *m* ferroviaire; ~**linie** *f* voie (*od.* ligne) *f* ferroviaire (*od.* de chemins de fer); ~**netz** *n* réseau *m* ferroviaire (*od.* de chemins de fer); ~**obligation** *f* obligation *f* de chemins de fer; ~**polizei** *f* police *f* des voies ferrées; ~**schaffner** *m* contrôleur *m*; ~**schiene** *f* rail *m*; ~**schwelle** *f* traverse *f*; ~**station** *f* station *f* de chemin de fer; ~**tarif** *m* tarif *m* ferroviaire; ~**transport** *m* transport *m* par voie ferrée (*od.* par [chemin de] fer *od.* par wagon); ~**überführung** *f* passage *m* supérieur (*od.* en dessus); ~**übergang** *m*: *schienengleicher ~* passage *m* à niveau; *bewachter (unbewachter) ~* passage *m* à niveau gardé (non gardé); ~**unglück** *n* accident *m* de chemin de fer; ~**unterführung** *f* passage *m* inférieur (*od.* en dessous); ~**verbindung** *f* communication *f* ferroviaire (*od.* par voie ferrée); ~**verkehr** *m* trafic *m* (*od.* circulation *f*) ferroviaire; ~**verwaltung** *f* administration *f* des chemins de fer; ~**wagen** *m* wagon *m*; *für Personen*: voiture *f*; ~**zug** *m* train *m*.

'**Eisen**|**band** *n* ruban *m* en fer; ~**bau** *m* construction *f* en fer; ~**bergwerk** *m* mine *f* de fer; ~**beschlag** *m* ferrure *f*; ~**beton** *m* béton *m* armé; ⟨2⟩**bewehrt** *adj.* armé *m* de fer; ~**blech** *n* tôle *f* (de fer); ~**chlorid** 🜓 *n* chlorure *m* de fer; ~**draht** *m* fil *m* de fer; ~**erz** *n* minerai *m* de fer; ~**faß** *n* fût *m* (*od.* tonneau *m*) en tôle; ~**garn** *n* fil *m* glacé (de coton); ~**gehalt** *m* teneur *f* en fer; ~**gerippe** *n* charpente *f* en fer; ~**gießer** *m* fondeur *m* en fer; ~**gießerei** *f* fonderie *f*; ~**guß** *m* fonte *f* (de fer); ⟨2⟩**haltig** *adj.* ferrugineux, -euse; ~**hammer** *m* marteau *m* de forge; martinet *m*; ~**hut** ♣ *m* aconit *m*; ~**hütte** *f* fonderie *f*; usine *f* sidérurgique; ~**hüttenkunde** *f* sidérurgie *f*; ~**industrie** *f* industrie *f* sidérurgique; ~**kies** *min. m* pyrite *f* de fer; ~**konstruktion** *f* construction *f* en fer; ~**kraut** ♣ *n* verveine *f*; ~**legierung** *f* ferro-alliage *m*; ~**oxyd** 🜓 *n* oxyde *m* de fer; ~**platte** *f* plaque *f* de fer; ~**präparate** *phm. n/pl.* préparations *f/pl.* ferrugineuses; ~**quelle** *f* source *f* ferrugineuse; ~**rost** *m* rouille *f*; ~**schiene** *f* rail *m*; ~**schlacke** *f* scorie *f* de fer; mâchefer *m*; ~**späne** *m/pl.* paille *f* de fer; ~**spat** *m* fer *m* spathique; ~**stab** *m*, ~**stange** *f* barre *f* de fer; ~**träger** *m* poutre *f* (*od.* poutrelle *f*) en fer; ⟨2⟩- *und stahlerzeugend adj.*: *~e Industrie* industrie *f* sidérurgique; ~**walzwerk** *n* laminoir *m* de fer; ~**waren** *f/pl.* quincaillerie *f*; ~**warenhändler** *m* quincaillier *m*; ~**warenhandlung** *f* quincaillerie *f*; ~**zeit** *f* âge *m* du fer.

'**eisern** *adj.* de fer (*a. fig.*); ⚕ *~e Lunge* poumon *m* d'acier; *~er Bestand* fonds *m* de réserve; ⚔ *~e Ration* vivres *m/pl.* de réserve; *das ⟨2⟩e Kreuz* la Croix de fer; *der ~e Vorhang* le rideau de fer; *~es Zeitalter* âge *m* du fer.

'**Eis**|**feld** *n* champ *m* de glace; ~**fläche** *f* surface *f* de glace; ⟨2⟩**frei** *adj.* débarrassé des glaces; *géogr.* libre de glaces; ~**gang** *m* débâcle *f*; ⟨2⟩**gekühlt** *adj.* glacé; *Sekt, Wein*: frappé; ~**glätte** *f* verglas *m*; ⟨2⟩**grau** *fig. adj.* chenu; ~**händler** *m* marchand *m* des glaces; *als Firmenschild*: glacier *m*; ~**heilige** *m/pl.* saints *m/pl.* de glace; ~**hockey** *n* 'hockey *m* sur glace; ~**hockeyscheibe** *f* palet *m*; ~**hockeyspiel** *n* 'hockey *m* sur glace; ~**höhle** *f* glacière *f*; ⟨2⟩**ig** *adj.* couvert de glace; *fig.* glacé; de glace, glacial; ~**jacht** *f* ice-boat *m*; ~**kaffee** *m* café *m* glacé; ⟨2⟩**kalt** *adj.* glacé; glacial; ~**kälte** *f* froid *m* glacial; ~**kappe** *géol. f* calotte *f* glaciaire; ~**keller** *m* glacière *f*; ~**klumpen** *m* glaçon *m* (*a. fig.*); ~**konditor** *m* crémier-glacier *m*; ~**krem** *f u. m* ice-cream *m*; crème *f* glacée; ~**kübel** *m* seau *m* à glace; ~**kunstlauf** *m* patinage *m* artistique; ~**lauf** *m* patinage *m*; ~**läufer(in** *f*) *m* patineur *m*, -*euse f*; ~**maschine** *f* machine *f* à glace; glacière *f*; ~**meer** *n* océan *m* glacial; ~**pickel** *m* piolet *m*; ~**regen** *m* pluie *f* verglaçante; ~**schmelze** *f* fonte *f* des glaces; ~**schnellauf** *m* patinage *m* de vitesse; ~**scholle** *f* glaçon *m*; ~**schrank** *m* glacière *f*; ~**segeln** *n* yachting *m* sur glace; ~**sporn** *m* crampon *m*; ~**sport** *m* sport *m* sur glace; ~**stadion** *n* stade *m* d'hiver; patinoire *f*; ~**stücke** *cuis. n/pl.* cubes *m/pl.* de glace; ~**torte** *f* vacherin *m*; ~**treiben** *n* charriage *m* des glaçons; ~**umschlag** *m* compresse *f* de glace; ~**verkäufer** *m* glacier *m*; marchand *m* de glaces; ~**vogel** *orn. m* martin-pêcheur *m*; ~**waffel** *f* cornet *m* de glace; ~**wasser** *n* eau *f* glacée; ~**wein** (*Bundesrepublik*) *m* vin *m* fait de raisins récoltés après les premières gelées; ~**würfel** *m* cube *m* de glace; *a.* glaçon *m*; ~**zapfen** *m* glaçon *m*; ~**zeit** *f* période *f* glaciaire; ~**zone** *f* zone *f* glaciale.

'**eitel** *adj.* (*gefallsüchtig*) coquet, -ette; (*nichtig*) vain; futile; frivole; *eitles Gerede* pur verbiage *m*; *st.s. eitle Hoffnung* vain espoir *m*; *eitle Versprechungen* vaines promesses *f/pl.*; ⟨2⟩**keit** *f* (*Gefallsucht*) coquetterie *f*.

'**Eiter** ⚕ *m* pus *m*; matière *f* purulente; ~**ansammlung** *f* accumulation *f* de pus; ⟨2⟩**artig** *adj.* purulent; ~**beule** ⚕ *f* abcès *m*; ~**bläs-chen** ⚕ *n* pustule *f*; ~**geschwulst** ⚕ *f* abcès *m*; ~**herd** ⚕ *m* foyer *m* purulent (*od.* d'infection).

'**eit(e)rig** ⚕ *adj.* purulent; suppurant.

'**eiter**|**n** *v/i.* suppurer; ⟨2⟩**pfropf** ⚕ *m* bourbillon *m*; ⟨2⟩**sack** ⚕ *m* poche *f* d'un abcès; ⟨2⟩**ung** *f* suppuration *f*.

'**Eiweiß** *n* blanc *m* d'œuf; 💊 albumen *m*; *rohes ~* glaire *f*; ~**abbau** *m* protéolyse *f*; ⟨2⟩**haltig** *adj.* qui contient des protides; ~körper m/pl. protides m/pl.; einfache ~ protéines f/pl.; zusammengesetzte ~ protéides m/pl.; ~stoff m cf. ~körper.

'Ekel I m dégoût m (vor dat. pour); (mit Übelkeit) nausée f; écœurement m; (Widerwille) répugnance f, aversion f; ~ vor etw. (dat.) bekommen prendre qch. en dégoût; ~ vor (dat.) haben être dégoûté de; avoir du dégoût pour; j-m ~ vor etw. (dat.) erregen dégoûter q. de qch.; II F n (Person) dégoûtant m; 2erregend adj. nauséabond; 2haft adj. dégoûtant; nauséabond; répugnant; écœurant; nur fig. rebutant; P dégueulasse.

'ek(e)lig adj. dégoûtant; répugnant.
'ekeln v/imp. u. v/rfl.: es ekelt mich davor; ich ek(e)le mich davor cela me dégoûte.
'Ekelpadde F f teigne f.
ekla'tant adj. éclatant.
E'klek|tiker m éclectique m; 2tisch adj. éclectique.
Eklekti'zismus m éclectisme m.
E'klip|se ast. f éclipse f; ~tik ast. f écliptique f; 2tisch ast. écliptique.
E'kloge f églogue f.
Ek'stase f extase f; in ~ geraten tomber en extase.
ek'statisch adj. extatique.
Ekua'dor n → Ecuador.
Ek'zem n eczéma m; 2artig adj. eczémateux, -euse.
E'lan m élan m.
e'lastisch adj. élastique; fig. a. souple.
Elastizi'tät f élasticité f; fig. a. souplesse f.
'Elba n: die ~ l'île f d'Elbe.
'Elbe f: die ~ l'Elbe f.
Elch zo. m élan m.
Eldo'rado n eldorado m; ~ für Langfinger foire f d'empoigne.
Ele'fant zo. m éléphant m; junger ~ éléphanteau m; F sich wie ein ~ im Porzellanladen benehmen être (od. se comporter) comme un éléphant dans un magasin de porcelaine; aus e-r Mücke e-n ~en machen F se faire une montagne de qch.; ~enführer m cornac m; ~enkuh f éléphante m.
Elefan'tiasis ♂ f éléphantiasis f.
ele'gan|t I adj. élégant; II adv. élégamment; 2z f élégance f.
Ele'gie f élégie f.
e'legisch adj. élégiaque.
elektrifi'zier|en v/t. électrifier; 2ung f électrification f.
É'lek|triker m électricien m; 2trisch adj. électrique; mit ~em Antrieb électrifié; ~es Licht lumière f électrique; électricité f; ~ beleuchten éclairer à l'électricité; ~er Strom courant m électrique; ~e Beleuchtung éclairage m électrique; ~e Energie énergie f électrique; ~e Lokomotive locomotive f électrique; ~e Heizung chauffage m électrique; ~er Heizofen radiateur m électrique; ~er Rasierapparat rasoir m électrique; ~e Klingel sonnerie f électrique; ~es Bügeleisen fer m à repasser électrique; ~e Straßenbahn = ~trische f tram m.
elektri'sier|bar adj. électrisable; ~en v/t. électriser; 2ung f électrisation f.
Elektrizi'tät f électricité f; ~s-erzeugung f production f d'électricité; ~smesser m électromètre m; ~swerk

n centrale f électrique; ~s-zähler m compteur m électrique.
Elektro|che'mie f électrochimie; 2'chemisch adj. électrochimique.
Elek'trode f électrode f; ~n-abstand m écartement m des électrodes.
E'lektro|dia'gnostik f électrodiagnostic m; 2dy'namik f électrodynamique f; 2dy'namisch adj. électrodynamique; ~dynamo'meter n électrodynamomètre m; ~gerät n appareil m électrique; ~herd m cuisinière f électrique; ~industrie f industrie f électrique; ~ingenieur m ingénieur m électricien; ~kardio'gramm ♂ n électrocardiogramme m; ~karren m chariot m électrique; ~kultur f électroculture f.
Elektro'lyse f électrolyse f; ~'lyt m électrolyte m; 2'lytisch adj. électrolytique; ~'lytkupfer n cuivre m électrolytique.
Elektroma'gnet m électro-aimant m.
elektro|ma'gnetisch adj. électromagnétique; 2magne'tismus m électromagnétisme m.
E'lektro|mechanik f électromécanique f; 2mechanisch adj. électromécanique; ~metallur'gie f électrométallurgie f; ~'meter n électromètre m; ~monteur m ouvrier m électricien; ~motor m moteur m électrique; 2motorisch adj. électromoteur, -trice.
E'lektron phys. n électron m.
Elek'tronen|bahn f trajectoire f des électrons; ~bombardement n bombardement m électronique; ~dichte f densité f électronique; ~emission f émission f électronique; ~entladung f décharge f électronique; ~gehirn n cerveau m électronique; ~kamera f caméra f électronique; ~mikroskop n microscope m électronique; ~musik f musique f électronique; ~optik f optique f électronique; ~rechner m calculateur m électronique; ~röhre f tube m (od. lampe f) électronique; ~strom m courant m électronique; ~strömung f flux m électronique.
Elek'tronenvolt n électron-volt m.
Elek'tron|ik f électronique f; ~iker m électronicien m; 2isch adj. électronique; ~ steuern cybernétiser.
E'lektro|ofen m métall. four m électrique; 2'phor m électrophore m; ~schock m électrochoc m; ~'skop n électroscope m; 2'statik f électrostatique f; 2'statisch adj. électrostatique; ~'technik f électrotechnique f; ~'techniker m technicien m électricien; 2'technisch adj. électrotechnique; 2thera'peutisch adj. électrothérap(eut)ique; ~thera'pie f électrothérapie f; 2'thermisch adj. électrothermique.
Ele'ment n élément m (a. ⚡; ♂ a. corps m simple; ♂ a. pile f; couple m; in s-m ~ sein être dans son élément (od. dans sa vérité).
elemen'tar adj. élémentaire; 2buch n traité m élémentaire; 2schule f école f primaire; 2teilchen phys. n particule f élémentaire; 2unterricht m enseignement m primaire.
'Elen zo. m od. n élan m.

'Elend I n misère f; pfort détresse f; calamité f; F débine f; mouise f; ins ~ geraten tomber dans la misère; j-n ins ~ stürzen ruiner q.; II 2 adj. misérable; malheureux, -euse; pitoyable; sich ~ fühlen se sentir mal (en point); ~ aussehen avoir très mauvaise mine; ~e(r a. m) m, f misérable m, f; malheureux m, -euse f; 2iglich adv. misérablement; ~squartier n taudis m; ~sviertel n bidonville m; quartier-taudis m; îlot m (od. quartier m) insalubre.
Ele'vator ⊕ m élévateur m.
elf I a/n.c. onze; II 2 f: die ~ le onze (a. Fußball).
'Elfenbein n ivoire m; ~arbeit f ivoirerie f; 2artig adj. ivoirin; 2ern adj. d'ivoire; en ivoire; 2farben, 2farbig adj. ivoire; ~küste f: die ~ la Côte d'Ivoire; ~schnitzer m sculpteur m sur ivoire; ivoirier m; ~schnitze'rei f ivoirerie f; ~turm fig. m tour f d'ivoire.
'elf|erlei adv. de onze espèces; ~fach adj u. adv. onze fois autant; ~jährig adj. de onze ans; ~mal adv. onze fois.
Elf'meter m Sport: penalty m; ~punkt m point m de penalty.
'elfte a/n.o. (als su. 2) le, la onzième; der (od. am od. den) ~(n) (11.) Januar le onze (11) janvier; Ludwig XI. Louis XI (onze).
'Elftel n onzième m.
'elftens adv. onzièmement.
eli'dieren v/t. élider.
elimi'nieren v/t. éliminer.
Elisi'on f élision f.
eli'tär adj. élitaire; élitiste; nur lobend: élitique.
E'lite f élite f; die ~ der Gesellschaft a. la fine fleur de la société; ~bildungssystem péj. n élitisme m; système m d'éducation élitiste; ~einheit ⚔ f fer m de lance; ~truppen f/pl. troupes f/pl. d'élite.
Eli'xier n élixir m.
'Elle f aune f; anat. cubitus m.
'Ell(en)bogen m coude m; sich auf den ~ stützen s'accouder; mit den ~ stoßen coudoyer; pousser du coude; sich mit den ~ durchdrängeln jouer des coudes (a. fig. die ~ gebrauchen); er muß die ~ frei haben il lui faut les coudées franches; ~falte f saignée f; ~freiheit f aisance f des coudes; ~ haben avoir les coudées franches.
'ellenlang fig. adj. extrêmement long; interminable.
El'lipse f ellipse f; 2nförmig adj. elliptique; ~nzirkel m ellipsographe m.
Ellipso'id ♂ n ellipsoïde m.
el'liptisch adj. elliptique.
'Elmsfeuer n feu m Saint-Elme.
Elo'xalverfahren n procédé m d'oxydation électrolytique d'aluminium.
elo'xieren v/t. oxyder électrolytiquement l'aluminium.
'Elritze icht. f vairon m.
'Elsaß n: das ~ l'Alsace f.
'Elsäss|er(in f) m Alsacien m, -enne f; 2isch adj. alsacien, -enne; d'Alsace.
'Elsaß-'Lothringen n l'Alsace-Lorraine f.
'Elster f pie f; geschwätzig sein wie e-e ~ être bavard comme une pie.
'elterlich adj. des parents; parental;

~e Pflichten devoirs m/pl. parentaux.
'Eltern pl. parents m/pl.; fig. F nicht von schlechten ~ sein F n'être pas piqué des vers (od. des 'hannetons); ~ausschuß m comité m des parents; ~beirat m Schule: conseil m des parents; ~liebe f amour m des parents; ℒlos adj. orphelin; sans parents; ~schaft f parents m/pl.; ~vertreter m délégué m de parents.
Ely'seepalast m Palais m de l'Elysée.
E'lysium n Élysée m.
E'mail n, E'maille f émail m; ~arbeiter(in f) m émailleur m, -euse f; ~draht m fil m émaillé; ~gefäß n vase m émaillé; ~lack m émail m.
email'lier|en v/t. émailler; ℒen n émaillage m; ℒkunst f émaillerie f; ℒung f émaillage m.
Emanati'on f émanation f.
ema'nieren v/i. émaner.
Emanzi|pati'on f émancipation f; ~pati'onsbestrebungen f/pl. tendances f/pl. émancipatrices; ℒ'pieren v/t. émanciper; v/rf. sich ~ s'émanciper; ℒ'piert adjt. émancipé.
Em'bargo n embargo m.
Em'blem n emblème m.
Embo'lie ✱ f embolie f.
'Embryo m embryon m.
Embryolo'gie f embryologie f.
embryo'nal adj. embryonnaire.
emeri'tier|en v/t. mettre à la retraite; ~t adj. en retraite; ℒung f mise f à la retraite.
Emi'grant(in f) m émigré m, -e f.
Emigrati'on f émigration f.
emi'grieren v/i. émigrer.
emi'nent adj. éminent.
Emi'nenz f Éminence f.
'Emir m émir m.
Emi'rat n émirat m.
Emissi'on ✝ f émission f; ~sbank f (Notenbank) banque f d'émission; ~sgeschäft n das man tätigt: opération f d'émission.
emit'tieren ✝ v/t. émettre.
Emoti'on f émotion f.
emotio'nal adj. émotionnel, -elle; émotif, -ive.
Emp'fang m réception f (a. Radio); den ~ e-r Sache (gén.) bestätigen accuser réception de qch.; nach ~ après réception; in ~ nehmen recevoir, Geld: a. toucher; bei (nach) ~ Ihres Schreibens à la (après) réception de votre lettre; e-n ~ geben donner (od. offrir) une réception; (Aufnahme) accueil m; j-m e-n guten ~ bereiten bien recevoir q.; faire bon accueil à q.; Radio usw.: auf ~ sein (bleiben) être (rester) à l'écoute; auf ~ stellen se mettre à l'écoute; ℒen v/t. recevoir; Geld: a. toucher; Radio: recevoir; Personne: recevoir; accueillir; j-n gut ~ a. faire bon accueil à q.; Kind: concevoir; devenir enceinte.
Emp'fänger(in f) m ✆ destinataire m, f; ~ unbekannt destinataire inconnu; dem ~ aushändigen délivrer (od. remettre) au destinataire; (Waren-, Ladungs-)~ consignataire m; v. Renten, Unterstützung usw.: bénéficiaire m; Radio (als Gerät nur m!) récepteur m.
Emp'fängerstaat m récipiendaire m.
emp'fänglich adj. susceptible (für de); sensible (à); perméable (à); sensibilisé (à); ✱ réceptif, -ive (für à);

prédisposé (à); für Eindrücke ~ impressionnable; ℒkeit f susceptibilité f; ✱ réceptivité f (für à); prédisposition f (à); ~ für Eindrücke impressionnabilité f.
Emp'fängnis f conception f; ℒverhütend adj. contraceptif, -ive; anticonceptionnel, -elle; ~es Mittel contraceptif m; ~verhütung f contraception f.
Emp'fangs|anlage f poste m récepteur; ~antenne f antenne f réceptrice; ~anzeige f accusé m de réception; ℒberechtigt adj. für Geld: autorisé à toucher; ~bereich m Radio: zone f de réception; ~bescheinigung f reçu m; récépissé m; quittance f; ~bestätigung f accusé m de réception; ~chef m chef m de réception; ~gerät n: ~ für den Funkverkehr radiorécepteur m; ~halle f salle f de réception; ~hostesse f hôtesse f d'accueil; ~röhre f Radio: lampe f réceptrice; ~runde f: diplomatische ~ carrousel m diplomatique; ~schein m recepissé m; reçu m; quittance f; ~stärke f intensité f de réception; ~station f Radio: station f réceptrice; ~störungen f/pl. perturbations f/pl. de réception; ~tag m jour m de réception; ~zimmer n salon m de réception.
emp'fehl|en v/t. u. v/rf. (sich se) recommander; F pistonner; es empfiehlt sich, zu ... (inf.) il convient de ... (inf.); ~ Sie mich e-r Dame a.: mes hommages à; e-m Herrn: mes compliments à; st.s. (ich) empfehle mich (Ihnen)! j'ai l'honneur de vous saluer!; sich ~ (sich verabschieden) prendre congé; (sich zurückziehen) se retirer; sich französisch ~ filer à l'anglaise; ~enswert adj. recommandé; recommandable; ℒung f recommandation f; (Grüße) compliments m/pl.; (Hinweis) invite f; an Dame a. hommages m/pl.; gute ~en de bonnes références f/pl.; auf die ~ von sur la recommandation de; ℒungsbrief m lettre f de recommandation.
emp'find|en v/t. u. v/i. ressentir; éprouver; sentir; etw. als lästig ~ trouver qch. ennuyeux; ℒen n sensation f; (Gefühl) sentiment m; soziales ~ sens m social; ~lich adj. sensible (a. fig.); für, gegen à); allergique (gegen à); (leicht zu verletzen) susceptible (reizbar) irritable; (zartfühlend; Möbel) délicat; Kälte, Schmerz: vif, vive; ✱ er Verlust perte f sensible; ✝ ~e Verlangsamung f der Aufträge brutal ralentissement m des commandes; ✱ e-n ~en Magen haben avoir l'estomac fragile; ℒlichkeit f sensibilité f; (Verletzbarkeit) susceptibilité f; (Reizbarkeit) irritabilité f; (Zartgefühl) délicatesse f; ✱ fragilité f; ~sam adj. sentimental; ℒsamkeit f sentimentalité f; übertriebene: sensiblerie f.
Emp'findung f sensation f; (Gefühl) sentiment m; ~s-anoma'lie f trouble m sensitif; ℒslos adj. insensible; ✱ machen anesthésier; ℒslosigkeit f insensibilité f; ✱ anesthésie f; ~svermögen n sensibilité f; ℒsvoll adj. plein de sensibilité; sensible.
Em'pha|se f emphase f; ℒtisch adj.

emphatique.
Empi'rie phil. f expérience f.
Em'piri|ker m empiriste m; ℒsch I adj. empirique; II adv. d'une manière empirique.
Empi'rismus m empirisme m.
em'por adv. en 'haut; vers le 'haut; ~arbeiten v/rf.: sich ~ fig. parvenir par son travail; sich ganz nach oben ~ se 'hisser au premier plan; ~blicken v/i. regarder en l'air (od. vers le 'haut); ~bringen (j-n fördern) v/t. lancer; faire réussir.
Em'pore f galerie f; für Orgel: tribune f.
em'pör|en 1. v/t. soulever; révolter; fig. indigner; 2. v/rf.: sich ~ se soulever; se révolter; s'insurger; fig. s'indigner (de qch.; contre q.); se cabrer; sich über etw. (acc.) ~ F se gendarmer contre qch.; ~end adj. révoltant; scandaleux, -euse.
em'por|kommen v/i. monter; parvenir; faire son chemin; ℒkömmling m arriviste m; parvenu m; ~lodern v/i. monter; s'élever; ~ragen v/i. se dresser, s'élever (über acc. au-dessus de); ~ranken v/i. grimper; ~schauen v/i. regarder en l'air; ~schießen v/i. Kinder, Pflanzen: pousser vite; Fontäne: jaillir; ~schnellen v/i. Preise: monter en flèche; ~schrauben ✈ v/rf.: sich ~ monter en spirales; ~schweben v/i. s'élever dans les airs; ~schwingen v/rf.: sich ~ prendre son vol; s'élever; s'élancer (a. fig.); ~steigen v/i. monter; s'élever; ~streben v/i. chercher à s'élever; ~strecken v/t. élever; tendre vers le 'haut; ~treiben v/t. faire monter.
Em'pörung f rébellion f; révolte f; sédition f; soulèvement m; insurrection f; fig. indignation f; levée f de boucliers; scandale m.
em'porwachsen v/i. s'élever.
'emsig I adj. affairé; actif, -ive; assidu; laborieux, -euse; appliqué; II adv. assidûment; avec ardeur; avec zèle; ℒkeit f assiduité f; application f; ardeur f.
Emu'lator inform. m émulateur m.
emul'gieren v/t. émulsionner; ℒsi'on f émulsion f.
'End|absicht f but m final; ~bahnhof m (gare f) terminus m; ~buchstabe m (lettre f) finale f.
'Ende n räumlich: bout m; fin f; das Wort „Ende" e-r Durchsage le mot «terminé»; äußerstes ~ extrémité f; point m extrême; zeitlich: fin f; terme m; (Ablauf) expiration f; (Ergebnis) issue f; ~ der Autobahn fin f d'autoroute; bis ans ~ der Welt gehen aller aux antipodes; a. ✝ ~ April fin avril; dieses Monats fin courant; ~ nächsten Monats fin prochain; am ~ à la fin, (hinterdrein) après coup, (vielleicht) peut-être, (schließlich) en fin de compte, après tout; an allen Ecken und ~n partout; de tous côtés; am äußersten ~ tout au bout; von e-m ~ zum andern tout du long; von Anfang bis zu ~ d'un bout à l'autre; de bout en bout; etw. zu ~ bringen finir (od. terminer) qch.; zu e-m guten ~ führen mener à bonne fin; ein schlimmes ~ nehmen finir mal; zu ~ rauchen finir; ein ~ nehmen finir; prendre fin; zu ~

gehen; dem ~ zugehen; sich s-m ~ zuneigen toucher (od. tirer) à sa fin; Frist: expirer; e-r Sache (dat.) ein ~ machen mit en finir avec; das nimmt kein ~ c'est à n'en plus finir; sich dem ~ nähern (Sache) toucher à sa fin; mit s-r Kunst (od. Weisheit) am ~ sein être au bout de son latin (od. de son rouleau); am ~ s-r Kraft sein être au bout de ses forces; Sport: am ~ s-r Kräfte sein être au bout de ses forces, vidé; letzten ~s somme toute; au bout du compte; en dernière analyse; das dicke ~ kommt noch nous ne sommes pas encore au bout (de nos peines); das ist der Anfang vom ~ c'est le commencement de la fin; prov. ~ gut, alles gut tout est bien qui finit bien.
en'demisch ✻ adj. endémique.
'enden v/i. finir (mit par); prendre fin; se terminer (gr. auf acc. en; mit dat. par); (aufhören) cesser; Frist: expirer; ~ mit (führen zu) aboutir à; nicht ~ wollender Beifall des applaudissements m/pl. à n'en plus finir.
'End|ergebnis n résultat m final; aboutissement m; ~gerät (Kybernetik) n terminal m; ~geschwindigkeit f vitesse f finale; 2gültig adj. définitif, -ive.
'endigen v/i. → enden.
En'divie ⚘ f chicorée f endive; ~nsalat m salade f de chicorée.
'End|kampf m Sport: finale f; Teilnehmer am ~ finaliste m; ~lagerung v. Atommüll f stockage m (od. entreposage m) définitif; ~lauf m Sport: course f finale; ~läufer m Sport: finisseur m.
'endlich I adj. (begrenzt) limité, borné; phil. fini; II adv. enfin; finalement; 2e n, 2keit f phil. fini m.
'endlos I adj. sans fin; infini; (unabsehbar) interminable; II adv. à l'infini; à perte de vue; 2fasern text. f/pl. filaments m/pl. continus; 2igkeit f infinité f; longueur f interminable.
'Endlösung f solution f définitive; Rassenverfolgung mst. solution f finale.
endo'gen adj. endogène.
'End|produkt n produit m final; ~punkt m bout m; extrémité f; ~reim m rime f finale; ~resultat n résultat m final; ~runde f Sport: poule f finale; ~silbe gr. f syllabe f finale; ~spiel n Sport: finale f; ~spurt m Sport: sprint m; emballage m; enlevée f finale; ~station f terminus m; ~stück n bout m; ~stufe f e-r Rakete: dernier étage m; ~summe f total m.
'Endung f terminaison f; désinence f.
'End|ursache f cause f finale; ~urteil n jugement m définitif; ~wert m valeur f définitive; ~ziel n, ~zweck m but m; terme m.
Ener'gie f énergie f; s-e ganze ~ entwickeln déployer toute son énergie; es an ~ fehlen lassen manquer d'énergie; ~beauftragte(r) m chargé m des questions d'énergie; ~bedarf m besoins m/pl. énergétiques, en énergie; énergie f nécessaire; ~einheit f unité f d'énergie; ~erzeugung f production f énergétique; 2geladen fig. adj. dynamique; ~hilfsquellen f/pl. ressources f/pl. énergétiques (od.

d'énergie); ~konferenz f conférence f sur l'énergie; 2los adj. sans énergie; ~losigkeit f manque m d'énergie; ~mangel m pénurie f d'énergie; ~menge f quantité f d'énergie; ~plan m plan m énergétique; ~politik f politique f énergétique; ~potential n potentiel m énergétique; ~problem n problème m énergétique; ~quelle f source f d'énergie; ~sektor m secteur m (od. domaine m) énergétique; ~speicherung f accumulation f d'énergie; ~umwandlung f transformation f d'énergie; ~verbrauch m consommation f énergétique; ~verlust phys. m déperdition f d'énergie; ~versorgung f approvisionnement m énergétique; ~vorrat n stock m d'énergie; ~wirtschaft f économie f de l'énergie électrique.
e'nergisch adj. énergique; ~ sein être énergique; avoir de la poigne.
eng adj. étroit; (eingeengt) (res)serré; (dicht anliegend) v. Kleidungsstücken: collant; (eng gedruckt) imprimé menu; Sieb, Kamm: fin; zu ~ Kleidungsstück: étriqué; fig. (eingeschränkt) restreint; (kleinlich) borné; mesquin; im ~eren Sinne au sens étroit; ~e Freundschaft étroite amitié f; ~e Freunde amis m/pl. intimes; ~erer Ausschuß petit comité m; ~ (beisammen)sitzen; ~ (beisammen)stehen être serrés (od. à l'étroit); ~ verbunden intimement lié; ~ schreiben écrire serré; ~er machen rétrécir; ~er werden se rétrécir; ~er schnallen serrer; zu ~ wohnen être trop petitement logé; habiter à l'étroit.
Enga|ge'ment n engagement m; 2'gieren v/t. engager.
'eng|anliegend adj. collant; ajusté; ~begrenzt adj. très limité; ~brüstig adj. étroit de poitrine.
'Enge f étroitesse f; fig. in die ~ treiben coincer; mettre au pied du mur; acculer; serrer de près; pousser (~ poursuivre) q. dans ses retranchements.
'Engel m ange m; mein ~ mon ange; j-s guter ~ sein être le bon ange de q.; F die ~ im Himmel singen hören (heftigen Schmerz empfinden) en voir trente-six chandelles; ~chen n angelot m; 2gleich, 2haft adj. angélique; ~macherin (Abtreiberin) f faiseuse f d'anges; ~rein adj. pur comme un ange; ~schar f chœur m des anges; ~sgeduld f patience f angélique; ~sgüte f bonté f angélique; ~swurz ⚘ f angélique f.
'Engerling ent. m larve f de 'hanneton; ver m blanc.
'eng|herzig adj. peu généreux, -euse; 2herzigkeit f manque m de générosité.
'Eng|land n l'Angleterre f; ~länder (-in) m Anglais m, -e f; ⊕ (Schraubenschlüssel) clef f anglaise; ~landfeind m anglophobe m; 2landfeindlich adj. anglophobe; ~landfreund m anglophile m; 2landfreundlich adj. anglophile; 2lisch adj. anglais; d'Angleterre; ~ machen der Lebensform nach: angliciser; ~ werden der Lebensform nach: s'angliciser; 2e Kirche Église f anglicane; ⚘ ~e Krankheit rachitisme m; das 2(e); die ~e Sprache

la langue anglaise; l'anglais m; auf ~ en anglais; ~e Redensart anglicisme m; rl. der 2e Gruß la salutation angélique; Gebet: l'angélus m; ~lischhorn ♩ n cor m anglais; ~lischleder n moleskine f; 2lischsprechend adj. anglophone.
'eng|maschig adj. à mailles serrées (od. étroites); 2paß m défilé m; fig. a. Verkehr: goulet m (od. goulot m) d'étranglement.
En'gramm psych. n engramme m.
en 'gros adv. en gros.
En'gros|geschäft n magasin m de gros; ~handel m commerce m de gros; ~händler m marchand m de (od. en) gros; grossiste m; ~preis m prix m de gros; ~verkauf m vente f en gros.
'engstirnig fig. adj. mesquin; borne; bsd. pol. à la petite semaine; 2keit f étroitesse f de vues.
'Enkel(in f) m petit-fils m, petite-fille f; die ~ pl. les petits-enfants m/pl.
En'klave f enclave f.
en'klitisch gr. adj. enclitique.
e'norm I adj. énorme; bsd. Preise: F faramineux, -euse; II adv. énormément.
En'semble n ensemble m.
ent'art|en v/i. dégénérer; sittlich: se dépraver; 2ete(r) psych. m dévoyé; 2ung f dégénération f; sittlich: dépravation f.
ent'äußer|n st.s. v/rfl.: sich ~ (gén.) se défaire de; se dessaisir de; se dépouiller de; se démunir de; aliéner (acc.); 2ung f dessaisissement m; aliénation f.
Ent'ballung f Städte: déconcentration f, désagglomération f.
ent'behr|en v/t.: etw. ~ être privé (de qch.); ~ können pouvoir se passer de qch.; (vermissen) regretter; ~lich adj. superflu; dont on peut se passer; (nutzlos) inutile; 2lichkeit f inutilité f; 2ung f privation f.
ent'bieten v/t.: j-m s-n Gruß ~ présenter ses salutations à q.
ent'bind|en v/t. dispenser (von de); v. Amt: relever (de); e-s Eides: délier (de); v. Vertrag, Verpflichtung: dégager (de); Frau: accoucher; entbunden werden von avoir accouché de; 2ung f dispense f; v. Amt: relèvement m; e-s Eides: déliement m; v. Vertrag, Verpflichtung: dégagement m; Frau: accouchement m; 2ungsanstalt f, 2ungsheim n clinique f d'accouchement; maternité f.
ent'blättern v/t. (v/rfl.: sich s')effeuiller.
ent'blöß|en v/t. mettre à nu; dénuder; 2ung f mise f à nu; dénudation f.
ent'brennen v/i. Kampf, Streit: éclater; s'engager; in Liebe ~ s'enflammer, prendre feu pour q.
ent'deck|en v/t. u. v/rfl. découvrir; trouver; Komplott: éventer; 2er m (Erforscher) explorateur m, -trice f; 2ung f découverte f; (Erforschung) exploration f; 2ungsreise f voyage m de découverte; (Forschungsreise) voyage m d'exploration.
'Ente f canard m; F fig. a. bobard m; weibl.: cane f; junge ~ caneton m.
ent'ehr|en v/t. u. v/rfl. (sich se) dés-

honorer; (*in Verruf bringen*) (se) diffamer; flétrir; ~de *Strafe* peine *f* infamante; **2ung** *f* déshonneur *m*; diffamation *f*.

ent'eign|en *v/t.* exproprier; déposséder; **2ung** *f* expropriation *f*; **2ungsentschädigung** *f* indemnité *f* pour cause d'expropriation; **2ungsverfahren** *n* (procédure *f* d')expropriation *f*.

ent'eilen *v/i.* s'enfuir.

ent'eisen ✈, *Kühlschrank*: *v/t.* dégivrer; *enteist werden* se dégivrer.

ent'eisenen ⚗ *v/t.*: *das Wasser* ~ déferriser l'eau.

Ent'eisung *f* dégivrage *m*.

'Enten|braten *m* canard *m* rôti; **~ei** *n* œuf *m* de cane; **~jagd** *f* chasse *f* aux canards; **~teich** *m* étang *m* à canards; canardière *f*.

ent'erben *v/t.* déshériter; ⚖ exhéréder.

'Enterhaken ⚓ *m* grappin *m*.

'Enterich *m* canard *m* (mâle).

'entern ⚓ *v/t.* mettre (*od.* jeter) le grappin sur; aborder.

ent'fachen *v/t.* *Streit*: attiser, déclencher.

ent'fahren *v/i.* échapper; *das Wort ist ihm* ~ le mot lui a échappé.

ent'fallen *v/i.* échapper (*den Händen* des mains); *sein Name ist mir* ~ son nom m'a échappé (*od.* m'est sorti de la tête); *auf j-n als Anteil* ~ revenir à q.; (*ausfallen*) n'avoir pas lieu; (*wegfallen*) être supprimé; *in Formularen*: *entfällt* néant.

ent'falt|en *v/t. u. v/rf.* déplier; *Segel, Fahne, fig.*: (*sich* se) déployer; (*entwickeln*) (*sich* se) développer; *fig. sich* ~ (*aufblühen*) s'épanouir; **2ung** *f* déploiement *m*; (*Entwicklung*) développement *m*; (*Aufblühen*) épanouissement *m*; *zur* ~ *bringen* développer; *zur* ~ *kommen* se développer.

ent'färb|en 1. *v/t.* décolorer; **2.** *v/rf.*: *sich* ~ se décolorer; **2ung** *f* décoloration *f*; **2ungsmittel** *n* décolorant *m*.

ent'fasern ⊕ *v/t.* défibrer.

ent'fern|en 1. *v/t.* éloigner; (*wegschaffen*) écarter; (*wegnehmen*) enlever (*a. Flecken*); ôter; (*ausweisen*) expulser (*aus* de); ⚗ éliminer; *j-n für den Rest der Sitzung aus dem Saal* ~ exclure q. de la salle pour le reste de la séance; **2.** *v/rf.*: *sich* ~ s'éloigner; *sich* (*kurz*) ~ s'absenter; (*weggehen*) partir; **~t** *adj.* éloigné; (*entlegen*) lointain; (*auseinanderliegend*) distant; *Zeit*: reculé; *weit* ~, *es zu glauben* bien loin de le croire; *nicht im* ~*esten* (*bei vb.* ne...) pas le moins du monde; ~ *verwandt sein* être parents de loin; **2ung** *f* éloignement *m*; écartement *m*; *aus dem Amt*: révocation *f*; renvoi *m*; ⚗ élimination *f*; ⚕ *der Mandeln, e-r Niere usw.*: ablation *f*; (*Strecke*) distance *f*; *in einiger* ~ *von* à quelque distance de; *unerlaubte* ~ absence *f* illégale; **2ungsmesser** *m* télémètre *m*; **2ungsmessungsstation** ✈ *f* station *f* télémétrique; **2ungsschätzen** *n* appréciation *f* des distances; **2ungsskala** *phot. f* échelle *f* des distances.

ent'fessel|n *v/t.* déchaîner (*a. fig.*); **2ung** *f* déchaînement *m*.

Ent'fettungs|kampf *m* lutte *f* antigraisse; **~kur** *f* cure *f* d'amaigrissement.

Ent'feucht|er ⊕ *m* déshumidificateur *m*; **~ung** *der Luft f* déshumidification *f*.

ent'flamm|bar *adj.* inflammable; **~en 1.** *v/t.* enflammer (*a. fig.*); **2.** *v/i.* *sich* ~ s'enflammer (*für j-n* pour q.); **2ungspunkt** *phys. m* point *m* d'inflammation.

ent'flecht|en *éc. v/t.* déconcentrer; **2ung** *f* déconcentration *f*.

ent'fliegen *v/i.* s'envoler.

ent'fliehen *v/i.* s'enfuir (*a. fig.*).

ent'fremd|en 1. *v/t.* aliéner; **2.** *v/rf.*: *sich* ~ (*j-m fremd werden*) devenir étranger (*od.* indifférent); **2ung** *f* aliénation *f*.

ent'fritt|en *v/t.* *Radio*: décohérer; **2er** *m* décohéreur *m*; **2ung** *f* décohésion *f*.

ent'frost|en *v/t.* dégivrer; **2er** *m* dégivreur *m*; **2ung** *f* dégivrage *m*.

ent'führ|en *v/t.* enlever; ravir; *bsd. Kind*: kidnapper; *Flugzeug*: détourner; **2er(in** *f*) *m* ravisseur *m*, -euse *f*; ✈ pirate *m* de l'air; **2ung** *f* enlèvement *m*; rapt *m*; *Flugzeug*: détournement *m*.

ent'gas|en *v/t.* dégazer; **2ung** *f* dégazage *m*.

ent'gegen *adv. u. prp.* (*dat.*) *Richtung*: au-devant de; à la rencontre de; vers; *Gegensatz*: contre; contrairement à; opposé à; **~arbeiten** *v/i.* s'opposer (à); contrarier (*acc.*); contrecarrer (*acc.*); **~bringen** *v/t.* apporter; *fig.* présenter; **~eilen** *v/i.* courir à la rencontre de; **~gehen** *v/i.* aller à la rencontre (*od.* au-devant) de; *fig. e-r Gefahr* (*dat.*) ~ affronter un danger; *s-m Ende* ~ toucher à sa fin; **~gesetzt** *adj.* opposé; contraire; inverse; (*feindlich*) antagoniste; *in* ~*er Richtung* en sens inverse; *in* ~*em Sinne* en sens contraire; **~halten** *v/t.* (*entgegenstrecken*) tendre vers; (*darbieten*) présenter; (*einwenden*) opposer; objecter; **~handeln** *v/i.* agir contre; *e-r Regel, Vorschrift, e-m Gesetz*: contrevenir (à); enfreindre (*acc.*); **~kommen** *v/i.* venir (*od.* s'avancer) à la rencontre (*od.* au-devant) de; *j-m freundlich* ~ faire bon accueil (*od.* bonne figure) à q.; *fig. j-m* ~ faire des avances à q.; *j-s Wünschen* ~ venir au-devant des désirs de q.; **2kommen** *n* bienveillance *f*; complaisance *f*; prévenances *f/pl.*; avances *f/pl.*; **~kommend** *adj.* prévenant; *Fahrzeug*: qui roule en sens inverse; **~laufen** *v/i.* courir à la rencontre de; *fig.* être opposé (à); **2nahme** *f* réception *f*; acceptation *f*; *zur* ~ *e-s Berichts* pour entendre un rapport; **~nehmen** *v/t.* recevoir; accepter; *Bericht*: entendre; **~rücken** ⚔ *v/i.*: *dem Feind* ~ avancer à la rencontre de l'ennemi; **~schicken** *v/t.* envoyer à la rencontre de; **~sehen** *v/i.* attendre (*e-r Sache dat.* qch.); *e-r günstigen Antwort* ~*d* dans l'attente d'une réponse favorable; **~setzen** *v/t.* (*v/rf.*: *sich* s')opposer; **~stehen** *v/i.* être contraire; s'opposer; aller à l'encontre de; **~stellen** *v/t.* (*v/rf.*: *sich* s')opposer; **~stemmen** *v/rf.*: *sich* ~ s'opposer; **~strecken** *v/t.* tendre vers; **~stürzen** *v/i.* se précipiter vers; **~treten** *v/i.* s'opposer; *e-r Sache*: parer à qch.; **~wirken** *v/i.* agir contre; s'opposer (à); contrarier (*acc.*); contrecarrer (*acc.*); **~ziehen** *v/i.* aller à la rencontre de.

ent'gegn|en *v/i.* répliquer; répondre; *schnell* ~ repartir; riposter; **2ung** *f* réplique *f*; réponse *f*; *schnelle* ~ repartie *f*; riposte *f*.

ent'gehen *v/i.* échapper; *die Gelegenheit* ~ *lassen* laisser échapper (*od.* manquer) l'occasion; *es sich nicht* ~ *lassen, zu ...* (*inf.*) ne pas se faire faute de ... (*inf.*); *sich nichts* ~ *lassen* ne se priver de rien; *das ist mir entgangen* cela m'a échappé.

ent'geistert *fig. adj.* ébahi.

Ent'gelt *n* (*a. m*) rémunération *f*; rétribution *f*; *gegen* ~ contre rémunération; *ohne* ~ gratuitement; gratis; **2en** *v/t.* (*entlohnen*) rémunérer; rétribuer; (*büßen*) expier; *j-n etw.* ~ *lassen* s'en prendre à q. de qch.; *er soll es mir* ~ il me le paiera.

ent'gift|en *a. fig. v/t.* désintoxiquer; **2ung** *f* désintoxication *f*.

ent'gleis|en *v/i.* dérailler; *fig. a.* faire un faux pas, F un impair, une gaffe; **2en** *n*, **2ung** *f* déraillement *m*; *fig. Unüberlegtheit a.*: incartade *f*; bévue *f*; *sprachliche* ~ accident *m* de parcours.

ent'gleiten *v/i.* échapper (*aus* de).

ent'gräten *v/t.* ôter les arêtes (de); désosser.

ent'haar|en *Kosmetik*: *v/t.* épiler; **2ung** *f* épilation *f*; **2ungskrem** *f* crème *f* épilatoire; **2ungsmittel** *n* dépilatoire *m*.

ent'halt|en 1. *v/t.* contenir; (*in sich schließen*) renfermer; (*mit einbegreifen*) comprendre; **2.** *v/rf.*: *sich* ~ (*gén.*) s'abstenir de; *sich der Stimme* ~ s'abstenir; *sich nicht* ~ *können, zu ...* (*inf.*) ne pouvoir s'empêcher de ... (*inf.*); **~sam** *adj.* abstinent; sobre; tempérant; *geschlechtlich*: continent; **2samkeit** *f* tempérance *f*; *aus relig. Gründen*: abstinence *f*; *geschlechtliche*: continence *f*; *im Alkoholgenuß*: sobriété *f*; **2ung** (*Stimm2*) *f* abstention *f*.

ent'härt|en *v/t.* *Wasser*: adoucir; **2er** ⚗ *m fürs Wasser*: adoucissant *m*; *peint.* médium *m*.

ent'haupt|en *v/t.* décapiter; (*mit dem Fallbeil*) ~ guillotiner; **2ung** *f* décapitation *f*.

ent'heb|en *v/t.* dispenser (*gén. od. von* de); *j-n s-s Amtes* ~ relever q. de ses fonctions; destituer q.; renvoyer q.; mettre q. à pied; **2ung** *f v. e-m Amt*: destitution *f*.

ent'heilig|en *v/t.* profaner; **2ung** *f* profanation *f*.

ent'hemm|en *psych. v/t.* débloquer; désinhiber; **2ung** *f* déblocage *m*; désinhibition *f*.

ent'hüll|en *v/t.* (*v/rf.*: *sich* se) découvrir; (se) dévoiler; (*offenbaren*) (se) révéler; (*entlarven*) (se) démasquer; *Denkmal*: inaugurer; **2ung** *f* dévoilement *m*; (*Offenbarung*) révélation *f*; *e-s Denkmals*: inauguration *f*.

ent'hülsen *v/t.* écosser.

Enthusi'as|mus *m* enthousiasme *m*; **2tisch I** *adj.* enthousiaste; **II** *adv.* avec enthousiasme.

ent-industriali'sier|en *v/t.* désindustrialiser; **2ung** *f* désindustrialisation *f*.

ent·intellektuali'sieren v/t. désintellectualiser.
ent'jungfer|n v/t. déflorer; ⁀**ung** f défloration f.
ent'kalken v/t. détartrer.
Entkartelli'sierung f décartellisation f.
ent'keim|en v/t. dégermer; enlever le germe (de); *Raum:* désinfecter; *Watte:* stériliser; *Milch usw.:* pasteuriser; ⁀**en** n, ⁀**ung** f désinfection f; stérilisation f; v. *Milch usw.:* pasteurisation f.
ent'kern|en v/t. dénoyauter; ⁀**er** m dénoyauteur m.
ent'kleiden v/t. (v/rf.: *sich se*) déshabiller, (se) dévêtir.
ent'kommen I v/i. s'échapper; s'évader; *e-r Gefahr* ⁀ échapper à un danger; **II** ⁀ n évasion f; *(Flucht)* fuite f.
ent'korken I v/t. déboucher; **II** ⁀ n débouchement m.
ent'körn|en v/t. égrener; ⁀**en** n égrenage m; ⁀**maschine** f égreneuse f.
ent'kräft|en v/t. priver de (ses) forces; affaiblir; débiliter; *pfort* exténuer; épuiser; *Beweis:* infirmer; réfuter; ⁀**ung** f affaiblissement m; débilitation f; exténuation f; épuisement m; *e-s Beweises:* infirmation f; ⚖ invalidation f; infirmation f; réfutation f; ⚕ inanition f.
ent'krampf|en a. pol. v/t. décrisper; ⁀**ung** a. pol. f décrispation f.
ent'kräuseln v/t. *Haare:* défriser.
Ent'lad|e-anlage f installation f de déchargement; ⁀**ebrücke** f pont m de déchargement; ⁀**en 1.** v/t. décharger; **2.** v/rf.: *sich* ⁀ se décharger; *Gewitter:* éclater; fig. *sich* ⁀ déballer son sac; ⁀**en** n déchargement m; ⁀**er** m déchargeur m; ⁀**erampe** f quai m de déchargement; ⁀**estrom** ⚡ m courant m de décharge; ⁀**evorrichtung** f déchargeur m; ⁀**ung** f déchargement m; ⚡ décharge f; *e-s Gewitters:* verbal.
ent'lang adv. u. prp. (mit vorangehendem acc. od. an mit dat.) den Fluß (od. an dem Fluß) ⁀ le long de la rivière; den Fluß ⁀ gehen longer la rivière; *hier* ⁀ par ici; ⁀**schlendern** v/i. déambuler; ⁀**trotten** v/i. aller son petit bonhomme de chemin; battre le pavé; ⁀**ziehen** v/rf.: *sich an der Grenze* ⁀ border la frontière.
ent'larven v/t. (v/rf.: *sich se*) démasquer.
ent'lass|en v/t. renvoyer; congédier; licencier (a. *Truppen*); P saquer; *(absetzen)* destituer; renvoyer; relever de ses fonctions; pol. évincer; démettre (*aus de*); *j-n* ⁀ a. mettre q. en chômage; *aus dem Gefängnis (der Gefangenschaft)* ⁀ libérer; mettre en liberté; relâcher; ⁀**ung** f renvoi m; congédiement m; licenciement m (a. v. *Truppen*); *(Rücktritt)* démission f; *(Absetzung)* destitution f; renvoi m; ⚔ ⁀ wegen Dienstuntauglichkeit réforme f; ⁀ *aus dem Gefängnis (der Gefangenschaft)* libération f; mise f en liberté; relaxe f; *aus dem Krankenhaus:* sortie f; s-e ⁀ *einreichen* donner sa démission; ⁀**ungsgesuch** n lettre f de démission f, *sein* ⁀ *einreichen* donner sa démission; ⁀**ungspapiere** n/pl. papiers m/pl. de licenciement;

⁀**ungsschein** m certificat m de libération; ⁀**ungsschreiben** n lettre f de licenciement; *(Rücktrittsschreiben)* lettre f de démission.
ent'last|en v/t. (v/rf.: *sich se*) décharger (von de); fig. a. soulager; ⚖ *(entsetzen)* dégager; *von Steuern* ⁀ dégrever; exonérer; ✝ *j-n für eine Summe* ⁀ porter une somme au crédit de q.; ⁀**ung** f décharge f; fig. a. soulagement m; ⚖ *(Entsatz)* dégagement m; *(Steuer*⁀*)* dégrèvement m; exonération f; *(Schlußbescheinigung)* quitus m; ⁀ *erteilen e-m Kassierer:* donner décharge (od. quitus); ⁀**ungs-angriff** m attaque f de diversion; ⁀**ungs-offensive** f offensive f de diversion; ⁀**ungsspiel** Fußball, Rugby n dégagement m; ⁀**ungsstraße** f route f *(od.* itinéraire *m)* de délestage *(od.* de dégagement*)*; ⁀**ungsventil** n soupape f de décharge; ⁀**ungszeuge** m témoin m à décharge; ⁀**ungszug** m train m supplémentaire.
ent'laub|en v/t. effeuiller; dépouiller de ses feuilles; ⁀**ungsmittel** ⚘ ⚔ n défoliant m.
ent'laufen v/i. s'échapper; s'enfuir; se sauver; *Gefangene:* s'évader.
ent'laus|en v/t. épouiller; ⁀**ung** f épouillage m.
ent'ledigen v/rf.: *sich j-s, e-r Sache* ⁀ se défaire, se débarrasser de q., de qch.; *sich e-s Auftrages* ⁀ s'acquitter d'une commission.
ent'leer|en v/t. vider; *Grube, Motor:* vidanger; *Kanal usw.:* dégorger; physiol. *den Darm* ⁀ déféquer; ⁀**ung** f vidage m; ⊕ vidange f; physiol. défécation f.
ent'legen adj. éloigné; écarté; isolé; ⁀**er** Ort endroit m éloigné *(od.* perdu*)*; *in den* ⁀**sten** Gegenden au fond des campagnes; ⁀**heit** f éloignement m; isolement m.
ent'lehn|en *(Sprache, Sitte, Melodie)* v/t. emprunter (von à); ⁀**en** n, ⁀**ung** f emprunt m.
ent'leih|en v/t. emprunter (von à); ⁀**er(in** f) m emprunteur m, -euse f; ⁀**ung** f emprunt m.
ent'lob|en v/rf.: *sich* ⁀ rompre ses fiançailles; ⁀**ung** f rupture f des fiançailles.
ent'locken v/t. *Geständnis, Tränen:* arracher; *e-m Instrument Töne* ⁀ tirer des sons d'un instrument.
ent'lohn|en v/t. rémunérer; payer; ⁀**ung** f rémunération f; rétribution f.
ent'lüft|en v/t. aérer; ventiler; ⊕ désaérer; ⁀**er** m aérateur m; *(Luftkanal)* évent m; ⁀**ung** f aération f; aérage m; ventilation f; ⁀**ungsanlage** f installation f d'aération de ventilation; ⁀**ungsrohr** n conduit m d'aération, de ventilation.
ent'machten v/t. priver de son pouvoir; destituer.
entmagneti'sier|en v/t. désaimanter; ⁀**ung** f désaimantation f.
ent'mann|en v/t. émasculer; castrer; ⁀**ung** f émasculation f; castration f.
Entmateriali'sierung *(Kernphysik)* f dématérialisation f.
ent'menscht adj. brutal; bestial; dénaturé; *(unmenschlich)* inhumain.
ent'mieten v/t.: *j-n* ⁀ expulser q.
entmilitari'sier|en v/t. démilitariser; ⁀**ung** f démilitarisation f.
ent'min|en v/t. déminer; ⁀**ung** f déminage m.
ent'motten v/t. détruire les mites.
ent'mündig|en v/t. interdire; frapper d'interdiction; mettre sous tutelle; ⁀**t** adj. mis sous tutelle; ⁀**te(r** m), f interdit m, -e f; ⁀**ung** f interdiction f; ⁀**ungs-antrag** m demande f en interdiction; ⁀**ungsverfahren** n procédure f d'interdiction.
ent'mutig|en v/t. décourager; démoraliser; ⁀**ung** f découragement m; démoralisation f.
Ent'nahme f prélèvement m (a. v. *Blut*); prise f; *bei* ⁀ *von* en prenant.
entnationali'sier|en v/t. dénationaliser; ⁀**ung** f dénationalisation f.
entnazifi'zier|en ehm. v/t. dénazifier; ⁀**ung** f dénazification f.
ent'nehmen v/t. prendre *(dat.;* aus de, dans); *Geld, Blut:* prélever; *(entleihen)* emprunter *(dat.;* aus à); tirer (de); fig. *(folgern)* conclure *(aus* de).
ent'nerv|en v/t. énerver; ⁀**end** adj. énervant; lancinant; ⁀**ung** f énervement m.
ent'ölen v/t. déshuiler.
Entomo'loge m entomologiste m; ⁀**lo'gie** f entomologie f; ⁀**'logisch** adj. entomologique.
entper'sönlich|en v/t. dépersonnaliser; ⁀**ung** f dépersonnalisation f; *sozial:* tribalisation f.
Ent'pflichtung ⚖ f: ⁀ *e-s Verteidigers* désengagement m d'un défenseur.
entpoliti'sier|en v/t. dépolitiser; ⁀**ung** f dépolitisation f.
ent'puppen v/rf.: *sich* ⁀ sortir de sa chrysalide; fig. se révéler; se dévoiler; s'avérer.
Entqualifi'zierung f déqualification f.
ent'rahmen *(Milch)* v/t. écrémer.
ent'rätsel|n v/t. déchiffrer; *(lösen)* résoudre; ⁀**n** n, ⁀**ung** f déchiffrement m; *(Lösung)* solution f.
ent'rechten v/t. priver de ses droits.
ent'reißen v/t. arracher; enlever de force; *durch e-n Schicksalsschlag:* ravir; *(Geheimnis)* dérober; extorquer.
ent'richt|en v/t. payer; acquitter; ⁀**ung** f *(Bezahlung)* paiement m; acquittement m.
ent'rinden v/t. décortiquer.
ent'ringen v/t. arracher (en luttant).
ent'rinnen I v/i. *e-r Gefahr* ⁀ échapper à un danger; **II** ⁀ n fuite f.
ent'rollen *(auseinanderrollen)* v/t. dérouler.
ent'rosten v/t. dérouiller.
ent'rücken st.s. v/t.: *den Blicken* ⁀ soustraire aux regards; *der Welt entrückt* dérobé au monde.
ent'rümpel|n v/t. déblayer; ⁀**ung** f déblaiement m.
ent'rußen v/t. *Motor:* décalaminer.
ent'rüst|en v/t. (v/rf.: *sich s'*)indigner, (se) scandaliser *(über acc.* de); ⁀**et** adj. indigné; ⁀**ung** f indignation f; scandale m.
entsaft|en *(Früchte)* v/t. extraire le jus de; ⁀**er** m ⊕, ⚡ m centrifugeuse f.
ent'sag|en v/i. renoncer (à); *(Abstand nehmen)* se désister (de); *(verzichten)* se résigner (à); *dem Thron* ⁀ abdiquer; *s-m Glauben* ⁀ renier sa foi; ⁀**ung** f renoncement m (à); *(Abstand)* désistement m (de); *(Resignation)* ré-

ent'sagungsvoll — Entwässerungskanal

signation f; (*Selbstverleugnung*) abnégation f; (*Thron*⚭) abdication f; **⌐ungsvoll** *adj.* plein de renoncement (*od.* d'abnégation).
Entsakrali'sierung *cath. f* désacralisation f.
Ent'satz ⚔ *m* déblocage *m*; dégagement *m*.
ent'schädig|en *v/t.* (*v/rf.*: sich se) dédommager (*für* de); *gesetzlich*: (s')indemniser (*für* de); ⚭**ung** *f* dédommagement *m*; *gesetzliche*: indemnisation f; (*Entschädigungssumme*) indemnité f; *e-e verlangen* (*erhalten*) réclamer (recevoir) une indemnité; *e-e ⌐ gewähren* accorder (*od.* allouer) une indemnité; ⚭**ungsanspruch** *m* droit *m* à une indemnité; ⚭**ungsberechtigte(r)** *m* ayant droit *m* à une indemnité; ⚭**ungsklage** *f* action *f* en dommages-intérêts; ⚭**ungsleistung** *f* dédommagement *m*; ⚭**ungssumme** *f* indemnité f; ⚭**ungszahlung** *f* paiement *m* d'indemnités.
ent'schärf|en *v/t. Lage*: dédramatiser; décrisper; *Munition, Krise*: désamorcer; *Streit*: assoupir; ⚭**ung** *f v. Munition*: désamorçage *m*; *e-s Streits*: assoupissement *m*; *pol.* dédramatisation f; *e-s Krieges*: décompression f; désescalade f.
Ent'scheid *m* → ⌐**ung**; ⚭**en 1.** *v/t. Frage, Streit usw.*: décider; trancher; résoudre; solutionner; **2.** *v/rf.*: *sich ⌐* se décider (*für* pour; *etw. zu tun* à faire qch.); choisir (*für etw. qch.*); arrêter son choix (*für etw. sur qch.*); opter (*für etw. pour qch.*); **3.** *v/i.* décider (*über acc.* de); ⚭**end** *adj.* décisif, -ive; crucial; critique; ⌐**ung** *f* décision f; ⌐**ungsfreiheit** *f* liberté *f* de détermination; ⚭**ungsfreudig** *adj.* décidophile; ⌐**ungskampf** *m Sport*: combat *m* décisif; ⚭**ungsmüde** *adj.* décidophobe; ⌐**ungsphase** *pol. f* échéance f; ⌐**ungsschlacht** *f* bataille *f* décisive; ⌐**ungsspiel** *n Sport*: match *m* décisif; *Tennis*: belle f; ⌐**ungsstunde** *f* heure *f* décisive.
ent'schieden I *adj.* décidé; résolu; *Abneigung*: prononcé; (*unbestreitbar*) incontestable; (*kategorisch*) catégorique; péremptoire; **II** *adv.* décidément; (*entschlossen*) résolument; (*kategorisch*) catégoriquement; (*unwiderruflich*) péremptoirement; ⚭**heit** *f* décision f; (*Entschlossenheit*) détermination f; résolution f.
ent'schlack|en *v/t.* ⊕ décrasser; débarrasser des scories; ⊕ éliminer les toxines; ⚭**ungskur** 🝢 cure *f* dépurative.
ent'schlafen (*sterben*) *v/i.* s'éteindre; ⚭**e(r a. m)** *m, f* défunt *m*, -e f.
ent'schleier|n *a. fig. v/t.* dévoiler; ⚭**ung** *a. fig. f* dévoilement *m*.
ent'schließ|en *v/rf.*: *sich ⌐* se résoudre (*zu* à); se décider (à); se déterminer (à); *abs.* prendre son parti; ⚭**ung** *f* résolution f; décision f; *e-e ⌐ fassen* prendre une résolution (*od.* une décision); *e-e ⌐ annehmen* adopter (*od.* approuver) une résolution.
ent'schlossen *adj.* résolu; décidé; *kurz ⌐* prompt à se décider; ⚭**heit** *f* résolution f; fermeté f; courage *m*; (*Tatkraft*) énergie f.

ent'schlummern *v/i.* s'endormir.
ent'schlüpfen *v/i.* échapper.
Ent'schluß *m* résolution f; décision f; *e-n ⌐ fassen* prendre une résolution (*od.* une décision *od.* son parti); ⌐**kraft** *f* force *f* de décision.
ent'schlüssel|n *v/t.* déchiffrer; ⚭**n** *n*, ⚭**ung** *f* déchiffrement *m*.
ent'schuldbar *adj.* excusable.
ent'schulden *v/t.* dégrever de dettes.
ent'schuldig|en 1. *v/t.* excuser; *⌐ Sie! excusez-moi!*; *pardon!*; **2.** *v/rf.*: *sich ⌐ mit etw.* prendre qch. pour excuse; *sich bei j-m ⌐* s'excuser auprès de q.; *sich ⌐ wegen etw.* s'excuser de qch.; *er hat sich ⌐ lassen* il s'est fait excuser; ⚭**ung** *f* excuse f; (*Ausflucht*) faux-fuyant *m*; (*ich bitte um*) *⌐!* excusez-moi!; (*je vous demande*) pardon!; *j-n ⌐ bitten* demander pardon à q.; *faire ses excuses à q.*; *immer e-e ⌐ zur Hand haben* avoir toujours une excuse toute prête; *zu s-r ⌐ kann man sagen* on peut dire pour l'excuser *dafür gibt es keine ⌐* c'est inexcusable; ⚭**ungsschreiben** *n* lettre *f* d'excuses; ⚭**ungszettel** *écol. n* billet *m*, mot *m*, lettre *f* d'excuse.
Ent'schuldung *f* désendettement *m*.
ent'schweben *v/i.* s'envoler.
ent'send|en *v/t.* envoyer; (*abordnen*) députer; déléguer; *j-n eiligst ⌐* dépêcher q.; ⚭**ung** *f* envoi *m*; (*Abordnung*) députation f; délégation f.
ent'setz|en *v/t. u. v/rf.* (*erschrecken*) (*sich s'*)effrayer (*über acc.* de); (*s'*)épouvanter (de); *Festung*: débloquer; dégager; délivrer (les assiégés); ⚭**en** *n* (*Schrecken*) effroi *m*; épouvante f; terreur f; horreur f; ⌐**lich** *adj.* horrible; affreux, -euse; effroyable; épouvantable; (*gräßlich*) atroce; ⚭**ung** *f* ⚔ déblocement *m*.
ent'seuch|en *v/t.* désinfecter; décontaminer; ⚭**en** *n*, ⚭**ung** *f* désinfection f; décontamination f; *der Umwelt*: dépollution f.
ent'sichern *v/t. Waffe*: retirer le cran d'arrêt; *Granate*: dégoupiller.
ent'siegeln I *v/t.* ♃ desceller; **II** ⚭ *n* décachetage *m*; ♃ descellement *m*.
ent'sinnen *v/rf.*: *sich ⌐* (*gén.*) se souvenir (de); se rappeler (*acc.*).
ent'sorg|en *v/t.*: *Druckereien ⌐* enlever les vieux papiers des imprimeries; ⚭**ung** *f bsd. Atom*: enlèvement *m* des déchets radioactifs; dépollution f; ⚭**ungspark** *m*, ⚭**ungsstelle** *Atom f* décharge *f* de déchets radioactifs (*od.* atomiques).
ent'spann|en *v/t.* (*v/rf.*: se) détendre (*a. fig.*); *Muskel*: (se) décontracter; (se) relaxer (F *a. fig.*); *sich völlig ⌐* faire les beaux jours; *⌐t p.p.* décontracté; ⚭**ung** *f* détente *f* (*a. fig.*); délassement *m*; *v. Muskeln, psych.*: décontraction f; relaxation f; ⚭**ungshaltung** *gym. f* pose-relaxe f; ⚭**ungsliege** (*Möbel*) *f* siège *m* de relaxation.
ent'spinnen *v/rf.*: *sich ⌐ Unterhaltung, Streit*: s'engager.
ent'sprech|en *v/i.* (*dat.*) correspondre (à); répondre (à); être conforme (à); *Wunsch*: satisfaire (à); *Antrag*: admettre; *⌐end I adj.* correspondant; approprié; analogue; *⌐e Belohnung* récompense *f* convenable; *und das übrige ⌐* et le reste (est) à l'avenant; **II** *adv.* conformément (*dat.* à); selon; ⚭**ung** *f* analogie f.
ent'sprießen *v/i.* naître (de).
ent'springen *v/i. Quelle*: sortir de terre; sourdre; *Fluß*: prendre sa source; *fig.* naître (*aus* de); provenir (de).
ent'staatlich|en *v/t.* dénationaliser; désétatiser; ⚭**ung** *f* dénationalisation f; désétatisation f.
ent'städterung *f* désurbanisation f.
entstalini'sier|en *v/t.* destaliniser; ⚭**ung** *f* destalinisation f.
ent'stammen *v/i.* descendre (de); provenir (de).
ent'staub|en *v/t.* dépoussiérer; ⚭**ungsanlage** *f* installation *f* de dépoussiérage.
ent'steh|en *v/i.* naître (*aus* de); prendre naissance (de); tirer son origine (de); (*hervorgehen*) résulter (*aus* de); (*verursacht werden*) être causé (*durch* par); (*sich bilden*) se former (*aus* à partir de); (*geschehen*) arriver; se faire; se produire; *Sturm, Streit*: s'élever; ⚭**en** *n*, ⚭**ung** *f* naissance f; origine f; (*Bildung*) formation f; *im Entstehen begriffen sein* être en train de naître (*resp.* en voie de formation); *im Entstehen* en voie de création; ⚭**ungsgeschichte** *f* genèse f.
ent'stein|en *v/t. Früchte*: dénoyauter; ⚭**er** *m* dénoyauteur *m*.
ent'stell|en *v/t.* (*v/rf.*: sich se) défigurer; (se) déformer; *fig.* dénaturer; (*verfälschen*) altérer; ⚭**ung** *f* défiguration f; déformation f; (*Spottbild*) caricature f; (*Verfälschung*) altération f.
ent'stör|en ≶ *v/t.* antiparasiter; dépanner; ⚭**ung** *f* antiparasitage *m*; dépannage *m*; relèvement *m* d'une panne.
ent'strömen *v/i. Gas, Flüssigkeit*: s'échapper.
ent'sumpfen *v/t.* assécher; drainer.
ent'täusch|en *v/t.* décevoir; désappointer; désillusionner; *Erwartung*: frustrer (*in dat.* dans); *⌐end adj.* décevant; décourageant; navrant; ⚭**ung** *f* déception f; désappointement *m*; désillusion f; frustration f; déconvenue f; mécompte *m*; déboires *m/pl*.
ent'thron|en *v/t.* détrôner; ⚭**ung** *f* détrônement *m*.
ent'trümmer|n *v/t.* déblayer; ⚭**ung** *f* déblaiement *m*.
ent'völker|n *v/t.* (*v/rf.*: sich se) dépeupler; ⚭**ung** *f* dépeuplement *m*.
ent'wachsen *v/i.*: *dem Boden ⌐* sortir de terre; *der Schule ⌐ sein* avoir dépassé l'âge scolaire.
ent'waffn|en *v/t.* désarmer; ⚭**ung** *f* désarmement *m*.
ent'wald|en *v/t.* déboiser; ⚭**ung** *f* déboisement *m*.
ent'warn|en *v/i.* donner le signal de fin d'alerte; ⚭**ung** *f* fin *f* d'alerte.
ent'wässer|n *v/t. Boden*: (*dränieren*) drainer; *Wiese*: saigner; (*trockenlegen*) assécher; ⚭**ung** *f des Bodens*: drainage *m*; (*Trockenlegung*) assèchement *m*; 🝢 déshydratation f; ⚭**ungs-anlagen** *f/pl.* installations *f/pl.* de drainage; ⚭**ungsgraben** *m* fossé *m* de drainage; ⚭**ungskanal** *m*

canal *m* de drainage; ℒ**ungsrohr** *n* drain *m*.
¹**entweder** *cj*.: ~ ... oder ... ou (bien) ... ou (bien) ...; ~-*oder* d'une façon ou de l'autre.
ent'**weichen** I *v/i*. (s')échapper (*aus de*); s'évader (de); s'enfuir (de); ~ *se* dégager; II ℒ *n* évasion *f*; fuite *f*; ~ *m* dégagement *m*.
ent'**weih|en** *v/t*. profaner; ℒ**ung** *f* profanation *f*.
ent'**wenden** I *v/t*. voler, dérober; soustraire; II ℒ *n* vol *m*; larcin *m*.
ent'**werfen** *v/t*. tracer; dresser; *flüchtig*: esquisser; ébaucher; *Vorhaben*: former; projeter.
ent'**wert|en** *v/t*. déprécier; *Marken*: oblitérer; *Geld*: dévaloriser; dévaluer; (*außer Kurs setzen*) démonétiser; ℒ**er** ⊕ *m Datumsstempel*: composteur *m*; ℒ**ung** *f* dépréciation *f*; *v. Marken*: oblitération *f od*. annulation *f*; *v. Geld*: dévalorisation *f*, dévaluation *f*; (*Außerkurssetzung*) démonétisation *f*; ℒ**ungsstempel** *m* oblitérateur *m*.
ent'**wes|en** *v/t*. désinsectiser; ℒ**ung** *f* désinsectisation *f*.
ent'**wick|eln** *v/t. u. v/rf*. (sich se) développer (*a. fig. u. phot.*); ⊕ mettre au point; *fig. sich* ~ *a.* évoluer; *Kräfte*: déployer; *Geschwindigkeit*: atteindre; *zu etw.* ~ devenir qch.; *sich (fortschreitend)* ~ évoluer; ℒ**er** *phot. m* révélateur *m*; ℒ**erschale** *phot. f* cuvette *f* de développement; ℒ**ung** *f* développement *m* (*a. phot.*); *a. Wirtschaft*: scénario *m*; ⊕ mise *f* au point; *a. der Preise*: évolution *f*; ~ *m* dégagement *m*; ℒ**ungsdose** *phot. f* boîte *f* de développement; ~**lungsfähig** *adj*. qui peut être développé; susceptible de développement; évolutif, -ive; susceptible d'évolution; ℒ**lungsfaktor** *m* facteur *m* d'évolution; ℒ**lungsfonds** *m* fonds *m* de développement; ℒ**ungsforschung** *f* recherche-développement *f*; ℒ**lungsgang** *m* développement *m*; évolution *f*; ℒ**lungsgeschichte** *f* histoire *f* du développement (*od.* de l'évolution); *biol.* ontogénèse *f*; ontogénie *f*; ℒ**lungshelfer** *m* coopérant *m*; ℒ**lungshilfe** *f* aide *f* au développement; aide *f* aux pays en voie de développement; P Coopé *f*; ℒ**lungsjahre** *n/pl*. époque *f* de la puberté; ℒ**lungskrankheit** *f* maladie *f* de croissance; ℒ**lungsland** *n* pays *m* en (cours *od.* en voie de) développement; ℒ**lungslehre** *biol. f* transformisme *m*; théorie *f* de la descendance; ℒ**lungspapier** *phot. n* papier *m* à développement; ℒ**lungsplan** *m* plan *m* de développement; ℒ**lungsroman** *m* roman *m* éducatif; ℒ**lungsstadium** *n* stade *m* de développement; ℒ**lungsstörung** *biol. f* accident *m* lors du développement; ℒ**lungsstufe** *f* degré *m* de développement; ℒ**lungstendenz** *f* tendance *f* du développement; ℒ**lungszeit** *f* durée *f* du développement; ℳ (période *f* d')incubation *f*; ℒ**lungszustand** *m* état *m* de développement.
ent'**winden** *v/t*.: *j-m etw.* ~ arracher qch. des mains à q.
ent'**wirr|en** *v/t*. (*v/rf*.: sich se) débrouiller; démêler; ℒ**ung** *fig. f* dé-

mêlement *m*; débrouillement *m*.
ent'**wischen** F *v/i*. (s')échapper (*aus de*); s'évader (de); s'enfuir (de); *j-m* ~ fausser compagnie à q.
ent'**wöhnen** I *v/t. Säugling*: sevrer; *Trinker* désintoxiquer; II ℒ *n e-s Säuglings*: sevrage *m*; *e-s Trinkers* désintoxication *f*.
ent'**würdig|en** *v/t*. (*v/rf*.: sich se) dégrader; (s')avilir; ~**end** *adj*. dégradant; avilissant; ℒ**ung** *f* dégradation *f*; avilissement *m*.
Ent'**wurf** *m* projet *m*; (*Plan*) plan *m*; dessein *m*; (*Skizze*) esquisse *f*; *a. pol.* ébauche *f*; croquis *m*; *e-s literar. Werkes*: canevas *m*; (*Konzept*) brouillon *m*; (*Modell*) maquette *f*; *e-r Romanhandlung*: scénario *m*; ~**stadium** *n* phase *f* d'étude.
ent'**wurzel|n** *v/t*. déraciner (*a. fig.*); *j-n* ~ *a*. désacclimater q.; ℒ**ung** *f* déracinement *m*.
Entzari'**sierung** *f* détsarisation *f*.
ent'**zauber|n** *v/t*. désenchanter; *die Dinge* ~ démagifier les choses; ℒ**ung** *f* désenchantement *m*.
ent'**zerr|en** *v/t. zeitlich, Verkehr*: étaler; *phot*. restituer; *rad., télév. téléph*. corriger la distorsion; ℒ**ung** *f zeitlich; des Verkehrs*: étalement *m*; *phot*. restitution *f*; *rad., télév. téléph*. correction *f* de la distorsion.
ent'**zieh|en** 1. *v/t*. retirer; priver (*j-m etw. q.* de qch.); ~ extraire; *Kohlensäure* ~ décarbonater (*acc.*); *j-m das Wort* ~ retirer la parole à q.; *j-m die Staatsangehörigkeit* ~ faire perdre sa nationalité à q.; *j-m das Heimatrecht* ~ dénaturaliser q.; 2. *v/rf*.: *sich e-r Sache (dat.)* ~ se soustraire à qch.; *sich den Blicken* ~ se dérober aux regards (*od.* à la vue); *das entzieht sich aller Berechnung* cela échappe à tout calcul; *sich s-n Pflichten* ~ se dispenser de ses devoirs; *das entzieht sich m-r Zuständigkeit* cela échappe à ma compétence; *das entzieht sich m-r Kenntnis* je n'en ai pas connaissance; ℒ**ung** *f* retrait *m*; (*Beraubung*) privation *f*; ~ extraction *f*; ~ *des Führerscheins* retrait *m* du permis de conduire; ~ *des Heimatrechtes* dénaturalisation *f*; ~ *der bürgerlichen Ehrenrechte* privation *f* des droits civiques; ~ *der elterlichen Gewalt* déchéance *f* de la puissance paternelle; ℒ**ungskur** *f* cure *f* de désintoxication (*für Drogensüchtige*: P cure *f* de renonce).
ent'**ziffer|bar** *adj*. déchiffrable; ~**n** *v/t*. déchiffrer; décrypter; décoder; ℒ**ung** *f* déchiffrement *m*; décryptage *m*; décodage *m*.
ent'**zück|en** I *v/t*. ravir; enchanter; II ℒ *n* ravissement *m*; enchantement *m*; *zum* ~ à ravir; ~**d** *adj*. ravissant.
Ent'**zug** *m s*. Entziehung.
ent'**zünd|bar** *adj*. inflammable; ℒ**barkeit** *f* inflammabilité *f*; ~**en** *v/t*. (*v/rf*.: *sich* s'enflammer (*a.* ℳ); (s')allumer.
ent'**zundern** ⊕ (*Stahlbau*) *v/t*. décalaminer.
ent'**zünd|lich** *adj*. inflammable; ~**lichkeit** *f* inflammabilité (*a.* ℳ); ℒ**ung** *f* inflammation *f* (*a.* ℳ); ignition *f*; ℒ**ungsherd** ℳ *m* foyer *m* d'inflammation.
ent'**zwei** *adv. in Stücke*: en mor-

ceaux; (*zerbrochen*) rompu; cassé; brisé; (*zerrissen*) déchiré; ~**brechen** 1. *v/t*. casser; briser; rompre; 2. *v/i*. se casser; se briser; se rompre; ~**en** *v/t*. (*v/rf*.: *sich* se) brouiller; (se) désunir; (se) diviser; ~**gehen** *v/i*. se casser; ~**reißen** 1. *v/t*. déchirer; 2. *v/i*. se déchirer; ~**schlagen** *v/t*. casser; mettre en morceaux; ~**schneiden** *v/t*. couper; ℒ**ung** *f* brouille *f*; désunion *f*; division *f*.
¹**Enzian** ♂ *m* gentiane *f*.
En'**zyklika** *f* encyclique *f*.
Enzyklo|**pä'die** *f* encyclopédie *f*; ℒ-**'pädisch** *adj*. encyclopédique; ~**pä'dist** *m* encyclopédiste *m*.
En'**zym** ♂ *biol. n* enzyme *m od. f*.
ephe'**mer(isch)** *adj*. éphémère.
Epi'**demie** ♂ *f* épidémie *f*.
epi'**demisch** ♂ *adj*. épidémique.
Epi'**dermis** *f* épiderme *m*.
Epi'**gone** *m* épigone *m*; ~**ntum** *n* académisme *m*; manque *m* d'originalité.
Epi'**gramm** *n* épigramme *f*.
epigram|**matisch** *adj*. épigrammatique; ℒ**matiker** *m* épigrammatiste *m*; auteur *m* d'épigrammes.
Epi'**graph** *n* épigraphe *f*; ~**ik** *f* épigraphie *f*; ~**iker** *m* épigraphiste *m*; ℒ**isch** *adj*. épigraphique.
¹**Epik** *f* poésie *f* (*od*. littérature *f*) épique; ~**er** *m* poète *m* épique.
Epiku'**re|er** *m* épicurien *m*; ℒ**isch** *adj*. épicurien, -enne.
Epiku'**rismus** *m* épicurisme *m*.
Epilep'**sie** *f* épilepsie *f*.
Epi'**lep|tiker(in** *f*) *m* épileptique *m*, *f*; ℒ**tisch** *adj*. épileptique.
Epi'**log** *m* épilogue *m*.
¹**episch** *adj*. épique.
Episko'**pat** *n u. m* épiscopat *m*.
Epi'**sod|e** *f* épisode *m*; ℒ**isch** *adj*. épisodique.
E'**pistel** *f* épître *f*; *fig. j-m die* ~ *lesen* sermonner q.
Epi'**taph** *n* épitaphe *f*.
Epi'**thel** *biol. n* épithélium *m*.
epo'**chal** *adj*. qui fait époque (*od*. date).
E'**poche** *f* époque *f*; ~ *machen* faire époque (*od*. date); ℒ**machend** *adj*. qui fait époque (*od*. date).
¹**Epos** *n* poème *m* épique; épopée *f*.
¹**Eppich** ♀ *m* ache *f*.
Equi'**page** *f* équipage *m*.
er *als pr. conjoint*: il; *zum Ersatz für ein su.*|*f* elle; *als pr. abs*. lui; *hier (da) ist* ~ le voici (voilà); ~ *allein* lui seul; ~ *selbst* lui-même.
er'**achten** I *v/t*. juger (*für nützlich utile*); croire; estimer; II ℒ *n* opinion *f*; *m-s* ~*s*; *nach m-m* ~ à mon avis; *selon* (*od*. d'apres) moi.
er'**arbeiten** *v/t*. acquérir par le travail; *Forschungsergebnis*: mettre au point.
¹**Erb|adel** *m* noblesse *f* héréditaire; ~**anfall** ♂ *m* dévolution *f* d'un héritage; ~**anlage** *f* disposition *f* héréditaire; ~**anspruch** *m* prétention *f* à un héritage; ~**anteil** *m* part *f* d'héritage.
er'**barm|en** 1. *v/t*. faire pitié; *Gott erbarme!* miséricorde!; 2. *v/rf*.: *sich* ~ avoir pitié (de); prendre en pitié; ℒ**en** *n*, ℒ**ung** *f* pitié *f*; compassion *f*; miséricorde *f*; ~**enswert**, ~**enswürdig** *adj*. digne de pitié (*od*. de compassion); pitoyable; lamentable.

er'bärmlich adj. déplorable; minable; piteux, -euse; pitoyable; lamentable; malheureux, -euse; misérable; ℒkeit f état m pitoyable (od. lamentable); (erbärmliche Sache) misère f; der Gesinnung: bassesse f.

er'barmungs|los adj. impitoyable; sans pitié; ~voll I adj. plein de compassion; miséricordieux, -euse; II adv. avec miséricorde.

er'bau|en 1. v/t. bâtir; construire; Tempel: édifier; (gründen) fonder; fig. édifier; von etw. (nicht) erbaut sein (ne pas) être édifié par qch.; **2.** v/rf.: sich an etw. (dat.) ~ fig. être édifié par qch.; ℒ**er** m constructeur m; bâtisseur m; architecte m; ~**lich** I adj. édifiant; II adv. d'une manière édifiante.

'Erb-aus-einandersetzung f liquidation f d'une succession.

Er'bauung f construction f; e-s Tempels: édification f (a. fig.); ~**buch** n (Andachtsbuch) livre m de piété (od. de dévotion); ~**sliteratur** f littérature f édifiante.

'Erb|begräbnis n tombeau m de famille; ℒ**berechtigt** adj. qui a droit à la succession; successible; ~**berechtigung** f droit m à une succession; ~**besitz** m possession f héréditaire; ~**bild** biol. n génotype m; ~**biologie** f génétique f; ℒ**biologisch** adj. génétique.

'Erb|e¹ m, ~**in** f héritier m, -ère f; j-n als Erben einsetzen instituer q. héritier; faire de q. son héritier.

'Erbe² n héritage m; succession f.

er'beben I v/i. trembler (vor dat. de); fig. a. tressaillir (vor dat. de); frémir (de); frissonner (de); **II** ℒ n tremblement m; fig. a. tressaillement m; frémissement m; frissonnement m; frisson m.

'erb-eigen adj. acquis par héritage.

'Erb-einsetzung f institution f d'héritier.

'erben v/t. hériter (etw. de qch.; etw. von j-m qch. de q.); abs. faire un héritage; ℒ**gemeinschaft** f communauté f d'héritiers; ℒ**haftung** f responsabilité f de l'héritier; ℒ**losigkeit** f déshérence f.

er'betteln v/t. obtenir en mendiant; mendier; quémander.

er'beuten v/t. capturer; vom Feinde ~ prendre à l'ennemi.

'erb|fähig adj. habile à succéder; ℒ**fähigkeit** f habilité f à succéder; ℒ**faktoren** biol. m/pl. facteurs m/pl. héréditaires; ℒ**fall** m cas m de succession; ℒ**fehler** m défaut (od. vice) m héréditaire; ℒ**feind** m ennemi m héréditaire; ℒ**folge** f (ordre m de) succession f; ℒ**folgekrieg** hist. m guerre f de succession; ℒ**folgerecht** n droit m de succession; ℒ**gang** ⚖ dévolution f; biol. processus m héréditaire; ℒ**gut** n bien m héréditaire; patrimoine m; biol. patrimoine m héréditaire.

er'bieten I v/rf.: sich ~ zu ... (inf.) s'offrir à ... (inf.); **II** ℒ n offre f.

'Erbin f héritière f.

er'bitten v/t.: von j-m etw. ~ demander qch. à q.

er'bitter|n v/t. aigrir; irriter; ulcérer; remplir d'amertume; (aufbringen) exaspérer; ~**t** adj. aigri; irrité; ulcéré; (aufgebracht) exaspéré; Kampf: acharné; ℒ**ung** f aigreur f; irritation f; ulcération f; (Entrüstung) exaspération f; rancœur f; des Kampfes: acharnement m.

'erbkrank adj. atteint d'un mal héréditaire; ℒ**heit** f maladie f héréditaire.

er'blassen v/i. pâlir (vor dat. de); blêmir (de).

'Erb|lasser(in f) m testateur m, -trice f; ~**lehre** f théorie f de l'hérédité.

er'bleichen v/i. devenir pâle (od. blême od. livide).

'erblich I adj. héréditaire; ~**e** Belastung tare f héréditaire; er ist ~ belastet a. il a de qui tenir; **II** adv. a. à titre héréditaire; par voie d'hérédité; ℒ**keit** f hérédité f.

er'blicken v/t. apercevoir; voir; (entdecken) découvrir; das Licht der Welt ~ voir le jour; venir au monde.

er'blind|en v/i. devenir aveugle; perdre la vue; ℒ**ung** f perte f de la vue; cécité f.

'Erb|masse f masse f successorale; biol. facteurs m/pl. héréditaires; ~**monarchie** f monarchie f héréditaire; ~**onkel** m oncle m à héritage.

er'bosen 1. v/t. mettre en colère; fâcher; irriter; **2.** v/rf.: sich ~ se fâcher (über acc. de); s'irriter (de); se mettre en colère.

'Erb|pacht f emphytéose f; bail m emphytéotique; ~**pächter** m emphytéote m; ~**prinz** m prince m héritier; ~**prinzessin** f princesse f héritière.

er'brechen I v/t. (v/rf.: sich ~) ⚕ vomir; **II** ℒ n ⚕ vomissement m.

'Erb|recht n droit m successoral; (Erbanspruch) droit m de succession); ~**reich** n monarchie f héréditaire.

er'bringen v/t. Beweis: apporter; fournir; ⚖ administrer, produire.

'Erbschaft f héritage m; succession f; ~**s-anfall** m dévolution f d'un héritage; ~**s-angelegenheit** f affaire f successorale; ~**s-annahme** f acceptation f d'un héritage; ~**s-anspruch** m prétention f à l'héritage; ~**s-ausschlagung** f répudiation d'un héritage; ~**s-forderung** f prétention à la succession; ~**sklage** ⚖ f action f en pétition d'héritage; ~**ssache** f → ~**angelegenheit**; ~**ssteuer** f impôt m sur les successions; ~**sverzicht** m répudiation f d'un héritage.

'Erb|schein m certificat m d'héritier; ~**schleicher(in** f) m captateur m, -trice f de succession, d'héritage; ~**schleiche'rei** f captation f d'héritage.

'Erbse f pois m; junge ~n pl. petits pois m/pl.; ~**nsuppe** f potage m aux pois cassés.

'Erb|stück n objet m hérité; ~**sünde** f péché m originel.

'Erb|tante f tante f à héritage; ~**teil** n part f d'héritage; ~**teilung** f partage m successoral; ~**übel** n mal m héréditaire; ~**unfähig** adj. inhabile à succéder; ~**unfähigkeit** f inhabilité f à succéder; ℒ**unwürdig** adj. indigne de succéder; ~**unwürdigkeit** f indignité f successorale; ~**vertrag** m pacte m successoral.

'Erd|abfuhr f déblaiement m; ~**achse** f axe m de la terre; ~**anschluß** ⚡ m prise f de terre; ~**antenne** f antenne f basse; ~**anziehung** f attraction f terrestre; ~**apfel** östr., sdd. m pomme f de terre; F patate f; ~**arbeiten** f/pl. travaux m/pl. de terrassement; ~**arbeiter** m terrassier m; ~**atmosphäre** f atmosphère f terrestre; ~**aufklärung** ⚔ f reconnaissance (od. exploration) f terrestre; ~**aushub** m déblai m; fouilles f/pl.; ~**bahn** ast. f orbite f terrestre; ~**ball** m globe m (terrestre); ~**beben** n tremblement m de terre; séisme m; ℒ**bebenfest** △ adj. parasismique; ~**bebengefährdung** f sismicité f; ~**bebenkunde** f sismologie f; ~**bebenmesser** m sismographe m; ~**beere** ♀ f fraise f; ℒ**beerfarben** adj. fraise; ~**beerkuchen** m tarte f aux fraises; ~**beerpflanze** f fraisier m; ~**beerpflanzung** f fraisière f; ~**beersaft** m sirop m de fraises; ~**beschreibung** f géographie f; ~**bewegung** f (Erdarbeiten) terrassement m; ~**bewohner** m habitant m de la terre; ~**boden** m terre f; sol m; dem ~ gleichmachen raser; ~**bohrer** ⚒ m tarière f; ~**bohrung** (Versuchs℧) f sondage m; ~**damm** m levée f de terre; remblai m; ~**durchmesser** m diamètre m de la terre; ~**e** f (Welt) monde m (Erdkugel) globe m (terrestre); auf ~n sur terre; au monde; ici-bas; auf der ganzen ~ dans le monde entier; zu ebener ~ au niveau du sol; de plain-pied (avec le sol); auf die ~ fallen tomber à (od. par) terre; auf die ~ werfen jeter à (od. par) terre; unter der ~ sous terre; unter die ~ bringen fig. faire mourir de chagrin; fig. mit beiden Beinen auf der ~ stehen avoir les pieds sur terre; ⚔ Politik der verbrannten ~ politique f de la terre brûlée; ℒ**en** ⚡ v/t. mettre à la terre; abs. mettre la prise de terre; ~**funkstelle** f station f (de radiocommunication) terrienne.

'Erden|bürger plais. m neuer, junger ~ nouveau-né m; mortel m; ~**glück** n bonheur m terrestre.

er'denk|en v/t. imaginer; inventer; (erfinden) inventer; controuver; ~**lich** adj. imaginable, concevable; sich alle ~e Mühe geben se donner toutes les peines du monde.

'Erden|leben n vie f terrestre; ~**los** n sort m des humains; ~**sohn** m mortel m.

'Erd|erschütterung f tremblement m de la terre; ℒ**farben** adj. terreux, -euse; ~**ferkel** zo. n oryctérope m; ~**ferne** ast. f apogée m; ~**floh** ent. m altise f; ~**gas** n gaz m naturel; ~**gastanker** m méthanier m; ~**geist** m gnome m; ~**geruch** m odeur f de terre; ~**geschichte** f géologie f; ℒ**geschichtlich** adj. géologique; ~**geschoß** △ n rez-de-chaussée m; ~**gürtel** m zone f de la terre (od. terrestre); ~**hälfte** f hémisphère m; ℒ**haltig** adj. terreux, -euse; ~**hügel** m butte f; tertre m.

er'dicht|en v/t. imaginer; inventer; fälschlich: forger, fabriquer de toutes pièces; ℒ**ung** f invention f; fiction f; (Märchen) fable f, (Sage) légende f.

'erdig adj. terreux, -euse.

'Erd|innere n intérieur m du globe (terrestre); ~**kabel** n câble m souterrain (od. sous terre); ~**kampf** m

combat *m* terrestre; ~**karte** *f* planisphère *m*; ~**klemme** ⚡ *f* borne *f* de terre; ~**kloß** *m*, ~**klumpen** *m* motte *f* de terre; ~**kugel** *f* globe *m* (terrestre); ~**kreis** *m* globe *m* terrestre; ~**krümmung** *f* courbure *f* terrestre; ~**kruste** *f* → ~**rinde**; ~**kunde** *f* géographie *f*; ⚷**kundlich** *adj*. géographique; ~**leiter** ⚡ *m* fil *m*, conducteur *m* de terre; ~**leitung** *télégr*. *f* ligne *f* télégraphique souterraine; ~**magnetismus** *m* magnétisme *m* terrestre; ~**massen** *f/pl*. masses *f/pl*. de terre; terres *f/pl*.; ~**maus** *f* rat *m* des champs; ~**messer** *géogr*. *m* géodésien *m*; ~**messung** *f* géodésie *f*; ~**nähe** *ast*. *f* périgée *m*; ~**nuß** ♀ *f* cacahuète *f*; ~**oberfläche** *f* surface *f* de la terre (*od*. du globe); ~**öl** *n* pétrole *m*; huile *f* minérale; or *m* noir; naphte *m*.
er'**dolchen** *v/t*. poignarder; *v/rf*. sich ~ se frapper d'un coup de poignard.
'Erd-**öl|gebiet** *n* région *f* pétrolifère; ~**gesellschaft** *f* compagnie *f* pétrolière; ~**gewinnung** *f* production *f* de pétrole; ~**gewinnungsindustrie** *f* industrie *f* pétrolière; ⚷**haltig** *adj*. pétrolifère; ~**leitung** *f* oléoduc *m*; pipe-line *m*; ~**produktion** *f* production *f* de pétrole; ~**vorkommen** *n* gisement *m* de pétrole.
'Erd|**pech** *min*. *v/t*. bitume *m*; ~**pol** *m* pôle *m* (de la terre); ~**pyramide** *géol*. *f* cheminée *f* des fées; ~**räumer** ✗ *m* drague *f*; ~**reich** *n* terre *f*.
er'**dreisten** *v/rf*.: sich ~, zu ... (*inf*.) oser ... (*inf*.); avoir l'audace (F le toupet, P le culot) de ... (*inf*.).
'Erd**rinde** *f* écorce *f* (*od*. croûte *f*) terrestre.
er'**dröhnen** *v/i*. retentir; *Motor*: vrombir.
er'**drossel|n** *v/t*. étrangler; ⚷**ung** *f* strangulation *f*.
er'**drücken** *v/t*. écraser; *fig*. accabler; (*ersticken*) étouffer.
'Erd-**rücken** *m* élévation *f*; dos *m* de terrain; croupe *f*; monticule *m*; éminence *f*.
er'**drückend** *adj*. écrasant.
'Erd|**rutsch** *m* éboulement *m*; glissement *m* de terrain; fontis *m*; fondis *m*; ~**satellit** *m* satellite *m* de la terre; ~**schatten** *m* ombre *f* de la terre; ~**schicht** *f* couche *f* de terre; ~**schluß** ⚡ *m* contact *m* à la terre; ~**scholle** *f* motte *f* (de terre); ~**spalte** *f* crevasse *f*; ~**stoß** *m* secousse *f* sismique (*od*. tellurique); ~**strich** *m* région *f*; zone *f*; ~**strom** *phys*. *m* courant *m* tellurique; ~**teil** *m* continent *m*.
er'**dulden** *v/t*. (*ertragen*) souffrir; endurer; supporter; (*durchmachen*) subir; (*hinnehmen*, *einstecken*) essuyer.
'Erd|**umdrehung** *f* rotation *f* de la terre; ~**umfang** *m* circonférence *f* de la terre; ~**umkreisung** ⚡ *f* vol *m* orbital; ~**umlaufbahn** *f* orbite *f*; *auf die* ~ *bringen* mettre sur orbite; ~**umsegler** *m* circumnavigateur *m*; ~**umseg(e)lung** *f* circumnavigation *f*; ~**ung** *f* prise *f* de terre; mise *f* à (la) terre; ⚷**verbunden** *adj*. terre à terre; ~**wall** *m* terre-plein *m*; rempart *m* (de terre); ⚷**wärts** *adv*. vers la terre; ~**weg** *m* Transport: *auf dem* ~ par voie de surface.
er'**eifern** *v/rf*.: sich ~ s'échauffer (*über acc*., *für* au sujet de); se passionner (*für* pour); s'emporter (*gegen* contre); F s'emballer (*für* pour).
er'**eig|nen** *v/rf*.: sich ~ arriver; se passer; se produire; (*stattfinden*) avoir lieu; ⚷**nis** *n* événement *m*; ~**nisreich**, ~**nisvoll** *adj*. mouvementé; riche en événements.
er'**eilen** *v/t*. Schicksal: frapper; *Tod*: surprendre.
Erekti**on** *physiol*. *f* érection *f*.
Ere'**mit(in** *f*) *m* ermite *m*, *f*.
er'**erb|en** *v/t*. hériter (*etw*. *von* j-m qch. de q.); acquérir par héritage; ~**t** *adj*. hérité; *biol*. *a*. héréditaire.
er'**fahr|en I** *v/t*. apprendre; savoir; (*erleiden*) éprouver; subir; *durch Erproben*: faire l'expérience (de); *Veränderungen*: subir; *ich habe es am eigenen Leibe* ~ je l'ai appris à mes dépens; je suis payé pour le savoir; **II** *adj*. expérimenté; (*bewandert*) expert; ~ *in* (*dat*.) expérimenté (*od*. versé) dans; ⚷**ung** *f* expérience *f*; *aus* ~ par expérience; *in* ~ *bringen* apprendre; *über* ~ *verfügen* avoir de l'expérience; *durch* ~ *klug werden* devenir sage par expérience; *häufig die* ~ *machen* faire maintes fois l'expérience; *auf* ~ *begründet* fondé sur l'expérience; empirique; ⚷**ungsaustausch** *m* échange *m* d'expériences; ~**ungsgemäß** *adv*. par expérience; selon les données de l'expérience; expérimentalement; empiriquement; ~ *wissen wir*, *daß* ... l'expérience nous apprend que ...; ~**ungsmäßig** *adj*. expérimental; empirique; ⚷**ungswissenschaft** *f* science *f* expérimentale.
er'**faßbar** *adj*. saisissable; *statistisch*: qui peut être chiffré statistiquement.
er'**fass|en** *v/t*. saisir (*a*. *fig*.); *durch Werbung*: toucher; *Feuer*: envahir; *fig*. (*begreifen*) concevoir; comprendre; (*registrieren*; *zählen*) recenser; (*eingliedern*) embrigader; ⚷**ung** *f* (*Bestandsaufnahme*) recensement *m*; *phil*. (*Apprehension*) appréhension *f*; *phil*., *pol*. *die totale* ~ *von Körper und Geist* l'enrégimentement des corps et des âmes.
er'**find|en** *v/t*. inventer; ⊕ *a*. mettre au point; imaginer; découvrir; ⚷**er (-in** *f*) *m* inventeur *m*, -trice *f*; ~**erisch** *adj*. inventif, -ive; fertile en inventions; (*scharfsinnig*) ingénieux, -euse; (*mit Phantasie begabt*) imaginatif, -ive; ⚷**erschutz** *m* protection *f* des inventeurs; ⚷**ung** *f* invention *f*; (*Erdichtung*) fiction *f*; e-e ~ *zum Patent anmelden* demander un brevet; ⚷**ungsgabe** *f*, ⚷**ungskraft** *f* inventivité *f*; talent (*od*. esprit) *m* inventif; ⚷**ungspatent** *n* brevet *m* d'invention; ~**ungsreich** *adj*. fertile en inventions.
er'**flehen** *v/t*. implorer.
Er'**folg** *m* succès *m*; (*Ergebnis*) résultat *m*; réussite *f*; *guten* ~! bonne chance!; *Aussicht auf* ~ chance *f* de succès; *von* ~ *gekrönt* couronné de succès; ~ *haben* réussir; aboutir; avoir du succès; *großen* ~ *haben* avoir grand succès; *zum* ~ *führen* réussir; j-n *zum* ~ *führen* faire réussir q.; *nicht zum* ~ *führen* (*scheitern*) ne pas réussir; échouer; rater.
er'**folgen** *v/i*. (*stattfinden*) avoir lieu; arriver; se produire; *als Wirkung*: s'ensuivre; résulter; *Zahlung*: être effectué; *Antwort*: être donné.
er'**folglos I** *adj*. infructueux, -euse; **II** *adv*. sans succès; ⚷**losigkeit** *f* échec *m*; insuccès *m*; ~**reich I** *adj*. à succès; couronné de succès; **II** *adv*. avec succès; ⚷**saussichten** *f/pl*. chances *f/pl*. de succès; ⚷**sfilm** *m* film *m* à succès; ⚷**smensch** *m* homme *m* qui a du succès; ⚷**srechnung** † *f* compte *m* de résultats; ~**versprechend** *adj*.: (*sehr*) ~ promis au (à un grand) succès.
er'**forder|lich** *adj*. nécessaire; *Alter*: requis; *dazu ist viel Zeit* ~ cela exige beaucoup de temps; *es ist* ~, *etw*. *zu tun* il est impératif de faire qch.; ~**lichenfalls** *adv*. en cas de besoin; ~**n** *v/t*. demander; exiger; (*in Anspruch nehmen*) réclamer; requérir; ⚷**nis** *n* exigence *f*; nécessité *f*; besoin *m*; chose *f* nécessaire; impératif *m*.
er'**forsch|en** *v/t*. (*wissenschaftlich untersuchen*) explorer; étudier; approfondir; *Land usw*.: explorer; (*ergründen*) sonder; ⚷**er** *m* explorateur *m*; ⚷**ung** *f* exploration *f*; recherche *f*; (*Ergründung*) sondage *m*.
er'**fragen** *v/t*. apprendre par des questions; *den Weg* ~ demander son chemin; *zu* ~ *bei* ... s'adresser à ...
er'**freu|en 1.** *v/t*. réjouir; faire plaisir (à); **2.** *v/rf*.: sich e-r Sache (*gén*.) ~ jouir de qch.; sich ~ *an* (*dat*.) se délecter de qch.; ~**lich** *adj*. réjouissant; (*zufriedenstellend*) satisfaisant; *es ist* ~, *zu sehen* ... c'est un plaisir de voir ...; ~**licherweise** *adv*. heureusement; par bonheur; ~**t** *adj*. content, -euse; *ich bin darüber sehr* ~ *a*. j'en suis enchanté.
er'**frieren I** *v/i*. mourir (*od*. périr) de froid; geler; *erfrorene Füße haben* avoir les pieds gelés; **II** ⚷ *n* mort *f* par le froid; *v*. *Gliedmaßen*: congélation *f*.
er'**frisch|en** *v/t*. (*v/rf*.: *sich se*) rafraîchir; (*den Durst stillen*) (*sich se*) désaltérer; ⚷**ung** *f* rafraîchissement *m*; ⚷**ungshalle** *f* buvette *f*; ⚷**ungsraum** *m* buvette *f*; *im Warenhaus*: salon *m* de thé; bar *m*.
er'**füll|en** *v/t*. *u*. *v/rf*. remplir (*de*); *fig*. *Bitte*: accorder; *Pflicht*: accomplir (*a*. *Wille*); remplir; s'acquitter (de); *Versprechen*: remplir; exécuter; *Verpflichtung*: remplir; s'acquitter (de); satisfaire (à); *Vertrag*: exécuter; *Programm*: mener à bien (*od*. à bonne fin); *Hoffnung*: (sich se) réaliser; s-n Zweck ~ être utile; servir; ⚷**ung** *f* accomplissement *m*; (*Verwirklichung*) réalisation *f*; (*Ausführung*) exécution *f*; ⚷**ungsort** † *m* lieu *m* d'exécution; (*Zahlungsort*) lieu *m* de paiement; ⚷**ungspolitik** *f* politique *f* d'apaisement; ⚷**ungstag** † *m* jour *m* de paiement.
Erg *phys*. *n* erg *m*.
er'**gänz|en** *v/t*. (*v/rf*.: *sich se*) compléter; ~**end** *adj*. complémentaire; (*zusätzlich*) supplémentaire; ⚷**ung** *f* zur Vervollständigung: complément *m* (*a*. *gr*.); *noch zusätzlich*: supplément *m*; ⚷**ungsband** *m* supplément *m*; ⚷**ungsfarben** *f/pl*. couleurs *f/pl*. complémentaires; ⚷**ungssteuer** *f* impôt *m* supplémentaire; ⚷**ungs-**

wahl *f* éléction *f* complémentaire; **Ձungswerk** *n* supplément *m*; ouvrage *m* supplémentaire; **Ձungswinkel** 𝔄 *m* angle *m* complémentaire.
erˈgattern F *v/t.* dégot(t)er; décrocher; accrocher; (*Vorteil*) grappiller.
erˈgaunern F *v/t.* escroquer; F carotter (*von j-m* à q.).
erˈgeben I 1. *v/t.* (*hervorbringen*) donner; (*einbringen*) rapporter; (*beweisen*) prouver; démontrer; montrer; **2.** *v/rf.*: *sich* ~ se rendre; capituler; *e-m Laster*: s'adonner (à); (*sich fügen*) se résigner (*in acc.* à); se soumettre (à); *nach e-r Umfrage*: se révéler; *sich* ~ *aus* s'ensuivre de; résulter de; **II** *adj.* dévoué; (*gelassen*) résigné; *e-m Laster*: adonné (à); *s-m Schicksal* ~ résigné à son sort; **Ձheit** *f* dévouement *m*; (*Fügung*) résignation *f*; soumission *f*; **Ձheitsadresse** *f* adresse *f* de dévouement.
Erˈgebnis *n* résultat *m*; (*Folge*) conséquence *f*; (*Wirkung*) effet *m*; (*Frucht*) fruit *m*; *arith.* résultat *m*, *der Addition*: somme *f*, *der Multiplikation*: produit *m*, *der Subtraktion*: reste *m*, *der Division*: quotient *m*; *Sport*: (*Punktzahl*) score *m*; **Ձlos** *adj.* sans résultat; (*unnütz*) vain; **Ձreich** *adj.* fécond en résultats.
Erˈgebung *f* ⚔ reddition *f*; *fig.* soumission *f* (*in j-s Willen* à la volonté de q.).
erˈgehen I 1. *v/i. Aufruf, Verbot*: être lancé (à); *Befehl*: être donné (à); *Gesetz, Anordnung*: paraître; être publié; *Urteil*: être prononcé; ~ *lassen* publier; *etw. an j-n* ~ *lassen* envoyer qch. à q.; *Einladungen* ~ *lassen* adresser (*od.* envoyer) des invitations (*an acc.* à); *über sich* (*acc.*) ~ *lassen* souffrir (*od.* supporter) patiemment; *Gnade für Recht* ~ *lassen* user de clémence; **2.** *v/imp.* se trouver; devenir; *wie ist es Ihnen dort ergangen?* qu'êtes-vous devenu (*od.* que vous est-il advenu) là-bas?; *es wird ihm übel* ~ il va passer de mauvais moments; *es ist mir übel ergangen* j'ai eu des revers; j'ai vécu (*od.* passé) de mauvais moments; **3.** *v/rf.*: *sich* ~ se promener; faire une promenade; *sich im Freien* ~ prendre l'air; *fig. sich* ~ *in* (*dat.*) *Belobigungen, Flüchen*: se répandre en, *Hoffnungen*: se bercer de, *Vermutungen*: se perdre en; *sich in langen Erklärungen* ~ s'engager dans de longues explications; *sich* ~ (*auslassen*) *über* (*acc.*) s'étendre sur; **II** Ձ *n*: *er fragte nach deinem* ~ il demanda de tes nouvelles.
erˈgiebig *adj.* qui rapporte beaucoup; (*fruchtbar*) fertile (*an dat.* en); (*viel hervorbringend*) productif, -ive; (*gewinnbringend*) lucratif, -ive; (*reich*) abondant; riche (*an dat.* en); **Ձkeit** *f* rapport *m*; rendement *m*; productivité *f*; (*Fruchtbarkeit*) fertilité *f*; (*Reichtum*) abondance *f*; richesse *f* (*an dat.* en).
erˈgießen *v/rf.*: *sich* ~ se répandre (*a.* ⚕); se déverser; s'épancher (*a.* ⚕); ⚕ s'extravaser; *Fluß*: se jeter (*in acc.* dans); *Touristenstrom*: déferler.
erˈglänzen *v/i.* briller; resplendir.
erˈglühen *v/i.* rougir (*vor* de).
erˈgötz|en 1. *v/t.* divertir; amuser; **2.** *v/rf.*: *sich* ~ *an* (*dat.*) se délecter à; **Ձen** *n* divertissement *m*; amusement *m*; plaisir *m*; **~lich** *adj.* divertissant; amusant; plaisant.
erˈgrauen *v/i.* devenir gris; grisonner; blanchir.
erˈgreif|en *v/t.* saisir; prendre; (*pakken*) empoigner; (*festnehmen*) appréhender; arrêter; (*erwischen*) attraper; agrafer; *Beruf*: embrasser; (*rühren*) émouvoir; toucher; *die Gelegenheit* ~ profiter de l'occasion; saisir l'occasion; *beim Arm* ~ saisir par le bras; *auf frischer Tat* ~ prendre sur le fait; *Maßnahmen* ~ prendre des mesures; *das Wort* (*die Flucht*) ~ prendre la parole (la fuite); *Besitz* ~ prendre possession (*von* de); *Partei* ~ prendre parti; *j-s Partei* ~ prendre le parti de q.; **Ձen** *n*, **Ձung** *f* prise *f*; capture *f*; (*Verhaftung*) arrestation *f*; **~end** *adj.* émouvant; touchant; saisissant.
erˈgriffen *adj.* (*gerührt*) ému; touché; **Ձheit** *f* (*Schock*) saisissement *m*; (*Rührung*) émotion *f*.
erˈgrimmen *v/i.* se mettre en colère; se courroucer.
erˈgründ|en *v/t.* sonder; approfondir; étudier à fond; pénétrer; **Ձung** *f* sondage *m*; approfondissement *m*.
Erˈguß *m* ⚕ *u. fig.* effusion *f*; épanchement *m*.
erˈhaben *adj.* élevé; (*hervortretend*) saillant; (*hervorragend*) proéminent; ⊕ (*konvex, gewölbt*) convexe; (*getrieben*) en relief; *ganz* ~*e Arbeit* 'haut-relief *m*; *flach* ~*e Arbeit* bas-relief *m*; *fig.* élevé; sublime; (*großartig*) grand; grandiose; (*Achtung einflößend*) imposant; *Stil*: noble; élevé; ~ *über* (*acc.*) au-dessus de; supérieur à; **Ձe** *n* sublime *m*; **Ձheit** *f* élévation *f* (*a. fig.*); proéminence *f*; ⊕ (*Wölbung*) convexité *f*; *getriebene*: relief *m*; *fig.* sublimité *f*; *des Stils*: noblesse *f*; (*Überlegenheit*) supériorité *f*.
Erˈhalt *m* réception *f*; *bei* ~ *Ihres Schreibens* au reçu de votre lettre; **Ձen I** *v/t.* (*bekommen*) recevoir; avoir; *durch Anstrengung*: obtenir; *Geld*: toucher; *Kunstwerke*: conserver; *Sitte, Frieden*: maintenir; *in e-m Zustand*: entretenir; ⚒ tirer (*aus* de); *die Mehrheit der abgegebenen Stimmen* ~ recueillir la majorité des suffrages exprimés; *dieser Delegierte hat 30 Stimmen* ~ ce délégué a recueilli 30 voix; *j-n am Leben* ~ sauver la vie à q.; *sich gesund* ~ se maintenir en bonne santé; entretenir sa santé; *sein Vermögen* ~ garder sa fortune; **II** *p.p. u. adj.*: *gut* (*schlecht*) ~ en bonne (mauvaise) condition; en bon (mauvais) état; *Betrag* ~ pour acquit.
erˈhältlich *adj.* en vente; obtenable; disponible.
Erˈhaltung *f* conservation *f*; (*Aufrecht*Ձ) maintien *m*; (⊕ *Pflege*) entretien *m*; ~ *des Friedens* maintien *m* de la paix; ~ *der Grünflächen* sauvegarde *f* des espaces verts.
erˈhandeln *v/t.* acquérir par un marchandage.
erˈhängen I *v/t.* (*v/rf.*: *sich* se) pendre; **II** Ձ *n* pendaison *f*.
erˈhärt|en 1. *v/i. Zement*: devenir dur; (se) durcir; **2.** *v/t. fig.* confirmer; corroborer; ⚖ *eidlich* ~ affirmer par serment; **Ձung** *f Zement*: durcissement *m*; *fig.* confirmation *f*; corroboration *f*; ⚖ affirmation *f*.
erˈhaschen *v/t.* attraper; saisir (*im Fluge* au vol); (*aufschnappen*) 'happer.
erˈheb|en 1. *v/t.* lever; *e-e Zahl*; *Protest*: élever (*a. fig.*); *Gebühren, Steuern*: percevoir; ⚖ *Klage* ~ intenter une action (*gegen* contre); porter une accusation (contre); *Einspruch* (*od. Protest*) ~ protester (*gegen* contre), ⚖ former opposition (à); *Anspruch* ~ *auf etw.* (*acc.*) prétendre à (*od.* réclamer) qch.; avoir des prétentions sur qch.; *die Stimme* ~ prendre la parole; *zum System* ~ ériger en système; *Vorstellungen* ~ faire des représentations; *j-n in den Adelsstand* ~ anoblir q.; *ein Geschrei* ~ pousser des cris; 𝔄 *ins* (*od. zum*) *Quadrat* ~ élever au carré; **2.** *v/rf.*: *sich* ~ se lever (*a. Wind*); (*aufsteigen*) s'élever (*a. Streit*); ✈ décoller; *Schwierigkeiten*: surgir; (*sich empören*) s'insurger; se soulever; **Ձen** *n*: *Abstimmung durch* ~ *der Hände* vote *m* à mains levées; **~end** *adj.* (*rührend*) émouvant; (*erregend*) exaltant; (*feierlich*) solennel, -elle; **~lich I** *adj.* considérable; (*wichtig*) important; ⚖ pertinent; **II** *adv.* considérablement; beaucoup; **Ձlichkeit** *f* importance *f*; ⚖ pertinence *f*; **Ձung** *f* élévation *f* (*a. fig.*); (*Boden*Ձ) *a.* éminence *f*; *v. Gebühren, Steuern*: perception *f*; *in der Statistik*: collecte *f*; enquête *f*; sondage *m*; (*Aufstand*) soulèvement *m*; insurrection *f*; ~ *in den Adelsstand* anoblissement *m*; *statistische* ~*en machen* faire des recherches statistiques.
erˈheiter|n *v/t.* (*v/rf.*: *sich* s')amuser, égayer; **~nd** *adj.* amusant; récréatif, -ive; **Ձung** *f* amusement *m*; *zur* ~ *a.* pour l'anecdote; F pour la petite histoire.
erˈhell|en 1. *v/t.* éclairer; *Farbe*: éclaircir; *fig.* éclaircir; élucider; **2.** *v/i. imp.*: *es erhellt daraus, daß* ... de là il résulte que ...; **Ձung** *f fig.* éclaircissement *m*; élucidation *f*.
erˈheucheln *v/t.* **1.** simuler; **2.** obtenir par tartuf(f)erie.
erˈhitz|en *v/t. u. v/rf.* chauffer; *v/rf. sich* ~ s'échauffer; s'exalter; **~t** *adj.* chaud; *physiol.* échauffé; **Ձung** *f physiol.* réchauffement *m*.
erˈhoffen *v/t.* espérer; s'attendre (à).
erˈhöh|en *v/t. u. v/rf.* (*sich* s')élever (*um* de); △ surélever, exhausser; *Preis, Gebühr*: augmenter; majorer; *Betrag*: porter (*auf* ... à ...); *Geschwindigkeit*: accélérer; *Strafe*: aggraver; ♪ diéser; élever; *Sport*: *auf 3 : 1* ~ porter le score à 3-1; **Ձung** *f* élévation *f*; (*Höhermachen*) exhaussement *m*; *des Preises, der Gebühren*: augmentation *f*; majoration *f*; *der Geschwindigkeit*: accélération *f*; *der Strafe*: aggravation *f*; (*Boden*Ձ) élévation *f*; 'hauteur *f*; éminence *f*; **Ձungswinkel** *m* angle *m* d'élévation; **Ձungszeichen** ♪ *n* dièse *m*.
erˈhol|en *v/rf.*: *sich* ~ reprendre des forces; *v. Krankheit*: se rétablir; se remettre; *v. Anstrengung*: se délasser; se reposer; se relaxer; *bsd. Sport*: récupérer (ses forces); *sich* (*wieder*) ~ (*wieder zu sich kommen*) revenir à soi; **~sam** *adj.* reposant; **Ձung** *f* repos *m*; rétablissement *m*; délassement *m*;

(*Entspannung*) détente *f*; *der Kurse*: relèvement *m*; *der Wirtschaft*: reprise *f*; redressement *m*; ⁓**ungs-aufenthalt** *m* séjour *m* de repos; ⁓**ungsbedürftig** *adj.* qui a besoin de repos (*od.* de se reposer); ⁓**ungsheim** *n* maison *f* de repos; ⁓**ungs-urlaub** *m* congé *m* (⚔ permission *f*) de repos.
er'hör|en *v/t. Bitte*: exaucer; ⁓**ung** *f* exaucement *m*.
¹**Erika** ♀ *f* bruyère *f*.
er'inner|lich *adj.* présent à la mémoire; *es ist mir noch* ⁓ je m'en souviens encore; F je m'en rappelle encore; ⁓**n** 1. *v/t.*: j-n an etw. (*acc.*) ⁓ rappeler qch. à q.; *j-n daran* ⁓, *etw. zu tun faire penser q. à faire qch.*; 2. *v/rf.: sich an etw.* (*acc.*) (*od. e-r Sache gén.*) ⁓ se souvenir de qch., se rappeler qch.; *ich erinnere mich, daß ...* je me rappelle que ...; *soviel ich mich erinnere autant que je m'en souvienne (od.* F rappelle); *wenn ich mich recht erinnere* si je m'en souviens (*od.* F rappelle) bien; si j'ai bonne mémoire; ⁓**ung** *f* souvenir *m*; (*Mahnung*) avertissement *m*; rappel *m*; *j-m etw. in* ⁓ *bringen* rappeler qch. à q.; *j-n* (*etw.*) *in* ⁓ *behalten* conserver la mémoire de q. (de qch.); *etw. in* ⁓ *behalten* garder qch. en mémoire; *etw.* (*noch*) *in frischer* (*od. guter*) ⁓ *haben* avoir la mémoire toute fraîche de qch.; *zur* ⁓ *an* (*acc.*) en souvenir de; *Denkmal bsd.*: en mémoire de; ⁓**ungsbild** *n* souvenir *m* visuel; ⁓**ungsfeier** *f* commémoration *f*; ⁓**ungsmedaille** *f* médaille *f* commémorative; ⁓**ungsphoto** *n* photo-souvenir *f*; ⁓**ungsschreiben** ✝ *n* lettre *f* monitoire (*od.* d'avertissement *od.* de rappel); ⁓**ungstafel** *f* plaque *f* commémorative; ⁓**ungsvermögen** *n* mémoire *f*.
er'jagen *v/t. ch.* prendre (à la chasse); *fig.* (*einholen*) atteindre; attraper; (*erwerben*) acquérir; *Ruhm*: courir après.
er'kalten *v/i.* se refroidir.
er'kält|en *v/rf.*: sich ⁓ prendre (*od.* attraper) froid; se refroidir; s'enrhumer; ⁓**ung** *f* rhume *m*; refroidissement *m*; coup *m* de froid; *schwere* ⁓ gros rhume *m*; *sich e-e* ⁓ *zuziehen* prendre froid; attraper un coup de froid; prendre un refroidissement; se refroidir; s'enrhumer.
er'kämpfen *v/t.* acquérir de haute lutte; *Sieg*: remporter.
er'kaufen *v/t.*: etw. mit (*od. durch*) *etw.* ⁓ acheter qch. au prix de qch.; *fig. etw. mit s-r Gesundheit* ⁓ payer qch. de sa santé; *fig. sich etw. teuer* ⁓ *müssen* devoir payer cher qch.
er'kenn|bar *adj.* reconnaissable; *phil.* connaissable; (*wahrnehmbar*) perceptible; (*unterscheidbar*) discernable; ⁓**barkeit** *phil.*: *die* ⁓ *der Welt* la connaissabilité du monde; ⁓**en** *v/t.* reconnaître (*an dat.* à); (*wahrnehmen*) apercevoir; s'apercevoir (de); *Krankheit*: dépister; diagnostiquer; *phil. erkenne dich selbst!* connais-toi toi-même; ⁓ *lassen* annoncer; révéler; *zu* ⁓ *geben* donner à entendre; faire voir; *sich zu* ⁓ *geben* se faire connaître; ⚖ *über etw.* ⁓ connaître de qch.; ⁓ *auf* (*acc.*) condamner à; *auf Einstellung des Verfahrens* ⁓ conclure à un non-lieu; ✝ *j-n*

für e-e Summe ⁓ créditer q. d'une somme; ⁓**en** *n* reconnaissance *f*; *e-r Krankheit*: dépistage *m*; diagnostic *m*.
er'kennt|lich *adj.* reconnaissable; (*dankbar*) reconnaissant (*für de*); *sich für etw.* ⁓ *zeigen* se montrer reconnaissant de qch.; ⁓**lichkeit** *f* reconnaissance *f* (*für* pour).
Er'kenntnis I *f* connaissance *f*; *als Ergebnis, oft pl.* découverte *f*; résultat *m*; conclusion *f*; fait *m* établi; renseignement *m*; *bibl.* science *f*; *aus der* ⁓ *heraus, daß ...* considérant (*od.* étant donné) que ...; *zur* ⁓ (*s-s Irrtums*) *kommen* revenir de son erreur; **II** *n* ⚖ jugement *m*; sentence *f*; (*Entscheidung*) décision *f*; *e-s Obergerichtes*: arrêt *m*; ⁓**kraft** *f*, ⁓**vermögen** *n* connaissance *f*; cognition *f*; faculté *f* de connaître; ⁓**theorie** *phil. f* théorie *f* de la connaissance.
Er'kennung *f* reconnaissance *f*; ⚕ *e-r Krankheit*: dépistage *m*; diagnostic *m*; ⁓**sdienst** *m* service *m* anthropométrique; ⁓**skarte** *f* carte *f* d'identité; ⁓**smarke** *f* plaque *f* d'identité; ⁓**sring** *m* für Tauben usw.: bague *f* d'identité; ⁓**ssignal** *n* signal *m* de reconnaissance; ⚔ indicatif *m*; ⁓**swort** *n* mot *m* de passe; ⁓**szeichen** *n* signe *m* de reconnaissance, (*Charakteristikum*) signe *m* caractéristique; marque *f*; ⚔ immatriculation *f*; ⚕ *e-r Krankheit*: signe *m* diagnostique.
¹**Erker** ⚠ *m* partie *f* en saillie; encorbellement *m*; ⁓**fenster** *n* fenêtre *f* en saillie; ⁓**zimmer** *n* pièce *f* en encorbellement.
er'klär|bar *adj.* explicable; interprétable; ⁓**en** 1. *v/t.* (*bindend äußern*) déclarer (*a. Krieg, Liebe*); (*erläutern*) expliquer; élucider; (*klarstellen*) éclaircir; (*definieren*) définir; (*darlegen*) exposer; (*deuten*) interpréter; commenter; *Unabhängigkeit, Belagerungszustand*: proclamer; *für ungültig* ⁓ déclarer nul; *j-n für e-n Betrüger* ⁓ qualifier q. d'imposteur; 2. *v/rf.*: sich ⁓ se déclarer (*für* pour; *gegen* contre); (*sich erläutern*) s'expliquer; ⁓**end** *adj.* explicatif, -ive; ⚖ déclaratif, -ive; ⁓**er** (*Ausleger*) interprète *m*; commentateur *m*; ⁓**lich** *adj.* explicable; ⁓**t** *adj. Feind*: déclaré; ⁓**ung** *f* déclaration *f* (*abgeben* faire; *über acc.* au sujet de); (*Erläuterung*) explication *f*; élucidation *f*; (*Klarstellung*) éclaircissement *m*; (*Definition*) définition *f*; (*Darlegung*) exposé *m*; (*Deutung*) interprétation *f*; *bsd. der Bibel*: exégèse *f*; (*Kommentar*) commentaire *m*; *der Unabhängigkeit, des Belagerungszustandes*: proclamation *f*; *öffentliche* ⁓ *der Staatsgewalt usw.*: manifeste *m*.
er'klecklich *st.-s. adj.* considérable.
er'klettern, er'klimmen *v/t. Baum*: grimper (à; sur); *Berg*: escalader (*a. Mauer usw.*); faire l'ascension (*a.*); gravir.
er'klingen *v/i.* retentir; résonner.
er'krank|en *v/i.* tomber malade; ⁓ *allmählich*: devenir malade; ⁓ *an* (*dat.*) être atteint de; ⁓**ung** *f* maladie *f*; *wegen* ⁓ pour cause de maladie; par suite d'indisposition.
er'kühnen *v/rf.*: sich ⁓, *zu* ... (*inf.*)

oser ... (*inf.*); avoir l'audace de ... (*inf.*).
er'kunden *v/t.* sonder; ⚔ reconnaître; explorer; *die Lage* ⁓ sonder (*od.* tâter) le terrain.
er'kundig|en *v/rf.*: sich ⁓ s'informer (*über acc., nach* de; *bei* auprès de); se renseigner (*über acc., nach* sur); *er hat sich nach deinem Befinden erkundigt* il a demandé (*od.* pris) de tes nouvelles; ⁓**ung** *f* information *f* (*über acc.* sur); renseignement *m* (*sur*); ⁓**en einziehen** prendre des renseignements (*od.* des informations) (*über acc.* sur); ⁓**ungsstelle** *f* bureau *m* de renseignements.
Er'kundung *f* reconnaissance *f*; exploration *f*; ⁓**sflug** *m* vol *m* de reconnaissance; ⁓**sflugzeug** *n* avion *m* de reconnaissance.
er'künsteln *v/t.* affecter.
Er'lagschein *östr.* ✉ *m* mandat-carte *m*.
er'lahmen *v/i.* être paralysé (*od.* estropié *od.* perclus); *Kräfte*: diminuer; *Eifer*: se refroidir.
er'lang|en *v/t.* obtenir; (*erreichen*) atteindre; (*erwerben*) acquérir; *Ehren* ⁓ arriver aux honneurs; ⁓**ung** *f* obtention *f*; (*Erwerbung*) acquisition *f*; *der Unabhängigkeit* accession *f* à l'indépendance.
Er'laß *m* (*Befreiung*) dispense *f*; exemption *f*; *e-r Strafe, der Sünden*: remise *f*; *rl.* absolution *f*; rémission *f*; ✝ rabais *m*; remise *f*; (*Verordnung*) ordonnance *f*; (*Regierungs-⁓*) décret *m*; (*Ministerial-⁓*) arrêté *m* ministériel; *e-s Gesetzes*: promulgation *f*; (*Steuer-⁓, Gebühren-⁓*) détaxe *f*.
er'lassen *v/t.* (*veröffentlichen*) publier; *Verfügung, Verordnung*: lancer; *Gesetz*: promulguer; *Haftbefehl*: décerner; *j-m etw.* ⁓ dispenser (*od.* exempter) q. de qch., (*verschonen*) faire grâce à q. de qch., épargner qch. à q.; *Strafe, Schuld*: faire grâce à q. de qch.; tenir q. quitte de qch.; *j-m s-e Sünden* ⁓ remettre à q. ses péchés.
er'laub|en *v/t.* permettre; (*bewilligen*) accorder; passer; ⁓ *Sie!* permettez!; pardon!; *sich etw.* ⁓ se permettre qch.; prendre la liberté de faire qch.; ⁓**nis** *f* permission *f*; ⁓**niskarte** *f*, ⁓**nisschein** *m* permis *m*; (*Konzession*) licence *f*.
er'laucht *adj.* illustre.
er'läuter|n *v/t.* expliquer; éclaircir; élucider; commenter; ⁓**ung** *f* explication *f*; éclaircissement *f*; élucidation *f*; commentaire *m*; ⁓**ungsbericht** ⊕ *m* exposé *m* explicatif.
¹**Erle** ♀ *f* aune *m*.
er'leb|en *v/t.* voir; faire l'expérience (de); assister (à); être témoin (de); (*erleiden*) éprouver; subir; (*einstecken, hinnehmen*) essuyer; *Krise: a.* traverser; *schlimme Zeiten* ⁓ passer par de rudes épreuves; *wir werden es nicht mehr* ⁓ nous ne verrons plus cela; *etw.* ⁓ avoir une aventure; *s-n ersten Erfolg* ⁓ connaître son premier succès; *hat man so* etw. *je erlebt?* a-t-on jamais vu pareille chose?; *wir werden es ja* ⁓ qui vivra, verra; ⁓**nis** *n* événement *m*; (*Abenteuer*) aventure *f*; (*Erfahrung*) expérience *f*; ⁓**nisbericht** *m* témoignage *m*; récit *m*

vécu.
er'ledig|en *v/t.* finir; terminer; *Angelegenheit*: régler; (*lösen*) résoudre; *Geschäft*: expédier; *Streit*: vider; *Auftrag*: exécuter; s'acquitter de; (*verwirklichen*) réaliser; **~t** *adj.* fini; terminé; réglé; (*beendet*) fini; *Stelle*: vacant; *ein ~er Mann* un homme fini; *~* (*erschöpft*) sein être épuisé (*od.* courbatu *od.* fourbu *od.* moulu *od.* à bout); *du bist für mich ~* tout est fini entre nous deux; **2ung** *f v. Geschäften*: expédition *f*; *e-s Auftrages*: exécution *f*; (*Verwirklichung*) réalisation *f*; *rasche ~* accélération *f*.
er'legen *ch. t.* abattre; tuer.
er'leichter|n *v/t. u. v/rf.*: *etw. ~* faciliter qch.; (*entlasten*) (sich s')alléger (*a. lindern*); décharger (*a. Gewissen*); *um Ballast*: délester (*lindern*) (sich se) soulager; (*mildern*) (sich s')adoucir; *sich ~* (*s-e Notdurft verrichten*) F se soulager; *j-n um sein Geld ~* délester q. de son argent; **2ung** *f* (*Vorteil*) avantage *m*; (*Entlastung*) assouplissement *m*; allégement *m* (*a. Linderung*); décharge *f* (*a. fig.*); *um Ballast*: délestage *m*; (*Linderung*) soulagement *m/pl.*; *pol. menschliche ~en* allégements *m/pl.* humanitaires; *sich ~ verschaffen* (*a. F s-e Notdurft verrichten*) se soulager; ✝ *~en im Zahlen*: facilités *f/pl.*
er'leiden *v/t.* subir; éprouver; *Niederlage*: essuyer; (*ertragen*) souffrir; supporter; endurer.
er'lern|bar *adj.* qui peut s'apprendre; assimilable; **~en** *v/t.* apprendre; **2en** *n* apprentissage *m*; **2te(s)** *n*: *~ vom letzten Semester* acquisitions *f/pl.* du dernier semestre.
er'lesen *adj.* choisi; de choix.
er'leucht|en *v/t.*: *die Nacht ~* éclairer la nuit; **2ung** *f festliche ~* illumination *f*; *fig.* inspiration *f*.
er'liegen *v/i.* succomber (*dat.* à); *zum 2 kommen* être paralysé (*v.*).
er'listen *v/t.* obtenir par ruse.
'Erlkönig *m* roi *m* des aulnes.
er'logen *adj.* faux, fausse; controuvé; mensonger, -ère.
Er'lös *m* produit *m* (d'une vente); (*Einnahme*) recette *f*.
er'loschen *adj. Vertrag*: expiré.
er'löschen I *v/i.* s'éteindre (*a. fig.*); (*sterben*; *verklingen*; *verstummen*; *ablaufen*) expirer (*a. Vertrag*); (*verjähren*; *ablaufen*) périmer; *Firma*: cesser d'exister; **II** 2 *n* extinction *f*; *e-s Vertrages*: expiration *f*.
er'lös|en *v/t.* délivrer; *rl.* racheter; sauver; **2er** *rl.* Rédempteur *m*; Sauveur *m*; **2ung** *f* délivrance *f*; *rl.* rédemption *f*.
er'mächtig|en *v/t.* autoriser; habiliter (*zu* à); **2ung** *f* autorisation *f*; *pol.* pleins pouvoirs *m/pl.*; **2ungsgesetz** *n* loi *f* sur les pleins pouvoirs.
er'mahn|en *v/t.* exhorter (*zu* à); *j-n ~* (*zurechtweisen*) admonester q.; faire des remontrances à q.; administrer une semonce à q.; **2ung** *f* exhortation *f*; (*Zurechtweisung*) admonestation *f*; remontrance *f*; semonce *f*.
er'mangel|n *st.s. v/i.* manquer (*e-r Sache gén.* de qch.); **2ung** *f* manque *m*; *in ~* (*gén.*) faute de; à défaut de; en l'absence de; *in ~ e-s Besseren* faute de mieux.

er'mannen *v/rf.*: *sich ~* prendre courage.
er'mäßig|en *v/t. Preis* réduire; diminuer; (*a*)baisser; *Strafe*: mitiger; modérer; réduire; *Gebühren, Steuern*: réduire; diminuer; *die Gebühren für etw. ~* détaxer qch.; *j-m die Steuern ~* dégrever q.; **~t** *adj.*: *zu ~en Preisen* à des prix réduits; **2ung** *f des Preises*: réduction *f*; diminution *f*; abaissement *m*; *der Strafe*: modération *f*; réduction *f*; *der Gebühren, Steuern*: réduction *f*; diminution *f*; (*Gebühren2, Steuer2*) détaxation *f*; détaxe *f*; (*Steuer2*) dégrèvement *m*.
er'matt|en 1. *st.s. v/t.* lasser; fatiguer; **2.** *v/i.* se lasser (*sich erschöpfen*) s'épuiser; s'exténuer; (*schwach werden*) s'affaiblir; (*nachlassen*) se ralentir; **~et** *adj.* fatigué; las, lasse; (*erschöpft*) exténué; (*zerschlagen*) fourbu; **2ung** *f* lassitude *f*; fatigue *f*; épuisement *m*; affaiblissement *m*.
er'messen I *v/t.* (*abschätzen*) juger; mesurer; estimer; apprécier; **II** 2 *n* jugement *m*; *nach meinem ~* selon (*od.* d'après) moi; à mon avis; *richterliches ~* pouvoir *m* discrétionnaire du juge; *nach menschlichem ~* autant qu'on en puisse juger; *nach j-s ~* à la discrétion de q.; *ich stelle es in Ihr ~ je* m'en remets à votre jugement; **2s-entscheid** *m* décision *f* discrétionnaire.
er'mitteln *v/t. Sachverhalt*: établir; (*nachforschen*) rechercher; découvrir; (*aufspüren*) dépister; *nicht zu ~* introuvable; *v/i. gegen j-n ~* instruire contre q.
Er'mittlung *f* découverte *f*; (*Nachforschung*) recherche *f*; enquête *f*; investigation *f* (*a.* ✝); information *f* (*a.* ✝); instruction *f*; *~en anstellen* faire des recherches (*über acc.* sur); ✝ des informations (*sur*); **~sausschuß** *m* comité *m* (*od.* commission *f*) d'enquête; **~srichter** *Fr. m* juge *m* d'instruction; **~sverfahren** ✝ *n* instruction *f* pénale; information *f* préliminaire.
er'möglichen *v/t.* rendre possible; permettre.
er'mord|en *v/t.* assassiner; **2ung** *f* assassinat *m*.
er'müd|en 1. *v/t.* fatiguer; lasser; **2.** *v/i.* se fatiguer; se lasser; **2ung** *f* fatigue *f* (*a.* ⊕); lassitude *f*; **~ungsbeständig** ⊕ *adj.* résistant à la fatigue; **2ungsbruch** ⊕ *m* rupture *f* de fatigue; **2ungs-erscheinung** *f* symptôme *m* de fatigue; **2ungsgrenze** ⊕ *f* limite *f* de fatigue.
er'munter|n *v/t.* exciter; (*erheitern*) égayer; (*anfeuern*) ranimer; **2ung** *f* excitation *f*; (*kleine* (*od. leichte*) *~*) chiquenaude *f*; légère impulsion *f*.
er'mutig|en *v/t.* encourager (*zu* à); enhardir (à); exhorter (à); **~end** *adj.* encourageant; **2ung** *f* encouragement *m*; exhortation *f*.
er'nähr|en *v/t. u. v/rf.* (*sich se*) nourrir; alimenter; sustenter; (*unterhalten*) entretenir; *sich durch* (*od. von*) *s-r Hände Arbeit ~* vivre du travail de ses mains; **2er** *m* soutien *m*; **2ung** *f* nourriture *f*; (*Unterhalt*) entretien *m*; *physiol.* nutrition *f*; **2ungs...** nutritionnel, -lle *adj.*; **2ungskrankheit** *f* maladie *f* de la nutrition; **2ungslage** *f* situation *f* alimentaire; **2ungslehre** *f* diététique *f*; **2ungsschwierigkeiten** *f/pl.* difficultés *f/pl.* de nutrition, d'alimentation; **2ungsstörungen** *f/pl.* troubles *m/pl.* nutritionnels; **2ungsweise** *f* mode *m* d'alimentation; diététique *f*; **2ungswirtschaft** *f* économie *f* de l'alimentation; ravitaillement *m*; **2ungszustand** *m* état *m* nutritionnel.
er'nenn|en *v/t.*: *j-n ~* nommer q. (*zum Direktor* directeur; *zu e-m Amt*: à); *j-n zu s-m Vertreter ~* désigner q. pour être *od.* comme son représentant; **2ung** *f* nomination *f* (*auf e-n höheren Posten* à un poste supérieur); *~ e-s Beamten auf Lebenszeit* titularisation *f* d'un fonctionnaire; **2ungs-urkunde** *f* document *m* de nomination.
Er'neu(e)rer *m* rénovateur *m*.
er'neu|ern *v/t. u. v/rf.* (*sich se*) renouveler; rénover; (*neu machen*) remettre à neuf; *Bild*: restaurer; *Haus*: refaire; (*abputzen*) *Fassade*: ravaler; *Beziehungen*: renouer; *Prozeß*: reprendre; ✗ *den Angriff ~* revenir à la charge (*a. fig.*); (*neu entfachen*) (*sich se*) ranimer; (*se*) raviver; **2erung** *f* renouvellement *m*; rénovation *f*; *e-s Bildes*: restauration *f*; *e-s Hauses*: remise *f* à neuf; (*Abputzen*) *e-r Fassade*: ravalement *m*; *v. Beziehungen*: renouement *m*; *e-s Miet- od. Pachtvertrages*: reconduction *f*; *innere ~*: ressourcement *m*; *fig.* renouveau *m*; **2erungsfonds** ✝ *m* fonds *m* de renouvellement; **2erungsschein** ✝ *m* talon *m* de renouvellement.
er'neut I *adj.* répété; réitéré; **II** *adv.* à (*od. de*) nouveau; une nouvelle fois.
er'niedrig|en *v/t. u. v/rf.* (*sich s')a*baisser; (*herabwürdigen*) (*sich se*) dégrader, *pfort* (s')avilir; (*demütigen*) (sich s')humilier; ♪ *um e-n halben Ton ~* bémoliser; baisser d'un demi-ton; **2ung** *f* abaissement *m*; dégradation *f*, *pfort* avilissement *m*; humiliation *f*; **2ungszeichen** ♪ *n* bémol *m*.
Ernst *m* sérieux *m*; gravité *f*; (*würdevolles Wesen*) *a. im* ~ grave; *im ~?* (parlez-vous) sérieusement?, P sans blague?; *im ~* sérieusement; pour de bon; *litt.* tout de bon; *das ist ~* c'est sérieux; c'est pour de bon; *das ist mein ~* je suis sérieux, -euse; *ist das Ihr ~?* parlez-vous sérieusement?; *das ist nicht Ihr ~* vous plaisantez; *es wird ~* cela devient (*od.* tourne au) sérieux; *allen ~es* très sérieusement; *litt.* tout de bon; pour de bon; *im ~ bewahren* garder (*od.* tenir) son sérieux; *mit etw. ~ machen* prendre qch. au sérieux.
ernst *adj.* sérieux, -euse; (*bedenklich*) grave; (*streng*) sévère; (*gesetzt*) posé; (*feierlich*) solennel, -elle; *es ~ meinen* être sérieux, -euse; parler sérieusement; *meinen Sie das ~?* (parlez-vous) sérieusement?, F sans blague?; *etw. ~ nehmen* prendre qch. au sérieux; *nichts ~ nehmen* ne prendre rien au sérieux, P prendre tout à la blague; *~ bleiben* garder (*od.* tenir) son sérieux; *ein ~es Wort mit j-m reden* dire deux mots à q.; **'2fall** *m*: *im ~* en cas d'urgence; ✗ en cas de guerre; **'~gemeint** *adj.* sérieux, -euse; **'~haft I** *adj.* sérieux, -euse; grave; *es ist sein*

~er Wille c'est sa volonté formelle; **II** adv. sérieusement; gravement; ~ krank gravement malade.

'**Ernte** f récolte f (a. fig.); (Getreide⎵) moisson f (a. fig.); (Wein⎵) vendange f; (Heu⎵) fenaison f; (Obst⎵) cueillette f; ~ auf dem Halm récolte f sur pied; die ~ einbringen rentrer la récolte (resp. la moisson); **~arbeiter(in** f) m ouvrier, -ière m, f engagé(e) pour la récolte (resp. à la moisson); **~ausfall** m perte f de récolte; **~aussichten** f/pl. prévisions f/pl. de récolte; **~dankfest** n action f de grâce pour la récolte (od. pour les biens de la terre); **~ertrag** m récolte f; **~kranz** m couronne f d'épis et de fleurs; **~maschine** f moissonneuse f; **⎵n** v/t. récolter; Getreide: moissonner (beide a. fig.); faire la moisson; fig. recueillir; **~n** n → Ernte; moissonnage m; **~schäden** m/pl. dégâts m/pl. causés à la récolte (resp. à la moisson); **~segen** m (riche) moisson f; **~zeit** f temps m de la récolte bzw. de la moisson.

er'**nüchter|n** v/t. a. fig. dégriser; fig. (sich se) désillusionner; fig. sich vom Drogengenuß ~ se dédroguer; ⎵ung f dégrisement m; fig. désillusion f.

Er'ober|er m conquérant m; ⎵n v/t. conquérir; faire la conquête de; Stadt: prendre; (erbeuten) capturer; **~ung** f conquête f; e-r Stadt: prise f; **~ungskrieg** m guerre f de conquête; **~ungslust** f goût m des conquêtes; ⎵ungslustig adj. avide de conquêtes.

er'**öffn|en** v/t. u. v/rf. (sich s')ouvrir; (einleiten) engager (a. ⚔); entamer (a. ⚔); Konto, Konkurs, Kredit, Rechnung, Abstimmung, Aussprache, Sitzung, Feuer: ouvrir; feierlich ~ inaugurer; (mitteilen) faire savoir, communiquer, (erklären) déclarer, förmlich: notifier; sich ~ Aussichten: se présenter; sich j-m ~ s'ouvrir à q.; ich eröffne hiermit die Sitzung je déclare la séance ouverte; la séance est ouverte; ⎵ung f ouverture f; feierliche ~ inauguration f; (Mitteilung) communication f, (Erklärung) déclaration f, förmliche: notification f; ⎵ungs-ansprache f discours m d'ouverture (od. d'inauguration); discours m inaugural; ⎵ungsbeschluß m ⚖ arrêt m de mise en accusation; im Konkursverfahren: jugement m déclaratif de faillite; ⎵ungsbilanz † f bilan m d'ouverture (od. d'entrée); ⎵ungsfeier f cérémonie f d'ouverture (od. d'inauguration); cérémonie f inaugurale; ⎵ungskonzert n concert m d'inauguration; ⎵ungskurs † m cours m d'ouverture; ⎵ungsrede f discours m d'ouverture (od. d'inauguration); discours m inaugural; ⎵ungssitzung f séance f inaugurale (od. d'ouverture).

er'**örter|n** v/t. discuter; débattre; ⎵ung f discussion f; débat m.

E'**rot|ik** f érotisme m; ⎵isch adj. érotique.

Erosi'on f érosion f.

'**Erpel** m canard m (mâle).

er'picht adj.: ~ auf (acc.) avide de; désireux, -euse de; ~ sein auf raffoler de; avoir la rage de.

er'preßbar (Person) adj. manipulable; soudoyable; soumis au chantage; qu'on peut faire chanter; ⎵keit f manipulabilité f; fait m de pouvoir faire chanter q.

er'**press|en** v/t. extorquer (etw. von j-m qch. de q.); von j-m Geld ~ a. faire chanter q.; von j-m ein Geständnis ~ arracher un aveu à q.; ⎵er m exacteur m; pfort maître m chanteur; racketteur m; ⎵ung f extorsion f; exaction f; (Geld⎵) chantage m; ~ durch Geiselnahme chantage m à l'otage; ⎵ungsversuch m tentative f de chantage.

er'**prob|en** v/t. éprouver; mettre à l'épreuve; ⊕ essayer; expérimenter; **~t** adj. éprouvé; à toute épreuve; ⎵ung f épreuve f; ⊕ essai m; (Experimentieren) expérimentation f; ⎵ungsflieger m pilote m d'essai; ⎵ungsflug m vol m d'essai.

er'**quick|en** v/t. (v/rf.: sich se) rafraîchir; (se) revigorer; **~end** adj. rafraîchissant; ⎵ung f rafraîchissement m.

er'**raten** v/t. deviner; Sie haben es ~! a. vous y êtes!

er'**ratisch** géol. adj. erratique.

er'**rechn|en** v/t. calculer; ⎵ung f calcul m.

er'**reg|bar** adj. excitable; (reizbar) irritable; (empfindlich) susceptible; leicht ~ émotif, -ive; émotionnable; ⎵barkeit f irritabilité f; (Empfindlichkeit) susceptibilité f; **~en** 1. v/t. exciter; (reizen) irriter; (erwecken); z. B. Verdacht) éveiller; Argwohn: faire naître; Zorn: soulever; provoquer; Aufmerksamkeit: attirer; Interesse, Neid: susciter; Freude: causer; j-s Mitleid ~ émouvoir q.; exciter la compassion de q.; **2.** v/rf.: sich ~ s'exciter; s'énerver; ⎵er m ⚕ agent m pathogène; ⎵erdynamo m excitatrice f; ⎵erkreis ⚡ m circuit m d'excitation; ⎵erstrom ⚡ m courant m d'excitation; ⎵erwicklung ⚡ f bobine f excitatrice; **~t** adj. (aufgeregt) excité; énervé; (ärgerlich) irrité; (bewegt) agité; ⎵theit f excitation f; énervement m; irritation f; agitation f; ⎵ung f excitation f; (Anstachelung) stimulation f; (Aufregung) soulèvement m; (Rührung) émotion f; ⚖ ~ öffentlichen Ärgernisses outrage m public à la pudeur; ⎵ungsmittel ⚕ n excitant m.

er'**reich|bar** adj. qu'on peut atteindre; accessible; für j-n ~ à la portée de q.; sind Sie telefonisch ~? peut-on vous joindre par téléphone?; **~en** v/t. (einholen) joindre; rejoindre; rattraper; etw. ~ atteindre (mühsam: à) qch., parvenir à qch., arriver à qch., Ort: a. gagner; (erlangen) obtenir qch.; (ihm gleichkommen) égaler qch.; Rekord: égaler; j-n telefonisch ~ joindre q. par téléphone; das Ziel ~ arriver au but; toucher au but; sein Ziel ~ atteindre (mühsam: à) son but; s-n Zweck ~ atteindre son but; parvenir à ses fins; nichts ~ n'avoir pas obtenu de résultats; en être pour ses frais; 🚂 den Zug ~ avoir (od. attraper) son train; ⎵ung f: zur ~ s-s Zweckes pour atteindre son but.

er'**richt|en** v/t. élever (a. Lot); ériger; Gerüst: dresser; e-e Gesellschaft: établir; mettre sur pied; fonder; créer; constituer; Konto: établir; Testament: rédiger; dresser; faire; ⎵ung f e-s Hauses: construction f; e-r Fabrik: implantation f; e-s Denkmals, e-r Kapelle: mise f sur pied; édification f; érection f; e-s Gerüsts: construction f; dressage m; (Gründung) établissement m; fondation f; création f; constitution f; e-s Kontos: établissement m; e-s Testaments: rédaction f.

er'**ringen** v/t. Preis, Sieg, Erfolg: remporter; parl. Sitz: enlever.

er'**röten I** v/i. rougir (über acc., vor dat. de); **II** ⎵ n rougeur f.

Er'rungenschaft f acquisition f; conquête f; fig. acquis m; die revolutionären **~en** les conquêtes f/pl. révolutionnaires.

Er'satz m (Ausgleich) compensation f; (Gegenwert) équivalent m; (Wiedererstattung) restitution f; (Schaden⎵) dédommagement m; indemnité f; stellvertretend: remplacement m; substitution f; unzulänglicher: succédané m; a. allg. ersatz m; ⚔ réserve f; ⚕ prothèse f; als ~ für in compensation de, en remplacement de (a. fig.), (als Gegenleistung) en retour de, (an Stelle von) à la place de; **~anspruch** ⚖ m droit m à une indemnité; recours m; **~bataillon** n bataillon m de réserve; **~batterie** ⚡ f pile f de rechange; **~dehnung** (Sprachgeschichte) f allongement m compensatoire; **~erbe** m héritier m substitué; **~fahrer** m Sport: (coureur m) suppléant m; (coureur m) remplaçant m; **~forderung** f demande f d'indemnité; **~geschworene(r)** m juré m suppléant; **~heer** m réserve f; **~kaffee** m succédané m, ersatz m de café; **~kasse** f caisse f libre agréée d'assurance-maladie; **~leistung** f dédommagement m; **~mann** m remplaçant m; suppléant m; personne f de remplacement; **~mine** f für Füllbleistift: mine f de réserve f Kugelschreiber: recharge f; **~mittel** n succédané m; ersatz m; produit m de remplacement; **~pflicht** f obligation f d'indemniser (od. de dédommager); **~pflichtig** adj. obligé d'indemniser (od. de dédommager); **~rad** n roue f de secours, de rechange; **~reifen** m Auto usw.: pneu m de rechange; **~spieler(in** f) m remplaçant m, -e f; **~stoff** m succédané m; matière f de remplacement; **~stück** n, **~teil** n, m pièce f de rechange; **~truppen** ⚔ f/pl. réserve f; **~wahl** f élection f complémentaire; ⎵weise adv. en remplacement.

er'**saufen** F (ertrinken) v/i. se noyer.

er'**säufen** v/t. noyer; jeter à l'eau.

er'**schallen** v/i. résonner; retentir; Gelächter: éclater.

er'**schauern** v/i. tressaillir (de); frémir (de); frissonner (de); j-n ~ lassen donner le frisson à q.

er'**schein|en** v/i. paraître; Person, Geist u. plötzlich: apparaître; Zeitpunkt: arriver; ⚖ comparaître (vor Gericht en justice); nicht ~ faire défaut; wieder ~, wieder ~ reparaître; Buch: erscheint demnächst à paraître prochainement; soeben erschienen vient de paraître; vor kurzem erschienen récemment paru; in Liefe-

rungen ~ paraître sous forme de livraisons; 2en *n* arrivée *f*; *plötzliches*: apparition *f*; ♫ comparution *f*; *e-s Werkes*: publication *f*; parution *f*; 2ung *f* apparition *f*; (*Traumbild*) vision *f*; (*Natur*2) phénomène *m*; (*Krankheits*2) symptôme *m*; *er ist e-e imponierende* ~ il a de la (*od.* beaucoup de) prestance; il a un bon maintien; il fait impression; *von guter* ~ d'une bonne présentation; *er ist e-e erstaunliche* ~ *auf der Bühne* il possède une étonnante présence sur scène; *in* ~ *treten* se montrer, *Dinge*: se manifester; 2ungsform *f* aspect *m*; 2ungsweise *f v. Zeitschriften*: mode *m* de parution; 2ungswelt *f* monde *m* des apparences (*od.* des phénomènes).

Er'schienene(r *m*) *m,f* ♫ membre *m* présent; comparant *m*, -*e f*.

er'schieß|en 1. *v/t.* tuer d'un coup de feu; fusiller; flinguer; *standrechtlich* ~ exécuter; passer par les armes; *mit e-m Revolver* ~ révolvériser; 2. *v/rf.*: *sich* ~ se brûler la cervelle; 2ung *f* F flingage *m*; (*standrechtliche*) ~ exécution *f* par les armes; 2ungsbefehl *m* ordre *m* d'exécution; 2ungskommando *n* peloton *m* d'exécution.

er'schlaff|en *v/i.* se relâcher (*a. fig.*); perdre sa vigueur; 2ung *f* relâchement *m* (*a. fig.*); ♣ atonie *f*; empâtement *m*.

er'schlagen *v/t.* tuer (à coups de); abattre; assommer; *vom Blitz* ~ *werden* être foudroyé; être frappé par la foudre.

er'schleich|en *v/t.* obtenir par ruse; *Erbschaft*: capter; *sich j-s Gunst* ~ capter la faveur de q.; 2ung *f e-r Erbschaft*: captation *f*.

er'schließ|en 1. *v/t. Markt*: ouvrir; *Grundstück*: viabiliser; *Land*: ouvrir à l'exploitation; mettre en exploitation (*od.* en valeur); *fig.* déduire (*aus* de); 2. *v/rf.*: *sich* ~ s'ouvrir (*j-m* à q.); *Blüten*: s'épanouir, éclore; 2ung *f e-s Landes*: mise *f* en exploitation (*od.* en valeur); *Gas, Wasser usw.*: édilités *f/pl.*; viabilisation *f*; *e-s Gebietes durch e-e Sprache*: désenclavement *m*; *die wegmäßige* ~ *des Brester Gebiets* le désenclavement routier de la région de Brest.

er'schmeicheln *v/t.* obtenir à force de flatteries; *sich j-s Gunst* ~ capter la faveur de q.

er'schöpf|en *v/t.* (*v/rf.*: *sich* s'épuiser; (*s'*)exténuer; (*abhetzen*) (se) 'harasser; (*völlig*) ~ courbaturer; *Geduld*: mettre à bout; ~end I *adj.* épuisant; (*vollständig*) complet, -ète; exhaustif, -ive II *adv.* à fond; ~t *adj.* épuisé; vanné; harassé; courbaturé, fourbu; moulu; 2ung *f* épuisement *m*; ♣ *durch Mangel an Nahrung*: inanition *f*; (*Zerschlagenheit*) courbature *f*; *nervöse* ~ épuisement *m* nerveux; 2ungszustand ♣ *m* état *m* d'épuisement.

er'schrecken I 1. *v/t.* effrayer; épouvanter; faire peur (à); 2. *v/i. u. v/rf.*: *sich* ~ s'effrayer (*über acc.* de); s'épouvanter (de); II 2 *n* (*Schrecken*) frayeur *f*; effroi *m*; épouvante *f*; ~d *adj.* effrayant; épouvantable; terrible; affreux, -euse; effarant.

er'schrocken *adj.* effrayé.

er'schütter|n *v/t.* ébranler (*a. Gesundheit*); secouer; *fig. a.* émouvoir; affecter; entamer; *j-n tief* ~ *a.* bouleverser q.; ~nd *adj.* bouleversant; (*ergreifend*) émouvant; 2ung *f* ébranlement *m*; trépidation *f*; secousse *f*, choc *m*; commotion *f* (*a. fig.*, ♣); *erleiden* subir; *fig. a.* grosse émotion *f*; bouleversement *m*; *Auto*: vibration *f*; cahot *m*; *die* ~*en dieser neuen Zeit* les déchirements du monde contemporain; 2ungsfestigkeit ⊕ *f* résistance *f* aux vibrations; ~ungsfrei ⊕ *adj.* exempt de vibrations.

er'schwer|en *v/t.* rendre (plus) difficile; (*verschlimmern*) aggraver; (*verwickeln*) compliquer; ~end *adj.* aggravant; 2ung *f* aggravation *f*; (*Verwicklung*) complication *f*.

er'schwindeln *v/t.* escroquer.

er'schwing|en *v/t.*: ~ *können* pouvoir payer; ~lich *adj. Preis*: accessible; abordable; à la portée de la bourse de q.

er'sehen *v/t.*: ~ *aus* voir par; *daraus ersieht man, daß ...* on voit par là que ...; *il* ressort de là que ...

er'sehnen *v/t.* souhaiter vivement; désirer avec ardeur.

er'setz|bar *adj.* remplaçable; *Verlust*: réparable; (*austauschbar*) échangeable; interchangeable; ~en *v/t.* remplacer; *ein Ding durch ein anderes Ding* ~ remplacer une chose par une autre; substituer une chose à une autre; (*vertreten*) tenir lieu (*od.* la place) de; (*ergänzen*) suppléer (à); *Verlust*: compenser; (*austauschen*) échanger; substituer; *j-m e-n Schaden* ~ dédommager q. de qch.; *j-m s-e Kosten* ~ rembourser q. de ses frais; 2ung *f* remplacement *m*; substitution *f*; *e-s Verlustes*: compensation *f*; *v. Kosten*: remboursement *m*; *v. Schäden*: dédommagement *m*.

er'sichtlich *adj.* évident; manifeste; visible; *daraus ist* ~ il ressort de là; on voit par là.

er'sinnen *v/t.* inventer; imaginer.

er'spähen *v/t. a. fig.* épier, guetter; *fig.* découvrir.

er'spar|en *v/t. Mühe*; *Zeit*; *langsam kleine Geldbeträge*: épargner; *bsd. Geld*; *fig. Zeit*: économiser; *fig. j-m etw.* ~ épargner (*od.* éviter) qch. à q.; *sich Sorgen* ~ s'épargner des soucis; *fig.* ~ *sie mir das!* épargnez-moi cela; *das erspart ihm Zeit* cela lui épargne du temps; *das bleibt mir nicht erspart* je n'y échapperai pas, F je n'y couperai pas; 2nis *f* (*erspartes Geld*) économies *f/pl.*; ~*se machen* faire (*od.* réaliser) des économies; *s-e* ~*se auf die Sparkasse bringen* mettre ses économies à la caisse d'épargne; *s-e* ~*se anlegen* placer ses économies; *etw. von s-n* ~*sen kaufen* acheter qch. avec ses économies.

er'sponnen F (*frei erfunden*) *adj.* inventé; controuvé.

er'sprießlich *adj.* utile; fructueux, -euse; profitable; (*Tätigkeit*) productif, -ive; 2keit *f* utilité *f*.

erst *adv.* premièrement; (*anfänglich*) (tout) d'abord; au commencement; (*vorher*) auparavant; préalablement; *eben* ~ il n'y a qu'un instant; tout à l'heure; *er ist eben* ~ *angekommen* il

vient d'arriver; ~ *gestern* hier seulement; *es ist* ~ *zwei Uhr* il n'est que deux heures; ~ *recht* à plus forte raison; *nun* ~ *recht!* raison de plus!; ~ *recht nicht* bien moins encore; *nun* ~ *recht nicht* moins que jamais; *das braucht nicht* ~ *bewiesen zu werden* il n'y a pas besoin de prouver cela; *wäre ich* ~ *fort!* que je voudrais être parti!; *und du* ~! et toi donc!

er'starken *v/i.* devenir fort; se renforcer; se fortifier.

er'starr|en *v/i. Glieder*: s'engourdir; se scléroser; (*gerinnen*) se figer; se coaguler; (*gefrieren*) se congeler; se glacer (*a. fig.*); ♫ se solidifier; ~ *machen* raidir, (*vor Kälte*) glacer (*a. fig.*), transir (*a. fig.*; *vor dat.* de), (*gerinnen machen*) figer, coaguler, (*gefrieren machen*) congeler, *Glieder*: engourdir; ~t *adj.* raide; sclérosé; glacé; transi; (*bestürzt*) stupéfait; 2ung *f* raidissement *m*; *der Glieder*: engourdissement *m*; (*Gerinnen*) figement *m*; coagulation *f*; (*Gefrieren*) congélation *f*; ♫ solidification *f*; (*Betäubung*) torpeur *f*; (*Bestürzung*) stupeur *f*; stupéfaction *f*.

er'statt|en *v/t.* restituer; rendre; *Kosten*: rembourser; *Bericht*: faire; fournir; *e-e Anzeige* ~ déposer une plainte (*gegen* contre); 2ung *f* restitution *f*; *der Kosten*: remboursement *m*; ~ *e-s Berichtes* rapport *m*.

'Erst-aufführung *f thé.* première *f*; *e-s Musikwerkes*: première audition *f*.

er'staun|en 1. *v/t.* étonner; (*überraschen*) surprendre; (*verblüffen*) ébahir; *das erstaunt mich sehr* F *a.* ça m'épate; 2. *v/i.* s'étonner (*über acc.* de); être étonné (de); (*überrascht sein*) être surpris (*über acc.* de); (*verblüfft sein*) être stupéfait (*über acc.* de); s'ébahir (de); être ébahi (de); 2en *n* étonnement *m*; (*Überraschung*) surprise *f*; (*Verblüffung*) ébahissement *m*; *in* ~ *setzen* s. erstaunen *v/t.*; *in* ~ *geraten* s. erstaunen *v/i.*; *zum* ~ étonnant; *zu m-m großen* ~ à mon grand étonnement, (*zu m-r großen Überraschung*) à ma grande surprise; ~lich *adj.* étonnant; (*überraschend*) surprenant; (*außergewöhnlich*) extraordinaire; ~t *adj.* étonné (*über acc.* de); (*überrascht*) surpris (*über acc.* de); (*verblüfft*) stupéfait (*über acc.* de); ébahi (de).

'Erst|ausfertigung *f* original *m*; ~ausführung ⊕ *f* prototype *m*; ~ausgabe *f* édition *f* originale; première édition *f*; édition *f* princeps; ~ausstattung ♫ *f* dotation *f* initiale; ~besteigung *f* première ascension *f*.

'erste *a/no.* 2) le premier, la première; *Franz I.* François premier (*geschr.* Ier); *der* ~ (*od. am od. den* ~*n*) *Mai* le premier mai; *der* 2 *des Monats* le premier du mois; *im* ~*n Stock* au premier (étage); *der* ~ *beste* le premier venu; *zum* ~*n bei Versteigerungen*: une fois; *zum* ~*nmal* pour la première fois; *fürs* ~ premièrement, (*einstweilen*) pour le moment; *als* ~*r ankommen* arriver le premier; *an* ~*r Stelle*, *in* ~*r Linie* en premier lieu; *der* ~*re*, *der letztere* le premier, le dernier; ~ *Güte* (*od. Wahl*) première qualité *f*; premier choix *m*; *aus* ~*r Hand* de première main.

er'stechen *v/t.* poignarder.

er'steh|en 1. *st.s. v/i.* naître; (*sich erheben*) s'élever; *neue Häuser sind hier erstanden* on a élevé ici de nouvelles maisons; **2.** *v/t.* acheter aux enchères (*od.* à l'encan); faire l'acquisition de; ⁀**er** *m* adjudicataire *m*; ⁀**ung** *f* achat *m* aux enchères; acquisition *f.*

er'steig|en *v/t.* escalader; faire l'ascension (de); gravir; *fig.* parvenir (à); ⁀**ung** *f* ascension *f*; escalade *f.*

Er'steiger|er *m* adjudicataire *m*; ⁀**n** *v/t.* acheter aux enchères (*od.* à l'encan).

er'stell|en *v/t.* (*bauen*) bâtir; construire; (*Tarif*) établir; ⁀**ung** *f* (*Bau*) construction *f*; (*Tarif*) établissement *m.*

'erstenmal *adv.*: *zum* ⁀ pour la première fois.

'erstens *adv.* premièrement; en premier lieu; d'abord; primo (1°.).

er'sterben *v/i.* mourir; expirer; s'éteindre (*a. Stimme*).

'erst|geboren *adj.* premier-né, première-née (*a.* premier-née); aîné; ⁀**geburt** ⚤ *f* primogéniture *f*; aînesse *f*; ⁀**geburtsrecht** ⚤ *n* droit *m* d'aînesse; ⁀**genannte(r)** *f(m)* le premier, la première.

er'stick|en 1. *v/t.* étouffer (*a. fig.*); *nur mit Sachsubjekt*: suffoquer; *durch Ertrinken, Rauch, Gase*: asphyxier; *im Keim* ⁀ étouffer dans l'œuf; **2.** *v/i.* étouffer (*a. fig.*; *vor dat.* de); suffoquer (*a. fig.*; *vor dat.* de); être asphyxié; ⁀**en** *n* étouffement *m*; suffocation *f*; asphyxie *f*; *es ist zum* ⁀ *heiß* il fait une chaleur étouffante (*od.* à étouffer); ⁀**end** étouffant; suffocant; *Gase*: asphyxiant; ⁀**te(r** *a. m*) *m*, *f durch Ertrinken, Rauch, Gase*: asphyxié, -e *f*; ⁀**ung** *f* → ⁀**en**; ⁀**ungs-anfall** *m* (crise *f* d')étouffement *m*; ⁀**ungstod** *m* (mort *f* par) asphyxie *f.*

'Erst-impfung ⚕ *f* primovaccination *f.*

'erstklassig *adj.* de première qualité.

'erst|malig *adj.* premier, -ière; ⁀**mals** *adv.* pour la première fois; ⁀**rangig** *adj.* de premier rang; (*erstklassig*) de première qualité.

er'streben I *v/t.* viser (qch.); s'efforcer d'atteindre (à); aspirer (à); **II** ⁀ *n* aspiration *f*; ⁀**swert** *adj.* digne d'efforts.

er'strecken *v/rf.*: *sich* ⁀ s'étendre (*über acc.* sur; *bis zu* jusqu'à; *auf acc.* à; *durch* à travers); *fig.* s'appliquer (*auf acc.* à).

er'stunken F *adj.*: *das ist* ⁀ *und erlogen* c'est un mensonge abominable.

er'stürm|en *v/t.* prendre (*od.* enlever) d'assaut; ⁀**ung** *f* prise *f* d'assaut.

er'suchen I *v/t.* demander; requérir; *j-n um etw.* ⁀ demander qch. à q.; prier q. de ... (*inf.*); requérir q. de ... (*inf.*); **2.** *v/i.*: ⁀ *um etw.* demander qch.; *litt.* requérir qch.; **II** ⁀ *n* demande *f*; requête *f*; prière *f*; *auf j-s* ⁀ sur la demande de q.

er'tappen *v/t.* attraper; surprendre; F pincer; *auf frischer Tat* ⁀ prendre sur le fait (*od.* en flagrant délit).

er'teil|en *v/t.* donner (*a. Wort, Agrément*); *Erlaubnis a.*: accorder (*a. Genehmigung, Konzession*); *Befehl*: *a.* intimer; *Auftrag*: passer; (*verleihen*) conférer; *Patent, Visum*: délivrer; *Audienz* ⁀ donner audience; *Unterricht* ⁀ donner des leçons; *j-m Prokura* (*od. Vollmacht*) ⁀ donner procuration à q.; *j-m e-n Verweis* ⁀ administrer une semonce à q.; ⁀**ung** *f*: ⁀ *e-r Erlaubnis* permission *f*; ⁀ *von Unterricht* enseignement *m*; (*Auftrags*⁀) passation *f* de commande; commande *f.*

er'tönen *v/i.* résonner; retentir.

Er'trag *m* produit *m*; rapport *m*; (*Einkommen*) revenu *m*; (*Einnahme*) recette *f*; ⊕, 🗡 rendement *m*; ⁀**en** *v/t.* supporter; endurer; (*ausstehen*) souffrir; subir; (*dulden*) tolérer; (*hinnehmen, einstecken*) essuyer, avaler; *nicht zu* ⁀ insupportable; intolérable; ⁀**fähig** *adj.* productif, -ive; ⁀**fähigkeit** *f* productivité *f.*

er'träglich *adj.* supportable, F vivable; (*leidlich*) tolérable; (*ziemlich gut*) passable.

er'traglos *adj.* improductif, -ive.

er'trag|reich *adj.* productif, -ive; ⁀**fähig** *adj.* productif, -ive; ⁀**sfähigkeit** *f* productivité *f*; ⁀**srechnung** *f* compte *m* de profits et pertes; ⁀**steuer** *f* impôt *m* sur les bénéfices.

er'tränken 1. *v/t.* noyer; **2.** *v/rf.*: *sich* ⁀ se noyer; se jeter à l'eau.

er'träumen *v/t.* rêver de.

er'trinken I *v/i.* se noyer; **II** ⁀ *n* noyade *f.*

er'trotzen *v/t.*: *von j-m etw.* ⁀ obtenir qch. de q. à force d'obstination.

Er'trunkene(r *a. m*) *m*, *f* noyé *m*, -e *f.*

er'tüchtig|en *v/t.* (*u. v/rf.*) s')entraîner; ⁀**ung** *f* entraînement *m.*

er'übrigen 1. *v/t. Zeit, Geld*: avoir ... de reste (*od.* ... en [*od.* F de] trop); *Zeit*: trouver; **2.** *v/rf.*: *sich* ⁀ être inutile (*od.* superflu).

eru'ieren *v/i.* tirer au clair.

Erup|ti'on *f* éruption *f*; ⁀**'tiv** *adj.* éruptif, -ive; ⁀**'tivgestein** *n* roches *f/pl.* éruptives.

er'wachen I *v/i.* (*aufwachen*) se réveiller; *fig.* s'éveiller; *aus e-m Traum* ⁀ sortir d'un rêve; *der Tag erwacht* le jour commence à poindre; **II** ⁀ *n* réveil *m*; *fig.* prise *f* de conscience.

er'wachsen I *v/i.* *Vorteile, Unkosten, Schwierigkeiten*: résulter (de); **II** *adj.* adulte; ⁀**e(r** *a. m*) *m*, *f* adulte *m*, *f*; grande personne *f*; ⁀**enbildung** *f* formation *f* des adultes.

er'wäg|en *v/t.* considérer; prendre en considération; examiner; peser; *alles wohl erwogen* tout bien pesé (*od.* considéré); ⁀**ung** *f* considération *f*; délibération *f*; *in* ⁀ *ziehen* prendre en considération; *in der* ⁀, *daß* ... considérant que ...

er'wähl|en *v/t.* choisir; *Beruf*: embrasser; *Wohnsitz*: élire; ⁀**en** *n*, ⁀**ung** *f* choix *m*; élection *f.*

er'wähn|en *v/t.* mentionner; faire mention (de); *ausdrücklich* ⁀ mentionner expressément; faire mention expresse; ⁀**enswert** *adj.* digne d'être mentionné; ⁀**ung** *f* mention *f*; ⁀ *tun* (*gén.*) faire mention de.

er'wärm|en 1. *v/t.* chauffer; échauffer (*a. fig.*); **2.** *v/rf.*: *sich* ⁀ s'échauffer (*a. fig.*); *fig. sich* ⁀ *für* (*commencer à*) s'intéresser à; ⁀**ung** *f* échauffement *m*; *Wetter*: redoux *m*; réchauffement *m*; *phys.* caléfaction *f.*

er'wart|en *v/t.* attendre; (*vermuten*) s'attendre (à); *er kann es kaum* ⁀, *daß* ... il lui tarde de ... (*inf.*) (*bzw.* que ... [*subj.*]); *es steht zu* ⁀, *daß* ... il est à supposer que ... (*ind.*); *Sie werden erwartet* on vous attend; *das war zu* ⁀ on pouvait s'y attendre; *viel von j-m* ⁀ attendre beaucoup de q.; ⁀**ung** *f* attente *f*; (*Aussicht*) expectative *f*; *éc.*, *pol.* option *f*; (*Hoffnung*) espoir *m*; espérance *f*; *über alles Erwarten* au-delà de toute attente; *wider Erwarten* contre toute attente; *par extraordinaire*; *alle Erwartungen übertreffen* dépasser toutes les attentes; *s-e Erwartungen zu hoch spannen* avoir des espoirs exagérés; *in Erwartung Ihrer Antwort* dans l'attente de votre réponse; ⁀**ungshorizont** *m* horizons *m/pl.*; ⁀**ungsvoll** *adj.* plein d'espoir; (*ungeduldig*) impatient.

er'weck|en *v/t. fig.* éveiller; *vom Tode* ⁀ ressusciter; *fig. Anteilnahme*: éveiller; exciter; (*hervorrufen*) faire naître; provoquer; susciter; produire; (*eingeben*) inspirer; *Vertrauen* ⁀ inspirer confiance; *bei j-m den Glauben* ⁀, *daß* ... faire croire à q. que ...; ⁀**en** *n*, ⁀**ung** *f vom Tode*: résurrection *f*; *fig.* excitation *f.*

er'wehren *v/rf.*: *sich* ⁀ (*gén.*) se défendre (de); *sich der Tränen* ⁀ retenir ses larmes; *sich nicht* ⁀ *können* (*gén.*) ne pouvoir s'empêcher (de + *inf.*).

er'weich|en 1. *v/t.* (⚙ r)amollir; *fig.* fléchir; (*rühren*) attendrir; alanguir; **2.** *v/i. u. v/rf.*: *sich* ⁀ s'amollir; *fig.* s'attendrir; *sich* ⁀ *lassen* se laisser fléchir; ⁀**en** *n*, ⁀**ung** *f* (⚙ r)amollissement *m*; *fig.* (*Rührung*) attendrissement *m*; ⁀**end** ⚕ *adj.* émollient; ⁀**es Mittel** émollient *m*; ramollissant.

Er'weis *m* preuve *f* (*erbringen* fournir); ⁀**en 1.** *v/t.* prouver; démontrer; *Ehre, Gefallen*: faire; *Gunst*: accorder; *Dankbarkeit*: témoigner; montrer; *j-m e-n Dienst* ⁀ rendre (un) service à q.; *j-m e-n schlechten Dienst* ⁀ rendre un mauvais service à q.; desservir q.; *j-m Wohltaten* ⁀ faire du bien à q.; **2.** *v/rf.*: *sich* ⁀ se montrer; *sich dankbar* ⁀ se montrer reconnaissant; montrer de la reconnaissance; témoigner sa reconnaissance; *sich als* ⁀ se trouver être; *sich als ungenügend* ⁀ se révéler (*od.* s'avérer) insuffisant; ⁀**lich** *adj.* prouvable; démontrable.

er'weiter|n *v/t. u. v/rf.* (*sich* s')élargir (*a. fig.*); (*entwickeln*) développer; *Schneiderei*: *a.* évaser; donner de l'ampleur (à); *Geschäft*: agrandir; *phys.* dilater; *gr.*, *rhét.* amplifier; ✝ *sich* ⁀ se diversifier; s'étendre; *in erweitertem Sinne* par extension; ⁀**ung** *f* élargissement *m*; *e-s Geschäftes*: agrandissement *m*; *phys.* dilatation *f*; *gr.*, *rhét.* amplification *f*; ⁀**ungsbau** *m* (construction *f* d')agrandissement *m*; ⁀**ungsfähig** *adj.* qui peut être agrandi.

Er'werb *m e-s Eigenheims*: acquisition *f*; (*Verdienst*) gain *m*; ⁀**en** *v/t. Eigentum, Kenntnisse, Rechte*: acquérir; (*verdienen*) gagner; *sich j-s Achtung* ⁀ s'attirer (*od.* gagner) l'estime

de q.; *sich Verdienste um etw.* ~ *bien mériter de qch.*; ~**er** ⚥, ⚲**²** *m* acquéreur *m*.
er'werbs|fähig *adj.* capable de gagner sa vie; **²fähigkeit** *f* capacité *f* de gagner sa vie; **²genossenschaft** *f* coopérative *f* de production et de consommation; ~**los** *adj.* sans travail; sans emploi; en chômage; dépourvu de moyens d'existence; **²losen-unterstützung** *f* allocation *f* de chômage; **²lose**(**r** *a. m*) *m, f* chômeur *m*, -euse *f*; **²losigkeit** *f* chômage *m*; **²mittel** *n* moyen *m* d'existence; gagne-pain *m*; **²quelle** *f* source *f* de revenus; **²sinn** *m* sens *m* des affaires; ~**tätig** *adj.* salarié; ~**e** *Bevölkerung* population *f* active (*od.* occupée); **²tätige**(**r** *a. m*) *m, f* salarié *m*, -e *f*; **²tätigkeit** *f* activité *f* rémunérée; ~**unfähig** *adj.* incapable de gagner sa vie; invalide; **²unfähigkeit** *f* incapacité *f* de gagner sa vie; invalidité *f*; **²zweig** *m* branche *f* de la vie active (*od.* professionnelle).
Er'werbung *f* acquisition *f*.
er'wider|n *v/t.* répondre (*auf acc.* à); répliquer; *schnell* ~ repartir; riposter; *Gruß, Besuch*: rendre; **²ung** *f* réponse *f*; réplique *f*; riposte *f*; repartie *f*; riposte *f*; *in* ~ *auf (acc.)* en réponse à; **²ungsspiel** (*Sport*) *n* match *m* retour.
er'wirken *v/t.* obtenir.
er'wischen F *v/t.* attraper; (sur)prendre; F pincer.
er'wünscht *adj.* souhaitable.
er'würgen I *v/t.* étrangler; II **²** *n* strangulation *f*.
Erz *n min.* (*Gestein*) minerai *m*; ~**ader** *f* veine *f* métallique; filon *m*.
er'zähl|en *v/t.* raconter; *oft*: dire; *bsd. vorflunkern* F: conter; *ausführlich*: relater; *kunstvoll*: narrer; *man erzählt sich, daß ...* on raconte (*od.* le bruit court) que ...; *ich habe mir ~ lassen ...* je me suis laissé dire ...; *er kann etw. davon ~* il en sait qch.; *nette Geschichten ~* en raconter de belles; **²en** *n*, **²ung** *f* récit *m*; relation *f*; (*bsd. das Erzählen*) narration *f*; (*Geschichte*) histoire *f*; (*Märchen*) conte *m*; (*Novelle*) nouvelle *f*; **²er**(**in** *f*) *m* conteur *m*, -euse *f*; narrateur *m*, -trice *f*.
'Erz|aufbereitung *f* préparation *f* (*od.* traitement *m*) du minerai; ~**bergwerk** *n* mine *f*.
'Erz|bischof *m* archevêque *m*; **²bischöflich** *adj.* archiépiscopal; ~**bistum** *n* archevêché *m*; **²dumm** *adj.* bête comme un âne (*od.* une oie *od.* un pied).
'Erz-engel *m* archange *m*.
er'zeug|en *v/t.* landwirtschaftl. *Produkte*: produire; *Energie a. industriell*: *a.* fabriquer; manufacturer; *fig. Haß*: faire naître; provoquer; **²er**(**in** *f*) *m* (*Hersteller*) producteur *m*, -trice *f*; *direkt vom Erzeuger du producteur au consommateur*; **²erbetrieb** *m* entreprise *f* productrice; **²erland** *n* pays *m* (*od.* État *m*) producteur; **²erpreis** *m* prix *m* à la production; **²nis** *n* produit *m* (*a. geistiges*); **²ung** *f* (*Herstellung*) production *f* (*a. fig.*), *industrielle*: *a.* fabrication *f*; *von Energie a.*: génération *f*; **²ungskosten** *pl.* coût *m* de production.
'Erz|feind(**in** *f*) *m* ennemi *m* (-e *f*) juré(e); ~**gauner** *m* filou *m* fieffé; homme *m* de sac et de corde; **²haltig** *adj.* qui contient du minerai; ~**herzog**(**in** *f*) *m* archiduc *m*, -duchesse *f*; ~**herzogtum** *n* archiduché *m*.
er'zieh|bar *adj.* éducable; *schwer ~* difficile; ~**en** *v/t.* élever; (*bilden*) éduquer; faire l'éducation (de); **²er**(**in** *f*) *m* éducateur *m*, -trice *f*; (*Hauslehrer*) précepteur *m*, institutrice *f*; ~**erisch** *adj.* pédagogique; **²ung** *f* éducation *f*.
Er'ziehungs|anstalt *f* maison *f* (*od.* établissement *m*) d'éducation; ~**beihilfe** *f* allocation-éducation *f*; **²fähig** *adj.* éducable; ~**lehre** *f* pédagogie *f*; ~**methode** *f* méthode *f* pédagogique; ~**pflicht** *f* devoir *m* d'éducation; ~**recht** *n* droit *m* d'éducation; ~**wissenschaft** *f* pédagogie *f*; ~**en** *f/pl.* sciences *f/pl.* de l'éducation; ~**wissenschaftler** *m* pédagogue *m*; **²wissenschaftlich** *adj.* pédagogique.
er'ziel|en *v/t.* (*erlangen*) obtenir; (*erreichen*) atteindre; *Gewinn*: réaliser; **²ung** *f* (*Erlangung*) obtention *f*; *v. Gewinn*: réalisation *f*.
er'zittern I *v/i.* trembler (*vor dat.* de); tressaillir (de); frémir (de); frissonner (de); II **²** *n* tremblement *m*; tressaillement *m*; frémissement *m*; frissonnement *m*; frisson *m*.
'Erz|knauser *m* avare *m*; pingre *m*; grigou *m*; ~**lagerstätte** *f* gisement *m* de minerai; ~**lügner** *m* fieffé menteur *m*; ~**reichtum** *m* richesse *f* en minerai; ~**schelm** *m* fieffé coquin *m*; ~**schuft** *m*, ~**schurke** *m* fripouille *f*; ~**transporter** *m* (*Schiff*) minéralier *m*.
er'zürnen 1. *v/t.* fâcher; mettre en colère; irriter; 2. *v/rf.*: *sich mit j-m ~* se fâcher (se brouiller) avec q.
'Erzverhüttung *f* traitement *m* métallurgique du minerai.
er'zwingen *v/t.* forcer (*den Zutritt* l'entrée); obtenir de force; *etw. von j-m ~* extorquer qch. à q.; *erzwungen* forcé.
es *pr/p.* 1. *als Subjekt*: il *m*, elle *f*; *es* (*das Eisen*) *ist schwer* il (le fer) est lourd; *es* (*das Fenster*) *ist offen* elle (la fenêtre) est ouverte; 2. *als Subjekt bei v/imp.*: il; *es; on;* ~ *regnet* il pleut; *~ ist offenbar* c'est évident; *ich bin ~* c'est moi; *~ klopft* on frappe; *~ lebe der König!* vive le roi!; 3. *als Objekt*: le, la (*beide vor od. dem stummen* h *l'*); en; y; *er weiß ~* il le sait; *ich kenne es* (*das Buch*) je le connais; *ich sehe ~* (*das Mädchen*) je la vois; *du wirst ~ bereuen* tu t'en repentiras; *ich bin ~ gewohnt* j'y suis habitué.
Es ♪ *n* mi *m* bémol.
'Esche ♀ *f* frêne *m*; ~**nholz** *n* bois *m* de frêne; ~**nwald** *m* frênaie *f*; ~**nwurz** ♀ *f* diptame *f*; fraxinelle *f*.
'Esel *m* âne *m*; (*Zucht²*) baudet *m*; *fig.* (*Dummkopf*) âne *m*; bourrique *f*; F cornichon *m*; *auf dem ~* (*reitend*) à dos d'âne; ~**ei** *f* ânerie *f*; bêtise *f*; **²haft** *adj.* d'âne; stupide; ~**sbrücke** (*Denkhilfe*) *fig. f* guide-âne *m*; moyen *m* mnémotechnique; ~**sohr** *n im Buch*: corne *f*; ~**en in ein Buch machen** écorner un livre; ~**treiber**(**in** *f*) *m* ânier *m*, -ière *f*.
Eskalati'on ⚔ *usw. f* escalade *f*.
'Eskimo *m* Esquimau *m*; ~**hütte** *f* igloo *m*.
Es'kor|te *f* escorte *f*; convoi *m*; **²tieren** *v/t.* escorter; convoyer.
eso'terisch *adj.* ésotérique.
'Espe ♀ *f* tremble *m*; ~**nlaub** *n* feuilles *f/pl.* du tremble; *wie ~ zittern* trembler comme une feuille.
Espe'ranto *n* espéranto *m*; ~ *sprechend adj.* espérantophone.
Es'say *m* essai *m*; ~**'ist** *m* essayiste *m*.
'eß|bar *adj.* mangeable; bon, bonne à manger; *cuis.* comestible; **²besteck** *n* couvert *m*.
'Esse *f* (*Schornstein*) cheminée *f*.
'Eß-ecke *f* coin-repas *m*; coin *m* salle-à-manger.
'essen I *v/t.* manger; P bouffer; *abs.* faire un repas; prendre son (*od.* ses) repas; manger; *zu ~ geben* donner à manger; *zu Mittag ~* déjeuner; *zu Abend ~* dîner; *zur Nacht ~* souper; *gut ~ und trinken* faire bonne chère; *etw. gern ~* aimer qch.; *sich satt ~* se rassasier; *auswärts ~* dîner en ville; II **²** *n* manger *m*; (*Mahlzeit*) repas *m*; (*Gericht*) mets *m*; plat *m*; (*Kost*) nourriture *f*; (*Mittag²*) déjeuner *m*; (*Abend²*) dîner *m*; (*Nacht²*) souper *m*; (*Imbiß*) casse-croûte *m*; (*Fest²*) banquet *m*; festin *m*; dîner *m* de gala; *~ und Trinken* le boire et le manger; *beim ~* en mangeant; pendant le repas; *vor* (*nach*) *dem ~* avant (après) le repas; *vom ~ aufstehen* se lever de table; *das ~ ist hier gut* on mange bien ici; *der Appetit kommt beim ~* l'appétit vient en mangeant; *übermäßiges ~* excès *m* de mangeaille.
'Essens|ausgabe *f* distribution *f* de repas; ~**automat** *a. écol. m* machine *f* distributrice; ~**bon** *m* bon *m* (*od.* ticket *m*) de repas; titre-restaurant *m*; ~**dienst** (*für Senioren*) *m* service *m* «repas m à domicile»; ~**zeit** *f* heure *f* du repas.
Es'senz *f* essence *f*.
'Esser(**in** *f*) *m* mangeur *m*, -euse *f*; *großer* (*od. starker*) *Esser* grand (*od.* gros) mangeur *m*; *kleiner Esser* petit mangeur *m*; *unnützer Esser* bouche *f* inutile.
'Eß|gelage *n* banquet *m*; festin *m*; ~**geschirr** *n* vaisselle *f*; service *m* de table; ⚔ (*Eßnapf*) gamelle *f*; ~**gier** *f* gloutonnerie *f*; **²gierig** *adj.* glouton, -onne.
'Essig *m* vinaigre *m*; *mit ~ anmachen* vinaigrer; assaisonner avec du vinaigre; *in ~ legen* mettre au vinaigre; *fig.* F *damit ist es ~* c'est tombé à l'eau!; c'est raté! (*od.* F fichu! *od.* P foutu!); ~**äther** *m* ester *m* acétique; ~**fabrik** *f* vinaigrerie *f*; ~**fabrikant** *m*, ~**flasche** *f auf dem Tisch*: vinaigrier *m*; ~**gurke** *f* cornichon *m* au vinaigre; **²sauer** *adj.* ⚗ acétique; ~**säure** ⚗ *f* acide *m* acétique; **²saure Ton-erde** *f* acétate *m* d'aluminium; ~ **und Ölständer** *m* huilier *m*.
'Eß|kastanie *f* châtaigne *f*; *geröstete*: marron *m*; ~**küche** *f* coin *m* cuisine; ~**lokal** *n* restaurant *m*; *kleines, billiges*: gargote *f*; ~**löffel** *m* cuiller *f* à soupe; ~**löffelvoll** *m* cuillerée *f*; ~**lust** *f* appétit *m*; ~**napf** ⚔ *m* gamelle

f; ~**nische** *f* coin-repas *m*; ~**paket** *n* repas *m* pique-nique, repas *m* à emporter; ~**platte** (*im Flugzeug, Krankenhaus usw.*) *f* plateau *m* garni; ~**saal** *m* salle *f* à manger; ~**tisch** *m* table *f* de salle à manger; ~**waren** *f*/*pl.* comestibles *m*/*pl.*; denrées *f*/*pl.* alimentaires; ~**warenhandlung** *f* magasin *m* de comestibles (*od.* d'alimentation); épicerie *f*; ~**zimmer** *n* salle *f* à manger.

Es'tablishment *pol. usw. n* ordre *m* (*od.* monde *m*) établi; structures *f*/*pl.* établies; norme *f* statique; statisme *m*; establishment *m*.

'**Est**|**e** *m*, ~**in** *f* Estonien *m*, -enne *f*.

'**Ester** ⚓ *m* ester *m*.

'**Est**|**land** *hist. n* l'Estonie *f*; ⚓**nisch** *adj.* estonien, -enne.

Es'trade *f* estrade *f*.

'**Estrich** ⚓ *m* aire *f*; *mit Fliesen:* carrelage *m*.

eta'blier|**en** *v*/*t.* (*v*/*rf.*: sich s')établir; ⚓**ung** *f* établissement *m*.

E'tage *f* étage *m*; ~**nbett** *n* lit *m* gigogne (*od.* superposé); ⚓**nförmig I** *adj.* étagé; **II** *adv.* par étages; ~**nheizung** *f* chauffage *m* central par étages; ~**nkessel** *m* chaudière *f* étagée (*od.* à étages); ~**nventil** *n* soupape *f* étagée; ~**nwohnung** *f* appartement *m*.

Eta'gere *f* étagère *f*.

E'tappe *f* étape *f*; (*Hinterland*) arrière *m*; ~**nschwein** F *fig. n* F embusqué *m*; ✗ plaqué *m*; ⚓**nweise** *adv.* par étapes.

E'tat *m* budget *m*; ~**ausgleich** *m* équilibre *m* du budget; ~**beratung** *f* discussion *f* du budget; ~**jahr** *n* année *f* budgétaire; ⚓**mäßig** *adj.* budgétaire; *Beamter:* réglementaire; ~**mittel** *n*/*pl.* moyens *m*/*pl.* budgétaires.

Eter'nit ⚓ *n* fibrociment *m*.

'**Eth**|**ik** *f* éthique *f*; morale *f*; ~**iker** *m* moraliste *m*; ⚓**isch** *adj.* éthique; moral.

Ethno|'**graph** *m* ethnographe *m*; ~**gra'phie** *f* ethnographie *f*; ⚓'**graphisch** *adj.* ethnographique; ~'**loge** *m* ethnologue *m*; ~**lo'gie** *f* ethnologie *f*; ⚓'**logisch** *adj.* ethnologique; ~**zentri'zität** *f* ethnocentrisme *m*.

Eti'kett *n* étiquette *f*; ~**e** *f* étiquette *f*; cérémonial *m*; protocole *m*; *gegen die* ~ *verstoßen* manquer à l'étiquette.

etiket'tier|**en** *v*/*t.* étiqueter; ⚓**maschine** *f* machine *f* à étiqueter.

'**etliche** *pr*/*ind.* quelques; *su.* quelques-uns, quelques-unes.

'**etlichemal** *adv.* plusieurs fois.

E'trus|'**ker**(**in** *f*) *m hist.* Étrusque *m*, *f*; ⚓**kisch** *adj.* étrusque.

Etsch *f: die* ~ l'Adige *m*.

E'tüde *f* étude *f*.

Etu'i *n* étui *m*; *für Schmuck:* écrin *m*.

'**etwa** *adv.* environ; à peu près; ~ 30 une trentaine (de); (*vielleicht*) peut-être; (*zufällig*) par hasard; *denken Sie nicht* ~, *daß ...* n'allez pas penser que ...; *nicht* ~, *daß ...* non (pas) que ... (*subj.*); ~**ig** *adj.* éventuel, -elle.

'**etwas I** *pr*/*ind.* quelque chose; *in verneinenden Sätzen:* rien; *ohne* ~ *zu sagen* sans rien dire; *mit su.:* quelque (peu de); ~ *Geld* un peu d'argent; ~ *Schönes* quelque chose de beau; *das ist* ~ *anderes* c'est autre chose; c'est quelque chose d'autre; c'est différent; *aus ihm wird* ~ il réussira; **II** *adv.* un peu; *er befindet sich* ~ *besser* il va un peu mieux; **III** ⚓ *n: ein gewisses* ~ un je ne sais quoi.

Etymo|'**loge** *m* étymologiste *m*; ~**lo**-'**gie** *f* étymologie *f*; ⚓'**logisch** *adj.* étymologique.

euch (*dat. u. acc. pl. v. du*) vous; *als pr. abs.* (*dat.* à) vous; *nach prp.* vous.

Eucharis'tie *f* eucharistie *f*.

eucha'ristisch *adj.* eucharistique.

'**euer I** *pr*/*p.* (*gén. pl. v. du*) de vous; **II** *adj. u. pr*/*poss.:* ~ *m u. n*, eu(*e*)*re f u. pl.* votre, *pl.* vos; *ist das* ~? est-ce à vous?; *unser und* ~ *Haus* notre maison et la vôtre.

Eu'genik *f* eugénique *f*; eugénisme *m*.

Euka'lyptus ⚓ *m* eucalyptus *m*.

eu'klidisch *adj.* euclidien, -enne.

'**Eule** *f orn.* 'hibou *m*; chouette *f*; *ent.* (*Nachtfalter*) noctuelle *f*; *fig.* ~*n nach Athen tragen* porter de l'eau à la rivière.

Eu'nuch *m* eunuque *m*.

Euphe'mis|**mus** *m* euphémisme *m*; ⚓**tisch I** *adj.* euphémique; **II** *adv.* par euphémisme.

eu'phonisch *adj.* euphonique; *aus* ~*en Gründen* pour des raisons d'euphonie.

Eu'ras|**ien** *n* l'Eurasie *f*; l'Europasie *f*; ~**ier** (*a. Hunderasse*) *m* Eurasien *m*; ⚓**isch** *adj.* eurasiatique.

Eura'tom *n* Euratom *m*.

'**eure** → **euer**.

'**eurer'seits** *adv.* de votre côté (*od.* part).

'**eures'gleichen** *pr.* vos pareils (*od.* semblables).

'**euret**|'**halben**, ~'**wegen**, (*um*) ~'**willen** *adv.* pour vous; à cause de vous; pour l'amour de vous.

Eurhyth'mie *f* eurythmie *f*.

'**eurig** *adj. u. pr*/*poss.: der, die, das* ~*e* le, la vôtre; *das* ⚓*e* (*euer Eigentum*) le vôtre, votre bien, (*euer Möglisches*) votre possible, (*eure Pflicht*) votre devoir; *die* ⚓*en* les vôtres; votre famille, vos parents.

'**Euro**|**dollar** *m* eurodollar *m*; ~**kommunismus** *m* eurocommunisme *m*.

Eu'ropa *n* l'Europe *f*.

Euro'päer(**in** *f*) *m* Européen *m*, -enne *f*.

Eu'ropagedanke *pol. m* européanisme *m*; européisme *m*.

euro'päisch *adj.* européen, -enne; ⚓*es Parlament* Parlement européen; *die* ⚓*e Parlamentarische Union* l'Union *f* Parlementaire Européenne; *der* ⚓*e Wirtschaftsrat; die Organisation für* ~*e wirtschaftliche Zusammenarbeit* l'Organisation *f* européenne de coopération économique (*abr.* O.E.C.E.); *die* ⚓*e Gemeinschaft* (*abr.* EG) la Communauté économique européenne (*abr.* C.E.E.); *die* ⚓*e Zahlungsunion* l'Union *f* européenne des paiements (*abr.* U.E.P.).

europä-i'sier|**en** *v*/*t.* européaniser; ⚓**ung** *f* européanisation *f*.

Eu'ropameister *m* champion *m* d'Europe; ~**meisterschaft** *f* championnat *m* d'Europe; ~**pokal** (*Sport*) *m* Coupe *f* d'Europe; ~**rat** *m* Conseil *m* de l'Europe.

Eurovisi'onsnetz *n* réseau *m* de l'Eurovision.

'**Euter** *n* pis *m*.

evaku'ier|**en** *v*/*t.* évacuer; ⚓**te**(**r** *a. m*) *m, f* évacué *m*, -e *f*; ⚓**ung** *f* évacuation *f*.

Evan'gelienbuch *n* livre *m* des Évangiles.

evan'gelisch (*protestantisch*) *adj.* protestant; *die* ⚓*e Kirche* l'Église *f* protestante.

Evange'list *m* évangéliste *m*.

Evan'gelium *n* Évangile *m*; *das* ~ *des Matthäus* l'Évangile *m* selon saint Matthieu; *das* ~ *verkünden* évangéliser; *Verkündung des* ~*s* évangélisation *f*; *das ist für ihn (ein)* ~ c'est parole d'évangile pour lui.

Eventuali'tät *f* éventualité *f*.

Eventu'alverpflichtung † *f* obligation *f* éventuelle.

eventu'ell *adj.* éventuel, -elle.

evi'den|**t** *adj.* évident; ⚓**z** *f* évidence *f*.

Evoluti'on *f* évolution *f*; ~**stheorie** *f* théorie *f* de l'évolution.

'**Ewer** ⚓ *m* gabare *f*; ~**führer** *m* gabarier *m*.

'**E-Werk** *n* centrale *f* électrique.

'**ewig I** *adj.* éternel, -elle; (*immerwährend*) perpétuel, -elle (*a. Friede*); (*fortwährend*) continuel, -elle; (*unsterblich*) immortel, -elle; *der* ⚓*e Jude* le Juif errant; *das* ⚓*e Licht* lampe *f* du Saint-Sacrement; *seit* ~*en Zeiten* de temps immémorial; *der* ⚓*e* (*Gott*) l'Éternel *m*; *das* ⚓*e* l'Éternel *m*; *das* ~ *Menschliche* l'éternel humain; ~*es Klagen* des plaintes *f*/*pl.* qui n'en finissent pas; gémissements *m*/*pl.* perpétuels; **II** *adv.* éternellement; à jamais; *das dauert* ~ cela dure une éternité; *das ist* ~ *schade* c'est vraiment, réellement dommage; *wir haben uns* ~ *nicht gesehen* il y a une éternité que nous ne nous sommes pas vus; ⚓**gestrigen** *pl.:* *die* ~ les éternels retardataires *m*/*pl.*; ⚓**keit** *f* éternité *f*; *in alle* ~ à tout jamais; *es ist (schon)* e-e ~ *her, daß ...* il y a une éternité que ...; ~**lich** *adv.* éternellement.

e'xakt *adj.* exact; ⚓**heit** *f* exactitude *f*.

exal'tiert *adj.* exalté; ⚓**heit** *f* exaltation *f*.

E'xamen *n* examen *m*; *schriftliches* ~ épreuves *f*/*pl.* écrites; *écrit m*; *mündliches* ~ (examen *m*) oral *m*; *ein* ~ *machen* (*od.* ablegen) passer (*od.* subir) un examen; *ein* ~ *abhalten* faire passer un examen; *sich zu e-m* ~ *melden* se présenter à un examen; *ein* ~ *bestehen*; *bei e-m* ~ *durchkommen* être reçu (*od.* réussir) à un examen; *ein* ~ *mit gut bestehen* être reçu à un examen avec la mention bien; *bei e-m* ~ *durchfallen* (F *durchrasseln*) être refusé (*od.* échouer) à un examen, F être recalé (*od.* collé) à un examen, rater (*od.* louper) un examen; ~**s-angst** *f* 'hantise *f* d'(examen); ~**s-arbeit** *f* épreuve *f* (d'examen); ~**s-aufgabe** *f* sujet *m* d'examen; ~**s-aufsatz** *m* dissertation *f* d'examen; ~**sfrage** *f* question *f* d'examen; ~**s-gegenstand** *m* sujet *m* d'examen.

Exami|'**nand** *m* candidat *m*; ~'**nator** *m* na'torin *f* examinateur *m*, -trice *f*; ⚓'**nieren** *v*/*t.* examiner.

Exe'ge|**se** *f* exégèse *f*; ~**t** *m* exégète *m*; ⚓**tisch** *adj.* exégétique.

exeku'tieren *v*/*t.* exécuter; ⚓**ti'on** *f*

exécution f; ti'onskommando n peloton m d'exécution; 'tiv adj. exécutif, -ive; 'tiv-ausschuß m comité m exécutif; 'tive f, 'tivgewalt f pouvoir m exécutif.
E'xempel n exemple m; ein statuieren faire un exemple.
Exem'plar n exemplaire m; isch I adj. exemplaire; II adv. d'une manière exemplaire; j-n bestrafen infliger une punition exemplaire à q.
exer'zier|en 1. v/t. ⚔ s'exercer (à qch.); 2. v/i. faire l'exercice; en n exercice m; patrone f cartouche f à blanc; platz m champ m d'exercice.
'Ex-Europameister Sport m ex-champion m d'Europe.
Exhibitio'nis|mus m exhibitionnisme m; t m exhibitionniste m.
exhu'mier|en v/t. exhumer; ung f exhumation f.
E'xil n exil m; Ort: lieu m d'exil; im en exil; im leben vivre en exil; ins gehen aller en exil; s'exiler; im sein être en exil; im lebende Person exilé m, -e f.
exis'tent adj. existant.
Existent|ia'lismus m existentialisme m; ia'list m existentialiste m; ia'listisch adj. existentialiste; i'ell adj. existentiel, -elle.
Exis'tenz f existence f; bedingung f condition f d'existence; berechtigung f droit m à l'existence; raison f d'être; droit m de vivre; fähig adj. capable d'exister; a. fig. viable; kampf m lutte f pour l'existence; minimum n minimum m vital; minimum m nécessaire à l'existence; mittel n/pl. moyens m/pl. d'existence.
exis'tieren v/i. exister; vivre.
exklu'siv adj. exclusif, -ive; e adv. exclusivement; non compris.
Exklusivi'tät f exclusivité f.
Exkommuni|kati'on f excommunication f; 'zieren v/t. excommunier; 'zieren n excommunication f; 'zierte(r a. m) m, f excommunié m, -e f.
Exkre'mente n/pl. excréments m/pl.
Exkreti'on f excrétion f.
Ex'kurs m (Abschweifung) digression f.
Ekskursi'on f excursion f.
Ex'libris n ex-libris m.
Exmatriku|lati'on f radiation f de la liste des étudiants; 'lieren v/t. rayer de la liste des étudiants; 'lieren n radiation f de la liste des étudiants.
'Exmeister m ex-champion m.
'Exminister m ex-ministre m.
exmit'tieren v/t. déloger; expulser.
Exobio|lo'gie f exobiologie f; 'loge m exobiologiste m.
exo'gen adj. exogène.
Exo'sphär|e f exosphère f; isch adj. exosphérique.
e'xotisch adj. exotique.
Ex'pander m extenseur m.
Expansi'on f expansion f.
expansio'nistisch adj. expansionniste.
Expansi'ons|hub m course f de détente; kraft f force f expansive; politik f politique f d'expansion, expansionniste; politiker m expansionniste m; ventil n soupape f de détente.
expan'siv adj. expansif, -ive.
Expe|di'ent ♱ m expéditionnaire m; 'dieren v/t. expédier; diti'on f expédition f (a. ⚔); diti'onsabteilung ♱ f service m d'expédition; diti'onsgeschäft ♱ n maison f d'expédition; diti'onskorps n corps m expéditionnaire.
Experi|'ment n expérience f; men'talpsychologie f psychologie f expérimentale; men'tell adj. expérimental; men'tieren v/i. faire des expériences; expérimenter; men'tieren n expérimentation f.
Ex'perte m expert m.
Exper'tise f expertise f.
explo'dier|bar adj. explosible; barkeit f explosibilité f; en v/i. exploser; faire explosion; éclater; détoner; en n explosion f; détonation f; zum bringen faire éclater.
Explosi'on f explosion f; détonation f; sfähig adj. explosible; sgefahr f danger m d'explosion; sgemisch n mélange m explosif (od. détonant); smotor m moteur m à explosion; sraum m Auto: chambre f d'explosion; ssicher adj. inexplosible; à l'épreuve des explosions; sstakt m temps m d'explosion; swirkung f effet m de l'explosion.
explo'siv adj. explosif, -ive; détonant; geschoß n projectile m à explosion; stoff m matière f explosive.
Expo'nent ♱ m exposant m; 'nieren a. phot. v/t. exposer.
Ex'port m exportation f; abteilung f service m des exportations; artikel m article m d'exportation; beschränkung f restriction f des (od. aux) exportations.
Expor'teur m exportateur m.
Ex'port|firma f maison f d'exportation; förderung f aide f à l'exportation; genehmigung f autorisation (od. licence) f d'exportation; geschäft n, haus n maison f d'exportation; handel m commerce m d'exportation; händler m négociant-exportateur m.
expor'tieren v/t. exporter.
Ex'port|industrie f industrie f d'exportation; kaufmann m négociant-exportateur m; korrespondent m correspondant m exportateur; kredit m crédit m à l'exportation; land n pays m exportateur; möglichkeit f possibilité f d'exportation; prämie f prime f à l'exportation; überschuß m excédent m des exportations; ware f marchandise f d'exportation.
Expo'sé n exposé m; Film: synopsis m.
Ex'preß m express m; gut n colis m exprès; marchandise f en grande vitesse.
Expressio'nis|mus m expressionnisme m; t m expressionniste m; tisch adj. expressionniste.
expres'siv adj. expressif, -ive.
Expressivi'tät f expressivité f.
expropri'ieren I v/t. exproprier; II n expropriation f.
exqui'sit adj. exquis; choisi.
exten'siv adj. extensif, -ive.
ex'tern adj. externe.
Exter'nat n externat m; école f d'externes.
Ex'terne(r m) m, f externe m, f.
exterrito|ri'al adj. exterritorial; riali'tät f exterritorialité f.
'extra adv. extra; (besonders) à part; (absichtlich) exprès; (zusätzlich) en plus; en supplément; (außerdem) en outre; ♱, ⊕ n option f; ausgabe f dépense f extraordinaire; (Sonderausgabe) édition f spéciale; beilage f supplément m; blatt n édition f spéciale; fein adj. extra-fin; superfin; surfin.
extra'hieren v/t. extraire.
Ex'trakt m extrait m.
extrava'gan|t adj. extravagant; z f extravagance f; Mode a. excentricité f.
ex'trem I adj. extrême; II n extrême me m; die berühren sich les extrêmes se touchent; fig. von einem ins andere fallen passer d'un extrême à l'autre.
Extre'mist m extrémiste m; ultra m; engesetz (Bundesrepublik) n décret m sur les extrémistes.
Extremi'tät f extrémité f.
Exzel'lenz f Excellence f.
Ex'zenter ⊕ m excentrique m; presse f presse f à excentrique; welle f arbre m à excentrique.
ex'zentrisch adj. excentrique.
Exzentrizi'tät f excentricité f.
exzeptio'nell adj. exceptionnel, -elle.
exzer'pieren v/t. Buch: dépouiller; tirer, extraire (qch. de qch.); faire des extraits (de).
Ex'zerpt n extrait m.
Ex'zeß m excès m.
Exzitati'onsstadium ⚕ n (Narkose) cabrade f; bucking m.
Eyeliner Kosmetik m traceur m pour la paupière; khôl m.

F

F, f n F, f m; ♪ n fa m.
'Fabel f fable f; ~buch n livre m de fables; ~dichter m fabuliste m.
'fabel|haft (großartig) adj. merveilleux, -euse; magnifique; formidable; F épatant; *das ist ja ~!* c'est fantastique! (*od.* immense!); 2reich n domaine m de la fable; 2sammlung f recueil m de fables; fablier m; 2tier n animal m fabuleux.
Fa'brik f usine f; *für einfache Fertigwaren a.:* fabrique f; ⚓ ab ~ départ usine; pris à l'usine; ~anlagen f/pl. installations f/pl. d'usine; usines f/pl.
Fabri'kant(in f) m fabricant m, -e f.
Fa'brik|arbeit f travail m d'usine; (*Sache*) article m (*od.* produit) m de fabrique, d'usine, *péj.* de série; ~arbeiter(in f) m ouvrier m, -ière f.
Fabri'kat n produit m, article m (fabriqué en ... *bzw.* par ...).
Fabrikati'on f fabrication f; usinage m; ~fehler m défaut (*od.* vice) m de fabrication; ~sgang m processus m de fabrication; ~sgeheimnis n secret m de fabrication; ~skosten pl. frais m/pl. de fabrication; ~smodell n modèle m de fabrication; ~snummer f numéro m de fabrication; ~sprogramm n programme m de fabrication; ~sverfahren n procédé m de fabrication; ~szweig m branche f de fabrication.
Fa'brik|besitzer m propriétaire m d'une usine; ~direktor m directeur m d'usine; ~gebäude n bâtiment m d'usine; ~landschaft f paysage m usinier; ~marke f marque f de fabrique; 2mäßig *adv.:* ~ herstellen faire *od.* fabriquer en usine; 2neu *adj.* qui sort de l'usine neuf, neuve; ~nummer f numéro m d'usine, de fabrication; ~ort m lieu m industriel; ~preis m prix m de fabrique; ~schiff m bateau-usine m; ~stadt f ville f industrielle; ~ware f article m de fabrique; ~zeichen n marque f de fabrique.
fabri'zieren v/t. fabriquer; faire.
fabu'lieren v/i. conter des fables.
Fa'cette f facette f; ~n-auge *zo. n* œil m à facettes.
facet'tieren v/t. Steinschleifer: facetter.
Fach n *e-s Schranks:* compartiment m; *e-s Kastens, e-s Schachbretts usw.:* case f; *e-s Büchergestells:* rayon m, ♃ loge f, (*Zelle*) cellule f; ⚠ (*Feld*) pan m; panneau m; (*Zwischenraum v. Pfeiler zu Pfeiler*) travée f; *typ. des Setzkastens:* cassetin m; *geheimes ~ in e-m Schrank:* (tiroir m à) secret m; *fig.* branche f; profession f; spécialité f; domaine m; *écol., univ.* matière f; discipline f; *in j-s ~ schlagen* être du ressort (*od.* de la compétence) de q.; *Mann vom ~* homme m du métier (*od.* de l'art).
'Fach|arbeiter(in f) m ouvrier m (-ière f) qualifié(e); ~arzt m (médecin m) spécialiste m; ~ausbildung f formation f professionnelle; ~ausdruck m terme m technique; ~ausschuß m comité m (*od.* commission f) d'experts; ~berater m conseiller m professionnel; ~bereich n *univ.* unité f d'enseignement et de recherche; *écol.* unité f d'enseignement; ~bereichsleiter *écol.* m représentant d'une unité d'enseignement.
'fächeln v/t. (v/rf.: sich s') éventer.
'Fächer m éventail m; ~antenne f antenne f en éventail; ~fenster n fenêtre f en éventail; 2förmig *adj.* en (forme d')éventail; ~palme ♣ f palmier m en éventail; ~ung *écol.* f diversification f.
'Fach|französisch n français m instrumental; ~gebiet n spécialité f, domaine m; ~gelehrte(r) m spécialiste m; ~geschäft m magasin m spécial(isé); ~gruppe f groupe m professionnel; ~händler m vendeur m spécialisé; ~hochschule f école f professionnelle spécialisée; ~idiot *péj., a. univ.* m spécialiste m borné; *bsd. Fr.* bête f à concours; ~kenntnisse f/pl. connaissances f/pl. spéciales; ~kräfte f/pl. personnel(s) m (pl.) qualifié(s); spécialistes m/pl.; ~kreis m: *in ~en* parmi les experts; 2kundig *adj.* compétent; expert; ~lehrer(in f) m professeur m spécialisé; 2lich *adj.* professionnel, -elle; ~literatur f littérature f spécialisée; ~mann m homme m de métier; fin connaisseur m; spécialiste m; expert m; 2männisch *adj.* de spécialiste; d'expert; compétent; ~presse f presse f spécialisée; ~richtung f spécialisation f; ~schule f école f professionnelle à plein temps; ~simpe'lei f manie f de parler métier; 2simpeln v/i. parler métier; ~sprache f langage m technique; ~studium n études f/pl. spécialisées; ~unterricht m enseignement m spécialisé; ~verband m association f professionnelle; ~verlag m maison f d'édition spécialisée; ~werk ⚠ n colombage m; ~werkbau m construction f en (*od.* à) colombage; ~werkbrücke f (*Gitterbrücke*) pont m en treillis; ~wissen n connaissances f/pl. spéciales; ~wissenschaft f spécialité f; ~wort n terme m technique; ~wörterbuch n dictionnaire m spécial; ~zeitschrift f périodique m professionnel (*od.* spécialisé).
Fackel f flambeau m; (*Pech*2) torche f; 2n *fig. v/i.* F: *nicht lange ~* agir promptement (*od.* sans hésiter); ~schein m lueur f des flambeaux (*resp.* des torches); ~tanz m danse f aux flambeaux; ~träger m porte-flambeau m; ~zug m retraite f aux flambeaux.
'Fädchen n petit fil m.
'fade *adj.* fade; (*geschmacklos*) insipide; (*geistlos*) plat; ~s *Geschwätz* fadaises f/pl.; fadeurs f/pl.
'Faden m fil m (*a. fig.*); (*Bind*2) ficelle f; *e-s Gewebes:* corde f; ⚓ (*pl. ~*) (*Tiefenmaß*) brasse f; (*Näh*2) fil m à coudre; *der Glühlampe:* filament m; (*Faser*) fibre f; *e-n Knoten in e-n Faden machen* faire un nœud à un fil; *keinen trockenen ~ am Leibe haben* n'avoir plus un poil de sec; *fig. roter ~ in der Erzählung:* fil m conducteur; *den ~ der Rede verlieren* perdre le fil (de son discours); *alle Fäden in der Hand halten* tenir (*od.* tirer) les ficelles; *an e-m (seidenen) ~ hängen* ne tenir qu'à un fil; 2förmig *adj.* filiforme; filamenteux, -euse; ~nudeln f/pl. vermicelle m; 2scheinig *adj. fig.* cousu de fil blanc; ~wurm m filaire m, f; *Fadenwürmer pl. als Familie:* nématodes m/pl.; 2ziehend *adj.* filant.
'Fadheit f fadeur f.
'Fading n *Radio:* fading m; évanouissement m; ~ausgleich m antifading m.
Fa'gott ♪ n basson m; ~bläser m basson m; bassoniste m.
'fähig *adj.* capable (zu de); (*geschickt*) apte (zu à); *zu allem ~* capable de tout; 2keit f capacité f; aptitude f; (*Talent*) talent m; (*geistiges Vermögen*) faculté f.
fahl *adj.* blême; blafard; livide; '~grau *adj.* grisâtre; '~rot *adj.* fauve.
'Fähnchen n petit drapeau m; *mst. dreieckig:* fanion m; ♪ crochet m.
'fahnd|en v/t. *u.* v/i.: *nach j-m ~* poursuivre q.; rechercher q.; 2ung f poursuite f; recherche f; 2ungsskizze f portrait-robot m.
'Fahne f drapeau m (*aufstecken* arborer); (*Banner*) bannière f; (*Reiter*2) étendard m; ⚓ pavillon m; ⚔ *zu den ~n (ein)berufen* appeler sous les drapeaux; *sich um j-s ~ scharen* se ranger sous le drapeau de q.; *mit fliegenden ~n* bannières déployées; *typ.* placard m; *e-n ~ haben* (betrunken sein) empester l'alcool; en avoir un coup dans l'aile; ~n-abzug *typ. m* placard m; *Fahnenabzüge machen* placarder (von etw. qch.); ~n-eid m serment m au drapeau; ~nflucht f désertion f; 2nflüchtig *adj.:* ~ werden déserter; ~nflüchtige(r) m déserteur m; ~njunker ⚔ m aspirant m; ~nmeer n mer f

(*od.* floraison *f*) de drapeaux; ~nschmuck *m* pavoisement *m*; ~nstange *f*, ~nstock *m* 'hampe *f*; ~nträger *m* porte-drapeau *m*; ~ntuch *n* tissu *m* pour drapeaux; ~nweihe *f* bénédiction *f* de(s) drapeau(x).
'**Fähnrich** ⚓ *m* aspirant *m*; ~ zur See enseigne *m* de marine.
'**Fahr|aufnahme** *cin. f* travelling *m*; ~**ausweis** *m* → ~**karte**; ~**bahn** *f* e-r *Straße*: chaussée *f*; *a. Fahrspur*: voie *f*; *für Rennen*: piste *f*; *e-r Brücke*: tablier *m*; ⚓**bar** *adj.* mobile; roulant; ⚓**bereit** *adj.* en état de marche, de fonctionnement; ~**bereitschaft** *f* groupe *m* motorisé.
'**Fahrboot** *n* → **Fähre**.
'**Fahr|damm** *m* chaussée *f*; ~**dienstleiter** ⚓ *m* chef *m* de sécurité.
'**Fähre** ⚓ *f* bac *m*.
'**fahren** I 1. *v/i*. aller (*im Wagen* en voiture; *im Auto* en auto; *mit dem Schiff* en paquebot; *mit der Eisenbahn* par le train; *(Rodel-)Schlitten* en luge); *mit vollen Touren* ~ rouler à toute allure; *Auto*: *nach Paris* ~ *a.* prendre la route de Paris; (*sich hin und her bewegen*) circuler; rouler; (*ab*~) partir; *j-n* ~ *lassen* (*j-n ans Steuer lassen*) laisser q. conduire; *Auto*: *auf den Bürgersteig* ~ escalader le bord du trottoir; *fig.* F *j-m an den Wagen* ~ froisser q.; *aus dem Bett* ~ s'élancer 'hors du lit; ~ *durch* passer par; traverser; *fig. der Schreck fuhr ihm durch (od. in) alle Glieder* la frayeur lui coupa bras et jambes; *Auto*: *gegen e-n Baum* ~ percuter un arbre; *in die Stiefel* ~ enfiler ses bottes; *fig. ein böser Geist ist in ihn gefahren* un démon s'est emparé de lui; *über den Fluß* ~ passer (*od.* traverser) la rivière; *mit der Hand* ~ *über* (*acc.*) passer la main sur; *um die Ecke* ~ tourner le (*od.* au) coin; *fig. gen Himmel* ~ monter au ciel; *zur Hölle* ~ descendre aux enfers; *aus der Haut* ~ être 'hors de soi; ⚔ *in die Grube* ~ descendre dans le puits; ⚓ *auf Grund* ~ toucher le fond; *die Küste entlang* ~ longer la côte; *in den Hof* ~ entrer dans la cour; *fig. gut (schlecht) bei etw.* ~ s'en trouver bien (mal) de qch.; *gut bei e-m Handel* ~ faire une bonne affaire; *j-m über den Mund* ~ couper la parole à q.; 2. *v/t. j-n* ~; *ein Auto*: conduire; *a. Last*: transporter; 3. *v/rfl.*: *dieser Wagen fährt sich gut* cette voiture se conduit facilement, est maniable; *hier fährt es sich gut on* roule bien ici; II ♀ *n am Steuer*: conduite *f*; (*Verkehr*) circulation *f*; *a. v. Lasten*: transport *m*; *das* ~ *nicht vertragen (können)* ne pas supporter la voiture; ~**d** *adj. Fahrzeug*: en marche.
'**Fahr|er(in** *f*) *m* conducteur *m*, -trice *f*; chauffeur *m*, -euse *f*; (*Bus*⚓) *a.* machiniste *m*, *f*; *e-s Gabelstaplers*: cariste *m*, *f*; *rücksichtsloser* ~ F chauffard *m*; ~**erflucht** *f* délit *m* de fuite; ~**erlaubnis** *f* permis *m* de conduire; ⚓**erlos** *adj.* (*z.B. ein LKW*) fou; ~**gast** *m* ⚓ voyageur *m*; *im Auto od. Schiff*: passager *m*; (*Taxi*⚓) client *m*; ~**gastraum** *Auto m* habitacle *m*; ~**geld** *n* argent *m* pour l'autobus, pour le métro, pour le tramway.
'**Fährgeld** *n* passage *m*.

'**Fahr|gelegenheit** *f* occasion *f* d'aller en voiture, *etc.*; ~**geschwindigkeit** *f* allure *f*; vitesse *f*; ~**gestell** *n* ✈ train *m* d'atterrissage; atterrisseur *m*; *Auto*: châssis *m*.
'**fahrig** *adj.* agité; distrait; nerveux, -euse; ⚓**keit** *f* agitation *f*; distraction *f*; nervosité *f*.
'**Fahr|karte** *f* billet *m*; *für Bus, Straßen- u. U-Bahn*: ticket *m*; ~**kartenautomat** *m* distributeur *m* de billets; ~**kartenschalter** *m* guichet *m*; ⚓**lässig** *adj.* négligent; imprudent; ~**e Tötung** homicide *m* par imprudence; ~**lässigkeit** *f* négligence *f*; imprudence *f*; ~**lehrer** *m* moniteur *m* d'auto-école.
'**Fährmann** *m* passeur *m*.
'**Fahr|plan** *m* horaire *m*; *in Buchform*: indicateur *m*; ⚓**planmäßig** *adj.* conforme à l'horaire; régulier, -ière; *adv.* d'après l'horaire; ~**preis** *m* prix *m* du voyage, du billet, du trajet; *für Taxi*: prix *m* de la course; *den vollen* ~ *bezahlen* payer plein tarif (*od.* place entière); *den halben* ~ *bezahlen* payer demi-tarif; ~**preis-anzeiger** *m beim Taxi*: taximètre *m*; compteur *m*; ~**preis-ermäßigung** *f* réduction *f* du prix du voyage; ~**prüfung** *f* examen *m* du permis de conduire; *bei der* ~ *durchfallen* échouer au permis; ~**rad** *n* bicyclette *f*; F vélo *m*; F bécane *f*; ~**radanhänger** *m* remorque *f* pour bicyclette (*od.* vélo); ~**radindustrie** *f* industrie *f* du cycle; ~**radkette** *f* chaîne *f* de bicyclette; ~**radraum**, ~**radschuppen** *m* garage *m* à bicyclettes (*od.* vélos); ~**radriksha** *f* cyclo-pousse *m*; cyclo *m*; ~**radständer** *m* râtelier *m* à vélos; support *m* pour bicyclettes (*od.* vélos); ~**rinne** ⚓ *f* chenal *m*; passe *f*; ~**schein** *m* billet *m*; *Bus usw.*: ticket *m*; ~**scheinabgabe** *f* remise *f* des billets à la sortie; ~**scheinheft** ⚓ *n* livret *m* à coupons combinés.
'**Fährschiff** ⚓ *n* ferry-boat *m*.
'**Fahr|schule** *f* auto-école *f*; ~**schüler(in** *f*) *m* élève *m*, *f* d'auto-école; *écol.* élève *m*, *f* forain(e); ~**schullehrer** *m* moniteur *m*; ~**spur** *f* voie *f*; ~**steig** (*für Personen*) *m* tapis *m* roulant; ~**straße** *f* route *f* carrossable; *weit S.* grande route *f*; (*Fahrdamm*) chaussée *f*; ~**strecke** *f* parcours *m*; trajet *m*; (*Reiseweg*) itinéraire *m*; ~**stuhl** *m* (*Aufzug*) ascenseur *m*; (*Lastenaufzug*) monte-charge *m*; (*Rollstuhl*) fauteuil *m* roulant; ~**stuhlführer** *m* garçon *m* d'ascenseur; liftier *m*; ~**stuhlkabine** *f* cabine *f* d'ascenseur; ~**stuhlleute** *pl.* gens *m/pl.* dans les ascenseurs; ~**stuhlschacht** *m* cage *f* (*od.* gaine *f*) d'ascenseur; ~**stuhltür** *f* porte *f* d'ascenseur; ~**stunde** *f* leçon *f* de conduite.
Fahrt *f* course *f*; trajet *m*; (*Reise*) voyage *m*; (*Ausflug*) excursion *f*; (*kleine*) escapade *f*; ⚓ trajet *m*; (*durchfahrene Strecke*) parcours *m*; trajet *m*; *auf der* ~ *nach* en route pour; ~ *ins Blaue* voyage-surprise *m*; *gute* ~! bonne route!; ⚓ *freie* ~ *geben* débloquer la ligne; *in voller* ~ à toute allure; *fig. in* ~ (*Schwung*) *sein* être en verve *od.* en train; *in* ~ (*zornig*) *sein* être en colère; '~**antritt** *m* départ *m*.

'**Fährte** *f* trace *f*; piste *f*; *auf falscher* ~ *sein* faire fausse route; ~**narbeit** (*mit Hunden*) *f* pistage *m*.
'**Fahrten|buch** *n* carnet *m* de route; ~**messer** *n* couteau *m* scout; couteau *m* d'éclaireur; ~**schreiber** *Auto m* tachygraphe *m*; enregistreur *m* de vitesse; ~**ski** *m* ski *m* de randonnée.
'**Fahrtreppe** *f* escalier *m* roulant (*od.* mécanique).
'**Fahrt|richtung** *f* sens *m* de la marche; *als Verkehrszeichen*: sens obligatoire; *in* ~ dans le sens de la circulation; *in* ~ *sitzen* être assis dans le sens de la marche; *verbotene* ~ sens interdit; ~**richtungs-änderung** *f* changement *m* du sens de la marche; ~**richtungs-anzeiger** *m Auto*: indicateur *m*.
'**fahrtüchtig** *adj.* (*Person*) capable de conduire; (*Fahrzeug*) en état de marche.
'**Fahr|verbot** *n* interdiction *f* de conduire; suspension *f* (*od.* retrait *m*) du permis de conduire; ~**verhalten** *n* manière *f* de conduire; ~**vorschrift** *f* règlement *m* de circulation; code *m* de la route; ~**wasser** *n* chenal *m*; passe *f*; *fig. in j-s* ~ *schwimmen* naviguer (*od.* être) dans les eaux (*od.* dans le sillage) de q.; *in s-m* ~ *sein* être dans son élément; ~**weg** *m* chemin *m* carrossable; chaussée *f*; ~**werk** ✈ *n* train *m* d'atterrissage; ~**wind** ⚓ *m* vent *m* de face; ~**zeit** *f* durée *f* du parcours (*od.* du trajet); ~**zeug** *n* véhicule *m*; ~**zeugboden** *Auto m* soubassement *m*; ~**zeughalter(in** *f*) *m* détenteur *m*, -trice *f* d'un véhicule; ~**zeugklasse** *f* catégorie *f* de véhicules; ~**zeugkolonne** *f* convoi *m* de véhicules; ~**zeugpapiere** *n/pl.* papiers *m/pl.* du véhicule; ~**zeugpark** *m* parc *m* de véhicules; ~**zeugrückstau** *m* embouteillage *m*; bouchon *m*.
'**Faible** *n*: *ein* ~ *für j-n, für etw. haben* avoir un faible pour q., pour qch.
fair *adj.* loyal; correct; *a. advt.* de bonne guerre; ~*es Spiel* jeu *m* correct, loyal; ~ *spielen* jouer fair play, sportivement.
Fä'kalien *pl.* matières *f/pl.* fécales; vidanges *f/pl.*
'**Fakir** *m* fakir *m*.
Fak'simile *n* fac-similé *m*.
'**faktenmäßig** *adj.* factuel, -elle.
Fakti'on *pol. f* faction *f*; parti *m*.
'**faktisch** I *adj.* effectif, -ive; réel, -elle; II *adv.* effectivement; réellement; matériellement; en réalité; de fait.
fakti'tiv *gr. adj.* causatif, -ive; factitif, -ive.
'**Faktor** *m a. bibl.*, ♃ facteur *m*.
Fakto'rei ✝ *f* factorerie *f*; comptoir *m*.
Fak'totum *n* factotum *m*.
'**Faktum** *n* fait *m*.
Fak'tur ✝ (*Rechnung*) *f* facture *f*; *die* ~ *ausfertigen über etw.* (*acc.*) facturer qch. (*für j-n* à q.).
faktu'rieren ✝ *v/t.* facturer.
Fa'kultas (*Lehrbefähigung*) *f* droit *m* d'enseignement.
Fakul'tät *univ. f* faculté *f* (*philosophische des lettres*).
fakulta'tiv *adj.* facultatif, -ive.
falb *adj.* fauve; *Pferd*: aubère.

Falke *orn., pol. m* faucon *m*.
Falkenjagd *f* chasse *f* au faucon; fauconnerie *f*.
Falkner *m* fauconnier *m*.
Falkne'rei *f* fauconnerie *f*.
Fall *m* (*Sturz*) chute *f* (*a. fig.*); (*Wasser*2) cascade *f*, *großer*: cataracte *f*; *gr. u. fig.* cas *m*; ⚖, *pol.* affaire *f*; (*Untergang*) ruine *f*; (*Verfall*) décadence *f*; *vereinzelter* ~ cas *m* isolé; *das war der* ~ c'était le cas; il en a été ainsi; *das ist nicht mein* ~ (*das liegt mir nicht*) ce n'est pas mon cas; ce n'est pas dans mon genre; *zu* ~ *bringen* faire tomber; renverser; *zu* ~ *kommen* tomber; *in diesem* ~ *en* (*od.* dans) ce cas; *in e-m solchen* ~e en pareil cas; *im vorliegenden* ~e dans le cas présent; *en l'espèce*; *im* ~e *e-s Krieges* en cas de guerre; *im* ~e, *daß* ... au (*od.* dans le) cas où ... (*cond.*); *den* ~ *setzen* supposer; *gesetzt den* ~, es wäre so supposons qu'il en soit ainsi; *für den* ~, *daß* ... pour le cas où ...; *auf jeden* ~, *auf alle Fälle* en tout cas; de toute façon; *en tous cas*; *auf keinen* ~ en aucun cas (*bei vb. mit* ne); *für alle Fälle* à toute éventualité; *von* ~ *zu* ~ suivant le cas; *im besten* ~e en mettant tout (*od.* les choses) au mieux; dans le meilleur des cas; *im schlimmsten* (*od.* äußersten) ~e au pis aller; en mettant les choses au pis; *das ist der* ~ *bei Racine* c'est le cas de (*im Werk*: dans *od.* chez) Racine; *ich werde daraus keinen* ~ *machen* je n'en ferai aucun cas; F je n'en ferai pas une maladie; '~**beil** *n* guillotine *f*; '~**beschleunigung** *f* accélération *f* de la pesanteur; '~**bö** *f* rafale *f* de vent descendant.
Falle *f* piège *m* (*a. fig.*); traquenard *m* (*a. fig.*); (*Schlinge*) lacs *m* (*a. fig.*); embûche *f*; (*Fallgrube*) trappe *f*; F (*Bett*) pieu *m*; *j-m e-e* ~ *stellen* tendre un piège à q.; *in die* ~ *gehen a. fig.* donner (*od.* tomber) dans le piège (*od.* dans le panneau).
fallen I *v/i.* tomber (*a. fig.*); F chuter; (*abnehmen*) décroître; diminuer; *Preise usw.*: baisser; être en baisse; *Barometer*: descendre; baisser; *in der Schlacht*: rester sur le champ de bataille; tomber au champ d'honneur; *Schuß*: partir; *Licht*: frapper; donner sur; *Anteil*: passer (*an, auf acc.* à); *in e-e Kategorie* rentrer (*in acc.* dans); ~ *lassen* laisser tomber, (*im Stich lassen*) abandonner, quitter, F semer; *Vorhang*: baisser, *Wort* ~ *lâcher*; *Anspruch*: renoncer (à); *nicht* ~ *lassen! auf Warensendungen*: attention aux chocs!; *der Würfel ist gefallen* les dés sont jetés; le sort en est jeté; *auf die* (*od.* zur) *Erde* ~ tomber à (*bzw.* par) terre; *auf den Rücken* ~ tomber à la renverse; *von beiden Seiten fielen beleidigende Äußerungen* il y eut de part et d'autre des propos offensants; *fig. aus dem Rahmen* ~ être déplacé; *aus den Wolken* ~ tomber des nues; ⚔ *dem Feind in den Rücken* ~ attaquer l'ennemi par derrière; *dem Feind in die Flanke* ~ prendre l'ennemi de flanc; *j-m in die Hände* ~ tomber aux mains, entre (*od.* dans) les mains de q.; *j-m in die Arme* ~ tomber (*od.* se jeter) dans les bras de q.; *auf die Knie* ~ se jeter à genoux; *fig. mit der Tür ins Haus* ~ mettre les pieds dans le plat; *in Ohnmacht* ~ tomber sans connaissance; s'évanouir; *fig. j-m in die Rede* (*od.* ins Wort) ~ couper la parole à q.; *in Ungnade* ~ tomber en disgrâce; *die Tür fällt ins Schloß* la porte claque; *fig. ins Gewicht* ~ être de poids; être important; avoir de l'importance; *unter e-n Gesetz* ~ tomber sous le coup d'une loi; *über e-n Stein* ~ trébucher sur une pierre; *j-m zu Füßen* ~ se jeter aux pieds de q.; *j-m um den Hals* ~ se jeter au cou de q.; *im Preise* ~ baisser de prix; *fig. in die Augen* ~ sauter aux yeux; *das Fest fällt auf den 1. Mai* (*auf e-n Sonntag*) la fête tombe le premier (*geschr.* Ier) mai (un dimanche); *der Verdacht fällt auf ihn* le soupçon se porte sur lui; *die Wahl ist auf ihn gefallen* le choix s'est porté sur lui; *aus der Rolle* ~ sortir de son rôle; *j-m zur Last* ~ être à charge de q.; tomber sur les bras de q.; *j-m auf die Nerven* ~ taper sur les nerfs à q.; énerver q.; *senkrecht* ~ être perpendiculaire; *es fällt mir schwer, zu* ... j'ai de la peine à ...; il m'est difficile de ...; *die Arbeit fällt ihm schwer* le travail lui donne beaucoup de mal; *mir fällt ein Stein vom Herzen* cela m'ôte un poids; *dieses Mädchen ist gefallen* cette jeune fille a fauté; *ein gefallenes Mädchen* une jeune fille déshonorée; *gefallener Engel* ange *m* déchu; II ⚤ *n* chute *f*; (*der Preise, Kurse, des Barometers*) baisse *f*; *géol.* inclinaison *f*.
fällen I *v/t.* *Bäume*: abattre; ⚒ *Lot*: abaisser; ⚗ précipiter; *Entscheidung*: prendre; ⚖ *Urteil*: rendre; prononcer; *ein Urteil* ~ (*od.* verkünden) a. faire le prononcé d'un jugement; *fig. ein Urteil* ~ *über* (*acc.*) porter un jugement sur; II ⚤ *n* abattage *m*; ⚒ *e-s Lotes*: abaissement *m*; ⚗ précipitation *f*; ⚖ *e-s Urteils*: prononcé *m*.
Fallen|stellen *n* piégeage *m*; ~**steller** *m* (*Trapper*) trappeur *m*.
Fall|fenster *n* fenêtre *f* à guillotine; ~**gatter** *n* 'herse *f*; ~**geschwindigkeit** *f* vitesse *f* de chute; ~**gesetz** *n* loi *f* sur la chute des corps; ~**grube** *f* trappe *f*; ~**hammer** ⊕ *m* marteau-pilon *m*; ~**höhe** *f* 'hauteur *f* de chute.
fällig *adj.* exigible; échéant; *nach dem Termin*: échu; ~ *sein*; ~ *werden* arriver à échéance; échoir; ⚤**keit** *f* échéance *f*; ⚤**keitsdatum** *n*, ⚤**keitstermin** *m* (date *f* d')échéance.
Fall|klappe *f* trappe *f*; ~**obst** *n* fruits *m/pl.* tombés; ~**reep** ⚓ *n* échelle *f* de coupée; ~**rohr** *n* tuyau *m* de descente.
falls *cj.* si; au (*od.* dans le) cas où (*cond.*).
Fallschirm *m* parachute *m*; *plais.* parapluie *m*; *mit dem* ~ *abspringen* descendre (*od.* sauter) en parachute; *mit dem* ~ *abwerfen* parachuter; ~**absprung** *m* descente *f* (*od.* saut *m*) en parachute; ~**abwurf** *m* parachutage *m*; ~**jäger** *m* parachutiste *m*; F para *m*; ~ *pl.* *absetzen* déposer (*od.* larguer) des parachutistes; ~**kappe** *f* corolle *f*; ~**kommando** ⚔ *n* commando *m* de parachutistes; ~**landung** *f* atterrissage *m* en parachute; ~**leuchtbombe** *f* bombe *f* éclairante à parachute; ~**springen** *n* parachutisme *m*; ~**springer** *m* parachutiste *m*, F para *m*; *Sport*: relativeur *m*; chuteur *m*; ~**tragleinen**

f/pl. suspentes *f/pl.* de parachute; ~**truppen** *f/pl.* troupes *f/pl.* parachutées.
Fall|strick *m* lacs *m*; embûche *f*; ~**stromvergaser** *m* carburateur *m* inversé; ~**sucht** ⚕ *f* épilepsie *f*; ~**süchtige(r** *a. m*) *m, f* épileptique *m, f*; ~**treppe** *f* escalier *m* à trappe; ~**tür** *f* trappe *f*; abattant *m*.
Fällung ⚗ *f* précipitation *f*; ~**smittel** *n* précipitant *m*.
Fall|wind *m* vent *m* descendant; ~**winkel** *e-s Geschosses m* angle *m* de chute.
falsch I *adj.* faux, fausse (*a.* *Zahn*); (*Adresse*) mauvais, -e; (*unecht*) imité; (*erheuchelt*) feint; simulé; (*irrtümlich*) erroné; (*unrichtig*) incorrect; (*unaufrichtig*) *litt.* insincère; (*treulos*) perfide; (*hinterhältig*) sournois; dissimulé; insidieux, -euse; *Haar*: postiche; *Spielkarte*: biseauté; *Würfel*: pipé; *Akkord*: dissonant; *Ausdruck*: impropre; *das ist der* ~e *Schlüssel* c'est la mauvaise clef; *in* ~*em Licht* sous un faux jour; *unter* ~*em Namen* sous un faux nom; sous un nom d'emprunt; *mir ist etw. in die* ~e *Kehle gekommen* j'ai avalé qch. de travers; II *adv.* ~ *singen* chanter faux; ♪ ~ *greifen* toucher, faux; *Auto*: ~ *parken* être en infraction; ~ *schreiben* mal orthographier; ~ *sprechen* parler incorrectement; ~ *aussprechen* mal prononcer; ~ *verstehen* mal comprendre; comprendre de travers; ~ *berichten* rapporter de travers; ~ *spielen* tricher; ~ *schwören* faire un faux serment; ~ *gehen* se tromper de chemin, prendre le mauvais chemin, *Uhr*: ne pas être à l'heure; ne pas aller juste; *téléph.* ~ *verbunden* c'est une erreur; il y a erreur; III ⚤ *n* fausseté *f*; (*Doppelzüngigkeit*) duplicité *f*; *ohne* ~ candide; ingénu; loyal; sincère; ⚤**e(s)** *n*; *etw. Falsches* quelque chose de faux.
Falscheid *m* faux serment *m*.
fälschen *v/t.* fausser; falsifier (*a.* Geld); truquer; *Text*: altérer; *Karten*: biseauter; *Würfel*: piper; *Wein*: frelater; ⚤**en** *n* falsification *f* (*a. v.* Geld); truquage *m*; trucage *m*; *e-s Textes*: altération *f*; *v. Karten*: biseautage *m*; *v. Wein*: frelatage *m*; ⚤**er(in** *f*) *m* falsificateur *m*, -trice *f* (*a. v.* Geld); faussaire *m, f*; truqueur *m*.
Falsch|geld *n* fausse monnaie *f*; faux billets *m/pl.*; ~**heit** *f* fausseté *f*; (*Treulosigkeit*) perfidie *f*; (*Doppelzüngigkeit*) duplicité *f*.
fälschlich *adj.* faux, fausse; ~**erweise** *adv.* faussement; par erreur.
Falsch|meldung *f* fausse nouvelle *f*; ~**münzer** *m* faux-monnayeur *m*.
Falschmünze'rei *f* faux-monnayage *m*.
Falschspieler(in *f*) *m* tricheur *m*, -euse *f*.
Fälschung *f* faux *m*; → *Fälschen*.
Fal'sett *n*, ~**stimme** *f* ♪ fausset *m*; voix *f* de tête.
Falsifi'kat *n* faux *m*.
falt|bar *adj.* pliable; ⚤**blatt** *n* dépliant *m*; ⚤**boot** *n* canot *m* pliant; ⚤**e** *f* pli *m*; (*Runzel*) ride *f*; *im Papier*: fronce *f*; ~*n werfen* faire des plis, se plisser; *die Stirn in* ~*n ziehen* froncer les sourcils; *géol. liegende* ~ pli *m* couché.
fälteln *v/t.* plisser; *Stirn*: froncer.

falten I *v/t.* plier; *Hände:* joindre; II ♀ *n* pliage *m*; ♀**gebirge** *n* montagnes *f/pl.* formées par plissement; **~los** *adj.* sans plis; *(ohne Runzeln)* sans rides; ♀**rock** *m* jupe *f* plissée; ♀**saum** *m* bord *m* plissé; ♀**wurf** *m* cout. drapé *m*; *Kunst:* draperie *f*.
'Falter *ent. m* papillon *m*; ~ *pl. als Familie:* lépidoptères *m/pl.*
'faltig *adj.* plissé; à plis; *Haut:* ridé.
'Falt|karton *m* cartonnage *m* pliant; **~prospekt** *m* dépliant *m*; **~schachtel** *f* boîte *f* pliante; **~stuhl** *m* (siège *m*) pliant *m*; **~transparent** *n* dépliorama *m*; **~ung** *géol. f* plissement *m*.
Falz *m* △ *(Vertiefung)* rainure *f*; *(Gleit♀)* coulisse *f*; ⊕ pli *m*; *(Ansetz♀)* onglet *m*; *(Anschlag)* feuillure *f*; *Klempnerei:* agrafure *f*; **~bein** *n* plioir *m*; !♀**en** *v/t.* △ *(nuten)* rainer; *Papier:* plier; *Auswechselblatt:* encarter; *Klempnerei:* sertir; *Tischlerei:* feuiller; bouveter; **~hobel** *m* feuilleret *m*; bouvet *f*; **'~maschine** *f Buchbinderei:* plieuse *f*; *Klempnerei:* machine *f* à agrafer; *Tischlerei:* bouveteuse *f*; **~ziegel** *m* tuile *f* mécanique, à emboîtement.
fami'liär *adj.* familier, -ière; ~ *tun* se permettre des familiarités.
Fa'milie *f* famille *f*; *er hat keine* ~ il est sans famille; *aus guter* ~ de bonne famille; *junger Mann aus guter* ~ fils *m* de famille; *zur* ~ *gehören* faire partie de la famille; *kinderreiche* ~ famille *f* nombreuse.
Fa'milien|ähnlichkeit *f* air *m* de famille; **~album** *n* album *m* de famille; **~angelegenheit** *f* affaire *f* de famille; **~anschluß** *m* accueil *m* dans une famille; **~anzeige** *f* faire-part *m*; **~bande** *n/pl.* liens *m/pl.* de famille; **~beihilfe** *f* allocations *f/pl.* familiales; **~buch** *n* livret *m* de famille; **~drama** *n* drame *m* de famille; **~ermäßigung** *f* réduction *f* pour charges de famille; **~fest** *n* fête *f* de famille; **~gemeinschaft** *f* communauté *f* familiale; **~gesellschaft** *f* société *f* familiale; **~glück** *n* bonheur *m* familial; **~gruft** *f* caveau *m* de famille; **~haupt** *n* chef *m* de famille; **~hilfe** *f* aide *f* familiale (*od.* ménagère); **~kreis** *m* cercle *m* de famille; *im engsten* ~ en famille; **~leben** *n* vie *f* familiale (*od.* de famille); ♀**los** *adj.* sans famille; **~mitglied** *n* membre *m* de la famille; **~nachricht** *f in Zeitung:* faire-part *m*; **~name** *m* nom *m* de famille; **~oberhaupt** *n* chef *m* de famille; **~planung** *f* planning *m* familial; **~politik** *f* politique *f* de la famille; politique *f* familiale; **~rat** *m* conseil *m* de famille; **~recht** *n* droit *m* de famille; **~stammbuch** *m* livret *m* de famille; **~stand** *m* état civil *m*; **~stiftung** *f* fondation *f* de famille; **~tag** *m* journée *f* familiale; **~unterhalt** *m* entretien *m* de la famille; **~unternehmen** *n* entreprise *f* familiale; **~vater** *m* père *m* de famille; **~zulage** *f* prime *f*, supplément *m* pour charge de famille; **~zusammenführung** *f* regroupement *m* (*od.* réunification *f*) de familles; **~zusammenkunft** *f* réunion *f* familiale.
fa'mos *adj.* formidable; F épatant.
Fan F *m* fan *m*; *bsd. Sport:* F mordu *m*; *Rock-and-Roll:* P loulou *m*.

Fa'nal *n fig.* flambeau *m*; signal *m*; *hist.* fanal *m* (*a. litt. fig.*).
Fa'na|tiker(in *f) m* fanatique *m, f*; ♀**tisch** *adj.* fanatique.
fana|ti'sieren *v/t.* fanatiser; ♀**'tismus** *m* fanatisme *m*.
'Fan'fare *f* fanfare *f*.
Fang *m a. fig.* prise *f*; *lebender Tiere:* capture *f*; *(Beute)* proie *f*; *(Fisch♀)* pêche *f*; coup *m* de filet; *ch. mst. pl.:* *Fänge (Hauer) des Wildschweines usw.:* défenses *f/pl.*; *(Krallen) der Raubvögel:* serres *f/pl.*; *e-n guten* ~ *machen* faire une bonne prise; *bsd. Polizei u. pol.* faire un beau coup de filet; '**~arm** *zo. m* tentacule *m*; '**~damm** *(Wasserbau) m* batardeau *m*; '**~eisen** *ch. n* chausse-trape *f*; '♀**en 1.** *v/t.* prendre; *(ergreifen)* saisir; attraper; capturer; *mit e-r Falle* ~ piéger; *mit der Angel* ~ pêcher à la ligne; *Feuer* ~ *a. fig.* prendre feu; s'allumer; **2.** *v/rf.: sich* ~ *Wind:* s'engouffrer; *sich wieder* ~ *beim Fall:* se rattraper (*a. fig.*); *Flugzeug:* se rétablir; '**~en** *n e-s Balles:* réception *f*; '**~frage** *f* question *f* piège; question *f* embarrassante; F colle *f*; '**~leine** *f* ⚓ ~ *n pl.* suspentes *f/pl.*; '**~netz** *n* filet *m*; épuisette *f*; '**~o** *s* *m* boue *f* thermale; '**~otherapie** *s f* fangothérapie *f*; '**~schuß** *m* coup *m* de grâce; '**~zähne** *m/pl.* crocs *m/pl.*; *des Wildschweines:* défenses *f/pl.*
'Fan-Maga'zin *n* fanzine *m*.
Fanta'sie ♪ *f* fantaisie *f*.
'Farb|abstufung *f* gradation *f* de couleurs; fondu *m*; **~abweichung** *opt. f* aberration *f* chromatique; **~anstrich** *m* couche *f* de peinture; **~aufnahme** *phot. f* prise *f* de vue en couleurs; **~band** *n* ruban *m* encreur; **~bandspule** *f* bobine *f* du ruban encreur; **~diapositiv** *phot. n* diapositive *f* en couleurs; **~druck** *m* impression *f* en couleurs; chromotypie *f*; **~e** *f* couleur *f* (*a. als Substanz*) *(Gesichts♀)* teint *m*; *(~ton)* teinte *f*; *(~stoff)* teinture *f*; *(zum Anstreichen u. Malen)* peinture *f*; *typ.* encre *f* d'imprimerie; *die* ~ *auftragen* appliquer (*od.* mettre *od.* étaler) la couleur sur; *die* ~ *verlieren* déteindre; *die* ~ *wechseln* changer de couleur, *fig.* changer de parti (*od.* d'opinion); *wieder* ~ *(Gesichtsfarbe)* bekommen reprendre (*od. ses*) couleurs; *gesunde* ~ *(Gesichtsfarbe)* haben avoir des couleurs; avoir le teint coloré; ~ *bekennen; Kartenspiel:* donner de la (même) couleur, *fig.* jouer cartes sur table; ♀**echt** *adj.* bon teint; grand teint.
'Färbe|flüssigkeit *f* liquide *m* colorant; **~kraft** *f* pouvoir *m* colorant; **~mittel** *n* colorant *m*.
'farb-empfindlich *phot. adj.* sensible aux couleurs; ♀**keit** *f* sensibilité *f* chromatique (*od.* aux couleurs).
'färben I 1. *v/t.* colorer (*a. fig.*); *Gewebe, Haare:* teindre; *fig. Bericht:* farder; **2.** *v/rf.: sich* ~ se colorer (grün en vert); *sich das Haar* ~ *(lassen)* se (faire) teindre les cheveux; *das Laub färbt sich gelb* le feuillage jaunit; II ♀ *n* coloration *f*; *Färberei:* teinture *f*; *Haare:* das ~ *der Haare* la teinture des cheveux.
'farben|blind *adj.* atteint de daltonisme; daltonien, -enne; ♀**blindheit** *f* daltonisme *m*; **~freudig, ~froh** *adj.* aux couleurs gaies; **~industrie** *f* industrie *f* des matières colorantes; **~kasten** *m* boîte *f* de (*resp.* à) couleurs; ♀**klecksr** *péj. m* barbouilleur *m*; **~kräftig** *adj.* 'haut en couleurs; **~lehre** *f* théorie *f* des couleurs; ♀**messer** *opt. m* colorimètre *m*; ♀**mischung** *f* mélange *m* de couleurs; ♀**näpfchen** *n* godet *m*; ♀**photographie** *f* photographie *f* en couleurs; ♀**pracht** *f* richesse *f* de couleurs; **~prächtig, ~reich** *adj.* riche en couleurs; richement coloré; ♀**sinn** *m* sens *m* des couleurs; ♀**skala** *f* gamme *f* des couleurs; ♀**spektrum** *n* spectre *m* solaire; ♀**spiel** *n* jeu *m* de couleurs; effets *m/pl.* de lumière, ♀**steindruck** *m* chromolithographie *f*; chromo *m*; ♀**treue** *f* fidélité *f* des couleurs; ♀**zerstreuung** *f* dispersion *f* des couleurs; ♀**zusammenstellung** *f* harmonie *f* des couleurs.
'Färber(in *f) m* teinturier *m*, -ière *f*.
'Färbe'rei *f* teinturerie *f*.
'Farb|fernsehen *n* télévision *f* en couleurs; télé *f* couleur; TV-couleur *f*; **~fernseher** *m* téléviseur *m* (*od.* récepteur *m*) couleur; poste *m* (de télévision) couleur; *(Person)* téléspectateur-couleur *m*; **~(fernseh)programm** *n* programme-couleur *m*; **~festiger** *cosm. m* fixateur *m* de teinte; **~film** *m* film *m* en couleurs; **~filter** *m* filtre *m* coloré; **~fleck** *m* tache *f* de couleur; **~fleckenmalerei** *f* tachisme *m*; **~gebung** *f* coloris *m*; teinte *f*; *typ.* encrage *m*; **~holz** *n* bois *m* de teinture; ♀**ig** *adj.* (*od.* en) couleur; coloré; **~es Hemd** chemise *f* de couleur; **~ige(r** *a. m) m, f* homme *m*, femme *f* de couleur; **~ige** *pl.* gens *m/pl.* de couleur; **~igkeit** *f des Stils:* couleur *f*; coloris *m*; **~kasten** *m* boîte *f* de couleurs, de peinture; **~klima** *n* ambiance *f* de couleur; ♀**los** *adj.* sans couleur (*a. fig.*); incolore (*a. fig. v. Stil*); **~losigkeit** *f* manque *m* de couleur; **~mine** *f* für *Drehbleistift:* mine *f* de couleur; **~muster** *n* échantillon *m* de couleur; **~photographie** *f* photographie *f* en couleurs; **~spritzpistole** *f* pistolet *m* pulvérisateur; **~stift** *m* crayon *m* de couleur; **~stoff** *m* matière *f* colorante; colorant *m*; *der Haut usw.:* pigment *m*; **~ton** *m* teinte *f*; ton *m*; tonalité *f*; coloris *m*; nuance *f*; **~topf** *m* pot *m* à peinture; camion *m*.
'Färbung *f als Eigenschaft:* coloration *f*; *(Farbton)* teinte *f*.
'Farb|walze *f* (rouleau *m*) encreur *m*; **~wiedergabe** *f* reproduction *f* des couleurs.
'Farce *f* farce *f*.
far'cieren *cuis. v/t.* farcir.
Fa'rin(zucker) *m* cassonade *f*.
Farm *f* ferme *f*; '**~er(in** *f) m* fermier *m*, -ière *f*.
Farn *m*, '**~kraut** *n* ♀ fougère *f*.
Fä'röer-Inseln *géogr. f/pl.* îles *f/pl.* Féroé.
'Färse *zo. f* génisse *f*.
Fa'san *m* faisan *m*; *junger* ~ faisandeau *m*; **~enbraten** *m* faisan *m* rôti; **~engarten** *m* faisanderie *f*; **~enhahn** *m* faisan *m*; **~enhenne** *f* (poule *f*) faisane *f*; **~enzucht** *f* élevage *m* de

faisans; ~enzüchter *m* éleveur *m* de faisans.
Fasane'rie *f* faisanderie *f*.
Fa'schierte(s) *östr. n* → *Hackfleisch*.
Fa'schine *f* fascine *f*; ~nmesser *n* serpe *f*.
'Fasching *m* carnaval *m*; ~s(um)zug *m* cortège *m* de carnaval, ~szeit *f* période *f* du carnaval.
Fa'schis|mus *m* fascisme *m*; ~t *m* fasciste *m*; 2tisch *adj*. fasciste.
Fase'lei *f* radotage *m*.
'faselig (*unkonzentriert*) *adj*. distrait; inattentif, -ive; ~n *v/i*. (*Unsinn reden*) radoter; divaguer; déraisonner.
'Faser *f* anat. u. ♀ fibre *f* (*a. fig.*); *kleine:* filament *m*; (*zähe Fleisch*♀ *od. Gemüse*♀) filandre *f*; *text.* synthetische ~ fibre *f* synthétique.
'Fäserchen *n* fibrille *f*.
'Faser|gewebe *anat. u.* ♀ *n* tissu *m* fibreux, ~holzplatte *f* plaque *f* en fibre; 2ig *adj*. fibreux, -euse; filamenteux, -euse; *Fleisch*: filandreux, -euse; ~stoff *text. m* matière *f* fibreuse.
Faß *n* tonneau *m*; *großes*: tonne *f*; *mst. für Wein*: fût *m*; futaille *f*; pièce *f*; *barrique f;für Teer od. Heringe*: baril *m*; *in Fässer füllen* entonner; *nach dem* ~ *schmecken Wein*: sentir le fût; *fig.* ~ *ohne Boden* gouffre *m*; *das schlägt dem* ~ *den Boden aus* c'en est trop.
Fas'sade △ *f* façade *f*; *v. größeren Bauwerken*: frontispice *m*; ~nkletterer *m* monte-en-l'air *m*.
'Faßband *n* cercle *m* de tonneau.
'faßbar *adj*. saisissable; *fig. a.* compréhensible, intelligible; 2keit *f* compréhensibilité *f*; intelligibilité *f*.
'Faß|bier *n* bière *f* en tonneau(x); ~binder *m* tonnelier *m*; ~boden *m* fond *m* du tonneau.
'Fäßchen *n* tonnelet *m*; barillet *m*.
'Faßdaube *f* douve *f* (de tonneau).
'fassen 1. *v/t*. (*ergreifen*) prendre; saisir; *Dieb: a.* arrêter; (*aufnehmen können*) contenir; *Edelstein*: monter; sertir; enchâsser; enchatonner; *Gedanken*: concevoir; (*verstehen*) comprendre; saisir; *Entschluß*: prendre; *j-n an (od. bei) der Hand* ~ prendre par la main; *j-m beim Kragen* ~ prendre q. au collet; *in e-n Rahmen* ~ encadrer; *fig. Abneigung gegen j-n* ~ prendre q. en aversion; *Zuneigung zu j-m* ~ se prendre d'attachement (*od.* d'amitié) *f*; concevoir (*od.* montrer) de l'attachement pour q.; *ins Auge* ~ envisager; *Fuß* ~ prendre pied; *Wurzel* ~ prendre racine; *in Worte* ~ formuler; *sich ein Herz* ~ prendre courage; prendre son courage à deux mains; *zum Hund: faß ihn!* attrape-le!; mords-le!; **2.** *v/rf*.: *sich* ~ (*sich zusammennehmen*) se contenir; (*sich beruhigen*) se calmer; *sich wieder* ~ se remettre; se ressaisir; se rassurer; *sich in Geduld* prendre patience; *sich kurz* ~ être bref, -ève; s'expliquer en peu de mots.
'Faß|fabrik *f* tonnellerie *f*; ~geschmack *m* goût *m* de fût; ~hahn *m* robinet *m* de tonneau; ~lager *n* chai *m*.
'faßlich *adj*. compréhensible; intelli-

gible; 2keit *f* compréhensibilité *f*; intelligibilité *f*.
Fas'son *f* façon *f*; ~arbeit ⊕ *f* façonnage *m*.
fasso'nieren *v/t*. façonner.
Fas'son|schneider *m* tailleur *m* à façon; ~schnitt (*Frisur*) *m* coupe *f* de cheveux ordinaire; ~stahl *m* acier *m* de façonnage; ~stück *n* pièce *f* façonnée.
'Faß|reifen *m* cercle *m* de tonneau; cerceau *m*; ~spund *m* bonde *f*.
'Fassung *f* *seelische*: contenance *f*; calme *m*; *e-r Brille*: monture *f*; *v. Edelsteinen*: sertissure *f*; chaton *m*; *e-r Glühbirne*: douille *f*; *schriftliche*: rédaction *f*; *a. cin.* version *f*; (*Form*) forme *f*; *in dieser* ~ sous cette forme; *e-e andere* ~ *geben* exprimer d'une autre manière (*od*. façon); *fig. die* ~ *bewahren* garder sa contenance; *aus der* ~ *geraten*; *die* ~ *verlieren* perdre contenance; se déconcerter; *j-n aus der* ~ *bringen* faire perdre contenance à q.; déconcerter q.; démonter q.; désarçonner q.; *nicht aus der* ~ *zu bringen sein* garder un calme imperturbable; avoir le pied marin; ~skraft *f* entendement *m*; compréhension *f*; 2slos *adj*. décontenancé, désemparé; déconcerté; ~slosigkeit *f* manque *m* de contenance; ~svermögen *n* *räumliches*: capacité *f*; (*Tonnengehalt*) tonnage *m*; *fig.* → *Fassungskraft*.
'Faß|wagen *m* wagon-foudre *m*; ~wein *m* vin *m* en fût; 2weise *adv*. par tonneaux; *Wein*: par fûts.
fast *adv*. presque; à peu près; ~ *wäre er gefallen* il a manqué de tomber; il a failli tomber; pour un peu il serait tombé; ~ *nur ne ... guère que*.
'fasten I *v/i*. jeûner; faire maigre; **II** 2 *n* jeûne *m*.
'Fasten *pl.* jeûne *m*; (*die 40 Tage vor Ostern*) carême *m*; ~speise *f* plat *m* maigre; ~zeit *f* carême *m*.
'Fastnacht *f* mardi *m* gras; ~sspiel *n* divertissement *m* carnavalesque; ~szeit *f* (époque *f* du) carnaval *m*.
'Fasttag *m* jour *m* de jeûne; jour *m* maigre.
Fas'zikel *m* fascicule *m*.
Faszin|ati'on *f* fascination *f*; 2ieren *v/t*. fasciner; captiver; subjuguer.
fa'tal *adj*. (*unangenehm*) fâcheux, -euse; désagréable; ennuyeux, -euse; vexant; (*unheilvoll, verhängnisvoll*) fatal.
Fata'lis|mus *m* fatalisme *m*; ~t *m* fataliste *m*; 2tisch *adj*. fataliste.
'Fatum *n* fatum *m*; destin *m*; (*Verhängnis*) fatalité *f*.
'Fatzke F *m* fat *m*; freluquet *m*; gommeux *m*.
'fauchen *v/i*. *Katze*: cracher; faire pff!, pff!; souffler; siffler; *a. Tiger*: feuler; 2 *n* crachement *m*.
faul *adj*. (*Person*) paresseux, -euse; fainéant; F feignant; F flemmard; *Früchte*: pourri; *fig.* mauvais; (*zweifelhaft*) douteux, -euse; *e-e* ~*e Sache* une affaire véreuse (*od*. foireuse); ~*er Kunde* client *m* douteux; ~*er Witz* mauvaise plaisanterie *f*; ~*e Ausrede* mauvaise excuse *f*; ~*er Zauber!* ce ne sont que des balivernes!; ce n'est que du bluff!; *auf der* ~*en Haut liegen*

fainéanter; paresser; F avoir la flemme; battre (*od*. tirer) sa flemme; *Früchte*: ~ *schmecken* avoir un goût de pourri; ~ *riechen* sentir le pourri.
'Faulbaum ♀ *m* bourdaine *f*.
'faulen *v/i*. pourrir; se putréfier.
'faulenz|en *v/i*. paresser; fainéanter; F avoir la flemme; battre (*od*. tirer) sa flemme; 2er(in *f*) *m* paresseux *m*, -euse *f*; fainéant *m*, -e *f*; F flemmard *m*, -e *f*.
Faul|enze'rei *f*, '~heit *f* paresse *f*; fainéantise *f*; F flemme *f*, P cosse *f*.
'faulig *adj*. *Geruch usw*.: putride.
'Fäulnis *f* pourriture *f*; (*Verwesung*) putréfaction *f*; (*Zersetzung*) décomposition *f*; *der Zähne, Knochen*: carie *f*; *in* ~ *übergehen* pourrir; se putréfier; *in* ~ *übergegangen* pourri; putréfié; 2erregend *adj*. saprogène; ~erreger ☆ *m* agent *m* de la pourriture; 2hemmend, 2hindernd, 2verhütend *adj*. antiputride.
'Faul|pelz *m a*. F ramier *m*; ~tier *zo. u. fig. n* paresseux *m*; *zo*. aï *m*.
Faun *myth. m* faune *m*.
'Fauna *f* faune *f*.
Faust *f* poing *m*; *die* ~ *ballen*; *e-e* ~ *machen* serrer (*od*. fermer) le poing; *j-m e-e* ~ *machen* montrer le poing à q.; *menacer* q. *de poing*; *auf eigene* ~ de son propre chef; *sich mit Fäusten schlagen* se battre à coups de poing; *faire le coup de poing*; *mit der* ~ *auf den Tisch schlagen* frapper (*od*. taper) du poing sur la table; *fig. das paßt wie die* ~ *aufs Auge* c'est tout à fait déplacé; *mit eiserner* ~ (*energisch*) avec une poigne de fer.
'Fäustchen *n* *fig.*: *sich ins* ~ *lachen* rire sous cape (*od*. dans sa barbe).
'faust|dick *adj. fig.* ~*e Lüge* gros mensonge *m*; *er hat es* ~ *hinter den Ohren* c'est un fin lapin; c'est un rusé compère; ~en *v/t. Ball*: dégager du poing, ~groß *adj*. gros, -osse comme le poing; 2handschuh *m* moufle *f*; *fingerloser Arbeitshandschuh*: mitaine *f*; 2kampf *m* boxe *f*; *hist*. pugilat *m*; 2kämpfer *m* boxeur *m*; *hist*. pugiliste *m*; 2pfand *m* gage *m*; 2recht *n* loi *f* du plus fort; 2schlag *m* coup *m* de poing.
Fau'vismus (*Kunst*) *m* fauvisme *m*.
Favo'rit(in *f*) *m* favori *m*, -ite *f*.
'Faxe *f* pitrerie *f*; singerie *f*; ~nmacher(in *f*) *m* pitre *m*; clown [klun] *m*.
Fa'yence *f* faïence *f*.
'Fazit *n* résultat *m*; bilan *m*.
F-Dur ♩ *n* fa *m* majeur.
'Feber *m* *östr*. février *m*.
'Februar *m* février *m*; *im* (*Monat*) ~*en* (*od*. au mois de) février.
'Fecht|bahn *f* piste (*od*. terrain *m od*. champ *m*) d'escrime; ~boden *m* salle *f* d'armes; ~bruder F *m* vagabond *m*; mendiant *m*; F mendigot *m*; 2en **1.** *v/i*. *esc*. faire de l'escrime; (*betteln*) mendier; F mendigoter **2.** *v/t. esc*.: *e-n Gang* ~ faire un assaut; ~en *esc. n* escrime *f*; ~er(in *f*) *m esc*. escrimeur *m*, -euse *f*; ~handschuh *m* gant *m* d'escrime; ~kunst *f* escrime *f*; ~maske *f* masque *m* d'escrime; ~meister *m* maître *m* d'armes, ~saal *m*, ~schule *f* salle *f* d'armes; ~schurz *m* plastron *m*; ~sport *m* escrime *f*; ~stunde *f* leçon *f* d'escrime; ~tur-

nier n tournoi m d'escrime.
'**Feder** f plume f (a. fig. u. Schreib⚙); (Schwanz⚙) penne f; m; ⊕, e-r Uhr usw.: ressort m; (⚬keil) languette f; ⚬ und Nut languette et rainure; neue ⚬n bekommen se remplumer; ⚬n verlieren perdre ses plumes; se déplumer; fig. ⚬n lassen laisser des plumes; sich mit fremden ⚬n schmücken se parer des plumes du paon; die ⚬ ergreifen; zur ⚬ greifen prendre sa plume; s-r ⚬ freien Lauf lassen laisser aller sa plume; écrire au courant de la plume; noch in den ⚬n (im Bett) sein être encore au lit; ⚙**artig** adj. plumeux, -euse; ⚬**ball** m volant m; ⚬ spielen jouer au volant; ⚬**ballspiel** n (jeu m de) volant m; badminton m; ⚬**bett** n édredon m; dial. couette f; ⚬**blatt** ⊕ n lame f de ressort; ⚬**bolzen** ⊕ m boulon m de suspension; ⚬**bruch** m rupture f de ressort; ⚬**busch** m ⚔ plumet m; hist. panache m; der Vögel: 'huppe f; (Reiherbusch) aigrette f; ⚬**deckbett** n, ⚬**decke** f édredon m; ⚬**druck** ⊕ m pression f de ressort; ⚬**fuchser** F péj. m gratte-papier m; scribouillard m; écrivassier m; ⚙**führend** adj.: ⚬es Ministerium ministère m coordonnateur; ⚬**gabel** f Motorrad: fourche f à ressort; ⚬**gehäuse** n Uhr: barillet m; ⚬**gewicht** n, ⚬**gewichtler** m Sport: poids m plume; ⚬**halter** m porte-plume m; ⚬**held** m chevalier m de la plume; ⚬**kasten** m plumier m; ⚬**kernmatratze** f matelas m à ressorts; ⚬**kiel** m tuyau m de plume; ⚬**kissen** n coussin m de plumes; ⚬**klemme** f borne f à ressort; ⚬**kraft** f élasticité f; ⚬**krieg** m guerre f de plume; ⚙**leicht** adj. léger, -ère comme une plume; ⚬**lesen** n fig.: nicht viel ⚬s mit j-m machen ne pas prendre de gants avec q.; ohne viel ⚬s zu machen sans façon; tambour battant; rondement; ⚬**messer** n canif m; ⚙**n** v/i. (Federn lassen) perdre des plumes; (elastisch sein) faire ressort; gut ⚬ Auto: être bien suspendu; ⚬**ring** ⊕ m rondelle f élastique (od. à ressort); ⚬**schmuck** m parure f à la plume; ⚬**spitze** f bec m de plume; ⚬**stahl** m acier m à ressorts; ⚬**strich** m trait m de plume; ⚬**tasche** f trousse f; ⚬**ung** f e-s Fahrzeugs: suspension f (à ressorts); e-s Möbels: ressorts m/pl.; weiche (harte) ⚬ suspension f souple (raide); ⚬**ungsspiel** Auto n débattement m; ⚬**vieh** n volaille f; ⚬**waage** f peson m à ressort; ⚬**wolke** f cirrus m; ⚬**zeichnung** f dessin m à la plume; ⚬**zirkel** m compas m à ressort.
Fee f fée f.
'**feen|haft** adj. féerique; ⚙**land** n pays m des fées.
'**Fegefeuer** rl. n purgatoire m.
'**feg|en** 1. v/t. balayer; Schornstein: ramoner; ch. sein Gehörn ⚬ frayer sa tête; 2. v/i. der Wind fegt über die Ebene le vent balaie la plaine; ⚙**en** n balayage m; des Schornsteins: ramonage m; ch. des Gehörns: frayure f.
'**Fehde** f hist. diffidation f; fig. querelle f; démêlé(s) m (pl.); ⚬**brief** hist. m défi m; ⚬**handschuh** m: j-m den ⚬ hinwerfen jeter le gant à q.; den ⚬ aufnehmen relever le gant.
fehl I adj.: ⚬ am Platz sein ne pas être à sa place; être déplacé; **II** ⚙ m: ohne ⚬

irréprochable; sans défaut.
'**Fehl|anzeige** f néant m; ⚙**bar** adj. faillible; ⚬**barkeit** f faillibilité f; ⚬**besetzung** thé. f mauvaise distribution f (des rôles); ⚬**betrag** m déficit m; e-n ⚬ aufweisend déficitaire; ⚬**bitte** f prière f inutile; e-e ⚬ tun essuyer un refus; ⚬**diagnose** ⚗ f erreur f de diagnostic; ⚬**druck** typ. m impression f manquée; Buch: livre m de passe; ⚙**en** v/i. u. v/imp. (nicht haben) manquer (an de); (abwesend sein) être absent; ne pas être là; manquer; faire défaut; es fehlt mir an Geld je manque d'argent; l'argent me manque; il me manque de l'argent; es fehlt an Geld il manque de l'argent; l'argent manque; écol. wer fehlt heute? qui est absent, qui n'est pas là, qui manque aujourd'hui?; es ⚬ viele Bücher il manque beaucoup de livres; was fehlt Ihnen? qu'avez-vous?; ihm fehlt immer etw. il a toujours qch.; es fehlt ihm elle lui manque; weit gefehlt! vous n'y êtes pas!; erreur!; das fehlte gerade noch! ne manquerait plus que cela!; es an nichts ⚬ lassen ne rien négliger; faire son possible; es j-m an nichts ⚬ lassen ne laisser manquer q. de rien; an mir soll es nicht ⚬ ce n'est pas moi qui mettrai des bâtons dans les roues; es hätte nicht viel gefehlt, so ... il s'en est fallu de peu (od. il ne s'en est pas beaucoup fallu) que ... (ne) ... (subj.); es hätte nicht viel gefehlt, da hätte ich ihm gesagt ... pour un peu, je lui aurais dit ...; ⚬**en** n manque m; défaut m; (Abwesenheit) absence f; das ⚬ in der Schule l'absentéisme scolaire; ⚬**end** adj.: ⚬e Summe déficit m; ⚬**entscheidung** f décision f erronée; ⚖ mal--jugé m; ⚬**er** m (Verstoß) faute f; (Versehen) erreur f; méprise f; bévue f; (Charakter⚙) défaut m; (Gebrechen) défaut m; vice m; ⊕ défaut m, im Material: défectuosité f; grammatischer ⚬ faute f de grammaire; das ist nicht Ihr ⚬ ce n'est pas (de) votre faute; e-n ⚬ begehen faire (od. commettre) une faute; e-n ⚬ verbessern (od. wiedergutmachen) corriger une faute; j-n bei e-m ⚬ ertappen prendre q. en faute; ⚬**erbereich** m marge f d'erreur; ⚙**erfrei** adj. sans faute(s); resp. défaut(s); correct; parfait; irréprochable; ⚙**erhaft** adj. plein de fautes, fautif, -ive; ⊕ défectueux, -euse; imparfait; (mangelhaft) vicieux, -euse; (unrichtig) incorrect; ⚬**erhaftigkeit** ⊕ f défectuosité f; gr. incorrection f; ⚬**erquelle** f source f d'erreur(s); ⚬**erverzeichnis** n liste f des erreurs; (Druck⚙) errata m; ⚬**farbe** f Kartenspiel: renonce f; ⚬**geburt** f fausse couche f; bewirkte: avortement m; e-e ⚬ haben avoir fait une fausse couche; ⚙**gehen** v/i. Schuß: rater; manquer le but; fig. se tromper; faire fausse route; du gehst in der Annahme fehl, daß ... tu fais erreur en supposant que ...; ⚙**greifen** v/i. se méprendre; se tromper; (e-n Schnitzer machen) faire une bévue; F faire une gaffe; F gaffer; ♪ toucher à faux; ⚬**greifen** n, ⚬**griff** m faute f; erreur f; méprise f; (Schnitzer) bévue f; F gaffe f; ⚬**investition** ⚹ f mauvais

investissement m; ⚬**kalkulation** f mauvais calcul; ⚬**leistung** psych. f acte m manqué; ⚬**leiten** v/t. Paket: égarer; fig. diriger sur une fausse piste (od. sur une mauvaise route); ⚬**prognose** f faux pronostic m; ⚬**schießen** v/i. manquer le but; ⚬**schlag** fig. m échec m; a. avortement m; affaire f ratée; ⚬**schlagen** v/i. échouer; a. avorter; rater; ne pas réussir; ⚬**schluß** m conclusion f erronée; paralogisme m; ⚬**schuß** m coup m manqué (od. raté); ⚬**spekulation** f spéculation f manquée; ⚬**spruch** ⚖ m mal-jugé m; ⚬**sprung** m faux bond m (a. fig.); ⚬**start** m faux départ m; départ m manqué; ⚔ a. décollage m manqué; ⚬**stoß** m coup m manqué (od. raté); bill. manquer de touche; ⚙**stoßen** v/i. manquer (od. rater) son coup; bill. manquer la touche; ⚙**treten** v/i. faire un faux pas; v. Pferden a. broncher; ⚬**tritt** m faux pas m; fig. a. pas m de clerc; e-n ⚬ begehen Frau: fauter; ⚬**urteil** n jugement m erroné; ⚬**zündung** f Auto: raté m; allumage m défectueux.
'**Feier** f fête f (begehen célébrer); (Zeremonie) cérémonie f; e-s Festes: célébration f; zur ⚬ des Tages pour célébrer le jour; ⚬**abend** m: ⚬ haben avoir fini sa journée de travail; ⚬ machen s'arrêter de travailler; cesser le travail; ⚙**lich** adj. solennel, -elle (förmlich) cérémonieux, -euse; ⚬**lichkeit** f solennité f (Feier) cérémonie f; fête f; ⚙**n 1.** v/t. (feierlich begehen) fêter; célébrer; j-n fêter q.; man muß das ⚬ il faut fêter cela; **2.** v/i. (nicht arbeiten) chômer; ⚬**n** n célébration f; ⚬**schicht** f heures f/pl. chômées; service m (od. poste m) chômé; ⚬**en einlegen** intercaler des services (od. des postes) chômés; ⚬**stunde** f heure f de repos (od. de loisir); ernste: cérémonie f; ⚬**tag** m jour m de repos; (Festtag) jour m férié; jour m de fête; bezahlter gesetzlicher ⚬ jour m férié légal payé.
'**feige** adj. lâche; couard; poltron, -onne.
'**Feige** ⚘ f figue f; ⚬**nbaum** ⚘ m figuier m; ⚬**nblatt** n feuille f de figuier; in der Kunst: feuille f de vigne.
'**Feig|heit** f lâcheté f; couardise f; poltronnerie f; ⚬**ling** m lâche m; couard m; P dégonflard m; poltron m.
'**Feilbank** f établi (od. banc) m à limer.
'**feilbieten** v/t. mettre en vente; offrir.
'**Feil|e** f lime f; dreikantige ⚬ lime f triangulaire; tiers-point m; vierkantige ⚬ lime f carrée; ⚙**en** v/t. limer; fig. a. châtier, polir, fignoler.
'**feilhalten** v/t. fig. Maulaffen ⚬ faire le badaud; bayer aux corneilles.
'**Feilkloben** m étau m à main.
'**feilsch|en** v/i.: um etw. ⚬ marchander qch.; ⚙**en** n marchandage m.
'**Feil|späne** m/pl. limaille f; ⚬**strich** m trait m de lime.
fein adj. fin (a. Gold, Silber, Pulver, Regen); (v. geringem Umfang) a. menu; (v. geringer Dicke) a. mince; (dünn) délié; (sehr dünn) ténu; fig.

(*schön*) beau (*vor vo. od. stummem h*: bel), belle; joli; (*erlesen*) choisi; de choix; (*vornehm*) élégant; distingué; exquis; (*zart*) délicat; *Stimme*: petit; (*spitzfindig*) subtil; *sich ~ machen* se faire beau, belle; *~er Ton* bon ton *m*; *~es Benehmen* bonnes manières *f/pl.*; *~e Welt* beau monde *m*; F *ein ~er Kerl* un chic type; *~er Unterschied* distinction *f* subtile; *iron. ein ~er Kunde* un joli client; *e-e ~e Nase* (*ein ~es Ohr*) *haben* avoir le nez fin (l'oreille fine); *~ riechen* sentir bon; *e-e ~e Zunge haben* être un gourmet; *~ schmecken* avoir bon goût; être bon, bonne; *~!* très bien!; formidable!, F chouette!; *das ist etw. ~es* c'est du nanan; ²**abstimmung** *f Radio*: syntonisation *f* précise; ²**bäcker** *m* pâtissier *m*; ²**bäcke'rei** *f* pâtisserie *f*; ²**blech** *n* tôle *f* fine.
feind *adj.*: *j-m ~ sein* être hostile à q.; être ennemi de q.
Feind *m* ennemi *m*; *der böse ~* le malin; *gegen den ~ marschieren* marcher à l'ennemi; *den ~ angreifen* attaquer (*od.* charger) l'ennemi; *zum ~e übergehen* passer à l'ennemi; déserter; *mit dem ~ in Fühlung bleiben* rester en contact avec l'ennemi; *ein ~ e-r Sache sein* être ennemi de qch.; ¹**berührung** *f* contact *m* avec l'ennemi; ¹**einwirkung** *f* action *f* ennemie; ¹**eshand** *f*: *in ~ aux* mains de l'ennemi; *in ~ fallen* tomber entre les (*od.* aux) mains de l'ennemi; ¹**esland** *n* pays *m* ennemi; *in ~ en* pays ennemi; ¹**fahrt** ⚓ *f* croisière *f* contre l'ennemi; ¹**flug** *m* vol *m* contre l'ennemi; ¹**in** *f* ennemie *f*; ²**lich** *adj.* ennemi; (*~gesinnt*) hostile; *Geschick*: adverse; (*angreifend*) agressif, -ive; *~ gesinnt sein* avoir des dispositions hostiles (envers); être hostile (à); ¹**lichkeit** *f* hostilité *f*; sentiments *m/pl.* hostiles; ¹**schaft** *f* inimitié *f*; (*Groll*) rancune *f*; *darum keine ~!* sans rancune!; ²**selig** *adj.* hostile; ¹**seligkeit** *f* hostilité *f*; *die ~en eröffnen* (*einstellen*) ouvrir (cesser; suspendre) les hostilités; *Eröffnung* (*Einstellung*) *der ~en* ouverture (cessation) *f* des hostilités.
'**Fein|einstellung** *f Radio*: réglage *m* précis; *~eisen* *n* fer *m* fin; ²**faserig** *adj. Holz*: à fibres fines; **folie** 🜚, ⊕ *f* feuil *m*, ²**fühlend**, ²**fühlig** *adj.* sensible; *~gebäck* *n* pâtisseries *f/pl.*; *~gefühl* *n* tact *m*; délicatesse *f*; *~gehalt* *m v. Münzen*: titre *m*; *~gold* *n or m* fin; *~heit* *f* finesse *f* (*a. fig.*); subtilité *f*; (*Vornehmheit*) élégance *f*; *des Umgangs*: délicatesse *f*; ²**hörig** *adj.* qui a l'oreille fine; *~keramik* *f* céramique *f* fine; ²**körnig** *adj.* à grain fin; *~kost* *f* épicerie *f* fine; *~kosthandlung* *f* épicerie *f* fine; *abus.* charcuterie *f* fine; ²**mahlen** *v/t.* moudre fin; ⊕ broyer; pulvériser; *~maschig* *adj.* à mailles étroites; *~mechanik* *f* mécanique *f* de précision; *~mechaniker* *m* mécanicien *m* de précision; ²**porig** *adj.* aux pores fins; *~schliff* ⊕ *m* polissage *m* fin; *~schmecker* *m* gourmet *m*; *~silber* *n* argent *m* fin; ²**sinnig** *adj.* subtil; fin; *~sprühung* *cosm. f* vaporisation *f*; *~stbe-arbeitung* ⊕ *f* superfinition *f*; ²**ste** *adj.* superfin; *~ste n*: *das ~ von*

etw. la fleur de qch.; *das ~ vom Feinen* le fin du fin; *~waage* *f* balance *f* de précision; *~wäsche* *f* lingerie *f* fine; *~zucker* *m* sucre *m* raffiné.
feist *adj.* gras, grasse; replet, -ète; obèse; ²**heit** *f* obésité *f*.
¹**feixen** *v/i.* ricaner.
Feld *n* champ *m* (*a. fig.*); (*Gelände*) terrain *m* (*a. Sport*); *fig.* domaine *m*; *Sport*: (*Gruppe*) peloton *m*; (*Gefilde*) campagne *f* (*a.* ⚔); △ compartiment *m*; (*Füllung*) panneau *m*; *Schachspiel*: case *f*; *magnetisches* (*elektrisches*) *~* champ *m* magnétique (électrique); ⚔ *ins ~ ziehen* partir (*od.* s'en aller) en guerre; *zu ~e ziehen gegen* faire la guerre à (*a. fig.*); mener croisade (*od.* partir en guerre) contre; *aus dem ~ schlagen* mettre en fuite; refouler; *das ~ behaupten* rester maître du terrain; *das ~ räumen* abandonner le terrain (*a. fig.*); *auf freiem ~e* en plein champ; en pleine (*od.* en rase) campagne; *freies ~ haben* avoir pignon sur rue; *das ~ bebauen* (*od.* bestellen) cultiver les champs; *auf dem ~e der Ehre* au champ d'honneur; *durch die ~er streifen* courir les champs; *das ist noch weit im ~e* nous en sommes encore loin; c'est encore bien éloigné; ¹**altar** *m* autel *m* portatif; ¹**apotheke** ⚔ *f* pharmacie *f* militaire; ¹**arbeit** *f* travail *m* des champs; travail *m* agricole; labour *m*; ¹**arbeiter**(**in** *f*) *m* ouvrier *m*, -ière *f* agricole; ¹**artillerie** ⚔ *f* artillerie *f* de campagne; ²**aus**, ²**ein** *adv.* à travers champs; ¹**ausrüstung** ⚔ *f* équipement *m* de campagne; ¹**bäcke'rei** ⚔ *f* boulangerie *f* militaire; ¹**bahn** 🚂, ⚔ *f* chemin *m* de fer de campagne; ¹**bau** *m* agriculture *f*; ¹**becher** *m* quart *m*; ¹**befestigung** ⚔ *f* fortification *f* de campagne; ¹**bett** *n* lit *m* de camp; ¹**blume** 🌸 *f* fleur *f* des champs; ¹**diebstahl** maraudage *m*; ¹**dienst** ⚔ *m* service *m* en campagne; ¹**dienstübung** ⚔ *f* manœuvres *f/pl.* (militaires); ¹**erregung** ⚡ *f* excitation *f* du champ; *~fernsprecher* *m* téléphone *m* de campagne; ¹**flasche** *f* bidon *m*; gourde *f*; ¹**flug|platz** ⚔ *m* camp *m* d'aviation; ¹**frevel** *m* maraudage *m*; ¹**früchte** 🍇 *f/pl.* fruits *m/pl.* des champs; ¹**geistliche**(**r**) ⚔ *m* aumônier *m*; ¹**gemeinschaft** *f* collectivité *f* agraire; communauté *f* rurale; ¹**geschütz** ⚔ *n* pièce *f* de campagne; ²**grau** *adj.* gris verdâtre; ¹**heer** ⚔ *n* armée *f* de campagne; ¹**herr** *hist.* ⚔ *m* capitaine *m*; général *m*; commandant *m* en chef; ¹**huhn** *orn. n* perdrix *f*; ¹**hüter** *m* garde *m* champêtre; ¹**jäger** ⚔ *m* police *f* militaire; ¹**küche** ⚔ *f* cuisine *f* roulante; ¹**lager** ⚔ *n* camp *m*; ¹**lazarett** ⚔ *n* hôpital *m* de campagne; ¹**lerche** *orn. f* alouette *f* commune; ¹**marschall** ⚔ *m* in Frankreich: maréchal *m*; *in Deutschland*: feld-maréchal *m*; ¹**marschmäßig** ⚔ *adj.* en tenue de campagne; ¹**maus** *zo. f* campagnol *m*; ¹**messer** *m* arpenteur *m*; ¹**messung** *f* arpentage *m*; ¹**post** ⚔ *f* poste *f* militaire (*od.* aux armées); ¹**postbrief** ⚔ *m* lettre *f* aux armées; ¹**postnummer** ⚔ *f* secteur *m* postal; ¹**rain** *m* bord *m*

d'un champ; ¹**salat** 🌿 *m* mâche *f*; doucette *f*; ¹**schaden** *m* dégât *m* causé dans les champs; ¹**schmiede** ⚔ *f* forge *f* portative; ¹**spat** *min. m* feldspath *m*; ¹**spieler** (*alle außer dem Torwart*) *m/pl.* joueurs *m/pl.* du terrain de jeu; ¹**stärke** ⚡ *f* intensité *f* du champ; ¹**stecher** *m* jumelles *f/pl.*; ¹**telegraphie** ⚔ *f* télégraphie *f* de campagne; ¹**webel** ⚔ *m* sergent-chef *m*; maréchal *m* des logis-chef; *deutsch*: feldwebel *m*; ¹**weg** *m* chemin *m* à travers champs; ¹**zug** *a. allg. m* campagne *f*; ¹**zugsplan** ⚔ *m* plan *m* de campagne.
¹**Felge** *f* jante *f*; *gym.* tour *m* d'appui; *~nbremse* *f* frein *m* sur jante.
Fell *n* peau *f*; *von wilden Tieren, Rehen*: pelage *m*; (*Pelz*) fourrure *f*; *e-s Pferdes*: robe *f*; *abgezogenes ~* dépouille *f*; *das ~ abziehen* (*dat.*) écorcher (*acc.*); *fig.* F *ein dickes ~ haben* avoir la peau dure; *j-m das ~ über die Ohren ziehen* F plumer q.; F rouler q.; *sich das ~ über die Ohren ziehen lassen* se laisser manger la laine sur le dos; F *j-m das ~ gerben* (*od.* versohlen) rosser q.; P tanner le cuir à q.; ¹**handel** *m* pelleterie *f*; ¹**händler** *m* pelletier *m*.
Fels *m* → *Felsen*; ¹**abhang** *m* pente *f* rocheuse; ¹**bilder** *n/pl.* peintures *f/pl.* rupestres; ¹**block** *m* bloc *m* de roche; ¹**boden** *m* terrain *m* rocheux.
¹**Felsen** *m* rocher *m*; roc *m*; **bein** *anat. n* rocher *m*; ¹**bewohner** *zo. m* animal *m* qui vit à haute altitude dans les montagnes; ²**fest** *adj.* ferme comme le roc; inébranlable; ¹**gebirge** *n* montagne *f* rocheuse; ¹**keller** *m* cave *f* (creusée) dans le roc; ¹**klippe** *f* écueil *m*; ¹**kluft** *f* crevasse *f*; ¹**küste** *f* côte *f* rocheuse; ¹**male'reien** *f/pl.* peintures *f/pl.* rupestres; ¹**riff** *n* banc *m* de rochers; récif *m*; brisants *m/pl.*; ¹**spitze** *f* crête (*od.* pointe) *f* d'un rocher; aiguille *f*; ¹**wand** *f* paroi *f* rocheuse.
¹**Felsgestein** *n* roche *f*; roc *m*.
¹**felsig** *adj.* rocheux, -euse; couvert de rochers.
¹**Fels|inschriften** *arch. f/pl.* graffitis *m/pl.* rupestres; ¹**kluft** *f* crevasse *f*; ¹**masse** *f* masse *f* rocheuse; rocher *m*; ¹**spalte** *f* crevasse *f*; ¹**spitze** *f* crête (*od.* pointe) *f* de rocher; aiguille *f*; ¹**vorsprung** *m* pan *m* de rocher; ¹**wand** *f* paroi *f* rocheuse.
¹**Fememord** *m* assassinat *m* commis par une organisation clandestine.
¹**Femininum** *gr. n* féminin *m*.
¹**Fenchel** 🌿 *m* fenouil *m*; *~tee* *m* tisane *f* de fenouil.
Fenn *n* terrain *m* marécageux.
¹**Fennek** *zo. m* fenec *m*.
¹**Fenster** *n* fenêtre *f*; (*Wagen*²) glace *f*; (*Laden*²) devanture *f*; vitrine *f*; (*Frühbeet*²) châssis *m* (de couche); (*Kirchen*²) vitrail *m*; (*Guck*², *Klapp*²) vasistas *m*; *aus dem ~ sehen, zum ~ hinaussehen* regarder par la fenêtre; *sich ans ~ stellen*; *sich aus dem ~ lehnen* se mettre à la fenêtre; *zum ~ hinauswerfen* jeter par la fenêtre; *die ~*(*scheiben*) *einschlagen* (*od.* einwerfen) casser les vitres; ¹**beschläge** *m/pl.* ferrures *f/pl.* de fenêtre; ¹**bogen** *m* arc *m* de décharge d'une fenêtre; ¹**brett** *n* appui *m* de fenêtre;

rebord *m* de fenêtre; ~**bretthöhe** *f* enseuillement *m*; ~**brüstung** *f* appui *m* de fenêtre; ~**gitter** *n* barreaux *m/pl.* (*od.* grille *f*) de fenêtre; ~**glas** *n* verre *m* à vitres; ~**griff** *m* poignée *f* de fenêtre; ~**kitt** *m* mastic *m* de vitrier; ~**kreuz** *n* croisée *f*; ~**kurbel** (*Auto*) *f* manivelle *f* de remonte--glace; ~**laden** *m* volet *m*; contrevent *m*; persienne *f*; ~**leder** *n* peau *f* de chamois; ²**ln** F *v/i.* rendre visite à sa bien-aimée (en entrant par sa fenêtre au moyen d'une échelle); ²**los** *adj.* sans fenêtres; ~**lüfter** *m* volet *m* d'aération; vasistas *m*; ~**nische** *f* niche *f* vitrée; ~**öffnung** *f* embrasure *f*; ~**pfeiler** *m* trumeau *m*; ~**pfosten** *m* montant *m* de fenêtre; ~**platz** *m* coin *m* fenêtre; place *f* près de la fenêtre; (*belegen* retenir); ~**putzer** *m* laveur *m* de carreaux; *bsd. für Wohntürme*: carreauleur *m*; ~**rahmen** *m* châssis *m* de fenêtre; ~**riegel** *m* crémone *f*; targette *f*; ~**rouleau** *n* store *m*; ~**scheibe** *f* vitre *f*; carreau *m*; ~**scheibenschaden** *m* bris *m/pl.* de vitres; ~**sturz** △ *m* linteau *m* de fenêtre; *hist.* Prager ~ défenestration *f* de Prague; ~**tür** *f* porte-fenêtre *f*; ~**vorhang** *m* rideau *m*.

'**Ferien** *pl.* vacances *f/pl.*; *des Gerichtes*: vacation *f/pl.*; *sechs Wochen* ~ *haben* avoir six semaines de vacances; *in die* ~ *fahren* aller (*od.* partir) en vacances; ~**dorf** *n* village-vacances *m*; ~**gestaltung** *f* vacancerie *f*; ~**haus** *n* maison *f* de vacances; ~**heim** *n* centre *m* de vacances; ~**kolonie** *f* colonie *f* de vacances; F colo *f*; ~**kurs(us)** *m* cours *m* de vacances; ~**lager** *n* camp *m* de vacances; ~**landhaus** *am Mittelmeer* marina *f*; marine *f*; ~**pläne** *m/pl.* projets *m/pl.* de vacances; ~**platz für Großstadtkinder** *m* place *f* dans un centre aéré; ~**regelung** *f* aménagement *m* des vacances; ~**reise** *f* voyage *m* de vacances; ~**sonderzug** *m* train *m* spécial de vacances; ~**stimmung** *f* atmosphère *f* de vacances; esprit *m* vacances; ~**zeit** *f* (temps *m* des) vacances *f/pl.*

'**Ferkel** *n* petit cochon *m*; porcelet *m*; goret *m*; *fig. péj.* petit cochon *m*; ²**n** *v/i.* cochonner; *fig.* se conduire comme un cochon.

Fer¹mate ♩ *f* point *m* d'arrêt.
Fer¹ment *n* ferment *m*.
Fermen|tati¹on *f* fermentation *f*; ²**¹tieren** *v/t. u. v/i.* fermenter.

fern I *adj.* éloigné; (*entlegen*) lointain; (*auseinanderliegend*) distant; *Zeit*: reculé; *der* ²*e Osten* l'Extrême-Orient *m*; *das sei* ~ *von mir* loin de moi la pensée; **II** *adv.* loin; *von* ~ (*e*) à distance; de loin; *das liegt mir* ~ c'est loin de ma pensée; ~**amt** *téléph. n* central *m* interurbain; F inter *m*; ¹²**anruf** *m* communication *f* interurbaine; ¹²**anschluß** *m* liaison *f* interurbaine; ¹²**antrieb** *m* télécommande *f*; ¹²**anzeiger** *m* téléindicateur *m*; ¹²**aufklärer**, ¹²**aufklärungsflugzeug** *n* avion *m* de reconnaissance à grand rayon d'action; ¹²**aufklärung** *f* reconnaissance *f* lointaine *od.* à grande distance; ¹²**aufnahme** *f* téléphotographie *f*; photo *f* prise *f* de loin; ¹²**auslöser** *phot. m* déclencheur

m à distance; ¹²**ausschalter** *m* téléinterrupteur *m*; ¹²**bahn** 🚂 *f* grande ligne *f*; ¹²**bearbeitung** Informatik *f* télétraitement *m*; ¹²**beben** *n* tremblement *m* de terre à grande distance; ¹²**bedienung** *f* télémanipulation *f*; ¹²**betätigt** *adj.* téléguidé; télécommandé; ¹²**bleiben** *v/i.* s'absenter (*von* de); (*sich enthalten*) s'abstenir (de); (*sich nicht beteiligen*) ne pas se mêler (à); ¹²**bleiben** *n* absence *f*; ~ *von der Arbeitsstelle* absentéisme *m*; (*Enthaltung*) abstention *f*; *écol.* ~ *vom Unterricht* (*wegen ansteckender Krankheit*) éviction *f* scolaire; ²**diagnose** ⚕ (*bereits während e-s Krankentransports*) *f* télédiagnostic *m*; ¹²**dienst** *m* service *m* interurbain; ¹²**e** *f* distance *f*; lointain *m*; *in der* ~ au loin; dans le lointain; *aus der* ~ de loin; *aus weiter* ~ de très loin; *das liegt noch in weiter* ~ nous en sommes encore loin; ¹²**empfang** *m* Radio: réception *f* à grande distance.

'**ferner** *adv.* (*außerdem*) de plus; en outre; ensuite; *auf Rechnungen a.*: item; *das kommt unter* ~ *liefen* ça n'est pas bien important.

'**fernerhin** *adv.* à l'avenir.
'**Fern|fahrer** *m* routier *m*; ~**gas** *n* gaz *m* (transporté) à longue distance; ²**gelenkt** *adj.* téléguidé; ~**gespräch** *n* appel *m* interurbain; communication *f* interurbaine; ²**gesteuert** *adj.* téléguidé; ~**glas** *n* jumelles *f/pl.*; ²**halten 1.** *v/t.* tenir éloigné (de *od.* à l'écart) **2.** *v/rf.*: *sich von etw.* ~ se tenir à l'écart de qch.; éviter de se mêler à qch.; ~**heizung** *f* chauffage *m* urbain; ²**her** *adv.*: *von* ~ de loin; ~**kabel** *n* câble *m* à grande distance; ~**kurs(us)** *m* cours *m* par correspondance; ~**laster** *m* poids *m* lourd; ~**lastfahrer** *m* routier *m*; ~**lastzug** *m* poids *m* lourd; ~**leitung** *f* ⚡ ligne *f* à grande distance; ~**lenkung** *f* télécommande *f*; téléguidage *m*; ~**licht** (*Auto*) *n* feux *m/pl.* de route; phares *m/pl.*; ²**liegen** *v/i.* être loin; *das liegt mir fern* c'est loin de ma pensée; ²**liegend** *adj.* éloigné; lointain; ~**meldedienst** *m* service *m* des télécommunications; ~**meldenetz** *n* réseau *m* des télécommunications; ~**meldetechnik** *f* technique *f* des télécommunications; ~**meldewesen** *n* télécommunications *f/pl.*; ²**mündlich** *adj., adv.* par téléphone; ²**östlich** *adj.* d'Extrême-Orient; ~**photographie** *f* téléphotographie *f*; ~**rohr** *n* lunette *f* d'approche; longue-vue *f*; ~**ruf** *m* appel *m* téléphonique; → ~*anruf*; *auf Briefköpfen usw.*: Téléphone (*abr.* Tél.); ~**schaltung** *f* commande *f* à distance; ~**schnellzug** *m* (train *m*) rapide *m*; ~**schreiben** *n* télex *m*; message *m* par télétype; ~**schreiber** *m* téléscripteur *m*; téléimprimeur *m*; télétype *m*; ~**schreiber(in** *f*) *m* télexiste *m*, *f*; ~**schreibnetz** *n* réseau *m* télex (*od.* téléscripteur); ~**schreibverkehr** *m* trafic *m* des téléscripteurs (*od.* des téléimprimeurs); ²**schriftlich** *adv.* par télex; par téléscripteur.

'**Fernseh|abend** *m* soirée *f* télé; ~**ansager(in** *f*) *m* speaker *m*, -ine *f* de la télévision; téléspeaker *m*, -ine *f*; ~

antenne *f* antenne *f* de télévision; ~**apparat** *m* appareil (*od.* poste) *m* de télévision; téléviseur *m*; ~**aufzeichnung** *f* vidéogramme *m*; ~**bericht** *m* téléreportage *m*; ~**bild** *n* image *f* télévisée; ~**bildschirm** *m* écran *m* de télévision; *groß*: télécran *m*; ~**conferencier** *m* animateur *m* de télévision; ~**empfang** *m* réception *f* de télévision; ~**empfänger** ⊕ *m* téléviseur *m*; récepteur *m* de télévision; ~**en** *n* télévision *f*; ~ *haben* avoir la télé; *durch* ~ *übertragen* téléviser; ~**er(in** *f*) *m* téléspectateur *m*, -trice *f*; ~**fan** *m* intoxiqué *m* de télévision; ²**feindlich** *adj.* anti-télévision; ~**film** *m* film *m* à *bzw.* pour la télévision; ~**freund** *m* téléphile *m*; ²**freundlich** *adj.* téléphile; ~**gebühr** *f* taxe *f* de télévision; ~**gerät** *n* téléviseur *m*; ~**informatik** *f* télé-informatique *f*; télématique *f*; ~**interview** *n* interview *f* télévisée; ~**journalist(in** *f*) *m* téléjournaliste *m*, *f*; ~**kamera** *f* caméra *f* de télévision; télécaméra *f*; ~**kanal** *m* chaîne *f* de télévision; ~**kino** *n* télécinéma *m*; ~**netz** *n* réseau *m* de télévision; ~**ortungssatellit** *m* satellite *m* de télédétection; ~**programm** *n* programme *m* de télévision; ~**publikum** *n* téléspectateurs *m/pl.*; ~**reklame** *f* publicité *f* télévisée; ~**reportage** *f* téléreportage *m*; ~**schirm** *télév. m* écran *m*; ~**sender** *m* émetteur *m* de télévision; ~**sendung** *f* émission *f* de télévision; émission *f* télé; ~**show** *f* show *m* télévisé; ~**studio** *n* studio *m* de télévision; ~**technik** *f* technique *f* de la télévision; ~**teilnehmer(in** *f*) *m* abonné *m*, -e *f* à la télévision; → ~*zuschauer*; ~**turm** *m* tour *f* de télévision; ~**übertragung** *f* transmission *f* par télévision; télédiffusion *f*; ~**unterricht** *m* télé-enseignement *m*; ~**virus** *fig. m* virus *m* télévisionnaire; ~**zuschauer(in** *f*) *m* téléspectateur *m*, -trice *f*.

'**Fernsicht** *f* vue *f*.
'**Fernsprech|amt** *n* central *m* téléphonique; ~**anlage** *f* installation *f* téléphonique; ~**anschluß** *m* branchement *m* téléphonique; *haben Sie* ~*?* avez-vous le téléphone chez vous?; ~**apparat** *m* téléphone *m*; ~**automat** *m* taxiphone *m*; ~**beamter** *m*, ~**beamtin** *f* téléphoniste *m*, *f*; ~**buch** *n* annuaire *m* du téléphone; *in Fr. a.* «Bottin» *m*; ~**er** *m* téléphone *m*; *öffentlicher* ~ téléphone *m* public; taxiphone *m*; ~**fernverkehr** *m* trafic *m* téléphonique interurbain (*bzw.* à grande distance); ~**gebühr** *f* taxe *f* téléphonique; ~**geheimnis** *n* secret *m* des communications téléphoniques; ~**kabel** *n* câble *m* téléphonique; ~**leitung** *f* ligne *f* téléphonique; ~**netz** *n* réseau *m* téléphonique; ~**nummer** *f* numéro *m* de téléphone; ~**säule** (*an der Autobahn*) *f* poste *m* téléphonique; ~**technik** *f* téléphonie *f*; ~**teilnehmer(in** *f*) *m* abonné *m*, -e *f* au téléphone; ~**umschaltung** *f* inverseur *m* téléphonique; ~**verbindung** *f* communication *f* téléphonique; ~**verkehr** *m* trafic *m* téléphonique; ~**vermittlung** *f* central *m* téléphonique; *in e-m Hotel od. Verwaltungsgebäude*: standard *m* té-

léphonique; ~wesen *n* téléphonie *f*; ~zelle *f* cabine *f* téléphonique; ~zentrale *f* central *m* téléphonique.
'fern|stehen *v/i.* être étranger, -gère (à); ℒstehende(r *a. m*) *m*, *f* étranger *m*, -ère *f*; ℒsteuer-anlage *f e-r Rakete*: système *m* de télécommande; groupe *m* de téléguidage; ℒsteuerung *f* téléguidage *m*; télécommande *f*; ℒstraße *f* grand axe *m* routier; grande route *f*; ℒtransport *m* transport *m* à grande distance; ℒtrauung *f* mariage *m* par procuration; ℒüberwachung *f* télécontrôle *m*; ℒunterricht *m* enseignement *m* par correspondance (*od.* à distance); ℒunterrichtskurs *m* cours *m* par correspondance; ℒverkehr *m* 🚋 service *m* des grandes lignes; *Straße* trafic *m* lointain (*od.* à grande distance); téléph. service *m* interurbain *m*; ℒverkehrs-omnibus *m* autocar *m*; ℒverkehrsstraße *f* grande route *f*; Fr. route *f* nationale; ℒwaffe *f* arme *f* à longue portée; ℒwärmenetz *n* réseau *m* de chauffage à longue distance; ℒweh *n* nostalgie *f* des pays lointains; ℒwirkung *f* ⚔ des Geschützes: efficacité *f* à longue portée; ⚡ action *f* à distance; (*Gedankenübertragung*) télépathie *f*; transmission *f* de pensée; ℒziel *n* but *m* lointain; ℒzug 🚂 *m* express *m*; train *m* de grande ligne.
'Ferrisulfat *n* sulfate *m* ferrique.
Fer'rit *n* ferrite *f*.
'Ferro|legierung *f* ferro-alliage *m*; ~magnetismus *m* ferromagnétisme *m*; ~sulfat *n* sulfate *m* ferreux.
'Ferse *f* talon *m*; verstärkte ~ am *Strumpf*: renforcé au talon; *fig. j-m auf den* ~n *sitzen* (*od.* sein *od.* folgen) être (*od.* marcher) sur les talons de q.; talonner q.; F être aux trousses de q.; ~nbein *anat. n* calcanéum *m*; ~n-einlage *f für Schuhe*: talonnette *f*; ~ngeld F *fig. n*: ~ geben montrer (*od.* tourner) les talons; décamper.
'fertig *adj.* prêt (zu à); (*beendet*) achevé; fini; *Kleidung*: tout fait; de confection; *mit etw.* ~ *sein* avoir terminé (*od.* fini) qch.; *nun ist's* ~; F ~ *ist die Laube* c'est fini; voilà qui est fait; *ich bin* ~ j'ai fini, (*erschöpft*) je suis épuisé (*od.* éreinté *od.* fourbu *od.* moulu *od.* à bout *od.* F claqué *od.* F à plat; *mit etw.* (*j-m*) ~ *werden* venir à bout de qch. (de q.); *nicht damit* ~ *werden* ne pas en sortir; *ich kann nicht ohne ihn* ~ *werden* je ne peux me passer de lui; ~! allez!, *Fahrzeuge*: en route!; *Achtung!* ~! los! à vos marques! prêts! partez!; ~bau △ *m* préfabriqué *m*; ℒbe-arbeitung *f* finissage *m*; ~bekommen, ~bringen *v/t.* finir; achever; (*zustande bringen*) venir à bout (de); réussir; *etw.* ~ être capable de ...; arriver à ...; ℒerzeugnis *n*, ℒfabrikat *n* produit *m* fini; ℒgericht *cuis. n* mets *m* tout préparé; plat *m* cuisine; ℒhaus *n* maison *f* préfabriquée; ℒkeit *f* habileté *f*; dextérité *f*; *in etw.* ~ besitzen exceller (*od.* être habile) en qch.; ℒkleidung *f* vêtements *m/pl.* de confection (*od.* tout faits); ~kriegen *v/t.* → ~bekommen; ~machen *v/t.* finir; terminer; achever; faire; F *fig. j-n* ~ (*umbringen*) P refroidir q., supprimer q., faire ren-

trer q. sous terre, achever q.; (*handlungsunfähig machen*) anéantir q., (*abkanzeln*) sermonner q.; *v/rf.* se préparer (à); s'apprêter (à); se disposer (à); ℒmahlzeit *cuis. f*: vakuumverpackte ~ plat *m* préparé mis sous vide; ℒprodukt *n* produit *m* fini; ~stellen *v/t.* finir; achever; ℒstellung *f* achèvement *m*; ℒteil *n od. m* élément *m* préfabriqué; ℒung *f* fabrication *f*; usinage *m*; ℒungsfehler *m* défaut (*od.* vice) *m* de fabrication (*od.* d'usinage); ℒungsjahr *n* année *f* de fabrication; ℒungskosten *pl.* coût *m* de production; frais *m/pl.* de fabrication; ℒungsplanung *f* planification *f* de la production; ℒungssteuerung *f* (*Fördertechnik*) acheminement *m*; routage *m*; ℒungszeit *f* temps *m* de fabrication (*od.* d'usinage); ℒware *f* produit *m* fini.
Fes¹ *m od. n* fez *m*.
Fes² ♪ *n* fa *m* bémol.
fesch *adj.* chic; pimpant; F chouette; (*forsch*) fringant; (*Modemodell*) déluré.
'Fessel *f* liens *m/pl.*; (*Ketten*) chaînes *f/pl.*; fers *m/pl.* (*alle a. fig.*); *anat.* cheville *f*; *am Pferdefuß*: paturon *m*; (*Hemmnis*) entrave *f*; *j-n in* ~n *legen* mettre q. aux fers; enchaîner q.; ℒn; ~ballon *m* ballon *m* captif; ~gelenk *vét. n* articulation *f* du paturon; ℒn *v/t.* ligoter; enchaîner; *e-m Pferde die Füße* ~ entraver un cheval; *fig.* captiver; fasciner; (*stark in Anspruch nehmen*) absorber; *ans Bett gefesselt sein* être cloué au lit; ℒnd *adj.* captivant; fascinant.
fest *adj.* ferme (*a. Börse*); 🔬 concret, -ète; (*dicht in s-n Teilen*) compact, dense; (*haltbar*) solide; (*unbeweglich*) fixe (*a. Gehalt, Preis, Stellung*); (*dauerhaft*) stable (*a. Währung*); (*widerstandsfähig*) résistant; (*beharrlich*) constant; persévérant; *Schlaf*: profond; ✝ *Geschäft*: ferme; ~ *angelegtes Geld* argent *m* immobilisé; ~ *kaufen* (*verkaufen*) acheter (vendre) ferme; ~ *werden* se raffermir, (*gerinnen*) se coaguler, 🔬 se solidifier; ~*en Fuß fassen* prendre pied; *der* ~*en Meinung sein croire fermement*; ~ *schlafen* dormir profondément; ~ *überzeugt sein* être fermement convaincu; ~ *versprechen* promettre ferme (*od.* formellement); ~ *anblicken* fixer les yeux (*od.* les regards) sur; *sich* ~ *vornehmen* prendre la ferme résolution (*zu* ... *inf.* de ... *inf.*); ~ *an etw.* (*acc.*) *glauben* croire ferme(ment) à qch.; ~ *bei etw. bleiben* persévérer dans qch.; ~ *an etw. schrauben* serrer la vis; *die Bande* ~*er knüpfen* resserrer les liens; F *immer* ~*e darauf!* 'hardi!; allez-y ferme! vas-y!
Fest *n* fête *f* (*feiern, begehen* célébrer); *für j-n ein* ~ *veranstalten* donner (*od.* offrir) un fête à (*od.* en l'honneur de) q.; *frohes* ~! bonne (*od.* joyeuse) fête!; '~akt *m* cérémonie *f*; '~ausschuß *m* comité *m* des fêtes.
'festbeißen (*Hund usw.*) *v/rf.* sich ~ ne pas lâcher ce que l'on tient dans les dents.
'Festbeleuchtung *f* illumination *f*.
'fest|besoldet *adj.* qui reçoit des appointements fixes; ~binden *v/t.* lier; attacher; *Boot*: amarrer; ~bleiben

v/i. tenir ferme; ne pas reculer.
'Fest-essen *n* festin *m*; banquet *m*; (*Schmaus*) régal *m*.
'festfahren *v/rf.*: sich ~ ne plus pouvoir avancer; être en panne (*a. fig.*); s'embourber (*a. fig.*); ~fressen ⊕ *v/rf.*: sich ~ se gripper.
'Fest|gabe *f* cadeau *m* de fête; ~gedicht *n* poésie *f* de circonstance; ℒgefahren *adj.*: ~e Diplomatie diplomatie *f* immobiliste; ~gelage *n* festin *m*; banquet *m*; (*Schmaus*) régal *m*; ~gesang *m* chant *m* de fête; ℒgesetzt *adj.*: zur ~en Stunde à l'heure dite; zum ~en Tage au jour dit; ~halle *f* salle *f* des fêtes.
'fest|halten 1. *v/t.* tenir ferme; (*festnehmen*) arrêter; (*zurückhalten, behalten*) retenir; 2. *v/i.*: *an etw.* (*dat.*) ~ tenir ferme à qch.; 3. *v/rf.*: sich an etw. (*dat.*) ~ s'accrocher à qch.; *starr an s-n Ansichten* ~ ne pas démordre de son opinion; *halten Sie sich fest!* tenez-vous bien; bitte ~! *Bus usw.*: prière de se tenir; ℒhalten *n* attachement *m* (*an dat.* à); ~heften *v/t.* fixer; *Papier*: attacher.
'festigen 1. *v/t.* affermir; *Beziehungen, Macht usw.*: consolider; *das Haar*: fixer; 2. *v/rf.*: sich ~ s'affermir (*a. Börse*); *a. Preise*: se stabiliser, se consolider.
'Festigkeit *f* fermeté *f*; solidité *f*; compacité *f*; densité *f*; fixité *f*; stabilité *f*; consistance *f*; constance *f*; persévérance *f*; ~sberechnung ⊕ *f* calcul *m* de résistance; ~sgrenze ⊕ *f* limite *f* de rupture; ~sprüfung ⊕ *f* essai *m* de résistance.
'Festigung *f* affermissement *m*; stabilisation *f*; consolidation *f*; raffermissement *m* (*a. Börse*).
'Festival *n* festival *m* (*pl.* -s); ~besucher(in *f*) *m* festivalier *m*, -ière *f*.
'fest|keilen *v/t.* coincer; (*verkeilen*) caler; claveter; ~klammern *v/t. Papier*: attacher avec un trombone; *v/rf.*: sich ~ se cramponner (*a. fig.*; *an acc.* à); ~kleben 1. *v/i.* coller (*an dat.* à); 2. *v/t.* coller (*an acc.* sur).
'Festkleid *n* toilette *f* de gala.
'fest|klemmen 1. *v/t.* (*zusammendrücken*) serrer; (*festmachen*) fixer; attacher; ⊕ bloquer; caler; coincer; 2. *v/rf.*: sich ~ (*sich festfressen*) se gripper; ~knüpfen *v/t.* (*bien*) nouer; (*bien*) attacher; ℒkörperphysik *f* physique *f* du Solide; ℒland *n* continent *m*; terre *f* ferme; ~ländisch *adj.* continental; ℒlandsockel *m* plateau *m* continental sous-marin; ~legen 1. *v/t.* fixer (*auf etw. acc.* sur qch.); (*verpflichten*) engager, obliger; *vertraglich*: stipuler; (*bestimmen*) déterminer; *Plan usw.*: établir; *Kapital*: immobiliser; 2. *v/rf.*: sich auf etw. (*acc.*) ~ se fixer sur qch., (*sich verpflichten*) s'engager (*od.* s'obliger) à qch.; ℒlegung *f* fixation *f* (*Bestimmung*) détermination *f*; *e-s Planes usw.*: établissement *m*; *v. Kapital*: immobilisation *f*.
'festlich *adj.* de fête; (*voll Pracht*) pompeux, -euse; (*feierlich*) solennel, -elle; *j-n* ~ *bewirten* offrir un festin à q.; *sich* ~ *kleiden* s'endimancher; ~ *begehen* célébrer; fêter; ℒkeit *f* solennité *f*; (*Fest*) fête *f*; (*Festakt*) cérémonie *f*.

'Festlied *n* chant *m* de fête.
'festliegen *v/i. a. Schiff*: être immobilisé (*a. fig.*); *Termin*: être fixé; *v. e-m Kranken*: être cloué au lit.
'fest|machen *v/t.* attacher (*an dat.* à); fixer; *mit Reißzwecken* ~ fixer à l'aide de punaises; ♣ amarrer; ℒ**machen** *n* attachement *m*; fixation *f*; ♣ amarrage *m*.
'Festmahl *n* festin *m*; banquet *m*.
'Festmeter (*Holz*) *m* stère *m*.
'fest|nageln *v/t.* clouer (*a. fig.*); *fig. j-n auf etw. (acc.)* ~ coincer q. sur qch.; ℒ**nahme** *f* arrestation *f*, interpellation *f*; capture *f*; ~**nehmen** *v/t.* arrêter; interpeller.
'Fest|ordner *m* surveillant *m* d'une fête; ~**ordnung** *f*, ~**programm** *n* programme *m* d'une fête.
'Fest|preis ✝ *m* prix *m* fixe; ~**punkt** *m* point *m* de repère.
'Fest|rede *f* discours *m* de fête; ~**redner** *m* orateur *m* de la fête; ~**saal** *m* salle *f* des fêtes.
'festsaugen (*Tiere*) *v/rfl.*: sich ~ se fixer par succion.
'Festschmaus *m* festin *m*; régal *m*.
'fest|schnallen *v/t. Koffer*: boucler; *Sicherheitsgurt*: attacher; ~**schnüren** *v/t.* serrer (en laçant); ~**schrauben** *v/t.* visser.
'Festschrift *f* hommage *m* (*für* à).
'fest|setzen 1. *v/t.* fixer; établir; (*bestimmen*) déterminer; (*verordnen*) arrêter; décréter; (*regeln*) régler; *vertraglich*: stipuler; (*berechnen*) liquider; *die Zahl der Mitglieder auf 10* ~ fixer le nombre des membres à dix; 2. *v/rfl.*: sich ~ se fixer; s'établir; *pol. sich in e-m Land* ~ s'ancrer dans un pays; ℒ**setzen** *n*, ℒ**setzung** *f* fixation *f*; établissement *m*; (*Bestimmung*) détermination *f*; *vertragliche*: stipulation *f*; (*Berechnung*) liquidation *f*; ~**sitzen** *v/i.* être solidement fixé; (*bewegungsunfähig sein*) être immobilisé; être cloué sur place; *durch Panne*: être en panne; ♣ avoir échoué.
'Festspiele *n/pl.* festival *m*; (*Film*ℒ) festival *m* du film.
'fest|stampfen *v/t.* tasser; fouler; ⊕ pilonner; damer; ~**stehen** *v/i.* se tenir ferme sur les pieds; *Sachen*: être posé (*od.* établi) solidement; *fig.* être arrêté; (*sicher sein*) être certain; *es steht fest, daß* ... il est certain (*od.* de fait) que ...; le fait est que ...; il est avéré que ...; *da es feststeht, daß* ... étant donné que ...; *soviel steht fest, daß* ... ce qui est certain, c'est que ...; ~**stehend** *fig. adj.* certain; *Ziel*: fixe; ~**er Ausdruck** expression *f* toute faite; ~**stellen** *v/t.* constater; mettre en évidence; (*bestimmen*) déterminer; définir; (*festsetzen*) fixer; établir; *Krankheit*: diagnostiquer; *Personalien*: vérifier; *mach.* bloquer; (*verklemmen*) caler; ⚖ *j-s Identität* ~ établir l'identité de q.; ℒ**stellschraube** *f* vis *f* de blocage; ℒ**stelltaste** *f* touche *f* de blocage; ℒ**stellung** *f* constatation *f*; (*Bestimmung*) détermination *f*; (*Festsetzung*) fixation *f*; établissement *m*; (*Erklärung*) déclaration *f*; *Personalien*: vérification *f*; *mach.* blocage *m*; *der Identität* établissement *m* de l'identité; ℒ**stellungsbescheid** ⚖ *m* décision *f* déclaratoire; ℒ**stellungsklage** ⚖ *f* action *f* en constatation de droit; ℒ**stellungsurteil** ⚖ *n* jugement *m* déclaratif; ℒ**stellvorrichtung** *f* dispositif *m* d'arrêt (*od.* de blocage); ℒ**stoffrakete** *f* fusée *f* à combustible solide.
'Fest|tag *m* jour *m* de fête; (*Feiertag*) jour *m* férié; ℒ**täglich** *adj.* de fête; ℒ**tags** *adv.* les jours de fête.
'festtreten *v/t.* tasser; fouler.
'Festung *f* forteresse *f*; (*befestigter Ort*) place *f* forte; ✈ *fliegende* ~ forteresse *f* volante.
'Festungs|arbeit *f* travail *m* aux fortifications; ~**artillerie** *f* artillerie *f* de forteresse; ~**bau** *m* fortification *f*; ~**garnison** *f* garnison *f* d'une forteresse; ~**geschütz** *n* pièce *f* de place forte; ~**graben** *m* fossé *m* de forteresse; ~**gürtel** *m* ceinture *f* de forts; ~**haft** *f* arrêts *m/pl.* de forteresse; ~**kommandant** *m* commandant *m* de place; ~**werk** *n* (ouvrage[s] *m* [*pl.*] de) fortification(s) *f* (*pl.*).
festver'pflichtet *p.p.* absolument obligé.
'festverzinslich ✝ *adj.* à intérêts fixes; à revenu fixe.
'Festvorstellung *f* (représentation *f* de) gala *m*.
'Festwiese *f* champ *m* de foire.
'Festwoche *f* semaine *f* de fête.
'festwurzeln *v/i.* prendre racine; s'enraciner.
'Festzug *m* cortège *m*; défilé *m*.
'Fetisch *m* fétiche *m*; ~**anbeter** *m* fétichiste *m*.
Feti'schis|mus *m* fétichisme *m*; ~**t** *m* fétichiste *m*; ℒ**tisch** *adj.* fétichiste.
fett *adj.* gras, grasse; (~*leibig*) obèse; (~*süchtig*) adipeux, -euse; (*dick*) gros, grosse; *dick und* ~ gros et gras, grosse et grasse; ~**e Brühe** bouillon *m* gras; ~**er Bissen** bon morceau *m*; ~**er Boden** sol *m* gras; ~**e Pfründe** prébende *f* (lucrative); ~ *machen* engraisser; ~ *werden* (s')engraisser; *typ.* ~ *drucken* imprimer en caractères gras; F *das macht den Kohl nicht* ~ ça ne met pas de beurre dans les épinards.
Fett *n* graisse *f*; *tierisches Fett* graisse *f* animale; axonge *f*; (*fettes Fleisch*) gras *m*; ⚕ corps *m* gras; matière *f* grasse; *Biochemie:* ~*e pl.* lipides *m/pl.*; ~*e und Öle* matières *f/pl.* grasses; *mit* ~ *bestreichen* graisser; *das* ~ *von etw. abschöpfen* dégraisser qch., *fig.* écrémer qch.; ~ *ansetzen* engraisser; *fig.* F *j-m sein* ~ *geben* dire son fait à q.; *er hat sein* ~ *weg* on lui a dit son fait; '~**ablagerung** ⚕ *f* dépôt *m* de graisse; '~**auffangschale** (*Grillgerät*) *f* saucière *f*; '~**auge** *n* œil *m* au der Suppe: œil *m* de bouillon; '~**bauch** *m* F bedon *m*; F bedaine *f*; gros ventre *m*; ℒ**bäuchig** ✝ *adj.* ventru; '~**druck** *typ. m* caractères *m/pl.* gras; ~**e** *n* (*fettes Fleisch*) gras *m*; ℒ**en** *v/t.* graisser; ⊕ lubrifier; *Haare:* pommader; '~**fleck** *m* tache *f* de graisse; ℒ**frei** *adj.* exempt de graisse; ℒ**gedruckt** *typ. adj.* imprimé en caractères gras; '~**gehalt** *m* teneur *f* en graisses; '~**gewebe** *n* tissu *m* adipeux; ℒ**haltig** *adj.* graisseux, -euse; '~**heit** ✝ *f* obésité *f*; '~**henne** ♀ *f* orpin *m*; '~**hering** *m* 'hareng *m* blanc; ℒ**ig** *adj.* gras, grasse; graisseux, -euse; (*ölig*) onctueux, -euse; ✧ adipeux, -euse; '~**igkeit** *f* graisse *f*; (*Öligkeit*) onctuosité *f*; '~**klumpen** *m* morceau *m* de graisse; '~**kohle** *f* charbon *m* gras; '~ℒ**leibig** *adj.* obèse; corpulent; '~**leibigkeit** *f* obésité *f*; embonpoint *m*; corpulence *f*; '~ℒ**lösend** *adj.* dissolvant les graisses; *biol.* lipolytique; '~**näpfchen** *n*: *ins* ~ *treten fig.* mettre les pieds dans le plat; '~**papier** *n* papier *m* sulfurisé; papier-parchemin *m*; '~**polster** *n* bourrelet *m* (de graisse); '~**presse** *f* (*Auto usw.*) pompe *f* à graisse; '~**säure** *f* acide *m* gras; '~**schicht** *f* couche *f* de graisse; '~**seife** *f* savon *m* gras; '~**spaltend** ⚕ *adj.* hydrolysant les lipides; '~**spritze** (*Auto usw.*) *f* seringue *f* à graisse; '~**stift** *cosm. m*: farbloser ~ bâton *m* à lèvres au beurre de cacao contre gerçures; '~**sucht** *f* adipose *f*; *partielle* ~ adiposité *f*; ℒ**süchtig** *adj.* adipeux, -euse; '~ℒ**schädig** *adj.* gras; '~**teile** *m/pl.* parties *f/pl.* grasses; '~**wanst** *m* F bedon *m*; F bedaine *f*; gros ventre *m*; F *Person* pansu *m*; ventru *m*; '~**wolle** *f* laine *f* grasse; '~**wulst** *m* bourrelet *m* de graisse.
'Fetzen *m* lambeau *m*; (*Lumpen*) 'haillon *m*, loque *f*, *pl. a.* guenilles *f/pl.*; (*Lappen*) chiffon *m*; ~ *Papier* chiffon *m* de papier; *etw. in* ~ *reißen* déchirer qch. en lambeaux; *in* ~ *gehen* tomber en lambeaux (*od.* en loques).
feucht *adj.* humide; (*angefeuchtet*) mouillé; (*leicht* ~) moite; ~ *machen* humecter; ~ *werden* s'humecter.
'Feuchtigkeit *f* humidité *f*; (*das Feuchte*) humide *m*; *der Haut:* moiteur *f*; *vor* ~ *zu schützen* craint l'humidité; ℒ**sempfindlich** *adj.* qui peut être détérioré par l'humidité; ~**gehalt** *m* degré *m* d'humidité; ~ *der Luft* degré *m* hygrométrique de l'air; ~**sgrad** *m* degré *m* d'humidité; ~**skrem** *f* crème *f* hydratante; ~**smesser** *m* hygromètre *m*; ~**sschäden** *m/pl.* dommages *m/pl.* dus à l'humidité; ℒ**sspendend** *adj.* hydratant.
'feucht|kalt *adj.* d'une humidité froide; froid et humide; ℒ**reinigungstuch** *n* für Gesicht und Hände: mouchoir *m* rafraîchissant; démaquillant *m*; ~**warm** *adj.* d'une chaleur humide; chaud et humide.
feu'dal *adj.* féodal; *fig.* somptueux, -euse; F formidable.
Feuda'lismus *m* féodalité *f*.
Feu'dal|system *n*, ~**wesen** *n* système *m* féodal; féodalité *f*.
'Feuer *n* feu *m* (*a. v. Edelsteinen u. fig.*); *hell auflodernd:* flambée *f*; ✕ *a. tir m.* (*Brand*) incendie *m*; (*a. fig.*); *fig.* (*Glut*) flamme *f*; chaleur *f*; ardeur *f*; (*Schwung*) fougue *f*; *bei gelindem (starkem)* ~ à petit (grand) feu; ~ *anmachen* faire du feu; allumer le feu; ~ *anlegen* mettre le feu (à); incendier (qch.); ~ *fangen a. fig.* prendre feu; s'enflammer; *j-n um* ~ *bitten* demander du feu à q.; ~ *anbieten* offrir du feu; ~ *geben* donner du feu, (*schießen*) faire feu, tirer; *das* ~ *eröffnen* ouvrir le feu; ✕ *das* ~ *vorverlegen (zurückverlegen)* allonger (raccourcir) le tir; *unter* ~ *nehmen* prendre sous son feu; *das* ~ *einstellen* cesser le feu; *mit* ~ *und Schwert* par le fer et par le feu; *mit* ~ *und Schwert verheeren* mettre à feu et à sang;

zwischen zwei ~ geraten être pris entre deux feux (a. fig.); ~ und Verderben speien vomir le feu et la mort; fig. ~ und Flamme sein für être tout feu tout flamme pour; für j-n durchs ~ gehen se jeter au feu (od. se mettre en quatre) pour q.; mit dem ~ spielen jouer avec le feu; das ~ schüren attiser le feu; fig. Öl ins ~ gießen jeter (od. verser) de l'huile sur le feu; die Kastanien für j-n aus dem ~ holen tirer les marrons du feu pour q.; prov. gebranntes Kind scheut das ~ chat échaudé craint l'eau froide; ~! (rufen) (crier) au feu!; **~alarm** m alerte f d'incendie (od. au feu); **~alarmübung** écol. f exercice m d'alerte au feu; **~anzünder** m allume-feu m; **~befehl** ✱ m ordre m de tirer; **~bekämpfung** f lutte f contre le feu; **~bereich** ✱ m zone f du feu; ♀**beständig** adj. qui résiste au feu; ⚛, ⊕ a. réfractaire; **~beständigkeit** f résistance f au feu; **~bestattung** f incinération f; crémation f; **~bock** ⊕ m chenet m; **~bohne** ♀ f 'haricot m d'Espagne; **~eifer** m zèle m ardent; **~eimer** m seau m à incendie; **~einstellung** ✱ f cessez-le-feu m; **~er-öffnung** f ouverture f du feu; ♀**farben**, ♀**farbig** adj. couleur de feu; ♀**fest** adj. incombustible; ininflammable; ignifuge; à l'épreuve du feu; ⊕ a. réfractaire; **~es Glas** verre m à feu; **~e Türen** portes f/pl. coupe-feu; **~festigkeit** f incombustibilité f; ♀**flüssig** adj. fondu; en fusion; Vulkan: igné; ♀**fressend** adj. ignivore; **~garbe** f gerbe f de feu; **~gefahr** f danger m d'incendie; ♀**gefährlich** adj. combustible; inflammable; **~gefecht** n échange m de coups de feu; échange m de tirs; **~geschwindigkeit** f (Schußfolge) rapidité f du tir; **~glocke** hist. tocsin m; **~gürtel** m ceinture f de feu; **~haken** m der Feuerwehr: croc m à incendie; (Schüreisen) tisonnier m; pique-feu m; attisoir m; ♀**hemmend** adj. ignifuge; **~herd** m foyer (od. lieu) m d'incendie; (Feuerstätte) âtre m; foyer m; **~kult** m culte m du feu; **~land** n Terre f de Feu; **~leiter** f échelle f à incendie; **~lilie** ♀ f lis m orangé; **~linie** f (Schußlinie) ligne f de tir; **~löschapparat** m extincteur m; **~löschboot** n bateau-pompe m; **~löscher** m, **~löschgerät** n extincteur m; **~löschmittel** n produit m extincteur; **~löschschaum** m mousse f anti-incendie; **~löschstelle** f poste m d'incendie; **~löschwagen** m autopompe f; **~löschwesen** n service m incendie; **~löschzug** m autopompe f; **~mal** ✱ n tache f de vin; nævus m; **~meer** n océan m de feu; **~melder** m avertisseur m d'incendie; ♀n v/i. faire du feu; chauffer; (schießen) faire feu (auf acc. sur); tirer (sur); F fig. (entlassen) F limoger; F balancer; congédier; licencier; F vider; F virer; F sacquer; F mettre à pied; **~n** n chauffage m; (Schießen) tir m; **~pause** ✱ f arrêt m du tir; **~!** 'halte au feu!; **~probe** f épreuve f du feu; fig. die ~ aushalten passer par le creuset; **~rad** n roue f de feu; ♀**rot** adj. rouge feu; Haar: roux, rousse; ~ im Gesicht sein avoir le visage en feu; **~salamander** m salamandre f terrestre; **~säule** f colonne f de feu; **~sbrunst** f grand incendie m; **~schaden** m dommage m causé par le feu; sinistre m; **~schein** m am Kamin: lueur f du feu; e-s Brandes: lueur f d'incendie; **~schiff** ♆ n bateau--phare m; bateau-feu m; **~schirm** m (Kamingitter) garde-feu m; écran m; **~schlag** ✱ m → **~überfall**; **~schluckend** adj. ignivore; **~schutz** m protection f contre l'incendie; ✱ tir m d'appui; feu m de protection; **~schutzmittel** n ignifuge m; **~schutzstreifen** (bei Waldbränden) m réseau m pare-feux; **~schwamm** m amadou m; **~sgefahr** f danger m d'incendie; **~sglut** f brasier m; ♀**sicher** adj. incombustible; ignifuge; à l'épreuve du feu; ~ machen ignifuger; ♀**speiend** adj. qui vomit du feu; ignivome; **~er Berg** volcan m; **~spritze** f lance f d'incendie; **~stätte** f foyer m; **~stein** m pierre f à feu; silex m; für Feuerzeug: pierre f à briquet; **~stellung** f ✱ Geschütz in ~ pièce f en position de batterie; **~stoß** ✱ m rafale f; **~stuhlbesitzer** iron. m motard m; **~taufe** ✱ f baptême m du feu; **~teufel** m pyromane m; **~tod** hist. m supplice m du feu; **~überfall** ✱ m tir m de surprise. **'Feuerung** f chauffage m; chauffe f; (Heizmaterial) combustibles m/pl.; **~sbedarf** m besoin m en combustibles; **~smaterial** n combustibles m/pl.; **~sraum** m ⊕ chauffe f; ♆ chaufferie f.
'Feuer|vergoldung f dorure f à chaud; **~verhütung** f prévention f des incendies; **~versicherung** f assurance f incendie; **~versicherungsgesellschaft** f compagnie f d'assurance incendie; **~versicherungspolice** f police f d'assurance incendie; ♀**verzinkt** adj. zingué à chaud; ♀**verzinnt** adj. étamé à chaud; **~wache** f poste m (od. caserne f) de pompiers; kleinere: piquet m d'incendie; **~waffe** f arme f à feu; **~walze** ✱ f barrage m roulant; **~wechsel** ✱ m échange m de coups de feu (od. de tirs); **~wehr** f (corps m des) pompiers m/pl.; **~wehrauto** n fourgon-pompe m; **~wehrfonds** fig. fin. (bei Illiquidität e-r Bank) m fonds m de secours d'urgence; **~wehrleiter** f échelle f d'incendie; **~wehrmann** m pompier m; **~wehrschlauch** m tuyau m d'incendie; **~wehrwagen** m autopompe f; **~wehrzug** m compagnie f de pompiers; **~werk** n feu m d'artifice; **~werker** m artificier m; pyrotechnicien m; **~werke'rei** f pyrotechnie f; **~werkskörper** m pièce f d'artifice; **~werkskunst** f pyrotechnie f; **~wirkung** ✱ f efficacité f du tir; **~wolke** f nappe f de feu; **~zange** f pincettes f/pl.; **~zangenbowle** f punch m chaud flambé; **~zeug** n briquet m; **~zeugbenzin** n essence f à briquet; **~zone** f zone f de feu; **~zug** m carneau m.
Feuille'ton n feuilleton m.
Feuilleto'nist m feuilletoniste m; ♀**isch** adj. de feuilleton.
'feurig I adj. ardent; enflammé; de feu; en feu (alle a. fig.); géol. igné; Auge: étincelant; Pferd: fougueux, -euse; **~er Wein** vin m généreux (od. capiteux); fig. (glühend) a. brûlant; (begeistert) enthousiaste; (inbrünstig) fervent; (leidenschaftlich) passionné; II adv. avec feu; ardemment.
Fez F m (Spaß, Unsinn) rigolade f; ~ machen rigoler; faire les fous (od. la foire).
Fi'asko n fiasco m; ~ machen faire fiasco; échouer.
'Fibel[1] f abécédaire m.
'Fibel[2] hist. f (Spange) fibule f.
'Fiber anat. u. ♀ f fibre f.
Fi'brille f fibrille f.
Fi'brin n fibrine f.
Fi'brom ✱ n fibrome m.
fi'brös adj. fibreux, -euse.
'Fichte ♀ f épicéa m; sapin m rouge.
'Fichten|harz n résine f de pin; **~holz** n bois m d'épicéa; **~nadel** f aiguille f d'épicéa; **~zapfen** m cône m d'épicéa.
fi'del adj. gai; joyeux, -euse; enjoué; jovial; de bonne humeur; fig. **~es Haus** joyeux drille m.
'Fieber ✱ n fièvre f (a. fig.); hohes ~ fièvre f; P tremblote f; ~ haben avoir de la fièvre; etw. ~ haben faire (od. avoir) un peu de fièvre; ~ bekommen prendre de la fièvre; vor ~ glühen (zittern) brûler (trembler) de fièvre; **~anfall** m accès m (od. poussée f) de fièvre; ♀**artig** adj. fébrile; **~ausbruch** m poussée f de fièvre; ♀**frei** adj. sans fièvre; **~frost** m frissons m/pl.; **~glut** f, **~hitze** f chaleur f fébrile; ♀**haft**, ♀**ig** adj. fiévreux, -euse) fébrile; fig. **~haft arbeiten** travailler fiévreusement; ♀**krank** adj. pris de fièvre; qui a de la fièvre (od. de la température); fiévreux, -euse; **~kranke(r** a. m) m, f fiévreux m, -euse f; **~kurve** f courbe f de température; **~mittel** n fébrifuge m; ♀n v/i. avoir de la fièvre (od. de la température); être fiévreux, -euse; **~schauer** m frissons m/pl. de fièvre; **~tabelle** f feuille f de température; **~thermometer** n thermomètre m médical; ♀**vertreibend** adj. fébrifuge; **~es Mittel** fébrifuge m; **~wahn** m délire m fébrile.
'Fied|el F f violon m; mv.p. crincrin m; ♀**eln** F v/i. racler du violon; **~ler** F m racleur m.
fies F péj. adj. F sale; F moche; V dégueulasse.
Fi'gur f figure f; e-e gute ~ machen faire bonne figure; (Körperwuchs) taille f; stature f; Schach usw.: pièce f; peint. Bild in ganzer ~ portrait m en pied; staatliche ~ prestance f; F e-e verbotene ~ haben être mal foutu.
Figu'rant(in f) m figurant m, -e f.
figu'rieren (vorkommen) v/i. figurer.
fi'gürlich I adj. figuré; im **~en Sinne** au (sens) figuré; II adv. au figuré.
Fik'ti|on f fiction f; ♀**tiv** adj. fictif, -ive.
Fi'let n filet m (a. cuis.); **~arbeit** f filet m; **~braten** m filet m rôti.
Fili'al|bank f banque f affiliée; **~betriebswesen** n succursalisme m; **~e** f succursale f; (Tochtergesellschaft) filiale f; **~leiter** m directeur m de filiale.
Fili'gran(arbeit f) n filigrane m.
Film m film m (drehen tourner; réaliser; vorführen projeter; passer; pré-

senter); (*Filmstreifen*) a. pellicule f; belichteter (unbelichteter; plastischer; dreidimensionaler) ~ film m exposé (vierge; en relief; en cinérama, à trois dimensions); e-n (neuen) ~ einlegen mettre un (nouveau) film; '~**akrobat** m cascadeur m; '~**akrobatin** f cascadeuse f; '~**archiv** n cinémathèque f; *für Mikrofilme*: filmothèque f; '~**atelier** n studio m; '~**aufnahme** f prise f de vues; '~**band** n bande f; '~**bauten** m/pl. décors m/pl.; '~**be-arbeitung** f adaptation f cinématographique; '~**bericht** m reportage m filmé (*od.* cinématographique); '~**diva** f → ~star; '~**drehbuch** n scénario m; ²**en** v/t. filmer; *abs.* tourner (*od.* réaliser) un film; ~**en** n tournage m d'un film; '~**fachmann** m cinéaste m; '~**festspiele** n/pl. festival m du film; '~**freund** m cinéphile m; '~**größe** f → ~star; '~**hersteller** m producteur m de cinéma; '~**herstellung** f production f cinégraphique; industrie f cinématographique; '~**industrie** f industrie f du cinéma; ²**isch** adj. filmique; '~**kamera** f caméra f; *für Amateure*: photo-ciné m; '~**kassette** f magasin m (*od.* chargeur m) cinématographique; '~**klub** m ciné-club m; '~**konzern** m grand circuit m; F *major* m; '~**kopie** f copie f de film; '~**kritik** f critique f de cinéma (*od.* cinématographique); '~**kritiker** m critique m de cinéma; '~**kunde** f filmologie f; '~**kunst** f (art m du) cinéma m; cinématographie f; '~**künstler** m artiste m, f de cinéma; '~**leinwand** f écran m; '~**magazin** n magazine m de cinéma; '~**pack** m film-pack m; bloc-film m; '~**produktion** f production f cinégraphique; '~**produzent** m producteur m de cinéma; '~**prüfstelle** f office m de contrôle de films; '~**regisseur** m metteur m en scène (de films); réalisateur m; '~**reklame** f 1. publicité f pour un film bzw. des films; 2. → ~werbung; '~**reportage** f → ~bericht; '~**rolle** f 1. rôle m dans un film; 2. rouleau m de pellicule; film m; '~**schaffende(r)** m cinéaste m; '~**schauspieler(in** f) m acteur m, -trice f de cinéma; '~**schlager** m film m à succès; classique m du cinéma; '~**schöpfung** f réalisation f cinématographique; '~**schriftsteller** m cinéaste m; scénariste m; '~**spule** f bobine f de film; '~**stadt** f studios m/pl. de cinéma; '~**star** m, '~**stern** m étoile f de cinéma; vedette f de l'écran; star f; '~**sternchen** n starlette f; '~**streifen** m bande f de film; pellicule f; '~**studio** n studio m de cinéma; '~**technik** f cinématographie f; '~**the-ater** m (*od.* '~**verleih** m, '~**vertrieb** m location (*od.* distribution) f de films; '~**verleiher** m distributeur m de films; '~**verzeichnis** n: *systematisches* ~ filmographie f; '~**vorführer(in** f) m opérateur m, -trice f; '~**vorführung** f projection f de film; '~**vorstellung** f séance f de cinéma; '~**vorführungsgerät** n projecteur m de cinéma; appareil m de projection cinématographique; '~**vorführungsraum** m salle f de projections; '~**welt** f monde m du cinéma (*od.* cinématographique); '~**werbung** f publicité f par le film (*od.* au cinéma); '~**wesen** n cinématographie f; '~**wirtschaft** f → ~industrie; '~**wissenschaft** f filmologie f; '~**wissenschaftler** m filmologue m; ²**wissenschaftlich** adj. filmologique; '~**wochenschrift** f hebdomadaire m filmé; '~**zensur** f censure f cinématographique.

'**Filter** m u. n filtre m; phot. a. écran m; ~**becher** m gobelet-filtre m; ~**einsatz** m cartouche f filtrante; ~ der Gasmaske cartouche f du masque à gaz; ~**kaffee** m café m filtre; ~**kanne** f cafetière f à filtre; ~**kohle** f charbon m à filtrer; ~**kondensator** rad. m condensateur m de filtrage; ~**maschine** f (Kaffeemaschine) percolateur m; ~**mundstück** n bout m filtre; Zigarette mit ~ cigarette f filtre; ²**n** v/t. filtrer; ~**papier** n papier-filtre m; ~**tuch** n étamine f; tissu m filtrant; ~**zigarette** f cigarette f à filtre.

Fil'trat n filtrat m.

Fil'trier|apparat m filtre m; ²**en** v/t. filtrer; ~**en** n → ~ung; ~**papier** n papier-filtre m (*od.* cinématographique); ~**trichter** m filtre m; ~**ung** f filtrage m; filtration f.

Filz m feutre m; F (*Geizhals*) ladre m; F pingre m; grigou m; mit ~ belegen feutrer; ~**dichtung** ⊕ f joint m en feutre; '~**hut** m (chapeau m de) feutre m; ²**ig** adj. feutré; qui ressemble au feutre; ♀ bourru; '~**laus** ent. f pou m de pubis; morpion m; '~**okratie** péj., pol. f favoritisme m politique; népotisme m; plais. partitocratie f; '~**pantoffeln** m/pl. pantoufles f/pl. de feutre; '~**schuhe** m/pl. chaussures f/pl. de feutre; '~**sohle** f semelle f de feutre; '~**stift** m crayon m (*od.* stylo m) feutre; feutre m; '~**streifen** m bande f de feutre; '~**tafel** écol. f tableau m de feutre; '~**unterlage** f (dessous m de) feutre m.

'**Fimmel** F m (*Besessenheit*) manie f; folie f; tic m.

Fi'nal|e ♪ n finale m; ~**satz** gr. m proposition f finale.

Fi'nanz f, mst. ~**en** pl. finances f/pl.; ~**abkommen** n accord m financier; ~**abteilung** f service m financier; ~**amt** n administration f des finances; ~**ausgleich** m péréquation f financière; ~**ausschuß** m comité m financier; commission f des finances; ~**experte** m expert m financier; ~**gebarung** f régime m financier; ~**gesetzgebung** f législation f financière; ~**hilfe** f aide f financière; subvention f.

finanzi'ell adj. financier, -ière.

finan'zier|en v/t. financer; ²**ung** f financement m; ²**ungsgesellschaft** f société f de financement; ²**ungsplan** m plan m de financement.

Fi'nanz|jahr n année f financière; ~**kontrolle** f contrôle m des finances; ~**kreise** m/pl. milieux m/pl. financiers; ~**krise** f crise f financière; ~**lage** f situation f financière; ~**mann** m financier m; ~**minister** m ministre m des finances; ~**ministerium** n ministère m des Finances; *in England*: Trésorerie f; ~**politik** f politique f financière; ~**spritze** F f aide f financière; F injection f de fonds; F ballon m d'oxygène; ²**technisch** adj. financier, -ière; ~**verwaltung** f administration f des finances; ~**welt** f monde m de la finance; ~**wesen** n finances f/pl.; ~**wirtschaft** f gestion f financière; régime m financier; ~**wissenschaft** f science f financière.

'**Findel|haus** n maison f (*od.* hospice m) des enfants trouvés; ~**kind** n enfant m trouvé.

'**find|en** 1. v/t. trouver; fig. ich finde, daß ... je trouve que ...; Beifall ~ avoir du succès; être applaudi; Glauben ~ trouver créance, Nachricht: trouver crédit; Ruhe ~ trouver le repos; bei j-m (*od.* vor j-s Augen) Gnade ~ trouver grâce devant q. (*od.* aux yeux de q.); an etw. (dat.) Gefallen ~ trouver plaisir à qch.; ich finde an ihm Gefallen il me plaît; (für) ratsam ~ juger prudent (*od.* à propos); 2. v/rf.: sich ~ se trouver; von Partnern: se rencontrer; sich ~ in qch.; se résigner à qch.; das wird sich ~ on verra bien, l'avenir en décidera, (schon in Ordnung kommen) cela s'arrangera, (das wird schon kommen) cela se fera avec le temps; es ~ sich Menschen, die ... on trouve (*od.* on rencontre *od.* il y a *od.* il se trouve) des gens qui ...; ²**er(in** f) m celui (celle) qui trouve (resp. a trouvé); ²**erlohn** m récompense f accordée pour un objet perdu.

'**findig** adj. ingénieux, -euse; ~**er Kopf** esprit m ingénieux; ²**keit** f ingéniosité f.

'**Findling** géol. m bloc m erratique.

Fi'nesse f finesse f; raffinement m.

'**Finger** m doigt m; der große ~ le doigt du milieu; le majeur; der kleine ~ le petit doigt; l'auriculaire m; sich in den ~ schneiden se couper le doigt; sich die ~ nach etw. lecken se lécher les doigts de qch.; fig. sich die ~ verbrennen se brûler les doigts (*od.* les ailes); s'échauder; sich etw. aus den ~n saugen inventer qch.; j-m auf die ~ sehen surveiller q. de près; péj. mit dem ~ auf j-n zeigen montrer q. du doigt; mit dem ~ auf das Tal zeigen pointer le doigt vers la vallée; j-m auf die ~ klopfen donner à q. sur les doigts; fig. j-m durch die ~ sehen être indulgent pour q.; fermer les yeux sur les fautes de q.; die ~ bei etw. im Spiel haben être mêlé à qch.; die ~ von etw. lassen ne pas toucher à qch.; ne pas se mêler de qch.; an den ~n abzählen compter sur ses doigts; fig. man kann es sich an den ~n abzählen ça saute aux yeux; c'est évident; c'est aisé à voir; lange ~ machen avoir les doigts crochus; keinen ~ rühren ne pas faire œuvre de ses dix doigts; keinen kleinen ~ rühren ne pas lever le petit doigt; fig. man kann ihn um den ~ wickeln il est souple comme un gant; wenn er mir zwischen die ~ kommt! si je le rattrape!; ~**abdruck** m empreinte f digitale; ~**abdruckverfahren** n dactyloscopie f; ²**breit** adj. de la largeur d'un doigt; ~**fertigkeit** f dextérité f; ♪ ~ haben avoir du doigté; ~**geschwür** ♂ n panaris m; ~**glied** n phalange f; ~**hakeln** n jeu du doigt

de fer; ~hut *m* dé *m* (à coudre); ♀ digitale *f*; ℒlang *adj.* de la longueur d'un doigt; ~ling *m* doigtier *m*; ℒn F *v/t. Angelegenheit:* arranger; F goupiller; ~nagel *m* ongle *m* (du doigt); ~ring *m* anneau *m*; bague *f*; ~satz ♩ *m* doigté *m*; ~spitze *f* bout *m* du doigt; ~spitzengefühl *fig. n* doigté *m*; tact *m*; entregent *m*; ~sprache *f* langage *m* digital; ~übung ♩ *f* exercice *m* de doigté; ~zeig *m* indication *f*; F tuyau *m*.
fin'gier|en *v/t.* feindre; simuler; ℒen *n* feinte *f*; simulation *f*; ~t *adj.* simulé; fictif, -ive; imaginaire; F bidon *adj. inv.*
'Finish (*Sport*) *n* finish *m*.
Fink *orn. m* pinson *m*.
'Finne[1] *f* (*Flosse des Wals*) nageoire *f*; *des Hais:* aileron *m* dorsal.
'Finn|e[2] *m*, ~in *f* Finlandais *m*, -e *f*.
'finnig *vét. adj.* ladre.
'finn|isch *adj.* finlandais; *der ℒe Meerbusen* le golfe de Finlande; ℒland *n* la Finlande; ℒlandisierung *pol. f* finlandisation *f*.
'Finnwal *zo. m* rorqual *m*.
'finster *adj.* sombre; *es ist* ~ il fait sombre; *es wird* ~ il commence à faire sombre; la nuit vient; *es war schon* ~*e Nacht* il faisait déjà nuit noire; *fig.* ~*er Aberglaube* superstition *f* crasse; *fig.* ~ sombre; lugubre; morne; ~ *aussehen* avoir l'air sombre; ~*e Gedanken haben* avoir des idées noires; broyer du noir; ℒe(s) *n* ténèbres *f/pl.*; obscurité *f*; *im Finsteren tappen* aller (*od.* marcher) à tâtons; tâtonner; ℒnis *f* obscurité *f*; ténèbres *f/pl.*; *ast.* éclipse *f*.
'Finte *f* feinte *f* (*a. esc.*); (*Vorwand*) prétexte *m*; (*List*) ruse *f*.
'Firlefanz *m* (*Tand*) fanfreluches *f/pl.*; colifichets *m/pl.*; (*dummes Zeug*) futilités *f/pl.*; bêtises *f/pl.*; sottises *f/pl.*
firm *adj.*: ~ *sein in etw.* (*dat.*) connaître qch. à fond; F être ferré (*od.* calé) en qch.
'Firma *f* maison *f* (de commerce); firme *f*; (*Name*) raison *f* sociale; *eingetragene* ~ maison *f* inscrite au registre du commerce.
Firma'ment *n* firmament *m*.
'firmen *v/t.* confirmer.
'Firmen|bezeichnung *f* raison *f* sociale; ~inhaber *m* propriétaire *f* d'une firme; ~name *f* raison *f* sociale; ~register *n* registre *m* du commerce; ~schild *n* enseigne *f*; ~stempel *m* cachet *m* de firme; ~verzeichnis *n* annuaire *m* du commerce.
fir'mieren ✝ *v/i.*: ~ *als* (*od. mit*) signer la raison sociale; *wir* ~ *X und Co.* notre raison sociale est X et Cie.
'Firm|ling *m* confirmand(e) *m* (*f*); ~ung *f* confirmation *f*.
Firn *m* névé *m*.
'Firnfeld *n* champ *m* de névé.
'Firnis *m* vernis *m* (*a. fig.*); ~papier *n* papier *m* verni; ℒsen *v/t.* vernir.
'Firnschnee *m* névé *m*.
First *m* *e-s Berges*: crête *f*; (*Haus*ℒ) faîte *m*; arête *f*; '~ziegel △ *m* (tuile *f*) faîtière *f*.
Fis ♩ *n* fa *m* dièse.
Fisch *m* poisson *m*; *gebratener:* friture *f*; *geräucherter* ~ poisson *m* fumé; *fliegender* ~ poisson *m* volant; *fig. das ist weder* ~ *noch Fleisch* ce n'est ni chair ni poisson; *stumm wie ein* ~ muet, -ette comme une carpe; (*munter*) *wie ein* ~ *im Wasser* comme un poisson dans l'eau; F *das sind faule* ~*e* ce sont des faux-fuyants (*od.* des boniments); *das sind kleine* ~*e* F c'est de la broutille; '~adler *orn. m* aigle *m* pêcheur; '℧arm *adj.* peu poissonneux, -euse; '~augenobjektiv *phot. n* objectif *m* (à très) grand angle; objectif *m* fish-eye; '~bank *f* banc *m* de poissons; '~behälter *m* vivier *m*; '~bein *n* baleine *f*; '~besteck *n* couvert *m* à poisson; '~blase *f* vessie *f* de poisson; '~brattopf *m* poissonnière *f*; '~dampfer *m* chalutier *m*.
'fischen I *v/t. u. v/i.* pêcher (*a. fig.*); ~ *gehen a.* aller à la pêche; *fig. im trüben* ~ pêcher en eau trouble; II ℒ *n* pêche *f*.
'Fischenthäutemaschine *f* épiauteuse *f*.
'Fischer|(in *f*) *m* pêcheur *m*, -euse *f*; ~boot *n* barque *f* (*od.* canot *m*) de pêche; ~dorf *n* village *m* de pêcheurs.
Fische'rei *f* pêche *f*; ~bezirk *m*, ~gebiet *n* pêcherie *f*; ~erlaubnisschein *m*, ~karte *f* permis *m* de pêche; ~recht *n* droit *m* de pêche.
'Fischer|gerät *n* attirail *m* de pêche; ~hütte *f* cabane *f* de pêcheur(s).
'Fisch|erlaubnis *f* permission *f* de pêcher; *gesetzliche:* ouverture *f* de la pêche; ~fang *m* pêche *f*; ~fang(s)... halieutique *adj.*; ~fanggerät *n* attirail *m* de pêche; ~filet *n* filet *m* de poisson; ~flosse *f* nageoire *f*; ℒsend *adj.* piscivore; ichtyophage; ~gabel *f* fourchette *f* à poisson; ~gericht *n* plat *m* de poisson; ~geruch *m* odeur *f* de poisson; *frischer Seefische a.:* odeur *f* de marée; ~geschäft *n* poissonnerie *f*; ~geschmack *m* goût *m* de poisson; ~gräte *f* arête *f*; ~grätenmuster *text. n* chevrons *m/pl.*; ~grund *m* pêcherie *f*; ~halle *f* 'halle *f* au poisson; poissonnerie *f*; ~handel *m* commerce *m* de poisson; ~händler(in *f*) *m* marchand *m*, -e *f* de poisson; poissonnier *m*, -ière *f*; ~handlung *f* poissonnerie *f*; ~kasten *m* vivier *m*; ~köder *m* amorce *f*; appât *m*; ~konserven *f/pl.* conserves *f/pl.* de poisson; ~kopfabtrennegerät *n* étêteuse *f*; ~kunde *f* ichtyologie *f*; ~laden *m* poissonnerie *f*; ~laich *m* frai *m* (de poisson); ~lake *cuis. f* saumure *f* de poisson; ~leim *m* colle *f* de poisson; ichtyocolle *f*; ~markt *m* marché *m* aux poissons; poissonnerie *f*; ~mehl *m* farine *f* de poisson; ~messer *n* couteau *m* à poisson; ~milch *f* laitance *f*; ~netz *n* filet *m* (de pêche); *großes* ~ chalut *m*; ~otter *zo. m od. f* loutre *f*; ~otterbau *m* catiche *f*; ~pfanne *f* poissonnière *f*; ~pökler *m* salaisonnier *m*; ℒreich *adj.* poissonneux, -euse; ~reiher *orn. m* 'héron *m* cendré; ~reuse *f* nasse *f*; égrilloir *m*; ~rogen *m* œufs *m/pl.* de poisson; ~schuppe *f* écaille *f* de poisson; ~schwarm *m* banc *m* de poisson; ~suppe *f* soupe *f* au poisson; bouillabaisse *f*; ~teich *m* vivier *m*; bassin *m* de pisciculture; ~huile *f* de poisson; ~ver-arbeitungsdampfer *m* navire-usine *m*; ~vergiftung *f* intoxication *f* (*od.* empoisonnement *m*) par le poisson; ~weiher *m* vivier *m*; ~zucht *f* pisciculture *f*; ~züchter *m* pisciculteur *m*; ~zug *m* coup *m* de filet.
Fis-Dur ♩ *n* fa *m* dièse majeur.
Fisima'tenten F *pl.* (*Ausflüchte*) faux-fuyants *m/pl.*; (*Flausen*) blagues *f/pl.*; (*Umstände*) histoires *f/pl.*; façons *f/pl.*; F chichis *m/pl.*
fis'kalisch *adj.* fiscal.
'Fiskus *m* fisc *m*.
'Fistel *f* ✞ fistule *f*; ♩ fausset *m*; ~stimme *f* voix *f* de fausset.
fit F *adj.* en forme; bien entraîné; agile.
'Fitness *f* agilité *f* et aisance *f*.
'Fittich *m*: j-n unter s-e ~e nehmen prendre q. sous son aile.
fix *adj.* prompt; (*flink*) alerte; agile; (*geschickt*) habile; adroit; (*gewandt*) leste; (*behend*) preste; *Idee, Gehalt:* fixe; F *e-e* ~*e Idee haben* avoir une idée fixe; F *se mettre qch. dans la cervelle*; F ~ *und fertig* à bout; *mach* ~! fais vite!
Fixa'tiv *peint. n* fixatif *m*.
'fixen F (*sich Drogen einspritzen*) *v/i.* se piquer.
'Fixgeschäft ✝ *n* opération *f* à terme fixe.
Fi'xier|bad *phot. n* bain *m* de fixage; ℒen *v/t.* fixer (*a. phot.*); *j-n* ~ regarder q. fixement; ~en *n*, ~ung *f* fixation *f*; *phot.* fixage *m*; ~mittel *n*, ~salz *n phot.* fixateur *m*.
'Fixstern *m* étoile *f* fixe.
'Fixum *n* fixe *m*.
Fjord *m* fjord *m*; fiord *m*.
flach *adj.* plat (*a. fig.*); (*niedrig*) bas, basse; ~*es Land* pays *m* plat; plaine *f*; *auf dem* ~*en Lande* (*im Ggs. zur Stadt*) en rase campagne; ~*es Dach* toit *m* plat (*od.* en terrasse); ~*es Wasser* eaux *f/pl.* basses; *mit der* ~*en Hand* du plat de la main; ~*er Teller* assiette *f* plate; *adv.* F *das fällt* ~ il n'en est plus question; cela tombe à l'eau; 'ℒball *m Tennis:* balle *f* au ras du filet; 'ℒbau *m* construction *f* plate; 'ℒdach *n* toit *m* en terrasse; 'ℒdraht *m* fil *m* plat (*od.* aplati); 'ℒdruck *typ. m* impression *f* à plat.
'Fläche *f* (*Ober*ℒ) surface *f*; berechnete ~: superficie *f*; aire *f*; (*Seite*) face *f*; *die* ~ *e-s Kristalls* les faces *f/pl.* d'un cristal; (*Ebene*) plaine *f*; Å *u. phys.* geneigte (senkrechte) ~ plan *m* incliné (vertical).
'Flach-eisen *n* fer *m* plat.
'Flächen|abwurf ✕ *m* bombardement *m* en tapis; ~antenne *f* antenne *f* en nappe; ~bedarf ⊕ *m* superficie *f* requise; place *f* nécessaire; ~blitz *m* éclair *m* diffus; ~inhalt *m* surface *f*; superficie *f*; aire *f*; ~maß *n* mesure *f* de surface; ~messung Å *f* planimétrie *f*; ~winkel Å *m* angle *m* plan.
'Flach|feile ⊕ *f* lime *f* plate; ~feuer ✕ *n* tir *m* tendu; ℒgedrückt *adj.* aplati; ~heit *f* forme *f* plate; *fig.* platitude *f*; banalité *f*.
'flächig *adj.* de grande surface.
'Flach|kopf *m* tête *f* plate; *fig.* esprit *m* faible (*od.* borné); ℒköpfig *adj.* qui a la tête plate; *fig.* qui a l'esprit faible (*od.* borné); ~land *n* pays *m* plat; plaine *f*; ~mann F *plais. m* (*Taschen-Schnapsfläschchen*) petite bouteille *f*

plate d'eau-de-vie; ~meißel ⊕ m ciseau m plat; ~relief n bas-relief m; ~rennen n course f de plat.
Flachs ♀ m lin m (brechen broyer); '~bau ♂ m culture f du lin; '²blond adj. blond filasse.
'**Flach-schuß** m Fußball: shoot m au ras du sol.
'**Flachs|farbe** f gris m de lin; ²**farben** adj. gris de lin; ~**feld** n linière f; ~**haar** n cheveux m/pl. filasse; ~**kopf** m blondinet m.
'**Flachspule** ⚡ f bobine f plate.
'**Flachsspinne'rei** f filature f de lin.
'**Flachzange** f pince f plate.
'**flackern I** v/i. Licht: vaciller; Feuer: flamber; flamboyer; téléph. scintiller; **II** ♀ n des Lichtes: vacillation f; des Feuers: flamboiement m; téléph. scintillement m.
'**Fladen** m (Kuchen) galette f; (Kuh♀) bouse f (de vache).
'**Flagg|e** f pavillon m; drapeau m; die ~ streichen amener (od. rentrer) le pavillon, fig. baisser pavillon; die ~ hissen 'hisser (od. arborer) le pavillon; unter französischer ~ segeln naviguer sous pavillon français; ²**en 1.** v/t. pavoiser; **2.** v/i. être pavoisé; ~**en** n pavoisement m; ~**enparade** ⚓ f cérémonie f des couleurs; ~**ensignal** n signal m par fanions; ~**enstange** f 'hampe f; ~**offizier** m officier m général; amiral; ~**schiff** n vaisseau m amiral.
Flak f artillerie f antiaérienne (od. de défense contre avions); D.C.A. f (= défense f contre avions); '~**artillerie** f artillerie f antiaérienne (od. de défense contre avions); '~**batterie** f batterie f antiaérienne (od. de D.C.A.); '~**feuer** n tir m antiaérien (od. de D.C.A.); '~**geschütz** n canon m antiaérien (od. de D.C.A.); '~**granate** f obus m antiaérien (od. de D.C.A.); '~**rakete** f engin m antiaérien (od. de D.C.A.); '~**scheinwerfer** m projecteur m de D.C.A.; ~**sperre** f barrage m antiaérien (od. de D.C.A.).
flam'bieren cuis. v/t. flamber.
'**Flam|e** m Flamand m; ~**in** (od. Flämin) f Flamande f.
Fla'mingo orn. flamant m.
'**flämisch** adj. flamand; ²**sprechende**(r a. m) m, f flamingant m, -e f.
'**Flamme** f flamme f; fig. a. feu m; f (Geliebte) bien-aimée f; dulcinée f; in ~n stehen être en flammes; in ~n setzen enflammer; in ~n stehen flammes; Feuer und ~ sein für être tout feu tout flamme pour; ²**n** v/t. text. Muster bunt weben: chiner; Geflügel absengen: flamber; ²**nd** adj. enflammé; ardent; ~**nmeer** n mer f de flammes; ~**nschwert** hist. n épée f flamboyante; ~**nspeiend** adj. vomissant (a. crachant) le feu; ~**ntod** m mort f dans les flammes; ~**nwerfer** ⚔ m lance-flammes m.
'**Flammeri** cuis. m etwa gâteau m de semoule.
'**Flammrohr** ⊕ (Heizbrenner) n tube m foyer.
'**Fland|ern** n la Flandre f; ²**risch** adj. flamand.
Fla'nell m flanelle f; ~**hemd** n chemise f de flanelle; ~**hose** f pantalon m de flanelle.
fla'nieren I v/i. flâner; **II** ♀ n flânerie f.

'**Flank|e** f flanc m; j-m in die ~ fallen prendre q. de flanc; die ~ ungedeckt lassen prêter le flanc; ~**enangriff** m, ~**enstoß** m attaque f de flanc; ~**endeckung** f couverture f des flancs; auf dem Marsch: flanc-garde f; ~**enmarsch** m marche f de flanc; ~**enschutz** m, ~**ensicherung** f couverture f des flancs; auf dem Marsch: flanc-garde f.
flan'kieren I v/t. flanquer; **II** ♀ n flanquement m; ~**d** fig. adjt.: ~**e Maßnahmen** mesures f/pl. supplémentaires.
Flansch ⊕ m bride f; ²**en** v/t. brider; '~**rohr** n tuyau m à brides.
Flaps F m P péquenot m; P butor m; goujat m.
'**flapsig** F adj. de goujat.
'**Fläschchen** n petite bouteille f; phm. flacon m; fiole f; für Säuglinge: biberon m.
'**Flasche** f **1.** bouteille f; (Korb♀) dame-jeanne f; bonbonne f; (Wasser♀) carafe f; e-e ~ Wein une bouteille de vin; einschließlich ~ verre compris; auf ~n ziehen mettre en bouteilles; gleich aus der ~ trinken boire au goulot (od. à même la bouteille od. à même le goulot; e-e ~ verkorken (entkorken) boucher (déboucher) une bouteille; mit der ~ nähren nourrir au biberon; **2.** F fig. péj. (unsportlicher, feiger Mensch) F pâte f molle; F soliveau m.
'**Flaschen|bauch** m ventre m de bouteille; ~**bier** n bière f en bouteilles; ~**boden** m cul m de bouteille; ~**bürste** f goupillon m; ~**fach** n im Kühlschrank: rayon m à bouteilles; ~**füllmaschine** f remplisseuse f; ~**gas** n gaz m en bouteille; ~**gestell** n porte-bouteilles m; casier m à bouteilles; ~**hals** m goulot m; col m de bouteille; ~**kasten** m casier m à bouteilles; ~**korb** m panier m à bouteilles; ~**kühler** m seau m à rafraîchir; ~**kürbis** ♀ m gourde f; calebasse f; ~**milch** f lait m en bouteilles; ~**öffner** m décapsuleur m; ~**post** ⚓ f bouteille f à la mer; ~**regal** n rayon m à bouteilles; ~**schrank** m casier m à bouteilles; ~**spüler** m, ~**spülmaschine** f rince-bouteilles m; ~**ständer** m porte-bouteilles m; ~**verkorkungsmaschine** f bouche-bouteilles m; ²**weise** adv. par bouteilles; ~**zug** m moufle f; palan m.
'**Flashbar** phot. f: e-e ~ von zehn Blitzlichtern une rampe de dix lampes flash.
'**Flatter|geist** F m esprit m volage; ²**haft** adj. volage; inconsistant; inconstant; évaporé; léger, -ère; ~**haftigkeit** f inconsistance f; inconstance f; légèreté f.
'**flattern I** v/i. voltiger; voleter; im Winde ~ flotter au vent; das Rad flattert vél. la roue est voilée; Auto: la roue est mal vissée; **II** ♀ n voltigement m; Auto:; von Rädern: flottement m.
flau adj. faible; (matt) languissant (a. Börse); ♥ calme; inactif, -ive; F mir ist ~ je ne me sens pas bien; je me sens défaillir; das Geschäft geht ~ les affaires languissent (od. vont mal); ²**heit** f faiblesse f; langueur f (a. der

Börse).
Flaum m duvet m.
'**Flaum|bart** m, ~**feder** f, ~**haar** n duvet m; ²**ig** adj. duveté; cotonneux, -euse; ²**weich** adj. moelleux, -euse.
'**Flausch|decke** f couverture f ouatinée, duvetée, moelleuse; ²**ig** adj. duveté; moelleux, -euse.
'**Flausen** f/pl. blagues f/pl.; bsd. écol. sottises f/pl.; ~ machen blaguer; ~**macher** m blagueur m.
'**Flaute** f ⚓ calme m; ♥ morte-saison f; (Depression) dépression f.
'**Flecht|e** f (Haar♀) tresse f; natte f; ♀ lichen m; ⚕ dartre f; ²**en** v/t. u. v/rf.: Haar, Korb: tresser; in Zöpfe ~ natter; Korb, Kranz: faire; Stuhl mit Rohr: canner; Band ins Haar ~ entrelacer les cheveux de rubans; sich um etw. ~ s'entortiller (od. s'enrouler) autour de qch.; ~**er** m vannier m; ~**rohr** n rotin m; ~**werk** n ⚖ entrelacs m/pl.; Wasserbau: clayonnage m.
Fleck m (Schmutz♀) tache f; (Stelle) endroit m; place f; im Diamant: paille f; cuis. (in Berlin) tripes f/pl.; blauer ~ bleu m; a. am Obst: meurtrissure f; ~**e bekommen** se tacher; nicht vom ~ gehen; sıch nicht vom ~ rühren ne pas bouger; nicht vom ~ kommen ne pas avancer; das Herz auf dem richtigen ~ haben avoir bon cœur; '~**en** m (Markt♀) bourg m, kleiner: bourgade f; '²**enlos** adj. sans tache; immaculé; '~**enreiniger** m Person: dégraisseur m Reinigungsmittel: détachant m; '~**enreinigerin** f dégraisseuse f; '~**enreinigung** f détachage m; '~**entilgend** adj. antitaches adj. inv.; '~**enwasser** n détachant m; ~**fieber** ⚕ n typhus m (exanthématique); '²**ig** adj. tacheté; (gesprenkelt) moucheté; (befleckt) taché; ~ **werden** se tacher; ~**typhus** ⚕ m typhus m (exanthématique); ²**unempfindlich** adj. qui ne craint pas les taches; '~**wasser** n détachant m.
'**Fledderer** m: ~ von Autowracks désosseur m.
'**fleddern** v/t. dévaliser; détrousser.
'**Fledermaus** zo. f chauve-souris f.
'**Flegel** m ♂ fléau m; fig. P péquenot m; rustre m; P butor m; malappris m; goujat m; F mufle m; malotru m; mal élevé m; impertinent m.
Flege'lei f grossièreté f; goujaterie f; muflerie f; (Unverschämtheit) impertinence f.
'**flegelhaft** adj. grossier, -ière; malappris; malotru; (unverschämt) impertinent; ²**igkeit** f grossièreté f; (Unverschämtheit) impertinence f.
'**Flegel|jahre** n/pl. âge m ingrat; in den ~n sein être dans l'âge ingrat; être mal dégrossi; ²**n** v/rf.: sich auf etw. (acc.) ~ se vautrer sur qch.
'**flehen I** v/i.: zu j-m ~ supplier q.; implorer q.; **II** ♀ n supplication f; imploration f; ²**de**(r a. m) m, f suppliant m, -e f; ²**tlich** I adj. instant; **II** adv. instamment; avec instance.
'**Fleisch** n chair f; ♀ a. pulpe f; Schlächterei: viande f; gehacktes ~ viande hachée; ~ wildes ~ champignon m; fig. aus ~ und Blut en chair et en os; weder Fisch noch ~ ni chair ni poisson; ~ essen in der Fastenzeit: faire gras; fig. j-m in ~ und Blut übergehen devenir une habitude chez

q.; *sich ins eigene ~ schneiden* se faire du tort (*od.* du mal) soi-même; agir contre ses propres intérêts; '**~abfälle** *m/pl.* issues *f/pl.*; '**~bank** *f* étal *m* (de boucher); '**~beschau** *f* inspection *f* des viandes (*od.* de la viande) de boucherie; '**~beschauer** *m* inspecteur *m* des viandes (*od.* de la viande) de boucherie; '**~brühe** *f* bouillon *m*; *kräftige:* consommé *m*; '**~er** boucher *m*; **~e'rei** *f* boucherie-(-charcuterie *f*) *f*; *für Schweinefleisch:* charcuterie *f*; '**~ergeselle** *m* garçon *m* boucher; '**~erhaken** *m* allonge *f*; croc *m* à viande; '**~erlehrling** *m* apprenti *m* boucher; '**~ermeister** *m* maître *m* boucher; '**~extrakt** *m* extrait *m* de viande; '**~fabrik** *f* usine *f* à viande; '**~farbe** *f* couleur *f* (de la) chair; carnation *f*; '²**~farben, ²farbig** *adj.* couleur chair; **~fliege** *f* mouche *f* à viande; '²**fressend** *adj.* carnivore; '**~fresser** *m* carnivore *m*; carnassier *m*; '**~gericht** *n* plat *m* de viande; '²**geworden** *rl. adj.* incarné; '**~hauer** *östr. m* boucher *m*; '²**ig** *adj.* charnu, ⚕ pulpeux, -euse; '**~klößchen** *cuis. n* boulette *f*; godiveau *m*; quenelle *f*; '**~konserven** *f/pl.* conserves *f/pl.* de viande; '**~kost** *f* régime *m* carné; '²**lich** *adj.* charnel, -elle; de la chair; '²**los** *adj.:* **~er** *Tag* jour *m* maigre (*od.* sans viande); '**~made** *zo. f* asticot *m*; '**~mangel** *m* manque *m* de viande; '**~messer** *n* couteau *m* de boucher; couteau *m* de cuisine; '**~pastete** *f* pâté *m*; '²**rot** *adj.* incarnat; '**~saft** *m* jus *m* de viande; **~sa'lat** *cuis. m* salade *f* de saucisse à la mayonnaise; '**~scheibe** *f*, '**~schnitte** *f* tranche *f* de viande; escalope *f*; '**~speise** *f* plat *m* de viande; *H.* mets *m* gras; '**~stand** *m* étal *m*; '**~teile** *anat. m/pl.* parties *f/pl.* charnues; '**~ton** *peint. m* carnation *f*; ton *m* de la chair; '**~topf** *m* pot-au-feu *m*; *fig. nach den Fleischtöpfen Ägyptens sehnen* regretter le bon temps; '**~vergiftung** *f* intoxication *f* (*od.* empoisonnement *m*) par la viande; botulisme *m*; '**~waren** *f/pl.:* *Fleisch- und Wurstwaren* boucherie--charcuterie *f*; '**~werdung** *rl. f* incarnation *f*; '**~wolf** *m* F moulinette *f*; 'hachoir *m*, 'hache-viande *m*; '**~wunde** *f* blessure (*od.* plaie) *f* dans les chairs; '**~wurst** *f* (sorte *f* de) saucisse *f*.

Fleiß *m* application *f*; assiduité *f*; zèle *m*; *allen ~ auf etw. (acc.) verwenden* mettre toute son application à, pour faire qch.; *prov. ohne ~ kein Preis* on n'a rien sans peine; '²**ig I** *adj.* travailleur; appliqué; assidu; zélé; studieux, -euse; **~e** *Arbeit* ouvrage *m* fait avec soin; **II** *adv.* avec application; assidûment; **~** *studieren* être studieux; être assidu à l'étude.

flek'tieren I *v/t.* décliner; *Verb:* conjuguer; **II** ⚕ *n* déclinaison *f*; *e-s Verbums:* conjugaison *f*; **~de** *Sprachen* langues *f/pl.* flexionnelles.

'**flennen** F *v/i.* pleurnicher; P chialer.

'**fletschen** *v/t.:* *die Zähne ~* montrer les dents.

fle'xibel *adj.:* *flexible Arbeitszeit* horaire *m* souple (*od.* mobile).

Flexi'on *gr. f* flexion *f*; **~s-endung** *gr. f* désinence *f* flexionnelle; terminaison *f*; **~s-sprache** *f* langue *f* flexionnelle.

'**Flick-arbeit** *f* raccommodage *m*; rapiéçage *m*; ravaudage *m*.

'**Flicken** *m* pièce *f*; *am Reifen a.:* rustine *f*.

'**flicken I** *v/t.* raccommoder; rapiécer; ravauder; repriser; *Luftschlauch:* réparer, mettre une rustine à; *fig. j-m etw. am Zeuge ~* chercher la petite bête chez q.; **II** ⚕ *n* raccommodage *m*; rapiéçage *m*; ravaudage *m*; *e-s Luftschlauches:* réparation *f*.

'**Flick|schuster** *m* savetier *m*; **~werk** *n* rapiéçage *m*; replâtrage *m*; rafistolage *m*; *geistiges:* compilation *f*; **~wort** *n* cheville *f*; **~zeug** *n* in Fahrrad: nécessaire *m* pour réparer les pneus.

'**Flieder** ⚕ *m* lilas *m*; **~strauß** *m* bouquet *m* de lilas; **~tee** *phm. m* tisane *f* de sureau.

'**Fliege** *f ent.* mouche *f*; *kleine ~* moucheron *m*; *fig. (Querbinder)* nœud-papillon *m*; *keiner ~ etw. tun können* être incapable de faire du mal à une mouche; *fig. in der Not frißt der Teufel ~n* faute de grives on mange des merles; *zwei ~n mit e-r Klappe schlagen* faire d'une pierre deux coups; faire coup double.

'**fliegen I 1.** *v/i. a.* ✈ voler; ✈ aller en avion; prendre l'avion; *~ nach ...* s'envoler pour ...; *in die Höhe ~* s'élever dans les airs, ✈ prendre son vol; *(flattern)* flotter; *in die Luft ~* sauter; *(losstürzen)* se précipiter; F *(entlassen werden)* être renvoyé; F se faire éjecter; F valser; **2.** *v/t.* ✈ *Maschine:* piloter; *Strecke:* parcourir; *e-n Einsatz ~* faire une mission; **II** ⚕ *n* vol *m*; *~ in geschlossener Formation* vol *m* en formation serrée; **~d** *adj.* volant; *(flatternd)* flottant; ✈ **~es** *Personal* personnel *m* navigant (*od.* volant); **~er** *Start* départ *m* lancé; **~e** *Festung* forteresse *f* volante; **~er** *Händler* marchand *m* ambulant; *mit ~en Haaren* les cheveux flottants; *der ~de Holländer* le Vaisseau fantôme; *~ angeordnet* monté en porte-à-faux.

'**Fliegen|dreck** *m* chiure *f*; **~fänger** *m* attrape-mouches *m*; tue-mouches *m*; **~fenster** *n* fenêtre *f* grillagée; **~gewicht(ler** *m*) *n* Boxsport: poids *m* mouche; **~klappe** *f*, **~klatsche** *f* tapette *f*; **~kopf** *typ. m* blocage *m*; **~netz** *n* für Pferde: émouchette *f*; **~papier** *n* papier *m* tue-mouches; **~pilz** ⚕ *m* fausse oronge *f*; amanite *f* tue-mouches; **~schnäpper** *orn. m* gobe-mouches *m*; **~schrank** *m* garde-manger *m*; **~schwamm** *m →* **~pilz;** **~wedel** *m* chasse-mouches *m*.

'**Flieger** *m* aviateur *m*; pilote *m*; *Radrennen:* sprinter *m*; **~abwehr** *f* défense *f* antiaérienne; défense *f* contre avions (D.C.A.); **~abwehrgeschütz** *n*, **~abwehrkanone** *f* canon *m* anti-aérien, **~abzeichen** *n* insigne *m* d'aviateur (*od.* d'aviation); **~alarm** *m* alerte *f* aérienne; alerte *f* aux avions; **~angriff** *m* attaque *f* aérienne; **~aufnahme** *f* photo *f* aérienne; **~bombe** *f* bombe *f* d'aviation; **~deckung** *f* abri *m* contre les avions; **~dreß** *m* combinaison *f* (*od.* tenue *f*) de vol.

Fliege'rei *f* aviation *f*.

'**Flieger|geschädigte(r** *a. m*) *m, f* sinistré *m*, -e *f*; **~held** *m* as *m* de l'aviation; **~horst** *m* base *f* aérienne, **~in** *f* aviatrice *f*; **²isch** *adj.* d'aviateur; de pilote; *(aeronautisch)* aéronautique; **~kamera** *f* appareil *m* de prise de vues aériennes; **~kappe** *f* casquette *f* pour aviateurs; serre-tête *m*; **~krankheit** *f* mal *m* des aviateurs; **~schule** *f* école *f* de pilotage; **~schuppen** *m* 'hangar *m* d'avions; **~sicht** *f*: *gegen ~ gedeckt* dérobé à la vue des avions; camouflé; **~staffel** *f* escadrille *f* d'avions; **~tätigkeit** *f* activité *f* aérienne; **~tauglichkeit** *f* aptitude *f* au vol; **~truppe** *f* unité *f* (*od.* troupe *f*) de l'armée de l'air; **~verband** *m* formation *f* aérienne.

'**flieh|en** *v/i. u. v/t.* fuir; prendre la fuite; *st.s. j-n (etw.) ~*; *vor j-m (etw. dat.) ~* fuir q. (qch.) od. devant q. devant qch.; *~ aus* s'enfuir de, se sauver de; *ins Ausland ~* s'enfuir à l'étranger; *zu j-m ~* se réfugier chez q.; **~end** *adj.:* **~e** *Stirn* front *m* fuyant; ²**kraft** *f* force *f* centrifuge; ²**kraftregler** *m* régulateur *m* centrifuge.

'**Fliese** *f* carreau *m*; *(Platte)* dalle *f*; *mit ~n belegen* carreler; daller; **~nbelag** *m* carrelage *m*; dallage *m*; **~nfußboden** *m* carrelage *m*; **~nleger** *m* carreleur *m*; **~nwand** *f* mur *m* carrelé.

'**Fließ|arbeit** *f* travail *m* à la chaîne; **~band** *n* chaîne *f*; *(Förderband)* tapis *m* roulant; convoyeur *m*; **~bandmontage** *f* montage *m* à la chaîne.

'**fließen** *v/i.* couler (*a. fig.*); ⚡ *Strom:* circuler; *durch etw. ~* traverser (*od.* couler à travers) qch.; *ins Meer ~* se jeter dans la mer; *der Schweiß fließt ihm von der Stirn* son front ruisselle de sueur; *prov. alles fließt (Heraklit)* tout devient; **~d I** *adj.* courant; **~es** *Wasser* eau *f* courante; *fig. ~er Stil* style *m* coulant (*od.* aisé); **II** *adv.:* *~ sprechen (schreiben; lesen)* parler (écrire; lire) couramment.

'**Fließglas** *n* verre *m* flotté.

'**Flimmerkiste** *cin. plais. f* boîte *f* aux images.

'**flimmern I** *v/i. Sterne, Film, téléph.* scintiller; *Augen, Sonne:* papilloter; *(zittern)* vibrer *(a. Film); Licht:* trembloter; *es flimmert ihm vor den Augen* il a des éblouissements; **II** ⚕ *n* scintillement *m*; *(Zittern)* vibration *f* *(a. des Films); des Lichtes:* tremblotement *m*.

flink *adj.* agile, preste; leste; vif, vive; alerte; '²**heit** *f* agilité *f*; rapidité *f*; vivacité *f*.

'**Flinte** *f* fusil *m*; *fig. die ~ ins Korn werfen* jeter le manche après la cognée.

Flipperspiel *(elektr. Billard) n* flipper *m*.

Flirt *m* flirt *m*; '²**en** *v/i.* flirter *(mit j-m* avec q.); *mit j-m ~ a.* avoir un flirt avec q.

'**Flittchen** P *n* poule *f*; coureuse *f*; F cavaleuse *f*.

'**Flitter** *m* paillettes *f/pl.*; *fig. (Tand)* clinquant *m*; colifichets *m/pl.*; *etw. mit ~ besetzen* pailleter qch.; **~glanz** *m* faux brillant *m*; clinquant *m*; **~gold** *n* clinquant *m* d'or; **~kram** *m*

flittern — Flugkontrolle 830

fanfreluches f/pl.; falbalas m/pl.; F affiquets m/pl.; colifichets m/pl.; clinquant m; 2n v/i. scintiller; papilloter; ~staat m, ~werk n colifichets m/pl.; clinquant m; ~wochen f/pl. lune f de miel.
'**Flitz**|**bogen** m arc m; 2en v/i. foncer; F gazer; filer comme une flèche.
'**Floating** écon. n flottement m; flottaison f.
'**Flock**|**e** f flocon m; (Faser) floche f; ~n bilden floconner; in dicken ~n fallen tomber à gros flocons; ~enbildung f floculation f; ~enblume ♀ f centaurée f; 2ig adj. floconneux, -euse; ~seide f bourre f de soie; soie f floche; filoselle f; effiloche f; ~wolle f bourre f de laine.
Floh m puce f; F fig. j-m e-n ~ ins Ohr setzen faire naître chez q. une idée qui l'obsède; '~stich m piqûre f de puce.
'**flöhen** 1. v/t. épucer; 2. v/rf.: sich ~ chercher ses puces; s'épucer.
'**Flohkiste** P f (Bett) pucier m.
'**Flohmarkt** m marché m aux puces.
'**Flora** f flore f.
'**Flor**|**band** n ruban m de crêpe; ~binde f als Zeichen der Trauer: (brassard m de) crêpe m.
Flo'renz n Florence f.
Flo'rett n fleuret m; ~band n ruban m de fleuret; ~fechten n escrime f au fleuret; ~fechter(in f) m fleurettiste m, f; ~seide f fleuret m.
flo'rieren v/i. être florissant; prospérer.
Flori'legium (Blütenlese) n florilège m; anthologie f.
'**Florschleier** m voile m de crêpe.
'**Floskel** f formule f toute faite.
Floß n radeau m; (geflößtes Holz) train m de bois.
'**flößbar** adj. Gewässer: flottable.
'**Floßbrücke** f pont m de radeaux.
'**Flosse** f zo. nageoire f; des Hais usw.: aileron m; ✈ stabilisateur m; F (Hand) main f; F patte f; P pince f.
'**flößen** I v/t. Holz: flotter; transporter par flottage; II 2 n flottage m.
'**Flossenfüßer** zo. m/pl. pinnipèdes m/pl.
'**Flößer** m flotteur m de bois.
Flöße'rei f flottage m.
'**Floßholz** n bois m flotté.
'**Flöt**|**e** ♪ f flûte f; ~ spielen jouer de la flûte; 2en v/t. u. v/i. jouer de la flûte; ~enbläser(in f) m, ~enspieler(in f) m joueur m, -euse f de flûte; flûtiste m, f; 2engehen F v/i. être fichu; ~enregister n in Orgeln: jeu m de flûtes; ~enstimme f (partie f de la) flûte f; ~enton m son m de flûte; F fig. j-m die Flötentöne beibringen faire entendre raison à q.
Flö'tist(**in** f) m flûtiste m, f; joueur m, -euse f de flûte.
flott adj. léger, -ère; dégagé; déluré; (schick) chic (a. f); (gut) bon, bonne; ⚓ à flot; ~er Bursche joyeux, gai luron m; ~ gehen aller bon train; das ‚Geschäft geht ~ les affaires vont bien; ~ leben vivre sur un grand pied; mener joyeuse vie; prendre la vie par le bon côté; faire bombance; ~ schreiben écrire avec facilité; F fig. e-e ~e Sohle aufs Parkett werfen (tanzen) P plais. guincher; gambiller.
'**Flott**|**e** f flotte f; text. (Färbe2) bain m; ~en-abkommen n accord m naval; ~enflaggschiff n vaisseau m amiral; ~enmanöver n manœuvres f/pl. navales; ~enparade f revue f navale; ~enstation f station f navale; ~enstützpunkt m base f navale; ~enverband m formation f navale.
'**flottgehend** adj. Geschäft: qui va bien.
flot'tierend adj. Schuld: flottant.
Flot'tille f flottille f.
'**flottmachen** ⚓ v/t. mettre à flot (a. fig.); wieder ~ remettre à flot (a. fig.), renflouer, Auto: dépanner.
Flöz géol. n couche f; filon m.
Fluch m malédiction f; imprécation f; (~wort) juron m (ausstoßen lancer); '2beladen, '2belastet adj. chargé de malédictions; maudit; '2en v/i. jurer; sacrer; j-m ~ maudire q.; donner sa malédiction à q.; auf j-n (auf etw.) ~ pester (od. invectiver) contre q. (contre qch.).
Flucht f fuite f; aus Gewahrsam: évasion f; ⚠ (Bau2) alignement m; ~ von Räumen enfilade f de pièces; auf der ~ dans (od. pendant) la fuite; en fuyant; ✕ in voller ~ en pleine déroute; die ~ ergreifen prendre la fuite (od. F le large); s'évader; in die ~ schlagen mettre en fuite ✕ en déroute); '2artig adv. en fuite ✕ en déroute.
'**flüchten** v/i. u. v/rf.: sich ~ s'enfuir; prendre la fuite; se sauver; se réfugier.
'**Flucht**|**helfer** m passeur m de fugitifs; ~hilfe f complicité f d'évasion.
'**flüchtig** I adj. fugitif, -ive; ~ werden s'enfuir; prendre la fuite, (entwischen) s'échapper; (vergänglich) fugace; passager, -ère; (unbeständig) inconstant; (eilig) rapide; (oberflächlich) superficiel, -elle; Arbeit: négligé; peu soigné; bâclé; ♠ volatil; II adv. (eilig) rapidement; à la hâte; (leichtsinnig) légèrement; à la légère; (oberflächlich) superficiellement; ~ lesen parcourir; ~ erledigen bâcler; ~ entwerfen ébaucher; esquisser; ~ sehen entrevoir; j-n nur ~ gesehen haben avoir vu q. entre deux portes; 2keit f rapidité f; (Unbeständigkeit) inconstance f; (Lässigkeit) négligence f; ♠ volatilité f; 2keitsfehler m faute f d'inattention; négligence f.
'**Flüchtling** m réfugié m, -e f; (auf der Flucht befindlich) fugitif m; (Ausreißer[in]) fuyard m, -e f; ~sfamilie f famille f de réfugiés; ~slager n camp m de réfugiés; ~sstrom m afflux m des réfugiés.
'**Flucht**|**linie** ⚠ f alignement m; ~punkt opt. m point m de fuite; ~verdacht m présomption f de fuite; 2verdächtig adj. suspect de vouloir fuir; ~versuch m tentative f de fuite (od. d'évasion); e-n ~ machen a. essayer de fuir; ~weg m a. filière f d'évasion.
'**fluchwürdig** adj. maudissable.
Flug m vol m; croisière f; längerer a.: raid m; (Schwarm) volée f; im ~e pendant le vol, au vol, à la volée, fig. (eiligst) à la hâte; zwischen zwei Flügen entre deux avions; (Nachricht) wie im ~e verbreiten se répandre comme une traînée de poudre; '~abkommen n accord m aérien; '~ab-wehr f défense f antiaérienne (od. contre avions); '~abwehrkanone f canon m antiaérien (od. D.C.A.); '~abwehrrakete f fusée f antiaérienne; '~asche f escarbille f; '~bahn f der Geschosse: trajectoire f; ✈ trajet m; '~ball m Tennis: volée f; '~begleiter ✈ m steward m; '~begleiterin ✈ f hôtesse f de l'air; '2bereit adj. prêt à décoller; '~betrieb m service m aérien; '~blatt n tract m; '~boot n hydravion m; '~dauer f durée f de vol; '~deck (auf e-m Flugzeugträger) n pont m d'envol; '~dienst m service m aérien; '~diensthelfer m régulateur m.
'**Flügel** m aile f (a. ✕, ✈, Sport, Gebäude2, Kot2); ✈ a. plan m de sustentation; (Klavier) piano m à queue; (Tür2, Fenster2) battant m; vantail m; der Lunge: lobe m; ⊕ e-s Propellers a.: pale f; ♀ appendice f; an Bombe, Gewehr, Ventilator: ailette f; e-r Haube: papillon m; freitragender ~ aile f cantilever; mit den ~n schlagen battre des ailes; fig. j-m die ~ stutzen (od. beschneiden) rogner les ailes à q.; die ~ hängen lassen baisser l'oreille; perdre courage; fig. j-m ~ verleihen donner des ailes à q.; ~adjutant ✕ m aide m de camp; ~bombe ✕ f bombe f à ailettes; ~decke ent. f élytre m.
'**Flugelektronik** f avionique f.
'**Flügel**|**fenster** n croisée f à vantaux; 2lahm adj. qui ne peut plus voler; 2los adj. sans ailes; zo. aptère; ~mann m chef m de file; Fußball: ailier m; ~mutter ⊕ f écrou m à papillon; ~rad ⊕ n roue f à aubes; ~rakete ✕ f missile m de croisière; ~schlag m coup m d'ailes; battement m d'ailes; ~schraube ⊕ f vis f à ailettes; ~spannweite f envergure f; ~spitze f bei Vögeln: aileron m; ~stürmer m Fußball: ailier m; ~tür f porte f à deux battants; ~weite f envergure f.
'**Flug**|**erfahrung** f expérience f du vol; ~fahrplan m horaire m (du service aérien); als Heft: indicateur m aérien; ~feld n champ (od. terrain) m d'aviation; 2fertig adj. prêt à décoller; ~gast m passager m aérien; voyageur-avion m; ~gastbrücke f passerelle f télescopique; couloir m télescopique et orientable.
'**flügge** adj.: capable de voler; prêt à quitter le nid; fig. ~ sein voler de ses propres ailes; fig. ~ werden prendre sa volée.
'**Flug**|**gefährte** m compagnon m de vol; ~gelände n terrain m d'aviation; ~geschwindigkeit f vitesse f de vol; ~gesellschaft f compagnie f d'aviation; ~gewicht n poids m total en vol; ~hafen m aéroport m; ~ für Überschallflugzeuge aéroport m supersonique; ~hafenanlage f installation f aéroportuaire; ~hafengebäude n (a. pl.) aérogare f; ~hafenleitung f direction f de l'aéroport; ~hafer ♀ m folle avoine f; ~halle f 'hangar m d'avions; ~höhe f 'hauteur (od. altitude) f de vol; niedrige ~ faible altitude f; absolute ~ plafond m; Ballistik: flèche f de trajectoire; ~kapitän m commandant m de bord; ~karte f billet m d'avion; 2klar adj. prêt à décoller; ~kontrolle f contrôle m en

vol; ~körper m engin m (od. corps m) volant; ~lärm m bruits m/pl. d'avions; ~lehrer m instructeur m de pilotage; ~linie f ligne f aérienne; radiale f; ~loch n e-s Bienenstocks, e-s Taubenschlags: entrée f; ~lotse m contrôleur m aérien (od. de vol); contrôleur m du trafic aérien (od. du ciel od. de la circulation aérienne); F aiguilleur m du ciel; ~modellbauer m aéromodéliste m; ~motor m moteur m d'avion; ~personal n personnel m navigant; navigants m/pl.; ~plan m horaire m (du service aérien); als Heft: indicateur m aérien; ~platz m aérodrome m; ~platz-umrandungsfeuer n éclairage m de délimitation; ~post f poste f aérienne; per ~ par avion; ~prüfung f essai m en vol; ~raumüberwachung f surveillance f des vols; ~reise f voyage m en avion; voyage m aérien; ~richtung f direction f de vol; ~route f route f aérienne.

flugs adv. aussitôt; sur-le-champ; vite; (sofort) tout de suite.

'Flug|sand m sable m mouvant; ~schein m (Flugkarte) billet m d'avion; (Flugzeugführerschein) brevet m de pilote d'avion; ~scheinschalter m banque f d'enregistrement (de passagers); ~schneise f couloir m aérien; ~schreiber m F boîte f noire; boîte f enregistreuse des données de vol; ~schrift f tract m; ~schüler m élève-pilote m; ~sicherung f sécurité f aérienne (od. de vol); ~sicherungsdienst m services m de sécurité aérienne; ~staub m cendres f/pl. en suspension dans l'air; ~strecke f ligne f aérienne; zurückgelegte: distance f parcourue; parcours m; trajet m; étape f; ~streckenbefeuerung f balisage m de ligne; ~stunde f heure f de vol (od. d'avion); ~stützpunkt m base f aérienne; ~tag m journée f aéronautique (od. d'aviation); meeting m aéronautique (od. d'aviation); 2tauglich adj. apte à voler; ~tauglichkeit f aptitude f au vol; ~taxi n taxi m aérien; ~technik f aérotechnique f; technique f aéronautique; 2technisch adj. aérotechnique; 2tüchtig adj. navigable; ~tüchtigkeit f navigabilité f; ~veranstaltung f meeting m aéronautique (od. d'aviation); ~verbindung f liaison f aérienne; ~verkehr m trafic m aérien; ~versuch m essai m en vol; ~versuchszentrum n centre m d'essais en vol; ~werk (Rakete) n empennage m; ~wesen n aviation f; ~wetterdienst m service m météorologique de l'aviation; météorologie f aéronautique; ~wetterwarte f station f météorologique de l'aviation; ~wissenschaft f aéronautique f; ~zeit f temps m de vol.

'Flugzeug n avion m; kleines ~ avionnette f; das ~ benutzen prendre l'avion; ins (in ein) ~ steigen monter en avion; ~abwehr f défense f anti-aérienne (od. contre avions); ~ausstellung f salon m aéronautique; ~bau m construction f aéronautique (od. des avions); ~besatzung f équipage m (d'un avion); ~entführer m détourneur m d'avion; pirate m de l'air; ~entführung f détournement m d'avion; ~fabrik f usine f d'avions od. d'aviation; ~führer m pilote m (d'avion); aviateur m; ~führerschein m brevet m de pilote; ~führung f pilotage m; ~geschwader n escadrille f d'avions; ~halle f 'hangar m d'avions f; ~industrie f industrie f aéronautique; ~kabine f cabine f d'avion; ~kanzel f poste m de pilotage; cockpit m; ~katastrophe f catastrophe f aérienne; ~kuppel f verrière f; ~konstrukteur m constructeur m d'avions; ~modell n modèle m d'avion; ~motor m moteur m d'avion; ~passagier m, ~reisender m passager m aérien; voyageur-avion m; ~rumpf m fuselage m; ~schlepp m remorquage m par avion; ~schleuder f catapulte f (pour avions); ~schuppen m 'hangar m d'avions; ~stewardeß f hôtesse f de l'air; ~träger m porte-avions m; ~treibstoff m combustible m pour avions; ~ und Raumfahrtindustrie f industrie f aérospatiale; od. a. nur: aérospatiale f; ~unfall m accident m d'avions; ~verband m formation f d'avions; ~versicherung f assurance f aviation; od. d'aviation; ~werk n usine f d'avions od. d'aviation; ~wrack n épave f.

'Fluidum fig. n fluide m.

fluktu'ieren I v/i. fluctuer; II 2 n fluctuations f/pl.

'Flunder icht. f flet m.

Flunke'rei f (Bluff) bluff m; (Angabe) chiqué m; F esbroufe f; (Prahlerei) 'hâblerie f; fanfaronnade f.

'Flunker|er m (Bluffer) bluffeur m; (Prahlhans) 'hâbleur m; fanfaron m; 2n v/i. (bluffen) bluffer; (angeben) faire du chiqué; F esbroufer; (prahlen) 'hâbler; fanfaronner.

'Fluor n fluor m; ~ammonium n fluorure m d'ammonium.

Fluores'zenz f fluorescence f.

fluores'zierend adj. fluorescent.

Fluo'rid n fluorure m.

'Fluor|salz n fluorure m; ~wasserstoffsäure f acide m fluorhydrique.

Flur[1] f champs m/pl.; campagne f.

Flur[2] m Haus2: ('hall m d')entrée f; Wohnungs2: vestibule m; schmaler: couloir m; breiter: corridor m; (Treppen2) palier m.

'Flur|bereinigung f remembrement m agricole; ~hüter m garde m champêtre; ~register n cadastre m; ~schaden m dégâts m/pl. causés aux cultures.

'fluschen F v/i. aller bon train.

Fluß m rivière f; (Strom) fleuve m; (Lauf) cours m; (Fließen) écoulement m; ⚛ fluxion f; 🜛 métall. (Schmelzen) fusion f; liquéfaction f; ⚡ flux m; fig. ~ der Rede flux m verbal (od. de paroles); fig. in ~ sein (bringen) être (mettre) en train; 2'ab(wärts) adv. en aval; '~arm m bras m de rivière; 2'auf(wärts) adv. en amont; ~'aufwärtsfahren m remontée f; '~bad n bain m de rivière; '~bett n lit m de rivière; '~dampfer m vapeur m de rivière; '~fische'rei f pêche f fluviale; '~gold n or m en paillettes; or m de rivière; '~hafen m port m fluvial.

'flüssig adj. liquide; (a. Verkehr) fluide; fig. Stil: aisé; coulant; ~e Nahrung liquide m; ✝ ~e Gelder capitaux m/pl. liquides; ~ machen liquéfier, (schmelzen) fondre, ✝ mobiliser, (zu Geld machen) réaliser; ~ werden se liquéfier, (schmelzen) (se) fondre, entrer en fusion; 2keit f (Zustand) liquidité f; a. des Verkehrs: fluidité f; (Stoff) liquide m; fluide m; des Stils: aisance f; facilité f; 2keitsbremse f frein m hydraulique; 2keitsdruck m pression f hydrostatique; 2keitsgetriebe n commande f hydraulique; 2keitskupplung f embrayage m hydraulique; 2machung f liquéfaction f; ✝ v. Kapitalien: mobilisation f, réalisation f; 2werden n liquéfaction f; fusion f.

'Fluß|kies m gravier m de rivière; ~krebs zo. m écrevisse f; ~krümmung f boucle f d'un fleuve; ~lauf m cours m d'un fleuve; ~mittel 🜛 n fondant m; ~mündung f embouchure f; ~netz n réseau m fluvial; ~pferd zo. n hippopotame m; ~regelung f recalibrage m; ~säure f acide m fluorhydrique; ~schiffahrt ⚓ f navigation f fluviale; ~schiffer m marinier m; ~schwinde géol. f bétoire f, aven [a\vɛn] m; ~spat min. m fluorine m; ~stahl m acier m non fondu; ~übergang m passage m d'une rivière; ~ufer n rive f; berge f; ~verkehr m trafic m fluvial; ~wasser n eau f de rivière.

'flüster|n v/i. u. v/t. chuchoter; j-m etw. ins Ohr ~ chuchoter qch. à l'oreille de q.; 2n n chuchotement (s pl.) m; 2propaganda f propagande f chuchotée (od. clandestine); système m de bouche à oreille; téléphone m arabe.

Flut f ⚓ (Wassermasse) flots m/pl.; (Gezeit) marée f montante; hohe ~ marée f 'haute; ~en pl. v. Wasser: flots m/pl.; (Wogen) vagues f/pl.; (Überschwemmung) inondation f; fig. v. Worten, Zuschauern: flot m; v. Tränen: torrent m; ⚓ die ~ benutzen prendre la (od. profiter de la) marée; '~alarm m alerte f à la grande marée; 2en v/i. (strömen) (s')couler; fig. se presser en foule; '~höhe f 'hauteur f de la marée; '~kraftwerk n usine f marémotrice; '~licht n lumière f de projecteur; bei ~ sous la lumière des projecteurs; '~lichtbeleuchtung f éclairage m par projecteurs; '~lichtlampe f projecteur m; '~lichtspiel n Sport: match m en nocturne; '~messer m marégraphe m; '~motor m marémoteur m; '~welle f raz m de marée; '~zeit f (heure f de la) marée f.

f-Moll ♩ n fa m mineur.

'Fock|mast m mât m de misaine; ~segel n misaine f.

Födera'lismus m fédéralisme m; ~list m fédéraliste m; 2listisch adj. fédéraliste; ~ti'on f fédération f; 2'tiv adj. fédéral; bis 1879 nur: fédératif, -ive.

'Fohlen I n poulain m; II 2 v/i. pouliner.

Föhn (Wind) m fœhn m.

'Föhre ♀ f pin m.

'Fokus phys. m foyer m.

'Folge f suite f; résultante f; (Reihen2) série f; (Aufeinander2, Erb2) succession f; (Fortsetzung) continuation f; (Folgerung) conséquence f; conclu-

sion *f*; (*Ergebnis*) résultat *m*; conséquence *f*; suite *f*; séquelle *f*; (*Wirkung*) effet *m*; ~n *pl.*, *a. péj.* retombées *f*/*pl.*; *in der* ~ dans la suite; par la suite; *in bunter* ~ pêle-mêle; ~ *leisten* (*dat.*) (*stattgeben*) donner suite (à), (*gehorchen*) obéir (à), *e-e Aufforderung*: obtempérer (à); *e-r Einladung* ~ *leisten* accepter une invitation; *zur* ~ *haben* avoir pour conséquence; *das hat keinerlei* ~n ce n'est d'aucune conséquence; ~n *nach sich ziehen* entraîner des conséquences; tirer à conséquence; produire des conséquences; *an den* ~n *e-r Wunde des suites d'une blessure*; ~erscheinung *f* séquelle *f*.
'folgen *v*/*i*.: ~ (*dat. od. auf acc.*) suivre (*acc.*); (*nachfolgen*) succéder (à); (*gehorchen*) obéir (à); (*sich richten*) se conformer (à); *e-r Einladung*: accepter (*acc.*); (*sich ergeben*) s'ensuivre (*aus de*); résulter (*aus de*); découler (de); *j-m auf Schritt und Tritt* s'attacher aux pas de q.; *j-m auf dem Fuße* ~ suivre q. de près; *wie folgt* comme suit; *Fortsetzung folgt* à suivre; *prov.* *auf Regen folgt Sonnenschein* après la pluie le beau temps; ~d *adj.* suivant; *der* ~e *Tag* le lendemain; *am* ~en *Morgen* le lendemain matin; *mit* ~em *Wortlaut* conçu en ces termes; ~de(r) *m*, ~de *f*, ~de(s) *n*: *der* (*die*) Folgende le (la) suivant(e); *er schreibt uns folgendes* voilà ce qu'il nous écrit; ~dermaßen *adv*. de la manière suivante; dans les termes suivants; *am Anfang e-s Satzes*: voilà comment; ~reich *adj.* riche de conséquences; ~schwer *adj.* lourd de conséquences.
Folge|produkt Atom *n* produit *m* de filiation; 2recht, 2richtig *adj.* conséquent; logique; ~ *denken und handeln* avoir de l'esprit de suite; ~richtigkeit *f* conséquence *f*; esprit *m* de suite; 2rn *v*/*t*. déduire (*aus de*); *als Schlußfolgerung*: conclure (*aus de*); induire (de); ~rung *f* déduction *f*; (*Schluß*) conclusion *f*; conséquence *f*; induction *f*; ~satz *m* proposition *f* de conséquence, proposition *f* consécutive; 2widrig *adj.* inconséquent; illogique; ~widrigkeit *f* inconséquence *f*; illogisme *m*; ~zeit *f* suite *f*; avenir *m*.
'folg|lich *cj. u. adv.* par conséquent; en conséquence; partant; dès lors; (*also*) donc; ainsi; ~sam *adj.* obéissant; docile; 2samkeit *f* obéissance *f*; docilité *f*.
Foli'ant *m* in-folio *m*.
'Folie *f* feuille *f*; pellicule *f*; film *m*; feuil *m* industriel; *Alu-*~ *f* feuille *f* d'aluminium; (*Spiegel*2) tain *m*; ~nschweißgerät (*für Tiefkühlschrank*) *n* soude-sac plastique *m*; ~nverpackung *f* emballage *m* moulant.
'Folio *n* (*Blattseite*) page *f*; folio *m*; *Buch in* ~ livre *m* in-folio; ~format *n* format *m* in-folio (*21 233 cm*).
'Folter *f* torture *f*; *j-n auf die* ~ *spannen* torturer q. (*a. fig.*); mettre q. à la torture; ~bank *hist. f* chevalet *m* (de torture); ~instrument *n* instrument *m* de torture; ~kammer *hist. f* chambre *f* des tortures; ~knecht *hist. m* tortionnaire *m*; 2n *v*/*t*. torturer; (*quälen*) tourmenter; mettre au supplice; ~qual *f* torture *f*; supplice

m.
Fön ≴ ⊕ *m* sèche-cheveux *m*; séchoir *m* (à cheveux).
Fond *m* (*Hintergrund*) fond *m*.
Fon'dant *m* fondant *m*.
Fonds ✢ *m* (*Kapital*) fonds *m*; (*Gelder*) capitaux *m*/*pl.*; ~ *für Entwicklungshilfe* fonds *m* d'aide au développement; '~geschäfte *n*/*pl*. opérations *f*/*pl*. de fonds publics.
Fon'täne *f* jet *m* d'eau; geyser *m*.
Fonta'nelle *anat. f* fontanelle *f*.
'foppen F *v*/*t*. mystifier; taquiner; se payer la tête de.
Foppe'rei *f* mystification *f*; taquinerie *f*.
for'cieren *v*/*t*. activer; pousser; faire avancer; brusquer.
'Förder|anlage *f* installation *f* de transport; ⚒ installation *f* d'extraction; ~ausfall *m* perte *f* d'extraction; ~bahn *f* voie *f* d'exploitation; ~band *n* tapis *m* roulant; convoyeur *m* (à bande); bande *f* transporteuse; courroie *f* de transport.
'Förder|er *m*, ~in *f* protecteur *m*, -trice *f*; promoteur *m*, -trice *f*.
'Förder|gut ⚒ *n* produit *m* extrait; ~hund ⚒ *m* ~ *wagen*; ~kohle *f* tout-venant *m*; ~korb ⚒ *m* benne *f*; ~kurs *écol. m* cours *m* de rattrapage (*od. de soutien*); ~leistung *f* capacité *f* d'extraction *f*.
'förderlich *adj.* qui fait avancer; (*nützlich*) profitable; utile; *für die Gesundheit*: salutaire.
'Förder|maschine ⚒ *f* machine *f* d'extraction; ~mittel *n* moyen *m* de transport.
'fordern *v*/*t*. demander; requérir; *als Eigentum*: réclamer; *Recht*: revendiquer; *Opfer*: causer; *etw. von j-m* ~ demander qch. à q., *pfort* exiger qch. de q.; *j-n vor Gericht* appeler q. en justice; *j-n* (*zum Zweikampf*) ~ provoquer q. en duel; *j-n auf Degen* (*Pistole*) ~ provoquer q. à l'épée (au pistolet); *polizeilichen Schutz* ~ demander la protection de la police; requérir la force publique.
'förder|n *v*/*t*. activer; faire avancer; (*beschleunigen*) 'hâter; accélérer; (*begünstigen*) favoriser; faire réussir; (*helfen*) aider; secourir; seconder; (*ermutigen*) encourager; ⚒ extraire; (*transportieren*) transporter; *zutage* ~ ⚒ extraire, *fig*. mettre au jour, révéler, rendre évident (*od*. manifeste); ~*des Mitglied* membre *m* de soutien; membre *m* passif (*od*. associé); 2~schacht ⚒ *m* puits *m* d'extraction; ~schnecke *f* hélice *f* transporteuse; ~seil *n* câble *m* de transport; ⚒ câble *m* d'extraction; 2soll *n* plan *m* d'extraction imposée; 2technik *f* mécanutention *f*; 2turm *m* ⚒ chevalement *m* de mine; *Transport*: tour *f* de transport.
'Forderung *f* demande *f*; *pfort* exigence *f*; *als Eigentum*: réclamation *f*; *v. Rechten*: revendication *f*; (*Anspruch*) prétention *f*; ~ *vor Gericht* citation *f* (en justice); (*Duell*2) provocation *f* en duel; ✢ (*Schuld*2) créance *f*.
'Förderung *f* encouragement *m*; promotion *f*; (*Beschleunigung*) accélération *f*; (*Hilfe*) aide *f*; (*Ermutigung*) encouragement *m*; ⚒ extraction *f*; (*Transport*) transport *m*; *die* ~

der zurückgebliebenen Schüler la remise au niveau des élèves à la traîne.
'Förderunterricht *m* enseignement *m* de soutien.
'Förder|wagen ⚒ *m* berline *f*; wagonnet *m*; ~winde ⚒ *f* treuil *m* d'extraction.
Fo'relle *icht. f* truite *f*; *cuis*. ~ *blau* truite *f* au bleu; ~nbach *m* ruisseau *m* à truites; ~nfang *m* pêche *f* de la truite; ~nteich *m* étang *m* à truites.
fo'rensisch *adj.* (*gerichtlich*) judiciaire.
'Forke *f* fourche *f*.
Form *f* forme *f*; *Auto a*.: ligne *f*; *durch Umrisse bezeichnet*: figure *f*; (*Back*2, *Guß*2) moule *f*; (*Muster*) modèle *m*; patron *m*; *typ*. forme *f*; (*Umgangs*2) manière *f*; forme *f*, savoir-vivre *m*; *aus der* ~ *bringen* déformer; *aus der* ~ *kommen* se déformer; *in e-e andere* ~ *bringen* refondre; refaire; *die* ~(*en*) *beachten* observer (*od.* respecter) les formes; *streng auf die* ~ *bedacht*; *an* ~en *klebend* formaliste; *in* ~ (*gén*.) en forme de; *der* ~ *wegen* pour la forme; *in aller* ~ en bonne (et due) forme; *in gehöriger* ~ dans les formes; *in* ~ *sein* être en forme (F d'attaque); *sich in* ~ *fühlen* se sentir en forme (F d'attaque).
for'mal *adj.* formel, -elle; qui concerne la forme; ~e *Bildung* = 2bildung *f* éducation *f* formelle.
Forma'lis|mus *m* formalisme *m*; ~t *m* formaliste *m*; 2tisch *adj.* formaliste.
Formali'tät *f* formalité *f*; *die erforderlichen* ~en *erfüllen* accomplir (*od*. remplir) les formalités requises.
For'mat *n* format *m*; *fig*. envergure *f*; classe *f*; *er besitzt dazu das* ~ il en possède la carrure; *es fehlt ihm das* ~ il manque d'envergure; *ein Athlet von internationalem* ~ un athlète de classe internationale.
Formati'on *f* formation *f*; ✈ *a*. unité *f*; ✈ *geschlossene* ~ *formation f* de vol serrée.
'formbar *adj.* plastique; 2keit *f* plasticité *f*.
'Formblatt *n* formulaire *m*; formule *f*.
'Formel *a*. ⚛ *und Rennwagen f* formule *f*; ~buch *n* recueil *m* de formules; formulaire *m*; ~kram *m* formalités *f*/*pl*.
for'mell *adj.* formel, -elle.
'form|en *v*/*t*. (*v*/*rfl*.: *sich se*) former; *kunstgemäß*: façonner; (*modeln*) modeler; *Gießerei*: mouler; *Hut*: mettre en forme; 2en *n* formation *f*; *kunstgemäßes*: façonnement *m*; façonnage *m*; (*Modeln*) modelage *m*; *Gießerei*: moulage *m*; 2enlehre *gr. f* morphologie *f*; 2enmensch *m* formaliste *m*; 2er *m* modeleur *m*; *Gießerei*: mouleur *m*; 2e'rei *f* (*Gießerei*) moulerie *f*; (*atelier m de*) moulage *m*; 2fehler ⚖ *m* vice *m* de forme; 2gebung *f* façonnement *m*; ~gerecht *adj.* dans les formes; en bonne (et due) forme; 2gestalter ⊕ *m* styliste *m*; esthéticien *m* industriel; ~gewandt *adj.* qui sait bien s'exprimer; qui a du savoir-vivre (*od*. de bonnes manières).
for'mier|en *v*/*t*. (*v*/*rfl*.: *sich se*) former; 2ung ⚔ *f* formation *f*.
'förmlich *adj.* dans les formes; en

bonne (et due) forme; *(ausdrücklich)* formel, -elle; exprès, -esse; *(feierlich)* cérémonieux, -euse; 2keit *f* formalité *f*; *übertriebene* ~ formalisme *m*; *(Feierlichkeit)* cérémonie *f*.
'form|los *adj.* sans forme; informe; amorphe; *fig.* sans façon; sans gêne; 2losigkeit *f* absence *f* de formalité; manque *m* de formes; sans-gêne *m*; 2sache *f: das ist bloß* ~ c'est une simple formalité; 2sand *m* sable *m* de moulage; 2schön *adj.* de belle ligne, forme; 2schönheit *f* beauté *f* de la forme (od. des formes), de la ligne; 2stahl *m* acier *m* profilé; acier *m* de façonnage; 2stoff *m* matière *f* plastique; ~treu *adj.* indéformable.
Formu|'lar *n* formulaire *m (ausfüllen* remplir); formule *f*; 2'lieren *v/t.* formuler; exprimer; ~'lierung *f* manière *f* d'exprimer; formulation *f*.
'Formung *f* formation *f*; *(kunstgemäße)*: façonnement *m*; façonnage *m*; *(Modellierung)* modelage *m*; *Gießerei:* moulage *m*.
'Form|ver-änderung *f* changement *m* de forme; *(Verformung)* déformation *f*; 2voll-endet *adj.* de forme parfaite; 2widrig *adj.* contraire aux formes.
forsch *adj.* plein d'assurance, d'énergie, d'entrain; crâne; fringant; ~er Mann homme *m* à poigne.
'forsch|en *v/i.* faire des recherches; se livrer à des investigations; ~ *nach* rechercher; *nach j-s Aufenthalt* ~ chercher à découvrir le séjour de q.; 2en *n* recherche(s *pl.*) *f*; ~end *adj.*: ~er *Blick* regard *m* scrutateur (*of.* investigateur *od.* inquisiteur); 2er(in *f*) *m* chercheur *m*, -euse *f*; investigateur *m*, -trice *f*; *(Er*2) explorateur *m*, -trice *f*; 2ergeist *m* esprit *m* de recherche; 2ung *f* recherche(s *pl.*) *f*; ~en *treiben* faire des recherches; 2ungs-abteilung *f* service *m* de recherche(s); 2ungs-anstalt *f* centre *m* de recherches; 2ungs-arbeit *f* travail *m* de recherche; 2ungsbetrag *fin. m* enveloppe-recherche *f*; 2ungsgebiet *n* domaine *m* de recherches; champ *m* d'investigation; 2ungslabor *m* laboratoire *m* de recherches; 2ungsleiter *m* maître *m* de recherches; 2ungsprogramm *n* programme *m* de recherches; 2ungsreaktor *m* réacteur *m* de recherche; 2ungsreise *f* expédition *f* scientifique; voyage *m* d'exploration; *auf e-e* ~ *gehen* partir en exploration; 2ungsreisende(r *a. m*) *m*, *f* expéditionnaire *m*, *f*; 2ungssektor *m* secteur *m* recherche; 2ungsstätte *f* centre *m* de recherche(s); 2ungsstipendium *n* bourse *f* de recherche; 2ungstauchboot *n* télénaute *m*; 2ungszentrum *n* centre *m* de recherche(s).
Forst *m* forêt *f*; '~akademie *f* école *f* des Eaux et Forêts; '~amt *n* administration *f* des Eaux et Forêts; '~aufseher *m* garde *m* forestier; '~beamte(r) *m* agent *m* de l'administration des Eaux et Forêts.
'Förster *m* garde *m* forestier.
Förste'rei *f* maison *f* de garde forestier; maison *f* forestière; ~besitzer *m* exploitant *m* forestier.
'Forst|fach *n* sylviculture *f*; ~frevel *m* délit *m* forestier; ~gesetz *n* code *m* forestier; ~haus *n* → Försterei; ~kunde *f* sylviculture *f*; ~meister *m* inspecteur *m* des Eaux et Forêts; ~recht *n* code *m* forestier; ~revier *n* triage *m* forestier; garderie *f*; ~schule *f* école *f* forestière; ~schutz *m* protection *f* des forêts; ~verwaltung *f* administration *f* des Eaux et Forêts; ~weg *m* chemin *m* forestier; ~wirt *m* ingénieur *m* des Eaux et Forêts; ~wirtschaft *f* sylviculture *f*; exploitation *f* forestière; ~wissenschaft *f* science *f* forestière.
Fort ⚔ *n* fort *m*; *kleines:* fortin *m*.
fort *adv. (abwesend)* absent; *(verloren)* perdu; *(weit* ~) loin; *(weggegangen)* parti; ~! *partez!;* sortez!; ~ *mit dir!* va-t-en!; *ich muß* ~ il faut que je parte; je dois partir; *in e-m* ~ continuellement; sans relâche; sans interruption; sans arrêt; sans cesse; *und so* ~ et ainsi de suite; '~an *adv.* désormais; dorénavant; '~begeben *v/rf.*: *sich* ~ s'en aller; partir; '2bestand *m* maintien *m*; perpétuation *f*; continuation *f*; continuité *f*; '~bestehen *v/i.* continuer d'exister; subsister; se maintenir; '~bewegen *v/rf.*: *sich* ~ se déplacer; se mouvoir; avancer; '2bewegung *f* locomotion *f*; '2bewegungsmittel *n* moyen *m* de locomotion; '~bilden *v/t. (v/rf.: sich se)* perfectionner; '2bildung *f* perfectionnement *m*; '2bildungslehrgang *m* cours *m* de perfectionnement; ~bildungsschule *f* école *f* de perfectionnement; '~bleiben *v/i.* rester parti (*od.* absent); ne pas (re)venir; *lange* ~ tarder à revenir; '~bringen *v/t. Sachen; Verletzte usw.:* emporter; *Personen:* emmener; faire partir; '2dauer *f* continuation *f*; persistance *f*; permanence *f*; continuité *f*; '~dauern *v/i.* continuer; persister; '~dauernd *adj.* persistant; permanent; perpétuel, -elle; continu; continuel, -elle; incessant; '~dürfen F *v/i.* avoir la permission de s'en aller; '~eilen *v/i.* s'en aller (*od.* partir) à la hâte; '~entwickeln 1. *v/t.* continuer à (*od.* de) développer; 2. *v/rf.: sich* ~ continuer à (*od.* de) se développer; évoluer; '2entwicklung *f* évolution *f*.
'fort|erben *v/rf.*: *sich* ~ passer d'une génération à l'autre; ~fahren *v/i. (im Auto)* partir en voiture; *(a. in e-r Rede)* continuer; enchaîner; poursuivre; 2fall *m* suppression *f*; abolition *f*; ~fallen *v/i.* être supprimé; ne pas avoir lieu; ~fliegen *v/i.* s'envoler; ~führen *v/t. (fortsetzen)* continuer; *(wegführen)* enlever; emmener; ~führung *f* continuation *f*; ~gang *m* départ *m*; *(Ablauf)* marche *f*; cours *m*; *(Entwicklung)* développement *m*; *(Fortschritt)* progrès *m*; avancement *m*; *die Sache nimmt ihren* ~ l'affaire *f* marche (*od.* suit son cours *od.* va son train); ~gehen *v/i.* s'en aller; partir; ~geschritten *adj.* avancé; développé; *Kurs für* 2e *cours m* de perfectionnement; ~gesetzt *adj.* continu; *durch* ~es *Arbeiten* par un travail assidu; *wird* ~ *Veröffentlichung:* à suivre; ~helfen *v/i.: fig. j-m* ~ *aider* q. (à continuer qch.); ~jagen *v/t.* chasser; mettre (*od.* F flanquer) à la porte; ~kommen *v/i. Person:* partir; être envoyé autre part; *Sache:* être enlevé; *(vorwärtskommen)* avancer; *fig.* faire son chemin; réussir; *mach, daß du fortkommst!* va-t-en!, F file!, décampe!; 2kommen(smöglichkeiten *f/pl.*) *n* avancement *m*; débouchés *m/pl.*; ~lassen *v/t.* laisser partir; *(weglassen)* omettre; supprimer; ~laufen *v/i.* (s')échapper; s'enfuir; se sauver; ~laufend *adj. (ununterbrochen)* suivi; continu; ~ *numerieren* numéroter consécutivement; ~e *Nummer* numéro *m* d'ordre; ~leben *v/i.* continuer de (*od.* à) vivre; survivre (*in dat.* dans); *in Werken* ~ se survivre dans ses œuvres; 2leben *n* survie *f*; ~machen F *v/rf.*: F *sich* ~ s'en aller; déguerpir; filer; s'éclipser; décamper; F fausser compagnie; ~müssen *v/i.* devoir partir; ~nehmen *v/t.* ôter; enlever; ~pflanzen *v/t. (v/rf.: sich se)* reproduire; (se) propager *(a. Licht u. fig.); Schall usw.:* (se) transmettre; *(sich)* ~ *auf j-n* (se) transmettre à q.; ~pflanzung *f* reproduction *f*; propagation *f (a. Licht u. fig.); des Schalles usw.:* transmission *f*; ~pflanzungsfähig *adj.* capable de se reproduire; reproductible; ~pflanzungsfähigkeit *f* capacité *f* de reproduction; reproductibilité *f*; 2pflanzungsgeschwindigkeit *f des Lichtes:* vitesse *f* de propagation; *des Schalles usw.:* vitesse *f* de transmission; 2pflanzungstrieb *m* instinct *m* reproducteur, de reproduction.
fort|räumen *v/t.* enlever; débarrasser (un endroit de qch.); ~reisen *v/i.* partir en voyage; ~reißen *v/t. (mitreißen)* entraîner; *(wegreißen)* (arracher et) emporter *(bzw.* emmener); *pfort a.* entraîner; ~rennen *v/i.* partir en courant; ~rücken *v/t.* déplacer; *vorwärts:* avancer; *rückwärts:* reculer; ~satz *m anat.* appendice *m*; *(Knochen*2) apophyse *f*; ~schaffen *v/t.* transporter; enlever; ~scheren F *v/rf.: sich* ~ filer; décamper; déguerpir; ~scheuchen *v/t.* chasser; ~schicken *v/t. Brief:* envoyer; expédier; *Person:* faire partir; *(entlassen)* renvoyer; ~schleichen *v/rf.: sich* ~ s'esquiver; se retirer furtivement, à la dérobée; ~schleppen 1. *v/t.* emporter; 2. *v/rf.: sich* ~ se traîner; ~schleudern *v/t. Stein usw.:* lancer (au loin); ~schreiten *v/i. fig.* avancer; progresser; faire des progrès; 2schreiten *n* avancement *m*; progression *f*; ~schreitend *adj.* progressif, -ive; 2schritt *m* progrès *m*; ~e *machen* faire des progrès; progresser; 2schrittler(in *f*) *m* progressiste *m*, *f*; ~schrittlich *adj.* progressiste; ~er *Mensch* progressiste *m*, *f*; 2schrittlichkeit *f allg. (Weiterentwicklung)* progressivité *f*; *pol.* progressisme *m*; ~schwemmen *v/t.* emporter; *pfort* entraîner; ~sehnen *v/rf.: sich* ~ désirer ardemment partir; ~setzen *v/t. (v/rf.: sich se)* continuer; (se) poursuivre; *seine Geschäfte wieder* ~ reprendre ses affaires; 2setzung *f* continuation *f*; *e-r Schrift:* suite *f*; *(Weiterführung)* reconduction *f (der gegenwärtigen Politik* de la politique actuelle); ~ *folgt* à suivre; 2setzungsroman *m* roman-feuille-

ton *m*; roman *m* à suite; ~stehlen *v/rf*.: sich ~ s'en aller (*od.* se retirer) furtivement, à la dérobée; s'esquiver; ~stellen *v/t*. mettre de côté; ~stoßen *v/t*. repousser; ~stürmen *v/i*. s'en aller (*od.* s'éloigner) précipitamment; ~stürzen *v/i*. sortir précipitamment; ~traben *v/i*. s'éloigner au trot; ~tragen *v/t*. emporter; ~treiben 1. *v/t*. chasser; expulser; 2. *v/i*. être entraîné; être emporté par le courant; aller à la dérive.

'fort|währen *v/i*. continuer; durer; ~'während I *adj*. continuel, -elle; II *adv*. continuellement; sans cesse; sans arrêt; sans interruption; ~wälzen 1. *v/t*. (faire) rouler; 2. *v/rf*.: sich ~ Strom: rouler ses eaux; *Menschenmenge*: s'écouler; s'avancer lentement; ~werfen *v/t*. jeter; ~wirken *v/i*. continuer d'agir; ~ziehen 1. *v/t*. entraîner; 2. *v/i*. partir; (*aus der Wohnung*) ~ déménager (*auswandern*) émigrer.

'Forum *n hist*. forum *m*; *fig*. (*der öffentlichen Meinung*) tribunal *m*; (*öffentliche Aussprache*) débat *m* public; discussion *f* publique.

fos'sil I *adj*. fossile; II 2 *n* fossile *m*.

'Foto *n usw*. → Photo *usw*.

'Fötus *m* fœtus *m*.

'Foxterrier *m* fox-terrier *m*.

Fo'yer *thé. n* foyer *m*.

Fracht *f* charge *f*; chargement *m*; ⚓, ✈ fret *m*; ⚓ cargaison *f*; (*Luft*2) fret *m* aérien; (*~gebühr*) frais *m/pl*. de transport; ⚓, ✈ fret *m*; ⚓ affrètement *m*; '~brief *m* lettre *f* de voiture; ⚓ connaissement *f*; ~dampfer *m*, '~er *m* cargo *m*; ~ mit Passagierkabinen cargo *m* mixte; '~flugzeug *n* avion-cargo *m*; '2frei *adj*. franco de fret; fracht- und zollfrei franco de fret et de droits; '~führer *m* voiturier *m*; camionneur *m*; '~fuhrwesen *n* roulage *m*; camionnage *m*; ~gebühr *f*, '~geld *n* frais *m/pl*. de transport; ⚓, ✈ fret *m*; ⚓ affrètement *m*; '~gut *n* (marchandises *f/pl*. en) petite vitesse *f*; *als* ~ en régime ordinaire; en petite vitesse; '~kosten *pl*. frais *m/pl*. de transport; '~lufthafen *m* aérogare *f* de fret; gare *f* de fret aérien; '~raum ⚓, ✈ *m* soute *f* à fret; (*Ladefähigkeit*) tonnage *m*; capacité *f* de charge; '~schiff *n* cargo *m*; '~stück *n* colis *m*; '~tarif *m* tarif *m*; ⚓, ✈ taux *m* de fret; '2- und zollfrei *adv*. franco de fret et de droits; '~verkehr *m* trafic *m* de marchandises; '~versicherung *f* assurance *f* contre les risques de transport.

Frack *m* habit *m* (noir); *bisw*. frac *m*; sich in den ~ werfen se mettre en habit; '~zwang *m*: ~ (*Frack vorgeschrieben*) l'habit *m* est de rigueur.

'Frage *f* question *f*; (*Nach*2) demande *f*; *gr*. interrogation *f*; (*Streit*2) problème *m*; aktuelle ~ question *f* d'actualité (*od*. à l'ordre du jour); offene ~ question *f* pas résolue; un point d'interrogation; schwebende ~ question *f* pendante (*od*. en suspens); soziale ~ question *f* sociale; e-e ~ stellen poser une question; e-e ~ beantworten; auf e-e ~ antworten répondre à une question; in ~ stehend mettre en question; in ~ stehend en question; e-e ~ aufwerfen (behandeln;

lösen) soulever (traiter; résoudre) une question; *mit* ~*n bestürmen* presser de questions; *e-e* ~ *auf die Tagesordnung setzen* mettre (*od*. inscrire) une question à l'ordre du jour; *es ist die* ~, *ob* ... la question est de savoir si ...; *es ergibt sich die* ~, *ob* ... la question se pose de savoir si ...; *das ist noch die* ~ c'est à savoir; *das ist e-e* ~ *der Zeit* c'est une question de temps; *das ist e-e andere* ~ c'est une autre question; *das ist außer* ~ c'est hors de doute; il n'y a pas de doute; *ohne* ~ sans aucun doute; *das kommt nicht in* ~! il n'en est pas question!; c'est 'hors de question!; *das ist keine* ~ (*das ist nicht fraglich*) la question ne se pose pas; *es bleibt die* ~, *ob* ... (il) reste à savoir si ...; *dumme* (*od. lächerliche*) ~! quelle (*od*. belle) question!; ~bogen *m* questionnaire *m* (*ausfüllen* remplir); ~form *gr. f* forme *f* interrogative; ~fürwort *gr. n* pronom *m* interrogatif; 2n 1. *v/t. u. v/i*.: *j-n etw*. (*od. nach od. nach j-s Befinden*) ~ demander qch. à q.; *j-n* (*aus*)~ questionner q. (*über acc*. sur); *prüfend*: interroger q. (*nach* sur); *nach j-m* ~ (*ihn zu sprechen wünschen*) demander q.; *ich fragte ihn* (*erkundigte mich*) *nach s-m Bruder* je lui demandai des nouvelles de son frère; *j-n nach j-s Befinden* ~ demander q. des nouvelles de la santé de q.; *j-n um Rat* ~ demander conseil à q.; consulter q.; *nicht nach etw*. ~ *ne pas se soucier de* qch.; ne pas s'inquiéter de qch.; se moquer de qch.; *nicht viel* (*od*. *lange*) ~ *ne pas hésiter*; 2. *v/t*.: *sich* ~ *se demander*; *das fragt sich* cela est douteux; 3. *v/imp*.: *es fragt sich, ob* ... il s'agit de savoir si ...; (il) reste à savoir si ...; † *gefragt* recherché; demandé; 2nd *adj*. interrogateur, -trice; *gr*. interrogatif, -ive; *j-n* ~ *ansehen* interroger q. du regard; ~nkomplex *m* dossier *m*.

Frage'rei *f* manie *f* de questionner.

'Frage|satz *gr. m* proposition *f* interrogative; ~steller(in *f*) *m* questionneur *m*, -euse *f*; interrogateur *m*, -trice *f*; *im Parlament*: interpellateur *m*, -trice *f*; ~stellung *f im Parlament*: interpellation *f*; *gr*. forme *f* interrogative; ~stunde *f im Parlament*: heure *f* d'interpellations; ~wort *gr. n* adverbe *m* interrogatif; ~zeichen *gr. n* point *m* d'interrogation.

'frag|lich *adj*. en question; en cause; (*unentschieden*) problématique, (*bestreitbar*) contestable; (*zweifelhaft*) douteux, -euse; ~los *adj*. incontestable; 'hors de doute.

Frag'ment *n* fragment *m*.

fragmen'tarisch *adj*. fragmentaire.

'fragwürdig *adj*. douteux, -euse; critiquable; (*zweideutig*) équivoque; (*verdächtig*) louche; interlope.

Frakti'on *parl. f* groupe *m* parlementaire.

fraktio'nier|en *v/t*. fractionner; 2ung *f* fractionnement *m*.

Frakti'ons|beschluß *m* résolution *f* de groupe parlementaire; ~sitzung *f* séance *f* de groupe parlementaire; ~vorsitzender *m* président *m* du groupe parlementaire; ~zwang *m* discipline *f* de vote.

Frak'tur[1] ✂ *f* fracture *f*.

Frak'tur[2] *typ. f* caractères *m/pl*. gothiques; (écriture *f*) gothique *f*.

Frak'tur[3] *fig. f*: *mit j-m* ~ *reden* dire son fait à q.

Frak'turschrift *f* → Fraktur[2].

Franc (*Währung*) *m* franc *m*; P balle *f*; '~Zone *f* zone-franc *f*.

frank *adj. u. adv*. franc, franche; ~ *und frei* d'un air dégagé; *etw*. ~ *und frei sagen* dire qch. franchement (*od*. carrément).

'Franke *m hist*. Franc *m*; *géogr*. Franconien *m*.

'Franken (*Währung*) *m* franc *m*.

'Frankenzone *f* zone-franc *f*.

'Frankfurt *n*: ~ *am Main* Francfort-sur-le-Main *m*.

fran'kier|en *v/t*. affranchir; 2en *n* affranchissement *m*; ~t *adj*. affranchi; *ungenügend* ~ affranchissement insuffisant; 2ung *f* affranchissement *m*.

'fränkisch *adj. hist*. franc, franque; *géogr*. franconien, -enne.

'franko *adv*. franco; ~ *Waggon* franco sur wagon.

'Frankreich *n* la France.

'Franse *f* frange *f*; ~nbesatz *m* garniture *f* de franges.

'Franzbranntwein *phm. m* alcool *m* aromatique.

Franzis'kaner(in *f*) *m* franciscain *m*, -e *f*; ~orden *m* ordre *m* des franciscains.

Fran'zose *m* Français *m*.

Fran'zosen|feind *m* francophobe *m*; 2feindlich *adj*. francophobe; ~freund *m* francophile *m*; 2freundlich *adj*. francophile.

Fran'zösin *f* Française *f*.

fran'zösisch *adj*. français; de France; *die* ~*e Sprache*; *das* 2*e* la langue française; *le français*; *auf* ~; *im* 2*en*; 2 *en français*; 2 *sprechen* parler français; 2 *können* savoir le français; 2 *lernen* apprendre le français; 2 *radebrechen* parler le français comme une vache espagnole; ~*e Redensart* gallicisme *m*; *die* ~*e Schweiz* la Suisse romande; ~*er Kanton* (*Schweiz*) canton *m* d'expression française; *sich* ~ *empfehlen* F filer à l'anglaise; ~ *machen* franciser; ~*-deutsch adj*. franco-allemand; *Wörterbuch*: français-allemand; ~*erseits adv*. côté français.

Französisch|sprachigkeit *f* francophonie *f*; 2sprechend *adj*. francophone.

frap'pant *adj*. frappant.

frap'pieren *v/t*. frapper; F souffler.

'Fräs|arbeit *f* fraisage *m*; 2en *v/t. u. v/i*. fraiser; ~en *n* fraisage *m*; ~er *m* fraiseur *m*; (*Werkzeug*) fraise *f*; ~maschine *f* fraiseuse *f*; ~vorrichtung *f* dispositif *m* à fraiser.

Fraß *péj. m* ratatouille *f*; F pâtée *f*; P tambouille *f*; P maigre pitance *f*.

fraterni'sieren I *v/i*. fraterniser; II 2 *n* fraternisation *f*.

Fratz F *m*: *süßer* ~ mignonne créature *f*.

'Fratze *f* grimace *f*; (*Zerrbild*) caricature *f*; (*häßliches Gesicht*) visage *m* grotesque; ~n *schneiden* faire des grimaces; 2nhaft *adj*. grotesque; ~n-schneider(in *f*) *m* grimacier *m*, -ière *f*.

Frau *f* femme *f*; (*Ehe*2) *a*. épouse *f*; ~ *Dr. Laurent* Mme le docteur Laurent; *in der Anrede mit folgendem npr*. *od*.

Titel: madame (*abr.* Mme); *junge* ~ jeune femme *f*, *neuvermählt:* jeune mariée *f*; *a.* jeune épouse *f*; *ledige (geschiedene)* ~ femme *f* célibataire (divorcée); *die* ~ *des Hauses* la maîtresse de maison; *zur* ~ *haben* être marié à, avoir comme épouse; *zur* ~ *nehmen* prendre pour femme; *zur* ~ *geben* donner en mariage; *wie geht es Ihrer* ~*?* comment va votre femme?; *Ihre* ~ *Mutter* madame votre mère; *Ihre* ~ *Gemahlin* madame ... (*npr.*); *die gnädige* ~ madame *f*; *rl. Unsere Liebe* ~ Notre Dame *f*.
'**Frauen|arbeit** *f* travail *m* des femmes; travail *m* féminin; ~**arzt**, ~**ärztin** *f* gynécologue *m*; gynécologiste *m*; ~**bewegung** *f* mouvement *m* féministe; ~**feind** *m* misogyne *m*; ~**frage** *f* féminisme *m*; 2**haft I** *adj.* de femme; féminin; **II** *adv.* à la manière des femmes; ~**haus** *n* maison *f* des femmes victimes de violences conjugales; ~**heilkunde** *f* gynécologie *f*; ~**held** *m* F tombeur *m* (de femmes); homme *m* à femmes; ~**herrschaft** *f* gynécocratie *f*; F *péj.* conocratie *f*; ~**kloster** *n* couvent *m* de femmes; ~**krankheit** *f* maladie *f* particulière à la femme; ~**rechtler(in** *f*) *m* féministe *m*, *f*; ~**sport** *m* sport *m* féminin; ~**station** (*Krankenhaus*) *f* service *m* pour les femmes; ~**stimmrecht** *n*, ~**wahlrecht** *n* droit *m* de vote *m* des femmes; suffrage *m* féminin; ~**zeitschrift** *f* revue *f* féminine; magazine *m* féminin; ~**zimmer** *n* (*mv.p*) bonne femme *f*; fille *f*; *liederliches* ~ dévergondée *f*; fille *f* de rien.
'**Fräulein** *n* demoiselle *f*; *in der Anrede mit folgendem npr. od. Titel:* mademoiselle (*abr.* Mlle).
frech *adj.* insolent; effronté; impertinent; (*schamlos*) impudent; !2**dachs** F *m* insolent *m*; petit morveux *m*; !2**heit** *f* insolence *f*; effronterie *f*; impertinence *f*; impudence *f*.
Fre'gatte ⚓ *f* frégate *f*.
frei *adj.*, *advt.* libre; (*unabhängig*) indépendant; (*befreit, ausgenommen*) exempt; (~*mütig*) franc, franche; (*aufrichtig*) sincère; ♐ dégagé; (*hemmungslos*) licencieux, -euse; (*unentgeltlich*) gratuit, (*kostenlos*) sans frais; ⚓ franco de port; ~ *Bahnstation* franco gare; ✠ (*von einem Leiden*) indemne (de); ~ *Schiff* franco à bord; ✝ ~ *ab Berlin* pris à Berlin; ~ *bis Berlin* rendu à Berlin; ~ (ins) *Haus* franco à domicile; ~*er Wille* libre arbitre *m*; *aus* ~*en Stücken de bon gré*; spontanément; volontairement; ~*e Künste* arts *m/pl.* libéraux; ~*er Beruf* profession *f* libérale; *ist dieser Platz* ~*?* cette place est-elle libre?; ~*e Stelle* (*od. Stellung*) place *f* vacante; poste *m* vacant; vacance *f*; ~*e (leere) Seite* page *f* blanche; ~*es Geleit* sauf-conduit *m*; ~*e Liebe* union *f* (*od.* amour *m*) libre; ~*e Übersetzung* traduction *f* libre (*od.* gratuite); ~*er Eintritt* entrée *f* libre (*od.* gratuite); ~*e Marktwirtschaft* économie *f* libérale (*od.* libre); ~*er Markt* marché *m* libre; *unter* ~*em Himmel* en plein air, *nachts:* à la belle étoile; *aus* ~*er Hand zeichnen* dessiner à main levée; *aus* ~*er Hand schießen* tirer sans appui; *es gibt noch 3* ~*e Plätze* il y a encore trois places de libre; ~*e Wahl haben* avoir libre choix; être libre de choisir; ~*e Kost haben* être nourri gratuitement; ~*e Kost und Logis haben* être logé et nourri; ~ *erfinden* inventer de toutes pièces, (*improvisieren*) improviser; ~ *erfunden* controuvé; improviser; ~ *aus allen Stücken Gebäude:* être isolé; *ein* ~*es Leben führen* mener une vie indépendante; ~*en Lauf lassen* laisser libre cours (à); *s-r Rede* ~*en Lauf lassen* parler à bâtons rompus; ~*e Hand haben* avoir la main (*od.* le champ) libre; avoir carte blanche; *j-m* ~*e Hand lassen* laisser le champ libre à q.; donner carte blanche à q.; *j-m völlig* ~*e Hand lassen* laisser toute liberté d'action à q.; *auf* ~*en Fuß setzen* mettre en liberté; *sein* ~*er Herr sein* être son maître; ~*er Tag* jour *m* de congé; ~ *machen* (*abräumen*) débarrasser (von de); *Schüler: wir haben* ~ nous n'avons pas classe (*od.* cours); nous avons congé; *Lehrer:* nous n'avons pas de cours; ~*er Nachmittag* après-midi *m* (*od. f*) de congé; *so* ~ *sein zu ...* (*inf.*) prendre la liberté de ... (*inf.*); *ich bin so* ~*!* si vous permettez!; *es steht Ihnen* ~, *zu ...* (*inf.*) vous êtes libre de ... (*inf.*); libre à vous de ... (*inf.*); ~ *sprechen* (*offen*) parler franchement, (*aus dem Stegreif*) improviser; parler sans notes; ~ *lassen Zeile:* laisser en blanc; ~ *werden* retrouver sa liberté, être rendu libre, ♐ *se dégager*; ~ *von Abgaben* (*Steuern*) exempt de charges (d'impôts); ~ *von Fehlern* exempt de défauts (*resp.* de fautes); ~ *von Sorgen* libre (*od.* exempt) de soucis; ~ *von Fieber* sans fièvre; ~ *von Vorurteilen* libre de préjugés; 🛄, ~ *20 Kilo Gepäck* ~ droit à la franchise de bagages pour 20 kilos; *Start* ~*!* départ autorisé!
'**Frei|bad** *n* piscine *f* découverte, en plein air; ~**ballon** *m* ballon *m* (libre); 2**beruflich** *adj.*, *adv.* libéral; ~ *tätig sein* exercer une profession libérale; *Arzt:* ~ *praktizieren* exercer sur le mode libéral; ~**betrag** *m* montant *m* exonéré; ~**beuter** *hist. m* flibustier *m*; ~**beuterei** *f hist.* flibusterie *f*; 2**bleibend** ✝ *adj. u. advt.* sans engagement; ~**bord** ⚓ *n* franc-bord *m*; ~**brief** *fig. m* carte blanche (für etw. pour qch.); ~**denker** *m* libre penseur *m*; ~**denkerei** *f*, ~**denkertum** *n* libre pensée *f*.
'**Freie** *n: im* ~ *an grand air*; (*unter freiem Himmel*) en plein air, *nachts:* à la belle étoile; *Spiele im* ~*n* jeux *m/pl.* de plein air.
'**freien** *litt. v/t. u. v/i.:* (*um*) *j-n* ~ rechercher (*od.* demander) q. en mariage.
'**Freier** *m* prétendant *m*; ~**sfüße** *pl.: st.s. auf* ~*n gehen* chercher à se marier.
'**Frei|exemplar** *n* exemplaire *m* gratuit; ~**fahrt** *f* voyage *m* (*od.* parcours *m*) gratuit; ~**frau** *f* baronne *f*; ~**gabe** *f* (*Freilassung*) mise *f* en liberté; *e-s Sperrkontos:* déblocage *m*; *v. Beschlagnahmtem:* restitution *f*; ~ *von bewirtschafteten Waren* levée *f* du rationnement de marchandises; ~ *des Starts:* autorisation *f*; (*Eröffnung*) ouverture *f*; ~**gänger** ✝ *m*

detenu m en permission (*od.* permissionnaire); *Fr. etwa:* probationnaire *m*; 2**geben** *v/t.* (*freilassen*) mettre en liberté; *Sperrkonto:* débloquer; *Beschlagnahfte Waren* ~ lever le rationnement de marchandises; *zum Verkauf* ~ mettre en vente libre; ✈ *Start:* autoriser; (*eröffnen*) ouvrir; *Schule:* donner congé; 2**gebig** *adj.* libéral; large; généreux, -euse; ~**gebigkeit** *f* libéralité *f*; largesse *f*; générosité *f*; *große:* munificence *f*; ~**geist** *m* libre penseur *m*; esprit *m* fort; ~**geiste'rei** *f* libre pensée *f*; 2**geistig** *adj.* libéral; ~**gelände** *n* terrain *m* en plein air, non bâti; ~**gelassene(r** *a. m*) *hist. m, f* affranchi *m*, -e *f*; ~**gepäck** *n* franchise *f* de bagages; ~**grenze** (*Steuer-* 2) *f* limite *f* d'exonération; 2**haben** *v/i.* avoir congé; ~**hafen** *m* port *m* franc; 2**halten** *v/t.* i-n *beim Essen:* inviter, régaler; *Platz:* réserver; ~**handel** ✝ *m* libre-échange *m*; *Anhänger des* ~ libre-échangiste *m*; ~**handelszone** ✝ *f* zone *f* de libre-échange; 2**händig** *adj. u. adv. zeichnen:* à main levée; *schießen:* sans appui; ✝ ~ *verkaufen* vendre à l'amiable; 2**händlerisch** *adj.* libre-échangiste; ~**handzeichnen** *n* dessin *m* à main levée; 2**hängend** ⊕ *adj.* à suspension libre.
'**Freiheit** *f* liberté *f*; (*Unabhängigkeit*) indépendance *f*; (*Vorrecht*) privilège *m*; (*Befreiung, Erlaß*) exemption *f*; *in (voller)* ~ en (toute) liberté; *persönliche* ~; ~ *der Person* liberté *f* individuelle; *Beschränkung der persönlichen* ~ restriction *f* à la liberté individuelle; *dichterische* ~ licence *f* poétique; ~ *der Meere* liberté *f* des mers; *j-m die* ~ *schenken* donner la liberté à q.; *in* ~ *setzen* mettre en liberté; *wieder in* ~ *setzen* remettre en liberté; *rendre à la* liberté; *sich die* ~ *nehmen* se permettre (zu de); prendre la liberté (de); *sich* ~*en herausnehmen* se permettre des libertés (*gegenüber j-m* envers q.); *volle* ~ *haben* avoir toute liberté (zu de); 2**lich** *adj.* libéral.
'**Freiheits|beraubung** *f* atteinte *f* à la liberté; privation *f* de liberté; 2**bewußt** *adj.* libertaire; ~**drang** *m* soif *f* de liberté; ~**entzug** *m* privation *f* de liberté; ~**kampf** *m* lutte *f* pour la liberté; ~**kämpfer** *m* combattant *m* pour la liberté; libertaire *m*; ~**krieg** *m* guerre *f* d'indépendance; ~**liebe** *f* amour *m* de la liberté; 2**liebend** *adj.* qui aime la liberté; ~**rechte** *n/pl.* libertés *f/pl.*; ~**strafe** *f* peine *f* privative de liberté; 2**liebend** emprisonnement *m*; ~**verlust** *m* perte *f* de liberté.
'**frei|he'raus** *adv.* franchement; carrément; net; 2**herr** (*in*) *m* baron *m*, -onne *f*; ~**kämpfen** *v/rf.: sich* ~ se dégager; 2**karte** *f* billet *m* gratuit, de faveur; carte *f* d'entrée libre; 🚋 carte *f* de circulation gratuite; ~**kommen** *v/i.* être remis en liberté; 2**körper|kultur** *f* nudisme *m*; naturisme *m*; 2**korps** 🗡 *n* corps *m* franc; 2**kuvert** *n* enveloppe *f* affranchie (*od.* timbrée); ~**lassen** *v/t.* mettre en liberté; relaxer; *Sklaven:* affranchir; *wieder* ~ remettre en liberté; rendre la liberté; 2**lassung** *f* mise *f* en liberté;

relaxation *f*; *v. Sklaven*: affranchissement *m*; *Fr.* ⚖ ~ *auf Bewährung* probation *f*; ℒlauf *m Fahrrad*: roue *f* libre; ~legen *v/t.* dégager; déblayer; *arch.* mettre au (*abus.* à) jour; déterrer; *Bombe*: exhumer; ℒlegung *f* dégagement *m*; déblaiement *m*; *arch.* mise *f* au jour; *e-r Bombe*: exhumation *f*; ℒleitung ⚡ *f* ligne *f* aérienne.

'freilich *adv.* (*bejahend*) bien sûr; évidemment; assurément; sans doute; *zu Anfang*: il est vrai que, *eingeschoben*: il est vrai.

'Frei|licht-aufführung *f* représentation *f* en plein air; ~licht-aufnahme *f* prise *f* de vue en plein air; ~lichtbühne *f* théâtre *m* de plein air; ~lichtkino *n*: ~ *für Autofahrer* autorama *m*; cinéma *m* de plein air pour automobilistes; ~lichtmalerei *f* peinture *f* de plein air; ~lichtmuseum *n* musée *m* de plein air; archéodrome *m*; ℒliegen *v/i.* être à nu; ℒliegend *adj.* à nu; ~liste ⚖ *f*: ~ *für zollfreie Waren* liste *f* des produits libéralisés; ~los *n* lot *m* gratuit; ~luftschule *f* école *f* de plein air; ~luftspiele *n/pl.* jeux *m/pl.* de plein air; ~luftstall *m* étable *f* à stabulation libre; ℒmachen 1. *v/t. v. Hindernissen*: dégager (*von* de); 👕 affranchir; *sich den Oberkörper* ~ se mettre le torse nu; 2. *v/rf.*: *sich* ~ (*sich freikämpfen*) se dégager; ⚔ *sich den Weg* ~ s'ouvrir le chemin; *fig.* (*sich befreien*) se délivrer (*von* de); se libérer (de); s'affranchir (de); s'émanciper (de); (*sich verfügbar machen*) s'arranger pour être libre; (*Urlaub nehmen*) prendre un congé; ~machen, ~machung *f* ⚖ affranchissement *m*; ~marke ⚖ *f* timbre-poste *m*; ~maurer *m* franc-maçon *m*; ~maure'rei *f* franc-maçonnerie *f*; ℒmaurerisch *adj.* (franc-)maçonnique; ~maurerloge *f* loge *f* (franc-)maçonnique; ~mut *m* franchise *f*; sincérité *f*; ℒmütig *adj.* franc, franche; décontracté; sincère; ~nehmen *v/rf.*: *sich e-n Tag* ~ prendre un jour de congé; ℒpressen ⚖ *v/t.*: *j-n* ~ libérer q. par chantage; ℒschaffend *adj. Künstler*: indépendant; ~schar ⚔ *f* corps *m* de francs-tireurs; ~schärler ⚔ *m* franc-tireur *m*; ~schüler(in *f*) ℒ *Stipendiat m, -in f*) *m* boursier *m*, -ière *f*; ℒschwankend *fin.* (*Kurse*) *adj.* flottant; ℒschwebend ⊕ *adj.* à suspension libre; ~schwimmer(in *f*) *m* titulaire *m, f* d'un brevet de natation; ℒsinnig *adj.* aux vues larges; libéral; ~sinnigkeit *f* vues *f/pl.* larges; libéralisme *m*; ℒsprechen ⚖ *v/t.* acquitter; déclarer non coupable; *j-n von e-m Verdacht* ~ décharger q. d'un soupçon; ~sprechung *f*, ~spruch *m* acquittement *m*; relaxe *f*; ~ *mangels gesetzlicher Handhabe* absolution *f*; ~ *aus Mangel an Beweisen* non-lieu *m*; ℒsprechend ⚖ *adj.* absolutoire; ~staat *m* État *m* libre; ℒstehen *v/i.*: *es steht Ihnen frei, zu ...* (*inf.*) libre à vous (*od.* vous êtes libre) de ... (*inf.*); ℒstehend *adj.* isolé; ℒstellen *v/t.*: *j-n von etw.* ~ exempter (*od.* dispenser) q. de qch.; *j-m etw.* ~ laisser q. libre de faire qch.; *ich stelle es Ihnen frei* je vous en laisse le choix; ~stellung *f*: ~ *vom Wehrdienst* exemption *f* du service militaire; ~stilringen *n* catch *m*; ~stilringer *m* catcheur *m*; ~stilschwimmen *n* nage *f* libre; ~stoß *m Sport*: coup *m* franc; ~stunde *écol. f* heure *f* creuse; F trou *m*; ~tag *m* vendredi *m*; ℒtags *adv.* le vendredi; ~tod *n* suicide *m*; ℒtragend △ *adj.*: *en porte-à-faux*; ~treppe *f* perron *m*; ~übungen *f/pl.* gymnastique *f*; culture *f* physique; ~umschlag 🕮 *m* enveloppe *f* timbrée (*od.* affranchie); ~verkehr *m*, ~verkehrsbörse *f* 🕂 *Börse*: marché *m* libre; ~verkehrskurs 🕂 *m* cours *m* du marché libre; ~werden 🕂 *n* dégagement *m*; ℒwillig I *adj.* volontaire; spontané; II *adv.* volontairement; spontanément; de bon gré; ~willige(r) *m* volontaire *m*; ~willigkeit *f* spontanéité *f*; ~zeichen *tél. n*: *ein* ~ *bekommen* avoir la tonalité; ~zeit *f* loisirs *m/pl.*; ~zeitgestaltung *f* organisation *f* (*od.* aménagement *m*) des loisirs; ~zeithaus *n* maison *f* de week-end; maison (nette) *f* de campagne; ~zeithemd *n* chemisette *f*; ~zeitkultur *f* civilisation *f* des loisirs; ~zeitpolitik *f* politique *f* des loisirs; ~zeitproblem *n* problème *m* des loisirs; ~zone *f* zone *f* franche; ℒzügig *adj.* libre de choisir sa résidence; *écon.* libre de circuler; ~zügigkeit *f* liberté *f* du choix de la résidence; liberté *f* d'établissement; *écon.* libre circulation *f*.

fremd *adj.* étranger, -ère; inconnu; (*seltsam*) étrange, *pfort* bizarre; (*exotisch*) exotique; *ich bin hier* ~ je suis étranger, -ère ici; je ne suis pas d'ici; *er ist mir* ~ je ne le connais pas; *das ist mir ganz* ~ je ne m'y connais (*od.* entends) pas; je n'y comprends rien; *das kommt mir* ~ *vor* cela me paraît étrange; *unter* ~*em Namen* sous un nom d'emprunt; *in* ~*e Hände kommen* tomber dans des mains étrangères; *sich mit* ~*en Federn schmücken* se parer des plumes du paon; 🕂 ~*e Gelder* capitaux *m/pl.* étrangers; *für* ~*e Rechnung* pour le compte d'un tiers; '²abhängigkeit *pol. f* dépendance *f* de l'étranger; '¹artig *adj.* hétérogène; (*ungewöhnlich*) insolite; (*seltsam*) étrange, *pfort* bizarre; (*exotisch*) exotique; '²artigkeit *f* hétérogénéité *f*; (*Seltsamkeit*) étrangeté *f*; *pfort* bizarrerie *f*; '²e *f* pays *m* étranger; *in die* (*der*) ~ à l'étranger.

'Fremden|buch *n* registre *m* des voyageurs; ℒfeindlich *adj.* xénophobe; ℒfreundlich *adj.* xénophile; ~freundlichkeit *f* xénophilie *f*; ~führer *m* guide *m*; ~haß *m* xénophobie *f*; ~heim *n* pension *f*; ~industrie *f* industrie *f* touristique; ~legion *f* Légion *f* étrangère; ~legionär *m* légionnaire *m*; ~polizei *f* police *f* des étrangers; ~verkehr *m* tourisme *m*; ~verkehrsver-ein *m* syndicat *m* d'initiative; ~zimmer *n* chambre *f* (à louer); *privat*: chambre *f* d'amis.

'Fremd|e(r *a. m*) *m, f* étranger *m*, -ère *f*; ~herrschaft *f* domination *f* étrangère; ~kapital *n* capitaux *m/pl.* étrangers; ~körper 🌡 *m* corps *m* étranger; ~ländisch *adj.* étranger, -ère; (*exotisch*) exotique; ~ling *m* étranger; ~parker *m* conducteur *m* de voiture qui abuse du droit de stationnement; ℒrassig *adj.* de race étrangère; allogène; ~sprache *f* langue *f* étrangère; ℒsprachig *adj.* de (*Text*: en) langue étrangère; qui parle une langue étrangère; ℒsprachlich *adj.*: ~*er Unterricht* enseignement *m* de langues étrangères; ~wort *n* mot *m* étranger; ~wörterbuch *n* dictionnaire *m* de mots étrangers; ~wortsucht *f* néologie *f*.

fre'netisch *adj.* frénétique.
frequen'tieren *v/t.* fréquenter.
Fre'quenz (*Häufigkeitsziffer*) *u. phys. f* fréquence *f*; ~band *n* bande *f* de fréquences; ~bereich *m* gamme *f* de fréquences; ~hub *rad. m* excursion *f* de fréquence; ~messer *m* fréquencemètre *m*; ~modulation *f* modulation *f* de fréquence; ~wandler *m* changeur *m* de fréquence.

'Fresk|e *f*, ~o *n* fresque *f*; *a fresco malen* peindre à fresque.
'Fresko|bild *n*, ~gemälde *n* fresque *f*; ~maler *m* peintre *m* de fresques; fresquiste *m*; ~malerei *f* peinture *f* à fresque.

Fres'salien F *f/pl.* victuailles *f/pl.*; F mangeaille *f*.

'Fresse P *f* P gueule *f*; P margoulette *f*; *j-m in die* ~ *schlagen* casser la gueule à q.; *halt die* ~! (ferme) ta gueule!; *ferme-la!*; *die große* ~ *haben* faire l'important; ℒn *v/t. u. v/i. von Tieren*: manger; P *od. péj.*: *a. vom Motor*: P bouffer, P boulotter; (*ätzen*) corroder; ronger; 🔧 *um sich* ~ se répandre (*a. fig.*); *an j-m e-n Narren gefressen haben* raffoler de q.; *le béguin pour q.* F *Kilometer* ~ dévorer (*od.* avaler *od.* P en abattre) des kilomètres; ~en *n der Tiere*: nourriture *f*; pâture *f*; P *od. péj.* → *Fraß*; P *fig. ein gefundenes* ~ une bonne aubaine; ~er P *m* glouton *m*; goinfre *m*.

Fresse'rei P *f* gloutonnerie *f*; F goinfrerie *f*.

'Freß|gier *f* gloutonnerie *f*; ℒgierig *adj.* goulu; glouton, -onne; ~napf *m*, ~näpfchen *n* mangeoire *f*; ~neid *f fig. m* jalousie *f* de métier; basse jalousie *f*; ~sack *m für Pferde*: musette *f*; P (*Fresser*) glouton *m*; F goinfre *m*; ~trog *m* auge *f*; ~werkzeuge *n/pl. der Insekten*: mandibules *f/pl.*

'Frettchen *zo. n* furet *m*.

'Freude *f* joie *f*; (*Vergnügen*) plaisir *m*; *laute* ~ allégresse *f*; *überströmende* ~ joie *f* débordante (*od.* folle); *vor* ~ de joie; *voll(er)* ~ plein (*od.* rempli) de joie; *zu m-r großen* ~ à ma grande joie; *er ist m-e einzige* ~ il est mon unique joie; *mit* ~ avec plaisir; volontiers; ~ *machen* faire plaisir; *j-m* ~ *bereiten* faire plaisir à q.; faire la joie de q.; *j-m e-e große* ~ *bereiten* (*od.* machen); *j-m viel* ~ *machen a.* donner beaucoup de joie à q.; *j-n in große* ~ *versetzen* causer une grande joie à q.; *j-m die* ~ *verderben* gâcher son plaisir à q.; *ich habe m-e* ~ *an ihm* il fait ma joie; *sich e-e* ~ *aus etw. machen* se faire un plaisir de q.; *s-e* ~ *an etw.* (*dat.*) *haben* prendre plaisir à qch.; *vor* ~ *weinen* pleurer de joie; *außer sich vor* ~ *sein* ne pas se sentir de joie; *es ist e-e wahre* ~, *das zu sehen* cela fait grand plaisir à voir; c'est un vrai plaisir de

voir cela; *herrlich und in ~n leben* mener joyeuse vie; avoir la vie belle.
'Freuden|botschaft *f* joyeuse nouvelle *f*; ~fest *n* fête *f*; ~feuer *n* feu *m* de joie; ~geschrei *n* cris *m/pl.* d'allégresse (*od.* de joie); ~haus *n* maison *f* close; maison *f* de tolérance; ²leer, ²los *adj.* sans joie; ~mädchen *n* fille *f* de joie; ~rausch *m* ivresse *f* de la joie; ~schrei *m* cri *m* d'allégresse (*od.* de joie); ~sprung *m* gambade *f*; ~tag *m* jour *m* de joie; ~tanz *m* danse *f* d'allégresse; e-n ~ *aufführen* danser de joie; ~taumel *m* transports *m/pl.* de joie; radieux, -euse; épanoui; ~trunken *adj.* ivre de joie. (*od.* débordante); *Menschenmenge im* ~ foule *f* en liesse; ~tränen *f/pl.* larmes *f/pl.* de joie.
'freude|strahlend *adj.* rayonnant de joie; radieux, -euse; épanoui; ~trunken *adj.* ivre de joie.
'freudig I *adj.* joyeux, -euse; plein de joie; (*glücklich*) heureux, -euse; (*fröhlich*) gai; ~*es Ereignis* heureux événement *m*; II *adv.* avec joie; d'un cœur joyeux; ²keit *f* joie *f*; (*Fröhlichkeit*) gaieté *f*; gaîté *f*.
'freudlos *adj.* sans joie.
'freuen 1. *v/imp.* (à); *es freut mich, zu ... (inf.)* je suis heureux, -euse (*od.* ravi *od.* enchanté *od.* charmé) de ... (*inf.*); *es freut mich, daß ...* je suis heureux, -euse *usw.* que ... (*subj.*); *das freut mich sehr* j'en suis très heureux, -euse; cela me fait plaisir; 2. *v/rfl.: sich ~ über* (*acc.*) se réjouir de; être enchanté (*od.* charmé *od.* ravi) de; *sich an etw.* (*dat.*) ~ prendre plaisir à qch.; *ich freue mich an ihm il fait ma joie*; *sich wie ein Schneekönig ~* être au comble de la joie; *sich ~ auf* (*acc.*) se réjouir d'avance de; *ich freue mich, Sie zu sehen* je suis content de vous voir.
'Freund|(in *f*) *m* ami *m*, -e *f*; *als ~ en ami(e)*; *vertrauter ~* ami *m* intime; *dicke ~e* amis *m/pl.* intimes, F copains *m/pl.*; *ein ~ von mir* un de mes amis; *un ami à moi*; *gegen ~ und Feind* (*gegen jedermann*) envers et contre tous; *lieber ~!* cher ami!; *alter ~ und Kupferstecher!* mon vieux!; P mon pote!; *sie sind gute* (*od.* F *dicke*) ~*e* ce sont de grands amis; *mit j-m* (*gut*) ~ *sein* être (très) lié avec q.; *j-n zum* ~ *haben* avoir q. pour (*od.* comme) ami; ~*e gewinnen* se faire des amis; ~ *sein von etw.* aimer qch.; ~**chen** *n iron.: mein ~!* mon vieux!; ~**eskreis** *m* (cercle *m* d')amis *m/pl.*
'freundlich *adj.* aimable; (*liebreich*) gracieux, -euse; (*wohlwollend*) bienveillant; (*leutselig*) affable; (*freundschaftlich*) amical; (*angenehm*) agréable; *Raum, Wetter, Farbe*: gai; ²*Börse*: bien disposé; ~*e Gegend* contrée *f* riante; ~*es Angebot* offre *f* obligeante; *das ist sehr ~ von Ihnen* c'est bien aimable à vous; *vous êtes bien aimable*; *seien Sie bitte so ~* soyez assez aimable (*zu pour*); *faites-moi l'amitié de* (*de*); -trice *f* de l'amabilité de (*Leutseligkeit*) affabilité *f*; *j-m e-e ~ erweisen*

sen faire une amabilité à q.; *haben Sie die ~, zu ... (inf.)* soyez assez aimable pour ... (*inf.*); faites-moi l'amitié de ... (*inf.*).
'Freundschaft *f* amitié *f*; *aus ~* par amitié; *für j-n ~ hegen* avoir de l'amitié pour q.; *mit j-m ~ schließen* se lier d'amitié avec q.; ²lich *adj.* amical; d'ami; *mit j-m in ~e Beziehungen treten* prendre q. en amitié; se prendre d'amitié pour q.; se lier d'amitié avec q.; *mit j-m auf ~em Fuße stehen* être en bons termes (*od.* rapports) avec q.; ~lichkeit *f* caractère *m* amical; ~sbande *f* liens *m/pl.* d'amitié; ~sbesuch *m* visite *f* amicale; ~sbeteuerungen *f/pl.* protestations *f/pl.* d'amitié; ~sbezeigung *f* témoignage *m* d'amitié; ~sbund *m*, ~sbündnis *n* pacte *m* d'amitié, entente *f* cordiale; ~sdienst *m* service *m* amical (*erweisen rendre*); ~spakt *m* pacte *m* d'amitié; ~sspiel *n* match *m* amical; ~svertrag *m* traité *m* d'amitié.
'Frevel *m* délit *m*; (*Übertretung*) infraction *f*; (*Missetat*) méfait *m*; *rl.* sacrilège *m*; ²haft *adj.* criminel, -elle; *rl.* sacrilège; ~haftigkeit *f* caractère *m* criminel (*od.* rl. sacrilège); ²n *v/i.*: *gegen das Gesetz ~* violer la loi; ~tat *f ~ Frevel*.
'Frevler(in *f*) *m* auteur *m* d'un délit; délinquant *m*, -e *f*.
'Frieden *m* paix *f*; *den ~ aufrechterhalten* (*stören; bedrohen; brechen; wiederherstellen*) maintenir (troubler; menacer; rompre *od.* violer; rétablir) la paix; ~ *schließen* faire la paix; *um ~ bitten* demander la paix; *in ~ leben* vivre en paix; *um des lieben ~s willen* pour avoir la paix; *laß mich in ~!* laisse-moi en paix; *fig. ich traue dem ~ nicht* je ne suis pas sur mes gardes.
'Friedens|abschluß *m* conclusion *f* de paix; ~angebot *n* offre *f* de paix; ~bedingung *f* condition *f* de paix; ~bedrohung *f* menace *f* pour la paix; ~bewegung *f* mouvement *m* pour la paix; ~bruch *m* rupture (*od.* violation) *f* de la paix; ~engel *fig. m* ange *m* de la paix; ~fest *n* fête *f* de la paix; ~freund(in *f*) *m* pacifiste *m*, *f*; ~forscher *m* polémologue *m*; ~forschung *f* polémologie *f*; ~göttin *f* Paix *f*; ~heer *n* armée *f* du temps de paix; ~konferenz *f* conférence *f* de la paix; ~marsch *m* marche *f* pour la paix; ²mäßig *adv.* comme en temps de paix; ~offensive *f* escalade *f* de la paix; ~pfeife *f* calumet *m* de paix; ~politik *f* politique *f* de paix; ~regelung *f* règlement *m* de la paix; ~richter *m* juge *m* de paix; ~schluß *m* conclusion *f* de la paix; ~sicherung *f* assurance *f* du maintien de la paix; ~stärke ⚔ *f* effectif *m* (en temps) de paix; ~stifter(in *f*) *m* pacificateur *m*, -trice *f*; ~störer(in *f*) *m* perturbateur *m*, -trice *f* de la paix; trouble-paix *m*; ~truppe *f* troupe *f* de l'O.N.U.; casques *m/pl.* bleus; ~unterhändler *m* négociateur *m* de la paix; ~verhandlungen *f/pl.* négociations *f/pl.* de paix; ~vermittler *m* médiateur *m* de la paix; ~vermittlung *f* médiation *f* de paix; ~vertrag *m* traité *m* de paix; ~vorschläge *m/pl.* proposi-

tions *f/pl.* de paix; ~wille *m* volonté *f* de paix; ~zeit *f* temps *m* de paix; *in ~en* en temps de paix.
'fried|fertig *adj.* pacifique; ²fertigkeit *f* caractère *m* pacifique; esprit *m* conciliant; ²hof *m* cimetière *m*; ~lich *adj.* (*friedliebend*) pacifique; *Charakter, Landschaft*: paisible; tranquille; ²lichkeit *f* caractère *m* pacifique; *e-r Landschaft*: caractère *m* paisible (*od.* tranquille); ~liebend *adj.* pacifique; ~e *Bürger* citoyens *m/pl.* épris de paix; ~los *adj.* sans repos; inquiet, -ète; agité.
'Friedrich *m* Frédéric *m*.
'frieren *v/i. u. v/imp. von Lebewesen*: avoir froid; *pfort* F geler; *ich friere* j'ai froid; F *je gèle*; *ich friere an den Händen* j'ai froid aux mains; *j'ai les mains gelés*; *es friert* il gèle (*Stein und Bein* à pierre fendre); *der Teich ist gefroren* l'étang *m* est gelé (*od.* pris).
Fries △, *text. m* frise *f*.
'Frieseln ⚕ *pl.* miliaire *f*.
fri'gid *physiol. adj.* frigide.
Frigidi'tät *f* frigidité *f*.
Fri'kadelle *cuis. f* boulette *f*; *Fr.* (*mit Setzei*) 'hamburger [ãburˈgœːr] *m*.
Frikan'deau *cuis. n* fricandeau *m*; *kleines ~* grenadin *m*.
Frikas'see *cuis. n* fricassée *f*; ~soße *cuis. f* sauce *f* poulette.
Frikti'on *f* friction *f*.
frisch *adj., adv.* frais, fraîche; (*neu*) nouveau (*vor vo. od. stummem h*: nouvel), nouvelle; *Obst*: frais (fraîche) (*od.* immer häufiger: fraîchement) cueilli(e); *Wäsche*: blanc, blanche; propre; (*munter*) vif, vive; éveillé; ~ *und munter* frais (fraîche) et dispos(e); en bonne santé; *noch ~* bien conservé; ~*es* (*od. ~ gebackenes*) *Brot* pain *m* frais; ~*es Ei œuf m* du jour; ~ *gebackener Abiturient* bachelier *m* frais émoulu; *sich ~ halten* se garder frais, fraîche; *die alkoholischen Getränke ~ halten* garder au frais les boissons alcoolisées; ~ *angekommen* nouvellement arrivé(e); ~ *rasiert* rasé de frais; *a.* fraîchement rasé; *auf ~er Tat sur le fait*; en flagrant délit; ~ *vom Faß* fraîchement tiré (du tonneau); ~*e Luft schöpfen* prendre l'air; *in ~er Luft au grand air*; ~ *machen* rafraîchir; ~ *werden* se rafraîchir; *sich ein bißchen ~ machen* faire un brin de toilette; ~ *aussehen*; *e-e ~ Gesichtsfarbe haben* avoir le teint frais; ~*en Mut fassen* reprendre courage; *etw. noch in ~er Erinnerung haben* avoir la mémoire toute fraîche de qch.; ~*e Wäsche anziehen* mettre du linge propre; *ein ~es Hemd anziehen* mettre une chemise propre; changer de chemise; *ein Bett ~ überziehen* changer les draps d'un lit; ~ *gestrichen!* peinture fraîche!; ²arbeit ⊕ *f* affinage *m*; ²e *f* fraîcheur *f*; ²eisen *n* fer *m* affiné; ~*en 1. vt. métall.* affiner; *2. v/i.* (*Junge werfen*) *Wildsau*: mettre bas; ²fleisch *n* viande *f* fraîche; ²gemüse *n* légumes *m/pl.* frais; ²haltepackung *f* emballage *m* sous vide; ²ling *ch. m* marcassin *m*; ²luftzufuhr *f* flux *m* d'air frais; ²wasser *n auf Schiffen*: eau *f* douce; ⊕ eau *f* fraîche.
'Frischzellentherapie ⚕ *f* traite-

ment m à l'aide de cellules vivantes. **Fri'seur** m coiffeur m; **~gehilfe** m garçon m coiffeur; **~puppe** f mannequin m de coiffeur. **Fri'seuse** f coiffeuse f. **fri'sier|en 1.** v/t. coiffer; arranger les cheveux; fig. Bilanz, Bericht: maquiller; truquer; Möbel, Bild: truquer; Bilanz a. F tripatouiller; Automotor: trafiquer; **2.** v/rf.: sich ~ se coiffer; **2en** n arrangement m des cheveux; fig. maquillage m; truquage m, trucage m; **2krem** f crème f à coiffer; **2mantel** m peignoir m; **2salon** m salon m de coiffure; **2stab** ⚡ m fer m à coiffer; **2tisch** m coiffeuse f. **Frist** f délai m; ⚖ a. terme m; ✝ ~ vom Sichttag délai m de vue; nach Ablauf der ~ à délai échu; à terme échu; die ~ läuft am ... ab le délai échoit le ...; die ~ ist abgelaufen le délai est échu; innerhalb e-r ~ von 14 Tagen dans le délai de quinze jours; in Jahresfrist dans le délai d'un an; d'ici un an; in kürzester ~ dans le plus bref délai; auf kurze ~ à court terme; auf langer ~ à bref délai; **'~ablauf** m expiration f du délai (od. terme); bei ~ à l'expiration du délai (od. du terme); **'2en** v/t.: sein Dasein ~ avoir tout juste de quoi vivre; sein Leben (mühsam) ~ gagner péniblement sa vie; vivoter; **'~enlösung** ⚖ f solution f à terme préfixé; solution f des délais; **'~gesuch** n demande f de délai; **'~gewährung** f, **'~verlängerung** f prolongation f de délai (od. de terme); atermoiement m; **'2los** adj. sans délai; ~e Entlassung renvoi m sans préavis; **'~überschreitung** f dépassement m du délai (od. du terme).
Fri'sur f coiffure f.
Fri't|euse ⚡ cuis. f, **~iergerät** n, **~iertopf** m friteuse f.
'Fritter ⚡ m cohéreur m.
fri'vol adj. (leichtfertig) léger, -ère; libre; (schlüpfrig) leste; licencieux, -euse; scabreux, -euse; grivois, graveleux, -euse; paillard; (Person: schamlos) sans morale.
Frivoli'tät f (Leichtfertigkeit) légèreté f; (schlüpfrige Bemerkung) propos m leste.
froh adj. joyeux, -euse; heureux, -euse (über acc. de); content (de); (lustig) gai (a. Farbe); ~es Gesicht visage m joyeux; ~es Ereignis événement m heureux; ~e Botschaft joyeuse nouvelle f; ~en Mutes d'un cœur joyeux; de bonne humeur; ~es Fest! bonne fête!; ~e Weihnachten! joyeux Noël!; e-r Sache (gén.) ~ werden jouir (od. se réjouir) de qch.; s-s Lebens nicht ~ werden ne pas jouir de l'existence; **'~gelaunt** adj. d'humeur joyeuse; **'~gemut** adj. de bonne humeur.
'fröhlich adj. gai; enjoué; joyeux, -euse; (heiter) jovial; ~e Weihnachten! joyeux Noël!; **2keit** f gaieté f; enjouement m; jovialité f.
froh|'locken v/i. exulter; bondir de joie; pousser des cris d'allégresse; (triumphieren) triompher; ~e Botschaft m jubiler (über acc. de); F jubiler; **2locken** n cris m/pl. d'allégresse; F jubilation f; **'2sinn** m gaieté f; bonne humeur f; jovialité f; enjouement m.
fromm adj. pieux, -euse; (religiös)

religieux, -euse; (andächtig) dévot (a. mv.p.); (sanft) doux, douce; (unschuldig) innocent; ~e Lüge pieux mensonge m; ~e Miene mine f débonnaire; ein ~er Wunsch un souhait irréalisable.
Frömme'lei f fausse dévotion f; bigoterie f; bigotisme m; bondieuserie f.
'frömmeln v/i. faire le bigot; **~d** adj. bigot.
'Frömmigkeit f piété f; dévotion f.
'Frömmler(in f) m faux dévot m, fausse dévote f; bigot m, -e f; F bondieusard m, -e f.
Fron f, **'~arbeit** f, **'~dienst** m hist. u. fig. corvée f.
'frönen v/i. s'abandonner (à); s'adonner (à); être l'esclave (de).
Fron'leichnam(sfest n) m Fête-Dieu f.
Front f front m; △ façade f, Hauptteil davon: frontispice m; ⚔ auf breiter (schmaler) ~ sur un front large (étroit); auf der ganzen ~ sur l'ensemble du front; an die ~ gehen (od. rücken) aller (od. monter) au front; an der ~ sein être au front; an der ~ sterben (fallen) mourir (tomber) au front; die ~ durchbrechen (od. durchstoßen od. eindrücken) percer (od. rompre od. désorganiser od. enfoncer) le front; e-e ~ aufbauen établir un front; die ~ begradigen rectifier le front; die ~ abschreiten passer les troupes en revue; ~ machen ⚔ a. faire front, fig. faire face (gegen à); Sport: klar in ~ sein tenir la tête; **'~abschnitt** ⚔ m secteur m (du front); **2al** adj. frontal; de front; Auto: ~ zs.-stoßen se heurter de front, de plein fouet; **~'al-angriff** ⚔ m attaque f de front; **~alzusammenstoß** m collision f de plein fouet; **'~ansicht** f vue f de face; **'~antrieb** m Auto: traction f avant; **'~begradigung** f rectification f du front; **'~bericht** ⚔ m: im ~ lobend erwähnen citer à l'ordre de la nation; **'~dienst** m service m au front; **'~flug** ⚔ m mission f aérienne; raid m aérien; **'~flugzeug** ⚔ n avion m de première ligne.
Frontis'piz △ n frontispice m.
'Front|kämpfer m combattant m; **~kämpferbund** m fédération f des anciens combattants; **~leitstelle** ⚔ f gare f régulatrice; **~linie** f tracé m du front; **~lücke** f poche f, e-e ~ schließen (od. bereinigen) nettoyer une poche; e-e ~ abriegeln verrouiller une poche; **~offizier** m officier m de troupe; **~scheibe** f Auto: pare-brise m; Grillgerät: vitre f frontale; **~seite** △ f façade f; Hauptteil davon: frontispice m; **~soldat** m soldat m de première ligne (od. du front); **~staat** m État m de première ligne; **~stapler** ⊕ m chariot m frontal; **~truppen** f/pl. troupes f/pl. en opération; **~veränderung** f changement m de front; **~wechsel** m ⚔ changement m de front; fig. volte-face f; **~zulage** ⚔ f 'haute paie f.
Frosch m zo. grenouille f; Feuerwerk: crapaud m; ♪ talon m d'archet; e-n ~ im Halse haben avoir un chat dans la gorge; fig. sei kein ~! ne fais pas de façons; **'~gequake** n coassement m; **'~laich** m frai m de grenouilles; **'~-

mann** m homme-grenouille m; **'~perspektive** f perspective f à ras de terre; vue f d'en bas; **'~schenkel** m cuisse f de grenouille; **'~teich** m grenouillère f.
Frost m gelée f; andauernder ~ gel m; **'2beständig** adj. résistant à la gelée (od. au gel); **'~beule** ⚕ f engelure f.
'frösteln I v/i. u. v/imp. frissonner; avoir des frissons; ich fröstle; mich fröstelt je frissonne; j'ai des frissons; **II** ⚡ n frissons m/pl.
'Frostempfindlichkeit (Beton) f gélivité f.
'frostig fig. adj. Empfang: glacial; **2keit** fig. f froideur f.
'Frost|mittel n remède m contre les engelures; **~salbe** f pommade f pour les engelures; **~schaden** m dégâts causés par le gel; **~schutzmittel** n antigel m; **~schutzscheibe** f vitre f dégivrante; **2sicher** adj. résistant à la gelée (od. au gel); ingélif, -ive; **~wetter** n gel m; temps m de gelée f.
Frot'tée|handtuch n serviette f éponge; **~stoff** m tissu m éponge.
frot'tier|en v/t. frotter; frictionner; **2en** n friction f.
Frucht f fruit m (a. fig.); fig. (Ergebnis) résultat m; die ersten Früchte (Frühobst) les primeurs f/pl.; **2bar** adj. ✔ fertile; Lebewesen: fécond; (viel liefernd) productif, -ive; pfort Lebewesen: prolifique; Verhandlungen: fructueux, -euse; ✔ ~ machen fertiliser; **'~barkeit** f fécondité f; fertilité f; productivité f (alle a. fig.); (rasche Vermehrung) prolifération f; **'~bonbons** m/pl. od. n/pl. bonbons m/pl. aux fruits; **'2bringend** adj. fructifère; fig. (ersprießlich) fructueux, -euse; (vorteilhaft) avantageux, -euse; profitable; lucratif, -ive.
'Früchtchen fig. F n: ein nettes ~ un joli garnement (od. moineau); une mauvaise graine.
'Frucht|eis n glace f aux fruits; **2en** fig. v/i. porter des fruits; nicht(s) ~ rester infructueux, -euse (od. sans effet); **~fleisch** ♀ n pulpe f; chair f; **~folge** ✔ f assolement m; rotation f des cultures; **~gehäuse** n, **~hülle** ♀ f péricarpe m; **~kapsel** f capsule f; **~keim** ♀ m germe m; **~knoten** m ovaire m; **2los** adj. dépourvu de fruits; (unfruchtbar) stérile; fig. a. infructueux, -euse; inutile; **~losigkeit** f stérilité f; inutilité f; **~presse** f presse-fruits m; pressoir m; **~saft** m jus m de fruits; **~salat** m salade f macédoine f de fruits; **~schale** f coupe f à fruits; ♀ (Haut) peau f; pelure f; **2tragend** adj. fructifère; **~wasser** anat. n liquide m amniotique; **~wechsel** ✔ m assolement m; **~zucker** ⚗ m fructose m; lévulose m.
fru'gal adj. frugal.
Frugali'tät f frugalité f.
früh I adj. matinal; am ~en Morgen de grand matin; ~es Obst primeurs f/pl.; (vorzeitig) prématuré; (~reif) Kind: précoce; ♀ 'hâtif, -ive; (anfänglich) premier, -ière; prématuré, -ive; der frühe Molière le Molière des débuts; in ~er Jugend dans sa première (od. prime) jeunesse; in ~en Zeiten dans les temps primitifs; dans les premiers âges; **II** adv. de bonne heure;

tôt; sehr ~ de grand (od. de bon, bisw. au petit) matin; um 5 Uhr ~ à cinq heures du matin; ~ am Abend le soir de bonne heure; ~ und spät matin et soir; von ~ bis spät du matin au soir; so ~ wie möglich le plus tôt possible; morgen ~ demain matin; heute ~ ce matin; ~ aufstehen gewöhnlich, stets: être matinal (od. F un lève-tôt), einmal, ausnahmsweise: se lever de bonne heure (od. de grand matin); zu ~ kommen arriver (od. être) en avance (od. avant l'heure od. trop tôt); 10 Minuten zu ~ ankommen arriver dix minutes trop tôt (od. avec dix minutes d'avance); !²apfel m pomme f précoce (od. 'hâtive); !²aufsteher(in f) m homme m matinal (od. adjt. F lève-tôt); femme f matinale (od. adjt. F lève-tôt); !²beet ⚘ n couche f; !²e f matin m; (Tagesanbruch) point m du jour; aube f; in aller ~ de grand (od. de bon) matin; !~er I adj. (ehemalig) ancien, -enne; m-e ~en Kameraden mes anciens camarades; II adv. de meilleure heure; plus tôt; (vorher) auparavant; avant; (ehemals) autrefois; jadis; (vor einiger Zeit) naguère; je ~, desto besser; je ~, je lieber le plus tôt sera le mieux; ~ oder später tôt ou tard; un jour ou l'autre; !~est adj. (erst) le premier, la première; (ältest) le plus ancien, la plus ancienne; adv. am ~sten wäre es am besten le plus tôt serait le mieux; !~estens (nicht vorher) adv. au plus tôt; !²erkennung ✱ f dépistage m (od. diagnostic m) précoce; !²geburt f accouchement m prématuré; naissance f avant terme; !²gemüse n primeurs f/pl.; !²gotik △ f style m gothique primaire; !²gottesdienst m premier service m religieux·(od. divin); première messe f; !²gymnastik f gymnastique f matinale; !²jahr n printemps m; !²jahrsmesse f foire f de printemps; !²kartoffeln f/pl. pommes f/pl. de terre hâtives (od. pommes f/pl. de terre primeurs); !²konzert n concert m matinal.

'Frühling m printemps m; ~anfang m commencement m du printemps, ~blume f fleur f printanière; ²shaft adj. printanier, -ière; ~skleid n robe f printanière; ~sluft f air m printanier; ~smäßig adj. printanier, -ière; ~smorgen m matin m, -ée f de printemps; ~snachtgleiche ast. f équinoxe m de printemps; ~stag m jour m, -née f de printemps; ~szeit f temps m printanier.

'Früh|messe rl. f première messe f; ²'morgens adv. de bon (od. de grand) matin; ~nachmittag m: am ~ en début d'après-midi; ~obst n fruits m/pl. précoces; primeurs f/pl.; ~post f courrier m matinal; ²reif adj. précoce; ♀ a. 'hâtif, -ive; ~reif f gelée f blanche du matin; ~reife f précocité f; prématurité f; ~schicht f équipe f du matin; ~schoppen m apéritif m; F apéro m; verre m du matin; ~sport m sport m matinal; ~stück n petit déjeuner; ~stücken v/i. prendre le petit déjeuner; ~stückspause f pause-café f; goûter m; F casse-croûte m; ~stücktasche f für kleinere Schüler: sac m à goûter; ~stückszeit f heure f du petit déjeuner;

ner; ~warnstation ⚔ f station f électronique de préalarme; poste m de surveillance (od. de détection) électronique; ²zeitig I adj. précoce; prématuré; II adv. de bonne heure; (vorzeitig) prématurément; avant l'heure; ~zeitigkeit f précocité f; ~zubettgeher m couche-tôt m; ~zug ⑥ m train m du matin; ~zündung f Auto: avance f à l'allumage.

Frustration psych. f frustration f; ~stest psych. m test m de frustration. frustrieren v/t. frustrer; sich frustriert fühlen se sentir frustré; frustriert sein être frustré.

'F-Schlüssel ♪ m clef f (od. clé f) de fa.

Fuchs m zo. renard m; junger ~ renardeau m; fig. schlauer ~ fin renard m; rusé compère m; Reineke ~ maître m Renard; (Pferd) (cheval m) alezan m; (BRD: Student) étudiant m de corporation de première année; bill. (nicht beabsichtigter Treffer) raccroc m; ⊕ (Rauchkanal) carneau m; (rothaariger Mensch) rouquin m; !~bau ch. m renardière f; tanière f (od. terrier m) du renard; !~eisen n, !~falle f piège m (od. assommoir m) à renards; ²en F v/t.: j-n ~ agacer q.

'Fuchsie ♀ fuchsia m.

fuchsig adj. Haar: roux, rousse; F (wütend) furieux, -euse; fâché.

'Füchsin f renarde f.

'Fuchs|jagd f chasse f au renard; ~pelz m renard m; ²rot adj. roux, rousse; Pferd: alezan; ~schwanz m queue f de renard; ♀ vulpin m; ⊕ (Säge) égoïne f; ~stute f jument f alezane.

fuchs(teufels)'wild F adj. furibond; furieux, -euse; ~ werden se fâcher tout rouge, sortir de ses gonds.

'Fuchtel f: unter j-s ~ stehen être sous la coupe, férule de q.; ²n v/i.: mit den Armen ~ agiter les bras.

'Fuffziger F m: falscher ~ F faux jeton m.

Fug m: mit ~ und Recht à bon droit; à juste titre; à bonne raison; avec raison.

'Fuge¹ f ⊕ joint m; jointure f; aus den ~n bringen déboîter; disloquer; aus den ~n gehen se déboîter, se disloquer, fig. (sich auflösen) se dissoudre.

'Fuge² ♪ f fugue f; in Form e-r ~ fugué.

'fugen v/t. Bretter: joindre, emboîter; Mauer: jointoyer.

'fügen 1. v/rf. imp. es fügt sich, daß ... il se trouve que ...; 2. v/rf.: sich in sein Schicksal ~ se soumettre à (od. se résigner à od. s'incliner devant) son sort; sich den Wünschen der Mehrheit ~ se conformer aux désirs de la majorité; das fügt sich gut cela tombe bien, à pic.

'Fugen|kelle f fer m à joints; ²los adj. sans joint; ~verschmierung f jointoiement m.

'füg|lich adv. convenablement; à bon droit; ~sam adj. maniable; malléable; souple; docile; facile; ²samkeit f docilité f; souplesse f; ²ung fig. f hasard m providentiel; (Schicksals?) décret m (ot. st.s. arrêt m) du destin; Gottes ~ voies f/pl. de Dieu; unsere ~ in (acc.) notre soumission f à.

'fühl|bar adj. sensible; appréciable; considérable; deutlich ~ prononcé;

~er Verlust perte f sensible; j-m etw. ~ machen faire sentir qch. à q.; ~ werden; sich ~ machen se faire sentir; ~en 1. v/t. sentir; lebhaft ~ ressentir; (befühlen) tâter; j-m den Puls ~ tâter le pouls à q.; 2. v/rf.: sich wohl (behaglich; getroffen) ~ se sentir bien (à son aise; touché); sich geschmeichelt ~ être flatté; sich verpflichtet ~ se croire obligé; 3. v/i. abs. (Gefühl haben) éprouver des sensations; mit j-m ~ sympathiser avec q.; fig. j-m auf den Zahn ~ sonder les intentions de q.; ²en n (Gefühl, Empfindung) sentiment m; ²er m ent. antenne f; fig. s-e ~ ausstrecken sonder le terrain; ²horn ent. n antenne f; ²ung f contact m; ~ bekommen arriver (od. venir) au contact; ~ haben mit être au contact de; ~ nehmen mit j-m entrer en (od. prendre) contact avec q.; contacter q.; mit dem Feind in ~ bleiben rester au contact de l'ennemi; ²ungnahme f (prise f de) contact m.

'Fuhre f charretée f; e-e ~ Holz une charretée de bois.

'führen 1. v/t. conduire (a. Auto); mener; (geleiten) guider; ⚓, ✈ piloter; (leiten, lenken, steuern) diriger; Dame: donner le bras (à); Truppen: commander; Geschäft: gérer; Beweis: fournir; donner; Haushalt, Rechnung, Bücher, Tagebuch, Kasse, Korrespondenz: tenir; Schlag, Namen, Titel: porter; Waren: tenir; avoir (à vendre); Protokoll: dresser; Leben: mener; Feder, Degen: manier; ~ nach Straße, Verkehrsmittel: mener à; bei der Hand ~ conduire (od. mener) par la main; fig. am Gängelband ~ mener en laisse (od. en lisières); zu e-m guten Ende ~ mener à bien (od. à bonne fin); zu e-m bösen Ende ~ finir mal; vor Augen ~ mettre en évidence; e-e glückliche (unglückliche) Ehe ~ faire bon (mauvais) ménage; fig. j-n aufs Glatteis ~ tendre un piège à q.; j-n hinters Licht ~ duper q.; das Wort ~ mener la conversation; das große Wort ~ parler en maître; avoir le verbe 'haut; den Vorsitz ~ présider une réunion; bei sich ~ porter sur soi; mit sich ~ Fluß: charrier; zu weit ~ entraîner trop loin; in Versuchung ~ tenter; fig. im Munde ~ avoir à la bouche; etw. im Schilde ~ couver un dessein; die Aufsicht ~ über (acc.) avoir la surveillance (od. l'inspection) de; Klage ~ porter plainte (über acc. contre); mit j-m (od. gegen j-n) Krieg ~ faire la guerre à q.; e-n Prozeß ~ von Parteien: être en procès (gegen avec), plaider (contre), v. Advokaten: plaider une cause; (verfängliche) Reden ~ tenir des propos (insidieux); 2. v/rf.: sich gut (schlecht) ~ se conduire bien (mal); 3. v/i.: (an der Spitze sein) mener; être en tête; tenir la tête; wohin soll das ~? à quoi cela aboutira-t-il?; das führt zu nichts cela n'aboutit à rien; cela ne mène à rien; Sport: (mit 3:0, mit zwei Längen) ~ mener (par trois à zéro; de deux longueurs); ²d adj. (leitend) dirigeant; Unternehmen: de pointe; Politiker usw.: éminent; (an der Spitze) qui est à la tête (de); ~e Kreise dirigeants m/pl.

'Führer|(in f) m e-s Autos: conducteur *m*, -trice *f*; chauffeur *m*; *für Fremde*: guide *m* (*a. Buch*); *e-r Gruppe*: chef *m* (*a. ⚔*); dirigeant *m*; *pol. a.* leader *m*; *e-r Pfadfindergruppe*: cheftaine *f*; *geistiger* ~ maître *m* à penser; ~**eigenschaften** *f/pl.* qualités *f/pl.* de chef; ~**haus** (*LKW, Kran*) *n* cabine *f* du conducteur; ~**kabine** ⚔ *f* poste *m* (*od.* cabine *f*) de pilotage; ~**natur** *f* manier *m* d'hommes; caractère *m* de chef; chef *m* né; ~**prinzip** *n* principe *m* autoritaire; ~**raum** ⚔ *m* poste *m* (*od.* cabine *f*) de pilotage; ~**schaft** *f* leadership *m*; ~**schein** *m* permis *m* de conduire; *s-n* ~ *machen* passer son permis; ~**schein-entzug** *m bei Fahrzeugen*: retrait *m* (*od.* suspension *f*) du permis de conduire; ~**sitz** *m Auto*: siège *m* du conducteur; ~**stand** *m e-r Lok usw.*: poste *m* de mécanicien, de commande; ~**tum** *n* leadership *m*.

'**Fuhr**|**geld** *n*, ~**lohn** *m* frais *m/pl.* de transport; camionnage *m*; ~**mann** *m* voiturier *m*; *ast.* Cocher *m*; ~**park** *m* matériel *m* roulant.

'**Führung** *f e-s Fahrzeuges*: conduite *f*; ⚔ commandement *m*; ⚓, ⚔ pilotage *m*; ⊕ *e-s Maschinenteiles*: guide *m*; guidage *m*; (*Schlitten*⚙) glissière *f* de chariot; *e-s Geschäftes*: gestion *f*; direction *f*; gérance *f*; *der Bücher*: tenue *f*; ⚖ (*Prozeß⚙*) procédure *f*; (*Führerschaft*) dirigeants *m/pl.*; ~ *von Besuchern durch Paris* visite *f* guidée dans Paris; *bei guter* ~ en cas de bonne conduite; *die* ~ *übernehmen* prendre la direction (⚔ le commandement; *Sport*: la tête); *in* ~ *liegen Sport*: mener; être en tête; *in* ~ *gehen* prendre la tête; ⚔ *innere* ~ éducation *f* civique et morale du soldat-citoyen; ~**s-arm** ⊕ *m* bras *m* conducteur; ~**sbahn** ⊕ *f* glissière *f*; ~**sgremium** *n* noyau *m* dirigeant; ~**sleiste** ⊕ *f* barre *f* conductrice; ~**srolle** ⊕ *f* galet *m* de guidage; *fig.* rôle *m* de dirigeant; ~**sschiene** ⊕ *f* rail *m* de guidage; ~**sschwäche** *f* faiblesse *f* de la direction; ~**sstab** ⚔ *m* grand état-major *m*; ~**sstil** *m* style *m* de commandement; ~**stor** *Sport n* but *m* qui donne l'avantage; ~**szeugnis** *n* certificat *m* de bonne conduite (*od.* de bonne vie et mœurs).

'**Fuhr**|**unternehmen** *n* entreprise *f* de transport; ~**unternehmer** *m* entrepreneur *m* de transport; ~**werk** *n* véhicule *m* hippomobile; ~**wesen** *n* transports *m/pl.*

'**Füll**|**ansatz** ⊕ *m* appendice *m* de remplissage; ~**bleistift** *m* porte-mine(s) *m*; *fig. der Macht*: plénitude *f*; (*Überfluß*) abondance *f*; profusion *f*; opulence *f*; (*Reichtum*) richesse *f*; (*Menge*) grande quantité *f*; pléthore *f*; (*Körper*⚙) embonpoint *m*; *e-r Stimme, e-s Klanges*: ampleur *f*; *in Hülle und* ~ à profusion; à foison; abondamment; en (grande) abondance; F *à gogo*: à discrétion; *etw. in Hülle und* ~ *haben* abonder en qch.

'**füllen I** *v/t.* (*v/rf*: *sich se*) remplir (*mit de*); *cuis.* farcir; *Ballon*: gonfler; *Zähne*: plomber; obturer; ~ *in* (*acc.*) verser dans; *in Flaschen* ~ mettre en bouteilles; *in Säcke* ~ ensacher; *in Fässer* ~ entonner; ~ *aus tirer de*; *die Straßen* ~ emplir les rues; *gefüllte Blumen* fleurs *f/pl.* doubles; **II** ⚙ *n* → *Füllung*.

'**Füllen** *n* poulain *m*; *weibliches*: pouliche *f*.

'**Füll**|**er** F *m*, ~**feder** *östr., sdd., helv. f*, ~**federhalter** *m* stylo *m*; ~**federhaltertinte** *f* encre *f* à stylo; ~(**feder**)-**halterverschlußkappe** *f* capuchon *m* de stylo; ~**horn** *n* corne *f* d'abondance; ⚙**ig** *adj.* plantureux, -euse; dodu; replet, -ète; rondelet, -ette; ~**masse** *f* matière *f* de remplissage; ~**material** *n* remplissage *m*; ~**sel** *n cuis.* farce *f*; *fig.* remplissage *m*; *mét.* cheville *f*; (*Füllwort*) (mot *m*) explétif *m*; ~**stoff** *m* → ~*material*; ~**trichter** *m* trémie *f* de remplissage; ~**ung** *f* remplissage *m*; *e-s Ballons*: gonflement *m*; *e-s Zahnes*: plombage *m*, obturation *f*; *e-s Bratens*: farce *f*; *e-r Tür*: panneau *m*; ~ *in Flaschen* mise *f* en bouteilles; ~ *in Fässer* entonnement *m*; ~**vorrichtung** *f* appareil *m* de remplissage; ~**wort** *n* (mot *m*) explétif *m*.

Fund *m* objet *m* trouvé; *glücklicher* ~ trouvaille *f*.

Funda'**ment** *n* ⚠ fondations *f/pl.*; *fig.* fondement *m*; base *f*; assise *f*.

fundamen'**tal** *adj.* fondamental; ⚙**satz** *m* principe *m* fondamental.

fundamen'**tieren** *v/t.* faire les fondations (de).

'**Fund**|**büro** *n* bureau *m* des objets trouvés; ~**gegenstand** *m* objet *m* trouvé; ~**geld** *n* récompense *f* (pour objets trouvés); ~**grube** *fig. f* mine *f*.

fun'**dier**|**en** *v/t.* fonder; *Schuld*: consolider; ~**t** *adj.*: ~*e Schuld* dette *f* consolidée; ~*es Wissen* connaissances *f/pl.* solides; ⚙**ung** *f* fondement *m*; *e-r Schuld*: *a*. consolidation *f*.

'**Fund**|**ort** *m* endroit *m* de découverte; *arch.* site *m*; ~**sache** *f*, ~**stück** *n* objet *m* trouvé; ~**unterschlagung** *f* détournement *m* d'un objet trouvé.

fünf I *a/n.c.* cinq; ~ *grade sein lassen ne pas y regarder de si près*; **II** ⚙ *f* cinq *m*; ⚙**eck** *n* pentagone *m*; '~**eckig** *adj.* pentagonal; '⚙**er-alphabet** *Fernschreiber n* alphabet *m* à cinq éléments; '~**erlei** *adj. inv.* de cinq sortes (*od.* espèces); '~**fach**, '~**fältig I** *adj.* quintuple; **II** *adv.* cinq fois; '⚙**frankenstück** *n* pièce *f* de cinq francs; '~**füßig** *mét. adj.*: ~*er Vers* pentamètre *m*; '~**hundert** *a/n.c.* cinq cent(s); '⚙**jahresplan** *m* plan *m* quinquennal; '~**jährig** *adj.* (âgé) de cinq ans; *de* (*od.* qui dure) cinq ans; '~**jährlich I** *adj.* qui revient tous les cinq ans; **II** *adv.* tous les cinq ans; '⚙**kampf** *m* pentathlon *m*; '⚙**linge** *pl.* quintuplés *m/pl.*, quintuplées *f/pl.*; '~**mal** *adv.* cinq fois; '~**malig** *adj.* répété cinq fois; '⚙**markstück** *n* pièce *f* de cinq marks; '~**monatlich I** *adj.* qui se fait tous les cinq mois; **II** *adv.* tous les cinq mois; '⚙**pfennigstück** *n* pièce *f* de cinq pfennigs; '~**prozentig** *adj.* à cinq pour cent; '⚙**satzkampf** *m Tennis*: match *m* en cinq sets; '~**seitig** *adj.* de cinq pages; ⚙**pentagonal**; '⚙**silber** *m* pentasyllabe *m*; '~**silbig** *adj.* pentasyllabe; '~**sitzig** *adj.*: ~*es Fahrrad* quintuplette *f*; '~**stellig** *adj. Zahl*: de cinq chiffres; '~**stöckig** *adj.* à cinq étages; '⚙**tagewoche** *f* semaine *f* de cinq jours; '~**tägig** *adj.* (âgé) de cinq jours; de (*od.* qui dure) cinq jours; '~**tausend** *a/n.c.* cinq mille; '~**te** *a/n.o.* cinquième; ~**s** *Kapitel* chapitre *m* cinq; *der* (*den, am*) ~(n) (5.) *März* le cinq (5) mars; *Philipp der* ⚙ (V.) Philippe *m* cinq (V); *Karl der* ⚙ (V.) Charles-Quint *m*; *fig. das* ~ *Rad am Wagen sein* être de trop; n'être qu'un pion sur l'échiquier; *être la cinquième roue du carrosse*; '⚙**tel** *n* cinquième *me*; '~**tens** *adv.* cinquièmement; *en cinquième* (5e) lieu; '⚙**uhrtee** *m* thé *m* (de cinq heures); '~**zehn** *a/n.c.* quinze; '~**zehnte** *a/n.o.* quinzième; '⚙**zehntel** *n* quinzième *m*; '~**zig I** *a/n.c.* cinquante; *etwa* (*od.* gegen *od.* rund) ~ *une cinquantaine* (de); *die* ~*er Jahre* années *f/pl.* cinquante; *in den* ~*er Jahren* dans les années cinquante; **II** ⚙ *f* cinquante *m*; '⚙**ziger(in)** *f/m* quinquagénaire *m, f*; *in den Fünfzigern sein* avoir passé la cinquantaine; '~**zigjährig** *adj.* de cinquante ans; *j-s* ~*es Jubiläum feiern* fêter la cinquantaine de q.; '~**zigste** *a/n.o.* cinquantième; '⚙**zigstel** *n* cinquantième *m*.

fun'**gieren** *v/i.*: ~ *als* faire fonction (*od.* office) de.

Funk *m* radio *f*; T.S.F. (= télégraphie sans fil) *f*; *über den* ~; *im* ~ à la radio; *durch* ~ par radio; *durch* ~ *verbreiten* radiodiffuser; '~**amateur** *m* radioamateur *m*; '~**anlage** *f* installation *f* (de) radio; '~**ausstellung** *f* exposition *f* de la radio et de la télévision; '~**bake** *f* radiobalise *f*; '~**bastler** *m* F sans-filiste *m*; '~**bericht** *m* radioreportage *m*; ~**bild** *n* radiophoto(graphie *f*) *f*.

'**Fünkchen** *n* petite étincelle *f*; *fig.* → *Funke*.

'**Funke** *m* étincelle *f*; *fliegender*: flammèche *f*; ~*n sprühen* jeter des étincelles (*a. fig.*).

funkeln I *v/i.* étinceler; scintiller; **II** ⚙ *n* étincellement *m*; scintillement *m*.

funkelnagel'**neu** *adj.* (tout) flambant neuf, neuve.

'**funken I** *v/t.* émettre (*od.* envoyer) par radio; radiotélégraphier; **II** ⚙ *n* émission *f* par radio.

'**Funken** *m* → *Funke*; *ein* ~ *Hoffnung* une lueur (*od.* une étincelle) d'espoir; *kein* ~ *Verstand* pas un grain de bon sens; ~**entladung** *f* décharge *f* par étincelles; ~**fänger** *m* pare-étincelles *m*; ~**induktor** *m* inducteur *m*; ~**regen** *m* pluie *f* d'étincelles; ~**sprühen** *n* gerbe *f* d'étincelles; ⚙**sprühend** *adj.* qui jette des étincelles; ~**strecke** *f* éclateur *m*.

'**funk**|**entstörend** *adj.* antiparasite; ~**entstörung** *f* antiparasitage *m*.

Funk|**er** *m* opérateur *m* radio; opérateur *m* de T.S.F. ⚙**istefiste** *m*; radio *m*; ~**feuer** *n* radiophare *m*; ~**gerät** *n* émetteur-récepteur *m*; ⚙**gesteuert** *adj.* radioguidé; ~**haus** *n* maison *f* de la radio; ~**höhenmesser** *m* radioaltimètre *m*; ~**kompaß** *m* radiocompas *m*; ~**netz** *n* réseau *m* de stations de radio; ~**ortung** *f* radiorepérage *m*; radiolocalisation *f*; ~**peilgerät** *n* radiogoniomètre *m*; ~**peilstelle** *f* station *f* radiogoniométrique; ~**peilung** *f* radiorepérage *m*; repérage *m* par radar; relèvement *m* radiogoniométrique; ~säule *téléph. f* borne *f* (munie d'un téléphone); ~sendung *f* émission *f* par radio; ~signal *n* signal *m* radio(électrique); ~sprechgerät *n* radio-téléphone *m*; *tragbar*: talkie-walkie *m*; émetteur-récepteur *m*; ~sprechverkehr *m* radio(télé)gramme *m*; (*appel m*) radio *m*; *durch* ~ par radio; ~station *f*, ~stelle *f* station *f* (*od.* poste *m*) de radio(communication); ~steuerung *f* radioguidage *m*; ~stille *f* silence *m* radio; ~streife *f*, ~streifenwagen *m* voiture *f* radio de la police; ~taxi *n* radio-taxi *m*; ~technik *f* radiotechnique *f*; ~techniker *m* radiotechnicien *m*; ⸺technisch *adj.* radiotechnique; ~telegramm *n* radio(télé-)gramme *m*; ~telephonie *f* radiotéléphonie *f*.

Funkti'on *f* fonction *f*; *in* ~ *treten* entrer en fonction.

funktio'nal *adj.* fonctionnel, -elle.

Funktio'när *m* (*Partei⸺*, *Gewerkschafts⸺*) responsable *m*; permanent *m*.

funktio'nell *adj.* fonctionnel, -elle.

funktio'nieren I *v/i.* fonctionner; *gut* ~ ⊕ *a.* être au point; II ⸺ *n* fonctionnement *m*.

funkti'ons|fähig *adj.* capable de fonctionner; ⸺fähigkeit *a. pol. f* (bon) fonctionnement *m*; ⸺störung *f* troubles *m/pl.* fonctionnels; ⸺wort *ling. n* marquant *m*.

'Funkturm *m* pylône *m* radio (*od.* de radiocommunications); ~verbindung *f* contact *m* (*od.* liaison *f*) radio; *in* ~ *stehen* (*treten*) être (entrer) en contact radio; ~verkehr *m* trafic *m* radio (*od.* des radiocommunications); ~wagen *m* voiture *f* radio; ~weg *m*: *auf dem* ~ par voie radioélectrique; par radio; ~wesen *n* radio *f*; ~zeichengebung *f* radiosignalisation *f*; ~zeitung *f* hebdomadaire *m* des programmes de radio; ~zentrale *f* centre *m* radio.

für I *prp.* (*acc.*) pour; (*als Austausch für*) en échange de; (*anstatt*) au lieu de; à la place de; (*zum Gebrauch für*) à l'usage de; (*mit Rücksicht auf*) à l'égard de; (*zugunsten von*) en faveur de; à l'intention de; (*was betrifft*) quant à; ~ *diesen Preis* à ce prix; *Gefühl* ~ *das Schöne* sentiment *m* du beau; *Mann* ~ *Mann* tous l'un après l'autre; *Tag* ~ *Tag* jour après jour; *Schritt* ~ *Schritt* pas à pas; *Stück* ~ *Stück* petit à petit; *Wort* ~ *Wort* mot à mot; *Punkt* ~ *Punkt* point par point; ~ *sich allein* très seul; *das ist e-e Sache* ~ *sich* c'est une chose à part; c'est une autre affaire; *das hat viel* ~ *sich* cela est très plausible; *ich* ~ *m-e Person*; ~ *meinen Teil* quant à moi; en ce qui me concerne; pour ce qui est de moi; pour ma part; *die Sache an und* ~ *sich* la chose en soi (*od.* en elle-même); ~ *sein Alter* pour son âge; ~*s erste* premièrement; *etw.* ~ *sein Leben gern tun* avoir la passion de faire qch.; *etw.* ~ *sein Leben gern haben* aimer qch. à la passion; *was* ~ *ein*(*e*) quel, quelle, quelle espèce (*od.* sorte) de; *was* ~ *Äpfel sind das?* quelle sorte de pommes avez-vous là?; *was* (*ist das*) ~ *ein Lärm!* quel vacarme!; II ⸺ *n*: *das* ~ *und Wider* le pour et le contre.

'Fürbitte *rl. f* prière *f*.

'Furche ✓; *Gesicht*; *Gehirn*; *Schall-*

platte: *f* sillon *m*.

Furcht *f* crainte *f* (*vor dat.* de); (*Angst*) peur *f* (*vor dat.* de); (*Besorgnis*) appréhension *f*; (*Schrecken*) effroi *m*; épouvante *f*; *aus* ~ *vor* (*dat.*) (*zu inf.*) de crainte (*od.* de peur) de (*inf.*); *aus* ~, *daß* ... de crainte (*od.* de peur) que ... ne (*subj.*); *j-n in* ~ *setzen* faire peur à q.; effrayer q.; *ohne* ~ *und Tadel* sans peur et sans reproche; '⸺bar *adj.* redoutable; terrible; (*fürchterlich*) effroyable; effrayant; (*abscheulich*) affreux, -euse: (*entsetzlich*) épouvantable; horrible; F (*sehr groß*) F formidable; terrible; '⸺barkeit *f* caractère *m* redoutable (*od.* terrible).

'fürchten I *v/t.*, *v/i. u. v/rf.*: *j-n* (*etw.*) ~; *sich vor j-m* (*vor etw. dat.*) ~ craindre (*od.* redouter) q. (qch.); avoir peur de q. (de qch.); ~, *daß* ... craindre (*od.* avoir peur) que ... [ne] (*subj.*); ~ *für* craindre (*od.* appréhender *od.* avoir peur) pour; II ⸺ *n* → *Furcht*.

'fürchterlich *adj.* → *furchtbar*.

'furcht|erregend *adj.* qui fait peur; qui effraie; ~los *adj.* sans crainte; sans peur; intrépide; ⸺losigkeit *f* intrépidité *f*; ~sam *adj.* craintif, -ive; (*schüchtern*) timide; (*ängstlich*) peureux, -euse; (*feig*) lâche; ⸺samkeit *f* timidité *f*; (*Feigheit*) lâcheté *f*.

'Furie *f* furie *f*; *fig. a.* mégère *f*.

für'liebnehmen *v/i.*: ~ *mit* se contenter de.

Fur'nier *men. n* feuille *f* de placage; ⸺en *v/t.* plaquer; ~en *n*, ~ung *f* placage *m*; ~holz *n* bois *m* de placage.

Fu'rore *f od. n*: ~ *machen* faire fureur.

'Fürsorge *f* aide *f*; assistance *f*; ~amt *n* bureau *m* d'assistance sociale; ~rin *f* assistante *f* sociale; ~wesen *n* aide *f*; assistance *f* sociale.

'Für|sprache *f* intervention *f*; ~ *einlegen für* intercéder pour (*bei* auprès de); ~sprecher *m* celui qui intercède (*für* pour); intercesseur *m*; avocat *m*.

'Fürst|(in *f*) *m* prince *m*, princesse *f*; ~engeschlecht *n* dynastie *f* princière; ~entum *n* principauté *f*; ⸺lich *adj.* princier, -ière; de prince; ~ *leben* vivre princièrement; ~ *comme* un prince *od.* en prince *resp.* en princesse).

Furt *f* gué *m*.

Fu'runkel ✗ *m* furoncle *m*; clou *m*.

furunku'lös ✗ *adj.* furonculeux, -euse.

Furunku'lose ✗ *f* furonculose *f*.

für|'wahr *adv.* vraiment; à vrai dire; en vérité; certes; '⸺wort *gr. n* pronom *m*.

Furz V *m* pet *m*; '⸺en V *v/i.* péter.

'Fusel F *m* F tord-boyaux *m*.

Fusi'on *f* fusion *f*.

fusio'nieren *v/t.* fusionner.

Fuß *m* pied *m* (*a. mét.*); *e-r Bildsäule*: *a.* base *f*; piédestal *m*; *der Tiere*: patte *f*; ~! (*zum Hund*) au pied!; *zu* ~ à pied; *zu* ~ *gehen* aller à pied; *gut zu* ~ *sein* être bon marcheur, bonne marcheuse; *von Kopf bis* ~ de la tête aux pieds; de pied en cap; *auf gleichem* ~*e sur le pied d'égalité*; *mit dem* ~ *stoßen* donner un coup de pied; *mit dem* ~ *an etw.* (*acc.*) *stoßen* se heurter le pied contre qch.; *den Ball mit dem* ~

anstoßen donner un coup de pied dans le ballon; *j-m auf den* ~ *treten* marcher sur le pied de q.; *j-m zu Füßen fallen* se jeter aux pieds de q.; *auf die Füße fallen* retomber sur ses pieds; *auf eigenen Füßen stehen* voler de ses propres ailes; être indépendant; *sich auf eigene Füße stellen* se rendre indépendant; *fig. mit Füßen treten* fouler aux pieds (*a. fig.*); piétiner; *festen* ~ *fassen* prendre pied (*a. fig.*); *auf schwachen Füßen ruhen* reposer sur des bases fragiles; *den Boden unter den Füßen verlieren* perdre pied; *der Boden brennt ihm unter den Füßen* cela devient dangereux, malsain pour lui; *keinen* ~ *vor den andern setzen können* ne pouvoir mettre un pied devant l'autre; *fig. mir sind Hände und Füße gebunden* j'ai pieds et poings liés; *j-m auf dem* ~*e folgen* suivre q. de près; emboîter le pas à q.; *auf großem* ~*e leben* avoir un grand train de vie; vivre sur un grand pied; mener joyeuse vie; mener la vie à grandes guides; *auf freien* ~ *setzen* mettre en liberté; *auf gleichem* ~ *stehen* aller de pair (*mit j-m* avec q.); *mit j-m auf gutem* (*schlechtem*) ~ *stehen* être en bons (mauvais) termes avec q.; *mit j-m auf gespanntem* ~ *stehen* être brouillé avec q.; *das hat Hand und* ~ c'est une chose bien faite; *das hat weder Hand noch* ~ cela n'a ni queue ni tête.

'Fuß|abdruck *m* empreinte *f* (du pied); ~abtreter *m* metallener: décrottoir *m*; (*Fußmatte*) paillasson *m*; ~angel *f* chausse-trap(p)e *f*; ~antrieb *m* commande *f* à pied; ~bad *n* bain *m* de pieds; ~ball *m* ballon *m* de football; ~ *spielen* jouer au football; ~ballfan *m* F mordu de football; enragé *m* de football; ~ballklub *m* club *m* de football; ~ballmannschaft *f* équipe *f* de football; ~ballmeisterschaft *f* championnat *m* de football; ~ballplatz *m* terrain *m* de football; ~ballspiel *n* football *m*; (*Kampf*) match *m* de football; ~ball(spiel)er *m* footballeur *m*; joueur *m* de football; ~ballstiefel *m/pl.* chaussures *f/pl.* de football; ~balltoto *m* concours *m* de pronostics de football; ~ballverband *m* association *f* de football; ~ballverein *m* club *m* de football; ~ballweltmeister *m* champion *m* du monde de football; ~ballweltmeisterschaft *f* Coupe *f* du monde de football; ~bank *f* tabouret *m*; ~bekleidung *f* chaussure *f*; ~boden *m* gedielter: plancher *m*; *allg.* sol *m*; ~bodenbelag *m* revêtement *m* de sol; (*Teppich*) tapis *m*; (*Auslegeware*) moquette *f*; ~bodenheizung *f* chauffage *m* au sol; *mit* ~ *chauffé par le sol*; ~breit *m*: *keinen* ~ *weichen* ne pas reculer d'une semelle; ~bremse *f* frein *m* à pied; ~bremshebel *m* pédale *f* de frein à pied; ~decke *f* couvre-pied(s) *m*.

'Fussel *f od. m* petit poil *m*; peluche *f*; ⸺ig *adj.* pelucheux, -euse; *fig.* F *sich den Mund* ~ *reden* se fatiguer à répéter (qch.; de ...; que ...).

'fußen *v/i.*: ~ *auf* (*dat.*) être basé (*od.* fondé) sur; reposer sur.

'Fuß|ende *n des Bettes*: pied *m* du lit; ~fall *m* génuflexion *f*; prosternation *f*; agenouillement *m*; e-n ~ vor j-m tun se jeter aux pieds de q.; se prosterner devant q.; ❵**fällig I** *adj*. prosterné; à genoux; **II** *adv*. à genoux; **~fessel** *f* *für Pferde*: abot *m*; **~fesseln** *f/pl*. fers *m/pl*.; **~gänger(in** *f*) *m* piéton *m*, -onne *f*; **~gängerbrücke** *f* passerelle *f*; **~gängersteg** *m* passe-pied *m*; **~gängerstraße** *f* voie *f* piétonnière; rue *f* piétonne; **~gängerüberweg** *m* passage-piétons *m*; passage *m* clouté; **~gängerverkehr** *m* circulation *f* des piétons; **~gängerweg** *m* trottoir *m*; **~gängerzone** *f* zone *f* piétonne; **~gelenk** *anat*. *n* articulation *f* du pied; **~gicht** ♂ *f* goutte *f* aux pieds; podagre *f*; **~halter** *m* Fahrrad: cale-pied *m*; **~hebel** *m* Auto: pédale *f*; ❵**hoch** *adv*. 'haut d'un pied; **~kissen** *n* coussin *m* pour les pieds; **~knöchel** *anat*. *m* cheville *f*; ❵**krank** *adj*. souffrant d'un pied (*resp*. des pieds); **~lappen** *m* chaussette *f* russe; **~leiden** *n* maladie *f* d'un pied (*resp*. des pieds); **~leiste** *f* plinthe *f*.

'**Füßling** *m* chausson *m*.

'**Fuß|matte** *f* paillasson *m*; **~note** *f* note *f* (au bas de la page); **~pfad** *m* sentier *m*; **~pflege** *f* soins *m/pl*. des pieds; *néol*. pédicurie *f*; **~pfleger(in** *f*) *m* pédicure *m*, *f*; **~puder** *m* poudre *f* pour les pieds; **~raste** *f* repose-pied *m*; **~reise** *f* voyage *m* à pied; **~sack** *m* chancelière *f*; **~schalter** *m* commutateur *m* à pied; **~schemel** *m* tabouret *m*; **~schweiß** *m* transpiration *f* des pieds; **~sohle** *f* plante *f* du pied; **~soldat** ⚔ *m* fantassin *m*; **~spann** *m* cou-de-pied *m*; **~spitze** *f* pointe *f* du pied; **~spur** *f*, **~stapfe** *f* trace *f*; empreinte *f* (du pied); *in j-s* ~*stapfen treten* marcher sur les traces (*od*. sur les foulées) de q.; suivre les brisées de q.; **~stemmakrobat** *m* antipodiste *m*; **~steuerung** *f* commande *f* à pied; **~stütze** *f* repose-pied *m*; *im Schuh*: support *m* plantaire; **~tritt** *m* coup *m* de pied; *j-m* e-n ~ *versetzen* donner un coup de pied à q.; **~truppen** *f/pl*. infanterie *f*; **~wanderung** *f* excursion *f* (*od*. marche *f*) à pied; **~waschbecken** *n* bassin *m* pour se laver les pieds; **~waschung** *rl*. *f* lavement *m* des pieds; **~weg** *m* chemin *m* réservé aux piétons; (*Pfad*) sentier *m*; **~wurzel** *anat*. *f* tarse *m*.

futsch F *int*. disparu; perdu; (*verdorben*) abîmé; fichu; P foutu.

'**Futter**[1] *n* (*Nahrung*) nourriture *f*; pâture *f*; mangeaille *f*; fourrage *m*.

'**Futter**[2] *n* (*Kleider*❵; *a*. ⊕) doublure *f* (*ausknöpfbares* amovible; *festes* inamovible); (*Verkleidung*) revêtement *m*; (*Pelz*) fourrure *f*.

Futte'ral *n* étui *m*; *bsd*. *für Messer, Dolch usw*.: gaine *f*; *für Waffen, Regenschirme*: fourreau *m*.

'**Futter|beutel** *m* musette *f*; **~feld** *n* fourragère *f*; **~gerste** ♀ *f* orge *f* fourragère; **~getreide** *n* céréales *f/pl*. fourragères; **~gras** *n* fourrage *m* vert; **~häus·chen** *für Vögel n* abri *m* pour les oiseaux; **~kartoffeln** *f/pl*. pommes *f/pl*. de terre fourragères; **~krippe** *f* mangeoire *f*; *fig*. *assiette* ~ *au beurre*; *fromage m*; *an der* ~ *sitzen* avoir l'assiette au beurre; avoir un bon fromage; **~leinwand** *f* toile *f* à doublure; **~mangel** *m* disette *f* de fourrage; **~mittel** *n* matières *f/pl*. fourragères; ❵**n** F (*viel*) *essen v/i*. *u*. *v/t*. F boulotter; F bouffer.

'**füttern**[1] *v/t*. affourager; donner à manger (à); *Kind, Kranken*: faire manger; *Nestvögel, Baby*: donner la becquée (à); **II** ❵ *n* → *Fütterung*[1].

'**füttern**[2] *v/t*. *Kleider*: doubler (mit de); *mit Pelz* ~ fourrer; *mit Watte* ~ ouater; ⊕ revêtir; (*auspolstern*) rembourrer; **II** ❵ *n* → *Fütterung*[2].

'**Futter|napf** *m* mangeoire *f*; **~neid** *fig*. *m* jalousie *f* de métier; **~pflanze** *f* plante *f* fourragère; **~raufe** *f* râtelier *m*; **~rübe** *f* betterave *f* fourragère; **~sack** *m* sac *m* à avoine; musette *f*; **~schneide(maschine)** *f* 'hache-paille *m*; **~seide** *f* soie *f* à doublure; **~silo** *m* silo *m* à fourrage; **~stoff** *m* étoffe *f* à doublure; **~stroh** *n* paille *f* fourragère; **~trog** *m* auge *f*; mangeoire *f*.

'**Fütterung**[1] *f des Viehs*: affouragement *m*; alimentation *f*; nourriture *f*.

'**Fütterung**[2] *f v*. *Kleidern*: doublure *f*.

'**Futter|wert** *m* valeur *f* nutritive; **~zeug** *n* étoffe *f* à doublure *f*.

Fu'tur *gr*. *n* futur *m*; *zweites* ~ futur *m* antérieur.

Futu'ris|mus *m* futurisme *m*; **~t** *m* futuriste *m*; ❵**tisch** *adj*. futuriste.

Futuro'log|e *m* futurologue *m*; **~'ie** *f* futurologie *f*.

G

G, g n G, g m; ♪ sol m.
Gabar'dine m od. f gabardine f.
'Gabe f don m; (Geschenk) présent m; (kleines Geschenk) cadeau m; (Dargebrachtes) offrande f; milde ~ aumône f; j-n um eine milde ~ bitten demander la charité (od. l'aumône) à q.; e-e milde ~ reichen faire la charité (od. l'aumône); fig. (Anlage) don m; talent m; faculté f.
'Gabel f (Eß~) fourchette f; Heu~, Mist~, vél. fourche f; téléph. (Hörer~) fourchette f de téléphone; ch. (Geweih~) enfourchure f; **~bissen** cuis. m canapé m; F amuse-gueule m; **~förmig** adj. fourchu; sich ~ teilen former (od. faire) une fourche; **~frühstück** n lunch m; **~gehörn** ch. n enfourchure f; **~n** v/r/fl.: sich ~ bifurquer; **~stapler** m chariot m élévateur (à fourche); **~ung** f bifurcation f; v. Baum, Geweih: enfourchure f; **~weihe** orn. f milan m royal; **~zinke** f dent f de fourche(tte).
'Gabentisch m table f des cadeaux.
'gackern I v/i. caqueter; II ~ n caquetage m.
'gaffen v/i. regarder bouche bée; faire le badaud; bayer aux corneilles; **~en** n badauderie f; **~er(in** f) m badaud m, -e f.
Gag m (Ulk) canular m; (Ding mit e-m Pfiff) astuce f; gadget m.
Ga'gat min. m jais m.
'Gage f der Schauspieler: cachet m.
'gähnen I v/i. bâiller; ~der Schlund gouffre m béant; II ~ n bâillement m.
'Gala f tenue f de gala; in (großer) ~ erscheinen se présenter en grande tenue; **~abend** m (soirée f de gala); **~anzug** m habit m de gala; **~ball** m bal m paré.
Gala'lith n galalithe f.
Ga'lan m amant m; galant m.
ga'lant adj. galant; ~es Abenteuer aventure f galante (od. amoureuse).
Galante'rie f galanterie f; **~waren** f/pl. articles m/pl. de fantaisie (od. de luxe).
'Gala|tag m jour m de gala; **~uniform** f grande tenue f; **~vorstellung** f (représentation f de) gala m.
Ga'leere hist. ⚓ f galère f; **~nsklave** m, **~nsträfling** m galérien m; forçat m; **~nstrafe** f galères f/pl.
Gale'rie f galerie f; thé. oberste ~ paradis m; F poulailler m.
Galgen m potence f; gibet m; j-n an den ~ bringen faire pendre q.; an den ~ kommen être pendu; (für ein Mikrophon u. am Schopfbrunnen der Baum für den Schwengel) perche f; **~frist** f quart m d'heure de grâce; **~gesicht** n mine f patibulaire; **~humor** m humour m macabre; **~mikrophon** cin.

n perche f à son; microphone m supporté par la girafe; **~mikrophontechniker** m perchman m; **~strick** F m pendard m; vaurien m; homme m de sac et de corde.
Gali'onsfigur ⚓, fig. f figure f de proue; nur fig. (Aushängeschild) panneau-réclame m.
'gälisch adj. gaélique; erse; ~e Volkslieder des chants erses.
'Gall-apfel ♀ m noix f de galle.
'Galle f der Menschen: bile f; der Tiere u. fig.: fiel m; der Fische: amer m; die ~ läuft ihm über la moutarde lui monte au nez; s-e ~ ausschütten décharger sa bile.
'Gall-eiche ♀ f chêne m à galles.
'gallen|bitter adj. amer, -ère comme chicotin; **~blase** anat. f vésicule f biliaire; **~blasen-entzündung** ✱ f inflammation f de la vésicule biliaire; cholécystite f; ~(**er**)**brechen** n vomissement m bilieux; **~fett** n cholestérol m; **~fieber** ✱ n fièvre f bilieuse; **~gang** m canal m cholédoque; **~leiden** n maladie f de la vésicule biliaire; **~stein** ✱ m calcul m biliaire; **~steinkrankheit** ✱ f lithiase f biliaire; **~steinkolik** f colique f hépatique; **~weg** m canal m cholédoque.
'Gallert n gélatine f.
'gallert-artig adj. gélatineux, -euse.
'Gallien n la Gaule.
'Gallier(in f) m Gaulois m, -e f.
'gallig adj. anat. biliaire; bilieux, -euse; fig. bilieux, -euse; fielleux, -euse f, plein de fiel; 'hargneux, -euse.
galli'kanisch rl. adj. gallican.
'gallisch adj. gaulois.
Galli'zismus m gallicisme m.
'Gallwespe ent. f cynips m.
Gal'mei min. m calamine f.
Ga'lopp m galop m; im ~ au galop; in kurzem (gestrecktem) ~ au petit (grand) galop; ~ anschlagen prendre le galop; se mettre au galop; im ~ reiten galoper.
galop'pieren I v/i. galoper; ~de Schwindsucht phtisie f galopante; II ~ n (Gangart) galop m; (Reiten) galopade f; **~d** adj.: ~e Inflation inflation f galopante.
Ga'losche f caoutchouc m.
gal'vanisch adj. galvanique.
Galvani'seur m galvaniseur m.
galvani'sier|en v/t. galvaniser; **~ung** f galvanisation f.
Galva'nismus m galvanisme m.
Gal'vano typ. n galvano(type) m.
Galvano'meter n galvanomètre m.
~plastik f galvanoplastie f.
Ga'masche f guêtre f; jambière f.
'Gambe ♪ f viole f de gambe.
Gam'bit n Schach: gambit m.

'Gammastrahlen at. m/pl. rayons m/pl. gamma.
'gamm|eln F v/i. F clochardiser; **~ler** F m beatnik m; voyou m.
Gang m marche f, v. Tieren u. Menschen: allure f; nur v. Menschen: démarche f; (Körperhaltung) maintien m; Auto: vitesse f; den zweiten ~ einschalten passer en seconde, deuxième (vitesse); den ~ wechseln changer de vitesse; Sport: tour m; (fig. Lauf) cours m; der ~ der Dinge le cours des choses; die Sache geht ihren ~ l'affaire suit son cours; (Besorgung) course f (machen faire); (Durch~) passage m; (Flur) couloir m, breiter: corridor m; unterirdischer ~ souterrain m; chemin m (od. passage m) souterrain; (Weg) chemin m; (Allee) allée f; avenue f; bei der Mahlzeit: plat m, service m, erster ~ entrée f; esc. assaut m; passe f; neuer ~ reprise f; ⚒, géol. filon m; veine f, ♥, anat. canal m; conduit m; voie f; ⊕ toter ~ jeu m inutile; (Gewinde) pas m (de vis); e-r Maschine: mouvement m; marche f; in ~ bringen (od. setzen) mettre en marche (od. en train od. en mouvement od. fig. en chantier); wieder in ~ setzen remettre en mouvement; débloquer; actionner; in ~ kommen se mettre en marche (od. en train od. en mouvement); im ~e sein marcher; être en marche; être en train; in vollem ~e sein battre son plein; außer ~ setzen arrêter; débrayer.
gang adj.: das ist ~ und gäbe c'est monnaie courante; c'est courant; cela se voit tous les jours.
'Gang|an-ordnung f Auto usw.: disposition f des vitesses; **~art** f démarche f; v. Tieren: allure f; ♞ gangue f; **~bar** adj. Weg: praticable fig. a. possible; ✝ Ware: qui se vend bien, s'écoule facilement; d'un bon débit; **~barkeit** f e-s Weges: praticabilité f (a. fig.); ✝ v. Waren: bon débit m.
'Gängel|band n: am ~ führen tenir en laisse (od. en tutelle); **~n** v/t. mener en laisse (od. à la baguette od. par le bout du nez).
'Gangerz ⚒ n minerai m en gangue; **~höhe** f e-s Gewindes: pas m.
'gängig adj. ✝ qui se vend bien; demandé par la clientèle; de bon débit; (üblich) courant.
'Ganglien system n système m ganglionnaire.
Gan'grän ✱ n gangrène f.
gangrä'nös ✱ adj. gangréneux, -euse.
'Gangschaltung f Auto usw.: changement m de vitesses; Fahrrad: dérailleur m.
'Gangster m gangster m; P alpagueur m; truand m; **~bande** f bande f de

gangsters; ⇘**bekämpfend** *adj.* antigang *adj. inv.*; ⇘**boß** *m* caïd *m*; chef *m*; ⇘**tum** *n*, ⇘**unwesen** *n* gangstérisme *m*.
'**Gangway** ✈, ⚓ *f* passerelle *f*.
Ga'nove F *m* truand *m*; voyou *m*; P arsouille *m*.
Gans *f* oie *f*; *junge* ⇘ oison *m*; *fig. dumme* ⇘ oie *f*, F dinde *f*, bécasse *f*, cruche *f*.
'**Gäns**‐**chen** *n* oison *m*.
'**Gänse**|**blümchen** ❦ *n* pâquerette *f*; ⇘**braten** *m* oie *f* rôtie; ⇘**brust** *f* poitrine *f* d'oie; ⇘**feder** *f* plume *f* d'oie; ⇘**fett** *n* graisse *f* d'oie; ⇘**füß**‐**chen** F *n/pl.* guillemets *m/pl.*; ⇘**haut** *f* peau *f* d'oie; *fig.* chair *f* de poule; *ich bekomme e‐e* ⇘ j'ai la chair de poule; ⇘**kiel** *m* plume *f* d'oie; ⇘**klein** *cuis. n* abattis *m* d'oie; ⇘**leberpastete** *f* pâté *m* de foie gras; ⇘**marsch** *m*: *im* ⇘ *laufen* marcher en (*od.* à la) file indienne (*od.* à la queue leu leu); ⇘**rich** *zo.* ⇘ *m* jars *m*; ⇘**schmalz** *n* graisse *f* d'oie; ⇘**stall** *m* étable *f* aux oies.
ganz I *adj.* tout; (*ungeteilt*) entier, ‐ière; (*unversehrt*) intact; (*vollständig*) complet, ‐ète, (*völlig*) total; *die* ⇘*e Stadt* toute la ville; la ville entière; *ein* ⇘*es Jahr* toute une année; une année entière; *den* ⇘*en Tag* toute la journée; la journée tout entière; ⇘*e 8 Tage* 'huit jours entiers (*od.* bien comptés); *in* ⇘ *Frankreich* dans toute la France; dans la France entière; ⅄ ⇘*e Zahl* nombre *m* entier; *ein* ⇘*es Brot* un pain entier; *von* ⇘*em Herzen de tout (mon) cœur*; ⇘ *Rom* tout Rome; *die* ⇘*e Welt* le monde entier; *zwei* ⇘*e Stunden* deux grandes heures; *ein* ⇘*er Redner* un véritable orateur; *peint. in* ⇘*er Figur* en pied; ♪ *e‐e ganze Note* une ronde; ⅄ ⇘*e Zahl* nombre *m* entier; **II** *adv.* entièrement; en entier; tout à fait; (*vollständig*) complètement; fin; *vor adj. u. adv.* tout (*vor adj. f mit konsonantischem Anlaut*: toute); (*in ziemlich hohem Grade*) assez; ⇘ *gut* assez bien; *das ist etw.* ⇘ *anderes* c'est tout autre chose; ⇘ *allein tout seul*; F ⇘ *groß!* (*prima*) P chouette!; F terrible!; (*superbe*!); magnifique!; excellent!; ⇘ *besonders tout particulièrement*; ⇘ *recht!* c'est ça!; parfaitement!; évidemment!; ⇘ *gewiß* bien sûr; ⇘ *wenig* bien peu (*od.* très *od.* fort) peu; ⇘ *und gar* absolument, *pfort* de fond en comble; ⇘ *und gar nicht* (*bei vb.* ne ...) pas du tout; aucunement, (*bei vb.* ne ...) nullement; (*bei vb.* ne ...) pas le moins du monde; ⇘ *der Vater* tout à fait son père, le portrait de son père, F son père tout craché; ⇘ *aufdrehen* (*Wasserhahn*) ouvrir en grand; *e‐e Symphonie* ⇘ *anhören* écouter une symphonie en entier; ⇘ *fertig mit etw. sein* être fin prêt; ⇘ *Auge und Ohr* tout yeux et tout oreilles; *er ist* ⇘ *der Mann dafür* c'est bien l'homme qu'il faut; ⇘ *in Leder* en cuir plein; ⇘ *oder teilweise* en tout ou en partie; ⇘ *gleich, was du tust* quoi que tu fasses; 'ⓈⒷ**bildnis** *n* portrait *m* en pied; 'Ⓢ**e**(**s**) *n* tout *m*; entier *m*; (*Gesamtbetrag*) total *m*; (*Gesamtheit*) totalité *f*; ensemble *m*; *im* Ⓢ*n au total*, en tout; dans l'ensemble; (*in Bausch u. Bogen*) en bloc; *im* Ⓢ *genommen* à tout prendre; *im großen*

und Ⓢ*n en somme*; somme toute; en gros; *aufs* ⇘ *gehen* risquer le tout pour le tout; *es geht ums* ⇘ *tout* en dépend; *das ist nichts Halbes und nichts* ⇘*s* ce n'est ni fait ni à faire; 'Ⓢ**fabrikat** *n* produit *m* fini; 'Ⓢ**heit** *f* → Ⓢ*e*(**s**); 'Ⓢ**heitskosmetik‐Salon** *m* salon *m* visagiste; 'Ⓢ**heitsmethode** *écol. f* globale; globalisme *m*; 'Ⓢ**heitswissenschaft** *psych. f* théorie *f* des ensembles; 'Ⓢ**jährig** *adv.* toute l'année; ⇘**leder** *n* pleine peau *f*; 'Ⓢ**leder**(**ein**)**band** *m* reliure *f* pleine peau; 'Ⓢ**leinen** *n* pleine toile *f*; 'Ⓢ**leinen**(**ein**)**band** *m* reliure *f* pleine toile.
'**gänzlich I** *adj.* entier, ‐ière; total; (*vollständig*) complet, ‐ète; **II** *adv.* entièrement; totalement; complètement; tout à fait.
'**Ganz**|**metallkonstruktion** *f* construction *f* entièrement métallique; ⇘**photo** *n* photo *f* en pied; ⇘**sachen** ⚹ *f/pl.* entiers *m/pl.* postaux; ⇘**seide** *f* pure soie *f*; ⇘**stahlkarosserie** *f* carrosserie *f* tout acier; ⇘**tägig** *adv.*: ⇘ *arbeiten* travailler à plein temps; ⇘**tagsbeschäftigung** *f* emploi *m* à plein temps; ⇘**ton** ♪ *m* ton *m* entier; Ⓢ**wollen** *adj.* tout laine; ⇘**zeug** *n Papier*: pâte *f* à papier.
gar I *adj. Speisen*: assez cuit; cuit à point; **II** *adv.* ⇘ *nicht* (*bei vb.* ne ...) pas du tout; ⇘ *nichts* (*bei vb.* ne ...) rien du tout; ⇘ *niemand* (*bei vb.* ne ...) personne du tout; ⇘ *oft* maintes fois, ⇘ *selten* fort rarement; ⇘ *zu wenig* beaucoup (*od. litt.* par) trop peu; *steigernd*: (*sogar*) même; oder ⇘ ou même; ou, peut‐être bien; *warum nicht* ⇘*!* allons donc!; par exemple!
Ga'rage *f* garage *m*; (*Einzel*Ⓢ) box *m*; *den Wagen in die* ⇘ *stellen* garer la voiture; rentrer la voiture au garage; ⇘**nbesitzer** *m* propriétaire *m* de garage; ⇘**nbox** *f* box *m*.
Ga'rant *m* garant *m*.
Garan'tie *f* garantie *f*; *ohne* ⇘ sans garantie; *unter* ⇘ *stehen* être sous garantie; *für etw.* ⇘ *qch.* garantir (*für etw.* qch.); ⇘**schein** *m* bulletin *m* de garantie; ⇘**verpflichtung** *f* obligation *f* de garantie; ⇘**versprechen** *n* promesse *f* de garantie; ⇘**vertrag** *m* contrat *m* (*pol.* traité *m*) de garantie.
'**Garaus** *m*: *j‐m den* ⇘ *machen* donner le coup de grâce à q.; achever q.; supprimer q.
'**Garbe** *f* gerbe *f* (*a. fig.*); ⇘**nbindemaschine** 🜸 *f* lieuse *f*.
'**Gärbottich** *m* cuve *f*.
'**Garde** ⚔ *f* garde *f*; ⇘**korps** ⚔ *n* corps *m* de la garde.
Garde'robe *f* (*Kleidung*) vêtements *m/pl.*; garde‐robe *f* (*a. thé. Kostümraum*); (*Kleiderablage*) vestiaire *m*; (*Flur*Ⓢ) portemanteau *m*; *thé.* (*Ankleideraum*) loge *f*; ⇘**nfrau** *f* dame *f* du vestiaire; ⇘**nhaken** *m* patère *f*; ⇘**nmarke** *f* numéro *m* de vestiaire; ⇘**nraum** *m* vestiaire *m*; ⇘**nschrank** *m* penderie *f*; garde‐robe *f*; ⇘**nständer** *m* portemanteau *m*.
Garderobi'ere *f thé., Film*: habilleuse *f*.
Gar'dine *f* rideau *m*; *fig. hinter schwedischen* ⇘*n* sous les verrous; en prison; F à l'ombre; ⇘**nhalter** *m* em‐

brasse *f*; ⇘**nleiste** *f* tringle *f* à rideaux; ⇘**npredigt** F *f* semonce *f* (conjugale); *j‐m e‐e* ⇘ *halten* sermonner q.; ⇘**nring** *m* anneau *m* de rideau; ⇘**nspanner** *m* étendoir *m*; ⇘**nstange** *f* tringle *f* à rideaux.
Gar'dist ⚔ *m* garde *m*.
'**gären I** *v/i.* fermenter (*a. fig.*); *Wein a.*: bouillonner; ⇘ *lassen* faire fermenter; *v/imp. fig. es gärt im Volk* le peuple est en effervescence; **II** Ⓢ *n* → *Gärung*; Ⓢ**lassen** *n des Weines*: cuvage *m*.
'**Gär**|**futter** *n* ensilage *m*; ⇘**mittel** *n* ferment *m*.
Garn *n* fil *m*; *fig. ins* ⇘ *gehen* donner dans le panneau.
Gar'nele *zo. f* crevette *f*.
'**Garnhaspel** *f* dévidoir *m* de fil.
gar'nieren I *v/t.* garnir (*mit de*) (*a. cuis.*); **II** Ⓢ *n* garnissage *m*.
Garni'son ⚔ *f* garnison *f*; ⇘**skirche** *f* église *f* de garnison; ⇘**slazarett** *n* hôpital *m* militaire; ⇘**sstadt** *f* (ville *f* de) garnison *f*; Ⓢ**sverwendungsfähig** *adj.* apte au service de place.
Garni'tur *f* (*Besatz*) garniture *f*; *an der Wäsche*: parure *f*; (*Satz zs.-gehöriger Dinge*) ensemble *m*; assortiment *m*; ⊕ set *m*; *die erste* ⇘ *v. Sportlern*: *fig.* l'élite *f*.
'**Garn**|**knäuel** *n* peloton *m* de fil; ⇘**rolle** *f* bobine *f* de fil; ⇘**spule** *f* bobine *f*; fusée *f*; ⇘**strähne** *f* écheveau *m* de fil.
'**garstig** *adj.* vilain; méchant; dégoûtant; repoussant (*zu j‐m envers q.*).
'**Gärstoff** *m* ferment *m*.
'**Gärtchen** *n* petit jardin *m*; jardinet *m*.
'**Garten** *m* jardin *m* (*a. fig.*); (*Obst*Ⓢ) verger *m*; (*Gemüse*Ⓢ) jardin *m* potager; *botanischer* ⇘ jardin *m* botanique; *in Paris*: Jardin *m* des plantes; *zoologischer* ⇘ jardin *m* zoologique; *englischer* ⇘ jardin *m* anglais; *im* ⇘ *arbeiten* jardiner; ⇘**anlage** *f* jardin *m* (public); square *m*; ⇘**arbeit** *f* jardinage *m*; ⇘**arbeiter** *m* ouvrier *m* jardinier; ⇘**architekt** *m* architecte *m* paysagiste; ⇘**bank** *f* banc *m* de jardin; ⇘**bau** *m* jardinage *m*; horticulture *f*; ⇘**bauausstellung** *f* exposition *f* d'horticulture; ⇘**beet** *n* planche *f*; *schmales*: plate‐bande *f*; *mit Blumen verziert*: parterre *m*; ⇘**blume** *f* fleur *f* cultivée; ⇘**erdbeere** *f* fraise *f* cultivée; (*Pflanze*) fraisier *m* cultivé; ⇘**erde** *f* terreau *m*; terre *f* franche; ⇘**fest** *n* garden‐party *f*; ⇘**freund** *m* amateur *m* de jardinage; ⇘**frucht** *f* fruit *m* cultivé; ⇘**gemüse** *n* légumes *m/pl.* cultivés; ⇘**geräte** *n/pl.* ustensiles *m/pl.* de jardinage; ⇘**gestalter** *m* architecte *m* paysagiste; ⇘**gestaltung** *f* création *f* de jardins; ⇘**gewächs** *n* plante *f* potagère; ⇘**grill** *m* barbecue *m*; ⇘**haus** *n* pavillon *m*; ⇘**häuschen** *n* cabane *f*; maisonnette *f* de jardin; ⇘**kunst** *f* art *m* du jardin d'agrément; ⇘**land** *n* terrain *m* propre au jardinage; ⇘**laube** *f* berceau *m* de verdure; tonnelle *f*; gloriette *f*; ⇘**liege** *f* lit *m* de camping; ⇘**lokal** *n* café *m* (*od.* restaurant *m*) avec jardin; ⇘**messer** *n* serpette *f*; ⇘**möbel** *pl.* meubles *m/pl.* de jardin; ⇘**schau** *f* exposition *f* horticole; ⇘**schenke** *in der Vorstadt f* guinguette *f*; ⇘**schere** *f* sécateur *m*;

~schirm *m* parasol *m* de jardin (*od.* de camping); ~schlauch *m* tuyau *m* d'arrosage; ~seite *f* côté *m* jardin; ~stadt *f* cité-jardin *f*; ~stuhl *m* chaise *f* de jardin; ~tisch *m* table *f* de jardin; ~zaun *m* clôture *f* de jardin.

'Gärtner *m* jardinier *m*; horticulteur *m*; (*Gemüse*2) maraîcher *m*; (*Blumen*2) fleuriste *m*; *fig.* den Bock zum ~ machen mettre (*od.* enfermer) le loup dans la bergerie.

Gärtne'rei *f* (*Betrieb*) exploitation *f* horticole.

'Gärtner|in *f* jardinière *f*; horticultrice *f*; maraîchère *f*; fleuriste *f*; 2isch *adj.* horticole; 2n *v/i.* jardiner.

'Gärung *f* fermentation *f* (*a. fig.*); in ~ sein fermenter; in ~ kommen commencer à fermenter; 2s-erregend *adj.* zymogène; ~s-erreger *m* ferment *m*; ~slehre *f* zymologie *f*; ~s-mittel *n* ferment *m*; ~sprozeß *m* processus *m* de fermentation; ~s-stoff *m* ferment *m*; ~sverfahren *n* procédé *m* de fermentation; zymotechnie *f*.

Gas *n* gaz *m*; in~ verwandeln gazéifier; *Auto*: ~ geben accélérer; F appuyer (sur le champignon); ~ wegnehmen couper les gaz; |~abzug *m* évent *m* des gaz; (*Vorgang*) évacuation *f* des gaz; |~angriff ⚔ *m* attaque *f* par les gaz; |~anstalt *f* usine *f* à gaz; |~anzünder *m* allume-gaz *m*; |~arbeiter *m* gazier *m*; |2artig *adj.* gazeux, -euse; gazéiforme; |~austritt *m* sortie *f* du (*od.* des) gaz; |~auto *n* véhicule *m* à gaz; |~automat *m* distributeur *m* automatique de gaz; |~bade-ofen *m* chauffe-bain *m* à gaz; |~behälter *m* gazomètre *m*; |~beleuchtung *f* éclairage *m* au gaz; |~bildung *f* gazéification *f*; |~bombe *f* ⚔ bombe *f* à gaz; ⊕ récipient *m* à gaz (comprimé); |~brenner *m* bec *m* de gaz; |2dicht *adj.* imperméable (*od.* étanche) aux gaz; |~dichte *f* densité *f* du gaz; |~druck *m* pression *f* du gaz; |~dynamik *f* dynamique *f* des gaz; |~entwicklung *f* dégagement *m* de gaz; |~fernleitung *f* gazoduc *m*; |~feuerung *f* chauffage *m* au gaz; |~flamme *f* flamme *f* du gaz; |~flasche *f* bouteille *f* de gaz; |2förmig *adj.* gazéiforme; |~füllung *f* remplissage *m* de gaz; |~gebläse *n* soufflerie *f* à gaz; |2gekühlt *adj.* à refroidissement au gaz; |~gemisch *n* mélange *m* gazeux; |~generator *m* gazogène *m*; |~gerät *n* appareil *m* à gaz; |~geruch *m* odeur *f* de gaz; |~geschoß ⚔ *n* projectile *m* à gaz; |~gewinnung *f* production *f* de gaz; |~glühlicht *n* lumière *f* à incandescence par le gaz; |~granate *f* obus *m* à gaz; |~hahn *m* robinet *m* à gaz; |2haltig *adj.* gazeux, -euse; |~hebel *m* *Auto*: accélérateur *m*; F champignon *m*; |~heizung *f* chauffage *m* au gaz; |~herd *m* cuisinière *f* (*od.* fourneau *m*) à gaz; |~kammer *f* chambre *f* à gaz; |~kampfstoff *m* gaz *m* de combat; |~kocher *m* réchaud *m* à gaz.

Gas'kogn|e *f* Gascogne *f*; ~er(in *f*) *m* Gascon *m*, -onne *f*; 2isch *adj.* gascon, -onne.

'Gas|koks *m* coke *m* d'usine à gaz; 2krank *adj.* gazé; ~krieg *m* guerre *f* chimique; ~kühlung *f* refroidissement *m* au gaz; ~lampe *f* lampe *f* à gaz; ~laterne *f* réverbère *m* à gaz; bec *m* de gaz; ~leitung *f* conduite *f* de gaz; (*Überlands*2) gazoduc *m*; ~licht *n* lumière *f* à gaz; ~Luft-Gemisch *n* mélange *m* d'air et de gaz; ~mann *m* employé *m* du gaz; ~maske *f* masque *m* à gaz; ~messer *m* in der Wohnung: compteur *m* à gaz; ~motor *m* moteur *m* à gaz; ~ofen *m* poêle (*od.* radiateur) *m* à gaz.

Gaso'lin *n* gazoline *f*.

Gaso'meter *m* gazomètre *m*.

'Gas|pedal *n* *Auto*: accélérateur *m*; das ~ durchtreten appuyer à fond sur l'accélérateur, F mettre le pied au plancher; ~prüfer ⊕ *m* appareil *m* vérificateur de la teneur en gaz; ~rechnung *f* note *f* de gaz; ~rohr *n* tuyau *m* à gaz; ~schutz *m* protection *f* contre les gaz.

'Gäß·chen *n* ruelle *f*.

'Gas-schieber *m* vanne *f* à gaz; boisseau *m*.

'Gasse *f* ruelle *f*, rue *f* étroite; *fig.* e-e ~ bilden former la haie; ~nhauer *m* F scie *f*; refrain *m* populaire; F rengaine *f*; ~njunge *m* gamin *m*, garnement *m*; F titi *m*; polisson *m*.

Gast *m* hôte *m*, *f*; eingeladener: invité *m*, -e *f*; (*Tisch*2) convive *m*, *f*; (*Stamm*2) habitué *m*, -e *f*; (*Hotel*2) client *m*, -e *f*; pensionnaire *m*, *f*; e-s Restaurants: consommateur *m*; (*Kur*2) estivant *m*, -e *f*; curiste *m*, *f*; ungebetener ~ intrus *m*, -e *f*; zu ~ laden inviter; zu ~ sein bei j-m être l'invité (*od.* l'hôte) de q.; wir haben Gäste nous avons du monde; |~arbeiter *m* allg. travailleur *m* étranger (*bzw.* immigré); (travailleur *m*) migrant *m*; |~dozent *m* professeur *m* hôte.

'Gästebuch *n* livre *m* des hôtes, des visiteurs.

'Gästetafel *f*: gemeinsame ~ table *f* d'hôte.

'gast|frei *adj.* hospitalier, -ière; 2-freiheit *f* hospitalité *f*; 2freund *m* hôte *m*; ~freundlich *adj.* hospitalier, -ière; j-n ~ aufnehmen donner l'hospitalité à q.; 2freundschaft *f* hospitalité *f*; 2geber(in *f*) *m* hôte *m*, -esse *f*; 2geberfamilie *f* famille-hôtesse *f*; family d'accueil; 2geberpflichten *f*/*pl.* devoirs *m*/*pl.* d'hôte; 2geberstadt *f* ville *f* d'accueil; *a.* ville *f* hôte; 2haus, 2hof *n* hôtel-restaurant *m*; kleiner: auberge *f*; 2hofbesitzer(in *f*) *m* hôtelier *m*, -ière *f*; kleine(r): aubergiste *m*, *f*; 2hörer(in *f*) *m* auditeur *m*, -trice *f* libre.

gas'tieren *thé. usw. v/i.* donner des représentations (♪ des concerts) lors de sa tournée.

'Gast|land *n* pays *m* d'accueil; 2lich *adj.* hospitalier, -ière; ~lichkeit *f* hospitalité *f*; ~mahl *n* banquet *m*; festin *m*; ~mannschaft (*Sport*) équipe *f* visiteuse; ~professor *m* professeur *m* hôte; ~recht *n* droit *m* d'hospitalité; ~reise *f* tournée *f*.

Ga'stritis ⚕ *f* gastrite *f*.

'Gastrolle *thé. f* rôle *m* joué par un acteur en tournée (*od.* de passage).

Gastro'nom *m* restaurateur *m*; (*Feinschmecker*) gastronome *m*.

Gastrono'mie *f* restauration *f*; (*feine Kochkunst*) gastronomie *f*.

gastro'nomisch *adj.* gastronomique.

'Gast|spiel *thé. n* représentation *f* d'acteurs en tournée (*od.* de passage); ~spielreise *f* tournée *f*; ~stätte *f* restaurant *m*; ~stättengewerbe *n* industrie *f* hôtelière; hôtellerie *f*; ~stube *f* salle *f* (d'hôtel); *privat*: chambre *f* d'amis; ~tafel *f*, ~tisch *m* table *f* d'hôte; ~vorstellung *thé. f* → ~spiel; ~wirt(in *f*) *m* hôtelier *m*, -ière *f*; restaurateur *m*; aubergiste *m*, *f*; (*Schankwirt*) cabaretier *m*, -ière *f*; ~wirtschaft *f* auberge *f*; restaurant *m*; (*Schenke*) cabaret *m*; ~ betreiben tenir auberge; ~zimmer *n* salle *f* (d'hôtel); chambre *f* d'amis.

'Gas|uhr *f* compteur *m* à gaz; ~verflüssigung *f* liquéfaction *f* du gaz; 2vergiftet *adj.* asphyxié par le gaz; ~vergiftung *f* asphyxie *f* par le gaz; ~versorgung *f* e-r Stadt: approvisionnement *m* en gaz, weitS. service *m* du gaz; ~werk *n* usine *f* à gaz; ~zähler *m* compteur *m* à gaz; ~zelle *f* Luftschiff: ballonnet *m*; ~zufuhr *f* admission *f* de gaz.

Gat(t) ⚓ *n* (*Loch*) trou *m*; (enge Durchfahrt) chenal *m*.

'Gatte *m* mari *m*; époux *m*; ~n *pl.* époux *m*/*pl.*; conjoints *m*/*pl.*; ~nliebe *f* amour *m* conjugal.

'Gatter *n* grille *f*; grillage *m*; claire-voie *f*; treillage *m*; ~säge *f* scie *f* à lames multiples; ~tor *n*, ~tür *f* porte *f* à claire-voie.

'Gattin *f* femme *f*; épouse *f*.

'Gattung *f* genre *m*; (*Art, Sorte*) espèce *f*; sorte *f*; ~sbegriff *m* notion *f* générique; ~sname *gr. m* nom *m* commun.

Gau *m* (*Landschaft*) région *f*, weitS. contrée *f*.

'Gaudi F *n*, *südd. f.*, ~um *n* (*Vergnügen*) amusement *m*; plaisir *m*.

'Gaukelbild *n* image *f* trompeuse; illusion *f*; fantasmagorie *f*.

Gauke'lei *f* tours *m*/*pl.* de passe-passe (*od.* de prestidigitation); jonglerie *f*; (*Blendwerk*) fantasmagorie *f*.

'gaukel|haft *adj.* trompeur, -euse; fantasmagorique; ~n (*flattern*) voltiger; (*Taschenspielerei treiben*) faire des tours de passe-passe (*od.* de prestidigitation); *mit* Kugeln *usw.*: jongler; 2spiel *n* → Gaukelei.

'Gaukler *m* prestidigitateur *m*; jongleur *m*; bateleur *m*; (*Seiltänzer*) saltimbanque *m*.

Gaul *péj. m* rosse *f*; canasson *m*; carne *f*; *fig.* e-m geschenkten ~ sieht man nicht ins Maul il ne faut pas y regarder de trop près quand c'est un cadeau.

'Gaumen *m* palais *m*; den ~ kitzeln chatouiller (*od.* flatter) le palais; ~laut *m* palatale *f*; ~platte *f* palais *m* artificiel; prothèse *f* supérieure; ~segel *anat. n* voile *f* du palais; ~zäpfchen *anat. n* luette *f* du palais.

'Gauner|(in *f*) *m* escroc *m*; filou *m*; aigrefin *m*; fripon *m*, -onne *f*; truand *m*; fripouille *f*; *abgefeimter* ~ coquin *m* fieffé; ~bande *f* bande *f* d'escrocs.

Gaune'rei *f* escroquerie *f*; filouterie *f*; friponnerie *f*.

'gauner|haft *adj.* d'escroc; de filou; de fripon; 2sprache *f* argot *m*; langue *f* verte; 2streich *m* escroquerie *f*; filouterie *f*; friponnerie *f*; 2welt *f* pègre *f*.

'Gaza-Streifen *m* bande *f* de Gaza.

'Gaze f gaze f; ~bausch m tampon m de gaze; ~binde f bande f de gaze.
Ga'zelle zo. f gazelle f.
G-Dur ♪ n sol m majeur.
Ge'ächtete(r a. m) m, f proscrit m, -e f; hors-la-loi m.
Ge'ächze n gémissements m/pl.
Ge'adelte(r a. m) m, f anobli m, -e f.
Ge'äder n veines f/pl.; veinules f/pl.; bot. nervures f/pl.; (Marmorierung) marbrure f; 2t adj. veiné; (marmoriert) marbré.
ge'artet adj.: gut ~ d'un bon naturel; die Menschen sind so ~ c'est la nature humaine.
Ge'äst n branches f/pl.; branchage m; ramure f.
Ge'bäck n pâtisserie f.
Ge'bälk n charpente f; poutrage m.
ge'ballt adj. Faust: fermé; serré; Ladung usw.: concentré.
Ge'bärde f geste m; ~n machen gesticuler; 2n v/rf.: sich ~ se conduire; sich ernst ~ prendre un air sérieux; sich wie ein Kind (od. kindisch) ~ faire l'enfant; sich närrisch ~ faire le fou, la folle; ~nspiel n gestes m/pl.; (Mimik) mimique f; (Pantomimik) pantomime f; ~nsprache f langage m par gestes; durch Mimik: langage m mimique.
ge'baren I v/rf.: sich ~ se conduire; II 2 n attitude f.
ge'bär|en v/t. accoucher (de); donner naissance à; mettre au monde; geboren werden être né; naître; venir au monde; ~en n accouchement m; 2-mutter anat. f matrice f; utérus m; 2mutterhals anat. m col m de l'utérus; 2muttersenkung f descente f de l'utérus; 2mutterspiegel chir. m spéculum m utérin; 2muttervorfall m prolapsus m utérin.
Ge'bäude n bâtiment m; (großes Wohn2) immeuble m; bemerkenswertes: édifice m (a. fig.); jede Art v. Bauwerk: construction f; fig. système m; ~schäden m/pl. dégâts m/pl. causés aux bâtiments; ~steuer f impôt m sur la propriété bâtie; ~versicherung f assurance f immobilière.
'gebefreudig adj. donnant; généreux.
Ge'beine n/pl. ossements m/pl.
Ge'bell n aboiements m/pl.
'geben I 1. v/t. donner; (hinreichen) présenter; (abliefern) remettre; (hervorbringen) donner; rendre; produire; rapporter; Theaterstück: jouer; représenter; donner; j-m den Abschied ~ donner congé à q.; congédier (od. renvoyer) q.; j-m ein Almosen ~ faire l'aumône à q.; j-m Antwort ~ répondre à q.; j-m recht (unrecht) ~ donner raison (tort) à q.; F j-m den Rest ~ (ihn erledigen) donner son reste à q.; von etw. Zeugnis ~ rendre témoignage de q.; Anlaß zu etw. ~ donner lieu à qch.; zu verstehen ~ donner à entendre; zu denken ~ donner à penser od. à songer od. à réfléchir; j-m Aufklärung ~ über (acc.) donner des éclaircissements sur; Kredit ~ faire crédit; sich Mühe ~ se donner de la peine (od. du mal); sich e-e Blöße ~ prêter le flanc; donner prise; Privatstunden ~ donner des leçons particulières; Rabatt ~ faire une remise (od. un rabais); Rechen-

schaft ~ von rendre compte de; j-m schuld ~ attribuer la faute à q.; j-m e-n Wink ~ faire signe à q.; Spiel: Karten ~ avoir la donne; Gott geb's! plaise à Dieu!; gebe Gott, daß ... fasse le ciel que ... (subj.); verloren ~ considérer comme (od. croire) perdu; auf die Post ~ Brief usw.: mettre à la poste; poster; viel ~ auf (acc.) faire grand cas de; in Druck ~ mettre à l'impression; in Pension ~ mettre en pension; in die Lehre ~ mettre en apprentissage; in Verwahrung ~ mettre en dépôt; von sich ~ Worte: exprimer, Speisen usw.: rendre; keinen Laut von sich ~ ne pas souffler mot; j-m seine Tochter zur Frau ~ donner sa fille en mariage à q.; zu essen und zu trinken ~ donner à manger et à boire; fig. es j-m ~ dire ses quatre vérités à q.; ein Wort gab das andere un propos en amena l'autre; 2. v/i. Kartenspiel: wer gibt? à qui la donne; 3. v/rf.: sich ~ se donner (für etw. pour qch.); Schmerz: s'apaiser; Schwierigkeit: s'arranger; ⚔ sich gefangen ~ se rendre; se déclarer prisonnier; sich zufrieden ~ se déclarer satisfait; se contenter (mit de); sich zu erkennen ~ se faire connaître; F das gibt sich ça va se tasser; 4. v/imp.: es gibt il y a; il est; was gibt's? qu'est-ce qui se passe?; was gibt es (od. gibt's) Neues? qu'y a-t-il de nouveau?; quoi de neuf?; gibt es etw. Schöneres? n'y a-t-il rien de plus beau?; es wird Regen ~ nous aurons de la pluie; es ist nicht jedem gegeben il n'est pas donné à tout le monde; II 2 n Kartenspiel: am ~ sein avoir la donne.
'Geber(in f) m donneur m, -euse f; rad. émetteur m; télégr. transmetteur m.
Ge'bet n prière f (verrichten faire); stilles ~ oraison f mentale; fig. j-n ins ~ nehmen faire des remontrances à q.; ~buch n livre m de prières; paroissien m.
ge'beugt adj. courbé.
Ge'biet n territoire m; (Gegend) région f; (Besitztum) domaine m (a. fig.); fig. ressort m; ein ~ räumen (abtreten) évacuer (céder) un territoire; fig. auf allen ~en dans tous les domaines; dans tous les secteurs de l'activité; auf diesem ~ dans ce domaine; sur ce terrain; auf dem ~ der Erziehung en matière d'éducation; ein weites ~ un vaste domaine; besetztes ~ territoire m occupé.
ge'biet|en v/t. u. v/i. (befehlen) commander; ordonner; abs. commander; être le maître; (verfügen) disposer (über acc. de); j-m Schweigen ~ imposer silence à q.; Ehrfurcht ~ imposer le respect; s-n Leidenschaften ~ commander à ses passions; 2er(in f) m maître m, -esse f; ~erisch adj. impérieux, -euse; impératif, -ive; catégorique.
Ge'biets|abtretung f cession f de territoire; ~anspruch m revendication f territoriale; ~austausch pol. m échange m de territoire; ~erweiterung f agrandissement m de territoire; ~hoheit f souveraineté f territoriale; ~körperschaft f collectivité f publique territoriale; ~reform f réforme f régionale; ~streifen m zone

f; ~streitigkeiten f/pl. litiges m/pl. territoriaux.
Ge'bilde n chose f; figure f; création f; (Erzeugnis) produit m; géol. formation f; pol., éc. entité f.
ge'bildet adj. cultivé.
Ge'bimmel n tintement m.
Ge'binde n (Blumen2) feston m; guirlande f.
Ge'birg|e n (chaîne f de) montagnes f/pl.; im ~ à la montagne; das Leben im ~ la vie en montagne; 2ig adj. montagneux, -euse.
Ge'birgs|artillerie f artillerie f de montagne; ~ausläufer m contrefort m; ~bahn f chemin m de fer de montagne; ~beschreibung f orographie f; ~bewohner(in f) m montagnard m, -e f; ~bildung f formation f de montagnes, orogénèse f; ~dorf n village m de montagne; ~gegend f contrée f montagneuse; ~grat m crête f; arête f; ~jäger ⚔ m chasseur m alpin; ~kamm m crête f; arête f; ~kammweg m corniche f; ~kette f chaîne f de montagnes; ~kunde f orologie f; ~land n pays m montagneux; ~paß m col m; (Engpaß) défilé m; ~pflanze ♀ f plante f de montagne; ~rücken m ligne f de faîte; crête f; arête f; ~schlucht f gorge f; ~stock géol. m massif m de montagnes; ~straße f route f de montagne; ~tour f excursion f en montagne; ~truppen f/pl. troupes f/pl. de montagne; ~volk n peuple m montagnard; montagnards m/pl.; ~vorsprung m éperon m; ~wand f paroi f de rocher; ~zug m chaîne f de montagnes.
Ge'biß n dents f/pl.; denture f; künstliches: dentier m; fausses dents f/pl.; F râtelier m; am Zaume: mors m.
Ge'bläse n soufflante f; soufflerie f.
Ge'blök(e) n der Schafe: bêlement(s pl.) m; der Rinder: beuglement(s pl.) m.
ge'blümt adj. parsemé de fleurs; à fleurs.
Ge'blüt n (Stamm, Geschlecht) race f; sang m; lignée f.
ge'bogen adj. courbe; arqué.
ge'boren adj. né; ~ werden naître; être né; venir au monde; ~er Deutscher m Allemand; Allemand d'origine; Frau Schmidt, geborene Müller madame Schmidt, née Müller; sie ist eine ~e Weber c'est une demoiselle Weber; er ist der ~e Beamte il est fait pour être fonctionnaire; c'est le fonctionnaire-né; ~e Pädagogen m/pl. pédagogues-nés m/pl.
ge'borgen adj. en sécurité; 2heit f sécurité f.
Ge'bot n commandement m; bei Versteigerung: enchère f; rl. die Zehn ~e les dix commandements m/pl.; ~ der Stunde impératif m de l'heure; j-m zu ~e stehen être à la disposition de q.; 2en adjt.: ~ sein s'imposer; es ist ~ il importe.
Ge'botszeichen n signal m d'obligation.
Ge'bräu péj. n breuvage m; mixture f.
Ge'brauch m usage m; emploi m; utilisation f; (Sitte) coutume f; die Sitten u. Gebräuche les us et coutumes; kirchliche Gebräuche rites m/pl.; die Gesetze und Gebräuche des Krieges

les lois et coutumes *f/pl.* de la guerre; zum ~ für à l'usage de; zum täglichen ~ à (*resp.* d')usage quotidien; ~ machen von se servir (*od.* user *od.* faire usage) de; e-n guten ~ machen von faire bon usage (*od.* bon emploi) de; in ~ kommen commencer à être employé; außer ~ sein être 'hors d'usage; n'être plus usité; außer ~ kommen tomber en désuétude; in ~ nehmen mettre en usage; zum inneren (äußeren) ~ à usage interne (externe); vor ~ schütteln agiter avant de s'en servir; **⁺en** *v/t.* se servir (*od.* user *od.* faire usage) de; employer; utiliser; *Arznei*: prendre; user (de); *Gewalt* ~ employer la force; avoir recours à la force; ~ (*verwenden*) zu employer à; zu ~ sein pouvoir servir; sich zu allem ~ lassen se prêter à tout; zu nichts zu ~ sein n'être bon, bonne à rien; das kann ich gut ~ cela me sera fort utile; äußerlich (innerlich) zu ~! à usage externe (interne)!; → brauchen; gebraucht.

ge'bräuchlich *adj.* usuel, -elle; d'usage; *v. Wörtern usw.*: employé; usité; courant; ganz ~ sein être courant, d'un emploi commun; ~ werden passer dans l'usage; **⁺keit** *f* emploi *m* courant.

Ge'brauchs|anweisung *f* mode *m* d'emploi; ~artikel *m*, ~gegenstand *m* objet *m* d'usage courant; ~fahrzeug *n* véhicule *m* utilitaire; **⁺fertig** *adj.* prêt à servir (*od.* à l'usage); ~graphiker *m* artiste *m* publicitaire; ~güter *n/pl.* biens *m/pl.* de consommation (*od.* d'usage courant); ~hund *m* chien *m* de travail (*od.* d'utilité); ~muster *n* modèle *m* déposé; ~musterschutz *m* protection *f* des modèles déposés; ~sprache *f* langue *f* véhiculaire; ~vorschrift *f* mode *m* d'emploi; instruction *f*; ~wert *m* valeur *f* utilitaire.

ge'braucht *adj.* usagé; *Wagen, Buch usw.*: d'occasion; **⁺wagen** *m* voiture *f* d'occasion.

Ge'brause *n* bruit *m*; bruissement *m*; mugissement *m*.

Ge'brechen *n* infirmité *f*.

ge'brechlich *adj.* infirme; sénile; décrépit; **⁺keit** *f* infirmité *f*; sénilité *f*; gérontisme *m*.

ge'brochen *adjt. u. advt.*: mit ~em Herzen le cœur brisé; la mort dans l'âme; ~e Stimme voix *f* brisée (*od.* mourante); ~es Französisch mauvais français *m*; er spricht ~ Französisch il écorche le français.

Ge'brodel *n* bouillonnement *m*.

Ge'brüder *pl.*: die ~ Grimm les frères *m/pl.* Grimm; † ~ Meyer Meyer frères.

Ge'brüll *n v. Löwen*: rugissement(s *pl.*) *m*; *v. Kühen*: mugissement(s *pl.*) *m*; *v. Menschen*: vociférations *f/pl.*

Ge'brumm(e) *n v. Bären*: grognement(s *pl.*) *m*; e-s Motors: vrombissement *m*; e-r mürrischen Person: bougonnement(s *pl.*) *m*.

ge'bückt *adj.*: ~ gehen marcher courbé.

Ge'bühr *f* (*Abgabe*) droits *m/pl.*; taxe *f*; *rad., téléph.* redevance *f*; ~en pl. für Arzt *od.* Rechtsanwalt: honoraires *m/pl.*; nach ~ comme il convient; über ~ plus que de raison; outre mesure; excessivement; à l'excès.

ge'bühren *v/i. u. v/rf.*: j-m ~ être dû, due à q.; revenir de droit à q.; sich ~ convenir; wie es sich für e-n Ehrenmann gebührt comme il convient à un homme d'honneur; Ehre, wem Ehre gebührt honneur au mérite; **⁺ansage** *téléph. f* notification *f* de la taxe; **⁺berechnung** *f* taxation *f*; ~d I *adj.* dû, due; convenable; (*wohlanständig*) bienséant; (*richtig*) juste; j-m die ~e Achtung erweisen avoir pour q. les égards qui lui sont dus; II *adv.* = ~derweise *adv.* comme de droit; comme il faut; comme il convient; dûment; **⁺erlaß** *m* remise *f* des droits; **⁺ermäßigung** *f* réduction *f* de droits; détaxe *f*; ~frei *adj.* ⁺ dispensé du timbrage; exempt de droits (*od.* de taxes); **⁺freiheit** *f* franchise *f* (*od.* exemption *f*) de taxe(s) (*od.* de droits); **⁺nachlaß** *m* réduction *f* de droits; détaxe *f*; **⁺ordnung** *f der Ärzte usw.*: tarif *m* des honoraires; ~pflichtig *adj.* soumis à une taxe; ~e Verwarnung avertissement *m* taxé; *oft* contravention *f*; **⁺satz** *m* taux *m* des droits (*der Ärzte usw.*: des honoraires); **⁺vorschuß** *m* avance *f* des droits (*der Ärzte usw.*: des honoraires); als Teilzahlung: avance *f* sur les droits (*resp.* sur les honoraires) dus à q.

ge'bunden *adj.* lié; (*ein~*) relié; ♞ fixé; (*Wärme*) latent; † *Preis*: fixe; vertraglich ~ engagé par contrat; in ~er Rede en vers; an das Haus ~ sein être tenu à la maison; **⁺heit** *f* contrainte *f*; sujétion *f*; assujettissement *m*.

Ge'burt *f* naissance *f* (*a. fig.*); vor (nach) Christi ~ avant (après) Jésus--Christ; bei s-r ~ en naissant; à sa naissance; von ~ an; seit mа ~ dès ma naissance; (*Gebären*) accouchement *m*; schwere ~ accouchement *m* laborieux (*od.* difficile); *fig.* (*Ursprung*) origine *f*; der ~ nach ein Deutscher né Allemand; Allemand d'origine; ein Mann von (*vornehmer*) ~ un homme bien né.

Ge'burten|beihilfe *f* allocation *f* (*od.* secours *m*) d'accouchement; ~beschränkung *f* limitation *f* des naissances; ~erhebung *f* relèvement *m* de la natalité; ~förderer *m* nataliste *m*; **⁺fördernd** *adj.* nataliste; ~freudigkeit *f* natalité *f*; ~kontrolle *f* contrôle *m* des naissances; ~politik *f* politique *f* nataliste; ~prämie *f* prime *f* à la naissance; ~regelung *f* régulation *f* (*od.* contrôle *m*) des naissances; ~rückgang *m* dénatalité *f*; diminution *f* du nombre des naissances; diminution *f* de la natalité; **⁺schwach** *éc. adj.*: ~e Jahrgänge classes *f/pl.* creuses; **⁺stark** *éc. adj.*: ~e Jahrgänge classes *f/pl.* nombreuses (*od.* à forte natalité); ~überschuß *m* excédent *m* des naissances; ~ziffer *f* natalité *f*; taux *m* des naissances; ~zuwachs *m* augmentation *f* du nombre des naissances; accroissement *m* de la natalité.

ge'burtig *adj.* natif, -ive (aus de); originaire (de); né (à *resp.* en); ~er Deutscher né Allemand; Allemand de naissance.

Ge'burts|adel *m* noblesse *f* héréditaire; ~anzeige *f* faire-part *m* de naissance; *behördliche*: déclaration *f* de naissance; ~arzt *m* médecin *m* accoucheur; ~datum *n* date *f* de naissance; ~fehler *m* malformation *f* de naissance, congénitale; ~haus *n* maison *f* natale; ~helfer(in *f*) *m* accoucheur *m*, -euse *f*; ~hilfe *f als Wissenschaft*: obstétrique *f*; *Hilfeleistung*: aide *f* à un accouchement; ~jahr *n* année *f* de naissance; ~land *n* pays *m* natal; ~ort *m* lieu *m* de naissance; ~register *n* registre *m* des naissances; ~schein *m* acte (*od.* extrait) *m* de naissance; ~stadt *f* ville *f* natale; ~tag *m* jour *m* de naissance; (*Festtag*) anniversaire *m*; ~tagsfeier *f* fête *f* d'anniversaire; ~tags(glück)wünsche *m/pl.* vœux *m/pl.* de bon anniversaire; ~tagskind *n* celui (celle) qui fête son anniversaire; ~urkunde *f* → ~schein; ~wehen *f/pl.* douleurs *f/pl.* de l'accouchement; ~zange *chir. f* forceps *m*.

Ge'büsch *n* buissons *m/pl.*; (*Gestrüpp*) broussailles *f/pl.*; maquis *m*.

Geck *m* fat *m*; poseur *m*; F freluquet *m*; junger ~ minet *m*; **²enhaft** *adj.* fat (nur *m*); de poseur.

Ge'dächtnis *n* mémoire *f*; aus (nach) dem ~ de mémoire; etw. im ~ bewahren garder qch. en mémoire; etw. aus dem ~ verlieren perdre le souvenir de qch.; sich etw. ins ~ zurückrufen se remettre qch. en mémoire; se rappeler qch.; se remémorer qch.; j-m etw. ins ~ zurückrufen remettre qch. en mémoire à q.; rappeler qch. à q.; *litt.* remémorer qch. à q.; im ~ verhaftet empreint dans la mémoire; aus dem ~ tilgen bannir de sa mémoire; zum ~ von en mémoire de; à la mémoire de; mein ~ läßt mich im Stich ma mémoire est en défaut; ein gutes (schlechtes) ~ haben avoir une bonne (mauvaise) mémoire; ein kurzes ~ haben avoir la mémoire courte; wenn mein ~ nicht trügt si j'ai bonne mémoire; ein gutes ~ für Daten haben avoir la mémoire des dates; sein ~ ist wie ein Sieb il a une mémoire de lièvre; ~fehler *m* défaut *m* de mémoire; ~feier *f* commémoration *f*; fête *f* commémorative; ~kraft *f* mémoire *f*; ~kunst *f* mnémotechnique *f*; ~lücke *f* trou *m* de mémoire; ~rede *f* discours *m* à la (*od.* en) mémoire de q.; ~schwäche *f* défaillance *f* de mémoire; ~schwund *m*, ~störung *f* amnésie *f*; ~stütze *f* moyen *m* mnémotechnique; F pense-bête *m*; ~training *n* entraînement *m* de la mémoire; ~übung *f* exercice *m* de mémoire; ~verlust *m* amnésie *f*.

ge'dämpft *adj.* (*abgeschwächt*) atténué; *Ton*: assourdi; *Stoß*: amorti; *cuis.* à l'étuvée; à l'étouffée; mit ~er Stimme à mi-voix; à voix basse (*od.* étouffée); → dämpfen.

Ge'danke *m* pensée *f*, (*Vorstellung, Einfall*) idée *f*; (*Betrachtung*) réflexion *f*; méditation *f* (*über acc.* sur); schon der ~; der bloße ~ la seule pensée; trübe ~n idées *f/pl.* noires; in ~n (*im Geiste*) mentalement, (*aus Zerstreutheit*) par distraction; in ~n (*nachdenklich*) sein être pensif, -ive; in ~n versunken sein être absorbé dans ses réflexions; schwarzen ~n nachhängen broyer du noir; ~n wälzen rumi-

ner; *etw. in ~n tun* faire qch. sans y penser; *s-e ~n nicht beisammen haben* être distrait; *wo warst du mit d-n ~n?* où avais-tu l'esprit?; *mit dem ~n spielen, zu ...* (*inf.*) caresser l'idée de ... (*inf.*); *e-n ~n mit sich herumtragen* couver une idée; *s-e ~n zusammennehmen* rassembler ses idées; *sich über etw.* (*acc.*) *~n machen* s'inquiéter de qch.; se faire toutes sortes d'idées au sujet de qch.; se faire des soucis au sujet de qch.; *j-s ~n lesen* lire dans la pensée de q.; *wer brachte ihn auf den ~n?* qui lui en a donné l'idée?; *j-n auf andere ~n bringen* distraire q.; changer les idées de (*od.* à) q.; *sich auf andere ~n bringen* se distraire; *auf andere ~n kommen* se changer les idées; *er verfiel auf den ~n, zu ...* (*inf.*) il eut l'idée de ... (*inf.*); *mit dem ~n umgehen, zu ...* (*inf.*) songer à ... (*inf.*); *der ~n* (*acc.*) l'idée de; *kein ~!* pas du tout!; loin de là!; y pensez--vous!; *prov. die ~n sind frei* la pensée est libre.
Ge'dankenarbeit f conception f.
ge'danken|arm adj. dépourvu d'idées; ℒ**armut** f absence f d'idées; carence f de pensée; ℒ**austausch** m échange m d'idées (*od.* de vues); échanges m/pl. de pensée; ℒ**blitz** m éclair m de génie; ℒ**flug** m envolée f des idées; 'hauteur f de vues; ℒ**folge** f suite f des idées; ℒ**freiheit** f liberté f de la pensée; ℒ**fülle** f abondance f des idées; ℒ**gang** m suite f (*od.* cours m *od.* fil m) des idées; ℒ**gut** n pensée f; **~leer** adj. dépourvu d'idées; vide (d'idées); ℒ**leere** f absence f d'idées; ℒ**lesen** n lecture f de la pensée; ℒ**leser**(**in**)f m lecteur m, -trice f de la pensée; **~los** adj. irréfléchi; étourdi; (*zerstreut*) distrait; (*mechanisch*) machinal; ℒ**losigkeit** f étourderie f; irréflexion f; (*Zerstreutheit*) distraction f; *aus ~* par étourderie; par distraction; par inadvertance; **~reich** adj. riche en idées; **~reichtum** m richesse f de pensée; abondance f d'idées; ℒ**sprung** m coq-à-l'âne m; ℒ**strich** m tiret m; ℒ**übertragung** f transmission f de pensée; télépathie f; ℒ**verbindung** f association f d'idées; ℒ**verknüpfung** f liaison f d'idées; **~voll** adj. riche en idées; (*nachdenklich*) pensif, -ive; (*sorgenvoll*) soucieux, -euse; ℒ**welt** f monde m des idées.
ge'danklich adj. u. adv. en ce qui concerne les idées; du point de vue des idées.
Ge'därme n v. *Tieren:* boyaux m/pl.; *anat.* intestins m/pl.; *cuis.* tripes f/pl.
Ge'deck n couvert m; (*Mahlzeit*) menu m; repas m à prix fixe.
Ge'deih m: *auf ~ und Verderb* pour le meilleur et pour le pire; ℒ**en** v/i. prospérer; (*gut anschlagen*) réussir; (*groß werden*) grandir; (*wachsen*) croître; (*sich entwickeln*) se développer; (*Frucht bringen*) fructifier; (*Erfolg haben*) avoir du succès; *die Sache ist so weit* (*od. dahin*) *gediehen, daß ...* la chose est arrivée au point où ... (*ind.*); **~en** n prospérité f; réussite f; succès m; (*Großwerden*) grandissement m; (*Wachsen*) accroissement m; (*Entwicklung*) développement m;

ℒ**lich** adj. prospère; (*ersprießlich*) profitable.
Ge'denk|blatt n feuille f commémorative; ℒ**en** v/i.: *j-s* (e-r *Sache*) (*gén.*) *~ erwähnend:* évoquer la mémoire de q., le souvenir de qch.; faire mention de q. (de qch.); *feierlich:* commémorer (*acc.*); (*beabsichtigen*) se proposer de; penser (*reiner inf.*); avoir l'intention de; **~en** n mémoire f (*an acc.* de); pensée f (à); *zu s-m ~ en* (*od.* à la) mémoire de lui; *seit Menschen*ℒ *de* mémoire d'homme; **~feier** f commémoration f; cérémonie f commémorative; **~marke** f timbre m commémoratif; **~rede** f discours m à la mémoire de q.; **~schrift** f publication f commémorative; **~stein** m pierre f commémorative; **~tafel** f plaque f commémorative; **~tag** m anniversaire m.
Ge'dicht n poésie f; vers m/pl.; *längeres:* poème m/pl.; **~form** f: *in ~* en vers; **~sammlung** f recueil m de poésies; anthologie f.
ge'diegen adj. solide; *min.* vierge; natif, -ive; pur; massif, -ive; *fig.* (*gehaltreich*) solide; (*echt*) vrai; de bon aloi; (*gut gemacht*) bien fait; *Kleidung:* de bon ton; (*zuverlässig*) digne de confiance; **~e** *Kenntnisse* connaissances f/pl. solides; ℒ**heit** f solidité f (*a. fig.*); *min.* pureté f.
Ge'dräng|e n foule f; cohue f; bousculade f; *Rugby:* mêlée f; *fig.* embarras m; *ins ~ kommen; im ~ sein* se trouver dans l'embarras; ℒ**t I** adj.: serré; (*geplagt*) pressé (*von* de); *Stil:* concis; **~e** *Übersicht* (*Inhaltsangabe*) sommaire m, (*Zusammenfassung*) résumé m, (*Abriß*) aperçu m, précis m; II adv.: *~ voll* comble; bondé; *~ sitzen* être assis serrés; *~ schreiben* écrire serré; ℒ**theit** f encombrement m; entassement m; *des Stils:* concision f; *der Ereignisse:* succession f rapide.
ge'drechselt adj. *Stil:* châtié; poli.
ge'drungen adj. *Gestalt:* trapu; ramassé; *Stil:* concis; dense; ℒ**heit** f forme f trapue (*od.* ramassée); corps m trapu (*od.* ramassé); *des Stils:* concision f.
Ge'duld f patience f; *~ haben* (*üben*) avoir (montrer) de la patience; *die ~ verlieren* perdre patience; *mit* (*od. in*) *~* (*er*)*tragen* prendre en patience; *j-s ~ erschöpfen* impatienter q.; faire perdre patience à q.; *sich mit ~ wappnen* s'armer de patience; *mir reißt die ~* (F *der ~sfaden*) ma patience est à bout; la patience m'échappe; *die ~ auf die Probe stellen* mettre la patience à l'épreuve; ℒ**en** v/rf.: *sich ~* prendre patience; patienter; ℒ**ig I** adj. patient; II adv. patiemment; **~sfaden** F m: *mir reißt der ~* la patience m'échappe; ma patience est à bout; **~spiel** n jeu m de patience; **~sprobe** f: *j-n auf e-e ~ stellen* mettre la patience de q. à l'épreuve.
ge'dungen adj.: *~er Mörder* tueur m à gages.
ge'dunsen adj. bouffi; boursouflé.
ge'ehrt adj. honoré; *in Briefen: Sehr ~er Herr X.!* Monsieur,.
ge'eicht fig. adj.: *darauf ist er ~* il est versé dans (F ferré sur *od.* calé en) cela.

ge'eignet adj. propre (zu à); apte (à); (*passend*) convenable (zu à); (*fähig*) capable (zu de); **~e** *Maßnahme* mesure f appropriée; **~es** *Mittel* moyen m approprié; *im ~en Augenblick* au bon moment.
Ge'fahr f danger m; péril m; (*Wagnis*) risque m; *auf die ~ hin* au risque de; *auf s-e ~; auf eigene Rechnung und ~* à ses risques et périls; *es ist ~ im Verzug* il y a du danger à l'horizon; il y a péril en la demeure; *laufen* (*od. in die ~ geraten*)*, zu ... (inf.)* courir le risque de ... (*inf.*); *in ~ sein* (*schweben*) être en danger; être menacé; *sich in ~ begeben; in ~ geraten; in ~ kommen* s'exposer au danger; *außer ~* 'hors de danger; ℒ**bringend** adj. dangereux, -euse.
ge'fährden v/t. mettre en danger (*resp.* en péril); faire péricliter; menacer (*a. Frieden*); (*aufs Spiel setzen*) compromettre; (*in Frage stellen*) mettre en question; *die internationale Sicherheit ~* menacer la sécurité internationale.
ge'fahr|drohend adj. menaçant; ℒ**engebiet** n zone f dangereuse; ℒ**engrad** m degré m de dangerosité f; ℒ**enherd** m foyer m (*od.* aire f) de danger; *pol.* foyer m de troubles; ℒ**enquelle** f source f de danger; ℒ**enschild** (*Straßenverkehr*) n panneau m de danger; ℒ**enzone** f zone f dangereuse; ℒ**enzulage** f indemnité f de risques.
ge'fährlich adj. dangereux, -euse; (*gefahrvoll*) périlleux, -euse; (*gewagt*) 'hasardeux, -euse; (*kritisch*) critique; *Krankheit:* grave; ℒ**keit** f danger m; *e-r Krankheit:* gravité f.
ge'fahr|los adj. sans danger; sans risque; (*sicher*) sûr; ℒ**losigkeit** f absence f de danger; (*Sicherheit*) sécurité f.
Ge'fährt|e m, **~in** f compagnon m, compagne f; camarade m, f.
ge'fahrvoll adj. plein de danger; très dangereux, -euse; (*mißlich*) critique.
Ge'fälle n inclinaison f; pente f (*a. fig.*); descente f; déclivité f; *e-s Flusses:* chute f; *phys. elektrisches ~* chute f électrique; *Spannungs*ℒ chute f de tension; *Verkehr:* *starkes ~* forte déclivité f; *~ von 12%* pente f de 12%; *fig.* (*Unterschied*) différence f; écart m; décalage m.
ge'fallen I v/i., v/imp. u. v/rf. plaire; convenir; *wie gefällt Ihnen ...?* comment trouvez-vous ...?; *wie es Ihnen gefällt* comme il vous plaira; *es gefällt mir hier* je me plais ici; *sich ~ in* (*dat.*) se (com)plaire à (*resp.* en *resp.* dans); *sich etw. ~ lassen* consentir à qch., (*es ertragen*) supporter (*od.* souffrir) qch., (*es hinnehmen*) accepter (*od.* avaler) qch.; *sich alles ~ lassen* se laisser faire; F se laisser tondre la laine sur le dos; *sich nichts ~ lassen* ne pas se laisser faire; *das lasse ich mir ~!* à la bonne heure!; *das kann man sich allenfalls noch ~ lassen* passe encore (de faire qch.); II ℒ n plaisir m; *an etw.* (*dat.*) *~ finden* trouver (*od.* prendre) (du) plaisir à qch.; *ich finde großes ~ an ihm* il me plaît beaucoup; *an etw. ~ haben* avoir plaisir à qch.; *j-m etw. zu ~ tun* faire qch. pour faire plaisir à q.; III ℒ n service m;

(*Freude*) plaisir *m*; *tun Sie mir diesen* ~ faites-moi ce plaisir; rendez-moi ce service.

ge'fallen² *adjt.* ⚔ mort à la guerre, pour la patrie, au champ d'honneur; ~*es Mädchen* jeune fille *f* perdue, déshonorée, séduite; *dieses Mädchen ist* ~ *a.* F cette jeune fille a fauté; ~*er Engel* ange *m* déchu.

Ge'falle|nendenkmal *n* monument *m* aux morts; **~nenfriedhof** *m* cimetière *m* militaire; **~ne(r)** *m* mort *m* à la guerre.

ge'fällig *adj.* aimable; complaisant; (*dienstfertig*) obligeant; serviable; (*zuvorkommend*) prévenant; (*genehm*) agréable; *was ist* ~? qu'y a-t-il pour votre service?; que désirez-vous?; ✝ *Ihrer* ~*en Antwort entgegensehend* en attendant votre réponse; *j-m* ~ *sein* obliger q.; *gern* ~ *sein* aimer rendre service; *das* 2*e* l'agrément *m*; *pfort* le charme; **2keit** *f* complaisance *f*; obligeance *f*; service *m*; *j-m e-e* ~ *erweisen* obliger q.; *aus* ~ par complaisance; **2keitswechsel** *m* ✝ effet *m* (*od.* traite *f*) de complaisance; **~st** *adv. energische Bitte*: *nehmen Sie* ~ *Platz!* vous êtes prié de vous asseoir (*od.* prendre place).

Ge'fall|sucht *f* coquetterie *f*; **2süchtig** *adj.* coquet, -ette.

ge'fältelt *adj.* plissé.

ge'fangen *adj.* prisonnier, -ière; captif, -ive; (*in Haft*) détenu; **2enanstalt** *f* prison *f*; **2en-austausch** *m* échange *m* de prisonniers; **2enfürsorge** *f* aide *f* sociale aux détenus; **2enlager** *n* camp *m* de prisonniers; **2entransport** *m* convoi *m* de prisonniers; **2enwärter(in** *f*) *m* gardien *m*, -enne *f* de prison; geôlier *m*, -ière *f*; F garde-chiourme *m*; **2e(r** *a. m*) *m*, *f* prisonnier *m*, -ière *f*; (*Inhaftierter*) détenu *m*, -e *f*; **~geben** *v/rf.*: *sich* ~ se constituer prisonnier, -ière; **~halten** *v/t.* détenir en prison; ⚔ tenir en captivité; **2nahme** *f*, **2nehmung** *f* capture *f* (*a.* ⚔); prise *f*; **~nehmen** *v/t.* capturer (*a.* ⚔); ⚔ faire prisonnier; *fig.* (*fesseln*) captiver; **2schaft** *f* captivité *f*; (*Haft*) détention *f*; ⚔ *in* ~ *geraten* être fait prisonnier; *Rückkehr aus der* ~ retour *m* de captivité; **~setzen** *v/t.* mettre en prison; **2setzung** *f* mise *f* en prison; emprisonnement *m*; (*Verhaftung*) arrestation *f*.

Ge'fängnis *n* prison *f*; F tôle *f*; *ins* ~ *wandern* entrer en prison; *ins* ~ *werfen* mettre en prison; *im* ~ *sitzen* être en prison; *zu 3 Monaten* ~ *verurteilen* condamner à trois mois de prison; *mit 3 Monaten* ~ *bestraft werden* être puni d'un emprisonnement de trois mois; **~arzt** *m* médecin *m* de prison; **~direktor** *m* directeur *m* de prison; **~haft** *f* emprisonnement *m*; **~hof** *m* cour *f* de prison; préau *m*; **~strafe** *f* (peine *f* de la) prison *f*; emprisonnement *m*; **~wärter(in** *f*) *m* gardien *m*, -enne *f* de prison; geôlier *m*, -ière *f*; F garde-chiourme *m*; **~zelle** *f* cellule *f* de prison.

ge'färbt *adjt.*: *schwarz* ~*e Haare* cheveux *m/pl.* teints en noir.

Ge'fasel *n* radotage *m*.

Ge'fäß *n* vase *m*; récipient *m*; *anat. u.* ⚘ vaisseau *m*; *am Degen*: garde *f*; **~bildung** *physiol. f* vascularisation *f*; **~entzündung** ⚕ *f* inflammation *f* du système vasculaire; **~erkrankung** ⚕ *f* maladie *f* des vaisseaux; **2erweiternd** ⚕ *adj.* vaso-dilatateur, -trice; **~erweiterung** ⚕ *f* dilatation *f* des vaisseaux; **~lehre** *f* angiologie *f*; **~operation** ⚕ *f* revascularisation *f*; **~system** *n* système *m* vasculaire.

ge'faßt I *p.p. v. fassen*; **II** *adj.* calme; tranquille; (*ergeben*) résigné; ~ *sein auf* (*acc.*) s'attendre à; *auf alles* ~ *sein*; *sich auf alles* ~ *machen* s'attendre à tout; **2heit** *f* calme *m*; tranquillité *f*; (*Ergebenheit*) résignation *f*.

ge'fäß|ver-engend ⚕ *adj.* vaso-constricteur, -trice; **2ver-engung** ⚕ *f* vaso-constriction *f*; **2zellen** ⚕ *f/pl.* cellules *f/pl.* vasculaires.

Ge'fecht *n* combat *m*; (*Handgemenge*) engagement *m*; (*Zusammenstoß*) rencontre *f*; (*Geplänkel*) escarmouche *f*; *außer* ~ *setzen* mettre 'hors de combat; *in ein* ~ *verwickeln* engager dans un combat; *in ein* ~ *kommen* s'engager dans un combat; ⚓ *klar zum* ~ prêt à combattre (*od.* au combat); *in der Hitze des* ~*s* au plus fort du combat; *fig.* dans le feu de l'action; *fig. ins* ~ *führen* (*anführen*) alléguer; **~s-ausbildung** ⚔ *f* entraînement *m* au combat; **~s-ausrüstung** ⚔ *f* paquetage *m* de combat; **~sbereich** *m* zone *f* d'action; **2sbereit** *adj.* opérationnel, -elle; prêt à combattre (*od.* au combat); **~s-einheit** *f* unité *f* de combat; **~s-entwicklung** *f* déroulement *m* du combat; **~s-exerzieren** *n* exercice *m* de combat; **~sfeld** *n*, **~sgebiet** *n*, **~sgelände** *n* terrain *m* du combat; **~sführung** *f* conduite *f* du combat; **2sklar** ⚓ *adj.* paré pour le combat; **~slage** *f* situation *f* de combat; **~spause** *f* accalmie *f* du combat; **~sstand** *m* ⚔ poste *m* de commandement; **~sstreifen** *m* zone *f* d'action; **~s-turm** *m* tourelle *f*; **~s-übung** *f* exercice *m* de combat; **~sverlauf** *m* déroulement *m* du combat; **~svorposten** *m* avant-poste *m* de combat.

ge'feit *adj.* immunisé (*gegen* contre).

Ge'fieder *n* plumage *m*; *e-s Pfeiles*: empennes *f/pl.*; **2t** *adj.* emplumé; *Pfeil*: empenné; ⚘ penné.

Ge'filde *poét. n* paysage *m*; région *f*; contrée *f*; sphères *f/pl.*

ge'flammt *adj. Stoff*: chiné; flammé.

Ge'flecht *n* (*aus Fäden, Bändern*) entrelacement *m*; (*Hürdenwerk usw.*) claie *f*; clayonnage *m*; treillis *m*; *anat. u.* ⚘ plexus *m*; *netzartiges* ~ réseau *m*.

ge'fleckt *adj.* tacheté; moucheté.

Ge'flenne F *n* pleurnicherie *f*; larmoiement *m*.

ge'flissentlich I *adj.* intentionnel, -elle; **II** *adv.* à dessein; intentionnellement.

Ge'fluche *n* jurons *m/pl.*; jurements *m/pl.*

Ge'flügel *n* volaille *f*; volatiles *m/pl.*; *Stück* ~ volatile *m*; **~farm** *f* ferme *f* (*od.* exploitation *f*) avicole; **~händler(in** *f*) *m* marchand *m*, -e *f* de volailles; volailler *m*; **~handlung** *f* commerce (*resp.* magasin) *m* de volailles; **~leber** *f* foie *m* de volaille; **~markt** *m* marché *m* aux volailles; **~schere** *f* cisailles *f/pl.* à volaille; **~stall** *m* poulailler *m*.

ge'flügelt *adj.* ailé; *Insekten*: alifère; *fig.* ~*es Wort* dicton *m*; sentence *f*.

Ge'flügel|zucht *f* aviculture *f*; **~züchter** *m* aviculteur *m*.

Ge'flunker *n* histoires *f/pl.*

Ge'flüster *n* chuchotements *m/pl.*

Ge'folg|e *n* suite *f*; escorte *f*; *fig. im* ~ dans la foulée; **~schaft** *f* suite *f*; partisans *m/pl.*; *im Betrieb*: personnel *m*; **~schaftstreue** *f* soumission *f*; vassalité *f*; **~smann** *m* (*Lehnsmann*) vassal *m*; *pol.* partisan *m*.

ge'fragt *adjt.* ✝ demandé; recherché; *stark* ~ *a.* à forte rotation.

ge'fräßig *adj.* vorace; glouton, -onne; goulu; **2keit** *f* voracité *f*; gloutonnerie *f*.

Ge'freite(r) *m* ⚔ soldat *m* de première classe; ⚓ matelot *m* breveté.

Ge'frier|anlage *f* installation *f* de congélation; **2en** *v/i.* geler; *cuis.* se congeler; **~en** *phys. n* congélation *f*; **~fach** (*Kühlschrank*) *n* freezer *m*; compartiment *m* à congélation; **2fest** *adj.* résistant au froid; **~fleisch** *n* viande *f* congelée (*od.* frigorifiée); F frigo *m*; **~punkt** *m* point *m* de congélation; *auf dem* ~ *stehen* être à zéro; **~schiff** *n* chalutier *m* congélateur; **~schrank** *m* armoire *f* congélatrice; freezer *m*; **~schutzmittel** *n* antigel *m*; **~verfahren** *n* procédé *m* de congélation; **~zone** *f* zone *f* de gel.

Ge'frorene(s) *östr. n* glace *f*.

Ge'füge *n* structure *f*; texture *f* (*a. min.*).

ge'fügig *adj.* (*fügsam*) docile; **2keit** *f* docilité *f*.

Ge'fühl *n* sentiment *m*; (*Gemüt*) âme *f*; (*sinnliche Empfindung*) sensation *f*; (*Tastsinn*) toucher *m*; (*Intuition*) intuition *f*; ~ *für das Schöne* sentiment *m* du beau; ~ *haben für* être sensible à; *ohne* ~ insensible; froid; *mit* ~ *singen* chanter avec âme; *mit gemischten* ~*en* avec des sentiments mêlés; *s-n* ~*en freien Lauf lassen* laisser libre cours à ses sentiments; *j-s* ~*e verletzen* blesser (*od.* offenser *od.* froisser) les sentiments de q.; *von s-n* ~*n überwältigt* vaincu par ses sentiments; *er wurde mit sehr gemischten* ~*en aufgenommen a.* F il a été joliment reçu; **2los** *adj.* insensible (*a. fig.*; *gegen* à); (*leidenschaftslos*) impassible; (*hartherzig*) dur; (*kalt*) froid; **~losigkeit** *f* insensibilité *f*; (*Gleichmut*) impassibilité *f*; (*Hartherzigkeit*) dureté *f*; (*Kälte*) froideur *f*; **~s-armut** *f* sécheresse *f* de cœur; **~s-ausbruch** *m* explosion *f* de sentiment; **2sbetont** *adj.* sentimental; **~sduse'lei** *f* sensiblerie *f*; sentimentalisme *m*; **~sleben** *n* vie *f* affective; affectivité *f*; **2smäßig I** *adj.* (*intuitiv*) intuitif, -ive; **II** *adv.* intuitivement; par intuition; **~smensch** *m* personne chez qui le sentiment domine; sentimental *m*, -e *f*; **~smoment** *n* élément *m* passionnel; **~snerv** *m* nerf *m* sensitif (*od.* sensoriel); **~ssache** *f* affaire *f* de sentiment; **~ssinn** *m* toucher *m*; **~swärme** *f* chaleur *f* (de sentiments); **~swelt** *f* monde *m* affectif; **~swert** *m* valeur *f* affective; **2voll** *adj.* plein de sensibilité; sentimental; *adv.* avec sensibilité; avec âme.

gefüllt *adjt.*: ~*er Bonbon* bonbon *m*

fourré.
ge'geben I *p.p. v.* geben; II *adj.*: ~ zu Berlin fait à Berlin; zu ~er Zeit en temps utile; à propos; *innerhalb e-r* ~en Frist dans un délai fixé; *unter den* ~en Umständen dans ces conditions; ~enfalls *adv.* le cas échéant; au besoin; ₂e(s) *n* ce qu'il convient de faire; ce qu'il faut faire; ₂heit f donnée f; réalité f; fait m; ~en f/pl. contingences f/pl.

'gegen *prp.* (acc.) Richtung, Zeit: vers; ~ Abend vers le soir; ~ Süden liegen être exposé au midi; (*ungefähr*) environ; à peu près; *persönlich*: (*in bezug auf*) envers; pour; à l'égard de; *feindlich*: contre; *Tausch*: contre; pour; en échange de; *Vergleich*: en comparaison de; auprès de; au prix de; comparé à; *gefühllos sein* ~ être insensible à; *undankbar* ~ *j-n* ingrat envers q.; *gut* ~ *Fieber* bon, bonne contre la fièvre; *Widerwillen* ~ *etw.* aversion f pour qch.; ~ *m-n Willen* contre ma volonté; malgré moi; ✝ ~ *Quittung* contre reçu; ~ *bar au comptant*; *ich wette 10* ~ *eins* je parie dix contre un; ₂abzug *typ. m* contre-épreuve f; ₂aktion f action f contraire; réaction f; contre-opération f; ₂angriff *m* contre-attaque f; ₂anklage f contre-accusation f; ₂antrag *m* contre-proposition f; ₂antwort f réplique f; *schnelle, treffende*: repartie f; riposte f; ₂befehl *m* contrordre *m*; ₂bericht *m* rapport *m* contraire; ₂beschuldigung f contre-accusation f; ₂bestrebung f effort *m* contraire; ₂besuch *m* visite f faite en retour; *j-m e-n* ~ *machen* rendre sa visite à q.; ₂bewegung f mouvement *m* contraire (od. opposé); (*Reaktion*) réaction f; (*Gegenströmung*) contre-courant *m*; ₂beweis *m* preuve f (du) contraire; *den* ~ *antreten* prouver le contraire; ₂bild *n* pendant *m*; (*ähnliches Nach- od. Vorbild*) copie f; ₂buch ✝ *n* contrôle *m*; contrepartie f; ₂buchung ✝ f contre-passation f.

'Gegend f contrée f; région f; (*Landschaft*) paysage *m*; (*Stadtviertel*) quartier *m*; (*Richtung überhaupt*) côté *m*; *umliegende* ~ environs m/pl.; alentours m/pl.; *die* ~ *beherrschen* tenir le 'haut du pavé.

'Gegen|dampf *m* contre-vapeur f; ~darstellung f déclaration f contradictoire; ~demonstration f contre-manifestation f; ~dienst *m* service *m* rendu en échange d'un autre; *als* ~ en revanche; *ich bin zu* ~*en stets bereit* je suis toujours prêt à vous rendre la pareille; ~druck *m* contre-pression f; (*Gegenwirkung*) réaction f.

gegen-ein'ander *adv.* l'un(e) contre l'autre *bzw.* les un(e)s contre les autres; ~halten *v/t.* (*vergleichen*) comparer; confronter; ~prallen *v/i.* se heurter; s'entrechoquer; ₂prallen *n* 'heurt *m*; choc *m*.

'Gegen|erklärung f contre-déclaration f; ~forderung f demande f en compensation; contre-créance f; ⚖ demande f reconventionnelle; ~frage f: *eine* ~ *stellen* répondre à une question par une autre; ~geschenk *n* cadeau *m* offert en retour d'un autre; *ein* ~ *machen* faire un cadeau en retour; ~gewicht *n* contrepoids *m*;

ein ~ *bilden* contrebalancer (*zu etw.* qch.); ~gift ☠ *n* contrepoison *m*; antidote *m*; ~grund *m* argument *m* contraire; ~gruß *m* salut *m* que l'on rend; ~hang *m* contre-pente f; ~kandidat *m* adversaire *m*; candidat *m* d'un autre parti (od. de l'opposition); ~klage ⚖ f action (od. demande) f reconventionnelle; ~kläger(in f) *m* ⚖ demandeur *m*, -eresse f reconventionnel, -lle; ~kraft f force f antagoniste; (*Reaktion*) réaction f; ~leistung f équivalent *m* d'un service rendu; ✝, *a. pol.* contrepartie f; *als* ~ en revanche, ✝ en contrepartie; ~licht *n* contre-jour *m*; ~lichtaufnahme phot. f photographie f à contre-jour; ~liebe f amour *m* partagé; *fig.* accueil *m* favorable; *keine* ~ *finden* être refusé; ~maßnahme f contre-mesure f; (*Vergeltungsmaßnahme*) représaille f; ~mittel *n* antidote *m*; ~muster *n* échantillon *m* de contrôle; ~mutter ⊕ f contre-écrou *m*; ~offensive f contre-offensive f; ~papst *hist. m* antipape *m*; ~partei f parti *m* d'opposition; antiparti *m*; opposition f; ⚖ partie f adverse; ~posten ✝ *m* contrepartie f; ~probe f contre-épreuve f; ~propaganda f contre-propagande f; ~rechnung f vérification f; (*Gegenforderung*) demande f en compensation; ~rede f réplique f; (*Einwand*) objection f; ~reformation *rl.* f Contre-Réforme f; ~regierung f contre-gouvernement *m*; ~revolution f contre-révolution f; ~richtung f sens *m* inverse, contraire; ~satz *m* contraste *m*; antagonisme *m*; divergence f; *ideologischer* ~ conflit *m* d'idéologies; (*gerade*) *im* ~ *zu* (tout) au contraire de; contrairement à; à l'opposé de; à la différence de; *im* ~ *stehen zu*; *e-n* ~ *bilden zu* contraster (od. être en contraste) avec; ₂sätzlich I *adj.* opposé (à); en contraste (avec); II *adv.* par opposition (à); ~schlag *m* contre-coup *m*; *fig.* riposte f; ~schrift f (*Widerlegung*) réfutation f; ~seite f côté *m* opposé; ⚖, *fig.* parti *m* adverse; ₂seitig *adj.* mutuel, -elle; réciproque; ~*er Garantievertrag* traité *m* de garantie mutuelle; ~seitigkeit f mutualité f; réciprocité f; *auf* ~ à charge de revanche; *auf* ~ *beruhen* être réciproque; ~seitigkeitsversicherung f assurance f mutuelle (*od.* réciproque); ~seitigkeitsvertrag *pol. m* traité *m* de réciprocité; ~sonne *météo.* f anthélie f; ~spiel *n* contrepartie f; ~spieler *m* opposant *m*; antagoniste *m*; rival *m*; ~spionage f contre-espionnage *m*; ~sprechanlage *Auto, tél.* f interphone *m*; ~sprechverkehr *m* duplex *m*; ~stand *m* (*behandelter od. zu behandelnder Stoff*) sujet *m*; matière f; *e-r Aussprache sein* être l'objet d'une discussion; ₂ständlich *adj.* objectif, -ive; ₂standslos *adj.* (*hinfällig*) sans objet; sans raison d'être; sans intérêt; (*überflüssig*) superflu; ~stimme f (*sich gegen etw. erklärende Stimme*) voix f contraire; ♩ contrepartie f; ~stoß *m* contrecoup *m*; *esc.* riposte f; ⚔ contre-attaque f immédiate; *esc. e-n* ~ *führen* riposter;

~strom ⚡ *m* contre-courant *m*; ~strömung f contre-courant *m*; ~strophe *mét.* f antistrophe f; ~stück *n* pendant *m*; contrepartie f; *das* ~ *bilden* faire pendant (*zu* à); ~tanz *m* contredanse f; ~teil *n* contraire *m*; opposé *m*; contre-pied *m*; inverse *m*; *im* ~ au contraire; *das gerade* ~ exactement le contraire; *etw. plötzlich ins* ~ *umkehren* F *a.* renverser la vapeur; *ich wette das* ~ je gage que non; ₂teilig *adj.* contraire; opposé; ~terrorismus *m* contre-terrorisme *m*; ~thema ♩ *n* contre-sujet *m*.

gegen'über I *prp.* (*dat.*) en face de; vis-à-vis de; envers; en présence de; *setzen Sie sich mir* ~! mettez-vous (*od.* asseyez-vous) en face!; F faites-moi face!; II *adv.* en face; *genau* ~ juste en face; III ₂ *n* vis-à-vis *m*; ~liegen *v/i.* être en face (de); faire face (à); regarder; ~liegend *adj.* d'en face; opposé; ~setzen *v/t.*: *setzen Sie sich mir gegenüber* mettez-vous (*od.* asseyez-vous) en face (de). vis-à-vis (de); ~stehen *v/i.*: *einander* ~ être vis-à-vis (de); être en face (de); être face à face; *Heere usw.*: être en présence; ~stellen *v/t.* opposer; mettre face à face; ⚖ confronter; ₂stellung f opposition f; ⚖ confrontation f; (*Vergleichung*) parallèle *m*; comparaison f; ~treten *v/i.* faire face (à).

'Gegen|unterschrift f contreseing *m*; ~untersuchung f contre-enquête f; ~verkehr *m* circulation f en sens inverse; courant *m* opposé; ~versuch *m* contre-essai f; ~vormund ⚖ *m* subrogé *m* tuteur; ~vorschlag *m* contre-proposition f; ~vorwurf ⚖ *m* récrimination f; ~waffe f antiarme f; ~wart f présence f; (*Jetztzeit*) temps *m* présent; époque f actuelle; *gr.* présent *m*; *in der* ~ *leben* vivre avec son temps; *in m-r* ~ en ma présence; *in ~ von* (*gén.*) en présence de; ₂wärtig I *adj.* présent à l'esprit; *das ist mir nicht mehr* ~ cela ne m'est plus présent à l'esprit; *bei etw.* ~ *sein* être présent (*od.* assister) à qch.; (*jetzig*) actuel, -elle; II *adv.* à présent; présentement; actuellement; maintenant; ₂wartsnah *adj.* actuel, -elle; moderne; ~wehr f résistance f; défense f; ~wert *m* contre-valeur f; équivalent *m*; ~wind *m* vent *m* contraire; ⚓ vent *m* debout; ~winkel ⚠ *m* angle *m* opposé; *innere und äußere* ~ *pl.* angles m/pl.; correspondants; ~wirkung f réaction f; ₂zeichnen *v/i.* contresigner; ~zeichner *m* contresignataire *m*; ~zeichnung f contreseing *m*; ~zeuge *m* témoin *m* contraire; ~zug *m* contrecoup *m*; *Schach*: riposte f; 🚆 train *m* en sens inverse.

ge'gliedert *adj.* articulé.

'Gegner|(in f) *m* adversaire *m*, f; *in bezug auf Meinung*: antagoniste *m*, f; (*Feind*) ennemi *m*, -e f; (*Rivale*) rival *m*, -e f; ₂isch *adj.* opposé; adverse; de la partie adverse; *pol.* du parti opposé; ⚔ ennemi; ~schaft f antagonisme *m*; rivalité f; ~ *Gegner pl.*

Ge'habe *n* façons f/pl.; manières f/pl.; ₂n *v/rf.*: *gehab dich wohl!* adieu!; porte-toi bien!

Ge'hackte(s) *cuis. n* viande f hachée.

Ge'halt[1] *m* éléments *m/pl.* constitutifs; (*Inhalt*) contenu *m*; ⚓ teneur *f* (*an dat.* en); *fig.* valeur *f*; mérite *m*; geistiger ~ substance *f*; fond *m*; e-s Romans: épaisseur *f*; ~ *und Gestalt* le fond et la forme.

Ge'halt[2] *n der Beamten*: traitement *m*; *der Angestellten*: salaire *m*; appointements *m/pl.*; émoluments *m/pl.*

ge'halt|en *adj.*: ~ *sein, etw. zu tun* être tenu de faire qch.; **~los** *adj. Nahrung*: sans valeur nutritive; *fig. Buch*: sans fond; sans valeur; (*oberflächlich*) superficiel, -elle; **2losigkeit** *f v. Büchern*: absence *f* de fond; **~reich** *adj. v. Büchern od. a. Nahrung*: substantiel, -elle.

Ge'halts|abbau *m* diminution *f* des traitements, *etc.*; **~abzug** *m* retenue *f* sur le traitement, *etc.*; **~ansprüche** *m/pl.* revendications *f/pl.* de salaire, de traitement, *etc.*; prétentions *f/pl.*; **~aufbesserung** *f* amélioration *f* (*od.* augmentation *f od.* relèvement *m*) de traitement, *etc.*; **~empfänger(in** *f*) *m* salarié *m*, -e *f*; employé(e *f*) *m* payé(e) au mois; **~erhöhung** *f* augmentation *f* (*od.* majoration *f od.* relèvement *m*) de traitement, *etc.*; **~forderungen** *f/pl.* revendications *f/pl.* de salaires, de traitements, *etc.*; prétentions *f/pl.*; **~gruppe** *f* groupe *m* (*od.* catégorie *f*) de traitement, *etc.*; **~konto** *n* compte *m* salaire; **~kürzung** *f* réduction *f* de traitement, *etc.*; **~liste** *f* liste *f* des traitements, *etc.*; **~skala** *f* échelle *f* des traitements, *etc.*; **~sperre** *f* suspension *f* de traitement, *etc.*; **~stufe** *f* échelon *m* de traitement, *etc.*; **~vorschuß** *m* avance *f* sur le traitement, *etc.*; **~zahlung** *f* paiement *m* de traitement, *etc.*; **~zulage** *f* supplément *m* de traitement, *etc.*

ge'haltvoll (*Buch*) *adj.* riche de substance.

ge'handikapt F *adj.* 'handicapé.

Ge'hänge *n* (*Abhang*) pente *f*; déclivité *f*; (*Blumen*2) guirlande *f*; feston *m*; (*Ohr*2) pendants *m/pl.*; (*Uhr*2) breloque *f*; *ch. des Hundes*: oreilles *f/pl.* pendantes; ~ *des Degens* baudrier *m*.

ge'harnischt *fig. adj.* énergique; **~e** *Antwort* verte réponse *f*; **~er** *Brief* lettre *f* salée.

ge'hässig *adj.* 'haineux, -euse; **2keit** *f* 'haine *f*.

Ge'häuse *n* boîte *f*; (*Uhr*2) boîtier *m*; *e-r großen Uhr*: cage *f*; *zo. e-r Schnecke*: coquille *f* (*Schale der Muscheltiere*) test *m*; ⊕ carter *m*; cage *f*; boîtier *m*; *e-s Rundfunkgeräts*: coffret *m*.

Ge'hege *n* enclos *m*; *fig. j-m ins ~ kommen* chasser sur les terres de q.; marcher sur les plates-bandes (*od.* sur les brisées) de q.

ge'heim *adj.* secret, -ète; *im* **~en** en secret; en cachette; *in* **~er** *Abstimmung beschließen* décider au scrutin secret; **~e** *Wahlen f/pl.* élections *f/pl.* au scrutin secret; **2abkommen** *n* accord *m* secret; **2agent** *m* agent *m* secret; **2befehl** *m* ordre *m* secret; **2bericht** *m* rapport *m* confidentiel; **2bund** *m* société *f* secrète; **2dienst** *m* service *m* secret; **2diplomatie** *f* diplomatie *f* secrète; **2fach** *n* tiroir *m* à secret; **2fonds** *m* fonds *m* secret; **~halten** *v/t.* tenir (*od.* garder) secret, -ète; cacher (*vor j-m à q.*); **2haltung** *f*: strenge ~ le secret le plus absolu; **2konto** *n* compte *m* secret; **2lehre** *f* doctrine *f* ésotérique; **2mittel** *n* produit *m* secret.

Ge'heimnis *n* secret *m*; tiefes mystère *m*; *das öffentliche ~* le secret de Polichinelle; *ein ~ vor j-m haben* avoir des secrets pour q.; *j-n in das ~ einweihen* mettre q. dans le secret; *ein ~ machen aus* faire mystère de; *das ~ bewahren* garder le secret; *ein ~ ausplaudern* (*preisgeben*) divulguer (révéler) un secret; *hinter das ~ kommen* (*den Dingen auf die Schliche kommen*) découvrir le secret (*od.* F le pot aux roses); **~krämer** *m* cachottier *m*; **~krämerei** *f* cachotterie *f*; **2voll** *adj.* mystérieux, -euse; ~ *tun* faire le mystérieux, la mystérieuse.

Ge'heim|nummer *téléph. f* numéro *m* secret de téléphone; **~organisation** *f* organisation *f* secrète; **~polizei** *f* police *f* secrète; **~polizist** *m* agent *m* de la police secrète; **~rat** *hist. m* conseiller *m* privé; **~sache** *f* affaire *f* secrète; **~schloß** *n* serrure *f* à secret; **~schrift** *f* écriture *f* chiffrée (*od.* secrète); **~sender** *m Radio*: émetteur *m* clandestin; **~sitzung** *f* séance *f* à huis clos; **~sprache** *f* langage *m* secret; **~tinte** *f* encre *f* sympathique; **~tue'rei** *f* cachotterie *f*; **2tun** *v/i.* faire le mystérieux, la mystérieuse; **~tür** *f* porte *f* dérobée (*od.* secrète); **~verbindungen** ⚔, *pol. f/pl.* intelligences *f/pl.* secrètes; **~vertrag** *m* traité *m* secret; **~waffe** *f* arme *f* secrète; **~wissenschaft** *f* occultisme *m*.

Ge'heiß *n*: *auf sein ~* sur son ordre.

ge'hemmt *adj. psych.* inhibé; complexé; **2heit** *psych. f* inhibition *f*.

'gehen I *v/i., v/imp.* aller; (*zu Fuß ~*) aller à pied; marcher; (*weg~*) s'en aller; partir; (*hinaus~*) sortir; *Zug*: partir; (*abtreten*) *pol.* passer la main; *Teig*: lever; *Gerücht*: courir; circuler; ⊕ fonctionner; marcher (*a. Uhr*); *e-n Weg ~* prendre un chemin; *es geht die Rede, daß ...* on dit que ...; *gut ~ Ware*: avoir un bon débit; *wie geht es Ihnen?* comment allez-vous?; *wie geht es dir?* comment vas-tu?; *wie geht's?* ça va? (qch.); *mir geht es gut je vais* (*gesundheitlich*: *a.* je me porte) bien; *es geht mir soso* je vais comme ci, comme ça; *so geht's in der Welt* ainsi va le monde; *das Geschäft geht gut* les affaires *f/pl.* vont (*od.* marchent) bien; *wie geht's mit der Angelegenheit?* où en est l'affaire?; *die Sache geht schief* l'affaire tourne mal; *es wird schon ~!* ça va aller!; cela s'arrangera; *das geht nicht* (*läßt sich nicht machen*) cela ne peut se faire, (*ist unmöglich*) c'est impossible; *so geht es nicht* cela n'ira pas ainsi; *das geht nicht anders* cela ne se peut faire autrement; c'est le seul moyen; *zugrunde ~* périr, se ruiner; ⚓ *couler bas*; *e-r Sache* (*gén.*) *verlustig ~* perdre qch.; *sich's gut ~ lassen* se donner du bon temps, F se goberger, se la couler douce, (*sich keine Sorgen machen*) ne pas s'en faire; *sich ~ lassen* se laisser aller; se conduire avec désinvolture; *sich etw. durch den Kopf ~ lassen* réfléchir à qch.; *früh schlafen ~* se coucher de bonne heure; *wir haben noch drei Stunden zu ~* nous avons encore trois heures de marche; *seines Weges ~* poursuivre son chemin; *geh deiner Wege!*; *geh mir aus den Augen!* va-t'en!; qu'on ne te voie plus!; *bei j-m aus und ein ~* fréquenter q. (*od.* être) souvent chez q.; *s-e Ansicht geht dahin, daß ...* il est d'avis que ... (*ind. resp. cond.*); *darüber geht nichts* il n'y a rien au-dessus; *weit ~ aller loin*; *so weit ~, daß ...* aller jusqu'à ... (*inf.*); *zu weit ~* (*über die Schicklichkeit hinaus*) ~ dépasser les limites; aller trop loin; *m-e Uhr geht falsch* ma montre ne va pas juste (*od.* n'est pas à l'heure); ⚓ *sich* ~ *lassen* avoir un fort tirant d'eau; *an die Arbeit ~* se mettre au travail; *es geht ihm an den Kragen* il se cassera le cou; *an Krücken ~* marcher avec des béquilles; ⚓ *an Land ~* descendre à terre; *geh nicht an diese Sachen!* ne touche pas à ces objets; *5 (Stück) ~ auf ein Kilo* cinq font un kilo; *aufs Land ~* aller à la campagne; *auf den Leim ~* donner dans le panneau; *das geht ihm auf die Nerven* cela lui tape sur les nerfs; *auf die Post ~* aller à la poste; *das Fenster geht auf den* (*nach dem*) *Garten* la fenêtre donne sur le jardin; *e-r Sache* (*dat.*) *auf den Grund ~* examiner qch. à fond; *auf Reisen ~* partir en voyage; *auf die andere Seite ~* passer de l'autre côté (*od.* es) *es geht auf zehn* il va être dix heures; *auf die 50 ~* friser la cinquantaine; *es geht auf Leben und Tod* il y va de sa vie; *das geht dich an* cela te concerne; ⊕ *aus den Fugen ~* se déboîter; se disloquer; *j-m aus dem Wege ~* se ranger pour faire place à q., *absichtlich*: éviter q.; *aus dem Zimmer ~* sortir de la pièce; *das geht mir nicht aus dem Kopf* cela ne me sort pas de la tête; ~ *durch* (*durchqueren*) traverser; *durchs Feuer für j-n ~* se jeter au feu pour q.; *das geht gegen mein Gewissen* c'est contre ma conscience; *in Erfüllung ~* s'accomplir; *in die Falle ~* donner dans le piège (*od.* dans le panneau); *er geht in sein zwanzigstes Jahr* il entre dans sa vingtième année; *in die Höhe ~* monter; *es ~ ... Personen in diesen Saal* cette salle contient ... personnes; *in die Schule ~ anfangs*: aller à l'école, *später*: aller en classe; *in sich ~* rentrer en soi-même, (*Reue empfinden*) éprouver du repentir; *in Schwarz* (*od. Trauer*) ~ porter le deuil; *in Stücke ~* se casser; *in die Tausende ~* se chiffrer par milliers; *ins Wasser ~* se mettre à l'eau; entrer dans l'eau; *wie oft geht vier in acht?* en 'huit combien de fois quatre?; *es geht schlecht mit j-m* (*etw.*) q. (qch.) *mit j-m ~* aller avec q., (*ihn begleiten*) accompagner q.; *mit e-m Mädchen ~* (*mit ihm verkehren*) fréquenter une jeune fille; *nach e-r Regel* ~ suivre une règle; *wenn es nach ihm ginge* si l'on s'en remettait à lui; *neben j-m* ~ marcher à côté de q.; *um die Stadt* ~ faire le tour de la ville; *über e-n Berg* ~ franchir (*od.* passer) une montagne; *der Brief geht über Berlin* la lettre passe par Berlin; *das geht über meine Kräfte*

c'est au-dessus de (od. cela surpasse od. cela excède) mes forces; es geht nichts über (acc.) ... il n'y a rien de tel que ...; das geht über alle Begriffe cela dépasse tout ce qu'on peut s'imaginer; das geht mir über alles je mets cela au-dessus de tout; es geht um ... il y va de ...; unter die Soldaten ~ se faire soldat; von j-m ~ quitter q.; von Hand zu Hand ~ passer de main en main; j-m nicht von der Seite ~ ne pas quitter q. d'un pas; suivre q. comme son ombre; vor sich ~ (geschehen) se passer, se faire, arriver, se dérouler, se produire, avoir lieu; zu Ende ~ se terminer; tirer à sa fin; j-m zur Hand ~ assister q.; zu j-m ~ (ins Haus) aller chez q., aller voir q., (auf ihn zu) aller vers (od. aborder) q.; das geht mir zu Herzen cela me touche de près; zur Kirche ~ aller à l'église; j-m zu Leibe ~ serrer q. de près; zur Neige ~ toucher à sa fin; mit sich zu Rate ~ se consulter; zu Tisch ~ se mettre à table; behutsam zu Werke ~ procéder avec prudence; II 2 n marche f; das ~ fällt ihm schwer il a de la peine à marcher; das Kommen und ~ le va-et-vient; les allées et venues f/pl.
Ge'henkte(r a. m) m, f pendu m, -e f.
'Geher m Sport: marcheur m.
ge'heuer adj.: nicht ganz ~ suspect; es ist hier nicht ~ ce n'est pas sûr ici; on n'est pas rassuré ici; ihm ist nicht recht ~ zumute il a un sentiment de malaise.
Ge'heul n 'hurlement(s pl.) m; F geignardise f; des Sturmes: mugissement m; ~ der Sirenen 'hululements m/pl. des sirènes.
'Gehgestell (für Kleinkinder) n trotteur m pliant.
Ge'hilf|e m, ~in f aide m, f; assistant m, -e f; garçon m; e-s Handwerks: compagnon m; (Amts2) adjoint m; e-s Anwalts: clerc m; (Handlungs2) commis m.
Ge'hirn n (Organ) cerveau m; als Substanz: cervelle f (a. fig) auf das ~ bezüglich cérébral; ~blutung f hémorragie f cérébrale; ~entwicklung f encéphalisation f; ~entzündung f encéphalite f; ~erschütterung f commotion f cérébrale; ~erweichung f ramollissement m cérébral; ~haut anat. f méninge f; ~hautentzündung f méningite f; ~kasten F m tête f; crâne m; F caboche f; ~krankheit f, ~leiden n affection f cérébrale; 2los adj. décérébré; ~rinde f écorce f cérébrale; ~schäden m/pl. lésions f/pl. cérébrales; ~schale anat. f crâne m; ~schlag m apoplexie f; ~substanz f cervelle f; ~tätigkeit f fonctions f/pl. cérébrales; ~tumor m tumeur f cérébrale; ~wäsche f lavage m de cerveau; ~windung f circonvolution f cérébrale.
ge'hoben adjt. élevé; Stil: a. soutenu; in ~er Stimmung fort animé.
Ge'höft n ferme f; métairie f.
Ge'hölz n petit bois m; boqueteau m; bosquet m.
ge'hopst F adj.: das ist ~ wie gesprungen c'est kif-kif bourricot.
Ge'hör n ouïe f; ein gutes ~ haben avoir l'ouïe fine; (Sinn für Musik) avoir de l'oreille; absolutes ~ oreille f absolue; nach dem ~ spielen jouer d'oreille; ~ finden être écouté; j-m ~ schenken prêter l'oreille à q.; sich ~ verschaffen se faire écouter; ♪ zu ~ bringen (spielen) jouer, (singen) chanter.
ge'horchen v/i.: j-m ~ obéir à q.; bsd. ♂ u. adm. obtempérer à q.; j-m nicht ~ a. désobéir à q.
ge'hören 1. v/i. appartenir (od. être) à; ~ zu être de; faire partie de; litt. relever de; er gehört zu den besten Pianisten il compte parmi les (od. au nombre des) meilleurs pianistes; unbedingt zu e-r Sache ~ faire partie intégrante de qch.; das gehört nicht zur Sache c'est en dehors de la question; das gehört nicht hierher c'est déplacé ici; cela n'a rien à faire (od. à voir) ici; das gehört zur Sache cela a rapport à la question; das gehört nicht zum Thema c'est en dehors du sujet; wohin gehört dies? où faut-il mettre (od. ranger) ceci?; dieser Stuhl gehört nicht hierher cette chaise n'est pas à sa place ici; (erforderlich sein) être nécessaire; falloir; dazu gehört viel Geld il faut beaucoup d'argent pour cela; dazu gehört Zeit cela demande du temps; das gehört nicht mehr in unsere Zeit cela n'est plus de notre temps; er gehört ins Gefängnis il faudrait le mettre en prison; 2. v/rf.: sich ~ (sich schicken) convenir; es gehört sich nicht convenable; das gehört sich nicht ce n'est pas convenable; cela ne se fait pas.
Ge'hör|fehler m défaut m d'oreille; ~gang anat. m conduit m auditif.
ge'hörig I adj. appartenant (à); faisant partie (de); (passend) convenable; (erforderlich) requis, nécessaire; (gebührend) dû, due; (tüchtig, gut) bon, bonne; zur Sache ~ qui a rapport à la question; nicht zur Sache ~ en dehors de la question; e-e ~e Tracht Prügel une sérieuse correction; in ~er Form en bonne et due forme; II adv. (gebührend) dûment, comme il faut; (tüchtig, gut) bien.
ge'hörlos adj. sourd; 2igkeit f surdité f.
Ge'hörn n cornes f/pl.; ch. bois m.
Ge'hörnerv anat. m nerf m auditif.
ge'hörnt adj. à cornes; encorné; cornu.
Ge'hör-organ n organe m de l'ouïe.
ge'horsam I adj. obéissant; II adv. avec obéissance; III 2 m obéissance f; ~ leisten obéir; den ~ verweigern refuser d'obéir; refuser obéissance; sich ~ verschaffen se faire obéir; 2spflicht f devoir m d'obéissance; 2sverweigerung f refus m d'obéissance.
Ge'hör|schärfe f acuité f auditive; ~sinn m ouïe f; sens m auditif; ~störungen f/pl. troubles m/pl. auriculaires; ~verlust m perte f de l'ouïe.
'Gehrock m redingote f.
'Gehrung ⊕ f biais m; onglet m.
'Geh|sport m footing m; ~steig m trottoir m; ~störung f troubles m/pl. de la démarche; ~versuch m tentative f de marcher; ~weg m trottoir m; ~werk horl. m mouvement m.
'Geier orn. m vautour m; F hol's der ~ ! que le diable l'emporte!
'Geifer m bave f; 2n v/i. baver; vor Zorn ~ écumer de rage; 2nd adj. baveux, -euse.
'Geige f violon m; die erste ~ spielen fig. jouer (od. tenir) le premier rôle; F être le coq du village; fig. die zweite ~ spielen être le sous-fifre; ~ spielen jouer du violon; fig. der Himmel hängt ihm voller ~n il est aux anges; il voit tout en rose; 2n v/i. jouer du violon; ~nbauer m luthier m; ~nbogen m archet m; ~nhals m manche de violon; ~nharz n colophane f; ~nholz n bois m pour violons; ~nkasten m étui m à violon; ~nsaite f corde f de violon; ~nschlüssel ♪ m clef f de sol; ~nserenade f sérénade f violonesque; ~nspiel n jeu m de violon; ~nspieler(in f) m violoniste m, f; ~nsteg m chevalet m de violon; ~nstimme f partie f du violon; ~nstrich m coup m d'archet.
'Geiger(in f) m violoniste m, f.
'Geigerzähler phys. m compteur m Geiger.
geil adj. ♀ (üppig wuchernd) exubérant; luxuriant; (wollüstig) lubrique; concupiscent; libidineux, -euse; luxurieux, -euse; '2heit f der Vegetation: exubérance f; (Wollust) concupiscence f; lubricité f; luxure f.
'Geisel f otage m; ~n stellen fournir des otages; als ~ geben donner en otage; als ~ dienen servir d'otage; ~befreiung f libération d'otage(s); ~nahme f prise f d'otage(s).
Geiß f chèvre f; F bique f; '~bart ♀ m ulmaire f; reine-des-prés f; '~blatt ♀ n chèvrefeuille m; '~bock m bouc m.
'Geißel f (Peitsche) fouet m; verge f; rl. zur Kasteiung: discipline f; fig. (Plage) fléau m; ~bruder rl. m flagellant m; 2n v/t. (v/rf.: sich se) fouetter; (se) fustiger; rl. (se) flageller (a. fig.); fig. châtier; (heftig tadeln) stigmatiser; fustiger; ~ung f fustigation f; rl. flagellation f.
Geist m esprit m; (a. Eigenheit, Wesen) génie m; (Seele) âme f; (Verstand) intelligence f; intellect m; (Gespenst) revenant m; spectre m; fantôme m; ~ der Zeit esprit m du siècle; der böse ~ le démon; l'esprit m malin; vom bösen ~ besessen sein être possédé du démon (od. de l'esprit malin); rl. der Heilige ~ le Saint-Esprit; großer (kleiner) ~ grand (petit) esprit m; Mann von ~ homme m d'esprit; gebildeter ~ esprit m cultivé; beschränkter ~ esprit m borné; der französischen Sprache le génie de la langue française; im ~e mentalement; en esprit; pour la pensée; in j-s ~ handeln agir selon les intentions de q.; wes ~es Kind ist er? quelle espèce d'homme est-il?; er ist von allen guten ~ern verlassen il a perdu la tête; von ~ sprühen étinceler (od. pétiller) d'esprit; den (od. s-n) ~ aufgeben (od. aushauchen) rendre l'âme (od. le dernier soupir); der ~ ist willig, aber das Fleisch ist schwach l'esprit est prompt, mais la chair est faible; '2bildend adj. qui forme l'esprit.
'Geister|bahn f train m fantômes; ~beschwörer n nécromancien m; rl. exorciste m; ~beschwörung f nécromancie f; rl. exorcisme m; ~erscheinung f apparition f (od. vision f) de spectres; ~fahrer (Auto) m automobiliste m qui a pris l'autoroute en

sens inverse; ~**geschichte** f conte m de revenants; ~**glaube** m croyance f aux esprits; ♀**haft** adj. de spectre; (*übernatürlich*) surnaturel, -elle; mystérieux, -euse; (*gespenstig*) spectral; *Stimme*: sépulcral; ~**seher**(**in** f) m visionnaire m, f; ~**stunde** f heure f des revenants; ~**welt** f monde m des esprits.

'**geistes**|**abwesend** adj. absent; (*zerstreut*) distrait; *er ist zeitweise* ~ il a des absences; ♀**abwesenheit** f absence f d'esprit; (*Zerstreutheit*) distraction f; ♀**anlagen** f/pl. facultés f/pl. intellectuelles; ♀**anstrengung** f contention f d'esprit; effort m cérébral; ♀**arbeit** f travail m intellectuel; ♀**arbeiter** m (travailleur m) intellectuel m; ♀**armut** f pauvreté f d'esprit; ♀**art** f mentalité f; ♀**bildung** f culture f intellectuelle; ♀**blitz** m, ♀**funke** m éclair m de génie; saillie f; trait m d'esprit; trouvaille f; ♀**freiheit** f liberté f d'esprit; ♀**gabe** f don m de l'esprit; talent m; ♀**gegenwart** f présence f d'esprit; ♀**gegenwärtig** adj. u. adv. avec de la présence d'esprit; avec à-propos; ~**gestört** adj. aliéné; dément; détraqué; atteint d'aliénation mentale (*od.* de trouble mental); ~ *sein a.* avoir l'esprit dérangé; ♀**gestörte**(**r** a. m) m, f aliéné m, -e f; déséquilibré m, -e f; handicapé m, -e f (*od.* tourmenté m, -e f) mental, -e; détraqué m, -e f; ♀**gestörtheit** f aliénation f mentale; trouble m mental; *psych.* égarement m; ♀**größe** f génie m; ♀**haltung** f état m d'esprit; tournure f d'esprit; mentalité f; ♀**kraft** f force f d'esprit; vigueur f intellectuelle; ~**krank** adj. aliéné; détraqué; atteint d'aliénation mentale (*od.* de trouble mental); ~*e Person* personne f malade mentale; ~ *sein a.* avoir l'esprit dérangé; ♀**krankenpflege** f soins m/pl. aux malades mentaux; ♀**kranke**(**r** a. m) m, f malade m mental; aliéné, -e f; détraqué m, -e f; *schwer* ~ grand malade mental; ♀**krankheit** f aliénation f mentale; trouble m mental; ♀**leben** n vie f intellectuelle; ♀**produkt** n création f; ♀**richtung** f tendance f intellectuelle; ♀**schärfe** f acuité f de l'esprit; ~**schwach** adj. faible d'esprit; imbécile; ♀**schwäche** f faiblesse f d'esprit; débilité f mentale; imbécillité f; ♀**stärke** f force f d'esprit; ♀**störung** f aliénation f mentale; trouble m mental; ♀**trägheit** f lenteur f d'esprit; (*Uninteressiertheit*) indolence f; ♀**verfassung** f mentalité f; état m d'esprit; *a.* ⚔ moral m; ~**verwandt** adj. qui a les mêmes affinités intellectuelles (avec); ♀**verwandte**(**r**) m esprit m de même nature; ♀**verwandtschaft** f affinité f intellectuelle; ♀**verwirrung** f aliénation f mentale; trouble m mental; ♀**welt** f monde m de mentalité; ♀**wissenschaften** f/pl. lettres f/pl.; ♀**zerrüttung** f aliénation f mentale; ♀**zustand** m état m mental; *j-n auf s-n* ~ *untersuchen* soumettre q. à un examen mental.

'**geist**|**ig** adj. intellectuel, -elle; mental; ~*e Aufgeschlossenheit* ouverture f d'esprit; ~*er Gehalt* substance f; fond m; ~*e Einstellung* (*od. Haltung*) mentalité f; état m d'esprit; ~ *normal a.* 🜨

sain m d'esprit; ~*er Vorbehalt* réserve f mentale; ~*e Elite* élite f intellectuelle; ~*es Eigentum* propriété f intellectuelle; ~*er Diebstahl* plagiat m; *vor dem* ~*en Auge* en esprit; en imagination; ~*e Liebe* amour m platonique; ~*e Getränke* spiritueux m/pl.; ♀**igkeit** f caractère m intellectuel; ♀**lich** adj. spirituel, -elle; (*zum Klerus gehörig*) clérical, (*kirchlich*) ecclésiastique; ~*er Orden* ordre m religieux; ~*er Stand* clergé m; ~*e Musik* musique f sacrée; ~*e Macht* spirituel m; ♀**liche**(**r**) m ecclésiastique m; *cath.* prêtre m; curé m; *prot.* pasteur m; ♀**lichkeit** f clergé m; ecclésiastiques m/pl.; ~**los** adj. sans esprit; (*fade*) fade; insipide; ♀**losigkeit** f manque m d'esprit; (*Fadheit*) fadeur f; insipidité f; ~**reich** adj. spirituel, -elle; ~*er Mann* homme m spirituel (*od.* d'esprit); ~*es Wort* mot m d'esprit; ~ *sein* être spirituel, -elle; avoir de l'esprit; *péj.* ~ *erscheinen wollen* faire de l'esprit; ~**tötend** adj. abrutissant; sclérosant; ~**voll** (*Erfindung, Erklärung*) adj. ingénieux, -euse.

Geiz m avarice f; (*Knausern*) lésine f; *schmutziger* ~ avarice f sordide; ladrerie f; !²**en** v/i. être avare (*mit de*); (*knausern*) lésiner (*mit sur*); '~**hals** m, '~**hammel** m, '~**kragen** m avare m; pingre m; ladre m; F grigou m; !²**ig** adj. avare; '~**ige**(**r**) m → ~*hals.*

Ge'**jammer** n lamentations f/pl.; jérémiades f/pl.

Ge'**jauchze** n cris m/pl. d'allégresse (*od.* de joie).

Ge'**johle** n 'huées f/pl.; 'hurlements m/pl.

ge'**kachelt** adj. carrelé; dallé.

Ge'**keife** n criailleries f/pl.

Ge'**kicher** n ricanements m/pl.; rires m/pl. étouffés.

Ge'**kläff**(**e**) n clabaudage m (*a. fig.*); jappements m/pl.

Ge'**klapper** n claquement m; (*Geklirr, Gerassel*) cliquetis m; *des Storches*: craquètement m.

Ge'**klatsche** n applaudissements m/pl.; *fig.* (*Geschwätz*) commérages m/pl.

Ge'**klimper** n pianotage m.

Ge'**klingel** n sonnerie f.

Ge'**klirr** n cliquetis m.

Ge'**knatter** n *des Motors*: pétarade f; *von MGs*: tacatac m; *von Gewehrfeuer*: crépitement m.

ge'**knickt** *fig.* adj. abattu; affligé.

Ge'**knister** n crépitation f; crépitement m; *der Seide*: frou(-)frou m.

Ge'**knutsche** F n: *allgemeines* ~ fricassée f de museaux.

ge'**konnt** adj.: *das ist* ~ cela témoigne du savoir-faire; F c'est (bien) torché.

ge'**körnt** adj. granulé.

Ge'**krächze** f croassement(s pl.) m.

Ge'**kreisch** n criailleries f/pl.

Ge'**kritzel** n griffonnage m.

ge'**kröpft** ⊕ adj. coudé.

Ge'**kröse** n *cuis.* fraise f; *anat.* mésentère m.

ge'**künstelt** adj. recherché; affecté; (*geschraubt*) maniéré; (*erkünstelt*) factice; (*gezwungen*) contraint; *Stil*: ~ *wirken* sentir le procédé.

Gel 🜋 n gel m.

Ge'**lächter** n rire m; *lautes* (*od. schallendes*) ~ éclats m/pl. de rire; *in schal-*

lendes ~ *ausbrechen* éclater de rire; rire aux éclats; *zum* ~ *werden* être la risée.

ge'**lackmeiert** F adj.: ~ *sein* être refait (*od.* roulé *od.* floué *od.* carotté); F être (*od.* en rester) chocolat; *sich* ~ *fühlen* se sentir brimé.

ge'**laden** adj. chargé; (*ein*~) invité; F *fig.* (*Stimmung*) électrique; survolté; *auf j-n* ~ *sein* être monté contre q.

Ge'**lag**(**e**) n festin m; banquet m; F ripaille f; P ribouldingue f; (*Trink*♀) beuverie f.

ge'**lagert** adj. schichtenförmig ~ stratifié; *in besonders* ~*en Fällen* dans des cas particuliers.

ge'**lähmt** adj. perclus; paralysé.

Ge'**lände** n terrain m; hügeliges (*od.* unebenes) ~ terrain m accidenté; vielgestaltiges (*leeres*) offenes; bedecktes; nicht einsehbares ~ terrain m varié (vague); découvert; couvert (*od.* caché); ⚔ *im* ~ sur le terrain; ~ *gewinnen* (*verlieren*) gagner (perdre) du terrain; *das* ~ *abtasten* sonder (*od.* tâter) le terrain; ~**abschnitt** m section f de terrain; ~**aufnahme** f levé (*od.* lever) m topographique; ~**beschaffenheit** f nature f du terrain; ~**beschreibung** f topographie f; ~**be**-**urteilung** f appréciation f du terrain; ~**erkundung** f reconnaissance f du terrain; ~**fahrzeug** n véhicule m tout terrain; ~**falte** f pli m de terrain; ~**form** f forme f du terrain; ♀**gängig** adj. *Auto usw.*: tout terrain; ~**gängigkeit** *Auto usw.*: f capacité f de franchissement; qualités f/pl. de véhicule tout terrain; ~**gestaltung** f configuration f du terrain; ~**hindernis** n obstacle m du terrain; ~**karte** f carte f topographique; ~**kunde** f topographie f; ~**lauf** m *Sport*: cross-country m; ~**punkt** m point m du terrain.

Ge'**länder** n balustrade f; (*Treppen*♀) rampe f; (*Brücken*♀) garde-corps m; garde-fou m; *aus Stein*: parapet m.

Ge'**lände**|**reifen** *Auto* m pneu m tout terrain; ~**ritt** m cross-country m équestre; ~**spiel** n grand jeu m (de plein air); ~**sprung** m accident m du terrain; ~**streifen** m bande f de terrain.

Ge'**länderstab** m barreau m de rampe.

ge'**langen** v/i. parvenir (*an acc.*; *zu* à); arriver (à); atteindre (*acc.*; *mühevoll*: à); *mein Brief ist nicht zu ihm* (*in s-e Hände*) *gelangt* ma lettre ne lui est pas parvenue; *zu Ruhm* ~ se faire une réputation; *zu e-r Ansicht* ~ se faire une opinion; *zu e-m Vergleich* ~ arriver à un compromis; *zum Abschluß* ~ être mené à terme; arriver à conclusion; *zur Ausführung* ~ être exécuté; être mis à exécution; *zur Aufführung* ~ être représenté (*od.* joué), ♪ être exécuté; *zur Einstimmigkeit* ~ parvenir à un accord unanime; *zur Macht* ~ parvenir (*od.* accéder *od.* arriver) au pouvoir; *zu Reichtum* ~ faire fortune; *zum Ziel* ~ parvenir (*od.* arriver) au but; atteindre le but; *etw. an j-n lassen* faire parvenir qch. à q.

Ge'**laß** n réduit m.

ge'**lassen** I adj. calme; placide; tranquille; (*unerschütterlich*) impassible; imperturbable; (*ergeben*) résigné; *den* ♀*en spielen* jouer les rondeurs; **II**

adv. de sang-froid; avec calme; (*ergeben*) avec résignation; ⚨**heit** *f* calme *m*; placidité *f*; sang-froid *m*; tranquillité *f*; (*Unerschütterlichkeit*) impassibilité *f*; imperturbabilité *f*; (*Resigniertheit*) résignation *f*.

Gela'tine *f* gélatine *f*; (*Speise⚨*) gélatine *f* culinaire; **⸺dynamit** *n* géli(g)nite *f*.

gelati|'nieren *v/t.* gélatiniser; **⸺'nös** *adj.* gélatineux, -euse.

Ge'laufe *n* va-et-vient *m*; allées et venues *f/pl.*

ge'läufig *adj.* courant; (*vertraut*) familier, -ière; bien connu; ⚨**keit** *f* emploi *m* courant.

ge'launt *adj.* disposé; *gut* (*schlecht*) ⸺ de bonne (mauvaise) humeur, F bien (mal) luné; *schlecht* ⸺ P de mauvais poil; *sehr schlecht* ⸺ F pas à prendre avec des pincettes.

Ge'läut *n* sonnerie *f*; carillon *m*; *unter dem* ⸺ *der Glocken* au son des cloches; *e-s Schlittens*: tintement *m* (de grelots).

gelb I *adj.* jaune; *Verkehrsampel*: ⸺(*es Licht*) (feu *m*) orange; ⸺ *werden* jaunir; ⸺*e Rüben* carottes *f/pl.*; *das ⚨e Meer* la mer Jaune; *der ⚨e Fluß* le fleuve Jaune; *... und grün vor Neid werden* pâlir d'envie; **II** ⚨ *n* (couleur *f*) jaune *m*; (*Ei⚨*) jaune *m* d'œuf; *Verkehrsampel*: bei ⸺ à l'orange; '**⸺braun** *adj.* jaune brun; '⚨**buch** *dipl.* *n* Livre *m* jaune; '⚨**fieber** *n* fièvre *f* jaune; vomito-negro *m*; '⚨**filter** *phot. m* filtre (*od.* écran) *m* jaune; '⚨**gießer** ⊕ *m* fondeur *m* de laiton; dinandier *m*; '**⸺grün** *adj.* vert tirant sur le jaune; '⚨**guß** ⊕ *m* cuivre *m* jaune; laiton *m*; '**⸺lich** *adj.* jaunâtre; '⚨**sucht** ✱ *f* jaunisse *f*; ictère *m*; '**⸺süchtig** ✱ *adj.* atteint de jaunisse; ictérique; '**⸺wurz(el)** ✱ *f* curcuma *m*.

Geld *n* argent *m*; F galette *f*; P fric *m*; * pèse (*od.* pèze) *m*; P pépètes *f/pl.*; P picaillons *m/pl.*; oseille *f*; (*kleines* ⸺; *Wechsel⚨*), *⸺währung e-s Landes*: monnaie *f*; (*Münzsorten*) bares ⸺) espèces *f/pl.*; P monnaie *f*; (*Vermögen*) fonds *m/pl.*; *f*) fortune *f*; gemünztes ⸺ argent *m* monnayé; *falsches* ⸺ de la fausse monnaie; *fest angelegtes* ⸺ argent *m* immobilisé; *die öffentlichen* ⸺*er* les deniers *m/pl.* (*od.* les fonds *m/pl.*) publics; *in barem* ⸺ *bezahlen* payer en argent comptant; *ich habe kein* ⸺ *bei mir* je n'ai pas d'argent sur moi; ⸺ *wie Heu haben* avoir des ronds (*od.* P de la galette); rouler sur l'or; *im* ⸺ *schwimmen* être cousu d'or; *j-m das* ⸺ *aus der Tasche ziehen* soutirer l'argent à q.; ⸺ *verdienen* gagner de l'argent; ⸺ *erhalten* (*od.* bekommen) toucher de l'argent; ⸺ *abheben* (*aufnehmen*; *vorstrecken*) prélever (emprunter; avancer) de l'argent; ⸺ *langfristig anlegen* placer de l'argent à long terme; *um* ⸺ *verlegen sein* manquer d'argent, (*knapp bei Kasse sein*) être à court d'argent; *zu* ⸺ *machen* vendre; *zu s-m* ⸺*e kommen* rentrer dans ses frais; *das kostet viel* ⸺ cela coûte cher; *es sich viel* ⸺ *kosten lassen* faire de grands sacrifices pour se payer qch.; *um* ⸺ *spielen* jouer pour l'argent; ⸺ *herausrücken* F cracher au bassinet; *das* ⸺ *zum Fenster hinauswerfen*; *mit* ⸺ *um sich werfen* jeter l'argent par la fenêtre; F ⸺ *springen lassen* faire valser l'argent; *sich schlecht vom* ⸺ *trennen können* F être dur à la détente (*od.* à la desserre); *mit* ⸺ *nicht zu bezahlen* impayable; *er ist sein* ⸺ *los* il en est pour son argent; ⸺ *spielt keine Rolle* on ne regarde pas à l'argent; ⸺ *regiert die Welt* l'argent mène le monde; ⸺ *macht nicht glücklich* l'argent ne fait pas le bonheur; *nicht für* ⸺ *und gute Worte* (*bei vb.* ne ...) pas pour tout l'or du monde (*od.* pour un empire); *Zeit ist* ⸺ le temps, c'est de l'argent; '**⸺abfindung** *f* indemnité *f* en argent; '**⸺abwertung** *f* dévaluation *f* de la monnaie; '**⸺angelegenheit** *f* affaire *f* d'argent; '**⸺anhäufung** *f* accumulation *f* d'argent; '**⸺anlage** *f* placement *m* d'argent; '**⸺anleihe** *f* emprunt *m*; '**⸺anweisung** ⚨ *f* mandat *m*; '**⸺aristokratie** *f* aristocratie *f* financière; '**⸺aufnahme** *f* emprunt *m*; '**⸺aufwertung** *f* réévaluation (*od.* revalorisation *f*) de la monnaie; '**⸺ausfuhr** *f* exportation *f* de capitaux; '**⸺ausgabe** *f* dépense *f*; '**⸺bedarf** *m* besoin *m* d'argent; '**⸺beitrag** *m* contribution *f*; (*Unterstützung*) subvention *f* en argent; (*Beisteuer*) cotisation *f*; '**⸺belohnung** *f* récompense *f* en argent; '**⸺beutel** *m*; '**⸺börse** *f* bourse *f*; porte-monnaie *m*; '**⸺bewilligung** *f* allocation *f* de fonds; '**⸺bombe** ✝ *f* coffret *m* métallique contenant la recette journalière; '**⸺brief** *m* lettre *f* chargée; '**⸺briefträger** *m* facteur *m* de mandats; *Fr.* préposé *m* financier; '**⸺buße** *f* amende *f*; '**⸺einheit** *f* unité *f* monétaire; '**⸺einlage** *f* mise *f* de fonds; placement *m* d'argent; *in e-e Gesellschaft*: apport *m* en capital; '**⸺einnahme** *f* recette *f*; '**⸺einwurf** *m bei Automaten*: fente *f* (pour la pièce de monnaie); '**⸺entschädigung** *f* indemnité *f* en argent; '**⸺entwertung** *f* dépréciation (*od.* dévalorisation *f*) de la monnaie; démonétisation *f*.

'**Gelder** *n/pl.* fonds *m*; capitaux *m/pl.*
'**Geld|ersparnis** *f* économie *f* d'argent; '**⸺flüssigkeit** *f* liquidité *f*; '**⸺forderung** *f* créance *f*; '**⸺frage** *f* question *f* d'argent; '**⸺geber** *m* créditeur *m*; bailleur *m* de fonds; '**⸺geschäft** *n* opération *f* financière; '**⸺geschenk** *n* cadeau (*od.* présent *m*) *m* en argent; '**⸺gier** *f* cupidité *f*; '⚨**gierig** *adj.* âpre à l'argent; *litt.* cupide; '**⸺hamsterei** *f* F gratte *f*; '**⸺heirat** *f* mariage *m* d'argent; '**⸺herrschaft** *f* ploutocratie *f*; '**⸺hilfe** *f* aide *f* financière; '**⸺hortung** *f* accumulation *f* de l'argent; '**⸺institut** *n* institut *m* bancaire; '**⸺kasse** *f* (*Ladenkasse*) caisse *f*; '**⸺klemme** *f* difficulté *f* financière; '**⸺knappheit** *f* rareté *f* de l'argent; (*Geldnot*) pénurie *f* d'argent; '**⸺krise** *f* crise *f* monétaire; '**⸺kurs** *m* (*Wechselkurs*) cours *m* d'achat; '**⸺lage** *f* situation *f* financière; '**⸺leistung** *f* prestation *f* en argent; '**⸺leute** *pl.* gens *m/pl.* de finance; financiers *m/pl.*; '⚨**lich** *adj.* pécuniaire; (*finanziell*) financier, -ière; '**⸺macht** *f* puissance *f* financière; '**⸺makler** *m* courtier *m*; agent *m* de change; '**⸺mangel** *m* manque *m* (*od.* pénurie *f*) d'argent; '**⸺mann** *m* homme *m* de finance; financier *m*; '**⸺markt** *m* marché *m* monétaire; *Störungen auf dem* ⸺ troubles *m/pl.* monétaires; '**⸺mittel** *n/pl.* ressources *f/pl.* financières; moyens *m/pl.* financiers; capitaux *m/pl.*; '**⸺münze** *f* pièce *f* (de monnaie); '**⸺not** *f* pénurie *f* d'argent; '**⸺opfer** *n* sacrifice *m* pécuniaire; '**⸺politik** *f* politique *f* monétaire (*od.* financière); '**⸺quelle** *f* source *f* d'argent; '**⸺reform** *f* réforme *f* monétaire; '**⸺rente** *f* rente *f* en argent; '**⸺reserve** *f* réserve *f* monétaire; '**⸺sache** *f* affaire *f* (*od.* question *f*) d'argent; '**⸺sack** *m* sac *m* d'argent; *versiegelter* ⸺ group *m*; F *péj. Person*: crésus *m*; '**⸺sammlung** *f* collecte *f*; quête *f* (*veranstalten* faire); '**⸺scheffler** *m* brasseur *m* d'argent; '**⸺schein** *m* billet *m* de banque; '**⸺scheintasche** *f* portefeuille *m*; '**⸺schneide'rei** *f* filouterie *f*; '**⸺schöpfung** *f* création *f* de l'argent; '**⸺schrank** *m* coffre-fort *m*; '**⸺schrankknacker** *m* perceur *m* de coffres-forts; '**⸺schuld** *f* dette *f* (d'argent); '**⸺sendung** *f* envoi *m* d'argent; '**⸺sorgen** *f/pl.* soucis *m/pl.* d'argent, financiers, pécuniaires; '**⸺sorten** *f/pl.* monnaies *f/pl.* étrangères; '**⸺sortenzettel** *m* bordereau *m* d'espèces; '**⸺spende** *f* don *m* en argent; '**⸺spritze** *éc. f* mesure *f* de relance; '**⸺strafe** *f* amende *f*; *mit e-r* ⸺ *belegen* frapper d'une amende; '**⸺stück** *n* pièce *f* (d'argent); '**⸺summe** *f* somme *f* d'argent; '**⸺system** *n* système *m* monétaire; '**⸺tasche** *f* (*zum Umhängen*) sacoche *f*; '**⸺theorie** *f* théorie *f* monétaire; '**⸺transporteur** *m* convoyeur *m* (*od.* transporteur *m*) de fonds; '**⸺überfluß** *m* pléthore *f* de capitaux; '**⸺überschuß** *m* excédent *m* monétaire; '**⸺überweisung** *f* virement *m* d'argent; transfert *m* de fonds; *telegraphische* ⸺ mandat *m* télégraphique; '**⸺umlauf** *m* circulation *f* monétaire; '**⸺umsatz** *m* mouvement *m* de fonds; '**⸺umstellung** *f* conversion *f* monétaire; '**⸺umtausch** *m* échange *m* monétaire; '**⸺unterschlagung** *f* détournement *m* d'argent; '**⸺unterstützung** *f* subvention *f*; '**⸺verkehr** *m* circulation *f* (*od.* trafic *m*) monétaire; '**⸺verknappung** *f* ⸺*knappheit*; '**⸺verlegenheit** *f* embarras *m/pl.* d'argent; F purée *f*; P dèche *f*; *in* ⸺ *sein a.* être à court d'argent; '**⸺verleiher** *m* prêteur *m* d'argent; '**⸺verlust** *m* perte *f* pécuniaire (*od.* d'argent); '**⸺verschwendung** *f* gaspillage *m* d'argent; '**⸺volumen** *n* volume *m* monétaire; '**⸺vorrat** *m* réserve *f* monétaire (*od.* d'argent); '**⸺vorschuß** *m* avance *f* (d'une somme d'argent); '**⸺vorteil** *m* avantage *m* pécuniaire; '**⸺währung** *f* monnaie *f*; '**⸺wechsel** *m* change *m*; '**⸺wechsler** *m* changeur *m*; '**⸺wert** *e-r Sache m* valeur *f* en argent; '**⸺wesen** *n* finances *f/pl.*; système *m* monétaire; '**⸺wirtschaft** *f* économie *f* monétaire; '**⸺wirtschaftlich** *adj., adv.* du point de vue de l'économie financière; '**⸺zähler** *m* compteur *m* de monnaie; '**⸺zeichen** *n* signe *m* monétaire.

Ge'lee *n* gelée *f*.

ge'legen *adj.* örtlich: situé; ⚖ sis; *nach Süden* ⸺ donnant (*od.* exposé) au sud; tourné vers le sud; *nach der*

Straße ~ donnant sur la rue; *(passend)* convenable, opportun, *adv.* à propos; *das kommt ihm recht* ~ cela lui arrive fort à propos; *ihm ist daran* ~, *daß ... il lui importe que ... (subj.);* es ist ihm nichts daran ~, daß ... peu lui importe que ... *(subj.); was ist daran* ~? qu'importe?; ♀**heit** *f* occasion *f*; *bei* ~ à l'occasion (von de); *bei dieser* ~ à cette occasion; à ce propos; *bei der ersten (besten)* ~ à la première occasion (venue); *bei jeder* ~ à chaque occasion; à tout bout de champs; en toute occasion; à tout propos; *bei passender (od. günstiger)* ~ en temps et lieu; *die* ~ *ergreifen* saisir l'occasion; *die* ~ *beim Schopf ergreifen (od. fassen)* sauter sur l'occasion; saisir la balle au bond; *die* ~ *verpassen* manquer *(od.* laisser échapper) l'occasion; ~ *geben* donner l'occasion; *e-e günstige* ~ *ausnutzen* F exploiter un filon; ♀**heits-arbeit** *f* travail *m* occasionnel; ♀**heitsgedicht** *n* poésie *f* de circonstance; ♀**heitskauf** *m* occasion *f*; ♀**heitskunde** *m* client *m* de passage; ♀**heitsstück** *thé.* *n* pièce *f* de circonstance; ~**tlich I** *adj.* occasionnel, -elle; **II** *adv.* à l'occasion; ~ *s-s Besuches* à l'occasion de sa visite.
ge'lehr|ig *adj.* docile; *(klug)* intelligent; ♀**igkeit** *f* docilité *f*; ♀**samkeit** *f* érudition *f*; ~**t** *adj.* savant; *in Geisteswissenschaften:* érudit; lettré; F *fig.* ~**es Haus** puits *m* de science, dictionnaire *m* ambulant, bibliothèque *f* vivante, F type *m* très calé, ♀**te(r)** *m* savant *m*; *(Geisteswissenschaftler)* érudit *m*; *(Gebildeter)* lettré *m*.
Ge'leise *n* ~ *Gleis*.
Ge'leit *n* accompagnement *m*; ⚔, ⚓, ✠ escorte *f*; *(Trauer*♀*)* cortège *m*; convoi *m (a.* ⚔, ⚓); *freies (od. sicheres)* ~ sauf-conduit *m*; *j-m das* ~ *geben* (re)conduire q., (r)accompagner q.; ⚔, ⚓, ✠ escorter q., ⚔, ⚓ convoyer q.; *j-m das letzte* ~ *geben* rendre les derniers honneurs à q.; ~**brief** *m* sauf-conduit *m*; ♀**en** *v/t.* (re)conduire; (r)accompagner; ⚔ escorter, ⚓ convoyer; ~**en** ~ *Geleit*; ~**flugzeug** *n* avion *m* d'escorte; escorteur *m*; ~**schein** ✝ *m* lettre *f* d'envoi; ~**schiff** *n* escorteur *m*; convoyeur *m*; ~**schutz** ⚔, ⚓, ✠ *m* escorte *f*; convoi *m*; ~ *geben (dat.)* escorter *(acc.)*, convoyer *(acc.)*; ~**wort** *n* préface *f*; *mit e-m* ~ *versehen* préfacer; ~**zug** ⚔ *m* convoi *m*.
Ge'lenk *anat.* *n* articulation *f*; jointure *f*; ⊕ joint *m*; jointure *f*; *e-r Kette:* chaînon *m*; *(Scharnier)* charnière *f*; *(Hand*♀*)* poignet *m*; *(Fuß*♀*)* cou-de-pied *m*; ~**band** *anat.* *n* ligament *m* articulaire; ~**entzündung** ✳ *f* arthrite *f*; ~**funktion** *f* *écol. Bundesrepublik:* Einführungsphase *f* mit ~ cours *m* d'introduction à fonction de charnière; *Klasse f mit* ~ classe-charnière *f*; ♀**ig** *adj. (mit Gelenken versehen)* articulé; *(geschmeidig)* souple; *(gewandt)* agile; *(biegsam)* flexible; ~**igkeit** *f (Geschmeidigkeit)* souplesse *f*; *(Gewandtheit)* agilité *f*; *(Biegsamkeit)* flexibilité *f*; ~**igkeitsübungen** *f/pl.* exercices *m/pl.* d'assouplissement; ~**kopf** *anat.* *m* condyle *m*; ~**kupplung** ⊕ *f* accouplement *m* articulé; ~**pfanne** *anat.* *f* glène *f*; ~ *des Schul-*

terblattes cavité *f* glénoïde; ~**puppe** *f* poupée *f* articulée; ~**rheumatismus** ✳ *m* rhumatisme *m* articulaire; ~**steife** ✳ *f* ankylose *f*.
ge'lenkt *adj.*: *e-e sozialdemokratisch* ~*e Regierung* un gouvernement à direction sociale-démocrate.
Ge'lenktrolleybus *m* trolleybus *m* articulé.
ge'lernt *adj.* *Arbeiter:* qualifié.
Ge'lichter *n* racaille *f*; engeance *f*; canaille *f*; *(Art, Schlag)* espèce *f*; *Leute s-s* ~*s des gens m/pl.* de son acabit; *solches* ~ *des gens m/pl.* de cette espèce.
Ge'liebte(r *a. m) péj. m, f* amant *m*, -e *f*; maîtresse *f*.
ge'lieren *v/i.* donner de la gelée.
ge'lind(e) *adj.* doux, douce; *Température:* modéré; *Klima:* tempéré; *Strafe:* léger, -ère; *bei* ~*em Feuer* à petit feu; ~*ere Saiten aufziehen* adoucir le ton, baisser le ton, F filer doux; ~*e gesagt,* au bas mot; pour ne rien dire de plus; *j-n* ~*e behandeln;* ~*e mit j-m verfahren* traiter q. avec indulgence.
ge'lingen I *v/i. u. v/imp.* réussir; *es gelingt mir, etw. zu tun* je réussis *(od.* je parviens od. j'arrive) à faire qch.; *ihm gelingt alles* tout lui réussit; *ihm gelingt nichts* il ne réussit à rien; *ihm ist die Prüfung gelungen* il a réussi (à) l'examen; **II** ♀ *n* réussite *f*; succès *m*.
Ge'lispel *n* zézaiement *m*.
'gellen *v/i. (nachhallen)* retentir; résonner; ~**d** *adj.* aigu, -uë; strident.
ge'loben *v/t.* promettre solennellement; faire vœu (de); *bibl. das Gelobte Land* la Terre promise.
Ge'löbnis *n* promesse *f* solennelle; vœu *m*.
ge'lockert *adj.* **1.** *psych.* décontracté; *allg.* désinvolte; ~*e Atmosphäre* atmosphère *f* décontractée; **2.** *gym.* détendu; décontracté; ♀**heit** *f* *psych.* décontraction *f*; *allg.* désinvolture *f*; *gym.* décontraction *f*.
ge'löst *adj. (ungezwungen)* aisé; ♀**heit** *f (Ungezwungenheit)* aisance *f*.
gelt *int.*: ~? 'hein?; n'est-ce pas?
'gelten 1. *v/i.* valoir; *diese Sache gilt mir viel* cette chose a beaucoup de valeur pour moi; *das gilt nichts bei mir* cela n'a aucune valeur à mes yeux; *(gültig sein)* être valable; *(maßgebend sein, Beweiskraft haben)* faire foi; *Geld:* avoir cours; *Gesetz:* être en vigueur; *als Gesetz (Regel)* ~ faire loi; *(geschätzt sein)* être estimé; avoir du crédit; *er gilt viel* on fait grand cas de lui; *viel bei j-m* ~ avoir du crédit auprès de q.; *sein Wort gilt etwas (viel)* sa parole a quelque valeur *(od.* du poids); *für etw.* ~ passer pour qch.; ~ *von (für)* s'appliquer à; *was von dir (für dich) gilt, gilt auch von mir (für mich)* ce qui s'applique à toi s'applique aussi à moi; ce qui vaut pour toi vaut aussi pour moi; *das gilt mir* c'est à moi que cela s'adresse; *das gilt auch für die sozialen Probleme* c'est tout aussi vrai des problèmes sociaux; *das gilt nicht* cela ne compte pas; *der Vertrag gilt nicht le traité est nul; etw.* ~ *lassen* admettre qch.; *das laß ich* ~! à la bonne heure! **2.** *v/imp.*: *es gilt, zu ... (inf.)* il s'agit de ... *(inf.);* c'est le moment de ... *(inf.); was gilt*

die Wette? que parions-nous?; ~**end** *adj.* valable; *die* ~*e Meinung* l'opinion *f* en cours; *das* ~*e Recht* le droit en vigueur; ~ *machen* faire valoir; mettre en valeur; ♀**ung** *f* valeur *f*; *(Wichtigkeit)* importance *f*; *(Ansehen)* autorité *f*; crédit *m*; *(Wertschätzung)* estime *f*; *(Gültigkeit)* validité *f*; *des Geldes:* cours *m*; ♀*s* vigueur *f*, ~ *haben (maßgebend sein)* faire autorité, *Gesetz:* être en vigueur; *zur* ~ *bringen* faire valoir; mettre en valeur; *ein Argument* ~ *machen* mettre en avant un argument; *zur* ~ *kommen,* sich ~ *verschaffen* s'imposer; *e-r Sache (dat.)* ~ *verschaffen* faire respecter qch.; ♀**ungsbedürfnis** *n* besoin *m* de se faire valoir; ♀**ungsbereich** *m (Anwendungsbereich)* champ *(od.* domaine) *m* d'application; → ♀**ungsbezirk** *m*, ♀**ungsgebiet** *n*: *e-s Gesetzes* territoire *m* où une loi est en vigueur; ♀**ungsdauer** *f* durée *f* de validité; ♀**ungsdrang** *m* besoin *m* de se mettre en valeur; gloriole *f*.
Ge'lübde *n* vœu *m*; *ein* ~ *ablegen (od. tun)* faire un vœu.
ge'lungen I *p.p. v. gelingen;* **II** *adj.* réussi; *(vortrefflich)* fameux, -euse.
Ge'lüst *n* désir *m*; *(Verlangen)* envie *f*; convoitise *f*; *ein* ~ *nach etw. haben* avoir envie de qch.; *pfort* convoiter qch.; ♀**en** *v/imp. u. v/i.*: *es gelüstet mich nach etw.* j'ai envie de qch.; *pfort* je convoite qch.
Ge'mach *st.s.* *n* pièce *f*; salle *f* (d'un palais); *die Gemächer* les appartements *m/pl.*; *kleines* ~ cabinet *m*.
ge'mächlich I *adj.* tranquille; nonchalant; *ein* ~*es Leben führen* vivre dans l'aisance; **II** *adv.* tranquillement; tout doucement; ♀**keit** *f* commodité *f*; nonchalance *f*.
ge'macht *p.p. u. adj.* fait *(aus de); ein* ~*er Mann* un homme arrivé; ~! entendu!; d'accord!; c'est convenu!
Ge'mahl(in *f) m* époux *m*, épouse *f*; *Ihr Herr* ~ Monsieur ... *(Eigenname des Mannes); Ihre Frau* ~*in* Madame ... *(Eigenname des Mannes);* grüßen Sie *Ihre Frau* ~*in* mes hommages à Madame ... *(Eigenname des Mannes).*
ge'mahnen *st.s. v/t.*: *j-n an etw. (acc.)* ~ rappeler qch. à q.
Ge'mälde *n* tableau *m*; peinture *f*; ~**ausstellung** *f* exposition *f* de peintures; salon *m*; ~**galerie** *f* galerie *f* de peinture *(od.* de tableaux); ~**sammlung** *f* collection *f* de tableaux.
Ge'mansche F *n* F tripotage *m*.
Ge'markung *f* limites *f/pl.*; bornes *f/pl.*; *(Gemeindeflur)* territoire *m* communal.
ge'masert *adj.* veiné; marbré.
ge'mäß I *adj. u. prp. (dat.)* conforme (à); **II** *adv.* conformément (à); suivant; selon; d'après; ♀**heit** *f* conformité *f*; ~**igt** *adj.* modéré; *Klima:* tempéré.
Ge'mäuer *n* murailles *f/pl.*; *altes* ~ masure *f*.
Ge'mecker *n fig.* F rouspétance *f*; F râlements *m/pl.*
ge'mein *adj.* commun; *(öffentlich)* public, -ique; *(gewöhnlich)* ordinaire; vulgaire; *(niedrig)* bas, basse; vil; vilain; sordide; dégoûtant; *bsd. vom Lehrer:* rossard *(zu j-m* avec q.); *(rüpelhaft)* grossier, -ière; *(schänd-*

Gemeinde — Gemütsleben

lich ignoble; infâme; (*unverschämt*) impudent; ~ werden tomber dans le vulgaire; *mit j-m nichts* ~ *haben* n'avoir rien de commun avec q.; *der* ~*e Mann* l'homme *m* du peuple (*od. du commun*); *das* ~*e Volk* le bas peuple; le vulgaire; ~*er Soldat* simple soldat *m*; ⚔ ~*er Bruch* fraction *f* ordinaire.

Ge¹meinde *f* commune *f*; (*Stadt*2) municipalité *f*; (*Pfarr*2) paroisse *f*; *zur* ~ *gehörig* communal, (*Stadt*2) municipal; (*Zuhörer*2) auditoire *m*; ~**abgaben** *f/pl.* impôts *m/pl.* communaux; ~**angelegenheit** *f* affaire *f* communale (*resp.* municipale); ~**ausschuß** *m* comité *m* communal (*resp.* municipal); ~**beamte(r)** *m* fonctionnaire *m* communal (*resp.* municipal); ~**bezirk** *m* circonscription *f* municipale; ~**gottesdienst** *m* culte *m* paroissial; ~**haus** *n* maison *f* commune; mairie *f*; *rl.* maison *f* paroissiale; ~**haushalt** *m* budget *m* de la commune (*resp.* de la municipalité); ~**kasse** *f* caisse *f* communale (*resp.* municipale); ~**kirchenrat** *m* (*Person*) fabricien *m*; *coll.* (conseil *m* de) fabrique *f*; ~**ländereien** *f/pl.* terrains *m/pl.* communaux; ~**mitglied** *n* membre *m* d'une commune; *rl.* paroissien *m*, -enne *f*; ~**ordnung** *f* organisation *f* communale (*resp.* municipale); ~**rat** *m* (*Person*) conseiller *m* municipal; *coll.* conseil *m* municipal; *rl.* conseil *m* de paroisse; ~**schule** *f* école *f* communale (*resp.* municipale); ~**steuern** *f/pl.* impôts *m/pl.* communaux; ~**verband** *m* association *f* intercommunale; ~**vertreter** *m* *weltlich*: délégué *m* communal (*resp.* municipal); *kirchlich*: délégué *m* de la paroisse; ~**vertretung** *f* *weltlich*: délégués *m/pl.* communaux (*resp.* municipaux); *kirchlich*: délégués *m/pl.* de la paroisse; ~**verwaltung** *f* administration *f* communale (*resp.* municipale); ~**vorsteher** *m* maire *m*; ~**wahlen** *f/pl.* (élections *f/pl.*) municipales *f/pl.*; ~**weg** *m* chemin *m* vicinal.

Ge¹meine(s) *n* commun *m*; vulgaire *m*.

ge¹mein|faßlich *adj.* à la portée de tous; populaire; ~**gefährlich** *adj.* qui constitue un danger public; 2**gläubiger** ✝ *m* créancier *m* non privilégié d'un failli; ~**gültig** *adj.* généralement valable; 2**gut** *n* bien *m* commun; domaine *m* public; *fig. zum* ~ *werden* être vulgarisé; ~**heit** *f* bassesse *f*; fripouillerie *f*; F coup *m* fourré; sale coup *m*; méchanceté *f*; rosserie *f*; vulgarité *f*; infamie *f*; ~**hin** *adv.* communément; ordinairement; 2**kosten** *pl.* frais *m/pl.* généraux; 2**nutz** *m* intérêt *m* commun (*od.* général *od.* public); ~ *geht vor Eigennutz* l'intérêt particulier doit céder à l'intérêt général; ~**nützig** *adj.* d'intérêt commun (*od.* général *od.* public); d'utilité publique; but lucratif; à but non-lucratif; ~*e Gesellschaft* société *f* d'utilité publique; ~**nützigkeit** *f* utilité *f* publique; 2**platz** *m* lieu *m* commun; (*Plattheit*) banalité *f*; truisme *m*; platitude *f*; ~**rechtlich** *adj.* de droit commun; ~**sam I** *adj.* commun; collectif, -ive; ~*e Sache machen* faire cause commune (*mit avec*); *der* 2*e Markt* le Marché commun; ~*er Flug* (*Raumfahrt*) vol *m* commun (*od.* conjoint); ~*er Haushalt* logement *m* en commun; ~*es Konto* compte *m* conjoint; ~*e Kasse* caisse *f* commune; ~*e Kasse führen* faire caisse (*od.* bourse) commune; ⚔ ~*er Nenner* dénominateur *m* commun; **II** *adv.* en commun; ensemble; ~ *haften* être solidairement responsable; 2**samkeit** *f* communauté *f*; ~**schädlich** *adj.* préjudiciable à l'intérêt général.

Ge¹meinschaft *f* communauté *f*; (*Körperschaft*) collectivité *f*; *eheliche* ~ communauté *f* conjugale; *häusliche* ~ *vie f* commune; *Atlantische* ~ Communauté *f* atlantique; *in* ~ *mit j-m* en commun avec q.; ~ *der Gläubigen* communion *f* des fidèles; *sich aus der* ~ *ausschließen* se désadapter; 2**lich I** *adj.* commun; *auf* ~*e Kosten* à frais communs; ~*e Sache mit j-m machen* faire cause commune avec q.; ~*es Konto* compte *m* conjoint; ~*e Kasse* caisse *f* commune; ~*e Kasse führen* faire caisse (*od.* bourse) commune; **II** *adv.* en commun; ensemble; conjointement; concurremment; (*im Einverständnis*) de concert; ~ *haften* être solidairement responsable; ~**lichkeit** *f* communauté *f*.

Ge¹meinschafts|antenne *f* antenne *f* collective; ~**arbeit** *f* œuvre *f* commune; ~**betrieb** *m* entreprise *f* collective; ~**empfang** *m* réception *f* collective; ~**erziehung** *f* coéducation *f*; ~**gefühl** *n* sentiment *m* de la communauté; *péd.* sociabilité *f*; (*Solidaritätsgefühl*) sentiment *m* de solidarité; ~**geist** *m* solidarité *f*; esprit *m* communautaire; ~**konto** *n* compte *m* conjoint; ~**küche** *f* cuisine *f* collective; cantine *f*; ~**kunde** *écol.* *f* instruction *f* civique; ~**leben** *n* vie *f* en commun (*od.* en société); ~**produktion** *f* coproduction *f*; ~**raum** *m* salle *f* commune; ~**rundfunkanlage** *f* installation *f* d'une radio collective; ~**schau** *f* exposition *f* collective; ~**schule** *f* école *f* interconfessionnelle; ~**sendung** *f* émission *f* collective; ~**sinn** *m* esprit *m* civique; ~**verpflegung** *f* nourriture *f* de cantine; ~**werk** *n* œuvre *f* commune.

Ge¹mein|schuld ✝ *f* masse *f* (de faillite); ~**schuldner** ✝ *m* failli *m*; ~**sinn** *m* (*Bürgersinn*) civisme *m*; esprit *m* civique; (*soziales Empfinden*) sens *m* social; 2**verständlich** *adj.* à la portée de tous; ~ *machen* vulgariser; ~**wesen** *n* communauté *f*; ~**wohl** *n* bien (*od.* intérêt) *m* commun; salut *m* public.

Ge¹menge *a.* ⚒ *n* mélange *m*; (*Gewühl*) pêle-mêle *m*; ~**sel** *n* mélange *m*.

ge¹messen *adj.* mesuré; compassé; (*ernst*) grave; ~ *schreiten* marcher d'un pas mesuré; ~ *an* (*dat.*) comparé à (*bei genauem Vergleich*: avec); 2**heit** *f* mesure *f*; (*Ernst*) gravité *f*.

Ge¹metzel *n* carnage *m*; massacre *m*; tuerie *f*; F boucherie *f*.

Ge¹misch *n* mélange *m*; ⚗ *u. métall.* alliage *m*; *péj.* mixture *f*.

ge¹mischt *adj.* mêlé; mélangé; mixte; *Eis*: panaché; ~*e Klasse* classe *f* mixte; ~*e Kommission* commission *f* mixte; ~*e Gesellschaft* société *f* mêlée; ⚔ ~*er Bruch* nombre *m* fractionnaire; *mit* ~*en Gefühlen* avec des sentiments mêlés; ~*es Gemüse* macédoine *f* de légumes; ⚒**bauweise** *f* construction *f* mixte; 2**kultur** ✓ *f* multiculture *f*; polyculture *f*; 2**warenhandlung** *f* épicerie *f*.

¹**Gemme** *f* pierre *f* précieuse gravée; *erhabene*: camée *m*; *vertiefte*: intaille *f*.

¹**Gems|bock** *zo.* *m* chamois *m* mâle; ~*e f* chamois *m*; *in den Pyrenäen*: isard *m*; 2**farben** *adj.* chamois; ~**jagd** *f* chasse *f* au chamois; ~**jäger** *m* chasseur *m* de chamois; ~**leder** *n* (peau *f* de) chamois *m*.

Ge¹munkel *n* bruit *m* qui court; rumeur *f*.

ge¹münzt *adj.* monnayé; *fig. das ist auf mich* ~ c'est à moi que cela s'adresse; c'est une pierre dans mon jardin.

Ge¹murmel *n* murmure(s *pl.*) *m*.

Ge¹müse *n* légume(s *pl.*) *m*; *erstes* ~ primeurs *f/pl.*; *frisches* ~ *m/pl.* frais; *gemischtes* ~ macédoine *f* de légumes; ~**arten** *f/pl.* légumes *m/pl.*; ~**bau** *m* culture *f* maraîchère (*od.* des légumes); ~**beet** *n* carré *m* de légumes; ~**eintopf** *cuis.* *m* potée *f*; ~**garten** *m* jardin *m* potager (*od.* maraîcher); ~**gärtner** *m* maraîcher *m*; ~**händler(in *f*)** *m* marchand *m* de légumes; *auf der Straße*: marchand *m*, -*e f* des quatre-saisons; ~**konserven** *f/pl.* conserves *f/pl.* de légumes; ~**markt** *m* marché *m* aux légumes; ~**produktion** *f* production *f* légumière (*od.* de légumes); ~**salat** *m* macédoine *f* de légumes; ~**schale** *f* (*im Kühlschrank*) bac *m* à légumes; ~**schüssel** *f* légumier *m*; ~**suppe** *cuis.* *f* potage *m* aux légumes; julienne *f*.

ge¹müßigt *adv.*: *sich* ~ *sehen, zu ...* (*inf.*) se voir obligé de ... (*inf.*).

ge¹mustert *adj.* façonné.

Ge¹müt *n* âme *f*; cœur *m*; *die* ~*er les esprits m/pl.*; *ein gutes* ~ *haben* avoir bon cœur; *j-m etw. zu* ~*e führen* faire sentir qch. à q.; représenter (vivement) qch. à q.; *sich etw. zu* ~*e führen* prendre qch. à cœur, F *schmausend*: savourer qch.; se régaler de qch.; 2**lich** *adj.* *Ort*: où l'on se sent à son aise; confortable; intime; *Raum, Atmosphäre*: douillet, -tte; *v. Personen*: agréable; (*liebevoll*) affectueux, -euse; (*gutmütig*) débonnaire; (*ruhig, behäbig*) tranquille; P pépère; *hier ist es* ~ il fait bon ici; *ein* ~*er Kerl* un bon garçon; *adv.* à la bonne franquette; douillettement; ~**lichkeit** *f* *e-s Ortes*: aises *f/pl.*; confort *m*; intimité *f*; ambiance *f* à la bonne franquette; cadre *m* intime; (*Annehmlichkeit*) agrément *m*; *v. Personen*: bonhomie *f*; *da hört aber die* ~ *auf!* c'est inouï!; ça n'a pas de nom!; *in Geldsachen hört die* ~ *auf* pas de sentiments en affaires; 2**los** *adj.* sans âme; sans cœur; insensible; froid.

ge¹müts|arm *adj.* de cœur sec; 2**art** *f* caractère *m*; tempérament *m*; naturel *m*; 2**bewegung** *f* émotion *f*; ~**krank** *adj.* (*schwermütig*) mélancolique; 2**krankheit** *f* (*Schwermütigkeit*) mélancolie *f*; dépression *f*; 2**leben** *n* vie *f* sentimentale; 2-

mensch *m* homme *m* de cœur; **~ruhe** *f* tranquillité *f* d'âme (*od.* de cœur); calme *m*; **~stimmung** *f*, **~verfassung** *f*, **~zustand** *m* état *m* d'âme; moral *m*.
ge'mütvoll *adj.* plein de cœur.
gen *prp.* (*acc.*) *poét.* vers.
Gen *biol. n* gène *m*.
ge'nau I *adj.* exact; (*bestimmt*) précis; (*kleinlich* ~) minutieux, -euse; (*peinlich* ~) scrupuleux, -euse; (*ausführlich* ~) détaillé; (*richtig, knapp*) juste; *im Ausgeben*: F regardant; (*knauserig*) parcimonieux, -euse; (*streng*) strict; ~*ere Einzelheiten* de plus amples détails; *bei ~erer Betrachtung* à y regarder de plus près; II *adv.* exactement; c'est vrai; (*bestimmt*) précisément; (*kleinlich* ~) minutieusement; (*peinlich* ~) scrupuleusement; (*ausführlich* ~) en détail; (*knauserig*) parcimonieusement; (*streng*) strictement; (*gerade*) justement; ~ *zwei Pfund* juste deux livres; *um zwei Uhr* ~ à deux heures juste (*od.* précises *od.* sonnantes *od.* exactement); précisément à deux heures; *m-e Uhr geht* ~ ma montre va juste (*od.* est à l'heure); ~ *passen* (*gehen*) aller juste; ~ *nehmen* prendre à la lettre; y regarder de près; *das darf man nicht so* ~ *nehmen* il ne faut pas y regarder de si près; *es mit etw. sehr* ~ *nehmen* être très à cheval sur qch.; ~ *wissen* savoir exactement (*od.* au juste); ~ *kennen* connaître à fond; ~ *angeben* préciser; ~ *erzählen* raconter en détail; faire un récit détaillé (de); *etw.* ~ *überlegen* bien réfléchir à qch.; *j-n* ~*er kennenlernen* faire plus ample connaissance avec q.; **~gehend** *adj.* *Uhr*: juste; **~genommen** *adv.* strictement parlant; **~igkeit** *f* exactitude *f*; précision *f*; justesse *f*; minutie *f*; méticulosité *f*; pointillisme *m*; *e-r Übersetzung a.* fidélité *f*; **~igkeitsgrad** *m* degré *m* de précision; *so adv.*: ~ *gut wie du aussi bien que toi.*
'Gen|-austausch *biol. m* entrecroisement *m*; **~bank** *biol. f* banque *f* de gènes.
Gen'darm *m* gendarme *m*.
Gendarme'rie *f* gendarmerie *f*.
Genea|'loge *m* généalogiste *m*; **~'gie** *f* généalogie *f*; **~'logisch** *adj.* généalogique.
ge'nehm *adj.* agréable; (*passend*) qui convient; qui plaît; *j-m* ~ *sein* plaire (*od.* convenir) à q.; **~igen** *v/t.* agréer; accepter; (*zustimmen*) consentir (à); (*billigen*) approuver; (*erlauben*) permettre; autoriser; *Geld*: allouer; *Vertrag*: ratifier; F *sich e-n* (*Schnaps*) ~ se payer (*od.* s'offrir) un verre; **~igung** *f* autorisation *f*; approbation *f*; consentement *m*; *nach vorheriger* ~ sur autorisation préalable; **~igungs-antrag** *m* demande *f* d'autorisation; **~igungspflichtig** *adj.* soumis à une autorisation.
ge'neigt *adjt.* incliné; penché; *fig.* enclin (*zu* à); disposé (à); porté (à); (*wohlwollend*) bénévole; bienveillant (*j-m pour q.*); favorable (à); ~ *sein zu a.* incliner à; *j-m ein Ohr schenken* prêter l'oreille à q.; *ein* ~*es Ohr finden* être écouté favorablement; **~heit** *fig. f* bienveillance *f*; faveur *f*; disposition *f* (à).

Gene'ral ⚔ *m* général *m*; ~ *der Infanterie* général *m* d'infanterie; *kommandierender* ~ général *m* d'armée et commandant *m* en chef; **~agent** ✝ *m* agent *m* général; **~agentur** ✝ *f* agence *f* générale; **~amnestie** *f* amnistie *f* générale; **~arzt** ⚔ *m* médecin *m* général; **~baß** ♪ *m* basse *f* continue; **~bevollmächtigte(r)** *m* mandataire *m* général; fondé *m* de pouvoir ayant procuration générale; **~bilanz** ✝ *f* bilan *m* général; **~direktor** *m* directeur *m* général; **~'feldmarschall** ⚔ *m* feld-maréchal *m*; **~gouverneur** *m* gouverneur *m* général; **~intendant** *thé. m* directeur *m*.
generali'sieren I *v/t.* généraliser; II **~** *n* généralisation *f*.
Genera'lissimus ⚔ *m* généralissime *m*.
Generali'tät ⚔ *f* généraux *m/pl.*
Gene'ral|kommando ⚔ *n* état-major *m* de corps d'armée; **~konsul** *m* consul *m* général; **~konsulat** *n* consulat *m* général; **~leutnant** ⚔ *m* général *m* de division; *Bundeswehr*: général *m* de corps d'armée; **~major** ⚔ *m* général *m* de brigade; *Bundeswehr*: général *m* de division; **~marsch** *m* générale *f*; *den* ~ *blasen* battre la générale; **~musikdirektor** *m* chef *m* d'orchestre (d'un opéra); **~nenner** *arith. m* dénominateur *m* commun; *auf den* ~ *bringen* réduire au même dénominateur; **~oberst** ⚔ *m* général *m* de corps d'armée; **~police** (*Versicherung*) *f* police *f* générale; **~probe** *thé. f* répétition *f* générale; **~quittung** *f* quittance *f* globale; **~sekretär** *m* secrétaire *m* général; **~srang** *m* grade *m* de général; **~staats-anwalt** *m* procureur *m* général; **~stab** ⚔ *m* état-major *m* général; **~stabs-chef** *m* chef *m* de l'état--major général; **~stabskarte** *f* carte *f* d'état-major; **~stabs-offizier** *m* officier *m* d'état-major; **~stände** *hist. m/pl.* états *m/pl.* généraux; **~streik** *m* grève *f* générale; **~super-intendent** *rl. prot. m* intendant *m* général; **~überholung** *f* révision *f* générale; **~untersuchung** ⚕ *f* check-up *m*; bilan *m* complet de l'organisme; **~versammlung** *f* assemblée *f* générale; **~vertreter** *m* agent *m* général; **~vollmacht** *f* mandat *m* général; procuration *f* générale.
Generati'on *f* génération *f*; (*Bautyp*) version *f*; famille *f*; génération *f*; **~skonflikt** *m* conflit *m* des générations.
Gene'rator *m* génératrice *f*; générateur *m*; (*Wechselstrom***) alternateur *m*.
gene'rell *adj.* général; *adv.* généralement; en général.
ge'nerisch *adj.* générique.
ge'nesen *v/i.* guérir (*von e-r Krankheit* d'une maladie); (*sich erholen*) se rétablir; **~de(r** *a. m*) *m, f* convalescent *m*, -e *f*.
'Genesis *f* genèse *f*.
Ge'nesung *f* guérison *f*; rétablissement *m*; convalescence *f*; *auf dem Wege der* ~ en voie de convalescence; **~sheim** *n* maison *f* de convalescents; **~s-urlaub** *m* congé *m* de convalescence *f*; F ⚔ convalo *m*.
Ge'netik *f* génétique *f*.

ge'netisch *adj.* génétique.
Genf *n* Genève *f*; **'~er(in** *f*) *m* Genevois *m*, -e *f*; *der Genfer See* le lac Léman (*od.* de Genève).
geni'al I *adj.* génial; de génie; II *adv.* d'une manière géniale.
Geniali'tät *f* génie *m*.
Ge'nick *n* nuque *f*; (*Hals*) cou *m*; *sich das* ~ *brechen* se casser le cou (*a. fig.*); **~schlag** *m Boxen*: coup *m* à la nuque; **~schuß** *m* balle *f* dans la nuque; **~starre** ⚕ *f* méningite *f* cérébro--spinale.
Ge'nie *n* génie *m*; (*Person*) (homme *m* de) génie *m*; *verkanntes* ~ génie *m* méconnu; *verbummeltes* ~ raté *m*.
ge'nieren *v/r/f.: sich* ~, *etw. zu tun* ne pas oser faire qch.; avoir 'honte de faire qch.; *sich vor j-m* ~ se sentir gêné devant q.; *sich* ~ (*sich Zwang auferlegen*) être, se sentir gêné.
ge'nieß|bar *adj.* consommable; comestible; mangeable; (*trinkbar*) potable; buvable; *fig.* supportable; **~barkeit** *f* (*Eßbarkeit*) comestibilité *f*; (*Trinkbarkeit*) potabilité *f*; **~en** *v/t.* manger; manger et boire; *mit Behagen*: goûter, savourer; *fig.* jouir de; *Erziehung*: recevoir; *nicht zu* ~ immangeable, *Getränk*: imbuvable, *fig.* insupportable; *diplomatische Immunität* ~ jouir (*od.* bénéficier) de l'immunité diplomatique; être couvert par l'immunité diplomatique; **~er(in** *f*) *m* jouisseur *m*, -euse *f*.
Geni'talien *anat. pl.* parties *f/pl.* génitales; organes *m/pl.* génitaux.
'Genius *m* génie *m*.
ge'normt *adj.* standardisé.
Ge'noss|e *m*, **~in** *f* compagnon *m*, compagne *f*; *pol. in der Anrede*: camarade *m, f*; (*Partei***) membre *m* du parti; ⚖ *Genossen pl.* consorts *m/pl.*
Ge'nossenschaft *f* coopérative *f*; **~(l)er** *m* coopérateur *m*; **~lich** *adj.* coopératif, -ive; **~sbank** *f* banque *f* coopérative; **~sbauer** *m* paysan *m* coopérateur; **~sbewegung** *f* mouvement *m* coopératif; **~sregister** *n* registre *m* des coopératives; **~sverband** *m* union *f* (*od.* fédération *f*) des coopératives; **~swesen** *n* coopérati(vi)sme *m*.
'Genotyp *biol. m* génotype *m*.
'Genre *n* genre *m*; **~bild** *n* tableau *m* de genre; **~maler** *m* peintre *m* de genre; **~male'rei** *f* peinture *f* de genre.
Gent *n* Gand *m*.
Genu'es|er(in *f*) *m* Génois *m*, -e *f*; **~isch** *adj.* génois.
ge'nug *adv.* assez; suffisamment; ~ *Geld* assez d'argent; ~ *der Worte!* assez causé!; trêve de paroles!; ~ *Scherze!* trêve de plaisanteries!; ~ *davon!* en voilà assez!; cela suffit!; ~*!* assez!; cela suffit!; *mehr als* ~ plus qu'il n'en faut; tant et plus; ~ *sein* suffire; *es ist* ~ *für uns da* il y en a assez pour nous; *das Beste ist gerade gut* ~ le meilleur n'est pas de trop; ~ *haben* avoir assez (*von de*); *ich habe an e-m Buch* ~ j'ai assez d'un livre; un livre me suffit; je me contente d'un livre; *zum Leben haben* avoir de quoi vivre; *er ist Manns* ~, *zu ...* (*inf.*) il est homme à ... (*inf.*); *wir sind* ~ nous sommes assez nombreux, -euses;

nicht ~, daß er ihn tröstete, er half ihm auch non content de le consoler, il l'aida aussi; il ne le consola pas seulement, mais l'aida aussi.
Ge'nüg|e f: zur ~ suffisamment; assez; en suffisance; e-r Sache (dat.) ~ tun (od. leisten) satisfaire à qch.; j-m ~ tun satisfaire (od. contenter) q.; ²**en** v/i. suffire; j-m ~ satisfaire (od. contenter) q.; e-r Sache (dat.) ~ satisfaire à qch.; um der Nachfrage zu ~ pour faire face à la demande; ²**end** adj. suffisant; (befriedigend) satisfaisant; ²**sam** adj. peu exigeant; content de peu; facile à satisfaire; (nur v. einfachen Speisen lebend) frugal; (gemäßigt in s-n Ansprüchen) modéré dans ses besoins; ~ sein a. se contenter de peu; ~**samkeit** f modération f (Einfachheit im Essen) frugalité f; s-e ~ a. son peu d'exigences.
ge'nug|tun v/i.: j-m ~ satisfaire q.; sich nicht ~ können ne pas pouvoir se lasser (de); ²**tu-ung** f satisfaction f; für e-e Kränkung: a. réparation f; ~ fordern demander satisfaction od. réparation od. raison (von j-m für etw. à q. de qch.); j-m ~ geben donner satisfaction (od. rendre raison) à q.; faire réparation à q.; sich ~ für ~ e Beleidigung verschaffen se faire rendre raison d'une injure; zu s-r ~ à sa satisfaction.
'**Genus** gr. n genre m.
Ge'nuß m jouissance f (a. 🕊); (a. inneres Vergnügen) plaisir m; (Verzehr) consommation f; hoher ~ délice m (im pl. f); weltliche Genüsse mondanités f/pl.; 🕊 (Nutznießung) usufruit m; in den ~ e-r Sache (gén.) kommen entrer en jouissance de qch.; im ~ e-r Sache (gén.) sein jouir de qch.; sich dem ~ hingeben s'adonner à la jouissance; ~**mensch** m homme m de plaisirs; jouisseur m; ~**mittel** n denrée f de luxe; ~**recht** n droit m de jouissance; ²**reich** adj. plein de jouissance; délicieux, -euse; ~**schein** ✝ m action f de jouissance; ~**sucht** f avidité f de jouissances (od. de plaisirs); ²**süchtig** adj. adonné aux plaisirs; avide de jouissances.
Geodä'sie (Erdvermessung) f géodésie f.
Geo'dät (Landvermesser) m arpenteur-géomètre m.
geo'dätisch adj. géodésique.
Geo'graph m géographe m.
Geogra'phie f géographie f.
geo'graphisch adj. géographique.
Geo'loge m géologue m.
Geolo'gie f géologie f.
geo'logisch adj. géologique.
Geo'meter m géomètre m.
Geome'trie f géométrie f.
geo'metrisch adj. géométrique.
Geo|phy'sik f géophysique f; ²**physi'kalisch** adj. géophysique.
'**Geo|politik** f géopolitique f; ²**politisch** adj. géopolitique.
ge'ordnet adj. ordonné; (diszipliniert) discipliné; in ~en Verhältnissen leben mener une vie réglée; alphabetisch (chronologisch) ~ classé par ordre alphabétique (chronologique); → ordnen.
Ge'org m Georges m.
geo'zentrisch adj. géocentrique.
Ge'päck n bagages m/pl.; ⚔ paquetage m; sein ~ aufgeben faire enregistrer ses bagages; mettre ses bagages à la consigne; ~**abfertigung** f enregistrement m des bagages; ~**anhänger** (Auto) m bagagère f; ~**annahme** (-stelle) f (guichet m d')enregistrement m des bagages; ~**aufbewahrung**(sstelle) f consigne f; sein Gepäck in die ~ geben mettre ses bagages à la consigne; sein Gepäck von der ~ holen retirer ses bagages de la consigne; ~**aufbewahrungsschein** m bulletin m de consigne; ~**ausgabe** f, ~**auslieferung** f remise f des bagages; ~**befestiger** m: elastischer ~ (am Autogepäckdach) tendeur m; ~**beschädigung** f avarie f de bagages; ~**halter** m am Fahrrad: porte-bagages m; ~**karren** m chariot m à bagages; ~**netz** n filet m à bagages; ~**raum** 🚗 m compartiment m à bagages; ~**revision** f visite f des bagages; ~**schaden** m dommage m causé aux bagages; ~**schalter** m guichet m des bagages; ~**schein** m bulletin m d'enregistrement; ~**stück** n colis m; ~**träger** m am Bahnhof: porteur m; am Fahrrad: porte-bagages m; ~**übergewicht** n excédent m de bagages; ~**untersuchung** f visite f de bagages; ~**versicherung** f assurance f bagages; ~**wagen** m fourgon m.
ge'panzert adj. blindé; cuirassé.
'**Gepard** zo. m guépard m.
ge'pfeffert adj. poivré (a. fig.).
Ge'pfeife f sifflements m/pl.
ge'pflegt adj. soigné.
Ge'pflogenheit f coutume f.
ge'plagt adj. tourmenté; tracassé; (belästigt) importuné; (bedrängt) pressé (von de).
Ge'plänkel ⚔ n escarmouche f.
Ge'plapper n babil m; jacasserie f.
Ge'plärre n piaillerie f; criaillerie f.
Ge'plätscher n murmure m; ⚓ clapotis m; clapotage m.
Ge'plauder n causerie f.
ge'polstert adj. rembourré; capitonné; matelassé.
Ge'polter n tapage m; vacarme m; fracas m.
Ge'präge n empreinte f; (Stempel) auf Münzen: coin m; fig. empreinte f; caractère m; cachet m; physionomie f.
Ge'pränge n pompe f; faste m.
Ge'prassel n pétillement m; des Feuers: crépitement m; (Krachen) craquement m.
Ge'prelle(r a. m) m, f dupe f.
ge'prüft adj. staatlich: diplômé; fig. (leid.) éprouvé.
Ge'quake n coassement m; v. Transistoren: nasillements m/pl.
Ge'quassel n, **Ge'quatsche** n F radotage m; P salades f/pl.
Ger hist. m (Wurfspieß) javelot m.
ge'rade I adj. droit; (ohne Umweg) direct; Zahlen: pair; Charakter, Wesen: franc, franche; droit; (aufrichtig) sincère; (bieder) loyal; in ~m Widerspruch diamétralement opposé; das ~ Gegenteil; ~ das Gegenteil tout (od. juste) le contraire; ~ entgegengesetzt (od. juste) l'opposé; fünf ~ sein lassen ne pas y regarder de si près; **II** adv. justement; précisément; exactement (soeben) tout à l'heure; ~ ein Jahr juste un an; es ist ~ drei Uhr il est trois heures juste (od. précises); ~ in dem Augenblick, als ... précisément au moment où ...; das fehlte ~ noch il ne manquerait plus que cela; das geschieht dir ~ recht tu as ce que tu mérites; das ist mir ~ recht je ne demande pas mieux; das ist ~ umgekehrt c'est tout (od. juste) le contraire; ~ auf sein Ziel lossteuern aller directement à son but; nun ~! maintenant plus que jamais!; ~ etw. getan haben venir de faire qch.; ~ dabei sein, etw. zu tun être justement en train (od. sur le point) de faire qch.; ~ recht kommen venir à point; j-m ~ recht sein faire l'affaire de q.; wie es ~ kommt au petit bonheur; ~ als ob (od. wenn) tout comme si; ~ gegenüber juste en face; **III** ²f ⚽ droite f; Sport: in die ~ einbiegen s'engager dans la ligne droite.
gerade'aus adv. tout droit; ²**empfänger** m Radio: récepteur m à amplification directe; ²**verkehr** m courant m direct.
ge'rade|biegen v/t. redresser; détordre; fig. arranger; ~**halten** v/t. (v/rf.: sich se) tenir droit; ²**halter** m corset m orthopédique.
gerade-her'aus adv. franchement; carrément; rondement; à brûle-pourpoint; (ohne Umschweife) sans détour; sans ambages; sans phrases; en termes brutaux; sagen wir es ~! a. tranchons le mot!
ge'rademachen v/t. redresser.
Ge'rade(r) m Boxen: rechter (linker) ~r direct m du droit (du gauche).
ge'raderichten v/t. redresser.
ge'rädert adj.: wie ~ sein être courbatu (od. moulu od. fourbu).
ge'rade|sitzen v/i. se tenir droit; ~**so** adv. exactement la même chose; ~ viel tout autant; ~ wie aussi bien que; er kommt mir ~ vor wie ... il me fait l'effet de ...; ~**stehen** v/i. se tenir droit; fig. für etw. ~ répondre de qch.
ge'radewegs adv. tout droit; directement.
gerade'zu I F adj.: er ist ~ il est spontané (od. sans détour od. F nature); **II** adv. tout droit; directement; (geradeheraus) franchement; carrément; rondement; es ist ~ erstaunlich c'est vraiment surprenant.
Ge'rad|führung ⊕ f glissière f; ~**heit** f e-r Linie usw.: rectitude f; fig. droiture f; franchise f; (Aufrichtigkeit) sincérité f; (Biederkeit) loyauté f; ²**linig** adj. en ligne droite; ⚡ rectiligne; ~er Charakter caractère m droit; ²**sinnig** adj. droit; franc, franche; (aufrichtig) sincère.
ge'rammelt F adv.: ~ voll bondé; comble; plein à craquer.
Ge'rangel n: politisches ~ F politicaillerie f; tiraillements m/pl.
Ge'ran|je f, ~**ium** n ⚘ géranium m.
Ge'rassel n bruit m de ferraille; v. Ketten, Waffen: cliquetis m; v. Wagen: roulement m.
Ge'rät n ustensile m; (Werkzeug) outil m; outillage m; (Apparat) appareil m; (Turngerät) agrès m/pl.; appareil m de gymnastique; Radio: poste m; a. ⚡ appareil m; ~**kammer** f débarras m.
ge'raten I v/i.: ~ nach arriver (od.

parvenir) à; *gut (schlecht)* ~ réussir *(od.* tourner) bien (mal); ~ *in (acc.)* tomber dans; *in j-s Hände* ~ tomber entre les mains de q.; *an j-n* ~ tomber sur q.; *an den Bettelstab* ~ être réduit à la mendicité; *auf e-n Weg* ~ s'engager dans un chemin; *an e-e falsche Adresse* ~ ne pas parvenir à son adresse; *auf e-n Abweg (od.* falschen *Weg)* ~ se fourvoyer; se tromper de chemin; *Auto: auf die linke Fahrbahn* ~ se déporter sur la gauche; ⚓ *auf Grund* ~ toucher le fond; *außer sich* ~ sortir de ses gonds; *vor Freude außer sich* ~ ne pas se sentir de joie; *in Angst* ~ prendre peur; *in Armut* ~ tomber dans la pauvreté; *in Bestürzung* ~ être consterné; *in Brand* ~ prendre feu; *in e-e Falle* ~ tomber dans un piège; *in Gefahr* ~ se trouver pris dans un danger; *in die Gefahr* ~, *zu ... (inf.)* courir le risque de ... *(inf.);* in *Gefangenschaft* ~ être fait prisonnier; *in Konkurs* ~ faire faillite; *in Not* ~ tomber dans la misère; *in Schulden* ~ s'endetter; *in Schweiß* ~ se mettre à transpirer, suer; *ins Stocken* ~ s'arrêter; *in Streit* ~ se prendre de querelle; *in Verfall* ~ tomber en décadence; tomber en ruines; se délabrer; *in Vergessenheit* ~ tomber dans l'oubli; *in Verlegenheit* ~ se trouver embarrassé; *in Verlust* ~ se perdre; *in Verwirrung* ~ se déconcerter; *ins Wanken* ~ être ébranlé; F *sich in die Haare* ~ se prendre de querelle *(mit avec); in Wut* ~ entrer *(od.* se mettre) en fureur; *in Zahlungsschwierigkeiten* ~ éprouver des difficultés de paiement; *in Zorn* ~ se mettre en colère; *unter j-s Einfluß* ~ tomber sous l'influence de q.; *j-m unter die Finger* ~ tomber sous la main de q.; *Auto: unter e-n LKW* ~ s'encastrer sous un camion; **II** *adj. (ratsam)* utile; à propos; prudent; *gut* ~*e* Kinder *des enfants m/pl.* qui tournent bien; *das* 2ste *wäre ...* le mieux serait ...

Ge'räte|stecker *m* fiche *f* femelle (pour appareils électriques); ~**turnen** *n* gymnastique *f* aux agrès; ~**übung** *f* exercice *m* aux agrès; ~**wagen** *m* voiture *f* d'outillage.

Gerate'wohl *n:* aufs ~ au 'hasard; à tout 'hasard; au petit bonheur; à l'aventure.

Ge'rätschaften ✍ *f/pl.* outillage *m.*
ge'raum *adj.:* ~e Zeit longtemps; un certain temps; *seit* ~*er* Zeit depuis longtemps.

ge'räumig *adj.* spacieux, -euse; vaste; grand; 2keit *f* ample espace *m;* dimensions *f/pl.* spacieuses; *e-s* Autos: intérieur *m* spacieux.

Ge'raune *n* chuchotement(s *pl.) m.*
Ge'räusch *n* bruit *m;* 2dämpfend *adj.* antibruit(s); ~emacher *rad. etc. m* bruiteur *m;* ~erzeugung *rad. etc.* bruitage *m;* ~ingenieur *m* bruiteur *m;* ~kulisse *f* fond *m* sonore; 2los *adj.* sans bruit *(a. adv.);* silencieux, -euse; ~losigkeit *f* absence *f* de bruit; silence *m;* ~pegel *m* niveau *m* des bruits; 2voll *adj.* bruyant; plein de bruit; *pfort* tumultueux, -euse.

'**gerb|en** *v/t.* tanner; *sämisch* ~ chamoiser; *weiß* ~ mégisser; *mégir; fig. j-m das Fell* ~ P tanner la peau à q.; donner une raclée à q.; ~**en** *n* tannage *m;* (*Sämisch*2) chamoisage *m;* ~**er** *m* tanneur *m;* (*Sämisch*2) chamoiseur *m;* (*Weiß*2) mégissier *m.*

Gerbe'rei *f* tannerie *f;* (*Sämisch*2) chamoiserie *f;* (*Weiß*2) mégisserie *f.*
'**Gerb|erlohe** *f* tan *m;* ~**stoff** *m* tan(n)in *m.*

ge'recht *adj.* juste; équitable; *die* ~e Sache la bonne cause; *die* ~e Strafe la juste punition; *j-m* ~ *werden* rendre justice à q.; *e-r Sache (dat.)* ~ *werden* tenir compte de qch., (*ihr* demander) satisfaire à qch.; *in allen Sätteln* ~ sein (*sich überall auskennen*) être habile en tout; se prêter à tout; *~er Himmel!:* juste ciel!; 2e(r) *m* juste *m; den Schlaf des* ~*n schlafen* dormir du sommeil du juste; ~**fertigt** *adj.* justifié; 2igkeit *f* justice *f;* ~ *fordern* demander *(od.* réclamer) justice; ~ *üben* pratiquer la justice; ~ *walten lassen* être juste; *j-m* ~ *widerfahren lassen* rendre justice à q.; *der* ~ *freien Lauf lassen* laisser libre cours à la justice; *ausgleichende* ~ justice *f* commutative; 2igkeitsgefühl *n* sentiment *m* de la justice; 2igkeitsliebe *f* amour *m* de la justice; 2igkeits-sinn *m* sens *m* de la justice; 2same *f* droit *m;* (Vorrecht) privilège *m.*

Ge'rede *n (Geschwätz)* bavardage *m;* verbiage *m;* F potins *m/pl.;* ragots *m/pl.;* F bla-bla-bla *m;* racontars *m/pl.;* (*Gerücht*) bruit *m;* sich ins ~ *bringen* faire parler de soi.

ge'regelt *adj.* réglé; régulier, -ière.
ge'reichen *v/i.: zu etw.* ~ contribuer à qch.; causer qch.; *möge dies zu deinem Erfolg* ~*!* que cela contribue à ton succès!; *j-m zum Nutzen* ~ tourner à l'avantage de q.; *j-m zur Ehre* ~ faire honneur à q.; *j-m zur Schande* ~ faire 'honte à q.; *j-m zum Verderben* ~ causer la perte de q.

ge'reizt *adj.* irrité; 2heit *f* irritation *f.*
Ge'renne *n* courses *f/pl.* continuelles; va-et-vient *m* affairé.

Ge'richt[1] *n (Speise)* mets *m;* plat *m.*
Ge'richt[2] *n* tribunal *m;* cour *f; vor* ~ en justice; *von* ~ *s wegen* par ordre du tribunal; ~ *halten* siéger, *(Recht sprechen)* rendre la justice; *beim* ~ *verklagen* poursuivre *(od.* mettre) en justice; *vor* ~ *fordern (od. laden)* citer en justice; *vor* ~ *erscheinen* comparaître; *vor* ~ *stehen* être jugé; *j-n vor* ~ *ziehen (od. stellen od. bringen)* traduire *(od.* déférer) q. en justice; *sich dem* ~ *stellen* se présenter en justice; *über j-n* ~ *sitzen* juger q.; *fig. mit j-m scharf ins* ~ *gehen* faire de vertes réprimandes à q.; *e-n Streitfall vor ein* ~ *bringen* porter un différend devant un tribunal; soumettre un différend à un tribunal; *jüngstes* ~ Jugement *m* dernier; 2lich *adj.* judiciaire; ~e Verfolgung poursuite *f* judiciaire; ~es Verfahren procédure *f;* ein ~es Verfahren einleiten instruire une procédure; ~e Versteigerung licitation *f* judiciaire; ~er Nachweis preuve *f* en justice; ~e Hinterlegung consignation *f* en justice; ~es Testament testament *m* judiciaire; ~e Medizin médecine *f* légale; ~e Beglaubigung légalisation *f;* ~er Beschluß ordonnance *f* judiciaire; ~e Beilegung règlement *m* judiciaire; *j-n* ~ *belangen* poursuivre q. en justice;

vorgehen; ~e Schritte unternehmen agir *(od.* faire des démarches) en justice *(gegen* contre); ~ *geltend machen* faire valoir judiciairement.

Ge'richts|akten *f/pl.* dossier *m;* ~**arzt** *m* médecin *m* légiste; ~**barkeit** ⚖ *f* juridiction *f; der örtlichen* ~ *unterstellt sein* être soumis à la juridiction locale; ~**beamte(r)** *m* officier *m* de justice *(od.* judiciaire); fonctionnaire *m* de l'ordre judiciaire; magistrat *m;* ~**behörde** *f* autorité *f* judiciaire *(od.* juridictionnelle); ~**beisitzer** *m* assesseur *m;* ~**beschluß** *f* décision *f* judiciaire; ~**bezirk** *m* circonscription *f* judiciaire; juridiction *f;* ~**diener** *m* huissier *m* (audiencier); ~**ferien** *pl.* vacations *f/pl.;* ~**gebäude** *n* palais *m* de justice; ~**gebühren** *f/pl.* droits *m/pl.* de justice; ~**hof** *m* cour *f* de justice; tribunal *m;* ~**kanzlei** *f* greffe *m;* ~**kosten** *pl.* frais *m/pl.* de justice; dépens *m/pl.;* ~**medizin** *f* médecine *f* légale; ~**mediziner** *m* médecin *m* légiste; 2**medizinisch** *adj.* médico-légal; ~**ordnung** *f* règlements *m/pl.* judiciaires; ~**person** *f →* ~beamte(r); ~**referendar** *m in der Bundesrepublik:* stagiaire *m* de tribunal; *Fr.* auditeur *m* de justice; ~**saal** *m* salle *f* d'audience; prétoire *m;* ~**sachverständige(r)** *m* expert *m* judiciaire; ~**schranken** *f/pl.* barre *f;* ~**schreiber** *m* greffier *m;* ~**siegel** *n* sceau *m* du tribunal; ~**sitzung** *f einzelne:* séance *f;* audience *f;* (*Tagung*) session *f* de la cour; ~**stand** *m* tribunal *m* compétent; ~**tag** *m* jour *m* d'audience; ~**urteil** *n* jugement *m* du tribunal; ~**verfahren** *n* procédure *f; gegen j-n ein* ~ *einleiten* instruire une procédure contre q.; ~**verfassung** *f* organisation *f* judiciaire; ~**verhandlung** *f* débats *m/pl.* judiciaires; ~**vollzieher** *m* huissier *m;* ~**wesen** *n* justice *f;* tribunaux *m/pl.;* organisation *f (od.* système *m)* judiciaire.

ge'rieben F *adj. fig.* roué; madré; rusé; artificieux, -euse; retors.
Ge'riesel *n e-s Gewässers:* ruissellement *m; e-s Baches:* gazouillement *m;* (*Nieseln*) bruine *f;* (*v. Regen, Schnee, Sand*) léger bruit *m;* (*Gemurmel*) murmure *m.*
ge'riffelt *adj.* cannelé; *fein:* strié.

ge'ring *adj.* petit; (*unbedeutend*) peu considérable; peu important; de peu d'importance; insignifiant; minime; (*dürftig*) minime; mauvais; (*winzig*) minime; (*niedrig*) bas, basse; *von* ~*er* Herkunft de basse extraction; (*wenig*) peu (de); (*wertlos*) futile; (*beschränkt*) restreint; borné; (*ohne inneren* Wert) de peu de valeur; (*gemein*) commun; ordinaire; *um e-n* ~*en* Preis à bas prix; ~*e* Kenntnisse minces connaissances *f/pl.;* das ~ *Interesse* le peu d'intérêt; *in* ~*er* Entfernung von à peu de distance de; *mit* ~*en* Ausnahmen à peu d'exceptions près; *ich bin in nicht* ~*er* Verlegenheit je suis dans un grand embarras; ~*er als ...* moindre que ...; *inférieur à ...;* ~ *machen* diminuer; ~ *werden* diminuer; *nichts* 2*eres als ... (bei vb. ne...)* rien de moins que ...; *kein* 2*erer als ...* nul autre que ...; *(bei vb. mit* ne); *nicht das* 2ste *(bei vb. ne ...)* pas la moindre chose; *das* ⚡ste, *was er tun kann le moins qu'il puisse faire*; *nicht im* ⚡sten (*bei vb.* ne ...) pas du tout; (*bei vb.* ne ...) pas le moins du monde; *das ist m-e* ⚡ste *Sorge c'est le moindre* (*od.* le cadet) *de mes soucis*; *beim* ⚡sten *Geräusch* au moindre bruit; *nicht der* ⚡ste *Zweifel* (*bei vb.* ne ...) pas l'ombre d'un doute; *nicht die* ⚡ste *Ahnung von etw. haben* ne rien entendre à qch.; ne pas avoir la moindre idée (*od.* notion) de qch.; ⚡achten *v/t.* faire peu de cas (de); ⚡fügig *adj.* (*unbedeutend*) peu important; peu considérable; insignifiant; (*winzig*) minime; ⚡fügigkeit *f* insignifiance *f*; peu *m* d'importance; ⚡haltig *adj.* de faible teneur; ⚡schätzen *v/t.* estimer peu; dédaigner; faire peu de cas (de); (*verachten*) mépriser; ⚡schätzig **I** *adj.* dédaigneux, -euse; **II** *adv.* dédaigneusement; avec dédain; ⚡schätzung *f* dédain *m*; (*Verachtung*) mépris *m*; ⚡wertig *adj.* de peu de valeur; inférieur.

Ge'rinn|e *n* (*Rinnen*) écoulement *m*; (*Rinne*) canal *m*; égout *m*; rigole *f*; *e-r Schleuse*: conduit *m*; (*Mühl*⚡) auge *f*; ⚡en *v/i.* se cailler; *Milch*: se cailler; ~ *machen* coaguler, *Milch*: faire cailler; *geronnene Milch* lait *m* caillé; ⚡en *n* coagulation *f*; ⚡sel *n* (*Blut*⚡) caillot *m* de sang.

Ge'ripp|e *n anat.* squelette *m*; ⊕ carcasse *f*; squelette *m*; ossature *f*; △ charpente *f* (*a.* ♀ *Blattrippen*); ⚡t *adj. Stoff*: côtelé; ♀ à nervures.

ge'rissen F (*schlau*) *adj.* rusé; F roublard; madré; artificieux, -euse; retors; ⚡heit *f* ruse *f*; F roublardise *f*.

ge'ritzt F *p.p.*: *und damit ist die Sache* ⚡ et voilà, le tour est joué.

Germ *östr. f* levure *f*.

Ger'man|e *m*, ⚡in *f* Germain *m*, -e *f*; ⚡ien *n* la Germanie; ⚡isch *adj.* germanique.

germani'sier|en *v/t.* germaniser; ⚡ung *f* germanisation *f*.

Germa'nis|mus *m* germanisme *m*; ⚡t *m* germaniste *m*; germanisant *m*; ⚡tik *f* philologie *f* allemande; études *f/pl.* d'allemand (*od.* germaniques).

'gern(e) *adv.* volontiers; avec plaisir; *herzlich* ~ très (*od.* bien) volontiers; avec (le plus) grand plaisir; *ich möchte* ~ *wissen* je voudrais bien savoir; *das glaube ich* ~ je le crois aisément; je (le) crois bien; ~ *gesehen sein* être bien vu; ~ *sein an e-m Ort*: se plaire; ~ *haben*, ~ *mögen aimer*; *etw.* (*sehr*) ~ *tun aimer* (*pfort adorer*) *faire qch.*; *er sieht es* ~, *daß* ... il voit d'un bon œil que ...; ~ *geschehen!* (il n'y a) pas de quoi!; de rien!; *P er kann mich* ~ *haben* qu'il ne me fiche la paix!; il peut toujours courir!; ⚡groß *m* fanfaron *m*.

Ge'röll *n* éboulis *m*; galets *m/pl.*; ⚡halde *f* éboulis *m*; clapier *m*.

Gerontago'gie *péj. f* gérontocratie *f*.

Geronto'log|e *m* gérontologue *m*; ~'gie *f* gérontologie *f*.

'Gerste ♀ *f* orge *f*.

'Gersten|brot *n* pain *m* d'orge; ⚡feld *n* champ *m* d'orge; ⚡graupen *f/pl.* orge *m* mondé (*od.* perlé); ⚡grütze *f* gruau *m* d'orge; ⚡korn *n* grain *m* d'orge; ✱ orgelet *m*, compère-loriot *m*; ⚡malz *n* malt *m* d'orge; ⚡mehl *n* farine *f* d'orge; ⚡saft *m* (*Bier*) bière *f*; ⚡suppe *f* soupe *f* à l'orge; ⚡zucker *m* sucre *m* d'orge.

'Gerte *f* verge *f*; baguette *f*; badine *f*.

Ge'ruch *m* odeur *f*; (*Sinn*) odorat *m*; (*Spürsinn*) flair *m*; *schlechter* ~ mauvaise odeur *f*; relent *m*; *fig.* réputation *f*; *e-n feinen* ~ *haben* avoir le nez fin; avoir du nez; avoir bon nez; avoir du flair; *den* ~ *beseitigen* désodoriser (*an od. in etw. dat.* qch.); ⚡beseitigend *adj.* désodorisant; ⚡es *Mittel* désodorisant *m*; ⚡filter *m*, *n* filtre *m* contre les odeurs; ⚡los *adj.* sans odeur; inodore; (*ohne Geruchssinn*) privé de l'odorat; ~ *machen* désodoriser; ⚡losigkeit *f* absence *f* d'odeur; (*ohne Geruchssinn*) défaut *m* d'odorat; ⚡snerv *m* nerf *m* olfactif; ⚡ssinn *m* odorat *m*; sens *m* olfactif.

Ge'rücht *n* bruit *m*; ouï-dire *m* (*pl. inv.*); *ein* ~ *verbreiten* (*od. in Umlauf setzen*) répandre un bruit; faire courir un bruit; *das allgemeine* ~ *la rumeur publique*; *es geht* (*od. läuft*) *das* ... *le bruit court que* ...; *bloße* ⚡e *pl.* bruits *m/pl.* en l'air; ⚡emacher *m* alarmiste *m*.

ge'ruchtilgend *adj.* désodorisant; ⚡es *Mittel* désodorisant *m*.

ge'rüchtweise *adv.* d'après la rumeur publique; *ich habe es nur* ~ *gehört* je ne le sais que par ouï-dire.

ge'rufen *advt.*: *das kommt wie* ~ cela arrive à propos (F à pic *od.* à point nommé).

ge'ruhen *v/i.* daigner; vouloir bien.

ge'rührt *adj.* ému; touché.

ge'ruhsam *adj.* tranquille; calme.

Ge'rumpel *n e-s Wagens*: bruit *m* de cahots; roulement *m*.

Ge'rümpel *n* vieux meubles *m/pl.*; (*Plunder*) fatras *m*; friperie *f*; (*Eisenkram*) ferraille *f*.

Ge'rundium *gr. n* gérondif *m*.

Ge'rüst *n* (*Bau*⚡) échafaudage *m*; *fig.* charpente *f*; ossature *f*; ⚡bau *m* échafaudages *m/pl.*; ⚡stange *f* perche *f* d'échafaudage.

Ge'rüttel *n e-s Wagens*: cahots *m/pl.*

Ges ♪ *n* sol *m* bémol.

ge'sagt, ge'tan *p.p.* aussitôt dit, aussitôt fait; chose dite, chose faite; l'action suivit la pensée.

Ge'salbte(r) *m*: *der* ⚡ *des Herrn* l'oint *m* du Seigneur.

Ge'salme F *péj. n* F prêchi-prêcha *m*; F blabla(bla *m*) *m*.

Ge'salzene(s) *n* salaisons *f/pl.*

ge'samt *adj.* tout; tout entier, -ière; total; global; collectif, -ive; *das* ⚡e *le tout*; l'ensemble *m*; la totalité *f*; *die* ~*e Bevölkerung* toute la population; ⚡abkommen *pol. n* accord *m* d'ensemble (*od.* de paquet); ⚡ansicht *f* vue *f* d'ensemble; ⚡auflage *f* tirage *m* global; ⚡aufstellung *f* état *m* sommaire; ⚡ausfuhr † *f* exportations *f/pl.* totales; ⚡ausgabe *f* (édition *f* des) œuvres *f/pl.* complètes; ⚡bedarf *m* besoin *m* total; ⚡begriff *m* notion *f* générale; ⚡betrag *m* montant *m* total; somme *f* totale; total *m*; ⚡bild *n* tableau *m* d'ensemble; aperçu *m* général; ⚡deutsch: *Minister für* ⚡e *Fragen* ministre *m* des questions panallemandes; ⚡eigentum *n* propriété *f* collective; ⚡eindruck *m* impression *f* d'ensemble (*od.* générale); ⚡ein-fuhr † *f* importations *f/pl.* totales; ⚡einnahme *f* recette *f* totale; revenu *m* total; ⚡ergebnis *n* résultat *m* total; *Sport*: classement *m* final; ⚡ertrag *m* produit *m* total; (*Einkommen*) revenu *m* total; ⚡europäisch *adj.* paneuropéen, -enne; ⚡gewicht *n* poids *m* total; ⚡gläubiger *m* créancier *m* solidaire; ⚡haftung *f* garantie *f* solidaire; ⚡heit *f* totalité *f*; tout *m*; ensemble *m*; ⚡hypothek *f* hypothèque *f* solidaire; ⚡index *m* indice *m* d'ensemble; ⚡kapital *n* capital *m* global; ⚡kosten *pl.* totalité *f* des frais; ⚡lage *f* situation *f* générale; situation *f* d'ensemble; ⚡leistung *f* rendement *m* total; ⚡liste *f* liste *f* globale; ⚡masse *f* masse *f* totale; ⚡plan *m* plan *m* d'ensemble; ⚡politik *f* politique *f* d'ensemble; ⚡preis *m* prix *m* global; ⚡produktion *f* production *f* totale; ⚡prokura *f* procuration *f* collective; ⚡regelung *f* règlement *m* général; ⚡schaden *m* totalité *f* des dégâts; ⚡schau *f* vue *f* d'ensemble; ⚡schuld *f* dette *f* solidaire; ⚡schuldner *m* codébiteur *m*; débiteur *m* solidaire; ⚡schuldnerisch *adj.*: ⚡e *Haftung* solidarité *f*; ⚡schule *Bundesrepublik f* collège *m* unique; école *f* polyvalente du second degré; ⚡sieger *m* vainqueur *m* final; ⚡strafe ⚖ *f* peine *f* globale; ⚡summe *f* somme *f* totale; total *m*; montant *m* total; ⚡tonnage *f* tonnage *m* global; ⚡überblick *m*, ⚡übersicht *f* vue *f* (*od.* coup *m* d'œil) d'ensemble; tour *m* d'horizon; ⚡umsatz *m* chiffre *m* d'affaires total (*od.* global); ⚡unkosten *pl.* total *m* des frais encourus; ⚡unterricht *m* enseignement *m* non divisé par matières; ⚡untersuchung *f* ⚕ check-up *m*; ⚡vermögen *n* totalité *f* des biens; ⚡versicherung *f* assurance *f* globale; ⚡vertretung *f* représentation *f* collective; ⚡vorstellung *f* idée *f* d'ensemble; ⚡wert *m* valeur *f* totale (*od.* globale); ⚡wille(n) *m* volonté *f* générale; ⚡wirtschaft *f* macro-économie *f*; ⚡wirtschaftspolitik *f* politique *f* économique d'ensemble; ⚡wohl *n* bien *m* public; ⚡zahl *f* nombre *m* total; totalité *f*.

Ge'sandt|e(r *a. m*) *m*, *f dipl. allg.* envoyé *m*, -e *f*; *rangmäßig*: ministre *m* plénipotentiaire; ⚡schaft *f* légation *f*; ⚡schaftspersonal *n* personnel *m* de la légation.

Ge'sang *m* chant *m*; *der Vögel*: *a.* ramage *m*; ⚡buch *rl. n* livre *m* de cantiques; ⚡lehrer(in *f*) *m* professeur *m* de chant; ⚡probe *f* répétition *f* de chant; ⚡s-einlage *f* intermède *m* de chant; ⚡s-kunst *f* art *m* du chant; ⚡stück *n* (morceau *m* de) chant *m*; ⚡stunde *f* leçon *f* de chant; ⚡unterricht *m* enseignement *m* du chant; ⚡verein *m* (société *f*) chorale *f*; *mst v. Männern*: orphéon *m*.

Ge'säß *n* séant *m*; F postérieur *m*; derrière *m*; fesses *f/pl.*; fessier *m*; ⚡muskeln *m/pl.* muscles *m/pl.* fessiers; ⚡tasche *f* poche-revolver *f*.

ge'sättigt *adj.* rassasié; ✱ saturé.

Ge'säusel *n* doux murmure *m*.

ge'schädigt *psych.*, ✱ *adjt.* 'handicapé; ⚡e(r *a. m*) *m, f* ⚖ personne *f* lésée; sinistré *m*, -e *f*.

Ge'schäft *n als Tätigkeit*: affaire *f*;

(*Handel*) commerce *m*; négoce *m*; (*Unternehmung*) opération *f*; (*Transaktion*) transaction *f*; (*Handels*⚯) marché *m*; *in ~en pour affaires*; *laufende ~e affaires f/pl. courantes*; *dunkle ~e affaires f/pl.* douteuses (*od.* louches); *ergebnisloses ~ affaire f blanche*; *in ~en reisen* voyager pour affaires; *von ~en sprechen* parler affaires; *~e machen* faire des affaires; *ein gutes ~ machen* faire une bonne affaire (*od.* un bon marché); *ein ~ abschließen* (*od. tätigen*) conclure (*od.* faire) un marché; *wie geht das ~?* comment marchent les affaires? *das ~ geht gut* les affaires marchent bien; *~ ist ~* les affaires sont les affaires; *das ~ verderben* (*die Preise drücken*) gâter le marché; (*Handelshaus*) maison *f* (de commerce); établissement *m*; (*Laden*) boutique *f*, *großes*: magasin *m*; F *sein ~ verrichten* (*s-e Notdurft*) faire ses besoins; **~emacher** F péj. *m* trafiquant *m*; brasseur *m* d'affaires; affairiste *m*; **~emache'rei** *f* affairisme *m*; ⚯ig *adj.* affairé; actif, -ive; **~igkeit** *f* affairement *m*; activité *f*; ⚯lich *adj.* commercial; d'affaires; *~e Beziehungen* relations *f/pl.* d'affaires; *~e Angelegenheit* affaire *f*; *~ tätig sein* être dans les affaires; *mit j-m ~ zu tun haben* avoir affaire avec q.; *~ verhindert sein* être empêché par des affaires.

Ge'schäfts|abnahme *f* diminution *f* des affaires; **~abschluß** *m* bilan *m*; **~angelegenheit** *f* affaire *f*; **~anteil** *m* part *f* sociale; **~anzeige** *f* annonce *f* commerciale; **~aufgabe** *f* cessation *f* d'affaires (*od.* de commerce); **~aufschwung** *m* essor *m* des affaires; **~aufsicht** *f*: *gerichtliche ~* surveillance *f* judiciaire; **~auftrag** *m* commande *f*; **~aussichten** *f/pl.* perspectives *f/pl.* concernant les affaires; **~bereich** *m* ressort *m*; *e-s Ministers*: portefeuille *m*; **~bericht** *m* rapport (*od.* compte rendu) *m* de gestion; **~betrieb** *m* exploitation *f* commerciale; **~beziehungen** *f/pl.* relations *f/pl.* commerciales (*od.* d'affaires); **~branche** *f* branche *f* d'affaires; **~brief** *m* lettre *f* commerciale (*od.* d'affaires); **~buch** *n* livre *m* de commerce; **~entwicklung** *f* développement *m* des affaires; **~erfahrung** *f* expérience (*od.* pratique *f*) *f* des affaires; **~eröffnung** *f* ouverture *f* d'une maison (*resp.* d'un magasin, *etc.*); **~erweiterung** *f* agrandissement *m* d'une maison (*resp.* d'un magasin, *etc.*); ⚯fähig *adj.* capable de contracter; **~fähigkeit** *f* capacité *f* de contracter; **~fahrrad** *n* bicyclette *f* de livraison; **~flaute** *f* marasme *m* des affaires; **~französisch** *n* français *m* des affaires; **~freund** *m* correspondant *m*; relation *f* d'affaires; ⚯führend *adj.* gestionnaire; gérant; **~führer** *m* gérant *m*; **~führung** *f* gestion *f* des affaires; gérance *f*; **~gang** *m* marche *f* (*od.* courant *m*) des affaires; **~gebaren** *n* pratique *f* des affaires; **~gebäude** *n* immeuble *m* commercial; **~gegend** *f* quartier *m* des affaires (*od.* des magasins); **~geheimnis** *n* secret *m* d'affaires; **~geist** *m* esprit *m* du commerce; sens *m* des affaires; ⚯gewandt *adj.* versé dans les affaires; **~haus** *n* maison *f* (de commerce); maison *f* commerciale; immeuble *m* commercial; **~inhaber(in** *f*) *m* propriétaire *m*, *f* (*od.* exploitant *m*, -e *f*) d'une maison (*resp.* d'un magasin, *etc.*); chef *m* d'une maison (de commerce); **~jahr** *n* exercice *m*; **~kapital** *n* capital *m* d'un fonds de commerce; capital *m* social; **~kenntnis** *f* connaissance *f* des affaires; **~kniff** *m* truc *m* en affaires; **~korrespondenz** *f* correspondance *f* commerciale; **~kosten** *pl.* frais *m/pl.* généraux; **~kreis** *m* sphère *f* d'activité commerciale; *in ~en* dans les milieux d'affaires; ⚯kundig *adj.* versé dans les affaires; **~lage** *f* situation *f* des affaires; **~leben** *n* vie *f* commerciale; **~leiter** *m* gérant *m*; **~leitung** *f* gestion (*od.* direction) *f* des affaires; **~leute** *pl.* gens *m/pl.* d'affaires; **~lokal** *n* local *m* commercial; bureau *m*; **~mann** *m* homme *m* d'affaires; commerçant *m*; *kein ~ sein* ne pas s'entendre aux affaires; F *der geborene ~ sein* avoir la bosse du commerce; ⚯mäßig *adj.* propre aux affaires; *fig.* (*unpersönlich*) impersonnel, -lle; *adv.* selon l'usage des affaires; **~ordnung** *f* règlement *m*; *sich e-e ~ geben*; *e-e ~ aufstellen* établir (*od.* arrêter) un règlement; *die ~ einhalten* observer le règlement; *Einhaltung der ~* observation *f* du règlement; *e-n Antrag zur ~ stellen* présenter une motion d'ordre; **~ordnungs-ausschuß** *m* commission *f* du règlement; **~papiere** *n/pl.* papiers *m/pl.* d'affaires; **~partner** *m* associé *m*; correspondant *m*; **~praktiken** F péj. *f/pl.* F combines *f/pl.* d'affaires; **~raum** *m* local *m* commercial; **~reise** *f* voyage *m* d'affaires; **~reisende(r)** *m* commis *m* voyageur; représentant (*od.* voyageur) *m* de commerce; **~risiko** *n* risque *m* des affaires; **~rückgang** *m* récession *f* des affaires; **~schädigend** *adj.* portant préjudice à une entreprise; fait au préjudice d'une entreprise; **~schluß** *m* fermeture *f*; **~sinn** *m* sens *m* des affaires; **~sprache** *f* langage *m* commercial (*od.* des affaires); **~stelle** *f* agence *f*; office *m*; bureau *m*; **~stil** *m* style *m* commercial; **~stille** *f* morte-saison *f*; ⚯ *Stunde* heure *f* creuse; **~stockung** *f* stagnation *f* des affaires; **~straße** *f* rue *f* (*od.* artère *f*) commerçante; **~stunden** *f/pl.* heures *f/pl.* de bureau; **~tätigkeit** *f* activité *f* commerciale; **~teilhaber(in** *f*) *m* associé *m*, -e *f*; *stille(r) ~* associé *m*, -e *f* commanditaire; **~träger** *dipl. m* chargé *m* d'affaires; ⚯tüchtig *adj.* versé dans les affaires; **~umsatz** *m* chiffre *m* d'affaires; ⚯unfähig *adj.* incapable de contracter; **~unkosten** *pl.* frais *m/pl.* généraux; *auf ~* à frais généraux; **~unternehmen** *n* entreprise *f* commerciale; **~verbindlichkeit** *f* obligation *f* commerciale; **~verbindung** *f* relations *f/pl.* commerciales (*od.* d'affaires); *mit j-m in ~ treten* entrer en relations commerciales avec q.; *mit j-m in ~ stehen* être en relations commerciales avec q.; avoir affaire avec q.; **~verkehr** *m* mouvement *m* d'affaires; transactions *f/pl.*; → **~verbindung**; **~verlauf** *m* marche *f* (*od.* déroulement *m*) des affaires; **~verlegung** *f* déplacement (*od.* transfert) *m* d'une maison (de commerce) (*resp.* d'un magasin *resp.* d'une entreprise commerciale); **~verlust** *m* perte *f* en affaires; **~viertel** *n* quartier *m* des affaires; **~vorgang** *m* transaction *f*; **~wagen** *m* voiture *f* de fonction; *Lieferauto*: voiture *f* de livraison; **~welt** *f* monde *m* des affaires; **~zeichen** (*im Brief*) *n* référence *f*; **~zentrum** *n* centre *m* commercial (*od.* des affaires); **~zimmer** *n* bureau *m*; **~zweig** *m* branche *f* d'affaires; **~zunahme** *f* accroissement *m* des affaires.

Ge'schaukel *n* balancement *m*; *im Auto*: ballottement *m*.

ge'scheckt *adj. Tier*: pie *adj./inv.*

ge'scheh|en *v/i.* arriver; se passer; (*stattfinden*) avoir lieu; se faire; produire; se dérouler; (*zustoßen*) advenir; *was auch ~ mag* quoi qu'il arrive; quoi qu'il advienne; *es geschehe! soit!*; *dein Wille geschehe!* que ta volonté soit faite!; *was ist ~?* que s'est-il passé?; *es ist ~* c'est fait; *~e Dinge sind nicht zu ändern* ce qui est fait est fait; *als ob nichts ~ wäre* comme si de rien n'était; *was soll damit ~?* que faut-il en faire?; *~ lassen* laisser faire; *ihm ist Unrecht ~* on lui a fait du tort; *das geschieht dir recht* tu as ce que tu mérites; *ich weiß nicht, wie mir geschieht* je ne sais ce que j'ai; *es soll ihm nichts ~* il n'a rien à craindre; *es geschieht viel für die Kranken* on fait beaucoup pour les malades; *es ist um mich ~* c'en est fait de moi; *~ zu ... fait à ...*; ⚯ene(s) *n* ce qui est fait; ⚯nis *n* événement *m*.

ge'scheit *adj.* judicieux, -euse; intelligent; (*klug*) prudent; avisé; (*vernünftig*) raisonnable; sensé; *~er Einfall* bonne idée *f*; *~er Kopf* esprit *m* judicieux, avisé; *er ist nicht recht ~* il n'a pas tout son bon sens; il a perdu la tête; *etw. ~ anfangen* s'y prendre adroitement; *ich werde nicht daraus ~* je n'y comprends rien; je m'y perds; ⚯heit *f* esprit *m* judicieux; bon sens *m*; intelligence *f*; prudence *f*.

Ge'schenk *n* cadeau *m*; *litt.* présent *m*; *j-m ein ~ mit etw. machen* faire cadeau (*od.* présent) de qch. à q.; *zum ~ erhalten* recevoir en cadeau; *kleine ~e erhalten die Freundschaft* les petits cadeaux entretiennent l'amitié; *ein ~ des Himmels* un don du ciel; **~abonnement** *n* abonnement *m* de faveur; **~artikel** *m/pl.* cadeaux *m/pl.*; **~band** *m* volume-cadeau *m*.

Ge'schicht|chen *n* historiette *f*; **~e** *f* histoire *f*; (*Erzählung als literarische Gattung*) conte *m*; (*Vorgang*) affaire *f*; *der ~ angehören* être de l'histoire; F *das ist e-e ganze ~* (*zu lang zum Erzählen*) c'est toute une histoire; *das ist e-e andere ~* c'est une autre histoire; F *keine ~n* (*Umstände*) *machen* ne pas faire d'histoires (*od.* de façons); *iro. das ist e-e schöne ~!* en voilà une sale affaire!; *das ist e-e dumme ~* c'est une vilaine histoire; *das ist e-e alte ~* c'est une vieille histoire; c'est du réchauffé; *in die ~ eingehen* entrer dans l'histoire; **~enbuch** *n* livre *m* d'histoires (*od.* de contes); **~en-erzähler(in** *f*) *m* con-

teur *m*, -euse *f*; ♎lich *adj*. historique; ~e Darstellung; ~er Überblick historique *m*; *etw. in s-m ~en Zusammenhang darstellen* faire l'historique de qch.; ~lichkeit *f* historicité *f*; ~sbild *n* conception *f* de l'histoire; ~sbuch *n* livre *m* d'histoire; ~sfälschung *f* falsification *f* de l'histoire; ~sforscher *m* historien *m*; ~sforschung *f* recherches *f/pl*. historiques; étude *f* de l'histoire; ~slehrer *m*, ~s-professor *m* professeur *m* d'histoire; ~s-philosophie *f* philosophie *f* de l'histoire; ~s-schreiber *m* historien *m*; *e-s Fürsten*: historiographe *m*; ~s-schreibung *f* historiographie *f*; ~s-studium *n* études *f/pl*. d'histoire; ~s-stunde *f* leçon *f* (*od*. cours *m*) d'histoire; ~s-unterricht *m* enseignement *m* de l'histoire; ~swerk *n* ouvrage *m* d'histoire; ~swissenschaft *f* science *f* historique; historiologie *f*.
Ge'schick *n* (*Schicksal*) sort *m*; destin *m*; ⚘ destinée *f*; *gutes* (*böses*) *~* bonne (mauvaise) étoile *f*; (*Fertigkeit*) = ~lichkeit *f* adresse *f*; habileté *f*; dextérité *f*; doigté *m*; savoir-faire *m*; ~lichkeits-prüfung *f* épreuve *f* d'adresse; ~lichkeits-spiel *n* jeu *m* d'adresse; ♎t *adj*. adroit; habile (*in dat*. à); fort (*in dat*. en); *bsd. Arzt*: qui a la main; *~ sein zu* être propre (*od*. apte) à; *~ lavieren* nager entre deux eaux.
Ge'schiebe *n* poussées *f/pl*., bousculade *f*; *géol*. gravier *m*.
ge'schieden *adj. Eheleute*: divorcé (von j-m d'avec q.); *fig. wir sind ~e Leute* c'est fini entre nous; ♎e(*r a. m*) *m*, *f* divorcé *m*, -e *f*.
Ge'schieße *n* fusillade *f*; coups *m/pl*. de feu.
Ge'schimpfe *n* invectives *f/pl*.; injures *f/pl*.; (*Meckerei*) F rouspétance *f*.
Ge'schirr *n* (*Tafel*♎) vaisselle *f*; *irdenes ~* poterie *f*; (*Küchen*♎) batterie *f* de cuisine; (*Koch*♎) gamelle *f*; (*Pferde*♎) 'harnais *m*; (*das*) ~ *spülen* faire la vaisselle; *sich ins ~ legen* donner un coup de collier (*a. fig.*); *das ~ anlegen* (*dat.*) 'harnacher (*acc.*); ~Reinigungsschwamm *m* tampon *m* d'entretien ménager; ~schrank *m* buffet *m*; vaisselier *m*; ~spülmaschine *f* lave-vaisselle *m*; ~spülmittel *n* produit *m* à laver la vaisselle; ~wäscher *m* plongeur *m*.
ge'schlaucht F *adj. écol*. F pompé.
Ge'schlecht *n* (*Art*) genre *m* (*a. gr.*); espèce *f*; *das menschliche ~* le genre humain; *natürliches*: sexe *m*; (*Abstammung*) race *f*; (*Familie*) famille *f*; lignée *f*; descendance *f*; (*Generation*) génération *f*; *die kommenden ~er* les générations *f/pl*. à venir; *von ~ zu ~* de génération en génération; d'âge en âge; *das männliche* (*weibliche*) *~* le sexe masculin (féminin); *gr. das männliche* (*weibliche, sächliche*) *~* le genre masculin (féminin, neutre); *das andere ~* l'autre sexe *m*; *das starke* (*schwache*) *~* le sexe fort (faible); *Leute beiderlei ~s* des personnes *f/pl*. des deux sexes; ~erfolge *f* lignée *f*; générations *f/pl*.; ~erkunde *f* généalogie *f*; ~ertrennung *écol*. *f* ségrégation *f* sexiste; ♎lich *adj*. sexuel, -elle; (*e-r Gattung angehörig*) générique; ~er Verkehr rapports *m/pl*. sexuels; ~e Anziehungskraft sex-appeal *m*; *charme m* sensuel; ~e Aufklärung éducation *f* sexuelle; *biol*. ~e Fortpflanzung reproduction *f* sexuée; ~lichkeit *f* sexualité *f*.
Ge'schlechts|akt *m* acte *m* sexuel; ~bestimmung *f* détermination *f* du sexe; ~beziehungen *f/pl*. rapports *m/pl*. sexuels; ♎krank *adj*. atteint d'une maladie vénérienne; ~krankheit *f* maladie *f* vénérienne; ~leben *n* vie *f* sexuelle; ♎los *adj*. asexué; ~name *m* nom *m* de famille; *♎ u. zo*. nom *m* générique; ~organ *n* organe *m* génital; ~reife *f* maturité *f* sexuelle; puberté *f*; ~teile *m/pl*. parties *f/pl*. sexuelles; ~trieb *m* instinct *m* sexuel; ~verkehr *m* rapports *m/pl*. sexuels; ~wort *n* article *m*.
ge'schliffen *adj. Glas*: biseauté; *fig*. poli.
Ge'schlinge *n Schlächterei*: fressure *f*.
ge'schlossen *adj*. fermé; clos; *Reihen*: serré; ~e Gesellschaft réunion *f* privée; cercle *m* fermé; *bei ~en Türen* à huis clos; *ein ~es Ganzes* qch. qui fait un tout; ~er Vokal voyelle *f* fermée; *thé*. *~ bleiben* faire relâche; *die Sitzung ist ~* la séance est levée (*od*. close); *~ zurücktreten* démissionner en bloc; ♎heit *f e-r Reihe*: compacité *f*; *e-r Partei*: homogénéité *f*; *im Verhalten*: solidarité *f*; *e-r Darstellung*: concision *f*.
Ge'schluchze *n* sanglots *m/pl*.
Ge'schmack *m* goût *m* (*a. fig.*); *cuis. a.*: saveur *f*; (*cuis*.: *vom Eis*) parfum *m*; *das ist nicht nach m-m ~* cela n'est pas à mon goût; *an etw*. (*dat*.) *~ finden*; *e-r Sache* (*dat*.) *~ abgewinnen* prendre (*od*. trouver) goût à qch.; *fig. für etw. ~ haben* avoir du goût pour qch.; *j-n auf den ~ von etw. bringen* donner à. le goût de qch.; *auf den ~ kommen* prendre goût (à); *den ~ an etw*. (*dat.*) *verlieren* perdre le goût de qch.; *e-n bitteren ~ im Munde haben* avoir la bouche amère; *jeder nach s-m ~* chacun (à) son goût; *die Geschmäcker sind verschieden*; *über den ~ läßt sich nicht streiten* des goûts et des couleurs il ne faut pas discuter; ♎los *adj*. qui manque de goût; sans goût; (*schal*) sans saveur; fade; insipide; *fig*. de mauvais goût; (*Schmuck*) clinquant; ~losigkeit *f* manque *m* de goût; (*Fadheit*) fadeur *f*; insipidité *f*; *fig*. acte *m* de mauvais goût; ~snerv *m* nerf *m* gustatif; ~srichtung *f* (tendance *f* du) goût *m*; ~s-sache *f* question *f* de goût; ~s-sinn *m* (sens *m* du) goût *m*; ~s-verirrung *f* dépravation *f*; aberration *f* du goût; ~swidrigkeit *f* mauvais goût *m*; ♎voll I *adj*. plein de goût; d'un goût parfait; II *adv*. avec goût.
Ge'schmeide *n* bijoux *m/pl*.; *kostbares*: joyaux *m/pl*.; (*Schmuck*) parure *f*; ~kästchen *n* écrin *m*; coffret *m* à bijoux; baguier *m*.
ge'schmeidig *adj*. souple; flexible; (*elastisch*) élastique; *métall*. ductile; (*hämmerbar*) malléable; ♎keit *f* souplesse *f*; flexibilité *f*; (*Elastizität*) élasticité *f*; *métall*. ductilité *f*; (*Hämmerbarkeit*) malléabilité *f*.
Ge'schmeiß *n* vermine *f* (*a. fig.*); *fig*. F canaille *f*.

Ge'schmetter *n* (*Trompeten*♎) fanfare *f*.
Ge'schmiere *n* barbouillage *m*; (*Gekritzel*) griffonnage *m*; gribouillis *m*.
Ge'schnarche *n* ronflement *m*.
Ge'schnatter *n der Enten*: nasillement(s) *m* (*pl.*); *der Gänse*: cacardement(s) *m* (*pl.*); *fig*. caquetage *m*.
ge'schniegelt *adj.*: *~ und gebügelt* tiré à quatre épingles, F bien nippé.
Ge'schöpf *n* créature *f* (*a. fig.*).
Ge'schoß *n* ⚔, *at*. projectile *m*; *des Gewehrs*: balle *f*; *der Kanone*: obus *m*; (*Stockwerk*) étage *m*; ~bahn *f* trajectoire *f*.
Ge'schoß|garbe *f* gerbe *f* de projectiles; ~höhe △ *f* 'hauteur *f* d'étage; ~mantel *m* enveloppe *f* de projectile; ~wirkung *f* efficacité *f* (*od*. action *f*) d'un projectile.
ge'schränkt ⊕ *adj*. croisé.
ge'schraubt *fig*. (*Stil*) *adj*. F tarabiscoté; guindé; maniéré; ♎heit *f* affectation *f*; F tarabiscotage *m*.
Ge'schrei *n* cris *m/pl*.; *dauerndes ~* criailleries *f/pl*.; (*Lärm*) bruit *m*; (*übertriebene Reklame*) battage *m*; *großes ~ erheben* jeter les 'hauts cris; *viel ~ von etw*. (*od*. *über etw. acc.*) *machen* faire grand bruit de qch.; *viel ~ (Reklame) um etw. machen* faire beaucoup de bruit, de battage autour de qch.
Ge'schreibsel *n* griffonnage *m*; gribouillis *m*.
Ge'schriebene(s) *n* écriture *f*; écrit *m*.
Ge'schubse *n* bousculade *f*.
ge'schult (*Personal*) *adj*t. stylé.
Ge'schütz *n* canon *m*; pièce *f* bouche *f* à feu; *das ~ richten auf* (*acc.*) braquer (*od*. pointer) le canon sur; *die ~e auffahren lassen* (*od*. *in Feuerstellung bringen*) mettre les pièces en batterie; *schweres ~* canon *m* de gros calibre; *pièce f lourde*; *fig. schweres ~ auffahren* employer des arguments massifs; ~bedienung *f* servants *m/pl*.; ~donner *m* bruit (*od*. grondement) *m* du canon; ~feuer *n* canonnade *f*; ~führer *m* chef *m* de pièce; ~rohr *n* canon *m*; ~stand *m*, ~stellung *f* emplacement *m* de pièce.
ge'schützt *adj*.: *~ vor* à l'abri de.
Ge'schützturm *m* tourelle *f*.
Ge'schwader *n* escadre *f*; *kleines ~* escadrille *f*; ~führer *m* chef (*od*. commandant) *m* d'escadre.
Ge'schwätz *n dummes*: bavardage *m*; papotage *m*; *harmloses*: babil *m*; (*Klatsch*) racontars *m/pl*.; sornettes *f/pl*.; (*unwahres Gerede*) F bobard *m*; (*Wortschwall*) verbiage *m*; ♎ig *adj*. bavard; loquace; verbeux, -euse; *Kind*: babillard; ♎igkeit *f* loquacité *f*; goût *m* du bavardage; verbiage *m*; verbosité *f*.
ge'schweift *adj*. (*rundlich ~*) cambré; bombé; *Augenbrauen*: arqué.
ge'schweige *adv. u. cj.*: *~ denn* et encore moins; *hinzufügend*: à plus forte raison.
ge'schwind (*flink*) I *adj*. preste; prompt et agile; II *adv*. prestement; vite; ♎igkeit (*Schnelligkeit*) *f* vitesse *f*; *mit hoher* (*od. voller od. großer*) *~ à toute vitesse* (*od*. à toute allure); *mit e-r ~ von* à la vitesse de; *die ~ herabsetzen* réduire la vitesse.

Ge'schwindigkeits|abfall m perte f de vitesse; ~**anzeiger** m indicateur m de vitesse; ~**begrenzung** f, ~**beschränkung** f limitation f de vitesse; ~**gewöhnung** Auto, péj. f vélocitisation f; ~**grenze** f vitesse-limite f; ~**messer** m compteur m de vitesse, tachymètre m; ~**meßgerät** (Verkehrspolizei) n cinémomètre-radar m; ~**plan** m diagramme m des vitesses; ~**prüfung** f épreuve f de vitesse; ~**radarkontrollgerät** n cinémomètre m; ~**regler** m régulateur m de vitesse; ~**rekord** m record m de vitesse; ~**überschreitung** f excès m de vitesse; ~**verlust** m perte f de vitesse.

Ge'schwirr n v. Insekten: bourdonnement m; v. Vögeln: bruit m d'ailes.

Ge'schwister pl. 2 Personen: frère m et sœur f; mehrere Personen: frères et sœurs m/pl.; ~**kind** n cousin(e f) m germain(e); (Neffe, Nichte) neveu m, nièce f; 2**lich** adj. en société; ~**liebe** f amour m fraternel; ~**paar** n frère m et sœur f.

ge'schwollen adj. enflé; gonflé; ⚹ a. tuméfié; fig. (Stil) ampoulé; 2**heit** f enflure f; gonflement m.

ge'schworen adj. juré; ~er Feind ennemi m juré; 2**enbank** f banc m des jurés; jury m; 2**engericht** (Schwurgericht) n (Mitglieder) jury m; (Einrichtung) (cour f d')assises f/pl.; 2**enliste** f liste f des jurés; 2**enspruch** m verdict m; 2**e(r)** m juré m; Gesamtheit f der ~**en** jury m.

Ge'schwulst f enflure f; tumeur f.

Ge'schwür n abcès m; ulcère m; das ~ bricht auf l'abcès s'ouvre; ~**bildung** f ulcération f; 2**ig** adj. ulcéreux, -euse; ~ werden s'ulcérer.

'Ges-Dur ♩ n sol m bémol majeur.

ge'segnet adj. béni; bienheureux, -euse; ~e Mahlzeit! bon appétit!; mit etw. ~ sein être doté de qch.; mit Gütern ~ comblé de biens.

Ge'selchte(s) östr. n viande f fumée.

Ge'selle m compagnon m; fauler ~ paresseux m; schlauer ~ rusé compère m; lustiger ~ joyeux compagnon m; bon vivant m.

ge'sellen v/t. (v/rf.: sich se) joindre (zu à); (s')associer (à); prov. gleich und gleich gesellt sich gern qui se ressemble s'assemble.

Ge'sellen|prüfung f examen m de fin d'apprentissage artisanal (E.F.A.A.); ~**verein** Fr. hist. m association f compagnonnique; ~**zeit** f compagnonnage m.

ge'sellig adj. sociable; ~e Beisammensein réunion f; das ~e Leben la vie mondaine; 2**keit** f sociabilité f.

Ge'sellschaft f société f (a. pol.); compagnie f; (Fest2) réunion f; (Abend2) soirée f; (Verein) association f; (Klub) cercle m; club m; in ~ en (bzw. de) compagnie; in guter ~ en bonne compagnie; in ~ reisen voyager en compagnie (mit j-m de q.); die gute (od. vornehme) ~ la bonne société; gemischte ~ société f mêlée; geschlossene ~ société f fermée; j-m ~ leisten tenir compagnie à q.; wir haben ~ nous avons du monde; e-e ~ geben donner une soirée; in ~ leben vivre en société; gelehrte ~ société f savante; die ~ Jesu la compagnie de Jésus; ⚹ e-e ~ gründen fonder une société; e-e ~ sanieren assainir une société; ~ mit beschränkter Haftung société f à responsabilité limitée; ~**er(in** f) m ⚹ e-s Geschäfts: associé m, -e f; stiller ~ commanditaire m, f; (Gefährte) compagnon m; dame f (resp. demoiselle f) de compagnie; guter ~ homme m de bonne compagnie; brillant causeur m; 2**lich** adj. en société; mondain; (sozial) social; ~e Produktion production f collective; ~er Rahmen mondanité f; ~e Verhältnisse conditions f/pl. sociales; ~e Beziehungen relations f/pl. mondaines.

Ge'sellschafts|abend m soirée f; ~**anteil** ⚹ m part f de société; part f sociale; ~**anzug** m grosser: tenue f de soirée; ~**bericht** m rapport m de société; 2**dame** f dame f de compagnie; 2**feindlich** adj. antisocial; ~**feindlichkeit** psych. f inssertion f sociale; ~**firma** ⚹ f raison f sociale; ~**form** f forme f de société; ~**gründung** f fondation f d'une société; ~**kapital** ⚹ n fonds (od. capital) m social; ~**klasse** f classe f sociale; ~**kleid** n robe f de soirée; ~**kritik** f socio-critique f; ~**name** ⚹ m raison f sociale; ~**lehre** f sociologie f; ~**ordnung** f système m social; ~**problem** n problème m de société; ~**raum** in Gasthäusern: salle f de réunion; ~**rechte** n/pl. droits m/pl. sociaux; ~**reise** f voyage m collectif; ~**satzungen** f/pl. statuts m/pl. d'une société; ~**schicht** f couche f sociale; ~**spalte** journ. f rubrique f sociale; ~**spiel** n jeu m de société; ~**steuer** f impôt m sur les sociétés; ~**stück** thé. n drame m social; ~**umstellung** f transformation f de la société; ~**vermögen** n patrimoine m social; fortune f sociale; ~**versammlung** f réunion f d'associés; ~**vertrag** m pol. contrat m social; ⚹ contrat m de société; ~**wissenschaft** f sociologie f; ~**zimmer** n in Gasthäusern: salle f de réunion.

Ge'senk ⊕ n étampe f; matrice f; im ~ **schmieden** matricer; ~**hammer** m marteau m à matricer; ~**schmied** m étampeur m; ~**schmiede** n matriçage m; ~**schmiedepresse** f presse f à matrices; ~**stahl** m acier m à matrices.

Ge'setz n loi f; im Sinne des ~es dans l'esprit de la loi; nach dem ~ d'après la loi; aux termes de la loi; im Namen des ~es de par la loi; ein ~ einbringen (annehmen od. verabschieden; verkünden; umgehen; außer Kraft setzen) présenter (adopter; promulguer; éluder od. tourner; abroger) une loi; das ~ ist angenommen la loi est adoptée (od. a passé); das ~ verfügt la loi dispose; ein ~ übertreten transgresser (od. enfreindre; violer) une loi; contrevenir à une loi; unter ein ~ fallen tomber sous le coup d'une loi; ~e geben légiférer; ~ werden devenir loi; passer en loi; sich etw. zum ~ machen se faire une loi de qch.; ungeschriebenes ~ loi f non écrite; Unkenntnis des ~es ignorance f de la loi; Unkenntnis des ~es schützt vor Strafe nul n'est censé ignorer la loi; ⚹ ~ von Angebot und Nachfrage loi f de l'offre et de la demande; alle ~e und Vorschriften tous les textes m/pl. législatifs ou réglementaires; das ~ des Handelns l'initiative f; ~**blatt** n Journal m officiel; ~**buch** n code m; Bürgerliches ~ Code m civil; ~**entwurf** m projet m de loi; ~**eskraft** f force f de loi; ~ haben avoir force de loi; faire loi; ~ erlangen devenir loi; passer en loi; ~ geben donner force de loi; ~**eslücke** f lacune f de la loi; ~**es-tafeln** rl. f/pl. tables f/pl. de la Loi; ~**es-text** m texte m de loi; texte m législatif; ~**es-übertretung** f infraction f à la loi; ~**es-umgehung** f fraude f à la loi; ~**esverletzung** f violation f de la loi; ~**esvorlage** f projet m de loi (einbringen présenter; ablehnen repousser); ~**esvorschlag** m proposition f de loi; ~**esvorschrift** f prescription f légale; 2**gebend** adj. législatif, -ive; ~e Gewalt pouvoir m législatif; ~e Versammlung assemblée f législative; ~**geber** m législateur m; ~**gebung** f législation f; 2**kundig** adj. au courant des lois; ~ sein a. connaître les lois; ~**kundige(r)** m légiste m; 2**lich I** adj. légal; (gesetzmäßig) conforme à la loi; (rechtmäßig) légitime; Dauer: fixé par la loi; ~er Feiertag fête f légale; ~e Reserve (Rücklage) réserve f légale; ~es Zahlungsmittel monnaie f légale; ~er Vertreter représentant m légal; ~er Erbe héritier m légitime; **II** adv. légalement; (rechtmäßig) légitimement; ~ geschützt breveté; patenté; ~ anerkennen légitimer; ~**lichkeit** f légalité f; 2**los** adj. sans loi; déréglé; anarchique; ~**losigkeit** f absence f de lois; anarchie f; 2**mäßig** adj. légal; conforme à la loi; (rechtmäßig) légitime; ~**mäßigkeit** f légalité f; (Regelmäßigkeit) régularité f; (Rechtmäßigkeit) légitimité f; ~**sammlung** f recueil m de lois.

ge'setzt adj. (ruhig) posé; (ausgeglichen) pondéré; (ernst) grave, sérieux, -euse; ~ den Fall, daß ... supposons bzw. supposez que ...; (subj.); 2**heit** f caractère m posé (resp. pondéré resp. sérieux); assagissement m.

ge'setz|widrig adj. illégal; contraire à la loi; 2**widrigkeit** f illégalité f.

ge'sichert adj. assuré (gegen contre); ⚡ protégé par fusible.

Ge'sicht n figure f; (Antlitz) visage m; face f; (Sehvermögen) vue f; (Miene) mine f; air m; physionomie f; (Fratze) grimace f; (Erscheinung) apparition f; vision f; (Sinnestäuschung) hallucination f; (Anblick) Äußeres) aspect m; das Zweite ~ la seconde vue; zu ~ bekommen découvrir; das ~ verändern changer de figure; die Sonne im ~ haben avoir le soleil en face; das ~ verlieren (wahren) perdre (sauver) la face; j-m ins ~ sehen regarder q. en face; den Dingen ins ~ sehen voir les choses en face; j-m ins ~ lachen rire au nez de q.; j-m die Wahrheit ins ~ schleudern jeter la vérité à la figure de q.; j-m ins ~ spucken cracher au visage de q.; ein saures ~ machen faire une mine renfrognée; renfrogner sa mine; rechigner (zu à); ein finsteres ~ machen faire grise mine; ein böses ~ machen faire la tête; ein schiefes ~ machen; das ~ verziehen faire la moue; ein langes ~ machen avoir la mine longue; ein erschrockenes (erstauntes) ~ machen avoir une mine effrayée (étonnée); *ein vergrämtes* ~ un visage rongé par le chagrin; *über das ganze* ~ *strahlen* avoir une mine rayonnante; *j-m ein freundliches (unfreundliches)* ~ *machen* faire bonne (mauvaise) mine à q.; *ein* ~ *wie sieben Tage Regenwetter machen* avoir une mine déconfite (*od.* une mine d'enterrement); *auf sein ehrliches* ~ *hin sur sa mine; nicht ein bekanntes* ~ pas une tête de connaissance; *fig. j-m im* ~ *geschrieben stehen* se lire sur le visage de q.; ~*er schneiden* faire des grimaces; *ein* ~ *ziehen* faire la grimace; grimacer; *das steht Ihnen gut zu* ~ cela vous va bien; *das schlägt allen Regeln ins* ~ c'est contraire à toutes les règles; *die Sache bekommt ein anderes* ~ la chose prend un autre aspect; l'affaire prend une autre tournure; *er ist s-m Vater wie aus dem* ~ *geschnitten* F c'est le portrait craché de son père; *er ist ihm (ihr) wie aus dem* ~ *geschnitten* c'est son vivant portrait (*od.* sa vivante image); il lui ressemble trait pour trait; ~**chen** *n*: *hübsches* ~ joli minois *m*.

Ge'sichts|ausdruck *m* physionomie *f*; ~**chirurg** *m* chirurgien *m* esthétique; ~**chirurgie** *f* chirurgie *f* esthétique; ~**creme** *f* crème *f* pour le visage; ~**farbe** *f* teint *m*; ~**feld** *n* champ *m* visuel; ~**kreis** *m* horizon *m* (*a. fig.*); ~**krem** *f* ~**creme**; ~**maske** *f* masque *m* (*a.* ✠); ~**massage** *f* massage *m* facial; ~**muskel** *anat. m* muscle *m* facial; ~**nerv** *anat. m* nerf *m* facial; (*Sehnerv*) nerf *m* optique; ~**neuralgie** *f* névralgie *f* faciale; ~**pflege** *f* soins *m*/*pl.* du visage; ~**puder** *m* poudre *f* de riz; ~**punkt** *m* point *m* de vue; *fig. a.* angle *m*; aspect *m*; optique *f*; *unter diesem* ~ de ce point du vue; sous cet angle; sous cet aspect; sous (*od.* dans) cette optique; ~**rose** ♀ *f* érésipèle *m* de la face; ~**schmerz** *m* névralgie *f* faciale; ~**schnitt** *m* traits *m*/*pl.* (du visage); ~**seife** *f* savon *m* pour le visage; ~**wasser** *n* lotion *f* pour le visage; ~**winkel** *m anat.* angle *m* facial; *opt.* angle *m* visuel (*od.* de visée); *fig.* point *m* de vue; aspect *m*; angle *m*; *unter diesem* ~ de ce point de vue; sous cet angle; ~**zug** *m* trait *m* (du visage).

Ge'sims △ *n* corniche *f*.
Ge'sinde *n* domestiques *m*/*pl.*
Ge'sindel *n* canaille *f*; racaille *f*.
ge'sinnt *adj.*: *anders* ~ *sein* avoir d'autres idées; *demokratisch* ~ *sein* être démocrate; *feindlich* ~ hostile; *j-m gut (übel)* ~ *sein* vouloir du bien (du mal) à q.

Ge'sinnung *f* sentiments *m*/*pl.*; (*Überzeugung*) conviction *f*; (*Meinung*) opinion *f*; (*Charakter*) caractère *m*; *niedrige* ~ bassesse *f* de cœur (*od.* d'âme *od.* des sentiments); ~**änderung** *f* changement *m* d'opinion; *plötzliche* ~ volte-face *f*; ~**s-genosse** *m* ami *m* politique; ≈**slos** *adj.* sans caractère; ~**losigkeit** *f* manque *m* de caractère; ~**slump** F *m* salaud *m*; ≈**s-treu** *adj.* loyal; ~**s-wechsel** *m* volte-face *f*.

ge'sitt|et *adj.* policé; bien élevé; *Volk*: civilisé; ~ *machen* civiliser; ≈**ung** *f* civilité *f*; *e-s Volkes*: civilisation *f*.

Ge'socks F *n*: *das ganze* ~ toute la racaille *f*.
Ge'söff P *n* P bibine *f*; P piquette *f*.
ge'sondert *adj.* séparé.
ge'sonnen *adj.*: ~ *sein zu ...* (*inf.*) être disposé à ... (*inf.*); avoir l'intention de ... (*inf.*).
Ge'spann *n beim Autoabschleppen*: attelage *m*; *fig. iron.* couple *m*; *nur péj.* tandem *m*.
ge'spannt *adj.* tendu (*a. fig.*); *fig. Aufmerksamkeit*: soutenu; ~ *sein auf* (*acc.*) être curieux, -euse de; *attendre* (*acc.*) impatiemment; ~**es Verhältnis** rapports *m*/*pl.* tendus; ~**e Lage** situation *f* tendue; *mit j-m auf* ~**em Fuße stehen** être en brouille avec q.; ≈**heit** *f* tension *f*; (*Neugier*) curiosité *f*.

Ge'spenst *n* fantôme *m*; spectre *m*; revenant *m*; *fig. wie ein* ~ *aussehen* n'être plus que l'ombre de soi-même; ~**erscheinung** *f* apparition *f* de revenants; ~**ergeschichte** *f* histoire *f* de revenants; ≈**erhaft** *adj.* fantomatique; spectral; ~**erschiff** *n* vaisseau *m* fantôme; ~**erstunde** *f* heure *f* des revenants; ≈**isch** *adj.* → ≈**erhaft**.

ge'sperrt *adj.*: *für den Verkehr* ~ interdit à la circulation; *Straße* ~! rue barrée!; *typ.* ~*er Druck* caractères *m*/*pl.* espacés.
ge'spickt *fig. adjt.*: *mit Abbildungen* ~ truffé d'illustrations.
Ge'spiel|e *m*, ~**in** *f* camarade *m*, *f* de jeu.
Ge'spinst *n* fils *m*/*pl.*; (*Gewebe*) tissu *m* (*a. fig.*); ~**faser** *f* fibre *f* textile.
Ge'spött *n* risée *f*; *zum* ~ *dienen* servir de risée; *zum* ~ *der Leute werden* devenir la risée (*od.* la fable) des gens; *j-n zum* ~ *machen* tourner q. en dérision.

Ge'spräch *n* conversation *f*; (*Unterredung*) entretien *m*; colloque *m*; (*Zwie*≈) *a. pol.* dialogue *m*; (*leichtes* ~) causerie *f*; *téléph.* communication *f* (*anmelden demander*); conversation *f* téléphonique; ~ *unter vier Augen* entretien *m* en tête à tête; *sich in ein* ~ *mit j-m einlassen* entrer en conversation avec q.; lier conversation avec q.; *j-n zu e-m* ~ *veranlassen* (*od.* *bringen*) entreprendre q. sur un sujet; *ein* ~ *mit j-m führen* s'entretenir avec q.; *ein* ~ *über etw.* (*acc.*) *haben* avoir une conversation au sujet de qch.; *das* ~ *auf etw.* (*acc.*) *bringen* amener la conversation sur qch.; *das* ~ *dreht sich um ...* la conversation porte (*od.* roule) sur ...; *im* ~ *sein* (*als Planung*) être en pourparlers; ≈**ig** *adj.* causeur, -euse; (*mitteilsam*) communicatif, -ive; (*geschwätzig*) loquace; bavard; *j-n* ~ *machen* délier la langue à q.; ≈**keit** *f* humeur *f* causeuse; (*Geschwätzigkeit*) loquacité *f*; ~**sanmeldung** *téléph. f* demande *f* de communication; ~**sdauer** *téléph. f* durée *f* de communication; ~**sform**: *in* ~ sous forme de dialogue; ~**sgegenstand** *m* sujet *m* de conversation; ~**s-partner**(**in** *f*) *m* interlocuteur *m*, -trice *f*; ~**srunde** *pol. f* round *m* de négociations politiques; colloque *m*; ~**s-stoff** *m* sujet *m* de conversation; ≈**sweise** *adv.* en conversant; (*in Gesprächsform*) sous forme de dialogue.

ge'spreizt *adj.* affecté; F chichiteux, -euse; pimbêche; (*Ton*) cérémonieux, -euse; ≈**heit** *f* affectation *f*.
ge'sprenkelt *adj.* moucheté; (*gefleckt*) tacheté.
Ge'stade *st.s. n* rivage *m*.
ge'staffelt *adj.* échelonné.
Ge'stalt *f* forme *f*; figure *f*; (*Wuchs*) taille *f*; stature *f*; (*fig.*: *Person*) figure *f*; personnage *m*; (*Anblick*, *Äußeres*) aspect *m*; (*Körperform*) physique *m*; *der Erde*: figuration *f*; *in* ~ *von* sous forme de; *schön von* ~, *von schöner* ~ de belle taille; bien fait; *rl. das Abendmahl in beiderlei* ~ la communion sous les deux espèces; *e-m Gedanken* ~ *verleihen* formuler une pensée; *sich in s-r wahren* ~ *zeigen* se montrer sous son vrai jour; *fig.* ~ *annehmen* prendre forme; ~ *geben* = ≈**en** 1. *v*/*t.* former; façonner; (*entwickeln*) développer; *sculp.* modeler; schöpferisch: créer; 2. *v*/*rf.*: *sich* ~ se former, prendre forme, (*sich entwickeln*) se développer; *sich zu* ~ se transformer en; ~**er**(**in** *f*) *m* créateur *m*, -trice *f*; *cin.* ensemblier *m*; ≈**erisch** *adj.* créateur, -trice; ~**lehre** *f* morphologie *f*; ≈**los** *adj.* amorphe; ~**psychologie** *f* psychologie *f* de la forme; ~**ung** *f des Lebens, der Freizeit, des Abends*: organisation *f*; *e-s Raumes*: arrangement *m*; *géol.* formation *f*; *als Zustand*: configuration *f*; (*Formgebung*) façonnement *m*; (*Anlage*) aménagement *m*; *sculp.* modelage *m*; modelé *m*; *künstlerische*: création *f*; réalisation *f*; (*Stilisierung*) stylisation *f*; ≈**ungsfähig** *adj.* plastique; ~**ungskraft** *f* force *f* créatrice; ~**ungstrieb** *m* instinct *m* créateur.

Ge'stammel *n* balbutiement *m*.
ge'ständ|ig *adj.* qui avoue; ~ *sein* avouer; ≈**nis** *n* aveu *m*; *ein* ~ *von etw. ablegen* faire l'aveu de qch.; *ein* ~ *erpressen* arracher un aveu (*von j-m* à q.).

Ge'stänge *n* tiges *f*/*pl.*; tringles *f*/*pl.*
Ge'stank *m* mauvaise odeur *f*; puanteur *f*; *mit* ~ *erfüllen* empester.
ge'statten *v*/*t.*: *etw.* ~ permettre qch.; ~ *Sie!* permettez!; *sich den Luxus* ~ *zu ...* se payer le luxe de ... (*inf.*).
ge'stehen *v*/*t.* avouer; (*zugeben*) convenir (*etw.* de qch.); *offen gestanden* pour parler franchement; pour vous avouer franchement; à vrai dire; à dire vrai; *litt.* à parler franc.
Ge'stehungskosten *pl.* prix *m* de revient.
Ge'stein *n* roche *f*; *min.* minéral *m*; ~**sbohrmaschine** *f* perforatrice *f*; ~**sgang** ⚒ *m* filon *m*; ~**skräuselung** *géol. f* moutonnement *m*; ~**skunde** *f* minéralogie *f*; ~**svorlagerung** *géol. f* entablement *m*.

Ge'stell *n* tréteau *m*; chevalet *m*; (*Fuß*≈) piédestal *m*; (*Sockel*) socle *m*; (*Bücher*≈) étagère *f*; rayons *m*/*pl.*; (*Rahmen*) monture *f* (*a. der Brille*); *des Fahrrads, Pfluges*: cadre *m*; *Auto*: châssis *m*; ⚔ carcasse *f*.
Ge'stellungs|aufschub *m* sursis *m* d'appel; ~**befehl** *m* ordre *m* d'appel; ≈**pflichtig** *adj.* astreint au service militaire; soumis au recrutement.

'gestern I *adv.* hier; ~ *früh* (*od. morgen*) hier (*bisw.* au) matin; ~ *mittag*

hier (à) midi; ~ abend, ~ nacht hier (*bisw.* au) soir; ~ um Mitternacht hier à minuit; ~ nachmittag hier après--midi; von ~ d'hier; ~ in acht Tagen d'hier en 'huit (jours); *mir ist, als ob es* ~ *wäre* il me semble que c'était hier; II ⚥ *n* passé *m.*
ge'stiefelt *adj.* botté; ⚥er *Kater* chat *m* botté.
ge'stielt *adj. v. Messern usw.*: emmanché; ⚥ pétiolé; pédiculé; ⚥ *u. zo.* pédonculé.
gestiku'lieren I *v/i.* gesticuler; faire des gestes; II ⚥ *n* gesticulation *f.*
Ge'stirn *n* astre *m*; (*Sternbild*) constellation *f*; ⚥t *adj.* étoilé; constellé; semé d'étoiles.
Ge'stöber *n* tourbillon *m* (de neige).
Ge'stöhne *n* gémissements *m/pl.*
ge'stört ⊕, *psych. adj.* perturbé; ~er *Schlaf* sommeil *m* perturbé.
Ge'stotter *n* bégaiement *m.*
Ge'sträuch *n* buissons *m/pl.*
ge'streift *adj.* rayé.
ge'streng *adj.* sévère; *die* ⚥en *Herren (die Eisheiligen)* les saints *m/pl.* de glace.
ge'strichen *adjt.*: *frisch* ~! peinture *f* fraîche!; *attention à la peinture!*; *advt.* ~ *voll* (*Glas etc.*) plein à ras bord; plein jusqu'au bord.
'gestrig *adj.* d'hier; *am* ~en *Tage* hier; *am* ~en *Abend* hier soir.
Ge'strüpp *n* broussailles *f/pl.*; *das* ~ *entfernen* débroussailler (*auf od. in od. aus etw. qch.*).
Ge'stühl *n* bancs *m/pl. bzw.* chaises *f/pl.*; (*Chor*⚥) stalles *f/pl.*
Ge'stüt *n* 'haras *m*; ~hengst *m* étalon *m*; ~pferd *n* cheval *m* de 'haras.
Ge'such *n* demande *f* (*einreichen* présenter; formuler; faire; *richten an acc.* adresser à; *unterstützen* appuyer; *bewilligen* accorder; donner suite à; *ablehnen od. abschlägig bescheiden* rejeter); (*Bittschrift*) pétition *f*; *bsd.* 🜚 requête *f*; *dringendes* ~ instance *f*; sollicitation *f*; ~steller(in *f*) *m* requérant *m*, -e *f*; pétitionnaire *m, f.*
ge'sucht *adj.* ⚥ demandé; (*geziert*) recherché; maniéré; précieux, -euse; affecté; ⚥e(r) 🜚 *m* criminel *m* recherché; ⚥heit *f* recherche *f*; maniérisme *m*; préciosité *f*; affectation *f.*
Ge'sudel *n* barbouillage *m*; (*Pfuscherei*) bousillage *m*; (*Kritzelei*) griffonnage *m.*
Ge'summe *n* bourdonnements *m/pl.*
ge'sund *adj., adv.* sain; (*körperlich wohl*) en bonne santé; bien portant; (*der Gesundheit förderlich*) salubre; salutaire; ~ *sein* être en bonne santé; *ein* ~er *Schlaf* un bon sommeil; ~er *Appetit* bon appétit *m*; ~e *Zähne* dents *f/pl.* saines; ~e *Luft* air *m* sain; ~e *Nahrung* nourriture *f* saine; ~es *Tier* animal *m* sain; ~e *Meinung* saine opinion *f*; *geistig* ~ sain d'esprit; ~ *urteilen* (*leben*) juger (vivre) sainement; ~ *aussehen* avoir bonne mine; *e-e* ~e *Gesichtsfarbe haben* avoir le teint frais; *fig. der* ~e *Menschenverstand* le bon sens; le sens commun; *sich* ~ *erhalten* conserver sa santé; *j-n* ~ *machen* guérir q.; *wieder* ~ *werden* se rétablir (*od.* recouvrer) la santé; ~ *und munter sein* être frais et dispos; *j-n* ~ *schreiben* délivrer un certificat de guérison à q.; *déclarer q. rétabli*; *bleiben Sie* ~! portez-vous bien!; ~beten *v/t.* guérir par la prière; ⚥beten *n* guérison *f* par la prière; ⚥brunnen *m* eaux *f/pl.* minérales; (*Jungbrunnen*) fontaine *f* de Jouvence; ~en *v/i.* guérir; se rétablir; recouvrer (*od.* retrouver) la santé; ⚥heit *f* santé *f*; *der Luft*: salubrité *f*; *bei guter* ~ *sein* être en bonne santé; *sich besser* ~ *erfreuen* se porter comme un charme (*od.* un chêne); ~! *beim Niesen*: à vos souhaits!; F *Dieu vous bénisse!*; *vor* ~ *strotzen* respirer la santé; resplendir de santé; *auf j-s* ~ *trinken* boire à la santé de q.; ~heitlich *adj.* de santé; sanitaire; hygiénique.
Ge'sundheits|amt *n* service *m* d'hygiène; *Fr.* dispensaire *m*; ~aufseher *m* inspecteur *m* du service de l'hygiène et de la santé publique; ~dienst *m* service *m* d'hygiène; service *m* de santé; ~einrichtungen *f/pl.* installations *f/pl.* sanitaires; ⚥förderlich *adj.* salubre; ~fürsorge *f* santé *f* publique; assistance *f* médico-sociale; ~gründe *m/pl.*: *aus* ~n → ⚥halber *adv.* pour raison de santé; pour des raisons de santé; ~kontrolle *f* contrôle *m* sanitaire; ~lehre *f* hygiène *f*; ~maßnahme *f* mesure *f* d'hygiène; ~paß *m* carte *f* (*od.* carnet *m*) sanitaire; ⚓ patente *f* sanitaire; ~pflege *f* hygiène *f*; *öffentliche*: hygiène *f* publique; ~politik *f* politique *f* de la santé; ~polizei *f* police *f* sanitaire; ⚥polizeilich *adj.* de la police sanitaire; ~regel *f* règle *f* d'hygiène; ~rücksichten *f/pl.* égards *m/pl.* pour la santé; *aus* ~ pour raison de santé; ⚥schädlich *adj.* malsain; insalubre; ~schutz *m* protection *f* de la santé; ~wesen *n* hygiène *f* publique; ⚥widrig *adj.* malsain; insalubre; ~zeugnis *n* certificat *m* de santé; ~zustand *m* état *m* de santé.
ge'sundstoßen F *v/rf.*: *sich* ~ (*sich bereichern*) F faire sa pelote.
Ge'sundung *f* convalescence *f*; (*Sanierung*) assainissement *m*; redressement *m*; rétablissement *m*; *wirtschaftliche* ~; *der Wirtschaft* assainissement *m* (*od.* redressement *m* od. rétablissement *m* od. convalescence *f*) économique.
Ge'täfel *n* lambris *m*; boiserie *f*; ⚥t *adj.* lambrissé; boisé; garni de boiseries.
Ge'tändel *n* badinage *m* amoureux.
'Getenland *hist. n* la Gétie.
ge'tigert *adj.* tigré.
Ge'töse *n* fracas *m*; vacarme *m*; tapage *m*; tintamarre *m*; brouhaha *m*; *des Meeres*: mugissement *m.*
ge'tragen *adj.* (♪ *feierlich*) solennel, -elle; (*Kleidungsstück*) usagé.
Ge'trampel *n* piétinement *m.*
Ge'tränk *n* boisson *f*; consommation *f*; *geistige* ~e spiritueux *m/pl.*; ~e-automat *m* distributeur *m* de boissons; ~esteuer *f* impôt *m* sur les boissons.
ge'trauen *v/rf.*: *sich* ~, *etw. zu tun* oser faire qch.
Ge'treide *n* céréales *f/pl.*; grain(s) *m* (*pl.*); (*Weizen*) blé *m*; ~art *f* espèce *f* de céréales; ~bau *m* culture *f* des céréales; ~boden *m* terre *f* à céréales (*Speicher*) grenier *m* à blé; ~börse *f* bourse *f* des grains; ~brand *m* rouille *f* du blé; ~ernte *f* moisson *f*; ~erzeugnis *n* produit *m* céréalier; ~feld *n* champ *m* de céréales (*od.* de blé); ~gemenge *n* mélange *m* de céréales; ~handel *m* commerce *m* des grains; ~händler *m* marchand *m* de blé; ~land *n* pays *m* de céréales; ~markt *m* marché *m* céréalier; marché *m* aux grains; ~pflanze *f* céréale *f*; ~produkt *n* produit *m* céréalier; ~produktion *f* production *f* de céréales (*od.* céréalière); ~reiniger ⊕ *m* tarare *m*; vanneuse *f*; ventille *f*; ~rost *m* rouille *f*; ~schrot *m od. n* blé *m* égrugé; ~schwinge *f* van *m*; silo *m* silo *m* à grain; ~sortiermaschine *f* trieur *m*; ~speicher *m* grenier *m* à grain; silo *m*; ~vorräte *m/pl.* stocks *m/pl.* de blé; ~zoll *m* droit *m* sur les céréales.
ge'trennt *adv.*: ~ *schlafen* faire lit à part; faire chambre à part.
ge'treu *adj.* fidèle; loyal; ⚥e(r *a. m*) *m*, *f* fidèle *m, f*; ~lich *adv.* fidèlement; loyalement.
Ge'triebe *n* rouages *m/pl.*; engrenage *m*; mécanisme *m*; commande *f*; *e-r Uhr*: mouvement *m*; rouage *m*; ressorts *m/pl.*; *Auto*: automatisches ~ embrayage *m* automatique; *stufenloses* ~ commande *f* à réglage sans graduation; ~bremse *f* frein *m* de mécanisme; ~fabrik *f* fabrique *f* de réducteurs; ~gehäuse *n*, ~kasten *m Auto*: boîte *f* de vitesses; ~motor *m* moteur-réducteur *m.*
Ge'triebe|rad *n* roue *f* d'engrenage; ~welle *f* arbre *m* de transmission.
ge'trost I *adj.* plein de confiance; tranquille; assuré; *sei* ~! *a.* sois confiant!; II *adv.* avec confiance; sans crainte; en toute tranquillité.
'Getter *électron. m* réducteur *m.*
'Getto *n* ghetto *m*; ~isierung *f* emprisonnement *m* en ghetto.
Ge'tue *n* affectation *f*; F chichis *m/pl.*; momerie *f*; mines *f/pl.*
Ge'tümmel *n* (*Gedränge*) cohue *f*; (*Schlacht*⚥) mêlée *f.*
ge'tüpfelt *adjt.* pointillé; moucheté.
ge'übt *adjt.* exercé; entraîné; stylé; ⚥heit *f* pratique *f*; habitude *f.*
Ge'vatter *litt. m* compère *m.*
Ge'viert *n* carré *m*; *ast.* quadrature *f.*
Ge'wächs *n* végétal *m*; (*Pflanze*) plante *f*; *Wein*: cru *m*; ⚕ (*Auswuchs*) excroissance *f*; végétation *f*; *eigenes* (*od. hiesiges*) ~ (*Wein*) vin *m* du cru.
ge'wachsen *adj.*: *gut* ~ bien fait (*od.* bâti); *j-m* ~ *sein* être de taille à tenir tête à q.; *e-r Aufgabe* (*dat.*) ~ *sein* être à la hauteur d'une tâche; *e-r Sache nicht* ~ *sein a.* être inadapté à une chose.
Ge'wächshaus *n* serre *f.*
ge'wagt *adj.* risqué; 'hasardeux, -euse; (*kühn*) osé; 'hardi; aventuré; ~es *Spiel treiben* jouer gros (jeu).
ge'wählt *adjt.*: *sich* ~ *ausdrücken* parler en termes choisis.
ge'wahr *adj.*: ~ *werden* (*gén.*) voir (*acc.*); remarquer (*acc.*); s'apercevoir de.
Ge'währ *f* garantie *f*; *ohne* ~ sans garantie; sous toutes réserves; *für etw.* ~ *leisten* garantir qch.; se porter

garant de qch.; répondre de qch. **ge'wahren** v/t.: etw. ~ apercevoir qch. **ge'währ|en** v/t. accorder; octroyer; (geben) donner; (Ausblick) offrir; présenter; j-m e-e Bitte ~ satisfaire (od. accéder) à la demande de q.; Kredit, Entschädigung: allouer; accorder; j-n ~ lassen laisser faire q.; j-m Schutz ~ protéger q.; j-m Einlaß ~ permettre à q. d'entrer; autoriser q. à entrer; j-m die Immunität ~ accorder l'immunité à q.; gewährt bekommen obtenir; ⁀frist f délai m de garantie; ~leisten v/t. garantir, se porter garant (de); répondre (de); ⁀leistung f garantie f.
Ge'wahrsam m (Verwahrsam) garde f; (Haft) détention f; in ~ nehmen (Sache) prendre sous sa garde; (Person) mettre en détention.
Ge'währsmann m garant m; répondant m; (Quelle) autorité f.
Ge'währung f e-s Kredits, Vorrechts etc.: octroi m; concession f; allocation f.
Ge'walt f (Zwangsanwendung) force f; mst unrechtmäßige: violence f; (Macht) pouvoir m; puissance f; moralische: autorité f; gesetzgebende (ausübende) ~ pouvoir m législatif (exécutif); höhere ~ force f majeure; mit ~ par (od. de) force; mit aller ~ de toutes mes, tes, ses etc. forces; mit roher ~ par la violence; mit ~ erbrechen Tür: forcer; ~ anwenden user de violence (gegen contre); employer la force; j-m ~ antun faire violence à q.; e-r Frau: violenter q.; e-m Text ~ antun torturer un texte; in j-s ~ stehen être à la merci de q.; in j-s ~ geraten tomber au pouvoir de q.; in s-e ~ bekommen se rendre maître (de); in s-r ~ haben avoir (od. tenir) en son pouvoir; moralisch: avoir de l'autorité (od. de l'ascendant) sur q.; sich in der ~ haben être maître de soi; se maîtriser; Entziehung (od. Entzug) der elterlichen ~ retrait m de la puissance paternelle; ~ geht vor Recht la force prime le droit; ~androhung f menace f de violence; ~anwendung f emploi m (a. utilisation f) de la force; ~enteignung f séparation f des pouvoirs; ~handlung f acte m de violence; (Tätlichkeit) voie f de fait; ~herrschaft f despotisme m, tyrannie f; ~herrscher m despote m; tyran m; ⁀ig I adj. puissant; (stark) fort; (heftig) violent; véhément; (riesig) énorme; gigantesque; prodigieux, -euse; colossal; F terrible; F du tonnerre; F fou, folle; II adv. puissamment; (stark) fort; (heftig) violemment; (groß) prodigieusement; énormément; grandement; ~ schreien crier de toutes ses forces; sich ~ irren se tromper grandement; ⁀los adj. u. adv. non-violent; sans violence; ~losigkeit f non-violence f; ~marsch m marche f forcée; ~maßnahme f mesure f arbitraire (od. violente); ~mensch m brute f; brutal m; ~mißbrauch m abus m de pouvoir; ⁀sam I adj. violent; II adv. violemment; avec violence; par (od. de) force; ~ öffnen forcer; e-s ~en Todes sterben mourir de mort violente; ~samkeit f violence f; ~start m

démarrage m en trombe; ~streich m coup m de force; ~tat f acte m de violence, procédé m brutal; (Tätlichkeit) voie f de fait; ⁀tätig adj. violent; (roh) brutal; j-m gegenüber ~ werden infliger des violences à q.; ~tätigkeit f violence f; (Roheit) brutalité f; ~verbrechen n crime m de violence; ~verzicht pol. m non-recours m (od. renonciation f) à la force; ~verzichtabkommen pol. n accord m sur le non-recours à la violence; ~verzichterklärung f engagement m de non-recours à la force; ~verzichtsvertrag m traité m de non-recours à la force.
ge'wandt adj. (flink) leste; agile; (geschickt) habile; adroit; Stil: aisé; coulant; ~ sein im Umgang: avoir du savoir-vivre; ⁀heit f (Flinkheit) agilité f; (Geschicklichkeit) habilité f; adresse f; savoir-faire m; (Takt) entregent m; des Ausdrucks: aisance f; (Fingerfertigkeit) dextérité f; große ~ im Umgang haben avoir beaucoup de savoir-vivre.
ge'wappnet adjt.: ~ gegen (acc.) ... paré contre ...
ge'wärtig adj.: e-r Sache (gén.) ~ sein s'attendre à qch.
Ge'wäsch F n bavardage m; verbiage m; papotage m; commérage m.
Ge'wässer n eaux f/pl.; ~kunde f hydrologie f.
Ge'webe n tissu m (a. fig.); ~lehre biol. f histologie f.
ge'weckt adj. éveillé; vif, vive; ⁀heit f esprit m éveillé; vivacité f d'esprit.
Ge'wehr n fusil m; (Waffe) arme f; ~ über! portez arme!; ~ umhängen! arme à la bretelle!; ~ ab! reposez arme!; präsentiert das ~! présentez arme!; die ~e zusammensetzen former les faisceaux; an die ~e! aux faisceaux; ~ bei Fuß stehen tenir l'arme au pied; ~fabrik f fabrique f d'armes; ~feuer n feu m d'infanterie; fusillade f; ~granate f grenade f à fusil; ~kolben m crosse f (de fusil); ~kugel f balle f (de fusil); ~lauf m canon m (de fusil); ~pyramide f faisceau m (de fusils); ~riemen m bretelle f de fusil; ~schaft m fût m (de fusil); ~schlitten m affût m de la mitrailleuse lourde; ~schloß n culasse f; ~schuß m coup m de fusil.
Ge'weih n bois m; ramure f.
ge'weiht adjt. sacré; ~es Wasser eau f bénite; ~e Stätte sanctuaire m.
Ge'werbe n (berufsmäßige Tätigkeit) métier m; (gewerbliche Wirtschaft) artisanat m et industrie f; arts m/pl. et métiers m/pl.; ein ~ betreiben exercer un métier; kaufmännisches ~ activité f commerciale; ~aufsicht f, ~aufsichtsamt n inspection f du travail; ~ausschuß m commission f professionnelle; ~ausstellung f exposition f industrielle; ~bank f banque f industrielle et artisanale; ~betrieb m exploitation f industrielle (od. artisanale); ~erlaubnis f licence f d'exploitation; ~ertragssteuer f taxe f sur les bénéfices industriels et commerciaux; ~fleiß m activité f artisanale; ~freiheit f liberté f du commerce et de l'industrie; ~kunde f technologie f; ~museum n musée f des arts et métiers; ~ordnung f

Code m de l'industrie et de l'artisanat; ~schein m licence f d'exploitation; ~schule f école f technique industrielle; ~steuer f taxe f professionnelle; ⁀steuerpflichtig adj. soumis à la taxe professionnelle; ⁀treibend adj. qui exerce un métier; ~treibende(r) m artisan m; commerçant m; industriel m; ~zählung f recensement m industriel; ~zweig m branche f de l'industrie, du commerce, de l'artisanat.
ge'werb|lich adj. industriel, -elle; artisanal; commercial; (berufsmäßig) professionnel, -elle; ~es Eigentum propriété f industrielle; ~er Raum local m professionnel; ~smäßig adj. industriel, -elle; (berufsmäßig) professionnel, -elle; ⁀s-zweig m branche f de l'industrie, du commerce, de l'artisanat; ~tätig industriel, -elle; artisanal; commercial; ⁀tätigkeit f activité f industrielle, artisanale bzw. commerciale.
Ge'werk ⊕ n métier m; ~schaft f syndicat m; ⚒ société f d'exploitation minière; e-r ~ beitreten se syndiquer; e-e ~ bilden syndiquer; ~schaftler m syndiqué m; ⁀schaftlich adj. syndical(iste); (~ organisiert) syndiqué; ~ organisieren syndiquer; sich ~ organisieren (od. zusammenschließen) se syndiquer.
Ge'werkschafts|abkommen n accord m intersyndical; ~aktivist m syndicaliste m militant; ~arbeit f activité f syndicale; ~bewegung f mouvement m syndical; syndicalisme m; ~bund m confédération f syndicale; ~führer m leader m syndical(iste); ~funktionär m responsable m syndical; ~mitglied n syndiqué m; ~organisation f organisation f syndicale; ~politik f politique f syndicale; ~programm n plate-forme f syndicale; ~treffen n rendez-vous m syndical; ~verband m confédération f des syndicats; ~wesen n syndicalisme m.
Ge'wicht n poids m; fig. a. importance f; (Belastung, Ladung) charge f; fehlendes ~ poids m insuffisant; totes ~ (Eigen⁀) poids m mort (od. propre); phys. das spezifische ~ le poids spécifique; nach dem ~ verkaufen vendre au poids; volles ~ geben faire bon poids; Sport: das richtige ~ haben faire le poids; es fehlt am ~ le poids n'y est pas; fig. es fällt schwer ins ~ c'est très important; fig. ~ auf etw. (acc.) legen e-r Sache (dat.) ~ beimessen donner du poids à qch.; attacher de l'importance à qch.; ins ~ fallen être de poids; ~ haben avoir un grand poids; être d'un grand poids; ~heben n poids et haltères m/pl.; haltérophilie f; ~heber m haltérophile m; ⁀ig adj. de poids; pesant; pfort lourd; fig. de poids; (wichtig) important; (ernst) grave; ~igkeit f poids m; (Wichtigkeit) importance f; (Ernst) gravité f.
Ge'wichts|abgang m, ~abnahme f diminution f de poids; ~angabe f déclaration f de poids; ~einheit f unité f de poids; ~grenze f limite f de poids; ~klasse f catégorie f de poids; ~mangel m manque m de poids; ~satz m série f de poids; ~schwund

m perte *f* de poids; ~unterschied *m* différence *f* de poids; ~verlust *m* perte *f* de poids; ~zunahme *f* augmentation *f* de poids.
Ge'wichtung (*Schwerpunktfindung*) *f* pondération *f*.
ge'wieft F *adj.* fin; finaud; rusé; adroit; malin, -igne; *ein ~er Bursche* P un type à la redresse.
ge'wiegt *adj.* (*erfahren*) exercé; expérimenté; (*schlau*) malin, -igne.
Ge'wieher *n* 'hennissements *m/pl.*
ge'willt *adj.*: *~ sein zu* être disposé à; avoir l'intention de.
Ge'wimmel *n* fourmillement *m*; grouillement *m*; pullulement *m*.
Ge'wimmer *n* gémissements *m/pl.*
Ge'winde ⊕ *n* e-r *Schraube:* filet *m*; ~bohrer *m* taraud *m*; ~bohrmaschine *f* taraudeuse *f*; ~bolzen *m* boulon *m* fileté; ~drehbank *f* tour *m* à fileter; ~gang *m* filet *m*; spire *f*; ~lehre *f* calibre *m* de filetage; ~schneiden *n* filetage *m*; *Innengewinde:* taraudage *m*; ~schneidkluppe *f* filière *f*; ~steigung *f* pas *m* de vis.
Ge'winn *m* ✝ bénéfice *m*; profit *m*; gain *m*; *mép.* lucre *m*; (*Lotterie*♀) numéro *m* gagnant; gain *m* à la loterie; *reiner ~* bénéfice *m* net; *~ aus Beteiligung* bénéfice *m* sur participation; *~ aus Kapital* bénéfice *m* de placement; *~ und Verlust* profits et pertes; *~ abwerfen*; *~ bringen* rapporter des bénéfices (*od.* des profits); *schöne ~e erzielen* faire de beaux bénéfices; *große ~e erzielen* réaliser de gros gains; *am ~ beteiligt sein* être intéressé aux bénéfices; *mit (ohne) ~ verkaufen* vendre avec (sans) bénéfice; *aus etw. ~ ziehen* tirer profit de qch.; *das ist schon ein ~* c'est autant de gagné; ~abschöpfung *f* prélèvement *m* du bénéfice; ~anteil *m* part *f* de bénéfice; part *f* bénéficiaire; part *f* de profit; dividende *m*; *thé. des Verfassers:* droits *m/pl.* d'auteur; ~anteilschein ✝ *m* coupon *m* de dividende; ~ausfall *m* manque *m* à gagner; ~ausschüttung *f* répartition *f* (*od.* distribution *f*) des bénéfices; ~beteiligung *f* participation *f* aux bénéfices; *der Arbeitnehmer:* intéressement *m*; ♀bringend *adj.* profitable; avantageux, -euse; lucratif, -ive; ♀en 1. *v/t.* gagner (*bei* à); *Preis:* remporter; ⊕, 🜂 extraire; *Zucker:* tirer (*aus* de); *Gunst:* s'attirer; *Ansehen, Überzeugung:* acquérir; *Sport:* 3 : 2 ~ gagner par trois buts à deux; *ein anderes Aussehen ~* changer d'aspect; *Einfluß ~ auf* (*acc.*) prendre de l'ascendant sur; *die Oberhand über j-n ~* prendre le dessus sur q.; *die breite Öffentlichkeit für etw. ~* sensibiliser le grand public à qch.; *j-n für e-e Partei ~* enrôler q. dans un parti; *den Sieg ~ über* (*acc.*) l'emporter sur; remporter la victoire sur; *j-n zum Freunde ~* se faire un ami de q.; *Freunde ~* gagner des amis; *Boden ~* gagner du terrain; *Zeit ~* gagner du temps; *das große Los ~* gagner le gros lot; *Geschmack ~ an* (*dat.*) prendre goût à qch.; 2. *v/i.: bei etw. ~* gagner; *in der Lotterie ~* gagner à la loterie; *er gewinnt bei näherer Bekanntschaft* il gagne à être connu; *abs. er hat sehr gewonnen* il a beau-

coup gagné; *an Klarheit ~* gagner en clarté; *nicht zu ~* ingagnable; ~er *m* gagnant *m*; (*Sieger*) vainqueur *m*; *Lotterie:* numéro *m* gagnant; bénéficiaire *m*; ~liste *f* liste *f* des numéros gagnants; ~los *n*, ~nummer *f* numéro *m* gagnant; ♀reich *adj.* lucratif, -ive; profitable; ~schrumpfung *f* diminution (*od.* régression) *f* du bénéfice; ~spanne *f* marge *f* bénéficiaire (*od.* de bénéfice); ~steuer *f* impôt *m* sur les bénéfices; ~streben *n* amour *m* du gain; ~sucht *f* appât *m* du gain; amour (*od.* esprit) *m* du lucre; ♀süchtig *adj.* qui a l'esprit du lucre; mercantile; avide de profit; âpre au gain; ⅈⅈ *in ~er Absicht* à but lucratif; ~überschuß *m* excédent *m* de bénéfice; *~ - und Verlust-Konto n* compte *m* des profits et pertes; ~ung *f* ⊕, 🜂 extraction *f*; exploitation *f*; (*Produktion*) production *f*; (*Erlangung*) obtention *f*; ~verteilung *f* répartition (*od.* distribution) *f* de bénéfices; ~vortrag *m* report *m* bénéficiaire (*od.* des bénéfices).
Ge'winsel *n* gémissements *m/pl.*
Ge'wirr *n* confusion *f*; embrouillage *m*; F embrouillamini *m*; (*Labyrinth*) labyrinthe *m*; (*v. Straßen*) écheveau *m*.
ge'wiß I *adj.* (*sicher*) sûr; certain; *gewisse Leute* certaines gens (*Prädikatsnomen: m/pl.*); *ein gewisser ...* un certain ...; *ein gewisser Jemand* un certain quidam; *ein gewisses Etwas* un je ne sais quoi; *in gewisser Hinsicht* (*od. Beziehung*) sous certains rapports; *s-r Sache* (*gén.*) *~ sein* être sûr de son fait; *so viel ist ~, daß ...* ce qu'il y a de sûr (*od.* certain), c'est que ...; *toujours est-il que ...* II *adv.* certainement; sûrement; sans doute; à coup sûr; certes; *aber ~!* mais oui!
Ge'wissen *n* conscience *f*; *mit bestem ~*; *nach bestem Wissen und ~* en toute conscience; *ein reines ~ haben* avoir la conscience nette; en avoir le cœur net; *ein ruhiges ~ haben* avoir la conscience tranquille (*od.* en repos *od.* en paix); *ein gutes* (*schlechtes*) *~ haben* avoir bonne (mauvaise) conscience; *ein weites ~ haben* avoir la conscience large; *etw. auf dem ~ haben* avoir qch. sur la conscience; *sein ~ entlasten* décharger (*od.* soulager *od.* libérer) sa conscience; *sein ~ prüfen* (*od.* erforschen) faire son examen de conscience; *j-m ins ~ reden* faire appel à la conscience de q.; s'adresser à la conscience de q.; *sich ein ~ aus etw. machen* se faire un cas de conscience de qch.; se faire scrupule de qch.; *um sein ~ zu beruhigen* par acquit de conscience; *das ~ schlägt ihm* il a des remords; ♀haft *adj.* consciencieux, -euse; soigneux, -euse; (*peinlich ~*) scrupuleux, -euse; *~ sein a.* avoir de la conscience; *~ arbeiten* travailler consciencieusement; *~ arbeiten an* (*dat.*) mettre de la conscience à; ~haftigkeit *f* conscience *f*; scrupules *m/pl.*; ♀los *adj.* sans conscience; sans scrupule; qui n'a ni foi ni loi; ~losigkeit *f* manque *m* de conscience; absence *f* de scrupules.
Ge'wissens|**angst** *f* angoisse *f* morale; ~bisse *m/pl.* remords *m/pl.*; ~fra-

ge *f* cas *m* de conscience; ~freiheit *f* liberté *f* de conscience; ~konflikt *m* conflit *m* de conscience; ~prüfung *f* examen *m* de conscience; ~zwang *m* contrainte *f* morale; ~zweifel *m/pl.* scrupules *m/pl.*
gewisser'maßen *adv.* en quelque sorte; pour ainsi dire.
Ge'wißheit *f* certitude *f*; assurance *f*; *mit voller ~* avec une entière certitude; *zur ~ werden* passer en certitude; *~ erlangen* obtenir la certitude (*od.* l'assurance) (*über etw. acc.* de qch.); *sich ~ verschaffen über* (*acc.*) s'assurer de.
Ge'witter *n* orage *m* (*a. fig.*); *es ist ein ~ im Anzug* il va y avoir un orage; le temps est à l'orage; *ein ~ geht nieder* (*od.* bricht los) un orage s'abat (*über acc.* sur); *das ~ ist vorüber* l'orage est passé; ~bö *f* rafale *f* d'orage; ~front *f* front *m* orageux; ~himmel *m* ciel *m* orageux; ♀ig *adj.* orageux, -euse; ~luft *f* atmosphère *f* d'orage; ♀n *v/i. u. bsd. v/imp.: es gewittert* il y a (*od.* il fait) de l'orage; ~nacht *f* nuit *f* d'orage; ~neigung *f* tendance *f* orageuse; ~regen *m* pluie *f* d'orage; ~schauer *m* averse *f* orageuse; ♀schwül *adj.* lourd; étouffant; ~schwüle *f* chaleur *f* orageuse; ~störungen *f/pl.* (*atmosphärische Störungen*) perturbations *f/pl.* météorologiques; ~wolke *f* nuage *m* d'orage.
ge'witzt *adj.* déluré; (*schlau*) fin; finaud; rusé; adroit; malin, -igne; F futé; * fortiche.
Ge'woge *n* mouvement *m* ondoyant; ondulation *f*; ondoiement *m*.
ge'wogen *adj.* (*wohlwollend*) bienveillant; (*geneigt*) favorable; *j-m ~ sein* être bien disposé envers q.; avoir de l'affection pour q.; ♀heit *f* bienveillance *f*; bonnes grâces *f/pl.*
ge'wöhnen 1. *v/t.* accoutumer (*an acc.* à); habituer (à); (*vertraut machen*) familiariser (avec); 2. *v/rf.: sich ~ s'accoutumer* (*an acc.* à); *s'habituer* (à); *se faire* (à); *prendre l'habitude* (de); (*sich vertraut machen*) se familiariser (avec); *sich an ein Klima ~* s'acclimater; *man gewöhnt sich an alles* on se fait à tout.
Ge'wohnheit *f* habitude *f*; (*Sitte*) coutume *f*; usage *m*; *e-e alte ~* une vieille habitude; *die Macht der ~* la force de l'habitude; *aus ~* par habitude; *e-e ~ annehmen* prendre (*od.* contracter) une habitude; *die ~ annehmen, zu ...* (*inf.*) s'habituer (*od.* s'accoutumer) à ... (*inf.*); prendre l'habitude de ... (*inf.*); *die ~ haben, zu ...* (*inf.*) avoir coutume (*od.* l'habitude) de ... (*inf.*); *sich etw. zur ~ machen* s'habituer (*od.* s'accoutumer) à qch.; prendre l'habitude de qch.; *zur ~ werden* passer (*od.* tourner) en habitude; devenir une habitude; *aus der ~ kommen* perdre l'habitude; *aus der ~ kommen* perdre l'habitude; ♀mäßig I *adj.* habituel, -elle; II *adv.* habituellement; par habitude; ~smensch *m* routinier *m*, -ière *f*; ~srecht *n* droit *m* coutumier; ~strinker(in *f*) *m* buveur *m* (-euse *f*) invétéré(e); ~sverbrecher *m* délinquant *m* d'habitude.
ge'wöhnlich I *adj.* (*üblich*; *sozial niedrig*) ordinaire; (*einfach*) simple; (*gemein*) commun, *pfort* vulgaire;

(*abgedroschen*) banal; trivial; *zur* ~en *Stunde* à l'heure habituelle; **II** *adv.* ordinairement; d'ordinaire; habituellement; d'habitude; (*vulgär*) vulgairement; (*abgedroschen*) banalement; trivialement; *wie* ~ comme d'habitude; comme à l'ordinaire; *etw.* ~ *tun* avoir coutume de faire qch.; ~ (*gemein*) *werden* tomber dans le vulgaire; 2e(s) *n*: *das* ~ l'ordinaire *m*; (*Gemeine*) le commun, *pfort* le vulgaire.

ge'wohnt *adj.* (*gewöhnlich*) habituel, -elle; (*vertraut*) familier, -ière; *zur* ~en *Stunde* à l'heure habituelle; *etw.* (*od. an etw. acc.*) ~ *sein* être habitué (*od.* accoutumé) à qch.; avoir l'habitude de qch.; *in* ~*er Weise* = ~er**maßen** *adv.* comme d'habitude.

Ge'wöhnung *f* habitude *f* (de + *inf.*); étape *f* préparatoire (à); *bsd. die unfreiwillige*, &, *phm., biol.*: accoutumance *f*; ~ *an ein Klima* acclimatation *f*; (*Domestizierung*) domestication *f*.

Ge'wölbe *n* voûte *f*; *unterirdisches* ~ souterrain *m*; (*Grab*2) caveau *m*; ~**bogen** *m* arceau *m*; ~**schlußstein** *m* clef *f* de voûte; ~**träger** *m* soutien *m* de voûte.

ge'wölbt *adj.* arqué; cintré; cambré; bombé.

Ge'wölk *n* nuages *m/pl.* (*a. fig.*).

ge'wonnen *adjt.*: ~*es Spiel haben* avoir partie gagnée.

Ge'wühl *n e-r Menschenmenge*: cohue *f*.

ge'wunden *adjt.* tortueux, -euse; sinueux, -euse; en spirale; spiralé; (*verdreht*) contourné; tordu; tors.

ge'würfelt *adj.* quadrillé.

Ge'würm *n* vers *m/pl.*; *fig.* vermine *f*.

Ge'würz *n* épice *f*; condiment *m*; aromate *m*; ~**büchse** *f* boîte *f* aux épices; ~**handel** *m* commerce *m* des épices; ~**händler** *hist. m* personne qui faisait le commerce des épices; ~**handlung** *hist. f* épicerie *f*; ~**kräuter** *n/pl.* épices *f/pl.*; ~**nelke** *f* clou *m* de girofle; 2t *adj.* épicé; relevé.

'Geysir *m* geyser *m*.

ge'zackt, ge'zahnt, ge'zähnt *adj.* denté; dentelé.

Ge'zänk *n*, Ge'zanke *n* querelles *f/pl.*; zizanies *f/pl.*

Ge'zappel *n* frétillement *m*; F gigotements *m/pl.*

ge'zeichnet *adjt.* (*unterschrieben*) signé; *vom Tode* ~ marqué par la mort; ~*er Betrag* montant *m* souscrit; † *voll* ~ entièrement souscrit.

Ge'zeit *f, mst pl.* ~**en** marées *f/pl.*; ~**enkraftwerk** *n* usine *f* (*od.* centrale *f*) marémotrice; ~**enstrom** *m* courant *m* de marée; ~**entafel** *f* indicateur *m* des marées; ~**enwechsel** *m* changement *m* de marée.

Ge'zeter *n* 'hauts cris *m/pl.*

ge'zielt *fig. adjt.* ponctuel, -elle; *a.* bien orienté; sophistiqué; à objectif précis; ~*e Aktion* action *f* ponctuelle; *adv.* de façon (*od.* sous forme) ponctuelle.

ge'ziemen *v/rf.*: *sich* ~ convenir; être convenable; être bienséant; être décent; *wie es sich geziemt* comme il convient; dûment; comme il faut; ~**d I** *adj.* convenable, décent; **II** *adv.* convenablement; dûment; comme il faut.

Ge'zier|e *n* affectation *f*; manières *f/pl.* affectées; 2t *adj.* affecté; maniéré; précieux, -euse; mignard; sophistiqué; ~**t-heit** *f* affectation *f*; manières *f/pl.* affectées; préciosité *f*; mignardise *f*; pose *f*.

Ge'zisch|(e) *n* sifflements *m/pl.*; *spöttisches*: 'huées *f/pl.*; ~**el** *n* chuchotement(s *pl.*) *m*.

Ge'zücht *péj. n* engeance *f*.

ge'zuckert *adjt.* sucré; saupoudré de sucre.

Ge'zweig *n* ramure *f*; branchage *m*.

Ge'zwitscher *n* gazouillement *m*; gazouillis *m*; ramage *m*.

ge'zwungen *adjt.* contraint; forcé; (*affektiert*) affecté; ~ *lachen* rire jaune; 2**heit** *f* contrainte *f*; effort *m* violent; *péj.* application *f*.

'Ghan|a *n* le Ghana; 2a-isch *adj.* ghanéen, -enne.

Gi'braltar *géogr. n*: *Einwohner(in f) m von* ~ Gibraltarien *m*, -enne *f*.

Gicht[1] *f* (*Hochofenmündung*) gueulard *m*.

Gicht[2] & *f* goutte *f*; (*Hand*2) chiragre *f*; (*Fuß*2) podagre *f*; *an* ~ *leidend* goutteux, -euse; ~**anfall** *m* attaque *f* de goutte, 2**artig**, 2**brüchig**, 2**isch** *adj.* goutteux, -euse; ~**knoten** *m* nœud *m* articulaire; tophus *m*; 2**krank** *adj.* goutteux, -euse; ~**kranke(r** *a. m*) *m/f*, goutteux *m*, -euse *f*; ~**schmerzen** *m/pl.* douleurs *f/pl.* dues à la goutte.

'Giebel *m* pignon *m*; (*Verzierung*) fronton *m*; ~**dach** *n* toit *m* à pignon; ~**feld** *n* tympan *m*; ~**seite** *f* frontispice *m*; ~**stube**, ~**zimmer** *n* mansarde *f*; ~**wand** *f* mur *m* de pignon.

Gier *f* avidité *f* (*nach de*); soif *f* (de); (*Freß*2) gloutonnerie *f* (*a. fig. de son regard*); voracité *f*; (*Geld*2) cupidité *f*.

'gieren[1] *v/i.*: *nach etw.* ~ convoiter qch.

'gieren[2] *v/i.* &, &, *Auto*: faire une embardée.

'gierig *adj.* avide (*nach* de); (*freß*2) glouton, -onne; vorace; (*geld*2) cupide.

'Gieß|bach *m* torrent *m*; 2**en 1.** *v/t.* verser; (*ver*~) répandre (*auf, über acc.* sur); ⊕(*formen*) fondre; couler; *etw. en moule; in Sand* ~ couler au sable; *Blumen*: arroser; *fig. Öl ins Feuer* ~ jeter de l'huile sur le feu; **2.** *v/imp.*: *es gießt* il pleut à verse; F *il pleut* (*od.* il tombe) *des 'hallebardes* (*od.* des cordes); ~**en** *n* fonte *f*; coulage *m*; *der Blumen*: arrosage *m*; ~**er** *m* fondeur *m*; mouleur *m*.

Gieße'rei *f* fonderie *f*.

'Gieß|form *f* moule *m*; ~**harzbeton** *m* béton *m* à résine de scellement; ~**kanne** *f* arrosoir *m*; ~**kannenprinzip** *fig. n* saupoudrage *m*; ~**kelle** *f* louche *f*, cuiller *f* de fondeur, de coulée; ~**maschine** *f* fondeuse *f*; ~**pfanne** *f* poche *f* de coulée.

Gift *n* poison *m*; Ⓤ toxique *m*; *tierisches*: venin *m* (*a. fig.*); *j-m* ~ *geben* (*ihn vergiften*) empoisonner q.; ~ *nehmen* (*sich vergiften*) s'empoisonner; *fig.* ~ *und Galle speien* vomir son venin (*gegen* contre); *fig. darauf können Sie* ~ *nehmen* je vous jure; vous pouvez en être absolument sûr; il y a gros à parier; ~**becher** *m* coupe *f* empoi sonnée; *antiq. a.* ciguë *f*; ~**blase** *f* vésicule *f* du venin; 2**fest** *adj.* immunisé; ~ *machen* immuniser; 2**frei** *adj.* qui ne contient pas de poison; ~**gas** *n* gaz *m* toxique; 2**grün** *adj.* vert criard; ~**hauch** *m* souffle *m* vénéneux; 2**ig** *adj. Tiere*: venimeux, -euse (*a. fig.*); *Pflanzen, Mineralien*: vénéneux, -euse; Ⓤ toxique, -euse; ☢ virulent; (*vergiftet*) empoisonné; *fig.* 'haineux, -euse; venimeux, -euse; envenimé; plein de rage (*od.* de fiel); ~**e** *Zunge* langue *f* de vipère; ~**e** *Ausdünstung* (*Miasma*) miasme *m*; ~**igkeit** *f* Ⓤ toxicité *f*; ☢ virulence *f*; *fig.* (*Wut*) rage *f*; (*Boshaftigkeit*) malice *f*; ~**kunde** *f* toxicologie *f*; ~**mischer(in f)** *m* empoisonneur *m*, -euse *f*; ~**mittel** *n* antidote *m*; ~**mord** *m* empoisonnement *m*; ~**mörder(in f)** *m* empoisonneur *m*, -euse *f*; ~**müll** *m* déchets *m/pl.* empoisonnants; ~**nudel** *F f* (*Person*) *F* gale *f*; teigne *f*; *F* poison *f, bisw. m*; ~**pfeil** *m* flèche *f* empoisonnée; ~**pflanze** *f* plante *f* vénéneuse; ~**pille** *f* pillule *f* empoisonnée; ~**pilz** ⍋ *m* champignon *m* vénéneux; ~**schein** *m* licence *f* de vente de produits toxiques; ~**schlange** *zo. f* serpent *m* venimeux; ~**stoff** *m* toxine *f*; ~**trunk** *m* F bouillon *m* d'onze heures; ~**wolke** *f* nuage *m* toxique; ~**zahn** *m* crochet *m* (à venin).

Gi'gant *m* géant *m*; 2**isch** *adj.* gigantesque.

'Gigue ♩ *f* gigue *f*.

'Gilde *f* (*Innung, Zunft*) corporation *f*; *a. hist.* g(h)ilde *f*, guilde *f*.

'Gimpel *m orn.* bouvreuil *m*; *fig.* serin *m*; niais *m*; nigaud *m*.

Gin *m* genièvre *m*.

'Ginster ⍋ *m* genêt *m*.

'Gipfel *m a. pol.* sommet *m*; *spitz zulaufender*: cime *f*; *e-s Gebäudes, fig.*: faîte *m*; comble *m*; (*Grat, Rücken*) crête *f*; *fig.* comble *m*; sommet *m*; faîte *m*; apogée *m*; *pol. der arabische* ~ le sommet arabe; ~**höhe** ⍑ *f* plafond *m*; *in* ~ *fliegen* plafonner; ~**konferenz** *f* conférence *f* au sommet; 2**n** *v/i.* culminer (*a. fig., in dat.* dans); ~**punkt** *m* point *m* culminant; *fig.* comble *m*, 2**ständig** ⍋ *adj.* terminal; ~**treffen** *pol. n* rencontre *f* au sommet.

Gips *m* gypse *m*; *gebrannter*: plâtre *m*; ☢ *in* ~ *legen* mettre dans le plâtre; ~**abdruck** *m*, ~**abguß** *m*, ~**arbeit** *f* plâtre *m*; moulage *m* (en plâtre); 2**artig** *adj.* gypseux, -euse; ~**bein** ☢ *n* jambe *f* plâtrée; ~**bewurf** *m* crépi *m* de plâtre; ~**brennen** *n* calcination *f* du gypse; ~**bruch** *m* plâtrière *f*; 2**en** *v/t.* plâtrer; ~**en** *n* plâtrage *m*; ~**er** *m* plâtrier *m*; ~**figur** *f* (figure *f* en) plâtre *m*; 2**haltig** *adj.* gypseux, -euse; ~**modell** *n* modèle *m* en plâtre; ~**mörtel** *m* mortier *m* de plâtre; ~**ofen** *m* plâtrière *f*, four *m* à plâtre; ~**platte** *f* carreau *m* de plâtre; ~**putz** *m* enduit *m* de plâtre; ~**stein** *m* gypse *m*; ~**stuck** *m* stuc *m*; ~**verband** *chir. m* plâtre *m*; ~**wand** △ *f* mur *m* enduit de plâtre bzw. en carreaux de plâtre.

Gi'raffe *zo. f* girafe *f*.

Gi'rant † *m* endosseur *m*.

Gi'rat ✝ *m*, ~'ar ✝ *m* endossataire *m*.
gi'rier|bar ✝ *adj.* endossable; ~**en** *v/t.* endosser (*auf j-n* en faveur de q.); opérer un virement; *e-n Wechsel auf e-e Bank* ~ passer une lettre de change (*od.* un effet) à une banque; *blanko* ~ endosser en blanc.
Gir'lande *f* guirlande *f*.
'Giro ✝ *n* endossement *m*; *e-n Wechsel mit* ~ *versehen* endosser un effet (*od.* une lettre de change); ~**bank** *f* banque *f* de virement; ~**buchung** *f* virement *m*; ~**konto** *n* compte *m* de virement; ~**verband** *m* association *f* des banques de virement; ~**verbindlichkeiten** *f/pl.* passif *m* des comptes de virement; ~**verkehr** *m* transactions *f/pl.* par virement; *im* ~ par virement; ~**zentrale** *f* banque *f* centrale de virement.
Giron'dist *Fr. hist.* m Girondin *m*; ⒉**isch** *adj.* girondin.
'girren *v/i.* roucouler.
Gis ♪ *inv. n* sol *m* dièse.
Gischt *m* embrun *m*.
Gi'tarre *f* guitare *f*; *elektrische* ~ guitare *f* électrique; ~ *spielen* jouer (*od.* pincer) de la guitare; ~**nspieler(in** *f) m* guitariste *m, f*.
'Gitter *f* grille *f* (*a.* Radio); (~**werk**) grillage *m*; treillage *m*; treillis *m*; ~**bett** *n* lit *m* grillagé; ~**brücke** *f* pont *m* en treillis; ~**fenster** *n* fenêtre *f* grillagée (*od.* à barreaux); ~**kreis** ⚡ *m* circuit *m* de grille; ~**masche** *f* maille *f* de grille; ~**mast** ⚡ *m* pylône (*od.* poteau *m*) *m* en treillis; ~**modulation** ⚡ *f* modulation *f* par la grille; ~**netz** *n* e-r Karte: quadrillage *m*; ~**spannung** ⚡ *f* tension *f* de grille; ~**stab** *m* barre *f* de treillis; barreau *m*; ~**tor** *n*, ~**tür** *f* porte *f* à claire-voie; ~**träger** *m* poutre *f* en treillis; ~**werk** *n* grillage *m*; treillage *m*; treillis *m*; ~**widerstand** ⚡ *m* résistance *f* de grille; ~**zaun** *m* clôture *f* à claire-voie.
Gla'céhandschuh *m* gant *m* glacé; *fig. j-n mit* ~**en** *anfassen* prendre des gants avec q.
Gladi'ator *hist. m* gladiateur *m*.
Gladi'ole ♣ *f* glaïeul *m*.
Glanz *m* éclat *m*; *leuchtender:* brillant *m*; (*blanke Politur*) lustre *m* (*alle a. fig.*); (*Schimmer*) luisant *m*; resplendissement *m*; *fig.* (*Herrlichkeit*) splendeur *f*; (*Gepränge*) pompe *f*; ⊕ (*Atlas*⒉) satiné *m*; satinage *m*; (*Appretur*) apprêt *m*; *mit* ~ brillamment; ~ *haben a. fig.* avoir de l'éclat (*od.* du lustre); *être brillant;* ~ *verleihen* donner de l'éclat, *Stoffen:* lustrer (*acc.*), (*polieren*) polir (*acc.*), *Metallen:* brunir (*acc.*), (*aufhellen*) éclaircir; *s-n* ~ *verlieren* se ternir; se défraîchir; '~**bürste** *f* brosse *f* à reluire (*od.* à polir).
'glänzen *v/i.* briller (*a. fig.; durch* par); resplendir (*a. fig.; vor dat.* de); (*schimmern*) (re)luire; (*strahlen*) rayonner (*a. fig.*); *durch Abwesenheit* ~ briller par son absence; *écol. im Examen* ~ F rupiner; *écol. allg.* être un fort en thème; *prov. es ist nicht alles Gold, was glänzt* tout ce qui brille n'est pas or; ~**d** *adj.* brillant (*a. fig.*); resplendissant; (*schimmernd, leuchtend*) (re)luisant; éclatant (*a. fig.*); (*strahlend*) rayonnant *m*; radieux,

-euse; (*prachtvoll*) spendide; **II** *adv.* brillamment; avec éclat; ~ *machen* donner de l'éclat (à), *Stoffe:* lustrer, *Metalle:* brunir, (*polieren*) polir, (*aufhellen*) éclaircir; ~ *aussehen* avoir une mine resplendissante (*od.* splendide); avoir très bonne mine.
'Glanz|farbe *f* couleur *f* brillante; ~**firnis** *m* vernis *m* brillant; ~**garn** *n* fil *m* glacé; ~**kattun** *m* indienne *f* glacée; ~**kobalt** *n* cobaltine *f*; ~**leder** *n* cuir *m* verni; ~**leinwand** *f* toile *f* gommée (*od.* lustrée); ~**leistung** *f* brillante performance *f*; ⒉**los** *adj.* sans éclat (*a. fig.*); (*matt*) mat; (*trübe*) terne; (*erloschen*) éteint; ~**mittel** *für Möbel, Parkett:* vitrificateur *m*; ~**nummer** *f* numéro *m* brillant; F clou *m*; ~**papier** *n* papier *m* satiné; ~**pappe** *f* carton *m* glacé; ~**periode** *f* époque *f* brillante; ~**stärke** *f* empois *m* luisant; ~**stück** *n* coup *m* d'éclat; ~**taf(fe)t** *m* taffetas *m* glacé; ⒉**voll** *adj.* brillant; éclatant; (*prachtvoll*) splendide; ~**zeit** *f* époque *f* brillante.
Glas *n* verre *m*, (*Trink*⒉) verre *m* (à boire); (*Brillen*⒉) verre *m* à (*od.* de) lunettes, (*Fern*⒉) jumelles *f/pl.*; *geschliffenes* ~ verre *m* taillé; *beschlagsicheres, bruchsicheres,* ~ verre *m* taillé (de sécurité; antibué; incassable); *Vorsicht* ~! *fragile!; zu* ~ *verarbeiten* vitrifier; *aus e-m* ~ *trinken* boire dans un verre; *ein* ~ *Wein* un verre de vin; *ein* ~ *Bier trinken* prendre (*od.* boire) un demi; *gern ins* ~ *gucken* aimer la bouteille; *zu tief ins* ~ *gucken* boire un coup de trop; ⚓ (*halbe Stunde*) demi-heure *f*; '~**arbeiter** *m* verrier *m*; '⒉**artig** *adj.* vitreux, -euse; '~**auge** *n* œil *m* de verre; *Hersteller von* ~**n** oculariste *m*; '~**ballon** *m* (*Korbflasche*) dame-jeanne *f*; '~**bedachung** *f* toiture *f* en verre; verrier *m*; ~**bläser** *m* souffleur *m* de verre; verrier *m*; ~**bläse'rei** *f* atelier *m* de soufflage du verre.
'Gläs-chen *n* petit verre *m*; *ein* ~ *zuviel* un coup de trop.
'Glas|dach *n* toit *m* vitré (*od.* en verre); verrière *f*; ~**deckel** *m* couvercle *m* en verre.
'Glaser *m* vitrier *m*; ~**arbeiten** *f/pl.* vitrage *m*.
'Glaserdiamant *m* diamant *m* de vitrier.
Glase'rei *f* vitrerie *f*.
'Glaser|handwerk *n* métier *m* de vitrier; ~**kitt** *m* mastic *m* de vitrier.
'Gläser|klang *m* choc *m* des verres; ~**korb** *m* verrière *f*; ⒉**n** *adj.* de (*od.* en) verre; ~**er Blick** regard *m* vitreux (*od.* éteint); ~**tuch** *n* essuie-verres *m*.
'Glas|fabrik *f* verrerie *f*; ~**faden** *m* fil *m* de verre; ~**faser** *f* fibre *f* de verre; ~**fenster** *n* fenêtre *f* vitrée; ~**fläche** ⚠ *f* face *f* vitrée; ~**flasche** *f* bouteille *f* de verre; (*Karaffe*) carafe *f*; ~**fläschchen** *n* flacon *m* de verre; ~**fliese** *f* carreau *m* de verre; ~**fluß** *m* → ~**paste**; ~**gefäß** *n* récipient *m* en verre; ~**geschirr** *n* vaisselle *f* de verre; verrerie *f*; ~**glocke** *f* e-r Uhr: globe *m*; *für Pflanzen:* cloche *f*; *phys.* récipient *m* (de verre); ⒉**grün** *adj.* vert bouteille; glauque; ~**handel** *m* vitrerie *f*; ~**händler** *m* vitrier *m*; ⒉**hart** *adj.* dur comme le verre; ~**haus** *n* maison *f* de verre; (*Treibhaus*) serre *f*; ~**haut** *anat. f* membra-

ne *f* hyaloïde; ~**hütte** *f* verrerie *f*.
gla'sieren I *v/t.* vernir; *Töpferei:* vernisser; *Porzellan:* émailler; *Kuchen:* glacer; **II** ⒉ *n Töpferei:* vernissage *m*; *des Porzellans:* émaillage *m*; *des Kuchens:* glaçage *m*.
'glasig *adj.* vitreux, -euse.
'Glas|industrie *f* industrie *f* du verre; verrerie *f*; ~**kasten** *m* vitrine *f*; ⒉**klar** *adj.* (*durchscheinend*) translucide; (*klar*) clair comme du cristal; ~**kolben** *m* (*Korbflasche*) dame-jeanne *f*; ~**kugel** *f* bille *f* de verre; ~**maler** *m* peintre *m* sur verre; ~**malerei** *f* peinture *f* sur verre; ~**masse** *f* masse *f* vitreuse; paraison *f*; ~**ofen** *m* four *m* de verrerie; ~**papier** *n* papier *m* de verre; ~**paste** *f* stras(s) *m*; ~**perle** *f* perle *f* de verre; ~**platte** *f* plaque *f* de verre; ~**röhre** *f* tube *m* de verre; ~**sand** *m* sable *m* vitrifiable; ~**scheibe** *f* vitre *f*; carreau *m*; *mit* ~**n** *versehen* vitrer; ~**scherbe** *f* morceau *m* de verre; tesson *m*; ~**schleifer** *m* tailleur *m* de verre; ~**schmuck** *m* verroterie *f*; ~**schrank** *m* armoire *f* vitrée; *zur Schau:* vitrine *f*; ~**splitter** *m* éclat *m* de verre; ~**stahl** *m* acier *m* vitrifié; ~**stahlbeton** *m* béton *m* translucide; ~**stöpsel** *m* bouchon *m* en verre; ~**tür** *f* porte *f* vitrée; porte-fenêtre *f*.
Gla'sur *f* vernis *m*; glaçure *f*; *für Backwerk:* glace *f*; ~**blau** *n* safre *m*; ~**brand** *m* cuisson *f* de vernis; ~**ofen** *m* four *m* à glaçure.
'Glas|veranda *f* véranda *f*; ~**versicherung** *f* assurance *f* contre le bris des glaces; ~**wand** *f* cloison *f* en verre; vitrage *m*; ~**waren** *f/pl.* verrerie *f*; ~**warengeschäft** *n* magasin *m* de verrerie; ~**watte** *f* ouate *f* de verre; ⒉**weise** *adv.* par verres; ~**wolle** *f* laine *f* de verre; ~**ziegel** *m* brique *f* de verre.
glatt **I** *adj.* (*eben*) lisse; uni; (*flach, platt*) plat; (*geglättet*) poli; (*glitschig*) glissant; (*glänzend*) poli; *Rechnung, Betrag:* rond; ⚓ *Landung:* normal; *Fahrt* (*ohne Zwischenfall*): sans encombre; sans incident; sans accroc; ~**es Haar** cheveux *m/pl.* lisses; ~**e Absage** refus *m* net; ~**er Sieg** victoire *f* nette; ~**e Lüge** pur mensonge *m*; F *das kostet mich* ~ *tausend Franc* cela me coûte facilement mille francs; **II** *adv.* (*ohne Schwierigkeit*) sans difficultés; sans accroc; (*leicht*) facilement; aisément; (*rundweg*) rondement; tout net; (*klar*) nettement; (*völlig*) complètement; entièrement; absolument; ~ *ablehnen* refuser net; ~ *anliegen* être collant; ~ *fallend* (*Jackett*) décintré; ~ *abgehen* (*od. ablaufen*) se passer (*od.* se dérouler) sans accroc (*od.* la moindre difficulté).
'Glätte *f*: ~ *der Straße* route *f* glissante; glissance *f*.
'Glatt-eis *n* verglas *m*; *fig. j-n aufs* ~ *führen* tendre un piège à q.; ~**bildung** *f* formation *f* de verglas.
'Glätt-eisen *n* polissoir *m*.
'glätten **I** *v/t. u. v/rf.* lisser (*polieren* *a.* polir; (*eben machen*) aplanir; planer; égaliser; niveler; *Haut:* dérider; (*glänzen machen*) *Stoffe:* lustrer, *Metalle:* brunir, *Papier:* (*satinieren*) satiner, (*kalandern*) calandrer, (*Falten entfernen*) déplisser; *fig.* limer; polir; *s-e Züge* ~ *sich* sa figure se déride; **II** ⒉

Glättfeile — gleichen

n lissage *m*; polissage *m*; (*Ebnen*) aplanissement *m*; égalisation *f*; (*Glänzendmachen*) *v. Stoffen*: lustrage *m*, *v. Metallen*: brunissage *m*; *v. Papier*: (*Satinierung*) satinage *m*; (*Kalandern*) calandrage *m*.
'**Glättfeile** ⊕ *f* lime *f* douce.
'**glatt|haarig** *adj.* à cheveux lisses *bzw.* à poils lisses; ²**hobel** *m* ⊕ *m* rabot *m* à polir; **~hobeln** ⊕ *v/t.* polir au rabot; **~machen** *v/t.* rendre lisse, lisser, (*polieren*) *a.* polir; (*eben machen*) aplanir; planer; égaliser; niveler; *fig.* F (*bezahlen*) liquider; régler.
'**Glättmaschine** *f* lisseuse *f*; (*Poliermaschine*) polisseuse *f*; (*Kalander*) calandre *f*; (*Satiniermaschine*) satineuse *f*.
'**glattrasiert** *adj.* rasé de près.
'**Glättstahl** *m* polissoir *m* (*od.* brunisoir *m*) d'acier.
'**glatt|stellen** † *v/t.* liquider; ²**stellung** † *f* liquidation *f*; **~streichen** *v/t.* lisser; (*eben machen*) égaliser; *sich die Haare* ~ lisser ses cheveux; **~weg** *adv.* carrément; tout net; rondement; **~zūngig** *adj.* doucereux, -euse; mielleux, -euse; flatteur, -euse.
'**Glatz|e** *f* tête *f* chauve; calvitie *f*; e-e ~ bekommen devenir chauve; **~kopf** *m* tête *f* chauve; ²**köpfig** *adj.* chauve.
'**Glaube** *m*, **~n** *m* foi *f*; (*persönliche Überzeugung*) croyance *f* (*Vertrauen*) créance *f*; crédit *m*; ~ *an Gott* croyance *f* en Dieu; *in gutem* ~*n* handeln agir de (*od.* en [toute]) bonne foi; *auf Treu und* ~*n* en bonne foi; ~ *schenken* ajouter foi; donner créance; croire (*acc.*); ~*n finden* trouver créance, *Nachricht*: trouver crédit; *s-m* ~*n entsagen* renoncer à sa croyance; *s-m* ~*n abschwören* abjurer sa foi; *e-n* ~*n bekennen* confesser une foi; *s-n* ~*n wechseln* changer de foi; *wenn man ihm* ~*n schenken darf* à l'en croire; *j-n im* ~*n lassen, daß* ... laisser croire, donner à croire à q. que ...; *der* ~ *versetzt Berge* la foi transporte des montagnes.
'**glauben** *v/t. u. v/i.* croire; *j-n etw.* ~ *machen* Wahres: faire croire qch. à q., *Lügnerisches*: en faire accroire à q.; (*meinen*) penser; *das will ich* ~ (le) crois bien; *ich glaube ja* je crois (bien) que oui (*od.* F q'oui); *j-m* ~ croire q.; *glaube ihm* (*od.* es) *nicht*! ne le crois pas!; *j-m aufs Wort* ~ croire q. sur parole; *das dürfen Sie mir* ~ vous pouvez m'en croire; ~ *Sie mir*! (*folgen Sie m-m Rat*) croyez-m'en; *ich glaube es Ihnen* je vous crois; *je le crois*; *an etw.* (*acc.*) ~ (*e-r Sache Glauben schenken*) croire à qch., (*zu etw. Vertrauen haben*) *a.* croire en qch.; *j-s Versprechungen* ~ croire aux promesses de q.; *an s-n Stern* (*s-e Kraft*) ~ croire en son étoile (en sa force); *ich glaube nicht daran* je n'y crois pas; *an j-n* ~ (*an s-e Existenz* ~) croire à q., (*zu ihm Vertrauen haben*) croire en q.; *an Gespenster* ~ croire aux fantômes (*od.* aux revenants); *an den Teufel* ~ croire au diable; *an Gott* ~ croire en Dieu; *wenn man ihm* ~ *darf* (*soll*) à l'en croire; *ich glaube es que je crois*; *das soll e-r* ~! on nous la baille belle!; F *wer's glaubt, wird selig*! à d'autres!; *das ist kaum zu* ~ c'est à peine croyable; *das

ist nicht zu* ~ c'est à ne pas croire; *c'est incroyable*; *felsenfest* ~ croire fermement; F *er muß dran* ~ il faut bien qu'il y passe (*od.* P ... qu'il y laisse sa peau); *man möchte* ~, *daß* ... (*als Satzbeginn*) à croire que ...
'**Glaubens|abfall** *m* apostasie *f*; **~änderung** *f* changement *m* de religion; **~artikel** *m* article *m* de foi; **~bekenntnis** *n* profession *f* de foi; Credo *m*; *fig.* credo *m*; *das Apostolische* ~ le Symbole des apôtres; **~bewegung** *f* mouvement *m* religieux; **~bote** *m* apôtre *m*; **~eifer** *m* zèle *m* religieux; **~feind(in** *f*) *m* ennemi *m*, -*e f* de la foi; **~frage** *f* question *f* de foi; **~freiheit** *f* liberté *f* religieuse; **~gemeinschaft** *f* communauté *f* des fidèles; **~genosse** *m*, **~genossin** *f* coreligionnaire *m*, *f*; **~held** *m* martyr *m* (de la foi); **~krieg** *m* guerre *f* de religion; **~lehre** *f* dogme *m*; (*Unterricht*) catéchisme *m*; (*Lehre v. den christlichen Glaubenssätzen*) dogmatique *f*; **~sache** *f*: *das ist* ~ c'est une question de foi; **~satz** *m* dogme *m*; **~spaltung** *f* schisme *m*; **~streit** *m* controverse *f* religieuse; ²**wert** *adj.* digne de foi; **~zeuge** *m* martyr *m* (de la foi); **~zwang** *m* contrainte *f* religieuse; **~zwist** *m* dissidence *f* religieuse.
'**Glaubersalz** *n* sulfate *m* de soude.
'**glaubhaft** *adj.* croyable; vraisemblable, digne de foi; (*authentisch*) authentique; *etw.* ~ *machen* rendre qch. croyable (*od.* vraisemblable); ²**igkeit** *f* vraisemblance *f*; crédibilité *f*; (*Authentizität*) authenticité *f*.
'**gläubig** *adj.* plein de foi; *rl.* croyant; fidèle; (*r*¹ *a. m.*) orthodoxe; ²**e(r)** *m*, *f rl.* croyant *m*, -e *f*; fidèle *m*, *f*.
'**Gläubiger**² (**in** *f*) *m* † créancier *m*, -ière *f*; *sichergestellte(r)* ~ créancier *m* (-ière *f*) nanti(e); *bevorrechtigte(r)* ~ créancier *m* (-ière *f*) privilégié(e); *die Gläubiger befriedigen* satisfaire les créanciers; **~aufgebot** *n* convocation *f* des créanciers; **~ausschuß** *m* comité *m* des créanciers; **~land** *n* pays *m* créancier; **~schutzverband** *m* association *f* protectrice des créanciers; **~versammlung** *f* réunion *f* des créanciers.
'**Gläubigkeit** *rl. f* foi *f*.
'**glaub|lich** *adj.* croyable; (*wahrscheinlich*) vraisemblable; *das ist kaum* ~ c'est à peine croyable; **~würdig** *adj.* digne de foi; (*verbürgt*) authentique; (*was sich glauben läßt*) croyable; ²**würdigkeit** *f* crédibilité *f*; sincérité *f*; (*Authentizität*) authenticité *f*.
'**gleich I** *adj.* égal; pareil, -eille; (*~wertig*) équivalent; (*identisch*) identique; (*~gültig*) *a.* indifférent; *der, die* ~*e, la même*; *er ist immer der* ~*e* il est toujours le même; *das* ~*e* le même chose; *das* ~*e* la même chose; F *das ist alles* ~ F c'est kif-kif (bourricot); c'est le même tabac; F *das ist mir* (*ganz*) ~(*gültig*) cela m'est (complètement) égal; *aufs* ~*e hinauslaufen* revenir au même; *aus dem* ~*en Grunde* pour la même raison; *mit dem* ~*en Recht* au même titre; *es Recht für alle*! même droit pour tous!; *mit* ~*en Rechten und Pflichten* avec les mêmes droits et obligations; *von* ~*em Alter*; ~ *alt du même âge*; *von* ~*er Art* de la

même espèce; *in* ~*er Weise* de la même manière (*od.* façon); pareillement; également; *in* ~*em Schritt* du même pas; *zur* ~*en Zeit* dans le même temps; ~*e Ursachen,* ~*e Wirkungen* les mêmes causes produisent toujours les mêmes effets; *in* ~*er Entfernung*; *in* ~*em Abstand* à égale distance; *mit* ~*en Waffen* à armes égales; *mit* ~*em Maß messen* (*unparteiisch sein*) tenir la balance égale; *mit j-m auf* ~*em Fuße stehen* être sur le pied d'égalité avec q.; *die* ~*e Punktzahl erreicht haben wie j.* être à égalité avec q.; *fig.* j-m mit ~*er Münze heimzahlen* ²*es mit* ²*em vergelten* rendre la pareille; rendre le mal pour le mal; 2 + 2 ~ 4 *deux et deux font quatre*; 4–2 ~ 2 *quatre moins deux font deux*; 2 × 2 ~ 4 *deux fois deux font quatre*; 4 : 2 ~ 2 *quatre divisé par deux font deux*; *x* (*ist*) ~ 3 *x égale 3*; ~ *und* ~ *gesellt sich gern* qui se ressemble s'assemble; **II** *adv.* (*sofort*) tout de suite; dans un instant, dans un moment; immédiatement; aussitôt; tout à l'heure; (*in* ~*er Weise*) de la même manière; également; pareillement; (*gerade*) juste(ment); ~! un instant!; un moment!; *bis* ~! à tout à l'heure!; à tout de suite!; *ich bin* ~ *wieder da* je reviens tout de suite; je ne fais qu'aller et venir; *er kommt* ~; *er wird* ~ *kommen* il viendra tout de suite; il va venir; ~ *etw. tun aller faire qch.*; ~ *zu Anfang* de prime abord; dès l'abord; dès le début; ~ *heute noch* d'aujourd'hui; ~ *bei s-r Ankunft* dès son arrivée; ~ *bei der nächsten Station* dès la première station; ~ *groß* (*hoch*; *breit*; *tief*) de (la) même grandeur ('hauteur; largeur; profondeur); ~ *gegenüber* juste en face; ~ *daneben* juste à côté; ~ *weit entfernt* à égale distance; ~ *noch déjà*; *wie heißt er doch*? comment s'appelle-t-il déjà?; *das dachte ich mir doch* ~! je m'en doutais bien!; *das ist* ~ *geschehen* c'est l'affaire d'un instant; ~ *aus der Flasche trinken* boire à même la bouteille; ~ *gekleidet sein* être habillé pareil; *es geht uns allen* ~ nous sommes tous dans la même situation; '**~alt(e)rig** *adj.* du même âge; '**~artig** *adj.* de (la) même nature, de (la) même espèce; homogène; similaire, (*einförmig*) uniforme; (*identisch*) identique; (*identifié(e)*) ²**artigkeit** *f* homogénéité *f*; similarité *f*; (*Einförmigkeit*) uniformité *f*; (*Identität*) identité *f*; '**~bedeutend** *adj.* identique (*mit* à); (*gleichwertig*) équivalent (mit à); *gr.* (*sinnverwandt*) synonyme (mit de); '**~berechtigt** *adj.* égal en droits (mit j-m à q.); *als* ~*er Partner* à égalité de droits (mit j-m avec q.); *sur un pied d'égalité*; '²**berechtigung** *f* égalité *f* de droits (*bisw.* ... en droits); '**~bleiben** *v/rf.*: *sich* ~ rester le même; *ne pas changer*; *das bleibt sich* ~ cela revient au même; '**~bleibend** *adj.* invariable; (*beharrlich*) constant; *Stimmung*: égal; *éc. Wachstum*: d'allure soutenue; *Gesundheitszustand*: stationnaire; '**~denkend** *adj.* qui pense de même; '**~en** *v/i. u. v/rf.* (*gleichkommen*) (*sich s'*)égaler; (*ähneln*) (*sich se*) ressembler (j-m à q.; *e-r Sache dat.* à qch.); *sie* ~ *sich wie ein Ei dem andern* ils se ressemblent comme deux gouttes d'eau; '~ermaßen, '~erweise adv. de la même manière (od. façon); pareillement; également; ²e(s) n la même chose; ein ~s tun faire de même; aufs ² hinauslaufen revenir au même; ins ² bringen arranger; ~s mit ~m vergelten rendre la pareille à q.; '~falls adv. de même; pareillement; également; danke, ~, merci, (à) vous de même; ~! de même!; pour vous, également!; '~farbig adj. de la même couleur; '~förmig adj. uniforme; régulier, -ière; égal; monotone; (unveränderlich) invariable; constant; ⊕ homogène; '²förmigkeit f uniformité f; régularité f; monotonie f; (Unveränderlichkeit) invariabilité f; constance f; ⊕ homogénéité f; '~geschlechtlich adj. homosexuel, -lle; '~gesinnt adj. animé des mêmes sentiments; '~gestellt adj. mis au même rang (resp. niveau); du même rang (resp. niveau); assimilé (mit à); '~gestimmt adj. ♩ à l'unisson; fig. animé des mêmes sentiments; '²gewicht n équilibre m (a. fig.); balance f; pol. ~ der Kräfte équilibre m des puissances; stabiles (labiles) ~ équilibre m stable (instable); ins ~ bringen équilibrer; mettre en équilibre; sich im ~ befinden être en équilibre; das ~ halten (verlieren, wiederfinden, wiederherstellen; stören) garder (perdre, retrouver; rétablir; troubler od. déranger od. rompre) l'équilibre; sich das ~ halten se faire équilibre; aus dem ~ bringen déséquilibrer; e-r Sache (dat.) das ~ (Gegengewicht) halten contrebalancer qch.; '²gewichtslage f position f d'équilibre; '²gewichtssinn m sens m de l'équilibre; '²gewichts-störung f troubles m/pl. de l'équilibre; rupture f d'équilibre; '²gewichts-übung f exercice m d'équilibre; '²gewichts-zustand m état m d'équilibre; '~gültig adj. indifférent, impassible, insensible (gegen à); (stumpf) apathique; das ist ihm ~ cela lui est égal; ~, was du machst quoi que tu fasses; '²gültig-keit f indifférence f; impassibilité f; insensibilité f; (Stumpfheit) apathie f; '²heit f égalité f; uniformité f; ~ vor dem Gesetz égalité f devant la loi; '²heits-zeichen n signe m d'égalité; '²klang m ♩ unisson m; (Harmonie, fig.) harmonie f; v. Wörtern: homonymie f; '~kommen v/i.: j-m ~ égaler q. (an, in dat. en q.); e-r Sache (dat.) ~ égaler qch.; '²lauf ⊕ m synchronisme m; '~laufen v/i. être parallèle; être synchronisé; '~laufend adj. parallèle (mit à); '~lautend adj. conforme; ling. homonyme; für ~e Abschrift pour copie conforme; '~machen v/t. rendre égal; égaliser; aplanir; planer; niveler; dem Erdboden ~ raser; '²macher pol. m niveleur m; assimilateur m; ²mache'rei péj. f égalitarisme m; '~macherisch péj. adj. égalitariste; égalisateur, -trice; ~e Produktion production f banalisée; '²maß n proportion f; symétrie f; '~mäßig adj. symétrique; proportionné; (einförmig) uniforme; (gleichartig) homogène; (regelmäßig) régulier, -ière; '²mäßigkeit f symétrie f; (Einförmigkeit) uniformité f; (Gleichartigkeit) homogénéité f; (Regelmäßigkeit) régularité f; '²mut m constance f; égalité f d'âme (od. d'humeur); (Ruhe) calme m; (Unerschütterlichkeit) impassibilité f; '~mütig adj. d'humeur égale; (ruhig) calme; (unerschütterlich) impassible; '²mütigkeit f → ²mut; '~namig adj. du même nom; ~ machen réduire au même dénominateur; '²nis n (Allegorie) allégorie f; (Symbol) symbole m; (Metapher) métaphore f; (Bild) image f; (Vergleich) comparaison f; bibl. parabole f; '~nishaft adj. (allegorisch) allégorique; (symbolisch) symbolique; (metaphorisch) métaphorique; bibl. parabolique; '~rangig adj. du même rang; (gleichwertig) équivalent (mit à); pareil, -eille (à); '~richten ⚡ v/t. redresser; '²richter ⚡ m redresseur m; '²richterröhre ⚡ f tube m redresseur; (für Hochspannung) kénotron m; '²richtung ⚡ f redressement m; '~sam adv. pour ainsi dire; en quelque sorte; quasi(ment); '~schalten v/t. coordonner; (vereinheitlichen) uniformiser; unifier; pol. mettre au pas; ⊕ synchroniser; '²schaltung f coordination f; (Vereinheitlichung) uniformisation f; unification f; pol. mise f au pas; ⊕ synchronisation f; '~schenk(e)lig △ adj. isocèle; '²schritt m pas m cadencé; im ~ au pas cadencé; in e-m untadeligen ~ marschieren marcher à une cadence impeccable; '~seitig △ adj. équilatéral; '²seitigkeit △ f égalité f des côtés; '~setzen v/t. égaler (q. à q.); mettre sur le même plan (od. niveau); '~silbig adj. parisyllabique; '~stark adj.: écol. ~e Klassen des classes d'effectif égal; '~stehen v/i. être égaux; s'égaler; Sport nach Punkten: être à égalité; '~stellen v/t. assimiler; mettre au même rang; mettre sur le même pied; mettre à même niveau; '²stellung f mise f sur un pied d'égalité; assimilation f; pendant m; '²strom m courant m continu; '²stromleitung ⚡ f ligne f à courant continu; '²strommotor m moteur m à courant continu; '²takt m synchronisme m; im ~ au rythme synchrone; '~tun v/t.: es j-m ~ égaler q.; '²ung ⚡ f équation f; '~'viel adv. tout autant; ~ wer n'importe qui; ~, ob peu importe que (subj.); '~wertig adj. équivalent (mit à); pareil, -eille (à); j-m ~ sein valoir q.; '²wertigkeit f équivalence f; '~wink(e)lig △ adj. équiangle; '~'wohl adv. néanmoins; cependant; pourtant; toutefois; tout de même; quand même; '~zeitig I adj. simultané; (zeitgenössisch) contemporain (mit de); II adv. en même temps; au même moment; simultanément; ~ betreiben mener de front; '²zeitigkeit f simultanéité f; synchronisme m; '~ziehen v/i. Sport: égaliser; mit j-m ~ égaler q.

Gleis n voie f (ferrée); rails m/pl.; fig. aus dem ~ bringen dérouter; im alten ~ bleiben suivre ses vieilles habitudes; aus dem ~ kommen sortir de l'ornière; fig. wieder ins ~ kommen retrouver ses habitudes; retrouver son train de vie accoutumé; fig. wieder an ~ bringen remettre dans la bonne voie; die Verhandlungen sind auf ein totes ~ geraten les négociations sont arrivés (od. entrées) dans une impasse; '~abschnitt m section f de voie ferrée; '~anlage f rails m/pl.; voies f/pl. ferrées; '~anschluß m raccordement m de voie ferrée; '~bettung f ballast m de voie ferrée; '~dreieck △ n triangle m de rebroussement; '~kreuzung f croisement m de voies; '~überführung f saut-de-mouton m; '~übergang m passage m à cabrouets.

'gleisnerisch adj. hypocrite.
'gleißen v/i. luire; briller.
'Gleit|bahn f (Eisbahn) glissoire f; ⊕ glissière f; ~boot ⚓ n hydroglisseur m; ~dienst m service m mobile; ²en v/i. glisser; auf dem Wasser ~ hydroplaner; aus den Händen ~ glisser (od. échapper) des mains; das ist mir aus den Händen geglitten cela m'a échappé des mains; fig. über etw. (acc.) ~ effleurer qch.; ~de Lohnskala échelle f mobile des salaires; ~der Preis prix m mobile; ~en m glissement m; ~end adj.: ~e Arbeitszeit horaire m flexible (od. mobile od. variable od. souple); ~er Lohn salaire m indexé; ~fläche f surface f de glissement; ~flug ⚓ m vol m plané; ~flugzeug n planeur m; ~kufe ⚓ f patin m d'atterrissage; bisw. ski m; ~lager n palier m lisse; ~schiene f glissière f; ~schutz Auto: antidérapant m; ~schutzkette f chaîne f antidérapante; ~schutzreifen m/pl. Auto usw.: pneus m/pl. antidérapants; ²sicher adj. antidérapant; ~sitz (im Rennboot) m siège m à glissière; ~stange f glissière f; ~stück ⊕ n glissoir m; ~vermögen Schi: das ~ besitzen avoir la glisse; ~wachs n Schi: fart m; ~widerstand ⊕ m résistance f au glissement.

'Gletscher m glacier m; ~besteiger m glaciériste m; ~bildung f formation f glaciaire; ~brand m coup m de soleil; insolation f; dermite f solaire; ~brille Sport f lunettes f/pl. de mica; ~bruch m sérac m; ~eis n glace f d'un glacier; ~forscher m glaciologiste m; glaciologue m; ~forschung f glaciologie f; ~kunde f glaciologie f; ~schnee m névé m; ~see m lac m glaciaire; ~spalte f crevasse f de glacier; ~tor m sortie f d'un torrent glaciaire; ~wanderung f excursion f sur des glaciers.

Glied n (a. fig.: ~ e-r Gemeinschaft) membre m; anat. männliches ~ membre m viril; künstliches ~ membre m artificiel; (Finger²,Zehen²) phalange f; des Bandwurms: segment m; ⚡ terme m; e-r Kette: chaînon m; maillon m; (Geschlecht) génération f; bis ins dritte ~ jusqu'à la troisième génération; ⚔ rang m; file f; in Linie zu drei ~ern en ligne sur trois rangs; in Reih und ~ stehen (marschieren) être (marcher) en rangs; aus dem ~ treten sortir des rangs; ins ~ zurücktreten rentrer dans les rangs; der Schreck ist ihm in die ~er gefahren la frayeur lui a coupé bras et jambes; an allen ~ern zittern trembler de tous ses membres; '~erbau m membrure f; von kräftigem ~ bien membré, solidement bâti, (vierschrötig) râblé; '~erfüßer zo. m/pl. arthropodes m/pl.;

gliederlahm — Gluthauch

²erlahm *adj.* perclus; paralytique; ¹erlähmung *f* paralysie *f*; ²ern *v*/*t*. (*v*/*rf*.: *sich se*) (sub)diviser, organiser (*in acc.* en); *geistige Arbeit*: arranger; classer; ordonner; ¹erpuppe *f* (*Marionette*) marionnette *f*; (*Drahtpuppe*) mannequin *m*; (*Kinderspielzeug*) poupée *f* articulée; ¹erreißen ⚡ *n* douleurs *f*/*pl*. rhumatismales; ¹ertriebzug *m* automotrice *f* articulée; ¹erung *f* division *f*; *biol*. articulation *f* (*Gliederbau*) membrure *f*; (*Organisation*) organisation *f*; (*Formation*) formation *f*, ✕ *a*. dispositif *m*; (*Aufbau*) plan *m*; structure *f*, (*Verteilung*) distribution *f*; répartition *f*; ~ *der Bevölkerung nach Berufen* répartition *f* professionnelle de la population; ~erzucken *n* convulsions *f*/*pl*.; spasmes *m*/*pl*.; ~maßen *pl*. membres *m*/*pl*.; ²weise ✕ *adv*. par rangs.

'glimmen I *v*/*i*. brûler sans flamme; jeter une faible lueur; *unter der Asche*: couver; II ⚡ *n* combustion *f* lente; *fig*. faible lueur *f*.

'Glimm-entladung ⚡ *f* effluve *m* électrique.

'Glimmer *min. m* mica *m*; ²artig, ²haltig *adj*. micacé; ~plättchen *n* paillette *f*, lame *f* de mica; ~schiefer *min. m* micaschiste *m*.

'Glimm|lampe *f* lampe *f* luminescente (au néon); ~stengel F (*Zigarette*) *m* P tige *f*; P sèche *f*; F cibiche *f*.

'glimpflich *adv*.: ~ *davonkommen* s'en tirer à bon compte; *mit j-m ~ verfahren* se montrer indulgent envers (*od*. pour) q.

'glitsch|en *v*/*i*. glisser; ~ig *adj*. glissant.

'glitzern I *v*/*i*. étinceler; scintiller; II ⚡ *n* étincellement *m*; scintillement *m*.

glo'bal *adj*. global; ²strategie *f* stratégie *f* globale; ²summe *f* montant *m* global.

Globu'lin *biol*. ⚡ *n* globuline *f*.

'Globus *m* globe *m* (terrestre).

'Glöckchen *n* clochette *f*.

'Glocke *f* cloche *f* (*a. Käse*⚡, *Taucher*⚡, *Kuh*⚡); (*Feuer*⚡) tocsin *m*; (*Präsidenten*⚡) sonnette *f*; *große*: bourdon *m*; *die ~ läuten* sonner les cloches; *fig. etw. an die große ~ hängen* crier qch. sur les toits; claironner qch.; carillonner qch.; *wissen, was die ~ geschlagen hat* savoir à quoi s'en tenir.

'Glocken|blume ⚡ *f* campanule *f*; (*Akelei*) ancolie *f*; ~falte *f* godron *m*; ²förmig *adj*. en forme de cloche; ~geläut *n* sonnerie *f* des cloches; (*Glockenspiel*) carillon *m*; *unter ~ au son des Glocken*; ~gießer *m* fondeur *m* de cloches; ~gieße'rei *f* fonderie *f* de cloches; ~guß *m* fonte *f* de cloches; ²hell *adj*. argentin; ~isolator ⚡ *m* isolateur *m* à cloche; ~klang *m* son *m* des cloches; ~klöppel *m* battant *m* (d'une cloche); ~läuten *n* sonnerie *f* des cloches; ²rein *adj*. argentin; ~rock *m* jupe *f* cloche; jupe *f* à godets; ~schlag *m* coup *m* de cloche; *auf den ~* au moment à l'heure sonnante; ~schwengel *m* battant *m* (d'une cloche); ~seil *n* corde *f* d'une cloche; ~speise *f* métal *m* de cloches; ~spiel *n* carillon *m*; (*Musikinstrument*: jeu *m* de cloches; *ein ~ ertönen lassen* carillonner; *das Ertönen des ~s* le carillonnement; ~stuhl *m* charpente *f* soutenant une cloche (*bzw.* des cloches); ~turm *m* clocher *m*; *kleiner ~* clocheton *m*; ~zeichen *n* signal *m* de la cloche.

'glockig *cout. adv*.: ~ *fallen* (*Rock, Ärmel*) s'évaser.

'Glöckner *m* sonneur *m*.

'Glorie *f* gloire *f*; ~nschein *m* auréole *f*; gloire *f*.

glorifi'zieren *v*/*t*. glorifier.

'glorreich *adj*. glorieux, -euse.

Glos'sator *m* glossateur *m*.

'Glosse *litt. f* glose *f*; *fig. F zu allem s-e ~n machen* critiquer tout malignement.

glos'sieren *litt. v*/*t*. gloser; commenter.

'Glotz|auge *n* œil *m* à fleur de tête; ²äugig *adj*. qui a les yeux à fleur de tête; ~en *v*/*i*. ouvrir de grands yeux; faire des yeux en boules de loto.

'Glubsch-augen F *n*/*pl*. F yeux *m*/*pl*. en boule de loto; F yeux *m*/*pl*. ronds comme des soucoupes.

Glück *n zufälliges*: chance *f*, F veine *f*, F baraka *f*; *inneres*: bonheur *m*; (*Schicksal*) fortune *f*; (*gedeihlicher Zustand*) prospérité *f*; *junges ~* bonheur *m* tout neuf; *viel ~!* bonne chance!; *~ bringen* porter bonheur; *~ haben* avoir de la chance (*od*. F de la veine); F avoir la baraka; F être verni; *großes ~ haben* (*ins Schwarze treffen*) mettre dans le mille; *vom ~ begünstigt sein* être favorisé par la fortune (*od*. par le sort); *kein ~ (haben)* (n'avoir) pas de chance; *sein ~ machen* faire fortune (*od*. son chemin); réussir; *sein ~ versuchen* tenter sa chance; *das ~ lacht ihm* la fortune lui sourit; *nichts trübt sein ~* rien ne trouble (*od*. gâche) son bonheur; (*es ist*) *ein ~*, *daß* ... (c'est) une chance que ... (*subj*.); *es ist sein ~*, *daß* ... il a de la chance que ... (*subj*.); *er kann von ~ reden, daß* ... il peut s'estimer heureux que ... (*subj*.); *da kann man von ~ reden!*; *welches ~!* quelle chance!; *er hat noch ~ im Unglück* il a encore de la chance dans son malheur; *heureusement*; *auf gut ~ au petit bonheur*; *j-m viel ~ wünschen* souhaiter bonne chance à q.; *j-m zum neuen Jahr ~ wünschen* souhaiter la bonne année à q.; *jeder ist s-s ~es Schmied* chacun est l'artisan de sa fortune; *prov.* ... *und Glas, wie leicht bricht das* le bonheur est chose fragile; *mehr ~ als Verstand haben* avoir plus de chance que d'intelligence; ²bringend *adj*. qui porte bonheur.

'Glucke *f* couveuse *f*; mère *f* poule; ²n *v*/*i*. glousser; ~n *n* gloussement *m*.

'glücken *v*/*imp*. réussir; *alles glückt ihm* tout lui réussit.

'gluckern I *v*/*i*. glouglouter; II ⚡ *n* glouglou *m*.

'glück|lich I *adj*. *v. Personen*: heureux, -euse; *v. Dingen*: bon, -nne; heureux, -euse; (*günstig*) favorable; (*vorteilhaft*) avantageux, -euse; ~ *Reise!* bon voyage!; *e-e ~e Hand haben* avoir la main heureuse; *durch e-n ~en Zufall* par un heureux 'hasard'; *unter e-m ~en Stern geboren sein* être né sous une bonne étoile; II *adv*. avec bonheur; bien; ~ *machen* rendre heureux, -euse; *sich ~ fühlen* se trouver heureux, -euse; *sich ~ schätzen* s'estimer heureux, -euse; ~ *ankommen* bien arriver; *alles ist ~ verlaufen* tout s'est bien passé; ²liche(r *a. m*) *m*, *f* heureux *m*, -euse *f*; *Sie ~r!* heureux que vous êtes!; ~licher-'weise *adv*. heureusement; par bonheur; ²sbringer *m* porte-bonheur *m*; ~selig *adj*. bienheureux, -euse; ²'seligkeit *f* félicité *f*; *rl*. béatitude *f*.

'glucksen *v*/*i*. glousser.

'Glücks|fall *m* coup *m* de chance; (*bonne*) aubaine *f*; F veine *f*; *durch e-n ~* par un coup de chance; ~gefühl *n* félicité *f*; *rl*. béatitude *f*; ~göttin *f* Fortune *f*; ²*güter *f*/*pl*. richesses *f*/*pl*.; ~jäger *m* aventurier *m*; ~kind *n*, ~pilz *m* F chançard *m*, F veinard *m*; *er ist ~* il est né coiffé; ~rad *n* roue *f* de la Fortune; *Lotterie* roue *f* de loterie; ~ritter *m* aventurier *m*; ~sache *f* question *f* de chance; ~spiel *n* jeu *m* de 'hasard'; ~spielautomat *m* machine *f* à sous; ~spieler(in *f*) *m* joueur *m*, -euse *f*; ~stern *m* bonne étoile *f*; ~tag *m* jour *m* de chance; ~taumel *m* euphorie *f*.

'glück|strahlend *adj*. rayonnant de bonheur; ²s-treffer *m* coup *m* de chance; ²sumstände *m*/*pl*. circonstances *f*/*pl*. heureuses; ²swurf *m* coup *m* de chance; coup *m* heureux; ²zufall *m* coup *m* de chance; ~verheißend *adj*. de bon augure; ~wunsch *m* félicitations *f*/*pl*.; *für die Zukunft*: vœux *m*/*pl*. de bonheur; *Glückwünsche zum Jahreswechsel* vœux *m*/*pl*. de bonne année; *herzlichen Glückwunsch!* (toutes mes) félicitations!; *j-m s-n ~ aussprechen* adresser ses félicitations à q.; féliciter q. (*zu* de); ²wunschkarte *f* carte *f* de félicitation(s) (*bzw*. de vœux); ²wunschschreiben *n* lettre *f* de félicitations; ²wunschtelegramm *n* télégramme *m* de félicitations.

'Glüh|birne *f* ampoule *f* (électrique); ~draht ⚡ *m* filament *m*; ²en 1. *v*/*i*. être rouge (*od*. incandescent); *fig*. brûler (*vor* de); *fig. Berge, Himmel*: être embrasé; *Gesicht*: être rouge; 2. *v*/*t*. (*glühend machen*) rougir au feu; ⚡ calciner; *métall*. recuire; ²end *adj*. ardent; brûlant; (*inbrünstig*) fervent; (*weiß~*) incandescent; ~ *machen* rougir au feu; ~e *Kohlen* charbons *m*/*pl*. ardents (*a. fig*.); *fig*. (*wie*) *auf ~en Kohlen sitzen* être sur des charbons ardents; ~faden ⚡ *m* filament *m*; ~kathode ⚡ *f* cathode *f* incandescente (*od*. à incandescence); ~kerze *f Motor*: bougie *f* de réchauffage; ~körper *m* corps *m* incandescent; ~lampe ⚡ *f* ampoule *f*, lampe *f* à incandescence; ~licht *n* lumière *f* à incandescence; ~ofen ⚡ *m* four *m* à calciner; *métall*. four *m* à recuire; ~strumpf *m* manchon *m* à incandescence; ~wein *m* vin *m* chaud; ~wurm *m*, ~würmchen *n zo*. ver *m* luisant.

Glu'kose ⚡ *f* glucose *m*.

Glut *f* ardeur *f*; *fig. a*. ferveur *f*; feu *m*; (*Kohlen*⚡) brasier *m*; *zur ~ bringen* porter au rouge; *fig. in ~ geraten* s'enflammer; prendre feu; ¹hauch *m* souffle

m embrasé (*od.* brûlant); '**~hitze** *f* chaleur *f* caniculaire; fournaise *f*; '²**rot** *adj.* rouge feu.
Glyko'gen ⚕ *n* glycogène *m*.
Glyko'koll ⚕ *n* glycocolle *m*.
'**Glyptik** *f* glyptique *f*.
Glypto'thek *f* glyptothèque *f*.
Glyze'rin *phm. n* glycérine *f*.
Gly'zinie ⚕ *f* glycine *f*.
g-Moll ♪ *n* sol *m* mineur.
'**Gnade** *f* grâce *f*; (*Milde*) clémence *f*; (*Mitleid*) pitié *f*; *von Gottes* ~*n* par la grâce de Dieu; *e-e* ~ *erbitten* (*gewähren*) demander (accorder) une grâce; *sich als* ~ *ausbitten* demander qch. en grâce; *sich j-m auf* ~ *und Un*⚕ *ergeben* se livrer à la merci de q.; *um* ~ *bitten* demander grâce; † ⚔ demander quartier; ~ *finden* trouver grâce (*bei j-m; vor j-s Augen* devant q.; aux yeux de q.); *j-m* ~ *gewähren* faire grâce à q.; *j-m e-e* ~ *erweisen* faire une grâce à q.; *von j-m wieder in* ~*n aufgenommen werden* rentrer en grâce auprès de q.; ~ *vor Recht ergehen lassen*; ~ *walten lassen* préférer miséricorde à justice; user de clémence; *ohne* ~ sans pitié; † sans quartier; *aus* ~ (*und Barmherzigkeit*) par charité; ~ *!* grâce!; miséricorde!; *Jahr der* ~ an *m* de grâce; *Euer* ~*n* Votre Grâce.
'**Gnaden|akt** *m* acte *m* de grâce; ~**bild** *rl. n* image *f* miraculeuse; ~**brot** *n*: *sein* ~ *essen* être nourri dans sa vieillesse en récompense des services rendus; *bei j-m das* ~ *essen* vivre de la charité de q.; ~**frist** *f* délai *m* de grâce; ~**gesuch** ⚖ *n* recours *m* en grâce; *ein* ~ *einreichen* se pourvoir en grâce; ²**los** *adj.* sans pitié; ~**mittel** *rl. n/pl.* moyens *m/pl.* pour obtenir la grâce; ~**ort** *rl. m* lieu *m* de pèlerinage; ²**reich** *adj.* plein de grâce; (*mildtätig*) charitable; ~**stoß** *m* coup *m* de grâce; ~**tod** *m* mort *f* donnée par pitié; euthanasie *f*; ~**wahl** *rl. f* prédestination *f*; ~**weg** *m* voie *f* de la grâce; *auf dem* ~*e* à titre de grâce.
'**gnädig I** *adj.* (*wohlwollend*) bienveillant; (*milde*) clément; (*nachsichtig*) indulgent; *Gott sei uns* ~*!* que Dieu ait pitié de nous!; ~*e Frau!* Madame!; ~*es Fräulein!* Mademoiselle!; **II** *adv.* (*nachsichtig*) avec indulgence; (*wohlwollend*) avec bienveillance; *machen Sie es* ~*!* ne soyez pas trop sévère!; ~ *davonkommen* s'en tirer à bon compte; en être quitte à bon marché.
'**Gnatzkopp** F *m*: *alter* ~*! int.* scro(n)gneugneu!
'**Gneis** *min. m* gneiss *m*.
'**Gnom** *m* gnome *m*.
'**Gnosis** *f* gnose *f*.
'**Gnost|ik** *f* gnosticisme *m*; ~**iker** *m* gnostique *m*; ²**isch** *adj.* gnostique.
Gnosti'zismus *m* gnosticisme *m*.
Gnotobi'otik *biol. f* gnotobiotique *f*.
Gnu *zo. n* gnou *m*.
Gobe'lin *m* tapisserie *f*.
'**Gockel** F *m*, ~**hahn** F *m* coq *m*.
'**Go-Kart-Rennen** *n* karting *m*.
Go'lanhöhen *géogr. f/pl.* plateau *m* (*od.* 'hauteurs *f/pl.*) du Golan.
Gold *n* or *m*; *in* ~ *arbeiten* (*bezahlen*) travailler (payer) en or; *fig. etw. mit* ~ *aufwiegen* acheter (*resp.* vendre) qch. au poids de l'or; *das ist* ~ *wert*; *das ist nicht mit* ~ *aufzuwiegen* cela vaut son pesant d'or; *ein Herz treu wie* ~ un cœur d'or; *prov. es ist nicht alles* ~*, was glänzt* tout ce qui brille n'est pas or; '~**abfluß** ✝ *m* sortie *f* d'or; '~**ader** ⚒ *f* filon *m* d'or; '~**ammer** *orn. f* bruant *m* jaune; '~**anleihe** *f* emprunt-or *m*; '~**arbeit** *f* orfèvrerie *f*; '~**arbeiter** *m* orfèvre *m*; '~**aufkauf** *m* achat *m* d'or; '~**ausfuhr** *f* sortie *f* de l'or; '~**barren** *m* lingot *m* d'or; '~**basis** *f* base-or *f*; '~**bergwerk** *n* mine *f* d'or; '~**bilanz** *f* bilan *m* d'or; '~**blättchen** *n* paillette *f* d'or; '²**blond** *adj.* blond doré; '~**borte** *f* galon *m* d'or; '²**braun** *adj.* mordoré; '~**brokat** *m* brocart *m* d'or; '~**buchstabe** *m* lettre *f* d'or; '~**deckung** ✝ *f* couverture-or *f*; '~**devisen** *f/pl.* devises-or *f/pl.*; '~**dollar** *m* dollar-or *m*; '²**durchwirkt** *adj.* lamé (d')or; '²**en** *adj.* d'or; en or; (*goldfarbig*) doré; *die Hochzeit* noces *f/pl.* d'or; *die* ~*e Mitte* le juste milieu; *fig.* ~*e Berge versprechen* promettre monts et merveilles; *das* ²*e Zeitalter* l'âge *m* d'or; ²*e Brücke* pont *m* d'or; *sich ins* ²*e Buch eintragen* signer le livre d'or; '~**erz** *n* minerai *m* d'or; '~**faden** *m* en filé; '~**farbe** *f* couleur *f*; '~**farben**, '²**farbig** *adj.* couleur or; doré; '~**fasan** *m* faisan *m* doré; '~**feder** *f* plume *f* en or; '~**fisch** *icht. m* poisson *m* rouge; '~**fischteich** *m* bassin *m* de poissons rouges; '~**flitter** *m* clinquant *m*; '~**förderung** *f* extraction *f* de l'or; '~**fuchs** *m* alezan *m* doré; '²**führend** *min. adj.* aurifère; '~**füllung** *f* e-s Zahnes: aurification *f*; '~**gehalt** *m* e-s Ringes, e-r Münze: titre *m* (d'or); *min.* teneur *f* en or; '²**gelb** *adj.* jaune doré (*od.* d'or); '~**gewinnung** *f* extraction *f* (*od.* production *f*) de l'or; '~**gier** *f* soif *f* de l'or; '~**glanz** *m* éclat *m* de l'or; '~**gräber** *m* chercheur *m* d'or; '~**grube** *f* mine *f* d'or; '~**grund** *peint. m* fond *m* d'or; '~**haar** *n* cheveux *m/pl.* d'or; '²**haltig** *adj.* qui contient de l'or; aurifère; '~**handel** *m* commerce *m* de l'or; '²**ig** *fig. adj.* délicieux, -euse; mignon, -nne; *mein* ~*es Kind* mon bijou; '~**industrie** *f* industrie *f* de l'or; '~**käfer** *ent. m* scarabée *m* doré; '~**kind** *n* F *in der Anrede*: *mein* ~ mon bijou; '~**klausel** *f* clause-or *f*; '~**klumpen** *min. m* pépite *f*; '~**küste** *hist. f in Afrika*: *die* ~ la Côte-de-l'Or; '~**lack** *m* vernis *m* d'or; ♣ giroflée *f* jaune; '~**lagerstätte** *f* gisement *m* aurifère; '~**legierung** *f* alliage *m* d'or; '~**leiste** *f* liteau *m* doré; tringle *f* dorée; '~**mark** *f* mark-or *m*; '~**medaille** *f* médaille *f* d'or; '~**mine** ⚒ *f* mine *f* d'or; '~**mundstück** *n* e-r Zigarette: bout *m* doré; '~**münze** *f* monnaie (*od.* pièce) *f* d'or; '~**münzsystem** *n* système *m* monétaire basé sur l'or; *weitS.* étalon-or *m*; '~**papier** *n* papier *m* doré; '~**parität** *f* parité-or *f*; '~**pfund** *n* livre-or *f*; '²**plattiert** *adj.* plaqué or; '~**plombe** *f*, '~**plombierung** *f* aurification *f*; '~**preis** *m* prix *m* de l'or; '~**probe** *f* essai *m* de l'or; '~**punkt** ✝ *m* point-or *m*; '~**rahmen** *m* cadre *m* doré; '~**rausch** *m* ruée *f* vers l'or; '~**regen** ⚕ *m* cytise *m*; '~**reif** *m* anneau *m* d'or; '~**reserve** *f* réserve *f* d'or;

bague *f* en or; '~**rute** ⚕ *f* verge *f* d'or; solidago *m*; '~**sachen** *f/pl.* orfèvrerie *f*; '~**sand** *min. m* sable *m* aurifère; '~**schaum** ⊕ *m* or *m* en feuilles; '~**scheider** *m* affineur *m* d'or; '~**schlägerhaut** *f* baudruche *f*; '~**schmied** *m* orfèvre *m*; '~**schmiede-arbeit** *f* orfèvrerie *f*; (*etw. Gefertigtes*) pièce *f* d'orfèvrerie; '~**schnitt** *m*: *Buch in* ~ livre *m* doré sur tranche (*od.* à tranche dorée); '~**seife** *géol. f* placer *m*; gisement *m* d'or; '~**standard** *m* étalon-or *m*; '~**staub** *m* poudre *f* (*od.* poussière *f*) d'or; '~**stickerei** *f* broderie *f* d'or; '~**stück** *n* (*Münze*) pièce *f* d'or; '~**suche** *f* recherche *f* de l'or; '~**sucher** *m* chercheur *m* d'or; '~**topas** *min. m* topaze *f* orientale; topaze *f* d'Orient; '~**tresse** *f* galon *m* d'or; '~**vorrat** *m* réserve *f* d'or; '~**waage** *f* trébuchet *m*; *fig. jedes Wort auf die* ~ *legen* peser tous ses mots; '~**währung** ✝ *f* étalon-or *m*; '~**waren** *f/pl.* orfèvrerie *f*; '~**wäsche** *f* lavage *m* de l'or; '~**wäscher** *m* laveur *m* d'or; orpailleur *m*; '~**wäscherei** *f* lavage *m* d'or; orpaillage *m*; '~**wasser** *n* (*Likör*) liqueur *f* d'or; eau-de-vie *f* de Dantzig; '~**wert** *m* en or; valeur-or *f*; '~**zahlung** *f* versement *m* en or; '~**zahn** *m* dent *f* en or; '~**zugang** ✝ *m* afflux *m* d'or.
Golf¹ *géogr. m* golfe *m*.
Golf² *n* golf *m*; '~**ball** *m* balle *f* de golf; '~**keule** *f*, '~**schläger** *m* crosse *f* de golf; '~**klub** *m* club *m* de golf; '~**platz** *m* terrain *m* de golf; '~**spiel** *n* golf *m*; '~**spieler(in** *f*) *m* joueur *m*, -euse *f* de golf; golfeur *m*, -euse *f*.
'**Golfstrom** *m* Gulf Stream *m*.
'**Gondel** *f* gondole *f*; ✈ nacelle *f*; ~**führer** *m* gondolier *m*; ~**lied** *n* barcarolle *f*; ²*n v/i.* aller en gondole.
Gong *m* gong *m*.
'**gönn|en** *v/t.*: *j-m etw.* ~ être content pour q. de qch.; ne pas envier qch. à q.; *j-m etw. nicht* ~ envier qch. à q.; (*gewähren*) *sich etw.* ~ s'accorder, s'offrir, s'octroyer, se passer qch.; *er gönnt sich nicht das geringste Vergnügen* il se refuse tout plaisir; *ich gönne es Ihnen je* suis content pour vous; ²**er(in** *f*) *m* protecteur *m*, -trice *f*; ~**erhaft** *adj.* protecteur, -trice; ~**ermiene** *f* air *m* protecteur; ²**erschaft** *f* protection *f*.
Gono'kokkus ⚕ *m* gonocoque *m*.
Gonor'rhö ⚕ *f* blennorragie *f*.
'**Göpel** ⊕ *m* manège *m*.
Gör *n*, ~**e** *f* F gosse *m, f*; *die* ~*en pl.* la marmaille *f/sg.*
'**gordisch** *adj.*: *den* ~*en Knoten zerhauen* trancher le nœud gordien.
Go'rilla *zo.*, *F Leibwächter* m gorille *m*; *nur fig. Leibwächter*: P barbouze *f*.
Gösch ⚓ *f* pavillon *m* de beaupré.
'**Gosse** *f* ruisseau *m* (*a. fig.*).
'**Got|e** *m*, ~**in** *f* Goth *m*, -e *f*; ~**ik** *f* *Kunst*: gothique *m*; *Epoche*: époque *f* gothique; ²**isch** *adj.* gothique; ~*e Schrift* écriture *f* gothique; gothique *f*.
Gott *m* dieu *m*; *christlicher*: Dieu *m*; *der liebe* ~ le bon Dieu; ~ *der Herr* le Seigneur; ~*es Sohn* le fils de Dieu; *die Wege* ~*es* les voies *f/pl.* de Dieu; *das Wort* ~*es* la parole de Dieu; *l'Écriture f sainte*; *an* ~ *glauben* croire en Dieu; *mein* ~*!* mon Dieu!; *bei Gott!*

gottähnlich — Granatapfelbaum

par Dieu!; *großer* ~! grand Dieu!; *barmherziger* ~! Dieu de miséricorde!; ~ *sei Dank*! Dieu merci!; grâce à Dieu; Dieu soit loué!; *vergelt's* ~! Dieu vous le rende!; *mit* ~! avec l'aide de Dieu; *mit* ~*es Hilfe* avec l'aide de Dieu; par la grâce de Dieu; grâce à Dieu; *von* ~*es Gnaden* par la grâce de Dieu; de droit divin; *leider* ~*es*! hélas (oui)!; ~ *sei mit uns*! Dieu soit avec nous!; ~ *stehe uns bei*! que Dieu nous soit en aide!; ~ *verdamm' mich, wenn ...* (que) le diable m'emporte si ...; *in* ~*es Namen*! au nom de Dieu!, *(meinetwegen)* (eh bien), soit!; *um* ~*es willen* pour l'amour de Dieu; *wolle* ~!; ~ *gebe es*! (que) Dieu le veuille!; *gebe* ~, *daß* ... Dieu veuille que ... (*subj.*); *behüt' dich* ~! Dieu te conserve (*od.* conduise)!; ~ *bewahre* (*od. behüte*)! Dieu nous en préserve!; *weiß* ~! Dieu (le) sait!; *das weiß* ~!; *das wissen die Götter!* Dieu seul le sait!; *ich schwöre es, so wahr mir* ~ *helfe*! je le jure!; *er kennt* ~ *und die Welt* il connaît tout le monde; *ist er ganz von* ~ *verlassen*? a-t-il perdu la tête?; *er läßt den lieben* ~ *e-n guten Mann sein* il ne s'inquiète de rien; il ne s'en fait pas; *wie* ~ *in Frankreich leben* vivre (*od.* être) comme un coq en pâte; être comme un poisson dans l'eau; *prov. der Mensch denkt,* ~ *lenkt* l'homme propose, Dieu dispose; *an* ~*es Segen ist alles gelegen* à qui Dieu n'aide rien ne succède; '²**ähnlich** *adj.* fait à l'image de Dieu; qui ressemble à Dieu; semblable à Dieu; '~**ähnlichkeit** *f* ressemblance *f* avec Dieu; '²**begnadet** *adj.* qui a reçu la grâce divine; comblé par le Ciel.
'**Götter|bild** *n* image *f* d'un dieu; ~**dämmerung** *myth.* *f* crépuscule *m* des dieux; ~**funke** *m* étincelle *f* divine.
'**gott-ergeben** *adj.* soumis à la volonté divine.
'**Götter|glaube** *f* croyance *f* aux dieux; ²**gleich** *adj.* semblable aux dieux; ~**lehre**, ²**sage** *f* mythologie *f*; ~**speise** *myth. f* ambroisie *f*; ~**trank** *myth. m* nectar *m*; ~**welt** *f* monde *m* des dieux.
'**Gottes|acker** *m* cimetière *m*; ~**anbeterin** *ent. f* mante *f* religieuse; ~**dienst** *m* service *m* divin; office *m* divin; *prot. mst* culte *m*; ~ *halten* célébrer l'office; ²**dienstlich** *adj.* concernant les services (*od.* les offices) *bzw.* le culte; ~**friede** *hist.* ~ trêve *f* de Dieu; ~**furcht** *f* crainte *f* de Dieu; (*Frömmigkeit*) piété *f*; ²**fürchtig** *adj.* craignant Dieu; (*fromm*) pieux, -euse; ~**gabe** *f* don *m* du Ciel; ~**geißel** *f* fléau *m* de Dieu; ~**haus** *n* église *f*; *prot.* temple *m*; ~**lästerer** *m*, ~**lästerin** *f* blasphémateur *m*, -trice *f*; ²**lästerlich** *adj.* blasphématoire; sacrilège; ~**lästerung** *f* blasphème *m*; sacrilège *m*; ~**leugner(in** *f*) *m* athée *m*, *f*; ~**leugnung** *f* athéisme *m*; ~**mord** *m* déicide *m*; ~**urteil** *hist. n* jugement *m* de Dieu; ordalie *f*; ~**verächter(in** *f*) *m* impie *m*, *f*; ~**verachtung** *f* impiété *f*; ~**verehrung** *f* adoration *f* de Dieu.
'**gott|gefällig** *adj.* agréable à Dieu; *ein* ~*es Leben führen* vivre selon (les commandements de) Dieu; ~**geweiht** *adj.* consacré à Dieu; ²**heit** *f* divinité *f*.
'**Gött|in** *f* déesse *f*; ²**lich** *adj.* divin; de Dieu; *das* ²*e* le divin; ~**lichkeit** *f* divinité *f*; caractère *m* divin.
gott|'lob! *int.* heureusement!; Dieu soit loué!; '~**los** *adj.* impie; irréligieux, -euse; athée; ²**lose(r** *a. m) m*, *f* impie *m, f*; athée *m, f*; ²**losigkeit** *f* impiété *f*; athéisme *m*; '²**mensch** *rl. m* Homme-Dieu *m*; '~**selig** *adj.* bienheureux, -euse; ²**vater** *m* Dieu le Père; '~**vergessen** *adj.* impie; '~**verlassen** *adj.* Ort: perdu; au bout du monde; '²**vertrauen** confiance *f* en Dieu; '~**voll** F (*köstlich*) *adj.* F impayable; très drôle.
'**Götze** *m* idole *f*; faux dieu *m*; ~**nbild** *n* idole *f*; ~**ndiener(in** *f*) *m* idolâtre *m, f*; adorateur *m*, -trice *f* d'idoles; ~**ndienst** *m* idolâtrie *f*; culte *m* des idoles.
Gour'mand (*Feinschmecker*) *m* gourmet *m*.
Gouver|'nante *f* gouvernante *f*; ~'**neur** *m* gouverneur *m*.
Grab *n* tombe *f*; *ausgehobenes*: fosse *f*; (~*mal*) tombeau *m*; sépulcre *m*; *das Heilige* ~ le saint sépulcre; *über das* ~ *hinaus* au-delà de la tombe; *zu* ~ *läuten* sonner le glas; *zu* ~*e tragen* porter (*od.* mettre) en terre; enterrer; *j-n zu* ~*e geleiten* rendre les derniers devoirs à q.; *mit e-m Bein im* ~*e stehen* avoir déjà un pied dans la tombe; *ein* ~ *pflegen* entretenir une tombe; *sein* ~ *schaufeln fig.* causer sa propre ruine; *mit ins* ~ *nehmen* emporter dans la tombe; *er würde sich im* ~*e umdrehen* il se retournerait dans sa tombe; *wie ein* ~ *schweigen* être muet, -ette comme la tombe; ~**denkmal** *n* tombeau *m* funéraire.
'**Grabegabel** *⚒ f* fourche *f* à bêcher.
'**graben I** 1. *v/i.* creuser; (*durchwühlen*) fouiller; faire des fouilles; bêcher; *nach Gold* ~ chercher de l'or; 2. *v/t.* creuser; *mit dem Spaten*: bêcher; *Brunnen*: foncer; (*durchwühlen*) fouiller; **II** ² *n* creusement *m*; (*Durchwühlen*) fouille *f*.
'**Graben** *m a. géol. u. fig.* fossé *m*; *nur géol.* graben *m*; *vorübergehend ausgehobener*: tranchée *f* (*a. ⚔*); *e-n* ~ *ziehen* creuser un fossé *bzw.* une tranchée; ~**bagger** *m* excavateur *m* de tranchées; ~**bruch** *géol. m* fossé *m* d'effondrement; ~**krieg** *m* guerre *f* des tranchées.
'**Grabes|dunkel** *n* obscurité *f* du tombeau; ~**kirche** *f in Jerusalem*: Saint-Sépulcre *m*; ~**ruhe** *f*, ~**stille** *f* silence *m* du tombeau; ~**stimme** *f* voix *f* sépulcrale.
'**Grab|geläut** *n* glas *m* funèbre; ~**gesang** *m* chant *m* funèbre; ~**gewölbe** *n* caveau *m* funéraire; ~**hügel** *m* tertre *m* funéraire; *hist.* tumulus *m*; ~**inschrift** *f* inscription *f* sépulcrale (*od.* sur une tombe); épitaphe *f*; ~**kreuz** *n* croix *f* tombale; ~**legung** *f* mise *f* au tombeau; ~**mal** *n* tombeau *m*; monument *m* funéraire (*od.* tumulaire); ~**pflege** *f* entretien *m* de tombe(s); ~**platte** *f* dalle *f* funéraire; ~**plünderer** *m* fouilleur *m* (*od.* pilleur *m*) de tombes (*od.* de tombeaux); ~**rede** *f* oraison *f* funèbre; ~**schänder** *m* profanateur *m* de sépultures; ~**schändung** *f* violation *f* de sépulture (*od.* de tombeau); ~**scheit** ⊕ *n* bêche *f*; ~**stätte** *f* sépulture *f*; tombeau *m*; ~**stein** *m* pierre *f* tombale; ~**stichel** ⊕ *m* ciselet *m*; burin *m*; poinçon *m*; ~**tuch** *n* drap *m* mortuaire; *das* ~ *Christi* le saint suaire; ~**urne** *f* urne *f* funéraire.
Grad *m* degré *m*; (*Dienst*²*, a. ⚔ u. akademischer*) grade *m*; ⚕ *Gleichung ersten (zweiten)* ~*es* équation *f* du premier (second) degré; *zehn* ~ *Celsius* dix degrés Celsius; *das Thermometer steht auf 8* ~ *über Null* le thermomètre marque huit degrés au-dessus de zéro; *bei 10* ~ *Wärme* à plus dix; *bei 10* ~ *Kälte* à moins dix; *um 5* ~ *steigen (fallen)* monter (baisser) de cinq degrés; *akademischer* ~ grade *m* universitaire; *Vetter ersten* ~*es* cousin *m* germain; *Vetter zweiten* ~*es* cousin *m* issu de cousins germains; petit-cousin *m*; *fig. bis zu e-m gewissen* ~*e* jusqu'à un certain degré (*od.* point); *dans une certaine mesure*; *in hohem* ~*e* à un 'haut degré; d'une façon très marquée; *im höchsten* ~*e* au plus 'haut degré; au dernier degré; *in geringerem* ~*e* à un moindre degré; *in dem* ~*e, daß* ... à tel point que ... (*final: subj.*); *in* ~*e einteilen* graduer; '~**abzeichen** *n* insigne *m* (de grade); ⚔ galon *m*; '~**bogen** (*Topographie*) *m* éclimètre *f*; '~**einteilung** *f* graduation *f*; ~**i'ent** *phys. m* gradient *m*; ²**ieren** *v/t.* graduer; ~**ierung** *f* graduation *f*; ~**ierwaage** *f* pèse-sel *m*; aéromètre *m*; ~**ierwerk** (*Salzgewinnung*) *n* (bâtiment *m* de) graduation *f*; ²**linig** *adj.* → geradlinig; '~**messer** *fig. m* indicateur *m*; '~**netz** *n e-r Landkarte*: quadrillage *m*; ²**u'ell** *adj.* graduel, -lle; ²**u'ieren** *v/t.* graduer; ²**weise** *adv.* par degrés; graduellement.
Graf *m* comte *m*.
'**Gräf|in** *f* comtesse *f*; ²**lich** *adj.* comtal.
'**Grafschaft** *f* comté *m*.
Gral *m*: *der Heilige* ~ le (Saint-) Graal.
Gram *m* chagrin *m*; affliction *f*; *vor* ~ *sterben* mourir de chagrin.
gram *adj.*: *j-m* ~ *sein* garder rancune à q.; en vouloir à q.; *j-m* ~ *werden* prendre q. en aversion.
'**grämen** *v/rfl.*: *sich* se chagriner; s'affliger (*über acc.* de); *sich zu Tode* ~ mourir de chagrin.
'**gram-erfüllt** *adj.* plein de chagrin (*od.* d'affliction).
'**grämlich** *adj.* chagrin; morose; renfrogné.
Gramm *n* gramme *m*.
Gram'matik *f* grammaire *f*.
grammati'kalisch, **gram'matisch** *adj.* grammatical; ~*er Fehler* faute *f* de grammaire.
Gram'matiker *m* grammairien *m*.
Grammo'phon *n* phono(graphe) *m*; ~**aufnahme** *f* enregistrement *m* (sur disque); ~**nadel** *f*, ~**stift** *m* aiguille *f* pour phono(graphe); ~**platte** *f* disque *m*.
'**gramvoll** *adj.* plein d'affliction; affligé; (*betrüblich*) affligeant.
Gra'nat *min. m* grenat *m*; ~**apfel** ♀ *m* grenade *f*; ~**apfelbaum** *m* grenadier *m*.

Gra'nate ⚔ f obus m; (Hand⚔) grenade f; **~nbeseitigung** f désobusage m.
Gra'nat|feuer ⚔ n tir m à obus; **~hülse** f douille f d'obus; **~loch** n trou m d'obus; **~splitter** m éclat m d'obus; **~stein** min. m grenat m; **~trichter** ⚔ m entonnoir m; **~werfer** ⚔ m lance-grenades m; **~würfe** m/pl. jets m/pl. de grenades.
'Grande (Spanien) m grand m.
grandi'os adj. grandiose.
Gra'nit min. m granit(e) m; fig. auf ~ beißen se 'heurter à une forte opposition; trouver une forte résistance; **~ähnlich** adj. granitoïde; **~artig** adj. granitique; **~felsen** m rocher m de granit(e); **~en** adj. de granit; **~haltig** adj. granitteux, -euse.
'Granne ♀ f barbe f; arête f.
'grantig sdd., östr. (mürrisch) adj. grincheux, -euse; acariâtre; 'hargneux, -euse; **~keit** f caractère m 'hargneux.
Granu'lat ⊕ n granulés m/pl.; **~iermaschine** ⊕ f berlingoteuse f.
granu'lieren I 1. v/t. Metalle usw.: granuler; 2. v/i. Wundfläche: se couvrir de granulations; II 2 n granulation f.
'Grapefruit f pamplemousse m od. f.
'Graph|ik f arts m/pl. graphiques; Einzelblatt: gravure f; estampe f; **~iker** m artiste m des arts graphiques; dessinateur-graveur m; (Gebrauchs2) dessinateur m publicitaire; **2isch** adj. graphique; **~e Darstellung** (tracé m) graphique m; **~ darstellen** faire un graphique.
Gra'phit min. m graphite m; plombagine f; **2haltig** adj. graphiteux, -euse; **~mine** ⚒ f mine f de graphite; **~reaktor** at. m réacteur m au graphite.
Grapho'loge m graphologue m.
Grapholo'gie f graphologie f.
Grapho'logisch adj. graphologique.
'grapschen F v/t. saisir avidement.
Gras n herbe f; ♀ Gräser pl. graminées f/pl.; sich ins ~ legen se coucher dans l'herbe; F fig. ins ~ beißen mordre la poussière; casser sa pipe; das ~ wachsen hören se croire bien fin (od. très malin, -igne); darüber ist längst ~ gewachsen c'est oublié depuis longtemps; **'~art** f graminée; **'2bewachsen** adj. herbu; herbeux, -euse; **'~boden** m sol m (od. terrain m) couvert d'herbe; **'~büschel** n touffe f d'herbe; **'~decke** f couche f d'herbe.
'grasen v/i. brouter l'herbe; paître.
'Gras|fleck m auf Kleidern: tache f d'herbe; (mit Gras bewachsene Stelle) endroit m gazonné; **2fressend** adj. herbivore; **~fresser** m herbivore m; **~futter** n herbage m; **~fütterung** f fourrage m vert; **~grün** adj. vert comme l'herbe; **~halm** m brin m d'herbe; **~hopser** m, **~hüpfer** F ent. m sauterelle f.
'grasig adj. herbeux, -euse; herbu; couvert d'herbe; gazonné.
'Gras|land n herbage m; **~mäher** m, **~mähmaschine** f faucheuse f à 'herbe; **~mücke** orn. f fauvette f; **~platz** m endroit m couvert d'herbe; **2reich** adj. herbeux, -euse; **~samen** m graine f de graminées.
gras'sieren v/i. régner; (wüten) sévir.

'gräßlich adj. affreux, -euse; (schauderhaft) horrible; (ekelhaft) hideux, -euse; (fürchterlich) effroyable; (entsetzlich) épouvantable; (sehr grausam) atroce; (scheußlich) monstrueux, -euse; **2keit** f horreur f; atrocité f; (Scheußlichkeit) monstruosité f.
'Gras|schi (Sport) m ski m sur l'herbe; **'~steppe** f steppe f.
Grat m arête f; crête f; ⊕ (Gußnaht) bavure f; (Messer2) morfil m; **'~balken** △ m arêtier m.
'Gräte f arête f; **2nlos** adj. sans arêtes; **2nreich** adj. plein d'arêtes.
Gratifikati'on f gratification f.
'gratis adv. gratis; gratuitement; à titre gratuit; **2aktie** ♦ f action f gratuite; **2angebot** n offre f gratuite; **2beilage** f supplément m gratuit; **2exemplar** n exemplaire m gratuit; **2kostprobe** f dégustation f gratuite.
'Grätsch|e f écart m; Sprung in die ~ saut m jambes écartées; **2en** v/t.: die Beine ~ écarter les jambes.
'Gratschritt (Schi) m montée f en ciseau.
'Grätsch|sprung m saut m jambes écartées; **~stellung** f position f jambes écartées.
Gratu'lant(in f) m celui, celle qui félicite q.
Gratulati'on f félicitation f.
gratu'lieren v/i.: j-m zu etw. ~ féliciter q. de qch.; ich gratuliere! mes félicitations!
grau adj. gris; etw. ~ grisâtre; ✶ ~er Star cataracte f; ~ machen; ~ in ~ (be)malen; ~ werden grisailler; ~e Haare bekommen; ~ werden grisonner; fig. darüber lasse ich mir keine ~en Haare wachsen je ne m'en fais pas pour cela; ~ ist die moindre (F le cadet) de mes soucis; der ~e Alltag le traintrain quotidien; la grisaille (de la vie) quotidienne; ~ anstreichen peindre en gris; das ~e Altertum la plus 'haute antiquité; in ~er Vorzeit dans la nuit des temps; vor ~en Jahren jadis; nachts sind alle Katzen ~ la nuit tous les chats sont gris; **'2äugig** adj. aux yeux gris; **'2bart** m vieillard m à la barbe grise; **'~blau** adj. gris bleuâtre; **'2brot** n pain m bis.
Grau'bünd|en n canton m des Grisons; les Grisons m/pl.; **~ner(in** f) m Grison m, -onne f.
'grauen¹ v/i. Tag: commencer à poindre.
'grauen² I v/rf. u. v/imp.: sich ~ avoir horreur (vor dat. de); mir graut (od. es graut mir) j'ai horreur (vor dat. de); davor graut mir cela me fait horreur; II 2 n horreur f; épouvante f; j-m ~ einflößen faire horreur à q.; von ~ gepackt saisi d'horreur; **~erregend, ~haft, ~voll** adj. affreux, -euse; horrible; atroce; qui fait horreur.
'graugrün adj. gris vert.
'Grau|guß ⊕ m fonte f grise; **2haarig** adj. aux cheveux gris; **~kopf** m homme m aux cheveux gris.
'graulen F v/i/rf. u. v/imp.: sich ~ avoir peur (vor dat. de); mir grault j'ai peur (vor dat. de).
'gräulich adj. grisâtre.
graume'liert adj. Haar: poivre et sel; grisonnant.
'Graupeln f/pl. grésil m.

'graupeln v/imp.: es graupelt il tombe du grésil; il grésille.
'Graupen cuis. f/pl. orge m mondé; feine: orge m perlé; **~suppe** f potage m à l'orge mondé.
'grausam adj. cruel, -elle; atroce; féroce; affreux, -euse; horrible; (unmenschlich) inhumain; barbare; **2e(r** a. m) m, f cruel m, -elle f; barbare m, f; inhumain m, -e f; **2keit** f cruauté f; atrocité f; férocité f; (Unmenschlichkeit) inhumanité f; barbarie f.
'Grauschimmel zo. m cheval m blanc pommelé.
'graus|en v/imp.: mir graust je frémis d'horreur; **2en** n horreur f; épouvante f; **~en-erregend, ~ig** adj. horrible; épouvantable; atroce.
'Grau|specht orn. m pic m cendré; **~tier** F n âne m; baudet m; **~werden** n der Haare: grisonnement m; **~werk** zo. n petit-gris m.
Gra'veur m graveur m.
Gra'vier-anstalt f atelier m de gravure.
gra'vieren v/t. graver.
gra'vierend ⚖ adj. aggravant; ~e Umstände circonstances f/pl. aggravantes.
Gra'vier|nadel f burin m; **~ung** f gravure f.
'Gravis gr. m accent m grave.
Gravi'tät f gravité f.
Gravitati'on f gravitation f, **~sfeld** n champ m de gravitation; **~sgesetz** n loi f de la gravitation; **~skraft** f gravitation f.
gravi'tätisch adj. grave; (feierlich) solennel, -elle f.
gravi'tieren phys. v/i. graviter.
'Grazie f grâce f; myth. Grâce f.
grazi'ös adj. gracieux, -euse.
gregori'anisch adj. grégorien, -enne; der 2e Gesang le chant grégorien.
Greif (Fabeltier) m griffon m.
'Greif|backe ⊕ f mâchoire f; **~bagger** m excavateur m à benne preneuse; **2bar** adj. saisissable; (berührbar) palpable; tangible; (zur Hand) à portée de la main; (offenkundig) évident; palpable; † réalisable; ~e Gestalt annehmen (sich verwirklichen) se réaliser; **2en** 1. v/t. saisir; prendre; (packen) empoigner; fig. das ist aus der Luft gegriffen c'est une pure invention; c'est dénué de fondement; fig. Platz ~ prendre pied, s'établir, (sich behaupten) se maintenir; 2. v/i.: an den Hut ~ mettre la main à son chapeau; aus dem Leben gegriffen pris sur le vif; in die Tasche ~ mettre la main à la poche; ~ nach étendre la main pour prendre (od. saisir); ♪ falsch ~ toucher faux; fig. um sich ~ se propager; gagner du terrain; s'étendre; j-m unter die Arme ~ donner un coup de main à q.; aider q.; soutenir q.; zu etw. ~ prendre qch., fig. recourir (od. avoir recours) à qch., wählend: choisir qch.; zur Feder ~ prendre la plume; zu den Waffen ~ prendre les armes; zu hoch gegriffen exagéré; **~en** n prise f; **~er** ⊕ m (a. am Bagger); preneur m; grappin m (a. am Bagger); (~kübel) benne f preneuse; a. von der Marssonde: bras m mécanique; **~erkran** m grue f à benne preneuse; **~erschaufel** f griffe f;

~klaue f griffe f; ~organ n organe m de préhension; ~schwanz m queue f préhensile; ~zirkel m compas m d'épaisseur.
'greinen F v/i. pleurnicher.
Greis m vieillard m.
'Greisen|alter n vieillesse f; ℒhaft adj. sénile; ~haftigkeit f sénilité f.
'Greisin f vieille femme f; vieille dame f.
grell adj. Ton: perçant; strident; aigu, -ë; Licht: éblouissant; Farben: criard; cru; ~e Gegensätze contrastes m/pl. violents; ~ abstechen gegen contraster fortement avec, bsd. v. Farben: jurer avec; ~ beleuchten éclairer crûment; '~farbig adj. aux couleurs criardes (od. crues).
Gremium n commission f.
Grena'dier ⚔ m (Infanterist) fantassin m; heutiger Dienstgrad: soldat m de deuxième classe; hist. grenadier m.
'Grenz|abkommen n accord m frontalier; ~aufseher m garde m frontière; ~bahnhof m gare f frontière; ~befestigung f fortification f de frontière; ~belastung ⊕ f charge f limite; ~berichtigung f ajustement m (od. rectification f) de frontière; ~bestimmung f délimitation f de frontière; ~bevölkerung f, ~bewohner m/pl. frontaliers m/pl.; ~bezirk m district m frontalier (od. frontière); ~e f limite f; (Landesℒ) frontière f; (Schranke) borne f; (äußerstes Ende) extrémité f; confins m/pl.; e-e ~ ziehen (festlegen) délimiter une frontière; die ~ überschreiten passer (od. franchir) la frontière; fig. die ~n überschreiten dépasser les bornes; alles hat s-e ~n il y a une limite à tout; e-r Sache (dat.) ~n setzen mettre des bornes à qch.; sich in ~n halten se tenir dans des bornes; ohne ~n ~enlos; ℒen v/i. confiner (an acc. à); toucher (à); être voisin (de); Grundstücke oft: être attenant (od. contigu) (à); fig. tenir (de); friser (acc.); ℒenlos I adj. sans bornes; sans limites; (unbeschränkt) illimité; (unendlich) infini; (unermeßlich) immense; II adv. sans bornes; sans limites; ~enlosigkeit f infinité f; (Unermeßlichkeit) immensité f; vastitude f; ~er (Zollbeamter) m douanier m; ~fall m cas m limite; ~festsetzung f délimitation f de frontière; ~festung f place f frontière; ~fluß m fleuve m frontière; ~frequenz f fréquence f limite; ~gänger m frontalier m; ~gebiet n région (od. zone) f frontière; ~kohlenwasserstoff 🜛 m hydrocarbure m saturé; ~konflikt m conflit m de frontière; ~kontrolle f contrôle m à la frontière; ~land n pays m frontière; ~lehre ⊕ f calibre m à limites; ~linie f frontière f; limite f; ligne f de la frontière; fig. limite f extrême; ~mauer f mur m limitrophe; (Brandmauer) mur m mitoyen; ~nachbar m voisin m; ~nutzen éc. m utilité f marginale; ~nutzentheorie éc. f marginalisme m; Anhänger m der ~ marginaliste m; ~pfahl m poteau m frontière; ~polizei f police f frontalière; ~posten (Person) ⚔ m garde m frontière; ~provinz f province f

frontière; ~schutz m police f frontière (od. frontalière); ~situation f situation f limite; ~spannung f tension f limite; ~sperre f barrage m de la frontière; ~stadt f ville f frontière; ~station 🚆 f station f frontière; ~stein m borne f; ~streife f patrouille f de gardes frontières; ~streit m contentieux m frontalier; litige m de frontière; ~übergang m point m frontalier de transit; ~übertritt m passage m de la frontière; ~verkehr m trafic m frontalier; ~verletzung f violation f de frontière; ~vertrag m traité m frontalier; ~wache (Personen) f gardes m/pl. frontières; ~wächter m garde m frontière; ~wert ⚛ m limite f; ~winkel m angle m limite; ~ziehung f tracé m des frontières; ~zoll(amt n) m douane f; ~zone f zone f frontière; ~zwischenfall m incident m de frontière.
'Gretchenfrage f question f délicate.
'Greu|el m atrocité f; horreur f; abomination f; das ist mir ein ~ j'ai cela en horreur; er ist mir ein ~ je l'ai en horreur; il me fait horreur; ~eltat f atrocité f; action f abominable; ~lich adj. horrible; abominable; exécrable.
'Grieben cuis. f/pl. rillons m/pl.
'Griech|e m, ~in f Grec m, Grecque f; ~enland n la Grèce; ~entum n hellénisme m; ℒisch adj. grec, grecque; die ~e Sprache; das ℒe la langue grecque, le grec; ~es Feuer feu m grégeois; ℒisch-ka'tholisch → ℒisch-uniert; ℒisch-ortho'dox adj. grec, grecque orthodoxe; ℒisch-'römisch adj. gréco-romain; ℒisch-u'niert adj. grec-uni, grecque-unie.
'grienen v/i. ricaner.
'Gries|gram m grognon m; grincheux m; F bougon m; ℒgrämig adj. morose; F bougon, -onne; grognon, -onne; grincheux, -euse.
Grieß m cuis. semoule f; (grobkörniger Sand) gros sable m; '~auflauf m gâteau m de semoule; '~brei m semoule f au lait; '~klößchen n/pl. boulettes f/pl. de semoule; '~mehl n semoule f; '~pudding cuis. m etwa: gâteau m de semoule; '~suppe f potage m à la semoule; '~zucker m sucre m semoule.
Griff m (Zuℒ) coup m de main; beim Ringkampf: prise f; ⚔ ~e pl. maniement m d'armes; ⚔ ~e machen (od. F klopfen) faire du maniement d'armes; ⊕ manette f; (Stiel) manche m; (Degenℒ, Kofferℒ, Messerℒ, Stockℒ) poignée f; ♪ doigté m; text. toucher m; kühner ~ coup m hardi; e-n ~ nach etw. tun étendre la main pour prendre (od. saisir) qch.; fig. e-n guten ~ tun avoir la main heureuse; F réussir un joli banco; ♪ e-n falschen ~ tun toucher faux; fig. etw. in den ~ bekommen maîtriser qch.; réussir à contrôler qch.; se rendre maître de qch.; venir à bout de qch.; die Inflation in den ~ bekommen a. tordre le cou à l'inflation; etw. (wieder) in den ~ bekommen (re)prendre qch. en main; etw. im ~ haben avoir l'habitude de qch.; avoir la main pour qch.; 'ℒbereit adj. (zur Hand) à portée de la main; '~brett ♪ n e-r Geige usw.:

touche f.
'Griffel m crayon m d'ardoise; antiq. u. ♀ style m.
'griff|ig adj. (handlich) maniable (a. Stoff); (geschickt) habile; (Reifen) adhésif, -ive; ℒigkeit f (Handlichkeit) maniabilité f; (Geschicklichkeit) habileté f; (Reifen) adhésivité f; ℒstück e-r Pistole n poignée f.
'Grill-automat m rôtissoire f.
'Grille f ent. grillon m; cri-cri m; fig. caprice m, chimère f, idée f bizarre; F lubie f; fig. ~n fangen broyer du noir, F avoir le cafard; ~n im Kopf haben avoir des lubies.
'grillen cuis. I v/t. faire cuire sur le gril; II ℒ n grillage m.
'Grillen|fänger m esprit m chimérique (od. fantasque); songe-creux m; ℒhaft adj. capricieux, -euse; chimérique; fantasque.
'Grill|gerät n rôtissoire f; ~gut cuis. n grillade f; ~korb cuis. m panier m gril; ~rost cuis. m grille f; ~zange f pince f à gril; ~zeit f temps m de cuisson.
Gri'masse f grimace f; ~n machen (od. schneiden) faire des grimaces; ~nschneider(in f) m grimacier m, -ière f.
Grimm m colère f; humeur f massacrante; (Erbitterung) acharnement m; '~darm anat. m côlon m; 'ℒig adj. furieux, -euse; pfort furibond; enragé; (erbittert) acharné; fig. (schrecklich) terrible; horrible; ~e Kälte froid m rigoureux; es ist ~ kalt il fait horriblement froid; '~igkeit f → Grimm; der Kälte: rigueur f.
Grind 🜛 m teigne f; 'ℒig adj. teigneux, -euse.
'grinsen I v/i. ricaner (über acc. de); II ℒ n ricanement m.
'Grippe 🜛 f grippe f; asiatische ~ grippe f asiatique; ~ haben avoir la grippe; être grippé; ~epidemie f épidémie f grippale; ~krank adj. grippé; ~virus m, n virus m grippal; ~welle f flambée f de grippe.
Grips F m F jugeote f; F matière f grise; F cellules f/pl. grises; F crâne m; F méninges f/pl.
grob adj. (stark, dick) gros, -osse; (plump) grossier, -ière; (roh) brutal; (ungeschliffen) lourdaud; rustre; rustaud; (frech) impertinent; (annähernd) approximatif, -ive; ~e Fahrlässigkeit grave négligence f; ~er Unfug trouble m de l'ordre public; scandale m; esclandre m; ~e Lüge mensonge m grossier; ~e Arbeit gros ouvrage m; grosse besogne f; ~e Worte gros mots m/pl.; ~e Stimme grosse voix f; ~er Spaß grosse plaisanterie f; ~er Fehler faute f grave; grosse (od. lourde) faute f; ~e Gesichtszüge m/pl. traits m/pl. gros; fig. in ~en Zügen (im Umriß) à grands traits; grosso modo; en gros; ~e Feile grosse lime f; râpe f; ~e Leinwand grosse toile f; ~es Brot gros pain m; pain m bis; ~er Kerl rustre m; rustaud m; j-n ~ anfahren brusquer q.; rudoyer q.; rabrouer q.; aus dem ~en (od. gröbsten) herausarbeiten dégrossir qch.; aus dem Gröbsten heraussein avoir fait le plus difficile; 'ℒblech n grosse tôle f; 'ℒdraht m gros fil m; 'ℒeinstellung ⊕ f réglage m approximatif (od. grossier); '~fa-

serig *adj.* à grosses fibres; |²**feile** *f* grosse lime *f*; râpe *f*; |²**heit** *f* grossièreté *f*; (*Roheit*) brutalité *f*; (*Ungeschliffenheit*) rusticité *f*; (*Frechheit*) impertinence *f*; *j-m ~en sagen* (*od.* P *an den Kopf werfen*) dire des grossièretés à q.; *j-n mit ~en überhäufen* agonir q. de grossièretés.

'**Grobian** *m* rustre *m*; rustaud *m*; goujat *m*; mufle *m*; lourdaud *m*; soudard *m*; F ostrogoth *m*.

'**grob|jährig** *adj. Holz:* aux cernes larges; **~körnig** *adj.* à gros grain.

'**gröblich I** *adj.* grossier, -ière; **II** *adv.:* *sich ~ irren* se tromper grossièrement.

'**grob|maschig** *adj.* à grosses (*od.* à larges) mailles; **~schlächtig** *adj.* de nature grossière; **²schliff** ⊕ *m* dégrossissage *m*.

Grog (*Getränk*) *m* grog *m*.

'**grölen** *v/i.* F beugler; 'hurler.

Groll *m* rancune *f*; animosité *f*; rancœur *f*; (*eingewurzelter Haß*) 'haine *f* invétérée; *ohne ~* sans rancune; *auf j-n e-n ~ haben* avoir de la rancune contre q. (*od.* de la rancœur pour q. *od.* contre q.); garder rancune à q.; en vouloir à q.; '**²en** *v/i.:* *j-m ~* garder rancune à q.; en vouloir à q.; *Donner:* gronder; |**~en** *n des Donners:* grondement *m*.

'**Grön|land** *n* le Groenland; **~länder(in** *f*) *m* Groenlandais *m*, -e *f*; **²ländisch** *adj.* groenlandais.

Gros[1] ⚔ *n* gros *m*.

Gros[2] ✝ *n* (*12 Dutzend*) grosse *f*.

'**Groschen** *m* pièce *f* de dix pfennigs; *keinen ~ haben* n'avoir pas le sou; être sans le sou; F *der ~ ist gefallen* j'y suis; F j'ai pigé.

groß I *adj.* grand; (*erwachsen*) *a.* adulte; (*geräumig*) vaste; spacieux, -euse; (*dick*) gros, -osse; (*weit*) ample; (*umfangreich*) volumineux, -euse; (*stark*) fort; (*ernst*) grave; **~er Buchstabe** (lettre *f*) majuscule *f*; *der ~e Haufe* la masse; **~e Pause** longue pause *f*, *Schule:* longue récréation *f*; **~er Fehler** faute *f* grave; grande (*od.* grosse) faute *f*; *in ~er Toilette* en grande toilette; *in ~em Gesellschaftsanzug* en grande tenue; *der ²e Ozean* le Pacifique; l'océan *m* Pacifique; **~e Hitze** grande chaleur *f*; **~e Kälte** grand froid *m*; *der größere Teil* la majeure partie; *der größte Teil* la plupart; *~ und klein* grands et petits *m/pl.*; **~er Mann** homme *m* de grande taille, *fig.* grand homme *m*; *gleich ~* de même taille; *wie ~ ist er?* quelle taille a-t-il?; quelle est sa taille?; *e-e größere Summe* une assez grande somme; une somme assez considérable (*od.* importante); *im ²en wie im Kleinen* dans les grandes choses comme dans les petites; *im ~en (und) ganzen* en général; *im ~en und kleinen verkaufen* vendre en gros et au détail; *mit ~er Mühe* à grand-peine; *fig. in ~en Zügen* à grands traits, dans les grandes lignes; *~en Wert legen auf (acc.)* tenir beaucoup à; faire grand cas de; attacher de l'importance à; *~en Raum einnehmen* prendre une grande place (*od.* beaucoup de place); *er ist e-n Kopf größer als ich* il me dépasse de toute la tête; *fig. ~e Augen machen* ouvrir les yeux tout grands; faire de grands yeux; *s-e Augen sind größer als sein Mund* il a les yeux plus grands que le ventre; *auf ~em Fuße leben* mener grand train; **~e Pläne** (*im Kopf*) *haben* voir grand; **~es Aufsehen erregen** faire grand bruit; *fig.* P *ein ~es Maul haben* être fort en gueule; *das ²e ce qu'il y a de grand*; *Friedrich der ²e* Frédéric *m* le Grand; *Karl der ²e* Charlemagne *m*; *die ²en* les adultes *m/pl.*; les grandes personnes *f/pl.*; **II** *adv. j-n ~ ansehen* regarder q. avec de grands yeux; *bei ihm geht es ~ her* on mène grand train chez lui; *~ denken* penser noblement; *~ herausbringen* (*od. herausstellen*) mettre en vedette; F *er kümmert sich nicht ~ darum* il ne s'en soucie pas beaucoup; F *ganz ~!* (*prima*) chouette!; *~* (*od.* größer) *werden* grandir, (*sich ausdehnen*) s'agrandir; *größer machen* agrandir; *er schreibt ~* il écrit en gros caractères; *ein Wort ~ schreiben* écrire un mot avec une majuscule; *dieses Wort wird ~ geschrieben* ce mot prend une (*od.* s'écrit avec une) majuscule; *fig. Sport wird heute ~ geschrieben* le sport a de l'importance aujourd'hui; |²**abnehmer** ✝ *m* acheteur *m* en (*od.* de) gros; |²**admiral** *m* grand amiral *m*; |²**aktionär** *m* gros actionnaire *m*; |²**alarm** *m* alerte *f* générale; **~angriff** *m* attaque *f* de grande envergure; |**~artig** *adj.* grandiose; imposant; magnifique; F épatant; P bath; (*erhaben*) sublime; majestueux, -euse; |²**artigkeit** *f* grandeur *f*; magnificence *f*; (*Erhabenheit*) sublimité *f*; majesté *f*; |²**aufnahme** *f* gros plan *m*; ²**bau** △ *m* grand ensemble *m*; |²**Berlin** *n* le grand Berlin; |²**betrieb** *m* grande exploitation (*od.* entreprise) *f*; |²**blätt(e)rig** *adj.* à grandes feuilles; ²**bri'tannien** *n* la Grande-Bretagne; |²**buchstabe** *m* (lettre *f*) majuscule *f*; |²**computer** *m* ordinateur *m* géant; super-ordinateur *m*; gros ordinateur *m*.

'**Größe** *f* grandeur *f* (*a. fig.*); (*Menge*) *bsd.* A& quantité *f*; (*Dicke*) grosseur *f*; (*Ausdehnung*) étendue *f*; (*Dimension*) dimension *f*; (*Format*) format *m*; (*Weite*) ampleur *f*; (*Rauminhalt*) volume *m*, *e-s Gefäßes:* contenance *f*; (*Stärke*) force *f*; intensité *f*; (*Erhabenheit*) sublimité *f*; (*e-s Vergehens:*) gravité *f*; (*Körper²*) taille *f* (*a. v. Kleidung*); (*Kragen², Hemd²*) encolure *f*; (*Hut², Handschuh², Schuh²*) pointure *f*; (*Berühmtheit*) célébrité *f* (*a. Person*); *v. Film, Bühne, Sport usw.:* F as *m*; vedette *f*; (*Phänomen*) phénomène *m*; F as *m*; F crack *m*; *Stern erster ~* étoile *f* de première grandeur; *von mittlerer ~* de grandeur moyenne; de taille moyenne; *der ~ nach ordnen* classer par ordre de grandeur.

'**Groß|einkäufer** *m* acheteur *m* en gros; **~einsatz** *m* opération *f* de grand style; **~eltern** *pl.* grands--parents *m/pl.*; **~enkel(in** *f*) *m* arrière-petit-fils *m*, arrière-petite-fille *f*.

'**Größenordnung** *f* ordre *m* de grandeur; (*Dimension*) dimension *f*; *in Prozenten:* taux *m*; *in der ~ von ... %* de l'ordre de ... %; dont le taux est de ... %.

'**großenteils** *adv.* en grande partie; en majeure partie; pour la plupart.

'**Größen|verhältnis** *n* proportion *f*; **~wahn** *m* folie *f*, délire *m* des grandeurs; mégalomanie *f*; ²**wahnsinnig** *adj.* mégalomane.

'**Größerwerden** *n* grossissement *m*.

'**Groß|fabrikation** *f* fabrication *f* à grande échelle; **~fahndung** *f* opération *f* de recherches à l'échelle nationale; **~feuer** *n* grand incendie *m*; **~film** *m* (*Monumentalfilm*) superproduction *f*; ²**flächig** *adj.* à grande surface; **~flugzeug** *n* avion *m* à grande de capacité; avion *m* géant; **~format** *n* grand format *m*; **~funkstation** *f* poste *m* (émetteur) à grandes distances; **~fürst(in** *f*) *m* grand-duc *m*, grande-duchesse *f*; **~fürstentum** *n* grand-duché *m*; **~garage** *f* grand garage *m*; **~griechenland** *hist. n* la Grande-Grèce; **~grundbesitz** *m* grande propriété *f*; **~grundbesitzer(in** *f*) *m* grand, -e (*od.* gros, -se) propriétaire *m*, *f* foncier, -ière (*od.* terrien, -enne); latifondiste *m*, *f*; **~handel** *m* commerce *m* en (*od.* de) gros; **~handels-index** *m* indice *m* des prix de gros; **~handelspreis** *m* prix *m* de gros; **~händler(in** *f*) *m* commerçant *m* (*od.* négociant *m*) en gros; grossiste *m*; **~handlung** *f* magasin *m* de gros; ²**herzig** *adj.* généreux, -euse; magnanime; **~herzigkeit** *f* générosité *f*; magnanimité *f*; **~herzog(in** *f*) *m* grand-duc *m*, grande-duchesse *f*; **~herzogtum** *n* grand-duché *m*; **~hirn** *anat. n* cerveau *m*; **~hirnrinde** *anat. f* écorce *f* cérébrale; **~industrie** *f* grande (*od.* grosse) industrie *f*; **~industrielle(r)** *m* grand (*od.* gros) industriel *m*; capitaine *m* d'industrie; **~inquisitor** *hist. m* grand-inquisiteur *m*.

Gros'sist *m* commerçant *m* en gros.

'**groß|jährig** *adj.* majeur(e); ²**jährigkeit** *f* majorité *f*; ²**kampagne** *f* grande campagne *f*; ²**kampf** *m* grand combat *m*; ²**kampftag** *m* journée *f* de grande bataille; *fig.* dure journée *f*; ²**kapital** *n* grand capital *m*; ²**kapitalismus** *m* gros capitalisme *m*; ²**kapitalist** *m* gros capitaliste *m*; ²**kar** *géol.* *m* cirque *m* composé; ²**kaufmann** *m* négociant *m* en gros; grossiste *m*; ²**kopfete(r)** *östr., sdd. m* personnage *m* influent; F huile *f*; P grosse légume *f*; ²**kauz** P *m* F enfileur *m* de grands mots; 'hâbleur *m*; fanfaron *m*; ²**kraftwerk** ⚡ *n* centrale *f* électrique à grande puissance; ²**kreuz** *n e-s Ordens:* grand-croix *f*; ²**kundgebung** *f* grand rassemblement *m*; ²**lautsprecher** *m* 'haut-parleur *m* géant; ²**loge** *f Freimaurerei:* Grande Loge *f*; ²**macht** *f* grande puissance *f*; ²**mächtig** *adj.* très puissant; ²**machtstellung** *f* position *f* de grande puissance; ²**mama** F *f* grand-maman *f*; ²**mannssucht** *f* folie *f* des grandeurs; ²**markt** *m* marché *m* de gros; ²**mars** ⚓ *m* grand-'hune *f*; ²**maschig** *adj.* à grandes mailles; ²**mast** ⚓ *m* grand mât *m*; ²**maul** *fig.* F *n* vantard *m*; 'hâbleur *m*; fanfaron *m*; P fort *m* en gueule; grande gueule *f*; gueulard *m*; **~mäulig** *fig.* F *adj.* vantard; 'hâbleur, -euse; fanfaron, -onne; P gueulard; ⁀meister *m* grand maître *m* (a. Freimaurerei); ⁀mut *f* générosité *f*; magnanimité *f*; ⁀mütig adj. généreux, -euse; magnanime; ⁀mütigkeit *f* → ⁀mut; ⁀mutter *f* grand--mère *f*; ⁀mütterlich adj. de (la) grand-mère; ⁀neffe *m* petit-neveu *m*; ⁀nichte *f* petite-nièce *f*; ⁀onkel *m* grand-oncle *m*; ⁀packung *f* grande boîte *f*; emballage *m* familial; ⁀papa F *m* grand-papa *m*; ⁀raumbüro *n* bureau *m* moderne à grande capacité; bureau *m* paysage; bureau *m* paysagé; pool *m* des sténos; ⁀raumflugzeug *n* avion *m* gros porteur; avion *m* à grande capacité; ⁀raumgeschäft *n* magasin *m* de grande surface; ⁀raumgüterwagen *m* wagon *m* à grande capacité; ⁀raumwirtschaft *f* économie *f* des grands ensembles; ⁀rechenanlage *f* supercalculateur *m*; ⁀reinemachen *n* nettoyage *m* général; ⁀schiffahrtskanal *m* canal *m* de grande navigation; ⁀schlächte'rei *f* boucherie *f* à gros débit; ⁀schnauze P fig. *f* vantard *m*; 'hâbleur *m*; fanfaron *m*; P gueulard *m*; ⁀schnäuzig P fig. adj. vantard; 'hâbleur, -euse; fanfaron, -onne; P gueulard; ⁀segel ♣ *n* grand-voile *f*; ⁀sender *m* émetteur *m* à grande puissance; ⁀sprecher(in *f*) *m* crâneur, -euse; 'hâbleur *m*, -euse *f*; ⁀spreche'rei *f* façons *f/pl.* de crâneur; 'hâblerie *f*; jactance *f*; vantardise *f*; ⁀sprecherisch adj. fanfaron, -onne; vantard; ⁀spurig fig. I adj. vantard; fanfaron, -onne; II adv.: ⁀ tun; ⁀ auftreten faire le crâneur, l'important (od. le fanfaron); se donner de grands airs; P juter; ⁀spurigkeit *f* → ⁀sprecherei; ⁀stadt *f* grande ville *f*; ⁀städter(in *f*) *m* habitant *m*, -e *f* d'une grande ville; ⁀stadtgetriebe *n* tourbillon *m* de la vie citadine; ⁀städtisch adj. propre aux grandes villes; die ⁀e Bevölkerung la population des grandes villes; ⁀stadtmoloch *m* ville *f* tentaculaire; ⁀tante *f* grand-tante *f*; ⁀tat *f* 'haut fait *m*; exploit *m*.

größt sup. v. groß: le plus grand. 'Groß|tank|er *m* superpétrolier *m*; ⁀lager *n* centre *m* de ravitaillement en essence; ⁀stelle *f* grande station *f* service.

'größt|en|teils adv. pour la plupart; pour une large part; en (grande) majorité; en majeure partie; zeitlich: le plus souvent; ⁀maß *n* maximum *m*; ⁀möglich adj. le plus grand possible.

'Groß|tuer(in *f*) *m* crâneur, -euse; vantard, -e *f*; fanfaron *m*, -onne *f*; ⁀tue'rei *f* vantardise *f*; fanfaronnade *f*; ⁀tun *v/i.* faire l'important (od. le fanfaron od. le crâneur); se donner de grands airs; mit etw. ⁀ se vanter de qch.; ⁀unternehmen *n* grande (od. grosse) entreprise *f*; ⁀unternehmer *m* grand entrepreneur *m*; ⁀vater *m* grand-père *m*; ⁀väterlich adj. de (bzw. du) grand-père; ⁀vaterstuhl *m* fauteuil *m* (od. chaise *f*) du grand--père; ⁀vieh *n* gros bétail *m*; ⁀wild *n* gros gibier *m*; ⁀wirtschaft *f* macro--économie *f*; économie *f* des grands ensembles; ⁀würdenträger *m* grand dignitaire *m*; ⁀ziehen *v/t.* éle-

ver; ⁀ziehen *n* élevage *m*; ⁀zügig adj. à larges vues; (in ⁀er Form) de grand style; a. ♣ dégagé; (freigebig) libéral; large; généreux, -euse; péd. permissif, -ive; ⁀zügigkeit *f* largeur *f* de vues; grand style *m*; (Freigebigkeit) libéralité *f*; largesse *f*; générosité *f*; péd. permissivité *f*.

gro'tesk adj. grotesque; ⁀e *f* grotesque *f*.

'Grotte *f* grotte *f*.

'Grübchen *n* fossette *f*.

'Grube *f* fosse *f*; ⚒ mine *f*; in die ⁀ fahren descendre dans le puits; (Ausschachtung) fouille *f*; (Vertiefung) creux *m*; (Aushöhlung) excavation *f*; prov. wer andern e-e ⁀ gräbt, fällt selbst hinein tel est pris qui croyait prendre; qui tend un piège aux autres y tombe lui-même.

Grübe'lei *f* ruminations *f/pl.*; rêverie *f*; réflexions *f/pl.*

'grübeln *v/i.* se creuser la tête; ruminer (über etw. acc. qch.).

'Gruben|arbeiter *m* mineur *m*; ⁀bahn *f* chemin *m* de fer minier; ⁀bau *m*, ⁀betrieb *m* exploitation *f* minière; ⁀brand *m* feu *m* de mine; ⁀feld *n* champ *m* minier; ⁀gas *n* grisou *m*; ⁀holz *n* bois *m* de mine; ⁀lampe *f*, ⁀licht *n* lampe *f* de mineur; ⁀lokomotive *f* locomotive *f* de mine; ⁀schacht *m* puits *m* de mine; ⁀steiger *m* maître-mineur *m*; ⁀stempel *m* étançon (od. étai) *m* de mine; ⁀unglück *n* accident *m* de mine; ⁀wasser *n* eau *f* d'infiltration; ⁀wetter *n* → ⁀gas; ⁀zimmerung *f* boisage *m*.

'Grübler|(in *f*) *m* songe-creux *m*; rêveur, -euse *f*; ⁀isch adj. rêveur, -euse; songeur, -euse.

Gruft *f* caveau *m*; tombeau *m*.

'Grummet *n* regain *m*.

grün I adj. vert; (frisch) frais, fraîche; fig. ⁀er Tisch tapis *m* vert; F fig. ⁀er Junge blanc-bec *m*; ⁀e Bohnen 'haricots *m/pl.* verts; ⁀e Saat blé *m* en herbe; fig. ⁀es Licht bekommen (geben) obtenir (donner) le feu vert; ⁀e Welle feux *m/pl.* coordonnés; synchronisation *f* des feux; Verkehrsampel: auf ⁀ stehen être au vert; F ⁀e Minna panier *m* à salade; ⁀e Woche semaine *f* de l'agriculture; fig. auf keinen ⁀en Zweig kommen ne pas réussir; ⁀ über den ⁀en Klee loben porter q. aux nues; ⁀ anstreichen peindre en vert; ⁀ werden (machen) verdir; mir wird ⁀ und gelb vor Augen j'ai des éblouissements; la tête me tourne; ⁀ vor Neid pâle (od. blême) d'envie; j-n ⁀ und blau schlagen rouer q. de coups; (dich) ⁀ und gelb ärgern (s')exaspérer; man könnte sich ⁀ und gelb ärgern il y a de quoi se fâcher tout rouge; F fig. j-m nicht ⁀ sein (gewogen) sein avoir une dent contre q.; II ⁀ *n* vert *m*; der Felder, Bäume: verdure *f*; mitten im ⁀en en pleine verdure; ins ⁀e hinausziehen aller à la campagne; bei Mutter ⁀ schlafen dormir à la belle étoile; III pol. die ⁀en pl. les écologistes *m/pl.*; ⁀anlage *f* parc *m*; square *m*; pelouse *f*; ⁀pl. espaces *m/pl.* verts; ⁀bewachsen adj. couvert de verdure.

Grund *m* (tiefste Stelle) fond *m*; (Tal) vallée *f*; (Erdboden) sol *m*; terrain *m*;

(⁀lage) fondement *m*; base *f*; (Vernunft⁀) raison *f*; (Beweg⁀) motif *m*, mobile *m*; cause *f*; (Beweis⁀) argument *m*; (Veranlassung) sujet *m*, lieu *m*; ⁀ sachlicher ⁀ motif *m* de fond; ⁀ und Boden terres *f/pl.*; propriété *f* foncière; biens-fonds *m/pl.*; als ⁀ angeben invoquer comme raison; aus naheliegenden Gründen pour des raisons manifestes; aus irgendeinem ⁀e pour n'importe quelle raison; aus welchem ⁀e? pour quelle raison?; pour quel motif?; aus dem einfachen ⁀e, daß ... pour la simple raison que ...; und zwar aus guten Gründen et pour cause; s-e guten Gründe haben avoir de bonnes raisons; ich habe allen ⁀ zu befürchten, daß ... j'ai tout lieu de craindre que ...; aus gesundheitlichen Gründen pour raison de santé; ohne ⁀ sans raison; von ⁀ auf de fond en comble, à fond, radicalement, (durchaus) foncièrement; auf ⁀ von en raison de; en vertu de; auf ⁀ der Krise à la suite de la crise; im ⁀e (genommen) au fond; dans le fond; das ist ein ⁀ mehr raison de plus; kein ⁀ zur Aufregung (il n'y a) pas de quoi fouetter un chat; das Glas bis auf den ⁀ leeren vider son verre jusqu'au fond; keinen ⁀ mehr haben; den ⁀ verlieren perdre pied; ⁀ haben avoir pied; ⁀ haben zu ... avoir lieu (od. sujet) de ...; ⁀ geben zu ... donner lieu à ...; e-r Sache (dat.) auf den ⁀ gehen examiner une chose à fond; den ⁀ legen zu etw. jeter (od. poser) les fondements (od. les bases) de qch.; ♣ auf ⁀ geraten (de) s'échouer; toucher le fond; in den ⁀ bohren couler bas; 'akkord ♪ *m* accord *m* fondamental; 'anschauung *f* conception *f* fondamentale; '²anständig adj. foncièrement honnête; 'anstrich ⊕ *m* couche *f* de fond; 'ausbildung *f* formation *f*; ⊗ entraînement *m* de base; 'bau *m* fondations *f/pl.*; 'bedeutung *f* sens *m* de base; 'bedingung *f* condition *f* fondamentale; 'begriff *m* idée *f* fondamentale; notion *f* de base; 'berührung ♣ *f* talonnement *m*; 'besitz *m* propriété *f* foncière; 'besitzer(in *f*) *m* propriétaire *m*, *f* foncier, -ière; 'bestandteil *m* constituant *m* (od. composant *m*) fondamental; élément *m* de base; 'buch *n* livre *m* foncier; Fr. cadastre *m*; ins ⁀ eintragen cadastrer; 'buchamt *n* service *m* chargé de la tenue du livre foncier; 'buchauszug *m* extrait *m* du livre foncier; 'dienstbarkeit *f* servitude *f* foncière; 'ebene *f* e-r technischen Zeichnung: plan *m* de niveau; '²ehrlich adj. foncièrement honnête; 'eigentum *n* → ⁀besitz; 'eigentümer(in *f*) *m* → ⁀besitzer(in); 'einstellung *f* attitude *f* fondamentale; 'eis *n* glace *f* de fond.

'gründeln (Ente) *v/i.* barboter.

'gründen 1. *v/t.* fonder; (einrichten) établir; (einsetzen) instituer; (ins Leben rufen) créer; fig. (stützen) baser (auf acc. sur); (fonder (sur); 2. *v/rf.*: sich ⁀ auf (acc.) se fonder (od. être fondé) sur, (sich stützen) s'appuyer sur, (beruhen auf) se baser sur, reposer sur.

'Gründer|(in *f*) *m* fondateur *m*, -trice

f; (*Stifter*) créateur *m*, -trice *f*; ~**anteil** *m* part *f* de fondateur; ~**gesellschaft** *f* société *f* mère; ~**jahre** *n*/*pl*., ~**zeit** *f* in *Deutschland nach 1871*: années *f*/*pl*. de spéculation après 1870; ~**versammlung** *f* assemblée *f* constitutive.

'**Grund|erwerb** *m* acquisition *f* de terrain; ~**erwerbssteuer** *f* droits *m*/*pl*. de mutation; ~**erzeugnis** *n* produit *m* de base; ₂**falsch** *adj*. absolument faux, fausse; ~**farbe** *f* couleur *f* primaire; (*Untergrund*) fond *m*; (*Grundanstrich*) couche *f* de fond; ~**fehler** *m* faute *f* principale; ~**feste** *f*: *fig*. in s-n ~ *n erschüttern* ébranler dans ses fondations; ~**firnis** *m* vernis *m* de fond; ~**fläche** *f* base *f*; ~**form** *f* forme *f* fondamentale; *gr*. infinitif *m*; ~**französisch** *n*: *das* ~**e** le français fondamental; ~**gebirge** *géol*. *n* soubassement *m*; ~**gebühr** *f* taxe *f* de base; taxe *f* fixe; *téléph*. taxe *f* d'abonnement; *bei Taxis*: prise *f* en charge; ~**gedanke** *m* idée *f* fondamentale (*od*. directrice); ~**gehalt** *n* traitement *m* de base; ₂**gelehrt** *adj*. très savant; très érudit; ~ *sein a*. être un puits de science; ~**gesetz** *n* loi *f* fondamentale; (*Verfassung*) constitution *f*; ₂**gesetzlich** *adj*. constitutionnel, -elle; ~**gestein** *n* roches *f*/*pl*. primitives; ~**herr** *hist*. *m* seigneur *m*.

grun'**dier|en** *peint*. *v*/*t*. appliquer (*od*. passer) la première couche (sur); ₂**farbe** *f* (peinture *f*) sous--couche *f*; ₂**lack** *m* vernis *m* de fond; ₂**schicht** *f* couche *f* de fond; ₂**ung** *f* application *f* de la couche de fond.

'**Grund|industrie** *f* industrie *f* de base; ~**irrtum** *m* erreur *f* fondamentale; ~**kapital** *n* fonds *m* (*od*. capital *m*) social; ~**kredit** *m* crédit *m* foncier; ~**kredit-anstalt** *f* établissement *m* de crédit foncier; ~**lage** *f* base *f*; fondement *m*; soubassement *m*; assises *f*/*pl*.; *e-r Wissenschaft usw*.: éléments *m*/*pl*.; fondements *m*/*pl*.; clé *f* de voûte; *auf der* ~ *von sur* la base de; *auf gesetzlicher* ~ sur la base légale; *jeder* ~ *entbehren* être dénué de fondement; *die* ~ *n legen* établir (*od*. poser *od*. jeter) les bases (*od*. les fondements) (*für de*); *die* ~ *n für ein Abkommen legen* établir (*od*. jeter) les bases d'un accord; *auf e-e sichere* ~ *stellen* fonder sur les bases sûres; ~**lagenforschung** *f* recherches *f*/*pl*. fondamentales; ~**lagenphysik** *f* physique *f* structurale; ₂**legend** *adj*. fondamental; ~**legung** *f* fondation *f*.

'**gründlich I** *adj*. solide; (*tiefgreifend*) profond; approfondi (*a*. *Untersuchung*); (*v*. *Grund aus*) radical; (*Arbeit*) sérieux, -euse; minutieux, -euse; (*gewissenhaft*) soigneux, -euse; scrupuleux, -euse; ~**e** *Kenntnisse* connaissances *f*/*pl*. solides (*od*. approfondies); **II** *adv*. à fond; ~**er lernen** *écol*. apprendre plus à fond; *j-m* ~ *s-e Meinung sagen* dire crûment son fait à q.; ₂**keit** *f e-r Person*: minutie *f*; soin *m*.

'**Gründling** *icht*. *m* goujon *m*.

'**Grund|linien** *fig*. *f*/*pl*. grandes lignes *f*/*pl*.; ~**lohn** *m* salaire *m* de base; ₂**los I** *adj*. sans fond; insondable; *Weg*: défoncé; *fig*. sans fondement;

dénué de fondement; mal fondé; **II** *adv*. sans fondement; sans raison; (*ohne Veranlassung*) sans motif; ~**losigkeit** *f* profondeur *f* insondable; *e-s Wegs*: mauvais état *m*; *fig*. absence *f* de fondement; ~**masse** *géol*. *f* pâte *f*; ~**mauer** △ *f* soubassement *m*; ~**metall** *n* métal *m* de base; ~**miete** *f* loyer *m* de base; ~**nahrungsmittel** *n*/*pl*. aliments *m*/*pl*. de base.

Grün'donners-tag *m* jeudi *m* saint.

'**Grund|pfeiler** *m* pilier *m* de fondation; *fig*. soutien *m*; support *m*; ~**platte** ⊕ *f* plaque *f* d'assise (*od*. de base); ~**preis** *m* prix *m* de base; ~**prinzip** *n* principe *m* fondamental; ~**problem** *n* problème *m* fondamental; ~**rechnungsarten** *f*/*pl*.: *die vier* ~ les quatre opérations *f*/*pl*. (fondamentales de l'arithmétique); ~**recht** *n* droit *m* fondamental (*od*. de l'homme); ~**regel** *f* règle *f* fondamentale; ~**rente** *f* rente *f* foncière; (*Sozialsicherung*) pension *f* de base; ~**riß** *m* plan *m* (horizontal), tracé *m*; (*kurze Darstellung*) abrégé *m*; précis *m*; *e-n* ~ *aufnehmen* lever un plan; ~**satz** *m* principe *m*; (*als unbestreitbar angenommene Wahrheit*) axiome *m*; *als* ~ *haben* avoir pour principe; *etw. zum* ~ *machen* poser qch. en principe; ~**satz-entscheidung** *f* décision *f* de principe; ₂**sätzlich I** *adj*. de principe; **II** *adv*. en principe; par principe; ~**schicht** *f* couche *f* de fond; ~**schuld** *f* dette *f* foncière; ~**schule** *f* école *f* primaire élémentaire; ~**schulunterricht** *m* (enseignement *m*) primaire *m*; ~**stein** △ *m* pierre *f* de fondement; *den* ~ *legen* poser la première pierre (*zu de*); *fig*. pierre *f* fondamentale; ~**steinlegung** *f* pose *f* de la première pierre; ~**stellung** *f* position *f* normale; ~**steuer** *f* impôt *m* foncier; ~**stock** *m* base *f*; ~**stoff** *m* corps *m* simple; ~**stoffchemie** *f* chimie *f* des corps simples; ~**stoffe** *m*/*pl*. matières *f*/*pl*. de base; ~**stoffindustrie** *f* industrie *f* de base; ~**stoffproduktion** *f* production *f* de produits de base; ~**stück** *n* fonds *m* de terre; terre *f*; bien *m* foncier; bien-fonds *m*; (*Bauplatz*) terrain *m* à bâtir; (*Gebäude*) immeuble *m*; *landwirtschaftlich genutztes* ~ immeuble *m* agricole (*od*. rural); *forstwirtschaftlich genutztes* ~ immeuble *m* forestier; *ein* ~ *belasten* grever un immeuble; ~**stücksmakler** *m* agent *m* immobilier; ~**stücksspekulation** *f* spéculation *f* immobilière; ~**stücksverwalter** *m* gérant *m* d'immeubles; ~**stücksverwaltung** *f* gérance *f* d'immeubles; ~**studium** *univ*. *n* tronc *m* commun; ~**stufe** *f Schule*: classes *f*/*pl*. élémentaires; *gr*. (*Steigerung*) positif *m*; ~**tarif** *m* tarif *m* de base; ~**taxe** *f* taxe *f* de base; taxe *f* fixe; *téléph*. taxe *f* d'abonnement; ~**text** *m* (texte *m*) original *m*; ~**ton** *m* ♩ tonique *f*; son *m* fondamental; *peint*. couleur *f* fondamentale; ~**übel** *n* source *f* de tous les maux.

'**Gründung** *f* fondation *f*; établissement *m*; création *f*; institution *f*.

'**Gründünger** ✔ *m* engrais *m* vert; verdage *m*.

'**Gründungs|aktie** *f* action *f* de fondation; ~**kapital** *n* capital *m* de fondation; ~**stadium** *n* état *m* de fondation; ~**vertrag** *m* acte *m* constitutif.

'**Grund|ursache** *f* cause *f* première (*od*. fondamentale); *für das Handel*: raison *f* fondamentale; ₂**verkehrt** *adj*. absolument faux, fausse; ~**vermögen** *n* fortune *f* immobilière; ~**vermögenssteuer** *f* impôt *m* sur la fortune immobilière; ₂**verschieden** *adj*. fondamentalement (*od*. tout à fait) différent; ~**vertrag** *pol*. (*Berlin 1971*) *m* traité *m* fondamental; ~**wahrheit** *f* vérité *f* fondamentale; ~**wasser** *n* eaux *f*/*pl*. souterraines; ~**wasserhaltung** ⊕ *f* étanchement *m* contre la pénétration des eaux souterraines; ~**wasserschicht** *géol*. *f* nappe *f* aquifère (*od*. phréatique); ~**wasserspiegel** *m* niveau *m* des eaux souterraines; ~**wissenschaft** *f* science *f* fondamentale; ~**wort** *gr*. *n* mot *m* déterminé; ~**zahl** *f*, ~**zahlwort** *n* nombre *m* cardinal; ~**zins** *m* redevance *f*; rente *f* foncière; ~**zug** *m* trait *m* principal; *Grundzüge pl*. *e-r Wissenschaft*: éléments *m*/*pl*.

'**grün|en** *v*/*i*. (re)verdir; verdoyer; ₂**en** *n* (re)verdissement *m*; verdoiement *m*; *der Bäume*: feuillaison *f*; ₂**fink** *orn*. *m* verdier *m*; ₂**fläche** *f* espace *m* vert; ₂**futter** *n* fourrage *m* vert; ~**gelb** *adj*. jaune verdâtre; ₂**gürtel** *m* ceinture *f* de verdure (*od*. d'espaces verts); ₂**kohl** *m* chou *m* vert; ~**lich** *adj*. verdâtre; verdoyant; *qui tire sur le vert*; ₂**phase** (*Verkehrsampel*) *f* phase *f* verte; ₂**schnabel** *fig*. *m* blanc-bec *m*; ₂**span** ⚘ *m* vert-de-gris *m*; *mit* ~ *überzogen* vert--de-grisé; ~ *ansetzen* se couvrir de vert-de-gris; ₂**specht** *orn*. *m* pivert *m*; ₂**streifen** *m in der Stadt*: zone *f* de verdure; *Autobahn*: bande *f* verte; bande *f* médiane; ₂**werden** *n* (re-)verdissement *m*; verdoiement *m*; *der Bäume*: feuillaison *f*.

'**grunzen I** *v*/*i*. grogner; **II** ₂ *n* grognement(s *pl*.) *m*.

'**Grünzeug** *n* F verdure *f*.

'**Grüppchen** *n* groupuscule *m*.

'**Gruppe** *f* groupe *m*; *in* ~ *n en* (*od*. par) groupes; *in der* ~ en groupe; *e-e* ~ *bilden* former un groupe; *in* ~ *n einteilen* grouper; mettre en groupes; *e-e stattliche* ~ *ehemaliger Politiker* F une belle brochette d'anciens hommes politiques; ~**n-arbeit** *f* travail *m* en groupe; travail *m* d'équipe; ~**n-aufnahme** *f*, ~**nbild** *phot*. *n* photo *f* de groupe; ~**ndynamik** *f* dynamique *f* de groupe; ~**n-egoismus** *m* égoïsme *m* de groupes; ~**nführer** ✕ *m* chef *m* de groupe; ~**ngespräch** *n* discours-équipe *m*; ~**npädagogik** *f* pédagogie *f* groupale; ~**npsychologie** *f* psychologie *f* des groupes; ~**nschalter** ⚡ *m* interrupteur *m* de groupe; ~**nsex** *m* sexe *m* en groupe; ~**nspezifisch** *adj*. spécifique à un groupe; ~**ntheorie** *Ⱥ f* théorie *f* des groupes; ₂**nweise** *adv*. par groupes.

grup'**pier|en** *v*/*t*. (*v*/*rf*.: *sich se*) grouper; ₂**en** *n*, ₂**ung** *f* groupement *m*.

Grus ⚒ *m* fines *f*/*pl*.; menus *m*/*pl*.

'**Grusel|film** *m* film *m* d'épouvante; ₂**ig** *adj*. qui donne le frisson; *Geschichte*: à faire dresser les cheveux; ₂**n** *v*/*imp*.: *es gruselt mich* je frissonne; j'ai le frisson.

Gruß *m* salut *m*; (*Begrüßung*) salutation *f*; *durch Verbeugung*: révérence *f*; *freundlichen* ~! mes amitiés!; *m-e besten Grüße* mes meilleures amitiés (*an acc.* à); *viele Grüße von mir bien des* (*od.* mille) choses de ma part (*an acc.* à); *j-s Grüße bestellen* transmettre les amitiés de q.; **~botschaft** *pol. f* message *m* de salutations.

grüßen I *v/t.* saluer; *j-n* ~ *a.* dire bonjour à q.; *militärisch* ~ faire le salut militaire; ~ *Sie ihn von mir* saluez-le de ma part; ~ *Sie ihn herzlich von mir* dites-lui bien des choses de ma part; *er läßt Sie* ~ il vous donne le bonjour; *er läßt schön* ~ bien des (*od.* mille) choses de sa part; *grüß Gott!* salut!; **II** ⚥ *n* → **Gruß**.

'**Grußformel** *f* formule *f* de politesse; *im Brief*: formule *f* finale.

'**Grütz|beutel** ⚕ *m* kyste *m* sébacé; loupe *f*; **~brei** *m* bouillie *f* de gruau; **~e** *f* gruau *m*; *als Speise*: bouillie *f* de gruau; *fig.* F (*Verstand*) cervelle *f*; F jugeote *f*.

'**G-Saite** ♪ *f* corde *f* de sol.
'**G-Schlüssel** ♪ *m* clef *f* de sol.
Gua'jak|baum *m* gaïac *m*; **~holz** *n* (bois *m* de) gaïac *m*.
Gu'ano *m* guano *m*.
Gu'asch *peint. f* gouache *f*.
Guate'mala *n* le Guatemala.
Guatemal'tek|e *m* Guatémaltèque *m*; ⚥**isch** *adj.* guatémaltèque.

'**guck|en 1.** *v/i.* regarder; P viser (*nach etw.*; *auf etw. acc.* qch.); ~ *aus* (*hervorsehen*) sortir de; *gern ins Glas* ~ aimer la bouteille; *zu tief ins Glas* ~ boire un coup de trop; **2.** *v/t.*: *sich die Augen aus dem Kopf* ~ écarquiller les yeux; ⚥**fenster** *n* vasistas *m*; ⚥**loch** *n* in *e-r Türe*: judas *m*; (*Sehschlitz im Panzer*) épiscope *m*.

Gue'rilla|kämpfer *m* guérillero *m*; **~krieg** *m* guérilla *f*.
'**Gugelhupf** *cuis. östr. m* kouglof *m*.
Gui'nea *n* la Guinée.
Guillo'tine *f* guillotine *f*.
'**Gulasch** *n* goulasch *m*; **~kanone** ✕ *plais. f* (cuisine *f*) roulante *f*; **~suppe** *f* potage *m* goulasch.
'**Gulden** *m* florin *m*.
'**Gully** *m* bouche *f* d'égout; **~deckel** *m* plaque *f* d'égout.

'**gültig** *adj.* valable; ⚖ *u. rl.* valide; (*auf j-n anwendbar*) applicable (*für* à); *Münze*: qui a cours; ~ *machen*; *für* ~ *erklären* valider, déclarer valable, (*für rechtmäßig erklären*) légitimer, (*Gesetzeskraft geben*) sanctionner; *die Wahl ist* ~ l'élection *f* est acquise; ⚥**keit** *f* validité *f*; ⚥**keitsdauer** *f* durée *f* de validité; ⚥**keitserklärung** *f* déclaration *f* de validité; ⚖ *a.* validation *f*.

'**Gummi** *n od. m* caoutchouc *m*; (*Bestandteil der* ~*harze*) gomme *f*; (*Radier*⚥) *nur m* gomme *f* (à effacer); *mit* ~ *überziehen* caoutchouter; **~abfederung** *f* suspension *f* sur caoutchouc; **~absatz** *m* talon *m* en caoutchouc; **~a'rabikum** *n* gomme *f* arabique; ⚥**artig** *adj.* caoutchouteux, -euse; gommeux, -euse; **~artikel** *m* article *m* en caoutchouc; **~ball** *m* balle *f* en caoutchouc; **~band** *n* élastique *m*; ruban *m* caoutchouté; **~baum** ⚘ *m* (*Zimmerpflanze*) caoutchouc *m*; (*Eukalyptus*) gommier *m* (*Kautschuk*-*baum*) hévéa *m*; **~belag** *m* revêtement *m* de caoutchouc; caoutchoutage *m*; **~bereifung** *f* pneus *m/pl.* en caoutchouc; **~boot** *n* canot *m* en caoutchouc; **~dichtung** ⊕ *f* joint *m* en caoutchouc; **~druck** *typ. m* impression *f* offset.

gum'mieren I *v/t.* gommer; **II** ⚥ *n* gommage *m*; caoutchoutage *m*.

'**Gummi|faden** *m* fil *m* en caoutchouc; **~flicken** *vél. m* rustine *f*; **~floß** *n* radeau *m* pneumatique; **~fluß** ⚘ *m* gommose *f*; ⚥**gelagert** *adj.* suspendu sur caoutchouc; **~gewebe** *n* tissu *m* caoutchouté; **~gurt** *m* courroie *f* en caoutchouc; **~gutt** ⚘ *m* gomme-gutte *f*; ⚥**haltig** *adj.* gommifère; **~handschuh** *m* gant *m* en caoutchouc; **~harz** 🜋 *n* gomme--résine *f*; **~hös-chen** *n* culotte *f* en plastique; **~hülle** *f* revêtement *m* en caoutchouc; **~isolierung** *f* isolement *m* en caoutchouc; **~kabel** *n* câble *m* sous caoutchouc; **~knüppel** *m* matraque *f*; **~kragen** *m* (*zur Bergung e-r schwimmenden Raumkapsel*) ceinture *f* de flottaison; **~lack** *m* gomme *f* laque; **~litze** *f* toron *m* en caoutchouc; **~lösung** *f* dissolution *f* de caoutchouc; **~mantel** *m* imperméable *m* caoutchouté (*od.* en caoutchouc); **~matte** *f* tapis *m* en caoutchouc; **~paragraph** *fig. m* paragraphe *m* suscitant des controverses; paragraphe *m* élastique; F article *m* bidon; **~polster** ⊕ *n*: *in* ~ *gelagert* encastré dans des blocs en caoutchouc; **~puffer** *m* amortisseur *m* en caoutchouc; **~puppe** *f* poupée *f* en caoutchouc; **~rad** *n* roue *f* caoutchoutée; **~reifen** *m* pneu *m*; **~ring** (*auf Einmachgläsern od. Flaschen*) *m* rondelle *f* en caoutchouc; *im Büro*: élastique *m*; **~scheibe** *f* rondelle *f* en caoutchouc; **~schlauch** *m* tuyau *m* en caoutchouc; **~schnur** *f* élastique *m*; **~schuhe** *m/pl.* caoutchoucs *m/pl.*; **~schwamm** *m* éponge *f* en caoutchouc; **~seil** ⚽, *gym. n* sandow *m*; **~seilstart** *m* départ *m* au sandow; **~sohle** *f* semelle *f* de caoutchouc; **~stempel** *m* cachet (*od.* timbre) *m* en caoutchouc; **~stopfen**, **~stöpsel** *m* bouchon *m* en caoutchouc; **~strumpf** *m* bas *m* en caoutchouc; **~tier** *n* animal *m* en caoutchouc; **~überschuhe** *m/pl.* caoutchoucs *m/pl.*; **~überzug** *m* revêtement *m* en caoutchouc; **~unterlage** *f* isolant *m* en caoutchouc; *für Säugling*: alèze *f*; **~walze** *f* rouleau *m* en caoutchouc; **~waren** *f/pl.* articles *m/pl.* en caoutchouc; **~zug** *m* an Hosenträgern usw.: élastique *m*.

Gunst *f* faveur *f*; grâce *f*; bonnes grâces *f/pl.*; *e-e* ~ *gewähren* accorder une faveur; *j-m e-e* ~ *erweisen* faire une faveur (*od.* une grâce) à q.; *zu j-s* ~*en* en faveur de q.; *sich um j-s* ~ *bemühen* briguer les faveurs de q.; *j-s* ~ *erlangen* gagner la faveur de q.; *bei j-m in* ~ *stehen*; *sich der* ~ *j-s erfreuen* être en faveur auprès de q.; être dans les bonnes grâces de q.; '**~beweis** *m* (marque *f* de) faveur *f*.

'**günstig** *adj.* favorable; propice; *Augenblick*: opportun; (*vorteilhaft*) avantageux, -euse; *Haus n in* ~*er Lage* maison *f* bien située; *im* ~*sten Falle* dans le cas le plus favorable; en mettant les choses au mieux; *j-m* ~ *gesinnt sein* favoriser q.; *ein* ~*es Licht auf j-n* (*etw. acc.*) *werfen* montrer q. (qch.) sous un jour favorable.

'**Günstling** *m* favori *m*; **~sregierung** *f*, **~swirtschaft** *f* favoritisme *m*.

'**Gurgel** *f* gorge *f*; gosier *m*; sifflet *m*; P kiki *m*; *j-n an* (*od. bei*) *der* ~ *packen* prendre (*od.* saisir) q. à la gorge; *j-m die* ~ *durchschneiden* couper la gorge (*od.* F le sifflet *od.* P le kiki) à q.; F *alles durch die* ~ *jagen* boire tout son bien; ⚥**n** *v/i.* se gargariser; **~wasser** *phm. n* gargarisme *m*.

'**Gurke** ⚘ *f* concombre *m*; *kleine*: cornichon *m*; *saure* ~ cornichon *m* au vinaigre; P (*Nase*) P pif *m*; **~nkraut** ⚘ (*Dill*) *n* aneth *m*; **~nsalat** *m* salade *f* de concombres.

'**gurren I** *v/i.* roucouler; **II** ⚥ *n* roucoulement *m*.

Gurt *m* sangle *f*; courroie *f*; (*Trag*⚥) bretelle *f*; (*Gürtel*) ceinture *f*; (*Patronen*⚥) bande *f* (de cartouches); '**~bogen** △ *m* arc-doubleau *m*.

'**Gürtel** *m* ceinture *f* (*a. v. Festungswerken*); (*Leibriemen*; *Koppel*) ceinturon *m*; 🜋, *ast.*, *géogr.* zone *f*; *j-m e-n* ~ *umschnallen* ceinturer q.; F *sich den* ~ *enger schnallen* se mettre (*od.* se serrer) la ceinture; **~flechte**, **~rose** *f* 🩺 zona *m*; **~reifen** *Auto m* pneu *m* à carcasse radiale; **~schlaufe** *f* passant *m* de ceinture; **~schnalle** *f* boucle *f* de ceinture; **~spange** *f* agrafe *f*; **~tier** *zo. n* tatou *m*.

'**gürten** *s.t. v/t.* (*v/rf.*: *sich se*) ceindre.

'**Gurt|förderer** ⊕ *m* transporteur *m* à courroie; **~ung** △ *f* membrure *f*; **~zuführung** ✕ *MG f* alimentation *f* par bandes.

Guß *m* (*Regen*⚥) averse *f*; ondée *f*; trombe *f* d'eau; (*Zucker*⚥) glace *f*; *Gießerei*: fonte *f*; coulée *f*; coulage *m*; *schmiedbarer* ~ fonte *f* malléable; *aus e-m* ~ d'un seul jet; d'un bloc; '**~asphalt** *m* asphalte *m* coulé; '**~beton** *m* béton *m* coulé; '**~block** *m* lingot *m*; '**~bruch** *m* fonte *f* cassée; '**~eisen** *n* fonte *f*; '⚥**eisern** *adj.* en fonte; '**~fehler** *m* défaut *m* de coulée; '**~form** *f* moule *m*; '**~glas** *n* verre *m* coulé; '**~modell** *n* modèle *m* de fonte; '**~naht** *f* bavure *f*; '**~stahl** *m* acier *m* fondu; '**~stück** *n* pièce *f* moulée; '**~waren** *f/pl.* articles *m/pl.* de fonte.

gut I *adj.* bon, bonne; (*heilsam*) salutaire; (*vorteilhaft*) avantageux, -euse; (*nützlich*) utile; (*liebevoll*) affectueux, -euse; (*anständig*; *ehrenhaft*) honnête; honorable; *prädikativ*: ~ *gelungen*; ~ *gemacht* bien; ~*en Morgen!*; ~*en Tag!* bonjour!; ~*en Abend!* bonsoir!; ~*e Nacht!* bonne nuit!; ~*en Tag wünschen* souhaiter le bonjour; ~*e Besserung!* meilleure santé!; prompt rétablissement!; *ein* ~*er Mensch* une bonne personne; *aus* ~*er Familie* de bonne famille; *in* ~*em Sinne* en bonne part; *die* ~*e alte Zeit* le bon vieux temps; *e-e* ~*e Stunde* une bonne heure; *in* ~*em Glauben* de bonne foi; *e-e* ~*e Weile* un assez long temps; *un bon* (*od.* long) *moment*; *zu* ~*er Letzt* enfin; en définitive; ~ *sein für* être bon, bonne pour; ~ *zu allem* bon, bonne à tout; *zu nichts ~ sein* n'être bon, bonne à rien; *~er Dinge sein* être de bonne humeur; *~en Mutes sein* avoir bon courage; *st.s. ~er Hoffnung sein (schwanger sein)* avoir des espérances; *~e Miene zu bösem Spiel machen* faire contre mauvaise fortune bon cœur; *sich ~e Tage machen* se donner du bon temps; *~ bei Kasse sein* être en fonds; *~ zu Fuß sein* être bon marcheur, bonne marcheuse; *das e-e ist so ~ wie das andere* l'un vaut l'autre; *zu j-m ~ sein* être bon, bonne pour q.; *ein ~es Wort bei j-m einlegen für* intercéder auprès de q. pour; *das ist ~ und schön* c'est bel et bien; *seien Sie so ~ und schließen Sie die Tür* ayez la bonté de (od. soyez [od. voulez-vous être] assez aimable pour od. veuillez) fermer la porte; *es ist ~* c'est bien; *c'est bon*; *schon ~!* c'est bien!, *(das genügt)* cela suffit!; *lassen wir es ~ sein!* n'en parlons plus!; *n'insistons pas!*; *es ist ~, daß ...* il est bon que ... *(subj.)*; *hier ist ~ sein* il fait bon ici; *es ist bon ici*; F *Sie sind ~!* *(iron. Sie haben ja Nerven!)* vous en avez une santé!; **II** *adv.* bien; *~ schreiben (lesen; schwimmen; singen)* bien écrire (lire; nager; chanter); *aber: ~ riechen* sentir bon; *~ finden* trouver bon, bonne; *das schmeckt ~* c'est bon; *das schmeckt mir ~* je trouve cela bon; *es geht ihm ~* il va bien; *für ~ erachten* croire (*od.* juger) bon; *etw. ~ aufnehmen* bien prendre qch.; *das tut (e-m) ~* cela (vous) fait du bien; *~ aussehen* avoir un bel aspect, faire bon effet, *(gut gebaut sein)* avoir une belle taille, être bien fait de sa personne, *gesundheitlich*: avoir bonne mine; *es ~ haben* avoir de la chance; être heureux, *-euse*; *es ~ haben bei j-m* être bien chez q.; *es ~ treffen* avoir de la chance; *von j-m ~ sprechen* dire du bien de q.; *Sie tun ~ daran, zu ...* vous ferez bien de ...; *es ~ meinen* avoir de bonnes intentions; être bien intentionné; *es ~ mit j-m meinen* vouloir du bien à q.; *nicht ~ zu sprechen sein* être de mauvaise humeur; *Sie haben ~ reden* vous en parlez à votre aise; *sich ~ stehen* vivre dans l'aisance; avoir de quoi (vivre); *sich mit j-m ~ stehen* être bien avec q.; être en bons termes avec q.; *sich mit j-m ~ stellen* se mettre bien avec q.; *nicht ~ auf j-n zu sprechen sein* en vouloir à q.; avoir une dent contre q.; *sich ~ bei etw. stehen* trouver son compte à qch.; *auf ~ deutsch* en bon français; *mach's ~!* bonne chance!; *das fängt ja ~ an!* voilà qui commence bien!; *na ~!; auch ~!* bon!; soit!; *kurz und ~* bref; en un mot; *recht ~!* pas mal!; *vor ~ zwei Jahren* il y a bien deux années; il y a deux bonnes années; *so! c'est bien!*; *c'est bon!*; *~ und gern* volontiers; avec plaisir; *so ~ wie möglich* aussi bien que possible; le mieux possible; *de mon (ton, son, etc.) mieux*; *aber so ~ wie* mais c'est tout comme; *so ~ er kann* du mieux qu'il peut; *~ singen* bien chanter; *~ schreiben* bien écrire; *~ lesen* bien lire; *sich ~ entsinnen* bien se rappeler; *bei ~er Gesundheit sein* aller bien (*nicht in zsgs. Zeiten!*); être bien; *~ werden*

tourner bien, *(in Ordnung kommen)* s'arranger, *(gelingen)* réussir, *Wunde*: (se) guérir, se cicatriser; *prov. Ende ~, alles ~* tout est bien qui finit bien.

Gut *n* bien *m*; *(Eigentum)* propriété *f*; *(Habe)* avoir *m*; *(Vermögen)* fortune *f*; *(Land²)* terre *f*; *(Ware)* marchandise *f*; *liegende Güter pl.* biens-fonds *m/pl.*; *bewegliche Güter* biens *m/pl.* immeubles (*od.* immobiliers); *herrenloses ~* biens *m/pl.* vacants; *anvertrautes ~* dépôt *m*; *Hab und ~ verlieren* perdre tout son avoir; *geistige Güter* biens *m/pl.* immatériels; *das höchste ~* le souverain bien; *prov. unrecht ~ gedeihet nicht* bien mal acquis ne profite jamais.

'**Gut|achten** *n* expertise *f*; avis *m*; ärztliches *~* expertise *f* médicale; *von j-m ein ~ einholen* recueillir l'avis de q.; *demander* l'expertise de q.; *ein ~ abgeben* faire une expertise; *~achter m* expert *m*; *²achtlich adj., adv.* sous forme d'expertise (*od.* d'avis); *²artig adj.* d'un bon naturel; ²bénin, -igne; *~artigkeit f* bon naturel *m*; bénignité *f*; *~dünken n: nach ~* à mon, ton *usw.* idée; *au jugé*; *au gré de son manière*; *nach Ihrem ~* comme bon vous semblera; *nach ~ schätzen* apprécier à vue de nez.

'**Güte** *f* bonté *f*; *(Beschaffenheit)* bonne qualité *f*; *haben Sie die ~, zu ...* ayez la bonté de ...; *in (aller) ~* à l'amiable; *es mit ~ versuchen* essayer la douceur; *m-e ~!* mon Dieu!; *~erzeugnis n* produit *m* de qualité.

'**Güter|abfertigung** *f* expédition *f* des marchandises; *~abtretung f* cession *f* de biens; *~annahme(stelle) f* réception *f* des marchandises; *~ausgabe(stelle) f* livraison *f* des marchandises; *~austausch m* échange *m* de marchandises (*od.* de biens économiques); *~bahnhof m* gare *f* de marchandises; *~bedarf m* besoin *m* en biens économiques; *~beförderung f* transport *m* de marchandises; *~beilverkehr m* messageries *f/pl.*; *~fernverkehr m* trafic *m* marchandises à grande distance; *~gemeinschaft ⚤ f* communauté *f* de biens; *~kraftverkehr m* roulage *m*; *~nahverkehr m* trafic *m* marchandises à petite (*od.* courte) distance; *~schuppen m, ~speicher m* 'hangar *m*; entrepôt *m* à marchandises; *~tarif m* tarif *m* marchandises; *~trennung ⚤ f* séparation *f* de biens; *~verkehr m* trafic *m* marchandises; *~verteilung ⚤ f* distribution *f* commerciale; *~wagen 🚃 m* fourgon *m*; wagon *m* de marchandises; *offener*: truc *m*; *~zug m* train *m* de marchandises; *~ mit Personenwagen* train *m* mixte.

'**Gute(s)** *n* bien *m*; bon *m*; *etw. ~s (Speise, Material)* quelque chose de bon; *das ~ an der Geschichte ist ...* le bon de l'histoire (*od.* ce qu'il y a de bon, de bien dans l'histoire), c'est que ...; *(j-m) ~s tun* faire du bien (à q.); *zuviel des ~n tun* exagérer; dépasser la mesure; *vouloir trop bien faire*; *nichts ~s erwarten* n'attendre (*od.* n'espérer) rien de bon (*von de*); *sich zum ~n wenden* tourner bien; prendre bonne tournure; *das führt zu nichts*

~m cela ne mène à rien de bien (od. de bon); *alles ~!* bonne chance! *bzw.* bon courage! *bzw.* meilleurs vœux!; *im ²n* à l'amiable, *(gutwillig)* de bon gré; *im ²n auseinandergehen* se quitter bons amis; *prov. das Bessere ist des ~n Feind* le mieux est l'ennemi du bien.

'**Güte|termin** ⚤ *m* date *f* de l'audience de conciliation; *~verfahren n* procédure *f* de conciliation; *~verhandlung f* audience *f* de conciliation; *~versuch m* tentative *f* de conciliation; *~zeichen n* marque *f* (*od.* label *m*) de qualité.

'**gut|geartet** *adj.* d'un bon naturel; *~gebaut adj. Figur*: bien bâti (*od.* fait); bien proportionné; F bien roulé; bien constitué; *~gehend adj. Geschäft*: florissant; qui marche bien; *~gelaunt adj.* de bonne humeur; *~gemeint adj.* qui part d'une bonne intention; *~gesinnt adj.* bien intentionné; *~gewachsen adj.* bien fait (*od.* bâti); *~gläubig adj.* de bonne foi; suggestionnable; *~haben ✝ v/t.* avoir à son crédit; *~haben ✝ n* crédit *m*; *~heißen v/t.* approuver; etw. Schlechtes: flatter qch.; *~herzig adj.* bonne; qui a bon cœur; ²*herzigkeit f* bonté *f* (du cœur); bon cœur *m*.

'**gütig I** *adj.* aimable; bon, bonne; paterne; complaisant; *mit Ihrer ~en Erlaubnis* avec votre permission; **II** *adv.* avec bonté; *st.s. Sie werden mich ~st entschuldigen* vous voudrez bien m'excuser.

'**gütlich** *adv.* à l'amiable; *sich ~ tun* se régaler (*an dat.* de); *e-n Prozeß ~ beilegen* terminer un procès par un arrangement; *sich ~ einigen* s'arranger à l'amiable.

'**gut|machen** *v/t.* *(wieder ~)* réparer; *es ist nicht wieder gutzumachen* c'est irréparable (*od.* irrémédiable); *~mütig adj.* bon, bonne; F bon prince; *ein ~er Mensch* une bonne nature (*od.* pâte); un bon garçon bzw. une bonne fille; ²*mütigkeit f* bonté *f*; *~nachbarlich adj.*: *~e Beziehungen* relations *f/pl.* de bon voisinage; *~sagen v/i.* se porter garant (*für* de).

'**Gutsbesitzer(in** *f*) *m* propriétaire *m*, *f* d'une ferme, d'un domaine.

'**Gut|schein** *m* bon *m*; *²schreiben v/t.*: *j-m etw. ~* porter (*od.* passer) qch. au crédit de q.; *²schrift ✝ f* crédit *m*; *zur ~ auf das Konto* à porter au crédit du compte; *~schrifts-anzeige f* avis *m* de crédit.

'**Guts|herr(in** *f*) *m* propriétaire *m*, *f* d'une ferme; *~hof m* ferme *f*.

'**gutsituiert** *adj.* aisé; *~ sein* vivre dans l'aisance; être à son aise; avoir les reins solides.

'**Guts|verwalter** *m* administrateur *m* d'un domaine; *~verwaltung f* administration *f* d'un domaine.

Gutta'percha *f, n* gutta-percha *f*.

'**guttun** *v/i.* faire du bien (*j-m* à q.); *das tut e-m gut* cela vous fait du bien.

guttu'ral *adj.* guttural; ²*laut m* gutturale *f*.

'**gut-unterrichtet** *adj.* bien informé.

'**gutwillig I** *adj.* de bonne volonté; **II** *adv.* de bon gré; de bonne grâce; ²*keit f* bonne volonté *f*.

Gym'khana *n Sport*: gymkhana *m*; course *f* d'obstacles.

Gymnasi'al|bildung f études f/pl. secondaires; **~direktor** m directeur m d'un lycée; in Frankreich: proviseur m.
Gymnasi'ast(in f) m lycéen m, -enne f.

Gym'nasium n lycée m; altsprachliches (neusprachliches) ~ lycée m classique (moderne); ~ besonderer Prägung lycée-pilote m.
Gym'nastik f gymnastique f; **~kurs** m cours m de gymnastique.

gym'nastisch adj. gymnastique.
Gynäko|'loge m gynécologue m; gynécologiste m; **~lo'gie** f gynécologie f; **♀'logisch** adj. gynécologique.
Gyro'skop n gyroscope m; **♀isch** adj. gyroscopique.

H

H, h n H, h m; ♪ si m.
ha! int. 'ha!
Haag m: der ~ la Haye.
Haar n cheveu m; coll. cheveux pl.; chevelure f; *tiffes m/pl.; (Bart2, Tier2) poil m; (Roß2) crin m; (Flaum) duvet m; ~e pl. des Tuches: poil m; blonde ~e haben avoir les cheveux blonds; die ~e lösen (schneiden; waschen; färben) défaire (couper; laver; teindre) les cheveux; sich die ~e schneiden lassen se faire couper les cheveux; sich das ~ machen se coiffer; arranger ses cheveux; die ~e kurz (lang) tragen porter les cheveux courts (longs); um ein ~ wäre ich ... il s'en est fallu d'un cheveu (od. de peu) que je ... (subj.); fig. ~e auf den Zähnen haben ne pas se laisser marcher sur les pieds; avoir bec et ongles; n'avoir pas froid aux yeux; sich in die ~e geraten se prendre aux cheveux; sich in den ~en liegen se colleter; être aux prises; sich die ~e raufen s'arracher les cheveux; j-m kein ~ krümmen ne pas toucher un cheveu à q.; kein gutes ~ an j-m lassen déchirer q. à belles dents; es ist kein gutes ~ an ihm c'est un vrai vaurien; die ~e standen mir zu Berge les cheveux se dressèrent sur ma tête; da stehen e-m die ~e zu Berge cela fait dresser les cheveux; an den ~en beiziehen tirer par les cheveux; das hat an e-m ~ gehangen cela n'a tenu qu'à un cheveu; fig. darüber lasse ich mir keine grauen ~e wachsen je ne m'en fais pas pour cela; c'est le moindre (od. le cadet) de mes soucis; ~e lassen müssen y laisser des plumes; ein ~ in der Suppe finden y trouver un cheveu; mit Haut und ~en en entier; tout cru; um ein ~ (beinahe) à un poil près; à tort ou de chose près; **'~abschneiden** n coupe f de cheveux; **'~ausfall** m chute f des cheveux; alopécie f; **'~balg** m follicule m pileux; **'~band** n ruban m dans les cheveux; serre-tête m; **'~besen** m balai m de crin; **'~breit** n: nicht um ein ~ weichen ne pas reculer d'un pouce; à tort ou de justesse; **'~bürste** f brosse f à cheveux; **'~büschel** n touffe f de cheveux; (Schopf) toupet m; zo. aigrette f; 'houppe f; **'~creme** f crème f capillaire; **'~decke** f des Tuches: poil m; **'2en** v/i. perdre son poil; muer; **'~entferner** m, **'~entfernungsmittel** n dépilatoire m; **'~ersatz** m cheveux m/pl. artificiels; **'~esbreite** f: um ~ de peu; de justesse; **'~farbe** f couleur f des cheveux; **'~färbemittel** n teinture f capillaire (od. pour les cheveux); **'~färben** n teinture f de cheveux; **'2fein** adj. fin comme un cheveu; fig. subtil; **'~festiger** m fixateur m; **'~filz** m feutre m grossier en poils; für Hüte: feutre m de chapellerie; **'~flechte** f tresse f de cheveux; dartre f du cuir chevelu; **'2förmig** adj. qui a la forme d'un cheveu; **'~frisur** f coiffure f; **'~gefäß** n vaisseau m capillaire; **'2genau I** adj. exact; très précis; méticuleux, -euse; **II** adv. exactement; très précisément, méticuleusement; **'2ig** adj. chevelu; velu; poilu; fig. (schwierig) difficile; (heikel) délicat, pfort scabreux, -euse; **'~kamm** m peigne m weiter: démêloir m; **'~klammer** f pince f à cheveux; **'~kleid** zo. n pelage m; **'2klein** adv. par le menu; dans les moindres détails; **'~klemme** f pince f à cheveux; **'~knoten** m im Nacken: chignon m; **'~kräftigungsmittel** n vitaliseur m; **'~krankheit** f maladie f des cheveux; **'~krem** f crème f capillaire; **'~künstler(in)** f m artiste m, f capillaire; **'~locke** f boucle f (de cheveux); **'2los** adj. sans cheveux (resp. poil[s]); (kahlköpfig) chauve; glabre; **'~losigkeit** f absence f de cheveux (resp. de poils); (Kahlköpfigkeit) calvitie f; **'~matratze** f matelas m de crin; **'~mittel** n produit m capillaire; **'~mode** f mode f capillaire; **'~nadel** f épingle f à cheveux; **'~nadelkurve** f virage m en épingle à cheveux; **'~netz** n résille f; filet m à cheveux; **'~öl** n huile f pour les cheveux; **'~pflege** f soins m/pl. des cheveux (od. de la chevelure); **'~pflegemittel** n produit m capillaire; **'~pinsel** m pinceau m fin; **'~riß** m fendille f; fissure f; **'~röhrchen** n tube m capillaire; **'2scharf I** adj. fig. Bild: très net, nette; Einstellung: très précis; exact; (streng) rigoureux, -euse II adv. très précisément, exactement; très nettement; F de justesse; (ganz nahe) tout près (de); **'~schere** f ciseaux m/pl. de coiffeur; **'~schleife** f nœud m de ruban; **'~schmuck** m parure f pour bzw. dans les cheveux; **'~schneidemaschine** f tondeuse f; **'~schneiden** n coupe f de cheveux; ~, bitte! une coupe, s'il vous plaît!; **'~schneider** m coiffeur m; **'~schneidesalon** m salon m de coiffure; **'~schnitt** m coupe f de cheveux; **'~schopf** m touffe f de cheveux; toupet m; **'~schwund** m chute f des cheveux; alopécie f; **'~seite** f des Leders: côté m poil; **'~sieb** n tamis m de crin; **'~spalter** m coupeur m de cheveux en quatre; **'~spalterei** f chinoiseries f/pl.; subtilités f/pl.; ~ treiben couper les cheveux en quatre; **'~spange** f pince f à cheveux; **'~spezialist** m trichologue m; **'~spray** m laque f; **'~strähne** f mèche f de cheveux; **'2sträubend** adj. qui fait dresser les cheveux; horripilant; **'~strich** m sens m des cheveux (resp. du poil); Schrift: délié m; **'~teil** n postiche m; **'~tolle** f toupet m; **'~tracht** f coiffure f; **'~trockner** m séchoir m à cheveux; sèche-cheveux m; **'~waschen** n lavage m des cheveux; (Schampunieren) shampooing m; **'~wasser** n lotion f capillaire; **'~wickel** m bigoudi m; mst. aus Papier: papillote f; **'~wild** n gibier m à poil; **'~wuchs** m pousse f des cheveux (resp. des poils); chevelure f; **'~wuchsmittel** n produit m capillaire; **'~wurzel** f racine f du cheveu, du poil; **'~zange** f pince f à épiler.

Hab: ~ und Gut n tout son avoir; **'~e** f avoir m; bien m; (Eigentum) propriété f; (Vermögen) fortune f; bewegliche ~ biens m/pl. meubles (od. mobiliers); unbewegliche ~ biens m/pl. immeubles (od. immobiliers).

'haben I 1. v/t. avoir; was hast du davon? qu'est-ce que tu y gagnes?; nichts auf sich ~ être sans importance; er hat viel von s-m Vater il tient beaucoup de son père; das hat er aus Goethe il a trouvé cela dans Goethe; er hat die Nachricht aus guter Hand il a la nouvelle de bonne source; das Buch ist in allen Buchhandlungen zu ~ le livre se trouve (od. est en vente od. s'obtient) dans toutes les librairies; das ist nicht mehr zu ~ on n'en trouve plus; zu ~ bei en vente chez; das hat nichts zu sagen cela ne veut rien dire; ich habe zu tun j'ai à faire; den wievielten ~ wir? quel jour (od. F le combien) sommes-nous?; wir ~ den 15. März nous sommes le quinze mars; wir ~ Winter nous sommes en hiver; was hat er? qu'a-t-il?; er hat es im Halse il a mal à la gorge; das Argument hat viel für sich l'argument est très plausible; die Aufgabe hat es in sich le problème est très difficile; sie hatte es mit ihm elle avait une liaison avec lui; er will es so ~ il veut que cela soit comme ça; ich habe nichts dagegen je n'ai rien contre; je ne m'y oppose pas; je veux bien; F hat sich was! allons donc!; ~ Sie sich doch nicht so! ne faites pas tant de manières!; sich ~ faire des chichis, des mines; Frau: faire la mijaurée; (sich aufregen) en faire une histoire; da ~ wir's! nous y voilà!; nous voilà dans de beaux draps!; ich hab's! j'y suis!; ich habe es eilig je suis pressé; er hat es gut il a de la chance; il est heureux; wenig von s-n Kindern während der Woche ~

profiter peu de ses enfants en semaine; es schwer ~ être dans une situation difficile; avoir bien du mal (*mit* avec); ~ wollen vouloir; gern ~ aimer; *dafür bin ich nicht zu* ~ je n'aime pas cela; *lieber* ~ aimer mieux; préférer; *Geduld* ~ avoir de la patience; *Trauer* ~ être en deuil; *an j-m e-n Freund* ~ avoir en q. un ami; *j-n zum Freund* ~ avoir q. pour ami; *Geld bei sich* ~ avoir de l'argent sur soi; *über sich* (*dat.*) ~ avoir pour supérieur; *unter sich* (*dat.*) ~ avoir sous sa direction; *die Kasse unter sich* ~ tenir la caisse; *etw. hinter sich* ~ (*abgeschlossen* ~) en avoir fini avec qch.; *e-e Mark hat 100 Pfennig* un mark vaut cent pfennigs; 2. *v/imp.*: *es hat den Anschein* il paraît; il semble; *es hat Eile* cela presse; *es hat seine Richtigkeit* c'est juste; **II** ♀ ✝ *n* avoir *m*; crédit *m*; *das Soll und* ~ le doit et avoir; le débit et le crédit; *ins* ~ *stellen* passer au crédit.
'Habenichts *m* pauvre diable *m*; va--nu-pieds *m*, *f*; P claque-faim *m*; P traîne-misère *m*.
'Haben|posten ✝ *m* poste *m* créditeur; ~seite *f* avoir *m*; crédit *m*.
'Hab|gier *f* cupidité *f*; ⚤gierig *adj.* cupide; ⚤haft *adj.*: ~ *werden* (*gén.*) se saisir de; mettre la main sur; attraper; s'emparer de.
'Habicht *orn. m* autour *m*; ~s-kraut ♀ *n* épervière *f*; ~s-nase *f* nez *m* en bec d'aigle.
Habilitati'on *f* All.: (épreuves *f/pl.* d')admission *f* à l'enseignement supérieur; *Fr.*: doctorat *m*; agrégation *f* (de droit, de médecine, de pharmacie); ~s-schrift *f* thèse *f*.
habili'tieren *v/rf.*: *sich* ~ se qualifier pour l'enseignement supérieur.
'Habitus *m* aspect *m* extérieur; attitude *f*; *physiol.*, ✳ habitus *m*.
'Hab|seligkeiten *f/pl.* tout son avoir; affaires *f/pl.*; effets *m/pl.*; P (*Klamotten*) fringues *f/pl.*; frusques *f/pl.*; F nippes *f/pl.*; F saint-crépin *m*; P saint-frusquin *m*; ~sucht *f* cupidité *f*; ⚤süchtig *adj.* cupide.
'Hachse *f cuis.* jarret *m*; P ~*n* (*Beine*) *pl.* P quilles *f/pl.*; P guibolles *f/pl.*
Hack|beil *n* couperet *m*; ~block *n* billot *m*; ~brett *n* 'hachoir *m*; ♪ (*Zimbel*) tympanon *m*; ~e *f* 'houe *f*; spitze: pioche *f*; ✓ *a.* binette *f*; serfouette *f*.
'Hacken *m* (*Ferse*) talon *m*; *die* ~ *pl.* zusammenschlagen claquer les talons; *mit zusammengeschlagenen* ~ *les talons* joints; *fig. j-m auf den* ~ *sein* être sur les talons de q.; être aux trousses de q.
'hacken *v/t. u. v/i. Fleisch*: 'hacher; *Holz*: fendre; casser; ✓ biner; 'houer; piocher; *Vögel*: becqueter; donner des coups de bec (à); *gehacktes Fleisch* viande *f* 'hachée; 'hachis *m*.
'Hackepeter *cuis. m* chair *f* à saucisses.
'Hack|fleisch *n* 'hachis *m*; viande *f* 'hachée; ~frucht *f* plante *f* sarclée; ~klotz *m* billot *m*; ~ler (*Rugby*) *m* talonneur *m*; ~maschine *f* (*Fleischwolf*), ~messer *n* 'hachoir *m*.
'Häcksel *m od. n* paille *f* 'hachée; ~(schneide)maschine *f* 'hache--paille *m*.

'Hader *m* (*Streit*) dissension *f*; querelle *f*; dispute *f*; altercation *f*; F grabuge *m*; (*Zwietracht*) discorde *f*; ⚤*n v/i.*: *mit j-m* ~ se quereller avec q.; se disputer avec q.; *mit dem Schicksal* ~ accuser son sort.
'Hafen *m* port *m* (*a. fig.*); ✈ aéroport *m*; *im* ~ *liegen* être au port; *im* ~ *sur le* port; *in den* ~ *einlaufen* entrer au port; *in e-m* ~ *vor Anker gehen* stationner dans un port; *e-n* ~ *anlaufen* faire escale dans un port; *aus dem* ~ *auslaufen* quitter le port; *fig.* ~ *der Ruhe* 'havre *m* de repos; *im sicheren* ~ *landen* (*sein Ziel erreichen*) arriver à bon port; *in* ~ *der Ehe einlaufen* se marier; ~amt *n* bureau *m* du port; ~anlagen *f/pl.* installations *f/pl.* portuaires (*od.* de port); ~arbeiter *m* débardeur *m*; docker *m*; ~arbeiterstreik *m* grève *f* des débardeurs, des dockers; ~bahnhof *m* gare *f* maritime; ~bau *m* construction *f* d'un port; ~becken *n* bassin *m* portuaire; ~behörde *f* autorités *f/pl.* du port; ~damm *m* môle *m*; jetée *f*; ~einfahrt *f* entrée *f* du port; *enge*: goulet *m*; ~einrichtung *f* installation *f* portuaire (*od.* de port); ~gebühren *f/pl.*, ~geld *n* droits *m/pl.* de port; ~kran *m* grue *f* de port; ~meister *m* capitaine *m* de port; *e-s Binnenhafens*: garde--port *m*; ~ordnung *f* règlements *m/pl.* du port; ~platz *m* port *m*; ~polizei *f* police *f* du port; ~schleuse *f* écluse *f* à l'entrée d'un port; ~sperre *f* embargo *m*; ~stadt *f* ville *f* portuaire; ~überwachung *f* contrôle *m* portuaire; ~überwachungsstelle *f* service *m* de contrôle portuaire; ~viertel *n* quartier *m* du port.
'Hafer ♀ *m* avoine *f*; *fig. ihn sticht der* ~ ça lui monte à la tête; ~flocken *f/pl.* flocons *m/pl.* d'avoine; ~grütze *f* gruau *m* d'avoine; ~mehl *n* farine *f* d'avoine; ~schleim *m* crème *f* d'avoine; ~schleimsuppe *f* potage *m* à la crème d'avoine; ~stroh *n* paille *f* d'avoine.
Haff *n* 'haff *m*.
Haft *f* emprisonnement *m*; détention *f*; *in* ~ *nehmen* emprisonner; *in* ~ *halten* détenir; *aus der* ~ *entlassen* relâcher; remettre en liberté; libérer.
'haft|bar *adj.* responsable (für de); ~ *machen* rendre responsable (für de); ⚤barkeit *f* responsabilité *f*; ⚤befehl *m* mandat *m* d'arrêt, de dépôt (*erlassen* décerner); ~ *gegen j-n erlassen a.* placer q. sous mandat de dépôt; ⚤beschwerde *f* appel *m* contre un mandat d'arrêt; ⚤bild *écol. n* figurine *f* (adhésive); ⚤dauer *f* durée *f* de la détention; ~en *v/i.*: ~ *an* (*dat.*) adhérer à; tenir à; être fixé (*od.* attaché) à; *s-e Blicke* ~ *lassen auf* (*dat.*) fixer ses regards sur; ~ *für* répondre de; *ich hafte mit m-m Kopf dafür* j'en réponds sur ma tête; *im Gedächtnis* ~ être gravé (*od.* empreint) dans la mémoire; ⚤en *n* adhésion *f*; adhérence *f*; ✝ responsabilité *f*; ⚤entlassene(r) *m* détenu *m* libéré; ⚤entlassung *f* libération *f*; *bedingte* ~ *libération f conditionnelle*; ~ *gegen Kaution* libération *f* sous caution; ⚤fähigkeit *f*, ⚤festigkeit *f* ⊕ adhésion *f*; adhérence *f*; ⚤glas *opt. n* verre *m* de contact.

'Häftling *m* détenu *m*.
'Haft|lokal *n* dépôt *m*; ~pflicht *f* responsabilité *f* (civile); ⚤pflichtig *adj.* responsable; ~pflichtversicherung *f* assurance *f* (de) responsabilité civile; ~schale *opt. f* lentille *f* de contact; lentille *f* souple; ~ung *f* responsabilité *f*; *die* ~ *übernehmen* (*ablehnen*) assumer (décliner) la responsabilité (für de); (*un*)*beschränkte* ~ responsabilité *f* (il)limitée; *mit beschränkter* ~ (*abr. m.b.H.*) à responsabilité limitée; ~ungs-ausschluß *m* dégagement *m* de la responsabilité; ~ungs-umfang *m* étendue *f* de la responsabilité; ~vermögen ⊕ *n* adhésivité *f*; adhérence *f*.
'Hage|buche ♀ *f* charme *m*; ~butte *f* fruit *m* de l'églantier; F gratte-cul *m*; ~dorn *m* aubépine *f*.
'Hagel *m* grêle *f* (*a. fig.*); ⚤dicht *adj.* dru comme grêle; ~korn *n* grêlon *m*; ⚤*n v/i.* grêler; *es hagelt* il grêle; il tombe de la grêle; *fig. es hagelt Schläge auf ihn* il reçut une grêle de coups; *les coups tombaient sur lui* dru comme grêle; ~schaden *m* dommage *m* causé par la grêle; ~schadenversicherung *f* assurance *f* contre les dégâts de la grêle; ~schauer *m* giboulée *f* (accompagnée de grêle); ~schlag *m* (chute *f*) grêle *f*; *durch* ~ *vernichten* (*od.* verwüsten) grêler; ravager par la grêle; ~schloßen *f/pl.* grêlons *m/pl.*; ~schutzkanone *f* canon *m* paragrêle; ~schutzrakete *f* fusée *f* paragrêle; ~sturm *m* tempête *f* mêlée de grêle; ~versicherung *f* assurance *f* contre la grêle; ~wetter *n* orage *m* accompagné de grêle; ~wolke *f* nuage *m* chargé de grêle.
'hager *adj.* maigre; sec, sèche; ⚤keit *f* maigreur *f*.
'Hagestolz *m* vieux garçon *m*.
Hagio|graph *rl. m* hagiographe *m*; ~gra'phie *f* hagiographie *f*.
ha'ha! *int.* 'ha, ha!
'Häher *orn. m* geai *m*.
Hahn *m* coq *m*; (*Wetter*⚤) coq *m* (du clocher); *e-r Leitung*: robinet *m*; (*Faß*⚤) cannelle *f*; (*Gewehr*⚤) chien *m* (de fusil); *den* ~ *aufdrehen* (*zudrehen*) ouvrir (fermer) le robinet; ~ *im Korbe sein* être comme un coq en pâte; *es kräht kein* ~ *danach* personne ne s'en soucie; personne n'y fait attention.
'Hähnchen *n* petit coq *m*; *cuis.* poulet *m*.
'Hahnen|fuß ♀ *m* renoncule *f*; ~kamm *m* crête *f* de coq; ♀ crête-de--coq *f*; ~kampf *m* combat *m* de coqs; ~kampfgehege *n* gallodrome *m*; ~schrei *m* chant *m* du coq; *mit dem ersten* ~ dès potron-minet; ~sporn *m* ergot *m* du coq; ~tritt *orn.* ~ *m* germe de l'œuf.
'Hahnrei *litt. m* cocu *m*; *j-n zum* ~ *machen* faire q. cocu; F cocufier q.
Hai *m*, '~fisch *icht. m* requin *m*.
Hain *m* bosquet *m*; bocage *m*; '~buche ♀ *f* charme *m*.
Ha'iti *n* Haïti *f*.
Haiti'an|er *m* Haïtien *m*; ⚤isch *adj.* haïtien, -enne.
'Häkchen *n* (petit) crochet *m*; (*Kleider*⚤) petite agrafe *f*.
'Häkel|arbeit *f*, Häke'lei *f* ouvrage *m* au crochet; ~garn *n* fil *m* à crochet; ~haken *m* crochet *m*; ⚤*n 1. v/i.* faire

du crochet; 2. v/t. faire au crochet; ~**nadel** f crochet m; ~**stich** m point m de crochet.
'**Haken** m crochet m (a. Boxsport); größerer: croc m; zu Ösen: agrafe f; (Dietrich) crochet m; (Kleider²) patère f; portemanteau m; ch. e-n ~ schlagen faire un crochet; fig. die Sache hat e-n ~ il y a un 'hic; il y a qch. qui cloche; l'affaire ne tourne pas rond; F das ist eben der ~ voilà le hic.
'**haken** (verklemmt sein) v/i. s'être coincé.
'**haken|förmig** adj. en forme de crochet; ²**kreuz** n croix f gammée; svastika m; ²**nase** f nez m crochu.
'**hakig** adj. crochu.
Hala'li ch. n hallali m; ~ blasen sonner l'hallali.
halb I adj. demi; die ~e Stadt la moitié de la ville; das ~e Leben la moitié de la vie; ~er Ton demi-ton m; ~e Pause demi-pause f; ~e Spalte demi-colonne f; ~es Dutzend demi-douzaine f; ~e Fahrkarte (Eintrittskarte) demi-place f; ~er Fahrpreis demi-tarif m; ~e Maßnahmen demi-mesures f/pl.; e-e ~e Stunde une demi-heure; ein(e) und e-e ~e Stunde une heure et demie; ~ 11 (Uhr) dix heures et demie; die ~ Sonne la demie sonne; auf ~er Höhe à mi--'hauteur; e-r Straße: à mi-côte; in ~er Entfernung à mi-distance; auf ~em Wege à mi-chemin; à moitié chemin; mit ~er Stimme à mi-voix; nur mit ~em Ohr zuhören n'écouter que d'une oreille; zum ~en Preis à moitié prix; ein ~es Jahr six mois m/pl.; **II** adv. (zur Hälfte) à demi; à moitié; nicht ~ soviel (bei vb. ne ...) pas la moitié; nicht ~ so groß (bei vb. ne ...) pas la moitié de la grandeur; er ist nicht ~ so gut wie sein Bruder il ne vaut pas son frère à beaucoup près; il est loin de valoir son frère; das ist ~ so schlimm ce n'est pas si grave; il n'y a que demi-mal; er hat den Sinn nur ~ verstanden il n'a saisi le sens qu'à moitié; ~ bittend, ~ drohend mi-suppliant, mi--menaçant; ~ ..., ~ ... moitié ..., moitié ...; '~**amtlich** adj. officieux, -euse; '~**automatisch** adj. semi--automatique; '²**baumwolle** f mi-coton m; '²**bildung** f pseudo--culture f; demi-savoir m; '²**blut** n, '²**blüter** m, '²**blutpferd** n demi--sang m; '²**bruder** m demi-frère m; frère m consanguin; mütterlicher-seits: frère m utérin; '~**bürtig** adj. väterlicherseits: consanguin; mütterlicherseits: utérin; '²**dunkel** n demi--jour m; peint. clair-obscur m; '~**durchgebraten** adj.: ~es Beefsteak bifteck m saignant (od. bleu); '²**edelstein** m pierre f semi-précieuse; pierre f fine.
'**halber** prp. (gén.) à cause de; der Gesundheit ~ pour des raisons de santé; der größeren Genauigkeit ~ pour plus d'exactitude.
'**halb|erhaben** sculp. adj. en demi--relief; ~e Arbeit demi-bosse f; ²**e(s)** n demi m; das ist nichts ~s und nichts Ganzes ce n'est ni fait ni à faire; ²**fabrikat** n produit m semi-fini; demi-produit m; ~**fein** adj. demi--fin; ~**fertig** adj. semi-fini; ²**fertigware** f produit m semi-fini; demi--produit m; ~**fett** adj. demi-gras, demi-grasse; ²**finale** n Sport: demi--finale f; ²**fingerhandschuh** m mitaine f; ~**flach** adj. méplat; ²**flugball** m Tennis: demi-volée f; ²**flügler** ent. m/pl. hémiptères m/pl.; ²**franzband** m demi-reliure f; ~**gar** adj. à moitié cuit; ~**gebildet** adj. à moitié cultivé; ²**gebildete(r)** m demi-lettré m; demi-cultivé m; ²**gefrorene(s)** cuis. n sorbet m; ~**geschlossen** adj. mi-clos; ²**geschoß** △ n entresol m; mezzanine f; ²**geschwister** pl. demi-frères m/pl.; demi-sœurs f/pl.; ²**gott** myth. m demi-dieu m; ~**heit** f demi-mesure f; imperfection f.
'**Halb|insel** f presqu'île f; große: péninsule f; ~**invalide** m demi--invalide m; ²**jahr** n semestre m; six mois m/pl.; ²**jährig** adj. durant six mois, semestriel, -elle; in bezug auf Alter: (âgé) de six mois; ²**jährlich** adj. qui se renouvelle tous les six mois; bezahlen: par semestre; ~**jahresbericht** m rapport m semestriel; ~**jahresbilanz** f bilan m semestriel; ~**jahrsdividende** f dividende m semestriel; ~**kettenfahrzeug** ⚔ n 'half-track m; véhicule m semi--chenillé; ~**konsonant** m semi--consonne f; ~**kreis** m demi-cercle m; ²**kreisförmig** adj. demi-circulaire; ~**kugel** f hémisphère m; ²**lang** adj. (de)mi-long, (de)mi-longue; Kostüm: à mi-mollet; ²**laut** adj. u. adv. à mi-voix; ² mezza voce; ~ sagen a. dire entre haut et bas; ~**lederband** m demi-reliure f; ~**leinen** n, ~**leinwand** f toile f métisse; ~**links** m Fußball: inter m gauche; ~**lösung** fig. f solution f bâtarde; ~**maske** f faux nez m; ²**mast** ⚓ adv.: auf ~ hissen (od. flaggen) mettre en berne; ~**messer** ⚔ m rayon m; ²**militärisch** adj. paramilitaire; ²**monatlich** adj. qui se renouvelle tous les quinze jours; Veröffentlichung: bimensuel, -elle; ²**monatsschrift** f revue f bimensuelle; ~**mond** m premier bzw. dernier quartier m (de lune); demi-lune f; croissant m; ²**mondförmig** adj. en (forme de) croissant; ²**nackt** adj. u. adv. à moitié (od. à demi) nu; ²**offen** adj. entrouvert; gr. (de)mi-ouvert; moyen, -enne; ²**part** adv.: mit j-m ~ machen se mettre de moitié avec q.; ~**pension** f demi-pension f; ~**rechts** m Fußball: inter m droit; ²**reif** adj. à moitié mûr (a. fig.); ~**relief** n demi--bosse f; ²**roh** adj. à moitié cru; ²**rund** adj. semi-circulaire; semi--cylindrique; ~**rund** n e-s Theaters: hémicycle m; ~**rundfeile** f demi--ronde f; ~**schatten** m phys., a. peint. pénombre f; ~**schlaf** m demi--sommeil m; ~**schuh** m soulier m bas; ~**schwergewicht(ler** m) n Sport: poids m mi-lourd; ~**schwester** f demi-sœur f; sœur f consanguine; mütterlicherseits: sœur f utérine; ~**seide** f étoffe f mi-soie; ²**seiden** adj. mi-soie; ²**seitig** adj.: ~e Lähmung hémiplégie f; ~**sparren** △ m accoinçon m; ~**starke(r)** m blouson noir;
jeune voyou m; **Halbstarke** pl. a. jeunesse f désœuvrée; compagnons m/pl. de l'acte gratuit; ²**starr** ⚔ adj. semi-rigide; ~**stiefel** m demi-botte f; bottillon m; bottine f; ²**stündig** adj. d'une demi-heure; ²**stündlich I** adj. qui se renouvelle toutes les demi--heures; **II** adv. toutes les demi--heures; ~**stürmer** (Sport) m inter m; intérieur m; ~**tag** m demi-journée f; ²**tägig** adj. d'une demi-journée; ~**tags-arbeit** f travail m à mi-temps; ~**tagsbeschäftigung** f emploi m à mi-temps; occupation f à mi-temps; ~**ton** ♪ m demi-ton m; ²**tot I** adj. demi-mort; **II** adv. à moitié (od. à demi) mort; sich ~ lachen se pâmer de rire; j-n ~ schlagen assommer q.; ~**trauer** f demi-deuil m; ²**trocken** (Sekt, Wein) adj. demi-sec; moelleux, -euse; ~**vers** mét. m hémistiche m; ~**vokal** gr. m semi-voyelle f; ²**voll** adj. à moitié (od. à demi) plein; ²**wach** adj. à moitié (od. à demi) éveillé; ~**wahrheit** f demi-vérité f; ~**waise** f orphelin m, -e f de père (resp. de mère); ²**wegs** adv. (leidlich) passablement; tant bien que mal; (ungefähr) à peu près; ~**welt** f demi--monde m; pègre f; bas-fonds m/pl. de la société; ~**weltdame** f demi--mondaine f; ~**wertszeit** at., ⚛ (der Zersetzung von Strontium und Zäsium) f demi-vie f; période f; ~**wissen** n demi-savoir m; ²**wöchentlich** adj. bihebdomadaire; ~**wolle** f laine f mélangée; ²**wollen** adj. mi--laine; ~**wollstoff** m tissu m mi--laine; ~**wüchsig** adj. adolescent; ~**zeit** f Sport: mi-temps f; zur ~ à la mi-temps.
'**Halde** f ⚒ 'halde f; terril m; ~**n-bestand** ⚒ m stock m sur les carreaux; ~**n-erz** m minerai m de halde; ~**nkoks** m coke m au stock; ~**nvorrat** ⚒ m stock m sur le carreau.
'**Hälfte** f moitié f; zur ~ à moitié; um die ~ mehr moitié plus; die ~ weniger moitié moins; um die ~ weniger Tote auf den Straßen deux fois moins de morts sur les routes; um die ~ zu lang trop long, longue de moitié; um die ~ teurer plus cher de moitié; um die ~ größer plus grand de moitié; über die ~ größer plus grand de plus de la moitié; die Kosten zur ~ tragen supporter la moitié des frais; zur ~ an etw. (dat.) beteiligt sein être de moitié dans qch.; fig. davon muß man die ~ streichen (od. abziehen) (das ist völlig übertrieben) il faut en rabattre la moitié; F m-e bessere ~ (Ehefrau) ma chère (od. tendre) moitié.
'**Halfter** f, a. m od. n licou m; ²**n** v/t. mettre le licou (à); ~**riemen** m courroie f de licou.
'**Halle** f galerie f; (Ausstellungs²) a. palais m; (Automesse) salon m; (Säulen²) portique m; (Saal) 'hall m; salle f; (Vestibül; Bahnhofs²) 'hall m; (Sport²) palais m des sports; (Turn²) gymnase m; (Markt²) 'halle f; Auto: garage m; ⚔ 'hangar m; (Werk²) atelier m; Tennis: court m couvert.
Halle'luja n alléluia m.
'**hallen** v/i. résonner; retentir.
'**Hallen|bad** n piscine f couverte; bassin m couvert; ~**bahn** f piste f couverte; ~**sport** m sport m de salle;

~**tennis** *n* tennis *m* couvert; ~**turnen** *n* gymnastique *f* de salle; ~**wettspiel** *n* Tennis: match *m* sur courts couverts.
hal'li! *int. ch.* ~*!* hallo! taïaut! taïaut!
hal'lo I *int.* ~*!* 'hé!; 'holà!; téléph. allô!; **II** 2 *n* cris *m/pl.*; *mit lautem* ~ à grands cris.
'**Hallregler** *rad. (beim Mischregler) m* réglage *m* de réverbération.
Halluzina|ti|on *f* hallucination *f*; 2-'**torisch** *adj.* hallucinatoire.
Halm *m* tige *f*; *(Getreide*2*)* chaume *m*; *(kleiner Stroh*2*)* brin *m* de paille; *die Ernte auf dem* ~*e verkaufen* vendre la récolte sur pied; '~**früchte** *f/pl.* céréales *f/pl.*
Hals *m* cou *m*; *(Flaschen*2*)* col *m*, *enger*: goulot *m*; *(Kehle)* gorge *f*; *(Kragen)* collet *m*; *(Pferde*2*)* encolure *f*; *(Geigen*2*)* manche *m*; ~ *über Kopf* précipitamment; ~ *über Kopf davonlaufen* s'enfuir à toutes jambes; *aus vollem* ~*e* de toutes ses forces; *à tue--tête*; à gorge déployée; à pleine gorge; *es im* ~*e haben*; *e-n schlimmen* ~ *haben* avoir mal à la gorge; *e-n Frosch im* ~*e haben (heiser sein)* avoir un chat dans la gorge; *am* ~ *festbinden* attacher par le cou; *die Worte blieben ihm im* ~*e stecken* les mots s'arrêtèrent (*od.* se bloquèrent) dans sa gorge; *sich j-m an den* ~ *werfen*; *j-m um den* ~ *fallen* se jeter au cou de q.; *sich etw. auf den* ~ *laden* se mettre qch. sur les bras; *etw. auf dem* ~ *haben* avoir qch. sur les bras (*od.* sur le dos); *sich etw.* (*j-n*) *vom* ~*e schaffen* se débarrasser de qch. (de q.); *bleiben Sie mir damit vom* ~*e* laissez-moi en paix avec cela; *das kostet ihm den* ~ cela lui coûte la vie (*od.* la tête); *es geht ihm an den* ~ il y va de sa vie; *es wird den* ~ *nicht kosten* ce n'est pas la mer à boire; *j-m den* ~ *umdrehen* tordre le cou (*od.* P le kiki) à q.; ~ *couper la gorge à q. (a. fig. j-m den* ~ *abschneiden)*; *j-m den* ~ *brechen* casser les reins à q.; *e-r Flasche den* ~ *brechen* faire sauter une bouteille; *sich den* ~ *brechen* se casser le cou; *das hat ihm den* ~ *gebrochen* cette affaire l'a achevé (*od.* coulé); *es hängt* (*od.* wächst) *mir zum* ~ *heraus* j'en ai plein le dos; j'en ai soupé; j'en ai marre; j'en ai jusque-là; j'en ai par-dessus la tête; F ça me sort par les yeux; F ça me fait suer; *bis an den* ~ *in Arbeit stecken* avoir du travail par--dessus la tête; *bis an den* ~ *in Schulden stecken* être dans les dettes jusqu'au cou; être criblé de dettes; *steifer* ~ 🕱 torticolis *m*; ~ *- und Beinbruch!* bonne chance!; F merde puissance treize!; '~**abschneider** *fig. m* F écorcheur *m*; usurier *m*; P corbeau *m*; ~**abschneide'rei** *fig. f* usure *f*; 2**abschneiderisch** *adj.* (*wucherisch*) usuraire; '~**ausschnitt** *m* échancrure *f*; décolleté *m*; '~**band** *n* collier *m* (*a. des Hundes*); 2**brecherisch** *adj.* périlleux, -euse; *diese Treppe ist* ~ cet escalier est un casse-cou; ~**eisen** *hist. n* carcan *m*; ~**entzündung** 🕱 *f* inflammation *f* de la gorge; angine *f*; ~**kette** *f* collier *m*; *lange*: sautoir *m*; *einfache für Medaillons*: chaîne *f* (de cou); '~**krankheit** *f* affection *f* de la gorge (*od.* du larynx); '~**krause** *hist.*

f collerette *f*; fraise *f*; '~**länge** *f* Sport: um (eine) ~ par (*od.* d')une encolure; '~**leiden** *n* affection *f* de la gorge (*od.* du larynx); '~**'Nasen--'Ohren-Arzt** *m* oto-rhino-laryngologiste *m*; F oto-rhino *m*; '~**schild** *ent. der Käfer*: prothorax *m*; '~**schlagader** *anat. f* carotide *f*; '~**schlinge** *ch. f* lacet *m*; '~**schmerzen** *m/pl.* mal *m* de gorge; ~ *haben* avoir mal à la gorge; '~**schmuck** *m* collier *m*; 2**starrig** *adj.* opiniâtre; entêté; têtu; obstiné; '~**starrigkeit** *f* opiniâtreté *f*; entêtement *m*; obstination *f*; '~**stück** *n Schlächterei*: collier *m*; '~**tuch** *n für Herren*: a. cache-nez *m*; *für Damen*: *a.* fichu *m*; seidenes ~; ~ *der Pfadfinder*: foulard *m*; ~ *und* **Beinbruch!** *int.* bonne chance!; F merde puissance treize!; '~**weh** *n* mal *m* de gorge; ~ *haben* avoir mal à la gorge; '~**weite** *f* encolure *f*; '~**wirbel** *anat. m* vertèbre *f* cervicale.
Halt *m* (temps *m* d')arrêt *m*; *Rast*: 'halte *f*; *e-r Sache (dat.)* ~ *gebieten* arrêter qch.; *(Stütze)* appui *m* (*a. fig.*); soutien *m* (*a. fig.*); support *m* (*a. fig.*); 🛆 soutènement *m*; *innerer*: soutien *m* (*od.* appui *m*) moral.
halt I *int.*: ~*!* 'halte(-là!); *auf Verkehrsschildern*: 'halte!; arrêtez!; *(genug)* assez!; ⚔ ~, *wer da?* qui vive?; ~ *(doch)!* un moment!; **II** *adv.*: *das ist* ~ *der Lauf der Welt* eh bien, ainsi va le monde.
'**haltbar** *adj. (fest; gediegen; dauerhaft)* solide (*a. v. Farben*); *(Bestand habend)* consistant; *(dauerhaft)* durable; *bsd. text.* résistant; solide; *v. Früchten usw.*: qui se conserve bien; *de garde*; *Behauptung*: soutenable; *(vertretbar)* justifiable; ~ *machen Lebensmittel*: conserver; 2**keit** *f (Festigkeit)* solidité *f*; *(Dauerhaftigkeit)* durabilité *f*; *(Bestand)* consistance *f*; 🐞 durée *f*; 2**machen** *n v. Lebensmitteln*: conservation *f*.
'**Halte|bogen** ♩ *m* liaison *f*; ~**leine** *f* câble *m* de retenue (*od.* d'amarrage); ~**linie** *(auf der Straße) f* ligne d'arrêt (*od.* de stop).
'**halten I 1.** *v/t. u. v/rf.* (*sich se*) tenir (*a. fig.*); *(fest*~, *an*~*)* arrêter (*a. Ball*); *(zurück*~*)* retenir; *(aufrechter*~*)* maintenir; *(ein*~*)* observer; *(verteidigen)* défendre; *(unter*~*)* entretenir; *(fassen)* contenir; renfermer; *(behandeln)* traiter; *in gutem Zustand* ~ maintenir en bon état; conserver; *Maß*: garder; *Tiere, Fahrzeug, Diener, Lehrer*: avoir; *Mahlzeit*: prendre; *Rede*: faire; prononcer; *Rekord*: détenir; *Lobrede, Vortrag, Vorlesung, Predigt, Mittagsschlaf*: faire; *Zeitung*: être abonné à (*dat.*); *Hochzeit*: célébrer; *e-n Schüler* ~ maintenir un élève; ~ *von* penser de; *viel von j-m* ~ avoir (*od.* tenir) q. en grande (*od.* en 'haute) estime; estimer (beaucoup); *große Stücke* ~ *auf (acc.)* faire grand cas de; *j-n auf dem laufenden* ~ tenir q. au courant; *Sport*: *e-n Elfmeter* ~ arrêter un penalty; 🐞 *auf dem laufenden* ~ tenir à jour; *mit j-m Schritt* ~ aller au pas avec (*od.* du même pas que) q.; *j-n schadlos* ~ dédommager q. (*für de*); indemniser q. (*ich weiß, was ich davon zu* ~ *habe* je sais à quoi m'en tenir; ~ *für croire* (*doppel-*

ter acc.); considérer comme; tenir pour; prendre pour; *für wahrscheinlich* ~ tenir pour probable; *ge*~ *werden für passer pour*; *für wie alt* ~ *Sie ihn?* quel âge lui donnez-vous?; *es für gut* ~, *zu* ... (*inf.*) trouver bon de ... (*inf.*); *es für ratsam* ~, *zu* ... (*inf.*) juger à propos de ... (*inf.*); *es mit j-m* ~ être, se mettre du côté de q.; prendre le parti de q.; *Sie es damit, wie Sie wollen* vous ferez ce que vous voudrez; *in der Hand* ~ tenir à la main; *bei der Hand* ~ tenir par la main; *gegen das Licht* ~ tenir au jour; *in Schach* ~ tenir en échec (*a. fig.*); *in die Höhe* ~ tenir en l'air; *fig. im Zaume* ~ contenir; *den Mund* ~ tenir sa langue; se taire; *j-n streng* ~ traiter q. sévèrement; *in Ehren* ~ honorer, *(hochhalten)* respecter, *Geschenk*: conserver avec soin; *Freundschaft* ~ *mit* être lié avec; *Frieden* ~ vivre en paix (*mit* avec); *gute Nachbarschaft* ~ entretenir des relations de bon voisinage; *Ordnung* ~ maintenir (*od.* faire régner) l'ordre; *in Ordnung* ~ tenir en ordre; *Ruhe* ~ rester tranquille; ♩ *Takt* ~ observer la mesure; *Kostgänger* ~ tenir pension; *Gericht* ~ *abs.* rendre la justice; *Gericht* ~ *über (acc.)* juger; *rl. Messe* ~ dire la messe; *eine Musterung* ~ passer une revue; *Rast* ~ se reposer; *e-e Sitzung* ~ tenir séance; *Wache* (*od.* Wacht) ~ monter la garde; *haltet den Dieb!* au voleur!; *an sich (acc.)* ~ se contenir; se retenir; *sich* ~ *Preise, Kurse*: être ferme; *fig. sich an j-n* ~ s'en prendre à q. (*wegen de*); *sich an etw.* ~: *a) dat.* se tenir (*od.* s'accrocher) à qch., b) *fig. acc.* se tenir à qch.; *sich links* (*rechts*) ~ tenir (*od.* prendre) la gauche (la droite); *sich schadlos* ~ se dédommager (*für de*; *an dat.* sur); s'indemniser (*für de*); *sich nicht mehr* ~ *können vor ne plus se tenir de*; *sich* ~ *Früchte*: se conserver; se garder; *sich* ~ ~ se tenir prêt; *écol. er hält sich immer etwas in der Mitte der Klasse* il se maintient toujours vers le milieu de la classe; *sich wacker* ~ tenir ferme; **2.** *v/i.* (*festsitzen*) tenir (*a. Farbe*); (*dauerhaft sein*) être solide; durer; *(Bestand haben)* avoir de la consistance; *(haltmachen)* s'arrêter; F stopper; faire 'halte; *plötzlich* ~ *a.* *piler; 🚂 der Zug hält fünf Minuten* le train a cinq minutes d'arrêt; *Eis*: porter; *auf etw. (acc.)* ~ tenir à qch., *Ehre, gute Sitten*: veiller à qch.; *auf sich (acc.)* ~ prendre soin de soi; *zu e-r Partei* ~ être le partisan d'un parti; *es hält schwer, zu* ... (*inf.*) il est difficile de ... (*inf.*); **II** 2 *n der Handelsbücher*: tenue *f*; *e-s Versprechens*: accomplissement *m*; *der Verträge*: observation *f*; *e-r Zeitung*: abonnement *m* (à); *v. Tieren*: élevage *m* et entretien *m*; *e-s Elfmeters*: arrêt *m*; *den Wagen zum* ~ *bringen* arrêter la voiture; *da gab es kein* ~ *mehr* on ne pouvait plus le *(resp.* la *resp.* les) retenir; *Versprechen und* ~ *sind zweierlei* promettre et tenir sont deux.
'**Halte|platz** *m für Taxis usw.*: station *f*; *für den Bus*: arrêt *m* du bus; ~**punkt** 🚂 *m* point *m* d'arrêt; ~**r** *m* (*Inhaber e-s Lokals*) tenancier *m*; *e-s Fahrzeuges*; *v. Tieren*: détenteur *m*;

⊕ (*Stütze*) support *m*; soutien *m*; appui *m*; (*Stiel, Griff*) manche *m*; (*Handtuch*⌒) porte-serviette *m*; (*Zeitungs*⌒) porte-journaux *m*; (*Feder*⌒) porte-plume *m*; ⌢**riemen** *m* poignée (*od.* courroie) *f* de support; ⌢**rung** ⊕ *f* point *m* d'attache; ⌢**seil** *n* câble *m* de retenue; ⌢**signal** *n* signal *m* d'arrêt; ⌢**stelle** (*Bus, Straßenbahn*) *f* arrêt *m*; ⌢**tau** *n* câble *m* de retenue (*od.* d'amarrage); amarre *f*; ⌢**verbot** *n* interdiction *f* de s'arrêter; *Verkehrszeichen:* arrêt *m* interdit; ⌢**zapfen** ⊕ *m* tenon *m* de maintien; ⌢**zeichen** *n* signal *m* d'arrêt.

'**halt|los** *adj.* (*unbegründet*) sans fondement; non (*od.* mal) fondé; injustifié; *Person:* déboussolé; sans caractère; sans volonté; ⌢**losigkeit** *f* manque *m* de volonté, de caractère; inconsistance *f*; manque *m* de consistance; (*Unhaltbarkeit*) impossibilité *f* de soutenir; ⌢**machen** *v/i.* s'arrêter; faire 'halte; *plötzlich* ⌢ *a.* *piler.

'**Haltung** *f* attitude *f*; (*Benehmen*) tenue *f*; maintien *m*; (*Stellung*) posture *f*; *eine aufrechte* ⌢ *haben* se tenir droit; ⌢ *annehmen* se figer; ⌢**sfehler** *m* défaut *m* d'attitude.

'**Haltzeichen** *n* signal *m* d'arrêt.

Ha'lunke *m* coquin *m*; gredin *m*; chenapan *m*; vaurien *m*; ⌢**nstreich** *m* coquinerie *f*.

'**hämisch** *adj.* (*boshaft*) méchant; ⌢**es** *Lachen* rire *m* sardonique.

'**Hammel** *m* mouton *m* (*a. fig.*); ⌢**braten** *m* rôti *m* de mouton; ⌢**fleisch** *n* mouton *m*; ⌢**rippchen** *n* côtelette *f* de mouton; ⌢**rücken** *m* selle *f* de mouton; ⌢**sprung** *parl. m* saut *m* de mouton.

'**Hammer** *m* marteau *m*; *hölzerner* ⌢ maillet *m*; *fig. zwischen* ⌢ *und Amboß* entre l'enclume et le marteau; ⌢ *und Sichel* la faucille et le marteau; *fig. unter den* ⌢ *bringen* être vendu aux enchères.

'**hämmer|bar** *adj.* malléable; ⌢**barkeit** *f* malléabilité *f*; ⌢**chen** ♪ *n beim Cembalo, Spinett:* sautereau *m*.

'**Hammer|hai** *zo. m* marteau *m*; ⌢**klavier** *n* piano *m* à marteaux.

'**hämmern** I 1. *v/t.* marteler; 2. *v/i. Herz:* battre; II ⚥ *n* martelage *m*; martèlement *m*; coups *m/pl.* de marteau(x).

'**Hammer|schlag** *m* coup *m* de marteau; ⌢**werk** *n* forge *f*; martinet *m*; ⌢**werfen** *n*, ⌢**wurf** *m* lancement *m* du marteau.

Hämoglo'bin *n* hémoglobine *f*.

Hämorrho'iden *pl.* hémorroïdes *f/pl.*

Hämo'stasis *f* hémostas(i)e *f*.

'**Hampel|mann** *m* pantin *m*; *fig. a.* fantoche *m*; ⚥**n** F *v/i.* s'agiter; F gigoter.

'**Hamster** *zo. m* 'hamster *m*; ⌢**er** *m* stockeur *m*; accapareur *m*.

Hamste'rei *f* stockage *m*; accaparement *m*.

'**hamstern** I *v/t.* stocker; accaparer; *abs.* faire des stocks *od.* des réserves (illicites); II ⚥ *n* stockage *m*; accaparement *m*.

Hand *f* main *f*; P louche *f*; P cuiller *f*; *Fußball:* (faute *f* de) main *f*; *die hohle* ⌢ *le* creux de la main; *die flache* ⌢ *le* plat de la main; *zur rechten* ⌢ à droite; *zur linken* ⌢ à gauche; *Ehe zur linken* ⌢ union *f* de la main gauche; 🕱 *die tote* ⌢ la mainmorte; *die öffentliche* ⌢ l'État *m*; *eiserne* ⌢ main *f* de fer; ⌢ *aufs Herz!* dis-moi franchement!; ⌢ *in* ⌢ la main dans la main; ⌢ *drauf! tope!*; *je vous en donne ma parole!; Hände hoch!* 'haut les mains!; *Hände weg!* bas les pattes!; *Hände weg von Zypern!* bas les pattes à Chypre!; *kalte (warme) Hände haben* avoir les mains froides (chaudes); *an* ⌢ *von au moyen de; Abstimmung durch Erheben der Hände* vote *m* à mains levées; *e-e schöne* ⌢ *schreiben* avoir une belle main (*od.* une belle écriture); *die* ⌢ *von etw. lassen* ne pas toucher à qch.; ne pas se mêler de qch.; *j-m die* ⌢ *drücken* (*od.* schütteln) serrer la main à q.; *e-e* ⌢ *wäscht die andere* une main lave l'autre; *freie* ⌢ *haben* avoir les mains libres; avoir les coudées franches; avoir carte blanche; *j-m freie* ⌢ *lassen* donner carte blanche à q.; laisser les mains libres à q.; *aus freier* ⌢ *zeichnen:* à main levée, *schießen:* sans appui; *e-e glückliche (sichere)* ⌢ *haben* avoir la main heureuse (sûre); *e-e lose* ⌢ *haben* (*gern schlagen*) avoir la main leste; *j-m die* ⌢ *geben* (*od.* reichen) donner *od.* tendre) la main à q.; *j-m s-e* ⌢ *geben* (*ihn heiraten*) donner sa main à q.; prêter la main à q.; *die* ⌢ *gegen j-n erheben* lever (*od.* porter) la main sur q.; *dafür lege ich m-e* ⌢ *ins Feuer* j'en mettrais ma main au feu; *die* ⌢ *nicht vor den Augen sehen* n'y voir goutte; *j-s rechte* ⌢ *sein* être le bras droit de q.; *s-e* ⌢ *im Spiel haben* y être pour qch.; *die* ⌢ *bei etw. im Spiel haben* avoir trempé dans qch.; être mêlé à qch.; *alle Hände voll zu tun haben* ne plus savoir où donner de la tête; être surchargé (*od.* surmené) de travail; *die* ⌢ *auf etw.* (*acc.*) *legen* mettre la main sur qch.; saisir qch.; *e-e* ⌢ *an sich* (*acc.*) *legen* attenter à ses jours; (*die letzte*) ⌢ *an etw.* (*acc.*) *legen* mettre la (dernière) main à qch.; (*selbst*) ⌢ *anlegen* mettre la main à la pâte; *fig. weder* ⌢ *noch Fuß haben* n'avoir ni queue ni tête; *die Hände zusammenschlagen* battre des mains; *die Hände überm Kopf zusammenschlagen vor Staunen:* (en) être tout stupéfait; *etw. bei der* ⌢, *zur* ⌢ *haben* avoir qch. sous la main; *zu Händen von* (*Adresse*) à l'attention de; *etw. an* (*od.* bei) *der* ⌢ *halten* (*führen*) tenir (conduire) qch. par la main; *an die* (*od.* bei) *der* ⌢ *nehmen* prendre par la main; *j-m etw. an die* ⌢ *geben* (*um zu helfen*) donner qch. à q.; *das liegt auf der* ⌢ c'est évident; F cela coule de source; *fig. j-n auf Händen tragen* être aux petits soins pour q.; choyer q.; dorloter q.; *etw. aus der* ⌢ *lassen* lâcher qch.; laisser tomber qch. des mains; *etw. aus der* ⌢ *geben* se dessaisir de qch.; *aus der* ⌢ *fressen* (*nehmen*) manger (prendre) dans la main; *j-m etw. aus der* ⌢ *schlagen* faire tomber qch. des mains; *aus der* ⌢ *legen* mettre de côté; *fig. aus der* ⌢ *in den Mund leben* vivre au jour le jour; vivre de l'air du temps; *aus der* ⌢ *lesen* lire dans la main; *aus erster* ⌢ de première main; *aus dritter* ⌢ indirectement; *durch j-s Hände gehen* passer par les mains de q.; *das liegt in s-r* ⌢ c'est en son pouvoir; *etw. in die* ⌢ *nehmen* prendre qch. en main; *fig. etw.* (*fest*) *in der* ⌢ *haben* avoir qch. (bien) en main; *in andere Hände kommen* (*od.* übergehen) changer de mains; *j-m in die Hände arbeiten* faire le jeu de q.; *in guten Händen en bonnes mains; in der (resp. die)* ⌢ *e-s Dritten* en mains tierces; *in j-s Händen* (*Gewalt*) entre les mains (*od.* aux mains) de q.; *in den Händen e-r Partei sein* être aux mains d'un parti; *fig. j-n in der* ⌢ *haben* avoir q. sous sa main; *die Dinge in der* ⌢ *behalten* tenir les choses en main; *in schlechte Hände geraten* tomber en mauvaises mains; *j-m etw. in die Hände spielen* livrer qch. à q.; *in die Hände klatschen* battre des mains; applaudir; *das läßt sich mit Händen greifen* on peut toucher cela du doigt, c'est invincible; *fig. ihm sind die Hände gebunden* il a les mains liées; *an Händen und Füßen gebunden* pieds et poings liés; *sich mit Händen und Füßen wehren; mit Händen und Füßen um sich schlagen* se défendre à coups de pied et à coups de poing; *die Hände in den Schoß legen* rester les bras croisés; *mit der* ⌢ *über etw.* (*acc.*) *streichen* passer la main sur qch.; *mit bewaffneter* ⌢ à main armée; *mit der* ⌢ *gemacht* fait (à la) main; *mit der* ⌢ *schreiben* écrire à la main; *mit leeren Händen abziehen* s'en aller les mains vides; *mit vollen Händen* à pleines mains; *um j-s* ⌢ *anhalten* demander la main de q.; *unter der* ⌢ (*heimlich*) sous main; en sous-main; *von s-r Hände Arbeit leben* vivre du travail de ses mains; *die Arbeit geht ihm von der* ⌢ *le* travail file sous ses doigts; *etw. von der* ⌢ *weisen* repousser qch.; *von langer* ⌢ de longue main; *in* ⌢ *gehen* marcher main dans la main; *von* ⌢ *zu* ⌢ de main en main; *zu* (*eigenen*) *Händen* en main propre.

'**Hand|antrieb** *m* commande *f* manuelle (*od.* à la main); ⌢**arbeit** *f* travail *m* manuel (*od.* [fait] à la main); (*Nadelarbeit*) ouvrage *m* à l'aiguille; ⌢**arbeiter(in** *f*) *m* ouvrier *m*, -ière *f*; travailleur *m* (-euse *f*) manuel(le); ⌢**atlas** *m* atlas *m* d'un format maniable; ⌢**aufheben** *n: durch* ⌢ *abstimmen* voter à main levée; ⌢**auflegen** *n*, ⌢**auflegung** *f rl.* imposition *f* des mains; ⌢**ausgabe** *f* édition *f* en un volume moyen (*od.* de format commode); ⌢**ball** *m Sport:* hand-ball *m*; ⌢**ballen** *anat.* m éminence *f* thénar; ⌢**ballspieler(in** *f*) *m Sport:* hand-balleur *m*, -euse *f*; ⚥**bedient** ⊕ *adj.* commandé à la main; ⌢**beil** *n* 'hachette *f*; ⌢**besen** *m* balayette *f*; ⌢**betätigung** *f*, ⌢**betrieb** *m* commande *f* à la main; ⌢**bewegung** *f* mouvement *m* (geste *m*) de la main; ⌢**bibliothek** *f* bibliothèque *f* à portée de la main; ⌢**brause** *f* douche *f* à main; ⚥**breit** *f: e-e* ⌢ *höher* plus 'haut d'une main; ⌢**bremse** *f* frein *m* à main; ⌢**buch** *n* manuel *m*; ⌢**bücherei** *f* → ⌢**bibliothek**; ⌢**druck** *typ. m* impression *f* à la main; ⌢**dusche** *f* douche *f* à main.

'**Händedruck** *m* poignée *f* de main.

'**Handel** *m* commerce *m*; négoce *m*;

trafic *m* (*a. unerlaubter*); ~ mit Rauschgiften trafic *m* de stupéfiants; im ~ tätig sein être dans le commerce; ~ treiben *abs.* faire le commerce; mit etw. ~ treiben faire le commerce de qch.; mit j-m ~ treiben faire du commerce avec q.; im ~ sein *Ware*: être dans le commerce; in den ~ bringen mettre dans le commerce; zum ~ gehörig commercial.

¹**Händel** *m/pl.* querelle(s *pl.*) *f*; mit j-m ~ haben se quereller avec q.; ~ mit j-m suchen chercher querelle (*od.* F noise) à q.

¹**handeln I 1.** *v/i.* agir; (*verfahren*) procéder; ebenso ~ en faire autant (*od.* de même); er hat nicht gut an mir gehandelt il n'a pas bien agi envers moi; *aus eigener Initiative* ~ agir de soi-même; (*verhandeln*) négocier; (*Buch*) traiter (*von* de); avoir pour sujet; pflichtwidrig ~ forfaire (*gegen* à); ~ (*Handel treiben*) faire le commerce (*mit etw.* de qch.); faire du commerce (*mit j-m* avec q.); (*feilschen*) marchander; um den Preis ~ discuter le prix; mit sich ~ lassen se montrer accommodant; an der Börse gehandelt werden se négocier à la bourse; **2.** *v/imp.*: es handelt sich um il s'agit de (*od.* il est question) de; es handelt sich darum, ob ... il s'agit de savoir si ...; worum handelt es sich? de quoi s'agit-il?; **II** ⚓ *n* action *f*; (*Verfahren*) procédé *m*; (*Feilschen*) marchandage *m*; zum ~ veranlassen faire agir.

¹**Handels|abkommen** *n* accord *m* commercial; ~**adreßbuch** *n* annuaire *m* du commerce; ~**agent** *m* agent *m* commercial; ~**agentur** *f* agence *f* commerciale; ~**artikel** *m* article *m* de commerce; ~**attaché** *m* attaché *m* commercial; ~**austausch** *m* échange *m* commercial; ~**bank** *f* banque *f* commerciale; ~**bericht** *m* rapport *m* commercial; ~**beschränkung** *f* restriction *f* au commerce; ~**besprechungen** *f/pl.* négociations *f/pl.* commerciales; ~**betrieb** *m* exploitation (*od.* entreprise) *f* commerciale; ~**bevollmächtigte(r)** *m* mandataire *m* commercial; ~**bezeichnung** *f* dénomination *f* commerciale; ~**beziehungen** *f/pl.* relations *f/pl.* commerciales; ~**bilanz** *f* e-s Geschäfts: bilan *m* commercial; e-s Landes: balance *f* commerciale; passive (aktive) ~ balance *f* commerciale déficitaire (excédentaire); ~**blatt** *n* journal *m* du commerce; ~**brauch** *m* usage *m* commercial; ²**einig**, ²**eins** ~ sein (werden) être (tomber *od.* se mettre) d'accord; ~**fach** *n* branche *f* de commerce; ~**firma** *f* firme *f* commerciale; maison *f* de commerce; ~**flagge** ⚓ *f* pavillon *m*; ~**flotte** ⚓ *f* flotte *f* marchande; ~**französisch** *n* français *m* commercial; ~**freiheit** *f* liberté *f* du commerce; ~**gärtner** *m* horticulteur *m*; ~**gärtnerei** *f* horticulture *f*; ~**geist** *m* esprit *m* marchand; ~**genossenschaft** *f* coopérative *f* commerciale; ~**gericht** *n* tribunal *m* de commerce; ²**gerichtlich** *adj.* d'un tribunal de commerce; ~**gesellschaft** *f* société *f* commerciale (*od.* de commerce); ~**gesetzbuch** *n* Code *m* de commerce; ~**gesetzgebung** *f* législation *f* commerciale; ~**gewerbe** *n* activité *f* (*od.* profession *f*) commerciale; ~**gewinn** *m* bénéfice *m* commercial; ~**hafen** ⚓ *m* port *m* de commerce; ~**haus** *n* maison *f* de commerce; ~**hochschule** *f* école *f* supérieure de commerce; ~**index** *m* indice *m* du commerce; ~**interessen** *n/pl.* intérêts *m/pl.* commerciaux; ~**kammer** *f* chambre *f* de commerce; ~**korrespondenz** *f* correspondance *f* commerciale; ~**kredit** *m* crédit *m* commercial; ~**krieg** *m* guerre *f* de commerce (*od.* commerciale); ~**krise** *f* crise *f* commerciale; ~**macht** *f* puissance *f* commerciale; ~**marine** ⚓ *f* marine *f* marchande (*od.* de commerce); ~**marke** *f* marque *f* de commerce; ~**messe** *f* foire *f* commerciale; ~**minister** *m* ministre *m* du commerce; ~**ministerium** *n* ministère *m* du commerce; ~**mittelpunkt** *m* centre *m* commercial; ~**monopol** *n* monopole *m* commercial; ~**name** *m* firme *f*; raison *f* commerciale; ~**niederlassung** *f* établissement *m* commercial; comptoir *m*; ~**platz** *m* marché *m*; ville *f* commerçante; place *f* de commerce; ~**politik** *f* politique *f* commerciale; ²**politisch** *adj.* politico-économique; ~**preis** *m* prix *m* marchand; ~**recht** *n* droit *m* commercial; ²**rechtlich** *adj.* de droit commercial; ~**register** *n* registre *m* du commerce; ~**reise** *f* voyage *m* d'affaires; ~**reisende(r)** *m* voyageur *m* de commerce; ~**richter** *m* juge *m* consulaire; juge *m* du *od.* au tribunal de commerce; ~**schiff** ⚓ *n* navire *m* marchand (de commerce); ~**schiffahrt** *f* navigation *f* commerciale (*od.* marchande); ~**schuld** *f* dette *f* commerciale; ~**schule** *f* école *f* de commerce; ~**spanne** *f* marge *f* commerciale; ~**sperre** *f* embargo *m*; ~**stadt** *f* ville *f* commerçante (*od.* marchande); ~**stand** *m* commerçants *m/pl.*; commerce *m*; ~**straße** *f* route *f* commerciale; ~**teil** *m* e-r Zeitung: rubrique *f* commerciale; ²**üblich** *adj.* en usage dans le commerce; usuel, -elle; d'usage courant; ~es Format format *m* commercial.

¹**Handels|umfang** *m* volume *m* des échanges; ~**unternehmen** *n* entreprise (*od.* exploitation) *f* commerciale; ~**verbindungen** *f/pl.* relations *f/pl.* commerciales; ~**verbot** *n* interdiction *f* du commerce; ~**verkehr** *m* échanges *m/pl.* commerciaux; trafic *m* commercial; ~**vertrag** *m* traité *m* de commerce; ~**vertreter** *m* représentant *m* de commerce; ~**vertretung** *f* agence *f* commerciale; représentation *f* commerciale; ~**volk** *n* peuple *m* commerçant; ~**volumen** *n* volume *m* des échanges commerciaux; ~**vorrecht** *n* privilège *m* commercial; ~**ware** *f* article *m* de commerce; ~**weg** *m* voie *f* commerciale; ~**welt** *f* monde *m* du commerce; ~**wert** *m* valeur *f* marchande; ~**wissenschaft** *f* science *f* commerciale; ~**zeichen** *n* marque *f* de commerce; ~**zeitung** *f* journal *m* du commerce; ~**zentrum** *n* centre *m* commercial; ~**zweig** *m* branche *f* de commerce.

¹**handeltreibend** *adj.* commerçant; marchand; ²**e(r)** *m* commerçant *m*.
¹**händeringend** *adj.* (en) se tordant les mains; *fig. flehentlich*: ~ bitten prier instamment; F *dringend*: ~ suchen chercher d'urgence.

¹**Hand|exemplar** *n* exemplaire *m* qu'on a toujours sous la main; (*Autorenexemplar*) exemplaire *m* d'auteur; ~**feger** *m* petit balai *m*; balayette *f*; ~**fertigkeit** *f* habileté *f* manuelle; (*Fingerfertigkeit*) dextérité *f*; ~**fertigkeitsunterricht** *m* éducation *f* manuelle; ~**fesseln** *f/pl.* menottes *f/pl.*; j-m ~ anlegen mettre (*od.* passer) les menottes à q.; ²**fest** *adj.* robuste; *a. fig.* Beweis: solide; ~**feuerlöscher** *m* extincteur *m* à main; ~**feuerwaffe** ✗ *f* arme *f* à feu individuelle (*od.* portative); ~**fläche** *f* paume *f* de la main; ²**gearbeitet** *adj.* fait à la main; ~**gebrauch** *m*: Ausgabe zum ~ édition *f* destinée à l'usage courant; ²**gefertigt** *adj.* fait (à la) main; ²**geknüpft** *adj.* à points noués; fait main; ~**geld** *n* arrhes *f/pl.*; ~**gelenk** *anat. n* poignet *m*; ein loses ~ haben avoir la main légère (*od.* leste); etw. aus dem ~ machen (*od.* schütteln) faire qch. sans peine (*od.* avec facilité); improviser qch.; ~**gelenkschützer** *m* Sport: poignet *m* de cuir; ~**gelenktasche** *f* sac *m* à poignée; ²**gemacht** *adj.* fait (à la) main; ²**gemein** *adj.*: ~ werden en venir aux mains; ~**gemenge** *n* mêlée *f*; corps *m* à corps; ²**genäht** *adj.* cousu main; ~**gepäck** *n* bagages *m/pl.* à main; ~**gepäckraum** *m* consigne *f*; ²**gerecht** *adj.* maniable; facile à manier; ²**geschmiedet** *adj.* forgé à la main; ²**geschrieben** *adj.* manuscrit; écrit à la main; ²**gespielt** (*Fußball*) *adj.* il y a main; ²**gestrickt** *adj.* brodé à la main; ²**gewebt**, ²**gewirkt** *adj.* tissé à la main; ~**granate** ✗ *f* grenade *f* (à main); ~**granatenwerfer** ✗ *m* lance-grenades *m*; ²**greiflich** *adj. leicht faßbar*: palpable; évident; manifeste; *tätlicher Angriff*: ~ werden en venir aux mains; ~**griff** *m* konkret: poignée *f*; e-s Messers: manche *m*; e-s Gefäßes: anse *f*; (*Kurbel*) manivelle *f*; ⚡ manette *f*; (*Bewegung*) tour *m* de main; geste *m*; (*Kunstgriff*) truc *m*; ficelle *f*; ~**habe** *fig. f* raison *f* d'agir; prise *f*; ~ bieten donner prise; man hat keinerlei ~ gegen ihn on n'a pas de prise sur lui; on n'a aucune raison d'agir contre lui; ²**haben** *v/t.* manier; manipuler; (*gebrauchen*) se servir de; *fig.* ⚡ appliquer; ~**habung** *f* maniement *m*; manipulation *f*; ⚡ application *f*; ~**harmonika** *f* harmonica *m*; ~**hebel** *m* levier *m*.

¹**Handikap** Sport u. fig. n 'handicap *m*; ²**en** *v/t.* 'handicaper; ~**per** Sport *m* 'handicapeur *m*.

¹**Hand|karre** *f*, ~**karren** *m* charrette *f* à bras; ~**koffer** *m* valise *f*; ~**korb** *m* panier *m* à anse; ~**kurbel** *f* manivelle *f*; ~**kuß** *m* baisemain *m*; ~**lampe** *f* lampe *f* portative; baladeuse *f*; ~**langer** *m* manœuvre *m*; *bei Maurern*: aide-maçon *m*; *fig. péj.* (*Helfershelfer*) complice *m*; homme *m* de main; ~**laterne** *f* lanterne *f* portative; falot *m*; ~**lauf** *m* am Geländer: main *f*

courante. '**Händler|(in** f) m marchand m, -e f; vendeur m, -euse f; fliegender ~ (umherziehender) ~ marchand m ambulant (od. forain od. itinérant); ~**preis** m prix m pour revendeurs; ~**seele** péj. f boutiquier m.
'**Hand|lesekunst** f chiromancie f; ~**leser(in** f) m chiromancien m, -enne f; ~**leuchter** m bougeoir m; ²**lich** adj. maniable; facile à manier; ~**lichkeit** f maniabilité f; ~**liniendeuter(in** f) m chiromancien m, -enne f; ~**liniendeutung** f chiromancie f.
'**Handlung** f action f; (Tat) acte m; (Laden) boutique f; große: magasin m; e-s Theaterstücks, Romans usw.: action f; intrigue f; strafbare (unerlaubte) ~ délit m.
'**Handlungs|ablauf** m déroulement m de l'action; ~**bevollmächtigte(r)** m fondé m de pouvoir; ~**fähigkeit** f capacité f; ~**freiheit** f liberté f d'action; ~ haben a. avoir ses coudées franches; ~**gehilfe** m employé m de commerce; ~**reisende(r)** m voyageur m de commerce; ~**spielraum** pol. m marge f de manœuvre; ~**verlauf** m déroulement m de l'action; ~**vollmacht** f procuration f; (plein) pouvoir m; ~**weise** f manière (od. façon) f d'agir; (Verfahren) procédé m.
'**Hand|pferd** n sous-verge m; ~**pflege** f manucure f; soins m/pl. des mains; ~**pfleger(in** f) m manucure m, f; ~**presse** typ. f presse f à bras; ~**rad** n volant m; ~**ramme** f demoiselle f; dame f; 'hie f; ~**reichung** f service m; assistance f; coup m de main; ~**rücken** m dos m de la main; ~**säge** f scie f à main; ~**satz** typ. m composition f manuelle; ~**schaltung** ⊕ f changement m de vitesse à la main; ~**schelle** f menotte f; j-m ~n anlegen passer des menottes à q.; ~**schlag** fig. m (Händedruck) poignée f de main; etw. durch ~ bekräftigen confirmer qch. en topant dans la main de q.; ohne e-n ~ zu tun sans y mettre la main; ~**schlitten** m luge f; ~**schreiben** n (lettre f) autographe m.
'**Handschrift** f écriture f; main f; (Schriftwerk) manuscrit m; e-e gute ~ haben une belle écriture (od. main); ~**endeuter** m graphologue m; ~**endeutung** f graphologie f; ~**enkunde** f paléographie f; ²**lich I** adj. écrit à la main; manuscrit; ~es Testament testament m olographe; **II** adv. par écrit.
'**Handschuh** m gant m; (Faust²) moufle f; mit freibleibenden Fingerspitzen mitaine f; (Box²) gant m de boxe; ~e anziehen se ganter; mettre des gants; j-m ~e anziehen ganter q.; mettre des gants à q.; diese ~e passen Ihnen gut ces gants vous gantent bien; die ~e ausziehen ôter ses gants; se déganter; fig. j-n mit seidenen ~en anfassen mettre (od. prendre) des gants avec q.; ~**fabrik** f fabrique f de gants; ganterie f; ~**fach** n boîte f à gants; bsd. Auto: vide-poche(s) m; ~**geschäft** n boutique f de gants; ganterie f; ~**größe** f pointure f (pour les gants); ~ 8 haben a. ganter du huit; ~**industrie** f, ~**laden** m boutique f de gants; ganterie f; ~**macher**

m gantier m; ~**macherei** f ganterie f; ~**nummer** f pointure f (de gants); ~ 8 haben a. ganter du huit.
'**Hand|schutz** m protège-main m; ~**seife** f savon m pour les mains; ~**spiegel** m miroir m à main; ~**spiel** (Fußball) n main f; ~**stand** m Sport: arbre m droit; e-n ~ machen faire l'arbre; ~**stickerei** f broderie f à la main; ~**streich** m coup m de main; ~**täschchen** n, ~**tasche** f sac m à main; ~**tuch** n serviette f de toilette; essuie-main m; ~**tuchhalter** m, ~**tuchständer** m porte-serviette(s) m; ~**umdrehen** n: im ~ en un tour de main; en un tournemain; F en cinq sec; ~**voll** f poignée f; ~**waffe** f arme f portative; ~**wagen** m charrette f à bras; ~**webstuhl** m métier m à main.
'**Handwerk** n métier m; coll. artisanat m; ein ~ erlernen (ausüben) apprendre (exercer) un métier; sein ~ verstehen connaître son métier; fig. j-m das ~ legen mettre fin aux menées de q.; coincer q.; fig. j-m ins ~ pfuschen s'immiscer dans le travail de q.; ~**er** m artisan m; ouvrier m; ~**erstand** m artisanat m; ²**lich** adj. artisanal; ~**sbetrieb** m entreprise f artisanale; ~**sgerät** n instrument m de travail; outils m/pl.; outillage m; ~**sgeselle** m compagnon m artisan; ~**skammer** f chambre f des métiers; ²**smäßig** adj. artisanal; ~**smeister** m maître-artisan m; ~**smesse** f foire f de l'artisanat; ~**swesen** n artisanat m; ~**szeug** n outils m/pl.; outillage m.
'**Hand|wörterbuch** n etwa: dictionnaire m usuel; ~**wurzel** anat. f carpe m; ~**zeichen** n signe m de la main; Abstimmung durch ~ vote m à mains levées; ~**zeichnen** n, ~**zeichnung** f dessin m à la main; ~**zettel** m papillon m.
'**hanebüchen** F adj. inouï.
'**Hanf** ⚥ m chanvre m; ¹²**en** adj. de chanvre; ¹**faser** coll. f filasse f; ¹**garn** n fil m de chanvre; ¹**leinen** n, ¹**leinwand** f toile f de chanvre.
'**Hänfling** orn. m linot m, linotte f.
'**Hanföl** n huile f de chènevis; ~**samen** n m chènevis m; ~**seil** n corde f de chanvre; ~**werg** ⚥ n étoupe f de chanvre.
Hang m (Abhang) pente f; versant m; talus m; fig. (Neigung) penchant m (zu ~ mit inf., à qch. od. pour qch.); inclination f (pour qch.; à mit inf.); (natürliche Anlage) disposition f (zum Lügen au mensonge); (Tendenz) tendance f (à mit inf. od. à qch.); ~ zu den Tischfreuden propension f aux plaisirs de la table.
'**Hangar** ✈ m hangar m.
'**Hänge|antenne** f antenne f suspendue; ~**backe** f joue f pendante; bajoue f; ~**bahn** f transporteur m (od. convoyeur m) aérien; monorail m suspendu; ~**bauch** m gros ventre m; F panse f; ~**boden** m soupente f; ~**brücke** f pont m suspendu; pont m à 'haubans; ~**brust** f poitrine f pendante; ~**gerüst** ⚠ n échafaudage m volant; ~**gestein** géol. n roche f perchée; ~**gleiter** ✈ m → Drachenflieger; ~**lager** ⊕ n palier m suspendu; ~**lampe** f suspension f; ~**leuchter** m lustre m; ~**lippe** f lippe f.
'**Hangeln** gym. n progression f en

suspension.
'**Hängematte** f 'hamac m.
'**hängen I** 1. v/i. être (sus)pendu; pendre; être accroché; (schief stehen) Mauer: pencher; fig. ~ an (dat.) tenir à; an j-m ~ être attaché à q.; voll ~ être chargé (von de); an e-m (seidenen) Faden ~ ne tenir qu'à un fil; fig. der Himmel hängt ihm voller Geigen il est aux anges; il voit tout en rose; die Ohren ~ lassen rabattre les oreilles; 2. v/rf.: sich ~ an (acc.) s'attacher à; (sich anklammern) s'accrocher à; 3. v/t. pendre; (auf~) suspendre; (anhaken) accrocher; (heften) attacher (an acc. à); fig. den Kopf ~ lassen baisser l'oreille; den Mantel nach dem Winde ~ s'accommoder aux circonstances; fig. etw. an den Nagel ~ abandonner qch.; sein Herz ~ an (acc.) s'attacher à; **II** ²~ n suspension f; (Henken) pendaison f; F mit ~ und Würgen à grand-peine; ~**bleiben** v/i. bei e-r Prüfung: échouer, essuyer un échec, être refusé, F être collé; ~ an (dat.) rester accroché à; Kleid: se prendre; s'accrocher; F in e-m Lokal ~ prendre racine dans un restaurant; ~**d** adj. pendant; ~es Ventil soupape f renversée (en tête).
'**Hänge|ohren** n/pl. oreilles f/pl. pendantes; ~**schloß** n cadenas m; ~**seil** n câble m pendant; ~**schrank** m élément m à suspendre; ~**weide** f saule m pleureur; ~**werk** ⚠ n charpente f suspendue.
'**Hang|täter** ⚥ m récidiviste m; ~**wind** m courant m de pente; ascendance f orographique.
Hans m Jean m; ~ im Glück veinard m; er ist ~**dampf** in allen Gassen c'est un brasseur d'affaires.
Hansa hist. f: die ~ la 'Hanse; ~**bund** m ligue f 'hanséatique.
'**Hansdampf** m: ~ in allen Gassen touche-à-tout m/inv.
'**Hanse** hist. f: die ~ la 'Hanse.
Hanse|at hist. m 'hanséate m; ²**isch** adj. 'hanséatique.
Hänse|lei f taquinerie f; tracasserie f; brimade f.
'**Hanse-stadt** f cité f hanséatique.
Hans|narr m, ~**wurst** m arlequin m; polichinelle m; bouffon m; litt. paillasse m; pitre m.
Hanswurst'iade f arlequinade f.
'**Hantel** f haltère m; ²**n** v/i. faire des haltères; ~**übung** f exercice m avec des haltères.
han'tieren v/i.: mit etw. ~ manier qch.; manipuler qch.; s'occuper de qch.
'**hapern** F v/i. clocher; ne pas tourner rond.
'**Häppchen** n petite bouchée f.
'**Happen** m bouchée f.
'**happig** F adj. Preis: exorbitant; F salé.
'**Härchen** n petit cheveu m; (Körper²; Bart²) petit poil m.
'**Hardware** cyb. f matériel m; 'hardware m; ~**ingenieur** m ingénieur m logicien.
'**Harem** m 'harem m.
'**hären** rl. adj.: ~es Gewand 'haire f; cilice m.
Häre'sie f hérésie f.

Hä'ret|iker m hérétique m; **⸰isch** adj. hérétique.
'Harfe f 'harpe f; *die* ⸰ *spielen* jouer de la harpe.
Harfe'nist(in f) m 'harpiste m, f.
'Harfen|spiel n jeu m de la harpe; **⸰spieler(in** f) m joueur m, -euse f de harpe; 'harpiste m, f; **⸰ton** m son m de la harpe.
'Harke f râteau m; *fig. j-m zeigen, was e-e* ⸰ *ist* dire son fait à q.; **⸰n** v/t. ratisser; **⸰n** n ratissage m.
'Harlekin m arlequin m; bateleur m.
Harleki'nade f arlequinade f.
'harm|los I adj. *Lebewesen:* inoffensif, -ive; *Miene, Vergnügen:* innocent; *Bemerkung, Vorfall:* anodin; **II** adv. innocemment; sans penser à mal; **⸰losigkeit** f innocence f; caractère m inoffensif; (*Arglosigkeit*) candeur f.
Harmo'nie f harmonie f; **⸰lehre** ♪ f théorie f de l'harmonie; **⸰ren** v/i. s'accorder (*mit* avec); *mit j-m* ⸰ s'entendre avec q.
Har'monika f (*Mund*⸰) harmonica m; (*Zieh*⸰) accordéon m.
har'monisch adj. fig. harmonieux, -euse; ♪ harmonique.
harmoni'sieren v/t. harmoniser.
Har'monium ♪ n harmonium m.
Harn m urine f; *den* ⸰ *lassen* uriner; **⸰absonderung** f sécrétion f de l'urine; diurèse f; **⸰analyse** f analyse f d'urine; **⸰ausscheidung** f élimination f d'urine; **⸰beschwerden** ♂ f/pl. troubles m/pl. urinaires; dysurie f; **⸰blase** anat. f vessie f; **⸰blasenentzündung** ♂ f cystite f; **⸰drang** m besoin m d'uriner; **⸰en** v/i. uriner; **⸰en** n miction f; écoulement m (*od.* émission f) de l'urine; **⸰fluß** ♂ m incontinence f d'urine; **⸰gang** m méat m urinaire; **⸰glas** n urinal m; **⸰grieß** ♂ m calcul m urinaire; lithiase f urinaire.
'Harnisch m hist. 'harnais m; (*Brust*⸰) cuirasse f; fig. *in* ⸰ *bringen* exaspérer; mettre en colère; *in* ⸰ *geraten* s'emporter.
'Harn|lassen n miction f; **⸰leiter** anat. m uretère m; **⸰röhre** anat. f urètre m; **⸰röhrenkatarrh** m ♂ inflammation f de l'urètre, urétrite f; **⸰röhrensonde** f sonde f urétrale; **⸰ruhr** ♂ f polyurie f; **⸰säure** ♠ f acide m urique; **⸰stein** ♂ m calcul m urinaire; **⸰stoff** m urée f; **⸰treibend** adj. diurétique; *es Mittel* diurétique m; **⸰untersuchung** f analyse f d'urine; **⸰verhaltung** ♂ f rétention f d'urine; ischurie f; **⸰zwang** m strangurie f.
Har'pune f 'harpon m; **⸰ngeschütz** n canon m lance-'harpon.
Harpu'nier(er) m 'harponneur m.
harpu'nieren I v/t. 'harponner; **II** ⸰ n 'harponnage m.
'harren I v/i.: *e-r Sache* (*gén.*) ⸰ attendre qch. impatiemment; **II** ⸰ n attente f.
harsch adj. dur; rude (*a. fig.*); **'⸰schnee** m neige f tôlée.
hart I adj. dur; (*fest*) ferme; solide; (*streng*) rigoureux, -euse; sévère; (*grausam*) cruel, -elle; (*gefühllos*) insensible; *es Ei* œuf m dur; *es Brot* pain m dur; *es Wasser* eau f dure; *es Geld* espèces f/pl. sonnantes; *e*

Währung devises f/pl. fortes; *er Kampf* combat m acharné; *es Leben* vie f dure; *es Los* sort m cruel; *e Strafe* punition f sévère (*od.* rigoureuse); *e Worte* paroles f/pl. dures; *e Wahrheit* dure vérité f; *e Notwendigkeit* dure nécessité f; *e Zeiten* temps m/pl. durs; *er Winter* hiver m rigoureux; rude hiver m; *e Züge* traits m/pl. durs; *er Schlag* coup m dur; fig. rude coup m; *e Aussprache* prononciation f rude; *es Gesetz* loi f sévère; *e-n Leib haben* être constipé; *e-n en Schädel haben* avoir la tête dure; être entêté (*od.* obstiné); fig. *durch e-e e Schule gegangen sein* avoir été à rude école; *zu j-m* ⸰ *sein* être dur pour q.; ⸰ *im Nehmen sein* pouvoir supporter (F encaisser) beaucoup; *das ist e-e e Nuß* c'est dur (à faire resp. à comprendre); *j-m e-e e Nuß zu knacken geben* donner du fil à retordre à q.; *e-n en Stand haben* être dans une position difficile; **II** adv.: ⸰ *an* (*dat.*) tout près de; *an etw.* (*dat.*) ⸰ *vorbeistreifen* frôler, effleurer qch.; ⸰ *machen* (en)durcir; (*fest machen*) solidifier; ⸰ *werden* (se) durcir; s'endurcir; (*dick od. fest werden*) se solidifier; ⸰ *arbeiten* travailler dur; ⸰ *bleiben* rester ferme; *das kommt ihn* ⸰ *an* cela lui est dur; cela lui semble dur; *es ging* ⸰ *auf* ⸰ *zu* on se livrait un combat acharné (*od.* à outrance); on se battait à outrance; ⸰ *aneinandergeraten* s'entrechoquer violemment; ⸰ *spielen* jouer dur; ⸰ *anzufühlen* dur au toucher; *j-n* ⸰ *anfahren* rudoyer q.; *j-m* ⸰ *zusetzen* serrer q. de près; obséder q. (*mit de*); ⸰ *auf dem Fuße folgen* suivre q. de très près.
'härtbar ⊕ adj. durcissable; *Metalle* trempant.
'Härte f dureté f (*a. fig.*); *der Haut:* rudesse f; *des Stahls:* trempe f; fig. rigueur f; sévérité f; **⸰ausgleich** m règlement m des cas sociaux; **⸰bad** ⊕ n bain m de trempe; **⸰fall** m cas m social; **⸰grad** m v. *Stahl:* coefficient m de trempe; **⸰n** v/t. ⊕, allg. durcir; *Stahl:* tremper; **⸰n** n von *Kunststoffen:* durcissement m; *des Stahls:* trempe f; **⸰prüfung** f essai m de dureté; **⸰rei** n atelier m de trempe; **⸰riß** m fissure f due à la trempe; **⸰skala** f échelle f de dureté.
'Hart|faserplatte f panneau m d'aggloméré; plaque f en fibre dure; **⸰gekocht** adj. *Ei:* dur; **⸰geld** n espèces f/pl. sonnantes; monnaie f métallique; **⸰gelötet** adj. brasé; **⸰gesotten** fig. adj. endurci; psych. irrécupérable; *ein er Mensch* un dur à cuire; **⸰glas** n verre m trempé; **⸰gummi** n caoutchouc m durci; ébonite f; **⸰gummiplatte** f plaque f en ébonite; **⸰guß** ⊕ m fonte f en coquille; **⸰herzig** adj. (qui a le cœur) dur; **⸰herzigkeit** f dureté f (de cœur); **⸰holz** n bois m dur; **⸰käse** m fromage m à pâte pressée; **⸰leibigkeit** f constipation f; **⸰lot** ⊕ n brasure f; **⸰löten** v/t. braser; **⸰lötten** n brasure f; **⸰löter** m soudo-brasure f; **⸰mäulig** (*Pferd*) adj. qui a la bouche dure; **⸰metall** n alliage m dur; **⸰metallwerkzeug** n outil m à plaquettes; **⸰näckig** adj. opiniâtre; tenace; (*er-*

bittert) acharné; (*eigensinnig*) obstiné; (*starrköpfig*) entêté; ⸰ *bestehen s'entêter* (*auf etw. dat.* dans qch.; *etw. zu tun* à faire qch.); s'obstiner (*dans qch.*; *à faire qch.*); **⸰näckigkeit** f opiniâtreté f; obstination f; (*Erbitterung*) acharnement m; (*Starrköpfigkeit*) entêtement m; **⸰papier** n papier m dur; **⸰spiritus** m alcool m solidifié.
'Härtung ⊕ f durcissement m; v. *Stahl:* trempe f.
Harz n résine f; (*Kunst*⸰) résine f synthétique; ⸰ *abzapfen* extraire de la résine (de); résiner (*aus etw. qch.*); *mit* ⸰ *überziehen* résiner; **'⸰baum** m (arbre m) résineux m; **'⸰en** (*Baum*) v/i. perdre de la résine; **'⸰gewinnung** f production f de résine; **'⸰haltig** adj. résinifère; **'⸰ig** adj. résineux, -euse; **'⸰reich** adj. riche en résine; **'⸰zapfer** m gemmeur m; résinier m; résineur m.
Ha'sardspiel n jeu m de hasard.
Ha'schee *cuis.* n 'hachis m.
'haschen 1. v/t. attraper; *nach etw.* ⸰ chercher à attraper qch.; *nach Effekt* ⸰ viser à l'effet; **2.** v/i. (*Haschisch rauchen*) fumer du 'haschisch; *tirer le joint* (*od.* l'herbe); *se droguer*; **3.** v/rf.: *sich* ⸰ jouer à s'attraper.
'Häs-chen n levraut m.
'Häscher m poursuivant m; sbire m.
'Hasch(isch n) n 'hachisch m; *libanesisches* ⸰ *libanais m*.
'Haschparty f 'hasch-party f; soirée f haschischine.
'Hase m lièvre m; *cuis. falscher* ⸰ rôti m de viande 'hachée; *gespickter* ⸰ lièvre m entrelardé; fig. *da liegt der* ⸰ *im Pfeffer* c'est là que gît le lièvre; voilà le hic; voilà l'item; voilà le grand mot lâché; *wissen, wie der* ⸰ *läuft* connaître le truc; savoir comment cela marche.
'Hasel|huhn orn. n gelinotte f; **⸰maus** zo. f muscardin m; **⸰nuß** ♀ f noisette f; (*nuß*)**⸰strauch** m noisetier m; coudrier m; **⸰rute** f baguette f de coudrier.
'Hasen|braten m lièvre m rôti; **⸰fell** n peau f de lièvre; **⸰fisch** (*in Guinea*) m poisson-lapin m; **⸰fuß** m patte f de lièvre; fig. poltron m; poule f mouillée; F fileur m; **⸰jagd** f chasse f au lièvre; **⸰klein** n, **⸰pfeffer** m *cuis.* civet m de lièvre; **⸰panier** n fig.: *das* ⸰ *ergreifen* prendre la poudre d'escampette; **⸰scharte** ♂ f bec-de--lièvre m; **⸰schrot** *ch.* n plomb m à lièvre; dragée f.
'Häsin f femelle f du lièvre; 'hase f.
'Haspel f (*a. m*) (*Garn*⸰) dévidoir m; *zum Emporwinden:* treuil; cabestan m; **⸰n** v/t. dévider; (*empor*⸰) guinder; **⸰n** n dévidage m; (*Empor*⸰) guindage m.
Haß m haine f (*gegen* de); *aus* ⸰ *gegen* (*acc.*) par 'haine de.
'hassen v/t. 'haïr; avoir en 'haine; ⸰ *lernen* prendre en 'haine; *wie die Pest* ⸰ 'haïr comme la mort (*od.* à mort od. comme la peste); (*verabscheuen*) détester; **II** ⸰ n 'haine f; (*Verabscheuen*) abomination f; **⸰swert** adj. 'haïssable; (*verhaßt*) odieux, -euse.
'haßerfüllt adj. rempli (*od.* plein) de haine; 'haineux, -euse; **⸰gefühle** n/pl. sentiments m/pl. de haine.

'**häßlich** *adj.* laid; *fig. a.* vilain; (*abscheulich*) détestable; ~**er Kerl** F macaque *m*; ~ **machen**; ~ **werden** enlaidir; ⚹**keit** *f* laideur *f.*
'**Haßliebe** *psych. f* amour-haine *m.*
Hast *f* 'hâte *f*; précipitation *f*; **mit** (*od. in*) ~ à la hâte; '⚹**en** *v/i.* se hâter; se presser; '~**en** *n* → **Hast**; '⚹**ig I** *adj.* précipité; **II** *adv.* précipitamment; **en toute** (*od.* à la) 'hâte.
Hätsche|lei *f* caresses *f/pl.*
'**hätscheln** *v/t.* caresser; cajoler; (*verzärteln*) dorloter; choyer.
Hatz *f* ch. chasse *f* à courre.
'**Häubchen** *n* petite coiffe *f*; (*Kinder*⚹) béguin *m.*
'**Haube** *f* coiffe *f*; bonnet *m*; *Auto:* capot *m*; *der Vögel:* 'huppe *f*; (*Kappe der Falken*) chaperon *m*; △ (*Kuppel*) coupole *f*, dôme *m*; (*kleine Kuppel*) calotte *f*; (*Mauerkappe*) chaperon *m*; *anat.* (*zweiter Magen der Wiederkäuer*) bonnet *m*; ⊕ (*oberster Teil*) chapeau *m*; *fig.* **unter die** ~ **bringen** marier; F caser; **unter die** ~ **kommen** se marier; F trouver à se caser; ~**nlerche** *orn. f* alouette *f* 'huppée.
Hau'bitze ⚔ *f* obusier *m.*
'**Haublock** *m* billot *m.*
Hauch *m* souffle *m* (*a. fig.*); *fig.* relent *m*; (*Atem*) haleine *f*; (*Aushauchung*) expiration *f*; *gr.* aspiration *f*; '⚹**dünn** *adj.* léger, -ère comme un souffle; '⚹**en** *v/i.* souffler; *gr.* aspirer; '~**laut** *m* consonne *f* aspirée.
'**Hau|degen** *m fig. alter* ~ vieux soudard *m*; grognard *m*; ~**e** F *f* (*Prügel*) correction *f*, coups *m/pl.*, volée *f* de coups, F raclée *f*, fessée *f*, rossée *f*; ~ **bekommen** recevoir une correction (*od.* des coups *od.* une volée); ⚹**en 1.** *v/i.* (*schlagen*) frapper; battre; *nach j-m* ~ porter des coups à q.; *um sich* ~ frapper à droite et à gauche; **2.** *v/t.* (*schlagen*) frapper; battre; F taper; F (*prügeln*) donner une correction (à); donner des coups (à), F rosser; *brutal:* cogner; (*hacken*) Fleisch: 'hâcher, Holz: fendre; (*fällen*) abattre; Steine: tailler; *sculp.* in Stein ~ sculpter en pierre; *mit dem Peitsche* ~ donner des coups de fouet (à); **mit der Faust** ~ donner un (*od.* des) coup(s) de poing; **in Stücke** ~ mettre en morceaux; **j-n übers Ohr** ~ estamper q.; attraper q.; duper q.; rouler q.; F avoir q.; **3.** *v/rf.: sich* ~ se battre.
'**Hauer**¹ ⚒ *m* piqueur *m*; mineur *m.*
'**Hauer**² *ch. m* défense *f.*
'**Häufchen** *n* petit tas *m*; *fig.* poignée *f*; petit nombre *m.*
'**Haufe,** ~**n** *m* tas *m*; amas *m*; monceau *m*; *geschichteter* pile *f*; *v. Heu usw.:* meule *f*; (*Menge*) foule *f*; (*Schar*) troupe *f*; *der große* ~ la foule; la multitude; le peuple; le commun; **in hellen** ~**n** en foule; **en grand nombre**; ~**n Kinder** marmaille *f*; **in** ~**n setzen** mettre en tas, (*aufschichten*) entasser, (*aufstapeln*) empiler; *Auto:* **j-n über den** ~**n fahren** renverser q.; **über den** ~**n werfen** culbuter, renverser, F chambarder, *fig.* jeter par-dessus bord, (*verachten*) faire fi (de); **über den** ~**n schießen** abattre d'un coup de feu.
'**häufeln I** *v/t. u. v/i.* mettre en (petits) tas; ✓ butter; **II** ⚹ *n* buttage *m.*
'**häufen** *v/t. u. v/rf.:* (*sich* s')accumuler; (s')entasser; (s')amasser; (s')amonceler; *sich* ~ (*zunehmen*) s'accroître; augmenter; *Fälle, Vorkommnisse:* se multiplier; *Maß:* combler; **gehäuftes Maß geben**; **gehäuft messen** faire bonne mesure.
'**Haufen|dorf** *n* village-tas *m*; ⚹**weise** *adv.* en tas; en monceaux; en foule; en masse; ~**wolke** *f* cumulus *m.*
'**häufig I** *adj.* fréquent; **II** *adv.* fréquemment; souvent; ⚹**keit** *f* fréquence *f*; ⚹**keitswörterbuch** *n* dictionnaire *m* de fréquence.
'**Häuflein** *n* petit tas *m*; *fig.* poignée *f*; petit nombre *m.*
'**Häufung** *f* accumulation *f*; *von Fällen, Vorkommnissen:* multiplication *f*; ⚖ **von Ämtern, Strafen usw.:** cumul *m.*
'**Hauklotz** *m* billot *m.*
Haupt *st.s. n* tête *f*; *fig.* chef *m*; **mit bloßem** (*od.* **entblößtem**) ~**e** tête nue; nu-tête; *fig.* **den Feind aufs** ~ **schlagen** infliger une défaite capitale à l'ennemi; '~**abschnitt** *m* partie *f* principale; *v. der Zeit:* grande période *f*; '~**absicht** *f* but *m* principal; ~**agent** *m* agent *m* principal; ~**agentur** agence *f* principale; ~**aktionär** ✝ *m* actionnaire *m* principal; ~**altar** *m* maître-autel *m*; '~**amt** *a. téléph. n* bureau *m* central; ⚹**amtlich I** *adj. Tätigkeit:* professionnel, -lle **II** *adv.* à titre professionnel; ~**anliegen** *n* but *m* principal; fer de lance; cheval *m* de bataille; '~**anschluß** *téléph. m* raccordement *m* principal; ~**arbeit** *f* gros *m* de l'ouvrage; '~**augenmerk** *n:* **sein** ~ **richten auf** (*acc.*) fixer son attention principalement sur; '~**ausgang** *m* sortie *f* principale; '~**ausschuß** *m* comité *m* principal; commission *f* principale; ~**bahn** 🚇 *f* ligne *f* principale; grande ligne *f*; '~**bahnhof** *m* gare *f* centrale; '~**bau** △ *m* corps *m* de logis; '~**beruf** *m* profession *f* principale; '⚹**beruflich I** *adj.* professionnel, -lle; **II** *adv.* à titre professionnel; à temps complet; '~**beschäftigung** *f* occupation *f* principale; emploi *m* principal; ~**bestandteil** *m* élément *m* principal; '~**beweggrund** *m* motif (*od.* mobile) *m* principal; '~**betrag** *m* montant *m* principal; '~**blatt** *m* e-r Zeitung: feuille *f* principale; '~**buch** ✝ *n* grand livre *m*; '~**computer** *m* ordinateur *m* principal; *in Houston:* capcom *m*; '~**darsteller(in** *f*) *m thé., cin.* interprète *m,f* principal(e); *thé. auch* protagoniste *m*; *cin. auch:* vedette *f*; '~**deck** *n* pont *m* principal; '~**eigenschaft** *f* qualité *f* dominante; qualité *f* maîtresse; '~**eingang** *m* entrée *f* principale; '~**einnahmequelle** *éc. f* ressource-clé *f.*
'**Häuptelsalat** *östr. m* laitue *f.*
'**Haupt|erbe** *m* ('~**erbin** *f*) héritier *m* (-ière *f*) principal(e); ~**erfordernis** *n* condition *f* principale; '~**erzeugnis** *n* produit *m* principal; '~**fach** *n Studium:* matière *f* principale; spécialité *f*; ~**faktor** *m* facteur *m* clé; '~**fehler** *m* défaut *m* capital; (*Vergehen, Verstoß*) principale faute *f*; '~**feind** *m* ennemi *m* principal; '~**feld** (= *Pulk beim Radrennen*) *n* peloton *m*; '~**feldwebel** ⚔ *m etwa:* sergent-major *m*; '~**figur** *f* figure *f* principale; *thé.* personnage *m* principal; *péj.* gros bonnet *m*; '~**film** *m* grand film *m*; film *m* principal; '~**fluß** *m* rivière *f* principale; '~**frage** *f* question *f* principale; '~**gebäude** *n* édifice *m* principal; '~**gedanke** *m* idée *f* principale; '~**gericht** *cuis. n* plat *m* (*od. pièce f*) de résistance; '~**geschäft** *n* maison *f* mère; établissement *m* principal (*od.* central); ~**geschäfts-stelle** *f* bureau *m* principal; agence *f* principale; '~**geschäftsstunden** *f/pl.*, '~**geschäftszeit** *f* heures *f/pl.* de pointe (*od.* d'affluence); moments *m/pl.* de presse; '~**gesichts-punkt** *m* point *m* de vue principal; '⚹**gewicht** *n: fig.* **das** ~ **legen auf etw.** donner du poids (*od.* de l'importance) à qch.; '~**gewinn** *m* gros lot *m*; '~**gläubiger** *m* principal créancier *m*; '~**grund** *m* raison *f* principale; '~**haar** *litt. n* cheveux *m/pl.*; chevelure *f*; '~**hahn** *m* robinet *m* principal; ~**held** *m* fer *m* de lance; '~**inhalt** *m* contenu *m* principal; substance *f*; essentiel *m*; '~**interesse** *n* intérêt *m* principal; '~**kabel** *n* câble *m* principal; '~**kampf** *m* lutte *f* principale; '~**kasse** *f* caisse *f* centrale; '~**kassierer** *m* caissier *m* principal; '~**kriegsverbrecher** *m* grand criminel *m* de guerre; '~**last** poids *m* essentiel; '~**leitung** ⊕ *f* conduite *f* principale.
'**Häuptling** *m* chef *m* de tribu.
'**Haupt|linie** *f* ligne *f* principale; ~**macht** *f* principale puissance *f*; ⚔ armée *f* principale; gros *m* de l'armée; forces *f/pl.* principales; ~**mahlzeit** *f* repas *m* principal; ~**mangel** *m* principal défaut *m*; ~**mann** *m* capitaine *m*; F pitaine *m*; ~**mannsrang** *m* grade *m* de capitaine; ~**markt** *m* marché *m* principal; ~**masse** *f* gros *m*; ~**mast** ⚓ *m* grand mât *m*; ~**merkmal** *n* caractère *m* principal; ~**messe** *rl. f* grand-messe *f*; ~**mieter** *m* locataire *m* principal; ~**motiv** *n* principal mobile *m*; ♪ thème *m* dominant; ~**nahrung** *f* nourriture *f* principale; ~**nahrungsmittel** *n/pl.* denrées *f/pl.* de première nécessité; ~**nenner** *arith. m* dénominateur *m* commun; ~**niederlage** *f* ✝ dépôt *m* principal; ~**niederlassung** *f* établissement *m* principal; ~**organ** *n* organe *m* principal; ~**ort** *m e-r Provinz usw.:* chef-lieu *m*; ~**person** *f* personnage *m* principal; ~**pfeiler** △ *m* maître *m* pilier; ~**portal** △ *n* portail *n* central; ~**postamt** *n* poste *f* centrale; ~**posten** ✝ *m* article *m* principal; ~**probe** ♪, *thé. f* (répétition *f*) générale *f*; ~**punkt** *m* point *m* capital; ~**quartier** ⚔ *n* quartier *m* général; ~**quelle** *f* source *f* principale; ~**rädelsführer** *m* principal meneur *m*; ~**redakteur** *m* rédacteur *m* en chef; ~**regel** *f* règle *f* principale; ~**register** ♪ *n e-r Orgel:* grand jeu *m*; ~**reiseziel** *f* saison *f* (principale) du tourisme; ~**rohr** *n e-r Leitung:* tuyau *m* principal; ~**rolle** *thé. f* premier rôle *m*; *fig. a.* rôle *m* principal; ~**sache** *f* essentiel *m*, principal *m*; chose *f* principale; ⚖ fond *m*; **in der** ~ au fond, (*besonders*) surtout; **der** ~ **nach** en substance; ⚖ **zur** ~ **verhan-**

deln plaider au fond; ²**sächlich I** *adj.* principal; essentiel, -lle; capital; **II** *adv.* principalement; notamment; surtout; avant tout; avant toutes choses; ~**saison** *f* saison *f* principale; ~**satz** *m gr.* proposition *f* principale; ~**schalter** ⚡ *m* interrupteur *m* principal; ~**schiff** ⚓ *n* nef *f* principale; grande nef *f*; ~**schlacht** ⚔ *f* bataille *f* principale; ~**schlag-ader** *anat. f* aorte *f*; ~**schriftleiter** *m* rédacteur *m* en chef; ~**schuld** *f* principale faute *f*; ~**schuldige(r)** *m* principal coupable *m*; ~**schuldner** *m* principal débiteur *m*; ~**schule** All. *f* école *f* primaire pour les enfants de 10 à 16 ans; *in Frankreich:* collège *m*; ~**schwierigkeit** *f* principale difficulté *f*; F 'hic *m*; ~**segel** ⚓ *n* grande voile *f*; ~**sehenswürdigkeit** *f* principale curiosité *f*; clou *m*; ~**sendezeit** *rad., télév. f* heure *f* de grande écoute; ~**sicherung** ⚡ *f* fusible *m* principal; ~**sitz** *m* siège *m* principal; ~ *der Partei* permanence *f* du parti; ~**spaß** *m* fameux divertissement *m*; ~**stadt** *f* capitale *f*; métropole *f*; ~**städtisch** *adj.* métropolitain; ~**stärke** *f*: *das ist s-e* ~ c'est son fort; ~**stollen** ⚒ *m* galerie *f* principale; ~**straße** *f e-r Stadt:* grande-rue *f*, rue *f* principale; *im Überlandverkehr:* grand-route *f*; ~**strecke** 🚂 *f* ligne *f* principale; grande ligne *f*; ~**strom** *m* fleuve *m* principal; ⚡ courant *m* principal; ~**stütze** *fig. f* principal soutien *m*; ~**summe** *f* somme *f* totale; total *m*; ~**tätigkeit** *f* principale occupation *f*; ~**teil** *m* partie *f* principale; *e-r Pflanze usw.:* corps *m*; ~**thema** *pol. n* élément *m* majeur; *e-e ~* point *m* principal; ~**träger** △ *m* maîtresse poutre *f*; ~**treffen** *n* rencontre *f* décisive; ~**treffer** *m Lotterie:* gros lot *m*; ~**treppe** *f* grand escalier *m*; ~**triebwerk** *(Raumschiff) n* propulseur *m* principal; moteur *m* du compartiment des machines; ~**trumpf** *fig. m: s-n ~ ausspielen* jouer son meilleur atout; ~**tugend** *f* vertu *f* cardinale; ~**unterschied** *m* principale différence *f*; différence *f* essentielle; ~**ursache** *f* principale cause *f*; ~**verbindungs-achse** *(Autobahn) f* pénétrante *f*; ~**verfahren** ⚖ *n* procédure *f* principale; ~**verhandlung** ⚖ *f* débats *m/pl.*; ~**verkehr** *m in den Straßen:* majeure partie *f* de la circulation; ~**verkehrsstraße** *f* route *f* à grande circulation (*od.* à grand trafic); ~**verkehrsstunden** *f/pl.*, ~**verkehrszeit** *f* heures *f/pl.* de pointe (*od.* d'affluence); *zur Hauptverkehrszeit* en pleine heure de pointe; ~**versammlung** *f* assemblée *f* générale; ~**vertreter** *m* représentant *m* général; ~**verwaltung** *f* administration *f* centrale; ~**weg** *m* grand chemin *m*; ~**welle** ⊕ *f* arbre *m* principal; ~**werk** *n* ouvrage *m* principal; ~**wohnsitz** *m* domicile *m* principal; ~**wort** *gr. n* substantif *m*; nom *m*; ~**zeuge** *m*, ~**zeugin** *f* principal témoin *m*; ~**ziel** *n* principal but *m*; ~**zoll-amt** *n* bureau *m* central des douanes; ~**zug** *e-r Person od. Sache:* trait *m* caractéristique (*od.* essentiel); ~**zweck** *m* principal but *m*. **Haus** *n* maison *f*; *parl.* Assemblée *f*;

Chambre *f*; *(Familie)* famille *f*; dynastie *f*; *(Firma)* maison *f*; firme *f*; *(Hauswesen)* ménage *m*; *der Schnecke:* coquille *f*; *gepflegtes ~* bonne maison *f*; *thé. volles ~* salle *f* comble; F *fig. altes ~* mon vieux *m*; vieille branche *f*; *gelehrtes ~* bibliothèque *f* vivante; type *m* très calé; *lustiges, fideles ~* joyeux drille *m*; *zweistöckiges ~* maison *f* à deux étages; *~ und Hof haben; sein eigenes ~ haben* avoir pignon sur rue; *~ an ~ wohnen* habiter porte à porte; *in demselben ~e wohnen* habiter sous le même toit; *j-m das ~ verbieten* défendre (*od.* refuser) sa porte à q.; *zu ~e sein* être à la maison (*od.* chez soi); *viel zu ~e hocken* être casanier, -ière; *zu ~e bleiben* rester à la maison (*od.* chez soi); *das ~ hüten* garder la maison; *zum ~e gehören* être de la maison; *in j-s ~* chez q.; *außer ~ (in der Stadt)* en ville; *von ~e kommen* venir de chez soi; *nach ~e gehen* rentrer à la maison (*od.* chez soi); *nach ~e (in s-e Heimat)* zurückkehren retourner dans son pays (*bzw.* à son domicile); *j-n nach ~e begleiten* reconduire q. à la maison; *j-n mit nach ~e nehmen* emmener q. chez soi; *nach ~e schicken Schulklasse:* libérer; *zu ~e arbeiten* travailler à domicile; *frei (ins) ~* franco à domicile; *ins ~ liefern* livrer franco à domicile; *Lieferung ins ~* livraison franco à domicile; *vom ~e abholen* prendre à domicile; *Abholung vom ~e* prise *f* à domicile; *j-n aus dem ~e stoßen* chasser q. de la maison; *j-n aus dem ~e werfen* mettre q. à la porte, F flanquer q. dehors; *von ~ zu ~ gehen* aller de porte en porte; *bei mir zu ~e (in m-r Heimat)* dans mon pays; *(in m-m Heimatdorf)* F dans mon patelin; *wo sind Sie zu ~e?* de quel pays êtes--vous?; *er ist in Berlin zu ~e* il est de Berlin; il est né à Berlin; *im ~e von chez; von ~e aus* originairement; *von ~e aus reich sein* être de famille riche; être né riche; *aus gutem ~e sein* être de bonne maison (*od.* famille); *tun Sie, als ob Sie zu ~e wären!* faites comme chez vous; *fig. mit der Tür ins ~ fallen* dire brutalement les choses; casser les vitres; *ein offenes ~ halten* tenir table ouverte; *ein großes ~ führen* mener grand train; *fig. in etw. (dat.) zu ~e sein* se connaître à qch.; *er ist in dieser Sprache zu ~e* cette langue lui est familière; *j-m ins ~ stehen* s'annoncer bien à q.; *nur Schlechtes:* menacer q.; *a.* attendre q.; *herzliche Grüße von ~ zu ~* bien des choses de nous tous à tous les vôtres; ¹~**angestellte(r** *a. m) m, f* employé *m*, -e *f* de maison; domestique *m, f*; femme *f* de ménage; bonne *f* à tout faire; ¹~**anschluß** *für Gas, Wasser, téléph.* *m* branchement *m* d'abonné; △ *~anschlüsse m/pl.* servitudes *f/pl.* d'urbanisme; ¹~**anzug** *m* costume *f* d'intérieur; ¹~**apotheke** *f* pharmacie *f* de famille; ¹~**arbeit** *f* travaux *m/pl.* domestiques (*od.* du ménage); *Schule:* devoir *m*; travail *m* à la maison; *~en pl. a.* préparations *f/pl.*; *(Heimarbeit)* travail *m* à domicile; ¹~**arrest** *m* privation *f* de sortie; ⚖ assignation *f* à résidence; mise *f* en résidence surveillée; ¹~**arzt** *m* médecin *m* de

famille (*od.* habituel); ¹~**aufgabe** *f* devoir *m*; ¹²**backen** *fig. adj.* terre à terre; prosaïque; *Frau a.:* pot-au--feu; ¹~**ball** *m* bal *m* privé; ~**bar** *f* bar *m* de salon; *fahrbare:* chariot *m* à liqueurs; ¹~**bedarf** *m* besoins *m/pl.* de la maison (*od.* du ménage); ¹~**besetzer** *m* occupant *m* illégal d'un immeuble (vide); squatter *m*; ¹~**besitzer(in** *f) m* propriétaire *m, f* (d'une maison); ¹~**besuch** *m des Arztes:* visite *f*; *bei j-m ~ machen* rendre visite à q.; *(Arzt m)* faire des tournées; ¹~**betreuung** *soc. f* soins *m/pl.* à domicile; ¹~**bewohner(in** *f) m* habitant *m*, -e *f* (d'une maison); *(Mieter)* locataire *m, f*; ¹~**bibliothek** *f* bibliothèque *f* particulière; ¹~**brand(kohle** *f) m* charbon *m* pour usage domestique.

¹**Häus-chen** *n* maisonnette *f*; *fig. (rein) aus dem ~ sein* être dans tous ses états; *aus dem ~ geraten* se mettre dans tous ses états; sortir de ses gonds; F *j-n aus dem ~ bringen* mettre q. 'hors de lui (*od.* dans tous ses états); faire perdre la tête à q.

¹**Haus|dame** *f* gouvernante *f*; *(Gesellschafterin)* dame *f* de compagnie; ~**diebstahl** *m* vol *m* domestique; ~**diele** *f* vestibule *m*; ~**diener** *m* domestique *m*; ~**drache** *fig. m* mégère *f*; ~**eigentümer(in** *f) m* propriétaire *m, f* (d'une maison); ~**einrichtung** *f* mobilier *m*; ameublement *m*.

¹**hausen** *v/i.* *(primitiv wohnen)* être logé à l'étroit; ⚓ percher; nicher; *(übernachten)* gîter; *(Unwesen treiben)* faire des ravages.

¹**Hausen** *icht. n* grand esturgeon *m* russe; ~**blase** *f* colle *f* de poisson. ¹**Haus-ente** *f* canard *m* domestique. ¹**Häuser|block** *m* pâté *m* de maisons; îlot *m*; ~**kampf** ⚔ *m* combat *m* de rues; ~**makler** *m* agent *m* immobilier; courtier *m* en immeubles; ~**reihe** *f* rangée *f* de maisons; ~**verwaltung** *f* gérance *f* d'immeubles.

¹**Haus|flur** *m* vestibule *m*; entrée *f*; ~**frau** *f* maîtresse *f* de maison; *(gute)* ~ (bonne) ménagère *f*; ~**frauenarbeit** *f* travail *m* ménager; ~**fraulich** *adj.* de ménagère; ménager, -ère; ~**freund** *m* ami *m* de la maison; *péj.* compagnon *m* galant; ~**friede** *m* paix *f* domestique; ~**friedensbruch** *m* violation *f* de domicile; ~**garten** *m* jardin *m* autour de la maison; ~**gebrauch** *m* usage *m* domestique; ~**gehilfin** *f* aide-ménagère *f*; employée *f* de maison; ~**gemeinschaft** *f* habitants *m/pl.* d'une maison; ~**genosse** *m*, ~**genossin** *f* colocataire *m, f*; ~**glocke** *f* sonnette *f*; ~**götter** *m/pl.* dieux *m/pl.* domestiques; ~**halt** *m* intérieur *m*; foyer *m*; ménage *m*; *e-s Staates:* budget *m*; *s-n eigenen ~ haben* avoir son propre intérieur (*od.* foyer); être dans ses meubles; *e-n gemeinsamen ~ führen* avoir un intérieur (*od.* un foyer) en commun; *j-m den ~ führen* tenir le ménage de q.; *j-m den ~ machen* faire le ménage à q.; *(außer-)ordentlicher ~* budget *m* (extra)ordinaire; *ausgeglichener ~* budget *m* en équilibre; *den ~ bewilligen* (*verabschieden*) approuver (adopter) le budget; *der ~ beläuft sich auf (acc.)* le

budget se chiffre à; ²halten *v/i.: mit etw.* ~ *(mit etw. sparsam umgehen)* économiser qch.; être économe de qch.; *fig. mit s-n Kräften* ~ ménager ses forces; **⸺hälterin** *f* gouvernante *f*; ²**hälterisch** *adj.* économe; ~ *mit etw. umgehen* ménager qch.; épargner qch.
'**Haushalts|arbeit** *f* travail *m* ménager; **⸺artikel** *m* article *m* de ménage; **⸺ausgaben** *f/pl.* dépenses *f/pl.* ménagères *(öffentliche:* budgétaires); **⸺ausschuß** *parl. m* commission *f* du budget; **⸺beratungen** *f/pl.* délibérations *f/pl.* budgétaires; **⸺beschränkungen** *f/pl.* restrictions *f/pl.* budgétaires; **⸺debatte** *pol. f* débat *m* budgétaire; **⸺fehlbetrag** *m* déficit *m* budgétaire; **⸺führung** *f* gestion *f* budgétaire; *(Haushaltung)* tenue *f* d'un ménage; **⸺gegenstände** *m/pl.* ustensiles *m/pl.* de ménage; **⸺geld** *n* argent *m* pour les dépenses du ménage; **⸺gemeinschaft** *f* communauté *f* d'intérieur *(od.* de ménage); **⸺gerät** *n* appareil *m* ménager; **⸺gesetz** *n* loi *f* budgétaire; **⸺gleichgewicht** *n* équilibre *m* budgétaire; **⸺hilfe** *f* aide--ménagère *f; Mann:* aide *m* domestique; **⸺jahr** *n* année *f* budgétaire; **⸺kasse** *f: die* ~ *führen* gérer le budget familial; **⸺kredit** *m* crédit *m* budgétaire; **⸺mittel** *n/pl.* moyens *m/pl. (od.* crédits *m/pl.)* budgétaires; **⸺plan** *m* budget *m;* **⸺voranschlag** *m* projet *m* de budget; prévisions *f/pl.* budgétaires; **⸺waren** *f/pl.* articles *m/pl.* de ménage; **⸺wäsche** *f* linge *m* de maison.
'**Haushaltung** *f* tenue *f* d'un ménage; ménage *m; die* ~ *lernen* suivre les cours d'une école ménagère; **⸺sbuch** *n* carnet *m* de dépenses; **⸺skosten** *pl.* frais *m/pl.* de ménage; **⸺skunst** *f* économie *f* domestique; **⸺s-schule** *f* école *f* ménagère; centre *m* d'enseignement ménager; **⸺svorstand** *m* chef *m* de famille.
'**Haus|herr(in)** *m* maître *m,* -esse *f* de maison; *(Gastgeber)* hôte *m,* -esse *f;* ²**hoch I** *adj.* de la hauteur d'une maison; *fig.* énorme; **II** *adv. fig.* F j-m ~ überlegen *sein* être de beaucoup supérieur à q.; *die Mannschaft ist* ~ *geschlagen worden* l'équipe *f* a été écrasée *(od.* s'est fait écraser, F a été battue à plate couture, s'est fait enfoncer);* **⸺hofmeister** *hist. m* majordome *m;* maître *m* d'hôtel; **⸺hund** *m* chien *m* de la maison; *zo.* chien *m* domestique.
hau'sier|en *v/i.: mit etw.* ~ *(gehen)* colporter qch.; faire du porte-à--porte pour offrir qch.; **⸺en** *n* colportage *m;* ²**er(in)** *f) m* marchand *m,* -e *f* ambulant, -e; colporteur *m,* -euse *f;* ²**handel** *m* colportage *m.*
'**Haus|industrie** *f* industrie *f* à domicile; **⸺kapelle** *rl. f* chapelle *f* particulière; **⸺kleid** *n* robe *f* d'intérieur, robe-house *f;* **⸺knecht** *m* domestique *m; in Gasthöfen:* garçon *m;* **⸺kohle** *f* charbon *m* pour usage domestique; **⸺kollekte** *f* quête *f* à domicile; **⸺korrektur** *f* correction *f* faite à l'imprimerie même; **⸺lehrer(in** *f) m* précepteur *m,* -trice *f;* instituteur *m,* -trice *f* privé, e.
'**häuslich I** *adj.* domestique; *(sparsam)* économe; *(viel zu Hause bleibend)* casanier, -ière; *Schule: die* ⸺en *Arbeiten* les devoirs *m/pl.;* ⸺es *Leben* vie *f* de famille; ⸺e *Angelegenheiten* affaire *f* privée; **II** *adv. iron.* sich ~ *niederlassen* s'installer; ²**keit** *f (Familienleben)* vie *f* de famille; *(Liebe zum Hause)* amour *m* de son chez--soi;* goût *m* de la vie de famille.
'**Haus|mädchen** *n* fille *f* de service; **⸺mann** *m* homme *m* au foyer; **⸺mannskost** *f* cuisine *f* de chez soi; cuisine *f* maison; F pot-bouille *f;* **⸺marder** *zo. m* fouine *f;* **⸺meister** *m* concierge *m;* **⸺meisterwohnung** *f* loge *f* de concierge; **⸺miete** *f* loyer *m;* **⸺mittel** *n* remède *m* de bonne femme; **⸺müll** *m* ordures *f/pl.* ménagères; immondices *m/pl. (od. f/pl.)* domestiques; **⸺mutter** *f* mère *f* de famille; ²**mütterlich I** *adj.* d'une (bonne) mère de famille; **II** *adv.* en (bonne) mère de famille; **⸺nummer** *f* numéro *m* de la maison; **⸺ordnung** *f* règlement *m* intérieur (de la maison); **⸺personal** *n* personnel *m (de la maison);* gens *m/pl.* de maison; **⸺putz** *m* nettoyage *m (de la maison);* **⸺rat** *m* mobilier *m* et ustensiles *m/pl.* de ménage; **⸺ratmesse** *f* salon *m* des arts ménagers; **⸺ratversicherung** *f* assurance *f* mobilière; **⸺recht** *n* droit *m* du maître de maison; **⸺rock** *m* robe *f* de chambre; **⸺sammlung** *f* quête *f* à domicile; **⸺schlüssel** *m* clef *f* de la maison; **⸺schneiderin** *f* couturière *f* à domicile; **⸺schuhe** *m/pl.* pantoufles *f/pl.;* chaussons *m/pl.;* chaussures *f/pl.* d'intérieur; **⸺schwalbe** *f* hirondelle *f* de fenêtre; **⸺schwamm** ♀ *m* champignon *m;* mérule *m od. f.*
'**Haussa** *ling. n* 'haoussa *m.*
'**Hausse** ✝ *f* 'hausse *f.*
'**Haussegen** *m: der* ~ *hängt schief* le torchon brûle.
'**Hausse|spekulant** *m* spéculateur *m* à la hausse; **⸺spekulation** *f* spéculation *f* à la hausse.
Haus'sier ✝ *m* 'haussier *m.*
'**Haus|sprech-anlage** *f* interphone *m;* **⸺stand** *m* ménage *m;* e-n eigenen ~ *gründen* se mettre en ménage; fonder un foyer; **⸺steuer** *f* impôt *m* sur la propriété bâtie; **⸺suchung** ⚖ *f* visite *(od.* perquisition) *f* domiciliaire; *bei j-m e-e* ~ *vornehmen* faire une descente chez q.; **⸺taube** *f* pigeon *m* domestique.
'**Hau-stein** △ *m* pierre *f* de taille.
'**Haus|tarifvertrag** *éc. m* convention *f* collective d'entreprise; **⸺telefon** *n* téléphone *m* privé; **⸺tier** *n* animal *m* domestique *(od.* familier); **⸺tiernahrung** *f* nourriture *f* pour animaux domestiques; **⸺tochter** *f* aide--ménagère *f* qui vit avec la famille; **⸺tor** *n* porte *f* cochère; **⸺trauer** *f* deuil *m* de famille; **⸺trauung** *f* mariage *m* célébré à domicile; **⸺tür** *f* porte *f* de la maison; **⸺tyrann** F *m* tyran *m* domestique; **⸺vater** *m* père *(od.* chef) *m* de famille; **⸺verwalter** *m* gérant *m* d'immeubles; **⸺verwaltung** *f* gérance *f (od.* gestion *f)* d'immeubles; **⸺wart** *m* concierge *m;* gardien *m* d'immeuble; **⸺wasserpumpe** *f* pompe *f* à eau à usage domestique; **⸺wirt(in** *f) m* propriétaire *m, f* (d'une maison); F proprio *m, f;* **⸺wirtschaft** *f* économie *f* domestique; *(Haushalt)* ménage *m;* ~ *und Heimgestaltung* arts *m/pl.* ménagers; ²**wirtschaftlich** *adj.* ménager, -ère; **⸺wirtschaftsschau** *f* salon *m* des arts ménagers; **⸺wirtschafts-unterricht** *m* enseignement *m* ménager; **⸺zins** *m* loyer *m.*
Haut *f* peau *f; v. Obst usw.: a.* pelure *f; anat.* derme *m; (Ober²)* épiderme *m; (Embryonal²)* membrane *f* amniotique; *(Schleim²)* membrane *f* muqueuse; *(Ei²)* membrane *f* ovulaire; ♀ tunique *f; zo. (samt Haaren, Federn usw.)* tégument *m;* abgestreifte *(od.* abgezogene) ~ dépouille *f;* harte ~ *(Schwiele)* callosité *f;* durchnäßt bis auf die ~ trempé jusqu'aux os; e-m *Tier die* ~ *abziehen* dépouiller *(od.* écorcher *od.* F dépiauter) un animal; *er ist nur* ~ *und Knochen* il n'a que la peau et les os; e-e neue ~ *bekommen* faire peau neuve; *sich die* ~ *abschürfen* s'érafler la peau; *fig. aus der* ~ *fahren* être 'hors de soi; sortir des gonds; s-e *zu Markte tragen* risquer sa peau; faire bon marché de sa peau; *sich s-r* ~ *wehren* défendre sa peau; *vendre cher sa peau; mit heiler* ~ *davonkommen* s'en tirer; l'échapper belle; se tirer *(od.* sortir) d'un mauvais pas; *sich in s-r* ~ *wohlfühlen* se trouver bien dans sa peau; *sich in s-r* ~ *nicht wohlfühlen* ne pas en mener large; ne pas être *(od.* ne pas se sentir) à son aise; *auf der faulen* ~ *liegen* fainéanter; paresser; P avoir la flemme; battre *(od.* tirer) sa flemme; *ich möchte nicht in s-r* ~ *stecken* je ne voudrais pas être dans sa peau; *mit* ~ *und Haaren* tout entier; F *eine ehrliche* ~ un brave homme; une brave femme; une bonne pâte d'homme; ⚕ *Einspritzung unter die* ~ injection *f* hypodermique; ¹**⸺abschürfung** ⚕ *f* écorchure *f;* excoriation *f;* ¹**⸺arzt** *m* dermatologue *f;* ¹**⸺atmung** *f* respiration *f* cutanée; ¹**⸺ausschlag** ⚕ *m* éruption *f* cutanée; exanthème *m.*
'**Häutchen** *n* pellicule *f, anat.,* ♀ *a.* membrane *f;* cuticule *f.*
'**Haut|creme** *f* crème *f* pour la peau *(od.* de beauté); **⸺drüse** *anat. f* glande *f* cutanée.
'**häuten** *v/rf.: sich* ~ se dépouiller; changer de peau; faire peau neuve; *zo.* muer.
'**haut-eng** *adj.* collant.
'**Haut-entzündung** *f* inflammation *f* de la peau; derm(at)ite *f.*
Hautevo'lee *f* 'haute société *f;* F gratin *m;* F 'haute *f;* F dessus *m* du panier.
'**Haut|farbe** *f* couleur *f* de (la) peau; *(Teint)* teint *m; (Fleischfarbe)* carnation *f;* **⸺flügler** *ent. m/pl.* hyménoptères *m/pl.;* **⸺gewebe** *anat. m* épiderme *m.*
'**häutig** *biol. adj.* membraneux, -euse.
'**Haut|jucken** *n* démangeaisons *f/pl.;* prurit *m;* **⸺krankheit** ⚕ *f* maladie *f* cutanée *(od.* de peau); dermatose *f;* **⸺kunde** *f,* **⸺lehre** *f* dermatologie *f;* **⸺leiden** *n* → ⸺*krankheit;* **⸺leiste** *anat. f* dermatoglyphe *m;* ²**nah** *fig. adv.* d'un intérêt brûlant; **⸺ödem** *n* eczéma *m;* **⸺pflege** *f* soins *m/pl.* de la peau; **⸺salbe** *f* pommade *f* pour la

peau; ~schere f ciseaux m/pl. à peau; ~straffung cosm. f déridage m; lissage m; ~streifen ♂ m strie f de la peau; dermatoglyphe m; ⚯sympathisch adj. dermophile; ~transplantation f greffe f de la peau.
'Häutung zo. f mue f.
'Hauzähne ch. m/pl. défenses f/pl.
Ha'vanna n La Havane; ~zigarre f 'havane m.
Hava'rie f avarie f; ~ erleiden subir une avarie; ⚯rt adj. avarié.
'Hearing n audience f.
'H-Bombe f bombe f H; bombe f à hydrogène.
'H-Dur ♪ n si m majeur.
'Hebamme f sage-femme f.
'Hebe|arm m bras m de levier; e-s Raupenschleppers: arche f de débardage; ~baum m levier m; sapine f; ⚓ anspect m; ~bock m chèvre f; ~bühne f plate-forme f d'élevage; für Autos: pont m élévateur; ~eisen n levier m; ~kran m élévateur, grue f.
'Hebel m levier m; kleiner: manette f; e-n ~ ansetzen engager un levier (an etw. dat. sur qch.); fig. alle ~ in Bewegung setzen mettre tout en œuvre; remuer ciel et terre; faire des pieds et des mains; faire jouer tous les ressorts; faire feu des quatre fers; sonner la grosse cloche; am längeren ~ sitzen être le plus fort; ~arm m bras m de levier; ~griff m manche m de levier; ~kraft f, ~moment n effet (od. moment) m de levier; ~schalter ⚡ m interrupteur m à levier; ~stange f tige f de levier; ~waage f balance f à levier.
'Hebe|maschine f engin m de levage; ~muskel anat. m (muscle m) élévateur m.
'heben I v/t. u. v/rf. (sich se) lever; (an~) soulever; (erhöhen) (re)hausser; Stimme: élever; Schatz: déterrer; Schiff: renflouer; relever; fig. (neu beleben) (sich se) relever; Handel usw.: sich wieder ~ reprendre; j-n aufs Pferd ~ mettre q. en selle; aus dem Sattel ~ désarçonner (a. fig.); aus den Angeln ~ ôter (od. faire sortir) des gonds; fig. j-n bis in den Himmel ~ porter q. aux nues; ein Kind aus der Taufe ~ tenir un enfant sur les fonts baptismaux; F e-n ~ (trinken) boire un coup; P se rincer la dalle; plais. s'humecter le gosier; gern e-n ~ lever le coude; II ⚯ n ⊕ levage m; e-s Schiffes: renflouage m; renflouement m.
'Heber m (Saug⚯; Stech⚯) siphon m; ~barometer n baromètre m à siphon.
'Hebe|vorrichtung f, ~werk n appareil m élévateur (od. de levage); élévateur m; ~winde f cric m.
He'brä|er(in f) m Hébreu m, femme f hébraïque; ⚯isch adj. hébreu (ohne f); hébraïque (m, f); das ⚯e; die ~e Sprache la langue hébraïque; l'hébreu m.
'Hebung f relèvement m (a. des Niveaus); (Vergrößerung) augmentation f; e-s Schiffes: renflouage m; renflouement m; mét. syllabe f accentuée; ~ des Lebensstandards élévation f du niveau de vie; ~s-arbeiten f/pl. von Versenktem: travaux m/pl.

de relevage.
'Hechel f Spinnerei: séran m; ~maschine f peigneuse f; ⚯n v/t. Spinnerei: sérancer.
Hecht icht. m brochet m; fig. ein toller ~ un fameux lapin; der ~ im Karpfenteich le trouble-fête; le loup dans la bergerie; '⚯grau adj. gris bleu; '~sprung m gym. saut m de brochet; ~ (ins Wasser) saut m de carpe; saut m carpé.
Heck n bsd. ⚓ poupe f; arrière m; Auto: plage f arrière; '~antrieb (Auto) m propulsion f arrière.
'Hecke f 'haie f.
'Hecken|rose ♀ f églantine f; ~schere f sécateur m; ✄ taille-'haies m; ~schütze m franc-tireur m; ~zaun m clôture f de haies.
'Heck|fenster (Auto) n glace f arrière; ~flagge ⚓ f pavillon m de poupe; ⚯lastig adj. chargé à la poupe; ~licht n feu m de poupe; ~motor m moteur m arrière; ~raddampfer m vapeur m à roue d'arrière; ~scheibe (Auto) f lunette f arrière; custode f; ~tür (Auto) f 'hayon m arrière.
'heda! int. 'holà!
'Hederich ♀ m ravenelle f.
Hedo'nis|mus m hédonisme m; ~t m hédoniste; ⚯tisch adj. hédoniste.
Heer n⚔ armée f; stehendes ~ armée f permanente; fig. a. foule f; '~bann hist. m: der ~ le ban et l'arrière-ban.
'Heeres|abteilung f détachement m d'armée; troupe f; ~bedarf m matériel m de guerre; ~dienst m service m militaire; ~fachschule f école f professionnelle à l'intérieur de l'armée; ~gruppe f groupe m d'armées; ~leitung f 'haut commandement m; ~museum n Musée m de l'Armée; ~personal-amt n direction f du personnel de l'armée de terre; ⚯pflichtig adj. astreint au service militaire; ~verwaltung f administration f de l'armée; ~waffen-amt n direction f des armements et du matériel de l'armée de terre.
'Heer|führer m chef m d'une armée; général m; capitaine m; ~lager n camp m; ~schar rl. f die himmlischen ~en les légions f/pl. célestes; ~schau f revue f; ~straße hist. f route f militaire; ~wesen n armée f.
'Hefe f levure f; fig. lie f; ~kuchen m gâteau m en pâte levée; ~pilz ♀ m levure f; ~teig m levain m.
Heft n (Stiel) manche m; (Schreib⚯) cahier m; (Lese⚯) brochure f; (Lieferung) fascicule m; livraison f; fig. das ~ in den Händen haben tenir le gouvernail; tenir les commandes; mener la barque; '~draht m fil m à brocher.
'heften I 1. v/t. attacher; mit Reißzwecken: fixer; mit Heftklammern: agrafer (an à); (vornähen) faufiler; bâtir; (feststecken) maintenir par des épingles; lose ~ empointer; Buch: brocher; fig. die Augen (den Blick) ~ auf (acc.) fixer (od. attacher) ses (ses regards) sur; 2. v/rf.: sich an etw. (acc.) ~ s'attacher à qch.; sich an j-s Fersen ~ être sur les talons de q.; talonner q.; II ⚯ n e-s Buches: brochage m.
'Heft|er m classeur m; → ~maschine; ~faden m, ~garn n faufil m; fil m à bâtir; Buchbinderei: fil m à brocher.

'heftig adj. véhément; violent; (scharf: Kritik, Diskussion; Zusammenstoß) serré; (ungestüm) impétueux, -euse; (stark) fort; (schwer zu ertragen) rude; (rauh) brusque; (leidenschaftlich) passionné; phys. intense; (aufbrausend) emporté; ~ werden s'emporter; j-n ~ anfahren brusquer q.; rudoyer q.; rabrouer q.; '⚯keit f véhémence f; violence f; (Ungestüm) impétuosité f; (Rauheit) rudesse f; brusquerie f; (Leidenschaftlichkeit) passion f; phys. intensité f.
'Heft|klammer f trombone m; agrafe f (de bureau); ~mappe f classeur m; ~maschine f agrafeuse f; für Bücher: brocheuse f; ~nadel f couture f bâtie; faufilure f; ~pflaster phm. n sparadrap m; taffetas m gommé; tricostéril m; englisches ~ taffetas m anglais; ein ~ auflegen mettre du sparadrap; ein ~ ablösen enlever le sparadrap; ~rand m marge f du cahier; ~stich m point m de bâti; ~umschlag écol. m protège-cahier m; ~zwecke f punaise f; mit ~n festmachen attacher avec des punaises.
Hegemo'nie f hégémonie f.
'hegen v/t. Wild: protéger, conserver; Hoffnung: nourrir, caresser; Furcht: nourrir; Wunsch: former; j-n ~ avoir (od. prendre) soin de q.; ~ und pflegen choyer; Haß gegen j-n ~ nourrir une haine contre q.; Zweifel ~ avoir des doutes (wegen od. hinsichtlich sur); Verdacht (od. Argwohn) ~ soupçonner (gegen j-n q.).
Hehl n: kein ~ aus etw. machen ne pas se cacher de qch.; '~er(in f) m receleur m, -euse f.
Hehle'rei ⚖ f recel m; recèlement m.
hehr adj. auguste; sublime; (majestätisch) majestueux, -euse.
'Heia enf. (Bett) f: in die ~ gehen aller au dodo.
'Heid|e¹ m, ~in f païen m, -enne f; bibl. ~n pl. gentils m/pl.
'Heide² f (Landschaft) lande f; ~blume f (fleur f de) bruyère f; ~honig m miel m de bruyère; ~kraut ♀ n bruyère f.
'Heidelbeere ♀ f airelle f; myrtille f.
'Heiden|angst f peur f bleue; F frousse f; ~arbeit f: travail m énorme; F boulot m monstre; das ist e-e ~ c'est le diable à confesser; ~geld F n argent m fou; das kostet mich ein ~ a. cela me coûte les yeux de la tête; ~lärm m vacarme m infernal; tintamarre m de tous les diables; ⚯mäßig fig. F adj. énorme; adv. énormément; ~spaß m plaisir m fou; ~tempel m temple m païen; ~tum n paganisme m; coll. païens m/pl.
'Heiderös-chen ♀ n (Strauch) églantier m; (Blüte) églantine f.
'heidnisch adj. païen, -enne.
'Heidschnucke All. zo. f mouton m des landes de Lüneburg.
'heikel adj. délicat; scabreux, -euse.
heil adj. (gesund) sain et sauf, saine et sauve; (geheilt) guéri; (intakt) intact; en bon état; (unbeschädigt) indemne; (ganz) entier, -ière; ~e Welt monde m intact (od. imaginaire); mit ~er Haut davonkommen s'en tirer; l'échapper belle.
Heil n salut m; sein ~ versuchen tenter

sa chance; *im Jahre des ~s* l'an de grâce.
'**Heiland** rl. m Sauveur m.
'**Heil|anstalt** f maison f de santé; sanatorium m; **~aufkleber** phm. m timbre-médicament m; **~bad** (Ort) n ville f d'eaux; station f thermale; ²**bar** adj. guérissable; curable; fig. réparable; remédiable; **~barkeit** f curabilité f; **~behandlung** f traitement m thérapeutique (od. curatif); ²**bringend** adj. salutaire; **~butt** icht. m flétan m; ²**en** 1. v/t. guérir (von de); (abhelfen) remédier (à); fig. die Zeit heilt die Wunden le temps panse les plaies; 2. v/i. (se) guérir; *Wunde: a.* se cicatriser; **~en** n guérison f; e-r *Wunde: a.* cicatrisation f; **~erde** f terre f médicamenteuse; ²**froh** adj. très heureux (*über acc.* de); très content (de); **~gehilfe** m auxiliaire m médical; **~gymnastik** f kinésithérapie f; gymnastique f médicale; rééducation f; **~gymnastiker(in** f) m kinésithérapeute m, f.
'**heilig** adj. saint; (geheiligt, geweiht) sacré; (feierlich) solennel, -lle; (unverletzlich) inviolable; die ²e Schrift l'Écriture f sainte; les Saintes Écritures f/pl.; la Bible; der ²e Vater le Saint-Père; der ²e Geist le Saint-Esprit; die ²en Drei Könige m/pl. les Rois mages m/pl.; Fest der ²en Drei Könige jour m des Rois; das ~e Abendmahl la sainte cène; das ²e Land la Terre sainte; das ²e Grab le saint sépulcre; der ²e Stuhl le Saint-Siège; die ²e Jungfrau la Sainte Vierge; der ~e Antonius saint Antoine m; **~e** Pflicht devoir m sacré; ihm ist nichts ~ rien n'est sacré pour lui; es ist mein ~er Ernst je suis tout ce qu'il y a de plus sérieux; schwören bei allem, was ~ ist jurer par tout ce qu'il y a de plus sacré; ²**abend** m veille f de Noël; am ~ la veille de Noël; **~en** v/t. sanctifier; prov. der Zweck heiligt die Mittel la fin justifie les moyens.
'**Heiligen|bild** n image f sainte; image f d'un(e) saint(e); **~geschichte** f légende f des saints; hagiographie f; **~schein** m auréole f (a. fig.); peint. a. nimbe m; gloire f; mit e-m ~ umgeben auréoler (a. fig.), peint. a. nimber; **~schrein** m reliquaire m, châsse f.
'**Heilig|e(r** a. m) m, f saint m, -e f; fig. wunderlicher (od. sonderbarer) ~r drôle m de coco, de paroissien; original m; **~e(s)** n: das ~ les choses f/pl. saintes; etw. ~s chose f sainte (od. sacrée).
'**heilig|halten** v/t. vénérer; den Sonntag: sanctifier; ²**haltung** f vénération f; des Sonntags: sanctification f; e-s Versprechens usw.: observation f rigoureuse; ²**keit** f sainteté f; (Unverletzlichkeit) inviolabilité f; ~ der Verträge caractère m sacré des traités; **~sprechen** v/t. canoniser; ²**sprechung** f canonisation f; ²**tum** n sanctuaire m; lieu m saint; (etw. Heiliges) chose f sainte (od. sacrée); (Reliquie) relique f (a. fig.); ²**ung** f sanctification f; (Heiligsprechung) canonisation f; (Seligsprechung) béatification f; (Weihung) consécration f.
'**Heil|kraft** f vertu f curative (od. médicinale); ²**kräftig** adj. curatif, -ive; salutaire; **~kraut** ⚘ n simple m;

herbe f médicinale; **~kunde** f médecine f; science f médicale; thérapeutique f; ²**kundig** adj. versé dans la médecine (od. dans la science médicale od. dans la thérapeutique); **~kundige(r)** m personne f versée dans la médecine; **~kunst** f art m de la médecine; **~los** fig. adj. Situation: irrémédiable; désespérée; Durcheinander: terrible; énorme; incroyable; jamais vu; **~magnetismus** m magnétisme m thérapeutique; **~massage** f massage m thérapeutique; **~methode** f méthode f thérapeutique (od. de traitement); méthode f curative; médication f; **~mittel** n remède m (a. fig.; gegen à); médicament m; **~mittellehre** f pharmacologie f; **~pädagogik** f pédagogie f thérapeutique; **~pflanze** f plante f médicinale; **~praktiker** m guérisseur m; F rebouteur m; F rebouteux m; **~quelle** f source f d'eau minérale; ~n pl. mst. eaux f/pl. minérales; **~salbe** ⚕ f pommade f; onguent m; ²**sam** adj. bon, bonne pour la santé; Klima: salutaire (a. fig.); **~s-armee** f Armée f du Salut; Angehörige(r) der ~ salutiste m, f; **~serum** n sérum m antitoxique; **~slehre** f doctrine f de la grâce; **~stätte** f maison f de santé; sanatorium m; sana m; **~trank** m potion f; vét. breuvage m; **~ung** f, **~ungs-prozeß** m processus m de guérison; e-r Wunde: a. cicatrisation f; **~verfahren** ⚕ n procédé m thérapeutique; traitement m médical (od. curatif); médication f; **~wirkung** f effet m curatif; **~wissenschaft** f science f médicale (od. thérapeutique).
Heim n foyer m; domicile m; chez-soi (chez-moi, etc.); home m; '**~abend** m soirée f au foyer; '**~arbeit** f travail m à domicile; ~ verrichten travailler à domicile; '**~arbeiter(in** f) m ouvrier m, -ière f à domicile.
'**Heimat** f pays m (natal); (Vaterland) patrie f; engere: terroir m; ♀ habitat m; aus der ~ vertreiben expatrier; in die ~ zurückschicken rapatrier; **~bahnhof** m gare f d'attache; **~dichter** m poète m régionaliste (od. du terroir); der Provence: félibre m; **~dorf** n village m natal; **~hafen** m port m d'attache; **~kunde** f géographie f locale; **~land** n → Heimat; ²**lich** adj. (du pays) natal; (~ anmutend) qui rappelle le pays natal; ²**los** adj. sans patrie; apatride; **~lose(r** a. m) m, f apatride m, f; **~ort** m lieu m natal (od. d'origine); **~recht** n droit m de nationalité; (v. Mundarten) droit m de cité; **~schein** m certificat m d'origine; **~staat** m État m d'origine; **~stadt** f ville f natale; patrie f; **~vertriebene(r** a. m) m, f expatrié m, -e f; expulsé m, -e f; exilé m, -e f.
'**heim|begeben** v/rf.: sich ~ se rendre chez soi; rentrer; **~begleiten, ~bringen** v/t.: j-n ~ (r)accompagner (od. ramener) q. chez lui; reconduire q. à la maison (od. chez lui).
'**Heimchen** ent. n grillon m.
'**heim|eilen** v/i. se hâter de rentrer; **~elig** (anheimelnd) adj. qui rappelle le chez-soi; intime; où l'on est bien; où l'on se sent bien; **~fahren** v/i. rentrer (chez soi) en voiture (resp.

par le train, etc.); ²**fahrt** f rentrée f; retour m (chez soi); auf der ~ en rentrant; au retour; ²**fallsrecht** ⚖ n droit m de dévolution; déshérence f; **~finden** v/i. trouver le chemin pour rentrer; **~fliegen** v/i. rentrer (chez soi) en avion; **~führen** v/t.: j-n ~ ramener q. chez lui; reconduire q. à la maison; e-e Braut ~ prendre pour femme; ²**gang** st.s. (Tod) mfig. décès m; **~gegangene(r** a. m) m, f défunt m, -e f; **~gehen** v/i. rentrer od. retourner (chez soi od. à la maison); fig. décéder; **~holen** v/t.: j-n ~ aller chercher q. pour le ramener chez lui; ²**industrie** f industrie f à domicile; **~isch I** adj. du pays; indigène; Tier, Pflanze: ~ sein habiter (acc.); Tier a.: vivre; **II** adv.: sich ~ fühlen se sentir (comme) chez soi; ~ werden s'acclimater; ²**kehr** f rentrée f; retour m (chez soi); **~kehren, ~kommen** v/i. rentrer (chez soi od. à la maison); retourner; ²**kehrer** m ancien prisonnier m de guerre; rapatrié m; ²**leiter(in** f) m directeur m, -trice f d'un foyer; **~leuchten** F v/i.: fig. j-m ~ envoyer promener q.; faire une conduite de Grenoble à q.; dire ses quatre vérités (od. son fait) à q.; donner son paquet à q.; **~lich I** adj. secret, -ète; caché; (den Augen entzogen) dérobé; (unerlaubt) clandestin; (verstohlen) furtif, -ive; subreptice; (traulich) intime; ~er Krieg m guerre f de l'ombre; **II** adv. à la dérobée; en cachette; en catimini; en sourdine; en tapinois; ~ lachen rire sous cape; ~, still und leise discrètement, F en douce; ²**lichkeit** f secret m; mystère m; mv.p. clandestinité f; (Traulichkeit) intimité f; (Heimlichtuerei) cachotterie f; ²**lichtuer** m cachottier m; ²**lichtue'rei** f cachotterie f; **~lichtun** v/i. faire le mystérieux, la mystérieuse; ²**reise** f rentrée f; retour m (chez soi); auf der ~ en rentrant; au retour; **~schicken** v/t. renvoyer (à la maison od. chez soi); ²**sonne** ♀ f bronzinoire f; ²**spiel** n Sport: match m à domicile (od. sur son propre terrain); ²**statt** f foyer m; maison f individuelle entourée d'un jardin; fig. berceau m; ²**stättengesellschaft** f société f de constructions familiales; **~suchen** v/t. affliger; frapper; (Verfolgungswahn) obséder; (verwüsten) infester; (prüfen) éprouver; rl. h. visiter; heimgesucht (von e-m Unglück betroffen) sinistré; ²**suchung** f affliction f; obsession f; weit.S. fléau m; (Prüfung) épreuve f; rl. ~ Mariä Visitation f de la Vierge; ²**textilien** pl. tissus m/pl. d'ameublement; ²**trainer** m (Fahrrad) m home-trainer m; vélo m d'appartement; **~treiben** v/t. Vieh: faire rentrer; ²**tücke** f perfidie f; sournoiserie f; fausseté f; **~tückisch** adj. perfide; sournois; insidieux, -euse (a. Krankheit); ~er Akt a. F coup m fourré; **~wärts** adv. en direction de sa maison (od. de chez soi); vers sa maison (resp. son pays); ~ ziehen rentrer (chez soi od. à la maison); ²**weg** m retour m; sich auf den ~ machen se mettre en route pour rentrer; ²**weh** n mal m du pays; nostalgie f; **~werken** v/i. bricoler; ²**werken** n bricolage m;

⁓werker m bricoleur m; **⁓zahlen** fig. v/t.: j-m etw. ⁓ rendre la pareille à q.; rendre à q. la monnaie de sa pièce; **⁓ziehen** v/i. rentrer (chez soi od. à la maison od. dans son pays).

Hein poét. m: Freund ⁓ la Mort; la Camarde.

'**Heini** péj. m type m.

'**Heinrich** m Henri m.

'**Heinzelmännchen** n lutin m; gnome m; petit nain m.

'**Heirat** f mariage m; standesgemäße ⁓ mariage m de convenance; ⁓ innerhalb (außerhalb) e-s Stammes endogamie f (exogamie f); **⁓en 1.** v/t. épouser; se marier avec; prendre pour femme; **2.** v/i. se marier; prendre femme; unter s-m Stande ⁓ se mésallier; aus Liebe ⁓ faire un mariage d'amour; des Geldes wegen ⁓ faire un mariage d'argent.

'**Heirats|antrag** m demande f en mariage; j-m e-n ⁓ machen demander q. en mariage; **⁓anzeige** f faire-part m de mariage; (Ehewunsch) annonce f matrimoniale; **⁓büro** n agence f matrimoniale; **⁓fähig** adj. en âge de se marier; mariable; nubile; ⁓es Alter âge m nubile; **⁓fähigkeit** f nubilité f; **⁓gut** östr. (Mitgift) n dot f; **⁓kandidat** iron. m candidat m au mariage; **⁓lustig** adj. qui a envie de se marier; **⁓schwindler** m escroc m au mariage; **⁓urkunde** f acte m de mariage; **⁓vermittler(in** f) m directeur m, -trice f d'agence matrimoniale; agent m matrimonial; **⁓vermittlung** f agence f matrimoniale; **⁓versprechen** n promesse f de mariage; **⁓vertrag** m contrat m de mariage.

'**heischen** st.s. v/t. (erfordern) exiger; réclamer.

'**heiser I** adj. rauque; enroué; **II** adv.: sich ⁓ schreien s'égosiller; ⁓ werden s'enrouer; **⁓keit** f enrouement m.

heiß I adj. chaud; (brennend) glühend) ardent; (od. siedend) ⁓ brûlant; kochend (od. siedend) ⁓ bouillant; Zone: torride; es ist ⁓(es Wetter) il fait chaud; mir ist ⁓ j'ai chaud; ⁓e Quelle f source f thermale; das macht ⁓ (Tätigkeit) cela donne chaud; zo. ⁓ werden entrer en chaleur; die Hündin ist ⁓ la chienne est en chaleur; fig. (heftig) ardent; (inbrünstig) fervent; (leidenschaftlich) passionné; ⁓es Blut haben être fougueux, -euse; être ardent; in ⁓er Kopf une tête chaude; es war ein ⁓er Kampf l'affaire fut chaude; ⁓e Musik f rythmes m/pl. endiablés; ⁓r Draht pol. téléphone m rouge; ⁓e e-e ⁓e Spur haben être sur la bonne piste; fig. ⁓es Eisen question f délicate (od. brûlante); um den ⁓en Brei herumgehen tourner autour du pot; **II** adv. (heftig) ardemment; (inbrünstig) avec ferveur; (leidenschaftlich) passionnément; ⁓ machen; ⁓ werden chauffer; fig. da ging es ⁓ her l'affaire fut chaude; j-m die Hölle ⁓ machen faire prendre une suée à q.; '**⁓blütig** adj. qui a le sang chaud; fougueux, -euse; passionné; zo. à sang chaud; '**⁓blütigkeit** f sang m chaud; fougue f; **⁓dampf** ⊕ m vapeur f surchauffée.

'**heißen 1.** v/t. appeler; nommer; (bezeichnen) qualifier; (st.s.: befehlen) commander; ordonner; wer hat Sie das geheißen? qui vous a dit de faire cela?; j-n willkommen ⁓ souhaiter la bienvenue à q.; das heiße ich e-e gute Nachricht voilà ce que j'appelle une bonne nouvelle; **2.** v/i. s'appeler; se nommer; porter le nom de; (bedeuten) signifier; vouloir dire; was soll das ⁓? qu'est-ce que cela veut dire?; qu'est-ce que cela signifie?; das will etw. ⁓ c'est quelque chose; das will nicht viel ⁓ cela ne signifie pas (od. ne veut pas dire) grand-chose; das hieße alles verlieren cela équivaudrait à tout perdre; wie heißt das auf französisch? comment dit-on cela en français?; comment se dit-il en français?; ich werde morgen kommen, das heißt, wenn ich kann je viendrai demain, du moins si je peux; das heißt also, daß ... c'est donc à dire que ...; das heißt (abr. d. h.) c'est-à-dire (abr. c.-à-d.); **3.** v/imp.: es heißt on dit; le bruit court; es hieß ausdrücklich il était dit (od. il avait été déclaré) formellement; hier heißt es: Aufgepaßt! c'est ici qu'il faut faire attention; es heißt an dieser Stelle il est dit (od. nous lisons) à cet endroit; damit es nicht heiße ... afin que l'on ne dise pas que ...; afin qu'il ne soit pas dit que ...

'**heiß|ersehnt** adj. vivement désiré; **⁓geliebt** adj. passionnément aimé; **⁓hunger** m faim f dévorante; F fringale f; faim f de loup; faim f féroce; boulimie f; **⁓hungrig** adj. qui a une faim dévorante; affamé (nach de); boulimique; **⁓laufen** v/i. ⊕ gripper; **⁓laufen** ⊕ n grippage m; **⁓luftheizung** f chauffage m à air chaud; **⁓luftmaschine** f machine f à air chaud; **⁓luftturbine** f turbine f à air chaud; **⁓siegelfähig** (Oberflächenveredelung) adj. thermosoudable; **⁓sporn** m fig. tête f chaude; F cerveau m brûlé; **⁓wasserbereiter** m chauffe-eau m; **⁓wasserheizung** f chauffage m à eau chaude; **⁓wasserspeicher** m accumulateur m d'eau chaude; chauffe-eau m à accumulation.

'**heiter** adj. Himmel: serein; beau, bel, belle; clair; wieder ⁓ werden se rasséréner (a. fig.); (fröhlich) gai; joyeux, -euse; (munter) enjoué; réjoui; (lachend) riant; hilare; iron. das wird ja ⁓ cela promet!; ça comment bien!; ça va faire du beau, du joli; **⁓keit** f sérénité f; (Klarheit) clarté f; (Fröhlichkeit) gaieté f od. gaîté f; enjouement m; (Gelächter) hilarité f; **⁓keits-erfolg** m: e-n ⁓ erzielen déclencher (od. provoquer) l'hilarité générale.

'**Heiz|anlage** f installation f de chauffage; **⁓apparat** m radiateur m; appareil m de chauffage; **⁓bar** adj. qui peut être chauffé; **⁓batterie** f batterie f de chauffage; **⁓effekt** m effet m calorifique; **⁓en 1.** v/t. chauffer; Zimmer: a. faire du feu (dans); **2.** v/i. chauffer; dieses Zimmer heizt sich gut cette pièce est facile à chauffer (od. se chauffe bien); mit Öl ⁓ se chauffer au mazout (od. au fuel domestique); **⁓en** n chauffage m; ⊕ chauffe f; **⁓er** m chauffeur m; **⁓faden** m filament m; **⁓fläche** f surface f de chauffe; **⁓gas** n gaz m de chauffage; **⁓gerät** n radiateur m; appareil m de chauffage; **⁓kessel** m chaudière f; **⁓kissen** n coussin m chauffant (od. électrique); **⁓körper** m radiateur m; **⁓körperverkleidung** f couvre- (od. cache-)-radiateur m; **⁓kraft** f puissance f calorifique; **⁓kraftwerk** n centrale f thermique; **⁓leiste** ⚡ f plinthe f chauffante; **⁓loch** n ouverture f de la chauffe; **⁓material** n combustibles m/pl.; **⁓öl** n mazout m; fuel m (domestique); **⁓platte** f plaque f chauffante; réchaud m; **⁓raum** m ⊕ chambre f de chauffe; chaufferie f; **⁓rohr** n tuyau m de chauffage; tube m foyer; **⁓schalttafel** f tableau m de commande du chauffage; **⁓schlange** f serpentin m chauffant; **⁓sonne** f radiateur m parabolique; **⁓spannung** f tension f de chauffage; **⁓stab** ⚡ m tige f chauffante; **⁓strom** m courant m de chauffage; **⁓ung** f chauffage m; installation f de chauffage; **⁓ungs-anlage** f installation f de chauffage; **⁓ungskosten** pl. frais m/pl. de chauffage; **⁓ungsmonteur** m, **⁓ungsspezialist** m chauffagiste m; monteur m en chauffage central; **⁓ungstechnik** f technique f du chauffage; **⁓ungsverhütung** f indemnité f de chauffage; **⁓wert** m pouvoir m calorifique; **⁓widerstand** m Radio: rhéostat m de chauffage.

Heka'tombe f hécatombe f.

Hek'tar n hectare m.

'**Hektik** fig. (nervöse Hast) f vitesse f de vie; tourbillon m; trépidation f; frénésie f; bousculade f; fièvre f; die ⁓ des Geschäftslebens le tumulte des affaires.

'**hektisch** adj. (hastig) trépidant; frénétique; Person: énervé; ⚕ hectique; fig. ⁓e Betriebsamkeit activité f fébrile; branle-bas m.

Hekto'graph m hectographe m.

hektogra'phieren v/t. hectographier.

'**Hektoliter** n hectolitre m.

Held m 'héros m; der ⁓ des Tages le héros (od. l'idole f) du jour; F kein ⁓ in etw. (dat.) sein ne pas être très calé en (od. très versé dans) qch.

Helden|dichtung f poésie f épique (od. héroïque); **⁓gedicht** n poème m épique (od. héroïque); épopée f; altfranzösisches: chanson f de geste; **⁓gestalt** f 'héros m; **⁓haft** adj. héroïque; **⁓haftigkeit** f héroïsme m; **⁓lied** n → ⁓gedicht; **⁓mut** m héroïsme m; **⁓mütig I** adj. héroïque; **II** adv. héroïquement; en 'héros; **⁓mutter** 'thé. f mère f noble, du 'héros; **⁓rolle** 'thé. f rôle m du 'héros; **⁓sage** f légende f héroïque; **⁓tat** f action f héroïque; exploit m; prouesse f (a. iron.); **⁓tenor** m fort ténor m; ténor m à l'ut de poitrine; **⁓tod** m mort f héroïque; den ⁓ sterben mourir au champ d'honneur; **⁓tum** n héroïsme m; **⁓vater** 'thé. m père m noble, du 'héros; **⁓volk** n peuple m héroïque; **⁓zeitalter** n temps m/pl. héroïques.

'**Held|in** f héroïne f; **⁓isch** adj. héroïque.

'**helf|en** v/i.: j-m ⁓ aider q.; assister q.; prêter aide (od. assistance od. main forte) à q.; secourir q.; porter secours à q.; donner son concours à

q.; seconder q.; épauler q.; *j-m etw. tun* ~ aider q. à faire qch.; *ich helfe ihm in den Mantel* je l'aide à mettre son manteau; *ich helfe ihm aus dem Mantel* je l'aide à ôter son manteau; *sich zu* ~ *wissen* savoir se débrouiller *(od.* se tirer d'affaire); ~ *gegen* être bon, bonne pour *(od.* efficace contre); *sich nicht mehr zu* ~ *wissen* ne plus savoir que faire; *ich kann mir nicht* ~ *(kann nicht umhin)* je ne puis m'empêcher (de *inf.*); *ich kann mir nicht* ~, *ich muß lachen* je ne peux m'empêcher de rire; *(dienen)* servir (zu à); *(nützen)* être utile (zu à); ⚓ être bon *(gegen* pour) *od.* efficace *(gegen* contre); *was hilft's?* à quoi bon?; *was hilft das Klagen?* à quoi bon se plaindre?; à quoi sert de se plaindre?; *dem ist nicht mehr zu* ~ *Person*: on ne peut plus rien pour lui; il est perdu; *das hilft nichts* c'est inutile; c'est peine perdue; cela ne sert à rien; cela ne sert pas à grand-chose; *es hilf alles nichts* rien n'y fit; tout fut en vain; *damit ist mir nicht geholfen* cela ne me sert à rien; *ich werde dir* ~! *drohend*: je vais t'aider; attends que je t'aide!; *j-m auf die Beine* ~ aider q. à se relever; *j-m in der Not* ~ assister q. dans le besoin; *j-m aus der Verlegenheit* ~ tirer q. d'embarras; *j-m bei der Arbeit* ~ aider q. dans son travail; *prov. hilf dir selbst, so hilft dir Gott* aide-toi, le ciel t'aidera; 2**er(in** *f) m* aide *m, f*; assistant *m, -e f*; ~ *(in der Not)* sauveur *m*; *Betreuer*: moniteur *m*; 2**ershelfer(in** *f) m* complice *m, f*; acolyte *m*; compère *m*; homme *m* de main.
Heli'kopter ✈ *m* hélicoptère *m*.
Heliogra'phie *f* héliographie *f*.
Heliogra'vüre *f* héliogravure *f*.
Helio'skop *ast. n* hélioscope *m*.
Helio'stat *phys. m* héliostat *m*.
Heliothera'pie *f* héliothérapie *f*.
Helio'trop ♃ *u. phys. n* héliotrope *m*; ♃ *a.* tournesol *m*.
helio'zentrisch *ast. adj.* héliocentrique.
'**Helium** ⚗ *n* hélium *m*.
hell I *adj.* clair; *(klangreich)* sonore; *(schmetternd)* retentissant; *(strahlend)* vif, vive, éclatant; *(erleuchtet)* éclairé; *(glänzend)* brillant; *(durchsichtig)* transparent; *fig.* pénétrant, clairvoyant; *(einsichtsvoll)* intelligent; *(rein)* pur; ~*es Bier* bière *f* blonde; ~*es Haar* cheveux *m/pl.* blonds; ~*es Gelächter* éclats *m/pl.* de rire; ~*er Jubel*; ~*e Freude* transports *m/pl.* de joie; *s-e* ~*e Freude an etw.* (dat.) *haben* avoir grand plaisir à qch.; ~*er Wahnsinn* folie *f* pure; *in* ~*en Flammen stehen* être tout en flammes; ~*e Augenblicke* moments *m/pl.* de lucidité; ~*er Kopf* esprit *m* clair *(od.* lucide); *in* ~*en Haufen* en foule; *es ist* ~*er Tag* il fait grand jour; *am* ~*en (lichten) Tage* en plein jour; *bis in den* ~*en Tag hinein schlafen* faire la grasse matinée; *es wird* ~ *nach trübem Wetter*: le temps s'éclaircit; *am Morgen*: le jour se lève; **II** *adv.* *es bleibt lange* ~ il fait jour longtemps; ~ *brennen* brûler avec une flamme claire; *der Mond scheint* ~ il fait un beau clair de lune.
'**Hellas** *hist. n* l'Hellade *f*.
'**hell|blau** *adj.* bleu clair *(inv.)*; ~

blond *adj.* blond très clair *(inv.)*; ~**braun** *adj.* brun *(Pferd:* bai) clair *(inv.)*; 2**dunkel** *n* clair-obscur *m*; 2**e** *f* clarté *f; (Tageslicht)* jour *m; (Glanz)* éclat *m; (Licht)* lumière *f; (Durchsichtigkeit)* transparence *f*; ~**e** F *fig. (schlau) adj.* F dégourdi; déluré; ~ *sein* F avoir la comprenette facile.
Helle'barde *hist.* ⚔ *f* 'hallebarde *f*.
Hel'le|ne *m* Hellène *m*; 2**nisch** *adj.* hellénique.
Helle'nismus *m* hellénisme *m*.
'**Heller** *m* denier *m*; liard *m*; sou *m*; *keinen roten* ~ *haben* n'avoir ni sou ni maille; *alles auf* ~ *und Pfennig bezahlen* payer jusqu'au dernier centime; payer rubis sur l'ongle; *keinen* ~ *wert sein* F ne pas valoir un sou *(od.* un fifrelin); F ne pas valoir tripette; F ne pas valoir la chipette *(od.* la chique).
'**Helle(s)** *n* verre *m* de bière blonde; *Herr Ober, ein* ~*s!* garçon! une blonde!
'**helleuchtend** *adj.* éclatant de lumière; lumineux, -euse; *Lampe:* qui éclaire bien.
'**hell|farbig** *adj.* de ton clair; de couleur claire; ~**gelb** *adj.* jaune clair *(inv.)*; mastic *inv.*; ~**glänzend** *adj.* brillant d'un vif éclat; ~**grau** *adj.* gris clair *(inv.)*; ~**grün** *adj.* vert clair *(inv.)*; ~**hörig** *adj.* △ sonore; ~ *werden (die Ohren spitzen)* dresser l'oreille *(od.* les oreilles), *(Verdacht schöpfen)* commencer à avoir des soupçons; ~**icht** *adj.*: *am* ~*en Tage* en plein jour; 2**igkeit** *f* clarté *f*; 2**igkeitsgrad** *m* degré *m* de clarté *f*; 2**igkeitsmesser** *m* luxmètre *m*.
'**Helling** ⚓ *f u. m* cale *f* de construction.
'**hell|klingend** *adj.* qui rend un son clair; ~**(l)euchtend** *adj.* éclatant de lumière; ~**(l)icht** *adj.*: *am* ~*en Tage* en plein jour; 2**sehen** *n* voyance *f*; seconde *(od.* double) vue *f*; ~**sehend** *adj.* qui a le don de seconde *(od.* double) vue; 2**seher(in** *f) m* voyant *m, -e f; weit S.* Messie *m*; ~**seherisch** *adj.* qui a le don de seconde *(od.* double) vue; ~**sichtig** *adj.* clairvoyant; lucide; 2**sichtigkeit** *f* clairvoyance *f*; lucidité *f*; ~**tönend** *adj.* qui rend un son clair.
Helm *m* casque *m*; *den* ~ *fester schnallen* serrer la jugulaire; '~**bezug** *m* manchon *m* (de casque); '~**busch** *m* panache *m*; '~**dach** △ *n* dôme *m*; *coupole f*; '~**stutz** *m* cimier *m*; '~**zierat** *m* crête *f* (d'un casque).
He'lot *hist. m* ilote *m*.
Hemd *n* chemise *f*; P limace *f*; *liquette f; rl. härenes (Büßer-)* ~ 'haire *f*; *sein* ~ *anziehen* mettre *(od.* passer *od.* enfiler) sa chemise; *sein* ~ *ausziehen* ôter *(od.* enlever) sa chemise; *fig. j-n bis aufs* ~ *ausziehen* ruiner q. complètement; *s-e Gesinnung (od.* Meinung) *wie das* ~ *wechseln* changer d'opinion comme de chemise; *sein letztes* ~ *hergeben* donner jusqu'à sa dernière chemise; *das* ~ *ist mir näher als der Rock* charité bien ordonnée commence par soi-même; *fig. kein* ~ *auf dem Leibe haben* n'avoir même pas une chemise à se mettre; '**ärmel** *m* manche *f* de chemise; *in* ~*n* en bras *(od.* en manches de chemise); '2**ärmelig** *adj.* en bras *(od.* en man-

ches) de chemise; '~**bluse** *f* chemisier *m*; '~**blusenkleid** *n* robe *f* chemisier.
'**Hemden|fabrik** *f* fabrique *f* de chemises; ~**geschäft** *n* chemiserie *f*; ~**fabrikant(in** *f) m* chemisier *m*, -ière *f*; ~**industrie** *f* industrie *f* de la chemise; ~**knopf** *m* bouton *m* de chemise; ~**matz** F *m* marmot *m*; ~**stoff** *m* étoffe *f (od.* tissu *m)* pour chemises.
'**Hemd|hose** *f* chemise-culotte *f*; ~**kragen** *m* col *m* (de chemise); '~**s-ärmel** *m* manche *m* de chemise; *in* ~*n* en bras *(od.* en manches) de chemise; 2**s-ärmelig** F *fig. adj.* désinvolte, sans façon.
Hemi'sphär|e *f* hémisphère *m*; 2**isch** *adj.* hémisphérique.
'**hemm|en** *v/t. Bewegung:* ralentir; freiner; arrêter; bloquer; *den Verkehr a.*: entraver; *(behindern)* gêner; empêcher; *(verzögern)* retarder; *psych.* inhiber; *Rad:* enrayer; *(zügeln)* refréner; mettre un frein (à); *(unterdrücken)* réprimer; 2**nis** *n* entrave *f; (Hindernis)* empêchement *m*; obstacle *m*; 2**schuh** *m* sabot *m* d'enrayage; ⚒ cale *f*; *den* ~ *anlegen* enrayer; freiner; *fig. (Zügel)* frein *m* (für à); *(Hindernis)* obstacle *m* (für à); butoir *m*; boulet *m*; 2**ung** *f* arrêt *m*; ralentissement *m*; empêchement *m*; *fig.* gêne *f; psych.* inhibition *f*; ⊕ enrayement *m*; *mach. (Sperrhaken)* déclic *m*; *horl.* échappement *m*; ~*en haben se sentir gêné*; éprouver de la gêne; ~**ungslos** *fig. adj.* sans gêne; sans frein; 2**ungslosigkeit** *f* sans--gêne *m*; 2**vorrichtung** *f* dispositif *m* d'enrayage; *(Bremse)* frein *m*.
Hengst *m* cheval *m* entier; *(bsd. Zucht*2*)* étalon *m*.
'**Henkel** *m* anse *f; an Töpfen usw. a.* oreille *f*; *am* ~ *fassen* prendre par l'anse; ~**glas** *n* verre *m* à anse; ~**korb** *m* panier *m* à anse; ~**krug** *m* cruche *f* (à anse); ~**topf** *m* pot *m* à anse.
'**Henker** *m* bourreau *m; amtlich:* exécuteur *m* des 'hautes œuvres; *scher dich zum* ~! que le diable t'emporte!; *zum* ~! au diable!; ~**beil** *n* 'hache *f* du bourreau; ~**block** *m* billot *m* du bourreau; ~**schwert** *n* glaive *m* du bourreau *(od.* de justice); ~**shand** *f*: *durch* ~ par la main du bourreau; ~**sknecht** *m* valet *m* du bourreau, *amtlich*: aide *m* de l'exécuteur; ~**smahlzeit** *f* dernier repas *m* du condamné.
'**Henne** *f* poule *f; (Weibchen gewisser Vogelarten) a.* femelle *f; junge* ~ poulette *f*.

her I *adv.* ici; par ici; de ce côté(-ci); *komm* ~! venez (ici)!; approchez!; *nur* ~ *damit!* donnez toujours!; ~ *damit!* donnez-le-moi!; ~ *zu mir!* à moi!; *von ...* ~ *(du* côté) de; de la part de; *von Süden* ~ du sud; *von da* ~ de ce côté-là; de là; *von oben (unten)* ~ d'en 'haut (d'en bas); *von außen* ~ du dehors; *von weit* ~ de loin; *Bier* ~! à boire!; *fig. nicht weit* ~ *sein* ne pas signifier *(od.* valoir) grand-chose; *hinter j-m* ~ *sein (verfolgend)* être aux trousses de q.; *hinter e-r Sache* ~ *sein* être à la poursuite de qch.; *rings um ... her* tout autour (de); *hin und* ~ çà et là; de côté et d'autre; *hin und* ~ *gehen* aller et venir; *etw. hin und ~ überlegen* retourner une question sous tous ses aspects; ruminer qch.; *von alters ~* de tout temps; *wie lange ist es her?* combien de temps y a-t-il?; *es ist ein Jahr ~* il y a un an; *wo ist er ~?* de quel pays est-il?; *wo kommt er ~?* d'où vient-il?; *wo hat er das ~?* où a-t-il pris cela?; II ⚥ *n: das Hin und ~* le va--et-vient.

he'rab *adv.* en bas; vers le bas; *von oben ~* d'en 'haut (*a. fig.*); *das Licht fällt von oben ~* la lumière vient d'en 'haut; *fig. j-n von oben ~ behandeln* traiter q. de haut; **~begeben** *v/rf.*: sich ~ descendre; **~bemühen 1.** *v/t.*: *j-n* prier q. de descendre; 2. *v/rf.*: sich ~ se donner la peine de descendre; **~biegen** *v/t.* plier en bas, abaisser; **~blicken** *v/i.* regarder en bas; *auf j-n ~* regarder q. de haut; **~drücken** *v/t.* abaisser; *Preis:* faire baisser; réduire; **⚥drückung** *f des Preises:* réduction *f;* **~eilen** *v/i.* se hâter de descendre; **~fahren** *v/t.* transporter en bas; *v/i.* descendre; **~fallen** *v/i.* tomber (à terre); **~fliegen** *v/i.* voler en bas; descendre; **~fließen** *v/i.* découler; couler en bas; **~führen** *v/t.* conduire en bas; **~gehen** *v/i.* descendre; *Preise:* baisser; **⚥gehen** *n* descente *f; der Preise:* baisse *f;* **~gleiten** *v/i.* glisser en bas; **~hängen** *v/i.* pendre; tomber; **~holen** *v/t.* (faire) descendre; **~kommen** *v/i.* descendre; *fig.* baisser; tomber; **~lassen 1.** *v/t.* (laisser) descendre; ✝ rabattre; *Vorhänge usw.*: baisser; 2. *v/rf.: sich ~* (se laisser) descendre; *fig.: sich zu j-m ~* se mettre à la portée de q.; *sich zu etw. ~* condescendre à qch.; *sich ~, etw. zu tun* daigner faire *od.* condescendre à (faire) qch.; **~lassend** *adj.* condescendant; dédaigneux, -euse; 'hautain; **⚥lassung** *fig. f* condescendance *f;* **~laufen** *v/i.* courir (*Flüssigkeiten:* couler) en bas; *Weg:* descendre; **~mindern** *v/t.* diminuer; réduire; **~nehmen** *v/t.* descendre (*von* du 'haut *de*); **~regnen** *v/i.* pleuvoir (*auf acc.* sur); **~reichen** *v/t.* descendre; **~rollen** *v/t. u. v/i.* rouler en bas; **~schaffen** *v/t.* transporter en bas; descendre; **~schießen** *v/i.* fondre (*auf acc.* sur); s'abattre (sur); (*sich herabstürzen*) se précipiter; 𝔊 piquer; **~schütteln** *v/t.: vom Baum ~* faire tomber en secouant l'arbre; **~schweben** *v/i.* descendre en planant; **~sehen** *v/i.* regarder en bas; *auf j-n ~* regarder q. de haut; **~setzen** *v/t.* baisser; *Preis: a.* réduire; diminuer; *zu herabgesetzten Preisen* à prix réduit; au rabais; *Ruf:* discréditer; déprécier; **⚥setzung** *f* abaissement *m; des Preises:* réduction *f;* diminution *f;* (*Rabatt*) rabais *m; des Rufes:* dépréciation *f; e-r Währung:* décote *f;* **~sinken** *v/i.* tomber de plus en plus bas; **~springen** *v/i.* sauter en bas; **~steigen** *v/i.* descendre (*von* de); **~stoßen 1.** *v/t.* pousser d'en 'haut; 2. *v/i. Raubvögel:* fondre (*auf acc.* sur); **~strömen** *v/i. Menschen:* descendre en masse; *Wasser:* tomber à flots (*od.* à verse); descendre; **~stürzen 1.** *v/t.* (*v/rf.: sich se*) précipiter (du haut de); 2. *v/i.*

tomber (du haut de); *Lawine:* descendre; F dégringoler; **~tropfen** *v/i.* (dé)goutter (*von* de); dégouliner (*von* de); **~wälzen** *v/t.* rouler en bas; **~werfen** *v/t.* jeter en bas; **~würdigen** *v/t.* (*v/rf.: sich se*) dégrader; (s')avilir; **⚥würdigung** *f* dégradation *f;* avilissement *m;* **~ziehen 1.** *v/t.* tirer en bas; *fig.* abaisser; avilir; 2. *v/i.* descendre.

He'raldik *f* science *f* héraldique; blason *m;* **⚥disch** *adj.* héraldique.

he'ran *adv.* par ici, de ce côté; *kommt ~!; nur ~!* approchez!; **~arbeiten** *v/rf.: sich ~* (*heranschleichen*) s'approcher tout doucement; **~bilden** *v/t.* (*v/rf.: sich se*) former; **⚥bildung** *f* formation *f;* **~bringen** *v/t.* apporter; *näher ~* rapprocher *de;* **~drängen** *v/rf.: sich ~* s'approcher en se bousculant; **~eilen** *v/i.* accourir; **~fahren** *v/i.: rechts ~* serrer à droite; **~fliegen** *v/i.* s'approcher (*an* de); **~führen** *v/t.* amener (*an acc.* à); **~gehen** *v/i.* s'approcher (*an acc.* de); *fig. an e-e Aufgabe:* se mettre à faire qch.; **~holen** *v/t.* apporter; *Person:* aller chercher amener; *Radio:* capter; **~kommen** *v/i.* s'approcher (*an* de); *an sein Ideal ~* se rapprocher de son idéal; (*heranreichen*) atteindre (*an acc.* à); **~machen** *v/rf.: sich an etw.* (*acc.*) *~ se* mettre à faire qch.; *sich an j-n ~* accoster q.; **~nahen** *v/i.* approcher; *v. drohenden Gefahren:* être imminent; **⚥nahen** *n* approche *f;* **~pirschen** *v/rf.: sich ~* s'approcher tout doucement; **~reichen** *v/i.: ~ an* (*acc.*) *~* atteindre (qch.); *fig. an j-n* (*etw. acc.*) *~* égaler q. (qch.); *nicht an j-n ~ a.* ne pas aller (*od.* arriver *od.* venir) à la cheville de q.; **~reifen** *v/t.* mûrir; approcher de la maturité; venir à maturité; *zum Manne ~* atteindre l'âge d'homme; **~rollen** *v/i.* (s')approcher; rouler vers ...; **~rücken 1.** *v/t.* approcher; 2. *v/i.* (s')approcher; **~schleichen** *v/i.* (s')approcher à pas de loup; **~schwimmen** *v/i.* (s')approcher à la nage; **~sprengen** *v/i.* s'approcher (*od.* arriver) au galop; **~treten** *v/i.* s'approcher; *an j-n ~* aborder (*od.* s'adresser à); **~wachsen** *v/i.* croître; grandir; *fig. a.* se développer; **~wagen** *v/rf.: sich ~ an* (*acc.*) oser approcher de; *sich an ein Problem ~* oser toucher à un problème; **~winken** *v/t.* faire signe de s'approcher; **~ziehen 1.** *v/t.* attirer; *zu e-r Arbeit:* faire appel à q. pour faire qch.; (*aufziehen*) élever; (*sich berufen auf*) recourir à; (*um Rat fragen*) consulter; *zum Kriegsdienst ~* enrôler; 2. *v/i. Gewitter:* (s')approcher.

he'rauf *adv.* vers le haut; en 'haut; *von unten ~* de bas en 'haut; 𝔊 *von unten ~ dienen* sortir du rang; *hier ~!* par ici!; *da ~!* par là!; *~ und herab* (*od. hinab*) en montant et en descendant; *die Treppe ~* en montant l'escalier; **~arbeiten** *v/rf.: sich ~* s'élever par ses propres moyens; se faire une situation; **~bemühen 1.** *v/t.: j-n ~* prier q. de monter; 2. *v/rf.: sich ~ se* donner la peine de monter; **~beschwören** *v/t.* évoquer; *Gefahr:* provoquer; **~bitten** *v/t.* prier de monter; **~bringen** *v/t.* porter en 'haut; monter; *j-n ~* conduire q. en

'haut; **~eilen** *v/i.* monter à la hâte; **~führen** *v/t.* conduire en 'haut; **~gehen** *v/i.* aller en 'haut; monter; **~helfen** *v/i.: j-m ~* aider q. à monter; **~holen** *v/t.* monter; *j-n ~* faire monter q.; **~klettern, ~klimmen** *v/i.* grimper en 'haut; **~kommen** *v/i.* monter; **~laufen** *v/i.* monter (en courant); **~rücken** *v/i.* monter; avancer; **~setzen** *v/t. Preis, Tarif:* augmenter; majorer; relever; *die Höchstgrenze der Sozialversicherung ~* relever le plafond de la Sécurité sociale; **⚥setzung** *f* augmentation *f;* relèvement *m;* majoration *f; ~ der Höchstgrenze der Sozialversicherung* déplafonnement *m;* **~steigen** *v/i.* monter; **~tragen** *v/t.* porter en 'haut; monter; **~ziehen 1.** *v/t.* tirer en 'haut; 2. *v/i. Gewitter:* (s')approcher; monter; s'élever.

he'raus *adv.* 'hors (de); (en) dehors; *~ damit!* montre(z), donne(z) (cela)!; *~ mit der Sprache!* expliquez-vous!; *nun ist es ~* maintenant c'est dit; *frei~* franchement; sans détours; *von innen ~* du dedans; *nach vorn ~* voulant être logé sur le devant; *zum Fenster ~* par la fenêtre; *da ~* (en sortant) par ici, *fragend: da ~?* c'est par ici?; *unten ~* (en sortant) par en bas; *~!* (*a. abr. raus!*) sortez!; *~* (*raus*) *mit ihm!* à la porte!; *das ist noch nicht ~* (*steht nicht fest*) ce n'est pas encore certain; *das Buch ist noch nicht ~* le livre n'est pas encore paru (*od.* sorti); **~arbeiten 1.** *v/t.* (*freilegen*) dégager; *aus dem Groben ~* dégrossir; ébaucher; *fig. Gedanken:* mettre en relief; faire ressortir; 2. *v/rf.: sich ~ fig.* se dégager avec effort; **~beißen** *v/t.* arracher avec les dents; **~bekommen** *v/t.* parvenir à faire sortir; *Geständnis:* arracher; *Rätsel:* deviner; (*entdecken*) découvrir; *Sinn:* (parvenir, arriver à) comprendre, saisir; *Aufgabe:* parvenir à résoudre; *Geld:* avoir à recevoir; *Sie bekommen ... heraus* il vous revient ...; *arith. was hast du ~?* qu'est-ce que tu trouves?; **~bemühen 1.** *v/t.: j-n ~* prier q. de sortir; 2. *v/rf.: sich ~ se* donner la peine de sortir; **~bitten** *v/t.* prier de sortir; **~blicken** *v/i.: aus dem Fenster ~* regarder par la fenêtre; **~brechen** *v/t.* enlever (en rompant); **~bringen** *v/t.* apporter; *Waren, Waren usw.:* sortir; *lebende Wesen:* faire sortir; *e-n Fleck:* enlever; *Buch:* publier; faire paraître; éditer; *thé.* créer; représenter; *Sinn:* parvenir à comprendre; *Wort:* proférer; *kein einziges Wort ~* können ne pouvoir dire (*od.* sortir) un seul mot; *aus j-m nichts ~* ne pouvoir rien tirer de q.; **~drängen** *v/t.* faire sortir en pressant (*od.* en poussant); **~dringen** *v/i. Flüssigkeit, Rauch:* sortir; **~drücken** *v/t.* faire sortir (de); **~dürfen** *v/i.* avoir la permission de sortir; **~eilen** *v/i.* sortir en hâte; **~fahren** *v/i.* sortir en voiture; *fig.* (*entfallen*) échapper; *das Wort ist ihm herausgefahren* le mot lui a échappé; **~fallen** *v/i.* tomber (de; *aus dem Fenster* par la fenêtre); *die Plombe ist herausgefallen* le plombage est tombé; **~finden 1.** *v/t.* découvrir; démêler; 2. *v/rf.: sich ~* trouver la sortie; *fig.* en sortir; se reconnaître (dans); (*sich zu helfen wissen*) se débrouiller; **~fischen** F *v/t.*

pêcher (*aus dans*); ~**fliegen** *v/i.* sortir (de); s'envoler; ~**fließen** *v/i.* couler, sortir (de); ℅**forderer** *m* provocateur *m*; *Sport*: challenger *m*; ~**fordern** *v/t.* provoquer; défier; *pol.* ein Land ~ mettre un pays au défi; *Sport*: challenger; *rl.* interpeller; ~**fordernd** *adj.* provocant; ℅**forderung** *f* provocation *f*; défi *m*; *Sport*: challenge *m*; ~**fühlen** *v/t.* sentir; deviner; ~**führen** *v/t.* faire sortir (de); ℅**gabe** *f* (*Auslieferung*) remise *f*; livraison *f*; (*Rückerstattung*) restitution *f*; e-s *Buches*: publication *f*; édition *f*; ~**geben** *v/t.* (*ausliefern*) remettre; délivrer; (*zurückerstatten*) restituer; *Geld*: rendre (*auf acc.* sur); *Buch*: publier; éditer; faire paraître; ein *Dementi* ~ donner un démenti; ℅**geber** *m* e-s *Buches*: éditeur *m*; e-r *Zeitung*: directeur *m* de la publication; ~**gehen** *v/i.* sortir (*aus* de); *abs.* aller dehors; *auf die Straße* ~ *Zimmer*: donner sur la rue; beim ℅ au sortir (*aus* de); en sortant (de); *psych.* aus sich ~ se débrider; *allg.* se laisser aller à parler; ~**greifen** *v/t.* prendre (*aus parmi*); (*wählen*) choisir; ~**gucken** *v/i.*: *aus der Tasche* ~ sortir, dépasser de la poche; *aus dem Fenster* ~ regarder par la fenêtre; ~**haben** F *v/t.* avoir découvert; ich hab's heraus j'y suis; j'ai trouvé; ~**halten** *v/rf.*: sich *aus etw.* ~ se tenir à l'écart (od. en dehors) de qch.; ne pas se mêler de qch.; ~**hängen** 1. *v/i.* pendre (par); die Zunge ~ lassen *Hund*: tirer la langue; laisser pendre la langue; 2. *v/t.* suspendre; accrocher; (die) *Fahnen* ~ pavoiser; ~**hauen** *v/t.* enlever (à coups de ...); ✗ dégager; ~**heben** *v/t.* faire sortir; *fig.* faire ressortir; relever; ~**helfen** *v/i.* aider à sortir (de); *abs.* j-m (*aus der Not*) ~ aider q. à s'en tirer; tirer q. d'embarras; ~**holen** *v/t.*: *aus der Tasche* ~ retirer (od. sortir) de la poche; *aus dem Hause* ~ aller chercher dans la maison; das Letzte aus sich ~ donner le meilleur de soi-même; faire tous ses efforts; ~**jagen** *v/t.* chasser; ~**kehren** *fig. v/t.* faire voir; montrer; ~**klauben** F *v/t.* éplucher; chercher; ~**kommen** *v/i.* sortir (*aus* de); *fig.* se tirer de; *Buch*: être publié; paraître; sortir; (*bekanntwerden*) s'ébruiter; être divulgué; ~ mit se prendre à parler de; was kommt da heraus? quel en est le résultat?; *auf eins* (*od. dasselbe*) ~ revenir au même; dabei kommt nichts heraus cela ne mène (*od.* ne sert) à rien; c'est peine perdue; *fig. aus der Verwunderung nicht* ~ ne pas revenir de son étonnement; sein Los ist mit e-m Gewinn herausgekommen son numéro a gagné; ~**können** *v/i.* pouvoir sortir; ~**kriechen** *v/i.* sortir en rampant; se traîner dehors; ~**kriegen** F *v/t.* → ~**bekommen**; ~**kristallisieren** *v/rf.*: sich ~ se cristalliser; ~**lassen** *v/t.* laisser (*resp.* faire) sortir; *Gefangene*: relâcher; ~**laufen** *v/i.* sortir (en courant); ~**legen** *v/t.* sortir; ~**lehnen** *v/rf.*: sich ~ se pencher en dehors; ~**lesen** *v/t.* trier; extraire; *aus e-m Text*: deviner (*od.* découvrir) à la lecture de; ~**locken** *v/t.* attirer; ein Geheimnis aus j-m ~ arracher un secret à q.; *Geld*:

soutirer; ~**lösen** ⊕ *v/t.* éliminer; ~**lügen** *v/rf.*: sich ~ se tirer d'affaire par des mensonges; ~**machen** 1. *v/t. Fleck*: enlever; *Kartoffeln*: arracher; 2. *v/rf.*: sich ~ devenir *Kind*: grand et fort, *Tier*: beau, belle, junges *Mädchen*: une belle et grande jeune fille; ~**nehmbar** ⊕ *adj.* amovible; démontable; ~**nehmen** *v/t.* retirer (od. ôter *od.* enlever) (*aus* de); sortir (*aus*) (*ausbauen*) démonter; *fig.* sich etw. ~ se permettre qch.; sich (große) Freiheiten ~ prendre des libertés; F s'émanciper; ~**platzen** *v/i.* éclater; mit etw. ~ crier qch.; ~**pressen** *v/t. Saft*: faire sortir (de), tirer (de), extraire (de), exprimer (de); *Geld*, *Geständnis*: arracher; aus j-m etw. ~ extorquer qch. à q.; ~**putzen** péj. *v/t.* (*v/rf.*: sich s')affubler; (s')accoutrer; (s')attifer; ~**quellen** *v/i.* jaillir; ~**ragen** *v/i.* faire saillie; aus etw. ~ s'élever au-dessus de (*od.* dominer) qch.; ~**reden** *v/rf.*: sich ~ se tirer d'embarras avec un faux-fuyant; s'en tirer par de belles paroles; se disculper; ~**reißen** 1. *v/t.* arracher; extraire; *Unkraut*: extirper; 2. *v/rf.*: sich (*aus der Not*) ~ se tirer d'affaire; ~**rennen** *v/i.* sortir en courant; ~**rücken** 1. *v/t. Geld*: F lâcher; das Geld ~ a. F rendre gorge; 2. *v/i.*: etw. ~ F se fendre de qch.; mit etw. ~ faire voir qch., (*etw. gestehen*) avouer; mit der Sprache ~ se décider à parler; ~**rufen** 1. *v/t.* j-n ~ dire à q. de sortir; appeler q.; *thé.* rappeler; 2. *v/i.* zum Fenster ~ crier par la fenêtre; ~**sagen** *v/t.*: etw. frei ~ dire franchement qch.; sagen wir es (nur) gleich heraus! disons-le tout de suite!; ~**schaffen** *v/t.* sortir (de); ~**schälen** *fig. v/rf.*: sich ~ se développer; ~**schallen** *v/i.* parvenir, se faire entendre (jusqu'à q.); ~**schauen** *v/i.*: *aus dem Fenster* ~ regarder par la fenêtre; ~**scheren** F *v/rf.*: sich ~ ficher le camp; déguerpir; décamper; ~**schicken** *v/t.* envoyer dehors; faire sortir; ~**schießen** *v/i. Quelle*: jaillir (*aus*); ~**schlagen** 1. *v/t.* faire sortir en frappant; *fig.* tirer (*aus* de); (*gewinnen*) gagner; profiter; 2. *v/i. Flamme*: jaillir, sortir; ~**schleichen** *v/rf.*: sich ~ se glisser dehors; ~**schleppen** *v/t.* (*v/rf.*: sich se) traîner dehors; ~**schleudern** *v/t.* éjecter (*aus* de); *fig. Bemerkung*: échapper; ~**schlüpfen** *v/i.* se glisser dehors; *fig. Bemerkung*: échapper; ~**schneiden** *v/t.* couper, découper (*aus* dans); *chir.* exciser; ~**schrauben** *v/t.* dévisser; ~**schreiben** *v/t.* extraire (de); ~**sehen** *v/i.*: *aus dem Fenster* ~ regarder par la fenêtre; ~**springen** *v/i.* sauter dehors; *Flüssigkeiten*: jaillir; sortir; (*entweichen*) s'échapper; dabei springt nichts heraus (das bringt nichts ein) cela ne rapporte rien; ~**spritzen** *v/i.* gicler; ~**sprudeln** *v/i.* jaillir; ~**stecken** *v/t.* mettre dehors; ~**stellen** 1. *v/t.* placer dehors; *fig.* (*hervorheben*) mettre en évidence (*od.* en relief); groß ~ mettre en vedette; 2. *v/rf.*: sich ~ se révéler; s'avérer; apparaître; es hat sich ~gestellt, daß ... il est apparu que ...; sich als ein großer Erfolg ~ se révéler une grande réussite; ~**strecken** *v/t.* tendre; j-m die Zunge ~ tirer la langue à

q.; ~**streichen** *v/t.*: aus e-m Text ~ barrer dans un texte; *fig.* (*rühmen*) faire valoir; souligner; ~**strömen** *v/i. Luft*: sortir (de); *Wasser*: sortir à flots; *Menschen*: sortir en foule (*od.* en masse); ~**stürmen** *v/i.* sortir avec impétuosité; ~**stürzen** *v/i.* (*herausfallen*) tomber (de; *aus dem Fenster* par la fenêtre); (*herauseilen*) sortir du *Haus usw.*: sortir précipitamment (de); se précipiter dehors; ~**suchen** *v/t.* chercher (*aus* dans, parmi); ~**treiben** *v/t.* chasser; *Vieh*: faire quitter l'étable; ~**treten** *v/i.* sortir; *Wild*: (aus dem Wald) ~ débucher; ~**wachsen** *v/i.* sortir de terre; er ist aus s-n Sachen herausgewachsen ses vêtements sont devenus trop petits, trop courts, F *fig.* das wächst mir zum Halse heraus j'en ai par-dessus la tête; j'en ai jusque-là; j'en ai plein le dos; j'en ai soupé; j'en ai marre; ~**wagen** *v/rf.*: sich ~ oser sortir; mit der Sprache ~ oser parler; ~**waschen** *v/t. Fleck*: enlever avec de l'eau et un détersif; ~**werfen** *v/t.* jeter dehors; *Person a.*: mettre à la porte (*od.* dehors); ~**winden** *v/rf.*: sich ~ se tirer d'embarras (*od.* d'affaire); ~**winken** *v/t.* j-n ~ faire signe à q. de sortir; *v/i.* j-m ~ saluer q. en se penchant à la fenêtre; ~**wirtschaften** *v/t. Gewinn*: économiser (*aus* sur); ~**wollen** *v/i.* vouloir sortir; mit der Sprache nicht ~ hésiter à parler; ~**zahlen** *v/t. Geld*: rendre; restituer; ~**ziehen** *v/t.* sortir, re(tirer) (*aus* de); *Zahn*: arracher; extraire (*a. Nagel usw.*); Stellen aus e-m Buch ~ extraire les passages du livre.

herb *adj. im Geschmack*: âpre; *Wein*: sec, sèche; *Charakter*: austère.

Her'barium *n* herbier *m*.

'**herbegeben** *v/rf.*: sich ~ se rendre ici; venir.

her'bei|bringen *v/t.* apporter; (*herbeiführen*) amener; (*verschaffen*) procurer; fournir; *Zeugen*: produire; ~**eilen** *v/i.* accourir; ~**fliegen** *v/i.* s'approcher; ~**führen** *v/t.* amener; *fig.* causer; occasionner; entraîner; *Zusammenkunft*: ménager; ~**holen** *v/t.* aller chercher; ~ lassen envoyer chercher; ~**kommen** *v/i.* (s')approcher; venir; ~**laufen** *v/i.* accourir; ~**locken** *v/t.* attirer; allécher; ~**rufen** *v/t.* appeler; faire venir; *Taxi*: 'héler; ~**schaffen** *v/t.* (*bringen*) apporter; (*verschaffen*) procurer; fournir (*a. Beweise*); *Beweise, Zeugen*: produire; ~**schleppen** *v/t.* apporter à grand-peine; traîner avec soi; ~**sehnen** *v/t.* j-n (*etw.*) ~ désirer que q. (qch.) arrive; ~**strömen** *v/i.* affluer; arriver en masse; ~**stürzen** *v/i.* se précipiter (vers); accourir précipitamment; ~**tragen** *v/t. Sache*: apporter; j-n auf den Schultern ~ apporter q. sur les épaules; ~**winken** *v/t.* j-n ~ faire signe à q. d'approcher; ~**wünschen** *v/t.* → ~**sehnen**; ~**ziehen** *v/t.* tirer à soi; *fig.* an den Haaren ~ tirer par les cheveux.

'**her|bekommen** *v/t.* se procurer; wo soll ich das Geld ~? où voulez-vous que je prenne (*od.* que je me procure) l'argent?; ~**bemühen** 1. *v/t.*: j-n ~ prier q. de venir; faire venir q.; 2. *v/rf.*: sich ~ prendre (*od.* se donner) la

peine de venir; ~**beordern** v/t.: j-n ~ ordonner à q. de venir.
'**Herberg|e** f (Wirtshaus) auberge f; (Unterkunft) gîte m; asile m; (Jugend2) auberge f de jeunesse; ~s**mutter** f mère f aubergiste; ~s**vater** m père m aubergiste.
'**her|bestellen** v/t. donner rendez-vous (à q.); faire venir (q.); ~**beten** v/t. réciter machinalement.
'**Herbheit** f des Geschmacks: âpreté f; des Weins: caractère m sec; des Charakters: austérité f.
'**her|bitten** v/t. prier de venir; ~**blicken** v/t. regarder (zu j-m du côté de q.); ~**bringen** v/t. apporter; a. Person: amener.
Herbst m automne m; im ~ en (od. à l')automne; !~**abend** m soir m d'automne; !~**anfang** m début m, commencement m de l'automne; !~**blume** ♀ f fleur f automnale; !2**en** v/imp.: es herbstet l'automne arrive; !~**ferien** pl. vacances f/pl. d'automne; !2**lich** adj. d'automne; automnal; !~**messe** f foire f d'automne; !~**monat** m mois m d'automne; ~**saat** f semailles f/pl. d'automne; !~**tag** m jour m d'automne; !~**wetter** n temps m d'automne; !~**zeitlose** ♀ f colchique m (d'automne).
Herd m (Koch2) fourneau m; cuisinière f; am ~ au coin du feu; e-n eigenen ~ gründen fonder un foyer; fig. e-r Krankheit, Revolte usw.: foyer m.
'**Herde** f troupeau m (a. fig.); ~**ngeist** m esprit m grégaire; panurgisme m; 2**nmäßig** adj. grégaire; ~**ntier** n animal m grégaire; ~**ntrieb** m instinct m grégaire; grégarisme m; 2**nweise** adv. par troupeaux; ~ lebend grégaire.
'**Herd|infektion** ❀ f infection f focale; ~**platte** f plaque f de fourneau; ~**ring** m rond m de fourneau.
he'rein adv. ~! entrez!; hier ~! entrez par ici!; ~**begeben** v/rf.: sich ~ entrer; ~**bekommen** v/t. parvenir à faire rentrer; Sender: capter; recevoir; intercepter; ~**bemühen** 1. v/t.: j-n ~ prier q. d'entrer; 2. v/rf.: sich ~ se donner la peine d'entrer; ~**bitten** v/t.: j-n ~ prier q. d'entrer; ~**brechen** v/i. Wassermengen: faire irruption; Unheil: s'abattre (über sur); Ereignis: arriver subitement; Nacht: tomber; bei ~der Nacht à la tombée de la nuit; ~**bringen** v/t. rentrer; ~**drängen** v/rf.: sich ~ frayer une entrée; ~**dringen** v/i. pénétrer; ~**fahren** v/i. entrer (en voiture, etc.); ~**fallen** (a. reinfallen) v/i. tomber dedans; fig. donner dedans (od. dans le panneau); ~ auf j-n se tromper sur q.; ~**führen** v/t. introduire; faire entrer; ~**gehen** v/i. Sachen: (r)entrer; Personen: trouver place (dans); ~**helfen** v/i. aider à entrer; ~**holen** v/t. faire entrer; ~**klettern** v/i. entrer en grimpant; ~**kommen** v/i. entrer; ~**lassen** v/t. laisser (resp. faire) entrer; ~**legen** v/t. fig.: j-n ~ tromper q., attraper q., F mettre q. dedans; j-n durch eine schwere Prüfungsfrage ~ wollen poser une question embarrassante (F une colle) à q.; ~**locken** v/t. attirer (in acc. dans); ~**nehmen** v/t. Sache: rentrer; Tier, Person: faire entrer; ~**platzen** v/i. fig. arriver à l'improviste; ~**reden** v/i.: in etw. (acc.) ~ se mêler de qch.; ~**regnen** v/imp. pleuvoir (in acc. dans); ~**reichen** v/t. etw. ~ in (acc.) passer qch. dans; 2. v/i. zeitlich: se prolonger jusqu'à ...; ~**rufen** v/t. appeler (in dans); ~**scheinen** v/i. pénétrer (in acc. dans); ~**schießen** v/i., v/t. tirer (in dans); ~**schleichen** v/rf.: sich ~ se glisser (in acc. dans); ~**schneien** 1. v/imp. neiger (in acc. dans); 2. v/i. fig. arriver à l'improviste; tomber du ciel; débouler (bei j-m chez q.); ~**sehen** v/i. regarder (in acc. dans); ~**strömen** v/i. Luft, Gas: entrer; Wasser: entrer à flots (od. Menschen: en foule); ~**stürmen** v/i. entrer avec impétuosité; ~**stürzen** v/i. se précipiter (in acc. dans; zu j-m chez q.); ~**tragen** v/t. apporter dans; rentrer (in acc. dans); ~**treten** v/i. entrer; ~**winken** v/t.: j-n ~ faire signe à q. d'entrer; ~**ziehen** 1. v/i. entrer; 2. v/t. fig. mêler (à); j-n in e-e Affäre ~ mêler q. à une affaire.
'**her|fahren** 1. v/t. amener (en voiture, etc.); 2. v/i. venir (en voiture, etc.); 2**fahrt** f venue f; auf der ~ en venant (ici); ~**fallen** v/i.: ~ über (acc.) se jeter (od. fondre, pfort se ruer) sur; ~**finden** v/i. trouver le chemin; ~**führen** v/t. amener; 2**gang** m (Verlauf) déroulement m des faits; den ganzen ~ e-r Sache erzählen raconter comment la chose s'est passée; ~**geben** 1. v/t. donner; (wieder) ~ redonner; rendre; s-n Namen ~ prêter sein Letztes ~ donner jusqu'à sa dernière chemise, (alles aufbieten) faire tous ses efforts; 2. v/rf.: sich ~ se prêter (zu à); ~**gebracht** adj. traditionnel, -elle; (allg. eingeführt) établi; reçu; (üblich) usité; d'usage; 2**gebrachte(s)** n tradition f; usage m; coutume f; ~**gehen** 1. v/i.: hinter j-m suivre (od. neben j-m) marcher à côté de q.; vor j-m ~ précéder q.; 2. v/imp. (sich zutragen) se passer; es geht lustig her on s'amuse; es ging hoch her la lutte fut chaude; ~**gehören** v/i. être à sa place (od. à propos); ~**gehörig** adj. pertinent; qui est à sa place (od. à propos); ~**gelaufen** F adj. venu on ne sait d'où; ~**halten** 1. v/t. tendre; 2. v/i.: ~ müssen être le souffre-douleur; ~**holen** v/t. aller chercher; fig. seine Gründe weit ~ chercher ses raisons bien loin; ~**hören** v/i. écouter.
'**Hering** m icht. hareng m (grüner frais; marinierter mariné; gesalzener salé; geräucherter saur; fumé); fig. wie die ~e zusammengedrängt stehen être serrés comme des sardines, des 'harengs; Zeltpflock: piquet m.
'**Herings|boot** ⚓ n 'harenguier m; trinquart m; ~**fang** m pêche f au (od. du) 'hareng; 'harengaison f; ~**fänger** m pêcheur m de 'hareng; 'harenguier m; ~**fangzeit** f 'harengaison f; ~**faß** n caque f (de 'harengs); ~**fischer** m pêcheur m de 'hareng; 'harenguier m; ~**fische'rei** f pêche f au (od. du) 'hareng; 'harengaison f; ~**lake** f saumure f de 'hareng; ~**milch** f laitance f de 'hareng; ~**netz** n 'harenguière f; ~**räuche'rei** f saurisserie f; ~**rogen** m œufs m m/pl. de 'hareng; ~**salat** m salade f de 'hareng; ~**schwarm** m banc m de 'harengs; ~**tonne** f caque f (de 'harengs); ~**weib** n 'harengère f; ~**zeit** f 'harengaison f; ~**zug** m banc m de 'harengs.
'**her|jagen** v/t.: j-n vor sich ~ chasser q. devant soi; ~**kommen** v/i. venir (ici); approcher; (abstammen) provenir (von de); descendre (de); (sich herleiten) dériver (von de); (hervorgehen) résulter (von de); kommt her! venez (ici); wo kommt er her? d'où vient-il?; 2**kommen** n tradition f; usage m; coutume f; → 2**kunft**; ~**kömmlich** adj. traditionnel, -elle; (konventionell) conventionnel, -elle; (allg. eingeführt) établi; reçu; (üblich) usité; d'usage; ⊕ classique.
'**Herkules** m Hercule m; wie ~ am Scheidewege stehen être à la croisée des chemins; ~**arbeit** f travail m d'Hercule.
her'kulisch adj. herculéen, -enne; d'Hercule.
'**Herkunft** f (Herstammen) origine f; provenance f (a. ✱); descendance f; extraction f; (Geburt) naissance f; ~**sbezeichnung** f appellation f d'origine; ~**sland** n pays m d'origine (od. de provenance).
'**her|laufen** v/i. venir; accourir; hinter j-m ~ courir derrière (od. aprés) q.; ~**leiern** v/t. psalmodier; ~**leiten** 1. v/t. amener; fig. dériver (von de); (folgern) déduire 2. v/rf.: sich ~ dériver (von de); 2**leitung** f dérivation f; (Folgern) déduction f; ~**locken** v/t. attirer; ~**machen** v/rf.: sich über (acc.) ~ se mettre à qch.; F se jeter sur qch.
Herme'lin(pelz m) n hermine f.
her'metisch I adj. hermétique; II adv.: ~ verschlossen fermé hermétiquement.
'**hermüssen** v/i. être forcé de venir.
her'nach adv. après; puis; ensuite; (später) plus tard.
'**hernehmen** v/t. prendre; wo soll ich das Geld ~? d'où est-ce que je prendrais l'argent?
He'roenkult m culte m des 'héros.
Hero'in n héroïne f; *poudre f.
he'roisch adj. héroïque.
Hero'ismus m héroïsme m.
'**Herold** m 'héraut m.
'**Heros** m 'héros m.
'**herplappern** v/t. débiter (od. réciter) machinalement.
Herr m a. vor Namen od. Titel (u. mein ~): monsieur m (abr. M.), (m-e) ~en pl. messieurs m/pl. (abr. MM.); dieser ~ ce monsieur; diese ~en ces messieurs; ~ Lemoine monsieur Lemoine; der ~ Direktor monsieur le directeur; ~ Direktor! Monsieur le Directeur!; sehr geehrter ~! im Brief: Monsieur; ~ Hauptmann! mon capitaine!; Ihr ~ Vater monsieur votre père; rl. der ~ le Seigneur; ~ des Hauses maître m de la maison, ~ e-r Firma: chef m de maison; ~ im Hause sein être maître chez soi; sein eigener ~ sein être son propre maître; ~ sein über (acc.) être maître de; ~ s-r Entschlüsse sein être maître de ses décisions; être son maître; ~ der Lage sein avoir la situation bien en main; e-r Sache (gén.) ~ werden; sich zum ~en

über etw. (acc.) aufwerfen se rendre maître de qch.; ~ über Leben und Tod sein avoir droit de vie et de mort; den großen ~n spielen faire le (od. jouer au) grand seigneur; aus aller ~en Ländern de tous les coins du monde; ~en! Abort: hommes; prov. wie der ~, so's Gescherr tel maître, tel valet; niemand kann zwei ~en dienen on ne peut servir deux maîtres (à la fois); on ne peut sonner les cloches et aller à la procession.
'her|reichen v/t. tendre; passer; ₂~reise f venue f; auf der ~ en venant ici; ~reisen v/i. venir ici.
'Herren|abend m soirée f entre hommes; ~anzug m complet m; ~artikel m/pl. articles m/pl. pour hommes; ~bekanntschaft f: ~en haben fréquenter des hommes; ~bekleidung f confection f pour hommes; ~diener (Möbelstück zum Aufhängen der Herrenkleidung) m valet m de nuit; valet m muet; ~doppel(spiel) n Tennis: double m messieurs; ~einzel(-spiel) n Tennis: simple m messieurs; ~fahrrad n bicyclette f d'homme; ~friseur m coiffeur m pour hommes; ~gesellschaft f société f masculine (od. d'hommes); ~handtasche f pochette f, fourre-tout m; ~haus n manoir m; demeure f seigneuriale; ~hemd n chemise f d'homme; ~hof m propriété f seigneuriale; manoir m; ~konfektion f confection f pour hommes; ~leben n vie f de grand seigneur; ₂~los adj. abandonné; sans maître; ~es Gut épave f; ~mensch m homme m qui se croit supérieur; ~mode f mode f masculine; ~oberbekleidung f vêtements m/pl. d'hommes; ~partie f partie f de campagne entre hommes; ~rad n bicyclette f d'homme; ~rasse (Gobineau) f race f des seigneurs; ~reiter m gentleman-rider m; ~schneider m tailleur m pour hommes; ~schnitt m Damenfrisur: coiffure f à la garçonne; ~schuhe m/pl. chaussures f/pl. d'homme; ~sitz f manoir m; ~socken f/pl. chaussettes f/pl. d'homme; ~toilette f toilettes f/pl., W.-C. m pour hommes; Aufschrift: hommes; ~unterwäsche f sous-vêtements m/pl. masculins; ~zimmer n (Rauchzimmer) fumoir m.
'Herrgott m Dieu m; Seigneur m; den ~ en guten Mann sein lassen ne s'inquiéter de rien; wie der ~ in Frankreich leben F vivre comme un prince; ~sfrühe f: in aller ~ dès potron-minet; de bon (od. de grand od. au petit) matin.
'herrichten v/t. préparer; arranger; Salat, Zimmer: faire.
'Herrin f maîtresse f; dame f.
'herr|isch adj. (gebieterisch) autoritaire; impérieux, -euse; (schroff, schneidend) Ton, Stimme: cassant; ~lich I adj. magnifique; splendide; F épatant; (köstlich) délicieux, -euse; (ausgezeichnet) excellent; (ausgesucht) exquis; II adv. magnifiquement; ~ und in Freuden leben avoir la vie belle; mener joyeuse vie; ₂~lichkeit f magnificence f; splendeur f; (Vortrefflichkeit) excellence f; (Prunk) somptuosité f; (Glanz) éclat m; (Erhabenheit) grandeur f, pfort majesté f;

₂~schaft f domination f; empire m; (Beherrschung) maîtrise f; (Macht) pouvoir m; (Mächtigkeit) puissance f; (Regierungszeit) règne m; (höchste Gewalt) souveraineté f; (Autorität) autorité f; ~ zur See maîtrise f de la mer; unumschränkte ~ pouvoir m absolu; ~ des Fernsehens télécratie f; ~ des Geldes empire m (od. tyrannie f) de l'argent; ~ über sich selbst maîtrise f de soi(-même); m-e ~en! mesdames, messieurs!; die ~ führen exercer le pouvoir; ~schaftlich adj. hist. Schloß: seigneurial; ~e Wohnung grand et bel appartement m; ₂~schaftsbereich m sphère f de domination.
'herrsch|en v/i. pol. avoir le pouvoir; dominer (über acc. sur); Monarch u. fig.: régner (sur); es herrscht schlechtes Wetter il fait mauvais temps; es herrscht Schweigen le silence règne; es herrscht Wohnungsnot il y a une pénurie de logements, ~end adj. dominant; régnant; fig. die ~e Psychose la psychose ambiante; ₂~er(in f) m souverain m, -e f; monarque m; ₂~ergedanke pol. idée f de domination; ₂~ergeschlecht n dynastie f; ₂~ergewalt f autorité f souveraine; ₂~erstab m sceptre m; ₂~erwillkür f despotisme m; ₂~sucht f despotisme m, esprit m autoritaire; (Machtgier) soif f de pouvoir; ~süchtig adj. despotique; autoritaire; impérieux, -euse; dominateur, -trice.
'her|rücken 1. v/t. (r)approcher; 2. v/i. (s')approcher; ~rufen v/t. appeler; ~rühren v/i. provenir (von de); (abgeleitet werden) dériver (von de); (s-n Grund in etw. haben) tenir (à); ~sagen v/t. dire; réciter; débiter; aus dem Gedächtnis ~ réciter de mémoire; ~schaffen v/t. (bringen) apporter; F Person: faire venir; amener; ~schicken v/t. envoyer (ici); ~sehen v/i. regarder; sehen Sie her! regardez-moi!; ~setzen 1. v/t. mettre ici; 2. v/rf.: sich ~ s'asseoir ici; ~stammen v/i. tirer son origine (von de); descendre (de); provenir (de); Wort: dériver (von de); ~stellbar adj. qui peut être fait (od. fabriqué od. produit); ~stellen v/t. placer (mettre) ici; (machen) faire; fabriquer; produire; synthetisch ~ synthétiser; Verbindung, a. ✆ établir; Text: restituer; (wieder~) rétablir, remettre, (erneuern) restaurer, remettre à neuf; die Flugverbindung Berlin-Paris ~ assurer la liaison Berlin-Paris; das Gleichgewicht ~ établir l'équilibre; ₂~steller m fabricant m; producteur m (a. Film).
'Herstellung f fabrication f; production f (a. Film); ~ e-r Funkverbindung, v. Wirtschaftsbeziehungen: établissement m; e-s Textes: restitution f; (Wieder₂) rétablissement m, (Erneuerung) restauration f.
'Herstellungs|fehler m défaut m de fabrication; ~gang m processus m de fabrication; ~kosten pl. frais m/pl. de fabrication (od. de production); ~land n pays m producteur; ~preis m prix m de fabrication (od. de production); ~programm m de fabrication (od. de production); ~verfahren n procédé m de fabrication.

'her|stottern v/t. balbutier; ~stürzen v/i. (s')approcher précipitamment; ~tragen v/t. apporter; ~treiben v/t.: vor sich (dat.) ~ chasser devant soi; ~treten v/i. (s')approcher; (s')avancer.
Hertz phys. n 'hertz m; rad. ~sche Wellen ondes f/pl. 'hertziennes.
he'rüber adv. ~ und hinüber deçà et delà; ~bringen v/t. apporter (de ce côté-ci); über den Fluß ~ faire passer fleuve; ~geben v/t. passer; ~kommen v/i. venir de ce côté; traverser; ~reichen v/t. passer.
'Her-übersetzung f version f.
he'rübertragen v/t. porter de ce côté.
he'rum adv. um ... ~ autour de; um den Tisch ~ autour de la table; rings ~ tout autour; die Gegend um ... ~ les environs od. les alentours de ...; im Kreise ~ à la ronde; die Reihe ~ chacun à son tour; hier ~ par ici; dans ces alentours; dort ~ (quelque part) par là; ~ sein avoir fait le tour; um die Ecke ~ au coin (de la rue); au tournant (de la rue); um Weihnachten ~ autour de Noël; um 10 Mark ~ autour de dix marks; ~albern F v/i. dire des niaiseries; ~balgen v/rf.: sich ~ F se chamailler; ~basteln v/i. bricoler (an etw. à qch.); ~bekommen F v/t.: j-n ~ F retourner q., faire changer q. d'avis; P ~ ? dans ces alentours; ~blättern v/i.: in e-m Buch ~ feuilleter un livre; ~bringen F v/t. Zeit: tuer; ~bummeln v/i. flâner; battre le pavé; F se balader; traînasser; traînailler; traîner; F vadrouiller; ~doktern F v/i.: an e-r Wunde selber ~ soigner une blessure soi-même; ~drehen 1. v/t. tourner; den Schlüssel zweimal ~ fermer à double tour; fig. die Worte im Munde ~ dénaturer le sens des paroles de q.. 2. v/rf.: sich ~ se retourner; faire volte-face; sich im Kreise ~ tournoyer; ~drücken v/rf.: sich ~ fainéanter; sich um etw. ~ esquiver qch.; ~fahren 1. v/i.: ~ um faire le tour de; ✤ um ein Kap ~ doubler un cap; um die Straßenecke ~ tourner le coin de la rue; um ein Hindernis ~ contourner, éviter un obstacle; ziellos: aller çà et là (en voiture, etc.); Auto: müssen devoir tourner longtemps en rond; in der Welt ~ courir le monde; 2. v/t.: j-n ~ promener q. (en voiture, etc.); faire faire le tour à q.; ~flattern v/i. voltiger; ~fliegen v/i. ziellos: voler çà et là; um etw. ~ voler autour de qch.; ~fragen v/i. interroger à la ronde; überall ~ s'informer de tous côtés; ~fuchteln v/i.: mit den Händen ~ agiter les mains; gesticuler; mit dem Säbel ~ brandir son sabre; ~führen 1. v/t. promener; ziellos: conduire çà et là; j-n um etw. ~ faire faire le tour de qch. à q.; e-n Graben um etw. ~ entourer qch. d'un fossé; j-n in der Stadt ~ piloter q. (od. güider q.) dans la ville; j-n an der Nase ~ mener q. par le bout du nez; 2. v/i.: um etw. ~ faire le tour de qch.; ~gammeln F v/i. clochardiser; ~geben v/t. (faire) passer; faire circuler; ~gehen v/i. circuler; ziellos: aller çà et là; F (vergehen) passer; ~ um

faire le tour de; *um j-n ~ tourner autour de q.; um den heißen Brei ~ tourner autour du pot; um die Straßenecke ~ tourner le coin de la rue; lassen faire circuler; fig. das geht mir im Kopf herum cela me trotte dans la tête; cela ne me sort pas de la tête; ~hacken v/i. fig.: auf j-m ~ chicaner q. sans cesse; ~horchen v/i. écouter partout; ~irren v/i. ziellos: errer çà et là; ~jobben F v/i. bricoler à droite et à gauche; ~kommen v/i. (herkommen) venir (zu j-m chez q.); venir voir (zu j-m q.); um die Straßenecke ~ tourner le coin de la rue; er ist weit herumgekommen il a beaucoup voyagé; fig. um etw. ~ réussir à éviter qch.; ~kramen v/i. fouiller (in dat. dans); fureter (dans); ~kriegen F v/t.: j-n ~ F retourner q. comme une crêpe; ~laufen v/i. ziellos: courir çà et là; um etw. ~ courir autour de qch.; müßig ~ flâner; ~legen 1. v/t.: um etw. ~ mettre autour de qch.; 2. v/rf.: sich ~ (sich umdrehen) se retourner; ~liegen v/i. traîner; ~lungern v/i. fainéanter; ~reden v/i. bavarder; jaser; um etw. ~ ratiociner sur qch.; ~reichen v/t. faire passer (od. circuler); ~reisen v/i. ziellos: voyager çà et là; in e-m Lande ~ parcourir un pays; in der Welt ~ courir le monde; ~reiten v/i. fig.: ~ auf (dat.) être à cheval sur; immer auf j-m ~ tourmenter (od. chicaner) q. sans cesse; ~rennen v/i. ziellos: courir çà et là; um etw. ~ courir autour de qch.; ~schicken v/t. faire circuler; hierhin und dorthin ~ envoyer çà et là; ~schlagen 1. v/t.: ~ um mettre autour de; 2. v/rf.: sich ~ se battre (mit avec); ~schleichen v/i.: um etw. ~ rôder autour de qch.; ~schlendern v/i. flâner; F se balader; ~schleppen v/t.: mit sich ~ traîner avec soi; F trimbal(l)er; ~schlingen 1. v/t.: ~ um mettre autour de; 2. v/rf.: sich ~ um s'enrouler autour de; ~schnüffeln v/i. fureter (od. mettre son nez) partout; fouiner; in j-s Privatleben ~ éplucher la vie privée de q.; ~schweifen v/i. courir çà et là; vagabonder; rôder; ~schwirren v/i. voltiger (çà et là); v. Menschen: papillonner; schwarze Gedanken in j-s Kopf: tournebouler; ~setzen 1. v/t.: ~ um placer autour de; 2. v/rf.: sich um etw. ~ s'asseoir autour de qch.; ~sitzen v/i.: ~ um être assis autour de; müßig ~ être désœuvré; ~spazieren v/i. se promener; ~spielen v/i.: mit etw. ~ jouer avec qch.; ~spionieren v/i. espionner (partout); ~sprechen v/rf.: sich ~ se divulguer; s'ébruiter; faire le tour de toutes les bouches; ~springen v/i. sauter; cabrioler; mit j-m ~ se moquer de q.; faire avec ce qu'on veut; ~stehen v/i.: um j-n ~ faire cercle autour de q.; müßig ~ badauder; bayer aux corneilles; ~stöbern v/i. fouiller (in dat. dans); F farfouiller (dans); ~stochern v/i.: im Feuer ~ tisonner; fourgonner; in den Zähnen ~ se curer les dents; ~streichen, ~streifen v/i. rôder; flâner; ~streiten v/rf.: sich ~ se disputer; (sich laut zanken) se chamailler; ~strolchen v/i. vagabonder; ~sumpfen F v/i. se débaucher; courir la gueuse; *bambocher; ~tanzen v/i. fig. j-m auf der Nase ~ faire avec q. ce qu'on veut; se moquer de q.; ~tappen, ~tasten v/i. tâtonner; ~toben v/i. se démener; ~tollen v/i. se démener comme un (resp. des) fou(s); faire un tapage infernal; folâtrer; ~tragen v/t. porter (mit sich avec soi); e-e Krankheit mit sich ~ couver une maladie; ~trampeln v/i. fig. F: auf j-m ~ marcher sur les pieds de q.; ~treiben v/rf.: sich ~ rôder; courir les rues; traîner (z.B. sur la Côte d'Azur); sich in Cafés ~ courir les cafés; sich in zweifelhaften Lokalen ~ fréquenter des lieux suspects; 2treiber(in f) m rôdeur m, -euse f; traîneur m, -euse f; ~trödeln F v/i. perdre son temps; lanterner; ~tummeln v/rf.: sich ~ prendre ses ébats; ~wälzen v/rf.: sich ~ se rouler; se vautrer; ~wenden v/t. retourner; ~werfen v/t.: ~ um jeter; ~wickeln v/t. rouler (um autour de); ~wirtschaften F v/i. s'affairer; ~wühlen v/i. fouiller (in dat. dans); fureter (dans bzw. parmi); F farfouiller (dans); ~zanken v/rf.: sich ~ se disputer; sich laut ~ se chamailler; ~zerren v/t. tirailler; ~ziehen 1. v/i.: ~ um tirer autour de; e-n Graben (e-e Linie) um etw. ~ tracer un fossé (une ligne) autour de qch.; die Decke um sich ~ s'envelopper dans sa couverture; 2. v/i. ziellos: rôder, errer (çà et là); um die Stadt ~ faire le tour de (od. contourner) la ville, (um sie zu vermeiden) contourner la ville; 3. v/rf.: sich ~ um s'étendre autour de, Graben: faire le tour de; ~ziehend adj. ambulant; m.v.p. vagabond.

her'unter adv. ~! descendez!; gerade~! descendez tout droit; von oben ~ de haut en bas; vom Berg ~ du haut de la montagne; ~bringen v/t. apporter en bas; (faire) descendre; fig. (zugrunde richten) ruiner; (schwächen) affaiblir; ~drücken v/t. appuyer sur; Preise: faire baisser; ~fahren v/i. descendre; ~fallen v/i. tomber (zur Erde à [bzw. par] terre); ~fliegen v/i. descendre; ~gehen v/i. descendre; Preise, Temperatur: a. baisser; ⚔ im Gleitflug ~ descendre en vol plané; ~gießen v/t. verser de haut en bas; F ein Glas Wein ~ F descendre un verre de vin; ~handeln v/t.: (vom Preise) marchander; faire baisser le prix; ~hauen v/t. abattre; F j-m e-e ~ donner une gifle à q.; ~holen v/t. Flugzeug: descendre; ~jubeln F v/t. minimiser; ~klappen v/t. rabattre; baisser; ~kommen v/i. descendre; fig. déchoir; tomber bien bas; s'encanailler; s'enforcer; (verfallen) tomber en ruines; se délabrer; fig. tomber en décadence; er wird dabei gesundheitlich ~ cela ruinera sa santé; heruntergekommen sein fig. être tombé bien bas, être déchu, (demoralisiert sein) être démoralisé, (entwürdigt sein) être avili, (ruiniert sein) être ruiné; ~lassen v/t. faire descendre; Vorhang, Verdeck: baisser; etw. vom Preise ~ rabattre qch. de son prix; ~leiern v/t. psalmodier; débiter d'une voix monotone; ~machen v/t. fig. invectiver; (abkanzeln) chapitrer; 'houspiller; réprimander; (herabsetzen, herabwürdigen) déprécier, F débiner; ravaler; ~nehmen v/t. descendre; F ôter; ~purzeln v/i. dégringoler; ~putzen F v/t. → ~machen; a. doucher; écol. ~geputzt werden se faire 'houspiller; ~reißen v/t. arracher; fig. (verächtlich behandeln) vilipender, (herabsetzen, herabwürdigen) déprécier, (heftig kritisieren) déchirer à belles dents; éreinter; ~rutschen v/i. glisser en bas; F er kann mir den Buckel ~ je lui dis zut; ~schalten v/i. Auto: rétrograder; ~schießen v/t. descendre; ~schlagen v/t. Verdeck, Kragen: baisser, rabattre; Früchte: abattre; ~schlucken v/t. avaler; Ärger: ravaler; ~schrauben v/t. Lampe: baisser; fig. Ansprüche: rabattre; ~sehen v/i. regarder en bas; auf j-n ~ regarder q. de 'haut; ~sein v/i. être bien bas, basse; ~setzen v/t. baisser; Preis: a. réduire; diminuer; ~stürzen v/i. dégringoler; ~tropfen v/i. dégoutter; ~werfen v/t. jeter (en) bas; ~wirtschaften v/t. ruiner; ~ziehen v/t. tirer en bas; Vorhang, Verdeck usw.: baisser.

her'vor|arbeiten v/rf.: sich ~ (parvenir par ses efforts à) sortir (aus de); fig. se faire jour; ~blicken v/i.: hinter etw. (dat.) ~ dépasser de derrière qch.; (sichtbar werden) apparaître; se montrer; (durchbrechen) percer; ~brechen v/i. s'échapper; s'élancer sortir impétueusement; fig. éclater; (Sonne, Schatten) surgir; die Sonne bricht aus dem Gewölk hervor le soleil perce les nuages; ✳ déboucher (aus de); ~bringen v/t. faire sortir; (ins Dasein treten lassen) produire; faire naître; (erzeugen) engendrer; (schaffen) créer; (gebären) enfanter; (bewirken) causer; Ton, Wort: proférer; 2bringung f von Produkten: production f; ~drängen v/t. v/rf.: sich ~ sortir de vive force; fig. se faire remarquer; se mettre en avant; ~dringen v/i. Menschen: sortir en foule; Geräusch: venir (aus de); ~gehen v/i. sortir (aus de); (entstehen) naître (aus de); (herrühren) provenir (aus de); ~ aus résulter de; s'ensuivre de; daraus geht hervor, daß ... il en résulte que ...; il s'ensuit que ...; ~heben 1. v/t. fig. faire ressortir; souligner; mettre en exergue; mettre l'accent sur; mettre en évidence (od. en relief od. en avant); évoquer; Kleidung: rehausser (a. peint.); (betonen) accentuer; die Fehler in e-m Werke: relever; Linien: accuser; gr. e-e Silbe ~ appuyer sur une syllabe; 2. v/rf.: sich ~ s'élever; ressortir; se mettre en évidence; se détacher; 2hebung f mise f en évidence (od. en relief); ~holen v/t. sortir (aus de); fig. v/t. faire ressortir; mettre en évidence (od. en relief); (zur Schau stellen) étaler; ~kommen v/i. sortir (aus de); se montrer; apparaître; (durchbrechen) percer; Wild: (aus dem Wald) ~ déboucher; débusquer; ~kriechen v/i. sortir en rampant (unter de dessous); ~leuchten v/i. luire; fig. briller d'un vif éclat; ~locken v/t. attirer (au dehors); ~quellen v/i. sourdre; jaillir; ~ragen v/i. faire saillie; saillir; avancer; aus etw. ~ émerger de qch.; ~ über (acc.) s'élever au-dessus de; dépasser (um de); surpasser; dominer; fig. se distinguer; ~ragend adj. fig. excellent; extraordinaire; 'hors série'; 'hors ligne'; 'hors classe'; 'hors pair'; 'hors cadre'; éminent; remarquable; ~e Ansichten f/pl. 'hauteur f de vues; ~e Figur (v. e-r Person) figure f de proue; ~rufen v/t. appeler; thé. rappeler; fig. (entstehen lassen) faire naître; donner naissance (à); (bewirken) susciter; provoquer; Opfer e-r Katastrophe: faire; Bewunderung: exciter; Eindruck: donner; ~schießen v/i. s'élancer (aus de); ~schleichen v/i. sortir furtivement (aus de); ~sprießen v/i. pousser; ~springen v/i. sauter en avant; s'élancer; (hervorragen) faire saillie; ~sprudeln v/i. jaillir; sourdre; ~stechen fig. v/i. se faire remarquer; se distinguer; ~stechend adj. saillant; éminent; marqué; (auffallend) qui saute aux yeux; frappant, a. voyant; Farbe: voyant; (vorherrschend) (pré)dominant; ~stehen v/i. △ faire saillie; ~stehend adj. saillant; Zähne: qui s'avancent; ~strecken v/t. tendre en avant; allonger; ~stürzen v/i. se précipiter (od. s'élancer); ~suchen v/t. chercher (aus au milieu de; unter dat. de dessous); (ans Licht bringen) exhumer; déterrer; ~tauchen v/i. émerger; fig. se faire jour; ~treten v/i. s'avancer; sortir (aus de); (hervorragen) faire saillie; fig. ressortir; se marquer nettement; se dessiner; (sich auszeichnen) se distinguer; peint. se détacher; ~tun v/rf.: sich ~ (sich auszeichnen) se distinguer; se signaler; (sich ein Ansehen geben) se mettre en évidence; ~wagen v/rf.: sich ~ oser s'avancer (od. sortir); ~würgen orn. v/t. régurgiter; ~zaubern v/t. faire apparaître comme par enchantement; ~ziehen v/t. tirer (aus de; unter dat. de dessous).

'her|wagen v/rf.: sich ~ oser venir; ~wälzen 1. v/t.: etw. vor sich ~ rouler qch. devant soi; 2. v/i.: ~ arriver en masse; 2weg m: auf dem ~ en venant ici.

Herz n cœur m (a. Kartenspiel; Kern e-r Sache; fig.); (Mut) a. courage m; (Gemüt) a. âme f; (Busen) sein m; goldenes ~ cœur m d'or; ein Mann von ~ un homme de cœur; edles ~ noble cœur m; ~ von Stein cœur m de pierre; ~ haben avoir du cœur; fig. ein gutes ~ haben avoir bon cœur; kein ~ (im Leibe) haben n'avoir pas de cœur; manquer de cœur; ohne ~ sans cœur; im Grunde des ~ens au fond du cœur; aus tiefstem ~en, im petit cœur du plus profond de mon (ton, son, etc.) cœur; von ~en de cœur; von ~en gern de bon cœur; von ganzem ~en (mon, ton, son, etc.) cœur; j-n von ganzem ~en lieben aimer q. de tout son cœur; mitten in ~ en plein cœur; im ~en der Stadt dans le cœur de la ville; ein weiches ~ haben avoir le cœur sensible; ein hartes ~ haben être dur; leichten ~ens d'un cœur léger; schweren ~ens le cœur gros; alle ~en für sich einnehmen gagner tous les cœurs; s-m ~en e-n Stoß geben se faire violence; sich ein ~ fassen prendre courage; prendre son courage à deux mains; das ~ auf dem rechten Fleck haben avoir le cœur bien placé; sein ~ ausschütten; s-m ~en Luft machen épancher (od. ouvrir) son cœur; j-m sein ~ ausschütten (od. offenbaren) ouvrir son cœur à q.; s'ouvrir à q.; das ~ auf der Zunge haben avoir le cœur sur les lèvres; er spricht, wie es ihm ums ~ ist il parle à cœur ouvert; sie sind ein ~ und e-e Seele ils ne font qu'un; das ~ bricht ihm das ~ cela lui fend (od. brise) le cœur; das macht ihm das ~ schwer cela lui pèse sur le cœur; cela lui serre le cœur; il en a le cœur gros; ihm ist weh ums ~ il a le cœur gros; das ~ blutet ihm le cœur lui saigne; das ~ greift ihm ans ~ cela le touche au vif; das gibt ihm e-n Stich ins ~ cela lui perce le cœur; ihm schmilzt das ~ son cœur se fond; er will es vom ~en haben il veut décharger sa conscience; il veut s'épancher; cela touche son cœur; es liegt mir am ~en, zu ... (inf.) j'ai à cœur de ... (inf.); das liegt mir am ~en j'ai (od. je prends) cela à cœur; das liegt mir sehr am ~en cela me tient beaucoup à cœur; cela me touche de près; mir fällt ein Stein vom ~en cela m'ôte un poids; sich etw. zu ~en nehmen; sich etw. zu ~en gehen lassen prendre qch. à cœur; s'affecter de qch.; être très affecté de qch.; das ~ ist ihm ans ~ gewachsen cela lui tient à cœur; j-m etw. ans ~ legen recommander chaudement qch. à q.; j-n ans ~ drücken presser (od. serrer) q. sur son cœur; etw. auf dem ~en haben avoir qch. sur le cœur; sein ~ an j-n hängen s'attacher à q.; j-n in sein ~ geschlossen haben porter q. dans son cœur; es wird ihm schwach ums ~ le cœur lui manque; du weißt nicht, wie mir ums ~ ist tu ne sais les sentiments que j'éprouve; mir ist leicht ums ~ je me sens le cœur léger; es wird mir leichter ums ~ je me sens soulagé; das ~ lacht ihm im Leibe il se sent le cœur en fête; etw. nicht übers ~ bringen ne pas avoir le cœur (od. le courage) de faire qch.; ne pouvoir se résoudre à faire qch.; j-n auf ~ und Nieren prüfen examiner q. sur toutes les coutures; zu ~en gehen aller au cœur; Hand aufs ~! dis-moi franchement!; die Nachricht ließ sein ~ höher schlagen la nouvelle lui fit battre le cœur.

'Herz-ader f aorte f.

'herzaubern v/t. faire apparaître d'un coup de baguette magique.

'Herz|anfall m crise f (od. incident m) cardiaque; ~as n Kartenspiel: as m de cœur; ~beklemmung ♥ f oppression f de cœur; ~beschleunigung ♥ f battement m accéléré du cœur; tachycardie f; ~beschwerde f trouble m cardiaque; ~beutel anat. m péricarde m; ~beutel-entzündung ♥ f péricardite f; 2bewegend adj. émouvant; touchant; ~blatt n ♀ feuille f centrale; fig. chéri m, -e f; mignon m, -onne f; bijou m; ~blut n sang m du cœur; 2brechend adj. navrant; ~bube m Kartenspiel: valet m de cœur; ~chen n petit cœur m; mignon m, -onne f; chéri m, -e f; ~dame f Kartenspiel: dame f de cœur.

'her-zeigen v/t. faire voir; montrer.

'Herze-leid poét. n crève-cœur m.

'Herz-empfänger ♥ m greffé m du cœur.

'Herzens|angelegenheit f affaire f de cœur; journ. Spalte f für ~en courrier m du cœur; ~angst fig. f angoisse f; (höchste Not) détresse f; ~brecher m bourreau m des cœurs; ~freude f joie f extrême; ~freund(in f) m ami(e f) m de cœur; 2gut adj. très bon, bonne; er ist ein ~er Mensch il a un cœur d'or; ~güte f bonté f de cœur; ~kind n enfant m chéri; ~lust f: nach ~ autant que l'on désire; à cœur joie; ~wunsch m plus grand (od. plus cher) désir; désir m ardent; vœu m.

'Herz|entzündung ♥ f inflammation f du cœur; cardite f; 2erfreuend adj. qui réjouit le cœur; 2ergreifend adj. touchant; saisissant; navrant; 2erhebend adj. qui élève le cœur; sublime; 2erquickend adj. qui réjouit le cœur; délectable; 2erschütternd adj. bouleversant; ~erweiterung ♥ f hypertrophie f cardiaque; cardiectasie f; ~fehler m défaut m du cœur; affection f cardiaque (od. du cœur); ~flattern ♥ n, ~flimmern ♥ n fibrillation f; 2förmig adj. en forme de cœur; ~gegend f région f du cœur; 2gewinnend adj. qui gagne les cœurs; sympathique; ~grube anat. f creux m de l'estomac; épigastre m; 2haft adj. brave; (mutig) courageux, -euse; (beherzt) 'hardi; (entschlossen) résolu; déterminé; ein ~er Kuß un gros baiser; ~haftigkeit f (Mut) courage m; (Beherztheit) 'hardiesse f.

'her-ziehen 1. v/t.: etw. hinter sich ~ tirer qch. derrière soi; 2. v/i. venir s'établir (od. s'installer) ici; fig. über j-n ~ dire du mal de q.; F taper sur q.; F taper sur le dos de q.; litt. dauber sur q.

'herzig adj. mignon, -nne; un amour de ...; gentil, -ille; charmant.

'Herz-infarkt ♥ m infarctus m du myocarde.

'Herz|insuffizienz ♥ f insuffisance f cardiaque; ~kammer anat. f ventricule m du cœur; ~kirsche ♀ f bigarreau m; ~klappe anat. f valvule f du cœur; ~klappenfehler ♥ m défaut m de la valvule du cœur; ~klopfen n battement(s pl.) m de cœur; palpitations f/pl.; beschleunigtes ~ battement m accéléré du cœur; tachycardie f; mit ~ le cœur battant; ~krampf ♥ m angine f de poitrine; 2krank adj. cardiaque; qui a une maladie de cœur; qui a le cœur malade; qui souffre d'une affection cardiaque (od. du cœur); ~kranke(r a. m) m, f cardiaque m, f; malade m, f du cœur; ~krankheit f, ~leiden n maladie f de cœur; affection f cardiaque (od. du cœur); cardiopathie f; ~lähmung f paralysie f du cœur; 2lich I adj. cordial; (liebevoll) affectueux, -euse; II adv. cordialement; (liebevoll) affectueusement; de tout (mon) cœur; ich habe ~ darüber gelacht j'en ai ri de bon cœur; ~ gern très volontiers; es tut mir ~ leid j'en suis désolé; ~lichkeit f cordialité f; 2lichst (am Briefschluß) adv. (mes od. sincères) amitiés f/pl.; 2los adj. sans cœur; insensible; dur; qui manque de cœur;

~losigkeit *f* insensibilité *f*; dureté *f*; ~mittel *n* cardiotonique *m*; ~muskel *m* myocarde *m*; ~muskelentzündung *f* myocardite *f*.
'Herzog|(in *f*) *m* duc *m*, duchesse *f*; ~lich *adj.* ducal; de duc; ~tum *n* duché *m*.
'Herz|operation *f* opération *f* du cœur; cardiotomie *f*; ~rhythmusstörung ♂ *f* arythmie *f* cardiaque; ~schlag ♂ *m* crise *f* cardiaque; (*Schlagen*) battement *m* du cœur; ~schrittmacher *m* stimulateur *m* cardiaque; ~schwäche *f* insuffisance *f* cardiaque; ~spezialist *m* cardiologue *m*; ♀stärkend *adj.*: ~es Mittel cardiaque *m*; ~stärkungsmittel *n* cardiaque *m*; ~stechen *n* douleurs *f/pl.* au cœur; ~stück fig. *n* cœur *m*; ~tätigkeit *f* fonctionnement *m* du cœur; ~ und Gefäßkrankheiten *f/pl.* maladies *f/pl.* cardio-vasculaires.
'Herz|verfettung ♂ *f* dégénérescence *f* graisseuse du cœur; ~vergrößerung ♂ *f* hypertrophie *f* du cœur; ~verpflanzung ♂ *f* transplantation *f* (*od.* greffe *f*) cardiaque; greffe *f* de cœur; ~versagen ♂ *n* défaillance *f* cardiaque; ~vorhof *m*, ~vorkammer *f* oreillette *f*; ♀zerreißend fig. adj. navrant; poignant; déchirant; ein ~er Seufzer un soupir à fendre l'âme; ~zusammenziehung ♂ *f* systole *f*.
Hespe'riden *f/pl.* Hespérides *f/pl.*
He'täre *f* hétaïre *f*.
hetero'dox *adj.* hétérodoxe.
Heterodo'xie *f* hétérodoxie *f*.
hetero'gen *adj.* hétérogène.
Heterogeni'tät *f* hétérogénéité *f*.
He'thiter hist. *m/pl.* Hittites *m/pl.*
Hetz|artikel *m* article *m* de provocation; ~blatt *n* journal *m* incendiaire; ~e *f* (*Hetzjagd*) chasse *f* à courre; (*Eile*) précipitation *f*; 'hâte *f*; (*Verfolgung*) persécution *f*; fig. polémique *f* (faite contre); campagne *f* (menée contre); excitation *f*, agitation *f*; ♀en 1. *v/t.* Hunde: lâcher (*auf acc.* sur); *Wild*: chasser; forcer (*a. zu Tode* ~); (*verfolgen*) poursuivre; persécuter; traquer; talonner; (*quälen*) tracasser; (*auf* ~) exciter; 2. *v/i.* tenir des propos incendiaires; fig. mit allen Hunden gehetzt sein (*durchtrieben sein*) être malin, -igne (*od.* madré *od.* roué); avoir plus d'un tour dans son sac; fig. bei der Arbeit ~ se dépêcher au travail; ~er(in *f*) *m* fig. agitateur *m*, -trice *f*; excitateur *m*, -trice *f*; instigateur *m*, -trice *f*; provocateur *m*, -trice *f*; ~e'rei fig. *f* excitations *f/pl.*; ♀erisch *adj.* provocateur, -trice; ~feldzug *m* campagne *f* de calomnies (menée contre); agitation *f*; ~hund *m* chien *m* courant; ~jagd *f* chasse *f* à courre; *Polizei*: course-poursuite *f*; F rodéo *m*; ~kampagne *f* campagne *f* de calomnies; ~presse *f* presse *f* incendiaire; ~rede *f* discours *m* incendiaire; ~redner(in *f*) *m* agitateur *m*, -trice *f*; excitateur *m*, -trice *f*; instigateur *m*, -trice *f*; provocateur *m*, -trice *f*; ~schrift *f* écrit *m* incendiaire (*od.* insidieux).
Heu *n* foin *m*; ~ machen faner; fig. Geld wie ~ haben rouler sur l'or; avoir du foin dans ses bottes; '~boden *m*

grenier *m* à foin; fenil *m*; '~bündel *n* botte *f* de foin.
Heuche'lei *f* hypocrisie *f*; tartuferie *f*; (*Verstellung*) feinte *f*; dissimulation *f*.
'heuch|eln 1. *v/i.* abs. être hypocrite; 2. *v/t.* feindre; simuler; 3. abs. faire l'hypocrite *od.* le tartufe; ♀eln *n* airs *m/pl.* hypocrites; → ♀elei; ♀ler(in *f*) *m* hypocrite *m*, *f*; tartufe *m*, ~lerisch I *adj.* hypocrite; feint; II *adv.* avec hypocrisie.
'heuen I *v/i.* faner; II ♀ *n* fanage *m*.
'heuer östr. *adv.* cette année.
'Heuer[1] ♂ *m*, ~in *f* faneur *m*, -euse *f*.
'Heuer[2] ⚓ *f* paie *f* de marin.
'heuern *v/t.* Schiff: affréter; Matrosen: engager.
'Heu-ernte *f* fenaison *f*; récolte *f* des foins.
'Heuervertrag ⚓ *m* contrat *m* d'engagement d'un marin.
'Heu|fieber ♂ *n* fièvre *f* des foins; ~gabel *f* fourche *f* à faner; ~haufen *m* tas *m* de foin.
'Heul|boje ⚓ *f* bouée *f* à sifflet; ♀en *v/i.* 'hurler; Wind: mugir; F (*weinen*) pleurnicher; wie ein Schloßhund ~ pleurer comme un veau; mit den Wölfen ~ 'hurler avec les loups; ~en 'hurlement(s pl.) *m*; des Windes: mugissement(s pl.) *m*; F (*Weinen*) pleurnicheries *f/pl.*; ~ und Zähneklappern des pleurs et des grincements de dents; ~er zo. *m* petit phoque *m*; ~e'rei F *f* (*Weinen*) pleurnicheries *f/pl.*; ~sirene *f* sirène *f* d'alarme; ~suse F *f* pleurnicheuse *f*.
'Heu|machen *n* fanage *m*; ~markt *m* marché *m* au foin; ~miete *f* meule *f* de foin; ~pferd ent. *n* sauterelle *f*.
'Heurige(r) *m* vin *m* de l'année; vin *m* nouveau.
'Heu|schnupfen ♂ *m* rhume *m* des foins; ~schober *m* meule *f* de foin; ~schrecke ent. *f* sauterelle *f*; ~schreckenschwarm *m* nuée *f* de sauterelles; ~speicher *m* silo *m* à foin.
'heut|e *adv.* aujourd'hui; ↱ ce jour d'hui; bis ~ jusqu'à aujourd'hui; noch ~ noch (gleich heute) aujourd'hui même, dès aujourd'hui, (noch immer) encore aujourd'hui; ~ morgen ce matin; ~ abend ce soir; ~ mittag (aujourd'hui) à midi; ~ nachmittag cet après-midi; ~ in acht Tagen; ~ über acht Tage (d'aujourd'hui) en 'huit; ~ vor acht Tagen il y a 'huit jours; von ~ bis morgen d'ici à demain; von ~ an à partir d'aujourd'hui; von ~ auf morgen fig. (ohne Vorbereitung) du jour au lendemain; au pied levé; (*Hals über Kopf*) précipitamment, (*plötzlich*) tout à coup; ich kenne ihn nicht erst seit ~ ce n'est pas d'aujourd'hui que je le connais; ♀en *n*: das ~ le présent; ~ig *adj.* d'aujourd'hui; du jour; die ~e Mode la mode du jour; der ~e Tag ce jour; am ~en Tage aujourd'hui; bis zum ~en Tage jusqu'à aujourd'hui; (*gegenwärtig*) (d'à) présent; actuel, -elle; ~zutage *adv.* aujourd'hui; de nos jours; actuellement; par le temps qui court.
'Heu|wagen *m* chariot *m* de (*resp.* à) foin; ~(wende)maschine *f*, ~wender *m* faneuse *f*.
Hexa'ed|er *n* hexaèdre *m*; ♀risch *adj.*

hexaédrique.
Hexa|'gon *n* hexagone *m*; ♀go'nal *adj.* hexagonal.
He'xameter *m* hexamètre *m*.
hexa'metrisch *adj.* hexamètre.
'Hexe *f* sorcière *f* (*a. Schimpfwort*).
'hexen *v/i.* être sorcier, -ière; user de sortilèges; ich kann doch nicht ~ je ne suis pas sorcier; das geht wie gehext cela va bon train.
'Hexen|glaube *m* croyance *f* aux sorcières; ~jagd *f* chasse *f* aux sorcières; ~kessel fig. *m* chaudron *m* de sorcières; weit*S.* panier *m* de crabes; ~kraut ♀ *n* circée *f*; ~kunst *f* sorcellerie *f*; magie *f*; ~meister *m* sorcier *m*; magicien *m*; ~prozeß *m* procès *m* de sorcellerie; ~sabbat *m* sabbat *m* (des sorcières); ~schuß ♂ *m* lumbago *m*; tour *m* de reins; ~tanz *m* danse *f* des sorcières; ~verfolgung *f* chasse *f* aux sorcières; ~werk *n* sorcellerie *f*.
Hexe'rei *f* sorcellerie *f*; magie *f*; das ist doch keine ~ F ce n'est pas bien sorcier.
Hi'atus gr. *m* 'hiatus *m*.
'Hickhack bsd. pol. *m*, *n* tiraillements *m/pl.*; disputaillerie *f*; politicaillerie *f*.
Hieb *m* coup *m*; j-m e-n ~ versetzen administrer (*od.* donner *od.* porter) un coup à q.; der ~ hat gesessen (*ist fehlgeschlagen*) le coup a porté (a manqué); ~e bekommen recevoir des coups (*od.* une correction, F une raclée); ~e austeilen (*od.* versetzen) donner (*od.* porter) des coups; es hat ~e gesetzt on a échangé des coups; fig. das ist ein ~ auf mich c'est une pierre dans mon jardin; '♀ und 'stichfest *adj.* qui résiste aux coups; invulnérable; fig. solide; '~ und 'Stoßwaffe *f* arme *f* d'estoc et de taille; ~waffe *f* arme *f* tranchante; ~wunde *f* blessure *f* due à une arme tranchante.
hie'nieden rl. *adv.* ici-bas; en ce bas monde.
hier *adv.* ici; bei Namensaufruf: ~! présent; auf Briefen: en ville; ~ ist (sind) ... voici ...; voilà ...; ~ bin ich me voilà; ~ kommt er le voici (*od.* le voilà) qui vient; der Mann ~ cet homme-ci; l'homme que voici (*od.* que voilà); ~ und da çà et là; par-ci, par-là; ~ herum par ici; von ~ an à partir d'ici; ~ auf Erden en ce bas monde; ~ ruht ci-gît; ici repose; (*in diesem Falle*) en ce cas; (*bei dieser Gelegenheit*) à cette occasion; (*diesmal*) cette fois(-ci), (*in dieser Beziehung*) à cet égard; ~, nimm! tiens, prends; '~an *adv.* à cela; y; en; ~ siehst du tu vois par là.
Hierar'chie *f* 'hiérarchie *f*.
hie'rarchisch *adj.* 'hiérarchique; péj. mandarinal.
'hier|auf *adv.* là-dessus; zeitlich: après cela; après quoi; ~aus *adv.* d'ici; fig. de ceci; de là; ~behalten *v/t.* retenir; ~bei *adv.* à cette occasion; à ce sujet; (*beigeschlossen*) en même temps; (*beigeschlossen*) ci-joint; ci-inclus; ci-annexé; ~bleiben *v/i.* rester ici; ~durch *adv.* par cet endroit; par ici; fig. (*dadurch*) par là; par ce moyen; ~für *adv.* pour cela; ~gegen *adv.* contre cela; là-contre; ~her *adv.* par ici; de ce côté-ci; bis ~

jusqu'ici; *das gehört nicht ~* cela n'a rien à faire ici; ~**herkommen** *v/i.* venir ici; ~**herum** *adv.* par ici; ~**hin** *adv.* ici; *~ und dorthin* çà et là; ~**in** *adv.* là-dedans; *fig.* en cela; ~**mit** *adv.* avec cela; *~ bescheinige ich ...* par la présente je certifie ...; ~**nach** *adv.* après cela; après quoi; là-dessus; ~**neben** *adv.* à côté d'ici; près d'ici. **Hiero'glyph|e** *f* hiéroglyphe *m*; ²**isch** *adj.* hiéroglyphique.

'**hier|orts** *adv. adm.* ici; dans la ville; ²**sein** *n* présence *f*; ~**über** *adv.* là-dessus; à ce sujet; *Richtung*: par ici; de ce côté-ci; ~**um** *adv.* autour de cela; ~**unter** *adv.* là-dessous; *~ verstehen* entendre par là; ~**von** *adv.* de cela; en; ~**zu** *adv.* à cela; y; *(zu diesem Zweck)* à cet effet; *(außerdem)* en outre; outre cela; ~**zulande** *adv.* dans ce pays; ici; chez nous.

'**hiesig** *adj.* d'ici; de cet endroit.
'**Hi-Fi-Anlage** *télév. f* chaîne *f* 'haute-fidélité; chaîne *f* hi-fi.
'**Hifthorn** ♪ *n* cor *m* de chasse.
high F *adj.*: *~ sein* *être speed.
'**Hilfe** *f* aide *f*; secours *m*; assistance *f (a. ärztliche); (Unterstützung)* appui *m*; *Erste ~* premiers soins *m/pl.*, secours *m/pl.*; secourisme *m*; *gegenseitige ~* entraide *f (zu) ~!* au secours!; à moi!; *mit ~ von* à (*e-r Person*: avec) l'aide de; *um ~ rufen* crier *(od.* appeler) au secours; *j-n zu ~ rufen* appeler q. à son aide; *j-n um ~ bitten* demander du secours à q.; *j-m ~ leisten* secourir q.; *~ donner (od. leisten od. prêter)* secours à q.; prêter aide à q.; aider q.; porter assistance à q.; *j-m zu ~ kommen (eilen)* venir (accourir) au secours de q.; venir en aide à q.; *~ bringen* porter secours; *etw. zu ~ nehmen* s'aider de qch.; *j-m die Erste ~ leisten* donner les premiers soins *(od.* secours) à q.; ²**flehend** *adj.* implorant du secours; ~**leistung** *f* aide *f*; assistance *f*; secours *m*; *Pflicht zur ~* obligation *f* d'assistance; *unterlassene ~* non-assistance *f* à personne en danger; ~**ruf** *m* appel *m* au secours; cri *m* de détresse; ~**stellung** *gym. f* aide *f*; *j-m ~ geben* aider q.; ²**suchend** *adj.* qui réclame du secours.

'**hilf|los** *adj.* privé de secours; abandonné; délaissé; *Kranker*: impotent; ²**losigkeit** *f* abandon *m*; délaissement *m*; détresse *f*; *Kranker*: impotence *f*; ~**reich** *adj.* secourable; serviable; *(mildtätig)* charitable; *j-m ~e Hand leisten; j-m ~ zur Seite stehen* donner un coup de main à q.; secourir q.

'**Hilfs|aktion** *f* secours *m/pl.*; ~**angestellte(r** *a. m) m, f* auxiliaire *m, f*; ~**arbeiter** *m* manœuvre *m*; ~**arzt** *m* médecin *m* assistant; ²**bedürftig** *adj.* nécessiteux, -euse; indigent; ~**bedürftige(r** *a. m) m, f* nécessiteux *m*, -euse *f*; indigent *m*, -e *f*; ~**bedürftigkeit** *f* besoin *m*; indigence *f*; ²**bereit** *adj.* prêt à secourir; secourable; serviable; ~**bereitschaft** *f* esprit *m* d'entraide; serviabilité *f*; ~**dienst** *m* service *m* d'assistance; *für Erste Hilfe*: service *m* de secourisme; *sozialer ~* assistance *f* publique; ~**fonds** *m* fonds *m* de secours; ~**gelder** *n/pl.* subsides *m/pl.*; ~**heer** ✗ *n* ar-

-mée *f* auxiliaire; ~**kasse** *f* caisse *f* de secours; ~**kellner** *m* extra *m*; ~**komitee** *n* comité *m* de soutien; ~**kraft** *f* aide *m, f*; auxiliaire *m, f*; ~**kreuzer** ⚓ *m* croiseur *m* auxiliaire; ~**laborant** *m* aide-laborantin *m*; ~**lehrer(in** *f) m* instituteur *m*, -trice *f* suppléant(e); maître *m* auxiliaire; *an höheren Schulen*: professeur *m* adjoint; *Stellung f des ~s* auxiliariat *m*; ~**leistung** *f* aide *f*; assistance *f*; secours *m*; *bons offices m/pl.*; ~**linie** ⚕ *f* ligne *f* subsidiaire; ♪ ligne *f* supplémentaire *od.* additionnelle; ~**maschine** *f* machine *f* auxiliaire; ~**maßnahme** *f* mesure *f* de secours; *~n f/pl. a.* secours *m/pl.*; ~**mittel** *n* moyen *m*; ressource *f*; *(Ausweg)* expédient *m*; *(Buch)* instrument *m*; ~**motor** *m* moteur *m* auxiliaire; ~**not-arzt** *m* aide-médecin *m* du secours d'urgence; ~**organisation** *f* organisation *f* d'assistance; ~**personal** *n* personnel *m* auxiliaire; ~**plan** *m* plan *m* d'aide; ~**polizist** *m* contractuel *m*; agent *m* de police auxiliaire; ~**prediger** *m* vicaire *m*; *prot.* pasteur *m* adjoint; ~**programm** *n* programme *m* d'aide; ~**quelle** *f* ressource *f*; ~**schwester** *f* infirmière *f* auxiliaire; aide-soignante *f*; ~**truppen** ✗ *f/pl.* troupes *f/pl.* auxiliaires; ~**verb** *gr. n* (verbe *m*) auxiliaire *m*; ~**ver-ein** *m* association *f* de bienfaisance; ~**werk** *n* œuvre *f* d'assistance; ~**wirt** *biol. m* transporteur *m*; ~**wissenschaft** *f* science *f* accessoire; ~**zeitwort** *gr. n* (verbe *m*) auxiliaire *m*; ~**zug** 🚂 *m* train *m* de secours.

'**Himbeer|e** ⚕ *f* framboise *f*; ~**eis** *n* glace *f* à la framboise; ~**saft** *m* jus *m* de framboises; ~**strauch** ⚕ *m* framboisier *m*.

'**Himmel** *m* ciel *m (pl.* cieux; *peint.* ciels); *(~sgewölbe) a.* firmament *m*; voûte *f* du ciel; *am ~* dans le ciel; *zum ~ aufblicken* lever les yeux au ciel; *fig. ein Blitz aus heiterem ~* un coup de foudre; *das Blaue vom ~ lügen* mentir comme un arracheur de dents; *zwischen ~ und Erde schweben* être suspendu entre ciel et terre; *dem ~ sei Dank!* grâce au ciel!; *Gott im ~!* Dieu du ciel!; *das weiß der ~* Dieu le sait; *du lieber ~!* bonté du ciel!; mon Dieu!; *das verhüte der ~!* à Dieu ne plaise!; *um ~s willen* au nom du ciel; *in den ~ kommen* aller au *(od.* gagner le) ciel; *gen ~ fahren* monter au ciel; *fig. in den ~ heben* porter aux nues; *dire merveille de; aus allen ~n fallen* tomber du ciel *(od.* des nues); *der ~ hängt ihm voller Geigen*; *er ist im siebenten ~* il est aux anges; il voit tout en rose; il est au septième ciel; *den ~ offen sehen* voir les cieux ouverts; *der ~ würde einstürzen, wenn ...* le ciel tomberait si ...; *das schreit (F das stinkt) zum ~* c'est révoltant; cela crie vengeance; *~ und Hölle in Bewegung setzen, um ...* remuer ciel et terre pour ... *(inf.)*; *unter freiem ~* en plein air; *unter freiem ~ schlafen* dormir à la belle étoile; *es ist noch kein Meister vom ~ gefallen* apprenti n'est pas maître; ~**angst** *adj.: mir wurde ~* j'ai eu une peur du diable; ~**bett** *n* lit *m* à baldaquin; ²**blau** *adj.* bleu ciel *(inv.)*; azur(é); ~**fahrt** *rl. f Christi*:

ascension *f*, *(Fest)* l'Ascension *f*; *Mariä*: assomption *f*, *(Fest)* l'Assomption *f*; ~**fahrtskommando** F ✗ *n* commando *m* kamikaze; mission *f* suicide; ²**hoch** *adv.*: ~ *jauchzend* transporté d'allégresse; ~**reich** *n rl.* royaume *m* des cieux; *fig. des Menschen Wille ist sein ~* le plus grand bonheur de l'homme est de suivre sa volonté; ²**schreiend** *adj.* qui crie vengeance; *(empörend)* révoltant; *(unerhört)* inouï.
'**Himmels|beschreibung** *f* description *f* du ciel; uranographie *f*; ~**erscheinung** *f* phénomène *m* céleste; ~**gegend** *f* région *f* du ciel; ~**gewölbe** *n* voûte *f* céleste; ~**karte** *f* carte *f* astronomique; ~**königin** *cath. f* reine *f* du ciel; ~**körper** *m* corps *m* céleste; ~**kugel** *f* globe *m* céleste; ~**kunde** *f* astronomie *f*; ~**laboratorium** *(Skylab) n* compartiment *m* laboratoire orbital; laboratoire *m* du ciel; ~**raum** *m* espace *m* céleste; ~**reklame** *f* publicité *f* aérienne; ~**richtung** *f* point *m* cardinal; ~**schlüssel** ⚕ *m* primevère *f*; ~**schrift** *f* publicité *f* aérienne; écriture *f* dans le ciel; ~**strich** *m* zone *f*; *(Gegend)* région *f*; ²**stürmend** *adj.* titanique; ~**telefon** *(um mit Insassen von Handelsflugzeugen zu telefonieren) n* téléphone *m* du ciel; ~**wagen** *m myth.* char *m* céleste; *ast.* Grande Ourse *f*; ~**zelt** *n* voûte *f* céleste.
'**himmel|wärts** *adv.* vers le ciel; ~**weit** *adj. Unterschied*: énorme.
'**himmlisch** *adj.* céleste; *fig.* angélique; *(göttlich)* divin; *(erhaben)* sublime.
hin *adv. örtlich: zu diesem Ort ~* vers ce lieu-là; *nach Norden ~* vers le nord; *nach oben ~* vers le 'haut; *ich will nicht ~* je ne veux pas y aller; *wo ist er ~?* où est-il allé?; *~ und her* çà et là; de côté et d'autre; *~ und her gehen* aller et venir; *das* ² *und Her* le va-et-vient; *~ und zurück* aller et retour; *zeitlich: ~ und wieder* de temps en temps; de temps à autre; de loin en loin; *das ist noch lange ~* c'est encore bien loin; *~ (verflossen) sein* être passé; *~ ist ~* ce qui est passé est passé; *m-e Ruh' ist ~* le repos m'a fui; *fig. (verschwunden)* perdu; disparu; *(zugrunde gerichtet)* ruiné; *(ramponiert)* abîmé; *er ist ~ (verloren)* c'en est fait de lui; *sie ist ~ (hingerissen)* elle est ravie; *~ sein vor* ne plus se tenir de; *auf die Gefahr ~, alles zu verlieren au risque de tout perdre*; *auf sein Versprechen ~* sur sa promesse; me fiant à sa parole; *aufs Ungewisse ~* à tout risque.

hi'nab *adv.* en bas; en descendant; *den Fluß ~* en descendant la rivière; en aval; *hinauf und ~* en montant et en descendant; ~**fahren** *v/i. u. v/t.* descendre; ~**fallen** *v/i.* tomber *(zu Boden* à *od.* par terre); ~**gehen**, ~**laufen**, ~**steigen** *v/i.* descendre; ~**schlängeln** *v/rf.: sich ~* descendre en serpentant; ~**stürzen** 1. *v/t. (v/rf.: sich se)* précipiter en bas; 2. *v/i.* se précipiter en bas; *(hinabfallen)* tomber *(zu Boden* à *od.* par terre).

'**hin-arbeiten** *v/i.*: *auf etw. (acc.) ~* viser à qch.

hi'**nauf** *adv.* vers le haut; en montant; en 'haut; *den Fluß* ~ *en remontant la rivière*; en amont; *die Treppe* ~ en montant l'escalier; **~arbeiten** *v/rf.*: *sich* ~ réussir, arriver grâce à son travail; *sich den Berg* ~ gravir péniblement la montagne; **~befördern** *v/t.* monter; transporter en 'haut; **~begeben** *v/rf.*: *sich* ~ monter; se rendre en 'haut; **~begleiten** *v/t.*: *j-n* ~ accompagner q. jusqu'en 'haut; **~blicken** *v/i.* regarder en 'haut; **~bringen** *v/t.* (trans)porter en 'haut; monter; **~fahren 1.** *v/i.* monter; *den Fluß* ~ remonter la rivière; **2.** *v/t.* transporter en 'haut; monter; **~gehen, ~laufen** *v/i.* monter; **₂gehen** *n*: *beim* ~ en montant; à la montée; **~kommen** *v/i.* monter; (*es schaffen*) arriver en 'haut; **~reichen 1.** *v/t.* tendre en 'haut; **2.** *v/i.* atteindre (*bis an acc.* jusqu'à); **~rücken** *v/i.* monter; avancer; **~schaffen** *v/t.* monter; (trans)porter en 'haut; **~schicken** *v/t.* envoyer en 'haut; faire monter; **~schnellen** *v/i. Preise*: monter en flèche; **~schrauben** *v/t. fig.* faire monter; **~schwingen** *v/t.* s'élancer en 'haut; s'élever (*a. fig.*); **~setzen** *v/t. Preise usw.*: augmenter; **~steigen** *v/i.* monter (*auf sur*); *mit Mühe*: gravir qch.; *die Treppe* ~ monter l'escalier; **~tragen** *v/t.* monter; (trans)porter en 'haut; **~transformieren** ⚡ *v/t.* survolter; **~treiben** *v/t.* faire monter; *Preise*: a. 'hausser; **~ziehen** *v/t.* tirer en 'haut; (*hochwinden*) guinder; (*hissen*) 'hisser.

hi'naus (vers le) dehors; vers l'extérieur; ~! sortez!; 'hors d'ici!; ~ *mit ihm!* qu'il sorte!; ~ *mit den Ruhestörern!* à la porte les tapageurs!; *zum Fenster* ~ par la fenêtre; *nach vorn* ~ *wohnen*: sur la rue; sur le devant; *nach hinten* ~ sur la cour; *auf Monate* ~ pour plusieurs mois; *wo soll das* ~? où veut-on en venir?; à quoi cela aboutira-t-il?; *worauf will er* ~? où veut-il en venir?; *über etw.* (*acc.*) ~ au-delà de qch.; **~begleiten** *v/t.*: *j-n* ~ (r)accompagner q. qui sort; *aus Höflichkeit*: reconduire q.; **~beugen** *v/rf.*: *sich zum Fenster* ~ se pencher par la fenêtre; **~blicken** *v/i.*: *aus dem Fenster* ~ regarder par la fenêtre; **~bringen** *v/t.* (trans)porter dehors; *Wagen usw.*: sortir; *j-n* ~ faire sortir q.; **~ekeln** *v/t.* congédier q. sans ménagement; *fig.* dégoûter q. de son travail; **~fahren 1.** *v/i.* sortir en voiture (à moto[cyclette], à bicyclette, *etc.*); *Schiff*: (*auslaufen*) prendre la mer; **2.** *v/t. Wagen usw.*: sortir; *j-n* ~ promener q. en voiture (à moto[cyclette], *etc.*); **~feuern** F *v/t.* → **~werfen**; **~fliegen** F *v/i.* être flanqué à la porte; **~führen** *v/t.* (*wegführen*) emmener; *j-n* (*aus Höflichkeit hinausbegleiten*) reconduire q.; **~gehen** *v/i.* aller dehors; sortir; *auf etw.* (*acc.*) ~ avoir qch. en vue; *Fenster*: ~ *auf* (*acc.*) donner sur; *nach Süden* ~ être exposé au soleil; *über* (*acc.*) dépasser; *darüber* ~ passer par là qch.; **~geleiten** *v/t.*: *j-n* ~ (r)accompagner q. qui sort; *aus Höflichkeit*: reconduire q.; **~greifen** *v/i.*: *über etw.* (*acc.*) ~ dépasser qch.; **~jagen** *v/t.* chasser; **~kommen** *v/i.* sortir de chez soi; *fig.*

auf dasselbe (*od. eins*) ~ revenir au même; **~komplimentieren** *péj. v/t.* éconduire; *j-n einfach* ~ *a.* remercier q.; **~laufen** *v/i.* sortir en courant; (*enden*) aboutir (*auf acc.* à); *auf eins* ~ revenir au même; **~legen** *v/t.* mettre dehors; **~lehnen** *v/rf.*: *sich* ~ se pencher en (*od.* au) dehors; **~ragen** *v/i.*: ~ *über* (*acc.*) dépasser (*acc.*); s'élever au-dessus de; **~reichen** *v/i.*: ~ *über* (*acc.*) dépasser (*acc.*); **~schaffen** *v/t.* mettre dehors; **~schauen** *v/i.*: *aus dem Fenster* ~ regarder par la fenêtre; **~schicken** *v/t.*: *j-n* ~, *um etw. zu tun* envoyer q. faire qch.; (*j-m den Laufpaß geben*) faire sortir q.; envoyer qc. promener; **~schieben** *v/t.*: pousser dehors; *zeitlich*: ajourner; différer; remettre; reporter; **~schießen** *v/i.*: *über etw.* (*acc.*) ~ dépasser qch.; **~schleudern** *v/t.* éjecter; **~sehen** *v/i.*: *aus dem Fenster* ~ regarder par la fenêtre; **~sein** *v/i.*: *über etw.* (*acc.*) ~ avoir dépassé qch.; **~setzen** *v/t.*: *j-n* ~ mettre q. à la porte, F flanquer q. à la porte (*od.* dehors); **~setzen** *v/t.* mettre dehors; *Sport*: *e-n Spieler* ~ expulser un joueur; **~stoßen** *v/t.* pousser dehors; jeter (*od.* mettre) en poussant; **~stürzen** *v/i.* se précipiter dehors; s'élancer ('hors de); **~treiben** *v/t.* chasser; expulser; **~wachsen** *v/i.*: *über* ~ *a.* se surpasser; **~wagen** *v/rf.*: *sich* ~ oser sortir; **~weisen** *v/t.* éconduire; **~werfen** *v/t.* jeter dehors; (*ausweisen*) expulser (*aus de*); *zum Fenster* ~ jeter par la fenêtre; *zur Tür* ~ mettre à la porte, F flanquer à la porte (*od.* dehors); *j-n aus der Schule* ~ renvoyer q. (de l'école); **~wollen** *v/i.* vouloir sortir; *fig.* ~ *auf* (*acc.*) viser à; *worauf willst du hinaus?* où veux-tu en venir?; *hoch* ~ avoir de 'hautes visées; **~ziehen 1.** *v/t.* sortir, tirer; *zeitlich*: faire traîner en longueur, **2.** *v/i.* sortir; *aus der Stadt* ~ quitter la ville; **3.** *v/rf.*: *sich* ~ traîner en longueur.

'**hin|begeben** *v/rf.*: *sich* ~ se rendre (*nach a. resp.* chez; *zu a. resp.* chez); **~begleiten** *v/t.* accompagner (quelque part); **~bemühen 1.** *v/t.*: *j-n* ~ prier q. d'aller (quelque part); **2.** *v/rf.*: *sich* ~ se donner la peine d'aller (quelque part); **~bestellen** *v/t.* mander; **₂blick** *fig. m*: *im* ~ *auf* (*acc.*) en vue de; en considération de; eu égard à; en considérant; en tenant compte de; **~blicken** *v/i.* regarder; **~bringen** *v/t.* porter (à); (*hinfahren*) conduire (à); *sein Leben kümmerlich* ~ vivoter; **~brüten** *v/i.*: *vor sich* ~ être plongé dans une morne apathie; **~denken** *v/i.*: *wo denken Sie hin?* y pensez-vous?

'**hinder|lich** *adj.* embarrassant; gênant; *j-m in etw.* (*dat.*) ~ *sein* empêcher q. de faire qch.; contrarier q. en qch.; **~n** *v/t.* empêcher; *j-n am Schreiben* ~ empêcher q. d'écrire; (*zurückhalten*) arrêter; retenir; (*hemmen*) entraver; (*lästig sein*) embarrasser; gêner; (*stören*) déranger; **₂nis** *n* empêchement *m*; obstacle *m*; (*Schwierigkeit*) difficulté *f*; 'handicap *m*; *litt.* traverse *f*; *ein* ~ *nehmen* (*od. überwinden*) franchir un obstacle; *ein* ~ *beseitigen* lever (*od.* écarter) un obstacle; *auf* ~ *se stoßen* se 'heurter

à des obstacles; *j-m ein* ~ (*od.* ~*se*) *in den Weg legen* mettre obstacle (*od.* des obstacles) aux projets de q.; (*Hemmnis*) entrave *f*; embarras *m*; (*Unbequemlichkeit*) gêne *f*; *unvermutetes* ~ contretemps *m*; ⚠ *das ist kein* ~ ce n'est pas rédhibitoire; **₂nisbahn** *f* piste *f* d'obstacles; **₂nisrennen** *n* course *f* d'obstacles; steeple(-chase) *m*; **₂nisspringen** *n* saut *m* d'obstacles.

'**hindeuten** *v/i.*: *auf etw.* (*acc.*) ~ annoncer; dénoter qch., indiquer qch., (*zeigen*) montrer qch., (*zu verstehen geben*) donner à entendre qch., (*anspielen*) faire allusion à qch.

'**Hindi** (*seit 1965 Amtssprache Indiens*) *n* hindî *m*.

'**Hindin** *f* biche *f*.

'**hindrängen** *v/rf.*: *sich* ~ se presser (*vers*).

'**Hindu**(**frau** *f*) *m* Hindou *m*, -e *f*.
Hindu'ismus *m* hindouisme *m*.
hin'durch *adv.* à travers; au travers de; *hier* ~ (en passant) par ici; *dort* ~ (en passant) par là; *mitten* ~ à travers; au travers de; *ganz* ~ de part en part; *durch das Fenster* ~ par la fenêtre; *zeitlich*: pendant; durant; *die ganze Nacht* ~ pendant toute la nuit; *den ganzen Tag* ~ tout le long du jour; *das ganze Jahr* ~ pendant toute l'année; à longueur d'année; *Jahre* ~ des années entières; *drei Monate* ~ pendant trois mois; *e-e Stunde* ~ (*lang*) une heure durant; ~ traverser.

Hindu'stan *n* l'Hindoustan *m*; ~**i** (*Sprache*) *n* hindoustani *m*.

'**hin|dürfen** *v/i.* avoir la permission d'y aller; **~eilen** *v/i.* y courir; y voler; se dépêcher d'aller (*zu a. resp.* chez).

hi'nein *adv.* räumlich: nur (*od.* immer) ~! entre(z) donc!; *hier* ~! entre(z) (par) ici, là!; *hier* ~ par ici; *dort* ~ par là; *mitten ins Herz* ~ en plein cœur; *zeitlich*: *bis in den Mai* ~ jusqu'en mai; jusque au mois de mai; *tief in die Nacht* ~ jusque tard dans la nuit; **~arbeiten 1.** *v/t.* faire entrer; incorporer (*in* dans); **2.** *v/rf.*: *sich in etw.* (*acc.*) ~ *fig.* se familiariser avec qch.; **~bauen** ⚠ *v/t.* installer (*in acc.* dans); intégrer (à); **~begeben** *v/rf.*: *sich* ~ entrer; se rendre à l'intérieur (de); **~bekommen** *v/t.* parvenir à faire entrer; **~bringen** *v/t.* apporter (*in acc.* dans); rentrer (*a. ein Tier*); **~denken** *v/rf.*: *sich in e-e Rolle* ~ entrer dans un rôle; *sich in j-s Lage* ~ se mettre à la place de q. (*od.* dans la peau de q.); s'identifier avec q.; **~drängen 1.** *v/t.* faire entrer en poussant (*in acc.* dans); pousser (dans); **2.** *v/rf.*: *sich* ~ se pousser (*in acc.* dans), *abs.* se pousser dedans; **~drücken** *v/t.* faire entrer en pressant; **~fahren** *v/i.* rentrer (*in dans*); *v/i.* rentrer (*in dans*); *v/i.* en *e-e Straße* ~ s'engager (dans); enfiler (qch.); *in ein anderes Fahrzeug*: rentrer dans qch. *bzw.* dedans; **~fallen** *v/i.* tomber (*in acc.* dans); **~finden** *v/rf.*: *sich in etw.* (*acc.*) ~ se faire à qch.; s'accommoder de qch.; **~gehen** *v/i.* entrer (*in acc.* dans); ~ *bis in* (*acc.*) pénétrer jusqu'à; *es gehen 100 Personen in den Saal hinein* la salle peut contenir cent personnes; **~geraten** *v/i.* tomber (*in acc.* dans); *abs.* donner dedans; ~**interpretieren** v/t.: in e-n Text etw. ~ voir dans un texte des choses qui n'y sont pas; ~**knien** v/rf.: sich ~ in (acc.) se plonger dans, s'atteler à; ~**lassen** v/t. faire (resp. laisser) entrer; ~**laufen** v/i. entrer (en courant) (in acc. dans); ~**leben** v/i.: in den Tag ~ vivre au jour le jour; ~**legen** v/t.: j-n ~ tromper q., attraper q., mettre q. dedans; ~**lesen** v/rf.: sich ~ in (acc.) se familiariser avec; ~**mischen** v/rf.: F sich ~ se mêler (in acc. de); ~**ragen** v/i.: dieses Haus ragt zu weit in die Straße hinein cette maison avance trop dans la rue; ~**reden** 1. v/i. interrompre; v/i. ~ parler à tort et à travers; fig. in etw. ~ se mêler de qch.; 2. v/rf.: sich ~ in Zorn ~ s'échauffer en parlant; ~**riechen** fig. F v/i.: in etw. (acc.) ~ goûter de qch.; ins Lateinische bloß mal ~ se frotter de latin; ~**schieben** v/t. pousser (in acc. dans); ~**schlüpfen** v/i. se glisser (in acc. dans); abs. se glisser dedans; in s-e Pantoffeln ~ enfiler ses pantoufles; ~**schreiben** v/t. écrire, inscrire (in acc. dans); ~**stecken** v/t. mettre (od. fourrer) (in acc. dans); abs. mettre (od. F fourrer) dedans; Geld: engager (in acc. dans); ~**stürzen** v/i. faire irruption (in acc. dans); ~**tragen** v/t.: in etw. ~ porter jusque dans qch.; rentrer dans qch.; ~**treiben** v/t. faire entrer (de force) Nagel: enfoncer; ~**treten** v/i. entrer (in acc. dans); abs. mettre le pied dedans; ~**tun** v/t. mettre (in acc. dans); abs. mettre dedans; e-n Blick ~ in (acc.) jeter un coup d'œil dans; ~**wagen** v/rf.: sich ~ oser entrer; ~**werfen** v/t. jeter (in acc. dans); abs. jeter dedans; ~**wollen** v/i. vouloir entrer; das will mir nicht in den Kopf hinein cela ne veut pas entrer (dans ma tête); ~**ziehen** v/t.: in etw. (acc.) ~ entraîner dans qch.; j-n in etw. (acc.) ~ impliquer q. dans qch.; ~**zwängen** 1. v/t. faire entrer de force; 2. v/rf.: sich ~ entrer de force.

'**hin|fahren** 1. v/i. (y) aller (od. se bzw. s'y rendre) (en voiture, etc.) (zu à resp. chez); 2. v/t. conduire (en voiture, etc.); Lasten: transporter, emmener, charrier; ²**fahrt** f aller m; auf der ~ à l'aller; Hin- und Rückfahrt aller et retour; ~**fallen** v/i. tomber par terre; der Länge nach (od. lang) ~ tomber de tout son long; ~**fällig** adj. (ungültig) annulé, nul, -lle; 🕱 a. caduc, -uque; ~ werden s'annuler; devenir nul; ²**fälligkeit** f 🕱 caducité f; ~**finden** v/t. trouver son chemin; ~**fließen** v/i. aller; couler (vers); fig. Zeit: s'écouler; ²**flug** ⚡ m (vol m) aller m; ~'**fort** st.s. adv. désormais; dorénavant; à l'avenir; ²**fracht** ✝ f fret m d'aller; ~**führen** v/t. u. v/i. conduire (zu à resp. vers resp. chez).

'**Hin|gabe** f (Ergebenheit) dévouement m; sollicitude f; mit ~ a. avec passion; ~**gang** st.s. m (Tod) trépas m; décès m; mort f; ²**geben** 1. v/t. donner; (preisgeben) abandonner; (opfern) sacrifier; 2. v/rf.: sich ~ (sich überlassen) s'abandonner (à), (frönen) a. s'adonner (à), (sich widmen) s'adonner (à), se consacrer (à), se (dé-)vouer (à); sich der Hoffnung ~ espérer; sich der Verzweiflung ~ se laisser aller au désespoir; ~**gebung** f dévouement m; ²**gebungsvoll** adj. plein de dévouement; ²!**gegen** adv. au contraire; par contre; ²**gehen** v/i. aller (od. se rendre) (zu à resp. chez); so vor sich hin gehen aller au 'hasard; aller droit devant soi; etw. ~ lassen passer sur qch.; das mag diesmal noch ~ (cela) passe pour cette fois; Zeit: passer; s'écouler; s'enfuir; (sterben) mourir; décéder; ²**gehören** v/i. être à sa place; wo gehört er hin? où est sa place?; wo gehört dies hin? où faut-il mettre cela?; es gehört da hin voilà sa place; ²**gelangen** v/i. y accéder, s'y rendre; parvenir (zu resp. à); ²**geraten** v/i. tomber; niemand weiß, wo er ~ ist personne ne sait où il est passé (od. ce qu'il est devenu); ~**gerichtete**(r a. m) m, f supplicié m, -e f; ²**gerissen** fig. adj. transporté, ravi; ²**gezogen** fig. adjt.: sich zur Literatur ~ fühlen se sentir du goût pour la littérature; ²**gleiten** v/i. ~ über (acc.) glisser sur; ²**halten** v/t. tendre; présenter; fig. (verzögern) faire traîner; retarder; j-n ~ (vertrösten) faire prendre patience à q.; j-n mit Versprechungen ~ payer q. de promesses; ²**haltend** adj. a. 🕱 retardateur, -trice; ²**hängen** v/t. suspendre; accrocher; ²**hauen** P 1. v/t. Arbeit: bâcler; gâcher; F brocher; 2. v/i.: P das haut hin c'est au poil; ça colle; ça gaze; 3. v/rf.: P sich ~ (schlafen gehen) P (aller) se pieuter; ²**horchen** v/i. écouter; dresser l'oreille; ²**hören** v/i. écouter; nur mit e-m Ohr ~ n'écouter que d'une oreille.

'**hinken** I v/i. boiter (auf e-m Fuß d'un pied); être boiteux, -euse bsd. fig. a. clocher; II ² n claudication f; ~**d** adj. boiteux, -euse; ²**de**(r a. m) m, f boiteux m, -euse f.

'**hin|knien** v/i. s'agenouiller; se mettre à genoux; ²**kommen** v/i. venir; ich komme nirgends hin je ne vais nulle part; je ne sors pas; fig. wo kommen wir da hin? que deviendrions-nous?; wo ist meine Uhr hingekommen? où est passée ma montre?; qu'est devenue ma montre?; ~**kriegen** F v/t.: das werden wir schon ~ on va y arriver; ~**kritzeln** v/t. griffonner; ~**langen** v/t.: j-m etw. ~ tendre qch. à q.; fig. (genügen) suffire; ~**länglich** I adj. suffisant; II adv. suffisamment; assez; ~**lassen** v/t. (y) laisser aller (zu à resp. chez); ~**laufen** v/i. (y) aller; (y) courir (zu à resp. vers resp. chez); ~**legen** 1. v/t. mettre; poser; placer; 2. v/rf.: sich ~ se coucher; se mettre au lit; s'étendre; 🕱 ~! couchez-vous!; plaquez-vous!; ~**leiten**, ~**lenken** v/t. diriger (auf acc. sur od. vers); das Gespräch ~ auf (acc.) amener la conversation sur; ~**lümmeln** F v/rf.: sich ~ se vautrer; ~**metzeln**, ~**morden** v/t. assassiner; massacrer; égorger; ~**nehmen** v/t. accepter; prendre; supporter; tolérer; etw. geduldig (od. ruhig) ~ prendre qch. en patience; (ertragen) essuyer; Kränkung: avaler; ~**neigen** v/i.: zu etw. ~ pencher (od. incliner) à qch.; ich neige zu der Auffassung hin, daß ... je penche j'incline à croire que ...; '**hin|opfern** v/t. (v/rf.: sich se) sacrifier; (s')immoler; ²**opfern** n, ²**opferung** f sacrifice m; immolation f; ~**passen** v/i. être à sa place; ~**pfeifen** v/t. u. v/i.: leise vor sich ~ siffloter; ~**pfuschen** F v/t. bâcler; gâcher; etw. ~ a. faire qch. comme un sabot; ~**pinseln** F (schlecht schreiben) v/t. griffonner; ~**purzeln** v/i. faire la culbute; ~**raffen** st.s. v/t. enlever; ~**reichen** 1. v/t.: j-m etw. ~ tendre qch. à q.; 2. v/i. être suffisant; suffire; ~**reichend** I adj. suffisant; II adv. suffisamment; assez; ²**reise** f aller m; auf der ~ à l'aller; Hin- und Rückreise (voyage m d')aller et retour m; ~**reisen** v/i. (od. se rendre) (zu à resp. chez); ~**reißen** v/t. entraîner; emporter; (entzücken) ravir; transporter; hingerissen sein être ravi (od. enthousiasmé od. transporté); ~**reißend** adj. entraînant; (entzückend) ravissant; thé. ~ spielen jouer avec beaucoup de chaleur; brûler les planches; ♪ ~e Musik musique f enragée; ~**richten** v/t. diriger (auf acc. sur od. vers); Verbrecher: exécuter; supplicier; (enthaupten) décapiter; auf dem elektrischen Stuhl: électrocuter; ²**richtung** f exécution f (capitale); auf dem elektrischen Stuhl: électrocution f; ~**rollen** v/t. u. v/i. rouler (vers); ~**schaffen** v/t. transporter (zu a resp. chez); ~**schauen** v/i. regarder (vers); ohne hinzuschauen les yeux fermés; sans lever les yeux; ²**schauen** n: aber beim näheren ~ mais à y regarder de plus près; ~**scheiden** st.s. v/i. décéder; trépasser; ²**scheiden** st.s. n décès m; trépas m; ~**schicken** v/t. envoyer (zu à resp. chez); ~**schlachten** v/t. massacrer; égorger; ~**schlagen** v/i. s'étaler par terre; der Länge nach (od. lang) ~ tomber de tout son long; ~**schleppen** v/t. (v/rf.: sich se) traîner; ~**schludern** F v/t. bâcler; bousiller; gâcher; P saloper; P cochonner; F louper; ~**schmeißen** F v/t. jeter; F die Arbeit: envoyer promener; ~**schmieren** v/t. barbouiller; griffonner; ~**schreiben** v/t. écrire; rasch ~ écrire au courant de la plume; ~**schütten** v/t. verser; ~**sehen** v/i. regarder (vers); ohne hinzusehen les yeux fermés; sans lever les yeux; ~**setzen** 1. v/t. mettre; poser; placer; 2. v/rf.: sich ~ s'asseoir; ²**sicht** f: in dieser ~ à cet égard; sous ce rapport; à ce sujet; en la matière; in gewisser ~ à certains égards; in jeder ~ à tous égards; en tout point; en tous points; in mehrfacher ~ à plus d'un titre; in vieler ~ à beaucoup (od. à maints égards; in e-r ~ en un sens; in ~ auf (acc.) ~ ²**sichtlich** prp. (gén.) à l'égard de; par rapport à; sous le rapport de; en ce qui concerne; ~**sinken** v/i. tomber comme une masse; s'affaisser; tot ~ tomber mort; (schwinden) s'évanouir; ²**spiel** n Sport: (match m) F aller m; ~**sprechen** v/i.: vor sich (acc.) ~ parler tout seul (od. à son bonnet); etw. vor sich ~ dire qch. dans sa barbe; das ist nur so hingesprochen c'est une façon de parler; ~**stellen** 1. v/t. mettre; poser; placer; als Muster ~ proposer en exemple; 2. v/rf.: sich ~ se mettre; se placer; F se planter; sich ~ als se

donner pour; ~sterben v/i. dépérir; se mourir; s'éteindre; ~streben v/i. ~ nach tendre (od. viser) à; ~strecken v/t. Hand: tendre; (niederstrecken) étendre par terre; (hinwerfen) jeter; (umwerfen) renverser; ~strömen v/i. couler (nach vers); affluer (à); Menschen: aller en masse (od. en foule); ~stürzen v/i. (fallen) tomber par terre; (eilen) se précipiter (nach vers); ~sudeln F v/t. griffonner.
hint'an|setzen, ~stellen v/t. laisser de côté; négliger; ~setzung f, 2-stellung f mise f au second plan; négligence f; unter ~ von ... en mettant ... au second plan; ~stehen v/i. passer après le reste; se trouver négligé; j-m gegenüber ~ paraître en dessous de q.
'hinten adv. derrière; à l'arrière; en arrière; von ~ par (od. de) derrière; phot. de dos; nach~ hin en arrière; sur le derrière; (im Hintergrund) au fond; ~ im Saal au fond de la salle; (am Ende) à la fin; à la queue; ~ im Buch à la fin du livre; ein Auto von ~ anfahren rentrer dans l'arrière d'une voiture; sich ~ anschließen fermer la marche; ~ antreten se mettre à la queue; ~ ausschlagen ruer; ~ aussteigen sortir par l'arrière; ~ aufsitzen monter en croupe; von ~ anfangen commencer par la fin; ~herum adv. par derrière; fig. F (heimlich) en sous-main; clandestinement; ~'über adv. à la renverse.
'hinter prp. (Lage dat.; Richtung acc.) derrière: zeitlich: après; ~ j-s Rücken derrière le dos de q.; ~ j-m hergehen venir après q.; suivre q.; marcher sur les pas de q.; ~ j-m her sein être après q.; être aux trousses de q.; être sur les talons de q.; ~ etw. (dat.) her sein être après qch.; j-m ~ sich haben avoir q. à ses trousses, (von ihm gestützt werden) être appuyé par q., avoir q. dans sa manche; ~ j-m stehen être derrière q. (a. fig.); fig. ~ etw. (acc.) kommen découvrir qch.; ~ j-s Schliche kommen découvrir les intrigues de q.; ~ sich lassen laisser derrière soi; dépasser; fig. distancer q.; ~ etw. ~ sich haben (abgeschlossen haben) en avoir fini avec qch.; das Schlimmste haben wir ~ uns nous avons fait le plus difficile; j-n ~s Licht führen duper q.; j-m eins ~ die Ohren geben donner sur les oreilles à q.; fig. er hat es ~ den Ohren c'est un fin matois; ich werde es mir ~ die Ohren schreiben je me le tiendrai pour dit; mit etw. ~ dem Berge halten cacher ses desseins; ~ etw. (dat.) stecken être derrière qch.; ~ Schloß und Riegel bringen mettre sous les verrous; die Tür ~ sich zumachen fermer la porte derrière soi; 2achse f essieu m arrière; 2backe f fesse f; 2bein n patte f de derrière; sich auf die ~e stellen se cabrer; regimber; monter (od. se dresser) sur ses ergots; 2'bliebene(r a. m) m, f survivant m, -e f; die Hinterbliebenen les survivants m/pl., la famille du défunt; 2'bliebenenfürsorge f assistance f aux survivants; 2'bliebenenrente f pension f de réversion; 2'bliebenenversicherung f assurance f survivants; ~'bringen v/t. j-m etw. ~ rapporter (od. dénoncer)

qch. à q.; 2'bringer(in f) m rapporteur m, -euse f; dénonciateur m, -trice f; 2deck ⚓ n pont m arrière; ~'drein adv. après coup; après.
'hintere adj. arrière; postérieur; de derrière; die ~e Seite le côté arrière; der ~ Teil la partie arrière m. postérieure; der ~e Eingang l'entrée f de l'arrière; 2(r) F m derrière m. postérieur m; P cul m; j-m den Hintern voll hauen donner une fessée à q.; fesser q.; j-m in den Hintern treten botter le derrière (od. les fesses) à q.; donner un coup de pied aux fesses à q.; P fig. j-m in den Hintern kriechen lécher les bottes de q.
'hinter|ei'nander adv. l'un derrière l'autre; zeitlich: l'un après l'autre, successivement; drei Tage ~ trois jours de suite; fünf bis sechs Stunden ~ fliegen voyager de cinq à six heures d'une seule traite; ~ gehen marcher l'un après l'autre; marcher à la file (indienne); ⚡ ~geschaltet monté en série; 2ei'nanderschaltung ⚡ f montage m en série; 2flügel ✈ m arrière-corps m; 2front ⌂ f façade f postérieure; 2fuß m pied m de derrière; 2gebäude n maison f de derrière; bâtiment m sur la cour; 2'gedanke m arrière-pensée f; ~'gehen v/t. abuser; duper; tromper; 2'gehung f duperie f; tromperie f; 2gelände ⚔ n arrière m; 2gestell ⊕ n arrière-train m; ~gießen F v/t. avaler; F enfiler; F entonner; einen ~ P en éclusser un; 2glasmalerei f peinture f sur verre; 2grund m fond m; a. thé. arrière-plan m (a. fig.); in den ~ treten passer à l'arrière-plan; s'effacer; in den ~ drängen reléguer à l'arrière-plan; im ~ stehen; sich im ~ halten se tenir à l'arrière-plan; in den ~ treten passer au second plan; 2grundbericht m analyse f; 2gründe fig. m/pl. raisons f/pl. secrètes; dessous m/pl.; ~'gründig fig. adj. énigmatique; profond; obscur; 2grundmusik f musique f de fond; 2halt m embuscade f; guet-apens m; e-n ~ legen dresser (od. tendre) une embuscade; in e-n ~ locken attirer dans une embuscade; in e-n ~ fallen tomber dans une embuscade; im ~ liegen être (od. se tenir) en embuscade; ~'hältig adj. sournois; dissimulé; insidieux, -euse f; 2'hältigkeit f sournoiserie f; dissimulation f; fourberie f; 2hand f anat. arrière-main f; Kartenspiel: die ~ haben être le dernier, la dernière en cartes; 2haupt anat. n occiput m; 2haus n maison f sur la cour; arrière-corps m; ~'her adv. après; zeitlich: après (coup); fig. er ist sehr ~ il y tient beaucoup; 2'hergehen v/i. suivre; ~'herkommen v/i. venir après; ~'herlaufen v/i. courir après; 2hof m arrière-cour f; néol. courée f; 2-indien hist. n l'Indochine f; 2kopf anat. m derrière m de la tête; occiput m; 2lader ⚔ m arme f se chargeant par la culasse; 2land n arrière-pays m; hinterland m; ~'lassen v/t. laisser; letztwillig: léguer; 2'lassenschaft f succession f (a. fig.); (Erbteil) héritage m; ~'lastig adj. trop chargé à l'arrière; 2'lassung f: mit ~ großer Schulden en laissant beaucoup de dettes; 2lauf ch. m patte f de

derrière; ~'legen v/t. déposer; mettre en dépôt; consigner (a. Gepäck); hinterlegter Gegenstand (od. Betrag) dépôt m; consignation f; als Pfand ~ déposer en nantissement; die Ratifizierungsurkunde bei e-r Regierung ~ déposer les instruments de ratification auprès d'un gouvernement; 2'leger m déposant m; consignateur m; 2'legung f dépôt m; consignation f; gegen ~ von moyennant le dépôt de; die ~ der Ratifizierungsurkunden le dépôt des instruments de ratification; 2'legungsgelder n/pl. fonds m/pl. déposés; 2'legungsschein m certificat m (od. bon m) de dépôt; 2'legungsstelle f caisse f de consignation; Fr.: caisse f des dépôts et consignations; 2leib zo. m abdomen m; 2list f perfidie f; ~'listig adj. perfide; (arglistig) astucieux, -euse f; ~er Überfall guet-apens m; 2mann m celui qui vient derrière (resp. après) m; ⚓, écol. voisin m de derrière; ✈ auf Wechseln: endosseur m subséquent; (Drahtzieher) instigateur m; 2mannschaft f Sport: arrières m/pl.; ~mauern ⌂ v/t. remplir en maçonnerie; 2rad n roue f arrière; 2rad-antrieb m roues f/pl. motrices arrière; 2radbremse f frein m arrière; 2radfederung f suspension f arrière; 2radreifen m pneu m arrière; 2raum m arrière-salle f; ~rücks adv. par derrière; fig. a. traîtreusement; 2schiff ⚓ n poupe f; arrière-ler; 2schlingen, ~schlucken v/t. avaler; 2seite f derrière m; e-s Blattes: verso m; 2sitz m siège m arrière (od. de derrière); fond m; ~st (sup. v. hinten) dernier, -ière; ⚓ am ~ étambot m; 2stück n partie f postérieure; 2teil n partie f postérieure m; Auto: train m arrière; (Sitzfläche) postérieur m; derrière m; P cul m; fesses f/pl.; fessier m; plais. v. Frauen: croupe f; v. Frauen u. Tieren: arrière-train m; ~ mit dickem fessu; 2treffen n: fig. ins ~ kommen (od. geraten) être éclipsé; perdre son avance; ~'treiben v/t. contrecarrer; faire échouer; déjouer; 2treppe f escalier m de service; 2treppenroman m roman m de quatre sous; 2tür f porte f de derrière; (Schlupftür) porte f dérobée; fig. sich e-e ~ (od. ein Hintertürchen) offenhalten se ménager une porte de sortie; 2wäldler péj. m F rustaud m; P péquenot m; P plouc m; 2wand mur m de derrière; thé. fond m; ~'ziehen v/t. (unterschlagen) soustraire; détourner; 2'ziehung f détournement m; Fr. Steuern: fraude f; 2zimmer n chambre f de derrière.
'hin|tragen v/t. porter (zu à resp. chez); ~träumen v/i. vor sich ~ s'abandonner à la rêverie; ~treten v/i. vor j-n ~ se présenter devant q.; man weiß nicht, wo man ~ soll on ne sait où mettre le pied; ~tun v/t. mettre; placer.
hi'nüber adv.: das 2 und Herüber le va-et-vient; F ~ sein Lebensmittel: être gâté (od. fichu); Person: être mort; ~blicken v/i. regarder de l'autre côté; zu j-m ~ regarder q.; ~bringen v/t. (hinüberführen) condui-

re (*od.* mener *od.* transporter) de l'autre côté; ⚔ faire passer qch. dans l'autre membre; ~eilen *v/i.* courir de l'autre côté; ~fahren 1. *v/i.* passer de l'autre côté; 2. *v/t.* transporter de l'autre côté; ~ über etw. (*acc.*) traverser qch.; ~führen *v/t.* conduire (*od.* mener) de l'autre côté; ~gehen *v/i.* passer (*od.* aller) de l'autre côté; ~ über etw. (*acc.*) traverser qch.; ~helfen *v/i.*: j-m ~ über etw. (*acc.*) aider q. à traverser qch.; ~kommen *v/i.* passer de l'autre côté; zu j-m ~ venir chez q.; ~lassen *v/t.* laisser *bzw.* faire passer de l'autre côté; ~laufen *v/i.* courir de l'autre côté; ~müssen F *v/i.*: *ich muß über ... hinüber* il faut que je traverse ...; ~ragen *v/i.*: über etw. (*acc.*) ~ dépasser qch.; s'élever au-dessus de qch.; ~reichen 1. *v/i.* s'étendre (*bis* jusqu'à); 2. *v/t.*: etw. über den Tisch ~ passer qch. par-dessus la table; ~schaffen *v/t.* transporter de l'autre côté; (*hinüberführen*) conduire (*od.* mener) de l'autre côté; ~schwimmen *v/i.*: über den Fluß ~ traverser le fleuve à la nage; ~setzen 1. *v/t.* faire passer de l'autre côté; 2. *v/i.* passer (une rivière, *etc.*).
'Hin-übersetzung *f* thème *m.*
hin'über|springen *v/i.* sauter de l'autre côté; *über e-n Graben* ~ franchir un fossé d'un bond; ~steigen *v/i.* passer par-dessus (*über etw. acc.* qch.); ~tragen *v/t.* (trans)porter de l'autre côté; ~wechseln *v/i.* passer de l'autre côté; *zu e-r anderen Partei* ~ changer de parti; ~werfen *v/t.* jeter de l'autre côté; ~wollen *v/i.* vouloir passer de l'autre côté; ~ziehen 1. *v/t.* tirer de l'autre côté; *gr.* faire la liaison; lier; 2. *v/i.* passer de l'autre côté; 3. *v/rf.* sich ~ s'étendre (*bis nach* jusqu'à).
'Hin und 'Her *n* va-et-vient *m.*
'hin- und 'her|bewegen 1. *v/t.* agiter; 2. *v/rf.*: sich ~ s'agiter; *Schwingungen machen*) osciller; ²bewegung *f* va-et-vient *m*; (*Schwingung*) oscillation *f*; ~fahren *v/i.*: *täglich* ~ faire la navette; ~gehen *v/i.* aller et venir; déambuler; ²gehen *n auf der Straße*: circulation *f*; allées et venues *f/pl.*; ²gerede *n* (longs) débats *m/pl.*; ²gerissenwerden *n* écartèlement *m*; ~raten *v/i.* faire mille conjectures; ~reden *v/i.* parler longuement (*über acc.* sur); ~schütteln *v/t.* ballotter; ²schütteln *n* ballottement *m*; ~schwanken *v/i.* ballotter; (*taumeln*) chanceler; zigzaguer; *fig.* hésiter (longtemps); ²schwanken *n* ballottement *m*; *fig.* irrésolution *f*; hésitation(s *pl.*) *f*; ~schwingen *v/t.* agiter; ~streiten *v/i.*: über etw. (*acc.*) ~ débattre qch.; ~taumeln *v/i.* zigzaguer; chanceler; ~überlegen *v/t.* ruminer; ~werfen *v/t.* ballotter; ~wogen *v/i.* ondoyer; ²wogen *n* ondoiement *m*; ~zerren *v/t.* tirailler de côté et d'autre.
'Hin- und 'Rück|fahrkarte *f* billet *m* aller-retour; ~fahrt *f*: die ~ l'aller *m* et le retour; *fünf* ~ en cinq allers et retours; ~flug ✈ *m*: ein ~ un aller et retour en avion; ~fracht *f* fret *m* d'aller et retour; ~reise *f* voyage *m* aller-retour; ~verkehr *m* trafic *m*

(d')aller et (de) retour.
hi'nunter *adv.* en descendant; en bas; (*zur Erde*) à (*od.* par) terre; *da* ~ (en descendant) par là; *da* ~! (descendez) par là!; den Fluß ~ en descendant la rivière; en aval; *die Straße* ~ en descendant la rue; *die Treppe* ~ en descendant l'escalier; ~ *mit ihm!* qu'on le fasse descendre!; ~begleiten *v/t.* accompagner en bas; ~blicken *v/i.* regarder en bas; ~bringen *v/t.*: j-n ~ accompagner q. en bas; etw. ~ descendre qch.; ~fahren *v/i. u. v/t.* descendre (en voiture, *etc.*); ~fallen *v/i. u. v/t.* tomber (*zu Boden* à *od.* par terre); *die Treppe* ~ tomber en bas de l'escalier; ~führen 1. *v/t.* conduire (*od.* mener) en bas; (*hinuntergeleiten*) accompagner en bas; 2. *v/i.* descendre; ~gehen *v/i.* descendre; ~gießen *v/t.* verser en bas; *Getränk*: F avaler; ~helfen *v/i.*: j-m ~ aider q. à descendre; ~kippen F *v/t. Getränk*: P lamper; ~lassen *v/t.* descendre; j-n ~ faire descendre q., (*ihn hinunterbegleiten*) accompagner q. en bas; ~reichen 1. *v/t.* tendre en bas; 2. *v/i.* descendre; ~schauen *v/i.* regarder en bas; ~schlucken, ~schlingen *v/t.* avaler; ~sehen *v/i.* regarder en bas; ~spülen *v/t.* faire descendre; ~steigen *v/i. u. v/t.* descendre; ~stürzen 1. *v/t.* (*v/rf.*: sich ~) se précipiter en bas; *Getränk*: avaler d'un trait; 2. *v/i.* se précipiter en bas; (*hinunterfallen*) tomber (*zu Boden* à *od.* par terre); ~tragen *v/t.* porter en bas; descendre; ~werfen *v/t.* jeter (en bas).
'hin|wagen *v/rf.*: sich ~ oser y aller; ²weg *m* aller *m*; *auf dem* ~ à l'aller; en y allant.
hin'weg *adv.* au loin; arrière; ~ *mit euch!* ôtez-vous de là!; ~ *mit ihm!* qu'on l'emmène!; *fig. über etw.* (*acc.*) ~ *sein* avoir surmonté qch.; *über alle Schwierigkeiten* (*Hindernisse*) ~ par-delà toutes les difficultés (tous les obstacles); ~bringen *v/t.*: j-n über e-e Schwierigkeit ~ aider q. à surmonter une difficulté; ~eilen *v/i.* partir à la hâte; ~führen *v/t.* emmener; ~gehen *v/i.* s'en aller; über etw. (*acc.*) ~ passer sur qch. (*a. fig.*); ~gleiten *v/i.* glisser (*über acc.* sur); ~helfen *v/i.*: j-m über e-e Schwierigkeit ~ aider q. à surmonter une difficulté; ~kommen *v/i.*: er kommt darüber nicht hinweg il n'en revient pas; ~raffen *v/t.* emporter; enlever; ~schreiten *v/i.* ~ *gehen*; ~sehen *v/i.*: über etw. (*acc.*) ~ *fig.* fermer les yeux sur qch.; ~setzen *v/rf.*: sich ~ über (*acc.*) se placer au-dessus de; passer outre à *qch.*; F se moquer de; fouler *qch.* aux pieds; ~springen *v/i.*: über etw. (*acc.*) ~ sauter par-dessus qch.; ~täuschen *v/t.* (*v/rf.*: sich *s'*)illusionner (*über acc.* sur); *über etw.* ~ dissimuler qch.
'Hin|weis *m* indication *f*, renseignement *m* (*auf acc.* au sujet de); (*Anspielung*) allusion *f* (*auf acc.* à); (*Verweisung*) renvoi *m* (*auf acc.* à); ☆ *auf e-n Verbrecher*: invite *f*; (*Stellenangabe*) référence *f*; ~e *erhalten* recevoir des instructions; *unter* ~ *auf* en se (*od.* nous) référant à; ²weisen *v/i.*: auf

etw. (*acc.*) ~ indiquer qch., montrer qch.; évoquer qch.; faire état de qch.; faire remarquer (*od.* observer) que ...; j-n auf etw. ~ renvoyer q. à qch.; attirer l'attention de q. sur qch.; aviser q. de qch.; ²weisend *adj. gr.* démonstratif, -ive; ~weisschild *n* plaque *f* indicatrice; ²welken *v/i.* se flétrir; se faner; ²wenden *v/rf.*: sich ~ nach (zu) se tourner vers; *fig.* s'adresser à; ²werfen 1. *v/t.* jeter; *Gedanken, Zeichnung*: esquisser; ébaucher; (*aufgeben*) abandonner; 2. *v/rf.*: sich ~ se jeter par terre; ²'wieder *st.s. adv.* en revanche; par contre; ²wirken *v/i.*: auf etw. ~ viser à qch.; ²wollen *v/i.* vouloir y aller.
Hinz *m*: ~ *und Kunz* Pierre et Paul; *weit S.* l'arrière-ban *m.*
'hin|zählen *v/t.* compter; ~zeigen *v/i.*: auf etw. (*acc.*) ~ montrer qch.; *die Wetterfahne zeigt nach Westen hin* la girouette est tournée vers l'ouest; ~ziehen 1. *v/t. zeitlich*: faire traîner en longueur; 2. *v/i.* (*sich niederlassen*) aller s'établir (*od.* s'installer) (*nach Paris* à Paris); 3. *v/rf.*: sich ~ (*erstrecken*) s'étendre, *zeitlich*: traîner en longueur; se prolonger; ²zielen *v/i.*: ~ *auf* (*acc.*) viser (*od.* tendre) à.
hin'zu|bekommen *v/t.* recevoir en plus; ~denken *v/t.* ajouter par la pensée; ~dichten *v/t.* rajouter; ~fügen *v/t.* ajouter (zu à); joindre (à); *abs.* renchérir; ²fügung *f* adjonction *f*; addition *f*; ~gehören *v/i.*: ~ zu faire partie de; ~gesellen *v/rf.*: sich ~ zu se joindre à; *sich zu e-r Kundgebung* ~ s'agglutiner à une manifestation; ~kommen *v/i.* s'ajouter (zu à); se joindre (à); (*erscheinen*) survenir; *es kommt noch hinzu, daß ... ajoutez que ...;* ~rechnen *v/t.* ajouter; ~setzen *v/t.* ajouter (zu à); joindre (à); ²setzung *f* adjonction *f*; addition *f*; ~treten *v/i.* (zu à); s'ajouter (à); ~tun *v/t.* ajouter (zu à); joindre (à); ²tun *n* adjonction *f*; addition *f*; *ohne mein ~ sans que j'y sois pour rien;* ²wahl *f* cooptation *f*; ~wählen *v/t.* coopter; désigner par cooptation; ~zählen *v/t.* ajouter; ~ziehen *v/t.* faire prendre part; *Arzt*: faire venir; faire appel à; consulter; ²ziehung *f e-s Arztes*: consultation *f.*
'Hiobs|bote *m* messager *m* de malheur; ~botschaft *f*, ~post *f* fâcheuse nouvelle *f*; nouvelle *f* fatale.
'Hippe *f* (*Messer mit gebogener Klinge*) serpette *f.*
'Hippie|(mädchen *n*) *m* hippie *m*, *f*; ~bewegung *f* mouvement *m* hippie; ~mode *f* mode *f* hippie; ~stadtviertel *n* quartier *m* hippie.
'hippig F *adj.* exalté; F piqué; F timbré; F toqué.
Hippo'drom *m* hippodrome *m.*
hippo'kratisch *adj.* d'Hippocrate; hippocratique.
Hirn *n* cervelle *f*; (*Organ*) cerveau *m*; '~anhangdrüse *anat. f* hypophyse *f*; '~geschädigte(r) ✠ *m* infirme *m* moteur-cérébral; '~gespinst *n* chimère *f*; élucubration *f*; '~haut *anat. f* méninge *f*; '~haut-entzündung ✠ *f* méningite *f*; '~holz ⊕ *n* bois *m* de bout; '²los F *adj.* sans cervelle; '~masse *f*

matière f cérébrale; ∼**schale** anat. f crâne m; '∼**schlag** ⚕ m apoplexie f; ²**verbrannt** F adj. complètement fou, folle; '∼**verletzung** f traumatisme m crânien.
Hirsch m cerf m; '∼**fährte** ch. f traces f/pl., foulées f/pl. du cerf; '∼**fänger** m couteau m de chasse; '∼**geweih** n bois m de cerf; '∼**hornsalz** 🝆 n carbonate m d'ammonium; '∼**jagd** f chasse f au cerf; '∼**käfer** ent. m cerf-volant m; lucane m; '∼**kalb** n faon m; '∼**keule** f cuissot m de cerf; '∼**kuh** f biche f; '∼**leder** n peau f de cerf (resp. de daim); '²**ledern** adj. de (od. en) peau de cerf (resp. de daim); '∼**losung** ch. f fumées f/pl. du cerf; '∼**park** m parc m aux cerfs; '∼**schweiß** ch. m sang m de cerf; '∼**ziemer** m cimier m de cerf.
'**Hirse** f millet m; mil m; ∼**brei** m bouillie f de millet; ∼**korn** n grain m de mil(let).
'**Hirt(in** f) m (Schaf≳) berger m, -ère f; (Rinder≳) bouvier m, -ière f; (Kuh≳) vacher m, -ère f; poét. a. pâtre m; fig. pasteur m.
'**Hirten|amt** n fonctions f/pl. pastorales; (Stand der Geistlichen) état m ecclésiastique; ∼**brief** rl. m lettre f pastorale; mandement m; ∼**dichtung** f poésie f pastorale (od. bucolique); ∼**flöte** f (Schalmei) chalumeau m; ∼**gedicht** n poème m pastoral; pastorale f; bucolique f; ∼**hund** zo. m: ungarischer ∼ chien m de berger 'hongrois; ∼**knabe** m petit berger m; ∼**lied** n chanson f de berger; ∼**mädchen** n jeune bergère f; ∼**spiel** n pastorale f; ∼**stab** m 'houlette f; rl. crosse f; ∼**täschelkraut** ♀ n bourse-à-pasteur f; ∼**volk** n peuple m pasteur.
His ♪ n inv. si m dièse.
'**hissen** v/t. 'hisser; Fahne: a. arborer.
histokompa'tibel 🝆 adj. histocompatible.
Hi'stor|ie f histoire f; ∼**ienmaler** m peintre m d'histoire; ∼**iker** m historien m.
Historio'graph m historiographe m.
hi'storisch adj. historique.
Histo'rismus m historisme m.
Hit ♪ m *tube m.
'**Hitparade** ♪ f palmarès m.
'**Hitz|bläs-chen** n bouton m de chaleur; ∼**e** f chaleur f; drückende ∼ chaleur f accablante; tropische ∼ chaleur f tropicale; das ist vielleicht 'ne ∼! il fait une de ces chaleurs!; in der ∼ des Gefechts dans le feu du combat; fig. dans le feu de la discussion; bei schwacher ∼ kochen (lassen) mijoter; ²**ebeständig** adj. réfractaire; thermostable; résistant à la chaleur; ∼**beständigkeit** f résistance f à la chaleur; ²**e-empfindlich** adj. sensible à la chaleur; ∼**e-empfindlichkeit** f sensibilité f à la chaleur; ∼**ferien** pl. vacances f/pl. de canicule; ²**efrei** adj.: ∼ haben avoir congé à cause de la chaleur; ∼**egrad** m degré m de chaleur; ∼**emauer** ⚛ f mur m de la chaleur; ∼**eschild** (Raumkapsel) m bouclier m thermique; ∼**eschutzanzug** ⊕, text. m tenue f de protection contre la chaleur; ∼**estärke** ⚡ f: mit zwei ∼n (Fönkamm) à deux allures de chauffe; ∼**ewelle** f vague f de chaleur; ²**ig** adj. fig. (leidenschaftlich) ardent; (erregt) échauffé; (feurig, ungestüm) fougueux, -euse; impétueux, -euse; (lebhaft) vif, vive; (jähzornig) emporté; (aufbrausend) bouillant; (barsch) brusque; ∼ sein être soupe au lait; avoir la tête chaude; avoir la tête près du bonnet; ∼ werden s'échauffer; (nur) nicht so ∼! doucement!; tout doux!; ∼**kopf** m tête f chaude; cerveau brûlé; ²**köpfig** adj.: ∼ sein être soupe au lait; avoir la tête chaude; avoir la tête près du bonnet; ∼**pickel** m/pl., ∼**pocken** f/pl. boutons m/pl. de chaleur; rougeurs f/pl.; ∼**schlag** m insolation f; coup m de chaleur.
hm! int. 'hem!
'**H-Milch** f lait m longue conservation.
'**Hobby** n 'hobby m; violon m d'Ingres; passe-temps m favori; dada m; 'hochet m.
'**Hobel** m rabot m; ∼**bank** f établi m de menuisier; ∼**eisen** n fer m de rabot; ∼**maschine** f raboteuse f; ∼**messer** n fer m de rabot; ²**n** v/t. raboter; fig. polir; wo gehobelt wird, fallen Späne on ne fait pas d'omelette sans casser des œufs, ∼**n** n rabotage m; ∼**span** m copeau m.
'**Hobler** m raboteur m.
hoch I adj. (ch vor e = h: hohe, hoher, hohes, comp. höher, sup. höchst, s. diese) 'haut; élevé; von hohem Wuchs de haute taille, Person: de grande taille; hohe Stirn front m 'haut; hohe Zimmer pièce f 'haute; hohe Schuhe chaussures f/pl. montantes, (Stökkelschuhe) chaussures f/pl. à talons 'hauts; Ehre, Verdienst, Ansehen: grand; in hohem Ansehen stehen jouir d'une grande considération; das hohe Altertum la 'haute antiquité; hist. die hohe Pforte la Sublime Porte; es ist hohe Zeit il est grand temps; Ton, Preis, Zahl, Stellung: 'haut; ♪ hohes C ut m de poitrine; fig. hohes Spiel gros jeu m; hoher Gewinn gros gain m; hohe Zinsen gros intérêts m/pl.; hohe Temperatur 'haute température f; température f élevée; hohes Fieber forte fièvre f; Hohe Schule (beim Reiten) 'haute école f; hohe Feste fêtes f/pl. solennelles; hohes Gericht 'haute cour f; hohe See 'haute mer f; auf hoher See en 'haute mer; au large; en pleine mer; in hohem Alter dans un âge avancé; wegen s-s hohen Alters à cause de son grand âge; hohe Geldstrafe forte amende f; bei hoher Strafe sous peine sévère; hoher Beamter 'haut fonctionnaire m; hoher Offizier officier m supérieur; Hoher Kommissar 'Haut Commissaire m; hoher Adel 'haute noblesse f; F hohes Tier grosse légume f; huile f; hohe Denkart sentiments m/pl. élevés; hoher Norden extrême nord m; hoch zu Roß perché sur son cheval; fig. sich aufs hohe Roß setzen monter sur ses grands chevaux; ein Meter ∼ 'haut d'un mètre; un mètre de 'haut(eur); das Haus ist zwei Stockwerke ∼ la maison a deux étages; es liegt sechzig Zentimeter hoher Schnee il y a soixante centimètres de neige; la neige a soixante centimètres de haut; ⚛ zehn ∼ minus sieben dix puissance moins sept; fig. etw. auf die hohe Kante legen mettre qch. de côté; e-e hohe Meinung haben von avoir une 'haute opinion de; in hohem Maße dans une large mesure; in hohem Grade à un 'haut degré; in sehr hohem Grade à un degré éminent; mit hoher Geschwindigkeit à vive allure; ein hohes Lied singen auf (acc.) faire l'éloge de; **II** adv. 'haut; Hände ∼! 'haut les mains!; Kopf ∼! fig. 'haut les cœurs!; der König lebe ∼! vive le roi!; F drei Mann ∼ au nombre de trois; à trois; sie kamen fünf Mann ∼ ils vinrent au nombre de cinq; drei Treppen ∼ au troisième étage; ⚕ drei ∼ fünf trois puissance cinq; ∼ und niedrig les grands et les petits m/pl.; ∼ oben tout en 'haut; ∼ oben auf en 'haut de; ∼ über très 'haut au-dessus de; à une grande 'hauteur au-dessus de; wie ∼ schätzen Sie es? à combien l'évaluez-vous?; ∼ zu stehen kommen (e-e Unmenge Geld kosten) coûter cher, F coûter les yeux de la tête; im Preise stehen être d'un prix élevé; ich schätze ihn ∼ je le tiens en 'haute (od. grande) estime; je l'estime beaucoup; das ist mir zu ∼ cela me dépasse; den Kopf ∼ tragen porter la tête 'haute; die Nase ∼ tragen prendre des airs 'hautains; zu ∼ gestimmt ♪ trop 'haut; der Vorhang ist ∼ le rideau est levé; es geht ∼ her on s'en donne; es geht bei ihm ∼ her il mène grand train; die Kurse stehen ∼ les cours sont 'hauts; die See geht ∼ la mer est 'houleuse; ∼ wohnen habiter en 'haut; ∼ spielen jouer gros (jeu); ∼ gewinnen gagner gros; j-m etw. ∼ anrechnen être très reconnaissant de qch. à q.; ∼ hinauswollen; ∼ streben avoir de 'hautes visées; viser 'haut; zu ∼ hinauswollen viser trop 'haut; ∼ beglücken rendre bien heureux; ∼ und heilig versprechen promettre solennellement; ∼ und heilig schwören jurer par tout ce qu'il y a de plus sacré; wenn es ∼ kommt tout au plus; au maximum; der Schnee liegt ∼ la neige est épaisse; fig. ∼ über den anderen stehen être bien supérieur aux autres.
Hoch n (∼ruf) vivat m; ein ∼ auf j-n ausbringen porter un toast à q.; boire à la santé de q.; (∼druckgebiet) zone f de 'haute pression.
'**hoch|achtbar** adj. très estimable; très honorable; ∼**achten** v/t. estimer beaucoup; tenir (od. avoir) en 'haute (od. grande) estime; ²**achtung** f 'haute estime f; 'haute considération f; respect (s pl.) m; bei aller ∼ vor (dat.) avec toute la considération due (à); avec tout le respect dû (à); j-m zollen tenir q. en 'haute (od. grande) estime; respecter q.; Briefschluß: mit vorzüglicher ∼ veuillez agréer, Monsieur bzw. Madame, l'expression de ma parfaite considération (od. de mes profonds respects); ∼**achtungsvoll I** adj. plein de respect; respectueux, -euse; **II** adv. Briefschluß: veuillez agréer, Monsieur bzw. Madame, l'expression (od. l'assurance) de mes sentiments (très) distingués; ²**adel** m 'haute noblesse f; ²**altar** rl. m maître-autel m; ²**amt** rl n grand-messe f; das ∼ halten officier; ∼**angesehen** adj. très estimé; très considéré; ²**antenne** f Radio: an-

tenne *f* aérienne (*od.* extérieure); ~arbeiten *v/rf.*: sich ~ parvenir à force de travail; ~aufgeschossen *adj.* élancé; ⸺bahn *f* métro *m* aérien; ⸺bau *m* construction *f* en surface (*od.* en élévation); (*Oberbau*) superstructure *f*; constructions *f*/*pl.* au-dessus du sol; ~bedeutsam *adj.* très important; ~begabt *adj.* extrêmement doué; ~beglückt *adj.* comblé de joie; ~beinig *adj.* 'haut sur jambes; ~berühmt *adj.* très célèbre; illustre; ~betagt *adj.* très vieux, vieil, vieille, très âgé; ⸺betrieb *m* activité *f* intense; ~bezahlt *adj.* fort bien payé; ~bocken *v/t. Auto*: soulever; ~bringen *v/t.* in e-e höhere Etage: monter; *fig. éc.* relancer, redresser, relever; ⚓ (*wieder* ~) redonner des forces; F ravigoter; retaper; ⸺burg *f* citadelle *f*; centre *m*; e-r Partei: fief *m*; ⸺decker ✈ *m* avion *m* à ailes 'hautes; ~deutsch *adj.*, ⸺deutsch *n* 'haut allemand *m*; ⸺druck *m* 'haute pression *f*; *fig.* mit ~ arbeiten être sous pression; *typ.* impression *f* en relief; ⸺druckdampfmaschine *f* machine *f* à vapeur à 'haute pression; ⸺druckgebiet *n* zone *f* de 'haute pression; ⸺ebene *f* plateau *m*; ⸺(ehr)würden: Ew. ~ Votre Révérence; ~ehrwürdig *adj.* très vénérable; als Titel v. Geistlichen: a. très révérend; ~elegant *adj.* très élégant; ~empfindlich *phot. adj.* très sensible; ~entwickelt *adj.* pleinement développé; très poussé; ~entzückt, ~erfreut *adj.* très enchanté, très ravi; ~explosiv *adj.* très explosif, -ive; ~fahren *v/i.* mit dem Fahrstuhl: monter (par l'ascenseur); ~erschrecken: sursauter; aus dem Schlafe ~ se réveiller en sursaut; (*aufbrausen*) s'emporter; ~fahrend *fig. adj.* 'hautain; arrogant; ~es Wesen arrogance *f*; ~fein *adj.* superfin; ⸺finanz *f* 'haute finance *f*; ⸺fläche *f* plateau *m*; ~fliegen *v/i.* ✈, Ballon: monter; bei Explosionen: être projeté en l'air; ~fliegend *adj. fig.* ambitieux, -euse; qui vise 'haut; Plan: vaste; ⸺flug ✈ *m* vol *m* en 'haute altitude; ⸺flußreaktor *at. m* réacteur *m* à 'haut flux; ⸺flut *f* marée *f* 'haute; *fig.* grand afflux *m*; ⸺form *f*: in ~ sein être en pleine forme; ⸺format *n* format *m* à la française; ~frequent ⚡ *adj.* de 'haute fréquence; ⸺frequenz ⚡ *f* 'haute fréquence *f*; ⸺frequenzhärtung ⊕ *f* trempe *f* par courant 'haute fréquence; ⸺frequenzkamera *phot. f* caméra *f* à prise de vue au ralenti; ⸺frequenzstrom *m* courant *m* de 'haute fréquence; ⸺frequenzverstärker *m* amplificateur *m* (à) 'haute fréquence; ~frieren (Beton) congeler jusqu'au niveau du sol; ~geachtet *adj.* très estimé; très considéré; ~gebildet *adj.* très cultivé; ⸺gebirge *n* 'haute montagne *f*; ⸺gebirgshotel *n* hôtel *m* en 'haute montagne; ~geboren *adj.* illustre; ~ge-ehrt *adj.* très honoré; ⸺gefühl *n* délice *m*; enthousiasme *m*; exaltation *f*; ~gehen *v/i.* monter; die See geht hoch la mer est 'houleuse; Preise: monter; être en 'hausse; *fig.* (sich erregen) s'échauffer; s'emporter; ⸺gehen *n* der Preise: montée *f*; 'hausse

f; ~gehend *adj.* ⚓ 'houleux, -euse; *fig.* exalté; ~gekämmt *adj.* Haar: relevé; ~gelegen *adj.* élevé; situé sur une 'hauteur; ~gelehrt *adj.* érudit; *oft iron.*: docte; ⸺genuß *m* délice *m*; ⸺gericht *hist. n* (Galgen) gibet *m*; ⸺gesang *rl. m* hymne *m*; ~geschätzt *adj.* très estimé; très considéré; ~geschlossen *adj.* Pulli: fermé jusqu'au cou; Kleider: montant; ~geschossen *adj.* élancé; ~geschürzt *adj.* troussé court; ~gesinnt *adj.* noble; qui a des sentiments élevés; ~gespannt *adj.* Dampf: à 'haute pression; ⚡ à 'haute tension; *fig.* ~e Erwartungen grands espoirs *m*/*pl.*; ~gestellt *adj.* 'haut placé; ~gesteckt *adj.* Haar: relevé; *fig.* ~e Ziele 'hautes visées *f*/*pl.*; ~gestreift *adj.* Ärmel: relevé; retroussé; ~gewachsen *adj.* de 'haute (*od.* de grande) taille; ⸺glanz *m* brillant *m*; poli *m*; auf ~ polieren faire briller; s-n Wagen auf ~ bringen bichonner sa voiture; ~glanzpolieren *v/t.* faire briller; ⸺glanzpolitur *f* verni *m*; ~gradig I *adj.* d'un 'haut degré; fort; intense; élevé; II *adv.* à un 'haut degré; ⸺gradigkeit *f* intensité *f*; ~halten *v/t.* lever; im Augenblick: tenir levé; *fig.* j-s Andenken: estimer beaucoup; tenir (*od.* avoir) en 'haute (*od.* grande) estime; die Preise ~ maintenir les prix élevés; ⸺haus *n* building *m*; (Wohnturm) tour *f*; (Wolkenkratzer) gratte-ciel *m*; ~heben *v/t.* lever; soulever; relever; (hochraffen; hochstecken) retrousser; relever; *parl.* Abstimmung durch ⸺ der Hände vote *m* à main levée; ~herrschaftlich *adj.* Wohnung: somptueux, -euse; luxueux, -euse; ~herzig *adj.* magnanime; généreux, -euse; ⸺herzigkeit *f* magnanimité *f*; générosité *f*; ~industrialisiert *adj.* 'hautement industrialisé; ~kämmen *v/t.* relever; ~kant I *adj.* de chant; II *adv.*: ~ stellen placer de chant; ⸺kantförderer ⊕ *m* transporteur *m* de lettres en position debout; ⸺karätige(r) F *m* notable *m*; célébrité *f*; ⸺kirche *f* Église *f* anglicane; ~klappbar *adj.* relevable; ~klappen *v/t.* relever; ~klettern *v/i.*: an etw. (*dat.*) ~ grimper à qch.; ~klingend *adj.* Titel: ronflant; ~kommen *v/i.* (heraufkommen) monter; aus dem Magen: revenir; (aufstehen) se lever; (aufkommen) s'établir; s'introduire; s'implanter; (es zu etw. bringen) parvenir; faire son chemin; (auftauchen) émerger; (wieder ~ sich erholen) se rétablir; se remettre; se relever; *éc. wirtschaftlich*: prospérer; réussir; ⸺konjunktur *f* 'haute conjoncture *f*; ~konzentriert *adj.* très concentré; ~krempeln F (Ärmel) *v/t.* retrousser; relever; replier; ⸺land *n* 'hauts plateaux *m*/*pl.*; ⸺länder(in *f*) *m* montagnard *m*, -e *f*; ~leben: j-n ~ lassen boire à la santé de q.; porter un toast à q.; ... lebe hoch! vive ...!; ~legen ⚡ *v/t.* installer en 'hauteur; ⸺leistungsmotor *m* moteur *m* de grand rendement; ⸺leistungssportler *m* sportif *m* de haute compétition; ⸺leitung ⚡ *f* ligne *f* aérienne. ¹höchlich *adv.* fort; bien; grandement.

²hoch|löblich *adj.* très louable; honorable; ⸺löffelbagger *m* pelleteur *m* (*od.* pelleteuse *f*) mécanique; ⸺meister *m* grand maître *m*; ⸺mittelalter *n* 'haut moyen-âge *m*; ~modern *adj.* ultra-moderne; ⸺moor *n* marais *m*; tourbière *f*; in den Ardennen: fagne *f*; ⸺mut *m* orgueil *m*; 'hauteur *m*; morgue *f*; (Arroganz) arrogance *f*; ~ kommt vor dem Fall l'orgueil précède la chute; ~mütig *adj.* 'hautain; orgueilleux, -euse; (anmaßend) arrogant; ~näsig *adj.* qui prend des airs 'hautains; qui a un air de morgue; gourmé; (geschraubt) guindé; Frau: pimbêche; (arrogant) arrogant; ~nehmen *v/t.* relever; (hochraffen; hochstecken) retrousser; *fig.* j-n ~ (hänseln) taquiner q., F faire grimper q.; F mettre q. en boîte (*od.* en caisse); P emmener q. en bateau; chiner q.; ⸺ofen *m* 'haut fourneau *m*; ⸺ofenschlacke *f* laitier *m*; ~päppeln F *v/t.*: j-n ~ donner la becquée à q.; ⸺parterre *n* rez-de-chaussée *m* surélevé; ⸺plateau *n* 'haut plateau *m*; ~prozentig *adj.* très concentré; à un 'haut degré d'alcool; ~pumpen *v/t.* pomper; ~qualifiziert *adj.* très qualifié; ~raffen *v/t.* relever; retrousser; ~ragen *v/i.* s'élever; se dresser; ~ragend *adj.* très élevé; Felsen usw.: qui se dresse vers le ciel; ~rappeln F *v/i.*/*rf.*: sich wieder ~ se rétablir; se remettre; se relever; s'en tirer; F retrouver son second souffle; F se requinquer; F se retaper; reprendre le dessus; ⸺raumlagerschacht ⊕, ⚓ *m* travée *f* de stockage; ⸺rechnung *f allg.* évaluation *f*; estimation *f*; premier calcul *m* indicatif; *bsd. pol.* bei Wahlen: fourchette *f* (électorale); ⸺relief *n* 'haut-relief *m*; ~rot *adj.* vermeil, -eille; incarnat; Gesicht: rubicond; ⸺rufe *m*/*pl.* vivats *m*/*pl.*; ⸺saison *f* pleine saison *f*; in der ~ en pleine saison; ~schätzen *v/t.* estimer beaucoup; tenir (*od.* avoir) en 'haute (*od.* grande) estime; ⸺schätzung *f* 'haute estime *f*; 'haute considération *f*; ~schieben *v/rf.*: sich ~ Kleidung: remonter; ~schießen F *v/t.* Satelliten: lancer; ~schlagen *v/t.* Kragen: relever; ~schnellen *v/i.* faire un bond; in die Lüfte ~ s'élancer dans les airs; Preise: monter en flèche; ⸺schnellen der Preise m flambée *f*; ⸺schule *f* école *f* supérieure; université *f*; Technische ~ École *f* Supérieure Technique; Tierärztliche ~ École Vétérinaire; Pädagogische ~ École *f* Normale; ⸺schüler(in *f*) *m* étudiant *m*, -e *f*; ⸺schullehrer(in *f*) *m* professeur *m* de l'enseignement supérieur; (Universitätsprofessor) professeur *m* de faculté; universitaire *m*; ~schulreife *f* niveau *m* du baccalauréat; ~schwanger *adj.* en état de grossesse avancée; ⸺seefischerei *f* pêche *f* en 'haute mer; ⸺seeflotte ⚓ *f* flotte *f* de 'haute mer; ⸺seeschlepper *m* remorqueur *m* de 'haute mer; ⸺sitz *ch. m* affût *m* perché; ⸺sommer *m* plein été *m*; im ~ au fort (*od.* cœur) de l'été; ⸺spannung ⚡ *f* 'haute tension *f*; ⸺spannungsleitung ⚡ *f* ligne *f* à 'haute tension; ⸺spannungsmast *m* pylône *m* de 'haute tension; ⸺span-

nungsnetz n réseau m de 'haute tension; **2spannungsstrom** ≠ m courant m de 'haute tension; **~spielen** v/t.: fig. etw. ~ gonfler qch.; monter qch. en épingle; F faire tout un plat de qch.; passionner (od. dramatiser) qch.; F sich ~ se guinder; **2springer** m sauteur m en 'hauteur; **2sprung** m saut m en 'hauteur; **2sprungständer** m poteau m de saut.
höchst I adj. (comp. v. hoch) le plus 'haut; le plus élevé; (größt) le plus grand; phys., ⊕ u. ⚕ maximum, ~er Preis prix m maximum, (äußerst) extrême; suprême; der ~e Punkt le point culminant; das ~e Wesen l'Être suprême; das ~e Gut le souverain bien; von ~er Wichtigkeit d'importance capitale; de la plus 'haute (od. de la dernière) importance; in ~en Grade (Maße) au suprême (od. dernier) degré; au dernier point; es ist ~e Zeit il est grand temps; il n'est que temps; ~es Glück comble m du bonheur; in ~en Tönen von j-m reden faire de grands éloges de q.; **II** adv. extrêmement; très; ~ angenehm extrêmement (od. très) agréable; das ist ~ lächerlich c'est du dernier ridicule; sein Ruhm ist auf ~e gestiegen il est au plus 'haut point de sa gloire; als die Not aufs ~e gestiegen war au plus fort de la détresse; **2e n: das ~** ce qu'il y a de plus 'haut (od. élevé); le point culminant; l'apogée m; le comble m; **2alter** n âge m maximum.
hoch|stämmig ✠ adj. à 'haute tige; **2stape'lei** f imposture f; escroquerie f; **2stapler** m imposteur m; chevalier m d'industrie; aigrefin m; escroc m; forban m.
'Höchst|be-anspruchung f effort m maximum; **~belastung** f charge f maximum; charge f limite; **~betrag** m montant m maximum; bis zum ~ von jusqu'à concurrence de; **~dauer** f durée f maximum; durée f maxima(le).
'hoch|stecken v/t. relever; retrousser; **~stehend** adj. 'haut placé; ~e Persönlichkeit personnage m 'haut placé; fig. kulturell ~ d'un 'haut niveau culturel; **~steigen** v/i. s'élever; monter.
höchst'eigenhändig adj. u. adv. de sa propre main.
'hochstellen v/t. mettre en 'hauteur.
'höchstens adv. tout au plus; au maximum; F largement.
'Höchst|fall m: im ~ au maximum; **~forderung** f revendication f maximale; **~form** f superlatif m; Sport: pleine forme f; **~gebot** n enchère f maximum; **~gehalt** n traitement m maximum; **~geschwindigkeit** f vitesse f maximum (od. maxima[le]); vitesse f plafond; mit ~ fahren plafonner; **~gewicht** n poids m maximum; **~grenze** f plafond m; die ~ überschreiten crever le plafond.
'Hochstimmung f très bonne humeur f; (od. ambiance f) extrêmement gaie; bsd. pol., éc. euphorie f.
'Höchst|kurs ✝ m le plus 'haut cours; **~leistung** f rendement m (⊕ puissance f) maximum; ⚕ débit m maximum; Sport: record m; **~lohn** m salaire m maximum; salaire-plafond m; **~maß** n maximum m; **2persönlich** adv. en personne; **~preis** m prix m plafond; prix m maximum; **~satz** m maximum m; taux m maximum; **~stand** m niveau m maximum; ✝ chiffre-record m; **~strafe** f peine f maximum.
'Hochstraße f route f surélevée.
'hoch|strebend adj. qui a de hautes visées; **~streifen** v/t. relever; retrousser.
'Höchst|tarif m tarif m maximum; tarif-plafond m; **~versicherungssumme** f montant m maximum de l'assurance; **~wert** m valeur f maximum.
hoch|tönend adj. qui sonne 'haut; fig. emphatique; ronflant; ~e Worte grands mots m/pl.; **2tour** f course (od. sortie) f en montagne; **2tourig** (Auto) adj. à régime rapide; **2tourist(in** f) m alpiniste m, f; **~trabend** fig. adj. fastueux, -euse; pompeux, -euse; emphatique; ronflant; ~e Reden pl. palabres f/pl. d'apparat; **~treiben** v/t. Preise: faire monter; **2vakuum** ⊕ n vide m poussé; **2vakuumtechnik** f technique f du vide poussé; **~verdient** adj. de grand mérite; qui a bien mérité (um de); **~ver-ehrt** adj. très honoré; **2verrat** m 'haute trahison f; **2verräter(in** f) m coupable m, f de 'haute trahison; **~verräterisch** adj. de 'haute trahison; Person: qui porte atteinte à la sûreté de l'État; **2wald** m ('haute) futaie f; **2wasser** n crue f; inondation f; der See: marée f de 'haute; **~wasserführend** adj. en crue; **2wassergefahr** f danger m d'inondation; **2wasserkatastrophe** f catastrophe f causée par les eaux; inondation f; **2wasserschaden** m dégâts m/pl. causés par l'inondation; **~wertig** adj. de grande valeur; de haute qualité; 🜛 très concentré; Erz: de (bzw. à) haute teneur; riche; **~wichtig** adj. d'une haute (od. grande) importance; (v. gewichtigen Folgen) d'une grande portée; **2wild** ch. n grand gibier m; **~winden** v/t. guinder; **~wirksam** adj. très efficace; **~wohlgeboren** adj. de haute naissance; **2würden**: Ew. ~ Anrede: mon monsieur le Curé (bzw. l'Abbé); **~würdig** adj. révérend; ~st révérendissime.
'Hochzeit f noce(s pl.) f; (Trauung) mariage m; silberne (goldene; diamantene) ~ noces f/pl. d'argent (d'or; de diamant); ~ halten (od. machen) célébrer ses noces; zu j-s ~ gehen aller au mariage (od. à la noce) de q.; man kann nicht auf zwei ~en zugleich tanzen on ne peut être à la fois au four et au moulin; **~lich** adj. de mariage; de noce; **~s-essen** n repas m de noces; **~sfeier** f célébration f du mariage; noce f; **~sfeierlichkeiten** f/pl. festivités f/pl. du mariage; **~sflug** m der Bienen: vol m nuptial; **~sgast** m invité m au mariage (od. à la noce); **~sgedicht** n épithalame m; **~sgeschenk** n cadeau m de mariage; **~sgesellschaft** f noce f; **~skleid** n robe f de mariée; orn. robe f nuptiale; **~smahl** n festin (od. repas) m de noces; **~smarsch** ♪ m marche f nuptiale; **~snacht** f nuit f de noces; **~sreise** f voyage m de noces; **~stag** m jour m de la noce (od. du mariage) bzw. anniversaire m de mariage; **~szug** m cortège m nuptial.
'hochziehen v/t. lever; (hochraffen; hochstecken) relever; retrousser; (hinaufziehen) tirer en 'haut; (hochwinden) guinder; (hissen) 'hisser.
'Hock|e f gym. position f accroupie; **2en** v/i. être (od. se tenir) accroupi (a. gym.); immer zu Hause ~ mener une existence casanière; être casanier, -ière; hinter s-n Büchern ~ être cloué sur ses livres; über e-r Arbeit ~ être attelé à (od. penché sur) un travail; **~er** m tabouret m; escabeau m.
'Höcker m bosse f (a. im Gelände); **2ig** adj. (bucklig) bossu; gibbeux, -euse; Gelände: plein de bosses; bosselé; (holprig) raboteux, -euse.
'Hockey n 'hockey m; **~ball** m balle f de 'hockey; **~schläger** m crosse f; **~spieler(in** f) m 'hockeyeur m, -euse f.
'Hockstellung f: in ~ accroupi; en position accroupie; à croupetons.
'Hode f od. m, **~n** m anat. testicule m; **~nbruch** ✠ m 'hernie f scrotale; **~n-entzündung** ✠ f inflammation f du testicule; orchite f; **~nsack** anat. m F bourses f/pl.; scrotum m.
Hof m cour f (a. fig.); auf dem ~ dans la cour; bei ~e; am ~e à la cour; ~ halten tenir sa cour; (Bauern2) ferme f; (Gefängnis2); überdachter Schul-, Krankenhaus2) préau m; v. Gestirnen: 'halo m; cerne m; von Haus und ~ treiben déposséder (de ses biens), 🜚 évincer; fig. j-m den ~ machen faire la cour à q.; courtiser q.; **'~adel** m noblesse f de cour; **'~amt** n charge f à la cour; **'~ball** m bal m à la cour; **'~beamte(r)** m officier m de la cour; **'~besitzer** m propriétaire m d'une ferme; **'~dame** f dame f d'honneur; **'~dichter** ehm. m poète m de cour; **'~dienst** m service m à la cour; **'~etikette** f étiquette f; **'2fähig** adj. admis à la cour.
'Hoffart litt. f orgueil m.
'hoffärtig litt. adj. orgueilleux, -euse.
'hoffen v/t. u. v/i. espérer (auf etw. acc. qch.); das Beste ~ avoir bon espoir; bis zum letzten ~ espérer jusqu'au bout; auf die Zukunft (bessere Zeiten) ~ espérer en l'avenir (en des temps meilleurs); **~tlich**: er ist ~ gesund j'espère (od. espérons) qu'il se porte bien; ~ kommst du j'espère (od. nous espérons) que tu viendras.
'Hoffnung f konkrete: espoir m (auf acc. de); ursprünglich die vage, dauernde: espérance f; in der ~ dans (od. avec) l'espoir (zu de; daß ... que ...); wieder ~ schöpfen reprendre espoir; die ~ verlieren perdre l'espoir; die ~ aufgeben perdre tout espoir; e-e ~ wecken faire naître un espoir; die ~ zerstören anéantir (od. briser od. détruire) les espérances; j-m seine ~ setzen auf (acc.) mettre son espoir en; s-e ~ auf etw. (acc.) setzen mettre (od. placer) ses espérances sur qch.; große ~ auf etw. (acc.) setzen fonder de grandes espérances sur qch.; s-e ~ auf j-n setzen porter ses espérances sur q.; sich ~en auf etw. (acc.) machen se nourrir (od. se

bercer) de l'espoir d'obtenir qch.; die ~ hegen nourrir (od. caresser) l'espoir; litt. guter ~ (schwanger) sein être enceinte; j-m ~ auf etw. (acc.) machen faire espérer qch. à q.; zu großen ~en berechtigen donner de grandes espérances; ~ auf Erfolg haben avoir l'espérance d'une réussite; der ~ leben vivre dans l'espoir (daß ... que ...); das ist m-e ganze ~ c'est toute mon espérance; letzte ~ suprême espérance f; getäuschte ~ désappointement m; trügerische ~ espoir m trompeur (od. fallacieux); ~ auf Besserung espoir m d'amélioration; das Kap der guten ~ le Cap de Bonne-Espérance.

'hoffnungs|los adj. sans espoir; désespéré; sans issue; ~ daniederliegen ne donner plus d'espoir; ²losig-keit f désespoir m; désespérance f; ~reich adj. plein d'espoir; ²schimmer m lueur f (od. rayon m od. bouffée f) d'espoir; ²strahl m rayon m d'espoir (od. d'espérance); ~voll adj. plein d'espoir; qui donne de grandes espérances; qui promet beaucoup; ~es Ereignis événement m porteur d'espoir.

'Hof|fräulein n demoiselle f d'honneur; ~gesinde n domestiques m/pl.; ²halten v/i. tenir sa cour; résider; ~haltung f cour f; ~hund m chien m de garde; mâtin m.

ho'fieren v/i.: j-n ~ faire la cour à q.; courtiser q.

'Hof-intrige f intrigue f de cour.
'höfisch adj. courtois.
'Hof|kreise m/pl. cour f; entourage m du roi; gens m/pl. de la cour; ~leben n vie f à la cour.

'höflich adj. poli (zu j-m avec q.); civil; gegen Damen: courtois; galant; ²keit f politesse f; civilité f; gegen Damen: courtoisie f; galanterie f; j-m e-e ~ erweisen faire une politesse à q.; ²keitsbesuch m visite f de courtoisie (od. de politesse od. de cérémonie); ²keitsbezeigung f marque f de politesse; ²keitsformel f formule f de politesse; ²keitsgeste f geste m de politesse.

'Hoflieferant m fournisseur m de la cour.
'Höfling m courtisan m.
'Hof|marschall m maréchal m du palais; ~meister m intendant m; majordome m; (Erzieher) gouverneur m; précepteur m; ~narr m bouffon m de la cour; ~partei f parti m de la cour; camarilla f; ~prediger m prédicateur m de la cour; ~rat m conseil m aulique; (Titel) conseiller m aulique; ~raum m cour f; ~schranze péj. m, f vil courtisan m; ~seite △ f côté m cour; ~sitte f étiquette f; ~staat m maison f du roi; cour f; ~the-ater n théâtre m de la cour; ~tor n porte f cochère; ~tracht f costume m de cour; ~trauer f deuil m de la cour; ~wohnung f appartement m donnant sur la cour; ~zwang m étiquette f de la cour.

'Höhe f 'hauteur f; (Erhebung) élévation f; (Gipfel) sommet m; über Meeresspiegel, ✈ altitude f; ~ gewinnen prendre de la hauteur (od. de l'altitude); lichte ~ △ 'hauteur f du jour; in Höhe von ... à concurrence de ...;

chiffré à ...; bis zur ~ (bis zum Betrage) von jusqu'à concurrence de; e-e ~ von zwei Metern deux mètres de haut(eur); auf der ~ von ⚓ à la hauteur de; fig. auf der ~ (der Zeit) sein être à la page (od. dans le vent); auf der ~ s-r Zeit (des Problems) sein être à la hauteur de son temps (du problème); auf der ~ des Glücks (des Ruhmes) sein être au comble (od. au faîte) du bonheur (de la gloire); auf gleicher ~ au même niveau (mit que); de plain-pied (avec); à la même 'hauteur (que); au ras (de); aus der ~ von du haut de; in der (die) ~ en 'haut; in die ~ bringen élever; monter; in die ~ fahren monter, (auffahren) sursauter; faire un 'haut-le-corps; in die ~ gehen monter, Preise: 'hausser, être en 'hausse; in die ~ halten tenir en l'air; in die ~ heben lever; soulever; in die ~ kämmen relever; in die ~ klappen relever; in die ~ ragen s'élancer; s'élever; se dresser; pointer; in die ~ treiben faire monter; in die ~ richten redresser; sich in die ~ schieben Kleidung: remonter; in die ~ schießen s'élancer dans les airs, (wachsen) grandir, (heraus-, emporschießen) jaillir (aus de); in die ~ schnellen faire un bond, Preise: monter en flèche, (in die Lüfte schnellen) s'élancer dans les airs; sich in die ~ schwingen prendre son essor (od. son vol); in die ~ sehen regarder en l'air; in die ~ steigen monter; s'élever; pointer; in die ~ werfen jeter en l'air; in die ~ winden guinder; in die ~ ziehen lever, (hochraffen, hochstecken) relever, retrousser, (hinaufziehen) tirer en 'haut, (hochwinden) guinder, (hissen) 'hisser; das ist die ~! c'est le comble!; Ehre sei Gott in der ~! gloire à Dieu au plus 'haut des cieux!

'Hoheit f pol. souveraineté f; (Titel) Altesse f; ~s-abzeichen n emblème m (od. insigne m) de la souveraineté; ~sgebiet n territoire m national; deutsches ~ territoire m allemand; ~sgewässer n/pl. eaux f/pl. territoriales; ~srechte n/pl. droits m/pl. de souveraineté; ~svoll adj. majestueux, -euse; ~szeichen n emblème m (od. insigne m) de la souveraineté.

Hohe'lied rl n: das ~ le Cantique des cantiques.

'Höhen|angabe f cote f d'altitude; ~flitz ✈ F m ambitions f/pl. maladives; ~flosse ✈ f stabilisateur m; plan m fixe horizontal; ~flug ✈ m vol m à 'haute altitude; ~kabine f cabine f étanche (od. pressurisée); ~klima n climat m des régions élevées; ~krankheit f (Bergkrankheit) mal m des montagnes; ~kur f cure f d'altitude; ~(luft)kur-ort m station f d'altitude; ~lage f altitude f; ~leitwerk ✈ n empennage m horizontal (od. de profondeur); ~linie f courbe f de niveau; ~luft f (Bergluft) air m des montagnes; ~messer m altimètre m; ~messung f altimétrie f; hypsométrie f; auf akustischer Grundlage: altimètre m sonique; ~rausch ✈ m mal m d'altitude; ~regler f (Plattenspieler) réglage m des aigus; ~rekord m record m d'altitude; ~ruder ✈ n gouvernail m de profondeur; ~schreiber m altimètre

m enregistreur; barographe m; ~sonne f soleil m des 'hauteurs; (Apparat) lampe f à rayons ultraviolets; Behandlung mit ~ traitement m aux rayons ultraviolets; ~steuer ✈ n gouvernail m de profondeur; ~unterschied m différence f de niveau; dénivellement m; ⚒, Ski dénivelée f; ~verlust ✈ m perte f d'altitude; ~wind m vent m en altitude; ~zahl f cote f d'altitude; ~zug m chaîne f de collines.

Hohe'priester der Juden m grand prêtre m; ²lich adj. de grand prêtre.
'Höhepunkt m point m culminant; faîte m; comble m; apogée m; e-r Krise: paroxysme f; ast. zénith m; s-n ~ erreichen atteindre le point culminant; culminer; auf dem ~ sein être au point culminant; Fest: battre son plein; auf dem ~ der Wirtschaftskrise au plus fort de la crise économique.

'höher I adj. (comp. v. hoch) plus 'haut; plus élevé; fig. supérieur; ~ als plus 'haut que, plus élevé que, supérieur à; um drei Meter ~ als plus 'haut de trois mètres que; ~er Beamte(r) 'haut fonctionnaire m; ~er Offizier officier m supérieur; ~en Ortes; an ~er Stelle en 'haut lieu; ~e Schule école f secondaire; ~e Mathematik mathématiques f/pl. supérieures; ~e Beamtenlaufbahn f carrière f de fonctionnaire d'un service supérieur; ~e Gewalt force f majeure; auf ~en Befehl par ordre supérieur; in ~em Sinne dans un sens plus relevé; II adv.: ~ hängen pendre plus 'haut; fig. j-m den Brotkorb ~ hängen tenir la dragée 'haute à q.; serrer la ceinture à q.; prendre q. par la famine; ~ schrauben monter, Preise: faire monter; fig. ~ rücken avancer; das Herz schlägt ihm ~ son cœur bat plus fort.

hohl I adj. creux, -euse; (ausgehöhlt) évidé; creusé, (~geschliffen) concave; die ~e Hand le creux de la main; ~e Wangen joues f/pl. creuses; ~e Augen yeux m/pl. creux; ~e Stimme voix f creuse; ~er Zahn dent f creuse; F das reicht nicht für e-n ~en Zahn il n'y en a même pas pour une dent creuse; ~er Magen estomac m creux; ~e Nuß noix f creuse; ~e Gasse chemin m creux; ⚓ ~e See 'houle f; grosse mer f; fig. creux, -euse; vide; ~er Kopf tête f creuse (od. vide); ~e Worte mots m/pl. vides; II adv. die See geht ~ il y a de la 'houle; la mer est 'houleuse (od. creuse); ~ machen creuser; ~ werden se creuser; ~ klingen sonner creux; '~äugig adj. qui a les yeux creux; '~bäckig adj. qui a les joues creuses; '²blockstein △ m parpaing m creux; '²bohrer m évidoir m.

'Höhle f caverne f; grotte f; der wilden Tiere: antre m; tanière f; repaire m; anat. creux m; cavité f (a. anat.); (Aushöhlung) excavation f; ~ des Löwen antre m du lion; ²n v/t. (v/rf.: sich ~) creuser; ~nbär zo. m ours m des cavernes; ~nbewohner m homme m des cavernes; troglodyte m; ~nforscher m spéléo(logue) m; ~nforschung f, ~nkunde f spéléologie f; ~nmalerei f peinture f préhistorique de cavernes; peinture f rupestre; ~nmensch m homme m des caver-

nes; ~nreich *adj.* caverneux, -euse; ~ntier *zo. n* troglobie *m*; ~nwohnung *f* habitation *f* dans le roc; abri *m* troglodytique.
'Hohl|falte *f* pli *m* creux; ~fläche *f* concavité *f*; ⚵gehend ⚓ *adj.* houleux, -euse; ⚵geschliffen *adj.* concave; ~glas *n* verre *m* concave; ~heit *f fig.* nullité *f*; vide *m*; ~kehle ⚠ *f* gorge *f*; ~kopf *m* tête *f* creuse; ein ~ sein avoir la tête sans cervelle; ⚵köpfig *adj.* qui a la tête creuse (*od.* vide); ~körper *m* corps *m* creux; ~körperwand ⚠ *f* mur *m* en corps creux; ~kugel *f* sphère *f* creuse; ~maß *n* mesure *f* de capacité; ~meißel ⊕ *m* gouge *f*; ~naht *f* couture *f* à jour; ~raum *m* (espace *m*) vide *m*; ~raumkonservierung *f*, ~raumversiegelung *f Auto*: traitement *m* antirouille des cavités; ~saum *m* ourlet *m* à jour; ~schliff *m* rectification *f* concave (*od.* en creux); ~spiegel *m* miroir *m* concave; réverbère *m*.
'Höhlung *f* (*Aus*⚵) excavation *f*; das Ergebnis der Aushöhlung: cavité *f*.
'Hohl|vene *f* veine *f* cave; ⚵wangig *adj.* qui a les joues creuses; ~weg *m* chemin *m* creux; (*Engpaß*) défilé *m*; schluchtartiger: ravin *m*; ~ziegel *m* brique *f* creuse; (*Dachziegel*) tuile *f* creuse; ~zirkel *m* compas *m* d'épaisseur; ~zylinder *m* cylindre *m* creux.
Hohn *m* mépris *m*; (*Spott*) raillerie *f*; moquerie *f*; dérision *f*; (*Ironie*) ironie *f*; (*Gelächter*) risée *f*; herausfordernd: bravade *f*; bitterer ~ sarcasme *m*; zum ~ (*dat.*) au mépris de; es ist der reinste ~ (zu ... *inf.*) c'est une moquerie (*od.* une dérision) (que de ... *inf.*); zum Spott und ~ werden devenir la risée de tout le monde.
'höhnen *v/i.* dire d'un ton plein de dérision (*od.* sarcastique).
'Hohn|gelächter *n* rire *m* moqueur (*od.* sarcastique); zum ~ werden devenir la risée de tout le monde; ~geschrei *n* 'huées *f/pl.*
'höhnisch *adj.* méprisant; railleur, -euse; moqueur, -euse; (*ironisch*) ironique; (*sarkastisch*) sarcastique; (*geringschätzig*) dédaigneux, -euse; ~lachen ricaner.
'hohn|lächeln *v/i.* sourire d'un air moqueur; sourire dédaigneusement; ⚵lächeln *n* sourire *m* moqueur; ~lachen *v/i.* ricaner; ⚵lachen *n* rire *m* moqueur (*od.* sarcastique); ~sprechen *v/i.*: j-m ~ railler q.; narguer q.; se moquer de q.; (*trotzen*) braver q.; *der Vernunft* ~ être une insulte à la raison.
ho'ho! *int.* 'ho! 'ho!; erstaunt *a.*: oh là, là!
'Höker(in *f*) *m* marchand(e) *m*, *f* forain(e); marchand(e) *m*, *f* des quatre saisons.
'Hokus'pokus *m* tour *m* de passe-passe; jonglerie *f*.
HO-Laden (*DDR*) *m* magasin *m* de l'organisation commerciale d'État.
hold *adj.* gracieux, -euse; j-m ~ sein être favorable (*od.* propice) à q.; vouloir du bien à q.; *das Glück ist ihm* ~ la fortune lui sourit.
'Holder ⚘ *m* (*Holunder*) sureau *m*.
'Holdinggesellschaft ✝ *f* 'holding *m*.

'holdselig *poét. adj.* plein de grâces; ⚵keit *poét. f* grâce *f*.
'holen *v/t.* aller (*resp.* venir) chercher (*od.* prendre); *v.* Hund: rapporter; ~ lassen envoyer chercher; aus der Tasche ~ tirer (*od.* sortir) de sa poche; hol' ihn der Teufel! que le diable l'emporte!; Atem ~ prendre haleine; respirer; sich bei j-m Rat ~ prendre conseil de q.; sich e-n Schnupfen ~ attraper un rhume; dabei ist nichts zu ~ il n'y a rien à y gagner.
'holla! *int.* 'holà!; 'hé!
'Holland *n* la 'Hollande.
'Holländ|er(in *f*) *m* 'Hollandais *m*, -e *f*; der fliegende ~ le Vaisseau fantôme; Papierherstellung: pile *f* raffineuse; moulin *m* à cylindre; Holländer Käse fromage *m* de 'Hollande; 'hollande *m*; ⚵isch *adj.* 'hollandais; de 'Hollande; die ~e Sprache; das ⚵e; ⚵ *n* la langue 'hollandaise; le 'hollandais.
'Hölle *f* enfer *m*; *fig.* goulag *m*; zur ~ fahren descendre aux enfers; in die ~ kommen aller en enfer; être damné; *fig.* j-m die ~ heiß machen faire prendre une suée à q.; retourner q. sur le gril; der Weg zur ~ ist mit guten Vorsätzen gepflastert l'enfer est pavé de bonnes intentions.
'Höllen|angst *f* angoisse *f* terrible; ~brut *f* sale engeance *f*; ~fahrt *f* descente *f* aux enfers; ~feuer *n* feu *m* d'enfer; ~fürst *m* prince *m* des ténèbres; ~hund *m* cerbère *m*; ~lärm *m* vacarme (*od.* tapage *od.* bruit) *m* infernal; ~maschine *f* machine *f* infernale; ~pein *f*, ~qual *f* supplice *m* infernal; martyre *m* infernal; Höllenqualen ausstehen souffrir le martyre; ~rachen *m*, ~schlund *m* gueule *f* de l'enfer; ~stein *m* 🜛 nitrate *m* d'argent; *phm.* pierre *f* infernale; ~strafen *f/pl.* peines *f/pl.* éternelles; ~tempo *n*: ein ~ fahren aller un train d'enfer (*od.* à fond de train).
'Hollerithmaschine *f* machine *f* de mécanographie (*od.* à fiches perforées).
'höllisch I *adj.* infernal; d'enfer; (*teuflisch*) diabolique; F (*übermäßig*) excessif, -ive; (*ungeheuer*) énorme; ein ~er Spektakel vacarme (*od.* tapage) *m* infernal; *Auto*: ein ~es Tempo draufhaben aller (*od.* rouler) à un train d'enfer; II *adv.* (*furchtbar*, *sehr*) diablement.
'Hollywoodschaukel *f* balancelle *f*.
Holm *m* (*kleine Insel*) îlot *m*; (*Querholz*) traverse *f*; *gym.* barre *f*; ✈ longeron *m*.
'holp(e)rig I *adj.* raboteux, -euse; inégal, cahotant; II *adv.*: ~ lesen lire en trébuchant sur les mots; ~ern (*Wagen*) *v/i.* cahoter.
'Holschuld *f* dette *f* quérable.
Ho'lunder ⚘ *m* sureau *m*; ~beere *f* baie *f* de sureau; ~strauch *m* buisson *m* de sureau; ~tee *m* infusion *f* de sureau.
Holz *n* bois *m*; (*Brenn*⚵) bois *m* de chauffage (*od.* à brûler); Stückchen ~ bûchette *f*; *fig.* (*Art*, *Schlag*) trempe *f*; dürres (rissiges, gemasertes) ~ bois *m* mort (fendillé, veiné, écorcé); astreiches ~ bois *m* noueux; astfreies ~ bois *m* sans nœuds; grünes ~ bois *m* vert; flüssiges ~ futée *f*; pâte *f* de bois; aus ~ de (*od.*

en) bois; ~ hacken (*od.* spalten) fendre du bois; ~ fällen abattre des arbres; *das* ~ *vermessen* métrer (*od.* cuber) le bois; *das* ~ *zuschneiden* (*bearbeiten*) débiter (travailler) le bois; *fig.* aus demselben ~ geschnitzt sein être de la même trempe; aus weichem ~ geschnitzt sein (*sehr umgänglich sein*) être du bon bois dont on fait les flûtes; *int.* ~! touchons du bois!; ~abfall *m* bois *m* de rebut; '~abhieb *m* coupe *f* de bois; '~apfel *m* pomme *f* sauvage; '~arbeit *f* ouvrage *m* en bois; '~arm *adj.* pauvre en bois; '~art *f* espèce *f* de bois; ⚵artig *adj.* ligneux, -euse; qui ressemble au bois; '~asche *f* cendres *f/pl.* de bois; '~bau *m* construction *f* en bois; '~be·arbeitung *f* travail *m* du bois; '~be·arbeitungsmaschine *f* machine *f* à travailler le bois; '~bekleidung *f* boiserie *f*; boisage *m*; '~belag *m* revêtement *m* en bois; '~bestand *m* terrain *m* boisé; '~bildhauer *m* sculpteur *m* sur bois; '~blas-instrumente *n/pl.* instruments *m/pl.* à vent en bois; bois *m/pl.*; '~block *m* billot *m* de bois; (*Holzstall*) bûcher *m*; '~bohrer *m* foret *m* à bois; '~brei *m* pâte *f* de bois; '~brücke *f* pont *m* de bois; '~bündel *n* fagot *m*; '~druck *m* xylographie *f*; '~dübel *m* cheville *f* de bois; '~einlege-arbeit *f* marqueterie *f*; '~einschlag *m* récolte *f* du bois.
'holzen F (*Sport*) *v/i.* jouer rudement (*od.* brutalement).
'hölzern *adj.* de (*od.* en) bois; *fig.* raide; sec, sèche; (*linkisch*) gauche; maladroit.
'Holz|essig 🜛 *m* vinaigre *m* de bois; ~fachwerk *n* pan *m* de bois; colombage *m*; ~fällen *n* abattage *m* du bois; ~fäller *m* bûcheron *m*; ~faser ⚘ *f* fibre *f* ligneuse (*od.* de bois); ~faserplatte *f* panneau *m* de fibres de bois; ~faserstoff *m* cellulose *f*; ~feuerung *f* chauffage *m* au bois; ⚵frei (*Papier*) *adj.* sans bois; ~frevel *m* délit *m* forestier; ~gas *n* gaz *m* de bois; ~gasgenerator *m* gazogène *m* à bois; ~geist *m* méthylène *m*; esprit-de-bois *m*; ~gerechtigkeit *f* (droit *m* d')affouage *m*; ~hacker *m* fendeur *m* de bois; im Walde: bûcheron *m*; ~häher *orn. m* geai *m*; ~hammer *m* maillet *m*; *fig.* e-e Politik mit dem ~ une politique de gros et gras coups de tête; ~handel *m* commerce *m* de bois; ~händler *m* marchand *m* de bois; ~haufen *m* tas *m* de bois; ~haus *n* maison *f* de bois; ~heizung *f* chauffage *m* au bois; ⚵ig *adj.* ligneux, -euse; ~imprägnierung *f* imprégnation *f* du bois; ~käfer *m* xylophage *m*; ~kitt *m* futée *f*; pâte *f* de bois; ~klotz *m* billot *m* de bois; *fig.* lourdaud *m*; ~kohle *f* charbon *m* de bois; ~kohlenmeiler *m* meule *f* (à charbon); ~kohlenteer *m* goudron *m* de bois; ~konstruktion *f* construction *f* en bois; ~kopf F *m* nigaud *m*; lourdaud *m*; ~kreuz *n* croix *f* de bois; ~lager *n* chantier *m* de bois; ~male'rei *f* peinture *f* sur bois; ~mangel *m* pénurie *f* de bois; ~masse *f* pâte *f* de bois; ~nagel *m* cheville *f* de bois; ~pantine *f* sabot

m; galoche *f*; ~**pflaster** *n* pavage *m* en bois; ~**pflock** *m* cheville *f* de bois; ~**pfosten** *m* montant *m* en bois; ~**platz** *m* chantier *m* de bois; ℒ**reich** *adj.* riche en bois; ~**säge** *f* scie *f* à bois; ~**säure** *f* acide *m* pyroligneux; ~**schale** *f* sébile *f*; ~**scheit** *n* bûche *f*; ~**schindel** △ *f* tavaillon *m*; ~**schlag** *m* abattage *m* du bois; *im Revier:* coupe *f* du bois; ~**schliff** *m* pulpe *f* de bois; ~**schneidekunst** *f* gravure *f* sur bois; xylographie *f*; ~**schnitt** *m* gravure *f* sur bois; ~**schnitzer** *m* sculpteur *m* sur bois; ~**schnitze'rei** *f* sculpture *f* sur bois; ~**schraube** *f* vis *f* à bois; *aus Holz:* vis *f* de bois; ~**schuh** *m* sabot *m*; ~**schuhmacher** *m* sabotier *m*; ~**schuhtanz** *m* sabotière *f*; ~**schuppen** *m* bûcher *m*; ~**schwamm** *m* champignon *m* du bois; ~**schwelle** *f* seuil *m* en bois; ~**span** *m* copeau *m* (de bois); ~**spielwaren** *f/pl.* jouets (*od.* joujoux) *m/pl.* en bois; ~**spiritus** *m* méthylène *m*; esprit-de-bois *m*; ~**splitter** *m* éclat *m* de bois; écharde *f*; ~**stall** *m* bûcher *m*; ~**stift** *m* cheville *f* de bois; ~**stoß** *m* pile *f* de bois; ~**täfelung** *f* boiserie *f*; lambrissage *m*; ~**taube** *orn. f* (pigeon *m*) ramier *m*; ~**teer** *m* goudron *m* de bois; ~**trift** *f* flottage *m*; ~**trocknung** *f* dessiccation *f* (*od.* séchage *m*) du bois; ~**überschuhe** *m/pl.* socques *m/pl.*; ~**verbindung** *f* assemblage *m* des bois; ~**verkleidung** *f* revêtement *m* en bois; boiserie *f*; ~**verkohlung** *f* carbonisation *f* du bois; ~**verschlag** *m* cloison *f* de planches; ~**vertäfelung** *f* boiserie *f*; lambrissage *m* en bois; ~**vorrat** *m* provision *f* de bois; ~**wand** *f* cloison *f* de bois; ~**waren** *f/pl.* articles *m/pl.* en bois; boissellerie *f*; ~**weg** *m* chemin *m* forestier pour le transport du bois; F *fig. auf dem ~ sein* faire fausse route; ~**wolle** *f* laine *f* de bois; ~**wurm** *zo. m* ver *m* du bois; perce-bois *m*; ~**zapfen** *m* cheville *f* de bois; ~**zarge** (*Koffer e-s Geräts*) *f* coffret *m*; boîtier *m*; ~**zucker** *m* xylose *m*.
Ho'mer *m* Homère *m*; ℒ**isch** *adj.* homérique; *~es Gelächter* rire *m* homérique.
homo|'gen *adj.* homogène; ~**geni'sieren** *v/t.* homogénéiser; ~**geni'tät** *f* homogénéité *f*; ~**log** *adj.* homologue; ℒ**'nym** *gr. n* homonyme *m*; ~**'nym(isch)** *adj.* homonyme.
Homöo|'path *m* homéopathe *m*; ~**pa'thie** *f* homéopathie *f*; ℒ**'pathisch** *adj.* homéopathique; *~ behandeln* traiter par l'homéopathie.
Homopho'nie *f* homophonie *f*.
Homo|sexuali'tät *f* homosexualité *f*; ℒ**sexu'ell** *adj.* homosexuel, -elle; ~**sexu'elle(r)** *m* homosexuel *m*; homophile *m*; **tantouze f*.
Ho'munkulus *m* homuncule *m*; homoncule *m*.
ho'nett *st.s. adj.* honnête.
'Hongkonggrippe ♣ *f* grippe *f* de Hong-Kong.
'Honig *m* miel *m* (*a. fig.*); *den ~ ausnehmen* châtrer les ruches; *mit ~ bestreichen* tartiner avec du miel; *mit ~ gesüßt* sucré avec du miel; *fig. j-m ~ um den Mund schmieren* passer de la pommade à q.; flagorner q.; ℒ**bereitend** *adj.* mellifère; mellifique; ~

bereitung *f* mellification *f*; ~**biene** *ent. f* abeille *f* (mellifique); ~**brot** *n* (*Lebkuchen*) pain *m* d'épice; (*mit Honig bestrichene Brotschnitte*) tartine *f* de miel; ~**farbe** *f* couleur *f* (de) miel; ℒ**gelb** *adj.* jaune comme le miel; ~**geruch** *m* odeur *f* de miel; ~**kuchen** *m* pain *m* d'épice; ~**monat** *m* lune *f* de miel; ~**scheibe** *f* rayon (*od.* gâteau) *m* de miel; ~**schleuder** *f* extracteur *m*; ℒ**süß** *adj.* doux, douce comme le miel; *fig.* mielleux, -euse; melliflue; ~**topf** *m für Honig:* pot *m* à miel; *voll Honig:* pot *m* de miel; ~**wabe** *f* rayon (*od.* gâteau) *m* de miel; ~**wochen** *f/pl.* lune *f* de miel; ~**zelle** *f* alvéole *m*.
Hon'neurs *pl.: die ~ machen* accueillir les invités; faire les honneurs de la maison.
Hono|'rar *n* rémunération *f*; rétribution *f*; *e-s Arztes, Anwalts:* honoraires *m/pl.*; ~**'rarforderung** *f* honoraires *m/pl.* demandés; ~**'rarkonsul** *m* consul *m* honoraire; ℒ**'rarpflichtig** *adj.* soumis à un (*bzw.* à des) honoraire(s); ~**'rarprofessor** *m* professeur *m* honoraire; ~**ra'tioren** *pl.* notabilités *f/pl.*; notables *m/pl.*; ℒ**'rieren** *v/t.* rétribuer; *Arzt, Anwalt, Wechsel:* honorer (qch.); *Wechsel: a.* faire honneur (à); ~**'rierung** *f* rétribution *f*; *fig.* récompense *f*; *e-s Arztes, Anwalts:* versement *m* des honoraires; † *e-s Wechsels:* acceptation *f*.
'hopfen *v/t.* houblonner.
'Hopfen *m* 'houblon *m*; *mit ~ versehen* 'houblonner; *fig. an ihm ist ~ und Malz verloren* il n'y a rien à faire de lui; *da ist ~ und Malz verloren* il est incorrigible; c'est peine perdue; ~**bau** *m* culture *f* de 'houblon; ~**darre** *f* touraille *f* à sécher le 'houblon; ~**feld** *n* 'houblonnière *f*; ~**mehl** *n* lupuline *f*; ~**stange** *f* perche *f* à 'houblon; *fig.* F grande perche *f*; échalas *m*; ~**zapfen** *m* strobile *m* de houblon.
hopp! *int.* 'hop!; ~**la!** *int.* 'hop là!; *beim Stolpern:* 'holà!
hops: ~ *gehen* F (*verlorengehen*) se perdre, (*verschwinden*) *a.* s'égarer, (*sterben*) P clam(p)ser.
'hopsa! *int.* 'hop là!
'Hopse F *f* marelle *f*; *~ spielen* jouer à la marelle.
'hops|en *v/i.* sautiller; sauter; ℒ**er** F *m* saut *m*; gambade *f*.
'Hör-apparat *m* récepteur *m*; *für Schwerhörige:* appareil *m* de correction auditive.
'hör|bar *adj.* qu'on peut entendre; perceptible (à l'oreille); audible; *nicht ~* inaudible; *sich ~ machen* se faire entendre; ℒ**barkeit** *f* audibilité *f*; ℒ**bereich** *m* zone *f* d'audibilité; ℒ**bereitschaft** *f: die ~ unterbrechen* quitter l'écoute; ℒ**bericht** *m* radioreportage *m*; ℒ**brille** *f* lunettes *f/pl.* auditives.
'horch|en *v/i.* écouter (*an der Tür* à la porte); être aux écoutes; prêter l'oreille; ℒ**er(in)** *f/m* écouteur *m*, -euse *f*; ℒ**gerät** *n* ✻ appareil *m* de repérage par le son; ⚓ hydrophone *m*; ℒ**posten** ✕ *m* poste *m* d'écoute.
'Horde *f* 'horde *f*; bande *f*; *für Obst:* claie *f*; ℒ**nweise** *adv.* en (*od.* par)

'hordes; en (*od.* par) bandes.
'hören I 1. *v/t. u. v/i.* entendre; (*zuhören*) écouter; (*erfahren*) apprendre; *Kolleg:* suivre; *mit eigenen Ohren ~* entendre de ses propres oreilles; *nur mit halbem Ohr ~* n'écouter que d'une oreille; *singen (sprechen) ~* entendre chanter (parler); *wenn man ihn hört* à l'entendre; *gut (schlecht od. schwer) ~* avoir l'oreille bonne (dure); *auf j-n ~* écouter q., (*j-m gehorchen*) obéir à q.; *auf etw. (acc.) ~* écouter qch.; faire attention à qch.; *auf j-s Rat ~* écouter les conseils de q.; *auf den Namen ... ~* répondre au nom de ...; (*sagen*) ~ entendre dire; *ich habe es von ihm (selbst) gehört* je le tiens de lui-même; *ich habe davon gehört* j'en ai entendu parler; *hast du schon gehört?* F connais-tu la nouvelle?; *von sich ~ lassen* donner de ses nouvelles; *Sie sollen von mir ~* vous aurez de mes nouvelles; (*gar*) *nichts von sich ~ lassen* ne pas donner de nouvelles; ne pas donner signe de vie; *von etw. nichts ~ wollen* ne pas vouloir entendre parler de qch.; ne rien vouloir savoir de qch.; *nicht ~ wollen* (*ungehorsam sein*) ne pas vouloir écouter (*od.* obéir); (*nicht Vernunft annehmen wollen*) ne pas vouloir entendre raison; *das Gras wachsen ~* se croire bien fin (*od.* très malin, -igne); *~ Sie mal!* dites donc! *prov. wer nicht ~ will, muß fühlen* qui s'y frotte s'y pique; F *der kriegt was zu ~* il va en entendre; **2.** *v/rf.: sich ~ lassen* se faire entendre; *fig.* (*glaubhaft sein*) être plausible; *das läßt sich ~* voilà qui s'appelle parler, (*verdient Beachtung*) à la bonne heure!, (*das ist annehmbar*) c'est acceptable, (*das ist glaubhaft*) c'est plausible; cela se défend; *das hört sich gut an* cela ne sonne pas mal; **II** ℒ *n* audition *f*; (*Gehör*) ouïe *f*; *ihm verging ~ und Sehen dabei* il en fut tout abasourdi, étourdi; F *das ist nur vom ~sagen* nur savoir que par ouï-dire; *nur vom ~ kennen* ne connaître que de réputation.
'Hör|er(in *f*) *m rad., Vorlesung:* auditeur *m*, -trice *f*; ⊕ *téléph.* combiné *m*; récepteur *m*; écouteur *m*; *den ~ abnehmen (auflegen)* décrocher (raccrocher *od.* reposer) le combiné (*od.* le récepteur *od.* l'écouteur); (*Kopf~*) écouteur *m*; casque *m* (téléphonique); ~**erbriefe** *m/pl.*, ~**erpost** *f* courrier *m* des auditeurs; ~**ergabel** *f* fourchette *f* de téléphone; ~**erschaft** *f e-r Vorlesung:* auditoire *m*; *Radio:* auditeurs *m/pl.*; ~**fehler** *m* erreur *f* d'audition; ♣ défaut *m* de l'ouïe; ~**folge** *rad. f* série *f* radiophonique; ~**frequenz** *f* fréquence *f* acoustique; ~**funkserie** *f* feuilleton *m* radiophonique; ~**gabel** *f* cintre *m* d'écouteur; ~**gerät** *n für Schwerhörige:* appareil *m* acoustique (*od.* auditif); sonotone *m*; ℒ**geschädigt** *adj.* 'handicapé auditif; ~**geschädigte(r)** *m* malentendant *m*.
'hörig *adj.: e-e Übermacht, umgeben von ~en Hof ~er Alliierter* une superpuissance entourée d'une cour d'alliés aux ordres; (*leibeigen*) serf, serve; *er ist ihr ~* il est l'esclave de sa passion pour elle; *~er Hund* chien *m* docile;

Hörige(r) — Hufgänger

♀e(r *a. m*) *m, f* (*Leibeigene[r]*) serf *m*, serve *f*; (*Fronbauer*) corvéable *m*; **♀keit** *f* (*Leibeigenschaft*) servage *m*; *fig.* sujétion *f*; *des Hundes*: docilité *f*.

Hori'zont *m* horizon *m*; *fig.* s-n ~ erweitern élargir son horizon; *das geht über m-n* ~ c'est au-dessus de ma portée.

horizon'tal *adj.* horizontal; **♀bewegung** *f* mouvement *m* horizontal; **♀e Ä** *f* (ligne *f*) horizontale *f*; **♀ebene** *f* plan *m* horizontal; **♀flug** *m* vol *m* horizontal; **♀schnitt** *m* section *f* horizontale.

'Hörkopf (*Magnettongerät*) *m* lecteur *m*.

Hor'mon *n* hormone *f*; **~behandlung** *f* traitement *m* aux hormones, hormonal; **~spritze** *f* injection *f* d'hormones; **~störung** *f* bouleversement *m* hormonal; **~tätigkeit** *f* activité *f* hormonale.

'Hörmuschel *téléph. f* pavillon *m*.

Horn *n* corne *f* (*a. v. Schnecke*); ♪ cor *m*; (*Jagd-, Wald♀*) cor *m* (de chasse); corne *f*; (*kleines Blas♀*) cornet *m*; *a.* ⚔ clairon *m*; *auf dem* ~ *blasen* sonner du cor; *ins* ~ *stoßen* donner du cor; *mit den Hörnern stoßen* donner des coups de cornes (à); *die Hörner herausstrecken* (*einziehen*) sortir (rentrer) ses cornes; *den Stier an den Hörnern packen* prendre le taureau par les cornes; *fig. die Hörner ablaufen* (*od. abstoßen*) jeter sa gourme; *j-m Hörner aufsetzen* rendre q. cocu; cocufier q.; *mit j-m in dasselbe* ~ *blasen* être de connivence (*od.* d'intelligence) avec q.; **'♀artig** *adj.* corné; **'~berger**: *wie das* ~ *Schießen ausgehen* n'aboutir à rien; finir en queue de poisson; **'~bläser** ♪ *m* (sonneur *m* de) cor *m*; corniste *m*; **'~blende** *min. f* 'hornblende *f*; **'~brille** *f* lunettes *f/pl.* d'écaille.

'Hörnchen *n* (*Gebäck*) croissant *m*.

'hörnen *v/rf.*: *sich* ~ *ch.* jeter sa tête.

'Hörner|klang *m* son *m* du cor (*resp.* des cors); **♀n** *adj.* de (*od.* en) corne; **~schlitten** *m* traîneau *m* à cornes.

'Hörnerv *anat. m* nerf *m* auditif.

'Horn|fäule *vét. f* javart *m*; **~haut** *f an Händen u. Füßen*: callosité *f*; *des Auges*: cornée *f*; **~haut-entzündung** ♀ *f* inflammation *f* de la cornée; kératite *f*; **~hautgeschwür** ⚔ *n* ulcère *m* cornéen; **~haut-übertragung** *f* kératoplastie *f*; greffe *f* de la cornée.

'hornig *adj.* corné.

Hor'nisse *ent. f* frelon *m*; **~nnest** *n* nid *m* de frelons; **~nstich** *m* piqûre *f* de frelon.

Hor'nist ♪ *m* (sonneur *m* de) cor *m*; corniste *m*; cornet *m*; *a.* ⚔ clairon *m*.

'Horn|kamm *m* peigne *m* de corne; **~kluft** *vét. f* seime *f*; **~knopf** *m* bouton *m* de corne; **~ochse** P *m* andouille *f*; **~signal** ⚔ sonnerie *f* de clairon; *allg.* signal *m* de corne; **~spalte** *vét. f am Pferdehuf*: seime *f*; **~stoff** *m*, **~substanz** *f* kératine *f*.

'Hornvieh *n* bêtes *f/pl.* à cornes.

'Hör-organ *n* organe *m* de l'ouïe.

Horo'skop *n* horoscope *m*; *j-m das* ~ *stellen* faire (*od.* dresser *od.* tirer) l'horoscope de q.

'Hörprobe *thé. f* audition *f*.

hor'rend F *adj.* (*ungeheuer groß*) énorme; *bsd. vom Preis*: exorbitant, faramineux, -euse; fou, folle.

'Horrohr *n* cornet *m* acoustique; ⚕ stéthoscope *m*.

'Horrorfilm *m* film *m* d'épouvante (*od.* d'horreur); film *m* fantastique.

Hör|saal *m* salle *f* de cours; *stufenförmig ansteigend*: amphithéâtre *m*; **~schulung** *f* éducation *f* de l'oreille; **~schwelle** *f* seuil *m* auditif; **~spiel** *n Radio*: pièce *f* (*od.* ouvrage *m*) radiophonique, pièce *f* radiodiffusée; audiodrame *m*.

Horst *m* (*Adler♀*) aire *f*; (*Flieger♀*) base *f* aérienne; *géol.* 'horst *m*.

'Hörstärke *f Radio*: puissance *f* d'audition.

'horsten *v/i. Raubvögel*: faire son aire; airer.

Hort *m* (*poét. Schatz*) trésor *m*; (*Kinder♀*) garderie *f*; (*Zuflucht*) refuge *m*; abri *m*; asile *f*; **'♀en** *v/t.* stocker; *Geld*: thésauriser; **~en** *n* stockage *m*; *v. Geld*: thésaurisation *f*.

Hor'tensie ♣ *f* hortensia *m*.

'Hörtest *m* test *m* auditif.

'Hörtrichter *m* cornet *m* acoustique.

'Hortung *f* stockage *m*; *v. Geld*: thésaurisation *f*.

'Hörvermögen ♀ *n* audibilité *f*; pouvoir *m* d'audition.

'Hörweite *f* portée *f* de la voix; *außer* ~ *hors* de portée de la voix.

'Hös-chen *n*: petite culotte *f*; slip *m*.

'Hose *f* pantalon *m*, P fourreau *m*, (*Knie♀*) culotte *f*; *kurze* ~ culotte *f* courte; ~ *aus Elastikstoff* (pantalon *m*) extensible *m*; (*Slacks*) pantalon *m* de dame; *in die* ~*n schlüpfen* enfiler son pantalon; *fig. das Herz fiel ihm in die* ~*n* le cœur lui manqua; *das ist Jacke wie* ~ c'est bonnet blanc et blanc bonnet; *fig. sie hat die* ~*n an* c'est elle qui porte la culotte (*od.* qui mène [*od.* conduit*] la barque*); P *die* ~*n voll haben* avoir peur, F caner; *j-m die* ~*n strammziehen* donner une fessée à q.

Hosen|anzug (*für Damen*) *m* tailleur-pantalon *m*; ensemble *m* pantalon; **~aufschlag** *m* revers *m* de pantalon; **~band-orden** *m* ordre *m* de la Jarretière; **~bein** *n* jambe *f* de pantalon; **~boden** *m* fond *m* de pantalon (*resp.* de culotte); *fig. écol., univ.* sich *auf den* ~ *setzen* s'appliquer (à son travail); travailler avec zèle; **~bund** *m* ceinture *f* de pantalon (*resp.* de culotte); **~klammer** *f für Radfahrer*: pince *f*; **~klappe** *f* pont *m* de culotte; **~knopf** *m* bouton *m* de culotte; **~matz** F *m* bambin *m*; **~naht** *f* couture *f* de pantalon (*resp.* de culotte); **~rock** *m* jupe-culotte *f*; **~rolle** *thé. f* travesti; **~schlitz** *m* braguette *f*; **~schnalle** *f* boucle *f* de pantalon (*resp.* de culotte); **~schneider** *m* culottier *m*; **~spanner** *m* porte-pantalon *m*; **~steg** *m* sous-pied *m*; **~stoff** *m* étoffe (*od.* tissu *m*) pour pantalons (*resp.* pour culottes); **~stoßband** *n* talonnière *f*; **~tasche** *f* poche *f* de pantalon (*resp.* de culotte); **~träger** *m/pl.* bretelles *f/pl.*

hosi'anna(h) *int.* (♫ *n*) hosanna (*m*).

Hospi'tal *n für Kranke*: hôpital *m*; **~lismus** ♀ *m* hospitalisme *f*; **~lschiff** ⚓ *n* vaisseau-hôpital *m*.

Hospi'tant(in *f*) *m univ.* auditeur *m*, -trice *f* libre; *Schulpraktikant usw.*: stagiaire *m*.

hospi'tieren *v/i.* suivre un cours (*resp.* des cours) en auditeur, -trice libre; (*ein Praktikum machen*) faire un stage.

Ho'spiz *n* hospice *m* (pour vieillards).

'Hostie *f* hostie *f*; *die geweihte* ~ la sainte hostie; **~nteller** *m* patène *f*.

Ho'tel *n* hôtel *m*; ~ *mit drei Sternen* hôtel *m* trois étoiles; *schwimmendes* ~ hôtel *m* flottant; flotel *m*; **~angestellte(r** *a. m*) *m, f*, employé *m*, -e *f* d'hôtel; **~besitzer(in** *f*) *m* hôtelier *m*, -ière *f*; **~boy** *m* chasseur *m*; groom *m*; **~dieb** *m* rat *m* d'hôtel; **~diebin** *f* souris *f* d'hôtel; **~diener** *m* garçon *m* d'hôtel; **~dienst** *m* service *m* d'hôtelier; **~gewerbe** *n* industrie *f* hôtelière; **~halle** *f* 'hall *m* de l'hôtel.

Hote'lier *m* hôtelier *m*.

Ho'tel|kette *f* chaîne *f* hôtelière; **~page** *m* chasseur *m*; **~verzeichnis** *n* liste *f* des hôtels; **~wagen** *m* voiture *f* de l'hôtel; **~zimmer** *n* chambre *f* d'hôtel.

hott! *int.* 'hue!

hu! *int.* 'hou!

hü! *int.* (*vorwärts!*) 'hue!; (*links!*) dia!

Hub *m* élévation *f*; levage *m*; *des Kolbens*: course *f*; **'~brücke** *f* pont *m* levant.

'hüben *adv.*: ~ *wie drüben* des deux côtés; d'un côté comme de l'autre.

'Hub|geschwindigkeit *f* vitesse *f* de levage; **~höhe** *f* levée *f*; **~kraft** *f*, **~leistung** *f* force *f* de levage; **~pumpe** *f* pompe *f* aspirante; **~raum** *m* cylindrée *f*; déplacement *m* du piston.

hübsch I *adj.* joli; beau (*vor vo. od. stummem h* bel), belle; bellot, -otte; *e-e* ~*e Gelegenheit* une belle occasion; *e-e* ~*e Summe* une belle somme d'argent; *une somme coquette*; *es ist noch ein* ~*es Stück Wegs* il y a encore un bon bout de chemin; *iron. da habt ihr ja was* ♀*es angerichtet!* eh bien! vous en avez fait du joli!; **II** *adv.* (*gehörig, gut*) comme il faut, bien, F joliment; *sei* ~ *artig!* sois bien sage!; F *das werde ich* ~ *bleibenlassen* je m'en garderai bien; ~ *gewachsen* bien tourné(e); **'~en** F *v/rf.*: *sich* ~ faire un brin de toilette; se faire un brin de toilette.

'Hub|schrauber *m* hélicoptère *m*; F hélico *m*; *mit* ~*n befördern* transporter par hélicoptère; **~schrauberlandeplatz** *m* héliport *m*, héligare *f*; **~schrauberträger** *m* porte-hélicoptères *m*; **~seil** *n* câble *m* de levage; **~stapler** ⊕ *m* chariot *m* (*od.* truck *m*) élévateur; gerbeur *m*; **~volumen** ⊕ *n* cylindrée *f*; **~weg** *m* course *f* de levage; **~werk** *n* dispositif *m* de levage; **~zähler** *m* compteur *m* de courses.

Hucke △ (*Mörteltrage*) *f* oiseau *m*; *fig. j-m die* ~ *voll hauen* rouer q. de coups; **♀pack** *adv.* à califourchon; **~packsystem** 🛤 *n* ferroutage *m*; remorquage *m* à califourchon; *mit dem* ~ *transportieren* ferrouter.

Huf *m* sabot *m*; **'~beschlag** *m* ferrure *f*; **'~eisen** *n* fer *m* à cheval; *e-m Pferde die* ~ *auflegen* (*abreißen*) ferrer (déferrer) un cheval; **♀eisenförmig** *adj.* en (forme de) fer à cheval; **'~eisenmagnet** *m* aimant *m* en fer à cheval; **'~gänger** *zo. m/pl.* ongulés *m/pl.*;

~lattich ♀ m tussilage m; pas-d'âne m; ~nagel m clou m à ferrer; ~schlag m (Geräusch) pas m d'un cheval; man. piste f; ~schmied m maréchal-ferrant m; ~schmiede f maréchalerie f.

'Hüft|bein anat. n os m iliaque; ~e f 'hanche f; bis an die ~n reichend à mi-corps; jusqu'à la taille; mit den ~n wackeln se déhancher; vét. mit ausgerenkten ~n déhanché; ~gelenk anat. n articulation f de la 'hanche; ~gelenk-entzündung ♣ f arthrite f de la 'hanche; ~gelenktuberkulose ♣ f coxalgie f; ~gürtel m, ~halter m gaine f; ~hose f pantalon m taille basse.

'Huftiere n/pl. ongulés m/pl.

'Hüft|knochen anat. m os m iliaque; ♀lahm vét. adj. déhanché; ~nerv ♣ m nerf m sciatique; ~schmerz ♣ m douleur f sciatique; ~stütz gym. m: mit ~ avec les mains sur les 'hanches; ~umfang m tour m de 'hanches; ~verrenkung f luxation f de la hanche; ~weh ♣ n sciatique f.

'Hügel m colline f; coteau m; (Erhöhung) élévation f, 'hauteur f; éminence f; (Erd♀) butte f; rundlicher: mamelon m; (Erdhaufen) tertre m; ~haus n maison f construite au flanc d'une colline; ♀ig adj. vallonné, montueux, -euse; accidenté; mamelonné; ~kette f, ~reihe f (chaîne f de) collines f/pl.; coteaux m/pl.; ~land n pays m de collines, pays m vallonné, montueux.

Huge'nott|e m, ~in f 'huguenot m, -e f; ♀isch adj. 'huguenot.

Huhn n poule f; junges ~ poulet m; gemästetes ~, gebratenes ~ poularde f; gebratenes ~ poulet m rôti; F fig. dummes ~ dinde f, oie f.

'Hühnchen n poulet m; fig. mit j-m ein ~ zu rupfen haben avoir maille à partir avec q.

'Hühner|auge n ♣ cor m; œil-de--perdrix m; ~augenmesser chir. n coupe-cors m; ~augenmittel n coricide m; ~augenpflaster n emplâtre m contre les cors; ~braten m poulet m rôti; ~brühe f bouillon m de poulet; ~brust f cuis. blanc m de poulet; ♣ thorax m en entonnoir m; ~ei n œuf m de poule; ~farm f élevage m avicole; ~frikassee cuis. n poulet m en fricassée; ~futter n nourriture f pour poules; ~habicht m autour m; ~haus n poulailler m; ~hof m basse-cour f; ~hund ch. m chien m d'arrêt; braque m; ~keule f cuisse f de poulet; ~leiter f échelle f de poulailler; ~mist m fiente f de poule; ~pastete f pâté m de poulet(s); ~stall m poulailler m; ~stange f perchoir m; juchoir m; ~suppe f bouillon m de poule; ~vögel m/pl. gallinacés m/pl.; ~zucht f élevage m de volailles; aviculture f; ~züchter m éleveur m de volailles, aviculteur m.

hui int.: ~! crac!; in e-m ♀ en un clin d'œil.

Huld f bonnes grâces f/pl.; faveur f; bei j-m in ~ stehen être en faveur (od. dans les bonnes grâces) auprès de q.

'huldig|en v/i.: j-m ~ rendre hommage à q.; présenter (od. offrir) ses hommages à q.; e-r Sache (dat.) ~ s'adonner à qch.; e-r Mode ~ se mettre à une mode; e-r Ansicht ~ se déclarer en faveur d'une opinion; professer une opinion; sich ~ lassen recevoir les hommages; ♀ung f hommage m; j-m s-e ~ darbringen présenter (od. offrir) ses hommages à q.; j-m etw. als ~ darbringen faire hommage de qch. à q.; ♀ungs-eid m serment m de fidélité.

'huld|reich, ~voll adj. plein de grâce.

'Hülle f enveloppe f; für Schallplatte: pochette f; sterbliche ~ dépouille f mortelle; (Überzug) 'housse f; (Buch♀) couvre-livre m; liseuse f; bsd. für Messer od. Schirm: gaine f; e-s Atoms: nuage m d'électrons, zo., anat. tégument m, ♀ involucre m; → Hülse; in ~ und Fülle en grande abondance; abondamment; à profusion; à foison; F à gogo; etw. in ~ und Fülle haben abonder en qch.; Geld die (od. in) ~ und Fülle haben remuer l'argent à la pelle; ♀n v/t. (v/rf.: sich s')envelopper (in acc. dans); (se) draper (dans); fig. sich in Schweigen ~ se renfermer dans le silence.

'Hülse f (Schote) cosse f, gousse f; des Getreidekorns: balle f; (Aufsteck♀ des Füllhalters) capuchon m; (Patronen♀) douille f; ~nfrüchte f/pl. légumes m/pl. secs; (Pflanzen) légumineuses f/pl.; ~nschlüssel m clé (od. clef) f à douille; ♀ntragend adj. légumineux, -euse.

'hülsig adj. qui a des cosses od. des gousses.

hu'man adj. humain, plein d'humanité; ♀biologie f biologie f humaine; ♀genetik f génétique f humaine.

humani'sieren v/t. (v/rf.: sich s')humaniser.

Huma'nis|mus m humanisme m; ~t m humaniste m; ♀tisch adj. humaniste; classique; ~ gebildet qui a fait ses humanités.

humani'tär adj. humanitaire; ~er Sozialismus socialisme m à visage humain; in e-m ~en Bereich dans un contexte humanitaire.

Humani'tät f humanité f; ~sduselei F f humanitarisme m sentimental.

Hu'manwissenschaften f/pl. sciences f/pl. humaines.

'Humbug m blagues f/pl.; mystification f; bluff m; F boniment m.

'Hummel ent. f bourdon m.

'Hummer zo. m 'homard m; ~mayonnaise f mayonnaise f de 'homard(s); ~schere f pince f de 'homard.

Hu'mor m humour m; mit ~ hinnehmen prendre en riant.

Humo'ralpathologie ♣ hist. f humorisme m.

Humo'reske f litt. conte m (od. récit m) humoristique; farce f; ♪ humoresque f.

hu'morig F adj.: F canularesque.

Humo'rist m humoriste m; ♀isch adj. humoristique; facétieux, -euse.

hu'morvoll adj. plein d'humour; humoristique.

'humpeln v/i. boiter; F aller clopin-clopant.

'Humpen m 'hanap m; coupe f; chope f.

'Humus m, ~boden m, ~erde f humus m; terre f végétale; ♀reich adj. riche en humus (od. en terre végétale); humifère; humique; ♀sauer adj. ulmique; ~säure f acide m humique.

Hund m chien m; F cabot m; ♣ a. berline f; junger ~ jeune chien m; chiot m; bissiger ~ chien m méchant; ~e sind an der Leine zu führen prière de tenir les chiens en laisse; ast. großer (kleiner) ~ grand (petit) Chien m; fig. bekannt wie ein bunter ~ connu comme le loup blanc; wie ~ und Katze leben vivre comme chien et chat; auf den ~ gekommen sein être à bout de forces (od. sans ressources); être dans une misère noire (od. P dans la dèche); auf den ~ bringen ruiner; vor die ~e gehen être un homme perdu; mit allen ~en gehetzt sein être rusé (od. retors), F la connaître; da liegt der ~ begraben c'est là que gît le lièvre; ~e haben draußen zu bleiben chiens m/pl. non admis; damit lockt man keinen ~ hinter dem Ofen vor cela ne prend pas; prov. den Letzten beißen die ~e malheur au dernier; ~e, die bellen, beißen nicht tous les chiens qui aboient ne mordent pas.

'Hunde|abteil ♣ n fourgon m des chiens; ~arbeit F f travail m de chien; ~artig adj. canin; ~aufbewahrung f garderie f pour chiens; ~ausstellung f exposition f canine; ♀elend F adj.: mir ist ~ je suis malade comme une bête; ~fänger m agent m piégeur; ~friedhof m cimetière m des chiens; ~futter n nourriture f pour chiens; ~gattung f race (od. espèce) f canine; ~gebell n aboiement(s pl.) m de chien; ~hütte f niche f à chien; ~kälte f froid m de loup (od. de canard); ~klinik f clinique f pour chiens; ~kuchen m biscuit m pour chien (od. de chiens); ~leben F n vie f de chien; ~leine f laisse f; ~liebhaber m cynophile m; ~marke f plaque f d'identité du chien; ♀müde adj. 'harassé; éreinté; F vanné; F vidé; ~napf m écuelle f; ~peitsche f cravache f; ~pflege f toilettage m; Institut für ~ institut m de beauté canine; ~pfoten f/pl. pattes f/pl. du chien; ~rasse f race f canine; ~rennen n course f de chiens.

'hundert I a/n.c. cent; etwa (od. gegen od. rund) ~ une centaine (de); ~ Jahre alt séculaire (a. alle ~ Jahre wiederkehrend), v. Personen: centenaire; ~ gegen eins wetten, daß ... parier cent contre un que ...; F auf ~ sein (wütend sein) P être à cran; II ♀ n cent m; vier vom ~ quatre pour cent; ~e von des centaines de; zu ~en par centaines; unter ~ nicht einer pas un seul parmi (od. sur) cent; ♀er m arith. centaine f; (Ziffer 100) chiffre m cent; (Geldschein) billet m de cent (francs, etc.); ~erlei adv. de cent espèces; fig. ~ Dinge trente-six choses; ~fach, ~fältig I adj. centuple; das ♀e le centuple; II adv. au centuple; ~fünfzigprozentig F fig. adj. à tous crins; à plus de cent pour cent; ~gradig adj. centigrade; ♀jahrfeier f centenaire m; ~jährig adj. de cent ans; centenaire; séculaire; ♀es Jubiläum centenaire m; ♀jährige(r) m et f centenaire; ~jährlich adj. qui revient tous les cent ans; ♀kilo'metertempo n: im ~ à cent kilomètres à l'heure; ~mal *adv.* cent fois; ♀¹**meterlauf** *m* course *f* de cent mètres; **~prozentig** *adj.* cent pour cent; *fig.* à tous crins; à tout crin; **♀satz** *m* pourcentage *m*; **~st** *a/n.o.* centième; *fig.* vom ♀en ins Tausendste kommen aller de la cave au grenier; discourir à perte de vue; faire des coqs-à-l'âne; **♀stel** *n* centième *m*; centième partie *f*; **~tausend** *a/n.c.* cent mille; ♀e von des centaines *f/pl.* de mille de; **~teilig** *adj.* centésimal; **~weise** *adv.* par centaines.

'**Hunde|schlitten** *m* traîneau *m* à chiens; **~schnauze** *f* museau *m* du chien; **~schule** *f* école *f* pour chiens; **~sperre** *f* défense *f* de laisser courir les chiens; **~sport** *m* sport *m* canin; **~steuer** *f* impôt *m* sur les chiens; **~tollwut** *f* rage *f* canine; **~wache** ⚓ *f* quart *m* de minuit à quatre heures; **~wesen** *n*: Verband für das internationale ~ Fédération *f* cynologique internationale; **~wetter** F *n* temps *m* de chien; temps *m* à ne pas mettre un chien dehors; **~zucht** *f* élevage *m* de chiens; **~züchter** *m* éleveur *m* de chiens; **~züchterkongreß** *m* congrès *m* cynologique; **~zwinger** *m* chenil *m*.

'**Hündin** *f* chienne *f*; *ch.* lice *f*.

'**hündisch** *adj. fig.* (*kriecherisch*) servile; rampant.

'**Hunds|fott** P *m* canaille *f*; salaud *m*; **♀gemein** F *adj.* abject; infâme; ignoble; **~gemeinheit** F *f* infamie *f*; vacherie *f*; **♀miserabel** F *adj.* très mauvais; **♀müde** *adj.* 'harassé'; éreinté; F vanné; *ast.* ~ Sirius *m*; **~tage** *m/pl.* canicule *f*; *mitten in den ~n* en pleine canicule.

'**Hün|e** *m* *in f* géant *m*, -e *f*; **~engestalt** *f* colosse *m*; **~engrab** *n* tombe *f* mégalithique; tumulus *m*; **♀enhaft** *adj.* gigantesque.

'**Hunger** *m* faim *f* (*nach de*); *fig. a.* avidité *f*; (**~snot**) famine *f*; ~ haben avoir faim; ~ bekommen commencer à avoir faim; großen ~ haben avoir grand-faim; e-n ~ wie ein Wolf haben avoir une faim de loup; keinen ~ haben ne pas avoir faim; ich habe mehr (weniger) ~ als du moi, j'ai plus (moins) faim que toi; s-n ~ stillen apaiser (*od.* assouvir *od.* calmer) sa faim; ~ leiden souffrir de la faim; durch ~ zwingen réduire par la famine; vor ~ sterben mourir (*od.* crever) de faim; der ~ sieht ihm aus den Augen il a un air famélique; *prov.* ~ ist der beste Koch qui a faim mange tout pain; **~blockade** *f* blocus *m* économique; **♀ig** *adj.* → hungrig; **~jahr** *n* année *f* de famine; **~künstler** *m* jeûneur *m*; **~kur** *f* diète *f* absolue; **~leider** *m* famélique *m*; crève-la--faim *m*; traîne-malheur *m*; traîne--misère *m*; meurt-de-faim *m*; **~lohn** *m* salaire *m* dérisoire (*od.* de famine); ♀n *v/i. u. v/imp.* avoir faim (*nach de*); (*Hunger leiden*) ne pas manger à sa faim; *st.s.* es hungert mich; mich hungert j'ai faim; **~ödem** ♂ *n* œdème *m* de la famine; **~snot** *f* famine *f*; disette *f*; **~streik** *m* grève *f* de la faim; *in Person im ~* gréviste *m* de la faim; **~tod** *m*: den ~ sterben mourir de faim; **~tuch** *fig. n*: am ~ nagen souffrir de la faim; manquer du strict nécessaire; tirer le diable par la queue; **~typhus** ♂ *m* typhus *m* famélique.

'**hungrig** *adj.* qui a faim (*a. fig.*; *nach de*); affamé (de); *fig.* avide (*nach de*); (*sehr*) ~ sein avoir (grand *od.* F très faim; (*etw.*) ~ sein avoir un (petit) creux.

'**Hunne** *m* 'Hun *m.*

'**Hupe** *f* avertisseur *m*; klaxon *m*; ♀n *v/i.* avertir; faire hurler son avertisseur; klaxonner; corner; **~knopf** *m* commande *f* de l'avertisseur; **~signal** *n*, **~nzeichen** *n* coup *m* de klaxon.

'**hupfen** F *v/i.*: das ist gehupft wie gesprungen cela revient au même; c'est bonnet blanc et blanc bonnet.

'**hüpfen I** *v/i.* sautiller; sauter (vor Freude de joie); bondir (vor Freude de joie); auf e-m Bein ~ sauter à cloche--pied; **II** ♀ *n* sautillement *m.*

'**Hürde** *f* 1. Sport: 'haie *f*; e-e ~ nehmen franchir (*od.* sauter) une 'haie; 2. *e-s Pferdes*: claie *f*; **~ngeflecht** *n* clayonnage *m*; **~nlauf** *m*, **~nrennen** *n* Sport: course *f* de 'haies (*od.* d'obstacles); **~nläufer(in** *f*) *m* coureur *m*, -euse de 'haies; **~nsprung** *m* saut *m* de 'haies.

'**Hure** P *f* grue *f*; catin *f*; garce *f*; putain *f*; ♀n P *v/i.* forniquer; vivre en paillarde; se prostituer.

Hure'rei P *f* fornication *f*; paillardise *f.*

hur'ra I *int.*: ~! 'hourra!; ~ rufen (*od.* schreien*) pousser des 'hourras; **II** ♀ *n*, **♀geschrei** *n* 'hourra *m*; **♀optimist** *m* optimiste *m* à tous crins; **♀patriot(in** *f*) *m* chauvin *m*, -e *f*; patriotard *m*, -e *f*; **~patriotisch** *adj.* chauvin; patriotard; **~patriotismus** *m* patriotisme *m* cocardier; chauvinisme *m*; **♀ruf** *m* 'hourra *m*; **~ausstoßen** pousser des 'hourras.

'**Hurrikan** *m* 'hurricane *m*; cyclone *m.*

'**hurtig I** *adj.* rapide; preste; alerte; **II** *adv.* vite; prestement; alertement; **♀keit** *f* rapidité *f*; promptitude *f*; prestesse *f.*

Hu'sar *hist. m* 'hussard *m.*

husch *int.* 'hop!; vite!; *in e-m* ♀ vivement; '♀e *f* (*Regenschauer*) averse *f* brusque; grain *m*; ondée *f*; '**~en** *v/i.* se glisser (*od.* passer) rapidement (über *acc.* sur).

Hus'sit *hist. m* 'hussite *m*; **~enkrieg** *m* guerre *f* des 'Hussites.

'**hüsteln I** *v/i.* toussoter; tousser légèrement; **II** ♀ *n* toussotement *m.*

'**husten 1.** *v/i.* tousser; *trocken* ~ avoir une toux sèche; **2.** *v/t.* (*aus*~) cracher; Blut ~ cracher du sang; F *fig. ich werde dir was* ~ tu peux attendre longtemps; tu peux toujours te fouiller.

'**Husten** *m* toux *f*; ~ haben tousser.

'**Husten|anfall** *m* quinte *f* de toux; **~bonbons** *m/pl.* pastilles *f/pl.* contre la toux (*od.* pectorales); **~mittel** *n* remède *m* contre la toux (*od.* béchique); **~reiz** *m* envie *f* de tousser; irritation *f* des bronches; **~saft** *m* sirop *m* contre la toux; **♀stillend** *adj.* béchique; pectoral.

Hut¹ *f* garde *f*; *auf der ~ sein* être (*od.* se tenir) sur ses gardes; prendre garde; se tenir sur le qui-vive; F veiller au grain; auf der ~ sein vor (*dat.*) prendre garde à; *in j-s* ~ sous la garde de q.; *in j-s* ~ stellen confier à la garde de q.; *in s-e* ~ nehmen prendre sous sa garde.

Hut² *m* chapeau *m* (*a.* ♀ *der Pilze*); *bada *m*; steifer ~ chapeau *m* dur (*od.* melon); weicher ~ chapeau *m* mou; ~ ab! chapeau bas!; mit e-m schönen ~ bien chapeauté; den ~ aufsetzen (lüften) mettre (enlever *od.* ôter) son chapeau; j-m e-n ~ aufsetzen coiffer q. d'un chapeau, F chapeauter q.; den ~ aufbehalten garder son chapeau; rester couvert; den ~ abnehmen (*od.* ziehen) ôter son chapeau; se découvrir; vor j-m den ~ abnehmen (*od.* ziehen) se découvrir devant q.; donner un coup de chapeau à q.; *den ~ in die Stirn drücken* enfoncer son chapeau; *den ~ aufs Ohr setzen* mettre le chapeau sur l'oreille; *fig.* unter e-n ~ bringen mettre d'accord; F *da geht j-m der ~ hoch!* c'est (par) trop fort!; c'est le comble (de la musique)!; cela dépasse les bornes (*od.* les limites)!; '**~ablage** *f* porte-chapeaux *m*; **~band** *n* ruban *m* de chapeau; **~besatz** *m* garniture *f* de chapeau; **~bürste** *f* brosse *f* à chapeau.

'**hüten 1.** *v/t.* garder; Schafe ~ garder les moutons; *fig.* das Bett ~ garder le lit; être alité; **2.** *v/rfl.*: sich ~ vor (*dat.*) se garder de; prendre garde à; se méfier de; sich ~, *etw.* zu tun se garder de faire qch.; ich werde mich ~! je m'en garderai bien!; er soll sich ~! qu'il prenne garde!

'**Hüter(in** *f*) *m* (Vieh♀) gardeur *m*, -euse *f.*

'**Hut|fabrik** *f* usine *f* de chapeaux; **~feder** *f* plumet *m*; **~form** ⊕ *f* forme *f* à chapeaux; **~futter** *n* coiffe *f* de chapeau; **~geschäft** *n* chapellerie *f*; **~karton** *m* carton *m* à chapeaux; **~krempe** *f* bord *m* de chapeau; **~macher(in** *f*) *m* chapelier *m*, -ière *f*; **~nadel** *f* épingle *f* à chapeau; **~schachtel** *f* carton *m* à chapeau(x); **~schleife** *f* cocarde *f*; **~schnur** F *f fig. das geht über die ~!* cela dépasse les bornes (*od.* les limites)!; c'est (par) trop fort!; **~ständer** *m* porte-chapeaux *m*; **~stumpen** *m* fond *m* de chapeau; calotte *f.*

'**Hütte** *f* cabane *f*; case *f*; (Stroh♀) chaumière *f*; (Schutz♀) refuge *m*; abri *f*; (bloßes Schutzdach) 'hutte *f*; *métall.* usine *f* métallurgique; forge *f*; (Schmelz♀) fonderie *f.*

'**Hütten|arbeiter** *m* métallurgiste *m*; métallo *m*; **~besitzer** *m* propriétaire *m* d'usine métallurgique; **~industrie** *f* industrie *f* métallurgique; **~ingenieur** *m* ingénieur *m* métallurgiste; **~koks** *m* coke *m* métallurgique; **~kunde** *f* métallurgie *f*; ♀**kundlich** *adj.* métallurgique; **~schule** *f* école *f* formant des spécialistes métallurgistes; **~wart** *e-r Alpenhütte m* gardien *m* du refuge; **~werk** *n* usine *f* métallurgique; forge *f*; (*Gießerei*) fonderie *f*; **~wesen** *n* métallurgie *f.*

'**Hutverzierung** *f* garniture *f* de chapeau.

'**hutz(e)lig** F *adj.* ratatiné.

'**Hutzucker** *m* sucre *m* en pain(s).

Hy'äne zo. *f* hyène *f.*

Hya'zinth min. m hyacinthe f; ~e ♀ f jacinthe f.
hy'brid adj. hybride; ~er Charakter hybridisme m; hybridité f.
Hybridati'on f hybridation f.
Hy'brid|e m hybride m; ℒisch adj. hybride; ~er Charakter hybridisme m; hybridité f.
Hybridi'tät f hybridité f.
'Hydra f hydre f.
Hy'drant m bouche f d'incendie; prise f d'eau.
Hy'drat ⚗ n hydrate m.
Hydratati'on f hydratation f.
Hy'draul|ik f hydraulique f; ~ik-spaten ✗ (zum Umpflanzen älterer Bäume) m bêche f hydraulique; ℒisch adj. hydraulique; ~e Presse presse f hydraulique.
Hydra'zin ⚗ n hydrazine f.
hy'drier|en ⚗ v/t. hydrogéner; ℒen n, ℒung f hydrogénation f.
Hydro|chi'non ⚗ n hydroquinone f; ~dy'namik f hydrodynamique f; ~gra'phie f hydrographie f; ~kultur-gärtner m hydrocultivateur m; ~lo'gie f hydrologie f; ℒ'logisch adj. hydrologique; ~'lyse f hydrolyse f; ~'meter n hydromètre m; ~mikro-'phon n hydrophone m; ~pa'thie f hydropathie f; ~'phon n hydrophone m; ~'plan m hydroplane m; ~'statik phys. f hydrostatique f; ℒ'statisch phys. adj. hydrostatique; ~thera'pie ❀ f hydrothérapie f; ~'xyd n hy-

Hygi'en|e f hygiène f; ~iker m hygiéniste m; ℒisch adj. hygiénique.
Hygro|'meter phys. n hygromètre m; ℒ'metrisch adj. hygrométrique; ~-'skop phys. n hygroscopique.
'Hymen anat. n hymen m.
'Hymn|e f, st.s. ~us m hymne m; rl. hymne m od. f; ℒisch adj. hymnique.
Hyperästhe'sie ❀ f hyperesthésie f.
Hy'perbel rhét., ⚗ f hyperbole f; ℒförmig, ℒhaft, **hyper'bolisch** adj. hyperbolique.
'hypermodern adj. ultramoderne.
Hype'ron (Atomphysik) n hypéron m.
Hyper'schallflugzeug n avion m hypersonique.
Hyper|tro'phie f hypertrophie f; ℒ'trophisch adj. hypertrophique.
Hyp'no|se f hypnose f; ℒtisch adj. hypnotique.
Hypnoti|'seur m hypnotiseur m; ℒ'sieren v/t. hypnotiser; ~'sieren n hypnotisation f.
Hypno'tismus m hypnotisme m.
Hypochlo'rit ⚗ n hypochlorite m.
Hypo'chond|er m hypocondriaque m; ℒrisch adj. hypocondriaque; ~rium anat. n hypocondre m.
Hypo'physe anat. f hypophyse f.
Hyposul'fit ⚗ n hyposulfite m.
Hypote'nuse ⚗ f hypoténuse f.
Hypo'thek f hypothèque f (bestellen constituer; aufnehmen prendre; löschen purger; radier; tilgen amortir); auf ~ leihen prêter sur hypothèque; mit e-r ~ belasten hypothéquer; vertragliche (gesetzliche) ~ hypothèque f conventionnelle (légale); erste (zweite) ~ hypothèque f de premier (second) rang.
hypothe'karisch adj.: ~e Eintragung inscription f hypothécaire; gegen ~e Sicherheit sur hypothèque; ~ sichern hypothéquer.
Hypo'theken|ablösung f purge f d'une hypothèque; radiation f hypothécaire; ~anlagen f/pl. fonds m/pl. hypothécaires; ~anleihe f emprunt m sur hypothèque(s); ~aufwertung f revalorisation f des hypothèques; ~bank f banque f hypothécaire; ~bestellung f constitution f d'une hypothèque; ~brief m lettre f hypothécaire (od. d'hypothèque); ~buch n registre m hypothécaire; ~eintragung f inscription f hypothécaire; ~forderung f créance f hypothécaire; ℒfrei adj. libre d'hypothèques; ~gläubiger m créancier m hypothécaire; ~löschung f purge f d'une hypothèque; radiation f hypothécaire; ~ordnung f régime m hypothécaire; ~pfandbrief m lettre f de gage; obligation f hypothécaire; ~recht n droit m hypothécaire (od. d'hypothèque); ~schuld f dette f hypothécaire; ~schuldner m débiteur m hypothécaire; ~schuldverschreibung f obligation f hypothécaire; ~tilgung f amortissement m d'une hypothèque; ~umwandlung f conversion f d'hypothèque; ~urkunde f contrat m hypothécaire; ~vorrang m priorité f d'hypothèque; ~zinsen pl. intérêts m/pl. hypothécaires.
Hypo'the|se f hypothèse f; ℒtisch adj. hypothétique.
Hyste'rie f hystérie f.
Hy'steriker(in f) m hystérique m, f.
hy'sterisch adj. hystérique.

I

I, i *n* I, i *m*; *fig.* der Punkt (*od.* das Tüpfelchen) *auf dem i* le point sur l'i; *da fehlt noch das Tüpfelchen auf dem i* il manque encore le point sur l'i.
i! *int.* (*Abscheu*) pouah!; ~ *wo!* pensez-vous!
i'ahen *v/i. Esel:* braire.
I'ber|er *hist. m* Ibère *m*; 2**isch** *adj.* ibérique.
'Ibis *orn. m* ibis *m*.
ich I *pr/p.* je (*vor vo. od. stummem h:* j'); *als pr. abs.* moi; F bibi; *mézigue;* ~ *selbst* moi-même; *hier bin* ~ *me* voilà; *ich bin es!* c'est moi!; ~, *der* ~ *Sie kenne* moi qui vous connais; ~ *Elender!* malheureux que je suis!; **II** 2 *n* moi *m*; *die Suche nach dem* ~ la quête du moi (*od.* de l'ego); *mein ganzes* ~ mon être tout entier; *sein liebes* (*od. wertes*) ~ sa petite personne; *mein anderes* (*od. zweites*) ~ un autre moi-même; **'**2**betontheit** *f iron.* nombrilisme *m*; **'**2**bewußtsein** *n* conscience *f* du moi; **'**2**bezogen** *adj.* égocentrique; **'**2**bezogenheit** *f* égocentrisme *m*; **'**2**form** *f: in der* ~ *schreiben* écrire à la première personne.
Ich'neumon *zo. m* ichneumon *m*; mangouste *f*.
'Ich|roman *m* roman *m* écrit à la première personne; ~**sucht** *f* égoïsme *m*; 2**süchtig** *adj.* égoïste.
Ichthyolo'gie *f* ichtyologie *f*.
Ichthyo'saurus *zo. m* ictyosaure *m*.
ide'al I *adj.* idéal; ~ *schön* d'une beauté idéale; **II** 2 *n* idéal *m*; (*Vorbild*) modèle *m*; (*Prototyp*) prototype *m*; *das* ~ *e-s Redners* l'orateur *m* par excellence.
ideali'sier|en *v/t* idéaliser; 2**en** *n*, 2**ung** *f* idéalisation *f*.
Idea'lis|mus *m* idéalisme *m*; *aus reinem* ~ *handeln* agir par pur idéalisme; ~**t(in)** *f* (*m*) idéaliste *m, f*; 2**tisch** *adj.* idéaliste.
Ideali'tät *f* idéalité *f*.
Ide'alwert *m* valeur *f* idéale.
I'dee *f* idée *f*; (*Begriff*) notion *f*; *fixe* ~ idée *f* fixe; obsession *f*; préoccupation *f*; psychose *f*; *gute* ~ bonne idée *f*; F e-e ~ (*ein bißchen*) Zucker, dunkler un rien (*od.* un soupçon) de sucre, un peu plus sombre; *keine* ~ *von etw. haben* n'avoir pas la moindre idée de qch.; *er kam auf die* ~, *zu ...* (*inf.*) il eut l'idée de ... (*inf.*); *wer brachte ihn auf die* ~? qui lui en a donné l'idée?; *peint.* ~ *des zu Malenden* prétextat *m*.
ide'ell *adj.* idéal; *phil.* idéel, -elle.
i'deen|arm *adj.* dépourvu d'idées; pauvre en idées; 2**assoziation** *f* association *f* d'idées; 2**folge** *f* suite *f* des idées; 2**gemeinschaft** *f* communauté *f* d'idées; 2**lehre** *f* idéologie *f*; 2**reichtum** *m* abondance *f* d'idées; 2**verbindung** *f* association *f* d'idées; 2**welt** *f* monde *m* des idées.
'Iden *pl.: die* ~ *des März* les ides *f/pl.* de mars.
identifi'zier|bar *adj.* identifiable; ~**en** *v/t.* (*v/rf.: sich* s')identifier (*mit* avec); 2**en** *n*, 2**ung** *f* identification *f*.
i'dentisch *adj.* identique (*mit* à).
Identi'tät *f* identité *f*; *j-s* ~ *feststellen* établir (*od.* vérifier) l'identité de q.; ~**snachweis** *m* preuve *f* d'identité.
Ideo|'gramm *ling. n* idéogramme *m*; ~**'loge** *m* idéologue *m*; ~**lo'gie** *f* idéologie *f*; 2**'logisch** *adj.* idéologique.
Idi'om *n* idiome *m*.
idio'matisch *adj.* idiomatique.
Idiosyn|kra'sie *physiol. f* idiosyncrasie *f*; 2**'kratisch** *adj.* idiosyncratique.
Idi'ot *m* idiot *m*; *fromage m*.
idi'otensicher F *adj.* excluant toute fausse manœuvre.
Idio'tie *f* idiotie *f*.
idi'otisch *adj.* idiot.
I'dol *n* idole *f*.
I'dyll *n*, ~**e** *f* idylle *f*; 2**isch** *adj.* idyllique.
'Igel *zo. m* 'hérisson *m*; ~**stacheln** *m/pl.* piquants *m/pl.* de 'hérisson; ~**stellung** *f* 'hérisson *m*.
'Iglu *m od. n* igloo *m*.
Igno'ranz *f* ignorance *f*.
igno'rieren *v/t.* ignorer; *j-n* ~ feindre de ne pas connaître q.; *etw.* ~ ne pas tenir compte de qch.
ihm *pr/p.* (*dat. v. er*) lui; *als pr. abs.* à lui; *nach prp.* lui.
ihn *pr/p.* (*acc. v. er*) le (*vor vo. od. stummem h:* l'); *als pr. abs. u. nach prp.* lui.
'ihnen *pr/p.* 1. (*dat. pl. v. er, sie, es*) leur; *als pr. abs.* à eux *m*, à elles *f*; *nach prp.* eux *m*, elles *f*; 2. 2 (*dat. v. Sie*) vous; *als pr. abs.* à vous; *nach prp.* vous.
ihr I *pr/p.* 1. (*dat. v. sie sg.*) lui; *als pr. abs.* à elle; *nach prp.* elle; 2. (*nom. pl. v. du, in Briefen:* 2) vous; **II** *pr/poss.* '~(**e**f) *m* (*u. n* a) *v. e-r Besitzerin:* son *m* (*vor vo. od. stummem h: a. f*), sa *f* (*vor cons.*); *pl.* ses; *ihr Bruder* (*nicht meiner*) son frère à elle; *mein und* ~ *Bruder* mon frère et le sien; *b*) *v. mehreren Besitzern:* leur; *pl.* 2 *e* vos; **III** '~**er**, '~**e**, '~**es**: *der* (*die, das*) '~**e** *od.* '~**ige** substantivisches *pr/poss. a*) *v. e-r Besitzerin:* le sien, la sienne; *b*) *v. mehreren Besitzern:* le (la) leur; 2 *le* (la) vôtre; '~**er I** *pr/poss.* a). *e-r Besitzerin:* de ses; 2 *de votre;* *bei mehreren Besitztümern:* de vos; *b*) *v. mehreren Besitzern:* de leurs; 2 *de vos*, **II** *pr/p.* (*gén. v. sie*) a) *sg.* d'elle; *b*) *pl.* d'eux *m*, d'elles *f*; *es waren* ~ *sechs ils* étaient six; 2 *de vous.*
'ihrerseits *adv.* de sa (*pl.* leur) part; de son (*pl.* leur) côté; 2 *de votre part* (*od.* côté).
ihres'gleichen *adv.* sa pareille *bzw.* son (*pl.* leur) pareil; 2 *votre pareil*.
'ihret|halben, ~**wegen**, (*um*) ~**willen** *adv.* à cause d'elle (*resp.* d'eux *m/pl. resp.* d'elles *f/pl.*); pour elle (*resp.* eux *m/pl. resp.* elles *f/pl.*); 2 à cause de vous; pour vous.
I'kone *f* icône *f*; ~**nmalerei** *f* peinture *f* d'icônes.
Ikonogra'phie *f* iconographie *f*.
Ikono'skop *n* iconoscope *m*.
Ikosa'eder ⋏ *n* icosaèdre *m*.
'Ilias *f* Iliade *f*.
il'legal *adj.* illégal; 2**gali'tät** *f* illégalité *f*.
ille'gi|tim *adj.* illégitime; 2**timi'tät** *f* illégitimité *f*.
Illumi|nati'on *f* illumination *f*; 2-**'nieren** *v/t.* illuminer; ~**'nieren** *n*, ~**'nierung** *f* illumination *f*.
Illusi'on *f* illusion *f*; *sich* ~**en** *machen* se faire des illusions, s'illusionner (*über acc.* sur); *sich* ~**en hingeben** entretenir des illusions; *j-m die* ~**en zerstören** enlever ses illusions à q.; désillusionner q.; ~**en zerschlagen** crever des baudruches.
illu'sorisch *adj.* illusoire; ~ *machen* rendre illusoire.
Illustrati'on *f* illustration *f*.
Illu'strator *m* illustrateur *m*.
illu'strieren *v/t.* illustrer; *illustrierte Zeitung* journal *m* illustré.
Il'lyrien *hist. n* l'Illyrie *f*.
'Iltis *zo. m* putois *m*.
'Image ['imidʒ] *n* image *f* de marque; *sein* ~ *wiederherstellen* restaurer de son image.
imagi'när *adj.* imaginaire.
'Imbiß *m* casse-croûte *m*; repas *m* léger; collation *f*; *kalter* ~ en-cas *m*, encas *m*; *e-n kleinen* ~ *nehmen* prendre une collation; F *casser une croûte*; ~**stube** *f* snack(-bar) *m*.
Imitati'on *f* imitation *f*.
imi'tieren *v/t.* imiter.
'Imk|er *m* apiculteur *m*; ~**e'rei** *f* apiculture *f*; ~**erverein** *m* société *f* apicole.
imma'nen|t *adj.* immanent; 2**z** *f* immanence *f*.
Immatriku|lati'on *f* inscription *f* à l'université; ~**lati'ons-urkunde** *f* certificat *m* d'inscription à l'université; 2**'lieren** *v/t.* inscrire à l'université; *sich* ~ (*lassen*) s'inscrire en faculté.
'Imme *dial. od. poét. f* abeille *f*.
im'mens *adj.* immense.
'immer *adv.* toujours; (*unaufhörlich*) sans cesse; continuellement; (*beständ-*

dig) constamment; *auf (od. für)* ~ pour toujours; à jamais; *auf ~ und ewig* à (tout) jamais; *noch ~; ~ noch* toujours; encore; *ich begreife ~ noch nicht* je ne comprends toujours pas; *~*, wenn er kam toutes les fois qu'il venait; *~ mehr* de plus en plus; *~ mehr Gelehrte* de plus en plus de savants; *~ weniger* de moins en moins; *~ besser* de mieux en mieux; *~ schlimmer* de plus en plus mal; de mal en pis; *~ größer* de plus en plus grand; *wer auch ~ es Ihnen gesagt haben mag* qui que ce soit qui vous l'ait dit; *was er auch ~ sagen mag* quoi qu'il dise; *was für Gründe er auch ~ haben mag* quelles que soient ses raisons; *wo ~ wir sein mögen* où que nous soyons; *~'fort adv.* continuellement; sans cesse; sans arrêt; **~grün** ♀ *n* perveche *f*; *~'hin adv.* toujours est-il que; quoiqu'il en soit; *~!* tout de même!; *das ist ~ etw.* c'est toujours ça de gagné; **~während** *adj.* continuel, -elle; perpétuel, -elle; *~'zu adv.* continuellement; sans cesse; sans arrêt.
Immi|'grant(in *f*) *m* Eingewanderte(r): immigré *m*, -e *f*; *Einwandernde(r)*: immigrant *m*, -e *f*; **~grati'on** *f* immigration *f*; ♀**'grieren** *v/i.* immigrer.
immi'nent *adj.* imminent.
Immobili'ar|kredit *m* crédit *m* immobilier; **~vermögen** *n* fortune *f* immobilière; biens *m/pl.* immobiliers.
Immo'bilien *pl.* immeubles *m/pl.*; biens *m/pl.* immobiliers; **~bank** *f* banque *f* immobilière; **~gesellschaft** *f* société *f* immobilière; **~handel** *m* commerce *m* immobilier; **~vermögen** *n* biens *m/pl.* immobiliers.
immobili'sier|en *v/t.* immobiliser; ♀**en** *n*, ♀**ung** *f* immobilisation *f*.
immo'ralisch *adj.* immoral.
Immora'lis|mus *m* immoralisme *m*; **~t** *m* immoraliste *m*.
Immor'telle ♀ *f* immortelle *f*.
im'mun *adj.* immunisé (*gegen* contre); *pol.* qui jouit de l'immunité parlementaire; *~ machen* immuniser (*gegen* contre).
immuni'sier|en *v/t.* immuniser (*gegen* contre); ♀**en** *n*, ♀**ung** *f* immunisation *f*.
Immuni'tät *f* immunité *f* (*a. parl.*); *die ~ gewähren (aufheben)* accorder (lever) l'immunité; *die Aufhebung der ~* la cassation de l'immunité; *die Vorrechte und ~en e-s Diplomaten* les privilèges et immunités *m/pl.* d'un diplomate; *diplomatische ~ genießen* jouir de l'immunité diplomatique; *être couvert par l'immunité diplomatique.*
Im'pala *zo.* (*Schwarzfersenantilope*) *f* impala *m*, aepycéros *m*.
Im'peachment *pol.* (*USA*) *n* mise *f* en accusation.
Impe'danz ⚡ *f* impédance *f*.
Impera'tiv *m gr.* (mode *m*) impératif *m*; *phil. kategorischer ~* impératif *m* catégorique; ♀**isch** *adj.* impératif, -ive.
'Imperfekt *gr. n* imparfait *m*.
Imperia'lis|mus *m* impérialisme *m*; **~t** *m* impérialiste *m*; ♀**tisch** *adj.* im-périaliste.
Im'perium *n* empire *m*.
imperti'nen|t *adj.* impertinent; ♀**z** *f* impertinence *f*.
'Impf|aktion *f* campagne *f* de vaccination; **~arzt** *m* médecin *m* vaccinateur *m*; **~en** *v/t.* vacciner; *wieder ~* revacciner; (*ein~*) inoculer; **~en** *n* vaccination *f*; (*Ein*♀) inoculation *f*; **~gegner(in** *f*) *m* personne qui est contre la vaccination; **~ling** *m* sujet *m* à vacciner (resp. que l'on vient de vacciner); **~pflicht** *f* vaccination *f* obligatoire; obligation *f* de se faire vacciner; ♀**pflichtig** *adj.* obligé de se faire vacciner; **~schein** *m* certificat *m* de vaccination; **~stoff** 🜚 *m* vaccin *m*; **~ung** *f* vaccination *f*; *zweite, dritte ~* première, deuxième injection *f* de rappel; **~zwang** *m* vaccination *f* obligatoire.
Implan'tat 🜚 *n* implant *m*.
impli'zieren *v/t.* impliquer.
im'plizite *adv.* implicitement.
implo|'dieren *phys. v/i.* imploser; ♀**si'on** *f* implosion *f*.
Imponde'rabilien *n/pl.* impondérables *m/pl.*
impo'nieren *v/i.* F avoir de la gueule; *j-m ~* en imposer à q.
Impo'niergehabe *n* désir *m* d'en imposer.
Im'port † *m* importation *f* (*aus en* provenance de); **~artikel** *m* article *m* d'importation; **~e** *f* Zigarren: cigares *m/pl.* importés (de la Havane); véritables 'havanes *m/pl.*
Impor'teur † *m* importateur *m*.
Im'port|firma *f* firme (*od.* maison) *f* d'importation; ♀**gefährdet** † *adj.* sensible; *~es Erzeugnis* produit *m* sensible; **~geschäft** *n* affaire *f* d'importation; **~handel** *m* (commerce *m* d')importation.
impor'tieren I *v/t.* importer; II ♀ *n* importation *f*.
Im'port|überschuß *m* excédent *m* d'importation; **~zoll** *m* droits *m/pl.* d'importation.
impo'sant *adj.* imposant.
'impoten|t 🜚 *u. physiol. adj.* impuissant; ♀**z** *f* impuissance *f*.
imprä'gnieren (*Regenmantel*) I *v/t.* imperméabiliser; II ♀ *n* imperméabilisation *f*.
imprä'gniert *adjt.* imperméabilisé.
Impre'sario *thé. m* imprésario *m*.
Impressio'nis|mus *m* impressionnisme *m*; **~t** *m* impressionniste *m*; ♀**tisch** *adj.* impressionniste.
Impri'matur *n* bon *m* à tirer; *égl.*, *univ.* imprimatur *m*.
Improvi|sati'on *f* improvisation *f*; **~'sator** *m* improvisateur *m*; ♀**'sieren** *v/t.* improviser.
Im'puls *m* impulsion *f*; *fig. rhetorischer ~* action *f* oratoire.
impul'siv *adj.* impulsif, -ive.
Im'pulsschweißen ⊕ *n* soudage *m* par impulsions.
im'stande *adj.*: *~ sein zu* être en état (*od.* en mesure *od.* capable *od.* à même) de; être de taille à.
Im'stichlassen *n* délaissement *m*; abandon *m*.
in *prp.* (*wo? dat.*; *wohin? acc.*) dans; en; à; F *„~"* sein F être «in»; *im Gefängnis* en prison; *im Garten* au jardin; *~ unserem Garten* dans notre jardin; *im Infinitiv* à l'infinitif; *~ der Fremde* à l'étranger; *~ eurer Mitte* au milieu de vous; parmi vous; *im ersten Stock* au premier (étage); *~ der Stadt (nicht außerhalb)* dans la ville, (*nicht zu Hause*) en ville, (*nicht auf dem Lande*) à la ville; *im Norden* au nord; *im Orient* en Orient; *im Racine* dans Racine; *im Schlafwagen* en wagon-lit; *im Speisewagen* au wagon-restaurant; *~ Paris* à Paris, (*innerhalb*) dans Paris; *vor Ländernamen:* en (*ohne art.*), *bei hinzugefügter näherer Bestimmung:* dans (*mit art.*), *vor Ländernamen im pl. und vor männlichen außereuropäischen Ländern:* à (*mit art.*): *in den USA* aux États-Unis; *in Marokko* au Maroc; *~ drei Wochen* (*nach Ablauf von*) dans trois semaines, (*im Laufe von*) en trois semaines; *im Jahre 1980* en 1980; *bei Jahreszahlen unter 100:* *im Jahre 3* en l'an trois; *im Januar* en (*od.* au mois de) janvier; *im Sommer usw.* en été, *etc.* (*aber:* *im Frühling au printemps*); *~ diesen Tagen* ces jours-ci; *~ der Nacht* dans la nuit; pendant la nuit; *~ m ganzen Leben* de toute ma vie; *im Alter von* à l'âge de; *er verdient 500 Mark im Monat* il gagne cinq cents marks par mois; *~ kurzem* sous peu; *~ dieser Beziehung* à cet égard; *sous ce rapport*; *im voraus* d'avance; par avance; à l'avance; *~ aller Eile* à la hâte; *im Kreise* en cercle; en rond; *im Chor* en chœur; *im Französischen* en français; *~ die Hände des Feindes fallen* tomber entre (*od.* aux *od.* dans) les mains de l'ennemi; *den Hut ~ der Hand haben* avoir son chapeau à la main; *e-n Maikäfer ~ der Hand haben* avoir un 'hanneton dans sa main.
'in-aktiv *adj.* inactif, -ive; *Offizier:* en non-activité.
In-akti'vierung *f* mise *f* en non--activité.
In-aktivi'tät *f* inactivité *f*.
In-'angriffnahme *f* mise *f* en œuvre; prise *f* de dispositions (pour).
In-'anspruchnahme *f* recours *m* (à); (*Benutzung*) utilisation *f*; emploi *m*; (*Beschäftigung*) occupation *f*.
'in-artikuliert *adj.* inarticulé.
In-'augenscheinnahme *f* inspection *f*.
'Inbegriff *m* incarnation *f*; *der ~ der Dummheit* la sottise même.
'inbegriffen *adv.* y compris.
Inbe'sitznahme *f* prise *f* de possession.
Inbe'trachtziehung *f* prise *f* en considération.
Inbe'trieb|setzung *f*, **~stellung** *f* mise *f* en exploitation; mise *f* en marche.
'Inbrunst *f* ferveur *f*; ardeur *f*.
'inbrünstig I *adj.* fervent; ardent; II *adv.* avec ardeur.
Inchoa'tiv *gr. n* (verbe *m*) inchoatif *m*.
Indan'threnfarbstoffe *m/pl.* indanthrènes *m/pl.*
in'dem *cj.* pendant que; tandis que; *bei gleichem suj. in beiden Sätzen oft durch gérondif.*
Indem'ni'tät *f* indemnité *f*.
'Inder(in *f*) *m* Indien *m*, -enne *f*.
in'dessen *adv. zeitlich* (*inzwischen*, *unterdessen*) entre-temps, cepen-

dant; pendant ce temps; sur ces entrefaites; en attendant; *Gegensatz (jedoch)* toutefois; pourtant; cependant.
'**Index** *m* index *m*; ⚕ indice *m*; *rl.* auf den ~ setzen mettre à l'index; *auf dem* ~ stehen être à l'index; **~bindung** *éc. f* indexation *f*; **~karte** *f* fiche *f* index; **~zahl** *f* indice *m*.
'**indezen|t** *adj.* indécent; 2z *f* indécence *f*.
Indi'an|er(in *f*) *m* Indien *m*, -enne *f*; 2**isch** *adj.* indien, -enne.
'**Indien** *m* l'Inde *f*; *in (nach)* ~ en Inde.
In'dienststellung *f* mise *f* en service, *e-r Person:* en fonction.
indifferent *adj.* indifférent.
indi'gniert *adj.* indigné.
'**Indigo** *m* I *n* indigo *m*; II 2 *adj.* bleu indigo; **~farbstoff** *m* indigotine *f*.
Indikati'on ⚕ *f* indication *f*.
Indi'kativ *gr. m* (mode *m*) indicatif *m*.
'**indirekt** *adj.* indirect; ~e *Wahlen* suffrage *m* indirect (*od.* à deux degrés); *gr.* ~e *Rede* discours *m* indirect.
'**indisch** *adj.* indien, -enne; *der* 2e *Ozean* l'océan *m* Indien.
'**indiskret** *adj.* indiscret, -ète.
Indiskreti'on *f* indiscrétion *f*; fuite *f*.
indiskutabel *adj.* inadmissible.
'**indispo|niert** *adj.* indisposé; 2**siti'on** *f* indisposition *f*.
individu|ali'sieren *v/t.* individualiser; 2**ali'sierung** *f* individualisation *f*; 2**a'lismus** *m* individualisme *m*; 2**a'list(in** *f*) *m* individualiste *m*, *f*; ~**a'listisch** *adj.* individualiste; 2**ali'tät** *f* individualité *f*; 2**'alverkehr** *m* trafic *m* individualisé; ~**'ell I** *adj.* individuel, -elle; **II** *adv.* individuellement.
Indi'viduum *n* individu *m*; particulier *m*.
In'dizienbeweis ⚖ *m* preuve *f* par indices.
Indo'china *n* l'Indochine *f*.
Indochi'nes|e *m*, ~**in** *f* Indochinois *m*, -e *f*; 2**isch** *adj.* indochinois.
Indoger'man|e *m* Indo-européen *m*; 2**isch** *adj.* indo-européen, -enne; ~**'ist(in** *f*) *m* spécialiste *m*, *f* en linguistique indo-européenne; ~**'istik** *f* linguistique *f* indo-européenne.
'**indolen|t** *adj.* indolent; 2z *f* indolence *f*.
Indo'nes|ien *n* l'Indonésie *f*; ~**ier** (-**in** *f*) *m* Indonésien *m*, -enne *f*; 2**isch** *adj.* indonésien, -enne.
Indossa'ment ✝ *n* endos(sement) *m*.
Indos'sa|nt *m* endosseur *m*; ~**t** *m* endossé *m*; endossataire *m*.
indos'sier|bar *adj.* endossable; ~**en** *v/t.* endosser.
Induk'tanz *phys. f* inductance *f*.
Indukti'on *f* induction *f*; ~**s-apparat** *m* inducteur *m*; 2**sfrei** *adj.* sans induction; non inductif, -ive; ~**sspule** *f* bobine *f* d'induction; ~**sstrom** *m* courant *m* d'induction (*od.* induit); ~**svermögen** *n* puissance *f* d'induction.
induk'tiv *adj.* inductif, -ive.
Induktivi'tät *f* inductance *f* mutuelle; *bisw.* inductivité *f*.
In'duktor *m* inducteur *m*.
industriali'sier|en *v/t.* industrialiser; 2**ung** *f* industrialisation *f*.

Indus'trie *f* industrie *f*; ~**abfälle** *m/pl.* résidus *m/pl.* industriels; ~**aktie** ✝ *f* action *f* industrielle; ~**anlage** *f* installation *f* industrielle; ~**arbeiter(in** *f*) *m* ouvrier *m* (-ière *f*) de l'industrie; ~**ausstellung** *f* exposition *f* industrielle; ~**bank** *f* banque *f* industrielle; ~**betrieb** *m* exploitation *f* industrielle; ~**bezirk** *m* district *m* industriel; ~**erzeugnis** *n* produit *m* industriel; ~**garne** *n/pl.* fils *m/pl.* industriels; ~**gebiet** *n* région *f* industrielle; ~**gelände** *n* terrain *m* industriel; ~**gesellschaft** *f* société *f* industrielle; ~**kapitän** *m* chef *m* d'industrie; ~**konzern** *m* trust *m* industriel; ~**kredit** *m* crédit *m* industriel; ~**krise** *f* crise *f* industrielle; ~**land** *n* pays *m* industriel (*od.* industrialisé).
industri'ell *adj.* industriel, -elle; 2**e(r)** *m* industriel *m*.
Indus'trie|magnat *m* chef *m* (*od.* grand capitaine *m*) d'industrie; ~**messe** *f* Foire *f* de l'Industrie; foire *f* industrielle; ~**müll** *m* déchets *m/pl.* industriels; ~**obligationen** *f/pl.* obligations *f/pl.* industrielles; ~**papiere** ✝ *n/pl.* valeurs *f/pl.* industrielles; ~**potential** *n* potentiel *m* industriel; ~**produktion** *f* production *f* industrielle; ~**ritter** *m* chevalier *m* d'industrie; F dénicheur *m* de merles; ~**sektor** *m* secteur *m* industriel; ~**staat** *m* État *m* industriel; ~**stadt** *f* ville *f* industrielle; ~**tätigkeit** *f* activité *f* industrielle; ~**unternehmen** *n* entreprise *f* industrielle; ~**verband** *m* association *f* industrielle; ~**verlagerung** *f* déplacement *m* de l'industrie; ~**viertel** *n* quartier *m* industriel; ~**wein** *m* P boisson *f*; ~**werbung** *f* publicité *f* industrielle; ~**werte** *m/pl.* valeurs *f/pl.* industrielles; ~**wirtschaft** *f* économie *f* industrielle; ~**zeitalter** *n* époque *f* industrielle; ~**zentrum** *n* centre *m* industriel; ~**zweig** *m* branche *f* de l'industrie.
indu'zieren ∉ *u. phys. v/t.* induire; II 2 *n* induction *f*.
in-ein'ander *adv.* l'un(e) dans l'autre; les un(e)s dans les autres; ~**fassen** *v/i.* (s')engrener; ~**flechten** *v/t.* entrelacer; ~**fließen** *v/i.* se confondre; ~**fügen** *v/t.* (s')emboîter; aboucher; ~**greifen** *v/i.* (s')engrener; *fig.* s'engrener; s'enchaîner; 2**greifen** *n* engrenage *m*; *fig. a.* enchaînement *m*; imbrication *f*; enchevêtrement *m*; ~**passen** *v/i.* s'emboîter; ~**schiebbar** *adj.* télescopique; ~**er** *Tisch* table *f* gigogne; ~**schieben 1.** *v/t.* emboîter; **2.** *v/r.:* sich s'emboîter; s'encastrer; se télescoper; *Anhänger u. Kabine:* F se mettre en portefeuille; se rabattre sur la cabine; ~**schlingen**, ~**weben** *v/t.* entrelacer.
In-em'pfangnahme *f* réception *f*.
in'fam I *adj.* infâme; **II** *adv.* d'une manière infâme.
Infa'mie *f* infamie *f*.
In'fant(in *f*) *m* infant *m*, -e *f*.
'**Infanterie** ⚔ *f* infanterie *f*; ~**angriff** *m* attaque *f* d'infanterie; ~**geschütz** *n* canon *m* d'infanterie; ~**unterstützung** *f* appui (*od.* soutien) *m* d'infanterie.
Infante'rist ⚔ *m* fantassin *m*.
infan'til *adj.* infantile.
Infanti'lismus *m* infantilisme *m*.

In'farkt ⚕ *m* infarctus *m*.
Infekti'on ⚕ *f* infection *f*; *sich e-e* ~ *zuziehen* s'infecter; ~**sgefahr** *f* danger *m* d'infection; ~**sherd** *m* foyer *m* d'infection; ~**skrankheit** *f* maladie *f* infectieuse.
Inferiori'tät *f* infériorité *f*; ~**skomplex** *m* complexe *m* d'infériorité.
infer'nalisch *adj.* infernal.
infil'trieren *v/i.* s'infiltrer.
Infinitesi'malrechnung *f* calcul *m* infinitésimal.
Infi'nitiv *gr. m.* (mode *m*) infinitif *m*; ~**satz** *m* proposition *f* infinitive.
In'fix *ling. n* infixe *m*.
infi'zier|en *v/t.* (*v/rf.:* sich s')infecter; 2**ung** *f* infection *f*.
Inflati'on *f* inflation *f*; *galoppierende (latente)* ~ inflation *f* galopante (latente); *die* ~ *eindämmen* enrayer (*od.* stopper) l'inflation.
inflatio'nistisch *adj.* inflationniste.
Inflati'ons|erscheinung *f* symptôme *m* (*od.* phénomène *m*) inflationniste; ~**rate** *f* taux *m* d'inflation; ~**gefahr** *f* danger *m* d'inflation; ~**gewinnler** *m* profiteur *m* de l'inflation; ~**rate** *f* taux *m* d'inflation; ~**stopp** *m* frein *m* d'inflation; ~**strömung** *f* courant *m* inflationniste; ~**tendenz** *f* tendance *f* inflationniste; ~**zeit** *f* époque *f* de l' (*od.* d')inflation.
Influ'enz ∉ *f* influence *f*.
in'folge *prp.* (*gén.*) par (*od.* à la) suite de; en conséquence de; ~**dessen** *adv.* en conséquence; par conséquent; dès lors.
Infor'matik *f* informatique *f*; *auf die* ~ *bezüglich* informationnel, -elle; *Umstellung f auf* ~ informatisation *f*; ~**er** *m* informaticien *m*; ~**ingenieur** *m* ingénieur *m* en informatique; ingénieur-informaticien *m*.
Infor|mati'on *f* information *f* (*über acc.* sur); *zwecks* ~ à titre d'information; ~**mati'onsbroschüre** *f* brochure *f* d'information; notification *f*; ~**mati'onsbüro** *n* bureau *m* d'information; ~**mati'onsdienst** *a.* ⚔ *m* service *m* de renseignements; ~**mati'onsgespräch** *n* entretien *m* d'information; ~**mati'onsminister** *m* ministre *m* de l'information; ~**mati'onsministerium** *n* ministère *m* de l'information; ~**mati'onsspeicher** *m* mémoire *f* de données (*od.* d'informations); ~**mati'onsverarbeitung** *f* informatique *f*; 2**ma'tiv** *adj.* instructif, -ive; 2**ma'torisch** *adv.* à titre d'information; 2**'mieren** *v/t.* (*v/rf.:* sich s')informer (*über acc.* de).
In'fragestellung *f* mise *f* en question.
'**infra|rot** *adj.* infrarouge; 2**rotgerät** *n* dispositif *m* à infrarouges; 2**schall** *m* infrason *m*; 2**struktur** *f* infrastructure *f*.
Infusi'on ⚕ *f* perfusion *f*; ~**s-tierchen** *n/pl.*, **Infu'sorien** *n/pl.* infusoires *m/pl.*
In'gangsetzung *f* mise *f* en marche.
Ingeni'eur *m* ingénieur *m*; *beratender* ~ ingénieur *m* conseil; ~ *für Elektronik* ingénieur *m* en électronique; ~**bauten** *m/pl.* travaux *m/pl.* de génie civil; ~**büro** *n* bureau *m* de construction; ~**schule** *f* école *f* d'ingénieurs; ~**schüler** *m* élève *m* ingénieur; ~**wesen** *n* génie *m*.

Ingredi'enzien n/pl. ingrédients m/pl.
'Ingrimm m rage f contenue.
'Ingwer ♀ m gingembre m.
'Inhaber|(in f) m (*Eigentümer*) propriétaire m, f; ⚖, ✝, e-s Titels, Papiers: détenteur m, -trice f; (*Besitzer*) possesseur m; e-s Wechsels: porteur m; e-s Amtes, e-s Ordens: titulaire m; e-s Geschäfts: chef m; ✝ auf den ~ lautendes Papier effet m au porteur; auf den ~ ausstellen émettre au porteur; an den ~ zahlbar payable au porteur; ~**aktie** f action f au porteur; ~**papier** ✝ n effet (od. titre) m au porteur; ~**scheck** m chèque m au porteur; ~**schuldverschreibung** f obligation f au porteur; ~**wechsel** m lettre f de change au porteur.
inhaf'tier|en v/t. arrêter; écrouer; ♀**ung** f arrestation f détention f.
In'haftnahme f arrestation f.
Inhalati'on f inhalation f; ~**s-apparat** m (appareil m) inhalateur m.
Inhala'torium n inhalatorium n.
inha'lieren I v/t. inhaler; faire des inhalations; **II** ♀ n inhalation f.
'Inhalt m contenu m; (*Raum*♀) capacité f; contenance f; ⚖ (*Flächen*♀) aire f; ⚖ teneur f; wesentlicher ~ substance f; ~ und Form le fond et la forme; dem ~ nach erklären déclarer en substance; ♀**lich** adv. qui concerne le contenu; ~ sagen dire en substance; ~**s-angabe** f sommaire m; analyse f; bei Sendungen: déclaration f du contenu; ~**sbestimmung** f (*Flächen*♀) détermination f de l'aire; (*Raum*♀) détermination f de la capacité; ~**s-erklärung** f bei Sendungen: déclaration f du contenu; ♀**sleer**, ♀**slos** adj. creux -euse; sans valeur; sans fond; ♀**sreich**, ♀**sschwer** adj. substantiel, -elle; profond; ~**sverzeichnis** n table f des matières; (*gedrängte Übersicht*) sommaire m; ♀**svoll** adj. substantiel, -elle; profond; ~**swert** m valeur f du contenu.
'inhuman adj. inhumain.
Initi'al|buchstabe m, ~**e** f (lettre f) initiale f.
Initia'tive f initiative f; die ~ ergreifen prendre l'initiative; F attacher le grelot; keine ~ haben manquer d'initiative; aus eigener ~ de ma (ta, etc.) propre initiative; litt. de mon (ton, etc.) propre chef.
Injekti'on f injection f; ~**sspritze** f seringue f.
In'jektor ⊕ m injecteur m.
inji'zieren v/t. injecter.
In'jurie f injure f; offense f; diffamation f; ~**nklage** f action f en diffamation.
Inkarnati'on f incarnation f.
In'kasso ✝ n encaissement m; recouvrement m; zum ~ à l'encaissement; ~**abteilung** f service m des encaissements; ~**auftrag** m mandat (od. ordre) m d'encaissement (od. de recouvrement); ~**büro** n bureau m d'encaissement; ~**gebühr** f droits m/pl. d'encaissement; ~**geschäft** f encaissements m/pl.; ~**provision** f commission f d'encaissement; ~**spesen** pl. frais m/pl. d'encaissement; ~**vollmacht** f pouvoir m habilitant à encaisser.
Inklinati'on f phys. inclinaison f; ~**snadel** f aiguille f d'inclinaison.
inklu'sive adv. inclusivement; y compris.
in'kognito I adv. incognito; ~ reisen voyager incognito; **II** ♀ n incognito m; das ~ wahren garder l'incognito.
inkommensu'rabel ⚖ adj. incommensurable.
inkommo'dieren v/t. incommoder.
'inkompeten|t adj. incompétent; ♀**z** f incompétence f.
'inkonsequen|t adj. inconséquent; ♀**z** f inconséquence f.
'inkorrekt adj. incorrect; ♀**heit** f incorrection f.
In'kraft|setzung f mise f en vigueur; ~**treten** n entrée f en vigueur.
inkrimi'nieren v/t. incriminer.
Inkubati'onszeit f incubation f.
Inku'nabel impr. f incunable m.
In'kurssetzung f mise f en circulation.
'Inland n intérieur m (du pays); ~**eis** géol. n glacier m continental; inlandsis m.
'Inländ|er(in f) m habitant m, -e f du pays; ♀**isch** adj. du pays.
'Inlands|anleihe f emprunt m intérieur (od. national); ~**bedarf** m besoins m/pl. intérieurs; ~**handel** m commerce m intérieur; ~**markt** m marché m intérieur; ~**paket** n colis m postal du service intérieur; ~**post** f poste f intérieure; ~**porto** n port m en régime intérieur; ~**preis** m prix m intérieur; ~**schuld** f dette f intérieure; ~**tarif** m tarif m intérieur; ~**telegramm** n télégramme m à destination de l'intérieur; ~**transport** m transport m du régime national (od. intérieur); ~**verbrauch** m consommation f intérieure; ~**ware** f marchandise f du pays (od. nationale); ~**wechsel** m effet m sur l'intérieur; ~**wert** m valeur f intérieure; ~**zahlung** f paiement m intérieur.
'Inlaut gr. m son m médial.
'Inlett n coutil m.
'inliegend adj. ci-inclus; ci-joint.
in'mitten prp. (gén.) au milieu de.
'inne|haben v/t. posséder; Stellung, Amt: occuper; exercer; Rekord: détenir; ~**halten 1.** v/t. st.s. observer; **2.** v/i. s'arrêter; (e-e Pause machen) faire une pause; mit der Arbeit ~ cesser de travailler, suspendre le travail.
'innen adv. (au-)dedans; nach ~ en dedans; à l'intérieur; nach ~ zu vers le dedans (od. l'intérieur); von ~ (heraus) du dedans; ♀**abmessung** f dimension f intérieure; ♀**ansicht** f intérieur m; ♀**antenne** f antenne f intérieure (od. d'intérieur); ♀**apparat** téléph. m interphone m; ♀**architekt** m architecte-décorateur m; décorateur m; ensemblier; meublier m; ♀**architek'tur** f décoration f d'intérieurs; ♀**aufnahme** f phot. intérieur m (a. Film); photo f en intérieur; prise f de vue à l'intérieur; e-e ~ drehen tourner un intérieur; ♀**ausbau** ⚖ m décoration f intérieure; ♀**ausstattung** f aménagement m intérieur; Auto: garnitures f/pl. intérieures; ♀**bahn** f Sport: piste f intérieure; ♀**beleuchtung** f éclairage m intérieur; ♀**dekorateur** m décorateur m; ensemblier m; ♀**dekoration** f décoration f intérieure; ♀**dienst** m service m intérieur; (*Bürodienst*) service m de bureau; ♀**durchmesser** m diamètre m intérieur; ♀**einrichtung** f aménagement m intérieur; installation f intérieure; ♀**fläche** f surface f intérieure; ♀**gewinde** ⊕ n filet m femelle; ein ~ schneiden tarauder (in etw. acc. qch.); ♀**hof** m cour f intérieure; patio m; ♀**installierung** ⚡ f second œuvre m, fig.; ♀**kreis** (Sport) m dedans m; ♀**leben** n vie f intérieure; ♀**minister** m ministre m de l'intérieur; ♀**ministerium** n ministère m de l'intérieur; ♀**politik** f politique f intérieure; ~**politisch** adj. qui concerne la politique intérieure; ♀**raum** m intérieur m; ≤, Auto: habitacle m; ♀**seite** f côté m intérieur; ♀**stadt** f centre m de la ville; ♀**stürmer** m Sport: inter m; ♀**tasche** f poche f intérieure; ♀**welt** f monde m intérieur (od. du dedans); ♀**winkel** ⚖ m angle m interne.
'inner adj. intérieur; interne (a. ⚕); die ~e Stadt le centre de la ville; ~e Stimme voix f intérieure; ~e Angelegenheit affaire f intérieure; ♀**e Mission** mission f intérieure; ~**e Medizin** médecine f interne; ~**afrikanisch** adj. intra-africain; ~**deutsch** adj. interallemand.
Inne'reien f/pl. abats m/pl., tripes f/pl., fressure f.
'Inner|e(s) n intérieur m; dedans m; fond m; fig. sein m; in m-m ~n au dedans (od. au fond) de moi; en (od. dans) mon for intérieur; Minister des ~n ministre m de l'intérieur; im ~n Afrikas à l'intérieur (od. au fond) de l'Afrique; ♀**europäisch** adj. intra-européen, -enne; ♀**halb I** adv. -dedans; à l'intérieur; **II** prp. örtlich (gén.): au dedans de; ~ des Umkreises à l'intérieur du périmètre urbain; dans la banlieue; zeitlich (gén.) en; en l'espace de; ♀**lich** adj. intérieur, intime; phm. ~ anzuwenden pour l'usage interne; ♀**st** adj. intime; le plus profond; ♀**ste(s)** n cœur m; fond m; âme f; das ~ der Erde les entrailles f/pl. de la terre; j-n bis ins ~ treffen piquer q. au vif.
'inne|werden v/t. s'apercevoir de; se rendre compte de; ~**wohnen** v/i. e-r Sache (dat.) ~ être inhérent à qch.
'innig adj. intime (a. ⚕); (aus der Seele kommend) qui vient du cœur; (tiefempfunden) profond; (herzlich) cordial; ♀**keit** f chaleur f (Herzlichkeit) cordialité f.
Innovati'on f innovation f.
'Innung f corporation f; corps m de métier; ~**swesen** n corporations f/pl.; corps m/pl. de métier.
'in-offiziell adj. non officiel, -elle; officieux, -euse.
inoku'lier|en (einimpfen, a. fig.) v/t. inoculer; ♀**ung** f inoculation f.
'in-opportun adj. inopportun.
in per'sona adj.: er ist die Diskretion ~ il est la discrétion faite homme (od. en personne).
Inquisiti'on hist. f rl. Inquisition f; ~**sgericht** n tribunal m de l'Inquisition f.
Inqui'sitor m rl. inquisiteur m.
inquisi'torisch adj. inquisitorial.
'Insasse m, ~**in** f e-s Autos od. Flugzeugs: occupant m, -e f; e-s Zuges:

voyageur *m*, -euse *f*; *e-s Flugzeugs*: passager *m*, -ère *f*; *e-s Gefängnisses*: prisonnier *m*; détenu *m*; *e-s Heims*: pensionnaire *m*, *f*.
insbe'sondere *adv.* en particulier; spécialement; notamment.
'Inschrift *f* inscription *f*; *an Gebäuden a.* épigraphe *f*; *auf Münzen*: légende *f*.
In'sekt *n* insecte *m*.
In'sekten|brut *ent. f* couvain *m*; ⁀**fressend** *adj.* insectivore; ⁀**fresser** *zo. m/pl.* insectivores *m/pl.*; ⁀**kunde** *f*, ⁀**lehre** *f* entomologie *f*; ⁀**pulver** *n* poudre *f* insecticide; ⁀**sammlung** *f* collection *f* d'insectes; ⁀**spray** *m* bombe *f* insecticide; ⁀**stich** *m* piqûre *f* d'insecte; ⁀**vernichtend** *adj.* insecticide; ⁀**vernichtungsmittel** *n* insecticide *m*; ⁀**vertilgung** *f* désinsectisation *f*.
'Insel *f* île *f* (*a. fig.*); *kleine* ⁀ îlot *m*; *die* ⁀ *Malta* l'île *f* de Malte; ⁀**n** *mit Öllagerstätten* îles *f/pl.* à odeur de pétrole; ⁀**bewohner(in** *f*) *m* insulaire *m*, *f*; îlien *m*, -ne *f* (*bsd. Bretagne*); ⁀**chen** *n* petite île *f*; îlot *m*; ⁀**gruppe** *f* groupe *m* d'îles; ⁀**lage** *f* insularité *f*; ⁀**meer** *n* archipel *m*; ⁀**reich** *adj.* riche en îles; ⁀**staat** *m* État *m* insulaire; ⁀**volk** *n* peuple *m* insulaire; ⁀**welt** *f* archipel *m*.
Inse'rat *n* annonce *f*; ⁀**en-annahme** *f* réception *f* des annonces; (*Schalter*) guichet *m* des annonces; ⁀**enbüro** *n* bureau *m* d'annonces; ⁀**enteil** *m* e-r *Zeitung*: petites annonces *f/pl.*; ⁀**sgebühren** *f/pl.* frais *m/pl.* d'insertion.
Inse'rent *m* annonceur *m*.
inse'rieren *v/t.* faire insérer (*od.* mettre) une annonce (*in acc.* dans); II ⁀ *n* insertion *f*.
ins|ge'heim *adv.* en secret; secrètement; en cachette; ⁀**ge'mein** *adv.* communément; en général; ⁀**ge-'samt** *adv.* tous ensemble; en corps; (*im ganzen*) au total; en tout.
'Insich|gehen *n*, ⁀**gekehrtsein** *n* repli *m* sur soi; retour *m* sur soi-même; recroquevillement *m*.
In'signien *pl.* insignes *m/pl.*
inskri'bieren *v/t.* inscrire.
in'sofern I *cj.*: ⁀, *als ...* dans la mesure où ...; pour autant que ...; **II** *adv.* sur ce point.
insol'vent *adj.* insolvable; ⁀**z** *f* insolvabilité *f*.
in'sonderheit *st.s. adv.* particulièrement; notamment.
in'soweit *adv. u. cj.* → insofern.
Inspek'teur *m* inspecteur *m*; ⁀**ti'on** *f* inspection *f*; ⊕ révision *f*; ⁀**ti'onsreise** *f* tournée *f* (*od.* voyage *m*; d'inspection.
In'spektor *m Beamter*: fonctionnaire *m* des cadres moyens; inspecteur *m*.
Inspi|rati'on *f* inspiration *f*; ⁀**rieren** *v/t.* inspirer.
Inspizi'ent *m Film, rad., thé.* chef *m* de plateau.
inspi'zier|en *v/t.* inspecter; ⁀**ung** *f* inspection *f*.
Install'a'teur *m allg.* installateur *m*; *Klempner*: plombier *m*; ⚡ électricien *m*; ⁀**ati'on** *f* installation *f*; ⁀**ati'onsgeschäft** *n* plomberie *f*.
instal'lier|en *v/t.* (*v/rf.*: *sich s'*)installer; (s')établir; ⁀**ung** *f* installa-

tion *f*.
In'standbesetzung *f* refus *m* de quitter des locaux vétustes qui devraient être démolis.
in'stand halten *v/t.* maintenir en bon état; entretenir.
In'standhaltung *f* entretien *m*; ⁀**s-kosten** *pl.* frais *m/pl.* d'entretien.
'inständig I *adj.* instant; ⁀**e** *Bitte* prière *f* instante; instance *f*; **II** *adv.* instamment.
in'stand setzen *v/t.*: *wieder* ⁀ remettre en état (*od.* à neuf); réparer.
In'standsetzung *f* remise *f* en (bon) état; réparation; ⁀**s-arbeiten** *f/pl.* travaux *m/pl.* de réparation; ⁀**skosten** *pl.* frais *m/pl.* de réparation; ⁀**swerkstatt** *f* atelier *m* de réparation.
In'stanz 🚔 *f* (*Gerichtsbehörde*) instance *f*; *in erster* (*letzter*) ⁀ *entscheiden* juger en première (dernière) instance; juger en premier (dernier) ressort; ⁀**enweg** *m* voie *f* 'hiérarchique (*einhalten* suivre); *auf dem* ⁀ par la voie 'hiérarchique.
In'stinkt *m* instinct *m* (*für de*); *aus* ⁀ par instinct; instinctivement; ⁀**haft** *psych. adj.* instinctuel, -lle.
instink'tiv, in'stinktmäßig I *adj.* instinctif, -ive; **II** *adv.* instinctivement; par instinct; d'instinct.
Insti'tut *n* institut *m*; (*Lehranstalt*) *a.* école *f*.
Instituti'on *f* institution *f*; *pol. die* ⁀**en** *unterwandern* faire de l'entrisme.
institutio'nell *adj.* institutionnel, -elle.
instru'ieren *v/t.* (*v/rf.*: *sich s'*)instruire (*über acc.* de).
Instrukti'on *f* instruction *f*; ⚔ (*formelle Anweisung*) consigne *f*.
instruk'tiv *adj.* instructif, -ive.
Instru'ment *n* instrument *m*; *ein* ⁀ *spielen* jouer d'un instrument.
instrumen'tal *adj.* instrumental; ⁀**begleitung** *f* accompagnement *m* instrumental.
Instrumenta'list *m* instrumentiste *m*.
Instrumen'tal|musik *f* musique *f* instrumentale; ⁀**satz** *m* composition *f* instrumentale.
Instrumen'tarium *bsd. pol. n* arsenal *m*; dispositif *m*; mesures *f/pl.*
Instrumentati'on *f* instrumentation *f*; orchestration *f*.
Instru'menten|bauer ♪ *m* fabricant *m* (*od.* facteur *m*) d'instruments de musique; ⁀**brett** *n* ⚡ *u. Auto*: tableau *m* de bord; ⁀**flug** ⚡ *m* vol *m* aux instruments.
instrumen'tier|en ♪ *v/t.* instrumenter; orchestrer; ⁀**en** *n*, ⁀**ung** *f* instrumentation *f*; orchestration *f*.
Insub-ordinati'on *f* insubordination *f*.
Insu'laner(in *f*) *m* insulaire *m*, *f*.
Insu'lin *n* insuline *f*.
Insur'gent(in *f*) *m* insurgé *m*, -e *f*.
Ins'werksetzen *n* mise *f* en œuvre.
insze'nier|en *v/t.* mettre en scène; *fig. a.* orchestrer; mettre qch. en chantier; ⁀**en** *n*, ⁀**ung** *f* mise *f* en scène.
in'takt *adj.* intact, *fig.* (*unbescholten*) intègre.
In'tarsia *f* marqueterie *f*.
inte'gral I *adj.* intégral; **II** ⁀ *n* = ⁀**e** ⋏

f intégrale *f*; ⁀**helm** (*für Motorradfahrer*) *m* (casque *m*) intégral *m*; ⁀**rechnung** *f* calcul *m* intégral.
Integrati'on *f* intégration *f*; *fremdsprachige* ⁀ immersion *f*; assimilation *f* linguistique.
inte'grierbar *soc. adj.* assimilable; *nicht* ⁀ inassimilable; inadapté.
inte'grieren *v/t.* intégrer; ⁀**d** *adj.* intégrant; ⁀**er** *Bestandteil* partie *f* intégrante.
Integri'tät *f* intégrité *f*.
Intel'lekt *m* intellect *m*.
Intellektua'lismus *m* intellectualisme *m*.
intellektu'ell *adj.* intellectuel, -elle; ⁀**e(r)** *m* intellectuel *m*; *die Intellektuellen als Klasse*: *a.* intelligentsia *f*.
intelli'gen|t *adj.* intelligent; ⁀**z** *f* intelligence *f*; *die* ⁀ *als Klasse*: intelligentsia *f*; ⁀**z-alter** *n* âge *m* mental (*od.* intellectuel); ⁀**zquotient** *m* quotient *m* intellectuel; ⁀**ztest** *m* test *m* d'intelligence.
Inten|'dant *m thé.* directeur *m*; *rad.* directeur *m* général; ✚ intendant *m*; ⁀**dan'tur** *f*; ⁀**danz** *f* intendance *f*.
Intensi'tät *f* intensité *f*.
inten'siv *adj. stark*: intense; *eindringlich, gezielt a. Propaganda*, ⚔, *éc., gr.* intensif, -ive; *Sport usw.*: poussé; ⁀**behandlung** ⚕ *f* soins *m/pl.* intensifs.
intensi'vier|en *v/t.* intensifier; ⁀**ung** *f* intensification *f*.
Inten'siv|kurs *univ. m* cours *m* intensif; ⁀**programm** *éc. n* programme *m* intensif; ⁀**station** (*Krankenhaus*) *f* service *m* de réanimation.
inter-alli'iert *adj.* interallié.
Inter'city-Zug 🚆 *m* train *m* intervilles.
Inter'dikt *n* interdit *m*; *mit dem* ⁀ *belegen* jeter l'interdit sur.
interes'sant I *adj.* intéressant; **II** *adv.* d'une manière intéressante.
Inte'resse *n* intérêt *m*; *das* ⁀ *j-s für etw.* (*acc.*) *in j-s* ⁀ dans l'intérêt de q.; *im* ⁀ *der Allgemeinheit* dans l'intérêt public; *es liegt in Ihrem* ⁀ c'est dans votre intérêt; *es liegt in Ihrem* ⁀, *es zu tun* il est de votre intérêt de le faire; *aus* ⁀ par intérêt; ⁀ *haben* s'intéresser (*an dat.*; *für* à); *er hat kein* ⁀ *dafür* il ne s'y intéresse pas; *die* ⁀**n** *in Einklang bringen* concilier les intérêts; *j-s* ⁀**n** *vertreten* (*od. wahrnehmen*) défendre (*od.* sauvegarder) les intérêts de q.; *j-s* ⁀ *wahren* veiller aux intérêts de q.; ⁀ *erwecken* (*od. finden*) susciter (*od.* éveiller) de l'intérêt; *berechtigtes* ⁀ intérêt *m* légitime; *öffentliches* ⁀ intérêt *m* public; *Wahrung der* ⁀**n** sauvegarde *f* des intérêts; ⁀**los** *adj.* sans intérêt; (*gleichgültig*) indifférent; ⁀**losigkeit** *f* manque *m* d'intérêt; ⁀**ngebiet** *n pol.* sphère (*od.* zone) *f* d'intérêts; (*Spezialität*) spécialité *f*; ⁀**ngegensätze** *m/pl.* collision *f* (*od.* froissements *m/pl.*) des intérêts; ⁀**ngemeinschaft** *f* communauté *f* d'intérêts; union *f* d'intérêts; ⁀**nsphäre** *f* sphère *f* d'intérêts; ⁀**nt(in** *f*) *m* intéressé *m*, -e *f*; ⁀**nverband** *m* lobby *m*; groupe *m* de pression; *univ., écol.* amicalisme *m*; ⁀**nvertretung** *f* représentation *f* des intérêts.
interes'sier|en *v/t.* (*v/rf.*: *sich s'*)in-

téresser (für à); *das interessiert mich cela m'intéresse; ich interessiere mich nicht dafür je ne m'y intéresse pas; an etw. (dat.) interessiert sein* être intéressé à qch.; **~te(r** *a. m)* *m, f* intéressé *m*, -e *f*.
Interfe'renz *phys. f* interférence *f*; **~messung** *opt. f* interférométrie *f*.
'Interim *n* intérim *m*.
interi'mistisch I *adj.* provisoire; intérimaire; **II** *adv.* par intérim.
'Interims|aktie ✝ *f* action *f* provisoire; **~ausschuß** *m* comité *m (od.* commission *f)* intérimaire; **~dividende** *f* dividende *m* provisoire; **~regierung** *f* gouvernement *m* provisoire; **~schein** ✝ *m* certificat *m* provisoire.
Inter|jekti'on *gr. f* interjection *f*; **~konfessio'nell** *adj.* interconfessionnel, -elle; **~kontinen'tal** *adj.* intercontinental; **~kontinen'talrakete** *f* fusée *f* (nucléaire) intercontinentale; missile *m* intercontinental; **~'mezzo** *n* intermède *m*; **~mit'tierend** *adj.* intermittent.
in'tern *adj.* interne.
Inter'nat *n* internat *m*.
inter'natio'nal *adj.* international; *pol.*, ♪ *die* ~*e* l'Internationale *f*; **~nationali'sieren** *v/t.* internationaliser; **~nationalisierung** *f* internationalisation *f*; **~nationa'lismus** *m* internationalisme *m*; **~nationalität** *f* internationalité *f*.
Inter'natsschüler(in *f) m* interne *m*, *f*; élève *m, f* d'internat.
In'terne(r *a. m) m, f* interne *m, f*.
inter'nier|en *v/t.* interner; **~te(r** *a. m) m, f* interné *m*, -e *f*; **~ung** *f* internement *m*; **~ungslager** *n* camp *m* d'internement.
Inter'nist ✝ *m* spécialiste *m* des maladies internes.
Inter'nuntius *rl. m* internonce *m*.
interparlamen'tarisch *adj.* interparlementaire; *die* ~*e* Union l'Union *f* Interparlementaire.
Interpel'lant *m* interpellateur *m*.
Interpellati'on *f* interpellation *f*.
interpel'lier|en *v/i.* interpeller; **~en** *n*, **~ung** *f* interpellation *f*.
Interpolati'on *f* interpolation *f*.
interpo'lier|en *v/t.* interpoler; **~en** *n*, **~ung** *f* interpolation *f*.
Inter'pret *m* interprète *m*.
Interpretati'on *f* explication *f* (de textes); *(Deutung)* interprétation *f*.
interpre'tieren *v/t. Text, Autor*: expliquer; *(deuten)* interpréter.
interpunk'tieren *gr. v/t.* ponctuer; *abs.* mettre la ponctuation; **~punkti'on** *gr. f* ponctuation *f*; **~punkti'onszeichen** *n* signe *m* de ponctuation.
Inter'regnum *n* interrègne *m*.
Interroga'tivpronomen *gr. n* pronom *m* interrogatif.
Inter'vall *n* intervalle *m*; ✝ *im* ~ *operieren* opérer à froid.
interve'nieren *v/i.* intervenir.
Interventi'on *f* intervention *f*.
Inter'view *n* interview *f*; **~en** *v/t.*: *j-n* ~ *interviewer* q.; *ein* ~ *geben* donner, accorder une interview; **~er** *m* intervieweu(r)r *m*.
interzo'nal *adj.*, **Inter'zonen...** interzone(s); interzonal.
Inthronisati'on *f* intronisation *f*.
in'tim *adj.* intime; ~*e Beziehungen relations f/pl.* intimes; **~bereich** *(Kosmetik) m* parties *f/pl.* intimes; *allg.* intimité *f*; **~feind** *m* ennemi *m* juré.
Intimi'tät *f* intimité *f*.
'Intimus *m* ami *m* intime.
'intoleran|t *adj.* intolérant; **~z** *f* intolérance *f*.
Intonati'on *f* intonation *f*.
intraku'tan ✝ *adj.* intradermique.
intransi'gen|t *adj.* intransigeant; **~z** *f* intransigeance *f*.
'intransitiv *gr. adj.* intransitif, -ive.
intrave'nös ✝ *adj.* intraveineux, -euse.
Intri'gant(in *f) m* intrigant *m*, -e *f*.
In'trige *f* intrigue *f*.
intri'gieren *v/i.* intriguer.
Intubati'on ✝ *f* tubage *m*.
Intuiti'on *f* intuition *f*.
intui'tiv *adj.* intuitif, -ive.
In'-umlaufsetzen ✝ *n* mise *f* en circulation; émission *f*.
Invaginati'on ✝ *f* invagination *f*; intussusception *f*.
inva'lid(e) *adj.* invalide; **~e** *m* invalide *m*; mutilé *m*.
Inva'liden|rente *f* pension (*od.* rente) *f* d'invalidité (*beziehen* toucher); **~versicherung** *f* assurance *f* invalidité.
Invalidi'tät *f* invalidité *f*.
Invasi'on *f* invasion *f*.
Inven'tar *n* inventaire *m* (*aufnehmen* faire *od.* établir *od.* dresser); (*Hausrat*) mobilier *m*; *lebendes* ~ cheptel vif; **~aufnahme** *f* établissement *m* d'un inventaire.
inventari'sieren *v/t.* inventorier; répertorier; *abs.* faire (*od.* établir *od.* dresser) l'inventaire.
Inven'tar|recht ⚖ *n* bénéfice *m* d'inventaire; **~stück** *n* pièce *f* de l'inventaire; **~verzeichnis** *n* état *m* de l'inventaire.
Inven'tur *f* inventaire *m*; ~ *machen* inventorier (*in etw. dat.* qch.); faire (*od.* établir *od.* dresser) l'inventaire; **~ausverkauf** *m* soldes *m/pl.* après inventaire.
Inversi'on *gr. f* inversion *f*.
inve'stier|en *v/t.* investir; placer; **~en** *n*, **~ung** *f* investissement *m*; placement *m*.
Investiti'on *f* investissement *m*; **~s-anleihe** *f* emprunt *m* d'investissement; **~güter** *n/pl.* biens *m/pl.* d'investissement (*od.* d'équipement); **~skredit** *m* crédit *m* d'investissement; **~s-plan** *m* plan *m* d'investissement; **~s-programm** *n* programme *m* d'investissements.
Investi'tur *f* investiture *f*; **~streit** *m* querelle *f* des investitures.
'inwendig I *adj.* intérieur; **II** *adv.* intérieurement; au (*od.* en) dedans; à l'intérieur.
inwie|'fern, ~'weit *adv.* dans quelle mesure; jusqu'à quel point.
In'zest *m* inceste *m*.
'Inzucht *f* union *f* consanguine; croisement *m* consanguin.
in'zwischen *adv.* entre-temps; sur ces entrefaites; en attendant.
I'on *phys. n* ion *m*; **~enaustauscher** *at. m* échangeur *m* d'ions; **~enbeweglichkeit** *at. f* mobilité *f* des ions (*od.* ionique); **~enkammer** *at. f* chambre *f* des ions; **~enstrom** *m* courant *m* d'ions; **~enwanderung** *f* migration *f* des ions.
Ionisati'on *f* ionisation *f*.
i'onisch *adj.* ionien, -enne; △ ionique; *das* ~*e Meer* la mer Ionienne; ~*e Säulenanordnung* ordre *m* ionique.
ioni'sier|en *v/t.* ioniser; **~ung** *f* ionisation *f*.
Iono'sphäre *f* ionosphère *f*.
I'ota *n* iota *m*.
I-Punkt *m* point *m* sur l'i.
I'rak *m*: *der* ~ l'Irak *m*; **~er(in** *f) m* Irakien *m*, -enne *f*; **~isch** *adj.* irakien, -enne.
I'ran *m*: *der* ~ l'Iran *m*; **~er(in** *f) m* Iranien *m*, -enne *f*; **~isch** *adj.* iranien, -enne.
'irden *adj.* de (*od.* en) terre.
'irdisch *adj.* terrestre; (*weltlich*) temporel, -elle; mondain; séculier, -ière; (*sterblich*) mortel, -elle; ~*e(s) n: das* ~ les choses *f/pl.* terrestres (*od.* d'ici-bas).
'Ir|e *m*, **~in** *f* Irlandais *m*, -e *f*.
'irgend *adv.*: ~ *etwas* n'importe quoi, *negativ:* rien; ~ *jemand* n'importe qui; *wenn* ~ *möglich* pour peu que ce soit possible; **~ein** *pr/ind.*: ~ *Buch* quelque (*od.* n'importe quel) livre; un livre quelconque; *negativ:* aucun; **~einer** *pr/ind.* quelqu'un; une personne quelconque; n'importe qui; **~einmal** *adv.*: *wenn* ~ si jamais; **~'wann** *adv.* en quelque temps que ce soit; n'importe quand; **~'was** *pr/ind.* n'importe quoi, *negativ:* rien; **~'welche** *pr/ind. pl. v.* ~*ein; s. dies;* **~'wer** *pr/ind.* n'importe qui, **~'wie** *adv.* d'une manière quelconque; n'importe comment; **~'wo, ~wo'hin** *adv.* en quelque lieu (que ce soit); n'importe où; quelque part; **~wo'her** *adv.* de n'importe où.
I'ridium *n* iridium *m*.
'Irin *f* ~ *Ire*.
'Iris *f myth.* Iris *f*; ♀, *anat.* iris *m*; **~blende** *f* diaphragme *m* iris.
'ir|isch *adj.* irlandais; *d'Irlande; die* ~*e See* la mer d'Irlande; *die* ~*e Sprache; das* ~*(e)* la langue irlandaise; l'irlandais *m*; **~land** *n* l'Irlande *f*; **~länder(in** *f) m* Irlandais *m*, -e *f*; **~ländisch** *adj.* irlandais.
Iro'nie *f* ironie *f*.
i'ronisch *adj.* ironique.
ironi'sieren *v/t.* ironiser.
irratio'nal *adj.* irrationnel, -elle.
Irrationa'lismus *m* irrationalisme *m*.
'irre I *adj.* (*verirrt*) égaré; (*geistig gestört*) aliéné; fou (*vor vo. od.* stummem h: fol); *heute;* ~ *(das ist wirklich* ~*)!* c'est de la vraie démence!; ~ *werden* ne plus savoir que penser (*an dat.* de), ⚕ devenir fou, folle; **II** ♀ *f*, **♀(r)** *m* ⚕ aliéné *m*, -e *f*; fou *m*, folle *f*; **III** ♀ *f* (*Verirrung*) égarement *m*; (*Irrtum*) erreur *f*; *in die* ~ *führen* égarer; *in die* ~ *gehen* s'égarer.
'irreal *adj.* irréel, -elle.
Irreali'tät *f* irréalité *f*.
Irreden'tis|mus *m* irrédentisme *m*; **~t** *m* irrédentiste *m*.
'irre|führen *v/t.* égarer; donner le change (à q.); (*täuschen*) tromper; induire en erreur; mystifier; **~gehen** *v/i.* s'égarer; faire fausse route; **~gehen** *n* égarement *m*.
irregu'lär *adj.* irrégulier, -ière.

'irreleiten v/t. → irreführen.
irreli|gi'ös adj. irréligieux, -euse; ⸗giosi'tät f irréligiosité f.
'irremachen v/t. dérouter; mystifier; (außer Fassung bringen) déconcerter.
'irren I 1. v/i. (herum⸗) errer; aller çà et là; (im Irrtum sein) se tromper; être dans l'erreur; wenn ich nicht irre si je ne me trompe; sauf erreur; 2. v/rf.: sich⸗ se tromper (in der Straße de rue; in j-m sur q.); être dans l'erreur; faire erreur; F se mettre le doigt dans l'œil; II ⸗ n erreur f; (Herum⸗) errance f; ⸗ ist menschlich l'erreur est chose humaine; il est dans la nature de l'homme de se tromper; l'homme est faillible; ⸗anstalt f, ⸗haus n maison f (od. asile m) d'aliénés; ⸗arzt m aliéniste m; psychiatre m.
'irre|reden v/i. délirer; divaguer; ⸗reden n divagation(s pl.) f; ⸗sein n folie f; aliénation f mentale.
'Irr|fahrt f odyssée f; ⸗en pl. a. pérégrinations f/pl.; ⸗flug ⚡ m vol m fou; ⸗gang m (labyrinthischer Weg) labyrinthe m; dédale m; ⸗garten m labyrinthe m; ⸗glaube m hétérodoxie f; (Ketzerei) hérésie f; ⸗gläubig adj. hétérodoxe; (ketzerisch) hérétique; ⸗gläubige(r a. m) m, f hérétique m, f.
'irrig adj. erroné; (ungenau) inexact; (falsch) faux, fausse.
Irri'gator m irrigateur m.
irriger'weise adv. par erreur; par méprise.
irri'tieren v/t. (unsicher machen) déconcerter; (ärgern) irriter.
'Irr|läufer m lettre f égarée; ⸗lehre f doctrine f erronée; (Ketzerei) hérésie f; ⸗licht n feu m follet; ⸗sal n erreur f; confusion f; ⸗sinn m folie f; aliénation f mentale; ⸗sinnig adj. aliéné; fou (vor vo. od. stummem h: fol), folle; ⸗sinnige(r a. m) m, f aliéné m, -e f; fou m, folle f; ⸗tum m erreur f; (Versehen) méprise f; bévue f; (Mißverständnis) malentendu m; ⸗ vorbehalten sauf erreur; e-n ⸗ begehen commettre (od. faire) une erreur; sich im ⸗ befinden être dans l'erreur; s-n ⸗ einsehen reconnaître son erreur; revenir de son erreur; j-n über e-n ⸗ aufklären détromper q.; tirer q. d'erreur; es hat sich ein ⸗ eingeschlichen une erreur s'est glissée (in acc. dans); ⸗tümlich I adv. erroné; II adv. = ⸗tümlicher'weise adv. par erreur; par méprise; ⸗ung f (Irrtum) erreur f; (Verwirrung) confusion f; (Verirrtsein) égarement m; (Mißverständnis) malentendu m; ⸗wahn m superstition f; ⸗weg m fausse voie f, piste f; auf ⸗e geraten s'égarer; ⸗wisch m feu m follet; fig. farfadet m.
Isa'bellfarbe f isabelle m; ⸗n adj. isabelle.
'Ischias 🦴 f sciatique f.
'Isegrim m (Wolf) Isengrin m; (Person) grognon m.
Is'lam m Islam m; ⸗forscher m islamisant m; ⸗forschung f, ⸗kunde f islamologie f.
Isla'mit(in f) m islamite m, f; ⸗isch adj. islamique; Person: islamite.
'Island n l'Islande f.
'Isländ|er(in f) m Islandais m, -e f; ⸗isch adj. islandais; d'Islande.
Iso'bare f isobare f.
iso'chron adj. isochrone.
Isolati'on f isolement m; phys. a. isolation f.
Isolatio'nismus m isolationnisme m.
Isolati'onsmittel n isolant m.
Iso'lator m isolateur m; isoloir m; (Stoff) isolant m.
Iso'lier|anstrich ⚠ m enduit m isolant; ⸗band n ruban m isolant; bande f isolante; chatterton m; ⸗bar adj. isolable; ⸗baracke f baraque f d'isolement; ⸗en v/t. (v/rf.: sich s')isoler; ⸗en n isolement m; ⸗haft f isolement m cellulaire; ⸗knopf m bouton m isolant; ⸗lack m vernis m isolant; ⸗masse f masse f isolante; ⸗material n matériaux m/pl. isolants (od. d'isolation); ⸗mittel n isolant m; ⸗platte f plaque f isolante; ⸗schemel m, ⸗stuhl m phys. isoloir m; ⸗schicht f couche f isolante; ⸗schutz m revêtement m isolant; ⸗stoff m matière f isolante; ⸗ung f isolement m; phys. a. isolation f.
iso'mer adj. isomère.
iso'morph adj. isomorphe.
Iso'therme f isotherme f.
Iso'top n isotope m; radioaktive ⸗e pl. isotopes m/pl. radioactifs; ⸗en-indikator at. m traceur m.
iso'trop adj. isotrope.
'Israel n Israël m.
Is'raeli géogr. pol. m Israélien m; ⸗sch adj. israélien, -enne.
Israe'lit(in f) m Israélite m, f; ⸗isch adj. israélite.
'Ist|ausgabe f dépense f effective; ⸗bestand m effectif m réel (od. net); ⸗einnahme f recette f effective.
'Isthmus m isthme m.
'Istrien n l'Istrie f.
'Ist-stärke f effectif m réel (od. net).
'Istwert ⊕ m valeur f réelle.
I'talien n l'Italie f.
Itali'en|er(in f) m Italien m, -enne f; ⸗isch adj. italien, -enne; die ⸗e Sprache; das ⸗(e) l'italien m.
I-Tüpfelchen n point m sur l'i.

J

J, j, n J, j m.
ja I adv. oui; ich sage, ~ je dis (que) oui; ich glaube, ~ je crois que oui; nun ~ (Überleitung) bof; o~! ma foi, oui!; certes, aber ~!; ~ doch! mais oui!; Widerspruch: si!; mais si!; ~ freilich bien sûr; sans doute; ~ sogar voire même; ~ sogar (selbst) et même; zu etw. ~ sagen consentir à qch.; zu allem ~ sagen consentir à tout; dire oui à tout; tue das ~ nicht! ne fais surtout pas cela; garde-toi bien de le faire; ich sagte es dir ~ je te l'avais bien dit; das ist ~ unmöglich mais c'est impossible; das denke ich ~ nicht ne va pas croire cela; kommen Sie ~ wieder ne manquez pas de revenir; er hat ihm verziehen, ~ er hat ihm geholfen il lui a pardonné, bien plus il l'a aidé; es ist schön, ~ sehr schön c'est beau, et même très beau; das ist ~ sehr leicht c'est ma foi bien facile; da ist er ~, mais le voilà; **II** 2 n: das ~ le oui; mit ~ antworten répondre affirmativement.
Jabo m → Jagdbomber.
Jacht ⚓ f yacht m.
Jäckchen n (petite) veste f; (Baby 2) brassière f.
Jacke f veste f, veston m; sportliche: blouson m; (Joppe) vareuse f; für Damen: jaquette f; j-m die ~ voll hauen rosser q.; das ist ~ wie Hose cela revient au même; F c'est kif-kif; **~nkleid** n der Damen: tailleur m.
Ja'ckett n (Herren 2) veste f; veston m; (Frauen 2) jaquette f.
Jade min. m od. f jade m.
Jagd f chasse f; hohe ~ chasse f au gros gibier; niedere ~ chasse f au menu gibier; die wilde ~ chasse infernale; ~ auf Hasen chasse f au lièvre; ~ nach dem Glück course f au bonheur; auf die ~ gehen aller à la chasse; ~ machen auf (acc.) faire (od. donner) la chasse à; (Verfolgung) poursuite f; **~anzug** m costume m de chasse; **~aufseher** m garde-chasse m; **~ausdruck** m terme m de chasse, de vénerie; 2**bar** adj. que l'on peut chasser; 2**berechtigt** adj. qui a le droit de chasse(r); **~berechtigung** f droit m de chasse; **~beute** f (Strecke) (tableau m de) chasse f; **~bezirk** m district m de chasse; **~bomber** m chasseur-bombardier m; **~einsitzer** m avion m de chasse monoplace; **~eröffnung** f ouverture f de la chasse; **~falke** m faucon m dressé à la chasse; **~flieger** m pilote m de chasse; **~fliege'rei** f aviation f de chasse; **~flugzeug** n avion m de chasse, chasseur m; **~frevel** m délit m de chasse; **~gebiet** n terrain m de chasse; **~gehege** n réserve f de chasse; **~geräte** n/pl. attirail m (od. engins m/pl.) de chasse; 2**gerecht** adj. conforme aux règles de la chasse, de la vénerie; **~gerechtigkeit** f droit m de chasse; **~geschwader** n escadre f de chasse; **~gesellschaft** f chasse f; **~gewehr** n fusil m de chasse; **~haus** n rendez-vous (od. pavillon) m de chasse; **~horn** n cor m de chasse; **~hund** m chien m de chasse; **~hütte** f rendez-vous (od. pavillon) m de chasse; **~instinkt** m instinct m de chasse; **~messer** n couteau m de chasse; **~munition** f munition f de chasse; **~netz** n filet m; für Hasen usw.: panneau m; **~pacht** f chasse f louée; bail m de chasse; **~pächter** m preneur m de chasse; **~partie** f partie f de chasse; **~patrone** f cartouche f de chasse; **~recht** n droit m de chasse; (Regelung) réglementation f de la chasse; **~rennen** n steeple-chase m; **~revier** n (terrain m de) chasse f; **~saison** f saison f de la chasse; **~schein** m permis m de chasse; **~schloß** n château m de chasse; **~schlößchen** n pavillon m de chasse; muette f; **~schutz** m 1. ch. protection f du gibier; 2. ✠ escorte f de chasseurs; **~spieß** m épieu m; **~staffel** f escadron m de chasse; **~stiefel** m/pl. bottes f/pl. de chasse; **~tasche** f gibecière f; carnassière f; kleine: carnier m; **~wesen** n chasse f; **~zeit** f saison f de la chasse.
jagen I 1. v/t. chasser; faire la chasse (à); fig. (verfolgen) poursuivre; pourchasser; aus dem Hause ~ chasser de la maison; zum Teufel ~ envoyer au diable, F envoyer paître; F envoyer promener, in die Flucht ~ mettre en fuite; sich e-e Kugel durch den Kopf ~ se brûler la cervelle; j-m e-e Kugel durch den Kopf ~ brûler la cervelle à q.; ein Pferd zu Tode ~ crever un cheval; ein Ereignis jagte das andere un événement succéda à l'autre; Fußball: das Leder ins Netz ~ (od. loger) la balle (od. le ballon) dans le but (od. dans les filets); **2.** v/i. (dahin~) aller à toute vitesse (od. à fond de train od. ventre à terre); reitend: galoper; ~ nach (als Ziel verfolgen) courir après; **II** 2 n chasse f; (Verfolgung) poursuite f; (mit pl.) for. section f de forêt.
Jäger m chasseur m; ✠ chasseur m (a. ✈); avion m chasse.
Jäge'rei f chasse f; vénerie f.
Jäger|haus n maison f du garde-chasse; **~in** f chasseuse f; **~latein** n galéjades f/pl.; ~ erzählen galéjer; **~recht** n part f du chasseur; der Hunde: curée f; **~smann** m chasseur m; **~sprache** f langage m des chasseurs.

Jaguar zo. m jaguar m.
jäh I adj. (schnell u. plötzlich) soudain; subit; brusque; e-s ~en Todes sterben mourir subitement; (steil) raide; abrupt; à pic; escarpé; **II** adv. (plötzlich) soudain; soudainement; subitement; brusquement; **~lings** adv. → jäh II.
Jahr n an m; als Zeitdauer: année f; alle ~e tous les ans; nach ~en après bien des années; vor 2 ~en il y a deux ans; vor ~en il y a bien des années; nach einigen ~en od. au bout de) quelques années; übers ~ dans un an; ein ~ ums andere une année après l'autre; von ~ zu ~ d'année en année; auf viele ~e hinaus pour bien des années; seit ~ und Tag depuis longtemps; zu ~en kommen prendre de l'âge; in mittleren ~en sein être entre deux âges; in den besten ~en sein être à la fleur de l'âge; bei ~en avancé en âge; im ~e ... en ..., unter 100: en l'an ...; im ~e des Heils l'an de grâce; im Laufe des ~es au cours de l'année; er ist zwölf ~(e) alt il a (od. il est âgé de) douze ans; er ist in den dreißiger ~en il a une trentaine d'années; ein halbes ~ six mois m/pl.; un semestre; dieses ~ cette année; voriges ~ l'année passée; nächstes ~ l'année prochaine; das ganze ~ (hindurch) toute l'année; zu Beginn der dreißiger ~e au début des années trente; pro ~ par an; j-m ein gutes neues ~ wünschen souhaiter la bonne année à q.; 2**aus,** 2**ein** adv. d'une année à l'autre; tous les ans; **~buch** n annuaire m; chronique f; Jahrbücher pl. annales f/pl.; Fr. ~ der Straßenjahre annuaire m par rue; 2**elang** adj. qui dure des années; pendant des années.
jähren v/rf.: es jährt sich heute, daß ... il y a aujourd'hui un an que ...
Jahres|abonnement n abonnement m annuel; **~abschluß** ✝ m bilan m annuel (od. de fin d'année); **~abschlußprämie** f prime f de fin d'année; **~anfang** m commencement (od. début) m de l'année; **~bericht** m rapport m annuel; compte m rendu annuel; **~bilanz** f bilan m annuel (od. de fin d'année); **~durchschnitt** m moyenne f annuelle; **~einnahme** n revenu m annuel; **~einnahme** f recette f annuelle; **~ertrag** m rendement m annuel; **~feier** f, **~fest** n anniversaire m; **~frist** f délai m d'un an; innerhalb ~ dans le délai d'un an; nach ~ au bout d'un an; **~gehalt** n traitement m annuel; **~gewinn** m bénéfice m annuel; **~kongreß** m congrès m annuel; **~prämie** f prime f annuelle; **~produktion** f production f annuelle; **~rate** f annuité f; **~rente** f

rente *f* annuelle; ~ring *m im Holz*: cerne *m*; couche *f* annuelle; ~ringforscher *m* dendrochronologue *m*; ~ringforschung *f* dendrochronologie *f*; ~schluß *m* fin *f* de l'année; ~schlußbilanz *f* bilan *m* de fin d'année; ~tag *m* anniversaire *m*; ~tagung *f* congrès *m* annuel; ~umsatz *m* chiffre *m* d'affaires annuel; ~urlaub *m* congé *m* annuel; ~verbrauch *m* consommation *f* annuelle; ~versammlung *f* assemblée *f* annuelle; ~wechsel *m* nouvel an *m*; ~wende *f* fin *f* d'année; ~zahl *f* année *f*; *weit S.* date *f*; *auf Münzen*: millésime *m*; ~zahlung *f* annuité *f*; ~zeit *f* saison *f* (*a. fig.*); *kalte* ~ saison *f* des grands froids; 2zeitlich *adj.*: ~ (*bedingt*) saisonnier, -ière.

'**Jahr**|**gang** *m* année *f*; *v. Weinen*: *a.* récolte *f*, cuvée *f*; ✗ classe *f*; *écol.*, *univ.* promotion *f*; ~'**hundert** *n* siècle *m*; 2**hundertelang** *adv.* pendant des siècles; ~'**hundertfeier** *f* centenaire *m*; ~'**hundertwende** *f* fin *f* de siècle.

'**jährlich I** *adj.* annuel, -elle; **II** *adv.* par an; annuellement.

'**Jahr**|**markt** *m* foire *f*; ~**marktsbude** *f* baraque *f* foraine; ~**markthändler** *m* marchand *m* forain; ~'**tausend** *n* période *f* de mille ans; millénaire *m*; ~'**tausendfeier** *f* (fête *f* du) millénaire *m*; ~'**zehnt** *n* décennie *f*; 2**zehntelang I** *adj.* (qui dure) des dizaines d'années; **II** *adv.* pendant des dizaines d'années.

'**Jähzorn** *m* colère *f* subite; accès *m* de colère; *als Eigenschaft*: irascibilité *f*; 2**ig** *adj.* colérique; coléreux, -euse; irascible; rageur, -euse.

Jak *zo. m* ya(c)k *m*.

'**Jako** *orn. m* F ja(c)quot *m*; jaco *m*.

Jako'**bin**|**er** *m* jacobin *m*; ~**erklub** *hist. m* club *m* des Jacobins; ~**ermütze** *hist. f* bonnet *m* rouge (*od.* phrygien); 2**isch** *adj.* jacobin.

Jalou'**sie** *f* jalousie *f*.

Ja'**maika** *n* la Jamaïque; ~**Rum** *m* rhum *m* de la Jamaïque.

'**Jamb**|**e** *m* ïambe *m*; 2**isch** *adj.* ïambique; ~**us** *m* ïambe *m*.

'**Jammer** *m* (*Elend*) misère *f*; (*höchste Not*) détresse *f*; (*Drangsal*) calamité *f*; (*Herzeleid*) affliction *f*; désolation *f*; (*Verzweiflung*) désespoir *m*; *es ist ein* ~, *zu sehen* c'est pitié (*od.* navrant) de voir; (*Wehklagen*) → ~**geschrei** *n* lamentations *f/pl.*; cris *m/pl.* lamentables; ~**gestalt** *f* figure *f* pitoyable; ~**lappen** F *m* chiffe *f*, F nouille *f*; ~**leben** *n* existence *f* misérable.

'**jämmerlich** *adj.* (*elendig*) misérable; (*kläglich*) pitoyable; (*erbärmlich*) piteux, -euse; (*herzzerreißend*) déchirant; navrant; (*betrübend*) triste; ~ schreien pousser les 'hauts cris; 2**keit** *f* misère *f*; caractère *m* piteux; état *m* lamentable.

'**jammern I** 1. *v/i.* se lamenter; (*wimmern*) gémir; **2.** *v/t.* (*a. v/imp.*): *j-n* ~ faire pitié à q.; **II** 2 *n* lamentations *f/pl.*; plaintes *f/pl.*

'**jammer**|**schade** *adj.*: *es ist* ~ c'est bien dommage (*um* pour); 2**tal** *n* vallée *f* de larmes (*fig.* de cette vie); ~**voll** *adj.* lamentable.

Jani'**tscharenmusik** *hist. f* musique *f* turque des janissaires.

'**Jänner** *östr. m* janvier *m*.

Janse'**nis**|**mus** *m* jansénisme *m*; ~**t** *m* janséniste *m*; 2**tisch** *adj.* janséniste.

'**Januar** *m* janvier *m*.

'**Januskopf** *m* tête *f* de Janus.

'**Japan** *n* le Japon.

Ja'**pan**|**er**(**in** *f*) *m* Japonais *m*, -e *f*; 2**isch** *adj.* du Japon; japonais; nippon; *die* ~**e** *Sprache*; *das* 2(**e**) la langue japonaise; le japonais; ~**lack** *m* laque *f* du Japon; ~**papier** *n* japon *m*.

'**japsen** F *v/i.* être à bout de souffle (*od.* 'hors d'haleine).

'**Jargon** *m* jargon *m*.

'**Jasager** *m* F béni-oui-oui *m*; approbateur *m*; suiviste *m*; conformiste *m*, F ouiste *m*; ~**ei** *pol. f* suivisme *m*; conformisme *m*; ~**in** *f* approbatrice *f*; suiviste *f*.

Jas'**min** ♀ *m* jasmin *m*.

'**Jaspis** *min. m* jaspe *m*.

'**jäten** ✗ **I** *v/t. u. v/i.* sarcler; **II** 2 *n* sarclage *m*.

'**Jät**|**hacke** *f*, ~**haue** *f* sarcloir *m*.

'**Jauche** *f* purin *m*; 2**n** ✗ *v/t.* fumer au purin; ~**grube** *f* fosse *f* à purin.

'**jauchz**|**en** *v/i.* pousser des cris de joie; exulter; 2**en** *n* cris *m/pl.* de joie; 2**er** *m* cri *m* d'allégresse.

'**jaulen** *v/i.* 'hurler.

'**Jaus**|**e** *östr. f* goûter *m*; 2**nen** *östr. v/i.* goûter; faire une collation.

'**Java** *n* Java *f*.

Ja'**van**|**er**(**in** *f*) *m* Javanais *m*, -e *f*; 2**isch** *adj.* javanais.

ja'**wohl** *adv.* oui; certes.

'**Jawort** *n* oui *m*; (*Einwilligung*) consentement *m*; assentiment *m*; *ihr* ~ *geben Frau*: consentir à épouser q.

Jazz *m* jazz *m*; ~'**fanatiker** *m* fanatique *m* du jazz; F zazou *m*; ~'**freund** *m* ami *m* du jazz; ~'**kapelle** *f* orchestre *m* de jazz; ~'**musik** *f* musique *f* de jazz; ~'**trompete** *f* trompette *f* de jazz.

je *adv. u. cj. in fragenden od. bedingenden Sätzen u. in Relativsätzen*; *a. bei als nach comp.* = *jemals*: jamais; *hast du* ~ *so etwas gesehen?* as-tu jamais vu pareille chose?; *seit eh und* ~ depuis toujours; *distributiv*: ~ *zwei und zwei* deux à deux; *er gab den drei Kindern* ~ *zwei Mark* il donna deux marks à chacun des trois enfants; *télégr.* ~ *zehn Wörter* les dix mots; ~ *nach s-m Geschmack* selon ses goûts; ~ *nach den Umständen* selon les circonstances; ~ *nachdem* selon que, *abs.* c'est selon; ~ *mehr ..., desto mehr ... plus ..., plus ...*; ~ *weniger, desto weniger moins ..., moins ...*; ~ *mehr, desto besser* plus il y en a, mieux ça vaut; ~ *eher,* ~ *lieber* le plus tôt sera le mieux; ~ *weiter wir kommen* à mesure que nous avançons.

'**jedenfalls** *adv.* en tout cas; dans tous les cas; (*was auch geschehen mag*) quoi qu'il arrive, (*wie dem auch sei*) quoi qu'il en soit.

'**jeder** *m*, '**jede** *f*, '**jedes** *n pr/ind.* 1. *adj.* (*veralgemeinernd*: tout; *jeden Augenblick* à tout (*od.* à chaque) moment; *bei jeder Gelegenheit* à chaque (*od.* en toute) occasion; *er wird jeden Augenblick da sein* il va arriver d'un moment à l'autre; *zu jeder Stunde* à toute heure; *jedes dritte Wort* tous les trois mots; un mot sur trois; *ohne jeden Zweifel* sans aucun doute; 2. *su.* chaque (*resp.* tout) homme (*od.* chacun) *m*, chaque (*resp.* toute) femme *f*; *jeder, der* tout homme qui; quiconque; *jeder von euch hat s-e Pflicht getan a.* vous avez fait chacun votre devoir; *jedem das Seine* (à) chacun le sien; *jeder für sich, Gott für uns alle* chacun pour soi et Dieu pour tous.

'**jeder**|**mann** *pr/ind.* tout le monde; ~**s** *Freund* ami *m* de tout le monde; ~**zeit** *adv.* en tout temps; à toute heure; n'importe quand; tout le temps.

'**jedes**'**mal** *adv.* chaque fois (*wenn* que); toutes les fois (*wenn* que).

je'**doch** *adv.* cependant; toutefois; pourtant.

'**jedweder** *m*, '**jedwede**(**s** *n*) *f pr/ind.*, '**jeglich** *pr/ind.* → *jeder*.

Jeep *m* jeep *f*.

je'**her** *adv.*: *seit* ~, *von* ~ depuis toujours; de tout temps.

Je'**längerje**'**lieber** ♀ *n* chèvrefeuille *m*.

'**jemals** *adv.* jamais.

'**jemand I** *pr/ind. m* quelqu'un, *im verneinten Satz*: personne; ~ *anders*; *sonst* ~ quelqu'un d'autre; *weder* ~ *noch sonst* ~ ni lui ni personne; *adjektivisch neben substantivisch gebrauchtem adj.*: ~ *Fremdes* un étranger; quelque étranger; quelqu'un d'étranger; **II** 2 *m*: *ich kenne e-n gewissen* ~, *der ...* je connais une certaine personne qui ...

'**Jemen** *géogr. m* le Yémen.

Jeme'**nit**|**e** *m* Yéménite *m*; 2**isch** *adj.* yéménite.

'**jener** *m*, '**jene** *f*, '**jenes** *n pr/d.* 1. *adj.* ce ...-là (*vor vo. od. stummem h* cet ...-là) *m*, cette ...-là *f*, ces ...-là *pl.*; *an jenem Tage* ce jour-là; 2. *su.* celui-là *m* (*pl.* ceux-là), celle-là *f* (*pl.* celles-là); *n*: cela, *oft umschrieben*: cette chose-là, *pl.* ces choses-là; *bald dieser, bald jener* tantôt l'un, tantôt l'autre; *dieser und jener* celui-ci et celui-là; l'un et l'autre; *dies und jenes* ceci et cela; *von diesem und jenem sprechen* parler de choses et d'autres; *wie jener sagt* comme dit l'autre.

'**jenseitig** *adj.* de l'autre côté; du côté opposé; (*qui est*) au-delà; *das* ~**e** *Ufer* la rive opposée.

'**jenseits I** *prp.* (*gén.*) au-delà de; de l'autre côté de; par-delà; ~ *der Alpen* transalpin; ~ *des Kanals a.* outre-Manche; ~ *des Rheins a.* outre-Rhin; **II** *adv.* de ce côté-là, à l'autre côté; **III** 2 *n*: *das* ~ l'au-delà *m*; l'autre monde *m*; F *j-n ins* ~ *befördern* expédier q. dans l'autre monde.

Jeremi'**ade** *f* jérémiade *f*.

Jesu'**it** *m* jésuite *m*; ~**enorden** *m* ordre *m* des jésuites; ~**enschule** *f* Collège *m* de jésuites; 2**isch** *adj. a. péj.* jésuite; *péj.* jésuitique.

'**Jesus** *m* Jésus *m*; ~ *Christus* Jésus-Christ *m*; ~**kind**(**lein**) *n* enfant *m* Jésus.

Jett *min. m u. n* jais *m*.

'**jetzig** *adj.* présent; d'aujourd'hui; actuel, -elle; d'à présent; *in* ~**er** *Zeit* à l'heure qu'il est; par les temps qui courent.

jetzt I *adv.* maintenant; à présent; à l'heure qu'il est; actuellement; ~ *oder nie* maintenant ou jamais; (*heutzu-*

tage) aujourd'hui; de nos jours; *bei lebhafter Erzählung in der Verg.* (= *da*) alors; *bisw.* maintenant; ~ *erhob er sich* alors (*od.* à ce moment), il se leva; *bis* ~ jusqu'à maintenant; jusqu'ici; jusqu'à présent; *für* ~ pour le moment; pour l'instant; *von* ~ *ab (an)* désormais; dès maintenant; ~, *wo ...* maintenant que ...; *eben* ~ à l'instant (même); **II** ⚤ *n*, ⚥**zeit** *f* (temps *m*) présent *m*.
'**jeweil**|**ig** *adj. zeitlich:* du moment; de l'époque; de chaque fois; (*entsprechend*) respectif, -ive; (*augenblicklich*) actuel, -elle; *bei* ~*er Sendung* à chaque envoi; ~**s** *adv.* (*jedesmal*) chaque fois.
'**Jiddisch** *n* yiddish *m*; judéo-allemand.
'**Jiu-'Jitsu** *n* jiu-jitsu *m*.
Job *m* F job *m*; emploi *m*; *turbin *m*; P boulot *m*; ~**ben** F *v/i.* bricoler; faire des bricoles à droite et à gauche.
'**Jobber** F *m* 1. ✝ *péj. Börse:* boursicoteur *m*; 2. (*junger Gelegenheitsarbeiter*) P jeune boulot *m*.
Joch *n* joug *m*; *ins* ~ *spannen Ochsen:* atteler; *fig. das* ~ *abschütteln* (*od. abwerfen*) secouer le joug; *unter das* ~ *bringen* mettre sous le joug; *bibl.* zwei ~ *Ochsen* deux paires *f/pl.* de bœufs; *östr.* (*Feldmaß*) arpent *m*; (*Berg*⚥) col *m*; △ *e-s längeren Bauwerkes:* travée *f*; (*Brücken*⚥) arche *f*; palée *f*; '~**bein** *anat. n* os de la pommette; os *m* malaire; zygoma *m*; '~**bogen** *anat. m* arcade *f* zygomatique; '~**brücke** ⊕ *f* pont *m* sur pilotis.
'**Jockei** *m* jockey *m*; ~**mütze** *f* bombe *f*.
Jod ⚗ *n* iode *m*; '~**dämpfe** *m/pl.* vapeurs *f/pl.* iodiques.
'**jodeln** *v/i.* jodler; iouler; ⚤ *n* la-la-itou *m*.
'**Jod**|**empfindlichkeit** ⚓ *f* sensibilité *f* à l'iode; ~**ex** *phm. n* mercurochrome *m*; ⚥**haltig** *adj.* iodé; ioduré; iodifère.
Jo'did *n* iodure *m*.
jo'dieren *v/t.* iodurer.
'**Jodkali**(**um**) *n* iodure *m* de potassium.
'**Jodler** *m* jodleur *m*; ioulleur *m*.
Jodo'form ⚗ *n* iodoforme *m*; ~**gaze** *f* gaze *f* iodoformée.
'**Jod**|**silber** *n* iodure *m* d'argent; ~**tinktur** *f* teinture *f* d'iode; ~**vergiftung** *f* iodisme *m*.
'**Joghurt** *n* yaourt *m*; yog(h)ourt *m*.
Jo'hannis|**beere** ⚘ *f:* rote ~ groseille *f* rouge; schwarze ~ cassis *m*; ~**saft** *m* jus *m* de groseilles; *schwarzer:* jus *m* de cassis; ~**beerstrauch** *m* groseillier *m*; *schwarzer:* cassis(sier *m*) *m*; ~**beerwein** *m* vin *m* de groseilles; *v. schwarzen Beeren:* cassis *m*; ~**brot** ⚘ *n* caroube *f*; ~**brotbaum** ⚘ *m* caroubier *m*; ~**fest** *n* (fête *f* de) la Saint-Jean; ~**feuer** *n* feu *m* de la Saint-Jean; ~**käfer** *ent. m* ver *m* luisant; ~**kraut** ⚘ *n* millepertuis *m* (commun); ~**nacht** *f* nuit *f* de la Saint-Jean; ~**tag** *m: der* ~ la Saint-Jean; *am* ~ à la Saint-Jean; ~**trieb** *fig. m* amour *m* tardif; regain *m* de jeunesse; ~**würmchen** *ent. n* ver *m* luisant.
Johan'niter *hist. m* chevalier *m* de Saint-Jean; ~**orden** *m* ordre *m* de Saint-Jean.

'**johlen I** *v/i.* 'hurler'; **II** ⚤ *n* 'hurlement(s) *m(pl.)*.
'**Jokus** *m* plaisanterie *f*; F blague *f*.
'**Jolle** ⚓ *f* yole *f*.
Jong'l|**eur** *m* jongleur *m*; ⚥**ieren** *v/i.* jongler.
'**Joppe** *f* veste *f*.
'**Jordan** *m: der* ~ le Jourdain.
Jor'dan|**ien** *n* la Jordanie; ~**ier** *m* Jordanien *m*; ⚥**isch** *adj.* jordanien, -ienne.
'**Jordantal** *n* vallée *f* du Jourdain.
'**Jota** *n* iota *m*.
Jour'nal *n* journal *m*.
Journa'lismus *m* journalisme *m*.
Journa'list|(**in** *f*) *m* journaliste *m*, *f*; ~**enberuf** *m* journalisme *m*; ~**enstil** *m* style *m* journalistique; ~**ik** *f* journalisme *m*; ⚥**isch** *adj.* journalistique.
jovi'al *adj.* (*leutselig*) affable; bienveillant.
Joviali'tät *f* affabilité *f*; bienveillance *f*.
'**Jubel** *m* allégresse *f*; exultation *f*; transports *m/pl.* de joie; jubilation *f*; ~**jahr** *rl. n* année *f* jubilaire; jubilé *m*; *alle* ~ *einmal* très rarement; ⚥*n in* ~ *pousser des cris d'allégresse;* exulter.
Jubi'lar(**in** *f*) *m* personne *f* qui fête un anniversaire important, un jubilé *usw.*
Jubi'läum *n* anniversaire *m*; (*fünfzigjähriges* ~) cinquantenaire *m*; jubilé *m*; ~**smarke** *f* timbre *m* anniversaire.
juch'he! *int.* 'hourra!'
'**Juchten** *n od.* ~**leder** *n* cuir *m* de Russie.
'**juck**|**en 1.** *v/i.* démanger; *ihm juckt das Fell* il a envie de recevoir une raclée; *es juckt mich* j'ai des démangeaisons; 2. *v/t.* (*v/rf.: sich se*) gratter; ~**reiz** *m* démangeaison(s *pl.*) *f*; prurit *m*.
'**Jude** *m* juif *m*; *der Ewige* ~ le Juif errant; ~**nfeind**(**in** *f*) *m* antisémite *m*, *f*; ⚥**nfeindlich** *adj.* antisémite; ~**nhetze** *f* propagande *f* antisémitique; ~**ntum** *n* judaïsme *m*; (*Volk*) juifs *m/pl.*; ~**nverfolgung** *f* persécution *f* des juifs; pogrom(e) *m*; ~**nviertel** *n* ghetto *m*.
'**Jüd**|**in** *f* juive *f*; ⚥**isch** *adj.* juif, -ive; judaïque.
'**Judo** *n* judo *m*; ~**anzug** *m* kimono *m*; ~**kämpfer** *m* judoka *m*.
'**Jugend** *f; coll.* jeunes gens *m/pl.*; (*Kindheit*) enfance *f*; (*Jünglingsalter*) adolescence *f*; *von* ~ *auf* dès ma (ta, *etc.*) jeunesse; *frühe* ~ première jeunesse *f*; *studentische* ~ jeunesse *f* estudiantine; ~ *hat keine Tugend* jeunesse n'a pas de sagesse; ~ *muß austoben* il faut que jeunesse se passe; ~**alter** *n* jeunesse *f*; jeune âge *m*; adolescence *f*; ~**amt** *n: Deutsch-französisches* ~ Office *m* franco-allemand pour la Jeunesse; ~**anwalt** *m* avocat *m* des mineurs; ~**arbeit** *f* monitorat *m*; ~**arbeitslosigkeit** *f* chômage *m* des jeunes; ~**austausch** *m* échanges *m/pl.* de jeunes; ~**bewegung** *f* mouvement *m* de jeunesse; ~**blüte** *f* fleur *f* de la jeunesse (*od.* de l'âge); ~**buch** *n* livre *m* pour la jeunesse; ~**bund** *m* association *f* de jeunes; ~**erinnerung** *f* souvenir *m* de jeunesse; ~**freund**(**in**

f) *m* ami *m*, -e *f* de jeunesse (*od.* d'enfance); ~**frische** *f* verdeur *f* (de l'âge); ~**fürsorge** *f* assistance *f* à la jeunesse; ⚥**gefährdend** *adj.* malsain pour la jeunesse; ~**gefährte** *m* compagnon *m* de jeunesse (*od.* d'enfance); ~**gericht** *n* tribunal *m* pour enfants; ~**gruppe** *f* groupe *m* de jeunes; ~**heim** *n* foyer *m* (maison *f*) de jeunes; patronage *m*; ~**helfer**(**in** *f*) *m* moniteur, -trice; ~**herberge** *f* auberge *f* de jeunesse; ~**herbergs-ausweis** *m* carte *f* d'hébergement; ~**hof** *m* centre *m* de redressement (*od.* d'éducation); ~**jahre** *n/pl.* années *f/pl.* de jeunesse; jeune âge *m*; ~**kraft** *f* vigueur *f* de la jeunesse; ~**kriminalität** *f* délinquance *f* (*od.* criminalité *f*) juvénile; ~**kunde** *f* hébélogie *f*; ~**lager** *n* camp *m* de jeunes; ⚥**lich** *adj.* de (la) jeunesse; jeune; (*der Jugend eigen*) juvénile; ~**er** *Verbrecher* délinquant *m* mineur; ~**er** *Held thé.* jeune premier *m*; ~**er** *Liebhaber*, ~**e** *Liebhaberin* jeune premier *m*, -ière *f*; ~**es** *Aussehen* air *m* de jeunesse; ~ *aussehen* avoir l'air jeune; faire jeune; ~**liche**(**r** *a. m*) *m*, *f* (*Halbwüchsige*[**r**], *etwa 14–20 Jahre alt*) adolescent *m*, -e *f*; *die* ~**n** *pl. a.* F les ados *m/pl.*; ⚥⚥ mineur *m*, -e *f* de 14 à 18 ans; ~ *unter 18 Jahren* mineur *m*, -e *f* de moins de dix-huit ans; ~ *pl.* unter 16 Jahren haben keinen Zutritt interdit aux moins de seize ans; ~**lichkeit** *f* juvénilité *f*; ~**liebe** *f* premières amours *f/pl.*; ~**organisation** *f* organisation *f* de jeunesse; ~**pflege** *f* assistance *f* à la jeunesse; monitorat *m*; ~**politik** *f* politique-jeunesse *f*; ~**psychologe** *m* psycho-éducateur *m*; ~**psychologie** *f* psychologie *f* juvénile; ~**richter** *m* juge *m* pour enfants; ~**schrift** *f* livre *m* pour la jeunesse; ~**schriftsteller** *m* écrivain *m* pour la jeunesse; ⚥**schädigend** *adj.* dangereux, -euse pour la jeunesse; ~**schutz** *m* protection *f* de la jeunesse; ~**schutzgesetz** *n* loi *f* sur la protection de la jeunesse; ~**stil** *m* Art *m* nouveau; ~**streich** *m* écart *m* de jeunesse; fredaine *f*; frasque *f* de jeunesse; ~**sünde** *f* écart *m* de jeunesse; ~**torheit** *f* folie *f* de jeunesse; ~**traum** *m* rêve *m* de jeunesse; ~**verband** *m* association *f* de jeunesse; ~**verfehlungen** *f/pl.* écarts *m/pl.* de jeunesse; ~**wandern** *n* excursions *f/pl.* de la jeunesse; ~**werk** *n e-s Dichters:* œuvre *f* de jeunesse; ~**wettkämpfe** *m/pl.* épreuves *f/pl.* pour cadets *bzw.* juniors; ~**zeit** *f* jeunesse *f*; jeune âge *m*; ~**zeitschrift** *f* revue *f* (*od.* périodique *m*) pour la jeunesse.
Jugo'|slawe *m*, ~**slawin** *f* Yougoslave *m*, *f*; ~**slawien** *n* la Yougoslavie; ⚥**slawisch** *adj.* yougoslave.
'**Juli** *m* juillet *m*.
jung *adj.* jeune; ~ *und alt* jeunes et vieux *m/pl.*; *von* ~ *auf* dès son jeune âge; dès son enfance; depuis la plus tendre jeunesse; *in* ~*en Jahren* dans la jeunesse; *die* ~*en Leute pl.* les jeunes gens *m/pl.*; *die* ~*en Leute pl.* les jeunes mariés *m/pl.*; *der* ~*e Ehemann* le nouveau marié; *die* ~*e Ehefrau*; *die* ~*e Frau* la jeune mariée; *die* ~*en Eheleute pl.* les nouveaux (*od.* jeunes) mariés *m/pl.*; ~*er Mann*

jeune homme *m*; ~es Mädchen jeune fille *f*; jeune personne *f*; F ~er Dachs (*Grünschnabel*) blanc-bec *m*; ~e Bohnen 'haricots *m/pl.* verts; ~e Erbsen petits pois *m/pl.*; ~es Gemüse légumes *m/pl.* frais; primeurs *f/pl.*; ~er Wein vin *m* jeune (*od.* nouveau *od.* vert); ~ aussehen avoir l'air jeune; faire jeune; er hat ~ geheiratet il s'est marié jeune; wieder ~ machen (werden) rajeunir; '2brunnen *m* fontaine *f* de Jouvence.

'**Junge** I *m* garçon *m*; F gamin *m*; F gosse *m*; kleiner ~ petit garçon *m*; ungezogener ~ polisson *m*; dummer ~ bêta *m*; nigaud *m*; ♣ (*Schiffs*2) mousse *m*; schwerer ~ (*Verbrecher*) mauvais garçon *m*; II ~(s) *n v. Tieren*: petit *m*; ~ *pl.* werfen; ~ *pl.* bekommen = 2n *v/i.* mettre bas; F faire des petits; *Wölfin*: ch. louveter; 2**nhaft** *adj.* gamin; ~**nstreich** *m* polissonnerie *f*.

'**jünger** I *adj.* (*comp. v. jung*) plus jeune; ~er Bruder frère *m* cadet; ~e Schwester sœur *f* cadette; er ist zwei Jahre ~ als ich il est mon cadet de deux ans; sie sieht ~ aus, als sie ist elle ne paraît pas son âge; er sieht viel ~ aus il paraît bien moins que son âge; er hat e-e 22 Jahre ~e Frau geheiratet il a épousé une femme de 22 ans sa cadette; II 2 *m* disciple *m*; der ~e (*junior*) le jeune, *zur Unterscheidung geschichtlicher Personen gleichen Namens*: le Jeune.

'**Jungfer** *péj. f.*: alte ~ vieille fille *f*; vieille demoiselle *f*; alte ~ bleiben rester vieille fille; F coiffer Sainte-Catherine; e-e alte ~ werden monter en graine.

'**Jungfern|fahrt** ♣ *f* voyage *m* inaugural (*od.* de début); première traversée *f* de l'Océan; 2**haft** *adj.* de fille; ~**haut** *f*, ~**häutchen** *n* hymen *m*; ~**kranz** *m* couronne *f* virginale; ~**schaft** *f* virginité *f*.

'**Jung|frau** *f* vierge *f*; die ~ von Orleans la Pucelle d'Orléans; die Heilige ~ la Sainte Vierge; *ast.* Vierge *f*; *géogr.*: die ~ la Jungfrau; 2**fräulich** *adj.*

virginal; vierge; (*keusch*) chaste; ~**fräulichkeit** *f* virginité *f*; ~**geselle** *m* garçon *m*; célibataire *m*; eingefleischter ~ célibataire *m* endurci; *alter* ~ vieux garçon *m*; ~**gesellenleben** *n* vie *f* de garçon (*od.* de célibataire); ~**gesellensteuer** *f* impôt *m* sur les célibataires; ~**gesellenwohnung** *f* garçonnière *f*; ~**gesellin** *f* célibataire *f*; *zahlreiche* ~**nen** bon nombre *m* de célibataires du sexe féminin; ~**lehrer(in** *f*) *m* instituteur *m* (-trice *f*) débutant(e).

'**Jüngling** *m* jeune homme *m*; adolescent *m*; ~**s-alter** *n* adolescence *f*.

Jungsozialist *pol.* (*Bundesrep.*) *m* jeune socialiste *m*.

jüngst I *adj.* (*sup. v. jung*) le plus jeune; *Schreiben*: dernier, -ière; *Nachricht*: récent; der 2e le cadet; die 2e la cadette; das 2e Gericht le jugement dernier; in der ~en Zeit ces derniers temps; II *adv.* récemment; dernièrement.

'**Jung|steinzeit** *f* néolithique *m*; 2**vermählt** *adj.* nouvellement marié(e); ~**vermählte** *pl.*: die ~n les nouveaux mariés *m/pl.*; ~**vieh** *n* jeune bétail *m*; jeunes bêtes *f/pl.*

'**Juni** *m* juin *m*.

'**junior** I *adj.* Firma Müller jun. Müller fils; II 2 *m* 1. † fils *m* du patron; 2. *Sport* (*15-17 Jahre*) cadet *m*; (*17-21 Jahre*) junior; 2**chef** † *m* fils *m* du patron.

Juni'oren|klasse *f* classe *f* des juniors; ~**rennen** *n Sport*: course *f* de juniors.

'**Junker** *m* gentilhomme *m* campagnard; *péj.* (*Kraut*2) 'hobereau *m*; ~**tum** *péj. n* 'hobereaux *m/pl.*

'**Jupiterlampe** *f Film*: lampe *f* Jupiter; sunlight *m*.

'**Jura**[1] ⚖ *n/pl.*: ~ studieren faire son (*od.* étudier le) droit; faire des études de droit.

'**Jura**[2] *m géogr.* der ~ le Jura; aus dem ~ jurassien, -enne; *géol.* jurassique *m*; brauner (weißer) ~ jurassique *m* brun (supérieur); ~**bildung** *f*, ~**forma-**

tion *géol. f* jurassique *m*; ~**kalk** *m* calcaire *m* jurassique; ~**sandstein** *m* grès *m* jurassique.

'**Jurastudent** *m* étudiant *m* en droit.

ju'ridisch *östr. adj.* juridique.

Jurispru'denz *f* jurisprudence *f*.

Ju'rist *m* juriste *m*; (*Rechtsgelehrter*) jurisconsulte *m*; (*Student*) étudiant *m* en droit; 2**isch** *adj.* appartenant à la jurisprudence; juridique; ~e Fakultät faculté *f* de droit; ~e Person personne *f* juridique (*od.* civile *od.* morale); ~**ensprache** *f* langage (*od.* style) *m* du palais.

'**Jury** *f* jury *m*.

'**Juso** *pol.* (*Bundesrep.*) *m* jeune socialiste *m*.

Jus'tiz *f* justice *f*; ~**beamte(r)** *m* fonctionnaire *m* de justice; höherer *a.* magistrat *m*; ~**behörde** *f* autorité *f* judiciaire; ~**gebäude** *n* palais *m* de justice; ~**irrtum** *m* erreur *f* judiciaire (*od.* de justice); ~**minister** *m* ministre *m* de la Justice; *in Frankreich*: *a.* garde *m* des sceaux; ~**ministerium** *n* ministère *m* de la Justice; ~**mord** *m* meurtre *m* judiciaire; ~**palast** *m* palais *m* de justice; ~**verwaltung** *f* administration *f* de la justice.

'**Jute** *f*, ~**hanf** *m* jute *m*.

Ju'wel *n* joyau *m*; bijou *m* (*a. fig.*); ~**en** *pl.* joaillerie *f*; (*Edelsteine*) pierreries *f/pl.*; pierres *f/pl.* précieuses.

Ju'welen|arbeit *f* joaillerie *f*; bijouterie *f*; ~**diebstahl** *m* vol *m* de bijoux; ~**handel** *m* joaillerie *f*; bijouterie *f*; commerce *m* de pierres précieuses; ~**händler(in** *f*) *m* joaillier *m*, -ière *f*; bijoutier *m*, -ière *f*; ~**kästchen** *n* coffret *m* à bijoux; écrin *m*; baguier *m*.

Juwe'lier *m* joaillier *m*; bijoutier *m*; ~**geschäft** *n*, ~**laden** *m* joaillerie *f*; bijouterie *f*; ~**kunst** *f* joaillerie *f*; ~**waren** *f/pl.* (articles *m/pl.* de) bijouterie *f*, joaillerie *f*.

Jux F *m* plaisanterie *f*; farce *f*; facétie *f*; F rigolade *f*; F blague *f*; sich e-n ~ machen se livrer à des facéties, F rigoler.

K

K, k *n* K, k *m*.
Ka'bale *f* cabale *f*; intrigue *f*.
Kaba'rett *n* cabaret *m* artistique; cabaret *m* de chansonniers.
Kabaret'tist(in *f*) *m* fantaisiste *m, f*; chansonnier *m*, -ière *f*.
Kabbe'lei F *f* chamaillerie *f*.
'kabbeln F *v/rf.*: sich ~ se chamailler.
'Kabel *m* câble *m*; umsponnenes ~ câble *m* guipé; entstörtes ~ câble *m* blindé; zweiadriges ~ câble *m* à deux conducteurs; unterseeisches ~ câble *m* sous-marin; ein ~ abrollen (legen) dérouler (poser) un câble; **~ader** *f* conducteur *m*; **~auftrag** ✝ *m* ordre *m* télégraphique; **~bericht** *m* rapport *m* par câble; **~dampfer** *m* câblier *m*; **~depesche**, **~meldung** *f* câble *m*; câblogramme *m*; **~fernsehen** *n* télévision *f* par câble; télédistribution *f*.
'Kabeljau *icht. m* cabillaud *m*.
'Kabel|leger ⚓ *m* câblier *m*; **~legung** *f* pose *f* d'un câble; **~litze** *f* tresse *f* de câble; **⚓n** *v/t. u. v/i.* câbler; **~schacht** *m* puits *m* à câbles; **~schuh** *m* cosse *f* de câble; **~trommel** *f* große: tambour *m* de câble; kleine: bobine *f* de câble; **~überweisung** ✝ *f* virement *m* par câble; **~werk** *n* câblerie *f*.
Ka'bine *f* a. ✈ für die Fluggäste: cabine *f*; ✈ für die Piloten: cabine *f* de pilotage; für die Mannschaft: habitacle *m* (a. der Weltraumrakete u. des Fahrgastraums im Auto); **~nklasse** *f* classe *f* cabine; **~nkoffer** *m* malle *f* aus Holz od. Metall: cantine *f*; **~nlift** *m* mit offenen Kabinen: télébenne *f*; mit geschlossenen Kabinen: télécabine *f*; **~npersonal** ✈ *n* personnel *m* de cabine; **~nroller** *m* autoscooter *m* à cabine.
Kabi'nett *n* cabinet *m*; pol. a. ministère *m*; **~sbeschluß** *m* résolution *f* du cabinet; **~s-chef** *m* chef *m* de cabinet; **~sfrage** *f* question *f* de cabinet; **~skrise** *f* crise *f* ministérielle; **~sliste** *f* liste *f* des membres du cabinet; **~s-ordnung** *f* ordre *m* ministériel; **~ssitzung** *f* séance *f* du conseil des ministres; ~ aller Minister audience *f* intacte.
Kabrio'lett *n* cabriolet *m*; voiture *f* décapotable.
Ka'buff F *n*, **Ka'buse** F *f* P cagibi *m*; P taule *f*; taudis *m*.
Ka'byl|e *m*, **~in** *f* Kabyle *m, f*.
'Kachel *f* carreau *m* de faïence; **⚓n** *v/t.* carreler; **~ofen** *m* poêle *m* de faïence.
'Kacke P *f* F crotte *f*; **⚓n** *v/i* F faire caca.
Ka'daver *m* cadavre *m* d'animal; **~gehorsam** *m* obéissance *f* aveugle.
Ka'denz ♪ *f* cadence *f*.

'Kader ⚔, *pol. m* cadre *m*.
Ka'dett ⚔, ⚓ *m* cadet *m*; **~en-anstalt** *f* école *f* de cadets.
'Kadi F (Richter) juge *m*; F (Vorgesetzter) *m* supérieur *q.*; chef *m*; patron *m*.
'Käfer *m* insecte *m*; scarabée *m*; a. fig. vom VW: coccinelle *f*; 🐞 coléoptère *m*; **~kunde** 🐞 *f* coléoptérologie *f*.
Kaff F *n* patelin *m*; trou *m*; P bled *m*.
'Kaffee *m* café *m* (gemahlener moulu; en poudre; ungemahlener en grains; gerösteter torréfié; ungerösteter vert; schwarzer noir; nature; koffeinfreier décaféiné); e-e Tasse ~ une tasse de café; ~ mit Milch café *m* au lait; ~ mit Sahne café *m* crème; café *m* liégeois; ~ mit Schnaps café *m* arrosé; ~ rösten torréfier (od. brûler od. griller) du café; ~ kochen faire le café; ~ trinken prendre du (od. le od. son) café; boire du café; den ~ mahlen moudre le café; j-n zum ~ einladen inviter *q.* à prendre le café; fig. F das ist kalter ~ c'est du recuit; **~bar** *f* café-bar *m*; **~bau** *m* culture *f* du café; **~baum** 🌳 *m* caféier *m*; **~bohne** *f* grain *m* de café; **⚓braun** *adj.* (couleur) café; **~brenner** *m* torréfacteur *m*; **~brenne'rei** *f* établissement *m* de torréfaction; **~büchse** *f* boîte *f* à café; **~eis** *n* glace *f* au café; **~ernte** *f* cueillette *f* du café; **~ersatz** *m* succédané *m* (od. ersatz *m*) de café; **~gebäck** *n* gâteaux *m/pl.*; **~geschirr** *n* service *m* à café; **~grund** *m* marc *m* de café; **~haus** *n* café *m*; **~hausbesitzer** *m* cafetier *m*; **~kanne** *f* cafetière *f*; **~klatsch** F *m* commérages *m/pl.*, papotages *m/pl.* en prenant le café; **~löffel** *m* cuiller *f* à café; **~lokal** *n* café *m*; **~maschine** *f* cafetière *f* électrique; große: percolateur *m*; **~lorke** péj. *f* jus *m* de chaussette; **~mühle** *f* moulin *m* à café; **~mütze** *f* couvre--cafetière *m*; **~pause** *f* pause-café *f*; **~pflanzung** *f*, **~plantage** *f* plantation *f* de café; **~röster** *m* torréfacteur *m*; **~röste'rei** *f* établissement *m* de torréfaction; **~satz** *m* marc *m* de café; **~strauch** *m* caféier *m*; **~tante** F *f*: e-e ~ sein aimer le café à la folie; **~tasse** *f* tasse *f* à café; **~trommel** *f* torréfacteur *m*; **~wärmer** *m* couvre-cafetière *m*; **~wasser** *n* eau *f* pour le café.
'Käfig *m* cage *f*.
kahl *adj. Kopf*: chauve; dégarni; dénudé; (nackt) nu; (geschoren) tondu; Gesicht: glabre; v. Tieren: sans poil; v. Vögeln: sans plumes; v. Bäumen: dépouillé (de feuilles resp. de fleurs resp. de fruits); (öde) Landschaft: nu; désolé; **~geschoren** *adj.* tondu; coupé ras; **⚓heit** *f* des Kopfes: calvitie *f*; e-s Berges usw.: nudité *f*; **'⚓kopf** *m* tête *f* chauve; F pelé *m*; **'~köpfig**

adj. chauve; F pelé *m*; **'⚓köpfigkeit** *f* calvitie *f*; **'⚓schlag** *m* coupe *f* à blanc estoc.
Kahmhaut *f* auf Wein, Bier usw.: fleurs *f/pl.*
Kahn *m* barque *f*; canot *m*; (Last⚓) chaland *m*; (Schlepp⚓) péniche *f*; F (Bett) pieu *m*; (⚔ Arrest) P violon *m*; ~ fahren se promener en barque; faire du canotage; canoter; F in den ~ (schlafen) gehen P se pieuter; ⚔ die Nacht im ~ verbringen passer la nuit au violon; **'~fahren** *n* canotage *m*; **'~fahrer** *m* promeneur *m* en barque; **'~fahrt** *f*, **'~partie** *f* promenade *f* en barque.
Kai *m* quai *m*; franko ~ livré à quai; **'~anlagen** *f/pl.* quais *m/pl.*; **'~arbeiter** *m* docker *m*; **'~gebühr** *f*, **'~geld** *n* droit *m* de quai.
'Kaiman *zo.* *m* caïman *m*.
'Kaimauer *f* mur *m* de quai.
'Kain *m* Caïn *m*; **~smal**, **~szeichen** *n* signe *m* (od. marque *f*) de Caïn.
'Kairo *n* le Caire; aus ~ adj. du Caire; cairote *m*; **~er** *m* habitant *m* du Caire; Cairote *m*.
'Kaiser|(in *f*) *m* empereur *m*, impératrice *f*; fig. sich um des ~s Bart streiten se disputer pour des riens; gebt dem ~, was des ~ ist rendez à César ce qui est à César; wo nichts ist, da hat der ~ sein Recht verloren où il n'y a rien le roi perd ses droits; **~adler** *orn. m* aigle *m* impérial; **~krone** *f* couronne *f* impériale; ♣ fritillaire *f* impériale; **⚓lich** *adj.* impérial; **~reich** *n* empire *m*; **~schnitt** *chir. m* césarienne *f*; **~tum** *n* empire *m*; **~würde** *f* dignité *f* impériale.
'Kajak *m od. n* kayac *m*.
Ka'jüte ⚓ *f* cabine *f*.
'Kakadu *orn. m* cacatoès *m*; cacatois *m*.
Ka'kao *m* als Getränk: chocolat *m*; Frucht, Pulver, Getränk: cacao *m*; F j-n durch den ~ ziehen tourner *q.* en ridicule, se payer la tête de *q.*, mettre *q.* en boîte, se payer la fiole de *q.*, (j-n schlechtmachen) dire du mal de *q.*, F débiner *q.*, F chiner *q.*; **~baum** 🌳 *m* cacaotier *m*; cacaoyer *m*; **~bohne** *f* fève *f* de cacao; **~butter** *f* beurre *m* de cacao; **⚓haltig** *adj.* cacaoté; **~pflanzung** *f* cacaotière *m*; cacaoyère *f*; **~pulver** *n* poudre *f* de cacao; cacao *m* en poudre; **~schote** *f* cabosse *f* de cacaoyer.
'kakeln F (schwatzen) *v/i.* caqueter.
'Kakerlak *m ent.* blatte *f*; cancrelat *m*; fig. (Albino) albinos *m*.
Kak'teen ♣ *f/pl.* cact(ac)ées *f/pl.*
'Kaktus ♣ *m* cactus *m*.
Kalami'tät *f* catastrophe *f*.
Ka'lander *m* calandre *f*; **⚓n** *v/t.* ca-

landrer; ~n n calandrage m.
'**Kalauer** m calembour m; **⚘n** v/i. faire des calembours.
Kalb n veau m; (*Hirsch⚘*; *Reh⚘*) faon m; *das goldene ~ anbeten* adorer le veau d'or; F *so ein~!* quel idiot!; quel nigaud!; **⚘en** v/i. vêler; **~en** n vêlement m.
'**kalbern** F v/i faire le petit fou (f: la petite folle).
'**Kalb|fell** n peau f de veau; **~fleisch** n (viande f de) veau m; **~leder** n (cuir m de) veau m; **⚘ledern** en (cuir de) veau.
'**Kalbs|braten** m rôti m de veau; veau m rôti; **~brust** f poitrine f de veau; **~frikassee** n fricassée f de veau; **~fuß** m pied m de veau; **~hachse** f, **~haxe** f jarret m de veau; **~keule** f cuisseau m de veau; **~kopf** m tête f de veau; **~kotelett** n côte(lette) f (de veau; **~leber** f foie m de veau; **~lunge** f mou m de veau; **~milch** f ris m de veau; **~nierenbraten** m rognonnade f; **~nuß** cuis. f noix f de veau; **~ragout** n ragoût m de veau; **~rippe** f côte f de veau; **~rippenstück** n carré m de veau; **~schnitzel** n escalope f de veau.
Kal'daunen f/pl. cuis. tripes f/pl.
Kaleidos'kop n kaléidoscope m.
Ka'lender m calendrier m; *als Buch:* almanach m; (*Abreiß⚘*) calendrier-bloc m; éphéméride f; (*Wand⚘*) calendrier m mural; (*Taschen⚘*) agenda m; *hundertjähriger ~* calendrier m perpétuel; **~jahr** n année f civile.
Ka'lesche f calèche f.
Kal'fakt|or m, **~or** m homme m (*od.* garçon m) à tout faire; *im Gefängnis:* 'homme m de corvée.
Kal'fat|erer ⚓ m calfat m; **⚘ern** v/t. calfater; **~ern** n calfatage m.
'**Kali** ⚛ n potasse f.
Ka'liber n calibre m (*a. fig.*); *fig. a.* acabit m; **~maß** n calibre m.
kali'brieren ⊕ v/t. calibrer.
'**Kalidünger** m engrais m potassique.
Kali'forn|ien n la Californie f; **~ier** (**-in** f) m Californien m, -enne f; **⚘isch** adj. californien, -enne.
'**kalihaltig** adj. potassique.
'**Kaliko** text. m calicot m.
'**Kali|lauge** f potasse f caustique; **~salpeter** n nitrate m de potasse; **~salz** n sel m potassique.
'**Kalium** n potassium m; **~azetat** n acétate m de potassium; **~chlorid** n chlorure m de potassium.
'**Kaliwerk** n usine f de potasse.
Kalk m chaux f; *gelöschter (ungelöschter) ~* chaux f éteinte (vive); *~ brennen* cuire la chaux; *mit ~ bewerfen* crépir à la chaux; *mit ~ tünchen* enduire de chaux; ✓ *mit ~ düngen* chauler; '**~ablagerungen** min. f/pl. dépôts m/pl. calcaires; '**~anstrich** m enduit m de chaux; '⚘**artig** adj. calcaire; '**~bewurf** m crépi m de chaux; '**~brenner** ⊕ m chaufournier m; '**~brenne'rei** chaufournerie f; '⚘**en** v/t. △ enduire de chaux; ✓ chauler; '**~en** f n chaulage m; '**~erde** f terre f calcaire; '**~felsen** f roche f (od. rocher m) calcaire; '**~gebirge** n montagnes f/pl. calcaires; '⚘**haltig** adj. calcaire; '**~mangel** ♉ m manque m de calcium; '**~mergel** m marne f calcaire; '**~milch** f lait m de

chaux; '**~mörtel** m mortier m de chaux; '**~ofen** m chaufour m; four m à chaux; '**~putz** △ m enduit m de chaux; '**~stein** min. m pierre f à chaux; calcaire m; '**~steinbruch** m carrière f de pierres à chaux; '**~tuff** min. m tuf m; '**~tünche** f enduit m de chaux.
Kalku'lati|on f calcul m; **~lationsbasis** f base f de calcul; **~lationsfehler** m erreur f de calcul; **~'lator** m calculateur m; **⚘'lieren** v/t. u. v/i. calculer; **~'lierung** f calcul m.
'**Kalkwasser** n eau f de chaux.
'**Kalla** ♀ f calla f.
Kalligra'phie f calligraphie f.
kalli'graphisch adj. calligraphique.
Kal'mück|e m Kalmouk m; **⚘isch** adj. kalmouk.
'**Kalmus** ♀ m acore m.
Kalo'rie f calorie f.
Kalori'met|er n calorimètre m; **⚘risch** adj. calorimétrique.
kalt adj. froid (*a. fig.*); (*eis~*) glacé; (*frigid*) frigide; *fig.* (*leidenschaftslos*) impassible; (*gleichgültig*) indifférent; *es ist ~* il fait froid; *mir ist ~* j'ai froid; *~e Füße haben* avoir froid aux pieds; avoir les pieds glacés; *~e Hände haben* avoir froid aux mains; *~ machen* refroidir; *Speisen: ~ werden* se refroidir; *es wird ~* il commence à faire froid; *mir wird ~* je commence à avoir froid; *~ essen* manger froid; *~e Platte* charcuteries f/pl. variées; assiette f anglaise; *~ baden* prendre un bain froid; *es überläuft ihn ~ dabei* cela lui donne le frisson; cela lui fait froid dans le dos; *fig. ~er Krieg* guerre f froide; *~es Blut bewahren* garder son sang-froid; *das läßt ihn ~* il voit cela d'un œil sec; cela le laisse indifférent; *j-n ~ empfangen* recevoir q. avec froideur; *j-m die ~e Schulter zeigen* battre froid à q.; '**⚘blüter** zo. m/pl. animaux m/pl. à sang froid; '**~blütig** I adj. fig. qui a du sang-froid; II adv. fig. avec (od. de) sang-froid; froidement; '**⚘blütigkeit** f sang-froid m; '**~brüchig** ⊕ adj. cassant à froid.
'**Kälte** f froid m; *fig. a.* froideur f; (*~zustand*) température f froide; (*Frigidität*) frigidité f; *wir haben 5 Grad ~* il fait moins cinq (degrés); *plötzliche ~* coup m de froid; *scharfe (beißende) ~* froid m intense; *vor ~ zittern* trembler de froid; *das ist vielleicht 'ne ~!* il fait un de ces froids!; **~anlage** f (installation f) frigorifique f; **⚘beständig** adj. résistant au froid; **~beständigkeit** f résistance f au froid; **~einbruch** m coup m de froid; **~einheit** ⚛ f frigorie f; **~elektrizität** f cryoélectricité f; **⚘empfindlich** adj. sensible au froid; **⚘erzeugend** adj. frigorifique, frigorigène; **~erzeugung** f production f du froid; **~gefühl** n sensation f de froid; **~grad** m degré m de froid; **~industrie** f industrie f frigorifique; **~leistung** f capacité f frigorifique; **~maschine** f machine f frigorifique; **~messer** ⚛ m cryomètre m; **~mittel** n agent m frigorifique, frigorigène m; réfrigérant m; pl. a. fluides m/pl. frigorifiques; **~schutzmittel** antigel m; **~technik** f technique f frigorifique (od. du froid); **~techniker** m frigoriste m; **~welle** f vague f de

froid.
'**kalt|geformt** adj. façonné à froid; **⚘hämmern** m écrouissage m, **⚘haus** ✓ n serre f froide; **~herzig** adj. froid, insensible; **⚘herzigkeit** f froideur f, insensibilité f; **⚘lächelnd** adj. cynique; **~lassen** v/t.: F *das läßt mich ~* cela me laisse froid; **⚘leim** m colle f à froid; **⚘luft** f air m froid; **⚘lufteinbruch** m irruption (od. descente) f d'air froid; **⚘luftfront** f front m froid; **~machen** F v/t. tuer; liquider; P zigouiller; supprimer; *refroidir; descendre;* F bousiller; étriper; **~miete** f loyer m sans charges; **⚘schale** f soupe f froide; **⚘schmieden** n écrouissage m; **⚘schnäuzig** F adj. froid; **⚘start** m démarrage m à froid; **~stellen** fig. v/t. priver de toute influence; écarter; éliminer; F débarquer; dégommer; limoger; bsd. pol. j-n ~ mettre q. sur la touche; **⚘stellung** fig. f écartement m; élimination f; limogeage m; bsd. pol. mise f sur la touche; **⚘verformung** ⊕ f écrouissage m; **⚘walzwerk** n laminoir m à froid; **⚘wasserbehandlung** f traitement m hydrothérapique à froid; **⚘welle** f permanente f à froid.
Kal'varienberg m calvaire m.
Kalvi'nis|mus m calvinisme m; **~t** m calviniste m; **⚘tisch** adj. calviniste.
'**Kalzium** ⚛ n calcium m; **~karbid** n carbure m de calcium.
Kama'rilla pol. f camarilla f.
Kam'bodscha n le Cambodge.
Kambod'schan|er m Cambodgien m; **⚘isch** adj. cambodgien, -enne.
Kam'büse ⚓ f cambuse f.
Ka'mee f camée m.
Ka'mel n chameau m, chamelle f; *junges ~* chamelon m; chamelet m; *fig.* F nigaud m; P gourdiflot m; **~führer** m chamelier m; **~haar** n poil m de chameau; **~haardecke** f couverture f en poil de chameau; **~haarmantel** m manteau m en poil de chameau.
Ka'melie ♀ f camélia m.
Ka'melle F f: *das sind alte (F olle) ~n* c'est du réchauffé.
Kame'lott text. m camelot m.
Ka'mel|stute f chamelle f; **~treiber** m chamelier m.
'**Kamera** f appareil m photographique; cin., télév. caméra f.
Kame'rad(in f) m camarade m, f; compagnon m, compagne f; F copain m, copine f; P pote m.
Kame'radschaft f camaraderie f; **⚘lich** adj. de (adv. en) camarade; **~sgeist** m esprit m de camaraderie.
'**Kamera|fahrt** cin. f travelling m; **~kontrollgerät** n moniteur m de caméra; **~mann** m cameraman m, opérateur m; **~ständer** m: *fahrbarer ~* chariot m pour caméra; **~wagen** cin. m travelling m.
'**Kamerun** n le Cameroun; **~er(in** f) m Camerounais m, -e f.
Ka'mille ♀ f camomille f; **~ntee** m infusion f de camomille.
Ka'min m cheminée f (a. im Gebirge); *fig. etw. in den ~ schreiben* faire son deuil de qch.; **~feger** m ramoneur m; **~feuer** n feu m de cheminée; **~gitter** n, **~schirm** m garde-feu m; écran m pare-étincelles m; **~platte** f plaque f de cheminée; **~sims** n chambranle m

de cheminée; ~uhr *f* pendule *f* de cheminée.

Kamm *m* (Haar2) peigne *m*, weiter ~ démêloir *m*, enger ~ peigne *m* fin; (Hahnen2; Wogen2) crête *f*; (Gebirgs2) crête *f*; arête *f*; *v. Pferd*: crinière *f*; *Schlächterei*: collier *m*; *bei Hammel u. Kalb a.* collet *m*; ⊕ (Woll2) carde *f*; *fig.* alles über e-n ~ scheren mettre tout dans le même panier (*od.* sac); ihm schwillt der ~ il monte sur ses ergots.

Kämmaschine *text. f* peigneuse *f*.

'**kämmen I 1.** *v/t.* peigner; donner un coup de peigne (à); *Wolle*: peigner; carder; wider den Strich rebrousser (le poil). **2.** *v/rfl.*: sich ~ se peigner; se donner un coup de peigne; **II** 2 *n der Wolle*: peignage *m*; cardage *m*; ~ wider den Strich rebroussement *m*.

'**Kammer** *f* petite pièce *f*; (*Dach*2) mansarde *f*; *pol*. Chambre *f*; *in Kasernen*: magasin *m* d'habillement; ~auflösung *pol. f* dissolution *f* de la Chambre.

'**Kammerdiener** *m* valet *m* de chambre.

Kämme'rei[1] ⊕ *f* peignage *m*; cardage *m*.

Kämme'rei[2] *f* (*Finanzverwaltung*) administration *f* des finances municipales; ~kasse *f* recette *f* municipale.

'**Kämmerer** *m* administrateur *m* des finances municipales; *päpstlicher*: camérier *m*.

'**Kammer|frau** *f* femme *f* de chambre, camériste *f*; ~gericht ⚖ *n in Berlin*: cour *f* d'appel; ~herr *m* chambellan *m*; ~jäger *m* destructeur *m* de parasites; ~konzert *n* concert *m* de chambre.

'**Kämmerlein** *n* chambrette *f*.

'**Kammer|musik** *f* musique *f* de chambre; ~orchester *n* orchestre *m* de chambre; ~präsident *m* président *m* de la Chambre; ~sänger(in *f*) *m* chanteur *m*, cantatrice *f* d'opéra; ~spiele *pl.* théâtre *m* intime; ~ton *m* diapason *m*; la *m* normal; ~zofe *f* femme *f* de chambre; chambrière *f*, camériste *f*; *thé.* soubrette *f*; suivante *f*.

'**Kamm|garn** *n* peigné *m*; ~garnspinnerei *f* peignerie *f*; ~garnstoff *m* (étoffe *f* en) peigné *m*; ~haar *n* (*ausgekämmtes Haar*) peignures *f/pl.*; ~stück *n* *Schlächterei*: collier *m*; *bei Hammel u. Kalb a.* collet *m*.

'**Kämpe** *m* champion *m*; wackerer (*od.* tüchtiger) ~ rude jouteur *m*.

Kampf *m* combat *m*; lutte *f*; (*Schlacht*) bataille *f*; (*Spiel*) match *m*; (*Box*2) combat *m* de boxe; (*Lanzenbrechen*) joute *f*; ~ auf Leben und Tod combat *m* à mort; ~ Mann gegen Mann combat *m* corps à corps; ~ ums Dasein lutte *f* pour l'existence (*od.* pour la vie); in ehrlichem ~ de bonne lutte; j-m den ~ ansagen défier q.; j-n zum ~ stellen forcer q. à combattre, *Gegner*: accrocher; sich zum ~ stellen accepter le combat; faire face à l'adversaire; den ~ eröffnen commencer (*od.* ouvrir) le combat; den ~ einstellen (abbrechen) cesser le combat; '~abstimmung (*Gewerkschaft*) *f* vote *m* sur le déclenchement d'une grève; '~ansage *f* défi *m*; '~bahn *f* *Sport*: stade *m*; arène *f*; (*Piste*) piste *f*; '~begierde *f* ardeur *f* au combat; ardeur *f* belliqueuse; '2**begierig** *adj.* désireux, -euse de combattre; '2**bereit** *adj.* prêt au combat; '~einheit ⚔ *f* unité *f* tactique.

'**kämpfen I 1.** *v/i.* combattre (gegen j-n [etw.] q. [qch.]); (*ringen*) lutter (gegen contre; um, für pour); (*sich schlagen*) se battre; ⚔ P barouder; mit dem Tode ~ agoniser; **2.** *v/t.*: e-n Kampf ~ livrer (*od.* soutenir) un combat; **II** 2 *n* combat *m*; lutte *f*; ~d *adj.* combattant; ~e Truppe troupes *f/pl.* combattantes; 2**de(r)** *m* combattant *m*.

'**Kampfer** *m* camphre *m*; mit ~ tränken camphrer.

'**Kämpfer** *m* combattant *m*; lutteur *m* (*a. Ring*2); baroudeur *m*; alter ~ a. *scro(n)gneugneu m*; (*Box*2) boxeur *m*; △ sommier *m*.

'**kampf-erfahr|en** *adj.*: ~ sein avoir l'expérience du combat; 2**ung** *f* expérience *f* du combat.

'**kämpferisch** *adj.* combatif, -ive; *fig.* militant; ~er Geist militantisme *m*; pugnacité *f*; *pol.* militance *f*.

'**Kampferkraut** ♀ *n* camphrée *f*.

'**kampf-erprobt** *adj.*: ~ sein avoir l'expérience du combat.

'**Kampferspiritus** *m* alcool *m* camphré.

'**Kampf|es-eifer** *m* ardeur *f* au combat; 2**fähig** *adj.* en état de combattre; ~flieger ✈ *m* pilote *m* de combat; ~flugzeug ✈ *n* avion *m* de combat; ~gas *n* gaz *m* de combat; ~gebiet *n* zone *f* de combat; isoliertes ~ créneau *m*; ~gefährte *m*, ~genosse *m* compagnon *m* d'armes; ~geist *m* esprit *m* combatif; ~gericht *Sport n* jury *m*; ~geschwader ✈ *n* escadre *f* de combat; 2**gewohnt** *adj.* aguerri; ~gewühl *n* mêlée *f*; ~gruppe *f* groupement *m* tactique; ~hahn *m* coq *m* de combat; *fig.* querelleur *m*; F bagarreur *m*, -euse *f*; ~handlung *f* action *f* militaire; ~kraft *f* force *f* au combat; valeur *f* combative; combativité *f*; ~linie ⚔ *f* ligne *f* de résistance; 2**los** *adj.* sans combat; ~lust *f*; 2**lustig** *adj.* combatif, -ive; (*kriegerisch*) belliqueux, -euse; ~mittel *n* engin (*od.* moyen) *m* de combat; 2**müde** *adj.* las, lasse de combattre; ~platz *m* lieu *m* du combat; (*Arena*) arène *f*; *beim Duell*: terrain *m*; *zu Kampfspielen*: champ *m* clos; lice *f*; den ~ betreten entrer en lice; → ~bahn; ~preis *m* prix *m* du combat; ♥ (*Werbung*) prix *m* de choc; ~redner *pol. m* orateur *m* de choc; ~richter *m* arbitre *m*; *pl. a.* jury *m*; ~spiel *n* lutte *f*; combat *m*; (*Turnier*) tournoi *m*; ~stärke *f* effectif *m* de combat; ~stoffe *m/pl.* gaz *m/pl.* de combat; ~truppe *f* troupes *f/pl.* engagées; troupes *f/pl.* en opération; 2**unfähig** *adj.* 'hors de combat'; inapte au combat; ~verband ⚔ *m* unité *f* tactique; formation *f* tactique; ~wagen ⚔ *m* char *m* de combat; *schwerer* ~ char *m* d'assaut.

kam'pieren *v/i.* camper.

'**Kanada** *n* le Canada.

Ka'nad|ier(in *f*) *m* Canadien *m*, -enne *f*; 2**isch** *adj.* du Canada, canadien, -enne.

Ka'nake *m* Canaque *m*.

Ka'nal *m* canal *m* (*a. anat. u. fig.*); *rad.*, *télév.* chaîne *f*; *géogr.* (*Ärmel*2) la Manche; (*Leitungsrinne*) conduit *m*; (*Röhre*) tuyau *m*; tube *m*; (*Abzugs*2) égout *m*; caniveau *m* (*a. Kabel*2); P *fig.* ich habe den ~ voll j'en ai ras-le-bol; j'en ai plein le dos; ~arbeiter *m* égoutier *m*; ~bau *m* construction *f* d'un canal; (*Kanalisation*) tout-à-l'égout *m*; ~deckel *m* (*Abzugs*2) bouche *f* d'égout; ~gebühren *f/pl.* taxe *f* de déversement à l'égout; ~inseln *f/pl.*: die ~ les îles *f/pl.* Anglo-Normandes.

Kanalisati'on *f* égouts *m/pl.*; tout-à-l'égout *m*; ~snetz *n* réseau *m* des égouts, du tout-à-l'égout; ~s-öffnung *f* bouche *f* d'égout.

kanali'sier|bar *adj.* canalisable; ~en *v/t.* canaliser; 2**ung** *f* canalisation *f*.

Ka'nal|küste *f* côte *f* de la Manche; ~strahlen *phys. m/pl.* rayons *m/pl.* canaux; ~überquerung *f* traversée *f* de la Manche.

'**Kanapee** *n* canapé *m*.

Ka'narienvogel *orn. m* canari *m*.

ka'narisch *adj.*: die 2en Inseln *f/pl.* les (îles *f/pl.*) Canaries *f/pl.*

Kan'dare *man. f* mors *m*; *fig.* j-n an die ~ nehmen serrer la bride à q.; *weit S.* viser q.

Kande'laber *m* candélabre *m*.

Kandi'dat(in *f*) *m* candidat *m*, -e *f*; ~'datenliste *f* liste *f* des candidats; ~da'tur *f* candidature *f* (für à); 2**'dieren** *v/i.* se porter candidat; poser sa candidature (für à).

kan'dieren *v/t.* enrober de sucre candi; confire; *kandierte Früchte* fruits *m/pl.* confits.

'**Kandis** *m*, ~zucker *m* (sucre *m*) candi *m*.

'**Kanevas** *m* canevas *m*.

'**Känguruh** *zo. n* kangourou *m*.

Ka'ninchen *zo. n* lapin *m*; *im Gehege lebendes wildes* ~ (lapin *m* de) garenne *m*; *weibliches* ~ lapine *f*; *junges* ~ lapereau *m*; ~bau *m* terrier *m* de lapin; ~fell *n* peau *f* de lapin; ~gehege *n* garenne *f*; ~höhle *f*, ~loch *n* terrier *m* de lapin; ~seuche *f* myxomatose *f*; ~stall *m* clapier *m*.

Ka'nister *m* bidon *m*.

'**Kännchen** *n* burette *f*.

'**Kanne** *f* pot *m*; broc *m*; *für Bier*: canette *f*; *für Benzin usw.*: bidon *m*; *für Milch*: boîte *f* à lait; *große*: bidon *m* à lait; *Gieß*2: arrosoir *m*; ~gießer *fig. m* politicien *m* de café; ~gieß'rei *f* politique *f* de café; 2**gießern** *v/i.* faire de la politique de café.

kanne'lier|en *v/t.* canneler; 2**ung** *f* cannelure *f*.

'**Kannenbier** *n* bière *f* en canettes.

Kanni'bal|e *m* cannibale *m*; anthropophage *m*; 2**isch** *adj.* (*a. adv.* en) cannibale; ~en Hunger haben avoir une faim d'ogre.

Kanniba'lismus *m* cannibalisme *m*; anthropophagie *f*.

'**Kannvorschrift** *f* disposition *f* facultative.

'**Kanon** *m* canon *m*.

Kano'nade ⚔ *f* canonnade *f*.

Ka'none *f* ⚔ canon *m* (richten braquer; pointer); F *fig.* as *m*; crack *m*;

fig. das ist unter aller ~ c'est au-dessous de tout; mit ~n nach Spatzen schießen user sa poudre aux moineaux.
Ka'nonen|boot ⚓ *n* canonnière *f*; **~donner** *m* bruit *m* du canon; canonnade *f*; **~feuer** *n* feu *m* du canon; canonnade *f*; **~futter** F *n* chair *f* à canon; **~gieße'rei** *f* fonderie *f* de canons; **~kugel** *f* boulet *m* (de canon); **~ofen** *m* poêle *m* cylindrique en fonte; **~rohr** *n* tube-canon *m*; **~schuß** *m* coup *m* de canon; einen ~ weit à une portée de canon; **~schußweite** *f* portée *f* de canon.
Kano'nier ⚔ *m* canonnier *m*.
Ka'no|niker *m* (*pl.* ...ker) chanoine *m*; **2nisch** *adj.* canonique; canonial; **~es** Recht droit *m* canon (-ique).
kanoni'sier|en *v/t.* canoniser; **2ung** *f* canonisation *f*.
Kan'tate ♪ *f* cantate *f*.
'Kante *f* arête *f*; (*vorspringende scharfe Seite*) carre *f*; ⊕ (*Seite des Holzes*) face *f*; (*Rand*) bord *m*; (*Einfassung*) bordure *f*; (*Tuch*⚓) lisière *f*; (*Schi*⚓) carre *f*; F *fig.* auf die hohe ~ legen mettre de côté; **2n** *v/t.* Holz: équarrir; Stein: tailler à arête vive; (*mit e-m Rand versehen*) border; (*mit e-r Einfassung versehen*) garnir d'une bordure; (*auf die Kante stellen*) mettre sur la carre; nicht ~! ne pas culbuter!; ne pas renverser!
'Kanten *m* (*Brot*⚓) croûton *m*.
'Kantholz ⊕ *n* bois *m* équarri.
'kantig *adj.* à arête vive; *Gesicht*: anguleux, -euse; ~ behauen Holz: équarrir; Stein: tailler à arête vive.
Kanti'lene ♪ *f* cantilène *f*.
Kan'tine *f* cantine *f*; **~nwirt(in** *f*) *m* cantinier *m*, -ière *f*.
Kan'ton *m* canton *m*.
kanto'nal *adj.* cantonal.
kanto'nieren *v/t.* cantonner; **2'nieren** *n* cantonnement *m*; **2'nist** *m*: unsicherer ~ gaillard *m* peu sûr.
'Kantor *rl. m* chantre *m*.
'Kanu *n* canoë *m*; ~ fahren faire du canoë; **~fahrer(in** *f*) *m* canoéiste *m*, *f*; **~sport** *m* canoéisme *m*.
Ka'nüle *f* canule *f*.
'Kanzel *f* chaire *f*; ✈ (*Piloten*⚓) poste *m* de pilotage; habitacle *m*; cockpit *m*; *e-s Panzers*, *e-r Kasematte*: tourelle *f*; coupole *f*; die ~ besteigen monter en chaire; von der ~ herab verkünden annoncer en chaire; *fig.* von der ~ predigen discourir ex cathedra; **~rede** *f* sermon *m*; **~redner** *m* prédicateur *m*; orateur *m* sacré.
Kanz'lei *f* (*Staats*⚓) chancellerie *f*; (*Gerichts*⚓) greffe *m*; (*Büro*) bureau *m*; *e-s Notars*: étude *f*; *sonst*: bureau *m*; secrétariat *m*; **~be-amte(r)** *m* fonctionnaire *m* d'une chancellerie; **~diener** *m* huissier *m* de chancellerie; **~gebühr** *f* droit *m* de chancellerie; **~papier** *n* papier *m* ministre; **~schreiber** *m* greffier *m*; **~sekretär** *m* secrétaire *m* de chancellerie; **~sprache** *f*, **~stil** *m* style *m* de palais (*od.* de chancellerie); **~vorsteher** *m* chef *m* de bureau.
'Kanzler *m* chancelier *m*; **~amt** *n* 1. fonctions *f/pl.* de chancelier; 2. chancellerie *f*; **~kandidat** (*Bundesrep.*) *m* candidat *m* chancelier.

Kap *n* cap *m*; *das* ~ *der Guten Hoffnung* le cap de Bonne-Espérance.
Ka'paun *m* chapon *m*.
Kapazi'tät *f* capacité *f* (*a. fig.*); **~sausnutzung** *f* utilisation *f* de la capacité; **~sschwund** *m* perte *f* de capacité.
Ka'pee F *n*: schwer von ~ sein avoir la tête dure; être bouché à l'émeri; avoir la comprenette difficile.
Ka'pell|e *f rl.* chapelle *f*; ♪ orchestre *m*; ✕ musique *f*; **~meister** *m* ♪ chef *m* d'orchestre; ✕ chef *m* de musique.
'Kaper¹ ♀ *f* câpre *f*.
'Kaper² *hist.* ⚓ *m* corsaire *m*; flibustier *m*; **~brief** *hist. m* lettre *f* de marque.
Kape'rei *hist. f* course *f*.
'kapern ⚓ *v/t. hist.* Schiff: prendre en course; *fig.* mettre la main sur; *j-n zu etw. (dat.)* ~ F embaucher q. pour qch.
'Kapern|soße *f* sauce *f* aux câpres; **~strauch** *m* câprier *m*.
'Kaperschiff *hist.* ⚓ *n* corsaire *m*.
'Kapetinger *hist. m* Capétien *m*.
ka'pieren F *v/t.* comprendre; saisir; P piger; *entraver; ich kapiere davon überhaupt nichts* *je n'y entrave que couic (od. que dalle).
Kapil'largefäße *anat. n/pl.* vaisseaux *m/pl.* capillaires.
Kapillari'tät *f* capillarité *f*.
Kapi'tal I *n* capital *m* (brachliegendes inemployé; improductif; *eingezahltes* versé; *flüssiges* liquide; *festliegendes* immobilisé; *gezeichnetes* souscrit; *stehendes* fixe; immobilisé; *totes* improductif; *überschüssiges* excédentaire; *verfügbares* disponible); ~ anlegen placer des capitaux (*in dat.* dans); investir des capitaux; *ein* ~ *festlegen* immobiliser des capitaux; *zum* ~ *schlagen* joindre au capital; capitaliser; *fig.* ~ *aus etw. schlagen* tirer (tout le) profit (possible) de qch.; **II 2** *adj.* capital; **~er Irrtum** erreur *f* maîtresse; **~abfindung** *f* indemnisation *f* en capital; **~abschöpfung** *f* absorption *f* de capital; **~abwanderung** *f* émigration *f* de capitaux; **~aktie** *f* action *f* de capital; **~anhäufung** *f* accumulation *f* de capitaux; **~anlage** *f* placement *m* (*od.* investissement *m*) de capitaux; *gewinnbringende* ~ placement *m* productif (*od.* lucratif) de capitaux; *sichere* ~ placement *m* sûr de capitaux; **~anlagegesellschaft** *f* société *f* de placement de capitaux (*od.* d'investissement de capitaux); **~anteil** *m* part *f* du capital; **~aufbringung** *f* apport *m* de capitaux; **~aufnahme** *f* emprunt *m* de capitaux; **~ausfuhr** *f* exportation *f* de capitaux; **~ausweitung** *f* expansion *f* du capital; **~bedarf** *m* besoins *m/pl.* de capitaux; **~bewegung** *f* mouvement *m* des capitaux; **~bildung** *f* constitution *f* du capital; **~einkommen** *n* revenu *m* du capital *bzw.* des capitaux; **~einlage** *f* mise *f* de fonds; **~erhöhung** *f* augmentation *f* du capital; **~ertrag** *m* produit (*od.* revenu) *m* des capitaux; **~ertragssteuer** *f* impôt *m* sur le revenu des capitaux; **~flucht** *f* fuite *f* des capitaux; **~gesellschaft** *f* société *f* à capitaux; **~güter** *n/pl.* biens *m/pl.* d'investissement; **~hilfe**

f aide *f* en capitaux.
Kapi'talien *pl.* capitaux *m/pl.*; *die* ~ *aufbringen* réunir les capitaux.
Kapi'tal-investierung *f* investissement *m* de capitaux.
kapitali'sier|en *v/t.* capitaliser; **2en** *n*, **2ung** *f* capitalisation *f*; **2ungs-anleihe** *f* emprunt *m* de capitalisation; **2ungsgesellschaft** *f* entreprise *f* de capitalisation; **2ungsvertrag** *m* contrat *m* de capitalisation.
Kapita'lis|mus *m* capitalisme *m*; **~t** *m* capitaliste *m*; **2tisch** *adj.* capitaliste.
Kapi'tal|knappheit *f* pénurie *f* de capitaux; **2kräftig** *adj.* disposant de capitaux considérables; bien pourvu de fonds; riche en capitaux; ~ *sein a.* F avoir du répondant; **~lenkung** *f* contrôle *m* du marché des capitaux; **~mangel** *m* pénurie *f* (*od.* manque *m*) de capitaux; **~markt** *m* marché *m* des capitaux; **~rückfluß** *m* rapatriement *m* (*od.* reflux *m*) de capitaux; **~schwund** *m* perte *f* en capitaux; perte *f* de substance; consomption *f* des capitaux; **~steuer** *f* impôt *m* sur le capital; **~umlauf** *m* circulation *f* de capitaux; **~verbrechen** ⚖ *n* crime *m* capital; **~verkehr** *m* circulation *f* de(s) capitaux; **~verknappung** *f* raréfaction *f* des capitaux; **~verlust** *m* perte *f* en capitaux; perte *f* de substance; **~vermittlung** *f* entremise *f* de capitaux; **~vermögen** *n* capitaux *m/pl.*; **~wertzuwachs** *m* accroissement *m* de la valeur du capital; **~zins** *m* intérêt *m* du capital; **~zufluß** *m* afflux *m* de capitaux; **~zusammenlegung** *f* fusion *f* (*od.* groupement *m*) de capitaux.
Kapi'tän *m a. Sport*: capitaine *m*; ⚓, ⚓ commandant *m*; (*Flug*⚓) commandant *m* de bord; ⚓ *zur See* capitaine *m* de vaisseau; **~leutnant** ⚓, ⚓ *m* lieutenant *m* de vaisseau.
Ka'pitel *n* chapitre *m*; *fig.* das ist ein ~ *für sich* c'est une autre histoire; **2fest** *adj.*: ~ *sein in (dat.)* être versé dans (F ferré sur *bzw.* en *od.* calé en).
Kapi'tell *n* chapiteau *m*.
Kapi'tol *n* Capitole *m*.
kapito'linisch *adj.* capitolin.
Kapitu'lati'on *f* capitulation *f*; *bedingungslose* ~ capitulation *f* sans conditions; **2'lieren** ⚔ *v/i.* capituler (*vor j-m* devant q.).
Kap'lan *m* chapelain *m*; vicaire *m*.
'Käppchen *n* calotte *f*.
'Kappe *f* bonnet *m*; chaperon *m*; *mit Schirm*: casquette *f*; (*Kapuze*) capuchon *m*; (*Priester*⚓) calotte *f*; (*Frauen*⚓) coiffe *f*; *cord. am Schuh vorn*: bout *m* dur; *hinten*: contrefort *m*; *am Strumpf*: talon *m*; ⊕ chaperon *m*; *chape f*; (*Kuppel*) dôme *m*; ⊕ (*Deckel*, *Haube*) capuchon *m*; chape *f*; chaperon *m*; calotte *f*; *e-s Zahns*: calotte *f*; couronne *f*; *fig. etw. auf seine* ~ *nehmen* prendre qch. sous son bonnet.
'kappen *v/t.* Bäume: étêter; ⚓ Mast, Tau usw.: couper.
'Käppi ⚔ *n* képi *m*.
'Kappnaht *f* couture *f* rabattue.
Kapri'ole *f* cabriole *f*; **~n machen** cabrioler; faire des cabrioles.
kaprizi'ös *adj.* capricieux, -euse.
'Kapsel *f* capsule *f*; **2förmig** *adj.* en

forme de capsule; ⚥ capsulaire; ~frucht ⚥ f fruit m capsulaire.
ka'putt F adj. cassé; défectueux, -euse; abîmé; P pété; fichu; détraqué; P à la manque; (erschöpft) brisé de fatigue; P lessivé; F flapi; éreinté; fourbu; P crevé; ganz ~ sein a. F être sur le flanc; ~gehen v/i. tomber en panne; se casser; s'abîmer; F se démantibuler; se détériorer; (zugrundegehen) périr; (krepieren) crever; ~machen v/t. casser; abîmer; détraquer; se détériorer; endommager; P amocher; bousiller; P fusiller; F démantibuler; das macht mich ganz ~ cela me tue (od. m'assomme); ~schlagen v/i. casser; briser.
Ka'puze f capuchon m.
Kapu'ziner|(in f) m capucin m, -e f; ~affe zo. m capucin m; ~kloster n couvent m de capucins; ~kresse ⚥ f capucine f; ~mönch m capucin m; ~predigt f sermon m de capucin; mv.p. capucinade f.
Kara'biner ⚔ m carabine f; ~haken m mousqueton m.
Ka'raffe f carafe f.
Ka'racho F n: mit ~ fahren (Auto) conduire à plein(s) tube(s); a. vél. foncer à pleins tubes.
Karambo'lage f bill. carambolage m; Auto: collision f; carambolage m; ²lieren v/i. bill. caramboler; Auto: entrer en collision; se caramboler.
Kara'mel m caramel m; ~bonbon m (od. n) caramel m.
Ka'rat n carat m; ~e (Sport) n karaté m; ~gewicht n poids m de carat; ~gold n or m allié.
ka'rätig adj.: achtzehnkarätiges Gold or m à dix-huit carats.
Ka'rausche icht. f carassin m.
Kara'wane f caravane f; ~nführer m guide m de caravane; ~nstraße f route f de caravanes.
Karawanse'rei f caravansérail m.
Kar'batsche f cravache f.
Kar'bid n carbure m; ~lampe f lampe f à carbure.
Kar'bol n, ~säure f phénol m; acide m phénique; ~wasser n eau f phéniquée.
Karbo'nade cuis. f carbonnade f.
Karbo'nat ꜛ n carbonate m.
karboni'sieren v/t. carboniser.
Kar'bunkel ꜛ m anthrax m.
karbu'rieren ꜛ ⊕ v/t. carburer.
Kar'dangelenk ꜛ n joint m de Cardan; ²isch adj.: ~e Aufhängung suspension f à la Cardan; ~welle f arbre m à cardan.
Kar'dätsche f (Wollkratze) carde f; für Pferde: brosse f; (Striegel) étrille f; ²n v/t. Wolle: carder; Pferd: brosser; (striegeln) étriller.
'Karde f, a. ~ndistel f ⚥ cardère f; chardon m à foulon.
Kardi'nal m cardinal m; ~fehler m faute f cardinale; ~punkt m point m cardinal; ~shut m chapeau m de cardinal; ~skäppchen n barrette f cardinalice; ~skollegium n collège m des cardinaux; Sacré Collège m; ~swürde f cardinalat m; ~tugenden f/pl. vertus f/pl. cardinales; ~zahl f nombre m cardinal.
Kardio'gramm ꜛ n cardiogramme m; ~'graph m cardiographe m.
Ka'renzzeit f délai m de carence.

Karfi'ol östr. m chou-fleur m.
Kar'freitag m vendredi m saint.
Kar'funkel m min. escarboucle f.
karg adj. ꜛ Boden: stérile; pauvre; Mahlzeit: maigre; frugal; ~en v/i. être avare (mit de); être chiche (mit de); être parcimonieux, -euse (de); lésiner (sur); ²heit f (Knauserei) parcimonie f; (Armut) pauvreté f; (Magerheit) maigreur f; e-s Mahls: frugalité f.
'kärglich adj. (ärmlich) pauvre; (dürftig) frugal; (mager) maigre; ²keit f (Armut) pauvreté f; (Dürftigkeit) frugalité f; (Magerkeit) maigreur f.
ka'ribisch adj. caraïbe; die ²en Inseln les petites Antilles f/pl.
ka'riert adj. à carreaux; quadrillé.
'Karies ꜛ f carie f; mit ~ anstecken carier.
Karika'tur f caricature f; ~en zeichnen caricaturer; Goyas ~en Les Caprices m/pl. de Goya; ²turenhaft adj. caricatural; ²turreif adj. caricatural; ~tu'rist m caricaturiste m.
kari'kieren v/t. caricaturer.
kari'ös adj.: ~er Zahn dent f cariée.
karita'tiv adj. charitable.
Karl m Charles m; ~ der Dicke Charles m le Gros; ~ der Kühne Charles m le Téméraire; ~ der Kahle Charles m le Chauve; ~ V. (von Deutschland) Charles-Quint m; ~ der Große Charlemagne m.
karme'sin(rot) I adj. cramoisi; ~ färben teindre en cramoisi; II ⚥ n cramoisi m.
Kar'min n carmin m; ²farben, ²rot adj. carmin; carminé; ~ färben (od. malen) carminer.
Karne'ol min. m cornaline f.
'Karneval m carnaval m.
Kar'nickel F n (Kaninchen) lapin m; fig. (Sündenbock) souffre-douleur m; bouc m émissaire.
Kar'nies △ n corniche f.
'Kärnt|en n la Carinthie; ~ner(in f) m Carinthien m, -enne f; ²(ner)isch adj. de la Carinthie; carinthien, -enne.
'Karo n carreau m (a. Muster); ~As n as m de carreau.
'Karolinger m Carolingien m; ²isch adj. carolingien, -enne.
'Karomuster n carreau m.
Ka'rosse f carrosse m.
Karosse'rie f carrosserie f; mit e-r ~ versehen carrosser; ~arbeiter m ouvrier m carrossier; ~bau m carrosserie f; ~bauer m tôlier m en voitures; ~blech n tôle f pour carrosserie; ~fabrikant m carrossier m.
Ka'rotte ⚥ f carotte f; ~nhose Damenmode f pantalons m/pl. disco.
Kar'paten pl., ~gebirge n Carpates f/pl.
'Karpfen icht. m carpe f; ~ blau kochen f au bleu; junger ~ carpeau m; ~teich m carpier m; carpière f; der Hecht im ~ le loup dans la bergerie.
kar'rarisch adj.: ~er Marmor marbre m de Carrare; carrare m.
'Karre f (Schubꜛ) brouette f; F (altes Auto) tacot m; bagnole f; (Fahrrad) bécane f. F fig. die ~ laufen lassen laisser tout aller à vau-l'eau; die ~ aus dem Dreck ziehen tirer la carriole de l'ornière.

Kar'ree n carré m.
'karren v/t. u. v/i. brouetter; charrier; abs. pousser la brouette.
'Karren m zweirädriger: charrette f; carriole f; (Kippꜛ) tombereau m; ~ladung f, ~voll m charretée f.
Karri'ere f carrière f; ~ machen faire carrière; ~macher m carriériste m.
'Kärrner m charretier m.
Karst ꜛ u. ⚔ m pioche f; ꜛ a. 'houe f; (Rodehacke) 'hoyau m.
Kar'tätsche hist. ⚔ f boîte f à mitraille.
Kar'täuser|(in f) m rl. chartreux m, -euse f; ~kloster n chartreuse f; ~likör m chartreuse f.
'Karte f carte f; (Speiseꜛ) a. menu m; (Weinꜛ) carte f des vins; (Fahrꜛ) billet m; ticket m; (Eintrittsꜛ) billet m; carte f d'entrée; (Landꜛ) carte f (géographique); (Seeꜛ) carte f marine; (Besuchsꜛ) carte f (de visite); statt ~n cet avis tient lieu de faire-part; s-e ~ (Besuchsꜛ) abgeben déposer sa carte (od. une carte de visite); die ~ (Speiseꜛ) studieren consulter le menu (od. la carte); nach der ~ speisen dîner à la carte; nach der ~ laufen (bzw. marschieren) marcher d'après la carte; e-e ~ aufziehen entoiler une carte; etw. in e-e ~ einzeichnen ⚔ renseigner une carte; die ~n legen tirer les cartes; ein Spiel ~n un jeu de cartes; ~n spielen jouer aux cartes; die ~n abheben couper les cartes; ~n aufnehmen beim Spiel: aller aux cartes; prendre des cartes; keine guten ~n haben n'avoir pas de jeu; (die) ~n geben donner (od. distribuer) les cartes; avoir la main; die ~n mischen battre les cartes; e-e ~ ablegen écarter une carte; e-e ~ aufdecken montrer son jeu (od. F patte blanche); j-m in die ~n sehen voir dans le jeu de q.; sich nicht in die ~n sehen lassen; mit verdeckten ~n spielen cacher son jeu; mit offenen ~n spielen jouer cartes sur table (a. fig.); alles auf e-e ~ setzen jouer son va-tout; mettre tous les œufs dans le même panier.
Kar'tei f fichier m; ~blatt n, ~karte f fiche f; ~führer m fichiste m; ~kasten m fichier m; boîte f aux fiches; ²mäßig adj.: ~e Erfassung mise f sur fiche; adv. ~ aufnehmen mettre sur fiche; ~reiter m cavalier m (pour fiches); ~schrank m fichier m.
Kar'tell n ꜛ (Vereinigung) cartel m; entente f; ~abkommen ꜛ n accord m de cartel; ~amt (Bundesrep.) n Office m des cartels; ~anhänger ꜛ m cartelliste m; ~bildung f cartellisation f; ~entflechtung ꜛ f décartellisation f; ~träger m témoin m; ~verordnung ꜛ f décret m sur les cartels.
'Karten|automat m (Postꜛ) distributeur m automatique de cartes postales; ~bild n Kartenspiel: figure f d'une carte; ~blatt n carte f; ~brief ⚥ m carte-lettre f; ~geben n Kartenspiel: donne f; ~haus n château m de cartes (a. fig.); ~kunststück n tour m de cartes; ~legen n cartomancie f; ~leger(in f) m tireur m, -euse f de cartes; cartomancien m, -ienne f; ~lesen ⚔ n lecture f de la carte; ~schalter m (Fahrꜛ) guichet m; ~schluß ⚥ (verabredeter Postaus-

tausch) m dépêche f; ~**spiel** n jeu m de cartes; (*Partie*) partie f de cartes; **spieler(in** f) m joueur m, -euse f de cartes; ~**ständer** m support m (pour cartes de géographie); ~**tasche** f porte-cartes m; ~**tisch** m table f à cartes; ~**verkauf** m vente f de billets, ~**zeichnen** n cartographie f; ~**zeichner** m cartographe m; ~**zimmer** n salle f des cartes.
karte|si'anisch adj. cartésien, -enne; ♀**sia'nismus** m cartésianisme m.
Kar'tha|ger(in f) m Carthaginois m, -e f; ♀**gisch** adj. carthaginois; ~**go** n Carthage f.
Kar'toffel f pomme f de terre; F patate f; ~**n** **schälen** éplucher des pommes de terre; *in Butter geschwenkte* ~**n** pommes (de terre) sautées; F (*dicke Nase*) nez m en patate; (*Taschenuhr*) oignon m; F (*Loch im Strumpf*) F patate f; ~**anbau** m culture f des pommes de terres; ~**branntwein** m eau-de-vie f de pommes de terre; ~**brei** m purée f de pommes de terre; ~**ernte** f récolte f de pommes de terre; (*Roden*) arrachage m de pommes de terre; ~**erntemaschine** f arracheuse f de pommes de terre; ~**feld** n champ m de pommes de terre; ~**käfer** ent. m doryphore m; ~**klöße** m/pl. boulettes f/pl. de pommes de terre; ~**kraut** n fanes f/pl. de pommes de terre; ~**legemaschine** f planteuse f de pommes de terre; ~**mehl** n fécule f de pommes de terre; ~**miete** ✓ f silo--fosse m pour pommes de terre; ~**nase** f nez m en patate; ~**puffer** m crêpe f de (*od.* aux) pommes de terre; ~**püree** n purée f de pommes de terre; ~**quetsche** f presse-purée m; ~**roden** n arrachage m de pommes de terre; ~**roder** ⊕ m arracheuse f de pommes de terre; ~**salat** m salade f de pommes de terre; ~**schalen** f/pl. pelures f/pl. de pommes de terre; ~**schäldienst** a. ✗ m corvée f de patates; ~**schälmaschine** f machine f à éplucher les pommes de terre m; ~**stärke** f amidon m (*od.* fécule f) de pommes de terre; ~**suppe** f soupe f aux pommes de terre.
Karto|graph m cartographe m; ~**gra'phie** f cartographie f; ♀**graphisch** adj. cartographique.
Kar'ton m carton m.
Karto'nage f cartonnage m; ~**nfabrik** f cartonnerie f; ~**nfabrikant** m, ~**nhändler** m cartonnier m; ~**n-industrie** f cartonnage m.
karto'nieren I v/t. cartonner; **II** ♀ n cartonnage m.
Kar'tonverpackung f cartonnage m.
Karto'thek f fichier m.
Kar'tusche f △ cartouche f; *artill.* gargousse f.
Karus'sell n (*Drehgerät*) manège m de chevaux de bois (*resp.* d'autos, d'avions, *etc.*); *thé.* ~ *zur Aufbewahrung von Dekorationsstücken* tournette f pour les décors.
'**Karwoche** f semaine f sainte.
Karya'tide f cariatide f.
'**Karzer** m cachot m; ~**strafe** f peine f du cachot.
Karzi'nom ♂ n carcinome m.
Ka'schemme F f bouge m; caboulot m; *bouchon m; F boui-boui m; péj.* *tapis-franc m.
ka'schieren v/t. dissimuler; effacer; escamoter; masquer; ♀ (*Aufea.-kleben od. Doppeln zu Duplexstoffen*) *text.* n glaçage m.
'**Kaschmir 1.** m (*Stoff*) cachemire m; **2.** n (*Land*) le Cachemire.
'**Käse** m fromage m; F (*dummes Zeug*) bêtises f/pl.; ~**bereitung** f préparation f du fromage; ~**blatt** F n feuille f de chou; ~**brot** n tartine f au fromage; ~**fabrik** f fabrique f de fromages; fromagerie f; ~**fondue** n fondue f fromager m; ~**geschäft** n fromagerie f; ~**glocke** f cloche f à fromage; ~**handel** m commerce m de fromages; fromagerie f; ~**händler(in** f) m fromager m, -ère f.
Kase'in n caséine f; ~**bildung** f caséification f.
'**Käse|industrie** f industrie f fromagère; ~**kuchen** m gâteau m au fromage blanc; ~**laden** m fromagerie f; ~**made** f ver m de fromage; *abus.* asticot m.
Kase'matte ✗ f casemate f.
'**Käse|messer** n couteau m à fromage; ~**milbe** ent. f mite f du fromage; tyroglyphe m.
'**käsen** (*Käse bereiten*) v/i. faire du fromage.
'**Käseplatte** f plateau m de fromages.
Käse'rei f fromagerie f.
'**Käserinde** f croûte f du fromage.
Ka'serne f caserne f; ~**nhof** m cour f de caserne; ~**nhofgeist** péj. m caporalisme m; ♀**nmäßig** a. péj. adj. F caserneux, -euse.
kaser'nier|en ✗ v/t. caserner; ♀**ung** f casernement m.
'**Käse|stange** f bâtonnet m au fromage; ~**stulle** f tartine f au fromage.
'**käsig** adj. semblable au fromage; F (*bleich*) pâle; blême.
Ka'sino n (*Spiel*) casino m; ✗ mess m, cantine f, popote f.
Kas'kade f cascade f; ♀**n-artig** adj. en cascade.
'**Kaskoversicherung** f assurance f tous risques.
'**Kasper|le** m guignol m; ~**lethe-ater** n guignol m; ♀**n** v/i. faire le guignol.
'**kaspisch** adj. caspien, -enne; *das* ♀**e** *Meer* la mer Caspienne.
'**Kassa** ♀ f: *per ~ au comptant*; ~**geschäft** n opération f (*od.* marché m) au comptant.
Kassati'on ✗✗ f cassation f; ~**sgericht** n, ~**shof** ✗✗ m cour f de cassation.
'**Kasse** f caisse f; thé. bureau m; (~**nbestand**) encaisse f; *sofortige* ~, *comptant compté*; *per ~ bezahlen* payer comptant; *gegen ~ verkaufen* vendre au comptant; *mit der ~ durchgehen* partir (*od.* filer) avec la caisse; F *manger la grenouille*; *e-n Griff in die* ~ *tun* faire main basse sur la caisse; *prendre de l'argent dans la caisse*; *die ~ führen* (*unter sich haben*) tenir la caisse; ~ *machen* faire l'état de la caisse; *allg.* faire le point; (*gut*) *bei* ~ *sein* être en fonds; *nicht bei* ~ *sein* être à court d'argent; *gemeinsame* ~ *caisse f commune; gemeinsame* ~ *machen* faire caisse (*od.* bourse) commune.
'**Kassen|abschluß** m arrêté m (*od.* balance f) de caisse; ~**anweisung** f bon m de caisse; ~**arzt** m médecin m de caisse; *Fr.* (*médecin m conventionné m*); ~**ausgänge** m/pl. sorties f/pl. de caisse; ~**ausgleich** ✝ m passe f de caisse; ~**beamte(r)** m caissier m; ~**beleg** m pièce f, bon m de caisse; ticket m; ~**bestand** m encaisse f; contenu (*od.* montant) m de caisse; ~**bilanz** f balance f de caisse; ~**block** m bloc m de caisse; ~**bote** m garçon m de recettes (*od.* de caisses); ~**buch** n livre m de caisse; ~**defizit** n déficit m de caisse; ~**diebstahl** m détournement m de fonds; ~**eingänge** m/pl. rentrées f/pl. de caisse; ~**erfolg** m cin. (*thé.* pièce f) à succès; ~**fehlbetrag** m déficit m de caisse; ~**führer(in** f) m caissier m, -ière f; ~**konto** n compte m de caisse; ~**lage** f situation f de la caisse; ~**prüfung** f vérification f de la caisse; ~**raum** m caisse f; ~**revision** f vérification f de la caisse; ~**revisor** m vérificateur m de la caisse; ~**schalter** m guichet m de la caisse; caisse f; ~**schein** m (*Kassenzettel*) ticket m de caisse; ~**schlager** cin., thé. m: ein ~ sein faire recette; ~**schrank** m coffre-fort m; ~**stand** m état m de la caisse; ~**stunden** f/pl. heures f/pl. d'ouverture de la caisse; ~**sturz** m contrôle m de la caisse; ~ *machen* faire l'état de la caisse; ~**sturzpreis** ✝ m prix m en chute libre; ~**überschuß** m excédent m de caisse; ~**umsatz** m mouvement m de caisse; ~**verwalter(in** f) m trésorier m, -ière f; ~**vorschuß** m avance f de caisse; ~**wart(in** f) m e-s *Vereins*: trésorier m, -ière f; ~**zettel** m ticket m de caisse.
Kasse'rolle f casserole f.
Kas'sette f cassette f; *phot.* châssis m; chargeur m; *an Decke*: caisson m; *e-s Buchs*: emboîtage m; ~**nrecorder** m magnétophone m à cassette.
'**Kassia** ♀ f cassier m; cassie f.
Kas'siber *⚥* m message m clandestin d'un (*bzw.* à un) prisonnier.
kas'sier|en v/t. encaisser; *Urteil*: casser; *Urkunde*: annuler; invalider; ♀**er(in** f) m caissier m, -ière f; *Einkassierer*: encaisseur m.
Kasta'gnette f castagnette f.
Kas'tanie f (*Roß*♀) Frucht marron m; *Baum* marronnier m; (*Edel*♀, *echte* ~) *Frucht* châtaigne f; *cuis.* marron m; *Baum* châtaignier m; *eßbare* ~ châtaigne f; *geröstete* ~ marrons m/pl. chauds; *kandierte* ~ marron glacé; *fig. für j-n die* ~**n** *aus dem Feuer holen* tirer les marrons du feu pour q.; ~**nbaum** m *cf.* Kastanie; ♀**nbraun** adj. châtain, -e; ~**nhändler(in** f) m marchand m, -e f de marrons; ~**nholz** n bois m de châtaignier (*od.* de marronnier); ~**nwald** m forêt f de marronniers *bzw.* de châtaigniers; ~**nfrucht** f châtaigneraie f.
'**Kästchen** n (*Schmuck*♀) coffret m; écrin m; *auf Formularen*: case f.
'**Kaste** f caste f.
kas'tei|en v/t. (v/rf.: sich se) mortifier; ♀**ung** f mortification f.
Kas'tell hist. n fort m romain.
Kastel'lan(in f) m (*Hausmeister*) concierge m, f d'un château.
'**Kasten** m caisse f; boîte f; coffre m (a. *Truhe*); (*Truhe*) bahut m; (*Schublade*) tiroir m; (*Gehäuse*) carter m;

(*Chassis*) châssis *m* (*a. Radio*); (*Brief*⚬) boîte *f* aux lettres; *für Akku, Batterie*: caisse *f*; coffret *m* (*Kohlen*⚬) caisse *f* à charbon; *typ.* (*Setz*⚬) casse *f*; ⊕ (*Senk*⚬) caisson *m*; F (*Fußballtor*) but *m*; (*altes Haus*) masure *f*; (*altes Auto*) bagnole *f*; tacot *m*; F (*Gefängnis*) P bloc *m*; P tôle *f*; P violon *m*; F *etw. auf dem* ~ *haben* avoir de la tête; ⚭ *den* ~ *leeren* relever le courrier; ~**damm** ⚑ (*für Bauarbeiter*) *m* batardeau *m*; ~**drachen** *m* cerf-volant *m* cellulaire; ~**geist** *m* esprit *m* de caste; ~**herrschaft** *f* domination *f* d'une caste; ~**kippwagen** *m* wagonnet *m* à caisse basculante; ~**möbel** *pl.* meubles *m/pl.* de rangement; ~**schloß** serr. *n* serrure *f* à palastre; ~**wagen** (*Auto*) *m* camion *m* fermé; fourgon *m* utilitaire.

Kas'ti|lien *n* la Castille; ~**lier(in** *f*) *m* Castillan *m*, -*e f*; ⚬**lisch** *adj.* castillan.

Kas'trat *m* castrat *m*.

Kastrati'on *f* castration *f*.

kas'trier|en *v/t.* châtrer; ⚬**en** *n*, ⚬**ung** *f* castration *f*.

Kasu'ar *orn. m* casoar *m*.

Kasu'ist *m* casuiste *m*; ~**ik** *f* casuistique *f*.

'**Kasus** *gr. m* cas *m*.

Kata'falk *m* catafalque *m*.

Kata'kombe *f* catacombe *f*.

kata'lanisch *adj.* catalan.

Kata'log *m* catalogue *m*; *fig.* éventail *m*; *nach* ~ *verkaufen* vendre sur catalogue.

katalogi'sieren *v/t.* cataloguer.

Kata'logpreis *m* prix *m* de catalogue.

Kata'lo|nien *n* la Catalogne; ⚬**nisch** *adj.* catalan.

Kataly'sator *m* catalyseur *m*.

Kata'lyse *f* catalyse *f*.

kataly'sieren *v/t.* catalyser.

kata'lytisch *adj.* catalytique.

Kata'pult *m u. n* catapulte *f*; ~**flugzeug** *n* avion-catapulte *m*.

katapul'tieren *v/t.* catapulter.

Kata'pultstart *m* catapultage *m*; décollage *m* par catapulte.

Kata'rakt *m* cataracte *f*.

Ka'tarrh ⚓ *m* catarrhe *m*; (*Schnupfen*) rhume *m*.

katar'rhalisch *adj.* catarrhal.

Ka'taster *m u. n* cadastre *m*; ~**amt** *n* bureau *m* du cadastre; ~**register** *n* registre *m* cadastral.

katastro'phal *adj.* catastrophique.

Katas'trophe *f* catastrophe *f*; ~**n-plan** *at. m* plan *m* catastrophe.

Kate'chese *rl. f* catéchisme *m*.

Kate'chet *m* catéchiste *m*; ⚬**isch** *adj.* catéchétique.

katechi'sier|en *v/t.* catéchiser; ⚬**ung** *f* catéchisation *f*.

Kate'chismus *m*, ~**unterricht** *m* catéchisme *m*.

Katechu'mene *m* catéchumène *m*.

Katego'rie *f* catégorie *f*; *in e-e* ~ *fallen* se classer dans une catégorie.

kate'gorisch *adj.* catégorique.

'**Kater** *m* matou *m*; chat *m* mâle; *der gestiefelte* ~ le chat botté; *fig.* F s-n ~ *ausschlafen* F cuver son vin; F e-n ~ *haben* avoir mal aux cheveux; avoir la gueule de bois; P être vaseux.

Ka'theder *n od. m* écol., univ. chaire *f* d'enseignement (*evtl.* placée sur une estrade); ~**blüte** *f* calembour *m* involontaire de professeur; ~**weisheit** *f* sagesse *f* professorale.

Kathe'drale *f* cathédrale *f*.

Ka'thete △ *f* côté *m* de l'angle droit.

Ka'theter ⚕ *m* cathéter *m*.

Ka'thode *f* cathode *f*; ~**nstrahl** *m* rayon *m* cathodique.

Katho'lik(in *f*) *m* catholique *m*, *f*.

ka'tholisch *adj.* catholique.

Katholi'zismus *m* catholicisme *m*.

Kat'tun *m* toile *f* de coton; cotonnade *f*; calicot *m*; *bedruckter* ~ indienne *f*.

'**katz|balgen** *v/rf.*: *sich* ~ se chamailler; échanger des 'horions; ⚬**balgerei** *f* échange *m* de 'horions; ~**buckeln** *v/i.* courber (*od.* plier) l'échine, faire des ronds de jambe (autour de q.); faire le gros dos; faire des courbettes.

'**Kätzchen** *n* petit chat *m*; chaton *m*; minet *m*, minette *f*; ⚘ chaton *m*.

'**Katze** *f* chat *m*; *weibliche*: chatte *f*; ⚓ (*Lederpeitsche*) neunschwänzige ~ chat *m* à neuf queues; *junge* ~*n werfen* chatonner; *im Wurf junger* ~*n* une portée de chatons; *verwilderte* ~ 'haret *m*; *das hat die* ~ *getan* c'est le chat; *die* ~ *miaut* (*schnurrt*) le chat miaule (ronronne); *die* ~ *macht e-n Buckel* le chat fait le gros dos; *so naß wie e-e* ~ mouillé (*od.* trempé) jusqu'aux os; *fig. falsche* ~ F chattemite *f*; *wie Hund und* ~ *leben* vivre comme chien et chat; *die* ~ *aus dem Sack lassen* laisser échapper le secret; montrer (*od.* laisser passer) le bout de l'oreille; *die* ~ *im Sack kaufen* acheter chat en poche; *wie die* ~ *um den heißen Brei herumgehen* tourner autour du pot; *bei Nacht sind alle* ~*n grau* la nuit tous les chats sont gris; *die* ~ *läßt das Mausen nicht* qui a bu boira; qui naît poule aime à gratter; *fig. das ist für die Katz'* c'est en pure perte, pour rien; ~ *und Maus mit j-m spielen* jouer avec q. comme le chat avec la souris; ⚬**n-artig** *adj.* félin; ~**n-auge** *n Fahrrad*: cataphote *m*; catadioptre *m*; ~**n-ausstellung** *f* exposition *f* féline; ~**nbuckel** *m*: e-n ~ *machen* faire le gros dos (*katzbuckeln*) faire des courbettes; ~**nfisch** *zo. m* poisson-chat *m*; ⚬**nfreundlich** *adj.*: *patepelu; *patern*e; ~ *sein* faire patte de velours; faire des chatteries; ~**nfreundlichkeit** *f* chatterie *f*; ~**ngeschrei** *n* miaulements *m/pl.*; ~**ngold** *min. n* mica *m* jaune; ~**nhai** *zo. m* roussette *f*; chien *m* de mer; ~**njammer** F *m* mal aux cheveux; moralischer ~ malaise *m* moral, F cafard *m*; ⚬**njämmerlich** P *adj.* vaseux, -euse; ~**nkopf** *m* tête *f* de chat; *fig.* (*Ohrfeige*) tape *f* légère sur la tête; gifle *f*; F calotte *f*; ~**nmusik** *f* F charivari *m*; ~**npflege** *f* toilettage *m*; ~**npfötchen** *n* patte *f* de chat; *fig.* patte *f* de velours; ⚘ pied--de-chat; ~**nsilber** *min. n* mica *m* blanc; ~**nsprung** *m fig.* es ist nur ein ~ c'est à deux pas d'ici; ~**nwäsche** *f*: ~ *machen* se laver le bout du nez.

'**Kauderwelsch** *n* baragouin *m*; charabia *m*; ⚬**en** *v/t.* baragouiner; parler charabia; parler (*od.* faire) petit nègre.

'**kauen** I *v/t. u. v/i.* mâcher; *an den Nägeln* ~ ronger ses ongles; se ronger les ongles; *Tabak* ~ chiquer; II ⚬ *n* mastication *f*.

'**kauern** *v/i.* (*u. v/rf.*: *sich* ~) s'accroupir; *zum Verstecken*: se tapir; se blottir.

Kauf *m* achat *m*; *v. kleineren Dingen des gewöhnlichen Lebens*: emplette *f*; (*Erwerbung u. Erworbenes*) acquisition *f*; (~*geschäft*) marché *m*; ~ *nach Ansicht* vente *f* à l'examen; ~ *nach Gewicht* vente *f* au poids; ~ *nach Maß* vente *f* à la mesure; ~ *nach Muster* vente *f* sur modèle; ~ *auf Probe* vente *f* à l'essai; ~ *auf feste Rechnung* marché *m* ferme; e-n ~ *abschließen* conclure (*od.* faire) un marché; *fig. etw. mit in* ~ *nehmen* s'accommoder de qch.; *leichten* ~*es* (= *glimpflich*) *davonkommen* en être quitte à bon compte; '~**abschluß** *m* conclusion *f* d'un marché; '~**angebot** *n* offre *f* d'achat; '~**auftrag** *m* ordre *m* d'achat; '~**bedingungen** *f/pl.* conditions *f/pl.* d'achat.

'**kaufen** I *v/t.*, *v/i. u. v/rf.* acheter; *ich habe mir e-n Hut gekauft* j'ai acheté (*od.* je me suis acheté) un chapeau; *wieder* (*od. von neuem*) ~ racheter; *von* (*bei*) *j-m etw.* ~ acheter qch. à q. (*od.* F chez q.); *ich habe es bei ihm* (*resp. für ihn*) *gekauft* je le lui ai acheté; *bei wem* ~ *Sie gewöhnlich?* chez qui vous fournissez-vous?; *für j-n etw.* ~ acheter qch. à (*od.* pour) q.; *etw. für 100 Franken* ~ acheter qch. cent francs; *gegen bar* ~ acheter (au) comptant; *auf Teilzahlung* (*od. Ratenzahlung*, F *Stottern*) ~ acheter à tempérament; *im kleinen* (*großen*) ~ acheter au détail (en gros); *teuer* ~ acheter cher; *billig* ~ acheter bon marché; *aus erster Hand* ~ acheter de première main; *in Bausch und Bogen* ~ acheter en bloc; *auf Borg* (*Kredit*) ~ acheter à crédit; *auf Rechnung* ~ acheter à compte; *für eigene Rechnung* ~ acheter pour son compte; *auf feste Rechnung* ~ acheter à compte ferme; *für fremde Rechnung* ~ acheter pour le compte d'autrui; *fig. was kann ich mir dafür schon kaufen!* la belle avance!; cela me fait une belle jambe!; *den werd' ich mir* ~! il me le paiera!; *Spiel: Karten* ~ prendre des cartes; II ⚬ *n* → *Kauf*.

'**Käufer|(in** *f*) *m* acheteur *m*, -euse *f*; *v. Grundstücken*: acquéreur *m* (*ohne f!*); preneur *m*, -euse *f*; (*Kunde*) client *m*, -*e f*; *als Käufer auftreten* être acheteur; e-n *Käufer finden* trouver acheteur; ~**land** *n* pays *m* acheteur; ~**streik** *m* grève *f* des achats.

'**Kauf|frau** *f* commerçante *f*; marchande *f*; ~**genehmigung** *f* autorisation *f* d'achat; ~**geschäft** *n* marché *m*; ~**halle** *f* magasin *m* à prix unique; ~**haus** *n* grand magasin *m*; ~**kraft** *f* pouvoir *m* d'achat; ⚬**kräftig** *adj.* qui dispose d'un grand pouvoir d'achat; ~**kraftlenkung** *f* orientation *f* du pouvoir d'achat; ~**kraft-überhang** *m* excédent *m* de pouvoir d'achat; pouvoir *m* d'achat excédentaire; den ~ *abschöpfen* absorber le pouvoir d'achat excédentaire; ~**laden** *m* als *Spielzeug*: épicerie *f*; ~**leute** *pl.* commerçants *m/pl.*

'**käuflich** I *adj.* achetable; à vendre; *mv.p.* (*bestechlich*) vénal; II *adv.* (*mittels Kaufes*) par voie d'achat; ~ *erwerben* acquérir par voie d'achat; ~ *überlassen* vendre; ⚬**keit** *mv.p. f* vénalité *f*.

'Kauf|lust f envie f d'acheter; (Nachfrage) demande f; **⵰lustig** adj. qui a envie d'acheter; **⵰mann** m commerçant m; (Händler) marchand m; (Großhändler) négociant m; (Lebensmittelgeschäft) épicier m; **⵰männisch I** adj. commercial; ⵰er Angestellter employé m de commerce; ⵰er Direktor directeur m commercial; ⵰e Beziehungen relations f/pl. commerciales; ⵰e Interessen intérêts m/pl. commerciaux; **II** adv. en commerçant; **⵰mannsberuf** m commerce m; in den ⵰ eintreten entrer dans le commerce; **⵰mannschaft** f commerçants m/pl.; négociants m/pl.; (Handelsstand) commerce m; **⵰mannsgeist** m esprit m mercantile; **⵰mannslehrling** m apprenti m d'une maison commerciale; **⵰preis** m, **⵰summe** f prix m d'achat; **⵰sucht** f manie f d'acheter; oniomanie f; **⵰vertrag** m contrat m d'achat (resp. de vente); **⵰vormerkung** f option f; **⵰welle** f vague f d'achats; **⵰wert** m valeur f d'achat; **⵰zwang** m obligation f d'acheter; ohne ⵰ Kaufhaus: entrée libre.

'Kaugummi m chewing-gum m.

Kau'kas|ier(in f) m Caucasien m, -enne f; **⵰isch** adj. caucasien, -enne.

'Kaukasus m: der ⵰ le Caucase.

'Kauknochen (für Hunde) m os m à mâcher.

'Kaul|barsch icht. m perche f; **⵰quappe** zo. f têtard m.

kaum adv. à peine; (schwerlich) ne ... guère; es ⵰ glauben können avoir de la peine à le croire; ⵰ zu glauben! F façon f de parler!; als Antwort wohl ⵰ je ne pense guère.

'Kaumuskel anat. m muscle m masticateur.

kau'sal adj. causal.

Kausali'tät f causalité f; **⵰prinzip** n principe m de causalité.

Kau'sal|satz gr. m proposition f causale; **⵰zusammenhang** m relation f de cause à effet.

'kausativ gr. adj. causatif, -ive; factitif, -ive.

'kaustisch adj. caustique.

'Kautabak m tabac m à chiquer.

'Kautätigkeit f fonction f masticatrice.

Kauti'on f caution f; (⵰ssumme) cautionnement m; e-e ⵰ stellen verser une caution; fournir un cautionnement; gegen ⵰ freilassen mettre en liberté sous caution; **⵰sfähig** adj. capable de verser une caution (od. de fournir un cautionnement); **⵰spflichtig** adj. sujet, -ette à cautionnement; **⵰ssumme** f caution f; cautionnement m.

'Kautschuk m caoutchouc m; mit ⵰ überziehen caoutchouter; **⵰baum** ♀ m hévéa m; **⵰hersteller** m caoutchoutier m; **⵰milch** f latex m; **⵰paragraph** m fig. article m de code élastique; → Gummiparagraph; **⵰waren** f/pl. articles m/pl. en caoutchouc.

'Kauwerkzeuge n/pl. organes m/pl. de la mastication; der Insekten: mandibules f/pl.; mâchoire f.

Kauz m orn. chouette f; chat-'huant m; fig. wunderlicher ⵰ original m, F drôle m de type (od. de coco od. de pistolet); mouton m à cinq pattes; F phénomène m.

Kava'lier m galant homme m; homme m du monde; **⵰smäßig** adj. de (adv. en) homme du monde; **⵰sstart** (Auto) m démarrage m en trombe.

Kaval'kade f cavalcade f.

Kavalle'rie ⚔ f cavalerie f (schwere ⵰ grosse cavalerie; leichte ⵰ cavalerie légère); **⵰rist** m cavalier m.

Ka'verne ⚔ f caverne f.

'Kaviar m caviar m; **⵰brötchen** n sandwich m au caviar.

'Kebs|e f, **⵰weib** n concubine f.

keck adj. 'hardi; audacieux, -euse; crâne; osé; (verwegen) téméraire; (frech) effronté; **⵰heit** f 'hardiesse f; audace f; (Verwegenheit) témérité f; (Frechheit) effronterie f.

Keep-'smiling ⵰ gardez le sourire!

'Kegel m zum Spiel: quille f; Berg: pic m; ⚒ cône m (abgestumpfter tronqué); ⵰ schieben jouer aux quilles; die ⵰ aufstellen quiller; mit Kind und ⵰ spazierengehen F se promener avec toute sa smala; **⵰bahn** f piste f de quilles; bowling m; **⵰gestalt** f conicité f; **⵰förmig** adj. conique; **⵰junge** m quilleur m; **⵰kugel** f boule f (du jeu de quilles); **⵰kupplung** f embrayage m à cône; **⵰mantel** ⚒ m surface f du cône; **⵰n** v/i. jouer aux quilles; **⵰partie** f partie f de quilles; **⵰rad** n roue f (od. pignon m) conique; **⵰radgetriebe** n engrenage m à roues coniques; **⵰rollenlager** n roulement m à rouleaux coniques; **⵰schieben** n jeu de quilles; **⵰schnitt** ⚒ m (section f) conique f; **⵰spiel** n jeu m de quilles; **⵰spieler** m joueur m de quilles; **⵰stumpf** ⚒ m tronc m de cône; cône m tronqué; **⵰stumpfförmig** adj. tronconique; **⵰ventil** n soupape f conique.

'Kegler m joueur m de quilles.

'Kehl|ader anat. f veine f jugulaire; **⵰deckel** anat. m épiglotte f; **⵰e** f gorge f; gosier m; (Kehlkopf) larynx m; △ cannelure f; aus voller ⵰ à pleine gorge; à plein gosier; à gorge déployée; j-n an der ⵰ packen prendre (od. saisir) q. à la gorge; j-m an die ⵰ springen sauter à la gorge de q.; j-m die ⵰ zuschnüren serrer la gorge à q.; j-m das Messer an die ⵰ setzen mettre le couteau sous od. sur la gorge à q.; ihm sitzt das Messer an der ⵰ il a le couteau sous od. sur la gorge; e-e ausgepichte ⵰ haben avoir le gosier pavé; e-e trockene ⵰ haben avoir le gosier sec; die ⵰ begießen (en-trinken) s'humecter le gosier; etw. in die falsche ⵰ bekommen avaler qch. de travers; **⵰en** ⊕ v/t. canneler; **⵰hobel** m gorget m; **⵰kopf** anat. m larynx m; **⵰kopfentzündung** f inflammation f du larynx, laryngite f; **⵰kopfkatarrh** m laryngite f; **⵰kopfkrebs** m cancer m du larynx; **⵰kopfmikrophon** n laryngophone m; **⵰kopfschnitt** chir. m laryngotomie f; **⵰kopfspiegel** m laryngoscope m; **⵰laut** m son m guttural; laryngale f; **⵰leiste** △ f doucine f.

'Kehr|aus m dernier tour m de danse; clôture f; den ⵰ machen finir la fête; **⵰besen** m balai m.

'Kehre f (Biegung; Kurve) tournant m; virage m; gym. tourniquet m dans les jarrets; ⚔ renversement m; tonneau m.

'kehren¹ v/t. (fegen) balayer; Schornstein: ramoner.

'kehren² v/t., v/i. u. v/rf. (wenden) (sich se) tourner; (umwenden) (sich se) retourner; j-m den Rücken ⵰ tourner le dos à q.; alles zum besten ⵰ prendre les choses du bon côté; das Oberste zuunterst ⵰ mettre tout sens dessus dessous; sich nicht ⵰ an (acc.) ne faire nul cas de; in sich ⵰ rentrer en soi-même; in sich gekehrt sein être plongé dans ses réflexions; ganze Abteilung kehrt! demi-tour à droite!

'Kehricht m u. n balayures f/pl.; ordures f/pl.; weitS. immondices f/pl.; **⵰eimer** m boîte f à ordures; **⵰haufen** m tas m de balayures; **⵰schaufel** f pelle f à ordures.

'Kehr|maschine f balayeuse f; **⵰reim** m refrain m; **⵰seite** f revers m; fig. ⵰ der Medaille revers m de la médaille.

kehrt: ganze Abteilung ⵰! demi-tour à droite!; **⵰machen** v/i. (zurückkehren) revenir sur ses pas; ⚔ faire demi-tour; **⵰wendung** f demi-tour m; volte-face f; Tänzerin: virevolte f.

'Kehrwert m nombre m inverse.

'keif|en v/i. criailler; F glapir; **⵰des Weib** femme f criarde; **⵰en** n criaillerie f; glapissement m; **⵰erin** f femme f criarde.

Keil m ⊕ coin m; (Hemm⵰) cale f; (Befestigungs⵰) clavette f; △ (Schlußstein) clé (od. clef) f de voûte; cout. dreieckiger ⵰ quille f; ein ⵰ treibt den andern un clou chasse l'autre; prov. auf e-n groben Klotz gehört ein grober ⵰ œil pour œil, dent pour dent; **'⵰absatz** m talon m compensé; **⵰e** F f frottée f; volée f; fessée f; rossée f; j-m gehörige ⵰ verabreichen a. flanquer une dérouillée magistrale à q.; **'⵰en 1.** v/t. (mit e-m Keil spalten) enfoncer un coin (dans); **2.** (werben) F racoler (für pour); **3.** v/rf.: sich ⵰ F se rosser; se flanquer des gnons.

'Keiler ch. m sanglier m; alter ⵰ solitaire m.

Keile'rei f rixe f; bagarre f.

'Keil|ferse f talon m compensé; **⵰förmig** adj. en forme de coin; **⵰hacke** f, **⵰haue** f pic m compensé; **⵰hose** f pantalon m fuseau; **⵰kissen** n traversin m; **⵰riemen** m courroie f trapézoïdale; **⵰riemenscheibe** f poulie f à gorge; **⵰schrift** f écriture f cunéiforme; **⵰stein** △ m claveau m; **⵰stück** n pièce f en forme de coin; **⵰treiber** m chasse-coin(s) m.

Keim m germe m (a. fig.); embryon m; (Kristall⵰) germe m cristallin; im ⵰ en germe; fig. im ⵰ vorhanden sein être à l'état embryonnaire; im ⵰ ersticken étouffer (od. écraser) dans l'œuf; e-e Krankheit im ⵰ ersticken juguler une maladie; ⵰e treiben germer; **'⵰bläs-chen** n vésicule f germinative; **'⵰blatt** n cotylédon m; **'⵰drüse** anat. f glande f génitale; **'⵰en** v/i. germer (a. fig.); (treiben) pousser; (entstehen) naître (a. fig.); (sich entfalten) se développer; ⵰ lassen faire germer; **'⵰en** n germination f; (Entstehen) naissance f; (Entfalten) développement m; **'⵰fähig** adj. qui peut germer; **˷fähigkeit** f pouvoir m germinatif; **²frei** adj. stérilisé; **˷machen** stériliser; **¹˷kasten** m germoir m; **¹˷ling** m germe m; embryon m; **˷plasma** n plasma m germinatif; **²tötend** adj. antiseptique; germicide; microbicide; stérilisant; **˷zelle** f biol. cellule f germinale; gamète m; fig. foyer m; source f.

kein pr/ind. (bei vb. ne ...) pas (pfort point) de; ich habe ˷ Geld je n'ai pas d'argent; ich habe ˷e Zeit je n'ai pas le temps; er hat ˷n Hunger il n'a pas faim; das ist ˷ Baum ce n'est pas un arbre; ˷ ... mehr (bei vb. ne ...) plus de; du bist ˷ Kind mehr tu n'es plus un enfant; ˷ anderer als er nul autre que lui (bei vb. mit ne); das Stück hat gar ˷en Erfolg gehabt la pièce n'a pas eu le moindre succès; es ist noch ˷e 5 Minuten her il n'y a pas (de cela) cinq minutes; **¹˷er** m, **˷e** f, **¹˷es** n pr/ind. pas un, -e; aucun, -e; nul, -le; personne (bei vb. alle mit ne); unter ˷er Bedingung à aucun prix (bei vb. mit ne); in ˷em Falle en aucun cas (bei vb. mit ne); als Antwort: ich habe keins (keinen; keine) je n'en ai pas; ˷e auf Fragebogen: néant; **˷erlei** adj. d'aucune espèce; ich habe ˷ Recht darauf je n'ai aucun droit à cela; auf ˷ Weise en aucune façon (bei vb. mit ne); **¹˷esfalls** adv. en aucun cas; nullement (bei vb. mit ne); **˷eswegs** adv. en aucune façon; nullement; aucunement; pas (pfort point) du tout (bei vb. alle mit ne); **˷mal** adv. pas une seule fois; jamais (bei vb. beide mit ne); prov. einmal ist ˷ une fois n'est pas coutume.

Keks m biscuit m; gâteau m sec; **¹˷fabrik** f biscuiterie f.

Kelch m coupe f; rl. u. ♀ calice m; den ˷ bis zur Neige trinken boire le calice jusqu'à la lie; **¹˷blatt** ♀ n sépale m; **¹˷blüter** ♀ m/pl. caliciflores m/pl.; **²förmig** adj. caliciforme; **¹˷glas** n (verre m en forme de) coupe f.

Kelle f (Schöpf˷) louche f; (Maurer²) truelle f; 🚩 (Abfahrtssignal) guidon m de départ.

Keller m cave f; kleiner: caveau m; zur Weinbereitung: cellier m; chai m; **˷assel** ent. f cloporte m.

Kelle'rei f caves f/pl.

¹Keller|falte f pli m creux; **˷fenster** n soupirail m; **˷geschoß** n sous-sol m; **˷gewölbe** n voûte f de cave; **˷loch** n soupirail m; **˷lokal** n cave f; **˷meister** m sommelier m; caviste m; maître m de chai; **˷wechsel** ✝ m traite f en l'air (od. en blanc); lettre f de change fictive; **˷wohnung** f habitation f au sous-sol.

Kellner m garçon m; serveur m; (Wein²) sommelier m; ˷ im Luxushotel chef m de rang; **˷in** f serveuse f; Anrede: mademoiselle f.

Kelt|e m, **˷in** f Celte m, f; **˷enreich** hist. n: das ˷ la Celtie.

Kelter f pressoir m.

Kelte'rei f (Kelterhaus) pressoir m.

keltern I v/t. pressurer; **II** ♀ n pressurage m.

keltisch adj. celtique.

Keni|a géogr. n le Kenya; **²anisch** adj. kenyan.

'kenn|bar adj. (re)connaissable; **˷buchstaben** m/pl. indicatif m; **˷daten** ⊕ n/pl. caractéristiques f/pl.; **˷en** v/t. u. v/rf. (sich se) connaître; j-n dem Namen nach (vom Sehen) ˷ connaître q. de nom (de vue); (wissen) savoir; e-n Stoff gründlich (durch und durch) ˷ posséder une matière; in- und auswendig (od. wie s-e Westentasche) ˷ connaître sur le bout des doigts (od. du doigt od. comme sa poche); j-n in- und auswendig ˷ connaître à la perfection; F s-e Pappenheimer ˷ connaître son monde; er kennt sich nicht mehr vor Wut il ne se sent plus de colère; **˷enlernen** v/t.: j-n ˷ faire la connaissance de q.; ˷ (od. lier) connaissance avec q.; du sollst mich noch ˷ drohend: tu verras de quel bois je me chauffe; ich habe ihn kennengelernt (kenne s-e Schliche) j'ai appris à le connaître; etw. ˷ apprendre à connaître qch.; **²er(in)** f m connaisseur m, f, -euse f; **˷erblick** m, **²ermiene** f regard m de connaisseur; mit ˷ en connaisseur; **²karte** f carte f d'identité; **²linie** ⊕ f (courbe f) caractéristique f; **²marke** f (Identifizierungsmarke) marque f d'identité; (Montagezeichen) repère m de montage; **²nummer** f numéro m indicatif.

'kenntlich adj. reconnaissable; facile à reconnaître; (bemerklich) sensible; ˷ machen marquer, (etikettieren) étiqueter; sich ˷ machen se faire reconnaître.

Kenntnis f connaissance f; **˷se** pl. (Wissen) connaissances f/pl.; savoir m; gründliche ˷se connaissances f/pl. solides; (wissenschaftliche Bildung) formation f scientifique; in ˷ der Sachlage en connaissance de cause; von etw. ˷ haben avoir connaissance de qch.; ˷ être informé de qch.; von etw. ˷ nehmen prendre connaissance de qch.; s'informer de qch.; j-n von etw. ˷ in ˷ setzen donner connaissance de qch. à q.; porter qch. à la connaissance de q.; mettre q. au courant de qch.; informer q. de qch.; prévenir q. de qch.; instruire q. de qch.; es ist zu m-r ˷ gelangt, daß ... j'ai appris que ...; das entzieht sich m-r ˷ je n'en ai pas connaissance; je l'ignore; **˷nahme** f: zu Ihrer ˷ pour votre information; **²reich** adj. fort instruit; savant.

'Kenn|wort n für Eingeweihte: mot m de passe; indicatif m d'appel; **²zahl** f numéro m indicatif; indice m; **˷zeichen** n marque f; signe m; (Abzeichen) insigne m; (Unterscheidungsmerkmal) caractéristique f; marque f distinctive; (Kriterium) critère m; (Anzeichen) indice m; (Merkzeichen) repère m; (Symptom) symptôme m; (Nummernschild) numéro m d'immatriculation; **²zeichnen 1.** v/t. marquer; (mit Merkzeichen versehen) repérer (etikettieren) étiqueter; (charakterisieren) caractériser; **2.** v/rf.: sich ˷ (charakterisieren) se caractériser; **²zeichnend** adj. caractéristique; **˷ziffer** f chiffre-indice m; indice m; e-s Logarithmus: caractéristique f.

'kentern ⚓ v/i. chavirer.

Ke'ra|mik f céramique f; **²misch** adj. céramique.

'Kerbe f encoche f; entaille f; fig. in dieselbe ˷ hauen poursuivre le même but.

'Kerbel ♀ m cerfeuil m.

'kerben v/t. faire une encoche (od. entaille) (à); entailler; (auszacken) créneler (a. v. Münzen); (zähneln) denteler.

'Kerb|holz n: fig. etw. auf dem ˷ haben avoir fait un mauvais coup; avoir qch. sur la conscience; **˷tier** ent. n insecte m.

'Kerker m cachot m; geôle f; **˷haft** f (peine f du) cachot m; **˷loch** n cul-de-basse-fosse m; **˷meister** m geôlier m; **˷strafe** f peine f de cachot.

Kerl m F type m; gaillard m; individu m; gars m; ganzer ˷ chic type m; armer ˷ pauvre diable m; braver ˷ brave type m; elender ˷ misérable m; fideler ˷ gai luron m; guter ˷ bon diable m; gutmütiger ˷ bon garçon m; liederlicher ˷ mauvais sujet m; geriebener (od. durchtriebener od. gerissener) ˷ roublard m; ficelle f; malin m; gemeiner (od. niederträchtiger) ˷ salaud m; saligaud m; salopard m; grober ˷ rustre m; lourdaud m; malotru m; P péquenot m; gemütlicher (od. goldiger) ˷ pâte f d'homme; lustiger ˷ joyeux compère m; **˷chen** n petit bonhomme m; bout m d'homme.

Kern ♀ m noyau m (a. des Atoms; Form²); des Atoms a.: cœur m; (Apfel² usw.) pépin m; (Kirsch², Nuß²) amande f; der Artischocken, Salatköpfe: cœur m (a. v. Holz; stück; Inneres); der Melone: graine f; des Kabels: âme f; fig. (Gehalt) substance f; (das Wichtigste) quintessence f; (Wesen) essence f; pol. harter ˷ noyau m dur; das ist des Pudels ˷ c'est le fin mot de l'histoire; auf den ˷ e-s Problems stoßen toucher au fond d'un problème; **˷aufbau** m édifice m nucléaire; **˷ausschneider** m für Äpfel: vide-pomme m; **˷energie** f énergie f nucléaire; nucléaire f; **˷explosion** f explosion f nucléaire; **˷fach** n Schule: matière f principale; discipline f de base; **˷forschung** f recherche f nucléaire; **˷frage** f question f capitale; question f clé; **˷frucht** f fruit m à pépins; **˷fusion** f fusion f nucléaire; **˷gedanke** m idée f essentielle; **˷gehäuse** ♀ n trognon m; **²gesund** adj. foncièrement sain; plein de santé; bâti à chaux et à sable; **˷holz** n bois m de cœur; **²ig** adj. ♀ qui renferme des pépins (resp. des graines); fig. (stark) fort; vigoureux, -euse; solide; robuste; (Sprache) dru; (wirksam) énergique; **˷industrie** f industrie f nucléaire; nucléaire m; **˷kraft** f force f nucléaire; **˷kraftgegner** m antinucléaire m; **˷kraftverfechter** m nucléocrate m; **˷kraftwerk** n centrale f nucléaire; **˷ladung** phys. f charge f du noyau; **˷leder** n cuir m de choix; **²los** adj. sans pépins (resp. graines); **˷mannschaft** f: ˷ bei Wahlschlachten état-major m pour la campagne électorale; **˷obst** n fruits m/pl. à pépins; **˷physik** f physique f nucléaire; **˷punkt** m point m essentiel; der ˷ der Frage a. le cœur du problème; **˷reaktion** phys. f réaction f nucléaire;

ˈ‿reaktor m réacteur m nucléaire; ˈ‿schatten m ombre f absolue; ˈ‿seife f savon m de Marseille; ˈ‿spaltung f fission f nucléaire (od. de l'atome); ˈ‿spruch m sentence f; ˈ‿strahlung f radiation f nucléaire; ˈ‿stück n partie f essentielle; cœur m; ˈ‿technik f technique f nucléaire; ˈ‿teilchen phys. n particule f nucléaire; nucléon m; ˈ‿truppen ✗ f/pl. troupes f/pl. d'élite; ˈ‿umwandlung phys. f transformation f (od. transmutation f) nucléaire; ˈ‿versuch m expérimentation f (od. expérience f od. essai m) nucléaire; ˈ‿waffen f/pl. armes f/pl. nucléaires; ˈ‿wolle f laine f mère; ˈ‿zerfall phys. m désintégration f nucléaire.

ˈKerze f bougie f; (Kirchen‿) cierge m; (Talglicht) chandelle f (a. gym.).

kerzenˈgeˈrade adv. tout droit; droit comme un cierge; ²gießer m fondeur m de bougies; ²leuchter m chandelier m; kleiner: bougeoir m; ²licht n, ²schein m lueur f de la chandelle (resp. des bougies); ²zündung f beim Motor: allumage m par bougies.

ˈKescher m truble f; trouble f; mit langem Stiel: épuisette f; zum Fangen v. Insekten, kleinen Fischen: filet m de gaze.

keß F adj. déluré; qui a du toupet; qui n'a pas froid aux yeux; polisson, -nne; gamin, -e; kesse Bolle F f polissonne f, effrontée f; F e-e kesse Sohle aufs Parkett legen (tanzen) P plais. guincher; gambiller.

ˈKessel m chaudron m; großer: chaudière f; (Wasser‿) bouilloire f; (Einmach‿) stérilisateur m; ⊕ (Dampf‿) chaudière f à vapeur; générateur m (de vapeur); (Tal‿) vallée f en cuvette; ✗ (Einkesselung) encerclement m; ‿anlage f installation f de chaudières; ‿druck m pression f de chaudière; ‿explosion f explosion f de chaudière; ‿flicker m rétameur m; ‿haken am Kamin m crémaillère f; ‿haus n chaufferie f; ‿jagd f, ‿jagen n ch. battue f; rabattage m; ‿pauke ♪ f timbale f; grosse caisse f; ‿raum m salle f des chaudières; chaufferie f; ‿schmied m chaudronnier m; ‿schmiede f chaudronnerie f; ‿stein m tartre m; incrustations f/pl. de tartre; den ‿ abkratzen (abklopfen) détartrer (von etw. qch.); ‿steinbildung f entartrage m; ‿stein(lösungs)mittel n détartrant m; ‿treiben ch. n battue f; rabattage m; ‿voll m ⊕ wagon-citerne m; Auto: camion-citerne m.

ˈKettchen n chaînette f.

ˈKette¹ f chaîne f (a. fig.); ‿n pl. (als Strafe u. fig.) fers m/pl.; (Hals‿) collier m; (Blumen‿) guirlande f; ✗ cordon m; fig. lien m; an die ‿ legen mettre à la chaîne, enchaîner, Hund: mettre à l'attache; j-n in ‿n legen enchaîner q.; e-e ‿ bilden faire la chaîne; von der ‿ losmachen détacher; mit der ‿ messen chaîner.

ˈKette² ch. f: ‿ Rebhühner compagnie f de perdrix.

ˈKette³ ✗ f: ‿ von 3 Flugzeugen formation f (od. patrouille f) de trois avions.

ˈketten v/t.: j-n an sich ‿ s'attacher q.

ˈKetten|antrieb m transmission f par chaîne; ‿baumsäge ⊕ f tronçonneuse f; ‿brief m lettre f boule de neige; ‿bruch ⩕ m fraction f continue; ‿brücke f pont m suspendu à chaînes; ‿fahrzeug n chenillette f; ‿förmig adj. en forme de chaîne; ⌐ en chaîne; ‿geklirr n bruit m de chaînes; ‿gelenk, ‿glied n chaînon m; ‿geschäft ⫯ n entreprise f à succursales multiples; (magasin m membre d'une) chaîne f volontaire; ‿handel m commerce m par intermédiaires; ‿hund m chien m d'attache; ‿läden m/pl. chaînes f/pl. de magasins; ‿panzer hist. m cotte f de mailles; ‿rad n roue f dentée; pignon m; ‿raucher m fumeur m acharné (od. enragé); ‿reaktion f réaction f en chaîne; ‿rechnung f, ‿regel arith. f conjointe f; ‿schluß f Logik: sorite m; ‿schutz m Fahrrad: carter m; garde-chaîne m; ‿stich m point m de chaînette; ‿traktor m chenillard m; ‿winde ⊕ f treuil m à chaîne.

ˈKetzer m hérétique m.

Ketzeˈrei f hérésie f.

ˈKetzer|gericht n inquisition f; ‿in f hérétique f; ²isch adj. hérétique; ‿verbrennung hist. f autodafé m; ‿verfolgung f persécution f des hérétiques.

ˈkeuch|en I v/i. 'haleter; être 'haletant (od. pantelant); respirer avec difficulté; 🐎 anhéler; siffler; Pferde: être poussif, -ive; vét. corner; II ‿en n respiration f 'haletante; 🐎 anhélation f; vét. cornage m; ²husten 🐎 m coqueluche f.

ˈKeule f massue f; (Turngerät) a. mil m; (Streitkolben) masse f (d'armes); (Vieh‿) cuisse f (a. v. Geflügel); (Hammel‿) gigot m; ch. e-s Rehes usw.: cuissot m; (Kalbs‿) cuisseau m; ²n P (rennen) v/i. arquer; P tricoter des gambettes; P jouer des guibolles; ‿nschlag m coup m de massue; ‿nschwingen n gymnastique f rythmique avec deux massues; ‿nschwinger(in f) m celui (celle) qui manie une massue (resp. deux massues).

keusch adj. chaste; pudique; ²heit f chasteté f; pudicité f; ²heitsgelübde n vœu m de chasteté; ²heitsgürtel m ceinture f de chasteté.

Kfz.-Schein Fr. Auto m carte f grise.

ˈKhaki n kaki m; ‿uniform f uniforme m kaki.

ˈKicher-erbse ♀ f pois m chiche.

ˈkichern I v/i. ricaner; rire sous cape; II ‿n rires m/pl. étouffés; ricanement m.

ˈkicken (Fußball) v/t. taper dans le ballon.

Kicks bill. m: e-n ‿ machen = ²en v/i. faire fausse queue.

ˈKickstarter m kickstarter m; levier m de démarrage.

ˈKiebitz orn. m vanneau m; ²en v/i. (beim Spiel zuschauen) faire galerie.

ˈKiefer¹ anat. m mâchoire f; sc. maxillaire m.

ˈKiefer² ♀ f pin m.

ˈKiefer|chirurg m chirurgien-dentiste m; ‿höhle anat. f sinus m maxillaire; ‿klemme 🐎 f trisme m; ‿knochen anat. m os m maxillaire; ‿muskel anat. m muscle m maxil-laire.

ˈKiefern|holz n bois m de pin; ‿nadel f aiguille f de pin; ‿same m graine f de pin; ‿wald m pinède f; ‿zapfen m cône m (od. pomme f) de pin.

ˈkiek|en F v/i. lorgner; reluquer; ²er F m: auf dem ‿ sein veiller au grain; er hat mich auf dem ‿ il me surveille d'un air de méfiance; F il m'a dans le nez; il m'a (od. me prend) en grippe; ²indiewelt F m blanc-bec m.

ˈKiel¹ m (Feder) tuyau m.

Kiel² ⚓ m quille f; carène f; ‿feder f tuyau m; ²holen v/t. Schiff: caréner; Matrosen: hist. donner la (grande) cale (à); ˈ‿holen n carénage m; als Strafe: cale f; ˈ‿legung f mise f en chantier (od. sur cale); ˈ‿linie f ligne f de file; ²oben adv. la quille en l'air; ‿raum m cale f; ‿wasser n sillage m; j-m im ‿ folgen suivre le sillage de q.

ˈKieme f: ‿n pl. icht. branchies f/pl.; ‿n-atmung f respiration f branchiale; ‿ndeckel m opercule m.

ˈKien|apfel m pomme f de pin; ˈ‿holz n bois m résineux; ˈ‿span m copeau m résineux.

ˈKiepe f 'hotte f.

Kies m gravier m; grober ‿ cailloux m/pl. roulés; min. pyrite f; F (Geld) P galette f; P braise f; P pognon m; ˈ‿ader ✗ f veine f de gravier (resp. de pyrite); ²artig adj. caillouteux, -euse; ‿boden m sol m caillouteux.

ˈKiesel m caillou m; galet m; min. silex m; ‿erde ⩕ f silice f; min. terre f siliceuse; ²haltig adj. siliceux, -euse; ‿säure ⩕ f acide m silicique.

ˈKies|grube f gravière f; ‿grund m sol m caillouteux; ²haltig, ²ig adj. caillouteux, -euse; ‿weg m chemin m caillouteux.

Kikeriˈki n cocorico m.

ˈkille'kille ⊢ adv.: ‿ bei j-m machen F faire guili-guili à q.

ˈKilo n, ˈ‿gramm n kilo(gramme) m; ‿grammkalorie f kilocalorie f; ˈ‿hertz n kilohertz (abr. kHz) m.

Kiloˈmeter m kilomètre m; ˈ‿fresser F m Auto: F bouffeur m (od. avaleur m de kilomètres); ‿ ein bouffeur (od. avaler od. dévorer od. faire) du kilomètre; ‿preis (Auto) m taxe f par (od. prix m du) kilomètre; ‿stand m kilométrage m; ‿stein m borne f kilométrique; mit ‿en versehen kilométrer; ‿zahl f nombre m de kilomètres; kilométrage m; ‿zähler m compteur m kilométrique.

Kiloˈwatt n kilowatt m; ‿stunde f kilowatt-heure m.

ˈKimm ⚓ f horizon m; ‿e entaille f; ✗ am Gewehr: cran m de mire; ˈ‿ung f (Luftspiegelung) mirage m.

Kiˈmono m kimono m.

Kind n enfant m, f; kleines ‿ bébé m; kleine ‿er des enfants en bas âge; das älteste (jüngste) ‿ e-r Familie l'aîné m (le cadet) des enfants d'une famille; eheliches ‿ enfant m légitime; uneheliches ‿ enfant m illégitime (od. naturel); ‿ aus erster Ehe enfant m du premier lit; an ‿es Statt annehmen adopter; an ‿es Statt angenommenes ‿ enfant m adoptif; artiges ‿ enfant m sage; verwöhntes (od. verzogenes) ‿

enfant *m* gâté; *vorlautes (od. schwatzhaftes)* ~ enfant *m* terrible; *von* ~ *auf* dès l'enfance; *ein* ~ *unterschieben (aussetzen)* substituer (abandonner) un enfant; *ein* ~ *erwarten* attendre un enfant *(od.* bébé); *ein* ~ *bekommen* accoucher d'un enfant; *ein* ~ *zur Welt bringen* mettre un enfant au monde; *e-m* ~ *das Leben schenken* donner la vie *(od.* le jour) à un enfant; *ein* ~ *entwöhnen* sevrer un enfant; *ein* ~ *wickeln* emmailloter un bébé; *ein* ~ *spazierenfahren* promener un enfant; *sich wie ein* ~ *anstellen* faire l'enfant; *seien Sie doch kein* ~*!* ne faites pas l'enfant; *das versteht jedes* ~ c'est enfantin; *er ist ein* ~ *des Todes* il est perdu; *ein* ~ *s-r Zeit* un enfant de son siècle; *das* ~ *beim rechten Namen nennen* appeler un chat un chat; *lieb* ~ *bei j-m sein* F être bien coco auprès de q.; *sich bei j-m lieb* ~ *machen* s'attirer les grâces de q.; *das* ~ *mit dem Bade ausschütten* jeter le bébé avec l'eau du bain; tout condamner sans discrimination; être trop absolu *(od.* exclusif, -ive) dans ses jugements; *mit* ~ *und Kegel* avec toute sa famille; F *avec toute la smala;* F *wir werden das* ~ *schon schaukeln* on va arranger (F goupiller) l'affaire; '~**bett** *n* couches *f*/*pl.*; *im* ~ *liegen* être en couches; *ins* ~ *kommen* accoucher; '~**betterin** *f* femme *f* en couches; accouchée *f*; '~**bettfieber** ⚕ *n* fièvre *f* puerpérale.
'**Kindchen** *n* petit enfant *m*; bébé *m*; petit *m*.
'**Kinder**|**abteilung** ✝ *f* rayon *m* enfants; ~**arbeit** *f* travail *m* des enfants; ~**art** *f* manière *f* d'enfant(s); ~**arzt** *m* pédiatre *m*; ~**ausweis** *m* carte *f* d'identité d'enfants; ~**beihilfe** *f* allocations *f*/*pl.* familiales; ~**bekleidung** *f* vêtements *m*/*pl.* pour enfants; ~**betreuung** *f* garde *f* d'enfants; ~**bett** *n* lit *m* d'enfant; ~**bewahr-anstalt** *a.* iron. *f* garderie *f* d'enfants; ~**brei** *m* bouillie *f* de bébé; ~**buch** *n* livre *m* d'enfant; livre *m* pour enfants.
Kinde'**rei** *f* enfantillage *m*.
'**Kinder**|**ermäßigung** *f* réduction *f* pour enfants; ~**erziehung** *f* éducation *f* des enfants; ~**fahrkarte** *f* billet *m* d'enfant; ~**fahrrad** *n* bicyclette *f* pour enfants *(od.* d'enfant); ~**fest** *n* fête *f* enfantine; ~**film** *m* film *m* pour enfants; ~**fräulein** *n* bonne *f* d'enfants; ~**freund(in** *f) m* ami *m*, -e *f* des enfants; qui aime les enfants; ~**funk** *m* émission *f* pour enfants; ~**fürsorge** *f* aide *f* sociale à l'enfance; ~**garten** *m* jardin *m* d'enfants; école *f* maternelle; ~**gärtnerin** *f* jardinière *f* d'enfants; institutrice *f* d'école maternelle; ~**geld** *n* allocation *f* familiale; ~**geschichten** *f*/*pl.* histoires *f*/*pl.* pour enfants; ~**geschirr** *(Haltegurt) n* 'harnais *m* pour enfants; ~**geschrei** *n* cris *m*/*pl. (od.* criailleries *f*/*pl.)* d'enfants; ~**häubchen** *n* bonnet *m* d'enfant; béguin *m*; ~**heilkunde** *f* pédiatrie *f*; ~**heim** *n*, ~**hort** *m* crèche *f*; garderie *f*; maison *f od.* foyer *m* d'enfants; 'home *m* d'enfants; ~**hochstuhl** *m* chaise *f* 'haute de bébé; ~**jahre** *n*/*pl.* (années *f*/*pl.* d')enfance *f*; ~**klapper** *f* 'hochet *m*; ~**kleidung** *f* vêtements *m*/*pl.* pour enfants; ~**klinik** *f* service *m* de pédiatrie; ~**krankenhaus** *n* hôpital *m* pour enfants; ~**krankheit** *f* maladie *f* infantile; maladie *f* des enfants; ~**laden** *m* crèche *f* sauvage; ~**lähmung** *f*: *spinale* ~ poliomyélite *f*; ²**leicht** *adj.* enfantin; *das ist* ~ c'est enfantin; c'est un jeu d'enfant; F c'est l'enfance de l'art; ²**lieb** *adj.*: ~ *sein* aimer les enfants; ~**liebe** *f* amour *m* filial; *der Eltern:* amour *m* des parents pour les enfants; ~**lied** *n* chanson *f* enfantine; chanson *f* pour enfants; ~**literatur** *f* littérature *f* enfantine *(od.* pour l'enfance); ²**los** *adj.* sans enfants; ~**losigkeit** *f* absence *f* d'enfants; ~**mädchen** *n* bonne *f* d'enfants; ~**märchen** *n* conte *m* d'enfants; ~**mehl** *n* farine *f* lactée; ~**mord** *m* infanticide *m*; ~**mörder(in** *f) m* infanticide *m*, *f*; ~**nährmittel** *n*/*pl.* aliments *m*/*pl.* infantiles; ~**nahrung** *f* alimentation *f* infantile; ~**narr** *m*, ~**närrin** *f* qui aime les enfants à la folie; ~**pflege** *f* puériculture *f*; ~**pflegerin** *f* puéricultrice *f*; ~**pflegeurlaub** Fr. *m* congé *m* de garde; ~**psychologie** *f* psychologie *f* de l'enfant; ²**reich** *adj.* qui a beaucoup d'enfants; ~ *Familie* famille *f* nombreuse; ~**schreck** *m* croque-mitaine *m*; ~**schriften** *f*/*pl.* littérature *f* pour enfants; ~**schuh** *m* soulier *m* d'enfant; *fig.* *den* ~*en entwachsen* sorti de l'enfance; *noch (od. erst) in den* ~*en stecken* être à l'état embryonnaire; être encore dans les langes; n'en être qu'à ses (premiers) balbutiements; ~**schutz** *m* protection *f* de l'enfance; ~**schwarm** *m* marmaille *f*, ribambelle *f* d'enfants; ~**schwester** *f* nurse *f*; puéricultrice *f*; ~**Sicherheitssitz** *(Auto) m* siège *m* de sécurité pour enfants; ~**spiel** *n* enfantillage *m*; *fig. a.* bagatelle *f*; ~**spielplatz** *m* parc *m* d'enfants; emplacement *m* réservé aux jeux des enfants; ~**spielzeug** *n* jouet *m* d'enfant; ~**spott** *m* risée *f* des enfants; ~**sprache** *f* langage *m* enfantin *(od.* des enfants); ~**sterblichkeit** *f* mortalité *f* infantile; ~**stiefel** *m* bottillon *m*; ~**stimme** *f* voix *f* enfantine; ~**streich** *m* enfantillage *m*; gaminerie *f*; ~**stube** *f*: *fig. e-e gute* ~ *haben* être bien élevé; ~**stuhl** *m* chaise *f* de bébé *(bzw.* d'enfant); ~**tagesstätte** *f* 'halte-garderie *f*; ~**theater** *n* théâtre *m* pour enfants; ~**verschikkung** *f* envoi *m* des enfants dans des centres aérés; ~**waage** *f* pèse-bébé *m*; ~**wagen** *m* landau *m*; voiture *f* d'enfant; ~**wärterin** *f* bonne *f* d'enfants; ~**zahnpflege** *f* pédodontie *f*; *Spezialist m für* ~ pédodonte *m*; ~**zimmer** *n* chambre *f* d'enfants; ~**zulage** *f*, ~**zuschlag** *m* supplément *m* salarial pour enfants.
'**Kindes**|**alter** *n* enfance *f*; bas âge *m*; ~**aussetzung** *f* abandon *m (od.* exposition *f)* d'enfant; ~**beine** *pl.*: *von* ~*n an* dès la (sa, notre, *etc.*) plus tendre enfance; ~**entführer(in** *f) m* ravisseur *m*, -euse *f* d'enfant; kidnappeur *m*, -euse *f*; ~**entführung** *f* enlèvement *m (od.* rapt *m)* d'enfant; kidnapping *m*; ~**kind** *n* petit-fils *m*, petite-fille *f*; ~**liebe** *f* amour *m* filial; ~**mißhandlungen** *f*/*pl.* sévices *m*/*pl.* parentaux; mauvais traitements *m*/*pl.* à enfants; ~**mord** *m* meurtre *m* d'un enfant; *bsd. e-s Neugeborenen:* infanticide *m*; ~**mörder(in** *f) m* infanticide *m*, *f*; ²**mörderisch** *adj.* infanticide; ~**pflicht** *f* devoir *m* filial; ~**raub** *m* rapt *m* d'enfant; ~**unterschiebung** *f* substitution *f* d'enfant.
'**kindgemäß** *péd. adj.* conforme à l'enfant.
'**Kindheit** *f* enfance *f*; bas âge *m*; *von* ~ *an* dès l'enfance.
'**kindisch** *adj. v. Personen:* enfantin; *pfort* niais; *v. Handlungen:* puéril; ~ *sein* faire l'enfant; ~ *werden* tomber en enfance; ~ *reden (handeln)* bêtifier; *sich* ~ *betragen* se conduire comme un enfant.
'**kindlich** *adj. (e-m Kinde gemäß)* enfantin; d'enfant; *(dem Kinde geziemend)* filial; *(unbefangen)* naïf, -ïve; *(unschuldig)* innocent; *(treuherzig)* ingénu; *(ohne Falsch)* candide; ²**keit** *f* simplicité *f* de l'enfance; *(die dem Kinde geziemt)* sentiment *m* filial; *(Unbefangenheit)* naïveté *f*; *(Unschuld)* innocence *f*; *(Treuherzigkeit)* ingénuité *f*; *(Reinheit)* candeur *f*.
'**Kindschaft** *f* filiation *f*.
'**Kinds**|**kopf** F *m* niais *m*; nigaud *m*; ~**pech** *physiol. n* méconium *m*.
'**Kindtaufe** *f* baptême *m*.
Kine'**matik** *phys. f* cinématique *f*.
Kinemato'**graph** *(erster Filmapparat) m* cinématographe *m*.
Kinematogra'**phie** *f* cinématographie *f*.
kinemato'**graphisch** *adj.* cinématographique.
Ki'**net**|**ik** *phys. f* cinétique *f*; ²**isch** *adj.* cinétique.
'**Kinkerlitzchen** F *pl.* niaiseries *f*/*pl.*
Kinn *n* menton *m*; *breites (spitzes; vorspringendes; fliehendes)* ~ menton *m* carré (pointu; saillant; fuyant); '~**backe(n** *m) f anat.* mâchoire *f*; '~**backenkrampf** ⚕ *m* trisme *m*; '~**band** *n* mentonnière *f*; '~**bart** *m* barbiche *f*; '~**binde** *f* mentonnière *f*; '~**haken** *m Boxsport:* crochet *m* à la mâchoire; uppercut *m*; '~**kette** *man. f* gourmette *f*.
'**Kino** *n* cinéma *m*; F ciné *m*; *ins* ~ *gehen* aller au cinéma (F au ciné); ~**besucher(in** *f) m* spectateur *m*, -trice *f*; ~**leinwand** *f* écran *m*; ~**raum** *m* salle *f* de cinéma; ~**reklame** *f* publicité *f* dans les cinémas; ~**saal** *m* salle *f* de cinéma; ~**vorstellung** *f* séance *f* de cinéma.
Ki'**osk** *m* kiosque *m*; ~**besitzer** *m* kiosquier *m*.
'**Kipfe(r)l** *östr., pât. n (Hörnchen)* croissant *m*.
'**kipp**|**bar** *adj.* basculant; à bascule; ²**bewegung** *f* mouvement *m* basculant; ²**bühne** *f* plate-forme *f* basculante; ²**e** *f (Wippe)* bascule *f*; F *(Zigarettenstummel)* mégot *m*; *(Müllabladeplatz)* décharge *f* publique; *auf der* ~ *stehen* être près de tomber; ~**(e)lig** *adj.* branlant; *en 1. v/i.* perdre l'équilibre; *(schaukeln)* basculer; *(wirklich fallen)* tomber; *(um* ~*)* faire la bascule; culbuter; 2. *v/t. (um* ~*)* culbuter; renverser; faire faire la bascule (à); *(schaukeln)* faire basculer; *(aus* ~*)* décharger; ²**fenster** *n* fenêtre *f* basculante (à bascule); ²**förderer** *m* transporteur *m* basculeur; ²**hebel** *m* culbuteur *m*; ~**karren** *m*

tombereau *m*; brouette *f* à bascule; 2kübel *m* benne *f* basculante; 2lader *m LKW* camion *m* à benne basculante; 2lore *f* wagonnet *m* (à benne basculante); lorry *m*; 2rost *m* grille *f* à bascule; 2schalter *m* interrupteur *m* à bascule; ~sicher *adj.* stable; 2sicherung *f* stabilisateur *m*; 2ständer (*Motorrad*) *m* béquille *f*; 2vorrichtung *f* basculeur *m*; culbuteur *m*; 2wagen *m* (*Kipplastwagen*) camion *m* à benne basculante; (*Kipplore*) wagonnet *m* (à benne basculante).

'Kirchdorf *n* village *m* qui a une église; paroisse *f*.

'Kirche *f* église *f*; *prot.* in Frankreich: temple *n*; als Einrichtung: Église *f*; die katholische (*protestantische, reformierte*) ~ l'Église *f* catholique (protestante; réformée); (*Gottesdienst*) service *m* divin; office *m*; *cath. mst.* messe *f*; *prot. mst.* culte *m*; in die ~ gehen aller à l'église; e-e ~ betreten entrer dans une église; in e-r ~ beten prier dans une église; die ~ ist aus le service est terminé (*od.* fini).

'Kirchen|älteste(r) *m* ancien *m*; ~amt *n* fonction *f* ecclésiastique; ~bann *m* excommunication *f*; in den ~ tun excommunier; ~bau *m* construction *f* d'une église; ~behörde *f* autorité *f* ecclésiastique; ~besuch *m* fréquentation *f* des offices; ~buch *n* registre *m* paroissial; ~chor ♪ *m* chorale *f* paroissiale; ~diener *m* (*Küster*) sacristain *m*; bedeau *m*; ~fahne *f* bannière *f*; 2feindlich *adj.* anticlérical; ~fenster *n* vitrail *m* (*pl.* vitraux); ~fest *n* fête *f* religieuse; ~fürst *m* prince *m* de l'Église; ~gelder *n/pl.* revenus *m/pl.* de l'église; ~gemeinde *f* paroisse *f*; ~gemeinschaft *f* commune *f* ecclésiale; ~geräte *n/pl.* objets *m/pl.* sacrés; ~gesang *m* chant *m* religieux; ~geschichte *f* histoire *f* ecclésiastique (*od.* de l'Église); ~jahr *n* année *f* ecclésiastique; ~konferenz *f* conférence *f* ecclésiale; ~konzert *n* concert *m* spirituel; ~lehre *f* dogme *m*; ~lied *n* cantique *m*; ~maus *f*: *fig.* arm wie e-e ~ pauvre comme un rat d'église; ~musik *f* musique *f* religieuse (*od.* sacrée); ~narr *m* grenouille *f* de bénitier; ~papier All. *pol. n* document *m* sur les relations de l'Église et de l'État; 2politisch *adj.* relatif, -ive à la politique ecclésiastique; ~rat *m* conseiller *m* de fabrique; *prot.* membre *m* du consistoire; (*als Behörde*) fabrique *f*; *prot.* consistoire *m*; ~raub *m* vol *m* d'objets religieux; ~recht ⚖ *cath.* ~ droit *m* canon; 2rechtlich *adj.* canonique; ~rechtslehrer *m* canoniste *m*; ~regiment *hist. n* gouvernement *m* de l'Église; régime *m* théocratique; ~schändung *f* sacrilège *m*; ~schatz *m* trésor *m* de l'Église; ~schiff *n* nef *f*; (~seitenschiff *n* nef *f* latérale; 2slawisch *ling. adj.* slavon *m*, -ne *f*; ~spaltung *f* schisme *m*; ~staat *hist. m* États *m/pl.* de l'Église; ~steuer *f* impôt *m* destiné à l'Église; *Fr.* denier *m* du culte (*od.* du clergé); ~streit *m* conflit *m* avec l'Église; innerer: dispute *f* confessionnelle; ~stuhl *m* banc *m* d'église; ~tag *m cath.* congrès *m* eucharistique; *prot.* congrès *m* évangélique; ~tagung *f* assises *f/pl.* de l'Église; ~vater *m* Père *m* de l'Église; ~versammlung *f* concile *m*; *e-s Landes*, *e-r Provinz* (*bsd. prot.*): synode *m*; ~verwaltung *f* fabrique *f*; ~vorstand *m* conseil *m* de fabrique; ~vorsteher *m* président *m* du conseil administratif de la paroisse; *cath.* conseiller *m* curial; fabricien *m*; *hist.* marguillier *m*; ~zucht *f* discipline *f* ecclésiastique.

'Kirch|gang *m* zur Trauung: cortège *m* nuptial; ~gänger(in *f*) *m* celui, celle qui va à l'église; fidèle *m*, *f*; pratiquant(e) *m* (*f*); ~hof *m* cimetière *m*; 2lich *adj.* ecclésiastique; (*geistlich*) spirituel, -elle; (*kirchenrechtlich*) canonique; (*Geistliche betreffend*) clérical; ~ gesinnt religieux, -euse; ~e Trauung mariage *m* religieux; sich ~ trauen lassen se marier à l'église; ~platz *m* parvis *m*; ~spiel *n* paroisse *f*; ~sprengel *m cath.* cure *f*; *a. prot.* paroisse *f*; ~turm *m* clocher *m*; ~turmpolitik *f* politique *f* de clocher; ~turmpolitiker *m* politicien *m* de clocher; ~turmspitze *f* flèche *f* d'une église; ~weihe *f* consécration *f* d'une église; ~weihfest *n* kermesse *f*; ~zeit *f* heures *f/pl.* du service divin (*od.* de l'office).

'Kirmes *f* kermesse *f*; in Nordfrankreich *a.* ducasse *f*; (*Jahrmarkt*) foire *f*.

'kirnen *v/t.* baratter.

'kirre *adv.* F j-n ~ machen rendre q. docile; faire plier q.; amadouer q.

'Kirsch (*Schnaps*) *m* kirsch *m*; '~baum *m* cerisier *m*; '~blüte *f* fleur *f* de cerisier; '~branntwein *m* kirsch *m*; '~e *f* cerise *f*; *fig.* mit ihm ist nicht gut ~n essen c'est un mauvais coucheur; '~en-entkerner *m* appareil *m* à retirer les noyaux des cerises; '~kern *m* noyau *m* (*dessen Inneres* amande *f*) de cerise; '~kuchen *m* tarte *f* aux cerises; clafoutis *m*; '2rot *adj.* rouge cerise; '~saft *m* jus *m* de cerises; '~stein *m* noyau *m* de cerise; '~stiel *m* queue *f* de cerise; '~wasser *n* kirsch *m*.

'Kissen *n* coussin *m*; (*Kopf~*) oreiller *m*; kleines ~ coussinet *m*; ~bezug *m*, ~überzug *m* taie *f* d'oreiller.

'Kistchen *n* petite caisse *f*; caissette *f*; coffret *m*.

'Kiste *f* caisse *f*; für Zigarren: boîte *f*; alte ~ (*Auto*) F tacot *m*; F bagnole *f*; ✈ (*Flugzeug*) F zinc *m*; in ~n packen mettre dans des caisses; e-e ~ zunageln clouer une caisse.

'Kisten|deckel *m* couvercle *m* de caisse; ~fabrik *f* fabrique *f* de caisses; ~holz *n* bois *m* propre à faire des caisses; ~macher *m* fabricant *m* de caisses; ~öffner *m* ouvre-caisses *m*.

Kitsch *m* tape-à-l'œil *m*; toc *m*; *peint.*, *sculp.* kitsch *m*; pompiérisme *m*; croûte *f*; F fla-fla *m*; (*Film*) navet *m*; 2ig *adj.* de mauvais goût; P tocard *m*; *peint.*, *sculp.* kitsch; pompier; ~es Bild croûte *f*; ~er Film F navet *m*; ~er Roman roman *m* à la guimauve.

Kitt *m* Glaserei: mastic *m*.

'Kittchen F *n* prison *f*; tôle *f*; taule *f*; bloc *m*; *mitard *m*; ins ~ kommen être coffré; être fourré en tôle (*od.* taule); être envoyé au bloc.

'Kittel *m* blouse *f*; (*Arzt~*) blouse *f* blanche; (*Fuhrmanns~*) sarrau *m*; ~ett (in Kasackform) *n* tablier-tunique *m*; blouse-tablier *f*.

'kitt|en *v/t.* Glaserei: mastiquer; ~los *adj.* sans mastic; 2messer *n* couteau *m* à mastic.

Kitz *n*, '~e *f* (*Zicklein*) chevreau *m*, chevrette *f*; (*Rehkalb*) faon *m*.

'Kitzel *m* chatouillement *m*; (*Jucken*) démangeaison *f*; (*Sinnen~*) volupté *f*; *fig.* der ~ der Gefahr l'attrait du danger; 2ig *adj.* chatouilleux, -euse; *fig.* scabreux, -euse; délicat; 2n *v/t. u. v/imp.* chatouiller; es kitzelt mich ça me chatouille; *fig. a.* flatter; ~n *n* chatouillement *m*.

'Kitzler *anat. m* clitoris *m*.

'kitzlig *adj.* → kitzelig.

Kla'bautermann ⚓ *m* goguelin *m*.

'Kladde *f* brouillon *f*.

kladdera'datsch! *int.* F patatras!

Kladdera'datsch F *m* (*Zusammenbruch*) *m* chambardement *m*; débâcle *f*; faillite *f*; effondrement *m*; da haben wir den ~! nous voilà dans de beaux draps!

'klaffen *v/i.* être béant; hier klafft ein Widerspruch voici une contradiction flagrante; die Wunde plaie *f* béante.

'kläff|en *v/i.* glapir; Hunde: japper, clabauder (*a. fig.*); 2en *n* glapissements *m/pl.*; der Hunde: jappements *m/pl.*; clabaudage *m* (*a. fig.*); 2er *m* (*Hund*) jappeur *m*; clabaud *m*; (*Person*) clabaudeur *m*.

'Klafter *f* (*Längenmaß*) toise *f*; (*Holzmaß*) corde *f*; 2n *v/t.* Holz: corder.

'klag|bar *adj.* qui donne lieu à une plainte; ~ werden porter plainte; 2e *f* plainte *f*; (*Beschwerden*) doléances *f/pl.*; (*Seufzen*) gémissement *m*; (*Jammern*) lamentations *f/pl.*; (*Besitzschutz~*, *~lied*) complainte *f*; in ~n ausbrechen se répandre en plaintes (*od.* en lamentations); ~ führen über (*acc.*) se plaindre de; ⚖ plainte *f* (en justice); ~ erheben porter plainte; déposer une plainte; e-e ~ gegen j-n anhängig machen porter plainte contre q.; intenter une action (*od.* une demande. un procès) à (*od.* contre) q.; e-e ~ erheben wegen ... engager une action en justice pour ...; mit s-r ~ abgewiesen werden être débouté de sa demande; 2e-abweisung *f* rejet *m* de la demande; débouté *m*; 2ebe-antwortung *f* mémoire *m* en défense; 2egedicht *n* élégie *f*; 2egeschrei *n* lamentations *f/pl.*; 2egrund *m* grief *m*; motif *m* de l'action; 2elaut *m* plainte *f*; 2elied *n* complainte *f*; *mv.p.* jérémiade *f*; ~er anstimmen (*od.* singen) se répandre en jérémiades; 2emauer *f* mur *m* des lamentations; ~en 1. *v/i.* se plaindre; proférer des plaintes; (*jammern*) se lamenter; bei j-m über etw. (*acc.*) ~ se plaindre de qch. à q.; ⚖ porter plainte en justice. 2. *v/t.*: j-m sein Leid ~ confier, raconter sa peine, son chagrin à q.; ~en *n* plaintes *f/pl.*; (*Jammern*) lamentations *f/pl.*; ~end *adj.* plaintif, -ive; dolent; ⚖ plaignant; 2epunkt ⚖ *m* chef *m* d'accusation.

'Kläger(in *f*) *m* im Zivilprozeß: demandeur *m*, -deresse *f*; in e-r Kriminalsache: plaignant *m*, -e *f*; öffentlicher ~ plaignant *m* public.

'Klage|ruf *m* cri *m* plaintif; ~sache *f* procès *m*; cause *f*; ~schrift *f* mémoire *m*; demande *f*; requête *f*; ~ton *m* ton *m* plaintif; ~weg *m*: *auf dem* ~ par voie d'action; ~weib *n* pleureuse *f*.

'kläglich *adj.* (*klagend*) plaintif, -ive; *nicht v. Personen*: lamentable, pitoyable; (*beklagenswert*) déplorable; (*betrübend*) affligeant; (*erbärmlich*) piteux, -euse; misérable; *eine* ~*e Rolle spielen* faire triste figure; **2keit** *f* (*beklagenswerter Zustand*) état *m* déplorable; état (*od.* caractère) *m* pitoyable.

Kla'mauk F *m* chahut *m*; chambard *m*; pétard *m*; tam-tam *m*; barouf(le) *m*.

klamm¹ *adj. Wäsche*: froid et humide; *Finger*: engourdi; gourd; F ~ *sein* (*knapp bei Kasse sein*) être à court d'argent; être à sec.

Klamm² *géol. f* gorge *f*.

'Klammer *f* crampon *m*; ⚓ agrafe *f*; clameau *m*; (*Wäsche2*) pince *f* à linge; (*Haar2*) pince *f* (à cheveux); (*Wund2*) agrafe *f*; (*Heft2*) agrafe *f*; (*Büro2*) trombone *m*; attache *f* de bureau; *gr., typ., Algebra*: runde ~ *n pl.* parenthèses *f/pl.*; eckige ~ *n pl.* crochets *m/pl.*; geschweifte ~ accolade *f*; *in* ~*n setzen* mettre entre parenthèses; *mit* ~*n verbinden* accoler; ~beutel *m* sac *m* à pinces à linge; **2n** *v/t.* (*v/rf.*: *sich se*) cramponner (*an acc.* à).

Kla'motten F (*Kleidung*) *f/pl.* frusques *f/pl.*; fringues *f/pl.*; nippes *f/pl.*

'Klampe ⚓ *f* taquet *m*.

'Klampfe *f* guitare *f*.

kla'müsern F (*in der Stube hocken*) *v/i.* F être pantouflard.

Klang *m* son *m*; *der Stimme*: ton *m*; (~*farbe*) timbre *m*; (*Widerhall*) résonance *f*; *dumpfe Klänge pl.* flonflons *m/pl.*; *mit Sang und* ~ tambour battant; *ohne Sang und* ~ sans tambour ni trompette; '~farbe *f* timbre *m*; *rad.* tonalité *f*; '~fülle *f* sonorité *f*; '~lehre *f* acoustique *f*; '2los *adj.* sourd; *Stimme*: éteint; *phys.* non sonore; '~reflektor *cin., rad. m* drapeau *m*; '~regler *m* régulateur *m* de tonalité; (*Person*) contrôleur *m* de tonalité; '~reglung *f* réglage *m* de tonalité; '2rein *adj.* net, nette; '~reinheit *f* netteté *f* du son; '~treue *f* fidélité *f* du son; '2voll *adj.* sonore; *Titel*: qui sonne bien; ~*e Stimme a.* voix *f* étoffée; '~wirkung *f* effet *m* sonore.

'Klapp|bett *n* lit *m* pliant (*od.* rabattable); lit *m* cage; ~boden *m* fond *m* à charnière; ~brücke *f* pont-bascule *m*; pont *m* basculant; ~deckel *m* couvercle *m* à charnière.

'Klapp|e *f am Tisch*: abattant *m*; *Schneiderei*: patte *f* (*a. des Briefumschlags*); rabat *m*; revers *m*; (*Deckel*) couvercle *m*; (*Fliegen2*) tue-mouches *m*; *zwei Fliegen mit e-r* ~ *schlagen* faire d'une pierre deux coups; faire double coup; (*Fall2*) trappe *f*; (*Ventil*) clapet *m*; soupape *f*; valve *f*; (*Verschluß2*) volet *m*; (*Orgel2*) soupape *f*; (*Hosen2*) pont *m*; *am Ofen, Instrument*: clef *f*; *an der Flöte*: languette *f*; *anat.* valvule *f*; ♥, *zo.* valve *f*; P (*Bett*) pieu *m*; *in die* ~ *gehen* se mettre au pieu; se pieuter; P (*Mund*) gueule *f*; *halt die* ~! (ferme) ta gueule!; *e-e große* ~ *haben* F être fort en gueule; **2en 1.** *v/i.* faire clac; claquer; se fermer avec bruit; *fig. das klappt* ça va bien, F ça tourne rond, ça colle, P ça gaze; **2.** *v/t.* (*v/rf. sich*) *in die Höhe* (*se*) relever; ~en *n* claquement *m*; *fig. es müssen zum* ~ (= *zur Entscheidung*) *cela va se déclencher*; ~entasche *f* poche *f* à rabat; ~entext *m* texte *m* du rabat (de la jaquette d'un livre); ~ventil *n* soupape *f* à clapet; clapet *m*; ~verschluß *m* fermeture *f* à clapet.

'Klapper *f* (*Lärminstrument*) crécelle *f*; (*Tanz2*) castagnette *f*; (*Beißring*) 'hochet *m*; **2dürr** *adj.* maigre comme un clou (*od.* 'n hareng *od.* un squelette); **2ig** *adj. fig.* très faible; usé; affaibli, *vél., Auto*: F déglingué; ⚙, *a. Auto*: cacochyme; ⚙ ~ *werden* F décoller; ~kasten F (*Auto*) *m* F chignole *f*; F tacot *m*; F guimbarde *f*; bagnole *f*; **2n** *v/i.* cliqueter; ferrailler; *Mühle*: faire tic tac; *Storch*: craqueter; *mit den Zähnen* ~ claquer des dents (*vor Kälte de froid*); ~n *n* cliquetis *m*; *der Mühle*: tic-tac *m*; *des Storches*: craquètement *m*; *der Schreibmaschine*: cliquetis *m*; bruit *m*; *der Zähne*: claquement *m*; (*Gerassel*) bruit *m* de ferraille; ~ *gehört zum Handwerk* le métier ne va pas sans réclame; il faut savoir faire valoir sa marchandise; ~schlange *zo. f* serpent *m* à sonnettes; *sc.* crotale *m*; ~storch F *m* cigogne *f*.

'Klapp|fahrrad *n* bicyclette *f* pliante; ~fenster *n* vasistas *m*; *Auto*: déflecteur *m*; ~horn ♪ *n* (cornet *m* à) piston *m*; ~hut *m* chapeau *m* claque; claque *m*; ~kamera *f* appareil *m* (photo[graphique]) à soufflet; ~kragen *m* col *m* rabattu; ~laden ⚓ *m* volet *m*; contrevent *m*; *durchbrochener* ~ persienne *f*; ~manschette *f* poignet *m* mousquetaire; ~messer *n* couteau *m* pliant (*od.* à cran d'arrêt); **2rig** *adj.* → 2erig; ~sitz *m*, ~stuhl *m* (siège *m*) pliant *m*; siège *m* rabattable; *Auto, cin., thé.* strapontin *m*; ~sportwagen *m* poussette *f* pliante; ~tisch *m* table *f* pliante (*od.* à abattants); ~tür *f* trappe *f*; ~verdeck *n* *e-s Wagens*: capote *f*.

Klaps *m* tape *f*; claque *f*; freundschaftlicher ~ bourrade *f* amicale; F *e-n* ~ *haben* être cinglé (*od.* timbré *od.* toqué); avoir une araignée dans le plafond; '2en *v/i. u. v/t.* taper; claquer; ~mühle F *f* F maison *f* de fous.

klar I *adj.* clair (*a. fig.*); (*durchsichtig*) transparent; *Flüssigkeiten, Himmel*: limpide; (*rein*) pur; (*heiter*) serein; (*licht*) lucide; (*verständlich*) intelligible; (*deutlich*) net, nette; (*unterschieden*) distinct; (*einleuchtend*) évident; ~ *werden Flüssigkeiten*: se clarifier; *Himmel*: s'éclaircir; *j-m* ~en *Wein einschenken* dire à q. la vérité toute nue; F *das ist doch* ~ *wie Kloßbrühe* c'est clair comme le jour; c'est clair comme de l'eau de roche; c'est tout ce qu'il y a de plus clair; c'est aussi clair que deux et deux font quatre; F *na,* ~! bien sûr!; *ins* ~*e bringen* tirer (*od.* mettre) au clair; *ins* ~*e kommen commencer à voir clair; ich bin mir* ~ *en darüber* j'y vois clair; *ich bin mir* *darüber im* ~*en, daß* ... j'ai conscience de ce que ...; *sich über etw.* (*acc.*) ~ *werden* prendre conscience de qch.; ⚓ *v. Tauen*: (*ungehindert*) dégagé, *bsd. als Kommando*: paré!; ~ *sein être à partir*; ~ *Schiff!*, ~ *zum Gefecht!* paré pour le combat!; **II** *adv.* clairement; ~ *denken* penser clairement; ~ *sehen* voir clair; ~ *zutage treten*; ~ *auf der Hand liegen* être tout à fait clair; être évident; *es geht* ~ *daraus hervor, daß* ... il apparaît que ...

'Klär|anlage *f* station *f* d'épuration; installation *f* de clarification (*od.* de décantation); ~becken *n* bassin *m* de décantation.

'klar|blickend *adj.* clairvoyant; (*scharfsichtig*) perspicace; ~denkend *adj.* qui a les idées claires.

'klären **I** *v/t.* (*v/rf.*: *sich se*) clarifier; (*s'éclaircir* (*a. fig.*); *Sport*: dégager; **II** **2n** *n* clarification *f*; *fig.* éclaircissement *m*.

'Klärgrube (*e-s Aborts auf dem Lande*) *f* fosse *f* septique.

'Klarheit *f* clarté *f* (*a. fig.*); (*Durchsichtigkeit*) transparence *f*; *v. Flüssigkeiten, Himmel*: limpidité *f*; (*Reinheit*) pureté *f*; (*Heiterkeit*) sérénité *f*; (*Deutlichkeit*) netteté *f*; (*Augenscheinlichkeit*) évidence *f*; *des Geistes*: lucidité *f*; ~ *in etw.* (*acc.*) *bringen* éclaircir qch.

kla'rieren ⚓ *v/t.*: *ein Schiff* ~ procéder aux formalités de sortie du port.

Klari'nette ♪ *f* clarinette *f*; ~nbläser *m* clarinette *f*; clarinettiste *m*.

Klarinet'tist *m* clarinettiste *m*; clarinette *f*.

'klar|legen *v/t. fig.* éclaircir; tirer au clair; *j-m etw.* ~ faire comprendre qch. à q.; **2legung** *f* éclaircissement *m*; ~machen, ⚓ ~: rendre clair; éclaircir; tirer au clair; expliquer; *j-m etw.* ~ faire comprendre qch. à q.; *sich etw.* ~ se rendre compte de qch.; ⚓ apprêter (*od.* parer) un bateau; ⚔ *zum Kampfe* ~ faire branle-bas de combat; sonner le branle-bas.

'Klärmittel *n* clarifiant *m*.

'Klar|scheibe (*Gasmaske*) *f* disque *m* antibuée; ~sichtscheibe *f* vitre *f* antibuée; **2stellen** *v/t.* éclaircir; tirer au clair; faire le point (*sur qch.*); (*richtigstellen*) mettre au point; ~stellung *f* éclaircissement *m*; (*Richtigstellung*) mise *f* au point; ~text *m* texte *m* déchiffré; *allg. im* ~ *en clair*.

'Klärung *fig. f* éclaircissement *m*.

'klarwerden **1.** *v/i.* s'éclaircir; **2.** *v/rf.*: *sich über etw.* ~ (commencer à) se rendre compte de qch.

'Klasse *f* classe *f*; *e-s Führerscheines*: catégorie *f*; *écol. in der ersten* (*zweiten*) *Grundschul2 sitzen* être au cours préparatoire (au cours élémentaire première année); *e-e* ~ *wiederholen* (*überspringen*) redoubler (sauter) une classe; *Fahrkarte erster* (*zweiter*) ~ (billet *m* de) première *f* (seconde *f*); *erster* ~ (*ersten Ranges*) de première qualité; *ein Künstler erster* ~ un artiste de première classe; *die mittleren* ~*n les classes f/pl.* moyennes; *die oberen* ~*n les classes f/pl.* supérieures; les 'hautes classes *f/pl.* (*a. Schule*); *die unteren* ~ *les classes f/pl.* inférieures; les basses classes *f/pl.* (*a. Schule*); *Schule*: les petites classes *f/pl.*; die *besitzende* ~ les possédants *m/pl.*; *die arbeitende* ~ la classe ouvrière; *die herrschende* ~ la classe dirigeante; *in* ~*n einteilen* classifier; classer; F *das ist* ~! c'est formidable!; c'est sensass!; c'est bath!; chouette!; *(Bautyp) die Airbus*⸰ la famille de l'Airbus.

'**Klassen|älteste(r)** *m* élève *m* le plus âgé de la classe; ~**arbeit** *f* composition *f*; ⸰**bewußt** *adj.* conscient de ma (ta, *etc.*) classe; ~**bewußtsein** *n* conscience *f* de classe; ~**buch** *n* journal *m* de classe; ~**clown** *m* pitre *m* de la classe; ~**einteilung** *f* classement *m*; classification *f*; ~**feind** *pol. m* ennemi *m* de classe; ~**frequenz** *f* effectif *m* (d'une classe); ~**geist** *m* esprit *m* de classe (*od.* de caste); esprit *m* de la classe; ~**haß** *m* haine *f* de classes; ~**kamerad(in** *f) m* camarade *m, f* de classe; ~**kampf** *m* lutte *f* des classes; ~**lehrer(in** *f) m* professeur *m* responsable de classe; *Fr.* coordonateur *m*, -trice; ⸰**los** *adj.* sans classes; ~**lotterie** *f* loterie *f* par classes; ~**spiegel** *m* plan *m* de la classe; ~**sprecher(in** *f*) *écol. m* élève *m (f)* délégué(e) de classe; ~**stärke** *f* effectif *m* (d'une classe); ~**teilung** *écol. f* dédoublement *m* d'une classe; ~**unterschiede** *m/pl.* distinction *f* des classes; ~**zimmer** *n* (salle *f* de) classe *f*.

klas'sieren *v/t.* classer.

klassifi'zier|en *v/t.* classifier; classer; ⸰**en** *n*, ⸰**ung** *f* classification *f*; classement *m*.

'**Klass|ik** *f* classicisme *m*; ~**iker** *m* (auteur *m*) classique *m*; ⸰**isch** *adj.* classique.

Klassi'zismus *m* classicisme *m*; *peint., sculp., litt. schaler (od. fader)* ~ pompiérisme *m*; *Anhänger m des faden* ~ pompier *m*.

klatsch! *int.* flac!

Klatsch *m* bavardage *m*; commérage *m*; racontars *m/pl.*; cancans *m/pl.*; médisance *f*; potins *m/pl.*; F ragots *m/pl.*; '~**base** F *f* F commère *f*; cancanière *f*; '~**blatt** F *n* journal *m* à scandales (*od.* à ragots).

'**Klatsche** *f (Fliegen*⸰*)* tue-mouches *m*; tapette *f*.

'**klatschen I** *v/i.* claquer; *in die Hände (od. in die Hände)* ~ claquer *(od.* battre) des mains; *mit der Peitsche* ~ faire claquer son fouet; *j-m Beifall* ~ applaudir q.; ~ *der Regen* pluie *f* battante; F *fig.* potiner; commérer; faire des ragots; caqueter; cancaner; F bavasser; *über j-n* ~ médire de q.; **II** ⸰ *n* claquement *m*; *(Beifall*⸰*)* applaudissements *m/pl.*; *(Massage)* claquade *f*; *fig.* commérage *m*.

'**Klatscher** *m (Beifall*⸰*)* applaudisseur *m*.

Klatsche'rei *f* bavardage *m*; F commérage *m*; cancans *m/pl*.

'**Klatsch|geschichte** *f* F commérage *m*; ⸰**haft** *adj.* bavard; cancanière; potinier, -ière; ~**haftigkeit** *f* habitude *f* de bavarder *(od.* de commérer *od.* de cancaner).

'**Klatsch|maul** F *n* concierge *m, f*; F pipelet(te) *m (f)*; cancanier, -ière *f*; F gazette *f*; ~**mohn** *m*, ~**rose** *f* ♀ coquelicot *m*; ⸰**naß** *adj.* trempé jusqu'aux os; ⸰**süchtig** *adj.* cancanière, -ière *f*; ~**weib** F *n* F commère *f*; cancanière *f*; F pipelette *f*.

'**klauben** *v/t.*: *Worte* ~ couper les cheveux en quatre, chicaner sur les mots, ergoter, P pinailler.

'**Klaue** *f der Paarhufer:* onglon *m*; *weitS. Kralle:* griffe *f*; *der Raubvögel:* serre *f*; F *(Schrift)* écriture *f*; pattes *f/pl.* de mouche; *mit den* ~ *packen* saisir avec ses griffes; *in j-s* ~*n (Händen) sein* être sous la griffe de q.; être dans les griffes de q.; F être entre les pattes de q.; *j-m in die* ~*n (Hände) fallen* tomber dans les griffes *(od.* sous la griffe) de q.

'**klauen** F *v/t.* F chiper; F subtiliser; F faucher; P barboter; F chaparder; F ratiboiser; F ratisser; P rifler; P calotter; *in diesem Geschäft wird viel geklaut* a. il y a de la fauche dans ce magasin; *abs.* ~ avoir les mains crochues.

'**Klauen|hieb** *m* griffade *f*; ~**kupplung** ⊕ *f* embrayage *m* à griffes; ~**seuche** *vét. f:* Maul- *und* ~ fièvre *f* aphteuse.

'**Klause** *f (Gebirgspaß)* défilé *m*; cluse *f; (Mönchs*⸰*)* cellule *f; (Einsiedelei)* ermitage *m*.

'**Klausel** 🏛 *f* clause *f*; stipulation *f* particulière.

'**Klausner** *m* ermite *m*.

Klau'sur| *rl. f* clôture *f*; ~**arbeit** *écol., univ.* épreuve *f* écrite d'examen; e-e *französische* ~ *schreiben* passer l'écrit de l'examen de français.

Kla'via'tur ♪ *f* clavier *m*; touches *f/pl*.

Kla'vier *n* piano *m*; ~ *spielen* jouer du piano, ~**auszug** *m* partition *f* pour piano; ~**bauer** *m* facteur *m* de pianos; ~**begleitung** *f* accompagnement *m* de piano; ~**hocker** *m* tabouret *m* de piano; ~**konzert** *n* concerto *m* pour piano; *e-s Solisten:* récital *m* de piano; ~**lehrer(in** *f) m* professeur *m* de piano; ~**musik** *f* musique *f* pour piano; ~**schemel** *m* tabouret *m* de piano; ~**schlüssel** *m* clef *f* d'ut; ~**schule** *f* école *f* de piano; *(Methode)* méthode *f* de piano; ~**spiel** *n:* sein ~ sa façon de jouer du piano; ~**spieler(in** *f) m* pianiste *m, f*; ~**stimmer** *m* accordeur *m* de pianos; ~**stück** *n* morceau *m* de piano; ~**stuhl** *m* tabouret *m* de piano; ~**stunde** *f* leçon *f* de piano; ~**virtuose** *m*, ~**virtuosin** *f* pianiste *m, f* virtuose; ~**vortrag** *m* récital *m* de piano.

'**Klebe|folie** *f* adhésif *m*; ~**kraft** *f* pouvoir *m* adhésif; ~**marke** *f* vignette *f*; timbre *m* (d'assurance sociale); ~**mittel** *n* colle *f*; ⸰**n 1.** *v/i.* (se) coller *(an dat.* à); être collé; fest ~ tenir *(pfort adhérer) (an dat.* à); *an j-m (an e-r Sache dat.)* ~ être attaché à q. (à qch.); s'attacher à q. (à qch.); *am Buchstaben* ~ s'en tenir à la lettre; *Blut klebt an s-n Händen* il y a du sang sur ses mains. **2.** *v/t.* coller (*an acc.* à); F *für Altersversicherung:* cotiser à l'assurance vieillesse; F *j-m e-e* ~ coller (*od.* flanquer *od.* administrer) une gifle à q.; gifler q.; calotter q.; talocher q.; ~**n** *n* collage *m; (Anhaften)* adhérence *f*; ⸰**nd** *adj.* collant; adhésif, -ive; ~**r** *(Leim) m* colle *f*; ⸰**rig** *adj.* gluant; collant; adhésif, -ive; *(schleimig)* visqueux, -euse; poisseux, -euse; glutineux, -euse; ~**rolle** *f* bande *f* adhésive; ~**stelle** *f* endroit *m* de collage; ~**stoff** *m* colle *f*; adhésif *m*; substance *f* adhésive; 🏛 gluten *m*; ~**streifen** *m* bande *f* gommée *(od.* adhésive *od.* collante); bandelette *f* agglutinative; ruban *m* adhésif; ~**zettel** *m* étiquette *f* gommée.

'**klebrig** *adj.* = klebrig.

'**klecker|n** *v/i.* faire des taches; ~**weise** F *adv.* petit à petit; peu à peu; par petites quantités.

'**Klecks** *m* tache *f; (Tinten*⸰*) a.* pâté *m*; '⸰**en** *v/i.* faire des taches; *Schreibfeder:* cracher; *(sudeln)* barbouiller; '~**er(in** *f) m* barbouilleur *m*, -euse *f*; ~**e'rei** *f* barbouillage *m; (schlechtes Bild) a.* croûte *f*.

Klee ♀ *m* trèfle *m*; '~**blatt** *n* feuille *f* de trèfle; *fig.* trio *m*; *vierblättriges* ~ trèfle *m* à quatre feuilles; *Autobahnkreuzung:* trèfle *m*; '⸰**blattförmig** *adj.* en forme de feuille de trèfle; '~**blattkreuz** ⚠ *n* trèfle *m*; ~**feld** *n* champ *m* de trèfle; tréflière *f*; '~**futter** *n* trèfle *m*; '~**salz** 🜍 *n* sel *m* d'oseille.

Klei *m* argile *f*; terre *f* grasse.

'**Kleiber** *orn. m* sittelle *f*.

Kleid *n* robe *f*; *abgelegte* ~*er* vieux habits *m/pl.*; vêtements *m/pl.* usagés; *in s-n* ~*ern schlafen* dormir tout habillé; *prov.* ~*er machen Leute* l'habit fait le moine; les belles plumes font le beau oiseaux; '⸰**en 1.** *v/t. (v/rf.: sich s')* habiller; (se) vêtir; *schwarz gekleidet sein* être habillé de noir; *fig. in Worte* ~ exprimer; donner forme (à); **2.** *v/t. u. v/i.: j-n* ~ aller *(od.* seoir) à q.

'**Kleider|ablage** *f* vestiaire *m*; ~**aufwand** *m* luxe *m* de toilette; ~**bügel** *m* cintre *m*; portemanteau *m*; ~**bürste** *f* brosse *f* à habits; ~**geschäft** *n* maison *f* de confection; magasin *m* de vêtements; ~**haken** *m* patère *f*; portemanteau *m*; ~**hakenbrett** *n* portemanteau *m*; ~**handel** *m* commerce *m* d'habits; confection *f*; ~**hülle** *f* 'housse *f* protège-vêtements; ~**kammer** *f* penderie *f*; ~**laus** *zo. f* pou *m* de corps; ~**motte** *zo. f* teigne *f*; ~**puppe** *f* mannequin *m*; ~**sack** *m* sac *m* à vêtements; *als Reisetasche:* sac *m* pliant; porte-habits *m*; ~**schrank** *m* garde-robe *f*; penderie *f*; armoire *f* à vêtements; ~**ständer** *m* portemanteau *m*; ~**stange** *f* tringle *f* à vêtements; ~**stoff** *m* étoffe *f (od.* tissu *m)* pour robes.

'**kleidsam** *adj.* seyant; qui va *(od.* sied *od.* habille) bien; ⸰**keit** *f* verbal.

'**Kleidung** *f* habits *m/pl.*; vêtements *m/pl.*; habillement *m*; *e-r Frau a.* toilette *f*; ~**sstück** *n* vêtement *m*.

'**Klei|e** *f* son *m*; ~**enmehl** *n* recoupe *f*; ⸰**ig** *adj.* qui contient du son.

klein I *adj.* petit; *(winzig)* exigu; menu; *(verschwindend)* minuscule; imperceptible; ~*er Geist* petit esprit *m*; ~*er Buchstabe* (lettre *f*) minuscule *f*; ~*es Holz* menu *m (pet.* petit) bois *m*; ~*es Geld* monnaie *f*; ~*er Junge* bambin *m*; *der* ~*e Mann* l'homme *m* du peuple; *die* ~*en Leute* les petites gens *(das prädikative Adjektiv in männlicher Form!)*; les gens de peu; les humbles; le petit *(od.* menu) peuple; ~ *und groß* petits et grands *m/pl*.; ♪ ~*e Oktave* octave *f* diminuée; *ein (ganz)* ~

wenig un (tout) petit peu; un tant soit peu; un tantinet; *aus ~en Verhältnissen stammen* être d'origine modeste (*od.* humble *od.* d'humble origine); *von ~ auf* dès l'enfance; dès la plus tendre jeunesse; *im ~en* en petit; en miniature; *im ~en verkaufen* vendre au détail; *~er werden* rapetisser; diminuer; **II** *adv.*: *~ gewachsen* de petite taille; *er schreibt ~* il écrit en petits caractères; il écrit petit; *ein Wort ~ schreiben* écrire un mot avec une minuscule; *dieses Wort wird ~ geschrieben* ce mot prend une (*od.* s'écrit avec une) minuscule; *~ anfangen* partir de rien; *~ beigeben* baisser pavillon (*od.* la chanterelle); filer doux; *von j-m ~ denken* ne pas avoir une très 'haute idée de q.; *sich ~ machen* se faire petit; *~er machen* rapetisser; diminuer; *sich ~er machen* se rapetisser; *kurz und ~ schlagen* réduire qch. en miettes; mettre qch. en pièces (*od.* en morceaux); hacher menu comme chair à pâté; *bis ins ~ste* jusque dans le(s) moindre(s) détail(s); ²¹**asien** *n* l'Asie *f* Mineure; ¹²**auto** *n* petite voiture *f*; petite cylindrée *f*; ¹²**bahn** *f* chemin *m* de fer secondaire; chemin *m* de fer à voie étroite; F tortillard *m*; ¹²**bauer** *m* petit cultivateur *m*; ¹²**betrieb** *m* petite exploitation (*od.* entreprise) *f*; ¹²**bildkamera** *f* caméra *f* de petit format; ¹²**buchstabe** *m* (lettre *f*) minuscule *f*; ¹²**bürger** *m* petit-bourgeois *m*; ¹²**bürgerlich** *adj.* petit--bourgeois; ¹²**bürgertum** *n* petite bourgeoisie *f*; ¹²**bus** *m* minibus *m*; microbus *m*; F (r *a. m*) *m*, *f* petit *m*, *-e f*; *Kleine und Große pl.* petits et grands *m/pl.*; ¹²**e(s)** *n* peu *m* de chose; bagatelle *f*; peu *m* en très petit; en miniature; *im* ²*n verkaufen* vendre au détail; *bis ins kleinste* jusque dans le(s) moindre(s) détail(s); ¹²**erwerden** *n* diminution *f*; ¹²**fahrrad** *n* mini-bicyclette *f*; mini-vélo *m*; ¹²**fahrzeug** *n* petit véhicule *m*; ¹²**flugzeug** *n* petit avion *m*; ¹²**format** *n* petit format *m*; ¹²**garten** *m* jardin *m* ouvrier; ¹²**gärtner** *m* jardinier *m* amateur; locataire *m* de jardin ouvrier; ¹²**geld** *n* monnaie *f*; ¹²**gewerbe** *n* petite industrie *f*; ¹²**gewerbetreibende(r)** *m* petit industriel *m*; ¹**gläubig** *adj.* de peu de foi; (*verzagt*) pusillanime; ¹²**gläubigkeit** *f* manque *m* de foi; (*Verzagtheit*) pusillanimité *f*; ¹²**hacken** *v/t.* 'hacher menu; ¹²**handel** *m* petit commerce *m*; commerce *m* de détail; ¹²**handels-preis** *m* prix *m* de détail; ¹²**händler(in** *f*) *m* détaillant *m*, *-e f*; ¹²**heit** *f* petitesse *f*; ¹²**hirn** *anat. n* cervelet *m*; ¹²**holz** *n* menu (*od.* petit) bois *m*; F ✂ *~ machen* casser du bois; F casser la casse; casser du bois; ¹²**hubschrauber** *m* gyrocoptère *m*.

'**Kleinigkeit** *f* bagatelle *f*; peu *m* de chose; rien *m*; (*Unbedeutendes*) futilité *f*; broutilles *f/pl.*; vétille *f*; babiole *f*; *~en pl.* (*Einzelheiten*) (menus) détails *m/pl.*; *sich um ~en kümmern* tatillonner, vétiller, P pinailler; *~s-krämer(in* f) *m* pédant *m*, *-e f*; tatillon *m*, *-onne f*; F pinailleur *m*, *-euse f*; ¹²**skrämerei** *f* pédanterie *f*.

'**Klein|kaliberbüchse** *f* fusil *m* de petit calibre; *~***kaliberschießen** *n* tir *m* à petit calibre; ²**kalibrig** *adj.* de petit calibre; *~***kamera** *f* microcaméra *f*; *~ in Geschäften zur Aufnahme von Scheckbetrügern* trombinoscope *m*; ²**kariert** *adj.* à petits carreaux; F *fig.* mesquin; borné; étriqué; étroit; pusillanime; *~***kind** *n* petit enfant *m*; *~***kindnahrung** *f* aliments *m/pl.* pour enfants du premier âge; ²**köpfig** *adj.* microcéphale; *~***köpfigkeit** *f* microcéphalie *f*; ²**körnig** *adj.* à petits grains; *~***kraftrad** *n* cyclomoteur *m*; *~***kram** *m* vétilles *f/pl.*; riens *m/pl.*; *~***krieg** *iron. m* zwischen Universitäten: F guéguerre *f*; ²**kriegen** F: *j-n ~ mater* q.; faire mettre les pouces à q.; faire plier (*od.* céder) q.; faire rendre les armes à q.; venir à bout de q.; *nicht kleinzukriegen* increvable; *écol. die Anführer ~ réduire les meneurs*; *sich nicht ~ lassen* F avoir du répondant; ne pas se laisser monter sur les pieds; *~***küche** *f* cuisinette *f*; *~***kunstbühne** *f* cabaret *m* artistique; *~***lastwagen** *m* petit camion *m*; camionnette *f*; ²**laut** *adj. fig.* décontenancé; interdit; interloqué; *j-n ~ machen* décontenancer q.; *~ werden* être décontenancé (*od.* interdit); baisser le ton; ne pas en mener large; perdre son aplomb; *~***lebewesen** *n* microzoaire *m*; ²**lich** *adj.* petit; borné; mesquin; tatillon, -onne; vétillard; *litt.* vétilleux, -euse; (*umständlich*) formaliste; *~***lichkeit** *f* petitesse *f* d'esprit; mesquinerie *f*; esprit *m* vétillard; *~***lieferwagen** *m* camionnette *f*; fourgonnette *f*; ²**machen** *v/t. Holz*: menuiser; *große Geldscheine*: faire la monnaie (de); ²**mahlen** *v/t.* moudre fin; *~***male-rei** *f* miniature *f*; *~***möbel** *pl.* petits meubles *m/pl.*; *~***motorrad** *n* pétrolette *f*; *~***mut** *m* pusillanimité *f*; ²**mütig** *adj.* pusillanime; découragé; *~ werden* se décourager.

'**Kleinod** *n* bijou *m* (*a. fig.*); joyau *m*; *fig.* trésor *m*.

'**Klein|rentner(in** *f*) *m* retraité(e) *m*(*f*) à revenu modeste; ²**schneiden** *v/t.* couper en petits (*od.* en menus) morceaux; *~***staat** *m* petit État *m*; État *m* secondaire; *~***staate'rei** *f* particularisme *m*; *~***stadt** *f* petite ville *f*; *~***städter(in** *f*) *m* habitant *m*, *-e f* d'une petite ville; provincial *m*, *-e f*; ²**städtisch** *adj.* de petite ville; provincial; *~***st-auto** *n* mini-voiture *f*; *~***stgesellschaft** *soc.* *f* minisociété *f*; *~***stkind** *n* bébé *m*; *~***stmotorrad** (*50-125 cm³*) *n* vélomoteur *m*; *~***tierzucht** *f* petit élevage *m*; *~***tierzüchter** *m* petit éleveur *m*; *~***verdiener** *m* gagne-petit *m*; *~***verkauf** *m* vente *f* au détail; *~***verkaufs-preis** *m* prix *m* de détail; *~***vieh** *n* menu bétail *m*; *~***wagen** *m* petite cylindrée *f*; voiturette *f*; sub-compact *m*; *~***wild** *n* menu gibier *m*.

'**Kleister** *m* colle *f*; ²**ig** *adj.* enduit de colle; ²**n** coller; enduire de colle; *~n* *n* collage *m*; *~***pinsel** *m* brosse *f* à colle; *~***topf** *m* pot *m* de colle.

Kle'matis ♀ *f* clématite *f*.

'**Klemm|e** *f* pince *f*, ⚡ borne *f*, serre--fils *m*; *fig.* gêne *f*; embarras *m*; *aus der ~ sein* être à flot; *in der ~ sein* (*od.* sitzen *od.* stecken *od.* sich befinden)

être dans l'embarras, F être dans le pétrin (*od.* dans la purée *od.* dans le lac(s) *od.* dans le tabac *od.* dans la dèche); être pris dans un étau; *j-m aus der ~ helfen* tirer q. d'embarras, F débarbouiller q.; tendre la perche à q.; ²**en** *v/t. u. v/rf.* serrer; presser; (*fest zs.-drücken*) étreindre; (*sich ~ se*) pincer; (*se*) coincer; F (*stehlen*) chiper; faucher; barboter; chaparder; *die Tür klemmt* la porte frotte à un endroit; *sich die Finger in der Tür ~ se* pincer, se prendre les doigts dans la porte; *~***enbrett** *n* planchette *f* à bornes; *~***enkasten** *m* boîte *f* à bornes; *~***enleiste** *f* barre *f* à bornes; *~***enspannung** *f* tension *f* aux bornes; *~***er** *m* (*Augenglas*) pince-nez *m*; *~***schraube** *f* serre-fils *m*.

'**Klempner** *m* plombier *m*.

Klempne'rei *f* entreprise *f* de plomberie.

'**Klempner|handwerk** *n* métier *m* de plombier; *~***laden** *m* boutique *f* de plombier; P *fig.* (F *Lametta auf der Brust*) batterie *f* de cuisine; ferblanterie *f*; *~***werkstatt** *f* atelier *m* de plombier.

'**Klepper** *péj. m* rosse *f*; canasson *m*.

Klepto'man|e *m*, *~***in** *f* cleptomane *m*, *f*.

Kleptoma'nie *f* cleptomanie *f*.

kleri'kal *adj.* clérical; ²**e(r)** *m* clérical *m*.

Klerika'lismus *m* cléricalisme *m*.

'**Kleriker** *m* ecclésiastique *m*.

'**Klerus** *m* clergé *m*.

'**Klette** *f* ♀ bardane *f*; glouteron *m*; *fig. sich wie e-e ~ an j-n hängen* se cramponner à q.; *~***nwurzel-öl** *n* huile *f* de bardane.

Klette'rei *f* escalade *f*.

'**Kletter|eisen** *n* grappin *m*; crampon *m*; *~***er** *m*, *~***in** *f* grimpeur *m*, *-euse f*; alpiniste *m*,*f*; *~***gerüst** *gym. n* portique *m* à escalades; *~***mast** *m* mit *Preisen an der Spitze*: mât *m* de cocagne; *~***maxe** F *m* monte-en-l'air *m*; escaladeur *m*; ²**n** *v/i.* grimper (*auf acc.* sur; *an dat.* à); (*mühsam hinauf~*) gravir; *Preise*: monter; *auf e-n Berg ~* escalader une montagne; faire l'ascension d'une montagne; *~***n** *n* (*Bergsteigen*) alpinisme *m*; (*Bergbesteigung*) escalade *f*; ²**nd** *adj.* ♀ grimpant; *zo.* grimpeur, -euse (*a. gern ~*); *~***pflanze** ♀ *f* plante *f* grimpante; *~***rose** ♀ *f* rosier *m* grimpant; *~***schuhe** *m/pl.* chaussures *f/pl.* d'escalade; *~***seil** *n* corde *f*; *~***sport** *m* alpinisme *m*; *~***stange** *gym. f* perche *f*; *~***vögel** *m/pl.* grimpeurs *m/pl.*; *~***weste** *f* veste *f* d'alpiniste.

'**Klickgeräusch** *n* déclic *m*.

Kli'ent(in *f*) *m* client *m*, *-e f*.

'**Klima** *n* climat *m*; (*sich*) *an das ~ gewöhnen* (s')acclimater; *~***anlage** *f* dispositif *m* de climatisation; climatiseur *m*; conditionneur *m* d'air; *Auto*: climatiseur *m*; *Saal mit ~* salle *f* climatisée; *~***gerät** *n* appareil *m* de conditionnement; *~***kammer** ⚙ *f* salle *f* de respiration.

klimak'ter|isch ⚙ *adj.* de la ménopause; ²**ium** *n* ménopause *f*; retour *m* d'âge.

'**Klimakunde** *f* climatologie *f*.

'**Klimaschwankung** *f* variabilité *f* des climats.

kli'matisch adj. du climat; climatique; ~er Kurort station f climatique.
'Klimatornister (Mondfahrer) m sac m de survie.
'Klimawechsel m changement m de climat.
'Klimax rhét. f gradation f.
Klim'bim F m tralala m.
'klimm|en v/i. gravir (auf etw. acc. qch.); 2**zug** gym. m traction f.
'Klimper|kasten F m mauvais piano m; F casserole f; 2**n** v/i. tinter; faire sonner (mit dem Gelde son argent); F auf dem Klavier ~ pianoter; tapoter (du piano); auf der Gitarre ~ racler de la guitare; **~n** n auf dem Klavier ~: pianotage m; auf der Gitarre ~: raclement m.
'Klinge f lame f; (Degen) épée f; fer m; die flache ~ le plat de l'épée; esc. die ~n kreuzen croiser le fer; esc. er schlägt e-e gute ~ c'est une fine lame; hist. ※ über die ~ springen lassen (faire) passer au fil de l'épée.
'Klingel f sonnette f; ⚡ a. sonnerie f; vél. a. timbre m; **~beutel** m soucoupe f (od. petit panier m) pour les offrandes (qui circule pendant l'office); **~knopf** m bouton m de sonnette; **~litze** f fil m de sonnerie; 2**n** 1. v/i. sonner; stark ~ F carillonner; j-m ~ sonner q.; 2. v/imp. es klingelt on sonne; 3. v/i. j-n aus dem Schlafe ~ réveiller q. en sonnant; **~n** n sonnerie f; **~schnur** f, **~zug** m cordon m de sonnette; **~zeichen** n coup m de sonnette.
'klingen v/i. sonner; Metall, Glas usw.: résonner; die Ohren ~ ihm les oreilles lui tintent (od. cornent); es ~ die Gläser les verres s'entrechoquent; fig. das klingt sonderbar cela paraît étrange; das klingt wie im Märchen on dirait un conte de fée; **~d** adj.: in **~er** Münze en espèces sonnantes; ※ mit **~em Spiel** musique en tête; tambour battant.
'kling, klang! int. tintin!
'Klin|ik f clinique f; **~iker** m clinicien m; 2**isch** adj. clinique.
'Klinke f poignée f de porte; F fig. ~n putzen faire du porte-à-porte; 2**n** v/i. appuyer sur la poignée de porte.
'Klinker △ m brique f recuite (od. 'hollandaise').
'Klinomo'bil (Erste-Hilfe-Wagen) n clinomobile f.
klipp[1] adv.: ~ und klar clair et net; sans équivoque; péremptoirement.
Klipp[2] m clip m.
'Klippe f écueil m (a. fig.); blinde ~ brisant m; e-e Reihe ~n des récifs m/pl.; **~nküste** f côte f semée (od. pleine) d'écueils; 2**nreich**, 2**nvoll** adj. semé d'écueils.
'Klipper ⚓ m clipper m.
'Klippfisch icht. m morue f salée.
'klippig adj. semé d'écueils.
'klipp, klapp! (Mühle) int. tic tac!
'klirren I v/i. Waffen, Sporen, Ketten: cliqueter; Fenster: vibrer; trembler; Gläser usw.: s'entrechoquer; **II** 2 n cliquetis m; der Fenster: vibration f; tremblement m; der Gläser usw.: choc m.
Kli|'schee n cliché m; **~'scheebild** fig. n a. stéréotype m; **~'schier-anstalt** f clicherie f; 2**'schieren** v/t. clicher; **~'schieren** n clichage m.

Klis'tier n lavement m; j-m ein ~ geben administrer un lavement à q.; **~spritze** f seringue f (od. poire f) à lavements.
'Klitoris anat. f clitoris m.
'klitsch(e)naß F adj. trempé jusqu'aux os.
'klitschig pât. adj. pâteux, -euse.
Klo F n cabinets m/pl.; waters m/pl.; W.-C. m/pl.
Klo'ake f égout m; cloaque m.
'Kloben m (Scheit) bûche f; (Feil2) étau m à main.
'klobig adj. massif, -ive; fig. grossier, -ière; lourdaud; P mastoc (a. f); balourd.
'klopf|en 1. v/i. frapper; Herz: battre; palpiter; Motor: cogner; sanft ~ tapoter (auf etw. qch.); auf den Busch ~ fig. sonder le terrain; j-m auf die Finger ~ donner à q. sur les doigts; j-m auf die Schulter ~ donner à q. une tape sur l'épaule; **2.** v/imp.: es klopft on frappe; **3.** v/t. (schlagen) battre; taper; Steine: casser; Teppich: battre; den Staub aus den Kleidern ~ épousseter les habits; e-n Nagel in die Wand ~ enfoncer un clou dans le mur; j-n aus dem Schlafe ~ réveiller q. en frappant à sa porte; Fleisch mürbe ~ attendrir la viande; 2**en** n des Herzens: battements m/pl.; des Pulses: pulsation f; des Teppichs: battage m; des Motors: cognement m; 2**er** m (Teppich2) tapette f; (Tür2) 'heurtoir m; **~fest** adj. Motor: antidétonant; 2**festigkeit** f pouvoir m antidétonant; 2**geist** m esprit m frappeur; **~peitsche** f martinet m; 2**zeichen** n: ~ geben donner signe de vie en frappant.
'Klöppel m e-r Glocke: battant m; am elektrischen Läuteuhr: marteau m; (Spitzen2) fuseau m à dentelle; (Schlegel) battoir m; maillet m; des Steinmetzen: batte f; **~arbeit** f travail m aux fuseaux; **~garn** n fil m à dentelles; **~kissen** n carreau m; **~muster** n motif m pour dentelles; 2**n 1.** v/i. travailler aux fuseaux à dentelles; **2.** v/t.: Spitzen ~ faire de la dentelle aux fuseaux; **~spitze** f dentelle f aux fuseaux.
Klops cuis. m boulette f.
Klo'sett n cabinets m/pl.; W.-C. m/pl.; **~becken** n cuvette f de W.-C.; **~bürste** f balai m de W.-C.; **~deckel** m couvercle m de W.-C.; **~papier** n papier m hygiénique; **~sitz** m siège m de W.-C.; **~spüler** m chasse f d'eau.
Kloß m cuis. boulette f; fig. e-n ~ im Hals haben avoir la gorge serrée; **~brühe** f: F das ist klar wie ~ c'est clair comme le jour; c'est clair comme de l'eau de roche; c'est tout ce qu'il y a de plus clair; c'est aussi clair que deux et deux font quatre.
'Klößchen cuis. n petite boulette f.
'Kloster n couvent m; cloître m, monastère m; ins ~ gehen entrer au couvent; entrer en religion; in ein ~ sperren (od. stecken) cloîtrer; mettre en religion; **~bruder** m religieux m; frère m; moine m; **~frau** f religieuse f; bonne sœur f; **~gang** m cloître m; **~gelübde** n vœux m/pl. monastiques; **~kirche** f église f conventuelle; **~leben** n vie f monacale.
'klösterlich adj. monastique; mona-

cal; du monastère; du couvent; du cloître; conventuel, -elle.
'Kloster|regel f règle f monastique; **~schule** hist. f école f du monastère; **~zelle** f cellule f de monastère od. de couvent; **~zucht** f discipline f monastique.
Klotz m bloc m de bois; bille f; (Hack2) billot m; fig. (ungehobelter Mensch) lourdaud m; butor m; P péquenot m; mastoc m; balourd m; rustre m; fig. ~ am Bein boulet m; auf e-n groben ~ gehört ein grober Keil œil pour œil, dent pour dent; **'2ig I** adj. massif, -ive; fig. grossier, -ière; lourdaud; mastoc (a. f); balourd; F (gewaltig) énorme; **II** adv.: F ~ viel énormément; beaucoup; ~ viel Geld haben avoir de foin dans ses bottes.
Klub m club m; cercle m; **~abend** m soirée f au club; **~hütte** f chalet m de club alpin; **~kamerad** m camarade m de club; **~lokal** n club m; **~mitglied** n membre m d'un club; **~sessel** m fauteuil m club.
Kluft f (Spalt) fente f; crevasse f; creux m; faille f; tief u. breit: gouffre m; (Abgrund) abîme m (a. fig.); fig. (Unterschied) écart m; fossé m; clivage m; F (Kleidung) P pelure f; frusques f/pl.; fringues f/pl.
klug adj. intelligent; (scharf unterscheidend) qui a du discernement; (verständig) sensé; qui a du bon sens; (gescheit) judicieux, -euse; (scharfsinnig) perspicace; sagace; (besonnen) avisé; (weise) sage; (geschickt) habile; (schlau) fin, astucieux, -euse; rusé; durch Schaden ~ werden apprendre à ses dépens; ich bin nun ebenso ~ wie vorher je n'en suis pas plus avancé; ich kann nicht daraus ~ werden je n'y comprends rien, F j'y perds mon latin; man wird aus ihm nicht ~ il est indéchiffrable; on ne comprend pas ce qu'il veut; on ne comprend rien à lui; der Klügere gibt nach c'est le plus sage qui cède; den Klugen spielen faire l'entendu (od. l'avisé); es wäre das klügste, zu ... (inf.) le plus sage serait de ... (inf.).
Klüge|'lei f subtilité f; **'2ln** v/i. se perdre en subtilités (über etw. sur qch.); subtiliser (sur qch.).
'Klugheit f intelligence f; im Leben mst. sagesse f.
'klugreden v/i. faire l'entendu (od. l'avisé).
'Klugredner m homme m qui fait l'entendu (od. l'avisé).
'Klümpchen n in Flüssigkeiten: grumeau m; bsd. (Blut2) caillot m.
'Klump|en m morceau m; im Pudding usw.: grumeau m; **~Butter** motte f de beurre; ~ Gold pépite f d'or; F etw. in ~ hauen mettre qch. en pièces; 2**en** v/i. Pudding: faire des grumeaux; se grumeler; **~fuß** m pied m bot; Mensch mit e-m ~ pied-bot m; 2**ig** adj. qui contient des grumeaux; grumeleux, -euse; ~ werden se grumeler.
'Klüngel m coterie f; clan m; clique f.
'Klunker f od. m (Troddel an Kissen od. Gardinen) gland m.
'Kluppe f (Schneid2) filière f.
'Klüse ⚓ f écubier m.
'Klüver ⚓ m foc m.
'knabbern v/i. u. v/t. croquer (an etw. dat. qch.); grignoter (qch.).

'**Knabberwurst** f saucisson m sec.
'**Knabe** st.s. m garçon m; alter ~ mon vieux; **~bekleidung** f vêtement m pour garçonnets; **~nchor** m chorale f de petits chanteurs; **⩗nhaft** adj. enfantin; mv.p. puéril; weit S. ~e Gestalt silhouette f (od. corps m) d'adolescent; **~nkraut** ♀ n orchis m; **~nliebe** f pédérastie f; **~nschuh** m soulier m (bzw. botte f) pour garçonnet; **~nschule** f école f pour garçons; **~nstimme** f voix f de garçon; **~nstreich** m gaminerie f.
knack! int. crac!; clac!
'**Knäckebrot** pât. n crack-pain m, galette f cassante (od. suédoise), cracotte f.
'**knack|en** 1. v/i. craquer; (Zwieback) croustiller; in den Ohren: claquer; (knistern; a. téléph.) crépiter; 2. v/t. Nüsse usw.: casser; Geldschrank: forcer; percer; **⩗en** n craquement m; (Knistern) crépitement m; **~end** advt.: ~ voll plein (od. F bourré) à craquer; **⩗er** F m fig.: alter ~ F vieux gaga m; F vieux chnoque m (od. schnock m); **⩗geräusch** téléph. n crépitement m; **⩗laut** phon. m coup m de glotte; **⩗s** m fêlure f; er hat e-n ~ weg gesundheitlich: sa santé est ébranlée, (er ist nicht ganz richtig im Kopf) il a la tête fêlée; **⩗wurst** f saucisse f de Francfort.
Knall m éclatement m; détonation f; explosion f; beim Zusammenstoß: choc m; boum m; ⚔ beim Durchbrechen der Schallmauer: bang m; der Peitsche od. Tür: claquement m; fig. ~ und Fall tout à coup; sur le coup; F er hat 'nen ~ il est cinglé; il a le cerveau fêlé; '**~bonbon** m bonbon m fulminant; '**~effekt** m coup m de théâtre; **⩗en** 1. v/i. claquer; P péter; Sprengstoffe: faire explosion; détoner; fulminer; Schuß: retentir; Peitsche: claquer; mit dem Gewehr ~ tirer des coups de fusil; mit der Peitsche ~ faire claquer son fouet; den Pfropfen ~ lassen faire sauter le bouchon; in die Luft ~ (schießen) tirer en l'air; 2. v/imp.: es knallt on entend une détonation; 3. v/t. Fußball: den Ball ins Tor ~ envoyer le ballon dans le but; F j-m e-e ~ en flanquer une à q.; '**~erbse** f pois m fulminant; '**~e'rei** F f pétarade f; tiraillerie f; '**~frosch** m pétard m; '**~gas** n gaz m détonant; '**~gasgebläse** ⚗ n chalumeau m oxhydrique; '**⩗ig** adj. Farben: éclatant; criard; '**~körper** m pétard m; '**~quecksilber** ⚗ n fulminate m de mercure; '**⩗rot** adj. d'un rouge éclatant.
knapp I adj. Kleider: serré; juste; étroit; Geld: rare; das Geld ist bei ihm ~; er ist ~ bei Kasse il est à court d'argent; fig. (bündig) succinct; Stil: concis; (nur eben ausreichend) à peine suffisant; qui suffit tout juste; (kärglich) mesquin; (dürftig) chiche; maigre; mit ~er Not de justesse; mit ~er Not davonkommen l'échapper belle; sein ~es Auskommen haben avoir tout juste de quoi vivre; ~e Mehrheit fragile majorité f; ~(er) (seltener) werden se raréfier; II adv. (kaum) à peine; (gerade noch) tout juste; de justesse; m-e Zeit ist ~ bemessen je suis pressé.
'**Knappe** m hist. écuyer m; ⚔ mineur m.
'**knapphalten** v/t.: j-n ~ serrer la vis à q.
'**Knappheit** f e-s Kleides: justesse f; des Geldes: rareté f; pénurie f; Stil: concision f; der Vorräte, der Zeit: manque m.
'**Knappschaft** ⚔ f corporation f des mineurs; **~skasse** f caisse f de secours des mineurs.
'**Knarre** f (Klapper) crécelle f; (Bohr⩗) cliquet m; F (Gewehr) flingue m, flingot m; **⩗n** v/i. Diele: craquer; Tür, Rad: grincer; Schuhe: crier (a. Rad); Fahrzeuge unter e-r Last: gémir; **~n** n craquement m; e-r Tür, e-s Rades: grincement m; v. Fahrzeugen unter e-r Last: gémissement m.
Knast P m (Gefängnis) *tôle (od. *taule) f; *placard m; F bloc m; ~ schieben être en tôle (od. en taule); '**~bruder** m *taulard m.
'**Knaster** F m (Tabak) gros tabac m pour la pipe; péj. P perlot m; F caporal m.
'**knattern** I v/t. MG usw.: crépiter; Motorrad: pétarader; II ⩗ n MG usw.: crépitement m; Motorrad: pétarde f.
'**Knäuel** n u. m pelote f; kleines: peloton m; auf ein(en) ~ wickeln mettre en pelote; pelotonner; fig. (Durcheinander) F pagaille f.
Knauf m (Schwert⩗) pommeau m; ⚕ e-r Säule: chapiteau m.
'**Knauser** m ladre m; lésineur m; pingre m; grigou m; P radin m.
Knause'rei f ladrerie f; lésinerie f; parcimonie f; pingrerie f.
'**knauser|ig** adj. ladre; lésineur, -euse; parcimonieux, -euse; F rapiat; pingre; P radin (a. f); **~n** v/i. lésiner.
'**knautsch|en** v/t. (v/i. se) froisser; (v/i. se) chiffonner; (v/i. se) friper; **~ig** adj. froissé; chiffonné; fripé; **⩗lackjacke** f ciré m; **⩗lackleder** n cuir m fripé; skaï m; feuille f plastique souple; **⩗zone** (Auto) f zone f déformable (od. rétractable od. froissable).
'**Knebel** m Säge: garrot m; (Mund⩗) bâillon m; '**~bart** m moustache f en croc; **⩗n** v/t. (mit e-m Knebel zs.-ziehen) garrotter; durch Mundknebel bâillonner (a. fig.).
Knecht ehm. bsd. ✍ m valet m; garçon m de ferme; (Unfreier) esclave m; Ruprecht Père m Fouettard; '**⩗en** v/t. asservir; assujettir; tyranniser; **~en** n asservissement m; '**⩗isch** adj. servile; bas, -sse; '**~schaft** f servitude f; pfort esclavage m; '**~ung** f asservissement m; esclavage m.
'**kneif|en** 1. v/t. pincer; j-n in die Backe ~ pincer la joue à q.; 2. v/i. F (sich drücken) se dérober; reculer; se dégonfler; esc. rompre la mesure; **⩗en** n pincement m; F (Drücken) dégonfle m; **⩗er** m pince-nez m; **⩗zange** f tenailles f/pl.
'**Kneip|abend** m beuverie f; **~bruder** m pilier m de bistrot; **~e** F f P bistro(t) m; **⩗en** v/i. boire; F chopiner; P picoler; P pinter; **~e'rei** f beuverie f; **~lied** n chanson f à boire; chanson f bachique.
'**Kneippkur** f traitement m hydrothérapique Kneipp.
'**Kneipwirt** m P bistro(t) m.
'**knet|bar** adj. pétrissable; **~en** v/t. a. ⚜ pétrir; a. ⚜ malaxer; (massieren) masser; **⩗en** n a. ⚜ pétrissage m; a. ⚜ malaxage m; (Massieren) massage m; '**⩗gummi** m pâte f à modeler; **⩗maschine** pât. f pétrin m mécanique; **⩗masse** f masse f pétrissable; pâte f à modeler; '**⩗trog** m pétrin m.
Knick m pli m; ⊕ pliure f; im Metall: coude m; Blech: darin ist ein leichter ~ cela a reçu un petit coup; (Eselsohr) corne f; '**⩗ei** n œuf m fêlé; '**⩗en** 1. v/i. plier; se casser; ⊕ flamber; 2. v/t. (falten) plier; ⊕ flamber; fig. (betrüben) affliger; **~en** n flambage m.
'**Knicker** m ladre m; lésineur m; pingre m; grigou m; radin m.
'**Knickerbocker** pl. knickers m/pl.
Knicke'rei f ladrerie f; lésinerie f; parcimonie f; F pingrerie f.
'**knicker|ig** adj. ladre; lésineur, -euse; parcimonieux, -euse; F rapiat; P pingre; P radin (a. f); **~n** v/i. lésiner.
'**Knick|festigkeit** ⊕ f résistance f au flambage; **~flügel** ⚔ m aile f en dièdre; **~landschaft** (NW-Fr.) f bocage m.
'**Knicks** m révérence f; '**⩗en** v/i. faire la révérence.
'**Knick|stütz** gym. m appui m sur les bras fléchis; **~ung** ⊕ f flambage m.
'**Knie** n genou m; ⊕ a. coude m (machen, bilden faire); die ~ beugen fléchir les genoux; auf ~n à genoux; auf die ~ fallen tomber (od. se mettre) à genoux (vor j-m devant q.); auf den ~n liegen être à genoux; mit angezogenen ~n daliegen être couché en chien de fusil; j-n in die ~ zwingen mettre q. à genoux; ⚔ plier q.; fig. vor j-m auf den ~n liegen être aux genoux devant q.; j-n auf ~n bitten embrasser les genoux de q.; etw. übers ~ brechen brusquer qch., (hinpfuschen) bâcler qch.; '**~beuge** f flexion f de genoux; '**~beule** f der Hose: genou m; '**~bundhose** f knickers m/pl.; '**~fall** m génuflexion f; prosternation f; e-n ~ tun se mettre à genoux; '**⩗fällig** adj.: ~ genoux; en se prosternant; '**⩗frei** adj.: er Rock jupe f qui s'arrête au-dessus des genoux; '**~gelenk** n articulation f de genou; '**~gelenkentzündung** f gonarthrose f; arthrose f du genou; '**~hebel** ⊕ m levier m coudé; '**⩗hoch** adj. u. adv. jusqu'aux genoux; '**~holz** n bois m rabougri (od. tortillard); '**~kehle** anat. f jarret m; '**⩗lang** cout. adj. descendant jusqu'aux genoux; **⩗n** v/i. s'agenouiller; se mettre à genoux; (auf den Knien sein) être à genoux; '**~riemen** cord. m tire-pied f; '**~rohr** n coude m; genou m; '**~scheibe** anat. f rotule f; '**~scheibenreflex** ⚕ m réflexe m rotulien; '**~schützer** m genouillère f; '**~strumpf** m demi-bas m; chaussette f; '**~stück** ⊕ n coude m; '**~stütze** (Kanu) f repose-genou m; '**⩗tief** adj. jusqu'aux genoux; '**~wärmer** m genouillère f; '**~welle** f Sport: tourniquet m dans les jarrets.
Kniff m (Kneifen) pincement m; (Fleck auf der Haut) pinçon m; (Falte) pli m; fig. (Kunstgriff) artifice m; truc m; (List) ruse f; ~e fig. m/pl.

kniff(e)lig — Kochbuch

ficelles *f/pl.*; truc(s) *m(pl.)*; ²(e)lig *adj. (verzwickt)* délicat; difficile; épineux, -euse.

'kniffen *v/t.* pli(ss)er; faire un pli (à).

'Knigge *m* traité *m* de savoir-vivre.

'knips|en *v/t. u. v/i.* Fahrkarte *usw.*: poinçonner; *phot.* photographier; *j-n* ~ *a.* prendre q. en photo; *abs.* prendre une *bzw.* des photo(s); ⚡ *(an)* tourner le bouton; allumer; *mit den Fingern* ~ claquer des doigts; faire craquer *(od.* claquer) ses doigts; ²en *n* chiquenaude *f*; ²zange *f für Fahrkarten usw.*: pince *f* à poinçonner.

Knirps *m* bout *m* d'homme; bout *m* de chou; bout *m* de zan; *péj.* mioche *m; enf.* nonomme *m; Schirm:* parapluie *m* télescopique; tom-pouce *m*.

'knirschen *I v/i.* crisser; *mit den Zähnen* ~ grincer des dents; *Schnee:* craquer; **II** ² *n* crissement *m*; ~ *mit den Zähnen* grincement *m* des dents.

'knistern **I** *v/i.* craqueter; *(prasseln)* crépiter; *Feuer:* pétiller; *Stoff:* froufrouter; **II** ² *n* craquètement *m*; *(Prasseln)* crépitation *f*; *des Feuers:* pétillement *m*; *des Stoffes:* frou-frou *m od.* froufrou *m*.

Knittelvers *m* vers *m* raboteux.

'Knitter|falte *f* froissure *f*, ²fest *adj.* infroissable; ²frei *adj.* infroissable; wieder ~ werden se défroisser; ²n *v/i.* se froisser; se chiffonner; *v/t.* froisser; chiffonner; ~n *n* froissement *m*.

'Knobel|becher *m* cornet *m* à dés; F *pl.* bottes *f/pl.*, ²n *v/i. (würfeln)* jouer aux dés; F *(überlegen) iron.* cogiter; F faire travailler ses méninges.

'Knoblauch ♀ *m* ail *m*; *mit* ~ würzen ailler; ~brühe *f* aillade *f*; ~wurst *f* saucisson *m* à l'ail; ~zehe *f* gousse *f* d'ail.

'Knöchchen F *n/pl. für den Hund:* nonos *m/pl.*

'Knöchel *m anat. (Finger*²*)* jointure *f*; nœud *m*; *(Fuß*²*)* cheville *f*; ~bandage *f* bandage *m* de la cheville; ~bruch *m* fracture *f* d'une cheville; ~chen *n* osselet *m*; ~riemchen *(Damenschuh)* *n* bracelet *m* cheville; ~spiel *n* jeu *m* d'osselets.

'Knochen *m* os *m*; *ohne* ~ désossé; sans os; *die* ~ *(pl.)* herausnehmen désosser *(aus etw.* qch.*)*; *er ist nur Haut und* ~ il n'a que la peau et les os; naß bis auf die ~ trempé jusqu'aux os; ²artig *adj.* osseux, -euse; ~asche *f* cendres *f/pl.* d'os calcinés; ~bau *m* ossature *f*; charpente *f* osseuse; contexture *f* des os; ~bildung *f* ossification *f*; ~bruch *chir. m* fracture *f*; ~durchmeißelung *f* ostéotomie *f*; ~erweichung *f* ramollissement *m* des os; ostéomalacie *f*; ~fäule *f*, ~fraß ☠ *m* carie *f* (de l'os *resp.* des os); ~fett *n* graisse *f* d'os; ~gerippe *n*, ~gerüst *n* charpente *f* osseuse; squelette *m*; ossature *f*; ~gewebe *n* tissu *m* osseux; ~gewebe-entzündung *f* inflammation *f* du tissu osseux; ostéite *f*; ~haufen *m*, ~haus *n* ossuaire *m*; ~haut *anat. f* périoste *m*; ~haut-entzündung ☠ *f* périostite *f*; ~krebs ☠ *m* cancer *m* des os; ~lehre *f* ostéologie *f*; ~leim *m* colle *f* d'os; ²los *adj.* sans os; désossé; ~mark *n* moelle *f* osseuse; ~mark-entzündung *f* inflammation *f* de la moelle osseuse; ostéomyélite *f*; ~mehl *n*

poudre *f* d'os; ~mühle ⊕ *f* moulin *m* à os; ~öl *n* huile *f* d'os; ~nagelung *chir. f* embrochage *m*; ~säge *f* scie *f* à os; ~splitter *m* éclat *m* d'os; esquille *f*; ~tuberkulose *f* tuberculose *f* osseuse; ~verletzung *f* lésion *f* osseuse.

'knochig *adj.* osseux, -euse; *Fleisch:* plein d'os.

Knock'out *m* knock-out; F K.-O. *m*; *j-n* ² schlagen mettre q. knock-out.

'Knödel *östr., südd. cuis. m* boulette *f*.

'Knoll|e *f*, ~en *m* ♀ tubercule *m*; bulbe *m*; oignon *m*; ~enblätterpilz ♀ *m* amanite *f*; *Grüner* ~ amanite *f* phalloïde; ²enförmig *adj.* tuberculiforme; ~engewächs ♀ *n* plante *f* à tubercules; plante *f* bulbeuse; ~entragend *adj.* tuberculifère; ²ig *adj.* tubéreux, -euse; bulbeux, -euse; ♀ *a.* tuberculeux, -euse.

Knopf *m a.* ⊕ bouton *m*; *an e-m Stock:* pomme *f*; *(Degen*²*)* pommeau *m*; *esc. an der Florettspitze:* mouche *f*; bouton *m*; *(Griff)* poignée *f*; F *fig.* type *m*; stoffbezogener ~ bouton *m* de tissu; *auf den* ~ drücken appuyer sur le bouton; *e-n* ~ annähen coudre un bouton; *der* ~ *ist abgegangen* le bouton a sauté.

'knöpfen *v/t.* boutonner.

'Knopf|fabrik *f*, ~handel *m* fabrique *f*, commerce *m* de boutons; boutonnerie *f*; ~fabrikant *m*, ~händler *m* fabricant *m bzw.* marchand *m* de boutons; ~loch *n* boutonnière *f*; handgenähtes ~ boutonnière *f* main; blindes ~ boutonnière *f* fermée; *e-e Blume im* ~ tragen avoir une fleur à la boutonnière; ~reihe *f* rangée *f* de boutons.

'Knöpfung *f* boutonnage *m*.

'knorke F *adj.* F épatant; F au poil.

'Knorpel *m anat.* cartilage *m*; *cuis.* tendron *m*; ~haut *f* périchondre *m*; ²ig *adj.* cartilagineux, -euse.

'Knorr|en *m am Holz:* nœud *m*; *an Bäumen:* loupe *f*; ²ig *adj.* noueux, -euse; *fig. (derb)* rude.

'Knösel F *m* brûle-gueule *m*; F bouffarde *f*.

'Knospe *f* bourgeon *m*; *(Blüten*²*)* bouton *m*; *(Auge)* ♂ *u.* ⚡ œil *m*; ~n *treiben* bourgeonner, pousser des bourgeons, boutonner, pousser des boutons; ²n *v/i.* ~ *(n treiben)*; ~bildung *f* bourgeonnement *m*; ²ntragend *adj.* qui porte des bourgeons; gemmifère.

'Knötchen *f* petit nœud *m*; nodule *m*.

'Knoten **I** *m* nœud *m* (a. ⚓ *u. fig.*); *(Haar*²*)* chignon *m*; ☠ nodosité *f*; tubercule *m*; ☠ nodus *m*; bulbe *m*; *(Nerven*²*)* ganglion *m*; *e-n* ~ *ins Taschentuch machen* faire un nœud à son mouchoir; *fig.* den ~ durchhauen trancher le nœud; *thé.* den ~ schürzen *(lösen)* nouer *(dénouer)* l'action *(od.* l'intrigue*)*; **II** ² *v/t.* nouer; *abs.* faire un nœud; ~amt ✆ *n* bureau *m (od.* centre *m)* nodal, station *f* nodale; ~punkt *m* ⚙ nœud *m* ferroviaire; *phys.* point *m* nodal; ~schiefer *géol. m* nodules *m/pl.*; ~stock *m* bâton *m* noueux.

'Knöterich ♀ *m* renouée *f*.

'knotig *adj.* noueux, -euse; noduleux, -euse; ♀ *a.* tuberculeux, -euse.

Know-'how *n* savoir-faire *m*; connaissances et expériences *f/pl.* techniques; techniques *f/pl.* de fabrication; *beim Kauf e-s Patents:* technique *f* opérationnelle; recette *f*.

Knuff *m* bourrade *f*; ²en *v/t.* donner des bourrades (à).

'knüll|en *v/t. (v/i.* se*)* froisser; *(v/i.* se*)* chiffonner; ²er F *m (Buch)* livre *m* à succès; *allg.* ✝ article *m* du jour; *a. cin.* super *m*; article *m* choc.

'Knüpf|arbeit *f in der Bandwirkerei:* macramé *f*, ²en *v/t. (v/rf.:* sich se*)* nouer; (s')attacher *(an acc.* à*)*; *Knoten:* faire; *Weberei:* nouer; *Bündnis:* contracter; *Bande* enger *(od.* fester*)* ~ resserrer des liens; *Bedingungen* ~ *an (acc.)* mettre *(od.* rattacher*)* des conditions à; ~teppich *m* tapis *m* à points noués.

'Knüppel *m* bâton *m*; gourdin *m*; trique *f*; *(Rundholz)* rondin *m*; *(Brötchen)* petit pain *m* oblong; *(Polizei*²*)* matraque *f*; ✈ manche *m* à balai; ⊕ *(Vierkant*²*)* billette *f*; *j-m e-n* ~ *zwischen die Beine werfen* mettre des bâtons dans les roues à q.; donner *(od.* jeter*)* un *(od.* des*)* os à ronger à q.; jeter des peaux de bananes à q.; faire des difficultés à q.; ~damm *m* chemin *m* de rondins; ~holz *n* rondins *m/pl.*; ~weg *m* chemin *m* de rondins.

'knurr|en *v/i. Hund:* grogner *(a. fig.)*, gronder *(a. fig.)*; *mein Magen knurrt* j'ai des borborygmes; je sens crier mes entrailles; j'ai l'estomac dans les talons; mon estomac crie famine; ²en *n* grognement *m (a. fig.)*; grondement *m (a. fig.)*; *(Magen*²*)* borborygmes *m/pl.*; ²ig *adj.* grognon, -onne; grondeur, -euse.

'Knuspergebäck *n* biscuit *m* croquant.

'knusp(e)rig *adj.* croquant; croustillant; F *fig. Mädchen:* à croquer; ~ern *v/t.* croquer; grignoter.

'Knute *hist. f* knout *m*; *fig. j-n unter s-r* ~ *haben* tenir *(od.* avoir*)* q. sous sa domination.

'knutschen F *v/t. (liebkosen)* embrasser à pleine bouche; P sucer la pomme.

Knutsche'rei *f* P suçage *m* de pomme.

'Knüttel *m* bâton *m*; gourdin *m*; ~vers *m* vers *m* raboteux.

K.o. *m* knock-out *(abr.* K.-O.*) m*; *j-n* ² *schlagen* mettre q. knock-out *(abr.* K.-O.*)*; ~ *sein a.* F être sur les rotules.

koagu'lieren *v/i.* se coaguler.

Koaliti'on *f* coalition *f*; ~srecht *n* droit *m* de coalition; ~sregierung *f* gouvernement *m* de coalition.

'Kobalt *min., ☾ n* cobalt *m*; ~blau *n* bleu *m* de cobalt; ~bombe *f* bombe *f* au cobalt; ~glanz *m* cobaltine *f*; ~glas *n* azur *m*.

'Koben *m* porcherie *f*.

'Kober *(Korb) m* cabas *m*.

'Kobold *m* lutin *m*; farfadet *m*.

Ko'bolz *m:* ~ *schießen* faire la culbute.

Koch *m* cuisinier *m*; *Hunger ist der beste* ~ il n'est sauce que d'appétit; *viele Köche verderben den Brei* trop de cuisiniers gâtent la sauce; '~apfel *m* pomme *f* à cuire; '²beständig *adj. Wäsche:* lavable à l'eau bouillante; ♨ stable à l'ébullition; '~buch *n*

livre *m* de cuisine; '∼**butter** *f* beurre *m* de cuisine; !²∼**en 1.** *v/t.* faire cuire; *Wasser usw.*: faire bouillir; *Kaffee*: faire; **2.** *v/i.* cuire; *Wasser usw.*: bouillir; être en ébullition; *abs.* faire la cuisine; cuisiner; *langsam* ∼ mijoter; *vor Wut* ∼ bouillir de colère; '∼**en** *n* cuisson *f*; (*Auf*∼) ébullition *f*; *das* ∼ *verstehen* savoir cuisiner; *das* ∼ *lernen* apprendre à faire la cuisine; *zum* ∼ *bringen* porter à ébullition; '∼**er** *m* réchaud *m*; *elektrischer* ∼ réchaud *m* électrique.
'**Köcher** *m* carquois *m*.
'**koch|fertig** *adj.* prêt à cuire; ∼**fest** *adj. Wäsche*: qui peut bouillir; lavable à l'eau bouillante; ²∼**frau** *f* cuisinière *f*; ²∼**gehilfe** *m* aide-cuisinier *m*; ²∼**geschirr** *n* batterie *f* de cuisine; ⚔ gamelle *f*; ²∼**herd** *m* fourneau *m* de cuisine; cuisinière *f*; ⚡ cuisinière *f* électrique.
'**Köchin** *f* cuisinière *f*; *geschickte* ∼ cordon-bleu *m*.
'**Koch|kessel** *m* (*Wasser-, Kaffee-kessel*) bouilloire *f*; *großer, auf dem Lande*: chaudron *m*; (*Einmachkessel*) stérilisateur *m*; ∼**kiste** *f* marmite *f* norvégienne; ∼**kunst** *f* art *m* culinaire; cuisine *f*; ∼**kursus** *m* cours *m* de cuisine; ∼**löffel** *m aus Holz*: cuiller *f* de bois; ∼**nische** *f* coin-cuisine *m*; kitchenette *f*; ∼**platte** *f einzelne*: réchaud *m* (électrique); *e-s Herdes*: plaque *f* (électrique); ∼**rezept** *n* recette *f* de cuisine; ∼**salz** *n* sel *m* de cuisine; ∼**salzlösung** *f* solution *f* de sel de cuisine; ∼**schule** *f* cours *m* de cuisine; ∼**topf** *m* marmite *f*; cocotte *f*; *mit Stiel*: casserole *f*; (*Alleskocher*) fait-tout *m*; faitout *m*; *an den* ∼ *gehören* rester dans ses casseroles; ∼**zeit** *f* temps *m* de cuisson.
'**kodderig** F *adj.*: *es ist mir* ∼ *zu Mute* je ne suis pas dans mon assiette; je me sens tout chose.
'**Köder** *m* appât *m*; amorce *f*; *künstlicher*: leurre *m* (a. *fig.*); *mit e-m* ∼ *versehen* amorcer; ²∼**n** *v/t.* appâter; leurrer (*a. fig.*); *fig.* allécher; attirer.
'**Kodex** *m* code *m*; (*alte Handschrift*) vieux manuscrit *m*.
Ko'dierung ⚛ *f* indexation *f*; codification *f*.
kodifi'zier|en *v/t.* codifier; ²∼**ung** *f* codification *f*.
Kodi'zill ⚛ *n* codicille *m*.
Ko-edukati'on *f* éducation *f* mixte; mixité *f*; coéducation *f*; ∼**schule** *f* école *f* mixte.
Ko-effizi'ent *m* coefficient *m*.
ko-exis'ten|t *adj.* coexistant *f*; ²∼**z** *f* coexistence *f*.
ko-exi'stieren *v/t.* coexister.
Koffe'in *n* caféine *f*; ²∼**frei** *adj.* décaféiné.
'**Koffer** *m* (*Hand*²) valise *f*; (*Reise*²) malle *f*; *e-s Geräts*: boîtier *m*; coffret *m*; *s-n* ∼ *packen* faire sa valise, sa malle.
'**Köfferchen** *n* petite valise *f*; mallette *f*.
'**Koffer|grammophon** *n* phono *m* portatif; ∼**plattenspieler** *m* électrophone *m* en mallette; ∼**radio** *n* transistor *m*; radio *f* portative; ∼**raum** *m* *Auto*: coffre *m*; ∼**roller** *m* tire-bagages *m*; ∼**tisch** *m* table *f* valise; ∼**träger** *m* porteur *m*.

'**Kognak** *m* cognac *m*; ∼**bohne** *f* chocolat *m* au cognac.
Kohä'renz *phys. f* cohérence *f*.
Kohäsi'on *phys. f* cohésion *f*.
Kohl ♀ *m* chou *m*; F *fig.* radotage *m*, verbiage *m*; ∼ *reden* radoter; *das macht den* ∼ *nicht fett* ça ne va pas mettre du beurre dans les épinards; '∼**blatt** *n* feuille *f* de chou; '∼**dampf** F *m* faim *f*; ∼ *schieben* se serrer la ceinture; F claquer du bec; avoir l'estomac creux (*od.* vide); F la sauter; F avoir la dent.
'**Kohle** *f* charbon *m*; (*Stein*²) 'houille *f*; *weiße* ∼ 'houille *f* blanche; (*Zeichen*²) fusain *m*; charbon *m* à dessiner; crayon *m* de charbon; *glühende* ∼ braise *f*; *mit* ∼ *zeichnen* (*schwärzen*) charbonner; *fig.* (wie) *auf glühenden* ∼*n sitzen* être sur des charbons ardents (*od.* sur le gril); *bibl. auf j-s Haupt glühende* ∼ *sammeln* (*Böses mit Gutem vergelten*) accumuler (*od.* amasser) des charbons ardents sur la tête de q.; ⚓ ∼*n einnehmen* faire du charbon; ∼**hydrate** *n/pl.* ⚛ hydrates *m/pl.* de carbone; *Biochemie*: glucides *m/pl.*
'**kohlen** *v/i.* charbonner; ⚓ faire du charbon; F (*Unsinn reden*) radoter.
'**Kohlen|abbau** *m* exploitation *f* du charbon *bzw.* de la 'houille; ∼**anzünder** *m* allume-feu *m*; ∼**aufbereitung** *f* préparation *f* de charbon; ∼**becken** *n* brasero *m*; ⚔ bassin *m* à charbon; (*Stein*²) bassin *m* 'houiller; ∼**bergbau** *m* charbonnages *m/pl.*; ∼**bergwerk** *n* mine *f* de charbon; (*Stein*²) mine *f* de houille 'houillère *f*; ∼**bezirk** *m* district *m* 'houiller; ∼**blende** *min. f* anthracite *f*; ∼**brenner** *m* charbonnier *m*; ∼**bunker** ⚓ *m* soute *f* à charbon; ∼**dampfer** *m* charbonnier *m*; ∼**dioxyd** *n* anhydride *m* (*od.* gaz *m*) carbonique; ∼**dunst** *m* oxyde *m* de carbone; ∼**eimer** *m* seau *m* à charbon; ∼**fadenlampe** *f* lampe *f* à filament de charbon; ∼**feuer** *n* brasier *m*; ∼**feuerung** *f* chauffage *m* au charbon (*resp.* à la 'houille; ∼**flöz** *géol. n* couche (*od.* veine) *f* de charbon *bzw.* de 'houille; ∼**förderung** *f* extraction *f* du charbon *bzw.* de la 'houille; ∼**formation** *f* formation *f* 'houillière; carbonifère *m*; ∼**funke** *m* escarbille *f*; ∼**gebiet** *n* bassin *m* à charbon; (*Stein*²) bassin (*od.* terrain) *m* 'houiller; ∼**glut** *f* braise *f*; brasier *m*; ∼**grube** ⚒ *f* mine *f* de charbon; (*Stein*²) mine *f* de 'houille; 'houillère *f*; ∼**grus** *m* charbon *m* menu; ∼**halde** *f* terril *m* (*od.* stock *m*) de charbon; ²∼**haltig** *adj.* carbonifère; (*stein*∼) 'houiller, -ère; ∼**handel** *m* commerce *m* du charbon; ∼**händler** *m* charbonnier *m*; ∼**handlung** *f* commerce *m* de charbon; ∼**heizung** *f* chauffage *m* au charbon (*resp.* à la 'houille); ∼**herd** *m* fourneau *m* à charbon; ∼**industrie** *f* industrie *f* du charbon (*od.* charbonnière *bzw.* 'houillère); ∼**kasten** *m* caisse *f* à charbon; ∼**keller** *m* cave *f* à charbon; ∼**knappheit** *f* pénurie *f* (*od.* manque *m*) de charbon; ∼**krise** *f* crise *f* charbonnière; ∼**lager** *n* entrepôt *m* de charbon *bzw.* de 'houille; *géol.* gisement *m* de charbon, (*Stein*²) gisement *m* 'houiller; ∼**la-**

gerplatz *m* parc *m* à charbon; ∼**mangel** *m* pénurie *f* (*od.* manque *m*) de charbon; ∼**markt** *m* marché *m* du charbon; ∼**meiler** *m* meule *f* de charbonnier; ∼**oxyd** *n* oxyde *m* de carbone; ∼**platz** *m* parc *m* à charbon; ∼**produktion** *f* production *f* charbonnière; (*Stein*²) production *f* 'houillère; (*Stein*²) bassin *m* 'houiller; ∼**rutsche** *f* goulotte *f* à charbon; ²∼**sauer** ⚛ *adj.* carbonaté; *kohlensaures Salz* carbonate *m*; *kohlensaures Natron* carbonate *m* de soude; ∼**säure** ⚛ *f* acide *m* carbonique; ∼**säureschnee** *m* neige *f* carbonique; carboglace *f*; ∼**schaufel** *f* pelle *f* à charbon; ∼**schicht** *f* couche *f* de charbon; (*Stein*²) couche *f* de 'houille; ∼**schiff** ⚓ *n* charbonnier *m*; ∼**schippe** *f* pelle *f* à charbon; ∼**station** ⚓ *f* escale *f* (pour faire du charbon); ∼**staub** *m* poussier *m*; poussière *f* de charbon; charbon *m* pulvérisé; ∼**staubfeuerung** *f* chauffage *m* au poussier (*od.* au charbon pulvérisé); ∼**staublunge** *f* anthracose *f*; ∼**stoff** ⚛ *m* carbone *m*; ²∼**stoffhaltig** *adj.* carburé; carboné; ∼**stoffstahl** *m* acier *m* au carbone; ∼**syndikat** *n* syndicat *m* 'houiller; ∼**träger** *m* charbonnier *m*; ∼**trimmer** ⚓ *m* soutier *m*; ∼**versorgung** *f* approvisionnement *m* en charbon; ∼**vorrat** *m* provisions *f/pl.* de charbon; ∼**wagen** *m* ⚔ wagon *m* à *bzw.* de charbon; ⚔ benne *f*; berline *f*; ∼**wasserstoff** ⚛ *m* carbure *m* d'hydrogène; ²∼**wasserstoffhaltig** *adj.* carburant; ∼**zeche** ⚒ *f* mine *f* de charbon; (*Stein*²) mine *f* de 'houille; 'houillère *f*.
'**Kohlepapier** *n* papier *m* carbone.
'**Köhler** *m* charbonnier *m*.
Köhle'rei *f* charbonnerie *f*.
'**Köhlerglaube** *m* foi *f* du charbonnier.
'**Kohlestift** *m* (*Zeichenkohle*) fusain *m*; charbon *m* à dessiner; crayon *m* de charbon.
'**Kohlezeichnung** *f* fusain *m*.
'**Kohl|kopf** *m* tête *f* de chou; ∼**meise** *orn. f* mésange *f* charbonnière; ²∼**rabenschwarz** *adj.* noir comme (du) jais; ∼'**rabi** ♀ *m* chou-rave *m*; ∼**raupe** *ent. f* chenille *f* du chou; ∼**rübe** ♀ *f* chou-navet *m*; ∼**strunk** *m* trognon *m* de chou; ∼**suppe** *f* soupe *f* aux choux; ∼**weißling** *ent. m* piéride *f* du chou.
Ko'horte *hist. f* cohorte *f*.
'**Koitus** *m* coït *m*.
'**Koje** *f* ⚓ cabine *f*; *Innenarchitektur*: niche *f*; alcôve *m*.
'**Koka** ♀ *f* coca *m* (*od.* f).
Koka'in *n* cocaïne *f*; ∼**sucht** *f* cocaïnomanie *f*; ∼**süchtige(r** *a. m*) *m, f* cocaïnomane *m, f*.
Ko'karde *f* cocarde *f*; *j-n mit e-r* ∼ *versehen* décorer q. d'une cocarde.
Koke'rei *f* cokerie *f*; usine *f* à coke.
ko'kett *adj.* coquet, -ette; ²**e** *f* coquette *f*.
Kokette'rie *f* coquetterie *f*.
koket'tieren I *v/i.* faire la coquette, le coquet, du charme (*mit j-m* à q.); flirter (avec q.); être en coquetterie (avec q.); *mit etw.* ∼ (*liebäugeln*) caresser le désir (*od.* le projet) de (+

inf.); **II** ⚙ *n* coquetterie *f*.
Ko'kille ⊕ *f* coquille *f*; lingotière *f*; **~nguß** *m* fonte *f* (*od.* moulage *m*) en coquilles.
Ko'kon *m* cocon *m*; **~faden** *m* fil *m* de cocon.
'Kokos|baum *m* cocotier *m*; **~butter** *f* beurre *m* de coco; **~faser** *f* fibre *f* de coco; **~fett** *n* graisse *f* de coco; cocose *f*; **~läufer** *m* chemin *m* en fibres de coco; **~matte** *f* natte *f* en fibres de coco; **~milch** *f* lait *m* de coco; **~nuß** *f* (noix *f* de) coco *m*; **~(nuß)öl** *n* huile *f* de coco; **~palme** *f* cocotier *m*; **~pflanzung** *f* plantation *f* de cocotiers; cocoteraie *f*.
Ko'kotte *f* cocotte *f*; femme *f* galante.
Koks *m* coke *m*; **'~ofen** *m* four *m* à coke.
'Kolben *m* (*Keule*) massue *f*; (*Gewehr*⚙) crosse *f* (de fusil); (*große Flasche*) dame-jeanne *f*; ⚗ alambic *m*; cornue *f*; ballon *m*; *ch. des Hirsches*: bois *m* de velours; ⚘ (*Art des Blütenstandes*) panicule *f*; (*Mais*⚙) épi *m* de maïs; ⚙ (*Löt*⚙) fer *m* à souder; (*Maschinen*⚙) piston *m*; **~belastung** ⊕ *f* charge *f* au piston; **~bolzen** *m* axe *m* de piston; goujon *m*; **~druck** *m* pression *f* de piston; **~hals** *m* (*Flaschenhals*) goulot *m*; **~hub** ⊕ *m* course *f* de piston; **~motor** *m* moteur *m* à piston; **~ring** *m* segment *m* de piston; **~schlag** *m*, **~stoß** *m* ⚔ coup *m* de crosse; **~spiel** *n* jeu *m* de piston; **~stange** *f* bielle *f* de piston; **~wasserkäfer** *ent. m* hydrophile *m*.
'Kolchos|bauer *m*, **~bäuerin** *f* kolkhozien *m*, -enne *f*.
Kol'chose *f* kolkhoze *m*.
'Kolibri *orn. m* colibri *m*; oiseau-mouche *m*.
'Kolik ⚕, *vét. f* colique *f*; **~anfall** *m* accès *m* de colique.
'Kolkrabe *m* grand corbeau *m*.
Kollabora'teur *pol. m* collaborateur *m*; *Fr. a.* collaborationniste *m*.
Kollaborati'on *pol. f* collaboration *f*.
Kol'laps ⚕ *m* collapsus *m*.
kollate'ral *adj.* collatéral.
kollatio'nier|en *v/t.* collationner; ⚙ung *f* collation *f*.
Kol'leg *univ. n* cours *m*; ein ~ halten faire un cours; ein ~ hören (besuchen) suivre un cours; ein ~ belegen se faire inscrire pour un cours; s'inscrire à un cours.
Kol'lege *m* collègue *m*; (*Fach*⚙) confrère *m*; *a. dipl.* homologue *m*.
Kol'leg|gelder *n/pl.* frais *m/pl.* de cours; **~heft** *n* (*Ringheft*) cahier *m* de cours à feuilles mobiles.
kollegi'al *adj.* de (*adv.* en) collègue (*resp.* confrère); confraternel, -elle; **~es** Verhältnis confraternité *f*.
Kollegiali'tät *f* confraternité *f*.
Kol'legin *f* collègue *f*.
Kol'legium *n* (*Ärzte*⚙) médecins *m/pl.* (d'un hôpital); (*Kardinals*⚙) collège *m* des cardinaux; sacré collège *m*; (*Lehrer*⚙) enseignants *m/pl.*, professeurs *m/pl.*; corps *m* des instituteurs (*resp.* des professeurs).
Kol'legtasche *f* serviette *f* à soufflets *m*.
Kol'lekte *rl. f* quête *f*; e-e ~ veranstalten faire une quête.
Kollekti'on ✝ *f* collection *f*.
kollek'tiv I *adj.* collectif, -ive; **~e** Sicherheit sécurité *f* collective; **II** ⚙ *n* collectif *m*; ⚙**begriff** *gr. m* terme *m* collectif; ⚙**haftung** *f* responsabilité *f* collective.
kollekti'vier|en *v/t.* collectiviser; ⚙ung *f* collectivisation *f*.
Kollekti'vis|mus *m* collectivisme *m*; **~t** *m* collectiviste *m*; ⚙**tisch** *adj.* collectiviste.
Kollek'tivmaßnahmen *f/pl.* mesures *f/pl.* collectives (ergreifen prendre); **~prokura** *f* procuration *f* collective; **~schuld** *pol. f* culpabilité *f* (*od.* faute *f od.* responsabilité *f*) collective; **~strafe** *f* punition *f* collective; **~versicherung** *f* assurance *f* collective; **~vertrag** *m* contrat *m* collectif; **~wirtschaft** *f* économie *f* collective.
Kol'lektor ⚡ *m* collecteur *m*.
Koller F *m* crise *f* de rage; e-n ~ bekommen se mettre en rage; *vét.* vertigo *m*.
'Kollergang *m* broyeur *m* à meules verticales.
'kollern I *v/i.* (*kullern*) rouler; dégringoler; *Truthahn*: glouglouter; *Leib*: gargouiller; **II** ⚙ *n* (*Kullern*) roulement *m*; *des Truthahns*: glouglou *m*; *des Leibes*: gargouillement *m*.
kolli'dieren *v/i.* entrer en collision (mit avec); *zeitlich*: coïncider (mit avec).
Kol'lier *n* collier *m*.
Kollimati'on *opt. f* collimation *f*.
Kolli'mator *opt. m* collimateur *m*.
Kollisi'on *f* collision *f*; **~skurs** *pol. m*: auf ~ gehen jouer la politique du pire.
Kol'lodium ⚗ *n* collodion *m*; **~wolle** *f* fulmicoton *m*.
kollo'id I *adj.* colloïdal; **II** ⚙ *n* colloïde *m*.
Kol'loquium *n* colloque *m*.
Köln *n* Cologne *f*; **'~isch** Wasser *n* eau *f* de Cologne.
'Kolon *anat. n* côlon *m*.
Kolo'nel *typ. f* mignonne *f*.
koloni'al *adj.* colonial; ⚙**armee** *f* armée *f* coloniale; ⚙**frage** *f* question *f* coloniale; ⚙**geschäft** *hist. n*, ⚙**handel** *hist. m* commerce *m* des colonies; ⚙**gesellschaft** *hist.* société *f* coloniale; ⚙**heer** *hist. n* armée *f* coloniale.
Kolonia'lismus *m* colonialisme *m*.
Koloni'al|land *hist. n* pays *m* colonisé; **~macht** *f* puissance *f* coloniale; **~warengeschäft** ✝ *n* épicerie *f*; **~warenhändler** ✝ *m* épicier *m*.
Kolo'nie *f* colonie *f*.
Kolonisati'on *f* colonisation *f*.
Koloni'sator *m* colonisateur *m*; ⚙**'sierbar** *adj.* colonisable; ⚙**'sierbarkeit** *f* colonisabilité *f*; ⚙**'sieren** *v/t.* coloniser; **~'sierung** *f* colonisation *f*.
Kolo'nist *m* colon *m*.
Kolon'nade *f* colonnade *f*.
Ko'lonne *f* colonne *f*; *pol.* Fünfte ~ cinquième colonne *f*; (*Arbeits*⚙) équipe *f*; ⚙**nweise** *adv.* par colonnes.
Kolo'phonium *n* colophane *f*.
Kolo'quinte ⚘ *f* coloquinte *f*.
Kolora'tur ♪ *f* vocaliste *f*; *plais.* roulade *f*; **~singen** vocaliser; **~arie** *f* air *m* à grandes vocalises; **~sängerin** *f* colorature *f*; **~sopran** *m* soprano *m* léger.
kolo'rier|en *v/t.* colorier; ⚙ung *f* coloriage *m*.
Kolo'rist *m* coloriste *m*.
Kolo'rit *peint.*, ♪ *n* coloris *m*.
Ko'loß *m* colosse *m*.
kolos'sal *adj.* colossal; formidable; énorme; F *a.* monstre; bœuf.
Kolos'seum *n* Colisée *m*.
Kolpor'|tage *f* colportage *m*; **~'tageroman** *m* roman *m* de quatre sous; **~'teur** *m* colporteur *m*; ⚙**'tieren** *v/t.* colporter.
Ko'lumbien *n* la Colombie.
Kolumbi'an|er *m* Colombien *m*; ⚙**isch** *adj.* colombien, -ienne.
Ko'lumbus *m* Colomb *m*.
Ko'lumne *f* colonne *f*; **~ntitel** *m* titre *m* courant.
Kombi'nat *n* combinat *m*.
Kombinati'on *f* combinaison *f* (*a. Kleidung*); *Schi*: alpine (nordische) ~ combiné *m* alpin (nordique); **~sgabe** *f* esprit *m* de combinaison; **~slauf** *m* *Sport*: combiné *m*; **~s-schloß** *n* cadenas *m* à combinaison; **~s-sprung** *m Schwimmsport*: plongeon *m* combiné; **~szange** *f* pince *f* universelle.
kombi'nier|bar *adj.* combinable; **~en** *v/t.* combiner.
'Kombiwagen *m* voiture *f* commerciale; break *m*.
'Kombizange *f* pince *f* universelle.
Kom'büse ⚓ *f* cuisine *f* de bord.
Ko'met *m* comète *f*; **~enbahn** *f* orbite *f* de comète; **~enschweif** *m* queue *f* de comète.
Kom|'fort *m* confort *m*; mit allem ~ avec tout le confort; ⚙**for'tabel** *adj.* confortable.
'Komik *f* comique *m*; derbe (feine) ~ bas ('haut) comique *m*; **~iker** *m* (*Schauspieler*) comique *m*.
'komisch *adj.* comique; drôle (*a.* sonderbar); (*possenhaft*) bouffon, -onne; **~e** Oper opéra *m* bouffe; ein ~er Einfall une drôle d'idée; F **~er** Kauz drôle *m* de coco (*od.* de pistolet); ⚙**e(s)** *n* comique *m*.
Komi'tee *n* comité *m*.
'Komma *n* virgule *f*; ein ~ setzen (*od.* F *machen*) mettre une virgule; 3,6 (3 Komma 6) trois virgule six; trois, six dixièmes.
Komman|'dant *m* ⚔ commandant *m*; ⚓, *Raumschiff*: chef *m* de bord; **~dan'tur** *f* bureau *m* du commandant; **~'deur** *m* ⚔ commandant *m*; chef *m*; *e-s Ordens*: commandeur *m*; ⚙**'dieren** *v/t. u. v/i.* commander; (*ab~*) détacher; zur Infanterie kommandiert détaché à l'infanterie; **~der** General général *m* en chef.
Kommandi'tär ✝ *m* (associé *m*) commanditaire *m*.
Komman'dit|e *f* commandite *f*; **~gesellschaft** ✝ *f* société *f* en commandite (auf Aktien par actions).
Kom'mando *n* commandement *m*; (*Abteilung*) commando *m*; détachement *m*; das ~ führen avoir le commandement; commander; das ~ übernehmen (niederlegen) prendre (quitter) le commandement; die Kompanie hört auf mein ~! je prends le commandement de la compagnie; **~brücke** ⚓ *f* passerelle *f* de manœuvre; **~flagge** *f* fanion *m* de commandement; **~kapsel** (*Raumschiff*) *f* module *m* de commande; **~ruf** *m* commandement *m*; **~stab** *m* bâton *m* (*od.* canne *f*) de commandement; **~turm**

⚓ ⚔ m blockhaus m.
'**kommen I** v/i. venir; wieder ~ revenir; (an~) arriver; F s'amener; F rappliquer; (eintreten) entrer; vom Sprechenden weg: aller; Sie ~ wie gerufen vous venez à propos; gesprungen ~ arriver en sautant; gelaufen ~ accourir; geritten ~ arriver à cheval; (ich) komme schon! on y va!; prov. wer zuerst kommt, mahlt zuerst les premiers venus sont les premiers servis; da kommt er! le voilà!; die Blätter ~ les feuilles poussent, on commence à voir des feuilles; es kommt ein Gewitter un orage se prépare; es ~ viele Leute her il y a beaucoup de gens qui viennent ici; muß es dahin (od. so weit) ~? faut-il en venir là?; es kommt davon, daß ... la cause en est que ...; wie es gerade kommt comme cela se trouve; wie es auch ~ mag quoi qu'il arrive; komme (od. es mag ~), was (da) wolle advienne que pourra; wie kam das? comment est-ce arrivé?; comment cela s'est-il produit?; woher kommt mir diese Ehre? d'où me vient cet honneur?; woher (od. wie) kommt es, daß ...? comment se fait-il que ...?; daher kommt es, daß ... de là vient que ...; d'où vient que ...; das kommt davon, wenn man ... voilà ce que c'est que de ...; dazu kommt, daß ... ajoutez à cela que ...; ~ lassen faire venir; envoyer chercher; zu stehen ~ revenir (auf acc. à); coûter (acc.); teuer zu stehen ~ coûter cher, F coûter les yeux de la tête; das wird ihn teuer zu stehen ~ il lui en coûtera cher; weit ~ aller loin (mit etw. avec qch.); es ist weit mit ihm gekommen il est tombé bien bas; es nicht so weit ~ lassen ne pas laisser les choses en venir là (od. à ce point); er kam und setzte sich neben uns il vint s'asseoir auprès de nous; ihm kam der Gedanke, zu ... (inf.) il eut l'idée de ... (inf.); j-m grob ~ s'y prendre brutalement avec q.; er soll mir nur ~! qu'il y vienne; so lasse ich mir nicht ~ je ne me laisserai pas traiter comme ça; wenn Sie mir so ~ si vous le prenez sur ce ton; da kommt erst ein Dorf on arrive d'abord à un village; etw. dahin ~ lassen laisser les choses en venir là; wie ~ Sie dazu? qu'est-ce qui vous y amène?; an e-n Fluß ~ arriver à une rivière; ans Land ~ aborder; fig. an die Reihe ~ avoir son tour; an j-s Stelle ~ remplacer q.; an den Tag ~ venir au jour; ~ (sich belaufen) auf (acc.) se monter à; s'élever à; auf die Welt ~ venir au monde; auf s-e Kosten ~ rentrer dans ses frais; auf den Geschmack ~ prendre goût (bei etw. à qch.); auf die Rechnung ~ être porté en compte; zu sprechen ~ auf (acc.) en venir à parler de; um wieder auf unseren Gegenstand zu ~ pour en revenir à notre sujet; e-r Sache (dat.) auf die Spur ~ dépister qch.; j-m auf die Sprünge ~ découvrir les menées de q.; auf den Gedanken ~, zu ... (inf.) avoir l'idée de ... (inf.); auf j-n nichts ~ lassen prendre fait et cause pour q.; ne pas tolérer qu'on dise du mal de q.; prendre parti pour q.; ich komme nicht auf s-n Namen son nom ne me revient pas; aus der Mode ~ passer de mode; das ist mir aus dem Sinn gekommen cela m'est sorti de l'esprit; aus dem Takt ~ perdre la mesure; fig. se déconcerter; durch e-e Stadt ~ passer par (od. traverser) une ville; hinter die Wahrheit ~ découvrir la vérité; in Gefahr ~ être exposé au danger; es kam ihm in den Sinn, zu ... (inf.) il lui vint à l'idée (od. à l'esprit) de ... (inf.); in andere Hände ~ passer en d'autres mains; in Betracht (od. in Frage) ~ entrer en ligne de compte (od. en considération); das kommt nicht in Frage! il n'en est pas question!; über etw. (acc.) ins klare ~ tirer qch. au clair; in die Lehre ~ entrer en apprentissage; mit dem Flugzeug (mit dem Schiff; mit dem Zug; mit dem Wagen) ~ venir en avion (en bateau; par le train; en voiture); wie weit bist du mit der Arbeit gekommen? où en es--tu de ton travail?; nach Hause ~ rentrer chez soi; ~ Sie gut nach Hause! bon retour!; wie kommt ich nach ...? où se trouve ...?; es soll nicht über m-e Lippen ~ je n'en soufflerai mot; kein Wort kam über s-e Lippen il ne proféra pas une parole; über die Schwelle ~ passer le seuil; prov. guter Rat kommt über Nacht la nuit porte conseil; j-m unter die Augen ~ paraître devant q.; unter die Leute ~ voir du monde; sortir, Gerücht: se répandre, s'ébruiter; um etw. ~ (das man besitzt) perdre qch., (das man erst erhalten soll) être frustré de qch.; ums Leben ~ perdre la vie; périr; (nicht) vom Flecke (od. von der Stelle) ~ (ne pas) avancer; von j-m ~ venir (od. sortir) de chez q.; der Wind kommt von Norden le vent est au nord; j-m nie wieder vor Augen ~ ne jamais reparaître devant q.; vor j-m ~ précéder q.; vor den Richter ~ comparaître devant le tribunal; wieder zur Besinnung ~ revenir à soi, reprendre connaissance, fig. revenir à la raison; wieder zu sich ~ revenir à soi; reprendre connaissance (od. ses esprits); zu j-m ~ venir chez q.; zu etw. ~ parvenir à qch.; obtenir qch.; zu nichts ~ n'arriver à rien; ich komme nicht zum Schreiben je n'arrive pas à écrire; wenn es zum Bezahlen kommt quand il s'agit de payer; zu Fall ~ faire une chute; tomber; (wieder) zu Kräften ~ reprendre des forces; j-n zu Worte ~ lassen laisser parler q.; j-m zu Hilfe ~ venir au secours de q.; zur Sache ~ (en) venir au fait; j-m zu Ohren ~ venir (od. arriver) aux oreilles de q.; zur Ruhe ~ arriver à se reposer, (sich beruhigen) se calmer; es kam zum Handgemenge on en vint aux mains; wenn es zum Kriege kommt si la guerre éclate; zu Schaden ~ être endommagé; wie komme ich zu dieser Ehre? d'où me vient cet honneur?; zu kurz ~ ne pas trouver son compte (bei etw. à qch.); zum Vorschein ~ paraître, se montrer; zum Ziel ~ atteindre le but; parvenir au but; **II** ⚒ n venue f; arrivée f; das ~ und Gehen les allées et venues f/pl.; le va-et-vient; **~d** adj. qui vient; prochain; à venir; futur; die ~e Woche la semaine prochaine.
Kommen|'tar m commentaire m; rad. a. libres propos m/pl.; ~'tator m commentateur m; ≈'tieren v/t. commenter.
Kom'mers m réunion f (od. F beuverie f) d'étudiants; ~**buch** n recueil m de chansons d'étudiants.
kommerziali'sier|en v/t. commercialiser; ≈**ung** f commercialisation f.
kommerzi'ell adj. commercial.
Kommili'ton|e m, ~**in** f camarade m, f d'études.
Kom'miß F ⚔ m service m militaire; F militärem; beim ~ dans les militaires.
Kommis'sar m commissaire m.
Kommissari'at n commissariat m.
kommis'sarisch adj. provisoire; ~er Vertreter remplaçant m intérimaire.
Kom'mißbrot ⚔ n pain m de munition.
Kommissi'on f commission f; ✝ in ~ en consignation; an e-e ~ verweisen renvoyer à une commission.
Kommissio'när ✝ m commissionnaire m.
Kommissi'ons|artikel m article m de commission; ~**berechnung** f bordereau m de commission; ~**gebühr** f (droit m de) commission f; ~**geschäft** n commission f; (Firma) maison f de commission; en ~ haben faire la commission; ~**ware** f marchandise f de commission; ≈**weise** adv. en commission.
Kommit'tent ✝ m commettant m.
Kom'mode f commode f.
Kommo'dore m ⚓ commodore m; ✈ commandant m d'escadre.
kommu'nal adj. communal; ~**anleihe** f emprunt m communal; ≈**bank** f banque f communale; ≈**beamte(r)** m fonctionnaire m communal; ~**betrieb** m entreprise (od. exploitation) f communale; ≈**darlehen** n prêt m communal.
kommunali'sieren v/t. communaliser.
Kommu'nal|kredit m crédit m communal; ~**kredit-anstalt** f établissement m de crédits communaux; ~**politik** f politique f communale; ~**steuer** f impôt m communal; ~**verwaltung** f administration f communale.
Kom'mune f commune f.
Kommuni'kant(in f) cath. m communiant m, -e f.
Kommuni'on cath. f communion f; zur ersten heiligen ~ gehen faire sa première communion.
Kommu'nis|mus m communisme m; ~**t(in** f) m communiste m,f; *coco m; ≈**tenfeindlich** adj. anticommuniste; ~**tenfeindlichkeit** f anticommunisme m; USA a. mac-carthysme m; ≈**tisch** adj. communiste.
kommuni'zieren v/i. communiquer; cath. communier; ~**d** phys. adj. communicant.
Kommu'tator ⚡ m collecteur m.
Komödi'ant(in f) m comédien m, -enne f.
Ko'mödie f comédie f; ~**nschreiber** m auteur m de comédies.
'**Kompagnon** ✝ m associé m.
kom'pakt adj. compact; ≈**heit** f compacité f; ≈**kamera** phot. f: tragbare ~ plan paquet m; ≈**wagen** m voiture f compacte.
Kompa'nie a. ✝ f compagnie f; ~**chef** m, ~**führer** m commandant m de compagnie.
'**Komparativ** gr. m comparatif m.
Kom'parse m cin., thé. figurant m;

thé. a. comparse *m.*
Komparse'rie *f* figuration *f.*
'Kompaß *m* boussole *f*; (*Bord⚓*) compas *m*; **~häus-chen** ⚓ *n* habitacle *m* (de compas); **~nadel** *f* aiguille *f* de la boussole; **~peilung** ⚓ *f* relèvement *m* au compas; **~rose** *f* cadran *m* de la boussole.
Kom'pendium *n* manuel *m*; abrégé *m.*
Kompensati'on *f* compensation *f*; **~s-abkommen** *n* accord *m* de compensation; **~sgeschäft** *n* opération *f* de compensation; **~skasse** *f* caisse *f* de compensation.
Kompen'sator ⚡ *m* compensateur *m.*
kompensa'torisch *adj.* compensatoire.
kompen'sieren *v/t.* compenser.
kompe'tent *adj.* compétent.
Kompe'tenz *f* (*Zuständigkeit*) compétence *f*; *e-s Gerichts*: juridiction *f*; (*Befugnis*) attribution *f*; pouvoir *m*; **~konflikt** *m*, **~streit** *m* conflit *m* de compétence; *zwischen zwei Gerichten*: conflit *m* de juridiction; *zwischen Gericht u. Verwaltungsbehörde*: conflit *m* d'attribution; **~überschreitung** *f* excès *m* de pouvoir.
Kompi'lator *m* compilateur *m.*
Komple'ment *n* ⚗ *u. gr.* complément *m.*
Komplemen'tärfarben *f/pl.* couleurs *f/pl.* complémentaires.
Komple'mentwinkel ⚗ *m* angle *m* complémentaire.
Kom'plet *n Schneiderei*: ensemble *m.*
kom'plett *adj.* complet, -ète.
komplet'tieren *v/t.* compléter.
Kom'plex I *m* (*a. Industrie*⚒) complexe *m* (*a. Psychoanalyse*); △ (grand) ensemble *m*; *v. Häusern*: pâté *m*; **II** ⚒ *adj.* complexe; **⚒behaftet** *psych. adjt.* complexé.
Komplexi'tät *f* complexité *f.*
Kom'plice *m* → Komplize.
Komplikati'on *f* complication *f.*
Kompli'ment *n* compliment *m.*
Kom'plize *m* complice *m*; *baron *m.*
kompli'zier|en *v/t.* compliquer, **~t** *adj.* compliqué; ⚕ **~er Bruch** fracture *f* compliquée (*od.* ouverte); **⚒theit** *f* complication *f.*
Kom'|plott *n* complot *m*; **ein ~ schmieden** tramer (*od.* monter *od.* ourdir) un complot; comploter; *j-n* **ins ~ ziehen** mettre q. dans le complot; **⚒plot'tieren** *v/i.* comploter.
Kompo'nente *phys.*, ⚗, *fig. f* composante *f.*
kompo'nieren ♩ *v/t. u. v/i.* composer; **⚒nist**(**in** *f*) *m* compositeur *m*, -trice *f.*
Kompositi'on *f* composition *f.*
Kom'positum *gr. n* composé *m.*
Kom'post ⚒ *m* compost *m*; **mit ~ düngen** composter; **~haufen** *m* tas *m* de compost.
Kom'pott *n* compote *f*; **~schale** *f*, **~schüssel** *f* compotier *m*; **~(t)eller** *m* assiette *f* à dessert.
kom'preß *typ. adj. u. adv.* sans interlignes.
Kom'presse ⚕ *f* compresse *f.*
Kompressibili'tät *f* compressibilité *f.*
Kompressi'on *f* compression *f*; **~s-raum** *m* chambre *f* de compression;

~s-takt *m* temps *m* de compression; **~sverminderung** *f* décompression *f.*
Kom'pressor ⊕ *m* compresseur *m*; **~kühlschrank** *m* réfrigérateur à compresseur; **⚒los** *adj.* sans compresseur; **~motor** moteur *m* à suralimentation.
kompri'mieren *v/t.* comprimer.
Kompro'miß *m u. n* compromis *m*; **e-n ~ schließen** faire (*od.* établir) un compromis; **~bereitschaft** *f* esprit *m* de compromis; capitulation *f* de conscience; **⚒los** *adj.* sans compromis; **~lösung** *f* solution *f* de compromis.
kompromit'tieren *v/t.* (*v/rf.*: sich se) compromettre.
Kom'tesse *f* comtesse *f.*
Kom'tur *m* commandeur *m.*
Konden'sat *phys. n* condensé *m.*
Kondensati'on *f* condensation *f.*
Konden'sator *m* ⚡ condensateur *m*; *Dampfmaschine*: condenseur *m.*
konden'sier|en *v/t.* condenser; **⚒en** *n*, **⚒ung** *f* condensation *f.*
Kon'dens|milch *f* lait *m* condensé; **~streifen** ✈ *m* traînée *f* de condensation; **~wasser** *n* eau *f* de condensation.
Konditi'on *f a. Sport*: condition *f.*
Konditio'nal(**is**) *gr. m* (mode *m*) conditionnel *m*; **~satz** *m* proposition *f* conditionnelle.
konditio'nieren I *v/t.* conditionner; **II** ⚒ *n* in conditionnement *m.*
Kon'ditor *m* (*Kuchenbäcker*) pâtissier *m.*
Kondito'rei *f* (*Kuchenbäckerei*) pâtisserie *f.*
Kon'ditorwaren *f/pl.* pâtisseries *f/pl.*
Kondo'|lenz *f* condoléances *f/pl.*; **~'lenzbesuch** *m* visite *f* de condoléances; **~'lenzbrief** *m* lettre *f* de condoléances; **⚒'lieren** *v/i.* faire (*od.* offrir *od.* présenter) ses condoléances.
Kondomi'nat *n*, **Kondo'minium** *n* condominium *m.*
'Kondor *orn. m* condor *m.*
Kon'dukt *m* cortège *m*; convoi *m* funèbre.
Konduk'tanz ⚡ *f* conductance *f.*
Kon'fekt *n* confiserie *f*; sucreries *f/pl.*; chocolats *m/pl.*
Konfekti'on *cout. f* confection *f.*
Konfektio'när *m* confectionneur *m.*
Konfekti'ons|anzug *m* costume *m* de confection (*od.* tout fait *od.* prêt-à-porter); **~geschäft** *n* magasin *m* de confection (*od.* de prêt-à-porter); boutique *f*; **~kleidung** *f* prêt-à-porter *m.*
Konfe'renz *f* conférence *f*; (*Lehrer*⚒) conseil *m* des maîtres *bzw.* des professeurs; **die ~ ist an e-m toten Punkt angelangt** la conférence est arrivée au point mort; **~beschluß** *m* décision *f* de (la) conférence; **~bevollmächtigte**(**r**) *m* plénipotentiaire *m* d'un congrès; **~dolmetscher** *m* interprète *m* de conférence; **~raum** *m* salle *f* de conférence; **~schaltung** *téléph. f* raccordement *m* à un ordinateur pour prendre part à des conférences par téléphone; **~tisch** *m* table *f* de conférence; **~zimmer** *n* salle *f* de conférence.
konfe'rieren *v/i.* conférer (*mit j-m*

über etw. acc. de qch. avec q.).
Konfessi'on *f* confession *f.*
konfessio'nell *adj.* confessionnel, -elle.
konfessi'ons|los *adj.* sans confession; sans religion; aconfessionnel, -elle; **⚒schule** *f* école *f* confessionnelle.
Kon'fetti *pl.* (*a. n*) confetti *m/pl.*
Konfir'mand(**in** *f*) *m prot.* confirmand(e) *m* (*f*); *während des Unterrichts*: catéchumène *m*, *f*; **~en-unterricht** *m* instruction *f* religieuse des confirmands, des catéchumènes.
Konfir'mati'on *f* confirmation *f*; **⚒'mieren** *v/t.* confirmer.
konfis'zier|bar *adj.* confiscable; **~en** *v/t.* confisquer; **⚒ung** *f* confiscation *f.*
Konfi'türe *f* confiture *f.*
Kon'flikt *m* conflit *m*; **in ~ geraten** entrer en conflit; avoir des démêlés (avec); **⚒geladen** *adj.* conflictuel, -elle; **~herd** *bsd. pol. m* foyer *m* de conflits; **~situation** *f* situation *f* conflictuelle; **~stoff** *pol. m* cause *f* de conflit.
Konföde|rati'on *f* confédération *f*; **⚒'rieren** *v/t.* (*v/rf.*: sich se) confédérer.
kon'form I *adj.* conforme (*mit* à); **II** *adv.* conformément (*mit* à); **~ gehen** être d'accord (*mit j-m* avec q.).
Konfor'|mist *m* conformiste *m*; **⚒'mistisch** *adj.* conformiste; bien pensant; **~mi'tät** *f* conformité *f.*
Konfrontation ✗ *f*: **Ost-West-~** confrontation *f* Est-Ouest; **~ der militärischen Blöcke** face-à-face *m* des blocs militaires.
konfron'tier|en *v/t.* confronter (*mit* avec); **konfrontiert werden mit etw.** (*dat.*) être aux prises avec qch.; **⚒en** *n*, **⚒ung** *f* confrontation *f.*
kon'fus *adj.* confus; indigeste; (*außer Fassung*) déconcerté.
Konfusi'on *f* confusion *f.*
kongeni'al *adj.* d'un génie égal (à); proche du génie (de).
Konglome'rat *géol. u. min. n* conglomérat *m.*
'Kongo *m*: **der ~** (*Fluß*) *ehm. Staat*) le Congo.
Kongo'|les|e *m*, **~in** *f ehm.* Congolais *m*, -e *f*; **⚒isch** *adj.* congolais.
Kongregati'on *f* congrégation *f.*
Kon'greß *m* congrès *m*; **einberufen** convoquer un congrès; **e-n ~ eröffnen** ouvrir un congrès; **~halle** *f* Palais *m* des congrès; **~mitglied** *n*, **~teilnehmer**(**in** *f*) *m* congressiste *m*, *f.*
kongru'ent ⚗ *adj.* coïncident; **⚒enz** ⚗ *f* coïncidence *f*; **⚒enzsatz** ⚗ *m* théorème *m* de coïncidence; **~'ieren** ⚗, *a. fig. v/i.* coïncider (avec).
Koni'feren ♣ *f/pl.* conifères *m/pl.*
'König *m* roi *m*; **von Gottes Gnaden** par la grâce de Dieu; **im Namen des ~s au nom du roi**; *hist.* de par le roi; **die heiligen drei ~e** les Rois mages *m/pl.*; **Fest der heiligen drei ~e** Jour *m* des rois; Épiphanie *f*; *j-n zum ~ machen* (*wählen*) faire (élire) q. roi; **in** *f* reine *f* (*a. fig.*); *Schach*: a. dame *f*; **~inmutter** *f* reine-mère *f*; **~inpastete** *f* bouchée *f* à la reine; **~inwitwe** *f* reine douairière *f*; **~lich I** *adj.* royal; (**~ gesinnt**) royaliste; **II** *adv.* royale-

Königreich — Konsularbeamte(r)

ment; sich ~ amüsieren s'amuser beaucoup; j-n ~ bewirten traiter q. royalement; ~reich n royaume m; das Vereinigte ~ (Großbritannien u. Irland) le Royaume-Uni.

'Königs|adler m aigle m royal; ~apfel m reinette f; ~blau n bleu m roi; ~freund m royaliste m; ~kerze f molène f; ~krone f couronne f royale; ~mord m, ~mörder m régicide m; ~pudel m caniche m royal; ~schloß n château m royal; ~tiger zo. m tigre m royal; ~titel m titre m de roi; ~treue f royalisme m; ~treue(r a. m) m, f royaliste m, f; ~wahl f élection f d'un roi; ~wasser n eau f régale; ~würde f dignité f royale; royauté f.

'Königtum n royauté f; weitS. régime m monarchique.

'konisch adj. conique; conoïde; conoïdal; en forme de cône.

Konju|gati'on gr. f conjugaison f; 2'gierbar gr. adj. conjugable (in allen Zeiten à tous les temps); 2'gieren gr. v/t. conjuguer; konjugiert werden se conjuguer.

Konjunkti'on gr. f conjonction f.

'Konjunktiv gr. m (mode m) subjonctif m; 2isch gr. adj. avec le (od. au) subjonctif.

Konjunk'tur f conjoncture f (steigende montante; sinkende descendante); (Hoch2) 'haute conjoncture f; ~abschöpfung fin., éc. f prélèvement m conjoncturel; ~ausgleichsrücklage f fonds m de stabilisation de la conjoncture; fonds m d'action conjoncturelle; 2bedingt adj. conjoncturel, -elle; ~belebung f redressement m de la conjoncture; ~bericht m rapport m de conjoncture; 2dämpfend adj. anti-conjoncturel, -elle; ~dämpfung f refroidissement m (od. freinage m) conjoncturel; 2empfindlich adj. sensible à la conjoncture; ~empfindlichkeit f sensibilité f à la conjoncture; ~forschung f analyse (od. étude) f de la conjoncture; ~gewinn m profit m de conjoncture; ~politik f politique f de conjoncture; ~ritter m opportuniste m; profiteur m; ~rückgang m récession f; ~schwächung éc. f fléchissement m; ~schwankung f fluctuation f de la conjoncture; ~spritze éc. f relance f conjoncturelle; mesure f de relance; injection f de fonds; intervention f pour la relance; ~überhitzung f surchauffe f; ~emballement m de conjoncture; ~umschwung m retournement m de la conjoncture.

kon'kav adj. concave; ~konvex adj. concavo-convexe; 2spiegel phys. m miroir m concave.

Kon'klave cath. n conclave m.

Konkor'danz f concordance f.

Konkor'dat cath. n concordat m.

kon'kret adj. concret, -ète; 2um gr. n nom m concret.

Konku|bi'nat n concubinage m; ~'bine f concubine f.

Konkur'rent(in f) m concurrent m, -e f; compétiteur m, -trice f.

Konkur'renz f concurrence f; compétition f; j-m ~ machen faire concurrence à q.; concurrencer q.; mit j-m in ~ treten entrer en concurrence avec q.; außer ~ 'hors-concours'; 2fähig adj. capable de soutenir la concurrence; compétitif, -ive ; ~fähigkeit f compétitivité f; capacité f de concurrence; ~firma f, ~geschäft n maison f concurrente; ~kampf m concurrence f; compétition f; ~klausel f clause f de non-concurrence; ~land n pays m concurrent; 2los adj. inaccessible à la concurrence; défiant toute concurrence; ~preis m prix m compétitif; ~unternehmen n entreprise f concurrente; ~verbot n interdiction f de concurrence.

konkur'rieren v/i. concurrencer (mit j-m q.); faire concurrence à q.

Kon'kurs m faillite f; den ~ anmelden se déclarer en faillite; ~ machen; in ~ geraten faire faillite; ~ eröffnen ouvrir la procédure de faillite; ~antrag m demande f de mise en faillite; ~ausverkauf m liquidation f pour cause de faillite; ~einstellung f suspension f de faillite; ~erklärung f déclaration f de faillite; ~eröffnung f ouverture f de la faillite; ~forderung f créance f de la faillite; ~gläubiger m créancier m du failli; ~masse f actif m (od. masse f) de la faillite; ~ordnung f règlement m des faillites; ~schuldner m failli m; ~verfahren n procédure f de faillite; ~verwalter m syndic m de la faillite.

'können I v/aux. pouvoir; (fähig sein) être capable (de); avoir la faculté (de); (imstande sein) être en état (de); (wissen, verstehen, gelernt haben) savoir; écol. etw. ~ a. *être à flot; das muß man ~ il faut savoir le faire; das kann sein cela peut être; cela se peut; es kann sein, daß ... il se peut que ... (subj.); ich kann nichts dafür ce n'est pas ma faute; je n'en peux (od. puis) rien; je n'y suis pour rien; ich kann nichts dazu tun je n'y peux rien; ich kann nicht mehr je n'en peux plus; ich kann nicht anders je ne peux pas faire autrement; hier könnte man sagen ... c'est ici que l'on pourrait dire ...; Sie ~ es mir glauben vous pouvez me croire; Französisch ~ savoir le français; auswendig ~ savoir par cœur; lesen (schwimmen) ~ savoir lire (nager); ich kann es Ihnen (leider) nicht sagen je ne saurais vous le dire; so gut ich kann de mon mieux; er konnte noch so sehr rufen il avait beau appeler; ~ Sie noch sehen? y voyez--vous encore?; II 2 n pouvoir m; (Wissen) savoir m; savoir-faire m; (Fähigkeiten) capacités f/pl.; (Talent) talent m.

'Könner m celui qui sait son métier; personne f très capable; F as m.

Kon'nex m connexion f; liaison f; relation f.

Konni'venz f connivence f.

Konnosse'ment n connaissement m.

'Konrektor m sous-directeur m.

Konseku'tiv|dolmetschen n, ~übersetzung f interprétation f bzw. traduction f consécutive.

Kon'sens m consentement m; consensus m.

konse'quen|t adj. conséquent; 2z f conséquence f; die ~en ziehen (tragen) tirer (subir) les conséquences.

konserva'tiv adj. conservateur, -trice; 2'tive(r a. m) m, f conservateur m, -trice f; 2ti'vismus m conservatisme m.

Konser'vator m conservateur m.

Konserva'torium n conservatoire m (für Musik de musique).

Kon'serve f conserve f; ~nbüchse f, ~ndose f boîte f de (resp. à) conserves; ~nfabrik f conserverie f; fabrique f de conserves; ~nglas n bocal m à conserves; ~n-industrie f industrie f des conserves.

konser'vier|en v/t. (v/rf.: sich se) conserver; 2en n, 2ung f conservation f; 2ungsmittel n produit m conservateur; substance f de conservation.

Konsig|'nant m consignateur m; ~na'tär m consignataire m; ~nati'on f consignation f; ~nati'onsgeschäft n (opération f de) consignation f; ~nati'onsware f marchandise f en consignation; 2'nieren v/t. consigner.

Kon'silium n conseil m; écol. er hat das ~ erhalten on lui a donné l'injonction de quitter l'école.

konsis'ten|t adj. consistant; 2z f consistance f.

Konsis'torium rl. n consistoire m.

Kon'sole f cyb. console f; cyb. pupitre m; ~operator cyb. m pupitreur m.

konsoli'dier|en v/t. (v/rf.: sich se) consolider; konsolidierte Schuld dette f consolidée; 2en n, 2ung f consolidation f.

Kon'sols pl. consolidés m/pl.

Konso'nant gr. m consonne f; 2isch gr. adj. consonantique.

Kon'sorten péj. m/pl. consorts m/pl.

Konsorti'algeschäft n opération f en consortium.

Kon'sortium n consortium m; Mitglied e-s ~s syndicataire m.

konspi|'rieren v/i. conspirer; 2rati'on f conspiration f.

kons'tant adj. constant; 2e f constante f.

Konstanti'nopel n Constantinople f.

'Konstanz n Constance f.

konsta'tier|en v/t. constater; 2en n, 2ung f constatation f.

Konstellati'on f constellation f.

konster'nieren v/t. consterner.

konstitu'ier|en v/t. (v/rf.: sich se) constituer; ~end adj. constituant; ~e Versammlung assemblée f constituante; 2ung f constitution f.

Konstituti'on f constitution f.

konstitutio'nell adj. constitutionnel, -elle.

konstru'ieren I v/t. construire; II 2 n construction f.

Konstruk'teur m constructeur m.

Konstrukti'on f construction f.

Konstrukti'ons|büro n bureau m d'études; ~einzelheit f détail m de la construction; ~fehler m défaut (od. vice) m de construction; ~leiter m ingénieur m en chef; ~prinzip n principe m de construction; ~teil m élément m (od. pièce f) de construction; ~zeichner m dessinateur m projecteur; ~zeichnung f dessin (od. plan) m de construction.

konstruk'tiv adj. constructif, -ive.

'Konsul m consul m.

Konsu'lar|agent m agent m consulaire; ~beamte(r) m officier m consu-

laire; ~gerichtsbarkeit f juridiction f consulaire; 2isch adj. consulaire.
Konsu'lat n consulat m; ~bescheinigung f certificat m consulaire; ~sdienst m service m consulaire; ~srechnung f facture f consulaire.
Konsul|tati'on f consultation f; 2-'tieren v/t. consulter.
Kon'sum m consommation f.
Konsu'ment|(in f) m consommateur m, -trice f; ~enforschung f consumérisme m.
Kon'sumgesellschaft f société f de consommation.
Kon'sumgüter n/pl. biens m/pl. de consommation.
konsu'mieren v/t. consommer.
Kon'sumverein m coopérative f de consommation; F coopé f.
Kon'takt m contact m; ⚡ den ~ herstellen (unterbrechen) établir (interrompre) le contact; fig. mit j-m ~ aufnehmen entrer en contact avec q., approcher (od. contacter) q.; 2arm adj. insociable; ~fläche f surface f de contact; 2freudig adj. sociable; ~glas opt. n verre m de contact; ~hebel m levier m de contact; ~knopf m bouton m de contact; ~linse opt. f lentille f de contact; weiche ~ lentille f souple; ~linsenspezialist m contactologue m; ~nahme f prise f de contact; ~photographie f épreuve f par contact; ~rolle f an Straßenbahnwagen: galet m de trolley; ~schnur f cordon m de contact; ~stange f an Straßenbahnwagen: perche f du trolley; ~stecker m, ~stift m, ~stöpsel m fiche f de contact; ~stelle éc. f intermédiariat m; ~umformer ⚡ m redresseur m à contacts.
'Konten|abschluß m clôture f des comptes; ~karte f fiche f comptable (od. de compte); Lochkartenverfahren: carte-compte f.
'Konter|admiral ⚓ m contre-amiral m; ~bande f contrebande f; ~fei st.s., iron. n portrait m; 2'feien v/t. faire le portrait (de); 2n v/t. Boxen, a. fig. parer, riposter (à); ~revolution f contre-révolution f.
'Kontinent m continent m.
kontinen'tal adj. continental; 2-macht f puissance f continentale; 2sperre hist. f Blocus m continental.
Kontin|'gent n contingent m; 2gen-'tieren v/t. contingenter; ~gen'tierung f contingentement m; ~gen'tierungssystem n système m de contingentement.
kontinu|'ierlich adj. continu; continuel, -elle; 2'ierlichkeit f pérennité f; 2i'tät f continuité f.
'Konto n compte m; (Bank2) compte m en banque; auf ~ à compte; laufendes ~ compte m courant; ein ~ eröffnen ouvrir un compte (bei auprès de); ein ~ belasten (entlasten) charger (décharger) un compte; ein ~ abgleichen équilibrer (od. solder) un compte; ein ~ überziehen mettre un compte à découvert; auf e-m ~ verbuchen passer (od. mettre) en (od. sur) compte; von e-m ~ abheben retirer d'un compte; fig. das geht auf dein ~ c'est ta faute; ~auszug m relevé (od. extrait m) de compte; ~bezeichnung f désignation f du compte; ~buch n livre m de comptes; ~gegenbuch n contre-partie f; ~inhaber(in f) m titulaire m, f d'un compte; ~kor'rent n compte m courant; ~kor'rentforderung f créance f en compte courant; ~kor'rentguthaben n avoir m en compte courant; ~kor'rentverkehr m service m des comptes courants; ~kor'rentzinsen m/pl. intérêts m/pl. du compte courant; ~nummer f numéro m de compte.
Kon'tor n bureau m; ~bote m garçon m de bureau.
Konto'rist(in f) m employé m, -e f de bureau.
'Kontoüberziehung f découvert m.
'kontra I prp. contre; II 2 n Kartenspiel: contre m; F fig. j-m ~ geben F contrer q., riposter vertement à q.; 2alt ♪ m contralto f; 2baß ♪ m contrebasse f.
Kontraba'ssist m contrebassiste m.
kontradik'torisch adj. contradictoire.
Kontra|'hent m contractant m; 2-'hieren v/t. contracter.
Kon'trakt m contrat m; e-n ~ (ab-) schließen passer un contrat; ~abschluß m conclusion f d'un contrat; ~bruch m rupture f de contrat; 2-brüchig adj. qui rompt un contrat; ~ werden rompre un contrat; 2lich adj., 2mäßig adj. contractuel, -elle; conforme au contrat; ~verhältnis n: in e-m ~ zu j-m stehen être engagé par contrat envers q.; 2-widrig adj., adv. contraire(ment) au contrat; incompatible avec le contrat; in violation du contrat; ~widrigkeit f incompatibilité f avec le contrat.
'Kontrapunkt ♪ m contrepoint m; 2isch adj. contrapuntique.
kon'trär adj. contraire.
Kon'trast m contraste m; e-n ~ bilden zu contraster mit;
kontras'tieren v/i. contraster (mit avec); être en contraste (avec); ~d adj. contrasté.
Kon'trast|mittel ⚕ n substance f de contraste; ~programm télév. n programme m contrasté.
kon'trast|reich adj. contrasté; 2wirkung f effet m de contraste.
Kontributi'on ⚔ f contribution f.
Kon'troll|abschnitt m talon m (de contrôle); coupon m de contrôle; ~amt n office m de contrôle; ~anlage f installation f de contrôle; ~apparat m appareil m de contrôle; ~ausschuß m commission f de contrôle; ~beamte(r) m contrôleur m; ~e f contrôle m; (Inspektion) inspection f; (Nachprüfung) vérification f; unter ~ haben contrôler, (meistern) maîtriser; die ~ verlieren perdre le contrôle (über acc. de); e-r ~ unterziehen soumettre à un contrôle; contrôler; der ~ unterliegen être soumis au contrôle.
Kontrol'leur m contrôleur m; (Nachprüfer) vérificateur m.
Kon'troll|gang m ronde f; ~gerät n appareil m de contrôle.
kontrol'lier|bar adj. contrôlable; (nachprüfbar) vérifiable; ~en v/t. contrôler; soumettre à un contrôle; Passanten: a. filtrer; (nachprüfen) vérifier.
Kon'troll|kasse f (Registrierkasse) caisse f enregistreuse; ~kommission f commission f de contrôle; ~(l)ampe f lampe f témoin; ~(l)iste ⚡ f: technische ~ check-list f; ~marke f in großen Betrieben: jeton m (od. plaque f) de contrôle; ~maßnahme f mesure f de contrôle; ~muster n échantillon m de contrôle; ~nummer f numéro m de contrôle; ~organ n organe m de contrôle; ~punkt m point m de contrôle; ~rat hist. m conseil m de contrôle; der Alliierte ~ le Conseil Allié de Contrôle; ~stelle f poste m de contrôle; ~stempel m cachet m de contrôle; ~strecke f ronde f; ~system n système m de contrôle; ~turm m tour f de contrôle; ~uhr f (Arbeitszeit) enregistreur m de temps mouchard; (Wächter2) contrôleur m de rondes; ~zettel m fiche f de contrôle.
Kontro'verse f controverse f.
Kon'tur f contour m.
'Konus m cône m.
Konvekti'on ⚡ f convection f.
Kon'vent m (Zus.kunft) assemblée f; hist. (National2) Convention f (nationale).
Konventi'on f convention f; die Genfer ~ la Convention de Genève.
Konventio'nalstrafe f amende (od. peine) f conventionnelle; dédit m.
konventio'nell adj. conventionnel, -elle; ~e Waffen armes f/pl. classiques.
konver|'gent adj. convergent; 2-'genz f convergence f; ~'gieren ⚙, fig. v/i. converger.
Konversati'on f conversation f; ~slexikon n encyclopédie f; ~sstück thé. n pièce f de salon.
konver'tier|bar ✝ adj. convertible; 2barkeit ✝ f convertibilité f; ~en v/t. convertir; 2en n, 2ung f conversion f.
Konver'tit(in f) m converti m, -e f.
kon'vex adj. convexe.
Konvexi'tät f convexité f.
Kon'vexlinse f lentille f convexe.
Kon'vikt n petit séminaire m.
Kon'voi m convoi m.
konvul'sivisch adj. convulsif, -ive.
konze'dieren v/t. concéder.
Konzen'trat ⚗ n (produit m) concentré m.
Konzentrati'on f concentration f; ~sfähigkeit psych. f faculté f de concentration; ~slager n camp m de concentration.
konzen'trier|en v/t. (v/rf.: sich se) concentrer; se focaliser (auf acc. sur); auf sich selbst konzentriert autocentré; 2en n, 2theit f, 2ung f concentration f; ~ auf sich selbst autocentration f.
kon'zentrisch adj. concentrique.
Kon'zept n (Entwurf) brouillon m; fig. aus dem ~ kommen perdre le fil; s'embrouiller; perdre ses moyens (od. P les pédales); s'affoler; néol. paniquer; j-n aus dem ~ bringen faire perdre le fil à q.; embrouiller q.; das paßt ihm nicht ins ~ cela ne fait pas son affaire.
Konzepti'on f conception f.
Kon'zeptpapier n papier m brouillon.
Kon'zern m groupe m (industriel);

consortium *m*; groupement *m*; entente *f*; trust *m*; cartel *m*; **͟unternehmen** *n* entreprise *f* affiliée à une entente.
Kon'zert ♪ *n* concert *m* (*a. fig.*); (*Solisten⚨*) récital *m*; (*Musikstück*) concerto *m*; **ins ͟ gehen** aller au concert.
konzer'tant ♪ *adj.* concertant.
Konzertati'on *pol. f* concertation *f*.
Kon'zertflügel *m* piano *m* de concert.
konzer'tieren *v/i. ♪* donner un concert (*Solist:* un récital); *fig. éc., pol., soc.* (*abstimmen*) concerter; **konzertierte Aktion** action *f* concertée.
Kon'zert|meister *m* premier violon *m*; chef *m* de pupitre; **͟saal** *m* salle *f* de concert; **͟sänger(in** *f*) *m* chanteur *m*, cantatrice *f* de concert; **͟stück** *n* concerto *m*.
Konzessi'on *a. adm. f* concession *f*; (*Schankerlaubnis*) licence *f* de débit de boissons; **e-e ͟ erteilen** accorder une concession *bzw.* une licence; **j-m ͟en machen** faire des concessions à q.
konzessio'nier|en *v/t. Geschäft:* autoriser par concession *bzw.* par licence; **j-n ͟** donner une concession à q.; **͟t** *adj.* concessionnaire; qui possède une licence.
Konzessi'ons-inhaber(in *f*) *m* concessionnaire *m, f*.
Konzes'sivsatz *gr. m* proposition *f* concessive.
Kon'zil *n* concile *m*.
konzili'ant *adj.* conciliant.
Konzili'anz *f* esprit *m* conciliant.
konzi'pieren *v/t.* concevoir; (*entwerfen*) rédiger un brouillon *m*.
kon'zis *adj.* concis.
Ko-ope|rati'on *f* coopération *f*; **⚨͟ra'tiv** *adj.* coopératif, -ive; **⚨'rieren** *v/i.* coopérer.
Ko-op|tati'on *f* cooptation *f*; **⚨'tieren** *v/t.* coopter.
Ko-ordi|'nate *A f* coordonnée *f*; **͟'naten-achse** *A f* axe *m* de coordonnées; **͟'natensystem** *A n* système *m* de coordonnées; **͟nati'on** *f* coordination *f*; **⚨'nieren** *v/t.* coordonner; *abus.* coordiner; **͟'nieren** *n*, **͟'nierung** *f* coordination *f*; **͟'nierer** *m* coordinateur *m*; coordinateur *m*; **͟'nierungs-ausschuß** *m* comité *m* de coordination.
Kopen'hagen *n* Copenhague *f*.
'Köper *text. m* sergé *m*.
koperni'kanisch *adj.* copernicien, -enne.
Kopf *m* tête *f*; F caboche *f*; P terrine *f*; F fiole *f*; **e-s Briefes** *usw.*: en-tête *m*; **e-r Münze:** face *f*; **e-r Pfeife:** tête *f*; fourneau *m*; **e-r Rakete:** ogive *f*; tête *f*; (*abgeschnittener*) **͟ v. Wildschweinen u. Fischen:** 'hure *f*; (*Spreng⚨*) ogive *f*; **͟ hoch!** levez la tête!, *fig.* 'haut les cœurs!; **͟ weg!** gare la tête!; **pro ͟** par tête; par tête d'habitant; **͟ oder Schrift?** pile ou face?; **führender ͟** chef *m* de file; maître *m* d'œuvre; **heller** (*beschränkter*) **͟** esprit *m* lucide (borné); **e-n klaren ͟ haben** avoir l'esprit clair; **e-n klaren ͟ behalten** garder toute sa tête; **ein kluger ͟ sein** être intelligent; **e-n schweren ͟ haben** avoir la tête lourde; **mir tut der ͟ weh** j'ai mal à la tête; **j-m den ͟ abschlagen** couper (*od.* trancher) la tête à q.; *ich weiß nicht, wo mir der ͟ steht* je ne sais où donner de la tête; *sich den ͟ zerbrechen* se casser la tête; se creuser la tête (*od.* le cerveau *od.* l'esprit); *den ͟ verlieren* perdre la tête; *gleich den ͟ verlieren* F se noyer dans un verre d'eau; *den ͟ oben behalten* ne pas perdre la tête; *conserver (toute) sa tête; ich wette m-n ͟, daß … je parierais (od. je mettrais od. je donnerais)* ma tête que …; *s-n ͟ durchsetzen;* nur s-m ͟ folgen n'en faire qu'à sa tête; *den ͟ hängen lassen* être abattu; baisser l'oreille; *j-m den ͟ zurechtsetzen* mettre q. à la raison; *fig. j-m den ͟ waschen* laver la tête à q.; donner un savon à q.; frotter les oreilles à q.; *j-m den ͟ verdrehen* tourner la tête à q.; *es geht ihm* (*ihr*) *an ͟ und Kragen* il y va de sa tête; *j-m etw. an den ͟ werfen* jeter qch. à la tête de q.; *nicht auf den ͟ gefallen sein* ne pas être tombé sur la tête; F *n'être pas manchot; auf dem ͟ stehen* être la tête en bas, *Schrift:* être à l'envers; *alles auf den ͟ stellen* mettre tout sens dessus dessous; *j-m etw. auf den ͟ zusagen* accuser q. ouvertement de qch.; *auf s-m ͟ bestehen* être entêté, s'entêter; *e-n Preis auf j-s ͟ setzen* mettre la tête de q. à prix; *den Nagel auf den ͟ treffen* toucher juste; *aus dem ͟ de mémoire;* de tête; *aus dem ͟ hersagen* réciter par cœur; *das geht mir nicht aus dem ͟* cela ne me sort pas de la tête; *sich etw. aus dem ͟ schlagen* s'ôter qch. de la tête; renoncer à qch.; *fig. den ͟ aus der Schlinge ziehen* s'en tirer; tirer son épingle du jeu; *fig. sich etw. durch den ͟ gehen lassen* repasser qch. dans sa tête; *sich e-e Kugel durch den ͟ jagen* se brûler la cervelle; *fig. durch den ͟ schießen* venir de (*od.* traverser) l'esprit; *j-m etw. in den ͟ setzen* mettre qch. en tête à q.; *sich etw. in den ͟ setzen* se mettre en tête, *etw. im ͟ haben* avoir qch. en tête; *in den ͟ steigen* (*Wein*) monter (*od.* porter) à la tête; être capiteux; *das war ihm in den ͟ gestiegen a.* cela lui avait enflé la tête; *er ist im ͟ nicht richtig* il a la tête fêlée; *il n'a pas sa tête à lui; mir dreht sich alles im ͟* la tête me tourne; *das will mir nicht in den ͟ gehen* cela ne veut pas entrer (dans ma tête); *das geht mir im ͟ herum* cela me trotte dans la tête; *was man nicht im ͟ hat, muß man in den Beinen haben* quand on n'a pas de tête, il faut avoir de jambes; *mit dem ͟ dafür haften* en répondre sur sa tête; *mit dem ͟ gegen etw. stoßen* donner de la tête contre qch.; *j-n vor den ͟ stoßen* 'heurter q. de front; *mit dem ͟ gegen* (*fig. durch*) *die Wand rennen* (*fig. a. wollen*) se cogner la tête contre la (*od.* au) mur; donner de la tête contre le mur; *j-m über den ͟ wachsen* dépasser q.; *bis über den ͟ in Schulden stecken* être dans les dettes jusqu'au cou; *um e-n ͟ größer sein als j.* avoir la tête de plus que q.; *von ͟ bis Fuß* des pieds à la tête; *j-n vor den ͟ stoßen* choquer q.; *fig. ein Brett vor dem ͟ haben* être bouché; *fig. ich bin wie vor den ͟ geschlagen* j'en suis tout abasourdi; *les bras m'en tombent; den ͟ in den Sand stecken* se mettre la tête dans le sable; **'͟-an-'͟-Rennen** *n* coude-à-coude *m* serré; **'͟arbeit** *f* travail *m* intellectuel; **'͟arbeiter** *m* travailleur *m* intellectuel; **'͟bahnhof** 🚇 *m* gare *f* de tête de ligne; gare *f* en cul-de-sac; **'͟ball** *m Sport:* tête *f*; **'͟bedeckung** *f* coiffure *f*; *plais. u.* F couvre-chef *m*; **'͟bogen** *m* feuille *f* à en-tête.
'Köpfchen *n* petite tête *f*; F *fig.* **͟ haben** être intelligent; avoir de la matière grise.
'köpfen I *v/t.* décapiter; trancher tête (à); *Bäume:* étêter; *Sport:* e-n Ball **͟** faire une tête; *den Ball ins Tor* **͟** marquer (un but) de la tête; **II ⚨** *n* décapitation *f*.
'Kopf|ende *n* tête *f*; *des Bettes:* tête *f* du lit; chevet *m*; **͟geld** *n* prime *m* par tête; **͟haar** *n* cheveux *m/pl.*; chevelure *f*; **͟haltung** *f* port *m* de tête; **⚨hängerisch** F *adj.* découragé; **͟haut** *f* peau *f* du crâne; *beharte:* cuir *m* chevelu; **͟hörer** *m Radio:* casque *m* à écouteurs; **͟jäger** *m* chasseur *m* de têtes; **͟kissen** *n* oreiller *m*; **͟kissen-überzug** *m* taie *f* d'oreiller; **͟länge** *f Sport:* tête *f*; **⚨lastig** *adj. Fahrzeug:* trop chargé à l'avant; **͟laus** *ent. f* pou *m* de tête; **͟lehne** *f* appui(e)-tête *m*; **͟leiste** *typ. f* vignette *f* en tête; **⚨los** *fig. adj.* (*unbesonnen*) écervelé; étourdi; **͟ werden** s'affoler; **͟losigkeit** *fig. f* étourderie *f*; **͟naht** *anat. f* suture *f* des os du crâne; **͟nicken** *n* signe *m* de tête; **͟note** *f* e-s *Artikels:* chapeau *m*; **͟nuß** F calotte *f*; taloche *f*; **͟prämie** *f* prime *f* par tête; **͟rechnen** *n* calcul *m* mental; **͟rose ♀ *f*** érysipèle *m* de la tête; **͟salat** ♀ *m* laitue *f* pommée; **͟scheibe** ⚔ *f* cible-silhouette *f*; **⚨scheu** *adj. Pferd:* ombrageux, -euse; *fig.* (*mißtrauisch*) méfiant; (*stutzig*) effarouché; *j-n* **͟ machen** effaroucher q.; **͟schmerz** *m* mal *m* de tête; *͟en haben* avoir mal à la tête; **͟schraube** ⚙ *f* vis *f* à tête; **͟schuppen** *f/pl.* pellicules *f/pl.*; **͟schuß** *m* balle *f* dans la tête; **͟schütteln** *n* 'hochement *m* de tête; **⚨schüttelnd** *adv.* en secouant la tête; **͟sprung** *m* plongeon *m*; *e-n* **͟ machen** faire (*od.* piquer) un plongeon; F piquer une tête; **͟stand** *m: gym.* e-n **͟ machen** se mettre la tête en bas; faire le poirier; ⚔ *capoter;* **⚨stehen** *v/i.* avoir la tête en bas; *Vorgang:* capoter; F *fig. vor Freude:* être sorti de ses gonds; *staunen: da stehst du kopf!* ça te la coupe!; **͟steinpflaster** *n* gros pavés *m/pl.* inégaux; **͟steuer** *f* impôt *m* par tête; *hist.* capitation *f*; **͟stimme ♪** *f* voix *f* de tête; fausset *m*; **͟stoß** *m* tête *f*; *Billard:* massé *m*; **͟stück** *n* tête *f*; **͟stütze** *f* appui(e)-tête *m*; *a. Auto:* repose-tête *m*; protège-tête *m*; **͟tuch** *n* foulard *m*; carré *m*; **⚨über** *adv.* la tête en avant (*a. fig.*); **͟ hinfallen** tomber cul par-dessus tête; **⚨unter** *adv.* la tête en bas; **͟verletzung** *f* blessure *f* à la tête; **͟wackeln** *n* dodelinements *m/pl.* de tête; **͟wäsche** *f*, **͟waschen** *n* shampooing *m*; **͟weh** *n*, **͟schmerz** *m*, **͟wunde** *f* blessure *f* à la tête; **͟zahl** *f* nombre *m* de personnes; **͟zeile** *f* ligne *f* de tête; **͟zerbrechen** *n: j-m viel* **͟ machen** donner du cassement de tête (F du

tintouin) à q.
Ko'pie *f* copie *f*; *phot. a.* épreuve *f*; *fig.* imitation *f*.
Ko'pier|anstalt *f* atelier *m* de tirage; **~apparat** *m* appareil *m* à copier; *phot. a.* tirer; *fig.* imiter; **~en** *n* copie *f*; reproduction *f*; *phot. a.* tirage *m*; *fig.* imitation *f*; **~er** ⊕ *m* copieur *m*; duplicateur *m*; appareil *m* à copier; tireuse *f*; **~fähigkeit** *f* propriété *f* copiante; **~farbe** *f* encre *f* à copier; **~maschine** *f* machine *f* à copier *od.* à reproduire; **~papier** *n phot.* papier *m* photographique; **~presse** *f* presse *f* à copier; **~rahmen** *phot. m* châssis *m* à copier; **~stift** *m* crayon *m* à copier; crayon-encre *m*; **~tinte** *f* encre *f* à copier; **~verfahren** *n* procédé *m* de copie; reprographie *f*.
'Kopilot ⚔ *m* copilote *m*.
Ko'pist(in *f*) *m* copiste *m, f*.
'Koppel[1] *f* (*zs.-gebundene Tiere*) chiens *m/pl.*, chevaux *m/pl.* couplés; *ch.* (*Hunde*²) meute *f* à la couple; (*eingezäunte Weide*) pâturage *m*.
'Koppel[2] ⚔ *n* ceinturon *m*.
'kopp|eln *v/t.* *Hunde, Pferde*: coupler; (*zur Weide einzäunen*) entourer d'une clôture; ⚡ coupler (*verbinden; verknüpfen*) lier (*mit* à); *Raumfahrt*: amarrer (*an* à); *v/i. Raumfahrt*: ~ *od.* gekoppelt werden s'amarrer, s'arrimer (à); wieder ~ mit se réaccoupler à; s'amarrer à nouveau à; **²elriemen** *m* couple *f*; laisse *f*; **²(e)lung** *f* ⚡ couplage *m*; *Raumfahrt*: arrimage *m*, amarrage *m*; **²(e)lungsmanöver** (*Raumfahrt*) *n* manœuvre *f* d'amarrage; **²(e)lungsring** (*Raumfahrt*) *m* collier *m* d'arrimage.
'Kopra ⚘ *f* copra *m*.
'Kopt|e *m* Copte *m*; **²isch** *adj.* copte.
'Kopula *gr. f* copule *f*.
Kopula|ti'on *biol. f* copulation *f*; **²'tiv** *gr. adj.* copulatif, -ive.
Ko'ralle *zo. f* corail *m* (*pl.* coraux); **~nbank** *f* banc *m* de coraux; **~fang** *m* pêche *f* du corail; **~nfischer** *m* corailleur *m*; **~nfischerei** *f* pêche *f* du corail; **~nhalsband** *n* collier *m* de corail; **~n-insel** *f* île *f* corallienne; atoll *m*; **~nriff** *n* récif *m* corallien (*od.* de coraux); **²nrot** *adj.* corail, ~ -e; **~nschnur** *f* → *~nhalsband*; **~ntiere** *zo. n/pl.* anthozoaires *m/pl.*
Ko'ran *m* Coran *m*.
Korb *m* panier *m* (*a. beim Korbball*); *ohne Henkel*: corbeille *f*; *pol.* Helsinki: corbeille *f*; (*Ballon*²) nacelle *f*; (*Förder*²) cage *f* d'extraction; *fig. j-m e-n* ~ *geben* refuser q.; envoyer q.; promener; *e-n* ~ *bekommen* essuyer un refus; être refusé; **¹~ball** *m* basket-ball *m*; **¹~blütler** ⚘ *m/pl.* compos(ac)ées *f/pl.*
'Körbchen *n* petite corbeille *f*; petit panier *m*; *Büstenhalter*: bonnet *m*; *bisw.* corbeille *f* (*a. der Biene*); Größe *f* e-s ~s profondeur *f* d'un bonnet; ⚘ capitule *m*; *fig.* F ins ~ gehen aller au lit (*enf.* au dodo).
'Korb|flasche *f* bouteille *f* clissée; *große*: bonbonne *f*, tourie *f*; dame-jeanne *f*; **¹~flechter(in** *f*) *m* vannier *m*, -ière *f*; **¹~geflecht** *n* vannerie *f*; *um e-e Flasche*: clisse *f*; **¹~macher(in** *f*) *m* vannier *m*, -ière *f*; **¹~macherarbeit** *f*, **¹~machergeschäft** *n* vannerie *f*; **¹~möbel** *n* meuble *m* en rotin, *aus Weidengeflecht*: en osier; **¹~sessel** *m* fauteuil *m* en osier (*resp.* en rotin); **¹~stuhl** *m* chaise *f* en osier (*resp.* en rotin); **¹~wagen** *m* voiture *f* d'enfant en osier; **¹~waren** *f/pl.* vannerie *f*; **¹~weide** ⚘ *f* osier *m*.
'Kord *text. m* velours *m* côtelé.
'Kordel *f* cordelière *f*; cordon *m*.
'Kordhose *f*: *lange* ~ pantalon *m* (*kurze*: culotte *f*) en velours côtelé.
Kordi'lleren *f/pl.* Cordillères *f/pl.*
Kor'don *m* cordon *m*.
Ko'rea *n* la Corée.
Kore'an|er(in *f*) *m* Coréen *m*, -enne *f*; **²isch** *adj.* coréen, -enne.
'kören *v/t.* sélectionner des animaux domestiques mâles pour l'élevage.
'Korfu *n* Corfou *m*.
Ko'rinthe *f* raisin *m* de Corinthe.
Kork *m* liège *m*; **¹~absatz** *m* talon *m* de liège; **²artig** *adj.* liégeux, -euse; **¹~boje** ⚓ *f* bouée *f* en liège; **¹~eiche** ⚘ *f* chêne-liège *m*; **¹~en** *m* (*Flaschen*²) bouchon *m*; **¹~enzieher** *m* tire-bouchon *m*; **¹~enzieherhosen** *plais. f/pl.* pantalon *m* en tire-bouchon; **¹~gürtel** *m* ceinture *f* de liège; **¹~mundstück** *n* bout *m* de liège; **¹~pfropfen** *m* bouchon de liège; **¹~platte** *f* plaque *f* en liège; **¹~sohle** *f* semelle *f* compensée en liège; *als Einlegesohle*: semelle *f* de liège.
Korn *n* grain *m*; *coll.* (*Getreide*) grains *m/pl.*, céréales *f/pl.*; (*Weizen*) blé *m*; (*Roggen*) seigle *m*; *das* ~ *steht gut* les blés sont bien venus; (*Samen*²) graine *f*; (*Visier*²) guidon *m*; mire *f*; *aufs* ~ *nehmen* viser; ⚔ *ein Flugzeug aufs* ~ *nehmen* prendre un avion dans sa ligne de mire; *fig. von echtem Schrot und* ~ de bon aloi; *von altem Schrot und* ~ de vieille roche (*od.* souche); (*~schnaps*) eau-de-vie *f* de grain; **~ähre** *f* épi *m*; **¹~anbau** *m* culture *f* des céréales; **¹~blume** ⚘ *f* bleuet *m*; bluet *m*; barbeau *m*; **¹²blumenblau** *adj.* bleu barbeau *f*; **¹~brand** *m* carie *f* des blés; **¹~branntwein** *m* eau-de-vie *f* de grain.
'Körnchen *n* petit grain *m*; granule *m*; *fig. ein* ~ *Wahrheit* un brin (*od.* une once) de vérité; **²förmig** *adj.* granuliforme.
Kor'nelkirsche ⚘ *f* cornouille *f*; (*Strauch*) cornouiller *m*.
'körnen *v/t. Getreide*: grener; (*granulieren*) grenailler; granuler; *Leder*: grainer.
'Körner ⊕ *m* pointeau *m*.
'Körner|fresser *zo. m/pl.* granivores *m/pl.*; **~früchte** *f/pl.*, **~futter** *n* grains *m/pl.*; **~spitze** ⊕ *f* contre-pointe *f*; **²tragend** *adj.* granifère.
Kor'nett[1] *hist.* ⚔ *m* cornette *f*.
Kor'nett[2] ♪ *n* cornet *m*; **~ist** *m* cornettiste *m*.
'Korn|feld *n* champ *m* de blé; **~früchte** *f/pl.* grains *m/pl.*; céréales *f/pl.*; **~größe** *bét. f* granulométrie *f*; **~handel** *m* commerce *m* des grains; **~händler** *m* grainetier *m*.
'körnig *adj.* granulaire; (*granulös*) granuleux, -euse.
'Korn|käfer *m* charançon *m*; calandre *f*; **~kammer** *f* grenier *m* à blé (*a. fig.*); **~markt** *hist. m* marché *m* aux grains; **~rade** ⚘ *f* gerzeau *m*; nielle *f*; **~sauger** ⊕ *m* souffleuse *f*; **~schwinge** ⚡ *f* van *m*; **~speicher** *m* grenier *m* à blé; silo *m*.
'Körnung ⊕ *f* granulation *f*.
'Korn|wicke ⚘ *f* vesce *f* sauvage; **~wucher** *m* accaparement *m* des blés; **~wurm** *ent. m* charançon *m*; calandre *f*.
Ko'rona *f ast.* couronne *f*; F (*Bande*) bande *f*; F clique *f*; coterie *f*.
'Körper *m* corps *m*; *géom. a.* solide *m*; **~anlage** *f* constitution *f*; complexion *f*; **~bau** *m* stature *f*; conformation *f* du corps; **~beherrschung** *f* maîtrise *f* du corps; **~behinderte(r)** *m* 'handicapé *m* physique; inadapté; **~behinderung** *f* infirmité *f*; **~beschaffenheit** *f* constitution *f*; complexion *f*; **~chen** *n* corpuscule *m*; **~erziehung** *f* éducation *f* physique; **²freundlich** *adj.*: ~er (*Auto-*)Sitz siège *m* bien galbé; **~fülle** *f* embonpoint *m*; corpulence *f*; **²gerecht** *adj.*: ~e Sitze (*Auto*) sièges *m/pl.* anatomiques; **~geruch** *m* odeur *f* corporelle; **~gewicht** *n* poids *m* du corps; **~größe** *f* taille *f*; **~haar** *n* poil *m*; **~haken** *m Boxen*: crochet *m* au corps; **~haltung** *f* attitude *f* du corps; port *m*; maintien *m*; tenue *f*; **~hygiene** *f* hygiène *f* corporelle; **~kraft** *f* force *f* physique; **~kultur** *f* culture *f* physique; **~länge** *f beim Rennen*: um *m* e-~ d'une longueur; **~lehre** *f* ⚡ stéréométrie *f*; *anat.* somatologie *f*; **²lich** *adj.* corporel, -elle; (*stofflich*) matériel, -elle; (*leiblich*) corporel, -elle; physique; *somatique*; **~e Ausbildung** culture *f* physique; **~e Züchtigung** châtiment *m* corporel; correction *f* physique; **²los** *adj.* incorporel, -elle; **~maß** *n phys.* mesure *f* des solides; **~e** *pl. cout.* mesures *f/pl.*; *anthropol.* mensurations *f/pl.*; **~messung** *f* anthropol. mensuration *f*; *bei Verbrechern*: anthropométrie *f*; *phys.* mesure *f* des solides; **²nah** *adj.* collant; **~pflege** *f* soins *m/pl.* du corps; (*Körperhygiene*) hygiène *f* du corps; **~pflegemittel** *n* cosmétique *m*; **~puder** *phm. m* (poudre *f* de) talc *m*; **~schaft** *f* corps *m*; organisme *m*; personne *f* morale; ~ *des öffentlichen Rechts* personne *f* morale de droit public; *gesetzgebende* ~ corps *m* législatif; *beratende* ~ organisme *m* consultatif; **²schaftlich** *adj.* corporatif, -ive; **~schaftssteuer** *f* impôt *m* sur les bénéfices des sociétés; **~schulung** *f* entraînement *m* physique; culture *f* physique; **~schwäche** *f* faiblesse *f* physique; **~teil** *m* partie *f* du corps; **~temperatur** *f* température *f* du corps; **~treffer** *m Boxen*: coup *m* au corps; **~übung** *f* exercice *m* physique; **~verletzung** *f* ⚖ blessure *f* corporelle; ⚖ coups et blessures *m/pl.* (*mit tödlichem Ausgang ayant entraîné la mort*); **~wärme** *f* chaleur *f* du corps; **~welt** *f* monde *m* physique (*od.* matériel); **~wuchs** *m* taille *f*.
Korpo'ral ⚔ (*im Ausland*) *m* caporal *m*; **~schaft** ⚔ *f* escouade *f*; **~schaftsführer** ⚔ *m* chef *m* d'escouade.
Korpora|ti'on *f* corporation *f*; *Bundesrep.*: *studentische* ~ association *f* (*od.* corporation *f od.* fraternité *f*) d'étudiants; **²'tiv** *adj.* corporatif, -ive.

Korps *n* corps *m* (✕ *a. mit Zusatz*: d'armée); *Bundesrep. (studentische Vereinigung)* fraternité *f* d'étudiants; *das diplomatische* ~ le corps diplomatique; ~**geist** *m* esprit *m* de corps; sentiment *m* du coude à coude; ~**student** *m Bundesrep.* étudiant *m* membre d'une fraternité.
korpu'len|**t** *adj.* corpulent; **2z** *f* embonpoint *m*; corpulence *f*.
'**Korpus** F *m* corps *m*; ~ **de'likti** ⚖ *n* corps *m* du délit.
Kor'puskel *n* corpuscule *m*.
Korpusku'larstrahlen *m/pl.* rayons *m/pl.* corpusculaires.
'**Korrefer**|**at** *n* compte *m* rendu du second rapporteur; ~**ent** *m* second rapporteur *m*; co-rapporteur *m*.
kor'rekt *adj.* correct; ~ *gekleidet* sortable; **2heit** *f* correction *f*; attitude *(od.* conduite) *f* correcte.
Korrekti'on *f* correction *f*.
Kor'rektor *impr. m* correcteur *m*.
Korrek'tur *f* correction *f*; *Verbesserung des Schülers:* corrigé *m*; *typ.* correction *f*; ~ *lesen* corriger *(od.* revoir *od.* lire) des épreuves *(resp.* des placards); *erste* ~ correction *f* de la première épreuve; *druckfertige* ~ correction *f* d'un bon à tirer; ✕ *des Feuers:* rectification *f*; ~**abzug** *m*, ~**bogen** *m*, ~**fahne** *f typ.* épreuve *f*; placard *m (abziehen tirer)*; ~**folie** *(Schreibmaschine) f* feuille *f* de correction; ~**lesen** *typ. n* correction *f* des épreuves *(od.* des placards); ~**mittel** *(Schreibmaschine) n* agent *m* correcteur; ~**zeichen** *n* signe *m* de correction.
Korre|**l**'**lat** *n* corrélatif *m*; ~**lati'on** *f* corrélation *f*; ~**lati'onskurve** *(Statistik) f* corrélogramme *m*; **2la'tiv** *adj.* corrélatif, -ive.
korrepe't|**ieren** ♩ *v/i.* faire répéter au piano les chanteurs d'opéra; **2itor** ♩ *m* corrépétiteur *m*.
Korrespon|'**dent(in** *f*) *m (als Angestellter)* correspondancier *m*, -ière *f*; *(Briefpartner)* Berichterstatter; *Pressevertreter)* correspondant *m*, -e *f*; ~'**denz** *f* correspondance *f*; *(ein- od. ausgehende Post)* courrier *m*; *die* ~ *führen* faire la correspondance; être chargé de la correspondance; *seine* ~ *erledigen* faire sa correspondance *(od.* son courrier); *e-e* ~ *unterhalten* correspondre; entretenir une correspondance *(mit avec)*; ~'**denzbüro** *n* agence *f* de presse; **2'dieren** *v/i.:* mit *j-m* ~ correspondre *(od.* être en correspondance) avec q.; *als Mitglied* correspondant *m*; *fig. mit etw.* ~ *(entsprechen)* correspondre *(od.* répondre) à qch.
'**Korridor** *m* couloir *m*; corridor *m*; *hist. der Polnische* ~ le corridor polonais.
korri'gieren I *v/t.* corriger; ✕ *Feuer:* rectifier; *typ. abs.* corriger *(od.* revoir *od.* lire) des épreuves *(od.* des placards); **II** **2** *n* correction *f*; *typ.* correction *f* des épreuves *(od.* des placards); ✕ *des Feuers:* rectification *f*.
korro'dieren *v/t.* corroder.
Korrosi'on *f* corrosion *f*; **2sbeständig**, **2sfest** *adj.* résistant à la corrosion; anti-corrosif, -ive; ~**smittel** *n* corrodant *m*; corrosif *m*; ~**sschutzmittel** *n* anti-corrosif *m*.

korrum|'**pieren** *v/t.* corrompre.
kor'rupt *adj.* corrompu.
Korrupti'on *f* corruption *f*.
Kor'sar *hist. m*, ~**enschiff** *n* corsaire *m*.
'**Kors**|**e** *m*, ~**in** *f* Corse *m*, *f*.
Korse'lett *cout. n* petit corset *m*.
'**Korsentum** *n* corsitude *f*.
Kor'sett *n* corset *m*; ~**stange** *f* baleine *f* de corset.
'**Kor**|**sika** *n* la Corse; **2sisch** *adj.* corse.
'**Korso** *m* promenade *f* publique; avenue *f* principale; corso *m*; *nur noch in Straßennamen:* cours *m*.
Korti'son *phm. n* cortisone *f*.
Ko'rund *min. m* corindon *m*.
Kor'vette ✕ *f* corvette *f*; ~**nkapitän** *m* capitaine *m* de corvette.
Kory'phäe *m* F as *m*; crack *m*.
Ko'sak *hist. m* Cosaque *m*.
Kosche'nille *ent. f* cochenille *f*.
'**koscher** *adj.* casher, -ère; *fig. (geheuer, vertrauenerweckend):* nicht ~ suspect; inquiétant.
'**Koseform** *f* diminutif *m*.
'**kosen I** *v/i. u. v/t.* caresser; cajoler; câliner; F faire des mamours (à); **II** **2** *n* caresses *f/pl.*; cajolerie *f*; câlinerie *f*.
'**Kose**|**name** *m* petit nom; nom *m* tendre; ~**wort** *n* mot *m* tendre.
'**Kosinus** A *m* cosinus *m*; ~**satz** *m* théorème *m* des cosinus.
Kos'metik *f* soins *m/pl.* de beauté; cosmétologie *f*; *chirurgische* ~ chirurgie *f* esthétique; ~**er(in** *f*) *m* esthéticien *m*, -enne *f*; ~**tiktuch** *n* mouchoir *m* rafraîchissant; ~**tikum** *n* produit *m* de beauté; cosmétique *m*; **2tisch** *adj.* cosmétique; ~**es Mittel** cosmétique *m*.
'**kosmisch** *adj.* cosmique.
Kosmo|**go'nie** *f* cosmogonie *f*; **2'gonisch** *adj.* cosmogonique.
Kosmo|'**graph** *m* cosmographe *m*; ~**gra'phie** *f* cosmographie *f*; **2'graphisch** *adj.* cosmographique.
Kosmo|**lo'gie** *f* cosmologie *f*; **2'logisch** *adj.* cosmologique; ~'**naut(in** *f*) *m* cosmonaute *m*, *f*.
Kosmopo|'**lit** *m* cosmopolite *m*; **2'litisch** *adj.* cosmopolite; ~**li'tismus** *m* cosmopolitisme *m*.
'**Kosmos** *m* cosmos *m*; univers *m*.
Kost *f* nourriture *f*; *weit S.* pension *f*; table *f*; *(Schon*2*) diète *f*; *schmale (od. magere)* ~ F maigre pitance *f (od.* chère *f)*; *in* ~ *en pension; freie* ~ *haben* être nourri gratuitement; *freie* ~ *und Logis* être logé et nourri; avoir le vivre et le couvert; avoir la nourriture *(od.* la table) et le logement; *in* ~ *geben (nehmen; sein)* mettre (prendre; être) en pension.
'**kostbar** *adj.* précieux, -euse; de prix; de valeur; rare; superbe; **2keit** *f* grande valeur *f*; rareté *f*; *(mit pl.) (Wertvolles)* objet *m* précieux.
'**kosten**[1] *v/t. Speisen:* goûter *(a.* à *od.* de); essayer; *Getränke:* déguster; essayer; **II** **2** *n* gustation *f*; *e-s Getränkes od. e-r Delikatesse:* dégustation *f*.
'**kosten**[2] *v/i.* coûter; *wieviel (was) kostet dieses Buch?* combien (coûte) ce livre?; *viel Geld* ~ coûter cher; *das kostet ihn viel* cela lui coûte cher; *es kostet ihn, zu ... (inf.)* il lui en coûte de ... *(inf.)*; *es koste, was es wolle* coûte

que coûte; *es sich etw.* ~ *lassen* se mettre en frais; ne pas regarder à la dépense; *y mettre le prix; fig. das kostet Zeit* cela prend du temps.
'**Kosten** *pl.* frais *m/pl.*; dépenses *f/pl.*; coût *m*; *fig. u.* ⚖ dépens *m/pl.*; *auf m-e* ~ à mes frais; *fig.* à mes dépens; *laufende* ~ dépenses *f/pl.* courantes; *mit hohen* ~ à grands frais; *mit wenig* ~ à peu de frais; *zuzüglich der* ~ plus les frais; frais non compris; *(alle)* ~ *einbegriffen* (tous) frais compris; *die* ~ *zu Lasten des Empfängers* les frais à la charge du destinataire; *zur Deckung der* ~ pour couvrir les dépenses *(od.* les frais); ~ *mit sich bringen; mit* ~ *verbunden sein* entraîner des frais *(od.* des dépenses); ~ *verursachen* faire *(od.* occasionner) des frais *(od.* des dépenses); *die* ~ *einschränken* réduire les frais *(od.* les frais); *die* ~ *bestreiten; für die* ~ *aufkommen* faire face aux dépenses *(od.* aux frais); *für die e-r Sache aufkommen; die e-r Sache bestreiten (od. tragen) (od. supporter)* les frais de qch.; *ich werde die* ~ *davon tragen* c'est moi qui en ferai les frais; *sich* ~ *machen* se mettre en frais; *sich die* ~ *teilen* se partager les frais; *e-n Teil der* ~ *übernehmen* intervenir dans les frais; *j-m die* ~ *ersetzen (od. vergüten)* rembourser les frais *(od.* les dépenses) à q.; *nicht auf die* ~ *sehen; keine* ~ *scheuen* ne pas regarder à la dépense; *auf s-e* ~ *kommen* rentrer dans ses frais; *récupérer* ses frais; faire ses frais *(a. fig.)*; trouver son compte *(bei j-m* auprès de *od.* chez q.); ⚖ *zu den* ~ *verurteilt werden* être condamné aux dépens *(od.* aux frais); ~**anschlag** *m* devis *m (machen* établir); évaluation *f* des frais; ~**aufstellung** *f* relevé *m*; liste *f* des frais; ⚖ *e-e* ~ *machen* faire un état de compte; ~**aufwand** *m* frais *m/pl.*; dépenses *f/pl.*; ~**berechnung** *f* calcul *m* des frais; ~**erhöhung** *f* augmentation *f* des frais *(od.* des dépenses); ~**ersatz** *m*, ~**erstattung** *f* restitution *f* des frais; *(Entschädigung) f* dédommagement *m*; indemnisation *f*; ~**ersparnis** *f* économie *f* de frais; ~**frage** *f* question *f* de frais; **2frei**, **2los** *adj.* sans frais; exempt de frais; gratuit; *adv. a.* F à l'œil; **2pflichtig** ⚖ *adj.* condamné aux dépens; *das Parken stationnement m payant; adv.* à titre onéreux; ~**preis** *m* prix *m* coûtant; ~**punkt** *m* prix *m*; frais *m/pl.*; ~**rechnung** *f* calcul *m* des frais; ~**senkung** *f* diminution *f* des frais *(od.* des dépenses); **2sparend** *adj.* économique; ~**übernahme** *f* prise *f* en charge; ~**voranschlag** *m* devis *m* estimatif *(machen* établir); ~**vorschuß** *m* avance *f* des frais; ~**wirksamkeit** *f* rentabilité *f*; coût--efficacité *m*.
'**Kost**|**gänger(in** *f*) *m* pensionnaire *m*, *f*; ~**geld** *n* pension *f*; *der Hausfrau:* budget *m*.
'**köstlich I** *adj. dem Geschmacke nach:* délicieux, -euse; exquis; savoureux, -euse *(a. fig.)*; F épatant; ~**er Scherz** plaisanterie *f* savoureuse; ~**e Parfüme** de savoureux parfums; **II** *adv.:* sich ~ amüsieren s'amuser beaucoup.
'**Kostprobe** *f* morceau *m*; un petit

peu pour y goûter; *fig.* échantillon *m.*
'**kostspielig** *adj.* coûteux, -euse; onéreux, -euse; cher, -ère; qui coûte cher; (*mit Aufwand verbunden*) dispendieux, -euse; ²**keit** *f* grande dépense *f*; prix *m* élevé.
Kos'tüm *n a. thé.* costume *m*; (*Schneider²*) tailleur *m*; **~ball** *m*, **~fest** *n* bal *m* costumé (*od.* travesti; **~bildner(in** *f*) *m* costumier *m*, -ière *f*.
kostü'mier|en *v/t.* (*v/rf.:* sich se) costumer; (*verkleiden*) *a.* (se) travestir; ²**ung** *f* travestissement *m.*
Kos'tüm|probe *thé. f* répétition *f* en costume; **~schneider(in** *f*) *m* couturier m, -ière *f.*
'**Kostverächter** *m*: er ist kein ~ (= er ist ein Feinschmecker) il aime la bonne chère.
Kot *m v.* Menschen: excréments *m/pl.*, matières *f/pl.* fécales, <i class="symbol">⚕</i> fèces *f/pl.*, V merde *f; v. Tieren:* fiente *f*; crotte *f*; ordures *f/pl.*; étrons *m/pl.*; mit ~ besspritzen crotter; vom ~ reinigen décrotter; '**~abgang** *f m* défécation *f.*
Ko'tau *m* acte *m* de déférence; **~ machen** F faire de grands salamalecs (devant *od.* à q.).
Kote'lett *n* côtelette *f*; **~en** *pl.* (Backenbart) favoris *m/pl.*; pattes *f/pl.* (de lapin).
'**Köter** *péj. m* corniaud *m*; P cleb(s) *m*; P clébard *m*; F cabot *m; kleiner:* roquet *m.*
'**Kot|fliege** *ent. f* mouche *f* des fumiers; scatophage *m*; **~flügel** *m Auto:* aile *f;* garde-boue *m*; **~grube** *f* fosse *f* d'aisances; **~haufen** *m* tas *m* de crotte(s).
Ko'thurn *m* cothurne *m.*
ko'tieren ✝ *v/t.* coter.
'**kotig** *adj.* crotté; <i class="symbol">⚕</i> fécal.
'**Kotstauung** <i class="symbol">⚕</i> *f* arrêt *m* des matières fécales.
'**kotzen** V *v/i.* dégobiller; dégueuler; *Motor (bocken):* cafouiller; V es ist zum ² c'est dégueulasse.
'**Krabbe** *f zo.* (*Taschenkrebs*) crabe *m*; (*Garnele*) crevette *f*; F *fig.* e-e süße ~ (*nettes Mädchen*) une mignonne personne.
'**krabbeln** I **1.** *v/i.* Kinder: marcher' (*od.* aller) à quatre pattes; (*wimmeln*) grouiller; **2.** *v/t.* (*kitzeln*) chatouiller; II ² *n* (*Wimmeln*) grouillement *m*; (*Kitzeln*) chatouillement *m.*
'**Krabbenfang** *m* pêche *f* aux crabes *bzw.* aux crevettes.
krach! *int.:* patatras!
Krach *m* (*Lärm*) vacarme *m*; fracas *m*; P baroud *m*; (*Streit*) brouille *f*, F grabuge *m*; ✝ débâcle *f* financière; krach *m; mit Ach und* ~ à grand-peine; ~ machen F faire du potin; faire grand tapage (*od.* du chahut); ~ schlagen (*als Protest*) faire un esclandre; ²**en** *v/i.* craquer; faire crac; éclater; *Geschütz:* tonner; *Gebäck:* croquer; *v/rf.* F sich ~ F avoir des mots; F se chamailler; se quereller; ~ **en** *n* craquement *m*; (*Lärm*) fracas *m*; '**~mandel** *f* amande *f* (sèche); '**~musik** *péj. f* musique *f* bruitiste.
'**krächzen** I *v/i.* croasser; *Stimme:* grailloner; II ² *n* croassement *m.*
'**Krack-anlage** ⊕ *f* unité *f* de cracking.
'**krack|en** ⚙ *v/t.* cracker; ²**en** *n*, ²-

verfahren *n* craquage *m*; cracking *m.*
'**Kradmelder** ⚔ *m* agent *m* de transmission motocycliste.
kraft *prp.* (*gén.*) en vertu de.
Kraft *f* force *f*; (*Energie*) énergie *f*; puissance *f*; (**~fülle**) vigueur *f*; (*Vermögen*) pouvoir *m; moralische:* vertu *f; geistige:* faculté *f*; (*Wirksamkeit*) efficacité *f; treibende* ~ force *f* motrice; moteur *m*; *Person:* animateur *m*, -trice *f;* erste ~ élément *m* de premier ordre; *mit vereinten Kräften* tous ensemble; *die Glocken läuten mit voller* ~ les cloches sonnent à toute volée; *aus allen Kräften* de toutes mes (tes, ses, etc.) forces; *aus eigener* ~ de mes (tes, ses, etc.) propres forces; *nach besten Kräften* de mon (ton, son, etc.) mieux; *bei Kräften sein* être fort; avoir de la force; *alle s-e Kräfte aufbieten* faire tous ses efforts; s-e *Kräfte zusammennehmen* (*od.* sammeln) recueillir (*od.* ramasser) ses forces; *wieder zu Kräften bringen* redonner des forces, F ravigoter, F retaper; *wieder zu Kräften kommen* reprendre des forces, F se remonter; *am Ende s-r* ~ sein; *mit s-n Kräften am Ende sein* être au bout de ses forces; n'en pouvoir plus; *das geht über m-e Kräfte* cela surpasse (*od.* c'est au-dessus de) mes forces; *das steht nicht in meinen Kräften* ce n'est pas en mon pouvoir; *in* ~ sein (treten) être (entrer) en vigueur; *in* ~ treten *a.* entrer dans les faits; prendre effet; (*wieder*) in ~ setzen (re)mettre en vigueur; *außer* ~ setzen abroger; '**~anlage** *f* centrale *f* de force motrice; '**~anstrengung** *f* (grand) effort *m;* '**~antrieb** *m* force *f* motrice; '**~aufwand** *m* dépense *f* (*od.* déploiement *m*) de forces; efforts *m/pl.;* '**~ausdruck** *m* gros mot *m;* '**~äußerung** *f* manifestation *f* de force; '**~bedarf** *m* force (*od.* puissance) *f* nécessaire (*od.* requise); '**~brühe** *cuis. f* consommé *m;* bouillon *m.*
'**Kräfteausgleich** *m* équilibre *m* des forces.
'**Kraft|einheit** *phys. f* unité *f* de puissance; **~entfaltung** *f* déploiement *m* de forces.
'**Kräfteparallelogramm** *n* parallélogramme *m* des forces.
'**Kraft-ersparnis** *f* économie *f* d'énergie (*od.* de force).
'**Kräfte|spiel** *pol. n: das europäische* ~ l'échiquier européen; **~verfall** ⚕ *m* affaiblissement *m;* marasme *m;* **~vergeudung** *f* gaspillage *m* de forces; **~verhältnis** *n* proportion *f* (*od.* rapport *m*) des forces.
'**Kraft|fahrer(in** *f*) *m* automobiliste *m, f;* chauffeur *m*, -euse *f;* **~fahrwesen** *n* automobilisme *m;* **~fahrzeug** *n* véhicule *m* automobile; **~fahrzeugbrief** *m* récépissé *m* de déclaration de mise en circulation d'un véhicule; **~fahrzeug-industrie** *f* industrie *f* automobile; **~fahrzeugsteuer** *f* impôt *m* sur les véhicules automobiles; vignette *f;* **~fahrzeugverkehr** *m* circulation *f* automobile; **~fahrzeugversicherung** *f* assurance *f* automobile; **~fahrzeugwahrstelle** *f* fourrière *f;* **~feld** *phys. n* champ *m* de force; **~fülle** *f* vigueur *f;* **~futter** *n*

fourrage *m* concentré (*od.* substantiel); **~gefühl** *n* sensation *f* de force.
'**kräftig** *adj.* vigoureux, -euse; robuste; (*nahrhaft*) substantiel, -elle; ~(*er*) *werden* prendre des forces; ~ **en** *v/t.* (*v/rf.:* sich se) fortifier; ✝ *a.* tonifier; **~end** *adj.* fortifiant; ✝ *a.* tonique; ²**keit** *f* force *f*; vigueur *f*; ²**ung** *f verbal; zur* ~ *des Herzens* pour fortifier le cœur; ²**ungsmittel** *n* fortifiant *m;* (*Herz²*) cordial *m.*
'**Kraft|leistung** *f* tour *m* de force; **~linie** *f* ligne *f* de force; ²**los** *adj.* sans force; dénué de vigueur; (*schwach*) faible; (*asthenisch*) asthénique; (*entkräftet*) affaibli; **~losigkeit** *f* manque *m* de vigueur (*od.* de force); (*Schwäche*) faiblesse *f;* (*Asthenie*) asthénie *f;* **~meier** *m* fanfaron *m;* **~meierei** *f* étalage *m* de force; fanfaronnade *f;* **~mensch** *m* athlète *m;* hercule *m;* **~messer** *m* dynamomètre *m;* **~post** *f,* **~postverkehr** *m* service *m* des autocars postaux; **~probe** *f* tour *m* de force; épreuve *f* de force; **~quelle** *f* source *f* d'énergie; **~rad** *n* moto(cyclette *f*) *f;* **~reserven** *f/pl.* ⊕ réserves *f/pl.* de puissance (*v. Menschen:* de forces); **~stoff** *m* carburant *m;* combustible *m;* (*Benzin*) essence *f;* **~stoff-anzeiger** *m* indicateur *m* d'essence; **~stoffbehälter** *m* réservoir *m* d'essence; **~stoffgemisch** *m* mélange *m* d'essence; ²**strotzend** *adj.* plein de forces (*od.* de vigueur); débordant de vigueur; **~stück** *n* tour *m* de force; **~überschuß** *m* surplus *m* d'énergie; **~übertragung** *f* transmission *f* d'énergie (*od.* de force); télédynamie *f;* **~verkehr** *m* circulation *f* automobile; (*Transport*) transport *m* par autocars; **~verkehrsamt** *n* bureau *m* des transports automobiles; **~verschwendung** *f* gaspillage *m* d'énergie; ²**voll** *adj.* plein de force; *a. Stil:* vigoureux, -euse; *Stil:* truculent; (*voll Tatkraft*) énergique; **~wagen** *m* auto(mobile) *f*; **~wagenbau** *m* construction *f* automobile; **~wagengüterverkehr** *m* transports *m/pl.* routiers; **~wagenkolonne** *f* convoi *m* automobile; **~wagenpark** *m* parc *m* automobile; **~wagensport** *m* sport *m* automobile; **~werk** *n* centrale (*od.* usine) *f* électrique; (*Kern²*) centrale *f* nucléaire.
'**Kragen** *m* (*Hemd²*) col (*steifer* dur *od.* empesé; *weicher* mou) *m; zum Anknöpfen:* faux col *m, mit umgebogenen Ecken:* col *m* à coins cassés; *der Geistlichen, Gerichtsbeamten usw.:* rabat *m;* (*Halskrause*) collerette *f;* j-n *beim* ~ *nehmen* saisir q. au collet; *fig.* es geht ihm an den ~ sa vie est en danger; *es geht um Kopf und* ~ il y va de sa tête; F *am Ende platzte ihm der* ~ il finit par éclater; **~knopf** *m* bouton *m* de faux col; ²**los** *adj.* ras-du-cou; **~nummer** *f* encolure *f;* **~spiegel** *m* *der Uniform:* écusson *f;* **~stäbchen** *n* baleine *f* de col; **~weite** *f* encolure *f.*
'**Krag|stein** ⚙ *m* console *f;* corbeau *m;* **~träger** ⚙, ⊕ *m* poutrelle *f* en porte-à-faux (*od.* en encorbellement).
'**Krähe** *orn. f* corneille *f;* e-e ~ hackt der andern nicht die Augen aus les loups ne se mangent pas entre eux.
'**krähen** I *v/i.* *Hahn:* chanter; es kräht

kein Hahn danach personne ne s'en soucie; **II** ⚥ *n* chant *m* du coq.
'**Krähen**|**füße** *m/pl. in der Schrift*: pattes *f/pl.* de mouches; (*Runzeln in den Augenwinkeln*) pattes *f/pl.* d'oie; (*verbogene Nägel, um Autos fahruntüchtig zu machen*) clous *m/pl.* tordus; ~**nest** *n* nid *m* de corneille.
'**Krake** *zo. m* pieuvre *f*.
Kra'**keel** F *m* tapage *m*; chahut *m*; (*Zank*) grabuge *m*; querelle *f*; chamaillerie *f*; ⚥**en** *v/i.* faire du tapage; (*sich zanken*) se chamailler; ~**er** *m* tapageur *m*; (*Zänker*) querelleur *m*; *écol.* chahuteur *m*.
'**Kralle** *f* griffe *f*; ongle *m*; *der Raubvögel*: serre *f*; *die ~n zeigen* montrer les griffes; *j-n in den ~n haben* avoir q. dans (*od. entre*) ses griffes; ⚥**n 1.** *v/t.* (*mit den Krallen kratzen*) griffer; **2.** *v/rf.*: *sich ~ an* (*acc.*) se cramponner à; ~**nhieb** *m* coup *m* de griffe; *j-m e-n ~ versetzen* donner un coup de griffe à q.; griffer q.; ~**nwetzbrett** (*für Katzen*) *n* poteau *m* à griffes.
Kram *m* (*Plunder*) fatras *m*; F fourbi *m*; F bataclan *m*; F barda *m*; outillage *m*; *der ganze ~* F tout le bazar; tout le tremblement; *fig.* (*Geschäft*): *das paßt nicht in s-n ~* cela ne fait pas son affaire; cela ne rentre pas dans ses projets (*od.* dans ses intentions); *j-m den ~ verderben* gâter l'affaire de q.
'**kramen** *v/i.* fouiller (*in dat.* dans).
'**Krämer**|**geist** *m mv.p.* esprit *m* mercantile (*od.* boutiquier); ~**seele** *f mv.p.* âme *f* mesquine; ~**volk** *n mv.p.* peuple *m* de boutiquiers; ~**ware** *f* mercerie *f*.
'**Kramladen** *m* épicerie *f* de village.
'**Krammetsvogel** *orn. m* grive *f*.
'**Krampe** *f* crampon *m*; cavalier *m*.
Krampf ✱ *m* crampe *f*; spasme *m*; *in Krämpfe verfallen* tomber en convulsions; *er bekam einen ~* il lui prit une crampe; ¹~**ader** ✱ *f* varice *f*; ¹~**aderbruch** *m* varicocèle *f*; ²~**adrig** *adj.* variqueux, -euse; ¹~**artig** *adj.* spasmodique; ¹~**en** *v/t.* (*v/rf. sich se*) contracter convulsivement; (se) crisper; ¹~**haft** *adj.* convulsif, -ive; spasmodique; *~es Lachen* rire *m* convulsif (*od.* nerveux); *sich ~ halten an* (*dat.*) se cramponner à; *~e Anstrengungen machen* faire des efforts désespérés; ¹~**husten** *m* toux *f* convulsive; ¹²~**lösend**, ²**stillend** ✱ *adj.* antispasmodique; *~es Mittel* antispasmodique *m*.
'**Krampus** *östr. m* père *m* Fouettard.
Kran ⊕ *m* grue *f*; ⚓ (*Lade2*) crône *m*; ¹~**arm** *m*, ¹~**ausleger** *m* bras *m* (*od.* flèche *f*) de grue; ¹~**brücke** *f* pont *m* de grue; ¹~**führer** *m* grutier *m*; conducteur *m* de grue.
'**Krängung** ⚓ *f* gîte *f*.
'**Kranich** *orn. m* grue *f*.
krank *adj.* malade; *ch.* blessé; (*leidend*) souffrant; *~ werden* tomber malade; *er ist ein* ⚥**er** *geworden* il est devenu un malade; *wieder ~ werden* avoir une rechute; *~ an Leib und Seele* malade de corps et d'esprit; *sich ~ fühlen* se sentir malade; *sich ~ stellen* faire le malade; *sich ~ melden* se faire porter malade; *sich ~ lachen* se pâmer (*od.* se tordre) de rire; ¹²**e**(**r** *a. m*) *m, f* malade *m, f*; *dem Arzte gegenüber*: *a.* client *m, -e f*.

'**kränkeln I** *v/i.* être maladif, -ive; être de santé délicate; être souffreteux, -euse; languir; **II** ⚥ *n* état *m* maladif (*od.* de langueur).
'**kranken** *v/i.*: *~ an* (*dat.*) souffrir de; être atteint de, *fig.* pécher par.
'**kränken I 1.** *v/t.* offenser; blesser; froisser; désobliger; (*demütigen*) humilier, mortifier (*betrüben*) affliger; vexer; **2.** *v/imp.* es *kränkt mich* (*tief od. sehr*) j'en suis mortifié; cela m'afflige; *sich ~ über* (*acc.*) s'affliger de; s'affecter de; **II** ⚥ *n* offense *f*; (*Demütigen*) humiliation *f*; mortification *f*; (*Betrüben*) affliction *f*.
'**Kranken**|**anstalt** *f* hôpital *m*; ~**auto** *n* ambulance *f*; ~**bahre** *f* brancard *m*; ~**beihilfe** *f* allocation *f* de maladie; ~**bericht** *m* bulletin *m* de santé; ~**besuch** *m* visite *f* à un malade; ~**bett** *n* lit *m* de malade; *auf dem ~ liegen* être alité; *vom ~ aufstehen* relever de maladie; ~**fürsorge** *f* assistance *f* médicale; ~**geld** *n* indemnité *f* journalière; ~**geschichte** *f* dossier *m* médical; ~**gymnastik** *f* gymnastique *f* médicale; ~**haus** *n* hôpital *m*; *in ein ~ aufnehmen* (*bringen*) einliefern; einweisen); *in e-m ~ unterbringen* hospitaliser; *im ~ liegen* être à l'hôpital; être hospitalisé; *Aufnahme in ein ~* hospitalisation *f*; ~**haus-anlage** *f* cité *f* d'hospitalière; ~**haus-aufenthalt** *m*, ~**hausbehandlung** *f* hospitalisation *f*; ~**haushilfe** *f* aide *f* hospitalière; ~**haus-infektion** *f* contagion *f* hospitalière; ~**hauspsychose** *f* hospitalisme *m*; ⚥**hausreif** *adj.* hospitalisable; ~**haus-unterbringung** *f* hospitalisation *f*; ~**kasse** *f* caisse-maladie *f*; ~**kost** *f* régime *m*; ~**pflege** *f* soins *m/pl.* donnés aux malades; ~**pfleger**(**in** *f*) *m* infirmier *m*, -ière *f*; ~**revier** ✖ *n* infirmerie *f*; ~**saal** *m* salle *f* d'hôpital; ~**schein** *m* feuille *f* de maladie; ~**schwester** *f* infirmière *f*; ~**stuhl** *m* chaise *f* de malade; ~**trage** *f* brancard *m*; ~**träger** *m* brancardier *m*; ~**transport** *m* transport *m* d'un malade *bzw.* de malades; ~**urlaub** *m* congé-maladie *m*; ~**versicherung** *f* assurance-maladie *f*; ~**wache** *f* veillée *f* d'un malade; ~**wagen** *m* ambulance *f*; *Fr. bei Radrennen*: voiture-balai *f*; ~**wärter**(**in** *f*) *m* infirmier *m*, -ière *f*; garde-malade *m, f*; ~**wesen** *n* service *m* sanitaire; ~**zimmer** *n* chambre *f* de malade *bzw.* d'hôpital.
'**krankgeschrieben** *p.p.* en congé de maladie.
'**krankhaft** *adj.* maladif, -ive; morbide; (*pathologisch*) pathologique; ⚥**igkeit** *f* état *m* maladif, morbidité *f*.
'**Krankheit** *f* maladie *f*; (*Leiden*) mal *m*; affection *f*; *ansteckende ~* maladie *f* contagieuse; *e-e ~ bekommen* (*od.* contracter *od.* prendre) une maladie; être pris d'une maladie; *e-e ~ übertragen* communiquer une maladie (*auf acc.*); *e-e ~ heilen* guérir une maladie; *von e-r ~ genesen* guérir d'une maladie; *an e-r ~ sterben* mourir d'une maladie; *in e-e ~* (*ver*)*fallen* tomber malade; *e-e ~ feststellen* diagnostiquer une maladie.
'**Krankheits**|**anfall** *m* accès *m* (d'un mal); ~**bericht** *m* bulletin *m* de san-

té; ~**beschreibung** *f* description *f* d'une maladie; pathographie *f*; ~**bestimmung** *f* diagnostic *m*; ~**bild** *n* tableau *m* de la maladie; syndrome *m*; ~**erregend** *adj.* pathogène; ~**erreger** *m* agent (*od.* microbe) *m* pathogène; ~**erscheinung** *f* symptôme *m* d'une maladie; ⚥**halber** *adv.* pour cause de maladie; ~**herd** *m* foyer *m* d'une maladie; ~**keim** *m* germe *m* pathogène; ~**lehre** *f* pathologie *f*; ~**stoff** ✱ *m* miasme *m*; ~**übertragung** *f* transmission *f* d'une maladie; *durch Berührung*: contagion *f*; (*Infektion*) infection *f*; ~**urlaub** *m* congé *m* de maladie; ~**verlauf** *m* cours *m* d'une maladie; ~**zeichen** *n* symptôme *m*; *ein ~ feststellen* diagnostiquer une maladie.
'**kränklich** *adj.* maladif, -ive; souffreteux, -euse; souffrant; F patraque; mal fichu; (*schwächlich*) chétif, -ive; ⚥**keit** *f* état *m* maladif.
'**Kränkung** *f* offense *f*; (*Demütigung*) humiliation *f*; mortification *f*; *j-m e-e ~ zufügen* = *kränken*.
'**Kranwagen** *m* camion-grue *m*; camionnette-grue *f*; (*Abschleppwagen*) dépanneuse *f*.
Kranz *m* couronne *f*; *als Grabschmuck*: couronne *f* mortuaire; ¹~**arterie** *anat. f* artère *f* coronaire; ¹~**binder**(**in** *f*) *m*, ¹~**flechter**(**in** *f*) *m* tresseur *m*, -euse *f* de couronnes; ¹~**binderei** *f*, ¹~**flechterei** *f* atelier *m* où l'on tresse des couronnes.
'**Kränzchen** *n* petite couronne *f*; *fig.* (*Damengesellschaft*) cercle *m*.
'**Kranz**|**gesims** ⌂ *n* corniche *f*; ~**niederlegung** *f* verbal *mit* déposer une couronne; ~**vene** *anat. f* veine *f* coronaire.
'**Krapfen** *östr. cuis. m* beignet *m*.
Krapp ♀ *m* garance *f*; *mit ~ färben* garancer; ¹~**rot** *n* rouge *m* garance; ↗ alizarine *f*.
kraß *adj.* (*grob*) grossier, -ière; (*auffallend*) frappant; (*markant*) prononcé; *krasse Unwissenheit* ignorance *f* crasse; *krasser Gegensatz* vif contraste *m*; *adv. ~ gesagt* en termes brutaux.
'**Krater** *m* cratère *m*; ~**bildung** *f* formation *f* de cratères; ~**öffnung** *f* embouchure *f* d'un cratère; ~**schlot** *m* cheminée *f* volcanique.
'**Kratz**|**bürste** *f* brosse *f* à gratter; F *fig.* personne *f* revêche; ⚥**bürstig** F *fig. adj.* revêche.
'**Krätze** ✱ *f* gale *f*; ⊕ (*Abfall*) crasse *f*; déchets *m/pl.*
'**Kratz-eisen** *n* décrottoir *m*; (*Schabeisen*) grattoir *m*; racloir *m*; raclette *f*; racle *f*; ripe *f*.
'**kratzen I** *v/t. u. v/i.* (*v/rf.*: *sich se*) gratter; *mit Krallen od. Fingernägeln*: griffer; (*die Haut ritzen*) (sich s')égratigner; (*schaben*) racler; *Spinnerei*: carder; *sich am Kopf ~* se gratter la tête; *sich hinterm Ohr ~* se gratter l'oreille; *der Hund kratzt an der Tür* le chien gratte à la porte; *im Halse ~* gratter (*od.* racler) la gorge (*od.* le gosier); *die Feder kratzt* la plume gratte; F *auf der Geige ~* racler du violon; *wen's juckt, der kratze sich* qui se sent galeux se gratte; **II** ⚥ *n* grattage *m*; (*Schaben*) raclage *m*; raclement *m*; *Spinnerei*: cardage *m*.

'Kratzer *m auf der Haut*: égratignure *f*, griffe *f*; *an Möbeln, am Auto*: égratignure *f*, éraflure *f*.
'Krätzer *m (schlechter Wein)* piquette *f*; verjus *m*.
'Kratzfuß F *m* révérence *f*; *bsd. pl.*: F salamalecs *m/pl*.
'krätzig ❀ *adj*. galeux, -euse.
'Kratzwunde *f* égratignure *f*.
Kraul *n Schwimmen*: crawl *m*; '2en *v/i*. crawler; nager *(od.* F faire) le crawl; '~en *n*, **~schwimmen** *n* crawl *m*; '2en *(streicheln) v/t*. gratter doucement.
kraus *adj*. (*gekräuselt*) crépu; frisé; (*gelockt*) bouclé; *fig*. (*verworren*) confus; ~ e Haare cheveux *m/pl*. crépus; *die Stirn* ~ *ziehen* froncer les sourcils; *das Gesicht* ~ *ziehen* se renfrogner.
'kräuseln *v/t*. (*v/rf*.: *sich*) friser; onduler; *Haare, Stoff*: (*sich se*) crêper; (*in Locken legen*) (*sich se*) boucler; *Wasser*: (*sich se*) rider.
'Kräuselstoff *m* tissu *m* crêpé.
Krause'minze ♀ *f* menthe *f* crépue.
'kraus|haarig, **~köpfig** *adj*. qui a les cheveux crépus; 2**kopf** *m* tête *f* crépue; frisé *m*; ⊕ fraise *f* conique.
Kraut *n* herbe *f*; *Kräuter sammeln* herboriser; *Pflanzen: ins* ~ *schießen* monter en graine; *wie* ~ *und Rüben* sens dessus dessous; *dagegen ist kein* ~ *gewachsen* il n'y a pas de remède à cela.
'Kräuter|buch *n* livre *m* d'herbes médicinales; **~essig** *m* vinaigre *m* aromatique; 2**fressend** *adj*. herbivore; **~käse** *m* fromage *m* aux fines herbes; **~kunde** *f* science *f* des herbes médicinales; **~kur** ❀ *f* traitement *m* par les simples; **~likör** *m* liqueur *f* aux herbes; **~saft** *m* jus *m* d'herbes médicinales; **~sammler** *m* herboriseur *m*; **~suppe** *f* soupe *f* aux fines herbes; potage *m* aux herbes; **~tee** *m* tisane *f*; infusion *f*.
'Krautjunker *m* 'hobereau *m*; gentilhomme *m* campagnard.
Kra'wall F *m (Aufruhr)* bagarre *f*; émeute *f*; échauffourée *f*; **~macher** *m (Aufrührer)* émeutier *m*.
Kra'watte *f* cravate *f*; **~nhalter** *m* fixe-cravate *m*; **~nliebhaber** *m* cravatophile *m*; **~nmuffel** *m* cravatophobe *m*; **~nnadel** *f* épingle *f* de cravate.
'kraxeln F *v/i*. grimper; faire une grimpette.
Kreati'on (*Mode*) *f* création *f*.
Krea'tur *f* créature *f*.
Krebs *m zo*. écrevisse *f*; *ast*. Cancer *m*; ❀ cancer *m*; *vét. der Pferde*: gangrène *f*; '2**artig** ❀ *adj*. cancéreux, -euse; **~bekämpfung** *f* lutte *f* contre le cancer; '**~bildung** ❀ *f* formation *f*, apparition *f* d'un cancer; cancérisation *f*; dégénérescence *f* cancéreuse; 2**erregend** *adj*. cancérigène; '**~fang** *m* pêche *f* aux écrevisses; '**~forscher** *m* cancérologue *m*; '**~forschung** *f* cancérologie *f*; recherche *f* sur le cancer; '**~gang** *m* marche à reculons; *den* ~ *gehen* aller à reculons; rétrograder; '**~geschwür** ❀ *n* ulcère *m* cancéreux; carcinome *m*; '2**krank** *adj*. cancéreux, -euse; '**~kranke(r** *a. m*) *m*, *f* personne *f* atteinte d'un cancer; cancéreux *m*, -euse *f*; '**~krankheit** ❀ *f* cancer *m*; 2**rot** *adj*. rouge comme une écrevisse; '**~schaden** *fig. m* plaie *f*; gangrène *f*; '**~schale** *f* carapace *f* d'écrevisse; '**~schere** *f* pince *f* d'écrevisse; **~suppe** *cuis. f* bisque *f* (*od*. coulis *m*) d'écrevisses.
kre'denz|en *v/t*. offrir; verser à boire; 2**tisch** *m* crédence *f*; dressoir *m*.
'Kredit¹ ✞ *n* (*Guthaben*) crédit *m*; avoir *m*.
Kre'dit² ✞ *m* crédit *m*; *eingefrorener* ~ crédit *m* gelé (*od*. bloqué); *gewerblicher* ~ crédit *m* industriel; *kurzfristiger* (*langfristiger*) ~ crédit *m* à court (long) terme; *unbeschränkter* ~ crédit *m* illimité; *zusätzlicher* ~ crédit *m* supplémemtaire; ~ *aus öffentlichen Mitteln* crédit *m* public; ~ *genießen* jouir de crédit; *auf* ~ *kaufen* acheter à crédit; *e-n* ~ *in Anspruch nehmen* avoir recours à un crédit; *e-n* ~ *bewilligen* (*od*. *gewähren*) accorder (*od*. octroyer) un crédit; *zugunsten j-s e-n* ~ *bis zur Höhe von ... einräumen* (*od*. *eröffnen*) ouvrir un crédit en faveur de q. jusqu'à concurrence de ...; ~ *haben* avoir du crédit; *e-n* ~ *überschreiten* (*od*. *überziehen*) dépasser un crédit; *s-n* ~ *verloren haben* avoir perdu son crédit; **~abteilung** *f* service *m* des crédits; **~anstalt** *f* établissement *m* de crédit; **~antrag** *m* demande *f* de crédit; **~auftrag** *m* ordre *m* de crédit; **~ausdehnung** *f* expansion *f* du crédit; **~bank** *f* banque *f* de crédit; **~begrenzung** *f* limitation *f* du crédit; **~brief** *m* lettre *f* de crédit (*ausstellen* établir); **~einbuße** *f* perte *f* de crédit; **~einschränkung** *f* restriction *f* de crédit; **~erleichterung** *f* facilité *f* de crédit; **~eröffnung** *f* ouverture *f* de crédit; 2**fähig** *adj*. *Person, Firma*: solvable; **~fähigkeit** *f e-s Hauses*: solvabilité *f*; **~genossenschaft** *f* coopérative *f* de crédit; **~geschäft** *n* opération *f* de crédit; **~gewährung** *f* octroi *m* d'un crédit; **~grenze** *f* limite *f* de crédit; **~hai** *fig. péj. m* usurier *m*.
kredi'tieren *v/t. u. v/i*.: *j-m etw*. ~ créditer q. de qch.
Kre'dit-institut *n* banque *f* de crédit.
Kre'ditlockerung *f* desserrement *m* de crédit; **~los** *adj* sans crédit; discrédité; **~losigkeit** *f* discrédit *m*; **~markt** *m* marché *m* du crédit; **~nachfrage** *f* demande *f* de crédit.
'Kreditor ✞ *m* créancier *m*; créditeur *m*.
Kredi'torenkonto *n* compte *m* créditeur.
Kre'dit|politik *f* politique *f* de crédit; **~posten** *m* poste *m* créditeur; **~risiko** *n* risque *m* du crédit; **~saldo** *m* solde *m* créditeur; **~scheck** *m* chèque *m* créditeur; **~sperre** *f* blocage *m* du crédit; **~system** *n* système *m* des crédits; **~unterlage** *f* garantie *f* réelle; 2**unwürdig** *adj*. indigne de crédit; **~verteilung** *f* répartition *f* du crédit; **~volumen** *pol. n* enveloppe *f*; **~wesen** *n* organisation *f* du crédit; **~wirtschaft** *f* régime *m* des crédits; 2**würdig** *adj*. digne de crédit; solvable; **~würdigkeit** *f* cote *f*; solvabilité *f*.
'Kreide *f* craie *f*; *peint*. crayon *m*; *fig. mit doppelter* ~ *anschreiben* faire une note d'apothicaire; F *fig. in der* ~ *stehen* avoir des dettes; *bei j-m in der* ~ *stehen* devoir de l'argent à q.; être le débiteur de q.; 2**artig** *adj*. crayeux, -euse; 2**bleich** *adj*. blanc, blanche comme un linge; **~boden** *m* sol *m* crayeux; **~fels** *m* falaise *f* de craie; 2**haltig** *adj*. crayeux, -euse; *géol*. crétacé; **~landschaft** *f* paysage *m* crayeux; **~strich** *m* trait *m* de craie; 2**weiß** *adj*. blanc, blanche comme un linge; **~zeichnung** *f* dessin *m* à la craie; **~zeit** *géol*. *f* crétacé *m*.
'kreidig *adj*. crayeux, -euse; *géol*. crétacé.
kre'ieren *v/t*. créer.
Kreis *m* cercle *m* (*beschreiben* décrire; *tracer*); (*Verwaltungs*2) *a*. district *m*; canton *m*; arrondissement *m*; *fig*. cercle *m*; milieu *m*; *litt*. cénacle *m*; *e-n* ~ *bilden* former un cercle; se ranger en cercle; *im* ~*e*; *in e-n* ~ *en* cercle; en rond; *im* ~ *sitzen* être assis en rond; *sich im* ~*e herumstellen* faire (un) cercle autour de; *im* ~*e der Familie* au sein de la famille; *in engem* ~*e* en cercle restreint; *im engsten* ~*e* dans la plus stricte intimité; *in m-n* ~*en* dans mon milieu; *in unterrichteten* ~*en* dans les milieux informés; *weite* ~*e der Bevölkerung* beaucoup de gens; *der* ~ *ist (wieder) geschlossen* la boucle est bouclée; '**~abschnitt** *A m* segment *m* de cercle; '**~amt** *n* administration *f* d'un arrondissement (*od*. d'un district, *etc*.); '**~arzt** *m* médecin *m* attaché aux services de la santé publique; '**~ausschnitt** *A m* secteur *m* de cercle; '**~bahn** *ast. f* orbite *f*; '**~behörde** *f* autorité *f* d'un arrondissement (*od*. d'un district, *etc*.); '**~bewegung** *f* mouvement *m* circulaire (*od*. giratoire); '**~bogen** *A m* arc *m* de cercle.
'kreischen I *v/i*. pousser des cris aigus; brailler; piailler; *Säge usw*.: grincer; ~ *de Stimme* voix *f* criarde; II 2 *n* cris *m/pl*. perçants; braillement *m*; piaillement *m*; piailleries *f/pl*.; *der Säge usw*.: grincement *m*.
'Kreis|drehung *f* rotation *f*; **~einteilung** *f* division *f* du cercle.
'Kreisel *m* toupie *f*; sabot *m*; toton *m*; *phys*. (*Gyroskop*) gyroscope *m*; (*Gyrostat*) gyrostat *m*; **~bewegung** *phys*. *f* mouvement *m* gyroscopique; **~kompaß** *m* compas *m* gyroscopique; 2**n** (*mit dem Kreisel spielen*) *v/i*. jouer à la toupie.
'kreisen I *v/i*. tourner (en rond); se mouvoir circulairement; (*wirbeln*) tournoyer; ⚔ tourner; décrire des cercles; *Blut, Geld*: circuler; *Becher*: circuler à la ronde; *fig. Diskussion*: *um etw*. ~ porter sur qch.; *sich* ~ pour objet; se rapporter à qch.; II 2 *n* mouvement *m* circulaire; circulation *f*; *der Gestirne*: révolution *f*.
'Kreis|fläche ✞ *f* aire *f* d'un cercle; **~form** *f* forme *f* circulaire; *in* ~ en cercle; en rond; 2**förmig** *adj*. circulaire; orbiculaire; **~inhalt** *m* surface *f* de cercle; **~lauf** *m* mouvement *m* circulaire; *des Blutes*: circulation *f*; ~ *des Daseins* cercle *m* de l'existence; **~laufstörungen** *f/pl*. troubles *m/pl*. circulatoires; **~linie** *f* ligne *f* circulaire; ❀ circonférence *f*; **~regner** ✓ *m* tourniquet *m* de jardinier; 2**rund** *adj*. rond; circulaire; orbiculaire; ~

säge ⊕ *f* scie *f* circulaire.
'**kreiß|en** *st.s. v/i.* accoucher; ²**saal** *m* salle *f* de travail.
'**Kreis|stadt** *f* chef-lieu *m* d'arrondissement (*od.* de district, *etc.*); ⚡**strom** ⚡ *m* courant *m* circulaire; **~umfang** *m* circonférence *f* du cercle; **~verkehr** *m* sens *m* giratoire.
Krem *v/t. u.* crème *f*.
Krema'torium *n* crématorium *m*; four *m* crématoire.
Krem|farbe *f* couleur *f* crème; ²**farben** *adj.* couleur crème.
Kreml *m*: *der* ~ le Kremlin; **~forschung** *f* kremlinologie *f*.
'**Krempe** *f e-s Hutes*: (re)bord *m*.
'**Krempel** F *m* F fatras *m*; F bric-à--brac *m*; F tourbi *m*; F bataclan *m*.
'**krempen** *v/t.*: e-n Hut ~ relever les bords d'un chapeau.
'**Kremtorte** *f* moka *m*.
Kren *f südd., östr. m* raifort *m*.
Kre'ol|e *m*, ~**in** *f* créole *m, f*; ²**isch** *adj.* créole.
Kreo'sot ♠ *u. phm. n* créosote *f*.
kre'pier|en I *v/i.* crever; ⚔ *Geschoß*: éclater; faire explosion; II ² ⚔ *n e-s Geschosses*: éclatement *m*.
Krepp *m*, **~flor** *m* crêpe *m*; **~papier** *n* papier *m* crépon (*od.* crêpé) *f*; '**~seide** *f* crêpe *m* de soie; '**~sohle** *f* semelle *f* en crêpe; '**~strumpf** *m* bas *m* mousse.
'**Kresse** ♀ *f* cresson *m*.
'**Kreta** *n* la Crète.
'**Kret|er(in** *f*) *m* Crétois *m*, -e *f*; ²**isch** *adj.* crétois.
'**Krethi und 'Plethi** *pl.* toutes sortes *f/pl.* (*od.* F méli-mélo *m*) de gens; arrière-ban *m*; n'importe qui; Pierre et Paul.
Kre'tin *m* crétin *m*, *weit S.* sodomisateur *m*.
Kreti'nismus ♠ *m* crétinisme *m*.
'**Kreutzersonate** ♪ *f* Sonate *f* à Kreutzer.
Kreuz *n* croix *f* (*a. fig.*); *fig. a.* chagrin *m*; affliction *f*; *Körperteil*: *beim Menschen*: reins *m/pl.*, *beim Pferd*: croupe *f*; *Kartenspiel*: trèfle *m*; ♪ dièse *m*; *mit e-m ~ versehen* ♪ diéser; *Eisernes* ~ croix *f* de fer; *Rotes* ~ Croix *f* Rouge; *ast. Südliches* ~ Croix *f* du Sud (*od.* australe); *über* ~ *en croix*; ² *und quer en tous sens*, (*im Zickzack*) en zigzag; *das* (*od. ein*) ~ *schlagen* faire le signe de la croix; *se signer*; *j-n ans ~ schlagen* mettre (*od.* attacher *od.* clouer) q. sur la (*od.* en) croix; crucifier q.; *fig.*: *zu* ~*(e) kriechen* faire amende honorable; baisser pavillon; *das* ~ *predigen* prêcher la croisade; *das* ~ *nehmen* prendre la croix; partir en croisade; '**~abnahme** *f*, **~abnehmung** *rl. f* descente *f* de croix; '**~band** *n* ⊕ entretoise *f* croisée; *anat.* ligament *m* croisé; *f unter ~ sous bande*; '**~bandsendung** ✉ *f* envoi *m* sous bande; '**~bein** *anat. n* sacrum *m*; '**~binde** *chir. f* bandage *m* en croix; '**~blütler** ♀ *m/pl.* crucifèracées *f/pl.*; crucifères *m/pl.*; '**~bogen** △ *m* arc *m* croisé; '²**brav** *adj.* bien brave; '**~dorn** ♀ *m* nerprun *m*.
'**kreuzen** I *v/t. u. v/i.* (*v/rfl.*: *sich se*) croiser; ♠ croiser; (*lavieren*) louvoyer; (*mit e-m Kreuze bezeichnen*) marquer d'une croix; *Rassen*: croiser; métisser; ✝ *Scheck*: barrer; *sich* ~ (*2 Wege*) se couper; II ² *n* croisement *m*; *v. Rassen*: *a.* métissage *m*; ♣ croisière *f*.
'**Kreuzer** *m* ♣ croiseur *m*; *hist.* (*Münze*) kreu(t)zer *m*.
'**Kreuz|es-tod** *m* crucifiement *m*; supplice *m* de la croix; **~fahrer** *hist. m* croisé *m*; **~fahrt** *f* ♣ croisière *f*; **~fahrtteilnehmer(in** *f*) ♣ *m* croisièriste *m, f*; **~feuer** ⚔ *n* feu *m* croisé; *fig.* feux *m/pl.* croisés; *ins* ~ *nehmen* prendre entre deux feux; ²**fi'del** *adj.* gai comme un pinson; ²**förmig** *adj.* en (forme de) croix; crucial; cruciforme; **~gang** *m in Klöstern*: cloître *m*; **~gegend** *anat. f* région *f* lombaire; **~gelenk** ⊕ *n* articulation *f* à cardan; **~gewölbe** △ *n* voûte *f* en arête; **~hacke** *f* pioche *f*.
kreuzig|en *v/t.* crucifier; mettre (*od.* attacher *od.* clouer) sur la (*od.* en) croix; *fig.*: *sein Fleisch* ~ mortifier sa chair; ²**en** *n*, ²**ung** *f* crucifixion *f*; crucifiement *m*; mise *f* en croix; *fig. des Fleisches*: mortification *f*.
'**Kreuz|kopf** ⊕ *m* tête *f* du piston; ²**lahm** *adj.* éreinté; flapi; fourbu; ~ *schlagen* casser les reins à q.; **~otter** *zo. f* vipère *f* commune; **~predigt** *f*: ~ *halten* prêcher la croisade; **~punkt** *m* ⚒ point *m* d'intersection *zweier Bahnen*: croisement *m*; **~ritter** *hist. m* croisé *m*; **~schmerzen** *m/pl.* mal *m* de reins; douleurs *f/pl.* lombaires; **~schnabel** *orn. m* bec--croisé *m*; **~schnitt** *chir. m* incision *f* cruciale; **~spinne** *ent. f* araignée *f* porte-croix; **~stich** *m Näherei*: point *m* de croix; ~*e* (*Schmerzen*) douleurs *f/pl.* lombaires.
'**Kreuzung** *f* croisement *m*; *v. Rassen*: *a.* métissage *m*; (*Straßen*²) *a.* carrefour *m*; intersection *f*; *der Reime*: croisure *f*; *Verkehr*: *bei Rot über die* ~ *fahren* F griller un feu rouge.
'**kreuz-unglücklich** F *adj.* malheureux, -euse comme les pierres.
'**Kreuzungs|punkt** *m*, **~stelle** *f* croisement *m*; intersection *f*.
'**Kreuz|verhör** ⚖ *n* interrogatoire *m* par les deux parties; **~weg** *m* carrefour *m*; croisée *f* des chemins; *égl. cath.* chemin *m* de (la) croix; **~weh** *n* mal *m* de reins; douleurs *f/pl.* lombaires; ²**weise** *adv.* en (forme de) croix; ~ *legen* croiser; **~worträtsel** *n* mots *m/pl.* croisés; **~worträtselfreund** *m* amateur *m* de mots croisés; cruciverbiste *m*; **~zug** *m* croisade *f*.
'**kribbel|ig** F *adj.* irritable, nerveux, -euse; **~n** *v/i.* 1. (*prickeln*) picoter; (*jucken*) démanger; (*kitzeln*) chatouiller; *es kribbelt mir in der Nase* j'ai des picotements dans le nez; le nez me démange; *ihm kribbelt's in den Fingern* la main lui démange; 2. (*wimmeln*) fourmiller; grouiller; ²**n** *n* (*Jucken*) picotement *m*; démangeaisons *f/pl.*; chatouillement *m*; (*Wimmeln*) fourmillement *m*; grouillement *m*.
'**Kricket** *n*, **~spiel** *n* (jeu *m* de) cricket *m*; **~schläger** *m* batte *f*; **~spieler(in** *f*) *m* joueur *m*, -euse *f* de cricket.
'**kriech|en** *v/i.* ramper; se glisser (*durch* par); *mühsam*: se traîner; *aus e-m Loch* ~ sortir d'un trou; *aus dem Ei* ~ sortir de l'œuf; éclore; *auf allen vieren* ~ aller (*od.* marcher) à quatre pattes; *fig. vor j-m* ~ ramper (*od.* être à plat ventre *od.* faire le gros dos) devant q.; lécher les bottes de q.; **~end** *adj.* rampant; *fig. a.* servile; (*unterwürfig*) obséquieux, -euse; ²**er** *m* flagorneur *m*; P lèche-bottes *m*; lèche-cul *m*; *écol.*, ⚔ fayot *m*; ²**e'rei** *f*, ²**ertum** *n* flagornerie *f*; basse flatterie *f*; P lèche *f*; larbinisme *m*; obséquiosité *f*; *écol.*, ⚔ fayotage *m*; **~erisch** *adj.* rampant; flagorneur, -euse; obséquieux, -euse; ²**gang** (*Auto*) *m* vitesse *f* démultipliée; ²**maß** *bět. n* fualoge *m*; ²**pflanze** *f* plante *f* rampante; ²**spur** (*Autobahn*) *f* voie *f* pour poids lourds; ²**strecke** ⚡ *f* distance *f* de cheminement; ²**tier** *zo. n* reptile *m*.
Krieg *m* guerre *f*; *im* ~ à la guerre; *während des* ~*es* pendant la guerre; ~ *zu Wasser, zu Lande und in der Luft* guerre *f* sur mer, sur terre et dans les airs; *kalter* (*heißer*) ~ guerre *f* froide (chaude); *totaler* ~ guerre *f* totale; ~ *bis aufs Messer*, ~ *bis zum Äußersten* guerre *f* à outrance; ~ *auf Leben und Tod* guerre *f* à mort; *e-m Lande den* ~ *erklären* déclarer la guerre à un pays; *e-n* ~ *anfangen* commencer une guerre; *der* ~ *bricht aus* la guerre éclate; ~ *führen gegen* (*od. mit*) faire la guerre à; *ein Land mit* ~ *überziehen* envahir (*od.* porter la guerre dans) un pays; *in den* ~ *ziehen* partir (*od.* s'en aller) en guerre; *sich im* ~ *befinden* être en guerre; *den* ~ *ächten* mettre la guerre 'hors la loi'; *den* ~ *verhüten* prévenir la guerre; *Verhütung des* ~*es* prévention *f* de la guerre; ~ *der Elemente* lutte *f* des éléments.
'**kriegen** F 1. *v/t.* (*bekommen*) obtenir; recevoir; attraper; *Geld* ~ recevoir (*od.* toucher) de l'argent; *Briefe* ~ recevoir des lettres; *e-e Krankheit* ~ attraper (*od.* prendre) une maladie; *Hiebe* ~ recevoir des coups (*od.* une correction *od.* F une raclée); *Hunger* ~ commencer à avoir faim; *das werden wir schon* ~ nous arrangerons cela; *er kriegt es mit mir zu tun* il aura affaire à moi; *ich krieg' ihn schon* je l'attraperai; je l'aurai; 2. *v/rfl. sich* ~ *von Liebespaaren* se marier; être réunis.
'**Krieger** *m* guerrier *m*; **~denkmal** *n* monument *m* aux morts; ²**isch** *adj.* (*den Krieg liebend*) belliqueux, -euse; (*oft Krieg führend*) guerrier, -ière; **~verein** *m* association *f* d'anciens combattants.
'**krieg|führend** *adj.* belligérant; *Status e-r* ~*en Macht* belligérance *f*; ²**führende(r)** *m* belligérant *m*; ²**führung** *f* stratégie *f*; manière *f* de faire la guerre; (*Leitung*) conduite *f* de la guerre.
'**Kriegs|akademie** *hist. f* école *f* militaire supérieure; **~anleihe** *f* emprunt *m* de guerre; **~ausbruch** *m* commencement *m* de la guerre; **~ausrüstung** *f* équipement *m* de guerre; **~auszeichnung** *f* décoration *f* militaire (*od.* de guerre); **~bedarf** *m* besoins *m/pl.* en matériel de guerre; **~beil** *n* 'hache *f* de guerre; *fig. das* ~ *begraben* enterrer la hache de guerre; quitter le sentier de la guerre; *das* ~ *wieder ausgraben* déterrer la hache de guerre; reprendre le sentier de la guerre; ²**bereit** *adj.* prêt à entrer en guerre;

~berichter *m* correspondant *m* de guerre (*od.* aux armées); ~beschädigte(r) *m* mutilé *m* de guerre; ~beute *f* butin *m* de guerre; ~blinde(r) *m* aveugle *m* de guerre.

'Kriegs|dienst *m* service *m* militaire; ~dienstverweigerer *m* objecteur *m* de conscience; ~drohung *f* menace *f* de guerre; ~eintritt *m* entrée *f* en guerre; ~ende *n* fin *f* de la guerre; ~entschädigung *f* indemnité *f* de guerre; ~er-eignisse *n/pl.* événements *m/pl.* de la guerre; ~erfahrung *f* expérience *f* de la guerre; ~erklärung *f* déclaration *f* de guerre; ~fackel *f* torche *f* de la guerre; ~fall *m* cas *m* de guerre; im ~ en cas de guerre; ~flagge *f* pavillon *m* de guerre; ~flotte ♆ *f* marine *f* de guerre; ~fuß *fig. m:* mit j-m auf ~ stehen être brouillé avec q.; ~gebiet *n* terrain *m* des hostilités; ~gebrauch *m* usages *m/pl.* de la guerre; ~gefahr *f* danger *m* de guerre; 2gefangen *adj.* prisonnier, -ière de guerre; ~gefangene(r) *m* prisonnier *m* de guerre; Austausch von Kriegsgefangenen échange *m* de prisonniers de guerre; ~gefangenenlager *n* camp *m* de prisonniers de guerre; ~gefangenschaft *f* captivité *f*; in ~ geraten être fait prisonnier, -ière (de guerre); ~gegner *m* pacifiste *m*; ~geißel *f* fléau *m* de la guerre; ~gericht *n* conseil *m* de guerre; vor ein ~ stellen traduire en conseil de guerre; ~gerüchte *n/pl.* bruits *m/pl.* de guerre; ~geschädigte(r) *m* sinistré *m* de guerre; ~geschrei *n* cri *m* de guerre; ~gesetz *n* loi *f* martiale; ~getümmel *n* mêlée *f* de la guerre; 2ge-übt *adj.* aguerri; ~gewinn *m* profits *m/pl.* de guerre; ~gewinnler *m* profiteur *m* de la guerre; ~glück *m* sort *m* (*od.* fortune *f*) des armes; ~gott *m* dieu *m* de la guerre; ~göttin *f* déesse *f* de la guerre; ~gräber *n/pl.* tombes *f/pl.* de soldats, cimetières *m/pl.* militaires; ~gräberfürsorge *f* œuvre *f* des cimetières militaires; ~greuel *m/pl.* atrocités *f/pl.* de la guerre; ~hafen ♆ *m* port *m* de guerre; ~handwerk *n* métier *m* des armes; ~held *m* 'heros *m* (militaire); ~herr *m:* Oberste(r) ~ chef *m* des armées; généralissime *m*; ~hetzer *m* belliciste *m*; fauteur *m* de guerre; ~hetzerisch *adj.* belliciste; ~hinterbliebene *pl.* veuves et orphelins *m/pl.* de guerre; ~hund *m* chien *m* employé à la guerre; ~industrie *f* industrie *f* de guerre; ~jahr *n* année *f* de guerre; ~kamerad *m* camarade *m* de guerre; compagnon *m* d'armes; ~kind *n* enfant *m,f* né(e) pendant la guerre; ~kosten *pl.* coût *m* de la guerre; ~kunst *f* art *m* militaire; ~lärm *m* tumulte *m* de la guerre; ~lasten *f/pl.* charges *f/pl.* de guerre; ~lazarett *n* hôpital *m* d'évacuation; ~lied *n* chant *m* guerrier; ~lieferant *m* fournisseur *m* aux armées; ~lieferung *f* fourniture *f* de guerre; ~list *f* stratagème *m*; ruse *f* de guerre; ~lustig *adj.* belliqueux, -euse; ~macht *f* force *f* militaire; ~marine ♆ *f* marine *f* de guerre; ~maschine *f* machine *f* de guerre; ~material *n* matériel *m* de guerre; ~minister *m* ministre *m* de la guerre; ~ministerium *n* ministère *m* de la guerre; ~müde *adj.* las, lasse de la guerre; ~not *f* calamités (*od.* misères) *f/pl.* de la guerre; ~opfer *n* victime *f* de guerre; ~opferverband *m* association *f* des victimes de guerre; ~pfad *m* sentier *m* de la guerre; ~plan *m* plan *m* stratégique; ~potential *n* potentiel *m* militaire; ~psychose *f* psychose *f* militaire; ~rat *m* conseil *m* de guerre; ~ruf *m* cri *m* de guerre; ~rüstung *f* armement *m*; ~schäden *m/pl.* dommages *m/pl.* de guerre; ~schaden-ersatz *m* réparation *f* des dommages de guerre; ~schauplatz *m* théâtre *m* de la guerre; ~schiff ♆ *n* bâtiment (*od.* navire) *m* de guerre; ~schuld *f* responsabilité *f* de la guerre; ~schulden *f/pl.* dettes *f/pl.* de guerre; ~schuldenregelung *f* règlement *m* des dettes de guerre; ~schuldfrage *f* question *f* de la responsabilité *f* de la guerre; ~spiel *n* jeu *m* de (la) guerre; ~stand *m*, ~stärke *f* effectif *m* de guerre; ~steuer *f* impôt *m* de guerre; ~tagebuch *n* carnet *m* de guerre; ~tanz *m* danse *f* guerrière; ~tat *f* exploit *m* militaire; ~teilnehmer *m* combattant *m*; ~trauung *f* mariage *m* contracté en temps de guerre; ~treiber *m* jusqu'au-boutiste *m*; fauteur *m* de guerre; ~verbrechen *n* crime *m* de guerre; ~verbrecher *m* criminel *m* de guerre; ~versehrte(r) *m* mutilé *m* (*od.* blessé *m* de guerre); ~verwendungsfähig *adj.* apte au service armé; ~volk *n* troupes *f/pl.*; soldats *m/pl.*; 2wichtig *adj.* stratégique; ~wirren *pl.* troubles *m/pl.* de la guerre; ~wirtschaft *f* économie *f* de guerre; ~wissenschaft *f* science *f* militaire; ~zeit *f:* in ~en en temps de guerre; ~ziel *n* but *m* de guerre; ~zug *m* expédition *f* (militaire); ~zuschlag *m* taxe *f* de guerre; ~zustand *m* état *m* de guerre; in den ~ versetzen mettre sur le pied de guerre; sich im ~ befinden être en guerre; ~zwecke *m/pl.:* für ~ pour la guerre; à des fins militaires.

'Kriek-ente *orn. f* sarcelle *f*.

Krill *zo.* (*Plankton*) *n* krill *m*.

Krim *f:* die ~ la Crimée.

'Krimi F *m* roman *m* (*bzw.* film *m*) policier; *polar *m.*

Krimi'nal|abteilung *f* bureau *m* qui s'occupe de la criminalité; ~be-amte(r) *m* employé *m* de la police judiciaire; F limier *m*; ~film *m* film *m* policier; ~gericht *n* tribunal *m* judiciaire.

Krimina'list *m* criminaliste *m*; ~ik *f* criminalistique *f*.

Krimi'nal|kommissar *m* commissaire *m* de la police judiciaire; ~polizei *f* Fr. police *f* judiciaire; *allg.* police *f* criminelle; F Criminelle *f*; ~polizist *m* agent *m* de la police judiciaire; ~prozeß *m* procès *m* criminel; ~recht *n* droit *m* criminel; ~roman *m* roman *m* policier; ~sache *f* affaire *f* criminelle; ~statistik *f* statistique *f* criminelle; ~stück *n* pièce *f* policière; ~wissenschaft *f* criminologie *f*; ~wissenschaftler *m* criminologiste *m*.

krimi'nell *adj.* criminel, -elle.

'Krimkrieg *m* guerre *f* de Crimée.

'Krimskrams F *m* fatras *m*; † tout-venant *m*; grosse cavalerie *f*.

'Kringel *pât. m* petit rond *m*; craquelin *m*.

'kringeln F: *v/rf.* sich ~ vor Lachen se tordre de rire.

Krino'line *f* crinoline *f*.

'Kripo *f* police *f* judiciaire; F P.J. *f*.

'Krippe *f* crèche *f* (*a. Säuglingsheim*); (*Vieh*2) *a.* mangeoire *f*; *fig.* an der ~ sitzen F tenir l'assiette au beurre.

'Kris|e *f* crise *f*; *éc. a.* malaise *m*; e-e ~ hervorrufen (*durchmachen*) déclencher (traverser) une crise; 2eln *v/imp.:* es kriselt une crise se prépare; 2enfest *adj.* à l'abri de la crise; ~enjahr *n* année *f* de crise; ~enschwelle *éc. f* seuil *m* de crise; ~enstab *m* état-major *m* de crise; ~enstimmung *f* atmosphère *f* de crise; crisisme *m*; ~enzeit *f* temps *m* de crise.

Kris'tall *m* cristal *m* (*a. fig.*); 2-ähnlich *adj.* cristalloïde; ~bildung *min. f* cristallisation *f*; ~detektor *m* détecteur *m* à galène; ~eis *n* glace *f* cristalline; 2en *adj.* de cristal; cristallin; ~fabrik *f*, ~fabrikation *f* cristallerie *f*; ~flasche *f* carafe *f* de cristal; 2förmig *adj.* cristalloïde; ~glas *n* verre *m* de cristal; 2hell *adj.* cristallin; d'une transparence de cristal.

kristal'lin(isch) *adj.* cristallin.

Kristallisati'on *f* cristallisation *f*; ~s-gefäß ⚗ *n* cristallisoir *m*.

kristalli'sier|bar *adj.* cristallisable; ~en *v/t. u. v/i.* (*v/rf.: sich se*) cristalliser; 2en *n*, 2ung *f* cristallisation *f*.

Kris'tall|keim *m* germe *m* cristallin; 2klar *adj.* cristallin; ~kunde *f*, ~(l)ehre *f* cristallographie *f*.

Kristallo|gra'phie *f* cristallographie *f*; 2'graphisch *adj.* cristallographique.

Kristall'oïd *n* cristalloïde *m*.

Kris'tall|sachen *f/pl.* cristaux *m/pl.*; ~schleifer *m*, ~schneider *m*, ~sucher *m* cristallier *m*; ~schleiferei *f* cristallerie *f*; ~waren *f/pl.* cristaux *m/pl.*; ~zucker *m* sucre *m* cristallisé.

Kri'terium *n* critère *m*; *hipp.*, *vél.* critérium *m*.

Kri'tik *f* critique *f*; scharfe ~ éreintement *m* (an de); ~ üben faire la critique (de), critiquer; sich der ~ aussetzen; Anlaß zur ~ geben prêter (*od.* donner) prise à la critique; prêter le flanc à la critique; unter aller ~ au-dessous de tout, inqualifiable.

Kriti'kaster *m* critiqueur *m*, ergoteur *m*.

'Kritiker *m*, ~in *f* critique *f*.

kri'tik|los *adj.* sans esprit critique; 2losigkeit *f* absence *f* d'esprit critique.

'kritisch *adj.* critique; das ~e Alter l'âge *m* critique; ~er Kopf esprit *m* critique; *at.* ~ werden (*Reaktor*) diverger.

kriti'sieren I *v/t. u. v/i.* faire la critique (de); critiquer; II 2 *n* critique *f*.

Kriti'zismus *m* criticisme *m*.

Kritte'lei F *f* critique *f* trop subtile.

'kritt|(e)lig *adj.* pointilleux, -euse; ~eln *v/i.* critiquer; ergoter; F chercher la petite bête; 2ler(in *f*) *m* critiqueur *m*, -euse *f*.

Kritze'lei *f* griffonnage *m*; ~en *f/pl.*

an der Wand a. graffiti *m/pl.*
'**kritzeln** I *v/i. (unleserlich schreiben)* griffonner; II 2 *n* griffonnage *m.*
Kro'at|e *m,* **~in** *f* Croate *m, f;* **~ien** *n* la Croatie; 2**isch** *adj.* croate.
'**Krocket** *n,* **~spiel** *n* (jeu *m* de) croquet *m;* **~spieler(in** *f) m* joueur *m,* -euse *f* de croquet.
Kroko'dil *zo. n* crocodile *m;* **~leder** *n* cuir *m (od.* peau *f)* de crocodile; **~s-tränen** *fig. f/pl.* larmes *f/pl.* de crocodile.
'**Krokus** ♀ *m* crocus *m;* safran *m.*
'**Kron|anwärter** *m* prétendant *m* au trône; **~e** *f* couronne *f; fig.* zur **~** gelangen parvenir au trône; *päpstliche* **~** tiare *f;* ⌀ diadème *m;* (*Baum*2) cime *f;* 'houppe *f;* (*Blumen*2) corolle *f;* (*Kronleuchter*) lustre *m;* (*Mauer*2; **~** *der Welle*) crête *f;* ch. e-s Geweihs: couronnure *f;* j-m die **~** aufsetzen couronner q.; fig. e-r Sache (dat.) die **~** aufsetzen mettre le comble à qch.; das setzt allem die **~** auf c'est le comble *(od.* F le bouquet); F e-n in den **~** haben être éméché; F was ist ihm in die **~** gefahren? quelle mouche l'a piqué?
'**krönen** *v/t.* (*v/rf.: sich se*) couronner (*a. fig.*); j-n zum König **~** couronner q. roi; gekrönter Dichter poète *m* lauréat; von Erfolg gekrönt couronné de succès.
'**Kron|erbe** *m,* **~erbin** *f* héritier *m,* -ière *f* de la couronne; **~gut** *hist. n* domaine *m* de la couronne; **~insignien** *pl.* insignes *m/pl.* royaux *(resp.* impériaux); **~juwelen** *n/pl.* joyaux *m/pl.* de la couronne; **~kolonie** *f* colonie *f* de la Couronne; **~leuchter** *m* lustre *m;* **~prätendant** *m* prétendant *m* au trône; **~prinz** *m* prince *m* royal *(od.* héritier); *deutscher* **~**prinz *m; hist. in Frankreich a.:* dauphin *m;* **~prinzessin** *f* femme *f* du prince héritier; *hist. Fr. a.* dauphine *f;* **~rat** *m* conseil *m* de la couronne; **~schatz** *m* trésor *m* de la couronne.
'**Krönung** *f* couronnement *m;* **~s-feierlichkeit** *f* (cérémonie *f* du) couronnement *m;* sacre *m;* **~sstadt** *f* ville *f* du couronnement; **~s-tag** *m* jour *m* du couronnement; **~szug** *m* cortège *m* du couronnement.
'**Kronzeuge** *m* témoin *m* principal.
Kropf *m* zo. *(Vormagen)* jabot *m;* ⚕ goitre *m;* '2**artig** ⚕ *adj.* goitreux, -euse.
'**kröpfen** *v/t.* Gänse usw.: gaver.
'**kropfig** ⚕ *adj.* goitreux, -euse.
'**kropf|krank** *adj.* goitreux, -euse; 2**kranke(r** *a. m) m, f,* 2**leidende(r** *a. m) m, f* goitreux *m,* -euse *f;* 2**taube** *orn. f* pigeon *m* grosse-gorge; boulant *m.*
'**Kröpfung** *f b.* Gänsen: gavage *m.*
'**Krösus** *m* Crésus *m;* nabab *m.*
'**Kröte** *zo. f* crapaud *m;* F *fig.* giftige **~** P chipie *f;* femme *f* acariâtre; kleine **~** coquine *f;* P ein paar **~n** (*etw.* Geld) P quelques picaillons (*od.* sous); *ein paar* **~n** springen lassen dépenser du pognon; lâcher des sous.
Kro'tonsäure 🜚 *f* acide *m* crotonique.
'**Krücke** *f* béquille *f;* an **~n** gehen marcher avec des béquilles.
'**Krückstock** *m* canne *f* à bec-de--corbin.

Krug[1] *m* cruche *f;* kleiner **~** cruchon *m;* der **~** geht so lange zum Brunnen, bis er bricht tant va la cruche à l'eau qu'à la fin elle se casse.
Krug[2] *m* (*Dorfschenke*) café *m* de village.
'**Krümchen** *n* miette *f; fig.* brin *m.*
'**Krume** *f* mie *f* (de pain).
'**Krüm|el** *m* miette *f;* 2**(e)lig** *adj.* qui s'émiette; friable; 2**eln** *v/i.* s'émietter; **~eln** *n* émiettement *m;* **~el-schaufel** *f* ramasse-miettes *m.*
krumm *adj.* courbe; *(gebogen)* courbé; *(gewölbt)* arqué; cambré; *(gewunden)* tors; *(hakenförmig)* crochu; *(mißgestaltet)* contrefait; *(unregelmäßig)* tortu; *(sich schlängelnd)* sinueux, -euse; *(verbogen)* tordu; *(verdreht)* contourné; *(schief)* de travers, déjeté; **~e** Straße rue *f* tortueuse; **~e** Finger doigts *m/pl.* crochus; **~e** Beine jambes *f/pl.* torses *(od.* tortues); **~e** Nase nez *m* crochu *(od.* tortu); **~er** Rücken dos *m* voûté; e-n **~en** Rücken machen courber le dos; **~** werden se courber, *anat.* dévier, *v. Personen:* se voûter; **~** biegen courber; **~** und lahm schlagen rouer de coups; casser la figure; **~** sitzen se tenir mal assis; *fig.* e-e **~e** Sache machen *faire une magouille;* **~e** Sachen *pl. a.* F tripatouillages *m/pl.;* F tripotages *m/pl.;* **~e** Wege gehen suivre des voies tortueuses; '**~beinig** *adj.* bancal; (X-beinig) cagneux, -euse; '2**darm** *anat. m* iléon *m.*
'**krümm|en** *v/t. u. v/rf.* (sich se) courber; *(sich se)* recourber; *Holz: sich* **~** *(werden)* se déjeter; gauchir; *sich* **~** *(winden)* se tordre *(a. Wurm);* sich vor Schmerzen (vor Lachen) **~** se tordre de douleurs (de rire); 2**er** ⊕ *m* coude *m.*
'**Krumm|holz** *n* bois *m* tortu; 2**lig** *adj.* curviligne; 2**nehmen** *fig. v/t.:* etw. **~** prendre qch. de travers; se formaliser de qch.; **~stab** *m* crosse *f.*
'**Krümmung** *f géom.* courbure *f;* incurvation *f;* (*Windung*) détour *m;* tournant *m;* sinuosité *f;* coude *m;* courbe *f;* (*Fluß*2) boucle *f;* **~** des Rückgrates déviation *f* de la colonne vertébrale, nach e-r Seite: scoliose *f,* nach vorn: lordose *f;* **~shalbmesser** *m* rayon *m* de courbure.
'**Krümperpferd** *hist.* ⚔ *n* cheval *m* de réserve.
Krupp ⚕ *m* croup *m.*
'**Kruppe** (*Pferd*) *f* croupe *f.*
'**Krüppel** *m* estropié *m,* -e *f;* **~** ohne Beine cul-de-jatte *m;* zum **~** machen estropier; zum **~** werden s'estropier; 2**haft** *adj.* estropié; (nicht voll entwickelt) rabougri.
'**Krupvolk** P *n:* das ganze **~** tout le tremblement.
'**Kruste** *f* croûte *f;* (sich) mit e-r **~** überziehen former une croûte; (s')encroûter; ⚕ *(Schorf)* escarre *f;* **~n-bildung** *f* formation *f* d'une croûte; **~ntiere** zo. *n/pl.* crustacés *m/pl.*
'**krustig** *adj.* qui a beaucoup de croûte; couvert d'une croûte.
Kruzi'fix *n* crucifix *m.*
'**Kryotechnik** *f* cryotechnique *f.*
'**Krypta** *f* crypte *f.*
Krypto'gamen ♀ *f/pl.* cryptogames *f/pl.*
Kryp'ton 🜚 *n* krypton *m.*
'**Kuba** *n* Cuba *f.*

Ku'ban|er(in *f) m* Cubain *m,* -e *f;* 2**isch** *adj.* cubain.
'**Kübel** *m* baquet *m;* cuveau *m; östr.* (*Eimer*) seau *m;* ⚘ (*Pflanzen*2) caisse *f;* ⚒ F *v/i.* boire comme un trou; **~wagen** 🚃 *m* wagon *m* à benne.
ku'bieren 🜚 I *v/t.* cuber; II 2 *n* cubage *m.*
Ku'bik|inhalt *m* volume *m;* **~in-haltsberechnung** *f* cubage *m;* **~maß** *n* mesure *f* de volume; **~meter** *n (a. m)* mètre *m* cube; *als Holzmaß:* stère *m;* **~wurzel** 🜚 *f* racine *f* cubique; die **~** ziehen aus extraire la racine cubique de; **~zahl** 🜚 *f* cube *m* (d'un nombre).
'**kubisch** 🜚 *adj.* cubique.
Ku'bis|mus *m* cubisme *m;* **~t** *m* cubiste *m;* 2**tisch** *adj.* cubiste.
'**Kubus** 🜚 *m* cube *m.*
'**Küche** *f* cuisine *f;* P tambouille *f;* fahrende **~** cuisine *f* roulante; F *nur:* roulante *f;* die **~** besorgen faire la cuisine; e-e gute **~** führen faire bonne chère; bien manger; kalte **~** repas *m/pl.* froids; *fig.* in des Teufels **~** sein être en mauvaise posture; être dans une mauvaise situation.
'**Kuchen** *m* gâteau *m;* F ja **~!** (il n'en est) rien!; zut!; des clous!; ceinture!; penses-tu!
'**Küchen-abfälle** *m/pl.* ordures *f/pl.* ménagères.
'**Kuchenbäck|er** *m* pâtissier *m;* **~erei** *f* pâtisserie *f.*
'**Küchenbeil** *n* couperet *m;* **~benutzung** *f* jouissance *f* de la cuisine.
'**Kuchenblech** *n* tôle *f* à gâteau.
'**Küchen|bulle** ⚔ F *m* cuistot *m;* **~chef** *m* chef *m* de cuisine; cuisinier *m* chef; **~dienst** ⚔ *m* corvée *f* de cuisine *(od.* F de pluches); **~einrichtung** *f* équipement *m* de cuisine.
'**Kuchenform** *f* moule *m* à gâteau.
'**Küchen|garten** *m* potager *m;* **~ge-hilfe** *m* aide-cuisinier *m;* **~gerät** *n* ustensiles *m/pl.* de cuisine *(od.* ménagers); **~geschirr** *n* vaisselle *f* de cuisine; **~hengst** ⚔ F *m* cuistot *m;* **~herd** *m* fourneau *m* de cuisine; cuisinière *f;* **~junge** *m* marmiton *m;* gâte-sauce *m;* **~kräuter** *n/pl.* fines herbes *f/pl.;* **~latein** *n* latin *m* de cuisine; **~mädchen** *n* aide-cuisinière *f;* **~maschine** *f* appareil *m* ménager; **~meister** *m* chef *m* cuisinier *(od.* cuisinier *m* chef; chef *m* cuisinier; *bei ihm ist Schmalhans* **~** il sert maigre pitance; on ne mange pas gras chez lui; **~messer** *n* couteau *m* de cuisine; **~möbel** *n/pl.* meubles *m/pl.* de cuisine; **~personal** *n* personnel *m* de la cuisine *f.*
'**Kuchenrad** *n* coupe-pâte *m* à roulette; videlle *f.*
'**Küchen|schabe** *ent. f* blatte *f;* cafard *m;* **~schelle** ♀ *f* pulsatille *f;* **~schrank** *m* buffet *m* de cuisine; **~schürze** *f* tablier *m* de cuisine; **~stuhl** *m* chaise *f* de cuisine.
'**Kuchen|teig** *m* pâte *f* à gâteau; **~teller** *m* assiette *f* à *bzw.* de gâteaux.
'**Küchen|tisch** *m* table *f* de cuisine; **~tuch** *n* torchon *m;* **~uhr** *f* pendule *f (od.* horloge *f)* de cuisine; **~waage** *f* balance *f* de cuisine.
'**Küchlein** *n,* '**Küken** *n* poussin *m.*
'**Kuckuck** *m orn.* coucou *m;* der **~** ruft

le coucou chante; F *zum* ~! sapristi!; au diable!; *zum* ~ *noch mal!* zut (alors)!; *das weiß der* ~! qui diable le sait?; *der* ~ *soll ihn holen!* que le diable l'emporte!; ~**s-ei** m œuf m de coucou; ~**s-uhr** f coucou m.
Kuddel'muddel F m *od.* n gâchis m; pagaille f; fouillis m; embrouillamini m.
'**Kufe**¹ f cuve f; *kleine:* cuveau m.
'**Kufe**² f (*Schlitten*⚒) patin m; ⚒ (*Schnee*⚒) patin m d'atterrissage; *e-s Schlittschuhs:* lame f.
'**Küfer** m tonnelier m; encaveur m.
Küfe'rei f tonnellerie f; cave f à vin; *oberirdisch:* chai m.
'**Kugel** f boule f; bsd. (*Erd*⚒) globe m; ⚒ sphère f; (*Billard*⚒) bille f; *ch. u.* ⚒ projectile m; (*Gewehr*⚒) balle f (*Kanonen*⚒) boulet m; P pruneau m; *anat.* (*Kopf e-s Knochens*) tête f; *sich e-e* ~ *durch den Kopf jagen* (*od. schießen*) se brûler la cervelle; F *er schiebt e-e ruhige* ~ F il s'est trouvé un bon fromage; F il ne se foule pas; ~**abschnitt** m segment m sphérique; ⚒**artig** *adj.* globulaire; ~**ausschnitt** ⚒ m secteur m sphérique; ~**blitz** m boule f de feu; ~**blume** ⚒ f globulaire f.
'**Kügelchen** n boulette f; petite boule f.
'**Kugel|durchmesser** m ⚒ diamètre m de la sphère; *e-s Geschosses:* calibre m; ~**fang** m pare-balles m; butte f (de tir); ~**fest** *adj.* à l'épreuve des balles, antiballs; ~**fläche** ⚒ f surface f de la sphère; ~**form** f forme f sphérique; (*Gießform*) moule m à balles; ⚒**förmig** *adj.* sphérique; globulaire; ~**gelenk** n articulation f (*od.* joint m) à boulet (*od.* à rotule *od.* sphérique); *anat.* énarthrose f; ~**gestalt** f forme f sphérique; sphéricité f; ⚒**ig** *adj.* sphérique; globulaire; ~**lager** n roulement m (*od.* palier m) à billes; ⚒**n** 1. *v/t. u. v/rf.* (*sich se*) rouler; F *sich vor Lachen* ~ se tordre de rire; *es ist zum* ⚒ c'est à se tordre de rire; 2. *v/i.* rouler (comme une boule); ~**regen** ⚒ m grêle f de balles; ⚒**rund** *adj.* rond comme une boule; sphérique; ~**schnitt** ⚒ m segment m sphérique; ~**schreiber** m stylo m (*od.* crayon m) à bille, stylo-bille m; bic m (*frz. Marke*); ~ *mit Druckmine* stylo m à bille rentrante; ~**schreibermine** f cartouche f de stylo; ~**segment** ⚒ n segment m sphérique; ⚒**sicher** *adj.* à l'épreuve des balles; pare-balles; ~**spiel** n, ~**spielplatz** n jeu m de boules; ~**spitzfeder** f plume f à boule; ~**stoßen** n *Sport:* lancement m du poids; ~**stoßer**(**in** f) m lanceur m, -euse f de poids; ~**ventil** n soupape f sphérique (*od.* à boulet).
Kuh f vache f; *junge* ~ génisse f; *fig. dumme* ~ imbécile f; bétasse f; ~**blume** ⚒ f (*Löwenzahn*) pissenlit m; dent-de-lion m; ~**euter** n pis m de vache; ~**fladen** m bouse f de vache; '**fuß** ⊕ (*Nagelzieher*) m pied m de biche; '~**glocke** f sonnaille f; '~**handel** *fig.* m maquignonnage m; marchandage m; '~**haut** f peau f de vache; *fig. das geht auf keine* ~! (*das ist unglaublich*) c'est incroyable!; '~**hirt**(**in** f) m vacher m, -ère f.
kühl *adj.* frais, fraîche; froid (*a. fig.*);

es ist hübsch ~ F il fait frisquet; *j-n* ~ *empfangen* faire un accueil froid à q.; ~ *werden* se rafraîchir; se refroidir; ~ *aufbewahren!* à conserver au froid!;
⚒**anlage** f installation f frigorifique (*od.* réfrigérante); '⚒**apparat** m appareil m frigorifique; réfrigérant m; '⚒**e** f fraîcheur f; *fig. a.* froideur f; *in der* ~ au frais; '~**en** *v/t. u. v/rf.* (*sich se*) refraîchir; *Motor:* refroidir; *Lebensmittel:* réfrigérer; *in Eis* ~ mettre à la glace, *Wein, Sekt:* frapper; *fig. Rache usw.:* assouvir; *sein Mütchen an* (*dat.*) passer sa colère sur; '⚒**en** n *e-s Motors:* refroidissement m; *v. Lebensmitteln:* réfrigération f; '~**end** *adj.* réfrigérant; (*erfrischend*) rafraîchissant; ~**es Mittel** réfrigérant m; '⚒**er** m *Auto:* radiateur m (a ⚒); '⚒**ergehäuse** n *Auto:* cadre m du radiateur; '⚒**erhaube** f *Auto:* capot m; '⚒**erjalousie** f, ⚒**erklappe** *Auto:* f volet m de radiateur; '⚒**erverkleidung** f couvre-radiateur m; '⚒**erverschluß** m, '⚒**erverschraubung** f *Auto:* bouchon m de radiateur; '⚒**fach** n compartiment m réfrigéré; '⚒**gebläse** n *Auto:* ventilateur m de refroidissement; '⚒**haus** n entrepôt m frigorifique; '⚒**kette** (*bei Lebensmittelprodukten*) f chaîne f du froid; '⚒**mantel** ⊕ m chemise f réfrigérante; '⚒**mittel** n fluide m frigorigène; '⚒**raum** m entrepôt m frigorifique; '⚒**rippe** f ailette f de refroidissement; '⚒**schiff** n navire m frigorifique; '⚒**schlange** f serpentin m de refroidissement; '⚒**schrank** m réfrigerateur m; frigidaire m (*frz. Marke*); F frigo m; '⚒**schrankrost** m clayette f; '⚒**speicher** m → ⚒**raum**; '⚒**trank** m boisson f (*für Kranke:* potion f) rafraîchissante; '⚒**turm** m tour f de refroidissement; '⚒**ung** f réfrigération f (*a.* 🐟); refroidissement m (*a. Auto usw.*); (*Erfrischung*) rafraîchissement m; *Auto:* hermetisch abgeschlossene ~ refroidissement m en circuit scellé; '⚒**wagen** m wagon m frigorifique (*od.* réfrigérant *od.* isotherme); '⚒**wasser** n *Auto:* eau f de refroidissement (*od.* du radiateur); '⚒**wasserraum** m chambre f à eau de refroidissement; '⚒**wirkung** f effet m refroidissant *bzw.* réfrigérant.
'**Kuh|magd** f vachère f; ~**milch** f lait m de vache; ~**mist** m bouse f de vache(s).
kühn *adj.* 'hardi; audacieux, -euse; osé; (*toll*) téméraire; (*unerschrocken*) intrépide; (*entschlossen*) résolu; déterminé; *Karl der* ⚒**e** Charles le Téméraire; '⚒**heit** f 'hardiesse f; (*Verwegenheit*) audace f; (*Tollkühnheit*) témérité f; (*Unerschrockenheit*) intrépidité f; (*Entschlossenheit*) résolution f.
'**Kuh|pocken** 🐟 f/pl. vaccine f; ~**pocken-impfstoff** m vaccin m jennérien; ~**pocken-impfung** 🐟 f vaccination f jennérienne; ~**reigen** m, ~**reihen** m ranz m des vaches; ~**stall** m étable f à vaches; ⚒**warm** *adj.:* ~**e Milch** lait m fraîchement trait.
Ku'jon F m canaille f.
kujo'nieren F *v/t.* embêter; enquiquiner.
'**Küken** n poussin m; ~**trockner** m

poussinière f.
ku'lan|t *adj.* prévenant; ✝ arrangeant; ⚒**z** f prévenance f; ✝ souplesse f en affaires.
kuli'narisch *adj.* culinaire.
Ku'lisse f coulisse f; *hinter den* ~**n** dans la coulisse; *in die* ~**n** *sprechen* parler à la cantonade; *fig.* F *das ist doch nur* ~! ce n'est que de la frime; ~**nschieber** m machiniste m.
'**kullern** *enf. v/t. u. v/i.* rouler.
Kulminati'on f culmination f; ~**spunkt** m point m culminant; apogée m.
kulmi'nieren *v/i.* culminer.
Kult m culte m; *e-n* ~ *mit etw. treiben* idolâtrer qch.; '⚒**isch** *adj.* cultuel, -elle; du culte.
Kulti'vator ✎ m motoculteur m.
kulti'vier|bar *adj.* cultivable; labourable; ~**en** *v/t.* cultiver; ~**t** *adj.* cultivé.
'**Kultmörder** ⚖ m assassin m ritualiste.
Kul'tur f culture f (*a. Züchtung, Anbau*); (*Gesittung*) civilisation f; ~**abkommen** n accord m culturel; ~**arbeit** f œuvre f civilisatrice; ~**attaché** m attaché m culturel; ~**aufgabe** f mission f civilisatrice; ~**austausch** m échange m culturel; ~**bringer** m civilisateur m.
kultu'rell *adj.* culturel, -elle; ~**e Angelegenheiten** affaires f/pl. culturelles.
Kul'tur|erbe n héritage m culturel; ⚒**fähig** *adj.* cultivable; ⚒**feindlich** *adj.* ennemi de la civilisation; ennemi du progrès; ~**feindlichkeit** f hostilité f à la civilisation; obscurantisme m; ~**film** m (film m) documentaire m; ⚒**fördernd** *adj.* civilisateur, -trice; ~**geschichte** f histoire f de la civilisation; ⚒**geschichtlich**, ⚒**historisch** *adj.* qui se rapporte à l'histoire de la civilisation; ~**gut** n bien m culturel; ~**historiker** m historien m de la culture; ~**kampf** *hist.* All. m Kulturkampf m; ~**kunde** f étude f de la civilisation; ~**land** n terre f cultivable (*od.* labourable *od.* arable); *fig.* pays m civilisé; ⚒**los** *adj.* sans culture; ~**mensch** m homme m civilisé; ~**pflanzen** f/pl. plantes f/pl. cultivées; ~**revolution** *pol.* f révolution f culturelle; ~**schande** f 'honte f pour la civilisation; ~**stätte** f centre m de culture; ~**stufe** f degré m de civilisation; ~**träger** m représentant m de la culture (*od.* de la civilisation); ~**volk** n peuple m civilisé; ~**welt** f monde m civilisé; ~**zentrum** n centre m de culture.
'**Kultus** m culte m; ~**minister** m All. ministre m des affaires culturelles (Fr. de l'Éducation nationale); ~**ministerium** n All. ministère m des affaires culturelles (Fr. de l'Éducation nationale).
'**Kümmel** ⚒ m cumin m; (*Schnaps*) kummel m; ~**brot** n pain m au cumin; ~**käse** m fromage m au cumin.
'**Kummer** m chagrin m; peine f; (*Betrübnis*) affliction f; (*Sorge*) souci m; ~ *bereiten* causer (*od.* donner) du chagrin à q.; chagriner q.; *haben* avoir (*od.* ressentir) du chagrin; *sich* ~ *machen* se chagriner (*wegen* pour); *das ist mein geringster* ~ c'est le moin-

dre (od. le cadet) de mes soucis; *das macht mir wenig ~* je ne m'en soucie guère.

'**kümmer|lich I** *adj.* misérable; pauvre; maigre; chiche; chétif, -ive; **II** *adv.*: *~ leben; sich ~ durchhelfen* vivoter; vivre chichement; tirer le diable par la queue; ℒ**ling** *m* être *m* chétif; **~n 1.** *v/t.* (*angehen*) concerner; regarder; *das kümmert mich wenig* je ne m'en soucie guère; *was kümmert Sie das?* de quoi vous mêlez-vous?; **2.** *v/rf.*: *sich ~ um* se soucier de, (*sich einmischen*) se mêler de; *sich nicht um etw. ~* ne pas se soucier de qch., n'avoir cure d'une chose; (*sich nicht einmischen*) ne pas se mêler de qch.; *~ Sie sich* (*doch*) *um Ihre Angelegenheiten!* mêlez-vous de vos affaires!; F *kümmere dich um deinen Dreck!* mouche ton nez!; *er kümmert sich um alles* (F *um jeden Dreck*) il se mêle de tout; ℒ**nis** *f* chagrin *m*; affliction *f*.

'**kummervoll** *adj.* soucieux, -euse; plein de chagrin (*od.* de soucis).

'**Kum(me)t** *n* collier *m* (de cheval).

Kum'pan *m* copain *m*; camarade *m*; *lustiger ~* joyeux compère *m*; **~en** *péj. iron. m/pl.* lieutenants *m/pl.*

'**Kumpel** *m* ⚒ mineur *m*; (*Kamerad*) camarade *m*; copain *m*; P pote *m*; **~tum** *a. péj. n* copinage *m*.

kumula'tiv *adj.* cumulatif, -ive.

kumu'lier|en *v/t.* cumuler; **ℒen** *n*, **ℒung** *f* cumul *m*.

'**Kumulus(wolke** *f*) *m* cumulus *m*.

'**kündbar** *adj.* résiliable; *Darlehen*: remboursable; *Arbeitnehmer*: congédiable.

'**Kunde**[1] *f* (*Nachricht*) nouvelle *f*; *j-m ~ geben von* informer q. de.

'**Kunde**[2] *m* client *m*; *viele ~n haben* avoir une grosse clientèle; *e-n neuen ~n gewinnen* faire un nouveau client; *fig. ein schlauer ~* un rusé (*od.* fin) compère *m*; *ein übler ~* un sale type.

'**Kunden|besuch** *m zwecks Werbung*: démarchage *m*; **~besucher** *m zwecks Werbung*: démarcheur *m*; **~dienst** *m* service *m* après-vente; service *m* clients; service-entretien *m*; **~fang** *péj. m* racolage *m*; **~kreis** *m* clientèle *f*; **~werber** *m durch Hausbesuch*: démarcheur *m*; courtier *m*; agent *m* prospecteur; rabatteur *m*; **~werbung** *f* publicité *f*; réclame *f*; *durch Hausbesuch*: démarchage *m*; porte-à-porte *m*; **~zahl** *f* nombre *m* des clients.

'**kundgeb|en** *v/t.* faire savoir; annoncer; notifier; publier; déclarer; (*dartun*) manifester; (*offenbaren*) révéler; (*darlegen*) démontrer; ℒ**ung** *f* manifestation *f*; *v. Gefühlen*: *a.* démonstration *f*; (*Bekanntmachung*) notification *f*; publication *f*; (*Erklärung*) déclaration *f*.

'**kundig** *adj.* instruit; informé; expérimenté; versé (dans); (*sachverständig*) expert; *des Lebens und Schreibens ~* qui sait lire et écrire; *des Weges ~ sein* connaître le chemin.

'**kündigen** *v/t. u. v/i.* demander son congé; *j-m ~* donner congé (*od.* préavis) à *q.*; *Vertrag*: dénoncer; résilier.

'**Kundige(r)** *m* connaisseur *m*; (*Sachverständiger*) expert *m*.

'**Kündigung** *f* congé *m*; préavis *m*; *mit monatlicher ~* avec préavis d'un mois; *e-s Vertrages*: dénonciation *f*; résiliation *f*; **~sfrist** *f* délai *m* de préavis; *gesetzliche*: délai-congé *m*; *e-s Vertrages*: délai *m* de dénonciation (*od.* de résiliation); **~stermin** *m* terme *m* de préavis.

'**Kundin** *f* cliente *f*.

'**Kundschaft** *f* clientèle *f*; clients *m/pl.*; pratiques *f/pl.*; **~er** ⚔ éclaireur *m*; **~erbiene** *ent. f* abeille *f* éclaireuse.

'**kundtun** *v/t. u. v/rf.* faire savoir; annoncer; notifier; publier; déclarer; (*dartun*) (*sich se*) manifester; (*sich se*) traduire; (*offenbaren*) (*sich se*) révéler; (*darlegen*) démontrer.

'**künftig** *adj.* à venir; futur; **~hin** *adv.* désormais; dorénavant; à l'avenir.

Kunge'lei *péj. f* (*z. B. Posten*ℒ) trafic *m*; transaction *f*.

Kunst *f* art *m*; *die schönen Künste* les beaux-arts *m/pl.*; *die freien* (*bildenden*) *Künste* les arts *m/pl.* libéraux (plastiques); (*~fertigkeit*) adresse *f*; habileté *f*; (*Verfahren*) procédé *m*; (*Kunstgriff*) artifice *m*; *schwarze ~* magie *f* noire; *das ist keine ~* ce n'est pas difficile; *das ist die ganze ~* ce n'est pas plus difficile que cela; *am Ende s-r ~ sein* être au bout de son latin (*od.* de son rouleau); *das ist e-e brotlose ~* c'est peu lucratif; '**~akademie** *f* école *f* des beaux-arts; '**~auktion** *f* vente *f* aux enchères d'objets d'art; '**~ausstellung** *f* exposition *f* d'œuvres d'art; '**~begeisterung** *f* enthousiasme *m* pour l'art; '**~bernstein** *m* ambroïne *f*; '**~blatt** *n* gravure *f* d'art; '**~druck** *m* impression *f* d'œuvres d'art; '**~druckerei** *f* imprimerie *f* d'œuvres d'art; '**~druckpapier** *n* papier *m* couché; '**~dünger** ✿ *m* engrais *m* chimique; '**~eis** *n* glace *f* artificielle; '**~eislauf** *m* patinage *m* artistique.

Künste'lei (*Geziertheit*) *f* affectation *f*; afféterie *f*; maniérisme *m*.

'**Kunst|enthusiasmus** *m* enthousiasme *m* pour l'art; **~erziehung** *f* éducation *f* artistique; **~fahrer(in** *f*) *m* acrobate *m* sur cycle; **~faser** *f* fibre *f* synthétique; **~fehler** ⚕ *m* faute *f* professionnelle; ℒ**fertig** *adj.* habile; adroit; **~fertigkeit** *f* habileté *f*; adresse *f*; **~flieger(in** *f*) *m* ✈ pilote *m* d'acrobatie aérienne; **~flug** ✈ *m* vol *m* acrobatique; acrobatie *f* aérienne; 'haute voltige *f*; **~freund(-in** *f*) *m* amateur *m* d'art; **~gärtner** *m* horticulteur *m*; **~gärtnerei** *f* (entreprise *f* d')horticulture *f*; **~gegenstand** *m* objet *m* d'art; ℒ**gemäß**, ℒ**gerecht** *adj.* conforme aux règles de l'art; **~genuß** *m* jouissance *f* artistique; **~geschichte** *f* histoire *f* de l'art; ℒ**geschichtlich** *adj.* d'histoire de l'art; **~gewerbe** *n* arts *m/pl.* décoratifs (*od.* appliqués *od.* industriels); arts *m/pl.* mineurs; **~gewerbemuseum** *n* musée *m* des arts décoratifs; **~gewerbeschule** *f* école *f* des arts décoratifs; ℒ**gewerblich** *adj.* des arts décoratifs; **~griff** *m* artifice *m*; tour *m* de main; truc *m*; **~handel** *m* commerce *m* d'objets d'art; **~händler** *m* marchand *m* d'objets d'art; **~handwerk** *n* art *m* artisanal; **~handwerker** *m* artisan *m* d'art; **~harz** *n* résine *f* synthétique; **~histo-riker** *m* historien *m* de l'art; **~honig** *m* miel *m* artificiel; **~kenner** *m* connaisseur *m* en matière d'art; **~kniff** *m* artifice *m*; tour *m* de main; truc *m*; **~kritik** *f* critique *f* d'art; **~kritiker** *m* critique *m* d'art; **~lauf** *m auf dem Eis*: patinage *m* artistique; **~läufer(in** *f*) *m* patineur *m*, -euse *f* artistique; **~leder** *n* cuir *m* artificiel.

'**Künst|ler(in** *f*) *m* artiste *m, f*; *~ pl. von Bühne, Film und Funk* artistes *m/pl.* de la scène, de l'écran et du micro; **~ler-atelier** *n* studio *m*; **~lerfest** *n* fête *f* des artistes; **~lergarderobe** *f* loge *f* des artistes; dressing-room *m*; ℒ**lerisch I** *adj.* artiste; d'artiste; artistique; **II** *adv.* artistiquement; en artiste; **~lerleben** *n* vie *f* d'artiste; **~lername** *m* nom *m* de guerre; pseudonyme *m*; **~lerschaft** *f* artistes *m/pl.*; **~lerstolz** *m* fierté *f* d'artiste; ℒ**lich** *adj.* (*nachgemacht*) artificiel, -elle; factice; imité; (*unecht*) faux, fausse; *Haar*: postiche.

'**Kunst|liebhaber(in** *f*) *m* amateur *m* d'art; ℒ**los** *adj.* dépourvu d'art; sans art; (*einfach*) simple; **~losigkeit** *f* absence *f* d'art; (*Einfachheit*) simplicité *f*; **~maler(in** *f*) *m* artiste *m, f* peintre; **~pause** *f* temps *m* mort; **~photograph** *m* photographe *m* d'art; **~reiter(in** *f*) *m* écuyer *m*, -ère *f*; **~richter** *m* juge *m* en matière d'art; **~richtung** *f* tendance *f* de l'art; **~sammlung** *f* collection *f* d'objets d'art; **~schätze** *m/pl.* trésors *m/pl.* artistiques; **~schlosser**, **~schmied** *m* (artisan *m*) ferronnier *m* d'art; **~schmiede-arbeit** *f* ferronnerie *f* d'art; **~schreiner** *m* ébéniste *m*; **~schule** *f* école *f* des beaux-arts; **~seide** *f* soie *f* artificielle; rayonne *f*; **~seiden** *adj.* de soie artificielle; **~sinn** *m* sentiment (*od.* goût) *m* artistique; ℒ**sinnig** *adj.* qui s'entend aux beaux-arts; qui a du goût artistique; **~sprache** *f* langue *f* artificielle; **~springen** *n* (*Schwimmsport*) plongeons *m/pl.* artistiques (*od.* de haut vol *od.* de tremplin); **~stoff** *m* matière *f* plastique (*od.* artificielle); plastique *m*; **~stoff-Folie** *f* feuille *f* de plastique; **~stoffplatte** *f* plateau *m* stratifié; **~stoffverwendung** *f in der Landwirtschaft* plasticulture *f*; ℒ**stopfen** *v/t. u. v/i.* stopper; **~stopfer(in** *f*) *m* stoppeur *m*, -euse *f*; **~stopferei** *f* stoppage *m*; (*Werkstatt*) atelier *m* de stoppage; **~stück** *n* tour *m* d'adresse; (*Karten*ℒ) tour *m* de cartes; *akrobatisches*: tour *m* d'acrobatie; *das ist kein ~* F ce n'est pas malin; **~tischler** *m* ébéniste *m*; **~tischlerei** *f* ébénisterie *f*; **~turnen** *n* gymnastique *f* artistique; **~verein** *m* société *f* d'amis des arts; **~verlag** *m* maison *f* d'édition d'œuvres d'art; **~verleger** *m* éditeur *m* d'œuvres d'art; ℒ**verständig** *adj.* expert en art; **~verständige(r)** *m* expert *m* en art; ℒ**voll** *adj.* fait avec (beaucoup d')art; **~werk** *n* œuvre *f* (*bzw.* ouvrage *m*) d'art; **~wert** *m* valeur *f* artistique; ℒ**widrig** *adj.* contraire aux règles de l'art; **~wissenschaft** *f* science *f* de l'art; **~zweig** *m* branche *f* de l'art.

'**kunterbunt** *adj.* bariolé; *adv.* (*bunt durcheinander*) pêle-mêle.

Küpe f Färberei: cuve f.
Kupfer n cuivre m; reines ~ cuivre m rouge; (v. e-r ~platte abgedrucktes Bild) estampe f; gravure f sur cuivre; taille-douce f; in ~ stechen graver sur cuivre (au burin); ²**artig** adj. semblable au cuivre; cuivreux, -euse; ~**bergwerk** ⚒ n mine f de cuivre; ~**blau** n azur m de cuivre; azurite f; ~**blech** n cuivre m laminé; feuille f de cuivre; ~**draht** m fil m de cuivre; ~**druck** m impression f en taille--douce; ~**erz** n minerai m de cuivre; ~**erzeugung** f production f de cuivre; ²**farben**, ²**farbig** adj. cuivré; ~**geld** n monnaie f de cuivre; ~**geschirr** n cuivres m/pl.; ~**gewinnung** f extraction f du cuivre; ~**grün** n vert-de-gris m; ²**haltig** adj. cuivreux, -euse; cuprifère; ~**hütte** f cuivrerie f; ~**kessel** m chaudron m de cuivre; ~**kies** m pyrite f cuivreuse; ~**legierung** f alliage m de cuivre; ~**münze** f monnaie f de cuivre; ²**n** adj. de (resp. en) cuivre; ~**platte** f plaque f de cuivre; Kupferstecherei: planche f gravée; cuivre m; ²**rot** adj. cuivré; ~**schmied** m chaudronnier m; ~**stecher** m graveur m sur cuivre, F fig. alter Freund und ~! mon vieux pote!; ~**stecherkunst** f gravure f (sur cuivre); ~**stich** m estampe f; gravure f (sur cuivre); taille-douce f; ~**stichkabinett** n cabinet m d'estampes; ~**sulfat** n sulfate m de cuivre; ~**vitriol** 🜖 n vitriol m de cuivre (od. bleu); ~**vitriolspritztank** m sulfateuse f; ~**waren** f/pl. cuivres m/pl.; ~**werk** n cuivrerie f.
ku'pieren v/t. couper.
Ku'pol-ofen métall. m cubilot m.
Ku'pon m coupon m.
'**Kuppe** f sommet m; (Nadel²) tête f; (Finger²) bout m.
'**Kuppel** f △ (~raum) coupole f; äußere: dôme m; 🚉 verrière f; ~**dach** n dôme m.
'**Kuppeldienst** péj. m: ~e leisten tenir la chandelle.
Kuppe'lei péj. f proxénétisme m.
'**Kuppelgewölbe** △ n voûte f en coupole.
'**kuppeln** 1. v/i. faire l'entremetteur, -euse. 2. v/t. ⊕ (ein~) embrayer; (ac)coupler; 🚉 réunir; atteler; (aus~) débrayer.
'**Kupp(e)lung** f embrayage m; couplage m; (ac)couplement m; 🚉 attelage m; ~**sbelag** m garniture f d'embrayage; ~**sbremse** f frein m d'embrayage; ~**sfeder** f ressort m d'embrayage; ~**shebel** m poignée f d'embrayage; ~**s-pedal** n pédale f d'embrayage; ~**s-scheibe** f disque m d'embrayage; ~**sstecker** m fiche f d'embrayage; ~**swelle** f arbre m d'embrayage.
'**Kuppler**(**in** f) m entremetteur m, -euse f; proxénète m, f; ²**isch** adj. d'entremetteur, -euse.
Kur²' f cure f; traitement m; e-e ~ gebrauchen (od. machen) faire (od. suivre) une cure; suivre un traitement.
Kür f (~lauf) figures f/pl. libres; gym. exercices m/pl. libres.
'**Kuranstalt** f sanatorium m; ~**arzt** m médecin m d'une station thermale (od. balnéaire).

Küras'sier ⚔ m cuirassier m.
Kura'tel ⚖ f curatelle f; tutelle f; unter ~ stehen être en tutelle; unter j-s ~ stehen être sous la tutelle de q.
Ku'rator m curateur m.
Kura'torium n charge f de curateur; (Verwaltungsrat) conseil m d'administration.
'**Kuraufenthalt** m séjour m dans une ville d'eaux (od. dans une station thermale [od. balnéaire]); ~**bad** n ville f d'eaux; station f thermale (od. balnéaire).
'**Kurbel** f manivelle f; ~**antrieb** m commande f par bielle; ~**arm** m bras m de manivelle; ~**gehäuse** n carter m (od. boîte f) de manivelle; ~**getriebe** n mécanisme m à bielle-manivelle; ~**lager** n Fahrrad: pédalier m; ~**stange** f bielle f; ~**welle** f arbre m manivelle; vilebrequin m; ~**zapfen** m maneton m.
'**Kürbis** ♠ m courge f; (Riesen²) potiron m; gemeiner ~ citrouille f; ~**flasche** f calebasse f; gourde f; ~**kern** m graine f de potiron.
'**Kurd**|**e** m, ~**in** f Kurde m, f; ²**isch** adj. kurde; ~**istan** n le Kurdistan.
'**Kurfürst** hist. m (prince m) électeur m; ~**in** f hist. femme f du prince électeur; ~**entum** n électorat m; ²**lich** adj. électoral.
'**Kur**|**gast** m curiste m, f; ~**haus** n établissement m thermal.
'**Kurie** hist.; cath. f curie f.
Ku'rier m courrier m.
ku'rieren 🩺 v/t. (heilen) guérir.
Ku'rierflugzeug n avion-estafette m.
kuri'os adj. curieux, -euse; bizarre.
Kuriosi'tät f curiosité f (a. Rarität); bizarrerie f; ~**enliebhaber** m amateur m de curiosités.
Kuri'osum n curiosité f.
'**Kur**|**karte** f carte f de séjour d'un curiste; ~**kosten** pl. frais m/pl. de cure.
'**Kürlauf** m figures f/pl. libres.
'**Kur**|**liste** f liste f des curistes; ~**ort** m station f thermale (od. balnéaire); ~**park** m parc m d'une station thermale (od. balnéaire).
'**Kurpfuscher** m charlatan m; médecin m marron; *morticole m; ~**ei** f charlatanerie f.
Kur'rentschrift f écriture f courante.
Kurs m ⚓ cours m; (Umlauf) circulation f; ⚓ route f; cap m (a. 🚉); ⚓ amtlicher ~ cours m officiel; zum ~ von au cours de; über (unter) dem ~ au-dessus (au-dessous) du cours; die ~e in die Höhe treiben faire monter les cours; die ~e drücken faire baisser les cours; die ~e bleiben fest (ziehen an, geben nach; bröckeln ab; fallen) les cours m/pl. se maintiennent (montent; fléchissent; s'effritent; baissent); außer ~ setzen retirer de la circulation; in ~ setzen mettre en circulation; ⚓ ~ nehmen auf (acc.) faire route pour; mettre le cap sur (a. 🚉); den ~ ändern changer de route, changer de cap (a. 🚉); ~ halten conserver (od. tenir) le cap (a. P); ~ absetzen déterminer le cap (a. 🚉); einzuschlagender ~ cap m à suivre (a. 🚉); e-n falschen ~ steuern faire fausse route; fig. der neue ~ l'esprit m nouveau; fig. pol. e-n sehr harten ~ ein-

schlagen jouer la politique du pire; hoch im ~ stehen être bien coté, porté.
'**Kursaal** m casino m.
'**Kurs**|**abschlag** ⚓ m déport m; ~**abweichung** f ⚓ déviation f de la route, 🚉 mst. du cap; ~**änderung** f ⚓ changement m de route, 🚉 mst. de cap; ~**angabe** ⚓ f indication f des cours; ~**anstieg** ⚓ m 'hausse f des cours; ~**anzeigetafel** ⚓ f tableau m indiquant la tendance des cours; ~**bericht** ⚓ m bulletin m de Bourse; ~**besserung** ⚓ f amélioration f des cours; ~**blatt** ⚓ n cote f (de la Bourse); ~**buch** 🚂 m indicateur m des chemins de fer; Fr. horaire m Chaix.
'**Kürschner** m fourreur m.
Kürschne'rei f commerce m des fourrures; Werkstatt: atelier m de fourreur.
'**Kurs**|**differenz** ⚓ f différence f de change; ²**fähig** adj. cotable; ~**festsetzung** f cotation f des cours; ~**gewinn** m bénéfice m sur le change.
kur'sieren I v/i. circuler; être en circulation; Gerücht: courir; II ² v/i. circulation f.
kur'siv adj. u. adv. en italique; ²**schrift** f italique m.
'**Kurskorrektur** (Raumfahrt) f correction f d'orbite (od. de trajectoire).
'**Kurs**|**makler** ⚓ m agent m de change; ~**notierung** ⚓ f cote f des cours; cotation f.
kur'sorisch adj.: ~e Lektüre lecture f cursive.
'**Kurs**|**parität** ⚓ f parité f des cours; ~**rückgang** ⚓ m baisse f des cours; ~**schwankung** ⚓ f fluctuation f des cours; ~**senkung** ⚓ f tassement m des cours; ~**stand** m niveau m des cours; ~**steigerung** ⚓ f 'hausse f; ~**sturz** ⚓ m chute f des cours; ~**teilnehmer**(**in** f) m participant m, -e f à un cours; ~**treiber** ⚓ m 'haussier m.
'**Kursus** m cours m.
'**Kurs**|**verlust** ⚓ m perte f au change; ~**wagen** 🚂 m voiture f directe (od. de correspondance); ~**wechsel** fig. m changement m de cap, d'orientation; pol. virage m en direction; ~**wert** ⚓ m cours m du change; keinen ~ haben ne pas être coté en bourse; ~**zettel** ⚓ m bulletin m des cours (od. des changes od. de la cote); ~**zuschlag** ⚓ m report m.
'**Kurtaxe** f taxe f de séjour.
'**Kür-übung** f gym. exercices m/pl. libres.
'**Kurve** f courbe f; an Straßen: virage m (a. 🚉); sinuosité f; tournant m; scharfe (🚉 enge) ~ virage m serré; überhöhte ~ virage m relevé; die ~ nehmen prendre le virage; in die ~ gehen s'engager (od. entrer) dans le virage; e-e ~ schneiden couper un virage; e-e ~ rechts scharf nehmen prendre un virage à la corde; in der ~ dans le virage; ²**n** v/i. F durch etwas ~ sillonner qch.; nach rechts (links) ~ virer à droite (à gauche); ~**nbild** n, ~**ndarstellung** f graphique m; ~**nlage** f (Schräglage) tenue f dans les virages; ~**nline-al** n pistolet m; ²**nreich** adj. sinueux, -euse; ~**nscheibe** ⊕ f came f.
kurz adj. u. adv. Raum: court; Zeit: court; bref, -ève; de peu de durée; (flüchtig) fugitif, -ive; (~gefaßt) bref,

-ève; concis; succinct; sommaire; Pippin der ≈e Pépin le Bref; ~e Hose culotte f courte, (Shorts) short m; ein ~es Gedächtnis haben avoir la mémoire courte; ~e Zusammenfassung; ~e Inhaltsangabe sommaire m; ~e m; ~e Silbe; ~e Note brève f; e-n ~en Atem haben avoir le souffle court; von ~er Dauer de peu de durée; de courte durée; auf ~es Ziel (~fristig) à court terme; in kürzester Frist dans le plus bref délai; in ~er Zeit en peu de temps; sous peu; avant peu; die ~e Zeit, die ... le peu de temps que ...; in ~en Worten; in ~en Zügen en peu de mots; ~en Prozeß machen en finir rapidement (mit etw. avec qch.); expédier (mit etw. qch.; mit j-m q.); trancher court (od. net); ~ und bündig laconiquement; ~ und gut bref; en un mot; somme toute; en somme; ~ vor Paris à peu de distance de Paris; tout près de Paris; in ~em en peu de temps; sous peu; avant peu; ~ darauf peu après; seit ~em depuis peu; vor ~em il y a peu de temps; dernièrement; récemment; ~ vorher peu de temps avant; über ~ oder lang tôt ou tard; un jour ou l'autre; fig. ~ angebunden sein être peu aimable, être brusque; ~ anbinden attacher très court; ~ entschlossen prompt à se décider; sich ~ entschließen se décider promptement (zu à); sich ~ (plötzlich) zur Abreise entschließen brusquer son départ; ~ abbrechen couper court (etw. à qch.); tranchant court (od. net); ~ erläutern expliquer en bref; ~ abfertigen expédier d'un mot (od. en deux mots); sich ~ fassen être bref, -ève; um mich ~ zu fassen a. pour abréger; ~ dauern durer peu; bei etw. zu ~ kommen ne pas trouver son compte à qch.; es ~ machen faire vite; um es ~ zu machen en un mot; pour être bref, -ève; ~ schneiden couper (od. tondre) court (od. de près od. à ras od. P rasibus); ~ und klein schlagen faire voler en éclats; casser; ⚔ zu ~ schießen tirer trop court; ~ zusammenfassen résumer; ~ zusammengefaßt sommaire; fig. den kürzer(e)n ziehen avoir le dessous; j-n ~ halten F serrer la vis à q.; kürzer machen raccourcir; kürzere Schritte machen raccourcir le pas; kürzer werden (se) raccourcir; Tage: décroître; e-n kürzeren Weg einschlagen prendre un raccourci; den kürzesten Weg nehmen prendre au plus court; in kürzester Zeit dans les plus brefs délais; '²arbeit f travail m à temps partiel (od. réduit); chômage m partiel; '²arbeiter(in f) m chômeur m (-euse f) partiel (-elle); '~ärmelig adj. à manches courtes; '~armig adj. qui a les bras courts; '~atmig adj. qui a le souffle court; a. vét. poussif, -ive; '²atmigkeit ✻ f dyspnée f; asthme m; '²ausgabe f édition f abrégée.

'kürzbar ⚡ (Bruch) adj. réductible.
'kurz|beinig adj. qui a les jambes courtes; '²bericht m compte m ren-

du analytique.
'Kürze f zeitlich: brièveté f; peu m de durée; courte durée f; phon. brévité f, brièveté f; in ~ en peu de temps; sous peu; avant peu; räumlich: peu m de longueur; vom Ausdruck: brièveté f; concision f; gr. (Silbe) brève f; in aller ~ en peu de mots; der ~ halber pour abréger; sich der ~ befleißigen s'étudier à être bref; in ~ erzählen raconter en peu de mots; ²n v/t. abréger (um de; a. Rede); raccourcir (um de; a. Kleider, Rede); écourter (um de; a. Kleider, Rede, Buch); thé. couper; (herabsetzen) réduire (um de); diminuer (um de); ⚡ simplifier.
kurz|er'hand adv. sans hésiter; sans autre forme de procès; '²fahrt (Auto) f court trajet m; trajet m de courte durée; '~faserig adj. à fibre courte; '²fassung f version f abrégée; '²film m court métrage m; '²form f (Abkürzung) abréviation f; '~fristig adj. à bref délai; ✝ a. à court terme; '~gefaßt adj. bref, -ève; concis; succinct; sommaire; '²geschichte f histoire f brève; historiette f; conte m; (Anekdote) anecdote f; '~geschnitten adj. coupé court (od. de près); '~geschoren adj. tondu de près; '~haarig (Tier) adj. à poils courts; '~halten v/t.: j-n ~ serrer la vis à q.; '~lebig adj. qui vit peu de temps; éphémère; '²lebigkeit f caractère m éphémère.
'kürzlich adv. dernièrement; récemment; erst ~ tout récemment.
'Kurz|nachricht f rad., journ. flash m; ~en f/pl. nouvelles f/pl. brèves; '²schließen ⚡ v/t. court-circuiter; '~schluß ⚡ m court-circuit m; '~schrift f sténographie f; '²sichtig adj. myope; *bigleux, -euse; fig. à vues bornées; sans vues lointaines; ~ sein être myope; avoir la vue courte (a. fig.); '²sichtigkeit f myopie f; fig. étroitesse f de vues; '²stielig ⚡ adj. à queue courte; '²streckenfahrer vél. m coureur m cycliste de vitesse sur petites distances; '~streckenlaufen n course f de vitesse sur petites distances; '~streckenläufer m sprinter m; '~streckenrakete f fusée f à faible portée; '~streik m débrayage m; grève f de courte durée; '~studium n études f/pl. écourtées; ²treten v/i. raccourcir le pas; F fig. aller tout doux; ²'um adv. bref; en un mot.
'Kürzung f raccourcissement m; (Herabsetzung) réduction f; diminution f; ⚡ simplification f; (Ab²) abréviation f; ~ des Zeitplans (bei Staatsbesuchen) compression f d'emploi du temps.
'Kurz|waren f/pl., ~warengeschäft n mercerie f; ~warenhändler(in f) m mercier m, -ière f; ~warenhandlung f mercerie f; ²'weg adv. tout court; F tout de go; tambour battant; rondement; carrément; bel et bien; ~weil f passe-temps m; amusement m; divertissement m; ²weilig adj. amusant; divertissant; ~wellen f/pl.

ondes f/pl. courtes; ~wellenbereich m gamme f des ondes courtes; ~wellen-empfänger m récepteur m à ondes courtes; ~wellensender m émetteur m à ondes courtes; ~zeitmesser m minuteur m.
'kuscheln F v/rf.: sich ~ se blottir.
'kuschen v/i. u. v/rf. Hund: se coucher; kusch dich! (va) coucher!
Ku'sine f cousine f.
Kuß m baiser m; *bec m; '²echt adj. indélébile.
'küssen v/t. (v/rf.: sich s')embrasser; Hand, Stirn: baiser; j-n ~ nur embrasser q.
'kuß|fest adj. indélébile; ²hand f baisemain m; j-m e-e ~ zuwerfen envoyer un baiser de la main; F fig. etw. mit ~ annehmen accepter qch. avec le plus grand plaisir.
'Küste f côte f; rivage m; (Land längs der ~) littoral m; längs der ~ hinfahren (od. segeln); die ~ befahren longer la côte; caboter.
'Küsten|artillerie ⚔ f artillerie f côtière; ~batterie f batterie f côtière; ~befestigungen ⚔ f/pl. fortifications f/pl. côtières; ~bewachung f surveillance f côtière; ~bewohner(in f) m habitant m, -e f du littoral; ~boot n vedette f côtière; ~dampfer m vapeur m de cabotage; ~fahrt f cabotage m; ~fahrzeug n caboteur m; côtier m; ~fischerei f pêche f côtière; ~fluß m fleuve m côtier; ~gebiet n zone f côtière; littoral m; ~gewässer n/pl. eaux f/pl. territoriales; ~land n côte f; littoral m; ~schiffahrt f cabotage m; navigation f côtière; ~schutz m défense f côtière; ~sperrgebiet n zone f côtière interdite; ~stadt f ville f côtière; ~streifen m, ~strich m littoral m; bande f côtière; ~verkehr m trafic m côtier; ~wache f garde f des côtes; ~wachschiff n garde-côte(s) m; ~zone f zone f côtière.
'Küster rl. m sacristain m; bedeau m.
Küste'rei f logement m du sacristain.
'Kustos m e-r Bibliothek usw.: conservateur m.
'Kute (Schlagloch) f nid m de poule; fondrière f; flache f.
'Kutsch|bock m siège m du cocher; ~e f geschlossene: carrosse m; offene: calèche f; fiacre m; (Post²) diligence f; ~enschlag m portière f de carrosse usw.; ~er m cocher m; ~erbock m, ~ersitz m siège m du cocher.
kut'schieren 1. F v/i. aller en voiture usw.; 2. v/t. (lenken) conduire.
'Kutte f froc m.
'Kutter ⚓ m cutter m; cotre m; (Fisch²) chalutier m.
Ku'vert n (Brief²) enveloppe f.
kuver'tieren v/t. mettre sous enveloppe.
'Kuwait géogr. n: le Koweït; ²isch adj. koweïtien, -enne.
Kux ⚒ m action f de mine (od. d'une société minière).
Kyber'net|ik f cybernétique f; ~iker m cybernéticien m; ²isch adj. cybernétique.

L

L, l n L, l m.
Lab n présure f.
'Laban fig. m: langer ~ grand flandrin m (od. F escogriffe m); dépendeur m d'andouilles; F manche m à balai.
'labb(e)rig adj. (wabbelig) mollasse; (fade) douceâtre; fade.
'Lab|e poét. f → Labsal; ℒ**en** v/t. (v/rf.: sich se) rafraîchir; sich an etw. (dat.) ~ se délecter (od. se repaître) de qch.; savourer qch.; ℒ**end** adj. rafraîchissant.
labi'al adj. labial; ℒ**laut** m labiale f.
la'bil psych. adj. instable; désinséré; ~**er Charakter** m instable m; F cire f molle.
Labili'tät f instabilité f.
'Labkraut ♀ n caille-lait m.
'Labmagen m der Wiederkäuer: caillette f.
La'bor F n labo m.
Labo|rant(in f) m laborantin m; garçon m de laboratoire; préparateur m, -trice f; manipulateur m, -trice f de laboratoire; laborantine f.
Labo|ra'torium ♑ n laboratoire m; e-r Apotheke a.: officine f; ~**ra'toriumsversuch** m essai m de laboratoire; ~**rboje** f bouée-laboratoire f; ~**rgehilfe** m appariteur m; ~**rleiter** m patron m de laboratoire.
'Labsal n (Erfrischung) rafraîchissement m; délectation f; fig. consolation f; réconfort m; baume m.
Laby'rinth n labyrinthe m; ℒ**isch** adj. labyrinthique.
'Lach-anfall m accès m de fou rire; e-n ~ haben éclater (od. pouffer) de rire.
'Lache (Pfütze) f flaque f.
'lächeln I v/i. sourire (über acc. de; zu à); Säugling: faire risette; II ℒ n sourire m; e-s Säuglings risette f.
'lachen I v/i. rire (über acc. de); höhnisch (od. hämisch) ~ ricaner; gezwungen ~ rire du bout des lèvres; rire jaune; versteckt ~, sich ins Fäustchen ~ rire sous cape; laut (od. schallend) ~ partir d'un (grand) éclat de rire; rire aux éclats; P se fendre la gueule (od. la pêche od. la pipe); Tränen ~ rire aux larmes; sich krank ~ se pâmer de rire; sich krumm und schief ~ se tordre de rire, P se marrer; das Herz lacht ihm im Leibe il se sent le cœur en fête; sich e-n Ast ~ rire comme un bossu; j-m ins Gesicht ~ rire au nez de q.; ich muß darüber ~ cela me fait rire; daß ich nicht lache! vous me faites rire!; ich lache nur darüber je ne fais qu'en rire; da ist nichts zu ~ il n'y a pas de quoi rire; er hat nichts zu ~ ce n'est pas rose pour lui; Sie haben gut ~ vous en riez à votre aise; das Glück lacht ihm la fortune lui sourit; prov. wer zuletzt lacht, lacht am besten rira bien qui rira le dernier; II ℒ n rire m; höhnisches (od. hämisches) ~ ricanement m; rire m sardonique; krampfhaftes (nervöses) ~ rire m convulsif (nerveux); das ist zum ~ c'est à faire rire; zum ~ bringen faire rire; zum ~ herausfordern prêter à rire; in lautes ~ ausbrechen éclater de rire; rire à ventre déboutonné; s'esclaffer; rire à gorge déployée; se rouler; rire à pleine gorge (od. à plein gosier); sich vor ~ nicht halten können se pâmer de rire; sich vor ~ biegen; sich kringeln vor ~ F se gondoler; se tordre de rire; vor ~ weinen pleurer à force de rire; sich das ~ verbeißen se mordre les lèvres pour ne pas rire; sich das ~ nicht verbeißen können ne pouvoir s'empêcher de rire; mir ist nicht zum ~ zumute je n'ai pas envie de rire; ℒ**d** adj. riant.
'Lacher m rieur m; die ~ auf s-r Seite haben avoir les rieurs de son côté.
'lächerlich adj. ridicule; (zum Lachen) risible; (närrisch, possierlich) bouffon, -onne; (wunderlich) burlesque; ~ machen tourner en ridicule; ridiculiser; bafouer; sich ~ machen se rendre ridicule; tomber dans le ridicule; prêter à rire; das ist wirklich ~ cela est d'un ridicule achevé (od. parfait); ℒ**e** n ridicule m; ins ~ ziehen tourner en ridicule; ridiculiser; ℒ**keit** f ridicule m; der ~ preisgeben tourner en ridicule; ridiculiser.
'Lach|gas ♑ n gaz m hilarant; ℒ**haft** adj. ridicule; ~**krampf** ⚕ m rire m convulsif; ~**lust** f envie f de rire; ~**möve** f mouette f rieuse f.
Lachs icht. m saumon m.
'Lach-salve f éclat m de rire.
'Lachs|fang m pêche f du saumon; ℒ**farben** adj. (rose) saumon; de teinte saumon; ~**forelle** icht. f truite f saumonée; ~**schinken** m bacon m.
'Lachtaube orn. f tourterelle f rieuse.
Lack m laque f; farblos: vernis m; **'~farbe** f peinture f laquée; **'~firnis** m vernis m; ℒ**ieren** v/t. laquer; vernir; (Auto) peindre (au pistolet) F fig. j-n ~ (reinlegen) mystifier q.; ~**'ieren** m vernissage m; laquage m; e-s Autos: peinture f (au pistolet); ~**'ierer** m laqueur m; vernisseur m; peintre m (au pistolet); ~**iere'rei** f atelier m de laquage, de vernissage, de peinture (au pistolet); ~**'ierte(r)** F m: der ~ sein être la dupe; F être chocolat (od. P refait); **'~leder** n cuir m verni; **'~mus** ♀ n tournesol m; **'~papier** n papier m de tournesol; **'~schuhe** m/pl. chaussures f/pl. vernies; **'~waren** f/pl. laques m/pl.
'Lade (Truhe) f coffre m; caisse f; **~aggregat** ⚡ n groupe m de charge; **~arm** m bras m de chargement; **~bühne** 🚚 f plate-forme f (od. quai m) de chargement; für LKWs: quai m mobile; **~damm** m embarcadère m; **~fähigkeit** f charge f utile; capacité f de chargement; **~fläche** f e-s Wagens: surface f de chargement; **~gebühr** f, **~geld** n droits m/pl. de chargement; **~gewicht** n poids m de chargement; **~gleis** n voie f de chargement; **~grenze** f limite f de charge; **~gut** n marchandises f/pl. chargées; ⚓, ⚓ cargaison f; chargement m; fret m; **~hemmung** ⚔ f enrayage m; **~kanonier** ⚔ m chargeur m; **~kapazität** f capacité f de chargement; **~kran** m grue f de chargement; **~luke** f portes f/pl. des soutes à fret; ⚓ écoutille f; **~meister** m chef m du chargement.
'laden¹ v/t. charger (a. ⚡; auf e-n Wagen sur une voiture); Waren aus e-m Wagen ~ décharger une voiture; blind (scharf) ~ charger à blanc (à balle); fig. etw. auf sich ~ se charger de qch., Verantwortung: assumer, Haß: s'attirer; e-e Schuld auf sich ~ se rendre coupable d'une faute; fig. e-e Last auf sich ~ s'imposer une charge; sich etw. (j-n) auf den Hals ~ se mettre qch. (q.) sur les bras; F er hat schwer geladen il est soûl comme une bourrique; auf j-n geladen sein avoir une dent contre q.; II ℒ n e-s Wagens, Schiffes usw.: chargement m; ⚔ u. ⚡ charge f.
'laden² v/t. inviter; j-n zu sich (zu Tische) ~ prier (od. inviter) q. chez soi (à dîner); ⚖ vor Gericht ~ citer (od. convoquer) en justice.
'Laden m boutique f; größerer: magasin m; e-n ~ haben tenir boutique; (Fenster ℒ) volet m; contrevent m; fig. F er wird den ~ schmeißen il en viendra à bout; er kann den ~ zumachen c'est un homme fini; il peut fermer (od. plier) boutique; **~besitzer(in** f) m propriétaire m, f (od. patron m, -onne f) d'un magasin; **~diebstahl** m vol m à l'étalage; **~einrichtung** f mobilier m de magasin; **~fräulein** f vendeuse f; **~hüter** m F rossignol m; laissé-pour-compte m; fond m de tiroir; **~inhaber(in** f) m → **~besitzer(in**); **~kasse** f caisse f enregistreuse; **~mädchen** n demoiselle f de magasin; vendeuse f; **~miete** f loyer m de magasin; **~preis** m prix m de vente; **~raum** m local m de magasin; **~schild** n enseigne f; **~schluß** m fermeture f des magasins; **~schwengel** F m calicot m; **~straße** f rue f commerçante; **~stube** f arrière-boutique f; **~tisch** m comptoir m.

'Lade|platz m ⚓ embarcadère m; débarcadère f; ~rampe f rampe f de chargement; ~raum m capacité f de chargement; charge f utile; ~säule (Auto) f chargeur m à poste fixe; ~schein m bulletin m (⚓ certificat m) de chargement; ~station f, ~stelle f ⚡ station f de charge; ~streifen ⚔ m chargeur m; ~vorrichtung f chargeur m; ⚔ mécanisme m de chargement.
lä'dieren v/t. endommager; Haut: blesser légèrement; égratigner.
'Ladung f (Last) charge f (a. ⚡); ⚓, Auto, Tier: chargement m; ⚓, LKW: fret m; ⚓ cargaison f; ⚔ citation f; invitation f; ⚓ ~ einnehmen faire son chargement; prendre du fret; die ~ verstauen arrimer le chargement; ⚔ geballte ~ charge f concentrée, ~sfähigkeit f capacité f de chargement; ~sverzeichnis n liste f des marchandises chargées; ⚓ manifeste m.
La'fette ⚔ f affût m.
'Laffe m fat m; dandy m F freluquet m.
'Lage f situation f; position f; posture f; (Zustand) état m; conditions f/pl.; (Umstände) circonstances f/pl.; conjoncture f; pol. contexte m; (Schicht) couche f; assise f; géol. couche f; assise f; strate f; ♪ die hohen ~n les notes f/pl. élevées; e-e ~ Bier une tournée f de bière; in der ~ sein, zu ... (inf.) être en état (od. à même se ... (inf.); être en mesure (od. en situation) de ... (inf.); avoir la possibilité de ... (inf.); j-n in die ~ versetzen, zu ... (inf.) mettre q. à même de ... (inf.); sich in j-s ~ versetzen se mettre à la place de q.; se mettre dans la peau de q.; in bedrängter ~ sein être dans une situation difficile (od. dans la gêne); in mißlicher ~ sein; sich in e-r üblen ~ befinden être en mauvaise posture; politische (wirtschaftliche; finanzielle; militärische; gespannte) ~ situation f politique (économique; financière; militaire; tendue); die ~ darlegen exposer la situation; die ~ festigt sich (verschlechtert sich) la situation s'affermit (empire); Unterrichtung über die ~ mise f au courant de la situation; ⚓ ~ nach Süden exposition sud; malerische ~ site m pittoresque; ~bericht m rapport m sur la situation générale; bsd. pol. tour m d'horizon; ~besprechung f allg. mise f au courant; ⚔, journ. briefing m; ~holz n bois m stratifié; ~nschwimmen n quatre nages f/pl. individuel; 2~weise adv. par couches; ~plan m implantation f; plan m; tracé m général.
'Lager n couche f; (Bett) lit m; (Nachtherberge) gîte m; ch. e-s Wildes: retraite f; des Hasen: gîte m; wilder Tiere: repaire m; ⚔ camp m (aufschlagen établir; abbrechen lever); das ~ aufschlagen (zelten) camper; (Faß2, Holz2, Kohlen2) chantier m; ✝ stock m; magasin m; dépôt m; entrepôt m; ab ~ pris à l'entrepôt; auf ~ en magasin, en stock, Buchhandel: en rayon; ein ~ anlegen constituer un stock; auf ~ haben (halten) avoir (tenir) en magasin (od. en stock, Buchhandel: en rayon); auf ~ nehmen

stocker; emmagasiner; mettre en magasin (od. en stock od. en dépôt); géol. couche f; lit m; gisement m; gîte m; ⊕ palier m; coussinet m; fig. ins andere ~ übergehen passer dans l'autre camp (od. le camp adverse); ~aufnahme f inventaire m des marchandises en stock; ~aufseher m magasinier m; garde-magasin m; ~bestand m marchandises f/pl. en stock; stocks m/pl. disponibles; den ~ aufnehmen établir l'inventaire des marchandises en stock; ~bier n bière f de garde; ~bock ⊕ m support m; ~buch ✝ n livre m de magasin; ~buchhalter m magasinier-comptable m; ~buchse ⊕ f coussinet m; 2fähig ✝ adj. stockable; ~feuer n feu m de bivouac (od. de camp); ~gebühr f, ~geld n droit m de magasinage m (od. de stockage); taxe f d'entrepôt; ~halter m magasinier m; entreposeur m; ~haltung f magasinage m; stockage m; ~haus n entrepôt m; silo m; magasin m; am Hafen: dock m; ~hof m entrepôt m.
Lage'rist m magasinier m; manutentionnaire m.
'Lager|keller m cave f; ~kosten pl. (frais m/pl. de) magasinage m; frais m/pl. de stockage; frais m/pl. d'entrepôt; ~leben n vie f des camps; ~leiter m chef m du camp; ~metall n régule m; ~miete f magasinage m; 2n 1. v/i. (ruhen) reposer; (lang hingestreckt liegen) être étendu; être couché; ✝ Waren: être en magasin (od. en stock od. en dépôt); 2. v/r.: sich ~ se coucher; s'étendre; 3. v/t. étendre par terre; coucher; ✝ emmagasiner; entreposer; stocker; mettre en magasin (od. en stock od. en dépôt); Wein: mettre en chantier; ⚔ faire camper; ~n n ✝ (em)magasinage m; stockage m; ⚔ campement m; Sport: camping m; ~obst n fruits m/pl. de garde; ~organisation ✝ f organisation f stockeuse; ~ort m, ~platz m campement m; für Waren: lieu (od. emplacement m) de stockage; ~raum m magasin m; entrepôt m; dépôt m; ~schale ⊕ f coussinet m; ~schein ✝ m warrant m; bulletin m de dépôt; ~schuppen m hangar m de dépôt; ~spesen pl. (frais m/pl. de) magasinage m; frais m/pl. d'emmagasinage; frais m/pl. de stockage; frais m/pl. d'entreposage (od. d'entrepôt); ~statt f lit m; couche f; gîte m; ~stätte f géol. gisement m; dépôt m; ⚔ campement m; ~ung ✝ (em)magasinage m; entreposage m; stockage m; géol. gisement m; stratification f; ⊕ logement m; ~verwalter m (chef m) magasinier m; entreposeur m; ~verzeichnis n inventaire m des marchandises en stock; ~vorrat m stock m; ~zapfen ⊕ m tourillon m; ~zeit m (durée f de) magasinage m.
La'gune f lagune f.
lahm adj. paralysé (a. fig.); perclus; ankylosé; (hinkend) boiteux, -euse; fig. (kraftlos) sans force; (schwach) faible; ~ sein être boiteux, -euse; boiter; '2en vét. n boiterie f.
'lähmen v/t. paralyser (a. fig.); ankyloser (a. fig.).
'Lahm|e(r a. m) m, f paralytique m, f; boiteux m, -euse f; 2legen v/t. paralyser; ⚔ neutraliser; ~legen n, ~legung f paralysie f; ⚔ neutralisation f.
'Lähmung ⚕ f paralysie f; halbseitige ~ hémiplégie f.
Laib m: ~ Brot miche f de pain.
Laich m frai m; 2en v/i. frayer; ~en n frai m; der Heringe: relouage m; '~ort m frai m; '~platz m frayère f; '~zeit f saison f du frai; der Lachse: montaison f; der Heringe: relouage m.
Laie m rl. laique m; laïc m; (Uneingeweihter) profane m; (Nichtfachmann) non-initié m; fig. (Neuling) novice m; amateur m; ignorant m; fig. blutiger béotien m; ~nbruder rl. m frère m lai (od. convers); 2nhaft I adj. de profane; fig. d'amateur; de novice; II adv. en profane; fig. en amateur; en novice; ~npriester m prêtre m séculier; ~nrichter m juge m naturel; ~nschwester f sœur f converse; ~ntheater n théâtre n d'amateurs; ~nverstand m jugement m des profanes.
La'kai m laquais m; 2enhaft I adj. de laquais; II adv. en laquais; ~enseele f âme f de laquais.
'Lake f saumure f.
'Laken n (Leinen) toile f; (Tuch) drap m; (Bett2) drap m de lit; (Toten2) linceul m.
la'konisch adj. laconique.
La'kritze ♀ f réglisse f; ~nsaft m jus m de réglisse; ~nstange f bâton m de réglisse.
'lallen I v/i. u. v/t. bégayer; balbutier; II 2 n bégaiement m; balbutiement m.
'Lama[1] zo. n lama m.
'Lama[2] rl. m lama m.
Lama'is|mus rl. m lamaïsme m; ~t m lamaïste m.
'Lamakloster n lamaserie f.
La'melle f lamelle f; ⊕ a. lame f.
lamen'tieren v/i. se lamenter (über acc. sur; au sujet de).
La'mento n lamentation f.
La'metta n (Weihnachtsbaumschmuck) lamelles f/pl. d'argent; F iron. (Orden) attirail m de décorations; batterie f de cuisine; ferblanterie f; P quincaillerie f; voller ~ bardé od. chamarré de décorations.
Lami'narien ♀ (Blattang) pl. laminaires m/pl.
lami'nieren ⊕ v/t. laminer.
Lamm n agneau m; '~braten m agneau m rôti.
'Lämmchen n petit agneau m; agnelet m.
'lammen I v/i. agneler; II 2 n agnelage m.
'Lämmer|geier orn. m gypaète m; vautour m barbu; ~hüpfen F (kleiner Tanzabend) n sauterie f; petite soirée f dansante; ~wolke f cirro-cumulus m.
'Lamm|fell n peau f de mouton; ~fleisch n (viande f d')agneau m; 2fromm adj. doux, douce comme un agneau; ~(s)geduld f patience f d'ange; ~wolle f laine f d'agneau.
'Lämpchen n petite lampe f.
'Lampe f lampe f; F péj. loupiote f; bei der ~ à la lumière de la lampe; ~ndocht m mèche f de lampe; ~nfieber n F trac m; ~nglocke f globe m; ~nlicht n lumière f de la lampe;

~nschein *m: bei* ~ à la lumière de la lampe; ~nschirm *m* abat-jour *m*; ~nständer *m* pied *m* de lampe; ~nzylinder *m* verre *m* de lampe.
Lampi'on *m* lampion *m*; lanterne *f* vénitienne.
Lam'prete *icht. f* lamproie *f*.
lan'cieren *v/t.* lancer (*a. fig.*).
Land *n* terre *f*; *festes* ~ terre *f* ferme; (*Erdboden*) sol *m*; (*einzelnes Grundstück*) champ *m*; terrain *m*; *géogr. u. pol.* pays *m*; *der deutschen Bundesrepublik:* land *m* (*pl.* laender); *Gegensatz zur Stadt:* campagne *f*; *auf dem* ~e à la campagne; *auf dem* ~e *leben* vivre à la campagne; *auf dem* ~e *wohnen* habiter (à) la campagne; *aufs* ~ *ziehen* aller à la campagne; *über* ~ *gehen* (*od. reisen od. ziehen*) faire un tour à la campagne; *zu Wasser und zu* ~e par terre et par mer; sur terre et sur mer; *an* ~ *gehen* (*od. steigen*) débarquer; descendre à terre; *an* ~ *setzen* mettre à terre; débarquer; *das* ~ *bebauen* cultiver la terre; *flaches* (*od. ebenes od. plattes*) ~ pays *m* plat; plaine *f*; *bibl. das Heilige* ~ la Terre Sainte; *das Gelobte* ~ la Terre promise; *aus aller Herren Länder*(*n*) de tous les coins du monde; *10 Jahre sind ins* ~ *gegangen* dix ans sont révolus; *hier im* ~e *dans ce pays; chez nous; außer* ~es *sein* être à l'étranger; *j-n des* ~es *verweisen* exiler (*od.* bannir) q.; expulser q. du pays; ¹~**adel** *m* noblesse *f* provinciale; ¹~**arbeit** *f* travail *m* agricole; ¹~**arbeiter(in** *f*) *m* travailleur *m*, -euse *f* des champs; ouvrier *m*, -ière *f* agricole; ¹~**armee** *f* armée *f* de terre; ¹~**arzt** *m* médecin *m* de campagne.
'**Landauer** *m* landau *m*.
'**Land|aufenthalt** *m* séjour *m* à la campagne; ~**aufteilung** *f* partage *m* des terres; ~**bau** *m* agriculture *f*; ~**besitz** *m* propriété *f* foncière; ~**besitzer(in** *f*) *m* propriétaire *m*, *f* terrien, -enne (*od.* foncier, -ère); ~**bevölkerung** *f* population *f* rurale; ~**bewohner(in** *f*) *m* campagnard *m*, -e *f*; habitant *m*, -e *f* de la campagne; *pl.* population *f* rurale; ~**bezirk** *m* district *m*; canton *m*; ~**briefträger** *m* facteur *m* (*od.* préposé *m*) rural; ~**brot** *n* pain *m* de campagne; ~**butter** *f* beurre *m* de ferme.
'**Lande|bahn** ⚓ *f* piste *f* d'atterrissage; ~**deck** ⚓ *n* pont *m* d'atterrissage.
'**Land-edelmann** *hist. m* gentilhomme *m* campagnard.
'**Lande|führungsgerät** ⚓ *n* émetteur *m* en bout de piste; ~**funkfeuer** ⚓ *n* radiophare *m* d'atterrissage; ~**geschwindigkeit** *f* vitesse *f* d'atterrissage.
land-'einwärts *adv.* vers l'intérieur du pays.
'**Lande|klappe** ⚓ *f* volet *m* d'atterrissage; ~**kurssender** ⚓ *m* radiolignement *m*.
'**landen I** 1. *v/i.* ⚓ prendre terre; aborder; accoster; ⚓, *a. Raumfahrt*, *auf der Erde*: atterrir, se poser; *bsd. Raumfahrt*: toucher (la) terre; toucher le sol; *auf dem Wasser*: amerrir; *Passagiere*: descendre à terre; *Truppen*: débarquer; F (*ankommen*) arriver; (*sich placieren*) *Sport*: se placer; *auf e-m Flugzeugträger* ~ atterrir; apponter; *auf dem Mond* ~ atterrir (*od.* débarquer) sur la lune; alunir; 2. *v/t.* débarquer; mettre à terre; *Schlag*: porter; **II** 2 *n* débarquement *m* (*a. v. Truppen*); descente *f* (à terre); ⚓ *auf der Erde*: atterrissage *m*, *auf dem Mond*: alunissage *m*, *auf dem Wasser*: amerrissage *m*.
'**Land-enge** *f* isthme *m*.
'**Lande|piste** *f* piste *f* d'atterrissage; ~**platz** *m* ⚓ débarcadère *m*; embarcadère *m*; ⚓ terrain *m* d'atterrissage.
Lände'reien *f/pl.* terres *f/pl.* agricoles; biens *m/pl.* ruraux.
'**Länder|kampf** *m Sport*: match *m* international; ~**kunde** *f* géographie *f*; ~**mannschaft** *f* équipe *f* nationale; ~**name** *m* nom *m* de pays.
'**Landeroboter** (*Marssonde*) *m* lander *m*.
'**Länderspiel** *n* match *m* international.
'**Land-erziehungsheim** *n* internat *m* à la campagne.
'**Landes|angehörige(r** *a. m*) *m*, *f* ressortissant *m*, -e *f*; ~**angehörigkeit** *f* nationalité *f*; ~**art** *f* coutume *f* du pays; ~**aufnahme** *f* géodésie *f*; ~**beschreibung** *f* topographie *f*; ~**brauch** *m* usage *m* du pays; ~**planung** *f* aménagement *m* régional.
'**Landescheinwerfer** ⚓ *m* projecteur *m* d'atterrissage.
'**Landes|erzeugnis** *n* produit *m* du pays; ~**farben** *f/pl.* couleurs *f/pl.* nationales; ~**flagge** *f* drapeau *m* national; 2**flüchtig** *adj.* réfugié; émigré; ~**gebiet** *n* territoire *m* national; ~**gesetz** *n* loi *f* du pays; ~**grenze** *f* frontière *f*; ~**herr(in** *f*) *m* souverain *m*, -e *f*; ~**hoheit** *f* souveraineté *f*; ~**kirche** *f* Église *f* nationale; ~**kunde** *f* géographie *f* et civilisation *f* d'un pays; 2**kundig** *adj.* connaissant le pays; ~**meister** *m Sport*: champion *m* national; ~**sprache** *f* langue *f* nationale; (*Eingeborenensprache*) langue *f* indigène *(od.)* vernaculaire.
'**Lande|steg** *m* passerelle *f*; ~**stelle** *f* embarcadère *m*; débarcadère *m*.
'**Landes|tracht** *f* costume *m* national; ~**trauer** *f* deuil *m* national.
Landestreifen *m* piste *f* d'atterrissage.
'**landes-üblich** *adj.* usuel, -elle *(od.* en usage *od.* d'usage) dans le pays.
'**Landes|vater** *m* souverain *m*; ~**vermessung** *f* géodésie *f*; ~**verrat** *m* 'haute trahison *f*; ~**verräter(in** *f*) *m* traître *m*, -esse *f* à son pays; 2**verräterisch** *adj.* traître, -esse à son pays; ~**verteidigung** *f* défense *f* nationale; ~**verweisung** *f* proscription *f*; bannissement *m*; 2**verwiesen** *adj.* proscrit; banni; exilé; ~**verwiesene(r** *a. m*) *m*, *f* proscrit *m*, -e *f*; banni *m*, -e *f*; exilé *m*, -e *f*; ~**währung** *f* monnaie *f* nationale.
'**Lande|verbot** ⚓ *n* interdiction *f* d'atterrissage; ~**zone** ⚓ *f* zone *f* d'atterrissage.
'**Land|flucht** *f* exode *m* rural; 2**flüchtig** *adj.* réfugié; ~ *werden* fuir son pays; ~**frau** *f* campagnarde *f*; paysanne *f*; 2**fremd** *adj.* étranger, -ère au pays; ~**friede** *m* paix *f* publique; ~**friedensbruch** *m* troubles *m/pl.* de l'ordre public; ~**funk** *m* émissions *f/pl.* destinées aux ruraux; ~**gegend** *f* campagne *f*; *in den* ~en *dans les campagnes*; ~**geistliche(r)** *m* curé (*prot.* pasteur) *m* de campagne; ~**gemeinde** *f* commune *f* rurale; ~**gericht** *n* tribunal *m* de grande instance; ~**gut** *n* terre *f*; propriété *f* rurale; ~**haus** *n* maison *f* de campagne; villa *f*; ~**häus-chen** *n* petite maison *f* de campagne; chalet *m*; cottage *m*; ~**heer** *n* armée *f* de terre; ~**junker** *m* gentilhomme *m* campagnard; ~**karte** *f* carte *f* (géographique); ~**kartenraum** *m* cartothèque *f*; ~**kreis** *m* arrondissement *m* rural; ~**krieg(führung** *f*) *m* guerre *f* sur terre; 2**kundig** *adj.* connaissant le pays; 2**läufig** *adj.* généralement reçu; courant; ~**leben** *n* vie *f* champêtre (*od.* rustique); vie à la campagne; ~**lehrer(in** *f*) *m* instituteur *m*, -trice *f* de campagne (*od.* de village); ~**leute** *pl.* gens *m/pl.* de la campagne; campagnards *m/pl.*; population *f* rurale.
'**ländlich** *adj.* champêtre; de (la) campagne; rural; (*einfach, bäurisch*) rustique; simple; (*dem Dorfe angehörig*) villageois; 2**keit** *f* caractère *m* champêtre; (*Einfachheit*) simplicité *f* rustique.
'**Land|luft** *f* air *m* de la campagne; ~**macht** *f pol.* puissance *f* continentale; ~**mädchen** *n* fille *f* de la campagne; ~**mann** *m* campagnard *m*; paysan *m*; fermier *m*; ~**marke** ⚓, *a.f* amer; ~**maschine** *f* machine *f* agricole; ~**nahme** *bsd. hist. f* occupation *f*; ~**partie** *f* excursion *f* à la campagne; ~**peilung** *f* relèvement *m* d'une terre; ~**pfarre(i)** *f* cure *f* de campagne; ~**pfarrer** *m* curé (*prot.* pasteur) *m* de campagne; ~**plage** *f* fléau *m*; calamité *f*; ~**polizei** *f* gendarmerie *f*; ~**pomeranze** F *f* P péquenaude *f*; ~**post** *f* poste *f* rurale; ~**postbote** *m* facteur *m* rural; ~**rat** (*Person*) *m* sous-préfet *m*; ~**rats-amt** *n* sous-préfecture *f*; ~**ratte** F *fig. f* F terrien *m*, habitué *m* du plancher des vaches; ~**regen** *m* pluie *f* interminable; ~**reise** *f* voyage *m* par terre; ~**rover** (*Auto*) *m* Land-Rover *f*; ~**rücken** *m* 'hauteurs *f/pl.*; ~**schaft** *f* paysage *m*; contrée *f*; région *f*; site *m*; *fig.* politische ~ paysage *m* politique; soziale ~ imagerie *f* sociale; 2**schaftlich** *adj.*: *sehr schöne Gegend* contrée *f* riche en beaux sites; ~e Umgestaltung *f* aménagement *m* du territoire; ~**schaftsbild** *n* panorama *m*; site *m*; *peint.* paysage *m*; ~**schaftsfriedhof** *m* cimetière *m* paysager; ~**schaftsgärtner** *m* architecte (*od.* jardinier) *m* paysagiste; ~**schaftsgestaltung** *f* architecture *f* de paysage; ~**schaftsmaler** *m* (peintre *m*) paysagiste *m*; ~**schaftsmale'rei** *f* (peinture *f* de) paysage *m*; ~**schaftspflege** *f* entretien *m* des sites (*od.* des paysages); ~**schaftsschutz** *m* protection *f* des sites; ~**schaftszerstörung** *f* destruction *f* des sites; ~**schildkröte** *zo. f* tortue *f* de terre; ~**schinken** *m* jambon *m* de campagne; ~**schule** *f* école *f* rurale (*od.* de village); ~**schullehrer(in** *f*) *m* instituteur *m*, -trice *f* de campagne (*od.* de village); ~**see** *m* lac *m* intérieur; ~

seite f côté m de la terre; **~ser** F m P bidasse m; P griveton m; troufion m; plais. tourlourou m; des 1. Weltkrieges: poilu m; **~sitz** m maison f de campagne; villa f; **~sknecht** hist. m lansquenet m; **~smann** m, **~smännin** f compatriote m,f; was ist er für ein ~? de quel pays est-il?; **~smannschaft** (Bundesrep.) f organisation f des réfugiés allemands; **~spitze** f pointe f de terre; cap m; **~stadt** f ville f de province; **~straße** f grande route f; **~streicher(in** f) m vagabond m, -e f; chemineau m; **~streiche'rei** f vagabondage m; **~streifen** m bande f de territoire; **~streitkräfte** f/pl. forces f/pl. terrestres (od. de terre); **~strich** m contrée f; région f; **~tag** m Bundesrep. parlement m d'un land; **~tags-abgeordnete(r)** m député m d'un parlement de land; **~tiere** n/pl. animaux m/pl. terrestres; **~transport** m transport m par terre; **~truppen** ⚔ f/pl. troupes f/pl. de terre.

'**Landung** f débarquement m; descente f (à terre); ✈ auf der Erde: atterrissage m, auf dem Wasser: amerrissage m; ~ auf e-m Flugzeugträger atterrissage m; appontage m; ~ auf dem Mond atterrissage m sur la lune; alunissage m; **~s-armee** f corps m expéditionnaire; **~sbahn** f piste f d'atterrissage; **~sboot** n bateau m de débarquement; **~sbrücke** f ⚓ débarcadère m; embarcadère m; appontement m; e-s Flugzeugträgers: pont m d'atterrissage; **~sgestell** ✈ n train m d'atterrissage; **~skorps** n corps m expéditionnaire; **~s-platz** m, **~sstelle** f débarcadère m; embarcadère m; ✈ terrain m d'atterrissage; **~sseil** ✈ n guiderope m; **~ssteg** m passerelle f; **~sstoß** m choc m d'atterrissage; **~s-truppen** f/pl. troupes f/pl. de débarquement; **~sversuch** ⚔ m tentative f de débarquement (bzw. ✈ d'atterrissage).

'**Land|vermesser** m arpenteur-géomètre m; **~vermessung** f arpentage m; **~vögel** orn. m/pl. oiseaux m/pl. terrestres; **~vogt** hist. m bailli m; ²**wärts** adv. vers la terre; **~-Wasserflugzeug** n avion m amphibie; **~weg** m chemin m de terre; chemin m vicinal; auf dem ~e par (voie de) terre; par voie terrestre; **~wein** m vin m de pays; petit vin m; **~wind** m vent m de terre; **~wirt** m agriculteur m; cultivateur m; exploitant m agricole; **~wirtschaft** f agriculture f; (Anwesen) établissement m agricole m rural); ²**wirtschaftlich** adj. agronomique; (den Feldbau betreffend) agricole; ~e Maschinen (Erzeugnisse) machines f/pl. (produits m/pl.) agricoles; ~e Genossenschaft coopérative f agricole; ²e Hochschule institut m agronomique; **~wirtschafts-ausstellung** f exposition f agricole; **~wirtschaftskammer** f chambre f d'agriculture; **~wirtschaftslehre** f agronomie f; science f de l'agriculture; **~wirtschaftsmesse** f foire f agricole; **~wirtschaftsminister(-ium** n) m ministre (ministère) m de l'agriculture; **~zunge** f langue f de terre; presqu'île f.

lang adj. long, longue; ~ und breit longuement; au long; tout au long; en détail; de façon détaillée; drei Meter ~ sein avoir trois mètres de long(ueur); être long, longue de trois mètres; den ganzen Tag ~ tout le long de la journée; drei Jahre ~ pendant (od. durant) trois années; vor ~en Jahren il y a bien longtemps, F il y a belle lurette; auf ~e Zeit pour longtemps; seit ~er Zeit depuis longtemps; über kurz oder ~ tôt ou tard; ~e Silbe (syllabe f) longue f; die Haare ~ tragen porter les cheveux longs; e-n ~en Hals machen allonger le cou; auf ~e Sicht à long terme; ~ hinschlagen tomber de tout son long; fig. ~e Finger machen voler; ein ~es Gesicht machen avoir la mine longue; auf die ~e Bank schieben traîner en longueur; e-n ~en Arm haben (einflußreich sein) avoir le bras long; mit ~er Nase abziehen s'en aller tout penaud; j-m e-e ~e Nase machen faire un pied de nez à q.; von ~er Hand de longue main (od. date); ~ werden Zeit: durer; **~atmig** fig. adj. de longue haleine; '**~beinig** adj. qui a les jambes longues; à longues jambes.

'**lange** adv. longtemps; wie ~? combien de temps?; er hat mir ~ nicht geschrieben il ne m'a pas écrit depuis longtemps; ich habe ihn ~ nicht gesehen il y a longtemps que je ne l'ai vu; er wird es nicht mehr ~ machen il n'ira plus loin; il ne vivra plus longtemps; warten Sie schon ~? y a-t-il longtemps que vous attendez?; ~ brauchen, um zu ... (inf.) être long, longue à ... (inf.); ~ auf sich warten lassen être long, longue à venir; ~ (aus)bleiben être long, longue (od. tarder) à revenir; ~ aufbleiben veiller assez tard; ~ halten durer; F da kannst du ~ warten! tu peux toujours te fouiller!; er fragte nicht ~ il ne s'arrêta pas à poser des questions; ~ nicht so groß beaucoup moins grand; loin d'être aussi grand; er ist ~ nicht so groß wie du il est loin d'être aussi grand que toi; il s'en faut de beaucoup qu'il soit aussi grand que toi; schon ~ depuis longtemps; es ist schon ~ her il y a bien longtemps; F il y a belle lurette; so ~ (als) tant que, aussi longtemps que; noch ~ nicht (bei vb. ne ...) pas de sitôt; er ist noch ~ nicht fertig il n'est pas près de finir; ~ bevor bien avant que (subj.); nicht ~ darauf peu (de temps) après.

'**Länge** f longueur f (a. mét.); long m; (lange Silbe, langer Vokal) longue f; ast., géogr. longitude f; das hat 10 Meter in der ~ cela a dix mètres de long(ueur); c'est long de dix mètres; unter 10 Grad westlicher ~ à dix degrés de longitude ouest; (Dauer) durée f; fig. (sich) in die ~ ziehen traîner en longueur; der ~nach en longueur; der ~ nach hinfallen tomber (od. F s'étaler) de tout son long; auf die ~ à la longue; Sport: um e-e ~e gewinnen gagner d'une longueur; das Buch hat ~n le livre a des longueurs.

'**langen** 1. v/i. (ausreichen) suffire; être assez; dieses Geld wird ihm ~ cet argent lui suffira; nach etw. ~ (é)tendre la main vers qch.; in die Tasche ~ mettre la main à sa poche; 2. v/t. tendre; passer; F j-m e-e Ohrfeige ~ flanquer (od. administrer) une gifle (od. une calotte) à q.; gifler q.; F calotter q.

'**längen** v/t. (v/rf.: sich s')allonger; (s')étirer.

'**Längen|achse** f axe m longitudinal; **~einheit** f unité f de longueur; **~grad** m degré m de longitude; **~kreis** m méridien m; **~maß** n mesure f de longueur; **~messung** f mesure f des longueurs.

'**lang-entbehrt** adj. dont on est privé depuis longtemps.

'**länger** (comp. v. lang[e]) plus long (longue); zeitlich: plus longtemps; ~e Zeit quelque temps; wenn Sie es noch ~ so treiben si vous continuez de la sorte; ein Jahr ~ une année de plus; zwei Jahre und ~ deux ans et plus; es ist ~ als e-n Monat her il y a plus d'un mois; wir haben nicht ~ Zeit (können nicht ~ bleiben) nous ne pouvons rester plus longtemps, (können nicht ~ warten) nous ne pouvons attendre davantage; je ~, desto lieber le plus longtemps sera le mieux; ~ machen allonger; etw. ~ schlafen dormir un peu plus longtemps (od. tard); ~ werden s'allonger; augmenter.

Lange'weile f ennui m; aus ~ par ennui; vor ~ umkommen mourir (od. crever) d'ennui; sécher sur pied; ~ haben s'ennuyer; j-m die ~ vertreiben désennuyer q.; sich die ~ vertreiben se désennuyer; tromper l'ennui.

'**Lang|finger** F m F chapardeur m; P escamoteur m; **~format** n format m oblong; **~fräsmaschine** f fraiseuse-raboteuse f; ²**fristig** adj. à long terme; à longue échéance; ~ Geld anlegen placer de l'argent à long terme; ²**gestreckt** adj. allongé; étendu de tout son long; ²**haarig** adj. aux cheveux longs; à poil long; qui a les cheveux longs; ²**halsig** adj. qui a le cou long; qui a le cou long; **~holz** n bois m en grume; ²**hubig** ⊕ adj. à longue course; ²**jährig** adj. qui dure (resp. a duré) des années; ~e Erfahrung expérience f; ~er Freund vieil ami m; ~e Freundin vieille amie f; ~e Freundschaft amitié f de vieille date; **~lauf** m Ski: (course f de) fond m; **~läufer** m coureur m de fond; ²**lebig** adj. qui vit longtemps; **~lebigkeit** f longévité f.

'**länglich** adj. oblong, -longue; **~rund** adj. ovale.

'**Lang|mut** f patience f; longanimité f; ²**mütig** adj. patient; ²**nasig** adj. à (od. au) nez long; qui a le nez long.

Lango'barde m Lombard m.

'**Lang|ohr** n: Meister ~ maître m Aliboron; ²**ohrig** adj. à (od. aux) longues oreilles; qui a les oreilles longues; **~rohrgeschütz** ⚔ n canon m long.

längs prp. (dat. u. gén.) le long de; ²**achse** f axe m longitudinal.

'**langsam** adj. lent (a. fig.); (säumig) tardif, -ive; ~er werden se ralentir; ~er gehen ralentir le pas; ~ fahren ralentir; ~ fahren! au pas!; immer ~! doucement!; ²**keit** f lenteur f.

'**Längs-ansicht** f vue f longitudinale.

'**Lang|schäfter** m bottes f/pl.; **~schiff** △ n grande nef f; **~schläfer(in** f) m grand(e) dormeur m (-euse f); ²**schnäb(e)lig** adj. à long bec; qui a le bec long; longirostre;

⟨schwänzig zo. adj. à longue queue; qui a la queue longue; longicaude; ⟨schwelle ⚙ f longrine f.
'längs|gestreift adj. à raies longitudinales; ⟨parken n stationnement m en file; ⟨richtung f sens m de la longueur; sens m longitudinal; ⟨schnitt m coupe f longitudinale.
'Langspielplatte f microsillon m.
längst adv. depuis longtemps; il y a longtemps; ich weiß es ⟨ il y a longtemps que je le sais; das ist ⟨ nicht so gut c'est loin d'être aussi bon; c'est beaucoup moins bon; '⟨ens adv. au plus tard.
'langstielig adj. à longue tige; F fig. ennuyeux, -euse.
'Langstrecken|bomber m bombardier m à long (od. grand) rayon d'action; ⟨flug m vol m à longue distance; (grand) raid m; ⟨flugzeug n avion m à long (od. grand) rayon d'action; ⟨fahrer (Auto) m coureur m de fond; ⟨lauf m course f de fond; fond m; ⟨läufer(in f) m coureur m, -euse f de fond; ⟨rakete f fusée f à longue portée; ⟨rekord m record m de fond.
Lan'guste zo. f langouste f.
'Lang|weile f → ⟨eweile; ⟨weilen 1. v/t. ennuyer; F embêter; raser; barber; 2. v/r.: sich s'ennuyer; sich zu Tode ⟨ s'ennuyer à mort (od. à mourir); mourir (od. crever) d'ennui; ⟨weilig adj. ennuyeux, -euse; fatigant; F embêtant; assommant; F rasant; F bassinant; F barbant; P pas marrant; ⟨welle f phys., rad. grande onde f od. onde f longue; ⟨wellenbereich m gamme f des grandes ondes; ⟨wellen-empfänger m récepteur m à grandes ondes; ⟨wellensender m émetteur m à grandes ondes; ⟨wierig adj. long, longue; de longue durée (od. haleine); ⚕ chronique; ⟨e Arbeit ouvrage m de patience; ⟨e Verhandlungen négociations f/pl. laborieuses; ⟨wierigkeit f longue durée f; longueur f.
Lano'lin n lanoline f.
'Lanze f lance f; fig. e-e ⟨ für j-n brechen rompre une lance pour q.; ⟨nförmig ♀ u. zo. adj. lancéolé; ⟨nreiter hist. ⚔ m lancier m; ⟨nspitze a. fig. ⚔ f fer m de lance; ⟨nstechen n joute f; ⟨nstich m, ⟨nstoß m coup m de lance.
Lan'zette chir. f lancette f; ⟨nförmig adj. lancéolé.
'Laos n le Laos; in (nach) ⟨ au Laos.
La'ot|e m Laotien m; ⟨isch adj. laotien, -ienne.
lapi'dar adj. lapidaire.
Lapis'lazuli m lapis m; lapis-lazuli m; lazulite f.
Lap'palie f bagatelle f; vétille f; futilité f; F babiole f; broutille f.
'Lapp|e m, ⟨in f Lapon m, -onne f.
'Lapp|en m chiffon m; lambeau m; 'haillon m; (Wisch⟨) torchon m; anat., ♀ lobe m; fig. F j-m durch die ⟨ gehen filer à q. entre les doigts; ⟨ig adj. anat., ♀ lobé.
'läppisch adj. puéril; inepte; niais; fade; ⟨es Zeug inepties f/pl.; fadaises f/pl.; ⟨ niaiseries f/pl.
'Lapp|land n la Laponie; ⟨länder(in f) m Lapon m, -onne f; ⟨ländisch adj. lapon, -onne.

'Lapsus m lapsus m.
'Lärche ♀ f mélèze m; larix m.
Lari'fari n niaiserie f; ⟨! balivernes que tout cela!
Lärm m bruit m; battage m; (Krach) tapage m; vacarme m; (Getöse) fracas m; (Getümmel) tumulte m; großer ⟨ tintamarre m; ohrenbetäubender ⟨ bruit m à crever le tympan; vacarme m assourdissant; ⟨ machen faire du bruit (resp. du tapage od. du vacarme); viel ⟨ machen um faire grand bruit de; ⟨ schlagen donner l'alerte (od. l'alarme); blinder ⟨ fausse alerte f; prov. viel ⟨ um nichts beaucoup de bruit pour rien; tant de bruit pour une omelette; '⟨bekämpfung f lutte f contre le bruit (od. anti-bruits); campagne f anti-bruit; '⟨belästiger m fauteur m de bruit; '⟨belästigung f bruit m; nuisances f/pl.; pollution f sonore; a. plais. pollution f auditive; '⟨belastung f excès m de bruits; '⟨en v/i. faire du bruit (resp. du tapage) (od. du vacarme); '⟨end adj. bruyant; tumultueux, -euse; turbulent; ⟨des Wesen turbulence f; ⟨er Haufen pétaudière f; '⟨er m, '⟨macher m tapageur m; '⟨musik f musique f bruitiste; ⟨orchester n orchestre m bruitiste; '⟨pegel m niveau m de bruit; '⟨schutzwand f mur m anti-bruit; ⟨zigarre ⚔ f courbes f/pl. isopsophiques.
'Lärvchen F iron. (Gesicht) n: ein hübsches ⟨ haben F avoir un joli minois (od. une jolie frimousse).
'Larve f ent. larve f; (Maske) masque m.
lasch adj. mou (vor vo. od. stummen h: mol), molle; flasque; '⟨e f patte f; cord. languette f; charp. entaille f; ⚙ éclisse f; ⊕ couvre-joint m; ⟨ennietung f rivure f à couvre-joint; '⟨heit f caractère m flasque.
'Laser|behandlung ⚕ f laserothérapie f; ⟨strahl m faisceau m (od. rayon m) laser.
la'sieren v/t. vernisser; glacer.
Läsi'on f lésion f.
'lassen I v/aux., v/t. u. v/i. (zu⟨) laisser; (veran⟨) faire; (nicht hindern) ne pas empêcher (de ... inf. od. que ... subj.); ne pas s'opposer (à ce que ... subj.); (leiden, dulden) souffrir (que ... subj.); (erlauben) permettre (de ... inf. od. que ... subj.); (nicht tun) ne pas faire; (unter⟨) omettre (verzichten) renoncer (à); laisser, (abtreten) céder, (preisgeben) abandonner; (ver⟨) quitter, pfort abandonner; (unterbringen) Personen: loger, Sachen: placer; laßt uns singen! chantons!; ⟨ Sie uns gehen! partons!; laß mal sehen! voyons!; ⟨ Sie sich nicht stören! ne vous dérangez pas!; ⟨ wir den Autor sprechen! donnons la parole à l'auteur; laß ihn nur kommen! qu'il vienne!; ich lasse bitten! faites entrer; ⟨ wir das! laissons cela!; passons!; n'en parlons plus!; wir wollen es dabei ⟨ nous nous en tiendrons là; laß es dir gesagt sein! tiens-toi le pour dit!; laß mich (sein od. zufrieden od. in Ruhe)! laisse-moi tranquille (od. en paix)!; laß (doch)! laisse (donc)!; ⟨ Sie das doch endlich! finissez donc!; ⟨ Sie mich nur machen! laissez-moi faire!;

laß das (sein od. bleiben)! laisse-cela!; garde-toi de faire cela!; ne t'en mêle pas!; laß das Weinen! cesse de pleurer!; holen ⟨ envoyer chercher; faire venir; etw. geschehen ⟨ laisser faire qch.; j-n gewähren ⟨ laisser faire q.; fallen ⟨ laisser tomber; sehen ⟨ laisser voir; merken ⟨ laisser entendre; von sich hören ⟨ donner de ses nouvelles; etw. hinter sich ⟨ laisser qch. derrière soi; etw. auf sich beruhen ⟨ laisser dormir (od. ne pas poursuivre) une affaire; die Leute reden ⟨ laisser dire les gens; aus dem Spiel ⟨ ne pas mettre en jeu, (beiseite ⟨) laisser de côté; vermuten ⟨ donner lieu à croire; fahren ⟨ (entweichen ⟨) laisser échapper, (abfahren ⟨) laisser partir, (aufgeben ⟨) quitter, (los⟨) lâcher (a. Wind); im Stich ⟨ abandonner; planter là; nicht mit sich spaßen ⟨ ne pas aimer la plaisanterie; niemand zu sich ⟨ ne recevoir personne; von etw. ⟨ (ablassen) renoncer à qch.; nicht von s-r Meinung ⟨ s'obstiner dans (od. F ne pas démordre de) son opinion; alles stehen und liegen ⟨ planter tout là; nicht aus den Augen ⟨ ne pas quitter des yeux; das läßt ihn kalt cela ne lui fait ni chaud ni froid; cela le laisse froid; darüber läßt er mich im unklaren il ne me donne pas de précisions là-dessus; je suis sur ce sujet il me laisse dans le vague; er ist klug, das muß man ihm ⟨ il est intelligent, il faut en convenir; ich lasse ihn grüßen transmettez-lui mes amitiés; donnez-lui le bonjour de ma part; es sich nicht nehmen ⟨ zu ... (inf.) insister pour ... (inf.); das läßt er nicht ausreden on ne lui ôtera pas cela de l'esprit (od. de la tête); tun Sie, was Sie nicht ⟨ können faites ce que bon vous semble; faites comme bon vous semble; das hättest du dir nicht träumen ⟨ tu ne t'y attendais pas; laß mich erst groß sein attends que je sois grand; sich gehen ⟨ se laisser aller; sich sehen ⟨ se montrer; se produire; das kann sich sehen ⟨ c'est pas mal; sich sagen ⟨ se laisser dire; sich nichts sagen ⟨ ne vouloir écouter personne; ich habe mir sagen ⟨ j'ai appris; on m'a dit; je me suis laissé dire; sich hören ⟨ (annehmbar, glaubhaft sein) être plausible; das läßt sich (schon) hören; das läßt man sich gefallen! à la bonne heure!; sich etw. gefallen ⟨ consentir à qch.; (es ertragen) supporter (od. souffrir) qch.; (es hinnehmen) accepter (od. avaler) qch.; sich alles gefallen ⟨ se laisser faire; tout supporter; es sich einfallen ⟨, etw. zu tun s'aviser de faire qch.; das läßt sich essen cela se laisse manger; c'est mangeable; der Wein läßt sich trinken le vin se laisse boire (od. est buvable); das läßt sich nicht übersetzen c'est intraduisible; das läßt sich nicht beschreiben c'est indescriptible; da läßt sich nichts mehr ändern il n'y a plus rien à changer; darüber läßt sich reden on peut s'entendre là-dessus; darüber ließe sich viel sagen il y aurait bien (des choses) à dire là-dessus; es läßt sich nicht leugnen on ne peut le nier; hier läßt es sich gut sein il fait bon ici; das läßt sich denken cela se comprend (od. se conçoit); sich keine Mühe verdrießen ⟨ ne pas se laisser

rebuter; *diese Anspielung läßt nachdenken* cette allusion est de taille *(od.* de qualité) à faire réfléchir; *e-e Seite leer* ~ laisser une page en blanc; *j-m den Vorrang* ~ céder le pas à q.; *j-m Muße (od. Zeit)* ~ donner du *(od.* le) temps à q.; *sich Zeit* ~ prendre son temps; *das (od. sein) Leben* ~ *für* donner sa vie pour; *Blut* ~ perdre du sang; *fig. sich vor Freude nicht zu* ~ *wissen* ne pas se sentir de joie; *j-m die freie Wahl* ~ laisser le choix à q.; *Federn (od. Haare)* ~ laisser des plumes; *kein gutes Haar an j-m* ~ déchirer q. à belles dents; **II** Ⓢ *n: sein Tun und* ~ *ses faits et gestes m/pl.*; sa conduite.
'**lässig** *adj.* indolent; *(gleichgültig)* indifférent; *(nachlässig)* négligent; *(sorglos)* insouciant; *(sich gehen lassend)* nonchalant; désinvolte; Ⓢ**keit** *f* indolence *f*; nonchalance *f*; *(Gleichgültigkeit)* indifférence *f*; *(Nachlässigkeit)* négligence *f*; *(Sorglosigkeit)* insouciance *f*; *(Haltung)* désinvolture *f*.
'**Lasso** *m od. n* lasso *m*.
Last *f* charge *f (a. ⚓)*; *(Bürde)* fardeau *m*; faix *m*; hypothèque *f*; *fig.* poids *m*; ~en *pl. (Abgaben)* charges *f/pl.*; impôts *m/pl.*; *fig. die* ~ *tragen* avoir la charge; *j-m etw. zur* ~ *legen* accuser q. de qch.; imputer qch. à q.; *j-m zur* ~ *fallen* importuner q.; incommoder q.; ennuyer q.; *die* ~ *der Vergangenheit* le poids du passé; ✝ *j-m etw. zu* ~*en schreiben* porter qch. au débit de q.; *zu* ~*en von* au débit de; à la charge de q.; *zu* ~*en von j-m gehen* être à la charge de q.; *zu* ~*en von j-m gehen* être à la charge de la mère de tous les vices. '~**auto** *n* camion *m*; poids *m* lourd; 'Ⓢ**en** *v/i.* peser *(auf dat.* sur); '~**en-aufzug** *m* monte-charge *m*; '~**en-ausgleich** *m* péréquation *f* des charges; 'Ⓢ**enfrei** *adj.* exempt de charges; '~**ensegler** *m* planeur-cargo *m*; '~**enverzeichnis** *n* cahier *m* des charges.
'**Laster**¹ *m (Lastkraftwagen)* camion *m*; poids *m* lourd; *schwerer* ~ *a.* gros tonnage *m*.
'**Laster**² *n* vice *m*; *e-m* ~ *frönen* s'abandonner *(od.* s'adonner) à un vice; *fig. Müßiggang ist aller* ~ *Anfang* l'oisiveté est la mère de tous les vices.
'**Läster|er** *m*, ~**in** *f* médisant *m*, -e *f*; diffamateur *m*, -trice *f*; *(Gottes*Ⓢ*)* blasphémateur *m*, -trice *f*.
'**lasterhaft** *adj.* vicieux, -euse; *(verderbt)* dépravé; *(unsittlich)* immoral; *(liederlich)* déréglé; dissolu; Ⓢ**igkeit** *f* dépravation *f*; immoralité *f*; relâchement *m (od.* dérèglement *m)* des mœurs.
'**Laster|höhle** *f* sentine *f* du vice; ~**leben** *n* vie *f* dépravée *(od.* déréglée *od.* dissolue).
'**läster|lich** *adj.* médisant; diffamatoire; calomnieux, -euse; *(gottes*Ⓢ*)* blasphématoire; Ⓢ**maul** *f n* mauvaise langue *f*; langue *f* de vipère; ~**n** *v/i.: über j-n* ~ médire de q.; diffamer q.; calomnier q.; outrager q.; *rl.* blasphémer; Ⓢ**ung** *f* médisance *f*; diffamation *f*; calomnie *f*; outrage *m*; *rl.* blasphème *m*; Ⓢ**zunge** *f* mauvaise langue *f*; langue *f* de vipère.
'**Last|esel** *m* âne *m* de bât; ~**fahrzeug** *(Auto) n* camion *m*; ~**flugzeug** *n* avion-cargo *m*.

'**lästig** *adj.* importun; *(beschwerlich)* embarrassant; fastidieux, -euse; lancinant; *(unbequem)* incommode; *(hinderlich)* encombrant; *(verdrießlich)* fâcheux, -euse; ennuyeux, -euse; *(ermüdend)* fatigant; *Ausländer:* indésirable; F embêtant; F tannant; ~*er Kerl* casse-pieds *m*; empoisonneur *m*; *j-m* ~ *fallen (od. werden)* importuner q., incommoder q., ennuyer q.; Ⓢ**keit** *f* importunité *f*; *(Unbequemlichkeit)* incommodité *f*.
'**Last|kahn** *m* chaland *m*; ~**kraftwagen** *m* camion *m*; poids *m* lourd; ~**kraftwagen-anhänger** *m* remorque *f*; ~**pferd** *n* bête *f* de somme; ~**schrift** ✝ *f* poste *m* débiteur; ~**tier** *n* bête *f* de somme; ~**träger** *m* porte-faix *m*; ~**wagen** *(Auto) m* camion *m*; poids *m* lourd; ~**wagenfahrer** *m* chauffeur *m (od.* conducteur *m)* de poids lourd; camionneur *m*; ~**zug** *m Auto:* camion *m* à remorque; train *m* routier; train *m* de camions; ensemble *m* de véhicules; ~ *mit Sattelschleppanhänger* ensemble *m* articulé.
La'sur *peint. f* glacis *m*; Ⓢ**blau**, Ⓢ**farben** *adj.* azuré; ~**stein** *m* lapis *m*; lapis-lazuli *m*; lazulite *f*.
la'sziv *adj.* lascif, -ive.
Laszivi'tät *f* lasciveté *f*.
La'tein *n* latin *m*; langue *f* latine; *mit seinem* ~ *zu Ende sein* être au bout de son latin; ~**amerika** *n* l'Amérique *f* latine; Ⓢ**amerikanisch** *adj.* latino-américain; ~**er** *m* latiniste *m*; Ⓢ**isch** *adj.* latin; *die* ~*e Sprache, das* Ⓢ*(e)* le latin; ~*e Buchstaben m/pl.* (caractères *m/pl.)* romains *m/pl.*
la'tent *adj.* latent.
La'tenz ⚛ *f* latence *f*.
La'terna 'magica *f* lanterne *f* magique.
La'terne *f* lanterne *f*; *tragbare:* falot *m*; ⚓ *u.* ⚙ fanal *m*; *(Straßen*Ⓢ*)* réverbère *m*; lampadaire *m*.
La'ternen|anzünder *ehm. m* allumeur *m* de réverbères; ~**garage** *f: ich habe nur e-e* ~ ma voiture couche à la belle étoile; ~**pfahl** *m* réverbère *m*; lampadaire *m*.
latini'sieren *v/t.* latiniser.
Lati'nis|mus *m* latinisme *m*; ~**t** *m* latiniste *m*.
Latini'tät *f* latinité *f*.
La'trine *f* latrines *f/pl.*; ⚔ feuillées *f/pl.*
'**Latsche** ♣ *f* pin *m* nain.
'**Latsche|n** *m (alter Schuh)* P ribouis *m*; P godasse *f*; savate *f*; F *fig. Auto, vél.:* Ⓢ *fahren* rouler dégonflé; avoir un (deux) pneu(s) à plat; Ⓢ**n 1.** *v/i.* traîner la jambe *(od.* F la patte); **2.** *v/t.: j-m e-e* ~ flanquer *(od.* administrer) une gifle *(od.* une calotte) à q.; gifler q.; calotter q.
'**latschig** F *adj.* qui traîne la jambe *(od.* F la patte).
'**Latte** *f* latte *f*; F *fig. lange* ~ F manche *m* à balai; → *Laban*; ~**nholz** *n* bois *m* à lattes; ~**nkiste** *f* caisse *f* à claire-voie; cageot *m*; ~**nrost** *m* caillebotis *m*; ~**nverschlag** *m* F cagibi *m* à claire-voie, en lattis; ~**nzaun** *m* clôture *f* en lattes.
'**Lattich** ♣ *m* laitue *f*.
Latz *m (Brust*Ⓢ*)* bavette *f*; *(Hosen*Ⓢ*)* pont *m* (de pantalon).
'**Lätzchen** *n* bavoir *m*.

lau *adj.* tiède; ~ *werden* tiédir; *fig.* tiède; *(gleichgültig)* indifférent.
Laub *n* feuillage *m*; feuilles *f/pl.*; frondaison *f*; *frisches* ~ feuilles *f/pl.* vertes; *grünes* ~ verdure *f*; *dürres* ~ feuilles *f/pl.* sèches *(od.* mortes); fanes *f/pl.*; ~ *streuen bsd. für das Vieh:* faire une litière de fanes; '~**baum** *m* arbre *m* à feuilles; '~**dach** *n* dôme *m* de feuillage; '~**e** *f* tonnelle *f*; gloriette *f*; pavillon *m*; cabane *f*; berceau *m*; abri *m* de jardin; voûte *f* de verdure; *(~ngang)* charmille *f*; allée *f* couverte; pergola *f*; F *fertig ist die* ~*!* c'est fini!; voilà qui est fait!
'**Lauben|gang** *m* charmille *f*; allée *f* couverte; arcades *f/pl.*; ~**kolonie** *f* jardins *m/pl.* ouvriers.
'**Laub|fall** *m* chute *f* des feuilles; ~**frosch** *zo. m* rainette *f*; grenouille *f* verte; ~**gewinde** *n* guirlande *f* de verdure; ~**holz** *for. n* bois *m* d'arbres à feuilles; ~**hüttenfest** *n der Juden:* fête *f* des tabernacles; Ⓢ**ig** *adj.* feuillu; Ⓢ**los** *adj.* sans feuilles; ~**säge** *f* scie *f* à chantourner; ~**sägekasten** *m* boîte *f* à outils de chantournage; ~**säge'rei** *f* chantournage *m*; ~**sägevorlage** *f* modèles *(od.* patrons) *m/pl.* de chantournage; ~**wald** *m* bois *m* d'arbres à feuilles caduques; ~**werk** *n* feuillage *m*; feuilles *f/pl.*; frondaison *f*; △ rinceaux *m/pl.*
Lauch ♣ *m* poireau *m*.
'**Lauer** *f: auf der* ~ *liegen* être *(od.* se tenir) aux aguets, être aux écoutes; *sich auf die* ~ *legen* guetter; Ⓢ**n** *v/i.* attendre (avec impatience) *(auf j-n* q.); *auf etw. acc.* qch.); *in e-m Hinterhalt:* guetter *(auf j-n* q.; *auf etw. acc.* qch.); ~**n** *n* attente *f*; guet *m*.
Lauf *m* course *f*; *der Ereignisse:* cours *m (a. ⚓, ast.)*; marche *f*; *des Wassers:* courant *m*; *(~weg)* parcours *m*; *e-s Fahrzeugs:* roulement *m*; ♪ roulade *f*; *(Kreis*Ⓢ*)* circuit *m*; *des Blutes:* circulation *f*; *(Gewehr*Ⓢ*)* canon *m*; *ch. (Bein)* jambe *f*; pied *m*; patte *f*; *(Wert*Ⓢ*)* course *f*; *100-Meter-*~ course *f* de 100 m; *im* ~*e von* au cours de; *im* ~*e des Monats (des Jahres)* au cours *(od.* dans le courant) du mois (de l'année); *im* ~*e der Zeit* à la longue; *avec le temps; das ist der* ~ *der Welt* ainsi va le monde; *der* ~ *der Dinge* le cours des choses; *den Dingen ihren* ~ *lassen* laisser les choses aller leur train; *freien* ~ *lassen* donner libre cours (à); donner carrière (à); *s-r Phantasie freien* ~ *lassen* lâcher la bride à son imagination; *im* ~*e der Unterhaltung* de fil en aiguille; *aus dem* ~ *schießen Fußball:* shooter dans sa foulée; '~**bahn** *(Berufsweg) f fig.* carrière *f*; *e-e* ~ *einschlagen* embrasser *(od.* choisir *od.* suivre) une carrière; '~**boden** *phot. m* chariot *m*; '~**brett** ⚓ *n* traversine *f*; passerelle *f*; '~**bursche** *m* garçon *m* de courses; *(Anwalt)* saute-ruisseau *m*; *(Börse)* grouillot *m*; 'Ⓢ**en** *v/i. (zu Fuß gehen)* marcher à pied; *(fließen)* couler; *Zeit:* s'écouler; passer; *Bahnzüge:* circuler; *Fahrrad, Motor:* tourner; *Maschinen:* marcher; fonctionner; *Gefäß, Füllfederhalter:* fuir; *Film:* passer; *(sich erstrecken)* s'étendre; aller; *hin und her* ~ courir çà et là; *sich müde (zu*

Tode) ~ se fatiguer (se tuer) à force de courir, marcher; *sich die Füße wund* ~ avoir les pieds meurtris à force de marcher (*od.* après une longue marche); *auf Grund* ~ échouer; *auf den Strand* ~ se jeter à la côte; *mit dem Kopf gegen die Wand* ~ se cogner la tête au mur; *j-m in die Arme* ~ tomber sur q.; *das läuft ins Geld* cela fait monter la dépense; *in sein Verderben* ~ courir à sa perte; *j-m in den Weg* ~ croiser le chemin de q.; *in den Hafen* ~ entrer au port; *auf e-e Mine* ~ toucher (*od.* 'heurter) une mine; marcher sur une mine; *um die Wette* ~ courir à l'envi; courir à qui mieux mieux; *um etw.* ~ tourner autour de qch.; *Gefahr* ~ courir le danger (*od.* le risque); risquer; *Schlittschuh* ~ patiner; *es läuft sich hier gut* cette piste est bonne; *die Sache läuft gut* l'affaire marche bien, F l'affaire est dans le sac; *wie am Schnürchen* ~ aller comme sur des roulettes; *Sturm* ~ donner l'assaut; *durch die Adern* ~ circuler dans les veines; *Tränen liefen ihm über die Wangen* des larmes roulaient sur ses joues; *es lief ihm kalt über den Rücken dabei* cela lui a fait froid dans le dos; cela lui a donné un frisson; il en eut un frisson; *ihm läuft die Nase* son nez coule; F il a la goutte au nez; *das läuft auf eins hinaus* cela revient au même; *parallel* ~ *mit* être parallèle à; *lassen Sie ihn* ~ laissez-le courir (*od.* partir), (*geben Sie ihn auf*) ne vous mettez pas en peine pour lui, (*geben Sie ihn frei*) donnez-lui la liberté, (*veranlassen Sie, daß er rennt*) faites--le courir; ~ *lassen e-n Film:* passer; *e-n Verhafteten:* relâcher; *die Dinge* ~ *lassen* laisser les choses aller leur train; ⚓ *ein Schiff vom Stapel* ~ *lassen* lancer un navire; '**~en** (*Rennen*) course f; (*Gehen*) marche f à pied; '²**end** *adj., adv.* courant; ~*e Arbeiten* travaux *m/pl.* en cours; *die* ~*en Geschäfte* les affaires *f/pl.* courantes; ~*e Ausgaben* dépenses *f/pl.* courantes; ~*e Zinsen* intérêts *m/pl.* courants; ~*er Wechsel* effet *m* en circulation; ~*er Kredit* crédit *m* ouvert; ~*e Notierung* cotation f variable; *im* ~*en Jahr* dans l'année en cours; ~*en Monats* du mois courant; ~*es Meter* mètre *m* courant; ~*e Nummer* numéro *m* d'ordre (*od.* de série); ~ *numerieren* numéroter en continu; *auf dem* ~*en sein* être au courant, être à la page, F ♥ être dans le vent; être à jour; *auf dem* ~*en halten* tenir au courant.

'**Läufer** *m* coureur *m*; *Fußball:* demi *m*; (*Eis*⚙) patineur *m*; (*Schi*⚙) skieur *m*; (*Gummiring*) bracelet *m* élastique; *Schach:* fou *m*; (*Treppen*⚙) tapis *m* d'escalier; (*schmaler Teppich*) passage *m*; (*Tisch*⚙) chemin *m* de table; ♪ roulade f; ⊕ (*Schieber*) curseur *m*; ⚡ (*Rotor*) rotor *m*.

Laufe'rei f courses *f/pl.*; *j-m viel* ~ *machen* donner bien à courir à q.

'**Läuferin** f coureuse f; (*Eis*⚙) patineuse f; (*Schi*⚙) skieuse f.

'**Lauf**|**feuer** *n* traînée f de poudre; *fig. sich wie ein* ~ *verbreiten* se répandre comme une traînée de poudre; ~**fläche** f *des Zylinders:* portée f; *des Reifens:* plan *m* de roue; bande f de roulement; ~**frist** ♥ f échéance f;

~**gang** ⚓ *m* coursive f; ~**geschirr** (*für Kleinkinder*) *n* laisse f pour bébé; bretelle-laisse f; parallèle f; ~**gewicht** *n* poids-curseur *m*; ~**gitter** *n* parc *m* à bébé; ~**graben** ✕ *m* boyau *m*; ~**hund** *zo. m* chien *m* courant.

'**läufig** *adj.:* ~ *sein* être en chaleur (*od.* en rut).

'**Lauf**|**junge** *m* garçon *m* de courses; ~**käfer** *m* carabe *m*; ~**katze** ⊕ f chariot *m* (*od.* palan *m*) roulant; ~**kette** f chenille f; ~**kran** *m* grue f roulante; pont *m* roulant; ~**kunde** *m* client *m* de passage; ~**kundschaft** f clientèle f de passage; ~**mädchen** *n* trottin *m*; ~**masche** f maille f qui file; maille f filée; *Strümpfe mit* ~*n bas m/pl.* filés; *ihr Strumpf hat e-e* ~ son bas s'est démaillé; *die* ~(*n*) *e-s Strumpfes aufnehmen* remmailler un bas; ~**maschenreparatur** f remmaillage *m*; ~**paß** *m*: *j-m den* ~ *geben* envoyer promener q.; ~**planke** ⚓ f traversine f; ~**rädchen** *n an Möbeln:* roulette f; ~**rolle** f galet *m*; ~**ruhe** (*Auto*) f silence *m* de marche; ~**schiene** f glissière f; rail *m* de roulement; ~**schritt** *m* pas *m* de gymnastique; *im* ~ au pas de gymnastique; ~**stall** *m*, ~**ställchen** *n* parc *m* à bébé; ~**steg** *m* passerelle f; ~**werk** (*Tonbandgerät*) *n* platine f; ~**zeit** f ♥ échéance f; délai *m*; (*Um*⚙) délai *m* de circulation; ⊕ temps *m* d'usinage; (*Brunftzeit*) temps *m* du rut; *Sport:* temps *m* du parcours; *Film:* durée f de projection; ~**zettel** *m* circulaire f.

'**Lauge** f lessive f; ⚙**n** *v/t.* lessiver; mettre à la lessive; ~**n** *n* lessivage *m*; ~**nbad** *n* lessive f.

'**Lau**|**heit** f, ~**igkeit** f tiédeur f; *fig. a.* indifférence f.

'**Laun**|**e** f humeur f; (*Grille*) caprice *m*, F lubie f; (*Einfall*) litt. foucade f; *bei guter* ~ *sein; gute* ~ *haben* être de bonne humeur, être bien luné; *bei schlechter* ~ *sein; schlechte* ~ *haben* être de mauvaise humeur, être mal luné, F être de mauvais poil; *muntere* ~ humeur f enjouée; ~*n haben* avoir des caprices (*od.* des lubies); ⚙**en**-**haft** *adj.* capricieux, -euse; fantasque; lunatique; (*wetterwendisch*) changeant; ~**enhaftigkeit** f caractère *m* capricieux; ⚙**isch** *adj.* capricieux, -euse; mal luné; lunatique; (*wetterwendisch*) changeant.

Laus *ent.* f pou *m*; *fig. j-m e-e* ~ *in den Pelz setzen* donner du fil à retordre à q.; *e-e* ~ *läuft ihm über die Leber* F il prend la mouche, la moutarde lui monte au nez; '~**bub** *m* sale gamin *m*; garnement *m*; vaurien *m*; petit drôle *m*; petit voyou *m*; P morpion *m*; P brise-tout *m/inv.*

'**lauschen** *v/i.* écouter attentivement (*auf etw. acc.* qch.); prêter l'oreille (à qch.); *abs.* espionner; écouter aux portes; ~**ig** *adj.* retiré; intime.

'**Lause**|**geld** F *n*: *das kostet ein* ~ ça coûte pas mal de fric; ~**junge** P *m* morpion *m*; ~**kerl** (~*bengel*) *m* garnement *m*; vaurien *m*.

'**laus**|**en** 1. *v/t.*: *j-n* ~ chercher les poux à q.; épouiller q.; 2. *v/rf.: sich* ~ s'épouiller; ~**ig** *adj.* pouilleux, -euse; *fig.* F misérable; *das kostet ein* ~*es Geld* ça coûte pas mal de fric; *adv. es ist* ~ *kalt* il fait un froid de chien.

'**Lausitz** f: *die* ~ la Lusace.

laut[1] **I** *adj.* 'haut; (*vernehmlich*) perceptible; (*klar, bestimmt*) distinct; (*stark klingend*) sonore; (*hell lend*) éclatant; (*lärmend*) bruyant; *phys.,* ⚙ intense; (*öffentlich*) public, -ique; *mit* ~*er Stimme* à 'haute voix; ~*es Gelächter* éclats *m/pl.* de rire; ~*es Geschrei erheben; in* ~*e Klagen ausbrechen* jeter les 'hauts cris; ~ *werden* (*bekannt werden*) s'ébruiter; ~ *werden lassen* ébruiter; *Stimmen werden* ~ des voix s'élèvent; ~ *sprechen* (*singen*) parler (chanter) 'haut (*od.* fort); *weniger* ~! (*leiser!*) moins fort!; ~ *denken* penser tout 'haut; ~ *aufschreien* pousser des cris; *er schrie* ~ *er konnte* il criait à tue-tête; ~ *lachen* rire aux éclats.

laut[2] *prp.* (*gén.*) aux termes de; en vertu de; suivant; selon; d'après; conformément à; ~ *Auftrag* conformément à l'ordre.

Laut *m* son *m*; *er gab keinen* ~ *von sich* il ne souffla mot; *ch.* ~ *geben* donner de la voix; '~**angleichung** *gr.* f assimilation f de sons.

'**lautbar** *adj.:* ~ *werden* s'ébruiter.

'**Lautbildung** f articulation f; ~**lehre** f phonétique f; ⚙**mäßig** *adj.* phoném(at)ique.

'**Laute** ♪ f luth *m*; *die* ~ *schlagen* jouer du luth.

'**lauten** *v/i.* sonner (*a. gr.*); rendre un son; *eng S.* avoir tel son; (*Regel*) s'énoncer; *das Gesetz lautet ...* la loi dit que ...; *der Brief lautet folgendermaßen* voici les termes mêmes de la lettre; *die Antwort lautet mit e-m Wort* la réponse tient en un seul mot; *wie lautet s-e Antwort?* que dit-il dans sa réponse?; quelle est la teneur de sa réponse?; *wie lautet sein Name?* quel est son nom?; ⚖ *das Urteil lautet auf ...* le tribunal a prononcé une peine de ...; *auf den Namen* ~*d* nominatif, -ive; *auf m-n Namen* ~*er Führerschein* permis de conduire à mon nom.

'**läuten** **I** *v/i., v/t. u. v/imp.* sonner (*j-m* q.); *es lautet* on sonne; *es lautet zur Messe* on sonne la messe; *fig. er hat (et)was* ~ *hören* il croit savoir qch. à ce sujet; **II** ⚙ *n* sonnerie f; *des Totenglöckchens:* glas *m* (funèbre).

'**Lautenspieler**(**in** f) *m* joueur *m*, -euse f de luth.

'**lauter**[1] *adv.* (*comp. v. laut*) plus 'haut; *sprechen Sie* ~! parlez plus 'haut!

'**lauter**[2] *adj.* (*rein*) pur; *Flüssigkeiten:* clair; limpide; *Edelsteine:* (*fleckenlos*) net, nette; *fig.* sincère, intègre; *es ist die* ~*e Wahrheit* c'est la pure vérité.

'**lauter**[3] *inv.* (*nichts als*) (*bei vb.* ne ...) rien que; tout; *aus* ~ *Gold* tout en or; *es sind* ~ *Lügen* ce ne sont que des mensonges.

'**Lauterkeit** f pureté f; *v. Flüssigkeiten:* clarté f; limpidité f; *v. Edelsteinen:* netteté f; *fig.* sincérité f; intégrité f.

'**läuter**|**n** *v/t.* (*v/rf.: sich se*) purifier; (s')épurer; (*Zucker, Erdöl*) raffiner; 🜍 dépurer (*a.* ⚕); clarifier; filtrer; rectifier; *fig.* corriger; affiner; ⚙**n**, ⚙**ung** f purification f; épuration f; 🜍 dépuration f (*a.* ⚕); clarification f; rectification f; *métall.* affinage *m*.

¹**Läutewerk** *n* sonnerie *f*.
¹**Laut|gesetz** *n* loi *f* phonétique; ²**-getreu** *adj.* de haute fidélité; ²**hals** *adv.* P à coup de gueule; à grand fracas; **~hörverstärker** *téléph. m* micro-amplificateur *m*.
lau'tier|en *v/t.* syllaber; ²**methode** *f* épellation *f* syllabique; ²**übung** *f* exercice *m* phonétique.
¹**Laut|lehre** *gr. f* phonétique *f*; ²**lich** *adj.* phonétique; ²**los** *adj. (stimmlos)* aphone; *Stille:* profond; **~losigkeit** *f* silence *m* profond; ²**malend, ²-nach-ahmend** *adj.* onomatopéique; **~es Wort** onomatopée *f*; **~male'rei** *f* onomatopée *f*; **~schrift** *f* transcription *f* phonétique; ²**-schwach** *adj.* rad: faible; peu puissant; peu fort; peu intense; **~sprecher** *m* rad: 'haut-parleur *m*; diffuseur *m*; **~sprecher-anlage** *rad. f* enceinte *f* acoustique; sonorisation *f*; F sono *f*; **~sprecherbox** (*Stereo-Anlage*) *f* enceinte *f* ('haut-parleur'; **~sprecherkorb** *m* berceau *m* 'haut-parleur'; **~sprecherwagen** *m* voiture *f* 'haut-parleur'; voiture *f* émettrice; ²**stark** *adj.* rad. puissant; fort; intense; *allg., pol.* **~e Erklärungen** déclarations *f/pl.* fracassantes; **~stärke** *f* rad: intensité *f* sonore; puissance *f* du son; *rad. in voller ~* à plein régime; à pleine force; *mit voller ~* schreien crier à tue--tête; **~stärkeregler** *m* régulateur *m* d'intensité sonore; contrôle *m* de volume; réglage *m* de puissance; potentiomètre *m*; **~stärkeschwankung** *f* rad.: fading *m*; évanouissement *m*; **~system** *n* système *m* phonétique; **~verschiebung** *gr. f* mutation *f* consonantique; **~verstärker** *rad.* amplificateur *m* (acoustique); **~wandel** *gr. m* changement *m* phonétique; **~zeichen** *n* signe *m* phonique.
¹**lau|warm** *adj.* tiède; ²**werden** *n* attiédissement *m*.
¹**Lava** *f* lave *f*; **~glut** *f* lave *f* en fusion; **~strom** *m* coulée *f* de lave.
La'vendel ♀ *m* lavande *f*; **~wasser** *n* eau *f* de lavande.
la'vieren I *v/i.* louvoyer; *fig. a.* biaiser; **II** ♀ *n* louvoyage *m*.
La'wine *f* avalanche *f*; ²**-artig** *adv.*: **~ anwachsen** faire boule de neige; **~ndach** *n* pare-avalanches *m*; **~n-gefahr** *adj.* avalancheux, -euse; exposé au danger d'avalanche; **~n-hund** *m* chien *m* d'avalanche; **~n-schutz-anlage** *f* pare-avalanches *m*; banquette *f* anti-avalanches.
lax *adj.* lâche; *Stil:* flasque; **~e Sitten** mœurs *f/pl.* relâchées; ¹²**heit** *f* laxité *f*; *des Stils:* flaccidité *f*; *der Sitten:* relâchement *m*; laxisme *m*.
la'xieren ⚕ *v/t.* purger.
Lay'out *impr. n* disposition *f* typographique; *(Buchwesen)* présentation *f* d'une publication.
Laza'rett *n* hôpital *m* (militaire); *hostau m, *hostô m; fliegendes ~** ambulance *f*; **~gehilfe** *m* infirmier *m* (militaire); **~schiff** *n* navire-hôpital *m*; **~wagen** *m* ambulance *f*; **~zug** *m* train *m* sanitaire.
¹**Leasing** ✟ *n* crédit-bail *m*; leasing *m*; location *f* renouvelable; vente *f* financée.
¹**Lebe|dame** *f (Halbweltdame)* demi--mondaine *f*; **~'hoch** *n* vivat *m*; toast *m*; *auf j-n ein ~ ausbringen* porter un toast à q.; **~mann** *m* viveur *m*; bon vivant *m*.
¹**leben I 1.** *v/i.* vivre; être en vie; *die Statue scheint zu ~* la statue paraît animée; *gut ~* faire bonne chère; *zu ~ wissen* savoir vivre; *~ von* vivre de; *von der Hand in den Mund ~* vivre au jour le jour; *in der Hoffnung ~, zu ...* vivre dans l'espoir de ... (*inf.*); (*genug) zu ~ haben* avoir de quoi vivre; *flott (od. auf großem Fuße) ~* vivre sur un grand pied; mener joyeuse vie; *kümmerlich ~* vivoter; F végéter; *zurückgezogen ~* vivre retiré; *gut (schlecht) zusammen~* vivre en bonne (mauvaise) intelligence; *s'entendre bien (mal); er lebt (wohnt)* in Paris il habite (à) Paris; *im Ausland ~* vivre à l'étranger; *~ und ~ lassen* vivre et laisser vivre; *der Tote lebt* le mort est vivant; *~ Sie wohl!* adieu!; *es lebe der König!* vive le roi!; *für etw. ~;* e-r Sache (*dat.*) *~* se livrer entièrement à qch.; *so wahr ich lebe!* aussi vrai que j'existe; *da(s) ist er, wie er lebt und lebt* c'est lui tout craché. **2.** *v/t.: sein Leben noch einmal ~* revivre sa vie; **3.** *v/imp.:* hier lebt es sich gut il fait bon (de) vivre ici; **II** ♀ *n* vie *f*; *(~skraft)* force *f* vitale; vigueur *f*; (*Lebhaftigkeit)* vivacité *f*; *(Beseelung)* âme *f*; (*geschäftiges Treiben)* mouvement *m*; animation *f*; (*~sdauer*) durée *f* de la vie; *(~sweise)* train *m* de vie; façon *f* de vivre; (*lebendes Wesen*) être *m* vivant; créature *f*; *langes ~* longévité *f*; *das ewige (zukünftige) ~* la vie éternelle (future); *auf Tod und ~* à la vie et à la mort; *Kampf auf ~ und Tod* combat *m* à mort; *es geht um ~ und Tod* il y va de sa vie; *zwischen Tod und ~ schweben* être entre la vie et la mort; *das nackte ~ (bei vb.: ne ...)* rien que la vie; *mein ganzes ~ hindurch* ma vie durant; *mein ~ lang* de ma vie; *ma vie durant; das habe ich in m-m ~ nicht gesehen* je n'ai vu cela de me vie; *am ~ sein* être en vie; vivre; *am ~ bleiben* rester vivant, *(dem Tode entrinnen)* échapper à la mort; *mit s-m ~ bezahlen* payer de sa vie; *sein ~ für etw. lassen* donner sa vie pour qch.; *mourir pour qch.; sich elend durchs ~ schlagen* vivre de privations; manger de la vache enragée; *sein ~ fristen* vivoter; F végéter; *ein gutes ~ führen* bien vivre; faire bonne chère; *ein flottes ~ führen* mener joyeuse vie; *ein tolles ~ führen* F faire bamboche, F la noce, P la nouba; F bambocher, *in etw. (acc.) ~ bringen* animer qch.; *~ erhalten (lebendig werden)* s'animer; *neues ~ bekommen* se ranimer; *ein zähes ~ haben* avoir la vie dure; *j-m das ~ schwer (od. sauer) machen* rendre la vie dure à q.; *sich das ~ unnötig schwer machen* se compliquer la vie pour rien; chercher midi à quatorze heures; *voller ~* plein de vie; *sein ~ einsetzen (od. wagen)* risquer sa vie; *j-m das ~ schenken* donner la vie (*od.* le jour) à q., *(begnadigen)* faire grâce de la vie à q.; ✗ *ein Leben quartier à q.*; *ins ~ treten* naître; *ins ~ rufen* donner naissance (à); faire surgir (*acc.*); *ins ~ zurückrufen* rappeler (*od.* ramener) à la vie; ressusciter; *zu neuem ~ erwecken* ressusciter; faire revivre; *zu neuem ~ erwachen* ressusciter; renaître; *ums ~ kommen* perdre la vie; périr; *ums ~ bringen* tuer; *das ~ nehmen* ôter la vie à q.; faire mourir q.; *j-n am ~ erhalten (ihn ernähren)* faire vivre q., *(ihm das ~ retten)* = j-m das ~ retten* sauver la vie à q.; *j-m nach dem ~ trachten* attenter aux jours de q.; *sich das ~ nehmen* attenter à ses jours; se tuer; se suicider; *aus dem ~ scheiden* quitter la vie; *aus dem ~ schöpfen* prendre sur le vif; *aus dem ~ gegriffen* pris sur le vif; *etw. für sein ~ gern tun* avoir la passion de faire qch.; *mit dem ~ davonkommen* s'en tirer la vie sauve; survivre; *nach dem ~ malen* peindre d'après nature; *da ist ~ (Schwung)* drin c'est plein d'entrain (*od.* de verve); *~ und Treiben* animation *f*; mouvement *m*; *das ~ e-s Heiligen führen* vivre en saint; **~d** *adj.* vivant; **~e Sprachen** langues *f/pl.* vivantes; **~e Bilder** tableaux *m/pl.* vivants; *es war kein ~es Wesen zu sehen* on ne voyait âme vivante; **~e Hecke** 'haie *f* vive; ²**de(r** *a. m*), ²**de** *m, f* vivant *m*, -e *f*; ²**²** vif *m*, vive *f*; **~dgebärend** *zo. adj.* vivipare; ²**dgewicht** *n* poids *m* vif; *Kilo ~ Kilo* *m* vif.
le'bendig *adj.* vivant; vif, vive (*a. fig.*); (*beseelt, belebt*) animé; *bei ~em Leibe tot(e) vif (vive); bei ~em Leibe verbrannt werden* être brûlé(e) vif (vive), *~ werden* s'animer; *wieder ~ werden* revivre; se raminer; *~ machen* animer; vivifier; *~e Junge gebären* être vivipare; ²**keit** *f* vivacité *f*; vie *f*.
¹**Lebens|abend** *m* soir *m* de la vie; **~abriß** *m* biographie *f* sommaire (de q.); **~abschnitt** *m* période *f* de vie; (train *m* de) vie *f*; (*Benehmen*) savoir--vivre *m*; manières *f/pl.*; **~ader** *fig. f* artère *f* vitale; **~alter** *n* âge *m*; **~anschauung** *f* conception *f* de la vie; **~art** *f* manière *f* de vivre; (train *m* de) vie *f*; (*Benehmen*) savoir--vivre *m*; manières *f/pl.*; **~auffassung** *f* conception *f* de la vie; **~aufgabe** *f* tâche *f* de toute une vie; **~äußerung** *biol. f* manifestation *f* vitale; **~baum** ♀ *m* thuya *m*; **~bedarf** *m* subsistance *f*; **~bedingungen** *f/pl.* conditions *f/pl.* de vie; habitat *m*; **~bedürfnis** *n* besoin *m* vital; ²**bejahend** *adj.* optimiste; **~beschreibung** *f* (histoire *f* de la) vie *f*; biographie *f*; **~bild** *n* portrait *m* biographique; **~dauer** *f* durée *f* de la vie; vie *f*; ⊕ durée *f*; durabilité *f*; *lange ~* longévité *f*; **~elixier** *n* élixir *m* de longue vie; **~ende** *n* terme *m* de la vie; *bis an sein ~* jusqu'à sa mort; **~erfahrung** *f* expérience *f* de la vie; **~er-innerung** *f*; **~en** *pl.* mémoires *m/pl.*; **~erwartung** *f* espérance *f* (*od.* probabilités *f/pl.*) de vie; **~faden** *m* trame *f* de ses (nos, *etc.*) jours; fil *m* de la vie; ²**fähig** *adj.* viable; **~fähigkeit** *f* viabilité *f*; **~form** *f* forme *f* de vie; mode *m* d'existence; **~frage** *f* question *f* vitale; question *f* de vie ou de mort; ²**fremd** *adj.* qui ne connaît rien de la vie; **~freude** *f* joie *f* de vivre; *ohne ~ sein* F avoir l'esprit cafardeux; ²**froh** *adj.* content de vivre (*od.* d'être au monde); heureux, -euse de vivre; (*lustig, munter, frisch*) gai; gaillard; **~führung** *f* manière *f* de vivre; conduite *f*; vie *f*; **~funktion** *f* fonction *f* vitale; **~gefahr** *f* danger *m* de

lebensgefährlich — Lederkoffer

mort; *unter ~ au péril de ma (ta, etc.)* vie; *es besteht keine ~* ses jours ne sont pas en danger; ²**gefährlich** *adj.* très dangereux, -euse; *v. e-r Wunde usw.*: grave; *Krankheit*: mortel, -elle; *(schädlich)* délétère; **~gefährte** *m,* **~gefährtin** *f* compagnon *m*, compagne *f* de vie; **~geister** *m/pl.*: *j-s ~ wecken* faire reprendre ses esprits à q.; F ravigoter q.; **~gemeinschaft** *f* communauté *f* de vie; **~geschichte** *f* (histoire *f* de la) vie *f*; biographie *f*; **~gewohnheit** *f* habitude *f*; ²**groß** *adj.* de grandeur naturelle; **~größe** *f* grandeur *f* nature(lle); *über ~* plus grand que nature; **~haltung** *f* train *m* de vie; vie *f*; *(~skosten)* coût *m* de la vie; **~haltungs-index** *m* indice *m* du coût de la vie; **~haltungskosten** *pl.* coût *m* de la vie; **~hunger** *m* soif *f* de vivre; ²**hungrig** *adj.* avide de vivre; **~ideal** *n* idéal *m* de vie; **~interessen** *n/pl.* intérêts *m/pl.* vitaux; **~jahr** *n* année *f* (de la vie); *in s-m dreißigsten ~* à l'âge de trente ans; dans sa trentième année; **~keim** *m* germe *m* vital; ²**klug** *adj.* qui a de l'expérience de la vie; **~klugheit** *f* expérience *f* de la vie; sagesse *f* pratique; **~kosten** *pl.* coût *m* de la vie; *hohe ~* cherté *f* de la vie; **~kosten-index** *m* index *m* du coût de la vie; **~kraft** *f* force *f* vitale; vigueur *f*; vie *f*; ²**kräftig** *adj.* vigoureux, -euse; vivace; **~kunde** *f* biologie *f*; **~künstler** *m*: *er ist ein ~* il s'entend à vivre (*od.* à organiser son existence); **~lage** *f* situation *f* (de la vie); ²**länglich** *adj.* perpétuel, -elle; pour toute la vie; *Gefängnis*: à perpétuité; à vie; **~e** *Rente* rente *f* viagère; **~lauf** *m* vie *f*; *schriftlicher*: curriculum *m* vitae; **~laufbahn** *f* carrière *f*; **~licht** *poét. n* flambeau *m* de la vie; *j-m das ~ ausblasen* tuer q.; liquider q.; **~linie** *f* ligne *f* de vie; **~lust** *f* joie *f* de vivre; ²**lustig** *adj.* heureux, -euse de vivre; content de vivre (*od.* d'être au monde); attaché à la vie; *(lustig, munter, frisch)* gai; gaillard; **~mittel** *n/pl.* vivres *m/pl.*; produits *m/pl.* alimentaires (*od.* d'alimentation); denrées *f/pl.* (alimentaires); comestibles *m/pl.*; *mit ~n versehen* ravitailler; approvisionner; **~mittelgeschäft** *n* épicerie *f*; magasin *m* d'alimentation; **~mittelhamsterer(in)** *f* accapareur *m*, -euse *f* de denrées (alimentaires); **~mittelhändler** *m* épicier *m*; *weitS.* commerçant *m* de l'alimentation; **~mittelindustrie** *f* industrie *f* alimentaire; **~mittelkarte** *f* carte *f* d'alimentation); **~mittelknappheit** *f* pénurie *f* de vivres (*od.* alimentaire); **~mittellager** *n* entrepôt *m* de vivres; **~mittelmarkt** *m* marché *m* de l'alimentation; **~mittelpreise** *m/pl.* prix *m/pl.* des produits d'alimentation; **~mittelversorgung** *f* ravitaillement *m*; approvisionnement *m*; **~mittelvorräte** *m/pl.* provisions *f/pl.* (*od.* stocks *m/pl.*) de vivres; ²**müde** *adj.* las, lasse de vivre; dégoûté de la vie; **~mut** *m* courage *m* de vivre; ²**nah** *adj.* pris sur la vie; **~nerv** *éc. m* clé *f* de voûte; **~niveau** *n* niveau *m* de vie; ²**notwendig** *adj.* vital; **~er** *Bedarf* besoin *m* vital; **~philosophie** *f* philosophie *f* de la vie; (*Lebensweisheit*)

philosophie *f*; sagesse *f* pratique; **~praxis** *f* expérience *f* de la vie. ¹**lebensprühend** *adj.* vif, vive; plein de vie; éclatant de vie. ¹**Lebens|qualität** *f* qualité *f* de la vie; **~quelle** *f* source *f* de la vie; **~raum** *m* espace *m* vital; *biol.* biotope *m*; **~recht** *n* droit *m* à la vie; **~regel** *f* règle *f* de conduite; maxime *f*; **~rente** *f* rente *f* viagère; **~retter** *m* sauveteur *m*; **~rettungsmedaille** *f* médaille *f* de sauvetage; **~roman** *m* vie *f* romancée; **~standard** *m* niveau *m* (*od.* standard *m*) de vie; **~stellung** *f* (*Posten*) position *f*, situation *f* à vie, pour la vie; **~stil** *m* style *m* de vie; **~trieb** *m* instinct *m* vital; **~überdruß** *m* dégoût *m* de la vie; ²**überdrüssig** *adj.* dégoûté de la vie; **~und Denkweise** *f* mode *m* de vie et de pensée; **~unterhalt** *m* subsistance *f*; entretien *m*; vie *f*; P croûte *f*; **~mittel** aliments *m/pl.*; *s-n ~ bestreiten* subsister; *~ gesichert* vivre et couvert assuré; *s-n ~ verdienen* gagner sa vie; **~versicherung** *f* assurance-vie *f*; assurance *f* sur la vie; **~versicherungsgesellschaft** *f* compagnie *f* d'assurance-vie (*od.* d'assurance sur la vie); **~versicherungs-police** *f* police *f* d'assurance-vie (*od.* d'assurance sur la vie); ²**voll** *adj.* plein de vie; ²**wahr** *adj.* vrai; pris sur le vif; **~wandel** *m* conduite *f*; *schlechter ~* mauvaise conduite *f*; déportements *m/pl.*; *e-n frommen ~ führen* vivre saintement; **~weg** *m* chemin *m* (de la vie); (*Laufbahn*) carrière *f* (de la vie); **~weise** *f* façon *f* de vivre; train *m* (*od.* mode *m*) de vie; *f*; ℞ régime *m*; (*Gewohnheiten*) habitudes *f/pl.*; (*Sitten*) mœurs *f/pl.*; *sitzende ~* sédentarité *f*; **~weisheit** *f* philosophie *f*; sagesse *f* pratique; **~werk** *n* œuvre *f*; ²**wert** *adj.* digne de la vie; F vivable; ²**wichtig** *adj.* vital; **~er** *Betrieb* entreprise *f* vitale (*od.* d'intérêt vital); **~e** *Güter* biens *m/pl.* vitaux; **~e** *Interessen* intérêts *m/pl.* vitaux (*bedrohen* menacer); **~wille** *m* volonté *f* de vivre; (*Vitalität*) vitalité *f*; **~zeichen** *n* signe *m* de vie; **~zeit** *f* durée *f* de la vie; *auf ~* pour toute la vie, *Gefangenschaft*: à perpétuité, à *Berufung*, *Amt*: à vie; *Rente auf ~* rente *f* viagère; **~ziel** *n*, **~zweck** *m* but *m* de la vie. ¹**Leber** *f* foie *m*; *fig.* F *frei (od. frisch) von der ~ weg reden* parler à cœur ouvert; dire nettement sa façon de penser; F *ich weiß nicht, was ihm über die ~ gekrochen ist* je ne sais quelle mouche l'a piqué; **~anschwellung** ℞ *f* hypertrophie *f* du foie; **~blümchen** ♀ *n* (anémone *f*) hépatique *f*; **~entzündung** ℞ *f* hépatite *f*; inflammation *f* du foie; **~fleck** *m* grain *m* de beauté; lentigo *m*; lentille *f*; **~gegend** *f* région *f* hépatique; **~haken** *m Boxsport*: crochet *m* (porté) au foie; **~kloß** *m*, **~knödel** *m* *cuis.* boulette *f* de foie; ²**krank**, ²**leidend** *adj.* malade du foie; **~krankheit** *f*, **~leiden** *n* maladie *f* du foie; ℞ hépatalgie *f*; **~krebs** ℞ *m* cancer *m* du foie; **~pastete** *f* pâté *m* de foie (gras); **~schrumpfung** *f* cirrhose *f* du foie; **~tran** *m* huile *f* de foie de morue; **~wurst** *f* saucisson *m* de foie 'haché; (*Pastete*) pâté *m* de foie; **~zirrhose** ℞

f cirrhose *f*.
¹**Lebe|welt** *f*: *die ~* les bons vivants *m/pl.*; les viveurs *m/pl.*; F les bambochards, F les bambocheurs; **~wesen** *n* être *m* vivant; *biol.* organisme *m*; *kleinstes ~* microbe *m*; **~wohl** *n* adieu *m*; *j-m ~ sagen* dire adieu à q.
¹**lebhaft** **I** *adj.* vif, vive; (*Kind*) *a.* remuant; (*lebensvoll*) plein de vie, de vivacité, (*frisch*) frais, fraîche; (*belebt*) animé (*a. Streit, Verkehr*); *Straße*: animé; fréquenté; passant; (*rege*) actif, -ive (*a.* ✝); (*munter*) éveillé; ✝ **~e** *Nachfrage* forte demande *f*; **~e** *Spähtruppttätigkeit* vive activité *f* de patrouilles; **~** *werden* s'animer; **II** *adv.* vivement; *~ bedauern* regretter vivement; *~ Beifall klatschen* applaudir bruyamment (*od.* à tout rompre); *etw. ~ empfinden* être très sensible à qch.; *sich ~ etw. vorstellen können* pouvoir s'imaginer qch.; ²**igkeit** *f* vivacité *f*; entrain *m*; sémillance *f*; animation *f*; ✝ activité *f*.
¹**Leb|kuchen** *m* pain *m* d'épice; ²**los** *adj.* sans vie; inanimé; ✝ inactif, -ive; stagnant; **~losigkeit** *f* absence *f* de vie; ✝ stagnation *f*; **~tag** *m*: *mein ~* de (toute) ma vie; *das habe ich mein ~ nicht gesehen* je n'ai encore jamais vu ça; **~zeiten** *f/pl.*: *zu meinen ~* de mon vivant; *zu ~ meines Vaters* du vivant de mon père; *zu unseren ~* de nos jours.
¹**lechzen** *v/i.*: *nach Wasser ~* mourir de soif; *fig. nach etw. ~* être avide de qch.; soupirer après qch.
Leck *n in Fässern*: fuite *f*; ⚓ voie *f* d'eau; *ein ~ bekommen* faire eau; *ein ~ verstopfen* aveugler une voie d'eau.
leck *adj.*: *~ sein* avoir une fuite; fuir; couler; ⚓ faire eau.
Le'ckage *f* fuite *f*; coulage *m*.
¹**lecken¹** *v/i.* avoir une fuite; fuir; couler; ⚓ faire eau; **II** ² *n* fuite *f*; coulage *m*.
¹**lecken²** **I** *v/t.*, *v/i. u. v/r.* (*sich ~ se*) lécher; *an etw. ~* lécher qch.; *fig. sich die Finger danach ~* s'en lécher les doigts; F *wie geleckt* tiré à quatre épingles; **II** ² *n* lèchement *m*.
¹**lecker** *adj.* délicieux, -euse; de bonne mine; exquis; appétissant; *aussehen Speisen*: avoir bonne mine; ²**bissen** *m* bon morceau *m*; morceau *m* de choix; ²**eien** (*Süßigkeiten*) *f/pl.* sucreries *f/pl.*, friandises *f/pl.*; ²**maul** (*Süßschnabel*) *n* bec *m* sucré.
¹**Leder** *n* cuir *m* (*a. Fußball*); *weiches*: peau *f*; *genarbtes ~* chagrin *m*; *gepreßtes ~* cuir *m* façonné; *in ~ gebunden* relié en cuir; *fig. vom ~ ziehen* (*fig. auspacken*) mettre flamberge au vent; F *j-m das ~ gerben* tanner la peau à q.; **~absatz** *m* talon *m* en cuir; **~einband** *m* reliure *f* en cuir; ²**farben** *adj.* couleur (de) cuir; **~fett** *n* graisse *f* pour cuir; **~futteral** *n* fourreau *m* (*od.* gaine *f*) de cuir; **~gamasche** *f* guêtre *f* en cuir; **~handel** *m* peausserie *f*; **~handschuh** *m* gant *m* de peau; **~hose** *f* pantalon *m* (*kurze*: culotte *f*) de peau (*od.* de cuir); **~imprägnierer** (*für Schuhe*) *m* imprégnateur *m* pour cuirs; **~jacke** *f* veste *f* de (*od.* en) cuir; *pelzgefütterte ~ canadienne f*; *fig.* (*Halbstarker*) blouson *m* noir; **~koffer** *m* malle *f* en

cuir; ~lappen *m* peau *f* de chamois; ~mantel *m* manteau *m* en (*od.* de) cuir; ~mappe *f* serviette *f* en cuir; ℒn *adj.* de (*resp.* en) cuir; *Handschuhe:* de (*od.* en) peau; *fig.* dur comme (du) cuir; coriace; (*langweilig*) sec, sèche; ennuyeux, -euse; ~öl *n* huile *f* pour cuir; ~riemen *m* courroie *f* en cuir; ✕ ceinturon *m* en cuir; *langer, schmaler* ~ lanière *f* en cuir; ~rücken *m e-s Buches:* dos *m* basane; ~schurz *m* tablier *m* de cuir; ~sessel *m* fauteuil *m* de cuir; ~waren *f/pl.* articles *m/pl.* de cuir; peausserie *f*; cuirs *m/pl..*; ~warenmesse *f* foire *f* du cuir; ~zeug ✕ *n* buffleterie *f*.
'ledig *adj.* libre; *von etw.* (*od. e-r Sache gén.*) ~ *sein* être quitte (*od.* délivré *od.* débarrassé) de qch.; (*unverheiratet*) non marié; célibataire; ~ *bleiben* rester célibataire, *Mädchen:* a. rester vieille fille, F coiffer sainte Catherine, *Männer:* a. rester garçon; (*unbesetzt, leer*) vide; *Stelle:* vacant; ~lich *adv.* uniquement; exclusivement.
Lee ⚓ *f* côté *m* sous le vent.
leer *adj.* vide; (*geleert*) vidé; (*geräumt*) évacué; *Stelle:* vacant; *Platz, Wohnung:* inoccupé; *Papier:* en blanc; *fig.* (*bedeutungslos*) insignifiant; (*eitel*) vain; (*unbegründet*) sans fondement; (*hohl, sinnlos*) creux, -euse; vide de sens; ~e *Seite* page *f* blanche (*od.* vierge); *e-e Seite* ~ *lassen* laisser une page en blanc; *mit* ~*en Händen* les mains vides; ~e *Drohung* menace *f* en l'air; ~es *Geschwätz* bavardage *m*; radotage *m*; *das sind* ~e *Worte* ce ne sont que des mots; *thé. vor* ~*en Hause spielen* jouer devant (*od.* pour) les banquettes; *fig.* ~es *Stroh dreschen* radoter; ~ *machen* vider; ~ *werden se* vider; ~ *ausgehen* rien obtenir; ~ *stehen* être vide (*od.* inoccupé).
'Leere[1] *n* vide *m*.
'Leere[2] *f* vide *m*; *geistige* ~ vacuité *f* mentale.
'leeren I *v/t.* (*v/rf.: sich se*) vider; (*räumen*) évacuer; *den Briefkasten* ~ relever le courrier; faire la levée; *der Briefkasten ist geleert* la levée a été faite; *der Briefkasten wird täglich dreimal geleert* il y a trois levées par jour; II ℒ *n* vidage *m*; *e-r Grube:* vidange *f*; (*Räumen*) évacuation *f*; *des Briefkastens:* levée *f*.
'Leer|gewicht *n* poids *m* à vide; ~gut *n* emballage *m* vide (*od.* consigné); ~lauf *m* ⊕ marche *f* à vide; *Auto:* point *m* mort; *fig.* efforts *m/pl.* inutiles; ℒlaufen *v/i.* marcher à vide; *Faß:* se vider; ~laufspannung *f* tension *f* (de marche) à vide; ℒmachen *v/t.: j-m die Taschen* ~ faire les poches à q.; ℒstehend *adj.* vide; inoccupé; *Stelle:* vacant; ~taste *f* barre *f* d'espacement; ~ung *f* vidage *m*; *e-r Grube:* vidange *f*; (*Räumung*) évacuation *f*; *des Briefkastens:* levée *f*; relevage *m*; ~zug 🚃 *m* train *m* vide.
'Lee|segel ⚓ *n* bonnette *f*, ~seite *f* côté *m* sous le vent; ℒwärts *adv.* sous le vent.
'Lefze *f* babine *f*.
le'gal *adj.* légal.
legali'sier|en *v/t.* légaliser; ℒen *n*, ℒung *f* légalisation *f*.
Legali'tät *f* légalité *f*.

Legasthe'nie 𝒮 *f* dyslexie *f*.
Le'gat[1] *m* légat *m*.
Le'gat[2] *n* legs *m*.
Legati'on *f* légation *f*; ~srat *m* conseiller *m* de légation; ~ssekretär *m* secrétaire *m* de légation.
'Lege|batterie (*für Eier*) *f* batterie *f* d'élevage; ~henne *f* (poule *f*) pondeuse *f*.
'legen I 1. *v/t.* mettre; placer; poser; *Eier:* pondre; *auf die Erde* ~ mettre à terre; *auf die Goldwaage* ~ *Worte:* peser; *Geld auf Zinsen* ~ mettre (*od.* placer) de l'argent à intérêt; *aus der Hand* ~ déposer; *in die Sonne* ~ mettre, exposer au soleil; *Wäsche* ~ plier du linge; *e-e Decke über etw.* ~ étendre une couverture sur qch.; *zu Bett* ~ mettre au lit; coucher; *j-m ein Hindernis* (*od. Hindernisse*) *in den Weg* ~ mettre obstacle (*od.* des obstacles) à q.; *in Ketten* ~ enchaîner; *in Asche* ~ réduire en cendres; *Karten* ~ tirer les cartes; *e-e Patience* ~ faire une patience (*od.* une réussite); *den Grundstein* ~ poser la première pierre (*zu de*); *j-m das Handwerk* ~ mettre fin aux menées de q.; *j-m etw. zur Last* ~ imputer qch. à q.; *j-m etw. in den Mund* ~ (*es ihm zuschreiben*) attribuer qch. à q., (*es ihm eingeben*) suggérer qch. à q.; *auf etw.* (*acc.*) *Wert* ~ tenir beaucoup à qch., attacher de l'importance à qch.; *auf etw.* (*acc.*) *Nachdruck* ~ insister sur qch.; accentuer qch.; *die Hände in den Schoß* ~ se tenir les bras croisés; *die letzte Hand an etw.* (*acc.*) ~ mettre la dernière main à qch.; *j-m etw. ans Herz* ~ recommander chaudement qch. à q.; *an den Tag* ~ manifester; 2. *v/rf.: sich* ~ s'allonger, s'étendre, (*nachlassen*) se calmer, s'apaiser, F se tasser; *Wind:* tomber, (*aufhören*) cesser, (*zu Bett*) se mettre au lit, se coucher, *krankheitshalber:* s'aliter, *Getreide:* verser; *sich in die Sonne* ~ s'exposer, se mettre au soleil; *sich aufs Ohr* ~ faire un petit somme; *fig. sich auf etw.* (*acc.*) ~ s'appliquer à qch., *als Ausweg:* avoir recours à qch.; *sich ins Mittel* ~ s'interposer; intervenir; *sich ins Zeug* ~ s'y mettre énergiquement; II ℒ *n v. Eiern:* ponte *f*.
legen'där *adj.* légendaire.
Le'gende *f* légende *f*; ℒnhaft *adj.* légendaire.
'Legezeit *f* saison *f* de la ponte.
'Legfalte *f* pli *m* couché.
le'gier|en *v/t. Metalle:* allier; *cuis.* lier; ℒen *n*, ℒung *f* alliage *m*; ℒungsbestandteil *m* composant *m* d'alliage.
Legi'on *f* légion *f*.
Legio'när *m* légionnaire *m*.
legisla'tiv *adj.* législatif, -ive; ℒe *f* pouvoir *m* législatif.
Legisla'turperiode *f* législature *f*.
legi'tim *adj.* légitime.
Legitimati'on *f* légitimation *f*; ~skarte *f* carte *f* d'identité; ~s-papier *n* pièce *f* d'identité.
legiti'mier|en 1. *v/t.* légitimer; 2. *v/rf.: sich* ~ prouver (*od.* établir) son identité; justifier de son identité; ℒen *n*, ℒung *f* légitimation *f*.
Legiti'mist *m* légitimiste *m*.
Legiti'mität *f* légitimité *f*.
'Lehen *féod. n* fief *m*; *j-m etw. zu* ~

geben donner qch. en fief à q.
Lehm *m* (terre *f*) glaise *f*; △ torchis *m*; '~boden *m* sol *m* glaiseux; '~grube *f* glaisière *f*; '~hütte *f* cabane *f* en torchis; 'ℒig *adj.* glaiseux, -euse; '~wand *f* mur *m* en torchis.
'Lehne *f* dos *m*; dossier *m*; (*Seitenℒ*) accoudoir *m*; (*Stütze*) appui *m*; (*Berghang*) pente *f* (douce); penchant *m*; (*Abfall e-s Gebirges*) versant *m*; *verstellbare* ~ dossier *m* rabattable; ℒn 1. *v/i. u. v/rf.: sich* ~ s'appuyer (*gegen, an acc.* à; *auf acc.* sur), *mit dem Rücken:* a. s'adosser (*gegen, an acc.* à); *sich aus dem Fenster* ~ se pencher à la fenêtre, en dehors; 2. *v/t.* appuyer (*gegen, an acc.* contre *od.* à; *auf acc.* sur), *mit dem Rücken:* a. adosser (*gegen, an acc.* à).
'Lehns|dienst *féod. m* service *m* de vassal; ~eid *féod. m* hommage *m*; *den* ~ *leisten* rendre foi et hommage.
'Lehnsessel *m* fauteuil *m*.
'Lehns|folge *f* succession *f* féodale; ~freiheit *f* allodialité *f*; ~gut *n* fief *m*; ~herr *m* suzerain *m*; ~herrlichkeit *f*, ~herrschaft *f* suzeraineté *f*; seigneurie *f*; ~mann *m* homme *m* lige; ~pflicht *f* devoir *m* de vassal.
'Lehnstuhl *m* fauteuil *m*.
'Lehns|verhältnis *féod. n* vassalité *f*; vasselage *m*; ~wesen *n* régime *m* féodal; féodalité *f*.
'Lehnwort *gr. n* mot *m* d'emprunt.
'Lehr|amt *n* charge *f* d'instituteur; *höheres* ~ charge *f* de professeur; *professorat m; in das* ~ *eintreten* entrer dans l'enseignement; *ein* ~ *bekleiden* être dans l'enseignement; ~amts-anwärter (in *f*) *m* aspirant(e *f*) *m* à un poste d'instituteur *bzw.* -trice (*höheres Lehramt:* au professorat) stagiaire *m, f*; ~anstalt *f* établissement *m* d'enseignement; (*Schule*) école *f*; ~art *f* méthode *f* d'enseignement; ~auftrag *m: e-n* ~ *haben* être chargé de cours; ℒbar *adj.* qui peut être enseigné; ~beamte(r) *m* enseignant *m*; ~beauftragte(r) *m* chargé *m* de cours; ~befähigung *f* aptitude *f* à l'enseignement; *Fr. écol.* ~ *in der Oberstufe* maîtrise *f*; ~beruf *m* profession *f* d'enseignant; ~brief *m* certificat *m* d'aptitude professionnelle; ~buch *n* (*Handbuch*) manuel *m*; (*Abriß*) précis *m*; ~bursche *m* apprenti *m*; F arpète *m*.
'Lehre *f* (*Lehrmeinung*) doctrine *f*; (*Vorschrift*) précepte *m*; (*Unterweisung*) instruction *f*; enseignement *m*; leçon *f*; (*Lehrzeit*) apprentissage *m*; ⊕ (*Meßinstrument*) calibre *m*; jauge *f*; gabarit *m*; ~ *und Forschung* l'enseignement et la recherche; *lassen Sie sich das e-e* ~ *sein!* cela vous serve de leçon!; *das wird mir e-e* ~ *sein* cela me servira de leçon; *das wird ihm e-e* ~ *sein a.* cela le dressera; *die* ~*n aus etw. ziehen* tirer les enseignements de qch.; *bei j-m in der* ~ *sein* être en apprentissage auprès de q.; *j-n in die* ~ *geben* (*od. bringen*) mettre q. en apprentissage; *aus der* ~ *kommen* sortir d'apprentissage; ℒn *v/t.* enseigner; professer; *j-n etw.* ~ enseigner (*od.* apprendre) qch. à q., instruire q. dans qch.; *j-n lesen* ~ apprendre à lire à q.; ~n *n* enseignement *m*; ~n-bohrmaschine ⊕ *f* pointeuse *f*; ℒnd

adj. enseignant.
¹**Lehrer|(in** *f*) *m* (*Grundschu*2) instituteur *m*, -trice *f*; F maître *m*, -esse *f* (d'école); *an höheren Schulen*: professeur *m*; F prof *m*, *f*; **~austausch** *m* échange *m* de professeurs (*resp.* d'instituteurs); **~beruf** *m* profession *f* d'instituteur; *höherer*: profession *f* de professeur; **~bildungs-anstalt** *f* centre *m* de formation des maîtres; école *f* normale d'instituteurs (*resp.* d'institutrices); **~kollegium** *n* corps *m* des professeurs (*resp.* des instituteurs); **~konferenz** *f* conseil *m* d'enseignement; conseil *m* des professeurs (*resp.* des instituteurs); **~mangel** *m* pénurie *f* d'instituteurs (*resp.* de professeurs); **~prüfung** *f* examen *m* d'instituteur; *höhère*: examen *m* de professeur; **~schaft** *f* corps *m* enseignant; **~seminar** *n* école *f* normale d'instituteur (*resp.* d'institutrices); **~stand** *m* corps *m* enseignant; **~stelle** *f* poste *m* d'instituteur; *höhère*: poste *m* de professeur; **~überhang** *m* enseignants *m/pl.* en surnombre; surplus *m* (*od.* nombre *m* trop grand) d'enseignants; **~weiterbildung** *f* recyclage *m* des professeurs en exercice; **~zimmer** *n* salle *f* de conférences.
¹**Lehr|fach** *n* matière *f* d'enseignement; discipline *f*; **~film** *m* (film *m*) documentaire *m*; **~freiheit** *f* liberté *f* d'enseignement; **~gang** *m* cours *m*; (*Praktikum*) stage *m*; **~gangsteilnehmer(in** *f*) *m* (*Praktikant*[in]) stagiaire *m*, *f*; **~gebäude** *fig. n* système *m*; **~gedicht** *n* poème *m* didactique; **~gegenstand** *m* matière *f* (d'enseignement); **~geld** *n* frais *m/pl.* d'apprentissage; *fig.* ~ zahlen müssen apprendre à ses dépens; **~geschick** *n* talent *m* pédagogique; 2**haft** *adj.* dogmatique; (*didaktisch*) didactique; **~herr(in** *f*) *m* maître *m*, -esse *f*; patron *m*, -onne *f*; **~jahr** *n* année *f* d'apprentissage; **~junge** *m* apprenti *m*; **~körper** *m* corps (*od.* personnel) *m* enseignant; corps *m* professoral, corps *m* des professeurs (*resp.* des instituteurs); **~kraft** *f* → ~er; **~ling** *m* apprenti *m*; F arpète *m*; **~lingsbetrieb** *m* atelier-école *m*; **~lingswohnheim** *n* foyer *m* d'apprentis; **~mädchen** *n* apprentie *f*; F arpète *f*; **~meinung** *f* théorie *f*; *rl.* dogme *m*; **~meister** *m* maître *m*; patron *m*; **~methode** *f* méthode *f* d'enseignement; **~mittel** *n/pl.* fournitures *f/pl.* scolaires; **~personal** *n* personnel (*od.* corps) *m* enseignant; **~plan** *m* programme *m* des études; **~probe** *f* leçon *f* test; 2**reich** *adj.* instructif, -ive; riche en enseignements; **~saal** *m* salle *f* de cours; **~satz** *m* thèse *f*; ♣ théorème *m*; proposition *f*; *rl.* dogme *m*; **~spruch** *m* sentence *f*; aphorisme *m*; maxime *f*; **~stelle** *f* place *f* d'apprentissage; **~stoff** *m* matière *f* d'enseignement; **~stuhl** *m* chaire *f* (*für Philologie* de philologie); **~stunde** *f* leçon *f*, cours *m*; **~tätigkeit** *f* enseignement *m*; professorat *m*; **~ton** *m* ton *m* dogmatique; **~vertrag** *m* contrat *m* d'apprentissage; **~weise** *f* méthode *f* d'enseignement; **~werkstätte** *f* centre *m* (*od.* atelier) *m* d'apprentissage;

atelier-école *m*; **~zeit** *f* (temps *m* d')apprentissage *m*; *fig.* s-e ~ durchmachen in (*dat.*) faire l'apprentissage de; **~zeugnis** *n* certificat *m* d'apprentissage.
Leib *m* corps *m*; (*Bauch*) ventre *m*; *bei lebendigem ~e tout(e)* vif (vive); *bei lebendigem ~e verbrannt werden* être brûlé(e) vif (vive); *harten* ~ *haben* être constipé; *litt. gesegneten ~es sein* être enceinte; *nichts im ~e haben* n'avoir rien mangé; F n'avoir rien dans le ventre; *den Teufel im ~e haben* avoir le diable au corps; *am ganzen ~e zittern* trembler de tout son corps; F *sich den ~ vollschlagen* se remplir le ventre; P se goinfrer; P *s'empiffrer*; *drei Schritt vom ~e!* arrière! ne me touchez pas!; *j-m* (*e-r Sache dat.*) *zu ~e gehen* attaquer q. (qch.); *j-m auf den ~ rücken* serrer q. de près; *kein Herz im ~ haben* n'avoir pas de cœur; manquer de cœur; *sich j-n vom ~e halten* tenir q. à distance; *bleib mir vom ~e* laisse-moi tranquille (*od.* en paix); *mit ~ und Seele* de tout son cœur; *sich mit ~ und Seele e-r Sache widmen* se vouer à qch. corps et âme; *j-m mit ~ und Seele ergeben sein* être dévoué à q. corps et âme; *das Herz lacht ihm im ~e* il se sent le cœur en fête; *thé. die Rolle ist ihm auf den ~ geschrieben* c'est pour lui un rôle sur mesure; le rôle est créé exprès pour lui; **~arzt** *m* médecin particulier; **¹~chen** *n* corsage *m*; *von Kindern*: corse(le)t *m*; **²eigen** *féod. adj.* serf, serve; **¹~eigene(r** *a. m*) *féod. m*, *f* serf *m*, serve *f*; **~eigenschaft** *féod. f* servage *m*.
¹**Leibes|beschaffenheit** *f* constitution *f*; complexion *f*; **~erbe** *m* héritier *m* naturel; **~erziehung** *f* éducation *f* physique; **~frucht** *f* embryon *m*; fœtus *m*; **~fülle** *f* embonpoint *m*; **~kraft** *f* force *f* physique; vigueur *f*; *aus Leibeskräften* de toutes mes (tes, etc.) forces, *laufen*: à toutes jambes, *schreien*: à tue-tête; **~übungen** *f/pl.* exercices *m/pl.* physiques; culture *f* physique; éducation *f* physique; **~umfang** *m* corpulence *f*; **~visitation** *f* fouille *f*.
¹**Leib|garde** *f* garde *f* du corps; **~gardist** *m* garde *m* du corps; **~gericht** *n* plat *m* préféré; mets *m* favori; **~gurt** *m*, **~gürtel** *m* ceinture *f*; ²**haftig** *adj.* lui- (*bzw.* elle-)même; en personne; en chair et en os; (*personifiziert*) personnifié; incarné; *Bildnis*: vivant; *der 2e* le diable; ²**lich** *adj.* corporel, -elle; physique; (*irdisch*) terrestre; (*materiell*) matériel; *~es Wohl* bien-être *m*; *mein ~er Bruder* mon propre frère; *~es mon frère germain*; *mein ~es Kind* mon propre enfant; **~regiment** ✗ *n* régiment *m* du roi (*resp.* de la reine, *etc.*); **~rente** *f* rente *f* viagère; **~schmerzen** *m/pl.*, **~schneiden** *n*: ~ *haben* avoir mal au ventre; **~wache** *f* garde *f* du corps; **~wächter** *m* garde *m* du corps; **~wäsche** *f* linge *m* de corps; (*bsd. Damenunterwäsche*) lingerie *f*.
¹**Leiche** *f* cadavre *m*; P macchabée *m*; *typ.* bourdon *m*; *fig. wandelnde* ~ cadavre *m* ambulant, mort *m* vivant, F trompe-la-mort *m*, *f*; *über ~n gehen* être brutal.
¹**Leichen|ausgrabung** *f* exhumation

f; **~begängnis** *n* funérailles *f/pl.*; obsèques *f/pl.*; **~beschauer** *m* médecin *m* légiste; **~bittermiene** *f* mine (*od.* figure) *f* d'enterrement; ²**blaß** *adj.* blanc, blanche comme un linceul; pâle comme un mort; blême; livide; cadavérique; **~blässe** *f* lividité *f*; **~feier** *f* → ~begängnis; **~fledderer** *m* détrousseur *m* de cadavres; **~fund** *m* découverte *f* de cadavre; **~gefolge** *n* → ~zug; **~geruch** *m* odeur *f* cadavéreuse; **~gift** *n* virus *m* cadavérique; ²**haft** *adj.* cadavéreux, -euse; **~halle** *f* morgue *f*; **~öffnung** *f* ♣ *u.* ♠ *f* autopsie *f*; **~raub** *m* enlèvement *m* de cadavre; **~rede** *f* oraison *f* funèbre; **~schändung** *f* viol *m* de cadavre; **~schau** *f* examen *m* médico-légal; autopsie *f*; **~schauhaus** *n* morgue *f*; *in Paris*: Institut *m* médico-légal; **~schmaus** *m* repas *m* d'enterrement; **~starre** ♣ *f* rigidité *f* cadavérique; **~träger** *m* porteur *m* (du cercueil); F croque-mort *m*; **~tuch** *n* linceul *m*; suaire *m*; **~verbrennung** *f* incinération *f*; crémation *f*; **~verbrennungs-ofen** *m* four *m* crématoire; **~wagen** *m* corbillard *m*; char *m* funèbre; *offiziell*: fourgon *m* mortuaire; **~zug** *m* cortège *m* funèbre; deuil *m*.
¹**Leichnam** *m* cadavre *m*; corps *m* (d'un mort).
leicht I *adj.* léger, -ère; *Krankheit*: bénin, -igne; (*nicht schwierig*) facile; aisé; *~e Kost* nourriture *f* légère; *~er Kaffee* (*usw.*) café *m* léger; *~er Tabak* tabac *m* léger; *~er Boden* terre *f* légère; *~e Waffen* armes *f/pl.* légères; *~e Truppen* troupes *f/pl.* légères; *~es Mädchen* fille *f* légère; *~e Bestrafung* châtiment *m* léger; *~er Schlaf* sommeil *m* léger; *~e Unterhaltung* émission *f* de variétés; *~er Fehler* faute *f* légère, *als Gebrechen, Mangel*: petit défaut *m*; *~er Verdacht* léger soupçon *m*; *~er Zweifel* léger doute *m*; *~e Musik* musique *f* légère; musiquette *f*; *~e Arbeit* travail *m* facile; *zu übersetzen facile à traduire*; *~er Tod* mort *f* facile; *~en Herzens* d'un cœur léger; *~en Schrittes* d'un pas léger; *~e Mühe* peu de peine; *e-e ~e Hand haben* avoir la main légère, (*loses Handgelenk haben*) *a.* avoir la main leste; † *~en Absatz finden* avoir un bon débit; se vendre bien; *~es Spiel haben* avoir beau jeu (*mit de*); *etw. auf die ~e Schulter nehmen* prendre qch. à la légère; *das ist ihm ein ~es* cela lui est facile; *ce n'est qu'un jeu pour lui*; cela ne lui coûte guère; **II** *adv.* légèrement; (*nicht schwierig*) facilement; aisément; *~(er) machen* faciliter, *Lasten*: alléger; *sich's ~ machen* en prendre à son aise; *sich ~ neigende Gänge* des couloirs en pente douce; *er nimmt alles ~* il prend tout à la légère; *nehmen Sie es leicht!* ne vous en faites pas!; *~ gekleidet* légèrement vêtu; *~ gesagt!* facile à dire!; *~er gesagt als getan* plus facile à dire qu'à faire; *~ bewaffnen* armer légèrement; *~ verzichten* renoncer facilement (*od.* aisément); *~ säuerlich* légèrement acidulé; *~ lösbar* facilement soluble; *~ entzündbar* facilement inflammable; *~ verderblich* périssable; *das kann man*

sich ~ denken cela se conçoit aisément; Sie können sich ~ denken vous pensez bien; das ist ~ möglich c'est bien possible; es könnte ~ anders kommen cela pourrait bien tourner autrement; es wird ihm ~ (ums Herz) il se sent le cœur plus léger; '²athletik f athlétisme m; '~athletisch adj. athlétique; '²bauplatte △ f 'hourdis m léger; '~bedeckt adj. légèrement couvert; '²benzin n gazoline f; '~beschädigt adj. légèrement endommagé; '~beschwingt (Schritt) adj. léger, -ère; '²beton m béton m léger (od. cellulaire); '~bewaffnet adj. légèrement armé; '~beweglich adj. (très) mobile; '~blütig fig. adj. d'humeur enjouée; '~entzündlich adj. facilement inflammable; '²er ⚤ m allège f; ac(c)on m; '²ertransport ⚤ m ac(c)onage m; '~fallen v/imp.: es fällt ihm leicht, zu ... il n'a pas de peine à ...; es fällt ihm leicht cela ne lui coûte guère; '~fertig I adj. léger, -ère; volage; frivole; F par-dessus la jambe; (unbedacht) désinvolte; irréfléchi; étourdi; (mutwillig) espiègle; (gewissenlos) sans scrupules; II adv.: etw. ~ behandeln traiter qch. à la légère; '²fertigkeit f légèreté f; désinvolture f; frivolité f; (Unbedachtsamkeit) étourderie f; (Mutwille) espièglerie f; '~flüssig adj. (schmelzbar) facilement fusible; '²-fuß F fig. m étourdi m; étourneau m; '~füßig adj. au pied léger; agile, alerte; ~ge'kleidet adj. vêtu légèrement; court-vêtu; '~gepanzert adj. légèrement blindé; '²gewicht n Sport: poids m léger; '~gläubig adj. crédule; naïf, -ïve; '²gläubigkeit f crédulité f; naïveté f; '~hin adv. à la légère; '²igkeit f légèreté f; (Unbedachtsamkeit) étourderie f; (Ungezwungenheit) aisance f; (Behendigkeit) agilité f; '²industrie f industrie f légère; '~lebig adj. insouciant; F qui ne s'en fait pas; léger, -ère; volage; '²lebigkeit f insouciance f; légèreté f; humeur f volage; '²matrose m matelot m débutant; novice m; '²metall n métal m léger; alliage m léger; '²-metallbau m construction f en métal léger; '~metallgießerei f fonderie f d'alliages légers; '²me-tall-Legierung f alliage m léger; '²motorrad n mobilette f; vélomoteur m; pétrolette f; '~nehmen v/t. prendre à la légère; '²sinn m légèreté f; frivolité f; (Unbedachtsamkeit) imprudence f; étourderie f; (Mutwille) espièglerie f; '~sinnig adj. léger, -ère; volage; frivole; (unbedacht) étourdi; évaporé; (mutwillig) espiègle; '~sinnigerweise adv. par légèreté; '²sinnigkeit f → ²sinn; '~ver-daulich adj. facile à digérer; digestible; F digeste; '²verletzte(r a. m) m, f blessé(e) m léger (-ère); '~ver'ständlich adj. facile à comprendre (od. à concevoir); '²verwunde-te(r) m blessé m léger; '²wasser-reaktor m réacteur m à eau légère. leid adj. (oft adv.) inv.: es tut mir ~, daß ... (inf. resp. zu ... inf.) je regrette (od. je suis fâché) que ... (subj.) (resp. de ... inf.); das tut mir ~ j'en suis fâché; tant pis; das tut mir unendlich ~ j'en suis infiniment désolé (od. navré); du tust

ihm ~ tu lui fais pitié; etw. ~ werden se lasser de qch.; ich bin es ~, immer wieder zu sagen je suis las, -sse de toujours répéter la même chose.
Leid n (Übel) mal m; (Unrecht) tort m, pfort outrage m; (Unglück) malheur(s pl.) m; (Kummer) chagrin m; (Mühe) peine f; (Schmerz) douleur f; über in Verlust: regret m; j-m ein ~ (an)tun faire du mal (od. du chagrin) à q.; sich ein ~ antun attenter à ses jours; sein ~ klagen conter ses chagrins.
'Leideform gr. f passif m; voix f passive.
'leiden I 1. v/i. souffrir (an, unter dat. de); s-e Gesundheit hat darunter gelitten sa santé en a été éprouvée; an Schwindel ~ être sujet, -ette au vertige; 2. v/t. souffrir (dulden) tolérer (erdulden) endurer, supporter; (über sich ergehen lassen) subir; éprouver; essuyer; (erlauben, zulassen) permettre, admettre; j-n (etw.) ~ können (od. mögen) aimer q. (qch.); j-n nicht ~ können ne pouvoir souffrir q.; die Angelegenheit leidet keinen Aufschub l'affaire ne souffre aucun délai (od. retard); Not ~ être dans la misère (od. dans le besoin); der Film leidet an Längen le film pèche par des longueurs; II ² n souffrance f; (Schmerz) douleur f; (Gram) peines f/pl.; ✠ affection f; Christi: passion f; ~d adj. souffreteux, -euse; infirme.
'Leidenschaft f passion f; in ~ geraten se passionner; sich von s-r ~ fortreißen lassen se laisser aller à sa passion; se laisser emporter par sa passion; Spielen ist s-e ~ il a la passion du jeu; ²lich I adj. passionné; pathétique; (feurig) ardent; fougueux, -euse; brûlant; ~ werden se passionner, (in Zorn geraten) s'emporter; II adv. passionnément; (feurig) ardemment; ~ lieben a. aimer à la folie (od. avec passion); sich ~ in j-n verlieben se prendre de passion pour q.; ~ erregen passionner; sich ~ erregen; ~ werden se passionner (für pour); ~lichkeit f caractère m passionné (od. fougueux od. ardent); (Ungestüm) fougue f; violence f; ²slos adj. sans passion; impassible; apathique; ~slosigkeit f absence f de passion; impassibilité f; apathie f.
'Leidens|druck soc. m lourdeur f de souffrances; ~gefährte m, ~gefähr-tin f compagnon m, compagne f d'infortune; ~geschichte rl. f passion f; ~station rl. f: die zwölf ~en le chemin de croix; ~weg m calvaire m.
'leider adv. malheureusement; int. ~ (Gottes)! hélas!; malheureusement!
'leidgeprüft adj. éprouvé.
'leidig adj. fâcheux, -euse; désagréable; déplaisant.
'leidlich I adj. passable; II adv. passablement; F comme ça; F comme ci, comme ça; F couci-couça.
'Leid|tragende(r a. m) m, f celui m, celle f qui est en deuil; die ~n la famille du défunt; fig. der ~ von etw. sein avoir à souffrir de qch.; bei etw. der ~ sein être la victime dans qch.; ²voll adj. plein de douleur; douloureux, -euse; ~wesen n désolation f; affliction f; zu m-m (großen) ~ à mon (grand) regret.

'Leier ♪ f lyre f; fig. es ist immer die alte ~ c'est toujours la même rengaine (od. la même ritournelle od. la même antienne); c'est le refrain de la ballade; ~kasten m orgue m de Barbarie; limonaire m; ~kastenmann m joueur m d'orgue de Barbarie.
'Leih|amt n, ~anstalt f mont-de-piété m; F clou m; P ma tante; ~bibliothek f, ~bücherei f bibliothèque f de prêt; ²en v/t. (aus~) prêter; auf Pfänder ~ prêter sur gage; auf Zinsen ~ prêter à intérêt; j-m sein Ohr ~ prêter l'oreille à q.; (ent~, sich ~) emprunter (von j-m etw. qch. à q.); ~en n (Aus²) prêt m; (Ent²) emprunt m; ~frist f délai m de prêt; ~gebühr f taux m de prêt; ~haus n mont-de-piété m; F clou m; P ma tante; ~schein m bulletin m de prêt; ~stelle f (Ausleihe) salle f de prêt; ~verkehr m (Bücher²) service m de prêt(s) de livres; auswärtiger ~ prêt m de bibliothèque à bibliothèque; ~wagen m voiture f de location; ²weise adv. à titre de prêt; ~zettel m bulletin m de prêt.
Leim m colle f; (Tischler²) colle f forte; (Vogel²) glu f; mit ~ bestreichen enduire de colle; aus dem ~ gehen se décoller; se déboîter; fig. j-m auf den ~ führen mettre q. dedans; duper q.; berner q.; F empaumer q.; auf den ~ gehen donner dedans le panneau; donner dedans; '²en v/t. coller; den Rücken e-s Buches: enduire de colle; ch. engluer; fig. j-n ~ mettre q. dedans; duper q.; berner q.; F empaumer q.; '~en n collage m; ~farbe f détrempe f; ~firma. m joint m à plat point; '²ig adj. collant; gluant; '~ring m um Bäume: ceinture-piège f; ~rute ch. f gluau m; mit ~en fangen prendre à la glu; '~stoff ♋ m gluten m; '~topf m pot m de colle.
Lein m ♀ lin m; (Same) linette f.
'Leine f corde f; (Meßschnur) cordeau m; man. longe f; (Lenkseil) guide m; für Hunde: laisse f; an der ~ führen (an die ~ nehmen) tenir (mettre) en laisse.
'Leinen I n toile f; rein ~ pur fil m; grobes ~ grosse toile f; in ~ gebunden relié en toile; II ² adj. de lin; de fil; de toile; ~band m e-s Buches: reliure f (en) toile; ~damast m linge m damassé; ~fabrik f toilerie f; ~fabrikant m toilier m; ~garn n fil m de lin; ~geschäft n toilerie f; ~gewebe n: glattes ~ linge m uni; ~handel m toilerie f; ~industrie f industrie f linière; ~papier n papier m toilé; ~schuh m espadrille f; ~tuch n drap m de toile; ~ware f toilerie f.
'Lein|eweber m toilier m; tisserand m en toile; ~kraut n ♀ linaire m; ~kuchen m tourteau m; ~öl n huile f de lin; ~ölfirnis m vernis m à l'huile de lin; ~saat ♀, ~samen m graine f de lin; linette f; ~tuch n drap m de toile; ~wand f toile f; Film: écran m; Held der ~ vedette f de l'écran; auf die ~ bringen porter à l'écran; auf ~ ziehen Buch: relier sur toile; ~wandgeschäft n, ~wandhandel m toilerie f; ~wandhändler(in f) m toilier m, -ière f; ~wandschuh m espadrille f; ~weber m toilier m; ~webe'rei f toilerie f.
'Leipziger adj. ~ Allerlei n macédoine

f (de légumes).

'leise I *adj.* bas, basse; *fig. (leicht)* léger, -ère; *(sanft)* doux, douce; *(fein)* fin; *ein ~es Gehör haben* avoir l'ouïe fine; *e-n ~n Schlaf haben* avoir le sommeil léger; *~r Verdacht* léger soupçon *m*; *~r Zweifel* léger doute *m*; *mit ~n Schritten* à pas étouffés; *mit ~r Stimme* à voix basse; **II** *adv.*: *~ sprechen (singen)* parler (chanter) bas; *~ gehen* marcher doucement *(od.* silencieusement); marcher à pas étouffés; *~(r) stellen* baisser; *~ berühren* toucher légèrement; effleurer *(a. fig.)*; *fig. ~ auftreten* y aller doucement; *nicht im ~sten (bei vb.* ne ...) pas le moins du monde!; *~!* doucement! *(Ruhe!)* silence!; **2treter** *m (Duckmäuser)* sournois *m*; dissimulé *m*.

'Leiste *f* listel *m*; listeau *m*; liston *m*; liteau *m*; tringle *f*; baguette *f*; moulure *f*; *Tuchmacherei:* lisière *f*; *(Borte)* bordure *f*; *anat.* aine *f*.

'leisten 1. *v/t. Pflicht:* faire; s'acquitter de; *(ausführen)* exécuter; *(hervorbringen)* produire; *(machen)* faire; *(liefern)* fournir; *(erfüllen)* accomplir; ⊕ rendre; produire; *Zahlung:* effectuer; *Dienst:* rendre; *Eid, Hilfe:* prêter; *in e-m Fach etw. ~* être fort en qch.; *Buße ~* faire pénitence; *Genugtuung ~* donner satisfaction; *Folge ~ (dat.)* obéir (à); *e-r Einladung Folge ~* accepter une invitation; *j-m Gesellschaft ~* tenir compagnie à q.; *Widerstand ~* résister; *auf etw. (acc.) Verzicht ~* renoncer à qch.; *Bürgschaft ~* fournir *(od.* donner) une caution; *für etw. Gewähr ~* garantir qch.; répondre de qch.; *Beistand ~* prêter assistance (*j-m* à q.); *j-m Hilfe ~* porter *(od.* prêter) secours à q.; secourir q.; aider q.; *j-m Vorschub ~* aider q.; *e-r Sache (dat.) Vorschub ~* favoriser qch.; *j-m e-n Vorschuß ~* faire une avance à q.; *nichts Ordentliches ~* ne faire rien qui vaille; *er leistet viel il fait beaucoup, (arbeitet gut)* il travaille bien; **2.** *v/rf.: sich etw. ~* se payer *(od.* s'offrir *od.* se permettre *od.* se passer) qch.; *sich e-n Fehler ~* faire *(od.* commettre) une faute; *sich etw. zu essen (od. zu trinken) ~* F se taper *(od.* se tasser) qch.

'Leisten *m cord.* forme *f*; *auf (od. über) den ~ schlagen* mettre sur la forme; *fig. alles über e-n ~ schlagen* mettre tout dans le même sac; *über denselben ~ geschlagen sein* être de la même trempe *(od.* du même acabit); *Schuster, bleib bei d-m ~!* chacun son métier; **~bruch** ♂ *m* 'hernie *f* inguinale; **~gegend** *anat. f* région *f* inguinale; **~taschen** *cout. f/pl.* poches *f/pl.* passepoilées; **~werk** △ *n* moulures *f/pl.*

'Leistung *f* exécution *f*; accomplissement *m*; *(Arbeit)* travail *m*; *(Werk)* ouvrage *m*; travail *m*; réalisation *f*; performance *f*; ⊕ puissance *f*; rendement *m*; débit *m*; efficience *f*; *technische ~en* performances *f/pl.* techniques; *(Produktion)* production *f*; *(Zahlung)* paiement *m*; *~ in Naturalien* prestation *f* en nature; *(Lieferung)* fourniture *f*; *(Dienst)* service *m*; ⚖ prestation *f* de service; *(Beitrag)* contribution *f*; *e-s Eides:* prestation *f*; *(Ergebnis, Erfolg)* résul-

tat *m*; *Sport:* performance *f*, exploit *m (a. sonst große ~); über ein Buch:* e-e eindrucksvolle *~* une maîtrise impressionnante; *écol.* s-e schulischen *~en* ses résultats scolaires; *~en pl. e-r Versicherung:* prestations *f/pl.*

'Leistungs|abfall ⊕ *m* diminution *f* de puissance; **~abgabe** *f* rendement *m*; débit *m*; **~angaben** ⊕ *f/pl.* indications *f/pl.* de la puissance; **~anzeiger** *m* indicateur *m* de puissance; **~aufnahme** *f* puissance *f* absorbée; **~ausgleich** ♀ *m* égalisation *f* des prestations; **~bereich** ⊕ *m* rayon *m* d'action; **~betrieb** *éc. m* entreprise *f* performante; **~bogen** *Fr. sc. (der letzten 3 Schuljahre) m* dossier-bilan *m*; **~druck** *m allg.* contrainte *f* au rendement; *écol. univ.* obligation *f* de réussir; contrainte *f* d'obtenir de bons résultats *(od.* de réussir tous les examens; **~fach** *écol. n* matière *f (od.* option *f)* approfondie; **~fähig** *adj.* capable de satisfaire à toutes les demandes; *(produktiv)* capable de produire; productif, -ive; ⊕ puissant; à grande puissance; à 'haut rendement; **~fähigkeit** *f* capacité *f*; puissance *f*; rendement *m*; *(Produktivität)* capacité *f* productive; productivité *f*; *(Ausdauer)* endurance *f*; *steuerliche ~* capacité *f* fiscale; **~faktor** *m* facteur *m* de puissance; **~gesellschaft** *f* société *f* méritocratique *(od.* de rendement); méritocratie *f*; **~grenze** *f* limite *f* de puissance; **~kurve** *f* courbe *f* de puissance; **~lohn** *m* salaire *m* au rendement; **~messer** ⚡ *m* wattmètre *m*; **2orientiert** *éc. adj.* performatif, -ive; **~prämie** *f* prime *f* de rendement; **~reaktor** *m* réacteur *m* de puissance; **~schau** ⊕ *f* exposition *f* consacrée aux dernières réalisations techniques; foire-exposition *f*; ⚡ concours-foire *m*; **~soll** *n* production *f* imposée; **~sport** *m* sport *m* de compétition; **~sportler(in)** *f/m* sportif (-ive *f*) compétitif (-ive); **~stand** *m* résultats *m*; ⊕ standard *m* d'efficience; **2stark** ✝ *adj.* performant; **~steigerung** *f* augmentation *f* de rendement *(od.* de puissance); **~verlust** *m* perte *f* de puissance; **~vermögen** *n* → *fähigkeit*; **~verzug** ✝, ⚖ *m* retard *m* dans la fourniture de la prestation; **~ziel** *écol. n: ~e pl. des Unterrichts* objectifs *m/pl.* de rendement de l'enseignement; **~zulage** *f* prime *f* de rendement.

'Leit-artik|el *m e-r Zeitung:* éditorial *m*; article *m* de fond; leader *m*; **~elschreiber** *m*, **~ler** *m* éditorialiste *m*.

'leiten *v/t.* conduire *(a. phys.)*; *(führen)* guider; mener; *(Richtung geben)* diriger; *(verwalten)* administrer; gérer; *(regieren)* gouverner; *Versammlung:* présider; *die Aussprache ~* diriger les débats; *Wasser:* amener; *sich von j-m ~ lassen* prendre q. pour guide; suivre q.; **~d** *adj.* conducteur, -trice *(a. phys.)*; directeur, -trice; dirigeant; *~er Ingenieur* ingénieur *m* en chef; *~es Komitee* comité *m* directeur; *~e Stellung* position *f* dirigeante; *~er Gedanke* idée *f* directrice.

'Leiter¹ *m*, **~in** *f* conducteur *m*, -trice *f*; guide *m*; *e-s Betriebes:* direc-

teur *m*, -trice *f*; gérant *m*, -e *f*; chef *m*; *(Verwalter, a. e-r Filiale)* administrateur *m*, -trice *f*; *e-r Versammlung:* président *m*; *kaufmännischer (technischer) ~* directeur *m* commercial (technique); agent *m* technique.

'Leiter² *phys. m* conducteur *m*.

'Leiter³ *f* échelle *f (a. fig.)*; *(Wagen2)* ridelle *f*; *kleine ~* petite échelle *f*; *e-e ~ an e-r Wand aufstellen* mettre, poser, appuyer une échelle contre un mur; *auf e-e ~ steigen* monter sur une échelle; escalader une échelle; **~chen** *n* petite échelle *f*; **~sprosse** *f* échelon *m*; **~wagen** *m* chariot *m* à ridelles.

'Leit|faden *m (Lehrbuch)* guide *m*; manuel *m*; précis *m*; **2fähig** *phys. adj.* conductible; **~fähigkeit** *f* conductibilité *f*; **~feuer** *(Auto) n* feu *m* de direction; **~fossil** *géol. n* fossile *m* caractéristique; **~frage** *f* question-guide *f*; **~gedanke** *m* idée *f* directrice; idée *f* mère; idée-force *f*; idée *f* maîtresse; **~hammel** ✝ *m* bélier *m* conducteur; sonnailler *m*; **~hund** *ch. m* limier *m*; **~karte** *f Karte:* fiche-guide *f*; **~motiv** *n* leitmotiv *m*; **~planke** *(Autobahn) f* glissière *f* de sécurité; **~prinzip** *n* principe *m* directeur; **~satz** *m* principe *m*; directive *f*; **~schema** *a. pol. n* schéma *m* directeur; **~schiene** *f* glissière *f*; ⚙ contre-rail *m*; **~sonde** ⚕ *f* gorgeret *m*; **~spruch** *m* principe *m*; **~stange** *f der Straßenbahn:* perche *f*; **~stelle** *f* centre *m*; *(Zentrale)* central *m*; **~stern** *m (Polarstern)* étoile *f* polaire; *fig.* guide *m*; **~strahl** *rad.*, ✈ *m* rayon *m* conducteur; **~strahlbake** ✈ *f* émetteur *m* en bout de piste; **~system** *(für Besucher usw.) n* système *m* de repères; **~triebwerk** *(Rakete) n* moteur *m* de direction.

'Leitung *f* conduite *f*; conduit *m (beide a. für Gas, Wasser)*; ⚡ ligne *f*; *oberirdische (unterirdische) ~* ligne *f* aérienne (souterraine); *(Stromkreis)* circuit *m*; *(Kabel)* câble *m*; *(~netz)* canalisation *f*; *(Übertragung)* transmission *f*; *(Geschäfts2 usw.)* direction *f*; gestion *f*; *(Verwaltung)* administration *f*; *(leitendes Komitee)* comité *m* directeur; *e-r Versammlung:* présidence *f*; *unter der ~ von* sous la direction de, *(unter dem Vorsitz von)* sous la présidence de; *mit der ~ beauftragt sein* être chargé de la direction; *die ~ übernehmen* prendre la direction; *die ~ in die Hand nehmen* prendre en mains la direction *(od.* les rênes); *téléph. e-e ~ bauen* poser une ligne; *sich in die ~ einschalten* entrer dans le circuit; *aus der ~ gehen* se retirer du circuit; *in der ~ bleiben* rester dans le circuit; *die ~ ist besetzt* la ligne est occupée; *fig. e-e lange ~ haben* avoir la compréhension lente *(od.* difficile).

'Leitungs|draht *m* fil *m* conducteur; fil *m* de ligne; *(Oberleitung)* caténaire *f*; **2fähig** *adj.* conductible; **~fähigkeit** *f* conductibilité *f*; **~hahn** *m (Wasserhahn)* robinet *m* d'eau; **~mast** *m* pylône *m*; ⚡, *Straßenbahn:* support *m* d'une caténaire; **~netz** *n* réseau *m*; canalisation *f*; **~rohr** *n*, **~röhre** *f* conduit *m*; conduite *f*;

~schnur ⚡ f cordon m; ~störung f dérangement m de ligne; ~vermögen n conductibilité f; ~wasser n eau f de robinet; ~widerstand m résistance f de la ligne.
'Leit|vermerk m indication f de la route; ⚓ acheminement m; ~vermögen phys. n conductibilité f; ~währung f monnaie-clé f; ~welle ⊕ f arbre m de transmission; ~werk ✈ n empennage m; ~zahl ⚓ f (numéro m de) code m postal.
Lekti'on f leçon f (geben donner); fig. j-m e-e ~ (Verweis) erteiler faire la leçon à q.
'Lektor m lecteur m.
Lekto'rat n journ. service m de lecteur; univ. poste m de lecteur.
Lek'türe f lecture f.
'Lende f (Hüfte) 'hanche f; ~n pl. (Nierengegend) reins m/pl.; lombes m/pl.; ~nbraten m filet m; v. Ochsen: aloyau m; v. Kalb: longe f (de veau); ~ngegend f région f lombaire, reins m/pl.; ⚓nlahm adj. brisé; rompu; éreinté; fig. sans énergie; ~nschmerzen m/pl. lumbago m; ~nschurz m pagne m; ~nstück cuis. n longe f.
'Lenk|achse ⊕ f essieu m de direction; ~ballon m (ballon m) dirigeable m; ⚓bar adj. dirigeable; gouvernable; (Person) conditionnable; traitable; (Schiff) docile; ~es Luftschiff dirigeable m; ~barkeit f dirigeabilité f; ⚓en v/t., v/i. u. v/rf. (sich ~ se) diriger; (führen) guider; mener; Staat, Schiff: gouverner; Wagen, Auto: conduire; ✈ piloter (a. Auto, Schiff); (handhaben) manier; (beherrschen) maîtriser; s-e Schritte ~ nach se diriger vers; die Aufmerksamkeit ~ auf (acc.) appeler (od. retenir) l'attention sur; die Aufmerksamkeit auf sich ~ attirer l'attention sur soi; das Gespräch ~ auf (acc.) amener la conversation sur; den Blick ~ auf (acc.) braquer les yeux sur; der Mensch denkt, Gott lenkt l'homme propose et Dieu dispose; gelenkte Wirtschaft économie f dirigée; ~en n direction f; gouvernement m; e-s Wagens, Autos: conduite f; ✈ pilotage m (a. e-s Wagens, Autos); (Handhaben) maniement m; ~er(in f) m conducteur m, -trice f; ~rad n volant m; ~radschaltung f changement m de vitesse au volant; ~radschloß n antivol m; ~rolle f galet-guide m; ⚓sam adj. (folgsam) docile; (umgänglich) traitable; ⚓ (Auto) f colonne f de direction; ~seil n beim Aufziehen v. Lasten: verboquet m; ~stange f Fahrrad usw.: guidon m; ~ung f direction f; gouvernement m; conduite f (a. Auto usw.); ~ungsausschlag m Auto: braquage m; ~ungsausschuß m comité m directeur (od. de direction); ~ungsstelle f service (od. centre) m de direction; ~waffe ✈ f missile m autoguidé.
Lenz poét. m printemps m.
'lenzen ⚓ v/t. épuiser; (pumpen) franchir; v/i. (vor dem Wind segeln) courir vent derrière; être sous le vent.
Leo'pard zo. m léopard m.
'Lepra ✻ f lèpre f; ~kranke(r a. m) m, f lépreux m, -euse f.

lepto'som ✻ adj. leptosome.
'Lerche f alouette f.
'Lern|begierde f avidité f d'apprendre; ⚓begierig adj. avide d'apprendre; ~eifer m application f; zèle m pour l'étude; ⚓en v/t. apprendre; (in der Lehre sein) être en apprentissage; bei j-m ~ apprendre avec q.; von j-m etw. ~ apprendre qch. de q.; F (büffeln) bûcher; piocher; potasser; Französisch ~ apprendre le français; lesen ~ apprendre à lire; Klavierspielen ~ étudier le piano; apprendre à jouer du piano; auswendig ~ apprendre par cœur; das lernt sich schwer c'est difficile à apprendre; daraus ~ wir, daß ... cela nous apprend que ...; ~en n étude (s pl.) f; (Lehre) apprentissage m; das ~ wird ihm schwer il apprend avec difficulté; ~ende(r) m élève m; apprenti m; ~fähigkeit f facultés f/pl. intellectuelles; ~mittel n/pl. matériel m d'études; livres m/pl. et fournitures f/pl. scolaires; ~mittelfreiheit f gratuité f du matériel d'études es besteht ~ le matériel d'études est gratuit; ~prozeß m processus m d'apprentissage; ~trieb m psych. m acquisivité f.
'Les|art f version f; verschiedene ~ variante f; ⚓bar adj. lisible; (zu entziffern) déchiffrable; ~barkeit f lisibilité f.
'Les|bier(in f) m Lesbien m, -enne f; ⚓bisch adj. lesbien, -enne.
'Lese f récolte f; cueillette f; (Ähren⚓) glanage m; (Wein⚓) vendange f; ~abend m soirée f littéraire; ~brille f lunette f pour la lecture; ~buch n livre m de lecture; recueil m de morceaux choisis; (Chrestomathie) chrestomathie f; (Elementar⚓) abécédaire m; ~fehler m erreur f de lecture; ~fibel f abécédaire m; ~früchte f/pl. fruits m/pl. de lecture; ~gehemmtheit f dyslexie f; ~gesellschaft f cercle m de lecture; cercle m littéraire; ~halle f salle f de lecture; ⚓hungrig adj. avide de lecture; ~kopf ⊕ m: elektronischer ~ tête f de lecture électronique; ~kränzchen, ~kreis m cercle m de lecture; cercle m littéraire; ~lampe f liseuse f; ~lupe f loupe f pour la lecture.
'lesen I v/t., v/i. u. v/rf. lire; F bouquiner; (aussuchen) trier; (Vorlesung halten) faire un cours (über acc. sur); (entziffern) déchiffrer; Messe: dire; Holz: ramasser; Korrekturen: corriger; revoir; lire; Ähren ~ glaner; Wein ~ vendanger; dieses Buch liest sich leicht ce livre est facile à lire; sich angenehm ~ être agréable à lire; das liest sich wie ein Roman on croit lire un roman; on dirait un roman; zwischen den Zeilen ~ lire entre les lignes; Gedanken ~ lire dans la pensée; aus der Hand ~ lire dans la main; fig. j-m die Leviten ~ chapitrer (od. sermonner od. morigéner) q.; faire la leçon à q.; faire la morale à q.; II ⚓ n lecture f; (Aussuchen) triage m; der Messe: célébration f; (Ähren⚓) glanage m; lautes ~ lecture f à 'haute voix; nach einmaligem ~ après simple lecture; j-n das ~ lehren enseigner la lecture à q.; ~swert adj. digne d'être lu.
'Lese|probe f spécimen m de texte; échantillon m de lecture; thé. lecture

f; ~pult n pupitre m.
'Leser(in f) m lecteur m, -trice f.
'Leseratte f rat m de bibliothèque; gros liseur m, grosse liseuse f; F bouquineur m, -euse f.
'Leser|briefe m/pl. e-r Zeitung: courrier m des lecteurs; ~kreis m lecteurs m/pl.; public m; ⚓lich adj. lisible; ~lichkeit f lisibilité f; ~schaft f lecteurs m/pl., ~zuschriften f/pl. → ~briefe.
'Lese|saal m salle f de lecture; ~stoff m lecture f; ~störung psych. f dyslexie f; ~stück n morceau m de lecture; ~übung f exercice m de lecture; ⚓- und schreib-unfähig adj. analphabète; ~unfähigkeit f alexie f; ~zeichen n liseuse f; signet m; ~zimmer n cabinet m de lecture; ~zirkel m cercle m de lecture.
'Lesung f lecture f; in erster (zweiter) ~ en première (seconde) lecture.
Lethar'gie f léthargie f.
le'thargisch adj. léthargique.
'Lett|e m, ~in f Letton m, -onne f.
'Letter f lettre f; caractère m (d'imprimerie); type m; ~nkasten m casse f; ~nmetall n métal m à lettres (od. à caractères).
'lett|isch adj. letton, -onne; die ~e Sprache; das ⚓(e) le letton; ⚓land hist. n la Lettonie.
'Lettner ⚓ m e-r Kirche: jubé m.
letzt I adj. dernier, -ière; extrême; ~e Nachrichten dernières nouvelles f/pl.; ~e Ausgabe e-r Zeitung mit den ~en Meldungen dernière heure f; in den ~en Jahren ces dernières années; in ~er Zeit plus récemment; ces derniers mois (resp. jours); im ~en Augenblick (od. Moment) au dernier moment; das ~e Stündlein la dernière heure; der ~e Sonntag dimanche dernier (od. passé); das ~e Viertel des Mondes: le dernier quartier; zum ~en Mal pour la dernière fois; ~en Endes au bout du compte; en fin de compte; in dernière analyse; bis auf den ~en Mann jusqu'au dernier; bis auf den ~en Platz gefüllt comble; bondé; ~er Schrei dernier cri m; Matthäi am ~en à la dernière extrémité; bis ins ~e prüfen examiner de très près (od. jusqu'au moindre détail); bis zum ~en Blutstropfen jusqu'à la dernière goutte de sang; die ~e Hand an etw. (acc.) legen mettre la dernière main à qch.; an ~er Stelle in dernier lieu; j-m die ~e Ehre erweisen rendre les derniers honneurs à q.; rl. ~e Ölung extrême-onction f; ~er Versuch dernière tentative f, eng S. suprême effort m; ~er Wille dernières volontés f/pl.; das ~e Wort haben avoir le dernier mot; in den ~en Zügen liegen être à l'agonie; fig. auf dem ~en Loch pfeifen être au bout de son rouleau; ne battre que d'une aile; II ⚓ f invar.: zu guter ~ enfin; en définitive; en fin de compte; au bout du compte; F à la fin des fins; ~e: (de) ~ (le) dernier; der ~e des Monats le dernier jour du mois; (die) ~ (la) dernière; (das) ~ (la) dernière chose; das ~ hergeben donner jusqu'à sa dernière chemise, (alles aufbieten) faire tous ses efforts; '~enmal adv.: zum ~ pour la dernière fois; '~ens adv. 1. dernièrement; récemment; l'autre jour; 2. in

Aufzählungen: en dernier lieu; ~**e(r)** *adj.* → letzt; ~**erwähnt,** ~**genannt** *adj.* (*an letzter Stelle erwähnt*) mentionné (*od.* cité) en dernier lieu; (*soeben erwähnt*) qui vient d'être mentionné (*od.* cité); ~**'hin** *adv.* → ~**ens** 1.; **'~lich** *adv.* (*letztens*) dernièrement; récemment; l'autre jour; (*letzten Endes*) au bout du compte; en fin de compte; en dernière analyse; '~**willig** *adj.* testamentaire; *über etw.* (*acc.*) ~ verfügen prendre des dispositions testamentaires au sujet de qch.
'**Leucht|armbinde** f brassard m lumineux (*od.* réfléchissant); ~**bake** f, ~**boje** f bouée f lumineuse; ~**band** (*auf e-m Gebäude*) n rampe f lumineuse; ~**bombe** f bombe f éclairante; ~**bordstein** m bordure f réfléchissante; ~**dichte** *phys.* f brillance f; ~**draht** m filament m lumineux; ~**e** f (*Licht*) lumière f; (*Lampe*) lampe f; (*Laterne*) lanterne f; falot m; ⚓ fanal m; *fig.* lumière m; flambeau m; (*Koryphäe*) F as m; crack m; génie m; 2**en** v/i. luire; éclairer; (*glänzen*) briller; (*strahlen*) rayonner; (*funkeln*) étinceler; *Meer:* brasiller; j-m ~ éclairer q.; *fig. sein Licht* ~ *lassen* se mettre en valeur; ~**en** n lueur f; (*Strahlen*) rayonnement m; (*Funkeln*) étincellement m; (*Meeres*2) brasillement m; *helles* ~ luminosité f; 2**end** *adj.* lumineux, -euse; éclairant; (*glänzend*) brillant; (*strahlend*) rayonnant; (*funkelnd*) étincelant; (*hell*~) éclatant; ~**es** *Beispiel* exemple m éclatant; ~**er** m chandelier m; großer (*od.* hoher) candélabre m; (*Hand*2) bougeoir; m; (*Kron*2) lustre m; ~**faden** m filament m lumineux; ~**farbe** f peinture f lumineuse; ~**feuer** n fanal m; ~**fläche** (*auf e-m Gebäude*) f rampe f lumineuse; ~**fleck** *télév.* m spot m lumineux; ~**gas** n gaz m d'éclairage; ~**geschoß** n projectile m éclairant; ~**käfer** *ent.* m ver m luisant; lampyre m; ~**kasten** (*Autobahn*) m caisson m lumineux; ~**kegel** (*Autobahn*) m cône m lumineux; ~**kompaß** m boussole f lumineuse; ~**körper** m luminaire m; ~**kraft** f pouvoir m éclairant; intensité f lumineuse; ~**kugel** f balle f éclairante; ~**patrone** f cartouche f éclairante; ~**petroleum** n pétrole m lampant; ~**pistole** f pistolet m éclairant; pistolet m lance-fusées; ~**plakat** n affiche f lumineuse; ~**rakete** f fusée f éclairante; ~**reklame** f réclame (*od.* publicité) f lumineuse; ~**röhre** f tube m lumineux; ~**scheibe** ⚡ f voyant m; ~**schiff** ⚓ n bateau-feu m; bateau-phare m; ~**schild** n panneau m lumineux, enseigne f lumineuse; ~**schirm** m écran m luminescent; (*Radar*) écran m oscilloscopique; oscilloscope m; scope m; ~**schrift** f écriture f lumineuse; ~**signal** n signal m lumineux; ~**skala** f échelle f lumineuse; ~**spurgeschoß** n projectile m traçant; ~**spurkugel** f balle f traçante (*od.* traceuse); ~**spurmunition** f munition f traçante; ~**stab** m baguette f lumineuse; ~**stofflampe** f diffuseur m pour tubes fluorescents; ~**stoffröhre** f tube m fluorescent; ~**turm** m phare m; ~**weste** (*für Straßenfeger*) f gilet m lumineux (*od.* réfléchis-

sant); gilet m de sauvetage pour la route; ~**zeichen** n signal m lumineux; ~**ziffer** f chiffre m lumineux; ~**zifferblatt** n cadran m lumineux.
'**leugn|en** v/t. nier; dénier; désavouer; (*bestreiten*) contester; *es ist nicht zu* ~, *daß* ... on ne saurait nier que ... (*mst subj.*); il est de fait (*od.* incontestable) que ... (*ind.*); 2**en** n reniement m; dénégation f; désaveu m; 2**er(in** f) m négateur m; -trice f.
Leukä'mie 𝄞 f leucémie f.
Leuko'plast f sparadrap m.
Leuko'zyten *pl.* leucocytes m/pl.
'**Leumund** m réputation f; *in bösen* ~ *bringen* diffamer; ~**szeuge** m témoin m de moralité; ~**szeugnis** n certificat m de bonne vie et mœurs (*od.* de bonne conduite *od.* de moralité).
'**Leute** *pl.* gens m/pl.; monde m; (*Publikum*) public m; (*Menge*) foule f; (*Menschen*) hommes m/pl.; (*Personal*) personnel m/pl.; *alle* ~ tous les gens m/pl.; *alle rechtschaffenen* ~ tous les braves gens; *alle alten* ~ toutes les vieilles gens (*das prädikative Adjektiv in männlicher Form!*); *die jungen* ~ les jeunes gens m/pl.; *die kleinen* ~ les petites gens (*das prädikative Adjektiv in männlicher Form!*); le menu fretin; gens pl. de petite condition; le petit (*od.* menu) peuple; *die armen* ~ (*bemitleidenswerten*) les pauvres gens m/pl.; *die armen* (*nicht reichen*) ~ les gens m/pl. pauvres; *anständige* ~ honnêtes gens m/pl.; gens m/pl. de bien; ~ *von Rang und Stand* gens m/pl. de qualité; ⚔ *m-e* ~ mes hommes m/pl.; *unter die* ~ *gehen* voir du monde; *unter die* ~ *bringen* divulguer; *es sind* ~ *bei uns* (*wir haben Besuch*) nous avons du monde; *s-e* ~ *kennen* se connaître en gens; *die* ~ *sagen es* on le dit; *was werden die* ~ *dazu sagen?* qu'en dira-t-on?; *prov. Kleider machen* ~ l'habit fait le moine; *les belles plumes font les beaux oiseaux*; ~**schinder** m exploiteur m; ~**schinde'rei** f exploitation f.
'**Leutnant** m sous-lieutenant m.
'**leutselig** *adj.* affable; (*wohlwollend*) bienveillant, (*herablassend*) condescendant; 2**keit** f affabilité f; (*Wohlwollen*) bienveillance f; (*Herablassung*) condescendance f.
Le'vante f: *die* ~ le Levant.
Levan'tin|er(in f) m Levantin m, -e f; 2**isch** *adj.* levantin.
Le'viten *pl.*: j-m *die* ~ *lesen* fig. chapitrer (*od.* sermonner *od.* morigéner) q.; faire la morale à q.; sonner les cloches à q.
Lev'koje ♀ f giroflée f.
lexi'kalisch *adj.* lexical.
Lexiko'|graph m lexicographe m; ~**gra'phie** f lexicographie f; 2'**graphisch** *adj.* lexicographique.
'**Lexikon** n dictionnaire m; *für einzelne Werke*: lexique m; (*Konversations*2) encyclopédie f; F *fig. wandelndes* ~ dictionnaire m vivant.
Lezi'thin 𝄞 n lécithine f.
Liai'son f liaison f.
Li'ane ♀ f liane f.
'**Lias** m, ~**formation** f géol. lias m.
Liba'nes|e m Libanais m; 2**isch** *adj.* libanais.
'**Libanon** m: *der* ~ le Liban.
Li'belle f ent. libellule f; F demoiselle

f; ⊕ niveau m à bulle d'air.
libe'ral *adj.* libéral.
liberali'sier|en v/t. libéraliser; libérer; 2**ung** f libéralisation f.
Libera'lis|mus m libéralisme m; 2**tisch** *adj.* libéral.
Liberali'tät f libéralité f; munificence f.
Li'ber|ia n le Libéria; ~**ier** m Libérien m; 2**isch** *adj.* libérien, -ienne.
libidi'nös *adj.* libidineux, -euse.
Li'bido f libido f.
Li'bretto n libretto m; ~**schreiber** m librettiste m.
'**Libyen** n la Libye.
'**Libyer(in** f) m Libyen m, -enne f.
'**libysch** *adj.* libyen, -enne.
licht *adj.* lumineux, -euse; clair, *Wald, Haare:* clairsemé; *es ist heller,* ~**er** *Tag* il fait grand jour; *fig.* ~**er** *Augenblick* moment m lucide; ~**e** *Stelle am Himmel:* éclaircie f, *im Wald:* a. clairière f; ~ *machen* éclaircir; ~**er** *Durchmesser* diamètre m intérieur.
Licht n lumière f (a. *fig.*); (*Helle*) clarté f; (*Tages*2) jour m; (*Talg*2) chandelle f; (*Wachs*2) bougie f; *peint.* ~**er** pl. clairs m/pl.; jours m/pl.; *fig. ein großes* ~ une lumière; ~ *machen* allumer la lumière (*od.* l'électricité); faire de la lumière; *das* ~ *ausmachen* éteindre la lumière; *das* ~ *ist an* (*aus*) la lumière est allumée (éteinte); *bei* ~ à la lumière; *das* ~ *fällt von oben herein* le jour vient d'en 'haut; ~ *der Öffentlichkeit* grand jour m; *das* ~ *scheuen* fuir le jour; *das* ~ *der Welt erblicken* voir le jour; naître; *ein günstiges* ~ *auf etw.* (*acc.*) *werfen* montrer (*od.* faire paraître) qch. sous un jour favorable; montrer qch. sous son beau jour; *ein ungünstiges* ~ *auf etw.* (*acc.*) *werfen* montrer (*od.* faire paraître) qch. sous un jour défavorable; *im vollen* ~ *stehen* être en pleine lumière; *mir geht ein* ~ *auf* je commence à voir clair; *j-m ein* ~ *aufstecken* ouvrir les yeux à q.; *alles im schönsten* ~ *sehen* voir tout en rose; *ans* ~ *kommen* apparaître au grand jour; se faire jour; venir à jour; *ans* ~ *bringen* mettre au jour; *etw. bei* ~ *besehen* examiner (*od.* regarder) qch. de près; *bei* ~ *betrachtet* (*alles in allem genommen*) à tout prendre; *gegen das* ~ à contre-jour; *j-n hinters* ~ *führen* donner le change à q.; mystifier q.; *fig. in etw.* (*acc.*) ~ *bringen* jeter le (*od.* du) jour sur qch.; porter la lumière dans (*od.* sur) qch.; *ins* ~ *rücken* mettre en lumière; *etw. ins rechte* ~ *setzen* (*od.* *rücken*) mettre qch. dans son vrai jour; montrer (*od.* faire voir) qch. sous son vrai jour; mettre qch. en bonne lumière; donner un beau jour à qch.; *etw. in ein falsches* ~ *stellen* (*od.* *rücken*) mettre qch. dans un faux jour; montrer (*od.* faire voir) qch. sous un faux jour; donner un faux jour à qch.; *sich in e-m neuen* ~ *zeigen* se montrer sous un nouveau jour; *j-m im* ~ *stehen* empêcher q. de voir, *fig.* cacher le jour à q.; *sein* ~ *leuchten lassen* se mettre en valeur; *sein* ~ *unter den Scheffel stellen* mettre la lumière sous le boisseau; *es werde* ~! que la lumière soit!; *wo* ~ *ist, da ist auch Schatten* toute médaille a son revers; *mehr* ~!

plus de lumière!; '∼aggregat n (Stromerzeugungsaggregat) groupe m électrogène; '∼anlage f installation f d'éclairage; '∼bad n bain m de lumière; '∼behandlung ☞ f photothérapie f; héliothérapie f; '∼band △, Stahlbau n baie f longitudinale transparente; '⚥beständig adj. à l'épreuve de la lumière; résistant à la lumière; '∼bild n photo(graphie) f; an die Wand geworfenes: projection f lumineuse; '∼bild-ausweis m carte f d'identité avec photo; '∼bildersammlung f photothèque f; '∼bildervortrag m conférence f avec projections; '∼blick fig. m rayon m d'espoir; lueur f d'espoir; perspective f réjouissante; '∼bogen m arc m électrique; '∼bogenschweißung f soudure f à l'arc; '⚥brechend adj. réfringent; '∼brechung phys. f réfraction f; '∼bündel n faisceau m lumineux; '⚥dicht adj. étanche à la lumière; '∼druck m phototypie f; héliogravure f; '⚥durchlässig adj. translucide; diaphane; '∼durchlässigkeit f diaphanéité f; '⚥echt adj. Stoffarten: grand teint; à l'épreuve de la lumière; résistant à la lumière; solide à la lumière; '∼effekt m effet m lumineux; embrasement m; '⚥elektrisch adj. photo-électrique; '⚥empfindlich adj. sensible à la lumière; ∼ machen sensibiliser; '∼empfindlichkeit f photo-sensibilité f; sensibilité f à la lumière; 's. v/t. (v/rf.: sich s')éclaircir; Anker: lever; Schiff: alléger; Baum: élaguer; '∼en n des Ankers: levée f; e-s Schiffes: allégement m; e-s Baumes: élagage m; '⚥erloh adv.: ∼ brennen être tout en flammes (a. fig.); '∼erscheinung f phénomène m optique; '∼geschwindigkeit f vitesse f de la lumière; '∼heilkunde f, '∼heilverfahren n ☞ photothérapie f; héliothérapie f; '∼hof △ m cour f vitrée; phot., ast. 'halo m; '⚥hoffrei phot. adj. antihalo; '∼hupe (Auto) f avertisseur m lumineux; die ∼ betätigen faire un appel de phares; '∼jahr n année f de lumière; année-lumière f; '∼kanone f canon m de lumière; '∼kegel m cône m lumineux (od. de lumière); '∼kreis m cercle m lumineux; '∼kuppel △ f lumidôme m; '∼lehre f optique f; '∼leitung f ligne f d'éclairage; '∼maschine f dynamo f; '∼mast ⚡ m pylône m; lampadaire m; '∼meer n océan m de lumière; '∼meß f Chandeleur f; '∼messer phys. m photomètre m; '∼messung f photométrie f; '∼netz n réseau m d'éclairage; '∼pause f photocalque m; calque m héliographique; héliogravure f; bleu m; ∼paus-papier n papier m héliographique; '∼pausverfahren n procédé m héliographique; '∼punkt m point m lumineux; Fernsehen: spot m lumineux; '∼quelle f source f lumineuse; '∼reklame f réclame (od. publicité) f lumineuse; '∼satz impr. f photocomposition f; '∼schacht m cour f intérieure; '∼schalter m interrupteur m; '∼schein m lueur f; reflet m de lumière; '⚥scheu adj. qui fuit le jour (a. fig.); ☞ photophobe; '∼schirm m abat-jour m; '⚥schwach adj. à faible luminosité; '∼seite f côté

m éclairé; fig. beau côté m; ∼setzmaschine impr. f photocomposeuse f; ∼setzverfahren impr. n photocomposition f; '∼signal n signal m optique; '∼spielhaus n, '∼spieltheater n cinéma m; '∼stadt f ville-lumière f; '⚥stark adj. très lumineux, -euse; '∼stärke f intensité f lumineuse; luminosité f; éclairage m; '∼strahl m phys. rayon m de lumière; fig. trait m de lumière; '∼strom phys. m flux m lumineux; '∼technik f éclairagisme m; '⚥undurchlässig adj. opaque; '∼ung f am Himmel: éclaircie f; im Walde: a. clairière f; des Ankers: levée f; '∼welle phys. f onde f lumineuse; '∼zeichen n signal m optique.
Lid n paupière f.
'Liderung ⊕ f garniture f.
'Lid|schatten cosm. m ombre f à paupières; ∼strich m, ∼zeichner m khôl m; traceur m pour les paupières; ∼zucken ☞ n battement m des paupières.
lieb I adj. (teuer, wert) cher, -ère; (zärtlich geliebt) chéri; (liebenswürdig) aimable; charmant; (angenehm) agréable; mein ∼er Freund! mon cher ami, iron. mon vieux!; der ∼e Gott le bon Dieu!; du ∼er Gott! ah! mon Dieu!; du ∼er Himmel! bonté du Ciel!; ach, du ∼e Zeit! bonté divine!; Unsere ⚥e Frau la Sainte Vierge; die ∼e Sonne le bon soleil; den ∼en langen Tag toute la sainte journée; um des ∼en Friedens willen pour avoir la paix; ∼ Kind bei j-m sein être bien coco auprès de q.; être dans les petits papiers de q.; sich ∼ Kind bei j-m machen s'attirer les grâces de q.; mit j-m (etw.) s-e ∼e Not haben avoir (od. se donner) bien du mal pour q. (pour qch.); seien Sie so ∼, und geben Sie mir das Buch voudriez-vous être assez aimable pour me donner le livre?; es ist mir ∼, daß ... je suis bien aise que ... (subj.); es ist mir nicht ∼, daß ... je n'aime pas que ... (subj.); wenn dir dein Leben ∼ ist si tu tiens à la vie; s. a. ∼er, ∼st; II ⚥ ∼ chéri m, -e f; bien-aimé m, -e f; '∼äugeln v/i.: mit e-r Sache ∼ lorgner qch.; mit e-r Reise ∼ caresser l'idée de faire un voyage; '⚥chen n bien-aimée f; '⚥e f amour m (pl. oft f); (Zuneigung) affection f; (Liebschaft) liaison f; sinnliche ∼ amour m sensuel; platonische ∼ amour m platonique; freie ∼ amour libre; christliche ∼ charité f (chrétienne); kindliche ∼ amour m filial; piété f filiale; abgöttische ∼ idolâtrie f; ∼ zu amour m de (a. pour); aus ∼ zu s-r Mutter pour l'amour de sa mère; Heirat aus ∼ mariage m d'amour; ∼ zu j-m (od. für j-n) empfinden éprouver de l'amour pour q.; ∼ auf den ersten Blick le coup de foudre; ∼ einflößen inspirer de l'amour; von Luft und ∼ leben vivre d'amour et d'eau fraîche; tun (od. erweisen) Sie mir die ∼ faites-moi le plaisir; alte ∼ rostet nicht on revient toujours à ses premières amours; ⚥e-die'ne'rei f servilité f; flagornerie f; basse complaisance f; ⚥e'lei f amourette f; flirt m; caprice m; '∼eln v/i. avoir une amourette; mit j-m ∼ flirter avec q.
'lieben I v/t. u. v/rf. (sich s')aimer; (sich) zärtlich ∼ (se) chérir; (Zunei-

gung haben) affectionner; sich (sexuell) ∼ faire l'amour; II ⚥ ∼ n amour m; ∼d adj. aimant; die ⚥en pl. les amants m/pl.; ⚥de(r a. m) m, f amant m, -e f; amoureux m, -euse f; ∼swert adj. Person: charmant; sympathique; Sache: attrayant; ∼swürdig adj. aimable; das ist sehr ∼ von Ihnen c'est très aimable à vous; zu j-m ∼ sein être aimable pour q.; ⚥swürdigkeit f amabilité f.
'lieber (comp. v. lieb, gern): ∼ haben (mögen, wollen) aimer mieux; préférer; (eher) plutôt.
'Liebe(r a. m) m, f: mein Lieber! mon cher!; m-e Liebe! ma chère!; m-e Lieben les miens m/pl.
'Liebe(s) n chose f agréable.
'Liebes|abenteuer n aventure f galante; ∼angelegenheit f affaire f d'amour; ∼beweis m preuve f d'amour; ∼brief m lettre f d'amour; ∼briefchen n billet m doux; ∼dienst m (Gefälligkeit) obligeance f; complaisance f; aus Mildtätigkeit: œuvre f charitable (od. de charité); ∼drama n drame m d'amour; ∼erklärung f déclaration f d'amour; ∼gaben f/pl. dons m/pl. (charitables); ⚔ dons m/pl. patriotiques; ∼gedicht n poème m d'amour; ∼geschichte f histoire f d'amour; ∼geständnis n aveu m d'amour; ∼glück n bonheur m d'aimer (od. d'amour); ∼glut f ardeur f amoureuse; ∼gott m Amour m; Cupidon m; ∼handel m affaire f galante; intrigue f amoureuse; ∼heirat f mariage m d'amour; ∼hof m cour f d'amour; ∼knochen m (Gebäck) éclair m; ⚥krank adj. malade d'amour; ∼kummer m chagrin m d'amour; ∼kunst f art m d'aimer; ∼leben n (Geschlechtsleben) vie f sexuelle; ∼lied n chanson f d'amour; ∼lust f plaisir m d'aimer (od. d'amour); ∼mahl n agape f; ∼müh f: verlorene ∼ peine f perdue; ∼paar n couple m d'amoureux; ∼pärchen n tourtereaux m/pl.; ∼pein f tourment m d'amour; ∼pfand n gage m d'amour; ∼qual f tourment m d'amour; ∼rausch m ivresse f amoureuse; ∼roman m roman m d'amour; ∼schwur m serment m d'amour; ∼szene thé. f scène f d'amour; ⚥toll adj. fou, folle d'amour; trank m philtre m d'amour; ∼verhältnis n liaison f; ∼werk n œuvre f de charité.
'liebevoll adj. affectueux, -euse; tendre.
'lieb|gewinnen v/t. prendre en affection; se prendre d'amitié pour; ∼haben v/t. aimer; affectionner; ⚥haber(in f) m amoureux m, -euse f; Kunst, Sport: amateur m; thé. jugendliche(r) ∼ jeune premier m, -ière f; ⚥habe'rei f goût m particulier (pour); amateurisme m; (Steckenpferd) violon m d'Ingres; dada m; aus ∼ en amateur; pour s'amuser; ⚥haberpreis m prix m d'amateur; ⚥habertheater n théâtre m amateur; ⚥haberwert m valeur f affective; kosen v/t. caresser; cajoler; ⚥kosung f caresse f; ∼lich adj. agréable; charmant; suave; mignon, -onne; (anmutig) gracieux, -euse; Klima: a. amène; doux, douce; ∼es Land pays m

riant (*od.* doux); ⚑**lichkeit** *f* charme *m*; suavité *f*; grâce *f*; douceur *f*; ⚑**ling** *m* favori *m*, -te *f*; *als Kosename*: mignon *m*, -onne *f*; ⚑**lingsbeschäftigung** *f* occupation *f* favorite; ⚑**lingsbuch** *n* livre *m* préféré; livre *m* de chevet; ⚑**lingsdichter** *m* poète *m* préféré; ⚑**lingsfrau** *f* favorite *f*; (*bei Eingeborenen*) pivotale *f*; ⚑**lingslektüre** *f* lecture *f* favorite; ⚑**lingsschüler** *m* chouchou *m*; type *m* préféré; ⚑**lingssünde** *f*: *kleine* ~ péché *m* mignon; ⚑**lingsthema** *n* thème *m* (*od.* sujet *m*) favori; ~**los** *adj.* sans amour; sec, sèche; dur; insensible; ⚑**losigkeit** *f* sécheresse (*od.* dureté) *f* de cœur; insensibilité *f*; ~**reich** *adj.* affectueux, -euse; (*zärtlich*) tendre; (*leutselig*) affable; (*mild*) doux, douce; ⚑**reiz** *m* charme(s *pl.*) *m*; attraits *m/pl.*; (*Anmut*) grâces *f/pl.*; ~**reizend** *adj.* charmant; attrayant; plein de grâces; ⚑**schaft** *f* liaison *f*; amourette *f*; flirt *m*; F caprice *m*.

liebst (*sup. v. lieb, gern*): *am ~en* de préférence; *am ~en haben* aimer le mieux; *m-e ~e Beschäftigung* mon occupation favorite; ⚑**e(r** *a. m*) *m* chéri *m*, -e *f*; bien-aimé *m*, -e *f*; ⚑**e(s)** *n*: *das ~ ce qu'on a de plus cher*; *das liebste wäre mir, zu ...* je préférerais ... (*inf.*).

Lied *n* chanson *f*; chant *m*; (*Kirchen*⚑) cantique *m*; *die ~er von Schubert* les lieder *m/pl.* de Schubert; *fig. das ist immer dasselbe ~* c'est toujours la même chanson (litanie, rengaine, antienne), le même refrain; *davon kann ich ein ~ singen* j'en sais quelque chose; *das Ende vom ~* la fin de l'affaire; *das ~ ist aus* finie la chanson; '~**chen** *n* chansonnette *f*.

'**Lieder**|**abend** *m* récital *m* de chant; ~**buch** *n* recueil *m* de chansons; ~**chansonnier** *m*; ~**dichter** *m* chansonnier *m*.

'**Liederjan** *m* personne *f* négligente.

'**liederlich** *adj.* (*nachlässig*) négligent; (*unordentlich*) désordonné; (*ausschweifend*) débauché; libertin; déréglé; crapuleux, -euse; dissolu; *~er Kerl* libertin *m*; mauvais sujet *m*; P bringueur *m*; *~es Frauenzimmer* femme *f* de mœurs légères, de mauvaise vie; *~e Arbeit* travail *m* bâclé, F bousillage *m*; *ein ~es Leben führen* mener une vie déréglée; ⚑**keit** *f* manque *m* de soin; négligence *f*; désordre *m*; (*Sittenlosigkeit*) débauche *f*; libertinage *m*; dérèglement *m*; mauvaises mœurs *f/pl.*

'**Lieder**|**sammlung** *f* collection *f* (*od.* recueil *m*) de chansons (*od.* de chants); ~**tafel** *f* (société *f*) chorale *f*; orphéon *m*.

Liefe'rant(in *f*) *m* fournisseur *m*, -euse *f*.

'**Liefer**|**auftrag** *m* ordre *m* de livraison; ~**auto** *n* voiture *f* de livraison; livreuse *f*; *kleines*: camionnette *f*; fourgonnette *f*; ⚑**bar** *adj.* livrable; *sofort (jederzeit)* ~ livrable à tout moment; *~ bei Eingang der Bestellung* livrable à réception de la commande; ~**bedingungen** *f/pl.* conditions *f/pl.* (*od.* termes *m/pl.*) de livraison; ⚑**bereit** *adj.* prêt à être livré; ⚑**fähig** *adj.* capable de livrer; ~**firma** *f* fournisseur *m*; ~**frist** *f* délai (*od.* terme) *m* de livraison; *die ~ einhalten* respecter le délai de livraison; ⚑**n** *v/t.* livrer; (*besorgen*; *a. Computer*) fournir (*a. Unterlagen, Beweis, Gründe*); *ins Haus ~* livrer à domicile; *e-n Kampf ~* livrer un combat; *e-e Schlacht ~* livrer (une) bataille; *F er ist geliefert* c'en est fait de lui; *F j-n ans Messer ~* (*ihn preisgeben*) abandonner q.; ~**schein** *m* bulletin (*od.* bordereau *od.* certificat *od.* billet) *m* de livraison; ~**schwierigkeiten** *f/pl.* difficultés *f/pl.* de livraison; ~**termin** *m* date *f* de livraison; ~**ung** *f* livraison *f*; fourniture *f*; *Buchwesen*: livraison *f*; fascicule *m*; *bei ~ à* livraison; *nach ~* après livraison; *~ frei Haus* livraison franco domicile; *das Werk erscheint in ~en* l'ouvrage paraît par livraisons.

'**Lieferungs**|**angebot** *n* offre *f* de livraison; ~**auftrag** *m* ordre *m* de livraison; ~**bedingungen** *f/pl.* conditions *f/pl.* (*od.* termes *m/pl.*) de livraison; ~**garantie** *f* garantie *f* de livraison; ~**geschäft** *n* vente *f* à terme; ~**ort** *m* lieu *m* de livraison; ~**pflicht** *f* obligation *f* de livrer; ~**preis** *m* prix *m* de livraison; ~**schein** *m* bulletin (*od.* bordereau *od.* certificat *od.* billet) *m* de livraison; ~**termin** *m* date *f* de livraison; ~**verpflichtungen** *f/pl.* engagements *m/pl.* de livraison; ~**vertrag** *m* contrat *m* de livraison; ~**verzögerung** *f* retard *m* de la livraison; ~**werk** *n* (*Fortsetzungswerk*) ouvrage *m* en fascicules.

'**Liefer**|**wagen** *m* voiture *f* de livraison; *kleiner*: camionnette *f*, fourgonnette *f*; ~**zeit** *f* délai (*od.* terme) *m* de livraison; *die ~ einhalten* respecter le délai de livraison.

'**Liege** *f* lit *m* divan.

'**Liegekur** ♁ *f* cure *f* de repos.

'**liegen I** *v/i.* être couché; *Sachen*: être placé; *Ort*: être situé; (*sich befinden*) se trouver; être; *Grabschrift*: hier liegt ci-gît; *nach* (*od.* *gegen*) *Süden ~* être exposé au midi; *nach dem Hof ~* donner sur la cour; *das Zimmer liegt zur Straße* la chambre donne (*od.* a vue) sur la rue; *die Stadt liegt nördlich von ...* la ville est (située) au nord de ...; *das Dorf liegt 3 km von ...* le village est à trois kilomètres de ...; *Paris liegt an der Seine* Paris est situé sur la Seine; *dicht neben etw.* (*dat.*) ~ (*angrenzen*) être contigu (*od.* attenant) à qch.; *was liegt daran?* qu'importe?; *woran liegt es?* à quoi cela tient-il?; *daran soll es nicht ~!* qu'à cela ne tienne!; *an wem liegt es?* à qui la faute?; *an j-m ~* (*von j-m abhängen*) dépendre de q.; *soviel an mir liegt* autant qu'il dépend de moi; *mir liegt etw. an dieser Sache* je tiens à cette affaire; *mir liegt daran, daß ...* (*resp. zu ... inf.*) il m'importe que ... (*subj.*) (*resp. de ... inf.*); *daran ist mir nichts gelegen* cela ne m'importe guère; *je n'y attache pas d'importance*; *das lag nicht in m-r Absicht* ce n'était pas mon intention; *das liegt mir fern* c'est loin de ma pensée; *es liegt mir fern, zu ...* (*inf.*) je suis loin de ... (*inf.*); *das liegt ihm schwer auf dem Herzen* cela lui pèse sur le cœur; *das liegt ihm am Herzen* cela lui tient à cœur; *es liegt mir am Herzen, zu ...* (*inf.*) j'ai à cœur de ... (*inf.*); *wie die Dinge ~* dans ces conditions; dans ces circonstances; dans cet état de choses; *wie die Dinge nun einmal ~* au point où nous sommes; *das liegt nicht in m-r Macht* ce n'est pas en mon pouvoir; *es liegt nicht in m-r Macht, zu ...* (*inf.*) il n'est pas en mon pouvoir de ... (*inf.*); *j-m auf der Tasche ~* vivre sur le dos (*od.* aux crochets) de q.; *auf Knien ~* être à genoux; *es liegt Schnee* il y a une couche de neige; *Wein im Keller ~ haben* avoir du vin en cave; *der Wein liegt auf Flaschen* le vin est en bouteilles; *es liegt auf der Hand* c'est évident; *der Ton liegt auf der letzten Silbe* l'accent est sur la dernière syllabe; *das Wort liegt mir auf der Zunge* j'ai le mot sur le bout de la langue; *die Entscheidung liegt bei ...* la décision relève de ...; *das liegt in ihm* c'est dans sa nature; *das liegt mir nicht* ce n'est pas dans mon genre; *fig. richtig ~* être (*od.* penser) juste; *mit j-m im Streit ~* avoir des démêlés avec q.; *im* (*od.* *zu*) *Bett ~* être couché, être alité, garder le lit; *die Wahrheit liegt in der Mitte* la vérité tient le milieu; *im tiefsten Schlafe ~* être plongé dans un profond sommeil; *im Sterben ~* être à l'agonie; *j-m in den Ohren ~* casser les pieds, les oreilles à q.; *der Unterschied liegt darin, daß ...* la différence consiste en ce que ...; ⚔ *in Garnison ~* être en garnison; *der Wagen liegt gut auf der Straße* la voiture tient bien la route; *um fester in den Kurven zu ~* pour adhérer, coller plus fermement dans les virages; *hier* (*da*) *liegt das Buch* voici (voilà) le livre; ⚓ *vor Anker ~* être à l'ancre; *offen zutage ~* être évident; *da liegt der Hase im Pfeffer* voilà le hic; *alles liegt daran* (*Schlußwort*) tout est là; *fig. ~ lassen* (*Verträge usw.*) laisser dormir; **II** ⚑ *n* position *f* couchée; ~**bleiben** *v/i.* rester couché; *nach e-m Sturz*: ne pas se relever; *Arbeit*: être arrêté; ne pas se faire; ✝ *Ware*: ne pas se vendre; *Brief*: rester en souffrance; *Auto*: rester en panne; *unterwegs ~* rester en chemin; ~**d** *adj.* qui se trouve; placé; situé; couché; (*waagerecht*) horizontal; *~e Güter* (biens *m/pl.*) immeubles *m/pl.*; biens *m/pl.* immobiliers; ~**lassen** *v/t.* laisser; (*vergessen*) oublier; (*aufgeben*) laisser (là), *f* tout abandonner; *e-n Ort links ~ lassen* laisser un endroit à sa gauche; *fig. j-n links ~ lassen* tourner le dos à q.; laisser tomber q.; ⚑**schaft** *f*: *~en pl.* immeubles *m/pl.*; biens-fonds *m/pl.*

'**Liege**|**platz** *m* *im Liegewagen*: couchette *f*; ⚓ mouillage *m*; ~**sessel** ⚑ *m* fauteuil-couchette *m*; ~**sitz** (*Auto*) *m* siège-couchette *m*; *Vordersitz umklappbar als ~* siège *m* avant rabattable se transformant en couchette; ~**stuhl** *m* chaise *f* longue; *auf e-m Schiff*: transatlantique *m*; F transat *m*; ~**stütz** *gym. m* flexion *f*; ~**terrasse** *f* terrasse *f*; solarium *m*; ~**wagen** ⚑ *m* voiture-couchettes *f*; ~**wiese** *f* pelouse *f* (pour la cure d'air).

Lift *m* ascenseur *m*; ~**boy** *m* liftier *m*; garçon *m* d'ascenseur; '~**führer(in** *f*) *m* liftier *m*, -ière *f*; garçon *m* d'ascenseur.

¹**Lifting** *cosm.* (*Hautstraffung*) *n* (*Gesicht*) déridage *m*; lissage *m*; (*Oberkörper*) remodelage *m*.
¹**Liga** *f* ligue *f*.
Liga'tur *f* ligature *f*.
Li'guster ♣ *m* troène *m*.
li'ier|en ✢ *v/r*f.: *sich ~ s'associer* (*mit avec od. à*); **~t** *adj.*: *er ist mit ihr ~ il est lié avec elle*.
Li'kör *m* liqueur *f*; **~fabrik** *f* fabrique *f* de liqueurs; **~fabrikant** *m* liquoriste *m*; **~flasche** *f* bouteille *f* à (*resp.* de) liqueur; **~glas** *n* verre *m* à liqueur; **~schrank** *m* armoire *f* à liqueurs; **~service** *n* service *m* à liqueurs.
Lik'torenbündel *n/pl.* faisceaux *m/pl.* (de licteurs).
¹**lila I** *adj.* lilas; **II** ♀ *n* lilas *m*; **~farben** *adj.* lilas.
¹**Lilie** *f* lis *m*; ⊘ *die drei ~n les fleurs f/pl.* de lis; **~ngewächse** ♣ *n/pl.* liliacées *f/pl.*; **~nweiß** *adj.* blanc, blanche comme un lis.
Lilipu'taner(in *f*) *m* Lilliputien *m*, -enne *f*.
¹**Limit** *n* limite *f*.
limi'tieren *v/t.* limiter.
Limo'nade *f* limonade *f*; **~npulver** *n* limonade *f* sèche; **~nverkäufer(in** *f*) *m* limonadier *m*, -ière *f*.
Li'mone *f* limon *m*; (*Baum*) limonier *m*.
Limou'sine *f* (grande) conduite *f* intérieure; berline *f*.
¹**lind(e)** *adj.* doux, douce; **~e** *Luft* zéphyr *m*.
¹**Linde** *f* tilleul *m*; **~n-allee** *f* allée *f* de tilleuls; **~nbaum** *m* tilleul *m*; **~nblüte** *f* fleur *f* de tilleul; **~nblütentee** *m* infusion *f* de tilleul.
¹**linder|n** *v/t.* (*v/rf*.: *sich* s')adoucir; (se) soulager; (s')alléger; (se) calmer; (s')apaiser; lénifier; *vorübergehend ~* pallier; **~nd** *adj.* calmant; lénifiant; lénitif, -ive; ♀**ung** *f* adoucissement *m*; soulagement *m*; allégement *m*; apaisement *m*; ♀**ungsmittel** *n* calmant *m*; lénitif *m*; *vorübergehendes ~* palliatif *m*.
¹**Lindwurm** *m* dragon *m*.
Line'al *n* règle *f*.
line'ar *adj.* linéaire; ♀**schrift** *m* moteur *m* linéaire; ♀**schrift** *arch. f* linéaire *m*; ♀**zeichnung** *f* dessin *m* linéaire.
Lingu'ist *m* linguiste *m*; **~ik** *f* linguistique *f*; ♀**isch** *adj.* linguistique.
¹**Linie** *f* ligne *f* (*a.* ♣, ✄, ⚔ *u. fig.*); *e-s Geschlechtes: a.* branche *f*; (*Äquator*) ligne *f*; équateur *m*; *e-e ~ ziehen* tirer (*od.* tracer) une ligne; *gerade ~* (ligne *f*) droite *f*; *die schlanke ~ la ligne*; *die schlanke ~ bewahren* (*verlieren*) garder, préserver (perdre) la ligne; *Verwandtschaft: in gerader ~* en ligne directe; *absteigende* (*aufsteigende*) *~ ligne f* descendante (ascendante); *fig. in erster ~* en premier lieu; au premier chef; *e-e mittlere ~ halten* tenir le juste milieu; *auf gleicher ~* (*Ebene*) mit au niveau de; de niveau avec; ✄ *in ~* en ligne (zu/sur); *in ~ zu 3 Gliedern* en ligne sur trois rangs; *die vordere ~* la première ligne; *auf der ganzen ~* sur toute la ligne; *(sich) in e-r ~ aufstellen* (se) mettre en ligne; (s')aligner; *~ halten beim Schreiben*: suivre les lignes; **~nblatt** *n* transparent *m*; ♀**nfreundlich** (*Ernährung*) *adj.*: *~ sein* affiner la taille; **~nführung** *f* tracé *m* de ligne; △, *peint.* allure *f*; *peint.*, *Handschrift*: graphisme *m*; **~nnetz** *n* réseau *m* (de lignes); **~npapier** *n* papier *m* réglé; **~nrichter** *m Sport:* juge *m* de touche; **~nschiff** ⚓ *n* paquebot *m* de ligne; **~nsystem** ♪ *n* portée *f*; ♀**ntreu** *pol. adj.* dans la ligne; **~ntruppen** ✄ *f/pl.* troupes *f/pl.* de ligne.
li'nier|en, lini'ier|en *v/t. Papier*: régler; ♀**en** *n*, ♀**ung** *f* réglage *m*; (*nur Lin[i]ierung*) réglure *f*.
link *adj.* gauche; *~e Hand* (main *f*) gauche *f*; *er Hand* à gauche; *~e Seite* côté *m* gauche, gauche *f*, *Stoff*, *Münze*: envers *m*, *des Schiffes*: bâbord *m*; *auf der ~en Seite* à gauche; du côté gauche; *mit dem ~en Fuß zuerst aufgestanden sein* s'être levé du pied gauche (*od.* du mauvais pied); ¹♀**e** *f*: *die ~* la main gauche; la gauche (*a. pol.*); *zur ~n* à gauche; *zu m-r ~n* à ma gauche; ¹♀**e(r)** *pol. m* gauchiste *m*; homme *m* de gauche.
¹**linkisch** *adj.* gauche; maladroit; F empoté; *~es Wesen* gaucherie *f*.
links *adv.* à gauche; (*verkehrt*) à l'envers; *~ von* à la gauche; *von ihm* à sa gauche; *von ~ nach rechts* de gauche à droite; *pol.* (*ganz*) *~ sein* être gauchiste (*od.* gauchiste); *~ schreiben* écrire de la main gauche; *~ stehen pol.* être de gauche; *~ fahren* prendre la gauche; tenir sa gauche; rouler à gauche; *sich ~ halten* tenir sa gauche; *~ abbiegen* tourner (*od.* obliquer) à gauche; *prendre* à (*od.* sur la) gauche; *~ überholen* doubler à gauche; *weder ~ noch rechts sehen* aller son (droit) chemin; *fig. j-n ~ liegenlassen* tourner le dos à q., P semer qq.; ¹♀**abbieger** *m* celui *m* qui tourne à gauche; ¹♀**ausleger** (*Boxen*) *m*: *~ sein* combattre la garde normale à gauche; ♀**außen(stürmer)** *m Sport:* ailier *m* gauche; *fig. pol.* tendance *f* à gauche; gauchisme *m*; ♀**drehung** *f* rotation *f* à gauche; ¹♀**gerichtet** *pol. adj.* de gauche; gauchiste; ¹♀**gewinde** ⊕ *n* filet *m* à gauche; ¹♀**händer(in** *f*) *m* gaucher *m*, -ère *f*; ¹**~händig** *adj.* gaucher, -ère; ¹**~herum** *adv.* à gauche; ♀**innen(stürmer)** *m Sport:* inter *m* gauche; **~kurve** *f* virage *m* à gauche; **~lastig** *pol. adj.* gauchisant; ¹♀**partei** *f* (parti *m* de) gauche *f*; *die ~en* les partis de gauche; ¹**~radikal** *adj.*: *radical* de gauche; *~e Partei* extrême gauche *f*; ¹♀**steuerung** *f Auto usw.*: direction *f* à gauche; *~um adv.*: *~!* à gauche-gauche!; *~-kehrt!* demi-tour-à gauche!; *~marsch!* à gauche, marche!; ¹♀**verkehr** *m* circulation *f* à gauche; ¹♀**wähler** *m* électeur *m* de gauche.
Li'noleum *n* linoléum *m*; **~schnitt** *m* gravure *f* sur linoléum.
¹**Linotype** *f* linotype *f*; **~-Setzer** *m* linotypiste *m*; F lino *m*.
¹**Linse** ♣ *f* lentille *f* (*a. opt.*); ♀**nförmig** *adj.* lenticulaire; **~ngericht** *n* plat *m* de lentilles; **~nsuppe** *f* soupe *f* aux lentilles.
Li'pom ♣ *n* lipome *m*; adiposité *f*.
¹**Lippe** *f* lèvre *f*; F babine *f*; *sich auf die ~n beißen* se mordre les lèvres; *fig. es soll nicht über m-e ~n kommen* je n'en soufflerai mot; *an j-s ~n hängen* être suspendu aux lèvres de q.; *ein Lächeln spielte um s-e ~n* un sourire errait sur ses lèvres; F *e-e ~ riskieren* lâcher une impertinence; **~n-abdruck** 🖫, ⚕ *m* chéiloscopie *f*; **~nbekenntnis** *n* aveu *m* peu sincère; **~nblütler** ♣ *m/pl.* labiées *f/pl.*; ♀**förmig** ♣ *adj.* labié; **~nglanz** (-mittel *n*) *m* brillant *m* à lèvres; **~nlaut** *gr. m* labiale *f*; **~nrundung** *phon. f* arrondissement *m* des lèvres; **~nstift** *m* rouge *m*; bâton *m* (*od.* crayon *m*) de rouge (à lèvres); *~ mit Perlmutt* bâton *m* (de rouge) nacré; gloss *m*.
li'quid *adj.* liquide; disponible.
Liquidati'on *f* liquidation *f*; *in ~ geraten* entrer en liquidation.
Liquidati'ons|bedingungen *f/pl.* conditions *f/pl.* (*od.* termes *m/pl.*) de liquidation; **~bilanz** *f* bilan *m* de liquidation; **~erlös** *m* produit *m* de liquidation; **~kasse** *f* caisse *f* de liquidation; **~preis** *m* prix *m* de liquidation; **~verfahren** *n* procédure *f* de liquidation.
Liqui'dator *m* liquidateur *m*.
liqui'dier|en *v/t.* liquider; ♀**en** *n*, ♀**ung** *f* liquidation *f*.
Liqui'di'tät *f* liquidité *f*.
¹**Lira** *f* lire *f*.
¹**lispeln I** *v/i.* zézayer; F zozoter; F avoir un cheveu sur la langue; **II** ♀ *n* zézaiement *m*; F zozotement *m*.
¹**Lissabon** *n* Lisbonne *f*; **~ner** *adj.* lisboète.
List *f* ruse *f*; astuce *f*; (*Kunstgriff*) artifice *m*; (*Kriegs♀*) ruse *f* de guerre; *zu e-r ~ greifen* recourir à une ruse.
¹**Liste** *f* liste *f*; (*Aufstellung*) relevé *m*; (*Steuer♀*) rôle *m*; *e-e ~ anfertigen* (*od.* aufstellen *od.* führen *od.* machen) dresser (*od.* faire) une liste; *auf e-e ~ setzen* mettre sur une liste; *auf die schwarze ~ setzen* mettre à l'index; *von e-r ~ streichen* rayer d'une liste; *auf e-r ~ stehen* (*od.* erscheinen) figurer sur une liste; ♀**nmäßig** *adv.*: *~ erfassen* dresser (*od.* faire) une liste (de).
¹**Listen|preis** ✢ *m* prix *m* de catalogue; prix *m* affiché; ♀**reich** *adj.* plein de ruses; plein d'astuce; **~verbindung** *pol. f* apparentement *m*; *e-e ~ eingehen* s'apparenter (*mit* à); **~wahl** *parl. f* scrutin *m* de liste.
¹**listig** *adj.* rusé; astucieux, -euse; finaud; **~erweise** *adv.* astucieusement.
Lita'nei *f* litanies *f/pl.*; *fig.* (*Leier*) litanie *f*; *das ist die alte ~* c'est toujours la même litanie.
¹**Litau|en** *hist. n* la Lituanie; **~er(in** *f*) *m* Lituanien *m*, -enne *f*; ♀**isch** *adj.* lituanien, -enne.
¹**Liter** *m od. n* litre *m*.
Lite'rar|gattung *f* genre *m* littéraire; **~historiker** *m* historien *m* de la littérature; ♀**isch** *adj.* littéraire; *~ gebildet* lettré.
Lite'rat *m* homme *m* de lettres.
Litera'tur *f* littérature *f*; **~angaben** *f/pl.* bibliographie *f*; **~beilage** *f* e-r *Zeitung*: supplément *m* littéraire; **~geschichte** *f* histoire *f* de la littérature; **~nachweis** *m*, **~verzeichnis** *n*

bibliographie f; ~**papst** m mandarin m; pontife m; ~**schaffende(r)** m littérateur m; ~**wissenschaft** f science f de la littérature.
'**Liter|maß** n litre m; ²**weise** adv. par litres.
'**Litfaßsäule** f colonne f d'affichage (od. d'affiches); colonne f Morris.
Litho|ˈgraph m lithographe m; ~**graˈphie** f lithographie f; ~**graˈphieren** v/t. lithographier; ²**graphisch** adj. lithographique.
Liturˈgie f liturgie f.
liˈturgisch adj. liturgique.
'**Litze** f (Schnur) cordon m; (Tresse) galon m; passement m (platte Schnur) soutache f; (Paspel) liséré m; passepoil m; ⚡ câble m torsadé.
live rad., télév. adv.: ~ übertragen retransmettre en direct.
'**Live-|Sendung** télév. f émission f en direct (od. sur le vif); ~**übertragung** télév. f (re)transmission f télévisée en direct.
Livˈree f livrée f.
Lizentiˈat m licencié m; ~**engrad** m licence f.
Liˈzenz f licence f; ~**gebühr** f droit m (od. taxe f) de licence; ~**inhaber** m, ~**nehmer** m, ~**träger** m détenteur m d'une licence; ~**vertrag** m contrat m de licence.
LKW m camion m; (véhicule m) quatre-essieux m; ~**Bahnhof** m gare f routière.
Lob n louange f; (~rede) éloge m; Schule: bonne note f; bon point m; félicitations f/pl.; einstimmiges ~ concert m de louanges; zu j-s ~ à la louange de q.; ~ ernten recevoir des éloges; j-m ~ spenden faire l'éloge de q.; louer q.; j-s ~ singen faire l'éloge (od. chanter les louanges) de q.; ein ~ erteilen (bekommen) Schule: donner (recevoir) une bonne note (od. un bon point); das gereicht ihm zum ~ cela tourne à sa louange; ~ verdient haben être digne de louange; über alles ~ erhaben sein être au-dessus de tout éloge; mit ~ überschütten combler de louanges; mit s-m ~ nicht zurückhalten ne pas ménager ses éloges.
'**Lobby** f lobby m; groupe m de pression; ~**tum** péj. n lobbies m/pl.; groupes m/pl. de pression; ~ der Ehemaligen univ., écol. amicalisme m.
'**lob|en** v/t. (v/rf.: sich se) louer; faire l'éloge de q.; j-n für (od. wegen) etw. ~ louer, féliciter q. de qch.; da lobe ich mir ... parlez-moi de ...; Gott sei gelobt! Dieu soit loué; gute Ware lobt sich selbst à bon vin point d'enseigne; das Werk lobt den Meister à l'œuvre on connaît l'artisan; prov. man soll den Tag nicht vor dem Abend ~ il ne faut pas chanter victoire avant le combat; mit ~en Worten en termes élogieux; ~**enswert** adj. digne d'être loué; digne de louange; louable; ²**es-erhebung** f louange f; sich in ~en ergehen über (acc.) porter (q.; qch.) aux nues; ²**gesang** rl. m hymne f; ²**hudeˈlei** f adulation f; flagornerie f; encens m; panégyrique m; ~**hudeln** v/t. louanger; aduler; flagorner; donner des coups d'encensoir (à); ²**hudler** m louangeur m; adula-

teur m; flagorneur m; ²**hymne** F fig. f: sich in ~n über j-n ergehen chanter les louanges de q.; louer q. avec enthousiasme.
'**Lob|lied** n chant m de louange; rl. hymne f; ²**preisen** v/t. (v/rf.: sich se) glorifier; chanter les louanges (de); exalter les mérites (de); ~**preisung** f glorification f; louanges f/pl.; ~**rede** f éloge m; panégyrique m; ~**redner** m panégyriste m; ~**spruch** m éloge m.
Loch n trou m; (Öffnung) ouverture f; (Höhlung) cavité f; (Riß) accroc m; bill. blouse f; im Käse: œil m; trou m; auf Straßen: nid m de poule; (Sackgasse) impasse f; elendes ~ (Wohnung) trou m; taudis m; galetas m; casbah f; tanière f; P bauge f; bouge m; (Gefängnis) cachot m, F violon m, tôle f, bloc m; ein ~ in die Wand bohren faire un trou dans le mur; (sich) ein ~ ins Kleid reißen faire un accroc à la (sa) robe; ein ~ zustopfen boucher un trou; aus e-m anderen ~ pfeifen changer de ton; F auf dem letzten ~ pfeifen être au bout du rouleau; ne battre que d'une aile; sich ein ~ in den Bauch stehen faire le pied de grue; wie ein ~ saufen boire comme un trou (od. comme une éponge od. à tire-larigot); '~**eisen** ⊕ n emporte-pièce m; poinçon m; ²**en** v/t. perforer; poinçonner (a. Fahrkarten); ~**en** f perforation f; poinçonnage m; poinçonnement m; ~**er** ⊕ m für Akten: perforateur m; für Lochkarten: perforatrice f.
'**löcherig** adj. (durchlöchert) troué; (porös) poreux, -euse.
'**Locherin** cyb. f opératrice f de perforation; perforeuse f.
'**löchern** F v/t.: j-n ~ F tanner q.
'**lochfest** (Teppich) adj. introulable.
'**Loch|karte** f carte f perforée; ~**karten-abteilung** f bureau m de mécanographie; ~**karten-arbeit** f mécanographie f; ~**kartensystem** n système m de cartes perforées; ~**stanze** f poinçonneuse f; ~**streifen** m bande f perforée; ~**ung** f perforation f; poinçonnage m; poinçonnement m; ~**zange** f der Schaffner: pince f à poinçonner; ⊕ emporte-pièce m; ~**ziegel** m brique f creuse.
'**Locke** f boucle f; ~**n** brennen friser les cheveux; in ~**n** legen boucler.
'**locken**¹ v/t. (v/rf.: sich se) boucler.
'**locken**² I v/t. (an~) attirer; allécher; ch. appâter; piper; fig. (verführen) séduire; leurrer; j-m Geld aus der Tasche ~ soutirer de l'argent à q.; damit lockt man keinen Hund hinter dem Ofen hervor ça ne prend pas; II ² n allèchement m; ch. appât m; fig. séduction f; ~**d** adj. (anziehend) attrayant; séduisant; ²**kopf** m tête f bouclée; frisé m; ²**wickel** m aus Papier: papillote f; aus Metall: bigoudi m.
'**locker** adj. lâche; desserré; (nicht dicht) peu cohérent; (porös) poreux, -euse; ⚡ Boden: meuble; moralisch: relâché; déréglé; léger, -ère; libertin; dissolu; ~**er** Schnee neige f molle; fig. ~**er** Vogel personne f légère; ein ~**es** Leben führen vivre dans la dissipation; avoir des mœurs dissolues; er läßt nicht ~ il n'en démord pas; ~ machen relâcher, Schraube usw.: des-

serrer, Boden: ameublir; ~ werden se relâcher, Schraube usw.: se desserrer; ²**heit** f (Schlaffheit) laxité f; fig. légèreté f; libertinage m; ~**n** v/t. (v/rf.: sich se) relâcher (a. fig.); Schraube usw.: (se) desserrer; Steine durch Wurzeln: desceller; Boden: ameublir; (geschmeidig machen) assouplir; die Bande ~ desserrer les nœuds; ~**lassen** v/i. (nachgeben) céder; nicht ~ a. ne pas en démordre; ²**ung** f relâchement m (a. fig.); (Geschmeidigmachen) assouplissement m; ²**ungs-übung** f exercice m d'assouplissement.
'**lockig** adj. bouclé.
'**Lock|mittel** n appât m; amorce f; ~**pfeife** ch. f appeau m; pipeau m; mit der ~ fangen piper; Vogelfang mit ~ pipée f; ~**preis** ✝ m prix m d'appel; ~**spitzel** m agent m provocateur; mouchard m; ~**ung** f séduction f; attrait m; appât m (a. ch.); ~**vogel** m ch. appeau m; fig. personne f qui allèche.
'**Loden** m loden m; ~**joppe** f vareuse f en loden m; ~**mantel** m manteau m en loden m; ~**stoff** m loden m.
'**lodern** I v/i. flamber; flamboyer; fig. brûler; II ² n flamboiement m; fig. ardeur f; ~**d** adj. ardent.
'**Löffel** m cuiller f; cuillère f; e-s Baggers: godet m; ch. oreille f; (Ohr des Menschen) P esgourde f; (Schöpf~) louche f; fig. die Weisheit mit ~**n** gegessen haben avoir la science infuse; ~**bagger** m drague f à godets; pelle f à godets; ~**biskuit** n od. m biscuit m à la cuiller; ~**bohrer** m tarière f; ~**ente** orn. m souchet m; ~**kraut** ♣ m herbe f aux cuillers; cochléaria m; ²**n** v/t. manger à la cuiller; ~**reiher** orn. m spatule f; ~**schale** f cuilleron m; ~**stiel** m manche m de cuiller; ~**voll** m cuillerée f; ²**weise** adv. par cuillerées.
Log ⚓ n loch m.
Logaˈrith|mentafel f table f de logarithmes; ²**misch** adj. logarithmique; ~**mus** n logarithme m.
'**Logbuch** ⚓ n journal m de bord.
'**Loge** f loge f.
'**Logel** dial. m od. f (Weinkneipe) 'hotte f; dial. bouille f.
'**Logen|billet** n billet m de loge; ~**bruder** m frère m; franc-maçon m; ~**meister** m vénérable m; ~**schließerin** f thé. m ouvreuse f.
'**loggen** ⚓ v/i. jeter le loch.
'**Loggia** f loggia f.
Loˈgier|besuch m invités m/pl. qui logent; ~ haben loger du monde chez soi; ²**en** v/i. loger; ~**haus** n hôtel m garni; ~**zimmer** n chambre f d'ami.
'**Logik** f logique f; ~**er** m logicien m.
Loˈgis n logement m.
'**logisch** adj. logique; ~**erweise** adv. logiquement.
Loˈgistik f logistique f.
'**Logleine** ⚓ f ligne f de loch.
'**Lohbeize** f jusée f.
'**Lohe**¹ ⊕ f tan m.
'**Lohe**² f (Glut) flamme(s pl.) f (a. fig.); pfort embrasement m.
'**lohen**¹ ⊕ I v/t. tanner; II ² n tannage m.
'**lohen**² I v/i. flamber; flamboyer; II ² n flamboiement m.
'**lohfarben** adj. tanné; couleur de

tan; ₂gerber *m* tanneur *m*; ₂gerbe'rei *f* tannerie *f*.
Lohn *m* salaire *m*; *des Hauspersonals:* gages *m/pl.*; *fig.* récompense *f*; *zum ~* comme récompense; *zum ~ für* en récompense de; *jede Arbeit ist ihres ~es wert* toute peine mérite salaire; *wie die Arbeit, so der ~* à chacun selon ses mérites; *Undank ist der Welt ~ le monde* (vous) paie d'ingratitude; '~abbau *m* réduction (*od.* diminution) *f* des salaires; '₂abhängig *adj.* salarié; '~abkommen *n* convention *f* des salaires; '~abrechnung *f* feuille *f* de paie; *Vorgang:* calcul *m* des salaires; '~absprache *f* accord *m* sur les salaires; '~abzug *m* retenue *f* (*od.* prélèvement *m*) sur le salaire; '~angleichung *f* rajustement *m* des salaires; '~arbeit *f* travail *m* salarié; '~arbeiter(in *f*) *m* (ouvrier *m*, -ière *f*) salarié *m*, -e *f*; '~aufbesserung *f* amélioration *f* de salaire; rajustement *m*; '~aufwand *m* dépenses *f/pl.* de salaires; '~ausfall *m* perte *f* de salaire; '~ausgaben *f/pl.* dépenses *f/pl.* de salaires; '~ausgleich *m* ajustement *m* des salaires; '~auszahlung *f* paye *f*; paie *f*; '~bescheinigung *f* attestation *f* de salaire; '~bewegung *f* mouvement *f* des salaires; '~buch *n* livre *m* de paye; '~büro *n* bureau *m* de paye; '~durchschnitt *m* moyenne *f* des salaires; '~einstufungskonflikt *m* conflit *m* catégoriel; '~empfänger(in *f*) *m* salarié *m*, -e *f*; '₂en *v/rf. sich ~* valoir la peine; être profitable; rendre beaucoup; rapporter (bien); *es lohnt sich* ça vaut la peine (*od.* F le coup); *es lohnt sich nicht* ça ne vaut pas la peine.
'löhnen *v/t. Arbeiter:* payer le salaire (à); *Dienstboten:* payer les gages (à); ⚔ distribuer la solde (à).
'lohnend *adj.* profitable; (*vorteilhaft*) avantageux, -euse; (*gewinnbringend*) lucratif, -ive; rémunérateur, -trice.
'Lohn|erhöhung *f* augmentation *f* de salaire; ~ersatz *m* compensation *f* de salaire; *bei vollem ~* à pleine compensation de salaire; ~festsetzung *f*, ~findung *f* fixation *f* (*od.* détermination *f*) des salaires; ~forderung *f* revendication *f* de salaire (*od.* catégorielle *od.* salariale); ~frage *f* question *f* des salaires; ~gruppe *f* indice *m*; catégorie *f* de salaires; ~herabsetzung *f* réduction (*od.* diminution) *f* des salaires; ~index *m* indice *m* des salaires; ~kampf *m* lutte *f* pour l'augmentation des salaires; ₂kämpferisch *adj.* catégoriel, -lle; ~klasse *f* classe *f* des salaires; ~kosten *pl.* frais *m/pl.* de main-d'œuvre; charges *f/pl.* salariales; ~kürzung *f* réduction *f* des salaires; ~liste *f* liste *f* des salaires; ~mehrkosten *pl.* excédent *m* de salaires; ~minimum *n* salaire *m* minimum; ~politik *f* politique *f* des salaires; ~problem *n* problème *m* des salaires; ~rechnung *f* calcul *m* des salaires; ~regelung *f* règlement *m* des salaires; ~satz *m* taux *m* de salaire; ~schlüssel *m* grille *f* de salaires; ~schreiber (*für Politiker*) *m* *nègre *m*; ~schwache(r) *m* salarié *m* à (très) faible revenu; ~senkung *f* baisse *f* des salaires; ~skala *f* échelle *f* des salaires; ~steuer *f* impôt *m* sur les salaires; ~steuer·abzug *m* retenue *f* pour l'impôt sur les salaires; ~steuerbescheinigung *f* attestation *f* du payement de l'impôt sur les salaires; ~steuerkarte *f* carte *f* d'impôt sur les salaires; ~steuertabelle *f* barème *m* de l'impôt sur les salaires; ~steuertarif *m* tarif *m* des impôts sur les salaires; ~stopp *m* blocage *m* des salaires; ~summe *f* total *m* des salaires; ~summensteuer (*Bundesrep.*) *f* taxe *f* salariale; ~tabelle *f* barème *m* des salaires; ~tarif *m* tarif *m* des salaires; ~tüte *f* enveloppe *f*, (*od.* sachet *m*) de paye.
'Löhnung *f* paye *f*; paie *f*; *der Arbeiter:* a. salaire *m*; *der Dienstboten:* gages *m/pl.*; ⚔ solde *f*; prêt *m*; ~s-tag *m* jour *m* de paye.
'Lohn|unterschied *m* différence *f* (*od.* écart *m*) de salaires; ~verhandlungen *f/pl.* négociations *f/pl.* salariales; ~wesen *n* système *m* des salaires; ~zahlung *f* paiement *m* du salaire; ~zettel *m* fiche *f* de paie; ~zuschlag *m* prime *f*; supplément *m*.
'Loipe (*Ski*) *f* piste *f* pour skieurs de fond.
lo'kal *adj.* local; ~e Streitigkeiten différends *m/pl.* d'ordre local.
Lo'kal *n* (*Gaststätte*) restaurant *m*; café *m*; (*Tanz*₂) salle *f* de danse; dancing *m*; ~anästhesie 🩺 *f* anesthésie *f* locale; ~bahn *f* chemin *m* de fer local; ~behörde *f* autorités *f/pl.* locales; ~bericht-erstatter *m* correspondant *m* local; ~blatt *n* feuille *f* locale; journal *m* local; ~e(s) *n* in e-r Zeitung: chronique *f* locale; ~farbe *f* couleur *f* locale.
lokali'sier|bar *adj.* localisable; ~en *v/t.* localiser; ~ung *f* localisation *f*.
Lok *f* (*Lokomotive*) locomotive *f*.
Lokali'tät (*Raum*) *f* local *m*.
Lo'kal|kenntnis *f* connaissance *f* des lieux; ~kolorit *n* couleur *f* locale; ~nachrichten *f/pl.* e-r Zeitung: chronique *f* locale; ~patriotismus *m* patriotisme *m* de clocher; ~reporter journ. *m* échotier *m*; ~teil *m* Zeitung: rubrique *f* locale; ~termin 🏛 *m* descente *f* sur les lieux; ~verhältnisse *n/pl.* circonstances *f/pl.* locales; ~verkehr *m* trafic *m* local; ~zug *m* train *m* local.
Lokomo'bile *f* locomobile *f*.
Lokomo'tiv|e *f* locomotive *f*; ~führer *m* mécanicien *m*; ~schuppen *m* dépôt *m* de locomotives; rotonde *f*.
'Loko|preis *m* prix *m* sur place; ~ware *f* marchandise *f* disponible.
'Lokus F *m* cabinets *m/pl.*; W.-C. *m*; F petit coin *m*.
'Lombard|anleihe *f* emprunt *m* sur nantissement; ~bank *f* banque *f* de prêts sur gages; ~bestände *m/pl.* affaires *f/pl.* de prêt sur gages; ~darlehen *n* prêt *m* sur gages (*od.* sur nantissement).
Lom'bard|e *m*, ~in *f* Lombard *m*, -e *f*.
Lombar'dei *f*: *die ~* la Lombardie.
'Lombardgeschäft *n* prêt *m* sur gages (*od.* sur titres).
lombar'dieren *v/t.* prêter sur gages.
lom'bardisch *adj.* lombard.
'Lombardzinsfuß *m* taux *m* des avances sur titres (*od.* sur gages).
'London *n* Londres *m*; ~er(in *f*) *m* Londonien *m*, -enne *f*.
'Looping 🏔 *m* looping *m*.
'Lorbeer *m*, ~baum *m* laurier *m*; *fig. sich auf s-n Lorbeeren ausruhen* s'endormir sur ses lauriers; *Lorbeeren ernten* moissonner (*od.* cueillir) des lauriers; ~blätter *cuis. n/pl.* laurier-sauce *m*; ~kranz *m* couronne *f* de laurier; ~zweig *m* branche *f* de laurier.
'Lore 🚃 *f* (*Güterwagen*) lorry *m*; truc(k) *m*; (*Kipp*₂) wagonnet *m* basculant.
Lor'gnette *f*, Lor'gnon *n* (*Stielbrille*) face-à-main *m*; binocle *m* (à manche).
'Lorke F (*schlechter Kaffee*) *f* jus *m* de chaussette.
Los *n* lot *m*; (*Schicksal*) sort *m*; destinée *f*; (*Lotterie*₂) billet *m* de loterie; *das große ~ gewinnen* gagner le gros lot; *durchs ~ entscheiden* décider par le sort; *das ~ werfen* (*ziehen*) tirer au sort; *das ~ ist gefallen* le sort en est jeté.
los *adj.* détaché; (*frei*) dégagé; (*entfesselt*) déchaîné; *der Knopf ist ~* le bouton a sauté; *der Teufel ist ~* ça barde; tout se déchaîne; *was ist ~?* qu'y a-t-il?; *es ist etw. ~* il se passe qch.; *als ob nichts ~ wäre* comme si de rien n'était; *was ist mit ihm ~?* qu'a-t-il?; *mit ihm ist nicht viel ~* ce n'est pas un as; *sein Geld ist er ~* il en est pour son argent; *j-n* (*etw.*) ~ *sein* être débarrassé (*od.* quitte) de q. (de qch.); *e-e Sorge ~ sein* être quitte d'un souci; *j-n* (*etw.*) ~ *werden* pouvoir se débarrasser de q. (de qch.); *etw. ~ haben* s'y connaître; ~! allons!; allez!; *fig. na, schieß mal ~!* allons!; commence donc!; démarre!; vas-y!; *Achtung! fertig! ~!* à vos marques! prêts! partez! F *hier wird was ~ sein!* F ici, ça va barder!
'los-arbeiten F *v/i.: drauf ~* se mettre à travailler de toutes ses forces.
'losballern F (*losschießen*) *v/i.* F se mettre à tirailler.
'lösbar *adj.* soluble; *Aufgabe:* résoluble.
'los|bekommen *v/t.* parvenir à détacher; ~binden *v/t.* délier; détacher; ⚓ démarrer; ~brausen (*Auto*) *v/i.* démarrer en trombe; détaler; ~brechen 1. *v/t.* détacher (en rompant); 2. *v/i.* se détacher; *Angriff:* se déclencher; *Gewitter:* éclater; *Sturm:* se déchaîner; ~bröckeln 1. *v/i.* se détacher par miettes; s'émietter; s'effriter; 2. *v/t.* détacher en émiettant.
'Lösch|anlage *f für Kalk:* installation *f* d'extinction de chaux; ~apparat *m* extincteur *m*; ~arbeit *f* extinction *f* du feu; ~blatt *n* (papier *m*) buvard *m*; ~eimer *m* seau *m* à incendie.
'löschen I *v/t. Feuer, Kalk:* éteindre; *Feuer a.:* étouffer; *Schuld:* éteindre; amortir; *Hypothek:* radier; *Firma:* éteindre; radier; *Durst:* étancher; apaiser; (*aus~*) effacer; rayer; (*a. Bandaufnahme*); II 🛡 *f* extinction *f* (*a. v. Kalk*); *v. Schulden:* a. amortissement *m*; *e-r Hypothek:* radiation *f*; *e-r Firma:* extinction *f*; radiation *f*; *des Durstes:* étanchement *m*;

löschen — Lottospiel

apaisement *m*; (*Aus⁓, a. Bandaufnahme*) effacement *m*.
'**löschen**² ⚓ **I** *v/t. Schiff*: décharger; *Waren*: débarquer; **II** ⚲ *n v. Schiffen*: déchargement *m*; *v. Waren*: débarquement *m*.
'**Lösch|funke** *m* étincelle *f* étouffée; **⁓er** *m* (*Tinten⁓*) tampon-buvard *m*; **⁓geld** ⚓ *n* frais *m/pl.* de déchargement; **⁓gerät** *n* extincteur *m*; **⁓e** *n/pl. a.* pompes *f/pl.* à incendie; **⁓hafen** ⚓ *m* port *m* de débarquement; **⁓hütchen** *n* éteignoir *m*; **⁓kalk** *m* chaux *f* éteinte; **⁓kopf** (*Tonbandgerät*) *m* tête *f* d'effacement; **⁓mannschaft** *f* sapeurs-pompiers *m/pl.*; **⁓papier** *n* (papier *m*) buvard *m*; **⁓platz** ⚓ *m* débarcadère *m*; **⁓sand** *m* sable *m* pour étouffer le feu; **⁓ung** *f* extinction *f*; *v. Schulden: a.* amortissement *m*; *e-r Hypothek*: radiation *f*; mainlevée *f*; *e-r Firma*: extinction *f*; radiation *f*; *v. Schiffen*: déchargement *m*; *v. Waren*: débarquement *m*; **⁓zug** *m* autopompe *f*; équipe *f* d'incendie.
'**los|donnern** *v/i. im Zorn*: éclater comme un coup de tonnerre; *gegen j-n ⁓* tonner contre q.; **⁓drehen** *v/t.* détacher en tordant; *schraubend*: dévisser; **⁓drücken** *v/t. Gewehr*: tirer; *Pfeil*: décocher.
'**lose** *adj.* lâche; (*losgelöst*) détaché; *Schraube*: desserré; (*beweglich*) mobile; ✝ au détail; *fig.* licencieux, -euse; frivole; trop libre; relâché; folâtre; (*lockerer Zusammenhang*) incohérent; *⁓r Vogel* évaporé *m*, *-e f*; *⁓s Haar* cheveux *m/pl.* flottants; *⁓ sein Zahn*: branler; *⁓ werden* se détacher, *Schraube*: se desserrer, *⁓ prendre du jeu*; *fig. e-e Hand haben* avoir la main leste; *e-n ⁓n Mund haben* être mauvaise langue; **⁓blattbuch** *n* livre *m* à feuilles mobiles.
'**Lösegeld** *n* rançon *f*; *j-m ein ⁓ auferlegen* rançonner q.; **⁓forderung** *f* demande *f* de rançon.
'**los-eisen** F (*j-n freimachen*) *v/t.* détacher (*von de*).
'**Lösemittel** *n* 🜍 dissolvant *m*; ✻ expectorant *m*; résolutif *m*.
'**losen I** *v/i.* tirer au sort; **II** ⚲ *n* tirage *m* au sort.
'**lösen I** *v/t. u. v/rf.* (*sich se*) délier (*a. fig.*); (*se*) dénouer; (*se*) défaire; (*trennen*) (*sich se*) séparer; (*abtrennen*) (*sich se*) séparer; (*abtrennen*) (*sich se*) détacher; *Schraube*: (*sich se*) desserrer; *Bremse*: (*sich se*) desserrer; *débloquer*; *Sport*: *sich ⁓* décoller; 🜍 (*sich se*) résoudre, fondre, *⁓ a.* faire fondre; *sich ⁓ a.* fondre; *Aufgabe, Problem*: résoudre, solutionner; *Frage, Widerspruch*: résoudre; *Rätsel*: deviner; *Zweifel*: lever; *Fahrkarte*: prendre; *Vertrag*: résoudre; résilier; annuler; *Knoten*: (*sich se*) défaire, *fig. den Knoten ⁓* dénouer l'intrigue; *Pfand*: retirer; *Schuß*: lâcher; *fig. j-m die Zunge ⁓* délier la langue à q.; *sein Verhältnis zu j-m ⁓* cesser d'avoir des rapports avec q.; rompre (ses relations) avec q.; *die Verlobung ⁓* rompre les fiançailles; *rasch ⁓ Problem*: trancher; **II** ⚲ *n* → *Lösung*.
'**los|fahren** *v/i.* partir; *Fahrzeug*: démarrer; *mit dem Auto in die Ferien ⁓* prendre la route; *⁓ auf (acc.)* aller droit sur, (*herfallen über*) fondre sur; **⁓feuern** *v/t.* décharger; *abs. ⁓ auf (acc.)* faire feu sur; **⁓fliegen** ✈ *v/i.* partir; prendre l'air; **⁓gehen** *v/i.* s'en aller; partir; *nicht ⁓ Waffe*: rater; (*sich lösen*) se détacher, F (*anfangen*) commencer; *auf j-n ⁓* aller droit sur q., (*herfallen über*) fondre sur q.; *auf etw. (acc.) frisch ⁓* poursuivre qch. avec ardeur; *der Knopf ist losgegangen* le bouton a sauté; **⁓gelassen** *fig. adjt.*: *⁓ sein* être lancé; **⁓gelöst** *adj.* détaché (*von de*); **⁓haken** *v/t.* décrocher; dégrafer; **⁓hauen 1.** *v/t.* détacher; couper; **2.** *v/i.: auf j-n ⁓* frapper q. à tour de bras; ⚲**kauf** *m* rachat *m*; **⁓kaufen** *v/t.* (*v/rf.: sich se*) racheter; **⁓ketten** *v/t.* ôter les chaînes (à); *Hund*: lâcher; **⁓knüpfen** *v/t.* dénouer; **⁓kommen** *v/i.* parvenir à se dégager (*von de*); se débarrasser (*von de*) (*frei werden*) être délivré; *aus der Gefangenschaft*: être libéré; ✈ décoller; *nicht mehr ⁓ von ... être obsédé par ...*; *ich komme nicht davon los* (*das geht mir nicht aus dem Sinn*) cela ne me sort pas de l'idée, de la tête; **⁓koppeln** *v/t. ch.* découpler; *Waggons*: détacher; **⁓kriegen** *v/t.* parvenir à détacher; **⁓lachen** *v/i.: laut ⁓* P se fendre la gueule (*od. la pipe*); **⁓lassen** *v/t.* lâcher; *abs.* lâcher prise; *Gefangene*: mettre en liberté, 🜃 relaxer; *Schrift*: lancer; **⁓legen** *v/i.* F commencer; *leg los!* allons!; commence donc!; démarre!; vas-y! **⁓löslich** 🜍 *adj.* soluble (*in dat.* dans); *nicht ⁓* insoluble; ⚲**keit** *f* solubilité *f*.
'**los|lösen** *v/t.* (*v/rf.: sich se*) détacher; (*trennen*) (*se*) séparer; *sich vom Alltäglichen ⁓* se dépayser; ⚲**lösung** *f* (*Trennung*) séparation *f*; **⁓löten** *v/t.* dessouder; **⁓machen** *v/t.* (*v/rf.: sich se*) défaire, (*se*) détacher; *Hindernisse wegräumend*: (*sich se*) dégager (*von de*); (*frei machen*) (*sich se*) délivrer; (*s'*) affranchir; *v. vormundschaftlicher Gewalt*: (*sich s'*) émanciper; *Segel*: déferler; *Taue*: démarrer; **⁓machen** *n* dégagement *m*; (*Freimachen*) affranchissement *m*; *v. vormundschaftlicher Gewalt*: émancipation *f*; **⁓marschieren** *v/i.* se mettre en marche (*auf acc.* sur); **⁓platzen** *v/i.* éclater; **⁓rasen** *v/i.* partir à toute vitesse (*od.* à fond de train); **⁓reißen** *v/t.* (*v/rf.: sich s'*) arracher; (*se*) détacher; *Steine durch Wurzeln*: desceller; ⚲**reißen** *n* arrachement *m*.
Löß *géol. m* lœss *m*.
'**los|sagen** *v/rf.: sich von etw. ⁓* se désister de qch.; renoncer à qch.; *sich von j-m ⁓* se désolidariser de j-m; ⚲**sagung** *f* désistement *m* (*von de*); renoncement *m* (à); **⁓schießen** *v/i. fig.* F (*beginnen*) commencer; *schieß los!* allons!; commence donc!; démarre!; vas-y!; *fig. ⁓ auf (acc.)* fondre (*od.* se jeter) sur; **⁓schlagen 1.** *v/t.* enlever à coups de ...); ✝ brader; vendre à bas prix; **2.** *v/i.* commencer l'attaque; *auf j-n ⁓* frapper q.; **⁓schnallen** *v/t.* (*v/rf.: sich se*) déboucler; **⁓schrauben** *v/t.* dévisser; **⁓sprechen** *v/t.* absoudre; ⚲**sprechung** *f* absolution *f*; **⁓sprengen 1.** *v/t.* faire sauter; dynamiter; **2.** *v/i.* s'élancer au galop; **⁓springen** *v/i.* sauter (*auf j-n sur q.*); (*sich ablösen*) se détacher en sautant; **⁓steuern** *v/i.* faire route (*auf acc.* vers); ⚓, ✈ mettre le cap (*auf acc.* sur); (*direkt*) *auf Ziel ⁓* aller (droit) au but; *fig. auf j-n ⁓* se précipiter (*od.* s'élancer) vers q.; **⁓stürmen** *v/i.* fondre (*auf acc.* sur); (*angreifen*) assaillir; **⁓stürzen** *v/i.* se précipiter (*auf acc.* sur); **⁓trennen** *v/t.* (*v/rf.: sich se*) détacher; (*se*) séparer; *Genähtes*: (*sich se*) découdre; ⚲**trennen** *n*, ⚲**trennung** *f* séparation *f*.
'**Losung**¹ *f* (*Parole*) mot *m* de passe (*od.* d'ordre).
'**Losung**² *ch. f* fiente *f*; fumées *f/pl.*
'**Lösung** *f* solution *f* (*a.* 🜍, ⚗ *u.* ✻); *thé.* dénouement *m*; (*Trennung*) séparation *f*; *e-s Vertrages*: résiliation *f*; annulation *f*; *e-r Verlobung*: rupture *f*; **⁓smittel** *n* dissolvant *m*.
'**Losungswort** *n* mot *m* d'ordre.
'**los|werden** *v/t.* se débarrasser de; se défaire de; *sein Geld ⁓* en être pour son argent; **⁓ziehen** *v/i.* (*fortgehen*) s'en aller; partir; marcher (*auf acc.* sur); *mit Worten: ⁓ gegen* (*od.* über *acc.*) se déchaîner contre.
Lot *n géom.* perpendiculaire *f*; verticale *f*; ⊕ fil *m* à plomb; plomb *m*; ⚓ sonde *f*; (*Lötmetall*) soudure *f*; *ein ⁓ fällen* abaisser une perpendiculaire (*auf acc.* sur); *fig. e-e Sache wieder ins ⁓ bringen* remettre une affaire d'aplomb (*od.* en ordre).
'**lötbar** *adj.* soudable.
'**Lotblei** *n* fil *m* à plomb; plomb *m*; ⚓ sonde *f*.
'**loten I** *v/i.* prendre l'aplomb; passer au fil à plomb; ⚓ sonder; **II** ⚲ *n* ⚓ sondage *m*.
'**löt|en** *v/t.* souder; *hart ⁓* braser; ⚲**en** *n* soudage *m*; soudure *f*; (*Hart⁓*) brasure *f*.
'**Lothring|en** *n* la Lorraine; **⁓er** (*-in f*) *m* Lorrain *m*, *-e f*; ⚲**isch** *adj.* lorrain.
Loti'on *cosm. f* lotion *f*.
'**Löt|kolben** *m* fer *m* à souder; **⁓lampe** *f* lampe *f* à souder.
'**Lotleine** ⚓ *f* ligne *f* de sonde.
'**Lötmittel** *n* soudure *f*; (*Hart⁓*) brasure *f*.
'**Lotos** *m* lotus *m*; **⁓blume** *f* (fleur *f* de) lotus *m*.
'**lotrecht** *adj.* à plomb; d'aplomb; perpendiculaire; vertical.
'**Lötrohr** ⊕ *n* chalumeau *m*.
'**Lotse** *m* pilote *m*; lamaneur *m*; ⚲**n** *v/t.* piloter; **⁓n** *n* pilotage *m*; **⁓nboot** *n* bateau-pilote *m*; **⁓ndienst** *m* pilotage *m*; lamanage *m*; **⁓nfisch** *icht. m* pilote *m*; **⁓ngebühr** *f*, **⁓ngeld** *n* taxe *f* de pilotage (*od.* de lamanage); **⁓nstation** *f* poste *m* de pilotes (*od.* de lamaneurs).
'**Lötstelle** *f* soudure *f*; endroit *m* soudé; (*Hart⁓*) brasure *f*.
Lotte'rie *f* loterie *f*; **⁓einsatz** *m* enjeu *m* à la loterie; **⁓gewinn** *m* gain *m* à la loterie; (*Los*) lot *m* gagnant; **⁓los** *n* billet *m* de loterie; **⁓spiel** *n* loterie *f*; **⁓ziehung** *f* tirage *m* d'une loterie.
'**lotter|ig** *adj.* négligent; (*in der Kleidung*) débraillé; *fig.* bohème; ⚲**leben** *n* vie *f* de bohème; **⁓n** *v/i.* mener une vie de bohème; ⚲**wirtschaft** *f* incurie *f*; mauvaise administration *f*.
'**Lotto** *n*, **⁓spiel** *n* (jeu *m* de) loto *m*;

Lotto spielen jouer au loto.
'**Lötung** *f* soudage *m*; soudure *f*; (*Hart*⚹) brasure *f*.
'**Lotus** ⚘ *m* lotus *m*; ~**blume** *f* (fleur *f* de) lotus *m*.
'**Löt|wasser** *n* eau *f* à souder; ~**zinn** *n* étain *m* à souder; soudure *f*.
'**Löw|e** *m* lion *m* (*a. fig.*); *junger* ~ *lionceau m; fig. sich in die Höhle des* ~*n begeben* se jeter dans la gueule du loup; *ast.* Lion *m*; ~**en-anteil** *m* part *f* du lion; ~**enbändiger(in** *f) m* dompteur *m*, -euse *f* de lions; ~**en-grube** *f* fosse *f* aux lions; ~**enjagd** *f* chasse *f* au lion; ~**enjäger** *m* chasseur *m* de lions; ~**enmaul** ⚘ *n* gueule--de-loup *f*; muflier *m*; ~**enstark** *adj.* fort comme un lion; ~**enzahn** ⚘ *m* pissenlit *m*; dent-de-lion *f*.
'**Löwin** *f* lionne *f*.
lo'yal *adj.* loyal.
Loyali'tät *f* loyauté *f*.
LP'G (*DDR*) *f* coopérative *f* agricole de production.
Luch *f od. n* marais *m*.
Luchs *m zo.* lynx *m*; loup-cervier *m*; *fig.* fin matois *m*; *wie ein* ~ *aufpassen* être très attentif, -ive; faire bien attention; être sur le qui-vive; '~**auge** *n*: *fig.* ~*n haben* avoir des yeux de lynx; '²**äugig** *adj.* qui a des yeux de lynx; '²**en** *v/i.* être très attentif, -ive; faire bien attention; (*lauern*) être aux aguets; guetter.
'**Lücke** *f* lacune *f* (*a. Text* ⚹ *u. fig.*); (*Mauer*⚹, *Hecken*⚹, *Zahn*⚹) brèche *f*; (*Leere*) vide *m*; *fig.* faille *f*; ✕ ~*n reißen* faire des brèches (*od. des vides*); *e-e* ~ *schließen* colmater une brèche; ~**nbüßer** *m* bouche-trou *m*; ²**nhaft** *adj.* fragmentaire; incomplet, -ète; défectueux, -euse; ~**n-haftigkeit** *f* défectuosité *f*; ²**nlos** *adj.* sans lacunes.
'**Luder** (*Schimpfwort*) *n* P salaud *m*; crapule *f*; *für e-e Frau* garce *f*; salope *f*.
'**Ludwig** *m* Louis *m*.
'**Lues** ⚹ *f* syphilis *f*.
Luft *f* air *m*; *geistig:* atmosphère *f*; (*Spielraum*) jeu *m*; *aus der* ~ *versorgen* ravitailler par air, par avion; *in frischer* ~ au grand air; *schlechte* (*od. verbrauchte od. muffige*) ~ air *m* vicié; *flüssige* ~ air *m* liquide; ~ *holen* respirer; *langsam und tief* ~ *holen* respirer lentement et à fond; *nach* ~ *schnappen* étouffer; *frische* ~ *schnappen; an die* ~ *gehen* prendre l'air (*od.* le frais); *j-m* ~ *zufächeln* éventer q.; *an die* ~ *hängen* (*stellen*); *der* ~ *aussetzen* exposer à l'air; *die* ~ *herauslassen* laisser échapper l'air; *in die* ~ *gucken* (*schießen*) regarder (tirer) en l'air; *die Lüfte durchschneiden* fendre les airs; *in den Lüften schweben* planer dans les airs; *in der* ~ *hängen beruflich:* ne pas avoir de place; *s-m Herzen* ~ *behandeln* ignorer q.; *er ist* ~ *für mich* je l'ignore; il n'existe pas pour moi; *sich* ~ *machen* décharger sa bile; *s-m Herzen* ~ *machen* épancher son cœur; dire ce que l'on a sur le cœur; *keine* ~ *bekommen* manquer d'air; étouffer; avoir la respiration gênée (*od.* courte); *wieder* ~ *bekommen* reprendre haleine; *j-n an die* ~ *setzen* flanquer q. à la porte; flanquer q. dehors; mettre q. à pied; F fendre l'oreille à q.; ⚹ *aus der* ~

versorgt werden être ravitaillé(s) par parachutages; *in die* ~ *werfen* jeter en l'air; *das ist aus der* ~ *gegriffen* c'est controuvé; c'est pure invention; c'est dénué de fondement; ce sont des histoires en l'air; *in der* ~ *liegen* être dans l'air; *in die* ~ *sprengen* faire sauter; *in die* ~ *fliegen* sauter; *von* ~ *und Liebe leben* vivre d'amour et d'eau fraîche; *es ist dicke* ~ il y aura du grabuge; ⚹ ça barde; *die* ~ *ist rein* il n'y a pas de danger; '~**abschluß** *m* isolement *m* de l'air; *unter* ~ à l'abri de l'air; '~**abwehr** *f* défense *f* anti-aérienne (*od.* contre avions); '~**ab-zug** *m* évent *m*; '~**alarm** *m* alerte *f* aérienne (*od.* aux avions); '~**angriff** ✕ *m* raid *m* aérien; attaque *f* aérienne; '~**ansicht** *f* vue *f* aérienne; '²-**artig** *adj.* aériforme; '~**attaché** *m* attaché *m* de l'air; '~**aufklärung** ✕ *f* reconnaissance (*od.* exploration) *f* aérienne; '~**aufnahme** *f* photo(graphie) *f* aérienne; vue *f* à vol d'oiseau; vue *f* prise d'avion; '~**aus-tritt** *m* sortie *f* d'air; '~**bad** *n* bain *m* d'air; '~**ballon** *m* ballon *m* (*a. für Kinder*); aérostat *m*; *lenkbarer:* dirigeable *m*; '~**basis** *f* base *f* aérienne; '~**berei-fung** *f* pneu(matique) *m*/*pl.*; '~**bild** *n* photo(graphie) *f* aérienne; '~**bild-aufklärung** *f* reconnaissance (*od.* exploration) *f* photo(graphique); ~**bildverfahren** *n* procédé *m* aérocinématographique; '~**blase** *f* bulle *f* d'air; *der Fische:* vessie *f* natatoire; ~**Boden-Rakete** *at. f* fusée *f* air--sol; '~**bombardement** *n* bombardement *m* aérien; '~**bremse** *f* aéro-frein *m*; '~**brücke** *f* pont *m* aérien.
'**Lüftchen** *n* souffle *m* (d'air); vent *m* léger; *es weht kein* ~ il n'y a pas un souffle (*od.* un brin) de vent.
'**luftdicht** *adj.* hermétique; imperméable à l'air; ²**e** *f* densité *f* atmosphérique.
'**Luftdruck** *phys. m* pression *f* atmosphérique (*od.* barométrique); *e-r Bombe:* souffle *m*; ~**bremse** *f* frein *m* à air comprimé; ~**flasche** (*Taucherausrüstung*) *f* bouteille *f*, réservoir *m* d'air comprimé; ~**hammer** *m* marteau-pilon *m* pneumatique; marteau *m* pneumatique; marteau *m* à air comprimé; ~**prüfer** *m* Auto usw.: contrôleur *m* de gonflage; ~**regulie-rung** *f* pressurisation *f*.
'**luftdurch|lässig** *adj.* perméable à l'air; ²**lässigkeit** *f* perméabilité *f* à l'air; ²**zug** *m* courant *m* d'air.
'**Luft|düse** *f* buse *f* d'air; ~**einlaß** *m*, ~**eintritt** *m* entrée *f* d'air; ~**ein-trittskanal** ⊕ (*auf Hochhäusern*) *m* manche *f* à air.
'**lüften** *v/t.* Zimmer: aérer; *Kleider:* éventer; exposer à l'air; *Hut usw.:* soulever; *fig. Geheimnis:* éventer; dévoiler.
'**luft-entzündlich** ⚗ *adj.* inflammable au simple contact de l'air.
'**Lüfter** *m* ventilateur *m*.
'**Luft|erneuerung** *f* renouvellement *m* d'air; ventilation *f*; ~**erscheinung** *f* phénomène *m* atmosphérique (*Luftspiegelung*) *f*; ~**fähre** *f* bac *m* aérien; ~**fahrt** *f* aviation *f*; navigation *f* aérienne; aéronautique *f*; (*Reise*) voyage *m* en avion; ~**fahrt-ausstellung** *f* exposition *f* aéronau-

tique; *in Paris:* salon *m* de l'aviation; ~**fahrtgesellschaft** *f* compagnie *f* aérienne; compagnie *f* de transports aériens; ~**fahrt-industrie** *f* industrie *f* aéronautique; ~**fahrt-inge-nieur** *m* ingénieur *m* de l'aéronautique; ~**fahrtkontrolleur** *m* contrôleur *m* du trafic aérien; *s. a.* Fluglotse; ~**fahrtmedizin** *f* médecine *f* aéronautique; ~**fahrtminister** *m* ministre *m* de l'Air; ~**fahrtministerium** *n* ministère *m* de l'Air; ~**fahrtwesen** *n* aéronautique *f*; aviation *f*; ~**fahr-zeug** *n* (*Luftschiff*) aéronef *m*; (*Flugzeug*) avion *m*; ~**feuchtigkeit** *f* humidité *f* atmosphérique; ~**feuchtig-keitsgrad** *m* degré *m* hygrométrique; ~**feuchtigkeitsmesser** *m* hygromètre *m*; ~**filter** *m* filtre *m* à air; ~**flotte** *f* flotte *f* aérienne; ~**fracht** *f* fret *m* aérien; *als* ~ par le fret aérien; par fret; ~**frachtbahnhof** *m* gare *f* de fret aérien; aérogare *f* de fret; ~**gebiet** *n* domaine *m* aérien; ²**ge-kühlt** *adj.* refroidi par air; ~**geschwader** ✕ *n* escadre *f* aérienne; ~**gewehr** *n* fusil *m* (*od.* carabine *f*) à air comprimé; ~**hammer** ⊕ *m* marteau-pilon *m* atmosphérique (*od.* à air comprimé); ~**hauch** *m* souffle *m* (d'air); ~**heizung** *f* chauffage *m* à air chaud; ~**herrschaft** *f* maîtrise *f* de l'air (*od.* du ciel); suprématie *f* aérienne (*od.* dans les airs); ~**hoheit** *f* souveraineté *f* aérienne; *die* ~ *haben* détenir la maîtrise de l'air; ~**hülle** *f* atmosphère *f*; ²**ig** *adj.* aérien, -enne; *Zimmer:* aéré; *Kleidung:* léger, -ère; (*durchsichtig*) transparent; ²**hungrig** *adj.* assoiffé d'air; ~**hungrige(r)** *m* fervent *m* du plein-air; ~**ikus** *m* écervelé *m*; hurluberlu *m*; ~**kammer** *f* chambre *f* d'air; ~**kampf** *m* combat *m* aérien; ~**kanal** *m* canal (*od.* conduit) *m* d'air; évent *m*; ~**kissen** *n* coussin *m* pneumatique (*od.* d'air); ~**kissenboot** *n* aéroglisseur *m*; (')**ho-verport** *m*; ~**kissenzug** *m* aérotrain *m*; train *m* aéroglisseur; ~**klappe** *f* volet *m* d'aération; Auto: volet *m* d'air; ~**korridor** ✈ *m* couloir *m* (*od.* corridor *m*) aérien; *für notleidende Gebiete:* couloir *m* de charité; ²-**krank** *adj.:* ~ *sein* avoir le mal de l'air; ~**krankheit** *f* mal *m* de l'air; ~**krieg** *m* guerre *f* aérienne; ~**küh-lung** *f* refroidissement *m* par air; ~**kur** *f* cure *f* climatique; ~**kurheil-stätte** *f* aérium *m*; ~**kur-ort** *m* station *f* climatique; ~**landetruppen** *f*/*pl.* troupes *f*/*pl.* aéroportées; ~**lan-dung** *f* largage *m* de paras, de parachutistes; ²**leer** *adj.* vide (d'air); ~*er Raum* vide *m*; *Reifen:* dégonflé; ~**linie** *f* ligne *f* droite; ✈ ligne *f* aérienne; *in der* ~ *Entfernung:* en ligne droite; à vol d'oiseau; ~**loch** *n* ⚠ soupirail *m*; ⊕ évent *m*; ventouse *f*; ✈ trou *m* d'air; ~-~**Rakete** *f* fusée *f* air-air; ~**macht** *f* puissance *f* aérienne; ~**mangel** *m* manque *m* d'air; ~**manöver** *n* manœuvres *f*/*pl.* aériennes; ~**matratze** *f* matelas *m* pneumatique; ~**menge** *f* quantité *f* d'air; ~**mine** *f* mine *f* aérienne; ~**not** *f: Flugzeug in* ~ avion *m* en détresse; ~**offensive** ✕ *f* offensive *f* aérienne; ~**pakt** *pol. m* pacte *m* aérien; ~**parade** *f* revue *f* aérienne; ~**photo** *n* photo(graphie) *f* aérienne; ~**pirat** *m* pirate *m* de l'air; ~**piraterie** *f* piraterie *f* aérienne; ~**polster** *n* coussin *m* pneumatique (*od.* à air); ~**post** *f* poste *f* aérienne; *durch* (*od. mit*) ~ par avion; ~**postbrief** *m* lettre *f* par avion; lettre-avion *f*; ~**postdienst** *m* service *m* postal aérien; service *m* aéropostal; ~**postlinie** *f* ligne *f* postale aérienne; ~**postnetz** *n* réseau *m* postal aérien; ~**postverbindung** *f* liaison *f* postale aérienne; ~**postverkehr** *m* trafic *m* postal aérien; ~**postzuschlag** *m* surtaxe *f* aérienne; ~**pumpe** *f* pompe *f* (à pneu[matique]s); *Auto: a.* gonfleur *m*; ~**raum** *m* espace *m* aérien; *den* ~ *verletzen* violer l'espace aérien; ~**raum-überwachung** *f* surveillance *f* de l'espace aérien; ~**recht** *n* droit *m* aérien; ~**reifen** *m* pneu(matique) *m*; ~**reiniger** *m* désodorisant *m*; ozoniseur *m*; ozonisateur *m*; épurateur *m* d'air; *Auto a.*: filtre *m* d'air; ~**reinigung** *f* ventilation *f*; ~**reise** *f* voyage *m* en avion; ~**reisende**(r *a. m*) *m*, *f* passager *m*, -ère *f*; ~**reklame** *f* réclame *f* aérienne; ~**röhre** *anat. f* trachée-artère *f*; ~**röhren-entzündung** ❊ *f* trachéite *f*; ~**röhrenkatarrh** *m* catarrhe *m* bronchial; ~**röhrenschnitt** *chir. m* trachéotomie *f*; ~**rüstung** *f* armement *m* aérien; ~**sack** *m* ballonnet *m*; ~**schacht** *bât. m* canal *m* de ventilation; ~**schaukel** *f* balançoire *f*; ~**schicht** *f* couche *f* d'air; ~**schiff** *n* aérostat *m*; lenkbares ~ dirigeable *m*; ~**schiffahrt** *f* aéronautique *f*; *eng S.* aérostation *f*, *mit Flugzeugen*: navigation *f* aérienne; aviation *f*; ~**schiffer** *m* aéronaute *m*; aérostier *m*; ~**schlacht** *f* bataille *f* aérienne; ~**schlauch** *m* chambre *f* à air; ~**schleuse** *f* écluse *f* à air; (*Raumrakete*) sas *m* de passage; ~**schlitz** (*Motorhaube*) *m* auvent *m*; ~**schloß** *n* château *m* en Espagne; projet *m* chimérique; *Luftschlösser bauen* faire (*od.* bâtir) des châteaux en Espagne; ~**schlucken** ❊ *n* aérophagie *f*; ~**schraube** *f* hélice *f*; ~**schraubentriebwerk** *n* propulseur *m* à hélice; ~**schutz** ⚔ *m* défense *f* antiaérienne (*od.* passive); ~**schutzbunker** *m* abri *m* bétonné; ~**schutzgraben** *m* tranchée-abri *f*; ~**schutzkeller** *m* abri *m* antiaérien; cave-abri *f*; ~**schutzmaßnahmen** *f/pl.* mesures *f/pl.* (en vue) de (la) défense antiaérienne (*od.* passive); ~**schutzraum** *m* abri *m* antiaérien; ~**schutzsirene** *f* sirène *f* d'alerte aérienne; ~**schutz-übung** *f* exercice *m* de défense antiaérienne (*od.* passive); ~**sicherheit** *f* sécurité *f* aérienne; ~**sicherung** *f* couverture *f* aérienne; ~**sperre** *f* barrage *m* aérien; (*Verbot*) ~ *über* ... interdiction *f* de survoler ...; ~**spiegelung** *f* mirage *m*; ~**sprung** *m* cabriole *f*; gambade *f*; saut *m* en l'air; *Tanz*: entrechat *m*; ~**störungen** *f/pl.* perturbations *f/pl.* atmosphériques; ~**strategie** *f* stratégie *f* aérienne; ~**streitkräfte** *f/pl.*, ~**streitmacht** *f* forces *f/pl.* aériennes; ~**strom** *m*, ~**strömungen** *f/pl.* courant *m* atmosphérique; flux *m* d'air; ~**stützpunkt** ⚔ *m* base *f* aérienne; ~**taxi** *n* avion-taxi *m*; ~**torpedo** ⚔ *m* torpille *f* aérienne; aérotorpille *f*; ~**transport** *m* transport *m* aérien; ²**trocknend** *adj.* séchant à l'air; ~**tüchtigkeit** *f* qualité *f* de vol; ~**überfall** *m* raid *m* aérien; attaque *f* aérienne; ~**überlegenheit** *f* supériorité *f* aérienne.

'**Lüftung** *f* aération *f*; ventilation *f*; ~**s-anlage** *f* installation *f* d'aération (*od.* de ventilation); ~**sklappe** *f* clapet *m* d'aération (*od.* de ventilation); ~**srohr** *n* conduit *m* d'aération (*od.* de ventilation); ~**sschacht** *m* puits *m* d'aération; canal *m* de ventilation.

'**Luft**|**ver-änderung** *f* changement *m* d'air; ~**verbesserer** *m* aérateur *m*; (*Produkt*) produit *m* d'ambiance; ~**verbesserung** *f* conditionnement *m* d'air; ~**verdünnung** *f* raréfaction *f* d'air; ~**verkehr** *m* trafic *m* aérien; ~**verkehrsgesellschaft** *f* compagnie *f* de navigation aérienne; ~**verkehrslinie** *f* ligne *f* aérienne; ~**verkehrsnetz** *n* réseau *m* aérien; ~**verschmutzung** *f*, ~**verseuchung** *f*, ~**ver-unreinigung** *f* pollution *f* de l'air; ~ *durch Gase* méphitisme *m*; ~**verteidigung** *f* défense *f* aérienne; ~**waffe** *f* armée *f* de l'air; aviation *f* militaire; *taktische* ~ aviation *f* tactique; ~**waffengeneral** *m* général *m* d'armée de l'air; ~**waffen-unterstützung** *f* appui *m* aérien; ~**warndienst** *m* service *m* d'alerte aérienne; ~**warnung** *f* alerte *f* préliminaire aérienne; alerte *f* préliminaire aux avions; ~**wechsel** *m* changement *m* d'air; ~**weg** *m* ⚕ voie *f* aérienne; *auf dem* ~*e* par voie aérienne; par la voie (*od.* par la route) des airs; ~*e pl.* (*Atemwege*) voies *f/pl.* respiratoires; ~**widerstand** *m* résistance *f* de l'air; ~**wirbel** *m* tourbillon *m* d'air; ~**wurzel** ⚕ *f* racine *f* aérienne; ~**ziegel** △ *m* brique *f* crue; ~**zufuhr** *f*, ~**zuführung** *f* alimentation (*od.* amenée *f*) *f* d'air; *bei Herd, Kamin*: appel *m* d'air; ~**zug** *m* courant *m* d'air; *bei Herd, Kamin*: appel *m* d'air; ~**zwischenfall** *m* incident *m* aérien.

Lug *m*: ~ *und Trug* purs mensonges *m/pl.*

'**Lüge** *f* mensonge *m*; *kleine* ~ menterie *f*; *j-n e-r* ~ (*gén.*) *zeihen*; *j-n* ~*n strafen* démentir q.; ~*n haben kurze Beine* les mensonges ne mènent pas loin.

'**lugen** *v/i.* observer attentivement; *spähend*: guetter; épier.

'**lügen I** *v/i. u. v/t.* mentir; (*erdichten*) inventer; controuver; *wie gedruckt* ~ mentir comme un arracheur de dents; être menteur comme un programme; mentir serré; **II** ⚥ *n* mensonge(s *pl.*) *m*; ~**detektor** 🔬 *m* détecteur *m* de mensonges; ²**feldzug** *m* campagne *f* de mensonges; ²**gewebe** *n* tissu *m* de mensonges; ~**haft** *adj.* mensonger, -ère; menteur, -euse (*a. Mensch*); (*erdichtet*) controuvé, inventé; ²**haftigkeit** *f e-r Person*: goût *m* (*od.* penchant *m* au) mensonge; *e-r Äußerung*: caractère *m* mensonger; ²**maul** F *n* fieffé menteur *m*; menteur *m* impudent; ²**meldung** *f*, fausse nouvelle *f*; F canard *m*; bobard *m*.

'**Lügner**|(**in** *f*) *m* menteur *m*, -euse *f*; ²**isch** *adj.* mensonger, -ère; menteur, -euse (*a. Mensch*).

'**Luke** *f* lucarne *f*; ⚓ écoutille *f*.

lukra'**tiv** *adj.* lucratif, -ive.

lu'**kullisch** *adj.*: ~*es Essen* mets *m* raffiné (*od.* délicieux).

'**Lulatsch** F *m*: *langer* ~ grand flandrin *m*; escogriffe *m*.

'**lullen** *v/t.*: *in den Schlaf* ~ endormir par des chansons.

'**Lumberjack** *m* veste-blouson *f*.

'**Lumen** *opt. n* lumen *m*.

'**Lumme** *orn. f* guillemot *m*.

'**Lümmel** *m* mufle *m*; rustre *m*; manant *m*; malappris *m*; *fauler* ~ P cossard *m*.

'**Lümme**'**lei** *f* muflerie *f*.

'**lümmel**|**haft** *adj. u. adv.* comme un mufle (*od.* rustre); ~**n** *v/rfl.*: *sich* ~ se conduire comme un mufle (*od.* rustre); manquer de tenue; *sich auf sein Bett* ~ se vautrer sur son lit.

Lump *m* (*Schuft*) salaud *m*; gredin *m*; P peau *f* de vache.

'**lumpen** *v/t.*: *sich nicht* ~ *lassen* F n'être pas chien, chiche; ne pas se faire tirer l'oreille.

'**Lumpen** *m* chiffon *m*; lambeau *m*; (*pl. zerlumpte Kleider*) guenilles *f/pl.*; 'haillons *m/pl.*; *in* ~ *gehüllt* vêtu de haillons; en guenilles; ~**geld** *n* vil prix *m*; ~**gesindel** *n* canaille *f*; racaille *f*; crapule *f*; ~**händler**(**in** *f*) *m* chiffonnier, -ière *m*, *f*; ~**pack** *n* canaille *f*; racaille *f*; crapule *f*; ~**papier** *n* papier *m* de chiffons; ~**sammler**(**in** *f*) *m* chiffonnier *m*, -ière *f*; F biffin *m*; F (*letzte Fahrgelegenheit*) balai *m*; ~**ver-arbeitung** *f* récupération *f* de chiffons.

Lumpe'**rei** *f* vilaine affaire *f*; P vacherie *f*.

'**lumpig** *adj.* (*zerlumpt*) déguenillé; en guenilles; (*armselig, knickerig*) mesquin; (*erbärmlich*) misérable; (*niederträchtig*) vil; sordide.

Luna'**naut** *m* lunaute *m*.

Lunch *m* lunch *m*; '²**en** *v/i.* luncher.

'**Lunge** *f* poumon *m*; *Fleischerei*: mou *m*; ☤ *eiserne* ~ poumon *m* d'acier; *sich die* ~ *aus dem Leibe reden* (*schreien*) s'époumoner; ~ *rauchen* avaler la fumée.

'**Lungen**|**arterie** *f* artère *f* pulmonaire; ~**bläs-chen** *n/pl.* vésicules *f/pl.* pulmonaires; ~**blutung** ☤ *f* hémorragie *f* pulmonaire; ~**entzündung** ☤ *f* pneumonie *f*; fluxion *f* de poitrine; ~**flügel** *anat. m* poumon *m*; ~**haschee** *cuis. n* 'hachis *m* de mou de veau; ~**heilstätte** *f* sanatorium *m* antituberculeux; ²**krank** *adj.* tuberculeux; phtisique; poitrinaire; ~**kranke**(**r** *a. m*) *m*, *f* tuberculeux, -euse *m*, *f*; phtisique *m*, *f*; poitrinaire *m*, *f*; ~**krankheit** ☤ *f* tuberculose *f*; phtisie *f*; affection *f* pulmonaire; ~**kraut** ⚕ *n* pulmonaire *f*; ~**lappen** *anat. m* lobe *m* du poumon; ~**krebs** *m* cancer *m* du poumon; ²**leidend** *adj.* *cf.* ²**krank**; ~**schlag-ader** *f* artère *f* pulmonaire; ~**schwindsucht** ☤ *f* phtisie *f*; tuberculose *f* pulmonaire; ²**schwindsüchtig** ☤ *adj.* phtisique; ~**spitze** *anat. f* sommet *m* du poumon; ~**tuberkel** *m* tubercule *m* pulmonaire; ~**tuberkulose** ☤ *f* tuberculose *f* pulmonaire; phtisie *f*; ~**vene** *f* veine *f*

pulmonaire.
'**Lunte** f mèche f; fig. ~ riechen éventer la mèche.
'**Lupe** opt. f loupe f; mit der ~ betrachten regarder à la loupe; fig. unter die ~ nehmen examiner de près; scruter.
Lu'pine ♀ f lupin m.
'**Lupus** ☞ m lupus m.
'**Lurche** zo. m/pl. batraciens m/pl.
'**Lure** ♪ f loure f.
lusi'tanisch antiq., géol. adj. lusitanien, -nne.
Lust f (Neigung) envie f; goût m; (Freude) plaisir m; agrément m; joie f; (Genuß) jouissance f; (Sinnen☞) volupté f; fleischliche ~ désir m charnel; convoitise f; concupiscence f; ~ haben zu avoir envie de; er hat ~ dazu il en a envie; ~ zur Arbeit goût m pour le travail; er hat keine ~ dazu il n'en a pas envie; er hat keine ~ zur Arbeit il n'a pas envie (od. il n'a nulle envie) de travailler; er hat zu nichts ~ il n'a goût à rien; j-m ~ machen faire (od. donner) envie à q. (zu de); ich bekomme ~, zu ... (inf.) l'envie me prend de ... (inf.); die ~ verlieren zu ... perdre l'envie de ...; se dégoûter de ...; die ~ dazu ist mir vergangen j'en ai perdu l'envie; j-m die ~ zu etw. nehmen faire passer (od. ôter) l'envie de qch. à q.; wenn Sie ~ dazu haben si le cœur vous en dit; ganz wie Sie ~ haben tout comme vous voudrez; à votre gré; mit ~ und Liebe avec un véritable plaisir; s-e ~ an etw. (dat.) haben avoir (od. prendre) plaisir à qch.; es ist e-e ~, ihn arbeiten zu sehen c'est un plaisir de le voir travailler; s-e ~ befriedigen passer son envie; satisfaire (od. contenter) son désir; s-n Lüsten frönen être l'esclave de ses passions; '~**barkeit** f divertissement m; fête f.

'**Lust-empfindung** f sensation f de plaisir.
'**Lüster** m lustre m.
'**lüstern** adj. plein de convoitise; (geil) lascif, -ive; luxurieux, -euse; lubrique; libidineux, -euse; nach etw. ~ sein convoiter (od. désirer) qch.; ☞**heit** f convoitise f; (Geilheit) lascivité f; lubricité f.
'**lust|erregend** adj. qui fait envie; appétissant; excitant; ☞**garten** m jardin m d'agrément; ☞**gefühl** n → ☞**empfindung**; ☞**häus-chen** n (Laube) gloriette f.
'**lustig** adj. gai; joyeux, -euse; folâtre; folichon, -onne; enjoué; de belle (od. joyeuse) humeur; (belustigend) réjouissant; divertissant; (drollig) amusant; drôle; Bruder ☞ joyeux compère m; F drôle m de loustic; thé. ~e Person personnage m comique; bouffon m; ~ sein être gai; s'amuser; es geht ~ zu on s'amuse bien; sich ~ machen über (acc.) se moquer de, se gausser de, rire aux dépens de, F mettre q. en boîte; ☞**keit** f gaieté f; joyeuse humeur f.
'**Lüstling** m satyre m.
'**lust|los** adj. languissant (a. ✝); peu animé; sans entrain; ☞**losigkeit** f langueur f (a. ✝); manque m d'entrain; ☞**molch** F m satyre m; ☞**mord** m crime sadique; meurtre m avec viol.
'**Lust|schloß** n château m de plaisance; ~**schuppen** P m P plais. baisodrome m; ~**seuche** ☞ f maladie f vénérienne; ~**spiel** thé. n comédie f; ~**spieldichter** m auteur m de comédies; auteur m comique; ~**wäldchen** n bosquet m; bocage m; ☞**wandeln** v/i. se promener; déambuler; F se prendre les talons.
Luthe'raner(in f) m luthérien, -enne f.

'**luther|isch** adj. luthérien, -enne; ☞**tum** n luthéranisme m.
'**Lutsch|bonbon** m sucette f; ☞**en** v/t. sucer; suçoter; ~**er** m sucette f.
'**Lüttich** n Liège f.
Luv ⚓ f lof m; côté m du vent; '☞**en** v/i. lofer; '~**seite** f lof m; côté m du vent; '☞**wärts** adv. au vent.
Lux phys. n lux m.
'**Luxemburg** n le Luxembourg; ~**er(in** f) m Luxembourgeois m, -e f; ☞**isch** adj. luxembourgeois.
luxuri'ös adj. luxueux, -euse; somptueux, -euse.
'**Luxus** m luxe m; somptuosité f; das ist ~ (überflüssig) c'est du luxe; ~ treiben vivre sur un grand pied, dans le luxe; ~**artikel** m article (od. objet) m de luxe; ~**ausführung** f modèle m de luxe; ~**ausgabe** f e-s Buches: édition f de luxe; ~**ausstattung** f présentation f de luxe; ~**dampfer** m vapeur m de luxe; ~**erzeugnis** n produit m de luxe; ~**kabine** f cabine f de luxe; ~**restaurant** n restaurant m de luxe; ~**steuer** f taxe f de luxe; ~**ware** f article m de luxe; ~**zug** ☞ m train m de luxe.
Lu'zerne ♀ f luzerne f.
'**Luzifer** m Lucifer m.
lym'phatisch adj. lymphatique.
'**Lymph|drüse** anat. f glande f lymphatique; ~**e** f anat. lymphe f; (Impfstoff) vaccin m; ~**gefäß** n vaisseau m lymphatique; ~**knoten** m ganglion m lymphatique.
'**lynch|en** v/t. lyncher; ☞**justiz** f lynchage m.
'**Lyra** f lyre f; ast. Lyre f.
'**Lyrik** f poésie f lyrique; ~**er** m (poète m) lyrique m.
'**lyrisch** adj. lyrique.
Ly'sol ☞ n lysol m.
Ly'zeum n lycée m de jeunes filles.

M

M, m *n* M, m *m.*
Mä'ander *e-s Flusses m/pl.* méandres *m/pl.*
Maar *géol. n* maar *m.*
Maas *f* Meuse *f.*
Maat ⚓ *m* second-maître *m.*
'**Mach-art** *f* façon *f.*
'**machbar** *adj.* faisable.
'**Mache** F *f (Vortäuschung)* dissimulation *f,* feinte *f,* F frime *f;* affectation *f; das ist doch nur ~* ce n'est qu'une feinte, ce n'est que de la comédie, F ce n'est que de la frime.
'**machen 1.** *v/t.* faire; *~ + adj.:* rendre; *~ + su. oft:* donner; *(schaffen)* créer; *(bilden)* former; *(fabrizieren)* fabriquer; *(verursachen)* produire; *(errichten)* construire; *den Anfang ~* commencer; *den Anfang mit etw. ~* commencer par qch.; *e-n Ausflug (Versuch) ~* faire une excursion (une expérience); *Geschäfte ~* faire des affaires; *Durst ~* donner soif; *Appetit ~* donner de l'appétit; *e-r Sache (dat.) ein Ende ~* mettre fin *(od.* un terme) à qch.; *Kaffee ~* faire du café; *Licht ~* allumer la lumière; faire de la lumière; *das Bett (das Zimmer) ~* faire le lit (la chambre); *j-m das Haar ~* arranger les cheveux à q.; coiffer q.; *sich das Haar ~* arranger ses cheveux; se coiffer; *j-m Lust ~* faire envie à q. (zu de); *j-m Angst ~* faire peur à q.; *j-m Mut ~* donner du courage à q.; *j-m Sorgen ~* causer des soucis à q.; *sich Sorgen ~* se faire des soucis (*um, wegen* au sujet de); s'inquiéter (*um, wegen* de); s'en faire; *Sie sich keine Sorgen!* ne vous en faites pas!; *es macht mir Mühe, zu ... (inf.)* j'ai de la peine à ... *(inf.); das macht mir viel Mühe* cela me donne beaucoup de mal; *sich zu schaffen ~* s'affairer; *sich viel zu schaffen ~* se donner beaucoup de peine; *sich über etw. (acc.) Gedanken ~* se faire toutes sortes d'idées au sujet de qch.; s'inquiéter de qch.; se faire des soucis au sujet de qch.; *j-m recht ~* contenter q.; satisfaire q.; *j-n glücklich ~* rendre q. heureux, -euse; *j-n gesund ~* guérir q.; *j-n s-m Freund ~* faire son ami de q.; *j-n zum General ~* faire q. général; *j-n zum Bettler ~* réduire q. à la mendicité; mettre q. sur la paille; *etw. zu Geld ~* vendre qch.; réaliser qch.; *was macht (treibt) er?* que fait-il dans la vie?; *2 mal 2 macht 4* deux fois deux font quatre; *was (od. wieviel) macht das?* combien cela fait-il *(im Ganzen en tout)?;* c'est combien, ça?; ça fait combien?; *das macht zusammen 3 Franken* le tout fait trois francs; *das macht man so* voilà comment cela se fait; *so etw. macht man nicht* cela ne se fait pas; *was macht das? (hat das zu sagen)* qu'importe?; *(das) macht nichts* n'importe, ce n'est rien, cela ne fait rien, *als Antwort auf e-e Entschuldigung:* (il n'y a) pas de mal; *das macht ihm nichts* cela ne lui importe guère; cela ne lui fait rien; *was (ist da zu) ~?* que faire?; *nichts zu ~* rien à faire; *da ist nichts zu ~* il n'y a rien à faire; *dagegen ist nichts zu ~* on ne peut rien y faire; *was wirst du damit ~?* qu'en feras-tu?; **2.** *v/rf.: sich ~ (Fortschritte machen)* faire des progrès; *(fortschreiten)* être en bonne voie; avancer; marcher; *(sich arrangieren)* s'arranger; *von e-m Kranken: sich wieder ~* se remettre; aller mieux; *sich (gut) ~* faire une bonne impression; faire un bon effet; *er muß sich auf e-m Photo gut ~* il doit bien rendre en photo; *wie geht's — Nun, es macht sich* comment ça va? — Ma foi, tout doucement; *ich mache mir nichts daraus* je n'y tiens guère; je n'aime guère cela; *mach dir nichts daraus!* ne t'en fais pas!; *sich etw. ~ lassen* se faire faire qch.; *sich an j-n ~* s'adresser à q.; *sich an etw. (acc.) ~* se mettre à qch.; *sich auf den Weg ~* se mettre en route; *sich aus dem Staube ~* décamper; filer; *sich davon zum Eigentümer ~* s'en rendre acquéreur; **3.** *v/i.: er macht lange ist et long; mach doch!* dépêche-toi donc!; *mach's gut!* bonne chance!; *~ Sie, daß ... faites en sorte que ... (subj.);* macht, daß ihr wegkommt! allez-vous-en!; F *in Literatur ~* F être dans la littérature; *j-n ~ (gewähren) lassen* laisser faire q.; *laß mich nur ~* laisse-moi faire, je m'en charge; 2**schaft** *f* machination *f;* intrigue *f; ~en pl. bsd. pol.* agissements *m/pl.;* F tripotailages *m/pl.;* F tripotages *m/pl.*
'**Macher|(in** *f) m* faiseur *m,* -euse *f;* **~lohn** *m* main-d'œuvre *f;* façon *f.*
Ma'chete *(Buschmesser) f* machette *f;* coupe-coupe *m/inv.*
machiavel'listisch *adj.* machiavélique.
Macht *f* pouvoir *m;* puissance *f (a. Staat); (Herrschaft)* empire *m;* geistige: autorité *f; die hohen vertragsschließenden Mächte* les 'hautes puissances *f/pl.* contractantes; *kriegführende Mächte* puissances *f/pl.* belligérantes; *übernatürliche Mächte* puissances *f/pl.* occultes; *die ~ der Gewohnheit* la force de l'habitude; *an der ~ sein* être au pouvoir; *an die ~ kommen* arriver *(od.* accéder) au pouvoir; *die ~ übernehmen* prendre le pouvoir; *~ geht vor Recht* la force prime le droit; *aus eigener ~ de ma (ta, etc.)* propre autorité; *de mon (ton, etc.)* plein pouvoir; *mit aller ~ de toute ma (ta, etc.)* force; es steht nicht in m-r ~ ce n'est pas en mon pouvoir (zu de); *er tut alles, was in s-r ~ steht* il fait tout son possible; '**~befugnis** *f* pouvoir *m;* autorité *f; aus eigener ~* de mon *(ton, etc.)* plein pouvoir; *richterliche ~* pouvoir *m* discrétionnaire; *Überschreitung der ~* excès *m* de pouvoir; '**~bereich** *m* sphère *f* d'influence; empire *m;* '**~ergreifung** *f* prise *f* de pouvoir; arrivée *f (od.* accession *f od.* avènement *m od.* montée *f od.* venue *f)* au pouvoir; '**~fülle** *f* plénitude *f* de la puissance; **~gier** *f* avidité *f* du pouvoir; 2**gierig** *adj.* avide de pouvoir; '**~haber** *m* détenteur *m* du pouvoir; homme *m* au pouvoir; dirigeant *m.*
'**mächtig I** *adj.* puissant; *(beträchtlich)* considérable; *(groß)* grand; énorme; *(nachdrücklich)* intense; ⚔, *géol.* (dick) large; épais, -sse; *seiner (nicht) ~ sein* (ne pas) se posséder; (ne pas) être maître de soi; *e-r Sache (gén.) ~ sein (werden)* être (se rendre) maître de qch.; *e-r Sprache (gén.) ~ sein* posséder *(od.* maîtriser *od.* bien manier) une langue; **II** *adv.* F *er arbeitet ~* il travaille énormément; 2**e(r)** *m* homme *m* puissant; *die ~n pl.* les puissants *m/pl.*
'**Macht|kampf** *m* lutte *f* pour le pouvoir; lutte *f* d'influence; 2**los** *adj.* impuissant; *(schwach)* faible; *dagegen ist man ~* on ne peut rien y faire; **~losigkeit** *f* impuissance *f; (Schwäche)* faiblesse *f;* **~mißbrauch** *m* exaction *f;* **~politik** *f* politique *f* de force; **~probe** *f* épreuve *f* de force; **~rausch** *m* ivresse *f* du pouvoir; **~spruch** *m* acte *m* d'autorité; **~stellung** *f e-s Staates:* puissance *f;* **~taumel** *m* griserie *f* du pouvoir; **~übernahme** *f* prise *f* de pouvoir; arrivée *f* au pouvoir; 2**voll** *adj.* puissant; **~übertragung** *f* passation *f* des pouvoirs; **~vollkommenheit** *f* pouvoir *m* absolu; omnipotence *f; aus eigener ~ de ma (ta, etc.)* propre autorité; *de mon (ton, etc.)* plein pouvoir; **~wort** *n* parole *f* énergique; *ein ~ sprechen* faire acte d'autorité.
'**Machwerk** *n* ouvrage *m* sans valeur.
'**Macke** F *f: e-e ~ haben* avoir la tête fêlée.
'**Mädchen** *n* jeune fille *f;* jeune personne *f; kleines ~* fillette *f; (Dienst*2*)* bonne *f;* servante *f;* domestique *f; ~ für alles* bonne *f* à tout faire; **~erziehung** *f* éducation *f* des filles; 2**haft** *adj.* de *(od.* comme une) jeune fille; **~haftigkeit** *f* nature *f* de jeune fille; **~handel** *m* traite *f* des blanches; **~heim** *n* foyer *m* de jeunes

filles; ~name *m* nom *m* de jeune fille; ~pensionat *n* pensionat *m* de jeunes filles; ~schule *f* école *f* de (jeunes) filles; ~suche *f* F drague *f*; ~turnen *n* gymnastique *f* pour jeunes filles; ~zimmer *n* des Dienstmädchens: chambre *f* de bonne.

'**Made** *ent. f* asticot *m*; ver *m*; *fig.* wie die ~ im Speck leben vivre (*od.* être) comme un coq en pâte; être comme un poisson dans l'eau.

Ma'deirawein *m* madère *m*.

'**Mädel** F *n* fillette *f*; petite fille *f*; ein fesches ~ un beau brin de fille.

'**madig** *adj.* véreux, -euse; F habité; *fig.* F *j-n* ~ machen dénigrer, éreinter q.

Ma'donn|a *f* Vierge *f*; ~**enbild** *n* madone *f*; ♀**enhaft** *adj. u. adv.* comme une madone.

Madri'gal *poét.*, ♪ *n* madrigal *m*.

Maga'zin *n* magasin *m* (*a.* am Gewehr); dépôt *m*; (*Zeitschrift*) magazine *m*; ~**verwalter** *m* magasinier *m*; chef *m* de dépôt.

Magd *f* servante *f*; bonne *f*; domestique *f*; *rl.* vierge *f*.

'**Magen** *m* estomac *m*; schwer im ~ liegen peser sur (*od.* charger) l'estomac; e-n guten ~ haben avoir bon estomac; e-n verdorbenen ~ haben avoir une indigestion; (sich) den ~ verderben (se) donner une indigestion; e-n leeren ~ haben avoir l'estomac vide (*od.* creux); e-n vollen ~ haben avoir l'estomac plein; s-e Augen sind größer als sein ~ il a les yeux plus grands que le ventre; j-m e-n Schlag auf den ~ versetzen frapper q. à l'estomac; sich auf den ~ schlagen Erkältung usw.: se porter sur l'estomac; F mir knurrt der ~ j'ai l'estomac dans les talons; *fig.* F *j-n* (etw.) im ~ haben ne pouvoir digérer q. (qch.); ~**ausgang** *anat. m* pylore *m*; ~**beschwerden** *f/pl.* dérangement *m* (*od.* troubles *m/pl.*) d'estomac; ~ haben avoir l'estomac dérangé; ~**bitter** *m* bitter *m*; amer *m*; digestif *m*; ~**bluten** *n*, ~**blutung** *f* gastrorragie *f*; ~**brennen** ℱ *n* brûlures *f/pl.* d'estomac; pyrosis *m*; ~**Darm-Katarrh** *m* gastro-entérite *f*; ~**Darmstörungen** *f/pl.* troubles *m/pl.* gastro--intestinaux; ~**drücken** ℱ *n* pesanteur *f* d'estomac; ~**eingang** *anat. m* cardia *m*; ~**erweiterung** *f* dilatation *f* de l'estomac; gastrectasie *f*; ~**gegend** *f* région *f* de l'estomac; ~**geschwür** ℱ *n* ulcère *m* gastrique (*od.* d'estomac); ~**grube** *f* creux *m* épigastrique; creux *m* de l'estomac; épigastre *m*; ~**knurren** *n* borborygme *m*; ~**krampf** ℱ *m* crampe *f* d'estomac; gastrospasme *m*; ~**krank** *adj.*: ~ sein avoir l'estomac malade; ~**krankheit** *f* maladie *f* de l'estomac; ~**krebs** ℱ *m* cancer *m* de l'estomac; ~**leiden** ℱ *n* affection (*od.* maladie) *f* de l'estomac; ~**saft** *physiol. m* suc *m* gastrique; ~**säure** *f* aigreurs *f/pl.*; ~**schlag** *m* coup *m* dans l'estomac; ~**schleimhaut-entzündung** *f* gastrite *f*; ~**schmerzen** *m/pl.* maux *m/pl.* d'estomac; gastralgie *f*; ~**schrumpfung** *f* rétrécissement *m* de l'estomac; ~**spülung** *f* lavage *m* d'estomac; ♀**stärkend** *adj.* digestif, -ive; stomachique; ~**es Mittel** digestif

m; ~**tropfen** *m/pl.* digestif *m*; élixir *m* stomachique; ~**verstimmung** *f* embarras *m* gastrique; indigestion *f*.

'**mager** *adj.* maigre; Boden: *a.* aride; stérile; pauvre; ~es (schieres) Fleisch maigre *m*; ~e Kost maigre chère *f*; etwas ~ maigrelet, -ette, F maigrichon, -onne, maigriot, -otte; ~ machen rendre maigre, amaigrir; ~ werden maigrir; ♀e(s) *n* maigre *m*; ♀**fleisch** *n* maigre *m*; ♀**keit** *f* maigreur *f*; des Bodens: *a.* aridité *f*; ♀**milch** *f* lait *m* écrémé.

Ma'gie *f* magie *f*.

'**Magier** *m* mage *m*; (*Zauberer*) magicien *m*.

Magi'notlinie *f* ligne *f* Maginot.

'**magisch** *adj.* magique; ~es Auge œil *m* magique.

Ma'gister *m*: östr., Bundesrep. ~ artium maître *m* ès arts; ~**würde** *univ. f* maîtrise *f*; ~ in den Naturwissenschaften maîtrise *f* ès sciences.

Magi'strat *m* municipalité *f*; autorités *f/pl.* municipales; ~**sbeamte(r)** *m* fonctionnaire *m* municipal.

'**Magma** *n* magma *m*.

Mag'ma *n* magma *m*.

Mag'nesia ℛ *f* magnésie *f*.

Mag'nesium ℛ *n* magnésium *m*; ~**blitzlicht** *n* éclair *m* de magnésium; ~**draht** *m* fil *m* de magnésium; ♀**haltig** *adj.* magnésien, -enne; ~**pulver** *n* poudre *f* de magnésium.

Mag'net *m* aimant *m* (*a. fig.*); ~**anker** *m* armature *f* d'un aimant; ~**(apparat)** *m* magnéto *f*; ~**eisen(erz)** *n*, ~**eisenstein** *m* magnétite *f*; ♀**elektrisch** *adj.* magnéto-électrique; ~**feld** *n* champ *m* magnétique; ~**induktion** *f* induction *f* magnétique; ♀**isch** *adj.* magnétique; ~**er Pol** pôle *m* magnétique; ~**e Abweichung** déclinaison *f* magnétique; ~ **machen** aimanter; ~ **werden** s'aimanter; **Magneti'seur** *m* magnétiseur *m*; ♀**sierbar** *adj.* magnétisable; ♀**sieren** *v/t.* aimanter; Personen: magnétiser; ~'**sieren** *n*, ~'**sierung** *f* aimantation *f*; *v.* Personen: magnétisation *f*.

Magne'tismus *m* magnétisme *m*.

Mag'net|kissenzug *m* train *m* à coussin magnétique; ~**kontrolle** ⚒ *f* contrôle *m* magnétique; F poêle *f* à frire; ~**kupplung** *f* accouplement *m* magnétique; ~**nadel** *f* aiguille *f* aimantée.

Magneto'meter *n* magnétomètre *m*.

Magneto'skop *n* magnétoscope *m*.

Mag'net|pol *m* pôle *m* d'aimant; ~**schwebebahn** *f* téléférique *m* magnéto-aérodynamique; ~**spule** *f* bobine *f* d'électro-aimant; ~**stab** *m* barre *f* aimantée; ~**wicklung** *f* enroulement *m* de magnéto; ~**zündung** *f* Auto: allumage *m* par magnéto.

Mag'nolie ♣ *f* magnolia *m*.

Maha'goni *n*, ~**holz** *n* (bois *m* d')acajou *m*.

'**Mähbinder** *m* faucheuse-lieuse *f*.

Mahd ↗ *f* fauchage *m*; fauchaison *f*.

'**Mähdrescher** *m* moissonneuse-batteuse *f*; faucheuse-batteuse *f*.

'**mähen¹** *v/i.* (blöken) bêler; II ♀ *n* bêlement *m*.

'**mähen²** *I v/t.* faucher; s-e Wiesen ~ tondre ses pelouses; II ♀ *n* fauchage *m*.

'**Mäher(in** *f) m* faucheur *m*, -euse *f*.

Mahl *n* repas *m*; (Fest♀) festin *m*, banquet *m*.

'**mahlen I** *v/t.* moudre; (zer~; zerquetschen) broyer; (pulverisieren) pulvériser; gemahlener Kaffee café *m* moulu; *fig.* wer zuerst kommt, mahlt zuerst *prov.* les premiers arrivés, sont les premiers servis; **II** ♀ *n* mouture *f*; (Zer♀; Zerquetschen) broyage *m*; (Pulverisieren) pulvérisation *f*.

'**Mahl|gut** *n* blé *m* à moudre; (das Gemahlene) blé *m* moulu; mouture *f*; ~**stein** *m* meule *f*.

'**Mahlzeit** *f* repas *m*; gesegnete ~! bon appétit; sich die ~ verkneifen F dîner par cœur; F danser devant le buffet.

'**Mähmaschine** *f* faucheuse *f*; moissonneuse *f*; (Rasen♀) tondeuse *f*.

'**Mahnbild** *fig. pol. n* obsession *f*.

'**Mahnbrief** ✝ *m* lettre *f* d'avertissement (*od.* de rappel).

'**Mähne** *f* crinière *f* (*a. iron.*).

'**mahn|en** *v/t. u. v/i.* (auffordern) sommer (etw. zu tun de faire qch.); ✝ *u.* ⚖ *a.* mettre en demeure (etw. zu tun de faire qch.); avertir q. de qch.; rappeler qch. à q.; j-n zu etw. ~ exhorter q. à qch.; ♀**ruf** *m* exhortation *f*; avertissement *m*; ♀**ung** *f* exhortation *f*; ✝ avertissement *m*; ✝ *u.* ⚖ mise *f* en demeure *f*; sommation *f*; ♀**zettel** *m* avertissement *m*; sommation *f*.

'**Mähre** *f* F rosse *f*.

'**Mähr|en** *n* la Moravie; ♀**isch** *adj.* morave.

Mai *m* mai *m*; *fig.* printemps *m*; (Blüte) fleur *f*; '~**baum** *m* (arbre *m* de) mai *m*; '~**blume** ♣ *f* muguet *m*; '~**bowle** *f* vin *m* aromatisé avec de l'aspérule odorante.

Maid *f* jeune fille *f*.

'**Maie** *f* rameau *m* vert.

'**Mai|feier** *f* fête *f* du premier mai; ~**glöckchen** ♣ *n* muguet *m*; ~**käfer** *ent. m* 'hanneton *m*.

'**Mailand** *n* Milan *m*.

'**mailändisch** *adj.* de Milan; milanais.

Main *m*: der ~ le Main.

Mainz *n* Mayence *f*.

Mais *m* maïs *m*; '~**branntwein** (USA) *m* bourbon *m*; '~**brei** *m* bouillie *f* de maïs; '~**brot** *n* pain *m* de maïs.

'**Maisch|bottich** *m* cuve *f* matière; brassin *m*; ~**e** *f* trempe *f*; moût *m*; ♀**en** *v/t.* mettre en trempe.

'**Mais|flocken** *f/pl.* flocons *m/pl.* de maïs; ~**kolben** *m* épi *m* de maïs; ~**mehl** *n* farine *f* de maïs; ~**stärke** *f* amidon *m* de maïs.

'**Mai-unruhen** Fr. pol. *f/pl.*: die ~ 1968 les événements *m* de mai 1968.

Majes'tät *f* majesté *f*; als Anrede: Sire, Madame; ♀**isch** *adj.* majestueux, -euse; ~**sbeleidigung** *f*, ~**sverbrechen** *n* crime *m* de lèse--majesté.

Ma'jolika *f* majolique *f*.

Ma'jor ⚔ *m* commandant *m*; chef *m* de bataillon.

Majo'ran ♣ *m* marjolaine *f*.

Majori'tät *f* majorité *f*; ~**sbeschluß** *m* décision *f* de majorité; ~**swahl** *f* scrutin *m* majoritaire.

Ma'juskel *f* (lettre *f*) majuscule *f*.

makadami'sier|en ⊕ *v/t.* macada-

Makadamisieren — mangelhaft

miser; ⸗**en** n, ⸗**ung** f macadamisage m.
'**Makel** m tache f; souillure f; tare f.
Mäke'lei F f critique f mesquine.
'**mäkelig** F adj. im Essen: difficile.
'**makellos** adj. sans tache (od. tare); (tadellos) impeccable; ⸗**igkeit** f caractère m immaculé; pureté f absolue; (Keuschheit) chasteté f.
'**mäkeln** v/i. critiquer mesquinement (an etw. dat. qch.); F criticailler; an allem ~ trouver à redire à tout.
Make-'up m maquillage m; ~**-Entferner** m lotion f démaquillante; démaquillant m.
Makka'roni m/pl. macaroni(s pl.) m.
'**Makler** m courtier m; (Börsen⸗) agent m de change.
'**Mäkler** m critiqueur m; F criticailleur m.
'**Makler|gebühr** f (droit m de) courtage m; ~**geschäft** n courtage m.
'**Mako** text. m, n coton m; jumel m d'Égypte.
Ma'krele icht. f maquereau m.
Makro'kosmos m macrocosme m.
Ma'krone f macaron m; ~**nkrem (-torte** f) f, F m frangipane f.
'**Makro-ökonomik** f macro-économie f.
Makula'tur f papier m de rebut; maculature f; (beim Drucken) passe f; ~**bogen** m feuille f de rebut.
Mal[1] n (Merkzeichen) signe m; marque f; (Fleck) tache f; Spiel: but m; (Grenzstein) borne f; (Mutter⸗) tache f de naissance; blaues ~ ecchymose f, F bleu m.
Mal[2] I n zeitlich: fois f; für dieses ~ pour cette fois; das nächste ~ la prochaine fois; voriges ~; das vorige ~ la dernière fois; la fois précédente; manches ~ quelquefois, parfois, maintes fois, F des fois; ein anderes ~ une autre fois; zum ersten ~ pour la première fois; zum letzten ~e pour la dernière fois; zu wiederholten ~en à plusieurs reprises; drei⸗ trois fois; ein für alle⸗ une fois pour toutes; mit e-m ~e, mit ein(em)mal (plötzlich) tout à coup, (ohne Unterbrechung) tout d'un coup; auf ein⸗ (zugleich) à la fois; II ⸗ adv. zwei ~ fünf ist zehn deux fois cinq font dix; das ist noch ein~ so groß c'est le double; c'est deux fois plus grand (wie que); anderthalb ~ so groß wie Frankreich grand comme une fois et demie la France; im Format fünf ~ neun dans le format cinq sur neuf; sag ~! dis donc!; sag ~ an! dis-moi donc!; es ist ~ nicht anders c'est comme ça; es ist nicht ~ leserlich ce n'est même pas lisible.
Mala'chit min. m malachite f.
'**Malaga** m malaga m.
Ma'laie m, ~**in** f Malais m, -e f; ⸗**isch** adj. malais.
Malako'loge m malacologiste m.
Ma'laria ⸗ f malaria f; paludisme m; ~**anfall** m accès m de paludisme; ~**bekämpfung** f lutte f contre la malaria, ⸗**verseucht** adj. paludéen, -enne.
'**malen** 1. v/t. peindre; faire le portrait de; in Öl ~ peindre à l'huile; nach der Natur ~ peindre d'après nature; das ist wie gemalt c'est beau comme une image; fig. man soll den Teufel nicht an die Wand ~ il ne faut pas voir les choses trop en noir; 2. v/rf.: sich ~ se peindre; sich ~ lassen faire faire son portrait.
'**Maler** m (Kunst⸗) artiste m peintre m; ⚠ artisan m peintre; peintre m en bâtiment; ~**akademie** f académie f de peinture; ~**atelier** n atelier m de peinture.
Male'rei f (Malen) peinture f.
'**Maler|geselle** m compagnon m peintre; ⸗**isch** adj. pittoresque; ~**in** f femme f peintre; ~**lehrling** m apprenti m peintre; ~**meister** m maître m peintre; ~**schule** f école f de peinture; ~**werkstatt** (Handwerksbetrieb) f atelier m de peinture.
Ma'lheur m malheur m; accident m.
mali'ziös adj. malicieux, -euse.
'**Malkasten** f boîte f de couleurs.
'**malnehmen** v/t. multiplier.
'**Malta** n: (die Insel) ~ (l'île de) Malte f.
Mal'te|ser(in f) m Maltais m, -e f; ~**serkreuz** n croix f de Malte; ~**serorden** m ordre m de Malte; ⸗**sisch** adj. maltais; de Malte.
'**Mal-utensilien** pl. ustensiles m/pl. de peinture.
Malva'sierwein m malvoisie f.
'**Malve** ⚘ f mauve f; ⸗**nfarbig** adj. mauve.
'**Malweise** f manière f de peindre.
Malz n malt m; '~**bereitung** f maltage m; '~**bier** n bière f de malt; '~**bonbon** m bonbon m à l'extrait de malt; '~**darre** f touraille f.
'**Malzeichen** ⚚ n signe m de multiplication.
'**malzen** I v/i. malter; II ⸗ n maltage m.
'**Mälzer** m malteur m.
Mälze'rei f Fabrik: malterie f.
'**Malz|extrakt** m extrait m de malt; ~**kaffee** m café m de malt; ~**schrot** n malt m égrugé; ~**sirup** m sirop m de malt; ~**tenne** f Brauerei: germoir m; ~**zucker** m maltose m.
'**Mama** enf. f maman f.
'**Mammi** F enf. f mémé f.
'**Mammon** m: dem ~ dienen adorer le veau d'or.
'**Mammut** zo. n mammouth m; ~**baum** ⚘ m sequoia m; ~**bericht** pol. m rapport-fleuve m; ~**stadt** f ville f tentaculaire.
Mam'sell f (Wirtschafterin; Anrichterin) ménagère f; kalte ~ dame f (od. serveuse f) de (od. du) buffet.
man[1] pr/ind. on (nach si, ou, où, et, que oft: l'on); ~ muß il faut; wenn ~ ihn hört, könnte ~ glauben à l'entendre, on croirait.
man[2] adv. (Füllwort) = nur; ~ sachte! doucement!; denn ~ los! allons-y!
'**Manager** m manager m; brasseur m (od. lanceur m) d'affaires; a. P.D.G. m; *grand manitou m; ~**in** f maîtresse f en manager m, ~**rede** f discours m des cadres dirigeants (od. des managers).
manch pr/a. u. pr/ind.: ~**er** m, -**e** f, -**es** n maint m, -e f; plus d'un m, -e f, pl. plusieurs; nur adj.: bien des; beaucoup de; maints m, maintes f, ~**einer** maint homme; maint personne; ~**es** mainte(s) chose(s); ~**es Mal**; ~ **liebes Mal** mainte(s) fois; so ~**es Buch** tant de livres; so ~**es Jahr** pendant tant d'années; ~**er'lei** adv. divers,
toutes sortes (de); substantivisch: toutes sortes de choses; auf ~ Art de diverses manières.
'**Manchester(samt)** m velours m de coton; gerippter: velours m côtelé.
'**manchmal** adv. quelquefois, parfois; maintes fois; F des fois.
Man'dant(in f) m commettant m; mandant m; des Rechtsanwalts: client m, -e f.
Manda'rin m mandarin m.
Manda'rine ⚘ f mandarine f.
Man'dat n mandat m.
Manda'tar m mandataire m.
Man'dats|gebiet n territoire m sous mandat; ~**macht** f puissance f mandataire.
'**Mandel**[1] f (15 Stück): eine ~ Eier une quinzaine d'œufs.
'**Mandel**[2] f (Frucht) amande f; gebrannte ~ amande f grillée; praline f; anat. amygdale f; ~**augen** n/pl. yeux m/pl. en amande; ~**baum** ⚘ m amandier m; ~**baumpflanzung** f plantation f d'amandiers; amandaie f; ~**entfernung** f ablation f chirurgicale des amygdales; amygdalotomie f; ~**entzündung** ⚚ f inflammation f des amygdales; amygdalite f; ⸗**förmig** adj. en amande; ~**kern** m amande f; ~**kleie** f son m d'amandes amandes f/pl. broyées; ~**milch** f lait m d'amandes; orgeat m; ~**öl** n huile f d'amandes; ~**seife** f savon m aux amandes.
'**mandelweise** adv. par quinzaines.
Mando'line f mandoline f; ~**nspieler(in** f) m joueur m, -euse f de mandoline.
Man'drill zo. m mandrill m.
Mandschu'rei f: die ~ la Mandchourie.
man'dschurisch adj. mandchou.
'**Manen** pl. mânes m/pl.
Ma'nege f manège m.
Man'gabe zo. f cercocèbe m; mangabey m.
Man'gan 🜍 n manganèse m.
Manga'nat 🜍 n manganate m.
Man'gan|erz n minerai m de manganèse; ⸗**haltig** adj. manganésien, -enne; manganésifère.
Man'gan|oxyd n oxyde m de manganèse (od. manganique); ⸗**sauer** adj.: ~**es Salz** manganate m; ~**säure** f acide m manganique; ~**stahl** m acier m au manganèse.
'**Mangel**[1] f (Wäscherolle) calandre f.
'**Mangel**[2] m absence f (an dat. de); défaut m (an dat. de); manque m (an dat. de), pfort manque m (an dat. de); carence f; abs. (~ am Notwendigen) disette f; besoin m; (Not) indigence f; (Knappheit) rareté f; gänzlich) dénuement m; (Fehler an e-r Person od. Sache) défectuosité f; défaut m; vice m; (Unvollkommenheit) imperfection f; ~ **an Arbeitskräften** pénurie f de main-d'œuvre; aus ~ an (dat.) faute de; par manque de; daran ist kein ~ ce n'est pas cela qui manque, fait défaut; ~ **leiden** être dans l'indigence; ~ **haben** (od. leiden) an (dat.) manquer de; ~**artikel** m article m rare; ~**beruf** m branche f non saturée; profession f qui souffre d'une crise d'effectifs; ~**erscheinung** ⚚ f trouble m carentiel; ⸗**haft** adj. défectueux, -euse; (unvollkommen) imparfait; (unvoll-

ständig) incomplet, -ète; (*sehr fehlerhaft*) vicieux, -euse; *Schulnote*: médiocre; ~e Ernährung carence *f* alimentaire; **haftigkeit** *f* défectuosité *f*; (*Unvollkommenheit*) imperfection *f*.
'**Mangelholz** *n* rouleau *m* de calandre.
'**Mangelkrankheit** ⚕ *f* maladie *f* de carence.
'**mangeln**¹ *v/i. u. v/imp.* manquer; faire défaut; *es mangelt ihm an nichts* il ne manque de rien; rien ne lui manque.
'**mangeln**² I *v/t. Wäsche*: calandrer; II ♀ *n* calandrage *m*.
'**mangelnd** *adj.*: ~e Vorsicht un défaut de précautions.
'**Mängelrüge** *f* réclamation *f* pour vice de fabrication.
'**mangels** *prp.* (*gén.*) à défaut de; faute de.
'**Mangelware** *f* marchandise *f* rare.
'**Mangold** ♀ *m* bette *f* (poirée).
Ma'nie *f* manie *f*.
Ma'nier *f* manière *f*; *in der Kunst*: a. style *m*; *gute* ~en bonnes manières *f/pl.*; savoir-vivre *m*; *das ist keine* ~ ce n'est pas une façon d'agir.
manie'riert *adj.* maniéré *e*; ♀**heit** *f* affectation *f*; maniérisme *m*.
ma'nierlich *adj.* poli; ♀**keit** *f* politesse *f*; bonnes manières *f/pl.*
Mani'fest *n* manifeste *m*.
Manifestati'on *f* manifestation *f*.
manifes'tieren *v/t.* manifester.
Mani'kür|besteck *n* nécessaire *m* à ongles; **onglier** *m*; ~e *f* (*Person*) manucure *f*; (*Handpflege*) soins *m/pl.* esthétiques des mains; ♀**en** *v/t.* faire les mains (à).
Ma'nila|hanf *m* chanvre *m* de Manille; **zigarre** *f* manille *m*.
Ma'nipel *f* manipule *m*.
Manipulati'on *f* manipulation *f*; ~**en** *pl. fig. pol.* F tripotages *m/pl.*; manœuvres *f/pl.*; F tripatouillages *m/pl.*
manipu'lieren *v/t. a. fig. pol.* manipuler; *fig. péj.* (*ein Zählgerät*) trafiquer; *die Fragen* ~ F biaiser les questions; *die Jugend* ~ manœuvrer la jeunesse.
'**manisch** *adj.* maniaque; ~*depressives Irresein* folie *f* circulaire.
'**Manko** ♀ *n* manque *m*; déficit *m*; ~**geld** ♀ *n* passe *f* de caisse.
Mann *m* homme *m* (*a.* ⚔); (*Ehe*♀) mari *m*; *junger* ~ jeune homme *m*; *alter* ~ homme *m* âgé; vieillard *m*; vieux *m*; *aus dem Volke* homme *m* du peuple; ~ *auf der Straße* homme *m* de la rue; *feiner* (*od. vornehmer*) ~ homme *m* de qualité; ~ *von Welt* homme *m* du monde; *hervorragender* ~ homme *m* de qualité; *des öffentlichen Lebens* homme *m* public; ~ *von altem Schrot und Korn* homme *m* comme on n'en fait plus; *der Tat* homme *m* d'action; *der weiße* ~ l'homme *m* blanc; *ein ganzer* ~ *sein* être (tout à fait) un homme; *sich als* ~ *zeigen* se montrer homme; *sein ein homme; nicht der* ~ *zu etw. sein* n'être pas homme à qch.; *er ist nicht der* ~ *dazu* il n'est pas l'homme qu'il faut; *er ist der* ~, *den ich brauche* il est mon homme; voilà mon homme; ~*s genug sein, etw. zu tun* être à homme à faire qch.; *s-e Ware an den* ~ *bringen* trouver preneur pour sa marchandise; *s-e Tochter an* *den* ~ *bringen* trouver un parti pour sa fille; *e-n* ~ *nehmen* prendre mari; *j-n zum* ~ *nehmen* (*haben*) prendre (avoir) q. pour mari; *an den rechten* ~ *kommen*; *s-n* ~ *finden* trouver son homme (*od.* à qui parler); *s-n* ~ *stehen* se montrer à la hauteur (de sa tâche); ~ *für* ~ un par un; l'un après l'autre; ~ *gegen* ~ corps à corps; ♣ *alle* ~ *an Deck!* tout le monde sur le pont!; *mit* ~ *und Maus untergehen* périr corps et biens; ~ *über Bord!* un homme à la mer!; *10 Mark pro* ~ dix marks par tête; *Sie sind ein* ~ *des Todes, wenn ...* vous êtes un homme mort si ...; *ein* ~ *von Wort sein* être homme de parole; *ein* ~, *ein Wort* chose promise, chose due; un homme d'honneur n'a que sa parole; *wenn Not am* ~ *ist* en cas de besoin; au besoin; *bis auf den letzten* ~ jusqu'au dernier; *selbst ist der* ~ ne t'attends qu'à toi seul; *Spiel: uns fehlt der vierte* ~ il nous manque le quatrième (joueur); *Abort: Männer* hommes.
'**Manna** *n od. f* manne *f*.
'**mannbar** *adj.* (*geschlechtsreif, heiratsfähig, vom Mann*) en âge de se marier; pubère; ♀**keit** *f* puberté *f*.
'**Männchen** *n* petit homme *m; Tiere*: mâle *m*; ~ *machen* se dresser sur ses pattes de derrière, *Hund*: faire le beau; ~ *malen* dessiner des bonshommes.
Manne'quin *n* mannequin *m*.
'**Männer** *pl. v. Mann; Abort*: (Für) ~ hommes; ~**chor** *m* chœur *m* d'hommes; ~**fang** F *m* F croque-monsieur *m*; ~**gesangverein** *m* société *f* chorale d'hommes; ~**heim** *n* foyer *m* pour hommes; ~**herrschaft** plais. *f* phallocratie *f*; ~**liebe** *f* homosexualité *f*; homophilie *f*; ~**stimme** *f* voix *f* d'homme; ~**treu** ♀ *f* véronique *f*; panicaut *m*.
'**Mannes|alter** *n* âge *m* viril; virilité *f*; ~**kraft** *f* force *f* virile; virilité *f*; ~**stamm** *m* ligne *f* masculine; ~**stolz** *m* mâle fierté *f*; ~**wort** *n* parole *f* d'honnête homme; ~**zucht** *f* discipline *f*.
'**mannhaft** *adj.* viril; mâle; (*tatkräftig*) énergique; (*entschlossen*) résolu; ♀**igkeit** *f* virilité *f*; (*Tatkraft*) énergie *f*.
'**Mannheit** *f* masculinité *f*.
'**mannig|fach, ~faltig** *adj.* varié; divers; ♀**faltigkeit** *f* variété *f*; diversité *f*.
'**männlich** *adj.* mâle; masculin; (*mannhaft*) viril; ~*es Geschlecht gr.* genre *m* masculin, *v. Menschen*: sexe *m* masculin; ~e *Kleidung* habits *m/pl.* d'homme; ♀**keit** *f* masculinité *f* (*a. gr.*); (*Mannhaftigkeit*) virilité *f*.
'**mannsbewußt** plais. *adj.* phallocrate.
'**Mannsbild** F *n* homme *m; péj.* bonhomme *m*.
'**Mannschaft** *f* hommes *m/pl.*; (*Truppe*) troupe *f*; (*Soldaten*) soldats *m/pl.*; ~**en** *pl.* ⚔ hommes *m/pl.* de troupe; ♣ équipage *m; Sport*: équipe *f*; formation *f*; *e-r* ~ *angehören* faire partie d'une équipe; ~**s-aufstellung** *f Sport*: composition *f* de l'équipe; ~**sfahren** *vél.* (*USA*) *n* (course *f*) américaine *f*; ~**sführer** *m Sport*: capitaine *m*; ~**sgeist** *m* esprit *m* d'équipe; ~**skost** ⚔ *f* ordinaire *m*; ~**slauf** *m*, ~**srennen** *n Sport*: course *f* par équipes; ~**sspiel** *n* jeu *m* d'équipe; ~**ssport** *m* sport *m* d'équipe.
'**manns|hoch** *adj.* de la taille (*od.* de la hauteur) d'un homme; ♀**leute** F *pl.* (bons)hommes *m/pl.*; ♀**person** F *f* (bon)homme *m*; ~**toll** *adj.* nymphomane; andromane; folle des hommes; ♀**tollheit** *f* nymphomanie *f*; ♀**volk** *n* hommes *m/pl.*; ♀**zucht** *f* discipline *f*.
'**Mannweib** *n* amazone *f*; virago *f*; femme *f* hommasse; *femme-mec *f*.
Mano'meter *n* manomètre *m*.
Ma'növer *n* manœuvre *f*; ~**gelände** *n* terrain (*od.* champ) *m* de manœuvre; ~**leitung** *f* direction *f* supérieure des manœuvres.
manö'vrier|en *v/i.* manœuvrer; ♀**en** *n* manœuvres *f/pl.*; ~**fähig** ♣ *adj.* manœuvrable; ♀**fähigkeit** *f* maniabilité *f*; manœuvrabilité *f*.
Man'sarde *f* mansarde *f*; ~**ndach** *n* toit *m* en mansarde; ~**nfenster** *n* fenêtre *f* de mansarde; lucarne *f* d'une mansarde; ~**nstübchen** *n*, ~**nzimmer** *n* mansarde *f*.
'**manschen** *v/i.* F tripoter; *im Dreck* ~ F tripoter (*fig.* se rouler) dans la boue.
Mansche'rei *f* F tripotage *m*.
Man'schette *f* manchette *f*; (*Blumentopf*♀) cache-pot *m*; ⊕ manchon *m; zum Abdichten*: joint *m*; F *fig.* ~*n haben* avoir le trac (*od.* la frousse); ~**nknopf** *m* bouton *m* de manchette.
'**Mantel** *m* manteau *m* (*a. fig.*); ⚔ capote *f*; ♤ surface *f* convexe latérale; ⊕ enveloppe *f*; chemise *f* (*a. Geschoß*♀); *Gießerei*: moule *m*; *Fahrrad u. Auto*: enveloppe *f*; bandage *m*; pneu *m*; *fig. s-n* ~ *nach dem Wind hängen* louvoyer; biaiser; tourner comme une girouette; s'accommoder aux circonstances.
'**Mäntelchen** *n* petit manteau *m*; mantelet *m*; *fig. e-r Sache* (*dat.*) *ein* ~ *umhängen* pallier (*od.* voiler) qch.; *das* ~ *nach dem Winde drehen a.* souffler le chaud et le froid; aller à la soupe.
'**Mantel|elektrode** *f* électrode *f* enrobée; ~**geschoß** *n* projectile *m* chemisé; ~**gesetz** *n* loi-cadre *f*; ~**kleid** *cout. n* robe *f* manteau; ~**linie** ♤ *f* génératrice *f*; ~**note** *pol. f* note *f* d'envoi; ~**pavian** *m* hamadryas *m*; ~**tasche** *f* poche *f* de manteau; ~**träger** *fig. péj. m* opportuniste *m*; ~**tarif** *m* tarif *m* général.
Man'tille *f* mantille *f*.
Man'tisse ♤ *f* mantisse *f*.
Manu'al *n* *e-r Orgel*: clavier *m*.
manu'ell *adj.* manuel, -elle.
Manufak'tur *f* manufacture *f*; ~**waren** *f/pl.* textiles *m/pl.*
Manu'skript *n* manuscrit *m*; *typ.* copie *f*.
'**Mappe** *f* (*Akten*♀) serviette *f*; *für Zeichnungen*: carton *m*; (*Ablege*♀) classeur *m*; (*Schüler*♀) sac *m* (d'écolier); cartable *m*; (*Sammel*♀) dossier *m*.
Mär F *plais. f* (*Nachricht*) nouvelle *f*; (*Gerücht*) bruit *m*; (*Sage*) légende *f*.
'**Marabu** *orn. m* marabout *m*.
Mara'schino(**likör**) *m* marasquin *m*.
'**Marathon|lauf** *m Sport*: marathon *m*; ~**läufer** *m* coureur *m* de marathon;

~sitzung *f* séance-marathon *f*.
'**Märchen** *n* conte *m*; (*Gerücht*) bruit *m*; *fig.* ein ~ auftischen débiter une absurdité; ~**buch** *n* livre *m* de contes; ~**erzähler**(in *f*) *m* conteur *m*, -euse *f*; 2**haft** *adj.* qui ressemble à un conte; féerique; (*wunderbar*) fabuleux, -euse; ~**welt** *f* monde *m* féerique (*od.* fabuleux).
'**Marder** *m*, ~**fell** *n*, ~**pelz** *m* mart(r)e *f*.
Marga'rine *f* margarine *f*.
'**Marge** ✝ *f* marge *f*.
Marge'rite ♀ *f* marguerite *f*.
Margi'nalie *f* note *f* marginale (*od.* en marge).
Ma'ria *f* Marie *f*; *die heilige Jungfrau* ~ la Sainte Vierge.
Ma'rien|bild *n* madone *f*; ~**dienst** *m* marianisme *m*; ~**glas** *min.* *n* mica *m*; ~**jahr** *n* année *f* mariale; ~**käfer** *m* *ent.* coccinelle *f*; F bête *f* à bon Dieu; ~**kult** *m*, ~**verehrung** *f* culte *m* de la Vierge; marianisme *m*.
Marihu'ana *n*: ~ rauchen fumer de la marijuana.
Ma'rille *östr.* *f* abricot *m*.
Mari'nade *f* marinade *f*.
Ma'rine *f* marine *f*; ⚔ armée *f* de Mer; forces *f*/*pl.* navales; *zur* ~ *gehen* entrer dans la marine; *bei der* ~ dans la marine; ~**akademie** *f* école *f* supérieure de marine; ~**artillerie** *f* artillerie *f* de marine; ~**attaché** *m* attaché *m* naval; 2**blau** *adj.* bleu marine; ~**feuerwehr** *f* marins-pompiers *m*/*pl.*; ~**flieger** *m* pilote *m* de l'aéronavale; ~**flugzeug** *n* avion *m* de marine; ~**infanterie** *f* infanterie *f* de marine; ~**infanterist** *m* fusilier *m* marin; ~**ingenieur** *m* mécanicien *m* de la marine militaire; ~**luftfahrt** *f* aéronautique *f* navale; ~**minister** *m* ministre *m* de la Marine; ~**ministerium** *n* Ministère *m* de la Marine; ~**museum** *n* musée *m* de marine; ~**offizier** *m* officier *m* de marine; ~**schule** *f* École *f* navale; ~**soldat** *m* soldat *m* de l'infanterie marine; ~**station** *f* station *f* navale; ~**stützpunkt** *m* base *f* navale.
mari'nieren I *v*/*t.* *cuis.* mariner; II 2 *n* marinage *m*.
Mario'nette *f* marionnette *f*; ~**regierung** *f* gouvernement *m* fantoche; ~**nspieler** *m* marionnettiste *m*; ~**ntheater** *n* théâtre *m* de marionnettes.
mari'tim *adj.* maritime.
Mark[1] *n* moelle *f*; *von Früchten*: pulpe *f*; *durch* ~ *und Bein* jusqu'à la moelle; *er hat* ~ *in den Knochen* il a du sang dans les veines.
Mark[2] *f* (*Grenzland*) marche *f*; pays *m* limitrophe; ~ *Brandenburg* Marche *f* de Brandebourg.
Mark[3] ✝ *f* mark *m*; *deutsche* ~ deutschemark *m*.
mar'kant *adj.*: ~*es Ereignis* événement *m* marquant; ~*e Persönlichkeit* personnage *m* marquant; ~*es Gesicht* visage *m* buriné.
'**Marke** *f* marque *f*; repère *m*; (*Spiel*2, *Kontroll*2) jeton *m*; (*Blech*2) cachet *m*; (*Lebensmittel*2, *Textil*2 *usw.*) ticket *m*; (*Klebe*2) timbre *m*; (*Qualität*) sorte *f*; (*Wein*2) cru *m*; (*Erkennungs*2) plaque *f* d'identité; *eingetragene* ~ marque *f* déposée; F *das ist 'ne* ~! quel numéro!; c'est un drôle de pistolet!; ~**n-artikel** *m* article *m* de marque; ~**nbutter** *f* beurre *m* de marque; 2**nfrei** *adj.* u. *adv.* sans tickets; 2**npflichtig** *adj.*: ~ *sein* être rationné; ~**nschutz** *m* protection *f* des marques; ~**nschutzgesetz** *n* loi *f* sur les marques; ~**nware** *f* marchandise *f* de marque; ~**nzeichen** *n* griffe *f*.
'**mark·erschütternd** *adj.* qui va jusqu'à la moelle; ~*er Schrei* cri *m* déchirant.
Marke'tender(in *f*) *hist.* *m* vivandier *m*, -ière *f*; cantinier *m*, -ière *f*.
mar'kier|en *v*/*t.* marquer; (*abstecken*) jalonner; (*vortäuschen*) simuler; faire semblant (de); ⚔ *den Feind* ~ figurer l'ennemi; 2**ung** *f* marquage *m*; (*Abstecken*) jalonnement *m*; (*Kennzeichen*) marque *f*; repère *m*; 2**ungsfähnchen** *n* (*Absteckfähnchen*) fanion *m* de jalonnement; 2**ungsfunkfeuer** 📡 *n* radioborne *f*.
'**markig** *adj.* *fig.* plein de force; énergique; vigoureux, -euse.
Mar'kise *f* store *m*; marquise *f*; ~**nfabrikant** *m* storiste *m*.
'**Markklößchen** *n* quenelle *f* de moelle; ~**knochen** *m* os *m* à moelle; *cuis.* savouret *m*.
'**Mark|rechnung** *f* calcul *m* en marks; ~**scheide** ⚒ *f* borne *f* d'une mine; ~**scheider** *m* géomètre *m* souterrain; ~**stein** *m* borne *f*; *fig.* ~ *in der Geschichte* jalon *m* historique; ~*e setzen* marquer des points; ~**stück** *n* pièce *f* d'un mark.
Markt *m* marché *m*; (*Jahr*2, *Vieh*2) foire *f*; *auf den* ~ *erscheinen* apparaître sur le marché; *auf den* ~ *gehen* aller au marché; *auf den* ~ *werfen* (*od.* *bringen*) jeter (*od.* mettre) sur le marché; lancer; *auf den* ~ *kommen* être mis sur le marché (*od.* en vente); *den* ~ *für etw. erschließen* ouvrir le marché à qch.; *vom* ~ *verdrängen* refouler du marché; *e-n* ~ *abhalten* tenir un marché; *auf dem* ~ *notiert werden* être coté sur le marché; *der schwarze* ~ le marché noir; '~**analyse** *f* analyse *f* du marché; '~**aufteilung** *éc.* *f* compartimentage *m* des marchés; '~**bericht** *m* bulletin *m* du marché; '~**bude** *f* échoppe *f*; *größere*: boutique *f*; 2**en** *v*/*i.* (*feilschen*) marchander (*um etw. qch.*); 2**fähig** *adj.* négociable; commercialisable; ~**flecken** *m* bourg *m*; *kleiner*: bourgade *f*; '~**forscher** *éc.* *m* analyste *m*; '~**forschung** *f* étude *f* du marché; techniques *f*/*pl.* commerciales; '~**frau** *f* marchande *f*; 2**gängig** *adj.* (*marktfähig*) négociable; *Preis*: courant; ~**gebühr** *f* taxe *f* (*od.* droits *m*/*pl.*) du marché; ~**halle** *f* 'halle *f*; '~**händler**(in *f*) *m* marchand(e *f*) *m* forain(e *f*); '~**korb** *m* panier *m* à provisions; '~**kurs** *m* cours *m* du marché; '~**lage** *f* situation *f* du marché; '~**lücke** *f* créneau *m*; '~**mechanismus** *m* mécanisme *m* de marché; ~**netz** *n* filet *m* à provisions; '~**ordnung** *f* règlement *m* du marché; '~**platz** *m* place *f* du marché; '~**polizei** *f* police *f* des 'halles et marchés'; '~**preis** *m* prix *m* du marché; '~**roller** *m* poussette *f* à provisions; caddy *m*; '~**schreier** *m* bonimenteur *m*; camelot *m*; ~**schreie'rei** *f* boniments *m*/*pl.*; baratin *m*; '2**schreierisch** *adj.* charlatanesque; ~*e Reklame* publicité *f* tapageuse; '~**schwankungen** *f*/*pl.* fluctuations *f*/*pl.* du marché; '~**stand** *m* étal *m*; '~**studie** *f* étude *f* de marché; '~**tag** *m* jour *m* de marché; *es ist* ~ c'est jour de marché; '~**tasche** *f* sac *m* à provisions; '~**übersättigung** ✝ *f* sursaturation *f* du marché; '~**verkehr** *m* mouvement *m* du marché; '~**weib** F *n* poissarde *f*; '~**wert** *m* valeur *f* marchande; '~**wirtschaft** *f* économie *f* de marché; *freie* ~ économie *f* libérale; *die soziale* ~ l'économie *f* sociale de marché.
'**Marmarameer** *n* mer *f* de Marmara.
Marme'lade *f* confiture *f*; marmelade *f*.
'**Marmor** *m* marbre *m*; ~**ader** *f* veine *f* de marbre; ~**arbeiter** *m* marbrier *m*; 2**artig** *adj.* marmoréen, -enne; ~**bild** *n* statue *f* (*od.* en) marbre; marbre *m*; ~**block** *m* bloc *m* de marbre; ~**bruch** *m* carrière *f* de marbre; marbrière *f*; ~**fliese** *f* dalle *f* de marbre.
marmo'rier|en *v*/*t.* marbrer; 2**er** *m* marbreur *m*; ~*t* *adj.* marbré; 2**ung** *f* marbrure *f*.
'**Marmor|imitation** *f* marbre *m* artificiel; ~**industrie** *f* industrie *f* marbrière; 2**n** *adj.* de (*od.* en) marbre; ~**plastik** *f* marbre *m*; ~**platte** *f* plaque *f* de marbre; ~**säule** *f* colonne *f* de marbre; marbre *m*; ~**schleifen** *n* polissage *m* du marbre; ~**schleifer** *m* marbrier *m*; ~**schleife'rei** *f* marbrerie *f*; ~**schnitt** *m* Buch: marbrure *f*; ~**stein** *m* marbre *m*; ~**tafel** *f* plaque *f* de marbre; marbre *m*.
ma'rode F *adj.* 'harassé; éreinté; épuisé.
Maro|'deur *m* maraudeur *m*; 2'**dieren** *v*/*i.* marauder; ~'**dieren** *n* maraudage *m*.
Marok'kan|er(in *f*) *m* Marocain *m*, -e *f*; 2**isch** *adj.* marocain; ~**i'sierung** *f* marocanisation *f*.
Ma'rokko *n* le Maroc.
Ma'rone ♀ *f* marron *m*.
Maro'quin *m* maroquin *m*.
Ma'rotte *f* marotte *f*; lubie *f*; *litt.* hochet *m*.
Mar'qui|s *m*, ~**se** *f* marquis *m*, -e *f*.
Mars[1] *myth.* u. *ast.* *m* Mars *m*; *Landung auf dem* ~ atterrissage sur Mars; *auf dem* ~ *landen* atterrir sur Mars.
Mars[2] ⚓ *m* 'hune *f*.
'**Marsbewohner** *m* Martien *m*.
Marsch[1] *f* région *f* marécageuse.
Marsch[2] *m* marche *f* (*a.* ♪); *fig. pol.* ~ *durch die Institutionen* entrisme *m*; *der* ~ *auf Rom* la marche sur Rome; *auf dem* ~*e* en marche; *sich in* ~ *setzen* se mettre en marche; *fig. j-m den* ~ *blasen* tancer vertement q.; sonner les cloches à q.
marsch! *int.* marche!; *vorwärts* ~! en avant – marche!; F ~ *hinaus*! 'hors d'ici'!
'**Marschall** *m* maréchal *m*; ~**sgattin** *f* maréchale *f*; ~**stab** *m* bâton *m* de maréchal; ~**würde** *f* maréchalat *m*.
'**Marsch|befehl** *m* ordre *m* de marche; *für den einzelnen Mann*: feuille *f* de route; 2**bereit** *adj.* prêt pour la

marche; prêt à partir; (in Marschordnung) en ordre de marche; ~boden géol. m noue f; ~disziplin f discipline f de marche; ~einheit f unité f de marche; 2fähig adj. apte à la marche; 2fertig adj. prêt à partir; ~flugkörper ⚔ (Cruise missile) m missile m de croisière; ~formation f formation f de marche; ~gepäck n bagages m/pl. de route; ~geschwindigkeit f vitesse f de marche; ~gliederung f dispositif m de marche; ~gruppe f groupement m de marche.

mar'schier|en v/i. marcher; 2er(in f) m marcheur m, -euse f.

'Marsch|kolonne ⚔ f colonne f de marche; 2krank adj. éclopé; ~land n contrée f marécageuse; ~leistung f étape f parcourue; ~lied n chanson f de marche; ~ordnung f ordre m de marche; in ~ en ordre de marche; ~pause f pause f; 'halte f; ~quartier n étape f; ~richtung f direction f de marche; ~route f: fig. die ~ für etw. abstecken poser les jalons de qch.; ~schuhe m/pl. souliers m/pl. de marche; ~sicherung f protection f de la route; sûreté f en marche; ~tempo n cadence f de marche; ~verpflegung ⚔ f vivres m/pl. de route; ~ziel n objectif m de marche.

Mar'seiller m Marseillais m; weit S. Phocéen m.

'Marsfeld n champ m de Mars.

'Mars|laterne ⚓ f fanal m de 'hune; ~rahe ⚓ f vergue f de 'hune; ~segel ⚓ n 'hunier m.

'Marstall m écurie(s pl.) f (d'un prince).

'Marter f martyre m (a. fig.); (Folter) torture f; supplice m; (Quälerei) tourments m/pl.; ~gerät n instrument (od. appareil) m de torture; ~kammer f chambre f des supplices; 2n v/t. (v/rf.: sich se) martyriser; (foltern) (se) torturer; (quälen) (se) tourmenter; fig. j-n langsam zu Tode ~ faire mourir q. à petit feu; ~pfahl m poteau m de torture(s); ~tod m martyre m; ~werkzeug n instrument (od. appareil) m de torture.

marti'alisch adj. martial.

'Martins|fest n, ~tag m la Saint--Martin f; ~gans f oie f de la Saint--Martin.

'Märtyrer|(in f) m martyr m, -e f; j-n zum ~ machen faire un martyr de q.; als ~ sterben mourir en martyr; ~krone f couronne f de martyr; ~tod m martyre m; ~tum n, Mar'tyrium n martyre m.

Mar'xis|mus m marxisme m; ~t(in f) m marxiste m, -e f; 2tisch adj. marxiste.

März m mars m.

Marzi'pan n pâte f d'amandes.

'Masche f maille f; F (Kniff) combine f; filon m; e-e ~ fallen lassen laisser tomber une maille; ~ndraht m treillis m métallique; 2nfest adj. indémaillable; inaccrochable; ~nprobe f jauge f échantillon f; ~nreihe f rangée f de mailles; ~nweite f largeur f de maille.

Ma'schine f machine f; (F Auto) engin m; schwere ~ (Motorrad) gros cube m; (mit der) ~ schreiben écrire, taper à la machine.

maschi'nell adj. mécanique; ~ hergestellt fait à la machine.

Ma'schinen|anlage f installation f mécanique; ~antrieb m commande f mécanique; ~arbeit f travail (od. ouvrage) m à la machine; ~bau m industrie f mécanique; ~bauer m constructeur m de machines; mécanicien m; ~baumeister m ingénieur m mécanicien; ~bauschule f école f d'ingénieurs mécaniciens; ~betrieb m exploitation f mécanique; ~defekt m avarie f de machine; ~drusch ✓ m battage m à la machine; ~element n élément m de machine; ~fabrik f atelier m de construction mécanique; ~fett n graisse f de machines; ~garn n fil m mécanique; ~gewehr ⚔ n mitrailleuse f; leichtes: fusil m mitrailleur; ~gewehrfeuer n rafale f de mitrailleuse; unter ~ nehmen mitrailler; ~gewehrschütze m mitrailleur m; ~gewehrstand m poste m de mitrailleuse; ~gewehrstellung f emplacement m de mitrailleuse; ~halle f salle f des machines; ~haus n salle f des machines; ~industrie f industrie f des machines; ~ingenieur m ingénieur-mécanicien m; ~kunde f, ~lehre f mécanique f; ~leistung f puissance f des machines; 2mäßig adj. mécanique; ~meister m machiniste m (a. thé.); chef m mécanicien; impr. rotativiste m, F roto m; ~mensch m robot m; ~näherin f mécanicienne f; couseuse f à la machine; ~öl n huile f de machine; ~park m parc m de machines; machinerie f; ~pistole f mitraillette f; pistolet m mitrailleur; ~raum m, ~saal m salle f des machines; ~reparaturwerkstatt f atelier m de réparation de machines; ~satz m typ. composition f mécanique; ⊕ agrégat m; groupe m de machines; ~schaden m avarie f de machine; ~schlosser m mécanicien m; ~schreiben n dactylographie f; ~schreiber(in f) m dactylo(graphe) m,f; ~schrift f dactylographie f; in ~ dactylographié; 2schriftlich I adj. dactylographique; II adv.: ~ vervielfältigen dactylographier; ~setzer typ. m linotypiste m; ~sticke'rei f broderie f à la machine; ~teile m/pl. pièces f/pl. d'une machine; ~wärter m mécanicien m d'entretien; ~wechsel ✈ m changement m de la locomotive; ~wesen n mécanologie f; ~zeit-alter n âge m des machines.

Maschine'rie f machinerie f.

Maschi'nist m mécanicien m; thé. machiniste m.

'Maser f, a. m (Maserung) veines f/pl. (od. nervures f/pl.) de bois; madrure f; ~holz n bois m veiné, madré; 2ig adj. Holz: veiné; madré; ~n ❀ f/pl. rougeole f; an ~ erkrankt rougeoleux, -euse; 2n v/t. veiner; madrer; ~ung f cf. Maser.

'Maske f masque m; (Samt2) loup m; fig. j-m die ~ abreißen arracher le masque à q.; démasquer q.; die ~ fallen lassen lever (od. jeter) le masque; ~nball m bal m masqué (od. travesti); ~nbildner(in f) m maquilleur m, -euse f; ~nkostüm n costume m; déguisement m; travesti m; ~nzug m mascarade f.

Maske'rade f mascarade f.

mas'kieren v/t. (v/rf.: sich se) masquer; (kostümieren) (sich se) costumer.

Mas'kottchen n mascotte f.

masku'lin adj. masculin.

Masku'linum gr. n masculin m.

Maso'chis|mus m masochisme m; ~t m masochiste m; 2tisch adj. masochiste; F maso inv.

Maß[1] f: e-e ~ Bier une chope (od. F un pot) de bière.

Maß[2] n mesure f; (Verhältnis) proportions f/pl.; (Aus2) dimension f; étendue f; (Grenzen) bornes f/pl.; limites f/pl.; (Eich2) jauge f; für Arznei: dose f; fig. (Mäßigung) modération f; ~e und Gewichte poids et mesures m/pl.; nach ~ sur mesure; in dem ~e wie à mesure que; dans la mesure où; in dem ~e, daß ... au point de ...(inf.); in hohem ~e à un 'haut degré; dans une large mesure; in reichem ~e à profusion; abondamment; in vollem ~e pleinement; in zunehmendem ~e de plus en plus; in sehr beschränktem ~e dans une mesure très restreinte; gutes ~ geben faire bonne mesure; mit zweierlei ~ messen avoir deux poids et deux mesures; über die ~en outre mesure; à outrance; über die ~en trinken (geehrt werden) a. F boire (être honoré) jusqu'à plus soif; über alle ~en extrêmement; à l'excès; excessivement; mit ~ und Ziel avec mesure; ohne ~ und Ziel outre mesure; weder ~ noch Ziel halten (od. kennen) ne pas connaître de bornes; kein ~ kennen n'avoir pas de mesure; manquer de mesure; jedes ~ verlieren perdre toute mesure; das ~ halten garder la mesure; das ~ überschreiten (od. übersteigen); über das ~ hinausgehen passer (od. dépasser) la mesure (od. les bornes); das ~ vollmachen être la goutte d'eau qui fait déborder le vase; das ~ ist voll! la coupe est pleine!; la mesure est comble!; ~ nehmen prendre mesure; fig. du nimmst uns ~! tu nous en fais baver!; zu etw. ~ nehmen prendre les mesures de qch.; '~abteilung f e-s Konfektionsgeschäftes: rayon m d'habillement sur mesure.

Mas'sage f massage m; ~behandlung f massothérapie f.

massa'krieren I v/t. massacrer; II 2 n massacre m.

'Maß|analyse ⚗ f titrage m; ~anzug m complet m (fait) sur mesure; ~arbeit f des Schneiders: travail m (fait) sur mesure.

'Masse f masse f; ~n von des masses de; ~forderung ✝ f créance f de la masse; ~gläubiger ✝ m créancier m de la masse.

'Maß-einheit f unité f de mesure.

'Massen|absatz m vente f en grandes quantités; ~abwurf ⚔ m largage m général; ~angriff ⚔ m attaque f concentrée; ~anziehung f attraction f des masses; ~artikel m article m de série; ~aufgebot n levée f en masse; ~auflage f gros tirage m; ~aussperrung f lock-out m en masse; ~auswanderung f émigration f en masse; ~bewegung f mouvement m de masse; ~demonstration f manifestation f massive; ~denken n collectivisme m de la pensée; ~einsatz *m* emploi *m* en masse; ~**elend** *n* paupérisme *m*; ~**entlassung** *f* licenciement *m* collectif (*od.* massif); ~**erhebung** *f* levée *f* en masse; ~**erzeugung** *f*, ~**fabrikation** *f* fabrication *f* en grande(s) série(s); ~**flucht** *f* fuite *f*; (*aus Gewahrsam:* évasion) *f* en masse; exode *m*; ~**grab** *n* fosse *f* commune; ~**güter** *n/pl.* pondéreux *m/pl.*; marchandises *f/pl.* en vrac; 2**haft** *adj. u. adv.* en masse; ~**herstellung** *f* fabrication (*od.* production) *f* en grande(s) série(s); ~**hinrichtung** *f* exécution *f* sommaire; ~**instinkt** *m* instinct *m* grégaire; ~**kommunikationsmittel** *n* moyen *m* de communication collective; ~**konsum** *m* consommation *f* de masse; ~**kundgebung** *f* manifestation *f* de masse; ~**medium** *n* moyen *m* de communication de masse; *Massenmedien n/pl.* mass-media *m/pl.*; media *m/pl.*; ~**mensch** *m* homme *m* de la masse; massiste *m*; type *m* grégaire; ~**mord** *m* hécatombe *f*; massacre *m*; ~**produktion** *f* production (*od.* fabrication) *f* en grande(s) série(s); ~**psychologie** *f* psychologie *f* des foules; ~**sport** *m* sport *m* de masse; ~**streik** *m* grève *f* en masse; ~**suggestion** *f* suggestion *f* massive; ~**tourismus** *m* tourisme *m* de masse; ~**transport** *m* transports *m/pl.* en commun; ~**verbrauch** *m* consommation *f* de masse; ~**verhaftungen** *f/pl.* arrestations *f/pl.* massives; ~**vernichtung** *f* destruction *f* massive; ~**vernichtungsmittel** ⚔ *n/pl.* moyens *m/pl.* de destruction massive; ~**vernichtungswaffen** *f/pl.* armes *f/pl.* de destruction massive; ~**versammlung** *f* réunion *f* monstre; ~**verwalter** ✝ *m* syndic *m* de la faillite; ~**weise** *adv.* en masse(s); ~**zeitalter** *n* époque *f*, ère *f* des masses.

'**Masse|schuld** ✝ *f* dette *f* de la masse; ~**schuldner** ✝ *m* débiteur *m* de la masse.

Mas'seur *m*, **Mas'seuse** *f* masseur *m*, -euse *f*.

'**Maß|gabe** *f* mesure *f*; proportion *f*; *nach* ~ (*gén.*) en raison de; dans la mesure de; en proportion de; suivant; selon; conformément à; *mit der* ~, *daß* ... étant entendu que ...; 2**gebend**, 2**geblich** *adj.* qui fait autorité (*od.* foi); (*als Gesetz geltend*) qui fait loi; (*als Regel dienend*) qui sert de règle; (*bestimmend*) déterminant; décisif, -ive; (*zuständig*) compétent; *in* ~*en Kreisen* dans les milieux compétents; *beide Texte sind in gleicher Weise* ~ les deux textes font également foi; 2**gerecht** *adj.* qui a les mesures (*resp.* les dimensions) prescrites; 2**halten** *v/i.* garder la mesure; tenir le juste milieu; ~**halten** *fin. n* austérité *f*; ~**halteprogramm** *fin. n* programme *m* d'austérité; ~**haltigkeit** ⊕ *f* exactitude *f* des mesures (*resp.* des dimensions) prescrites.

mas'sier|en *v/t.* ✻ masser; ✻ concentrer; 2**en** ✻ *n* massage *m*; 2**ung** ✻ *f* concentration *f*.

'**massig I** *adj.* en masse(s); massif, -ive; volumineux, -euse; **II** *adv.* en masse(s); massivement.

'**mäßig** *adj.* modéré; tempéré; (*ein-*
fach im Essen) frugal; (*genügsam*) sobre; (*mittel~*) médiocre; (*die Mitte haltend*) moyen, -enne; (*gering*) modique; ~ *tailliert cout.* semi-cintré; ~**en** *v/t.* (*v/rf.*: sich se) modérer; (*mildern*) (se) tempérer; (*in Grenzen halten*) (se) contenir; (*langsamer machen*) (se) ralentir; (*besänftigen*) (se) calmer; (*beschränken*) se borner; *Stimme:* adoucir; 2**keit** *f* modération *f*; tempérance *f*; (*Einfachheit im Essen*) frugalité *f*; (*Genügsamkeit*) sobriété *f*; (*Mittel~*) médiocrité *f*; *der Preise:* modicité *f*; 2**ung** *f* modération *f*; (*Verlangsamung*) ralentissement *m*.

mas'siv I *adj.* massif, -ive (*a. fig.*); ~ *gebaut* construit en dur; **II** 2 *géol. n* massif *m*; 2**bau** *m* construction *f* en dur.

'**Maß|kleidung** *f* vêtements *m/pl.* faits sur mesure; ~ *tragen* s'habiller sur mesure; ~**krug** *m* pot *m*; cruche *f*; ~**lieb(chen)** ♀ *n* pâquerette *f*; 2**los I** *adj.* sans mesure; démesuré; immodéré; sans bornes; extrême; excessif, -ive; **II** *adv.* sans mesure; sans bornes; (*höchst*) extrêmement; ~**losigkeit** *f* démesure *f*; excès *m*; ~**nahme** *f*, ~**regel** *f* mesure *f*; *vorläufige* ~ mesure *f* provisoire; *halbe* ~ demi-mesure *f*; ~*n ergreifen* (*od.* treffen) prendre des mesures; *von e-r* ~ *betroffen sein* être visé par une mesure; 2**regeln** *v/t.*: *j-n* ~ rappeler q. à l'ordre; prendre des mesures contre q.; châtier q.; ~**regelung** *f* rappel *m* à l'ordre; ~**schneider(in** *f*) *m* tailleur *m* (couturière *f*) travaillant sur mesure; ~**schuhe** *m/pl.* chaussures *f/pl.* (*od.* souliers *m/pl.*) sur mesure; ~**schuhmacher** *m* cordonnier *m* travaillant sur mesure; ~**stab** *m* règle *f* graduée; *v. Karten:* échelle *f*; *im* ~ 1:100000 à l'échelle du 1:100000; *in großem* (*kleinem*) ~ sur une grande (petite) échelle; *in verkleinertem* ~ à échelle réduite; *en petit*; *fig.* mesure *f*; *e-n* ~ *an etw.* (*acc.*) *legen* appliquer une norme (*od.* un critère) à qch.; 2**stabgerecht** *adj. u. adv.* à l'échelle; 2**voll** *adj.* mesuré; plein de mesure; modéré; plein de modération; ~**zahl** *f* cote *f*.

Mast[1] *m* ⚓ mât *m*; (*Leitungs*2) mât *m*; poteau *m*; *großer:* pylône *m*.

Mast[2] (*Mästen*) engraissement *m*.

'**Mastbaum** *m* → *Mast*[1].

'**Mastdarm** *anat. m* rectum *m*.

'**mästen I** *v/t.* engraisser; mettre à l'engrais; *Geflügel:* gaver; gorger; **II** 2 *n* engraissement *m*; engraissage *m*; *Geflügel:* gavage *m*.

'**Mast|futter** *n* engrais *m*; ~**huhn** *n* poularde *f*.

'**Mastix** *m* mastic *m*.

'**Mastkorb** ⚓ *m* 'hune *f*.

'**Mast|kur** *f* cure *f* d'engraissement; ~**ochse** *m* bœuf *m* engraissé; ~**schwein** *n* cochon *m* gras.

'**Mästung** *f* engraissement *m*; engraissage *m*.

'**Mastvieh** *n* bétail *m* à l'engrais; bétail *m* engraissé.

'**Mastwerk** ⚓ *n* mâture *f*.

Mata'dor *m* matador *m*.

Match *m od. n Sport:* match *m*.

'**Mater** *f typ.* matrice *f*; flan *m*.

Materi'al *n* ⚠ matériau *m* (*a. fig.*);
matière *f*; (*Gerät*) matériel *m*; (*Kriegs*2) matériel *m* de guerre; (*Menschen*2) matériel *m* humain; (*Werbe*2) matériel *m* de publicité; (*Beweis*2) documentation *f*; ~ *rollendes* ~ matériel *m* roulant; ~**abnahme** *f* réception *f* du matériel; ~**bezugsschein** *m* billet-matière *m*; ~**erhaltung** *f* maintenance *f*; ~**fehler** *m* défaillance *f* du matériel; défaut *m* máteriel; 2**gerecht** ⊕ *adj.* répondant aux spécifications des matériaux.

materiali'sieren *v/t.* (*v/rf.*: sich se) matérialiser.

Materia'lis|mus *m* matérialisme *m*; ~**t** *m* matérialiste *m*; 2**tisch** *adj.* matérialiste.

Materi'al|kosten *pl.* frais *m/pl.* de matériel; ~**lager** *n* dépôt *m* de matériel (*resp.* de matériaux); ~**probe** *f* échantillon *m*; ⊕ éprouvette *f*; ~**prüfung** *f* examen *m* (*od.* épreuve *f*) du matériel (*resp.* des matériaux); ~**schaden** *m* dégâts *m/pl.* matériels; ~**schlacht** *f* bataille *f* de matériel; ~**schuppen** *m* remise *f* (*od.* 'hangar *m*) à matériaux; ~**überprüfung** *f* contrôle *m* du matériel (*resp.* des matériaux); ~**verwalter** *m* magasinier *m*.

Ma'terie *f* matière *f*.

materi'ell *adj.* matériel, -elle; ~*e Güter biens m/pl.* matériels.

Mathema'tik *f* mathématiques *f/pl.*; *reine* (*angewandte*) ~ mathématiques *f/pl.* pures (appliquées).

Mathe'ma|tiker *m* mathématicien *m*; 2**tisch** *adj.* mathématique; *die* ~*en Wissenschaften* les sciences *f/pl.* exactes.

'**Matjeshering** *m* 'hareng *m* vierge.

Ma'tratze *f* matelas *m*; ~**nmacher** *m* matelassier *m*.

Mä'tresse *f* maîtresse *f*.

Matriar'chat *n* matriarcat *m*.

Ma'trikel *f* matricule *f*; *in die* ~ *eintragen* immatriculer.

Ma'trize *f* matrice *f*; *zur Vervielfältigung:* stencil *m*.

Ma'trone *f* matrone *f*; 2**nhaft** *adj. u. adv.* comme une matrone; en matrone.

Ma'trose *m* matelot *m*; marin *m*; *F col-bleu m*; ~**n-anzug** *m* costume *m* marin; ~**nbluse** *f* marinière *f*; vareuse *f*; ~**nkneipe** *f* boîte *f* à matelots; taverne *f*; ~**nkragen** *m* col *m* marin; ~**nlied** *n* chanson *f* de matelot; ~**nmütze** *f* béret *m* de marin.

matsch *adj. Kartenspiel:* capot (*a. f*).

Matsch *m* gâchis *m*; bouillie *f*; marmelade *f*; (*Schmutz*) boue *f*; gadoue *f*; '2**ig** *adj.* en bouillie; en marmelade; en capilotade; (*schmutzig*) boueux, -euse; *Obst:* blet, -tte; *dial.* coti; ~ *werden Obst:* blettir.

matt *adj.* mat (*a. Schach*); *j-n* ~ *setzen* faire q. mat; mater q.; (*trübe*) terne; (*erschöpft*) épuisé; las, lasse; languissant; (*schwach*) faible; (*farblos*) sans couleur; pâle; *Auge:* battu; *Blick:* éteint; *Stimme:* mourant; *Börse:* lourd; ~ *schleifen* dépolir; '~**blau** *adj.* bleu mourant; '~**blau** *n* bleu *m* mourant; '~**blond** *adj.* blond pâle; '2**blond** *n* blond *m* pâle.

'**Matte**[1] *f* (*Gebirgswiese*) alpage *m*; pâturage *m*; herbage *m*; prairie *f*; pacage *m*.

'**Matte**² f natte f; (Fuß⁀) paillasson m; (Ring⁀) tapis m; auf die ~ legen Sport: envoyer au tapis.
'**Matterhorn** n: das ~ le mont Cervin.
'**matt|geschliffen** adj. dépoli; ⁀glanz m éclat m terne; matité f; ⁀glas n verre m dépoli; ⁀gold n or m mat.
Mat'thäus m Matthieu m; F mit ihm ist's Matthäi am letzten c'en est fait de lui; F il est fichu; il est à la dernière extrémité; ~evangelium n Évangile m selon saint Matthieu; ~passion f: die ~ la Passion selon saint Matthieu.
'**Mattheit** f matité f; (Müdigkeit) fatigue f; lassitude f; langueur f; (Schwäche) faiblesse f; (Mutlosigkeit) abattement m; (Erschöpfung) épuisement m; Börse: lourdeur f.
mat'tieren v/t. matir; dépolir; mater.
mat'tiert ⁀ (Birne) adjt. dépoli.
'**Mattigkeit** f (Müdigkeit) fatigue f; lassitude f; langueur f; (Schwäche) faiblesse f; (Mutlosigkeit) abattement m; (Erschöpfung) épuisement m.
'**Matt|scheibe** f verre m dépoli; télév. petit écran m; F fig. er hat e-e ~ il a un petit ciné dans la tête; il a la tête fêlée; ~schleifen n dépolissage m; ~vergoldung f dorure f terne.
Ma'tura östr. f baccalauréat m.
Matz F m petit bonhomme m.
'**Mätzchen** n/pl. minauderies f/pl.; ~ machen minauder, faire des minauderies.
'**Matze** f, ~n m pain m azyme.
mau F adj. moche; mir ist ~ je me sens mal; j'ai mal au cœur; schlecht: das ist ~ c'est moche.
'**Mauer** f mur m; (Gemäuer) muraille f; die chinesische ~ la Grande Muraille de Chine; ~absatz △ m recoupement m; redan m; redent m; ~anschlag m affichage m; affiche f; ~anstrich m badigeonnage m; ~arbeit f maçonnage m; maçonnerie f; ~bemalung f muralisme m; ~blümchen n: ~ sein fig. F faire tapisserie; ~brecher ⚔ m bélier m; ~einfassung f mur m en maçonnerie; ~fläche f pan m de mur; ~klammer △ f ancre f; ~maler m muraliste m; ⁀n v/t. maçonner; fig. Kartenspiel: cacher son jeu; ~n n maçonnage m; ~öffnung △ f baie f; ~pfeffer ♀ m poivre m de la muraille; ~ritze f lézarde f; ~schwalbe f, ~segler m orn. martinet m; ~spalt m lézarde f; ~stein m moellon m; abus. brique f; ~vertiefung △ f niche f; ~vorsprung △ m encorbellement m; ~werk n maçonnerie f; murs m/pl.; bâtisse f; ~ziegel m brique f; ~zinne frt. f créneau m.
'**Mauke** vét. malandre f.
Maul n der Tiere: gueule f (a. Rachen); (Schnauze) museau m; mufle m (alle P a. v. Menschen); der Pferde: bouche f; die bösen Mäuler pl. les mauvaises langues f/pl.; P halt das ~! ta gueule!; j-m über das ~ fahren couper la parole à q.; j-m das ~ stopfen clouer le bec à q.; j-m Honig ums ~ schmieren flagorner q.; passer de la pommade à q.; ein loses ~ haben être une mauvaise (od. méchante) langue; nicht aufs ~ gefallen sein n'avoir pas la langue dans sa poche; das ~ aufmachen ouvrir le bec; ein großes ~

haben être fort en gueule; das ~ voll nehmen faire le fanfaron; fanfaronner; '~**affe** m fig.: F ~n feilhalten faire le badaud; badauder; '~**beerbaum** ♀ m mûrier m; ~**beere** f mûre f.
'**maulen** I v/i. (schmollen) faire la moue; bouder; II ⁀ n (Schmollen) bouderie f.
'**Maul|esel(in** f) m zo. mulet m, mule f; ~**eseltreiber** m muletier m; ⁀**faul** adj. qui parle peu; peu loquace; qui n'ouvre pas le bec; qui ne desserre pas les dents (od. les lèvres od. la bouche); ~**fäule** vét. f aphte m; ~**held** F m fanfaron m; ~**heldentum** n fanfaronnades f/pl.; ~**korb** m muselière f; j-m e-n ~ anlegen museler q.; ~**schelle** f gifle f; F calotte f; taloche f; j-m e-e ~ geben gifler q., F calotter q., talocher q.; ~**sperre** ⚕ f trisme m; ~**tier** zo. n mulet m, mule f; ~**tierpfad** m sentier m muletier; ~**tiertreiber** m muletier m; ~**trommel** ♪ f guimbarde f; ~ **und Klauenseuche** vét. f fièvre f aphteuse.
'**Maulwurf** zo. m taupe f; ~**sarbeit** f travail m de taupe; ~**sfalle** f taupière f; ~**sgrille** f taupe-grillon m; courtilière f; ~**shaufen** m, ~**shügel** m taupinière f.
'**Maure** m Maure m; More m.
'**Maurer** m maçon m; ~**arbeit** f maçonnerie f; maçonnage m; ~**gesell(e)** m compagnon m maçon; ~**handwerk** n métier m de maçon; ~**kelle** f truelle f; ~**lehrling** m apprenti m maçon; ~**meister** m maître m maçon; ~**pinsel** m brosse f; ~**polier** m contremaître m; chef m de chantier (od. de travaux).
'**Maur|in** f Mauresque f; Moresque f; ⁀**isch** adj. maure; mauresque; more; moresque.
Mau'ritius: die Insel ~ l'île f Maurice.
Maus zo. u. anat. f souris f; fig. weiße Mäuse (Polizei) police f de la route, F motards m/pl.; mit Mann und ~ untergehen périr corps et biens.
'**Mäus-chen** n petite souris f; souriceau m; kosend: mein ~ n! mon petit rat!; ⁀**still** adj.: es ist ~ on entendrait trotter une souris; sich ~ (ver)halten se tenir coi (f: coite).
'**Mäuse|-bussard** orn. m buse f variable; ~**dreck** m crotte f de souris; ~**falle** f souricière f; tapette f; ~**fraß** m détritus m/pl. laissés par les souris; ~**gift** n mort-aux-rats m; ~**loch** n trou m de souris.
'**mausen** 1. v/i. Katze: attraper des souris (resp. des rats); die Katze läßt das ⁀ nicht qui a bu boira; 2. v/t. F (entwenden) F chiper; F chaparder.
'**Mauser** f der Vögel usw.: mue f; in der ~ sein être en mue; muer; ⁀n v/i. u. v/rf.: sich ~ muer; être en mue; F fig. faire peau neuve; ~**n** n, ~**zeit** f mue f.
'**mausetot** adj. raide mort; bien mort; ~ schlagen assommer.
'**Mäusevolk** plais. n gent f trotte-menu; peuple m souriquois.
'**mausgrau** adj. gris souris.
'**mausig** fig. adj.: sich ~ machen faire l'important.
Mauso'leum n mausolée m.
Maut östr. f (Wegegeld) péage m.
'**Maxilänge** cout. f longueur f maxi.
maxi'mal I adj. maximal; maxi-

mum; II adv. maximum; ⁀**betrag** m montant m maximum; ⁀**geschwindigkeit** f vitesse f maxima (od. maximum); ⁀**gewicht** n poids m maximum; ⁀**leistung** f rendement m maximum; ⁀**lohn** m salaire m maximum; ⁀**preis** m prix m maximum; ⁀**tarif** m tarif m maximum.
'**Maximantel** cout. m maxi-manteau m.
Ma'xime f maxime f.
'**Maximum** n maximum m; ~**thermometer** m thermomètre m à maxima.
'**Maya|kultur** hist. f civilisation f maya; ~**reich** n empire m maya.
Mayon'naise f mayonnaise f.
Maze'don|ien n la Macédoine; ~**ier** (-in f) m Macédonien m, -enne f; ⁀**isch** adj. macédonien, -enne.
Mä'zen m mécène m.
Mäze'natentum n mécénat m.
Ma'zurka f mazurka f.
Me'chan|ik f mécanique f; ~**iker** m mécanicien m; F mécano m; ⁀**isch** adj. mécanique.
mechani'sier|en v/t. mécaniser; ⁀**en** n, ⁀**ung** f mécanisation f.
Mecha'nismus m mécanisme m.
Mechanothera'pie f mécanothérapie f.
'**Meckerer** F m ronchonneur m; rouspéteur m; ⁀**n** v/i. bêler; die Ziege nachahmend: chevroter; fig. F ronchonner; rouspéter; P rouscailler; ~**n** n bêlement m; die Ziege nachahmendes: chevrotement m; fig. ronchonnement m; rouspétance f.
'**Meckifrisur** F f cheveux m/pl. en brosse.
Me'daille f médaille f; e-e ~ gewinnen remporter (od. obtenir) une médaille; j-n mit e-r ~ auszeichnen médailler q.; fig. die Kehrseite der ~ le revers de la médaille; ~**nträger(in** f) m médaillé m, -e f.
Medai'llon n médaillon m.
medi'al psych. adj. médiumnique; ~**e Eignung** médiumnité f.
Medika'ment n médicament m; remède m.
Medio'thek f médiathèque f.
Meditati'on f méditation f.
mediter'ran adj. méditerranéen, -enne.
'**Medium** n médium m; phys. milieu m; gr. voix f moyenne.
Medi'zin f médecine f; (Arznei) remède m; Doktor der ~ docteur m en médecine; ~ studieren étudier la médecine; ~**ball** m médecine-ball m; ~**er(in** f) m étudiant m, -e f en médecine; (Arzt) médecin m; ~**fläschchen** n fiole f à médecine; ⁀**isch** adj. (ärztlich) médical; ♀ (arzneilich) médicinal; ~**e Fakultät** faculté f de médecine; ~**mißbrauch** m surconsommation f de médicaments.
Meer n mer f; océan m; am ~ au bord de la mer, befindlich: maritime; offenes (od. freies) ~ 'haute (od. pleine) mer; aufs ~ fahren partir en mer; das ~ wird unruhig la mer se lève (od. grossit); die Freiheit der ~e la liberté des mers; fig. ein ~ von ... un océan de ...; '~**aal** m congre m; '~**busen** m golfe m; '~**enge** f détroit m.
'**Meeres|arm** m bras m de mer; ~**boden** m fond m marin; fond m de la

mer; ~bodenbergbau *m* exploitation *f* minérale et minière du fond marin; ~bodengeographie *f* géographie *f* des sols marins; ~brandung *f* brisants *m/pl.*; ~fauna *f* faune *f* marine; ~forschung *f* recherche *f* océanographique; ~gebirge *géol. n* dorsale *f*; ~grund *m s.* ~boden; ~kunde *f* océanographie *f*; ~küste *f* côte *f*; ~leuchten *n* phosphorescence *f* de la mer; ~spiegel *m* niveau *m* de la mer; über (unter) dem ~ au-dessus (au-dessous) de la mer; ~stille ♆ *f* calme *m*; bonace *f*; ~strand *m* plage *f*; ~strömung ♆ *f* courant *m* (marin); ~ufer *n* bord *m* de la mer; côte *f*; ~verschmutzung *f* pollution *f* de la mer.

'Meer|fahrt *f* partie *f* en mer; croisière *f*; ~gott *m* dieu *m* marin (*od.* de la mer); ~göttin *f* déesse *f* marine (*od.* de la mer); ~gras ♄ *n* varech *m*; ²grün *adj.* glauque; ~grün *n* vert *m* glauque; ~katze *zo. f* guenon *f*; cercopithèque *m*; ~leuchten *n* phosphorescence *f* de la mer; ~rettich ♄ *m* raifort *m*; ~salz *n* sel *m* marin; ~schaum *m* écume *f* de mer; ~schaumpfeife *f* pipe *f* d'écume (de mer); ~schwein *zo. n* marsouin *m*; ~schweinchen *zo. n* cochon *m* d'Inde; cobaye *m*; ~tiefenmessung *phys. f* bathymétrie *f*; ~ungeheuer *n* monstre *m* marin; ~wasser *n* eau *f* de mer; eau *f* salée; ~wasserverschmutzung *f* pollution *f* des eaux de la mer; ~weib(chen) *n* sirène *f*; ~wirtschaft *f* aquaculture *f*.

'Meeting *n* assemblée *f*; réunion *f*; meeting *m*.

'Megahertz *n* mégahertz *m*.

Mega'lith *m* mégalithe *m*; ²isch *adj.* mégalithique.

Mega'phon *n* mégaphone *m*; porte-voix *m*.

Me'güre *fig. f* mégère *f*.

'Mega|tonne *at. f* mégatonne *f*; ~volt *n* mégavolt *m*.

Mehl *n* farine *f*; *das feinste* ~ la fleur de farine; *mit* ~ *bestreuen* saupoudrer de farine; fariner; '²artig *adj.* farinacé; ~brei *m* bouillie *f* (de farine); ~fabrik *f* minoterie *f*; '²haltig *adj.* farineux, -euse; ~handel *m* minoterie *f*; ~händler *m* minotier *m*; '²ig *adj.* farineux, euse; '~käfer *ent. m* ver *m* de farine; '~kasten *m* coffre *m* à farine; '~kleister *m* colle *f* de farine; '~kloß *m* boulette *f* de farine; '~sack *m* sac *m* à farine; '~schwitze *cuis. f* roux *m*; ~sieb *n* tamis *m* (à farine); Müllerei: blutoir *m*; bluteau *m*; ~speise *f* (*süße Speise*) entremets *m*; plat *m* sucré; '~staub *m* poussière *f* de farine; ~suppe *f* soupe *f* à la farine; '~tau *m* blanc *m*; mildiou *m*; ~trommel *f* blutoir *m*; '~wurm *ent. m* ver *m* de farine.

mehr I *adv.* (*comp. v. viel*) plus; *ohne folgendes "als":* a. davantage; ~ *als* plus que, *vor Zahlen:* plus de; ~ *als nötig* plus qu'il ne faut; ! encore!; ~ *und* ~; *immer* ~ de plus en plus; *e-r immer noch* ~ *als der andere* à qui mieux mieux; *und* ~ *noch:* ... de plus encore; ... *was noch* ~ *ist* qui plus est; *bien plus*; ~ *oder weniger* plus ou moins; *nicht* ~ *ne* ... *plus*; *um nicht* ~ *zu sagen* pour dire le moins; *nichts*

(*bei vb. ne*...) plus rien; *nicht* ~ *und nicht weniger* ni plus ni moins; *niemand* ~ (*bei vb. ne* ...) plus personne; *je* ~ ..., *desto* ~ ... plus ..., plus ...; *um so* ~ d'autant plus; à plus forte raison; *um so* ~ *als* d'autant plus que; *die e-n* ~, *die andern weniger* qui plus qui moins; *und dergleichen* ~ et autres choses semblables; *und anderes* ~ et autres choses encore; *etw.* ~ un peu plus; *er will noch* ~ (*davon*) il en veut davantage; il en veut encore; *ich kann nicht* ~ je n'en peux plus; *kein Wort* ~ (*davon*)! n'en parlons plus; *das ist nicht* ~ *als billig* ce n'est que juste; *das schmeckt nach* ~ ça a un goût de revenez-y; *ein Grund* ~ raison de plus; *was will er* ~? qu'est-ce qu'il veut encore?; *er ist* ~ *reich als arm* il est plutôt riche que pauvre; II ♀ *n* plus *m*; (*Überschuß*) surplus *m*; excédent *m*; *ein beträchtliches* ~ *an Arbeit* un surcroît de travail considérable; '²arbeit *f* surcroît *m* de travail; (*zusätzliche Arbeit*) travail *m* supplémentaire; '²aufwand *m*; '²ausgabe *f* surcroît (*od.* excédent) *m* de dépenses; '~bändig *adj.* en plusieurs volumes (*resp.* tomes); '²bedarf *m* besoins *m/pl.* supplémentaires; '²belastung *f* surcharge *f*; charge *f* supplémentaire; '²betrag *m* excédent *m*; (montant *m* en) surplus *m*; '~deutig *adj.* qui peut être interprété différemment; susceptible de différentes acceptions; (*zweideutig*) ambigu, -uë; ~deutigkeit *f* (*Zweideutigkeit*) ambiguïté *f*; équivoque *f*; ²einkommen *n* surplus *m* de revenus; excédent *m* de revenus; '²einnahme *f* excédent *m* de recettes; ²einsatz (*Spiel*) *m* renvi *m*; '~en *v/t.* (*v/rf.: sich*) augmenter; '~ere *pr/ind.* plusieurs; plus d'un(e); (*verschiedene*) divers, différents; '~eres *pr/ind.* diverses choses *f/pl.*; '~erlei *adj.* de plusieurs espèces (*nachgestellt!*); '²erlös *m* excédent *m* de recettes; '²ertrag *m* surplus *m*; excédent *m*; '~fach I *adj.* multiple; in ~er Hinsicht à divers égards; II *adv.* à différentes reprises; '²fache(s) *n* multiple *m*; '²fachsprengköpfe ⚔ *m/pl.* têtes *f/pl.* nucléaires multiples; Rakete mit ~n fusée *f* à têtes multiples; '²fachver-arbeitung *inform. f* multitraitement *m*; '²familienhaus *n* maison *f* pour plusieurs familles; '²farbendruck *m* impression *f* polychrome; '~farbig *adj.* polychrome; '~forderung *f* demande *f* supplémentaire; '~gängig ⊕ *adj.:* mit ~em Gewinde à filetage multiple; '²gebot *n* surenchère *f*; '²gepäck *n* excédent *m* de bagages; '~geschossig △ *adj.* à étages multiples; '²gewicht *n* excédent *m* de poids; surpoids *m*; '²gewinn *m* superbénéfice *m*; '~gleisig *adj. u. adv.* à plusieurs voies; '²heit *f* pluralité *f*; *der Stimmen:* majorité *f*; *die* ~ *der abgegebenen Stimmen erhalten* (*od. auf sich vereinigen*) recueillir la majorité des suffrages exprimés; '²heitsbeschluß *m* décision *f* majoritaire; *durch* ~ à la majorité des voix; '²heitswahlrecht *n* scrutin *m* majoritaire; '²jahresplan *m* programme *m* pluriannuel; '~jährig *adj.* de plusieurs années;

pluriannuel, -elle; '²-Kanalgerät *électron. n* multiplexeur *m*; ~klassig *écol. adj.* à plusieurs classes; '²kosten *pl.* excédent *m* de frais; frais *m/pl.* supplémentaires; '²leistung *f* augmentation *f* de rendement; rendement *m* supplémentaire; '~malig *adj.* répété; réitéré; '~mals *adv.* plusieurs fois; à plusieurs reprises; '~motorig *adj.* multimoteur; '²parteiensystem *n* pluripartisme *m*; système *m* à plusieurs partis; '²phasenstrom *m* courant *m* polyphasé; '~phasig ⚡ *adj.* polyphasé; '~polig ⚡ *adj.* multipolaire; '²porto *m* surtaxe *f*; excédent *m* de port; '~reihig *adj. u. adv.* à plusieurs rangs; '~schichtig *adj. u. adv.* à plusieurs couches; '~seitig *adj.* à plusieurs côtés (*od.* faces) (*a. adv.*); multilatéral; '~silbig *adj.* polysyllabe; '²sitzer ⚒ *m* multiplace *m*; '~sitzig *adj.* multiplace; à plusieurs places (*a. adv.*); '~sprachig *adj.* polyglotte; multilingue; '²sprachigkeit *f* plurilinguisme *m*; ~stellig *adj. Zahl:* de plusieurs chiffres; '~stimmig *adj. u. adv.* à plusieurs voix; '~stöckig *adj. u. adv.* à plusieurs étages; '²stufenrakete *f* fusée *f* à plusieurs étages; fusée-gigogne *f*; '~stufig *adj.:* ~e Rakete fusée *f* à plusieurs étages; fusée-gigogne *f*; '~stündig *adj.* de plusieurs heures; '~tägig *adj.* de plusieurs jours; '~teilig *adj.* à plusieurs parties; '²-umsatz *m* excédent *m* de vente; '~ung *f* augmentation *f*; '²verbrauch *m* surconsommation *f*; '²wegverpackung *f* emballage *m* consigné; '²wert *m* plus-value *f*; *Steuerwesen:* valeur *f* ajoutée; '~wertig 🜅 *adj.* polyvalent; '²wertsteuer *f* taxe *f* sur (*od.* à) la valeur ajoutée; '²zahl *f* la plupart; *gr.* pluriel *m*; '²zielrakete *f* missile *m* à objectifs multiples; '²zweck... plurifonctionnel, -elle; '²zweckflugzeug *n* avion *m* multi-rôles; '²zweckschrank *m* meuble *m* de rangement.

'meiden (*v/t. v/rf.: sich*) s'éviter; (*se*) fuir; (*e-e Gegend*) bouder.

'Meier(in *f*) *m* métayer *m*, -ère *f*.

Meie'rei *f* métairie *f*.

'Meil|e *f* ehm. All. mille *m*; *französische* ~ (= 4 km) lieue *f* kilométrique; ~enstein *m* pierre (*od.* borne) *f* milliaire; *fig.* (*Wende*) tournant *m*; '²enweit *adj. u. adv.* à plusieurs lieues de distance; *fig.* ~ *davon entfernt sein, zu* ... (*inf.*) être à cent lieues de ... (*inf.*).

'Meiler *m* meule *f* (de charbonnier); *at.* (*Atom²*) pile *f* atomique; réacteur *m* nucléaire.

mein I *pr/poss.* '~(e *f*) *m u. n* mon (*vor vo. od.* stummem *h a. f*), ma (*vor cons.*); *pl.* mes; ~es Wissens à ce que je sais; II ♀ *n: das* ~ *und Dein* le tien et le mien; III ~ (*gén. v.* ich = meiner): gedenke ~ pense à moi.

'Mein-eid *m* parjure *m*; e-n ~ schwören se parjurer; '²ig *adj.* parjure; ~ige(r) *f* (*m*) parjure *m*, *f*.

'meinen *v/t.* être d'avis; estimer; (*sagen*) dire; (*glauben*) croire; (*denken*) penser; (*sich denken*) s'imaginer; wie ~ Sie das? comment l'entendez-vous?; was ~ Sie dazu? qu'en pensez-vous?; was ~ Sie damit? que voulez-vous dire par là?; qu'entendez-

-vous par là?; *so war es nicht gemeint* ce n'est pas ce que j'ai voulu dire; ce n'était pas là mon intention; *man sollte ~ on* dirait (*od.* croirait); *das will ich ~* je (le) crois bien; *damit ist er gemeint* cela s'adresse à lui; *es war nicht böse gemeint* c'était sans mauvaise intention; *es war gut gemeint* l'intention était bonne; *es gut mit j-m ~ vouloir* du bien à q.; *wie ~ Sie?* comment?; pardon?; vous dites?; *wie Sie ~!* comme vous voulez!; *es ernst ~* être sérieux, -euse; parler sérieusement; *~ Sie das ernst?* (parlez-vous) sérieusement?, F sans blague?

'**mein|er, ~e, ~es** *pr/poss.:* der (die, das) *~e* le mien, la mienne; *~er* (*gén. v. ich*): er gedenkt *~* il se souvient de moi; il pense à moi; *~erseits adv.* de mon côté; de ma part; *ganz ~ als Kompliment:* tout le plaisir est pour moi; *~esgleichen pr.* mon (mes) pareil(s); mon (mes) semblable(s); *~etwegen adv.* pour moi; à cause de moi; (*ich habe nichts dagegen*) je le veux bien; *~!* int. passe!; *~ige pr/poss.:* der, die, das *~* le mien, la mienne; *ich werde das ♀ tun* je ferai ce qui dépendra de moi.

'**Meinung** f opinion f; avis m; pensée f; point m de vue; *die öffentliche ~* l'opinion f (publique); *vorgefaßte ~* préjugé m; *meiner ~ nach* à mon avis; à mon sens; selon (*od.* d'après) moi; à ce que je pense; *nach m-r unmaßgeblichen ~* à mon humble avis; *ich bin der ~, daß ...* je suis d'avis que ...; *ich bin nicht Ihrer ~* je ne suis pas de votre avis; *s-e ~ äußern* dire (*od.* donner *od.* exprimer *od.* faire connaître) son avis (*od.* son opinion); *für s-e ~ eintreten* avoir le courage de ses opinions; *s-e ~ ändern* changer d'avis (*od.* d'opinion); *j-n von s-r ~ abbringen* faire changer q. d'avis; *sich e-e ~ bilden* se faire une opinion par soi-même; faire sa religion; *mit j-m e-r ~ sein* être du même avis que q.; *j-m s-e ~ sagen* dire son fait à q.; *j-s ~ teilen* partager l'opinion de q.; *anderer ~ sein* être d'un autre avis; penser différemment; *entgegengesetzter ~ sein* être d'un avis contraire (*od.* opposé); *die ~en sind geteilt* les opinions sont partagées; *verschiedener ~ sein über (acc.)* différer sur; *darüber kann man verschiedener ~ sein* c'est affaire d'opinion; *er steht allein mit s-r ~* il est seul de son avis; *es herrscht nur e-e ~ darüber* tout le monde est d'accord là-dessus; *mit s-r ~ zurückhalten* garder son opinion pour soi; *mit s-r ~ hinter dem Berg halten* dissimuler ses opinions; F mettre son drapeau dans sa poche; *j-m (gehörig) die ~ sagen* dire son fait (*od.* ses vérités) à q.; *e-e gute (od. hohe) ~ haben von* avoir bonne opinion (*od.* une 'haute idée) de; *e-e schlechte ~ haben von* avoir mauvaise opinion de; *von etw. haben* surestimer qch.; *e-e zu hohe ~ von sich haben* avoir une trop bonne opinion de soi-même; *~s-änderung* f changement m d'avis (*od.* d'opinion); *~s-äußerung* f manifestation f d'opinion; *freie ~ liberté* f d'expression; *~s-austausch* m échange m de vues (*od.* d'opinions);

~sbefragung f, *~sforschung* f sondage m d'opinion f; *~sbildung* f prise f de conscience; *~s-echo* n face f publique; *~sforscher* m enquêteur m; *~sforschungssucht* f sondomanie f; *~s-tief* n baisse f (*od.* déclin m) de popularité; *~s-umfrage* f référendum m; *~s-umschwung* m retournement m; volte-face f; *~verschiedenheit* f divergence f d'opinions; dissentiment m; division f.

'**Meise** *orn.* f mésange f; *~nkasten* m nichoir m à mésanges.

'**Meißel** m ciseau m; *♀n v/t.* ciseler.

meist I *adj.* (*sup. v. viel*): *das ~e Geld* le plus d'argent; *die ~e Zeit* la plupart du temps; *die ~en* la plupart; le plus grand nombre; la majorité; *die ~en Leute* la plupart des gens; *das ~e* la plus grande partie; le plus; **II** *adv.*: *am ~en* le plus; '*~begünstigt adj.* le plus favorisé; '*♀begünstigungsklausel* f clause f de la nation la plus favorisée; '*♀begünstigungsvertrag* m traité m contenant la clause de la nation la plus favorisée; '*~bietend I adj.* le plus offrant; **II** *adv.*: *~ verkaufen* vendre au plus offrant; '*♀bietende(r)* m le plus offrant; '*~ens,* '*~enteils adv.* la plupart du temps; en majeure partie; pour la plupart; le plus souvent; dans la généralité (*od.* majorité) des cas, F les trois-quarts du temps.

'**Meister** m maître m; F patron m; *Sport:* champion m; *Freimaurerei:* vénérable m; *~ werden* passer maître; *an j-m s-n ~ finden* trouver son maître en q.; *prov. kein ~ fällt vom Himmel* apprenti n'est pas maître; *das Werk lobt den ~* à l'œuvre on connaît l'artisan; *fig. Übung macht den ~* c'est en forgeant qu'on devient forgeron; *~brief* m diplôme m de maître; brevet m de maîtrise; *~fahrer* m F patron m du volant; *~gesang* m poésie f des maîtres chanteurs; *♀haft, ♀lich I adj.* magistral; achevé; de maître; **II** *adv.* magistralement; en maître; à la perfection; *~hand* fig. f main f de maître; *~in* f maîtresse f; F patronne f; *Sport:* championne f; *♀n v/t.* se rendre maître de; venir à bout de; maîtriser; *Schwierigkeiten:* vaincre; surmonter; *~prüfung* f examen m de maîtrise; *~sänger* m maître m chanteur; *~schaft* f maîtrise f; (*Überlegenheit*) supériorité f; (*Vollkommenheit*) perfection f; *Sport:* championnat m; *e-e ~ erringen* gagner un championnat; monter sur le podium; *~schuß* m coup m de maître; *~schütze* m champion m de tir; *~singer* m maître m chanteur; *~stück* n, *~werk* n *bsd. litt.* chef-d'œuvre m; *nur allg.:* pièce f maîtresse; *~titel* m titre m de maître; *Sport:* titre m de champion; *~würde* f maîtrise f.

'**Meistgebot** n dernière enchère f.

'**Mekka** n la Mecque.

Melancho'lie f mélancolie f.

Melan'cho|liker(in f) m mélancolique m, f; *♀lisch adj.* mélancolique.

Me'lange *östr.* f (*Milchkaffee*) café m au lait.

Me'lasse f mélasse f.

'**Melde** f arroche f; belle-dame f.

'**Melde|fahrer** ⚔ m estafette f; *~*

formular n formulaire m de déclaration; *für Einschreibungen:* feuille f des inscriptions; *~frist* f délai (*od.* terme) m de déclaration; *zur Einschreibung* f d'inscription; *~gänger* ⚔ m estafette f; *~hund* m chien m estafette; *~liste* f liste f des inscriptions; *♀n 1. v/t. u. v/i.:* j-m etw. *~* annoncer (*od.* apprendre *od.* signaler) qch. à q., *schriftlich:* écrire, mander qch. à q.; *amtlich:* rapporter; (*Funkspruch*) etw. *~* faire état de qch.; *polizeilich gemeldet* assigné à résidence; **2.** *v/rf.: sich ~* s'annoncer, (*erscheinen, sich vorstellen*) se présenter, *polizeilich:* faire sa déclaration de résidence, *téléph.* répondre à l'appel, *Schule:* lever la main, (*sich einschreiben*) s'inscrire (*zu etw. od.* terme) m d'inscription, *sich auf ein Inserat ~* répondre à une annonce; *sich krank ~* se faire porter malade; *sich für e-e Stelle ~* se présenter pour une place; *sich zu e-m Examen ~* se faire inscrire pour un examen; *sich zur Truppe ~* s'enrôler; *sich zum Wort ~* demander la parole; *sich ~ lassen* se faire annoncer; *~pflicht* f déclaration f obligatoire; *♀pflichtig adj.* soumis à déclaration; *~r* ⚔ m estafette f; *~reiter* ⚔ m estafette f montée; *~schein* m fiche f de déclaration; *~schluß* m clôture f des inscriptions (*bei Ausstellungen:*) des engagements); *~stelle* f bureau m où l'on doit se présenter; *~zettel* m *für Hotelgäste:* fiche f de voyageurs.

'**Meldung** f annonce f; rapport m (a. ⚔); (*Nachricht*) nouvelle f; information f; message m; (*Vorstellung*) présentation f; (*Einschreibung*) inscription f (*zu* à); *polizeiliche:* déclaration f de résidence; *journ. Letzte ~en* Dernière heure f; F la D.H.; *s-e ~ machen* faire son rapport (*über acc.* sur); *~ erstatten über (acc.)* rendre compte de; *Sport: s-e ~ zurücknehmen* déclarer forfait.

me'lier|en *v/t.* mêler; mélanger; *~t adj. Haar:* grisonnant.

Melio'rati|on f amendement m; *♀rieren ✿ v/t.* amender.

Me'lisse ♀ f mélisse f; *~ngeist* m eau f de mélisse.

'**Melk|eimer** m seau m à traire; *♀en v/t.* traire; *frisch gemolkene Milch* lait m tout frais; *~de Kuh* vache f à lait (*a. fig.*); F (*ausbeuten*) plumer; *~en* n traite f; *~er(in* f) m trayeur m, -euse f.

Melke'rei f laiterie f.

'**Melk|faß** n, *~kübel* m seau m à traire; *~kuh* f vache f à lait; *~maschine* f trayeuse f; machine f à traire; *~schemel* m escabeau m; tabouret m.

Melo'die ♪ f mélodie f.

melodi'ös, me'lodisch *adj.* mélodieux, -euse; (*e-e Melodie enthaltend*) mélodique.

Melo'drama n mélodrame m; *♀dra'matisch adj.* mélodramatique.

Me'lone ♀ f melon m (*a. Hut*); *~nbaum* m arbre m à melon; papayer m.

'**Meltau** ♀ m mildiou m; *von ~ befallen* mildiousé.

Mem'bran(e) f membrane f; *téléph., rad. a.* diaphragme m.

'**Memme** F f poltron m; lâche m;

dégonflé *m*; P poule *f* mouillée; F froussard *m*; F trouillard *m*; ~**haft** *adj.* de (*adv.* en) poltron (*od.* lâche).
Me'moiren *n/pl.* mémoires *m/pl.*; ~**schreiber** *m* mémorialiste *m*; auteur *m* de mémoires.
Memo'randum *pol. n* mémorandum *m*.
memo'rieren *v/t.* apprendre par cœur.
Me'nage *f* (*Essenstraggestell*) porte-manger *m*; (*Einsatzschüsseln*) série *f* de plats; (*Ölständer*) huilier *m*; östr. (*Truppenverpflegung*) ordinaire *m*; F popote *f*.
Menage'rie *f* ménagerie *f*.
Mene'tekel *n* avertissement *m* fatidique.
'Menge *f* quantité *f*; grand nombre *m*; ⅋ ensemble *m*; (*Haufen*) tas *m*; (*Andrang*) affluence *f*; (*Vielheit*) multitude *f* (*a. Volks*~); (*der große Haufen*) foule *f*; P flopée *f*; (*Masse*) masse *f*; (*Gewühl*) cohue *f*; e-e ~ (*viele*) ... quantité de ...; *in* ~ en quantité; *in kleinen* ~ par petites quantités; e-e ~ *Leute* un tas de gens; e-e ~ *Fragen* un tas de questions; *in großen* ~*n* (*in Scharen*) en foule; en masse; e-e *ganze* ~ (*Massen von*) ... des masses de ...; *mitten in der* ~ au plus épais de la foule; *sich unter die* ~ *mischen* plonger dans la mêlée; 2*n v/t.* (*v/rf.*: *sich se*) mêler; *Zs.-passendes:* mélanger; ~**n** *n* mélange *m*; *bsd. phm.* mixtion *f*; ~**begriff** *ling. m* quantificateur *m*.
'Mengen|bestimmung *f* détermination *f* quantitative; ~**einheit** *f* unité *f* de quantité; ~**lehre** ⅋ *f* théorie *f* des ensembles; ~**leistung** ⊕ *f* débit *m*; 2**mäßig** *adj.* quantitatif, -ive; ~**verhältnis** *n* (*mengenmäßige Zusammensetzung*) constitution *f* quantitative.
'Meng|futter *n* dragée *f*; ~**korn** *n* méteil *m*; ~**sel** *n* mélange *m*.
Menin'gitis *f* méningite *f*.
Me'niskus *m* ménisque *m*.
'Mennige *f* minium *m*.
'Mensa *f* restaurant *m* universitaire; restaurant-foyer *m*.
Mensch *m* homme *m*; être *m* humain; *objet m*; *die* ~*en* les hommes *m/pl.*; *le monde*; *alle* ~*en* tout le monde; *jeder* ~ chacun; tout le monde; *kein* ~ *weiß es* personne ne le sait; *es ist kein* ~ *zu sehen* on ne voit personne; il n'y a pas un chat; ~ *werden rl.* s'incarner; *ein guter* (*od.* anständiger *od.* braver) ~ un homme de bien; *ein gutmütiger* ~ (*guter Kerl*) une bonne pâte d'homme; *ein hergelaufener* ~ un homme de rien; *ein seltsamer* ~ un original; un drôle d'homme; *unter* ~*en kommen* voir du monde; *so sind die* ~*en nun einmal* les hommes sont ainsi faits; *er ist auch nur ein* ~ c'est un homme comme nous; *nicht* (*mehr*) *wie ein* ~ *aussehen* n'avoir pas (plus) figure (*od.* forme) humaine; *in Gesprächen von* ~ *zu* ~ dans des conversations d'homme à homme; *der* ~ *denkt, Gott lenkt* l'homme propose, Dieu dispose; F *Anrede*: ~! mon vieux!
'Menschen|affe *m* anthropoïde *m*; 2**ähnlich** *adj.* anthropomorphe; anthropoïde; ~**alter** *n* âge *m* d'homme; génération *f*; ~**blut** *n* sang *m* humain; ~**feind** *m* misanthrope *m*; androphobe *m*; 2**feindlich I** *adj.* misanthrope;

II *adv.* en misanthrope; ~**fleisch** *n* chair *f* humaine; ~**fresser** *m* anthropophage *m*; cannibale *m*; ~**fresse'rei** *f* anthropophagie *f*; cannibalisme *m*; ~**freund** *m* philanthrope *m*; 2~**freundlich I** *adj.* philanthropique; humain; sociable; altruiste; **II** *adv.* en philanthrope; ~**freundlichkeit** *f* philanthropie *f*; philanthropisme *m*; humanitarisme *m*; altruisme *m*; ~**gedenken** *n*: *seit* ~ de mémoire d'homme; de temps immémorial; ~**geschlecht** *n* genre *m* humain; ~**gestalt** *f* figure (*od.* forme) *f* humaine; figure *f* d'homme; *in* ~ *rl.* incarné; ~**gewühl** *n* cohue *f*; presse *f*; ~**handel** *m* trafic *m* des hommes; commerce *m* humain; *hist.* traite *f* des esclaves; ~**hasser** *m* misanthrope *m*; androphobe *m*; ~**herz** *n* cœur *m* humain; ~**jagd** *f* chasse *f* à l'homme; ~**kenner**(**in** *f*) *m* celui, celle qui connaît les hommes; ~**kenntnis** *f* connaissance *f* des hommes; ~ *haben* connaître les hommes; ~**kind** *n* être *m* humain; *armes* ~ pauvre créature *f*; ~**kraft** *f* force *f* humaine (*od.* de l'homme); ~**kunde** *f* anthropologie *f*; ~**leben** *n* vie *f* humaine; ~ *pl. kosten* faire des victimes; 2**leer** *adj.* dépeuplé; (*öde*) désert; ~**liebe** *f* amour *m* des hommes; philanthropie *f*; ~**los** *n* destinée *f* (*od.* condition *f*) humaine; ~**material** *n* matériel *m* humain; ~**menge** *f* foule *f*; 2**möglich** *adj.* humainement possible; *ich werde alles* 2*mögliche tun je ferai tout mon possible*; ~**natur** *f* nature *f* humaine; ~**opfer** *n* victime *f*; *als Handlung*: sacrifice *m* d'homme; ~**potential** *n* ressources *f/pl.* en hommes; ~**rasse** *f* race *f* d'hommes; ~**raub** *m* rapt *m*; ~**recht** *n* droit *m* de l'homme; ~**reservoir** *n* ressources *f/pl.* en hommes; 2**scheu** *adj.* (*schüchtern*) timide; (*ungesellig*) farouche, insociable, sauvage; ~**scheu** *f* timidité *f*; (*Ungeselligkeit*) insociabilité *f*, sauvagerie *f*; ~**schinder** *m* exploiteur *m*; ~**schinde'rei** *f* exploitation *f* honteuse, odieuse; ~**schlag** *m* espèce (*od.* race) *f* d'hommes; ~**seele** *f* âme *f* humaine; ~**skind** *int.*: ~! F nom d'une pipe!; nom d'un chien!; ~**sohn** *rl. m* Fils *m* de l'homme; ~**stimme** *f* voix *f* humaine; ~**strom** *m* flot *m* de gens; ~**tum** *n* humanité *f*; 2**unwürdig** *adj.* indigne de l'homme; ~**verluste** *m/pl.* pertes *f/pl.* en vies humaines; ~**verstand** *m*: *der gesunde* ~ le bon sens; le sens commun; ~**werk** *n* ouvrage *m* d'homme; œuvre *f* des hommes; ~**würde** *f* dignité *f* humaine (*od.* de l'homme); 2**würdig** *adj.* digne de l'homme.
'Mensch|heit *f* humanité *f*; genre *m* humain; 2**lich** *adj.* humain; *nach* ~*em Ermessen*; *nach* ~*er Voraussicht* selon toutes prévisions; ~*er werden* s'humaniser; *nichts* 2*es an sich haben* n'avoir rien d'humain; ~**lichkeit** *f* humanité *f*; *Verbrechen gegen die* ~ crime *m* contre l'humanité; *Gebot der* ~ devoir *m* de l'humanité; ~**sein** *phil. n* condition *f* humaine; ~**werdung** *rl. f* incarnation *f*.
Menstru|ati'on *f* règles *f/pl.*; menstruation *f*; 2**ieren** *v/i.* avoir ses règles.

Men'sur *f* mesure *f*; *esc.* duel *m*; *Bundesrep.* (*Studentenkorps*) reprise *f* au sabre; *auf die* ~ *gehen* aller se battre (en duel).
Mentali'tät *f* mentalité *f*.
Men'thol *n* menthol *m*; ~**zigarette** *f* cigarette *f* mentholée.
'Mentor *fig. m* mentor *m*; guide *m*.
Me'nü *n* menu *m*; *das* ~ *zusammenstellen* dresser le menu.
Menu'ett *n* menuet *m*.
Me'nükarte *f* menu *m*.
mephisto'phelisch *adj.* méphistophélique.
'Mergel *m* marne *f*; *mit* ~ *düngen* marner; ~**boden** *m* sol *m* marneux; ~**grube** *f* marnière *f*; 2**n** *v/t.* marner; ~**ung** *f* marnage *m*.
Meridi'an *m* méridien *f*; ~**kreis** *m* cercle *m* méridien.
meridio'nal *adj.* méridional.
Me'rino *m* (*zo. u. Stoff*) mérinos *m*; ~**schaf** *n* mérinos *m*; ~**wolle** *f* laine *f* mérinos.
Merkanti'lis|mus *m* mercantilisme *m*; 2**tisch** *adj.* mercantiliste.
'merk|bar *adj.* perceptible; sensible; 2**blatt** *n* feuille *f* de renseignements; aide-mémoire *m*; 2**buch** *n* carnet *m*; calepin *m*; agenda *m*; bloc-notes *m*; ~**en** *v/t.* remarquer; apercevoir; s'apercevoir de; ~ *lassen* laisser paraître; *den Zorn nicht* ~ *lassen* ne lui laisser paraître de sa colère; *davon ist nichts zu* ~ il n'y paraît plus; *j-n etw.* ~ *lassen* laisser entrevoir qch. à q.; faire sentir qch. à q.; *das werde ich mir* ~ j'en prendrai bonne note; *als e-e Lehre*: cela me servira de leçon; ~ *Sie sich das!* retenez bien ceci!; enfoncez-vous bien ça dans la tête!, (*lassen Sie es sich gesagt sein*) tenez-vous pour averti!, tenez-vous-le pour dit!; *sich etw.* ~ retenir qch.; prendre note de qch.; *sich nichts* ~ *lassen* ne faire semblant de rien; ~**lich** *adj.* perceptible; sensible; (*sichtlich*) visible; (*beträchtlich*) considérable; 2**mal** *n* marque *f*; (*Anzeichen*) indice *m*; (*Symptom*) symptôme *m*; (*Unterscheidungs*~) caractéristique *f*; marque *f* distinctive; ⚓ repère *m*.
'Merk|vers *m* vers *m* mnémotechnique; ~**wort** *n typ.* réclame *f*; *thé.* réplique *f*; 2**würdig** *adj.* remarquable; (*denkwürdig*) mémorable; (*seltsam*) curieux, -euse; singulier, -ière; 2**würdigerweise** *adv.* chose curieuse; ~**würdigkeit** *f* chose *f* remarquable; (*Seltsamkeit*) curiosité *f*; ~**zeichen** *n* repère *m*; marque *f*; indice *m*; *mit* ~*n versehen* repérer.
Mero'winger *m* Mérovingien *m*; 2**isch** *adj.* mérovingien, -enne.
merzeri'sieren *v/t.* merceriser.
me'schugge F *adj.* F toqué; F timbré; P cinglé; dingo; maboul.
'Mesner *rl. m* sacristain *m*.
'Meson *phys. n* méson *m*.
Meso'tron *phys. n* mésotron *m*.
'Meß|apparat *m* appareil *m* de mesure; ~**band** *n* mètre *m* à ruban; 2**bar** *adj.* mesurable; ~**barkeit** *f* mesurabilité *f*; ~**becher** *m* gobelet *m* gradué; ~**bereich** *m* zone *f* de mesure; '~**bild** *n* photogramme *m*; '~**bildverfahren** *n* photogrammétrie *f*; '~**brücke** ⚡ *f* pont *m* de Wheatstone, de mesure; ~**buch** *rl. n*

missel *m*; livre *m* de messe; ~**diener** *rl. m* servant *m*; (*Chorknabe*) enfant *m* de chœur.
'**Messe**¹ ⚓, ⚔ *f* mess *m*.
'**Messe**² *rl.*, ♪ *f* messe *f*; die ~ lesen dire (*od.* célébrer) la messe; stille ~ messe *f* basse.
'**Messe**³ ✝ *f* foire *f*; ~**amt** ✝ *n* office *m* de la foire; ~**ausstellung** *f* foire--exposition *f*; ~**ausweis** *m* carte *f* de légitimation; ~**besucher(in** *f*) *m* visiteur *m*, -euse *f* de la foire; ~**gelände** *n* parc *m* des expositions; terrain *m* de (la) foire; ~**halle** *f* 'hall *m* de la foire.
'**messen** 1. *v/t.* (*v/rf.*: sich se) mesurer; (*eichen*) jauger; (*loten*) sonder; *arp.* arpenter; *mit dem Metermaß* (*od. nach Metern*) ~ mesurer au mètre; métrer; *mit der Klafter* ~ toiser; *mit der Elle* ~ mesurer à l'aune; auner; *mit der Wasserwaage* ~ niveler; *die Zeit* ~ mesurer le temps; chronométrer; *fig.* j-n mit Blicken (*od. mit den Augen*) ~ mesurer q. du regard; toiser q.; s-e *Kräfte mit j-m* ~ mesurer ses forces avec q.; *sich mit j-m* ~ se mesurer avec (*od.* à) q.; 2. *v/i.*: zwei Meter ~ mesurer deux mètres; zwei Meter in die Breite ~ avoir deux mètres de large.
'**Messer**¹ *m* (*Person*) mesureur *m*; *arp.* arpenteur *m*; (*Meßapparat*) mesureur *m*; (*Zähler*) compteur *m*.
'**Messer**² *n* couteau *m*; (*Rasier*⚔) rasoir *m*; (*Klinge*) lame *f*; (*Dolch*) poignard *m*; *chir.* bistouri *m*, (*Sezier*⚔) scalpel *m*; ~ *zum Fischessen* couteau *m* à poisson; feststehendes ~ couteau *m* de cuisine, de boucher; *fig.* Krieg bis aufs ~ guerre *f* au couteau; j-m das ~ an die Kehle setzen mettre le couteau sur la gorge de q.; es steht auf des ~ Schneide cela ne tient qu'à un fil; ~**bänkchen** *n* porte-couteau *m*; ~**chen** *n* petit couteau *m*; (*kleines Taschenmesser*) canif *m*; ~**fabrik** *f* coutellerie *f*; ~**griff** *m*, ~**heft** *n* manche *m* de couteau; ~**handlung** *f* coutellerie *f*; ~**held** *m* apache *m*; ~**klinge** *f* lame *f* de couteau; ~**kontakt** ⚡ *m* contact *m* à couteau; ~**rücken** *m* dos *m* d'un couteau; ~**schalter** *m* commutateur *m* à couteaux; ~**scharf** *adj.* tranchant (*a. fig.*); ~**scheide** *f* gaine *f* de couteau; ~**schmied** *m* coutelier *m*; ~**schmiedewaren** *f/pl.* coutellerie *f*; ~**schneide** *f* tranchant *m* (d'un couteau); ~**spitze** *f* pointe *f* de couteau; ~**spitzevoll** *f*: e-e ~ une pincée de; ~**stecher** *m* apache *m*; ~**stecherei** *f* bataille *f*, rixe *f* au couteau; ~**stich** *m* coup *m* de couteau.
'**Messe**|**schlager** ✝ *m* vedette *f* de la foire; ~**stand** *m* stand *m*; ~**teilnehmer** *m* exposant *m*; ~**zeit** *f* époque *f*, moment *m* de la foire; zur ~ en temps de foire.
'**Meß**|**fähnchen** *n*, ~**fahne** *f* jalon *m*; ~**fehler** *m* erreur *f* de mesure; ~**fühler** ⊕ *m* capteur *m*; ~**gefäß** *n* ⊕ vase *m* jaugé; *rl.* vase *m* sacré; ~**gehilfe** *rl. m* servant *m*; (*Chorknabe*) enfant *m* de la foire; ~**gerät** *n* ⊕ objets *m/pl.* sacerdotaux; ⊕ appareil *m* de mesure; mesureur *m*; *arp.* instrument *m* d'arpentage; ~**gewand** *rl. n* chasuble *f*; ~**hemd** *rl. n* aube *f*.
Mes'sias *m* Messie *m*.

'**Messing** *n* laiton *m*; cuivre *m* jaune; ~**blech** *n* tôle *f* de laiton; ~**draht** *m* fil *m* de laiton; ~**gerät** *n*, ~**geschirr** *n* dinanderie *f*; ~**gieße'rei** *f* fonderie *f* de laiton; ~**guß** *m* fonte *f* de laiton; ~**rohr** *n* tube *m* en laiton; ~**schmied** *m* dinandier *m*; ~**schraube** *f* vis *f* en laiton; ~**ware** *f* dinanderie *f*.
'**Meß**|**instrument** *n* instrument *m* de mesure; ~**kelch** *rl. m* calice *m*; ~**kette** *arp. f* chaîne *f* d'arpenteur; ~**kolben** ⚗ *rl. m* ballon *m* jaugé; ~**leine** *arp. f* corde *f* d'arpenteur; ~**opfer** *rl. n* sacrifice *m* de la messe; ~**priester** *rl. m* prêtre *m* qui dit la messe; ~**schnur** *arp. f* cordeau *m* d'arpenteur; ~**stab** *m*, ~**stange** *f* jalon *m*; ~**technik** ⊕ *f* technique *f* des mesures; ~**tisch** *m* planchette *f*; ~**tischblatt** *n* feuille *f* topographique; ~**trupp** *m* arp. arpenteurs *m/pl.*; ⚔ section *f* de repérage; ~**tuch** *rl. n* corporal *m*; ~**uhr** *f* indicateur *m* à cadran.
'**Messung** *f* mesurage *m*; mensuration *f*; *arp.* arpentage *m*; ~ *nach Metern* métrage *m*.
'**Meß**|**wein** *rl. m* vin *m* de messe; ~**wert** *m* valeur *f* indiquée; ~**wertgeber** ⊕ *m* capteur *m*; ~**ziffer** *f* chiffre-indice *m*; ~**zirkel** *m* compas *m* de mesure; ~**zylinder** *m* éprouvette *f* graduée.
Mes'tiz|**e** *m*, ~**in** *f* métis *m*, -se *f*.
Met *m* hydromel *m*.
Me'tall *n* métal *m*; edles gediegenes ~ métal natif; (*Klang der Stimme*) timbre *m*; mit ~ überziehen métalliser; ~**ader** *f* veine *f* de métal; ~**arbeiter** *m* métallurgiste *m*; F métallo *m*; ~**baukasten** *m* meccano *m*, jeu *m* de construction métallique; ~**be-arbeitung** *f* usinage *m* des métaux; ~**beschichtung** ⊕ *f* revêtement *m* (*od.* texture *f*) métallisé(e); ~**beschläge** *m/pl.* garnitures *f/pl.* de métal; ⚘**en** *adj.* de métal; métallique; ~**er** F *m* F métallo *m*; ⚘**farben** *adj.* métallisé; ~**färbung** *f* métallochromie *f*; ~**folie** *f* feuille *f* de métal; ~**gehalt** *m* e-s Erzes: teneur *f* en métal; ~**geld** *n* monnaie *f* métallique; ~**gewebe** *n* tissu *m* métallique; ~**gieße'rei** *f* fonderie *f* de métaux; ~**glanz** *m* éclat *m* métallique; ⚘**haltig** *adj.* métallifère; ~**industrie** *f* industrie *f* métallurgique; ⚘**isch** *adj.* métallique (*a. fig.*); ⚘**sieren** *v/t.* métalliser; ~**kunde** *f* métallographie *f*.
Metallo'graph *m* métallographe *m*.
Metallo'id *n* métalloïde *m*.
Me'tall|**oxyd** *n* oxyde *m* métallique; ~**platte** *f* plaque *f* de métal; ~**putzmittel** *n* produit *m* à polir; ~**regal** *n* rayonnage *m* métallique; ~**säge** *f* scie *f* à métaux; ~**schild** *n* enseigne *f* métallique; ~**schlauch** *m* tuyau *m* métallique flexible; ~**spritzverfahren** *n* procédé *m* de métallisation au pistolet; pistolage *m* métallique; ~**überzug** *m* revêtement *m* métallique.
Metallur'gie *f* métallurgie *f*.
metal'lurgisch *adj.* métallurgique.
me'tall|**verarbeitend** *adj.* métallurgique; ⚘**vorrat** *m* e-r Bank: réserve *f* métallique; ⚘**währung** *f* étalon *m* métallique.
Metamor'phose *f* métamorphose *f*.

Me'tapher *f* métaphore *f*.
meta'phorisch *adj.* métaphorique.
Meta|**phy'sik** *f* métaphysique *f*; ~'**physiker** *m* métaphysicien *m*; ⚘'**physisch** *adj.* métaphysique.
Metapoli'tik (*spekulative Politik*) *f* métapolitique *f*.
Metas'tase ✱, *rhét. f* métastase *f*.
Me'tathesis *gr. f* métathèse *f*.
Mete'or *m a. fig.* météore *m*; ⚘**artig** *adj.* météorique.
Meteo'rit *m* météorite *m od. f*.
Meteoro|**loge** *m* météorologue *m*, météorologiste *m*; ~**lo'gie** *f* météorologie *f*; ⚘'**logisch** *adj.* météorologique.
'**Meter** *m od. n* mètre *m*; je ~ par mètre; laufendes ~ mètre *m* courant; nach ~ *n messen* métrer; Messung nach ~**n** métrage *m*; ~**maß** *n* mètre *m* à ruban; ~**system** *n* système *m* métrique; ⚘**weise** *adv.* par mètres; ~**zahl** *f* métrage *m*.
Me'than ⚗ *n* méthane *m*; ~**gastanker** ⚓ *m* méthanier *m*.
Me'thod|**e** *f* méthode *f*; `**ik** *f* méthodologie *f*; ⚘**isch** *adj.* méthodique; ~ denken penser méthodiquement (*od.* avec méthode); avoir l'esprit de suite.
Metho'dis|**mus** *m* méthodisme *f*; ~**t(in** *f*) *m* méthodiste *m*, *f*; ⚘**tisch** *adj.* méthodiste.
Me'thyl ⚗ *n* méthyle *m*; ~**alkohol** *m* alcool *m* méthylique.
Methy'len ⚗ *n* méthylène *m*.
Metony'mie *rhét. f* métonymie *f*.
meto'nymisch *adj.* métonymique.
'**Metrik** *f* métrique *f*; (*Abhandlung*) *a.* traité *m* de métrique; ~**er** *m* métricien *m*.
Metro'nom *n* métronome *m*.
'**metrisch** *adj.* métrique.
Metro'pole *f* métropole *f*.
Metropo'lit *m* métropolite *m*.
'**Metrum** *mét. n* mètre *m*.
'**Mette** *rl. f* matines *f/pl.*
Met'teur *typ. m* metteur *m* (en pages).
'**Mettwurst** *f* saucisse *f* fumée.
Metze'lei *f* massacre *m*; boucherie *f*; carnage *m*; tuerie *f*.
'**Metzger(in** *f*) *m* boucher *m*, -ère *f*.
Metzge'rei *f* boucherie *f*.
'**Meuchel**|**mord** *m* assassinat *m*; ~**mörder** *m* assassin *m*; ⚘**mörderisch** *adj.* assassin.
'**meuch**|**lerisch** *adj.* traître, -esse; perfide; ~**lings** *adv.* traîtreusement; perfidement.
'**Meute** *ch.*, *a. fig. f* meute *f*.
Meute'rei *f* mutinerie *f*; révolte *f*; émeute *f*; sédition *f*.
'**Meuter**|**er** *m* mutin *m*; séditieux *m*; ⚘**isch** *adj.* mutin; séditieux, -euse; ⚘**n** *v/i.* se mutiner; se révolter.
Mexi'kan|**er(in** *f*) *m* Mexicain *m*, -e *f*; ⚘**isch** *adj.* mexicain.
'**Mexiko** *n* le Mexique; (*Stadt*) Mexico *m*.
'**Mezzosopran** ♪ *m* mezzo-soprano *m*.
MG-Feuer *n* rafale *f* de mitrailleuse.
MG-Schütze ⚔ *m* fusilier mitrailleur *m*.
mi'auen I *v/i.* miauler; pousser des miaous; **II** ⚘ *n* miaulement *m*.
mich *pr/p.* (*acc. v. ich*) me (*vor vo. od.* stummem *m* m'); nach *prp.* moi.
Micha'elis *n*: zu (*od. auf*) ~ à la Saint--Michel.

'Michel *m* Michel *m*; *der deutsche* ~ le brave bougre d'Allemand.
Mi'dilänge *cout. f* longueur *f* midi; (longueur *f* à) mi-mollet *m*.
'Mieder *n* als *Oberbekleidung, Dirndl*: corselet *m*; als *Unterbekleidung*: corset *m*; ~höschen *n* culotte-gaine *f*; ~waren *f/pl*. corseterie *f*.
Mief F *m* air *m* vicié.
'Miene *f* mine *f*; (*Aussehen*) *a.* air *m*; ~ machen, *etw. zu tun* faire mine de faire qch.; e-e *finstere* ~ *machen* faire grise mine; *gute* ~ *zum bösen Spiel machen* faire contre mauvaise fortune bon cœur; *ohne e-e* ~ *zu verziehen* sans sourciller; ~nspiel *n*, ~nsprache *f* mimique *f*; mines *f/pl*.
mies F *adj.* mauvais; F moche; *mir ist* ~ je me sens mal; j'ai mal au cœur; ¹epeter F *m* personne *f* revêche; ¹~machen F *v/i.* peindre tout en noir; ²macher F *m* pessimiste *m*; *m.* (*Spielverderber*) rabat-joie *m*; ²mache'rei F *f* pessimisme *m*; défaitisme *m*; ¹²muschel *zo. f* moule *f*.
'Miet|ausfall *m* perte *f* de loyer; ~auto *n* voiture *f* de louage; ~beihilfe *f* allocation-logement *f*.
'Miete¹ *f* (~*preis*) loyer *m*; (prix *m* de) location *f*; *fällige* ~ terme *m*; rückständige ~ loyer *m* arriéré; *zur* ~ *geben* donner en location; *zur* ~ *haben* avoir en location; *zur* ~ *wohnen* être locataire; (*Pacht*) bail *m*.
'Miete² ✓ *f* im *Boden*: silo *m*.
'mietefrei *adv.* sans payer de loyer.
'Miet-einnahme *f* revenu *m* locatif.
'mieten I *v/t.* louer; prendre en location; *Auto*: louer; II ⚷ *n* location *f*.
'Miet-entschädigung *f* indemnité *f* de logement.
'Mieter(in *f*) *m* locataire *m, f*.
'Miet-erhöhung *f* augmentation *f* du loyer.
'Mieter|schaft *f* locataires *m/pl*.; ~schutz *m* protection *f* des locataires.
'Miet-ertrag *m* rapport *m* locatif.
'mietfrei *adv.* sans payer de loyer.
'Miet|fuhrwerk *n* voiture *f* de louage; ~geld *n* loyer *m*; location *f*; ~kauf *m* location-vente *f*; ~preis *m* loyer *m*; (prix *m* de) location *f*; ~senkung *f* baisse *f* des loyers; ~shaus *n* immeuble *m* locatif; ~skaserne *f* caserne *f*; cages *f/pl*. à lapins; ~steigerung *f* 'hausse *f* des loyers; ~verlust *m* perte *f* de loyer; ~vertrag *m* contrat *m* de location; ~wagen *m* voiture *f* de louage (*od.* de location); ²weise *adv.* en louage; en location; ~wert *m* valeur *f* locative; ~wohnung *f* appartement *m* loué; ~wucherer *m*: ~ *an Gastarbeitern* marchand *m* de sommeil; ~zuschlag *m* surloyer *m*.
'Mieze F *f* minet *m*, minette *f*; F mistigri *m*; *enf.* minou *m*.
Mi'gräne ⚕ *f* migraine *f*; *an* ~ *Leidende(r)* migraineux *m*, -euse *f*.
'Mikro-analyse *f* micro-analyse *f*.
Mi'krobe *f* microbe *m*.
'Mikrobiologie *f* microbiologie *f*.
mi'krobisch *adj.* microbien, -enne.
'Mikro|chemie *adj.* microchimie *f*; ~computer *m* micro-ordinateur *m*; ~film *m* microfilm *m*; *auf* ~ *aufnehmen* microfilmer; ~filmlesegerät *n* appareil *m* de lecture pour microfilms; ~kilar *phot.* (*tragbare Kom*paktkamera) *n* plan-paquet *m*; ~kokkus *m* microcoque *m*; ~kopie *f* microfilm *m*; e-e ~ *machen* microfilmer (*von etw.* qch.).
Mikro|'kosmos *m* microcosme *m*; ~'meter *n* micromètre *m*; ~'metereinstellung *f* réglage *m* micrométrique; ~'meterschraube *f* vis *f* (*de* réglage) micrométrique; ²metrisch *adj.* micrométrique.
'Mikron *n* micron *m*.
'Mikro-ökonomik *f* micro-économie *f*.
'Mikro-organismus *m* micro-organisme *m*.
Mikro|'phon *n* microphone *m*; F micro *m*; ~'phonstange *f* perche *f* à son; girafe *f*; ~'phonträger *cin.*, *télév.* *m* perchman *m*; ~photographie *f* microphotographie *f*; ~physik *f* microphysique *f*; ~prozessor *m* microprocesseur *m*; ~skop *n* microscope *m*; ~skopisch *adj.* microscopique; ~e Untersuchung microscopie *f*; ~waage *f* microbalance *f*; ~wellenofen *m* four *m* à micro-ondes.
Mi'lan *orn.* milan *m*.
'Milbe *ent. f* mite *f*.
Milch *f* lait *m*; *enf.* lolo *m*; *dicke* ~ lait *m* caillé; *kuhwarme* ~ lait *m* bourru; ~ *in Pulver* lait *m* en poudre; *kondensierte* ~ lait *m* condensé; *der Fische*: laitance *f*; *fig.* Gesichtsfarbe *wie* ~ *und Blut* teint *m* de lis et de rose; '~absonderung *f* lactation *f*; ¹²artig *adj.* laiteux, -euse; ~bar *f* crémerie *f*; Inhaber(in) e-r ~ crémier *m*, -ière *f*; ~bart *m* barbe *f* naissante; poil *m* follet; *fig.* blanc-bec *m* béjaune *m*; ~brei *m* bouillie *f* au lait; ~brötchen *n* petit pain *m* au lait; ~büchse *f* boîte *f* de lait condensé; '~diät *f* régime *m* lacté; '~drüse *f* glande *f* mammaire; ~er *icht. m* poisson *m* laité; '~erzeugnisse *n/pl*. produits *m/pl*. laitiers; '~fieber *n* fièvre *f* lactée; '~flasche *f* bouteille *f* à lait; *für den Säugling*: biberon *m*; '~frau *f* laitière *f*; ²gebend *adj.* qui donne du lait; ²gebiß *n* dents *f/pl*. de lait; '~gefäße *anat. n/pl*. vaisseaux *m/pl*. lactifères; '~geschäft *n* laiterie *f*; crémerie *f*; '~gesicht *n*: *ein* ~ *haben* avoir de papier mâché; F avoir une figure de papier mâché; '~glas *n* verre *m* à lait; (*Glasart*) verre *m* en opale (*od.* opalin); '~halle *f* crémerie *f*; ²haltig *adj.* lactifère; '~händler(in *f*) *m* laitier *m*, -ière *f*; crémier *m*, -ière *f*; '~handlung *f* laiterie *f*; crémerie *f*; ²ig *adj.* laiteux, -euse; '~kaffee *m* café *m* au lait; '~kalb *n* veau *m* de lait; '~kännchen *n*, '~kanne *f* pot *m* à (*od.* au) lait; *große aus Metall*: bidon *m* à lait; '~kuh *f* (vache *f*) laitière *f*; vache *f* à lait (*a. fig.*); '~kühlraum *m* chambre *f* froide à lait; '~kur ⚕ *f* régime *m* lacté; '~laden *m* laiterie *f*; crémerie *f*; '~mädchen *n* laitière *f*; '~mann *m* laitier *m*; '~preis *m* prix *m* du lait; '~produkte *n/pl*. produits *m/pl*. laitiers; laitages *m/pl*.; '~produktion *f* production *f* laitière; '~pulver *n* lait *m* en poudre; '~rahm *m* crème *f*; '~reis *m* riz *m* au lait; '~saft *m* ♀ suc *m* laiteux; *physiol.* chyle *m*; '~säure ⚕ *f* acide *m* lactique; '~säurebakterien *f/pl*. ferment
m lactique; '~schaumbad *n* bain *m* de lait moussant; '~schleuder(maschine) *f* écrémeuse *f*; '~schokolade *f* chocolat *m* au lait; '~schorf ⚕ *m* gourme *f*; croûte *f* de lait; '~schüssel *f* jatte *f* à lait; '~schwester *f* sœur *f* de lait; '~seihe *f*, '~sieb *n* passoire *f* pour le lait; '~speise *f* laitage *m*; '~straße *ast. f* voie *f* lactée; galaxie *f*; '~suppe *f* soupe *f* au lait; '~topf *m* pot *m* à (*od.* au) lait; '~tüte *f* berlingot *m* (*od.* ✠ brique *f* de lait); '~verwertung *f* industrie *f* laitière; '~waage *f* pèse-lait *m*; (ga)lactomètre *m*; '~wagen *m* voiture *f* de laitier; '~wirtschaft *f* laiterie *f*; '~zahn *anat. m* dent *f* de lait; '~zucker ⚕ *m* sucre *m* de lait; lactose *m*.
mild, '~e I *adj.* doux, douce; (*gnädig*) clément; (*gütig*) bénin, -igne; (*freigebig*) libéral; (*barmherzig*) charitable; (*wohlwollend*) bienveillant, (*wohltuend*) bienfaisant; (*nachsichtig*) indulgent; *Strafe*: léger, -ère; *Klima*: tempéré, modéré; ~er *Winter* hiver *m* doux; *es ist* ~(*es Wetter*) il fait doux; ~e *Stiftung* œuvre *f* pie; ~e *Gabe* don *m* charitable; ~(er) *werden* se radoucir; II *adv.*: ~ *beurteilen* juger avec indulgence.
'Milde *f* douceur *f*; mansuétude *f*; (*Gnade*) clémence *f*; (*Güte*) bénignité *f*; (*Wohlwollen*) bienveillance *f*; (*Wohltätigkeit*) bienfaisance *f*; (*Nachsicht*) indulgence *f*; ~ *walten lassen* faire clémence.
'milder|n *v/t.* (*v/rf*.: sich s')adoucir; *Worte*: modérer; (*abschwächen*) atténuer; tempérer; *Strafe*: atténuer; alléger; (*menschlicher machen*) humaniser; ~de *Umstände* circonstances *f/pl*. atténuantes; ²n *n*, ²ung *f* adoucissement *m*; (*Ermäßigung*) modération *f*; (*Abschwächung*) atténuation *f*; *der Strafe*: atténuation *f*; (*Vermenschlichung*) humanisation *f*; ²ungsgrund *m* circonstance *f* atténuante.
'mild|herzig *adj.* qui a le cœur tendre; (*mildtätig*) charitable; ²herzigkeit *f* tendresse *f* de cœur; (*Mildtätigkeit*) charité *f*; ~tätig *adj.* charitable; ²tätigkeit *f* charité *f*.
Mili'eu *n* milieu *m*; ²bedingt *adj.* conditionné par le milieu; *biol.* mésologique; ~theorie *f* théorie *f* des milieux; ~wissenschaft *biol. f* mésologie *f*.
mili'tant *adj.* militant.
Mili'tär I *m* officier *m*; hohe ~s *pl.* officiers *m/pl*. supérieurs; chefs *m/pl*. militaires; II *n* armée *f*; forces *f/pl*. armées; *zum* ~ *gehen* entrer dans l'armée; se faire soldat; ²ähnlich *adj.* paramilitaire; ~akademie *f* prytanée *m* militaire; ~anwärter *m* ancien militaire *m* candidat à un emploi civil; ~arzt *m* médecin *m* militaire; ~attaché *m* attaché *m* militaire; ~beamte(r) *m* fonctionnaire *m* militaire; ~befehlshaber *m* gouverneur *m* militaire; ~behörden *f/pl*. autorités *f/pl*. militaires; ~bündnis *n* alliance *f* militaire; ~dienst *m* service *m* militaire; *freiwilliger* ~ volontariat *m*; ²dienstfrei *adj.* exempt du service militaire; ~dienstpflicht *f* service *m* militaire obligatoire; ²dienstpflichtig *adj.* soumis au service militaire; ~dienstverweigerer *m* objec-

teur *m* de conscience; ~diktatur *f* dictature *f* militaire; caporalisme *m*; ~fahrkarte *f* billet *m* militaire; ~flugzeug *n* avion *m* militaire; ~gefängnis *n* prison *f* militaire; ~geistliche(r) *m* aumônier *m*; ~gericht *n* tribunal *m* militaire; ~gerichtsbarkeit *f* juridiction *f* militaire; ~gouverneur *m* gouverneur *m* militaire; ~hilfe *f* aide *f* (*od.* assistance *f*) militaire; ℒisch I *adj.* militaire; II *adv.* militairement.
militari'sier|en *v/t.* militariser; ℒung *f* militarisation *f*.
Milita'ris|mus *m* militarisme *m*; ~t *m* militariste *m*; ℒtisch *adj.* militariste.
Mili'tär|kapelle *f* musique *f* militaire; ~kasino *n* mess *m*; ~macht *f* puissance *f* militaire; ~mantel *m* capote *f*; ~marsch *m* marche *f* (militaire); ~mission *f* mission *f* militaire; ~musik *f* musique *f* militaire; ~paß *m* livret *m* militaire; ~personal *n* personnel *m* militaire; ~pflicht *f* service *m* militaire obligatoire; ℒpflichtig *adj.* soumis au service militaire; ℒpolitisch *adj.* militaro-politique; ~polizei *f* police *f* militaire; ~putsch *m* putsch *m*; coup *m* de force (*od.* d'État) militaire; ~regierung *f* gouvernement *m* militaire; ~strafgerichtsbarkeit *f* juridiction *f* militaire; ~strafgesetzbuch *n* code *m* pénal militaire; ~strafprozeß-ordnung *f* procédure *f* pénale militaire; ℒtauglich *adj.* apte au service militaire; ~transport *m* transport *m* militaire; ℒuntauglich *adj.* réformé; inapte au service militaire; ~verwaltung *f* administration *f* militaire; ~zeit *f* temps *m* de service militaire.
Mi'liz *f* milice *f*; ~heer *n* armée *f* de milices; ~soldat *m* milicien *m*; ~system *n* système *m* des milices.
Mil'lennium *n* millénaire.
'Milli-ampere ⚡ *n* milliampère *m*.
Milliar'där(in *f*) *m* milliardaire *m, f*.
Milli'arde *f* milliard *m*.
Milli|'gramm *n* milligramme *m*; ~'meter *n u. m* millimètre *m*; ~'meterpapier *n* papier *m* millimétré.
Milli'on *f* million *m*; ~en (*und aber* ~en) millions *m/pl.*; zu ~en par millions.
Millio'när(in *f*) *m* millionnaire *m, f*; zehnfache(r) ~ dix fois millionnaire *m, f*; vielfache(r) ~ multimillionnaire *m, f*.
Milli'onen|erbschaft *f* héritage *m* à millions; ℒschwer *adj.* riche à millions.
milli'onste *adj.* millionième; ℒl *n* millionième *m*.
Milz *anat. f* rate *f*; '~anschwellung *f* gonflement *m* de la rate; '~brand *vét. m* charbon *m*; '~entzündung ⚕ *f* inflammation *f* de la rate; splénite *f*; 'ℒkrank *adj.* malade de la rate; '~krankheit *f* maladie *f* de la rate.
'Mime *m* mime *m*; ℒn *v/t.* mimer (*a. nachäffen*); F (*vorgeben*) feindre; faire semblant de; *den Kranken* ~ faire le malade.
'Mimik *f* mimique *f*; ~er *m* mime *m*.
'Mimikry *f* mimétisme *m*.
'mimisch *adj.* mimique.
Mi'mose ♀ *f* mimosa *m*; *fig. er ist empfindlich wie e-e Mimose* il a une sensibilité d'écorché vif; ℒnhaft *fig. adj.* hypersensible.
Mina'rett *n* minaret *m*.
'minder I *adj.* moindre; (*kleiner*) plus petit; (*weniger bedeutend*) inférieur; II *adv.* moins; ~begabt *adj.* peu doué; ~bemittelt *adj.* peu fortuné; ℒbetrag *m* déficit *m*; ~bewertung *f* dépréciation *f*; ℒeinnahme *f*, ℒerlös *m*, ℒertrag *m* moins-perçu *m*; montant *m* en moins; ℒgewicht *n* manque *m* de poids; ℒheit *f* minorité *f*; *in der* ~ *sein* être en minorité; ℒheitenfrage *f* problème *m* des minorités; ℒheitenrecht *n* droit *m* des minorités; ℒheitenschutz *m* protection *f* des minorités; ~jährig *adj.* mineur; ℒjährige(r *a. m*) *m, f* mineur *m, -e f*; ℒjährigkeit *f* minorité *f*; ~n *v/t.* diminuer; amoindrir; réduire; (*mildern*) adoucir; modérer; (*herabsetzen*) rabaisser; (*abschwächen*) atténuer; *Schnelligkeit*: ralentir; ℒumsatz *m* diminution *f* du chiffre d'affaires; ℒung *f* diminution *f*; réduction *f*; amoindrissement *m*; (*Milderung*) adoucissement *m*; modération *f*; (*Herabsetzung*) rabaissement *m*; (*Abschwächung*) atténuation *f*; *der Schnelligkeit*: ralentissement *m*; ℒwert *m* moins-value *f*; ~wertig *adj.* d'une valeur inférieure; de mauvaise qualité; ℒwertigkeit *f* infériorité *f*; mauvaise qualité *f*; ℒwertigkeitsgefühl *n* sentiment *m* d'infériorité; ℒwertigkeitskomplex *m* complexe *m* d'infériorité; ℒzahl *f* minorité *f*; *in der* ~ *sein* être en minorité.
'mindest (*sup.*): *der, die, das* ~e *le, la* moindre; *adv.* le moins; *nicht das* ~e (*bei vb.* ne ...) pas la moindre chose; *nicht im* ~en (*bei vb.* ne ...) pas le moins du monde; *zum* ~en au moins; *pour le moins*; ~alter *n* âge *m* minimum; ℒanforderungen *f/pl.* exigences *f/pl.* minimums (*od.* minima); ℒarbeitszeit *f* minimum *m* de durée du travail; ℒauflage *f* tirage *m* minimum; ℒbetrag *m* minimum *m*; ~bietend *adj.* le moins offrant; ℒ-einkommen *n* revenu *m* minimum; ~ens *adv.* oft *vor Zahlen:* au moins; (*auf jeden Fall*) du moins; ℒertrag *m* rendement *m* minimum; ℒgebot *n* enchère *f* minimum (*od.* minima); ℒgebühr *f* taxe *f* minimum (*od.* minima); ℒgehalt *n* traitement *m* minimum; ℒgeschwindigkeit *f* vitesse *f* minimum (*od.* minima); ℒgewicht *n* poids *m* minimum; ℒkapital *n* capital *m* minimum; ℒkurs *m* cours *m* minimum; ℒlohn *m* salaire *m* minimum; ℒmaß *n* minimum *m*; *auf ein* ~ *herabsetzen* (*od. beschränken*) minimiser; ℒpreis *m* prix *m* minimum; prix *m* plancher; ℒsatz *m* taux *m* minimum; ℒstundenlohn *m* salaire *m* horaire minimum; ℒtarif *m* tarif *m* minimum; ℒwert *m* valeur *f* minimum (*od.* minima); ℒzahl *f* minimum *m*; *zur Beschlußfähigkeit:* quorum *m*.
'Mine *f* mine *f* (*a. Bleistift*ℒ); *für Kugelschreiber:* cartouche *f*; (*Ersatz*-ℒ) *für Füllbleistift:* mine *f* de rechange (*od.* de réserve); ~n *legen* poser (*od.* piéger *od.* ⚓ mouiller) des mines; *auf e-e* ~ *treten* marcher sur une mine; ⚓ *auf e-e* ~ *laufen* toucher une mine; *auf e-e* ~ *stoßen* donner (*od.* 'heurter) contre une mine; ~n *suchen* (*od.* räumen) détecter (⚓ draguer) des mines.
'Minen|beseitigung *f* déminage *m*; ~feld ⚔ *n* champ *m* de mines; ~gang *m* trou *m* de mine; ~krieg *m* guerre *f* de mines; ~leger *m* pose-mines *m*; ⚓ mouilleur *m* de mines; ~räumboot *n* dragueur *m* de mines; ~räumen *n* déminage *m*; ~sperre *f* barrage *m* de mines; ~suchboot *n* dragueur *m* de mines; ~suchen *n* détection *f* des mines; ⚓ dragage *m* des mines; ~suchgerät *n* détecteur *m* de mines; ~trichter *m* entonnoir *m* de mine; ℒverseucht *adj.* miné; ~werfer *m* lance-mines *m*.
Mine'ral *n* minéral *m*; ~bad *n* bain *m* d'eaux minérales; ~brunnen *m* source *f* d'eaux minérales; ~ien *pl.* minéraux *m/pl.*; ~ienkunde *f* minéralogie *f*; ~iensammlung *f* collection *f* de minéraux; ℒisch *adj.* minéral.
Minera'l|oge *m* minéralogiste *m*; ~lo'gie *f* minéralogie *f*; ℒ'logisch *adj.* minéralogique.
Mine'ral|öl *n* huile *f* minérale; ~quelle *f* source *f* d'eaux minérales; ~reich *n* règne *m* minéral; ~salz *n* sel *m* minéral; ~wasser *n* eau *f* minérale; *künstliches:* eau *f* gazeuse.
Minia'tur *f* miniature *f*; *in* ~ en miniature; ~ausgabe *f* édition *f* miniature; ~bild *n* miniature *f*; ~bildnis *n* portrait *m* en miniature; ~gemälde *n* miniature *f*; ~maler *m* miniaturiste *m*; ~malerei *f* miniature *f*.
'Minicomputer *m* miniordinateur *m*.
mi'nieren *v/t.* miner.
'Minigolf *n* golf *m* miniature.
'Mini|kassette (*Tonband*) *f* minicassette *f*; ~kleid *n* robe *f* tunique.
mini'mal *adj.* minimum, minima; *bsd. météo.* minimal; ℒbetrag *m* montant *m* minimum; ℒgehalt *n* traitement *m* minimum; ℒgewicht *n* poids *m* minimum; ℒsatz *m* taux *m* minimum; ℒtarif *m* tarif *m* minimum.
'Minimum *n* minimum *m*; ~thermometer *n* thermomètre *m* à minima.
'Mini|rock *m* minijupe *f*; ~slip (*für Damen*) *m* cache-sexe *m*.
Mi'nister *m* ministre *m*; *zum* ~ *geeignet* susceptible de devenir ministre, ministrable; ~ *ohne Geschäftsbereich* ministre *m* sans portefeuille; ~bank *f* banc *m* des ministres; ~ebene *f*: *auf* ~ au niveau des ministres.
Ministeri'al|ausschuß *m* commission *f* ministérielle; ~beamte(r) *m* fonctionnaire *m* ministériel; ~direktor *m* directeur *m* général; ~erlaß *m* arrêté (*od.* décret) *m* ministériel; ~rat *m* administrateur *m* civil.
ministeri'ell *adj.* ministériel, -elle.
Mi'nisterin *f* femme *f* ministre.
Minis'terium *n* ministère *m*.
Mi'nister|konferenz *f* conférence *f* de (*od.* des) ministres; ~krise *f* crise *f* ministérielle; ~posten *m* ministère *m*; portefeuille *m* (ministériel); ~präsident *m* premier ministre *m*; ministre *m* président; président *m* du Conseil; ~rat *m* conseil *m* des minis-

tres; ~treffen n réunion f ministérielle; ~wechsel m changement m de ministère.
Minis'trant rl. m servant m; (Chorknabe) enfant m de chœur.
minis'trieren rl. v/i. servir la messe.
'Minna f: F grüne ~ (Polizeiwagen) F panier m à salade; *vinaigrette f.
'Minne f amour m; ~lied n chanson f d'amour; 2n v/t. aimer; ~sang m poésie f des troubadours; ~sänger m minnesænger m; Fr. ménestrel m; in Nordfrankreich: trouvère m; in Südfrankreich: troubadour m.
Minori'tät f minorité f.
Minu'end m nombre m dont on soustrait.
'minus I adv. moins; II 2 n ⊕ déficit m; arith. moins m.
Mi'nuskel f minuscule f.
'Minus|pol ≠ m pôle m négatif; ~zeichen n moins m.
Mi'nute f minute f; auf die ~ (genau) à la minute; Umdrehungen in der ~ tours m/pl. par minute; 2nlang I adj. qui dure des minutes; II adv. pendant des minutes; 2nweise adv. par minute; ~nzeiger m aiguille f des minutes; grande aiguille f.
minuzi'ös adj. minutieux, -euse.
'Minze ♀ f menthe f.
mir pr/p. (dat. v. ich) me (vor vo. od. stummem h: m'); als pr. abs. à moi; nach prp. moi; ein Freund von ~ un de mes amis; ~ nichts, dir nichts sans plus de façons; von ~ aus (ich habe nichts dagegen) soit; je le veux bien, wie du ~, so ich dir ich œil pour œil, dent pour dent.
Mira'belle ♀ f mirabelle f.
Mi'rakel(spiel) n miracle m.
Misan'throp m misanthrope m.
Misanthro'pie f misanthropie f.
misan'thropisch adj. misanthropique.
'Misch|apparat m mélangeur m; mélangeuse f; malaxeur m; batteur m; mixer m; ~art f espèce f bâtarde; 2bar adj. que l'on peut mélanger; miscible; ~barkeit f miscibilité f; ~becher m für Getränke: shaker m; ~blut n sang m croisé; ~ehe f mariage m mixte; (se) mélanger; Wein verfälschen: frelater; mit Wasser ~ couper d'eau; Gift: préparer; ⚗ combiner; Kartenspiel: battre; Metalle: allier; sich in etw. (acc.) ~ se mêler de qch.; s'immiscer dans qch.; sich ins Gespräch ~ se mêler à la conversation; sich unter das Volk ~ se mêler à la foule; → gemischt; ~en n mélange m; mixtion f; ⚗ combinaison f; ~er m (Mischapparat) mélangeur m; mélangeuse f; malaxeur m; batteur m; mixer m; ~farbe f couleur f mélangée; ~futter n fourrage m mixte; ~gefäß n récipient m de mélange; ~gemüse n macédoine f de légumes; ~getränk n boisson f mélangée; cocktail m; ~gewebe n toile f métisse; mélange m; ~korn ✓ n méteil m; farrago m; ~ling m métis m; ♀ hybride m; ~masch m salade f; embrouillamini m; salmigondis m; F tripotage m; ~maschine f mélangeur m; mélangeuse f; machine f à mélanger; malaxeur m; batteur m; mixer m; (Beton2) bétonnière f; ~pult n pupitre m de mélange, de mixage; ~rasse f race f mélangée; (Hund) bâtard m; ~raum m salle f de mixage; ~regler rad. m mixer m; réglage m de mixage; ~ung f mélange m; mixtion f; ⚗ combinaison f; (Kreuzung) métissage m; (Metall₰) alliage m; phm. mixture f; ~ungsverhältnis n proportions f/pl. de mélange; ~wald m forêt f d'espèces variées; forêt f mixte; ~wolle f laine f mélangée.

mise'rabel adj. misérable; pitoyable; malheureux, -euse.
Mi'sere f misère f; F purée f; P panade f.
Mise'rere n rl. miserere m; miséréré m; ✠ colique f de miserere (od. de miséréré).
Miso'gyn m misogyne m.
'Mispel ♀ f nèfle f; ~baum m néflier m.

miß|'achten v/t. estimer peu; mépriser; litt. mésestimer; (geringschätzen) dédaigner; 2'achtung f mésestime f; dédain m; unter ~ au mépris de; '~behagen v/i. déplaire; 2'behagen n malaise m; (Unlust) déplaisir m; 2'bildung f malformation f; difformité f; déformation f; ~'billigen v/t. désapprouver; réprouver; (nicht anerkennen) désavouer; (tadeln) blâmer; 2'billigung f désapprobation f; réprobation f; (Nichtanerkennung) désaveu m; (Tadel) blâme m; '2brauch m abus m; mauvais usage m; ~'brauchen v/t. abuser de; (falsch gebrauchen) litt. mésuser de; den Namen Gottes ~ profaner le nom de Dieu; ~'bräuchlich adj. abusif, -ive; '~deuten v/t. mal interpréter; donner un faux sens (à qch.); interpréter de travers; 2'deutung f interprétation f fausse.
'missen v/t.: etw. ~ être privé de qch.; etw. nicht ~ können ne pouvoir se passer de qch.
'Miß|erfolg m insuccès m; échec m; F bide m; Sport, allg. contre-performance f; schwerer ~ déconfiture f; ~ernte f récolte f déficitaire; mauvaise récolte f.
'Misse|tat f méfait m; forfait m; (Verbrechen) crime m; rl. péché m; ~täter(in f) m malfaiteur m, -trice f; criminel m, -le f.
miß|'fallen v/t.: j-m ~ déplaire à q.; (bei j-m Anstoß erregen) choquer q.; '2fallen n déplaisir m; ~ erregen choquer (bei j-m q.); '~fällig I adj. déplaisant; (anstößig) choquant; II adv.: sich ~ äußern über j-n (etw. acc.) critiquer q. (qch.); '2geburt f (Kind) enfant m, f difforme; avorton m; monstre m; '2geschick n mauvaise fortune f; infortune f; mésaventure f; adversité f; malchance f; contretemps m; '2gestalt f difformité f; pfort monstruosité f; monstre m; '~gestalt(et) adj. mal bâti; difforme; (entstellt) déformé, pfort monstrueux, -euse; '~gestimmt adj. mal disposé; de mauvaise humeur; F mal luné; '~glücken v/i. mal réussir; ne pas réussir; échouer; manquer; F rater; es ist mir mißglückt j'ai mal (od. je n'ai pas) réussi; j'ai échoué; j'ai manqué (F raté) mon affaire; '~gönnen v/t.: j-m etw. ~ envier qch. à q.; j-m sein Glück ~ être jaloux, -ouse du bonheur de q.; '2griff m (Irrtum) erreur f; méprise f; '2gunst f envie f; jalousie f; '~günstig adj. envieux, -euse (auf acc. de); (de); ~'handeln v/t. maltraiter; pfort brutaliser; 2'handlung f mauvais traitement(s pl.) m; pfort brutalités f/pl.; sévices f/pl.; 2'heirat f mésalliance f; '~hellig adj. discordant; (uneins) en désaccord; '2helligkeit f discordance f; dissension f; mésintelligence f; (Zwist) différend m.
Missi'on f mission f; rl. missions f/pl.; besondere ~ mission f spéciale; diplomatische ~ mission f diplomatique; ständige ~ mission f permanente; Äußere (Innere) ~ rl. missions f/pl. étrangères (intérieures).
Missio'nar m missionnaire m.
Missi'ons|anstalt f mission f; ~chef m chef m de mission; ~haus rl. n mission f; ~gesellschaft f, ~verein m société f des missions; ~kunde f missiologie f; ~wesen n mission f.
'Miß|jahr n mauvaise année f; ~klang m dissonance f (a. fig.); cacophonie f; fig. fausse note f; désaccord m; ~kredit m discrédit m; in ~ bringen discréditer; 2'lich adj. fâcheux, -euse; désagréable; navrant; ennuyeux, -euse; contrariant; 2liebig adj. mal vu; impopulaire; sich bei j-m ~ machen perdre les bonnes grâces de q.; ~liebigkeit f impopularité f; 2'lingen v/i. mal réussir; ne pas réussir; échouer; manquer; F rater; es ist mir mißlungen j'ai mal (od. je n'ai pas) réussi; j'ai échoué; j'ai manqué (F raté) mon affaire; ~'lingen n insuccès m; échec m; ~mut m mauvaise humeur f; découragement m; 2mutig adj. de mauvaise humeur; découragé; ~ werden F tiquer; 2'raten I v/i. ne pas réussir; tourner mal; F rater; II adj. Kind: qui a mal tourné; ~stand m inconvénient m; (Fehler) défaut m; ⊕ nuisance f; éc. faille f; 2stimmen v/t. indisposer; ~stimmung f discordance f; fig. mauvaise humeur f (gegenüber envers); malaise m; ~ton m son m faux; dissonance f (a. fig.); 2tönend adj. discordant; 2'trauen v/i. se méfier de; litt. se défier de; ~trauen n méfiance f (gegen de); défiance f (de); (Argwohn) soupçon m (gegen au sujet de); aus ~ gegen par méfiance de; par défiance de; ~trauens-antrag m motion f de censure; e-n ~ einbringen (unterstützen; annehmen; ablehnen; zurückziehen) déposer (appuyer; adopter; rejeter od. repousser; retirer) une motion (od. un vote) de censure; ~trauensvotum n vote m de censure; 2trauisch adj. défiant; méfiant; (argwöhnisch) soupçonneux, -euse; j-n ~ machen éveiller la méfiance de q.; ~vergnügen n déplaisir m; (Unzufriedenheit) mécontentement m; 2vergnügt adj. mécontent (mit od. über acc. de); ~verhältnis n disproportion f; distorsion f; désaccord m; disconvenance f; (Ungleichheit) disparité f; in e-m ~ stehen être disproportionné; in ein ~ bringen disproportionner; 2verständlich adj. qui prête à malentendu; ~verständnis n malentendu

m; *(falsche Auffassung)* méprise *f*; **~verstehen** *v/t.* entendre *(od.* comprendre*)* mal; se méprendre sur; **~weisung** *phys. f* déclinaison *f* magnétique; **~wirtschaft** *f* mauvaise administration *f*.
Mist *m* fumier *m*; *der Tiere*: fiente *f*; *(Kot)* excréments *m/pl.*; *fig. (Plunder)* fatras *m*; *(Ärger) was für ein ~!* P quelle chiasse!; *~ verzapfen* F dégoiser des âneries *(od.* des inepties*)*; *das ist nicht auf s-m ~ gewachsen* cela n'est pas de son cru; **'~beet** *n* couche *f*; **'~beet-erde** *f* terreau *m*; **'~beetfenster** *n* châssis *m*.
'Mistel *f* gui *m*; **~beere** *f* baie *f* de gui.
'mist|en 1. *v/i.* fienter; **2.** *v/t. Acker*: fumer; *Stall*: enlever le fumier (de); **2fink** *fig.* P *m* saligaud *m*; salaud *m*; cochon *m*; **2gabel** *f* fourche *f* (à fumier); **2grube** *f* fosse *f* à fumier; **2haufen** *m* (tas *m* de) fumier *m*; **2käfer** *ent. m* bousier *m*.
Mis'tral *m* mistral *m*.
'Mist|vieh P *fig.* n saleté *f*; *p/fort* fumier *m*; **~wagen** *m* chariot *m* à fumier.
Miszella'neen *pl.*, **Mi'szellen** *f/pl.* mélanges *m/pl.*
mit I *prp.* (*dat.*) **a)** *Begleitung*: avec; *komm ~ mir* viens avec moi; (*in Begleitung von*) accompagné de; **b)** *Mittel*: avec, par; de; à; *~ e-m Stock* avec un bâton; *~ der Post* par la poste; *~ dem Zug ankommen* arriver par le train; *~ dem Finger berühren* toucher du doigt; *~ dem Bleistift schreiben* écrire au crayon; **c)** *Art u. Weise*: avec; de; à; en; *~ Vergnügen* avec plaisir; *~ Gewalt* de force; *~ lauter Stimme* à 'haute voix; *~ Recht* à juste titre; *~ gutem Gewissen* en toute conscience; *~ Musik* en musique; *~ e-m Wort* en un mot; **d)** *Eigenschaft*: à; *ein Kind ~ blauen Augen* un enfant aux yeux bleus; **e)** *Zeit*: avec; à; *~ der Zeit* avec le temps; à la longue; *~ zehn Jahren* à (l'âge de) dix ans; *~ dem Schlage acht* à 'huit heures sonnantes; sur le coup de huit heures; **f)** *es ~ j-m halten* être avec (*od.* du côté de *od.* pour) q.; *Böses ~ Gutem vergelten* rendre le bien pour le mal; **II** *adv. ~ dabeisein* en être; y assister; *~ einbegriffen* y compris; *~ einstimmen* faire chorus; *~ dazu gehören* en faire partie; **'2angeklagte(r** *a. m*) *m, f* coaccusé *m, -e f*; **2arbeit** *f* collaboration *f*; coopération *f*; *unter ~ von* en collaboration avec; **'~arbeiten** *v/i.* collaborer (*an dat.* à); coopérer (à); **'2arbeiter(in** *f*) *m* collaborateur *m, -trice f*; coopérateur *m, -trice f*; *die ~ der Oper (des Krankenhauses)* le personnel de l'Opéra (hospitalier); **'2arbeiterstab** *m* état-major *m* (*od.* ensemble *m*) des collaborateurs; **~begründer(in** *f*) *m* cofondateur *m, -trice f*; **'~bekommen** *v/t.*: *als Mitgift ~* avoir en dot; F (F *kapieren, verstehen*) F piger; saisir; **'~benutzen** *v/t.* jouir en commun (de); **'2benutzung** *f* jouissance *f* en commun; **'2besitz** *m* copossession *f*; possession *f* en commun; copropriété *f*; **'~besitzen** *v/t.* coposséder; posséder en commun; **'2besitzer(in** *f*) *m* copropriétaire *m, f*; copossesseur *m*;

'2bestimmung *f* participation *f*; *im Betrieb bsd.*: cogestion *f*; *Befürworter der ~* participationniste *m*; **'2bestimmungsrecht** *n* droit *m* de cogestion; **'~beteiligt** *adj.*: *~ sein an* (*dat.*) participer (*od.* prendre part) à; **'2beteiligte(r** *a. m*) *m, f* coïntéressé *m, -e f*; **'2beteiligung** *pol., éc. f* cogestion *f*; **'~bewerben** *v/rf.*: *sich ~ um* concourir pour (*mit j-m* avec q.); être (*od.* se mettre) sur les rangs; **'2bewerber(in** *f*) *m* concurrent *m, -e f*; compétiteur *m, -trice f*; **'2bewohner(in** *f*) *m* colocataire *m, f*; **'~bringen** *v/t. Personen, Tiere*: amener; *Sachen*: apporter; *als Heiratsgut*: apporter en mariage; *Unterlagen, Zeugen*: fournir; *fig. Fähigkeiten*: être doué (de); **'2bringsel** *n* petit cadeau *m*; **'2bürge** *m* cofidéjusseur *m*; **'2bürger(in** *f*) *m* concitoyen *m, -enne f*; *Anrede*: citoyens!; **'2direktor** *m* codirecteur *m*; **'~eigentum** copropriété *f*; **'2eigentümer(in** *f*) *m* copropriétaire *m, f*; copossesseur *m*; **~ei'nander** *adv.* ensemble; l'un avec l'autre; les uns avec les autres; *alle ~* tous ensemble; *~ reisen* voyager ensemble; *sich ~ vertragen* s'accorder; *~ in allg.* communauté *f*; vie *f* en commun; *pol.*: *weltweites ~* mondialisme *m*; **'~empfinden** *v/t. u. v/i.* sympathiser (*mit j-m* avec q.); **'2empfinden** *n* sympathie *f*; **'2entscheidung** *f* codécision *f*; **'2erbe** *m*, **2erbin** *f* cohéritier *m, -ière f*; **'~erleben** *v/t.* participer (*od.* assister) à; **'~essen** *v/i.* manger avec; **'2esser** *m* comédon *m*; F point *m* noir; **'~fahren** *v/i.*: *mit j-m* accompagner q.; **'2fahrer(-in** *f*) *m* passager *m, -ère f*; occupant *m*; (*Beifahrer*) *bei Lastauto*: aide-camionneur *m*, chauffeur *m* adjoint, *Sport*: coéquipier *m*; **'~freuen** *v/rf.*: *sich mit j-m ~* se réjouir avec q.; **'~fühlen** *v/t. u. v/i.* sympathiser (*mit j-m* avec q.); **'~fühlend** *adj.*: *ein ~es Herz haben* avoir un cœur compatissant; **'~führen** *v/t. Gepäck*: porter; transporter; *Flüsse*: *Gold ~* charrier de l'or; **'~geben** *v/t.* donner; *als Mitgift ~* donner en dot; *j-m e-n Führer ~* accompagner q. d'un guide; *j-m e-n Brief ~* charger q. d'une lettre; **'2gefangene(r** *a. m*) *m, f* compagnon *m*, compagne *f* de captivité *f*; **'2gefühl** *n* (*in Briefen*) sympathie *f*; (*Mitleid*) compassion *f*; (*Beileid*) condoléances *f/pl.*; *j-m sein ~ (Beileid) ausdrücken* faire (*od.* offrir *od.* présenter) ses condoléances à q.; **'~gehen** *v/i.*: *mit j-m* aller avec q.; accompagner q.; (*folgen*) suivre q.; *F etw. ~ lassen* subtiliser qch.; *das Publikum ging mit* F le public était emballé; *mit der Zeit ~* marcher (*od.* vivre) acec son temps; **'~genießen** *v/t.* jouir en commun (de); **'~genommen** *adj.*: *sie sah sehr ~ aus* elle avait l'air très fatigué; **'2gift** *f* dot *f*; **'2giftjäger** *m* coureur *m* de dot; **'2glied** *n* membre *m*; *ausscheidendes ~* membre *m* sortant; *sein Von etw. ~ membre de*; **'2gliederversammlung** *f* assemblée *f* générale; **'2gliederzahl** *f* nombre *m* de membres; effectif *m*; **'2gliedsbeitrag** *m* cotisation *f*; **'2gliedschaft** *f* qualité *f*

de membre; **'2gliedskarte** *f* carte *f* de membre; **'2gliedsland** *n* pays-membre *m*; **'2glied-staat** *m* État *m* (*od.* pays *m*) membre; **'2häftling** *m* codétenu *m*; **'2haftung** *f* responsabilité *f* commune; **'~halten 1.** *v/i.* être de la partie; en être; **2.** *v/t.*: *e-e Zeitung mit j-m ~* être abonné avec q. à un journal; **'~helfen** *v/i.* prêter (*od.* donner) son assistance (*bei* à); coopérer (à); concourir (à); **'~helfer(in** *f*) *m* coopérateur *m, -trice f*; aide *m, f*; *péj.* complice *m, f*; **'~herausgeber** *m* coéditeur *m*; **'2hilfe** *f* assistance *f*; coopération *f*; concours *m*; *péj.* complicité *f*; **~hin** *adv.* donc; par conséquent; **'2hördienst** *m* service *m* d'écoute; **'~hören** *v/t.* écouter; intercepter; **'2inhaber(in** *f*) *m* copropriétaire *m, f*, associé *m, -e f*; **'~kämpfen** *v/i.* prendre part au combat (*od.* à la lutte); **'2kämpfer(in** *f*) *m* compagnon *m*, compagne *f* de lutte; **'2kläger(in** *f*) *m* codemandeur *m, -eresse f*; **'~klingen** *v/i.* résonner; **'~kommen** *v/i.*: *mit j-m* venir avec q., accompagner q., (*folgen*) suivre q.; *mit s-r Zeit nicht ~* retarder sur son temps; *Schule*: pouvoir suivre; *nicht ~* moisir; **'~können** *v/i.*: *mit j-m ~* pouvoir aller (*resp.* venir) avec q., pouvoir accompagner q., *fig.* pouvoir suivre q., *fig. da kann ich nicht mit* cela surpasse (*od.* c'est au-dessus de) mes forces; je m'essoufle; **'~kriegen** F *v/t.* *~ bekommen*; **'~lachen** *v/i.* rire avec les autres; *er lachte, und ich lachte mit* il rit et j'en fis de même; **'~laufen** *v/i.*: *mit j-m ~* courir avec q., (*folgen*) suivre q.; **'2läufer** *m* suiveur *m*; *pol.* adhérent *m* (d'un parti); sympathisant *m*; *péj.* suiviste *m*; **'2läufertum** *pol. n* suivisme *m*; **'~laut** *gr. m* consonne *f*; **'2leid** *n* pitié *f*; (*Mitgefühl*) compassion *f*; commisération *f*; *mit j-m ~ haben* avoir pitié de q.; avoir de la compassion pour q.; *~ erregen* (*od.* *erwecken*) faire pitié; éveiller la compassion; *aus ~* mit par pitié pour; **'2leidenschaft** *f*: *in ~ ziehen* affecter; *in ~ gezogen werden* subir aussi les suites de qch.; **'~leid-erregend** *adj.* piteux, -euse; pitoyable; déplorable; **'~leidig I** *adj.* compatissant; charitable; **II** *adv.* avec pitié; **'~leid(s)bezeigung** *f* condoléances *f/pl.*; **'~leid(s)los** *adj.* sans pitié (*a. adv.*); impitoyable; **'2leid(s)losigkeit** *f* manque *m* de pitié; **'~leid(s)voll** *adj.* plein de pitié; compatissant; **'~lernen** *v/t.* apprendre en commun (*od.* en même temps); **'~lesen** *v/t.*: *mit j-m ~* lire avec q.; *e-e Zeitung mit j-m ~* être abonné avec q. à un journal; **'~machen 1.** *v/i.* être de la partie; en être; F marcher; (*dem Beispiel der andern folgen*) faire comme les autres; **2.** *v/t.* prendre part (à); participer (à); assister (à); *Mode usw.*: suivre; **'2mensch** *m* prochain *m*; *die Sorge um den ~en* le souci d'autrui; **'~mischen** F (*im Trüben fischen*) *v/i.* pêcher en eau trouble; **'~nehmen** *v/t.* prendre avec soi; *Person, Tier*: emmener; F embarquer dans sa voiture; *Sache*: emporter; F emmener (*mitreißen*) entraîner (*a.* ⊕); *fig. Ort, Museum usw.*:

visiter; (*an etw. teilnehmen*) prendre part (à); participer (à); assister (à); *hart* ~ malmener; (*erschöpfen*) épuiser; *v. d. Krankheit*: fort éprouver; ~'**nichten** *adv.* (*bei vb.* ne ...) aucunement; nullement; (*bei vb.* ne ...) point du tout.
'**Mitra** *f* mitre *f*.
'**mit|rechnen 1.** *v/t.* (*hinzurechnen*) comprendre dans le compte; **2.** *v/i.* compter; ~**reden** *v/i.* prendre part à la conversation (*resp.* à la discussion); *Sie haben hier nichts mitzureden* cela ne vous regarde pas; *ein Wort* (*od.* Wörtchen) *mitzureden haben* avoir mon (ton, *etc.*) mot à dire; avoir voix au chapitre; ℨ**regent** *m* corégent *m*; ~**reisen** *v/i.* voyager (*mit j-m avec* q.); être du voyage; ℨ**reisende(r** *a. m*) *m,f* compagnon *m*, compagne *f* de voyage; ~**reißen** *fig. v/t.* entraîner; *Sport*, ⚔ emmener; *allg.* ~ enthousiasmer; galvaniser; passionner; F emballer; *leicht mitzureißen* entraînable; ~**reißend** *adj.* entraînant; passionnant; captivant; ~'**samt** *prp.* (*dat.*) avec; ~**schicken** *v/t.* envoyer (*mit avec*); (*zur selben Zeit schicken*) envoyer en même temps; (*beilegen*) ajouter; annexer; ~**schleppen** *v/t.*: *mit sich* ~ traîner avec soi; F trimbaler; ~**schreiben** *v/t. u. v/i.* prendre note (de); ~**schuld** *f* complicité *f*; ~**schuldig** *adj.* complice (*an dat.* de); ℨ**schuldige(r** *a. m*) *m,f* complice *m,f* (*an dat.* de); ℨ**schuldner(in** *f*) *m* codébiteur *m*, -trice *f*; ℨ**schüler(in** *f*) *m* camarade *m, f* (de classe); condisciple *m*; ~**schwingen** *v/i.* résonner; vibrer (*a. fig.*); ~**schwingen** *f* résonance *f*; vibration *f*; ~**singen** *v/i. u. v/t.* chanter (*mit avec*); *begleitend*: accompagner (*acc.*) de la voix; ~**spielen** *v/i.* prendre part (*od.* participer *od.* assister) au jeu; être de la partie; F *fig. nicht mehr* ~ en avoir assez; *j-m arg* (*od. schlimm od. übel*)~ faire un mauvais parti à q.; jouer un mauvais tour (*od.* un tour pendable) à q.; ℨ**spieler(in** *f*) *m* camarade *m, f* de jeu; *Kartenspiel*: partenaire *m, f*; *Sport*: coéquipier *m*, -ière *f*; ℨ**spracherecht** *n* participation *f*; ~**sprechen** *v/i.* → ~**reden**; ~**stimmen** *v/i.* prendre part au vote; ~**streiten** *v/i.* prendre part au combat (*od.* à la lutte); ℨ**streiter(in** *f*) *m* compagnon *m*, compagne *f* de lutte.
'**Mittag** *m* midi *m*; (*Himmelsgegend*) *a.* sud *m*; *heute* ~ à midi; *gegen* ~ vers midi; sur le midi; *des* ~*s*; ℨ*s* à midi; *am hellen* ~ en plein midi; *zu* ~ *essen* déjeuner; *in der Provinz noch*: dîner; ~**essen** *n* déjeuner *m*; *in der Provinz noch*: dîner *m*; *das* ~ *einnehmen* prendre le déjeuner; déjeuner.
'**mittäglich** *adj.* de midi.
'**mittags** *adv.* à midi; *es ist (Punkt) 12 Uhr* ~ il est midi (précis *od.* sonné *od.* F pile).
'**Mittags|ausgabe** *f* édition *f* de midi; ~**gast** *m* invité *m* à déjeuner; (*Stammgast e-s Restaurants*) habitué *m* qui déjeune dans un restaurant; ~**glut** *f*, ~**hitze** *f* chaleur *f* de midi; ~**höhe** *f* 'hauteur *f* méridienne; ~**kreis** *ast. m* méridien *m*; ~**linie** *f* (ligne *f*) méridienne *f*; ~**mahl** *n*,

~**mahlzeit** *f* déjeuner *m*; ~**ruhe** *f*, ~**schlaf** *m* sieste *f*; méridienne *f*; ~**halten** faire la sieste; ~**sonne** *f* soleil *m* de midi; ~**stunde** *f* heure *f* de midi; (*Essenszeit*) heure *f* du déjeuner (*in der Provinz*: du dîner); ~**tisch** *m* déjeuner *m*; *fahrbarer* ~ repas *m* à domicile; ~**zeit** *f* heure *f* de midi; (*Essenszeit*) heure *f* du déjeuner (*in der Provinz*: du dîner); *um die* ~ vers midi; sur le midi.
'**mit|tanzen** *v/i.* se mêler à la danse; danser avec les autres; ℨ**täter(in** *f*) *m* complice *m, f*; *direkter*: coauteur *m*; ℨ**täterschaft** *f* complicité *f*.
'**Mitte** *f* milieu *m*; (*Mittelpunkt*) centre *m*; *in der* ~ au milieu; au centre; *in der* ~ *des 19. Jahrhunderts* au milieu du XIXe (dix-neuvième) siècle; ~ *Dreißig* (*od. der Dreißiger*) au milieu de la trentaine; entre trente et quarante ans; ~ *März usw.* à la mi-mars; *in unsere(r)* ~ entre nous; *aus unserer* ~ des nôtres; d'entre nous; ⊕ *von* ~ *zu* ~ d'axe en axe; de centre en centre; *die goldene* ~ le juste milieu; *die* ~ *halten* garder le milieu; *die* ~ *einnehmen*; *in der* ~ *liegen* tenir le milieu; *in der* ~ *durchschneiden* couper par le milieu.
'**mitteil|bar** *adj.* communicable; ~**en** *v/t.* (*v/rf.*: *sich se*) communiquer; *amtlich*: notifier; *j-m etw.* ~ communiquer qch. à q., faire savoir qch. à q., informer q. de qch., *bei Familienanzeigen*: faire part de qch. à q.; *sich j-m vertraulich* ~ faire ses confidences à q.; ~**sam** *adj.* communicatif, -ive; expansif, -ive; ℨ**ung** *f* communication *f*; information *f*; avis *m*; *amtliche*: notification *f*; (*Kommuniqué*) communiqué *m*; *vertrauliche* ~ confidence *f*; ℨ**ungsbedürfnis** *n* besoin *m* de confidence (*od.* d'expansion *od.* d'épanchement); expansivité *f*.
'**Mittel** *n* moyen *m*; (*Ausweg*) *a.* expédient *m*; (*Geld*ℨ) ressources *f/pl.*; (*Heil*ℨ) remède *m* (gegen à); ⅍ arithmetisches ~ moyenne *f* arithmétique; *im* ~ (*durchschnittlich*) en moyenne; *öffentliche* ~ fonds *m/pl.* publics; *s-e* ~ *erlauben es ihm nicht* ses moyens ne le lui permettent pas; *er hat die* ~, *das zu tun* il a les moyens de faire cela; *er hat die* ~ *dazu* il en a les moyens; *sich ins* ~ *legen* s'interposer; intervenir; ~ *und Wege finden* trouver moyen (zu de); *über reichliche* ~ *verfügen* disposer d'amples moyens; *ihm ist jedes* ~ *recht*; *er scheut keine* ~ il fait flèche de tout bois; *der Zweck heiligt die* ~ la fin justifie les moyens; *als letztes* ~ *der Verzweiflung* en dernière ressource; en désespoir de cause.
'**mittel** *adj.* moyen, -enne; (*in der Mitte gelegen*) situé au milieu; du milieu; (*im Mittelpunkt gelegen*) central; (*zwischen zweien*) intermédiaire; *mittleres Alter* (*Durchschnittsalter*) âge *m* moyen; *im mittleren* (*von mittlerem*) *Alter* entre deux âges; d'âge moyen; d'un certain âge; *von mittlerer Größe* de taille moyenne; *mittlere Qualität* qualité *f* moyenne; *mittlerer Beamter* fonctionnaire *m* moyen; *Mittlerer Orient* Moyen-Orient *m*; ℨ**alter** *n* moyen âge *m*; ~**alterlich** *adj.* du moyen âge; médiéval; (*malerisch*; *fig.*) moyenâgeux, -euse; ℨ-

amerika *n* l'Amérique *f* centrale; ~**amerikanisch** *adj.* centraméricain; ~**bar** *adj.* indirect; ℨ**betrieb** *m* exploitation (*od.* entreprise) *f* moyenne; ℨ**deutschland** *n* l'Allemagne *f* centrale; ℨ**ding** *n* être *m* (*resp.* chose *f*) intermédiaire; être *m* (chose *f*) qui tient de ... et de ...; ℨ**europa** *n* l'Europe *f* centrale; ~**europäisch** *adj.*: ~*e Zeit* heure *f* de l'Europe centrale; ~**fein** *adj.* de qualité moyenne; ℨ**finger** *m* majeur *m*; doigt *m* du milieu; *anat.* médius *m*; ℨ**frequenz** *f* moyenne fréquence *f*; ~**fristig** *adj.* à moyen terme; ℨ**fuß** *anat. m* métatarse *m*; ℨ**gang** *m* allée *f* du milieu; *e-s Abteils*: couloir *m* central (*od.* du milieu); ✈ allée *f* centrale; *mitten im* ~ *des Flugzeugs* au milieu de l'allée centrale de l'avion; ℨ**gebirge** *n* montagnes *f/pl.* de hauteur moyenne; ℨ**gewicht** *n Sport*: poids *m* moyen; ℨ**glied** *n anat. e-s Fingers*: phalangine *f*; ~**groß** *adj.* de taille moyenne; de moyenne grandeur; ℨ**größe** *f* moyenne grandeur *f*; ~**gut** *adj.* de qualité moyenne; ℨ**hand** *f anat.* métacarpe *m*; ~**hochdeutsch** *adj.* moyen 'haut allemand; ℨ**klassewagen** (*Auto*) *n* voiture *f* de moyenne cylindrée; ℨ**kurs** *m* cours *m* moyen; ℨ**lage** *f* position *f* centrale; ~**ländisch** *adj.* méditerranéen, -enne; *das* ℨ*e Meer* la Méditerranée; ℨ**latein** *n* latin *m* du moyen âge; ℨ**läufer** *m Sport*: demi-centre *m*; ℨ**linie** *f* ligne *f* médiane (*a. Tennis*); *Fußball*: ligne *f* de milieu (*a.* (*Achse*) axe *m*; *fig.* milieu *m*; ~**los** *adj.* sans ressources; dépourvu de ressources; *völlig* ~ sans moyens de subsistance; ℨ**losigkeit** *f* absence *f* de ressources; dénuement *m*; ℨ**mächte** *f/pl.* puissances *f/pl.* de l'Europe centrale; ℨ**maß** *n* taille *f* moyenne; ~**mäßig** *adj.* médiocre; (*v. mittlerer Größe usw.*) moyen, -enne; (*mäßig*) modique; ℨ**mäßigkeit** *f* médiocrité *f*; (*Geringheit*) modicité *f*; ℨ**meer** *n* la Méditerranée; ℨ**meergebiet** *n* bassin *m* de la Méditerranée; ℨ**ohr** *n* oreille *f* moyenne; ℨ**ohr-entzündung** ⚕ *f* otite *f*; ℨ**pfeiler** *m* pilier *m* du milieu; ℨ**punkt** *m* centre *m*; (*Brennpunkt*) foyer *m*; *im* ~ *gelegen* central; ~*s prp.* (*gén.*) moyennant; au moyen de; ℨ**schiff** ⚖ *n* nef *f* centrale; ℨ**schule** *f* collège *m* d'enseignement général (C.E.G.); *früher* cours *m* complémentaire; ℨ**smann** *m*, ℨ**sperson** *f* médiateur *m*, intermédiaire *m*; *sich als Mittelsmann anbieten* offrir ses bons offices; ℨ**sorte** *f* qualité *f* moyenne; ℨ**stand** *m* classe *f* moyenne; ℨ**stimme** *f* partie *f* moyenne; ℨ**strecke** *f Sport*: demi-fond *m*; ℨ**streckenlauf** *m* (course *f* de) demi-fond *m*; ℨ**streckenläufer** (-**in** *f*) *m* coureur *m*, -euse *f* de demi-fond; ℨ**streckenrakete** *f* fusée *f* à moyenne portée (*od.* à moyen rayon d'action); ℨ**streckenrekord** *m* record *m* de demi-fond; ℨ**streifen** *m der Autobahn*: terre-plein *m*; bande *f* médiane; ℨ**stück** *n* pièce *f* (*resp.* morceau *m*) du milieu; *Fleischerei*: flanchet *m*; ℨ**stufe** *école. f fig.* première moitié *f* du second cycle; ℨ**stufenzentrum** *école. Bundesrep. n* centre *m* d'enseignement de la première moitié du second cycle; 2stürmer *m Sport*: avant-centre *m*; 2ton ♩ *m* médiante *f*; 2wand △ *f* cloison *f* mitoyenne; 2weg *fig. m* juste milieu *m*; moyen terme *m*; *der goldene* ~ le juste milieu; *e-n* ~ *einschlagen* prendre un moyen terme; 2welle *f Radio*: onde *f* moyenne; 2wellenbereich *m* gamme *f* d'ondes moyennes; 2wellensender *m* émetteur *m* à ondes moyennes; 2wert *m* valeur *f* moyenne; 2wort *gr. n* participe *m*.

'mitten *adv.*: ~ *auf*, ~ *in*; ~ *unter (dat. resp. acc.)* au milieu de; parmi; ~ *auf dem Felde* en rase campagne; ~ *aus du* milieu de; ~ *ins Herz* en plein cœur; *im Winter* en plein hiver; au plus fort *(od.* au cœur*)* de l'hiver; ~ *in der Menge* au milieu de la foule; ~ *durch* à travers; au travers de; ~ *im Reden* tout en parlant; ~ *am Tage* en milieu de journée; ~ *in der Nacht* en pleine nuit; ~'drin, ~'drunter *adv.* en plein milieu; juste au milieu; ~'durch *adv.* au travers de; ~ *schneiden* couper par le milieu.

'Mittenjustierung ⊕ *f* équilibrage *m*.

'Mitter|nacht *f* minuit *m*; *um* ~ à minuit; *gegen* ~ vers minuit; autour de minuit; 2nächtlich *adj.* de minuit; *(nächtlich)* nocturne; .nachtsmesse *rl. f* messe *f* de minuit; .nachtssonne *f* soleil *m* de minuit.

'Mittfasten *pl.* mi-carême *f*.

'mittig ⊕ *adj.* centrique.

'Mittler|(in *f*) *m* médiateur *m*, -trice *f*; .amt *n* office *m* de médiateur; 2e *adj.* médian; moyen, -nne; intermédiaire; *der Mittlere Osten* Le Moyen-Orient; .rolle *f* rôle *m* de médiateur.

'mittler'weile *adv.* entre-temps; en attendant.

'mit|tragen *v/t.* porter *(mit* avec*); fig.* partager; .trinken *v/t.*: *mit j-m* ~ boire avec q.

'mitt|schiffs ⚓ *adv.* au *(od.* par le*)* milieu du navire; 2sommer *m* solstice *m* d'été; 2sommerfest *n* Saint--Jean *f*.

'mittun 1. *v/i.* être de la partie; en être; *(dem Beispiel der andern folgen)* faire comme les autres; 2. *v/t.* prendre part (à); participer (à); assister (à).

'Mittwoch *m* mercredi *m*; 2s *adv.* le mercredi.

mit|'unter *adv.* de temps en temps; de temps à autre; parfois; '.unterschreiben, '.unterzeichnen *v/t.* signer en second; *(gegenzeichnen)* contresigner; 2unterschrift *f* seconde signature *f*; *(Gegenzeichnung)* contreseing *m*; 2unterzeichner(in *f*) *m* cosignataire *m, f*; *(Gegenzeichner[in])* contresignataire *m, f*; '.ursache *f* cause *f* secondaire; '.verantwortlich *adj.* coresponsable (für de); qui partage la responsabilité; '2ver-antwortung *f* responsabilité *f* commune; '2verfasser(in *f*) *m* coauteur *m*; '2verschworene(r *a. m*) *m, f* conjuré *m*, -e *f*; '2verwaltung *f. écol. f* cogestion *f*; '2welt *f* contemporains *m/pl.*; .wirken *v/i.* coopérer *(bei* à*);* collaborer (à); concourir (à); *(teilnehmen)* prendre part (à); participer (à); assister (à); .wirkend *adj.* coopératif, -ive; .es *Verschulden* faute *f* concurrente; .e *Personen* acteurs *m/pl.*; 2wirkung *f* coopération *f*; collaboration *f*; concours *m*; *(Teilnahme)* participation *f*; *unter* ~ *von* avec le concours de; en collaboration avec; '2wissen *n* connaissance *f*; *ohne mein Mitwissen* à mon insu; '2wisser(in *f*) *m* complice *m, f*; *(Vertraute[r])* confident *m*, -e *f*; '2wisserschaft *f* complicité *f*; '.zählen 1. *v/t. (hinzurechnen)* comprendre dans le compte; *die Kinder nicht mitgezählt* sans compter les enfants; 2. *v/i.* compter *(mit j-m* avec q.*);* '.zechen *v/i.* boire (copieusement) *(mit j-m* avec q.*);* P chopiner (avec q.); P faire ribote (avec q.); '.ziehen 1. *v/t.* tirer *(mit j-m* avec q.*); (mitreißen)* entraîner; 2. *v/i.* partir *(mit j-m* avec q.*).*

'Mix|becher *m für Getränke*: shaker *m*; 2en *v/t.* mélanger; .er *m* mixer *m*; batteur *m*.

Mix'tur *phm. f* mixture *f*.

mm *(Abk. von Millimeter) n*: *ein 16mm-Film* un film de seize millimètres.

Mnemo|'technik *f* mnémotechnique *f*; 2'technisch *adj.* mnémotechnique.

Mob *m* populace *f*.

'Möbel *n* meuble *m*; *ineinanderschiebbare* ~ meubles *m/pl.* gigognes; *sich* ~ *anschaffen* se meubler; *eigene* ~ *haben* être dans ses meubles; .ausstellung *f* salon *m* de l'ameublement; .bezugsstoff *m* tissu *m* d'ameublement; .fabrik *f* fabrique *f* de meubles; .fachmann *m* professionnel *m* du meuble; .geschäft *n* magasin *m* de meubles; .gestalter *m* dessinateur *m* de meubles; .händler(in *f*) *m* marchand *m*, -e *f* de meubles; .industrie *f* industrie *f* de l'ameublement; .lack *m* vernis *m* pour meubles; .laden *m* magasin *m* de meubles; .lager *n* dépôt *m* de meubles; garde-meuble *m*; .politur *f* vernis *m* pour meubles; .rolle *f* galet *m*; .schreiner *a. südd. m* ébéniste *m*; .schreine'rei *a. südd. f* ébénisterie *f*; .speicher *m* dépôt *m* de meubles; garde-meuble *m*; .stoff *m* tissu *m* d'ameublement; .stück *n* meuble *m*; .tischler *m* ébéniste *m*; .tischle'rei *f* ébénisterie *f*; .transport *m* déménagement *m*; .transpor'teur *m* déménageur *m*; .transportgeschäft *n* entreprise *f* de déménagement; .überzug *m* 'housse *f*; .wagen *m* camion *m* de déménagement.

mo'bil *adj.* mobile; *(flink, frisch)* dispos; ⚔ ~ *machen* mobiliser.

'Mobile *(Kunst) n* mobile *m*.

Mobili'ar *n* meubles *m/pl.*; mobilier *m*; ameublement *m*; .vermögen *n* biens *m/pl.* mobiliers; biens *m/pl.* meubles.

mobili'sier|en *v/t.* mobiliser; 2ung *f* mobilisation *f*.

Mobili'tät *(des Berufslebens) f* mobilité *f*.

Mo'bilmachung *f* mobilisation *f*; .sbefehl *m* ordre *m* de mobilisation; .s-tag *m* jour *m* de mobilisation.

mö'blier|en *v/t.* meubler; möbliertes *Zimmer* chambre *f* meublée; *möblierte Wohnung* meublé *m*; *möbliert wohnen* vivre en meublé; *möbliert vermieten* louer en meublé; 2ung *f* ameublement *m*.

'Möchtegern F *m* F crâneur *m*; F esbroufeur *m*.

'Mockturtlesuppe *f* potage *m* fausse tortue.

mo'dal *adj.* modal.

Modali'tät *f* modalité *f*.

'Modder *m* boue *f*; vase *f*; .geruch *m* odeur *f* de moisissure.

'Mode *f* mode *f*; *augenblicklich herrschende*: *a.* vogue *f*; *neueste* ~ dernière mode *f*; *dernier cri m*; ~ *werden* devenir la mode; ~ *sein* être à la mode *(od.* en vogue*); in* ~ *bringen* mettre à la mode; *aus der* ~ *sein* être démodé *(od.* passé de mode*); aus der* ~ *kommen* passer de mode; *sich nach der* ~ *kleiden, die* ~ *mitmachen* suivre la mode; *se mettre à la mode; es ist* ~ *zu tragen* il est de mode de porter; *augenblickliche (od. gegenwärtige)* ~ *mode f* du jour; *das ist (nun mal) so* ~ c'est la mode; *diese* ~ *setzt sich durch* cette mode prend; .artikel *m* article *m* de mode; nouveauté *f*; .atelier *n* atelier *m* de haute couture; boutique *f*; .dame *f* femme *f* à la mode; .dichter *m* poète *m* en vogue; .farbe *f* couleur *f* à la mode; .geck *m* dandy *m*; minet *m*; F gandin *m*; *péj.* F zazou *m*; .geschäft *n*, .haus *n* magasin *m* de mode *(od.* de nouveautés*); die großen Modehäuser* la haute couture; .journal *n* journal *m* de mode; .krankheit *f* maladie *f* du jour.

Mo'dell *n* modèle *m*; *(Schnittmuster)* patron *m*; *(Zuschnitt)* façon *f*; *(Kopier&)* im Schiffs- *und* Geschützbau: gabarit *m*; △, ⊕ modèle *m* réduit; maquette *f*; ~ *stehen* servir de modèle, *peint. a.* poser; *im* ~ *darstellen (od. ausführen)* modeler; .bau *m* modélisme *m*; .bauer *m* modéliste *m*; maquettiste *m*; .flugzeug *n* maquette *f* d'avion; maquette *f* volante; *mit Motor*: modèle *m* réduit d'avion; avion *m* miniature.

model'lier|en *v/t.* modeler; 2en *n* modelage *m*; 2er *m* modeleur *m*; 2masse *f* pâte *f* à modeler; 2ton *m* terre *f* à modeler; 2ung *f* modelage *m*; 2wachs *n* cire *f* à modeler.

Mo'dell|kleid *n* modèle *m*; robe *f* boutique *f*; .kollektion *f*, .sammlung *f* collection *f* de modèles; .schneider(in *f*) *m* modéliste *m*; .tischler *m* modéliste *m*; modeleur *m*; .tischle'rei *f* atelier *m* de modélisme; .vertrag *pol. m* traité *m* modèle; .zeichner(in *f*) *m* modéliste *m, f*; dessinateur *m*, -trice *f* de modèles; maquettiste *m, f*.

'Modem *inform. n* auto-commutateur *m*.

'Mode|narr *m* esclave *m* de la mode; .nschau *f* présentation *f* des collections.

'Moder *m* pourri *m*; pourriture *f*; *(Schlamm)* bourbe *f*; vase *f*; *nach* ~ *riechen* sentir le pourri *(od.* le renfermé *od.* le moisi*).*

Mode'rator *m télév.* metteur *m* en ondes; réalisateur *m*; *(verantwortlicher Mitarbeiter des Redakteurs)* ré-

gisseur *m*; *phys.* (*Bremsvorrichtung in Kernreaktoren*) modérateur *m*.
'**Moder**|**geruch** *m* odeur *f* de pourri (*od.* de renfermé *od.* de moisi); ℒ**ig** *adj.* pourri; (*schlammig*) bourbeux, -euse; vaseux, -euse.
'**modern I** *v/i.* pourrir; se putréfier; **II** ℒ *n* pourrissage *m*; putréfaction *f*.
mo'dern *adj.* moderne; (*nach der neuesten Mode*) à la mode; (*in der ~en Art*) à la moderne; ~e Art; ~er Geschmack modernisme *m*; ~er Charakter e-s Bauwerks: modernité *f*; *die* ℒ**en** les modernes *m/pl.*; ℒ**e** *n* moderne *m*; ℒ**e** *f* tendances *f/pl.* modernes; modernisme *m*.
moderni'sier|**en** *v/t.* moderniser; *Kleid usw.*: mettre au goût du jour; ℒ**en** n, ℒ**ung** *f* modernisation *f*.
'**Mode**|**sache** *f* affaire *f* de mode; ~**salon** *m* atelier *m* de couture; ~**schaffen** *m* 'haute couture *f*; ~**schöpfer** *m* couturier *m*; *die ~ pl.* la Haute-Couture; ~**schöpfung** *f* création *f* des couturiers; ~**schriftsteller** *m* auteur *m* en vogue; ~**stoff** *m* nouveauté *f*; ~**waren** *f/pl.* articles *m/pl.* de mode; nouveautés *f/pl.*; ~**warengeschäft** *n* magasin *m* de modes (*od.* de nouveautés); ~**wort** *n* mot *m* à la mode; ~**zeichner** *m* modéliste *m*; ~**zeitung** *f* journal *m* de mode.
modifi'zier|**en** *v/t.* modifier; ℒ**en** n, ℒ**ung** *f* modification *f*.
'**modisch** *adj.* à la mode; ~**e** Neuheiten nouveautés *f/pl.*
Mo'distin *f* modiste *f*.
'**Modul** *m* module *m*.
Modulati'on *f* modulation *f*.
Modu'lator *m* modulateur *m*.
modu'lieren I *v/t.* moduler; **II** ℒ *n* modulation *f*.
'**Modus** *gr. m* mode *m*.
'**Mofa** *n* mobylette *f*.
Moge'lei F *f* tricherie *f*.
'**mogeln** F *v/i.* tricher.
'**Mogelpackung** † *f* emballage *m* trompeur.
'**mögen** *v/t. u. v/aux.* (*können, dürfen*) pouvoir; (*wollen*) vouloir; avoir envie de; désirer; *gern ~* aimer; *lieber ~* aimer mieux; préférer; *ich möchte je voudrais*; *das hätte ich sehen ~* j'aurais bien voulu voir cela; *was möchten Sie? que désirez-vous?*; qu'est-ce que vous désirez?; *ich möchte ihn so gern wiedersehen* j'aimerais tant le revoir; *man möchte verrückt werden!* c'est à devenir fou!; *man möchte meinen* on dirait; *so sehr ich auch möchte* quelque envie que j'en aie; *es mag sein* cela se peut; c'est possible; *es mag sein, daß ...* il se peut que ... (*subj.*); *es mag geschehen!* soit!; qu'il en soit ainsi!; *diesmal mag es noch hingehen* passe pour cette fois; *du magst sagen, was du willst* tu as beau dire; *man wollen oder nicht* bon gré, mal gré; *er mag 20 Jahre alt sein* il peut avoir vingt ans; *er mag krank sein* il se peut qu'il soit malade; peut-être est-il malade?; *er mag es tun* qu'il le fasse; *möge er glücklich sein!* qu'il soit heureux!; *was mann auch immer sagen mag* quoi que l'on dise; *mag er auch noch so reich sein* si riche qu'il soit; *wer er auch sein mag* quel qu'il soit; *wo er wohl sein mag?* où peut-il bien être?; *wo mag er dies gehört haben?* où

-il avoir appris cela?; *was mag dies bedeuten?* qu'est-ce que cela peut signifier?; *ich mag das nicht* je n'aime pas cela; *er mag mich nicht* il ne peut me souffrir.
'**Mogler** F *m* tricheur *m*.
'**möglich I** *adj.* possible; (*durchführbar*) faisable; praticable; *es ist ~* c'est possible; *cela se peut*; *es ist ~, daß ...* il est possible (*od.* il se peut) que ... (*subj.*); *nicht ~!* pas possible!; **II** *adv.*: *so gut wie ~* le mieux possible; *aussi bien que possible*; *so schnell wie ~* le plus vite possible; aussi vite que possible; *so oft wie ~* le plus souvent possible; *so bald wie ~* le plus tôt possible; aussi tôt que possible; *so wenig wie ~* le moins possible; *so wenig Lärm wie ~* le moins de bruit possible; ℒ**e** *n* possible *m*; *im Rahmen des ~n* dans la mesure du possible; *im Bereich des ~n* liegen être du domaine du possible; *alles ℒ tun* faire tout son possible; faire de son mieux; ~**erweise** *adv.* peut-être; ℒ**keit** *f* possibilité *f*; (*Mögliches*) chose *f* possible; (*möglicher Fall*) éventualité *f*; *nach ~* autant que possible; *es gibt keine ~* il n'y a pas moyen; ~**st** *adj. u. adv.*: *~ viel* autant que possible; *~ wenig* le moins possible; *~ wenig Fehler* le moins de fautes possible; *~ bald* le plus tôt possible; aussi tôt que possible; *~ gut* le mieux possible; aussi bien que possible; *sein ~es tun* faire tout son possible; faire de son mieux.
'**Mohammed** *m* Mahomet *m*.
Mohamme|'**daner**(**in** *f*) *m* musulman *m*, -e *f*; ℒ'**danisch** *adj.* musulman; ~**da'nismus** *m* islam *m*; islamisme *m*.
Mo'här *m* mohair *m*.
Mohn ♀ *m* pavot *m*; (*Feld*ℒ) coquelicot *m*; '~**blume** ♀ *f* fleur *f* de pavot; '~**kapsel** *f* tête *f* de pavot; '~**öl** *n* œillette *f*; '~**samen** *m* graine *f* de pavot.
Mohr *m* Maure (*od.* More) *m*; *der ~ hat s-e Schuldigkeit getan, der ~ kann gehen* le monde paie d'ingratitude.
'**Möhre** *f*, '**Mohrrübe** *f* carotte *f*.
'**Mohrenwäsche** F *fig. f* peine *f* perdue.
'**Mohrin** *f* Mauresque *f*; Moresque *f*.
Moi'ré *m od. n* moire *f*.
moi'rieren *v/t.* moirer.
mo'kant *adj.* moqueur, -euse.
Mo'kassin *m* mocassin *m*.
mo'kieren *v/rf.*: *sich ~ über* (*acc.*) se moquer de; F faire un pied de nez à.
'**Mokka** *m*, ~**kaffee** *m* (café *m*) moka *m*; ~**tasse** *f* tasse *f* à moka; ~**törtchen** *n* moka *m*.
Molch *zo. m* triton *m*.
'**Moldau** *f*: *die ~ la* Moldavie.
'**Mole** *f* môle *m*; jetée *f*; ~**nkopf** *m* musoir *m*.
Mole'kül *n* molécule *f*.
moleku'lär *adj.* moléculaire; ℒ**gewicht** *n* poids *m* moléculaire.
'**Molke** *f* petit-lait *m*; ~**nkur** ♂ *f* cure *f* de petit-lait.
Molke'rei *f* laiterie *f*; ~**genossenschaft** *f* coopérative *f* laitière; ~**produkt** *n* produit *m* laitier.
'**molkig** *adj.* qui ressemble au petit--lait.
Moll ♪ *n* mode *m* mineur.
'**Molle** F (*in Berlin für "Glas Bier"*) *f*

chope *f* (*od.* demi *m*) de bière.
'**Moloch** *fig. péj.* ⚠ (*von e-r Großstadt*) *m* ville *f* pieuvre; anticité *f*.
'**mollig** *adj.* (*weich*) douillet, -ette; (*rundlich*) potelé; (*warm*) à bonne température; agréable; *hier ist's recht ~!* il fait bon ici!
'**Mollton-art** ♪ *f* mode *m* mineur.
Mol'luske *zo. f* mollusque *m*.
'**Molotowcocktail** *m* cocktail *m* Molotov.
'**Molton** *m* (*Stoffart*) molleton *m*.
Mo'lukke *m* Moluquois *m*.
Mo'ment[1] *m* moment *m*; *in diesem ~* à ce moment; *im letzten ~* au dernier moment; *im ~* (*gegenwärtig*) en ce moment; *der richtige ~* le (bon) moment; *den richtigen ~ verpassen* manquer le moment; *~, bitte!* un moment (*od.* un instant), s'il vous plaît!
Mo'ment[2] *n* facteur *m*; élément *m*; ⊕ moment *m*; *psychologisches ~* moment *m* psychologique.
momen'tan I *adj.* instantané; momentané; (*gegenwärtig*) actuel, -lle; présent; **II** *adv.* momentanément; pour le moment; pour l'instant.
Mo'ment|**aufnahme** *f*, ~**bild** *n* instantané *m*; *ein ~ machen* prendre un instantané (von de); ~**schalter** ⚡ *m* interrupteur *m* instantané; ~**verschluß** *phot. m* obturateur *m* instantané.
Mo'naco *n* Monaco *m*.
Mo'nade *f* monade *f*; ~**nlehre** *f* monadologie *f*.
Mo'narch(**in** *f*) *m* monarque *m*; souverain *m*, -e *f*.
Monar'chie *f* monarchie *f*; *absolute* (*konstitutionelle*) ~ monarchie *f* absolue (constitutionnelle).
mo'narchisch *adj.* monarchique.
Monar'chist(**in** *f*) *m* monarchiste *m*, *f*; ℒ**isch** *adj.* monarchiste.
'**Monat** *m* mois *m*; *~ Januar* mois *m* de janvier; *im ~ Mai* au mois de mai; *im ~* (*monatlich*) par mois; *sie ist im fünften ~* elle est dans son cinquième mois; *dieses ~s* de ce mois; *des laufenden ~s* du mois courant; *alle ~e* tous les mois; ℒ**elang** *adv.* des mois durant; ℒ**lich I** *adj.* mensuel, -elle; *~e Zahlung* paiement *m* par mensualités; *~e Rate* mensualité *f*; **II** *adv.* par mois; tous les mois; ~**s-abschluß** † *m* bilan *m* mensuel; ~**s-aufstellung** *f* état *m* mensuel; ~**s-ausweis** *m* e-r Bank: situation *f* mensuelle; ~**s-auszug** *m* relevé *m* mensuel; ~**sbericht** *m* rapport *m* mensuel (*od.* du mois); ~**sbetrag** *m* mensualité *f*; ~**sbinde** *f* serviette *f* hygiénique; ~**sfrist** *f*: *in ~* dans l'espace (*od.* le délai) d'un mois; ~**sgehalt** *n* traitement *m* mensuel; ~**skarte** *f* abonnement *m* mensuel; ~**slohn** *m* salaire *m* mensuel; ~**sname** *m* nom *m* de mois; ~**sproduktion** *f* production *f* mensuelle; ~**srate** *f* mensualité *f*; ~**sschrift** *f* revue *f* mensuelle; ~**s-übersicht** *f* situation *f* mensuelle; ~**sverdienst** *m* gain *m* mensuel; ~**szahlung** *f* mensualité *f*.
Mönch *m* moine *m*; religieux *m*; *~ werden* se faire moine; entrer dans les ordres; F prendre le froc; '**ℒisch** *adj.* de moine; monacal; monastique; '~**skappe** *f* capuchon *m* de moine; '~**skloster** *n* couvent *m* de moines;

monastère m; '˷skutte f froc m; '˷slatein n latin m d'église; '˷sleben n vie f monacale (od. monastique); '˷s-orden m ordre m monastique; '˷s-tum n, '˷swesen n monachisme m; ˷szelle f cellule f de moine.
Mond m lune f; physiol. (am Fingernagelbett) lunule f; abnehmender (zunehmender) ˷ lune f décroissante (croissante); wir haben zunehmenden (abnehmenden) ˷ nous sommes au premier quartier (au dernier quartier); der ˷ nimmt zu (ab) la lune croît (décroît); der ˷ scheint il fait clair de lune; zum (od. auf den) ˷ fliegen aller dans (od. sur) la lune; auf den ˷ landen atterrir sur la lune; alunir; zum ˷ starten prendre le départ pour la lune; fig. auf dem ˷ leben vivre dans la lune; F hinter dem ˷ sein F retarder; Sie kommen wohl vom ˷? de quel pays venez-vous?; vom ˷ kommen (sembler) venir de l'autre monde; den ˷ anbellen aboyer (od. 'hurler') à la lune; nach dem ˷ langen demander la lune; F in den ˷ gucken en être pour ses frais; faire chou blanc.
mon'dän adj. mondain.
'Mond|aufgang m lever m de la lune; ˷auto n jeep f lunaire; ˷bahn f orbite f de la lune; ⚘beglänzt adj. éclairé par la (od. poét. baigné de) lune; ˷boot n → ˷auto.
'Möndchen anat. n lunule f.
'Mond|erforschungsprogramm n programme m d'exploration lunaire; ˷exkursion f excursion f (randonnée f, sortie f) lunaire; ˷finsternis f éclipse f de lune; ˷fisch icht. m poisson m de lune; môle f; ˷flecken m tache f de la lune; ˷forscher m sélénologue m; ˷gebirge n montagnes f/pl. de la lune; ˷gesicht F n lune f; ˷gestein n roches f/pl. lunaires; pierre f lunaire; ˷gesteinsprobe f échantillon m lunaire; ⚘hell adj. éclairé par la lune; es ist ˷ il fait clair de lune; ˷jahr n année f lunaire; ˷kalb ♌ n môle f; ˷krater m cirque m lunaire; ˷kruste f croûte f lunaire; ˷kurs m trajectoire f de la lune; ˷(lande)fähre f module (véhicule, engin, compartiment) m lunaire; lem m; L(E)M m, chaloupe f de débarquement sur la Lune; ˷landung f alunissage m; débarquement m sur la Lune; ˷landungs-unternehmen n mission f terre-lune; ˷licht n clair m de lune; ˷mobil n véhicule m automatique (od. autotracteur m) lunaire; ˷monat m mois m lunaire; ˷nacht f nuit f lunaire; ˷phasen f/pl. phases f/pl. de la lune; ˷rakete f fusée f (od. engin m) lunaire; ˷scheibe f disque m de la lune; disque m lunaire; ˷schein m clair m de lune; beim ˷ au clair de la lune; ˷sichel f croissant m (de la lune); ˷sonde f sonde f lunaire; ˷staub m poussière(s) f (pl.) lunaire(s); ⚘süchtig adj. somnambule; ˷süchtige(r a. m) m/f somnambule m,f; ˷territorium n sol m lunaire; ˷umkreisung f révolution f en orbite lunaire; ˷viertel n quartier m (de la lune); ˷viole ♀ f lunaire f; ˷wechsel m changement m de lune.
Mone'gass|e m Monégasque m; ⚘isch adj. monégasque.
Mo'nem ling. m monème m.
Mo'neten P pl. P fric m; galette f; braise f; pognon m; pépettes f/pl.
Mon'gol|e m, ˷in f Mongol m, -e f.
Mongo'lei f: die ˷ la Mongolie.
mon'golisch adj. mongol(ique).
mo'nieren ♱ v/t. (beanstanden) réclamer.
'Monitor m télév. Mithöreinrichtung, Bildkontrollgerät; inform. Programmsteuersystem: moniteur m; ⚓ monitor m.
'Mono-abspieler m électrophone m mono.
Mono|'chord ♪ n monocorde m; ⚘chrom adj. monochrome; ⚘gam adj. monogame; ˷ga'mie f monogamie f; ⚘gamisch adj. monogamique; ˷gramm n monogramme m; ˷gra'phie f monographie f.
Mo'nokel n monocle m.
'Monokultur f monoculture f.
Mono|'lith m monolithe m; ⚘lithisch adj. monolithe; ˷log m monologue m; ˷ halten monologuer; ˷'pol n monopole m; zum ˷ machen monopoliser; ⚘poli'sieren v/t. monopoliser; ˷poli'sierung f monopolisation f; ˷'polkapitalismus m capitalisme m monopolistique; ˷'polstellung f situation f de monopole; ˷the'ismus m monothéisme m; ˷the'ist m monothéiste m; ⚘the'istisch adj. monothéiste; ⚘ton adj. monotone; ˷to'nie f monotonie f.
'Monotype impr. f monotype f.
'Monroedoktrin f doctrine f de Monroe.
'Monsterprozeß F m procès m monstre.
Mon'stranz f ostensoir m.
mon'strös adj. monstrueux, -euse.
Monstrosi'tät f monstruosité f.
'Monstrum n monstre m.
Mon'sun m mousson f.
'Montag m lundi m; F blauen ˷ machen faire (od. chômer) le lundi; F fêter la Saint-Lundi.
Mon'tage f montage m; ˷bahn f tapis m de montage; ˷bock m chevalet m de montage; ⚘fertig adj. en état de montage; ˷gerüst n échafaudage m de montage; ˷halle f 'hall m de montage; ˷kosten pl. frais m/pl. de montage.
'montags adv. le lundi.
Mon'tan-industrie f industrie f minière.
Mon'teur m monteur m; ˷anzug m combinaison f de monteur; F bleu m de travail, salopette f, cotte f.
mon'tieren v/t. monter; (einrichten, zusammensetzen) assembler.
Monu'ment n monument m.
monumen'tal adj. monumental; ⚘bau m construction f monumentale; édifice m monumental; ⚘film m film m à grand spectacle.
Moor n marécage m; marais m; '˷bad n bain m de boue; '˷boden m sol (od. terrain) m marécageux; '⚘ig adj. marécageux, -euse; '˷kultur f culture f d'un terrain marécageux; '˷land n marécages m/pl.; terrain m marécageux.
Moos ♀ n mousse f; ⚘bedeckt, ⚘bewachsen adj. couvert de mousse; moussu; '⚘grün adj. vert mousse;
'⚘ig adj. moussu.
Mop m balai m à franges.
'Moped n cyclomoteur m; ˷fahrer m cyclomotoriste m.
Mops zo. m carlin m; '⚘en F 1. v/t. (stehlen) chiper; 2. v/rf.: sich ˷ (sich langweilen) s'embêter, F se barber; (sich wieder besser fühlen) être de nouveau d'aplomb; écol. (sich bessern) se remuer; se rattraper; se remettre au courant; se relever.
Mo'ral f morale f; (Sittlichkeit) moralité f; bonnes mœurs f/pl.; (geistige, seelische Verfassung) moral m; ˷ predigen moraliser; ˷gesetz n loi f (de la) morale; ⚘isch adj. moral; ˷e Betrachtungen anstellen moraliser; faire de la morale.
morali'sieren v/i. moraliser.
Mora'list m moraliste m.
Morali'tät f moralité f.
Mo'ralprediger m moralisateur m.
Mo'räne f moraine f.
Mo'rast m bourbe f; (Kot) boue f; fange f; (Sumpf) marais m; marécage m; in e-m ˷ steckenbleiben s'embourber; ⚘ig adj. bourbeux, -euse (kotig) boueux, -euse; fangeux, -euse; (sumpfig) marécageux, -euse.
Mora'torium n moratoire m; moratorium m; atermoiement m.
mor'bid adj. morbide.
Morbidi'tät f morbidité f.
'Morchel ♀ f morille f.
Mord m meurtre m; (Meuchel⚘) assassinat m; (Totschlag) homicide m; ˷anklage f: unter ˷ stehen être accusé de meurtre; ˷anschlag m attentat m (à la vie de); ˷brenner m meurtrier m et incendiaire m; ⚘en 1. v/t. assassiner; tuer; massacrer; 2. v/i. commettre un meurtre; ˷en n assassinat m.
'Mörder|(in f) m meurtrier m, -ière f; assassin m; litt. homicide m, f; Hilfe; ˷! au meurtre!; à l'assassin!; ˷grube f: aus s-m Herzen keine ˷ machen dire ce qu'on pense; ˷hand f main f meurtrière; ⚘isch adj. meurtrier, -ière; (blutig) sanglant; ⚘lich F adj. terrible; affreux, -euse; épouvantable; F fig. énorme; ˷ schreien crier à tue-tête.
'Mord|gesell m assassin m; ˷gier f instincts m/pl. sanguinaires; ⚘gierig adj. sanguinaire; ˷io: Zeter und ˷ schreien protester avec véhémence; ˷lust f → ˷gier; ⚘lustig adj. → ⚘gierig; ˷nacht f nuit f du meurtre; ˷s-angst F f: e-e ˷ haben P avoir la grande frousse; ⚘s-appetit F m rude appétit m; ˷s-arbeit f travail m énorme; ⚘sdumm F adj. F bête à manger du foin; ˷sgeschichte F f histoire f épatante; ˷sglück F n chance f inouïe; ˷skerl F m fameux gaillard m; type m épatant; ˷slärm m vacarme m infernal; ⚘smäßig F adj. formidable; énorme; ⚘sspaß F m plaisir m fou; ˷sspektakel F m vacarme m infernal; ˷swut F f fureur f extrême; rage m; ˷tat f meurtre m; (Meuchelmord) assassinat m; (Totschlag) homicide m; ˷verdacht m: unter ˷ stehen être soupçonné de meurtre; ˷versuch m tentative f d'assassinat; ˷waffe f arme f du meurtre.
'Mores F pl.: ich werde ihn ˷ lehren je

morgen — müde

vais lui apprendre à vivre.
'**morgen** adv. demain; ~ früh demain matin; ~ mittag demain à midi; ~ abend demain soir; ~ in acht Tagen; ~ über acht Tage demain en 'huit; ~ ist Montag c'est demain lundi; bis ~ warten attendre à demain (od. au lendemain); bis auf ~ verschieben remettre au lendemain; von heute auf ~ du jour au lendemain; lieber heute als ~ le plus tôt sera le mieux; ~ ist auch ein Tag à demain les affaires; bis ~! (Verabschiedung) à demain!
'**Morgen** m matin m; (~zeit) matinée f; (Osten) orient m; (Feldmaß) arpent m; heute ♀ ce matin; gestern ♀ hier matin; am ~ le matin; am frühen ~ au petit jour; au petit matin; früh am ~ le matin de bonne heure; de bon (od. de grand) matin; am ~ gegen 7 Uhr vers sept heures du matin; le matin, vers sept heures; guten ~! bonjour!; j-m e-n guten ~ wünschen souhaiter (od. donner) le bonjour à q.; e-s schönen ~s un beau matin; am folgenden (od. nächsten) ~; den anderen ~ le lendemain matin; **~andacht** f prières f/pl. du matin; **~ausgabe** f e-r Zeitung: édition f du matin; **~besuch** m visite f matinale; **~blatt** n journal m du matin; **~dämmerung** f aube f; pointe f (od. point m) du jour; ♀**dlich** adj. du matin; matinal; **~frost** m gelée f matinale; **~gebet** n prière f du matin; **~grauen** n aube f; pointe f (od. point m) du jour; **~gruß** m bonjour m; **~gymnastik** f gymnastique f matinale; **~kleid** n peignoir m; **~land** n: das ~ l'Orient m; le Levant; bibl. die drei Weisen aus dem ~ les Rois mages m/pl.; **~länder(in** f) m Oriental, -e m, f; Levantin m, -e f; ♀**ländisch** adj. oriental; levantin; **~luft** f air m du matin/fig. ich wittere ~, je pressens la venue de jours meilleurs; **~post** f courrier m du matin; **~rock** m der Frauen u. Männer: peignoir m; robe f de chambre; nur der Frauen: déshabillé m; saut-de-lit m; négligé m; **~rot** n, **~röte** f aurore f; ♀**s** adv. le matin; dans la matinée; um sechs Uhr ~ à six heures du matin; ~ und abends matin et soir; **~seite** f côté m du levant; côté m est; **~sonne** f soleil m levant; **~ständchen** n aubade f; **~stern** ast. m étoile f du matin; Vénus f; **~stunde** f heure f matinale; Morgenstund hat Gold im Mund le monde appartient à celui qui se lève tôt; à qui se lève matin Dieu aide et prête la main; **~wind** m vent m du matin; brise f matinale; **~zeit** f matinée f; **~zeitung** f journal m du matin; **~zug** 🚂 m train m du matin.
'**morgig** adj. de demain.
Mor'phem ling. n morphème m.
'**Morpheus** m: in ~' Armen ruhen être dans les bras de Morphée.
Morphi'nist(in f) m morphinomane m, f.
Mor'phium n morphine f; **~einspritzung** 💉 f injection (od. piqûre f) f de morphine; **~sucht** 💉 f morphinomanie f; **~süchtige(r** a. m) m, f morphinomane m, f; **~vergiftung** 💉 f morphinisme m.
Morpholo'gie f morphologie f.
morpho'logisch adj. morphologique.

morsch adj. (baufällig) délabré; (brüchig: Holz) pourri; (wurmstichig) vermoulu; Zahn: carié.
'**Morsealphabet** n alphabet m morse; morse m.
'**Mörser** m mortier m (a. ⚔); **~batterie** ⚔ f batterie f de mortiers; **~keule** f, **~stößel** m phm. pilon m.
'**Morse|schreiber** m, **~schrift** f morse m; **~zeichen** n signal m morse.
'**Mörtel** m mortier m; mit ~ bewerfen crépir; **~hucke** △ f bourriquet m; **~kelle** f truelle f; **~schippe** △ f bouloir m; **~trog** m auge f.
Mosa'ik n mosaïque f (a. fig.); mit ~en ausstatten mosaïquer; **~arbeit** f mosaïque f; **~fußboden** m sol m en mosaïque; **~künstler** m (artiste m) mosaïste m; **~spiel** n casse-tête m chinois; **~tisch** m table f en mosaïque.
mo'saisch adj. mosaïque; ~es Gesetz mosaïsme m.
Mo'schee f mosquée f.
'**Moschus** m musc m; **~ochse** zo. m bison m; **~tier** zo. n musc m; porte-musc m.
'**Mosel** f: die ~ la Moselle; **~wein** m vin m de Moselle.
'**Moses** m Moïse m; die fünf Bücher Mosis (od. Mose) le Pentateuque.
'**Moskau** n Moscou m; **~er(in** f) m Moscovite m, f; ♀**isch** adj. de Moscou; moscovite.
Mos'kito ent. m moustique m; **~netz** n moustiquaire f.
'**Mos|lem** m, **~'lime** f musulman m, -e f.
Most m moût m; (Apfelwein) cidre m.
'**Mostrich** m moutarde f; **~soße** f sauce f à la moutarde; **~töpfchen** n moutardier m.
Mo'tel n motel m.
Mo'tette ♪ f motet m.
Mo'tiv n motif m (a. Kunst); (Beweggrund) a. mobile m; **~ati'on** f. péd. f motivation f.
moti'vieren a. péd. v/t. motiver; 🏛 exposer des considérants.
Moti'vierung f, **Mo'tivstiftung** psych. f motivation f.
'**Motor** m moteur m; den ~ warm werden lassen faire chauffer le moteur; den ~ anlassen (od. anwerfen) lancer le moteur; mettre le moteur en marche; der ~ springt an le moteur part; der ~ bockt le moteur cale; **~anlasser** m démarreur m; den ~ betätigen appuyer sur (od. actionner) le démarreur; **~antrieb** m commande f par moteur; **~ausfall** m panne f de moteur; **~block** m bloc m moteur; **~boot** n canot m à moteur; canot m automobile; **~bremse** f frein m moteur; **~defekt** m panne f de moteur; **~drescher** ⊕ m motobatteuse f; **~enbau** m construction f de moteurs; **~enbauer** m constructeur m de moteurs; **~enlärm** m bruit m de(s) moteurs; **~enschlosser** m mécanicien m; **~enstärke** f puissance f du moteur; **~fahrzeug** n véhicule m à moteur; **~gehäuse** m carter m du moteur; **~getrieben** adj. à commande par moteur; **~haube** f capot m.
mo'torisch adj. moteur, -trice; **~er** Nerv nerf m moteur.

motori'sier|en v/t. motoriser; **~t** adj. motorisé; (voll~) entièrement motorisé; ♀**ung** f motorisation f.
'**Motor|jacht** ⚓ f yacht m à moteur; **~leistung** f puissance f du moteur; ♀**los** adj. sans moteur; **~mäher** m motofaucheuse f; **~pflug** m charrue f à moteur; **~pumpe** f motopompe f; **~rad** n moto(cyclette) f; ~ mit Beiwagen moto(cyclette) f à side-car; **~radfahren** aller à moto(cyclette); faire de la moto(cyclette); **~radfahrer(in** f) m motocycliste m; **~radrennen** n course f motocycliste; **~radrenner** m coureur m motocycliste; **~radsport** m motocyclisme m; sport m motocycliste; **~radwerkstatt** f motorelais m; **~rettungsboot** n canot m de sauvetage à moteur; **~roller** m scooter m; ~ fahren aller à scooter; **~rollerfahrer(in** f) m scootériste m, f; **~säge** f scie f à moteur; **~schaden** m panne f de moteur; **~schiff** n bateau m à moteur; **~schlitten** m traîneau m à moteur; **~spritze** f motopompe f d'incendie; **~störung** f panne f de moteur; **~triebwagen** 🚂 m automotrice f; autorail m; bereit: micheline f; **~wagen** m der Straßenbahn: motrice f; **~wechsel** m changement m de moteur.
'**Motte** f mite f; teigne f; **~nfraß** m, **~nschaden** m ravages m/pl. causés par les mites; **~nloch** n trou m de mite; **~nschutzmittel** n antimite m; ♀**nsicher** adj. antimite; protégé contre les mites; ♀**nzerfressen** adj. mité.
'**Motto** n devise f; im Buch: épigraphe f.
mous'sieren v/i. mousser; **~d** adj. mousseux, -euse.
'**Möwe** f mouette f; größere: goéland m.
'**Mucke** f (Laune, Grille) caprice m; lubie f; ~n haben avoir des lubies, Motor: caler; avoir des ratés; Angelegenheit: clocher.
'**Mücke** f moucheron m; (Stech♀) moustique m; cousin m; fig. aus e-r ~n Elefanten machen faire une montagne de qch.
'**Muckefuck** F m ersatz m péj. jus m de chaussette; lavasse f.
'**mucken** F v/i. (sich rühren) bouger; (schmollen) bouder; (murren) murmurer; grondonner; grogner; broncher.
'**Mücken|beseitigung** f démoustication f; **~netz** n moustiquaire f; **~schwarm** m essaim m de moucherons; **~stich** m piqûre f de moustique.
'**Mucker** m (Griesgram) grognon m; (Duckmäuser) sournois m; (Frömmler) cagot m; ♀**haft** adj. (hinterhältig) sournois; (scheinheilig) cagot; **~tum** n (Hinterhältigkeit) sournoiserie f; (Frömmelei) cagoterie f.
Mucks m: keinen ~ tun ne pas bouger; keinen ~ sagen ne souffler mot; ne pas ouvrir le bec; ♀**en** v/i. ~ mucken; nicht ~ (nichts sagen) ne souffler mot, ne pas ouvrir le bec; ♀**mäuschenstill** adj.: ~ sein ne souffler mot; ne pas ouvrir le bec.
'**müd|e** adj. fatigué; las, lasse; (sich) ~ machen (se) fatiguer; (se) lasser; ~ werden se fatiguer; se lasser; zum Umfallen ~ sein tomber de fatigue; e-r

Müdigkeit — mündlich

Sache (gén.) ~ sein être las, lasse de qch.; es ~ sein, zu ... (inf.) se lasser de ... (inf.); ⩾igkeit f fatigue f; lassitude f; vor ~ umfallen tomber de fatigue; vor ~ nicht weiter könnnn n'en pouvoir plus de fatigue.
Muff m manchon m.
'**Muffe** ⊕ f manchon m.
'**Muffel**¹ 🦌 f moufle m.
'**Muffel**² F (Griesgram) m boudeur m; bourru m; F pisse-froid m; P pisse-vinaigre m.
'**muff(e)lig** adj. grognon, -onne; rechigné; maussade.
'**muffeln** v/i. (kauen) mâchonner; (undeutlich reden) bredouiller.
'**Muffen|kupplung** ⊕ f accouplement m par manchon; ~rohr n tuyau m à manchons; ~ventil n soupape f à manchon.
'**muffig** adj. moisi; ~er Geruch v. Lebensmitteln: relent m; allg. ~ riechen sentir le moisi (od. le renfermé).
'**Mufflon** zo. m mouflon m.
'**Mühe** f peine f; mal m; (Anstrengung) effort m; mit ~ und Not à grand-peine; mit leichter ~ sans peine; nach vieler ~ après bien des efforts; das ist verlorene ~ c'est peine perdue; wieviel unnütze ~! que de peine perdue!; ~ machen donner de la peine; viel ~ machen donner bien de la peine; keine ~ scheuen; sich keine ~ verdrießen lassen compter pour rien ses peines; ne pas plaindre ses peines; faire tous ses efforts; ne reculer devant aucun effort; sich ~ geben (od. F sich in die peine (od. du mal); sich viel ~ geben se donner du mal (od. F un mal de chien); se mettre en double; sich alle erdenkliche ~ geben se donner toutes les peines du monde; se donner beaucoup de peine (de mal); sich ~ geben, zu ... (inf.) s'efforcer de ... (inf.); sich bei (od. mit) etw. ~ geben se donner de la peine pour qch.; sich die ~ machen (od. nehmen) se donner la peine (zu od.: de); prendre la peine (de); es macht mir ~ (od. ich habe ~), zu ... (inf.) j'ai de la peine à ... (inf.); es ist nicht der ~ wert ce n'est pas la peine; cela ne vaut pas la peine; geben Sie sich keine ~! (etw. zu erreichen) inutile d'insister!; vous perdez votre peine!; für Ihre ~ pour votre peine; ⩾los I adj. sans peine; sans effort; facile; II adv. sans peine; sans effort; facilement; ~losigkeit f facilité f; ⩾n v/rf.: sich ~ se donner de la peine.
'**muhen** I v/i. beugler; meugler; mugir; II ⩾ n beuglement m; meuglement m; mugissement m.
'**mühe|voll** adj. pénible; fatigant; laborieux, -euse; (schwer) difficile; ⩾-waltung f peine f; soin m.
'**Mühl|bach** m chenal m; ~e f moulin m; F (altes Auto) bagnole f; F tacot m; guimbarde f; a. altes Fahrrad od. Gerät: F clou m; fig. das ist Wasser auf s-e ~ c'est de l'eau à son moulin; ça va mettre du beurre dans les épinards; ~ spielen jouer à la marelle; ~enbesitzer(in f) m propriétaire m,f d'un moulin; ~espiel n marelle f; ~gang m tournant m de moulin; ~graben m auge f de moulin; ~rad n roue f de moulin; ~stein m meule f (de moulin); fig. zwischen zwei ~e geraten être entre l'enclume et le marteau.
muh!, muh!, muh! int. meuh--meuh-meuh!
'**Müh|sal** f peines f/pl.; fatigues f/pl.; labeur m; ⩾sam, ⩾selig I adj. pénible; fatigant; laborieux, -euse; (schwer) difficile; II adv. péniblement; avec peine; difficilement; avec difficulté; ~seligkeit f peines f/pl.; difficultés f/pl.
Mu'latt|e m, ~in f mulâtre m, -esse f; ⩾isch adj. mulâtre.
'**Mulde** f (Backtrog) pétrin m; géogr. cuvette f.
Mull m mousseline f; gaze f.
Müll m balayures f/pl.; immondices f/pl.; déchets m/pl.; détritus m/pl.; (Küchenabfälle) ordures f/pl. ménagères; (Schutt) décombres m/pl.; '~abfuhr f service m de voirie (od. de nettoiement); enlèvement m des ordures ménagères; '~abladeplatz m décharge f (publique); '~auto n benne f à ordures; camion m des boueux; '~beseitigung f enlèvement m d'ordures.
'**Mullbinde** f bande m de gaze.
'**Müll-eimer** m seau m à ordures; poubelle f.
'**Müller|(in** f) m meunier m, -ière f; ~bursche m garçon m meunier.
'**Müll|fahrer** m éboueur m; sonst noch: boueur m; bsd. in Paris: F boueux m; ~grube f fosse f à ordures; ~haufen m tas m d'ordures; ~kasten m boîte f à ordures; poubelle f; ~kippe f décharge f publique.
'**Mullkleid** n robe f de mousseline.
'**Müll|mann** m → ~fahrer; ~schaufel f, ~schippe f pelle f à ordures (od. à poussière); ~schlucker m vide-ordures m; ~verbrenner ⊕ m incinérateur m à ordures; ~verbrennung f incinération f des ordures; ~verbrennungs-anlage f usine f d'incinération des ordures; ~verbrennungs-ofen m → ~verbrenner m; ~verwertung f utilisation f des déchets.
'**mulmig** F fig. adj. véreux, -euse; louche; F fig. pas très catholique.
Multimillionär(in f) m multimillionnaire m, f.
mul'tipel adj.: ⚕ multiple Sklerose sclérose f en plaques.
Multi'plexgerät électron. n multiplexeur m.
Multi|pli'kand arith. m multiplicande m; ~plikati'on arith. f multiplication f; ~plikati'onszeichen arith. n signe m de multiplication; ~pli'kator arith. m multiplicateur m; ⩾pli'zierbar adj. multipliable; ⩾pli'zieren v/t. multiplier; ~pli'zieren n multiplication f; ~pro'gramming inform. n multitraitement m.
'**Multis** ✝ pl. (sociétés f/pl.) multinationales f/pl.
'**Mumie** f momie f (a. fig.); ⩾nhaft adj. qui ressemble à une momie.
mumifi'zier|en v/t. momifier; ⩾en n, ⩾ung f momification f.
'**Mumm** F m: ~ haben avoir du cran; n'avoir pas froid aux yeux.
'**Mummelgreis** F m F vieux barbon m; P birbe m.
'**Mummenschanz** m mascarade f.
'**Mumpitz** F m farce f; blagues f/pl.
Mumps ⚕ m oreillons m/pl.

'**München|en** n Munich m; ~(e)ner (-in f) m Munichois m, -e f.
Münch'hausen m: (Baron von) ~ Monsieur m de Crac.
Mund m bouche f; (Öffnung) ouverture f; orifice m; ~ zu ~ de bouche en bouche; fig. e-n losen ~ haben être une mauvaise (od. méchante) langue; ~ und Nase aufsperren être (od. rester od. demeurer) bouche bée; F en être (od. rester) comme deux ronds de flan; F ouvrir un (grand) four; den ~ spitzen faire la petite bouche; den ~ verziehen pincer les lèvres (F le bec); faire des grimaces; den ~ halten se taire; tenir sa langue; reinen ~ halten garder le secret; reinen ~ gehalten! bouche cousue!; F motus!; den ~ voll nehmen fanfaronner; faire le fanfaron; fig. F j-m den ~ stopfen fermer la bouche à q., F clouer le bec à q.; j-m den ~ verbieten interdire à q. de parler; nicht auf den ~ gefallen sein n'avoir pas la langue dans sa poche; j-m Worte in den ~ legen attribuer des propos à q.; immer im ~e führen avoir toujours à la bouche; j-m nach dem ~e reden parler selon les désirs de q.; j-m über den ~ fahren couper la parole à q.; zum ~e führen porter à la bouche (od. aux lèvres); sich den ~ verbrennen s'attirer des désagréments par ses propos indiscrets; kein Blatt vor den ~ nehmen parler franc; dire carrément ce qu'on pense; ne pas mâcher ses mots; parler sans ambages; den ~ nicht auftun (od. aufmachen) ne pas desserrer (od. ne pas remuer) les lèvres; in aller ~e sein être dans la bouche de tout le monde; da läuft e-m das Wasser im ~ zusammen cela fait venir l'eau à la bouche; j-m den ~ wässerig machen faire venir l'eau à la bouche à q.; aus dem ~e riechen sentir de la bouche; avoir l'haleine forte; von der Hand in den ~ leben vivre au jour le jour; Sie nehmen mir das Wort aus dem ~ j'avais le mot sur les lèvres; aus dem ~! (ferme) ta bouche!; ~art dialecte m; (kleinere ~, oft Bauern⩾) patois m; e-e ~ sprechen parler patois; ⩾artlich adj. dialectal; ~atmung f respiration f par la bouche.
'**Mündel** m od. n pupille m, f; ~gelder n/pl. deniers m/pl. pupillaires; ⩾sicher adj. de tout repos; ~e Anlage placement m de tout repos; ~e Papiere papiers m/pl. de tout repos.
'**munden** v/i.: ~ être au goût de q.; sich etw. ~ lassen manger (resp. boire) qch. de bon cœur.
'**münden** v/i.: ~ in (acc.) Fluß: se jeter dans, Straße, Weg: déboucher dans.
'**mund|faul** adj. avare de paroles; peu loquace; ⩾fäule ⚕ f aphtes m/pl.; stomatite f ulcéreuse; ~gerecht adj.: j-m etw. ~ machen accommoder qch. au goût de q.; ⩾harmonika f harmonica m; ⩾höhle anat. f cavité f buccale.
'**mündig** ⚖ adj. majeur; für ~ erklären; ~ sprechen déclarer majeur; émanciper; ~ werden atteindre sa majorité; ⩾keit f (âge m de la) majorité f; ⩾sprechung f émancipation f.
'**mündlich** I adj. verbal; oral; ~e Vereinbarung accord m verbal; das ⩾e

bei e-m Examen: l'oral m; **II** adv. oralement; verbalement; de vive voix.

'**Mund|partie** f partie f buccale; ~**pflege** f hygiène f dentaire, de la bouche; ~**raub** m vol m de nourriture; ~**schenk** m hist. u. plais. échanson m; ~**sperre** ♂ f trisme m; ~**spiegel** m stomatoscope m; ~**stellung** f position f de la bouche; ~**stück** n e-r Tabakspfeife, v. Zigaretten: bout m; des Zaumes: mors m; ♪ embouchure f; bec m; ⌾**tot** adj. interdit; ~ machen Presse: bâillonner; j-n ~ machen interdire la parole à q.; clouer (le bec à) q.; ~**tuch** n serviette f (de table).

'**Mündung** f (Fluß⌾) embouchure f; sehr breite: estuaire m; ~**s-arm** m bras m d'une embouchure; ~**sbremse** ⚓ f frein m de bouche; ~**sfeuer** ⚓ n lueur f; ~**sgeschwindigkeit** f vitesse f initiale.

'**Mund|voll** m bouchée f; ~**vorrat** m vivres m/pl.; provisions f/pl. de bouche; ~**wasser** n eau f dentifrice; ~**werk** F fig. n: ein gutes ~ haben avoir la langue bien pendue; ~**winkel** m commissure f des lèvres.

'**Mund-zu-'Mund-Beatmung** f: die ~ durchführen pratiquer le bouche-à-bouche.

Muniti'on f munition(s) f(pl.); s-e ~ verschießen épuiser ses munitions; ~**s-arbeiter(in** f) m ouvrier m, -ière f d'une fabrique de munitions; ~**s-bestand** m stock m de munitions; ~**s-ersatz** m ravitaillement m en munitions; ~**sfabrik** f fabrique f de munitions; ~**skammer** ⚓ f soute f à munitions; ~**skasten** m caisse f à (resp. de) munitions; ~**skolonne** ⚓ f convoi m de munitions; ~**slager** n dépôt m de munitions; ~**snachschub** m ravitaillement m en munitions; ~**sträger** m pourvoyeur m; ~**sverbrauch** m consommation f de munitions; ~**sversorgung** f ravitaillement m en munitions; ~**svorrat** m stock m de munitions; ~**swagen** m caisson m; prolonge f; für die Infanterie: fourgon m à munitions; ~**szug** m train (od. convoi) m de munitions.

'**munkeln I** v/i. u. v/t. chuchoter; man munkelt, daß ... on dit que ...; man munkelt davon on se le dit à l'oreille; **II** ⌾ n chuchotements m/pl.

'**Münster** n cathédrale f.

'**munter** adj. gai (lebhaft) vif, vive; allègre; alerte; (aufgeweckt) éveillé; (ausgelassen) gaillard; frisch und ~ frais et dispos(e); gesund und ~ sein se porter comme un charme; ~ machen (aufwecken) réveiller; ~ werden (wach werden) se réveiller; ~! allons!; ⌾**keit** f gaieté f; (Lebhaftigkeit) vivacité f; (Aufgewecktheit) esprit m éveillé; (Ausgelassenheit) gaillardise f.

'**Münz|amt** n hôtel m des Monnaies; ~**ausstellung** f exposition f de la monnaie; ~**e** f pièce f de monnaie; (Denk⌾) médaille f; → ~**amt**; bare ~ argent m comptant; gangbare ~ monnaie f qui a cours; in klingender ~ en espèces sonnantes; ~**n** prägen monnayer; fig. etw. für bare ~ nehmen prendre qch. pour argent comptant; F gober qch.; j-n mit gleicher ~ bezahlen rendre à q. la monnaie de sa pièce; rendre la pareille à q.; ~**einheit** f unité f monétaire; ~**einwurf** m fente f (pour les pièces, la monnaie); ⌾**en** v/t. battre monnaie; monnayer; fig. das ist auf mich gemünzt c'est à moi que cela s'adresse; c'est une pierre dans mon jardin; ~**en** n monnayage m; ~**(en)sammler(in** f) m médailliste m, f; collectionneur m, -euse f de médailles (od. de monnaies); ~**(en)sammlung** f médaillier m; collection f de médailles; ~**er** m monnayeur m; ~**fälscher** m faux-monnayeur m; ~**fälschung** f falsification f de monnaie; faux monnayage m; ~**fernsprecher** m taxiphone m; ~**fuß** m, ~**gehalt** m titre m des monnaies; ~**gerechtigkeit** f droit m de battre monnaie; ~**gesetz** n loi f monétaire; ~**kabinett** n cabinet m des médailles; ~**kenner** m numismate m; ~**kontrolle** f contrôle m des monnaies; ~**kunde** f numismatique f; ~**ordnung** f règlement m concernant les monnaies; ~**prägung** f frappe f des monnaies; ~**recht** n droit m de battre monnaie; ~**sammler(in** f) m médailliste m, f; collectionneur m, -euse f de médailles; ~**sammlung** f médaillier m; collection f de médailles; ~**sorten** f/pl. espèces f/pl. monnayées; ~**stätte** f hôtel m des Monnaies; ~**stempel** m coin m; poinçon m; ~**system** n système m monétaire; ~**umlauf** m circulation f monétaire; ~**verbrechen** n délit m de faux monnayage; ~**vertrag** m convention f monétaire; ~**waage** f ajustoir m; ~**wert** m titre m des monnaies; ~**wesen** n système m monétaire; ~**zeichen** n marque f; ~**zusatz** m alliage m.

Mu'räne icht. f murène f.

'**mürb|e** adj. tendre; (auf der Zunge zergehend) fondant; (gut durchgekocht) bien cuit; (bröckelig) friable; ~ machen Fleisch: attendrir; fig. j-n ~ machen mater q.; rendre q. docile; fig. ~ werden se laisser fléchir; ⌾**egebäck** n sablés m/pl.; ⌾**eteig** m pâte f brisée; ⌾**heit** f tendreté f (Zerreibbarkeit) friabilité f.

Murks F m bousillage m; bâclé m; ⌾**en** v/i. bousiller; gâcher.

'**Murmel** f bille f; ⌾**n** v/i. u. v/t. murmurer; fig. (Sprachlabor) marmonner; in den Bart ~ marmonner entre ses dents; Spiel: jouer aux billes; ~**n** n murmure m; ~**spiel** n jeu m de billes; ~**tier** zo. n marmotte f; F wie ein ~ schlafen dormir comme une marmotte (od. comme un loir).

'**murren I** v/i. gronder (über acc. de); grogner; murmurer; grommeler; F bougonner; F renâcler; **II** ⌾ n grognement m; murmures m/pl.

'**mürrisch** adj. de mauvaise humeur; renfrogné; F rechigné; (barsch) bourru; (unfreundlich) grincheux, -euse; maussade; revêche; (brummig) grondeur, -euse; grognon, -onne; (grämlich) 'hargneux, -euse; morose; ~**es Wesen** morosité f.

Mus n marmelade f; (Püree) purée f; fig. F zu ~ schlagen mettre en marmelade; réduire en bouillie.

'**Muschel** f zo. coquillage m; (Schale) a. coquille f; große ~ conque f; eßbare ~ coquillage m comestible; (Ohr⌾) pavillon m de l'oreille; auricule f; (Hör⌾) pavillon m; géol. versteinerte ~ conchite f; ~**fang** m pêche f aux coquillages; ⌾**förmig** adj. en forme de coquille; ~**kalk** m calcaire m conchylien; ~**schale** f coquille f; coquillage m; ~**tier** zo. n coquillage m; ~**werk** n coquillages m/pl.; in Grotten usw.: rocaille f.

Musch'kote F m P troufion m.

'**Muse** f muse f.

'**Musel|man(n)** m, ~**manin** (~**männin**) f musulman m, -e f; ⌾**manisch**, ⌾**männisch** adj. musulman.

'**Musensohn** m (Dichter) poète m.

Mu'settewalzer m valse f musette.

Mu'se-um n musée m; naturgeschichtliches: muséum m; ~**sführer** ⊕ m: akustischer ~ guide m sonore; ~**sführerin** f im Centre Pompidou: hôtesse f.

'**Musical** ♪, thé. n comédie f musicale.

Mu'sik f musique f; hohe (od. edle) ~ 'haute musique f; leichte ~ musique f légère; musiquette f; begleitende ~ (Tonuntermalung) sonorisation f; musique f scénique; verbindende ~ Radio: liaison f sonore; mechanische ~ musique f mécanique; elektronische ~ musique f électronique; ~ zum Nachmittag l'après-midi en musique; ~ machen faire de la musique; in ~ setzen mettre en musique; composer; der Ton macht die ~ c'est le ton qui fait la musique (od. la chanson); ~**abend** m soirée f musicale; ~**abitur** n bac m musique.

Musi'kalien pl. musique f; partitions f/pl.; ~**händler** m marchand m de musique; ~**handlung** f magasin m de musique.

musi'kalisch adj. musical; ~**er Leiter** chef m d'orchestre; ~ sein être musicien, -enne; aimer la musique; s'entendre à la musique.

Musikali'tät f sens m de la musique.

Musi'kant(in f) m musicien m, -enne f; Fr. plais. ~ auf U-Bahnhöfen métroglodyte su.

Mu'sik|aufführung f séance f musicale; concert m; e-s Solisten: récital m; ~**automat** m, ~**box** f juke-box m; ~**begleitung** f accompagnement m; ⌾**besessen** adj. fou m, folle f de musique; ~**direktor** m chef m de musique; ~**dose** f boîte f à musique; ~**drama** n drame m musical.

Mu'sike P f flonflons m/pl.

'**Musiker(in** f) m musicien m, -enne f.

Mu'sik|erziehung f éducation f musicale; ~**fest** n fête f musicale; ~**freund(in** f) m amateur m de musique; ~**geschäft** n magasin m de musique; ~**hochschule** f conservatoire m de musique; ~**instrument** n instrument m de musique; ~**kapelle** f orchestre m; ⚓ musique f; ~**kassette** f musicassette f; ~**kenner(in** f) m connaisseur m, -euse f en musique; ~**korps** n orchestre m; ⚓ musique f; ~**kritiker** m critique m musical; ~**lehrer(in** f) m professeur m de musique; ~**liebhaber(in** f) m mélomane m, f; amateur m de musique; ~**meister** m chef m de musique; ~**narr** m, ~**närrin** f mélomane m, f; ~**pavillon** m kiosque m à musique; ~**schrank** m meuble m radio-phono;

~schriftsteller *m* musicographe *m*; écrivain *m* musical; ~schule *f* conservatoire *m* (de musique); ~show *f* musicorama *m*; ~stück *n* morceau *m* de musique; composition *f*; ~stunde *f* leçon *f* de musique; ~tribüne *f* tribune *f* de l'orchestre; ~truhe *f* meuble *m* radio-phono; boîte *f* à musique; ~unterricht *m* leçons *f*/*pl*. de musique; ~ver-anstaltung *f* séance *f* musicale; concert *m*; e-s Solisten: récital *m*; (Musikfest) fête *f* musicale; ~ver-ein *m* société *f* musicale (od. philharmonique); ~verlag *m* édition *f* de musique; ~verleger *m* éditeur *m* de musique; ~verständige(r *a. m*) *m*, *f* personne *f* qui se connaît en musique; ~werk *n* composition *f*; ~wissenschaft *f* musicologie *f*; ~wissenschaftler *m* musicologue *m* f.; ~zug *m* musique *f*.
'musisch *adj.* sensible aux arts; artiste; *écol.* die ~en Fächer le dessin, la musique et la couture; la section Arts.
musi'zieren *v*/*i.* faire de la musique.
Mus'kat *m* muscade *f*; ~blüte *f* fleur *f* de muscadier.
Muska'teller *m* (vin *m*) muscat *m*; ~birne ♀ *f* muscadelle *f*; ~traube *f* muscat *m*; ~wein *m* muscat *m*.
Mus'katnuß *f* (noix *f*) muscade *f*; ~baum *m* muscadier *m*.
'Muskel muscle *m*; ~athlet *m* athlète *m* complet, (*od.* F style «gros bras»); ~band *anat. n* ligament *m* musculaire; ~faser *anat. f* fibre *f* musculaire; ~haut *anat. f* membrane *f* musculaire; ~kater F *m* courbature *f*; ~ haben être courbatu; ~kraft *f* force *f* musculaire; ~krampf *m* crampe *f*; ~riß *m* déchirure *f* musculaire; ~schwäche *f* faiblesse *f* musculaire; ~schwund ℱ *m* atrophie *f* musculaire; ~system *anat. n* musculature *f*; système *m* musculaire; ~training *n* musculation *f*; ~zerrung *f* claquage *m* musculaire; sich e-e ~ zuziehen se claquer un muscle.
Mus'kete *hist.* ⚔ *f* mousquet *m*.
'Musketier *hist.* ⚔ *m* mousquetaire *m*.
Muskula'tur *f* musculature *f*.
musku'lös *adj.* musculeux, -euse; musclé.
Muß *n*: das harte ~ la dure nécessité *f*.
'Muße *f* loisir *m*; mit ~ à loisir.
Musse'lin *m* mousseline *f*; ~kleid *n* robe *f* de mousseline.
'müssen *v*/*i. u. v*/*aux.* devoir; avoir à; (*nötig sein*) falloir; (*verpflichtet sein*) être tenu (*od.* forcé *od.* obligé *od.* contraint) de; *ich muß es tun* je dois le faire; *er muß schlafen* il faut qu'il dorme; il lui faut dormir; *ich mußte lachen* je n'ai pu m'empêcher de rire; *das muß wahr sein* ce doit être vrai; c'est indubitablement vrai; *es muß wohl nichts an der Sache sein* il paraît bien que la chose n'est pas vraie; *er müßte denn ausgegangen sein* à moins qu'il ne soit sorti; *Sie ~ es aber auch nicht vergessen* surtout n'allez pas l'oublier; *man muß feststellen* force est de constater; *kein Mensch muß ~* l'homme est libre; F *a. enf. ich muß mal* F j'ai envie de faire pipi.
'Mußestunde *f* loisir *m*.

'müßig *adj.* oisif, -ive; désœuvré; inoccupé; fainéant; (*unnütz*, *überflüssig*) oiseux, -euse; ~er Gedanke pensée *f* oiseuse; ~es Gerede paroles *f*/*pl.* oiseuses; ~e Frage question *f* oiseuse; ℒgang *m* oisiveté *f*; désœuvrement *m*; fainéantise *f*; ~ ist aller Laster Anfang l'oisiveté est la mère de tous les vices; ℒgänger(in *f*) *m* oisif *m*, -ive *f*; désœuvré *m*, -e *f*; fainéant *m*, -e *f*.
'Musspritze F (Regenschirm) *f* F pépin *m*; P riflard *m*; *pébroque *f*.
'Mußvorschrift *f* disposition *f* impérative.
'Muster *n* modèle *m*; (*Beispiel*) exemple *m*; (*Urbild*) type *m*; prototype *m*; (*Ideal*) idéal *m*; (*Stoff*ℒ) dessin *m*; graphisme *m*; (*Schablone*) patron *m*; (*Probe*) spécimen *m*; (*Warenprobe*) échantillon *m*; (*Form*) v. Kleidungsstücken: façon *f*; ~ ohne Wert échantillon *m* sans valeur; als ~ dienen servir de modèle; als ~ hinstellen proposer comme modèle (*od.* en exemple); nach ~ kaufen acheter sur échantillon; ~anstalt *f* établissement *m* modèle; ~beispiel *n* exemple *m* type (für de); (*Vorbild*) modèle *m*; ~betrieb *m* exploitation (d'entreprise) *f* modèle; (*Ideal*) idéal *m*; ~buch ✝ *n* (*Schnitt*ℒ) livre *m* de patrons; (*Waren*ℒ) catalogue *m* d'échantillons; ~exemplar *n* exemplaire *m* modèle; exemplaire *m* type; ~fall *m* cas *m* typique; cas *m* type; ~former *m* modeleur *m*; ~gatte *m* mari *m* modèle; ~gültig *adj.* exemplaire; modèle; parfait; qui peut servir de modèle; digne d'être proposé en exemple; ~gut *n* ferme *f* modèle; ℒhaft *adj.* exemplaire; modèle; parfait; qui peut servir de modèle; digne d'être proposé en exemple; ~haftigkeit *f* perfection *f*; ~heft ✝ *n* (*Schnitt*ℒ) cahier *m* de patrons; (*Waren*ℒ) cahier *m* d'échantillons; ~karte ✝ *f* (*Waren*ℒ) carte *f* d'échantillons; ~knabe *iron. m* garçon *m* modèle; ~koffer ✝ *m* boîte *f* à échantillons; marmotte *f*; ~kollektion ✝ *f* (*Schnitt*ℒ) collection *f* de patrons; (*Waren*ℒ) collection *f* d'échantillons; ~lager ✝ *n* stock *m* d'échantillons; ~messe ✝ *f* foire *f* commerciale; ℒn *v*/*t.* examiner; inspecter; ⚔ passer en revue; Weberei: appliquer des dessins sur; *fig.* toiser; gemustert façonné; ~n n → ~ung; ~reisende(r) *m* représentant *m* (*od.* voyageur *m*) de commerce; ~sammlung *f* (*Schnitt*ℒ) collection *f* de patrons; (*Waren*ℒ) collection *f* d'échantillons; ~schule *f* école *f* modèle; ~schüler(in *f*) *m* élève *m*, *f* modèle; ~schutz *m* protection *f* légale des modèles; ~sendung *f* envoi *m* d'échantillons; ~stück *n* modèle *m*; (*Probe*) spécimen *m*; ~ung *f* examen *m*; inspection *f*; ⚔ revue *f*; zum Wehrdienst: révision *f*; e-e ~ abhalten passer en revue; ~ungskommission ⚔ *f* conseil *m* de révision; commission *f* de réforme; ~vertrag *m* contrat *m* type; ~wirtschaft *f* ferme *f* modèle; ~zeichner(in *f*) *m* modéliste *m*, *f*; dessinateur *m*, -trice *f* de modèles.
Mut *m* courage *m*; kriegerischer: bravoure *f*; ~ fassen (*od.* schöpfen) prendre (*od.* s'armer de) courage; wieder~ fassen reprendre courage; ~ haben avoir du courage; j-m ~ machen encourager q.; inspirer du courage à q.; den ~ sinken lassen; den ~ verlieren perdre courage; se décourager; keinen ~ haben n'avoir pas de courage; manquer de courage; nicht den ~ haben, zu ... (*inf.*) ne pas avoir le courage de ... (*inf.*); er hat nicht den ~ dazu il n'en a pas le courage; es gehört ~ dazu il y faut du courage; j-m den ~ nehmen décourager q.; guten ~es sein avoir bon courage; nur ~! courage!
Mutati'on *f* mutation *f*; (*Stimmbruch*) mue *f* (de la voix); ~stheorie *f* mutationnisme *m*.
'Mütchen *n*: sein ~ kühlen an (*dat.*) passer sa colère sur.
mu'tieren I *v*/*i.* Stimme: muer; II ℒ *n* der Stimme: mue *f*.
'mut|ig *adj.* courageux, -euse; (*tapfer*) brave; ℒlos *adj.* sans courage; découragé; ~ machen décourager; ~ werden se décourager; ℒlosigkeit *f* manque *m* de courage; découragement *m*; ℒmaßen *v*/*t.* présumer; soupçonner; conjecturer; (*ahnen*) se douter de; entrevoir; ~maßlich *adj.* présumé; probable; 🜨 présomptif, -ive; conjectural; ℒmaßung *f* présomption *f*; conjecture *f*; ~en anstellen faire (*od.* former) des conjectures; *das sind nur* ~ *en* ce ne sont que des idées (*od.* de pures hypothèses).
'Mutter *f* mère *f*; (*Schrauben*ℒ) écrou *m*; die ~ Gottes la sainte Vierge; sich ~ fühlen se sentir mère; *bei* ~ *Grün schlafen* dormir à la belle étoile.
'Mütterberatung(sstelle) *f* service *m* de consultation des nourrissons; service *m* de consultation prénatale.
'Mutter|boden *m* terre *f* végétale; terreau *m*; ~brust *f* sein *m* de la mère.
'Mütterchen *n* petite mère *f*; F mémère *f*; altes ~ petite vieille *f*; bonne vieille *f*; vieille femme *f*.
'Mutter|erde *f* terre *f* végétale; terreau *m*; ~freuden *f*/*pl.* joies *f*/*pl.* de la maternité; ~fürsorge *f* assistance *f* maternelle; ~gesellschaft ✝ *f* société *f* mère; ~gestein *n* roche *f* mère; ~gewinde ⊕ *n* filet *m* femelle; ~gottesbild *n* image *f* de la Vierge; madone *f*; ~haus ✝ *n* e-r Gesellschaft: maison *f* mère.
'Mütterheim *n* maison *f* de repos pour mères de famille.
'Mutter|herz *n* cœur *m* maternel (*od.* de mère); ~instinkt *m* instinct *m* maternel; ~kalb *n* veau *m* femelle; ~kirche *f* église *f* mère; ~korn ♀ *n* ergot *m*; vom ~ befallen ergoté; ~kuchen *anat. m* placenta *m*; ~lamm *n* agnelle *f*; agneau *m* femelle; ~land *n* mère *f* patrie; métropole *f*; *das französische* ~ la France métropolitaine; *im französischen* ~ dans la France métropolitaine; ~lauge 🝂 *f* eau *f* mère; ~leib *m* ventre *m* (*od.* sein *m*) de la mère.
'mütterlich *adj.* maternel, -elle; ~erseits *adv.* maternel, -elle, (de) par sa mère; ℒkeit *f* sentiment *m* maternel.
'Mutter|liebe *f* amour *m* maternel; ℒlos *adj.* sans mère; *vater- und* ~e(r) Waise orphelin(e *f*) *m* de père et de mère; ~mal *n* tache *f* de vin; envie *f*;

~milch f lait m maternel (od. de la mère); fig. mit der ~ einsaugen sucer avec le lait maternel; ~mord m parricide m; ~mörder(in f) m parricide m, f; ~pferd n jument f poulinière; ~pflicht f devoir m maternel; ~recht n matriarcat m; ~schaf n brebis f; ~schaft f maternité f; ~schiff n ravitailleur m; ⚓ navire m gigogne; porte-avions m; (Raumschiff) module m de commande(ment); capsule f; ~schoß m sein m maternel; ~schutz m protection f de la femme enceinte; ~schwein n truie f; ⚥seelen-allein adj. absolument seul; esseulé; ~söhnchen péj. n enfant m gâté; ~spiegel ♣ m spéculum m utérin; ~sprache f langue f maternelle; (Stammsprache) langue f mère; ~stelle f: ~ vertreten bei tenir lieu de mère à; ~tag m Fête f des Mères; ~teil n patrimoine m maternel; ~tier n mère f; ~witz m esprit m naturel; ~zelle f cellule f mère.

'**Mutti** F f F maman f.

'**Mutung** ⚒ f demande f de concession.

'**Mut|wille** m pétulance f; (Schelmerei) espièglerie f; (Böswilligkeit) malignité f; acte m gratuit; ⚥**willig** adj. pétulant; (schelmisch) espiègle; (böswillig) malicieux, -euse; ⚥**williger'weise** adv. à dessein; de gaieté de cœur; de propos délibéré.

'**Mütze** f bonnet m; mit Schirm: casquette f; ~**nmacher(in** f) m bonnetier m, -ière f; casquettier m, -ière f; ~**nschirm** m visière f de casquette.

My phys. n micron m.

Myri'ade f myriade f.

'**Myrrhe** ♀ f myrrhe f; ~**ntinktur** phm. f teinture f de myrrhe.

'**Myrte** ♀ f myrte m; ~**nkranz** m couronne f de myrtes.

Mys'teri-enspiel n mystère m.

mysteri'ös adj. mystérieux, -euse.

Mys'terium n mystère m.

Mystifikati'on f mystification f.

mystifi'zieren I v/t. mystifier; **II** ⚥ n mystification f.

'**Mystik** f mystique f; ~**er(in** f) m mystique m, f.

'**mystisch** adj. mystique.

Mysti'zismus m mysticisme m.

'**Myth|e** f mythe m; ⚥**enhaft**, ⚥**isch** adj. mythique.

Mytho|'loge m mythologue m; mythologiste m; ~**lo'gie** f mythologie f; ⚥'**logisch** adj. mythologique.

'**Mythos** m, '**Mythus** m mythe m.

N

N, n *n* N, n *m*.

na! F *int.* eh bien!; allons!; ~ also! eh bien!; ~ so was! par exemple!; ~ 'und?! et alors?; ~ und ob! ma foi, oui!; ~ wenn schon! la belle affaire!

'Nabe ⊕ *f* moyeu *m*.

'Nabel *m anat.* nombril *m*; *sc.* ombilic *m*; ⚓ 'hile *m*; **~binde** *chir. f* bandage *m* ombilical; **~bruch** ☞ *m* 'hernie *f* ombilicale; **~gegend** *anat. f* région *f* ombilicale; **~schnur** *f*, **~strang** *m* cordon *m* ombilical.

'Nabob *fig. m* nabab *m*.

nach I *prp.* (*dat.*) **a)** *Richtung*: à; ~ *Paris reisen* aller à Paris; *vor Ländernamen*: en (*ohne art.*), *bei hinzugefügter näherer Bestimmung*: dans (*mit art.*), *vor Ländernamen im pl. und vor männlichen außereuropäischen Ländernamen*: à (*mit art.*); 🚢, ✈ ... ~ *à destination de* ...; *Fahrausweise ~ Spanien* des billets à destination de l'Espagne; *abreisen* ~ partir pour; *der Weg ~ Paris* le chemin de Paris; ⚔ ~ *und von Paris* en direction et en provenance de Paris; *der Zug ~ Bordeaux* le train de Bordeaux (*aber: der Zug aus B.* le train en provenance de B.); ~ *jeder Richtung* en tout sens; ~ *dieser Seite de ce côté*; ~ *dem Flusse* (hin) du côté de la rivière; ~ *Norden* vers le nord; ~ *Norden liegen* être exposé au nord; ~ *dem Straße liegen* donner sur la rue; ~ *dem Arzte schicken* envoyer chercher le médecin; *sich umsehen* ~ chercher des yeux; **b)** *Rang, Folge, Zeit*: après, (~ *Ablauf von*) au bout de; ~ *getaner Arbeit* après le travail; le travail fini; ~ *e-r halben Stunde* au bout d'une demi-heure; ~ *Tisch* après le repas; *das Wort steht* ~ *dem Verb* le mot suit le verbe; **c)** (*gemäß*) d'après; selon; suivant; ~ *m-r Kenntnis* à ma connaissance; ~ *der Aussage j-s* au dire de q.; *s-m Aussehen* ~ à en juger *od.* d'après sa mine; ~ *dem Gedächtnis* (*od. Gehör*) de mémoire; ~ *dem Gewicht* d'après (*od.* selon) le poids; ~ *Gewicht verkaufen* vendre au poids; ~ *der Reihe*, *der Reihe* ~ à tour de rôle, (*e-r* ~ *dem andern*) l'un après l'autre; ~ *Rosen riechen* sentir la rose; *dem Scheine* ~ sur les apparences; ~ *dem Takt* en mesure *od.* cadence); *je* ~ *den Umständen* suivant (*od.* selon) les circonstances; ~ *s-r Weise* à sa manière; *man hat ihn* ~ *mir genannt* on lui a donné mon nom; *er nannte sich nicht* ~ *s-m Vater* il ne portait pas le nom de son père; **II** *adv. mir* ~! suivez-moi!; ~ *und* ~! peu à peu; petit à petit; ~ *wie vor* après comme avant.

'nach|äffen *v/t.* contrefaire; singer; **2äfferf** F *m* singe *m*; **2äffe'rei** F *f* singerie *f*; **~ahmen** *v/t.* imiter; mimer; copier; *mv.p.* contrefaire; **~ahmenswert** *adj.* digne d'être imité; **2ahmer(in** *f*) *m* imitateur *m*, -trice *f*; copiste *m*, *f*; *mv.p.* contrefacteur *m*; **2ahmung** *f* imitation *f*; copie *f*; *mv.p.* contrefaçon *f*; (*nachgeahmtes Kunstwerk*) pastiche *m*; *vor* ~en wird gewarnt! se méfier des imitations!; **2ahmungs-trieb** *m* instinct *m* d'imitation; **2arbeit** *f* (*Retusche*) retouche *f*; **~arbeiten** *v/t.* nachbildend: imiter; copier; *verbessernd*: retoucher; *das Versäumte* ~ travailler pour rattraper le temps perdu.

'Nachbar|(in *f*) *m* voisin *m*, -e *f*; *mit den* ~*n verkehren* être en contact avec les voisins; **~dorf** *n* village *m* voisin; **~haus** *n* maison *f* voisine; **~land** *n* pays *m* voisin; **2lich** *adj.* voisin; *gut* ~e Beziehungen halten vivre en bons voisins; avoir des relations de bon voisinage; **~ort** *m* localité *f* voisine; **~schaft** *f* voisinage *m*; *in der* ~ *a.* près d'ici; (*die Nachbarn*) voisinage *m*; voisins *m/pl.*; *mit j-m gute* ~ *halten* vivre en bon(s) voisin(s) avec q.; avoir des relations de bon voisinage avec q.; **~schaftsspiel** (*Sport*) *n* match *m* de voisinage (*od. bisw.* de terroir); **~sleute** *pl.* voisins *m/pl.*; **~staat** *m* État *m* voisin; **~stadt** *f* ville *f* voisine; **~tisch** *m* table *f* voisine.

'nach|bauen *v/t.* copier; imiter; **~behandeln** ☞ *v/t.* traiter ultérieurement; **2behandlung** ☞ *f* traitement *m* ultérieur; follow-up *m*; suivi *m*, recul *m*; **~bekommen** *v/t.* recevoir encore (*od.* en surplus *od.* en supplément); **2bereitung** *pol. f* rattrapage *m*; **~bessern** *v/i.* retoucher; **2besserung** *f* retouche *f*; **~bestellen** *v/t.* commander en supplément; **2bestellung** *f* commande *f* (*od.* ordre *m*) supplémentaire; **~beten** *v/t.* répéter machinalement; se faire l'écho de; **2beten** *n* répétition *f* machinale; **2beter(in** *f*) *m* fidèle écho *m*; suiveur *m*; **~bewilligen** *v/t.* accorder (*parl.* voter) un supplément; **2bewilligung** *f* crédit *m* supplémentaire; **~bezahlen** *v/t.* payer un supplément; **2bezahlung** *f* paiement *m* du supplément; **2bild** *n physiol.* image *f* persistante (sur la rétine); **~bilden** *v/t.* copier; imiter; *mv.p.* contrefaire; **2bildung** *f* copie *f*; imitation *f*; ⊕, *a. peint.* réplique *f*; *mv.p.* contrefaçon *f*; (*nachgebildetes Kunstwerk*) pastiche *m*; (*Faksimile*) fac-similé *m*; **~blättern** *v/t.* feuilleter; **~bleiben** *v/i.* rester en arrière; *Uhr*: retarder; *écol.*: être en retenue; **~blicken** *v/i.*: *j-m* ~ suivre q. des yeux; **2blutung** ☞ *f* hémorragie *f* secondaire; **2börse** ✝ *f* après-bourse *f*; **~börslich** *adj.*: ~er *Preis* prix *m* libre; **~brennen** *v/i.* continuer de brûler; **~bringen** *v/t.* apporter après (*od.* plus tard); **~datieren** *v/t.* antidater.

nach'dem I *cj. zeitlich*: après que ...; *bei gleichem suj.*: *a.* après ... (*inf. passé*); *bei Maß u. Grad*: je ~ (*wie*) selon (*od.* suivant) que (*ind., oft fut.*); **II** *adv.*: je ~ c'est selon; cela dépend.

'nach|denken *v/i.* réfléchir (*über acc.* à *od.* sur), méditer (sur); **2denken** *n* réflexion *f*; méditation *f*; **~denklich** *adj.* pensif, -ive; méditatif, -ive; rêveur, -euse; **~dichten** *v/t.* imiter; **2dichtung** *f* imitation *f*; **~drängen** (*Menschen*; *Tiere*) *v/i.* pousser par derrière; chercher à entrer (*dans*); *dem Feinde* (*scharf*) ~ talonner l'ennemi; **~dringen** (*Wasser*) *v/i.* pénétrer par derrière; s'engouffrer; faire irruption; **2druck** *m* force *f*; (*Tatkraft*) énergie *f*; vigueur *f*; (*Festigkeit*) fermeté *f*; *fig.* poids *m*; insistance *f*; *phys. u. gr.* intensité *f*; *rhét.* emphase *f*; *typ.* reproduction *f*; *ungesetzlicher*: contrefaçon *f*; *auf etw.* (*acc.*) ~ *legen* insister sur qch.; accentuer qch.; *e-r Sache* ~ *verleihen* appuyer qch.; **~drucken** *v/t. Buch*: reproduire; *ungesetzlich*: contrefaire; **~drücklich** *adj.* énergique; *rhét. a.* emphatique; *adv. a.* à cor et à cri; **2drucksrecht** *n* droit *m* de reproduction; **~dunkeln** *v/i.* devenir plus foncé; se rembrunir; **2eiferer** *m*, **2eiferin** *f* émule *m*, *f*; *péj.* blinder *eiferer* suiveur *m*; **~eifern** *v/i.*: *j-m* ~ être l'émule de q.; s'efforcer d'égaler q.; **2eiferung** *f* émulation *f*; **~eilen** *v/i.*: *j-m* ~ courir après q.; 🚆 retarder; **~ein-ander** *adv.* l'un après l'autre; successivement; un à un; *zweimal* ~ deux fois de suite; *gleich* ~ coup sur coup; **~empfinden** *v/t.*: *j-m etw.* ~ *können* comprendre les sentiments de q.

'Nachen *poét. m* nacelle *f*; esquif *m*; canot *m*; barque *f*.

'Nach|erbe *m* héritier *m* (-ière *f*) substitué(e); *e-n* ~*n einsetzen* substituer un héritier; *Einsetzung als* ~ substitution *f*; **2erleben** *v/t.* évoquer; **~erleben** *n* évocation *f*; **~ernte** 🌾 *f* seconde récolte *f*; **2ernten** *v/t.* grappiller.

'nach|erzählen *v/t.* répéter (ce qu'on a entendu raconter, *etc.*); *bsd. écol.* paraphraser; reformuler; **2erzählung** *f allg.* récit *m*; relation *f*; répétition *f*; adaptation *f*; *écol.* compte-rendu *m*; **~exerzieren** *v/t.* faire un exercice supplémentaire; **2exerzieren** *n* exercice *m* supplémentaire; **2fahre** *m* descendant *m*; **~fahren**

v/i.: j-m ~ suivre q. (en voiture, *etc*.); ~**färben** *v/t.* reteindre; ℒ**feier** *f* lendemain *m* d'une fête; ~**feilen** *v/t.* retoucher *(od.* polir) à la lime; *fig.* retoucher; polir; ℒ**folge** *f in e-m Amte usw.*: succession *f*; ~ Christi imitation *f* de Jésus-Christ; *die ~ j-s antreten* prendre la suite de q.; ℒ-**folgekonferenz** *pol.* (*Belgrad 1977*) *f* conférence *f* successive; → Folgekonferenz; ~**folgen** *v/i.*: j-m ~ suivre q., *im Amt, als Erbe*: succéder à q., remplacer q.; ~**folgend** *adj.* suivant; subséquent; *(aufeinanderfolgend)* consécutif, -ive; ℒ**folgende(s)** *n* suite *f*; *im* ℒ*n* dans la suite; dans ce qui suit; ℒ**folge-organisation** *f* organisation *f* ayant pris la succession; ℒ**folger(in** *f) m* successeur *m*; ℒ-**folgestaat** *m* État *m* successeur; ~**fordern** *v/t.* demander encore *(od.* en sus *od.* en plus); ℒ**forderung** *f* demande *f* en sus; ~**forschen** *v/i.*: e-r Sache *(dat.)* ~ rechercher qch.; faire des recherches sur qch.; s'enquérir de q.; ℒ**forschung** *f* recherche *f*; enquête *f*; investigation *f*; ~*en anstellen* faire des recherches *(nach* sur); ℒ**frage** *f* informations *f/pl.*; recherches *f/pl.*; † demande *f*; *es ist starke ~ nach diesem Artikel* cet article est très recherché; il y a une forte demande pour cet article; *in der ~ zu genügen* pour faire face à la demande; ~**fragen** *v/i.* s'informer (de); s'enquérir (de); † demander; ℒ**frist** *f* délai *m* supplémentaire; ~**fühlen** *v/t.*: j-m etw. ~ können comprendre les sentiments de q.; ~**füllen** *v/t.* remplir, refaire le plein; ℒ**füllung** *f* remplissage *m*; ~**geben** *v/i.* céder; *(biegen)* plier; *(erschlaffen)* se relâcher; *(sich erweichen lassen)* se laisser) fléchir; (♣ *Tau*: s-e Spannung verlieren) se détendre; P foirer; *Kurse*: fléchir; *(klein beigeben)* baisser pavillon; faiblir; *in e-r Frage ~ a.* lâcher du lest sur une question; j-m *an Geist nichts ~* ne pas le céder en esprit à q.; ℒ**geben** *n* capitulation *f*; *pol.* assouplissement *m*; ~**geboren** *adj. (posthum)* posthume; *(jünger)* puîné; cadet, -ette; ℒ**gebühr** *f* surtaxe *f*; ℒ**geburt** *f* † placenta *m*; arrière-faix *m*; délivre *m*; ~**gehen** *v/i. Uhr*: retarder; j-m ~ suivre q.; *e-r Sache (dat.)* ~ s'occuper de qch., *Geschäften*: vaquer à qch., *Vergnügen*: se livrer à qch., s'abandonner à qch.; *die Sache geht ihm nach (er kommt nicht darüber hinweg)* cela le poursuit; il ne peut s'en débarrasser, *(die Sache bedrückt ihn)* cela lui pèse sur le cœur; ~**gelassen** *adj.*: ~e Werke *f/pl.* posthumes; ~**gemacht** *adj.* imité; *(künstlich)* artificiel, -elle; factice; *(gefälscht)* contrefait; ~**ge-ordnet** *adj.* subordonné; ~**gerade** *adv. (schließlich)* enfin; ℒ-**geschmack** *m* arrière-goût *m*; ~**gewiesenermaßen** *adv.* comme il a été prouvé; ~**giebig** *adj.* souple; flexible; laxiste; *(willfährig)* complaisant; déférent; permissif, -ive; accommodant; conciliant; *(nachsichtig)* indulgent; permissif, -ive; accommodant; conciliant; *(umgänglich)* traitable; ℒ**giebigkeit** *f a. pol.* souplesse *f*; flexibilité *f*; *allg.* laxisme *m*; *(Willfährigkeit)* complaisance *f*; *(Nachsicht)* in-

dulgence *f*; *(Versöhnlichkeit)* caractère *m* accommodant; esprit *m* conciliant; ~**gießen** *v/t.* ajouter (en versant); ~**glühen** *v/i.* continuer de brûler; ~**graben** *v/t.* fouiller; ℒ**grabung** *f* fouille *f*; ~**grübeln** *v/i.*: ~ *über (acc.)* se creuser la tête au sujet de; ℒ**hall** *m* retentissement *m*; écho *m*; ~**hallen** *v/i.* retentir; résonner; ~**haltig I** *adj. (beständig)* durable; *(anhaltend)* persistant; *(hartnäckig)* tenace; *(wirkungsvoll)* efficace; **II** *adv. (wirkungsvoll)* d'une manière efficace; ~**hängen** *v/i.*: *e-r Sache (dat.)* ~ s'abandonner *(od.* se livrer) à qch.; ℒ²**hausegehen** *n*: *beim ~* en rentrant (chez soi); ~**helfen** *v/i.*: j-m ~ aider q. à avancer; venir en aide à q.; *fig.* pousser q.; ~**her** *adv.* après; ensuite; puis; *bis ~!* à tout à l'heure; à tantôt!; ℒ**herbst** *m* arrière-saison *f*; ~**herig** *adj.* ultérieur; postérieur; ℒ**hilfe** *écol. f*: *er bekommt ~* il prend des leçons particulières; ℒ**hilfekurse** *écol. m/pl.* cours *m/pl.* de rattrapage; ℒ**hilfelehrer(in** *f) m* professeur *m* qui donne des leçons particulières; ℒ**hilfeschüler(in** *f) m* élève *m, f* auquel un professeur donne des leçons particulières; **Ecole normale*: tapir *m*; ℒ-**hilfestunde** *f* leçon *f* particulière; ℒ**hilfe-unterricht** *m* leçons *f/pl.* particulières; ~**hinken** *v/i.* suivre en boitant, F suivre clopin-clopant; ℒ**holbedarf** *m* ✠ besoin *m* à rattraper; besoins *m/pl.* à satisfaire; ✠. *éc.* besoin *m* de rattrapage; *bsd. éc.* den *~ aufholen* liquider le retard; *e-n ~ decken* satisfaire à un besoin de rattrapage; ~**holen** *v/t.* rattraper; ℒ**hut** ✠ *f* arrière-garde *f*; ℒ**hutgefecht** *n* combat *m* d'arrière-garde; ~**impfen** *v/t.* revacciner; ℒ**impfung** ✠ *f* vaccination *f* de rappel; ~**jagen 1.** *v/i.*: j-m ~ poursuivre q.; faire la chasse à q.; *fig. dem Ruhme*: courir après; **2.** *v/t.*: j-m e-e *Kugel ~* tirer après q.; ℒ**klang** *m* résonance *f*; écho *m*; *fig. a.* souvenir *m*; réminiscence *f*; ~**klingen** *v/i.* résonner; *Glocke*: vibrer; ℒ**komme** *m* descendant *m*; ~**kommen** *v/i.* venir plus tard; j-m ~ suivre q.; rejoindre q.; *e-r Anordnung, e-m Befehl*: se conformer (à); *e-r Bitte*: acquiescer (à); *e-r Aufforderung*: obtempérer (à); *e-r Verpflichtung*: satisfaire (à), s'acquitter (de); *s-n Verpflichtungen*: remplir *(acc.)*; faire face (à); *e-m Versprechen*: tenir *(acc.)*; ℒ**kommenschaft** *f* descendance *f*; postérité *f*; ℒ**kömmling** *m* descendant *m*; ℒ**kriegsjahre** *n/pl.* années *f/pl.* d'après-guerre; ℒ**kriegsverhältnisse** *n/pl.* situation *f* d'après-guerre; ℒ**kriegszeit** *f* après-guerre *m*; ℒ**kur** ✠ *f* postcure *f*; ~**laden** *v/t.* recharger; ℒ**ladung** *f* recharge *f*; rechargement *m*; ℒ**laß** *m e-r Strafe, e-r Forderung*: remise *f*; *des Preises*: diminution *f*; réduction *f*; *(Rabatt)* rabais *m*; remise *f*; escompte *m*; *(Erbschaft)* succession *f*; héritage *m*; *(Steuer)* dégrèvement *m*; remise *f* de l'impôt; *künstlerischer ~* œuvres *f/pl.* posthumes; ~**lassen 1.** *v/t. straffes Seil*: (re)lâcher; *Schraube*: desserrer; *Preis*: diminuer; rabattre; *100 Franken ~* faire un rabais (une remise) de

cent francs; *(hinterlassen)* laisser, *letztwillig*: léguer; **2.** *v/i. in der Spannkraft*: se relâcher; se détendre; *(lose werden)* se desserrer; *(sich vermindern)* diminuer; décliner; *(schwach werden)* faiblir; *(langsamer werden)* se ralentir; *(aufhören)* cesser *(a. Regen)*; *(sich erschöpfen)* s'épuiser; *Eifer*: se refroidir; *Schüler*: se relâcher; F décrocher; *Sturm*: s'apaiser; *Wind*: tomber; *in s-n Forderungen ~* rabattre de ses prétentions; ℒ**lassen** *n a. des Fiebers*: relâchement *m*; *(Verminderung)* diminution *f*; déclin *m*; *(Verlangsamen)* ralentissement *m*; *(Aufhören)* cessation *f*; ✠ rémission *f*; ~**lassend** ✠ *adj.* rémittend; ℒ**laßgegenstand** *m* objet *m* faisant partie de la succession; ℒ**laßgericht** *n* tribunal *m* de(s) successions; ~**lässig** *adj.* négligent; *(lässig)* nonchalant; *(ungenau)* inexact; ℒ-**lässigkeit** *f* négligence *f*; *(Lässigkeit)* nonchalance *f*; *(Laisser-aller) m*; *(Ungenauigkeit)* inexactitude *f*; ℒ**laß-inventar** *n* inventaire *m* de la succession; ℒ**laßpfleger** *m* curateur *m* à la succession; ℒ**laßschuld** *f* dette *f* héréditaire; passif *m* successoral; ℒ**laßverwalter** *m* → ℒlaßpfleger; ℒ**laßverwaltung** *f* administration *f* de la succession; ℒ**laßverzeichnis** *n* inventaire *m* de la succession; ~**laufen** *v/i.*: j-m ~ courir après q.; poursuivre q.; *den Frauen ~* courir le jupon *(od.* le cotillon); F draguer (les filles); ~**leben** *v/i.*: j-m ~ se régler sur q.; prendre exemple *(od.* modèle) sur q.; prendre q. pour modèle; ~**legen** *v/t.* ajouter; ℒ**lesenage** *m*; *(Trauben*ℒ*)* grappillage *m*; ~**halten** glaner, *v. Trauben*: grappiller; *fig.* recueil *m* complémentaire; ~**lesen** *v/t. u. v/i.* ✓ glaner; *Trauben*: grappiller; *e-e Stelle*: lire; *in e-m Buche ~* consulter un livre; *(nochmals lesen)* relire; revoir; ~**liefern** *v/t. später*: livrer après *(od.* plus tard); *ergänzend*: compléter une livraison; ℒ**lieferung** *f später*: livraison *f* postérieure; *ergänzende*: livraison *f* complémentaire; ~**lösen** *v/t. Fahrkarte*: faire supplémenter; ℒ**löseschalter** *m* guichet *m* des suppléments; ~**machen** *v/i.* imiter (j-m etw. q. en qch.); copier; *mv.p.* contrefaire; *(nachäffen)* singer; j-m ~ en faire autant que q.; ℒ**machen** *n* imitation *f*; copie *f*; *mv.p.* contrefaçon *f*; ℒ**mahd** ✓ *f* seconde coupe *f*; regain *m*; ~**malen** *v/t.* copier; ~**malig** *adj.* ultérieur; postérieur; ~**mals** *adv.* plus tard; dans la suite; ~**messen** *v/t.* vérifier une mesure; ℒ**mittag** *m* après-midi *m, älter: f*; *heute* ℒ cet après-midi; *im Laufe des ~s* dans l'après-midi; *am späten ~* en fin d'après-midi; ℒ**mittags** *adv.* (dans) l'après-midi; *sonntags ~* le dimanche après-midi; *Donnerstag ~* jeudi *m* après-midi; ℒ**mittagskaffee** *m* goûter *m*; *reichlicher ~* goûter *m* dînatoire; ℒ**mittagskleid** *n* robe *f* d'après-midi; ℒ**mittags-unterricht** *m* classes *f/pl.* de l'après-midi; ℒ**mittags-veranstaltung** *f*, ℒ**mittagsvorstellung** *f* matinée *f*; ℒ**nahme** *f* remboursement *m*; *gegen ~* contre remboursement; ℒ**nahmebetrag** *m* montant *m* du remboursement; -**nahmesendung** *f* envoi *m* contre remboursement; **nahmespesen** *pl.* frais *m/pl.* de remboursement; -**nehmen** *v/t.* (*bei Tisch*) prendre encore; -**plappern** *v/t.* répéter (machinalement); **porto** ⚐ *n* surtaxe *f*; -**prüfbar** *adj.* vérifiable; (*kontrollierbar*) contrôlable; -**prüfen** *v/t.* examiner; vérifier; réviser; contrôler; -**prüfung** *f* examen *m*; vérification *f*; recoupement *m*; contrôle *m*; révision *f*; -**rechnen** *v/t.* vérifier un calcul (✝ un compte); **rechnen** *n*, **rechnung** *f* vérification (*od.* révision) *f* d'un calcul (✝ d'un compte); -**rede** *f* (*Nachwort*) épilogue *m*; postface *f*; *péj.* üble - médisance *f*; diffamation *f*; *j-n* in üble - bringen compromettre q.; diffamer q.; -**reden** *v/t.* répéter; *j-m* Böses - médire (*od.* dire du mal) de q.; diffamer q.; -**reichen** *v/t.* *Speisen*: resservir; *Unterlagen*: fournir après (*od.* plus tard); -**reifen** ⚯ *v/i.* mûrir après la cueillette; -**reisen** *v/i.*: *j-m* - courir après q.; poursuivre q.; **richt** *f* nouvelle *f*; (*Mitteilung*) information *f*; communication *f*; (*Botschaft*) message *m*; (*Anzeige*) avis *m*; avertissement *m*; (*Bericht*) rapport *m*; (*Auskunft*) renseignement *m*; -en *Radio*: nouvelles *f/pl.*; letzte -en dernières nouvelles *f/pl.*; vermischte -en faits *m/pl.* divers; die - von etw. erhalten avoir nouvelle de qch.; *j-m* - geben von (*od.* über *acc.*) informer q. de; ich habe keine - von ihm je n'ai pas de ses nouvelles; ⚔ -en einholen (*od.* einziehen) recueillir des renseignements.

'**Nachrichten|abteilung** *f* service *m* de renseignements; ⚔ section *f* de transmissions; -**agentur** *f* agence *f* d'informations; -**austausch** *m* échange *m* d'informations; -**blatt** *n* feuille *f* (*od.* bulletin *m*) d'informations; -**büro** *n* bureau *m* d'informations; -**dienst** *m* service *m* d'informations; ⚔, *pol.* service *m* de renseignements; -**kompanie** ⚔ *f* compagnie *f* de transmissions; -**material** *n* informations *f/pl.*; ⚔ renseignements *m/pl.*; -**netz** *n* réseau *m* de télécommunications; -**offizier** ⚔ *m* officier *m* de renseignements; -**quelle** *f* source *f* d'information; -**sammelstelle** ⚔ *f* centre *m* de renseignements; -**satellit** *m* satellite *m* de télécommunications; -**sperre** *f* black-out *m* des informations; - verhängen faire le black-out; -**stelle** *f* centre *m* d'informations; -**truppe** *f* troupe *f* de transmissions; -**übermittlung** *f* transmission *f* des informations (⚔ des renseignements); -**übersicht** ⚔ *f* bulletin *m* de renseignements; -**wesen** *n* service *m* d'information(s) (⚔ de transmissions); -**zentrale** *f* centre *m* d'informations (⚔ de renseignements).

'**nachrichtlich** *adv.* à titre d'information.

'**nach|rücken** *v/i.* in e-e höhere Stelle: avancer; dem Feinde - poursuivre l'ennemi; *Autoschlange*: faire l'accordéon; **ruf** *m* éloge *m* funèbre; -**rufen** *v/i. u. v/t.*: *j-m* (etw.) - crier (qch.) après q.; -**ruhm** *m* gloire *f* posthume; -**rühmen** *v/t.*: *j-m* etw. -

dire qch. à la gloire (*od.* à l'éloge) de q.; **rüstung** (1979) *f*: - in Europa modernisation *f* des armements nucléaires en Europe; -**sagen** *v/t.* répéter; *j-m* etw. - dire qch. de q.; **saison** *f* arrière-saison *f*; **satz** *m* *gr.* second membre *m*; *phil.* second terme *m*; *in Briefen*: post-scriptum *m*; -**schauen** *v/i.*: *j-m* - suivre q. des yeux; - ob s'assurer si; (aller) voir si; -**schicken** *v/t.* faire suivre; -**schießen 1.** *v/t.*: *j-m* - tirer après q.; **2.** *v/t.*: e-e Summe - parfaire (*od.* compléter) une somme; **schlag** *m* ♩ note *f* de complément; *beim Essen*: deuxième portion *f*; -**schlagebuch** *n* ouvrage *m* de référence; -**schlagen** *v/t.*: Papiere (*od.* in Papieren) - compulser des papiers; ein Buch - consulter un livre; Stelle im Buch: chercher; **schlagen** *n*: - in e-m Buch consultation *f* d'un livre; **schlagewerk** *n* ouvrage *m* de référence; -**schleichen** *v/i.*: *j-m* - suivre q. furtivement, *bsd.* spähend: guetter q.; -**schleppen 1.** *v/t.* traîner après soi; remorquer; **2.** *v/i.* traîner en longueur; **schlüssel** *m* fausse clef (*od.* clé) *f*; **schrift** *f* e-r Rede: notes *f/pl.*; *in Briefen*: post-scriptum *m*; **schub** *m* ravitaillement *m*; logistique *f*; -**schubbasis** *f* base *f* de ravitaillement; base *f* logistique; -**schubkolonne** *f* colonne *f* de ravitaillement; -**schublager** *n* dépôt *m* de ravitaillement; -**schublinie** *f*, -**schubweg** *m* ligne *f* de ravitaillement; -**schubwesen** ⚔ *n* logistique *f*; support *m* logistique; -**schulisch** *adj.* postscolaire; **schuß** *m* Fußball: shoot *m* répété; ✝ (Nachzahlung) versement *m* supplémentaire; -**schußpflicht** ✝ *f* obligation *f* de faire un versement supplémentaire; **schußzahlung** *f* versement *m* supplémentaire; -**schütten** *v/t.* ajouter; -**schwatzen** *v/t.* (wiederholen) répéter; -**sehen** *v/i.*: *j-m* - suivre q. des yeux; (*prüfen*) examiner; vérifier; (*kontrollieren*) contrôler; - ob s'assurer si; (aller) voir si; *Hefte*: corriger; Wort: chercher; in den Papieren - compulser les papiers; in e-m Buch - consulter un livre; *j-m* etw. - (erlauben; verzeihen) passer (*od.* pardonner) qch. à q.; **sehen** *n* (*Prüfen*) examen *m*; vérification *f*; (*Kontrollieren*) contrôle *m*; *v.* Heften: correction *f*; (Nachschlagen) consultation *f* (in e-m Buch d'un livre); du wirst das - haben tu n'en seras pour tes frais; **sendeanschrift** *f* adresse *f* de réexpédition; -**senden** *v/t.* faire suivre; réacheminer; réexpédier; bitte -! faire suivre, s.v.p.; prière de faire suivre; **sendung** ⚐ *f* réacheminement *m*; -**setzen** *v/i.*: *j-m* - se mettre à la poursuite de q.; faire la chasse à q.; **sicht** *f* indulgence *f* (gegen envers); *litt., a. écol.* clémence *f*; - üben (*od.* haben) user d'indulgence (gegen pour *od.* envers); (Duldung) tolérance *f*; (Geduld) patience *f*; -**sichtig I** *adj.* indulgent (gegen pour *od.* envers); (nachgiebig) complaisant; (duldsam) tolérant; **II** *adv.* avec indulgence (gegen pour *od.* envers); **silbe** *gr. f* suffixe *m*; -**sinnen** *v/i.* réfléchir (über *acc.* à *od.* sur); méditer (sur);

sinnen *n* réflexion *f*; méditation *f*; -**sitzen** *v/i.* être en retenue; - lassen mettre en retenue; - müssen être mis en retenue; avoir une colle; être consigné, collé; **sitzen** *n* retenue *f*; consigne *f*; F colle *f*; -**sommer** *m* fin *f* de l'été; été *m* de la Saint-Martin; -**spähen** *j-m* - suivre q. des yeux; -**spannen** *v/t. Kette*: retendre; -**speise** *f* dessert *m*; **spiel** *n* thé. épilogue *m*; *fig.* conséquences *f/pl.*; die Sache wird ein gerichtliches - haben l'affaire se terminera devant les tribunaux; -**spionieren** F *v/i.*: *j-m* - épier q.; -**sprechen** *v/t. u. v/i.* (wiederholen) répéter; *j-m* - répéter les paroles de q.; -**spüren** *v/i.*: *j-m* - suivre q. à la trace; dem Wild - ch. quêter le gibier; e-r Sache (*dat.*) - rechercher qch.; faire des recherches sur qch.; s'enquérir de qch.

nächst I *adj.* (*sup. v.* nahe) le plus proche; prochain; der -e Weg le chemin le plus court; die -en Verwandten les proches parents *m/pl.*; ins -e Dorf gehen aller au village; im -en Augenblick l'instant d'après; bei -er Gelegenheit à la prochaine occasion; -es Jahr l'an prochain; l'année prochaine; im -en Monat le mois prochain; Ultimo -en Monats fin prochain; -e Woche la semaine prochaine; -en Sonntag dimanche prochain; am -en Tage le lendemain; an e-m der -en Tage! un de ces jours!; un jour prochain!; in -er Zeit prochainement; das -e Mal la prochaine fois; mit -er Post par le prochain courrier; die -e Straße links la première rue à gauche; -en - le plus près; le plus proche; er kommt dem am -en il s'en rapproche le plus; **III** *prp.* (*dat.*) tout près de; (unmittelbar nach) après; -'**best** *adj.* der, die, das -e le premier venu, la première venue; n'importe qui (*od.* lequel, laquelle); ¹**-e 1.** *n* le plus proche; das - (zu tun) wäre ... la première chose (à faire) serait ...; **2.** *m* (Mitmensch) prochain *m*; jeder ist sich selbst der - charité bien ordonnée commence par soi-même. **3.** *m, f* in der Reihenfolge: suivant *m*, -e *f*; prochain *m*, -e *f*; der -e, bitte! au suivant!;
'**nach|stehen** *v/i.*: *j-m* - être inférieur à q.; er steht ihm nicht nach il est son égal; um s-m Nachbarstaat nicht nachzustehen pour ne pas être en reste avec l'État voisin; -**stehend** *adj.* suivant; *adv.* ci-après; **stehende(s)** *n* stelle *f*; im -en dans la suite; dans ce qui suit; ci-dessous; -**steigen** F *v/i.*: *j-m* - courir après q.; -**stellbar** *adj.* réglable; -**stellen 1.** *v/t.* placer après; *gr. a.* postposer; *Uhr*: retarder; ⊕ régler. **2.** *v/i.*: *j-m* - poursuivre q.; (*ihm e-e Falle stellen*) tendre un piège à q.; *Mädchen*: courir après; -**stellschraube** *f* vis *f* de réglage; -**stellung** *f* ⊕ réglage *m*; (Verfolgung) poursuite *f*; *gr.* postposition *f*.

'**Nächstenliebe** *f* amour *m* du (*od.* de son) prochain; altruisme *m*.

'**nächstens** *adv.* prochainement; sous peu.

'**Nachsteuer** *f* surtaxe *f*; impôt *m* supplémentaire.

'**nächst|folgend** *adj.* prochain; suivant; -**liegend** *adj.* qui est situé le plus près; *das* 2e le plus proche. 'Nach|stoß *esc. m* riposte *f*; 2stoßen *esc. v/i.* riposter; 2streben *v/i.*: e-r *Sache (dat.)* ~ tendre à qch.; s'efforcer d'atteindre qch.; *j-m* ~ prendre q. pour modèle; 2strömen *fig. v/i.* suivre en foule; 2stürzen *v/i.* s'écrouler après; *j-m* ~ se précipiter sur les pas de q.; 2suchen *v/t. u. v/i.* rechercher; *in s-r Tasche* ~ fouiller dans sa poche; *um etw.* ~ solliciter qch.; ~suchen *n* recherche *f*; fouille *f*.

Nacht *f* nuit *f*; *heute* 2 cette nuit; *des* ~s; 2s; *bei* ~; *in der* ~ (pendant) la nuit; de nuit; nuitamment; *mitten in der* ~ en pleine nuit; *bis spät in die* ~ fort avant dans la nuit; *bei* ~ *und Nebel* à la faveur de la nuit; *über* ~ pendant la nuit, (*sehr bald und plötzlich*) du jour au lendemain; *es wird* ~; *die* ~ *bricht herein* il se fait nuit; la nuit se fait; il commence à faire nuit; la nuit vient (*od.* tombe); *es ist* ~ il fait nuit; *es ist stockfinstere* ~ il fait nuit noire; il fait noir; *bei Einbruch der* ~ à la nuit close; *die ganze* ~ aufbleiben (*od. auf den Beinen sein*); *die* ~ *verbringen (durchwachen)* passer la nuit; *die* ~ *verbringen* F (*hausen, übernachten*) coucher; *e-e gute (schlechte)* ~ *verbringen (od. haben)* passer une bonne (mauvaise) nuit; *die* ~ *mit etw. verbringen* passer la nuit à qch.; *über* ~ *bleiben* passer la nuit; *schlaflose (od. durchwachte)* ~ nuit *f* blanche; *e-e schlaflose* ~ *haben (od. verbringen)*; *die ganze* ~ *nicht schlafen können* passer une nuit blanche; ne pas dormir de toute la nuit; *die ganze* ~ *kein Auge zumachen* ne pas fermer l'œil de toute la nuit; *Tag und* ~ nuit et jour; *das ist wie Tag und* ~ c'est comme le jour et la nuit; *die* ~ *zum Tage machen* faire de la nuit le jour et du jour la nuit; *zur* ~ *essen* souper; *gute* ~! bonne nuit!; *j-m e-e angenehme* ~ *wünschen* souhaiter une bonne nuit à q.; *guter Rat kommt über* ~ la nuit porte conseil; *in der* ~ *sind alle Katzen grau* la nuit tous les chats sont gris; *über* ~ *bleiben* passer la nuit; ~angriff ⚔ *m* attaque *f* nocturne.

'**nachtanken** *v/i.* refaire le plein (d'essence).

'**Nacht|arbeit** *f* travail *m* de nuit; ~asyl *n* asile *m* de nuit; ~ausgabe *f* édition *f* de nuit; ~bekleidung *f* vêtement *m* de nuit; 2blind *adj.* héméralope; ~blindheit *f* héméralopie *f*; ~bomber *m* bombardier *m* de nuit; ~creme *f* crème *f* de nuit; ~dienst *m* service *m* (*od.* permanence *f*) de nuit.

'**Nachteil** *m* désavantage *m*; (*Schaden*) détriment *m*; préjudice *m*; dommage *m*; (*Behinderung*) 'handicap *m*; *zum* ~ *von* au préjudice de q.; *j-m* ~ *bringen*; *von* ~ *für j-n sein* porter (*od.* causer) préjudice à q.; ~e *erleiden* subir des préjudices; *sich in* ~en *befinden* être désavantagé; 2ig *adj.* désavantageux, -euse; préjudiciable (*a.* ⚖ *für* à); défavorable; (*schädlich*) nuisible; (*entgegenstehend*) contraire; ~ *für j-n ausgehen* tourner au détriment de q.

'**Nacht-einsatz** ⚔ *m* mission *f* de nuit.

'**nächtelang** *adv.* (durant) des nuits entières.

'**Nacht|essen** *n* souper *m*; ~eule *f orn.* chouette *f*; *fig. péj.* (*häßliche Frau*) F mochetée *f*; ~fahren (*Auto*) *n* conduite *f* de nuit; ~falter *m ent.* papillon *m* de nuit; *fig.* couche-tard *m*; ~fischer *m* pêcheur *m* au lamparo; ~flug *m* vol *m* de nuit; ~flugnetz *n allg.* réseau *m* des vols de nuit; ✤ réseau *m* aéropostal de nuit; ~frost *m* gelée *f* nocturne; ~gebühr *f* taxe *f* de nuit; ~gefecht ⚔ *n* combat *m* de nuit; ~geschirr *n* vase de nuit; pot *m* de chambre; ~gespenst *n* fantôme *m*; ~glocke *f* sonnette *f* de nuit; ~haube *f* bonnet *m* de nuit; ~hemd *n* chemise *f* de nuit; *für Frauen a.*: nuisette *f*.

'**Nachtigall** *orn. f* rossignol *m*; *fig.* ~, *ich hör dir trapsen* je le vois venir avec ses gros sabots.

'**Nachtisch** *m* dessert *m*; *beim* ~ (*so nebenbei*) entre la poire et le fromage.

'**Nacht|jäger** ✈ *m* chasseur *m* de nuit; ~klub *m* boîte *f* (de nuit); cabaret *m*; ~krem *od. f* crème *f* de nuit; ~lager *n* camp *m* pour la nuit; (*Quartier*) logement *m*; logis *m*; gîte *m*; ~lampe *f* lampe *f* de chevet; *Pariser* ~ Paris la nuit.

'**nächtlich I** *adj.* nocturne; **II** *adv.* la nuit; de nuit.

'**Nacht|licht** *n* veilleuse *f*; ~lokal *n* établissement *m* (*od.* cabaret *m*) de nuit; F boîte *f* de nuit; ~luft *f* fraîcheur *f* de la nuit; ~mahl *n* souper *m*; ~marsch *m* marche *f* de nuit; ~musik *f* sérénade *f*; ~mütze *f* bonnet *m* de nuit.

'**nachtönen** *v/i.* résonner; *Glocke*: vibrer.

'**Nachtquartier** *n* gîte *m*.

'**Nach|trab** ⚔ *m* arrière-garde *f*; ~trag *m* supplément *m*; avenant *m*; (*Testaments*2) codicille *m*; *Briefe*: post-scriptum *m*; 2tragen *v/t.* (*hinzufügen*) ajouter (à); *j-m* ~ porter qch. derrière q., *fig.* garder rancune à q. de qch.; 2tragend *adj.* rancunier, -ière; 2träglich I *adj.*: (*später nachfolgend*) ultérieur; postérieur; (*zusätzlich*) supplémentaire; additionnel, -elle; **II** *adv.* plus tard; après coup; a posteriori.

'**Nachtrags|liste** *f* liste *f* de mots supplémentaires; ~zahlung *f* versement *m* supplémentaire.

'**Nacht|ruhe** *f* repos *m* nocturne; 2s *adv.* (pendant) la nuit; de nuit; *litt.* nuitamment; ~schatten ♣ *n/pl.* solanacées *f/pl.*; solanées *f/pl.*; ~schicht *f* équipe *f* de nuit; ~ *haben* être de nuit; 2schlafend *adj.*: *zu* ~er *Zeit* quand tout le monde dort; ~schwärmer F *m* noctambule *m*; ~schwester *f* infirmière *f* de nuit; ~sitzung *f* séance *f* de nuit; ~start *m* départ *m* de nuit; ~stuhl *m* chaise *f* percée; ~tarif *m* tarif *m* de nuit; ~taxe *f* taxe *f* de nuit; ~tisch *m* table *f* de nuit, de chevet; ~tischlampe *f* lampe *f* de chevet; ~topf *m* vase *m* de nuit; pot *m* de chambre.

'**nach|trauern** *v/i.*: *j-m (e-r Sache dat.)* ~ regretter q. (qch.); ~tun *v/t.*: *es j-m* ~ en faire autant que q.

'**Nacht|vogel** *m* oiseau *m* de nuit; ~vorstellung *f Kino*: séance *f* noc turne; ~wache *f* garde *f*, veille *f* de nuit; *bsd. bei Kranken*: veillée *f*; (*Person*) garde *f*; *pol., univ. néol.* vigile *m*, vigilant *m*; ~ *halten* veiller (*bei j-m* q.); ~wächter *m* garde (*od.* veilleur) *m* de nuit; 2wandeln *v/i.* être somnambule; ~wandeln *n* somnambulisme *m*; 2wandelnd *adj.* somnambule; 2wandler(in*f*) *m* somnambule *m*, *f*; 2wandlerisch *adj.* de somnambule; ~zeit *f*: *zur* ~ de nuit; ~zeug *n* (*Nachtbekleidung*) vêtements *m/pl.* de nuit; ~zug ⚙ *m* train *m* de nuit; ~zuschlag *m* taxe *f* de nuit.

'**Nach|untersuchung** *f* examen *m* médical ultérieur; vertrauensärztliche ~ contre-visite *f* du médecin-conseil; ~urlaub *m* prolongation *f* de congé.

'**nach|verlangen** *v/t.* demander encore (*od.* en sus); ~versichern *v/t.* augmenter la somme assurée; compléter son assurance; 2versicherung *f* assurance *f* supplémentaire; ~vollziehen *v/t.*: *e-n Zs.-stoß* ~ simuler une collision; *fig. cet verstehen*: bien comprendre; *den Gedankengang j-s nicht* ~ *können* ne pas pouvoir suivre le raisonnement de q.; ~wachsen *v/i.* repousser; 2wahl *f* élection *f* complémentaire; 2wehen *f/pl.* ⚕ tranchées *f/pl.* utérines; *fig.* suites *f/pl.*; séquelles *f/pl.*; ~weinen *v/t.*: *j-m keine Träne* ~ ne pas déplorer la disparition de q.; ne pas regretter la mort de q.; 2weis *m* preuve *f*; justification *f*; relevé *m*; *urkundlicher*: documentation *f*; ⚖ décèlement *m*; *den* ~ *liefern (od.* erbringen) fournir la preuve (*für etw.* de qch.), prouver (qch.), justifier (de qch.), *urkundlich*: documenter (qch.); *zum* ~ *von* à l'appui de; *als* ~ *gelten faire foi*; ~weisbar *adj.* démontrable; prouvable; (*zu rechtfertigen*) justifiable; ⚖ décelable; ~weisen *v/t.* prouver; démontrer; justifier; *urkundlich*: documenter; *Arbeit*: procurer; ⚖ déceler; *s-e Eignung* ~ justifier de son aptitude (*für* à qch.); ~weislich *adv.* comme on peut en apporter la preuve; 2welt *f* postérité *f*; ~werfen *v/t.* jeter après; ~wiegen *v/t.* repeser; vérifier le poids (de); 2winter *m* hiver *m* tardif; ~wirken *v/i.* se faire sentir; produire (encore) son effet; (*rückwirken*) avoir des répercussions; 2wirkung *f* effet *m* ultérieur; (*Folgen*) séquelles *f/pl.*, *a. péj.* retombées *f/pl.*, répercussions *f/pl.*; *unter der* ~ *von etw. leiden; (die)* ~en *von etw. spüren* se ressentir de qch.; 2wort *n* épilogue *m*; postface *f*; 2wuchs *m* nouvelle pousse *f*; ⚕ rejet *m*; *for.* recrû *m*; *fig.* jeune génération *f*; jeunes *m/pl.*; jeunesse *f*; intellektueller ~ outillage *m* intellectuel; *den* ~ *heranbilden* former les jeunes; 2wuchsauslese *f* écrémage *m*; 2wuchsfahrer *vél. m* poulain *m*; ~zahlen *v/t. u. v/i.* payer (*thé. u.* ⚙ *prendre*) un supplément; ~zählen *v/t.* recompter; verifier; 2zählen *n* vérification *f*; 2zahlung *f* paiement *m* supplémentaire; ~zeichnen *v/t.* copier; ~ziehen 1. *v/t.* traîner après soi; *Schraube*: resserrer; *Striche*: imiter; *Augenbrauen*: refaire au crayon; *fig.* (*anziehen*) attirer; *nach* sich ~ entraîner, (*zur Folge haben*) avoir pour conséquences; *die Buchstaben mit dem Füller* ~ repasser les lettres au stylo; **2.** *v/i.*: *j-m* ~ suivre q.; **~zotteln** F *v/i.*: *j-m* ~ suivre q. lentement; **⁀zügler(in** *f*) *m* retardataire *m, f*; P clampin *m*; attardé *m*; ⚔ traînard *m*; **⁀zündung** *f Auto*: allumage *m* retardé.

'**Nackedei** F *m* enfant *m* nu.
'**Nacken** *m* nuque *f*; *fig. j-m den* ~ *steifen* affermir q. dans sa résolution; *j-m auf dem* ~ *sitzen* poursuivre q. de près; talonner q.; être aux trousses de q.; *j-n im* ~ *haben* avoir q. à ses trousses; *er hat den Schalk im* ~ c'est un pince-sans-rire.
'**nackend** *adj.* nu.
'**Nacken|hebel** *m Ringen*: double clef *f* à la nuque; **~schlag** *m Boxen*: coup *m* à la nuque; *fig. Nackenschläge bekommen* éprouver des revers; **~stütze** (*Auto*) *f* repose-tête *m*.
nackt I *adj.* nu; (*ohne Federn*) déplumé; *mit* ~*en Füßen* (les) pieds nus; nu-pieds; *fig. die* ~*e Wahrheit* la vérité toute nue; *das* ~*e Leben* (*bei vb.* ne ...) rien que la vie; **II** *adv.*: *sich* ~ *ausziehen* se mettre nu; ~ *baden* se baigner nu; **⁀badestrand** *m* plage *f* réservée aux nudistes; **⁀heit** *f* nudité *f*; **⁀kultur** *f* nudisme *m*; naturisme *m*; *Anhänger der* ~ nudiste *m*; naturiste *m*; **⁀tänzerin** *f* danseuse *f* nue.
'**Nadel** *f* aiguille *f*; (*Steck⁀*) épingle *f*; *zum Heften*: broche *f*; *e-e* ~ *einfädeln* enfiler une aiguille; *mit e-r* ~ *befestigen* épingler; *fig. wie auf* ~*n sitzen* être sur des charbons ardents; **~abweichung** *f* déclinaison (*od. déviation*) *f* de l'aiguille; **~arbeit** *f* ouvrage *m* à l'aiguille; **~baum** *m* conifère *m*; **~brief** *m* paquet *m* d'aiguilles *bzw.* d'épingles; **~büchse** *f* étui *m* à aiguilles; aiguillier *m*; (*Steck⁀*) étui *m* à épingles; **~fabrik** *f* aiguillerie *f*; (*Steck⁀*) épinglerie *f*; **⁀förmig** *adj.* en forme d'aiguille; ♀ *u. Gesteinskunde*: aciculaire; **~geräusch** *n Schallplatte*: bruit *m* de fond; **~hölzer** ♀ *n/pl.* conifères *m/pl.*; **~kissen** *n* pelote *f* à épingles; **~kopf** *m* tête *f* d'épingle; **⁀n** *v/i. Baum*: perdre ses aiguilles; **~öhr** *n* trou *m* d'aiguille; chas *m*; **~stich** *m* piqûre *f* d'épingle, d'aiguille, *fig.*; (*Nähstich*) point *m* (de couture); **~wald** *m* forêt *f* de conifères.
'**Nagel** *m* clou *m*; *hölzerner*: cheville *f*; (*Finger⁀*) ongle *m*; *e-n* ~ *einschlagen* enfoncer un clou (*mit avec*); *mit Nägeln beschlagen* clouter; *sich die Nägel schneiden* (*od. machen*) se couper les (*od. faire ses od.* se faire les) ongles; *sich die Nägel feilen* limer ses ongles; *an den Nägeln kauen* se ronger les ongles; *fig. den* ~ *auf den Kopf treffen* toucher (*od.* porter *od.* rencontrer) juste; mettre le doigt dessus; donner au but; *fig. etw. an den* ~ *hängen* renoncer à qch.; mettre (*od.* prendre) qch. au croc; ne plus s'occuper de qch.; *fig. auf den Nägeln brennen* presser; être urgent; **~bohrer** *m* vrille *f*; **~bürste** *f* brosse *f* à ongles; **~bombe** *f* bombe *f* à clous; **~feile** *f* lime *f* à ongles; **⁀fest** *adj.* cloué solidement; **~geschwür** ⚕ *n* panaris *m*; **~hautentferner** *cosm. m*

eau *f* émolliente; dissolvant *m* pour ôter la peau sur les ongles; **~hautschieber** *cosm. m* repoussoir *m* (pour les ongles); **~kasten** ⊕ *m* cloutière *f*; **~kopf** *m* tête *f* de clou; **~lack** *m* vernis *m* à ongles; **~lackentferner** *m* dissolvant *m* (du vernis à ongles); acétone *m*; **⁀n** *v/t.* clouer (*an, auf acc.* à); *e-n Knochen* ~ embrocher un os; **~n** *n* clouage *m*; **⁀neu** F *adj.* battant (*od.* flambant) neuf, battant (*od.* flambant) neuve; **~pflege** *f* soins *m/pl.* des ongles; manucure *f*; **~pflegebesteck** *n*, **~pflegenecessaire** *n* nécessaire *m* à ongles; onglier *m*; **~polierer** *m* polissoir *m*; **~probe** *f: die* ~ *machen* faire rubis sur l'ongle; **~reiniger** *m* cure-ongles *m*; **~schere** *f* ciseaux *m/pl.* à ongles; **~schmied** *m* cloutier *m*; **~schmiede** *f* clouterie *f*; **~schuhe** *m/pl.* souliers *m/pl.* à clous; **~wurzel** *f* racine *f* d'un ongle; **~zange** *f zur Nagelpflege*: pince *f* à ongles; **~zieher** *m* tire-clou *m*.
'**nag|en** *v/t.* ronger; *litt.* tarauder; (*a. fig.*; *an j-m* q.; *an etw. dat.* qch.); *géol., fig.* corroder; **~end** *adj.* rongeant; rongeur, -euse; (*fressend, ätzend*) corrosif, -ive; **⁀etier** *n zo.* rongeur *m*.
'**nah(e) I** *adj.* proche; (*anstoßend*) attenant; contigu, -ë; (*benachbart*) voisin; (*ungefähr*) approchant; *Freund*: intime; *Gefahr*: imminent; *der* ⁀*e Osten* le Proche-Orient; ~*er Verwandter* proche parent *m*; *ich war* ~ *daran, zu ...* (*inf.*) j'ai manqué (de) ... (*inf.*); j'ai failli ... (*inf.*); j'étais tout près (*od.* sur le point) de ... (*inf.*); *es war* ~ *daran peu s'en est fallu*; *er ist dem Tode* ~ il est près de la fin; **II** *adv.*: ~ (*an*) près de; *er ist* ~ *an die Fünfzig* il approche de la cinquantaine; il frise la cinquantaine; ~ *verwandt mit* proche parent de; ~ *gelegen*; ~ *liegend* voisin; *von* ~ *und fern* de près et de loin; *Auto*: *zu* ~*e hintera.-fahren* se suivre de trop près; *fig. j-m zu* ~ *treten* froisser q.; ~ *bevorstehen* être imminent.
'**Näh-arbeit** *f* ouvrage *m* de couture.
'**Nah|aufklärung** ⚔ *f* reconnaissance (*od.* exploration) *f* rapprochée; **~aufnahme** *f* gros plan *m*; *e-e* ~ *machen* prendre un gros plan; **~bereich** ♀ *m* zone *f* limitrophe.
'**Nähe** *f* proximité *f*; voisinage *m*; (*Umgebung*) environs *m/pl.*; *hier in der* ~ près d'ici; *in der* ~ *der Stadt* près (*od.* aux abords) de la ville; *in der* ~ *des Fahrers* (*von Lyon*) à proximité du conducteur (de Lyon); *ganz in der* ~ dans le voisinage immédiat; *es ist ganz in der* ~ c'est tout près; *in unmittelbarer* ~ à proximité immédiate (*von* de); *in greifbare* ~ *gerückt sein* être à la portée de la main; *aus der* ~ de tout près; *in s-r* ~ près de lui; *in der* ~ *betrachten* examiner de près; *aus nächster* ~ *schießen* tirer à bout portant.
'**nahe** *adj.* proche; voisin; *adv.* près, **~bei** *adv.* tout près; **~bringen** *v/t.*: *j-m etw.* ~ bien montrer qch. à q.; faire comprendre qch. à q.; **~gehen** *v/i.*: *das geht ihm nahe* cela le touche de près; **~kommen** *v/i.* approcher (de); (*streifen*) friser (*acc.*); **~legen** *v/t.*: *j-m etw.* ~ recommander instamment qch. à q.; **~liegen** *v/i.*: *das*

liegt ~ cela est facile à comprendre; **⁀liegend** *adj.* (*leichtverständlich*) facile à comprendre.
'**Nah-empfang** *m Radio*: réception *f* à courte (*od.* petite) distance.
'**nahen** *v/i.* (*v/rf.*: *sich* s')approcher.
'**nähen** *v/t.* coudre; *Hemden usw.*: faire; *chir.* suturer; *mit der Hand* (*mit der Maschine*) ~ coudre à la main (à la machine).
'**näher I** *adj.* (*comp. v. nah[e]*) plus proche; ~*e Umstände* plus amples détails *m/pl.*; *gr.* ~*es Objekt* régime *m* direct; *bei etw.* ~*er Betrachtung* à y regarder d'un peu plus près; *er gewinnt bei* ~*er Bekanntschaft* il gagne à être connu; *das Hemd ist mir* ~ *als der Rock* charité bien ordonnée commence par soi-même; **II** *adv.* plus près; ~ *rücken* (~ *kommen* s')approcher; *e-r Frage* ~ *treten* serrer une question de plus près; *kommen Sie doch* ~! approchez!; *treten Sie* ~! (*herein!*) entrez!; *j-n* ~ *kennenlernen* faire plus ample connaissance avec q.; *sich mit* ~ *bekannt machen se familiariser avec qch.; **~bringen** *v/t.*: *j-m etw.* ~ faire mieux comprendre qch. à q.
'**Nähe**'**rei** *f* couture *f*.
'**Nähere(s)** *n* plus amples détails *m/pl.*; ~ *siehe ...* pour plus amples détails voir ~ *bei ...* pour plus amples renseignements, s'adresser à ...
'**Näherin** *f* couturière *f*.
'**näher|kommen** *v/rf.*: *sich* ~ (*sich verstehen lernen*) commencer à s'entendre; **~n** *v/rf.*: *sich* ~ (s')approcher (de); *sich den Fünfzigern* ~ friser (*od.* approcher de) la cinquantaine; *sich s-m Ende* ~ toucher à sa fin; **~treten** *v/i.*: *e-r Frage* ~ aborder une question.
'**Näherung** ⚕ *f* approximation *f*; **~sverfahren** ⚕ *n* méthode *f* d'approximation; **~swert** ⚕ *m* valeur *f* approchée (*od.* approximative).
'**nahe|stehen** *v/i.*: *j-m* ~ être lié avec q.; être l'intime de q.; **⁀stehend** *adj.* proche; **~treten** *v/i.* (*vertraut werden*): *j-m* ~ se familiariser avec q.; **~zu** *adv.* à peu près; presque.
'**Nähgarn** *n* fil *m* à coudre.
'**Nahkampf** *m* combat *m* rapproché; ⚔ (*Mann gegen Mann*) combat *m* au corps à corps *m*; **~artillerie** ⚔ *f* artillerie *f* d'appui direct; **~waffe** *f* arme *f* de combat rapproché.
'**Näh|kasten** *m* boîte *f* à ouvrage, à couture; **~korb** *m* corbeille *f* à ouvrage.
'**Näh|lehrmädchen** *n* petite main *f*; **~mädchen** *n* F cousette *f*; arpette *f*; midinette *f*; **~maschine** *f* machine *f* à coudre; couseuse *f*; **~nadel** *f* aiguille *f* (à coudre).
'**Nähr|boden** *m* ♀ milieu *m* nutritif; *für Bakterien*: bouillon *m* de culture (*a. fig.*); **⁀en 1.** *v/t.* (*v/rf.*: *sich se*) nourrir; (se) sustenter; *Kind*: nourrir; allaiter; (*beköstigen*) (sich s')alimenter; ~ *mit* nourrir de; *sich* ~ *von* se nourrir de; *fig.* nourrir; **2.** *v/i.* (*nahrhaft sein*) nourrir.
'**Nährflüssigkeit** *f* liquide *m* nutritif.
'**nahrhaft** *adj.* nutritif, -ive; nourrissant; (*kräftig*) substantiel, -elle; (*einträglich*) productif, -ive; lucratif, -ive; **⁀igkeit** *f* qualités *f/pl.* nutri-

'**Nähr|mittel** *n/pl.* (*Teigwaren*) pâtes *f/pl.* alimentaires; **~präparat** *n* aliment *m* concentré; **~salz** *n* sel *m* nutritif; **~stoff** *m* substance *f* nutritive.

'**Nahrung** *f* nourriture *f*; aliment *m*; vivres *m/pl.*; *flüssige* ~ aliment *m* liquide; liquides *m/pl.*; ~ *und Kleidung* le vivre et le vêtement; *fig. geistige* ~ nourriture *f* intellectuelle; *fig. dort reichlich* ~ *finden* y trouver grasse provende; ~ *geben* nourrir (*a. fig.*); ~ *zu sich nehmen* se nourrir; *fig. iron. neue* ~ *spenden* offrir une nouvelle pâture (à *qch.*); **~smangel** *m* disette *f*; **~smittel** *n* aliment *m*; produit *m* alimentaire; *pl. a.* vivres *m/pl.*; denrées *f/pl.* alimentaires; **~smittelchemie** *f* chimie *f* alimentaire; **~smittelchemiker(in** *f*) *m* chimiste *m*, *f* alimentaire; **~smittelfälschung** *f* falsification *f* de(s) produits (*od.* des denrées) alimentaires; **~smittelhygiene** *f* hygiène *f* des aliments; **~smittel-industrie** *f* industrie *f* alimentaire (*od.* de l'alimentation); **~smittelprüfer** *m* essayeur *m*; **~smittelvergiftung** *f* intoxication *f* alimentaire; **~ssorgen** *f/pl.* souci *m* du pain quotidien; **~swissenschaftler** *m* nutritionniste *m*.

'**Nährwert** *m* valeur *f* nutritive.

'**Näh|schule** *f* école *f* de couture; **~seide** *f* soie *f* à coudre.

'**Nahsender** *rad.*, *télév. m* émetteur *m* régional.

Naht *f* couture *f*; (*Lötstelle*) soudure *f*; *chir.*, ⚕ suture *f*; *fig. aus den Nähten platzen* (*Großstadt*) déborder de tous les côtés.

'**Nähtisch** *m* table *f* à ouvrage; **~chen** *n* travailleuse *f*, chiffonnier *m*.

'**naht|los** *adj.* sans couture; (*ohne Schweißnaht*) sans soudure; *fig.* (*reibungslos*) sans difficultés; **2stelle** *fig.* ↑ point *m* de jonction; charnière *f*.

'**Nahtourismus** *m* microtourisme *m*.

'**Nahverkehr** *m* trafic *m* à courte (*od.* petite) distance; trafic *m* de banlieue.

'**Nähzeug** *n* trousse *f*; nécessaire *m* de couture.

'**Nahziel** *n* objectif *m* immédiat.

na'iv *adj.* naïf, naïve; ingénu.

Naivi'tät *f* naïveté *f*; ingénuité *f*.

Na'ivling *m* naïf *m*; F poire *f*; P gazier *m*; P barjot *m*, gribouille *m*; F gogo *m*.

Na'jade *f* naïade *f*.

'**Nam|e** *m*, **~en** *m* nom *m*; (*Benennung*) appellation *f*; dénomination *f*; (*Ruf*) réputation *f*; renom *m*; renommée *f*; *in j-s ~n* au nom de q.; *in m-m ~n* en mon nom personnel; *im ~n m-r Regierung* au nom de mon gouvernement; *in m-m ~n und im ~n der Regierung* en mon nom personnel et au nom du gouvernement; *unter e-m angenommenen ~n* sous un nom d'emprunt; *wahrer* (*falscher*) ~ vrai (faux) nom *m*; *voller* ~ nom *m* complet; *auf den ~n lautend* nominatif, -ive; *wie ist Ihr* ~? quel est votre nom?; *mein ~ ist ... mon nom est ...;* je m'appelle ...; *s-n ~n sagen* (*od. angeben*) dire (*od.* décliner) son nom; *se nennen* ; *j-m e-n ~n geben* donner un nom à q.; nommer q.; *j-n bei* (*od. mit*) *~n nennen* nommer q. par son nom; *die ~n in alphabetischer Reihenfolge verlesen* lire les noms par ordre alphabétique; *j-s ~n tragen* porter le nom de q.; *die ~n aufrufen* faire l'appel nominal; *dem ~n nach* de nom; *dem ~n nach kennen* connaître de nom; *s-n ~n setzen* apposer son nom (*unter acc.* sous); *s-n ~n hergeben* prêter son nom (*für* pour); *sich e-n ~n machen* se faire un nom; *der ~ tut nichts zur Sache* le nom ne fait rien à l'affaire; *ich will keine ~n nennen* je ne veux citer personne; *j-n um s-n guten ~n bringen* perdre q. de réputation; *die Dinge* (F *das Kind*) *beim rechten ~n nennen* nommer (*od.* appeler) les choses par leur nom, F appeler un chat un chat; **2enlos** *adj.* sans nom; anonyme; *fig.* indicible; inexprimable; ineffable.

'**namens I** *adv.* du nom de; nommé; **II** *prp.* (*gén.*) au nom de; pour le compte de; **2aktie** ✝ *f* action *f* nominative; **2änderung** *f* changement *m* de nom; **2angabe** *f* désignation *f* du nom; **2aufruf** *m* appel *m* nominal; *Abstimmung durch ~* vote *m* par appel nominal; **2fest** *n* fête *f*; **2forschung** *f*, **2kunde** *f* science *f* des noms propres; onomatologie *f*; onomastique *f*; **2gedächtnis** *n* mémoire *f* des noms; **2liste** *f* liste *f* des noms (nominative); **2register** *n* registre *m* des noms; état *m* nominatif; **2stempel** *m* griffe *f* (*a. Werkzeug*); **2tag** *m* fête *f*; **2unterschrift** *f* signature *f*; **2verwechslung** *f* confusion *f* de noms; **2vetter** *m* homonyme *m*; **2zug** *m* signature *f*; *abgekürzter:* parafe *m*.

'**namen|tlich I** *adj.* nominal; **~er Namensaufruf** appel *m* nominal; **II** *adv.* nominalement; par son nom; (*besonders*) notamment; spécialement; **2verzeichnis** *n* liste *f* nominative (*od.* des noms); état *m* nominatif.

'**namhaft** *adj.* renommé; connu; célèbre; (*beträchtlich*) considérable; *etw.* ~ *machen* dénommer qch.; *j-n ~ machen* nommer q.; **2machung** *f* dénomination *f*.

'**nämlich I** *adj.* même; *das ~e* la même chose; **II** *adv. bestimmend:* à savoir; c'est-à-dire; *begründend:* c'est que.

na'nu! F *int.* eh bien!

'**Napalm** *m* napalm *m*; **~bombe** *f* bombe *f* au napalm; **~spritzer** *m/pl.* éclaboussures *f/pl.* de napalm.

Napf *m* écuelle *f*; jatte *f*; bol *m*; *größerer:* terrine *f*; (*Eßβ*) gamelle *f*; '**~kuchen** *m* savarin *m*.

'**Naphtha** *n u. f* naphte *m*.

Naphta'lin *n* naphtaline *f*.

Na'poleon *m* Napoléon *m*; **~schnitte** *pât. f* millefeuille *m*.

napole'onisch *adj.* napoléonien, -enne.

'**Narb|e** *f* cicatrice *f*; couture *f*; (*Schmarre, Schmiß*) balafre *f*; ⚕ stigmate *m*; ✿ couche *f* végétale; *des Leders:* grain *m*; **2en** *v/t. Leder:* chagriner; **2enbildend** *adj.* cicatrisant; **~enbildung** *f* cicatrisation *f*; **2enlos** *adj.* sans cicatrice; **~enseite** *f Leder:* fleur *f* du cuir; **2ig** *adj.* cicatrisé; marqué de cicatrices; (*schmarrig*) balafré; *Leder:* grenu.

Nar'kose *f* narcose *f*; **~arzt** *m* anesthésiste *m*; **~schwester** *f* infirmière *f* anesthésiste.

Nar'kotikum *n* narcotique *m*.

Narko'tin *phm. n* narcotine *f*.

nar'kotisch *adj.* narcotique.

narkoti'sieren *v/t.* narcotiser; administrer un narcotique (à).

Narr *m* fou *m*; sot *m*; bouffon *m*; F *e-n ~en gefressen haben* raffoler (*an dat.* de); être engoué (de); être entiché (de); *j-n zum ~en haben* (*od. halten*) se jouer (*od.* se moquer) de q.; mystifier q.; '**~enfreiheit** *f* licence *f* carnavalesque; ~ *haben* avoir tous les droits; '**~enkappe** *f* bonnet *m* de bouffon; '**~en(s)possen** *f/pl.* bouffonneries *f/pl.*; pitreries *f/pl.*; '**~enstreich** *m* sottise *f*; facétie *f*.

Narre'tei *f* folie *f*.

'**Narrheit** *f* folie *f*; extravagance *f*.

'**Närrin** *f* folle *f*; sotte *f*.

'**närrisch** *adj.* fou (*vor vo. od. stummem h:* fol), folle; (*überspannt*) extravagant; (*drollig*) drôle, F rigolo.

'**Narwal** *icht. m* narval *m*.

Nar'ziß *psych. m* narcisse *m*.

Nar'zisse ✿ *f* narcisse *m*; *gelbe:* jonquille *f*.

Nar'zißmus *m* narcissisme *m*.

na'sal I *gr. adj.* nasal; **II** 2 *m* nasale *f*.

nasa'lier|en *gr. v/t.* nasaliser; **2en** *n*, **2ung** *f* nasalisation *f*.

Na'sallaut *gr. m* nasale *f*.

'**nasch|en** *v/t.* manger par gourmandise; *heimlich:* goûter en cachette (*etw.* de qch.); **~er(in** *f*) *m* friand *m*, -e *f*; **2e'rei** *f* gourmandise *f*; **~en** *pl.* (*Süßigkeiten*) sucreries *f/pl.*, douceurs *f/pl.*, F chatteries *f/pl.*, friandises *f/pl.*; **~haft** *adj.* friand; gourmand; **2haftigkeit** *f* gourmandise *f*; **2kätzchen** *fig. n* gourmande *f*.

'**Nase** *f* nez *m*; P pif (fre *m*) *m*; (*Witterung*) flair *m*; ⊕ nez *m*; talon *m*; (*Tülle*) bec *m*; *die* ~ *putzen* se moucher (*j-m* q.); *sich die* ~ *putzen* se moucher; moucher son nez; *er blutet aus der ~; s-e blutet; ihm blutet die* ~ il saigne du nez; *durch die* ~ *sprechen* parler du nez; *in die* ~ *steigen* prendre (*od.* monter) au nez; *die* ~ *rümpfen* faire la moue; *die* ~ *hochtragen* prendre des airs 'hautains; *fig. die* ~ *voll haben* en avoir assez; en avoir plein le dos; en avoir par-dessus la tête; *die* ~ *in etw.* (*acc.*) *stecken* mettre le nez dans qch.; *s-e* ~ *in alles stecken* fourrer son nez partout; F *die* ~ *rausstecken* mettre le nez dans la rue; *in der* ~ *herumführen* mener q. par le (bout du) nez; *ich sehe es dir an der ~ an* je le vois à ton nez; *j-m etw. auf die* ~ *binden* en faire accroire à q.; *j-m auf der* ~ *herumtanzen* se jouer (*od.* se moquer) de q.; *mit langer* ~ *abziehen* s'en aller tout penaud; *j-n mit der* ~ *auf etw. stoßen* mettre à q. le nez sur qch.; *j-m etw. unter die* ~ *reiben* jeter qch. à q. au nez; brandir qch. à q.; *j-m sieht nicht weiter, als die* ~ *reicht* il ne voit plus loin que (le bout de) son nez; *j-m die Würmer aus der ~ ziehen* tirer les vers du nez à q.; *auf der* ~ *liegen* (*krank sein*) être malade; *Mund und ~ aufsperren* être (*od.* rester) bouche bée; *der Bus ist mir vor der ~ weggefahren* le bus m'est passé devant le nez (*od. ...* m'a filé sous le nez); *j-m etw. vor der* ~ *wegnehmen* enlever qch. au nez de q.; *vor der ~ sous le nez; j-m die Tür vor der ~*

zuwerfen claquer la porte au nez de q.; *immer der ~ nach!* allez droit devant vous!; *fassen Sie sich an Ihre eigene ~!* prenez-vous par le bout du nez; *er hat sich den Wind um die ~ wehen lassen* il a vu beaucoup de pays; *e-e feine ~ haben* avoir le nez fin; ²**lang** F *adv.*: *alle ~ à chaque instant*; F à tout bout de champ.

'**näseln I** *v/i.* nasiller; **II** ² *n* nasillement *m*; **~d** *adj.* nasillard.

'**Nasen|affe** *zo. m* nasique *m*; **~bein** *anat. n* os *m* nasal; **~bluten** 🕮 *n* saignement *m* de nez; *~ haben* saigner du nez; **~flügel** *m* aile *f* du nez; **~höhle** *anat. f* fosse *f* nasale; **~länge** *f bei Rennen*: (longueur *f* d'une) tête *f*; *um e-e ~ gewinnen* gagner d'une tête; **~lauf** *m* nasale *f*; **~loch** *anat. n* narine *f*; *der Pferde*: naseau *m*; **~rachenentzündung** 🕮 *f* affection *f* du rhinopharynx; rhinopharyngite *f*; **~ring** *m* anneau *m* passé par le nez; **~rücken** *m* dos *m* du nez; **~rümpfen** *n* moue *f*; **~scheidewand** *f* cloison *f* nasale; **~schleim** *m* morve *f*; **~schleimhaut** *f* muqueuse *f* nasale; **~schleimhautentzündung** 🕮 *f* inflammation *f* de la muqueuse nasale; rhinite *f*; **~spitze** *f* bout *m* du nez; **~stüber** *m* chiquenaude *f*; **~untersuchung** *f* examen *m* des fosses nasales; rhinoscopie *f*; **~wurzel** *f* racine *f* du nez.

'**naseweis I** *adj.* trop curieux, -euse; qui touche à tout; (*vorlaut*) qui parle avant son tour; qui a la langue trop longue; peu discret, -ète; **II** ² *m* touche-à-tout *m*.

'**Nashorn** *zo. n* rhinocéros *m*.

naß I *adj.* mouillé, (*feucht*) humide; (*durchnäßt*) trempé; *~ vor Schweiß* moite de sueur; *~ machen* mouiller; *sich ~ machen*, *werden* se mouiller; *durch und durch* (*od. bis auf die Haut*) *~ sein* être tout trempé; être trempé jusqu'aux os; **II** ² *n poët.* eau *f*; *das edle ~* le jus de la treille.

'**Nassauer** F *m fig.* pique-assiette *m*; écornifleur *m*; resquilleur *m*; ²*n* F *v/i.* écornifler; resquiller.

'**Nässe** *f* humidité *f*; *vor ~ zu schützen!* craint l'humidité!; à préserver de l'humidité; ²*n v/i. Wunde*: suinter; *~n n e-r Wunde*: suintement *m*.

'**Naß|fäule** *f* pourriture (*od.* putréfaction) *f* humide; ²**kalt** *adj.*: *es ist ~* il fait un froid humide; ²**machen** *v/abs.* (*Baby*) mouiller ses couches; **~wäsche** *f* linge *m* essoré.

Nati'on *f* nation *f*; *die Vereinten ~en* les Nations *f/pl.* Unies.

natio'nal *adj.* national; ²**bank** *f* banque *f* nationale; ²**bibliothek** *f* bibliothèque *f* nationale; ²**charakter** *m* caractère *m* national; ²**china** *n* la Chine nationaliste; ²**farben** *f/pl.* couleurs *f/pl.* nationales; ²**feiertag** *m*, ²**fest** *n* fête *f* nationale; ²**flagge** *f* drapeau *m* national; *französische ²garde hist. f* garde *f* nationale; ²**gefühl** *n* sentiment *m* national; ²**gericht** *cuis. n* plat *m* national; ²**held** *m* 'héros *m* national; ²**hymne** *f* hymne *m* national.

nationali'sier|en *v/t.* nationaliser; ²**ung** *f* nationalisation *f*.

Nationa'lis|mus *m* nationalisme *m*; **~t** *m* nationaliste *m*; ²**tisch** *adj.* nationaliste.

Nationali'tät *f* nationalité *f*; **~enprinzip** *n* principe *m* des nationalités; **~enstaat** *m* État-nations *m*; **~skennzeichen** *n* plaque *f* de nationalité.

Natio'nal|konvent *hist. m* Convention *f* (nationale); **~mannschaft** *f Sport*: équipe *f* nationale; **~ökonom** *m* économiste *m*; **~ökonomie** *f* économie *f* politique; ²**politisch** *adj.* politico-national; **~sozialismus** *m* national-socialisme *m*; nazisme *m*; **~sozialist** *m* national-socialiste *m*; nazi *m*; ²**sozialistisch** *adj.* national-socialiste; nazi; **~stolz** *m* fierté *f* nationale; **~synode** *f* synode *m* national; **~tracht** *f* costume *m* national; **~vermögen** *n* fortune *f* nationale; biens *m/pl.* nationaux; **~versammlung** *f* assemblée *f* nationale; **~währung** *f* monnaie *f* nationale.

NATO *abr. f* O.T.A.N. *f*.

NATO-Doppelbeschluß *pol. m* résolution *f* à deux volets prise par l'O.T.A.N.

'**Natrium** 🝊 *n* sodium *m*.

'**Natron** 🝊 *n* soude *f*; *kohlensaures ~* carbonate *m* de soude, *natürliches ~*: natron *m*; natrum *m*; *doppelkohlensaures ~* bicarbonate *m* de soude; ²**haltig** *adj.* sodé; **~lauge** *f* soude *f* caustique.

'**Natter** *zo. f* couleuvre *f*.

Na'tur *f* nature *f*; (*natürliche Beschaffenheit*) *a.* naturel *m*; (*Gemütsart*) tempérament *m*; constitution *f*; complexion *f*; (*Charakter*) caractère *m*; *nach der ~* d'après nature; *von ~* de nature; *s-r ~ nach* de par sa nature; *gegen die ~* contre nature; *das liegt in der ~ der Sache* c'est dans la nature des choses; *das liegt in s-r ~* c'est dans sa nature; *j-m zur zweiten ~ werden* devenir une seconde nature chez q.; *e-e gute ~ haben* être d'un tempérament robuste; *s-e wahre ~ zeigen* montrer son vrai caractère; *in freier ~* (*im Freien*) en plein air; ²**a:** *in ~* en nature.

Natu'ralbezüge *m/pl.* rémunérations *f/pl.* en nature.

Natu'ralien *pl.* produits *m/pl.* du sol; (*Stücke e-r naturgeschichtlichen Sammlung*) objets *m/pl.* d'histoire naturelle; **~kabinett** *n*, **~sammlung** *f* cabinet *m* d'histoire naturelle.

naturali'sier|en *v/t.* naturaliser; *sich ~ lassen* se faire naturaliser; ²**ung** *f* naturalisation *f*.

Natura'lis|mus *m* naturalisme *m*; **~t** *m* naturaliste *m*; ²**tisch** *adj.* naturaliste.

Natu'ral|leistung *f* prestation *f* en nature; **~lohn** *m* salaire *m* en nature; **~wert** *m* valeur *f* en nature.

Na'tur|arzt *m* homéopathe *m*; **~beschreibung** *f* description *f* de la nature; **~bursche** *m* homme *m* plein de naturel.

Natu'rell *n* naturel *m*; tempérament *m*.

Na'tur|er-eignis *n*, **~erscheinung** *f* phénomène *m* de la nature; **~erzeugnisse** *n/pl.* produits *m/pl.* naturels; ²**farben** *adj.* qui a sa couleur naturelle; **~forscher** *m* naturaliste *m*; **~forschung** *f* études *f/pl.* de la nature; **~freund** *m* ami *m* de la nature; **~gabe** *f* don *m* naturel; **~gas** *n* gaz *m* naturel; ²**gemäß** *adj.* conforme à la nature; naturel, -elle; normal; **~geschichte** *f* histoire *f* naturelle; ²**geschichtlich** *adj.* d'histoire naturelle; **~gesetz** *n* loi *f* naturelle (*od.* de la nature); ²**getreu** *adj. u. adv.* d'après nature; **~heilbehandlung** *f* traitement *m* homéopathique; **~heilkunde** *f* thérapeutique *f* naturelle; physiothérapie *f*; **~heilkundige(r)** *m* homéopathe *m*; **~heilverfahren** *n* physiothérapie *f*; **~katastrophe** *f* catastrophe *f* naturelle; **~kind** *n* enfant *m*, *f* de la nature; **~kraft** *f* force *f* naturelle (*od.* de la nature); **~kunde** *f* science *f* de la nature; (*Naturwissenschaften*) sciences *f/pl.* naturelles.

na'türlich I *adj.* naturel, -elle; (*unbefangen*) naïf, naïve; (*einfach*) simple; **~es** (*uneheliches*) *Kind* enfant *m* naturel (🕮 illégitime); 🕮 *~e Person* personne *f* physique; *e-s ~en Todes sterben* mourir de mort naturelle (*od.* de sa belle mort); *~e Lebensweise* façon *f* naturelle de vivre; **II** *adv.* sans doute; naturellement; bien sûr; **~erweise** *adv.* naturellement; ²**keit** *f* naturel *m*; (*Unbefangenheit*) ingénuité *f*; naïveté *f*; (*Einfachheit*) simplicité *f*.

Na'tur|mechanismus *m* mécanisme *m* biologique; **~mensch** *m* primitif *m*; (*Naturfreund*) ami *m* de la nature; **~notwendigkeit** *f* nécessité *f* naturelle; **~park** *m* réserve *f* naturelle ouverte au public; **~produkte** *n/pl.* produits *m/pl.* naturels, **~recht** *n* droit *m* naturel; **~reich** *n* règne *m* de la nature; ²**rein** *adj.* naturel, -elle; *Öl*: vierge; **~religion** *f* religion *f* naturelle; **~schätze** *m/pl.* richesses *f/pl.* naturelles; **~schutz** *m* protection *f* de la nature; (*Landschaftsschutz*) protection *f* des paysages; **~schutzgebiet** *n* site *m* protégé; **~schutzpark** *m* parc *m* national; réserve *f*; **~sehenswürdigkeit** *f* curiosité *f* naturelle; **~the-ater** *n* théâtre *m* en plein air; **~treue** *f* fidélité *f* naturelle; **~trieb** *m* penchant *m* naturel; instinct *m*; ²**trüb(e)** (*Saft*) *adj.* non filtré; **~volk** *n* peuple *m* primitif; ²**wahr** *adj.* vrai; **~wein** *m* vin *m* naturel; ²**widrig** *adj.* contre nature; **~wissenschaften** *f/pl.* sciences *f/pl.* naturelles; ²**wissenschaftlich** *adj.* des sciences naturelles; ²**wüchsig** *adj.* naturel, -elle; **~wüchsigkeit** *f* naturel *m*; charme *m* naturel; **~wunder** *n* merveille *f* de la nature; **~zustand** *m* état *m* de nature; état *m* naturel.

'**Nau|tik** ⚓ *f* art *m* nautique; navigation *f*; **~tilus** *m* nautile *m*; ²**tisch** *adj.* nautique.

Navigati'on *f* navigation *f*; **~sgerät** *n* instrument *m* de navigation; **~skarte** *f* carte *f* de navigation; **~sschule** *f* école *f* de navigation.

'**Nazi** *m* nazi *m*.

Na'zis|mus *m* nazisme *m*; ²**tisch** *adj.* nazi.

Ne'andertaler *m* homme *m* de Neandertal.

Ne'apel *n* Naples *f*.

neapoli'tanisch adj. napolitain.
¹Nebel m brouillard m; dichter, bsd. über dem Wasser: brume f, leichter: brumasse f; fig. nuage m; voile m; dichter (dünner; feuchter; trockener; künstlicher) ~ brouillard m épais (ténu; humide od. pluvieux; sec; artificiel); der ~ steigt (löst sich auf) le brouillard s'élève (se dissipe); in ~ gehüllt pris dans le brouillard; bei Nacht und ~ à la faveur de la nuit; **~abscheider** ⊕ m filtre m collecteur de brouillard; **~bank** f banc m de brume; **~beseitiger** ⊕ m: ~ für Flugplätze turboclair m; **~bombe** f bombe f fumigène; **~fleck** m ast. nébuleuse f; **~gebiet** n région f de brumes; ⚓, ✈ pot-au-noir m; **~granate** f obus m fumigène; **~haft** adj. nébuleux, -euse f; fig. a. vague; **~horn** n sirène f (od. corne f od. trompe f) de brume; **~ig** adj. nébuleux, -euse (a. fig.); (dunstig) brumeux, -euse; ⚓ gras; es ist ~ il fait du brouillard, (dunstig) il y a de la brume; il brume; il brumasse; **~krähe** orn. f corneille f emmantelée; **~lampe** (Auto) f phare m antibrouillard; **~maske** (London; Japan) f masque m antibrouillard; **~n** v/i.: es nebelt il fait du brouillard, (es ist dunstig) il y a de la brume; **~rakete** f fusée f fumigène; **~regen** m fine pluie f; F brouillasse f; **~scheinwerfer** m phare m antibrouillard; F antibrouillard m; **~schleier** m voile m de brume; **~schlußleuchte** (Auto) f feu m arrière antibrouillard; **~signal** n signal m de brume (od. de brouillard); **~streifen** m traînée f de brume; **~werfer** m lance-brouillard m; **~wetter** n temps m brumeux.
¹neben prp. (wo?: dat.; wohin?: acc.) à côté de; (au) près de; (außer) avec; outre; sans compter; (verglichen mit) en comparaison de; rechts ~ der Tür à droite de la porte; ~ anderen Dingen entre autres choses; im Buch: die Übersetzung ~ dem Originaltext la traduction en regard du texte original; **⸗abgabe** f taxe f accessoire; **⸗abrede** f clause f accessoire; **⸗abschnitt** ⚔ m secteur m adjacent; **⸗absicht** f but m secondaire; (Hintergedanke) arrière--pensée f; **⸗akzent** m accent m secondaire; **⸗altar** m autel m latéral; **⸗amt** n emploi m accessoire; **~amtlich** adj. u. adv. en dehors de la profession principale; **~'an** adv. à côté; ici près; **⸗anschluß** m téléph. raccordement m secondaire (od. auxiliaire); **⸗arbeit** f travail m subsidiaire; **⸗ausgabe** f dépense f accessoire; **⸗ausgang** m sortie f latérale; issue f de secours; **⸗bahn** ⚙ f ligne f latérale (od. secondaire); (Zweigbahn) embranchement m; chemin m de fer vicinal; **⸗bedeutung** f signification f secondaire; **⸗begriff** m idée f secondaire; **~'bei** adv. (noch dazu) en outre; de plus; (beiseite) à part; (beiläufig) accessoirement; par parenthèse; entre parenthèses; ~ bemerkt; das ~ (bemerkt) soit dit en passant; précisément; **⸗beruf** m activité f accessoire (od. profession f) annexe (od. marginale); **~beruflich** adj. u. adv. en dehors de la profession principale; **⸗beschäftigung** f occupation f accessoire; **⸗betrieb** m dépendance f; exploitation f accessoire; **⸗buhler(in** f) m rival m, -e f; concurrent m, -e f; **⸗buhlerschaft** f rivalité f; **⸗bürgschaft** f garantie f secondaire; **~ei'nander** adv. l'un à côté de l'autre; (Seite an Seite) côté à côté; ~ bestehen coexister; **~ei'nanderschalten** ⚡ v/t. coupler en parallèle; **⸗ei'nanderschaltung** ⚡ f couplage m en parallèle; **~ei'nandersetzen, ~ei'nanderstellen** v/t. juxtaposer; placer l'un à côté de l'autre; (vergleichen) comparer; **⸗ei'nandersetzung** f, **⸗ei'nanderstellung** f juxtaposition f; (Vergleich) comparaison f; parallèle m; **⸗eingang** m entrée f latérale; **⸗einkommen** n, **⸗einkünfte** pl., **⸗einnahme(n** pl.) f revenus m/pl. accessoires (od. annexes); casuels m/pl.; **⸗erscheinung** f phénomène m secondaire; a. ✱ épiphénomène m; **⸗erwerb** m gain m accessoire; **⸗erzeugnis** n cf. Produkt; **⸗fach** univ. n matière f secondaire; **⸗figur** f personnage m secondaire; **⸗fluß** m affluent m; rivière f tributaire (od. adjacente); **⸗forderung** ✝ f créance f accessoire; **⸗frage** f question f secondaire (od. de moindre importance); **⸗frau** f concubine f; **⸗gasse** f ruelle f voisine (od. latérale); **⸗gebäude** n dépendance f; annexe f; **⸗gebühren** f/pl. frais m/pl. annexes, subsidiaires, accessoires; **⸗gedanke** m arrière-pensée f; **⸗gelaß** (e-r Wohnung) n réduit m; débarras m; F cagibi m; **⸗geräusch** n Radio: bruit m parasite; téléph. friture f; crépitement m; **⸗geschmack** m arrière-goût m; **⸗gewinn** m profits m/pl. accessoires; **⸗gleis** n voie f secondaire; **⸗handlung** f épisode m; **⸗haus** n maison f voisine; (Nebengebäude) dépendance f; annexe f; **~'her** adv. (außerdem) en outre; de plus; (gleichzeitig) simultanément; en même temps; **⸗interesse** m intérêt m secondaire; **⸗klage** ✝ f action f civile; **⸗kläger(in** f) ✝ m partie f civile; **⸗kosten** pl. frais m/pl. accessoires; **⸗krater** géol. m cratère m adventif; **⸗kriegsschauplatz** m théâtre m de guerre secondaire; **⸗leistung** f prestation f accessoire; **⸗linie** f Herkunft: ligne f collatérale; ⚙ ligne f secondaire; (Zweigbahn) embranchement m; bretelle f; **⸗mann** m voisin m, **⸗niere** anat. f capsule f surrénale; **⸗note** ♪ f échappée f; **~ordnen** v/t. coordonner; **⸗person** f personnage m secondaire; **⸗post-amt** n bureau m de poste annexe; **⸗posten** m petit emploi m à côté; à-côté m; **⸗produkt** m sous--produit m; produit m accessoire, secondaire; dérivé m; **⸗raum** m pièce f voisine (od. contiguë); **⸗rolle** f rôle m secondaire; rôle m de figurant; **⸗sache** f chose f accessoire, accessoire m; à-côté m; chose f de moindre importance; das ist ~ c'est accessoire; cela ne compte pas; **~sächlich** adj. accessoire; secondaire; **⸗sächlichkeit** f chose f accessoire, accessoire m; à-côté m; incident m de parcours; chose f de moindre importance; **⸗satz** gr. m (proposition f) subordonnée f; **⸗schiff** △ n nef f latérale; **⸗schluß** ⚡ m dérivation f; shunt m; **⸗schlußmotor** m électromoteur m shunt (od. en dérivation); **⸗sender** m Radio: émetteur m auxiliaire; (Ortssender) émetteur m local; **⸗sinn** m sens m secondaire; **⸗spesen** pl. frais m/pl. annexes, subsidiaires, accessoires; **⸗sprechen** téléph. n diaphonie f; **~stehend** adj. u. adv. ci-contre; mit ~er Übersetzung avec la traduction en regard (od. juxtaposée); **⸗stelle** f (Filiale) succursale f; téléph. poste m annexe; **⸗strafe** f peine f accessoire; **⸗straße** f rue f voisine (resp. latérale); (Fahr⸗) route f secondaire; verkehrstechnisch: voie f affluente; **⸗strecke** ⚙ f ligne f latérale (od. secondaire); (Zweigstrecke) embranchement m; bretelle f; **⸗tätigkeit** f occupation f annexe, accessoire; **⸗tisch** m table f voisine; **⸗ton** m (Nebenakzent) accent m secondaire; ♪ seconde f; rad. bruit m parasite; **⸗treppe** f petit escalier m; versteckte: escalier m dérobé; **⸗tür** f porte f voisine; versteckte: porte f dérobée; **⸗umstand** m circonstance f accessoire; **⸗ursache** f cause f secondaire; (Grund) raison f secondaire; **⸗verdienst** m revenus m/pl. annexes, accessoires; casuels m/pl.; **⸗verpflichtung** f obligation f accessoire; **⸗weg** m chemin m voisin (resp. latéral); fig. détour m; **⸗winkel** ⟨ m angle m adjacent; **⸗wirkung** f effet m secondaire; **⸗wohnsitz** m résidence f secondaire; **⸗zimmer** n chambre f voisine (od. contiguë); e-s Lokals: arrière-salle f; **⸗zweck** m but m secondaire.
'neblig adj. → nebelig.
nebst prp. (dat.) avec; (noch hinzu) outre.
Neces'saire n nécessaire m.
'necken v/t. (v/rf.: sich se) taquiner; **Neck|e'rei** f taquinerie f; **'⸗isch** adj. taquin; (drollig) drôle.
nee F adv. (nein) non.
'Neese F f: ~ sein (gelackmeiert sein) F être (od. en rester) chocolat.
'Neffe m neveu m.
Negati'on f négation f, **~spartikel** gr. f particule f de négation.
'negativ I adj. négatif, -ive; **II** ⚡ phot. n épreuve f négative; **⸗zins** fin. m intérêt m négatif.
Nega'tron n négaton m; électron m négatif.
'Neger|(in f) m nègre m, négresse f; noir m, -e f; **⸗bewußtsein** n négritude f; **⸗frage** f question f des noirs; **⸗handel** m traite f des noirs; **⸗kind** n négrillon m, -onne f; **⸗kultur** f négritude f; **⸗problem** n problème m noir; **⸗viertel** n quartier m nègre.
ne'gier|en v/t. nier; **⸗ung** f négation f.
'Negligé n négligé m.
negro'id adj. négroïde.
'nehmen I v/t. prendre; (in Empfang ~) recevoir; (an~) accepter; (ein~) prendre; (mit~) emmener, Sache: emporter; (weg~) ôter; enlever; retirer; (sich aneignen) s'approprier; Hindernis: franchir; an sich (acc.) ~ ramasser, (einstecken) empocher; etw. auf sich (acc.) ~ prendre qch. sur soi; se charger de qch.; etw. aus dem Schrank ~ prendre qch. dans l'armoire; etw. aus der Tasche (der Klei-

dung) ~ (*ziehen*) tirer qch. de sa poche; *bei der Hand* ~ prendre par la main; *beim Kragen* ~ saisir au collet; *für etw.* ~ prendre pour qch.; *etw. vom Tisch* ~ prendre qch. sur la table; *etw. zu sich* ~ prendre qch.; *j-n zu sich* ~ prendre (*od.* recueillir) q. chez soi; *j-n zu* ~ *verstehen* savoir prendre q.; *es sich nicht* ~ *lassen, zu* ... (*inf.*) insister à ... (*inf.*); *wie man's nimmt* c'est selon; cela dépend; *hier* ~ *Sie!* tenez!; *alles in allem genommen* à tout prendre; *Gott hat ihn zu sich genommen* Dieu l'a rappelé à lui; *das Abendmahl* ~ communier; *Abschied* ~ *prendre congé (von j-m de* q.), *für längere Zeit*: faire ses adieux (à q.); *sich in acht* ~ prendre garde (*vor dat.* à); *s-n Anfang* ~ commencer; *in Angriff* ~ commencer; se mettre (à); *e-n Anlauf* ~ prendre son élan; *diese Arbeit nimmt viel Zeit in Anspruch* ce travail prend (*od.* demande *od.* exige) beaucoup de temps; *diese Sache nimmt ihn sehr in Anspruch* cette chose l'occupe beaucoup; *ganz in* ~ *nehmen* préoccuper; *etw. als sein Eigentum in Anspruch* ~ revendiquer la possession de qch.; *j-s Güte in Anspruch* ~ recourir à la bonté de q.; *an etw.* (*dat.*) *Anstoß* ~ être choqué par qch.; se formaliser (*od.* se scandaliser) de qch.; *Aufenthalt* ~ séjourner; *in Augenschein* ~ inspecter, examiner, ~ autopsier, *gerichtlich*: faire une descente de justice; *sich ein Beispiel an j-m* ~ prendre exemple (*od.* modèle) sur q.; se régler sur l'exemple de q.; *in Besitz* ~ prendre possession (de); *an Bord* ~ prendre à bord; *in Dienst* ~ prendre à son service; *ein Ende* ~ finir; prendre fin; *ernst* ~ prendre au sérieux; *zur Frau* ~ prendre pour femme; *sich die Freiheit* ~ se permettre (*zu* de); prendre la liberté (de); *mit Gewalt* ~ prendre de force; *e-e Angelegenheit in die Hand* ~ prendre une affaire en main; *sich etw. zu Herzen* ~ prendre qch. à cœur; s'affecter de qch.; *Kenntnis* ~ prendre connaissance (*von* de); *aufs Korn* ~ viser; traquer; *sich das Leben* ~ attenter à ses jours; se suicider; se tuer; mettre fin à ses jours; *leicht* ~, *etw. auf die légère*; *Maß* ~ prendre mesure; *zu etw. Maß* ~ prendre les mesures de qch.; *sich die Mühe* ~ *zu ...* (*inf.*) se donner la peine de ... (*inf.*); *den Mund voll* ~ fanfaronner; faire le fanfaron; *etw. für bare Münze* ~ prendre qch. pour argent comptant; *Platz* ~ prendre place; *etw. zu Protokoll* ~ prendre acte de qch.; *an j-m Rache* ~ se venger de q.; *für etw. Rache* ~ se venger de qch.; *an j-m für etw. Rache* ~ se venger de qch. sur q.; *sich nichts von s-n Rechten* ~ *lassen* ne pas laisser empiéter sur ses droits; *Schaden* ~ s'endommager; *den Schleier* ~ prendre le voile; *in s-n Schutz* ~ prendre sous sa protection; *schwer* ~ prendre au sérieux; *Stellung* ~ prendre position (*in bezug auf* à l'égard de); *im Sturm* ~ prendre d'assaut; *tragisch* ~ prendre au tragique; *Urlaub* ~ prendre un congé; *in Verwahrung* ~ prendre en dépôt; *das Wort* ~ prendre la parole; *beim Wort* ~ prendre au mot; *sich Zeit* ~ prendre son temps; *zum Zeugen* ~ prendre à té-

moin; **II** ⚥ *n*: *Geben ist seliger denn* ~ mieux vaut donner que recevoir.

'**Nehmer**(**in** *f*) *m* preneur *m*, -euse *f*.

'**Nehrung** *géogr. f* cordon *m* littoral; langue *f* de terre.

Neid *m* envie *f*; jalousie *f*; *aus* ~ par envie; *vor* ~ *vergehen* (*od.* platzen) sécher (*od.* crever) d'envie; *blaß werden vor* ~; *von* ~ *zerfressen werden* être dévoré (*od.* rongé) d'envie; *ich bin vor* ~ *erblaßt* j'ai pâli d'envie; *grün vor* ~ vert d'envie; *bei j-m* ~ *erregen* exciter l'envie de q.; '**en** *v/t.*: *j-m etw.* ~ envier qch. à q.; '**er**(**in** *f*) *m* envieux *m*, -euse *f*; jaloux *m*, -ouse *f*; '**hammel** *m* envieux *m*; '**isch** *adj.*: *auf etw.* (*acc.*) ~ *sein* être envieux, -euse de qch.; *auf j-n* ~ *sein* être jaloux, -ouse de q.; '**los** *adj.* sans envie.

'**Neig|e** *f* (*Abnahme*) déclin *m*; (*Ende*) fin *f*; (*Rest*) reste *m*; *zur* (*od.* auf die) ~ *gehen* être à sa fin; *fig. bis zur* ~ *auskosten* boire jusqu'à la lie; *den Kelch bis zur* ~ *leeren* boire le calice jusqu'à la lie; ²**en 1.** *v/t.* (*v/rf.*: *sich*) se) pencher (*zu vers, fig.* à); (s')incliner (à); *sich* ~ (*abschüssig sein*) aller en pente; *sich zum Ende* ~ décliner, être sur son déclin, *Tag*: baisser; *sich auf die Seite* ~ *Schiff*: gîter; **2.** *v/i.*: *zu etw.* ~ incliner (*od.* pencher) à qch.; avoir un penchant (*od.* une inclination) pour qch.; *zu der Auffassung* ~, *daß* ... avoir tendance à croire que ...; ²**end** *p.pr.* enclin (*zu etw.* à qch.); tourné (*vers* qch.); ~**ung** *f* (*geneigte Lage*) déclivité *f*; pente *f*; inclinaison *f*; *Kopf*~, *Verbeugung*: inclination *f*; *fig.* inclination (*zu*; *für* pour); (*Geschmack*) goût *m* (*zu*; *für* pour); (*Tendenz*) tendance *f*; *aus* ~ par inclination; *Heirat aus* ~ mariage *m* d'inclination; *e-e* ~ *zu j-m fassen* s'éprendre de q.; ~**ungsanzeiger** ⚙ *m* indicateur *m* de déclivité; ~**ungsebene** *f* plan *m* d'inclinaison; ~**ungsehe** *f* mariage *m* d'inclination; ~**ungslinie** *f* (*Sattellinie*) ligne *f* anticlinale; ~**ungsmesser** *m* clinomètre *m*; ~**ungsverhältnis** *n* (*Gefälle*) pente *f*; inclinaison *f*; ~**ungswinkel** *m* ∡ angle *m* d'inclinaison.

nein I *adv.* non; ~ *sagen* dire (que) non; *ach* ~! pas possible!; ~ *und abermals* ~! mille fois non!; *aber* ~! mais non!; *que non!*; ~ *so was!* par exemple!; **II** ² *non m*; *mit* (*e-m*) ~ *antworten* répondre que (*od.* par) non; répondre non *od.* négativement.

'**Neinsager** *m* défaitiste *m*; pessimiste *m*; négativiste *m*.

Nekro'log *m* nécrologe *m*.

'**Nektar** *m* nectar *m*.

'**Nelke** ♀ œillet *m*; (*Gewürz*²) clou *m* de girofle; girofle *m*; ~**nöl** *n* essence *f* de girofles; ~**nstock** *m* pied *m* d'œillet.

'**nenn|bar** *adj.* exprimable; ²**belastungsdauer** ⊕ *f* service *m* nominal; ²**betrag** *m* montant *m* nominal; ²**drehzahl** ⊕ *f* vitesse *f* nominale; ~**en** *v/t.* (*v/rf.*: *sich* se) nommer; (s')appeler; (*aufführen od. bsd.*) dénommer; (*betiteln*) qualifier de, *bsd. schimpfend*: traiter de; (*ausdrücken*) exprimer; (*anführen*) citer; *Sport*: *sich* ~ (*sich melden*) s'inscrire (*für* à); s'engager

(pour); *nach s-m Vater* ~ donner le nom de son père (à); *nach j-m genannt werden* porter le nom de q.; *s-n Namen* ~ dire (*od.* décliner) son nom; *se nommer*; *ich will keine Namen* ~ je ne veux nommer personne; *j-n bei* (*od. mit*) *Namen* ~ nommer q. par son nom; *die Dinge* (F *das Kind*) *beim rechten Namen* ~ nommer (*od.* appeler) les choses par leur nom, F appeler un chat un chat; *das nenne ich Heldentum* voilà ce qui s'appelle de l'héroïsme; ~**enswert** *adj.* appréciable; notable; considérable.

'**Nenn|er** *arith. m* dénominateur *m*; *auf e-n* ~ *bringen* réduire au même dénominateur; ~**fall** *gr. m* nominatif *m*; ~**form** *gr. f* infinitif *m*; ~**kapital** *n* capital *m* nominal; ~**leistung** ⊕ *f* débit *m* nominal; puissance *f* nominale; ~**strom** ⚡ *m* intensité *f* nominale; ~**ung** *f* (*Be*²) dénomination *f*; *Sport*: inscription *f* (*für* à); engagement *m* (pour); *mit* ~ *des Namens* en disant le nom; ~**ungsliste** *f* liste *f* des inscriptions (*od.* des engagements); ~**ungsschluß** *m* clôture *f* des inscriptions (*od.* des engagements); ~**wert** ♱ *m* valeur *f* nominale; ~**wort** *gr. n* nom *m*.

Neolo'gismus *m* néologisme *m*.

'**Neon** *n* néon *m*; ~**beleuchtung** *f* éclairage *m* au néon; ~**buchstabe** *m* lettre *f* de néon; ~**lampe** *f* lampe *f* au néon; ~**reklame** *f* publicité *f* au néon; ~**röhre** *f* tube *m* au néon; ~**schild** *n* enseigne *f* au néon.

Neo'plasma ⚕ *n* néoplasme *m*.

Neoras'sismus *m* néo-racisme *m*.

'**Nepal** *n* le Népal.

Nepa'les|e *m* Népalais *m*; ²**isch** *adj.* népalais.

Nepo'tismus *m* népotisme *m*.

Nepp F *m a.* estampe *f*; estampage *m*; F coup *m* de fusil.

'**neppen** P *v/t.* estamper; *matraquer*; *geneppt werden a.* F essuyer (*od.* recevoir) un coup de fusil.

'**Neppspiel** *n* P tire-sou *m*.

Nerv *m* nerf *m*; ♀ nervure *f*; *j-m auf die* ~*en fallen* (*gehen*) donner (*od.* taper) sur les nerfs à q.; énerver q.; F enquiquiner q.; *das geht ihm auf die* ~*en a.* cela lui porte sur les nerfs; F *ça le catastrophe*; *die* ~*en verlieren a.* P perdre les pédales; *starke* (*schwache*) ~*en haben* avoir les nerfs solides (irritables); F *Sie haben* ~*en!* vous en avez une santé!; F *der hat* ~*en!* F il a un certain toupet, culot, souffle; ⚕ *den* ~ *e-s Zahns abtöten* dévitaliser une dent.

'**Nerven|anfall** *m* attaque (*od.* crise) *f* de nerfs; ~**arzt** *m* neurologue *m*; ²**aufreibend** *adj.* énervant; ~**bahn** *f* voie *f* nerveuse; ~**bündel** *fig. n* paquet *m* de nerfs; énervé *m*; *nur noch ein* ~ *sein* F avoir les nerfs en pelote; ~**entzündung** *f* névrite *f*; ~**fieber** *n* fièvre *f* nerveuse; ~**gas** ⚔ *n* gaz *m/pl.* innervants; ~**geschwulst** *f* névrome *m*; neurome *m*; ~**heil-anstalt** *f* maison *f* de santé pour névropathes; ~ établissement *m* psychiatrique; ~**heilkunde** *f* neurologie *f*; ~**kitzel** *m* sensation *f*; frisson *m*; psychédélire *m*; ~**knoten** *anat. m* ganglion *m*; ²**krank** *adj.* névropathe; névrosé; ~**kranke**(**r** *a. m*), *m/f* névropathe *m*, *f*; névrosé *m*, -e *f*; ~**krankheit** *f* affection *f* nerveuse; névropathie *f*; névrose *f*; ~**krieg** *m* guerre *f* des nerfs; guerre *f* psychologique; ~**leiden** *n* affection *f* nerveuse; névropathie *f*; neurasthénie *f*; névrose *f*; ℒ**leidend** *adj*. névropathe; névrosé; ~**leidende(r** *a. m*) *m*, *f* névropathe *m*, *f*; névrosé *m*, -e *f*; ~**säge** F *fig. f* P canule *f*; F empoisonneur *m*; F enquiquineur *m*; F rasoir *m*; ~**sanatorium** *n* maison *f* de repos; ~**schmerz** *m* névralgie *f*; ~**schock** *m* choc *m* nerveux; ℒ**schwach** *adj*. nerveux, -euse; neurasthénique; ~**schwäche** *f* nervosité *f*; neurasthénie *f*; ℒ**stärkend** *adj*. nervin; ~**es** *Mittel* nervin *m*; ~**störung** *f* troubles *m/pl*. nerveux; ~**strang** *m* cordon *m* nerveux; ~**streß** *m* stress *m* nerveux; ~**system** *n* système *m* nerveux, vegetatives ~ système *m* neurovégétatif; ~**überreizung** *f* névrose *f*; surexcitation *f* nerveuse; ~**verschleiß** *m* usure *f* nerveuse; ~**zentrum** *n* centre *m* nerveux; ℒ**zerrüttend** *adj*. énervant; ~**zerrüttung** *f* névrose *f*; surexcitation *f* nerveuse; ~**zucken** *n* tic *m* nerveux; ~**zusammenbruch** *m* dépression *f* nerveuse.

'**nervig** *adj. fig.* nerveux, -euse; vigoureux, -euse; ♀ nervé.

ner'vös *adj*. nerveux, -euse; ~**er** *Mensch* homme *m* nerveux; énervé *m*; ~ *machen* rendre nerveux, -euse; *Sie können e-n* ~ *machen* vous êtes énervant; ~ *sein* être nerveux, -euse.

Nervosi'tät *f* nervosité *f*.

Nerz *zo. m*, '~**fell** *n*, '~**pelz** *m* vison *m*; '~**jacke** *f* veste *f* de vison; '~**stola** *f* étole *f* de vison.

'**Nessel** ♀ *f* ortie *f*; *fig. sich in die* ~**n** *setzen* s'attirer des désagréments; ~**ausschlag** *m*, ~**fieber** *n*, ~**sucht** *f* urticaire *f*; ~**tuch** *n* mousseline *f*.

Nest *n* nid *m*; *e-s Raubvogels:* aire *f*; *ein* ~ *ausnehmen* dénicher des oiseaux; F (*kleiner Ort*) trou *m*; F patelin *m*; bled *m*; (*Bett*) lit *m*, F pieu *m*; P plumard *m*; *sein eignes* ~ *beschmutzen* dire du mal des siens; *fig. sich ins warme* ~ *setzen* s'installer dans le nid tout préparé.

'**Nest|häkchen** *n*, ~**küken** *n fig.* benjamin *m*; dernier né *m*; ~**ling** *m* petit oiseau *m* encore au nid; ~**voll** *n* nichée *f*; ~**wärme** *f* chaleur *f* du nid; *fig. dem Kind fehlt die* ~ il manque à l'enfant la chaleur du foyer familial.

nett (*freundlich*) *adj*. gentil, -ille (*zu j-m* avec [*od.* pour] *q*.); F chic *inv.*; *das ist sehr* ~ *von Ihnen* c'est très gentil à vous; 'ℒ**igkeit** *f* gentillesse *f*.

'**netto** I *adj*. net, nette; II *adv*. net; ℒ**betrag** *m* montant *m* net; ℒ**einkommen** *n* revenu *m* net; ℒ**einnahme** *f* recette *f* nette; ℒ**ertrag** *m* produit *m* net; ℒ**gewicht** *n* poids *m* net; ℒ**lohn** *m* salaire *m* net; ℒ**preis** *m* prix *m* net.

Netz *n* (*Gepäckℒ, Einkaufsℒ, Haarℒ, Tennisℒ*) filet *m*; (*Fangℒ*) *a*. rets *m*; panneau *m*; *Eisenbahn, Straßen, téléph.:* réseau *m* (*a. anat. ℒ*); *zum Schutze der Pferde:* émouchette *f*; *ein* ~ *spannen* tendre un filet; *sich im eignen* ~ *fangen* se prendre à son propre piège; *ins* ~ *gehen* tomber (*od.* donner) dans le panneau; *der Ball fliegt ins* ~ *Tennis:* la balle tombe au filet, *Fußball:* la balle (*od.* le ballon) entre (*od.* pénètre) dans les filets; *den Ball ins* ~ *stoßen* pousser la balle (*od.* le ballon) dans les filets (*od.* dans les buts); *den Ball* (*od. das Leder*) *ins* ~ *jagen* envoyer (*od.* loger) la balle (*od.* le ballon) dans les filets (*od.* dans les buts); '~**anschluß** ⚡ *m* branchement *m* sur le secteur; *mit* ~ branché sur le secteur; '~**anschlußgerät** *n* appareil *m* raccordé au secteur; '~**artig** *adj*. réticulé; '~**ball** *m Tennis:* balle *f* au filet.

'**Netz|flügler** *ent. m/pl.* névroptères *m/pl.*; ℒ**förmig** *adj*. réticulaire; ~**gewölbe** △ *n* voûte *f* réticulée; ~**haut** *f des Auges:* rétine *f*; ~**hautablösung** *f* décollement *m* de la rétine; ~**haut-entzündung** *f* inflammation *f* de la rétine; rétinite *f*; ~**hemd** *n* chemise *f* en cellulaire; ~**kabel** ⚡ *n* câble *m* secteur; ~**knoten** *m* nœud *m* de filet; ~**magen** *zo. m* bonnet *m*; ~**schalter** ⚡ *m* interrupteur *m* secteur; ~**spannung** ⚡ *f* tension *f* (de) secteur; ~**stecker** ⚡ *m* fiche *f* (de) secteur; ~**stoff** *m* cellular *m*; ~**strom** ⚡ *m* courant *m* du secteur; ~**werk** △ *n* entrelacs *m*.

neu I *adj*. (*anderer*) nouveau (*vor vo. od. stummem h:* nouvel), nouvelle; inédit; (*ungebraucht*) neuf, neuve; (~*zeitlich*) moderne; (*kürzlich*) récent; frais, fraîche; *das ist mir* ~ cela est nouveau pour moi; *in etw.* (*dat.*) ~ *sein* être novice (*od.* nouveau, nouvelle) dans qch.; *das* ~**e** *Jahr* la nouvelle année; *zum* ~**en** *Jahr gratulieren* souhaiter la bonne année; *in Zeitungen:* ~**este** *Nachrichten* dernières nouvelles *f/pl.*; ~**er** *Ausdruck* néologisme *m*; *die* ~**e** *Zeit* le temps neuf; *die* ~**ere** *Zeit* les temps *m/pl*. modernes; *die* ~**ere** *Geschichte* l'histoire *f* moderne; ~**ere** *Sprachen* langues *f/pl*. modernes (*od.* vivantes); *die* ℒ**e** *Welt* (*Amerika*) le Nouveau Monde; *das* ℒ**e** *Testament* le Nouveau Testament; ~**este** *Mode* dernière mode *f*; ~**eren** *Datums* de nouvelle date; ~**en** *Mut schöpfen* reprendre courage; ~**e** *Kräfte gewinnen* reprendre des forces; *ein* ~**er** *Mensch werden* devenir un nouvel homme; faire peau neuve; *e-e* ~**e** *Zeile anfangen* aller à la ligne; *in* ~**em** *Zustand* à l'état neuf; *weißt du schon das* ℒ**ste**? F connais-tu la nouvelle?; II *adv*. nouvellement; à neuf; de neuf; (*kürzlich*) récemment; ~ *tapeziert* fraîchement tapissé; ~ *kleiden* habiller de neuf; ~ *machen* remettre à neuf; ~ *gestalten* réorganiser; ~ *streichen* (*bauen*) repeindre (*construire*) à neuf; ~ *beleben, entfachen ranimer*; ~ *erbauen* reconstruire; ~ *füllen* remplir; ~ *verteilen* redistribuer; ~ *bearbeiten* remanier; ~ *einführen* innover; ~ *inszenieren* remettre en scène; '~**angekommen** *adj*. nouvellement arrivé; nouveau venu; ~**ankömmling** *m* nouvel arrivant *m*; '℥**anmeldung** *écol. f* nouvelle inscription *f*; '℥**anschaffung** *f* nouvelle acquisition *f*; '℥**artig** *adj*. nouveau (*vor vo. od. stummem h:* nouvel), nouvelle; neuf, neuve; moderne; '℥**artigkeit** *f* modernisme *m*; nouveauté *f*; modernité *f*; '~**aufgelegt** *adj*. réédité; (*neugedruckt*) réimprimé; '℥**auflage** *f* nouvelle édition *f*; (*Neudruck*) réimpression *f*; '℥**bau** *m* nouvelle construction *f*; reconstruction *f*; (*Haus*) bâtiment *m* en construction; (*neuerbautes Haus*) immeuble *m* nouvellement (*od.* récemment) construit; '℥**bauwohnung** *f* appartement *m* dans un immeuble neuf (*od.* nouvellement [*od.* récemment] construit); '℥**be-arbeitung** *f e-s Buches:* nouvelle édition *f* remaniée; '℥**bekehrte(r** *a. m*) *m*, *f* nouveau converti *m*, nouvelle convertie *f*; néophyte *m*,*f*; '℥**belebung** *f* regain *m* d'activité; '℥**besetzung** *f e-s Amtes:* nouvelle nomination *f* (à); *thé.* nouvelle distribution *f*; '℥**bewertung** *f* réévaluation *f*; '℥**bildung** *f* formation *f* récente; *gr.* néologisme *m*; 🝔 néoplasme *m*; '℥**bruch** ⚔ *m* novale *f*; '℥**druck** *m* réimpression *f*; '℥**eingliederung** *f:* professionelle ~ reclassement *m* professionel; '℥**einschätzung** *f* réévaluation *f*; '℥**einstellung** *f v. Leuten:* nouvelle embauche *f*; nouvel embauchage *m*; '℥**einteilung** *f* reclassement *m*; ℥~**england** *n* la Nouvelle-Angleterre; '~**entdeckt** *adj*. nouvellement découvert; '℥**entfaltung** *éc. f* redéploiement *m*.

'**Neue(r)** *m* nouveau *m*; nouveau venu *m*.

'**neu-erbaut** *adj*. nouvellement (*od.* récemment) construit.

neuer|'**dings** *adv*. (*kürzlich*) récemment; nouvellement; (*seit kurzem*) depuis peu; (*von neuem*) de (*od.* à) nouveau; '℥**er** *m* novateur *m*; innovateur *m*; '~**lich** *adv*. (*von neuem*) de (*od.* à) nouveau.

'**Neu|erscheinung** *f* nouveauté *f*; *Buch a.:* nouvelle parution *f*; ℥~**erschienen** *adj*. récemment paru; nouveau, nouvelle (*hinter dem su.* stehend); ~**erung** *f* innovation *f*; nouveauté *f*; *gr.* néologisme *m*; technische ~ gadget *m*; trouvaille *f* ingénieuse; *e-e* ~ *einführen* introduire une innovation; innover; ~**erungsablehnung** *f* misonéisme *m*; ℥~**erungsfreudig** *adj*. novateur, -trice; innovateur, -trice; ~**erungsgegner** *m* ennemi *m* de tout ce qui est nouveau; misonéiste *m*; ~**erungssucht** *f* manie *f* d'innover; ℥~**erungssüchtig** *adj*. avide d'innovations; porté aux novations; ~**erwerbung** *f* nouvelle acquisition *f*; ~**e(s)** *n* nouveau *m*; neuf *m*; nouvelle *m*; *was gibt's* ~**s**? qu'y a-t-il (*od.* quoi) de neuf (*od.* de nouveau)? *es gibt nichts* ~**s** il n'y a rien de neuf (*od.* de nouveau); *etw.* ~**s** quelque chose de nouveau; *das ist mir etw.* ~**s** c'est nouveau pour moi; *aufs* ℒ, *von* ℒ**m** (*od.* à) nouveau; *von* ℒ**m** (*noch stärker*) de plus belle; *von* ℒ**m** *lernen* rapprendre; ℥**estens** *adv*. tout récemment; ~**fassung** *f* nouvelle version *f*; ℥**französisch** *adj*. français moderne; '**fundland** *n* Terre-Neuve *f*; ~**fundländer** *m* (*Hund*) terre-neuve *m*; ℥**gebacken** *adj.:* ~**es** *Brot* pain *m* frais; *fig.* tout(e) frais (fraîche); nouvellement créé; ℥**geboren** *adj*. nouveau-né; *sich wie* ~ *fühlen* se sentir tout ragaillardi; '~**geborene(r** *a. m*) *m*, *f* nouveau-né *m, -e f*; **~gestaltung** *f* réorganisation *f*; *fig.* remaniement *m*; (*Neufassung*) nouvelle version *f*; ~ *e-r Satzung* refonte *f* d'un statut; **~gier(de)** *f* curiosité *f*; *aus* ~ par curiosité; *j-s* ~ *erregen* exciter la curiosité de q.; ²**gierig** *adj.* curieux, -euse (*auf acc.* de); *ich bin* ~, *ob* ... je suis curieux, -euse de savoir si ...; **~gierige(r** *a. m*) *m, f* curieux, -euse *f*; ²**griechisch** *adj.* grec, grecque moderne; néo--grec, néo-grecque; **~griechisch** *n* grec *m* moderne; **~gründung** *f* nouvelle fondation *f*; nouvelle création *f*; **~gruppierung** *f* regroupement *m*; **~gui'nea** *n* la Nouvelle-Guinée; **~heit** *f* nouveauté *f*; ²**hochdeutsch** *adj.* 'haut allemand moderne; **~igkeit** *f* nouvelle *f*; **~igkeitskrämer** (**-in** *f*) *m* colporteur *m*, -euse *f* de nouvelles; **~inszenierung** *thé. f* nouvelle mise *f* en scène.

'**Neujahr** *n* jour *m* de l'an; nouvel an *m*; *sich ein Prosit* ~ *wünschen* se souhaiter la bonne année; **~s-abend** *m* Saint-Sylvestre *f*; **~sbotschaft** *f* message *m* de (*od.* du) nouvel an; **~sgast** *m* réveillonneur *m*; **~sgeschenk** *n* étrennes *f/pl.*; **~snacht** *f* Saint-Sylvestre *f*; **~stag** *m* jour *m* de l'an; **~swunsch** *m* vœux *m/pl.* de bonne année.

Neukale'donien *n* la Nouvelle--Calédonie.

'**Neu|konstruktion** *f* construction *f* nouvelle; **~land** *n* terre *f* vierge; terrain *m* vierge; ~ *erschließen* défricher du terrain vierge; ✝ ouvrir de nouveaux débouchés; *fig.* pénétrer en terrain inconnu; ²**lich I** *adj.* dernier, -ière; récent; **II** *adv.* dernièrement, récemment; nouvellement; l'autre jour; ~ *abends* l'autre soir; **~ling** *m* nouveau *m*, nouvelle *f*; novice *m, f*; débutant *m*, -e *f*.

'**Neume** ♪ *f* neume *m*.

'**Neu-'Mexiko** *n* le Nouveau-Mexique.

'**neu|modisch** *adj.* à la dernière mode; F dernier cri; ²**mond** *m* nouvelle lune *f*.

neun I *a/n.c.* neuf; **II** ² *f* neuf *m*; '²**auge** *icht. n* lamproie *f*; '²**eck** *n* ennéagone *m*; '**~eckig** *adj.* ennéagonal; **~er'lei** *adj.* de neuf espèces; '**~fach**, '**~fältig** *adj.* neuf fois autant; '**~hundert** *a/n.c.* neuf cent(s); '**~jährig** *adj.* (âgé) de neuf ans; de (*od.* qui dure) neuf ans; '**~mal** *adv.* neuf fois; '**~malig** *adj.* répété neuf fois; '**~seitig** *adj.* ennéagonal; '**~tägig** *adj.* (âgé) de neuf jours; de (*od.* qui dure) neuf jours; '**~tausend** *a/n.c.* neuf mille; '**~te** *a/n.o.* neuvième; *~s Kapitel* chapitre *m* neuf; *der* (*den, am*) *(n)* (*9.*) *März* le neuf (9) mars; *Karl der* ² *Charles* neuf (IX); '**~tel** *n* neuvième *m*; '**~tens** *adv.* neuvièmement; en neuvième lieu; '**~zehn** *a/n.c.* dix--neuf; '**~zehnte** *a/n.o.* dix-neuvième; '²**zehntel** *n* dix-neuvième *m*; '**~zig I** *a/n.c.* quatre-vingt-dix; *die ~er Jahre* les années 90; **II** ² *f* quatre--vingt-dix *m*; '²**ziger(in** *f*) *m* nonagénaire *m, f*; '**~zigjährig** *adj.* (âgé) de quatre-vingt-dix ans; nonagénaire; '**~zigste** *a/n.o.* quatre-vingt-dixième.

'**Neu|ordnung** *f* réorganisation *f*; **~**

orientierung *f* orientation *f* nouvelle; **~philologe** *m*, **~philologin** *f* philologue *m, f* spécialiste des langues modernes (*od.* vivantes).

Neural'gie *f* névralgie *f*.

neu'ralgisch *adj.* névralgique; *fig.* *~er Punkt* point *m* névralgique.

Neurasthe'nie *f* neurasthénie *f*.

Neuras'the|niker(in *f*) *m* neurasthénique; ²**nisch** *adj.* neurasthénique.

'**Neu|regelung** *f* règlement *m* nouveau; **~reiche(r** *a. m*) *m, f*: *die ~n* les nouveaux riches *m/pl.*; P les B.O.F (*beurre, œufs, fromage*).

Neu'ritis *f* névrite *f*.

Neuro'loge *m* neurologue *m*; neurologiste *m*.

Neurolo'gie *f* neurologie *f*.

Neu'ron *biol. n* neurone *m*.

Neu'rose *f* névrose *f*.

Neu'ro|tiker(in *f*) *m* névrosé *m*, -e *f*; ²**tisch** *adj.* névrosé.

'**Neu|schätzung** *f* réévaluation *f*; **~schnee** *m* neige *f* fraîche; **~schöpfung** *f* nouvelle création *f*; innovation *f*; **~'schottland** *n* la Nouvelle--Écosse; **~'seeland** *n* la Nouvelle--Zélande; **~'seeländer(in** *f*) *m* Néo--Zélandais *m*, -e *f*; ²**seeländisch** *adj.* néo-zélandais; **~silber** *n* maillechort *m*; argentan *m*; **~sprachler(in** *f*) *m* philologue *m, f* spécialiste des langues modernes (*od.* vivantes); ²**sprachlich** *adj.* des langues modernes (*od.* vivantes); *Gymnasium:* moderne; **~südwales** *géogr. n*: *in* ~ en Nouvelle-Galles *f* du Sud; ²**testamentlich** *adj.* du Nouveau Testament.

neu'tral *adj.* neutre (*a.* ⚡); *für* ~ *erklären* neutraliser; ~ *bleiben* rester neutre; *observer la neutralité*; ²**e(r)** *m* neutre *m*.

neutrali'sier|en *v/t.* (*v/rf.: sich se*) neutraliser; ²**ung** *f* neutralisation *f*.

Neutra'lis|mus *m* neutralisme *m*; **~t** *m* neutraliste *m*; ²**tisch** *adj.* neutraliste.

Neutrali'tät *f* neutralité *f*; **~s-erklärung** *f* déclaration *f* de neutralité; **~sverletzung** *f* violation *f* de la neutralité; **~svertrag** *m* traité *m* de neutralité.

'**Neutron** *phys. n* neutron *m*.

Neu'tronen|ausfluß *at. m* flux *m* (*od.* fuite *f*) des neutrons; **~bombe** ⚔ *f* bombe *f* à neutrons; **~verschluß** *at. m* obturateur *m* à neutrons.

'**Neutrum** *n* neutre *m*; nom *m* neutre.

'**Neu|veranlagung** *f* nouvelle assiette *f*; **~verfilmung** *f* remake *m*; ²**vermählt** *adj.* nouveau marié; **~vermählte(r** *a. m*) *m, f* nouveau marié *m*, nouvelle mariée *f*; *die ~en* les nouveaux mariés *m/pl.*; **~verpackung** *f* remballage *m*; réemballage *m*; **~verteilung** *f* nouvelle distribution *f*; redistribution *f*; **~wahl** *f* nouvelle élection *f*; (*Wiederwahl*) réélection *f*; **~wert** *m* valeur *f* d'un objet à l'état de neuf; ²**wertig** *adj.* à l'état de neuf; **~zeit** *f* temps *m/pl.* modernes; ²**zeitlich** *adj.* moderne.

Nica'ragua *n* le Nicaragua.

Nicaragu'an|er *m* Nicaraguayen *m*; ²**isch** *adj.* nicaraguayen, -enne.

nicht *adv.* ne ... pas; (*ganz und*) *gar* (*od.* durchaus) ~ ne ... point (*od.* pas

du tout *od.* point du tout), alleinstehend: pas (*od.* point) du tout, du tout, nullement, aucunement; ~ *einmal* ne ... pas même (*od.* même pas); *zur Verneinung e-s einzelnen Wortes od. e-s ganzen, nicht wiederholten Satzes:* non; *pfort* non pas; ~ *ein einziger* (*bei vb. ne ...*) pas un seul; ~ *viel* (*bei vb. ne ...*) pas beaucoup; ~ *zu hoch* (*bei vb. ne ...*) pas trop 'haut; ~ *lange danach* peu de temps après; *warum* ~? pourquoi pas?; ~ *nur* (*sondern auch*) non seulement (mais aussi *od.* mais encore); ~ *daß* ... *ce n'est pas que* ... (*subj.*); non (pas) que ... (*subj.*); ~, *daß ich wüßte* pas que je sache; ~ *mehr und* ~ *weniger* ni plus, ni moins; *wenn* ~ sinon; ~ *wahr?*, ~? n'est-ce pas?; ~ *doch* mais non; *auch* ~ ne ... pas non plus; *ich auch* ~ (ni) moi non plus; ~ *schuldig* non coupable; ~ *abzugsfähig* non déductible; ~ *bewirtschaftet Waren:* non rationné; ~ *betreibbar* (*od.* eintreibbar) non recouvrable; inexigible; ~ *einlösbar* non convertible; ~ *erhobene Zinsen* intérêts *m/pl.* non touchés; ~ *oxydierend*, ~ *rostend* inoxydable; '²**abzugsfähigkeit** *f* non-déductibilité *f*; '²**achtung** *f* irrévérence *f*; dédain *m*; '**~amtlich** *adj.* non officiel, -elle; officieux, -euse; '²**anerkennung** *f* *e-r Forderung:* non-reconnaissance *f*; '²**angriffs-pakt** *m* pacte *m* de non-agression; '²**annahme** *f* non--acceptation *f*; '²**anwendung** *f* non-application *f*; '²**anwesenheit** *f* non-présence *f*; absence *f*; '²**aufwertung** *f* non-réévaluation *f*; '²**ausführung** *f* non-exécution *f*; '²**be-achtung** *f*, '²**befolgung** *f* inobservance *f*; inobservation *f*; non--observation *f*; '²**beitreibung** *f v. Steuern:* non-recouvrement *m*; '²**bezahlung** *f* non-paiement *m*.

'**Nichte** *f* nièce *f*.

'**Nicht|einhaltung** *f* inobservation *f*; *e-s Vertrages:* violation *f*; **~einlösbarkeit** *f* inconvertibilité *f*; **~einlösung** *f* non-paiement *m*; **~einmischung** *f* non-immixtion *f*, non--ingérence *f*, non-intervention *f*; **~eisenmetall** *n* métal *m* non ferreux; ²**entflammbar** *adj.* ininflammable; **~entflammbarkeit** *f* ininflammabilité *f*; **~erfüllung** *f* inexécution *f*; inaccomplissement *m*; ⚖ défaillance *f*; **~erneuerung** *f* non--renouvellement *m*; **~erscheinen** *n* absence *f*; ⚖ contumace *f*; **~fachmann** *m* profane *m*; **~gebrauch** *m* non-usage *m*; **~gefallen** *n* non-convenance *f*; *bei* ~ en cas de non--satisfaction *f*; **~gelingen** *n* non-réussite *f*.

'**nichtig** *adj.* (*eitel*) vain; (*wertlos*) sans valeur; (*nichtssagend*) futile; frivole; (*wirkungslos*) nul, nulle; caduc, -uque; ~ *und* ~ nul(le) et non avenu(e); *für* ~ *erklären* annuler; annihiler; invalider; **~keit** *f* vanité *f*; futilité *f*; frivolité *f*; (*Ungültigkeit*) nullité *f*; caducité *f*; *materielle* (*formelle*) ~ nullité *f* de fond (de forme); ²**keitserklärung** *f* annulation *f*; invalidation *f*; ²**keitsklage** *f* demande *f* en nullité.

'**Nicht|kämpfende(r)** *m* non-combattant *m*; ²**kriegführend** *adj.:* Status e-r ~en Macht non-belligérance f; ⁲leitend ⚹ adj. non-conducteur, -trice; isolant; ~leiter ⚹ m non--conducteur m; isolant m; ~mitglied n celui m, celle f qui n'est pas membre; ~raucher(in f) m non--fumeur m, -euse f; ~raucherabteil n compartiment m non-fumeurs.

nichts I pr/ind. (bei vb. mit ne) rien; ~ mehr (bei vb. ne ...) plus rien; (ganz und) gar ~ (bei vb. mit ne) absolument rien, rien du tout; ~ als rien que; weiter~? rien de plus?; rien d'autre?; c'est tout?; weiter ~! rien de plus!; rien d'autre!; voilà tout!; sonst (weiter) ~ (bei vb. ne ...) rien de plus; wenn es sonst (od. weiter) ~ ist si ce n'est que cela; ~ anderes (bei vb. ne ...) rien d'autre; pas autre chose; ~ dergleichen (bei vb. ne ...) rien de pareil; mir ~, dir ~ sans plus de façon, F tout de go; alles oder ~ tout ou rien; ~ Neues rien de neuf (od. de nouveau); für ~ und wieder ~ absolument pour rien, F pour des prunes; für ~ arbeiten travailler pour le roi de Prusse; so gut wie ~ presque, pratiquement rien; als wenn ~ geschehen wäre comme si de rien n'était; mit etw. ~ zu tun (od. zu schaffen) haben n'être rien pour les dans qch.; das ist so gut wie gar ~ cela ou rien, c'est tout un; das ist ~ ce n'est rien, F c'est zéro; das macht ~ cela ne fait rien; pas de quoi; il n'y a pas de mal; ~ zu machen rien à faire; da ist ~ zu machen il n'y a rien à faire; das hat ~ zu sagen cela ne veut rien dire; ce n'est rien; es ist ~ damit il n'en est rien; ~ davon! pas un mot de cela!; ne parlons pas de cela!; daraus wird ~ il n'en sera rien; cela ne se fera pas; das ist ~ für mich cela ne me va pas; ~ davon haben en être pour ses frais; sich in ~ unterscheiden ne se distinguer en rien; aus ~ wird ~ on ne fait rien de rien; ich verstehe ~ davon je n'y comprends rien; P je n'y comprends dalle; II ⚹ n (das Nichtsein) néant m; (Leere) vide m; (Geringes) rien m; (Kleinigkeit) bagatelle f; vor dem ~ stehen être complètement ruiné; n'avoir plus rien.

'Nichtschwimmer(in f) m non--nageur m, -euse f.

nichtsdesto'weniger adv. néanmoins; malgré cela; toutefois.

'Nicht|seiende n, ~sein n néant m; non-être m.

'nichtselbständig adj. dépendant; non autonome; Arbeiter: salarié.

'Nichts|könner m nullité f; zéro m; F minus m; P tocard m; ~nutz m bon m à rien; vaurien m; propre m à rien; ⁲nutzig adj. qui ne vaut rien; méchant; ~nutzigkeit f méchanceté f; ⁲sagend adj. insignifiant; (Worte) anodin; (Kommuniqué) vague; flou; (wertlos) futile; frivole; ~tuer(in f) m fainéant m, -e f; ~tun n inaction f; oisiveté f; ~wisser m ignorant m; ⁲würdig adj. vil; indigne; pfort abject; ~würdigkeit f indignité f.

'Nicht|trinker m antialcoolique m; ~ von Wein non-buveur m de vin; ~übereinstimmung f non-conformité f; ~verantwortlichkeit f non--responsabilité f; ~vollstreckung f non-exécution f; ~vorhandensein n absence f; ⚖ défaut m; carence f;

phil. non-existence f; ~wähler m non-électeur m; abstentionniste m; ~weiterverbreitung f: die ~ von Kernwaffen la non-dissémination (od. la non-prolifération) des armes nucléaires; ~wissen n ignorance f; ~zahlung f non-paiement m; ~zulassung f non-admission f; ~zuständigkeit f incompétence f; ~zustellung f non-remise f; ~zutreffende(s) n: ~s ist durchzustreichen rayer (od. barrer od. biffer) les mentions inutiles.

'Nickel min. n nickel m; ~chromstahl m acier m (au) nickel-chrome; ~münze f monnaie f de nickel; ~stahl m acier m au nickel.

'nicken v/i. als Gruß: saluer d'un mouvement de la tête; als Wink: faire signe de la tête.

'Nickerchen F n petit somme m; F roupillon m.

nie adv. (bei vb. mit ne) jamais; ~ und nimmer jamais de la vie; au grand jamais; ~ mehr (bei vb. ne ...) jamais plus (od. plus jamais); sie haben ~ etwas verstanden ils n'ont jamais rien compris; jetzt oder ~ maintenant ou jamais; besser spät als ~ mieux vaut tard que jamais.

'nieder I adj. bas, basse; Rang, Wert: inférieur; die ~en Klassen les basses classes f/pl., les classes inférieures f/pl., Schule: les petites classes f/pl.; die ~en Karten les basses cartes f/pl.; ~er Adel petite noblesse f; von ~er Geburt (od. Herkunft) de basse naissance (od. origine od. extraction); II adv. à bas; ~ mit ... ! à bas ... (acc.)!; ~ mit den Verrätern! à bas les traîtres; mort aux traîtres!; ~beugen v/rf.: sich ~ se pencher; se baisser; ~blicken v/i. regarder en bas; baisser les yeux; ~brechen v/t. abattre; démolir; ~brennen 1. v/i. brûler de fond en comble (od. complètement); 2. v/t. réduire en cendres; ~brüllen v/t. 'huer; ~bücken v/rf.: sich ~ se pencher; se baisser; ~deutsch adj. bas allemand; ⁲deutsche(r a. m) m, f Allemand, -e m, f du Nord; ~deutschland n l'Allemagne f du Nord; ~donnern v/i. s'écrouler avec fracas; ~druck ⊕ m basse pression f; ~druckdampfmaschine f machine f à basse pression; ~drücken v/t. baisser; fig. déprimer; accabler; abattre; écraser; (unterdrücken) opprimer; ⁲druckgebiet n zone f de basse pression; ~fahren v/i. descendre; ~fallen v/i. tomber en bas (od. par terre); vor j-m (auf die Knie) ~ se prosterner devant q.; se jeter aux pieds de q.; tomber (od. se mettre) à genoux devant q.; ⁲frequenz ⚹ f basse fréquence f; ⁲gang m v. Gestirnen: coucher m; fig. déclin m; décadence f; der ~ der Universitäten l'abaissement du niveau des universités; le déclin de la vie universitaire; ⁲gangskappe ⚓ (U-Boot) f capot m de descente; ~gebeugt, ~gedrückt fig. adj. abattu; déprimé; accablé; ~gehen v/i. ⚹ atterrir, (wassern) amerrir; Gewitter: s'abattre; ~geschlagen fig. adj. abattu; accablé; déprimé; morfondu; morne; (entmutigt) découragé; ⁲geschlagenheit f abattement m; accablement m; mo-

rosité f; anéantissement m; (Entmutigung) découragement m; ~halten v/t. (unterdrücken; in Schranken halten) réprimer; ~hauen v/t. abattre; Menschen: massacrer; ~hocken v/i. s'accroupir; se blottir; ~holen v/t. Fahne: baisser; amener; ⁲holz n taillis m; ⁲jagd ch. f chasse f au menu gibier; ~kämpfen v/t. (besiegen) vaincre; (zermalmen) écraser; (zähmen) dompter; (ersticken) étouffer; ~kauern v/i. se blottir; s'accroupir; ~knallen v/t. descendre; foudroyer; ~knien v/i. s'agenouiller; ~knüppeln v/t. matraquer; ⁲knüppeln n matraquage m; ~kommen v/i. Frau: accoucher (mit de); Tier: mettre bas; ⁲kunft f accouchement m; couches f/pl.; ⁲lage f ⚹ (Magazin) dépôt m; (größeres Lagerhaus) entrepôt m; (Filiale) succursale f; filiale f; ⚔ défaite (a. fig.); j-m e-e ~ beibringen infliger (od. faire essuyer od. faire subir) une défaite à q.; e-e ~ erleiden essuyer (od. subir) une défaite; ⁲lande: die ~ pl. les Pays-Bas m/pl.; ⁲länder(in f) m Néerlandais m, -e f; Hollandais, -e m, f; ~ländisch adj. des Pays-Bas; néerlandais; hollandais; ~lassen 1. v/t. (a)baisser; 2. v/rf.: sich ~ s'asseoir; prendre place; Vögel: se poser; (s-n Wohnsitz nehmen) s'établir; se fixer; s'installer; s'implanter; prendre domicile; ⁲lassung f établissement m; (Filiale) succursale f; filiale f; ⁲lassungsfreiheit f liberté f d'établissement; ⁲lassungsrecht n droit m d'établissement; ~legen 1. v/t. mettre par terre; poser; mettre bas; die Arbeit ~ cesser le travail; débrayer; die Krone ~ abdiquer; sein Amt ~ résigner ses fonctions; se démettre de ses fonctions; démissionner; donner sa démission; schriftlich ~ mettre par écrit; 2. v/rf.: sich ~ se coucher; se mettre au lit; ⁲legung f (Amts⚹) cessation f du travail; débrayage m; ~ der Krone abdication f; ~machen, ~metzeln v/t. massacrer; ~mähen v/t. faucher; ⁲metzeln n massacre m; ⁲österreich n la Basse-Autriche; ~reißen v/t. renverser; Gebäude usw.: démolir; ~reiten v/t. écraser (sous les pieds de son cheval); renverser (avec son cheval); faire piétiner par son cheval; ⁲rhein m Rhin m inférieur; bas Rhin m; ~rheinisch adj. du Rhin inférieur; du bas Rhin; ~ringen v/t. (besiegen) vaincre; (bezwingen) dompter; ~säbeln v/t. sabrer; ⁲sachsen n la Basse-Saxe; ~schießen 1. v/t. abattre d'un coup de fusil; fusiller; 2. v/i. fondre (auf acc. sur); ⁲schlag m 🜍 dépôt m; sédiment m; précipité m; précipitation f; Boxsport: knock-down m, bis zehn: knock-out m; radioaktive Niederschläge retombées f/pl. radio-actives; s-n ~ finden se manifester; ⁲schläge m/pl. (Regen usw.) précipitations f/pl.; ~schlagen 1. v/t. abattre; (zu Boden schlagen) a. terrasser; atterrer; assommer; k.o. mettre knock-out; Augen: baisser; Untersuchung: arrêter; Angelegenheit: étouffer; Verfahren: classer; (unterdrücken) supprimer; réprimer; (bedrücken) a. battre;

accabler; affliger; 2. v/i. 🔁 se déposer; se précipiter; zu Boden ~ tomber à (od. par) terre; ~schlagend adj. accablant; ₂schlagsmenge f quantité f de précipitation; ₂schlagung f (Unterdrückung) suppression f; répression f; e-s Prozesses: non-lieu m; ₂schlesien n la Basse-Silésie; ~schmettern v/t. écraser, atterrer, foudroyer (alle a. fig.); ~schmetternd adj. bouleversant; foudroyant; ~schreiben v/t. mettre par écrit; ~schreien v/t. 'huer; ₂-schrift f manuscrit m; Schule: rédaction f; ₂₁̷₂ procès-verbal m; ~schweben v/i. descendre (en planant); ~setzen 1. v/t. déposer; mettre par (od. à) terre; 2. v/rf.: sich ~ s'asseoir; Vögel: se poser; ~sinken v/i. descendre lentement; im Wasser: aller au fond; couler (bas); vor Schwäche: s'affaisser; ₂spannung ⚡ f basse tension f; ₂spannungsleitung ⚡ f câble m (od. ligne f) à basse tension; ~stechen v/t. transpercer d'un coup d'épée; mit e-m Dolch: poignarder; ~steigen v/i. descendre; ~stimmen parl. v/t. mettre en minorité; ~stoßen 1. v/t. renverser; 2. v/i. se précipiter (od. fondre) (auf acc. sur); ~strecken v/t. (töten) descendre; P zigouiller; (hinlegen) (v/rf.: sich s')étendre par terre; ~stürzen v/i. tomber; s'abattre; s'écrouler; ₂-tracht f infamie f; mauvaise foi f; perfidie f; scélératesse f; bassesse f; ~trächtig adj. infâme; scélérat; bas, basse; ₂trächtigkeit f infamie f; bassesse f; ~treten v/t. fouler aux pieds, (Schuhe schief laufen) éculer; ₂ung f terrain m bas; bas-fond m; ₂ungen f/pl. basses terres f/pl.; ~wärts adv. vers le bas; ~werfen 1. v/t. renverser; Gegner: vaincre; abattre; Aufstand: réprimer; 2. v/rf.: sich vor j-m ~ se jeter aux pieds de q.; se prosterner devant q.; ₂werfung f e-s Aufstandes: répression f; écrasement m; ~wild n menu gibier m.
'niedlich adj. gentil, -ille; joli; bellot, -otte; mignon, -onne; (anmutig) gracieux, -euse; joli; ₂keit f gentillesse f; (Anmut) grâce f; joliesse f.
'Niednagel ⚕ m envie f.
'niedrig adj. bas, basse; Preis: a. modique; Rang, Wert: inférieur; (gemein) a. vil; vulgaire; (verworfen) abject; zu ~em Preis à bas prix; die ~en Klassen les basses classes f/pl., les classes inférieures f/pl., Schule: les petites classes f/pl.; hoch und ~ les petits et les grands m/pl.; von ~er Geburt (od. Herkunft) de basse naissance (od. origine od. extraction); ~ sitzen être assis bas; ~ fliegen voler bas; ~er stellen (hängen, machen; schrauben) (a)baisser; ~ spielen jouer petit jeu; zu ~ angeben (unterschätzen) sous-estimer; sous-évaluer; ₂-keit f bassesse f; des Preises: modicité f; ~ der Geburt basse naissance (od. origine od. extraction) f.
'niemals adv. (bei vb. ne ...) jamais; ~ mehr (bei vb. ne ...) jamais plus od. plus jamais; ~ sich ergeben! ne jamais se rendre!
'niemand pr/ind. als Objekt: ne ... personne; als Subjekt: personne (od. aucun od. nul) ... ne; ohne vb.: personne; ~ anders personne d'autre (bei vb. mit ne); nul autre (bei vb. mit ne); ~ anders personne d'autre (bei vb. mit ne); nul autre (bei vb. mit ne); es ist ~ da il n'y a personne; ~ verpflichtet irgendjemanden, sich diese Filme anzusehen personne n'oblige personne à aller voir ces films; ~ versteht etwas personne ne comprend rien; ₂sland n no man's land m; zone f inoccupée.
'Niere f anat. rein m; cuis. u. 🏹 rognon m; künstliche ~ rein m artificiel; fig. das geht mir an die ~n cela me touche au vif; auf Herz und ~en prüfen examiner sur toutes les coutures; ~nbecken n bassinet m des reins; ~nbecken-entzündung ⚕ f pyélite f; ~nbraten m longe f de veau; ~n-entzündung ⚕ f néphrite f; ~nförmig adj.: ~er Tisch table f 'haricot; ~ngegend f région f rénale; ~nkartoffel f rate f; ~nkolik ⚕ f colique f néphrétique; ~nkranke(r a. m) m, f néphrétique m, f; ~nkrankheit f, ~nleiden n maladie f des reins; néphrite f; ~nschlag m Boxen: coup m dans les reins; ~nschmerz m douleur f néphrétique; ~nschwund ⚕ m atrophie f rénale; ~nstein m calcul m rénal; ~e a. lithiase f rénale; ~nsteinkolik ⚕ f colique f néphrétique.
'niesel|n v/imp. bruiner; F brouillasser; ₂regen m bruine f; crachin m; F brouillasse f; ₂wetter n crachin m.
'niesen I v/i. éternuer; II ₂ n éternuement m.
'Niespulver n poudre f à éternuer.
'Nieß|brauch m usufruit m; ~nutzer(in f) m usufruitier m, -ière f; ~nutzung f usufruit m.
'Nieswurz ♧ f ellébore m.
Niet ⊕ m rivet m; '~bolzen m boulon m rivé.
'Niete f Lotterie: billet m perdant; F mauvais numéro m; fig. (Versager) nullité f; zéro m; fruit m sec; F savate f.
'Niet-eisen n fer m à river.
'nieten I v/t. river; II ₂ n rivure f.
'Niet|er(in f) m riveur m, -euse f; ~hammer m rivoir m; ~kopf m tête f de rivet; ~maschine f machine f à river; rivoir m; ~naht f joint m rivé; ₂- und 'nagelfest adj. rivé solidement; fig. bien établi; ~ung f rivure f.
Ni'geria f n (od. la) Nigeria.
Nigeri'an|er m Nigérian m; ₂isch adj. nigérian.
Nihi'lis|mus m nihilisme m; ~t m nihiliste m; ₂tisch adj. nihiliste.
Nika'ragua n le Nicaragua.
Niko'tin n nicotine f; ₂arm, ₂frei adj. à faible teneur en nicotine; dénicotinisé; ~gehalt m teneur f en nicotine; ₂haltig adj. nicotineux, -euse; ~vergiftung f nicotinisme m; tabagisme m.
Nil m: der ~ le Nil; '~delta n delta m du Nil; '₂grün cout. adj. vert tendre; couleur nil; '~pferd zo. n hippopotame m.
'Nimbus m nimbe m; auréole f (a. fig.); fig. prestige m; mit e-m ~ umgeben entourer (od. parer) d'une auréole; s-n ~ einbüßen perdre son prestige.
'nimmer adv. (bei vb. ne ...) jamais; nie und ~ jamais de la vie; au grand jamais; ₂leinstag F m: das kriegst du am ~ tu l'auras à la Saint-Glinglin; auf den ~ verschieben renvoyer à la Saint-Glinglin (od. aux calendes grecques); am ~ zurückkommen F revenir à Pâques od. à la Trinité; ~mehr adv.: nun u. ~ en aucune façon; au grand jamais; ~satt adj. insatiable; ₂satt m homme m insatiable; (Vielfraß) glouton m; ₂'wiedersehen n: auf ~! adieu à jamais (od. pour toujours)!; auf ~ verlassen quitter sans espoir de retour.
'Nippel ⊕ m raccord m (à vis).
'nippen v/i. boire à petits coups; déguster; an etw. (dat.) ~ goûter à qch.; F siroter qch.
'Nippsachen f/pl. bibelots m/pl.
'nirgend|s, ~wo, ~wohin adv. (bei vb. ne ...) nulle part; (bei vb. ne ...) en aucun lieu; sonst nirgends (bei vb. ne ...) nulle part ailleurs.
'Nische ⌂ f niche f.
'Nissenhütte ⚔ f baraque f en tôle ondulée.
'nist|en v/i. nicher; faire son nid; ₂en n nidification f; ₂kasten m nichoir m; ₂zeit f couvaison f.
Ni'trat 🔁 n nitrate m.
Ni'trier|apparat m appareil m de nitrification; ₂en v/t. nitrer; ~härtung f nitruration f; ~ung f nitrification f.
'Nitro|benzol n nitrobenzène m; ~glyzerin n nitroglycérine f; ~sprengstoff m explosif m à la nitroglycérine; ~tolu'ol n nitrotoluène m; ~zellu'lose f nitrocellulose f.
Ni'veau m niveau m (a. fig.); er steht nicht auf Ihrem ~ il n'est pas à votre niveau; ~linie f courbe f de niveau; ~senkung fig. f affaissement m du niveau intellectuel; ~übergang 🚊 m passage m à niveau.
nivel'lier|en v/t. niveler; ~end a. écol. adj. nivelant; ₂latte f mire f de nivellement; ₂ung f nivellement m; ₂waage f niveau m à bulle d'air.
Nix m, '~e f ondin m, -e f.
'Nizza n Nice f.
'nobel adj. (vornehm) noble; (freigebig) généreux, -euse.
No'belpreis m prix m Nobel; ~träger m titulaire m (od. lauréat m) du prix Nobel; prix m Nobel.
noch I adv. encore; ~ nicht (bei vb. ne ...) pas encore; ~ weiß man es nicht on ne sait encore; die Polizei konnte ~ nicht heran la police n'a pu encore approcher; ~ nie (bei vb. ne ...) jamais encore; ~ einmal encore une fois; ~ einmal so viel le double; deux fois autant; ~ einmal so breit deux fois plus large; ~ heute aujourd'hui même (od. encore); ~ vor Tagesanbruch dès avant l'aube; ~ dazu en outre; ~ immer toujours; encore; ~ bevor avant même que (subj.); ~ lange nicht (bei vb. ne ...) pas avant longtemps; ich werde ihn ~ lange nicht wiedersehen je ne le reverrai pas avant longtemps; das fehlte gerade ~ il me manquait plus que cela; er ist ~ lange nicht so reich wie Sie il est loin d'être aussi riche que vous; jede ~ so kleine Gefälligkeit toute complaisance si petite soit-elle; wäre er ~ so reich, er könnte das Glück nicht kaufen si (od. quelque) riche qu'il soit, il ne peut pas acheter le bonheur; wenn er auch ~ so sehr

bittet il aura beau prier; **II** *cj.:* weder ... ~ ... (*bei vb.* ne ...) ni ... ni; wir sind weder reich ~ arm nous ne sommes ni riches ni pauvres; '~**malig** *adj.* réitéré; répété; '~**mals** *adv.* encore une fois.

'**Nockenwelle** *f* arbre *m* à cames.

'**nolens** '**volens** *advt.* bon gré mal gré; de gré ou de force.

No'**made** *m* nomade *m*; **2nhaft** *adj.* nomade; ~**nleben** *n* vie *f* nomade; ~**ntum** *n* nomadisme *m*; ~**nvolk** *n* peuple *m* nomade.

'**Nomen** *gr. n* nom *m.*

Nomenkla'**tur** *f* nomenclature *f.*

nomi'**nal** *adj.* nominal; **2betrag** *m,* **2wert** *m* valeur *f* nominale.

Nomina'**lismus** *m* nominalisme *m.*

'**Nominativ** *gr. m* nominatif *m.*

nomi'**nell** *adj.* nominal; de nom.

nomi'**nieren** *v/t.* nommer.

'**None** ♪ *f* neuvième *f.*

'**Nonius** ⊕ *m* vernier *m*; ~**teilung** *f* graduation *f* de vernier.

'**Nonne** *f* religieuse *f*; ~ werden prendre le voile; ~**nkloster** *n* couvent *m* de femmes.

Non'**stopflug** ✈ *m* vol *m* sans escale.

'**Noppe** *f* nope *f*; **2n** *v/i.* (é)noper; énouer; épinceter; ~**nmuster** *n* dessin *m* à nopes.

Nord *m* nord *m*; '~**afrika** *n* l'Afrique *f* du Nord; '**2afrikanisch** *adj.* de l'Afrique du Nord; nord-africain; '~**amerika** *n* l'Amérique *f* du Nord; '~**amerikaner(in** *f) m* Américain *m,* -e *f* du Nord; '**2amerikanisch** *adj.* de l'Amérique du Nord; ~**at**'**lantikpakt** *m* Traité *m* de l'Atlantique Nord; ~**at**'**lantikpakt-Organisation** *f* (*abr.* NATO) Organisation *f* du Traité de l'Atlantique Nord (*abr.* O.T.A.N.); '~**bahnhof** *m* gare *f* du Nord; '**2deutsch** *adj.* de l'Allemagne du Nord; '~**deutsche(r** *a. m) m, f* Allemand *m,* -e *f* du Nord; '~**deutschland** *n* l'Allemagne *f* du Nord; '~**en** *n* nord *m*; *der Wind bläst von* ~ le vent est au nord (*od.* vient du nord); *nach* ~ *vers le nord*; *im* ~ *von* au nord de; *nach* ~ *liegen* être exposé au nord; *nach* ~ *drehen Wind:* tourner au nord; nordir; '~**flügel** *m* aile *f* nord; ~**franzose** *m* Français *m* du Nord; *ch(t)imi m;* **2isch** *adj.* du Nord; nordique; ~e *Kombination Sport:* combiné *m* nordique; '~**kap** *n* cap *m* Nord; '~**korea** *n* la Corée *f* du Nord; '~**koreaner(in** *f) m* Nord-Coréen *m,* -enne *f*; '**2koreanisch** *adj.* nord-coréen, -enne *f*; '~**kurve** *f* virage *m* nord; '~**küste** *f* côte *f* septentrionale; '~**länder(in** *f) m* habitant *m,* -e *f* du Nord; '~**landfahrt** *f,* '~**landreise** *f* voyage *m* arctique.

'**nördlich** *adj.* septentrional; nord; boréal, arctique; ~ *von* au nord de.

'**Nord**|**licht** *n* aurore *f* boréale; ~ '**ost(en)** *m* nord-est *m*; **2östlich** *adj.* au nord-est (*von* de); ~'**ostseekanal** *m* canal *m* de la mer du Nord à la mer Baltique; ~'**ostwind** *m* vent *m* du nord-est; ~**pol** *m* pôle *m* nord; ~**polarkreis** *m* cercle *m* polaire arctique; ~**pol-expedition** *f* expédition *f* au pôle nord; ~**see** *f* mer *f* du Nord; ~**seite** *f* côté *m* nord; ~**staaten** *m/pl.* États *m/pl.* du Nord; ~**stern** *m* étoile *f* polaire; ~**wand** *f e-s Berges:* paroi *f*

nord; **2wärts** *adv.* vers le nord; ~'**west(en)** *m* nord-ouest *m*; **2**'**westlich** *adj.* au nord-ouest; ~**wind** *m* vent *m* du nord; bise *f.*

Nörg|**e**'**lei** *f* ergotage *m*; F criticaillerie *f*; '**2eln** *v/i.* trouver à redire à toutes choses; '~**ler(in** *f) m* ergoteur *m,* -euse *f.*

Norm *f* norme *f*; standard *m*; (*Regel*) règle *f*; *als* ~ *gelten* servir de norme.

nor'**mal** *adj.* normal; (*regelmäßig*) régulier, -ière; *a.* 🏥 *geistig* ~ sain d'esprit; F *er ist nicht ganz* ~ F il a un grain; il a le timbre fêlé; il est timbré (*od.* piqué); **2arbeitstag** *m* journée *f* normale; **2ausrüstung** *f* équipement *m* régulier; **2e** *f* normale *f*; **2benzin** *n* (essence *f*) ordinaire *f*; ~ *oder Super?* ordinaire ou super?; **2fall** *m* cas *m* normal; ~**film** *m* film *m* de format standard; **2geschwindigkeit** *f* vitesse *f* normale; **2gewicht** *n* poids *m* normal; **2größe** *f* taille *f* normale.

normali'**sier**|**en** *v/t.* normaliser; standardiser; ~**ung** *f* normalisation *f*; standardisation *f.*

Nor'**mal**|**lehre** ⊕ *f* jauge *f* (*od.* calibre *m*) étalon *m*; ~**maß** *n* étalon *m*; ~**null** *f* (*Seehöhe*) niveau *m* moyen de la mer; ~**preis** *m* prix *m* normal; ~**spur** 🚂 *f* voie *f* normale; écartement *m* normal; **2spurig** 🚂 *adj.* à voie normale; ~**uhr** *f* horloge *f* régulatrice; ~**verbraucher(in** *f) m* consommateur *m* (-trice *f*) normal(e); ~**wert** *m* valeur *f* normale; ~**zeit** *f* heure *f* légale; ~**zuteilung** *f* ration *f* standard; ~**zustand** *m* état *m* normal.

Nor'**mann**|**e** *m,* ~**in** *f* Normand *m,* -e *f*; **2isch** *adj.* normand.

norma'**tiv** *adj.* normatif, -ive.

'**normen** *v/t.* normaliser; standardiser; ~**arbeit** *f* (*Bundesrep.: Gesamtschule*) *f* test *m* officiel; **2ausschuß** *m* association *f* de normalisation; **2erhöhung** *f* élévation *f* des normes.

'**Normung** *f* normalisation *f*; standardisation *f.*

'**Norweg**|**en** *n* la Norvège; ~**er(in** *f) m* Norvégien *m,* -enne *f*; **2isch** *adj.* norvégien, -enne.

Nostal'**gie** *f* (*Heimweh*) nostalgie *f*; (*Sehnsucht nach der Vergangenheit*) rétro *m*; ~**iebetont** *adj.*: ~e *Mode* mode *f* rétro; rétro *f*; ~**iewelle** *f* vague *f* rétro.

nos'**talgisch** *adj.* (*Heimweh...*) nostalgique; (*nostalgiebetont*) rétro *inv.*

Not *f* nécessité *f*; besoin *m*; (*Hungers***2**) disette *f*; (*Mangel*) manque *m*; pénurie *f*; (*gänzlicher Mangel*) dénuement *m*; (*Elend*) misère *f*; (*Armut*) pauvreté *f*; (*Bedürftigkeit*) indigence *f*; (*Gefahr*) péril *m*; (*größte*) détresse *f*; (*Dringlichkeit*) urgence *f*; (*Sorge*) soucis *m/pl.*; (*Kummer*) chagrin *m*; (*Mühe*) peine *f*; *zur* ~ au besoin; à la rigueur; *im Falle der* ~; *wenn* ~ *am Mann ist* au besoin; en cas de besoin; en cas de nécessité; *es hat keine* ~ il n'y a rien à craindre; *es eilt nicht* rien ne presse; *es tut ihm* **2** voilà ce qu'il lui faut; *jeder hat s-e (liebe)* ~ chacun a ses soucis; *s-e liebe* ~ *mit j-m haben* avoir bien du mal avec q.; *in* ~ *geraten* tomber dans la misère (*od.* dans le besoin); *in* ~ *sein*; ~ *leiden* être dans la misère (*od.* dans le besoin); *an etw.* (*dat.*) ~ *leiden* manquer de qch.; *j-m aus der* ~ (*Verlegenheit*) *helfen* tirer q. d'affaire; *mit Müh und* ~ à grand-peine; *mit ganz knapper* ~ *etw. vermeiden* éviter qch. d'extrême justesse; *aus der* ~ *e-e Tugend machen* faire de nécessité vertu; ~ *macht erfinderisch* nécessité est mère d'industrie; ~ *kennt kein Gebot* nécessité n'a point de loi; ~ *lehrt beten* la faim chasse le loup du bois; *in der* ~ *frißt der Teufel Fliegen* faute de grives, on mange des merles; *spare in der Zeit, so hast du in der* ~ il faut garder une poire pour la soif.

'**Nota** ✝ *f* note *f*; court mémoire *m.*

No'**tabeln** *pl.* notables *m/pl.*; notabilités *f/pl.*

'**Not**|**abwurf** ✈ *m* largage *m* forcé; ~**adresse** *f* adresse *f* secondaire; adresse *f* en cas de besoin; ~**anker** *m* ancre *f* de salut; ~**antenne** *f* antenne *f* de fortune; ~**apotheke** *f* pharmacie *f* de secours.

No'**tar** *m* notaire *m.*

Notari'**at** *n* notariat *m*; étude *f* de notaire; ~**sgebühren** *f/pl.* honoraires *m/pl.* de notaire; droits *m/pl.* notariaux; ~**s-urkunde** *f* acte *m* notarié.

notari'**ell** *adj.*: ~*es Schriftstück* acte *m* notarié; ~ *beglaubigt* notarié.

'**Not**|**arzt** *m* médecin *m* du secours d'urgence; S.A.M.U. *m*; ~**arztwagen** *m* ambulance *f*; clinomobile *f*; ~**aufnahme** *f* admission *f* d'urgence; ~**aufnahmelager** *n* camp *m* de fortune; ~**ausgang** *m* sortie *f* (*od.* issue *f*) de secours; ~**ausstiegsluke** *at.* (*e-r Raumkapsel*) *f* écoutille *f* de sortie; ~**bau** *m* construction *f* provisoire; ~**behelf** *m* expédient *m*; pis--aller *m*; ~**beleuchtung** *f* éclairage *m* de secours; ~**bremse** *f* frein *m* de secours; signal *m* d'alarme; ~**brücke** *f* pont *m* provisoire; ~**draht** *m* fil *m* de fortune; ~**durft** *f*: *s-e* ~ *verrichten* faire ses besoins; **2dürftig** *adj.* (*kaum ausreichend*) à peine suffisant; (*behelfsmäßig*) provisoire; de fortune; ~**dürftigkeit** *f* (*Unzulänglichkeit*) insuffisance *f.*

'**Note** *f* note *f*; remarque *f*; *Schule:* note *f*; point *m*; ✝ billet *m* (*de banque*); *der Künstler fällt durch s-e persönliche* ~ *auf* l'artiste étonne par l'accent personnel; ~*n wechseln* échanger des notes; ♪ note *f*; ♪ ~*n pl.* (*als ganzes Musikstück*) musique *f*; *ganze* ~ ronde *f*; *halbe* ~ blanche *f*; *nach* ~*n singen* chanter sur la note; *nach* (*ohne*) ~*n spielen* jouer avec (sans) musique; *in* ~*n setzen* noter; *fig. besondere* ~ cachet *m*; *wie nach* ~*n gehen* aller comme sur des roulettes.

'**Noten**|**aufruf** ✝ *m* retrait *m* de billets (de banque); ~**ausgabe** ✝ *f* émission *f* de billets; ~**austausch** *dipl. m* échange *m* de notes; ~**bank** ✝ *f* banque *f* d'émission; ~**blatt** ♪ *n* feuille *f* (*od.* page *f*) de musique; ~**buch** ♪ *n* livre *m* de musique; ~**druck** *m* impression *f* de billets (de banque); ♪ impression *f* de musique; ~**einlösung** ✝ *f* remboursement *m* de billets (de banque); ~**gebung** *écol. f* notation *f*; ~**hals** *m* queue *f* (de la note); ~**heft** ♪ *n* cahier *m* de musique; ~**kopf** *m* tête *f* (de la note);

Notenlinie — Nummer

~linie *f* ligne *f*; *die fünf ~n* la portée; ~**mappe** ♪ *f* porte-musique *m*; ~**papier** *n* papier *m* à musique; ~**presse** *f* für *Papiergeld*: presse *f* à billets de banque; ~**pult** ♪ *n* pupitre *m* de musicien; *in der Kirche*: (*Chorpult*) lutrin *m*; ~**regal** *n* étagère *f* (*od.* classeur *m*) à musique; ~**schlüssel** ♪ *m* clef *f*; ~**schrank** *m* casier *m* à musique; ~**schreiber** *m* copiste *m* de musique; ~**schrift** *f* notation *f* musicale; ~**ständer** *m* (*Pult*) pupitre *m* de musicien; (*Chorpult*) lutrin *m*; ~**system** ♪ *n* portée *f*; ~**umlauf** ✝ *m* circulation *f* des billets (de banque); ~**wechsel** *dipl. m* échange *m* de notes.

'**Not|fall** *m* cas *m* de besoin; *im ~ au besoin*; en cas de besoin; si besoin est; si le besoin s'en fait sentir; s'il en est besoin; en cas de nécessité; ⚔ en cas d'urgence; *im äußersten ~* à la dernière extrémité; ♀**falls** *adv.* au besoin; en cas de besoin; si besoin est; si le besoin s'en fait sentir; s'il en est besoin; en cas de nécessité; ~**flagge** ⚓ *f* pavillon *m* de détresse; ♀**gedrungen I** *adj.* forcé; **II** *adv.* par nécessité; forcément; *~ muß j. etw. tun* force est à q. de faire qch.; ~**geld** *n* monnaie *f* auxiliaire; ~**gemeinschaft** *f* organisme *m* de premiers secours; ~**gesetz** *n* décret-loi *m*; ~**groschen** *m*: *sich e-n ~ zurücklegen* garder une poire pour la soif; ~**hafen** ⚓ *m* port *m* de salut (*od.* de refuge); ~**helfer** *m* sauveur *m*; ~**hilfe** *f* premiers secours *m*/*pl.*; ~**hilfsdienst** *m* secours *m* d'urgence.

no'tier|en *v/t.* noter; prendre note (de); *an der Börse* coter; *den Kurs ~* coter le cours; *notierte Aktie* action *f* cotée; ♀**ung** *f Börse*: cote *f*; cotation *f*.

'**nötig** *adj.* nécessaire; *~ machen* rendre nécessaire; nécessiter; *es ist ~, daß ... (daß)* il est nécessaire que ... (*subj.*); *etw. ~ haben* avoir besoin de qch.; *es nicht für ~ halten, zu ... (inf.)* ne pas croire nécessaire de ... (*inf.*); *j-n ~ machen* *v/t.*: *j-n ~ contraindre* (*od.* forcer *od.* obliger) q. (*zu* à); *sich ~ lassen* se faire prier; F se faire tirer la manche; ~**enfalls** *adv.* au besoin; en cas de besoin; si besoin est; si le besoin s'en fait sentir; s'il en est besoin; en cas de nécessité; ♀**ung** *f* contrainte *f*; ⚖ atteinte *f* à la liberté individuelle.

No'tiz *f* note *f*; (*Hinweis*) notice *f*; *von etw. ~ nehmen* prendre connaissance de qch.; *keine ~ nehmen von* ne tenir aucun compte de qch.; *sich ~en machen* prendre (*od.* F piquer) des notes; ~**block** *m* bloc-notes *m*; ~**buch** *n* carnet *m*; calepin *m*; agenda *m*; ~**zettel** *m* F pense-bête *m*.

'**Not|jahr** *n* année *f* de disette; ~**küche** *f* cuisine *f* de fortune; ~**lage** *f* situation *f* difficile; (*große Not*) détresse *f*; (*allgemeines Elend*) calamité *f*; ♀**landen** ✈ *v/i.* faire un atterrissage forcé; se poser en catastrophe; ~**landung** *f* atterrissage *m* forcé; ♀**leidend** *adj.* nécessiteux, -euse; indigent; dans le besoin; ✝ *~er Wechsel* effet *m* en souffrance; ~**leidende**(**r** *a. m*), *m*, *f* nécessiteux *m*, -euse *f*; indigent *m*, -e *f*; ~**leine** *f* corde *f* de secours; ~**leiter** *f* échelle *f* de fortune; ~**lösung** *f* expédient *m*; solution *f* de fortune; ~**lüge** *f* pieux mensonge *m*; ~**maßnahme** *f* mesure *f* d'urgence; ~**nagel** *m* expédient *m*; pis-aller *m*.

no'torisch *adj.* notoire.

'**Not|pfennig** *m*: *sich e-n ~ zurücklegen* garder une poire pour la soif; ~**quartier** *n* abri *m* provisoire; ~**ruf** *m* cri *m* d'alarme (*od.* de détresse); *téléph.* appel *m* au secours; ~**rufsäule** (*Autobahn*) *f* borne *f* d'appel téléphonique; ~**rutsche** ✈ *f* toboggan *m* de secours; ~**schlachtung** *f* abattage *m* urgent; ~**schrei** *m* cri *m* d'alarme (*od.* de détresse); ~**signal** *n* signal *m* d'alarme (*auf See*: de détresse); ~**sitz** *m* strapontin *m*; *Auto*: place *f* de promenade; spider *m*; ~**stand** *m* état *m* d'urgence; ~**standsarbeiten** *f*/*pl.* travaux *m*/*pl.* de secours pour les chômeurs; chantiers *m*/*pl.* nationaux; ~**standsgebiet** *n* région *f* sinistrée; ~**standsgesetz** *n* loi *f* d'urgence; ~**standsgesetzgebung** *f* législation *f* d'exception; ♀**standsmäßig** *adj.* catastrophique; ~**staudamm** *m* barrage *m* de fortune; ~**taufe** *f* *cath.* ondoiement *m*; *prot.* baptême *m* d'urgence; ~**unterkunft** *f* logement *m* provisoire (*od.* d'urgence); ~**unterkünfte** *pl.* locaux *m*/*pl.* de fortune (*od.* provisoires); ~**verband** *m* pansement *m* (*od.* bandage *m*) provisoire (*od.* d'urgence *od.* de fortune); ~**verkauf** *m* vente *f* forcée; d'urgence; ~**verordnung** *f* décret-loi *m*; ♀**wassern** ✈ *v/i.* faire un amerrissage forcé; ~**wasserung** ✈ *f* amerrissage *m* forcé; ~**wehr** *f* légitime défense *f*; *aus ~* à mon (ton, *etc.*) corps défendant; ♀**wendig** *adj.* nécessaire; *schlechterdings* (*unumgänglich*) indispensable; (*unvermeidlich*) inévitable; *~ machen* rendre nécessaire; nécessiter; *es ist ~, daß ...* il est nécessaire (*od.* il faut) que ... (*subj.*); ♀**wendigerweise** *adv.* nécessairement; ~**wendigkeit** *f* nécessité *f*; *unumgängliche ~* nécessité *f* absolue; *in die ~ versetzt sein* se trouver dans la nécessité; ~**wohnung** *f* logement *m* provisoire (*od.* de fortune); ~**wurf** ✈ *m* largage *m* forcé; ~**zeichen** *n* signal *m* d'alarme; *~ geben* faire des signaux d'alarme; ~**zucht** *f* viol *m*; *an j-m ~ begehen* violer q.; ♀**züchtigen** *v/t.* violer; ~**zuchtverbrecher** *m* violeur *m*.

No'velle *f* nouvelle *f*; ⚖ loi *f* dérogatoire; *parl. e-e ~ einbringen* proposer une loi dérogatoire; ~**nschreiber** *m* auteur *m* de nouvelles; nouvelliste *m*; nouvellier *m*.

Novel'list *m* nouvelliste *m*.

No'vember *m* novembre *m*.

Novi'tät *f* thé. nouveauté *f*; *Buchhandel*, *als Reklame*: vient de paraître.

No'vize *m, f* novice *m, f*.

nu F *int.*: *~! eh bien!*

Nu *m od. n*: *im ~* en un clin d'œil; en moins de rien (*od.* de deux); en un rien de temps; en cinq sec.

Nu'ance *f* nuance *f*.

nuan'cieren *v/t.* nuancer.

'**nüchtern** *adj.* à jeun; (*nicht betrunken*) qui n'a pas bu; qui n'est pas ivre; *~ machen* dégriser; *~ werden* se dégriser; (*mäßig*) sobre; (*einfach*) simple; (*schmucklos*) sans ornement; (*ruhig*) calme; (*kaltblütig*) qui a du sang-froid; (*besonnen*) réfléchi; (*vernünftig*) sensé; raisonnable; *Urteil*: sain; *Kritik*: serein; (*fade*) fade; insipide; (*trocken*) prosaïque; (*farblos*) décoloré; incolore; *auf ~en (mit ~em) Magen* à jeun; *~ betrachten* considérer de sang-froid; ♀**heit** *f* (*Mäßigkeit*) sobriété *f*; (*Einfachheit*) simplicité *f*; (*Ruhe*) calme *m*; (*Kaltblütigkeit*) sang-froid *m*; (*Fadheit*) fadeur *f*; (*Trockenheit*) prosaïsme *m*.

'**Nuckel** F *m* (*für Babys*) tétine *f*.

'**Nudel** *f*: *~n pl.*; *italienische ~n* pâtes *f*/*pl.* d'Italie; (*Faden♀*) vermicelle *m*; ~**holz** *n* rouleau *m* à pâtisserie; ♀**n** *v/t.* empâter; gaver (*a. fig.*); ~**n** *v* empâtement *m*; ~**suppe** *f* potage *m* au vermicelle.

Nudi'tät *f* nudité *f*.

'**Nugat** *m* praliné *m*.

Nukle'armedizin *f* médecine *f* nucléaire.

'**Nukleon** *phys. n* nucléon *m*.

null *adj.* nul, nulle; *~ und nichtig* nul (nulle) et non avenu(e); caduc, -uque; *~ Grad zéro degré*; *~ Uhr zéro heure*; *~ Fehler zéro faute*; *Sport*: *~ zu ~ zéro* à zéro; *3 : 0 gewinnen* gagner par 3 buts à zéro; *das Spiel steht 5 : 0* (*fünf zu null*) le match en est à cinq à zéro; *für ~ und nichtig erklären* déclarer nul et non avenu; annuler; annihiler.

Null *f* zéro *m*; (*Person*) *a.* F minus *m*; nullité *f*; F fruit *m* sec; F foutriquet *m*; F pas grand-chose *m*; *auf ~ stehen* être à zéro; *bei ~ wiederanfangen* repartir à zéro; *unter (über) ~ stehen* être au-dessous (au-dessus) de zéro; F *in ~ Komma nix* en un clin d'œil; en moins de rien; en cinq sec; ¹**(l)eiter** ⚡ *m* terre *f*; ¹**punkt** *m* zéro *m*; *Achsenkreuz*: origine *f*; *fig.* point *m* zéro; *die Moral der Truppe ist auf dem ~ angelangt* le moral des troupes est au plus bas; ¹**spannung** *f* potentiel *m* zéro; tension *f* nulle; ¹**stellung** *f* position *f* zéro; ¹**strich** *m* trait *m* (*od.* marque *f*) de zéro; ¹**tarif** *m* gratuité *f* des transports publics.

'**Nulpe** (*Dummkopf*) *f* nouille *f* baudruche; *f*; pâte *f* molle.

Nume'rale *n* adjectif *m* numéral.

nume'rier|en *v/t.* numéroter; (*einstufen*) coter; *fortlaufend ~* numéroter en continu; ♀**en** *n* numérotage *m*; ♀**ung** *f* numérotage *m*; ♀**ungsstempel** *m* numéroteur *m*.

nu'merisch *adj.* numérique.

'**Numerus** *gr. m* nombre *m*; *~ clausus univ. m* numerus *m* clausus; filtrage *m*.

Numis'ma|tik *f* numismatique *f*; ~**tiker** *m* numismate *m*; ♀**tisch** *adj.* numismatique.

'**Nummer** *f* numéro *m*; *v. Schuh*, *Handschuh*, *Kopfbedeckung* pointure *f*; (*Katalog♀*) cote *f*; (*Auto♀*) numéro *m* d'immatriculation; *laufende ~* numéro *m* d'ordre; *die ~ wählen* *téléph.* composer le numéro; *mit ~ versehen* numéroter; (*einstufen*) coter; *fig. der Mensch ist nur noch e-e ~* l'homme n'est plus qu'une pièce d'échecs (*od.* qu'un assujetti sur le plan social *od.* qu'un zéro en chiffre); *péj. in Paris ist man e-e ~ à Paris*, on est un matricule; *bei j-m e-e gute ~ haben* être bien coté par q.; **~ngebung** *écol. f* classement *m*; **~nscheibe** *téléph. f* cadran *m* d'appel; **~nschild** *n Auto*: plaque *f* minéralogique (*od. neuerdings*: d'immatriculation); **~nschildbeleuchtung** *f Auto*: éclairage *m* de la plaque minéralogique (*od. neuerdings*: d'immatriculation); **~nstempel** *m* numéroteur *m*; **~ntafel** (*Pferderennen*) *f* tableau *m* d'affichage.

nun *adv.* maintenant; à présent; (*da*) alors; *von ~ an* désormais, dorénavant; à partir de ce moment; (*seitdem*) dès lors; *~ aber* or, *Ausruf:* eh bien!; *~ gut!* soit!; *~ ja!* oui, je veux bien!; *als Beginn e-r Antwort auf e-e Frage:* bof!; *und was ~?* et après?; *es ist ~ einmal so* il en est ainsi; *~, ich gestehe, daß ...* ma foi, j'avoue que ...; *~, wo ... maintenant que ...*; **~mehr** *adv.* à présent; maintenant; (*von jetzt an*) désormais.

Nuntia|tur *f* nonciature *f*.
'Nuntius *m* nonce *m*.

nur *adv.* seulement; rien que ...; *bei vb. a. ne ... que; er arbeitet ~* il ne fait que travailler; *er hat ~ noch 100 Mark* il n'a plus que cent marks; *er hat ~ etwa 100 Mark* il n'a guère que cent marks; *~ er lui seul; ~ er nicht sauf* (*od.* excepté) lui; *~ ein Arzt kann beurteilen, ob ...* seul un médecin peut juger si ...; *mit ~ wenigen Ausnahmen* à peu d'exceptions près; *~ zu sehr* (*bei vb. ne ...*) que trop; *~ nicht zu sehr* mais (*bei vb. ne ...*) pas trop; *~ ein wenig* tant soit peu; *nicht ~ ..., sondern auch ...* non seulement ..., mais encore ... (*od.* mais aussi ...); *wenn ~* pourvu que (*subj.*); *wer auch ~* qui que ce soit qui; quiconque; *was auch ~ quoi que; so viel ich ~ kann* tant que je peux; *lassen Sie mich ~ machen!* vous n'avez qu'à me laisser faire!; laissez-moi donc faire!; *wie kommt er ~ hierher?* comment donc a-t-il pu venir ici?; *was können sie sich ~ sagen?* que peuvent-ils bien se dire?; *~ zu!* allez-y!; *sieh ~!* vois donc!; *warte ~!* attends un peu!; *geh ~!* pars donc!; *pars si tu veux; tue das ~ ja nicht!* surtout ne fais pas cela!; *er mag ~*

kommen! qu'il y vienne!; *er mag ~ gehen* il n'a qu'à partir; qu'il parte s'il veut; *~ nicht lügen!* surtout ne pas mentir!; *~ aus Eitelkeit* par pure vanité.

'Nürnberg *n* Nuremberg *m*.
'nuscheln F I *v/i.* bredouiller; II ⚥ *v.* bredouillement *m*.

Nuß ⚥ *f* noix *f*; (*Hasel⚥*) noisette *f*; *~taube ~* noix *f* creuse; *fig. harte ~* casse-tête *m*; F *doofe ~* vieille noix *f*; **'~baum**(**holz** *n*) *m* noyer *m*; **'~baummöbel** *n/pl.* meubles *m/pl.* de (*od.* en) noyer; **'~beize** *f* brou *m* de noix; **'⚥braun** *adj.* noisette; **'~knacker** *m* casse-noix *m*; *für Haselnüsse:* casse-noisette(s) *m*; **'~kohlen** *f/pl.* noisettes *f/pl.*; noix *f*; têtes *f/pl.* de moineau; **'~öl** *n* huile *f* de noix; **'~schale** *f* coquille *f* de noix; *v. Haselnüssen:* coquille *f* de noisette; *grüne ~* brou *m*; **'~torte** *f* gâteau *m* (*od.* moka *m*) aux noix.

'Nüster *f* narine *f*; naseau *m*.

Nut *f*, **'~e** *f* ⊕ rainure *f*; gorge *f*; *~ und Feder* rainure *f* et languette *f*; (*Keil⚥*) rainure *f* de clavette; **'⚥en** rainer; *abs.* faire des rainures; **'~enfräser** *m* fraise *f* à rainer.

'Nutte P *f* F poule *f*; F grue *f*; P putain *f*.

nutz *südd., östr. adj.* → *~e, nütze*; ⚥ *m nur noch in: zu j-s ~ und Frommen* pour le bien de q.; **'⚥anwendung** *f* utilisation *f*; *e-r Fabel:* morale *f*; **'~bar** *adj.* utile; utilisable; (*einträglich*) profitable; productif, -ive; lucratif, -ive; fructueux, -euse; *~ machen* utiliser; *etw. für sich ~ machen* transposer qch. à son usage; **'⚥barmachung** *f* exploitation *f*; **'~bringend** *adj.* profitable; productif, -ive; lucratif, -ive; *bsd. pol.* fructueux, -euse; *~ verwenden* mettre à profit; *~ anlegen Geld:* faire profiter, travailler.

'nutze, 'nütze *adj.* (*nur prädikativ!*) *das ist zu nichts ~* cela n'est bon à rien.

'Nutz-effekt ⊕ *m* rendement *m*.

'Nutzen *m* utilité *f*; (*Gewinn*) profit *m*; bénéfice *m*; (*Vorteil*) avantage *m*; (*Ertrag v. etw.*) fruit *m*; rapport *m*; *von etw. ~ sein* être profitable; faire du profit; *von etw. ~ haben, aus etw. ~ ziehen* profiter de qch.; tirer profit (*od.* parti) de qch.; *j-m ~ bringen* profiter à q.

'nutzen, 'nützen 1. *v/t.* utiliser; exploiter; profiter (de); (*Zeit*) mettre à profit; 2. *v/i.* être utile (*zu* à); être bon, bonne (à); servir (à).

'Nutzen-'Kosten-Analyse *f* analyse *f* avantages-coûts.

'Nutz|fahrzeug *n* (véhicule *m*) utilitaire *m*; **~fläche** *f* surface *f* utilisable; **~garten** *m* jardin *m* de rapport; **~gewicht** *n* poids *m* utile; **~holz** *n* bois *m* de construction (*od.* de charpente); **~kraft** *f* force *f* utile; **~last** *f* charge *f* utile; ⚥ capacité *f* d'emport; ⚥ volume *m* utile intérieur; **~lastraum** *m* *e-r Rakete:* compartiment *m* à charge utile; **~leistung** *f* rendement *m* effectif.

'nützlich *adj.* utile; bénéfique; (*einträglich*) profitable; productif, -ive; lucratif, -ive; *bsd. pol.* fructueux, -euse; *sich ~ machen* se rendre utile; ⚥ *n* utile *m*; *das Angenehme mit dem ~n verbinden* joindre l'utile à l'agréable; **⚥keit** *f* utilité *f*; avantages *m/pl.*; **⚥keits-prinzip** *n* utilitarisme *m*.

'nutz|los *adj.* inutile; (*fruchtlos*) infructueux, -euse; **⚥losigkeit** *f* inutilité *f*; inanité *f*; **⚥nießer(in** *f*) *m* usufruitier -ière *f*; *e-r Wohltätigkeitsveranstaltung:* bénéficiaire *m*; (*Ausbeuter*) profiteur *m*, -euse *f*; **⚥nießung** *f* usufruit *m*; jouissance *f* usufruitière; *lebenslängliche ~* jouissance *f* viagère; **⚥pflanze** *f* plante *f* utile; **⚥strom** ⚡ *m* courant *m* utile.

'Nutzung *f* utilisation *f*; *e-s Gutes:* jouissance *f*; (*Ertrag*) rapport *m*; **~berechtigte(r** *a. m*) *m*, *f* personne *f* ayant un droit de jouissance; **~dauer** *f* durée *f* d'utilisation; **~recht** *n* droit *m* d'usage; droit *m* de jouissance; jouissance *f*; *ausschließliches ~* jouissance *f* privative; *Inhaber(in) e-s ~es* usager *m*, -ère *f*; **~störung** ⚖ *f* trouble *m* de jouissance; **~swert** *m* valeur *f* de rapport; valeur *f* de jouissance.

'Nutz|vieh *n* bêtes *f/pl.* de rapport; **~wert** *m* valeur *f* utile.

'Nylon *n* nylon *m*; **~spitze** (*zum Schreiben*) *f* tête *f* nylon; **~strumpf** *m* bas *m* (en) nylon; **⚥verstärkt** *adj.* renforcé nylon.

'Nymphe *f* nymphe *f*.

O

O, o *n* O, o *m*; *fig.* das A und das O l'alpha et l'oméga.

o! *int.* ô!; oh!; ah!; ~ *ja!* ah oui!; ~ *doch!* mais si!; ~ *nein!* mais non!; oh non!; que non!; ~ *weh!* aïe!; ~ *daß doch* ... plût à Dieu que ... (*subj.*).

O'ase *f* oasis *f* (*a. fig.*).

ob I *cj.* si; *als* ~ comme si; *tun, als* ~ faire semblant (*od.* feindre) de; *es ist mir, als* ~ ... il me semble que ...; *es ist, als* ~ ... on dirait que ...; ~ ... *oder* ~ ... *que* ... (*subj.*) ou que ... (*subj.*); ~ *wir es wollen oder nicht* que nous le voulions ou non; *und* ~ *!* et comment!; *und* ~ *ich mich daran erinnere!* vous pensez si je m'en souviens!; **II** *prp.* (*dat.*) au-delà de; au-dessus de; (*gén.*) à cause de.

'Obacht *f* attention *f*; ~ *geben auf* (*acc.*) faire attention à.

'Obdach *n* abri *m*; asile *m*; ⁀**los** *adj.* sans abri; sans asile; sans logis; ⁀**losensiedlung** *f* bidonville *m*; ⁀**lose(r)** *m* sans-abri *m*; sans-asile *m*; sans--logis *m*; *Asyl für* ⁀*e* asile *m* de nuit; ⁀**losigkeit** *f* manque *m* d'abri.

Obdukti'on *f* autopsie *f*.

obdu'zieren *v/t.* faire l'autopsie de.

'O-Beine *n/pl.* jambes *f/pl.* arquées; ~ *haben a.* avoir les jambes en cerceau.

'O-beinig *adj.* qui a les jambes arquées (*od.* en cerceau).

Obe'lisk *m* obélisque *m*.

'oben I *adv.* en 'haut; *auf Kisten:* 'haut; *da* (*dort*) ~ là-'haut; *nach* ~ vers le haut; *von* ~ *herab* d'en 'haut (*a. fig.*); *von* ~ *bis unten* de haut en bas; *weiter* ~ ci-dessus; *wie* ~ *gesagt* comme dit ci-dessus; plus haut; ~ *am Tisch* au haut bout de la table; ~ *auf dem Berge* en 'haut sur la montagne; sur le sommet de la montagne; sur le haut de la montagne; *auf Seite 10* ~ en 'haut de la page dix; *fig. ich habe es bis hier* ~ j'en ai plein le dos; **II** ⁀ *n* 'haut *m*; ⁀**an** *adv.* tout en 'haut; (*in erster Reihe*) au premier rang; ~ *auf der Liste* en tête de (la) liste; ~ *sitzen* être placé au haut bout de la table; être à la place d'honneur; F présider; ⁀**auf** *adv.* (*an der Oberfläche*) à la surface; ~ *schwimmen* surnager; *fig.* ~ *sein* être en pleine forme (*od.* à son aise), (*die Oberhand haben*) avoir le dessus; *sich* ~ *fühlen* se sentir le vent en poupe; *wieder* ~ *sein a.* F reprendre du poil de la bête; ⁀**drein** *adv.* par--dessus le marché; en outre; de plus; par là-dessus; en sus; de (*od.* par) surcroît; *als Einschub:* qui plus est; ⁀**erwähnt**, ⁀**genannt** *adj.* susmentionné; ci-dessus mentionné; ⁀**hin** *adv.* superficiellement; à la légère; ~ *abtun* passer sur (sans s'y arrêter); ⁀**hinaus** *adj.:* ~ *wollen* viser trop

'haut; ⁀**stehend** *adj.* ci-dessus.

'ober I *adj.* supérieur; 'haut; plus élevé; de dessus; d'en 'haut; *die* ⁀*en Stockwerke* les étages *m/pl.* supérieurs; *écol. die* ⁀*en Klassen* les classes *f/pl.* supérieures; les 'hautes classes *f/pl.*; *die* ⁀*en Zehntausend* la 'haute société; F les grosses légumes; F le gratin; le dessus du panier; P les gens *m/pl.* de la 'haute; **II** ⁀ *m* (*Kellner*) garçon *m*; ⁀**arm** *anat. m* partie *f* supérieure du bras; ⁀**armknochen** *anat. m* humérus *m*; ⁀**arzt** *m* médecin *m* (en) chef; ⁀**aufseher(in** *f*) *m* surveillant(e) *m(f)* général(e); gardien, -*nne m, f* chef; surintendant *m*, -*e f*; ⁀**aufsicht** *f* inspection *f*, surveillance *f* générale; ⁀**aufsichtsbehörde** *f* direction *f*; ⁀**bau** *m* superstructure *f*; *Auto:* carrosserie *f*; ⁀**bayern** la 'Haute-Bavière; ⁀**befehl** *m* 'haut commandement *m*; ⁀**befehlshaber** *m* commandant *m* en chef; ⁀**begriff** *m* terme *m* générique; ⁀**bekleidung** *f* vêtements *m/pl.* de dessus; ⁀**bett** *n* dessus *m* de lit; *aus Daunen:* édredon *m*; ⁀**buchhalter** † *m* chef *m* comptable; ⁀**bürgermeister** *m* premier bourgmestre *m*; maire *m*; ⁀**deck** ⚓ *n* pont *m* supérieur; ⁀**deckbus** *m* autobus *m* à impériale (*od.* à étage); ⁀**e(r** *a. m*) *m, f* supérieur *m*, -e *f*; ⁀**e(s)** *n* 'haut *m*; dessus *m*; partie *f* supérieure; ⁀**faul** F *fig.* (*sehr anrüchig*) *adj.* très suspect; ⁀**feldwebel** ⚔ *m* adjudant-chef *m*; *Marine:* maître *m* principal; ⁀**fläche** *f* surface *f*; (*Außenseite*) superficie *f*; *auf der* ~ *des Wassers* à fleur d'eau; *an die* ~ *kommen* (*auftauchen*) faire surface.

'Oberflächen|be-arbeitung *f* usinage *m* des surfaces; ⁀**beschaffenheit** *f* constitution (*od.* nature) *f* de la superficie; ⁀**härtung** *f* trempe *f* superficielle (*od.* de surface); ⁀**spannung** *f* tension *f* superficielle; ⁀**veredelung** *f* affinage *m* de surface (*resp.* de superficie).

'ober|flächlich *adj.* superficiel, -elle; ⁀**flächlichkeit** *f* caractère *m* superficiel; (*Leichtfertigkeit*) légèreté *f*; ⁀**förster** *m* garde *m* général (des eaux et forêts); ⁀**förste'rei** *f* résidence *f* de garde général; ⁀**forstmeister** *m* inspecteur *m* général des eaux et forêts; ⁀**gärig** *adj.* à fermentation haute; ⁀**gefreite(r)** ⚔ *m* caporal--chef *m*; ⁀**geschoß** 🏠 *n* étage *m* supérieur; ⁀**gesenk** ⊕ *n* étampe *f* supérieure; ⁀**gewalt** *f* pouvoir *m* (*od.* autorité *f*) suprême; suprématie *f*; ⁀**halb** *prp.* (*gén.*) au-dessus de; (*stromaufwärts*) en amont de; ⁀**hand** *f fig.* dessus *m*; suprématie *f*; *die* ~ *gewinnen* avoir (*od.* prendre) le des-

sus (*bei etw.* dans qch.); ⁀**haupt** *n* chef *m*; ⁀**haus** *n pol.* Chambre *f* 'haute; *in England:* Chambre *f* des lords; ⁀**haut** *f* épiderme *m*; ⁀**häutchen** *n* cuticule *f*; ⁀**hemd** *n* chemise *f*; ⁀**herrschaft** *f* (*Souveränität*) souveraineté *f*; (*Überlegenheit*) suprématie *f*; (*Führerschaft*) hégémonie *f*; ⁀**hoheit** *f* pouvoir *m* (*od.* autorité *f*) suprême; suprématie *f*; (*Souveränität*) souveraineté *f*; ⁀**in** *f* supérieure *f*; ⁀**ingenieur** *m* ingénieur *m* en chef; ⁀**irdisch** *adj.* aérien, -enne; ⁀**italien** *n* Italie *f* du Nord; ⁀**kante** *f* bord *m* supérieur; ⁀**kellner** *m* maître *m* d'hôtel; ⁀**kiefer** *anat. m* mâchoire *f* supérieure; ⁀**kirchenrat** *coll. m* consistoire *m* suprême; ⁀**klasse** *f* classe *f* supérieure; 'haute classe *f* (*a. Schule*); ⁀**kleid** *n* vêtement *m*; ⁀**kleidung** *f* vêtements *m/pl.*; ⁀**kommandierende(r)** ⚔ *m* commandant *m* en chef; ⁀**kommando** ⚔ *n* 'haut commandement *m*; commandement *m* suprême; ⁀**kommissariat** *n* 'haut commissariat *m*; ⁀**körper** *m* buste *m*; torse *m*; 'haut *m* du corps; *den* ~ *frei machen* se mettre le torse nu; se dévêtir jusqu'à la ceinture; dégager le 'haut du corps; se déshabiller un peu; ⁀**landesgericht** *n* tribunal *m* régional supérieur; ⁀**lauf** *m e-s Flusses:* cours *m* supérieur; ⁀**leder** *n* empeigne *f*; claque *f*; ⁀**leitung** *f* direction *f* générale; ⚡ caténaire *f*; ligne *f* aérienne; ⁀**leitungsbus** *m* trolleybus *m*; ⁀**leutnant** ⚔ *m* lieutenant *m*; ⁀**licht** *n* jour *m* (*od.* lumière *f*) d'en 'haut; claire-voie *f*; lanterneau *m*; ⁀**lippe** *f* lèvre *f* supérieure; ⁀**pfalz** *f* le Haut-Palatinat; ⁀**österreich** *n* la Haute-Autriche; ⁀**postdirektion** *f* direction *f* générale des postes; ⁀**präsident** *m* premier président *m*; ⁀**priester** *m* grand prêtre *m*; ⁀**prima** *f* neuvième classe *f* d'un lycée (treizième année scolaire); *in Frankreich:* classe *f* terminale; ⁀**primaner(in** *f*) *m* élève *m, f* de la neuvième classe *f* d'un lycée (*in Frankreich:* de terminale); ⁀**rabbiner** *m* grand rabbin *m*; ⁀**rechnungshof** *m* cour *f* (suprême) des comptes; ⁀**rhein** *m* cours *m* supérieur du Rhin; ⁀**rheinisch** *adj.* du cours supérieur du Rhin; ⁀**e Tiefebene** vallée *f* du Rhin supérieur; ⁀**schenkel** *anat. m* cuisse *f*; ⁀**schicht** *f* couche *f* supérieure; *der Gesellschaft:* 'hautes classes *f/pl.*; gens *m/pl.* bien; ⁀**schlächtig** (*Mühlrad*) actionné par le haut; ⁀**schlesien** *n* la Haute--Silésie; ⁀**schule** *f* lycée *m*; ⁀**schulrat** *m* inspecteur *m* général des écoles; *Fr.* inspecteur *m* d'Académie;

₂sekunda *f* septième classe *f* d'un lycée (onzième année scolaire); ₂-sekundaner(in *f*) *m* élève *m*, *f* de la septième classe d'un lycée; ₂schwester *f* infirmière *f* (en) chef; surveillante *f*; ⚔ infirmière-major; *relig.* (sœur *f*) supérieure *f*; ₂schwingung *phys. f* harmonique *f*; ₂seite *f* partie *f* supérieure.

'oberst I (*sup. v. ober*) le plus 'haut; le plus élevé; (*vornehmster*) premier, -ière; supérieur; suprême; **~es Gewalt** pouvoir *m* suprême; **~es Gericht** cour *f* suprême; **~es Gesetz** loi *f* suprême; II ₂ ⚔ *m* colonel *m*.

'Ober|'staats-anwalt *m* procureur *m* de la République; ~'stabs-arzt ⚔ *m* médecin *m* commandant; ~ste(r *a. m*) *m, f* supérieur *m, f*; ~ste(s) *n* le plus 'haut; dessus *m*; *das* ~ zuunterst kehren mettre tout sens dessus dessous; ~steiger ⚒ *m* chef-porion *m*; ~stimme ♩ *f* soprano *m*; ~st'leutnant ⚔ *m* lieutenant-colonel *m*; ~stübchen *n fig.* F: *er ist nicht ganz richtig im* ~ il a le timbre fêlé; il est timbré (*od.* cinglé *od.* piqué *od.* toqué); il a un grain; il a une case de vide; ~studienrat (*Bundesrep.*) *m* professeur *m* supérieur de lycée; ~stufe *écol. f* second cycle *m*; ~stufenreform *écol. f* réforme *f* de l'enseignement du second cycle; ~tasse *f* tasse *f*; ~teil *m u. n* partie *f* supérieure; dessus *m*; ~tertia *f* cinquième classe *f* d'un lycée (neuvième année scolaire); ~tertianer(in *f*) *m* élève *m, f* de la cinquième classe d'un lycée; ~ton *m* son *m* harmonique; ~verwaltungsgericht *n* tribunal *m* administratif supérieur; ~wachtmeister ⚔ *m* adjudant-chef *m*; ~wasser *n* eau *f* d'amont; *Mühle*: bief *m* d'amont; *fig.* ~ *haben* tenir le haut du pavé; ~weite *f Schneiderei f* tour *m* de poitrine; poitrine *f*; *halbe* ~ demi-poitrine *f*; ~welle *phys. f* onde *f* harmonique; ~welt *f* terre *f*; ~zahn *m* dent *f* d''haut.

ob'gleich *cj.* quoique, bien que, encore que (*alle mit subj.*).

'Obhut *f* garde *f*; sauvegarde *f*; (*Beschirmung*) protection *f*; (*Sorgfalt*) soins *m/pl.*; *in* s-e ~ *nehmen* prendre sous sa garde (*od.* protection).

'obig *adj.* susdit; susmentionné.

Ob'jekt *n* objet *m*; *gr.* complément *m* (*näheres direct; entferteres indirect*).

objek'tiv I *adj.* objectif, -ive; II ₂ *n* objectif *m*.

objekti'vieren I *v/t.* objectiver; II ₂ *n* objectivation *f*.

Objektivi'tät *f* objectivité *f*.

Objek'tivverschluß *phot. m* obturateur *m* d'objectif.

Ob'jektträger *m* porte-objet *m*.

Ob'jektwelt-Roman *litt.* Fr. *m* roman *m* objectal.

Ob'late *rl. f* hostie *f*.

'obliegen *v/i.*: *e-r Sache* (*dat.*) ~ s'appliquer à qch.; vaquer à qch.; *j-m* ~ être du devoir de q.; incomber à q.; ₂heit *f* obligation *f*, (*Pflicht*) devoir *m*; (*Amt*) charge *f*.

obli'gat *adj.* obligatoire; (*unerläßlich*) indispensable; de rigueur; (*unvermeidlich*) inévitable.

Obligati'on *f* obligation *f*; ~sgläu-

bige(r) *m* créancier *m* par obligation; ~s-inhaber *m* obligataire *m*; ~schuld *f* dette *f* obligataire; ~schuldner *m* débiteur *m* obligataire.

obliga'torisch *adj.* obligatoire.

'Obligo ✝ *n* engagement *m*; obligation *f*; (*Bürgschaft*) garantie *f*.

'Obmann *m* chef *m*; (*Schiedsmann*) arbitre *m*.

O'boe *f* 'hautbois *m*.

Obo'ist *m* 'hautboïste *m*.

'Obolus *m* obole *f*.

'Obrigkeit *f* autorité(s *pl.*) *f*; intendance *f*; ₂lich *adj.* de l'autorité; ~e Gewalt pouvoir *m* public; autorité *f*; ~sstaat *m* État *m* autoritaire.

O'bristen|herrschaft *péj. f* colonélocratie *f*; ~regime *n* régime *m* de colonels.

ob'schon *st.s. cj.* quoique, bien que, encore que (*alle mit subj.*).

Observa'torium *n* observatoire *m*.

ob'siegen *v/i.* triompher (de); ⚖ obtenir gain de cause.

obs'kur *adj.* obscur.

Obst *n* fruits *m/pl.*; '~bau *m* arboriculture *f*; culture *f* des arbres fruitiers; '~baum *m* arbre *m* fruitier; '~baumzucht *f* arboriculture *f*; culture *f* des arbres fruitiers; '~ernte *f* récolte (*od.* cueillette) *f* des fruits; '~garten *m* verger *m*; '~geschäft *n* boutique *f* de fruits; fruiterie *f*; '~gestell *n* fruitier *m*; '~handel *m* commerce *m* de fruits; fruiterie *f*; '~händler(in *f*) *m* marchand(e) *m*(*f*) de fruits; fruitier *m*, -ière *f*; '~hürde *f* fruitier *m*; '~handlung *f* fruiterie *f*.

obsti'nat *st.s. adj.* obstiné.

'Obst|kammer *f*, ~keller *m* fruiterie *f*; fruitier *m*; ~kelter *f* pressoir *m* à fruits; ~kern *m* pépin *m*; ~konserven *f/pl.* conserves *f/pl.* de fruits; ~korb *m* panier *m* à fruits; ~kuchen *m* tarte *f* aux fruits; ~laden *m* fruiterie *f*; ~lese *f* récolte (*od.* cueillette) *f* des fruits; ~markt *m* marché *m* aux fruits; ~messer *n* couteau *m* à fruits; ~pflanzung *f* plantation *f* d'arbres fruitiers; ~pflücker *m* cueille-fruits *m*; ~presse *f* pressoir *m* à fruits; ₂reich *adj.* riche en fruits.

Obstrukti'on *f* obstruction *f*; ~s-politik *f* obstructionnisme *m*; ~s-politiker *m* obstructionniste *m*; ~s-taktik *f* obstructionnisme *m*.

'Obst|salat *m* macédoine (*od.* salade *f*) de fruits; ~schale *f* pelure *f*; peau *f*; (*Schüssel*) coupe *f* à fruits; ~torte *f* tarte *f* aux fruits; ~ *u.* Gemüsehändler *m* détaillant *m* en fruits et légumes; ~wein *m* vin *m* de fruit; (*Apfelwein*) cidre *m*; ~zeit *f* saison *f* des fruits; ~zucht *f* arboriculture *f*; culture *f* des arbres fruitiers; ~züchter *m* arboriculteur *m*.

obs'zön *adj.* obscène.

Obszöni'tät *f* obscénité *f*.

'obwalten *v/i. mit persönlichem suj.*: régner; *mit sachlichem suj.*: exister; avoir lieu; *unter den ~den Umständen* dans les circonstances présentes.

ob'wohl *cj.* quoique, bien que, encore que (*alle mit subj.*).

Ochs, ~e *m* bœuf *m*; *junger* ~ bouvillon *m*; jeune bœuf *m*; ~en vor den Pflug spannen atteler des bœufs à la charrue; F *fig.* (*dummer Kerl*) imbécile *m*; (*grober Lümmel*) rustre *m*;

butor *m*; *wie der* ~ *vorm Berg dastehen* être dans l'embarras; ne savoir que faire.

'ochsen F *v/i.* bûcher; piocher; potasser.

'Ochsen|auge ⚠ *n* œil-de-bœuf *m*; ~fleisch *n* (viande *f* de) bœuf *m*; ~gespann *n* attelage *m* de bœufs; ~haut *f* peau *f* de bœuf; ~hirt *m* bouvier *m*; ~maulsalat *m* salade *f* de museau de bœuf; ~schwanz *m* queue *f* de bœuf; ~schwanzstück *n* culotte *f* de bœuf; ~schwanzsuppe *f* potage *m* à la queue de bœuf; ~stall *m* bouverie *f*; *im Schlachthaus*: bouvril *m*; ~treiber *m* bouvier *m*; ~ziemer *m* nerf *m* de bœuf; ~zunge *f* langue *f* de bœuf.

'Ocker *min. m* ocre *f*; *mit* ~ *färben* ocrer; ₂artig, ₂gelb *adj.* jaune d'ocre.

'Ode *f* ode *f*; *kleine* ~ odelette *f*.

'öde I *adj.* désert; (*unbewohnt*) inhabité; (*unbebaut*) inculte; (*kahl*) *Gegend*: pelé; *fig.* ennuyeux, -euse; II ₂ *f* désert *m*; (*Einöde*) solitude *f*; (*Leere*) vide *m*; (*Langweile*) ennui *m*.

'Odem *poét. m* haleine *f*.

O'dem *n* œdème *m*.

ödema'tös *adj.* œdémateux, -euse.

'oder *cj.* ou; ou bien; (*sonst*) sinon; autrement.

'Oder *f*: *die* ~ l'Oder *m*; ~'Neiße-Grenze *f* frontière *f* Oder-Neisse.

'Ödipus *m* Œdipe *m*; ~komplex *m* complexe *m* d'Œdipe.

'Ödland *n* (*unbebautes Land*) terre *f* inculte; (*Wüste*) désert *m*.

Odys'see *f* Odyssée *f*; (*Irrfahrt*) odyssée *f*.

O'dysseus *m* Ulysse *m*.

'Ofen *m* (*Stuben*₂) poêle *m*; (*Back*₂) four *m*; (*Koch*₂, *Schmelz*₂) fourneau *m*; (*Kochmaschine*) cuisinière *f*; (*Kachel*₂) poêle *m* en faïence; (*Gas*₂) poêle *m* à gaz; gußeiserner ~ (*Kanonen*₂) poêle *m* en fonte; *fig. damit lockt man keinen Hund hinterm* ~ hervor cela ne prend pas; ~bank *f* banquette *f* du poêle; ~ecke *f* coin *m* du feu; ~gabel *f* fourgon *m*; ~klappe *f* clef *f* (du tuyau de poêle); ~loch *n* bouche *f* de four (*resp.* de fourneau); ~platte *f* plaque *f* de poêle; ~rohr *n*, ~röhre *f* tuyau *m* de poêle; ~rost *m* grille *f* (de poêle); ~ruß *m* suie *f*; ~sau ⚙ *f* loup *m*; ~schaufel *f* pelle *f* à feu; ~schirm *m* écran *m* (de poêle); ~setzer *m* fumiste *m*; poêlier *m*; ~tür *f* porte *f* de poêle *resp.* de four *resp.* de fourneau; ~zug *m* tirage *m* du four; (*Kanal*) carneau *m*.

'offen I *adj.* ouvert (*a. fig.*); (*freimütig*) franc, franche; (*aufrichtig*) sincère; (*treuherzig*) ingénu; candide; *Stelle*: vacant; *Problem, Frage*: en suspens; pendant; *Kredit*: libre; *Stadt*: ouvert; non fortifié; *Wagen*: découvert; *Schlacht*: rangé; ~e Bauweise construction *f* discontinue; ~er Brief lettre *f* ouverte; *mit* ~en Armen à bras ouverts; *bei* ~en Türen à portes ouvertes; ~e Tafel halten tenir table ouverte; *Politik der* ~en Tür politique *f* de la porte ouverte; ~er Wein vin *m* en carafe; *auf* ~er See (Straße) en pleine mer (rue); *mit* ~em Mund bouche bée (*od.* béante); ~e Diplomatie diplomatie *f* ouverte; *in* ~er Abstim-

mung au scrutin public; *auf ~em Felde en plein champ*; *~es Spiel treiben* jouer cartes sur table; *~e Rechnung* compte *m* ouvert; *~es Giro* endossement *m* en blanc; *~e Handelsgesellschaft* association *f* en nom collectif; *~es Schwimmbecken* piscine *f* de plein air; *~er Wechsel* lettre *f* de crédit; *gewisse Fragen bleiben ~* certains problèmes restent en suspens; **II** *adv.* (*freiliegend*) à découvert; *~ zutage liegen* être manifeste; *~ gesagt* (*od. gestanden*) à vrai dire; à parler franc; *~ heraus* sans détour; *~ reden* parler franc (*od.* à cœur ouvert); *die Augen ~ haben* avoir l'œil ouvert; *die Ohren ~ haben* dresser l'oreille.

'**offenbar I** *adj.* manifeste; apparent; (*offenkundig*) patent; (*augenscheinlich*) évident; (*sichtbar*) visible; (*greifbar*) palpable; (*allgemein bekannt*) notoire; *~ werden* se manifester; se révéler; **II** *adv.* apparemment; (*augenscheinlich*) évidemment; (*sichtbar*) visiblement; (*allgemein bekannt*) notoirement.

offen'bar|en *v/t.* (*v/rf.: sich se*) manifester; (*se*) révéler; *Geheimnis:* découvrir, dévoiler; *sich j-m ~* ouvrir son cœur à q.; s'ouvrir à q.; **2ung** *f* manifestation; révélation *f* (*a. rl.*); *die ~ Johannis* l'Apocalypse *f*; **2ungseid** *m* serment *m* de manifestation.

'**offen|bleiben** *v/i.: diese Frage muß ~* cette question doit rester pendante (*od.* en suspens); **~halten** *v/t.* laisser ouvert; *fig.* réserver; **2heit** *f* franchise *f*; sincérité *f*; *etw. in aller ~ sagen a.* dire qch. sans ménagement; **~herzig** *adj.* franc, franche; ouvert; (*aufrichtig*) sincère; (*treuherzig*) candide; ingénu; **2herzigkeit** *f* franchise *f*; spontanéité *f*; (*Aufrichtigkeit*) sincérité *f*; (*Treuherzigkeit*) candeur *f*; ingénuité *f*; **~kundig** *adj.* public, -ique; notoire; patent; *~e Tatsache* fait *m* notoire; **2kundigkeit** *f* notoriété *f*; **~lassen** *v/t.* laisser ouvert; *e-e Frage ~* laisser une question pendante (*od.* en suspens); **2'marktpolitik** *f* opérations *f/pl.* de marché libre; **~sichtlich I** *adj.* manifeste; apparent; évident; patent; cousu de fil blanc; **II** *adv.* apparemment; évidemment.

offen'siv *adj.* offensif, -ive; **2e** offensive *f*; *die ~ ergreifen* passer à (*od.* prendre) l'offensive.

'**Offenstallhaltung** *f* stabulation *f* libre.

'**offenstehen** *v/i.* être ouvert; *Stelle:* être vacant; *es steht Ihnen offen, zu ...* (*inf.*) libre à vous (*od.* vous êtes libre) de ... (*inf.*); **~d** *adj.* ouvert; *~e Rechnung* compte *m* non payé (*od.* non réglé), (*Warenrechnung*) facture *f* non payée (*od.* non réglée).

'**öffentlich I** *adj.* public, -ique; *die ~e Hand* l'État *m*; *das ~e Recht* le droit public; *~es Amt* fonction *f* publique; *~e Gelder* deniers *m/pl.* publics; *~e Mittel* fonds *m/pl.* publics; *~e Versteigerung* vente *f* publique aux enchères; enchères *f/pl.* publiques; *~e Bekanntmachung* avis *m* au public; *~e Lasten* charges *f/pl.* publiques; *~e Versammlung* réunion *f* publique; *~e Sitzung* séance *f* publique; *~es Leben* vie *f* publique; *Mann des ~en Lebens* homme *m* public; *~es Interesse* inté-

rêt *m* public; *~e Meinung* opinion *f* publique; *~e Ordnung* ordre *m* public; *Erregung ~en Ärgernisses* outrage *m* à la pudeur; *~er Betrieb* exploitation *f* d'utilité publique; *ein ~es Geheimnis* le secret de Polichinelle; **II** *adv.: ~ bekanntmachen* publier; **2keit** *f* publicité *f*; (*Publikum*) public *m*; *in der ~* en public; *an die ~ treten* paraître en public; *an die ~ bringen; der ~ übergeben* publier; livrer à la publicité; *unter Ausschluß der ~* à huis clos; *die ~ der Sitzung,* la publicité de la séance; **2keitsarbeit** *f* relations *f/pl.* publiques; **~rechtlich** *adj.* de droit public.

offe'rieren *v/t.* offrir.

Of'ferte *f* offre *f*.

Offizi'alverteidiger *m* défenseur *m* d'office.

offizi'ell *adj.* officiel, -elle; *~e Feier* (*-lichkeit*) cérémonie *f* officielle.

Offi'zier *m* officier *m*; *~ vom Dienst* officier *m* de permanence; **~in** *f* femme *f* officier; **~s-anwärter** *m* aspirant *m*; **~sbursche** *m* ordonnance *f*; **~skasino** *n* mess *m* des officiers; **~skorps** *n* corps *m* des officiers; **~slaufbahn** *f* carrière *f* d'officier; **~spatent** *n* brevet *m* d'officier; **~srang** *m* rang *m* d'officier; **~s-schule** *f* centre *m* d'instruction des officiers; **~s-tafel** *f,* **~s-tisch** *m* mess *m* des officiers.

Offi'zin *f* officine *f*; (*Buchdruckerei*) imprimerie *f*.

offizi'nell *phm. adj.* officinal.

öff'nen *v/t. u. v/i.* (*v/rf.: sich s'*)ouvrir; *Ausstellung:* geöffnet sein se tenir; *Flasche:* déboucher, (*entsiegeln*) décacheter; *e-e Leiche ~* faire l'autopsie (de); *hier ~!* côté à ouvrir!; *j-m über etw.* (*acc.*) *die Augen ~* ouvrir (*od.* dessiller) les yeux à q. sur qch.; dégriser q. de qch.; **2nen** *n* ouverture *f*; *v. Flaschen:* débouchage *m*; (*Leichen2*) autopsie *f*; **2ner** *m* (*Büchsen2*) ouvre-boîte *m*; *für Flaschen:* décapsuleur *m*; **2nung** *f* ouverture *f*; (*Mündung*) *a.* orifice *m*; *v. Flaschen:* débouchage *m*; (*Loch*) trou *m*; (*Schlitz*) fente *f*; fissure *f*; (*Eingang*) entrée *f*; (*Leichen2*) autopsie *f*; **2nungszeiten** *f/pl.* heures *f/pl.* d'ouverture.

'**Offsetdruck** *typ. m* offset *m*.

oft *adv.* souvent; fréquemment; *so und so ~* plusieurs fois; *wie ~?* combien de fois?; *wie ~!* que de fois!

'**öfter** (*comp. v. oft*) plus souvent; *je ~ ich ihn sehe, desto ...* plus je le vois, plus ...; **~s** *adv.* souvent; à plusieurs reprises.

'**Oftfahrer** (*Auto*) *m* route-toujours *m*; **~flieger** *m* client *m* fidèle du trafic aérien; passager *m* prenant souvent l'avion; habitué *m* des lignes aériennes.

'**oftmal|ig** *adj.* fréquent; réitéré; **~s** *adv.* souvent; à maintes reprises.

oh! (*alleinstehend*) *int.* ô!; oh!; ah!

'**Oheim** *m,* **Ohm**[1] *m* oncle *m*.

Ohm[2] *n* ohm *m*; *~sches Gesetz* loi *f* d'Ohm; *~scher Widerstand* résistance *f* ohmique; **'~meter** *m* ohmmètre *m*.

'**ohne I** *prp.* (*acc.*) sans; *~ allen Zweifel; ~ Frage* sans aucun doute; *~ mein Wissen* à mon insu; *~ Ausnahme* sans exception; *~ weiteres* sans plus; sans

façon; *F das ist nicht ganz ~* ce n'est pas si mal; **II** *cj. ~ daß ...* sans que ... (*subj.*); *~ zu ...* (*inf.*) sans ... (*inf.*); *etw. zu sagen* sans rien dire; *~ j-n gesehen zu haben* sans avoir vu personne; *~ die Adresse zu hinterlassen* sans laisser d'adresse; **~'dies, ~'hin** *adv.* sans cela; (*übrigens*) d'ailleurs; du reste; **~'gleichen** *adj.* sans pareil, -eille; sans égal; (*unvergleichlich*) incomparable; (*einzig*) unique.

'**Ohn|macht** *f* impuissance *f*; faiblesse *f*; *§* défaillance *f*; évanouissement *m*; syncope *f*; *in ~ fallen* s'évanouir; avoir une syncope; **2mächtig** *adj.* impuissant; faible; *§* évanoui; *~ werden* s'évanouir.

o'ho! *int.* 'ho! 'ho!; ohè!; 'holà!

Ohr *n* oreille *f*; **esgourde *f*; *abstehende ~en haben* avoir les oreilles décollées; *ein feines ~ haben* avoir l'oreille fine; *j-m ein williges ~ leihen* prêter l'oreille à q. favorablement; *bei j-m ein williges ~ finden* avoir l'oreille de q.; *ganz ~ sein* être tout oreilles; écouter de toutes ses oreilles; *ihm klingen die ~en* les oreilles lui tintent (*od.* cornent); *die ~en voll haben* avoir les oreilles rebattues (*von* de); *die ~en hängen lassen* baisser l'oreille; porter bas l'oreille; avoir l'oreille basse; *j-m die ~en voll schreien* casser les oreilles à q.; *tauben ~en predigen* prêcher dans le désert; *die ~en spitzen* dresser l'oreille (*od.* oreilles); *die ~en steifhalten* prendre son courage à deux mains; *j-n an den ~en ziehen* tirer l'oreille à q.; tirer q. par l'oreille; *ich höre nicht gut auf diesem ~* je n'entends pas bien de cette oreille; *sich aufs ~ legen* aller dormir; se coucher; *j-m eins hinter die ~en geben* donner sur les oreilles à q.; *eins hinter die ~en bekommen* recevoir sur les oreilles; *schreibe es dir hinter die ~en!* tiens-toi-le pour dit; *noch nicht trocken hinter den ~en sein* être un blanc-bec; *er hat es faustdick hinter den ~en* il est plus malin qu'on ne pense; c'est un grand sournois; c'est un roublard; *sich* (*verlegen*) *hinter dem ~ kratzen* se gratter l'oreille; *fig. j-m in den ~en liegen* rebattre les oreilles à q.; *j-m etw. ins ~ flüstern* chuchoter qch. à oreille de q.; *etw. ins ~ sagen* dire qch. à l'oreille de q.; *fig. j-m e-n Floh ins ~ setzen* fourrer une idée folle dans la tête de q.; *nur mit halbem ~ zuhören* n'écouter que d'une oreille; *fig. übers ~ hauen litt.* duper; *F* rouler; *F* estamper; berner; *F* doubler; *F* empaumer; *sich von j-m übers ~ hauen lassen* être la dupe de q.; se laisser attraper par q.; *fig. j-m das Fell über die ~en ziehen* écorcher; rouler; *bis über die ~en rot werden* rougir jusqu'au blanc des yeux; *bis über die ~en in Schulden stecken* être criblé de dettes; *bis über die ~en in j-n verliebt sein* être éperdument amoureux, -euse de q.; être engoué de q.; *j-m etw. zu ~en bringen* rapporter qch. à q.; *zu e-m ~ hinein- und zum andern wieder hinausgehen* entrer par une oreille et sortir par l'autre; *es ist mir zu ~en gekommen, daß ...* j'ai entendu dire que ...; il m'est venu à l'oreille que ...; *wer ~en hat, der höre!* à bon entendeur salut!

Öhr ⊕ *n e-r Nähnadel*: trou *m*; œil *m*; chas *m*.

'Ohren|arzt *m* oto-rhino *m*; **~beichte** *rl. f* confession *f* auriculaire; **2betäubend** *adj.* assourdissant; à écorcher les oreilles; à crever le tympan; **~bluten** *n* saignement *m* de l'oreille; otorrhagie *f*; **~brausen** *n* bourdonnement *(od.* tintement) *m* de l'oreille; cornement *m*; **~entzündung** *f* inflammation *f* de l'oreille; otite *f*; **~fledermaus** *f* oreillard *m*; **~fluß** *m* écoulement *m* de pus par l'oreille; otorrhée *f*; **~klappe** *f* oreillette *f*; **~klingen** *n* bourdonnement *(od.* tintement) *m* d'oreilles; cornement *m*; **~krankheit** *f*, **~leiden** *n* ⚤ maladie *f* de l'oreille; **~reißen** ⚤ *n* douleur *f* d'oreille; **~sausen** ⚤ *n* bourdonnement *(od.* tintement) *m* d'oreille; cornement *m*; **~schmalz** *physiol. n* cérumen *m*; **~schmaus** *m* délice *m* pour l'oreille; **~schmerzen** *m/pl.* douleurs *f/pl.* d'oreille; **~schützer** *m* protège-oreilles *m*; oreillettes *f/pl.*; pattes *f/pl.* d'oreille; **~sessel** *m* fauteuil *m* à oreilles; **~spezialist** *m* oto-rhino *m*; **~spiegel** *m* otoscope *m*; **~spritze** *f* seringue *f* auriculaire; **2zerreißend** *adj.*: **~e** Musik musique *f* à tout rompre *(od.* à briser le tympan); **~zeuge** *m* témoin *m* auriculaire.

'Ohr|eule *orn. f* duc *m*; **~feige** *f* gifle *f*; F calotte *f*; F taloche *f*; **2feigen** *v/t.* gifler; F calotter; F talocher; **~gehänge** *n* pendants *m/pl.* d'oreilles; **~läppchen** *n* bout *(od.* lobe) *m* de l'oreille; **~loch** *n* trou *m* de l'oreille; **~löffel** *m* cure-oreille *m*; **~muschel** *anat. f* pavillon *m* de l'oreille; **~ring** *m* boucle *f* d'oreille; **~speicheldrüse** *anat. f* parotide *f*; glande *f* parotide; **~speicheldrüsenentzündung** ⚤ *f* inflammation *f* des parotides; parotidite *f*; **~wurm** *zo. m* perce-oreille *m*.

o.k. *int.* d'ac(cord)!; F O.K.; *adjt. das ist ~* c'est d'accord; c'est parfait; F c'est du tout cuit; c'est O.K.

ok'kult *adj.* occulte.

Okkul'tis|mus *m* occultisme *m*; **~t** *m* occultiste *m*; **2tisch** *adj.* occultiste.

Okku'renz *ling. f* occurrence *f*.

Öko'loge *m* écologiste *m*.

Ökolo'gie *f* écologie *f*.

öko'logisch *adj.* écologique; **~e** Bewußtseinsbildung écologisation *f*; *j-n ~ aufklären* écologiser q.

Öko'nom *m* économe *m*.

Ökono'mie *f* économie *f*.

öko'nomisch *adj.* économique.

Ökono'mismus *m* économisme *m*.

Okta'eder ⚤ *n* octaèdre *m*.

Ok'tant ⚤ *m* octant *m*.

Ok'tav *n*, **~format** *n* (format *m*) in--octavo *m* (*abr.* in-8°); **~band** *m* volume *m* in-octavo; **~e** ♪ *f* octave *f*.

Ok'tett ♪ *n* octuor *m*.

Ok'tober *m* octobre *m*; **~fest** (*Bundesrep.*, *DDR*) *n* fête *f* de la bière; **~revolution** *f* révolution *f* d'octobre.

Oku'lar *n* oculaire *m*; **2lieren** *v/t.* greffer; écussonner; **'~lieren** *n* greffe *f*; écussonnage *m*; **'~liermesser** *n* greffoir *m*; écussonnoir *m*; **'~lierreis** *n* greffe *f*; greffon *m*; ente *f*; **'~lierung** *f* greffe *f*; écussonnage *m*.

öku'menisch *adj.* œcuménique.

'Okzident *m* occident *m*.

okziden'tal *adj.* occidental.

Öl *n* huile *f*; (*Erd~*) pétrole *m*; F l'or *m* noir; (*Heiz~*) mazout *m*; fuel *m* domestique; *tierisches ~* huile *f* animale; *pflanzliches ~* huile *f* végétale, *ätherisches ~* huile *f* volatile (*od.* essentielle); *geweihtes ~* saintes huiles *f/pl.*; *in ~* à l'huile; *in ~ malen* peindre à l'huile, *fig. ~ ins Feuer gießen* jeter *(od.* verser) de l'huile sur le feu; **'~ablaß** *m* vidange *f* d'huile; **'~abscheider** *m* séparateur *m* d'huile; **~anstrich** *m* peinture *f* à l'huile; **'~bad** *n* bain *m* d'huile; **'~bank** (*Vorratslager in den USA*) *f* banque *f* du pétrole; **'~bankier** *m* pétrobanquier *m*; **'~baum** ♀ *m* olivier *m*; **'~behälter** *m* réservoir *m* d'huile *bzw.* de pétrole; **'~berg** *bibl. m* mont *m* des Oliviers; **'~bild** *n* peinture *f* à l'huile; **'~blatt** *n* feuille *f* d'olivier; **'~boykott** *m* embargo *m* pétrolier; **'~dollar** *m* pétrodollar *m*; dollar *m* du pétrole; **~s** *pl. a.* F pétrofric *m*; **'~druck** *m* ⊕ pression *f* d'huile; (*Ölfarbendruck*) chromolithographie *f*, (*Bild*) *a.* F *péj.* chromo *m*; **'~druckanzeiger** *m* indicateur *m* de pression d'huile; **'~druckbremse** *f* frein *m* hydraulique; **'~druckschmierung** *f* graissage *m* à l'huile sous pression.

'Oldtimer (*sehr altes Automodell*) *m* ancien modèle *m* (d'automobile); F teuf-teuf *m*; F tacot *m*; F guimbarde *f*; *nur offener*: phaéton *m*.

Ole'ander ♀ *m* laurier-rose *m*.

'ölen I *v/i.* huiler; graisser; lubrifier **II** ⚤ *n* huilage *m*; graissage *m*; lubrification *f*.

'Öler *m* graisseur *m*.

'öl-exportierend *adj.* exportateur, -trice de pétrole.

'Öl|fachmann *m* expert *m* pétrolier; **~farbe** *f* couleur *f* à l'huile; **~farbendruck** *m* chromolithographie *f*, (*Bild*) *a.* F *péj.* chromo *m*; **~feld** *n* champ *m* pétrolifère; **~feuerung** *f* chauffage *m* au mazout; **~filter** *m* filtre *m* à huile; **~fläschchen** *n* burette *f* d'huile (*resp.* à huile); **~fleck** *m* tache d'huile; **~flut** *f* marée *f* noire; **~frucht** *f* fruit *m* oléagineux; **~fruchtbau** *m* oléiculture *f*; **~fund** *m* découverte *f* d'un gisement pétrolifère; **~gemälde** *n* peinture *f* à l'huile; **~gemisch** *n* mélange *m* carburant; **~gesellschaft** (*Erd~*) *f* compagnie *f* pétrolière; **~gewinnung** *f* production *f* de pétrole *bzw.* d'huile; **~götze** F *m*: *wie ein ~ dastehen* rester là comme une bûche (*od.* comme une souche); **~hafen** *m* port *m* pétrolier *m*; **2haltig** *adj.* huileux, -euse; oléagineux, -euse (*erd~*) pétrolifère; **~heizung** *f* chauffage *m* au mazout; **2ig** *adj.* huileux, -euse; onctueux, -euse; ♀ oléagineux, -euse.

Oli|garch *m* oligarque *m*; **~gar'chie** *f* oligarchie *f*; **2garchisch** *adj.* oligarchique; **~go'pol** *éc. n* oligopole *m*.

O'live ♀ *f* olive *f*; **'~nbaum** ♀ *m* olivier *m*; **'~n-ernte** *f* olivaison *f*; **'~nfarbe** *f* couleur *f* (d')olive; **2nfarben**, **2ngrün** *adj.* olive, olivacé, *bsd. Hautfarbe*: olivâtre; **2nförmig** *adj.* olivaire; en forme d'olive; **~nhain** *m* olivaie *f*; oliveraie *f*; olivette

f; **~n-öl** *n* huile *f* d'olive; **~npflanzung** *f* olivaie *f*; oliveraie *f*; olivette *f*.

'Öl|kännchen *n*, **~kanne** *f* burette *f*; **~konzession** *f* concession *f* pétrolifère; **~krieg** *éc. m* guerre *f* du pétrole; **~krise** *f* crise *f* pétrolière; **~kuchen** *m* tourteau *m*; **~lache** *f*: *sich wie e-e ~ ausbreiten* faire tache d'huile; **~lampe** *f* lampe *f* à huile; **~land** *n* pays *m* producteur de pétrole; **~leitung** *f* oléoduc *m*; pipe-line *m*; **~löschschiff** (*für Großtanker vor zu kleinen Häfen*) *n* navire *m* allégeur *m*; **~mag'nat** *m* magnat *m* du pétrole; **~male'rei** *f* peinture *f* à l'huile; **~mühle** *f* huilerie *f*; oliverie *f*; **~müller** *m* huilier *m*; **~ofen** *m* poêle *m* à mazout; **~palme** ♀ *f* palmier *m* oléifère; **~papier** *n* papier *m* huilé; **~pest** *f* marée *f* noire; **~pflanzen** *f/pl.* plantes *f/pl.* oléifères (*od.* oléagineuses); **2pneumatisch** *adj.* oléo--pneumatique; **~politik** *f* politique *f* pétrolière; **~presse** *f* presse *f* à huile; **~produktion** *f* production *f* de pétrole; **~pumpe** *f* pompe *f* à huile; **~quelle** *f* puits *m* de pétrole; **~raffinerie** *f* raffinerie *f* de pétrole; **~reserven** *f/pl.* réserves *f/pl.* de pétrole; **~same** *m* graine *f* oléagineuse; **~sardine** *f* sardine à l'huile; **~säure** *f* acide *m* oléique; **~schalter** ⚤ *m* interrupteur *m* à bain d'huile; **~schiefer** *géol. m* schiste *m* bitumineux; **~schmierung** *f* graissage *m* à l'huile; **~sperre** *éc. f* embargo *m* pétrolier; **~stand** *m* niveau *m* d'huile; **~stand-anzeiger** *m* indicateur *m* du niveau d'huile; **~stoßdämpfer** *m* amortisseur *m* hydraulique; **~tank** *m* réservoir *m* de mazout *bzw.* de pétrole; **~tanker** ⚓ *m* pétrolier *m*; tanker *m*; **~teppich** *m* nappe *f* de mazout; **~trust** *m* trust *m* pétrolier; **~tuch** *n* ciré *m*; **~umschlag-anlage** *f* terminal *m* du pétrole.

'Ölung *f* huilage *m*; graissage *m*; lubrification *f*; *rl.* onction *f*; *die Letzte ~* l'extrême-onction *f*.

'Öl|verbrauch *m* consommation *f* de pétrole *bzw.* de mazout *bzw.* d'huile; **2verschmutzt** *adj.*: *~e Vögel* oiseaux *m/pl.* mazoutés; **~versorgung** *f* alimentation *f*, ravitaillement *m* en pétrole; **~vorkommen** *n* gisement *m* pétrolifère; **~wanne** *f* carter *m* d'huile; **~wechsel** *m* vidange *f* d'huile.

O'lymp *m* Olympe *m*; F *thé.* paradis *m*; F poulailler *m*.

Olympi'ade *f* jeux *m/pl.* Olympiques; *antiq.* olympiade *f*.

O'lympia|mannschaft *f* équipe *f* olympique; **~sieger(in** *f*) *m* champion *m*, -onne *f* olympique; **~stadion** *n* stade *m* olympique.

Olympio'nike *m* compétiteur *m* olympique.

o'lympisch *adj. myth.* olympien, -enne; *heute:* **2e** *Spiele* jeux *m/pl.* olympiques; olympiades *f/pl.*

'Öl|zeug (*Regenhaut*) ⚓ *n* ciré *m*; **~zuführung** *f* amenée *f* d'huile; **~zweig** *m* branche *f* (*od.* rameau *m*) d'olivier.

'Oma F *enf. f* F mémé *f*; mémère *f*; bonne maman *f*; mamie *f*.

'Ombudsmann *a.* Fr. *m* médiateur *m*; homme *m* de confiance.

Ome'lett n omelette f.
'Omen n présage m; augure m.
omi'nös adj. de mauvais augure.
'Omnibus m autobus m; mit dem ~ fahren aller en (od. prendre l')autobus; ~**bahnhof** m gare f routière; ~**fahrer** m chauffeur m d'autobus; ~**haltestelle** f arrêt m d'autobus; ~**linie** f ligne f d'autobus; ~**schaffner** m receveur m d'autobus.
Ona'nie f masturbation f; onanisme m; ⚕**ren** v/i. se masturber.
Ondu|lati'on f ondulation f; ⚕**lieren** v/t. onduler; ~**'lieren** n ondulation f.
'Onkel m oncle m; F fig. übern ~ laufen marcher les pieds en dedans; ~**ehe** F f concubinage m; union f libre.
onomato|po'etisch adj. onomatopéique; ⚕**pö'ie** f onomatopée f.
Onto|ge'nese biol. f ontogenèse f; ~**lo'gie** phil. f ontologie f; ⚕**logisch** phil. adj. ontologique.
'Onyx min. m onyx m.
'Opa F enf. m F pépé m; pépère m.
o'pak adj. opaque.
O'pal min. m opale f; ~**glas** n opaline f.
opali'sieren I v/i. opaliser; II ⚕ n opalescence f; ~**d** adj. opalescent.
'Oper f (Gebäude) Opéra m; salle f d'opéra; in die ~ gehen aller à l'opéra; komische ~ opéra m bouffe; opéra-comique m; ernste ~ grand opéra m.
Opera'teur m ⚕ u. Film: opérateur m.
Operati'on ⚕, ⚔ f opération f; nach der ~ stattfindend postopératoire; e-e ~ vornehmen faire une opération; sich e-r ~ unterziehen subir une opération; ~**sbasis** ⚔ f base f d'opération; ⚕**sfähig** adj. opérable; nicht ~ inopérable; ~**sgebiet** ⚔ n théâtre m d'opérations; ~**skittel** m blouse f de chirurgien; ~**slampe** chir. f: schattenlose ~ scialytique m; ~**s-plan** m plan m d'opérations; plan m opérationnel, ~**sraum** m, ~**ssaal** m salle f d'opération; ~**sschwester** f infirmière f (de la salle) d'opération; ~**s-tisch** m table f d'opération; F billard m; ~**s-trakt** m bloc m opératoire; ~**sziel** n objectif m d'opération.
opera'tiv adj. ⚕ opératoire; chirurgical; ⚔ opérationnel, -elle.
Ope'rator inform. (Fachmann) m: ~ am Zentralcomputer opérateur m sur terminal.
Ope'rette ♪ f opérette f.
ope'rieren v/t. u. v/i. a. ⚕ opérer; faire une opération; sich ~ lassen se faire opérer; j-n am Blinddarm ~ opérer q. de l'appendicite; faire à q. une opération de l'appendicite.
'Opern|arie f air m d'opéra; ~**ball** m bal m de l'Opéra; ~**buch** n livret m d'opéra; ~**dichter** m librettiste m; ~**glas** n, ~**gucker** m jumelles f/pl. de théâtre; ⚕**haft** adj. d'opéra; ~**haus** n Opéra m; ~**musik** f musique f d'opéra; ~**sänger(in** f) m chanteur m, cantatrice f d'opéra; ~**text** m livret m d'opéra; ~**übertragung** f opéra m radiodiffusé.
'Opfer n sacrifice m; (~**gabe**) rl. offrande f; (Menschenleben) ~**tier**) victime f; ein ~ bringen faire un sacrifice (für pour); ~ (Menschenleben) fordern faire des victimes; das ~ werden; zum ~ fallen être victime de; ~**altar** m autel m des sacrifices; ⚕**bereit** adj. prêt au sacrifice; prêt à se dévouer; ~**bereitschaft** f disposition f au sacrifice; dévouement m; ~**büchse** f in der Kirche: tronc m; ⚕**freudig** adj. prêt au sacrifice; prêt à se dévouer; ~**freudigkeit** f disposition f au sacrifice; dévouement m; ~**gabe** f offrande f; ~**gefäß** n vase m sacré; ~**geld** n offrande f en argent; ~**lamm** n agneau m du sacrifice; fig. innocente victime f; ~**messer** n couteau m sacré; ⚕**n** v/t. u. v/i. (v/rf.: sich se) sacrifier (für pour); (s')immoler; sein Leben ~ sacrifier sa vie (für pour); ~**priester** m sacrificateur m; ~**schale** f patène f; ~**sinn** m esprit m de sacrifice; ~**stätte** f lieu m de sacrifice; ~**stock** m tronc m; ~**tier** n victime f (a. fig.); ~**tod** m sacrifice m de sa vie; dévouement m; ~**ung** f sacrifice m; immolation f; ⚕**willig** adj. prêt au sacrifice; prêt à se dévouer; ~**willigkeit** f disposition f au sacrifice; dévouement m.
Ophthal'mie ⚕ f ophtalmie f; ~**mo'loge** m ophtalmologiste m; ~**molo'gie** f ophtalmologie f; ⚕**mo'logisch** adj. ophtalmologique; ~**mos'kop** n ophtalmoscope m.
'Opium n opium m; *confiture f; mit ~ versetzen opiacer; ~**esser** m opiophage m; ⚕**haltig** adj. opiacé; ~**handel** m trafic m de l'opium; ~**höhle** f fumerie f d'opium; ~**raucher** m fumeur m d'opium; ~**sucht** f opiomanie f; ⚕**süchtig** adj. opiomane; ~**süchtige(r** a. m) m, f opiomane m, f; ~**tinktur** f laudanum m.
O'possum zo. n opossum m.
Oppo'nent m opposant m; ⚕**nieren** v/i. s'opposer (gegen à).
oppor'tun adj. opportun.
Opportu'nismus m opportunisme m; ~**t** m opportuniste m; ⚕**tisch** adj. opportuniste.
Opportuni'tät f opportunité f.
Oppositi'on f opposition f.
oppositio'nell adj. opposant; de l'opposition.
Oppositi'ons|führer m chef m (od. leader m) de l'opposition; ~**partei** f (parti m de l')opposition f.
'Optativ gr. m (mode m) optatif m.
op'tier|en v/i. opter (für pour); ⚕**en** n, ⚕**ung** f option f.
'Optik f optique f; ~**er** m opticien m.
Opti'mis|mus m optimisme m; ~**t** m optimiste m; ⚕**tisch** adj. optimiste.
'Optimum n optimum m.
Opti'on f option f; ~**sfrist** f délai m d'option; ~**sgeber** m optionnaire m; ~**skredit** éc. m crédit m optionnel; ~**srecht** n droit m d'option.
'optisch adj. optique; ~**es Instrument** instrument m d'optique; ~**e Täuschung** illusion f d'optique; ~**e Anzeige** inform. f visualisation f.
Opto'meter opt. n optomètre f.
Optome'trist m (opticien m) optométriste m.
opu'lent adj. opulent; ⚕**z** f opulence f.
'Opus n ♪ opus m; allg. œuvre f.
O'rakel n, ~**spruch** m oracle m; ⚕**n** v/i. faire l'oracle.

O'range ♀ f orange f.
o'range adj. orange.
Oran'geade f orangeade f.
o'rangefarben adj. orange; orangé.
O'range-'Grapefruitschälmesser n zesteur m.
O'rangen|baum ♀ m oranger m; ~**blüte** f fleur f d'oranger; ~**hain** m orangerie f; ~**schale** f zeste m (d'orange); écorce f d'orange.
'Orang-'Utan zo. m orang-outan(g) m.
ora'torisch adj. oratoire.
Ora'torium n (Betsaal) oratoire m; ♪ oratorio m.
Or'chester n orchestre m; ~**begleitung** f accompagnement m d'orchestre; ~**loge** f (loge f d')avant-scène f; ⚕**mäßig** adj. orchestral; ~**musik** f musique f orchestrale; für ~ einrichten orchestrer; ~**raum** m fosse f d'orchestre; ~**sessel** m fauteuil m d'orchestre; ~**verein** m philharmonie f.
orches'trier|en v/t. orchestrer; ⚕**ung** f orchestration f.
Orchi'dee ♀ f orchidée f; ~**nfach** fig. univ. n matière f d'études très rare.
'Orden m ordre m; (Auszeichnung) a. décoration f; médaille f; j-m e-n ~ verleihen décorer q.; attribuer une décoration à q.; médailler q.; in e-n (geistlichen) ~ eintreten entrer en religion; prendre l'habit (resp. le voile); ~**sband** n ruban m; breites: cordon m; ~**sbruder** rl. m frère m; religieux m; ~**sgeistliche(r)** m membre m du clergé régulier; (Mönch) moine m; ~**sgeistlichkeit** f clergé m régulier; ~**sgelübde** n vœu m monastique; ~**sgesellschaft** f congrégation f; ⚕**sgeschmückt** adj. decoré; médaillé; ~**s-inhaber(in** f) m décoré m, -e f; médaillé m, -e f; ~**skapitel** n chapitre m; ~**skleid** rl. n habit m religieux; ~**sregel** rl. f règle f (d'un ordre); ~**sritter** m chevalier m d'un ordre; ~**sschleife** f ruban m; ~**sschmuck** m décorations f/pl.; médailles f/pl.; ~**sschwester** f sœur f; religieuse f; ~**sspange** f brochette f; ~**sstern** m étoile f; plaque f; ~**s-träger(in** f) m décoré m, -e f; médaillé m, -e f; ~**sverleihung** f remise f d'un ordre; décoration f; ~**szeichen** n décoration f; médaille f.
'ordentlich I adj. en (bon) ordre; ordonné; (gewöhnlich) ordinaire; (gut) bon, bonne; (regulär) régulier, -ière; (reichlich) copieux, -euse; abondant; (schicklich) comme il faut; convenable; v. Personen: (ordnungsliebend) qui a de l'ordre; aimant l'ordre; (fig. solide) rangé; réglé; sage; Richter: compétent; Professor: titulaire; ~**er Professor** a. professeur m en titre; ~**er Ausschuß** commission f ordinaire; ~**e Generalversammlung** assemblée f générale ordinaire; ~**e Gerichtsbarkeit** juridiction f de droit commun; ~**e Sitzungsperiode** session f ordinaire; nichts ⚕**es** rien qui vaille; man kann nichts ⚕**es** anfangen on ne peut rien faire de bon; ein ~**er Mensch** werden se ranger; II adv. en (bon) ordre; (regulär) régulièrement; (reichlich) copieusement; abondamment; (schicklich) comme il faut; convenablement; (gut; sehr)

bien; *(wirklich)* pour de bon; vraiment; ⁓**keit** *f (Ordnungssinn)* esprit *m* d'ordre.
'**orden-übersät** *adj.* bardé *(od.* chamarré*)* de décorations.
'**Order** *f* ordre *m*; ✝ *a.* commande *f*; *an* ⁓ à ordre; *nicht an* ⁓ non à ordre; *an die* ⁓ *von* à l'ordre de; *an eigene* ⁓ à son propre ordre; *an fremde* ⁓ à l'ordre d'un tiers; *bis auf weitere* ⁓ jusqu'à nouvel ordre; ⁓**buch** ✝ *n* livre *m* de commandes; ⁓**geber** *m* donneur *m* d'ordre; ⁓**papiere** *n/pl.* papiers *m/pl.* à ordre; ⁓**scheck** ✝ *m* chèque *m* à ordre; ⁓**versicherung** *f* assurance *f* à ordre.
Ordi'nalzahl *gr. f* nombre *m* ordinal.
ordi'när *adj. (üblich)* ordinaire; *péj. (gemein)* vulgaire.
Ordinari'at *n univ.* charge *f* de professeur titulaire; *Schule:* charge *f* de professeur principal.
Ordi'narius *m univ.* professeur *m* titulaire; *Schule:* professeur *m* principal.
Ordi'nate ⚬ *f* ordonnée *f*.
Ordinati'on *f rl.* ordination *f*; ⚕ *(ärztl. Verordnung)* prescription *f* médicale; *(Rezept)* ordonnance *f*; ⁓**szimmer** ⚕ *n* cabinet *m*.
ordi'nieren *v/t. rl.* ordonner; ⚕ ordonner; prescrire.
'**ordn|en** *v/t.* mettre en ordre; mettre de l'ordre (dans); ranger; *(regeln, einrichten)* régler; ordonner; organiser; arranger; disposer; *nach Klassen:* classer; *Anzug usw.:* rajuster; *alphabetisch (chronologisch)* ⁓ classer par ordre alphabétique (chronologique); ⁓**en** *n* mise *f* en ordre; *(Regeln, Einrichten)* règlement *m*; organisation *f*; arrangement *m*; disposition *f*; *nach Klassen:* classement *m*; *(Entwirren)* démêlement *m*; débrouillement *m*; ⁓**er(in)** *f m* ordonnateur *m*, *-trice f*; organisateur *m, -trice f; für Akten usw.:* classeur *m*; ⁓**ung** *f* ordre *m*; *(An⁓)* arrangement *m*; *(Aufeinanderfolge)* suite *f*; *(Rang)* rang *m*; *(Abteilung)* division *f*; *gesellschaftliche* ⁓ ordre *m* social; *in* ⁓ en ordre; *m* compact; *in* ⁓ *Maschinen usw.:* en bon état, *Papiere usw.:* en règle; *in der* ⁓ *dans l'ordre; der* ⁓ *halber* pour la bonne forme; pour la bonne règle; *in* ⁓ *halten* maintenir en bon état; *die* ⁓ *herstellen*; ⁓ *schaffen* établir l'ordre; *in* ⁓ *bringen* ⁓ *ordnen*; *sich die Frisur (od. die Haare) wieder in* ⁓ *bringen* se recoiffer; *in etw. (acc.)* ⁓ *bringen* mettre de l'ordre dans qch.; mettre qch. en ordre; *aus der* ⁓ *kommen* se déranger; *j-n zur* ⁓ *rufen* rappeler q. à l'ordre; *es herrscht* ⁓ l'ordre règne; *der Präsident sorgt für* ⁓ le président maintient l'ordre; F *er ist in* ⁓ il est bien; *(das ist) in* ⁓! (c'est) bien!, F O.K.; *alles ist in bester* ⁓ tout va pour le mieux; tout est parfaitement en règle; *er ist nicht in* ⁓ il ne se sent pas bien.
'**Ordnungs|dienst** *m* service *m* d'ordre; ⁓**gemäß I** *adj.* → ⁓**mäßig**; **II** *adv.* conformément à l'ordre; régulièrement; dûment; ⁓**halber** *adv.* pour la bonne forme; pour la bonne règle; ⁓**kräfte** *f/pl.* forces *f/pl.* de l'ordre; ⁓**liebe** *f* amour *m* de l'ordre; ⁓**liebend** *adj.* ordonné; aimant l'ordre; ⁓**mäßig I** *adj.* conforme à l'ordre; en règle; réglementaire; régulier, -ière; fait en bonne et due forme; *(gesetzlich)* légal; **II** *adv.* conformément à l'ordre; régulièrement; dûment; ⁓**maßnahme** *f* mesure *f* d'ordre; ⁓**polizei** *f* police *f* d'ordre; ⁓**ruf** *m* rappel *m* à l'ordre; ⁓**sinn** *m* esprit *m* d'ordre; *(od.* amende *f)* disciplinaire; ⁓**widrig** *adj.* contraire à l'ordre; irrégulier, -ière; *(ungesetzlich)* illégal; ⁓**widrigkeit** *f* irrégularité *f*; ⁓**zahl** *gr.* nombre *m* ordinal; *der Atome:* nombre *m* atomique.
Ordon'nanz ⚔ *f* ordonnance *f*; planton *m*; ⁓**offizier** *m* officier *m* d'ordonnance.
Or'gan *n* organe *m*; *supranationales* ⁓ institution *f* supranationale; organisme *m* supranational; *die* ⁓*e der Gemeinschaft* les institutions *f/pl.* de la communauté.
Or'gandy *m (Stoff)* organdi *m*.
Or'gan-erkrankung *f* maladie *f* organique.
Organisati'on *f* organisation *f*; *e-e* ⁓ *gründen (schaffen)* fonder (créer) une organisation; *e-e* ⁓ *ins Leben rufen* donner le jour à une organisation; *im Rahmen dieser* ⁓ dans le cadre de cette organisation; ⁓**s-ausschuß** *m*, ⁓**skomitee** *n* comité *m* d'organisation; ⁓**sfehler** *m* défaut *m* d'organisation; ⁓**s-talent** *n* talent *m* d'organisateur; faculté *f* d'organisation; sens *m* de l'organisation.
Organi'sator *m* organisateur *m*.
organisa'torisch *adj.* organisateur, -trice.
or'ganisch *adj.* organique; ⁓*e Chemie* chimie *f* organique.
organi'sieren I *v/t.* organiser; *(sich) gewerkschaftlich* ⁓ (se) syndiquer; *gewerkschaftlich organisiert* syndiqué; *ein gewerkschaftlich organisierter Arbeiter* un ouvrier syndiqué; F *fig.* subtiliser; F chiper; P barboter; F chaparder; prendre à la foire d'empoigne; **II** ⁓ *n* organisation *f*.
Orga'nismus *m* organisme *m*.
Orga'nist(in *f) m* organiste *m, f*.
Organothera'pie ⚕ *f* opothérapie *f*.
Organ'sin *m od. n (Stoff)* organsin *m*.
Or'gas|mus *physiol. m* orgasme *m*; ⁓**tisch** *adj.* orgastique.
'**Orgel** ♪ *f* orgue *m*; *die beiden* ⁓*n sind sehr schön* les deux orgues sont très beaux; ⁓ *spielen* jouer de l'orgue; ⁓**balg** *m* soufflet *m* d'orgue; ⁓**bau** *m* construction *f* d'orgues; ⁓**bauer** *m* facteur *m* d'orgues; ⁓**chor** *m* tribune *f* d'orgues; orgue *m*; ⁓**gehäuse** *n* buffet *m* d'orgue; ⁓**konzert** *n* récital *m* d'orgue; ⁓**n** *v/i.* jouer de l'orgue; ⁓**pfeife** *f* tuyau *m* d'orgue; *fig. iron. wie die* ⁓*n* par rang de taille; ⁓**punkt** ♪ *m* point *m* d'orgue; ⁓**register** *n* registre *m* d'orgue; ⁓**spieler(in** *f) m* joueur *m*, *-euse f* d'orgue; organiste *m, f*; ⁓**stimme** *f*, ⁓**zug** *m* jeu *m* d'orgue.
orgi'astisch *adj.* orgiaque.
'**Orgie** *f* orgie *f*; P partouze *f*; ⁓*n feiern* se livrer à des orgies.
'**Orient** *m* Orient *m*.
Orien'ta|le *m*, ⁓**lin** *f* Oriental *m, -e f*; ⁓**lisch** *adj.* oriental.
orientali'sieren *v/t.* orientaliser.

Orienta'list *m* orientaliste *m*.
'**Orient-Expreß(zug)** *m* Orient--Express *m*.
orien'tier|en *v/t. (v/rf.:* sich s')orienter; *(informieren)* (sich s')informer *(über acc.* de); *sich allgemein* ⁓ prendre le vent; ⁓**ung** *f* orientation *f*; *(Information)* information *f*; *zur* ⁓ à titre d'information; ⁓**ungs-punkt** *m (Bezugspunkt)* point *m* de repère; ⁓**ungssinn** *m* sens *m* de l'orientation; ⁓**ungs-tafel** *f* plaque *f* indicatrice.
'**Orient|reise** *f* voyage *m* en Orient; ⁓**teppich** *m* tapis *m* d'Orient.
Origi'nal I *n* original *m (a. fig.)*; F *fig.* olibrius *m*; *fig.* phénomène *m*; *(Urschrift) a.* autographe *m*; *(⁓urkunde)* minute *f*; *im* ⁓ en original; *etw. im* ⁓ *lesen* lire qch. dans le texte; **II** ⁓ *adj.* original; *(angeboren)* originel, -elle; ⁓**ausgabe** *f* édition *f* originale; ⁓**bericht** *télév. m* reportage *m* en direct; ⁓**fassung** *f* version *f* originale; ⁓**gemälde** *n* tableau *m* original; ⁓**handschrift** *f* autographe *m*.
Originali'tät *f* originalité *f*.
Origi'nal|packung *f* emballage *m* d'origine; ⁓**sendung** *f* émission *f* en direct; ⁓**vorlage** *f* modèle *m*.
origi'nell *adj.* original; *(eigentümlich)* singulier, -ière; bizarre; *(komisch)* drôle; F rigolo.
O'rion *ast. m* Orion *m*.
Or'kan *m* ouragan *m*; *litt.* tourmente *f*; ⁓**artig** *adj. Sturm:* violent; *ein Beifall* applaudissements *m/pl.* à tout rompre; tonnerre *m* d'applaudissements.
'**Orkus** *fig. m* enfer(s) *m(pl.)*.
Orna'ment *n* ornement *m*; *mit* ⁓*en (od. e-m* ⁓*)* verzieren ornementer; ⁓**men'tal** *adj.* ornemental; ⁓'**mentik** *f* ornementation *f*.
Or'nat *n* robe *f*; *(Priester⁓)* habit *m* sacerdotal.
Ornitho'loge *m* ornithologiste *m*; ornithologue *m*; ⁓**lo'gie** *f* ornithologie *f*; ⁓**logisch** *adj.* ornithologique.
Ort[1] *m* lieu *m*; endroit *m*; place *f*; *(Ortschaft)* endroit *m*; localité *f*; *geometrischer* ⁓ lieu *m* géométrique; *an allen* ⁓*en* en tous lieux; partout; *höheren* ⁓*es* en haut lieu; *der Plan ist höheren* ⁓*es genehmigt* les autorités ont approuvé le projet; *gehörigen* ⁓*es melden* porter devant l'autorité compétente; *an* ⁓ *und Stelle, heute bsd.:* vor ⁓ sur les lieux; sur place; sur le terrain; *sich an* ⁓ *und Stelle begeben* se rendre sur place; *sich an* ⁓ *und Stelle einfinden* se trouver à l'endroit convenu; *an* ⁓ *und Stelle gelangen* arriver à destination; *an* ⁓ *und Stelle bringen* mettre à sa place; *von* ⁓ *zu* ⁓ *ziehen* aller de place en place; *fig. das ist hier nicht an s-m* ⁓ c'est déplacé ici; ⁓ *der Handlung ist ...* la scène se déroule à ...
Ort[2] *n* ⛏ fond *m* de galerie; ⛏ *vor* ⁓ *arbeiten* travailler au fond.
'**ort|en** *v/t. abs.* déterminer sa position; ⚓, ✈ relever; *abs.* faire le point; *Radar:* repérer; *abs.* faire des repérages; ⁓**en** *n* orientation *f*; ⚓, ✈ relèvement *m*; *Radar:* (radio)repérage *m*; ⁓**er** ✈ *m* navigateur *m*.
ortho|chro'matisch *adj.* orthochromatique; ⁓'**dox** *adj.* orthodoxe; ⁓-

do'xie f orthodoxie f; ²'drome géogr. f orthodromie f; ²gra'phie f orthographe f; ~'graphisch I adj. orthographique; ~er Fehler faute f d'orthographe; II adv.: ~ richtig schreiben orthographier correctement; ²'päde m orthopédiste m; ²pä'die f orthopédie f; ~'pädisch adj. orthopédique; orthopédiste.
'örtlich adj. local; ⚕ topique; ²keit f localité f.
'Orts|adverb gr. n adverbe m de lieu; ~angabe f indication f du lieu; ²ansässig adj. résidant; domicilié; local; ~ausschuß m comité m local; ~behörde f autorité f locale; ~bereich m réseau (od. secteur m) local; ~beschreibung f topographie f; ~bestimmung f gr. complément m de lieu; (Ortung) orientation f; ⚓, ✈ relèvement m; Radar: (radio)repérage m; allg. localisation f.
'Ortschaft f endroit m; localité f; (Dorf) village m; geschlossene ~ agglomération f.
'Ortscheit n palonnier m.
'Orts|empfang m Radio: réception f locale; ~fernsprechnetz n réseau m urbain (od. local); ²fest adj. fixe; ²fremd adj. étranger, -ère; ~gebunden adj. local; ~gedächtnis n mémoire f des lieux; ~gespräch téléph. n communication f urbaine (od. locale); ~kennzahl téléph. f indicatif m local; ~kenntnis f connaissance f des lieux; ~ haben connaître les lieux; ~kommandant m commandant m de la place; ~kommandantur f bureau m de la place; ~krankenkasse f caisse f locale de maladie; ²kundig adj. qui connaît les lieux; ~name m nom m de lieu; ~netz téléph. n réseau m urbain (od. local); ~polizei f police f locale; ~schild n panneau m de localité; ~sender m Radio: émetteur m local; ~sinn m mémoire f des lieux; ²üblich adj. conforme à (od. suivant) l'usage local; ~unterkunft ✠ f cantonnement m; ~veränderung f changement m de lieu; déplacement m; ~verkehr m trafic m local; téléph. service m urbain (od. local); ~vermittlung téléph. f central m local; central m urbain; ~vorsteher m Fr. maire m; Bundesrep.: bourgmestre m; ~zeit f heure f locale; um neun Uhr ~ à neuf heures locales; ~zulage f indemnité f locale.
'Ortung f orientation f; ⚓, ✈ relèvement m; Radar: (radio)repérage m; ~s-punkt m point m de repère.
'Öse f anneau m; am Schuh: œillet m; e-r Spange: porte f; (Seilschlinge) élingue f.
Os'ma|ne hist. m Ottoman m; ²nisch hist. adj. ottoman.
'Osmium 🜍 n osmium m.
Os'mose f osmose f.
os'motisch adj. osmotique.
Ost m orient m; ast., géogr. u. ⚓ est m; ~'afrika n l'Afrique f orientale; ²asi'atisch adj. est-asiatique; ~'asien n l'Extrême-Orient m; '~-Berlin n Berlin-Est m; '~block m bloc m oriental; '~blockstaat m État m du bloc oriental; '~en m orient m; ast., géogr. u. ⚓ est m; pol. Est m; nach ~ vers l'est; im ~ à l'est; der Nahe ~ le Proche-Orient; der Ferne ~ l'Extrême-Orient m.
ostenta'tiv adj. ostensible; adv. ostensiblement.
'Oster|blume ♣ f pâquerette f; ~botschaft f message m pascal; ~bräuche m/pl. traditions f/pl. pascales; ~ei n œuf m de Pâques; ~feiertage m/pl. fêtes f/pl. pascales; ~ferien pl. vacances f/pl. de Pâques (od. pascales); ~fest n fêtes f/pl. de Pâques; bei den Juden: pâque f; ~lamm n agneau m pascal.
'österlich adj. pascal.
'Ostern n od. pl. Pâques m/sg.; bei den Juden: pâque f; zu ~ à Pâques; nächste ~ à Pâques prochain; fröhliche ~ joyeuses Pâques.
'Österreich n l'Autriche f; ~er(in f) m Autrichien m, -enne f; ²isch adj. autrichien, -enne.
'Oster|sonntag m dimanche m de Pâques; ~woche f semaine f sainte; ~zeit f (période f, époque f de) Pâques m.
'Ost|europa n l'Europe f orientale; ~flüchtling m réfugié m, -e f de l'Est; ~gote m, ~gotin f Ostrogot(h)m, -e f; ~indien n les Indes f/pl. orientales; ~küste f côte f orientale.
'östlich adj. oriental; d'est; ~ von à l'est de; ~e Länge longitude f est.
'Ost|mark (Währung der DDR) f mark m oriental; ~politik (Bundesrep.) f politique f à l'Est; politique f orientale; ~preußen hist. n la Prusse orientale; ²römisch adj.: das ~e Reich l'Empire m romain d'Orient; ~see f mer f Baltique; ~sektor m secteur m est (od. oriental); ~seite f côté m est; ²wärts adv. vers l'est; ~-'West-Handel m commerce m Est-Ouest; ~wind m vent m d'est.
Oszillati'on f oscillation f.
oszil'lier|en v/i. osciller; ²en n, ²ung f oscillation f.
Oszillo'graph m oscillographe m.
'Otter¹ zo. m (Fisch²) loutre f.
'Otter² zo. f vipère f.
'Otto m: F ~ Normalverbraucher consommateur m moyen.
Ouver'türe ♪ f ouverture f.
o'val I adj. (adv. en) ovale; II ² n ovale m.
O'varium anat. n ovaire m.
Ovati'on f ovation f; j-m ~en bereiten ovationner q.
'Overall m salopette f; bleu m.
'Overhead-Pro'jektor écol. usw. m rétroprojecteur m.
O'xalsäure 🜍 f acide m oxalique.
'Oxhoft n barrique f.
O'xyd 🜍 n oxyde m.
Oxydati'on f oxydation f; ~smittel n agent m d'oxydation; oxydant m.
oxy'dier|bar 🜍 adj. oxydable; nicht ~ inoxydable; ~en v/t. (v/i.: s')oxyder; ²en n, ²ung f oxydation f; ²ungsmittel n agent m d'oxydation; oxydant m.
Oxy'dul 🜍 n protoxyde m.
Oxy'gen 🜍 n oxygène m.
'Ozean m océan m; Stiller ~ (océan m) Pacifique m; Atlantischer ~ (océan m) Atlantique m; ~'aut m océanaute m; ~dampfer m paquebot m transatlantique; transatlantique m.
Oze'a|nien n l'Océanie f; ²isch adj. océanique.
Ozeanogra'phie f océanographie f.
'Ozean|riese m paquebot m géant; géant m des mers; ~station ✈, ⚓ f station f océanique; ~stationsschiff ✈, ⚓ n navire-station m océanique.
Oze'lot m ocelot m.
O'zon 🜍 n ozone m; ~erzeuger m ozon(is)eur m; ²haltig adj. ozoné; ozonisé; ²i'sieren v/t. ozoniser; ²reich adj. riche en ozone.

P

P, p *n* P, p *m*.

Paar I *n von zs.-gehörigen Dingen*: paire *f*; ein ~ Schuhe une paire de souliers; (Ehe♀, Tanz♀ *usw.*) couple *m*; **II** ♀ *adj.* pair; ~ oder unpaar? pair ou impair?; **III** ♀ *n*: ein ~ (*einige*) quelques; (*wenige*) peu de; vor ein ~ Tagen il y a quelques jours.

'**paaren I** *v/t.* (*v/rf.*: sich s')accoupler; (s')apparier; *fig.* (se) joindre; (s')associer; gepaart *anat.* & *u.* ♂ conjugué; **II** ♀ *n* accouplement *m*; appariement *m*.

'**Paar**|**erzeugung** *at. f* matérialisation *f*; ~**laufen** *n Sport*: patinage *m* par couple; ♀**mal** *adv.* ein ~ quelques (*od.* plusieurs) fois; ~**ung** *f* accouplement *m*; appariement *m*; ~**ungszeit** (*der Vögel*) *f* pariade *f*; ♀**weise** *adv.* par paires; par couples; deux à deux; ~ anordnen jumeler.

Pacht *f* ferme *f*; (~vertrag) bail *m*; in ~ geben (*nehmen*) donner (prendre) à ferme *od.* à bail; (*Pachtgeld*) fermage *m*; '~**betrieb** *m* entreprise *f* louée; ~**exploitation** *f* prise à bail (*od.* à ferme); '~**brief** *m* bail *m*; '♀**en** *v/t.* prendre à ferme (*od.* à bail); affermer.

'**Pächter(in** *f*) *m* ♂ fermier *m*, -ière *f*; e-s Lokals, Hotels *usw.*: tenancier *m*, -ière *f*; gérant *m*.

'**Pacht**|**geld** *n* fermage *m*; ~**grundstück** *n* terre *f* à bail; ~**gut**, ~**hof** *m* ferme *f*; métairie *f*; ~**herr** *m* propriétaire *m*; ~**kontrakt** *m*, ~**ung** *f*, ~**vertrag** *m* bail *m* (à ferme); affermage *m*; ♀**weise** *adv.* à ferme; à bail; ~**wert** *m* valeur *f* locative; ~**zeit** *f* temps *m* du bail; '♀**ins** ♂ *m* ferme *f*.

Pack[1] *m Briefe, Papiere*: liasse *f*; Waren: ballot *m*; mit Sack und ~ avec armes et bagages.

Pack[2] *fig.* n pègre *f*; crapule *f*.

'**Päckchen** *n* petit paquet *m*; & petit colis *m* (*postal*); ein ~ Zigaretten un paquet de cigarettes.

'**Pack-eis** *n* banquise *f*; im ~ festsitzen être bloqué par la banquise.

'**Packen** *m* (gros) paquet *m*; (*Ballen*) balle *f*, kleiner: ballot *m*; *fig.* jeder hat s-n ~ zu tragen chacun a sa croix à porter.

'**packen I** *v/t.* mettre en paquet(s) (ein~) empaqueter; emballer; in Kisten ~ mettre en caisse; in Tonnen (*Fässer*) ~ mettre en balle, en ballot; in Ballen ~ mettre en caque; s-n Koffer ~; s-e Sachen ~; *abs.* ~ faire (*od.* boucler) sa valise; faire sa malle; plier bagage; (*fassen*) saisir; empoigner (*a. fig.*); j-n bei der Ehre ~ faire appel au sens de l'honneur de q.; F sich ~ décamper; déguerpir; filer; **II** ♀ *n* (*Ein*♀) empaquetage *m*; emballage *m*; ~**d** *fig. adj.* captivant; saisissant; fascinant; F empoignant; prenant.

'**Packer(in** *f*) *m* emballeur *m*, -euse *f*; manutentionnaire *m*.

Packe'rei *f* emballage *m*.

'**Packerlohn** *m* frais *m/pl.* d'emballage.

'**Pack**|**esel** *m* âne *m* de bât; *fig.* bête *f* de somme; ~**film** *m* film-pack *m*; ~**hof** *m* entrepôt *m*; ~**lage** *f* Straßenbau: encaissement *m*; ~**leinwand** *f* toile *f* d'emballage; ~**maschine** *f* machine *f* à emballer; ~**material** *n* emballage *m*; ~**nadel** *f* aiguille *f* d'emballage; ~**papier** *n* papier *m* d'emballage; ~**pferd** *n* cheval *m* de bât; ~**raum** *m* 'hall *m* d'emballage; ~**sattel** *m* bât *m*; ~**schnur** *f* ficelle *f* d'emballage; ~**-Set** (*Bundespost*) *n* matériel *m* d'emballage préfabriqué et normalisé; ~**tasche** *f* sacoche *f*; ~**tier** *n* bête *f* de somme; ~**ung** *f* paquet *m*; boîte *f*; & enveloppement *m*; e-e Zigaretten un paquet *m* de cigarettes; ~**wagen** *m* fourgon *m*; ~**zettel** *m* (*Inhaltsverzeichnis*) fiche *f* d'emballage.

'**Päda'gog**|**e** *m* pédagogue *m*; ~**ik** *f* pédagogie *f*; ♀**isch** *adj.* pédagogique.

'**Paddel** *n* pagaie *f*; ~**boot** *n* périssoire *f*; kayak *m*; (*Kanu*) canoë *m*; ♀**n** *v/i.* pagayer; faire du canoë (*bzw.* du kayak); ~**ruder** *n* pagaie *f*; ~**sport** *m* pagayage *m*.

'**Paddler(in** *f*) *m* pagayeur *m*, -euse *f*; canoëiste *m*, *f*; kayakiste *m*, *f*.

Päde|'**rast** *m* pédéraste *m*; ~**ras'tie** *f* pédérastie *f*.

paff! *int.* paf!; ♀ *adj.* F ganz ~ (*erstaunt*) sein F être estomaqué.

'**paffen** *v/i.* fumer à grosses bouffées; e-e Zigarette nach der andern ~ griller cigarette sur cigarette.

'**Page** *m* page *m*; im Hotel *usw.*: chasseur *m*; ~**nfrisur** *f*, ~**nkopf** *m* coiffure *f* à la Jeanne d'Arc; cheveux *m/pl.* coupés à la Jeanne d'Arc.

pagi'nier|**en** *v/t.* paginer; ♀**en** *n*, ♀**ung** *f* pagination *f*.

Pa'gode *f* pagode *f*.

pah! *int.* bah!

Pair *m* pair *m*; '~**swürde** *f* pairie *f*.

Pak ✕ *f* canon *m* antichars.

Pa'ket *n* paquet *m*; & colis *m* (*postal*); *pol.*, *dipl.* dossier *m*; paquet *m*; ~**adresse** *f* bulletin *m* d'expédition; ~**annahme** *f* réception *f* des colis (postaux); ~**ausgabe** *f* distribution *f* des colis (postaux); ~**beförderung** *f* transport *m* des colis (postaux); ~**bestellung** *f* factage *m*; livraison *f* à domicile; ~**karte** *f* bulletin *m* d'expédition; ~**post** *f* service *m* des colis postaux; ~**wagen** *m* fourgon *m* postal.

'**Pakistan** *n* le Pakistan.

Pakis'tan|**er** *m* Pakistanais *m*; ♀**isch** *adj.* pakistanais.

Pakt *m* pacte *m*; accord *m*; convention *f*; e-n ~ abschließen faire (*od.* conclure) un pacte (mit avec); '♀**brüchig** *adj.*: ~er Staat État *m* en rupture de pacte.

pak'tieren *a. fig. v/i.* pactiser (mit avec).

Paläo|'**graph** *m* paléographe *m*; ~**gra'phie** *f* paléographie *f*; ♀**graphisch** *adj.* paléographique; ~**lithikum** *n* paléolithique *m*; ♀**lithisch** *adj.* paléolithique.

Paläonto|'**loge** *m* paléontologue *m*; paléontologiste *m*; ~**lo'gie** *f* paléontologie *f*; ♀**logisch** *adj.* paléontologique.

Paläo'sol *géol. m* paléosol *m*.

Paläo'zo|**ikum** *n* paléozoïque *m*; ♀**isch** *adj.* paléozoïque.

Pa'last *m* palais *m*; ♀**artig** *adj.* qui ressemble à un palais.

Paläs'tina *n* la Palestine.

Pa'lastrevolution *f* révolution *f* de palais.

pala'tal *adj.* palatal; ~**isieren** *phon. v/t.* palataliser.

Pa'laver *n* palabre *f*; ♀**n** palabrer.

Pa'letot *m* pardessus *m*.

Pa'lette *f* palette *f*; *fig.* e-e breite ~ von Erzeugnissen une large (*od.* vaste) gamme (*od.* un large éventail) de produits.

Pali'sade *f* palissade *f*; mit ~n umgeben entourer d'une palissade; ~**nzaun** *m* palissade *f*.

Pali'sanderholz *n* palissandre *m*.

Pallia'tiv *n*, ~**mittel** *n* palliatif *m*.

'**Palm**|**baum** & *m* palmier *m*; ~**e** *f* palmier *m*; palme *f* (*a. als Preis*); ihm gehört die ~ à lui la palme; *fig.* j-n auf die ~ bringen mettre q. 'hors de lui (*od.* 'hors de ses gonds), pousser q. à bout, F faire bisquer (*od.* mousser *od.* F maronner) q., enquiquiner q.; 'horripiler q.; auf der ~ sein F être monté (*od.* fou furieux); ~**enhain** *m* palmeraie *f*; ~**enhaus** *n* palmarium *m*.

Pal'min *n* graisse *f* de coco.

'**Palm**|**öl** *n* huile *f* de palme; ~**sonntag** *m* dimanche *m* des Rameaux; Pâques *f/pl.* fleuries; ~**wein** *m* vin *m* de palme; ~**zweig** *m* palme *f*.

'**Pampa** *f* pampa *f*.

'**Pampe** F *péj. f* pâtée *f*.

'**Pampelmuse** *f* pamplemousse *m* (*a. f*); ~**nsaft** *m* jus *m* de pamplemousse.

Pam'phlet *n* pamphlet *m*.

Pamphle'tist *m* pamphlétaire *m*.

'**pampig** F *adj.* effronté; plein de toupet; F décontracté; désinvolte; F nonchalant; ♀**keit** *f* décontraction *f*;

désinvolture *f.*
Pan *m* Pan *m.*
'Panama *n* le Panama.
Pana'maer *m* Panamien *m;* Panaméen *m.*
'Panamahut *m* panama *m.*
pana'maisch *adj.* panamien, -enne; panaméen, -éenne.
'Panamakanal *m* canal *m* de Panama.
Pa'neel *n* lambris *m;* panneau *m;* **~technik** (*Statistik*) *f* panel *m.*
Pan-eu'ropa *n* la Paneurope.
'Panflöte *f* flûte *f* de Pan.
Pa'nier *n* bannière *f.*
pa'nier|en *cuis. v/t.* paner; **2mehl** *n* chapelure *f.*
'Pa|nik *f* panique *f;* **2nisch** *adj.* panique.
'Panne *f* panne *f;* e-e ~ haben avoir une panne; e-e ~ *beseitigen* dépanner (*an etw. dat.* qch.); **2nsicher** *adj.* increvable.
Pa'noptikum *n* collection *f* de raretés; galerie *f* de figurines de cire.
Pano'rama *n* panorama *m;* **~film** *m* panavision *f;* **~straße** *f* route *f* en corniche.
'panschen *v/i. u. v/t. im Wasser:* patauger; *Wein usw.:* P trafiquer; travailler; tripoter; frelater.
'Pansen *m* panse *f.*
Pansla'wis|mus *m* panslavisme *m;* **~t** *m* panslaviste *m;* **2tisch** *adj.* panslaviste.
Panthe'is|mus *m* panthéisme *m;* **~t** *m* panthéiste *m;* **2tisch** *adj.* panthéiste.
'Panther *zo. m* panthère *f;* **~fell** *n* peau *f* de panthère.
Pan'tine *f* (*Holz2, Holzpantoffel*) galoche *f;* **~nschuh** *m* (*Holzschuh*) sabot *m.*
Pan'toffel *m mit offener Ferse:* mule *f; alter* ~ savate *f; fig. unter j-s* ~ *stehen* être sous la férule de q.; *er steht unter dem* ~ *s-r Frau* c'est sa femme qui porte la culotte; **~held** F *m* homme *m* dont la femme porte la culotte; mari *m* mené par sa femme; **~macher** *m* pantouflier *m;* **~tierchen** *n* paramécie *f.*
Panto'lette *f* mule *f* de vacances.
Panto'mim|e *f,* **~ik** *f* pantomime *f;* **2isch** *adj.* pantomimique.
'pantschen *v/i. u. v/t. im Wasser:* patauger; *Wein usw.:* trafiquer; tripoter; frelater.
'Panzer *m hist.* (*Rüstung*) cuirasse *f* (*a.* ⚔ *u. zo.*); ⚔ (*Kampfwagen*) char (*od.* engin) *m* blindé *m;* char *m* d'assaut (*od.* de combat); **~abteilung** ⚔ *f* détachement *m* blindé; **~abwehr** *f* défense *f* antichars; **~abwehrkanone** *f* canon *m* antichars; **~armee** *f* armée *f* blindée; **~auto** *n* auto *f* blindée; **~befehlswagen** *m* char *m* (blindé) de commandement; **2brechend** *adj.* antichars; **~brigade** *f* brigade *f* blindée; **~deckung** *f* protection *f* antichars (od. contre les chars); **~division** *f* division *f* blindée; **~fahrzeug** *n* véhicule (*od.* engin) *m* blindé; **~faust** *f* lance--roquettes *m* antichars; bazooka *m;* **~flotte** *f* flotte *f* de cuirassés; **~friedhof** *m* cimetière *m* de blindés; **~geschoß** *n* projectile *m* antichars; **~geschütz** *n* automoteur *m;* **~gewöl-**be *n* (*Stahlkammer*) chambre *f* forte; **~glas** *n* (*Sicherheitsglas*) verre *m* de sécurité; **~graben** *m* fossé *m* antichars; **~granate** *f* obus *m* antichars; **~grenadier** *m* fantassin *m* porté; **~handschuh** *hist. m* gantelet *m;* **~hemd** *hist. n* cotte *f* de mailles; **~jäger** *m* chasseur *m* de chars; **~kabel** ⚡ *n* câble *m* armé; **~kampfwagen** *m* char *m* (*od.* engin *m*) blindé (*od.* de combat); **~kette** *f* (*Raupenkette*) chenille *f;* **~korps** *n* corps *m* blindé; **~kräfte** *f/pl.* forces *f/pl.* (*od.* unités *f/pl.*) blindées; **~kraftwagen** *m* auto *f* blindée; **~kreuzer** *m* croiseur *m* cuirassé; **~kuppel** *f* tourelle *f* de char; **~mine** *f* mine *f* antichars; **2n** *v/t.* (*v/rf.: sich se*) cuirasser (*a. fig.*); blinder; **~nahkampftrupp** *m* équipe *f* de combat rapproché antichars; **~platte** *f* plaque *f* de blindage; **~rakete** *f* roquette *f* antichars; **~regiment** *n* régiment *m* d'infanterie portée; **~schiff** ⚓ *n* (vaisseau *m*) cuirassé *m;* **~schlacht** *f* bataille *f* de chars; **~schrank** *m* coffre-fort *m;* armoire *f* blindée; **~schreck** *m* bazooka *m;* lance-roquettes *m* antichars; **2sicher** *adj.* à l'abri des chars; **~soldat** *m* tankiste *m;* **~spähwagen** *m* char (*od.* engin) *m* blindé de reconnaissance; **~sperre** *f* barrage *m* antichars; **~spitze** *f* pointe *f* de blindés; **~truppen** *f/pl.* troupes *f/pl.* blindées; **~turm** *m* tourelle *f* blindée (*od.* cuirassée); **~ung** *f* blindage *m;* **~verband** *m* formation *f* blindée; **~waffe** *f* blindés *m/pl.;* **~wagen** *m* char (*od.* engin) *m* blindé; char *m* d'assaut (*od.* de combat); **~zug** *m* train *m* blindé.
Pä'onie ♣ *f* pivoine *f.*
Pa'pa *m* papa *m.*
Papa'gei *orn. m* perroquet *m;* **~enkrankheit** *f* psittacose *f;* **~enweibchen** *n* perroquet *m* femelle; perruche *f;* **~taucher** *orn. m* macareux *m.*

'Paperback *n* livre *m* cartonné.
Pa'pier *n a. pol.* papier *m* (*Wert2*) *a.* valeur *f;* (*Ausweis2e*) papiers *m/pl.* (d'identité); *dipl., pol.* document *m* (*über acc.* sur); *auf dem* ~ sur le papier; satiniertes (getöntes, ungestempeltes; liniiertes; lichtempfindliches) ~ papier *m* calandré (teinté; ordinaire; réglé; sensible); kariertes ~ papier *m* quadrillé (*od.* à carreaux); *in* ~ *einschlagen* (*od. einwickeln*) mettre, envelopper dans du papier; *aufs* ~ *werfen; zu* ~ *bringen* jeter (*od.* mettre) sur le papier; mettre par écrit; *s-e ~e in Ordnung bringen* mettre de l'ordre dans des papiers; *prov.* ~ *ist geduldig* le papier souffre tout; **~abfälle** *m/pl.* bouts *m/pl. od.* rognures *f/pl.* de papier; **~bahn** *f* bande *f* de papier; **~beutel** *m* sachet *m* en papier; **~bindfaden** *m* ficelle *f* de papier; **~blatt** *n,* **~bogen** *m* feuille *f* de papier; **~blume** *f* fleur *f* en papier; **~brei** *m* pâte à papier; **~drachen** *m* cerf-volant *m* en papier; **2en** *adj.* de (*od.* en) papier; **~esser** *m* papivore *m;* **~fabrik(ation)** ⊕ *f* papeterie *f;* **~fetzen** *m* chiffon *m* de papier; **~filter** *m* filtre *m* en papier; **~format** *n* format *m* du papier; **~geld** *n* papier *m* monnaie; monnaie *f* de papier; monnaie *f* fiduciaire; numéraire *m* fictif; billets *m/pl.* de banque; **~geld-umlauf** *m* circulation *f* fiduciaire; **~geschäft** *n,* **~handlung** *f* papeterie *f;* **~halter** *m an der Schreibmaschine:* porte-papier *m;* **~händler(in** *f*) *m* papetier *m,* -ière *f;* **~hülle** *f* enveloppe *f* en papier; **~industrie** *f* industrie *f* papetière; **~klammer** *f* pince-notes *m;* **~knappheit** *f* pénurie *f* de papier; **~korb** *m* corbeille *f* à papier; **~kram** *m* paperasses *f/pl.;* **~krieg** *m* paperasserie *f;* **~kügelchen** *n* boulette *f* (de papier); **~maché** *n* papier *m* mâché; **~manschette** *f für Blumentöpfe:* cache-pot *m;* **~masse** *f* pâte à papier; **~messer** *n* coupe-papier *m;* **~mühle** *f* papeterie *f;* **~rolle** *f* rouleau *m* de papier; **~schere** *f* ciseaux *m/pl.* à papier; **~schlange** *f* serpentin *m;* **~schnitzel** *n u. m* rognure *f* de papier; **~serviette** *f* serviette *f* en papier; **~streifen** *m* bande *f* de papier; **~taschentuch** *n* papier-mouchoir *m;* mouchoir *m* en papier; **~tiger** *pol. m* tigre *m* de (*od.* en) papier; **~währung** *f* monnaie *f* fiduciaire; **~waren(handlung** *f*) *f/pl.* papeterie *f;* **~wäsche** *f* linge *m* en papier; **~wisch** F *m* paperasse *f.*
Pa'pist *péj. m* papiste *m.*
Papp *m* (*Brei*) bouillie *f;* (*Kleister*) colle *f.*
'Papp|band *m* cartonnage *m;* im ~ cartonné; **~dach** *n* toit *m* en carton bitumé; **~deckel** *m* carton *m.*
'Pappe *f* (*Karton*) carton *m;* *fig.* F *das ist nicht von* ~ ce n'est pas mal.
'Papp-einband *m* cartonnage *m;* im ~ cartonné.
'Pappel ♣ *f* peuplier *m;* **~allee** *f* allée *f* de peupliers.
'päppeln *v/t. ein Kind, e-n Kranken:* donner de la bouillie (à); nourrir avec des aliments très substantiels.
'pappen (*Schnee*) *v/i.* coller.
'Pappen|fabrik(ation) *f* cartonnerie *f;* **~heimer** *m: s-e* ~ *kennen* connaître ses gens; **~stiel** F *m: das ist kein* ~ ce n'est pas une bagatelle; *das ist keinen* ~ *wert* cela ne vaut rien.
papperla'papp! *int.* patati-patata!
'pappig *adj.* pâteux, -euse.
'Papp|karton *m* carton *m;* boîte *f* en carton; **~nase** *f* nez *m* en carton; **~schachtel** *f* carton *m;* boîte *f* en carton; **~scheibe** *f* carton *m;* **~schnee** *m* neige *f* collante; **~teller** *m* assiette *f* en carton; **~waren** *f/pl.* cartonnages *m/pl.*
'Paprika *m* paprika *m;* **~schnitzel** *cuis. n* escalope *f* au paprika; **~schote** *f* poivron *m.*
Papst *m* pape *m;* **'~krone** *f* tiare *f.*
'päpstlich *adj.* du pape; papal; pontifical; *Nuntius:* apostolique; *2er Stuhl* Saint-Siège *m;* *~es Schreiben* bref *m;* ~ *er als der Papst sein* être plus royaliste que le roi.
'Papst|tum *n* papauté *f;* **~wahl** *f* élection *f* du pape; **~würde** *f* pontificat *m;* papauté *f.*
'Papua(neger) *m* Papou(a) *m.*
Papyro'loger *m* papyrologue *m.*
Pa'pyrus *m* papyrus *m;* **~kunde** *f* papyrologie *f;* **~rolle** *f* rouleau *m* de papyrus; **~staude** ♣ *f* papyrus *m.*
Pa'rabel *f* parabole *f.*

para'bolisch adj. parabolique; ~er Spiegel miroir m parabolique.
Parabolo'id n paraboloïde m.
Pa'rade f ⚔ revue f; (Schau, Gepränge) parade f (a. esc.); die ~ abnehmen passer les troupes en revue; faire la revue des troupes; fig. j-m in die ~ fahren (j-s Pläne durchkreuzen) contrarier les projets (od. les desseins de q., (j-m Kontra geben) contrer q.; **~anzug** m grande tenue f; **~aufstellung** f alignement m des troupes pour la revue; **~bett** n lit m de parade.
Para'deiser östr. m tomate f.
Pa'rademarsch m défilé m.
Paraden'tose f déchaussement m des dents; → Parodontose.
Pa'rade|pferd n cheval m de parade; **~platz** m place f d'armes; **~schritt** m pas m de parade; (Stechschritt) pas m de l'oie; **~stück** fig. n morceau m (bzw. acte m) de bravoure; **~uniform** f grande tenue f.
para'dieren v/i. parader; mit etw. ~ faire étalage, montre, parade de qch.
Para'dies n paradis m; ♀**isch** adj. paradisiaque; du paradis; **~vogel** orn. m oiseau m de paradis.
Para'digma n paradigme m.
para'dox adj. paradoxal.
Pa'radoxon n paradoxe m.
Paraf'fin n paraffine f; **~kerze** f, **~licht** n bougie f de paraffine.
Para'graph m paragraphe m; (Gesetzes♀) article m; **~enreiter** F m pointilleux m.
Paragu'ay|er m Paraguayen m; ♀**isch** adj. paraguayen, -enne.
paral'laktisch adj. parallactique.
paral'lel I adj. parallèle (mit, zu à); **II** adv. parallèlement; ~ laufen être parallèle (zu à); ~ geschaltet ⚡ couplé (od. monté) en parallèle; ♀**e** f ⚓ parallèle f (ziehen tirer); fig. (Vergleich) parallèle m; e-e ~ (Vergleich) ziehen établir (od. faire od. tracer) un parallèle (zwischen ... und ... entre ... et ...); ♀**fall** m cas m parallèle.
Paralleli'tät f parallélisme m (zu à).
Paral'lel|klasse f classe f parallèle; **~kreis** m parallèle m; ♀**laufend** adj. parallèle; **~linie** f parallèle f.
Parallelo'gramm n parallélogramme m.
paral'lelschalt|en ⚡ v/t. coupler (od. monter) en parallèle; ♀**ung** f couplage (od. montage) m en parallèle.
Paral'lelstraße f rue f parallèle.
Para'ly|se f paralysie f; ♀**ly'sieren** v/t. paralyser (a. fig.); ♀**²lytisch** ⚕ adj. paralytique.
Para'me|ter ⚓ n paramètre m; ♀**trisch** adj. paramétrique.
'**paramili'tärisch** adj. paramilitaire.
'**Paranuß** f noix f, châtaigne f du Brésil.
para'phieren v/t. parapher.
Para'phrase a. ♪ f paraphrase f.
paraphra'sieren v/t. paraphraser.
'**Parapsychologie** f parapsychologie f.
Para'sit m parasite m; ♀**enhaft** adj. parasitique.
parasi'tär adj. parasitaire.
para'sitisch adj. parasite; parasitique.
pa'rat adj. prêt.

'**Paratyphus** ⚕ m parathyphoïde f.
'**Pärchen** n couple m.
'**Par'cours** m parcours m.
par'dauz! int. patatras!
Par'don m (Verzeihung) pardon m; (Begnadigung) grâce f; ⚔ quartier m; ⚔ um ~ bitten demander quartier; ~ geben faire quartier.
Paren'these f parenthèse f; in ~ entre parenthèses.
Par'forcejagd f chasse f à courre.
Par'füm n parfum m.
Parfüme'rie f parfumerie f.
Par'füm|fläschchen n flacon m de (resp. à) parfum; **~geschäft** n parfumerie f; **~handlung** f parfumerie f.
parfü'mier|en v/t. (v/rf.: sich se) parfumer; ♀**ung** f parfumage m.
Par'füm|set (Flasche mit Zerstäuber) n plateau m à parfum; **~zerstäuber** m vaporisateur m.
'**pari** ✝ adj. (♀ n) pair (m); al ~ stehen être au pair; über ~ au-dessus du pair; unter ~ au-dessous du pair.
'**Paria** m paria m.
pa'rierren I 1. v/t. u. v/i. parer; esc. e-n Stoß ~ parer une botte; **2.** v/i. (gehorchen) obéir; **II** ♀ n esc. parade f; (Gehorchen) obéissance f.
Pa'riser I (in f) m Parisien m, -enne f; ~ Verträge (1954/55) Traités m/pl. de Paris; ♀**isch** adj. parisien, -enne.
Pari'tät f parité f; ♀**isch** adj. paritaire.
'**Pariwert** ✝ m valeur f au pair.
Park m, '**~anlagen** f/pl. parc m.
'**Parka** cout. m parka m.
'**Park-aufseher** m gardien m de parc.
'**parken I** v/t. u. v/i. Auto usw.: stationner; garer (od. parquer) sa voiture; se garer; se parquer; **II** ♀ n Auto usw.: stationnement m; parcage m; ~ verboten! stationnement (od. parcage) interdit!; ~ gestattet! stationnement (od. parcage) autorisé!; **~d** adj. en stationnement; **~es** Auto voiture f en stationnement.
Parkeri'sierung ⊕ f parkérisation f.
Par'kett n parquet m (a. ⚖); thé. orchestre m; das ~ legen parqueter (in etw. dat. qch.); poser du parquet (dans); **~(fuß)boden** m plancher m parqueté; parquet m; parquetage m.
parket'tieren v/t. parqueter.
Par'kett|legen n pose f de parquet; parquetage m; parqueterie f; **~leger** m poseur m de parquet; parqueteur m; **~loge** f baignoire f; **~platz** thé. m fauteuil m d'orchestre; **~schleifer** m raboteur m; **~wachs** n encaustique f.
'**Park|fläche** f aire f de parking; **~gebühr** f taxe f de stationnement; **~haus** n garage m à étages; **~hauswärter** m vigile m; **~licht** n feu m de stationnement; **~lücke** f créneau m de stationnement; **~möglichkeit** f possibilité f de stationnement; **~platz** m parking m; parc m de stationnement; parcage m; auf der Straße: stationnement (od. parcage) m autorisé; e-n ~ finden pouvoir se garer; Skistation: plate-forme f; **~platzwärter** m préposé m à un parc de stationnement; **~streifen** m bande f de stationnement; **~Studium** univ. (Bundesrep.) études f/pl. provisoires (od. de remplacement); **~uhr** f parc(o)mètre m; **~verbot** n défense f de stationner; **~wächter** m gardien m de parc (od.

de square).
Parla'ment n parlement m.
Parlamen'tär m parlementaire m.
Parlamen'ta|rier m parlementaire m; ♀**risch** parlementaire.
Parlamenta'rismus m parlementarisme m.
Parla'ments|beschluß m vote m (od. décision f) du parlement; **~debatte** f débat m parlementaire; **~ferien** pl. vacances f/pl. parlementaires; **~gebäude** n parlement m; **~mitglied** n membre m du parlement; parlementaire m; **~sitzung** f séance f du parlement; **~wahlen** f/pl. élections f/pl. législatives.
Parme'sankäse m parmesan m.
Paro'die f parodie f; ♀**ren** v/t. parodier.
Paro'dist m parodiste m; ♀**isch** adj. parodiste.
Parodon'tose ⚕ f parodontose f; parodontolyse f.
Pa'role f mot m d'ordre (od. de passe).
Pa'roli fig. n: j-m ~ bieten rendre la pareille à q.
Part m part f; ♪ partie f.
Par'tei f parti m; bsd. mv. p. faction f; ⚖ partie f; (Wohn♀) ménage m; e-r ~ angehören être d'un parti; in e ~ eintreten adhérer à un parti; entrer dans un parti; ~ ergreifen (od. nehmen) prendre parti (für pour; gegen contre); die ~ wechseln changer de parti, fig. changer d'opinion, tourner casaque; ⚖ die streitenden **~en** les parties f/pl. plaidantes; die vertragsschließenden **~en** les parties f/pl. contractantes; **~abzeichen** n insigne m de parti; **~apparat** pol. m appareil m du parti; **~block** m groupement m de partis pool; **~bonze** péj. m gros bonnet m du Parti; **~buch** n Fr. carte f bzw. All. carnet m de membre du parti; **~buchwirtschaft** f politique f des camarades; **~eintritt** m adhésion f (à); **~enherrschaft** péj. f partitocratie f; **~enlandschaft** pol. f éventail m des partis; **~enwirtschaft** péj f favoritisme m des partis; **~enzersplitterung** f émiettement m des partis; **~enzwist** m factionnalisme m; **~führer** m chef m de parti; leader m; **~funktionär** m responsable m (od. permanent m) d'un parti; **~gänger(in** f) m partisan m, -e f; **~geist** m esprit m de parti; **~genosse** m, **~genossin** f camarade m, f du parti; ♀**isch** adj. partial; **~kongreß** m congrès m du parti; **~leitung** f direction f du parti; ♀**lich** adj. partial; **~lichkeit** f partialité f; **~linie** f ligne f du parti; ♀**los** adj. sans appartenance à un parti politique; (neutral) neutre; (unabhängig) indépendant; **~lose(r)** m sans-parti m; **~losigkeit** f (Neutralität) neutralité f; (Unabhängigkeit) indépendance f; **~mann** m homme m de parti, péj. caudataire m; **~mitglied** n membre m du parti; **~nahme** f prise f de parti; **~organisation** f organisation f du parti; **~politik** f politique f du parti; ♀**politisch** adj. relatif, -ive à la politique de parti; **~präsidium** n présidium m du parti; **~programm** n programme m de parti; **~tag** m congrès m du parti; **~versammlung** f assemblée f du parti; **~vorstand** m comité m exécutif du parti; **~wesen** n

partis *m/pl.*; ~**zugehörigkeit** *f* appartenance *f* à un parti politique.
Par'terre *n* (*Erdgeschoß*) rez-de-chaussée *m*; *thé.* parterre *m*; 2 *wohnen* demeurer au rez-de-chaussée; ~**wohnung** *f* logement *m* au rez-de-chaussée.
Par'tie *f* (*Spiel, Ausflug,* ♪) partie *f*; (*Heirats*2) parti *m*; er (*sie*) *ist* e-e *gute* ~ c'est un bon parti; *von der* ~ (*dabei*) *sein* être de la partie; ✝ (*Posten*) lot *m*.
parti'ell *adj.* partiel, -elle.
Par'tikel *gr. f* particule *f*.
Partikula'ris|mus *m* particularisme *m*; ~**t** *m* particulariste *m*; 2**tisch** *adj.* particulariste.
Parti'san|(in *f*) *m* partisan *m*, -e *f*; ~**enkrieg** *m* guerre *f* de partisans.
parti'tiv *gr. adj.* partitif, -ive.
Parti'tur ♪ *f* partition *f*.
Parti'zip(ium) *gr. n* participe *m* (*Präsens* présent; *Perfekt* passé).
'Partner|(in *f*) *m* (*Gesprächs*2) interlocuteur *m*, -trice *f*; (*Tanz*2) cavalier *m*, -ière *f*; *Spiel:* partenaire *m, f*; ✝ *a.* associé *m*, -e *f*; ~**schaft** ✝ *f* participation *f*; *v. Städten:* jumelage *m*; *pol.* association *f*; groupement *m*; ~**schaftsleistung** *éc. f* prestation *f* à titre de partenaire; ~**städte** *f/pl.*; *zwei* ~ deux villes *f/pl.* jumelées.
'Party *f* F surprise-partie *f*; F surboum *f*; party *f*; partie *f*; F boum *f*; F e-e *wüste* ~ un pince-fesse(s).
Parve'nü *m* parvenu *m*.
Par'zelle *f* parcelle *f*; lot *m*.
parzel'lier|en *v/t.* parceller; lotir; 2**en** *n*, 2**ung** *f* parcellement *m*; lotissement *m*.
Pasch *m beim Würfeln:* rafle *f*; e-n ~ *werfen* rafler.
'Pascha *m* pacha *m*.
'Paspel *f* passepoil *m*; liséré *m*.
paspe'lier|en *v/t.* lisérer; ganser; 2**ung** *f* lisérage *m*; liséré *m*; passepoil *m*.
Paß *m* (*Durchgang*) passage *m*; (*enger Übergang*) défilé *m*; col *m*; (*Reise*2) passeport *m*; e-n ~ *ausstellen* délivrer un passeport; *sich* e-n ~ *ausstellen* (*verlängern; erneuern*) *lassen* se faire délivrer (prolonger; renouveler) un passeport.
pas'sabel *adj.* passable.
Passa'caglia *f* passacaille *f*.
Pas'sage *f* passage *m*; galerie *f*; ♪ roulade *f*.
Passa'gier *m* voyageur *m*; passager *m*; *blinder* ~ passager *m* clandestin; F resquilleur *m*; ~**dampfer** *m* paquebot *m*; *für Übersee:* transatlantique *m*; ~**flugzeug** *n* avion *m* de ligne; avion *m* commercial; ~**gepäck** *n*, ~**gut** *n* bagages *m/pl.*; ~**liste** *f* liste *f* des passagers; ~**schiff** *n* navire *m* à passagers; paquebot *m*.
'Passah(fest) *n* la pâque.
'Paß-amt *n* bureau *m* des passeports.
Pas'sant(in *f*) *m* passant *m*, -e *f*.
Pas'sat(wind) *m* (vent *m*) alizé *m*.
'Paßbild *n* photo *f* d'identité.
pas'sé (*vorbei, vergangen*) F *adj.*: *das ist* ~ c'est passé.
'Passe *cout. f* empiècement *m*.
'passen 1. *v/i. Kleidung:* aller bien; être juste; *litt.* ne pas messeoir (*zu etw.* à qch.); *Spiel:* passer; *Domino:* bouder; (*genehm sein*) convenir, aller, F botter; *auf j-n* (*etw. acc.*) ~ s'appliquer à q. (à qch.); *zu etw.* ~ aller bien avec qch.; cadrer avec qch.; (*zusammen*~) s'accorder; *das paßt nicht hierher* c'est déplacé; *er paßt in jede Gesellschaft* il est partout à sa place; *wie angegossen* ~ aller comme un gant; *das paßt wie die Faust aufs Auge* cela rime comme 'hallebarde et miséricorde; *das könnte Ihnen so* ~! pensez-vous!; *wie es Ihnen paßt* comme cela vous arrange; **2.** F *v/rf.:* sich ~ convenir; être convenable; ~**d** *adj.* (*angemessen*) convenable; approprié; (*zur Sache gehörig*) zutreffend) pertinent; (*zusammen*~) assorti (*zu* à); (*günstig*) opportun *f*; *Kleidung:* juste; *bei* ~**er** *Gelegenheit* en temps et lieu; *das* ~**e** *Wort* le mot propre; *fin. haben Sie es* ~? vous avez la monnaie?
Passepar'tout *m* passe-partout *m*.
'Paß|gang *m* amble *m*; ~**gänger** *m* cheval *m* qui va l'amble; 2**gerecht** *cout. adj.* bien galbé; ~**gesetz** *n* loi *f* sur les passeports.
pas'sier|bar *adj.* praticable; ~**en** *v/i. u. v/t.* passer; *Ort:* passer par; traverser; (*geschehen*) se passer; arriver (*j-m* à q.); advenir; *was ist passiert?* qu'est-ce qui est arrivé?; que s'est-il passé?; *das soll mir nicht wieder* ~ cela ne m'arrivera plus; 2**en** *n* passage *m*; 2**schein** *m* laissez-passer *m*; permis *m*; *bsd.* ⚔ sauf-conduit *m*; (*Straßen*2) coupe-file *m*; *Zoll:* acquit-à-caution *m*; passavant *m*.
Passi'on *f* passion *f*; *rl.* Passion *f*.
passio'niert *adj.* passionné.
Passi'ons|blume ♀ *f* passiflore *f*; ~**spiel** *n* mystère *m* de la Passion; *in Oberammergau:* représentation *f* de la Passion; ~**woche** *f* semaine *f* de la Passion.
'passiv I *adj.* passif, -ive; ~**e** *Handelsbilanz* (*e-s Landes*) balance *f* commerciale passive; ~**e** *Bestechung* corruption *f* passive; ~**er** *Widerstand* résistance *f* passive; ~**es** *Wahlrecht* éligibilité *f*; **II** *gr. n* passif *m*; voix *f* passive; *im* ~ à la forme (*od.* à la voix) passive.
Pas'siv|a *n/pl.*, ~**en** *pl.* ✝ passif *m*; ~**bilanz** *f* bilan *m* passif; *e-s Landes:* balance *f* passive; ~**geschäft** *n* transaction *f* passive; ~**handel** *m* commerce *m* passif.
Passivi'tät *f* passivité *f*.
Pas'siv|posten ✝ *m* élément *m* de passif; poste *m* débiteur; ~**saldo** *m* solde *m* passif (*od.* débiteur); ~**schuld** *f* dette *f* passive; ~**seite** *f* côté *m* passif; débit *m*.
'Paß|karte *f* carte *f* d'identité; ~**kontrolle** *f* contrôle *m* des passeports; ~**stelle** *f* bureau *m* des passeports; ~**stück** *n* pièce *f* ajustée.
'Passung ⊕ *f* ajustement *m*.
'Passus *m* passage *m*.
'Paß|union *f* union *f* des passeports; ~**wesen** *n* passeports *m/pl.*; ~**zwang** *m* obligation *f* de se munir d'un passeport.
'Paste *f* pâte *f*; (*Abdruck*) plâtre *m*.
Pas'tell (*Bild*) *n* pastel *m*; *in* ~ *malen* dessiner au pastel; ~**bild** *n* pastel *m*; dessin *m* au pastel; ~**farbe** *f* pastel *m*; ~**maler(in** *f*) *m* pastelliste *m, f*; ~**malerei** *f* dessin *m* au pastel; ~**stift** *m* pastel *m*; ~**tönung** (*z. B. Hemden*) *f ton m* pastel.
Pas'tete *cuis. f* pâté *m*.
Pasteuri'sier|apparat *m* pasteurisateur *m*; 2**en** *v/t.* pasteuriser; ~**en** *n* pasteurisation *f*.
Pas'tille *f* pastille *f*.
'Pastor *m* pasteur *m*; *cath.* curé *m*.
Pasto'rale ♪, *thé. n* pastorale *f*.
Pas'torin *prot. f* femme *f* pasteur.
'Pate *m* parrain *m*.
Pa'tene *rl. f* patène *f*.
'Paten|geschenk *n* cadeau *m* de baptême; ~**kind** *n* filleul *m*, -e *f*; ~**schaft** *f* parrainage *m*; (*zwischen 2 Städten*) jumelage *m*; (*zwischen 2 Schulen*) appariement *m*; ~**stelle** *f*: *bei einem Kinde* ~ *vertreten* servir de parrain (*resp.* de marraine) à un enfant.
pa'tent *adj.* F adroit; *ein* ~**er** *Kerl* un type épatant.
Pa'tent *n* brevet *m* (d'invention); *e-e Erfindung zum* ~ *anmelden* demander un brevet; (*zum*) ~ *angemeldet* brevet demandé; *ein* ~ *eintragen* (verwerten; verletzen) immatriculer (exploiter; violer) un brevet; ~**amt** *n* office *m* de brevets; ~**anmeldung** *f* demande *f* de brevet; ~**anspruch** *m* spécification *f* du brevet; ~**anwalt** *m* agent *m* en brevets; ~**beschreibung** *f* description *f* de brevet; 2**fähig** *adj.* brevetable; ~**gebühren** *f/pl.* taxes *f/pl.* et annuités *f/pl.* sur brevet; ~**gemeinschaft** *f* communauté *f* de brevets; ~**gesetz** *n* loi *f* sur les brevets (d'invention).
paten'tier|bar *adj.* brevetable; ~**en** *v/t.* breveter; ~**t** *adj.* breveté.
Pa'tent|inhaber *m* détenteur (*od.* titulaire) *m* d'un brevet; ~**lösung** *f* solution *f* miracle (*od.* préfabriquée); formule *f* passe-partout; ~**rat** *Fr. m* conseil *m* en brevets d'invention; ~**recht** *n* droit *m* concernant les brevets; ~**schrift** *f* description *f* de brevet; exposé *m* d'invention; ~**schutz** *m* protection *f* des inventions; ~**träger** *m* détenteur (*od.* titulaire) *m* d'un brevet; ~**verletzung** *f* violation *f* de brevet; ~**verschluß** *m* fermeture *f* brevetée; *Brauerei:* bouchon *m* mécanique; ~**verwertung** *f* exploitation *f* d'un brevet; ~**wesen** *n* brevets *m/pl.*
'Pater *m* (révérend) père *m*.
Pater'noster *rl. n* Pater *m*; oraison *f* dominicale; *iron.* patenôtre *f*; ~**aufzug** *m* pater-noster *m*; ascenseur *m* continu; ~**werk** ⊕ *n* chaîne *m* (*od.* élévateur *m*) à godets; chapelet *m*; noria *f*.
pa'thetisch *adj.* pathétique.
Patho'loge *m* pathologiste *m*; ~**logie** *f* pathologie *f*; 2**logisch** *adj.* pathologique.
'Pathos *n* pathétique *m*; *rhét.* emphase *f*; enflure *f*; *litt.* pathos *m*.
Pati'ence *f* patience *f*; réussite *f*; e-e ~ *legen* faire une réussite (*od.* une patience).
Pati'ent(in *f*) *m* malade *m, f*; *e-s Arztes:* client *m*, -e *f*; *selten:* patient *m*, -e *f*.
'Patin *f* marraine *f*.
'Patina *f* patine *f*.
pati'nieren *v/t.* patiner.
Patri'arch *m* patriarche *m*.
patriar'chalisch *adj.* patriarcal; 2**'chat** *n* patriarcat *m*.

Patri'monium *n* patrimoine *m*.
Patri'ot|(in *f*) *m* patriote *m*, *f*; ⟂**isch** *adj.* patriotique.
Patrio'tismus *m* patriotisme *m*.
Pa'tris|tik *f* patristique *f*; patrologie *f*; ⟂**tisch** *adj.* patristique.
Pa'trize ⊕ *f* poinçon *m*.
Pa'triz|ier(in *f*) *hist. m* patricien *m*, -enne *f*; eupatride *m*; **~ierhaus** *n* demeure *f* patricienne; ⟂**isch** *adj.* patricien, -enne.
Pa'tron(in *f*) *m* patron *m*, -onne *f*; F ein übler ~ une fripouille; une canaille.
Patro'nat *rl. n* patronage *m*.
Pa'trone *f* cartouche *f*; *artill.* gargousse *f*; ⊕ (*Muster*) patron *m*; **~auswerfer** *m* éjecteur *m*; **~ngurt** *m* bande *f* de cartouches; **~nhülse** *f* douille *f*; **~nkasten** *m* caisse *f* aux cartouches; **~nlager** *n* des Gewehrs: chargeur *m*; **~nrahmen** *m* bei Gewehren: chargeur *m*; **~nstreifen** *m* lame-chargeur *f*; **~ntasche** *f* cartouchière *f*; **~ntrommel** *f* tambour *m* à cartouches.
Pa'trouille *f* patrouille *f*; **~nboot** *n*, **~nflugzeug** *n*, **~ngänger** *m*, **~nschiff** *n* patrouilleur *m*.
patrouil'lieren *v/i.* patrouiller; aller en patrouille.
patsch! *int.* flac!; floc!; vlan!; rran!
'Patsche F *f* (*Hand*) main *f*; menotte *f*; *fig.* in der ~ sein (*sitzen*) être dans le pétrin; P avoir été trop bon comme la romaine; être pris (*od.* serré) comme dans un étau; *j-n in der* ~ stecken lassen laisser q. dans le pétrin; *j-m aus der* ~ helfen tirer q. du pétrin; sich aus der ~ ziehen se tirer du pétrin.
'patschen F *v/i.* im Wasser: patauger; barboter.
'Patschhändchen F *n* menotte *f*.
'Patschuli ♀ *n* patchouli *m*.
patt I *adj.* Schach: pat; **II** ⟂ *n* pat *m*; *fig. pol.*, ✕ *das nukleare* ~ l'équilibre des armements nucléaires; *parl.* parlamentarisches ~ manque *m* de majorité parlementaire; *im* ~ *zu j-m stehen* être à égalité avec q.
'Patte *f* Schneiderei: patte *f*; **~verschluß** *m* fermeture *f* à patte.
'patzig F *adj.* arrogant; insolent; impertinent.
Pau'kant *m* duelliste *m*.
'Paukboden *m* salle *f* d'armes.
'Pauke *f* ♪ timbale *f*; türkische ~ grosse caisse *f*; *anat.* tympan *m*; *fig.* F mit **~en** und Trompeten durchfallen échouer lamentablement; F ramasser une fameuse veste; (*tüchtig*) *auf die* ~ *hauen* battre la grosse caisse.
'pauken *v/i.* ♪ battre de la timbale; (*fechten*) (a. *v/rfl.*: sich ~) faire des armes (mit *j-m* avec q.); F (*lernen*) bûcher; piocher; pomper; potasser; bachoter; Geschichte ~ *a.* travailler son histoire; **~schlag** ♪ *m* coup *m* de timbale; **~schläger** *m* timbalier *m*.
'Pauker F *m* écol. prof *m*; *weitS.* pédant *m*.
Pauke'rei *écol. f* piochage *m*; bachotage *m*.
'Paus|back *m* (*Kind*) poupard *m*; jouflu *m*; **~backe** *f* joue *f* rebondie *f*; ⟂**bäckig** *adj.* jouflu.
pau'schal I *adj.* global; forfaitaire; **II** *adv.* à forfait; forfaitairement; ⟂**abfindung** *f* indemnité *f* forfaitaire;

⟂**abschlag** *m* (*Wertminderung*) abattement *m* forfaitaire; ⟂**betrag** *m*, ⟂**e** *f* montant *m* global (*od.* forfaitaire); somme *f* globale (*od.* forfaitaire); forfait *m*; ⟂**entschädigung** *f* indemnité *f* forfaitaire.
pauscha'lier|en *v/t.* globaliser; **~ung** *f* globalisation *f*.
Pau'schal|kauf *m* achat *m* en bloc; **~preis** *m* prix *m* global (*od.* forfaitaire); **~reise** *f* voyage *m* à forfait; **~summe** *f* somme *f* globale (*od.* forfaitaire); **~tarif** *m* tarif *m* à forfait; **~vereinbarung** *f* arrangement *m* forfaitaire; **~vertrag** *m* forfait *m*; **~wert** *m* valeur *f* forfaitaire; **~zahlung** *f* paiement *m* forfaitaire.
'Pause[1] *f* pause *f*; (*Ruhe*⟂) repos *m*; Schule: récréation *f*; Sprachlabor: blanc *m*; intervalle *m*; *thé.*, Film, Konzert: entracte *m*; ✕ 'halte *f*; ♪ silence *m*, ganze ~ pause *f*; *écol.* kurze, in der Klasse: interclasse *m*; ~ machen faire la pause; *e-e* ~ machen faire une pause; se donner un moment de relâche.
'Pause[2] *f* (*Durchzeichnung*) calque *m*; (*durchstochenes Muster*) poncif *m*.
'pausen *v/t.* Zeichnung: calquer.
'pausen|los *adj. u. adv.* sans pause; sans relâche; **~zeichen** *n* Radio: indicatif *m*.
pau'sieren *v/i.* faire une pause.
'Pauspapier *n* papier-calque *m*.
'Pavian *zo.* *m* babouin *m*; cynocéphale *m*.
Pa'zifik *m* Pacifique *m*.
pa'zifisch *adj.*: *der* ⟂*e Ozean* (l'océan *m*) Pacifique *m*.
Pazi'fis|mus *m* pacifisme *m*; **~t** (-in *f*) *m* pacifiste *m*, *f*; ⟂**tisch** *adj.* pacifiste.
Pech *n* poix *f*; F *fig.* malchance *f*, déveine *f*, guigne *f*, **scoumoune *f*; P poisse *f*; wie ~ kleben coller comme de la poix; mit ~ beschmieren poisser; *fig.* ~ haben avoir de la malchance (*od.* de la déveine *od.* F la guigne); '**~blende** min. *f* pechblende *f*; '**~draht** ⊕ *m* ligneul *m*; '**~fackel** *f* torche *f* (de résine); '**~harz** *n* poix-résine *f*; '**~kohle** min. *f* jais *m*; '⟂**schwarz** *adj.* noir comme jais; es ist **~e** Nacht il fait noir comme dans un four; '**~stein** min. *m* rétinite *f*; '**~strähne** F *f* série *f* noire; période *f* de déveine; '**~vogel** F *m* malchanceux *m*, -euse *f*.
Pe'dal *n* pédale *f*; *das* ~ treten appuyer sur la pédale; **~umdrehung** *vél. f* tour *m* de pédale; pédalée *f*.
Pe'dant *m* pointilleux *m*; *litt.* vétilleux *m*; F tatillon *m*; formaliste *m*.
Pedante'rie *f* excès *m* de minutie; F tatillonnage *m*.
pe'dantisch *adj.* pointilleux, -euse; méticuleux, -euse; *litt.* vétilleux, -euse; F tatillon, -onne; F chinois.
'Peddigrohr *n* rotin *m*.
Pe'dell *m* appariteur *m*.
Pedi'küre *f* (*Fußpflegerin*) pédicure *f*; (*Pflege*) soins *m/pl.* des pieds; pédicurie *f*.
'Pegel *m* échelle *f* fluviale (*od.* d'eau *od.* d'étiage); fluviomètre *m*, **~anzeige-instrument** *rad. n* compteur *m* de niveau, **~höhe** *f*, **~stand** *m* 'hauteur *f* des eaux; **~messer** ⊕ *m* marégraphe *m*; **~regler** *rad. m* réglage *m*

de niveau.
'Peil|anlage *f* goniomètre *f*; F gonio *m*; **~empfänger** *m* récepteur *m* du goniomètre; ⟂**en** *v/t.* sonder; (*messen*) mesurer; (*orten*) prendre le relèvement; relever; repérer; F *fig.* die Lage ~ sonder (*od.* tâter) le terrain; etw. über den Daumen ~ F faire qch. au pif (omètre); über den Daumen gepeilt à peu près; environ; à vue de nez; **~en** *n* sondage *m*; (*Messen*) mesurage *m*; (*Orten*) relèvement *m*; (*radio*)repérage *m*; *er m*, **~gerät** *n* goniomètre *m*; F gonio *m*; **~kompaß** *m* compas *m* de relèvement; radiocompas *m*; **~lot** *n* plomb *m* de sonde; **~station** *f* poste *m* radiogoniométrique; **~ung** *f* sondage *m*; (*Messung*) mesurage *m*; (*Ortung*) relèvement *m*; repérage *m*.
Pein *f* (grande) peine *f*; tourment *m*; supplice *m*; *pfort* torture *f*.
'peinig|en *v/t.* faire souffrir; tourmenter; *pfort* torturer; ⟂**er** *m* bourreau *m*; tortionnaire *m*; ⟂**ung** *f* tourments *m/pl.* (*od.* sévices *m/pl.*) infligés (à); *pfort* torture *f* infligée (à).
'peinlich I *adj. fig.* pénible; désagréable; (*sehr genau*) scrupuleux, -euse; minutieux, -euse; méticuleux, -euse; (*verfänglich*) embarrassant; **~e** Frage question *f* embarrassante; **II** *adv.*: ~ genau scrupuleusement exact; ~ berühren gêner; ⟂**keit** *f* caractère *m* pénible; (*Genauigkeit*) caractère *m* scrupuleux; (*Geniertheit*) gêne *f*.
'Peitsche *f* fouet *m*; (*Reit*⟂) cravache *f*, ⟂**n** *v/t. u. v/i.* fouetter; *bsd. als Strafe:* fustiger; **~n** *n* fouettement *m*; *bsd. als Strafe:* fustigation *f*; **~nhieb** *m* coup *m* de fouet; **~nhieb-effekt** (*Zurückschnellen des Kopfes bei Autounfällen*) *m* coup *m* du lapin; **~nmast** (*Straßenlaterne*) *m* lampadaire *m* 'haut moderne (à un ou plusieurs diffuseurs); **~nschnur** *f* lanière *f* de fouet; **~nstiel** *m*, **~nstock** *m* manche *m* de fouet.
Peki'nese *m* (*Hund*) pékinois *m*.
pekuni'är *adj.* pécuniaire.
Pele'rine *f* pèlerine *f*.
'Pelikan *orn. m* pélican *m*.
Pel'lagra ✽ *n* pellagre *f*.
'Pell|e *f* pelure *f*; ⟂**en** *v/t.* peler; *bsd.* gekochte Kartoffeln: éplucher; *fig.* wie aus dem Ei gepellt tiré à quatre épingles; **~kartoffeln** *f/pl.* pommes *f/pl.* de terre en robe de chambre.
'Pelletizer ⊕ (*Granuliermaschine*) *m* berlingoteuse *f*.
Pelopon'nes *m*: *der* ~ le Péloponnèse.
Pelz *m* der Tiere: peau *f*; pelage *m*; poil *m*; (*Kleidungsstück*) fourrure *f*; (*pelzgefütterter Mantel*) pelisse *f*; mit ~ besetzen (*füttern*) garnir (doubler) de fourrure; fourrer; F *j-m* auf den ~ rücken serrer q. de près; F *j-m* eins auf den ~ brennen tirer sur q.; *j-m* Läuse in den ~ setzen causer des embêtements à q.; '**~art** *f* espèce *f* de fourrure; '**~besatz** *m* garniture *f* de fourrure; '⟂**besetzt** *adj.* garni de fourrure; '**~futter** *n* fourrure *f*; '⟂**gefüttert** *adj.* fourré; '**~geschäft** *n* magasin *m* de fourrures; '**~handel** *m* pelleterie *f*; commerce *m* des fourrures; '**~händler** *m* pelletier *m*; fourreur *m*; '**~handlung** *f* pelleterie *f*; '**~handschuh** *m* gant *m* fourré;

²ig *adj. (flaumig)* velu; cotonneux, -euse; '~jacke f veste f de fourrure; canadienne f; '~jäger m trappeur m; '~kragen m col m de fourrure; '~mantel m manteau m de fourrure; *(pelzgefütterter Mantel)* manteau m fourré; pelisse f; '~mütze f toque f de fourrure; '~stiefel m botte f fourrée; '~tiere zo. n/pl. animaux m/pl. à fourrure; '~tierfarm f ferme f d'élevage d'animaux à fourrure; '~tierjäger m trappeur m; '~verbrämung f garniture f de fourrure; '~ware f, '~werk n pelleterie f; fourrures f/pl.
'**Pendel** n pendule m; *der Uhr:* balancier m; ~ausschlag m amplitude f (du pendule); ~bewegung f mouvement m pendulaire; ~bus m car-navette m; ~diplomatie f diplomatie f de la navette; ²n v/i. osciller; *(hin- und herlaufen)* faire la navette; ~reisen f/pl.; navettes f/pl.; ~schlag m, ~schwingung f oscillation f du pendule; ~tür f porte f battante; ~uhr f pendule f; ~verkehr m trafic m de va-et-vient; (service m de) navette f; ~zug ⚡ m navette f.
'**Pendler** 🚗, *Auto* m celui m qui fait la navette (entre son domicile et son lieu de travail); navetteur m.
'**Peneplain** *géol.* f pénéplaine f.
pene'trant *adj.* pénétrant.
pe'nibel F *adj. (sehr genau)* scrupuleux, -euse; minutieux, -euse; méticuleux, -euse.
'**Penis** *anat.* m membre m viril; pénis m; verge f; phallus m.
Penicil'lin n pénicilline f; ~therapie f pénicillinothérapie f.
Pen'näler F *écol.* m F potache m.
'**Penn|bruder** F m clochard m; clodot m; ~*écol.* f F bahut m; F boîte f; ²en F v/i. F roupiller; F pioncer; ~er F m clochard m.
Pensi'on f pension f; *(Ruhestand)* retraite f; *(Ruhegehalt)* pension f; (pension f de) retraite f; *in* ~ *geben* mettre en pension; *in* ~ *gehen (Ruhestand)* prendre sa retraite; *in* ~ *sein (Kost)* être en pension, *(Ruhestand)* être en retraite; *mit* ~ *verabschiedet* retraité.
Pensio'när(in f) m pensionnaire m, f (a. *Schüler*); *(Ruhegehaltsempfänger a.)* retraité m, -e f; pensionné, -e f.
Pensio'nat n pensionnat m.
pensio'nier|en v/t. mettre à la retraite; *(e-n Ehrensold gewähren)* pensionner; *sich* ~ *lassen* partir à la retraite; *prendre sa retraite; ~t adj.* en retraite; retraité; ~ *werden* être mis à la retraite; ²ung f mise f à la retraite; ²ungstod m mort f causée par la mise en retraite.
Pensi'ons|alter n âge m de la retraite; ~beitrag m cotisation f pour la retraite; ²berechtigt *adj.* qui a droit à une pension (*od.* à la retraite); ~berechtigung f droit m à une pension (*od.* à la retraite); ~empfänger(in f) m pensionné, -e f; retraité m, -e f; ~fonds m fonds m de retraites; ~gast m pensionnaire m, f; ~gesetz n loi f sur les retraites; ~kasse f caisse f des retraites; ~preis m prix m de la pension.
'**Pensum** *écol. (Lehrplan)* n programme m (d'enseignement).
Penta'eder n pentaèdre m.

Penta'gon n pentagone m.
Penta'gramm n pentacle m.
Pen'tameter m pentamètre m.
Penta'teuch *bibl.* m Pentateuque m.
Pep'sin 🜊 n pepsine f.
per *prp.*: ~ *Adresse chez*; ~ *Bahn* par le train; ~ *Saldo* pour solde; ~ *Kasse* au comptant; ~ *Monat* par mois; F ~ *pedes* à pied; *sie sind* ~ *Du* ils se tutoient; *j-n* ~ *Sie anreden* vouvoyer q.
peren'nierend ♀ *adj.* vivace.
per'fekt *adj.* parfait; *(vollendet)* accompli; achevé.
'**Perfekt** n, **Per'fektum** n *gr.* passé m composé.
perfek'tibel *adj.* perfectible; ²tibili'tät f perfectibilité f.
per'fide *adj.* perfide.
Perfi'die f perfidie f.
perfo'rier|en v/t. perforer; ²en n perforation f; ²maschine f perforatrice f; perforeuse f.
performa'tiv *ling. adj.* performatif, -ive.
Perga'ment n parchemin m; ²artig *adj.* parcheminé; ~band m reliure f en parchemin; *(Buch)* livre m relié en parchemin; ~blatt n feuille f de parchemin; ~papier n papier m parchemin; ~rolle f rouleau m de parchemin.
'**Pergola** f pergola f.
Peri'od|e f période f (a. *ast., gr.*, ♀, *phys.*); ✱ *(Menstruation)* règles f/pl.; menstrues f/pl.; menstruation f; *sie hat ihre* ~ elle a ses règles; ~enzahl ⚡ f nombre m de périodes; .fréquence f; ²isch *adj.* périodique; ♀ ~er Bruch fraction f périodique; *phys.* ~es System der Elemente classification f périodique des éléments; ~ *erscheinende Zeitschrift* périodique m.
Periodizi'tät f périodicité f.
Peripa'te|tiker m péripatéticien m; ²tisch *adj.* péripatétique, -enne.
Peripe'tie f péripétie f.
Periphe'rie f périphérie f.
peri'pherisch *adj.* périphérique.
Peri'phrase f périphrase f.
peri'phrastisch *adj.* périphrastique.
Peris'kop n périscope m.
Perkussi'on f percussion f.
'**Perle** f perle f (a. *fig.*); echte ~ perle f fine; véritable perle f; *(Zucht²)* perle f de culture; *fig. die* ~n *vor die Säue werfen* jeter les perles aux pourceaux.
'**perlen** I v/i. perler; *Getränke:* a. pétiller; mousser; **II** *adj.* perlé, de perles; **III** ² n v. *Getränken:* pétillement; ²fischer m pêcheur m de perles; ²fische'rei f pêche f (*Ort:* pêcherie) f des perles; ²kette f collier m de perles; ²schmuck m parure f de perles; ²schnur f collier m de perles; ²sticke'rei f broderie f de perles.
'**perl|farben, ~grau** *adj.* gris perle; ²graupen f/pl. orge m perlé; ²huhn *orn.* n pintade f; ²muschel f huître f perlière; méléagrine f; pintadine f; ²'mutt n, ²'mutter f nacre f; ~'mutter-artig nacré; ²'mutterglanz m éclat m de la nacre; ~'mutter-geben nacrer (*e-r Sache dat.* qch.); ²schrift *typ.* f perle f; ²wein m vin m mousseux; ²zwiebel ♀ f rocambole f.
perma'nen|t *adj.* permanent; ²z f permanence f.
Permanga'nat 🜊 n permanganate m.

permis'siv *(übermäßig tolerant) adj.* permissif, -ive; ²i'tät f permissivité f.
Permu'tati'on f permutation f; ²'tieren v/i. permuter; ~'tierung f permutation f.
Perpen'dikel m *od.* n *horl.* balancier m; *(Senkrechte)* perpendiculaire f.
Per'petuum 'mobile n mouvement m perpétuel.
per'plex *adj. (verwirrt)* confus; perplexe; *(bestürzt, verdutzt)* consterné; interdit; stupéfait.
pernizi'ös ✱ *adj.* pernicieux, -euse.
Per'senning f ⚓ prélart m; *bsd. Auto:* bâche f.
'**Perser(in** f) m *(Alt²)* Perse m, f; *(Neu²)* Persan m, -e f; ~kriege m/pl. guerres f/pl. médiques; ~teppich m tapis m persan (*od.* de Perse).
Persi'aner m astrakan m.
'**Persien** *hist.* n la Perse.
Persi'|flage f persiflage m; ²'flieren v/t. persifler; ~'flieren n persiflage m.
'**persisch** *adj. (alt~)* perse; *(neu~)* persan; *der* ²e *Golf* le golfe Persique *(jetzt a.* le golfe Arabe).
Per'son f personne f (a. *gr.*); *thé. u. bedeutend:* personnage m; *(Persönlichkeit)* personnalité f; *(Rolle)* rôle m; F u. mv.*p.* individu m; natürliche ~ personne f physique; juristische ~ personne f civile (*od.* morale *od.* juridique); *ohne Ansehen der* ~ sans acception de personne(s); *in e-r* ~ en une seule personne; *in eigener* ~ en personne; *ich für meine* ~ quant à moi; personnellement; *pour ma part;* dritte ~ tierce personne f, tiers m, tierce f, *gr.* troisième personne f; *in der ersten* ~ *gr.* à la première personne; *pro* ~ par tête.
Per'sona grata f persona grata f.
Perso'nal n personnel m; *Angestellte:* employés m/pl.; *Dienstboten a.:* domestiques m/pl.; ✈ fliegendes ~ personnel m navigant (*od.* volant); geschultes ~ personnel m qualifié (*od.* instruit); *unser* ~ *reicht nicht aus* nous manquons de personnel; ~abbau m diminution f (*od.* réduction f *od.* licenciement m) de personnel; ~abteilung f service m du personnel; ~akten f/pl.: *j-s* ~ dossier m de q.; ~angaben f/pl. détails m/pl. personnels; ~aufwendungen f/pl. dépenses f/pl. de personnel; ~ausweis m carte f d'identité; ~beschreibung f signalement m; ~bestand m effectif m du personnel; ~büro n bureau m du personnel; ~chef m chef m du personnel; ~chefin f: *die* ~ la chef du personnel; ~einsparungen f/pl. compressions f/pl. de personnel; ~gesellschaft f société f de personnes; ~gut-achter-ausschuß m commission f de criblage; ~ien pl. identité f; noms m/pl., qualités f/pl. et domicile habituel; ~kosten pl. frais m/pl. de personnel; ~kredit m crédit m personnel; ~mangel m manque m de personnel; *an* ~ *leiden* manquer de personnel; ~pronomen *gr.* n pronom m personnel; ~schwierigkeiten f/pl. difficultés f/pl. de personnel; ~union f union f personnelle; ~vertreter m délégué m du personnel; ~vertretung f représentation f

du personnel; **~vertretungsgesetz** n loi f sur (od. relative à) la représentation du personnel; **~wechsel** m in Ämtern: roulement m de personnel.

Per'sonen|aufzug m ascenseur m; **~beförderung** f transport m des voyageurs; **~beschreibung** f signalement m; **~dampfer** m paquebot m; kleiner: bateau-mouche m; **~kraftwagen** m voiture f particulière (od. de tourisme); **~kreis** m (Gesellschaft) cercle m; amtlich: catégorie f de personnes; **~kult** m culte m de la personnalité; **~name** m nom m de personne; **~schaden** m dommage m corporel; dommages m/pl. causés aux personnes; **~stand** m état m civil; **~ver-einigung** f association f de personnes; **~verkehr** m trafic m des voyageurs; **~verzeichnis** n liste f des personnes; thé. personnages m/pl.; **~waage** f pèse-personne m; **~wagen** m wagon m de voyageurs; (Auto) voiture f de tourisme; voiture f particulière; **~wechsel** m in Ämtern: roulement m de personnel; **~zug** m (train m) omnibus m.

Personifi|kati'on f personnification f; **2'zieren** v/t. personnifier; **2'ziert** adj. personnifié; en personne; incarné; **~'zierung** f personnification f.

per'sönlich I adj. personnel, -elle; (leibhaftig) en personne; **~e Freiheit** liberté f individuelle; **II** adv. personnellement; en personne; **~ ernannt werden** être nommé à titre personnel; **~ werden** faire des personnalités; **~ abgeben** remettre en main(s) propre(s); **~ erscheinen** être présent; faire acte de présence; **~ haften** répondre sur sa propre personne; **2keit** f (ausgeprägter Charakter) personnalité f; individualité f; (bedeutender Mensch) personnage m; **2keits-entfaltung** f ép. épanouissement m de la (bzw. des) personnalité(s) individuelle(s); **2keitsfindung** f découverte f de la personnalité; **2keitsspaltung** f dédoublement m de la personnalité; **2keitswahl** f scrutin m uninominal.

Perspek'tiv opt. n lunette f d'approche; **~e** f perspective f; **2isch I** adj. perspectif, -ive; **II** adv. en perspective.

Pe'ru n le Pérou.
Peru'an|er(in f) m Péruvien m, -enne f; **2isch** adj. péruvien, -enne.
Pe'rücke f perruque f; **~nmacher** m perruquier m.
per'vers adj. pervers.
Perversi'tät f perversité f.
Pes'sar n diaphragme m, pessaire m.
Pessi'mis|mus m pessimisme m; **~t** m pessimiste m; **2tisch** adj. pessimiste.
Pest f peste f; wie die **~** hassen 'haïr comme la peste; 'haïr à mort; j-n wie die **~** meiden fuir q. comme la peste; j-m die **~** an den Hals wünschen maudire q.; **2artig** adj. pestilentiel, -elle; **'~bazillus** m bacille m pesteux; **'~beule** f bubon m pesteux; **'~hauch** m souffle m pestilentiel; **~'i'lenz** f peste f; **2ilenzi'alisch** adj. pestilentiel, -elle; **'~krank** adj. atteint de la peste; pestiféré; **'~kranke(r** a. m) m, f pestiféré m, -e f.
Pe'tarde hist. f pétard m.

'Peter m Pierre m; Schwarzer **~** (Kinderkartenspiel) le pouilleux; fig. der schwarze **~** la bête noire; F langweiliger **~** F raseur m; j-m den schwarzen **~** zuschieben imputer la faute à q.; décharger (od. rejeter) la faute sur q.
Peter'silie ♀ f persil m.
Pe'tit typ. f petit texte m.
Petiti'on f pétition f.
petiti'onieren v/i. pétitionner.
Petiti'onsrecht n droit m de pétition.
Petre'fakt n fossile m.
'Petro|chemie f pétrochimie f; **~dollar** m pétrodollar m.
Pe'troleum n pétrole m; (Leucht2) pétrole m lampant; **~flasche** f bouteille f à pétrole; **~kanne** f bidon m à pétrole; **~kocher** m réchaud m à pétrole; **~lampe** f lampe f à pétrole.
'Petschaft n cachet m.
'petto: etw. in **~** haben avoir qch. en réserve.
Pe'tunie ♀ f pétunia m.
Petz m: Meister **~** l'ours m Martin.
'Petze F écol. f rapporteur m, -euse f; cafard m, -e f.
'petz|en F écol. v/t. cafter; rapporter; v/i. cafarder; **2er(in** f) m F écol. cafard m, -e f; **2e'rei** F écol. f rapportage m; cafardage m.

Pfad m sentier m; ausgetretener **~** sentier m battu; **'~finder(in** f) m scout m; scoute f; éclaireur m, -euse f; guide f; **'~finderbewegung** f scoutisme m; **'~findertrupp** m troupe f scoute; **'~finderlied** n chanson f scoute.
'Pfaffe péj. m P cureton m; P ratichon m; **~ntum** n P prêtraille f; ratichonnerie f; **~nwesen** n cléricalisme m.
'pfäffisch péj. adj. du goupillon.
Pfahl m pieu m; poteau m; zum Feldmessen usw.: piquet m; (Absteck2) jalon m; (Zaun2) palis m; (Wein2) échalas m; (Baum2) tuteur m; Δ (Grund2) pilot m; fig. in s-n vier Pfählen entre ses quatre murs; **'~bau** m construction f sur pilotis; **'~bauten** hist. m/pl. habitations f/pl. lacustres; **'~brücke** f pont m sur pilotis; **'~dorf** n cité f lacustre.
'pfählen v/t. Bäume: tuteurer; palisser; Reben: échalasser; hist. als Todesstrafe: empaler.
'Pfahl|ramme f sonnette f; marteau-pilon m; mouton m; **~werk** n pilotis m; ✕ palissade f; **~wurzel** ♀ f racine f pivotante; **~zaun** m palissade f.
Pfalz f hist. palais m; (e-m Pfalzgrafen verliehenes Land) palatinat m; géogr. die **~** le Palatinat; **'~graf** m comte m palatin; **~gräfin** f comtesse f palatine; **2gräflich** adj. palatin.
'pfälzisch adj. palatin.
Pfand n gage m; nantissement m; j-m ein **~** (e-e Sicherheit) geben nantir q.; in **~** geben donner (od. mettre) en gage; engager; in **~** nehmen prendre en gage; auf **~** leihen prêter sur gage; gegen **~** borgen emprunter sur gage; ein **~** einlösen retirer un gage; Pfänder spielen jouer aux gages.
'pfandbar adj. saisissable.
'Pfandbrief st n cédule f hypothécaire; obligation f hypothécaire; ✝ lettre f (od. titre m) de gage.
'pfänden I v/t. saisir; abs. faire une saisie; **II 2** n saisie f.
'Pfänderspiel n jeu m des gages.

'Pfand|flasche f bouteille f consignée; **~geber(in** f) m créancier m gagiste; **~gläubiger** m créancier m gagiste; **~haus** n, **~leihe** f, **~leihgeschäft** n mont-de-piété m; **~leiher** (-in f) m prêteur m, -euse f sur gages; **~lösung** f retrait m d'un gage; **~nehmer(in** f) m gagiste m, f; **~recht** n droit m de gage; **~sache** f nantissement m; **~schein** m reconnaissance f du mont-de-piété; **~schuld** f dette f hypothécaire; **~schuldner(in** f) m emprunteur m, -euse f sur gage; **~sicherheit** f garantie f; sûreté f.
'Pfändung f saisie f; **~sbefehl** m ordre m de saisie; **~sbeschluß** m ordonnance f de saisie; **~sgebühr** f frais m/pl. de saisie.
'Pfand|verschreibung f obligation f hypothécaire; **~vertrag** m nantissement m.
'Pfanne f (Küchen2) poêle f; kleine **~** poêlon m; (Brau2) brassin m; (Dach2) tuile f flamande; (Kessel) chaudière f; anat. (Knochen2) cavité f articulaire; (Zünd2) bassinet m; ⊕ (Dreh2) crapaudine f, **~nstiel** m queue f de poêle; **~voll** f poêlée f.
'Pfannkuchen m Krapfen: beignet m; Eierkuchen: crêpe f.
'Pfarr|amt n cath. cure f; prot. pastorat m; **~bezirk** m, **~e** f paroisse f; **~er** m cath. curé m; prot. pasteur m; **~frau** f femme f du pasteur; **~gemeinde** f paroisse f; **~haus** n cath. presbytère m; cure f; prot. pastorat m; **~kind** n paroissien m, -enne f; **~kirche** f église f paroissiale; **~sprengel** m paroisse f; **~stelle** f cath. cure f; prot. pastorat m.
Pfau m orn. paon m; sich wie ein **~** brüsten se pavaner; **'~en-auge** ent. n paon m de jour (bzw. de nuit); **'~enfeder** f plume f de paon; **'~enschwanz** m queue f de paon; **'~enhenne** orn. f paonne f; **'~küken** n paonneau m.
'Pfeffer m poivre m; (Nelken2) piment m; mit **~** würzen poivrer; **~** und Salz poivre et sel; fig. er mag hingehen, wo der **~** wächst qu'il aille à tous les diables; ich wollte, er wäre, wo der **~** wächst je voudrais qu'il fût au diable; da liegt der Hase im **~** c'est là que gît le lièvre; voilà le hic; **~baum** ♀ m poivrier m; **~büchse** f, **~dose** f poivrier m; **~gurke** f cornichon m; **2ig** adj. poivré; **~korn** n grain m de poivre; **~kraut** ♀ n sariette f; **~kuchen** m pain m d'épice; **~ling** ♀ m girolle f; chanterelle f; dial. Jura: jaunotte f; **~'minze** ♀ f menthe f; **~'minzplätzchen** n pastille f de menthe; **~'minztee** m infusion f de menthe; **~mühle** f moulin m à poivre; **2n** v/t. poivrer (a. fig.); gepfeffert poivré (a. fig.); **~nuß** f petit pain m d'épice; **~strauch** ♀ m poivrier m; **~streuer** m poivrier m; poivrière f.
'Pfeife f (Tabaks2) pipe f; ♪ sifflet m; (Quer2) fifre m; (Orgel2) tuyau m; sich die **~** stopfen bourrer sa pipe; sich die **~** anstecken (od. anzünden) allumer sa pipe; fig. nach j-s **~** tanzen se laisser mener par q.; être aux ordres de q.; er tanzt nach s-r **~** F il marche dans tout ce qu'il fait; il fait tous ses caprices.

'pfeifen I 1. v/t. siffler; leise ~ siffloter; 2. v/i. siffler (a. ⚓); leise ~ siffloter; e-m Hund ~ siffler un chien; (Querpfeife spielen) jouer du fifre; fig. ich pfeife darauf je m'en moque, F je m'en fiche, P je m'en fous; auf etw. ~ (verzichten) F envoyer balader qch.; ich pfeife auf ihn je me moque de lui; aus dem letzten Loch ~ ne battre que d'une aile; ich werde dir was ~ tu peux attendre longtemps; F tu peux toujours te fouiller; das ~ die Spatzen von den Dächern c'est le secret de Polichinelle; II ⚲ n sifflement m (a. ⚓); leises ~ sifflotement m; ~d adj. sifflant; ⚓ sibilant.

'Pfeifen|deckel m couvercle m de pipe; ~kopf m tête f (od. fourneau m) de pipe; ~raucher m fumeur m de pipe; ~reiniger m cure-pipe m; ~rohr n tuyau m de pipe; ~ständer m porte-pipes m; ~stopfer m bourre-pipe m; ~tabak m tabac m pour la pipe.

'Pfeifer m siffleur m; ♪ (Quer⚲) fifre m.

'Pfeif|kessel m bouilloire f à sifflet; ~konzert n (Gepfeife) sifflements m/pl.

Pfeil m flèche f, trait m (beide a. fig.); kleiner ~ fléchette f; e-n ~ abschießen décocher une flèche (od. un trait); s-e ~e verschießen épuiser ses flèches (od. ses traits); wie ein ~ losschnellen partir comme une flèche (od. comme un trait); ¹~ende n talon m (d'une flèche).

'Pfeiler m pilier m (a. fig.); (viereckiger Wand⚲) pilastre m; (Fenster⚲, Tür⚲) montant m; jambage m; (Wand zwischen Fenstern) trumeau m; ~bogen △ m arc-doubleau m; ~spiegel m trumeau m.

'Pfeil|fiederung f empenne f (d'une flèche); ⚲förmig adj. u. adv. en forme de flèche); ⚲gerade adj. u. adv. tout droit; ~gift n poison m de flèches; curare m; ~höhe △ f flèche f; ~kraut ⚘ n sagittaire f; ⚲schnell I adj. rapide comme une flèche; II adv. à tire-d'aile; ~schuß m trait m de flèche; ~schütze m archer m; ~spitze f pointe f de la flèche; ~verzahnung ⊕ f denture f chevronnée (od. à chevrons); ~wurz ⚘ f tacca m; marante f.

'Pfennig m pfennig m; fig. sou m; ~für ~ sou à (od. par) sou; keinen ~ haben n'avoir pas le sou; être sans le sou; auf den ~ achten être près de ses sous; nicht e-n ~ wert sein ne pas valoir un sou; prov. wer den ~ nicht ehrt, ist des Talers nicht wert les petits ruisseaux font les grandes rivières; ~absatz m talon m aiguille; ~fuchser F m grippe-sou m; P radin m; ladre m; grigou m; ~apothicaire m; ~fuchse'rei F f ladrerie f; P radineté f.

Pferch m parc m; enclos m; '⚲en v/t. parquer; ¹~en n parcage m.

Pferd n cheval m; P canasson m; (Turngerät) cheval m d'arçons; zu ~ à cheval; ein ~ reiten monter un cheval; vom ~ fallen tomber de cheval; aufs ~ steigen monter (sauter) à cheval; vom ~ steigen descendre de cheval; wie ein ~ arbeiten travailler comme un cheval, un nègre, un bœuf; fig. sich aufs hohe ~ setzen monter sur ses grands chevaux; sein ~ beim Schwanz aufzäumen brider son cheval (od. son âne) par la queue; mettre la charrue devant les bœufs; F schuften wie ein ~ tirer à la rame; mit ihm kann man ~ e stehlen il est homme à vous suivre partout; F il est toujours de la partie; das ist sein bestes ~ im Stall c'est son spécialiste numéro un (dans la question od. en la matière); von e-m Schüler: c'est son meilleur élève; nicht zehn ~ e brächten mich dazu personne au monde ne me ferait faire cela.

'Pferde|apfel F m crottin m de cheval; ~bestand m effectif m des chevaux; ⚔, Fuhrunternehmen, Zirkus: cavalerie f; ~bremse f ent. taon m des chevaux; ~decke f 'housse f, couverte f; ~dieb m voleur m de chevaux; ~diebstahl m vol m de chevaux; ~fleisch m (viande f de) cheval m; ~ essend hippophagique; ~fleische'rei f boucherie f chevaline (od. hippophagique); ~fliege ent. f taon m des chevaux; ~fuhrwerk m véhicule m hippomobile; ~fuß fig. m die Sache hat e-n ~ l'affaire a un inconvénient; ~füßchen cosm. m repoussoir m en caoutchouc; ~futter m fourrage m; ~geschirr m 'harnachement m; 'harnais m; ~haar m poil m de cheval; v. Mähne u. Schweif: crin m de cheval; ~hals m encolure f; ~handel m commerce m de chevaux; bsd. mv.p. maquignonnage m; ~händler m marchand m de chevaux; bsd. mv.p. maquignon m; ~huf m sabot m (de cheval); ~karussell m manège m de chevaux en bois; ~knecht m palefrenier m; ~koppel f parc m à chevaux; ~kur ⚒ f traitement m de cheval; ~länge f Sport: longueur f; um zwei ~ siegen gagner de deux longueurs; ~magen fig. m: e-n ~ haben avoir un estomac d'autruche; ~markt m marché m aux chevaux; ~metzge'rei f boucherie f chevaline (od. hippophagique); ~mist m fumier m de cheval; ~rasse f race f chevaline; ~rennbahn f hippodrome m; turf m; ~rennen n course f de chevaux; Freund von ~ turfiste m; ~schlächterei f hippophagerie f; ~schwanz m queue f de cheval (a. als Frisur); ~schwemme f abreuvoir m (pour les chevaux); ~sport m hoppisme m; ~stall m écurie f; ~stärke f (abr. PS) cheval-vapeur m (abr. C.V.); Maschine von 50 ~ n machine f de cinquante chevaux(-vapeur); ~stärkenzahl (z.B. Auto) f nombre m de chevaux; ~striegel m étrille f; ~toto Fr. m pari m mutuel urbain; P.M.U. m; ~tränke f abreuvoir m (pour les chevaux); ~wechsel m changement m de chevaux; ~zucht f élevage m des chevaux; ~züchter m éleveur m de chevaux.

Pfette △ f panne f.

Pfiff m (das Pfeifen) sifflement m; auf e-r Pfeife: coup m de sifflet; fig. truc m.

'Pfifferling ⚘ m (Pilz) girolle f; chanterelle f; fig. das ist keinen ~ wert F cela ne vaut pas un radis.

'pfiffig adj. rusé; malin; finaud; débrouillard; ⚲keit f ruse f; finesse f; F finasserie f; débrouillardise f.

'Pfiffikus F m débrouillard m; malin m; rusé compère m; finaud m; combinard m.

'Pfingst|en n od. östr., Schweiz pl. la Pentecôte; zu ~ à la Pentecôte; ~ferien pl. vacances f/pl. de la Pentecôte; ~fest n (fête f de) la Pentecôte; ~ochse F m: wie ein ~ geputzt sein être paré de ses plus beaux atours; ~rose ⚘ f pivoine f; ~zeit f époque f de la Pentecôte.

'Pfirsich ⚘ m pêche f; ~baum m pêcher m; ~blüte f fleur f de pêcher; ~kern m noyau m de pêche.

'Pflänzchen ⚘ n jeune plante f; iron. fig. ein nettes ~ un, une qui promet.

'Pflanze f plante f; (Setzling) plant m.

'pflanzen I v/t. (v/rf.: sich se) planter; II ⚲ n plantation f; ⚲beschreibung f phytographie f; ⚲biologie f phytobiologie f; ⚲butter f beurre m végétal; ⚲eiweiß n protéine f végétale; ⚲erde f terre f végétale; terreau m; ⚲faser f fibre f végétale; ⚲fett n graisse f végétale; ~fressend herbivore; phytophage; ~e Tiere herbivores m/pl.; ⚲heilkunde ⚒ f phytothérapie f; ⚲kenner(in f) m botaniste m, f; ⚲kost f régime m végétarien; ⚲kunde f, ⚲lehre f botanique f; ⚲leben n vie f végétale; ⚲morphologie f phytotomie f; ⚲öl n huile f végétale; ⚲produkt n produit m végétal; ⚲reich n règne m végétal; ⚲saft ⚘ m sève f; ⚲sammler(in f) m herborisateur m, -trice f; ⚲sammlung f herbier m; ⚲schleim m mucilage m; ⚲schutz m protection f des plantes; ⚲schutzmittel n produit m phytosanitaire f; ⚲tiere zo. n/pl. phytozoaires m/pl.; zoophytes m/pl.; ⚲wachstum n végétation f; ⚲welt f règne m végétal; végétation f.

'Pflanz|er m planteur m; ~holz n plantoir m; ⚲lich adj. végétal.

'Pflänzling m plant m; élève m.

'Pflanz|schippchen m n déplantoir m; ~schule f pépinière f (a. fig.); ~stätte f plantation f; fig. pépinière f; ~ung f plantation f; (Setzlinge) plants m/pl.

'Pflaster n phm. (Zug⚲) emplâtre m; (Heft⚲) tricostéril m; taffetas m gommé; pansement m adhésif; (Leukoplast) sparadrap m; ein ~ aufkleben mettre un pansement, du tricostéril m; ein ~ ablösen détacher, enlever un pansement; (Straßen⚲) pavé m; pavage m; das ~ (e-r Straße) aufreißen dépaver (une rue); fig. Paris ist ein teures ~ la vie est chère à Paris; ~arbeit f pavage m; ~er m paveur m; ~maler m dessinateur m à la craie sur le trottoir; ⚲n v/t. Wunde: mettre un pansement sur; Straße: paver; ~n n pavage m; ~stein m pavé m; ~steinwerfer (bei Demonstration) m lanceur m de pavés; ~straße f route f pavée; ~ung f pavage m.

'Pflaume ⚘ f prune f; (Back⚲) pruneau m; ~nbaum ⚘ m prunier m; ~nkern m noyau m de prune; ~nkompott n compote f de prunes; ~nkuchen m tarte f aux prunes; ~nmarmelade f, ~nmus n confiture f de prunes; ~nschnaps m eau-de-vie f de prune; ~nstein m noyau m de prune; ~nstrudel m

chausson *m* aux prunes; ⁓**nweich** *adj.* mou, molle comme une chique.
'**Pflege** *f* soins *m/pl.*; *der Künste, e-s Gartens usw.*: culture *f*; *(Erhaltung)* entretien *m*; *in* ⁓ *nehmen* prendre en garde, en pension, en nourrice; *gute* ⁓ *haben* être bien soigné; ⁓**anweisung** *text. f* conseil *m* d'entretien; ⁓**bedürftig** *adj.* qui réclame des soins; ⁓**befohlene(r** *a. m*) *m, f* enfant *m, f* confié(e) à q.; *(Mündel)* pupille *m, f*; ⁓**eltern** *pl.* parents *m/pl.* nourriciers; ⁓**kind** *n* enfant *m, f* en nourrice, en garde; *(Mündel)* pupille *m, f*; ⁓**koffer** *(für Säuglinge) m* mallette *f* de rangement; vanity *m*; ⁓**leicht** *adj.* facile à entretenir; d'un entretien facile; ⁓**mittel** *n* produit *m* d'entretien; ⁓**mutter** *f* mère *f* nourricière.

'**pflegen 1.** *v/t. u. v/i.* soigner; avoir *(od.* prendre) soin (de); *(instand halten)* entretenir; *die Wissenschaften, Künste usw.*: cultiver; *Umgang mit j-m* ⁓ entretenir des relations avec q.; *gute Beziehungen* ⁓ entretenir de bons rapports *(mit avec)*; *(e-r Sache obliegen)* s'adonner (à); se livrer (à); *der Ruhe* ⁓ s'adonner au repos; prendre son repos; ⁓ *zu avoir coutume de; zu geschehen* ⁓ arriver ordinairement; **2.** *v/rf.: sich* ⁓ se soigner; prendre soin de sa personne.
Pflegepersonal *n* aides *f/pl.* soignantes; personnel *m* sanitaire; gardes-malades *m/pl.*
Pfleger(in *f*) *m* ⚕ soignant *m*, -e *f*; garde-malade *m, f*; infirmier *m*, -ière *f*; ⚖ *(Vormund)* curateur *m*, -trice *f*; tuteur *m*, -trice *f*.
Pflege|schampun *n* shampooing *m* traitant; ⁓**schwester** ⚕ *f* garde-malade *f*; infirmière *f*; ⁓**sohn** *m* fils *m* en nourrice, en garde; ⁓**tochter** *f* fille *f* en nourrice, en garde; ⁓**vater** *m* père *m* nourricier.
'**pfleg|lich I** *adj. (sorgfältig)* soigneux, -euse; **II** *adv.* soigneusement; avec soin; ⁓**ling** *m* enfant *m, f* en nourrice, en garde; *(Mündel)* pupille *m, f*; ⁓**schaft** ⚖ *f* curatelle *f*.
Pflicht *f* devoir *m*; *Sport:* (⁓*lauf*) figures *f/pl.* imposées; (⁓*übungen*) exercices *m/pl.* imposés; ⁓*-type f/pl.*; *s-e* ⁓ *tun (od.* erfüllen) accomplir *(od.* faire *od.* remplir) son devoir; *s-e* ⁓ *versäumen (od.* verletzen) manquer à son devoir, *im Amt:* prévariquer; *es ist meine* ⁓, *zu* ... *(inf.)* il est de mon devoir de ... *(inf.)*; *es sich zur* ⁓ *machen*; *es als s-e* ⁓ *betrachten* s'en faire un devoir; *er hat nur s-e* ⁓ *und Schuldigkeit getan* il n'a fait que son devoir; *mit gleichen* ⁓*en und Rechten* avec les mêmes droits et obligations *(od.* et charges); *j-n in die* ⁓ *nehmen* engager q.; ⁓**ablieferung** *f* livraison *f* obligatoire; ⁓**beitrag** *m* cotisation *f* obligatoire; ⁓**bewußt** *adj.* conscient de son devoir; ⁓**bewußtsein** *n* conscience *f* du devoir; ⁓**eifer** *m* zèle *m f*; ⁓**eifrig** *adj.* zélé; ⁓**enkreis** *m* responsabilités *f/pl.*; ⁓**erfüllung** *f* accomplissement *m* du devoir; ⁓**exemplar** *n* exemplaire *m* destiné au dépôt légal; ⁓**fach** *n* matière *f* obligatoire; ⁓**figur** *f Sport:* figure *f* imposée; ⁓**gefühl** *n* sentiment *m (od.* sens *m)* du devoir; ⁓**gemäß I** *adj.* conforme au devoir; **II** *adv.* conformément au devoir; selon son devoir; ⁓**getreu** *adj.* fidèle à son devoir; loyal; ⁓**kodex** *m* code *m* de déontologie; ⁓**lauf** *m* figures *f/pl.* imposées; ⁓**mäßig I** *adj.* conforme au devoir; **II** *adv.* conformément au devoir; selon son devoir; ⁓**schuldig I** *adj.* dû, due; **II** *adv.* dûment; ⁓**sprung** *m Wassersport:* plongeon *m* imposé; ⁓**stundenzahl** *(e-s Lehrers) f* nombre *m* de leçons obligatoires; ⁓**teil** ⚖ *n* part *f* réservataire; réserve *f* (légale *od.* légitime *od.* héréditaire); ⁓**treu** *adj.* fidèle à son devoir; ⁓**treue** *f* fidélité *f* au devoir; ⁓**übung** *f Sport:* exercice *m* imposé; épreuve-type *f*; ⁓**untersuchung** *f*: *ärztliche* ⁓ examen *m* médical obligatoire; ⁓**vergessen** *adj.* oublieux, -euse de ses devoirs; déloyal; *im Amt:* prévaricateur, -trice; ⁓ *handeln* manquer à son devoir, *im Amt:* prévariquer; ⁓**vergessenheit** *f* manquement *m* au devoir; oubli *m* de ses devoirs; déloyauté *f*; *im Amt:* prévarication *f*; ⁓**verletzung** *f*, ⁓**versäumnis** *f im Amt:* prévarication *f*; forfaiture *f*; ⁓**versicherte(r** *a. m*), *-e f* assuré *m*, -e *f* obligatoire; ⁓**versicherung** *f* assurance *f* obligatoire; ⁓**verteidiger** *m* juge *m* commis; ⁓**widrig** *adj.* contraire au devoir; déloyal; ⁓ *handeln* manquer à son devoir; ⁓**widrigkeit** *f* déloyauté *f*.
Pflock *m* cheville *f*; goujon *m*; *(Splint)* goupille *f*; *(Zelt⁓)* piquet *m*; *fig. e-n* ⁓ *zurückstecken* en rabattre.
pflöcken *v/t.* cheviller; fixer avec des chevilles *(resp.* des piquets).
'**pflück|en** *v/t.* cueillir; ⁓**er(in** *f*) *m* cueilleur *m*, -euse *f*.
Pflug *m* charrue *f*; ⁓**arbeit** *f* labour *m*; ⁓**balken** *m* age *m*; flèche *f*.
'**pflügbar** *adj.* labourable; arable.
'**Pflug-eisen** *n* fer *m* de charrue.
'**pflüg|en** *v/t. u. v/i.* labourer; ⁓**en** *n* labourage *m*; ⁓**er** *m* laboureur *m*.
'**Pflug|messer** *n* coutre *m*; ⁓**schar** *f* soc *m* (de charrue); ⁓**sterz** *m* manche *m* de charrue.
'**Pfort-ader** *anat. f* veine *f* porte.
'**Pforte** *f* porte *f*; ⚓ *(Lade⁓)* sabord *m*.
'**Pförtner|(in** *f*) *m* concierge *m, f*; *⁎cloporte m*; ⁓**loge** *f* loge *f* de concierge; ⁓**stelle** *f*, ⁓**wohnung** *f* logement *m* de concierge.
'**Pfosten** *m* poteau *m*; montant *m*; *(Fenster⁓, Tür⁓ usw.)* jambage *m*.
'**Pfote** *f* patte *f*.
Pfriem *m*, ⁓**e** *f*, ⁓**en** *m* poinçon *m*; *(Ahle)* alêne *f*; ⁓**gras** ♀ *m* stipe *m*; ⁓**kraut** ♀ *n* genêt *m* à balais.
'**Pfropfen** *m* bouchon *m*; *(Stöpsel)* tampon *m*.
'**pfropfen**¹ *v/t. (vollstopfen)* bourrer; *(hineinstopfen)* fourrer *(in acc.* dans); *der Saal war gepfropft voll* la salle était comble *(od.* bondée).
'**pfropfen**² ♀ *I v/t.* greffer; **II** ⚲ *n* greffage *m*; greffe *f*.
'**Pfropfenzieher** *m* tire-bouchon *m*.
'**Pfropf|messer** ♀ *n* greffoir *m*; ⁓**reis** ♀ *n* greffe *f*.
'**Pfründe** *f rl.* bénéfice *m*; prébende *f*; *fette* ⁓ sinécure *f*; F *(bon)* filon *m*; *(Stelle in e-m Stift usw.)* lit *m*.
'**Pfründner** *m in e-m Stift:* pensionnaire *m*.
Pfuhl *m* mare *f*; bourbier *m (a. fig.).*
pfui! *int.* fi (donc)!; ⁓ *über ihn!* fi de lui!; ⁓**rufe** *m/pl.* huées *f/pl.*
Pfund *n* livre *f (a. Münze)*; ⁓ *Sterling* livre *f* sterling; *fig. mit s-m* ⁓*e wuchern* faire valoir son talent; ⁓**ig** F *adj.* épatant; *das ist* ⁓ c'est une histoire épatante (F chouette, P bath *od.* chic); *das ist e-e* ⁓*e Sache* c'est une histoire épatante *(od.* F gratinée); ⁓**skerl** F *m* type *m* épatant; ⁓**ssache** F *f* chose *f* épatante; ⁓**weise** *adv.* par livres.
'**Pfusch|arbeit** *f* bousillage *m*; bâclage *m*; ⁓**en** *v/i.* bousiller; gâcher; bâcler; ⁓**en** *n* bousillage *m*; ⁓**er(in** *f*) *m* bousilleur *m*, -euse *f*; gâcheur *m*, -euse *f*; ⁓**e'rei** *f* bousillage *m*.
'**Pfütze** *f* flaque *f*; mare *f*; bourbier *m*.
'**Phalanx** *f* phalange *f*.
Phäno'men *n* phénomène *m*.
phäno'me'nal *adj.* phénoménal.
Phänomena'lismus *m* phénoménalisme *m*.
'**Phänotyp** *m* phénotype *m*.
Phanta'sie *f (Einbildungskraft)* imagination *f*; ♪ fantaisie *f*; *(Traumbild)* vision *f* (fantastique); rêverie *f*; ⁓**begabt** *adj.* imaginatif, -ive; ⁓**gebilde** *n (Hirngespinst)* visions *f/pl.*; chimères *f/pl.*; ⁓**los** *adj.* sans imagination; ⁓**losigkeit** *f* manque *m* d'imagination; ⁓**reich** *adj.* plein d'imagination; ⁓**ren** se livrer à son imagination; rêver; *(irrereden)* délirer; ⁓**ren** *n* rêverie *f*; ⚕ délire *m*; ♪ improvisation *f*; ⁓**stück** ♪ *n* fantaisie *f*; ⁓**voll** *adj.* plein d'imagination.
Phantasmago'rie *f* fantasmagorie *f*.
Phan'tast|(in *f*) *m* fantasque *m, f*; esprit *m* romanesque *(od.* chimérique); F cerveau *m* brûlé; mythomane *m*; ⁓**e'rei** *f* idées *f/pl.* fantastiques; chimères *f/pl.*; ⁓**isch** *adj.* fantastique; F faramineux, -euse *(a. unglaublich)*; romanesque; rocambolesque; extravagant; extraordinaire.
Phan'tom *n* fantôme *m*; ⁓**bild** ⚖ *n* portrait-robot *m*.
Phari'sä|er(in *f*) *m* pharisien *m*, -enne *f (a. fig.)*; ⁓**ertum** *n* pharisaïsme *m*; ⁓**isch** *adj.* pharisaïque.
Pharmako'loge *m* pharmacologiste *m*; pharmacologue *m*; ⁓**lo'gie** *f* pharmacologie *f*; ⁓**logisch** *adj.* pharmacologique.
Pharma'zeut|(in *f*) *m* pharmacien *m*, -enne *f*; ⁓**ik** *f* pharmaceutique *f*; ⁓**isch** *adj.* pharmaceutique.
Pharma'zie *f* pharmacie *f*.
'**Phase** *f* phase *f*.
'**Phasen|anzeiger** *m* indicateur *m* de phases; ⁓**gleichheit** *f* concordance *f* de phases; ⁓**messer** *m* phasemètre *m*; ⁓**über-einstimmung** *f* concordance *f* de phases; ⁓**unterschied** *m* différence *f* de phases; ⁓**verschiebung** *f* décalage *m* de phases; déphasage *m*; ⁓**zahl** *f* nombre *m* de phases.
Phe'nol ⚗ *n* phénol *m*.
Phe'nyl ⚗ *n* phényle *m*.
Philan|'throp(in *f*) *m* philanthrope *m, f*; ⁓**thro'pie** *f* philanthropie *f*; ⁓**thropisch** *adj.* philanthropique.
Philate|'lie *f* philatélie *f*; ⁓**'list** *m* philatéliste *m*; ⁓**'listisch** *adj.* philatélique.

Philharmo'nie f société f philharmonique; *Leiter der Berliner ~* chef m de la Philharmonique de Berlin.
philhar'monisch adj.: *~es Orchester* orchestre m philharmonique.
Phi'lippika f philippique f.
Philip'pin|en pl.: *die ~ les îles* f/pl. Philippines; ⚲**isch** adj. philippin.
Phi'lister m bibl. Philistin m; (*Spießbürger*) philistin m; P vieux croûton m; bourgeois m; ⚲**haft** adj. bourgeois; **~tum** n philistinisme m.
Philo'log|e m, **~in** f philologue m, f.
Philoso'phie f philosophie f; ⚲**ren** v/i. philosopher (*über acc. sur*).
philo'sophisch adj. philosophique.
Phi'ole f fiole f.
Philolo'gie f philologie f.
philo'logisch adj. philologique.
Philo'soph(in f) m philosophe m, f.
'Phlegma n flegme m.
Phleg'ma|tiker(in f) m flegmatique m, f; ⚲**tisch** adj. flegmatique.
Phleg'mone 🕮 f phlegmon m.
Phon phys. n phone m.
Pho'nem ling. n phonème m.
Pho'net|ik f phonétique f; **~iker(in** f) m phonéticien m, -enne f; ⚲**isch** adj. phonétique.
Phö'ni|zien hist. n la Phénicie; **~zier (-in** f) m Phénicien m, -enne f; ⚲**zisch** adj. phénicien, -enne.
Phono'graph m phonographe m.
'Phonokoffer m électrophone m; phono-valise m; valise f tourne-disque.
Phono'meter n phonomètre m.
Phono'thek f phonothèque f.
Phos'gen 🕮 n phosgène m.
Phos'phat 🕮 n phosphate m; ⚲**haltig**, ⚲**ig** adj. phosphaté.
'Phosphor 🕮 m phosphore m; **~bombe** f bombe f au phosphore.
Phosphores'zenz f phosphorescence f.
phosphores'zieren v/i. être phosphorescent.
'Phosphor|gehalt m teneur f en phosphore; ⚲**haltig** adj. phosphoré, phosphoreux, -euse; ⚲**ig** adj. phosphoreux, -euse; **~e Säure** acide m phosphoreux; ⚲**isch** adj. phosphorique; ⚲**sauer** 🕮 phosphaté; *phosphorsaures Salz* phosphate m; **~er Kalk** chaux f phosphatée, *natürlicher*: phosphorite f; **~säure** 🕮 f acide m phosphorique; **~vergiftung** f phosphorisme m.
'Photo F n photo f; *sich gut auf e-m ~ machen* bien rendre en photo; **~album** n album m de photo(graphie)s; **~apparat** m appareil m photographique; **~atelier** n atelier m de photographe.
Photoche'mie f photochimie f.
'photo|chemisch adj. photochimique; **~elektrisch** adj. photo-électrique.
photo'gen adj. photogénique.
Photo'gramm n photogramme m; **~gramme'trie** f photogrammétrie f; **~'graph(in** f) m photographe m, f; **~gra'phie** f photographie f; F photo f; ⚲**gra'phieren** v/t. photographier; *faire (od. prendre) des photos*; **~gra'phiergesicht** n tête f, figure f photogénique; ⚲**graphisch** adj. photographique; **~ko'pie** f photocopie f; ⚲**ko'pieren** v/t. photocopier; **~ko-**

'piergerät n machine f à photocopier; photocopieuse f; tireuse f de plan.
'Photolabor n laboratoire m photographique.
Photo|lithogra'phie f photolithographie f; ⚲**me'chanisch** adj. photomécanique; **~'meter** n photomètre m; **~me'trie** f photométrie f; ⚲**metrisch** adj. photométrique; **~mon'tage** f photomontage m.
Pho'ton phys. n photon m.
'Photopapier n papier m photographique.
Photo|sa'fari f safari-photos m; **~syn'these** biol. f photosynthèse f; **~thera'pie** 🕮 f photothérapie f; ⚲**'trop** (*Brillenglas*; etwa seit 1960) adj. photochromique.
'Photozelle f cellule f photo-électrique.
'Phrase f phrase f; **~n dreschen** faire des phrases; **~ndrescher** m, **~nheld** m, **~nmacher** m phraseur m; faiseur m de phrases; déclamateur m; rhéteur m; **~nhaft** adj. plein de phrases; (*wortreich, geschwätzig*) verbeux, -euse; (*schwülstig*) emphatique; **~nhaftigkeit** péj. f verbiage m; litt. phraséologie f; **~nschluß** ♪ m repos m.
Phraseo|lo'gie f phraséologie f; ⚲**'logisch** adj. phraséologique.
phra'sier|en ♪ v/t. phraser; ⚲**ung** ♪ f phrasé m.
phre'netisch 🕮, fig. adj. frénétique.
Phreno'loge 🕮 m phrénologiste m; **~lo'gie** f phrénologie f; ⚲**logisch** adj. phrénologique.
Phy'sik f physique f.
physi'kalisch adj. physique; **~chemisch** adj. physico-chimique.
'Physiker(in f) m physicien m, -enne f.
Phy'sik|stunde f heure f, cours m de physique; **~unterricht** m enseignement m de la physique.
Physio|gno'mie f physionomie f; ⚲**'gnomisch** adj. physionomique.
Physio|'krat hist. m physiocrate m; ⚲**'kratisch** hist. adj. physiocratique; **~kra'tismus** hist. m physiocratie f.
Physio|'loge m physiologiste m; **~lo'gie** f physiologie f; ⚲**'logisch** adj. physiologique.
'physisch adj. physique.
Pia'nino ♪ n pianino m.
Pia'nist(in f) m pianiste m, f.
Pi'ano n piano m; **~forte** hist. n piano-forte m.
'picheln F v/i. P chopiner; P lamper; P picoler.
'pichen v/t. *Faß*: poisser.
'Picke f pic m.
'Pickel m 🕮 petit bouton m; (*Picke*) pic m; (*Eis*⚲) piolet m; **~flöte** ♪ f petite flûte f; piccolo m; **~haube** hist. ⚭ f casque m à pointe; **~hering** fig. thé. m bouffon m; (*Hanswurst*) arlequin m; paillasse m; ⚲**ig** adj. couvert de boutons; boutonneux, -euse.
'picken v/t. u. v/i. becqueter; donner des coups de bec (à); (*an~*) picoter.
'Picknick n pique-nique m; ⚲**en** v/i. pique-niquer; F saucissonner; F pique-niqueur m; F saucissonneur m.
Pick-'up m pick-up m.
Piedes'tal n piédestal m.

'piek|en F v/t. piquer; **~fein** F adj. chic; épatant; chouette; pimpant; tiré à quatre épingles.
Piep F m: *nicht ~ sagen* ne pas piper; *j-m e-n ~ zeigen* faire la nique à q.
'piepe F adj.: *das ist mir ~* cela m'est égal, je m'en fiche, P je m'en fous; F je m'en balance.
'piep(s)en I v/i. *Küken*: piauler; *kleine Vögel*: pépier; piailler; *Mäuse*: pousser des cris; II ⚲ n *der Küken*: piaulement m; *der kleinen Vögel*: pépiement m; piaillement m; fig. F *bei dir piept's wohl?* tu es cinglé (*od.* dingo *od.* maboul *od.* toqué); *es ist zum Piepen* il y a de quoi se tordre (de rire); *sie ist zum Piepen* P elle est roulante.
'Piepmatz F m oiseau m.
'piepsig F adj. *Stimme*: fluet, -ette; faible; délicat; grêle; (*schwächlich*) chétif, -ive; souffreteux, -euse.
Pier ⚓ m od. f môle m; jetée f; (*Landungsbrücke*) débarcadère m.
'piesacken F v/t. tarabuster; tracasser; F asticoter; agacer.
Pie'tät f piété f; (*Achtung*) respect m; ⚲**los** adj. sans piété; **~losigkeit** f manque m de piété; ⚲**voll** adj. avec respect.
Pie'tis|mus m piétisme f; **~t(in** f) m piétiste m, f; ⚲**tisch** I adj. piétiste; II adv. en piétiste.
pi'ezo|elektrisch adj. piézo-électrique; ⚲**elektrizität** f piézo-électricité f.
Piezo'meter n piézomètre m.
Pig'ment n pigment m.
pigmen'tier|en v/t. pigmenter; ⚲**ung** f pigmentation f.
Pik[1] m (*spitzer Berg*) pic m; fig. F *er hat e-n ~ auf mich* il a une dent contre moi.
Pik[2] n *Kartenspiel*: pique m.
pi'kant adj. piquant (*a. fig.*); leste; *fig.* savoureux, -euse; **~e Sauce** sauce f piquante; ⚲**e** n piquant m.
Pikante'rie f piquant m; saveur f; sel m.
'Pik|as n as m de pique; **~dame** f dame f de pique.
'Pike f pique f; F ⚔ *von der ~ auf dienen* sortir du rang.
Pi'kee m piqué m.
pi'kier|en 🌱 v/t. repiquer; **~t** fig. (*beleidigt*) adj. piqué (*über de*).
'Pikkolo m chasseur m; groom m; **~flöte** f piccolo m.
Pi'kör ch. m piqueur m.
Pi'krinsäure 🕮 f acide m picrique.
Pikto'gramm (*moderne Zeichenschrift*) n pictogramme m; ⚲**'graphisch** adj. pictographique.
Pi'laster △ m pilastre m.
Pi'latus M: *Pontius ~* Ponce Pilate m; *fig. j-n von Pontius zu ~ schicken* renvoyer q. de Ponce à Pilate; (*Berg*) *der ~* le Mont Pilate.
'Pilger(in f) m pèlerin m, -e f; **~fahrt** f pèlerinage m; ⚲**n** v/i. aller en (*od.* faire un) pèlerinage; **~ nach** faire le pèlerinage à; **~schaft** f pèlerinage m; **~stab** m bâton m de pèlerin; bourdon m; **~straße** f route f de pèlerinage.
'Pille f pilule f; fig. *e-e bittere ~* une pilule f amère (*od.* difficile à avaler); *die ~ schlucken* avaler la pilule; *j-m die (bittere) ~ versüßen* dorer la pilule à

q.; ~ndreher F m (Apotheker) F potard m; ~nherstellung f dragéification f; ~nknick F m dénatalité f causée par la pilule (anticonceptionnelle); ~nschachtel f boîte f à pilules.
'Pi|lot m pilote m; ~enballon m ballon-pilote m; ~enkanzel ✈ f, ~enraum ✈ m poste m de pilotage; habitacle m du pilote; cockpit m; ~in ✈ f femme-pilote f.
'Pilling text. n boulochage m.
Pilz ♀ m champignon m; fig. wie ~e aus der Erde schießen pousser comme des champignons; '²ähnlich, '²artig adj. fongueux, -euse; '~beet n: unterirdisches ~ champignonnière f; '²förmig adj. fongiforme; '~krankheit f mycose f; '~kunde f mycologie f; '~mutter f mycélium m; '~sammler(in f) m ramasseur m, -euse f de champignons; '²tötend adj. fongicide; '~vergiftung f empoisonnement m par les champignons; '~züchter m champignonniste m.
'pimp(e)lig F adj. (schwächlich) chétif, -ive) souffreteux, -euse; (weichlich) douillet, -ette.
Pinako'thek f pinacothèque f.
Pi'nasse ⚓ f pinasse f.
'pingelig F adj. méticuleux, -euse; minutieux, -euse; maniaque.
'Pingpong n Sport: ping-pong m.
'Pinguin orn. m pingouin m; manchot m.
'Pinie ♀ f pin m pignon (od. parasol).
'Pinke F f (Geld) F fric m; *grisbi m; P pognon m; *pèse m; *pèze m; P galette f; P braise f; P pépètes f/pl.
'Pinkel F m: feiner ~ type m élégant.
'pinkeln P v/i. pisser.
'Pinne f (Zwecke) broquette f; semence f; (spitzer Stift) pointe f; (Kompaßstift) pivot m; ⚓ barre f.
'Pinscher zo. m griffon m.
'Pinsel m pinceau m; (Tüncher²) brosse f; F fig. niais m; nigaud m; F benêt m; F bêta m; jobard m.
Pinse'lei f mv.p. peinturlurage m; F peinturlure f; barbouillage m.
'pinselig F adj. tatillon, -onne.
'pinseln v/i. u. v/t. manier le pinceau (resp. la brosse); vom Maler: peindre; mv.p. barbouiller; peinturlurer; Hals: badigeonner.
'Pinsel|stiel m manche m, 'hampe f (du pinceau resp. de la brosse); ~strich m coup m de pinceau; (Malweise) touche f.
'Pinte F (Kneipe) f bistro m.
Pin'zette f pincette f.
Pio'nier m soldat m du génie; sapeur m; pionnier m (a. fig.); ~arbeit f travail m de pionnier; ~ leisten faire un travail de pionnier; ~bataillon n bataillon m du génie; ~geist m esprit m pionnier; ~truppe f génie m.
pipa'po F int. patati-patata, patali-patala.
'Pipeline f pipeline m.
Pi'pette f pipette f; für Wein: tâte-vin m.
'Pi'pi F n pipi m; ~ machen faire pipi.
'Pip|pin m: ...der Kurze Pépin m le Bref.
Pips vét. m pepie f.
Pi'rat m pirate m; ~ensender rad. m radio-pirate f.
Pirate'rie f piraterie f.

Pi'roge ⚓ f pirogue f.
Pi'rol orn. m loriot m jaune.
Pirou'ette f pirouette f.
Pirsch f chasse f; auf die ~ gehen aller chasser.
'Pisse V f V pisse f; einiger Tiere: pissat m; ²n V v/i. V pisser.
Pis'soir n urinoir m.
Pis'tazie ♀ f pistache f; ~nbaum m pistachier m.
'Piste f piste f; ~nbetreuer (Ski) m pisteur m; ~njäger F (Ski) m caracoleur m; ~npflug (Ski) m ratrac m; ~nwärter (Ski) m pisteur m.
Pis'tole f pistolet m; (Münze) pistole f; fig. j-m die ~ auf die Brust setzen mettre le poignard sur la gorge à q.; mettre (od. pousser) à q. l'épée dans les reins; wie aus der ~ geschossen sans hésitation; du tac au tac; ~nduell m duel m au pistolet; ~ngriff m poignée f de pistolet; ~nschießen n tir m au pistolet; ~nschuß m coup m de pistolet; ~ntasche f étui m à pistolet; am Sattel: fonte f.
Pis'ton n ⊕ piston m; ♪ cornet m à pistons; piston m.
pitsche'naß F adj. trempé jusqu'aux os; F trempé comme une soupe.
pitto'resk adj. pittoresque.
Pizzi'kato ♪ n pizzicato m.
pla'cieren v/t. placer.
'placken v/rf.: sich ~ (sich abschinden) se crever au travail.
Placke'rei F f travail m de forçat.
plädieren v/i. plaider (für pour; gegen contre).
Plädo'yer n plaidoyer m.
'Plage f tourment m; peine f; (beschwerendes Übel) mal m; (Land²) fléau m; calamité f; bibl. plaie f; jeder Tag hat s-e ~ à chaque jour suffit sa peine; ~geist m tracassier m, -ière f; pfort. casse-pieds m; plaie f; fléau m; ²n v/t. (v/rf.: sich se) tourmenter; (se) tracasser, F turlupiner; (bedrängen) presser; (belästigen) importuner; incommoder; (heimsuchen) 'hanter; 'harceler; (verfolgen) obséder; (hetzen) traquer; ihn plagt der Teufel si le diable au corps.
Plagi'at n plagiat m; ~or m plagiaire m; copiste m; démarqueur m.
plagi'ieren v/t. plagier; démarquer.
Pla'kat n affiche f; placard m; ein ~ ankleben apposer (od. coller od. placarder) une affiche; ~ankleber m afficheur m; colleur m d'affiches; ~anschlag m affichage m; ~druckerei f imprimerie f d'affiches.
Pla'katefahrzeug n véhicule-sandwich m.
plaka'tieren v/t. afficher.
Pla'kat|maler m affichiste m; ~säule f colonne f d'affiches; ~schild n (Reklametafel) panneau m publicitaire; ~träger m homme-sandwich m; ~werbung f publicité f par affichage; ~zeichner m affichiste m.
Pla'kette (Abzeichen) f insigne m.
Plan¹ m plan m; (Zeichnung) dessin m; (System) système m; (Absicht) dessein m; vue f; (Vorhaben) projet m; e-n ~ entwerfen dresser (od. établir od. faire) un plan; Pläne schmieden faire des projets; e-n ~ fassen former (od. concevoir) un projet; e-n ~ aufgeben abandonner un projet.
Plan² m (Kampfplatz) arène f; lice f;

auf dem ~ erscheinen entrer en lice.
plan adj. (eben) plan; uni; égal.
'Plan|drehbank f tour m à surfacer; ²drehen ⊕ v/t. surfacer.
'Plane f (Wagen², Dach²) bâche f; (Schaufenster²) banne f; ⚓, ✈ prélart m.
'Plänemacher(in f) m homme m à idées (od. à projets); faiseur m, -euse f de projets.
'planen v/t. (entwerfen; vorhaben) projeter; éc., ⊕ être en projet; (sich vornehmen) a. se proposer; envisager; (Pläne machen) faire des projets; (organisieren) planifier; Komplott: former; tramer.
'Planer(in f) m projeteur m; faiseur m de projets; éc. planiste m; ✕ planificateur m.
'Pläneschmied m faiseur m de projets.
Pla'net m planète f.
plane'ta|risch adj. planétaire; ²rium n planétarium m.
Pla'neten|bahn f orbite f (d'une planète); ~jahr n année f planétaire; ~getriebe n engrenage m planétaire; ~lauf m cours m des planètes; ~stand m position f des planètes; ~system n système m planétaire.
'Plan|film m film m plan; ~fräsmaschine f fraiseuse-raboteuse f.
Pla'nierbagger m niveleuse f.
pla'nier|en v/t. aplanir; égaliser; niveler; métall. planer; ²en n → ²ung; ²gerät n niveleur m; ²pflug m pousseur m; ²raupe f bulldozer m; engin m de damage; ²ung f aplanissement m; planage m; égalisation f; nivellement m; métall. planage m.
Plani|'meter n planimètre m; ~'trie ♣ f planimétrie f; ²'metrisch ♣ adj. planimétrique.
'Planke f planche f; madrier m.
Plänke'lei f escarmouche f (a. fig.).
'plänkeln v/i. se livrer à des escarmouches.
'Plänkler m tirailleur m.
'Plankton zo. n plancton m.
'plan|los I adj. sans méthode; sans ordre; (unregelmäßig) irrégulier, -ière; ⚠ anarchique; II adv. sans méthode; sans ordre; (unregelmäßig) irrégulièrement; (aufs Geratewohl) au hasard; ²losigkeit f manque m de méthode; (Unregelmäßigkeit) irrégularité f; ²mäßig I adj. méthodique; (regelmäßig) régulier, -ière; (systematisch) systématique; ~e Abfahrt départ m régulier; ~e Ankunft arrivée f régulière; ~e Stelle place f budgétaire; II adv. méthodiquement; avec méthode; (regelmäßig) régulièrement; (systematisch) systématiquement; ²mäßigkeit f méthode f; ordre m; (Regelmäßigkeit) régularité f; ²quadrat n carré m du plan directeur.
'Plansch|becken n bassin m pour enfants; ²en v/i. patauger; barboter.
'Plan|schießen ✕ n tir m d'après la carte; ~soll n quota m; allg. objectif m (od. prévisions f/pl.) du Plan; ~spiegel m miroir m plan; ~stärke f effectif m prévu; ~stelle f poste m admis au budget; poste m réglementaire (od. budgétaire).
Plan'tage f plantation f.
'Plan|ung f planification f; ⊕ con-

ception f; at. ~ der Rendezvous im Raum préfiguration f des rendez-vous orbitaux; industrielle ~ planning m; im Stadium der ~ sein être en projet; ~ungskommission f commission f de planification; ~unterlagen f pl. documentation f des plans; ~wagen m voiture f à bâche; ~wirtschaft f économie f dirigée (od. planifiée); planisme m; dirigisme m; ~wirtschaftler(in f) m planiste m, f; ²wirtschaftlich adj. planiste; ~zeichnen n dessin m de plans topographiques.
Plapp|e'rei f bavardage m; babillage m; jacasserie f; ~ermaul m bavard m, -e f; babillard m, -e f; ²ern v/i. u. v/t. bavarder; babiller; jacasser.
'plärren F I v/i. criailler; (weinen) pleurnicher; II ² n criaillerie f; (Weinen) pleurnicherie f.
'Plasma n plasma m.
Plast m plastique m.
'Plas|tifiziermittel n plastifiant m; ~tik f plastique f; sculpture f (a. Werk); ~tikbecher m gobelet m en plastique; ~tikbeutel m sac m de, en plastique; ~tikbombe f bombe f au plastic; ~tik-eimer m seau m en plastique; ~tik-einband (von Büchern) m skivertex m; ~tik-einschlag (für Bücher) m jaquette f plastifiée; ~tiker m sculpteur m; ~tikflasche f bouteille f en plastique; ~tikfolie f pellicule f de plastique; ~tikhaube f gegen Regen: capuche f (en plastique); für die Dusche: charlotte f; bonnet m de bain, de douche en plastique; ~tik-Kleider- u. Wäscheschrank m armoire f penderie en plastique; ~tiksack m sac m en plastique; ~tikschild (der Polizei) m bouclier m en plastique; ~tik(tisch)-decke f nappe f plastifée.
Plasti'lin n pâte f à modeler.
'plastisch adj. plastique; ~er Film film m en relief.
Plastizi'tät f plasticité f.
Pla'tane ⚥ f platane m.
Pla'teau n plateau m.
'Platin n platine m; ~blech n platine m laminé; lame f de platine; ²blond adj. blond platine; ~draht m fil m de platine; ~e f platine f; ²haltig adj. platinifère.
plati'nieren v/t. platiner.
Plati'tüde f platitude f.
Pla'to|niker m platonicien m; ²nisch adj. platonique.
platsch! int. flac!; paf!
'plätschern I v/i. Wasser: clapoter; murmurer; im Wasser ~ barboter dans l'eau; II ² n des Wassers: clapotis m; murmure m.
platt I adj. plat, (abgeplattet) aplati; (niedrig) peu élevé; Gegenden: peu accidenté; ~es Land pays m plat; rase campagne f; Nase: plat; épaté; camus; Reifen à plat; vél., Auto: e-n ~en haben avoir crevé; avoir une crevaison; avoir un pneu à plat, fig. plat; trivial; (erstaunt) ébahi; F épaté; F époustouflé; ~ sein a. F en être (od. en demeurer) baba; ~ drücken (machen) aplatir; écraser; sich ~ hinwerfen se mettre à plat ventre; II ² n (Mundart) patois m.
'Plätt|brett n planche f à repasser; ~chen n petite plaque f; plaquette f;
(Lamelle) lamelle f.
'Plattdeutsch n bas allemand m.
'Platte f plaque f (a. phot.); (Schall²) disque m; dünne: lame f; (Stein²) dalle f; (Fliese) dalle f; carreau m; (flache Schale) plat m; (Gesims²) tablette f; (Tisch², Servier²) plateau m; typ. planche f; (Glas²) plaque f de verre; (Glatze) calvitie f; F crâne m déplumé; e-s Berges: sommet m plat et nu; (kleine Hochebene) petit plateau m; cuis. kalte ~ charcuterie f; assiette f anglaise; en-cas m, encas m.
'Plätte f, 'Plätt-eisen n fer m à repasser; Schneiderei: carreau m.
plätten I v/t. Wäsche: repasser; II ² n repassage m.
'Platten|belag m dallage m; carrelage m; ~druck typ. m clichage m; ~fußboden △ m sol en dallage; ~halter m für die Wand: accroche-plat m; ~kassette phot. f châssis m; ~leger m carreleur m; ~see géogr. m lac m Balaton; ~spieler m électrophone m; tourne-disque m; ~stift (Plattenspieler) m petit axe m; ~tasche f pochette f; ~teller m plateau m; fig. (Schallplattenauslese) discorama m; ~wechsler m changeur m automatique de disques.
'Plätter m repasseur m.
platter'dings adv. absolument.
Plätte'rei f (Plätten) repassage m; (a. Plättanstalt) pressing m.
'Plätterin f repasseuse f.
'Platt|form f plate-forme f (a. fig.), ~formwagen m plate-forme f; plateau m; ~fuß m pied m plat; F Auto, vél.: roue f à plat; Plattfüße haben avoir les pieds plats; e-n ~ haben Auto, vél.: avoir crevé; avoir un pneu à plat; être (od. rouler) à plat; ~fuß-einlage f semelle f orthopédique; ²füßig adj. qui a les pieds plats; ~heit f aplatissement m; fig. platitude f; banalité f.
platt'ieren ⊕ I v/t. plaquer; II ² n placage m.
'Platt|naht f couture f plate; ~nase f nez m plat (od. épaté od. camus); ²nasig adj. qui a le nez plat (od. épaté od. camus).
'Plätt|stube f blanchisserie f; ~wäsche f linge m à repasser.
Platz m place f (a. ✝); (Stelle, Ort) endroit m; lieu m; emplacement m; (Terrain, Gelände) terrain m; (Sport²) terrain m de sport; stade m; (Tennis²) court m; ⚔ fester ~ place f forte; forteresse f; ~! (zum Hund) couché!; ~ da!; ~ gemacht! place!; auf die Plätze! à vos places!; e-n guten (schlechten) ~ haben avoir une bonne (mauvaise) place; être bien (mal) placé; j-m e-n ~ anweisen placer q.; nehmen prendre place; s-n ~ einnehmen occuper sa place; ~ lassen laisser place (für à); ~ machen faire place (für à); se ranger; j-m ~ machen céder la place à q.; j-s ~ einnehmen prendre la place de q.; ~ behalten rester assis; sich e-n ~ in der Gesellschaft schaffen se tailler une place dans la société; s-n ~ wechseln changer de place; fig. j-n an s-n ~ verweisen remettre q. à sa place; ~ greifen s'implanter; prendre pied; an s-m ~e sein être à sa place; nicht an s-m ~e sein a. être déplacé; e-n ~ bestellen (belegen) retenir une
place (a. Sport); bis auf den letzten ~ gefüllt comble; bondé; ~angst f agoraphobie f; ~anweiser(in f) m ouvreur m, -euse f; ~bedarf m e-r Maschine usw.: encombrement m.
'Plätzchen n petite place f; F ein nettes ~ un bon coin; ~ n/pl. (Gebäck) biscuits m/pl.; petits gâteaux m/pl.; (Pastillen) pastilles f/pl.
'Platze F f: die ~ kriegen explorer; sortir de ses gonds.
'platzen I v/i. (bersten) crever (a. Reifen); mit Getöse: éclater; (krachen) craquer; (springen) se fendre; se fêler; (explodieren) exploser; vor Lachen (Wut) ~ crever de rire (de rage); schließlich platzte ihm der Kragen il finit par éclater; das Unternehmen ist geplatzt l'entreprise a échoué (od. raté od. F foiré); die Versammlung ist geplatzt la réunion est interrompue, n'a pas lieu; ins Zimmer ~ faire brusquement dans la chambre; II ² n (Bersten) crevaison f (a. v. Reifen); mit Getöse: éclatement m; (Krachen) craquement m; (Explodieren) explosion f.
'Platz|ersparnis f économie f de place; ~geschäft ✝ n commerce m local; ~gewinn m gain m de place; ~karte f 🎟 ticket m de réservation de place; place f réservée; ~kommandant ⚔ m commandant m de place; ~mangel m manque m de place; wegen ~s faute de place; ~patrone ⚔ f cartouche f à blanc; mit ~n schießen tirer à blanc; ²raubend adj. encombrant; ~regen m forte averse f; pluie f diluvienne; ~runde ✈ f tour m de piste; ²sparend adj. économe d'espace; ~verteilung parl. f répartition f des sièges; ~vertreter m agent m de place; ~wart m gardien m; (Sportplatz) surveillant m d'un terrain de sport; ~wechsel m changement m de place; ✝ effet m sur place.
Plaude'rei f causerie f.
'Plauder|er m, ~in f causeur m, -euse f; ²n v/i. causer; F tailler une bavette; F papoter; ein wenig ~ faire un brin de causette; aus der Schule ~ commettre une indiscrétion; ~n n causerie f; ~stündchen n causette f; ~tasche F f bavard m; ~ton m: im ~ sur le ton de la causerie.
'plauschen F v/i. tailler une bavette.
plau'sibel adj. plausible; j-m etw. ~ machen faire comprendre qch. à q.
Plausibili'tätskontrolle inform. f contrôle m de vraisemblance.
plauz! int. pouf!; boum!
Play-'back (Nachsynchronisation) cin., télév. n play-back m; contre-jeu m; surjeu m; ~Aufnahme (Tonband) f enregistrement m en play-back.
'Plazet n approbation f.
Ple'bej|er(in f) m hist. plébéien m, -enne f; fig. goujat m; ²isch adj. plébéien, -enne; fig. vulgaire.
Plebis'zit n plébiscite m.
Plebs f plèbe f; populace f.
'Pleite I f faillite f; ~ machen faire faillite; II ² adj. failli; en faillite; ~ gehen faire faillite; ~ sein être en faillite, P être fauché, P être dans la dèche.
plem'plem F adj. toqué; timbré; P cinglé; maboul; dingo; toctoc.

Ple'narsitzung f séance f plénière.
'Plenum n toute l'assemblée f.
Pleo'nas|mus m pléonasme m; **tisch** adj. pléonastique.
'Pleuelstange ⊕ f bielle f.
'Pleura|erguß ⚕ m épanchement m pleural; **~verwachsung** ⚕ f bride f pleurale.
Pleu'ritis ⚕ f pleurésie f.
'Plexiglas n plexiglas m.
Plis'see n plissé m; **~rock** m jupe f plissée.
plis'sieren I v/t. plisser; **II** n plissage m.
'Plombe f plomb m; (Zahn) plombage m; obturation f; **~nverschluß** ✝ m plombage m.
plom'bier|en v/t. plomber; Zahn: a. obturer; mit Gold ~ aurifier; **~en** n plombage m; e-s Zahnes: a. obturation f; **stäbchen** ⚕ n fouloir m.
'Plötze icht. f gardon m.
'plötzlich I adj. subit; soudain; brutal; brusque; **II** adv. soudain, soudainement; subitement; tout à coup; brusquement; tout à trac; **keit** f soudaineté f.
'Pluderhose f pantalon m bouffant.
Plu'meau n édredon m.
plump adj. grossier, -ière; (schwerfällig) lourd; balourd; **heit** f grossièreté f; (Schwerfälligkeit) lourdeur f, balourdise f; (Ungeschicktheit) gaucherie f.
plumps int. p|)ouf!; patatras!
Plumps F (ins Wasser) m F plouf m.
'plumpsen v/t. tomber lourdement.
'Plunder m fatras m; (Lumpen) guenilles f/pl.; P frusques f/pl.
Plünde'rei f pillage m; bsd. ⚔ maraude f; maraudage m.
'Plünder|er m pillard m; pilleur m; bsd. ⚔ maraudeur m; **n** v/t. u. v/i. piller; saccager; Menschen: dévaliser; détrousser; bsd. ⚔ marauder; Bäume: dépouiller; **~n** n, **~ung** f pillage m; v. Menschen: détroussement m; v. Bäumen: dépouillement m; bsd. ⚔ maraudage m; maraude f; **~ungszug** ⚔ (bsd. in der Sahara) m rezzou m.
'Plural m pluriel m; **~endung** f terminaison f du pluriel; **~ismus** pol., soc. m pluralisme m; **istisch** pol., soc. adj. pluraliste; **~wahlrecht** n vote m plural.
'Plurre P f lavure f, eau f de vaisselle; F lavasse f.
plus I adv. plus; **II** n plus m; ⚡ excédent m.
Plüsch m peluche f; **'artig** adj. peluché.
'Plus|pol ⚡ m pôle m positif; **~punkt** m atout m; **~quamperfekt** gr. n plus-que-parfait m; **~zeichen** n plus m.
Pluto|kra'tie f ploutocratie f; **'kratisch** adj. ploutocratique.
Plu'tonium ⚛ n plutonium m.
Pneu'ma|tik phys. m pneumatique f; **tisch** adj. pneumatique.
Pneumo'nie ⚕ f pneumonie f.
Pneumo'torax ⚕ m pneumothorax m.
Po géogr. m: der ~ le Pô.
'Pöbel m bas peuple m; racaille f; populace f; F populo m.
Pöbe'lei f grossièreté f.
'pöbel|haft adj. populacier, -ière;

poissard; grossier, -ière; vulgaire; **haftigkeit** f caractère m populacier; grossièreté f; **herrschaft** f voyoucratie f.
'pochen v/i. u. v/t. frapper (an die Tür à la porte); Herz: battre; Erz: broyer; bocarder; concasser; fig. auf etw. (acc.) ~ se targuer de qch., (fordern) réclamer qch.
'Poch|erz n minerai m pauvre; **~hammer** m marteau m à bocarder le minerai; **~werk** n bocard m.
'Pocke ⚕ f pustule f variolique; **~n** f/pl. petite vérole f; variole f; an ~ Erkrankte(r) varioleux m, -euse f; **n-artig** adj. varioleux, -euse; **~ngift** n virus m variolique; **~nnarbe** f marque f de petite vérole; **nnarbig** adj. variolé; **~n(schutz)impfung** f vaccination f antivariolique.
'pockig adj. variolé; (pockenartig) varioleux, -euse.
Podagra ⚕ n podagre f.
po'dagrisch ⚕ adj. podagre.
Po'dest n estrade f.
'Podex P m derrière m; postérieur m.
'Podium n estrade f; **~sdiskussion** rad., télev. f débat m public; débat m radiodiffusé (od. télévisé); colloque m en public; tribune f de critiques.
'Po-Ebene f plaine f du Pô.
Poe'sie f poésie f.
Po'et(in f) m poète m, poétesse f; **~ik** f (art m) poétique f; **isch** adj. poétique.
Po'grom m pogrom(e) m.
'Pointe f essentiel m; point m capital (od. essentiel); nœud m; fond m; fin mot m; sens m caché; esprit m du texte; die **~n geschickt verteilen** (als Autor) ménager ses effets.
poin'tiert (zugespitzt) adj. agressif, -ive; acéré; mordant.
Pointil'lis|mus m pointillisme m; **~t** m pointilliste m; **tisch** adj. pointilliste.
Po'kal m coupe f (a. Sport); **~endspiel** n finale f de la coupe; **~spiel** n (match m od. rencontre f de) coupe f.
'Pökel cuis. m saumure f; **~faß** n saloir m; **~fleisch** n viande f salée; salé m; salaisons f/pl.; **~hering** m 'hareng m salé; **n** v/t. saler; **~n** n salaison f.
Poker n poker m; **n** jouer au poker.
Pol m pôle m; ⚡ positiver ~ pôle m positif; anode f; ⚡ negativer ~ pôle m négatif; cathode f; magnetischer ~ pôle m magnétique.
po'lar adj. polaire; **bär** zo. m ours m blanc; **expedition** f expédition f polaire; **fahrt** f expédition f polaire; **forscher** m explorateur m des régions polaires; **forschung** f exploration f des régions polaires; **front** f front m polaire; **fuchs** zo. m renard m bleu; **hund** m chien m esquimau.
Polari|sati'on f polarisation f; **'sieren** v/t. (v/rf.: sich se) polariser; **~'sierung** f polarisation f.
Po'larisrakete ⚔ f fusée f Polaris.
Polari'tät f polarité f.
Po'lar|kreis m cercle m polaire; nördlicher (südlicher) ~ cercle m polaire arctique (antarctique); **~länder** n/pl. terres f/pl. polaires; **~licht** n aurore f boréale; am Südpol: aurore f australe; **~stern** ast. m étoile f polaire; **~zone** f zone f polaire.

'Pole m Polonais m.
Po'lem|ik f polémique f; **~iker** m polémiste m; **isch** adj. polémique.
polemi'sieren v/i. polémiquer (über acc. sur; gegen acc. contre).
'Polen n la Pologne.
Po'lente P f (Polizei) F flics m/pl.; F flicaille f; *rousse f; P larnaque f; P guignols m/pl.; * renifle f.
Po'lice f police f (d'assurance).
Po'lier m contremaître m; ⚒ chef m d'équipe; appareilleur m; **en** v/t. polir; brunir; (blank putzen) fourbir; (glätten) lisser; auf Hochglanz ~ faire briller, étinceler, **~en** n polissage m; brunissage m; (Blankputzen) fourbissage m; (Glätten) lissage m; **~er** m polisseur m; brunisseur m; **~mittel** n produit m d'entretien. (pour faire briller); **~scheibe** ⚙ f, **~stahl** m polissoir m; brunissoir m.
'Poliklinik ⚕ f städtische: policlinique; f e-s Hilfswerks od. Sozialamts: polyclinique f.
'Polin f Polonaise f.
Poli'tik f politique f; ~ der kleinen Schritte politique f du pas à pas; ~ der Stärke politique f de force; ~ der offenen Tür politique f de la porte ouverte; über ~ sprechen parler politique; e-e ~ verfolgen mener (od. poursuivre) une politique; immer die gleiche ~ verfolgen conserver sa politique; ne pas changer de politique.
Po'li|tikaster péj. m politicard m; **~tiker(in** f) m homme m (femme f) politique; politique m; a. mv.p. politicien m, -enne f; femme f politicienne; **tisch** adj. politique; e-r Sache (dat.) e-n ~en Charakter geben politiser qch.; ~ unklug impolitique; **tisch-militärisch** adj. politico-militaire.
Poli'tikwissenschaftler m → Politologe.
politi'sier|en 1. v/i. parler politique; **2.** v/t. politiser; **ung** f politisation f.
Polito'loge m politologue m; politicologue m.
Politolo'gie f politologie f; politicologie f; sciences f/pl. politiques.
Poli'tur f poli m; vernis m (a. fig.); polissure f; brunissure f; s. a. Poliermittel.
Poli'zei f police f; F gros bras m/pl.; **~aktion** f opération f de police; coup m de filet; **~amt** n commissariat m de police; **~apparat** m appareil m policier; **~aufgebot** mobilisation f policière; forces f/pl. de police; **~aufsicht** f surveillance f de la police; unter ~ sous la surveillance de la police; **~be-amte(r)** m agent m de police; policier m; **~behörde** f police f; **~bereitschaft** f piquet m de police; **~büro** n bureau m du commissariat de police; **~dienst** m service m de police; **~funkwagen** m voiture-radio f de la police; **~gericht** n tribunal m de police; **~gewahrsam** n garde f à vue; dépôt m; F violon m; in ~ halten garder à vue; **~gewalt** f pouvoir m de police; **~hund** m chien m policier; **~inspektor** m inspecteur m de police; **~knüppel** m (Gummiknüppel) matraque f; **~kommissar** m commissaire m de police; **lich I** adj. de la police; policier, -ière; **II** adv. par mesure de police; sich ~

anmelden faire une déclaration de séjour à la police; *sich ~ abmelden* déclarer son départ à la police; **~präsident** *m* préfet *m* de police; **~präsidium** *n* préfecture *f* de police; **~revier** *n* commissariat *m* de police; **~skizze** *f* portrait-robot *m*; **~spitzel** *m* indicateur *m*; mouchard *m*; **~staat** *m* État-gendarme *m*; État *m* policier; **~strafe** *f* peine *f* de simple police; **~streife** *f* patrouille *f* de police; **~streifenwagen** *m* (*Funkstreifenwagen*) voiture *f* radio; **~streitmacht** *f* force *f* de police; **~stunde** *f* heure *f* de clôture; **~verordnung** *f* règlement *m* de police; **~verstärkungen** *f/pl.* renforts *m/pl.* de police; **~vorschrift** *f* prescription *f* de police; **~verwaltung** *f* police *f*; **~wache** *f* poste *m* de police; (*Arrestlokal*) salle *f* de police, F violon *m*; **~wachtmeister** *m* brigadier *m* de police; **~wagen** *m* voiture *f* de police; voiture-pie *f*; *für Häftlinge*: voiture *f* cellulaire; **~wesen** *n* police *f*; ♀**widrig** *adj.* contraire aux règlements de police; *fig.* intolérable.
Poli'zist *m* agent *m* de police; sergent *m* de ville; *in Paris*: gardien *m* de la paix; F flic *m*; P argousin *m*; cogne *m*; sergot *m*; roussin *m*; *mv.p.* poulet *m*; **~in** *f* femme *f* policier.
Po'lizze östr. *f vgl.* Police.
Polka *f* polka *f*.
'Polklemme ⚡ *f* borne *f* d'élément.
'Pollen ♀ *m* pollen *m*.
'polnisch *adj.* polonais; *fig.* **~e** *Wirtschaft* pétaudière *f*.
'Polo|feld *n* terrain *m* de polo; **~hemd** *n* chemise-polo *f*.
Polo'näse *f* polonaise *f*.
'Polo|schläger *m* maillet *m* de polo; **~spiel** *n* polo *m*.
'Polschuh ⚡ *m* pièce *f* polaire.
'Polster *n* rembourrage *m*; capitonnage *m*; matelassure *f*; (*Kissen*) coussin *m*; (*Matratze*) matelas *m*.
'Pölsterchen F (*bei Korpulenz*) *n* bourrelet *m*.
'Polster|er *m* tapissier *m*; (*Matratzen*♀) matelassier *m*; **~material** *n* rembourrure *f*; matelassure *f*; **~möbel** *n/pl.* meubles *m/pl.* rembourrés (*od.* capitonnés); ♀**n** *v/t.* rembourrer; capitonner; matelasser; **~n** *n* rembourrage *m*; capitonnage *m*; **~sessel** *m*, **~stuhl** *m* siège *m* rembourré (*od.* capitonné); **~tür** *f* porte *f* matelassée (*od.* rembourrée); **~ung** *f* rembourrage *m*; capitonnage *m*; ⊕ äußere, **~ mit** *Glaswolle* matelassage *m* extérieur avec de la laine de verre.
'Polter-abend All. *m* fête *f* bruyante à la veille des noces.
Polte'rei *f* tapage *m*.
'Polter|er *m* tapageur *m*; (*Zänker*) grondeur *m*, **~geist** *m* esprit *m* frappeur (*od.* tapageur); ♀**n** *v/i.* faire du tapage (*od.* du vacarme); *an der Tür ~* 'heurter bruyamment à la porte; (*wettern*) tempêter; **~n** *n* tapage *m*; fracas *m*; vacarme *m*.
poly'chrom *adj.* polychrome.
Poly'eder *n* polyèdre *m*.
poly'|gam *adj.* polygame; **~ga'mie** *f* poligamie *f*; ♀**ga'mist** *m* polygame *m*.
poly'glott *adj.* polyglotte.

Poly'gon *n* polygone *m*.
poly|'mer *adj.* polymère; **♀merisati'on** *f* polymérisation *f*; **~meri'sieren** *v/t.* polymériser.
Poly'nes|ien *n* la Polynésie; **~ier(in** *f*) *m* Polynésien *m*, -enne *f*; ♀**isch** *adj.* polynésien, -enne.
Po'lyp *m* polype *m* (*a.* ✻); **~enstock** *zo. m* polypier *m*.
Poly|pho'nie *f* polyphonie *f*; ♀**'phonisch** *adj.* polyphonique.
Polysty'rol 🜹 (= *Styropor*) *n* polystyrène *m*.
Poly'tech|niker *m* polytechnicien *m*; **~nikum** *n* école *f* polytechnique; ♀**nisch** *adj.* polytechnique.
Polythe'is|mus *m* polythéisme *m*; ♀**tisch** *adj.* polythéiste.
Po'made|f *f* crème *f* capillaire; ♀**ig** *fig.* F *adj.* qui ne se foule pas la rate.
pomadi'sieren *plais., péj. v/t.* pommader.
Pome'ranze ♀ *f* orange *f* amère; (*Baum*) oranger *m* amer.
Pommes frites *cuis. pl.* frites *f/pl.*
Pommes-frites-Schneider *m* coupe-frites *m*.
Pomp *m* pompe *f*; faste *m*; **|'♀haft** *adj.* pompeux, -euse; fastueux, -euse; **'~haftigkeit** *f* pompe *f*; faste *m*.
pom'pös *adj.* pompeux, -euse; fastueux, -euse.
pon'cieren I *v/t.* poncer; **II** ♀ *n* ponçage *m*.
'Pontifex *m* pontife *m*.
Pontifi'kal|amt *n* office *m* pontifical; **~ien** *pl.* ornements *m/pl.* pontificaux.
Pontifi'kat *n* pontificat *m*.
'Pontius *m*: ~ *Pilatus* Ponce Pilate *m*, *fig.* j-n *von ~ zu Pilatus schicken* renvoyer q. de Ponce à Pilate.
Pon'ton *m* ponton *m*; *Bugsierschiffahrt*: barge *f* métallique; **~brücke** *f* pont *m* de bateaux; pont *m* flottant.
'Pony *n* poney *m*; **~frisur** *f* cheveux *m/pl.* coupés à la Jeanne d'Arc.
'Popanz F *m* (*Strohpuppe, Marionette*) potiche *f*; fantoche *m*; marionnette *f*.
'Popbewegung *f* mouvement *m* pop.
'Pope *m* pope *m*.
Pope'lin *m* popeline *f*.
'popeln *v/i.* (*mit dem Finger in der Nase bohren*) se fourrer le(s) doigt(s) dans le nez.
'Popgruppe *f* groupe *m* pop.
'poplig F *adj.* (*armselig*) misérable, pitoyable; (*geizig*) ladre; pingre.
'Popmusik *f* musique *f* pop; pop music *f*.
Po'po P *m* derrière *m*; postérieur *m*; fesses *f/pl.*; **~chen** *enf. n* cucu(l) *m*.
popu'lär *adj.* populaire; **~lari'sieren** *v/t.* populariser; vulgariser; **~lari'sierung** *f* popularisation *f*; vulgarisation *f*; ♀**lari'tät** *f* popularité *f*; **~larwissenschaftlich** *adj.* de vulgarisation scientifique; ♀**lati'on** *biol. f* peuplement *m*.
Por|e *f* pore *m*; ♀**ig** *adj.* poreux, -euse.
'Porno|film *m* film *m* pornographique; F porno *m*; **~'graph** *m* pornographe *m*; **~gra'phie** *f* pornographie *f*; ♀**graphisch** *adj.* pornographique.
po'rös *adj.* poreux, -euse.
Porosi'tät *f* porosité *f*.
'Porphyr *m* porphyre *m*; ♀**artig**, ♀**-haltig** *adj.* porphyrique.
'Porree ♀ *m* poireau *m*.
Por'tal *n* portail *m*; (*Stahlbau*) cadre *m*.
Porte'feuille *n*: *Minister m ohne ~* ministre *m* sans portefeuille.
Portemon'naie *n* porte-monnaie *m*.
Porte'pee *n* dragonne *f*.
Por'tier *m in privaten Häusern*: concierge *m*; *in öffentlichen Gebäuden u. Hotels*: portier *m*.
Por'tiere *f* portière *f*.
Por'tier|loge *f* loge *f* de concierge; **~frau** *f* femme *f* de concierge.
Porti'on *f* part *f*; portion *f*; ⚔ ration *f*; *e-e gehörige ~ Dummheit* une couche (de bêtise).
portio'niert *cuis., adjt.* (*im voraus verpackt*) préportionné.
'Porto *n* port *m*; *zuzüglich ~* port en plus; **~auslagen** *f/pl.* frais *m/pl.* de port; ♀**frei I** *adj.* franc, franche de port; dispensé du timbrage; **II** *adv.* franco de port; **~freiheit** *f* franchise *f* de port; **~gebühr** *f* port *m*; **~kosten** *pl.* frais *m/pl.* de port; **~kasse** *f* caisse *f* pour frais de port; ♀**pflichtig** *adj.* soumis à la taxe; *~e Dienstsache* lettre *f* officielle en port dû; **~satz** *m* tarif *m* postal; **~spesen** *pl.* frais *m/pl.* de port; **~tarif** *m*, **~taxe** *f* tarif *m* postal; **~vergütung** *f* remboursement *m* des frais de port; **~zuschlag** *m* supplément *m* de port.
Por'trät *n* portrait *m*; **~album** *a. iron.* trombinoscope *m*.
porträ'tieren *v/t.* portraiturer; faire le portrait de.
Por'trätmaler *m* portraitiste *m*.
'Portugal *n* le Portugal.
Portu'gie|se *m*, **~sin** *f* Portugais *m*, -e *f*; ♀**sisch** *adj.* portugais.
'Portwein *m* porto *m*; vin *m* de Porto.
Porze'llan *n* porcelaine *f*; **~arbeiter** *m* ouvrier *m* porcelainier; **~erde** *f* terre à porcelaine; kaolin *m*; **~geschirr** *n* porcelaine *f*; **~industrie** *f* industrie *f* porcelainière; **~krone** 🦷 *f* couronne *f* en porcelaine; coiffe *f* en émail; **~laden** *m* magasin *m* de porcelaine; *fig. sich wie ein Elefant im ~ benehmen* être comme un éléphant dans un magasin de porcelaine; **~male'rei** *f* peinture *f* sur porcelaine; **~masse** *f* pâte *f* à porcelaine; **~service** *n* service *m* en porcelaine; **~teller** *m* assiette *f* en porcelaine; **~vase** *m* en porcelaine; **~waren** *f/pl.* porcelaines *f/pl.*
Posa'menten *n/pl.* passementerie *f*.
Posamen'tier *m* passementier *m*; **~waren** *f/pl.* passementerie *f*.
Po'saune *f* trombone *m*; ♀**n 1.** *v/i.* ♪ jouer du trombone; **2.** *v/t.* (*aus~*) trompeter; claironner; **~nbläser** *m*, **~nschall** *m* son *m* des trombones.
'Pose *a. peint., phot. f* pose *f*.
Positi'on *f* position *f*; *sich e-e ~ schaffen* se faire une position; **~'ierung** *f* (*e-s Satelliten*) *f* mise *f* en position définitive; **~slicht** *n a.* Auto: feu *m* de position; **~smeldung** *f* message *m* de position.
'positiv I *adj.* positif, -ive; (*bejahend*) affirmatif, -ive; **II** ♀ **1.** *gr. m* (degré *m*) positif *m*; **2.** *phot. n* positif *m*; **~e'lektrisch** *adj.* á (charge d')électricité positive.

'Positron *phys. n* positon *m.*
Positi'vis|mus *m* positivisme *m*; ~t *m* positiviste *m*; ⁀tisch *adj.* positiviste.
Posi'tur *f* posture *f*; pose *f*; *sich in* ~ *setzen* se mettre en position.
'Posse *f* farce *f*; *thé. a.* pièce *f* burlesque; bouffonnerie *f*; facétie *f*; *~n reißen* faire le clown, le pitre; se livrer à des bouffonneries (*od.* à des pitreries).
'Possen *m* mauvais tour *m*; *j-m e-n ~ spielen* jouer un tour à q.; *j-m etw. zum ~ tun* faire qch. à la barbe de q.; ⁀haft *adj.* burlesque; bouffon, -onne; grotesque; facétieux, -euse; ~macher *m*, ~reißer *m* farceur *m*; bouffon *m*; pitre *m*; ~reiße'rei *f* bouffonnerie *f*; pitrerie *f*; ~spiel *thé. n* farce *f*; pièce *f* burlesque.
posses'siv *gr. adj.* possessif, -ive; ⁀pronomen *gr. n* pronom *m* possessif.
pos'sierlich *adj.* drôle; F rigolo, -te.
Post *f* poste *f*; (~*amt*) bureau *m* de poste; (~*sachen*) courrier *m*; *mit der ~ par la poste*; par la voie postale; *mit gleicher ~* par le même courrier; *mit der nächsten ~* par prochain courrier; *mit umgehender ~* par retour du courrier; *zur ~ bringen* mettre à la poste; poster; *mit der gewöhnlichen ~ abschicken* transmettre par la voie postale ordinaire; *die ~ durchsehen* dépouiller le courrier; *die ~ aufgeben (erledigen)* expédier (faire) le courrier; *die ~ in den Briefkasten werfen* mettre le courrier à la boîte (aux lettres); '~abholungsstelle *f* service *m* de retrait du courrier; *für Firmen*: C.E.D.E.X. *m*; '~ablage *f* casier (*od.* dépôt) *m* du courrier; '~abonnement *n* abonnement *m* postal; '~abschnitt *m e-r Postanweisung*: talon *m* de mandat-poste; '~agentur *f* agence *f* postale.
pos'talisch *adj.* postal.
Posta'ment ⚠ *n* piédestal *m.*
'Post|amt *n* bureau *m* de poste; ⁀amtlich *adj.* postal; ~angehöriger *m* postier *m*; ~anschrift *f* adresse *f* postale; ~antwortschein *m* coupon-réponse *m*; ~anweisung *f* mandat-poste *m*; mandat *m* postal (*od.* de poste); *telegraphische ~* mandat *m* télégraphique; télégramme *m* mandat; ~auftrag *m* recouvrement *m* postal; ~ausgabestempel *m* timbre *m* du bureau de distribution; ~austausch *m* échange *m* réciproque de dépêches; dépêche *f*; ~auto *n* auto (*od.* voiture) *f* postale; (*Überlandauto*) autocar *m* postal; fourgonnette *f* de la poste; ~autoverkehr *m* service *m* des autocars postaux; ~be-amte(r) *m*, ~be-amtin *f* employé *m*, -e *f* des postes; F postier *m*, -ière *f*; ~beförderung *f* transport *m* postal; acheminement *m* du courrier; ~behörde *f* administration *f* postale (*od.* des postes); ~bestellung *f* distribution *f* postale; ~beutel *m* sac *m* postal; ~bezirk *m* circonscription *f* postale; ~bezug *m* abonnement *m* postal; ~bote *m* facteur *m*; *adm.* préposé *m*; ~dienst *m* service *m/pl.* postaux; ~direktion *f* direction *f* des postes; ~direktor *m* directeur *m* des postes; ~einlieferungsschein *m* récépissé *m* postal; ~ein-

zahlung *f* mandat-poste *m.*
'Posten *m* poste *m*; (*Amt*) a. place *f*; emploi *m*; affectation *f*; ⚔ poste *m*; sentinelle *f*; *~ vor Gewehr* sentinelle *f* devant les armes; *vorgeschobener ~ poste m avancé*; *s-n ~ antreten* rejoindre son affectation; (*auf*) *~ stehen* être en sentinelle (*od.* de faction); *auf ~ ziehen* prendre la garde; *e-n ~ ablösen* ⚔ relever un poste (*od.* une sentinelle); ✝ (*Waren* ⁀) lot *m*; (*Rechnungs* ⁀) item *m*; article *m* de compte; (*Summe*) somme *f*; *fig. s-n ~ ausfüllen* être à son poste; *auf dem ~ sein (aufpassen)* faire attention, prendre garde, (*s-e Pflicht tun*) faire son devoir; *immer auf s-m ~ sein* être toujours à son poste; *nicht auf dem ~ sein gesundheitlich*: F ne pas être dans son assiette; ne pas être d'attaque; *wieder auf dem ~ sein* être rétabli; *auf verlorenem ~ stehen* défendre une cause perdue; être perdu; ~aufstellung ⚔ *f* pose *f* des sentinelles; ~jäger *m* chasseur *m* de places; ~jägerei *f* curée *f* des places; F frein *m* d'empoigne; ~kette *f*, ~linie *f* ⚔ ligne *f* de sentinelles; cordon *m*; ⁀weise ✝ *adv.* par articles.
'Poster *n od. m* poster *m.*
Post|fach *n im Büro*: case *f* à courrier; *bei der Post*: boîte *f* postale; ~flugzeug *n* avion *m* postal; ~formblatt *n* formule *f* postale; formulaire *m* postal; ~gebühr *f* taxe *f* postale; ~geheimnis *n* secret *m* postal.
Postglazi'alzeit *géol. f* postglaciaire *m.*
'Post|hilfsstelle *f* bureau *m* de poste auxiliaire; ~horn *n* cor *m* de postillon.
post'hum *adj.* posthume.
pos'tieren *v/t.* (*v/rf.*: *sich se*) poster.
'Postillion *m* postillon *m.*
'Post|karte *f* carte *f* postale; *~ mit Rückantwort* carte-réponse *f*; ~kartensammler *m* cartophile *m*; ~kasse *f* caisse *f* postale; ~kraftwagenverkehr *m* service *m* des autocars postaux; ~kunde *m* usager *m*; ~kutsche *hist. f* diligence *f*; ⁀lagernd *adv.* poste restante; ~leitzahl *f* code *m* (postal); indicatif *m* postal (*od.* chiffré); ~meister *m* directeur *m* d'un bureau de poste; ~minister *m* ministre *m* des postes; ~ministerium *Fr. n* ministère *m* des Postes et Télécommunications.
postnume'rando *adv.*: *~ bezahlen* payer après.
'post-operativ ⚕ *adj.* postopératoire.
'Post|ordnung *f* règlement *m* postal; ~paket *n* colis *m* postal; ~paket-adresse *f* bulletin *m* d'expédition; ~paketdienst *m* service *m* des colis postaux; ~raub *m*: *e-n ~ begehen* commettre un vol à la poste; ~sachen *f/pl.* courrier *m*; ~sack *m* sac *m* postal; sac *m* de courrier; ~schaffner *m* courrier *m* ambulant; ~schalter *m* guichet *m* de la poste; ~scheck *m* chèque *m* postal; ~scheck-amt *n* bureau *m* de chèques postaux; ~scheckdienst *m* service *m* des chèques postaux; ~scheckkonto *n* compte *m* de chèques postaux; ~scheckverkehr *m* service *m* des chèques postaux; ~schließfach *n* boîte *f*

postale; ~sendung *f* envoi *m* postal; ~skript(um) *n* post-scriptum *m*; ~sparkasse *f* caisse *f* d'épargne de la poste; ~sparkassenbuch *n* livret *m* de caisse d'épargne de la poste; ~sperre *f* blocage *m* des services postaux; ~stempel *m* cachet (*od.* timbre) *m* de la poste; *Datum des ~s* date *f* de la poste; ~stempelung *f* timbrage *m* postal; ~streik *m* grève *f* des Postes; ~tarif *m* tarif *m* postal; ~überland-auto *n* autocar *m* postal; ~überweisung *f* virement *m* postal.
Postu'lat *n* postulat *m.*
postu'lieren *v/t.* postuler.
'Post|verbindung *f* communication *f* postale; ~ver-ein *m* union *f* postale; (*Welt* ⁀) Union *f* Postale Universelle; ~verkehr *m* trafic *m* postal; ~vermerk *m* indication *f* de service; ~versand *m*: *für den ~ geeignet* postable; ~verwaltung *f* administration *f* des postes; ~vollmacht-inhaber *m* fondé *m* de pouvoir postal; ~wagen *m* voiture *f* postale; 🚃 wagon-poste *m*; ⁀wendend *adv.* par retour du courrier; ~wertzeichen *n* timbre-poste *m*; ~wesen *n* (administration *f* des) postes *f/pl.*; ~wurfsendung *f* envoi *m* publicitaire collectif; ~zeug-amt *n* dépôt *m* (*od.* centre *m*) de matériel postal; ~zug 🚃 *m* train-poste *m*; ~zustellung *f* distribution *f* postale; ~zustellungs-urkunde *f* acte *m* de signification; acte *m* prouvant la remise postale.
Po'temkin *m*: *das sind ~sche Dörfer* F c'est de la frime.
Poten'tat *m* potentat *m.*
Potenti'al *n* potentiel *m*; ~abfall *m* chute *f* de potentiel; ~differenz ⚡ *f* différence *f* de potentiel.
Potenti'alis *gr. m* potentiel *m.*
potenti'ell *adj.* potentiel, -elle; *~e Käufer* acheteurs *m/pl.* en puissance.
Potentio'meter *n* potentiomètre *m.*
Po'tenz *f* puissance *f*; *zweite ~* deuxième puissance *f*; carré *m*; *dritte ~* troisième puissance *f*; cube *m*; *in e-e ~ erheben* élever à une puissance.
poten'zieren ⚡ *v/t.* élever à une puissance.
'Potpourri *n* pot-pourri *m.*
'Potsdam *in pol.*: *das ~er Abkommen* les accords *m/pl.* de Potsdam.
'Pott-asche 🜨 *f* potasse *f.*
'Pottwal *m icht.* cachalot *m.*
potz'tausend! *int.* parbleu!; sapristi!; sacrebleu!
pous'sier|en *v/i.*: *mit j-m ~* courtiser q.; faire la cour à q.; flirter avec q.; ⁀stengel F *m* conteur *m* de fleurettes; godelureau *m.*
'power F *adj.* pauvre F; piètre.
Prä'ambel *f* préambule *m.*
Prä'bende *cath. f* prébende *f.*
Pracht *f* magnificence *f*; (*Prunk*) pompe *f*; faste *m*; (*Luxus*) luxe *m*; (*Glanz*) splendeur *f*; *~ entfalten* (*Luxus, Aufwand treiben*) faire du luxe; *fig. es war e-e wahre ~* c'était magnifique; '~aufwand *m* luxe *m*; somptuosité *f*; '~ausgabe *f* édition *f* de luxe; '~bau *m* palais *m*; '~einband *m* reliure *f* de luxe; '~exemplar *n* exemplaire *m* superbe; (*Luxusexemplar*) exemplaire *m* de luxe.
'prächtig *adj.* magnifique; (*prunk-*

voll) pompeux, -euse; fastueux, -euse; (*Aufwand liebend*) somptueux, -euse; (*luxuriös*) luxueux, -euse; (*herrlich*) superbe; splendide; (*köstlich*) délicieux, -euse; (*vortrefflich*) excellent.
'Pracht|kerl F m gaillard m superbe; type m épatant; ~liebe f goût m du luxe; magnificence f; 2liebend adj. qui aime le luxe; ~mädchen n fille f superbe; ~mensch m homme m superbe; ~stück n exemplaire m superbe; 2voll adj. = prächtig; ~werk n ouvrage m superbe; (*Luxuswerk*) ouvrage m de luxe.
Prädesti|nati'on f prédestination f; ~nati'onslehre f doctrine f de la prédestination; 2'nieren v/t. prédestiner.
Prädi'kat n gr. verbe m; (*Zensur*) note f; (*Titel*) titre m.
prädika'tiv adj. attributif, -ive.
Prädi'katsnomen gr. n attribut m; bisw. prédicat m.
prädispo'nieren v/t. prédisposer (für à).
Prä'fekt m préfet m; ~engattin f préfète f; femme f d'un préfet.
Präfek'tur f préfecture f.
Prä'fix gr. n préfixe m.
Prag n Prague f.
'Präge|anstalt f Monnaie f; ~druck text. ~m gaufrure f; ~form f matrice f; 2n v/t. empreindre; (*stanzen*) estamper; *Münzen* ~ battre monnaie; frapper de la monnaie; monnayer; fig. créer; ~n (*Stanzen*) estampage m; v. *Münzen*: frappe m; monnayage m; fig. création f; ~stempel m coin m; (*Stanze*) estampe f.
Prag|'matiker m pragmatiste f; 2'matisch adj. pragmatique; ~ma'tismus m pragmatisme m.
präg'nan|t adj. (*kurz*) concis; (*genau*) précis; (*ausdrucksvoll*) expressif, -ive; 2z f (*Kürze*) concision f; (*Genauigkeit*) précision f; (*ausdrucksvoller Zug*) caractère m expressif.
'Prägung f (*Stanzen*) estampage m; v. *Münzen*: frappe f; monnayage m; fig. création f; fig. (*Gepräge*) caractère m; empreinte f.
'Prähisto|rie f préhistoire f; ~riker m préhistorien m; 2risch adj. préhistorique.
'prahl|en v/i. fanfaronner; faire le fanfaron; crâner; 'hâbler; se vanter (*mit* de); se targuer (*mit* de); faire ostentation (*mit* de); 2er(in f) m fanfaron m, -onne f; vantard m, -e f; crâneur m, -euse f; 'hâbleur m, -euse f.
Prahle'rei f vantardise f; fanfaronnade f; crânerie f; 'hâblerie f; jactance f; ostentation f; rodomontade f; forfanterie f.
'prahlerisch I adj. fanfaron, -onne; vantard; II adv. avec jactance; avec ostentation; avec forfanterie.
'Prahl|hans m fanfaron m; vantard m; faraud m; 'hâbleur m; crâneur m; matamore m; ~sucht f manie f de se vanter.
Prahm ♣ m péniche f.
Präju|'diz n préjugé m; 2di'zieren v/t. préjuger.
'Praktik f pratique f.
prakti'kabel adj. praticable.
Prakti'kant(in f) m stagiaire m, f.

'Praktiker m praticien m.
'Praktikum n stage m; ein ~ machen faire un stage.
'praktisch I adj. pratique; *nur Gegenstand*: fonctionnel, -lle; ~er Arzt omnipracticien m; médecin m généraliste; médecin m de médecine générale; II adv. pratiquement; ~ durchführbar praticable; ~ durchführen mettre en pratique.
prakti'zieren v/t. u. v/i. pratiquer; exercer; ~der Arzt praticien m; médecin m pratiquant.
Prä'lat m prélat m.
Prälimi'narien pl. préliminaires m/pl.
Pra'line f (*crotte* f de) chocolat m.
Pra'linenschachtel f boîte f de chocolats.
prall I adj. (*voll u. rund*) rebondi; dodu; gras, -sse; *in der ~en Sonne* en plein soleil; II 2 m choc m; bond m; '~en v/i.: *gegen etw.* ~ se heurter (*od.* donner *od.* F s'emboutir *od.* se jeter) contre qch.; *gegen e-n Wagen* ~ emboutir une voiture.
Prä'ludium n prélude m.
'Prämie f prime f; (*Belohnung*) prix m; récompense f; ~n-anleihe f emprunt m à primes; ~ngeschäft n marché m à prime; ~nsatz m prime f; ~nschein m lot m.
prämi'ieren v/t. primer; accorder un prix (à).
Prä'misse f prémisse f.
'prangen v/i. *Sachen*: resplendir; briller d'un vif éclat; *Personen*: parader; ~ *mit* faire étalage (*od.* parade) de.
'Pranger m pilori m; *an den* ~ *stellen* clouer (*od.* mettre) au pilori.
'Pranke f griffe f.
pränume'rando adv. d'avance.
Präpa'rat n préparation f; *chemisches* ~ produit m chimique; *organisches* ~ composé m organique.
präpa'rieren I 1. v/t. préparer; 2. v/rf.: *sich* ~ *auf etw.* (acc.) se préparer à qch.; préparer qch.; II 2n préparation f.
Präpositi'on gr. f préposition f.
präpositio'nal adj. prépositionnel, -elle.
Prä'rie f prairie f; ~wolf zo. m loup m des prairies; coyote m.
'Präsens gr. n présent m.
Prä'sent n présent m; cadeau m.
präsen'tier|en v/t. (v/rf.: *sich* se) présenter (a. ✗); *präsentiert das Gewehr* présentez armes!; 2teller m plateau m; fig. *auf dem* ~ *sitzen* avoir une place exposée.
Prä'senz|bibliothek f bibliothèque f de consultation sur place; ~liste f liste f de présence; ~stärke f effectif m.
Präserva'tiv n préservatif m; condom m.
Präsi'dent|(in f) m président m, -e f; ~enstuhl m fauteuil m présidentiel; ~enwahl f élection f présidentielle (*od.* du président); ~schaft f présidence f; ~schaftskandidat m candidat m à la présidence.
präsi'dieren v/i. présider (qch.).
Prä'sidium n (*Vorsitz*) présidence f; (*Vorstand*) bureau m; (*Polizei*2) préfecture f de police; *das* ~ übernehmen présider; se charger de la présidence.

'prasseln I v/i. (*knistern*) pétiller; crépiter (a. *Feuer*); (*herunter*~) tomber avec fracas; II 2 n (*Knistern*) pétillement m; crépitation f (a. *Feuer*); (*Getöse*) fracas m; bruit m.
'prass|en v/i. mener joyeuse vie; vivre dans la débauche (*od.* dans la dissipation); F faire bombance; faire la noce; bambocher; 2en n débauche f; dissipation f; F bombance f; 2er m débauché m; F bamboucheur m; noceur m.
Prasse'rei f débauche f; dissipation f; F bombance f.
Präten'dent(in f) m prétendant m, -e f (*auf acc.* à).
Präten|ti'on f prétention f; 2ti'ös adj. prétentieux, -euse.
Prä'teritum gr. n prétérit m.
'Prätor hist. m préteur m.
Prätori'aner hist. m prétorien m.
Prä'tur f préture f.
präven'tiv adj. préventif, -ive; 2haft f détention f préventive; 2krieg m guerre f préventive; 2maßnahme f mesure f préventive.
'Praxis pratique f; (*Arzt- u. Rechtsanwalts*2) cabinet m; (*Kundschaft*) clientèle f; *in die* ~ *umsetzen* mettre en pratique.
Präze'denzfall m précédent m; *e-n* ~ schaffen créer un précédent.
prä'zis adj. précis; exact.
präzi'sieren v/t. préciser.
Präzisi'on f précision f; ~s-arbeit f travail m de précision; ~s-chronometer n chronomètre m de précision; garde-temps m; ~s-instrument n instrument m de précision; ~swaage f balance f de précision.
'predig|en prêcher; 2en n prédication f; 2er m prédicateur m; *prot.* pasteur m; *mv.p.* prêcheur m; 2t f sermon m; prône m; *prot.* prêche m; *e-e* ~ *halten* faire (*od.* prononcer) un sermon (*prot.* un prêche).
Preis m prix m; (*Belohnung*) récompense f; (*Lob*) louange f; (*Ruhm*) gloire f; *zum ~e von* au prix de; *um jeden* ~ à tout prix; coûte que coûte; *bei vb. mit ne*) *mit festem* ~ à prix fixe; *voller* ~ prix m fort; *äußerster* ~ dernier prix m; *äußerst knapper* ~ prix m le plus juste; *zum halben* ~ à moitié prix; *zu billigem* ~ à bas prix; *abgemachter* ~ prix m convenu; *hoch im* ~ *stehen* être d'un prix élevé; *nach dem* ~ *fragen* demander le prix (*j-n à q.*); *e-n* ~ *fordern* demander un prix; *e-n* ~ *ausmachen* (*od.* vereinbaren) convenir d'un prix; *die* ~*e fallen* les prix baissent (*od.* sont en baisse); *die* ~*e steigen* les prix montent (*od.* sont en 'hausse); *im* ~ *steigen* augmenter de prix; *die* ~*e erhöhen* augmenter les prix (*um* de); *die* ~*e hinauftreiben* faire augmenter (*od.* monter) les prix; *die* ~*e herabsetzen* (*od.* ermäßigen); *mit den* ~*en heruntergehen* diminuer (*od.* baisser) *im* ~ (*um* de); *vom* ~*e nachlassen* rabattre du prix; *die* ~*e drücken* faire baisser les prix; gâter le marché (*od.* le métier); *e-n* ~ *festsetzen* fixer (*od.* établir) un prix; *die* ~*e angeben* marquer les prix; *e-n* ~ *erzielen* obtenir un prix; *e-n* ~ *bieten* offrir un prix; *den* ~ *teilen* partager le prix; *e-n* ~ *aussetzen* instituer un prix; *e-n*

Preisabbau — prima

~ stiften fonder un prix; den ~ erringen (od. gewinnen) remporter le prix; e-n ~ zuerkennen décerner un prix; sich um e-n ~ bewerben disputer un prix; s-n ~ wert sein valoir son prix; e-n ~ auf j-s Kopf setzen mettre la tête de q. à prix; ohne Fleiß kein ~ on n'a rien sans peine; '~abbau m diminution (od. réduction od. baisse) f des prix; '~abkommen n accord m sur les prix; '~abschlag m diminution (od. réduction) f des prix; '~absprache f entente f sur les prix; '~amt n office m de contrôle des prix; '~änderung f changement m de prix; ~angabe f indication f de prix; ~angebot n offre f de prix; '~angleichung f rajustement m des prix; '~anstieg m montée f (od. flambée f od. ascension f od. 'hausse f) des prix; jäher ~ montée f en flèche des prix; '~aufgabe f sujet m de concours; '~aufgliederung f devis m; analyse f des prix; '~aufschlag m renchérissement m; augmentation f des prix; majoration f de prix; (Zuschlag) supplément m de prix; '~ausschreiben n concours m; '~auszeichnung f indication f de prix; '~berechnung f calcul m des prix; '~bewegung f mouvement m des prix; '~bewerber(in f) m concurrent m, -e f; '~bildung f formation f de prix; '~bindungen f/pl. accords m/pl. sur les prix; '~brecher m casseur m de prix; '~drücker m marchandeur m; Börse: baissier m; ~drücke'rei f compression f des prix; '~einbruch m fléchissement m des prix.

'Preiselbeere ♀ f airelle f rouge.

'preisen v/t. vanter; louer; faire l'éloge (de); glorifier; prôner; (sich) glücklich ~ (s')estimer heureux, -euse.

'Preis|entwicklung f évolution f (od. développement m) des prix; ~erhöhung f → ~aufschlag; ~ermäßigung f réduction (od. diminution) f des prix; ~frage f → ~aufgabe; ~gabe f abandon m; pol., éc. compromission f; ~ des Gewissens capitulation f de conscience; 2geben 1. v/t. abandonner; (Geheimnis: révéler; (opfern) sacrifier; 2. v/rfl.: sich ~ se livrer; se donner; preisgegeben sein être en proie (à); ~gefüge n structure f des prix; 2gekrönt adj. couronné; ~gericht n jury m; ~gestaltung f formation f des prix; ~grenze f limite f de prix; 2günstig → 2wert; ~herabsetzung f → ~ermäßigung; ~index m indice m des prix; ~knüller m prix m pilote; ~kommissar m commissaire m aux prix; ~kontroll-amt n office m du contrôle des prix; ~kontrolle f contrôle m des prix; ~lage f: in jeder ~ à tous les prix; ~liste f liste f des prix; prix m courant; ~minderung f, ~nachlaß m → ~ermäßigung; ~niveau n niveau m des prix; ~notierung f cotation f des prix; ~politik f politique f des prix; ~regelung f réglementation f des prix; ~richter m juge m; membre m du jury; ~rückgang m baisse (od. chute) f des prix; ~rutsch m dérapage m des prix; ~schere f écart m entre le coût de production et le prix de vente; ~schießen n concours m de tir; ~schild n étiquette f de prix; ~schleude'rei f vente f à vil prix; ~schrift f mémoire m couronné; ~schwankung f fluctuation f des prix; ~senkung f abaissement m (od. réduction f od. diminution f od. baisse f) des prix; ~skala f échelle f des prix; ~gleitende ~ échelle f mobile des prix; ~spanne f marge f de prix; décalage m (od. éventail m) des prix; ~stabilisierung f stabilisation f des prix; ~stabilität f stabilité f des prix; ~stand m niveau m des prix; ~steigerung f augmentation (od. 'hausse) f des prix; ~stopp m blocage m des prix; ~sturz m baisse (od. chute) f soudaine des prix; ~stützung f soutien m des prix; ~träger (-in f) m lauréat m, -e f; ~treiber m 'haussier m; renchérisseur m; qui fait 'hausser les prix; bei Auktionen: F allumeur m; ~treibe'rei f 'hausse f illicite; ~überwachung f surveillance f des prix; contrôle m des prix; ~überwachungsstelle f office m du contrôle des prix; ~unterbietung f vente f au-dessous du prix; am Auslandsmarkt: dumping m; ~unterschied m différence f; écart m de(s) prix; ~ver-änderung f changement m des prix; ~verderber m qui gâte les prix; gâcheur m; ~verteilung f distribution f des prix; ~verzeichnis n → ~liste; 2wert, 2würdig adj. bon marché; qui vaut son prix; ~zettel m étiquette f de prix; ~zuschlag m supplément m de prix.

pre'kär adj. précaire.

'Prell|bock 🚋 m butoir m; 'heurtoir m; 2en v/t. ✻ contusionner; fig. (betrügen) F resquiller; (begaunern) escroquer, F écorcher; P carotter; j-n um etw. ~ frustrer q. de qch.

Prelle'rei f f resquille f; escroquerie f.

'Prell|schuß m ricochet m; ~stein m chasse-roue m; ~ung f contusion f.

Premi'ere thé. f première f.

Premi'erminister m premier ministre m.

Presby'terium prot. n (conseil m de) fabrique f.

'Preßband ▲ n compribande m.

'Presse f presse f; (Kelter) pressoir m; F fig. für das Examen: boîte f (od. four m) à bachot; unter der ~ sous presse; frisch aus der ~ kommen sortir de presse; fig. e-e gute (schlechte) ~ haben avoir une bonne (mauvaise) presse; etw. über die ~ bekanntgeben rendre qch. public par voie de presse; ~agentur f agence f de presse; ~amt n bureau m de la presse; ~attaché m attaché m de presse; ~ausweis carte f de presse; ~chef m chef m de presse; e-r Firma: agent m de presse; ~dienst m service m de presse; ~feldzug m campagne f de presse; ~freiheit f liberté f de la presse; ~gesetz n loi f sur la presse; ~konferenz f conférence f de presse; ~könig fig. m: der ~ l'empereur de la presse; ~meldung f nouvelle f de presse.

'pressen I v/t. presser; (aus~) pressurer; extraire; (zusammen~) comprimer; (stanzen) estamper; Tuch: catir; der Saal war gepreßt voll la salle était archicomble (od. bondée); fig. j-n in e-e Partei ~ enrégimenter q. dans un parti; II 2 n pressage m; pression f; (Aus2) pressurage m; (Zusammen2) compression f; (Stanzen) estampage m; v. Tuch: catissage m.

'Presse|nachrichten f/pl. nouvelles f/pl. de presse; ~photograph m reporter-photographe m; ~schau f revue f de la presse; journ. (als Überschrift) journaurama m; ~stelle f service m de presse; ~stimmen f/pl. échos m de la presse; ~tribüne f tribune f de la presse; ~verband m association f de presse; ~vergehen n délit m de presse; ~zeichner m reporter-dessinateur m; ~zensur f censure f de la presse.

'Preß|form ⊕ f matrice f; ~gas n gaz m comprimé; ~glanz m Tuchmacherei: cati m; ~glas n verre m comprimé; ~guß m coulage m par pression; ~hefe f levure f sèche; ~heu n foin m comprimé; ~holz n bois m comprimé.

pres'sieren v/i. presser.

'Preß|kohle ⊕ f briquette f; ~kopf m fromage m de tête; ~ling ⊕ m pièce f estampée, pressée, emboutie; ~luft f air m comprimé; ~luft-antrieb m commande f par air comprimé; mit ~ à air comprimé; ~luftbohrer m perforatrice f à air comprimé (od. pneumatique); ~lufthammer m marteau-piqueur m; marteau m à air comprimé (od. pneumatique); ~luftscheibenwischer Auto m essuie-glace m actionné par dépression; ~luftstampfer m pilon m à air comprimé (od. pneumatique); ~stoff m matière f comprimée; (Kunststoff) matière f plastique; formica m; ~stroh n paille f comprimée; ~teil ⊕ n pièce f estampée.

'Pressung f pressage m; pression f; (Aus2) pressurage m; (Zusammen2) compression f.

'Preßwalze f rouleau m compresseur.

Pres'tige n prestige m.

Preti'osen pl. objets m/pl. précieux.

'Preuß|e ehm. m, ~in f Prussien m, -enne f; ~en n la Prusse; 2isch adj. prussien, -enne; de Prusse.

prezi'ös adj. précieux, -euse; 2e f précieuse f.

'prickeln I v/i. u. v/t. piquer; picoter; Wein: pétiller; in der Nase ~ piquer (od. prendre) au nez; II 2 n picotement m; ~d adj. piquant.

Priem m chique f; 2en v/i. chiquer; '~tabak m tabac m à chiquer.

'Priester m prêtre m; ~amt n ministère m sacerdotal; fonctions f/pl. sacerdotales; sacerdoce m; ~gewand n soutane f; ~herrschaft f domination f des prêtres; théocratie f; mv.p. cléricalisme m; ~käppchen n calotte f; 2lich adj. sacerdotal; ~rock m soutane f; ~schaft f clergé m; ~stand m, ~tum n prêtrise f; sacerdoce m; ~weihe f ordination f; prêtrise f; die ~ erhalten être ordonné prêtre; recevoir la prêtrise; ~würde f dignité f sacerdotale; sacerdoce m; prêtrise f; ~zölibat n célibat m sacerdotal.

'Prima I écol. f → Unter2, Ober2; II 2 adj. de première qualité; F extra; III

♀ *int.* F ~! chouette!; bath!; du tonnerre!; sensass!; chapeau!; c'est le pied!; *das ist ja* ~! c'est au poil!; **IV** ♀ *adv.*: très bien; *wir verstehen uns* ~ nous nous entendons très bien, F nous sommes grands copains.
Prima'donna *thé. f* prima donna *f.*
pri'mär *adj.* primaire; *(elementar)* élémentaire; ♀**spannung** ⚡ *f* tension *f* primaire; ♀**strom** ⚡ *m* courant *m* primaire.
'Primas *rl. m* primat *m.*
Pri'mat *m u. n* primauté *f*; *rl.* primatie *f.*
Pri'maten *zo. m/pl.* primates *m/pl.*
'Prima|ware *f* marchandise *f* de premier choix; ~**wechsel** ⚕ *m* première *f* de change.
'Primel ♀ *f* primevère *f.*
primi'tiv *adj.* primitif, -ive; béotien, -enne.
'Primus *ehm. m Schule*: premier *m* (en classe).
'Primzahl *arith. f* nombre *m* premier.
Prinz *m* prince *m.*
Prin'zessin *f* princesse *f.*
'Prinzgemahl *m* prince *m* consort.
Prin'zip *n* principe *m*; *im (aus)* ~ en (par) principe; *als* ~ *haben aus*our pour principe; *etw. zum* ~ *machen* poser qch. en principe.
Prinzi'pal *m* patron *m*; chef *m.*
prinzipi'ell I *adj.* en principe; ~**e** *Frage* question *f* de principe; **II** *adv.* par *(od. en)* principe.
Prin'zipien|frage *f* question *f* de principe; ~**reiter** F *m* doctrinaire *m*; *ein* ~ *sein a.* être à cheval sur ses principes; ~**streit** *m* dispute *f* sur les principes.
'prinz|lich *adj.* princier, -ière; de prince; ♀**regent** *m* prince *m* régent.
'Prior *m*, **Pri'orin** *f* prieur *m*, -e *f.*
Priori'tät *f* priorité *f*; ~**en setzen** *pol.* fixer des priorités; ~**s-aktie** *f* action *f* de priorité; ~**s-anleihe** *f* emprunt *m* de priorité; ~**s-anspruch** *m* prétention *f* prioritaire; ~**sgläubige(r** *a. m) m*, *f* créancier *m* (-ière *f)* privilégié(e); ~**s-obligation** *f* obligation *f* de priorité.
'Prise *f* prise *f*; *e-e* ~ *Tabak* une prise *(od.* pincée*)* de tabac; ~**ngericht** ⚖ *n* tribunal *m* des prises; ~**n-ordnung** *f* règlement *m* des prises.
'Prisma *n* prisme *m.*
pris'matisch *adj.* prismatique.
'Prismen|feldstecher *m*, ~**glas** *n* jumelle(s *pl.) f* à prismes.
'Pritsche *f (Narren*♀*)* batte *f*; *(Feldbett)* lit *m* de camp; ♀**n** *v/t.* frapper avec une batte; ~**nwagen** *m* camion *m* plat.
pri'vat *adj.* privé; particulier, -ière; *auf* ~**em** *Wege* par voie privée; ~ *wohnen* être logé chez des particuliers; ♀**abkommen** *n*, ♀**abmachung** *f* acte *m* sous seing privé; sous-seing *m*; ~**adresse** *f* adresse *f* privée; ♀**angelegenheit** *f* affaire *f* privée; ♀**audienz** *f* audience *f* particulière; ♀**auto** *n* auto *(od.* voiture*) f* particulière; ♀**bank** *f* banque *f* privée; ♀**besitz** *m* propriété *f* privée; ♀**besuch** *m* visite *f* privée; ♀**diskontsatz** *m* taux *m* d'escompte 'hors banque'; ♀**dozent** *m All.* privat-docent *m*; *Fr.* maître *m* de conférences; ♀**eigentum** *n* propriété *f* privée; ♀**einkommen** *n* revenu *m* personnel; ♀**fahrzeug** *n* véhicule *m* particulier; ♀**flugzeug** *n* avion *m* particulier; ♀**gebrauch** *m* usage *m* privé *(od.* personnel*)*; ♀**gelehrte(r)** *m* chercheur *m (od.* savant *m)* indépendant; ♀**geschäfte** *n/pl.* opérations *f/pl.* effectuées à titre privé; ♀**gesellschaft** ⚕ *f* société *f* privée; ♀**gespräch** *n téléph.* conversation *f* privée; ♀**haus** *n* maison *f* particulière; *kleines*: pavillon *m.*
pri'vatim *adv.* en privé.
Pri'vat|industrie *f* industrie *f* privée; ~**initia'tive** *f* initiative *f* privée; ~**interesse** *n* intérêt *m* privé.
privati'sieren *v/i.* vivre en particulier; *(als Rentner leben)* vivre en rentier.
Priva'tissimum *n* cours *m* fermé.
Pri'vat|kapital *n* capital *m* privé; ~**klage** ⚖ *f* action *f* civile; ~**kläger(-in** *f) m* partie *f* civile; ~**klinik** *f* clinique *f* privée; ~**konto** *n* compte *m* particulier; ~**korrespondenz** *f* correspondance *f* personnelle; ~**kundschaft** *f* clientèle *f* privée; ~**leben** *n* vie *f* privée; ~**lehrer(in** *f) m* précepteur *m*, -trice *f*; ~**lektüre** *f* lecture *f* individuelle; ~**mann** *m* homme *m* privé; particulier *m*; ~**patient(in** *f) m* client *m* (-e *f)* privé(e); ~**person** *f* particulier *m*; ~**recht** *n* droit *m* privé; ♀**rechtlich I** *adj.* de droit privé; **II** *adv.* d'après le droit privé; ~**sache** *f* affaire *f* privée; ~**schuld** *f* dette *f* privée; ~**schule** *f* école *f* libre; ~**sekretär(in** *f) m* secrétaire *m*, -ière *f*; particulier *m*, -ière *f*; personnel, -elle); ~**sektor** ⚕ *m* (secteur *m)* privé *m*; *in* ~ dans le (secteur) privé; ~**stunde** *f* leçon *f* particulière; ~**n** *geben* donner des leçons particulières; courir le cachet; ~**unternehmen** *n* entreprise *f* privée; ~**unterricht** *m* leçons *f/pl.* particulières; enseignement *m* à domicile; ~**verbrauch** *m* consommation *f* privée; ~**vermögen** *n* fortune *f* privée; ~**versicherung** *f* assurance *f* privée; ~**wagen** *m* voiture *f* particulière; ~**weg** *m* chemin *m* privé; ~**wirtschaft** *f* économie *f* privée; ~**wohnung** *f* domicile *m* privé.
Privi'leg *n* privilège *m.*
privile'gieren *v/t.* privilégier; accorder un privilège (à).
Pro I *n*: *das* ~ *und Kontra* le pour et le contre; **II** ♀ *prp. (acc.)* ~ *Kopf* par tête; ~ *forma* pour la forme, *(zur Beruhigung des Gewissens)* par acquit de conscience.
Propä'deutik *f* propédeutique *f.*
pro'bat *adj.* éprouvé.
'Probe *f* épreuve *f*; essai *m*; *thé.* répétition *f*; ⚕ échantillon *m*; spécimen *m*; *(Test)* test *m*; *(Beweis)* preuve *f*; *auf (od. zur)* ~ à titre d'essai; à l'essai; *Kauf auf* ~ vente *f* sur échantillon; *Kauf auf* ~ vente *f* à l'essai; *auf* ~ *kaufen* prendre à l'essai; *auf* ~ *nehmen Person*: prendre à l'essai; *e-e* ~ *nehmen* prélever un échantillon (*von etw.* de qch.), échantillonner (qch.), *(probieren)* essayer (qch.); *die* ~ *bestehen* soutenir l'épreuve; *auf die* ~ *stellen* mettre à l'épreuve *(od.* à l'essai*)*; éprouver; *j-n auf e-e harte* ~ *stellen* soumettre q. à rude épreuve; ~**abdruck** *m*, ~**abzug** *m typ.* épreuve *f*; ~**alarm** *m* exercice *m* d'alerte; ~**aufnahmen** *f/pl. Film*: ~ *drehen* réaliser des bouts d'essai; ~**auftrag** *m*, ~**bestellung** *f* commande *f* d'essai; ~**belastung** *f* charge *f* d'épreuve *(od.* d'essai*)*; ~**bild** *n*, ~**bogen** *m* épreuve *f*; ~**dienst** *m* service *m* à l'essai; ~**entnahme** *f* échantillonnage *m*; ~**exemplar** *m* spécimen *m*; ~**fahrt** *f Auto usw.*: sortie *f* d'essai; essai *m* sur route; ~**film** *m* film *m* d'essai; ~**flug** *m* vol *m* d'essai; ~**heft** *n* spécimen *m*; numéro *m* d'épreuve *(od.* d'essai*)*; *Schule*: année *f* de stage; ~**kandidat** *m* stagiaire *m*; ~**lauf** *m* course *f* d'essai; ~**lektion** *f* leçon *f* d'essai.
'proben *thé. v/t.* répéter.
'Probe|nahme *f* échantillonnage *m*; ~**nummer** *f* spécimen *m*; ~**schießen** *n* épreuve *f* de tir; ~**schuß** *m* coup *m* d'essai; ~**seite** *typ. f* épreuve *f*; *e-e* ~ *abziehen* tirer une épreuve; ~**sendung** *f* envoi *m* à titre d'essai; ~**sprung** *m* saut *m* d'essai; ~**stück** *n* échantillon *m*; spécimen *m*; ~**tüte** *f* sachet *m* d'essai; ♀**weise** *adv.* à titre d'essai; à l'essai; ~**zeit** *f* temps *m (od.* période *f)* d'épreuve *(od.* d'essai*)*; *v. Beamten*: stage *m*; *v. Mönchen*: noviciat *m.*
pro'bier|en *v/t.* essayer; *(erproben)* éprouver; mettre à l'épreuve; *Speisen*: goûter (*a.* à *od.* de); essayer; *Getränke*: déguster; essayer; *thé.* répéter; ♀**en** *n* épreuve *f*; essai *m (a. v. Speisen u. Getränken)*; *v. Getränken*: gustation *f*; *v. Getränken*: dégustation *f*; *thé.* répétition *f*; *prov.* ~ *geht über Studieren* expérience passe science; ♀**glas** *n* éprouvette *f*; ♀**stein** *m* pierre *f* de touche; ♀**stube** *f* bar *m* de dégustation.
Pro'blem *n* problème *m.*
Proble'ma|tik *f* caractère *m* problématique; ensemble *m* des problèmes; ♀**tisch** *adj.* problématique.
Pro'blemkind *n* enfant *m* à problèmes.
Pro'dukt *n* produit *m (a.* ⚕*)*; *(Geistes*♀*)* production *f*; *(Ergebnis)* résultat *m.*
Pro'dukten|börse *f* bourse *f* de commerce; ~**handel** *m* commerce *m* de produits (naturels) *(od.* de comestibles *od.* de denrées*)*; ~**händler** *m* commerçant *m* de produits (naturels) *(od.* de comestibles *od.* de denrées*)*.
Produkti'on *f* production *f.*
Produkti'ons|anstieg *m* augmentation *f*, progrès *m* de la production; ~**ausfall** *m* perte *f* de production; ~**beschränkung** *f* restriction *f* de production; ~**betrieb** *m* entreprise *f* productrice; ~**einschränkung** *f* restriction *f* de production; ~**erhöhung** *f* augmentation *f* de la production; ♀**fähig** *adj.* productif, -ive; ~ *machen* mettre au point; ~**fimmel** F *péj. m* productivisme *m*; ~**gang** *m* processus *m* de production; ~**genossenschaft** *f* coopérative *f* de production; *bäuerliche* ~ coopérative *f* agricole de production; ~**güter** *n/pl.* biens *m/pl.* de production; ~**index** *m* indice *m* de

la production; ~kapazität f capacité f de production (od. productrice); ~kosten pl. frais m/pl. (od. coût m) de production; ~kraft f force f productrice; ~land n pays m producteur; ~leistung f rendement m de production; ~leiter m chef m de production; ~menge f quantité f de production; ~mittel n moyen m de production; ~norm f norme f de production; ~plan m plan m de production; ~planung f planification f de la production; éc., ⊕ plan m de charge; ~programm n gamme f; ~prozeß m procédé m de production; ~rhythmus m cadence f; ~rückgang m baisse (od. diminution) f de la production; ~sektor m secteur m production; ~soll n production f imposée; ~stand m niveau m de la production; ~stätte f lieu m de production; ~steigerung f augmentation f de la production; ~steuerung f direction f de la production; ~stillstand m arrêt m de la production; ~tempo n cadence f de production; ~überschuß m excédent m de production; ~umfang m volume m de la production; ~verbot n défense f de produire; ~verfahren n procédé m de production; ~volumen n volume m de la production; ~vorgang m procédé m de production; ~ziffer f chiffre m de production.
produk'tiv adj. productif, -ive.
Produktivi'tät f productivité f.
Produ|'zent(in f) m producteur m, -trice f; 2'zieren v/t. (v/rf.: sich se) produire; ~'zieren n production f.
pro'fan adj. profane.
profa'nier|en v/t. profaner; 2en n, 2ung f profanation f; cath. désacralisation f.
Professi'on f profession f; (Handwerk) métier m.
professio'nell adj. professionnel, -elle.
Pro'fessor m professeur m (ordentlicher titulaire); außerordentlicher ~ maître m de conférences.
Profes'sur f professorat m; chaire f de professeur.
'Profi m Sport: professionnel m.
Pro'fil n profil m; im ~ darstellen profiler; im ~ zeichnen dessiner de profil; sich im ~ abheben se profiler (von sur); Auto: die ~ der Reifen erneuern resculpter (od. retaper) les pneus; ~draht m fil m profilé; ~eisen n fer m profilé.
profi'lier|en v/t. profiler; Reifen, Sohlen: sculpter; ~t adj. profilé; Reifen, Sohlen: sculpté; fig. (markant) marquant; 2ung f profilage m; v. Reifen, Sohlen: sculpture f.
pro'fillos adj.: ~e Gesellschaft société f sans cours.
Pro'fil|reifen m Auto: pneu m sculpté; ~sohle f semelle f sculptée; ~stahl m profilé m.
Pro'fit m profit m; ~geier fig. péj. m chacal m; ~gier f course f au profit; 2gierig adj. avide de profit; qui cherche partout son profit.
profi'tieren v/i. profiter (bei à; von de).
pro'fitlich adj. profitant; qui cherche partout son profit; 2macher m profiteur m.

pro 'forma adv. pour la forme; (zur Beruhigung des Gewissens) par acquit de conscience.
Pro'forma|rechnung ✝ f facture f fictive (od. simulée); ~verkauf m vente f fictive; ~wechsel m billet (od. effet) m de complaisance.
Prog'nose f pronostic m (a. ✱); e-e ~ stellen établir un pronostic.
Pro'gramm n programme m; rad. zweites ~ deuxième chaîne f; das ~ gestalten programmer; ~änderung f changement m de programme.
program'matisch adj.: ~e Rede discours-programme m.
Pro'gramm|beirat m comité m consultatif pour le choix des programmes; 2gemäß adv. conformément au (od. suivant le) programme; ~gestalter m programmateur m; (Unterhaltungsabend) réalisateur m; ~gestaltung f programmation f; 2'ierbar adj. programmable; 2'ieren v/t. programmer; ~'ierer cyb. m programmeur m; 2(m)äßig adv. conformément au (od. suivant le) programme; ~(m)usik f musique f à programme (od. descriptive); ~rede f discours-programme m; ~steuersystem inform. n moniteur m; ~vorschau f prochain programme m; thé. prochains spectacles m/pl.; Film: prochains films m/pl.; Radio, Fernsehen: prochaines émissions f/pl.; ~wechsel m changement m de programme.
Progressi'on f progression f.
Progres'sist m progressiste m.
progres'siv adj. progressif, -ive; pol., éc., soc. progressiste; 2i'tät f allg. progressivité f; pol., éc., soc. progressisme m.
Prohibiti'on f prohibition f.
prohibi'tiv adj. prohibitif, -ive; ~system n prohibitionnisme m; 2zoll m droit m prohibitif.
Pro'jekt n projet m; ~e(n)macher m homme m à projets.
projek'tieren v/t. projeter.
Projek'til n projectile m.
Projekti'on f projection f; ~s-apparat m projecteur m; ~sbild n projection f; image f projetée; ~sfläche f écran m; ~sgerät n projecteur m; ~slampe f lampe f de projection; ~sraum m salle f de projections; engS. cabine f de projection; ~sschirm m, ~swand f écran m.
proji'zieren I v/t. projeter; II 2 n projection f.
Prokla|mati'on f proclamation f; 2'mieren v/t. proclamer.
Pro'kura f procuration f; per ~ par procuration; j-m ~ erteilen donner procuration à q.; fonder q. de procuration.
Proku'rist m fondé m de pouvoir.
Prole'gomena pl. prolégomènes m/pl.
Pro'let m prolétaire m; P prolo m; fig. mufle m.
Proletari'at n prolétariat m.
Prole'tar|ier m prolétaire m; P prolo m; 2isch adj. prolétarien, -enne; prolétaire.
proletari'sier|en v/t. prolétariser; 2en n, 2ung f prolétarisation f.
pro'letenhaft fig. adj. mufle.
Pro'log m prologue m.
Prolongati'on ✝ f prolongation f;

prorogation f; renouvellement m; ~sgebühr f prix m du report; ~sgeschäft n opération f de report; ~swechsel m lettre f de change renouvelable (od. renouvelée); effet m renouvelable (od. renouvelé).
prolon'gieren I v/t. prolonger; proroger; renouveler; II 2 n → Prolongation.
Prome'nade f promenade f; ~ndeck ♧ n pont-promenade m; ~nkonzert n concert-promenade m; ~nmischung F f (Hund) corniaud m; chien m mâtiné.
prome'nieren v/i. se promener.
promi'nent adj. éminent; marquant; 2e(r a. m) m, f personnalité f marquante; (angesehene, bedeutende Persönlichkeit) notabilité f; notable m; (Berühmtheit) célébrité f; thé. vedette f; étoile f; star f; Sport: as m; F crack m.
Promi'nenz f (angesehene, bedeutende Persönlichkeiten) notabilités f/pl.; notables m/pl.; (Berühmtheiten) célébrités f/pl.; F huiles f/pl.; F grosses légumes f/pl.; F pontifes m/pl.; cin., thé. vedettes f/pl.; étoiles f/pl.; stars f/pl.; Sport: as m/pl.; F cracks m/pl.
Promo|ti'on f promotion f; 2'vieren 1. v/t. recevoir q. docteur; 2. v/i. passer son doctorat.
prompt adj. prompt; '2heit f promptitude f.
Pro'nomen gr. n pronom m.
pronomi'nal adj. pronominal.
Propä'deut|ik f propédeutique f; 2isch adj. propédeutique.
Propa'ganda f propagande f; ✝ réclame f; publicité f; ~ machen faire de la propagande, ✝ faire de la réclame (od. de la publicité); ~ausstellung f exposition f de propagande; ~broschüre f brochure f de propagande; ~fahrt f tournée f de propagande; ~feldzug m campagne f de propagande; ~film m film m de propagande; ~mittel n moyen m de propagande.
Propa|gan'dist m propagandiste m; 2'gieren v/t. propager; préconiser; ~'gierung f propagation f; préconisation f.
Pro'pan ♧ n propane m.
Pro'peller m hélice f; propulseur m; ~blatt n, ~flügel m pale f d'hélice; ~turbine f turbopropulseur m.
'proper adj. propre.
Pro'phet|(in f) m prophète m, prophétesse f; der ~ gilt nichts in s-m Vaterland nul n'est prophète dans (od. en) son pays; 2isch adj. prophétique.
prophe'zei|en v/t. prophétiser; augurer; litt. vaticiner; weit S. prédire; 2en n, 2ung f prophétie f; litt. vaticination f; weit S. prédiction f.
prophy|'laktisch adj. prophylactique; 2'laxe f prophylaxie f.
Proporti'on f proportion f.
proportio'nal adj. proportionnel, -elle; 2e ⚭ f proportionnelle f; mittlere ~ moyenne proportionnelle f.
proportio'niert adjt. proportionné.
proppen'voll F adj. F bourré à craquer.
Propst cath. m prieur m.
Props'tei f prieuré m.

Pro'rektor m vice-recteur m.
'Prosa f prose f.
Pro'sa|iker m prosateur m; **₂isch** adj. prosaïque; fig. ⁓er Mensch esprit m terre à terre.
'Prosaschriftsteller m prosateur m.
Prose'lyt|(in f) m prosélyte m, f; **⁓enmacher(in** f) m faiseur m, -euse f de prosélytes; **⁓enmache'rei** f prosélytisme m.
'prosit! int. à votre santé!; ⁓ Neujahr! bonne année!
proskri'bieren v/t. proscrire.
Proskripti'on f proscription f; **⁓sliste** f liste f de proscriptions.
Proso'die f prosodie f.
pro'sodisch adj. prosodique.
Pros'pekt m prospectus m; e-n ⁓ verteilen distribuer un prospectus.
prospe|'rieren v/i. prospérer; **₂ri'tät** f prospérité f.
prost! int. → prosit; F⁓ Mahlzeit! rien à faire!; des clous!
'Prostata anat. f prostate f.
prostitu|'ieren v/rf.: sich ⁓ se prostituer; **₂'ierte** f prostituée f; F péripatéticienne f; P traînée f; dame f de petite vertu; wohlhabende, mit e-m Wagen: amazone f; **₂ti'on** f prostitution f.
Pros'zenium n avant-scène f; **⁓sloge** f (loge f d')avant-scène f.
Protago'nist m protagoniste m.
Prote'gé m protégé m.
prote'gieren v/t. protéger; patronner; F pistonner.
Prote'id n protéide f.
Prote'in n protéine f.
Protekti'on f protection f; F pistonnage m.
Pro'tektor m protecteur m.
Protekto'rat n protectorat m.
Pro'test m protestation f; ⁓ einlegen gegen protester contre; ⁓ protêt m; unter ⁓ annehmen accepter sous protêt; ɫɫ ⁓ (Einspruch) erheben s'inscrire en faux (gegen contre); **⁓aktion** f protestation f; pol. action f de contestation.
Protes'tant|(in f) m protestant m, -e f; **₂isch** adj. protestant m.
Protestan'tismus m protestantisme m.
Pro'test|anzeige f protestation f; beim Wechsel: notification f de protêt; **⁓bewegung** pol. f mouvement m contestataire; **⁓frist** ✝ f délai m de protêt.
protes'tieren v 1. v/i. protester (gegen contre); 2. v/t. ✝ protester; protestierter Wechsel effet m protesté; **II ₂** n protestation(s pl.) f.
Pro'test|kosten ✝ pl. frais m/pl. de protêt; **⁓ler** bsd. pol. m contestataire m; litt. protestataire m; **⁓note** f note f de protestation; **⁓sturm** m tollé m; es erhob sich ein allgemeiner ⁓ ce fut un tollé général; **⁓urkunde** ✝ f acte m de protêt; **⁓versammlung** f assemblée f (od. meeting m) de protestation.
Pro'these f prothèse f.
Proto'koll n e-r Sitzung: procès-verbal m; (Rechenschaftsbericht) compte m rendu; (Etikette) protocole m (a. dipl.); Chef des ⁓s chef m du protocole; Abfassung (Berichtigung) des ⁓s rédaction (rectification) f du procès-verbal, (e-s Rechenschaftsberichtes: du compte rendu); (das) ⁓ führen rédiger le (od. dresser) procès-verbal, bei Rechenschaftsbericht: rédiger le compte rendu; a. écol. ⁓ e-r (Lehr-)Stunde compte m rendu d'une leçon; ein ⁓ aufnehmen établir (od. dresser) un procès-verbal; verbaliser; ins ⁓ aufnehmen; im ⁓ vermerken insérer au procès-verbal (bei Rechenschaftsbericht: au compte rendu); zu ⁓ geben faire dresser procès-verbal (etw. de qch.; daß ... que ...); etw. zu ⁓ nehmen prendre acte de qch.
Protokol'lant(in f) m → Protokollführer(in).
protokol'larisch I adj. protocolaire.
II adv.: j-n ⁓ vernehmen faire subir un interrogatoire à q.
Proto'koll|aufnahme f verbalisation f; **⁓fälschung** f falsification f d'un procès-verbal; **⁓führer(in** f) m rédacteur m, -trice f du procès-verbal (bei Rechenschaftsbericht: du compte rendu); ɫɫ greffier m.
protokol'lieren I v/t. u. v/i. rédiger un procès-verbal (e-e Sitzung d'une séance); zwecks Berichterstattung: rédiger un compte rendu (e-e Diskussion d'une discussion); **II ₂** n rédaction f du procès-verbal (bei Rechenschaftsbericht: du compte--rendu).
'Proton n proton m.
Proto'plasma n protoplasme m.
Proto'typ m prototype m.
Proto'zoen zo. f/pl. protozoaires m/pl.
Protube'ranz f protubérance f.
Protz m homme m qui se vante d'être riche (resp. qui est bouffi d'orgueil resp. qui se donne de grands airs; vantard m; fanfaron m; matamore m.
'Protze ✖ f avant-train m.
'protz|en v/i. se vanter d'être riche; être bouffi d'orgueil; se donner de grands airs; faire le flambard; P ramener sa fraise; mit etw. ⁓ faire étalage (od. montre) de qch.; **⁓enhaft, ⁓ig** adj. plein d'ostentation; bouffi d'orgueil.
Prove'nienz f provenance f.
Proven'zal|e m, **⁓in** f Provençal m, -e f; **₂isch** adj. provençal.
Provi'ant m provisions f/pl.; vivres m/pl.; ravitaillement m; mit ⁓ versehen approvisionner; **⁓amt** ✖ n intendance f des vivres; **⁓ausgabe** f distribution f des vivres; **⁓kolonne** ✖ f convoi m de vivres; **⁓wagen** m fourgon m de vivres.
Pro'vinz f province f; **⁓adel** m noblesse f de province; **⁓blatt** n journal m provincial.
provinzi'ell adj. provincial.
Pro'vinz|journalist m journaliste m de campagne; P localier m; **⁓ler(in** f) m a. péj. provincial m, -e f; Fr. régional m, -e f; **₂lerisch** adj. provincial; **⁓stadt** f ville f de province.
Provisi'on f commission f; remise f; e-e ⁓ erheben prendre la commission; **⁓sberechnung** f bordereau m de commission; **₂sfrei** adj. franc, franche de commission; **⁓sgebühr** f droit m de commission; **⁓sreisende(r)** m voyageur m à la commission; **⁓ssatz** m taux m de commission; **₂sweise** adv. à titre de commission; **⁓szahlung** f paiement m de commission.

Pro'visor m gérant m d'une pharmacie.
provi'so|risch I adj. provisoire; (interimistisch) intérimaire; ⁓er Inhaber e-s Amtes, e-r Stelle: intérimaire m; **II** adv. provisoirement; (interimistisch) par intérim; **₂rium** n provisoire m; (Interim) intérim m.
Provo|ka'teur m provocateur m; **⁓kati'on** f provocation f; **₂'zieren** v/t. provoquer; cabrer; ein (nicht) provozierter Angriff une agression (non) provoquée; **₂'zierend** adj. provocant; provocateur, -trice.
prowestlich pol. adj. pro-occidental.
Proze'dur f procédure f.
Pro'zent n pour-cent m/inv.; in ⁓en en pourcentage; zu vier ⁓ à quatre pour cent; zu wieviel ⁓? à quel pourcentage?; à quel taux?; à quel pour--cent?; zu hohen ⁓en à gros intérêts; **⁓rechnung** f calcul m des intérêts; **⁓satz** m pourcentage m; ✝ pour-cent m.
prozentu'al adj. exprimé en pourcentage; (proportional) proportionnel, -elle.
Pro'zeß m ɫɫ procès m; affaire f; cause f; (Vorgang) processus m; (Verfahren) a. ⤴ procédé m; opération f; e-n ⁓ führen avoir (od. poursuivre) un procès (gegen contre), als Anwalt: plaider une cause; e-n ⁓ einleiten instruire un procès (od. une cause od. une affaire); e-n ⁓ anstrengen intenter un procès (gegen contre); j-m den ⁓ machen faire le procès à q. (a. fig.); e-n ⁓ gewinnen (verlieren) gagner (perdre) un procès; e-n ⁓ wiederaufnehmen réveiller un procès; in den ⁓ einbeziehen mettre en cause; vom ⁓ ausschließen mettre 'hors de cause; fig. kurzen ⁓ machen employer des procédés expéditifs; expédier (mit j-m q.; mit etw. qch.); trancher net (od. court); ein magerer Vergleich ist besser als ein fetter ⁓ un mauvais arrangement vaut mieux qu'un bon procès; **⁓akten** f/pl. dossier m d'un procès; Einsicht in die ⁓ communication f du procès; **₂fähig** adj. capable d'ester en justice; **⁓führer(in** f) m plaideur m, -euse f; **⁓führung** f procédure f; **⁓gebühr** f droit m de procès.
prozes'sieren v/i. plaider (mit j-m contre q.); faire un procès à q.
Prozessi'on f procession f; e-e ⁓ veranstalten faire une procession.
Pro'zeß|kosten pl. frais m/pl. de procès; **⁓ordnung** f code m de procédure; **⁓partei** f partie f plaidante (od. au procès); **⁓recht** n droit m judiciaire; **₂süchtig** adj. chicanier, -ière; chicaneur, -euse; procédurier, -ière f; **₂unfähig** adj. incapable d'ester en justice; **⁓vollmacht** f procuration f pour plaider; mandat m ad litem; **⁓wütige(r)** m procédurier m.
'prüde adj. prude; bégueule.
Prüde'rie f pruderie f; pudibonderie f; bégueulerie f.
'prüf|en 1. v/t. examiner; faire l'examen (de); (kontrollieren) contrôler; (nach⁓) vérifier; (eingehend untersuchen) scruter; (sondieren) sonder; (erproben) mettre à l'épreuve; éprouver; (versuchen) essayer; (testen) tester; (abnehmen) réceptionner; (pro-

Prüfen — Pulver

bieren) goûter; *Wein usw.*: déguster; diese Frage wird weiter geprüft cette question demeure à l'étude; 2. *v/rf.*: sich ~ s'examiner; (*sich erproben*) se mettre à l'épreuve; ⟨en *n* → ⟨ung; ~end *I adj.*: ~er Blick regard *m* interrogateur; II *adv.* j-n von oben bis unten ~ betrachten examiner q. de la tête aux pieds; ⟨er(in *f*) *m* examinateur *m*, -trice *f*; (*Kontrolleur*) contrôleur *m*, -euse *f*; vérificateur *m*, -trice *f*; ⊕ essayeur *m*; *zur Abnahme*: réceptionnaire *m*; (*Wein*⟨) dégustateur *m*, -trice *f*; ⟨feld *n* champ (*resp.* atelier) *m* d'essai; ⟨gerät *n* appareil *m* de contrôle; ⟨lampe *f* lampe-témoin *f*; ⟨ling *m* candidat *m*; ⟨stand ⊕ *m* banc *m* d'essai; ⟨stand-erprobung *f* essai *m* au banc; ⟨station (*für Autos*) *f* station *f* diagnostique; ⟨stein *m* pierre *f* de touche; *fig.* banc *m* d'essai; ⟨strom ⚡ *m* courant *m* d'essai; ⟨tisch ⊕ *m* table *f* d'essai; ⟨ung *f* examen *m* (*Kontrolle*) contrôle *m*; (*Nach*⟨) vérification *f*; (*Sondierung*) sondage *m*; (*Erprobung*) épreuve *f*; (*Versuch*) essai *m*; (*Test*) test *m*; (*Abnahme*) réception *f*; *v. Wein*: dégustation *f*; *bei näherer* ~ après examen approfondi; après plus ample examen; *schriftliche* ~ épreuves *f/pl.* écrites; écrit *m*; *mündliche* ~ (examen *m*) oral *m*; etw. e-r ~ unterziehen soumettre qch. à l'examen (*od.* à l'épreuve); e-e ~ machen (*od.* ablegen *od.* sich e-r ~ unterziehen) passer (*od.* subir) un examen; e-e ~ abhalten faire l'examen; sich zu e-r ~ melden se présenter à un examen; e-e ~ bestehen; bei e-r ~ durchkommen être reçu (*od.* réussir) à un examen; e-e ~ mit gut bestehen être reçu à un examen avec la mention bien; bei e-r ~ durchfallen (F durchrasseln) être refusé (*od.* échouer) à un examen, F être recalé (*od.* collé) à un examen, rater (*od.* louper) un examen.

'Prüfungs|angst *f* 'hantise *f* d'examen; peur *f* de l'examen; ~arbeit *f* épreuve *f* (d'examen); ~aufgabe *f* sujet *m* d'examen; ~aufsatz *m* F dissertation *f* d'examen; ~ausschuß *m* commission *f* (jury *m*) d'examen; ✝, ⊕ commission *f* de vérification; ~ergebnis *n* résultat *m* de l'examen; ~frage *f* question *f* d'examen; schwierige ~ F colle *f*; ~gebühren *f/pl.* droits *m/pl.* d'examen; ~gegenstand *m* sujet *m* d'examen; ~kandidat(in *f*) *m* candidat *m*, -e *f*; ~kommission *f* → ~ausschuß; ~ordnung *f* règlement *m* des examens; ~tag *m* jour *m* de l'examen; ~termin *m* date *f* de l'examen; session *f* d'examens; ~zeugnis *n* diplôme *m*; certificat *m* d'examen.

'Prüf|verfahren *n* méthode *f* d'essai; ~zeichen *n* marque *f* de contrôle.

'Prügel *m* (*Stock*) gourdin *m*; bâton *m*; *pl.* (*Tracht* ~) correction *f*; volée *f* (de coups de bâton); F fossée *f*; raclée *f*; pile *f*; j-m e-e Tracht ~ verabreichen administrer une correction (F une rossée) à q.; e-e gehörige Tracht ~ bekommen (*od.* kriegen) recevoir une sérieuse correction (*od.* une fessée magistrale).

'Prügel|knabe F *m* souffre-douleur *m*; (*Sündenbock*) bouc *m* émissaire; tête *f* de Turc; ⟨n 1. *v/t.*: j-n ~ donner des coups de bâton à q.; battre q.; F rosser q.; 2. *v/rf.*: sich ~ se battre; ~strafe *f* punition *f* corporelle; correction *f* à coups de bâton; *hist.* bastonnade *f*.

Prunk *m* pompe *f*; faste *m*; somptuosité *f*; (*Pracht*) magnificence *f*; (*Luxus*) luxe *m*; (*Gepränge*) parade *f*; apparat *m*; '~bett *n* lit *m* de parade; '⟨en *v/i.* étaler un grand faste; briller; mit etw. ~ faire parade de qch.; '~gemach *n* chambre *f* d'apparat; '⟨haft *adj.* pompeux, -euse; fastueux, -euse; (*luxuriös*) luxueux, -euse; '~liebe *f* amour *m* du luxe; '⟨liebend *adj.* qui aime le luxe; '⟨los *adj.* sans faste; simple; '~saal *m* salle *f* de parade; '~sucht *f* goût *m* du faste; '⟨süchtig *adj.* qui aime le faste; '⟨voll *adj.* pompeux, -euse; fastueux, -euse; (*luxuriös*) luxueux, -euse.

'prusten F *v/i.* *Tiere*: s'ébrouer; renifler; (*laut niesen*) éternuer très 'haut; ~ *adj.* renifleur, -euse.

Psalm *m* psaume *m*; ~endichter *m*, ~'ist *m* psalmiste *m*.

'Psalter *m* psautier *m*.

Pseudo'lehrsamkeit *f* prétendue érudition *f*.

Pseudo'nym I *n* pseudonyme *m*; nom *m* d'emprunt (*od.* de guerre); II ⟨ *adj.* pseudonyme.

PS-Leistung *Auto usw.* *f* nombre *m* de chevaux; *cavalerie *f*.

pst! *int.* chut!

'Psyche *f* âme *f*; *psych.* psyché *f*.

Psychi'ater *m* psychiatre *m*; ~a'trie *f* psychiatrie *f*; ⟨atrisch *adj.* psychiatrique.

'psychisch *adj.* psychique.

Psycho|ana'lyse *f* psychanalyse *f*; ~ana'lytiker *m* psychanalyste *m*; ~ana'lytisch *adj.* psychanalytique; ⟨gen *adj.* psychogène; ~'loge *m*, ~'login *f* psychologue *m*, *f*; ~lo'gie *f* psychologie *f*; angewandte (vergleichende) ~ psychologie *f* appliquée (comparée); ⟨logisch *adj.* psychologique; ~mo'torik ⚡ *f* psychomotricité *f*; ⟨mo'torisch *adj.* psychomoteur, -trice; ~neu'rose *f* psychonévrose *f*; ~päda'gogik *f* psychopédagogie *f*; ~'path(in *f*) *m* psychopathe *m*, *f*; ⟨pathisch *adj.* psychopathique; ~patho'logie *f* psychopathologie *f*; ~phy'sik *f* psychophysique *f*; ~physio'logie *f* psychophysiologie *f*.

Psy'chose *f* psychose *f*.

Psycho|so'matik *f* psychosomatique *f*; ~so'matiker *m* psychosomaticien *m*; ⟨so'matisch *adj.* psychosomatique; ⟨thera'peutisch *adj.* psychothérapeutique; ~thera'pie *f* psychothérapie *f*.

Puber'tät *f* puberté *f*.

'Public Re'lations *pl.* relations *f/pl.* avec le public; relations *f/pl.* publiques.

pu'blik *adj.* public, -ique; ~ machen rendre public, -ique; publier.

Publikati'on *f* publication *f*.

'Publikum *n* public *m*; (*Zuhörer*) auditoire *m*.

publi|'zieren *v/t.* publier; ⟨'zieren *n*, ⟨'zierung *f* publication *f*; ⟨'zist *m* publiciste *m*; ⟨'zistik *f* journalisme *m*; ⟨'zistisch *adj.* de (*adv.* en publi)ciste.

Puck *m* *Eishockey*: palet *m*; (*Kobold*) lutin *n*.

'puddel|n *métall.* *v/t.* puddler; ⟨n *n* puddlage *m*; ⟨ofen *m*, ⟨werk *n* four *m* à puddler; ⟨stahl *m* acier *m* puddlé.

'Pudding *m* crème *f*; flan *m*.

'Pudel *m* caniche *m*; *fig.* das ist des ~s Kern voilà l'explication (*od.* le fin mot *od.* le grand mot lâché); wie ein begossener ~ abziehen s'en aller l'oreille basse; wie ein begossener ~ aussehen rester penaud; ~mütze *f* toque *f* de fourrure; ⟨naß *adj.* trempé jusqu'aux os *od.* comme un canard; ⟨wohl *adj.* gai comme un pinson.

'Puder *m* poudre *f*; ~ auflegen mettre de la poudre, ~dose *f* poudrier *m*; boîte *f* à (*resp.* de) poudre; ⟨n 1. *v/t.* poudrer; 2. *v/rf.*: sich ~ se poudrer; mettre de la poudre; ~quaste *f* 'houppette *f*; ~zucker *m* sucre *m* en poudre.

puff! *int.* pouf!; pan!; crac!

Puff 1. *m* (*Stoß*) bourrade *f*, heftiger: 'horion *m*; (*Knall*) détonation *f*; (*Wäsche*⟨) panier *m* à linge; *am Ärmel*: bouffant *m* (*Sitzkissen*) pouf *m*; *fig.* er kann e-n ~ vertragen il a la peau dure; 2. *n* (*Spiel*) trictrac *m*; 3. V *n od. m* (*Bordell*) boxon *m*; F bocard *m*; maison *f* close; ~ärmel *m* manche *f* bouffante (*od.* à gigot); ~bahn *enf. f* F teuf-teuf *m*; ⟨en 1. *v/i.* faire pouf; (*knallen*) éclater; détoner; (*schießen*) tirer des coups de feu; 2. *v/t.*: j-n ~ donner une bourrade à q.; cogner q.; (*bauschig machen*) faire bouffer; ~er *m* ~ tampon *m*; ⊕ amortisseur *m*; '~erstaat *m* État *m* tampon; '~erzone *f* zone *f* tampon; '⟨ig *adj.* bouffant *m*; ~spiel *n* trictrac *m*.

puh! *int.* peuh!; pouah!; ouf!

Pulk *m* *cycl.* peloton *m*; ✈ formation *f* aérienne; ein ~ von Flugzeugen, von Motorrädern (bei Vorführungen) un carrousel d'avions, de motos.

'Pulle F *f* bouteille *f*.

'Pulli *m* pull *m*; *leichter*: débardeur *m*.

Pul'lover *m* pull-over *m*.

Puls *m* pouls *m* (a. *fig.*); j-m den ~ fühlen tâter le pouls à q. (a. *fig.*); ~ader *f* artère *f*; große ~ aorte *f*; sich die ~n aufschneiden se tailler les veines d'un poignet.

Pul'sator *m* pulsateur *m*; ~waschmaschine *f* machine *f* à turbulence.

pul'sieren *v/i.* (*Blut*) circuler; (*das Leben durch die Straßen*) être intense (dans les rues); *fig.* ~des Leben vie *f* intense.

Pulsotriebwerk *n* pulsoréacteur *m*.

'Puls|schlag *m* pulsation *f*; *fig.* tourbillonnement *m*; ~stockung *f* arrêt *m* du pouls; ~wärmer *m* petit manchon *m*.

Pult *n* pupitre *m*; (*Chor*⟨ in der *Kirche*) lutrin *m*.

'Pulver *n* poudre *f*; F (*Geld*) argent *m*, F galette *f*, P pognon *m*, braise *f*; *in* ~ verwandeln pulvériser; *zu* ~ zerfallen se pulvériser; *fig.* er ist keinen Schuß ~ wert il ne vaut pas la corde pour le pendre; er hat das ~ nicht erfunden il n'a pas inventé la poudre; er hat sein

~ verschossen il a épuisé ses ressources; ²artig *adj.* pulvérulent; ~dampf *m* fumée *f* de la poudre; ~fabrik *f* poudrerie *f*; ~faß *n* baril *m* de poudre; *fig.* wie auf dem ~ sitzen être assis sur un baril de poudre (*od.* sur un volcan); ²förmig *adj.* pulvérulent; ~er Zustand pulvérulence *f*; ²ig *adj.* pulvérulent; ~ werden se pulvériser; se réduire en poudre.
pulveri'sier|bar *adj.* pulvérisable; ~en *v/t.* pulvériser; réduire en poudre; ²ung *f* pulvérisation *f*.
'Pulver|kammer *f* poudrière *f*; magasin *m* à poudre; ⚓ soute *f* à poudre; ~magazin *n* poudrière *f*; magasin *m* à poudre; ~schnee *m* neige *f* poudreuse; ~staub *m* poussière *f* de la poudre.
'Puma *zo. m* puma *m*.
'Pummel F (*Dickerchen*) *m* pot *m* à tabac.
'pummelig F *adj.* (*dick*) replet, ète; boulot, -otte; (*mollig*) potelé.
Pump F *m* crédit *m*; auf ~ à crédit.
'Pumpe *f* pompe *f*; ²n *v/t.* pomper; *fig.* F j-m etw. ~ prêter qch. à q.; von j-m etw. ~ emprunter qch. à q., F taper q. de qch.; ~hub *m* course *f* de pompe; ~nkolben *m* piston *m* de pompe; ~nrohr *n*, ~nröhre *f* tuyau *m* de pompe; ~nschwengel *m* bras *m* (de pompe).
'Pumpernickel *m* pumpernickel *m*; pain *m* noir de Westphalie.
'Pump|genie F *n* tapeur *m*, -euse *f*; ~hose *f* pantalon *m* bouffant; ~s (*Damenschuh*) *m* escarpin *m*; ~station *f* station *f* de pompage; ~wagen *m* autopompe *f*; ~werk *n* pompes *f/pl.*
'Pu|nier *m* Carthaginois *m*; ²nisch *adj.* punique; de Carthage.
Punk *m* punk *m*; '~mädchen *n* punke *f*; '~mode *f*, '~stil *m* punkitude *f*; punkerie *f*.
Punkt *m* point *m*; e-s Vertrages: a. article *m*; *Fernsehen:* spot *m*; ~ für ~ point par point; (*de point en point*; bis zu e-m gewissen ~ jusqu'à un certain point; in vielen ~en à beaucoup d'égards; in diesem ~ à cet égard; in e-m ~ einig d'accord sur un point; ~ ein Uhr à une heure précise (*od.* sonnante *od.* juste *od.* F pile *od.* F tapante); e-n ~ markieren marquer un point; mit ~en darstellen pointiller; toter ~ point *m* mort, *fig.* impasse *f*; *fig.* an (*od.* auf) e-m toten ~ angelangt (*od.* angekommen) sein être dans une impasse; den toten ~ überwinden sortir de l'impasse; ein ~ auf der Tagesordnung un point figurant à l'ordre du jour; wir kommen zu ~ 3 der Tagesordnung l'ordre du jour appelle la discussion du point 3; passons à la discussion du point 3 de l'ordre du jour; strittiger ~ point *m* litigieux; der springende ~ le point délicat (*od.* décisif); *Sport: Sieger nach* ~en vainqueur *m* aux points; *nach* ~en schlagen (siegen; verlieren; führen) battre (vaincre; perdre; mener) aux points; kostbare ~e sammeln glaner de précieux points; F nun mach aber 'nen ~! ça suffit!; (in voilà) assez!; ferme-la!
Punk'talglas *opt. n* ménisque *m*.
'Pünktchen *n* petit point *m*.

'Punkt|feuer ⚔ *n* feu *m* convergent; ~gleichheit *f Sport:* égalité *f* de points.
punk'tier|en *v/t.* pointiller; ♪ pointer; ⚚ ponctionner; punktierte Linie pointillé *m*; punktierte Note note *f* pointée; ²en *n*, ²ung *f* pointillage *m*; ⚚ ponction *f*; ²nadel *f* aiguille *f* de ponction.
'pünktlich *adj.* ponctuel, -elle; exact; assidu; der Zug ist ~ le train est à l'heure; ²keit *f* ponctualité *f*; exactitude *f*.
'Punkt|niederlage *f* défaite *f* aux points; ~richter *m* arbitre *m*; ~schweißen ⊕ *n* soudage *m* par points; ~sieg *m* victoire *f* aux points; ~sieger(in *f*) *m* vainqueur *m* aux points; ~streik *m* grève-bouchon *f*.
punktu'ell (*gezielt*) *adj.* ponctuel, -elle.
'Punktum *n*: und damit ~! c'est tout!
Punk'tur *f* ponction *f*.
'Punkt|wertung *f Sport:* pointage *m*; ~zahl *f Sport:* score *m*.
Punsch *m* punch *m*; '~bowle *f* bol *m* à punch; '~löffel *m* cuiller *f* à punch.
Pup F *m* pet *m*; P perle *f*; '²en F *v/i.* péter.
Pu'pille *anat. f* pupille *f*; ~n-abstand *m* écart *m* interpupillaire; ~n-erweiterung *anat. f* dilatation *f* de la pupille; ~nver-engung *f* contraction *f* de la pupille.
'Püppchen *n* petite poupée *f*; *Kosewort:* poupée *f*; mignonne *f*.
'Puppe *f* poupée *f* (*a. fig.*); (*Marionette*) marionnette *f* (*a. fig.*); (*Schneider*²) mannequin *m*; (*Kind*) poupon *m*; bébé *m*; *ent.* chrysalide *f*; ~ mit Stimme poupée *f* qui parle; mit der ~ spielen jouer à la poupée; *fig.* F das ist einfach ~! c'est chouette!; bis in die ~n (*sehr lange*) très longtemps; bis in die ~n schlafen dormir (*od.* faire) la grasse matinée; ~ngesicht *n* figure *f* de poupée; ~nküche *f* cuisine *f* de poupée; ~nservice *n* dînette *f*; ~nspiel *n* (*jeu m* de) marionnettes *f/pl.*; ~nspieler *m* montreur *m* de marionnettes; ~nstube *f* chambre *f* de poupée; ~nthe-ater *n* (*théâtre m* de) marionnettes *f/pl.*; ~nwagen *m* landau *m*; voiture *f* de poupée.
pur *adj.* pur; aus ~er Neugierde par pure curiosité.
Pü'ree *n* purée *f*.
Pu'ris|mus *m* purisme *m*; ~t *m* puriste *m*; ²tisch *adj.* puriste.
Puri'tan|er(in *f*) *m* puritain *m*, -e *f*; ²isch *adj.* puritain.
Purita'nismus *m* puritanisme *m*.
'Purpur *m Farbstoff; text.* (*Gewand, Stoff*) pourpre *f*; ~farbe *f* pourpre *m*; ²farben, ²farbig *adj.* pourpre; pourpré; purpurin; ~mantel *m* manteau *m* de pourpre; ²n, ²rot *adj.* → ²farben; ~rot *n* → ~farbe; ~schnecke *zo. f* murex *m*.
'Purzel|baum *m* culbute *f*; e-n ~ schlagen faire une culbute; ²n *v/i.* culbuter; faire une culbute.
'pusseln F *v/i.* bricoler.
'Puste F *f* souffle *m*; aus der ~ kommen; keine ~ mehr haben être à bout de souffle.
'Pustel ⚚ *f* pustule *f*.
'pusten F **I** *v/i. u. v/t.* souffler; F ich werde dir was ~! tu peux attendre longtemps; tu peux toujours te fouiller; **II** ²n *n* soufflement *m*.
'Pusterohr F *n* sarbacane *f*.
'Put|e *f* dinde *f* (*a. fig.*); ~enbraten *m* dinde *f* rôtie; ~er *m* dindon *m*; ²errot *adj.* cramoisi; vor Ärger ~ werden se fâcher tout rouge.
Putsch *m* coup *m* d'État; putsch *m*; '²en *v/i.* tenter un coup d'État; '~ist *m* putschiste *m*.
Putz *m* toilette *f*; (*Schmuck*) parure *f*; atours *m/pl.*; (*Verzierungen*) ornements *m/pl.*; (*Modewaren*) articles *m/pl.* de modes; △ enduit *m*; crépi *m*; auf ~ sur enduit; unter ~ sous enduit; '~artikel *m/pl.* articles *m/pl.* de modes; '²en *v/t. u. v/rf.* (*säubern*) nettoyer; △ (*ver~*) crépir; *Licht:* moucher; *Schuhe:* décrotter; (*wichsen*) cirer; astiquer; *Gemüse:* éplucher; (*glänzend machen*) polir; fourbir; astiquer; *Pferde:* panser; *Brille:* essuyer; *Bäume:* émonder, élaguer; (*schmücken*) orner; décorer; parer; *Personen:* sich ~ faire sa toilette; se parer; sich die Zähne ~ se brosser, se laver les dents; sich die Nase ~ se moucher; '²en *n* nettoiement *m*; nettoyage *m*; △ (*Ver*²) crépissage *m*; (*Bürsten*) brossage *m*; der Schuhe: décrottage *m*; (*Wichsen*) astiquage *m*; cirage *m*; *v. Gemüse:* épluchage *m*; (*Glänzendmachen*) polissage *m*; fourbissure *f*; astiquage *m*; der Pferde: pansage *m*; der Brille: essuyage *m*; *v. Bäumen:* émondage *m*; élagage *m*; *v. Personen:* toilette *f*; '~er △ *m* maçon *m* chargé du crépissage; ravaleur *m*; '~frau *f* femme *f* de ménage; '~geschäft *n* magasin *m* de modes; '²ig F *adj.* (*drollig*) drôle; cocasse; '~lappen *m* chiffon *m* à nettoyer; torchon *m*; '~leder *n* peau *f* de chamois; '²liebend *adj.* qui aime la toilette; coquet, -ette; '~macherin *f* modiste *f*; '~mittel *n* (*Reinigungsmittel*) produits *m/pl.* de nettoyage, d'entretien; détergent *m*; détersif *m*; récurant *m*; '~ für den Backofen *od.* die Bratröhre décapant *m* pour four; '~sucht *f* coquetterie *f*; '²süchtig *adj.* qui aime la toilette; coquet, -ette; '~waren *f/pl.* articles *m/pl.* de modes; '~wolle *f* laine *f* de nettoyage; '~zeug *n* ustensiles *m/pl.* et produits *m/pl.* de nettoyage; trousse *f* de nettoyage; *für Pferde:* effets *m/pl.* de pansage.
Puzzle *n* puzzle *m*.
Pyg'mä|e *m* Pygmée *m*; ²enhaft *adj.* pygméen, -enne.
Py'jama *m* pyjama *m*.
Py'lon *m* pylône *m*.
pyra|mi'dal *adj.* pyramidal; ²'mide *f* pyramide *f*; (*Gewehr*²) faisceau *m*; die Gewehre in ~n setzen former les faisceaux; ~'midenförmig *adj.* pyramidal; ²'midenstumpf *m* tronc *m* de pyramide.
Pyre'nä|en: die ~ les Pyrénées *f/pl.*; ~enhalb-insel *f* péninsule *f* Ibérique; ²isch *adj.* des Pyrénées; pyrénéen,-enne.
Py'rit *f* pyrite *f*.
Pyro|ma'nie *f* pyromanie *f*; ~'meter *n* pyromètre *m*.
Pyrophos'phat ⚗ *n* pyrophosphate *m*.
Pyro'tech|nik *f* pyrotechnie *f*; ~

niker *m* pyrotechnicien *m*; ⁓**nisch** *adj.* pyrotechnique.
'**Pyrrhussieg** *m* victoire *f* à la Pyrrhus.

pytago're-isch *adj.*: ⁓er Lehrsatz théorème *m* de Pythagore.
'**Pythia** *antiq. f* Pythie *f*.

'**pythisch** *adj.* pythique.
'**Python** *m*, ⁓**schlange** *zo. f* python *m*.

Q

Q, q n Q, q m.
'**quabb(e)lig** adj. mollasse; gélatineux, euse; flasque; ~es Fleisch chairs f/pl. avachies.
Quack|e'lei F f (Faselei) radotage m; ²**eln** F v/i. (faseln) radoter.
'**Quack|salber** m charlatan m; guérisseur m; médicastre m; **~salbe'rei** f charlatanisme m; **²salbern** v/i. faire le charlatan.
'**Quader** m, a. f, **~stein** m △ pierre f de taille.
Qua'drant m quart m de cercle; quadrant m.
Qua'drat n carré m; im ~ au carré; ins ~ erheben élever au carré; drei Meter im ~ carré de trois mètres de côté; **~dezimeter** n (od. m) décimètre m carré; ²**isch** adj. carré; ⚒ u. min. quadratique; ~e Gleichung équation f du second degré; **~kilometer** m (od. n) kilomètre m carré; **~meile** f mille m carré; **~meter** m (od. n) mètre m carré.
Qudra'tur f quadrature f.
Qua'drat|wurzel f racine f carrée; die ~ ziehen aus extraire la racine carrée de; **~zahl** f nombre m carré; **~zentimeter** m (od. n) centimètre m carré.
qua'drieren ⚒ v/t. élever au carré.
Qua'driga f quadrige m.
Qua'drille f quadrille m.
Quadro|fo'nie rad. f tétraphonie f; weniger gut: quadriphonie f, quadraphonie f; ²**fonisch** adj. tétraphonique.
'**quaken** I v/i. coasser; II ² n coassement m.
'**quäken** (Baby) v/i. vagir.
'**Quäker(in** f) m quaker m, -eresse f; **~tum** n quakerisme m.
Qual f tourment m; supplice m; peine f; souffrance f; torture f; ~ der Wahl embarras m du choix.
'**quälen** I v/t. (v/rf.: sich se) tourmenter; (foltern) torturer; zu Tode ~ faire mourir à petit feu; (plagen) (sich se) tracasser, F turlupiner; (beunruhigen) inquiéter; (belästigen) importuner, F casser les pieds (j-n à q.); sich sehr ~ (abarbeiten) se donner bien du mal; II ² n → Quälerei f; **~d** adj. (lästig) importun; (auf die Nerven gehend) tracassier, -ière.
Quäle'rei f tourments m/pl.; torture f; (Belästigung) importunité f; (Plagerei) tracasserie f.
'**Quälgeist** m importun m, -e f; tracassier m, -ière f; casse-pieds m.
Qualifikati'on f qualification f; **~spiel** n match m de qualification.
qualifi'zier|bar adj. qualifiable; **~en** v/t. (v/rf.: sich se) qualifier (für pour); ²**ung** f qualification f.
Quali'tät f qualité f; gute ~ bonne qualité f; bessere ~ meilleure qualité f; qualité f supérieure; mittlere (geringere; gangbare) ~ qualité f moyenne (inférieure; courante).
qualita'tiv adj. qualitatif, -ive.
Quali'täts|arbeit f travail m de qualité; **~erzeugnis** n produit m de qualité; **~marke** f marque f de qualité; **~muster** n, **~probe** f échantillon m; **~unterschied** m différence f qualitative; **~ware** f marchandise f de choix; **~wein** m vin m à appellation contrôlée; **~zeichen** n signe m de qualité.
'**Qualle** zo. f méduse f.
Qualm m fumée f épaisse; ¹²**en** v/i. répandre une fumée épaisse; Fackel usw.: fumer; Licht: filer; Raucher: fumer comme une cheminée; ¹²**ig** adj. rempli de fumée.
'**qualvoll** adj. plein de tourments; cruel, -elle; atroce; très douloureux, -euse.
'**Quantentheorie** f théorie f des quanta.
Quanti'tät f quantité f.
quantita'tiv adj. quantitatif, -ive.
'**Quantor** ling. m quantificateur m.
'**Quantum** n quantité f; (Anteil) quantum m.
'**Quappe** f icht. lotte f; (Kaul~) têtard m.
Quaran'täne f quarantaine f; e-e ~ verhängen mettre en quarantaine; **~anstalt** (Übersee) f établissement m de quarantaine; lazaret m; **~maßregel** f mesure f prescrite pour la quarantaine.
Quark m fromage m blanc; caillebotte f; fig. F das ist lauter ~ c'est de la foutaise!
'**quarr|en** v/i. criailler; ²**en** n criailleries f/pl.; **~ig** adj. criailleur, -euse.
Quart¹ n typ. (format m) in-quarto m.
Quart² esc., ♪ f quarte f.
'**Quarta** (Bundesrep.) f troisième classe f d'un lycée (septième année scolaire).
Quar'tal n trimestre m; **~sdividende** f dividende m trimestriel; **~srechnung** f compte m trimestriel; **~ssäufer** m alcoolique m périodique; **~s-tag** m terme m trimestriel; **~sweise** adv. par trimestre; **~szahlung** f paiement m trimestriel.
Quar'taner(in f) (Bundesrep.) m élève m, f de la troisième classe d'un lycée.
Quart|band m volume m in-quarto; **~blatt** n feuille f in-quarto.
'**Quarte** ♪ f quarte f (a. esc.); (vierter Ton vom Grundton aus) sous-dominante f.
Quar'tett ♪ n quatuor m.
'**Quartformat** typ. n (format m) in-quarto m.
Quar'tier n ⚔ cantonnement m; (Wohnung) logement m; logis m; gîte m; bei j-m ~ nehmen loger chez q.; ⚔ im ~ liegen être cantonné; in ~ legen cantonner; ~ beziehen cantonner; **~geber(in** f) m logeur m, -euse f; **~macher** ⚔ m officier m de cantonnement; **~vermittler** m permanencier m; **~schein** m, **~zettel** m billet m de logement; **~wirt(in** f) m logeur m, -euse f.
'**Quartseite** f page f in-quarto.
Quarz m quartz m; **~glas** n verre m quartzeux; ¹²**haltig**, ¹²**ig** adj. quartzeux, -euse; ¹**lampe** f lampe f à quartz; ¹**rohr** n tube m de quartz; **~uhr** f montre f à quartz.
'**quasi** adv. quasi; pour ainsi dire.
Quasse'lei F f radotage m; F bafouillage m.
'**quasseln** F v/i. u. v/t. radoter; dire des bêtises.
'**Quasselstrippe** F f (Schwätzer[in]) F tapette f; (Telefon) P bigophone m; P télémuche m.
'**Quassia** ♀ f quassia m.
'**Quaste** f für Puder: 'houppe f; (Troddel) gland m; (Pompon) pompon m.
'**Quästor** m questeur m.
Quäs'tur f questure f.
Quatsch F m radotage m; F loufoquerie f; bêtises f/pl.; *fichaises f/pl.; von e-m Film: navet m; ach, ~! je trouve ça bête (od. idiot); ¹²**en** F v/i. u. v/t. radoter; dire des bêtises; palabrer; ¹**kopf** F m tapette f; ¹**thema** F n sujet m bateau.
'**Quecke** ♀ f chiendent m.
'**Quecksilber** n mercure m; vif-argent m; fig. (unruhig) wie ~ sein être frétillant m; **~barometer** n baromètre m à mercure; **~dampf** m vapeur f de mercure; ²**haltig** adj. mercuriel, -elle; ²**ig** adj. mercuriel, -elle; fig. frétillant m; **~kur** f traitement m au mercure; **~oxyd** n oxyde m mercurique; **~oxydul** n oxyde m mercureux; **~präparate** phm. n/pl. mercuriaux m/pl.; **~salbe** f onguent m mercuriel; **~säule** f colonne f de mercure; **~vergiftung** ⚕ f intoxication f par le mercure.
'**Quell|e** f source f (a. fig.); (Brunnen) fontaine f; heiße ~ source f thermale; aus der ~ schöpfen puiser à la source; fig. aus sicherer ~ wissen, daß ... tenir de bonne source que ...; an der ~ sitzen fig. être à la source, (Futterkrippe) être près de l'assiette au beurre; ¹**bach** m source f.
'**quellen**¹ v/i. (hervor~) jaillir; sourdre; (fließen) s'écouler; fig. (hervorgehen) émaner (aus de).

¹**quellen²** *v/i. Reis usw.*: gonfler; ~ *lassen* faire gonfler.
¹**Quellen|angabe** *f* indication *f* des sources; **~forschung** *f* recherche *f* des sources; **²mäßig** *adj.* conforme aux sources; *weitS.* authentique; **~material** *n* sources *f/pl.*; **~nachweis** *m* indication *f* des sources; **~studium** *n* étude *f* des sources.
¹**Quell|fluß** *m* source *f*; **~gebiet** *n* sources *f/pl.*; **~maß** *bét. n* expansion *f*; **~ung** *f* gonflement *m*; **~wasser** *n* eau *f* de source.
¹**Quendel** ♀ *m* serpolet *m*.
Quenge'lei F *f* geignements *m/pl.*
¹**quengeln** F **I** *v/i.* geindre; **II** ♀ *n* geignements *m/pl.*
¹**Quengler(in** *f) m* geignard *m*, -e *f*.
¹**Quentchen** *n*: *ein* ~ (*ein bißchen*) un peu (de).
quer I *adj.*: transversal; **II** *adv.* (*schräg*; *verkehrt*) de travers; (*übereck*) en travers; (*schräg*) en écharpe; ~ *durch*; ~ *über* à travers; au travers de; *kreuz und* ~ en tous sens, (*im Zickzack*) en zigzag; ~ *übers Feld* à travers champs; ~ *über die Straße gehen* traverser la rue; ~ *übereinanderlegen* croiser; *fig. sich* ~ *stellen* se mettre en travers; *fig. j-m in die* ~ *kommen* contrarier (*od.* traverser) les projets de q.; contrecarrer q.; *mir ist etw. in die* ~ *gekommen* il m'est survenu un contretemps; qch. a contrarié mes projets.
¹**²achse** *f* axe *m* transversal; ¹**²balken** *m* traverse *f*; poutre *f* transversale; ⌀ barre *f*; ¹**²behang** *m* tenture *f* transversale; ¹**²bewegung** *f* mouvement *m* transversal; ¹**²binder** (F *fig. Fliege*) *m* nœud *m* papillon.
¹**Quere** *f* travers *m*; *in die* ~; *der* ~ *nach* en (*od.* de) travers; (*schräg*) de biais; *fig. j-m in die* ~ *kommen* contrarier (*od.* traverser) les projets de q.; contrecarrer q.; *mir ist etw. in die* ~ *gekommen* il m'est survenu un contretemps; qch. a contrarié mes projets.
quer|feld'ein *adv.* à travers champs; ~ *laufen* couper à travers champs; **²feld'einlauf** *m Sport*: cross country *m*; ¹**²flöte** *f* flûte *f* traversière; ¹**²format** *typ. n* format *m* oblong; ¹**²gang** *m* allée *f* transversale; ¹**²gasse** *f* ruelle *f* transversale; ¹**²gebäude** *n* bâtiment *m* transversal; ¹**²gefälle** *n* pente *f* transversale; **~gestreift** *adj.* rayé en travers; ¹**²holz** (*Fensterkreuz*) *n* croisillon *m*; ¹**²kissen** *n* traversin *m*; ¹**²kopf** F *m* mauvaise tête *f*; ¹**~köpfig** *adj.* qui a mauvaise tête; ¹**²lager** ⊕ *n* roulement *m* transversal à billes; ¹**²latte** *f Fußball*: barre *f* transversale; ¹**~laufend** *adj.* transversal; ¹**²leiste** *f* traverse *f*; ¹**²linie** *f* ligne *f* transversale; ¹**²mauer** *f* mur *m* transversal; ¹**²naht** *f* couture *f* en travers; ¹**²paß** *m Fußball*: passe *f* transversale; ¹**²pfeife** *f*, ¹**²pfeifer** *m* fifre *m*; ¹**²richtung** *f* sens *m* transversal; ¹**²riegel** *m* traverse *f*, entretoise *f*; ²**rinne** *f auf Straßen*: cassis *m*; ²**ruder** ✈ *n* aileron *m*; ²**sattel** *m* (*Damensattel*) selle *f* de dame; ²**schiff** △ *n* nef *f* transversale; transept *m*; ¹**²schläger** ⚔ *m* ricochet *m*; ¹**²schnitt** *m* coupe (*od.* section) *f* transversale; (*Ansicht*) = ¹**²schnittansicht** *f* vue *f* en coupe; ¹**²schnittslähmung** ✚ *f* paraplégie *f*; ¹**²schnittzeichnung** *f* dessin *m* de la coupe (*od.* section) transversale; vue *f* en coupe; ¹**²schott** ⚓ *n* cloison *f* transversale; ¹**²schwelle** ⚙ *f* traverse *f*; ¹**²stange** *f* traverse *f*; barre *f*; ¹**²straße** *f* rue *f* transversale (*od.* traversière. de traverse); ¹**²streifen** *m* bande (*im Stoff*: raie) *f* transversale; ¹**²strich** *m* trait *m* transversal *f*; *typ.* barre *f* transversale; ¹**²summe** *f* somme *f* des chiffres d'un nombre; ¹**²träger** △ *m* traverse *f*; ¹**²treiber(in** *f) m* intrigant *m*, -e *f*; ¹**²treibereien** *f/pl.* intrigues *f/pl.*; menées *f/pl.*; chicanes *f/pl.*
Queru|'lant(in *f) m* celui (celle) qui fait toujours des réclamations; éternel(le) mécontent(e) *m(f)*; ²**lieren** *v/i.* réclamer sans cesse.
¹**Quer|verbindung** *f* liaison *f* transversale; *fig. écol.* comparaison *f* interdisciplinaire; interdisciplinarité *f*; **~versteifung** ⊕ *f* renforcement *m* transversal; **~wand** *f* cloison *f* transversale; **~weg** *m* chemin *m* de traverse.
¹**Quetsche** *f* presse *f*; ²**en** *v/t. u. v/rf.* presser (fort); écraser; (*aus*~) exprimer; *Kartoffeln*: mettre (*od.* réduire) en purée; ✱ (*sich se*) contusionner; (*se*) meurtrir; *breit* ~ aplatir; **~falte** *f* pli *m* plat; **~kartoffeln** *f/pl.* purée *f* de pommes de terre; **~kommode** F *f* (*Akkordeon*) accordéon *m*; P piano *m* à bretelles; **~ung** ✱ *f* contusion *f*; meurtrissure *f*; **~wunde** *f* plaie *f* contuse.

quick|lebendig *adj.* vif *m*, vive *f*; alerte; frétillant; sémillant; fringant; ¹**²sand** *m* (*Flugsand*) sable *m* mouvant.

¹**quieken I** *v/i.* pousser des cris perçants; *Tür*: grincer; **II** ♀ *n der Tür*: grincement *m*.

Quie'tis|mus *m* quiétisme *m*; **~t(in** *f) m* quiétiste *m*, *f*; ²**tisch** *adj.* quiétiste.
¹**quietsch|en** *v/i. Tür*: grincer; **~fi'del** F *adj.*, **~vergnügt** *adj.* gai comme un pinson; guilleret, -ette.

¹**Quinta** (*Bundesrep.*) *f* deuxième classe *f* d'un lycée (sixième année scolaire).

Quin'taner(in *f) m* élève *m*, *f* de la deuxième classe d'un lycée.

¹**Quinte** ♪ *f* quinte *f* (*a. esc.*).

¹**Quint-essenz** *f* quintessence *f*.

Quin'tett ♪ *n* quintette *m*.

Quin'tole ♪ *f* quintolet *m*.

Quirl *m cuis.* batteur *m*; ♀ verticille *m*; F *fig.* (*lebhafter Mensch*) vibrion *m*; ²**en** *v/t.* battre (avec un moulinet); faire mousser; *fig.* tourbillonner.

quitt *adj.* quitte; *nun sind wir* ~ nous voilà quittes.

¹**Quitte** ♀ *f* (*Frucht*) coing *m*; *wilde*: cognasse *f*; (*Baum*) cognassier *m*; ²**gelb** *adj.* jaune comme un coing.

quit'tieren *v/t.* acquitter; *abs.* donner quittance (*etw.* de qch.); quittancer; *Dienst*: quitter; *quittierte Rechnung* note (*od.* facture) *f* acquittée (*od.* payée).

¹**Quittung** *f* quittance *f*; acquit *m*; reçu *m*; récépissé *m*; *gegen* ~ contre reçu, quittance; *e-e* ~ *ausstellen* (*od.* *schreiben*) établir (*od.* faire) un reçu, une quittance; **~sblock** *m*, **~sbuch** *n* carnet *m* de quittances; **~sformular** *n* formulaire *m* de quittance; **~skarte** *f* carte-quittance *f*; **~smarke** *f*, **~sstempel** *m* timbre-quittance *m*.

Quiz *rad. n* jeu *m* radiophonique (*bzw.* télévisé).

¹**Quote** *f* quote-part *f*; cote *f*; (*Anteil*) contingent *m*; **~n-aktie** *f* action *f* sans valeur nominale.

Quoti'ent *m* quotient *m*.

quo'tieren *v/t.* coter.

quoti'sier|en *v/t.* cotiser; répartir; ²**ung** *f* cotisation *f*, répartition *f*.

R

R, r *n*, R, r *m*.
Ra'batt *m* remise *f*; rabais *m*; escompte *m*; e-n ~ **geben** (*od.* **gewähren**) faire (*od.* donner) une remise.
Ra'batte ♪ *f* plate-bande *f*.
Ra'battmarke *f* timbre *m* d'escompte.
Rab'biner *m* rabbin *m*.
'**Rabe** *m* corbeau *m*; *fig.* weißer ~ merle *m* blanc; wie ein ~ stehlen être voleur, -euse comme une pie; **~neltern** *pl.* parents *m/pl.* dénaturés; **~nmutter** *f* mère *f* dénaturée; marâtre *f*; **2nschwarz** *adj.* noir comme jais; **~nvater** *m* père *m* dénaturé.
rabi'at *adj.* furieux, -euse; enragé; déchaîné; F furax; F furibard.
Rabu'list *m* chicanier *m*; chicaneur *m*; **~ik** *f* chicanes *f/pl.*; **2isch** *adj.* chicanier, -ière; chicaneur, -euse.
'**Rache** *f* vengeance *f*; aus ~ par (esprit de) vengeance; aus ~ für pour se venger de; nach ~ schreien crier vengeance; (auf) ~ sinnen méditer une vengeance; ~ brüten couver une vengeance; nach ~ dürsten être altéré de vengeance; s-e ~ stillen assouvir sa vengeance; ~ üben se venger (an j-m de q.); an j-m ~ nehmen se venger de q.; an j-m für etw. ~ nehmen se venger de qch. sur q.; **~akt** *m* acte *m* de vengeance; crime *m* de la vengeance; **~durst** *m* soif *f* de vengeance; **~gedanke** *m* idée *f* de vengeance; **~gefühl** *n* sentiment *m* de vengeance; rancune *f*; **~göttin** *f* déesse *f* vengeresse.
'**Rachen** *m* anat. pharynx *m*; (*Maul*) gueule *f*; (*Kehle*) gosier *m*; gorge *f*; *fig.* gouffre *m*; ~ der Hölle gouffre *m* de l'enfer; j-n aus dem ~ des Todes erretten arracher q. à la mort; *fig.* F j-m den ~ stopfen clouer le bec à q.
'**rächen** *v/t.* (*v/rf.:* sich se) venger; sich an j-m ~ se venger de q.; sich für etw. ~ tirer vengeance (*od.* se venger) de qch.; sich ~ *a. pol.* prendre sa revanche; sich an j-m für etw. ~ se venger de qch. sur q.; sich ~ (*schwere Folgen haben*) s'expier; avoir des conséquences fâcheuses.
'**Rachen|abstrich** ⚕ *m* prélèvement *m* du pharynx; **~bräune** ⚕ *f* diphtérie *f*.
'**rächend** *adj.* vengeur, -eresse.
'**Rachen|entzündung** ⚕ *f* inflammation *f* du pharynx; pharyngite *f*; **~höhle** *f* arrière-bouche *f*; **~katarrh** ⚕ *m* → **~entzündung**; **~putzer** F (*starker Schnaps*) *m* tord-boyaux *m*; fond *m* du tonneau; casse-pattes *m* (*saurer Wein*) piquette *f*; **~spiegel** ⚕ *m* pharyngoscope *m*.
'**Rächer(in** *f*) *m* vengeur *m*, -eresse *f*.
'**Rach|gier** *f*, **~sucht** *f* soif *f* de vengeance; rancune *f*; **2süchtig** *adj.* avide de vengeance; vindicatif, -ive; rancunier, -ière.
Ra'chi|tis ⚕ *f* rachitisme *m*; **2tisch** *adj.* rachitique.
'**Racker** F *m*: kleiner ~ petit coquin *m*.
Rad *n* roue *f*; (*Fahr*❋) bicyclette *f*; vélo *m*; ein ~ schlagen faire la roue; auf das ~ (*Fahr*❋) steigen enfourcher sa bicyclette; *fig.* das fünfte ~ am Wagen sein être la cinquième roue du carrosse; nicht fünftes ~ am Wagen sein wollen *a.* ne pas vouloir mendier un strapontin; unter die Räder kommen aller à sa perte; '**~abstand** *m* écartement *m* des roues; '**~achse** *f* am Wagen: essieu *m*; an Maschinen: arbre *m*.
Ra'dar *n* radar *m*; **~anlage** *f* installation *f* radar; **~ausstattung** *f* équipement *m* radar; **~be-obachter** *m* opérateur *m* radar; radariste *m*; **~boje** ⚓ *f* balise *f* radarisable; **~experte** *m* expert *m* radariste; **~falle** *f* radar *m* routier; cinémomètre *m* radar; **~gerät** *n* radar *m*; **2gesteuert** *adj.* (*télé*)guidé par radar; **~kontrolldetektor** (*Auto*) *m* (appareil *m*) détecteur *m* de contrôle radar; **~kuppel** *f* radome *m*; **~schirm** *m* écran *m* (*od.* scope *m*) radar; **~sender** ❋, ⚓ *m* (radar *m*) transpondeur *m*; **~station** *f* station *f* radar; **~strahl** *m* faisceau *m* radar; **~strahler** ❋, ⚓ *m* → **~sender**; **~suchgerät** *n* radar *m* de recherche; **~überwachungssystem** ⚓ *n* système *m* de suivi-radar; **~wellen** *f/pl.* ondes *f/pl.* radar; **~zaun** *m* barrages *m/pl.* des radars d'interception; **~zeichen** *n* signal *m* radar.
Ra'dau F *m* tapage *m*; vacarme *m*; chahut *m*; ~ machen (*od.* schlagen) faire du tapage (*od.* du vacarme); chahuter; **~blatt** *n* feuille *f* à scandale; journal *m* à sensation; **~bruder** *m*, **~macher** *m* F P chambardeur *m* tapageur *m*; chahuteur *m*; **~presse** *f* petite presse *f*.
'**Rad|ausflug** *m* excursion *f* à bicyclette; **~ausgleich** (*Auto: beim Lenkrollradius*) *m* déport *m*; **~ball(spiel** *n*) *m* polo-vélo *m*; **~bremse** *f* frein *m* sur roue.
'**Rädchen** *n* roulette *f*; am Sporn, Feuerzeug: molette *f*.
'**Raddampfer** *m* bateau *m* à aubes.
'**Rade** ♪ *f* (*Korn*❋) nielle *f*.
'**radebrechen** *v/t.* Sprache: écorcher; F baragouiner; französisch ~ *a.* F parler français comme une vache espagnole.
'**radeln** *v/i.* aller (*od.* F rouler) à bicyclette; F pédaler.
'**Rädelsführer** *m* meneur *m*.
'**rädern I** *v/t. hist.* Verbrecher: rouer; *fig.* wie gerädert sein être tout moulu; **II** 2 *n* supplice *m* de la roue.
'**Räder|raupenfahrzeug** ⚔ *n* half-track *m*, **~werk** *n* rouage *m*, engrenage *m* (*beide a. fig.*).
'**radfahr|en** *v/i.* aller à bicyclette; faire de la bicyclette (*od.* F du vélo); F pédaler; **2en** *n* cyclisme *m*; pédalage *m*; **2er(in** *f*) *m* cycliste *m*, *f*; F pédaleur *m*, -euse *f*; F *fig. péj.* (*Speichellecker*) *m* F lèche-bottes *m*; **2sport** *m* cyclisme *m*; **2system** *n*: *fig.* das ~ betreiben tracasser les inférieurs et lécher les bottes des supérieurs; **2weg** *m* piste *f* cyclable.
'**Rad|felge** *f* jante *f* (de roue); **2förmig** ✧ *adj.* rotacé.
radi'al *adj.* radial; **2bohrmaschine** *f* perceuse *f* radiale; **2reifen** (*Auto*) *m* pneu *m* radial (*od.* à carcasse radiale).
Radi'ator *m* radiateur *m*.
ra'dier|en (*aus*~) effacer; gratter; ⊕ graver à l'eau-forte; **2er** *m* graveur *m* à l'eau-forte; **2gummi** *m* gomme *f*; **2kunst** *f* gravure *f* à l'eau-forte; **2messer** *n* grattoir *m*; **2nadel** *f* échoppe *f*; **2ung** *f* (*Bild*) gravure *f* à l'eau-forte.
Ra'dies-chen ♪ *n* radis *m*; F *fig.* die ~ von unten begucken (= sterben) P casser sa pipe; P dévisser son billard.
radi'kal I *adj.* radical; **II** 2 *n* radical *m*; **2en-erlaß** (*Bundesrep.*) *m* décret *m* sur les extrémistes; loi *f* sur l'emploi des extrémistes dans la fonction publique; **2e(r)** *m* radical *m*.
radikali'sieren *v/t.* radicaliser.
Radika'lismus *m* radicalisme *m*.
Radi'kalkur ⚕ *f* cure *f* radicale.
Radi'kand ℟ *m* nombre *m* placé sous le radical.
'**Radio** *n* radio *f*; T.S.F. (= télégraphie sans fil) *f*; im ~ à la radio; ~ hören écouter la radio; durch ~ übertragen (*od.* verbreiten) radiodiffuser; **2aktiv** *adj.* radio-actif, -ive; **~es Element** radio-élément *m*; **~e Niederschläge** retombée *f* radio-active; **~aktivität** *f* radio-activité *f*; **~apparat** *m* poste (*od.* appareil) *m* de radio (*od.* de T.S.F.); radio *f*; poste *m*; ~ mit Plattenspieler radiophono *m*; **~astronom** *m* radio-astronome *m*; **~astronomie** *f* radio-astronomie *f*; **~bastler** *m* sans-filiste *m*; **~chemie** *f* radiochimie *f*; **~durchsage** *f* message *m* radiodiffusé; kurze: annonce *f* radiodiffusée; **~elektriker** *m* radio-électricien *m*; **2elektrisch** *adj.* radio-électrique; **~elektrizität** *f* radio-électricité *f*; **~empfang** *m* audition *f*; réception *f*; **~empfänger** *m*, **~empfangsgerät** *n* récepteur *m* (radiophonique *od.* de T.S.F.); **~gerät**

n → ~apparat; ~**geschäft** n magasin m de radio; ~**kompaß** m radiocompas m; ~**loge** m radiologue m; radiologiste m; ~**lo'gie** f radiologie f; ⌾-**'logisch** adj. radiologique; ~**röhre** f lampe f; ~**schrank** m: ~ mit Plattenspieler meuble m radio combiné; ~**sonde** f radiosonde f; ~**telegraphie** f radiotélégraphie f; ~**telephonie** f radiotéléphonie f; ~**therapie** ⚕ f radiothérapie f; s. a. Rundfunk.
'**Radium** ⚛ n radium m; ~**behandlung** f, ~**heilverfahren** n radiothérapie f; ⌾**haltig** adj. radifère.
'**Radius** ⚓ m rayon m.
'**Rad**|**kappe** f chapeau m de roue; Auto: enjoliveur m; ~**kranz** m jante f; ~**ler**(**in** f) m cycliste m, f; F pédaleur m, -euse f; ~**nabe** f moyeu m (de roue); ~**reifen** f pneu m; ~**rennbahn** f piste f; vélodrome m; ~**rennen** n course f cycliste; ~**rennfahrer** m coureur m cycliste; cyclard m; ~**schaufel** f am Raddampfer: aube f; ⌾**schlagen** v/i. faire la roue; ~**speiche** f rayon m (de roue); ~**sport** m cyclisme m; ~**spur** f ornière f; ~**stand** m beim Auto: empattement m; ~**tour** f tour m à bicyclette; ~**wechsel** m changement m de roue; ~**welle** f arbre m (de la roue).
'**raffen** v/t.: an sich ~ rafler; fig. in geraffter Form en raccourci; (e-n Text verkürzen) raccourcir; resserrer.
'**Raffgier** f rapacité f; ⌾**ig** adj. rapace.
Raffi'nade f, ~**zucker** m sucre m raffiné.
Raffine'rie f raffinerie f.
Raffi'nesse f péj. (Durchtriebenheit) f ruse f; astuce f; artifice m.
raffi'nier|**en** v/t. Zucker, Öl usw.: raffiner; ~**t** adj. (schlau; gerissen) coquin; rusé; astucieux, -euse; matois; ⌾**theit** f → Raffinesse.
'**Raffke** F m nouveau riche m.
'**Raffung** f Schneiderei: drapé m; e-s Texts: raccourcissement m.
'**Raglan** cout. m raglan m.
Ra'gout cuis. n ragoût m.
'**Rahe** ⚓ f vergue f.
Rahm m crème f; ~ ansetzen crémer; den ~ abschöpfen écrémer (a. fig.; von etw. qch.).
'**Rahmen** m cadre m (a. Fahrrad⌾ u. fig.); (Einfassung) encadrement m (a. fig.); (Fenster⌾, Auto⌾) châssis m; an Maschinen usw.: bâti m; (Stick⌾) métier m (à broder); tambour m; im ~ von (od. gen.) dans le cadre de; im ~ des Möglichen dans la mesure du possible; mit e-m ~ umgeben encadrer; aus dem ~ nehmen désencadrer; fig. aus dem ~ fallen sortir de l'ordinaire, F ne pas être dans la note; (unpassend sein) être déplacé; ~**abkommen** n accord-cadre m; convention-type f; contrat-cadre m; ~**antenne** f antenne-cadre f; ~**erzählung** f récit-cadre m; ~**gesetz** n loi--cadre f; ~**sticke'rei** f broderie f au métier m; ~**sucher** phot. m viseur m à cadre; ~**vertrag** m → ~abkommen.
'**rahmig** adj. crémeux, -euse.
'**Rahmkäse** m fromage m à la crème.
'**Rahsegel** ⚓ n voile f carrée.
Rain (Waldsaum) m lisière f.
Ra'kete f fusée f; missile m; roquette f; ferngelenkte (panzerbrechende) ~ fusée f téléguidée (antichar); interkontinentale ~ missile m de portée intercontinentale; mehrstufige ~ fusée-gigogne f; fusée f à plusieurs étages; e-e ~ abfeuern lancer une fusée; ~**n-abschußbasis** f, ~**n-abschußrampe** f rampe f (od. base f) de lancement de fusées; ~**n-abwehrsystem** n système m de missiles antibalistiques; ~**n-angriff** m attaque f aux roquettes; ~**n-antrieb** m propulsion f par fusée; ~**nbasis** f base f de fusées; ⌾**nbestückt** adj. lanceur d'engins; ~**nflugzeug** n avion-fusée m; ~**nflugkörper** ⚔ m: unbemannter ~ missile m de croisière; ~**ngeschoß** n roquette f; ~**nkopf** m tête f de roquette; ~**nsonde** f fusée--sonde f; ~**nspezialist** m spécialiste m des fusées; missilier m; ~**nspitze** f ogive f de fusée; ~**nstart** m décollage m assisté; ~**nstellung** f batterie f de roquettes (od. de fusées od. de missiles); ~**ntechniker** ⚔ m missilier m; ~**nträger** (Atom-U-Boot) m porteur m de missiles; ~**ntriebwerk** m moteur-fusée m; réacteur m à fusée; propulseur m de fusée; ~**nwaffe** f arme-fusée m; ~**nwerfer** a. ⚔ m lance-fusées m.
Ra'kett n (Tennisschläger) raquette f.
'**ramm**|**dösig** F adj. (überreizt) surexcité; (benommen) étourdi; abasourdi; ⌾**e** ⊕ f mouton m; dame f; 'hie f; demoiselle f.
Ramm|**e'lei** f der Hasen usw.: accouplement m; ⌾**eln** v/i. Hasen usw. s'accoupler.
'**rammen** v/t. enfoncer avec un mouton (od. avec une 'hie); damer; Fahrzeug: entrer en collision avec; tamponner; percuter; von hinten ~ emboutir à l'arrière; von der Seite ~ prendre en écharpe.
'**Rammler** m bouquin m; bouquet m.
'**Rampe** f rampe f (a. thé.); bewegliche ~ rampe f roulante; ~**nlicht** n feux m/pl. de la rampe.
rampo'nieren v/t. abîmer; F esquinter.
Ramsch péj. m camelote f; '⌾**en** v/t. acheter en bloc; '~**laden** m magasin m à quatre sous; ~**ware** f camelote f; marchandise f de rebut; '~**warenverkäufer** m camelot m.
Rand m bord m; (Saum, Borte) bordure f; (Wald~) lisière f; e-s Flekkens: auréole f; e-r Wunde, e-s Trichters: lèvres f/pl.; um die Augen: cerne m (a. e-r Wunde, e-s Fleckens); e-s Buches usw.: marge f; erhöhter ~ rebord m; scharfer ~ arête f; mit schwarzem ~ bordé de noir; am ~ en marge, fig. au bord (gen. de); an, auf dem (den) ~ s-s Heftes dans la marge de son cahier; außer ~ und Band déchaîné; 'hors de ses gonds; am ~ bemerkt soit dit en passant; das versteht sich am ~ c'est facile à comprendre; bis an den ~ gefüllt mit ... plein à ras bord de ...; mit etw. zu ~ kommen venir à bout de qch.; am ~ des Grabes stehen être à l'article de la mort; P halt den ~! (ferme) ta gueule!; ferme-la!
randa'lier|**en** v/i. chahuter; faire du vacarme (od. du tapage); ~**pfort** commettre des actes de vandalisme; ~**end** a. écol. adj. chahuteur, -euse; ⌾**er** m chahuteur m; tapageur m; pfort vandale m.
'**Rand**|**bemerkung** f note f marginale (od. en marge); ~**bewohner** (Araber am Rande der Sahara) m riverain m; ~**dasein** pol., soc. n marginalisme m; ~**einsteller** m Schreibmaschine: margeur m.
~**rändern** v/t. faire un bord (à); Münze: créneler.
'**Rand**|**gebiet** n e-r Stadt: banlieue f; périphérie f; ⌾**genäht** adj. cousu à l'entour; ~**gesellschaft** soc. f société f en marge; marginalité f; ~**glosse** f glose f marginale; ~**n machen** über gloser sur; ~**leiste** f rebord m; an der Wand: obere: cimaise f, untere: plinthe f.
Randomi'sierung psych., biol. f probabilisation f; randomisation f.
'**Rand**|**schärfe** phot. f netteté f marginale; ~**siedlung** f banlieue f; ~**staat** m État m limitrophe; ~**stein** m pierre f de bordure; ~**steller** m Schreibmaschine: margeur m; ~**vermerk** m mention f en marge; ~**verzierung** (im Buch) f vignette f; ~**zeichen** n marque f marginale; ~**zeichnung** f dessin m marginal (od. en marge); vignette f.
Rang m rang m; classe f; (Stand) condition f; ⚔ grade m; thé. balcon m; ersten ~es de première classe, Hotel: de premier ordre; den ~ (gén.) haben avoir rang de; être au rang de; j-m den ~ ablaufen primer q.; l'emporter sur q.; éclipser q.; j-m den ~ streitig machen disputer la préséance à q.; ~**abzeichen** n insignes m/pl. (de rang); '~**älteste**(**r**) ⚔ m le plus élevé en grade.
'**Range** f polisson m, -onne f.
'**rangehen** F v/i. (keß sein) avoir du toupet; n'avoir pas froid aux yeux; (zügig arbeiten) ne pas abattre la besogne.
'**Rang-erhöhung** f avancement m (en grade).
Ran'gier|**bahnhof** 🚂 m gare f de manœuvre (od. de triage); ⌾**en** 1. v/t. 🚂 manœuvrer (a. abs.); trier; faire changer de voie; 2. v/i. prendre rang (vor dat. avant; hinter dat. après); an erster Stelle ~ venir au premier rang; ~**en** 🚂 n manœuvre f; triage m; ~**geleise** n, ~**gleis** n voie f de triage; ~**lokomotive** f locomotive f de manœuvre.
'**Rang**|**klasse** f classe f; ~**liste** f ⚔ tableau m d'avancement; Sport: classement m; ~**ordnung** f ordre m de préséance; nach der ~ d'après le rang; ~**streit**(**igkeit** f) m dispute f de préséance; ~**stufe** f degré m; ⚔ grade m.
'**ranhalten** F v/rf.: sich ~ se hâter; F se grouiller.
rank (schlank) adj. élancé; svelte; grêle.
'**Ranke** ♃ f vrille f; (Wein⌾) sarment m.
'**Ränke** m/pl. intrigues f/pl.
'**ranken 1.** v/i. donner des vrilles (Wein: des sarments); **2.** v/rf.: sich ~ grimper; ⌾**gewächs** ♃ n plante f grimpante (Wein: sarmenteuse); ⌾**ornament** n rinceau m; ⌾**werk** ♃ n ornements m/pl.
'**Ränke**|**schmied** m intrigant m; ~**spiel** n intrigues f/pl.; cabale f; ⌾-

süchtig, ⚥**voll** adj. intrigant.
'**rankig** adj. ⚥ vrillé; *Wein:* sarmenteux, -euse.
'**rankommen** *écol. v/i.* être interrogé; subir une interrogation; *plancher.
Ra'nunkel ⚥ f renoncule f.
'**Ranzen** *m* sac *m*; *(Schul⚥)* cartable *m*; sac *m* d'écolier; F *(Wanst)* panse f.
'**ranzig** adj. rance; ~ werden rancir; ~ riechen; ~ schmecken sentir le rance; ⚥**werden** *n* rancissement *m*.
ra'pid(e) adj. rapide.
Ra'pier *n zum Schlagen:* rapière f.
'**Rappe** *m* cheval *m* noir; (cheval *m*) moreau *m*; *fig. auf Schusters* ~ n à pied.
'**Rappel** F *m* toquade f; lubie f; *e-n* ~ **haben** avoir le timbre fêlé; être toqué (*od.* cinglé *od.* dingo *od.* maboul *od.* timbré); *er bekam den* ~, *etw. zu tun* l'idée lui est venue de faire qch.; ~**kopf** F *m* cerveau *m* fêlé; ⚥**ig** F adj. toqué; cinglé; dingo; maboul; timbré; ⚥**n** *v/i. fig.* F *es rappelt bei ihm il est toqué* (*od.* timbré).
Rap'port *m* rapport *m*.
Raps ⚥ *m* colza *m*; '~**öl** *n* huile f de colza.
Ra'punze ⚥ f, ~**l** f *(Feldsalat)* mâche f; *(Teufelskralle)* raiponce f.
rar adj. rare; ~ werden se raréfier; *sich* ~ machen se faire rare; ⚥**i'tät** f rareté f; objet *m* de curiosité; ~**en** *pl.* curiosités f/pl.; ⚥**i'tätenhändler(in** f) *m* antiquaire *m, f*.
ra'sant f *fig. (anziehend v. e-r Frau)* racée; séduisante; attirante; *sie ist* ~ elle a du pep.
rasch I adj. prompt; rapide; (*beschleunigt*) accéléré; **II** adv. a. vite.
'**rascheln I** *v/i.* se glisser rapidement avec un léger bruit; *(knistern)* crépiter; *Wind:* bruire; *Seide:* froufrouter; *es raschelt un bruit se fait entendre;* **II** ⚥ *n des Windes:* bruissement *m*; *Seide usw.:* froufrou *m*.
'**Rasch**|**heit** f promptitude f; rapidité f; vitesse f; ⚥**lebig** *(hektisch)* adj. fiévreux, -euse.
'**rasen I** *v/i.* tempêter; (*außer sich sein*) être 'hors de soi; (*tobsüchtig sein*) être furieux, -euse; *Auto:* aller à toute vitesse (*od.* à fond de train); foncer; F tracer; rouler à tombeau ouvert; aller (*od.* rouler) à fond de train (*od.* [à] un train-d'enfer); **II** ⚥ *n* → *Raserei*.
'**Rasen** *m* gazon *m*; (~**fläche**) pelouse f; *mit* ~ belegen revêtir de gazon; gazonner; *es ist verboten, den* ~ *zu betreten* défense de marcher sur la pelouse; *den* ~ *schneiden* tailler la pelouse; tondre le gazon; ~**bleiche** f blanchiment *m* sur (*od.* au) pré.
'**rasend** adj. furieux, -euse; enragé; forcené; frénétique; ~ werden enrager; *j-n* ~ **machen** faire enrager q.; *mit* ~**er Geschwindigkeit** à une vitesse folle (*od.* vertigineuse); ~**e Kopfschmerzen** de violents maux de tête; ~**e Zahnschmerzen** rage f de dents; ~ *viel Geld* un argent fou.
'**Rasen**|**fläche** f, ~**platz** *m* pelouse f; ~**mähmaschine** f tondeuse f de gazon; ~**schere** f ciseaux *m/pl.* à gazon; ~**spiele** *n/pl.* jeux *m/pl.* en plein air; ~**sprenger** *m* arroseur *m*; ~**stück** *n* pelouse f; ~**teppich** *m* tapis *m* de gazon; ~**walze** f rouleau *m* pour gazon.

Rase'rei f furie f; rage f; fureur f; *(schnelles Fahren)* vitesse f folle; *in* ~ geraten enrager (*vor dat.* de); *zur* ~ bringen faire enrager.
Ra'sier|**apparat** *m* rasoir *m* (mécanique); *elektrischer* ~ rasoir *m* électrique; ⚥**en 1.** *v/t.* raser; faire la barbe (à); *beim Friseur:* ~! la barbe s.v.p.; **2.** *v/rf.: sich* ~ se raser; se faire la barbe; ~**en** *n* rasage *m*; ~**klinge** f lame f de rasoir; ~**krem** f (*u. m*) crème f à raser; ~**messer** *n* rasoir *m*; P coupe-choux *m*; ~**napf** *m* plat *m* à barbe; ~**pinsel** *m* blaireau *m*; ~**seife** f savon *m* à barbe; ~**spiegel** *m* miroir *m* à barbe; ~**wasser** *n* lotion f après-rasage; ~**zeug** *n* nécessaire *m* à raser.
Rä'son f raison f; *j-n zur* ~ **bringen** mettre q. à la raison.
räso'nieren *(nörgeln)* **I** *v/i.* ergoter; F faire le rouspéteur; **II** ⚥ *n* ergoterie f.
'**Raspel** ⊕ f râpe f; ⚥**n** *v/t.* ⊕ râper; *fig.* Süßholz ~ conter fleurette.
'**Rasse** f race f; ~**hund** *m* chien *m* de race.
'**Rassel** f crécelle f; ~**bande** *plais.* f mauvaise graine f.
'**rasseln I** *v/i.* faire un bruit de ferraille; (*klirren*) cliqueter; *mit dem Säbel* ~ brandir la menace de guerre; (*Kette*) ferrailler; *Fahrzeuge:* rouler avec un grand bruit; F *durchs Examen* ~ échouer; ramasser une bûche; **II** ⚥ *n* bruit *m* de ferraille; *(Klirren)* cliquetis *m*; *der Fahrzeuge:* roulement *m*.
'**Rassen**|**diskriminierung** f discrimination f raciale; ~**frage** f question f raciale; ~**haß** *m* 'haine f raciale; ~**kreuzung** f, ~**mischung** f croisement *m* des (*od.* entre) races; métissage *m*; mélange *m* de races; ~**schande** *All. ehm.* f souillure f de la race; ~**stolz** *m* racisme *m*; ~**trennung** f ségrégation f raciale; ~**unruhen** f/pl. troubles *m/pl.* raciaux; émeutes f/pl. raciales; ~**vermischung** f brassage *m* de races.
'**Rassepferd** *n* cheval *m* de race; ⚥**rein** adj. de race pure; racé.
'**rass**|**ig** adj. racé; ~**isch** adj. racial.
Rast f repos *m*; pause f; 'halte f; *ohne* ~ *und Ruh* sans trêve ni repos; '⚥**en** *v/i.* se reposer; reprendre haleine; faire une pause; faire 'halte; '~**er** *m* *phot., typ.* trame f; *Bildfunk:* quadrillage *m*; '~**erbild** *telev.* *n* image f tramée; '~**erdruck** *typ. m* autotypie f; similigravure f; '⚥**los** adj. sans repos; sans relâche; (*unablässig*) incessant; (*unermüdlich*) infatigable; inlassable; '~**losigkeit** f activité f infatigable; besoin *m* permanent d'activité continuelle; F bougeotte f; '~**ort** *m*, ~**platz** *m* 'halte f; étape f; '~**stätte** f *Autobahn:* restoroute *m*; relais *m* routier; F arrêt *m* buffet; *mit Hotel:* motel *m*; '~**tag** *m* jour *m* de repos.
Ra'sur f rasage *m*.
Rat *m* conseil *m*; (*Wink*) avis *m*; (*Beratung*) délibération f; (*Überlegung*) réflexion f; (*Entschluß*) résolution f; (*Person*) conseiller *m*; (*Kollegium*) conseil *m*; (*Mittel*) moyen *m*; remède *m*; (*Ausweg*) expédient *m*; *univ.* wissenschaftlicher ~ maître-assistant *m*; ~ *halten* tenir conseil; délibérer; *j-n um* ~ *fragen; bei j-m* ~

suchen; sich bei j-m ~ *holen* demander conseil à q.; consulter q.; *j-n zu* ~**e** *ziehen* prendre conseil de q.; consulter q.; *j-m e-n* ~ *geben* donner un conseil à q.; *j-s* ~ *befolgen* suivre le conseil de q.; *auf keinen* ~ *hören* ne pas écouter les conseils; ~ *schaffen* trouver moyen; *j-m mit* ~ *und Tat zur Seite stehen* aider q. par tous les moyens; *er weiß immer* ~ c'est un homme de bon conseil; *mit sich selbst zu* ~ *gehen* rentrer en soi-même; s'interroger; *auf j-s* ~ *sur le conseil de q.; er weiß sich keinen* ~ *mehr* il ne sait plus que faire; *da ist guter* ~ *teuer* c'est un cas bien difficile; *kommt Zeit, kommt* ~ laissons faire le temps; *guter* ~ *kommt über Nacht* la nuit porte conseil.
'**Rate** f versement *m*; acompte *m*; (*Anteil*) quote-part f; *monatliche* ~ mensualité f; *in* ~*n; auf* ~*n* par acomptes; à tempérament; *en* acompte; *auf* ~**n** *kaufen* acheter à tempérament; *in* ~*n zahlen* payer par acomptes (*od.* en plusieurs fois).
'**raten** *v/i. u. v/t.: j-m etw.* (*od. zu etw.*) ~ conseiller qch. à q.; *sich* ~ *lassen* prendre conseil (von de); (es) *für geraten halten* juger à propos (*zu* de); (*mutmaßen*) conjecturer; (*er* ~) deviner; *hin und her* ~ se livrer à mille conjectures; *das* ~ *Sie nicht* je vous le donne à deviner; ⚥**kauf** *m* achat *m* à tempérament; ~**weise** adv. par comptes; à tempérament; ⚥**zahlung** f paiement *m* par acomptes.
'**Räte**|**regierung** f gouvernement *m* des soviets; ~**republik** f république f soviétique; ~**system** *n* régime *m* soviétique.
'**Rat**|**geber** *m* conseiller *m*; *guter* ~ homme *m* de bon conseil; *in Rechtssachen:* avocat *m* conseil; ~**haus** *n* hôtel *m* de ville; *in kleineren Orten:* mairie f.
Ratifi|**kati'on** f ratification f; ⚥**zieren** *v/t.* ratifier; ~**zieren** *n*, ~**zierung** f ratification f; ~'**zierungs-urkunde** f instrument *m* de ratification; *Hinterlegung der* ~**n** dépôt *m* des instruments de ratification; *die* ~ *bei e-r Regierung hinterlegen* déposer les instruments de ratification auprès d'un gouvernement.
Rati'on f ration f; *eiserne* ~ ⚔ vivres *m/pl.* de réserve.
ratio'nal adj. rationnel, -elle.
rationali'sier|**en** *v/t.* rationaliser; ⚥**ung** f rationalisation f; ⚥**ungsmaßnahme** f mesure f de rationalisation.
Ratio'na'lis|**mus** *m* rationalisme *m*; ~**t** *m* rationaliste *m*; ⚥**tisch** adj. rationaliste.
ratio'nell adj. rationnel, -elle; conforme à la raison.
ratio'nier|**en** *v/t.* rationner; ~**t** adj. rationné; soumis au rationnement; ⚥**ung** f rationnement *m*.
Rati'ons-empfänger(in f) *m* rationnaire *m, f*.
'**rätisch** *antiq.* adj. rhétique; de la Rhétie.
'**rat**|**los** adj. perplexe; embarrassé; ⚥**losigkeit** f perplexité f; embarras *m*.
'**räto-romanisch** adj. rhétien, -enne; rhéto-roman; ⚥**e** *n a.* romanche *m*.

'rat|sam *adj.* à propos; opportun; indiqué (de); *für ~ halten* juger à propos; ⸰samkeit *f* opportunité *f*; ⸰schlag *m* conseil *m*; ⸰schlagen *v/i.* tenir conseil; *mit j-m ~* délibérer avec q. (*über acc.* sur); tenir conseil avec q.; ⸰schluß *m* décret *m*; arrêt *m*; *Gottes Ratschlüsse* décrets *m/pl.* de la Providence; ⸰sdiener *m* employé *m* de la mairie.

'Rätsel *n* énigme *f*; problème *m*; *kleines ~* devinette *f*; *des ~s Lösung* le mot de l'énigme; *das ist des ~s Lösung* voilà l'explication; *ein ~ aufgeben* poser une énigme (*kleines ~*: une devinette); *ein ~ lösen* deviner (*od.* déchiffrer) une énigme; ⸰ecke *f* coin *m* des devinettes; ⸰haft *adj.* énigmatique; problématique; mystérieux, -euse; (*unerklärlich*) incompréhensible.

'Rats|herr *m* conseiller *m* municipal; ⸰keller *m* restaurant *m* de l'hôtel de ville; ⸰schreiber *m* secrétaire *m* de mairie; ⸰sitzung *f*, ⸰versammlung *f* conseil *m*.

'Ratte *f* rat *m*; weibliche ~ rate *f*; kleine ~ raton *m*; *von ~n befreien* dératiser; *fig. wie e-e ~ schlafen* dormir comme une marmotte (*od.* comme un loir); ⸰nbekämpfung *f* dératisation *f*; ⸰nfalle *f* ratière *f*; ⸰nfänger *m* chasseur *m* de rats; *fig.* ensorceleur *m*; enjôleur *m*; (*Hund*) ratier *m*; ⸰ngift *n* mort-aux-rats *f*; ⸰nnest *n* nid *m* de rats; ⸰nvertilgungsmittel *n* raticide *m*.

'Ratterkasten F *Auto m* tape-cul *m*.

'rattern I *v/i.* faire du bruit; pétarader; ferrailler; II ⸰ *n* bruit *m*; pétarade *f*.

ratze'kahl F *adv.*: *~ alles aufessen* ne pas faire de restes.

Raub *m* (*das Rauben*) rapine *f*; (*Straßen⸰*) brigandage *m*; razzia *f*; pillage *n*; (*Entführung*) rapt *m*; enlèvement *m*; (*Beraubung*) spoliation *f*; (*Beute*) proie *f*; butin *m*; *auf ~ ausgehen* aller piller, *v. Tieren*: chercher sa proie; *ein ~ der Flammen werden* être la proie des flammes; *gewaltsamer ~* vol *m* à main armée; '⸰bau *m* exploitation *f* abusive; gaspillage *m*; *~ treiben* exploiter d'une façon abusive; *fig. abus m*; *fig. mit s-n Kräften ~ treiben* se surmener; '⸰en 1. *v/t.* ravir (*a. fig.*); enlever; dérober; *geraubtes Gut* butin *m*; proie *f*; 2. *v/i.* piller; marauder.

'Räube'rei *f* brigandage *m*; rapine *f*.

'Räuber|geschichte *f* histoire *f* de brigands; ⸰hauptmann *m* chef *m* de brigands; ⸰höhle *f* repaire *m* de brigands; coupe-gorge *m*; ⸰isch *adj.* de brigand; *durch Betrug od. Gewalt*: spoliateur, -trice; ⸰leiter *enf. f*: *e-e ~ machen* faire la courte échelle.

'Raub|fisch *m* poisson *m* carnassier; ⸰gier *f*, ⸰lust *f* rapacité *f*; ⸰gierig *adj.* rapace; *zo.* carnassier, -ière; ⸰mord *m* meurtre *m* aux fins de voler; crime *m* crapuleux; assassinat *m* suivi de vol; ⸰mörder *m* voleur *m* assassin; ⸰ritter *hist. m* chevalier *m* pillard; ⸰tier *n* bête *f* féroce (*od.* de proie); prédateur *m*; carnassier *m*; ⸰e

pl. bêtes *f/pl.* fauves; ⸰tierfütterung *f* repas *m* des fauves; ⸰tierhaus *n* fauverie *f*; ⸰überfall *m* attaque *f* à main armée; *auf Banken usw.*: *a.* 'hold-up *m*; ⸰vogel *m* oiseau *m* de proie; ⸰wirtschaft *f* surexploitation *f*; ⸰zug *m* razzia *f*; (*Einfall*) invasion *f*.

Rauch *m* fumée *f*; *in ~ aufgehen* être la proie des flammes, *fig.* s'en aller en fumée; '⸰abzug *m* conduit *m* de fumée; '⸰abzugskuppe △ *f* fumidôme *m*; '⸰bar *adj. Zigarre*: qui se laisse fumer; '⸰bekämpfung *f* lutte *f* contre la fumée; '⸰bildung *f* dégagement *m* (*od.* émission *f*) de fumée; '⸰blau (*Haar*) *adj.* bleu *adj.* fumée; '⸰bombe *f* bombe *f* (*od.* grenade *f*) fumigène; ⸰en *v/i.*, *v/imp. u. v/t.* fumer; *es raucht* ça fume; il y a de la fumée; *durch die Lunge ~* avaler la fumée; *wie ein Schornstein (od. Schlot) ~* fumer comme une cheminée; *fig. F arbeiten, daß e-m der Kopf raucht* en mettre un sérieux coup; '⸰en *n* habitude *f* de fumer; *passives ~* tabagisme *m* passif; *~ verboten!* défense de fumer; '⸰entwickelnd *adj.* fumigène; '⸰entwickler *m* fumigène *m*; '⸰entwicklung *f* dégagement *m* (*od.* émission *f*) de fumée; '⸰er(in *f*) *m* fumeur *m*, -euse *f*; *starker Raucher* gros fumeur *m*.

'Räucher-aal *m* anguille *f* fumée.

'Räucher|-abteil *n* compartiment *m* (pour) fumeurs; ⸰gewohnheiten *f/pl.* habitudes *f/pl.* tabagiques.

'Räucher|hering *m* 'hareng *m* saur (*od.* fumé); ⸰kammer *f* fumoir *m*; ⸰kerze *f* parfum *m* à brûler; ⸰lachs *m* saumon *m* fumé; ⸰n 1. *v/t.* exposer à la fumée; *Schinken usw.*: fumer; *Heringe*: saurer; *Bienenstöcke*: enfumer; (*mit Wohlgeruch erfüllen*) parfumer; 2. *v/i.* brûler des parfums (*cath.* de l'encens); ⸰n *n*, ⸰ung *f ~ v. Schinken usw.*: fumage *m*; *v. Heringen*: saur(iss)age *m*; ⸰waren *f/pl.* produits *m/pl.* fumés.

'rauch-erzeug|end *adj.* fumigène; ⸰er *m* fumigène *m*.

'Rauch|fahne *f* panache *m* de fumée; ⸰fang *m* (*Schornstein*) cheminée *f*; ⸰faß *rl. cath. n* encensoir *m*; ⸰fleisch *n* viande *f* fumée; ⸰frei *adj.* sans fumée; ⸰glas *n* verre *m* fumée; ⸰granate *f* obus *m* fumigène; ⸰ig *adj.* fumeux, -euse (*voll Rauch*) enfumé; ⸰los *adj.* sans fumée; ⸰losigkeit *f* absence *f* de fumée; ⸰pilz *m* (*bei Atomexplosion*) *m* champignon *m* atomique; ⸰salon *m* fumoir *m*; ⸰säule *f* colonne *f* de fumée; ⸰schleier *m* écran *m* de fumée; ⸰schwach *adj.*: *~es Pulver* poudre *f* sans fumée; ⸰schwaden *m/pl.* nuages *m/pl.* de fumée; ⸰schwalbe *orn. f* hirondelle *f* de cheminée; ⸰service *n* service *m* pour fumeurs; ⸰tisch *m* guéridon *m* pour fumeurs; ⸰verbot *n* défense *f* de fumer; ⸰vergiftete(r) *m* asphyxié *m*; ⸰vergiftung *f* intoxication *f* par la fumée (*resp.* par le tabac); ⸰verzehrer *m* fumivore *m*; atomiseur *m* d'ambiance; ⸰vorhang ⚔ *m* écran *m* de fumée; ⸰waren *f/pl.*, ⸰werk *n* (*Tabak*) tabacs *m/pl.*; (*Pelze*) fourrures *f/pl.*; pelleterie *f*; ⸰wolke *f* nuage *m* de fumée; ⸰zimmer *n* fumoir *m*.

'Räud|e *vét.* gale *f*; *der Schafe a.*: tac *m*; ⚔ lèpre *f*; ⸰ig *adj. vét.* galeux, -euse; ⚔ lépreux, -euse; *~es Schaf* brebis *f* galeuse (*a. fig.*).

'Raufbold *m* F bagarreur *m*; querelleur *m*; batailleur *m*.

'Raufe *f* râtelier *m*; mangeoire *f*.

'raufen I 1. *v/t.* arracher; tirer; *sich vor Ärger die Haare ~* s'arracher les cheveux de colère; 2. *v/i.* (*u. v/rf.*: *sich ~*) se battre; se chamailler; se prendre de querelle; se prendre aux cheveux; II ⸰ *n* rixe *f*.

Raufe'rei *f* rixe *f*; F bagarre *f*.

'Rauf|lust *f* humeur *f* querelleuse (*od.* batailleuse); ⸰lustig *adj.* querelleur, -euse; batailleur, -euse.

rauh *adj.* (*behaart*) velu; *Klima, Gegenstand, Gemütsart*: rude; âpre; *Fläche*: rugueux, -euse; (*streng*) rigoureux, -euse; (*hart, unfreundlich*) dur; (*garstig*) rébarbatif, -ive; *Sitten*: rauque; enroué; *Sitten*: grossier, -ière; *Gegend*: sauvage; (*öde*) désert; (*aus dem Groben gearbeitet*) brut; *in ~en Mengen* en foule; '⸰bein F *n* rustre *m*; butor *m*; '⸰beinig *adj.* rébarbatif, -ive; revêche.

'Rauheit *f* rudesse *f*; âpreté *f*; (*Grobheit*) grossièreté *f*.

'rauhen *v/t. Tuch*: lainer.

'rauhhaarig *zo. adj.* rêche.

'Rauhmaschine *f für Tuch*: laineuse *f*.

'Rauhreif *m* givre *m*.

Raum *m* espace *m*; (*Ausdehnung*) étendue *f*; (*Platz*) place *f*, *zu e-m Hausbau usw.*: emplacement *m*; (*~inhalt*) capacité *f*; volume *m* (*Spiel⸰*) ⊕ jeu *m*; (*Gebiet*) région *f* (*Landschaft*) paysage *m*; (*Aufenthalts⸰*) local *m*; pièce *f*; ⚓ (*Schiffslade⸰*) cale *f*; *phys.* luftleerer *~* vide *m*; *~ lassen* (*od. für*) contenir (*acc.*); *fig. ~ geben e-r Bitte*: céder (à), *e-m Gedanken*: se livrer à; '⸰anzug *m* combinaison *f* d'astronaute; '⸰aufteilung *f* aménagement *m*; '⸰begriff *m* notion *f* d'espace; '⸰bild *n* (*räumliches Bild*) image *f* stéréoscopique; stéréogramme *m*; '⸰bildmessung *f* stéréophotogrammétrie *f*.

'Raumboot *n* (*Minen⸰*) dragueur *m* de mines.

'Raum|dichte *f* densité *f* en volume; ⸰einheit *f* unité *f* de volume.

'räumen I *v/t.* (*weg~*) ôter; enlever; *Hindernisse*: lever; *Schutt*: déblayer; *Hafen, Fluß*: curer; *Minen*: ⚔ détecter, ⚓ draguer; ✝ *Lager*: vider; (*verlassen*) quitter; *Ort, Gebiet*: évacuer; *e-e Wohnung ~* déménager; vider des lieux; ⚔ *das Feld ~* abandonner le champ de bataille; *j-n aus dem Wege ~* se défaire de q.; II ⸰ *n* enlèvement *m*; *v. Schutt*: déblaiement *m*; *e-s Hafens, Flusses*: curage *m*; *v. Minen*: ⚔ détection *f*, ⚓ dragage *m*; ✝ *e-s Lagers*: vidage *m*; *e-s Ortes, Gebietes*: évacuation *f* (*a.* ⚔); *e-r Wohnung* déménagement *m*.

'Raum|ersparnis *f* économie *f* de place; *der ~ wegen* pour gagner de la place; ⸰fähre *f* navette *f* (spatiale); ⸰fahrer *m* astronaute *m*; künstlicher *~* astronaute-robot *m*; simulateur *m* de réactions humaines; ⸰fahrt *f* astronautique *f*, navigation *f* interplanétaire; (*Reise*) voyage *m* spatial (*od.*

Raumfahrtanzug — rechnen

sur orbite); ~**fahrt-anzug** *m* scaphandre *m*; ~**fahrtmedizin** *f* médecine *f* spatiale; ~**fahrtzeit-alter** *n* âge *m* de l'espace; ~**fernsehen** *n* télévision *f* stéréoscopique; ~**flug** *m* vol *m* spatial (*od.* orbital); ~**flugkörper** *m* engin *m* spatial; ~**forschung** *f* recherches *f/pl.* spatiales; exploration *f* spatiale; ~**gestalter** *m* (*Innendekorateur*) décorateur *m*; ensemblier *m*; *moderner* ~ environneur *m*; ~**gestaltung** *f* (*Innendekoration*) décoration *f* intérieure; ~**gleiter** *m* glisseur *m* spatial; navette *f* spatiale; ~**hammer** (*Raumfahrt*) *m* marteau *m* spatial; sparteau *m*; ~**heizlüfter** *m* radiateur *m* turbosoufflant; ~**inhalt** *m* volume *m*; capacité *f*; *e-s Schiffes:* tonnage *m*; jauge *f*; compartiment *m* orbital; ~**kapsel** *f* capsule *f* spatiale; ~**klang** *rad. m* relief *m* acoustique; ~**kunst** *f* (*Innendekoration*) décoration *f* intérieure; ~**künstler** *m* (*Innendekorateur*) décorateur *m*; ensemblier *m*; ~**ladung** *⚡ f* charge *f* spatiale; ~**lehre** *f* (*Geometrie*) géométrie *f*; (*Stereometrie*) stéréométrie *f*.

'**räumlich** *adj.* dans l'espace; spatial; (*stereoskopisch*) stéréoscopique; ⚥-**keit** *f* spatialité *f*; (*Raum*) espace *m*; (*Örtlichkeit*) local *m*; *die* ~*n e-s Hauses* les lieux *m/pl.*

'**Raum|mangel** *m* manque *m* (*od.* pénurie *f*) de place; ~**maß** *n* mesure *f* de capacité; ~**meter** *m* (*u. n*) mètre *m* cube, *als Holzmaß:* stère *m*; ~**nutzung** *⚡ f* utilisation *f* de l'espace; ~**ordnung** *f* aménagement *m* du territoire; ~**pendelrakete** *f* navette *f* spatiale; ~**pflegerin** *f* femme *f* de ménage; ~**physik** *f* physique *f* spatiale; ~**physiker** *m* physicien *m* de l'espace; ~**planer** *m* aménageur *m* (du territoire); ~**politik** *f* aménagement *m* du territoire; ~**programm** *n* programme *m* spatial; ~**rendezvous** *n* rendez-vous *m* spatial; ~**schiff** *n* vaisseau *m* spatial; ~**schiffahrt** *f* astronautique *f*; navigation *f* interplanétaire; ~**schiff-Kombination** *f* train *m* spatial; attelage *m* (lunaire); ~**sonde** *at. f* véhicule *m* spatial; sonde *f* spatiale; sonde *f* interplanétaire automatique; engin *m* robot; ⚥**sparend** *adj.* peu encombrant; ~**station** *f* station *f* orbitale; relais *m* spatial; *télév.* relais *m* de télévision; ~**strahler** *⚡ m* diffuseur *m*; ~**technologie** *f* technologie *f* spatiale; ~**ton** *m* stéréophonie *f*; ~**transporter** *m* navette *f* spatiale.

'**Räumung** *f* enlèvement *m*; *v. Schutt:* déblaiement *m*; *e-s Hafens, Flusses:* curage *m*; ✝ *e-s Lagers:* vidage *m*; *e-s Ortes, Gebietes:* évacuation *f* (*a.* ✖.); ~**e-r Wohnung** déménagement *m*; ⚖ ~ **expulsion** *f*; ~**s-ausverkauf** *m* liquidation *f* totale; ~**sbefehl** *m* arrêté *m* d'expulsion; ~**sklage** ⚖ *f* action *f* en expulsion.

'**Raum|vorstellung** *peint. f* évocation *f* spatiale; ~**wissenschaft** *f* science *f* spatiale.

'**raumzeitlich** *adj.* spatio-temporel, -elle.

'**Raumzentrum** *n* centre *m* spatial.

'**raunen** I *v/i. u. v/t.* murmurer; chuchoter; II ⚥ *n* murmure *m*; chuchotement *m*.

'**Raupe** *ent. f* chenille *f*; ~*n* **ablesen** écheniller (*von etw.* qch.); *Ablesen der* ~*n* échenillage *m*; ~**n-antrieb** ⊕ *m* traction *f* à chenilles; ~**nfahrzeug** ✖ *n* véhicule *m* chenillé *od.* à chenilles; autochenille *f*; *kleines:* chenillette *f*; ~**nfraß** *m* (*auf den Straßen*) ✓ dégâts *m/pl.* causés par les chenilles; ~**nkette** ⊕ *f* chenille *f*; ~**nnest** *n* chenillère *f*; ~**nschlepper** *m* tracteur *m* à chenilles; chenillard *m*; (*Auto*) autochenille *f*.

raus! *int.* sortez!

Rausch *m* ivresse *f*; F cuite *f*; *sich e-n* ~ *antrinken* se griser; *e-n* ~ *haben* être gris (*od.* éméché); *s-n* ~ *ausschlafen* cuver son vin.

'**rauschen** I *v/i.* bruire; *Bach:* murmurer; *Sturzbach:* mugir; *Blätter:* frémir; *Stoff:* froufrouter; *mit Bezeichnung der Ortsveränderung:* passer avec bruit; II ⚥ *n* bruissement *m*; *des Baches:* murmure *m*; *des Sturzbaches:* mugissement *m*; *der Blätter:* frémissement *m*; *des Stoffes:* froufrou *m*; *rad.* bruit *m* de fond; souffle *m*.

'**Rausch|gift** *n* stupéfiant *m*; drogue *f*; ~ *einnehmen* se droguer; *se camer; ~**giftboß** *m* gros bonnet *m* de la drogue; ~**giftdezernat** *n* Police *f* mondaine; Mondaine *f*; ~**gifthandel** *m* trafic *m* de stupéfiants; ~**gifthändler** *m* trafiquant *m* de stupéfiants; ~**giftparty** *f* drogue-partie *f*; ~**giftschmuggler** *m* passeur *m* (*od.* convoyeur *m*) de drogue; ~**giftsüchtiger** *m* drogué *m*; toxicomane *m*; *camé m*; ~**gold** *n* clinquant *m*; oripeau *m*; ~**mittel** *n* substance *f* hallucinogène; hallucinogène *m*; ~**silber** *n* clinquant *m* d'argent; ~**zustand** *m* hallucination *f*.

'**rausdrängeln** F *v/t.*: *j-n aus s-m Posten* ~ F débusquer q.; déboulonner q.

'**räuspern** *v/rf.*: *sich* ~ toussoter, *um die Stimme klar zu machen:* se racler (*od.* se gratter) la gorge; s'éclaircir la voix.

'**rausrücken** F (*Geld*) *v/t.* P casquer; les sortir.

'**rausschmeiß|en** F *v/t.* balayer; mettre dehors par la force; P foutre à la porte; F vider; F virer; P sacquer; ⚥**er** F *m bei e-r Veranstaltung:* videur *m*; *aus e-m Land:* P bouteur *m*.

'**Rausschmiß** F *m écol.* renvoi *m*; *vidage m; allg.* coup *m* de balai.

'**Raute** *f géom.* losange *f*; *litt.* rhombe *m*; ♀ rue *f*; *Juwelierkunst:* facette *f*; ~**nfläche** ⊕ *f v. Glas u. Steinen:* facette *f*; ⚥**nförmig** *adj.* rhombique; en losange; *opt.* à facettes; ~**nglas** *opt. n* verre *m* à facettes.

'**Razzia** *f der Polizei:* rafle *f* (*od.* descente *f*) de police; coup *m* de filet.

Rea'genz ⚛ *n* réactif *m*; ~**glas** ⚛ *n* éprouvette *f*; ~**papier** *n* papier *m* réactif.

rea'gieren I *v/i.* réagir (*auf acc.* à); *nicht* ~ *psych.* manquer de réflexes; II ⚥ *n* réaction *f*.

Reak'tanz *⚡ f* réactance *f*.

Reakti'on *a.* ⚛ *u. pol. f* réaction *f*.

reaktio'när *adj.* réactionnaire; ⚥ (-**in** *f*) *n* réactionnaire *m, f*.

Reakti'ons|fähigkeit *f* réactivité *f*; ~**geschwindigkeit** *f* vitesse *f* de réaction; ~**turbine** *f* turbine *f* à réaction; ~**verlauf** *m* cours *m* de la réaction; ~**vermögen** *n* réactivité *f*.

Re'aktor *at. m* réacteur *m*; pile *f* atomique; ~**kern** *at. m* cœur *m* du réacteur; ~**technik** *f* industrie *f* nucléaire.

re'al (*wirklich*) *adj.* réel, -elle; objectif, -ive.

reali'sier|bar *adj.* réalisable; ~**en** *v/t.* réaliser; ⚥**ung** *f* réalisation *f*.

Rea'lis|mus *m* réalisme *m*; ~**t** *m* réaliste *m*; ⚥**tisch** *adj.* réaliste.

Reali'tät *f* réalité *f*.

Re'al|lexikon *n* encyclopédie *f*; ~**lohn** *m* salaire *m* réel; ~**politik** *f* politique *f* réaliste; ~**schule** (*Bundesrep.*) *f* collège *m*; ~**union** *f* union *f* réelle; ~**wert** *m* valeur *f* réelle.

'**Rebe** *f* (*Weinstock*) (cep *m* de) vigne *f*; (*Ranke*) sarment *m*.

Re'bell *m* rebelle *m*; révolté *m*; forte tête *f*; esprit *m* frondeur.

rebel'lieren I *v/i.* se rebeller; se révolter; II ⚥ *n* rébellion *f*; révolte *f*.

Rebelli'on *f* rébellion *f*; révolte *f*.

re'bellisch *adj.* rebelle (*gegen* à).

'**Reben|blatt** *n* feuille *f* de vigne; ~**messer** *n* serpette *f*; ~**saft** (*Traubensaft*) *m* jus *m* de raisin.

'**Reb|huhn** *n* perdrix *f*; *junges* ~ perdreau *m*; ~**hühnerjagd** *f* chasse *f* aux perdrix; ~**huhnsuppe** *cuis. f* coulis *m* de perdrix; ~**laus** *f* phylloxéra *m*; *von der* ~ *befallen* phylloxéré; ~**stock** *m* cep *m* (de vigne).

'**Rebus** *m u. n* rébus *m*.

Re'chaud *cuis. n od. m* réchaud *m*.

'**Rechen** ⊕ (*Harke*) *m* râteau *m*.

'**Rechen|anlage** *f*: *elektronische* ~ calculateur *m* électronique; ~**aufgabe** *f* devoir *m* de calcul; problème *m* d'arithmétique; ~**buch** *n* livre *m* de calcul (*resp.* d'arithmétique); ~**fehler** *m* erreur (*od.* faute) *f* de calcul; ~**kunst** *f* arithmétique *f*; ~**künstler** *m* calculateur *m* prodige (*od.* éclair); ~**maschine** *f* machine *f* à calculer; calculateur *m*; *elektronische* ~ calculateur *m* électronique; ~**operation** *f* opération *f* arithmétique.

'**Rechenschaft** *f* compte *m* rendu; *von* (*für*) *etw.* ~ *ablegen* (*geben*) rendre compte de qch. (*j-m à q.*); *sich* ~ *ablegen* se rendre compte (*über acc.* de); *von j-m* ~ *verlangen*; *j-n zur* ~ *ziehen* demander compte (*od.* raison) à q. (*über acc.* de); *j-m* ~ *schuldig sein* être obligé de rendre compte (*od.* raison) à q. (*über acc.* de); ~**sbericht** *m* compte *m* rendu (*über acc.* de); ~**slegung** *f* reddition *f* de compte.

'**Rechen|schieber** *m* règle *f* à calcul; ~**stunde** *f* leçon *f* de calcul (*resp.* d'arithmétique); ~**tafel** *f* table *f* à calculer; table *f* de multiplication; (*Schiefertafel*) ardoise *f*; ~**unterricht** *m* enseignement *m* du calcul (*resp.* de l'arithmétique); ~**zentrum** *cyb. n* centre *m* de calcul.

Re'cherchen *f/pl.* recherches *f/pl.*

'**rechnen** I *v/t. u. v/i.* calculer; *im Kopf* ~ calculer de tête (*od.* mentalement); ~ *lernen* apprendre le calcul (*zählen*) compter; faire le compte de; ~ *zu* compter parmi (*a. v/i.*); mettre au nombre de; (*schätzen*) considérer; ~ *auf* (*acc.*) compter sur; *mit j-m* ~

compter avec q.; *mit etw.* ~ s'attendre à qch.; *alles in allem gerechnet* tout compte fait; somme toute; *hoch gerechnet* tout au plus; *von heute an gerechnet* à partir d'aujourd'hui; **II** ⚛ *n* calcul *m*.

'**Rechner**|(**in** *f*) *m* calculateur *m*, -trice *f*; (*Arithmetiker*[*in*]) arithméticien *m*, -enne *f*; ⊕ elektronischer ~ calculateur *m* électronique; ²**isch** *adj.* par voie de calcul.

'**Rechnung** *f* compte *m*; (*das Rechnen*) calcul *m*; *schriftliche*: note *f*; (*Faktura*) facture *f* (*über acc.* de); *im Restaurant*: addition *f*; (*Herr*) Ober, *die* ~ *bitte!* garçon, l'addition, s'il vous plaît!; *für j-s* ~ pour le compte de q.; *auf Ihre* ~ *und Gefahr* à vos risques et périls; *laufende* (*od. offene*) ~ compte *m* courant (*od.* ouvert); *laut eingeschickter* ~ conformément à la facture présentée; *gemeinschaftliche* ~ compte *m* collectif; *übertrieben hohe* ~ F coup *m* de fusil; *glatte* (*od. runde*) ~ compte *m* rond; *glatte* ~ *machen* faire un compte rond; *e-e* ~ *ausstellen* dresser (*od.* établir *od.* faire) un compte (*Faktura*: une facture); *e-e* ~ *bezahlen* (*od. begleichen*) payer (*od.* régler *od.* solder) un compte (*Faktura*: une facture); *e-e* ~ *quittieren* acquitter un compte (*Faktura*: une facture); *e-e* ~ *abnehmen* examiner un compte (*Faktura*: une facture); *auf* ~ *kaufen* acheter à crédit; ~ *ablegen* rendre ses comptes; *in* ~ *stellen* passer (*od.* porter) en compte, mettre (*od.* faire entrer) en ligne de compte (*a. fig.*), compter, (*fakturieren*) facturer; *auf j-s* ~ *stellen* porter au compte de q.; *die* ~ *stimmt* le compte est exact; *die* ~ *stimmt nicht* le compte est inexact (*od.* n'y est pas); *fig. auf s-e* ~ (*Verantwortung*) *nehmen* prendre sur son compte; *auf s-e* ~ *kommen* trouver son compte (*bei* à); *e-r Sache* (*dat.*) ~ *tragen* tenir compte de qch.; *j-m e-n Strich durch die* ~ *machen* déjouer q.; contrecarrer (*od.* contrarier) les projets de q.; *die* ~ *ohne den Wirt machen* se tromper dans ses calculs; compter sans l'hôte; *s-e* ~ *ging nicht auf* il s'est trompé dans ses calculs.

'**Rechnungs**|**abgrenzung** *f* délimitation *f* des comptes; ~**abschluß** *f* règlement *m* de compte; ~**art** *f* méthode *f* de calcul; ~**aufstellung** *f* établissement *m* de compte, de facture; ~**auszug** *m* relevé *m* de compte; ~**beleg** *m* pièce *f* comptable; ~**betrag** *m* montant *m* de la facture; ~**buch** *n* livre *m* de comptes; ~**fehler** *m* erreur *f* de calcul; ~ *vorbehalten* sauf erreur de calcul; ~**führer** *m* (agent *m*) comptable *m*; ~**führung** *f* comptabilité *f*; ~**hof** *m* cour *f* des comptes; ~**jahr** ✞ *n* exercice *m*; ~**kammer** *f* chambre *f* des comptes; ~**legung** *f* reddition *f* des comptes; ~**posten** *m* article *m* de compte; ~**prüfer** *m* vérificateur *m* des comptes; ~**prüfung** *f* vérification *f* des comptes; ~**prüfungs-ausschuß** *m* commission *f* de vérification des comptes; ~**stelle** *f* service *m* de comptabilité; ~**übersicht** *f* état *m* de compte; ~**vorlage** *f* présentation *f* d'une facture; ~**wert** *m* montant *m* de la facture;

~**wesen** *n* comptabilité *f*.

recht I *adj.* (*Gegensatz zu link*) droit; (*richtig*; *gerecht*) juste; (~*mäßig*) légitime; (*geeignet*) propre; (*schicklich*) convenable; (*wirklich*) vrai; (*angenehm*) agréable; ~*e Hand* main *f* droite; *j-s* ~*e Hand sein* être le bras droit de q.; *der* ~*e Mann l'homme m qu'il faut*; *an den* ~*en Mann kommen* trouver son homme (*od.* à qui parler); *ein* ~*er Narr* un vrai fou; *am* ~*en Ort au bon endroit*; ~*e Seite* côté *m* droit, *Stoff*: endroit *m*, *Münze*: face *f*, avers *m*; *der* ~*e Weg* le bon chemin; ~*er Winkel* angle *m* droit; *das* ~*e Wort le mot* (*od.* terme) propre; *zur* ~*en Zeit* à temps; à propos; *das ist* ~ c'est bien; *wenn es Ihnen* ~ *ist* si cela vous convient; *si vous voulez*; *mir ist's* ~ *cela me convient* (*od.* va); je veux bien; *ihm ist alles* ~ (*er ist mit allem zufrieden*) il s'accommode de tout; *es ist nicht mit* ~*en Dingen zu* ce n'est pas naturel; *es müßte nicht mit* ~*en Dingen zugehen, wenn* ... il faudrait que le diable s'en mêle pour que ... (*subj.*); *etw. ins* ~*e Licht setzen* mettre qch. dans son vrai jour; montrer (*od.* faire voir) qch. sous son vrai jour; *ihm ist jedes Mittel* ~ il fait flèche de tout bois; *das ist nur* ~ *und billig* ce n'est que juste; *was dem e-n* ~ *ist, ist dem andern billig* il ne doit pas y avoir deux poids et deux mesures; **II** *adv.* (*sehr*) bien; fort; très; (*ziemlich*) assez; (*wirklich*) vraiment; (*richtig*) juste; (*gehörig*) comme il faut; ~ *haben* avoir raison; ~ *behalten* (finir par) avoir raison, 🝖 gagner sa cause; *j-m* ~ *geben* donner raison à q.; *das geschieht dir* ~ tu as ce que tu mérites; tu l'as voulu; *Sie kommen gerade* ~ vous venez à point; vous arrivez au bon moment; *das ist mir gerade* ~ cela fait mon affaire; *ich kann es ihr nie* ~ *machen* il n'est jamais contente de moi; *man kann es nicht allen* ~ *machen* on ne peut contenter (*od.* satisfaire) tout le monde; *ich weiß nicht* ~ *je ne sais* (*pas*) *au juste*; *habe ich* ~ *gehört?* ai-je bien entendu?; *wenn ich es* ~ *bedenke* quand j'y réfléchis bien; *er ist nicht* ~ *gescheit* il n'a pas tout son bon sens; il a perdu la tête; *schlecht und* ~ tant bien que mal; ~ *gern* très volontiers; ~ *so!* c'est bien!; à la bonne heure!; *schon* ~*!* c'est bon!; *erst* ~ à plus forte raison; *nun erst* ~*!* raison de plus!; *erst* ~ *nicht* bien moins encore; *nun erst* ~ *nicht!* moins que jamais; *ganz* ~ c'est cela même; parfaitement.

Recht *n* droit *m*; (*Richtigkeit e-r Forderung od. Behauptung*) raison *f*; (*Gerechtigkeit*) justice *f*; (*Billigkeit*) équité *f*; *bürgerliches* (*öffentliches*), *gemeines*; *bindendes*; *römisches*, *kanonisches*) ~ droit *m* civil (*public*; commun, obligatoire; romain; canon[ique]); *ererbte* (*wohlerworbene*) ~*e* droits *m*/*pl.* successifs (acquis); *Student der* ~*e* étudiant *m* en droit; *die* ~*e studieren* faire son droit; *durch das* ~ *des Eroberers* par droit de conquête; *die aus der Mitgliedschaft fließenden* ~*e und Pflichten* les droits et avantages *m*/*pl.* résultant de la qualité de membre; *mit gleichen* ~*en und Pflichten* avec les mêmes droits et obligations

(*od.* charges); *das* ~ *des Stärkeren* le droit (*od.* la raison) du plus fort; *alle* ~*e vorbehalten* tous droits réservés; *nach geltendem* ~ d'après le droit coutumier; *mit welchem* ~*?* de quel droit?; *mit* ~ à bon droit; avec raison; à juste titre; *mit* ~ *oder Unrecht* à tort ou à raison; *mit vollem* ~ de plein droit; *mit um so größerem* ~ à plus forte raison; ~ *sprechen* rendre la justice; *j-m zu s-m* ~ *verhelfen* rendre justice à q.; ~ *geltend machen* faire valoir un droit; *ein* ~ *herleiten* dériver un droit (*aus, von* de); *ein* ~ *anmelden* produire un droit; *von e-m Gebrauch machen* user d'un droit; *ein* ~ *ausüben* exercer un droit; *das* ~ *haben, zu* ... (*inf.*) avoir le droit de ... (*inf.*); *ein* ~ *auf etw. haben* avoir droit à qch.; *im* ~ *sein* être dans son droit; *sich sein* ~ *nehmen* (*zur Selbsthilfe greifen*) se faire justice; *sein* ~ *fordern* demander justice; *zu* ~ *bestehen* être fondé en droit; *Gnade für* ~ *ergehen lassen* user de clémence; *Gewalt geht vor* ~ la force prime le droit; *wo nichts ist, hat der Kaiser sein* ~ *verloren* où il n'y a rien, le roi perd ses droits.

'**Rechte¹** *f* (main *f*) droite *f*; *pol. u. Bogen*: droite *f*; *zur* ~*n* à droite.

'**Rechte²** *n* bien *m*; *etw.* ~*s* quelque chose de bien, de propre; *nichts* ~*s* (*bei vb.* ne ...) rien de bien, de propre; *iron.* F *das ist mir was* ~*s!* c'est du propre!; *das* ~ *treffen* trouver juste; *nach dem* ~*n sehen* voir ce que l'on fait.

'**Recht-eck** *n* rectangle *m*; ²**ig** *adj.* rectangulaire.

'**Rechte**(**r**) *m pol.* droitiste *m*; F droitier *m*; *das ist mir der* ~ *iron.* parlez--moi de celui-là; *iron. an den* ~*n kommen* trouver son homme (*od.* à qui parler).

'**recht**|**fertigen** *v/t.* (*v/rf.*: sich se) justifier (*wegen etw., gegenüber j-m* de qch. devant q.); *zu* ~ *justifiable*; ~**fertigend** *adv.* justificatif, -ive; ²**fertigung** *f* justification *f*; ²**fertigungsschrift** *f* mémoire *m* justificatif; ~**gläubig** *adj.* orthodoxe; ²**gläubige**(**r**) *m* orthodoxe *m*; ²**gläubigkeit** *f* orthodoxie *f*; ²**haber**(**in** *f*) *m* qui veut toujours avoir raison; raisonneur *m*, -euse *f*; ergoteur *m*, -euse *f*; ²**haberei** *f* manie *f* de vouloir toujours avoir raison, de faire le raisonneur, d'ergoter; ergoterie *f*; ~**haberisch** *adj.* ergoteur, -euse; ~**lich** *adj.* (*rechtmäßig*) légitime; (*gesetzlich*) légal; (*billig*) équitable; 🝖 juridique; ~ *anerkennen* légitimer; (*legalisieren*) légaliser; ²**lichkeit** *f* (*Rechtmäßigkeit*) légitimité *f*; (*Gesetzlichkeit*) légalité *f*; (*Billigkeit*) équité *f*; ~**los** *adj.* sans droits; privé de ses droits; (*vogelfrei*) 'hors la loi'; (*rechtswidrig*) illégal; (*unrechtmäßig*) illégitime; ²**losigkeit** *f* absence *f* de droits; (*Achtung*) mise *f* 'hors la loi'; (*Rechtswidrigkeit*) illégalité *f*; (*Unrechtmäßigkeit*) illégitimité *f*; ~**mäßig** *adj.* légal; (*dem Rechte gemäß*) légitime; (*der Billigkeit gemäß*) juste; *für* ~ *erklären* légaliser; (*legitimieren*) légitimer; ²**mäßigkeit** *f* légalité *f*; légitimité *f*; justesse *f*.

rechts *adv.* à droite; ~ *stehen pol.* être à droite; ~ *fahren* prendre la droite; tenir sa droite; conduire à droite;

sich ~ halten tenir sa droite; ~ abbiegen tourner (*od.* obliquer) à droite; ~ überholen doubler à droite; (*scharf*) ~ heranfahren serrer (au plus près) sur la droite; *weder links noch* ~ *sehen* aller son droit chemin.
'Rechts|abteilung *f* du contentieux; ~angleichung *f* coordination *f* judiciaire; ~anspruch *m* droit *m* (*auf acc.* à); ~anwalt *m*, ~anwältin *f* avocat *m*, -e *f*, femme *f* avocate; (*Vertreter*) avoué *m*; *Anrede*: Maître *m* (*abr.* M^e); ~anwaltspraxis *f* cabinet *m* (d'affaires); ~anwaltschaft *f* barreau *m*; ~auskunft *f* renseignement *m* juridique; ~ausleger *m* *Boxen*: ~ sein combattre la garde normale à droite; ~ausschuß *m* comité *m* juridique; ~außen(stürmer) *m* *Sport*: ailier *m* droit; ~begehren *n* demande *f* en justice; ~begriff *m* notion *f* de droit; ~behelf *m* recours *m*; ~beistand *m* conseil *m* juridique; (*Anwalt*) avocat *m* conseil, *nicht plädierender*: avoué *m*; ~belehrung *f* instruction *f* judiciaire; ~berater *m* conseiller *m* juridique; ~bruch *m* violation *f* du droit.
'recht|schaffen *adj.* honnête; probe; loyal; (*geraden Sinnes*) droit; 2schaffenheit *f* honnêteté *f*; probité *f*; loyauté *f*; droiture *f*; 2schreibung *f* orthographe *f*; ~schreibungsschwach *adj.* dysorthographique.
'Rechts|drall *m* torsion *f* à droite; *fig. pol.* droitisme *m*; ~drehung *f* rotation *f* à droite.
'rechtseitig *adj.* du côté droit.
'Rechts|empfinden *n* sens *m* de la justice; 2fähig *adj.* ayant la capacité juridique; ~fähigkeit *f* capacité *f* juridique; ~fall *m* cas *m* litigieux; ~form *f* forme *f* judiciaire; ~formalismus *m* juridisme *m*; ~frage *f* question *f* de droit; ~gang *m* procédure *f*; 2gängig *adj.* tournant à droite; *Schraube usw.*: fileté à droite; ~gefühl *n* sens *m* de la justice; ~gelehrsamkeit *f* jurisprudence *f*; ~gelehrte(r) *m* jurisconsulte *m*, juriste *m*; ~geschäft *m* acte *m* (*od.* opération *f*) juridique; ~gewinde ⊕ *n* filet *m* à droite; ~gleichheit *f* égalité *f* devant la loi; ~grund *m* considérant *m*; (*Anspruch*) juste titre *m*; ~grundlage *f* base *f* juridique (*od.* légale); 2gültig *adj.* valide; *Schriftstück*: authentique; ~gültigkeit *f* validité *f*; *e-s Schriftstücks*: authenticité *f*; ~gutachten *m* consultation *f* juridique; ~handel *m* procès *m*; ~händer(in) *m* droitier *m*, -ière *f*; 2händig *adj.* droitier, -ière *f*; 2herum *adv.* à droite; ~innen(stürmer) *m* *Sport*: inter *m* droit; ~irrtum *m* erreur *f* de justice; ~kraft *f* force *f* de loi; ~ *erlangen* passer en force de loi; 2kräftig *adj.* qui a force de loi; valide; ~*es Urteil* jugement *m* définitif; ~ *werden* prendre force de loi; ~kunde *f* jurisprudence *f*; 2kundig *adj.* versé dans la jurisprudence; qui connaît le droit; ~kurve *f* virage *m* à droite; ~lage *f* situation *f* juridique; 2lastig F *pol. adj.* droitier, -ière *f*; ~lehrer *m* professeur *m* de droit; ~mißbrauch *m* abus *m* de droit; ~mittel *n* recours *m*; *ein* ~ *einlegen* former un recours; ~nachfolger *m*

ayant cause *m*; 2orientiert *pol. adjt.* dextrogyre; ~partei *f* (parti *m* de) droite *f*; ~person *f* personne *f* civile (*od.* juridique *od.* morale); ~pflege *f* justice *f*; juridiction *f*.
'Rechtsprechung *f* juridiction *f*; jurisprudence *f*.
'rechtsradikal *adj.*: ~*e Partei* extrême droite *f*; 2e(r) *m* membre *m* de l'extrême droite.
'Rechts|sache *f* procès *m*; cause *f*; ~schutz *m* protection *f* juridique; ~sprache *f* langage *m* du palais; ~spruch *m* sentence *f*; jugement *m*; arrêt *m* de justice; ~staat *m* État *m* de droit; ~staat *m* État *m* fondé sur le droit; ~stellung *f* condition *f* juridique; ~steuerung *f* *Auto usw.*: conduite *f* à droite; ~streit *m* controverse *f* juridique; ~titel *m* titre *m*; 2um *adv.*: ~! à droite!, droite!; ~, *marsch!* à droite, marche!; 2ungültigkeit *f* nullité *f*; 2unkundig *adj.* qui ne connaît pas le droit; 2verbindlich *adj.* obligatoire; ~verdreher *m* chicaneur *m*; *f* avocassier *m*; ~verdreherei *f* chicane *f*; avocasserie *f*; ~verdrehung *f* entorse *f* à la loi; ~verfahren *n* procédure *f*; ~verhältnis *n* rapport *m* de droit; rapports *m/pl.* juridiques; ~verkehr *m* circulation *f* à droite; ~verletzung *f* violation *f* du droit; ~vertreter *m* mandataire *m*; ~weg *m* voie *f* judiciaire; *auf dem* ~ par voie de justice; *den* ~ *beschreiten* prendre la voie judiciaire; *auf dem* ~ *geltend machen* faire valoir en justice; *unter Ausschluß des* ~*es* sans possibilité de recours; 2widrig *adj.* illégal; ~widrigkeit *f* illégalité *f*; 2wirksam *adj.* valide; valable; ~ *werden* passer en force de loi; ~wissenschaft *f* jurisprudence *f*; ~zustand *m* situation *f* juridique.
'recht|wink(e)lig *adj.* rectangulaire; à angle droit; ~zeitig I *adj.* ponctuel, -elle; opportun; II *adv.* à temps; (*beizeiten*) à l'heure; 2zeitigkeit *f* opportunité *f*.
Reck *gym. n* barre *f* fixe.
'Recke *m* 'héros *m*.
'recken 1. *v/t.* étendre; *métall.* étirer; 2. *v/rf.*: sich ~ s'étirer.
'Reckstange *gym. f* barre *f* fixe.
Re'cycling ⊕ *n* récupération *f* de déchets.
Redak'|teur *m* rédacteur *m*; ~ti'on *f* rédaction *f*; 2tio'nell *adj.* rédactionnel, -elle; ~ti'ons-ausschuß *m* comité *m* de rédaction; ~ti'onsbesprechung *f* réunion *f* de rédaction; ~ti'onsschluß *m* heure *f* limite de la rédaction.
'Rede *f* parole *f*; (~*weise*) langage *m*; *gehobene* ~ langage *m* recherché, soutenu; (*Vortrag*) discours *m*; *vor Gericht*: plaidoyer *m*; (*Unterhaltung*) conversation *f*; entretien *m*; (*Gerücht*) bruit *m*; (*Ansprache*) discours *m*; allocution *f*; *harangue f*; *gr.* (*in-*) *direkte* ~ discours *m* (in)direct; *programmatische* ~ discours-programme *m*; *e-e* ~ *halten* (F schwingen) prononcer (*od.* faire) un discours; *an j-n e-e* ~ *halten* 'haranguer q.; *in* ~ *stehend* en question; *wovon ist die* ~? de quoi parle-t-on?; de quoi est-il question? (*od.* s'agit-il?); *davon kann keine* ~ *sein*

il ne peut en être question; *es kann für mich keine* ~ *davon sein, zu* ... (*inf.*) il ne saurait être question pour moi de ... (*inf.*); *es ist die* ~ il est question (*von de*; *davon, daß* ... *que* ...); il s'agit (*von de*); *das ist nicht der* ~ *wert* cela ne vaut pas la peine d'en parler; *Ihren* ~*n nach* à vous entendre; *j-m in die* ~ *fallen* couper la parole à q.; *j-m* ~ (*und Antwort*) *stehen* donner à q. une explication; répondre à q.; *j-n über etw.* (*acc.*) *zur* ~ *stellen* demander *f*; explication à q. de qch.; *seltsame* ~*n führen* tenir des propos étranges; *wenn die* ~ *darauf kommt* si l'on vient à en parler; ~du-ell *m* duel *m* (*od.* passe *f* d'armes *od.* joute *f*) oratoire; ~figur *f* figure *f* de rhétorique; ~fluß *m* flux *m* de paroles; ~freiheit *f* liberté *f* de parole; ~gabe *f* don *m* de la parole; (*Beredsamkeit*) éloquence *f*; 2gewandt *adj.* qui a la parole facile; (*beredt*) disert; éloquent; ~gewandtheit *f* élocution *f* aisée; éloquence *f*; ~kunst *f* art *m* oratoire; rhétorique *f*; (*Beredsamkeit*) éloquence *f*; *parlamentarische* ~ éloquence *f* de la tribune; *s-e ganze* ~ *aufbieten* user de toute son éloquence (*um zu* pour); ~kursus *écol.*, *univ. m* cours *m* de diction; 2lustig *adj.* causeur, -euse; bavard.
'reden I *v/i. u. v/t.* parler (*über acc.*, *von* de; *mit* à; avec); *über Politik* (*Kunst usw.*) ~ parler politique (art, *etc.*); (*sagen*) dire; (*sich unterhalten*) converser (*mit* avec); (*plaudern*) causer (*mit* avec); (*plädieren*) plaider; *ausführlich* ~ discourir (*über acc.* de, *bisw.* sur); (*sich vernehmen lassen*) se faire entendre; (*eine Rede halten*) faire (*od.* prononcer) un discours; *mit sich* ~ *lassen* entendre raison; *von sich* ~ *machen* faire parler de soi; *soviel von sich* ~ *machen* faire autant parler de soi; *von sich selber zu j-m* ~ a. F se raconter à q.; *Gutes* (*Schlechtes*) *über j-n* ~ dire du bien (du mal) de q.; *j-m* (*e-r Sache dat.*) *das Wort* ~ parler en faveur de q. (de qch.); *in den Wind* ~ parler en l'air; *j-m ins Gewissen* ~ faire appel à la conscience de q.; s'adresser à la conscience de q.; *j-n nach dem Munde* ~ parler selon les désirs de q.; *zum Volke* ~ 'haranguer le peuple; *sich heiser* ~ s'enrouer à force de parler; *darüber läßt sich* ~ on peut en discuter; on peut s'entendre là-dessus; *mit ihm kann man* ~ avec lui, il y a moyen de s'entendre; *Sie haben gut* ~ vous en parlez à votre aise; II 2 *n* parole *f*; (*Unterhaltung*) conversation *f*; *viel* ~*s von etw. machen* faire beaucoup de bruit autour de qch.; donner bien de l'importance à qch.; ~ *ist Silber, Schweigen ist Gold* la parole est d'argent, le silence est d'or; ~d *adj.* parlant; (*ausdrucksvoll*) expressif, -ive; 2macher (*für Politiker*) *m* *nègre *m*; 2s-art *f* façon *f* (*od.* manière) *f* de parler; (*Ausdruck*) expression *f*; (*Redewendung*) locution *f*; tournure *f*; (*Spracheigentümlichkeit*) idiotisme *m*; (*Phrase*) phrase *f*; *sprichwörtliche* ~ diction *m*; *allgemeine* (*od.* *stehende*) ~ locution *f* courante (*od.* toute faite); formule *f*; cliché *m*.
Rede'rei *f* (*Gerede*) bavardage *m*.
Rede|schwall *m*, ~strom *m* flux *m* de

paroles; verbosité *f*; *litt.* logorrhée *f*; ~**teil** *gr. m* partie *f* du discours; ~**übung** *f* exercice *m* oratoire; ~**weise** *f* manière *f* de parler; diction *f*; élocution *f*; *gr.* mode *m*; ~**wendung** *f* tournure *f*; locution *f*; expression *f*; *(Spracheigentümlichkeit)* idiotisme *m*; stehende~ locution *f* courante *(od.* toute faite); cliché *m*; tour *m* de phrase; ~**zeit** *f* temps *m* de parole; *die* ~ *begrenzen* limiter le temps de parole.
redi'gieren I *v/t.* rédiger; **II** ⚲ *n* rédaction *f*.
rediskon'tier|en ✝ *v/t. u. v/i.* réescompter; ~**ung** *f* réescompte *m*.
'**redlich I** *adj.* honnête, intègre; loyal; *(aufrichtig)* sincère; droit; de bonne foi; **II** *adv. sich* ~ *bemühen* faire des efforts sincères; ⚲**keit** *f* honnêteté *f*; intégrité *f*; probité *f*; loyauté *f*; *(Aufrichtigkeit)* sincérité *f*; droiture *f*; bonne foi *f*.
'**Redner** *m* orateur *m*; *(Vortragender)* conférencier *m*; ~**bühne** *f* tribune *f*; ~**gabe** *f* don *m* de la parole; *(Beredsamkeit)* éloquence *f*; verve *f*; ~**in** *f* femme *f* orateur; *(Vortragende)* conférencière *f*; ⚲**isch** *adj.* oratoire; d'orateur; ~**e Begabung** don *m* de la parole; ~**liste** *f* liste *f* des orateurs; ~**pult** *n* pupitre *m*; ~**schule** *f* école *f* du débat; ~**tribüne** *f* tribune *f*; *auf die* ~ *steigen* monter à la tribune.
'**redselig** *adj.* qui ne cesse de parler; causeur, -euse; loquace; *pfort* bavard; verbeux, -euse; ⚲**keit** *f* loquacité *f*; faconde *f*; verbosité *f*.
Redukti'on *f* réduction *f*; ~**sgetriebe** ⊕ *n* démultiplicateur *m*; ~**smittel** 🜋 *n* réducteur *m*.
redu'zier|bar *adj.* réductible; ⚲**barkeit** *f* réductibilité *f*; ~**en** *v/t. (v/rf.: sich se)* réduire *(auf acc.* à); ⚲**en** *n*, ⚲**ung** *f* réduction *f*.
'**Reede** ⚓ *f* rade *f*; ~**r** ⚓ *m* armateur *m*.
Reede'rei ⚓ *f* société *f* d'armateurs.
re'ell *adj. (ehrlich)* honnête; *(korrekt)* correct; ~**e Preise** prix *m/pl.* honnêtes; ~**e Firma** firme *(od.* maison*) f* respectable *(od.* de confiance).
Reep ⚓ *n* cordage *m*.
Refek'torium *n* réfectoire *m*.
Refe'rat *n (Bericht)* rapport *m*; *(Darlegung)* exposé *m*; *(Rechenschaftsbericht)* compte *m* rendu; *(Abteilung)* section *f*; *ein* ~ *halten* faire un rapport *(über acc.* sur) *resp.* faire un exposé *(de) resp.* rendre compte (de).
Referen'dar(in *f) m* stagiaire *m, f*.
Refe'rendum *pol. n* référendum *m*.
Refe'ren|t *m* rapporteur *m*; *(Sachverständiger)* expert *m*; *(Sachbearbeiter)* chef *m* de service; ~**z** *f (Empfehlung)* recommandation *f*; référence *f*; *(Auskunft)* renseignement *m*; ~**znummer** *f auf Waren:* repère *m*.
refe'rieren *v/i. in Form e-s Berichtes:* faire un rapport *(über acc.* sur); *in Form e-r Darlegung:* faire un exposé *(über acc.* de); *in Form e-s Rechenschaftsberichtes:* rendre compte *(über acc.* de).
Reff ⚓ *n* ris *m*; '⚲**en** *v/t.* ar(r)iser.
reflek'tant(in *f) m* intéressé *m, -e f*.
reflek'tieren I 1. *v/t. phys.* réfléchir; refléter; 2. *v/i.: auf etw. (acc.)* ~ avoir qch. en vue; *nicht mehr auf etw. (acc.)* ~ renoncer à qch.; ~ *über (acc.) (nach-*

denken) réfléchir à *(od.* sur); **II** ⚲ *n* réfléchissement *m*; réflexion *f*.
Re'flektor *m* réflecteur *m*.
reflek'torisch *adj.* réflexe.
Re'flex *m* reflet *m*; *physiol.* réflexe *m*; ~**bewegung** *f* (mouvement *m*) réflexe *m*.
Reflexi'on *f* réflexion *f*; ~**swinkel** *m* angle *m* de réflexion.
refle'xiv *gr. adj.* réfléchi; ~**es Verb** verbe *m* pronominal réfléchi *(z. B. ich wasche mich* je me lave); ~**pronomen** *gr. n* pronom *m* réfléchi.
Re'flexwissenschaft *psych. f* psychoréflexologie *f*.
Re'form *f* réforme *f*.
Reformati'on *f* réforme *f*; *hist.* Réforme *f* (protestante); ~**sfest** *prot. n* fête *f* de la Réformation; ~**szeit** *f* époque *f* de la Réforme *(od.* de la Réformation).
Refor'mator *m* réformateur *m*.
reforma'torisch *adj.* réformateur, -trice.
Re'formbestrebung *f* tendance *f* réformatrice.
Re'formbrot *n* pain *m* de régime.
Re'förmchen *iron. n* F réformette *f*.
Re'formgegner *m* adversaire *m* de réformes.
refor'mier|en *v/t.* réformer; *die reformierte Kirche* l'Église *f* réformée; ⚲**te(r** *a. m) m, f* réformé *m, -e f*.
Re'form|kost *f* produits *m/pl.* diététiques; ~**sucht** *f* réformite *f*; boulimie *f* de réformes.
Re'frain *m* refrain *m*.
Re'fraktor *opt. m* réfracteur *m*.
Re'gal *n einzelnes:* rayon *m*; étagère *f*; *(Gestell)* étagère *f*; rayonnage *m*.
Re'gatta *f* régates *f/pl.*; ~**segelboot** *n kleines* ~ caneton *m*.
'**rege** *adj.* actif, -ive; *(lebhaft)* animé; vif, vive; *(munter)* alerte; agile; *(wach)* éveillé; *Verkehr:* intense; ~ *werden* s'éveiller; se faire sentir.
'**Regel** *f* règle *f*; norme *f*; ✞ règles *f/pl.*; *in der* ~ *(normalerweise)* normalement, *(gewöhnlich)* en règle générale, d'ordinaire, ordinairement, d'habitude; *(wie es sich gehört)* dans la règle, en bonne règle; *nach den* ~**n** dans les règles; *nach allen* ~**n** *der Kunst* dans toutes les règles *od.* dans les règles de l'art; *das ist die* ~ c'est la règle; *es ist* ~ il est de règle *(zu ... inf. de ... inf.; daß ... que ... subj.); sich etw. zur* ~ *machen* se faire une règle de qch.; *keine* ~ *ohne Ausnahme* il n'y pas de règle sans exception; *Ausnahmen bestätigen die* ~ l'exception confirme la règle; ~**beförderung** *adm. f* avancement *m* automatique à l'ancienneté; ~**de'tri** *arith. f* règle *f* de trois; ~**kreis** *cyb.* ~ *m* circuit *m* logique; ⚲**los** *adj.* sans règle; *(unregelmäßig)* irrégulier, -ière; *(unordentlich)* désordonné; ~**losigkeit** *f (Unregelmäßigkeit)* irrégularité *f*; *(Unordnung)* dérèglement *m*; ⚲**mäßig** *adj.* régulier, -ière; *(geregelt)* réglé; *in gleichen Zeitabständen zusammentreten* se réunir à intervalles réguliers *(od.* périodiquement); ~**mäßigkeit** *f* régularité *f*.
'**regeln** *v/t. (v/rf.: sich se)* régler *(nach* sur); *durch Verordnungen:* réglementer; *(regulieren)* régler, ✝ régulariser; *(feststellen)* fixer.

'**regel|recht** *adj.* conforme aux règles, en règle; *(regelmäßig)* régulier, -ière; *(korrekt)* correct; *(normal)* normal; *e-e Schlacht* une bataille rangée; une véritable bataille; ⚲**ung** *f* règlement *m*; *(Regulierung)* ⊕ réglage *m*, régulation *f*, ✝ régularisation *f*; *gesetzliche* ~ réglementation *f*; *selbsttätige* ~ ⊕ réglage *m (od.* régulation *f)* automatique; ⚲**ungslehre** *a.* péd. *f*, ⚲**ungstechnik** ⚡ *f* cybernétique *f*; ~**widrig** *adj.* contraire à la règle; irrégulier, -ière; *(anomal)* anormal; ⚲**widrigkeit** *f* irrégularité *f*; *(Anomalie)* anomalie *f*.
'**regen** *v/rf.: sich* ~ se remuer; bouger; se mouvoir; se mettre en mouvement; *körperlich u. geistig:* s'agiter; *v. Gefühlen:* s'éveiller; naître, *(tätig sein)* être actif, -ive; *(sich bemerkbar machen)* se faire sentir; *es regt sich kein Lüftchen* il n'y a pas un souffle d'air.
'**Regen** *m* pluie *f*; *starker* ~ forte pluie *f*; *feiner* ~ pluie *f* fine; bruine *f*; *strichweise* ~ pluies *f/pl.* éparses et passagères; *im* ~ dans la pluie; *bei* ~ par temps de pluie; *es sieht nach* ~ *aus* le temps est à la pluie; *auf* ~ *folgt Sonnenschein* après la pluie le beau temps; *vom* ~ *in die Traufe kommen* aller de mal en pis; changer son cheval borgne contre un aveugle; ~**bö** *f* rafale *f* de pluie; grain *m*; ~**bogen** *m* arc-en-ciel *m*; ~**bogenfarben** *f/pl.* couleurs *f/pl.* de l'arc-en-ciel; *in den* ~ *schillern lassen* iriser; *in den* ~ *schillernd* irisé; Schillern *in den* ~ irisation *f*; ⚲**bogenfarben** *adj.* iridescent; irisé; ~**en Glanz annehmen** s'iriser; ~**bogenfarbenspiel** *n* irisations *f/pl.*; ~**bogenhaut** *anat. f* iris *m*; ~**bogenhaut-entzündung** ☤ *f* inflammation *f* de l'iris; iritis *f*; ~**bogenpresse** *f* presse *f* du cœur; ~**dach** *n* avant-toit *m*; auvent *m*; ⚲**dicht** *adj.* imperméable; ~**dichtigkeit** ⊕ *f* étanchéité *f*.
Regenerati'on *f* régénération *f*.
Regene'rator *m* régénérateur *m*.
regene'rier|en *v/t.* régénérer; ⚲**ung** *f* régénération *f*.
'**Regen-erzeuger** ⊕ *m* météotron *m*.
'**Regen|fall** *m* chute *f* de pluie; ~**fang** *m (Behälter)* citerne *f*; ⚲**frei** *adj.* sans pluie; ~**guß** *m* ondée *f*; averse *f*; grain *m*; ~**haut** *f* imperméable *m* en plastique; ~**jahr** *n* année *f* pluvieuse; ~**kappe** *f* capuchon *m*; ~**mantel** *m* imperméable *m*; ~**menge** *f* quantité *f* de pluie tombée; ~**messer** *m* pluviomètre *m*; ~**periode** *f* saison *f* des pluies; ~**pfeifer** *orn. m* pluvier *m*; ~**rinne** *f* gouttière *f*; ~**schauer** *m* averse *f*; ondée *f*; *mit Schnee od. Hagel:* giboulée *f*; ~**schirm** *m* parapluie *m*; F pépin *m*; F riflard *m*; *fig.* F *wie ein* ~ *gespannt sein* brûler d'impatience; ~**schirmständer** *m* porte-parapluies *m*; ~**schutzdecke** ⚓ *f* capot *m*; ~**tag** *m* jour *m* de pluie.
Re'gent(in *f) m (Herrscher)* souverain *m, -e f*; *(Stellvertreter)* régent *m, -e f*.
'**Regentropfen** *m* goutte *f* de pluie.
Re'gentschaft *f* régence *f*; ~**srat** *m* conseil *m* de régence.
'**Regen|versicherung** *f* assurance *f* pluie-séjour; ~**wasser** *n* eau *f* pluviale *(od.* de pluie); ~**wetter** *n* temps *m*

pluvieux (*od.* de pluie); pluviosité *f*; bei ~ par temps de pluie; *fig.* ein Gesicht wie sieben Tage ~ machen avoir une mine déconfite (*od.* une mine d'enterrement); ~**wolke** *f* nuage *m* de pluie; ~**wurm** *zo. m* ver *m* de terre; Regenwürmer *pl. a.* lombriciens *m/pl.* anéciques; ~**zeit** *f* saison *f* des pluies.

Re'gie *f* (*Verwaltung*) régie *f*; (*Inszenierung*) mise *f* en scène, rad. en ondes; ~**assistent** *m* assistant *m* du réalisateur; ~**kosten** ✝ *pl.* frais *m/pl.* de régie; ~**pult** *rad. n* pupitre *m* de contrôle; mélangeur *m*.

re'gieren 1. *v/t. a. gr.* gouverner; (*lenken; leiten*) diriger; conduire; *gr.* régir; **2.** *v/i.* (*herrschen*) régner (*über acc.* sur).

Re'gierung *f* gouvernement *m*; *e-s Herrschers:* règne *m*; *unter der ~ von* sous le gouvernement de *bzw.* le règne de; *zur ~ gelangen* arriver, parvenir au pouvoir (*Herrscher:* monter sur le trône); *e-e ~ bilden* (*stürzen*) former (renverser) un gouvernement; ~**s-ähnlich** *adj.* paragouvernemental; ~**s-anleihe** *f* emprunt *m* gouvernemental; ~**s-antritt** *m* avènement *m* au pouvoir (*e-s Herrschers:* au trône); ~**sbe-amte(r)** *m* fonctionnaire *m* gouvernemental; ~**sbevollmächtigte(r)** *m* plénipotentiaire *m*; ~**sbezirk** *m* district *m* administratif; ~**sblatt** *n* journal *m* officiel (*od.* gouvernemental); ~**schef** *m* chef *m* de gouvernement; ~**s-ebene** *f*: auf ~ à l'échelon (*od.* au niveau) gouvernemental; ~**sfähig** *adj.* opérationnel, -elle; ~**sfeindlich** *adj.* antigouvernemental; ~**form** *f* forme *f* de gouvernement; régime *m*; ~**sfreundlich** *adj.* gouvernemental; ~**sgeschäfte** *n/pl.* affaires *f/pl.* gouvernementales; *die ~ erledigen* expédier les affaires gouvernementales; ~**sgewalt** *f* pouvoir *m* gouvernemental; ~**skoalition** *f* coalition *f* gouvernementale; ~**skreise** *m/pl.* cercles *m/pl.* gouvernementaux; ~**skrise** *f* crise *f* ministérielle (*od.* gouvernementale); ~**smehrheit** *f* majorité *f* gouvernementale; ~**s-organ** *n* organe *m* gouvernemental; ~**spartei** *f* parti *m* gouvernemental; ~**ssitz** *m* siège *m* du gouvernement; ~**ssprecher** *m* porte-parole *m* du gouvernement; ~**sstelle** *f* service *m* gouvernemental; ~**s-treu** *journ.* (*Zeitung*) *adj.* bien pensant; ~**s-übernahme** *f* arrivée *f* au pouvoir; ~**s-umbildung** *f* remaniement *m* ministériel; ~**swechsel** *m* changement *m* de gouvernement; ~**szeit** *f* règne *m*.

Re'gime *n* régime *m*.

Regi'ment¹ *n* (*Herrschaft*) gouvernement *m*; *das ~ führen* commander; tenir les rênes du gouvernement, du pouvoir; diriger les affaires; *sie führt das ~* F c'est elle qui porte la culotte.

Regi'ment² ✂ *n* régiment *m*; ~**kommandeur** *m* chef *m* du régiment; ~**unkosten** *pl.*: F *auf ~ leben* vivre sur la communauté (*od.* aux frais de la princesse).

Regi'on *f* région *f*; *fig.* höhere ~en 'hautes régions *f/pl.*; *in höheren ~en schweben* être dans les nuages.

regio'nal *adj.* régional; **2fonds** *éc. m* fonds *m* régional.

Regionali'sierung *Fr. adm. f* régionalisation *f*.

Regiona'lismus *m* régionalisme *m*.

Regis'seur *m* thé. metteur *m* en scène (*a. Film*); *Film:* réalisateur *m*.

Re'gister *n* registre *m* (*a.* ♪); *e-s Buches:* index *m*; (*Inhaltsverzeichnis*) table *f* des matières; (*Katalog*) catalogue *m*; (*Liste*) liste *f*; (*Steuer*2) rôle *m*; *in ein ~ eintragen* inscrire (*od.* mettre) sur un registre; enregistrer; *fig. alle ~ ziehen* mettre tout en œuvre; jouer sur tous les tableaux; ~**tonne** *f* tonneau *m* de jauge; ~**zug** *m an der Orgel:* registre *m*; jeu *m* (d'orgues).

Regis'trator *m* greffier *m*; enregistreur *m*.

Registra'tur *f* ✡ greffe *m*; archives *f/pl.*

Regis'trier|apparat *m* appareil *m* enregistreur; ~**ballon** *m* ballon-sonde *m*; **2en** *v/t.* enregistrer; *weitS.* faire le bilan (de qch.); *als fehlend registriert werden* être porté manquant; ~**en** *n* enregistrement *m*; ~**gerät** *n*, ~**instrument** *n* enregistreur *m*; ~**kasse** *f* caisse *f* enregistreuse; tiroir-caisse *m*; ~**maschine** *f* machine *f* enregistreuse; ~**ung** *f* enregistrement *m*; ~**zähler** *m* compte--témoin *m*.

Regle'ment *n* règlement *m*.

reglemen'tier|en *v/t.* réglementer; **2sucht** *f* manie *f* de réglementer; **2ung** *f* réglementation *f*.

'Regler *m* régulateur *m*.

'reglos *adj.* immobile; inerte.

'Reglung *f* → Regelung.

'regnen I *v/i.* (*mst. v/imp.*) pleuvoir; *es regnet* il pleut (*in Strömen* à torrents; *à verse; Strippen* des cordes; F *des 'hallebardes*); **II** 2 *n* pluie *f*.

'regnerisch *adj.* pluvieux, -euse.

Re'greß ✡ *m* recours *m*; *~ nehmen gegen* avoir recours contre.

Regressi'on *f éc.* régression *f*; dépression *f* économique.

regres'siv *adj.* régressif, -ive; *~ sein a.* régresser.

Re'greß|klage ✡ *f* action *f* de recours; ~**pflicht** *f* responsabilité *f*; **2pflichtig** *adj.* civilement responsable; *j-n ~ machen* avoir recours contre q.

'regsam *adj.* mobile, actif, -ive; (*lebhaft*) vif, vive; (*aufgeweckt*) éveillé; **2keit** *f* mobilité *f*; activité *f*; (*Lebhaftigkeit*) vivacité *f*.

regu'lär *adj.* régulier, -ière.

Regu'lator *m* régulateur *m*; *Uhr a.* pendule *f*.

regu'lier|bar *adj.* réglable; ~**en** *v/t.* ⊕ régler; régulariser; (*steuern*) contrôler; *durch Verordnungen:* réglementer; ~**klappe** *f* clapet *m* de réglage; **2schraube** *f* vis *f* régulatrice (*od.* de réglage); **2ung** *f* réglage *m*; régulation *f*; régularisation *f*; *durch Verordnungen:* réglementation *f*; ⊕ *selbsttätige ~* réglage *m* (*od.* régulation *f*) automatique; **2ventil** *n* soupape *f* de réglage.

'Regung *f* mouvement *m*; (*entstehendes Gefühl*) sentiment *m* naissant; (*Anwandlung*) élan *f*; (*Gemüts*2) émotion *f*; **2slos** *adj.* sans mouvement; immobile; inerte; ~**slosigkeit** *f* immobilité *f*; inertie *f*.

Reh *n* chevreuil *m*; (*Ricke*) chevrette *f*.

rehabili'tier|en *v/t.* (*v/rf.: sich se*) réhabiliter; *j-n ~* F dédouaner q.; **2en** *n*, **2ung** *f* réhabilitation *f*.

'Reh|bock *m* chevreuil *m*; ~**braten** *m* rôti *m* de chevreuil; ~**kalb** *n*, ~**kitze** *f* faon *m*; ~**keule** *cuis. f* cuissot *m* de chevreuil; ~**lendenstück** *n* longe *f* de chevreuil; ~**posten** *m*, ~**schrot** *m od. n* chevrotines *f/pl.*; ~**rücken** *m*, ~**ziemer** *cuis. m* selle *f* de chevreuil; ~**wild** *n* chevreuils *m/pl.*; ~**wildbret** *n* (du) chevreuil *m*.

'Reibach P *péj. m* lucre *m*.

'Reib|ahle *f* alésoir *f*; ~**e** *f*, ~**eisen** *n* râpe *f*; ~**ebrett** △ *n* taloche *f*; ~**elaut** *gr. m* fricative *f*.

'reiben I *v/t., v/i. u. v/rf.* (*sich se*) frotter, *bsd.* ♔ (se) frictionner; *Farben:* broyer; *Kartoffeln, Käse:* râper; klein (*od.* fein *od.* zu Pulver) ~ pulvériser; triturer; *sich die Hände wund ~* s'écorcher; *fig. sich an j-m ~* chercher querelle à q.; *j-m etw. unter die Nase ~* jeter qch. à q. à la figure, au nez; **II** 2 *n* → Reibung.

Reibe'rei *fig. f* froissement *m*; friction *f*; frottement *m*.

'Reibfläche *f* frottoir *m*.

'Reibung *f* frottage *m*; frottement *m*; friction *f*; (*Pulverisierung*) pulvérisation *f*; trituration *f*; *fig.* friction *f*; froissement *m*; ~**s-elektrizität** *f* tribo-électricité *f*; électricité *f* par frottement; ~**sfläche** *f* surface *f* de friction; *fig.* → *spunkt*; ~**sko-effizient** *m* coefficient *m* de frottement; ~**skupplung** *f* accouplement (*od.* embrayage) *m* à friction; **2slos** *adj. u. adv.* sans difficultés (*od.* accrocs); sans à-coups; sans 'heurt; ~**s-punkt** *fig. m* point *m* de friction; ~**swärme** *f* chaleur *f* de frottement; ~**swiderstand** ⚡ *m* résistance *f* due au frottement.

reich *adj.* riche (*an dat.* en); (*stein*~) fortuné; aisé; opulent; (*reichlich*) abondant; *in ~em Maße* abondamment; *~ und arm* riches et pauvres *m/pl.*; *~ machen* enrichir; *Sohn m ~er Eltern* fils *m* à papa; *~ werden* s'enrichir.

Reich *n* empire *m*; règne *m*; *ehm. das Deutsche ~* le Reich; *das ~ Gottes* le royaume de Dieu; *dein ~ komme!* rl. que Votre règne vienne!; *das ~ der Mode* le règne de la mode; *das ~ der Phantasie litt.* le tramonde *m*.

'reich|bebildert *adj.* abondamment illustré; ~**begütert** *adj.* fortuné; aisé; opulent.

'Reiche(r *a. m)* *m, f* homme *m* riche, femme *f* riche.

'reichen 1. *v/t.* donner; tendre; passer; **2.** *v/i.* (*sich erstrecken*) aller (*bis jusqu'à*); *in der Fläche:* s'étendre (*bis jusqu'à*); *in die Höhe:* monter (*od.* s'élever) (*bis jusqu'à*); arriver (à); *in die Tiefe:* descendre (*bis jusqu'à*); *Stimme, Blick, Geschoß:* porter (*bis jusqu'à*); *an etw. (acc.) ~* atteindre qch.; *mit der Hand nach etw. ~* étendre la main vers qch.; (*genügen*) suffir; *mit etw. ~* avoir assez de qch.; *das reicht!* cela suffit!; c'est assez!; *jetzt reicht's mir aber!* F (il ne) faut (*od.* faudrait) pas exagérer!; décidément!; la belle affaire!; *soweit das Auge reicht* à perte de vue; *solange der Vorrat reicht* jusqu'à épuisement du stock; *fig. j-m das Wasser nicht ~ können* ne pas arriver à la cheville de q.

'**reich|haltig** *adj.* qui contient beaucoup; abondant; riche (*an dat.* en); ⌐**haltigkeit** *f* abondance *f*; richesse *f*; ~**illustriert** *adj.* abondamment illustré; ~**lich** *adj.* copieux, -euse; abondant; plantureux, -euse; (*umfangreich*) ample; *mehr als ~* surabondant; *~ ausswiegen* faire bon poids; *~ messen* faire bonne mesure; *~ vorhanden sein* abonder; *sein ~es Auskommen haben* avoir largement de quoi vivre.

'**Reichs|adler** *m* aigle *f* impériale; ~**apfel** *hist. m* globe *m* (impérial); ~**kanzler** *hist. m* chancelier *m* du Reich; ~**präsident** *hist. m* président *m* du Reich; ~**stadt** *hist. f:* Freie ~ ville *f* libre; ~**ständer** *hist. m/pl.* états *m/pl.* de l'Empire; ~**tag** *hist. m* Reichstag *m*; ⌐**unmittelbar** *hist. adj.* immédiat; ~**verweser** *hist. m* vicaire *m* de l'Empire; ~**wehr** *hist. f* Reichswehr *f*.

'**Reich|tum** *m* richesse *f* (*an dat.* en); (*Vermögen*) fortune *f*; (*Überfluß*) opulence *f*; (*Fülle*) abondance *f* (*an dat.* de); ~**weite** *f* portée *f*; (*Aktionsradius*) rayon *m* d'action; *in ~* à portée (von de); *außer ~* hors d'atteinte.

reif *adj.* mûr (*für*; *zu* pour); *Käse:* fait; *~ werden* mûrir.

Reif[1] *m* (*Ring*) bague *f*; anneau *m*; (*Diadem*) diadème *m* (*a.* ⌀).

Reif[2] *m* météo. poét. frimas *m*; (*Rauh*⌐) givre *m*; gelée *f* blanche.

'**Reife** *f* maturité *f*; *geistige ~* maturité *f* d'esprit; *zur ~ bringen* amener à maturité; faire mûrir; *zur ~ kommen* venir à maturité.

'**reifen**[1] **I** 1. *v/i.* (*reif werden*) mûrir; venir à maturité; *zum Manne ~* atteindre l'âge mûr; 2. *v/t.* (*zur Reife bringen*) mûrir; faire mûrir; **II** ⌐ 2 *n* maturation *f*.

'**reifen**[2] *météo. v/i. imp.:* es hat gereift il y a du givre (*od.* de la gelée blanche).

'**Reifen** *m* cercle *m*; cerceau *m*; (*Spielzeug*) *~ spielen* jouer au cerceau; *Auto usw.:* pneu *m*; *chaussette f*; *bandage m* (de caoutchouc); *schlauchloser ~* pneu *m* sans chambre (à air); ~**decke** *f* enveloppe *f* (d'un pneu); ~**defekt** *m* pneu *m* crevé; crevaison *f*; ~**druck** *m* pression *f* des pneus; ~**druckmesser** *m* contrôleur *m* de pression des pneus; ~**flicken** *m* emplâtre *m*; ~**heber** *m* démonte-pneu *m*; ~**körper** (*Auto*) *m* boudin *m*; ~**mantel** *m* enveloppe *f* (de pneu); ~**panne** *f* pneu *m* crevé; crevaison *f*; ~**profil** *n* profil *m* de pneu; ~**schaden** *m* pneu *m* crevé; crevaison *f*; ~**töter** *F m* clou *m* tordu; ~**wechsel** *m* changement *m* de pneu(s).

'**Reife|prozeß** *psych. m* processus *m* de maturation; ~**prüfung** *écol. f* baccalauréat *m*; *F* bac *m*; bachot *m*; ~**zeugnis** *n* diplôme *m* du baccalauréat.

'**reiflich I** *adj.* mûr; *nach ~er Überlegung* après mûre réflexion; *toute ré*flexion faite; **II** *adv.:* sich etw. ~ überlegen réfléchir mûrement sur qch.; peser qch.

'**Reifnebel** *m* brouillard *m* givrant.

'**Reifrock** *hist. m* crinoline *f*.

'**Reif|ung** *f*, ~**ungsprozeß** *péd. m*, ~**werden** *n* maturation *f*.

'**Reigen** *m* ronde *f*; *den ~ eröffnen* ouvrir (*od.* commencer) la danse (*a. fig.*); ouvrir le bal; *fig.* ouvrir (*od.* commencer *od.* mener) le branle.

'**Reihe** *f a. von Personen:* rang *m*; *Häuser, Bäume usw.:* rangée *f*; (*Kolonne*) colonne *f*; *Zimmer:* enfilade *f*; (*Aufeinanderfolge*) suite *f*; série *f* (*a.* ⌀); succession *f*; *arithmetische ~* progression *f* arithmétique; *hintereinander hergehend:* (*Zeile*) ligne *f*; file *f*; *e-e ~ von Jahren* une série d'années; *der ~ nach* à tour de rôle, tour à tour; *beim Erzählen:* point par point; *außer der ~* avant son tour; *jeder nach der ~* chacun (à) son tour; *ich bin an der ~* c'est mon tour; *wer ist an der ~?* à qui le tour?; *Sie werden auch an die ~ kommen* votre tour viendra aussi; *in Reih und Glied* en rangs; *in e-r ~* à la file; en file; à la ligne; en rang d'oignons; *in e-r ~ marschieren* marcher à la file indienne; *in e-e ~ stellen* mettre sur un rang; *bunte ~ machen* faire alterner les places des messieurs et des dames; *& in ~ schalten* monter en série; *fig. aus der ~ tanzen* n'en faire qu'à sa tête; *Auto, Soldat:* déboîter.

'**reihen 1.** *v/t. Perlen:* enfiler; **2.** *v/r.: sich ~ an* (*acc.*) suivre; ⌐**abwurf** ⚔ *m* largage *m* en traînée; ⌐**bau** *m* construction *f* en série; ⌐**fabrikation** *f*, ⌐**fertigung** *f* fabrication *f* en série; ⌐**folge** *f* suite *f*; série *f*; (*Ordnung*) ordre *m*; *in alphabetischer (chronologischer) ~* par ordre alphabétique (chronologique); ⌐**haus** *n* maison *f* en rangée; habitation *f* individuelle groupée, en série; ⌐**motor** *m* moteur *m* à cylindres en ligne; ⌐**schalter** ⚡ *m* commutateur *m* en série; ⌐**schaltung** ⚡ *f* couplage (*od.* montage *m*) *m* en série; ⌐**untersuchung** *f* examen *m* de dépistage; dépistage; röntgenologische ~ radiographie *f* de la population; ⌐**weise** *adv.* (*serienweise*) en série; ⌐**wurf** ⚔ *m* largage *m* en traînée.

'**Reiher** *orn. m* 'héron *m*; *junger ~* 'héronneau *m*; ~**feder** *f* plume *f* de héron; ~**horst** *m*, ~**kolonie** *f*, ~**stand** *m* 'héronnière *f*.

Reim *m* rime *f*; *~e schmieden péj.* rimailler; ⌐**en 1.** *v/i. u. sich ~* rimer; (*übereinstimmen*) s'accorder; (*miteinander harmonieren*) aller bien ensemble; **2.** *v/t.* rimer; *fig.* (*in Einklang bringen*) accorder; '~**er** *m*, '~**schmied** *m péj.* rimeur *m*; rimailleur *m*; '⌐**los** *adj.* sans rime; *~e Verse* vers *m/pl.* blancs; '~**silbe** *f*, '~**wort** *n* rime *f*; ~**wörterbuch** *n* dictionnaire *m* des rimes.

rein I *adj.* pur; (*sauber*) propre; net, nette; (*keusch*) chaste; (*jungfräulich*) vierge; (*klar*) clair; net, nette; (*wahr*) vrai; *Alkohol:* absolu; *Wein:* naturel, -elle; pur; ~**er Ertrag** produit *m* net; ~**er Verlust** ✝ perte *f* nette; ~**es Kupfer** cuivre *m* vierge; ~**e Seide** pure soie *f*; ~**es Deutsch** allemand *m* pur; *aus ~em Mitleid* par pure pitié; ~**e Lüge** pur mensonge *m*; ~**er Zufall** pur 'hasard *m*; ~**es Wasser** eau *f* pure (*od.* claire); *fig. ~sten Wassers* achevé; *e-e ~e Weste haben* avoir les mains nettes; *ein ~es Gewissen haben* avoir la conscience nette; *F ~en Mund halten* garder le secret; *F ~en Mund gehalten! bouche cousue!*; *die Luft ist ~* l'air est pur, *fig.* il n'y a pas de danger; *es ist der ~ste Hohn* (*zu ... inf.*) c'est se moquer du monde (que de ... *inf.*); *~en Tisch machen* faire table rase; *fig. j-m ~en Wein einschenken* dire à q. la vérité toute nue; *etw. ins ~e schreiben* mettre (*od.* recopier) qch. au net (*od.* au propre); *etw. ins ~e bringen* mettre qch. en ordre; *damit will ich ins ~e kommen* je veux en avoir le cœur net; *mit j-m ins ~e kommen* s'arranger avec q.; *mit j-m im ~en sein* être d'accord avec q.; **II** *adv.* (*ganz und gar*) absolument; tout à fait; ~ *machen* nettoyer; ~ *halten* tenir propre; *fig. sich ~ waschen* se disculper.

'**reinbeißen** *v/i.:* in e-n Apfel ~ enfoncer ses dents dans une pomme; entamer à belles dents une pomme.

'**Reine'claude** ⚘ *f* reine-claude *f*.

'**Reinemachefrau** *f* femme *f* de ménage (*od.* de journée).

'**reinemachen** *F v/t.:* zu j-m ~ gehen faire des ménages chez q.

'**Reinemachen** *n* nettoyage *m*.

'**Rein|ertrag** *m* produit *m* net; ~**fall** *F m* mauvaise affaire *f*; échec *m*; *F* tape *f*; *thé.* fiasco *m*; four *m*; *écol.* *bulle *f*; *sèche *f*; *e-n ~ erleben* éprouver (*od.* subir) un échec; ramasser une veste; ⌐**fallen** *fig. F v/i.* donner dedans; *F* couper dans le pont; *F* donner dans le pot au noir; ~**gewicht** *n* poids *m* net; ~**gewinn** *m* bénéfice *m* net.

'**rein|gucken** *écol. v/i.: ins Buch des Nachbarn ~* suivre dans le livre du voisin; ⌐**hauen** *F* (*beim Essen kräftig zulangen*) *v/i.* avoir un bon coup de fourchette.

'**Reinheit** *f* pureté *f*; (*Sauberkeit*) propreté *f*; (*Klarheit*) clarté *f*; netteté *f*; (*Keuschheit*) chasteté *f*.

'**rein|igen** *v/t.* (*v/r.: sich se*) nettoyer (*a. fig.*) (von de); (se) purger (*a. fig.*) (von de); purifier (*a. fig.*); ⚕ déterger; *Blut:* dépurer; ⚘ rectifier; épurer (*a. fig.*); affiner (*a. Gold*); *Brunnen, Kanal:* curer; vider; *Gemüse:* éplucher; *Schuhe:* nettoyer; décrotter; *von Flecken ~* détacher; *von Schmutz ~* décrasser; ~**igend** *adj.* purifiant; purificateur, -trice; épuratif, -ive; *v. Flecken:* détergent (*a.* ⚕); détersif, -ive (*a.* ⚕); (*abführend*) purgatif, -ive; ⌐**igung** *f* nettoyage *m*; nettoiement *m*; purification *f* (*a. fig.*); ⚕ détersion *f*, *durch Abführen:* purgation *f* (*a. fig.*); (*Menstruation*) menstruation *f*; menstrues *f/pl.*; règles *f/pl.*; ⚘ rectification *f*; épuration *f* (*a. fig.*; *pol.*); affinage *m*; *e-s Brunnens, Kanals:* curage *m*; vidange *f*; *v. Gemüse:* épluchage *m*; *chemische ~* nettoyage *m* à sec; ⌐**igungsanstalt** *f* teinturerie *f*; pressing *m*; ⌐**igungskrem** *m* (*u. f*) crème *f* à nettoyer; ⌐**igungslappen** *m* chiffon *m* à nettoyer; ⌐**igungsmittel** *n* détergent *m*; détersif *m*; produit *m* de nettoyage (*od.* d'entretien); nettoyant *m;* ⁓**igungswelle** *pol. f* vague *f* d'épuration; 2**kultur** *f v. Bazillus:* bouillon *m* de culture; *fig. sie war der Sadismus in* ⁓ elle était le sadisme à l'état pur; ⁓**legen** *F v/t.* mettre dedans (*a. fig.*); F feinter; *j-n* ⁓ mettre q. dans le sac; avoir eu q.; *j-n durch e-e schwierige Prüfungsfrage* ⁓ *wollen* poser une colle à q.; coller q.; *ich lasse mich nicht* ⁓! F on ne me la fait pas!; ⁓**lich** *adj.* propre; net, nette; (*schmuck*) propret, -ette; 2**lichkeit** *f* propreté *f*; netteté *f*; 2**machefrau** *f* femme *f* de ménage (*od.* de journée); 2**machen** *n* nettoyage *m*; nettoiement *m*; ⁓**rassig** *adj.* de pur sang; (*Tiere*) de race pure; 2**rassigkeit** *f* pureté *f* du sang; 2**schrift** *f* copie *f* au net; ⁓**seiden** *adj.* pure soie; ⁓**weg** F *adv.* absolument; tout à fait; ⁓**wollen I** *adj.* (de) pure laine; **II** *v/i.* hineinwollen: vouloir entrer.

Reis[1] ⚘ *n* rameau *m*; petite branche *f*; rejet *m*; rejeton *m*; pousse *f*.

Reis[2] *cuis. m* riz *m*; *Huhn auf* (*od. in*) ⁓ *poule f* au riz.

'**Reis**|**anbau** *m* culture *f* du riz; riziculture *f*; ⁓**anbaufläche** *f* superficie *f* rizicole; ⁓**bauer** *m* cultivateur *m* de riz; riziculteur *m*; ⁓**branntwein** *m* arac(k) *m*; ⁓**brei** *m* riz *m* au lait.

'**Reise** *f* voyage *m*; (*Rund*2) tournée *f*; ⁓ *um die Welt* tour *m* du monde; *glückliche* ⁓! bon voyage!; *e-e* ⁓ *machen* faire un voyage; *auf* ⁓*n gehen* aller (*od.* partir) en voyage; *auf* ⁓*n sein* être en voyage; *e-e* ⁓ *antreten* partir en voyage; *sich auf die* ⁓ *machen* (*begeben*) se mettre en route; *wohin geht die* ⁓? où allez-vous?; *immer auf* ⁓*n* (*unterwegs*) *sein* F rouler sa bosse; ⁓**abenteuer** *n* aventure *f* de voyage; ⁓**abkommen** *n* accord *m* touristique; ⁓**andenken** *n* souvenir *m*; ⁓**anzug** *m* costume *m* (*od.* tenue *f*) de voyage; ⁓**apotheke** *f* trousse *f* de première urgence; ⁓**artikel** *m/pl.*, ⁓**bedarf** *m* articles *m/pl.* de voyage; ⁓**autobus** *m* (auto)car *m* d'excursion; ⁓**begleiter**(**in**) *m* compagnon *m*, compagne *f* de voyage; *iron.* courrier *m*; ⁓**bericht** *m*, ⁓**beschreibung** *f* récit *m* de voyage; ⁓**beutel** *m* sac *m* de voyage; ⁓**büro** *n* agence *f* (*od.* bureau *m*) de voyages (*od.* de tourisme); ⁓**bus** *m* (auto)car *m* (d'excursion); ⁓**decke** *f* couverture *f* de voyage; ⁓**eindrücke** *m/pl.* impressions *f/pl.* de voyage; ⁓**er-innerung** *f* souvenir *m* de voyage; 2**fertig** prêt à partir (en voyage); *sich* ⁓ *machen* se préparer à partir; faire ses malles; ⁓**fieber** *n* fièvre *f* du départ (*od.* des voyages); ⁓**führer** *m* guide *m*; ⁓**gefährte** *m*, ⁓**gefährtin** *f* compagnon *m*, compagne *f* de voyage; ⁓**geld** *n* argent *m* (pour le voyage); ⁓**genehmigung** *f* autorisation *f* de voyage; ⁓**gepäck** *n* bagages *m/pl.*; ⁓**gepäckversicherung** *f* assurance *f* de(s) bagages; ⁓**geschwindigkeit** ⚓, ✈ *f* vitesse *f* de croisière; ⁓**gesellschaft** *f* société *f* touristique; *meine* ⁓ mes compagnons *m/pl.* de voyage; ⁓**kartenverkäufer** *m* billettiste *m*; ⁓**koffer** *m* malle *f*; (*Handkoffer*) valise *f*; ⁓**korb** *m* malle *f* en osier; ⁓**kosten** *pl.* frais *m/pl.* de voyage; ⁓**kostenvergütung** *f* remboursement *m* des frais de voyage; ⁓**kreditbrief** *m* lettre *f* de crédit pour voyageurs; ⁓**leiter** *m* responsable *m* d'un groupe de touristes; ⁓**lektüre** *f* lecture *f* de voyage; 2**lustig** *adj.:* ⁓ *sein* avoir le goût des voyages; ⁓**mantel** *m* manteau *m* de voyage; (*Staubmantel*) cache-poussière *m*.

'**reisen** *v/i.* voyager; *mit der Bahn* ⁓ voyager en chemin de fer; *ins Ausland* ⁓ aller à l'étranger; *nach Paris* ⁓ partir pour (*od.* se rendre à *od.* aller à) Paris; *über Paris* ⁓ passer par Paris; *in Geschäften* ⁓ voyager en affaires; (*abnutzen*) partir; ⁓ *durch traversen* (*acc.*); *ins Bad* ⁓ aller aux eaux; *in die Sommerfrische* ⁓ aller en villégiature; *er ist viel gereist* il a beaucoup voyagé; 2**de**(**r**) *m* voyageur *m*; (*Geschäfts*2) voyageur *m* de commerce; représentant *m*.

'**Reise**|**necessaire** *n* nécessaire *m* de voyage; ⁓**onkel** F *m* éternel voyageur *m*; ⁓**paß** *m* passeport *m*; ⁓**plan** *m* itinéraire *m*; ⁓**pläne** *m/pl.* projets *m/pl.* de voyage; ⁓**prospekt** *m* dépliant *m* de voyage; ⁓**publikum** *n* voyageurs *m/pl.*; ⁓**route** *f* itinéraire *m*; ⁓**scheck** *m* chèque *m* de voyage; ⁓**schreibmaschine** *f* machine *f* à écrire portative; ⁓**schriftsteller** *m* écrivain *m* du voyage; ⁓**spesen** *pl.* frais *m/pl.* de voyage; ⁓**stipendium** *n* bourse *f* de voyage; ⁓**tasche** *f* sac *m* de voyage; *große:* fourre-tout *m*; ⁓**taschenplünderer** *m* écumeur *m* de sacs; ⁓**unfallversicherung** *f* assurance *f* contre les accidents de voyage; ⁓**unterbrechung** *f* interruption *f* du voyage; ⁓**verkehr** *m* trafic *m* des voyageurs; ⁓**weg** *m* itinéraire *m*; ⁓**wagen** (*Auto*) *m* routière *f*; ⁓**zeit** *f* saison *f* du tourisme; ⁓**ziel** *n* destination *f*; *but m* de voyage; ⁓**zuschuß** *m* subvention *f* pour faire face aux frais de voyage.

'**Reisfeld** *n* rizière *f*.

'**Reisig** *n* menu bois *m*; brindilles *f/pl.*; ramilles *f/pl.*; ⁓**bündel** *n* fagot *m*; cotret *m*; fascine *f*.

'**Reis**|**kammer** (*ein Land*) *f* grenier *m* à riz; ⁓**mehl** *n* farine *f* de riz; ⁓**papier** *n* papier *m* de riz; ⁓**pudding** *m:* überbackener ⁓ gâteau *m* de riz; ⁓**puder** *m* poudre *f* de riz.

Reiß|'**aus** F *m:* ⁓ *nehmen* prendre la fuite, F décamper, détaler; '⁓**brett** *n* planche *f* à dessin (*od.* à dessiner); '⁓**brettstift** *m* punaise *f*.

'**reißen I 1.** *v/t.* tirer (fortement); (*ab*⁓, *weg*⁓) arracher; (*hin*⁓) entraîner; (*zer*⁓) déchirer; *ein Loch* ⁓ faire un trou; *Witze* ⁓ se livrer à des plaisanteries; *Zoten* ⁓ dire des obscénités; *an sich* (*acc.*) ⁓ tirer à soi, *fig.* usurper, s'emparer de; *in Stücke* ⁓ mettre en pièces; **2.** *v/r/.: sich an etw.* (*dat.*) ⁓ se blesser à qch.; *sich um etw.* ⁓ s'arracher qch.; *sich um j-n* ⁓ s'arracher q.; rechercher q.; **3.** *v/i. Kleider usw.:* se déchirer; (*sich spalten*) se fendre; *Fäden, Film:* casser (*mit avoir!*); *mir reißt die Geduld* ma patience est à bout; la patience m'échappe; *an etw.* (*dat.*) ⁓ tirer (violemment) sur qch.; **II** 2 ⚘ *n* élancements *m/pl.*; tiraillements *m/pl.*; ⁓**d** *adj. Strom:* impétueux, -euse; *Tiere:* féroce; *Schmerz:* lancinant; ✝ *das geht* ⁓ *weg* on se l'arrache.

'**Reißer** F *m thé.* pièce *f* à succès; ✝ marchandise *f* qu'on s'arrache.

'**Reiß**|**feder** *f* tire-ligne *m*; 2**fest** *adj.* résistant à la rupture; ⁓**festigkeit** *f* résistance *f* à la rupture; ⁓**kohle** *f* fusain *m*; ⁓**leine** *f* câble *m* de déclenchement; *am Fallschirm:* sangle *f*; ⁓**nadel** *f* pointe *f* (à tracer); ⁓**nagel** *m* punaise *f*; ⁓**schiene** *f* té *m*; équerre *f* en T.

'**Reis**|**stroh** *n* paille *f* de riz; ⁓**suppe** *f* potage *m* au riz.

'**Reiß**|**verschluß** *m* fermeture *f* à glissière *f*; fermeture *f* éclair; F zip *m*; *mit* ⁓ *zippé*; ⁓**wolle** *f* effiloché *m*; ⁓**zahn** *m* canine *f*; ⁓**zeug** *n* boîte *f* de compas; ⁓**zünder** *m* allumeur *m* à friction; ⁓**zwecke** *f* punaise *f*; *mit* ⁓*n festmachen* punaiser.

'**Reit**|**anzug** *m* costume *m* de cavalier; *für Damen:* amazone *f*; ⁓**bahn** *f* manège *f*; ⁓**dreß** *m* tenue *f* d'équitation.

'**reiten I 1.** *v/i.* monter à cheval; *als Sport:* faire du cheval; *irgendwohin:* aller à cheval; *gut* (*schlecht*) ⁓ (*können*) être bon (mauvais) cavalier; *im Schritt* ⁓ aller au pas; *Trab* ⁓ aller au trot; *Galopp* ⁓ aller au galop; *auf e-m Pferd* ⁓ être monté sur un cheval; *auf j-s Rücken* ⁓ être à califourchon sur le dos de q.; *fig.* ⁓ *auf* (*dat.*) être à cheval sur; **2.** *v/t. Pferd:* monter; *in die Schwemme* ⁓ mener à l'abreuvoir; *ein Pferd zuschanden* ⁓ crever un cheval sous soi; *sich wund* ⁓ s'écorcher; *der Teufel reitet ihn* il a le diable au corps; **II** 2 *n* équitation *f*; ⁓**d** *adj.* monté; à cheval.

'**Reiter** *m* cavalier *m* (*a.* ♘); (*Kunst*2) écuyer *m*; *Kartothek:* cavalier *m*; onglet *m*; ♘, *frt.* spanischer ⁓ cheval *m* de frise.

Reite'**rei** *f* cavalerie *f*.

'**Reiterin** *f* amazone *f*; (*Kunst*2) écuyère *f*.

'**Reiter**|**regiment** *n* régiment *m* de cavalerie; ⁓**standbild** *n*, ⁓**statue** *f* statue *f* équestre.

'**Reit**|**gerte** *f* badine *f*; ⁓**halle** *f* manège *m*; ⁓**hose** *f* culotte *f* de cheval; ⁓**institut** *n* manège *m*; ⁓**knecht** *m* palefrenier *m*; ⁓**kostüm** *n* amazone *f*; ⁓**kunst** *f* équitation *f*; ⁓**lehrer** *m* professeur *m* d'équitation; ⁓**peitsche** *f* cravache *f*; ⁓**pferd** *n* cheval *m* de selle; monture *f*; ⁓**schule** *f* école *f* d'équitation; manège *m*; ⁓**sport** *m* sport *m* équestre; hippisme *m*; ⁓**stiefel** *m* botte *f* cavalière; ⁓**stock** ⊕ *m* contre-poupée *f*; ⁓ **u. Fahrturnier** *n* concours *m* hippique; ⁓**unterricht** *m* leçons *f/pl.* d'équitation; ⁓**ver-ein** *m* société *f* hippique; ⁓**weg** *m* piste *f* cavalière; ⁓**zeug** *n* équipement *m* d'équitation.

Reiz *m* (*Erregung*) excitation *f*; *pfort* irritation *f*; (*Anregung*) stimulation *f*; (*Kitzel*) chatouillement *m*; (*Lockung*) appât *m*; (*Lieb*2) attrait *m*; charme(s *pl.*) *m*; verführerischer ⁓ appas *m/pl.*; 2**bar** *adj.* excitable; irritable; atrabilaire; (*empfindlich*) susceptible; äußerst ⁓ aux nerfs à fleur de peau; '⁓**barkeit** *f* excitabilité *f*; irritabilité *f*; (*Empfindlichkeit*) susceptibilité *f*; '⁓**element** *phm. n*

élément *m* irritant; '²**en** *v/t. u. v/i.* exciter (zu à); *pfort* irriter; *(ärgern)* agacer; *(anregen)* stimuler; *(wecken)* réveiller; *(anstiften)* provoquer (zu à); *(kitzeln)* chatouiller; *(locken)* attirer; *(bezaubern)* charmer; enchanter; ravir; *(in Versuchung führen)* tenter; *Neugierde:* piquer; '~**en** *n* → ~ung; '²**end** *adj.* excitant; irritant; *(anregend)* stimulant; *(bezaubernd)* charmant; ravissant; '~**leitung** ⚡ *f* influx *m*; '²**los** *adj.* fade; sans attrait; sans charme; '~**mittel** ⚡ *n* excitant *m*; irritant *m*; stimulant *m*; '~**schwelle** *physiol., pol. f* seuil *m* d'excitation; '~**thema** *n* sujet *m* délicat; '~**überflutung** *psych. f* → ~welt; '~**ung** *f* excitation *f*; irritation *f*; *(Anregung)* stimulation *f*; *(Anstiftung)* provocation *f*; *(Versuchung)* tentation *f*; '²**voll** *adj.* plein d'attrait *(od.* de charme); *fig.* ~e Note saveur *f*; '~**welt** *psych. f:* ~ *von außen* sollicitation *f* de l'extérieur; '~**wort** *n* mot *m* explosif *(od.* détonateur).
rekapitu'lieren I *v/t.* récapituler; **II** ² *n* récapitulation *f*.
'**rekeln** *v/rf.: sich* ~ s'étirer.
Reklamati'on ✞ *f* réclamation *f*.
Re'klame *f* réclame *f*; publicité *f*; propagande *f*; ~ *machen* faire de la réclame *(od.* de la publicité) (für pour); ~**artikel** *m* article *m* en promotion, en réclame; ~**bild** *n* image *f* publicitaire; ~**büro** *n* bureau *m* (*od.* agence *f*) de publicité; ~**chef** *m* chef *m* de publicité; ~**druck(sache** *f*) *m* imprimé *m* publicitaire; ~**fachmann** *m* expert *m* en publicité; publicitaire *m*; ~**feldzug** *m* campagne *f* de publicité; ~**film** *m* film *m* publicitaire; ~**fläche** *f* panneau *m* publicitaire, panneau-réclame *m*; ~**kosten** *pl.* frais *m/pl.* de publicité; ~**kunde** (*e-r Zeitung*) *m* client *m* publicitaire; ~**plakat** *n* affiche *f* de publicité; ~**preis** *m* prix-réclame *m*; ~**schild** *n* panneau *m* publicitaire; panneau-réclame *m*; ~**schrift** *f* prospectus *m*; ~**sendung** *f Radio:* émission *f* de publicité; ~**tafel** *f* panneau *m* publicitaire; panneau-réclame *m*; ~**verkauf** *m* vente-réclame *f*; vente *f* promotionnelle; ~**wagen** *m* voiture-réclame *f*; ~**wesen** *n* publicité *f*; réclame *f*; ~**zeichner(in** *f*) *m* dessinateur *m*, -trice *f* publicitaire; ~**zettel** *m* prospectus *m*; réclame *f*.
rekla'mieren *v/t.:* e-e Ware ~ faire *(od.* déposer) une réclamation sur *(od.* relative à) l'état d'une marchandise.
rekognos'zier|en *v/t.* reconnaître; ²en *n*, ²ung *f* reconnaissance *f*.
rekonstru'ieren *v/t.* reconstruire.
Rekonstrukti'on *f* reconstruction *f*.
Rekonvales'zen(t(in *f*) *m* convalescent *m*, -e *f*; ~**z** *f* convalescence *f*.
Re'kord *m* record *m*; e-n ~ *aufstellen* (halten; verbessern; drücken; brechen *od.* überbieten) établir (détenir; améliorer; abaisser; battre) un record; e-n ~ *aufzustellen* (*od.* zu brechen) versuchen essayer un (*od.* s'attaquer à un) record; ~**besuch** *m* chiffre *m* record de visiteurs; affluence *f* record; ~**ernte** *f* récolte *f* record; ~**halter(in** *f*) *m*; ~**inhaber(in** *f*) *m* détenteur *m*, -trice *f* du record;

jahr *n* année-record *f*; ~**sucht** *f* recordite *f*; ~**verkehr** *m* trafic *m* record; ~**versuch** *m* tentative *f* de record; ~**zeit** *f* temps *m* record; ~**ziffer** *f* chiffre *m* record.
Re'krut *m* conscrit *m*; recrue *f*; ~**enausbildung** *f* instruction *f* des recrues; ~**en-aushebung** *f* recrutement *m*.
rekru'tier|en 1. *v/t. u. v/i.* recruter; 2. *v/rf.: sich* ~ se recruter *(aus* dans); ²**en** *n*, ²**ung** *f* recrutement *m*; ²**ungsstelle** *f* centre *m* de recrutement (*od.* de conscription).
rektifi'zier|en *v/t.* rectifier; ²**en** *n*, ²**ung** *f* rectification *f*.
Rekti'on *gr. f* régime *m*.
'**Rektor** *m univ.* recteur *m*; e-r *Grundschule:* directeur *m* d'école.
Rekto'rat *n univ.* rectorat *m*; *écol.* direction *f*.
'**Rektum** *anat. n* rectum *m*.
Re'kurs *m* recours *m*.
Re'lais *n* relais *m*; ~**sender** *m* émetteur-relais *m*; ~**station** *rad. f* station--relais *f*.
Relati'on *f* relation *f*.
rela'tiv *adj.* relatif, -ive.
Relati'vis|mus *m* relativisme *m*; ²**tisch** *adj.* relativiste.
Relativi'tät *f* relativité *f*; ~**s-theorie** *f* théorie *f* de la relativité.
Rela'tiv|pronomen *gr. n* pronom *m* relatif; ~**satz** *gr. m* (proposition *f*) relative.
Relegati'on *univ. f* exclusion *f*.
rele'gier|en *v/t.* renvoyer; e-n *Studenten* ~ exclure un étudiant de l'Université; ²**ung** *f* renvoi *m*.
Reli'ef *n* relief *m*; ~**darstellung** *f*, ~**karte** *f* plan *m* en relief; ~**druck** *m* impression *f* en relief.
Religi'on *f* religion *f*; *Schule:* instruction *f* religieuse; ~**sbekenntnis** *n* confession *f*; ~**s-eifer** *m* zèle *m* religieux; ~**sfreiheit** *f* liberté *f* religieuse (*od.* de culte); ~**sgemeinschaft** *f* communauté *f* religieuse; ~**sgeschichte** *f* histoire *f* des religions; ~**skrieg** *m* guerre *f* de religion; ~**slehre** *f* instruction *f* religieuse; (*Lehrsatz*) dogme *m*; ~**slehrer** *m* (*im Gymnasium*) aumônier *m* de lycée; ²**slos** *adj.* sans confession; irréligieux, -euse; ~**slosigkeit** *f* irréligiosité *f*; ~**sphilosophie** *f* philosophie *f* de la religion; ~**sstifter** *m* fondateur *m* d'une religion; ~**sstreit** *m* controverse *f* religieuse; ~**s-unterricht** *m* instruction *f* religieuse; catéchisme *m*; ~**swechsel** *m* conversion *f*; ~**swissenschaft** *f* théologie *f*; ~**szugehörigkeit** *f* confession *f*; ~**szwang** *m* intolérance *f* religieuse).
religi'ös *adj.* religieux, -euse; ~e *Kunst* art *m* sacré.
Religiosi'tät *f* religiosité *f*; sentiments *m/pl.* religieux.
'**Reling** ⚓ *f* bastingage *m*.
Re'liquie *f* relique *f*; ~**nkästchen** *n*, ~**nschrein** *m* reliquaire *m*; châsse *f*; ~**nkult** *m* culte *m* des reliques.
remilitari'sier|en *v/t.* remilitariser; ²**ung** *f* remilitarisation *f*.
Reminis'zenz *f* réminiscence *f*.
Re'mis *n* partie *f* remise.
Re'mise (*Schuppen*) *f* remise *f*.
Remit'tenden *pl. Buchhandel:* retours *m/pl.*; invendus *m/pl.*; bouil-

lons *m/pl.*
Remit'tent ✞ *m* (*Wechselnehmer*) preneur *m* d'effet.
remit'tieren I *v/t.* (*zurücksenden*) renvoyer; *Buchhandel a.:* bouillonner; (*Geld einsenden*) remettre; **II** ² *n* renvoi *m*; *Buchhandel a.:* bouillonnage *m*; (*Einsenden v. Geld*) remise *f*.
Remou'ladensoße *f* rémoulade *f*.
Rempe'lei F *f* bousculade *f*.
'**rempeln** F *v/t.* bousculer; *Sport:* charger.
Ren *zo. n* renne *m*.
Renais'sance *f* renaissance *f*; *als Epoche:* Renaissance *f*; ~**stil** *m* style *m* Renaissance.
re'nal *anat. adj.* rénal.
Ren'dant *m* trésorier *m*; caissier *m*.
Rendez'vous *n* rendez-vous *m*; ein ~ *verabreden* prendre (un) rendez-vous (*mit* avec).
Ren'dite ✞ *f* rendement *m*.
Rene'gat(in *f*) *m* renégat *m*, -e *f*.
Re'nette ♀ *f* reinette *f*.
reni'tent *adj.* récalcitrant.
'**Renn|bahn** *f* champ *m* de course; *Sport:* piste *f*; (*Pferde*²) turf *m*; hippodrome *m*; *Auto:* autodrome *m*; (*Rad*²) piste *f* cycliste; vélodrome *m*; ~**boot** *n* bateau *m* (*od.* canot *m* automobile) de course.
'**rennen I** 1. *v/i.* courir; (*vorwärts stürzen*) se précipiter; s'élancer; ~ *gegen* se heurter contre; 'heurter; se cogner contre (*od.* à); *mit dem Kopf gegen* (*fig.* durch) *die Wand* ~ se cogner la tête contre le mur; donner de la tête contre le mur; *in sein Verderben* ~ courir à sa perte (*od.* à sa ruine). 2. *v/t.: über den Haufen* ~ renverser (en courant); **II** ² *n* course *f*; *totes* (*od.* unentschiedenes) ~ course *f* nulle; *das* ~ *machen* gagner; *das* ~ *aufgeben* abandonner la partie (*a. fig.*).
'**Renn|fahrer** *m* coureur *m* automobile; pilote *m* (de course); ~**(fahrer)hose** *f cycl.* kurze ~ cuissard *m*; ~**jacht** *f* yacht *m* de course; ~**leitung** *f* direction *f* de la course; commission *f* des courses; ~**mannschaft** *f* équipe *f* de course; ~**maschine** (*Auto*) *f* engin *m* de compétition; ~**pferd** *n* cheval *m* de course; coureur *m*; ~**e halten** faire courir; avoir une écurie (de courses); ~**platz** *m* turf *m*; hippodrome *m*; ~**platzbesucher** *m* turfiste *m*; ~**quartett** *hipp. n* quarté *m*; ~**quintett** *hipp. n* groupe *m* de cinq chevaux; ~**sport** *m* sport *m* hippique; turf *m*; ~**stall** *m* écurie *f* (de courses); ~**strecke** *f* parcours *m*; piste *f* de course; ~**tier** *zo. n* renne *m*; ~**trikot** *cycl.* ~ maillot *m* cycliste; ~**wagen** *m* (*Auto*) voiture *f* de course; bolide *m*; ~**wette** *f* pari *m* mutuel.
Renom'mee *n* réputation *f*; renommée *f*; renom *m*.
renom'mier|en *v/i.* faire l'important (*od.* le fanfaron *od.* le malin); ~ *mit se* vanter de; ²**en** *n* vantardise *f*; ~**t** *adj.* renommé (*wegen* pour); fameux, -euse.
Renom'mist *m* vantard *m*; fanfaron *m*.
reno'vier|en *v/t.* remettre à neuf; ²**ung** *f* remise *f* à neuf.
ren'tabel *adj.* rentable; profitable; lucratif, -ive; de bon rapport.

Rentabili'tät f rentabilité f; ~**sberechnung** f calcul m de rentabilité; ~**sgrenze** f limite f de rentabilité.

'**Rente** f (Alters~) (pension f de) retraite f; (Kapital~) rente f; (Versorgungs~) pension f; (Leib~) rente f viagère; fällige ~ arrérages m/pl.; ~**n-anspruch** m droit m à une pension; ~**n-anstalt** f caisse f de retraites; ~**nberechtigte(r** a. m) m, f titulaire m, f d'une retraite, d'une pension; ~**nbrief** m titre m de rente; ~**n-empfänger(in** f) m bénéficiaire m, f d'une retraite (od. d'une pension); ~**npapiere** n/pl. titres m/pl. de rente; ~**nreform** f réforme f des pensions de retraite, des retraites, des pensions; ~**nversicherung** f assurance f invalidité-vieillesse.

ren'tieren v/rf.: sich ~ valoir la peine, ✝ rapporter, être rentable.

'**Rentner(in** f) m (Alters~) retraité m, -e f; (Versorgungs~) pensionné m, -e f; e-r Kapitalrente rentier m, -ière f.

Re-organisati'on f réorganisation f; ~**splan** m plan m de réorganisation. **re-organi'sier|en** v/t. réorganiser; ~**en** n, ~**ung** f réorganisation f.

Reparati'on|en f/pl. réparations f/pl.; ~**skommission** f commission f de réparations; ~**sleistung** f prestation f à titre de réparation; ~**szahlung** f paiement m à titre de réparation.

Repara'tur f réparation f; in ~ en réparation; laufende ~en réparations f/pl. courantes; zu Lasten des Mieters gehende ~ réparation f locative; ~**bedürftig** adj. qui a besoin d'être réparé; ~**fähig** adj. réparable; ~**kasten** m nécessaire m de réparation; ~**kosten** pl. frais m/pl. de réparation; ~**werkstatt** f atelier m de réparation; Auto: service m de dépannage.

repa'rieren v/t. réparer.

repatri'ier|en v/t. rapatrier; ~**en** n, ~**ung** f rapatriement m.

Reper'toire n répertoire m; fig. arsenal m.

repe'tier|en v/t. répéter; ~**en** n répétition f; ~**gewehr** n fusil m à répétition; ~**uhr** f montre f à répétition.

Repe'titor m répétiteur m.

Repeti'torium n cours m de répétition.

Re'plik f réplique f.

Re'port ✝ m report m.

Repor'tage f reportage m.

Re'porter m reporter m; die erste ~in la première femme reporter.

Repräsen'tant(in f) m représentant m, -e f.

Repräsentati'on f représentation f; ~**skosten** pl. frais m/pl. de représentation; ~**szulage** f supplément m de représentation.

repräsenta'tiv adj. représentatif, -ive; e-e ~e Erscheinung sein F présenter bien; porter beau; avoir de la prestance.

repräsen'tieren v/t. représenter.

Repres'salien f/pl. représailles f/pl.; ~ anwenden user de représailles.

Re'prise f reprise f.

reprivati'sier|en v/t. dénationaliser; ~**ung** f dénationalisation f.

Reproduk'tion f reproduction f; ~**sverfahren** n procédé m de reproduction.

reprodu'zier|en v/t. reproduire; ~**en** n, ~**ung** f reproduction f.

Repro|gra'phie (Nachdruckverfahren) f reprographie f; ~**'graphisch** adj. reprographique.

Rep'til zo. n reptile m; ~**ienfonds** (Bundesrep.) fin. m fonds m/pl. réservés secrets; fonds m/pl. à discrétion de la chancellerie; ~**ienforscher** m herpétologiste m.

Repu'blik f république f.

Republi'kan(er(in f) m républicain m, -e f; ~**isch** adj. républicain.

Repulsi'onsmotor m moteur m à répulsion.

'**Requiem** n requiem m.

requi'rier|en v/t. réquisitionner; ~**en** n, ~**ung** f réquisition f.

Requi'siten thé. n/pl. accessoires m/pl.

Requisi'teur thé. m accessoiriste m.

Requisiti'on f réquisition f; ~**schein** m bon m de réquisition.

Re'seda f, ~**de** f ♀ réséda m.

Reser'vat n réserve f; (Schutzgebiet) territoire m réservé; ~**rechte** n/pl. droits m/pl. réservés.

Re'serve f réserve f; fig. a. retenue f; stille ~ ✝ réserve f cachée (od. occulte od. latente); ~**n** schaffen accumuler des réserves; etw. als ~ zurücklegen mettre qch. en réserve; in ~ stehen être en réserve; in ~ haben avoir en réserve; die ~**n** angreifen ✝ mettre la réserve à contribution; zur ~ gehören être de la réserve; ~**division** ✕ f division f de réserve; ~**fonds** m fonds m de réserve; dem ~ zuführen affecter au fonds de réserve; ~**kanister** m bidon m de réserve; ~**kapital** n capital m de réserve; ~**konto** n compte m de réserve; ~**lazarett** n hôpital m de l'intérieur (od. de l'arrière); ~**mast** ♃ m mât m de rechange; ~**nbildung** ✝ f constitution f de réserves; ~**offizier** m officier m de réserve; ~**rad** n roue f de rechange; ~**reifen** (Auto) m pneu m de réserve; ~**stück** n, ~**teil** n pièce f de rechange; ~**tank** m bidon m de réserve; Auto a.: nourrice f; ~**truppen** f/pl. troupes f/pl. de réserve; ~**übung** ✕ f période f d'instruction.

reser'vier|en v/t. réserver; Platz: a. retenir; ~**t** adj. réservé; nur fig. réticent; der Platz place f réservée; ~**ung** f réservation f.

Reser'vist ✕ m réserviste m.

Reser'voir n réservoir m.

Resi'denz(stadt) f résidence f.

resi'dieren v/i. résider.

Re'sidu-um ♉ n résidu m.

Resignati'on f résignation f.

resi'gnieren v/i. se résigner; renoncer; se faire une raison.

reso'lut adj. résolu; déterminé.

Resoluti'on f résolution f.

Reso'nanz f résonance f; fig. a. écho m; ~**boden** m caisse f de résonance.

resor'bieren v/t. résorber.

Resorpti'on f résorption f.

Re'spekt m respect m; ~ haben respecter (vor j-m q.; vor etw. dat. qch.); j-m ~ einflößen inspirer du respect à q.; ~ verschaffen faire respecter (j-m q.; e-r Sache dat. qch.); sich ~ verschaffen se faire respecter; j-m ~ zollen témoigner du respect à q.; mit ~ zu sagen sauf votre respect.

respek'tabel adj. respectable.

respek'tier|en v/t. respecter; ~**lich** adj. respectable.

respek'tiv adj. respectif, -ive; ~**e** adv. respectivement.

re'spekt|los adj. irrespectueux, -euse; sans respect; irrévérencieux, -euse; ~**losigkeit** f manque m de respect; ~**s-person** f personnage m respectable; ~**voll** adj. plein de respect; respectueux, -euse; ~**widrig** adj. irrespectueux, -euse; irrévérencieux, -euse; ~**widrigkeit** f manque m de respect; irrévérence f.

Ressenti'ment n ressentiment m.

Res'sort n ressort m; das fällt nicht in mein ~ ce n'est pas de mon ressort.

Rest m reste m; ✝ résidu m; (~betrag) restant m; reliquat m; solde m; (Tuch~) coupon m; die sterblichen ~e les restes m/pl. (mortels); la dépouille mortelle; fig. j-m den ~ (den Gnadenstoß) geben donner le coup de grâce à q.; das gab ihm den ~ cela l'a achevé; den letzten ~ (die letzten Augenblicke) genießen jouir de son reste.

'**Rest-auflage** f reste m d'un tirage.

Restau'rant n restaurant m; ~**wesen** n restauration f.

Restaura'teur m restaurateur m.

Restaurati'on f (Wiederherstellung) restauration f; (Gastwirtschaft) restaurant m; an Bahnhöfen: buffet m.

restau'rier|en v/t. restaurer; ~**ung** f restauration f.

'**Rest|bestand** ✝ m reste m; restant m; solde m; ~**betrag** m reliquat m; restant m; solde m; ~**e-tag** m jour m de soldes; ~**guthaben** n reliquat m d'un avoir; crédit m (od. avoir m) restant; solde m créditeur (od. en ma bzw. en notre faveur).

restitu'ieren v/t. restituer.

Restituti'on f restitution f.

'**Rest|lager** n stock m restant; ~**lich** adj. dernier, -ière; de reste; restant; ~**los I** adj. total; entier, -ière; Anerkennung: sans bornes; **II** adv. sans reste; entièrement; sans bornes; ~**summe** f somme f restante; reste m; ~**zahlung** f paiement m d'un reliquat.

Resul'tat n résultat m; ~**'tatlos** adj. sans résultat; (nutzlos) inutile; ~**'tieren** v/i. résulter (aus de).

Resü'mee n résumé m; ~**'mieren** v/t. résumer.

retar'dieren v/t. retarder.

Re'torte ♉ f cornue f; alambic m; ~**nbaby** n bébé-éprouvette m.

Re'tourkutsche F (in Worten) f réplique f sur le même ton.

retrospek'tiv adj. rétrospectif, -ive.

'**rett|en** v/t. (v/rf.: sich se) sauver; rette sich, wer kann! sauve qui peut!; (befreien) délivrer; ~**en** n, ~**ung** f; ~**er** m allg. sauveur m; (Lebensretter) sauveteur m; rl. Sauveur m.

'**Rettich** ♀ m radis m; (Meer~) raifort m.

'**Rettung** f sauvetage m; (Heil) salut m; (Befreiung) délivrance f; ~ zur See sauvetage m en mer; ~**s-aktion** f opération f de sauvetage; ~**s-anker** m ancre f (fig. planche f) de salut; ~**s-arbeiten** f/pl. travaux m/pl. de sauvetage; ~**sboje** f bouée f de sauvetage; ~**sboot** n canot m de sauvetage;

~sdienst *m* service *m* de sauvetage; ~sfloß *n* radeau *m* de sauvetage; ~sgürtel *m* ceinture *f* de sauvetage; ~sleine *f* corde *f* de sauvetage; ~sleiter *f* échelle *f* de sauvetage; ⚔slos *adj. u. adv.* sans remède; ~ verloren perdu sans retour; ~smannschaft *f* équipe *f* de sauvetage; *Angehöriger e-r* ~ sauveteur *m*; ~smedaille *f* médaille *f* de sauvetage; ~sring *m* bouée *f* de sauvetage; ~sstation *f*, ~sstelle *f* poste *m* de secours; ⚕ ambulance *f*; station d'assistance; ~s-trupp *m* équipe *f* de sauveteurs, de sauvetage; ~sversuch *m* tentative *f* de sauvetage; ~swache *f* → ~s-station; ~swagen *m* ambulance *f*; ~swesen *n* secourisme *m*; ~szug 🚂 *m* train *m* de secours.
retu'schier|en *v/t.* retoucher; ⚔en *n* retouche *f*; ~er(in *f*) *m* retoucheur *m*, -euse *f*.
'Reu|e *f* repentir *m*; (*Buße*) pénitence *f*; (*Zerknirschung*) contrition *f*; (*Bedauern*) regret *s pl.*) *m*; ~ empfinden se repentir (*über acc.* de); ~egefühl *n* sentiment *m* de repentir; ⚔en *v/t. u. v/imp.: etw. reut mich* je me repens de qch.; je regrette qch.; *es reut mich* je m'en repens; *es reut mich, dies getan zu haben* je regrette (*od.* je me repens) d'avoir fait cela; ⚔evoll *adj.* repentant; plein de repentir; ⚔mütig *adj.* repentant; (*zerknirscht*) contrit; *adv.* d'un cœur contrit.
'Reuse *f* nasse *f*; égrilloir *m*; ~n-antenne *f* antenne *f* en forme de nasse.
Re'vanche *f* revanche *f*; ~ nehmen prendre sa revanche (*für* de); ⚔lüstern *adj.* revanchard; ~politiker *m* politicien *m* revanchard; ~spiel *m* match *m* revanche.
revan'chieren *v/rfl.: sich* ~ avoir sa revanche (*für* de); *sich bei j-m* ~ payer q. de retour; rendre la pareille (*od.* la politesse) à q.
Revan'chist *m* revanchard *m*.
Reve'renz *f* révérence *f*.
Re'vers *m cout.* revers *m*; ✝ contre-lettre *f*; *e-n* ~ *unterschreiben* donner une garantie.
revi'dieren *v/t.* revoir; réviser; faire la révision (*de*).
Re'vier *n* district *m*; (*Stadtviertel*) quartier *m*; (*Polizei*⚔) commissariat *m*; (*Jagd*⚔) terrain *m* de chasse; ~förster *m* garde *m* forestier d'un district; ~stube ⚔ *f* infirmerie *f*.
Revisi'on *f* révision *f*; ~'ismus *pol. m* révisionnisme *m*.
Revisio'nist *m* révisionniste *m*.
Revisi'ons|antrag *m* demande *f* de révision; pourvoi *m* en cassation; ~bogen *typ. m* tierce *f*; ~verfahren *n* procédure *f* de révision.
Re'visor *m* réviseur *m*; vérificateur *m*; (*Bücher*⚔) expert *m* comptable; vérificateur *m* de livres.
Re'volte *f* révolte *f*.
revol'tieren *v/i.* se révolter.
Revoluti'on *f* révolution *f*.
revolutio'när I *adj.* révolutionnaire; II ⚔ *m* révolutionnaire *m*.
revolutio'nier|en *v/t.* révolutionner; ⚔ung *f* révolutionnarisation *f*.
Re'volver *m* revolver *m*; P rigolo *m*; ~blatt *n* feuille *f* à scandales; F torchon *m*; ~drehbank ⊕ *f* tour *m* revolver; ~presse *f* presse *f* à sensa-

tions (*od.* à scandales).
revo'zieren *v/t.* révoquer; se dédire de.
Re'vue *f journ., thé.* revue *f*; ~ *passieren lassen* passer en revue; ~film *m* film *m* de music-'hall; ~n-autor *m* revuiste *m*.
Rezen'sent *m* critique *m*; ⚔'sieren *v/t.* faire le compte rendu (*od.* la critique) (de); analyser; ~si'on *f* critique *f*; compte *m* rendu; ~si'ons-exemplar *n* exemplaire *m* de presse.
Re'zept *n cuis.* recette *f*; ⚕ *u. phm.* ordonnance *f*.
Rezessi'on *éc. f* récession *f*; régression *f*.
Rezipi'ent *m* récipient *m*.
rezi'prok *adj.* réciproque.
Reziprozi'tät *f* réciprocité *f*.
Rezita'tiv ♪ *n* récitatif *m*.
rezi'tieren I *v/t.* réciter; II ⚔ *n* récitation *f*.
'R-Gespräch *téléph. n* P.C.V. *m* (*payable chez vous*); communication *f* payable à l'arrivée.
Rha'barber ♣ *m* rhubarbe *f*.
Rhap'sode *m* rhapsode *m*.
Rhapso'die *f* rhapsodie *f*.
rhap'sodisch *adj.* rhapsodique.
Rhein *m* Rhin *m*; ~brücke *f* pont *m* du Rhin; '~fahrt *f* voyage *m* sur le Rhin; '~fall *m* chutes F *f/pl.* du Rhin; '⚔isch *adj.* rhénan; du Rhin; '~land *n* Rhénanie *f*; ~länder(in *f*) *m* Rhénan *m*, -e *f*; ⚔ländisch *adj.* rhénan; '~land-'Pfalz *n* la Rhénanie-Palatinat; ~pfalz *f: die* ~ le Palatinat; '~Rhone-Kanal *m* canal *m* du Rhône au Rhin; '~schiffahrt *f* navigation *f* sur le Rhin; '~wein *m* vin *m* du Rhin.
Rheos'tat ⚡ *m* rhéostat *m*.
'Rhesusfaktor ⚕ *m* facteur *m* Rhésus.
'Rhetor *m* rhéteur *m*.
Rhe'tor|ik *f* rhétorique *f*; ⚔isch *adj.* de rhétorique; de (*od.* en) rhéteur.
'Rheuma *n* rhumatisme *m*; *an* ~ *leidend* rhumatisant; ~schmerzen *m/pl.* douleurs *f/pl.* rhumatismales.
Rheu'ma|tiker(in *f*) *m* rhumatisant *m*, -e *f*; ⚔tisch *adj.* rhumatismal.
Rheuma'tismus *m* rhumatisme *m*; *an* ~ *leiden* être rhumatisant.
Rhi'nozeros *n* rhinocéros *m*.
Rhodo'dendron ♣ *n* rhododendron *m*.
'rhombisch △ *adj.* rhombique.
Rhombo'eder △ *n* rhomboèdre *m*.
Rhombo'id △ *n* rhomboïde *m*.
rhomboi'dal *adj.* rhomboïdal.
'Rhombus △ *m* losange *m*.
'Rhönrad *gym. n* roue *f* vivante.
'Rhyth|mik *f* rythmique *f*; ⚔misch *adj.* rythmique; ~mus *m* rythme *m*; *laute Rhythmen pl.* F flonflons *m/pl.*
'Ribisel *östr. f* groseille *f*.
'Richt|antenne *f* antenne *f* dirigée (*od.* orientée); ~beil *n* 'hache *f* du bourreau; ~block *m* billot *m*.
'richten I *v/t., bisw. v/i. u. v/rf.* (*nachregulieren*) ajuster; (*gerade*~) (re-)dresser; (*schnurgerade stellen*) aligner; *in die Höhe* ~ dresser; ériger; *sich in die Höhe* ~ se dresser; se mettre sur son séant; ✕: *sich* ~ *s'aligner*; *richt' euch!* à droite, alignement!; (*lenken, wenden*) diriger (*gegen; auf acc.* vers; sur); *Blick:* porter (*od.*

tourner *od.* braquer) (*auf acc.* sur); *Waffe:* braquer (*auf acc.* sur); *Geschütz:* pointer; *Bitte, Brief, Frage:* adresser (*an acc.* à); *Aufmerksamkeit:* porter (*auf acc.* sur); fixer (sur); arrêter (sur); *Wut:* tourner (*gegen; auf acc.* contre); ⚖ *j-n* ~ juger q.; condamner q.; (*hin*~) exécuter; *sich nach etw.* ~ se régler sur qch., gr. s'accorder avec qch.; *ich werde mich danach* ~ j'agirai en conséquence; j'en tiendrai compte; *sich nach j-m* ~ prendre exemple sur q.; *die Segel nach dem Wind* ~ orienter les voiles; II ⚔ *n* (*Zurechtsetzen*) arrangement *m*; (*Richtigmachen*) ajustement *m*; (*Gerade*⚔) redressement *m*; *e-s Geschützes:* pointage *m*; (*Hin*⚔) exécution *f*.
'Richter *m* juge *m*; (*Schieds*⚔) *a.* arbitre *m*; ⊕ dresseur *m*; *j-n zum* ~ *in e-r Angelegenheit machen* prendre q. pour juge (*resp.* pour arbitre) dans une affaire; *sich zum* ~ *aufwerfen* s'ériger en juge; ~ *in eigener Sache sein* être juge et partie; *vor den* ~ *bringen* traduire en justice; ~amt *n* magistrature *f*; ~kollegium *n* assemblée *f* des juges; ⚔lich *adj.* de juge; (*gerichtlich*) judiciaire; ~spruch *m* jugement *m*; sentence *f*; arrêt *m*; ~stand *m* magistrature *f*; ~stuhl *m* tribunal *m*.
'Richt|fehler ✕ *m* erreur *f* de pointage; ~fernrohr *n* lunette *f* de pointage; ~fest △ *n* fête *f* (*od.* repas *m*) du bouquet; ~funk *rad. m* radio *f* relais; ~funkfeuer *n* radiophare *m* directionnel; ~geschwindigkeit *f* vitesse *f* recommandée.
'richtig I *adj.* juste; correct; (*genau*) exact (*gut*) bon, bonne; (*echt, wirklich*) vrai; véritable; (*geregelt*) réglé; arrangé; *Wort:* propre; *Übersetzung:* fidèle; *ein* ~er *Pariser* un vrai Parisien; le type du Parisien; *auf dem* ~en *Wege sein* être sur le bon chemin; F *nicht ganz* ~ *im Kopf sein* avoir le timbre fêlé; être timbré (*od.* toqué *od.* cinglé); avoir un grain; F déménager; F *der (die) ist nicht ganz* ~ *im Kopf* qch. ne tourne pas rond dans sa tête; *er ist der* ~e *Mann* il est l'homme qu'il faut; *mit der Sache ist etw. nicht* ~ la chose est suspecte; *das ist mir der* ⚔e *iron.* parlez-moi de celui-là; *das ist das* ⚔e *für ihn* c'est ce qu'il lui faut; *das* ⚔e *treffen* (*erraten*) deviner juste; II *adv.:* ~ *gehen Uhr:* être juste; ~ *rechnen* (*singen*) calculer (chanter) juste; ~ *liegen* être sur le bon chemin; *es für* ~ *halten, zu* ... (*inf.*) trouver bon de ... (*inf.*); ~er *gesagt* plus exactement; *hat Ihr Kind jemals gelogen, so* ~ *gelogen?* est-ce que votre enfant n'a jamais menti, ce qui s'appelle menti?; III *int.* ~! c'est cela (F ça)!; précisément!; vous y êtes!; *ganz* ~! c'est cela même!; exactement!; très bien!; ~, *da kommt er!* tiens, le voilà qui vient; ~gehend *adj. Uhr:* qui est juste; (*wahr, wirklich*) vrai; véritable; ⚔keit *f* justesse *f*; (*Genauigkeit*) exactitude *f*; *e-s Wortes:* propriété *f*; *e-r Übersetzung:* fidélité *f*; (*Berechtigung*) bien-fondé *m*; *es hat s-e* ~ *damit* ce n'est pas sans fondement; *für die* ~ *der Abschrift* (*der Übersetzung*) pour copie (traduction) conforme; *für die*

~ der Unterschrift pour certification matérielle de la signature; ~stellen v/t. rectifier; corriger; mettre au point; ⁀stellung f rectification f; correction f; mise f au point; typ. rectificatif m.
'Richt|kanonier artill. m canonnier--pointeur m; ~korn n guidon m; ~kreis artill. m cercle m de pointage; ~linien f/pl. directives f/pl.; ligne f de conduite; ~maß n étalon m; ~platz m lieu m de supplice; ~preis m prix m indicatif; ~preis-index m indice m de référence; ~punkt m point m de repère; ~satz m taux m de base; ~scheit △ n règle f; ~schnur f △ cordeau m; fig. règle f de conduite; norme f; das diene Ihnen zur ~! pour votre gouverne!; ~schwert n glaive m de la justice; ~sender m émetteur m directionnel; ~statt f, ~stätte f → ~platz; ~strahl-antenne f antenne f dirigée (od. orientée); ~strahler rad. m poste m à ondes dirigées.
'Richtung f direction f; sens m; ✗ alignement m; artill. pointage m; fig. tendance f; courant m; bsd. pol. obédience f; sensibilité f; aus ~ von en provenance de; in ~ nach en direction de; bsd. ⚙ à destination de; nach allen ~en en tous sens; dans tous les sens; dans toutes les directions; in umgekehrter ~ en sens inverse; in gerader ~ en ligne droite, (geradeaus) tout droit; ⚙ Zug in der ~ von ... (nach) train partant de ... et allant à ...; die ~ einschlagen prendre la direction (nach de); e-e andere ~ nehmen; die ~ ändern changer de direction; ~s-änderung f changement m de direction; ~s-anzeige f indication f de direction; ~sbestimmung rad. f radiogoniométrie f; ~spfeil m flèche f (de direction); ~s-triebwerk (Rakete) n moteur m de direction; ⁀weisend adj. directif, -ive; pilote; néol. proclamatoire.
'Richt|waage f niveau m; ~weg m chemin m de traverse; ~zahl f indice m.
'Ricke ch. f chevrette f.
'riech|en 1. v/i. sentir (gut bon; schlecht mauvais); gut ~ a. litt. fleurer bon; nach etw. ~ sentir qch.; der Ofen riecht le poêle dégage une odeur; hier riecht es ça sent ici; 2. v/t. u. v/i. sentir; (wittern) flairer; an e-r Blume ~ respirer (le parfum d')une fleur; aus dem Mund ~ sentir de la bouche; avoir mauvaise haleine; fig. den Braten (Lunte) ~ éventer la mèche; F j-n nicht ~ können ne (pas) pouvoir sentir (P blairer od. pif[f]er od. piffrer) q.; das kann man doch nicht ~ (erraten) on ne peut (pas) deviner cela; ⁀en n (Geruchssinn) odorat m; olfaction f; ⁀er F m nez m; P blair m; e-n guten ~ haben avoir du flair (od. du nez); ⁀fläschchen n flacon m d'odeur, de senteur; ⁀kissen n sachet m de senteur; ⁀nerv m nerf m olfactif; ⁀organ n odorat m; ⁀salz n sels m/pl. volatils; ⁀werkzeug n nez m; organe m olfactif.
Ried n roseau m; jonc m; (sumpfige Gegend) marais m; marécage m couvert de roseaux; '~gras ♀ n laîche f; carex m.
'Rief|e f cannelure f; rainure f; mst. im pl.: stries f/pl.; des Geschütz-, Gewehrrohres: rayure f; ⁀eln v/t. canneler; strier; Geschütz-, Gewehrrohr: rayer; ~elung f striure f.
'Riege gym. f section f.
'Riegel m verrou m; (Fenster⁀) espagnolette f; (Dreh⁀, Schub⁀) targette f; (Querstange) barre f; am Schloß: pêne m; ~ Schokolade barre f de chocolat; ~ Seife pain m de savon; den ~ vorschieben pousser (od. mettre od. tirer) le verrou; hinter Schloß und ~ sous les verrous; fig. j-m e-n ~ vorschieben arrêter q. dans ses projets; e-r Sache e-n ~ vorschieben mettre obstacle (od. un terme od. le holà) à qch.; ⁀stellung ✗ f position--verrou f.
'Riemchen (Sandalette) n lanière f.
'Riemen¹ ⚓ m rame f; aviron m; sich in die ~ legen ramer à tour de bras.
'Riemen² m courroie f; langer, schmaler: lanière f; (Schnür⁀) lacet m; fig. sich den ~ enger schnallen se serrer (od. se mettre) la ceinture; F sich am ~ reißen (sich zusammenreißen) faire un effort sur soi-même; ~antrieb m commande f à courroie; ~scheibe f poulie f.
Ries n: ~ Papier rame f de papier.
'Riese m 1. géant m; in Märchen: menschenfressender ~ ogre m; 2. nach Adam ~ selon le barème.
'Riesel|feld n champ m d'épandage; ⁀n 1. v/i. Gewässer: ruisseler; Bach: gazouiller; Sand: couler; Steine: rouler; 2. v/imp.: es rieselt mir kalt über den Rücken le froid me tombe sur les épaules.
'Riesen|appetit m appétit m effrayant; ~arbeit f travail m gigantesque (od. colossal); ~auto n mastodonte m; ~dummheit f énormité f; supergaffe f; ~erfolg m succès m éclatant (od. fou od. monstre od. F bœuf); ~flugzeug n avion m géant; ~gestalt f colosse m; ⁀groß, ⁀haft adj. gigantesque; colossal; ~größe, ~haftigkeit f grandeur f gigantesque (od. colossale); ~kraft f force f herculéenne; ~maschine f mastodonte m; ~rad n grande roue f; ~rede f discours-fleuve m; ~schildkröte zo. f tortue f géante; ~schlange zo. f boa m; (Pythonschlange) python m; ~schritt m: mit ~en à pas de géant; ~schwein F fig. n rude veine f; ~slalom m slalom m géant; ~stadt f ville f tentaculaire; ⁀stark adj. d'une force herculéenne; ~stärke f force f herculéenne; ~unterschied m monde m de différence; es ist ein ~ zwischen ... il y a tout un monde entre ...; ~verkehrsstauung f embouteillage m monstre; ~wagen m mastodonte m; ~welle gym. f grand soleil m; ~wuchs ♂ m gigantisme m.
'riesig adj. colossal; gigantesque; énorme; F fig. a. prodigieux, -euse; F effrayant; es hat mich ~ (adv.) gefreut cela m'a fait énormément plaisir; sich ~ anstrengen, um ... F se donner un mal fou (od. de chien) pour ...
'Riesin f géante f; in Märchen: menschenfressende ~ ogresse f.
'Riester cord. m pièce f; renfort m.
Riff ⚓ n récif m.
'Riffel f für Flachs: drège f; ⁀n v/t. canneler; Flachs: dréger; ~ung f cannelure f; rainure f; ~walze f cylindre m cannelé.
Rigo'rismus m rigorisme m.
rigo'ros adj. rigoureux, -euse.
Rigo'rosum univ. n examen m oral du doctorat.
'Riksha f cyclo-pousse m.
'Rille f rainure f; strie f; cannelure f; des Geschütz-, Gewehrrohres: rayure f; der Schallplatte: sillon m; ⁀n v/t. canneler; strier; Geschütz-, Gewehrrohr: rayer; ~nzahl f: ~ e-r Schallplatte plage f d'un disque.
Ri'messe † f remise f.
Rind n bœuf m; junges ~ bouvillon m, weiblich: génisse f; ~er pl. als Gattung: espèce f bovine.
'Rinde (Baum⁀) écorce f; (Brot⁀, Käse⁀) croûte f.
'Rinder|braten m rôti m de bœuf; ~herde f troupeau m de bœufs; ~hirt m bouvier m; vacher m; ~mark n moelle f de bœuf; ~pest vét. f peste f bovine; ~talg m suif m de bœuf; ~tuberkulose f tuberculose f bovine; ~zucht f élevage m bovin; ~zunge f langue f de bœuf.
'Rindfleisch n bœuf m; éc. viande f bovine; gekochtes ~ bouilli m.
'rindig adj. couvert d'une écorce (resp. d'une croûte); zo. u. ♀ crustacé.
'Rind|leder n cuir m de bœuf; ⁀ledern adj. en cuir de bœuf; ~vieh n espèce f bovine; bêtes f/pl. à cornes; fig. imbécile m, f.
Ring m anneau m (a. Saturn⁀); bague f; (Ohr⁀) boucle f; zo. um den Hals der Tauben usw.: collier m; (Kreis⁀) cercle m; (Servietten⁀) rond m; ast. 'halo m; anat. aréole f; Boxsport: ring m; um die Augen: cerne m; ~ e um die Augen haben avoir les yeux cernés; ✝ trust m; beim Rauchen: ~e blasen faire des ronds de fumée; ⊕ (Metallöse) boucle f; (Zwinge) virole f; (Dichtungs⁀) rondelle f; (Kettenglied) chaînon m; (Masche) maille f; '~bahn ⚙ f ligne f de ceinture; '~buch n livre m à feuilles mobiles.
'Ringel|blume ♀ f souci m; ~chen n petit anneau m; petite bague f; (Lokke) boucle f; ~haar n cheveux m/pl. bouclés; ~locke f boucle f de cheveux; ⁀n 1. v/t. boucler; (e-n Ring anlegen) mettre un anneau (à); ⚘ Obstbaum: baguer; 2. v/rf.: sich ~ boucler; (sich schlingen) s'enrouler; Schlange usw.: se tortiller; ~natter zo. f couleuvre à collier; ~reihen m, ~tanz m ronde f; ~taube orn. f (pigeon m) ramier m; palombe f.
'ringen I v/t. u. v/i. j-m etw. aus der Hand ~ arracher qch. des mains de q.; die Hände ~ se tordre les mains; (kämpfen) lutter (mit contre); (sich abmühen) se débattre (mit contre); ~ um lutter pour; mit j-m um etw. ~ disputer qch. à q.; mit dem Tode ~ être à l'agonie; agoniser; nach etw. ~ (streben) aspirer à qch.; nach Atem ~ avoir des étouffements; II ⁀n torsion f; (Kampf) lutte f; ~ mit dem Tode agonie f.
'Ringer m lutteur m.
'Ringestechen hist. n carrousel m.
'Ring|feder f ressort m annulaire; ~finger m annulaire m; ~flügelflug-

zeug (*senkrecht startend u. landend*) *n* coléoptère *m*; ⁀**förmig** *adj.* annulaire; (*kreisförmig*) en forme de cercle; ⁀**heft** *n* cahier *m* à feuilles mobiles; ⁀**kampf** *m* lutte *f*; ⁀**kämpfer** *m* lutteur *m*; ⁀**matte** *f Sport*: tapis *m*; ⁀**mauer** *f* mur *m* d'enceinte; ⁀**richter** *m Sport*: arbitre *m*.

rings *adv.* → ⁀**herum**.

rings|her'um, ⁀**'um,** ⁀**um'her** *adv.* tout autour (de); à la ronde; alentour; (*überall*) partout; (*v. allen Seiten*) de tous côtés.

'Rinne *f* rigole *f*; caniveau *m*; (*Leitungs⁀*) conduit *m*; canal *m*; (*Dach⁀*) gouttière *f*; ♮, *an Säulen*: cannelure *f*; *der Schallplatte*: sillon *m*.

'rinnen I *v/i.* couler; (*rieseln*) ruisseler; ~ *aus* (*dat.*) découler de; *Faß* (*lecken*) fuir; *Zeit, Geld*: filer; **II** ⚥ *n* écoulement *m*; (*Rieseln*) ruissellement *m*; (*Lecken*) fuite *f*.

'Rinnenförderer *m* transporteur *m* à goulotte.

'Rinn|sal *f* rigole *f*; petit ruisseau *m*; ⁀**stein** *m in der Straße*: rigole *f* d'écoulement; caniveau *m*.

'Rippchen *cuis. n* côtelette *f*.

'Rippe *f anat.* côte *f*; *falsche* ~ fausse côte *f*; △ *u.* ♮ nervure *f*; *v. Schokolade*: barre *f*; *des Heizkörpers*: ailette *f*; *j-m die* ~**n** *brechen* rompre les côtes à q.; *j-m eins in die* ~**n** *geben* donner une bourrade à q.; *bei ihm kann man alle* ~**n zählen** les os lui percent la peau; *on comptera it ses os*; → *gerippt*; ⁀**nbruch** *chir. m* fracture *f* des côtes; ⁀**nfell** *anat. n* plèvre *f*; ⁀**nfell-entzündung** ⚥ *f* pleurésie *f*; ⁀**nfellgegend** *anat. f* région *f* pleurale; ⁀**nheizkörper** *m*, ⁀**nkühler** *m* radiateur *m* à ailettes; ⁀(n)**speer** *m* lard *m* de poitrine; ⁀**nstoß** *m* bourrade *f*; ⁀**nstück** *n* entrecôte *f*.

Rips *text. m* reps *m*.

'Risiko *n* risque *m*; *auf mein* ~ à mes risques et périls; *ein* ~ *eingehen* (*übernehmen*) courir (prendre) un risque; ⁀**ausgleich** *m* compensation *f* d'un risque; ⁀**erhöhung** *f* aggravation *f* de risque; ⁀**gebühr** *f* droit *m* de risque; ⁀**prämie** *f in der Lebensversicherung*: prime *f* de risque; ⁀**verteilung** *f* répartition *f* des risques.

ris|'kant *adj.* risqué; ⁀**'kieren** *v/t.* risquer.

'Rispe ♮ *f* panicule *f*; ⁀**nförmig** ♮ *adj.* paniculé; ⁀**ngras** ♮ *n* pâturin *m*.

Riß *m* (*gerissenes Loch, a. in der Haut*) déchirure *f*; *durch Hängenbleiben*: accroc *m*; (*Bruch*) rupture *f*; (*Sprung*) crevasse *f*; *in der Haut*: gerçure *f*; crevasse *f*; fissure *f*; *im Glas*: fêlure *f*; fissure *f*; *in e-r Mauer*: lézarde *f*; fissure *f*; *im Holz*: fente *f*; (*Zeichnung*) tracé *m*; plan *m*; *fig.* fissure *f*; (*Bruch*) rupture *f*; (*Spaltung*) scission *f*; *rl.* schisme *m*; *Risse bekommen* se déchirer, *Haut*: se gercer, se crevasser, se fissurer, *Glas*: se fêler, se fissurer, *Mauer*: se lézarder, *Eis*: se crevasser, *Holz*: se fendre.

'Rißbildung *f* △ fissuration *f*; *im Metall*: criquage *m*.

'rissig *adj.* crevassé (*a. Haut*); fêlé; fendillé; *Mauer*: lézardé; *Haut*: gercé; ~ *werden* se déchirer, *Erdboden*: se craqueler, *Haut*: se gercer, se crevasser, se fissurer, *Glas*: se fêler, se fissurer, *Mauer*: se lézarder, *Holz*: se fendre; ~ *machen Glasuren*: craqueler.

'Rißwunde *f* déchirure *f*.

Rist *m* (*Fußrücken*) cou-de-pied *m*; (*Handrücken*) dos *m* de la main.

Ritt *m* chevauchée *f*; cavalcade *f*; promenade *f* à cheval.

'Ritter *m* chevalier *m*; *fahrender* (*od. irrender*) ~ chevalier *m* errant; *F plais.* ~ *am Steuer* (*Autofahrer*) paladin *m* du champignon; *zum* ~ *schlagen* armer chevalier; *cuis.* **arme** ~ **pl.** pain *m* perdu; ⁀**burg** *f* château *m* fort; ⁀**epos** *n* roman *m* de chevalerie; ⁀**gut** *n* terre *f* seigneuriale; ⁀**gutsbesitzer** *m* propriétaire *m* d'une terre seigneuriale; ⁀**kreuz** *n* croix *f* de chevalier; ⁀**lehen** *n* fief *m* noble; ⁀**lich I** *adj.* chevaleresque; **II** *adv.* de façon chevaleresque; courtoisement; ⁀**lichkeit** *f* caractère *m* chevaleresque, sentiments *m/pl.* chevaleresques; ⁀**orden** *m* ordre *m* de chevalerie; *Deutscher* ~ ordre *m* Teutonique; ⁀**pflicht** *f* devoir *m* chevaleresque (*od. de chevalerie*); ⁀**roman** *m* roman *m* de chevalerie; ⁀**saal** *m* salle *f* des chevaliers; ⁀**schaft** *f* chevalerie *f*; (*Adel*) noblesse *f*; ⁀**schlag** *m* accolade *f*; *j-m den* ~ *erteilen* armer q. chevalier; donner l'accolade à q.; *den* ~ *erhalten* être armé chevalier; ⁀**sporn** ♮ *m* pied-d'alouette *m*; dauphinelle *f*; ⁀**stand** *m* dignité *f* de chevalier; *coll.* chevalerie *f*; *bei den Römern*: ordre *m* équestre; ⁀**tum** *n*, ⁀**wesen** *n* chevalerie *f*; ⁀**zeit** *f* époque *f* de la chevalerie.

'ritt|lings *adv.* (*sitzen être*) à califourchon (*od.* à cheval); ⁀**meister** ⚔ *m* capitaine *m* de cavalerie.

Ritu'al *n* rituel *m*; (*Ritus*) rite *m*; ⁀**mord** *m* meurtre *m* rituel.

ritu'ell *adj.* rituel, -elle.

'Ritus *m* rite *m*.

Ritz *m*, **'~e** *f* (petite) fente *f*; fissure *f*; *in e-m Faß usw.*: fuite *f*; (*Schramme*) égratignure *f*; éraflure *f*; (*Abschürfung*) écorchure *f*; **'⁀en** *v/t.* (*v/rf.*: *sich* ~) s'égratigner; (s')érafler; ⚥ (s')excorier; ⊕ fendiller; **'⁀ung** ⚥ *f* (*Aufschürfung*) excoriation *f*.

Ri'val|e *m*, ⁀**in** *f* rival *m*, -e *f*.

rivali'sieren *v/i.* rivaliser (*mit j-m in etw. dat.* avec q. de qch.).

Rivali'tät *f* rivalité *f*.

Rivi'era *f*: *die* ~ la Côte d'Azur.

'Rizinus-öl *n* huile *f* de ricin.

'Roastbeef *n* rosbif *m*.

'Robbe *zo. f* phoque *m*; ⁀**nfang** *m* chasse *f* aux phoques; ⁀**njunge(s)** *n* bébé-phoque *m*.

'Robe *f* robe *f*.

'Robin 'Hood *m* Robin *m* des Bois.

'Robot|er *m* robot *m*; *F* (*Schwerarbeiter*) *F* turbineur *m*; ⁀**flugzeug** *n* engin *m* guidé.

ro'bust *adj.* robuste; ⁀**heit** *f* robustesse *f*.

'röcheln I *v/i.* râler; **II** ⚥ *n* râle *m*; râlement *m*.

'Rochen *icht. m* raie *f*.

ro'chieren *v/i. Schach*: roquer.

Rock *m für Damen*: jupe *f*; *für Herren* (*Sakko*) veston *m*; **'⁀abrunder** ⊕ *cout. m* arrondisseur *m*; **'⁀aufschlag** *m* revers *m*.

'Röckchen *n* jupette *f*.

'Rocken *m* quenouille *f*.

'Rocker *m* rocker *m*; rocky *m* (*pl.* ~s); *blouson* (noir) *m*; *perfecto m*; casseur *m*; *loubar m*; *loulou m*.

'Rock|falte *f* (*Damen⁀*) pli *m* de jupe; ⁀**Konzert** *m* concert *m* de rock; ⁀**schlitz** *m* ouverture *f*; ⁀**schoß** *m* basque *f*; *an Mutters Rockschößen hängen* être toujours dans les jupons de sa mère; être pendu aux basques de sa mère; ⁀**tasche** *f* (*Damen⁀*) poche *f* de jupe; (*Herren⁀*) poche *f* de veston.

'Rodel|bahn *f* piste *f* de luge; ⁀**n** *v/i.* faire de la luge; aller en luge; luger; ⁀**schlitten** *m* luge *f*; toboggan *m*.

'rod|en *v/t.* essarter; défricher; ⁀**en** *n* essartement *m*; essartage *m*; défrichement *m*; ⁀**land** *n* essarts *m/pl.*

'Rodler(in *f*) *m* lugeur *m*, -euse *f*.

'Rodung *f* → *Roden*; *Rodland*.

Ro'galloflieger (*Drachenflieger*) *m* deltaplaniste *m*.

'Rogen *m* œufs *m/pl.* de poisson; ⁀**fisch** *m* poisson *m* œuvé *od.* rogué.

'Roggen *m* seigle *m*; ⁀**brot** *n* pain *m* de seigle; ⁀**mehl** *n* farine *f* de seigle.

roh *adj.* cru; (*ungekocht*) (qui n'est) pas cuit; (*unbearbeitet*) brut; non affiné; non travaillé; (*grob bearbeitet*) grossièrement façonné; *Seide, Garn usw.*: écru; *fig.* (*ungesittet*) inculte, *pfort* barbare; (*ungeschliffen*) grossier, -ière, *pfort* brutal; (*plump*) lourd; ⁀**es Ei** œuf *m* cru; *fig.* man muß ihn wie ein ⁀**es Ei** behandeln il est extrêmement susceptible; **'⁀alkohol** *m* flegme *m*; **'⁀bau** ⊕ *m* gros œuvre *m*; **'⁀baumwolle** *f* coton *m* brut; **'⁀bilanz** ✝ *f* bilan *m* estimatif; **'⁀einnahme** ✝ *f* recette *f* brute; **'⁀eisen** *n* fer *m* brut; fonte *f* brute.

'Roheit *f* crudité *f*; état *m* brut; *fig.* inculture *f*, *pfort* barbarie *f*; grossièreté *f*, *pfort* brutalité *f*.

'Roh|ertrag *m* produit *m* brut; ⁀**erz** *n* minerai *m* brut; ⁀**erzeugnis** *n* produit *m* brut; ⁀**fabrikat** *n* produit *m* brut; produit *m* non manufacturé; ⁀**film** *m* pellicule *f* vierge; épreuves *f/pl.*; ⁀**gewicht** *n* poids *m* brut; ⁀**gewinn** *m* bénéfice *m* brut; ⁀**gummi** *m* caoutchouc *m* brut; ⁀**guß** *m* pièce *f* brute; ⁀**haut** *f* cuir *m* brut; ⁀**kost** *f* régime *m* végétarien, régime *m* à base de crudités; ⁀**köstler(in** *f*) *m* végétarien *m*, -enne *f*; personne *f* qui se nourrit de crudités; ⁀**kostplatte** *f* crudités *f/pl.*; ⁀**kupfer** *n* cuivre *m* brut; ⁀**leder** *n* cuir *m* brut; ⁀**ling** *fig. m* brute *f*; chacal *m*; ⁀**material** *n* matières *f/pl.* premières; ⁀**öl** *n* pétrole *m* brut; brut *m*; ⁀**produkte** *n/pl.* produits *m/pl.* non manufacturés.

'Rohr *n* ♮ roseau *m*; canne *f*; jonc *m*; *spanisches* ~ jonc *m* des Indes; rotin *m*; ⊕ tuyau *m*; tube *m* (*a. für Torpedos*); (*Leitungs⁀*) conduite *f*; conduit *m*; (*Kanonen⁀*) canon *m*; *gußeisernes* ~ *tube* (*od. tuyau*) *m* en fonte; *nahtloses* ~ tube *m* sans soudure; *gezogenes* ~ tube *m* étiré; *fig. wie ein schwankendes* ~ *sein* tourner (*od.* virer) à tout vent; ⁀**abzweigstück** *n* pièce *f* d'embranchement de tuyau; ⁀**anschluß** *m* raccord *m* de tuyaux; ⁀**bogen** *m*

tuyau *m* coudé; **~bruch** *m* rupture *f* de tuyau.
'**Röhrchen** *n* petit tuyau *m*; (*Kanüle*) canule *f*.
'**Rohr|dach** *n* toit *m* en roseau; **~dommel** *orn. f* butor *m*.
'**Röhre** *f* tuyau *m*; tube *m*; (*Leitungs*⌂) conduit *m*; conduite *f*; *chir.* canule *f*; *Radio:* lampe *f*; *phys.* Braunsche ~ tube *m* à rayons cathodiques; kommunizierende **~n** vases *m/pl.* communicants; *fig.* F in die ~ gucken (*nichts abkriegen*) P se mettre la tringle; rester sur la touche.
'**röhren** *v/i. Hirsch:* bramer.
'**Röhren|empfänger** *m* récepteur *m* à lampes; ⌂**förmig** *adj.* tubulaire; **~gerät** *n* poste *m* à lampes; **~hersteller** *m* tubiste *m*; **~kessel** *m* chaudière *f* tubulaire; **~legung** ⊕ *f* tubage *m*; *zur Kanalisation:* canalisation *f*; **~leitung** *f* canalisation *f*; tuyautage *m*; **~leitungsnetz** *n* tuyauterie *f*; **~pilz** ♀ *m* bolet *m*; **~prüfgerät** *rad. n* tubumètre *m*; lampemètre *m*; **~rauschen** *n Radio:* souffle *m*; **~sender** *m* émetteur *m* à lampes; **~sockel** *m* culot *m* de lampe; **~system** *n* canalisation *f*; **~verstärker** *m* amplificateur *m* à lampes.
'**Rohr|flechten** *n* cannage *m*; **~flöte** *f* chalumeau *m*; ⌂**förmig** *adj.* tubulaire; **~formstück** *n* pièce *f* d'assemblage pour tuyaux; **~geflecht** *n* cannage *m*; **~gerüst** *n* échafaudage *m* tubulaire.
'**Röhricht** *n* roseaux *m/pl.*
'**Rohr|leger** *m* poseur *m* de conduites; **~leitung** *f* canalisation *f*; tuyauterie *f*; (*einzelnes Rohr*) conduit *m*; conduite *f*.
'**Röhrling** ♀ *m* bolet *m*.
'**Rohr|mast** *m* pylône *m* tubulaire; **~möbel** *n/pl.* meubles *m/pl.* en rotin; **~muffe** *f* manchon *m* de tuyau; **~netz** *n* tuyautage *m*; **~post** *f* poste *m* pneumatique; **~postbrief** *m* (lettre *f*) pneu(matique) *m*; *in Paris:* petit bleu *m*; **~postkarte** *f* (carte *f*) pneu(matique) *m*; **~postsendung** *f* pneu(matique) *m*; **~putzmittel** *n* déboucheur *m* de lavabos; **~rücklauf** *artill. m* recul *m* du canon; **~schelle** *f* collier *m*; **~schilf** ♀ *n* roseau *m*; **~spatz** *orn. m* bruant *m*; *fig.* wie ein ~ schimpfen jurer comme un charretier; **~stock** *m* canne *f* de jonc; *péd.* baguette *f*; *weitS.* férule *f*; F mit dem ~ bekommen recevoir des coups de baguette; **~stuhl** *m* chaise *f* cannée; **~verbindungsstück** *n* raccord *m* de tuyaux; **~walzwerk** *n* laminoir *m* à tubes; **~weite** *artill. f* calibre *m*; **~zange** ⊕ *f* pince *f* à tuyaux; **~zucker** *m* sucre *m* de canne.
'**Roh|schnitt** *m Film:* découpage *m*; **~seide** *f* soie *f* grège (*od.* écrue); **~stahl** *m* acier *m* brut; **~stoffbedarf** *m* besoin *m* en matières premières; **~stoffe** *m/pl.* matières *f/pl.* premières; **~stoff-industrie** *f* industrie *f* extractive; **~stoffmangel** *m* pénurie *f* de matières premières; **~stofflager** *n* stock *m* de matières premières; **~stoffmarkt** *m* marché *m* des matières premières; **~stoffversorgung** *f* approvisionnement *m* en matières premières; **~tabak** *m* tabac *m* brut;

~übersetzung *f* traduction *f* en premier jet; **~zucker** *m* sucre *m* brut; cassonade *f*.
'**Rokoko** *n* rococo *m*; **~stil** *m* style *m* rococo.
'**Rolandslied** *n* chanson *f* de Roland.
'**Rolladen** *m* volet *m* roulant.
'**Roll-automatik** (*Auto*) *f* enrouleur *m*.
'**Roll|bahn** ✈ *f* piste *f* de roulage; *zum Starten:* piste *f* de départ (*od.* de décollage *od.* d'envol); *zum Landen:* piste *f* d'atterrissage; **~bandmaß** *n* mètre *m* à ruban; **~bürgersteig** *m* trottoir *m* roulant; **~dach** *n Auto:* toit *m* ouvrant; **~e** *f* rouleau *m*; (*Röllchen*) roulette *f*; *beim Flaschenzug:* poulie *f*; (*Lauf*⌂) galet *m*; *der Angel:* moulinet *m*; (*Spule*) bobine *f*; (*Zylinder*) cylindre *m*; (*Wäsche*⌂) calandre *f*; (*Haarfrisur*) catogan *m*; *fig.* rôle *m* (a. *thé.*); *fig.* aus der ~ fallen sortir de son rôle; e-e führende ~ un rôle moteur; eine (*große*) ~ spielen jouer un (grand) rôle; tenir le haut du pavé; e-e kleine ~ spielen jouer un petit rôle; *thé.* in s-r ~ e-n starken Eindruck hinterlassen avoir de la présence; e-e ~ zum erstenmal spielen créer un rôle; die **~n** verteilen distribuer les rôles; Geld spielt keine ~ l'argent ne joue aucun rôle; on ne regarde pas à l'argent; ⌂**en 1.** *v/i.* rouler; *Donner:* gronder; *die See rollt* la mer est 'houleuse; **2.** *v/t.* rouler; *Wäsche:* calandrer; (*wickeln*) enrouler; *die Augen (das R)* ~ rouler les yeux (les r); **3.** *v/rf.:* sich ~ se rouler; *Papier, Blatt* s'enrouler; ⚔ *der Angriff* attaque *f* ininterrompue; 🚩 *des Material* matériel *m* roulant; **~en** *n* roulement *m*; *des Donners:* grondement *m*; (*Wäsche*⌂) calandrage *m*; (*Wickeln*) enroulement *m*; *ins ~ kommen* commencer à rouler; *fig.* démarrer; e-e Frage ins ~ bringen désamorcer une question; *den Stein ins ~ bringen* lever le lièvre; **~enbesetzung** *f* distribution *f* des rôles; **~enfach** *n thé.* emploi *m*; **~enförderer** *m* transporteur *m* à rouleaux; ⌂**enförmig** *adj.* (*zylindrisch*) cylindrique; **~enlager** ⊕ *n* palier *m* à rouleaux; **~entausch** *m* redistribution *f* des rôles; **~enverteilung** *f* distribution *f* des rôles; **~er** *m* (*Kinder*⌂) patinette *f*; trottinette *f*; (*Motor*⌂) scooter *m*; ~ (*Motor*⌂) fahren aller (*od.* circuler) en *od.* à scooter; (*Laufrolle*) galet *m*; **~feld** ✈ *n* zum *Starten:* terrain *m* (*od.* aire *f*) de décollage; *zum Landen:* terrain *m* (*od.* aire *f*) d'atterrissage; **~film** *m* film *m* (*od.* pellicule *f*) en bobine; **~fuhrgeschäft** *n* entreprise *f* de camionnage; **~fuhrmann** *m* camionneur *m*; *mit Pferden:* roulier *m*; **~geld** *n* ⚓ (*frais m/pl.*) de) camionnage *m*; *factage m*; *für Wäsche:* prix *m* du calandrage; **~gut** *n* marchandises *f/pl.* de camionnage; **~handtuch** *n* essuie-mains *m* en rouleau; **~hockey** *m* 'hockey *m* sur patins à roulettes; **~jalousie** *f* volet *m* roulant; **~kommando** *n* commando *m* terroriste; **~kragen** *m* col *m* roulé; **~laden** *m* volet *m* roulant; **~mops** *m* rollmops *m*; **~on/~off-Schiff** *n* navire *m* roulier; **~rasen** *m* bande *f* de gazon qu'on peut enrouler ou dérouler;

~schinken *m* jambon *m* roulé; **~schrank** *m für Akten:* armoire *f* à volet roulant, à rideau, à glissière; **~schuh** *m* patin *m* à roulettes; ~ laufen faire du patin à roulettes; **~schuhbahn** *f* piste *f* de patinage à roulettes; skating *m*; **~schuhlaufen** *n* patinage *m* à roulettes; skating *m*; **~schuhläufer(in** *f*) *m* celui (celle) qui fait du patin à roulettes; **~sitz** *m im Ruderboot:* siège *m* à glissière; **~stuhl** *m* fauteuil *m* roulant; **~treppe** *f* escalier *m* roulant (*od.* mécanique); **~tür** *f* porte *f* roulante; **~walze** *f* rouleau *m*.
Rom *n* Rome *f*.
Ro'man *m* roman *m*; etw. zu e-m ~ gestalten; aus etw. e-n ~ machen romancer qch.; ⌂**ästhetik** *litt. f* esthétique *f* romanesque.
Ro'man|e *m*, **~in** *f* Latin *m*, -e *f*.
Ro'man|figur *f*, **~gestalt** *f* personnage *m* romanesque; **~form** *f* forme *f* romanesque; ⌂**haft** *adj.* romanesque; **~held** *m* 'héros *m* de roman.
Ro'man|ik *f* style *m* roman; ⌂**isch** *adj.* roman; *die* **~e** *Schweiz* la Suisse romande.
romani'sier|en *v/t.* romaniser; ⌂**en** *n*, ⌂**ung** *f* romanisation *f*.
Roma'nist *m* romaniste *m*; **~ik** *f* étude *f* des langues romanes; ⌂**isch** *adj.:* ~e Abteilung section *f* des langues romanes.
Ro'man|kunst *f* art *m* romanesque; **~literatur** *f* littérature *f* romanesque; **~schreiber(in** *f*) *m*, **~schriftsteller(in** *f*) *m* romancier *m*, -ère *f*; **~technik** *f* technique *f* romanesque.
Ro'mant|ik *f* romantisme *m*; **~iker(-in** *f*) *m* romantique *m, f*; ⌂**isch** *adj.* romantique; *Stimmung:* romanesque; *Landschaft:* pittoresque.
Ro'manwerk *n* œuvre *f* romanesque.
Ro'manze *f* romance *f*.
Ro'manzyklus *m* roman-fleuve *m*; roman *m* cyclique.
'**Römer**[1] *m* (*Weinglas*) verre *m* à vin du Rhin.
'**Römer**[2] *m*, **~in** *f* Romain *m*, -e *f*.
'**Romfahrt** *rl. f* pèlerinage *m* à Rome.
'**römisch** *adj.* romain; de Rome; ~e Ziffer chiffre *m* romain.
'**römisch-katholisch** *adj.* catholique romain.
'**Romreise** *f* voyage *m* à Rome.
Ron'dell *n* rond-point *m*; ✧ corbeille *f*.
'**Rondo** ♪ *n* rondeau *m*.
'**röntgen I** *v/t.* radiographier; **II** ⌂ *n* radiographie *f*; ⌂**apparat** *m* appareil *m* radiographique; ⌂**aufnahme** *f* radiographie *f*; ⌂**befund** ✱ *m* résultat *m* radiologique; ⌂**behandlung** *f* radiothérapie *f*; ⌂**bild** *n* radiographie *f*; image *f* radiologique; ⌂**dermatitis** ✱ *f* radiodermite *f*; ⌂**diagnose** *f* radiodiagnostic *m*; ⌂**durchleuchtung** *f* radioscopie *f*; ⌂**film** *m* film *m* radiographique.
Röntgeno'loge *m* radiologue *m*; radiologiste *m*; **~lo'gie** *f* radiologie *f*; ⌂**logisch** *adj.* radiologique; ~e Reihenuntersuchung radioscopie *f* collective.
'**Röntgen|photographie** *f* radiographie *f*; **~schädigung** *f* lésions *f/pl.* dues aux rayons X; radiopathie *f*; **~schichtverfahren** ✱ *n* tomogra-

phie f; ~strahlen m/pl. rayons m/pl. X; ~therapie f radiothérapie f; ~untersuchung f examen m radiographique (od. à la radioscopie).
'Rosa I n rose m; II ♀ adj. rose; ♀farben adj. (de couleur) rose; fig. alles durch e-e ~e Brille sehen voir tout en rose.
'Rose ♀ rose f; (Rosenstock) rosier m; wilde ~ églantine f; △ (Fenster♀) rosace f; (Kompaß♀) rose f des vents; ♂ érysipèle m; auf ~n gebettet sein être (couché) sur des roses; être sur un lit de roses; prov. keine ~ ohne Dornen il n'y a pas de roses sans épines.
'rosen-artig adj. rosacé.
'Rosen|busch m buisson m de roses; rosier m; ~duft m parfum m des roses; ~essenz f essence f de roses; ~farbe f rose m; ♀farben, ♀farbig adj. (de couleur) rose; ~garten m roseraie f; ~gewächse n/pl. rosacées f/pl.; ~hecke f 'haie f de rosiers; ~holz n bois m de rose; ~käfer ent. m cétoine f dorée; ~kavalier m (Oper) Chevalier m à la rose; ~kohl ♀ m chou m de Bruxelles; ~kranz rl. m chapelet m; großer: rosaire m; den ~ beten dire son chapelet resp. réciter le rosaire; ~kranzfest n fête f du Rosaire; ~kreuzer m/pl. rose-croix f; ~kriege m/pl. in England: guerres f/pl. des Deux-Roses; ~lorbeer ♀ m laurier-rose m; ~monat poét. m mois m des roses; juin m; ~montag m veille f du Mardi gras; ~öl n essence f de roses; ♀rot adj. rose; (hochrot) vermeil, -eille; ~stock m, ~strauch m rosier m; wilder ~ églantier m; ~strauß m bouquet m de roses; ~wasser n eau f de roses; ~zucht f culture f des rosiers; ~züchter m rosiériste m; ~zweig-Test psych. m test m de frustration.
Ro'sette f rosette f; △ rosace f.
'rosig adj. rose; (zartrosa) rosé; alles in ~em Licht sehen voir tout en rose.
Ro'sine f raisin m sec; kleine ~ raisin m de Corinthe; fig. große ~n im Kopf haben avoir la maladie des grandeurs; voir grand; P vouloir péter plus 'haut que son cul.
'Röslein n petite rose f.
Rosma'rin ♀ m romarin m.
Roß st.s. n cheval m; poét. coursier m; hoch zu ~ perché sur son cheval; fig. sich aufs hohe ~ setzen monter sur ses grands chevaux; F so ein ~! quel imbécile!
'Rösselsprung m Schach: saut m du cavalier.
'Roß|haar n crin m (de cheval); ~haar-einlage f crin m; ~haarmatratze f matelas m de crin; ~kamm m (Striegel) étrille f; ~kastanie ♀ f marron m d'Inde; (Baum) marronnier m (d'Inde); ~schlächte'rei f boucherie f chevaline; ~schweif m queue f de cheval; an e-m Helm: crinière f.
Rost¹ m rouille f (a. fig.); ~ ansetzen (se) rouiller; von ~ zerfressen rouillé.
Rost² m (Brat♀) gril m; (Feuer♀) grille f; (Bett♀) sommier m; cuis. vom ~ grillé; auf dem ~ braten griller.
'rost-abwehrend adj. anti-rouille.
'Rost|ansatz m dépôt m de rouille; ♀beständig adj. inoxydable; ~bildung f formation f de rouille.
'Rostbraten cuis. m grillade f.
'rostbraun adj. rouille.
'Röst|brot n pain m grillé; toast m; rôtie f; ~e f (Flachs♀) rouissage f; (Platz) rouissoir m.
'rosten I v/i. (se) rouiller (a. fig.); s'oxyder; nicht ~d inoxydable; fig. alte Liebe rostet nicht on revient toujours à ses premières amours; II ♀ n formation f de rouille; oxydation f.
'rösten I v/t. (Brot, Fleisch, Kastanien) griller; Kaffee: torréfier; Mehl: roussir; Flachs, Hanf: rouir; geröstete Brotschnitte pain m grillé; toast m; rôtie f; II ♀ n grillage m; rôtissage m; v. Kaffee: torréfaction f; v. Flachs, Hanf: rouissage m.
'Röster m grilloir m; (Brot♀) grille-pain m.
'rost|farben, ~farbig adj. d'un ton rouille; ♀fleck m tache f de rouille; ~fleckig adj. rouillé; couvert de taches de rouille; ~frei adj. inoxydable; ~ig adj. rouillé; rubigineux, -euse; ~ werden se rouiller (a. fig.); s'enrouiller (a. fig.); s'oxyder.
'Röstkartoffeln f/pl. pommes f/pl. sautées.
'Rostlaube P (altes Auto) f vieille carcasse f.
'Röst|maschine f (Kaffee♀) torréfacteur m; ~ofen m grilloir m.
'Rostschutz m antirouille m; ~anstrich m, ~farbe f enduit m antirouille; ~mittel n produit m antirouille.
'rostsicher adj. inoxydable.
'Rostwasser △ n eau f ferrugineuse.
rot I adj. rouge; (fuchs~) roux, rousse (a. v. Haar); (hoch~) vermeil, -eille; (kupferig) rubicond (bsd. v. Gesicht); ch. (fahl~) fauve; das ♀e Kreuz la Croix-Rouge; das ♀e Meer la mer Rouge; ~er Faden fil m conducteur; in den ~en Zahlen stecken être en déficit (od. dans le rouge); ~ vor Zorn rouge de colère; ~ werden rougir (vor de); devenir rouge; bis über die Ohren ~ werden rougir jusqu'au blanc des yeux; er läuft ~ an le rouge lui monte au visage; ~ färben teindre en rouge; ~ sehen voir rouge; das wirkt auf ihn wie ein ~es Tuch c'est ce qui le fait voir rouge; e-n Tag (im Kalender) ~ anstreichen marquer un jour d'une pierre blanche; II ♀ n rouge m; ~ auflegen mettre du rouge; bei ~ weiterfahren passer au (feu) rouge; F griller un feu (rouge); die Ampel steht auf ~ le feu est au rouge.
Rotati'on f rotation f; ~sdruck m impression f par machine rotative; ~sdrucker m rotativiste m; ~smaschine f (presse f) rotative f.
'Rot|auge icht. n gardon m; ♀bäckig adj. aux joues rouges (od. vermeilles); ♀blond adj. roux, rousse; ♀braun adj. rouge brun; ~buche ♀ f 'hêtre m rouge; ~china n la Chine communiste; ~dorn m aubépine f à fleurs rouges; ~drossel orn. f mauvis m.
'Röte f rougeur f; rouge m; leuchtende: vermillon m; incarnat m; (hochrote Farbe) bsd. des Haares: rousseur f; die ~ stieg ihm ins Gesicht le rouge lui monta au visage.
'Rot-eisen|erz n, ~stein m min. fer m oligiste.
Rotel (Busanhänger mit Bettkojen) n rotel m; hôtel-autocar m; camion-couchettes m; camion-dortoir m; remorque-dortoir f; ~bus m autobus m Rotel.
'Röteln ♂ pl. (Masern) rubéole f.
'Rötel|stift m sanguine f; ~zeichnung f sanguine f.
'röten 1. v/t. colorer (od. teindre) en rouge; rougir; 2. v/rf.: sich ~ rougir; devenir rouge.
Rote(r) pol. m rouge m.
'Rot|fink orn. m bouvreuil m; ~fuchs m (Pferd) (cheval m) alezan m; ~gerber m tanneur m; ~gerbe'rei f tannerie f; ♀gestreift adj. à raies rouges; ♀glühend adj. rouge; ~glut f rouge m; zur ~ bringen porter au rouge; ♀grau adj. Pferd: rouan, -anne; ♀haarig adj. aux cheveux roux; F rouquin; ~haut f Peau-Rouge m, f.
ro'tieren v/i. tourner (sur son axe); ~de Bewegung mouvement m rotatif.
'Rot|käppchen n Petit Chaperon m rouge; ~kehlchen orn. n rouge-gorge m; ~kohl ♀ m chou m rouge; ~kopf m F rouquin m; ~lauf m ♂ érysipèle m; vét. rouget m.
'rötlich adj. rougeâtre; bsd. Haar: roussâtre.
'Rotlicht n ♂ lumière f rouge; Ampel: bei ~ durchfahren griller (od. brûler) le feu rouge.
'rotnasig adj. au nez rouge.
'Rotor ♂ m rotor m.
'Rot|schimmel m cheval m rouan; ~schwänzchen orn. n rouge-queue m; ~stift m crayon m rouge; ~tanne f épicéa m.
'Rotte f troupe f; équipe f; mv.p. bande f; clique f; ✗ file f; ✈ patrouille f aérienne; (Häuflein) peloton m.
'Rotten|arbeiter m homme m d'équipe; ~führer m chef m d'équipe (mv.p. de bande, ✗ de file); ♀weise adv. par bandes; par troupes; ✗ par files.
Ro'tunde f rotonde f.
'Rötung f rougeur f.
'rot|wangig adj. aux joues rouges (od. vermeilles); ♀wein m vin m rouge; ♀welsch n argot m; ♀wild ch. n cerfs m/pl. et chevreuils m/pl.
Rotz vét. m morve f (a. P Nasenschleim); ♀ig adj. morveux, -euse.
'Rotzink-erz n zincite f.
'Rotz|junge P m petit morveux m; ♀krank vét. morveux, -euse; ~krankheit vét. f morve f; ~lappen ∨ (Taschentuch) m tire-jus m; ~nase P f petit morveux m.
Rou|'lade f roulade f; cuis. a. paupiette f; ~'leau n store m; ~'lett n roulette f; ~ spielen jouer à la roulette.
'Route f route f.
Rou'tine f 1. (Fertigkeit) expérience f; habileté f; savoir-faire m; 2. (Gewohnheit) habitude f; pratique f; 3. das ist reine ~ c'est de la pure routine; ♀mäßig adj. Verfahren, Methode: routinier, -ière; sonst: de routine.
Rou'tine|sache f affaire f de routine; ~untersuchung f examen m médical (od. check-up m) de routine (od. de contrôle).
Routini'er m (F vieux) routier m.
routi'niert adj. routinier, -ière; qui a

de la routine; *(erfahren)* expérimenté; *(versiert)* versé.
'**Rowdy** *m* voyou *m*; bandit *m*; P arsouille *f*; rôdeur *m* de barrière; ℒ**haft** *adj.* brutal; de voyou; de bandit.
Roya'list|(in *f*) *m* royaliste *m*, *f*; ℒ**isch** *adj.* royaliste.
'**rubbeln** F *v/t.* frotter.
'**Rübe** ⚘ *f* betterave *f*; *weiße* ~ navet *m*; *gelbe* ~ carotte *f*; *rote* ~ betterave *f* rouge; *fig.* F *(Kopf)* caboche *f*; *e-e freche* ~ un (petit) effronté; *eins auf die* ~ *kriegen* recevoir un gnon.
'**Rubel** *m* rouble *m*.
'**Rüben|acker** *m*, ~**feld** *n* champ *m* de betteraves; ravière *f*; ~**bauer** *m* betteravier *m*; ~**heber** *m* arracheuse *f* de betteraves; ~**schnaps** *m* alcool *m* de betteraves; ~**zucker** *m* sucre *m* de betteraves.
Ru'bin *m* rubis *m*.
'**Rüb-öl** *n* huile *f* de navette *(od.* de colza).
Ru'brik *f* rubrique *f*; *unter der* ~ sous la rubrique (de).
rubri'zieren *v/t.* classer.
'**Rüb|samen** *m*, ~**sen** *m* ⚘ navette *f*; colza *m*.
'**ruch|bar** *adj.* public, -ique; notoire; ~ *machen* publier; ébruiter; ~ *werden* s'ébruiter.
'**ruchlos** *adj.* scélérat; ℒ**igkeit** *f* scélératesse *f*.
Ruck *m* saccade *f*; *mit dem Oberkörper*: haut-le-corps *m*; *(Stoß)* coup *m*; secousse *f*; *auf einen* ~, *mit einen* ~ d'un seul coup; ℒ, *zuck* promptement, énergiquement, F en cinq sec; *pol.* ~ *nach rechts* coup *m* de barre à droite.
'**Rück|ansicht** *f* vue *f* arrière; ~**antwort** *f* réponse *f*; ~ *bezahlt* réponse payée; *Postkarte f mit* ~ carte-réponse *f*.
'**ruck-artig I** *adj.* saccadé; **II** *adv.* par saccades; par secousses.
'**Rück|äußerung** *f* réponse *f*; ℒ**beheimaten** *v/t.* rapatrier; ~**beheimatung** *f* rapatriement *m*; ~**berufung** *f* rappel *m*; ~**bewegung** *f* mouvement *m* rétrograde; ℒ**bezüglich** *gr. adj.* réfléchi; ~**bildung** *f* régression *f*; transformation *f* régressive; développement *m* rétrograde; ~**blende** *f Film*: rétrospective *f*; récit *m* inversé; retour *m* en arrière; ~**blick** *m* regard *m* en arrière; *fig. a.* rétrospection *f*; *flüchtiger*: coup *m* d'œil rétrospectif; ℒ**blickend** *adv.* rétrospectivement; ~**blickspiegel** *m Auto*: rétroviseur *f*; ~**brief** ✆ *m* lettre *f* en retour; ~**briefstelle** ✆ *f* centre *m* de recherche du courrier; bureau *m* des rebuts; ℒ**buchen** *v/t.* contre-passer; ~**buchung** *f* contre-passation; ~**bürge** *m* certificateur *m* de caution; ~**bürgschaft** *f* contre-caution *f*; ℒ**datieren** *v/t.* antidater.
'**ruckeln** F *v/i.* cahoter.
'**Rücken**[1] *m* dos *m*; *cuis. a.* selle *f*; *e-s Gebirges*: crête *f*; *unterseeischer* ~ dorsale *f*; ⚔ *e-s Heeres*: derrières *m/pl.* (*a. fig.*); *typ.* (*Rückseite*) verso *m*; ~ *an* ~ dos à dos; *den* ~ *beugen*; *e-n krummen* ~ *machen* courber le dos; *e-n breiten* ~ *haben* avoir bon dos; *den Wind im* ~ *haben* avoir le vent arrière; *die Hände auf dem* ~ les mains derriè-

re le dos; *hinter j-s* ~ derrière le dos de q.; *auf den* ~ *fallen* tomber à la renverse; *fig.* F être épaté; *auf dem* ~ *schwimmen* nager sur le dos; *j-m den* ~ *zukehren* tourner le dos à q.; *im* ~ *fassen* ⚔ prendre à revers; *j-m in den* ~ *fallen* attaquer q. par derrière; poignarder q. dans le dos; *j-m den* ~ *stärken* épauler q.; appuyer q.; soutenir q.; *j-m den* ~ *decken* protéger les derrières de q.; *sich den* ~ *frei halten* se ménager une retraite; *es lief ihm kalt über den* ~ *dabei* cela lui a fait froid dans le dos; cela lui a donné le frisson.
'**rücken**[2] **I 1.** *v/t.* déplacer; *(bewegen)* remuer; *näher* ~ approcher; *ans Fenster* ~ (r)approcher de la fenêtre; *etw. auf die Seite* ~ mettre qch. de côté; **2.** *v/i.* se porter (en avant *resp.* en arrière); *vorwärts* ~ avancer; *rückwärts* ~ reculer; *näher* ~ (s')approcher; *höher* ~ avancer; *an die Spitze* ~ passer en tête; *an j-s Stelle* ~ prendre la place de q.; *j-m auf den Leib* ~ serrer q. de près; ⚔ *ins Feld* ~ entrer en campagne; *nicht von der Stelle* ~ ne pas bouger de sa place; **II** ℒ *n* déplacement *m*; remuement *m*; (*Vorwärts*ℒ) avancement *m*.
'**Rücken|breite** *cout. f* carrure *f*; ~**deckung** *f* ⚔ couverture *f* de l'arrière; *frt.* parados *m*; *fig.* appui *m*, soutien *m*; ~**fallschirm** *m* parachute *m* dorsal; ~**flosse** *icht. f* nageoire *f* dorsale; ~**flug** ✈ *m* vol *m* sur le dos; ~**gurt** *m* martingale *f*; ~**höhe** *f* 'hauteur *f* du dos; ~**kraul** *m* crawl *m* sur le dos; ~**lage** *f* position *f* couchée sur le dos; *beim Schwimmen*: dos *m*; ~ *einnehmen* se coucher sur le dos; ~**lehne** *f* dos *m*; dossier *m*; *verstellbare* ~ dossier *m* réglable; ~**mark** *anat. n* moelle *f* épinière; ~**marks-entzündung** *f* myélite *f*; ~**muskel** *m* (muscle *m*) dorsal *m*; ~**nummer** *f Sport*: dossard *m*; ~**schild** *m* écu *m*; *zo. der Schildkröten*: carapace *f*; *e-s Buches*: étiquette *f* du dos; ~**schmerz** *m* douleur *f* dans le dos (*od.* dorsal); ~**schwimmen** *n* nage *f* sur le dos; ~**seite** *f* dos *m*; côté *m* postérieur; ~**stück** *n* pièce *f* dorsale; *cuis. v. Rind*: aloyau *m*, ~ *v. Schwein*: échine *f*; *v. Hasen*: râble *m*; ~**wind** *m* vent *m* arrière; ~**wirbel** *anat. m* vertèbre *f* dorsale.
'**Rück|er-innerung** *f* réminiscence *f*; ℒ**erstatten** *v/t.* restituer; *Geld*: rembourser; ~**erstattung** *f* restitution *f*; *v. Geld*: remboursement *m*; ~**fahrkarte** *f*, ~**fahrschein** *m* billet *m* de retour (*resp.* d'aller et retour); ~**fahrscheinwerfer** (*Auto*) *f* phare *m* de recul; ~**fahrt** *f* retour *m*; *auf der* ~ en retournant; au retour; *auf s-r* ~ *von Dijon* à son retour de Dijon; ~**fall** *m* récidive *f* (*a.* ⚖); ⚕ *f* rechute *f*; *e-n* ~ *haben* récidiver; ℒ**fällig** *adj.* récidiviste; ~ *werden* récidiver; ~**fällige(r** *a. m*) *f* récidiviste *m*, *f*; ~**fenster** *n Auto*: glace *f* (*od.* vitre *f*) arrière; ~**flug** *m* vol *m* retour; *auf dem* ~ en retournant; au retour; ~**fluß** *m* reflux *m*; ~**forderung** *f* réclamation *f* de la restitution (de qch.); ~**fracht** *f* chargement *m* pris au retour; ⚓ fret *m* de retour; ~**frage** *f* demande *f* de précisions; ~ *halten* = ℒ**fragen** *v/i.*

demander des précisions (*bei j-m* à q.); ~**führung** *f in die Heimat*: rapatriement *m*; ~**gabe** *f* (*v. leeren Flaschen usw.*) retour *m*; (*Rückerstattung*) restitution *f*; (*v. Land*) rétrocession *f*; *mit der Bitte um* ~ avec prière de retour; ~**gabeverpackung** ✆ *f* emballage *m* consigné; ~**gang** *m* (*Verminderung*) diminution *f* (*zeigen* accuser; *erfahren* subir); (*Nachlassen*, *Niedergang*) déclin *m*; (*Regression*) régression *f* (*a.* ✆); ✆ baisse *f*; recul *m*; ℒ**gängig** *adj.* rétrograde; (*regressiv*) régressif, -ive; ~ *machen* annuler; ~**gängigmachung** *f* annulation *f*; ~**gewinnung** *f* récupération *f*; ℒ**gliedern** *v/t.* rattacher; réintégrer; réinsérer; ~**gliederung** *f* rattachement *m*; réintégration *f*; ~**grat** *anat. n* épine *f* dorsale; *weitS.* colonne *f* vertébrale; *fig.* ~ *haben* ne pas plier l'échine; *kein* ~ *haben a.* avoir du sang de navet dans les veines; ~**gratsverkrümmung** *f* scoliose *f*; ~**griff** ⚖ *m* recours *m*; ~**griffsrecht** *n* droit *m* de recours; ~**halt** *m* (*Stütze*) soutien *m*; appui *m*; ℒ**haltlos** *adj. u. adv.* sans réserve; ~**hand(schlag** *m*) *f Tennis*: revers *m*; ~**kauf** *m* rachat *m*; ℒ**kaufen** *v/t.* racheter; ℒ**käuflich** *adj.* rachetable; ~**kaufsrecht** *n* droit *m* de rachat; ~**kaufswert** *m* valeur *f* de rachat; ~**kehr** *f* retour *m*; *bei m-r* ~ à mon retour; ~**kehrer** (*vom Urlaub*) *m* rentrant *m*; ~**kehrrakete** *at. f* rétrofusée *f*; ℒ**koppeln** *v/t. Radio*: réagir; ~**kopp(e)lung** *f Radio*: réaction *f*; *cyb.* rétroaction *f*; ~**ladung** *f* chargement *m* pris au retour; ⚓ fret *m* de retour; ~**lage** *f* réserve *f*; *gesetzliche (satzungsgemäße)* ~ réserve *f* légale (statuaire); *die* ~*n angreifen* entamer les réserves; ~**lauf** *m* reflux *m*; *e-s Geschützes*: recul *m*; (*Tonband*) défilement *m* accéléré (en) arrière; ~**laufbremse** *f* frein *m* de recul; ℒ**läufig** *adj.* rétrograde; (*regressiv*) régressif, -ive; à vau-l'eau; ~*e Bewegung* rétrogradation *f*, (*Regression*) régression *f*; *sich* ~ *bewegen* rétrograder, (*regressiv sein*) régresser; ~**läufigkeit** *f e-r Partei*: reflux *m*; *éc.* fléchissement *m*; ~**laufteste** *f an der Schreibmaschine*: touche *f* de rappel; ~**leitung** ⊕ *f* ligne *f* de retour; ~**licht** *n* feu *m* arrière; ~**lieferung** *f* retour *m*; (*Rückerstattung*) restitution *f*; ℒ**lings** *adv.* en arrière; par derrière; ~ *fallen* tomber à la renverse; ~ *liegen* être couché sur le dos; ~ *sitzen* être assis en tournant le dos; ~**marsch** *m* retour *m*; ⚔ *a.* retraite *f*; ~**meldung** *univ. f* réinscription *f*; ~**nahme** *f* reprise *f*; ~**porto** *n* port *m* pour le retour; ~**prall** *m* rebondissement *m*; *Billard*: (*Effet*) effet *m* rétrograde; ℒ**prallen** *v/i.* rebondir; ~**reise** *f* (voyage *m* de) retour *m*; *auf der* ~ au retour; ~**ruf** *m* rappel *m*.
'**Rucksack** *m* sac *m* à dos; sac *m* d'alpiniste, de scout, de campeur, tyrolien; ⚔ sac *m*.
'**Rück|schau** *f* rétrospection *f*; revue *f* rétrospective; ℒ**schauend** *adv.* rétrospectivement; ~**schlag** *m* (*Rückwirkung*) contrecoup *m*; répercussion *f*; réaction *f*; ✆; *éc.* choc *m* en retour; *biol.* atavisme *m*; *fig.* revers

m; échec *m; pol.* recul *m;* Rückschläge *pl. éc.* récessions *f/pl.;* ~**schlagventil** ⊕ *n* soupape *f* de retenue; ~**schluß** *m* conclusion *f;* recoupement *m;* ~**schreiben** *n* réponse *f;* ~**schritt** *m* pas *m* en arrière; marche *f* rétrograde; recul *m;* rétrogradation *f; éc.* retour *m* en arrière; régression *f; pol.* réaction *f;* ²**schrittlich** *pol. adj.* réactionnaire; rétrograde; ~**seite** *f* revers *m* (*a. num. u. fig.*); (*das Hintenliegende*) derrière *m; text.* contre-sens *m; e-r Seite:* verso *m; des Wechsels:* dos *m;* siehe ~ voir au verso; ²**senden** *v/t.* renvoyer; retourner; ~**sendung** *f* renvoi *m;* retour *m;* ~**sicht** *f* égard *m;* considération *f;* (*Schonung*) ménagement *m;* (*Achtung*) déférence *f; mit* ~ *auf* (*acc.*) par égard pour; eu égard à, (*in Anbetracht*) en considération de, attendu, (*wegen*) en raison de; *mit* ~ *darauf, daß ... vu que ...* (*ind.*); *ohne* ~ *auf* (*acc.*) sans égard pour; ~ *nehmen auf* (*acc.*) tenir compte de, avoir égard à, avoir (*od.* mettre *od.* prendre *od.* faire entrer) en considération, (*schonen*) ménager; *zu sehr auf sich* ~ *nehmen* s'écouter trop; s'étudier trop; ~**sichtnahme** *f* égards *m/pl.,* considération *f* (*auf* pour); ²**sichtslos I** *adj.* sans égards (*gegen* pour); qui ne tient compte de rien; (*roh*) brutal; (*schonungslos*) sans ménagement; (*fahrlässig*) imprudent; (*gefühllos*) insensible (*gegen* à); (*unbarmherzig*) impitoyable; (*hart*) dur; (*willkürlich*) arbitraire; ~**er Fahrer** F chauffard *m;* ~**er Tourismus** tourisme *m* à tout va; ~ *sein* manquer d'égards (*gegen envers*); **II** *adv.* sans égards (*gegen* pour); (*schonungslos*) sans ménagements; (*fahrlässig*) imprudemment; avec imprudence; (*roh*) brutalement; ~**sichtslosigkeit** *f* manque *m* d'égards; absence *f* de ménagement; (*Fahrlässigkeit*) imprudence *f;* (*Roheit*) brutalité *f;* (*Härte*) dureté *f;* ²**sichtsvoll I** *adj.* plein d'égards (*gegen* pour); (*schonend*) avec ménagement; plein de ménagements; (*vorsichtig*) prudent; (*freundlich*) aimable; **II** *adv.: j-n* ~ *behandeln* avoir des égards pour q.; ménager q.; ~**sitz** *m* siège *m* (*od.* place *f*) arrière; ~**sitzgurt** *m* ceinture *f* pour la place arrière; ~**spiegel** *m Auto:* rétroviseur *m;* ~**spiel** *n Sport:* revanche *f;* ~**sprache** *f* entretien *m;* conférence *f;* pourparlers *m/pl.;* rendez-vous *m; mit j-m* ~ *nehmen* (halten) conférer avec q. (*über etw. acc.* de qch.); ~**sprungkraft** *text. f* force *f* de contention; ²**spulen** ⊕ *v/t.* rebobiner; ~**stand** *m* retard *m;* ✝ arriéré *m;* ⚚ demeure *f;* (*Rest*) reste *m;* restant *m;* reliquat *m;* 🝊 résidu *m; im* ~ *sein* être en retard (✝ en arriéré) (*mit* pour); ✝ *e-n* ~ *einholen* rattraper un retard; *Rückstände eintreiben* faire rentrer des arriérés (*od.* des arrérages); ²**ständig** *adj.* arriéré (*a. Land u. fig.*); retardataire; en retard; 🝊 résiduel, -elle; *wirtschaftlich* ~ économiquement retardé; ~**ständigkeit** *f* esprit *m* arriéré; obscurantisme *m; f* geistige ~ arriération *f* mentale; ~**stau** *m v. Gewässern:* reflux *m; von Autos:* bouchon *m;* embouteillage *m;* con-

gestion *f;* ~**stelltaste** *f an der Schreibmaschine:* touche *f* de rappel; ~**stellung** ✝ *f* mise *f* en réserve; provision *f;* ~**stoß** *m* coup *m* en arrière; ✕ *Gewehren usw.:* recul *m;* ~**stoß-antrieb** *m* propulsion *f* par réaction; ~**strahler** *m an Fahrzeugen:* cataphote *m;* catadioptre *m;* ~**strahlung** *f* réflexion *f;* ~**strom** ⚡ *m* courant *m* de retour; ~**taste** *f an der Schreibmaschine:* touche *f* de rappel; ~**tritt** *m* démission *f* (*a. pol.*); retraite *f; Kündigung e-s Vertrages:* résiliation *f; am Fahrrad:* rétropédalage *m; s-n* ~ *erklären* donner sa démission, démissionner, (*Vertragskündigung*) déclarer la résiliation; ~**trittbremse** *f am Fahrrad:* frein *m* à rétropédalage; ~**trittsgesuch** *n,* demande *f* de démission (*a. pol.*); demande *f* de retraite; ~**trittsrecht** ✝ *n* (*Kündigungsrecht*) droit *m* de résiliation; ~**trittsschreiben** *n* lettre *f* de démission; ²**übersetzen** *v/t.* retraduire; ~**übersetzung** *f* retraduction *f;* ²**vergüten** *v/t.* rembourser; ~**vergütung** *f* remboursement *m;* ²**verlegen** *v/t. Grenze, Front:* reculer; ~**verlegung** *f v. Grenze, Front:* reculement *m;* ²**versichern** *v/t.* réassurer; ~**versicherung** *f* réassurance *f;* ~**verweisung** *f* renvoi *m;* ~**wand** *f* paroi *f* arrière; ~**wanderer** *m* rapatrié *m;* ²**wärtig** *adj.* rétrograde; ~*e Verbindungen* arrières *m/pl.;* ²**wärts** *adv.* en arrière; ~ *gehen* reculer; aller en arrière; ~ *gehen* reculer; aller en arrière (*od.* à reculons); rétrograder; ~ *fahren* faire marche arrière; *weder vorwärts noch* ~ *können* ne pouvoir ni avancer ni reculer; ~**wärtsbewegung** *f* mouvement *m* rétrograde (*od.* en arrière); retraite *f;* rétrogression *f;* retraite *f;* ~**wärts-entwicklung** *f* retour *m* en arrière; ~**wärtsgang** *m Auto:* marche *f* arrière; ²**wärtsgehen** *v/i.* reculer; rétrograder; ~**wärtslagerung** ⚚ *f* rétroversion *f;* ²**wärtsrudern** *v/i.* nager à culer (*od.* de l'arrière); ~**wechsel** ✝ *m* rechange *m;* retraite *f;* ~**weg** *m* (chemin *m* du) retour *m; auf dem* ~ au retour; en retournant; sur le chemin du retour.
'**ruckweise** *adv.* par saccades; par secousses.
'**rück|wirken** *v/i.* réagir; ~**wirkend** *adj.* rétroactif, -ive; *mit* ~*er Kraft* avec effet rétroactif; ²**wirkung** *f* effet *m* rétroactif; rétroaction *f;* rétroactivité *f;* (*Nachwirkung*) répercussion *f;* contrecoup *m; mit* ~ avec effet rétroactif; ~**zahlbar** *adj.* remboursable; ~**zahlung** *f* remboursement *m;* ²**zieher** *m Fußball:* retourné *m; fig.* (*Entschuldigung*) excuse *f;* (*Widerruf*) dédit *m;* péj. reculade *f; e-n* ~ *machen* faire marche arrière, (*sich entschuldigen*) s'excuser, (*sich widerrufen*) se dédire; péj. reculer devant; F se dégonfler; ²**zoll** *m* prime *f* de réexportation; ²**zollgüter** *n/pl.* marchandises *f/pl.* de réexportation; ²**zug** *m* retraite *f;* planmäßiger: repli *m; den* ~ *antreten* battre en retraite; se retirer *bsd.* ✕ se replier; ²**zugsgefecht** *n* combat *m* de retraite; ²**zugslinie** ✕ *f* ligne *f* de retraite.
'**Rüde** *m ch.* chien *m* mâle; (*Hetz-*

hund) chien *m* de meute (*od.* de chasse).
'**rüde** *adj.* rude; brutal.
'**Rudel** *n* troupe *f;* (*Meute*) meute *f* (*a. fig.*); *Wölfe:* bande *f; Hirsche:* 'harde *f; Wildschweine:* compagnie *f;* ²**weise** *adv.* par troupes (*resp.* meutes, *etc.*).
'**Ruder** *n* rame *f;* aviron *m;* (*Steuer* ²) gouvernail *m* (*a. fig.*); timon *m; bei Ruderbooten:* barre *f;* ⚓ gouverne *f; am* ~ *sein; das* ~ *führen* tenir le gouvernail; être à la barre; *fig. ans* ~ *kommen* prendre le gouvernail; ~**bank** *f* banc *m* des rameurs; ~**blatt** *n des Riemens:* pale *f;* pelle *f; des Steuerruders:* safran *m;* ~**boot** *n* bateau *m* (*od.* canot *m od.* barque *f*) à rames; F rafiot *m;* ~**gabel** *f* porte-rame *m;* ~**fahrt** *f* partie *f* de canotage; ~**klub** *m* club *m* d'aviron; ²**n** *v/i.* ramer; *Sport:* faire de l'aviron; pratiquer l'aviron; *kräftig* ~ faire force de rames; ~**n** *n →* ~**sport;** ~**pinne** *f* timon *m;* barre *f* de gouvernail; ~**regatta** *f* match *m* d'aviron; régates *f/pl.;* ~**schlag** *m* coup *m* de rame; ~**sitz** *m* siège *m* à roulettes; ~**sport** *m* aviron *m;* canotage *m;* ~**verein** *m* club *m* d'aviron.
Rudi'ment *n* rudiment *m.*
rudimen'tär *adj.* rudimentaire.
Ruf *m* (*Schrei*) cri *m;* (*Stimme*) voix *f;* (*An*²) appel *m; bibl.* (*Berufung*) vocation *f;* (*Ernennung*) nomination *f;* (*Gerücht*) bruit *m;* (*Leumund*) réputation *f;* (*Ruhm*) gloire *f;* (*Name*) nom *m;* (*Renommee*) renom *m;* renommée *f;* (*Berühmtheit*) célébrité *f; ein Gelehrter von* ~ un savant en renom; *ein Mensch von schlechtem* ~ une personne de mauvaise réputation; *in dem* ~ *stehen* (*gén. od. zu*) avoir la réputation (de); *in gutem* (*üblem*) ~*e stehen* avoir bonne (mauvaise) réputation; être bien (mal) famé; *j-n um s-n guten* ~ *bringen* perdre q. de réputation; *j-n in üblen* ~ *bringen* décrier q.; diffamer q.; *e-n* ~ (*als Professor*) *erhalten nach ...* être appelé à ...; recevoir une offre de nomination à ...; *er ist besser als sein* ~ il vaut mieux que son nom.
'**rufen** *v/t.* **1.** *v/i.* crier (*um Hilfe au secours*); appeler (*nach j-m* q.; *um Hilfe au secours*); **2.** *v/t.* (*aus* ~) crier; (*herbei* ~) appeler; *j-n* ~ appeler q.; *ins Gedächtnis* ~ *lassen* faire venir q.; *ins Gedächtnis* ~ rappeler; *wieder ins Leben* ~ rappeler à la vie; *zur Ordnung* ~ rappeler à l'ordre; *fig. wie gerufen kommen* arriver à point (*od.* à propos); tomber bien; F *Personen:* arriver, *Sachen:* tomber à pic; **II** ² *n* cris *m/pl.;* appel *m.*
'**Rufer** *m* celui qui crie (*od.* qui appelle).
'**Rüffel** F *m* savon *m;* lavage *m* de tête; F attrapade *f;* F attrapage *m; j-m e-n* ~ *erteilen* attraper q.; passer un savon à q.
'**Ruf|name** *m* prénom *m;* ~**nummer** téléph. *f* numéro *m* d'appel; ~**taste** téléph. *f* touche *f* d'appel; ~**weite** *f* portée *f* de voix; ~**zeichen** *n rad.,* téléph. indicatif *m* (*od.* signal *m*) d'appel.
'**Rugby** *n Sport:* rugby *m;* ~**mannschaft** *f* équipe *f* de rugby; ~**spieler**

m rugbyman *m*.

'**Rüge** *f* réprimande *f*; (*Tadel*) blâme *m*; (*Warnung*) admonition *f*; e-e ~ bekommen être réprimandé; j-m e-e ~ erteilen réprimander q. (wegen à cause de); **2n** *v*/*t*.: j-n ~ réprimander q. (wegen à cause de); an j-m etw. ~ blâmer qch. en q.

'**Ruhe** *f* (*Ausruhen*) repos *m*; (*Erholung*) a. délassement *m*; *innere*: tranquillité *f*; calme *m*; *st.s.* quiétude *f*; (*Stille*) calme *m*; silence *m*; paix *f*; (*Kaltblütigkeit*) sang-froid *m*; die öffentliche ~ la paix publique; l'ordre public; ~! silence!; la paix!; pas de bruit!; immer mit der ~! du calme!; tout doux!; doucement!; *in aller* ~ en toute tranquillité (*od.* quiétude); ewige ~ repos *m* éternel; jetzt hat die liebe Seele ~! me (te, *etc.*) voilà satisfait, il n'y en a plus!; zur ~ bringen calmer; ~ gebieten ordonner le silence; ~ halten se tenir tranquille; s-e ~ bewahren garder (*od.* conserver) son calme; keine ~ haben n'avoir pas de repos; *in* ~ *und Frieden leben* vivre en paix; die ~ stören troubler le repos; *lassen Sie mich in* ~! laissez-moi tranquille!, laissez-moi en paix!, F fichez-moi (P foutez-moi) la paix!; *lassen Sie mich damit in* ~! ne m'en parlez pas! *od.* plus!; j-n nicht in ~ lassen; j-m keine ~ lassen ne pas laisser q. tranquille, en paix; n'avoir ni paix ni trêve avec q.; tirailler (*od.* travailler) q.; man hat keine ~ vor ihm il ne vous laisse pas tranquille; il ne vous laisse ni paix ni trêve; *sein Leiden läßt ihm keinen Augenblick* ~ son mal ne lui laisse pas un moment de répit; der Tod s-r Mutter läßt ihn nicht zur ~ kommen la mort de sa mère ne cesse pas de le tourmenter; *er ist nicht aus s-r* ~ *zu bringen* il ne perd jamais son sang-froid; j-n aus s-r ~ bringen faire perdre son sang-froid à q.; j-m keine ~ gönnen ne pas laisser de repos à q., *Erholung*: ne pas donner de relâche à q.; sich zur ~ setzen se retirer des affaires; *Beamter*: prendre sa retraite; sich zur ~ begeben aller se coucher; eine angenehme ~ wünschen souhaiter une bonne nuit; *angenehme* ~! bonne nuit!; reposez-vous bien!; dormez bien!; ~**bank** *f* banc *m*; **2bedürftig** *adj.* qui a besoin de repos; qui a soif de calme; ~**bett** *n* canapé *m*; ~**gehalt** *n* pension *f*; retraite *f*; ~**gehalts-empfänger(in** *f*) *m* pensionné *m*, -e *f*; retraité *m*, -e *f*; ~**lage** *f* position *f* de repos; ~**los** *adj.* sans repos (a. adv.); (aufgeregt) agité; (unruhig) inquiet, -ète; ~**losigkeit** *f* agitation *f* continuelle; inquiétude *f*.

'**ruhen** I *v*/*i*. reposer; (aus~) (se) reposer; prendre du repos; (*schlafen*) dormir; (stillsitzen) être au repos; être immobile; *Prozeß*: être en suspens; *Arbeit*: être arrêté; (nichts tun) ne rien faire; ihr ruht ici repose; ci-gît; er ruhe in Frieden! qu'il repose en paix!; paix à ses cendres!; ~ auf (dat.) reposer sur, *Blick*: être fixé sur, *Verdacht*: être fondé sur, ~ lassen *Blick*: arrêter (auf dat. sur), *Arbeit*: suspendre, (auf sich beruhen lassen) laisser dormir; laßt die Toten ~! laissez les morts en paix!; ich wünsche wohl zu ~ je vous souhaite une bonne nuit; er wird nicht eher ~, als bis ... il n'aura pas de cesse (od. repos od. trêve) que ... ne ... (subj.); II **2** *n* repos *m*; (*Erholung*) délassement *m*.

'**Ruhe|pause** *f* relâche *f*; moment *m* de repos; ~**platz** *m*, ~**plätzchen** *n* lieu *m* de repos; ~**punkt** *m* (point *m* de) repos *m* (point *m* d'arrêt *m*; (toter Punkt) point *m* mort; ~**sessel** *m* fauteuil *m*; a. Fr. ⌂ fauteuil-relax *m*; ~**sitz** (*Wohnort*) *m* retraite *f*; ~**stand** *m* position *f* de repos; (*Pensionierung*) retraite *f*; ⚔ *a.* inactivité *f*; j-n in den ~ versetzen mettre q. à la retraite; *in den* ~ *treten* prendre sa retraite; *im* ~ *en retraite*; à la retraite; letzte ~ dernière demeure *f*; ~**stätte** *f* lieu *m* de repos; retraite *f*; letzte ~ dernière demeure *f*; ⚔ cantonnement *m* (de repos); ~**stifter** *m* pacificateur *m*; **2störend** *adj.* perturbateur, -trice; ~**störer(in** *f*) *m* perturbateur *m*, -trice *f*; (*Lärmer*) tapageur *m*, -euse *f*; ~**störung** *f* perturbation *f*; nächtliche ~ tapage *m* nocturne; ~**strom** ⚡ *m* courant *m* de repos; ~**tag** *m* jour *m* de repos; **2voll** *adj.* calme; tranquille; (*friedlich*) paisible; ~**zeit** *f* temps *m* de repos; ~**zustand** *m* état *m* de repos; état *m* stationnaire; *im* ~ *au repos*.

'**ruhig** I *adj.* calme (a. *Geschäft*); tranquille; (still) silencieux, -euse; (*friedliebend*) pacifique; (*friedlich*) paisible; (beruhigt) rassuré; ~ (er) werden se calmer; se tranquilliser; ~! silence!; F nur immer ~ Blut! du calme!; tout doux!; doucement!; *bei* ~*er Überlegung* à tête reposée; keine ~e Minute haben n'avoir pas une minute de repos; II *adv.*: ~ arbeiten (*leben*) travailler (vivre) tranquille; ~ bleiben rester calme; garder (*od.* conserver) son calme; ~ schlafen dormir d'un bon sommeil; dormir tranquille; ~ verlaufen se passer sans incident; *sich* ~ *verhalten* se tenir tranquille; seien Sie ~ (*unbesorgt*) ne vous inquiétez pas; *das kann man* ~ *sagen* on peut bien le dire; das können Sie ~ tun (es steht Ihnen frei) vous êtes libre de le faire; du könntest ~ mehr arbeiten tu ferais bien de travailler davantage.

Ruhm *m* gloire *f*; ~ ernten; sich mit ~ bedecken se couvrir de gloire; j-m zum ~ gereichen contribuer à la gloire de q.; '**2bedeckt** *adj.* couvert de gloire; '~**begierde** *f* soif *f* (*od.* désir *m*) de gloire; passion *f* de la gloire; '**2begierig** *adj.* avide de gloire.

'**rühmen** I 1. *v*/*t*. vanter; (loben) louer (wegen de); faire l'éloge (de); (preisen) glorifier; célébrer; prôner; ~d erwähnen mentionner avec éloge; ohne mich zu ~ sans vouloir m'en od. me vanter; sans vanité; 2. *v*/*rf*.: sich (wegen) e-r Sache (gén.) ~; sich mit etw. ~ se flatter de; se vanter (od. se glorifier) de qch.; II **2** *n* éloges *m*/*pl*.; viel ~s machen von faire grand bruit de; ~**swert** *adj.* digne d'éloges.

'**Ruhmeshalle** *f* temple *m* de la gloire; panthéon *m*.

'**rühmlich** *adj.* glorieux, -euse; digne d'éloges; louable; honorable.

'**ruhm|los** *adj.* sans gloire; honteux, -euse; humiliant; déshonorant; (unbekannt) obscur; **2losigkeit** *f* absence *f* de gloire; (*Unbekanntheit*) obscurité *f*; ~**reich** *adj.* glorieux, -euse; **2sucht** *f* passion *f* de la gloire; ~**süchtig** *adj.* avide de la gloire; ~**voll** *adj.* glorieux, -euse.

Ruhr ⚕ *f* dysenterie *f*; '~**anfall** ⚕ *m* accès *m* de dysenterie.

'**Rühr|apparat** *m* agitateur *m*; mélangeur *m*; malaxeur *m*; ~**ei** *n* œufs *m*/*pl*. brouillés.

'**rühren** 1. *v*/*i*. toucher (*an dat.* à); *fig.* (*her*~) provenir (von de); *fig. nicht daran* ~! n'en parlons pas!; 2. *v*/*t*. (*bewegen*) mouvoir; remuer; *Eier*: brouiller; (*mischen*) mélanger; *keinen Finger* ~; nicht den kleinen Finger ~ ne pas remuer le petit doigt; die Trommel ~ battre le tambour; ⚔ *Schlag*: frapper; vom Schlag gerührt werden être frappé d'apoplexie; (um~) remuer; agiter; *fig.* (*in Rührung versetzen*) toucher; attendrir; émouvoir; j-n zu Tränen ~ toucher q. jusqu'aux larmes; 3. *v*/*rf*.: sich ~ (se) remuer; bouger; sich nicht vom Fleck ~ ne pas bouger; sich nicht ~ (*unbeweglich bleiben*) ne pas bouger; sich nicht ~ können ne pouvoir remuer ni pied ni patte; ⚔ ~! rührt euch! repos!; sein Gewissen rührt sich sa conscience s'émeut; ~**d** *adj.* touchant; émouvant; pathétique.

'**rührig** *adj.* (tätig) actif, -ive; **2keit** *f* activité *f*.

'**Ruhrkranke(r** *a. m*) *m*, *f* dysentérique *m*, *f*.

'**rühr|selig** *adj.* sentimental; larmoyant; **2seligkeit** *f* sentimentalité *f*; *litt.* misérabilisme *m*; **2stab** *m*, **2stäbchen** *n* agitateur *m*; **2stück** *n* pièce *f* larmoyante; **2ung** *f* émotion *f*; attendrissement *m*; **2werk** *n* agitateur *m*; mélangeur *m*; malaxeur *m*.

Ru'in *m* ruine *f*; perte *f*; déconfiture *f*.

Ru'ine *f* ruine *f*.

rui'nieren *v*/*t*. (*v*/*rf*.: sich se) ruiner; sich s-e Gesundheit ~ s'esquinter la santé.

'**Rülps|(er)** P *m* rot *m*; **2en** P *v*/*i*. roter.

rum F → herum(...).

Rum *m* rhum *m*.

Ru'män|e *m*, *-in f* Roumain *m*, -e *f*; ~**ien** *n* la Roumanie; *seit dem 21. 8. 1965: Sozialistische Republik* ~ République socialiste de Roumanie; **2isch** *adj.* roumain.

'**Rumba** *m* rumba *f*.

'**rum|geistern** F *v*/*i*. tournicoter; ~**kriegen** F *v*/*t*.: j-n zu etw. ~ F réussir à embaucher q. pour qch.

'**Rummel** F *m* (Betrieb) animation *f*; (*Lärm*) bruit *m*; vacarme *m*; tapage *m*; brouhaha *f*; (*Jahrmarkt*) foire *f*; (*Durcheinander*) foire *f* d'empoigne; (*Plunder*) bazar *m*; den ~ kennen connaître le truc (*od.* la combine); la connaître; P être à la coule; ~**platz** F *m* champ *m* de foire.

ru'moren F I *v*/*i*. faire du tapage; es rumort in m-m Bauch mon ventre gargouille; II **2** *n* tapage *m*.

'**Rumpel|kammer** F *f* débarras *m*; ~**kasten** *m* fourre-tout *m*; **2n** *v*/*i*. (poltern) faire du tapage; (ruckeln) cahoter.

Rumpf *m* anat. tronc *m*; torse *m*; *v. Geflügel*: carcasse *f*; (*Schiff*⚓) coque *f*; carcasse *f*; ✈ fuselage *m*; '~**beuge**

gym. f flexion f du corps.
'**rümpfen** v/t.: die Nase ~ rechigner (über à); faire la grimace, la moue.
'**Rumpfparlament** hist. n: das englische ~ le parlement croupion.
'**Rumpfstaat** m État-croupion m.
'**rumpoussieren** F v/i. F trimbaler la minette.
'**Rumpsteak** n romsteck m.
'**rumsumpfen** F v/i. P godailler; F courir le guilledou.
'**Rumtreiber** F m F vadrouilleur m; F bambocheur m; P bringueur m; F noceur m.
rund I adj. rond (a. Summe); (abgerundet) arrondi; (kreisförmig) circulaire; (zylindrisch) cylindrique; (kugelförmig) sphérique; Gesicht: plein; Absage usw.: net, nette; (lich; mollig) rond, rondelet, -ette; potelé, boulot, -otte; ~ werden s'arrondir; ~er Platz rond-point m; II adv.: ~ um die Uhr 24 (vingt-quatre) heures sur 24; ~ machen arrondir; ~ abschlagen refuser net; ~ gerechnet en chiffre rond; ~ um die Welt autour du monde; (ungefähr) environ; à peu près; III 2 n rond m; (Kreis) cercle m; '2**bäckig** adj. qui a les joues pleines; '2**bau** △ m rotonde f; '2**blick** m panorama m; '2**bogen** △ m plein cintre m.
'**Runde** f ronde f (a. ⚔); Rundgang a. tour m; Wein, Bier: tournée f; Sport: tour m, ronde f, Boxen: round m, reprise f; die ~ machen faire la ronde, Becher: circuler à la ronde; in der ~ (im Umkreis) à la ronde, (im Kreise) en rond; in der ~ sitzen être assis en rond; F über die ~ kommen F faire la soudure; F s'en tirer.
'**Rund-eisen** n fer m rond.
'**Rund|erlaß** m circulaire f; 2**erneuern** v/t. rechaper; ~**erneuerung** (Autoreifen) f rechapage m; ~**fahrt** f circuit m touristique; périple m; ~**en durch Frankreich** des circuits à travers la France; ~**flug** m circuit m aérien; vol m panoramique; ~**frage** f enquête f.
'**Rundfunk** m radiodiffusion f; radio f; T.S.F. (= télégraphie sans fil) f; im ~ à la radio; ~ hören écouter la radio; se mettre à l'écoute; durch ~ übertragen (od. verbreiten) radiodiffuser; für den ~ bearbeiten mettre en ondes; ~**ansager**(in f) m speaker m, -ine f; ~**ansprache** f allocution f radiodiffusée; ~**bastler** m sans-filiste m; ~**berichterstatter** m radioreporter m; ~**bericht-erstattung** f radioreportage m; ~**botschaft** f radio--message m; ~**darbietung** f radio-émission f; ~**empfang** m réception f radiophonique; ~**empfänger** m, ~**empfangsgerät** n poste m de réception radiophonique; récepteur m (radiophonique. de T.S.F.); ~**gebühr** f redevance f radiophonique; taxe f de T.S.F.; ~**gerät** n poste m (récepteur) de radio; poste m; ~ mit Plattenspieler radio-phono f; ~**gesellschaft** f société f de radiodiffusion; ~**gespräch** m table f ronde; tour m de table; colloque m; ~**hörer**(in f) m auditeur m, -trice f (d'une émission radiophonique); ~**konzert** n concert m radiophonique; ~**meldung** f message m radiodiffu-

sé; kurze: annonce f radiodiffusée; ~**netz** n réseau m radiophonique; ~**programm** n programme m des émissions radio; ~**propaganda** f propagande f par radio; ~**reklame** f publicité f à la radio; ~**reportage** f radioreportage m; ~**reporter** m radioreporter m; ~**sender** m (poste m) émetteur m; poste m d'émission (od. de T.S.F.); (Station) station f émettrice (od. d'émission od. de T.S.F.); ~**sendung** f émission f (radiophonique od. de T.S.F.); émission f radio; regelmäßige ~ magazine m (radiodiffusé); ~**sprecher**(in f) m speaker m, -ine f; ~**station** f station f radiophonique; station f émettrice de radiodiffusion; ~**technik** f radiotechnique f; ~**techniker** m radiotechnicien m; ~**teilnehmer**(in f) m abonné m, -e f de T.S.F.; ~**übertragung** f radiodiffusion f; diffusion f radiophonique; ~**werbung** f publicité f à la radio; ~**zeitung** f journal m de radio.
'**Rund|gang** m tour m; ⚔ ronde f; ~**gesang** m ronde f; ~**heit** f rondeur f; rotondité f; 2**he'raus** adv. rondement; franchement; tout net; 2**he'rum** adv. à la ronde; um etw. ~ tout autour de qch.; ~**holz** n bois m rond; coll. rondins m/pl.; ~**kopf** m tête f ronde; ~**kopfschraube** f vis f à tête ronde; ~**lauf** gym. m pas-de--géant m; 2**lich** adj. arrondi; Person: (mollig) rond; rondelet, -ette; potelé, boulot, -otte; ~**lichkeit** f forme f arrondie; ~**ling** m village m circulaire; ~**reise** f circuit m; périple m; (Gastspiel2) tournée f; ~**reisebillett** n, ~**reisefahrkarte** f billet m circulaire; ~**schau** f (Panorama) panorama m; (Zeitschrift) revue f; ~**schreiben** n circulaire f; päpstliches ~ encyclique f; ~**schrift** f ronde f; ~**schriftfeder** f plume f de ronde; ~**stahl** m acier m rond; ~**tanz** m ronde f; 2**um** adv. tout autour de; à l'entour de; 2**'um-antenne** f antenne f omnidirectionnelle; 2**um'her** adv. à la ronde; '**um'verteidigung** f défense f tous azimuts; ~**ung** f rond m; rondeur f; forme f arrondie; e-r Säule, Vase: galbe m; △ (Wölbung) voussure f; ~**verfügung** f circulaire f; 2**weg** adv. rondement; franchement; tout net; ~**zange** f pince f ronde.
'**Rune** f rune f; ~**nschrift** f caractères m/pl. runiques; ~**nstein** m pierre m imagée.
'**Runge** f ranche f; ~**nwagen** 🚂 m wagon m à ranchers.
'**Runkelrübe** f betterave f fourragère.
'**runter** F → herunter(...); ~**leiern** péj. écol. v/t. débiter d'une voix monotone; ~**machen** v/t. éreinter (od. étriller od. exécuter od. esquinter) q.
'**Runzel** f ride f; in den Augenwinkeln: patte f d'oie; ~ bekommen se rider.
'**runz(e)lig** adj. ridé; sillonné de rides; ~ werden se rider.
'**runzeln** I 1. v/t. rider; froncer; die Stirn ~ froncer le sourcil; 2. v/rf.: sich ~ se rider; II 2 n froncement.
'**Rüp|el** m (zu Kindern) F galopin m; plais. chenapan m; garnement m; polisson m; vaurien m; ~**e'lei** f gros-

sièreté f; 2**elhaft** adj. grossier, -ière f.
'**rupfen** v/t. tirer; (ausreißen) arracher; Geflügel: plumer (a. fig.); fig. F (j-m Geld abnehmen) ratiboiser q.; mit j-m ein Hühnchen zu ~ haben avoir maille à partir avec q.
'**ruppig** adj. (flegelhaft) grossier, -ière; malotru.
'**Ruprecht** m: Knecht ~ Père m Fouettard.
'**Rüsche** f ruche f.
Ruß m suie f; (Kien2) noir m de fumée; (Pflanzenkrankheit) nielle f; rouille f; '2**artig** adj. fuligineux, -euse.
'**Russe** m Russe m.
'**Rüssel** m des Elefanten, der Insekten: trompe f; des Schweins: groin m; des Wildschweins: boutoir m; ~**käfer** ent. m charançon m; ~**tiere** zo. n/pl. proboscidiens m/pl.
'**rußen** v/i. faire beaucoup de suie.
'**Russen|feind** m russophobe m; 2**feindlich** adj. russophobe; ~**freund** m russophile m; 2**freundlich** adj. russophile.
'**Rußfleck** m tache f de suie.
russifi'zieren v/t. russifier.
'**rußig** adj. couvert de suie; ♀ niellé; rouillé.
'**Russ|in** f Russe f; 2**isch** adj. russe; de Russie; das 2(e) le russe; la langue russe; ~**e Eier** œufs m/pl. à la russe.
'**Rußland** n la Russie f; das europäische (asiatische) ~ la Russie d'Europe (d'Asie).
Russo'loge m russiste m.
'**rüsten** I 1. v/t. (herrichten) préparer; apprêter; 2. v/rf.: sich ~ (auf acc.; zu) se préparer (à); faire ses préparatifs; 3. v/i. (zum Kriege) ~ armer; faire des préparatifs de guerre; (mobil machen) mobiliser; (Gerüst aufschlagen) échafauder; II 2 n → Rüstung.
'**Rüster** ♀ f orme m.
'**rüstig** adj. vigoureux, -euse; (robust) robuste; solide; (munter, hurtig) alerte; noch ~ sein avoir bon pied bon œil; noch ~ für sein Alter sein être encore vert (od. très allant) pour son âge; porter bien son âge; 2**keit** f vigueur f; verdeur f.
'**Rüst|kammer** f cabinet m d'armes anciennes; ~**stange** △ f boulin m.
'**Rüstung** f (Vorbereitung) préparatifs m/pl. (zu de); mit Waffen: armement m; (Harnisch) armure f; ~**s-arsenal** n pool m d'armements; ~**sbeschränkung** f limitation f des armements; ~**sbetrieb** m, ~**sfabrik** f usine f d'armements; ~**s-industrie** f industrie f d'armement (od. de guerre); ~**skontrolle** f contrôle m des armements; ~**sstand** m état m d'armement; ~**swettlauf** m course f aux armements; ~**szentrum** n centre m d'industrie d'armement (od. d'industrie de guerre).
'**Rüstzeug** n (Handwerkszeug) outils m/pl.; outillage m; matériel m; fig. (Kenntnisse) connaissances f/pl.; bagage m.
'**Rute** f verge f; baguette f; (Fuchtel) férule f; e-s Fuchses usw.: queue f; e-s Hundes: fouet m; ~**nbündel** n paquet m de verges; antiq. der Liktoren: faisceaux m/pl.; ~**ngänger** m sourcier m; ~**nhieb** m, ~**nstreich** m coup m de verge.

Ru'then|e *m*, **~in** *f* Ruthène *m*, *f*.

Rutsch *m* glissement *m*; (*Erd*2) éboulement *m*; (*kurze Reise*) petit tour *m*; **'~bahn** *f* toboggan *m*; glissoire *f*; **'~e** *f für gefälltes Holz*: glissoir *m*; *für Lasten*: goulotte *f*; glissière *f*; *bsd.* ✈ toboggan *m*; **'2en** *v/i.* glisser; (*nicht fassen*) patiner; *Erdreich*: s'ébouler; *Auto usw.*: déraper; *das Essen rutscht nicht* les bouchées ne veulent pas descendre; cela ne passe pas; **'~en** *n* glissement *m*; *v. Erdreich*: éboulement *m*; *Auto usw.*: dérapage *m*; **'2fest** *adj* antidérapant; **'~festigkeit** *f* propriété *f* antidérapante; **'~gefahr** *f als Verkehrszeichen*: route *f* glissante; **'2ig** *adj.* glissant; **'2-'hemmend** *adj.* antiglissant; **'~partie** F *f* petite excursion *f*; **'2sicher** *adj.* antidérapant; antiglissant.

'Rüttelbeton *m* béton *m* vibré.

'rütteln I *v/t. u. v/i.* secouer; (*erschüttern*) ébranler; (*umschütteln*) remuer; *Wagen*: cahoter; *j-n aus dem Schlafe* ~ secouer q. pour l'éveiller; *an der Tür* ~ secouer la porte; *fig. gerüttelt volles Maß* mesure *f* comble; *daran ist nicht zu* ~ c'est certain; c'est un fait; **II** 2 *n* secousses *f/pl.*; (*Erschüttern*) ébranlement *m*; *des Wagens*: cahotage *m*; cahotement *m*; cahots *m/pl*.

'Rüttler ⊕ *m* secoueur *m*.

S

S, s *n* S, s *m*.
Saal *m* salle *f*; '~**bau** *m* grande salle *f*; 'hall *m*; '~**schlacht** *f* meeting *m* tumultueux; '~**tür** *f* porte *f* de la salle.
Saar: die ~ la Sarre; ~'**brücken** *n* Sarrebruck *m*; '~**gebiet** *n*, '~**land** *n* (territoire *m* de la) Sarre *f*; '~**länder** (**-in** *f*) *m* Sarrois *m*, -e *f*; '**ländisch** *adj.* sarrois; '~**wein** *m* vin *m* de la Sarre.
Saat *f* (*das Ausgesäte*) semences *f/pl.*; (*das Säen*) semailles *f/pl.*; (*das Hervorsprossende*) grains *m/pl.*; blés *m/pl.*; die ~ bestellen faire les semailles; die ~ steht gut les grains sont beaux; '~**bestellung** *f* semailles *f/pl.*; '~**feld** *n* champ *m* ensemencé; semis *m*; '~**getreide** *n*, '~**gut** *n* semence *f*; '~**kartoffeln** *f/pl.* pommes *f/pl.* de terre de semence; '~**krähe** *orn. f* freux *m*; '~**zeit** *f* époque *f* des semailles; '~**zucht** *f* sélection *f* des semences.
Sabbat *m* sabbat *m*; ~**ruhe** *f* repos *m* du sabat.
'**Sabber|latz** F *m* bavette *f*; ⒉**n** F *v/i.* baver; (*schwatzen*) bavarder; radoter.
'**Säbel** *m* sabre *m*; (*Türken*⒉) cimeterre *m*; *mit gezücktem* ~ sabre *m* au clair; *mit dem* ~ *rasseln* brandir la menace de guerre; ~**beine** F *n/pl.* jambes *f/pl.* en cerceau arquées; ⒉**beinig** F *adj.* qui a les jambes en cerceau, arquées; ~**duell** *n* duel *m* au sabre; ~**fechten** *n* escrime *f* au sabre; ~**hieb** *m* coup *m* de sabre; ~**raßler** *m* traîneur *m* de sabre; F ratapoil *m*.
Sabo|**tage** *f* sabotage *m*; ~'**tageakt** *m* acte *m* de sabotage; ~'**teur**(**in** *f*) *m* saboteur *m*, -euse *f*; ⒉'**tieren** *v/t.* saboter.
Sa(**c**)**cha'rin** *n* saccharine *f*.
'**Sach|ausgaben** *f/pl.* dépenses *f/pl.* en matériel; ~**bearbeiter**(**in** *f*) *m* personne *f* compétente; spécialiste *m*; *Computer:* analyste *m*; ~**berater** *m* conseiller *m* technique; ~**beschädigung** *f* dégâts *m/pl.* matériels; ~**bezeichnung** *f* nom *m* de chose; ⒉**bezogen** *adj.* pertinent; ~**bezüge** *m/pl.* rémunérations *f/pl.* en nature; ⒉**dienlich** *adj.* pertinent; (*nützlich*) utile; ~**dienlichkeit** *f* pertinence *f*; (*Nützlichkeit*) utilité *f*.
'**Sache** *f* chose *f*; (*Gegenstand*) objet *m*; matière *f*; (*Angelegenheit*) affaire *f*; (*Tat*⒉) fait *m*; (*Fall*) cas *m*; *pol.*, ⁂ cause *f*; ~**n** *pl.* (*Habe*) effets *m/pl.*; (*Kleidungsstücke*) vêtements *m/pl.*; *sie trug alte* ~**n** *völlig ab* elle usait jusqu'à la corde de vieilles affaires; (*Möbel*) meubles *m/pl.*; F *fig. krumme* ~**n** F tripotages *m/pl.*; *die* ~ *ist erledigt* la chose est réglée; c'est chose faite;

es ist ~ *der Regierung, zu* ... (*inf.*) il incombe (*od.* il appartient) au gouvernement de ... (*inf.*); *das ist e-e abgekartete* ~ c'est un coup monté; *das ist e-e* ~ *für sich* c'est une chose (*od.* un fait) à part; *das ist e-e andere* ~ c'est autre chose; c'est différent; *das ist nicht deine* ~ ce n'est pas ton affaire; cela ne te regarde pas; *das tut nichts zur* ~ cela ne fait rien à l'affaire; *zur* ~ *kommen* (en) venir au fait; *sofort zur* ~ *kommen* aller droit au fait; (en) venir au fait sans détours; *zur* ~*!* à la question!; *das gehört nicht zur* ~ c'est 'hors du sujet; *etw. zur* ~ *beitragen* fournir une contribution à l'affaire (en cause); *auf die* ~ *selbst eingehen* entrer en matière; *bei der* ~ *bleiben* s'en tenir au fait; *j-n bitten, bei der* ~ *zu bleiben* rappeler q. à la question; *nicht bei der* ~ *bleiben* s'écarter (*od.* s'éloigner) du sujet; *ich will wissen, was an der* ~ *ist* je tiens à savoir ce qu'il en est; *so steht die* ~ voilà où en est l'affaire; *s-e* ~ *verstehen* savoir son métier; *etw. von der* ~ *verstehen* être du métier; *s-r* ~ *sicher sein* être sûr de son affaire; *tun Sie es der guten* ~ *zuliebe* faites-le pour la bonne cause; *ganz bei der* ~ *sein* être tout à son affaire; *nicht bei der* ~ *sein* être distrait; *j-n für s-e* ~ *gewinnen* gagner q. à sa cause; *in* ~*n* ... *gegen* ... affaire ... contre ...; *gemeinsame* ~ *machen mit* faire cause commune avec; *er weiß nicht ganz andere* ~*n* il en sait bien d'autres; F *was machen Sie für* ~*n?* que faites-vous donc?; *Sie machen ja schöne* ~*n iron.* vous en faites de belles; *ich höre ja schöne* ~*n von Ihnen iron.* j'en apprends de belles sur votre compte; *mach doch keine* ~*n!* allons donc!; F *die* ~*!* le coup de foudre!
'**Sach**|**einlage** ⁑ *f* apport *m* en nature; ~**entschädigung** *f* indemnité *f* en nature; ~**entscheidung** ⁑ *f* décision *f* (*od.* jugement *m*) au fond; ~**erklärung** *f* explication *f* des faits; ~**frage** *f* question *f* pertinente (*od.* factuelle); *weit* S. problème *m* actuel; ~**gebiet** *n* matière *f*; domaine *m*; (*Ressort*) ressort *m*; ~**gebietsleiter** *m* cadre *m*; ⒉**gemäß** *adj.* conforme aux faits; objectif, -ive; *Verpackung:* adéquat; convenable; approprié; ~**e Durchführung** exécution *f* adéquate; *adv.* convenablement; ~**katalog** *m* catalogue-matières *m*; ~**kenner** *m* connaisseur *m*; expert *m*; ~**kenntnis** *f*, ~**kunde** *f* connaissance *f* des choses (*od.* de la matière); compétence *f* pour la matière; ⒉**kundig** *adj.* expert; compétent; versé; spécialisé; ~**kundige**(**r**) *m* connaisseur *m*; ex-

pert *m*; ~**lage** *f* état *m* de(s) choses (*od.* de la question *od.* de l'affaire *od.* des faits); situation *f*; circonstances *f/pl.*; ~**leistung** *f* prestation *f* en nature.
'**sachlich** *adj.* objectif, -ive; matériel, -elle; en la matière; réaliste; lucide; ~ *richtig* (*als Vermerk*) certifié exact pour les faits (*od.* pour la matière).
'**sächlich** *gr. adj.* neutre.
'**Sachlichkeit** *f* (*Objektivität*) objectivité *f*; *auf Tatsachen beruhend*: caractère *m* positif; *die Neue* ~ le modernisme pratique; *peint.* le néo-réalisme.
'**Sach**|**programm** *n* programme *m*; ~**register** *n* index *m*; répertoire *m*; ~**schaden** *m* dégâts *m/pl.* matériels.
'**Sachse** *m*, '**Sächsin** *f* Saxon *m*, -onne *f*.
'**Sachsen** *n* la Saxe.
'**sächsisch** *adj.* saxon, -onne; de Saxe.
'**Sachspende** *f* don *m* (en nature).
'**sacht**(**e**) *adv.* doucement; (*immer*) ~*!* doucement!; tout doux!
'**Sach**|**verhalt** *m* faits *m/pl.*; matérialité *f* des faits; état *m* de choses; ⁂ énoncé *m* des faits; *den klarlegen* exposer les faits; ⒉**verständig** *adj.* expert; compétent; ~**verständigenausschuß** *m* comité *m* d'experts; ~**verständigenbericht** *m*, ~**verständigengutachten** *n* expertise *f*; rapport *m* d'expert(s); ~**verständigenschätzung** *f* estimation *f* par expert; ~**verständige**(**r**) *m* expert *m*; vereidigter ~ expert *m* assermenté; *sich auf das Urteil der* ~*n berufen* s'en rapporter au dire des experts; ~**verzeichnis** *n* table *f* des matières; ~**walter** ⁂ *m* (*plädierender Anwalt*; *Verteidiger*) avocat *m*; (*nicht plädierender Anwalt*) avoué *m*; (*Verwalter*) administrateur *m*; (*Treuhänder*) agent *m* fiduciaire; ~**wert** *m* valeur *f* réelle; ~**e** *pl.* biens *m/pl.* réels; ~**wörterbuch** *n* encyclopédie *f*.
Sack *m* sac *m* (*a. anat. u.* ⚓); ⚓ *a.* poche *f*; *mit* ~ *und Pack* avec armes et bagages; P *voll wie ein* ~ *sein* être soûl comme une bourrique; F *wie ein* ~ *schlafen* avoir un sommeil de plomb; *fig. die Katze aus dem* ~ *lassen* montrer ses vrais desseins; laisser échapper le secret; *die Katze im* ~ *kaufen* acheter les yeux fermés; acheter chat en poche.
'**Säckel** *m* (*Geldbeutel*) bourse *f*.
'**sacken** *v/i.* Gebäude: s'affaisser; *frisch geschüttete Erde:* se tasser.
'**sack**|**förmig** *adj.* en forme de sac; ⒉**gasse** *f* impasse *f* (*a. fig.*); cul-de-sac *m*; *sich in e-r* ~ *befinden* être dans une impasse; ⒉**hüpfen** *n* course *f* en

sac; karre f diable m; kleid n robe-sac f; leinen n, leinwand f grosse toile f; pfeife ♪ f cornemuse f; träger m débardeur m; voll m: ein ~ un sac.
Sa'dis|mus m sadisme m; ~t sadique m; tisch adj. sadique.
'säen I v/t. u. v/i. semer; II n semailles f/pl.; ensemencement m.
'Säer(in f) m semeur m, -euse f.
Sa'fari f safari m; ~kleidung f tenue f safari; ~tourist m safariste m.
'Safe m coffre-fort m; ~knacker m perceur m de coffres.
'Saffian m maroquin m; ~einband m reliure f en maroquin.
'Safran m safran m; mit ~ färben safraner; gelb adj. safran.
Saft m suc m; der Pflanzen: sève f; (Frucht) jus m, eingedickter: sirop m; physiol. Säfte pl. im Körper: humeurs f/pl.; fig. saveur f; (Kraft) sève f; énergie f; weder ~ noch Kraft haben cuis. être sans goût, Person: manquer de force; '~grün n vert m tendre.
'saftig adj. plein de suc (resp. de jus resp. de sève); succulent; juteux, -euse; fig. vert; salé; keit f abondance f de suc (resp. de jus resp. de sève); délicatesse f; fig. verdeur f.
'saft|los adj. sans suc (resp. jus resp. sève); (ausgedorrt) sec, sèche; fig. fade; losigkeit f manque m de suc (resp. de jus resp. de sève); fig. fadeur f; ~reich adj. riche en suc (resp. jus resp. sève).
'Sage f légende f; mythe m.
'Säge f scie f; elektrische (Baum-) ~ tronçonneuse f mécanique; ♪ singende ~ scie f musicale; ~blatt n lame f de scie; ~bock ⊕ m chevalet m; ~fisch icht. m scie f; ~maschine f scie f mécanique; ~mehl n sciure f de bois; ~mühle f scierie f.
'sagen I v/t. u. v/i. dire (über acc., von de); (bedeuten) signifier; kein Wort ~ ne dire mot, F être muet, -ette comme une carpe; ohne ein Wort zu ~ sans mot dire od. sans dire mot; j-m die Meinung ~ dire son fait od. ses vérités) à q.; j-m für etw. Dank ~ remercier q. de (od. pour) qch.; sich etw. ~ se dire donc!; nichts zu ~ haben n'être qu'un pion sur l'échiquier; er hat hier nichts zu ~ il n'a pas d'ordres à donner ici; er hat mir nichts zu ~ je n'ai pas d'ordres à recevoir de lui; das hat nichts zu ~ cela ne veut rien dire; ce n'est rien; ~ Sie mal! dites donc!; sage mir, mit wem du umgehst, und ich sage dir, wer du bist dites-moi qui vous fréquentez, et je vous dirai qui vous êtes; Sie dazu? qu'en dites-vous?; was Sie ~! que me dites--vous là!; was Sie nicht alles ~! vous en dites de belles!; was wollen Sie damit ~? que voulez-vous dire par là?; wie sagt man auf französisch? comment dit-on en français?; das will viel ~ c'est beaucoup dire; das will schon etw. ~ c'est déjà qch.; das sagt man nicht cela ne se dit pas; was sagten Sie? vous disiez?; comment?; das kann man wohl ~ c'est bien le cas de le dire; was noch mehr ~ will qui plus est; ich habe mir ~ lassen je me suis laissé dire; on m'a appris; on m'a dit; sich nichts ~ lassen ne vouloir écouter personne; es sich nicht zweimal ~ lassen ne pas se le faire dire deux fois; lassen Sie sich das gesagt sein tenez-vous-le pour dit; es ist nicht zu ~ (es ist unglaublich) c'est incroyable, (es ist unerhört) c'est inouï; was ich ~ wollte à propos, (Satz des sich darauf Besinnenden) que voulais-je dire?; dagegen ist nichts zu ~ il n'y a rien à dire à cela; nun sage noch e-r, ... qu'on vienne encore prétendre que ...; er kann dasselbe von sich ~ il peut en dire autant; das brauchen Sie mir nicht zu ~; wem ~ Sie das? à qui le dites-vous?; wie man sagt comme on dit; man möchte ~ on dirait; wenn ich so ~ darf si j'ose dire; si je puis (od. si j'ose) m'exprimer ainsi; ich will nichts gesagt haben alors je n'ai rien dit; F mettons que je n'ai(e) rien dit; es ist nicht zuviel gesagt ce n'est pas trop dire; damit ist alles gesagt c'est tout dire; cela dit tout; wie gesagt comme je viens de dire; comme je l'ai dit; leichter gesagt! facile à dire!; leichter gesagt als getan plus facile à dire qu'à faire; gesagt, getan aussitôt dit, aussitôt fait; chose dite, chose faite; beiläufig gesagt soit dit en passant; besser gesagt pour mieux dire; richtiger gesagt plus exactement; damit ist nicht gesagt, daß ... ça ne veut pas dire que ... (subj.); sage und schreibe (nicht weniger als) (bei vb. ne ...) pas moins que (vor Zahlen: de); téléph. die Nummer ~, die man wünscht donner le numéro qu'on souhaite; II n dire m; paroles f/pl.; fig. das ~ haben donner le ton.
'sägen I v/t. scier; II n sciage m.
'sagen|haft adj. légendaire; fabuleux, -euse; mythique; fig. F sensass; c'est le pied!; kreis m cycle m de légendes; kunde f mythologie f; schatz m trésor m de légendes.
'Säge|späne m/pl. sciure f de bois; ~werk ⊕ n scierie f.
'Sago m sagou m; (Tapioka) tapioca m.
Sa'hara f: die (Wüste) ~ le (désert du) Sahara; ~staat m État m sahraoui.
'Sahn|e f crème f; (Schlagsahne) crème f Chantilly; ~ebaiser cuis. n meringue f à la crème; ~ebonbon m od. n caramel m; ~e-eis n glace f à la crème; crème f glacée; ~ekännchen n petit pot m à crème; ~ekäse m fromage m à la crème; ~etorte f tarte f à la crème; ig adj. crémeux, -euse.
Sai'son f saison f; stille ~ morte--saison f; ~arbeit f travail m saisonnier; ~arbeiter(in f) m ouvrier m (-ière f) saisonnier (-ière); écol. péj. (Schüler, -in) élève m, f opportuniste; élève m, f qui ne travaille pas régulièrement; ~artikel m article m saisonnier; ~ausverkauf m soldes m/pl. de fin de saison; bedingt adj. saisonnier, -ière; ~betrieb m entreprise f saisonnière; mäßig adj. saisonnier, -ière; ~schlußverkauf m soldes m/pl. de fin de saison; ~schwankungen f/pl. fluctuations f/pl. saisonnières.
'Saite f ♪ corde f; mit ~n beziehen Tennisschläger: corder; ♪ e-e ~ aufziehen monter une corde; fig. andere ~n aufziehen changer de ton; ~n-instrument n instrument m à cordes; ~nspiel n accords m/pl. d'une harpe, d'une lyre, d'un luth.
'Sakko m veston m; ~anzug m complet-veston m.
sa'kral adj. sacré.
Sakra'ment n sacrement m.
sakramen'tal adj. sacramentel, -elle.
Sakra'mentshäus-chen n tabernacle m.
Sakri'leg n sacrilège m.
Sakris'tan m sacristain m.
Sakris'tei f sacristie f.
sakro'sankt adj. sacro-saint.
Säku'larfeier f (fête f du) centenaire m.
säkulari'sier|en v/t. séculariser; ung f sécularisation f.
Sala'mander zo. m salamandre f.
Sa'lami f salami m; ~taktik pol. f tactique f du salami (od. du compte--gouttes).
Sa'lat m salade f; ♀ a. laitue f; den ~ machen (zurechtmachen) éplucher (faire) la salade; fig. F da haben wir den ~! nous voilà dans de beaux draps!; ~besteck n couvert m à salade; ~gabel f fourchette f à salade; ~kopf m (tête f de) laitue f; ~korb m panier m à salade; ~schüssel f saladier m.
Salbade'rei f rabâchage m; F prêchi--prêcha m.
sal'badern v/i. rabâcher; discourir.
'Salband n Weberei: lisière f; ⚒ salbande f.
'Salbe f pommade f.
Sal'bei ♀ m od. f sauge f.
'salb|en v/t. oindre; (weihen) sacrer; e-n Toten: embaumer; zum König ~ sacrer roi; der Gesalbte des Herrn l'oint m du Seigneur; ~öl n rl. saintes huiles f/pl.; (saint) chrême m; ~ung f onction f (a. fig.); (Weihe) sacre m; ~ungsvoll I adj. onctueux, -euse; II adv. onctueusement; avec onction.
sal'dier|en ✝ v/t. solder (un compte); ung f liquidation f d'un compte.
'Saldo ✝ m solde m; per ~ pour solde; e-n ~ ziehen arrêter un solde; den ~ auf neue Rechnung vortragen reporter le solde à nouveau; ~betrag m montant m du solde; ~guthaben n solde m créditeur; ~übertrag m report m du solde; ~vortrag m solde m reporté; ~wechsel m traite f (od. effet m) pour solde de compte.
Sa'line f saline f.
Sali'zylsäure f acide m salicylique.
Salm m icht. saumon m; fig. F (Litanei) litanie f; (Geschwätz) bavardage m.
'Salmiak ♀ m sel m ammoniac; chlorure m d'ammonium; ~geist m ammoniaque f; F alcali m volatil.
Sa'lon m salon m; ~ für Schönheitspflege institut m de beauté; fähig adj. présentable; F sortable; digne d'être admis dans la bonne société; ~ werden (Mode) entrer dans les mœurs; ~löwe m homme m du monde; mondain m; péj. salonnard m; ~wagen ⚒ m voiture-salon f.
sa'lopp adj. négligé; malpropre; peu soigné; débraillé.
Sal'peter m salpêtre m; ~bildung f salpêtrage m; ~erde f terre f azotée; ~grube f salpêtrière f; haltig salpê-

treux, -euse; ²**sauer** 🔥 *adj.* nitraté; nitrique; *salpetersaures Salz* nitrate *m*; ~**säure** 🔥 *f* acide *m* nitrique.
sal'petrig *adj.* azoteux, -euse.
'**SALT-Gespräche** *pol. n/pl.* négociations *f/pl.* sur la limitation des armements stratégiques.
'**Salto** *m* saut *m* périlleux; ~ **mor'tale** *m* saut *m* de la mort.
Sa'lut *m* salut *m*; ~ *schießen* saluer par des coups de canon.
salu'tieren I *v/i.* saluer; II ♀ *n* salut *m*.
Sa'lutschüsse *m/pl.*: *j-n mit* ~*n begrüßen* saluer q. par des coups de canon.
'**Salve** *f* salve *f*; décharge *f*; volée *f*; *e-e* ~ *(ab)geben* tirer une salve.
'**Salweide** ♀ *f* marseau *m*.
Salz *n* sel *m (a. fig.);* *in* ~ *legen* saler; ~ *gewinnen* produire du sel; '~**ader** *f* veine *f* de sel; ²**arm** *(Nahrung) adj.* sans sel; '²**artig** *adj.* salin; '~**bad** *n* bain *m* d'eau salée; '~**bergwerk** *n* mine *f* de sel; saline *f*; '~**bildung** *f* salification *f*; '~**brezel** *f* bretzel *m*; ²**en** *v/t.* saler; *gesalzen salé (a. fig.);* '~**en** *(Ein*²*)* salaison *f*; '~**faß** *n* saloir *m*; *auf dem Tisch:* = '~**fäßchen** *n* salière *f*; '~**fisch** *m* poisson *m* salé; ~**fleisch** *n* viande *f* salée; salaisons *f/pl.*; '~**garten** *m* marais *m* salant; '~**gehalt** *m* teneur *f* en sel; salinité *f*; '~**geschmack** *m* goût *m* salin; '~**gewinnung** *f* saliculture *f*; *von Meersalz a.:* saunage *m*; '~**gurke** *f* cornichon *m* au sel; '²**haltig** *adj.* salé; salin; '~**hering** *m* 'hareng *m* salé *(od.* saumuré); '²**ig** *adj.* salé; salin; '~**kartoffeln** *f/pl.* pommes *f/pl.* (de terre) à l'anglaise; '~**korn** *n* grain *m* de sel; '²**lake** *f* saumure *f*; '²**los** *adj. u. adv.* sans sel; '~**lösung** *f* solution *f* saline; '~**napf** *m* salière *f*; '~**niederschlag** *m* dépôt *m* de sel *(od.* salin); '~**säule** *f bibl.* statue *f* de sel; '~**säure** 🔥 *f* acide *m* chlorhydrique; '~**see** *m* lac *m* salé; '~**sieder** *m* saunier *m*; '~**siede'rei** *f* saunerie *f*; '~**sole** *f* eau *f* salée; saumure *f*; '~**stange** *f* bâtonnet *m* salé; '~**steuer** *f* impôt *m* sur le sel; *hist.* gabelle *f*; '~**streuen** *n* salage *m*; '~**wasser** *n* eau *f* salée; '~**werk** *n* saline *f*.
'**Sämann** *m* semeur *m*.
Sama'riter|(in *f) m* Samaritain *m, -e f; weit S.* infirmier *m, -ière f* volontaire; ~**dienst** *m* service *m* de Samaritain.
'**Sämaschine** *f* semoir *m*.
'**Samb|ia** *géogr. n:* la Zambie *f*; ~**ier** *m* Zambien *m*.
'**Samen** *m* ♀ semence *f*; graine *f*; *männlicher* ~ sperme *m; fig. (Keim)* germe *m; in* ~ *schießen* monter en graine.
'**Samen|behälter** ♀ *m* péricarpe *m*; ~**bildung** *physiol. f* spermatogenèse *f*; ~**bläs-chen** *anat. n* vésicule *f* séminale; ~**drüse** *anat. f* testicule *m*; ~**erguß** *m* éjaculation *f*; ~**faden** *m* spermatozoïde *m*; ~**fluß** *m* spermatorrhée *f*; ~**gehäuse** ♀ *n* péricarpe *m*; ~**handel** *m,* ~**handlung** *f* graineterie *f*; ~**händler** *m* grainetier *m*; grainier *m*; ~**kapsel** *f* capsule *f* séminale; ~**korn** ♀ *n* grain *m*; graine *f*; ~**leiter** *anat. m* canal *m* déférent; ~**tierchen** *n* spermatozoïde *m*; ²**tragend** ♀ *adj.* séminifère; ~**zwiebel**

♀ *f* oignon *m* monté en graine.
Säme'reien *f/pl.* semences *f/pl.*; graines *f/pl.*
'**sämig** *adj.* épais, -aisse; lié; velouté.
'**sämisch** *adj.* chamoisé; ~ *gerben* chamoiser; ²**gerber** *m* chamoiseur *m*; ²**leder** *n* peau *f* chamoisée; chamois *m*.
'**Sammel|band** *m* recueil *m* en un volume; ~**becken** *n,* ~**behälter** *m* réservoir *m*; ~**begriff** *m* collectif *m*; ~**bestellung** *f* commande *f* collective; ~**bezeichnung** *f* nom *m* collectif; ~**büchse** *f* boîte *f* à collectes; ~**fahrschein** *m* billet *m* collectif; ~**gut** *n* envoi *m* groupé; ~**heizung** *f* chauffage *m* central; ~**kasse** *f in e-m Warenhaus:* caisse *f* centrale; ~**konto** *n* compte *m* collectif; ~**ladung** *f* envoi *m* groupé; groupage *m*; ~**lager** *n* camp *m* de rassemblement; ~**linse** *f* lentille *f* convergente; ~**liste** *f* liste *f* de souscriptions; ~**mappe** *f* chemise *f*; classeur *m*.
'**sammeln** I 1. *v/t.* rassembler; amasser *(a. Wasser);* ramasser; *(einernten)* récolter; recueillir *(a. zusammensuchen); (vereinigen)* réunir; *(anhäufen)* accumuler; amasser; entasser; empiler; *aus Werken:* compiler; *Briefmarken usw.:* collectionner; *Pflanzen* ~ herboriser; *Geld:* quêter; *Kleidung a.:* collecter; ⚔ *zerstreute Truppen:* rallier; 2. *v/rf.: sich* ~ s'assembler; se rassembler; *fig.* se recueillir, recueillir ses idées, se concentrer; *(sich anhäufen)* s'accumuler; s'amasser; s'entasser; s'empiler; 3. *v/i.* faire une collecte *(od.* une quête); quêter; II ♀ *n* rassemblement *m; (Einernten)* récolte *f*; *(Vereinigen)* réunion *f*; *(Anhäufen)* accumulation *f*; ramassage *m*; entassement *m; aus Werken:* compilation *f; zu wohltätigen Zwecken:* quête *f*; collecte *f*; ⚔ ralliement *m*.
'**Sammel|name** *m* nom *m* collectif; ~**nummer** *f* numéro *m* collectif; ~**packmaschine** *f* suremballeuse *f*; ~**paß** *m* passeport *m* collectif; ~**platz** *m,* ~**punkt** *m* lieu *m* de rassemblement; rendez-vous *m (a.* ⚔*);* ⚔ point *m* de ralliement; *für Güter:* dépôt *m* central; ~**sendung** *f* envoi *m* groupé; *Zusammenfassung zu e-r* ~ groupage *m*; ~**stelle** *f* centre *m* de ramassage; † dépôt *m* central; *für Flüchtlinge usw.:* centre *m* de rassemblement; ~**surium** *n* F salmigondis *m*; ramassis *m*; macédoine *f*; F méli-mélo *m*; ~**transport** *m* transport *m* en commun; ~**visum** *n* visa *m* collectif; ~**werk** *n* recueil *m*; ~**wut** *f* manie *f* de collectionner.
'**Samm|ler(in** *f) m v. Briefmarken usw.:* collectionneur *m, -euse f; v. Almosen:* quêteur *m, -euse f; aus Werken:* compilateur *m,* -trice *f*; ~**lung** *f* collection *f*; F panoplie *f; (~bewegung)* rassemblement *m; zu wohltätigen Zwecken:* quête *f*; collecte *f; aus Werken:* compilation *f; (Auswahl)* recueil *m; fig.* recueillement *m;* *e-e* ~ *veranstalten (od.* durchführen) faire une collecte *(od.* une quête); *e-e* ~ *anlegen von etw.* faire collection de qch.; collectionner qch.; ~**lungsbewegung** *pol. f* rassemblement *m*.
Samo'je|de *m,* ~**din** *f* Samoyède *m, f*.

Samo'war *m* samovar *m*.
Sams-tag *m* samedi *m*; ²s tous les samedis; le samedi.
samt I *adv.* tous ensemble; ~ *und sonders* tous sans exception; II *prp. (dat.)* avec; y compris; accompagné de; *oft nur et.*
Samt *m* velours *m*; '²**artig** *adj.* velouté; '~**band** *n* ruban *m* de velours; '²**en** *adj.* de velours *(a. fig.);* '~**glanz** *m* velouté *m*; '²**glänzend** *adj.* velouté; '~**handschuh** *m* gant *m* de velours; *fig. j-n mit* ~*en anfassen* mettre *(od.* prendre) des gants avec q.; '~**kleid** *n* robe *f* de velours.
'**sämtlich** *adj. u. adv.* tout; tout(e) entier (-ière); *(vollständig)* tous, toutes; tous, toutes ensemble; au complet; ~*e Werke* œuvres *f/pl.* complètes.
'**Samt|pfötchen** *n* patte *f* de velours; ²**weich** *adj.* velouté.
'**Samum** *m* simoun *m*.
Sana'torium *n* maison *f* de repos; *für Lungenkranke:* sanatorium *m*; F sana *m*; préventorium *m*.
Sand *m* sable *m; mit* ~ *bestreuen* sabler; *mit* ~ *bedecken (od.* zuschütten) ensabler; ⚓ *auf* ~ *laufen* s'ensabler; *auf* ~ *bauen* bâtir sur le sable; *fig. j-m* ~ *in die Augen streuen* jeter de la poudre aux yeux de q.; *fig. sich im* ~ *verlaufen* se perdre dans le sable, *fig.* finir en eau de boudin, finir en queue de poisson, échouer.
San'dale *f* sandale *f*.
Sanda'lette *f* sandalette *f*.
'**Sand|bahn** *f* piste *f* de sable *(od. Motorsport:* en terre); ~**bank** *f géol.* couche *f* de sable; relais *m*; ⚓ banc *m* de sable; *in e-m Flusse:* ensablement *m*; ~**boden** *m* terrain *m* sablonneux; ~**büchse** *f* sablier *m*; ~**burg** *f* château *m* de sable; ~**dorn** ♀ *m* hippophaé *m*; argousier *m*.
'**Sandelholz** *n* (bois *m* de) santal *m*.
'**Sand|fläche** *f* étendue *f* sablonneuse; ~**floh** *ent. m* chique *f*; ~**form** *f (Spielzeug)* moule *m* à sable; ~**grube** *f* sablière *f*; *für feinen Sand:* sablonnière *f*; ~**grund** *m* fond *m* de sable; ~**guß** ⊕ *m* coulage *m* en sable; ~**hase** F *m (Infanterist)* fantassin *m*, F pousse-cailloux *m; beim Kegeln:* coup *m* manqué; chou *m* blanc; ~**haufen** *m* tas *m* de sable; ~**hose** *f* trombe *f* de sable; ~**hügel** *m* colline *f* de sable; *(Düne)* dune *f*; ²**ig** *adj. (sandreich)* sablonneux, -euse; *(sandhaltig)* sableux, -euse; ~**kasten** *m* ⚔ caisse *f* à sable; ~**kiste** *f* bac *m* à sable; ~**korn** *n* grain *m* de sable; ~**kuchen** *m* sablé *m*; ~**mann** F *m: der* ~ *kommt* le marchand de sable passe *(resp. a* passé); ~**meer** *n* mer *f* de sable; ~**papier** *n* papier *m* de verre; ~**sack** *m* sac *m* de sable; *Boxen:* punching-bag *m*; ~**schicht** *f* couche *f* de sable; ~**stein** *m* grès *m*; ~**steinbruch** *m* grésière *f*; ~**strahl** *m* jet *m* de sable; ~**strahlgebläse** ⊕ *n* sableuse *f*; ~**sturm** *m* tempête *f* de sable.
'**Sand|torte** *f* quatre-quarts *m*; ~**uhr** *f* sablier *m*.
'**Sand- u. Salzstreuwagen** *m* sableuse-saleuse *f*.
'**Sandwein** *(Südfr.) m* vin *m* de sable.
'**Sandwich** *m od. n* sandwich *m*.
'**Sandwüste** *f* désert *m* de sable.

sanft *adj.* doux, douce; *v. Charakter oft:* bon, bonne; (*gutmütig*) débonnaire; (*ruhig*) calme; (*leicht*) léger, -ère; *ruhe ~! repose en paix!*
'**Sänfte** *f* chaise *f* à porteurs; litière *f*; **~nträger** *m* porteur *m* de chaise.
'**Sanft|heit** *f*, **~mut** *f* douceur *f*; **2-mütig** *adj.* doux, douce; (*gutmütig*) débonnaire.
Sang *m* nur noch in: mit ~ und Klang tambour battant; 2- und klanglos sans tambour ni trompette; déconfit; la tête basse.
'**Sänger|(in** *f*) *m* chanteur *m*, -euse *f*; (*Berufssängerin*) cantatrice *f*; (*Kantor, Dichter*) chantre *m*; **~bund** *m* groupe *m* de sociétés chorales; **~fest** *n* fête *f* chorale; festival *m*.
'**sangeslustig** *adj.* qui aime chanter.
Sangu'in|iker *m* sanguin *m*; **2isch** *adj.* sanguin.
sa'nier|en *v/t.* assainir; ✝ *a.* redresser; remettre sur pied; **2er** (*Umwelt*) *m* dépollueur *m*; **2ung** *f* assainissement *m*; ✝ *a.* redressement *m*; *fin.* restauration *f*, rétablissement *m* (*od. ~ e-s Flusses* aménagement *m* (*od.* dépollution *f*) d'un fleuve; △ ~ *von Altbauten* restauration *f* de l'habitat ancien; **2ungsmaßnahme** *f* mesure *f* d'assainissement; **2ungs-plan** *m* plan *m* d'assainissement; **2ungsprogramm** *n* programme *m* d'assainissement.
sani'tär *adj.* sanitaire; **~e Einrichtungen** installations *f/pl.* sanitaires.
Sani'täter *m* secouriste *m*; ambulancier *m*; infirmier *m*.
Sani'täts|auto *n* ambulance *f*; **~dienst** *m* service *m* de santé; **~einheit** ✠ *f* unité *f* sanitaire; **~flugzeug** *n* avion *m* sanitaire; **~hund** *m* chien *m* sanitaire; **~kasten** *m* boîte *f* à pansements; **~kolonne** *f* équipe *f* sanitaire; **~kompanie** ✠ *f* compagnie *f* sanitaire; **~korps** ✠ *n* corps *m* sanitaire; **~offizier** ✠ *m* officier *m* du service de santé; **~personal** *n* personnel *m* sanitaire; **~truppen** *f/pl.* troupes *f/pl.* du service de santé; **~unterstand** *m* poste *m* de secours sous abri; **~wache** *f* poste *m* de secours; **~wagen** *m* ambulance *f*; **~wesen** *n* service *m* de santé; **~zug** *m* train *m* sanitaire (*od.* de blessés).
Sankti'on *f* sanction *f*; **~s-politik** *f* politique *f* de sanctions.
sanktio'nier|en *v/t.* sanctionner; **2ung** *f* sanction *f*.
'**San Ma'rino** *n*: *Republik* ~ République *f* de Saint-Marin.
'**Sanskrit** *n* sanscrit *m*; sanskrit *m*.
'**Saphir** *m* saphir *m*; **~nadel** (*Plattenspieler*) *f* aiguille *f* à saphir.
'**sapphisch** *adj.* saphique.
Sara'bande *f* sarabande *f*.
Sara'ze|ne *m* Sarrasin *m*; **2nisch** *adj.* sarrasin.
Sar'delle *f* (*Anchovis*) anchois *m*; **~nbutter** *f* beurre *m* d'anchois; **~n-paste** *f* pâte *f* d'anchois.
Sar'dine *f* sardine *f* (*in Öl* à l'huile); **~nfischer** *m* sardinier *m*.
Sar'din|ien *n* la Sardaigne *f*; **~ier** (-in *f*) *m* Sarde *m, f*.
Sarg *m* cercueil *m*; *st.s.* bière *f*; '**~deckel** *m* couvercle *m* de cercueil; '**~geschäft** *n* magasin *m* de cercueils; '**~träger** *m* porteur *m*; F croque-

-mort *m*; '**~tuch** *n* poêle *m*.
Sar'kas|mus *m* sarcasme *m*; **2tisch** *adj.* sarcastique.
Sarko'phag *m* sarcophage *m*.
sa'tanisch *adj.* de Satan; satanique; (*teuflisch*) diabolique.
Satel'lit *m* **1.** satellite *m*; *künstlicher ~* satellite *m* artificiel; **2.** △ (*Abfertigungsgebäude e-s Großflughafens*) bâtiment *m* satellite (*od.* annexe); **~enbahn** *at. f*: *auf e-e ~ schicken* satelliser; **~enballon** *m* ballon-satellite *m*; **~enrakete** *f* lanceur *m* de satellites; **~enforscher** *m* satelliste *m*; **~enstaat** *m* État *m* satellite; **~enstadt** △ *f* ville *f* satellite; grand ensemble *m*; **~enträgerrakete** *f* fusée *f* porte--satellite.
Sa'tin *m* satin *m*.
sati'nieren I *v/t.* satiner; **II** 2 *n* satinage *m*.
Sa'ti|re *f* satire *f*; **~riker** *m* (auteur *m*, poète *m*) satirique *m*; **2risch** *adj.* satirique.
Satisfakti'on *f* satisfaction *f*.
satt I *adj.* rassasié; (*völlig ~*) repu; (*überdrüssig*) las, lasse; dégoûté; rebuté; *a.* rassasié (*de qch.*); (*gesättigt*) *bsd.* 🎨 saturé, *Farbe*: chargé; (*dunkel*) foncé; ~ *sein* avoir assez mangé; **II** *adv.*: ~ *machen* rassasier; *sich ~ essen* se rassasier; manger à sa faim (*od.* jusqu'à [*od.* à] satiété); *sich ~ trinken* boire à sa soif (*od.* jusqu'à [*od.*à] satiété); *etw. ~ bekommen* se lasser de qch.; se rassasier de qch.; *etw. ~ haben* avoir assez de qch.; *etw. ~ sein* en avoir assez; *ich bin's, lasse, lasse de qch.;* être rassasié de qch.; *er kann sich daran nicht~ sehen* il ne se lasse pas de voir cela.
'**Satte** *f* jatte *f*; écuelle *f*.
'**Sattel** *m* selle *f*; *e-s Berges:* croupe *f*; crête *f*; (*Senke*) col *m*; défilé *m*; ♪ sillet *m*, (*Steg*) chevalet *m* de violon; *in den ~ steigen* mettre en selle; *sich in den ~ schwingen* sauter (*od.* se mettre) en selle; *fest im ~ sitzen* être bien en selle (*a. fig.*); être ferme sur ses étriers (*a. fig.*); *fig. nicht fest im ~ sitzen* branler dans le (*od.* au) manche; *ohne ~ reiten* monter à cru; *j-n aus dem ~ heben* désarçonner q., *fig. a.* supplanter q.; *in allen Sätteln gerecht sein* être habile en tout (*od.* un homme universel); s'arranger de tout; **~auflieger** *m* semi-remorque *f*; **~bogen** *m* arçon *m*; **~dach** *n* toit *m* en bâtière; **~decke** *f* housse *f*; **~fest** *adj.* bien en selle (*a. fig.*); *ferme sur ses étriers (a. fig.)*; *fig. in etw.* (*dat.*) ~ *sein* F être ferré sur qch.; **~gurt** *m* sangle *f* de selle; **~kissen** *n* panneau *m*; **~knopf** *m* pommeau *m* de selle; **2n** *v/t.* seller; *Packtier:* bâter; **~nase** *f* nez *m* camard; **~pferd** *n* cheval *m* de selle; **~platz** *m auf Rennplätzen:* pesage *m*; **~schlepper** *m* (tracteur *m* de) semi--remorque *m*; **~schlepperanhänger** *m* semi-remorque *f*; **~tasche** *f* sacoche *f*; **~zeug** *n* sellerie *f*.
'**Sattheit** *f* satiété *f*.
'**sättig|en** *v/t.* (*v/rf.*: *sich se*) rassasier (*mit de*); (*s'*)assouvir (*a. fig.*); (*durchtränken*) imprégner (*mit de*); 🎨 *phys., a. fig.* saturer; *fig.* assouvir; **~end** *adj.* qui rassasie, nourrissant; 🎨 saturant; **2ung** *f* assouvissement *m* (*a. fig.*); 🎨 *a. fig.* saturation *f*;

2ungspunkt 🎨 *m* point *m* de saturation.
'**Sattler** *m* sellier *m*; (*Geschirrmacher*) bourrelier *m*; **~arbeit** *f*, **Sattle'rei** *f* sellerie *f*; (*Geschirrmacherei*) bourrellerie *f*.
'**sattsam** *adv.* suffisamment; assez.
satu'rieren *v/t.* saturer.
'**Satyr** *m* satyre *m*; **~spiel** *n* drame *m* satyrique.
Satz *m* gr. proposition *f* (*a. Logik u.* ♘), *als Sinnganzes:* phrase *f*; ♘ théorème *m*; (*Sprung*) saut *m*; bond *m*; (*Anlauf*) élan *m*; *mit einem ~ d'un seul bond; Tennis:* set *m*; (*Boden2*) dépôt *m*; sédiment *m*; (*Kaffee2*) marc *m*; (*Reihe*) série *f*; *v. Werkzeugen:* jeu *m*; *v. Geschirr:* service *m*; *v. Knöpfen:* garniture *f*; *v. Töpfen:* batterie *f*; (*Ein2*) enjeu *m*; mise *f*; *phys.* pile *f*; *typ.,* ♪ composition *f*; (*Teil e-s Musikstückes*) mouvement *m*; ✝ taux *m*; *Waren:* assortiment *m*; '**~aussage** *gr. f* verbe *m*; '**~bau** *gr. m* construction *f* (de la phrase); '**~bild** *typ. n* aspect *m* typographique; '**~breite** *typ. f* justification *f*; '**~fehler** *typ. m* faute *f* en composition; '**~gefüge** *gr. n* phrase *f* complexe; '**~gegenstand** *gr. m* sujet *m*; '**~kosten** *typ. pl.* frais *m/pl.* de composition; '**~lehre** *gr. f* syntaxe *f*; '**~preis** (*Briefm.*) *m* prix *m* de la série; '**~spiegel** *typ. m* exemplaire *m* type (*od.* modèle); '**~teil** *gr. m* partie *f* du discours.
'**Satzung** *f* statut *m*; règlement *m*; (*Gesetz*) loi *f*; (*Vorschrift*) précepte *m*; (*Glaubens2*) dogme *m*; (*Ordensregel*) observance *f*; *die ~ ändern* modifier le statut; **~s-änderung** *f* modification *f* des, aux statuts; **~s-gemäß** *adj.* institutionnel, -lle, statutaire; *adv.* conformément aux statuts; **~swidrig** *adj.* contraire aux statuts.
'**satz|weise** *adv. gr.* phrase par phrase; **2zeichen** *n* signe *m* de ponctuation *f*.
Sau *f* cochon *m* (*a. fig.* P); (*bsd. Zucht2*) truie *f*; (*Wild2*) laie *f*; F *das ist unter aller ~* c'est au-dessous de tout; '**~arbeit** F *f* (*schwere Arbeit*) travail *m* terrible; corvée *f*; (*schlechte Arbeit*) travail *m* cochonné.
'**sauber I** *adj.* propre; net, nette; *Wäsche:* blanc, blanche; *fig.* (*sittlich rein*) honnête; *Arbeit usw.:* soigné; **II** *adv.* proprement; ~ *machen* nettoyer; ~ *abschreiben* mettre au net (*od.* au propre); **2keit** *f* propreté *f*; netteté *f*; (*Sorgfalt*) soin *m*.
'**säuber|lich** *adj.* propre; propret, -ette; **~n** *v/t.* (*v/rf.: sich se*) nettoyer; *fig.* épurer (*a. pol.*); **2ung** *f* nettoyage *m*; *fig.* épuration *f*; **2ungs-aktion** *f* coup *m* de balai; *pol.* épuration *f*; ✠ opération *f* de nettoyage.
'**Saubohne** ♀ *f* fève *f* de marais.
'**Saudi-Arabien** *n* l'Arabie *f* saoudite (*od.* séoudite).
'**Sauce** *f* sauce *f*; *in ~ (ein)tunken* saucer; **~nlöffel** *m* cuiller *f* à sauce.
Sauci'ere *f* saucière *f*.
'**saudumm** P *adj.* bête à manger du foin; bête comme ses pieds.
'**sauer I** *adj.* aigre; *bsd. v. Früchten:* sur; *Wein:* vert; 🎨 acide; ~ *geworden Milch, Wein:* tourné; *saure Drops* bonbons *m/pl.* acidulés; *saure Gurken*

cornichons *m/pl.* au vinaigre; *fig.* pénible; dur; (*mürrisch*) morose; rechigné; renfrogné; F *j-m Saures geben* servir son plat à q.; ~ *werden* s'aigrir; *Milch, Wein*: tourner; *fig. j-m* ~ *werden en coûter à q.*; *es sich* ~ *werden lassen* se donner bien du mal; *ein saures Gesicht machen* renfrogner sa mine; rechigner (zu à); *fig. in den sauren Apfel beißen* avaler la pilule; **II** *adv.*: ~ *machen* rendre aigre; aigrir; *j-m das Leben* ~ *machen* rendre la vie dure à q.; *fig. auf etw.* ~ *reagieren* prendre qch. en mauvaise part; ⟨̷-ampfer ⚥ *m* oseille *f*; ⟨̷braten *cuis. m* viande *f* marinée; ⟨̷brunnen *m* eaux *f/pl.* gazeuses (*od.* acidulées).
Saue'rei P *f* cochonnerie *f*.
'Sauer|kirsche *f* griotte *f*; ⟨̷klee ⚥ *m* oxalide *f*; ⟨̷kohl *m*, ⟨̷kraut *cuis. n* choucroute *f*.
'säuerlich *adj.* aigrelet, -ette; *Wein*: vert; ⚥ acidulé; ~ *werden* s'aciduler.
'Sauermilch *f* lait *m* caillé.
'säuern *v/t.* rendre aigre; aigrir; *Teig*: mettre du levain (dans); ⚥ aciduler; acidifier.
'Sauerstoff ⚥ *m* oxygène *m*; *mit* ~ *anreichern* oxygéner; ⟨̷flasche *f* bouteille *f* d' (*resp.* à) oxygène; ⟨̷gehalt *m* teneur *f* en oxygène; ⟨̷gerät *m* oxygénateur *m*; inhalateur *m* d'oxygène; ⟨̷haltig *adj.* oxygéné; ⟨̷mangel *m* manque *m* d'oxygène; *im Gewebe*: anoxie *f*; ⟨̷maske *f* inhalateur *m* d'oxygène; ⟨̷verbindung ⚥ *f* combiné *m* d'oxygène; ⟨̷zelt ⚥ *m* tente *f* à oxygène.
'sauer|süß *adj.* aigre-doux, -ce; ⟨̷teig *m* levain *m* (*a. fig.*); ⟨̷töpfisch F *adj.* renfrogné; morose; rechigné.
'Säuerung *f* ⚥ acidification *f*.
'Sauf|bruder P *m* buveur *m*; ivrogne *m*; pochard *m* drague *f* ivrogne *m*; chevalier *m* de la table ronde; ⟨̷en *v/t. u. v/i. Tiere*: boire; P *Menschen*: boire; pomper; lamper; F lever le coude; *sich voll* ~ *se soûler*; pinter; licher; picoler; se piquer le nez; *wie ein Loch* ~ boire comme un trou (*od.* comme une éponge); *dem Pferd zu* ~ *geben* donner à boire au cheval.
'Säufer(in *f*) *m* buveur *m*, -euse *f*; ivrogne *m*, -esse *f*; F pochard *m*, -e *f*; riboteur *m*, -euse *f*; poivrot *m*.
Saufe'rei P *f* beuverie *f*; soûlerie *f*; P ribote *f*; P soûlographie *f*.
'Säufer|nase *f* nez *m* d'ivrogne; ⟨̷wahnsinn *m* délirium tremens *m*.
'Saufgelage P *n* beuverie *f*; soûlerie *f*; ribote *f*.
'Saug|anlage *f* zum Entlüften: installation *f* d'aération; *für Gase, Rauch*: absorbeur *m*; dépoussiéreur *m*; ⟨̷bagger *m* drague *f* suceuse; ⟨̷en *v/t., v/i. u. v/rf.* sucer; F suçoter; *Kinder u. Säugetiere*: téter; *in sich (acc.)* ~ absorber; *fig. sich etw. aus den Fingern* ~ inventer, trouver qch.; ⟨̷des *Kalb* veau *m* de lait; ⟨̷en *f* succion *f*; (*An*⟨̷) aspiration *f*; (*Ein*⟨̷) absorption *f*.
'säugen I *v/t. Kind*: allaiter; nourrir; donner le sein (à); **II** ⚥ *n* allaitement *m*.
'Sauger *m* suceur *m*; *für Säuglinge*: (*Schnuller*) tétine *f*; sucette *f*; *an der Milchflasche*: tétine *f*; (*Maschine*) aspirateur *m*.
'Säuge|tier *zo. n* mammifère *m*; ⟨̷zeit *f* période *f* d'allaitement.
'saugfähig *adj.* spongieux, -euse; absorbant.
'Saug|fähigkeit *f* capacité *f* d'absorption; ⟨̷ferkel *n* cochon *m* de lait; ⟨̷flasche *f* biberon *m*; ⟨̷heber *phys. m* siphon *m*; ⟨̷kraft *f* force *f* d'aspiration; ⟨̷leistung *f* volume *m* aspiré; ⟨̷leitung *f* conduite *f* d'aspiration.
'Säugling *m* nourrisson *m*; ⟨̷s-ausstattung *f* layette *f*; ⟨̷sflasche *f* biberon *m*; ⟨̷sfürsorge *f* assistance *f* aux nourrissons; ⟨̷sheim *n* crèche *f*; pouponnière *f*; ⟨̷s-pflege *f* soins *m/pl.* aux nourrissons; puériculture *f*; ⟨̷s-pflegeartikel *m/pl.* articles *m/pl.* de puériculture; ⟨̷sschwester *f* puéricultrice *f*; ⟨̷ssterblichkeit *f* mortalité *f* infantile; ⟨̷swaage *f* pèse-bébé *m*.
'Saug|napf *m* ventouse *f*; ⟨̷pumpe *f* pompe *f* aspirante; ⟨̷rohr *n*, ⟨̷röhre *f* tuyau *m* d'aspiration; ⟨̷rüssel *zo. m* suçoir *m*; ⟨̷ventil *n* soupape *f* d'aspiration; ⟨̷ventilator *m* ventilateur *m* aspirant; ⟨̷wirkung *f* effet *m* d'aspiration.
'Sau|hatz *f* chasse *f* au sanglier; ⟨̷haufen P *m* pagaille *f*; pagaye *f*; ⟨̷hirt(in *f*) *m* porcher *m*, -ère *f*; ⟨̷igeln P *v/i.* dire des cochonneries.
'säuisch *fig.* P *adj.* de cochon; comme un cochon (*a. adv.*).
'Saukerl P *m* cochon *m*; salaud *m*; salopard *m*.
'Saulache *f der Wildschweine*: bauge *f*.
'Säule *f* colonne *f* (*a. fig.*); (*Pfeiler*) pilier *m* (*a. fig.*); *phys.* voltaische (*galvanische*) ~ pile *f* voltaïque (galvanique); *kleine* ~ colonnette *f*; ⟨̷nförmig *adj.* en forme de colonne; ⟨̷nfuß *m* base *f* de colonne; socle *m*; ⟨̷ngang *m* colonnade *f*; péristyle *m*; ⟨̷nhalle *f* portique *m*; ⟨̷nheilige(r) *m* stylite *m*; ⟨̷nknauf *m* chapiteau *m*; ⟨̷n-ordnung *f* ordre *m*; ⟨̷nplatte *f* plinthe *f*; ⟨̷nreihe *f* colonnade *f*; péristyle *m*; ⟨̷nschaft *m* fût *m* (d'une colonne).
Saum *m* (*Naht*) ourlet *m*; (*Umschlag*) repli *m*; (*Rand*) bord *m*; *e-s Waldes*: lisière *f*; *anat.*, ⚥, *zo.* marge *f*.
'saumäßig P *adj.* cochonné; *adv.* comme un cochon.
'säumen¹ *v/t.* (*mit e-m Saum versehen*) border; ourler.
'säumen² *v/i.* (*zögern*) tarder (*etw. zu tun*; *mit etw.* à faire qch.); hésiter (à).
'säumig *adj.* retardataire; *ein* ⟨̷er *Zahler* un mauvais payeur.
'Saumnaht *f* couture *f* de l'ourlet.
'Säumnis *f* (*Verzug*) retard *m*; ⟨̷zuschlag *m* surtaxe *f* de retard; majoration *f* pour cause de retard.
'saumselig *adj.* lent; (*trödelnd*) lambin; (*nachlässig*) négligent; (*lässig*) indolent; ⟨̷keit *f* lenteur *f*; (*Nachlässigkeit*) négligence *f*; (*Lässigkeit*) indolence *f*.
'Saum|stich *m* point *m* d'ourlet (*od.* de côté); ⟨̷tier *n* bête *f* de somme.
'Sauna *f* sauna *f*; ⟨̷bad *n* bain-sauna *m*.
'Säure *f* aigreur *f*; acidité *f*; *des Weines, der unreifen Früchte*: verdeur *f*; ⚥ acide *m*; ⟨̷bad *n* bain *m* acide; ⟨̷beständig *adj.* résistant aux acides; antiacide; ⟨̷bildend *adj.* acidifiant; ⟨̷bildung *f* acidification *f*; ⟨̷empfindlich *adj.* sensible aux acides; ⟨̷fest *adj.* résistant aux acides; antiacide; ⟨̷frei *adj.* exempt d'acide; ⟨̷Säuregehalt *m* teneur *f* en acide.
Saure'gurkenzeit *f* morte-saison *f*; saison *f* creuse.
'säure|haltig *adj.* acidifère; ⟨̷messer *m* acidimètre *m*.
'Saures *n*: F *j-m* ~ *geben* (*e-e Tracht Prügel*) administrer une rossée à q.
'Saurier *zo. m* saurien *m*.
Saus *m*: *in* ~ *und Braus leben* mener la vie à grandes guides; F faire bombance; F se gobeger.
'säuseln I *v/i.* murmurer; chuchoter; **II** ⚥ *n* murmure *m*; chuchotement *m*.
'sausen I *v/i.* zischend: siffler; *Wind*: mugir; *Auto*: passer en trombe; *Mensch*: courir à fond de train; **II** ⚥ *n* zischendes: sifflement *m*; *des Windes*: mugissement *m*.
'Sau|stall *m* porcherie *f* (*a. fig.* F); ⟨̷wetter F *n* sale temps *m*; temps *m* de chien; ⟨̷wirtschaft F *f* désordre *m*; pétaudière *f*; ⟨̷wohl F *adv.*: *sich* ⟨̷ *fühlen* être heureux comme un poisson dans l'eau; se sentir bougrement à l'aise.
Sa'vanne *f* savane *f*.
Sa'voy|en *n* la Savoie; ⟨̷isch *adj.* savoyard; de Savoie.
Saxo'phon *n* saxophone *m*.
'S-Bahn *f* R.E.R. *m* (réseau *m* express régional).
'Schabe *ent. f* blatte *f*; (*Küchen*⟨̷) cafard *m*; ⟨̷fleisch *n* viande *f* râpée.
'Schab-eisen *n* racloir *m*; grattoir *m*; (*Reibe*) râpe *f*.
'schaben I *v/t.* racler; gratter; ratisser; (*kleinreiben*) râper; *Felle*: drayer.
'Schaber *m* racloir *m*; grattoir *m*.
'Schabernack *m* niche *f*; *j-m einen* ~ *spielen* faire une niche à q.
'schäbig *adj.* (*abgetragen*) râpé; élimé; (*zerlumpt*) déguenillé; (*erbärmlich*) pitoyable; minable; miteux, -euse; (*ärmlich*) pauvre; (*kleinlich*) mesquin; (*schmutzig*) sordide; (*geizig*) ladre; pingre, F rapiat.
Scha'blone *f allg.* modèle *m*; *peint.* patron *m*; poncif *m*; pochoir *m*; calibre *m*; gabarit *m*; *fig.* routine *f*; *nach der* ~ *arbeiten* suivre la routine; ⟨̷ndrehbank ⊕ *f* tour *m* à gabarit; ⟨̷nhaft *adj.* routinier, -ière; ⟨̷nzeichnung *f* poncif *m*.
schablo'ni|sieren *v/t.* copier sur un patron; *peint.* faire au pochoir; *fig.* généraliser.
Scha'bracke F (*Bruchbude*) *f* masure *f*.
'Schabsel *n* raclure *f*.
Schach *n* échecs *m/pl.*; ~ *spielen* jouer aux échecs; ~ *dem König!* échec au roi!; *dem König* ~ *bieten* fair échec au roi; *in* ~ *halten* tenir en échec (*a. fig.*); *fig.* tenir en respect; '⟨̷aufgabe *f* problème *m* d'échecs; '⟨̷brett *n* échiquier *m*; '⟨̷brettartig, '⟨̷brettförmig *adj.* en échiquier; '⟨̷brettstreik *m* grève *f* tournante.
'Schacher *od.* Schache'rei *f* trafic *m* sordide; (*Feilschen*) marchandage *m*.
'Schächer *m* larron *m*.
'Schach|erer *m* trafiquant *m*; ⟨̷ern *v/i.* trafiquer.

'Schach|feld *n* case *f* d'échiquier; ~figur *f* pièce *f* (d'échecs); ~klub *m* club *m* d'échecs; ²'matt *adj.* échec et mat; *fig.* épuisé; rompu; ~meister *m* champion *m* d'échecs; ~meisterschaft *f* championnat *m* d'échecs; ~partie *f* partie *f* d'échecs; ~spiel *n* (jeu *m* d')échecs *m/pl.*; ~spieler(in *f*) *m* joueur *m*, -euse *f* d'échecs.
Schacht *m* fosse *f*; ⚒ puits *m*; '~abteufen ⚒ *n* fonçage *m* de puits; '~abteufer *m* puisatier *m*.
'Schachtel *f* boîte *f*; *fig.* F alte ~ vieux tableau *m*; vieille rombière *f*, vieille toupie *f*, vieux trumeau *m*; ~halm ♀ *m* prèle *f*; ~satz *gr. m* phrase *f* compliquée.
'schachten ⚒ *v/i.* creuser un puits.
'schächten *v/t.* égorger (d'après le rite juif).
'Schächter *m* boucher *m* juif.
'Schacht|förderung ⚒ *f* extraction *f* par puits; ~ofen *m* four *m* à cuve; ~sumpf ⚒ *m* puisard *m*.
'Schachturnier *n* tournoi *m* d'échecs.
'Schacht|verkleidung *f*, ~zimmerung ⚒ *f* boisage *m* de puits.
'Schachzug *m* coup *m*; *fig.* ein geschickter ~ un biais adroit; *ein guter ~* une bonne tactique.
'schade *adj.*: es ist ~ c'est (*od.* il est) dommage (*daß* ... *que* ... *subj.*); *es ist* ~ *um ihn* c'est dommage qu'il soit (parti *resp.* disparu *resp.* mort, *etc.*); *es ist sehr ~* c'est grand (*od.* bien) dommage; *wie ~*! quel dommage!; *wie ~*, *daß ...*! quel dommage que ...! (*subj.*); *zu ~ für* ... trop bon, bonne pour ...
'Schädel *m* crâne *m*; j-m den ~ *einschlagen* fendre le crâne à q.; *sich den ~ einschlagen* se cogner la tête; *se fendre le crâne*; ~bohrer ⚒ *m* trépan *m*; ~bruch *m* fracture *f* du crâne; ~decke *f* boîte *f* crânienne; ~haut *f* péricrâne *m*; ~lehre *f* phrénologie *f*; craniologie *f*; ~messer *m* craniomètre *m*; ~messung *f* craniométrie *f*; ~verletzung *f* blessure (*od.* lésion) *f* du crâne; traumatisme *m* crânien.
'schaden *v/i.* nuire; desservir; *j-m (e-r Sache dat.) ~ nuire (od. porter od. causer préjudice) à q. (à qch.); porter tort à q.; porter tort à qch.; das schadet nichts* il n'y a pas de mal; cela (F ça) ne fait rien; n'importe; *das könnte nicht ~* cela ne ferait pas de mal; *was schadet es?* qu'est-ce que cela fait?; qu'importe?; *was schadet es, wenn ...?* qu'importe que ... (*subj.*); ?; où est le mal si ...?
'Schaden *m* dommage *m*; (*Verheerung, Verwüstung*) dégâts *m/pl.*; ravages *m/pl.*; *durch Feuersbrunst usw.*: sinistre *m*; (*Havarie*) avarie *f*; (*Bruch*⚒) casse *f*; (*Verschlechterung*) détérioration *f*; (*Beschädigung e-s Bauwerkes*) dégradation *f*; (*Nachteil*) désavantage *m*; détriment *m*; préjudice *m*; tort *m*; (*Verlust*) perte *f*; *der Gesundheit*: mal *m*; *seelischer*: traumatisme *m*, ~ *anrichten (od. verursachen)* causer du dommage (*Verheerung*) des dégâts); den ~ *tragen* (*regeln*; *wiedergutmachen*) supporter (*régler*; *réparer*) le dommage; *für den ~ haften (od. aufkommen)* être responsable du dommage, F payer les pots cassés; *gegen ~ versichern* assurer contre des dommages (*Verheerungen*: des dégâts); e-n ~ *erleiden* subir un dommage, ~ *nehmen (od. leiden)* s'endommager; se faire du mal; ~ *nehmen an s-r Seele* compromettre son salut; *zu ~ kommen* être endommagé; *j-m ~ zufügen* endommager q.; porter (*od.* porter) tort à q.; nuire à q.; *mit ~ verkaufen* vendre à perte; *es soll dein ~ nicht sein* tu n'auras pas à le regretter; *zum ~ von* au détriment de q.; *zu m-m ~* à mes dépens; *durch ~ klug werden* apprendre à ses dépens.
'Schaden-ersatz *m* dédommagement *m* (*für de*); indemnité *f*; dommages-intérêts *m/pl.*; ~ *beanspruchen* réclamer des dommages-intérêts; *auf ~ klagen* intenter une action en dommages-intérêts, ~ *leisten* dédommager (*j-m für etw.* q. de qch.); indemniser (q. de qch.); ~anspruch *m*, ~forderung *f* demande *f* en dommages-intérêts, ~klage *f* action *f* en dommages-intérêts, ~pflichtig *adj.* obligé de payer des dommages-intérêts; responsable du dommage causé; tenu à réparation; ~verpflichtung *f* obligation *f* de réparer un dommage (*od.* de payer les dommages-intérêts).
'Schaden|freude *f* joie *f* maligne; ²froh *adj.* qui se réjouit du malheur des autres; malicieux; narquois.
'Schadens|anzeige *f* avis *m* de sinistre; ~ausmaß *n* étendue *f* du dommage; ~berechnung *f* calcul *m* du dommage; ~ermittlung *f* constatation *f* des dégâts; ~fall *m* sinistre *m*; *im ~* en cas de dommage, ~umfang *m* étendue *f* du dommage; ~versicherung *f* assurance *f* dommages.
'schadhaft *adj.* endommagé; abîmé; avarié; (*schlecht geworden*) détérioré; (*mangelhaft*) défectueux, -euse; (*abgenutzt*) usé; *Zähne*: carié; ⚓ avarié; ~ *werden* se détériorer; s'abîmer; *Zähne*: se carier; ²igkeit *f* état *m* défectueux; défectuosité *f*; mauvais état *m*.
'schädig|en *v/t.* nuire (à); *j-n ~ porter (od. causer*) préjudice à; faire tort à q.; léser q.; *etw. ~* porter atteinte à qch.; ²ung *f* dommage *m*; préjudice *m*; tort *m*.
'schäd|lich *adj.* nuisible; nocif, -ive; pernicieux, -euse; néfaste; *bsd.* ⚕ préjudiciable; (*gefährlich*) dangereux, -euse; (*lebensgefährlich*) délétère; *der Gesundheit ~* malsain; *Bier ist für ihn ~* la bière lui est contraire; ²lichkeit *f* caractère *m* nuisible; nocivité *f*; ²ling *m* parasite *m*; ²lingsbekämpfung *f* lutte *f* anti-parasites; destruction *f* des parasites; ²lingsbekämpfungsmittel *n* pesticide *m*.
'schad|los *adj.* sans dommage; indemne; *j-n ~ halten* indemniser (*für de*); dédommager q. (*für de*); *sich ~ halten* s'indemniser (*für de*); se dédommager (*für de*); se rattraper de ses pertes; *sich an j-m (an etw.) ~ halten* (*dat.*) se rabattre, F se rattraper sur q. (sur qch.); ²loshaltung *f* dédommagement *m*; indemnisation *f*; indemnité *f*; ²stoff ⚛ *m* biol. *m* polluant *m*.
Schaf *n* mouton *m* (*a. fig.*); (*Mutter*²) brebis *f*; *räudiges ~* brebis *f* galeuse; '~bock *m* bélier *m*.
'Schäfchen *n* agneau *m*; *fig.* sein ~ *ins trockene bringen* faire sa pelote; faire son profit (*od.* son beurre); ~wolken *f/pl.* nuages *m/pl.* moutonnés.
'Schäfer *m* berger *m*.
Schäfe'rei *f* bergerie *f*.
'Schäfer|gedicht *n* pastorale *f*; églogue *f*; ~hund *m* chien *m* de berger; *deutscher ~* berger *m* allemand; ~hütte *f* cabane *f* de berger; ~in *f* bergère *f*; ~roman *m* roman *m* pastoral; ~spiel *n* pastorale *f*; ~stab *m* houlette *f*; ~stündchen *fig. n* heure *f* du berger.
'Schaffell *n* peau *f* de mouton; (*Wollfell*) toison *f*; lainage *m*.
'schaffen I *v/t. u. v/i.* (*er*~) créer; faire; (*hervorbringen*) produire; faire naître (*ins Leben rufen*); appeler à la vie; (*arbeiten*) travailler; (*wirken*) agir; (*tun*) faire; *etw. geschafft haben* avoir réussi qch.; *er schaffte es* il en vint à bout; (*konstituieren*) constituer; *abs.* (*v. Forscher*) œuvrer; (*Auto: zurücklegen*) avaler; *wir werden es ~ nous en sortirons; nous y parviendrons; er hat es geschafft (im Leben)* il a fait son chemin; *ich schaffe es nicht* je n'y parviendrai pas; je n'y arriverai pas; P je ne m'en ressens pas; *er hat hier nichts zu ~* il n'a rien à faire ici; *mit Ihnen habe ich nichts zu ~* je n'ai rien à faire avec vous; *ich will damit nichts zu ~ haben* je ne veux pas m'en mêler; *damit habe ich nichts zu ~* cela ne me regarde pas; *j-m viel zu ~ machen* donner beaucoup de mal à q.; donner du fil à retordre à q.; *sich zu ~ machen* s'affairer; *Abhilfe ~* porter remède (à); remédier (à); *j-m Linderung ~* soulager q.; *Ordnung ~* établir l'ordre; *Rat ~* trouver moyen; *Vergnügen ~* faire plaisir; *aus dem Hause ~* sortir, faire sortir de la maison; *aus dem Wege ~* écarter; *j-n aus dem Wege ~* se défaire de q.; *aus der Welt ~* extirper; *sich vom Halse ~* se débarrasser de; *zur Post ~* mettre à la poste; poster; II ² *n* création *f*; (*Arbeit*) travail *m*, ²sdrang *m* dynamisme *m*; élan *m* créateur; ²skraft *f* puissance *f* créatrice; pouvoir *m* créateur; créativité *f*; activité *f*.
'Schaffner(in *f*) *m Bus, Straßenbahn*: receveur *m*, -euse *f*; ⚒ contrôleur *m*, -euse *f*.
'Schaffung *f* création *f*.
'Schaf|garbe ♀ *f* achillée *f*; ~herde *f* troupeau *m* de moutons; ~hirt(in *f*) *m* berger *m*, -ère *f*; ~hürde *f* parc *m* à moutons; ~käse *m* fromage *m* de brebis; ~leder *n* basane *f*; ²ledern *adj.* de basane; ~milch *f* lait *m* de brebis.
Scha'fott *n* échafaud *m*.
'Schaf|pelz *m* fourrure *f* de mouton; mouton *m*; ~pocken *vét. f/pl.* clavelée *f*; ~schere *f* forces *f/pl.*; ~scherer *m* tondeur *m* de moutons; ~schur *f* tonte *f* des moutons; ~skopf *fig. m* imbécile *m*; cornichon *m*; ~stall *m* bergerie *f*.
Schaft *m der Lanze*: bois *m*; *der Fahne*: 'hampe *f*; *e-s Schlüssels, e-s Stiefels, e-s Baumes usw.*: tige *f*; *e-r*

Schaftstab — Schande 1094

Säule: fût *m*.
'**Schaft**|**stab** *tiss. m* lisse *f*; ~**stiefel** *m* botte *f* à tige.
'**Schaf**|**weide** *f* pacage *m* pour les moutons; ~**wolle** *f* laine *f* de mouton; ~**zucht** *f* élevage *m* de moutons; ~**züchter** *m* éleveur *m* de moutons.
Schah (*bis 1979*) *m* schah *m*; shah *m*; chah *m*.
Scha'kal *m* chacal *m*.
'**Schäke**|**r(in** *f*) *m* taquin *m*; plaisantin *m*; flirteur *m*, -euse *f*; ~'**rei** *f* plaisanterie *f*; badinage *m*; flirt *m*; ₂**rn** *v*/*i.* plaisanter; badiner; flirter.
schal *adj.* fade; (*geschmacklos*) insipide; (*abgestanden*) éventé; *fig.* fade; insipide; ~ werden *Getränke*: s'éventer.
Schal *m* cache-nez *m*; cache-col *m*; écharpe *f*; (*Seiden*₂) foulard *m*.
'**Schalbrett** *n* dosse *f*.
'**Schale** *f* (*Hülle*) enveloppe *f*; *der Früchte, Gemüse*: pelure *f* (*a. v. Kartoffeln*); peau *f*; *v. Zitronen, Orangen*: zeste *m*; écorce *f* (*a. v. Melonen*); *v. Nüssen*: coquille *f*; coque *f*; *grüne Schale von Nüssen, Mandeln, Kastanien*: écale *f*; *grüne Nuß*₂ *a.* brou *m*; (*Schote*) gousse *f*; *v. Ei*: coquille *f*; *zo. der Schildkröten, Krebse usw.*: carapace *f*; *v. Austern*: écaille *f* (*a. v. Muscheln*); *v. Muscheln*: coquille *f*; (*Guß*₂) coquille *f*; (*Gefäß*) coupe *f*; bol *m*; (*Napf*) écuelle *f*; jatte *f*; tasse *f*; *e-r Waage*: plateau *m*; *phot.* cuvette *f*; *cuis. mit der* ~ *kochen* (*Kartoffeln*) faire cuire en robe des champs; *fig.* (*das Äußere*) dehors *m*/*pl.*; F ganz in ~ sein être bien nippé (*od.* P bien sapé); F sich in ~ werfen se mettre sur son trente et un.
'**schälen** 1. *v*/*t.* *Obst, Kartoffeln*: peler; éplucher (*a. Gemüse*) *Ei*: enlever la coquille (de); *Nüsse*: écaler; *Bäume*: écorcer; décortiquer (*a. Reis*); 2. *v*/*rfl.*: sich ~ *Bäume*: s'écorcer; se déshabiller; *die Haut schält sich* la peau tombe.
'**Schalen**|**bauweise** *f* construction *f* monocoque; ~**guß** ⊕ *m* coulage *m* en coquilles; ~**kupplung** ⊕ *f* accouplement *m* à coquilles; ~**sitz** (*Sportauto*) *m* siège *m* en coque; baquet *m*; ~**tiere** *zo. n*/*pl.* crustacés *m*/*pl.*
'**Schalheit** *f* fadeur *f*; insipidité *f*.
'**Schälhengst** *m* étalon *m*.
Schalk *m bsd. v. Kindern*: fripon *m*, -onne *f*; espiègle *m*, *f*; coquin *m*, -e *f*; *allg.* farceur *m*; F fumiste *m*; *fig.* hat den ~ im Nacken c'est un pince-sans-rire; ~'**haft** *adj.* espiègle; coquin; fripon, -onne; ~**haftigkeit** *f* espièglerie *f*; coquinerie *f*; friponnerie *f*; diablerie *f*.
'**Schalkragen** *cout. m*: ~ mit Kapuze col-capuche *m*.
Schall *m* son *m*; (*Lärm*) bruit *m*; (*Widerhall*) écho *m*; retentissement *m*; résonance *f*; '~**boden** *m* caisse *f* de résonance; '~**brechung** *f* réfraction *f* du son; '~**brechungslehre** *f* diacoustique *f*; '~**brett** *n Kirche*: abat-son *m*; ₂**dämmend** *adj.* antibruit(s); '~**dämpfer** *m* ♩ sourdine *f*; *Auto*: silencieux *m*; pot *m* d'échappement; *Klavier*: étouffoir *m*; '~**dämmstoff** △ *m* matériau *m* acoustique isolant; '~**dämpfung** *f* insonorisation *f*; amortissement *m* du bruit;
'~**deckel** *e-r Kanzel m* abat-voix *m*; '₂**dicht** *adj.* insonore; insonorisé; ~ machen insonoriser; '~**dose** *f* phonocapteur *m*; pick-up *m*.
'**schallen** I *v*/*i.* sonner; résonner; retentir; II ₂ *n* retentissement *m*; ~**d** *adj.* sonore, retentissant; ~**er Applaus** cascade *f* d'applaudissements; ~**es Gelächter** éclat *m* de rire.
'**schallern** F *v*/*t.*: j-m e-e ~ F coller une gifle (*od.* un pain) à q.
'**Schall**|**fänger** *m* cornet *m* acoustique; ~**folie** (*dünne Reklameschallplatte*) *f* disque *m* souple; ~**fortpflanzung** *f* propagation *f* du son; ~**geschwindigkeit** *f* vitesse *f* du son; ~**isolierung** *f* isolation *f* phonique (*od.* acoustique); ~(**l**)**ehre** *f* acoustique *f*; ~(**l**)**eiter** *m* conducteur *m* du son; ~(**l**)**och** *n* an der *Geige*: ouïe *f*; *am Glockenturm*: abat-son *m*; ~**mauer** *f* mur *m* du son; die ~ durchbrechen franchir le mur du son; ~**messer** *m* phonomètre *m*; ~**meßortung** *f* repérage *m* par le son; ~**meßtrupp** ✕ *m* section *f* de repérage par le son; ~**messung** *f* (*Schallstärkenmessung*) phonométrie *f*; ✕ repérage *m* par le son; ~**platte** *f* disque *m*; *auf* ~ *aufnehmen* enregistrer sur disque; ~**plattenarchiv** *n* discothèque *f*; ~**plattenarchivar(in** *f*) *m* discothécaire *m*, *f*; ~**plattenaufnahme** *f* enregistrement *m* sur disque; ~**plattenfreund** *m* discophile *m*; ~**plattenhändler** *m* disquaire *m*; ~**plattenindustrie** *f* industrie *f* du disque; ~**plattenkonzert** *n* concert *m* de musique enregistrée; discorama *m*; ~**plattenliebhaber(in** *f*) *m* discophile *m*, *f*; ~**plattenmappe** *f* chemise *f* de disques; ~**plattenmusik** *f* musique *f* enregistrée; ~**plattensammlung** *f*, ~**plattenschrank** *m* discothèque *f*; ~**plattenverzeichnis** *n* discographie *f*; ~**quelle** *f* source *f* sonore; ₂**schluckend** *adj.* antibruit(s); absorbant; ~**schutzmauer** *f* mur *m* antibruit; ~**schutzschirm** *m* écran *m* antibruit; ~**schutztechnik** *f* technique *f* de l'insonorisation, du silence; ~**stärke** *f* intensité *f* du son; ~**technik** *f* acoustique *f*; ~**trichter** *m* pavillon *m*; ~**wand** *f* abat-son *m*; *Lautsprecheranlage*: baffle *m*; ~**welle** *f* onde *f* sonore; ~**wort** *n* onomatopée *f*.
'**Schälmaschine** *f* décortiqueur *m*, -euse *f*; *für Gemüse*: éplucheur *m*.
Schal'mei ♩ *f* chalumeau *m*.
'**Schälmesser** *n* éplucheur *m*; couteau *m* à éplucher.
Scha'lotte ♀ *f* échalote *f*.
'**Schalt**|**anlage** *f* installation *f* de distribution; ~**bild** *n* schéma *m* de montage; ~**brett** ⚡ *n* tableau *m* de distribution (*od.* de commande); ₂**en 1.** *v*/*i.* ~ und walten n'en faire qu'à sa guise; j-n ~ und walten lassen laisser faire à sa guise; mit etw. ~ und walten disposer de qch. à sa guise; frei mit etw. ~ disposer librement de qch.; 2. *v*/*t.* ⚡ mettre en circuit; coupler; *abs. Auto*: (*ein*~) embrayer; (*e-n anderen Gang nehmen*) changer de vitesse; ~**en** *n*: das ~ *u.* Walten la libre disposition (*mit etw.* de qch.).
'**Schalter** *m* guichet *m*; ⚡ commutateur *m*; bouton *m*; (*Aus*₂) interrupteur *m*; *automatique*: disjoncteur *m*; (*andrehen* tourner); ~**beamte(r)** *m* guichetier *m*; ~**halle** *f* 'hall *m* des guichets; ~**schluß** *m* fermeture *f* des guichets.
'**Schalt**|**getriebe** (*Auto*) *n* boîte *f* de vitesses; ~**hebel** *m Auto*: levier *m* de changement de vitesse.
'**Schaltier** *zo. n* crustacé *m*.
'**Schalt**|**jahr** *n* année *f* bissextile; ~**kasten** *m* boîte *f* de manœuvre; ~**klinke** *f* cliquet *m*; ~**knopf** *m* bouton *m*; ~**plan** *m* plan *m* de montage; ⚡ schéma *m* des connexions; ~**pult** *n* pupitre *m* de commande (*od.* de distribution); ~**pultbediener** *m*, ~**pultspezialist** *inform. m* pupitreur *m*; ~**raum** *m* salle *f* de commande; ~**schema** *n* schéma *m* de montage; ~**schieber** *m* curseur *m*; ~**schrank** *m* cabine *f* de distribution; ~**tafel** ⚡ *f* tableau *m* de commande (*od.* de distribution); ~**tag** *m* jour *m* intercalaire; ~**ung** *f* ⚡ mise *f* en circuit; couplage *m*, (*Ein*₂) embrayage *m*, (*Gang*₂) changement *m* de vitesse; *électron.* integrierte ~ circuit *m* intégré; ~**vorrichtung** *f* mécanisme *m* de couplage; *électron.* logische ~ boîte *f* logique; *Auto*: mit automatischer ~ à transmission automatique.
'**Schalung** *f* coffrage *m*; revêtement *m*.
Scha'luppe *f* chaloupe *f*.
'**Schalwand** △ *f* banche *f*.
'**Schalwerden** *n des Weines usw.*: éventement *m*.
Scham *f* 'honte *f*, (~*haftigkeit*) pudeur *f*; (~*teile*) organes *m*/*pl.* génitaux; *weibliche* ~ vulve *f*; *männliche* ~ membre *m* viril; *falsche* ~ fausse 'honte *f*; *vor* ~ *erröten* rougir de 'honte; ~**bein** *anat. n* pubis *m*.
'**schämen** *v*/*rfl.*: sich ~ avoir 'honte (*od.* être 'honteux, -euse) (*gén.*; über *acc.*; vor *dat.* de); pfui! schäme dich! fi! tu n'as pas 'honte!; sich zu Tode ~ mourir de honte.
'**Scham**|**gefühl** *n* (sentiment *m* de) 'honte *f*; pudeur *f*; *das* ~ *verletzen* blesser la pudeur; *alles* ~ *verloren haben* avoir perdu toute 'honte; avoir toute 'honte bue; ~**gegend** *anat. f* région *f* pubienne; ₂**haft** *adj.* pudique; (*keusch*) chaste; (*übertrieben*) pudibond; ~**haftigkeit** *f* pudeur *f*; pudicité *f*; (*Keuschheit*) chasteté *f*; *übertriebene* ~ pudibonderie *f*; ~**lippe** *anat. f* lèvre *f* de la vulve; ₂**los** *adj.* sans pudeur; sans vergogne; éhonté; (*unzüchtig*) impudique; ~**losigkeit** *f* impudeur *f*; impudicité *f*.
Scha'mott F (*Kram*) *m* F bazar *m*; F fourbi *m*.
Scha'motte *f*, ~**stein** *m* chamotte *f*.
Scham'pun *n* shampooing *m*; ₂**ieren** I *v*/*t.* faire (*od.* donner) un shampooing (à); II ₂ *n* shampooing *m*.
'**scham**|**rot** *adj.* rouge de 'honte; ~ *werden* rougir de 'honte; ~ *machen* faire rougir de 'honte; ₂**röte** *f* rouge *m* de la 'honte; j-m die ~ ins Gesicht treiben faire rougir q. de 'honte; ₂**teile** *m*/*pl.* parties *f*/*pl.* sexuelles (*od.* génitales); F les parties *f*/*pl.*
'**schand**|**bar** *adj.* 'honteux, -euse; ₂**e** *f* 'honte *f*; déshonneur *m*; opprobre *m*;

ignominie *f*; infamie *f*, turpitude *f*; zu j-s ~ à la 'honte de q.; *ich muß zu m-r ~ gestehen, daß ... à* ma 'honte, je dois avouer que ...; *j-m ~ machen* (*od. bereiten*) faire 'honte à q.; *über j-n ~ bringen* couvrir q. de 'honte; *j-m zur ~ gereichen* faire la 'honte de q.; *es ist e-e ~, s-n Freund im Stich zu lassen* c'est une 'honte que d'abandonner son ami.
'**schänden** *v/t.* (*v/rf.: sich se*) déshonorer; (*beschimpfen*) outrager; *Heiliges*: profaner; (*besudeln*) souiller; *Frau*: violer; violenter.
'**Schandfleck** *m* tache *f*; tare *f*; souillure *f*; flétrissure *f*; 'honte *f*.
'**schändlich** *adj.* 'honteux, -euse; ignomineux, -euse; déshonorant; infâme, scandaleux, -euse; abominable; horrible; détestable; **keit** *f* ignominie *f*; infamie *f*.
'**Schand|mal** *n* marque *f* d'infamie; *litt.* flétrissure *f*; ~**mauer** (*Berlin*) *f* mur *m* de la 'honte; ~**maul** F *n* méchante langue *f*; ~**pfahl** *m* pilori *m*; ~**tat** *f* forfait *m*; infamie *f*; F *er ist zu jeder ~ bereit* il est prêt à tout.
'**Schändung** *f e-s Grabes*: profanation *f*; *e-r Statue*: mutilation *f*; *e-r Frau*: viol *m*.
'**Schand-urteil** *n* verdict *m* scandaleux.
'**Schank|erlaubnis** *f* licence *f* de débit de boissons; ~**steuer** *f* impôt *m* sur les débits de boissons; ~**tisch** *m* comptoir *m*; F zinc *m*; ~**wirt** *m* débitant *m* de boissons; cafetier *m*; P bistro(t) *m*; F mastroquet *m*; ~**wirtschaft** *f* débit *m* de boissons; café *m*; café-bar *m*; bar *m*; brasserie *f*; P bistro(t) *m*.
'**Schanz|arbeit** ⚔ *f* (travaux *m/pl.* de) terrassement *m*; ~**e** *f* ⚔ retranchement *m*; (*Sprung*) tremplin *m* de saut (*od.* de ski); *fig. etw. in die ~ schlagen* risquer qch.; ~**kleid** ⚓ *n* pavois *m*; ~**zeug** *n* outils *m/pl.* de pionnier (*od.* de terrassier).
Schar[1] *f* groupe *m*; troupe *f*; foule *f*; F oft *péj.* bande *f*; *in ~en* par troupes; par bandes.
Schar[2] ⚒ *f* (*Pflug*) soc *m* (de charrue).
Scha'rade *f* charade *f*.
'**scharen** *v/t.* (*v/rf.: sich s'*)assembler en troupe; (*se*) grouper (*um autour de*); ~**weise** *adv.* par (*od.* en) bandes; en masse.
scharf I *adj.* tranchant; coupant; affilé; (*~ u. spitz*) aigu, aiguë; (*ätzend*) caustique; piquant; mordant; corrosif, -ive; (*genau*) précis, net, nette; (*streng*) sévère; rigoureux, -euse; (*fein*) fin; *Geschmack*: âcre; *Blick, Verstand*: pénétrant; perçant; *Ball*: dur; *Speise*: très assaisonné (*od.* épicé); *Bemerkung*: salé; épicé; *Laut*: strident; tranchant; *Wind*: cinglant; fort; *Hund*: méchant; *Kurve*: serré; *Verhör, Umriß*: arrêté; net, nette; *Brille, Essig*: fort; *Licht, Luft, Kälte, Kante, Schritt, Tempo*: vif, vive; *Feder*: acéré (*a. fig.*); *Bleistift*: taillé très fin; ~**e** *Zunge* langue *f* bien affilée; ~**es** *Gedächtnis* très bonne mémoire *f*; mémoire *f* fidèle; ~**e** *Züge* traits *m/pl.* marqués (*od.* accentués); ~**e** *Zucht* discipline *f* sévère; ~**er** Unterschied différence *f* bien tranchée; ~**e** *Aufsicht* surveillance *f* étroite; ~**e** *Patrone* cartouche *f* à balle; ~ (*versessen*; *erpicht*) *sein auf* (*acc.*) être fou de; avoir la passion de; être passionné de; lorgner qch.; avoir une envie folle de; *auf diesen Wagen bin ich ~ a.* cette voiture me fait drôlement envie; **II** *adv.* ~ *machen* affiler; *Geschoß*: amorcer; ~ *laden*, ⚔ *schießen* charger (tirer) à balle; *j-n ~ ansehen* regarder q. fixement; ~ *auf die Bremse drücken* (*Auto usw.*) donner un coup de frein sec; ~ *einstellen phot.* mettre au point; *j-m ~ zusetzen* serrer q. de près; *j-n ~ anfassen* être sévère, strict avec q.; *sich ~ äußern gegen* se prononcer vertement (*od.* avec sévérité) contre; ~ *bewachen* surveiller de près; exercer une surveillance étroite (sur); ~ *denken* penser avec rigueur; ~ *gehen* aller d'un bon pas; ~ *fahren* aller à vive allure; ~ (*an*)*halten* surveiller de près; **abstimmung** *f* Radio: réglage *m* précis; '**blick** *m* perspicacité *f*; pénétration *f*; '**blickend** *adj.* perspicace; pénétrant.
'**Schärfe** *f* acuité *f*; finesse *f*; (*Schneide*) tranchant *m*; fil *m*; (*Deutlichkeit*) précision *f*; netteté *f*; (*Genauigkeit*) exactitude *f*; (*Strenge*) sévérité *f*; rigueur *f*; *ätzende*: causticité *f*; piquant *m*; mordant *m*; acidité *f*; (*Bitterkeit*) acrimonie *f*; (*Scharfsinn*) perspicacité *f*; sagacité *f*; (*Härte*) dureté *f*; ~ *des Gehörs* acuité *f* auditive.
'**scharf|eckig** *adj.* à angles aigus; **einstellung** *f* mise *f* au point.
'**schärfen I** *v/t. u. v/rf. Messer usw.*: aiguiser; affûter; affiler; *Messer usw.*: aiguiser; affûter; repasser, tranchant; (*abziehen*) repasser, donner le fil (à); *Säge*: limer; *Bleistift*: tailler; *Verstand*: aiguiser; *Geschoß*: amorcer; *das Gehör ~* rendre l'oreille plus fine; (*erhöhen, vermehren*) augmenter; accroître; **II** *n e-s Messers*: aiguisage *m*; affûtage *m*; affilage *m*; *v. Minen, Bomben*: amorçage *m*.
'**scharf|kantig** *adj.* à arête(s) vive(s); ~**machen** *v/t.* exciter; provoquer; *Atombombe*: armer; ~ *n e-r Atombombe*: armement *m*; amorçage *m*; **macher** *m* excitateur *m*; provocateur *m*; manipulateur *m*; jusqu'au-boutiste *m*; **mache'rei** *f* excitation *f*; provocation *f*; jusqu'au-boutisme *m*; **richter** *m* bourreau *m*; exécuteur *m* (des 'hautes œuvres); **schießen** *n* tir *m* à balles; **schütze** *m* tireur *m* d'élite; ~**sichtig** *adj.* qui a la vue perçante; *fig.* perspicace; pénétrant; **sichtigkeit** *f* vue *f* perçante; *fig.* perspicacité *f*; pénétration *f*; **sinn** *m* perspicacité *f*; sagacité *f*; finesse *f*; ~**sinnig** *adj.* sagace; fin; ~**wink**(**e**)**lig** *adj.* à angles aigus.
'**Scharlach** *m* (*Farbe*) écarlate *f*; ⚕ scarlatine *f*; ~**epidemie** ⚕ *f* épidémie *f* de scarlatine; ~**fieber** ⚕ *n* (fièvre *f*) scarlatine *f*; **rot** *adj.* écarlate; ~**rot**, ~**röte** rouge *m* écarlate; écarlate *f*.
'**Scharlatan** *m* charlatan *m*.
Scharlatane'rie *f* charlatanerie *f*.
Schar'mützel ⚔ *n* escarmouche *f*; échauffourée *f*; ⚔ *v/i.* se livrer à des escarmouches.

Schar'nier *n* charnière *f*; ~**stift** *m* cheville *f* de charnière.
Schärpe *f* écharpe *f*.
'**scharren 1.** *v/i.* gratter (*in etw. dat.* qch.); *Studenten, als Zeichen der Mißbilligung*: trépigner; piétiner; **2.** *v/t.* (*graben*) creuser; *in die Erde ~* enfouir sous terre.
'**Scharte** *f* brèche *f*; dent *f*; ⚔ (*Schieß*) meurtrière *f*; embrasure *f*, créneau *m*; *e-e ~ machen* ébrécher; ~**n bekommen** s'ébrécher; *fig. e-e ~ auswetzen* réparer un échec (*od.* une faute).
Schar'teke *f* (*altes Frauenzimmer*) F vieux tableau *m*; vieille taupe *f*.
'**schartig** *adj.* ébréché; ~ *machen* ébrécher; ~ *werden* s'ébrécher.
schar'wenzeln F *v/i.* (*katzbuckeln*) faire des courbettes; (*dienstbeflissen sein*) être empressé; *um j-n ~* (*diensteifrig bemüht sein*) s'empresser autour de q.; F faire des ronds de jambe devant q.
'**Schatten** *m* ombre *f* (*a. fig.*); (*schattige Stelle*) ombrage *m*; (*Phantom*) fantôme *m*; spectre *m*; *im ~ sein*, (*in der Verborgenheit*) dans l'ombre; *fig. im ~* (*Schutze*) *von* à l'ombre de; ~ *des Todes* ombre(s *pl.*) *f* de la mort; *werfen* faire de l'ombre (*auf acc.* à); projeter son ombre; *fig. im ~* (*Hintergrund*) *stehen* (*bleiben*) être (rester) dans l'ombre; *j-n in den ~ stellen* surclasser q.; *j-n weit in den ~ stellen* surclasser q. de façon écrasante; *etw. in den ~ stellen* (*übertreffen*) dépasser qch.; *j-m wie sein ~ folgen* suivre q. comme son ombre; *er ist nur noch ein ~* (*s-r selbst*) il n'est plus que l'ombre de lui-même; *über s-n ~ springen* tirer plus vite que son ombre; ~**bild** *n* silhouette *f*; ~**boxen** *n* boxe *f* contre son ombre; ~**dasein** *n* existence *f* dans l'ombre; *ein ~ führen* vivre dans l'ombre; **haft** *adj.* pareil, -eille à une ombre; (*vage*) vague; ~**kabinett** *n* cabinet *m* fantôme; ~**könig** *m* roi *m* fantôme; **los** *adj.* sans ombre; ~**morelle** ♀ *f* griotte *f*; ~**pflanze** ♀ *f* plante *f* qui ne pousse qu'à l'ombre; **reich** *adj.* ombreux, -euse; **reich** *n* royaume *m* des ombres; ~**riß** *m* silhouette *f*; ~**seite** *f* côte *m* de l'ombre; *fig.* revers *m* de la médaille; inconvénient *m*; **spendend** *adj.* qui donne de l'ombre; ~**spiel** *n* ombres *f/pl.* chinoises.
schat'tier|en *peint.* *v/t.* dégrader; nuancer; **ung** *f* distribution *f* des ombres; nuance *f* (*a. fig.*); *Politiker aller ~en* des hommes politiques de tous bords.
'**schattig** *adj.* ombragé; ~**es** *Laubwerk* ombrage *m*.
Scha'tulle *f* cassette *f*; écrin *m*; *fig.* P *alte ~* vieille rombière *f*.
Schatz *m* trésor *m*; *fig. v. Kenntnissen usw.*: somme *f*; (*Kosewort*) chéri *m*, -e *f*; '~**amt** *n* trésorerie *f*; Trésor *m*; '**anweisung** *f* bon *m* du Trésor.
'**schätz|bar** *adj.* estimable; évaluable; (*ab~*) évaluable; ~**en** *v/t.*, *v/rf.* estimer; apprécier; (*ab~*) estimer; évaluer; taxer; (*beurteilen*) juger; *zu ~ wissen* apprécier; *wie hoch ~ Sie es* (*ein*)? à combien l'évaluez-vous?; *wie alt ~ Sie ihn?* quel âge lui donnez-vous?; *sich glücklich ~* s'esti-

mer heureux, -euse; ~enswert adj. estimable; ⟨er m expert m; taxateur m; vereidigter: commissaire-priseur m.

'Schatz|gräber m chercheur m de trésors; ~insel f île f au trésor; ~kammer f trésor m (public); trésorerie f; ~kanzler m in England: chancelier m de l'Échiquier; ~kästchen n écrin m; fig. recueil m; ~meister m trésorier m; Fr. parl. questeur m.

'Schätzung f estimation f; appréciation f; évaluation f; taxation f; (Wert⟨) estime f; ~sfehler m erreur f d'appréciation; ⟨sweise adv. approximativement; ~swert m valeur f estimative.

schau P adj. P chouette; chic.

Schau f (Ausstellung) exposition f; montre f; étalage m; (Revue) revue f; prunkende: parade f; nur zur ~ (da-)sein n'être là que pour la montre; zur ~ stellen étaler; mettre à l'étalage; faire montre de; zur ~ tragen faire étalage (od. parade od. montre) (etw. vor j-m de qch. devant q.); afficher, arborer, (heucheln) affecter (etw. qch.); '~bild n (Diagramm) diagramme m; '~bude f baraque f (de foire); '~budenbesitzer m forain m; '~bühne f théâtre m.

'Schauder m frisson m (vor dat. de); frémissement m; tremblement m; tressaillement m; (Entsetzen) horreur f; ⟨erregend adj. qui fait frémir; ~haft adj. horrible; affreux, -euse; épouvantable; abominable; atroce; horrifiant.

'schaudern v/i. u. v/imp. frissonner (vor dat. de); frémir (de), trembler (de); tressaillir (de); mich schaudert's j'en ai horreur; je frémis (od. je suis saisi) d'horreur de ... (+ inf.); vor Kälte ~ grelotter.

'schauen v/i. voir; regarder (auf j-n q.; auf etw. acc. qch.); fixer les regards sur; (betrachten) considérer; contempler; auf j-n ~ (nachahmend) imiter q.; prendre q. pour modèle; um sich ~ regarder autour de soi; aus dem Fenster ~ regarder par la fenêtre; j-m ins Herz ~ lire dans le cœur de q.; dem Tode ins Auge ~ regarder la mort en face; voir la mort de près; schau, schau! tiens! tiens!; en voilà une affaire!; ça c'est quelque chose!

'Schauer m (Regen⟨) averse f; ondée f; (Hagel-, Schnee⟨) giboulée f; (Schauder) frisson m; phys. v. kosmischen Strahlen: gerbe f; ~geschichte f histoire f à faire frémir; ⟨lich adj. horrible; affreux, -euse.

'Schauermann ✠ m docker m.

'schauern v/i. → schaudern; 2. v/imp.: es schauert il tombe une ondée (mit Hagel od. Schnee: une giboulée).

'Schauerroman m roman m d'épouvante; roman m noir.

'Schaufel f pelle f; (Rad⟨) palette f; aube f; (~geweih) empaumure f; zwei ~n Kohlen deux pelletées f/pl. de charbon; ~arm (Marssonde) m bras m mécanique; ~bagger m pelle f mécanique; pelleteuse f; engin m de terrassement; drague f; ~geweih ch. n empaumure f; ~lader ⊕ m pelleteuse f.

'schaufeln v/t. u. v/i. travailler à la pelle; Grab: creuser; Getreide: (um~) pelleter.

'Schaufel|rad n roue f à aubes (od. à palettes); ~voll f pelletée f.

'Schaufenster n devanture f; étalage m; (~kasten) vitrine f; im ~ liegen être à l'étalage; ~ ansehen regarder les devantures des magasins, faire du lèche-vitrines; lécher les vitrines; ~attrappe f échantillon m factice destiné à l'étalage; ~auslage f étalage m; devanture f; ~beleuchtung f éclairage m d'étalage; ~bummel F m lèche-vitrines; e-n ~ machen faire du lèche-vitrines; ~dekorateur m étalagiste m; ~dekoration f décoration f d'étalage; ~dieb m voleur m à l'étalage; ~diebstahl m vol m à l'étalage; ~figur f mannequin m; ~reklame f réclame f de l'étalage; ~wettbewerb m concours m d'étalages.

'Schaufler m (Damhirsch) daim m.

'Schau|flieger m pilote m d'acrobatie aérienne; ~fliegen n acrobatie f aérienne; 'haute voltige f; ~flug m vol m de démonstration; ~gerüst n tribune f; tréteaux m/pl.; ~haus n für Leichen: morgue f; ~kampf m Boxen: match m d'exhibition; ~kasten m vitrine f.

'Schaukel f (Strick⟨) escarpolette f; balançoire f; (Wippe) bascule f; ⟨n 1. v/t. (v/rf.: sich se) balancer; (wiegen) bercer; F wir werden das Kind schon ~ on va arranger (F goupiller) ça; 2. v/i. se balancer; (wippen) basculer; (wakkeln) branler; (wanken) vaciller, chanceler; (schlingern) ⚓ rouler; ~n n balancement m; (Wiegen) bercement m; (Wackeln, Wanken) vacillement m; chancellement m; (Schlingern) ⚓ roulis m.

'Schaukel|pferd n cheval m à bascule; ~politik f politique f de bascule; ~reck gym. n trapèze m volant; ~ringe gym. m/pl. anneaux m/pl.; ~stuhl m fauteuil m à bascule; rocking-chair m; berceuse f.

'Schau|lust f curiosité f; ⟨lustig adj. curieux, -euse; ~lustige(r) m badaud m.

Schaum m écume f (a. Geifer); Getränke, Bier: mousse f; ~ vor dem Mund écume f à la bouche; cuis. zu ~ schlagen Eiweiß: battre en neige; fouetter.

'Schaumaschine text. f: ~ zur Stoffkontrolle visiteuse f.

'Schaum|bad n bain m de mousse (od. moussant); bain-mousse m; ~blase f bulle f; bouillon m; '⟨bedeckt adj. couvert d'écume; écumeux, -euse.

'schäumen v/i. écumer (a. fig.); Getränke, Seife: mousser; (prickeln) Wein: pétiller; Wellen: moutonner; fig. vor Wut ~ écumer de rage; ~d adj. écumant; Getränke, Seife: mousseux, -euse.

'Schaum|gebäck n meringue f; ~gold n oripeau m; ~gummi m caoutchouc m mousse; crêpe m de latex; ~gummimatratze f matelas-mousse m; matelas m en caoutchouc mousse; ⟨ig adj. écumeux, -euse; Getränke, Seife: mousseux, -euse; ~kelle f, ~löffel m écumoire f; ~löscher m extincteur m à mousse;

lance-brouillard m; ~polster n mousse f; ~polystyrol ⚠ n polystyrène m expansé; ~schläger m fouet m; fig. charlatan m; blagueur m; baudruche f; fumiste m; F plaisantin m; ~schläge'rei fig. f charlatanerie f; blague f; ⟨schlägerisch adj. charlatanesque.

'Schaumünze f médaille f.

'Schaum|stahl m acier-mousse m; ~stoff m mousse f (synthétique); ~wäsche f (Friseur) lavage m moussant.

'Schaumwein (Sekt) m (vin m) mousseux m.

'Schau|packung f échantillon m factice destiné à l'étalage; ~platz m scène f; théâtre m; ~prozeß m procès m spectaculaire (od. sensationnel od. monstre); procès m à sensation.

'schaurig adj. horrible; affreux, -euse; qui donne des frissons; sinistre; lugubre.

'Schauspiel n thé. pièce f de théâtre; drame m; fig. spectacle m; scène f; ~dichter m auteur m dramatique; dramaturge m; ~er(in f) m acteur m, actrice f; comédien m, -enne f; Fr. festangestellter: pensionnaire m; ⟨erisch adj. d'acteur, d'actrice; (bühnenmäßig) théâtral; ⟨ern v/i. jouer la comédie (a. fig.); ~haus n salle f de spectacle; théâtre m; ~kunst f art m dramatique; ~schule f école f d'art dramatique; école f théâtrale.

'Schau|steller m auf Märkten: forain m; ~stellung f exhibition f; ~stück n objet m de curiosité; (Ausstellungsstück) objet m exposé; ~trieb psych. m voyeurisme m; ~turnen n fête f de gymnastique.

Scheck ✝ m chèque m (über acc. de); auf den Namen lautender ~ chèque m à ordre; e-n ~ ausstellen émettre (od. tirer od. libeller) un chèque (auf acc. sur); e-n ~ einlösen toucher un chèque.

'Schecke m (Pferd) cheval m pie.

'Scheck|fälscher m falsificateur m de chèque; ~fälschung f falsification f de chèque; ~formular n formule f de chèque; ~heft n chéquier m; carnet m de chèques.

'scheckig adj. tacheté; Pferd: pie.

'Scheck|inhaber m porteur m d'un chèque; ~konto n compte m de chèques; ~verkehr m transactions f/pl. par chèques; ~zahlung f paiement m par chèque.

scheel fig. adj. envieux, -euse; jaloux, -ouse; j-n mit ~en Augen ansehen regarder q. de travers (od. d'un œil jaloux).

'Scheffel m boisseau m; fig. sein Licht unter den ~ stellen mettre la lumière sous le boisseau; ⟨n v/i.: das Geld ~ amasser (od. accumuler) de l'argent; gagner énormément; ⟨weise adv. par boisseaux.

'Scheibe f disque m; Brot, Fleisch, Wurst: tranche f; Apfel, Zitrone: rondelle f; tranche f; (Fenster⟨) carreau m; vitre f; (Wagen⟨) glace f; (Schieß⟨) cible f; Honig: rayon m; ⊕ (Unterleg⟨) rondelle f; (Dreh⟨) tour m; (Riemen⟨) poulie f; (Rolle) rouet m; (Ränder⟨, Falz⟨) molette f; (Eishockey⟨) palet m; in ~n schneiden couper en tranches; fig. F ~! raté!;

peau de balle!; ~nbremse f frein m à disque; 2nförmig adj. en forme de disque; ~ngardine f rideau m de fenêtre; vitrage m; ~nhonig m miel m en rayons; ~nkupplung f Auto: embrayage m à disques; ~nrad n Auto: roue f pleine; ~nschießen n tir m à la cible; ~nstand ✗ m porte-cible m; ~nweise adv. Brot, Fleisch, Wurst: en tranches; Apfel, Zitrone: a. en rondelles; Honig: en rayons; ~nwärmer (Auto) m dispositif m antibuée; ~nwaschanlage f lave-glace m; ~nwaschgerät ⚡ n lave-vitre m; ~nwischer m Auto: essuie-glace m.
Scheich m cheik m.
'**Scheide** f (Trennungslinie) ligne f de séparation; (Grenze) frontière f; limite f; (Futteral) étui m; (Degen2) fourreau m; anat. vagin m; aus der ~ ziehen dégainer; wieder in die ~ stecken rengainer; ~linie f (Trennungslinie) ligne f de séparation; (Grenze) frontière f; ~münze f billon m.
'**scheiden** I 1. v/t. séparer; (entwirren) démêler; (auslesen) trier; (unter~) distinguer; 🔬 décomposer; analyser; ⚖ (die Ehe ~) prononcer le divorce; sich ~ lassen divorcer (von d'avec); 2. v/i. se séparer (von de); s'en aller; partir; voneinander ~ se quitter; aus dem Dienst ~ quitter le service; aus dem Leben ~ quitter la vie; mourir; wir sind geschiedene Leute tout est fini entre nous; das ~de Jahr l'année f qui finit (od. qui touche à sa fin); II 2 n séparation f; (Auslesen) triage m; 🔬 décomposition f; analyse f; (Abreise) départ m.
'**Scheide|wand** f cloison f; ♀, zo., ⊕ diaphragme m; der Walnuß: zeste m; fig. barrière f; ~wasser 🔬 n eau-forte f; acide m nitrique; ~weg m fig. am ~ stehen être forcé de choisir; · être à la croisée des chemins.
'**Scheidung** f allg. séparation f; (Unter2) distinction f; 🔬 décomposition f; analyse f; (Ehe2) divorce m; in ~ leben être en divorce (od. en instance de divorce); die ~ einreichen demander le divorce; auf ~ klagen intenter une action en divorce; die ~ aussprechen prononcer le divorce; ~sgrund m cause f de divorce; ~sklage f demande f (od. instance od. action f) en divorce; die ~ einreichen introduire une instance en divorce; ~s-prozeß m instance f en divorce.
Schein m (Bescheinigung) attestation f; certificat m; (Quittung) reçu m; acquit m; récépissé m; (Fahr2) billet m; (Geld2) billet m (de banque); (Gepäck2) bulletin m de bagages; (Gut2) bon m (Licht) lumière f; clarté f; (Schimmer) lueur f; (Glanz) éclat m; fig. (An2) apparence f; semblant m; simulacre m; illusion f; (Aussehen) air m; (Außenseite) dehors m/pl.; (Förmlichkeit) forme f; dem ~e nach en apparence; zum ~ pour la forme, pour sauver les apparences, F pour la frime; unter dem ~ (gén.) sous le couvert (de); das ist nur ~ ce n'est qu'un trompe-l'œil; e-n ~ erwecken donner une illusion; sich den ~ geben, zu ... (inf.) faire semblant (od. se donner l'air) de ... (inf.); den ~ wahren sauver les appa-

rences (od. la face); nach dem ~ urteilen juger sur les apparences; nach dem ~ zu urteilen à en juger sur les apparences; der ~ trügt les apparences sont trompeuses; '~angriff ✗ m attaque f simulée; fausse attaque f; '~argument n argument m spécieux; '2bar I adj. apparent; (nur den Schein des Wahren habend) spécieux, -euse; II adv. apparemment; en apparence; '~beweis m preuve f spécieuse; '~bieter (bei Auktionen) m allumeur m; '~bild n simulacre m; fantôme m; '~blüte f prospérité f illusoire; '~echo (Radar) n écho m truqué; '~ehe f mariage m fictif (od. simulé).
'**scheinen** v/i. luire; éclairer; (glänzen) briller; der Mond scheint il fait clair de lune; die Sonne scheint il fait du soleil; ins Zimmer ~ donner dans la chambre; fig. (den Anschein haben) sembler; avoir l'air de; paraître; j-m gut ~ sembler bon, bonne à q.; wie es scheint à ce qu'il paraît; es scheint mir, daß ... a. j'ai l'idée que ...; es scheint nur so ce n'est qu'un trompe-l'œil.
'**Schein|erfolg** m succès m d'apparence; ~friede m paix f fourrée; ~gefecht ✗ n combat m simulé; ~geschäft n opération f fictive; ~gewinn m bénéfice m fictif; ~grund m raison f spécieuse; (Vorwand) prétexte m; 2heilig adj. hypocrite; ~heilige(r a. m) m, f hypocrite m, f; faux dévot m, fausse dévote f; tartufe m; ~heiligkeit f hypocrisie f; fausse dévotion f; tartuferie f; ~herrschaft f domination f imaginaire; ~kauf m achat m fictif; ~manöver ✗ m simulacre m de manœuvre; démonstration f; ~medikament 💊 n placebo m; ~prozeß m procès m fantoche; ~referendum n simulacre m de référendum; ~staat m: e-e ~ une fiction d'État; ~tod m mort f apparente; 2tot adj. mort en apparence; ~verkauf m vente f fictive (od. simulée); ~vertrag m contrat m fictif (od. simulé); ~werfer m projecteur m; réflecteur m; Auto: phare m; ~werferlicht n lueur f des projecteurs; ~werferwischer (Auto) m essuie-phares m; ~widerstand ⚡ m impédance f.
'**Scheiß|e** V f merde f; 2en V v/i. chier; ~kerl V m P salaud m; P salopard m; P saligaud m; V ordure f; V fumier m.
Scheit n bûche f.
'**Scheitel** m sommet m; (Haar2) raie f; ⚲ ~ der Koordinaten origine f des coordonées; vom ~ bis zur Sohle de la tête aux pieds; ~kreis ast. m (cercle m) vertical m; ~linie f ligne f verticale.
'**scheiteln** v/t.: die Haare ~ faire la raie.
'**Scheitel|punkt** m point m culminant; e-s Winkels: sommet m; ast. zénith m; ~wert ⚡ m maximum m; ~winkel ⚲ m/pl. angles m/pl. opposés par le sommet.
'**Scheiterhaufen** m bûcher m.
'**scheitern** I v/i. échouer, faire naufrage, beide a. fig.; Plan a.: avorter; (untergehen) se perdre; pol. die Koalition ~ lassen faire capoter la coalition; II 2 n échouement m; naufrage m;

fig. a. échec m; zum ~ bringen faire échouer; mettre en échec; zum ~ verurteilt voué (od. condamné) à l'échec.
'**Schelde** f Escaut m.
'**Schellack** m gomme f laque.
'**Schelle** f grelot m; clochette f; (Klingel) sonnette f.
'**schellen** I v/i. sonner (j-m q.); tirer la sonnette; II 2 n coup(s pl.) m de sonnette.
'**Schellen|baum** ♪ m chapeau m chinois; ~bube m Kartenspiel: valet m de carreau; ~geläut(e) n bruit m de grelots; am Schlittengeschirr: 'harnais m à grelots; ~halsband m collier m à grelots; ~kappe f bonnet m de bouffon; ~könig m Kartenspiel: roi m de carreau.
'**Schellfisch** m aiglefin m.
'**Schelm**|(in f) m coquin m, -e f; fripon m, -onne f; espiègle m, f; mâtin m, -e f; armer ~ pauvre diable m; ~engesicht n mine f friponne; ~enroman m roman m picaresque; ~enstreich m, ~enstück n, ~e'rei f tour m de fripon; friponnerie f; coquinerie f; espièglerie f; 2isch adj. coquin, -e; fripon, -onne; espiègle.
'**Schelt**|e f réprimande f; ~ bekommen être grondé (od. réprimandé); 2en v/t., v/i.: j-n ~ gronder (od. réprimander) q. (wegen etw. sur od. pour qch.); auf j-n ~ pester contre q.; j-n e-n Esel ~ (nennen) qualifier q. d'âne; ~en n gronderie f; réprimande f.
'**Schema** n schéma m; schème m; (Muster) modèle m; (Plan) plan m. sche'**matisch** adj. schématique; ~ darstellen schématiser.
schemati'sieren v/t. schématiser; 2ierung f schématisation f.
Schema'tismus m schématisme m.
'**Schemel** m tabouret m; escabeau m; sellette f.
'**Schemen** m ombre f; fantôme m; 2haft adj. fantomatique; vague.
'**Schenke** f café m; P bistrot m.
'**Schenkel** m (Ober2) cuisse f; (Unter2) jambe f; ⚲ côté m; e-s Zirkels: branche f; ~bein anat. n fémur m; ~bruch m chir. fracture f du fémur; ⚕ 'hernie f fémorale; ~druck man. m pression f de la jambe; ~hals anat. m col m du fémur; ~knochen anat. m fémur m; ~prothese 💊 f cuissard m; ~rohr ⊕ n tube m coudé (od. en V).
'**schenk**|en v/t. u. v/rf.: j-m etw. ~ offrir qch. à q.; donner qch. (od. faire cadeau od. faire présent od. faire don de qch.) à q.; das ist wirklich geschenkt! c'est vraiment donné!; j-m (e-r Sache dat.) Aufmerksamkeit ~ prêter (son) attention à q. (à qch.); j-m die Freiheit ~ donner la liberté à q.; e-r Sache (dat.) Glauben ~ ajouter foi à qch.; j-m sein Herz ~ donner son affection à q.; j-m das Leben ~ donner la vie (od. le jour) à q.; j-m Vertrauen ~ faire confiance à q.; j-m etw. ~ (erlassen) tenir q. quitte de qch.; faire grâce de qch. à q. (aus~) débiter; (ein~) verser (à boire); 2ende(r a. m) m, f, 2er(in f) m donateur m, -trice f; 2mädchen n serveuse f de brasserie (od. de café); 2ung f don m; bsd. ⚖ donation f; gemeinnützige: dotation f; 2ungssteuer f impôt m sur les donations entre vifs; 2ungs-urkun-

de f acte m de donation; ⚬**ungsversprechen** n promesse f de donation; ⚬**ungsvertrag** m contrat m de donation.

'**scheppern** F v/i. (klappern) faire du bruit; an etw. ~ frotter contre qch.

'**Scherbe** f tesson m; in ~n gehen se casser; tomber en morceaux.

'**scherbeln** P (tanzen) v/i. P plais. gambiller; en suer une.

'**Scherbengericht** antiq. n ostracisme m.

'**Schere** f ciseaux m/pl.; eine ~ une paire de ciseaux; (Geflügel⚬) cisailles f/pl. à volaille; ⊕ cisailles f/pl.; zo. pince f; gym. ciseaux m/pl.; ciseau m; croisé m.

'**scheren** (kurzschneiden) 1. v/t. tondre; Bart: raser; Haare: couper à ras (od. de près); couper très courts; fig. (angehen) regarder; toucher; alles über e-n Kamm ~ mettre tout dans le même panier (od. sac); 2. v/rf.: sich ~ um se mêler de; was schert das dich? de quoi te mêles-tu?; sich ~ (davonmachen): scher dich zum Henker (od. Teufel)! va-t-en!; va au diable!; F va te faire cuire un œuf!; ⚬**fernrohr** ⚔ n jumelle f périscopique; périscope m; ⚬**gitter** n grille f à ciseaux; ⚬**schleifer** m rémouleur m; ⚬**schnitt** m silhouette f.

Sche're'rei f ennuis m/pl.; tracasseries f/pl.; corvées f/pl.; tracas m; F embêtement m; P emmerdement m; j-m viel ~en machen donner bien du tracas à q.

'**Scherfestigkeit** f résistance f au cisaillement.

'**Scherflein** n obole f; denier m; sein ~ beitragen donner son obole.

'**Scherge** m (Häscher) sbire m.

Sche'rif m chérif m.

'**Schermaschine** f tondeuse f.

Scherz m plaisanterie f; blague f; leicht spöttischer: raillerie f; (Schäkerei) badinage m; aus ~; im ~, zum ~ pour rire; par plaisanterie; ~ beiseite! plaisanterie à part!; es war nur ein ~ ce n'était que pour rire; der ~ geht zu weit ça va trop loin; es ist nicht gut mit j-m se jouer de q.; '~**artikel** m attrape f.

'**scherz|en** I v/i. plaisanter (über j-n q.); railler (über j-n q.); se moquer (über acc. de); über etw. (acc.) ~ tourner qch. en plaisanterie; (tändeln) badiner; nicht mit sich ~ lassen ne pas comprendre la plaisanterie; Sie ~ wohl? êtes-vous sérieux?; plaisantez-vous?; ⚬**frage** f devinette f; ⚬**gedicht** n poème m comique; ~**haft** adj. plaisant; badin; railleur, -euse; facétieux, -euse (komisch) comique; drôle; ⚬**haftigkeit** f esprit m de plaisanterie; humeur f badine (resp. railleuse).

'**Scherzo** ♪ n scherzo m.

'**scherz|weise** adv. par plaisanterie; pour rire; ⚬**wort** n plaisanterie f; mot m pour rire.

scheu I adj. timide, craintif, -ive; peureux, -euse; (menschen~) farouche; Blick: 'hagard; Pferd: ombrageux, -euse; ~ machen effaroucher; werden s'effaroucher, Pferd: s'emballer; II ⚬ f timidité f; crainte f; ohne ~ sans crainte.

'**Scheuche** f épouvantail m (a. fig.); ⚬n v/t. effaroucher; chasser.

'**scheuen** 1. v/i. Pferd: s'emballer; 2. v/rf.: sich ~ avoir peur (vor dat. de); craindre (etw. zu tun de faire qch.); sich vor keiner Arbeit ~ ne pas rechigner au travail; 3. v/t. craindre; redouter; keine Mühe ~ compter pour rien sa peine; faire tous ses efforts; ne reculer devant aucun travail; keine Kosten ~ ne pas regarder à la dépense; das Licht ~ fuir le jour.

'**Scheuer** f grange f; in die ~ bringen engranger.

'**Scheuer|bürste** f brosse f de chiendent; ~**frau** f femme f de service; femme f de ménage; ~**lappen** m toile f à laver; serpillière f; ~**leiste** f antébois m; plinthe f; ~**mittel** n produit m de nettoyage; ⚬n v/t. (v/rf.: sich se) frotter; (se) gratter; (wund~) (s')écorcher; Töpfe: (r)écurer; Fußboden: frotter; ~n m frottement m; der Töpfe: (r)écurage m; ~**pulver** n poudre f à (r)écurer; ~**sand** m sablon m à (r)écurer; ~**tuch** n toile f à laver; serpillière f.

'**Scheuklappe** f œillère f; fig. er hat ~n um il ne voit pas plus loin que le bout de son nez.

'**Scheune** f grange f; für Heu: fenil m; ~**ndrescher** P fig. m: wie ein ~ essen manger comme un ogre; avoir un joli coup de fourchette; ~**ntor** fig. n: den Mund wie ein ~ aufreißen ouvrir la bouche comme un four; ~**nviertel** n (Elendsviertel) immeubles m/pl. insalubres; îlot m insalubre.

'**Scheusal** n monstre m.

'**scheußlich** I adj. 'hideux, -euse; horrible; affreux, -euse; exécrable; atroce; abominable; monstrueux, -euse; ~es Wetter temps m épouvantable; II adv.: es ist ~ kalt il fait terriblement froid; ⚬**keit** f horreur f; abomination f; atrocité f; monstruosité f.

Schi m ski m; auf ~ern ≈ od. en skis; fahren, ~ laufen faire du ski; aller en (od. à) skis; pratiquer le ski; skier (od. à); '~**anzug** m costume m de ski; '~**ausrüstung** f équipement m de ski; '~**bindung** f fixation f.

Schicht f couche f (a. fig.); (Anstrich) a. enduit m; Luft: région f; Steine: assise f; Holz: pile f; géol. strate f; lit m; (Reihe) rang m; (Arbeits⚬) journée f; poste m; (Belegschaft) équipe f; (Krem⚬) film m; ~**en der Gesellschaft** couches f/pl. sociales; '~**arbeit** f travail m par équipes; travail m posté; '~**arbeiter** m ouvrier m d'une équipe; '~**dienst** m service m par (od. de) roulement; ⚬**en** v/t. (in Schichten über-ea.-legen) disposer par couches; Holz: empiler; géol. stratifier; '~**fuge** géol. f triage m; '~**gestein** n roche f stratifiée; '~**holz** n bois m stratifié; '~**leistung** f rendement m d'une équipe; '~**linie** f courbe f de niveau; '~**meister** m chef m d'équipe; ~**preßstoff** m stratifié m; '~**ung** f disposition f par couches; v. Holz: empilement m; géol. stratification f; '~**unterricht** m enseignement m par roulement; '~**wechsel** m relève f (des équipes); ⚬**weise** adv. par couches; (nach Belegschaften) par équipes; par roulement; '~**wolke** f stratus m.

Schick I m chic m; ~ haben être chic, élégant; avoir de l'allure, du chic; II ⚬ adj. chic (a. f).

'**schicken** 1. v/t. envoyer; (versenden) expédier; 2. v/i.: nach j-m ~ envoyer chercher q.; 3. v/rf.: sich in etw. (acc.) ~ se résigner à qch.; se faire à qch.; sich ins Unvermeidliche ~ se résigner à l'inévitable; se faire une raison; sich ~ (geziemen) für convenir à; être convenable à; das schickt sich nicht ce n'est pas convenable; cela ne se fait pas; es schickt sich nicht, daß ... il n'est pas convenable que ... (subj.); es schickt sich nicht für ihn, zu ... (inf.); il lui sied mal de ... (inf.).

Schicke'ria F etw. péj. (oberste Zehntausend) f F gratin m; P gens pl. de la haute.

'**schicklich** adj. convenable; décent; de bon ton; bien séant; ⚬**keit** f convenance f; décence f; bon ton m; bienséance f; ⚬**keitsgefühl** n sentiment m des convenances.

'**Schicksal** n zufälliges: sort m; bsd. vorherbestimmtes: destinée f; fatalité f; litt. des Menschen od. s-r großen Werke: destin m; litt. fortune f; ⚬**haft** adj. fatal; ~**haftigkeit** f fatalité f; ~**sfrage** f question f fatale; ~**sfügung** f effet m de la providence; st.s. arrêt m du destin; ~**sgefährte** m compagnon m d'infortune; ~**sgemeinschaft** f communauté f de destin (od. de sort); ~**sglaube** m fatalisme m; ~**sgöttinnen** f/pl. Parques f/pl.; ~**s-prüfung** f épreuve f; ~**sschlag** m coup m du sort; revers m de fortune; ~**sstunde** f heure f fatidique; ~**sverbundenheit** f communauté f de sort; ~**swende** f péripétie f; événement m imprévu.

'**Schickung** f arrêt m du destin; göttliche ~ Providence f.

'**Schiebe|bühne** ⛟ f pont (od. chariot) m transbordeur; ~**dach** n toit m coulissant (od. ouvrant); ~**fenster** n fenêtre (Auto: glace) f coulissante (od. à coulisse); ~**leiter** f échelle f extensible (od. à coulisse).

'**schieben** I v/t., v/i. u. v/rf. pousser; (gleiten lassen) faire glisser; v/i. ⚔ voler en crabe (od. de travers); déraper; glisser; sich (ver)lassen coulisser; fig. mit Waren: trafiquer; abs. spéculer malhonnêtement; die Schuld auf j-n ~ rejeter la faute sur q.; j-m etw. in die Schuhe ~ mettre qch. sur le dos de q.; etw. auf die lange Bank ~ traîner qch. en longueur; in den Ofen ~ enfourner; sich in die Höhe ~ Kleidung: remonter; j-n über die Grenze ~ faire repasser la frontière à q.; Kegel: jouer aux quilles; alle neune ~ faire les neuf quilles; II ⚬ n poussée f; ⚔ vol m en crabe (od. de travers); dérapage m; glissade f; mit Waren: trafic m (mit de).

'**Schieber** m (Schiebering) coulant m; curseur m; am Regenschirm: anneau m; am Reißverschluß: tirette f; am Schornstein: registre m; ⊕ tiroir m; coulisse f; coulisseau m; (Riegel) verrou m; (Person) trafiquant m; F fricoteur m; carambouilleur m; marchand m interlope; F tripatouilleur m; F tripoteur m; ~**geschäft** n trafic m; ~**e machen** trafiquer.

Schiebering m coulant m.
Schieberventil n soupape f à coulisse.
Schiebe|sitz m siège m coulissant; **~tür** f porte f coulissante (a. à coulisse od. à glissière); **~wagen** (im Selbstbedienungsladen) m voiturette f; chariot m; caddy m; **~wand** thé. f coulisse f.
Schiebung f manœuvre f frauduleuse; F combine f; mit Waren: trafic m (mit de); (ungerechte Bevorzugung od. Zurücksetzung) passe-droit m.
Schiedsgericht n tribunal m arbitral; gewerbliches: conseil m de prud'hommes; Sport: comité m d'arbitrage; e-m ~ unterbreiten soumettre à l'arbitrage; **²lich** adj. arbitral; **~es Urteil** sentence f arbitrale; **~sbarkeit** f juridiction f arbitrale; **~shof** m Haager ~, Ständiger ~ Cour f Permanente d'Arbitrage; **~sklausel** f clause f d'arbitrage.
Schieds|richter m arbitre m; Sport: a. juge-arbitre m; juge m; Irrtum des ~s erreur f d'arbitrage; **²richteramt** (Sport) n arbitrage m; **²richterlich I** adj. arbitral; **II** adv. arbitralement; par arbitre; **²richtern** v/i. faire l'arbitre; **²spruch** m arbitrage m; jugement m arbitral; décision f arbitrale; sentence f arbitrale; e-m ~ unterwerfen soumettre à l'arbitrage; durch ~ entscheiden arbitrer; **~verfahren** n procédure f d'arbitrage; **~vertrag** m convention f, traité m d'arbitrage.
schief I adj. oblique (a. ♐); (geneigt) incliné; penché; fig. (falsch) faux, fausse; erroné (a. Urteil); **~e Ebene** plan m incliné; fig. auf die ~e Ebene geraten s'écarter du droit chemin; ein ~es Gesicht machen faire la moue; in e-r ~en Lage sein être dans une situation fausse; j-n in ein ~es Licht setzen montrer q. sous un faux jour; **II** adv. obliquement; de travers; de (od. en) biais; ~ halten (stellen) pencher; incliner; ~ stehen porter à faux; pencher; être penché; incliner; être incliné; ~ gewachsen mal venu; difforme; j-n ~ ansehen regarder q. de travers; **²e** f biais m; obliquité f; inclinaison f; pente f.
Schiefer m ardoise f; schiste m; mit (be)decken ardoiser; couvrir d'ardoises; **²artig** adj. ardoisier, -ière; ardoiseux, -euse; schisteux, -euse; **²blau** adj. bleu m d'ardoise; ardoisé; **~bruch** m ardoisière f; carrière f d'ardoise; **~dach** n toit m en ardoises; **~decker** m couvreur m en ardoises; **²farben**, **²farbig** adj. ardoisé; **~gebirge** n montagnes f/pl. schisteuses; **²grau** adj. ardoisé; **²haltig**, **²ig** adj. schisteux, -euse; **~öl** n huile f de schiste; **~platte** f feuillet m (od. plaque f) d'ardoise; **~stein** m ardoise f; **~stift** m crayon m d'ardoise; **~tafel** f ardoise f; **~ung** f (Abblätterung) exfoliation f.
schief|gehen F fig. v/i. tourner mal; F foirer; iron. nur Mut, es wird schon ~! allons, courage, ça ira (od. ça marchera)!; **~ge'wickelt** F fig. adj. mal embarqué; **²heit** f biais m; obliquité f; inclinaison f; fig. fausseté f; **~laufen** v/t. Schuhe: éculer; **~liegen** F pol. v/i. n'être pas dans la ligne; **~liegend** adj. incliné; penché;

treten v/t. Schuhe: éculer; **~wink(e)lig** adj. à angle(s) oblique(s); **²ziehen** (Auto) n déportement m latéral.
Schiel|auge n œil m qui louche; **²en** v/i. loucher; fig. nach etw. ~ lorgner qch., guigner qch.; **~en** n strabisme m; **²end** adj. bigleux; qui louche; **~er(in** f) m loucheur m, -euse f.
Schienbein n tibia m; des Pferdes, Rindes: canon m; **~schützer** m Sport: jambière f; genouillère f.
Schiene f ⚙ bande f; 🩺 éclisse f; etw. in ~n legen éclisser qch.; 🚂 rail m; aus den ~n springen dérailler; sortir des rails.
¹schienen I v/t. 🩺 éclisser; **II ²** n éclissage m; **²bus** m micheline f; **²fahrzeug** n véhicule m sur rails; **~gebunden** adj. roulant sur rails; **~gleich** 🚂 adj.: ~er Übergang passage m à niveau; **²leger** m poseur m de rails; **²netz** n réseau m ferroviaire; **²räumer** m 🚂 chasse-pierres m; **²strang** m voie f ferrée; **²transport** m transport m par rail; **²weg** m rails m/pl.; auf dem ~e par le rail; par voie ferrée.
schier I adj. pur; ~es Fleisch viande f sans os; **II** adv. presque; à peu près.
Schierling ♀ m ciguë f; **~becher** (coupe f remplie de) ciguë f; **~gift** n ciguë f.
Schieß|ausbildung ⚔ f instruction f du tir; entraînement m au tir; **~bahn** f champ m de tir; butte f; **~baumwolle** f coton-poudre m; fulmicoton m; **~bedarf** m munitions f/pl.; **~bude** f baraque f de tir; tir m forain; **~budenfigur** péj. F P tête f de pipe; caricature f; **~eisen** F n F flingue m.
¹schießen I 1. v/t. tirer; (töten) tuer; ch. e-n Vogel ~ tirer un oiseau; über den Haufen ~ abattre d'un coup de feu; sich e-e Kugel durch den Kopf ~ se brûler la cervelle; Fußball: tirer m; shooter; lancer; ein Tor ~ marquer un but; **2.** v/i. tirer; auf j-n (od. nach j-m) ~ tirer sur q.; auf e-n Vogel ~ tirer sur un oiseau; in die Luft ~ tirer des coups de feu en l'air; nach der Scheibe ~ tirer à la cible; (Feuer geben) faire feu; (ziellos ~) tirailler; scharf ~ tirer à balle; wild um sich ~ canarder à tout bout de champ; gut ~ Person: être bon tireur, Gewehr: tirer juste; weit ~ Gewehr: porter loin; ins Kraut ~ pousser tout en feuilles; in Samen ~ monter en graine; in die Höhe ~ s'élancer dans les airs, (wachsen) grandir, (heraus~, empor~) jaillir (aus de), Preise: s'envoler; fig. durch den Kopf ~ venir à (od. traverser) l'esprit; wie die Pilze aus dem Boden ~ pousser comme des champignons; das Blut schießt ihm ins Gesicht le sang lui monte au visage; ~ lassen Zügel: lâcher; fig. j-m die Zügel ~ lassen lâcher la bride à q.; F etw. ~ lassen laisser tomber qch.; ~ envoyer promener qch.; fig. F schieß los! (= fang an!) allons!, commence donc!; démarre!, vas-y!; **II ²** n tir m; freihändiges ~ tir m sans appui; F fig. es ist zum ~ c'est à se tordre de rire, F y a de quoi se marrer.
Schieße'rei f échange m de coups de feu; fusillade f.
¹Schieß|gewehr F n fusil m; **~hund** F m: fig. wie ein ~ aufpassen être très

attentif, -ive; faire bien attention; **~platz** ⚔ m (champ m de) tir m; artill. polygone m; **~pulver** n poudre f (à canon); **~scharte** ⚔ f meurtrière f; embrasure f; créneau m; frt. canonnière f; MG-~ sabords m/pl. à mitrailleuses; **~scheibe** f cible f; **~sport** m tir m sportif; **~stand** m tir m; stand m (de tir); **~übung** f exercice m de tir; **~vorschrift** ⚔ f instruction f sur le tir.
Schi|fahren n ski m; zum ~ ausrüsten équiper pour le ski; **~fahrer(in** f) m skieur m, -euse f; **~feld** n champ m de ski.
Schiff n allg. bateau m; (bsd. Passagier²) paquebot m; (Handels- od. Kriegs²) navire m, bâtiment m (de commerce bzw. de guerre); (Raum²) vaisseau m spatial; astronef m; auf dem ~ ⚓ à bord; zu ~ gehen aller à bord; s'embarquer.
Schiffahrt f navigation f; **~sgesellschaft** f compagnie f maritime (od. de navigation); **~skanal** m canal m navigable (od. de navigation); **~skunde** f navigation f; **~slinie** f ligne f maritime; **~sstraße** f voie f navigable; **~sweg** m route f maritime; **²treibend** adj.: ~es Volk peuple m navigateur.
¹schiffbar adj. navigable; **²keit** f navigabilité f; **²machung** f canalisation f.
¹Schiff|bau m construction f navale; **~bauer** m constructeur m de bateaux (resp. de navires, etc.); **~bauingenieur** m ingénieur m en construction navale; **~bauprogramm** n programme m de construction navale; **~bruch** m naufrage m; ~ erleiden faire naufrage (a. fig.); **²brüchig** adj. naufragé; **~brüchige(r** a. m) m, f naufragé m, -e f; **~brücke** f pont m de bateaux.
Schiffchen n e-r Nähmaschine u. Weberei: navette f; **~arbeit** cout. f frivolité f.
¹schiffen v/i. naviguer; ∨ (pinkeln) pisser.
Schiffer m capitaine m d'un navire; (Binnen²) batelier m; marinier m; (Seemann) marin m; matelot m; **~klavier** F n accordéon m; F piano m à bretelles; **~stechen** n joute f nautique (od. des bateliers).
Schiffs|artillerie f artillerie f navale; **~arzt** m médecin m de bord; **~attest** n certificat m de visite; **~aufzug** m ascenseur m à bateaux; **~bau** m construction f navale; **~bauch** m cale f; **~bauer** m constructeur m de bateaux (resp. de navires, etc.); **~bauingenieur** m ingénieur m des constructions navales; **~befrachter** m affréteur m; **~befrachtung** f affrètement m; **~besatzung** f équipage m; **~besen** m goret m; **~boden** m fond m de cale; **~brücke** f pont m de bateaux; **~eigentümer** m, **~eigner** m armateur m; propriétaire m d'un navire; **~flagge** f pavillon m; **~fracht** f fret m; **~frachtbrief** m connaissement m; **~frachtversicherung** f assurance f sur (le) fret; **~garage** f garage m à bateaux; **~geschütz** n canon m de bord; **~haken** hist. m grappin m; **~hebewerk** n élévateur m de bateaux; **~junge** m mousse m;

Schiffskapitän — schlachten

~kapitän m capitaine m; ~karte f billet m; ~katastrophe f sinistre m, catastrophe f maritime; ~kellner m steward m; ~koch m cuisinier m de bord; coq m; ~körper m coque f; ~kran m crône m; ~kreisel m stabilisateur m gyroscopique; ~küche f cuisine f de bord; ~kunde f navigation f; ~ladung f cargaison f; ~laterne f fanal m; ~lazarett n hôpital m de bord; ~luke f écoutille f; ~makler m courtier m maritime; ~mannschaft f équipage m; ~modell n modèle m de navire; ~papiere n/pl. papiers m/pl. de bord; ~parade f revue f (od. parade f) navale; parade f de flotte; ~planke f bordage m; ~raum m cale f; (Tonnengehalt) tonnage m; ~postmarke m timbre m de la poste navale; ~reeder m armateur m; ~rumpf m coque f; ~schnabel hist. m éperon m; ~schraube f hélice f (de navire); ~tagebuch m journal m de bord; ~verband ✗ m formation f de navires; ~verkehr m trafic m maritime; ~verkleidung f bordage m; ~vermieter m fréteur m; ~wache f quart m; ~werft f chantier m naval; ~zwieback m biscuit m de mer.

'Schi|gelände n champ m de ski; ~haserl n 1. débutant, -e m, f de ski; 2. jeune skieuse f; ~hose f pantalon m de ski; pantaski m; ~hütte f refuge m; ~jacke f veste f de ski.

Schi'kane f tracasserie f; fig. bsd. pl.: mit allen ~n pourvu de tous les perfectionnements.

schika'nier|en v/t. tracasser; F tarabuster; F turlupiner; j-n ~ a. rendre la vie dure à q.; faire des misères à q.; j-n zu ~ suchen chercher chicane à q.; ℒer(in f) m tracassier m, -ière f.

schika'nös adj. tracassier, -ière.

'Schi|kostüm n costume m de ski; ~kurs m cours m de ski; ~langlauf m ski m de fond; ~laufen n ski m; zum ~ ausrüsten équiper pour le ski; ~läufer(in f) m skieur m, -euse f.

Schild¹ m bouclier m; hist. (Turnier℘) écu m; ⌀ (Wappen℘) écu(sson) m; fig. etw. im ~e führen avoir un dessein caché; mijoter (od. tramer) qch.; manigancer qch.; machiner qch.; auf den ~ (er)heben élever sur le pavois.

Schild² n (Geschäfts℘) enseigne f; (Tür℘) plaque f; für Bekanntmachungen: écriteau m; panneau m; (Etikett) étiquette f.

'Schild|bürger péj. m petit bourgeois m; nigaud m; ~bürgerstreich m balourdise f; idiotie f; sottise f; bêtise f; ~drüse anat. f glande f thyroïde; ~drüsenhormon n thyroxine f.

'Schilder|haus ✗ n guérite f; ~maler m peintre m d'enseignes.

'schilder|n v/t. (dé)peindre; décrire; présenter; retracer; in großen Zügen: brosser un tableau de; ℒung f peinture f; description f; exposé m; tableau m; ℒwald (Verkehr) m forêt f de panneaux (od. des panneaux de circulation).

'schild|förmig adj. en forme de bouclier; scutiforme; ℒknappe hist. m écuyer m; ℒkröte zo. f tortue f; ℒkrötensuppe f soupe f à la tortue; ℒlaus ent. f cochenille f; ℒpatt n écaille f.

'Schilehrer m moniteur m de ski.

Schilf ♀ n roseau m; (Binse) jonc m; '℘ig adj. couvert de roseaux; '~matte f natte f de jonc; '~rohr ♀ n roseau m; (Binse) jonc m; (einzelner Halm) chalumeau m.

'Schilift m téléski m; remonte-pente m.

'Schillerkragen m col m Danton.

'schillern I v/i. chatoyer; (spiegeln) miroiter; in den Regenbogenfarben ~ s'iriser; ins Rote ~ tirer sur le rouge; II ℒ n chatoiement m; (Spiegeln) miroitement m; ~ in den Regenbogenfarben irisation f; ~d adj. chatoyant; (spiegelnd) miroitant; (verschwommen) flou; Farbe: changeant; in den Regenbogenfarben ~ irisé; in tausend Farben ~ jouant en mille reflets.

Schi'mär|e f chimère f; ℒisch adj. chimérique.

'Schimmel m (Pferd) cheval m blanc ♀ moisi m; moisissure f; ℒig adj. couvert de moisissure; moisi; ~ werden = ℒn v/i. (se) moisir; se couvrir de moisissure; ~pilze m/pl. moisissures f/pl.

'Schimmer m lueur f; (faible) lumière f; heller: éclat m; fig. keinen ~ von etw. haben n'avoir pas la moindre idée (od. notion) de qch.; ein ~ Hoffnung une lueur (od. un rayon) d'espoir (od. d'espérance); ℒn v/i. jeter une faible lueur; (leuchten) (re)luire; (glänzen) briller; scintiller; resplendir; (schillern) chatoyer; (funkeln) étinceler; ~n n lueur f; (Glänzen) brillant m; éclat m; scintillement m; scintillation f; resplendissement m; (Schillern) chatoiement m; (Funkeln) étincellement m.

Schim'panse zo. m chimpanzé m.

Schimpf m injure f; (Beschimpfung) insulte f; outrage m; affront m; (Schande) 'honte f; opprobre m; ignominie f; j-m e-n ~ antun faire un affront à q.; mit ~ und Schande honteusement; ℒen 1. v/i.: ~ auf (acc.) invectiver contre; se répandre en injures contre; pester contre; déblatérer contre; 2. v/t.: j-n e-n Dummkopf ~ qualifier (od. traiter) q. d'imbécile; ~e'rei f invectives f/pl.; injures f/pl.; insultes f/pl.; '~kanonade a. pol. f violence f verbale; '℘lich adj. 'honteux, -euse; outrageant; (ehrverletzend) déshonorant; (Schande bringend) ignominieux, -euse; '~name m nom m injurieux; '~reden f/pl. → ~erei; '~wort n mot (od. terme) m injurieux; gros mot m; (Beleidigung) injure f.

'Schimütze f bonnet m (de ski).

'Schindel f bardeau m; ~dach n toit m en bardeaux; ℒn v/t. couvrir de bardeaux.

'schind|en 1. v/t. (mißhandeln) maltraiter; (ausbeuten) exploiter; Eindruck ~ F faire de l'esbroufe; Zeilen ~ tirer à la ligne; Zeit ~ F tirer des heures; 2. v/rf.: sich ~ peiner; ℒe'rei f (Plackerei) travail m de chien (od. de nègre); corvée f; ℒluder n fig.: mit j-m ~ treiben (schlecht behandeln) traiter q. avec mépris; bafouer q.; ℒmähre F f rosse f; 'haridelle f.

'Schinken m jambon m; F (schlechtes Bild) croûte f; navet m; (alter Schmöker) vieux bouquin m; (Hinterbacken) P jambons m/pl.; Ei mit ~ œufs m/pl. au bacon; ~brötchen n sandwich m au jambon; ~scheibe f tranche f de jambon; ~speck m jambon m entrelardé; ~wurst f saucisson m au jambon.

'Schippe f pelle f; Kartenspiel: pique m; fig. F j-n auf die ~ nehmen F mettre q. en boîte; ℒn v/t. u. v/i. pelleter.

Schiri* (Sport: Schiedsrichter) m arbitre m; juge m; juge-arbitre m.

Schirm m (Lampen℘) abat-jour m; (Regen℘) parapluie m; (Sonnen℘) ombrelle f, großer: parasol m; (spanische Wand) paravent m; (Schutz℘; Projektions℘; Bild℘; Radar℘) écran m; (Mützen℘) visière f de casquette; st.s. fig. protection f; '~antenne f antenne-parapluie f; '~bezug m étoffe f (du parapluie); '~bildaufnahme f radiophotographie f; '~dach n auvent m; abat-vent m; '~℘en v/t. abriter; protéger; '~fabrikant m fabricant m de parapluies; '~℘förmig adj. en forme de parapluie; '~futteral n cf. ~hülle; '~gestell n monture f (de parapluie); '~gitter n Radio: grille-écran; '~gitterröhre f Radio: lampe f grille-écran; '~herr(in f) m protecteur m, -trice f; '~herrschaft f patronage m; unter der ~ von sous le patronage de; '~hülle f fourreau m, housse f, gaine f (de parapluie); '~macher m fabricant m de parapluies; '~mütze f casquette f (à visière); '~ständer m porte-parapluies m; '~überzug m cf. ~hülle; '~wand f écran m; (spanische Wand) paravent m.

Schi'rokko m sirocco m.

'Schi|schuhe m/pl. chaussures f/pl. (de ski); ~schule f école f de ski.

'Schisma n schisme m.

Schis'ma|tiker m schismatique m; ℒtisch adj. schismatique.

'Schi|sport m ski m; für den ~ geeignet skiable; ~ fahren partir pour la neige; ~springen n saut m à skis; ~springer m sauteur m à skis; ~sprungschanze f tremplin m (de ski); ~spur f traces f/pl. laissées par les skis.

Schiß V m (Kot) merde f; (Dünn℘) chiasse f; foire f; fig. (Angst) chiasse f; foire f; ~ haben avoir la chiasse (od. la foire od. la trouille); P avoir le trouillomètre à zéro.

'Schi|stiefel m/pl. chaussures f/pl. de ski; ~stock m bâton m de ski; ~wachs n fart m; ~wandern n ski m de fond (od. de randonnée).

schizo'phren ✗ adj. schizophrène.

Schizophre'nie ✗ f schizophrénie f.

'schlabber|n F adj. (weichlich) mollasse; ~n v/i. (schlürfen) manger (resp. boire) bruyamment; Hund: laper.

Schlacht f bataille f (bei de); j-m e-e ~ liefern livrer bataille à q. (bei près de); die ~ gewinnen (verlieren) gagner (perdre) la bataille; Péguy fiel in der Marne℘ Péguy tomba à la bataille de la Marne; '~bank f étal m; fig. zur ~ führen mener à la boucherie; '~beil n 'hache f de boucher; '~bericht ✗ m récit m de bataille.

'schlachten I v/t. tuer; abattre; Huhn, Schwein: saigner; als Opfer: immoler; (hinmorden) égorger; (hinopfern) sacrifier; II ℒ n abattage m;

(*Opfern*) immolation *f*.
'**Schlachten|bummler** (*Sport*) *m* supporter *m*; ~**glück** *n* fortune *f* des batailles; ~**gott** *m*, ~**lenker** *m* dieu *m* des batailles; ~**maler** *m* peintre *m* de batailles.
'**Schlächt|er** *m* boucher *m*; *fig.* bourreau *m*; ~**e'rei** *f* boucherie *f* (*a. fig.*); ~**erladen** *m* boucherie *f*; ~**ersfrau** *f* bouchère *f*.
'**Schlacht|feld** *n* champ *m* de bataille; *das* ~ *behaupten* rester maître du champ de bataille; ~**fest** *n* jour *m* où l'on tue le porc; ~**fleisch** *n* viande *f* de boucherie; ~**flotte** *f* flotte *f* de combat; ~**flugzeug** *n* avion *m* de combat; ~**geschrei** *n* cri *m* de guerre; ~**getümmel** *n*, ~**gewühl** *n* mêlée *f*; ~**gewicht** *n* poids *m* abattu; ~**haus** *n*, ~**hof** *m* abattoir *m*; ~**kreuzer** *m* croiseur *m* de bataille; ~**linie** ⚓ *f* ligne *f* de bataille; ~**messer** *n* couteau *m* de boucher; ~**opfer** *fig.* victime *f*; ~**ordnung** *f* formation *f* de bataille (*od.* de combat); (*sich*) *in* ~ *aufstellen* (se) ranger en bataille; ~**plan** *m* plan *m* de bataille; *e-n* ~ *aufstellen* dresser un plan de bataille; ~**reihe** *f* ligne *f* de bataille; ~**roß** *hist.* *n* cheval *m* de bataille; ~**ruf** *m* cri *m* de guerre; ~**schiff** *n* cuirassé *m*; ~**ung** *f* abattage *m*; ~**vieh** *n* bétail *m* (*od.* animaux *m/pl.*) de boucherie.
'**Schlacke** *f* scorie *f*; laitier *m*; crasse *f*; (*Koks*⚓) scorie *f* de coke; *fig.* impureté *f*; ~**nabstich** *m* coulée *f* du laitier; ⚓**nartig** *adj.* scoriacé; ~**n-bildung** *f* scorification *f*; ⚓**nfrei** *adj.* exempt de scories; ~**nhalde** *f* crassier *m*; ~**nstein** *m* brique *f* de laitier; ~**nzement** *m* ciment *m* de laitier.
'**schlackig** *adj.* scoriacé.
'**Schlackwurst** *f* cervelas *m*.
Schlaf *m* sommeil *m*; *kurzer*: somme *m*; *bleierner* ~ sommeil *m* de plomb; *leiser* (*od.* *leichter*) ~ sommeil *m* léger; *sehr leiser* ~ sommeil *m* de lièvre; *im* ~ en dormant; *fig.* (*spielend leicht*) par-dess(o)us la jambe; *im besten* ~ *en plein sommeil*; *e-n leichten* (*festen*) ~ *haben* avoir le sommeil léger (profond); *e-n gesunden* ~ *schlafen* dormir d'un bon sommeil; *den* ~ *des Gerechten schlafen* dormir du sommeil du juste; *in tiefem* ~ *liegen* être plongé dans un profond sommeil; *e-n unruhigen* ~ *haben* avoir le sommeil agité; *vom* ~ *übermannt werden* succomber au sommeil; *der* ~ *befällt mich* le sommeil me prend; *sich des* ~*s nicht erwehren können* tomber de sommeil; *in* ~ *versetzen* endormir; assoupir; *in* ~ *sinken* s'endormir; s'assoupir; *in den* ~ *singen* endormir en chantant; *aus dem* ~ *wecken* tirer du sommeil; *aus dem* ~ *auffahren* s'éveiller en sursaut; *den Seinen gibt's der Herr im* ~ la fortune vient en dormant; '~**anzug** *m* pyjama *m*.
'**Schläfchen** *n* petit somme *m*; (*Mittags*⚓) sieste *f*; *ein* ~ *halten* (*od.* *machen*) faire un petit somme, (*Mittags*⚓) faire la sieste.
'**Schlafcouch** *f* divan-lit *m*.
'**Schläfe** *f* tempe *f*; *mit silbergrauen* ~*n* aux tempes argentées.
'**schlafen** *v/i.* dormir; (*schlummern*) sommeiller; (*ruhen*) reposer; *in s-m Bett* ~ dormir sur (*od. dans*) son lit; ~ *gehen*; *sich* ~ *legen* (aller) se coucher; *se mettre au lit*; *mit* (*od.* *bei*) *j-m* ~ *coucher avec* q.; *auswärts* ~ *découcher*; *fest* ~ *dormir profondément* (*od.* d'un profond sommeil *od.* à poings fermés); *schlafen Sie gut* (*ruhig*)*!* dormez bien (tranquille; ayez un sommeil tranquille)!; *leicht* ~ *dormir d'un sommeil léger*, *vor Besorgnis*: ne dormir que d'un œil, ne dormir que sur une oreille, dormir les yeux ouverts; *vor etw.* (*dat.*) *nicht* ~ *können* ne pas dormir de qch.; *in s-n Sachen* ~ coucher tout habillé; *in den Tag hinein* (*od.* *bis in den hellen Tag*, F *bis in die Puppen*) ~ faire la grasse matinée; *unter freiem Himmel* ~ dormir à la belle étoile; *fig.* *e-e Sache* ~ *lassen* laisser dormir qch.; ~ *Sie darüber!* laissez passer la nuit sur cela, F consultez votre oreiller; ²**gehen** *n*: *vor dem* ~ avant de se coucher; ²**szeit** *f*: *es ist* ~ il est l'heure de (*od.* d'aller) se coucher.
'**Schläfer**(**in** *f*) *m* dormeur *m*, -euse *f*.
schlaff *adj.* lâche; (*entspannt*) détendu; (*weich*) mou (*vor vo.* *oder stummem h*: mol), molle; flasque; (*kraftlos*) sans ressort; (*schlapp*) aveuli, avachi, veule; (*lässig*) indolent; ~ *werden* se relâcher, (*erschlaffen*) *a.* mollir, s'amollir, s'aveulir, s'avachir; ¹²**heit** *f* relâchement *m*; atonie *f*; (*Weichheit*) mollesse *f*; (*Schlappheit*) apathie *f*; manque *m* d'énergie; manque *m* de ressort; veulerie *f*; (*Lässigkeit*) indolence *f*, langueur *f*.
'**Schlaf|gast** *m* hôte *m* pour la nuit; ~**gefährte** *m*, ~**genosse** *m* compagnon *m* de lit (*od.* de chambre).
Schla'fittchen F *n*: *j-n beim* ~ *nehmen* prendre (*od.* saisir) q. au collet (*od.* par la peau du cou).
'**Schlaf|kammer** *f* petite chambre *f* à coucher; ~**krankheit** *f* maladie *f* du sommeil; ~**lied** *n* berceuse *f*; ²**los** *adj.* sans sommeil; *e-e Nacht* ~ *nuit f blanche*; *e-e* ~*e Nacht verbringen* passer une nuit blanche; ne pas dormir de toute la nuit; ~**losigkeit** *f* insomnie *f*; ~**mittel** *n* somnifère *m*; soporifique *m*; narcotique *m*; dormitif *m*; ~**mütze** *f* F *fig.* gnangnan *m*; ²**mützig** F *adj.* endormi; gnangnan *inv.*; ~**raum** *m* dortoir *m*.
'**schläfrig** *adj.* somnolent; *fig.* indolent; ~ *sein* avoir sommeil; ~ *machen* donner envie de dormir (à); *endormir*; ²**keit** *f* somnolence *f*; envie *f* de dormir; *fig.* indolence *f*.
'**Schlaf|rock** *m* robe *f* de chambre; ~**saal** *m* dortoir *m*; ~**sack** *m* sac *m* de couchage; ~**sofa** *n* divan-lit *m*; ~**stadt** *f* ville-dortoir *f*; cité *f* dortoir; ~**stätte** *f*, ~**stelle** *f* logis *m* pour la nuit; gîte *m*; ~**stube** *f* chambre *f* à coucher; ~**sucht** ⚕ *f* somnolence *f*; *pfort* léthargie *f*; ²**süchtig** ⚕ *adj.* somnolent; *pfort* léthargique; ~**tablette** *f* comprimé *m* pour dormir; ~**trunk** *m* potion *f* soporifique; ²**trunken** *adj.* accablé de sommeil; somnolent; ~**trunkenheit** *f* somnolence *f*; ~**wagen** 🚂 *m* voiture-lit *f*; ~**wagenabteil** 🚂 *n* compartiment *m* de voiture-lit; ~**zimmer** *n* chambre *f* à coucher.
Schlag *m* coup *m*; P gnon *m*; ⚕ (attaque *f* d')apoplexie *f*; *des Herzens*: battement *m*; (*Puls*⚓) pulsation *f*; *des Pendels*: oscillation *f*; (*Donner*⚓) coup *m* de tonnerre; (*Blitz*⚓) coup *m* de foudre; (*Flügel*⚓) coup *m* d'aile; *e-s Wagens*: portière *f*; ⚡ décharge *f* électrique; (*Hitz*⚓) insolation *f*; coup *m* de chaleur; (*Erschütterung*) choc *m*; (*Klaps*) tape *f*; claque *f*; (*Tauben*⚓) pigeonnier *m*, colombier *m*; *Forst*: coupe *f*; ✗ sole *f*; *in Schläge* (ein)teilen assoler; (*Ruder*⚓) coup *m* de rame; (*Vogelsang*) chant *m*; ⚒ (*Essen*) ration *f*; portion *f*; *fig.* (*Art*) espèce *f*, sorte *f*, race *f*, trempe *f*, F acabit *m*, calibre *m*, farine *f*; *Leute s-s* ~*es des gens m/pl. de son acabit*; *vom gleichen* ~*e de la même espèce* (*od.* *trempe*), *du même acabit*, *de la même farine*; *ein Mann vom alten* ~ *un homme comme on n'en fait plus* (*od.* *de la vieille souche*); *zwei Herzen und ein* ~ *deux cœurs qui battent à l'unisson*; *j-m e-n* ~ *versetzen* administrer (*od.* donner *od.* porter) un coup à q.; *j-m Schläge verabreichen* administrer (*od.* donner) des coups de baguette à q.; *es mit Schlägen versuchen* essayer les coups; *ein* ~ *mit der Faust* un coup de poing; ~ *auf* ~ coup sur coup; *mit e-m* ~ d'un seul coup; ~ *vier Uhr* à quatre heures pile, tapant(es), sonnant(es), juste; *vom* ~ *gerührt* frappé d'apoplexie; *mich soll der* ~ *treffen, wenn ...; je veux mourir si ...*; *ein* ~ *ins Wasser* un coup d'épée dans l'eau; '~**abtausch** *m Boxen*: échange *m* de coups; *fig. pol.* altercation *f*; échange *m* de propos vifs; '~**ader** *anat. f* artère *f*; '~**aderverband** ⚕ *m* patch *m*; '~**anfall** ⚕ *m* (attaque *f* d')apoplexie *f*; ~ *bekommen* (*od.* *erleiden*) être frappé d'apoplexie; '²**artig** I *adj.* soudain; subit; II *adv.* soudain, soudainement; subitement; '~**artigkeit** *f* soudaineté *f*; '~**baum** *m* barrière *f*; '~**bohrmaschine** *f* perceuse *f* à percussion; '~**bolzen** *m Gewehr*: percuteur *m*.
'**schlagen** I 1. *v/t.* battre; frapper; (*klapsen*) taper; (*besiegen*) battre; vaincre; *Brücke*: jeter; lancer; *Eier, Sahne*: fouetter; *Holz*: couper; abattre; *Takt*: battre; *Kreis*: décrire; *Falten*: faire; (*durch ein Sieb* ~) passer; *mit der Faust* ~ battre du poing; *Alarm* ~ donner l'alarme; *den Arm um j-n* ~ passer le bras autour de la taille (*resp.* du cou) de q.; *mit Blindheit* ~ aveugler; *j-n zu Boden* ~ terrasser; atterrer; abattre; assommer q.; *die Augen zu Boden* ~ baisser les yeux; *Eier* ~ *in* (*acc.*) délayer des œufs dans; *aus dem Felde* ~ mettre en déroute; refouler; *Feuer* ~ faire des étincelles; *in die Flucht* ~ mettre en fuite (✗ en déroute); *j-m etw. aus der Hand* ~ faire tomber des mains qch. à q.; *die Augen in die Höhe* ~ lever les yeux; *sich etw. aus dem Kopf* (*od.* *Sinn*) ~ s'ôter qch. de la tête (*od.* de l'esprit); *renoncer à* qch.; *ein Kreuz* ~ faire le signe de croix; se signer; *kurz und klein* ~ faire voler en éclats; casser; ♪ *die Laute* ~ jouer du luth; *e-n Nagel* ~ *in* (*acc.*) enfoncer un clou dans; *platt* ~ aplatir; *nach Punkten* ~ *Sport*: battre aux points; *Sport*: *j-n* ~ prendre le meilleur sur q.; *ein Rad* ~ faire la roue; *j-n zum Ritter* ~ donner l'acco-

lade à q.; e-e *Schlacht* ~ livrer bataille; *etw. in Stücke* ~ mettre qch. en mille morceaux; casser qch.; *die vollen und die halben Stunden* ~ sonner les heures et les demies; *j-n mit s-n eigenen Waffen* ~ retourner contre q. ses propres arguments; *etw. in den Wind* ~ se moquer de qch., F se ficher de qch.; *Wunden* ~ infliger des blessures; *Wurzel* ~ prendre racine (*a. fig.*); *die Zinsen zum Kapital* ~ joindre les intérêts au capital; capitaliser les intérêts; *Fußball:* ... *schlägt* ... *3 zu 2* ... *bat* ... *3 à 2*; **2.** *v/i. Herz:* battre; palpiter; *Pferd:* ruer; *Glocke, Uhr:* sonner; *es schlägt vier Uhr* quatre heures sonnent; *Vogel:* chanter, *Wachtel:* carcailler; *Motor:* cogner; *Rad:* flotter; *gegen (an acc.) etw.* ~ donner contre qch., *Regen:* fouetter qch., *Wellen:* battre qch.; *nach j-m* ~ porter un coup à q., (*arten*) tenir de q., ressembler à q.; *aus der Art* ~ dégénérer; *zu Boden* ~ tomber à (*od.* par) terre; *in j-s Fach* ~ être du ressort (*od.* de la compétence) de q., *geistig:* toucher à la spécialité de q.; *mit der Faust auf den Tisch* ~ frapper du poing sur la table; *j-m auf die Finger* ~ donner un coup à q.; *das Gewissen schlägt ihm* il a des remords; *mit Händen und Füßen um sich* ~ se défendre à coups de pieds et à coups de poings; *in die Höhe* ~ lancer en l'air, *Flammen:* monter; **3.** *v/rp. u. v/rf.:* sich an die Brust ~ se frapper la poitrine; *sich auf den Magen* ~ *Erkältung usw.:* se porter sur l'estomac; *sich mit j-m (im Duell)* ~ se battre (en duel) contre (*od.* avec) q.; *sich durch den Feind* ~ percer les rangs ennemis; *sich kümmerlich durchs Leben* ~ vivoter; végéter; *fig. sich nach links* ~ prendre la gauche, sur la gauche; *sich zu e-r Meinung* ~ se ranger à une opinion; *sich zu j-m (auf j-s Seite)* ~ se ranger (*od.* se mettre) du côté de q.; *sich mit eigenen Waffen* ~ fournir des arguments contre soi; *sich durch die Welt* ~ faire son chemin dans le monde; *s-e Stunde hat geschlagen* son heure a sonné (*od.* est venue); *e-e geschlagene Stunde* une heure d'horloge; **II** ⚔ *n des Herzens:* battement *m*; ✝ *Puls*⚔ pulsation *f*; (*Massage*) battade *f*; *der Uhr:* coup *m*; *der Vögel:* chant *m*; *e-r Brücke:* lancement *m*; *e-s Waldes:* coupe *f*; *des Pferdes:* ruade *f*; **~d** *adj.* (*treffend*) frappant; (*beweiskräftig*) concluant; probant; (*überzeugend*) convaincant; (*entscheidend*) décisif, -ive; ⚔ *e Wetter n/pl.* grisou *m*.

'Schlager *m* (*Buch*) dernier succès *m*; ✝ clou *m*; article *m* de promotion; article *m* choc; ♪ chanson *f* à succès; 'hit *m*; tube *m*; air *m* à la mode (*od.* en vogue), *péj.* scie *f*.

'Schläger *m* (*Raufbold*) batailleur *m*; F bagarreur *m*; P baroudeur *m*; ferrailleur *m*; (*Rocker*) loubard *m*; ~loulou *m*; (*Tennis* ⚔) raquette *f*; (*Hockey*⚔) crosse *f* (*od.* canne *f*); (*Golf*⚔) crosse (*od.* canne) *f* (de golf); (*Krikket*⚔) batte *f*; *guter* ~ (*Fechter*) fine (*od.* bonne) lame *f*; *cuis.* fouet *m*.

Schläge'rei *f* rixe *f*; bagarre *f*; mêlée *f*; F grabuge *m*; *rififi *m*; (*wilde Boxerei*) pugilat *m*; *die Diskussion artete in e-e* ~ *aus* la discussion dégénéra en pugilat.

'Schlager|melodie *f* mélodie *f* à la mode (*od.* en vogue), ~sänger *m* chanteur *m* d'airs à la mode.

'Schlägertyp *m* P baroudeur *m*; bagarreur *m*; F cogneur *m*; F loulou *m*.

'schlag|fertig *adj. fig.* ~ *sein* être prompt à la riposte (*od.* F incollable); F avoir du répondant; F ne pas avoir sa langue dans sa poche; ~*e Antwort* riposte *f*; repartie *f*; ~ *antworten* riposter; répondre du tac au tac; ⚔**fertigkeit** *f fig.* repartie *f* (facile); promptitude *f* de riposte; ⚔**festigkeit** ⊕ *f* résilience *f*; ⚔**flügelflugzeug** *n* avion *m* à ailes battantes; ⚔**holz** *n for.* bois *m* de coup; *Sport:* batte *f*; ⚔**instrument** ♪ *n* instrument *m* de percussion; ⚔**kraft** ⚔ *f* potentiel *m* militaire; force *f* de frappe; ~**kräftig** ⚔ *adj.* puissant; ⚔**licht** *n peint.* échappée *f* de lumière; *fig.* trait *m* de lumière; ⚔**loch** *n in der Straße:* nid-de-poule *m*; ⚔**obers** *östr. n vgl.* ~**sahne**; ⚔**ring** *m* coup-de-poing *m*; ⚔**sahne** F crème *f* Chantilly, fouettée; ⚔**schatten** *m* ombre *f* portée; ⚔**seite** *f* ⚓ bande *f*; ~ *haben* ⚓ donner de la bande *fig.* F avoir du roulis, avoir du vent dans les voiles; ⚔**serie** *f Boxen:* série *f* de coups; ⚔**uhr** *f* pendule *f* à sonnerie; ⚔**wechsel** *m Boxen:* échange *m* de coups; ⚔**werk** *n e-r Uhr:* sonnerie *f*; ⚔**wetter** ⚔ *n* grisou *m*; ⚔**wetter-explosion** *f* coup *m* (*od.* explosion *f*) de grisou (*od.* de poussier); ~**wettergefährdet** *adj.* grisouteux, -euse; ~**wettergeschützt** *adj.* antigrisouteux, -euse; ⚔**wort** *n* slogan *m*; mot *m* à la mode; ⚔**zeile** *f der Zeitung:* manchette *f*; titre-choc *m*; gros titre *m*; *e-e riesige* ~ *eine énorme manchette*; *in* ~*n bringen* mettre en vedette; titrer gros (sur qch.); mettre en gros titre; ~*n von sich machen* défrayer la chronique (*od.* les journaux); ~*n machen* être à la pointe de l'actualité; faire les manchettes des journaux; faire «la une»; ~ *fournir de gros titres*; ⚔**zeug** ♪ *n* batterie *f*; ⚔**zeuger** *m* batteur *m*; ⚔**zünder** *artill. m* fusée *f* percutante.

Schlaks F *m* F grand escogriffe *m*; flandrin *m*; ⚔**ig** F *adj.* F dégingandé; ~**gehen** F se dégingander.

Schla'massel F *m* (*Pech*) ennui *m*; embarras *m*; pétrin *m*; déveine *f*, P poisse *f*; (*Durcheinander*) F pagaille *f*; gâchis *m*; F micmac *m*.

Schlamm *m* limon *m*; vase *f*; (*Morast*) bourbe *f*; fange *f*; boue *f*; '~**bad** *n* bain *m* de boue; '~**boden** *m* terrain *m* boueux (*od.* fangeux); '⚔**en** *v/i.* déposer du limon.

'schlämmen *v/t.* See, Teich, Hafen: débourber; ⊕ *Erze, Kreide usw.:* laver.

'schlammig *adj.* limoneux, -euse; vaseux, -euse; (*morastig*) bourbeux, -euse; boueux, -euse.

'Schlämmkreide *f* blanc *m* de Meudon; craie *f* lévigée.

'Schlammpackung ⚔ *f* illutation *f*.

'Schlampe F *f* souillon *f*; P marie-salope *f*.

Schlampe'rei *f* laisser-aller *m*; désordre *m*; gabegie *f*; laxisme *m*.

'schlampig *adj.* gekleidet: débraillé; malpropre; négligé; *fig. Einstellung:* laxiste; *Arbeit:* P salopé; bâclé; P à la flan; *etw.* ~ *erledigen* saloper qch.

'Schlange *f* serpent *m*; *junge* ~ serpenteau *m*; *fig.* serpent *m*; vipère *f*; *v. Wartenden:* queue *f*; file *f* d'attente; ~ *stehen* faire la queue; prendre la file d'attente.

'schlängeln *v/rf.:* sich ~ serpenter; aller en serpentant; faire des lacets; *Schlange u. fig.:* se glisser; *sich* ~ *um* s'entortiller autour de; ~**d** *adj.* sinueux, -euse; tortueux, -euse.

'Schlängelweg *m* route *f* en lacets; route *f* tortueuse.

'Schlangen|adler *orn. m* serpentaire *m*; ⚔**artig** *adj.* serpentin; ~**beschwörer** *m* charmeur *m* de serpents; ~**biß** *m* morsure *f* de serpent; ~**brut** *f* couvée *f* de serpents; *fig.* nid *m* (*od.* engeance *f*) de vipères; ⚔**förmig** *adj.* serpentin; ~**gift** *n* venin *m* de serpent; ~**kraut** ⚘ *n* serpentaire *f*; ~**kühler** ⊕ *m* radiateur *m* à serpentins; ~**leder** *n* (peau *f* de) serpent *m*; ~**linie** *f* ligne *f* sinueuse (*od.* serpentine); ~**mensch** (*Zirkus*) *m* contorsionniste *m*; F désossé *m*; ~**rohr** *n*, ~**röhre** *f* 🜪 serpentin *m*; ~**stab** *m Merkurs:* caducée *m*; ~**tanz** *f* danse *f* serpentine; ~**tänzer(in** *f*) *m* danseur *m*, -euse *f* de la danse serpentine.

schlank *adj.* svelte; élancé; effilé (*fein, zart*) délié; grêle; gracile; ~ *bleiben* garder sa ligne; ~ *machen* amincir; ~**machendes Kleid** robe *f* amincissante; ~ *werden* s'amincir; *amincir; maigrir*; '⚔**heit** *f* sveltesse *f*; taille *f* svelte; gracilité *f*; '⚔**heitskur** *f* cure *f* d'amaigrissement; '⚔**macher** *m* produit *m* amaigrissant; amincissant *m*; ~**weg** *adv.* rondement; carrément; sans façons; F tout de go; tout crûment.

schlapp *adj.* (*abgespannt*) fatigué; exténué; *Sport:* pompé; claqué; ~ *machen* s'avachir; s'affaisser; *langer Marsch:* se fatiguer; s'épuiser; s'exténuer; '⚔**e** *f* échec *m*; *e-e* ~ *erleiden* subir un échec, F ramasser une veste; '⚔**en** *m* (*Pantoffel*) pantoufle *f*, savate *f*; '~**en 1.** *v/t. Hund sein Fressen:* laper; **2.** *v/i.* (*rutschen*) *Schuhe:* ne pas tenir en pied; *die Schuhe* ~*a.* F on nage dans ses souliers; être trop large *bzw.* être élargi; *Hund:* laper; '⚔**heit** *f* manque *m* d'énergie; veulerie *f*; '⚔**hut** *m* chapeau *m* mou; '~**ig** *adj.* → *schlaff*; '⚔**ohr** F *plais. n* (*Hase*) lièvre *m*; '⚔**schwanz** *fig.* F *m* F chiffe *f*; F nouille *f*; F lavette *f*; F mazette *f*.

Schla'raffen|land *n* pays *m* de cocagne; ~**leben** *n* vie *f* de cocagne.

schlau *adj.* (*pfiffig; gerissen*) F finaud; rusé; astucieux, -euse; malin, -igne; ~*er Fuchs* rusé compère *m*; *da bin ich nun ebenso* ~ *wie vorher* me voilà Gros-Jean comme devant; F *ich werde nicht* ~ *daraus* je n'y comprends rien; '⚔**berger** F *m* malin *m*; fin matois *m*; F finaud *m*; rusé compère *m*; lascar *m*.

Schlauch *m* tuyau *m* (souple); flexible *m*; boyau *m*; *für Wein usw.:* outre *f*; (*Luft*⚔) chambre *f* à air; ~**anschluß** *m* raccord *m* de tuyau; (*Hydrant*) bouche *f* d'incendie; '~**boot** *n* canot *m* pneumatique (*od.* gonflable); pneumatique *m*; radeau *m* de caoutchouc; '♀en F v/t. tracasser; tarabuster; *écol* pomper (q.); faire baver (q.), en faire baver (à q.), bizut(h)er (q.), cirer (q.); '⁓**flicken** *vél.* n rustine *f*; '♀**los** *adj.*: ⁓er *Reifen* pneu m sans chambre à air; '⁓**mundstück** ♂ n lance *f* d'arrosage; '⁓**ventil** n *Auto usw.*: valve *f* de chambre à air; '⁓**wagen** ⚓ m enrouleur m de tuyau; dévidoir m (enrouleur).

'**Schläue** *f* finesse *f*; astuce *f*; ruse *f*.
'**schlauerweise** *adv.* astucieusement.
'**Schlaufe** *f* boucle *f*; *am Gürtel*: passant m; *am Stiefel*: tirant m; *an Schiern, am Schirmstock*: dragonne *f*; *für Knöpfe*: bride *f*; (*Knoten*) nœud m coulant.
'**Schlau**|**heit** *f* finasserie *f*; astuce *f*; ruse *f*; ⁓**knopf** m, ⁓**meier** m F malin m; F finaud m; rusé compère m.

schlecht I *adj.* mauvais *(erbärmlich)* méchant; *(armselig)* misérable; pitoyable; miteux, -euse; *Trost*: triste; piètre; *Zeit*: dur; difficile; *Luft*: vicié; ⁓e *Augen* mauvaise vue *f*; *in e-m* ⁓en *Englisch a.* dans un anglais mal assuré; ⁓es *Geschäft* mauvais marché m; *in ⁓er Gesellschaft* en mauvaise compagnie; ⁓er *Gesundheitszustand* mauvaise santé *f*; ⁓er *Mensch* homme m méchant; ⁓er *Scherz* mauvaise plaisanterie *f*; *es ist* ⁓es *Wetter* il fait mauvais (temps); *in* ⁓em *Zustand* en mauvais état; ~ *werden* se gâter, *moralisch*: se pervertir; *mir ist (wird)* ~ *ja me sens mal*; je me trouve mal; j'ai mal au cœur; je suis pris d'un malaise; *oft*: je suis malade; *dabei kann e-m* ~ *werden* cela donne la nausée; cela soulève le cœur; *das ist* ~ *von Ihnen* c'est mal de votre part; *nicht* ~! pas mal!; *das ist nicht* ~! ce n'est pas mal!; **II** *adv.* mal; *an j-m* ~ *handeln* se conduire mal avec q.; *auf j-n* ~ *zu sprechen sein* ne pas porter q. dans son cœur; ~ *angeschrieben sein* être mal noté (*od.* vu); ~ *ausführen Arbeit*: bâcler; ~ *aussehen* faire mauvais effet; *gesundheitlich*: avoir mauvaise mine; avoir une sale tête; avoir les traits tirés; ~ *behandeln* malmener; *es wird ihm* ~ *bekommen* cela ne lui réussira pas; ~ *beraten sein* être mal conseillé; ~ *gelaunt sein* être de mauvaise humeur; *es steht* ~ *mit ihm* ses affaires vont mal; '♀e n mal m; mauvais côté m; '⁓**er** *(comp. v. schlecht) adj.* plus mauvais *(adv.* plus mal); *(schlimmer)* pire *(adv.* pis); ~ *werden* empirer; *immer* ~ de mal en pis; '⁓**erdings** *adv.* tout simplement; absolument; '♀**erstellung** *f* discrimination *f*; '⁓**est** *(sup. v. schlecht)* le plus mauvais *(adv.* le plus mal); *(schlimmst)* le pire *(adv.* le pis); ~ **ge**'**launt** *adj.* de mauvaise humeur; '⁓**hin** *adv.* tout simplement; tout bonnement; tout court; purement et simplement.

'**Schlechtigkeit** *f (Gemeinheit)* bassesse *f*; méchanceté *f*.
'**schlecht**|**machen** *v*/*t.*: *j-n* ⁓ dénigrer q.; dire du mal de q.; médire de q.; ⁓**weg** *adv.* tout simplement; tout bonnement; tout court; purement et simplement; ♀'**wetterfront** *f* front m de mauvais temps; ♀'**wettergebiet** n zone *f* de mauvais temps;

♀'**wetterperiode** *f* période *f* de mauvais temps.
Schlecke'**rei** *(Süßes) f* friandise *f*.
'**Schleckermaul** F *(Süßschnabel) n* friand m, -e *f* de confiseries et de sucreries.
'**Schlegel** m *(Schlagholz)* battoir m; *(Trommel♀)* baguette *f*; *cuis.* gigot m; *(Holzhammer)* maillet m.
'**Schleh**|**dorn** ♀ m prunellier m; ⁓**e** ♀ *f* prunelle *f*.
Schlei *icht.* m tanche *f*.
'**schleich**|**en** *v*/*i.* (*u. v*/*rf*.: *sich* ~) se glisser; *sich heimlich in etw. (acc.)* ~ s'introduire furtivement dans qch.; *Auto*: ~ F rouler pépère; *sich heimlich aus etw.* ~ sortir furtivement de qch.; *geschlichen kommen* approcher à pas de loup; ⁓**end** *adj.* rampant; *(heimlich)* furtif, -ive; *Übel*: lent; ♀**er**(**in** *f*) m sournois m, -e *f*.
Schleiche'**rei** *f* sournoiserie *f*.
'**Schleich**|**handel** m trafic m; contrebande *f*; commerce m clandestin *(od.* illicite *od.* interlope); marché m noir; ⁓**händler** m trafiquant m; marchand m interlope; contrebandier m; ⁓**ware** *f* (marchandise *f* de) contrebande *f*; ⁓**weg** m chemin m détourné; *fig.* voie *f* tortueuse.
'**Schleie** *icht. f* tanche *f*.
'**Schleier** m voile m; masque m; *(Hut♀)* voile *f*; *den* ~ *lüften* soulever le voile; *fig. den* ~ *nehmen* prendre le voile; *den* ~ *der Vergangenheit über etw. (acc.)* breiten couvrir qch. du voile de l'oubli; passer l'éponge sur qch.; *unter dem* ~ *der Freundschaft* sous le voile de l'amitié; ⁓**eule** *orn. f* effraie *f*; ⁓**flor** m voile m; crêpe m; ♀**haft** *fig. adj. (rätselhaft)* mystérieux, -euse; *(unverständlich)* incompréhensible; *das ist mir einfach* ~ *c'*est un mystère pour moi; ⁓**stoff** m voile m.
'**Schleife** *f* nœud m; rosette *f*; cocarde *f*; *(Kranz♀)* ruban m; ♂ *vertikal*: looping m; boucle *f*; *(Rutsche für Baumstämme)* glissoire *f*; *(Weg♀)* lacet m; boucle *f*.
'**schleifen**[1] *v*/*t. (schärfen)* aiguiser; affûter; affiler; émoudre; meuler; *(abziehen)* repasser; *(polieren)* polir; adoucir; *(poncieren)* poncer; *Stein*: tailler; *(ein⁓; mit der Schleifscheibe genau bearbeiten)* rectifier; *(bearbeiten)* dresser; *fig. j-n* ~ *(drillen)* dresser q.; P en faire baver, roter, suer à q.; **II** ♀ *n (Schärfen)* aiguisage m; affûtage m; affilage m; *(Abziehen)* repassage m; *(Polieren)* polissage m; *v. Steinen*: taille *f*; *(Poncieren)* ponçage m; *(Ein♀)* rectification *f*; *(Bearbeiten)* dressage m; *fig. (Drill)* dressage m.
'**schleifen**[2] *v*/*t. (schleppen; a.* F *j-n* ~, *z.B. ins Kino)* traîner; *(niederreißen)* démolir; *Festung*: démanteler; raser; ♪ *u. gr.* lier; **II** *v*/*i.* traîner; *Auto, Kupplung*: patiner; *die Kupplung* ~ *lassen* laisser patiner l'embrayage; **III** ♀ *n (Niederreißen)* démolition *f*; *e-r Festung*: démantèlement m; ♪ liaison *f*.
'**Schleifen**|**flug** ♂ m looping m; boucle *f*; ⁓**kurve** ♂ *f* boucle *f*; ⁓**wicklung** ♀ *f* enroulement m à boucles.
'**Schleifer** m rémouleur m; repasseur

m; aiguiseur m; affileur m; affûteur m; *(Polierer)* polisseur m; *(Stein♀)* tailleur m; *(Ein♀)* rectifieur m; ♪ coulé m.
'**Schleif**|**kontakt** ⚡ m contact m glissant *(od.* de frottement); ⁓**lack** m vernis m à polir; ⁓**maschine** *f* machine *f* à aiguiser; *zur genauen Bearbeitung*: rectifieuse *f*; ⁓**mittel** m abrasif m; ⁓**papier** n papier m émeri; ⁓**pulver** n poudre *f* abrasive; ⁓**rad** n meule *f*; ⁓**ring** ⚡ m bague *f* collectrice *(od.* de contact); ⁓**sand** m sable m à polir; ⁓**scheibe** *f* meule *f*; ⁓**stein** m pierre *f* à aiguiser; *drehbarer*: meule *f*; ⁓**ung** *f (Niederreißen)* démolition *f*; *e-r Festung*: démantèlement m.

Schleim m *physiol.* mucosité *f*; mucus m; *(Pflanzen♀; phm.)* mucilage m; *zäher, dicker*: glaire *f*; *der Schnecke*: bave *f*; *cuis.* crème *f*; ~ *aushusten* expectorer; graillonner; '⁓**absonderung** *f* sécrétion *f* muqueuse; '♀**artig** *adj.* muqueux, -euse; '⁓**auswurf** m expectoration *f*; '⁓**drüse** *anat. f* glande *f* muqueuse; '♀**en** *v*/*i.* produire des mucosités; *phm.* former un mucilage; '⁓**fieber** ♂ n fièvre *f* muqueuse; '⁓**fluß** ♂ m flux m muqueux; '⁓**haut** *anat. f* (membrane *f)* muqueuse *f*; *(Nasen♀)* membrane *f* pituitaire; '♀**ig** *adj.* muqueux, -euse; *fig.* doucereux, -euse; '♀**lösend** *adj.* expectorant; '⁓**tiere** *zo.* n/pl. mollusques m/pl.

'**Schlemm**|**boden** *géol.* m sol m diluvial; ♀**en** *v*/*i. (gut essen u. trinken)* F faire la bombe; faire un gueuleton; *(üppig leben)* mener joyeuse vie; F faire la noce; ⁓**er** *(Genießer)* bon vivant m; *(Wüstling)* F noceur m; viveur m; débaucheur m; ⁓**e**'**rei** *f* bombance *f*; P ripaille *f*; F bombe *f*.

'**schlendern I** *v*/*i. (umher⁓)* flâner, F se balader; **II** ♀ n flânerie *f*; F balade *f*.

'**Schlendrian** m train-train m; bürokratischer ⁓ lenteurs *f*/*pl.* bureaucratiques; *s-n* ~ *gehen* aller son petit train; *am alten* ~ *festhalten* suivre l'ornière; *dem alten* ~ *entsagen* sortir de l'ornière; *in s-n alten* ~ *verfallen* retomber dans ses vieilles habitudes *(od.* dans ses anciens errements).

'**schlenkern** *v*/*t. u. v*/*i.*: *die Arme (mit den Armen)* ~ aller les bras ballants; *die Beine (mit den Beinen)* ~ balancer les jambes.

'**Schlepp**|**antenne** *f* antenne *f* pendante; ⁓**dampfer** m remorqueur m.
'**Schleppe** *f* traîne *f*; queue *f*.
'**schleppen I 1.** *v*/*t.* traîner; ⚓, ✈ remorquer; 'haler; touer; **2.** *v*/*rf*.: *sich* ~ se traîner; *sich mit etw.* ~ traîner qch., *fig.* avoir qch. sur les bras; **II** ♀ n traînage m; ⚓, ✈ remorquage m; 'halage m; ⁓**d** *adj.* lent; que l'on fait traîner; *Börse*: languissant; *etw.* ~ *erledigen* laisser traîner qch.; ⁓**kleid** n robe *f* à traîne; ♀**träger**(**in** *f*) n enfant m, *f* qui porte la traîne de la mariée.
'**Schlepper** m ⚓ remorqueur m; toueur m; *(Auto)* tracteur m; F *(Kundenwerber)* rabatteur m.
'**Schlepp**|**flug** m vol m remorqué; ⁓**flugzeug** n avion m remorqueur; abr-

~kahn ⚓ m péniche f; ~kleid n robe f à traîne; ~leine f remorque f; ~lift m remonte-pente m; ~lohn m frais m/pl. de remorquage; ~netz n chalut m; seine f; Fischen mit dem ~ chalutage m; ~netzfischdampfer m chalutier m; ~netzfischer m chalutier m; ~netzfische'rei f chalutage m; ~säbel m sabre m traînant; ~schiff n remorqueur m; ~schiffahrt f remorquage m; ~seil n (câble m de) remorque f; für Ballon, Luftschiff: guiderope m; ~tau n → ~seil; ins ~ nehmen prendre en (od. à la) remorque (a. fig.); sich von j-m ins ~ nehmen lassen se mettre à la remorque de q. (a. fig.); se laisser remorquer par q. (a. fig.); fig. in j-s ~ sein être à la remorque (od. à la traîne) de q.; ~zug m train m de péniches (remorquées).

'Schles|ien n la Silésie; ~ier(in f) m Silésien m, -enne f; 2isch adj. silésien, -enne.

'Schleuder f fronde f; ⚔ catapulte f; (Zentrifuge) centrifugeur m, -euse f; (Wäsche2) essoreuse f; (Honig2) extracteur m; ~artikel † m article m à vil prix; ~bahn ⚔ f voie f de catapulte; ~ball m balle f à lancer (od. à lanière); ~er m (Wurfschütze) lanceur m; hist. mit der Schleuder: frondeur m; ~flug ⚔ m vol m catapulté; ~gefahr f als Verkehrszeichen: route f glissante; ~gerät (fürs Astronautentraining) n centrifugeuse f; ~honig m miel m d'extracteur (od. coulé); ~kraft f force f centrifuge; ~maschine f centrifugeur m, -euse f, essoreuse f; ⚔ catapulte f.

'schleudern I 1. v/t. lancer; ⚔ catapulter; mit der Zentrifuge: centrifuger; essorer; 2. v/i. Auto: déraper, chasser; partir à la dérive; II 2 n (Werfen) lancement m; des Autos: dérapage m; embardée f; bei Wasserglätte: aquaplaning m, hydroglissage m; ⚔ catapultage m; mit der Zentrifuge: centrifugation f.

'Schleuder|preis † m vil prix m; zu ~en à vil prix; à très bas prix; ~pumpe f pompe f centrifuge; 2sicher adj. antidérapant; ~sitz ⚔ m siège m éjectable; ~start ⚔ m catapultage m; ~ware f marchandise f à vil prix.

'schleunig adj. prompt; rapide; précipité; ~st adv. au plus vite.

'Schleuse f écluse f; ~nbau m construction f d'une écluse (resp. d'écluses); ~nbetrieb m service m des écluses; ~ngeld n droit m d'écluse; ~nkammer f sas m (d'écluse); ~nkanal m canal m à écluses; ~nmeister m éclusier m; ~ntor n écluse f; ~nwerk n écluses f/pl.

'Schliche m/pl. menées f/pl.; intrigues f/pl.; ruses f/pl.; manœuvres f/pl.; hinter j-s ~ (od. j-m auf die ~) kommen découvrir les menées (od. les intrigues) de q.; j-s ~ kennen connaître les ruses de q.; alle ~ kennen savoir y faire; F la connaître; P être à la coule.

schlicht adj. simple; uni; Bauweise: dépouillé.

'schlichten v/t. Streit: régler; aplanir; vider; arranger; arbitrer.

'Schlichter m médiateur m; conciliateur m; arbitre m.

'Schlichtheit f simplicité f.

'Schlichtung f arrangement m; accommodement m; conciliation f; durch Schiedsrichter: arbitrage m; ~ausschuß m commission f de conciliation; conseil m d'arbitrage; ~stelle f office m de conciliation; ~sversuch m tentative f de conciliation.

Schlick m vase f; limon m.

'schließbar adj. qu'on peut fermer.

'schließen I 1. v/t. fermer; (ein~) enfermer; in sich ~ renfermer; impliquer; comprendre; (beenden) terminer; finir; conclure; Versammlung: clore; Sitzung: lever; Bündnis: contracter; Freundschaft: nouer; mit j-m Freundschaft ~ se lier d'amitié avec q.; Kontrakt: passer; Vertrag, Abkommen, Geschäft, Ehe: conclure; Reihen: serrer; (folgern) conclure (aus de); auf etw. (acc.) ~ lassen dénoter qch.; alles läßt darauf ~, daß ... tout laisse penser que ...; Frieden ~ faire la paix; an die Kette ~ Hund: attacher (od. mettre) à la chaîne; in Ketten ~ enchaîner; in die Arme ~ embrasser; serrer dans ses bras; in den Schrank ~ mettre dans l'armoire; j-n in sein Herz geschlossen haben porter q. dans son cœur; 2. v/rf.: sich ~ se fermer; 3. v/i. (zu Ende gehen) se terminer; finir; aus etw. ~ déduire, induire de qch.; aus etw. auf (acc.) ~ conclure de qch. à; von sich selbst auf andere ~ juger d'autrui par soi-même; die Sitzung ist geschlossen la séance est close (od. levée); geschlossen bleiben Theater: faire relâche; geschlossene Gesellschaft réunion f privée; cercle m fermé; ein geschlossenes Ganzes qch. qui fait un tout; geschlossenes e gr. e m fermé; II 2 n fermeture f; e-r Versammlung: clôture f; e-r Ehe, e-s Vertrages, Abkommens: conclusion f; (Beenden) terminaison f; Logik: conclusion f; induction f.

'Schließer m e-r Wach- und Schließgesellschaft: vigilant m; veilleur m de nuit; (Pförtner) concierge m; in Gefängnissen: geôlier m.

'Schließfach n boîte f (a. case f) postale; (Tresorfach) compartiment m de coffre-fort.

'schließlich I adj. final, (abschließend) définitif, -ive; II adv. finalement; enfin; à la fin; en fin de compte; en définitive; ~ etw. tun finir par faire qch.

'Schließmuskel anat. m sphincter m.

'Schließung f fermeture f; e-r Ehe, e-s Vertrages, Abkommens: conclusion f (a. Schlußfolgerung); e-r Versammlung: clôture f.

Schliff m der Edelsteine: taille f; (geschliffene Fläche) poli m; (Schärfe) tranchant m; fig. politesse f; (Lebensart) savoir-vivre m; letzter ~ P fion m; e-r Sache (dat.) den letzten ~ geben donner (od. mettre) la dernière main à qch.; F fignoler qch.

schlimm adj. mauvais (adv. mal); (ernst) grave; (besorgniserregend) inquiétant m; (krank) malade; (ärgerlich) fâcheux, -euse; (böswillig) méchant; (boshaft) malicieux, -euse Zeit: difficile; e-e ~e Wendung nehmen tourner mal; ein ~es Ende nehmen finir mal; ~ dran sein être en mauvaise posture; ~ stehen aller mal; es steht ~ mit ihm il va mal; e-n ~en Fuß haben avoir mal au pied; das ist nicht ~! il n'y a pas de mal!; das ist halb (od. nicht so) ~ ce n'est pas si difficile; ce ne sera rien; il n'y a pas trop de mal; er ist nicht so ~, wie er aussieht il vaut mieux qu'il n'en a l'air; '2e n mal m; '~er (comp. v. schlimm) adj. (adv. pis); immer ~ de mal en pis; was ~ ist qui pis est; um so ~ tant pis; ~ werden empirer; aller de mal en pis; ~st (sup. v. schlimm) adj. le pire (adv. le pis); '2ste n pire m; pis m; auf das ~ gefaßt sein s'attendre à tout (od. au pire); das ~ (Schwierigkeit) ist geradert F le plus gros est fait; '~sten'falls adv. au pis aller; en mettant les choses au pis; à la rigueur.

'Schlinge f lacet m; boucle f; (Lauf2) nœud m coulant; (Binde) écharpe f; ch. collet m; lacet m; lacs m; (Schleife) nœud m; e-e ~ legen tendre un collet; in der ~ fangen prendre au collet; fig. den ~en der Polizei entkommen échapper aux mailles de la police; in die ~ geraten tomber (od. donner) dans le panneau; sich aus der ~ ziehen se tirer d'affaire.

'Schlingel m polisson m; garnement m; coquin m; F diablotin m; er ist ein ~ (Junge) il a du vice.

'schlingen[1] v/t. u. v/rf. (ineinander~) entrelacer; sich um etw. ~ s'entortiller autour de qch.; Pflanzen: grimper à qch.; den Arm um j-n ~ passer le bras autour de la taille, de l'épaule de q.

'schlingen[2] v/t. u. v/i. avaler; engloutir; II 2 n déglutition f.

'Schlinger|bewegung f roulis m; 2 ⚓ v/i. rouler; ~n ⚓ n roulis m; Raumschiff a.: oscillation(s) f(pl.); embardées f/pl.

'Schlingpflanzen f/pl. plantes f/pl. grimpantes.

Schlips m cravate f; fig. F j-m auf den ~ treten marcher sur les pieds à q.; ~halter m fixe-cravate m.

'Schlitten m traîneau m; (Rodel2) luge f; (Laufwerk) chariot m der Schreibmaschine); F alter ~ (altes Auto) F vieille bagnole f; vgl. Mühle; ⚔ vieux coucou m; ~ fahren aller en traîneau, (rodeln) faire de la luge; fig. mit j-m ~ fahren rudoyer q.; unter den ~ kommen tomber bien bas; ~fahrt f promenade f en traîneau; ~hund m chien m de traîneau; ~kufe f patin m; ~partie f promenade f en traîneau; ~transport m transport m par luge.

'Schlitter|bahn f glissade f; glissoire f; 2 n v/i. glisser; seitwärts ~ (Auto) se mettre en crabe; ~n n glissade f; fig. ins ~ geraten aller à la dérive.

'Schlittschuh m patin m; ~ laufen patiner; ~bahn f patinoire f; ~laufen n patinage m; ~läufer(in f) m patineur m, -euse f.

Schlitz m a. Automat: fente f; Spalte, Riß: fissure f; am Kleid: taillade f; im Ärmel: crevé m; (Hosen2) braguette f; (Kerbe) entaille f; (Nute) rainure f; Rock mit ~ jupe f fendue; '~ärmel m manche f à crevés; ~augen n/pl. yeux m/pl. bridés; '2äugig adj. qui a les yeux bridés; '~blende phot. f diaphragme m à fente; '2en v/t. fissurer; (spalten) fendre; (auf~) taillader, Bauch: éventrer; (einkerben) entailler; (nuten) rainer; '**messer** chir. n lancette f; '**ohr** F fig. n rusé compère m; malin m; roublard m; '**verschluß** phot. m obturateur m à rideau.

'**schlohweiß** adj. blanc, blanche comme neige.

Schloß n (Bau) château m; (Tür♀) serrure f; (Vorlege♀) cadenas m; (Verschluß) fermoir m; (Gewehr♀) platine f; ins ~ fallen (einklinken) se fermer en faisant entendre un déclic; hinter ~ und Riegel sous les verrous.

'**Schlößchen** n petit château m.

'**Schloße** f grêlon m; ♀**n** v/i. grêler.

'**Schlosser** m serrurier m; (Mechaniker) mécanicien m; ~**arbeit** f serrurerie f.

Schlosse'rei f atelier m de serrurier; serrurerie f.

'**Schlosser|geselle** m ouvrier m serrurier; ~**handwerk** n métier m de serrurier; serrurerie f; ~**lehrling** m apprenti m serrurier; ~**meister** m maître m serrurier; ~**werkstatt** f atelier m de serrurier; serrurerie f.

'**Schloß|herr** m châtelain m; ~**herrin** f châtelaine f; ~**hof** m cour f du château; ~**hund** fig. m: wie ein ~ heulen pleurer comme un veau; ~**kapelle** f chapelle f du château; ~**kirche** f église f du château; ~**platz** m place f du château; ~**turm** m donjon m; ~**vogt** m intendant m; ~**wache** f garde f du château.

Schlot m cheminée f; F wie ein ~ rauchen fumer comme une locomotive (od. comme un sapeur od. pompier).

'**schlott|(e)rig** adj. Knie, Beine: flageolant; Gang: mal assuré; dégingandé; ~ gehen se dandiner; ~**ern** v/i. Knie, Beine: flageoler; (zittern) trembler (vor dat. de); die Beine ~ ihm ses jambes flageolent; die Kleider ~ ihm um die Glieder il flotte dans ses vêtements; ♀**ern** n der Beine: flageolement m; (Zittern) tremblement m.

Schlucht f gorge f; (Hohlweg) ravin m; chemin m creux; (Engpaß) défilé m; (Abgrund) gouffre m; litt. abîme m.

'**schluchzen I** v/i. sangloter; pleurer à chaudes larmes; **II** ♀ n sanglots m/pl.

Schluck m gorgée f; tüchtiger ~ grande gorgée f; in e-m ~ d'un trait; '~**auf** m 'hoquet m; den ~ haben avoir le 'hoquet; 'hoqueter; '~**beschwerden** f/pl. troubles m/pl. de la déglutition.

'**Schlückchen** n goutte f; petit coup m; F larme f.

'**schlucken I** v/t. u. v/i. avaler (a. fig.); physiol. déglutir; Wasser ~ beim Baden: avaler de l'eau; boire un coup (F une tasse); **II** ♀ n physiol. déglutition f.

'**Schlucken** m 'hoquet m; den ~ haben avoir le 'hoquet; 'hoqueter.

'**Schlucker** m: armer ~ pauvre diable m; pauvre 'hère m; traîne-malheur m; traîne-misère m; F purotin m; P pauvre bougre m.

'**Schluckimpfstoff** ♂ m vaccin m buccal.

'**schluckweise** adv. par (petites) gorgées.

'**Schlud|er-arbeit** f, ~**e'rei** f F bousillage m; ~**ern** v/t. F bousiller; bâcler; saloper; ♀**rig** adj. fait sans soin; malpropre; bâclé.

'**Schlummer** m sommeil m léger; petit somme m; assoupissement m; ~**lied** n berceuse f; ♀**n** v/i. sommeiller; ~**de Fähigkeit** faculté f virtuelle; ~**rolle** f traversin m.

Schlumpf enf. m schtroumpf m.

Schlund m anat. gosier m; gorge f; fig. (Abgrund) gouffre m; litt. abîme m; e-s Vulkans: bouche f; '~**kopf** anat. m pharynx.

Schlupf m ⊕, ⚡ glissement m.

'**schlüpfen I** v/i. (se) glisser (in acc. dans); se couler; in das Kleid ~ passer sa robe; in die Hosen ~ enfiler son pantalon; aus dem Ei ~ sortir de l'œuf; **II** ♀ n glissement m.

'**Schlüpfer** m culotte f.

'**Schlupf|jacke** f (Sweater) chandail m; ~**loch** n (Versteck) cachette f; (Zuflucht) refuge m; wilder Tiere: repaire m.

'**schlüpfrig** adj. (glatt) glissant; fig. délicat; scabreux, -euse; égrillard; équivoque; (unzüchtig) lascif, -ive; obscène; (anstößig) grivois; ♀**keit** f état m de ce qui est glissant; ⊕ (v. Bitumen usw.) glissance f; fig. lasciveté f; obscénité f; grivoiserie f.

'**Schlupf|wespe** ent. f ichneumon m; mouche f vibrante; ~**winkel** m (Versteck) cache f, kleiner: cachette f; wilder Tiere: repaire m.

'**schlurfen** v/i. traîner les pieds.

'**schlürfen** v/t. boire bruyamment; 'humer; F siroter.

Schluß m e-r Versammlung: clôture f; levée f (Ende) fin f; rhét. conclusion f; péroraison f; ♪ finale m; (~**folgerung**) conclusion f; conséquence f; (Deduktion) déduction f; (Vernunft♀) syllogisme m; zum ~ pour finir (od. terminer od. conclure); finalement; enfin; ~ mit ... solchen Reden! trêve de ...!; ~ der Debatte! clôture! (den) ~ der Debatte beantragen demander la clôture (des débats); ~! terminé! fini!; ~ damit! finissez-en!; ~ machen (Selbstmord verüben) se suicider; mit etw. ~ machen mettre fin à qch.; en finir avec qch.; mit j-m ~ machen en finir avec q.; e-n ~ ziehen conclure (aus de); tirer une conclusion (od. une conséquence) (aus de); zum ~ kommen en venir à la conclusion; zu dem ~ kommen, daß ... en venir à la conclusion que ...; zum ~ bringen finir; terminer; conclure; voreilige Schlüsse ziehen tirer des conclusions prématurées; '~**abrechnung** f règlement m final; '~**abstimmung** f vote m final; '~**akkord** m accord m final; '~**akt** m thé. dernier acte m; e-r Veranstaltung: cérémonie f de clôture; '~**ansprache** f allocution f de clôture; '~**antrag** m demande f de clôture; '~**bemerkung** f remarque f finale; engS. épilogue m; '~**bericht** m rapport m final; '~**bestimmung** f disposition f finale; '~**bilanz** f bilan m final; '~**effekt** m effet m final.

'**Schlüssel** m clef (od. clé) f (a. fig. u. ♪); den ~ steckenlassen laisser la clef sur la porte; ~**bart** m panneton m (de clef); ~**bein** anat. n clavicule f; ~**blume** ♀ f primevère f; ~**brett** n tableau m à clefs; ~**bund** n trousseau m de clefs; ♀**fertig** adj. clefs en main; clé sur porte; nu habitable; prêt-à-habiter inv.; ~**frage** f question f clef; ~**gewalt** f jur. mandat m domestique (de la femme mariée); égl. cath. pouvoir m des clefs; ~**industrie** f industrie f clef; ~**kind** n enfant m à la clef; enfant m dont les parents travaillent en dehors de la maison; ~**loch** n trou m de serrure; ~**position** f position f clé; ~**posten** m poste m clef; ~**problem** n problème-clé m; ~**ring** m porte-clefs m; Sammeln m von ~en F copocléphilie f; ~**roman** m roman m à clef; ~**stellung** f position f clef; e-e ~ einnehmen occuper une position-clef; ~**tasche** f étui m à clefs; ~**wort** n mot-clé m.

'**Schluß|ergebnis** n résultat m final; ~**feier** f cérémonie f de clôture; ~**folge(rung)** f conclusion f; conséquence f; ~**formel** f formule f finale; ~**gesang** m finale m.

'**schlüssig** adj. concluant; ~ sein être résolu; sich ~ werden se résoudre (etw. zu tun à faire qch.).

'**Schluß|kommuniqué** n communiqué m final; ~**kundgebung** f manifestation f finale; ~**kurs** m Börse: cours m de clôture; ~**licht** n feu m arrière; ~**notierung** ✝ f cote f de clôture; ~**pfiff** m coup m de sifflet final; ~**protokoll** n protocole m final; ~**punkt** m point m final; ~**rechnung** f bilan m; ~**rede** f discours m de clôture; ~**reim** m rime f finale; ~**runde** f Sport: dernier tour m; finale f; Boxen: dernier round m; Spiel: dernière manche f; ~**rundenteilnehmer(in** f) m finaliste m, f; ~**satz** m proposition f finale; dernière phrase f; e-r Rede: conclusion f; ♪ finale m; ~**sitzung** f séance f de clôture; ~**stand** m Sport: score m final; ~**stein** △ m clef f de voûte; ~**strich** fig. m point m final; F coup m de pouce final; e-n ~ ziehen mettre le point final; e-n ~ unter die Vergangenheit setzen tirer un trait définitif sur le passé; ~**szene** thé. f scène f finale; ~**termin** m terme m final; ~**urteil** n arrêt m définitif; ~**verkauf** m soldes m/pl.; ~**wort** n dernière parole f; (Nachwort) résumé m; ~**zeichen** n signal m de clôture.

Schmach f ignominie f; 'honte f; (Entwürdigung) avilissement m; (Schimpf) affront m; outrage m.

'**schmachten I** v/i. languir; abs. (dahinvegetieren) croupir; ~ nach soupirer après; languir après; vor Durst ~ mourir de soif; **II** ♀ n langueur f; ~**d** adj. languissant; soupirant; ~**e Blicke** regards m/pl. langoureux.

'**Schmachtfetzen** F m chanson f (bzw. pièce f) sentimentale; roman m (bzw. film m) sentimental.

'**schmächtig** adj. maigre; grêle; fluet, -ette; F maigriot, -otte; maigrichon, -onne; (schwächlich) frêle; chétif, -ive; fragile.

'**Schmacht|lappen** F m (Liebhaber) soupirant m; ~**locke** f accroche-cœur m; P rouflaquette f.

'**schmachvoll** adj. ignominieux, -euse; 'honteux, -euse.

'**schmackhaft** adj. savoureux, -euse; délicieux, -euse; appétissant; corsé;

de bon goût; *fig. j-m etw.* ~ *machen* faire prendre goût à q. de qch.; rendre qch. plus alléchant à q.; ⸚**igkeit** *f* bon goût *m*; saveur *f*.

'**Schmäh|artikel** *m* article *m* diffamatoire; ~**brief** *m* lettre *f* diffamatoire.

'**schmäh|en** *v/t.* (*beschimpfen*) insulter; outrager; injurier; invectiver (contre); (*verächtlich machen*) avilir; (*verleumden*) calomnier; diffamer; (*lästern*) *rl.* blasphémer; ~**lich** *adj.* 'honteux, -euse; ignominieux, -euse; ⸚**lied** *n* chanson *f* diffamatoire; ⸚**rede** *f* invectives *f/pl.*; ⸚**schrift** *f* écrit *m* injurieux, libelle *m*; pamphlet *m*; *Verfasser* e-r ~ libelliste *m*; ⸚**sucht** *f* manie *f* d'injurier; médisance *f*; ~**süchtig** *adj.* médisant, calomniateur, -trice; ⸚**ung** *f* (*Beschimpfung*) insulte *f*; outrage *m*; injure *f*; invective *f*; (*Verächtlichmachung*) avilissement *m*; (*Verleumdung*) calomnie *f*; diffamation *f*; (*Lästerung*) *rl.* blasphème *m*; *sich in* ~*en ergehen* invectiver (*gegen* contre); proférer des invectives (contre); se répandre en invectives (contre); ⸚**wort** *n* invective *f*.

schmal *adj.* étroit, (*lang u. dünn*) effilé; élancé; (*schmächtig*) grêle; fluet, -ette; (*mager*) maigre; *Gesicht*: mince; fin; *Taille*: mince (*a. fig.*); ~*er (od. schmäler) machen* rétrécir; ~*er (od. schmäler) werden* se rétrécir; ~*e Kost* maigre pitance *f*; '~**brüstig** *adj.* étroit de poitrine.

'**schmäler|n** *v/t.* rétrécir; (*verringern*) amoindrir; diminuer; (*beschränken*) réduire; *Ruf*: rabaisser; dénigrer; ternir; *z t* déroger (à); porter atteinte (à); ⸚**ung** *f* rétrécissement *m*; (*Verringerung*) amoindrissement *m*; diminution *f*; (*Beschränkung*) réduction *f*; *z t* dérogation *f* (à); atteinte *f* (à).

'**Schmal|film** *m* film *m* de format réduit (*od.* de format substandard); ~**filmkamera** *f* caméra *f* à film étroit; ~**hans** *m*: *bei j-m ist* ~ Küchenmeister il n'a pas grand-chose à se mettre sous la dent; il sert maigre pitance *f*; il mange de la vache enragée; chez lui on ne serre la ceinture; ~**seite** *f* petit côté *m*; ~**spur** *f* voie *f* étroite; ~**spurbahn** *f* chemin *m* de fer à voie étroite; ⸚**spurig** *adj.* à voie étroite; ~**tier** *ch.* ~ *n* jeune biche *f*; ~**vieh** *n* menu bétail *m*.

Schmalz *n* graisse *f* (fondue); (*Schweine*⸚) saindoux *m*; ⸚**fleisch** (*in Dosen*) *n* rillettes *f/pl.*; ⸚**ig** F *fig. adj.* sentimental.

schma'rotz|en *v/i.* vivre en parasite; écornifler (*bei j-m* q.); ⸚**er** *m* parasite *m*; écornifleur *m*; pique-assiette *m*; resquilleur *m*; ~**erhaft**, ~**erisch** *adj.* parasitique *m* (*od.* en) parasite; ⸚**erleben** *n* vie *f* de parasite; ⸚**erpflanze** *f* plante *f* parasite; ⸚**ertum** *n* parasitisme *m*.

'**Schmarre** *f* balafre *f*; (*Narbe*) cicatrice *f*; ~**n** F *m fig.* Roman, Film *od.* Theaterstück: F navet *m*.

Schmatz F *m* gros baiser *m*; ⸚**en** *v/i.* (*knutschen*) donner un gros baiser; (*laut essen*) manger bruyamment.

Schmaus *m* festin *m*; régal *m*; banquet *m*; ⸚**en** *v/i.* faire bonne chère; se régaler; ~**e'rei** *f* bonne chère *f*; régalade *f*.

'**schmecken 1.** *v/t.* (*den Geschmack herausfinden*) distinguer (*od.* discerner) le goût de, de la *etc.*; *ich schmekke den Pfeffer* je distingue le poivre (*od.* le goût du poivre); **2.** *v/i.*: *nach etw.* ~ avoir un goût de qch.; sentir qch.; *nach dem Faß* ~ sentir le fût; *nach nichts* ~ n'avoir aucun goût; *sich etw.* ~ *lassen* se régaler de qch.; manger qch. de bon appétit; *fein (od. gut)* ~ être bon, bonne; avoir bon goût; *schlecht* ~ être mauvais; avoir mauvais goût; *bitter* ~ avoir un goût amer; *angebrannt* ~ avoir un goût de brûlé; sentir le brûlé; *etw. sauer (od. säuerlich)* ~ avoir un petit goût aigre; *wie schmeckt ihnen der Wein?* comment trouvez-vous le vin?; *wie schmeckt's?* comment trouvez-vous cela?; (est-ce que) c'est bon?; *das schmeckt mir gut* je trouve cela bon; *das schmeckt nach mehr* F cela a un goût de revenez-y.

Schmeiche'lei *f* flatterie *f*; (*Liebkosung*) cajolerie *f*; câlinerie *f*; caresses *f/pl.*; *kriecherische*: adulation *f*, flagornerie *f*; ~*en sagen* dire des choses flatteuses.

'**schmeichel|haft** *adj.* flatteur, -euse; ⸚**katze** *f*, ⸚**kätzchen** *n fig.* câlin *m*, -e *f*; cajoleur *m*, -euse *f*; ~**n** *v/i.*: *j-m* ~ flatter q. (*mit de*), liebkosend: caresser q., câliner q., cajoler q., *niedrig*: aduler q., flagorner q., (*um ihn für sich zu gewinnen*) amadouer q.; ~**nd** *adj.* flatteur, -euse; ⸚**rede** *f* discours *m* flatteur.

'**Schmeichler|(in** *f*) *m* flatteur *m*, -euse *f*; *liebkosender*: câlin *m*, -e *f*; cajoleur *m*, -euse *f*; *niedriger*: adulateur *m*, -trice *f*; flagorneur *m*, -euse *f*; ⸚**isch** *adj.* flatteur, -euse; (*kriecherisch*) adulateur, -trice.

'**schmeiß|en** F *v/t.* jeter; lancer; F flanquer; *mit dem Geld um sich* ~ faire valser l'argent; F *e-e Runde Bier* ~ payer une tournée de bière; F *den Laden* ~ en venir à bout; F *e-e Sache* ~ arranger (P goupiller) une affaire; ⸚**fliege** *ent. f* mouche *f* bleue (*od.* à viande).

Schmelz *m* émail *m* (*a. der Zähne*); *der Farben usw.*: éclat *m*; *der Stimme*: charme *m* mélodieux; *mit* ~ *überziehen* émailler; ~**arbeit** *f* émaillure *f*; ⸚**bar** *adj.* fusible; '~**barkeit** *f* fusibilité *f*; '~**draht** *m* (fil *m*) fusible *m*; ⸚**en 1.** *v/i.* fondre; *v.* Metallen: *a.* entrer en fusion; (*flüssig werden*) se liquéfier; *fig. Herz*: se fondre, **2.** *v/t.* fondre; *die Sonne hat den Schnee geschmolzen* le soleil a fait fondre la neige; '~**en** *n* fonte *f*; fusion *f*; (*Verflüssigen*) liquéfaction *f*; '~**er** ⊕ *m* fondeur *m*.

Schmelze'rei *f* fonderie *f*.

'**Schmelz|farbe** *f* couleur *f* vitrifiable; ⸚**flüssig** *adj.* en fusion; ⸚**hütte** *f* fonderie *f*; ~**käse** *m* fromage *m* fondu; ~**mittel** ⊕ *n* fondant *m*; ~**ofen** *m* four *m* de fusion; ~**punkt** *m* point *m* de fusion; ~**schweißung** *f* soudage *m* autogène; ~**sicherung** ⚡ *f* fusible *m*; ~**temperatur** *f* température *f* de fusion; ~**tiegel** *m* creuset *m*; ~**wärme** *f* chaleur *f* de fusion; ~**wasser** *n* eau *f* de fusion.

Schmer *m u. n* panne *f*; '~**bauch** *m* gros ventre *m*; F bedon *m*; F bedaine *f*; F panse *f*; (*Person*) F ventru *m*; pansu *m*.

Schmerle *icht. f* loche *f*.

Schmerz *m* douleur *f*; (*Leiden*) souffrance *f*; mal *m*; (*Kummer*) chagrin *m*; peine *f*, affliction *f*; *stechender* (*brennender*) ~ douleur *f* poignante (cuisante); *große* ~*en erleiden* éprouver de grandes souffrances; *tiefen* ~ *empfinden* éprouver une grande douleur (*über acc.* de); *j-m* ~ *verursachen* causer de la douleur à q., faire souffrir q., faire mal à q., (*Kummer*) chagriner q., causer du chagrin à q., peiner q., faire de la peine à q.; ⸚**betäubend** *adj.* analgésique; ~**empfindlich** *adj.* sensible à la douleur; ⸚**en** *v/t. u. v/i.* causer de la douleur (à), faire souffrir, faire mal (à), être douloureux, -euse; être endolori; (*bekümmern*) chagriner, causer du chagrin (à), peiner, faire de la peine (à); *mir (mich)* ~ *schmerzt der Fuß* j'ai mal au pied; le pied me fait mal; *fig. es schmerzt mich* j'en souffre; j'en suis vivement affecté; *es schmerzt mich, Ihnen diesen Ärger zu bereiten* je suis peiné de vous causer ce tracas; *es schmerzt mich, daß ...* cela me fait de la peine que ... (*subj.*); ~**en** *n* endolorissement *m*; ⸚**end** *adj.* douloureux, -euse; endolori.

'**Schmerzens|geld** *n* dommages-intérêts *m/pl.*; ⚖ pretium *m* doloris; ~**kind** *fig. n* souci *m* constant; ~**ruf** *m*, ~**schrei** *m* cri *m* de douleur.

'**schmerz|erfüllt** *adj.* plein de douleur; ~**erregend** *adj.* qui cause de la douleur; ~**frei** *adj.* sans douleur; ~**gefühl** *n* sentiment *m* de douleur; ~**haft** *adj.* douloureux, -euse; ⸚**haftigkeit** *f* état *m* douloureux; douleurs *f/pl.*; ⸚**kult** *m* dolorisme *m*; ~**lich** *fig. adj.* douloureux, -euse; cuisant; pénible; affligeant; *ein* ~*es Verlangen* un désir qui consume; ~ *berühren* toucher au vif; ~**lindernd** *adj.* analgésique; ~*es Mittel* analgésique *m*; ~**los** *adj.* sans douleur; ⚕ indolore; ⸚**losigkeit** *f* absence *f* de douleur; ~**stillend** *adj.* calmant; sédatif, -ive; analgésique; ~*es Mittel* calmant *m*; sédatif *m*; analgésique *m*; ~**unempfindlich** *adj.* insensible à la douleur; ~**voll** *adj.* douloureux, -euse.

'**Schmetterball** *m Tennis*: smash *m*.

'**Schmetterling** *ent. m* papillon *m*; ~**sblütler** ♀ *m/pl.* papilionacées *f/pl.*; ~**snetz** *n* filet *m* à papillons; ~**s-puppe** *f* chrysalide *f*; ~**ssammlung** *f* collection *f* de papillons; ~**sstil** *m Schwimmen*: brasse *f* papillon.

'**schmettern 1.** *v/t.* lancer (*od.* jeter) avec violence; *Lied*: lancer; *zu Boden* ~ jeter par terre; terrasser, foudroyer; *in Stücke* ~ mettre en mille morceaux; fracasser; **2.** *v/i. Trompete*: retentir; *Nachtigall*: faire des roulades; ~**d** *adj.* retentissant; éclatant.

'**Schmetterschlag** *m Tennis*: smash *m*.

Schmied *m* forgeron *m*; (*Huf*⸚) maréchal *m* ferrant; *fig.* artisan *m*; forgeur *m*; *prov. jeder ist s-s Glückes* ~ chacun est l'artisan de sa fortune;

¹⌂**bar** *adj.* forgeable; malléable; ¹**⌂barkeit** *f* forgeabilité *f*; malléabilité *f*.
¹**Schmiede** *f* forge *f*; **⌂amboß** *m* enclume *f* (de forge); **⌂arbeit** *f* forgeage *m*; (*Werk*) ouvrage *m* forgé; **⌂eisen** *n* fer *m* forgé; ²**⌂eisern** *adj.* de (*od.* en) fer forgé; **⌂esse** *f* cheminée *f* de forge; **⌂hammer** *m* marteau *m* de forge; *großer:* marteau-pilon *m*; **⌂handwerk** *n* métier *m* de forgeron; **⌂kohle** *f* charbon *m* de forge; **⌂kunst** *f* ferronnerie *f* d'art; **⌂meister** *m* forgeron *m*.
¹**schmieden** I *v/t.* forger; (*hämmern*) marteler; *sich ⌂ lassen* être forgeable (*od.* malléable); *fig.* forger; ourdir; tramer; *ein Komplott ⌂* monter un complot; *Pläne ⌂* faire des projets; *Ränke ⌂* intriguer; comploter; *Verse ⌂* rimailler; II ² *n* forgeage *m*.
¹**Schmiede|presse** *f* presse *f* à forger; **⌂stahl** *m* acier *m* forgé; **⌂stück** *n* pièce *f* forgée; **⌂werkstatt** *f* forge *f*; **⌂zange** *f* croches *f/pl.*
¹**schmieg|en** 1. *v/t.* ⊕ plier; *j-n in s-e Arme ⌂* serrer q. dans ces bras; 2. *v/rf.*: *sich ⌂* se plier; *sich ⌂ an (acc.)* serrer (*od.* se blottir) contre; **⌂sam** *adj.* flexible; souple; ²**⌂samkeit** *f* flexibilité *f*; souplesse *f*.
¹**Schmier|apparat** ⊕ *m* graisseur *m*; **⌂büchse** ⊕ *f* boîte *f* à graisse.
¹**Schmiere** *f* ⊕ graisse *f*; lubrifiant *m*; (*Wagen²*) cambouis *m*; (*Schmutz*) crasse *f*; F *thé.* théâtre *m* forain; *⌂ stehen* faire le guet (*od.* P le pet); être au guet; **⌂steher** P *m* guetteur *m*.
¹**schmieren** I *v/t.* (*bestreichen*) enduire (*mit* de); (*aufstreichen*) étendre (*auf acc.* sur); *Salbe auf e-e Wunde:* appliquer; mettre; ⊕ lubrifier; *mit Fett ⌂* graisser; *mit Öl ⌂* huiler; *mit Butter ⌂* beurrer; (*kritzeln*) griffonner; *fig.* F *j-n ⌂* (*bestechen*) graisser la patte à q.; F *sich die Kehle ⌂* P se rincer le gosier; F *j-m Honig um den Mund ⌂, j-m um den Bart ⌂* F passer de la pommade à q.; flagorner q.; *wie geschmiert gehen* aller comme sur des roulettes; II ² *n* ⊕ lubrification *f*; *⌂ mit Fett* graissage *m*; *⌂ mit Öl* huilage *m*; (*Kritzeln*) griffonnage *m*; ²**⌂komödiant(in** *f*) *m* péj. bateleur *m*, -euse *f*; histrion *m*; F cabotin *m*, -e *f*; cabot *m*; baladin *m*.
Schmiere'rei *f* griffonnage *m*.
¹**Schmier|fähigkeit** ⊕ *f* pouvoir *m* lubrifiant; **⌂fett** *n* graisse *f*; **⌂fink** *m* souillon *m*, *f*; F sagouin *m*, -*e f*; P saligaud *m*, -*e f*; **⌂geld(er** *pl.*) *n fig.* pot-de-vin *m*; *dessous m/pl.* de table; ²**⌂ig** *adj.* malpropre; sale; sordide; crasseux, -euse; poisseux, -euse; (*katzenfreundlich*) F patepelu *f*; **⌂kanne** *f* (*Ölkanne*) burette *f*; **⌂käse** *m* fromage *m* à pâte molle; **⌂loch** *n* trou *m* de graissage; **⌂mittel** *n* lubrifiant *m*; graisse *f*; **⌂öl** *n* huile *f* de graissage; **⌂presse** *f* presse *f* de graissage; **⌂pumpe** *f* pompe *f* à graisser; **⌂seife** *f* savon *m* noir; **⌂stelle** ⊕ *f* point *m* de graissage; **⌂ung** *f* lubrification *f*; *⌂ mit Fett* graissage *m*; *⌂ mit Öl* huilage *m*; **⌂vorrichtung** ⊕ *f* graisseur *m*.
¹**Schmink|e** *f* fard *m* (*a. fig.*); *rote ⌂* rouge *m*; *weiße ⌂* blanc *m*; *⌂ auflegen* = ²**⌂en** *v/t.* (*v/rf.*: *sich se*) farder; (se) maquiller; (se) grimer; (se) mettre du rouge (*resp.* du blanc); **⌂en** *n* maquillage *m*; **⌂stift** *m* bâton *m* de rouge; **⌂topf** *m* pot *m* à fard.
¹**Schmirgel** *m* émeri *m*; **⌂leinwand** *f* toile *f* émeri; ²**n** *v/t.* polir à l'émeri; **⌂papier** *n* papier *m* émeri; abrasif *m* appliqué; **⌂scheibe** *f* meule *f* d'émeri.
Schmiß *m* (*Narbe im Gesicht*) balafre *f*; estafilade *f*; couture *f*; *fig.* (*Schneid*) cran *m*; (*Schick*) chic *m*.
¹**schmissig** *adj.* plein de cran; (*mitreißend*) entraînant; enlevé; dynamique; ♪ plein de brio; (*schick*) chic (*a. fig.*).
¹**Schmöker** *m* bouquin *m*; ²**n** *v/i.* bouquiner.
¹**schmoll|en** *v/i.* bouder (*mit j-m q.*); faire la moue (*mit j-m à q.*); **⌂en** *n* bouderie *f*; ²**mund** *m* bouche *f* boudeuse; ²**winkel** *m*: *sich in den ⌂ zurückziehen* se retirer dans son coin.
¹**Schmor|braten** *m* bœuf *m* braisé; bœuf *m* mode; bœuf *m* en daube; ²**en** 1. *v/t. cuis.* cuire à couvert; *Fleisch a.* dauber; braiser; 2. *v/i.* rôtir à petit feu; *in der Sonne ⌂* se dorer au soleil; **⌂en** *n* daube *f*; **⌂fleisch** *n* → **⌂braten**; **⌂pfanne** *f*, **⌂tiegel** *m*, **⌂topf** *m* cocotte *f*; braisière *f*; daubière *f*.
Schmu F *m* F gratte *f*; *⌂ machen* faire de la gratte.
schmuck *adj.* joli; élégant; propret, -ette; (*zierlich*) coquet, -ette.
Schmuck *m* ornement *m*; (*Putz*) parure *f*; (*Verzierung*) décoration *f*; (*Juwelen*) bijoux *m/pl.*; joyaux *m/pl.*; bijouterie *f*, joaillerie *f*; *unechter ⌂* bijouterie *f* fantaisie; *⌂ anlegen* (*tragen*) mettre (porter) des bijoux; *fig. ⌂ der Rede* fleurs *f/pl.* de rhétorique.
¹**schmücken** I *v/t.* (*v/rf.*: *sich s'*)orner (*mit* de); (*sich se*) parer (*mit* de); *péj.* (*s'*)attifer (*mit* de); (*verschönern*) embellir; (*verzieren*) décorer (*mit* de); II ² *n* parure *f*; décoration *f*; *péj.* attifement *m*.
¹**Schmuck|feder** *f* plume *f* de parure; **⌂handel** *m* bijouterie *f*; joaillerie *f*; **⌂händler(in** *f*) *m* bijoutier *m*, -ière *f*; joaillier *m*, -ière *f*; **⌂kästchen** *n* écrin *m*; boîte *f* à bijoux; ²**los** *adj.* sans ornements; (*einfach*) simple; (*nüchtern*) sobre; **⌂losigkeit** *f* absence *f* d'ornements; (*Einfachheit*) simplicité *f*; (*Nüchternheit*) sobriété *f*; **⌂nadel** *f* épingle *f*; broche *f*; **⌂sachen** *f/pl.* bijoux *m/pl.*; joyaux *m/pl.*; **⌂stück** *n* pièce *f* d'orfèvrerie; **⌂telegramm** *n* télégramme *m* illustré; **⌂ware(n** *pl.*) *f* bijouterie *f*; joaillerie *f*; **⌂warengeschäft** *n*, **⌂warenhandel** *m* bijouterie *f*; **⌂waren-industrie** *f* industrie *f* de la bijouterie, de la joaillerie.
Schmudde'lei F *f* barbouillage *m*.
¹**schmudd(e)lig** *adj.* sale.
¹**Schmuggel** *m* contrebande *f*; ²**n** 1. *v/i.* faire de la contrebande; 2. *v/t.* introduire en contrebande; **⌂n** *n* contrebande *f*; **⌂ware** *f* (*marchandise f* de) contrebande *f*.
¹**Schmuggler|(in** *f*) *m* contrebandier *m*, -ière *f*; F traficoteur *m*; passeur *m*; **⌂bande** *f* bande *f* de contrebandiers; **⌂ring** *m* filière *f*; **⌂schiff** *n* navire *m* contrebandier.
schmunzeln I *v/i.* sourire d'un air entendu; II ² *n* sourire *m* entendu (*od.* complaisant).
Schmus F *m* câlinerie *f*; cajolerie *f*; **⌂ekatze** F *fig.* (*Kind*) enfant *m* câlin; ¹²**en** F *v/i.* câliner (*mit j-m q.*); cajoler (*mit j-m q.*); F faire des mamours *od.* faire mimi à q.; ¹**⌂er** F *m* câlin *m*; cajoleur *m*.
Schmutz *m* saleté *f*; (*Kot, Kehricht*) ordure *s pl.*) *f* (*a. fig.*); (*⌂fleck*) souillure *f*; salissure *f*; (*Dreck*) crotte *f*; (*Straßen²*) boue *f*; (*flüssiger Kot*) fange *f*; (*Haut-, Wäsche²*) crasse *f*; *vom ⌂ reinigen* décrotter, *Haut, Wäsche:* décrasser; *mit ⌂ bespritzen* éclabousser; *etw. durch (in) den ⌂ ziehen* traîner qch. dans la boue; ¹²**en** *v/i.* se salir; être salissant; (*Flecken machen*) tacher; faire des taches; **⌂e'rei** *f* saleté *f*; ¹**⌂fink** *m* souillon *m*, *f*; F sagouin *m*, -e *f*; P saligaud *m*, -e *f*; ¹**⌂fleck** *m* tache *f* de boue; souillure *f*; salissure *f*; (*angespritzter Dreck*) éclaboussure *f*; ¹²**⌂ig** *adj.* sale; sordide; malpropre; (*schmierig*) crasseux, -euse; poisseux, -euse; (*voll Kot*) boueux, -euse; crotté; *fig.* sale; sordide; (*unflätig*) ordurier, -ière; (*obszön*) obscène; (*gemein*) grossier, -ière; *ein ⌂er Krieg* P une chienlit de guerre; *⌂e Reden führen* tenir des propos orduriers; *⌂ machen* salir, encrasser, souiller, *durch Straßenschmutz:* crotter; *⌂ werden* se salir, s'encrasser, *durch Straßenschmutz:* se crotter; ¹**⌂igkeit** *f* saleté *f*; malpropreté *f*; *fig.* saleté *f*; sordidité *f*; (*Gemeinheit*) grossièreté *f*; (*Obszönität*) obscénité *f*; **⌂kittel** *m* sarrau *m*; **⌂kruste** *f* croûte *f* de crasse; ¹**⌂lappen** *m* chiffon *m*; ¹**⌂liese** *f* souillon *f*; marie-cochon *f*; ¹**⌂literatur** *f* pornographie *f*; **⌂papier** *typ. n* maculature *f*; ¹**⌂presse** *fig. f* presse *f* immonde; **⌂schrift** *f* publication *f* obscène; **⌂titel** *typ. m* faux titre *m*.
¹**Schnabel** *m* bec *m*; ⊕ (*Schiffs²*) éperon *m*; (*Bug*) proue *f*; *mit dem ⌂ picken* becqueter; *fig.* F *den ⌂ halten* fermer son bec; *den ⌂ aufmachen* (*od.* *auftun*) ouvrir le bec; *er spricht, wie ihm der ⌂ gewachsen ist* il dit les choses comme elles lui viennent; il parle naturellement; **⌂flöte** ♪ *f* flûte *f* à bec; ²**förmig** *adj.* en forme de bec.
¹**schnäbeln** *v/t.* (*v/rf.*: *sich se*) becqueter; F *fig.* (se) bécoter.
¹**Schnabel|schuh** *hist. m* soulier *m* à la poulaine; **⌂tasse** *f* Krankenpflege: tasse *f* à bec; **⌂tier** *zo. n* ornithorynque *m*.
schnabu'lieren F *v/t.* savourer; manger avec délice.
Schnack *m* babillage *m*; bavardage *m*; caquet *m*; ¹²**en** *v/i.* babiller; bavarder.
¹**Schnake** *ent. f* cousin *m*; moustique *m*.
¹**Schnalle** *f* boucle *f*; ²**n** *v/t.* boucler; *enger ⌂* serrer; *weiter ⌂* desserrer; **⌂ndorn** *m* ardillon *m*; **⌂nschuh** *m* soulier *m* à boucles.
¹**Schnallgurt** *m* patte *f* de serrage.
¹**schnalzen** I *v/i.*: *mit der Zunge, mit den Fingern ⌂* faire claquer sa langue, ses doigts; II ² *n* claquement *m*.
¹**Schnalzlaut** *phon. m* clic *m*.
¹**schnappen** 1. *v/t.* (*erwischen*) attraper; *Luft ⌂* prendre l'air; 2. *v/i. Feder:* se détendre; (*federn*) faire ressort; *die Tür schnappt ins Schloß* la porte se

ferme; *nach etw.* ~ chercher à 'happer qch.; *nach Luft* ~ chercher à respirer.
'**Schnäpper** *m* (*Tür*2) loquet *m*; *chir.* flamme *f.*
'**Schnapp|feder** *f* ressort *m* à déclic; **~hahn** *m* bandit *m*; **~messer** *n* couteau *m* pliant; **~ring** *m* mousqueton *m*; **~schloß** *n* serrure *f* à ressort; **~schuß** F *phot.* m instantané *m.*
Schnaps *m* eau-de-vie *f*; F petit verre *m*; *gniole *f*; *rogomme *m*; P raide *m*; **~brenner** *m* distillateur *m*; **~brenne'rei** *f* distillerie *f*; **~bruder** *m* F pochard *m*; P poivrot *m.*
'**Schnäps-chen** F *n* petit verre *m*; goutte *f*; F riquiqui *m.*
'**Schnaps|flasche** *f* bouteille *f* d' (*resp.* à) eau-de-vie; '**~glas** *n* verre *m* à liqueur; petit verre *m*; '**~idee** F *f* idée *f* folle (*od.* saugrenue); F lubie *f*; '**~nase** *f* nez *m* de poivrot; '**~säufer** (**-in** *f*) *m*, '**~trinker(in** *f*) *m* buveur *m*, -euse *f* d'eau-de-vie.
'**schnarch|en** *v/i.* ronfler; P scier du bois; 2**en** *n* ronflement *m*; 2**er(in** *f*) *m* ronfleur *m*, -euse *f.*
'**Schnarr|e** *f* (*Lärmgerät*) crécelle *f*; 2**en** *v/i.* faire un bruit de crécelle; bourdonner; ronfler; *Instrument:* grincer; **~en** *n* bruit *m* de crécelle; bourdonnement *m*; ronflement *m*; *e-s Instruments:* grincement *m*; *téléph.* friture *f*; **~er** ♂ *m* (*Summer*) ronfleur *m*; **~werk** *n der Orgel:* bourdon *m.*
'**Schnatter|gans**, **~liese** F *f* fig. bavarde *f*; commère *f*; pie *f*; 2**n** *v/i.* Gans: criailler; Ente: caqueter; F (*schwatzen*) bavarder; babiller; **~n** *n der Gans:* criaillerie *f*; *der Ente:* caquetage *m*; F (*Schwatzen*) bavardage *m*; babillage *m.*
'**schnauben** I 1. *v/i.* respirer bruyamment; souffler; (*keuchen*) 'haleter; *Pferd:* s'ébrouer; *fig. vor Wut* ~ écumer de rage; 2. *v/rf.: sich* (*die Nase*) ~ se moucher; II 2 *n* respiration *f* bruyante; souffle *m*; (*Keuchen*) 'halètement *m*; *des Pferdes:* ébrouement *m.*
'**schnauf|en** *v/i.* souffler (bruyamment); 'haleter; être pantelant; 2**en** *n* respiration *f* bruyante; 'halètement *m*; 2**er** *m* souffle *m* (bruyant); 2**erl** *plais. n* → Oldtimer.
'**Schnauz|bart** F *m* moustache(s *pl.*) *f*; 2**bärtig** *adj.* moustachu; **~e** *f* museau *m*; *des Schweines:* groin *m*; *des Rindviehes:* mufle *m*; (*Traufe*) gargouille *f*; P v. *Personen:* gueule *f*; bec *m*; F *e-e große* ~ *haben* être fort en gueule; P *j-m in die* ~ *schlagen* donner sur la gueule à q.; P *die* ~ *halten* F fermer sa gueule; P (*halt die*) ~! P (ferme) ta gueule!; P ferme-la!; P la ferme!; P *die* ~ *voll haben* en avoir assez; en avoir plein le dos; en avoir ras le bol; F *etw. nach* ~ *machen* faire qch. au pif(omètre); 2**en** P *v/i.* pester; P gueuler; **~er** *m* (*Hund*) schnauzer *m*; griffon *m* d'écurie.
'**Schnecke** *f eßbare:* escargot *m*; *ohne Haus:* limace *f*; *anat. im Ohr:* limaçon *m*; (*Violin*2) volute *f*; (*Förder*2) hélice *f* transporteuse; △ *vis f* sans fin; (*Volute*) volute *f*; ⊕ vis *f* sans fin; (*Frisur*) macaron *m.*
'**Schnecken|bohrer** *m* tarière *f* en hélice; **~förderer** ⊕ *m* transporteur *m* à vis sans fin; 2**förmig** *adj.* en spirale; **~e** *Verzierung* △ volute *f*; **~fräser** ⊕ *m* fraise *f* hélicoïdale; **~gang** *m fig.* pas *m* de tortue; **~garten** *m für Schneckenzucht:* escargotière *f*; **~getriebe** ⊕ *n* engrenage *m* à vis sans fin; **~gewinde** ⊕ *n* filetage *m* hélicoïdal; **~haus** *n* coquille *f* d'escargot; **~linie** *f* spirale *f*; hélice *f*; **~platte** *f zum Servieren:* escargotière *f*; **~post** F *fig. f: mit der* ~ *très lentement*; **~rad** ⊕ *n* roue *f* hélicoïdale; **~tempo** *n:* im ~ *gehen aller comme un escargot*; *Auto:* im ~ *fahren* F rouler pépère; *im* ~ *à une allure d'escargot*; **~zucht** *f* élevage *m* des escargots; héliciculture *f.*
Schnee *m* neige *f*; *ewiger* ~ neiges *f/pl.* éternelles; *vom* ~ *eingeschlossen* bloqué par la neige; *cuis.* (*Eier*2) œufs *m/pl.* à la neige; *zu* ~ *schlagen* battre en neige; '**~ball** *m* boule *f* de neige; ♀ boule-de-neige *f*; obier *m*; '2**ballen** *v/rf.: sich* ~ se battre à coups de boules de neige; '**~ballschlacht** *f* bataille *f* à coups de boules de neige; '**~ballsystem** *n Kundenwerbung:* système *m* boule de neige; '2**bedeckt** *adj.* couvert de neige; enneigé; neigeux, -euse; '**~bericht** *m* bulletin *m* d'enneigement; '**~beseitigung** *f* déneigement *m*; '**~besen** *cuis.* *m* fouet *m*; *elektrisch* batteur *m*; '2**blind** *adj.* aveuglé par la neige; '**~blindheit** *f* ophtalmie *f* des neiges; '**~brille** *f* lunettes *f/pl.* de glacier; '**~decke** *f* couche *f* de neige; '**~fall** *m* chute *f* de neige; '**~feger** *m* déneigeur *m*; '**~feld** *n*, '**~fläche** *f* champ *m* de neige; '**~flocke** *f* flocon *m* de neige; '2**frei** *adj.* sans neige; '**~gestöber** *n* tourbillon *m* de neige; '**~glätte** *f* neige *f* verglacée; '**~glöckchen** ♀ *n* perce-neige *m*, ♀; '**~grenze** *f* limite *f* des neiges éternelles; '**~haufen** *m* tas *m* (*od.* amas *m*) de neige; congère *f*; '**~höhe** *f* enneigement *m*; épaisseur *f* de la neige; '**~huhn** *orn. n* lagopède *m*; '2**ig** *adj.* couvert de neige; neigeux, -euse; '**~kanone** *f* canon *m* à neige artificielle; '**~kette** *f Auto:* chaîne *f* antidérapante; '**~könig** *m orn.* roitelet *m*; *fig. sich wie ein* ~ *freuen* être au comble de la joie; '**~koppe** *f*, '**~kuppe** *f* sommet *m* enneigé (*od.* neigeux *od.* couvert de neige); '**~kunde** *f* nivologie *f*; '**~lawine** *f* avalanche *f*; '**~mann** *m* bonhomme *m* de neige; '**~massen** *f/pl.* neiges *f/pl.*; '**~matsch** *m* neige *f* fondue; '**~mensch** *m* Himalaja: homme *m* des neiges; '**~pflug** *m* chasse-neige *m*; '**~regen** *m* pluie *f* mêlée de neige; '**~region** *f* zone *f* des neiges éternelles; '**~reifen** *m* raquette *f*; *Auto:* pneu *m* neige; '**~rutsch** *m* coulée *f* de neige; '**~sauger** *m* souffleuse *f*; '**~schaufel** *f*, '**~schippe** *f* pelle *f* à neige; '**~schläger** *cuis.* *m* fouet *m*; '**~schmelze** *f* fonte *f* des neiges; '**~schuh** *m* ski *m*; '**~schuhlauf(en** *n*) *m* course à (*od.* en) skis; ski *m*; '**~schuhläufer(in** *f*) *m* (*Schiläufer[in]*) skieur *m*, -euse *f*; '**~sturm** *m* tempête *f* (tourmente *f*) de neige; blizzard *m*; '**~treiben** *n* tourmente *f* de neige; '**~verhältnisse** *n/pl.* enneigement *m*; '**~verwehung** *f* congère *f*; '**~wächte** *f* corniche *f* de neige; '**~wasser** *n* eau *f* de neige; '**~wehe** *f* congère *f*; '2**weiß** *adj.* blanc, blanche comme neige; '**~wetter** *n* temps *m* de neige; '**~'wittchen** *n* Blanche-Neige *f*; '**~wolke** *f* nuage *m* de neige.
Schneid *m* cran *m*; allant *m*; entrain *m*; énergie *f*; ~ *haben* avoir du cran (*od.* de l'allant *od.* du panache).
'**Schneidbrenner** *m* chalumeau *m* oxhydrique, de découpage.
'**Schneid|e** *f* tranchant *m*; fil *m*; *e-s Bohrers:* mèche *f*; *fig. es steht auf des Messers* ~ cela ne tient qu'à un fil; **~ebrett** *n* planche *f* à découper; **~e-eisen** ⊕ *n* filière *f*; **~emaschine** *f* machine *f* à couper; (*Brot*2) coupe-pain *m*; *Buchbinderei:* massicot *m.*
'**schneiden** I *v/t.*, *v/i. u. v/rf.* couper; *Haare: a.* tailler; (*ab~*) trancher; découper; (*spalten*) fendre; (*sägen*) scier; *Häcksel:* 'hacher; *Tennisball, Karten:* couper; *cin. Film:* monter; *Geschwür:* ouvrir (au bistouri); *in Holz* (*Stahl*) ~ graver sur bois (sur acier); *Gewinde* ~ tarauder; fileter; *e-e Kurve* ~ couper un virage; *j-n* ~ (*Auto*) couper une queue de poisson à q.; *fig. j-n* ~ ignorer q.; feindre de ne pas connaître q.; ne plus connaître q.; F snober q.; *Grimassen* ~ faire des grimaces; *ins Gesicht* ~ *Wind:* cingler le visage; *das schneidet mir ins Herz* cela me fend le cœur; *sich* ~ *in* (*acc.*) se couper (*od.* se faire une coupure *od.* une entaille) à; *sich tief in den Finger* ~ s'entailler le doigt; *allg.* se couper au doigt; *die Linien* ~ *sich les lignes se coupent* (*od.* se croisent); *sich die Haare* ~ *lassen* se faire couper les cheveux; *sich die Nägel* ~ se couper les ongles; *sich* ~ (*sich gewaltig*) ~ (*irren*) se mettre (F se fourrer) le doigt dans l'œil; II 2 *n* coupe *f*; taille *f*; (*Gewinde*2) taraudage *m*; filetage *m*; *das Sich*2 *zweier Linien* le croisement de deux lignes; **~d** *adj.* tranchant; coupant; *Kälte:* pénétrant, piquant; *es ist* ~ *kalt* il fait un froid piquant; *Wind:* cinglant; *fig.* tranchant; cassant; incisif, -ive; (*schrill*) strident; *fig.* mordant.
'**Schneider** *m* tailleur *m*; *fig. wie ein* ~ *frieren* grelotter de froid; **~büste** *f* mannequin *m*; poupée *f* de tailleur.
Schneide'rei *f* (*Handwerk*) métier *m* de tailleur (*resp.* de couturière); (*Werkstatt*) atelier *m* de tailleur (*resp.* de couturière).
'**Schneider|geselle** *m* garçon *m* tailleur; **~handwerk** *n* métier *m* de tailleur (*resp.* de couturière); **~in** *f* couturière *f*; *junge* ~ F cousette *f*; **~kostüm** *n* (costume *m*) tailleur *m*; **~kreide** *f* craie *f* de tailleur; **~lohn** *m* façon *f*; **~meister** *m* maître *m* tailleur; 2**n** 1. *v/i.* faire de la couture; 2. *v/t. Kleidung:* coudre; faire; **~n** *n* couture *f*; **~puppe** *f* mannequin *m*; poupée *f* de tailleur; **~werkstatt** *f* atelier *m* de tailleur (*resp.* de couturière); **~werktisch** *m* établi *m* de tailleur.
'**Schneide|tisch** *m Film:* table *f* de montage; **~werkzeug** *n* outil *m* tranchant; **~zahn** *anat. m* (dent *f*) incisive *f.*
'**schneidig** *adj. fig.* qui a du cran (*od.* de l'allant); énergique; 2**keit** *fig. f* cran *m*; allant *m*; entrain *m*; énergie *f.*

'**schneien** v/imp. neiger; *es schneit il neige;* il tombe de la neige.
'**Schneise** f (*Durchhau*) laie f; percée f; trouée f; tranchée f; *gegen Waldbrand:* coupe-feu m; (*Flug*2) couloir m aérien.
schnell I adj. rapide; expéditif, -ive; prompt; (*plötzlich*) brusque; *mit ~en Schritten* d'un pas rapide; ⚔ *~e Abteilung* unité f mobile; *e-e ~e Auffassungsgabe haben* avoir l'esprit prompt; *von ~em Entschluß* prompt à se décider; *~ bei der Hand* prompt (*mit* à); **II** adv. vite; rapidement; promptement; *so ~ wie möglich* le plus vite possible; *au plus vite; ~* vite!; dépêchez-vous!; *machen Sie ~!* dépêchez-vous!; *~ bereit* prompt (*zu* à); *~ begreifen* avoir l'esprit prompt; *~ fahren Auto usw.:* rouler à vive allure; *~er gehen* allonger le pas.
'**Schnell|bahn** f ligne f électrique à grande vitesse; **~boot** n vedette f; patrouilleur m; **~bus** m (auto)bus-express m; **~dampfer** m paquebot m extra-rapide; bateau m express; **~dienst** m service m rapide; **~drehstahl** ⊕ m acier m (à coupe) rapide; 2**en 1.** v/t. (*wegschleudern*) lancer; **2.** v/i.: *in die Höhe ~* faire un bond, *Preise:* augmenter; monter en flèche; *in die Lüfte ~* s'élancer dans les airs; **~feuer** ⚔ n tir m accéléré (od. rapide); **~feuergeschütz** n, **~feuerkanone** ⚔ f canon m à tir rapide; **~feuerwaffe** f arme f à tir rapide; **~füßig** adj. au pied léger; léger, -ère à la course; agile; **~füßigkeit** f légèreté f à la course; agilité f; **~gang** m *Auto:* vitesse f surmultipliée; **~gaststätte** f restaurant m à service rapide; **~gericht** ⚖ n tribunal m sommaire; *in Paris:* petit parquet m; **~hefter** m chemise-classeur f; **~igkeit** f vitesse f; rapidité f; fig. promptitude f; **~igkeitsrekord** m record m de vitesse; **~imbiß** m repas-minute m; prêt-à-manger m; *e-n ~ einnehmen* F manger qch. sur le pouce; **~kochtopf** m autocuiseur m; cocotte-minute f; **~kurs(us** m) m cours m accéléré; **~(l)auf** m course f de vitesse; 2**(l)aufend** (*Auto*) adj. à régime rapide; **~(l)äufer(in** f) m coureur m, -euse f; (*Sprinter*) sprinter m; **~presse** typ. f presse f mécanique; **~richter** m magistrat m d'un tribunal sommaire bzw. d'un petit parquet; **~schritt** m pas m accéléré; **~segler** ⚓ m voilier m rapide; voilier m de compétition; **~stahl** ⊕ m acier m (à coupe) rapide; **~stens** adv. le plus vite possible; de toute urgence; au plus vite; **~straße** f voie f express; voie f rapide; **~triebwagen** m automotrice f rapide; 2**trocknend** adj. siccatif, -ive; **~U-Bahn** f métro m express; **~verband** phm. m pansement m pharmacie; pansement m adhésif; **~verfahren** ⚖ n procédure f sommaire; ⊕ méthode f rapide; **~verkehr** m trafic m rapide; téléph. service m sans délai; **~verkehrsstraße** f voie f express; **~waage** f balance f romaine f; **~zug** 🚆 m rapide m; **~zugverbindung** f service m de trains rapides; 2**züngig** adj. volubile.
'**Schnepfe** f orn. bécasse f; *junge ~*

bécasseau m; **~njagd** f chasse f aux bécasses; **~nstrich** m passe f des bécasses; (*Schwarm*) volée f de bécasses.
'**schneuzen** v/t. (v/rf.: *sich se*) moucher.
'**Schnickschnack** F m dummes Gerede: radotages m/pl.
'**schniegeln** v/t. (v/rf.: *sich s'*)attifer; *geschniegelt und gebügelt* tiré à quatre épingles.
'**Schnippchen** n: fig. *j-m ein ~ schlagen* faire la nique à q.; jouer un tour à q.
'**schnippeln** F v/t. couper en petits morceaux.
'**schnippisch** adj. fripon, -onne; *nur* f: pimbêche; *sie ist naseweis und ~* c'est une péronnelle.
'**Schnipsel** F m u. n petit morceau m; rognure f; 2**n** v/i. faire des rognures.
Schnitt m coupe f; (*Aus-, Be-, Zuschneiden*) taille f; (*Ernte*) récolte f; (*Wunde*) coupure f, *tiefer*: entaille f; *chir.* incision f; (*durch Schneiden entstandene Vertiefung*) incision f; (*Kerbe*) entaille f; (en)coche f; ⚔ intersection f; (**~zeichnung**) coupe f; section f; (*Quer*2) coupe (od. section) f transversale; (*Längs*2) coupe f longitudinale; (*Durch*2, *Mittelmaß*) moyenne f; *Kunst:* gravure f; *Film:* montage m; *an e-m Buch:* tranche f; v. *Kleidungsstücken:* patron m; coupe f; (*~muster*) patron m; *nach dem neuesten ~* à la dernière mode; '**~ball** m *Tennis:* balle f coupée; '**~blumen** f/pl. fleurs f/pl. coupées; '**~bohnen** f/pl. 'haricots m/pl. verts; '**~e** f tranche f (*bestrichene Brot*2) tartine f; '**~er(in** f) m faucheur m, -euse f; moissonneur m, -euse f; '**~fläche** f coupe f; section f; '**~holz** n bois m de sciage; 2**ig** adj. racé; aérodynamique; '**~lauch** ♃ m civette f; ciboule f; ciboulette f; '**~linie** ⚔ f ligne f d'intersection; *an Kreise:* sécante f; '**~muster** n patron m; modèle m de couture; '**~musterbogen** m planche-patron f; '**~punkt** m point m d'intersection; '**~waren** (*Stoffe*) f/pl. tissus m/pl.; draps m/pl.; étoffes f/pl.; '**~wunde** f coupure f; *tiefe:* entaille f; '**~zeichnung** f dessin m en coupe.
'**Schnitzel** f *cuis. Fleisch, Fisch:* escalope f; (*Schweine*2) grillade f de porc; *Wiener ~* escalope f viennoise; *~ pl.* (*Abfälle*) rognures f/pl.; **~jagd** f jeu m des signes de piste; 2**n** v/t. couper en petits morceaux; découper.
'**schnitzen** I v/t. sculpter; *in Holz ~* sculpter sur bois; **II** 2 n sculpture f (sur bois).
'**Schnitzer** m sculpteur m (sur bois); fig. (*Fehler*) faute f, bévue f, F gaffe f.
Schnitze'rei f sculpture f sur bois.
'**Schnitz|kunst** f sculpture f sur bois, **~messer** n ciseau m de sculpteur; **~werk** n ouvrage m sculpté; sculpture f sur bois.
'**schnodd(e)rig** P adj. (*unverschämt*) impertinent; 2**keit** P f impertinence f.
'**schnöde** adj. vil; bas, basse; indigne; (*geringschätzig*) dédaigneux, -euse; (*beleidigend*) blessant; insultant; *~ behandeln* traiter de façon indigne.
'**Schnorchel** m *U-Boot:* schnorchel

m; schnorkel m; *für Taucher:* tuba m; embout m respiratoire.
'**Schnörkel** △ m volute f; *beim Schreiben:* crochet m; *beim Namenszug:* parafe m; fig. (*Verzierung*) fioriture f; 2**haft** adj. (*geschraubt*) contourné; 2**n** v/i. *beim Schreiben:* faire des crochets.
'**schnorr|en** F v/i. betteln: mendier; P mendigoter; *auf Kosten anderer:* resquiller; 2**er** F m mendiant m; F mendigot m.
'**Schnösel** F m impertinent m.
'**schnuckelig** F adj. mignon, -onne.
'**schnüff|eln** v/i. renifler; F piocher (*nach etw.* qch.); P renâcler; *Hunde:* flairer; fig. fouiner (*spionieren*) espionner; 2**eln** n reniflement m; (v. *Heroin*) schnouff f; fig. (*Spionieren*) espionnage m; 2**ler** m a. ⊕ (*bei der Lecksuche*) renifleur m; fig. fouineur m; F fouinard m.
'**Schnuller** m tétine f (a. *an der Flasche*); sucette f.
'**Schnulze** F f chanson f sentimentale (od. de charme); **~nsänger** F m chanteur m de charme.
'**schnupfen** v/i. u. v/t. prendre une prise (de); *Tabak ~* priser.
'**Schnupfen** m rhume m; *den ~ haben* être enrhumé; *den ~ bekommen;* sich e-n *~ holen* s'enrhumer; attraper un rhume; *er hat e-n tüchtigen ~* F il a un rhume carabiné; *beim geringsten Luftzug bekommt er den ~* le moindre courant d'air l'enrhume.
'**Schnupfer(in** f) m priseur m, -euse f.
'**Schnupf|tabak** m tabac m à priser; **~tabaksdose** f tabatière f; **~tuch** n mouchoir m.
'**Schnuppe** f *e-r Kerze:* mouchure f.
'**schnuppe** F adj.: *das ist mir ~* cela m'est égal; je m'en moque; je m'en fiche; P je m'en fous.
'**schnuppern** v/i. *Hund:* renifler.
Schnur f (*Bindfaden*) ficelle f; ⚡ cordon m (od. fil m) électrique.
'**Schnür|band** n lacet m; **~boden** thé. m cintre m; **~brust** f corset m; **~chen** n: *fig. wie am ~ gehen* aller comme sur des roulettes (od. comme la baguette); 2**en 1.** v/t. lier, attacher, serrer avec un cordon; lacer (a. *Schuh*); mit (*einem*) *Bindfaden ~* ficeler; fig. *sein Bündel ~* faire son paquet (F son bal[l]uchon); plier bagage; **2.** v/rf.: *sich ~* (*Frauen*) se serrer la taille.
'**schnur(e)rade** adj. u. adv. tout droit; en ligne droite.
'**Schnür|loch** n œillet m; **~nadel** f passe-lacet m.
'**Schnurr|bart** m moustaches f/pl.; **~bartbinde** f relève-moustache m; 2**bärtig** adj. qui a des moustaches; moustachu.
'**Schnurre** f (*lustige Geschichte*) histoire f (od. conte m) drolatique (od. drôle od. burlesque) (*Posse*) farce f; bouffonnerie f; facétie f; (*Ulk, Spaß*) blague f; 2**n** v/i. (*summen*) bourdonner; *Katze:* ronronner; **~n** n (*Summen*) bourdonnement m; *der Katze:* ronron m; ronronnement m.
'**Schnurrhaare** n/pl. moustaches f/pl.
'**Schnürriemen** m lacet m.
'**schnurrig** adj. drôle; drolatique; burlesque.

Schnür|schuh m soulier m à lacets; **~senkel** m lacet m; **~stiefel** m brodequin m; bottine f à lacet.
'**schnurstracks** adv. tout droit; en ligne droite; (sofort) sur-le-champ.
schnurz F adj. → schnuppe.
'**Schnute** F f (Mund) moue f; e-e ~ ziehen faire la moue.
'**Schober** m monceau m; tas m; Heu: meule f.
Schock[1] n soixantaine f; (Haufen) tas m; Kinder: ribambelle f; F kyrielle f.
Schock[2] m (Erschütterung) choc m; saisissement m; traumatisme m.
scho'ckieren v/t. choquer; traumatiser; F syncoper.
'**Schocktherapie** ♀ f thérapeutique f de choc.
'**Schockschwerenot!** int. mille tonnerres!
'**schockweise** adv. par soixantaines.
'**Schockwelle** pol. f onde f de choc.
'**Schockwirkung** f effet m de choc.
'**schofel** F adj. (gemein) vil; (geizig) mesquin; F chiche.
'**Schöffe** ⚖ m juré m; juge m naturel; **~ngericht** n jurés m/pl.; jury m.
'**Schoko-eis** n chocolat m glacé; ~ am Stock esquimau m.
Schoko'lade f chocolat m; **~n-eis** n glace f au chocolat; **~nfabrik** f chocolaterie f; **~nfabrikant** m chocolatier m; ⁀**nfarben** adj. chocolat; **~nhändler(in)** m chocolatier m, -ière f; **~n-industrie** f industrie f chocolatière; **~nkuchen** m gâteau m au chocolat; **~nplätzchen** n pastille f de chocolat; **~npulver** n chocolat m en poudre; **~nriegel** m barre f de chocolat; **~ntafel** f plaque f (od. tablette f) de chocolat; **~ntasse** f tasse f à chocolat.
Scho'lar hist. m écolier m.
Scho'last|ik f scolastique f; **~iker** m scolastique m; ⁀**isch** adj. scolastique.
'**Scholle**[1] f (Erd⁀) glèbe f; motte f; (Eis⁀) glaçon m; an die ~ gefesselt attaché à la glèbe.
'**Scholle**[2] icht. f plie f.
'**Schollen-überschiebung** géol. f charriage m.
schon adv. déjà; ~ an (zeitlich); ~ von ... aus (od. ab) (v. e-m Orte od. v. e-r Zeit an) dès; ~ von der Schwelle ab dès le seuil; ~ am Morgen dès le matin; ~ jetzt dès maintenant; ~ beim Eintritt dès l'entrée; es ist ~ lange her il y a bien longtemps; was gibt's ~ wieder? qu'y a-t-il encore?; (ohnehin) sans cela; das ist ~ teuer genug c'est déjà assez cher sans cela; einschränkend: ~ der Gedanke la seule pensée; ~ dadurch allein par cela seul; tröstend: er wird ~ kommen il viendra bien; das wird ~ gehen ça ira certainement; es gut! c'est bon!; mir ~ recht! d'accord; je veux bien; das ist ~ wahr sans doute, c'est vrai; na, wenn ~! qu'importe!; wenn ~, denn ~! eh bien! s'il le faut, allons-y!
schön I adj. beau (vor vo. od. stummem h: bel), belle; (hübsch) joli; (prächtig) magnifique; (angenehm) agréable; ⁀**e** Literatur belles-lettres f/pl.; ⁀**e** Künste beaux-arts m/pl.; ⁀**es** Geschlecht le beau sexe; e-s ⁀**en** Tages un beau jour; es ist ⁀**es** Wetter il fait beau (temps); ⁀**es** Wetter haben avoir beau temps; wieder ~ werden Wetter: se remettre au beau; e-e ⁀**e** Gelegenheit une belle occasion; e-e ⁀**e** Summe Geldes une belle somme d'argent; ⁀**e** (leere) Worte de belles paroles; das ist e-e ⁀**e** Geschichte! en voilà une affaire!; sie machen ja ⁀**e** Sachen iron. vous en faites de belles; um s-r ⁀**en** Augen willen pour ses beaux yeux; das ist ~ von dir c'est bien à toi (od. de ta part); alles gut und ~, aber ... tout cela est bel et bon, mais ...; iron. das wäre noch ⁀**er**! ah, par exemple!; da sind wir ~ dran! nous voilà dans de beaux draps!; ⁀**en** Dank merci bien; ~! bien!; parfait!; **II** adv. bien; (hübsch) joliment; (prächtig) magnifiquement; sich ~ machen se faire beau, belle; ~ riechen sentir bon; ~ schmecken être bon, bonne; das klingt ~ cela sonne bien; er läßt ~ grüßen bien des choses de sa part; sich ~ erschrecken avoir une belle peur; ich werde mich ~ hüten! je m'en garderai bien!; ich danke ~ merci bien!; merci beaucoup; je vous remercie beaucoup; (ich) bitte ~ je vous en prie; sei ~ artig sois bien sage; F ~ in der Patsche sitzen être dans de beaux draps; er hat sich ~ in die Nesseln gesetzt le voilà propre!
'**Schonbezug** m 'housse f.
'**Schöne** f belle f; poét. beauté f.
'**schonen 1.** v/t. ménager; (ver~) épargner; (sorgfältig behandeln) soigner; (rücksichtsvoll behandeln) traiter avec ménagement; avoir des égards (pour); **2.** v/rf.: sich ~ se ménager; prendre garde (od. veiller) à sa santé.
'**schönen** v/t. Wein: clarifier.
'**schonend I** adj. plein d'égards; **II** adv. avec ménagement.
'**Schoner**[1] m (Schonbezug) 'housse f.
'**Schoner**[2] ⚓ m schooner m; goélette f.
'**Schöne(s)** n beau m; das ~ an etw. (dat.) ce qu'il y a de beau dans qch.; was ~ von j-m denken avoir une belle opinion de q.; das ist was ~s! voilà qui est beau!; jetzt kommt das Schönste voici le plus beau; voilà le bouquet; da hast du (et)was ~s angerichtet tu as fait là du beau travail; tu en as fait de belles.
'**schön|färben** v/t. présenter tout sous un beau jour, sous un jour favorable; ⁀**färber** fig. m qui présente tout sous un beau jour, sous un jour favorable; ⁀**färbe'rei** fig. f fausse idéalisation f; **~gebaut** adj. bien bâti; ⁀**geist** m bel esprit m; **~geistig** adj. artistico-littéraire; ⁀**e** Literatur belles-lettres f/pl.; ⁀**heit** f beauté f; (Person) a. belle femme f; in voller ~ erstrahlen être dans tout l'éclat de la beauté.
'**Schönheits|chirurg** m chirurgien m esthétique; **~chirurgie** f chirurgie f esthétique (od. correctrice); **~fehler** m petit défaut m; fig. inélégance f; **~gefühl** n sentiment m du beau; **~ideal** n idéal m de la beauté; **~institut** n institut m de beauté; **~königin** f reine f de beauté; mannequin m de l'année; **~konkurrenz** f concours m de beauté; **~krem** (od. f) crème f de beauté; **~mittel** m produit m de beauté; **~pflästerchen** n mouche f; **~pflege** f soins m/pl. esthétiques (od. de beauté); cosmé-tique f; Salon für ~ salon m (od. institut m) de beauté; **~pfleger(in** f) m esthéticien m, -enne f; **~salon** m institut m de beauté; **~sinn** m sens (od. goût) m du beau; sens m esthétique; **~wettbewerb** m concours m de beauté.
'**Schonkost** f régime m.
'**schön|machen** v/i. Hund: faire le beau; ⁀**redner** m beau parleur m; phraseur m; F parloteur m; rhéteur m; (Schmeichler) flatteur m; ⁀**redne'rei** f rhétorique f; (Schmeichelei) flatterie f; **~rednerisch** adj. de beau parleur; de rhéteur; (schmeichlerisch) flatteur, -euse; ⁀**schreiben** n calligraphie f; in Schönschrift schreiben calligraphier; ⁀**schreiber** m calligraphe m; (Schmeichler) flatteur m; ⁀**tue'rei** f afféterie f; affectation f; minauderies f/pl.; (Schmeichelei) flatterie f; **~tun** v/i. (sich zieren) être affecté; minauder; (schmeicheln) flatter (j-m q.).
'**Schonung** f ménagement(s pl.) m; (Rücksichten) égards m/pl.; (Nachsicht) indulgence f; for. réserve f; bois m en défens; (Baumschule) pépinière f; plants m/pl.; jeune plantation f; mit ~ behandeln ménager; sich ~ auferlegen se ménager; ⁀**bedürftig** adj. qui a besoin de ménagements; ⁀**slos** sans ménagements; (hart) dur; (grausam) cruel, -elle; dur; (erbarmungslos) impitoyable; **~slosigkeit** f absence f de ménagements; (Härte) dureté f; (Grausamkeit) cruauté f.
'**Schönungsmittel** n clarifiant m; substance f clarifiante.
'**Schonwelle** (Frisur) f légère mise f en plis.
'**Schonzeit** f (durée f de la) fermeture f; es ist ~ la chasse est fermée.
Schopf m toupet m; touffe f de cheveux; der Vögel: 'h(o)uppe f; fig. die Gelegenheit beim ~ ergreifen saisir l'occasion aux cheveux; sauter sur l'occasion; saisir la balle au bond.
'**Schöpf|brunnen** m puits m; **~eimer** m seau m à puiser; e-s Schöpfrades: godet m;
'**schöpfen I** v/t. u. v/i. puiser (aus dans od. à); etw. aus e-m Gefäße in ein anderes ~ transvaser qch.; leer ~ vider; voll ~ remplir; Atem ~ respirer; fig. wieder Atem ~ reprendre haleine; Luft ~ prendre l'air; fig. Verdacht ~ prendre ombrage; concevoir des soupçons; Mut ~ prendre courage; aus dem vollen ~ fig. puiser à pleines mains; **II** ⚖ n puisement m; puisage m.
'**Schöpfer|(in** f) m créateur m, -trice f; auteur m; (Gott) Créateur m; **~geist** m génie m créateur; **~hand** f main f créatrice; ⁀**isch** adj. créateur, -trice; (fruchtbar) fécond; (erzeugend) producteur, -trice; **~kraft** f force f créatrice (od. créative).
'**Schöpf|kelle** f puisoir m; **~löffel** m louche f; cuiller f à pot; ⚓ écope f; **~rad** ⊕ n zum Wasserheben: roue f à godets; noria f.
'**Schöpfung** f création f; (Welt) monde m; univers m; **~sgeschichte** bibl. f Genèse f.
'**Schöpfwerk** n ⊕ noria f; Wasserbau:

'Schoppen *m* chope *f*; chopine *f*.
Schöps *m* mouton *m*; *fig.* nigaud *m*; imbécile *m*.
Schorf ✧ *m* escarre *f*; croûte *f*; '~bildung *f* escarrification *f*; ~ bewirken escarrifier (*auf e-r Wunde* une plaie); '²ig *adj.* couvert de croûtes; croûteux, -euse.
Schorle'morle (*Getränk*) *f* marquise *f*.
'Schornstein *m* cheminée *f*; *fig.* wie ein ~ rauchen fumer comme une cheminée; *etw. in den* ~ schreiben faire son deuil de qch.; ~aufsatz *m* mitre *f* (de cheminée), déflecteur *m*; ~brand *m* feu *m* de cheminée; ~fegen *n* ramonage *m*; ~feger *m* ramoneur *m*; ~fegermeister *m* ramoneur *m*; ~haube *f*, ~kappe *f* mitre *f* (de cheminée); ~rohr *n* tuyau *m* de cheminée.
Schoß¹ ✧ *m* (*junger Trieb*) pousse *f*; rejeton *m*.
Schoß² *m* giron *m*; (*Mutter*²) sein *m* (*a. fig.*); (*Rock*²) pan *m*; basque *f*; *auf den* ~ *nehmen* prendre sur ses genoux; *fig. in den* ~ *fallen* tomber du ciel; *die Hände in den* ~ *legen* se croiser les bras; *in den* ~ *der Kirche zurückkehren* rentrer dans le giron (*od.* dans le sein) de l'Église; '~hund *m*, '~hündchen *n* chien *m* de manchon *od.* de dame; chien-bibelot *m*; *plais.* chien-chien *m* à mémère; '~kind *n* enfant *m(f)* gâté(e); mignon *m*, -onne *f*; '~kissen/fallschirm *m* parachute *m* ventral.
'Schößling ✧ *m* jet *m*; pousse *f*; rejeton *m*; rejet *m*; scion *m*; (*Wurzel*²) surgeon *m*.
'Schote¹ ✧ *f* cosse *f*; gousse *f*; *cuis.* ~*n pl.* petits pois *m/pl.*; *F fig.* (*Stilblüte*) perle *f*.
'Schote² ✧ *f* écoute *f*.
Schott ✧ *n* cloison *f* étanche.
'Schott|e *m*, ~in *f* Écossais *m*, -e *f*.
'Schotter *m* pierres *f/pl.* concassées; 🝆 ballast *m*; ²n *v/t.* empierrer; ~straße *f* route *f* empierrée; ~ung *f* empierrement *m*; 🝆 ballast *m*.
'schott|isch *adj.* écossais; d'Écosse; ²land *n* l'Écosse *f*.
schraf'fier|en *v/t. u. v/i.* 'hachurer; ²ung *f* 'hachure *f*.
schräg I *adj.* oblique; biais (*geneigt*) incliné; (*abgeschrägt*) biseauté; (*diagonal*) diagonal; (*quer hindurchgehend*) transversal; II *adv.* obliquement; *en* (*od.* de) biais; (*abgeschrägt*) en biseau; (*diagonal*) en diagonale; ~ *gegenüber* en diagonale; (*quer*) en écharpe; ~ *stellen* mettre sur le côté, (*neigen*) incliner; ~ *laufen* biaiser; *etw.* ~ *schneiden* couper qch. obliquement (*od.* en biais); ~ *schleifen* tailler obliquement (*od.* en biseau); biseauter; '²ansicht *f* vue *f* oblique; '²balken ⌀ *m* cotice *f*; '²e *f* biais *m*; obliquité *f*; '~en *v/t.* donner du biais (*f*); '²falte *f* pli *m* biaisé; '²fläche *f* surface *f* oblique; '²heit *f* obliquité *f*; '²kante *charp. f* chanfrein *m*; '²lage *f* position *f* oblique (*od.* inclinée); '²naht *f* couture *f* en biais; '²parken (*Auto*) *n* stationnement *m* en épi; '²paß *m* Fußball: passe *f* transversale; '²schliff *m* biseautage *m*; '²schnitt *m* coupe *f* en

biseau; '²schrift *f* (écriture *f*) cursive *f*; *nach rechts gehende*: anglaise *f*; '²schuß *artill. m* tir *m* en écharpe; '²streifen *m* rayure *f* diagonale; '²strich *m* (*Bruchstrich*) barre *f* de fraction; *beim Schreiben*: trait *m* oblique.
'Schramme *f* éraflure *f*; *durch Kratzen*: égratignure *f*; griffure *f*; *auf Schallplatten*: rayure *f*; *auf Möbeln, Glas usw.*: raie *f*; ²n 1. *v/t.* érafler; (*kratzen*) égratigner; *Möbel, Glas usw.*: rayer; 2. *v/i.*: *an der Mauer* ~ érafler le mur.
Schrank *m* 1. armoire *f*; (*Geschirr*²) buffet *m*; ~ *mit Schubfächern* meuble *m* de rangement; 2. F *fig.* (*starke Person*) P placard *m*; armoire *f* (à glace); costaud *m*; F grenadier *m*.
'Schranke *f* barrière *f*; (*Einfriedung*) clôture *f*; (*Gerichts*²) barre *f*; e-r *Reitbahn*: lice *f*; (*der umschlossene Raum*) enceinte *f*; (*Kampfplatz*) lice *f*, *zum Zweikampf usw.*: champ *m* clos; *in die* ~*n fordern* provoquer en champ clos; *in die* ~*n treten* entrer en lice; ✿ *vor die* ~*n fordern* mander à la barre; *fig.* borne *f*; limite *f*; (*Zügel*) frein *m*; ~*n setzen* mettre des bornes (à); *in* ~ *halten* limiter; freiner; contenir; *j-n in s-e* ~*n weisen* remettre q. à sa place.
'schränken *v/t.* croiser; *Säge*: (*ver~*) donner de la voie (à).
'schranken|los *adj.* sans bornes; sans limites; sans frein; effréné; déréglé; (*zügellos*) licencieux, -euse; ²losigkeit *f* (*Zügellosigkeit*) licence *f*; ²wärter *m* garde-barrière *f*; ²wärterin *f* garde-barrière *f*.
'Schrank|fach *n* compartiment *m*; ~klappbett *n* meuble-lit *m*; ~koffer *n* malle *f* porte-habits.
'Schränkweite *f* voie *f*.
'Schranze *m u. f* (*Höfling*) vil courtisan *m*; (*Speichellecker*) adulateur *m*.
Schrap'nell *hist.* ✖ *n* shrapnel *m*; ~bombe *f* bombe *f* à billes.
'Schrapper *m* racloir *m*; ~einrichtung *f* installation *f* écorcheuse.
'Schrappschaufel ⊕ *f* benne *f* racleuse.
'Schraubdeckel *m* couvercle *m* à visser.
'Schraube *f* vis *f*; (~*nbolzen*) boulon *m* (fileté) ✧ *u.* ✿ hélice *f*; *mehrgängige* ~ vis *f* à plusieurs filets; *versenkte* ~ vis *f* noyée; *ohne Ende* vis *f* sans fin; e-e ~ (*fest*) *anziehen* serrer une vis (à fond); *fig. f bei ihm ist e-e* ~ *los* il est toqué (*od.* timbré, P maboul, dingo); *il travaille du chapeau*; il a la tête fêlée; il est cinglé.
'schrauben *v/t.* visser (fest à fond); *fester* (*loser*) ~ serrer (desserrer) la (*resp.* les) vis; *höher* (*niedriger*) ~ monter (baisser) la (*resp.* les) vis; *fig. Preis: in die Höhe* ~ (faire) 'hausser; faire monter.
'Schrauben|bolzen *m* boulon *m* (fileté); ~dampfer *m* vapeur *m* à hélice; *bateau m à vapeur*; ~feder *f* ressort *m* à boudin; ~flügel *m* pale *f* d'hélice; ²förmig *adj.* hélicoïde; hélicoïdal; ~gang *m* pas *m* de vis; ~gewinde *n* filet *m* de vis; ~kopf *m* tête *f* de vis; ~lehre *f* calibre *m* à vis; ~linie *f* hélice *f*; ~mutter *f* écrou *m*; ~schlüssel *m* clef *f* à écrous; ~

spindel *f* arbre *m* fileté; ~welle ✿ *u.* ✖ *f* arbre *m* d'hélice; ~winde *f* vérin *m*; ~windung *f* filet *m* de vis; ~zieher *m* tournevis *m*; ~zirkel *m* compas *m* à vis.
'Schraubstock *m* étau *m*; *in den* ~ *spannen* serrer dans l'étau.
'Schreber|garten *m* jardin *m* ouvrier; ~gärtner *m* jardinier *m* amateur.
Schreck *m* → Schrecken; '~bild *n* épouvantail *m*.
'Schrecken *m* effroi *m*; frayeur *f*; terreur *f*; (*Furcht*) peur *f*; (*Entsetzen*) épouvante *f*; (*Grausen*) horreur *f*; *der* ~ *s-r Feinde* la terreur de ses ennemis; *die* ~ *des Krieges* les horreurs *f/pl.* de la guerre; *die* ~ *des Todes* les affres *f/pl.* de la mort; *ein Ende mit* ~ une fin épouvantable; *von* ~ *ergriffen* effrayé; terrifié; épouvanté; ~ *verbreiten* répandre (*od.* jeter *od.* faire régner) la terreur; ~ *erregen* faire horreur; *j-m* (e-n) ~ *einflößen* (*od.* einjagen); *j-n in* ~ *versetzen* effrayer q.; terrifier q.; épouvanter q.; horrifier q.; faire peur à q.; *j-m e-n schönen* ~ *einjagen* faire une belle peur à q.; *in* ~ *halten* (*terrorisieren*) terroriser; *e-n* ~ *bekommen* s'effrayer, s'épouvanter; *mit dem* ~ *davonkommen* en être quitte pour la peur.
'schrecken *v/t.* effrayer; épouvanter; terrifier; (*zurück~ lassen*) faire reculer; détourner, ~erregend *adj.* terrifiant; ~bleich *adj.* pâle d'effroi; ²botschaft *f* nouvelle *f* terrible (*od.* épouvantable); message *m* funeste; ²herrschaft *f* régime *m* de terreur; terrorisme *m*; *hist. die* ~ la Terreur; ²jahr *n* année *f* terrible; ²nachricht *f* → ²botschaft; ²nacht *f* nuit *f* d'horreur; ²schreie *m/pl.* cris *m/pl.* d'épouvante; ²s-tat *f* atrocité *f*; ²zeit *hist. f* époque *f* de la Terreur (1793-1794).
'Schreck|gespenst *n* épouvantail *m*; spectre *m*; ²haft *adj.* peureux, -euse; craintif, -ive; timide; ~haftigkeit *f* timidité *f*; ²lich I *adj.* effrayant; terrible; épouvantable; (*abscheulich*) affreux, -euse; (*grausig*) horrible; (*furchtbar*) redoutable; *wie* ~! quelle horreur!; II *adv.* F terriblement; ~ *viel Geld* énormément d'argent; ~lichkeit *f* caractère *m* terrible; côté *m* horrible; aspect *m* épouvantable; horreur *f*; atrocité *f*; ~nis *n* horreur *f*; ~schraube F *fig.* F vieille rombière *f*; F vieille bique *f*; ~schuß *m* coup *m* tiré en l'air; coup *m* de semonce; *fig. menace f en l'air; e-n* ~ *abgeben* tirer à blanc, tirer un coup de semonce; ~sekunde *f* seconde *f* de réaction.
Schrei *m* cri *m*; (*Hahnen*²) chant *m* du coq; *der letzte* ~ le dernier cri; *e-n* ~ *ausstoßen* pousser (*od.* jeter) un cri.
'Schreib|art *f* manière *f* d'écrire; style *m*; ~bedarf *m* (*Bürobedarf*) articles *m/pl.* (*od.* fournitures *f/pl.*) de bureau; ~block *m* bloc-notes *m*.
'schreiben I *v/t., v/i. u. v/rf.* écrire; mettre par écrit, *Rechnung*: dresser; *j-m* (*od.* an *j-n*) ~ écrire à q.; *richtig orthographier correctement; falsch* ~ *mal orthographier; gut* ~ écrire bien, *Handschrift*: *a.* avoir une belle écriture (*od.* main); *schlecht* ~ écrire mal, F écrivailler; *viel und schlecht* ~ écrire

beaucoup et mal, F écrivasser; *er schreibt klein* il écrit en petits caractères; il écrit petit; *ein Wort klein (groß)* ~ écrire un mot avec une minuscule (une majuscule); *dieses Wort wird klein (groß) geschrieben* ce mot prend une minuscule (une majuscule); ce mot s'écrit avec une minuscule (une majuscule); *unleserlich* ~ écrire de façon illisible; F écrire comme un chat; *liederlich* ~ écrire d'une manière désordonnée; *etw. ins reine* ~ écrire qch. au net (*od.* au propre); *auf ein Blatt* (*in ein Heft; in ein Notizbuch*) ~ écrire sur une feuille de papier (dans un cahier; sur un agenda); *an e-e (die) Tafel* ~ écrire sur un (au) tableau (noir); *mit Bleistift (Füllfederhalter; Kreide; Tinte)* ~ écrire au crayon (avec un stylo; à la craie; à l'encre); *mit der Maschine* ~ écrire à la machine; taper; *um etw.* ~ écrire pour demander qch.; *in scharfem Ton* ~ écrire d'une plume acérée; *wir* ~ *das Jahr 1982* nous sommes en 1982; *sich* ~ s'écrire; *wie* ~ *Sie Ihren Namen?; wie* ~ *Sie sich?* comment s'écrit votre nom?; *die Feder schreibt gut* la plume est bonne; F *schreibe es dir hinter die Ohren!* tiens-toi-le pour dit!; **II** ⚥ *n* (*Brief*) lettre *f*; (*Schriftstück*) écrit *m*.
'**Schreiber** *m* (*Verfasser*) auteur *m*; (*Sekretär*) secrétaire *m*; (*Kanzlist*) greffier *m*; clerc *m*; (*Ab*⚥) copiste *m*; *Graphologie:* scripteur *m*.
Schreibe'rei *f* (*Papierkrieg*) paperasserie *f*.
'**Schreiberin** *f* (*Verfasserin*) (femme *f*) auteur *m*; ~**ling** *m* écrivailleur *m*; écrivassier *m*; gratte-papier *m*; grifonneur *m*; ~**seele** péj. *f* scribe *m*; F rond-de-cuir *m*.
'**schreib**|**faul** *adj.* (trop) paresseux, -euse pour écrire; ⚥**faulheit** *f* paresse *f* d'écrire; ⚥**feder** *f* plume *f*; ⚥**fehler** *m* faute *f* d'orthographe; ⚥**gebühren** *f/pl.* droits *m/pl.* d'écriture; ⚥**heft** *n* cahier *m*; ⚥**kanzlei** *f* bureau *m* des dactylos; ⚥**kraft** *f* dactylo(graphe) *m,f*; ⚥**krampf** ♂ *m* crampe *f* des écrivains; ⚥**kunst** *f* art *m* d'écrire; (*Schön*⚥) calligraphie *f*; ~**lustig** *adj.* qui aime écrire; ⚥**mappe** *f* (*Schreibunterlage*) sous-main *m*; ⚥**maschine** *f* machine *f* à écrire; (*mit der*) ~ *schreiben* écrire à la machine; taper (à la machine); dactylographier; ⚥**maschinenfräulein** *n* dactylo(graphe) *f*; ⚥**maschinengummi** *m* gomme *f* à machine; ⚥**maschinenpapier** *n* papier *m* (à) machine; ⚥**maschinenstuhl** *m* chaise *f* de dactylo; ⚥**maschinentisch** *m* bureau *m* de dactylo(graphe); ⚥**material**(**ien** *pl.*) *n* articles *m/pl.* de papeterie; ⚥**papier** *n* papier *m* à écrire; *dünnes* ~ papier *m* pelure; ⚥**pult** *n* bureau *m*; *Schule:* pupitre *m*; ⚥**schrank** *m* secrétaire *m*; ⚥**schrift** *f* caractères *m/pl.* manuscrits; ⚥**stube** *f* bureau *m*; ⚥**stunde** *f* leçon *f* d'écriture; ⚥**sucht** *f* graphomanie *f*; ⚥**telefon** *n* téléphone-télex *m*; ⚥**tisch** *m* bureau *m*; secrétaire *m*; ⚥**tischgarnitur** *f* garniture *f* de bureau; ⚥**tischlampe** *f* lampe *f* de bureau; ⚥**tischsessel** *m* fauteuil *m* de bureau; ⚥**übung** *f* exercice *m* d'écriture; ⚥**ung** *f* orthographe *f*; ~**unkundig**

adj. qui ne sait pas écrire; ⚥**unterlage** *f* sous-main *m*; *zur Vorsicht:* garde-main *m*; ⚥**utensilien** *pl.* → ⚥**material**(**ien**); ⚥**vorlage** *f* modèle *m* d'écriture; ⚥**waren** *f/pl.* articles *m/pl.* de papeterie; ⚥**warenhändler**(**in** *f*) *m* papetier *m*, -ière *f*; ⚥**warenhandlung** *f* papeterie *f*; ⚥**weise** *f* (*Stil*) style *m*; manière *f* d'écriture; (*Rechtschreibung*) orthographe *f*; ⚥**zeug** *n* nécessaire *m* pour écrire; ⚥**zimmer** *n* → ⚥**stube**; *im Hotel:* salon *m* pour écrire.
'**schrei**|**en** *v/i. u. v/t.* crier; pousser (*od.* jeter) des cris; (*plärren*) criailler; (*kreischen*) brailler; *heftig* ~ vociférer; *aus vollem Halse* ~ crier à tue-tête; (*um*) *Hilfe* ~ crier au secours; *nach j-m* ~ appeler q. à 'haute voix; *nach etw.* ~ réclamer qch. à grands cris; *nach Rache* ~ crier vengeance; *zum Himmel* ~ être révoltant; *Eule:* ululer; *Esel:* braire; *Hirsch:* bramer; *er schreit wie am Spieß* il crie comme si on l'écorchait; ⚥**en** *n* criailleries *f/pl.*; (*Kreischen*) braillement *m*; *heftiges* ~ vociférations *f/pl.*; *der Eule:* ululement *m*; *des Esels:* braiment *m*; *des Hirsches:* bramement *m*; *es ist zum* ~ c'est à mourir de rire; ~**end** *adj.* criant; criard (*a. v. Farben*); (*kreischend*) braillard, -e; ~**e Ungerechtigkeit** injustice *f* criante; ⚥**er**(**in** *f*) *m*, ⚥**hals** *m* braillard *m*, -e *f*; criard *m*, -e *f*; criailleur *m*, -euse *f*; crieur *m*, -euse *f*; brailleur *m*, -euse *f*.
Schrein *m* (*Kasten*) coffre *m*, *kleiner:* coffret *m*; *für Schmuck:* écrin *m*; (*Reliquien*⚥) reliquaire *m*; châsse *f*.
'**Schreiner** *m usw. s.* Tischler.
'**schreiten I.** *v/i.* marcher; *über etw.* (*acc.*) ~ franchir qch.; *gemessenen Schrittes* ~ marcher à pas comptés; *zu etw.* ~ passer à qch.; procéder à qch.; *zur Abstimmung* ~ aller (*od.* passer) aux voix; procéder au vote (*über acc.* sur); *zur Ausführung* (*od. Tat*) ~ passer aux actes; passer (*od.* en venir) à l'exécution; *zum Äußersten* ~ recourir aux moyens extrêmes; *zu e-m Mittel* ~ avoir recours à un moyen; *zur Tagesordnung* ~ passer à l'ordre du jour; *zur Wahl* ~ procéder à l'élection; *zu e-m zweiten Wahlgang* ~ procéder à un deuxième tour de scrutin; *zu Werke* ~ se mettre à l'ouvrage; **II** ⚥ *n* marche *f*.
Schrift *f* écriture *f*; (*Hand*⚥) *a.* main *f*; *typ.* caractères *m/pl.*; lettres *f/pl.*; types *m/pl.*; *in lateinischer* ~ en caractères romains; (*stück*) écrit *m*; document *m*; (*Werk*) œuvre *f*, ouvrage *m*, *kleine:* opuscule *m*, brochure *f*; *sämtliche* ~**en œuvres** *f/pl.* complètes; *vermischte* ~**en** mélanges *m/pl.*; (*Abhandlung*) traité *m*; *die Heilige Schrift* l'Écriture *f* sainte; *les* (*Saintes*) Écritures; *Kopf oder* ~ pile ou face.
Schrift... scripturaire *adj.*; '~**art** *typ. m* caractère *m*; '~**auslegung** *rl. f* exégèse *f*; '~**bild** *typ. n* présentation *f* typographique; '~**deuter**(**in** *f*) *m* graphologue *m*; '~**deutsch** *n* allemand *m* écrit; '~**deutung** *f* graphologie *f*; '~**führer** *m* secrétaire *m*; '~**gelehrte**(**r**) *bibl.* ~ scribe *m*; '~**gießer** *m* fondeur *m* de caractères; '~**gießerei** *f* fonderie *f* de caractères; '~**grad** *m*, '~**größe** *f typ.* œil *m*; '~-

kasten *typ. m* casse *f*; '~**leiter**(**in** *f*) *m* rédacteur *m*, -trice *f*; '~**leitung** *f* rédaction *f*; '~**lich I** *adj.* écrit, ~**e** *Prüfung* épreuves *f/pl.* écrites; écrit *m*; **II** *adv. par écrit.* ~ *abfassen* mettre par écrit; ~ *mitteilen* écrire; '~**metall** *typ. n* métal *m* à caractères (*od.* à lettres); '~**probe** *f* spécimen *m* d'écriture; '~**sachverständige**(**r**) *f* graphologue *m*; '~**satz** *m* ⚥ pièce *f*; *typ.* composition *f*; '~**setzer** *typ. m* compositeur *m*; '~**sprache** *f* langue *f* littéraire (*od.* écrite); '~**steller**(**in** *f*) *m* auteur *m* (*f. a.* femme *f* auteur); homme *m*, femme *f* de lettres; écrivain *m* (*f. a.* femme *f* écrivain); ~**stelle'rei** *f* profession *f* d'écrivain; littérature *f*; '~**stellerin** *f* femme *f* écrivain; *s.* ~**steller**(**in**); '⚥**stellerisch** *adj.* littéraire; d'auteur; '⚥**stellern** *v/i.* écrire; faire de la littérature; '~**stück** *n* écrit *m*; (*Urkunde*) pièce *f*; document *m*; '~**tum** *n* lettres *f/pl.*; littérature *f*; '~**verkehr** *m* correspondance *f*; '~**wart** *m* secrétaire *m*; '~**wechsel** *m* correspondance *f*; échange *m* de lettres; '~**zeichen** *n* caractère *m*; '~**zug** *m* trait *m* (de plume); graphisme *m*; (*Schnörkel*) parafe *m*.
schrill *adj.* aigu, -uë; perçant; strident; '~**en** *v/t.* rendre un son aigu.
'**Schrippe** F *f* petit pain *m*.
Schritt *m* pas *m*; *Sport:* foulée *f*; *weiter:* enjambée *f*; (*Gangart*) démarche *f* (*a. fig.*); ~ *für* ~ pas à pas; *mit schnellen* ~**en** à pas rapides (*od.* précipités); *große* ~**e** *machen* faire (*od.* marcher à) grandes enjambées; *im* ~ *gehen* aller au pas; *mit j-m* ~ *halten* aller au pas avec (*od.* du même pas que) q.; *mit der Zeit* ~ *halten* être à la page; *aus dem* ~ *kommen* perdre le pas; *den* ~ *wechseln* changer le pas; *s-e* ~**e** *verdoppeln* doubler le pas; *in gleichem* ~ *und Tritt* au pas; du même pas; *auf* ~ *und Tritt* à chaque pas; *j-m auf* ~ *und Tritt folgen* être attaché (*od.* s'attacher) aux pas de q.; suivre q. pas à pas; *s-e* ~**e** *lenken auf* (*acc.*) diriger ses pas vers; *nicht e-n* ~ *gehen können* F ne pouvoir remuer ni pied ni patte; ~**e** *unternehmen* faire (*od.* entreprendre) des démarches; (*im*) ~! au pas!; '~**länge** *f* longueur *f* de pas; *der Hose:* longueur *f* d'entre-jambes; '~**macher** *m Sport:* entraîneur *m*; (*Wegbereiter*) pionnier *m*; *hinter dem* ~ *zurückbleiben Radrennen:* décoller; '~**messer** *m* odomètre *m*; '~**wechsel** *m* changement *m* de pas; '⚥**weise I** *adj.* progressif, -ive; **II** *adv.* pas à pas; progressivement; '~**zähler** *m* odomètre *m*.
schroff *adj.* (*jäh, abschüssig*) abrupt; raide; escarpé; à pic; *fig.* abrupt; raide; (*barsch*) brusque; cassant; rude; difficile à vivre; rêche; disgracieux, -euse; *j-n* ~ *behandeln* rudoyer q.; '⚥**heit** *f* escarpement *m*; *fig.* raideur *f*; rudesse *f*; brusquerie *f*.
'**schröpf**|**en** *v/t.* ♂ scarifier; appliquer des ventouses (à); *fig.* F saigner; écorcher; traire; ⚥**en** ♂ *n* saignée *f*; scarification *f*; application *f* de ventouses; ⚥**kopf** *m* ventouse *f*.
Schrot *m u. n ch.* grains *m/pl.* de plomb; dragée *f*; *mit* ~ *schießen* tirer à dragée; *charp.* (*runder Block*) bloc *m*; (*grobgemahlenes Getreide*) blé *m*

égrugé; *der Münzen:* aloi *m*; *fig.* von echtem ~ und Korn de bon aloi; *von altem* ~ *und Korn* de vieille souche *od.* roche; '~**brot** *n* pain *m* de gruau; pain *m* complet; '~**büchse** *ch. f* fusil *m* de chasse; '²**en** *v/t.* (*zerkleinern*) broyer; *Getreide:* égruger; *Malz:* moudre; *Münzwesen:* ébarber; ⚒ trévirer; *Lasten auf den Wagen:* rouler; *ein Faß in den Keller:* descendre; '~**feile** *f* lime *f* à ébarber; '~**flinte** *ch. f* fusil *m* de chasse; '~**korn** *n* blé *m* égrugé; *ch.* grain *m* de plomb; '~**leiter** ⊕ *f* poulain *m*; '~**mehl** *n* grosse farine *f*; '~**meißel** *m* ébarboir *m*; '~**mühle** *f* moulin *m* à égruger; '~**säge** *f* passe-partout *m*.
Schrott *m* ferraille *f*; casses *f/pl.*; '~**handel** *m* commerce *m* de la ferraille; '~**händler** *m* marchand *m* (*od.* casseur *m*) de ferraille; '~**haufen** *m* tas *m* de ferraille (*od.* de vieilles ferrailles); *s-n Wagen auf den* ~ *werfen* envoyer (*od.* mettre) sa voiture à la casse; '~**platz** *m* parc *m* à ferraille; ²**reif** *adj.* destiné à la casse.
'**schrubb|en** *v/t.* frotter (avec un balai-brosse); ⚒ fauberter; ²**en** *n* frottage *m*; ²**er** *m* balai-brosse *m*; ⚒ faubert *m*; ²**tuch** *n* toile *f* à laver; serpillière *f*.
'**Schrull|e** *f* lubie *f*; toquade *f*; *alte* ~ (*Frau*) ℙ vieille rombière *f*; ℙ grognasse *f*; ²**enhaft**, ²**ig** *adj.* bizarre; lunatique.
'**schrumpel|ig** F *adj.* ratatiné *m*; ~**n** F *v/i.* se ratatiner.
schrumpf|en *v/i.* (*sich zusammenziehen*) se rétrécir; se contracter; se resserrer; (*schrumpeln*) se ratatiner; ²**ung** *f* rétrécissement *m*; (*Leber*²) cirrhose *f*.
Schrund *m*, '~**e** *f in der Haut:* gerçure *f*; *im Fels:* crevasse *f*; fissure *f*; '²**ig** *adj. Haut:* gercé; *Fels:* crevassé; fissuré.
'**schruppen** *v/t.* dégrossir.
Schub *m* poussée *f*; *Brote:* fournée *f* (*a. fig.*); (*Sendung*) transport *m*; (*Kegelwurf*) coup *m*; *per* ~ *an die Grenze führen* refouler à la frontière; '~**boot** ⚒ *n* pousseur *m*; '~**er** (*für Bücher*) *m* étui *m*, emboîtage *m*; '~**fach** *n* tiroir *m*; '~**fahrzeug** *n* bâtiment *m* de poussage; '~**fenster** *n* fenêtre (*Auto:* glace) *f* coulissante (*od.* à coulisse); '~**karre**(**n** *m*) *f* brouette *f*; '~**kasten** *m* tiroir *m*; '~**kraft** *f* puissance *f* de poussée; '~**lade** *f* tiroir *m*; *fig.* in *der* ~ schmoren (*ruhen*) moisir (*od.* être) dans les cartons; '~**lehre** ⊕ *f* pied *m* à coulisse; '~**leistung** *f* puissance *f* de poussée; '~**riegel** *m* targette *f*.
Schubs *m* bourrade *f*.
'**Schubschiff** *n* pousseur *m*.
'**schubsen** F *v/t.*: *j-n* ~ donner une bourrade à q.
'**Schub|stange** *f* bielle *f*; ~**verkehr** ⚒ *m* poussage *m*; ²**weise** *adv.* par fournées.
'**schüchtern** *adj.* timide; (*ängstlich*) peureux, -euse; (*verschämt*) 'honteux, -euse; ²**heit** *f* timidité *f*.
Schuft *m* canaille *f*; crapule *f*; fripouille *f*; gredin *m*; salaud *m*; scélérat *m*.
'**schuft|en** F *v/i.* trimer; F boulonner; ℙ turbiner; ℙ souquer aux (*od.* sur les) avirons; ℙ gratter; ℙ marner;

masser; F cravacher; ²en n, ²e'rei f F sale boulot; ℙ turbin *m*.
'**schuftig** *adj.* de canaille; de crapule; ²**keit** *f* F canaillerie *f*.
Schuh *m* chaussure *f*; ℙ pompe *f*; (*Halb*²) soulier *m*; (*Holz*² *u. modischer* ~ *mit Holzsohle, Clog*) sabot *m*; ⊕ *für Schienen:* patin *m*; *hohe* ~**e** bottines *f/pl.*, chaussures *f/pl.* montantes, (*Stöckelschuhe*) chaussures *f/pl.* à talons 'hauts; *j-m die* ~**e** *anziehen* (*ausziehen*) (dé)chausser q.; (*sich*) *die* ~**e** *anziehen* (*ausziehen*) se (dé)chausser; mettre (ôter) ses chaussures; *die* ~**e** *abbürsten* (*wichsen*; *glänzend putzen*) ~**e** *tragen* être bien (mal) chaussé; *fig.* j-m etw. in die ~**e** *schieben* mettre qch. sur le dos de q.; *er weiß, wo ihn der* ~ *drückt* il sait où le bât le blesse; '~**anzieher** *m* chausse-pied *m* (de soulier); '~**band** *n* lacet *m* (de soulier); '~**bürste** *f* brosse *f* à chaussures; '~**creme** *f u.* F *m* cirage *m*; '~**fabrik** *f* fabrique *f* de chaussures; '~**fabrikant** *m* fabricant *m* de chaussures; chausseur *m*; '~**flicker** *m* savetier *m*; '~**geschäft** *n* magasin *m* de chaussures; '~**größe** *f* pointure *f*; ~ *36 tragen* chausser du 36; *welche* ~ *haben Sie?* du combien (*od.* quelle pointure) chaussez-vous?; '~**handel** *m* commerce *m* de chaussures; chaussure *f*; '~**industrie** *f* industrie *f* de la chaussure; '~**kappe** *f* contre-fort *m*; '~**karton** *m* boîte *f* de (*bzw.* à) chaussures; '~**krem** *f od.* F *m* cirage *m*; '~**leder** *n* cuir *m* à chaussures; '~**leisten** *m* embauchoir *m*; '~**löffel** *m* corne *f* (à chaussures); '~**macher** *m* cordonnier *m*; (*Stiefelmacher*) bottier *m*; ~**mache'rei** *f* cordonnerie *f*; '~**nagel** *m* pointe *f*; *hölzerner:* cheville *f* (à chaussures); '~**plattler** *m* danse *f* tyrolienne; '~**putzer** *m* cireur *m* (de bottes); décrotteur *m*; '~**putzmittel** *n* → ~*krem*; '~**riemen** *m* lacet *m* (de chaussure); '~**schnalle** *f* boucle *f* de soulier; '~**schrank** *m* armoire *f* à souliers; '~**sohle** *f* semelle *f*; '~**spanner** *m* embauchoir *m*; tendeur *m*; *verstellbarer:* conformateur *m*; '~**waren** *f/pl.* chaussures *f/pl.*; '~**warenhändler** *m* marchand *m* de chaussures; chausseur *m*; '~**werk** *n* chaussure *f*; '~**wichse** *f* cirage *m*.
'**Schuko-'Steckdose** ≠ *f* prise *f* de courant avec terre.
'**Schul|amt** *n* (*Schulbehörde*) administration *f* scolaire; *Fr.* direction *f* des services d'enseignement; ~**anfang** *m* rentrée *f* des classes; ~**angst** *f* phobie *f* scolaire; ~**anstalt** *f* établissement *m* scolaire; ~**anwärter**(**in** *f*) candidat *m*, -e *f* à l'enseignement primaire *bzw.* secondaire; ~**arbeit** *f allg.* travail *m* scolaire; *östr.*, *Bayern* composition *f*; *als Hausaufgabe:* devoir *m*; ~**en** *pl.* devoirs *m/pl.*; préparations *f/pl.*; *s-e* ~**en** *machen* faire (*od.* rédiger) ses devoirs; ~**arbeitszirkel** *m* groupe *m* de travail scolaire; ~**arrest** *m* retenue *f*; ~**art** *f* sorte *f* d'école; ~**arzt** *m* médecin *m* attitré pour les écoles; médecin *m* de santé scolaire; ~**atlas** *m* atlas *m* scolaire;

~**aufsicht** *f* inspection *f* des écoles; ~**ausflug** *m* excursion *f* scolaire; ~**ausgabe** *f* édition *f* scolaire; ~**bank** *f* banc *m* d'école; *die* ~ *drücken anfangs:* aller à l'école, *später:* aller en classe; *allg.* user ses fonds de culotte sur les bancs de l'école; ~**bauten** *m/pl.* constructions *f/pl.* scolaires; ~**behörde** *f* administration *f* scolaire; *Fr.* inspection *f* académique; ~**beispiel** *n* exemple *m* classique (*od.* typique) (*für de*); ~**beratung** *f* orientation *f* scolaire; ~**besuch** *m* fréquentation *f* scolaire; scolarisation *f*; (*Schulzeit*) scolarité *f*; ~**bezirk** *m* circonscription scolaire; *Fr.* académie *f*; ~**bildfunk** *m* télévision *f* scolaire (*od.* éducative); ~**bildung** *f* éducation (*od.* formation) *f* scolaire; *eine gute* ~ *haben* avoir fait de bonnes études; ~**buch** *n* livre *m* de classe; manuel *m* scolaire; livre *m* à l'usage des écoles; ~**buch-autor** *m* auteur *m* de manuel(s) scolaire(s); ~**buchhandlung** *f* librairie *f* classique; ~**bus** *m* car *m* (de ramassage) scolaire; bus-école *m*.
Schuld *f* (*Fehler*) faute *f*; (*Unrecht*) tort *m*; (*Sünde*) péché *m*; *rl.* offense *f*; (*Vergehen*) délit *m*; crime *m*; (*Straffälligkeit*) culpabilité *f*; ✝ dette *f*; ² *haben strafrechtlich:* être coupable, *zivilrechtlich:* être responsable; *an etw.* (*dat.*) ² *sein* être responsable de qch.; *e-e* ~ *auf sich laden* se rendre coupable; *wer hat* ² (*daran*)?; *wer trägt die* ~ (*daran*)?; *wen trifft die* ~?; *wessen* ~ *ist es?* à qui la faute?; *à qui en est la faute?*; *das ist m-e* ~; *ich bin* ² *daran* c'est (F de) ma faute; *ich bin* ² *daran, daß...* c'est par ma faute que...; *durch m-e* ~ par ma faute; *ohne m-e* ~ sans qu'il y ait de ma faute; *j-m die* ~ *geben* attribuer la faute à q. (*an etw. dat.* de qch.); *ich habe an dieser Lage keine* ~ je ne suis pour rien dans cette situation; *die* ~ *auf j-n schieben* (*od.* wälzen) rejeter la faute sur q.; imputer la faute à q.; *j-m die* ~ *an etw.* (*dat.*) zuschieben imputer à q. la faute de qch.; *die* ~ *auf sich nehmen s'*imputer la faute, (*sich schuldig bekennen*) s'avouer (*od.* se reconnaître) coupable; ✝ *e-e* ~ *bezahlen* (*od.* begleichen) payer (*od.* régler *od.* acquitter) une dette; *e-e* ~ *abtragen* (*od.* tilgen) amortir (*od.* 🜃 éteindre) une dette; *e-e* ~ *eintreiben* recouvrer une dette; *in* ~**en** *stecken* être endetté; *bis an den Hals in* ~**en** *stecken* être dans les dettes jusqu'au cou; être criblé de dettes; *bei j-m* ~**en** *haben*; *in j-s* ~ *sein* être en dette avec q.; être le débiteur de q.; *in* ~**en** *geraten* s'endetter; ~**en** *machen* faire (*od.* contracter) des dettes; *sich in* ~**en** *stürzen* se mettre dans des dettes; s'endetter; '~**an-erkennung** *f* reconnaissance *f* de dette; ~**bekenntnis** *n* aveu *m*; '²**beladen** *adj.* chargé de fautes *resp.* de péchés *resp.* de crimes; '~**betrag** *m* montant *m* de la dette; '~**beweis** *m* preuve *f* de culpabilité; '²**bewußt** *adj.* qui se sent coupable; '~**bewußtsein** *n* conscience *f* de sa culpabilité; '~**brief** *m* titre *m* de créance; obligation *f*; '~**buch** *n* livre *m* de dettes; '~**buchforderung** *f* créance *f* inscrite dans le livre de dettes.

'**schulden** v/t.: j-m etw. ~ devoir qch. à q.; être redevable de qch. à q.; ²**dienst** m service m des dettes; ~**frei** adj. exempt de dettes; sans dettes; ~**es** Eigentum propriété f qui n'est grevée d'aucune hypothèque; ²**last** f poids m des dettes; ²**masse** ✝ f passif m; ²**senkung** f réduction f des dettes; ²**tilgung** f amortissement m des dettes; ²**verwaltung** f administration f des dettes.

'**Schuld**|**erlaß** m remise f de dettes; ~**forderung** f créance f; ~**frage** f question f des responsabilités; ~**gefühl** n sentiment m de culpabilité; remords m; ~**haft** hist. f contrainte f par corps; ²**haft** adj. coupable; fautif, -ive.

'**schuldig** adj. coupable; fautif, -ive; (gebührend) dû, due; ✝ qui doit; der ~e Teil la partie fautive; e-s Verbrechens ~ werden se rendre coupable d'un crime; ~ sprechen déclarer coupable; sich~ bekennen s'avouer (od. se reconnaître) coupable; er ist des Todes ~ il mérite la mort; j-m etw. ~ sein devoir qch. à q.; être redevable de qch. à q.; ich bin es ihm ~, zu ... (inf.) je lui dois de ... (inf.); was bin ich Ihnen ~? combien vous dois-je?; F ça fait combien?; F combien?; j-m etw. ~ bleiben être (od. demeurer) en reste de qch. avec q.; er blieb tausend Francs schuldig a. il lui restait à devoir mille francs; fig. j-m nichts ~ bleiben rendre le change (od. la pareille) à q.; j-m nichts mehr ~ sein être quitte envers q.; keine Antwort ~ bleiben avoir réponse (od. réplique) à tout; j-m die ~e Achtung versagen refuser à q. le respect qu'on lui doit; ²**e**(**r** a. m) m, f coupable m, f; ²**keit** f devoir m; (Verpflichtung) obligation f; er hat nur s-e Pflicht und ~ getan il n'a fait que son devoir; ²**sprechung** f verdict m de culpabilité; condamnation f.

'**Schulddisziplin** f discipline f scolaire.

'**Schuld**|**klage** f action f pour dettes; ~**konto** n débit m; ²**los** adj. innocent; non coupable; ~**losigkeit** f innocence f.

'**Schuldner**|(**in** f) m débiteur m, -trice f; ~**land** n pays m débiteur.

'**Schuld**|**posten** ✝ m poste m débiteur; ~**schein** m titre m de créance; obligation f; ~**spruch** ⚖ m verdict m de culpabilité; ~**übernahme** f reprise f de dettes; ~**verschreibung** f titre m d'obligation; obligation f; ~**versprechen** n promesse f de dette.

'**Schule** f école f (a. fig.); (Unterricht) classe f; (Lehrgang) méthode f; weltliche ~ école f laïque; konfessionelle ~ école f confessionnelle; höhere ~ lycée m; école f secondaire; man. hohe ~ 'haute école f; in die ~ gehen anfangs: aller à l'école, später: aller en classe; faire ses classes; in der ~ sein être en classe; ~ abhalten faire l'école; in e-e ~ eintreten entrer dans une école; ein Kind in die ~ schicken mettre un enfant à l'école; das Kind in e-e andere ~ schicken changer l'enfant d'école; die ~ besuchen fréquenter l'école; die ~ versäumen manquer la classe; die ~ schwänzen faire l'école buissonnière; keine ~ haben als Schüler: ne pas avoir classe (od. cours); als Lehrer: ne pas avoir de cours; morgen ist keine ~ il n'y aura pas classe demain; fig. ~ machen faire école; aus der ~ plaudern commettre une indiscrétion; vendre la mèche; durch e-e harte ~ gehen passer par une rude école.

'**schul-eigen** adj. appartenant à l'école.
'**schulen** v/t. former; instruire.
'**Schul-entlassungszeugnis** n diplôme m de fin d'études; certificat m d'études.

'**Schüler**|(**in** f) m élève m, f; (Grund- u. Volks²) écolier m, -ière f; der höheren Schule: lycéen m, -enne f; der Mittelschule: collégien m, -enne f; (Jünger) disciple m; ~**austausch** m échange m scolaire (od. d'élèves); ~**bibliothek** f bibliothèque f des élèves; ~**bogen** m dossier m scolaire (individuel); ~**briefwechsel** m correspondance f scolaire; ²**haft** I adj. d'écolier; ²**haft** II adv. en écolier; en élève; ~**lotse** m patrouille f scolaire (de surveillance routière); ~**monatskarte** f carte f d'abonnement mensuel pour élèves; ~**schaft** f élèves m/pl.; population f scolaire; ~**streich** m tour m d'écolier; ~**streik** m grève f des élèves; ~**transport** m: regelmäßiger ~ (Auto) ramassage m scolaire; ~**vertreter** m délégué m d'élèves; ~**zeitung** f journal m scolaire (od. fait par les élèves od. d'élèves).

'**Schul**|**erziehung** f éducation f scolaire; écolage m; ~**fach** n matière f; ~**fahrt** f voyage m scolaire; ~**feier** f, ~**fest** n fête f scolaire; ~**ferien** pl. vacances f/pl. scolaires; ~**fernsehen** n télévision f scolaire (od. à l'école); ~**film** m film m éducatif; ~**flug** ✈ m vol m d'entraînement; ~**flugzeug** n avion-école m; avion m d'entraînement; ²**frei** adj.: heute ist ~ il n'y a pas classe aujourd'hui; ~**er** Tag jour m de congé; ²**fremd** adj. extérieur à l'établissement; ~**freund**(**in** f) m camarade m, f d'école; ~**fuchs** m pédant m; ~**fuchse'rei** f pédanterie f; ~**funk** m radio f scolaire; ~**garten** m jardin m scolaire; ~**gebäude** n bâtiment m scolaire; école f; ~**gebrauch** m: für den (od. zum) ~ à l'usage des écoles; ~**geld** n frais m/pl. de scolarité; ~**geld-ermäßigung** f réduction f de la rétribution scolaire; ~**gemeinde** f communauté f scolaire; ²**gerecht** adj. correct; méthodique; ~**gesetz** n loi f scolaire; ~**grammatik** f grammaire f élémentaire; ~**haus** n école f; ~**hausmeister** m concierge m d'école; ~**helfer**(**in** f) m instituteur m, -trice f suppléant(e); ~**heft** n cahier m de classe; ~**hof** m cour f d'école; überdachter: préau m; ~**hygiene** f hygiène f scolaire; ~**integration** (USA) f intégration f scolaire; ²**isch** adj. scolaire; ~**jahr** n année f scolaire; ~**jugend** f jeunesse f des écoles; élèves m/pl.; copains m/pl.; ~**junge** m écolier m; ~**kamerad**(**in** f) m camarade m, f d'école; condisciple m; ~**kenntnisse** f/pl. connaissances f/pl.; ~**kind** n écolier m, -ière f; ~**klasse** f classe f; salle f de classe; ~**konformismus** m conformisme m scolaire; ~**küche** f cuisine f scolaire; ~**landheim** n hostellerie f scolaire; classe f verte; ~**lehrer**(**in** f) m instituteur m, -trice f; maître m, -esse f d'école; ~**leben** n vie f scolaire; ~**leiter**(**in** f) m directeur m, -trice f de lycée; chef m d'établissement; a. proviseur m; principal m; (Grundschule) directeur m, -trice f d'école; ~**mädchen** n écolière f; ~**mann** m pédagogue m; ~**mappe** f für die Anfänger: cartable m; gibecière f; sonst: sac m de cours; serviette f; sacoche f; ~**medizin** f médecine f scolaire; ~**meister**(**in** f) m instituteur m, -trice f; maître m, -esse f d'école; mv.p. pédant m, -e f; ²**meisterlich** mv.p. adj. (de) pédant; litt. magistral; a. professoral; doctoral; pédantesque; ~ sein sentir l'école; II adv. en pédant; ²**meistern** 1. v/t. régenter; 2. v/i. faire le pédagogue; ~**meisterschaft** (Sport) f championnat m scolaire; ~**milieu** n milieu m scolaire; ~**mobiliar** n mobilier m scolaire; ~**ordnung** f règlement m intérieur d'un établissement; ~**partnerschaft** f, ~**patenschaft** f jumelage m scolaire (od. d'écoles); ~**pferd** n cheval m de manège; ~**pflicht** f obligation f scolaire; ²**pflichtig** adj. obligatoire; ~**pflicht-alter** n âge m limite de la scolarité obligatoire; ²**pflichtig** adj. scolarisable; soumis à l'enseignement obligatoire; im ~**en** Alter d'âge scolaire; ~**praktikant** m stagiaire m; ~**psychologe** m psychologue m scolaire; ~**ranzen** m cartable m; sac m d'écolier; ~**rat** m, ~**rätin** f inspecteur m, -trice f de lycée (bzw. d'école); Fr. inspecteur m, -trice f d'Académie; allg. inspecteur m, -trice f de l'enseignement; ~**räume** m/pl. locaux m/pl. scolaires; ~**raumnot** f insuffisance f des locaux scolaires; ~**reform** f réforme f scolaire; ~**reiten** n manège m; ~**reiter**(**in** f) m écuyer m, -ère f; ~**schießen** ⚔ n tir m d'instruction; ~**schiff** n navire-école m; ~**schluß** m sortie f des classes (od. de l'école); zu Beginn der Ferien: clôture f des écoles; ~**sendung** f émission f scolaire; ~**slang** m argot m scolaire; ~**sorgen** f/pl. soucis m/pl. scolaires; ~**speisung** f (œuvre f de la) soupe f scolaire; ~**sport** m sport m scolaire; sport m à l'école; ~**strafe** f sanction f scolaire; ~**stube** f salle f de classe; ~**stunde** f leçon f; (heure f de) classe f; cours m; die ~ versäumen manquer la classe; ~**system** n système m scolaire (od. d'enseignement); ~**tafel** f tableau m noir; ~**tasche** f s. ~mappe.

'**Schulter** f épaule f; ~ an ~ côte à côte; über die ~ gehängt en bandoulière; breite ~**n** haben avoir les épaules carrées; être carré des épaules; avoir les épaules larges; die ~**n** zucken 'hausser les épaules; e-e Last auf den ~ tragen porter un fardeau sur les épaules; die ~**n** (aus)polstern rembourrer les épaules; j-m auf die ~ klopfen donner à q. une tape sur l'épaule; auf die ~ legen (od. zwingen) Sport: faire toucher les épaules; fig. j-n über die ~ ansehen regarder q. par-dessus l'épaule; j-m die kalte ~ zeigen être en froid avec q.; etw. auf die leichte ~ nehmen prendre qch. à la légère; traiter qch. par-dessous la jambe; die Verantwortung

ruht auf s-n ~n la responsabilité repose (*od.* pèse) sur ses épaules; **~berührung** (*Ringkampf*) *f* tomber *m*; **~blatt** *anat. n* omoplate *f*; **~breite** *f* largeur *f* des épaules; carrure *f*; **⩾frei** *adj. Kleid:* décolleté; **~gegend** ✠ *f* région *f* scapulaire; **~höhe** *f* 'hauteur *f* des épaules; **~klappe** ✠ *f* patte *f* d'épaule; **⩾lahm** *adj. Tier:* épaulé; **⩾n** *v/t.* mettre sur l'épaule; **~polster** *n* épaulette *f*; **~riemen** *m* bandoulière *f*; **~stand** *gym. m* appui *m* renversé sur les épaules; **~stück** ✕ *n* épaulette *f*; **~tasche** *f* sac *m* en bandoulière; **~wärmer** *m* épaulochaud *m*; **~wattierung** *f* → **~polster**; **~wehr** ✕ *f* épaulement *m*.
'**schul-unfähig** *adj.* inadapté à la vie scolaire.
'**Schulung** *f* formation *f*; instruction *f*; entraînement *m*; *pol.* éducation *f*; **~skursus** *m* cours (*od.* stage) *m* d'instruction; **~slager** *n* camp *m* d'instruction.
'**Schul|unterricht** *m* enseignement *m* scolaire; instruction *f* publique; **~versäumnis** *n* absence *f* en classe; **~verwaltung** *f* administration *f* des écoles; **~wanderung** *f* excursion *f* scolaire; **~weg** *m* chemin *m* de l'école; trajet *m* scolaire; **~weisheit** *péj. f* sagesse *f* d'école; **~wesen** *n* instruction *f* publique; **~wettkampf** (*Sport*) *m* compétition *f* scolaire; **~woche** *f* semaine *f* scolaire; **~wörterbuch** *n* dictionnaire *m* à l'usage des écoles.
'**Schul|zahnpflege** *f* dépistage *m* buccodentaire en milieu scolaire; **~zeit** *f* scolarité *f*; *weit S.* années *f/pl.* scolaires; **~zentrum** *n* groupe *m* scolaire; **~zeugnis** *n* certificat *m* scolaire; **~zimmer** *n* salle *f* de classe; **~zucht** *f* discipline *f* scolaire; **~zwang** *m* obligation *f* scolaire; enseignement *m* obligatoire; **~zweck** *m*: *für ~e* pour les écoles; **~zweig** *m* filière *f*.
Schumme'lei F *f* tricherie *f*; F *bsd. écol.* triche *f*.
'**schummeln** F *v/i.* tricher; *a. écol.* tuyauter; F filer à la gratte.
'**Schummelzettel** F *écol. m* F antisèche *f*; F copion *f*; F pompe *f*.
'**schumm(e)rig** *adj.* crépusculaire.
Schund *m* pacotille *f*, camelote *f*; '**~blatt** *n* feuille *f* de chou; '**~literatur** *f* littérature *f* de bas étage; littérature *f* pornographique *od.* faisandée *od.* immonde *od.* malsaine); '**~roman** *m* roman *m* de quatre sous.
'**schunkeln** *v/i.* (*schaukeln*) se balancer.
'**Schupo I** *m* (*abr. für Schutzpolizist*) agent *m* de police; F flic *m*; **II** *f* (*abr. für Schutzpolizei*) police *f*.
'**Schuppe** *f* écaille *f*; *der Haut:* squame *f*; (*Kopf⩾*) pellicule *f*; *fig.* ihm sind die ~n von den Augen gefallen ses yeux se sont dessillés.
'**schuppen 1.** *v/t. Fisch:* écailler; **2.** *v/rf.: sich ~ Haut:* se desquamer.
'**Schuppen** *m* der *Flugzeuge:* 'hangar *m*; *für Autos a.* remise *f*; (*Lager⩾*) entrepôt *m*; in den ~ stellen remiser.
'**Schuppen|bildung** *der Haut f* desquamation *f*; **~fisch** *m* poisson *m* écailleux; **~flechte** ✠ *f* psoriasis *m*; **⩾förmig** *adj.* en forme d'écaille; **~kamm** *m* peigne *m* fin; **~panzer** *hist. m* cuirasse *f* d'écailles; **~tier** *zo.*

n animal *m* écailleux.
'**schuppig** *adj.* écailleux, -euse; *Haar:* pelliculeux, -euse; *Haut:* squameux, -euse.
Schur *f* tonte *f*; *Tuchwaren:* tondage *m*.
'**Schür|eisen** *n* tisonnier *m*; pique-feu *m*; ⊕ ringard *m*; **⩾en** *v/t.* attiser (*a. fig.*), *fig. Zwietracht: a.* souffler; **~en** *mv.p. n* fomentation *f*.
'**schürf|en 1.** *v/t.* érafler; écorcher; **2.** *v/i.* ✕ fouiller; faire des fouilles; prospecter; **⩾en** ✕ *n* fouilles *f/pl.*; prospection *f*; **⩾er** ✕ *m* fouilleur *m*; prospecteur *m*; **⩾kübelbagger** ⊕ *m* décapeuse *f*; **~ung** *f* éraflure *f*; écorchure *f*; ✕ fouilles *f/pl.*; prospection *f*.
'**schurigeln** F *v/t.* tracasser; rendre la vie dure à.
'**Schurk|e** *m* coquin *m*; fripon *m*; fourbe *m*; scélérat *m*; crapule *f*; **~enstreich** *m* tour *m* de coquin; **~e'rei** *f* coquinerie *f*; fourberie *f*; **~in** *f* gredine *f*; **⩾isch I** *adj.* de coquin; **II** *adv.* en coquin.
'**Schürloch** ⊕ *n* porte *f* de chauffé.
'**Schurwolle** *f* laine *f* vierge.
Schurz *m* tablier *m* (de cuir); (*Lenden⩾*) pagne *m*.
'**Schürze** *f* tablier *m*; e-e ~ vorbinden mettre un tablier; *hinter jeder ~ her sein* courir le jupon; aimer le cotillon.
'**Schurzeit** *f* tonte *f*.
'**schürzen** *v/t.* (re)trousser; *v/rf. sich ~* se retrousser.
'**Schürzen|band** *n* ruban *m* de tablier; **~jäger** *m* coureur *m*; homme *m* à femmes; homme *m* qui court le jupon (*od.* qui aime le cotillon); P filocheur *m*, F dénicheur *m* de fauvettes; *ein ~ sein* P être porté sur la bagatelle; **~kleid** *cout. n* robe-tablier *f*; tablier-robe *m*.
'**Schurzfell** *n* tablier *m* de cuir.
Schuß *m* coup *m* (de feu); (*Knall*) détonation *f*; (*Ladung*) charge *f*; *Fußball:* tir *m*; shoot *m*, botte *f*; (*Schwung*) élan *m*; train *m*; (*Wachsen*) croissance *f* rapide; (*Trieb*) pousse *f*; jet *m*; *Weberei:* trame *f*; *ein ~ Cognac* un coup de cognac; *mit e-m ~ Ironie* avec une pointe d'ironie; *~ abgeben* tirer un coup de feu, *Fußball:* tirer, shooter; *weit vom ~ (außer Gefahr) sein* être 'hors de danger; *fig. j-m vor den ~ kommen* tomber sous la main de q.; *gesundheitlich: in ~ sein (bringen; kommen)* être (mettre; se mettre) en train; *Sache: alles ist gut in ~* tout est en bon ordre; *er ist keinen ~ Pulver wert* il ne vaut pas la corde pour le pendre; '**~bahn** *f* (*Schußlinie*) ligne *f* de tir; (*Flugbahn*) trajectoire *f*; '**~bereich** *m* portée *f*; '**⩾bereit** *adj.* prêt à tirer.
'**Schussel** F *m* écervelé *m*; étourdi *m*; hurluberlu *m*.
'**Schüssel** *f* saladier *m*; (*Gericht*) plat *m*, mets *m*; (*Napf*) écuelle *f*; *tiefe ~* terrine *f*.
'**schuss(e)lig** *adv.* écervelé.
'**Schusselkopf** F *m* tête *f* de linotte.
'**Schüssel|untersatz** *m* dessous-de-plat *m*; **~wärmer** *m* chauffe-plats *m*.
'**Schußfaden** *m Weberei:* fil *m* de trame; **~fahrt** *f Schi:* descente *f* à pic; *schuss m*; **~feld** *n* champ *m* de

tir; **⩾fertig** *adj.* prêt à tirer; **⩾fest** *adj.* à l'épreuve des projectiles; (*unverwundbar*) invulnérable; **~festigkeit** *f* résistance *f* aux projectiles (*od.* aux balles); **⩾gerecht** *adj.* à portée; **~kanal** ✠ *m* trajet *m* du projectile; **~linie** *f* ligne *f* de tir; **⩾sicher** *adj.*: *~es Glas* du verre à l'épreuve des balles; *~e Weste f* gilet *m* pare-balles; **~stellung** *f Sport:* position *f* de tir; **~tafel** *f* table *f* de tir; **~verletzung** *f* blessure *f* (causée) par (une) balle; *e-e ~ haben* être blessé (*od.* atteint *od.* frappé) par une balle; **~waffe** *f* arme *f* à feu; **~wechsel** *m* échange *m* de coups de feu; **~weite** *f* portée *f*; distance *f* de tir; *außer ~* 'hors de portée; **~werte** *m/pl.* données *f/pl.* du tir; **~winkel** *m* angle *m* de tir; **~wirkung** *f* effet *m* utile du tir; **~wunde** *f* → **~verletzung**; **~zahl** *f* nombre *m* de coups tirés.
'**Schuster** *m* cordonnier *m*; *fig. auf ~s Rappen* à pied; *~, bleib bei deinem Leisten!* chacun son métier!; **~ahle** *f* alêne *f*; **~draht** *m* fil *m* poissé.
Schuste'rei *f* cordonnerie *f*.
'**Schuster|junge** *m* apprenti *m* cordonnier; **~kneif** *m*, **~messer** *n* tranchet *m*; **⩾n** *v/i. u. v/t.* (*Schuhe machen*) faire des souliers; (*Schuhe flikken*) raccomoder des souliers; (*pfuschen*) F bâcler; F bousiller; **~pech** *n* poix *f* noire; **~werkstatt** *f* cordonnerie *f*.
'**Schute** ⚓ *f* gabare *f*; **~ntransport** ⚓ *m* ac(c)onage *m*.
Schutt *m* décombres *m/pl.*; (*Bau⩾*) gravats *m/pl.*; (*Geröll*) éboulis *m*; (*bsd. Erde*) déblais *m/pl.*; (*Abfall*) déchets *m/pl.*; détritus *m*; *den ~ beseitigen* déblayer les décombres, les gravats; *in ~ und Asche legen* réduire en cendres; **~abladeplatz** *m* décharge *f* (publique); dépotoir *m*; '**~beseitigung** *f* déblaiement *m*.
'**Schütt|beton** *m* béton *m* coulé; **~boden** *m* grenier *m* à céréales; **~damm** *m* remblai *m*; **~e** ✠ *f* tas *m*; monceau *m*; *~ Stroh* botte *f* de paille.
'**Schüttelfrost** ✠ *m* frissons *m/pl.*
'**schütteln** *v/t. u. v/i.* (*v/rf.: sich se*) secouer; *Kopf:* 'hocher; *Gefäß, Baum:* agiter; (*um~*) remuer; *j-m die Hand ~* serrer la main à q.; *vor Gebrauch (zu) ~* agiter avant l'emploi; *fig. etw. aus dem Ärmel ~* faire qch. sans difficulté (*od.* en un tournemain); *sich vor Lachen ~* se tordre de rire.
'**Schüttelreim** *m* contrepèterie *f*.
'**schütten** *v/t. u. v/i.* verser; (*hinwerfen*) jeter (*in Haufen* en tas).
'**schütter** *adj.* clairsemé; *Haar a.* peu fourni; *mit ~em Haar a.* au crâne dégarni; aux cheveux rares.
'**Schüttgut** *n* marchandises *f/pl.* (*od.* matériaux *m/pl.*) en vrac; **~frachter** ⚓ *m* navire *m* vraquier.
'**Schutt|halde** *f Gebirge:* éboulis *m*; **~haufen** *m* tas *m* de gravats; monceau *m* de décombres; *in e-n ~ verwandeln* réduire en cendres; **~kegel** *géol. m* cône *m* de déjections; **~kippe** *f* décharge *f* publique.
'**Schütt-öffnung** (*z. B. bei Milchpulver*) *f* bec *m* verseur.
Schutz *m* protection *f* (*vor dat.*; *gegen* contre); (*Bewahren*) préservation *f*;

(*Obhut*) sauvegarde *f*; (*Verteidigung*) défense *f*; (*Zuflucht*) refuge *m*; abri *m*; *sich in j-s ~ begeben* se placer sous la protection de q.; *in seinen~ nehmen* prendre sous (*od.* en) sa protection; protéger; *in ~ nehmen* défendre; *~ suchen* se réfugier (*bei j-m* chez q. *od.* auprès de q.); chercher abri (*vor dat.*; *gegen* contre); *im ~ der Nacht* à la faveur de la nuit.
Schütz[1] *hydr.* *n* vanne *f*.
Schütz[2] ⚡ *n* contacteur *m*.
'**Schutz|anstrich** *m* enduit *m* de protection; ⚔ peinture *f* de camouflage; **~anzug** *at.* *m* fourreau *m*; **~ärmel** *m* garde-manche *m*; **~befohlene(r** *a. m*) *m*, *f* protégé *m*, *-e f*; (*Mündel*) pupille *m*, *f*; **~behauptung** *f* affirmation *f* défensive; **~belag** *m* enduit *m* de protection; **~blech** *n vor dem Herd usw.*: écran *m*; *vél. usw.*: garde-boue *m*; *Auto a.*: aile *f*; **~brief** *m* (*Geleitbrief*) sauf-conduit *m*; **~brille** *f* lunettes *f/pl.* protectrices; **~bündnis** *n* alliance *f* défensive; **~dach** *n* abri *m*; auvent *m*; **~damm** *m* digue *f*.
'**Schütze** *m* tireur *m*; ⚔ tirailleur *m*; *ast.* Sagittaire *m*; *sein Sohn ist ein guter ~ a.* son fils est un bon fusil.
'**schützen** I *v/t.* (*v/rf.: sich se*) protéger (*vor dat.*; *gegen* contre *od.* de); (*verteidigen*) (*sich se*) défendre (*vor dat.*; *gegen* contre *od.* de); (*schirmen*) (*sich s'*)abriter (*vor dat.*; *gegen* de *od.* contre); (*bewahren*) (*sich se*) préserver (*vor dat.*; *gegen* de); sauvegarder; (*sichern*) (*sich se*) garantir (*vor dat.*; *gegen* de *od.* contre); *durch Vorsicht*: (*sich se*) prémunir (*vor dat.*; *gegen* contre); (*sich se*) précautionner (*contre*); *vor Nässe zu ~!* craint l'humidité!; *gesetzlich geschützt* protégé par la loi; *~des Dach* toit *m* protecteur; II ⚡ *n* protection *f*; (*Verteidigung*) défense *f*; (*Bewahren*) préservation *f*.
'**schützend** *adj.* protecteur, -trice.
'**Schützenfest** *n* concours *m* de tir.
'**Schutz-engel** *m* ange *m* gardien.
'**Schützen|gesellschaft** *f* société *f* de tir; **~gilde** *f* corps *m* de tireurs; **~graben** *m* tranchée *f*; **~grabenkrieg** *m* guerre *f* des tranchées; **~kette** ⚔ *f* ligne *f* de tirailleurs; **~könig** *m* roi *m* des tireurs; **~linie** *f* ligne *f* de tirailleurs; *in ~* en tirailleurs; **~schleuse** *f* écluse *f* à vannes; **~stand** *m* poste *m* de tir; **~steuerung** ⚡ *f* commande *f* à contacteur.
'**Schutz|erdung** ⚡ *f* protection *f* par mise à la terre; **~farbe** *f* couleur *f* protectrice; → **~anstrich**; **~färbung** *zo. f* mimétisme *m*; **~frist** *f für literarische Werke usw.*: délai *m* de protection; **~gebiet** *n* protectorat *m*; → *Natur*⚡; **~gebühr** *f* taxe *f* autorisée (*od.* de soutien); **~geist** *m* génie *m* tutélaire; **~geländer** *n* garde-corps *m*; **~geleit** *n* escorte *f*; **~gerät** *n* dispositif *m* de protection; **~gitter** *n* grille *f* protectrice; *Radio*: grille-écran *f*; **~glocke** *f* globe *m* protecteur; **~gott** *m*, **~göttin** *f* dieu *m*, déesse *f* tutélaire; **~hafen** *m* port *m* de refuge; **~haft** *f* détention *f* préventive; **~handschuh** *m* gant *m* protecteur; **~haube** ⊕ *f* capot *m* protecteur; **~häus-chen** (*für Bus u. Tram*) *n* (kiosque-)abri *m*; **~heilige(r** *a. m*) *m*, *f* patron *m*, -onne *f*; **~herr**

protecteur *m*; *fig.* patron *m*; **~herrschaft** *f* protectorat *m*; **~hös-chen** *n* culotte *f* hygiénique; **~hülle** *f* enveloppe *f* protectrice; ✶ 'housse *f* de protection; **~hütte** *f* refuge *m*; **~impfung** *f* vaccination *f* préventive; **~insel** *f auf der Straße*: refuge *m*; **~kappe** *f* capuchon *m* protecteur; **~leder** *n vél. am hinteren Schutzblech*: pare-boue *m*; *esc.* plastron *m*; **~leiste** *f* latte *f* de protection.
'**Schützling** *m* protégé *m*; *a. Sport*: poulain *m*.
'**Schutzloch** ⚔ *n* trou-abri *m*.
'**schutz|los** *adj.* sans protection, sans appui; **⚡macht** *f* puissance *f* protectrice (*od.* tutélaire); **⚡mann** *m* agent *m* de police; F flic *m*; *in Paris a.*: gardien *m* de la paix; **⚡marke** *f* marque *f* de fabrique; *eingetragene ~ marke f* déposée; **⚡maske** *f* masque *m* protecteur; **⚡maßnahme** *f* mesure *f* de protection; **⚡mauer** *f* muraille *f* protectrice; (*Wall*) rempart *m* (*a. fig.*); **⚡mittel** *n* mesure *f*, moyen *m* de sécurité; (*Präservativ*) préservatif *m*; **⚡patron(in** *f*) *m* patron *m*, -onne *f*; **⚡polizei** *f* police *f*; **⚡polizist** *m* agent *m* de police; **⚡raum** *m* abri *m*; **⚡schalter** ⚡ *m* interrupteur *m* de sécurité; disjoncteur *m*; **⚡scheibe** *f* vitre *f* protectrice; 🚗, ✈, *Auto*: pare-brise *m*; **⚡schild** ⚔ *m* bouclier *m*; **⚡schirm** *m* écran *m* de protection; **⚡staat** *m* protectorat *m*; **⚡stoffe** *m/pl.* substances *f/pl.* immunisantes; **⚡truppe** *hist. f* troupe *f* coloniale; **⚡überzug** *m Auto, Möbel usw.*: 'housse *f*; *Umschlag m e-s Buches*: jaquette *f*; couverture *f* de protection; *e-s Hefts*: protège-cahier *m*; *in ~* sous jaquette; **⚡- und Trutzbündnis** *n* alliance *f* offensive et défensive; **⚡verband** *m* association *f* protectrice; ⚕ pansement *m* protecteur; **⚡vorrichtung** *f* dispositif *m* de protection; **⚡wache** *f* escorte *f*; **⚡waffe** *f* arme *f* défensive; *fig.* moyen *m* de défense; **⚡wand** *f* écran *m* de protection; ⊕ tablier *m* (*spanische Wand*) paravent *m*; **⚡wehr** *f* défense *f*; (*Wall*) rempart *m* (*a. fig.*); (*Damm*) digue *f* (*a. fig.*); *fig.* moyen *m* de défense; **⚡zoll** *m* droit *m* protecteur; **⚡zollpolitik** *f* protectionnisme *m*; *Anhänger der ~* protectionniste *m*; **⚡zollsystem** *n* protectionnisme *m*; **⚡zolltarif** *m* tarif *m* protecteur.
Schwabbe'lei F *f* radotage *m*; bavardage *m*.
'**schwabbeln** *v/i.* (*schwatzen*) radoter; bavarder; (*wackeln*) être comme de la gélatine.
'**Schwabe** *m*, '**Schwäbin** *f* Souabe *m*, *f*.
'**Schwaben** *n* la Souabe; **~streich** *m* étourderie *f*; imprudence *f*.
'**schwäbisch** *adj.* souabe; de Souabe.
schwach *adj.* faible; *Schüler*: faible; F tangent; (*kraftlos*) débile; (*zart*) frêle; délicat; (*zurückgeblieben*) déficient; (*asthenisch*) asthénique; (*gebrechlich*) infirme, fragile, caduc, -uque; (*ohnmächtig*) défaillant; (*machtlos*) impuissant; (*leicht*) léger, -ère; *Gedächtnis*: infidèle; *~e Brust* poitrine *f* délicate; *pol. ~e Mehrheit* fragile majorité *f*; *~e Seite* (*od. Stelle*)

(côté *m*) faible *m*; défaut *m* de la cuirasse; *j-n bei s-r ~en Seite nehmen* prendre q. par son faible; *~e Stunde* moment *m* de faiblesse (*od.* de défaillance); *~er Trost* piètre (*od.* maigre) consolation; *das ~e Geschlecht* le sexe faible; *~e Augen haben* avoir la vue faible; *sein Puls geht ~* son pouls bat faiblement; *~ werden* s'affaiblir; défaillir; *es wurde mir ~* il m'a pris une faiblesse; j'eus une défaillance; je me suis trouvé mal; *~ machen* affaiblir; *fig. auf ~en Füßen stehen* ne pas être solide; *die wirtschaftlich ⚡en* les économiquement faibles *m/pl.*
'**Schwäche** *f* faiblesse *f*; (*Kraftlosigkeit*) débilité *f*; (*Asthenie*) asthénie *f*; (*Gebrechlichkeit*) infirmité *f*; fragilité *f*; (*Hinfälligkeit*) caducité *f*; (*Ohnmacht*) défaillance *f*; (*Machtlosigkeit*) impuissance *f*, *fig.* (côté *m*) faible *m* (*für* pour); *für etw. e-e ~ haben* avoir un faible pour qch.; **~anfall** *m*, **~gefühl** *n* défaillance *f*; faiblesse *f*; malaise *m*.
'**schwächen** *v/t.* (*v/rf.: sich s'*)affaiblir; (*entkräften*) (*sich se*) débiliter; (*vermindern*) diminuer; ⚔ *den Feind ~* user l'ennemi, diminuer les forces ennemies; *ein Land*: éprouver durement.
'**Schwächezustand** *m* état *m* de faiblesse; (*Asthenie*) asthénie *f*.
'**Schwach|heit** *f s.* Schwäche; **⚡herzig** *adj.* faible de caractère; de caractère faible; **~kopf** *m* esprit *m* faible; imbécile *m*; **~köpfig** *adj.* faible d'esprit; imbécile.
'**schwächlich** *adj.* faible; (*kraftlos*) débile; (*zart*) frêle; délicat; (*kränklich*) chétif, -ive; souffreteux, -euse; maladif, -ive; (*gebrechlich*) infirme, fragile; (*zurückgeblieben*) déficient.
'**Schwächling** *m* homme *m* débile (*od.* sans énergie); F gringalet *m*; F nouille *f*.
Schwach'matikus F *m* gringalet *m*.
'**schwach|sichtig** *adj.* qui a la vue faible; déficient, -e; visuel, -elle; **⚡sichtigkeit** *f* faiblesse *f* de la vue; **⚡sinn** *m* débilité *f* mentale; faiblesse *f* d'esprit; imbécillité *f*; **~sinnig** *adj.* d'esprit faible; mentalement débile; imbécile; **⚡sinnige(r** *a. m*) *m, f* imbécile *m, f*; **⚡strom** ⚡ *m* courant *m* faible (*od.* à basse tension); **⚡stromkabel** ⚡ *n* câble *m* à basse tension.
'**Schwächung** *f* affaiblissement *m*.
'**Schwaden**[1] ⚔ *m* javelle *f*; andain *m*; *in ~ legen* javeler.
'**Schwaden**[2] *m* (*Dampf*) vapeur *f*; buée *f*; (*Gas*⚡) traînée *f*.
Schwa'dron *hist. f* escadron *m*.
Schwadro'neur *m* 'hâbleur *m*.
schwadro'nieren *v/i.* 'hâbler; gasconner.
Schwafe|'lei F *f* radotage *m*; **'⚡ln** F *v/i.* radoter.
'**Schwager** *m* beau-frère *m*.
'**Schwäger|in** *f* belle-sœur *f*; **~schaft** ⚖ *f* parenté *f* par alliance.
'**Schwalbe** *orn. f* hirondelle *f*; *fig. e-e ~ macht noch keinen Sommer* une hirondelle ne fait pas le printemps; **~nnest** *n* nid *m* d'hirondelle; **~nschwanz** *m ent.* grand porte-queue *m*; machaon *m*; *charp.* queue *f* d'aronde; F (*Frack*) queue-de-morue *f*; **⚡nschwanzförmig** ⊕ *adj.* en queue d'aronde.

Schwall *m* grosse lame *f*; flots *m/pl*.; (*Masse*) masse *f*; *fig.* (*Wort*♀) flux *m* de paroles.

Schwamm *m* éponge *f*; ♣ (*Pilz*) champignon *m*; (*Haus*♀) bolet *m* destructeur; (*Feuer*♀) amadou *m*; ✱ fongus *m*; (*Hundenase*) truffe *f*; *mit dem ~ abwischen* éponger; *mit e-m nassen ~ über die Tafel wischen* (*od. fahren*) passer une éponge mouillée sur le tableau; *fig. ~ d(a)rüber!* passons l'éponge là-dessus.

'Schwämmchen ✱ *n* muguet *m*.

'Schwammerl *östr. n* champignon *m*.

'Schwamm|fischer *m* pêcheur *m* d'éponges; **~fische'rei** *f* pêche *f* aux éponges; ♀**ig** *adj.* spongieux, -euse; ✱ fongueux, -euse; (*porös*) poreux, -euse; (*aufgedunsen*) boursouflé.

Schwan *m* cygne *m*.

'schwanen F *v/i.*: *mir schwant etw.* j'ai un vague pressentiment de qch.; *mir schwant nichts Gutes* je n'augure rien de bon.

'Schwanen|gesang *m* chant *m* du cygne; **~hals** *m* cou *m* de cygne; **~teich** *m* étang *m* à cygnes.

'schwanger *adj.* enceinte; *in état de grossesse*; *~ werden* devenir enceinte, concevoir; *fig.* F *mit Plänen ~ gehen* couver des desseins; ♀**e** *f* femme *f* enceinte (*od. en état de grossesse*).

'schwängern I *v/t.* rendre enceinte, V engrosser; *fig.* (*befruchten*) féconder; ✳ imprégner (*mit de*); saturer (*mit de*); **II** ♀ *n* (*Befruchten*) fécondation *f*; ✳ imprégnation *f*; saturation *f*.

'Schwangerschaft *f* grossesse *f*; gestation *f*; **~s-unterbrechung** *f* interruption *f* (volontaire) de grossesse; avortement *m*; ♀**sverhütend** *adj.* contraceptif, -ive; **~sverhütung** *f* contraception *f*.

'Schwängerung *f* (*Befruchtung*) fécondation *f*; (*Empfängnis*) conception *f*.

schwank *adj.* (*schwankend*) flottant; chancelant.

Schwank *m* farce *f* (*a. thé.*); facétie *f*; bouffonnerie *f*; (*als Erzählung*) conte *m* drolatique.

'schwank|en *v/i.* chanceler; vaciller; *hin u. her*: balancer; (*wackeln*) branler; (*zittern*) trembler; (*wechseln*) varier; *phys.* osciller; *Schiff*: *von einer Seite zur andern ~* rouler; tanguer; *fig.* chanceler; varier; balancer; flotter; être indécis (*od. irrésolu*); (*zögern*) hésiter; *Preise*: fluctuer; ♀**en** *n* chancellement *m*; vacillement *m*; balancement *m*; (*Wackeln*) branlement *m*; (*Wechsel*) variation *f*; *phys.* oscillation(s *pl.*) *f*; ⚓ roulis *m*; tangage *m*; *fig.* balancement *m*; flottement *m*; (*Zögern*) hésitation(s *pl.*) *f*; *der Preise*: fluctuation(s *pl.*) *f*; **~end** *adj.* chancelant; vacillant; *fig.* chancelant; flottant; (*unentschlossen*) indécis; irrésolu; (*zögernd*) hésitant; (*ungewiß*) incertain; (*unbeständig*) inconstant; instable; (*unbestimmt*) vague; (*unsicher*) précaire; (*wechselnd*) variable; *Preise*: fluctuant; ♀**ung** *f* → ♀**en**; (*Unbeständigkeit*) inconstance *f*; instabilité *f*.

Schwanz *m* queue *f*; *mit dem ~ wedeln* remuer la queue; *fig.* F *den ~ einziehen* avoir mauvaise conscience; F *den ~ zwischen die Beine nehmen* filer la queue entre les jambes; F *j-m auf den ~ treten* marcher sur les pieds à q.; F *kein ~* (*niemand*) personne; F pas un chat.

'schwänz|eln *v/i.* remuer la queue; *fig.* flagorner (*um j-n herum* q.); **~en** *v/i. u. v/t.*: *die Schule ~* manquer la classe; faire l'école buissonnière; *e-e Stunde* (*od. Vorlesung*) *~* F sécher un cours.

'Schwanz|ende *n* bout *m* de la queue; **~feder** *f* penne *f*; **~fläche** ✈ *f* plan *m* arrière stabilisateur; **~flosse** *f* icht. nageoire *f* caudale; ✈ dérive *f*; **~haar** *n* *Pferd*: crin *m* de la queue; ♀**lastig** ✈ *adj.* décentré en arrière; lourd de l'arrière; **~riemen** *m* croupière *f*; **~sporn** ✈ *m* béquille *f* arrière; **~steuer** ✈ *n* gouvernail *m* arrière; **~stück** *n des Rindes*: culotte *f*; **~wurzel** *zo. f* croupion *m*.

schwapp *int.*: *~!* vlan!; **'~eln, '~en** *v/i.* (*überfließen*) déborder.

'Schwär|e *f* ulcère *m*; abcès *m*; ♀**en** ✱ *v/i.* (*eitern*) suppurer; (*Geschwüre bilden*) ulcérer; **~en** *n* ulcération *f*; ♀**end** *adj.* ulcéreux, -euse; ulcéré.

Schwarm *m* *Bienen*: essaim *m*; *Insekten, Vögel*: nuée *f*; *Vögel*: volée *f*; *Fische*: banc *m*; ✱ essaim *m*; (*Schar*) troupe *f*; bande *f*; *Personen*: troupe *f*; foule *f*; multitude *f*; essaim *m*; nuée *f*; *~ Schüler* essaim *m* d'écoliers; *~ Kinder* marmaille *f*; *fig.* passion *f*, F béguin *m*.

'schwärm|en *v/i. Bienen*: essaimer (*a. Personen*); *Vögel*: voltiger, voler; ✱ se déployer en essaim; *es schwärmt von Menschen auf der Straße* la rue fourmille de monde; *fig.* être exalté; s'extasier; (*träumen*) rêver (*von* de); *für j-n (etw.) ~* s'enthousiasmer pour q. (qch.); se passionner pour q. (qch.); raffoler de q. (de qch.); s'engouer de q. (de qch.); *für j-n ~* être emballé pour q., F avoir un béguin pour q.; ♀**en** *n der Bienen*: sortie *f* d'un essaim; ✱ déploiement *m* en essaim; *fig.* enthousiasme *m* (*für* pour); passion *f* (*pour*); engouement *m* (*pour*); emballement *m* (*pour*); (*Exaltation*) exaltation *f*; (*Träumen*) rêverie *f*; ♀**er** *m* exalté *m*; (*Enthusiast*) enthousiaste *m*; (*Träumer*) rêveur *m*; visionnaire *m*; (*Fanatiker*) fanatique *m*; *ent.* sphinx *m*; *Feuerwerk*: serpenteau *m*; ♀**e'rei** *f* enthousiasme *m* (*für* pour); passion *f* (*pour*); engouement *m* (*pour*); emballement *m* (*pour*); (*Exaltiertheit*) exaltation *f*; (*Ekstase*) extase *f*; (*Träumerei*) rêverie *f*; (*Fanatismus*) fanatisme *m*; ♀**erin** *f* exaltée *f*; (*Enthusiastin*) enthousiaste *f*; (*Träumerin*) rêveuse *f*; visionnaire *f*; (*Fanatikerin*) fanatique *f*; **~erisch** *adj.* exalté; romanesque; (*träumerisch*) rêveur, -euse; visionnaire; (*enthusiastisch*) enthousiaste (*fanatisch*) fanatique.

'Schwärmzeit *f der Bienen*: essaimage *m*.

'Schwart|e *f* (*Speck*♀) couenne *f*; ⊕ (*Schalbrett*) dosse *f*; (*altes Buch*) vieux bouquin *m*; **~enmagen** *cuis. m* fromage *m* de tête; ♀**ig** *adj.* couenneux, -euse.

schwarz I *adj. bzw. adv.* noir; *fig. a.* clandestin; (*geschwärzt*) noirci; *Brot*: noir; *der* ♀**e** *Erdteil* le continent noir; *~en Gedanken nachhängen* broyer du noir; *~er Kaffee* café *m* noir (*od.* nature); *die* ♀**e** *Kunst* la magie noire; *~e Liste f* liste *f* noire; *der ~e Mann* le croque-mitaine; *~er Markt* marché *m* noir; *das* ♀**e** *Meer* la mer *f* Noire; *~e Seele* âme *f* noire; *~er Tag* jour *m* funeste; mauvais jour *m*; *~ auf weiß* noir sur blanc; par écrit; *~ machen* noircir, *mit Kohle*: charbonner; *~ werden* se noircir; *~ färben* teindre en noir; *sich ~ kleiden* se vêtir de noir; *~ behängen* tendre de noir; *~ sehen* être pessimiste; *alles ~ sehen* voir tout en noir; *~ e-e Stellung antreten* s'embaucher au noir; *sich ~ ärgern* crever de dépit; *es wurde mir ~ vor den Augen* j'ai eu un éblouissement; j'ai vu trente-six chandelles; **II** ♀ *n* noir *m*; couleur *f* noire; *in* ♀ (*in Trauer*) vêtu de noir; *ins ~e treffen* faire mouche; mettre dans le mille; **'♀arbeit** *f* travail *m* au noir (*od. illicite*); **'♀arbeiter** *m* travailleur *m* au noir; **'~äugig** *adj.* aux yeux noirs; **'~blau** *adj.* bleu foncé; bleu tirant sur le noir; **'♀blech** *n* tôle *f* (de fer); **'~braun** *adj.* brun foncé; *Gesicht*: bronzé; *Pferd*: bai foncé; **'♀brot** *n* pain *m* noir; **'♀drossel** *orn. f* merle *m* noir; **'♀druck** *typ. m* impression *f* en noir.

'Schwärze *f* noir *m*; noirceur *f* (*a. fig.*); (*schwarzer Fleck*) noircissure *f*; *typ.* encre *f* (d'imprimerie); *die ~ auftragen* encrer (*auf etw. acc.* qch.); ♀**n** *v/t., v/i. u. v/rf.* (*sich se*) noircir; *mit Kohle ~* (*sich se*) charbonner; *typ.* encrer; **~n** *n* noircissement *f*; *typ.* encrage *m*.

'Schwarze(r *a. m*) *m*, *f* noir *m*, -e *f*.

'schwarz|fahren *v/i.* voyager sans billet; F resquiller; ♀**fahrer** *m* voyageur *m* sans billet; passager *m* clandestin; F resquilleur *m*; *Auto*: celui qui conduit sans permis; ♀**fahrt** *f* voyage *m* sans billet; F resquille *f*; **'♀fernseher(in** *f*) *m* téléspectateur *m*, -trice *f* clandestin(e); F resquilleur *m*, -euse *f*; ♀**fersen-antilope** *zo. f* impala *m*, æpycéros *m*; **~gelb** *adj.* jaune tirant sur le noir; **~gerändert** *adj.* encadré de noir; **~gestreift** *adj.* rayé de noir; **~grau** *adj.* gris-noir; gris foncé; **~haarig** *adj.* aux cheveux noirs; ♀**handel** *m* marché *m* noir; commerce *m* clandestin (*od. illicite od.* interlope); ♀**händler** *m* trafiquant *m* du marché noir; marchand *m* interlope; F traficoteur *m*; ♀**händlerin** *f a.* F traficoteuse *f*; **~hören** *v/t.* écouter clandestinement la radio; F resquiller; ♀**hörer(in** *f*) *m* auditeur *m*, -trice *f* clandestin, -e; F resquilleur *m*, -euse *f*; ♀**kauf** *m* achat *m* illicite; ♀**kunst** *f* magie *f* noire; ♀**künstler** *m* magicien *m*.

'schwärzlich *adj.* noirâtre; tirant sur le noir.

'Schwarz|malerei *psych. f* sinistrose *f*; **~markt** *m* marché *m* noir; **~markthändler** *m* trafiquant *m* du marché noir; **~pulver** *n* poudre *f* noire; ♀**rot** *adj.* rouge et noir; rougeâtre; ♀**schlachten** *v/t.* abattre clandestinement; **~schlachten** *n*, **~schlachtung** *f* abattage *m* clandestin;

sehen v/t. voir tout en noir; *Fernsehen:* F resquiller; **~seher(in** f) m pessimiste m, f; F broyeur m de noir; *Fernsehen:* spectateur m (-trice f) clandestin(e); F resquilleur m, -euse f; **~sehe'rei** f pessimisme m; **~sender** rad. m émetteur m clandestin; **~sendung** rad. f émission f pirate; **~wald** m: der ~ la Forêt-Noire; weiß adj. blanc et noir; **~weißfilm** m film en blanc et noir; **~weißphoto** n photo (-graphie) f en noir et blanc; **~weißzeichnung** f dessin m (en) blanc et noir; **~wild** n sangliers m/pl.; bêtes f/pl. noires; **~wurz(el)** ♀ f salsifis m.
Schwatz m F causette f; F bavette f; '**~base** F f commère f; P pipelette f; en, '**schwätzen** v/i. u. v/t. tailler une bavette; jaser; jacasser; papoter; jaboter; *(indiskret sein)* être indiscret, -ète; ne pas tenir sa langue; *ins Blaue hinein* ~ parler en l'air; '**~en** n bavardage m.
'**Schwätzer(in** f) m bavard m, -e f; jaseur m, -euse f; jaboteur m, -euse f nur von e-m Mann: perroquet m; nur von e-r Frau: F perruche f.
Schwätze'rei f bavardage m.
'**schwatzhaft** adj. bavard; loquace; *(indiskret)* indiscret, -ète; igkeit f loquacité f; F bagou(t) m.
'**Schwebe** f (*Mondfähre*) suspense m; in der ~ suspendu; fig. en suspens; in der ~ lassen laisser en suspens; **~bahn** f téléphérique m; télérail m; **~baum** gym. m poutre f horizontale; **~fähre** f pont m transbordeur; n v/i. planer; flotter (en l'air); frei ~ être suspendu; fig. (in der Schwebe sein) être en suspens; être pendant; vor Augen ~ avoir devant les yeux; in Angst ~ vivre dans la peur; zwischen Leben und Tod ~ être entre la vie et la mort; in Gefahr ~ être en danger; in höheren Regionen ~ être dans les nuages; er schwebt in den Wolken F c'est un rêveur; das Wort schwebt mir auf der Zunge j'ai le mot sur le bout de la langue; **~n** n planage m; nd adj. planant; flottant; *Brücke:* suspendu; **~er Gang** démarche f aérienne; Frage: pendant; en suspens; **~e Schuld** dette f flottante;
'**Schwebeeck** gym. n trapèze m.
'**Schwebeschiff** n aéroglisseur m; (')hovercraft m.
'**Schwed|e** m, **~in** f Suédois m, -e f; **~en** n la Suède; isch adj. suédois; de Suède; das e le suédois; la langue suédoise; hinter ~en Gardinen sitzen être en prison (F en taule od. en tôle).
'**Schwefel** m soufre m; mit ~ behandeln soufrer; mit ~ verbindende sulfurer; fig. wie Pech und ~ zusammenhalten être comme les deux doigts de la main; **~äther** ⚗ m éther m sulfurique; **~bad** n bain m sulfureux; Ort: eaux f/pl. sulfureuses; **~bande** fig. F f bande f de vauriens; **~blumen** f/pl., **~blüte** f fleurs f/pl. de soufre; **~dampf** m vapeur f de soufre; peur f sulfureuse; *Ausdünstung:* exhalaison f sulfureuse; **~eisen** ⚗ n fer m sulfuré; **~faden** m fil m soufré; gelb adj. jaune-soufre; **~grube** f soufrière f; haltig adj. sulfureux, -euse; ig adj. sulfureux, -euse; **~kammer** f soufroir m; **~kies** min. m

pyrite f; **~kohlenstoff** ⚗ m sulfure m de carbone; n m soufrer; sulfurer; *Kautschuk:* vulcaniser; *Wein:* soufrer; muter; *Weinfässer:* mécher; **~n** n soufrage m; ⚗ sulfuration f; **~quelle** f source f sulfureuse; sauer ⚗ adj. sulfaté; **~säure** ⚗ f acide m sulfurique; **~ung** f soufrage m; ⚗ sulfuration f; **~wasser** n eau f sulfurée; **~wasserstoff** ⚗ m hydrogène m sulfuré; **~wasserstoffverbindung** ⚗ f hydrosulfure m; **~zink** n zinc m sulfuré.
'**schweflig** adj. sulfureux, -euse.
Schweif m queue f; *Komet: a.* chevelure f.
'**schweifen I 1.** v/i. errer; (*umher*) vagabonder; divaguer; (*umherschleichen*) rôder, in die Ferne ~ courir le monde, fig. errer; seine Blicke ~ lassen laisser errer ses regards; **2.** v/t. (*bogenförmig ausschneiden*) échancrer; chantourner; (*wölben*) bomber; galber; **II** n course f vagabonde; vagabondage m; ⊕ (*bogenförmiges Ausschneiden*) chantournement m; (*Wölben*) bombement m.
'**Schweif|haar** n crin m de la queue; **~säge** f scie f à chantourner (*od.* à échancrer); **~stern** ast. m comète f; **~ung** f (*Ausschnitt*) échancrure f.
'**Schweige|geld** n prix m du silence; pot-de-vin m; arrosage m; **~kegel** Funk, Radar m cône m de silence; **~minute** f minute f de silence.
'**schweigen I** v/i. se taire (von; über acc. sur od. de); ne dire mot; être muet, -ette; weit S. garder le silence; wie ein Grab ~ être muet, -ette comme la tombe; zu etw. ~ laisser dire (resp. faire) qch.; j-n ~ heißen faire taire q.; imposer silence à q.; ganz zu ~ von ... pour ne pas parler de ...; sans parler de ...; passe encore pour ...; il n'est pas jusqu'à ... qui ne ...; ~ wir darüber! n'en parlons pas!; wer schweigt, bejaht qui ne dit mot consent; **II** n silence m; mutisme m; das ~ brechen rompre le silence; zum ~ bringen faire taire; réduire au silence; ~ bewahren (beobachten) garder (observer) silence; im ~ verharren s'en tenir au silence; ~ gebieten imposer silence; etw. in ~ hüllen envelopper qch. dans le mystère; entourer qch. de mystère; sich in ~ hüllen se renfermer dans le silence; garder le mutisme; **~d I** adj. silencieux, -euse; **II** adv. silencieusement; en silence.
'**Schweigepflicht** f: berufliche ~ discrétion f professionnelle.
'**Schweiger** m homme m silencieux (*od.* taciturne).
'**Schweigezone** f Verkehr: zone f de silence.
'**schweigsam** adj. taciturne; (*wortkarg*) silencieux, -euse; (*verschwiegen*) discret, -ète; keit f taciturnité f; mutisme m; (*Verschwiegenheit*) discrétion f.
Schwein n cochon m; porc m (a. Fleisch); F (Glück) veine f; F ~ haben avoir de la veine, F avoir du pot (*od.* P du bol); F être verni; péj. P (*Person*) cochon m; pourceau m; salaud m; saligaud m; P daraus wird kein ~ klug personne n'y comprend rien; wo haben wir zusammen ~e gehütet? est-ce que nous avons gardé les cochons

ensemble?
'**Schweine|braten** m rôti m de porc; **~bucht** géogr. f baie f des Cochons; **~fett** n graisse f de porc; ausgelassenes: saindoux m; **~fleisch** n (viande f de) porc m; **~futter** n nourriture f pour les porcs; fig. P mangeaille f; **~grippe** f grippe f porcine; **~hirt** m porcher m, **~hund** P m cochon m; salaud m; saligaud m; der innere ~ la brute qui sommeille au fond de tout être civilisé; den inneren ~ bekämpfen dresser l'animal en soi; **~pest** f peste f porcine; **~pökelfleisch** n porc m salé; **~'rei** f cochonnerie f, saleté f; saloperie f; (*Zote*) obscénité f; **~rippchen** n/pl. côtes f/pl. de porc; **~rüssel** m groin m; (*Wild*) boutoir m; **~schlächter** m charcutier m; **~schlächte'rei** f charcuterie f; **~schmalz** n saindoux m; **~schnauze** f groin m; **~stall** m étable f à porcs; porcherie f (a. fig.); fig. étable f à pourceaux; **~treiber** m porcher m; **~trog** m auge f des porcs; **~zucht** f élevage m de porcs (*od.* porcin); production f porcine; **~züchter** m éleveur m de porcs.
'**Schwein|igel** F m cochon m; pourceau m; **~ige'lei** f cochonnerie f; igeln v/i. dire des cochonneries.
'**schweinisch I** adj. de cochon; (*zotig*) obscène; **II** adv. comme un cochon.
'**Schweins|blase** f vessie f de cochon; **~borste** f soie f de cochon; **~fisch** icht. m rascasse f; **~hachse** cuis f jambonneau m; **~keule** f jambon m de porc frais; **~kopf** m tête f de porc; **~kotelett** n côtelette f de porc; **~leder** n porc m; (peau f de) porc m; ledern adj. en peau de porc.
Schweiß m sueur f (a. fig.); von Mauern: humidité f; (*Woll*) suint m; ch. sang m; in ~ geraten avoir des transpirations, in ~ gebadet trempé de sueur; en nage; von ~ triefen ruisseler de sueur; im ~ e d-s Angesichts à la sueur de ton front; '**absondernd** anat. adj. sudoripare; '**~absonderung** f transpiration f; '**~apparat** ⊕ m appareil m à souder; '**~band** n im Hut: cuir m; bar adj. soudable; bedeckt adj. couvert de sueur; (*in Schweiß gebadet*) trempé de sueur; en sueur; '**~blatt** n am Damenkleid: dessous m de bras; '**~brenner** ⊕ m chalumeau m à souder; chalumeau m soudeur; mit dem ~ öffnen éventrer au chalumeau; '**~drüse** f glande f sudoripare; '**echt** adj. résistant à la transpiration; '**en** 1. v/i. ch. saigner; *Metalle:* entrer en fusion; 2. v/t. Eisen usw.: souder; '**~en** n soudage m; soudure f; '**~er** ⊕ m soudeur m; '**~e'rei** f atelier m de soudage; '**~fuchs** man. m alezan m brûlé; '**~fuß** m: ~füße haben suer (*od.* transpirer) des pieds; '**~geruch** m odeur f de sueur; '**~hitze** ⊕ f chaude f soudante; '**~hund** m braque m; 'ig adj. suant; en sueur; ch. saignant; '**~leder** n im Hut: cuir m; '**~mittel** n sudorifique m; '**~naht** ⊕ f soudure f; '**~paste** ⊕ f pâte f à souder; pâte f décapante; '**~perle** f perle f de sueur; '**~stahl** ⊕ m acier m soudé; '**~stelle** ⊕ f soudure f; '**~technik** f technique f de la soudure; '**treibend** ☞ adj. sudorifique; ~es Mittel sudorifique

m; '₂triefend adj. ruisselant de sueur; '~tropfen m goutte f de sueur; '~tuch rl. n suaire m; '~ung f soudage m; soudure f (a. Ergebnis); '~verbindung ⊕ f point m soudé; '~verfahren n procédé m de soudage; '~wolle f laine f en suint.

Schweiz f: die ~ la Suisse; die französische ~ la Suisse romande; die deutsche ~ la Suisse alémanique.

'Schweizer m Suisse m; (Türhüter) suisse m; (Stall₂) vacher m; ~ Käse gruyère m; ~deutsch n dialecte m alémanique.

'Schweizer|haus n Suisse, ~häus-chen n chalet m suisse; ~in f Suissesse f; ₂isch adj. suisse (a. fig.); de Suisse; helvétique.

'Schwel|anlage f installation f de carbonisation; ₂en 1. v/i. brûler sans flamme; se consumer lentement; couver (a. fig.); 2. v/t. (faire) brûler lentement; Kokerei: carboniser à basse température.

'schwelg|en v/i. im Essen: faire bonne chère; F faire un bon gueuleton; F faire bombance (od. F la bombe); fig. ~ in (dat.) s'enivrer de; se griser de; ₂er m (Genießer im Essen) bon vivant m; ₂e'rei f dissipation f; F bombance f; ~erisch (genießerisch) adj. de jouisseur.

'Schwell|e f seuil m (a. fig.); 🚂 traverse f; ~ des Lebens seuil m de la vie; e-e ~ überschreiten franchir un seuil; ₂en 1. v/i. enfler; gonfler; Brust: dilater; 2. v/i. (s')enfler; (se) gonfler; 🌶 a. se tuméfier; Brust: se dilater; Wasser: croître; être en crue; Ton: augmenter; s'amplifier; ~enwert phys. m valeur f seuil; ~ung f enflure f; gonflement m; 🌶 a. tuméfaction f; tumescence f; des Wassers: crue f.

'Schwelung f combustion f incomplète; Kokerei: carbonisation f à basse température.

'Schwemm|e f abreuvoir m; gué m; (Bierkneipe) buvette f; fig. (Überzahl) v. Sachen: excédent m; v. Personen: nombre m excédentaire; ₂en v/t. charrier; entraîner; (fort~) emporter; Holz: flotter; Pferde: conduire à l'abreuvoir; (spülen) rincer; ~land n terre f alluvionnaire; terrains m/pl. alluviaux.

'Schwengel m der Pumpe: bras m; der Glocke: battant m; (Handkurbel) manivelle f; (Ortscheit) palonnier m.

Schwenk cin. m panoramique m; e-n ~ machen panoramiquer.

'Schwenk|arm m bras m orientable; ~bagger m excavateur m orientable; ₂bar adj. orientable; pivotant; Fluggastbrücke: télescopique; ₂en 1. v/t. pivoter (a. Kamera; Fahne usw.): agiter; (drehen) tourner; (ausspülen) Glas: rincer; cuis. (faire) sauter; 2. v/i. ⚔ converser; faire une conversion; changer de direction; faire un changement de direction; Raumfahrt: auf die Umlaufbahn ~ se mettre en orbite; links schwenkt, marsch! changement de direction à gauche, marche!; ~flügler ⚔ 🛩 m chasseur m à ailes orientables; ~glas n boit-tout m; ~kartoffeln f/pl. pommes f/pl. (de terre) sautées; ~kran m grue f pivotante; ~nase ⚔ f nez m basculant; ~rad n roue f pivotante; ~

schalter ⚡ m poste m à manette pivotante; ~ung f ⚔ conversion f; changement m de direction; fig. volte-face f; changement (od. revirement) m d'opinion.

schwer I adj. im Gesicht: lourd; pesant; pondéreux, -euse; (schwierig) difficile; (ernsthaft) grave; sérieux, -euse; (mühevoll) pénible; ardu; (hart) dur; rude; (ermüdend) fatigant; (mühselig) laborieux, -euse; (bedeutend) considérable; (streng) sévère; rigoureux, -euse; (lästig; drükkend) onéreux, -euse; (groß) grand; (kolossal) colossal; (enorm) énorme; (massiv) massif, -ive; Zigarre: fort; Getränke: fort; capiteux, -euse; Stoff: solide; Essen: lourd; Krankheit: grave; Strafe: sévère; das ist gar nicht ~ F ce n'est pas très (od. bien) sorcier; ~e Artillerie artillerie f lourde; grosse Artillerie f (e anstrengende) Aufgabe lourde tâche f; ~er Boden terre f lourde; ~er Diebstahl vol m qualifié; ~e Erkältung gros rhume m; ~er Fehler faute f grave; grosse faute f; ~e Geburt accouchement m laborieux; ~es Gepäck gros bagage m; ~es Geschütz canon m de gros calibre; pièce f lourde; fig. ~es Geschütz auffahren employer des arguments massifs; ~er Irrtum erreur f grave (od. capitale); ~er Junge grand criminel m; ~er Kampf rude combat m; combat m acharné; ~e Krankheit maladie f grave; ~e Pflicht devoir m difficile; ~es Schicksal sort m cruel; ~er Schlag coup m dur, fig. rude coup m; ~e See grosse mer f; ~e Stunde heure f difficile (od. dure); ~e Sünde gros péché m; péché m capital; ~er Sünder pécheur m endurci; ~es Verbrechen grand crime m; crime m capital; ~es Versehen lourde faute f; 🚰~es Wasser eau f lourde; ~e Zeiten temps m/pl. durs; zwei Pfund ~ sein peser deux livres; ~ zu behandeln (schwierig) difficile; ~ zu befriedigen difficile à satisfaire; ~ zu sagen difficile à dire; ~ von Begriff sein avoir la tête dure (od. l'esprit obtus); ein ~es Geld kosten coûter un argent fou; e-e ~e Hand haben avoir la main lourde; ~en Herzens le cœur gros (od. lourd); e-n ~en Kopf haben avoir la tête lourde; mit ~en Schritten gehen marcher lourdement; avoir la démarche pesante; e-n ~en Stand haben être dans une situation difficile; avoir bien du mal (mit avec;); F e-e ~e Zunge haben (ungewandt sprechen) avoir la langue épaisse; II adv. lourdement; (schwierig) difficilement; (ernsthaft) gravement; sérieusement; (gefährlich) dangereusement; (mühevoll) péniblement; (streng) sévèrement; rigoureusement; (kolossal) colossalement; (enorm) énormément; (viel) beaucoup; ~ arbeiten travailler dur; ~ atmen avoir la respiration gênée (od. difficile); respirer difficilement; ~ beleidigen offenser gravement; ~ daniederliegen; ~ krank sein être gravement (od. dangereusement) malade; sich ~ entschließen avoir de la peine à se résoudre; es ~ haben être dans une situation difficile; avoir bien du mal (mit avec); macérer dans les soucis; ~ zu tragen haben être lourdement chargé; fig. ~ tragen an (dat.) être accablé de; ~ hören avoir l'oreille dure; être dur d'oreille; ~ machen (belasten) alourdir; j-m das Leben ~ machen rendre la vie dure à q.; sich das Leben unnötig ~ machen chercher midi à quatorze heures; sich ~ vom Geld trennen F être dur à la détente (od. à la desserre); sich ~ versündigen pécher gravement; ~ werden im Gewicht: s'alourdir; ~ wiegen être lourd, fig. être d'un grand poids; das wird ihm ~ eingehen on aura bien de la peine à lui faire entrer cela dans la tête; das macht ihm das Herz ~ cela lui pèse sur le cœur; cela lui serre le cœur; il en a le cœur gros; das liegt mir ~ im Magen cela me pèse sur l'estomac; ~ betrunken ivre mort; ~ enttäuscht profondément déçu; ~ reich puissamment (od. extrêmement) riche; ~ verdaulich dur (od. difficile) à digérer (a. fig.); indigeste; ~ verkäuflich dur, difficile à vendre; ~ verständlich difficile à comprendre; ~ verwundet grièvement (od. gravement) blessé; '₂arbeiter m travailleur m de force; '₂athlet m haltérophile m; hercule m; '₂athletik f athlétisme m lourd; '~atmig adj. qui respire difficilement; qui a la respiration gênée (od. difficile); ~bela-'den, ~be'lastet adj. pesamment chargé; fig. accablé; '₂beschädigte(r) m grand mutilé; '~bewaffnet adj. puissamment armé; '~blütig adj. (ernsthaft) grave; (langsam) lent d'esprit.

'Schwere f pesanteur f; lourdeur f; (Gewicht) poids m; phys. gravité f; des Weins: corps m; fig. (Gewicht) poids m; (Schwerfälligkeit) lourdeur f; e-s Vergehens, e-r Krankheit: gravité f; e-r Strafe: rigueur f; e-s Amtes: difficulté (a. pl.) f; ~losigkeit apesanteur f; ~messung f gravimétrie f; ~nöter F (Lausejunge) m F galopin m; vaurien m.

'Schwere(s) n: ~s durchmachen passer par (od. subir) de rudes épreuves.

'schwer|fallen v/i.: das fällt ihm schwer cela lui est pénible, difficile; ça lui coûte beaucoup; es fällt ihm schwer, zu ... (inf.); il a de la peine à ... (inf.); il lui est pénible, difficile de ... (inf.); il lui coûte de ... (inf.); was schwerfällt, ist der Anfang ce qui coûte, c'est de commencer; ₂fällig adj. lourd; lourdaud; pesant; (träge) engourdi; (klobig) F mastoc (a. f); ~ machen alourdir; s'alourdir; ₂fälligkeit f lourdeur f; pesanteur f; ~flüssig adj. (zähflüssig) visqueux, -euse; ₂-Geisteskranke(r) m grand malade m mental; ₂geschädigte m/pl. débiles m/pl. profonds; ₂gestörte(r) 🌶 psych. m grand agité m; ₂gewicht n Sport: poids m lourd; fig. accent m principal; Weltmeister im ~ champion m du monde des poids lourds; ₂gewichtler m poids m lourd; ₂gewichtsmeister m champion m des poids lourds; ~halten v/i.: es wird ~, daß ich komme il n'est guère probable que je vienne; ~hörig adj. dur d'oreille; ₂hörige(r) m mal entendant m; ₂hörigkeit f dureté f d'oreille; ₂industrie f grosse industrie f; industrie f lourde;

⸺**industrielle(r)** *m* gros industriel *m*; ⸺**kraft** *phys. f* gravitation *f*; ⸺**kraftheizungssystem** *n* thermosiphon *m*; ⸺**krank** *adj.* gravement (*od.* dangereusement) malade; ⸺**kriegsbeschädigte(r)** *m* grand mutilé *m* de guerre; ⸺**lich** *adv.* avec peine; difficilement; ne ... guère; ⸺**metall** *n* métal *m* lourd; ⸺**mut** *f*, ⸺**mütigkeit** *f* mélancolie *f*, hypocondrie *f*; ⸺**mütig** *adj.* mélancolique, ⚕ hypocondriaque; ⸺**öl** *n* fuel *m* lourd; huile *f* lourde; ⸺**ölmotor** *m* moteur *m* à huile lourde; ⸺**punkt** *m* centre *m* de gravité; ⚔ point *m* d'effort principal; den ⸺ ansetzen auf (*acc.*) concentrer son effort sur; *fig.* point *m* capital; fer *m* de lance; *écol.* dominante *f*; mit ⸺ Mathematik à dominante mathématiques; ⸺**punktbildung** ⚔ *f* concentration *f* des efforts; ⸺**punktstreik** *m* grève-bouchon *f*; grève *f* ponctuelle; ⸺**punktverlagerung** *f* déplacement *m* du centre de gravité; ⸺**punktverschiebung** *f*: ♩ rhythmische ⸺ contre-temps *m*; ⸺**spat** *min. m* spath *m* pesant.

Schwert *n* épée *f*; *st.s.* glaive *m* (*a. fig.*); zum ⸺ greifen mettre l'épée à la main, *fig.* tirer le glaive; mit Feuer und ⸺ verwüsten mettre à feu et à sang; das ist ein zweischneidiges ⸺ c'est une épée à deux tranchants; ⸺**adel** *hist. m* noblesse *f* d'épée; ⸺**ertanz** *m* danse *f* des épées; ⸺**feger** *hist. m* (*Waffenschmied*) armurier *m*; ⸺**fisch** *icht. m* espadon *m*; ⸺**förmig** *adj.* ensiforme; en forme d'épée; ⸺**lilie** ♀ *f* iris *m*; ⸺**streich** *m* coup *m* d'épée; ohne ⸺ sans coup férir; ⸺**wal** *m* épaulard *m*.

Schwer|**verbrecher** *m* grand criminel *m*; ~ *pl. a.* 'haute truanderie *f*; ⸺**verdaulich** *adj.* difficile à digérer (*a. fig.*), indigeste; ⸺**verletzte(r** *a. m) m*, *f* grand *m*, -e *f* blessé *m*, -e *f* grave; ⸺**verständlich** *adj.* difficile à comprendre; ⸺**verwundet** *adj.* grièvement (*od.* gravement) blessé; ⸺**verwundete(r)** *m* grand blessé *m*; ⸺**wasserreaktor** *m* réacteur *m* à eau lourde; ⸺**wiegend** *adj.* grave; d'un grand poids; très sérieux, -euse.

'**Schwester** *f* sœur *f*; *rl. a.* religieuse *f*; P frangine *f* (*Pflegerin*) infirmière *f*; ⸺**chen** *n* petite sœur *f*; sœurette *f*; ⸺**firma** *f* maison *f* affiliée; ⸺**lich I** *adj.* de sœur; **II** *adv.* en sœur; ⸺**mord** *m* fratricide *m*; ⸺**mörder** *m* fratricide *m*; ⸺**npaar** *n* deux sœurs *f/pl.*; ⸺**nschaft** *rl. f* communauté *f* de sœurs; ⸺**schiff** *n* navire-jumeau *m*; ⸺**sprache** *f* langue *f* sœur; ⸺**unternehmen** *n* entreprise *f* affiliée.

Schwibbogen △ *m* arc-boutant *m*.

'**Schwieger**|**eltern** *pl.* beaux-parents *m/pl.*; ⸺**mutter** *f* belle-mère *f*; ⸺**sohn** *m* gendre *m*; beau-fils *m*; ⸺**tochter** *f* belle-fille *f*; ⸺**vater** *m* beau-père *m*.

'**Schwiele** *f* durillon *m*; cal *m*; callosité *f*; ⸺**ig** *adj.* calleux, -euse.

'**schwierig** *adj.* difficile, P calé; *psych. Kind*: caractériel, -elle; *Charakter*: F pénible, (*mühevoll*) pénible; ardu, (*mühselig*) laborieux, -euse; (*leidig*) malaisé, (*heikel*) délicat; épineux, -euse; (*mißlich*) scabreux, -euse; aus e-r ⸺en Lage herauskommen sortir de l'ornière; *der* ⸺*e Punkt* le point délicat; *das* ⸺*ste haben wir hinter uns* le plus difficile (*od.* F le plus gros) est fait; ⸺**keit** *f* difficulté *f*; ohne ⸺ sans difficulté; voller ⸺en plein de difficultés; e-e ⸺ beheben aplanir une difficulté; ⸺en machen (*od.* bieten) présenter des difficultés; mit ⸺en gespickt sein être 'hérissé de difficultés; auf ⸺en stoßen rencontrer des difficultés; se heurter à des difficultés; ⸺en mit sich bringen entraîner des difficultés; sich in ⸺en befinden se trouver en difficulté; ⸺en machen faire des difficultés (j-m à q.), (*Hindernisse schaffen*) se mettre en travers; *unnötige* ⸺en machen compliquer les choses; chercher midi à quatorze heures; *er macht überall* ⸺*en* il fait tout le temps des difficultés; ⸺**keitsgrad** *m* degré *m* de difficulté.

'**Schwimm**|**anstalt** *f* piscine *f*; ⸺**anzug** *m* maillot *m* nageur; ⸺**art** *f* nage *f*; vier ⸺en quatre nages; ⸺**bad** *n* piscine *f*; ⸺**badreaktor** (*z. B. in Saclay*) *m* pile-piscine *f*; ⸺**bagger** *m* drague *f* flottante; ⸺**bassin** *n*, ⸺**becken** *n* bassin *m* (de natation); piscine *f*; ⸺**blase** *icht. f* vessie *f* natatoire; ⸺**brücke** *f* pont *m* flottant; ⸺**dock** ⚓ *n* dock *m* flottant; ⸺**en** *v/i.* nager (*a. fig.*); *v. Sachen*: flotter; ans Land ⸺ gagner la rive à la nage; e-n Fluß ⸺ traverser une rivière à la nage; mit dem Strom ⸺ se laisser porter par le courant; gegen den Strom ⸺ nager à contre-courant; auf dem Rücken ⸺ nager sur le dos; unter Wasser ⸺ nager entre deux eaux; obenauf ⸺ surnager; wie e-e bleierne Ente ⸺ nager comme un fer à repasser; *fig.* in Tränen ⸺ fondre en larmes; in s-m Blut ⸺ baigner dans son sang; im Geld ⸺ être cousu d'argent; mir schwimmt es vor den Augen tout se brouille devant mes yeux; ⸺**en** *n* natation *f*; durch (*od.* mit) ⸺; sich durch ⸺ retten se sauver à la nage; zum ⸺ gehen aller nager (*od.* se baigner); ⸺**end I** *adj. v. Sachen*: flottant; **II** *adv.* à la nage; sich ⸺ retten se sauver à la nage; ⸺**er** *m* nageur *m*; ⊕ flotteur *m*; ⸺**erbecken** *n* grand bassin *m*; ⸺**erin** *f* nageuse *f*; ⸺**ernadel** *f* pointeau *m*; ⸺**erschalter** ⚡ *m* interrupteur *m* à flotteur; ⸺**fähig** ⚓ *adj.* flottable; ⸺**fähigkeit** ⚓ *f* flottabilité *f*; ⸺**flosse** (*Taucherausrüstung*) palme *f*; ⸺**fuß** *zo. m* pied *m* palmé; ⸺**füßer** *orn. m/pl.* palmipèdes *m/pl.*; ⸺**gürtel** *m* ceinture *f* de natation; (*Rettungsgürtel*) ceinture *f* de sauvetage; zur Bergung e-r Raumkapsel: ceinture *f* de flottaison; ⸺**haut** *orn. f* palmure *f*; ⸺**klub** *m* club *m* de natation; ⸺**körper** *m* flotteur *m*; ⸺**kran** ⊕ *m* grue *f* flottante; ⸺**kundig** *adj.* qui sait nager; ⸺**lehrer**(**in** *f*) *m* professeur *m* de natation; ⸺(**m**)**eister** *m* maître *m* nageur; ⸺(**m**)**eisterschaft** *f* championnat *m* de natation; ⸺**sport** *m* natation *f*; ⸺**stadion** *n* stade *m* nautique; ⸺**stil** *m* style *m* de nage; ⸺**stoß** *m* brasse *f*; ⸺**unterricht** *m* leçons *f/pl.* de natation; ⸺**verein** *m* club *m* de natation; ⸺**vögel** *orn. m/pl.* palmipèdes *m/pl.*; ⸺**weste** *f* gilet *m* de sauvetage; brassière *f*.

'**Schwindel** *m* ⚕ vertige *m*; étourdissement *m*; (*Lüge*) mensonge *m*; (*lügenhafte Propaganda*) bourrage *m* de crâne; (*Betrügerei*) bluff *m*; tromperie *f*; duperie *f*; supercherie *f*; filouterie *f*; escroquerie *f*; den ⸺ bekommen avoir le vertige; es überfällt mich ein ⸺ il me prend un vertige; F den ⸺ kenne ich je connais le truc; den ⸺ aufdecken découvrir le pot aux roses; *der ganze* ⸺ (*Kram*) tout le tremblement; tout le bazar; tout le fourbi; toute la boutique; das ist doch alles ⸺! F tout ça c'est du bidon!; allons! ce sont des histoires!; ⸺**anfall** ⚕ *m* étourdissement *m*; e-n ⸺ haben être pris d'un vertige.

Schwinde'**lei** *f* (*Lüge*) mensonge *m*; (*Betrug*) tromperie *f*; duperie *f*; supercherie *f*.

'**schwindel**|**erregend** *adj.* vertigineux, -euse; ⸺**firma** *f* maison *f* véreuse; ⸺**frei** *adj.* qui n'est pas sujet, -ette au vertige; ⸺**gefühl** ⚕ *n* vertige *m*; étourdissement *m*; ⸺**haft** *adj.* qui donne le vertige; vertigineux, -euse; (*betrügerisch*) trompeur, -euse; ⸺**ig** *adj.* (*schwindelerregend*) vertigineux, -euse; (*vom Schwindel befallen*) pris de vertige; mir ist ⸺ j'ai le vertige (*od.* un étourdissement); il me prend un vertige; *leicht* ⸺ *werden* être sujet, -ette au vertige; ⸺ machen donner le vertige (à); ⸺**n** *v/imp.* avoir le vertige (*od.* un étourdissement); es schwindelt mir j'ai le vertige (*od.* un étourdissement), la tête me tourne; *fig.* (*lügen*) mentir (*betrügen*) tromper; F duper; ⸺**unternehmen** *n* entreprise *f* véreuse; officine *f*.

'**schwinden I** *v/i.* Geld (*abnehmen*) diminuer; se réduire; *Vertrauen*: se perdre; *Farben*: s'effacer; *Töne*: diminuer; se perdre; *Schönheit*: se faner; *Hoffnungen*: s'anéantir, s'évanouir; s-e Kräfte ⸺ ses forces l'abandonnent; ihm ⸺ *die Sinne* il perd connaissance; ⸺ lassen abandonner; renoncer à; **II** ⸺ *n* (*Abnehmen*) diminution *f*; ⸺**d** *adj.* (*Hoffnung*) fugitif, -ive; passager, -ère; ⸺**e Gesundheit** santé *f* caduque.

'**Schwindler**(**in** *f*) *m* (*Lügner*) menteur *m*, -euse *f*; (*Betrüger*) trompeur *m*, -euse *f*; dupeur *m*, -euse *f*; (*Gauner*) escroc *m*; filou *m*; aigrefin *m*; arnaqueur *m*; (*Quacksalber*) charlatan *m*; ⸺**isch** *adj.* (*betrügerisch*) trompeur, -euse; (*verlogen*) menteur, -euse.

'**schwindlig** *adj.* → schwindelig.

'**Schwind**|**sucht** ⚕ *f* phtisie *f*; consomption *f*; ⸺**süchtig** ⚕ *adj.* phtisique; poitrinaire; ⸺**süchtige(r** *a. m*) *m*, *f* phtisique *m*, *f*.

'**Schwing**|**achse** *f* essieu *m* oscillant; ⸺**e** *f* *st.s.* (*Flügel*) aile *f*; (*Getreide*⸺) van *m*; ⊕ coulisse *f*; bielle *f* oscillante.

'**schwingen 1.** *v/t.* agiter; (*schaukeln*) balancer; *Schwert usw.*: brandir; *Getreide*: vanner; ⸺ *e-e Rede* ⸺ prononcer (*od.* faire) un discours; *écol.* faire un laïus; *das Tanzbein* ⸺ danser; P plais. guincher; gambiller; **2.** *v/rf.*: sich ⸺ s'élancer; s'élever; sich in den Sattel ⸺ sauter en selle; sich in die Luft ⸺ s'élever en l'air; **3.** *v/i.* Saite: vibrer; *Pendel*: osciller.

'**Schwinger** *m* Boxen: swing *m*.

~spendung f bénédiction f; sreich adj. (erfolgreich) couronné de succès; ~sspruch m bénédiction f; ~swunsch m bénédiction f; m-e Segenswünsche (Glückwünsche) mes félicitations f/pl.

'Segler m, ~in f celui, celle qui fait voile, Sport: homme m (femme f) qui pratique le yachting; (Schiff) voilier m; (Segelflugzeug) planeur m; orn. martinet m.

Seg'ment n segment m.

'segn|en v/i. u. v/rf. bénir; donner la bénédiction (à); faire le signe de la croix; fig. das Zeitliche ~ mourir; Gott segne dich! Dieu te bénisse!; gesegnet béni; bienheureux, -euse; gesegnete Mahlzeit! bon appétit!; mit etw. gesegnet sein être doté de qch.; mit Gütern gesegnet comblé de biens; bien nanti; ung f bénédiction f; (Wohltat) bienfait m.

'Seh-achse f axe m visuel (od. optique).

'sehen I 1. v/i. voir; P viser; (blicken) regarder; gut ~ avoir de bons yeux; weit ~ voir loin; ~ auf regarder (acc.); avoir les yeux fixés sur; auf den Preis nicht ~ ne pas regarder au prix; auf die Uhr ~ regarder l'heure; das Zimmer sieht auf den Park la chambre donne sur le parc; er sieht nur auf s-n Vorteil il n'a en vue que son profit; darauf ~, daß ... veiller à ce que ... (subj.); aus dem Fenster ~ regarder par la fenêtre; daraus ist zu ~, daß ... on voit par là que ...; il ressort de là que ...; in die Sonne ~ regarder le soleil; in den Spiegel ~ se regarder dans la glace; j-m ins Gesicht ~ regarder q. en face; den Dingen ins Gesicht ~ voir les choses en face; j-m ins Herz ~ lire dans le cœur de q.; ~ nach regarder (acc.; fig. à), avoir les yeux fixés sur, sorgend: veiller à, avoir soin de; nach dem Rechten ~ voir ce que l'on fait; nach der Uhr ~ regarder l'heure; das Zimmer sieht auf die Straße la chambre donne sur la rue; j-m ähnlich ~ ressembler à q.; siehe oben (unten) voir ci-dessus (ci-dessous); siehe Seite 10 voir page dix; sieh(e) da! tiens!; sieh doch! vois donc!; F sieh mal er-an! voyez-vous cela!; wie ich sehe à ce que je vois; ich will ~, daß ... (od. zu ... inf.) je tâcherai de ... (inf.); je m'arrangerai pour ... (inf.); wir sahen, wie er lief nous le vîmes courir; ~ Sie zu, daß Sie uns ein gutes Frühstück machen voyez à nous faire un bon petit déjeuner; 2. v/t. u. v/rf. voir; (anblikken, a. télév.) regarder; (beurteilen) envisager; (wahrnehmen) apercevoir; s'apercevoir de; (unterscheiden) distinguer; (erkennen) reconnaître; flüchtig ~ entrevoir; etw. nicht sehen wollen faire semblant de ne pas voir qch., (ein Auge zudrücken) fermer les yeux sur qch.; zu ~ sein se voir, (sichtbar sein) être visible; das ist für Geld zu ~ on peut le voir pour de l'argent; on le montre pour de l'argent; gern (ungern) ~ voir d'un bon (d'un mauvais) œil; gern gesehen sein être bien vu; Gäste bei sich ~ voir du monde, abs. recevoir; ~ lassen faire voir; montrer; sich ~ lassen se montrer; sich ~ lassen können pouvoir se montrer; er hat sich nicht mehr ~ lassen on ne l'a pas revu; Sie haben sich lange nicht ~ lassen on ne vous a pas vu depuis longtemps; das sieht man cela se voit; wenn man sieht, ... à le voir, ...; hat man so etw. schon gesehen? a-t-on jamais vu pareille chose?; alles im rosigsten Lichte ~ voir tout en rose; II n vue f; ihm verging Hören und ~ il en fut tout étourdi; vom ~ kennen connaître de vue; ~swert, ~swürdig adj. qui vaut la peine d'être vu; spectaculaire; ~e Gegend site m; swürdigkeit f ce qui vaut la peine d'être vu; ~en pl. curiosités f/pl.

'Seher|(in f) m prophète m, prophétesse f; visionnaire m, f; (Hell) voyant m, -e f; ~blick m regard m prophétique; ~gabe f seconde vue f; isch adj. prophétique.

'Seh|fehler m défaut m de la vue; ~feld n champ m visuel; ~kraft f facultés f/pl. visuelles; vue f; vision f.

'Sehne f anat. tendon m; (a. Bogen-) corde f.

'sehnen I v/rf.: sich nach etw. ~ aspirer à qch.; désirer ardemment qch.; soupirer après qch.; er sehnt sich danach, dich wiederzusehen il lui tarde de te revoir; II n désirs m/pl. ardents.

'Sehnen|band anat. n ligament m tendineux; ~entzündung f inflammation f des tendons; tendinite f; ténosite f; ~faser f fibre f tendineuse; ~scheide anat. f gaine f tendineuse; ~scheiden-entzündung f inflammation f des gaines tendineuses; ténosynovite f; ~verkürzung f rétraction f tendineuse; ~zerrung f élongation f (od. entorse f) ligamentaire.

'Sehnerv m nerf m optique (od. visuel).

'sehnig adj. tendineux, -euse; (faserig) filandreux, -euse; fig. (kraftvoll) nerveux, -euse vigoureux, -euse.

'sehnlich I adj. ardent; impatient; II adv. ardemment; avec impatience; etw. sehnlichst herbeiwünschen a. rêver qch.

'Sehn|sucht f désir m ardent (nach de); ~ nach der Heimat nostalgie f; mit ~ erwarten attendre avec impatience; süchtig, suchtsvoll adj. plein de désir; (ungeduldig) impatient (nach de); (schmachtend) langoureux, -euse.

'Seh|organ n organe m de la vue; ~probe f examen m de la vue.

sehr adv. vor adj. u. adv.: très; bien; fort; bei vb.: beaucoup; bien; ~ viel bien; ~ viel Geld beaucoup d'argent; ~ viele Leute beaucoup de, bien des gens; ~ viele andere bien d'autres; so ~ tant; tellement; so ~, daß ... à ce (od. au) point que ...; er weiß nicht, wie ~ ... il ne sait combien (od. à quel point); so ~ er auch schreit il a beau crier; wie ~ auch immer ... à quelque degré que ... (subj.).

'Seh|rohr n e-s Unterseebootes: périscope m; ~schärfe f acuité f visuelle; ~schlitz m fente f de visée; e-s Panzers: épiscope m; ~schwäche f faiblesse f de la vue; ~störungen f/pl. troubles m/pl. oculaires (od. de la vue od. de la vision); ~test m test m visuel; ~verhalten (beim Fernsehen) n comportement m du téléspectateur; ~vermögen n aptitude f visuelle; (Sinn) vue f; ~weite f portée f de la vue; e-r Brille usw.: champ m visuel; ~werkzeug n organe m de la vue; ~winkel m angle m visuel; ~zentrum n centre m visuel.

seicht adj. Wasser: peu profond; bas, basse; (durchwatbar) guéable; fig. plat; superficiel, -elle; fade; insipide; banal; (unerheblich) léger, -ère; ~e Redensarten platitudes f/pl.; heit f, igkeit f peu m de profondeur; fig. platitude f.

'Seide f soie f; reine ~ pure soie f; rohe ~ soie f grège (od. écrue).

'Seidel n chope f.

'seiden adj. de soie; (wie Seide) soyeux, -euse; abfall m bourre f de soie; affe zo. m colobe m; äffchen zo. n ouistiti m; arbeit f ouvrage m en soie; artig adj. soyeux, -euse; asbest m amiante m soyeux; atlas m satin m; band n ruban m de soie; fabrik f soierie f; fabrikant m soyeux m; faden m fil m de soie; flor m gaze f de soie; garn n fil m de soie; gespinst n cocon m de ver à soie; gewebe n tissu m de soie; glanz m éclat m soyeux; haar n cheveux m/pl. soyeux; handel m soierie f; commerce m de la soie; händler m marchand m de soieries; industrie f industrie f de la soie; papier n papier m de soie; raupe ent. f ver m à soie; raupenzucht f sériciculture f; raupenzüchter m sériciculteur m; schwanz orn. m jaseur m; spinner m fileur m de soie; ent. bombyx m du mûrier; spinne'rei f filature f de soie; sticke'rei f broderie f de soie; stoff m étoffe f de soie; soierie f; straße f route f de la soie; tuch n tissu m de soie; ware f soierie f; weber m tisserand m en soie; webe'rei f fabrication f de la soie; soierie f; tissage m de la soie; ~weich adj. soyeux, -euse; zwirn m fil m de soie.

'seidig adj. soyeux, -euse.

'Seife f savon m; ein Stück (od. Riegel) ~ un pain de savon; ~ kochen (od. sieden) fabriquer du savon; mit ~ waschen = n v/t. savonner.

'Seifen|behälter m porte-savon m; ~bildung f saponification f; ~blase f bulle f de savon (a. fig.); ~büchse f, ~dose f boîte f à savon; ~fabrik f savonnerie f; ~flocken f/pl. savon m en paillettes; ~kiste f caisse f à savon; ~kraut n saponaire f; ~lappen m gant m de toilette; ~lauge f eau f savonneuse; ~napf m porte-savon m; zum Rasieren: plat m à barbe; ~pulver n savon m en poudre; ~schaum m mousse f de savon; ~sieder m savonnier m; fig. mir geht ein ~ auf je commence à comprendre (od. à y voir clair); P maintenant je pige; ~siede'rei f savonnerie f; ~spender m distributeur m de savon; ~stein m pierre f de savon; saponite f; ~wasser n eau f savonneuse (od. de savon); ~zäpfchen n suppositoire m savonneux.

'seifig adj. savonneux, -euse; saponacé.

'seigern I v/t. métall. ressuer; II n

ressuage *m*.
'**Seigerschacht** ⚒ *m* puits *m* vertical.
'**Seih|e** *dial. f (Filter)* passoire *f*; filtre *m*; *(Rückstand)* résidu *m*; ⚰ *en v/t.* filtrer; **~en** *n* filtrage *m*; **~er** *m* passoire *f*; filtre *m*; **~tuch** *n* étamine *f*.
Seil *n* corde *f*; ⚓ cordage *m*; starkes ~ câble *m*; auf dem ~ tanzen danser sur la corde; ~ springen sauter à la corde; '**~bahn** *f* 1. télécabine *f*; téléphérique *m*; téléférique *m*; 2. ⚙, tram: funiculaire *m*; '**~bahnwagen** *m* wagonnet *m*; '**~bremse** *f* frein *m* à câble; '**~brücke** *f* pont *m* suspendu; pont *m* à haubans; '**~er** *m* cordier *m*; '**~erei** *f* corderie *f*; '**~erwaren** *f/pl.* cordages *m/pl.*; '**~fähre** *f* traille *f*; '**~gefährte** *m* compagnon *m* de cordée; '**~hangeln** *(Sport) n* grimper *m*; '**~hüpfen** *n* saut *m* à la corde; '**~macher** *m* cordier *m*; '**~ring** *alp. m* anneau *m* de corde; doppelter ~ baudrier *m*; '**~schaft** *f* cordée *f*; '**~rolle** *f* poulie *f* à câble; '**~springen** *n* saut *m* à la corde; '**~start** ⚒ *m* lancement *m* au câble; '**~steuerung** *f* commande *f* par câble; '**~tanzen** *n* danse *f* sur la corde; funambulisme *m*; '**~tänzer (-in)** *m*, *-euse f* de corde; funambule *m, f*; fil-de-fériste *m, f*; '**~tänzerei** *f* funambulisme *m*; '**~tänzerstange** *f* balancier *m* de danseur de corde); '**~trommel** *f* tambour *m* à câble; '**~werk** *n* cordages *m/pl.*; '**~winde** *f* treuil *m* à câble; ⚓ cabestan *m*.
Seim *m aus Pflanzen:* mucilage *m*; *(Honig*⚰*)* miel *m* vierge; '⚰**ig** *adj.* mucilagineux, -euse.
sein[1] **I** *v/i. u. v/aux.* être; exister; *(sich befinden)* être; se trouver; *(vorhanden* ~*)* y avoir; *(stattfinden)* avoir lieu; *(leben)* vivre; es sei!; soit!; so sei es! ainsi soit-il!; wie dem auch sei quoi qu'il en soit; sei es, daß ... soit que ... *(subj.)*; es sei denn, daß ... à moins que ... ne *(subj.)*; sei es im Guten, sei es im Bösen soit en bien, soit en mal; es mag *(od.* kann*)* ~ c'est possible; das kann nicht ~ c'est impossible; wer ist das? qui est-ce?; sind Sie es? est-ce vous?; c'est vous?; ich bin's c'est moi; hier bin ich me voici; da ist er le voilà; was ist das? qu'est-ce?; qu'est-ce que c'est?; was soll das ~? qu'est-ce que cela veut dire?; qu'est-ce cela signifie?; was ist Ihnen? qu'avez-vous?; wie ist Ihnen? comment êtes-vous?; comment vous trouvez-vous?; mir ist nicht wohl je me sens mal; mir ist besser je me sens mieux; mir ist, ich weiß nicht wie ne je ne sais pas ce que j'ai; wie wäre es, wenn ... que diriez-vous si ...; mir ist, als ob ... on dirait que je ...; es ist damit wie mit ... il en est de cela comme de ...; wenn dem so ist s'il en est ainsi; es wird nicht immer so ~ il n'en sera pas toujours ainsi; sind noch welche da? y en a-t-il encore?; s'en trouve-t-il encore?; es sind viele da il y en a beaucoup; was ist zu tun? qu'y a-t-il à faire?; so faire? ist es weit von hier bis zum Bahnhof?, von hier nach dort? y a-t-il loin d'ici (à) la gare?, d'ici là?; es ist ein Jahr her il y a un an; acht Tage sind es nun her il y a de cela 'huit jours; wessen Buch ist das? 'à qui est *(od.*

appartient*)* ce livre?; es ist kalt *(warm; windig)* il fait froid (chaud; du vent); hier ist's gut ~ il fait bon ici; sei kein Kind ne fais pas l'enfant; so ist er il est ainsi fait; laß das ~! laisse-cela; abstiens-t'en; garde-toi de faire cela; ne t'en mêle pas; wie alt sind Sie? quel âge avez-vous?; er ist 20 Jahre alt il a vingt ans; es ist zu erwarten, daß ... on doit *(od.* il faut*)* s'attendre à ce que ... *(subj.)*; 2 mal 3 ist 6 deux fois trois font six; er ist gekommen il est venu; er ist gelaufen il a couru; er ist gewesen il a été; **II** ⚰ *n* être *m*; *(Wesenheit)* essence *f*; *(Dasein)* existence *f*.
sein[2] *pr/poss.* ('**~e** *f*) *m u. n* son *m (vor vo. od.* stummem h *a. f)*, sa *f (vor cons.)*, *pl.* ses; **~e** vielen Freunde ses amis; **~e** vielen Freunde ses nombreux amis *m/pl.*; mein und ~ Bruder mon frère et le sien; '**~er**, '**~e**, '**~es**: der (die, das) '**~e** *od.* '**~ige** le sien, la sienne; die ⚰(ig)en *pl.* les siens *m/pl.*; sa famille; das ⚰ige tun faire son possible; jedem das Seine à chacun son compte, sa part, son dû.
'**seiner** *pr./p. (gén. v.* er*)* de lui; de soi; ich gedenke ~ je me souviens de lui; je pense à lui; **~seits** *adv.* de son côté; de sa part; **~zeit** *adv.* jadis; en son temps.
'**seinesgleichen** *pr.* son égal *m*; pareil *m*; j-n wie ~ behandeln traiter q. d'égal à égal *(od.* sur un pied d'égalité); nicht ~ haben être 'hors de pair'; ne pas avoir son pareil, sa pareille; unter ~ entre égaux.
'**seinet|halben**, **~wegen**, **~willen** *prp. mit pr/p.* pour lui; à cause de lui; par égard pour lui.
'**seismisch** *adj.* sismique; séismique.
Seismizi'tät *(Erdbebengefährdung) f* sismicité *f*.
Seismo'graph *m* s(é)ismographe *m*.
seit I *prp. (dat.)* depuis; à partir de; ~ dem Tage, da ... depuis le jour que ...; ~ langem depuis longtemps; ~ kurzem depuis peu; *(schon* ~, gleich mit*)* dès; ~ 3 Tagen ist er verreist il y a trois jours qu'il est parti; **II** *cj.* depuis que.
seit'dem I *adv.* depuis (ce temps-là); *(schon damals)* dès lors; **II** *cj.* depuis que.
'**Seite** *f* côté *m*; *(Richtung)* a. sens *m*; *(Mauerfläche)* pan *m*; *(Schrift*⚰*)* page *f*; *(Partei)* parti *m*; *(Flanke)* flanc *m*; *(Gesichtspunkt)* aspect *m*; volet *m*; biais *m*; e-r Gleichung: membre *m*; e-s Körpers: face *f*; leere (freie; unbeschriebene; unbedruckte) ~ page *f* blanche; vordere ~ devant *m*, e-s Gebäudes: a. façade *f*, front *m*; hintere ~ derrière *m*; rechte ~ e-s Stoffes: endroit *m*, *typ.* recto *m*; linke ~ e-s Stoffes: envers *m*, *typ.* verso *m*; *fig.* schwache ~ (côté *m*) faible *m*, starke ~ fort *m*; s-e guten ~n haben avoir ses bons côtés; jedes Ding hat s-e zwei ~n toute médaille a son revers; die zweite ~ dieser Politik le deuxième volet de cette politique; zwei ~n haben comporter deux volets; die vielfältigen ~n des Sports les multiples facettes du sport; ~ an ~ côte à côte; e-r Sache *(dat.)* etw. *(vergleichend)* an die ~ stellen comparer qch. à *(bei genauem Vergleich:* avec*)* qch.; an j-s ~ sitzen être assis à côté de q., aux côtés de q.; an *(od.* auf*)* die *(od.* zur*)* ~ gehen *(od.*

treten*)* se mettre à l'écart; s'écarter; se ranger; faire place; s'effacer; laisser passer; auf ~ 10 en *(od.* à la*)* page dix; auf diese(r) ~; nach dieser ~ de côté; auf *(von)* beiden ~n des deux côtés; de part et d'autre; das Unrecht liegt auf s-r ~ tous les torts sont de son côté; auf j-s ~ stehen (treten) être (se ranger) du côté de q.; j-n auf die ~ nehmen prendre q. à part; auf die ~ schaffen *(beiseite legen)* mettre de côté, mettre en réserve, réserver, *(wegschaffen)* se débarrasser de, se défaire de, faire disparaître; j-n auf s-e ~ bringen mettre de son côté; gagner q.; j-n bei s-r schwachen ~ nehmen prendre q. par son faible; die Arme in die ~n stemmen mettre les poings sur les 'hanches'; nach allen ~n en tous sens; nach allen ~n hin à tous les points de vue; sous tous les aspects; von allen ~n de tous côtés; von ~ r ~ aus de mon côté; von der ~ ansehen regarder de côté *(fig.* de travers*)*; etw. von der einen ~ nehmen prendre qch. du bon côté; s-e guten ~n haben *(Sache)* avoir du bon; von der ~ angreifen attaquer de flanc; j-m nicht von der ~ gehen *(od.* weichen*)* ne pas quitter q. d'un pas; suivre q. comme son ombre; sich vor Lachen die ~n halten se tenir les côtes de rire; j-m zur ~ à côté de q.; aux côtés de q.; mit ... zur ~ flanqué de ...; zur ~ legen mettre de côté; j-m zur ~ stehen seconder *(od.* assister*)* q.
'**Seiten|abweichung** *f* e-s Geschosses: dérivation *f*; **~angriff** ⚒ *m* attaque *f* de flanc; **~ansicht** *f* vue *f* de côté; *(Profil)* profil *m*; **~blick** *m* regard *m* de côté *(od.* oblique*)*; **~deckung** ⚒ *f* protection *f* du flanc; als Truppe flanc-garde *f*; **~druck** *m* pression *f* latérale; **~eingang** *m* entrée *f* latérale *(od.* sur le côté*)*; **~erbe** *m*, **~erbin** *f* héritier *m* (-ière *f*) collatéral(e); **~fenster** *n* fenêtre *f* latérale; *Auto*: glace *f* de custode; **~fläche** *f* face *f* latérale; **~flosse** ⚒ *f* plan *m* fixe vertical; **~flügel** *m* e-s Gebäudes: aile *f*; **~front** *f* façade *f* latérale; **~gang** *m* in Gebäuden: galerie *f* latérale; ⚒ couloir *m* latéral; **~gasse** *f* ruelle *f* latérale; **~gebäude** *n* aile *f*; **~gewehr** ⚒ *n* baïonnette *f*; mit aufgepflanztem ~ baïonnette au canon; **~hieb** *m* coup *m* porté sur le côté; *fig.* coup *m* de bec; **~kante** *f* arête *f* latérale; **~kipper** *m* benne *f* à bascule latérale; **~lähmung** ⚕ *f* hémiplégie *f*; **~lang** *adj.* qui a plusieurs pages; **~lehne** *f* bras *m*; accoudoir *m*; **~leitwerk** ⚒ *n* gouvernail *m* de direction; **~linie** *f* ligne *f* latérale; ⚒ voie *f* secondaire; embranchement *m*; *Stammbaum:* ligne *f* collatérale; *Sport:* touche *f*; **~loge** *thé. f* loge *f* d'avant-scène; **~moräne** *f* e-s Gletschers: moraine *f* latérale; **~naht** *f* couture *f* de côté; **~rand** *m* marge *f*; **~riß** *m* projection *f* latérale; *(Profil)* profil *m*; **~ruder** ⚒ *n* gouvernail *m* de direction; ⚰*s prp.* *(gén.)* de la part de; **~schiff** 🕂 *n* e-r Kirche: nef *f* latérale; bas-côté *m*; **~schwimmen** *n* marinière *f*; **~sicherung** ⚒ *f* flanc-garde *f*; **~sprung** *m* écart *m (machen* faire*)*; *fig.* frasque *f*; escapade *f*; écart *m* de conduite; équipée *f*; fredaine *f*; gaminerie *f*;

incartade f; ~stechen n, ~stiche m/pl. point m de côté; pleurodynie f; ~steuer ⚓ n gouvernail m de direction; ~stoß m coup m dans le flanc; ~straße f rue f latérale; ~stück n (Pendant) pendant m (zu de); zu etw. als ~ dienen faire pendant à qch.; ~tal n vallée f transversale; ~tasche f poche f latérale (od. de côté); ~teil n partie f latérale; ~tür f porte f latérale; fig. porte f de sortie; ~wahl f Sport: tirage m au sort des camps; ~wand f paroi f latérale; △ e-s Gebäudes: face f latérale; ~wechsel m Sport: changement m de camps; ~weg m chemin m latéral; ~wind m vent m de côté; vent m latéral; ~zahl m nombre m de(s) pages; einzelne: numéro m de (la) page; mit ~en versehen paginer.

seit'her adv. depuis (ce temps-là).

'seitlich adj. latéral; sur le côté; ~ von etw. gelegen situé à côté de qch.

'seitwärts adv. de côté; à côté; vers le côté; sur le côté; latéralement; ~ schlittern v/i. (Auto) F se mettre en crabe.

Se'kante ⚡ f sécante f.

Se'kret physiol. n substance f sécrétée.

Sekre'tär m secrétaire m (a. Schreibschrank).

Sekretari'at n secrétariat m.

Sekre'tärin f secrétaire f.

Sekreti'on physiol. f sécrétion f.

Sekt m (vin m) mousseux m; abus. champagne m.

'Sekte f secte f; ~nwesen n sectarisme m.

'Sekt|flasche f bouteille f à (volle: de) mousseux bzw. champagne; ~glas n flûte f (à champagne); ~händler m négociant m en mousseux (bzw. en champagne).

Sek'tierer|(in f) m sectaire m, f; 2isch adj. sectaire.

Sekti'on f section f; ⚕ dissection f; autopsie f; ~sbefund m résultat m de l'autopsie; ~s-chef m chef m de service.

'Sektkübel m seau m à champagne.

'Sektor m secteur m (a. fig.).

'Sekt|pfropfen m bouchon m; ~schale f coupe f à champagne.

Sekun'dant m second m.

sekun'där adj. secondaire; 2bahn f ligne f secondaire; 2element ⚡ n pile f secondaire; 2infektion ⚕ f infection f secondaire; 2kreis ⚡ m circuit m secondaire; 2literatur f littérature f critique; travaux m/pl. de seconde main; 2spannung f tension f secondaire; 2spule f bobine f secondaire; 2strom ⚡ m courant m secondaire.

Se'kundawechsel ✝ m seconde f de change.

Se'kunde f seconde f; ~n-anzeiger m aiguille f des secondes; trotteuse f.

sekun'dieren v/i.: j-m ~ esc. servir de second à q., ♪ accompagner q.; fig. seconder; épauler.

selb adj. même; zur ~en Zeit en même temps; im ~en Augenblick au même moment; '~er adv. → selbst; 'Lig adj. même.

selbst I pronominales adv. même; (persönlich) en personne; ich ~ moi-même; aus sich ~ von ~ de soi-même; tout seul; etw. von ~ tun faire qch. tout seul (od. de son propre chef); mit sich ~ reden parler tout seul; das versteht sich von ~ cela va de soi (od. sans dire); sie ist die Güte ~ elle est la bonté même; elle est la bonté en personne; ~ ist der Mann prends-toi par la main et fais-le toi-même; wie von ~ tout naturellement; II adv. (sogar) même; ~ s-e Freunde; s-e Freunde ~ même ses amis; ses amis même(s); ~ wenn même si; quitte à (m. inf.); quitte à ce que (m. subj.); !²achtung f estime f de soi-même.

'selbständig I adj. (unabhängig) indépendant; (autonom) autonome; sich ~ machen faire acte d'indépendance, geschäftlich usw.: s'établir; II adv. indépendamment; a. penser par soi-même; 2keit f indépendance f; (Autonomie) autonomie f.

'Selbst|anklage f auto-accusation f; ~anlasser m Auto: démarreur m automatique; ~anschluß téléph. m (téléphone m) automatique m; ~anschluß-amt téléph. n central m téléphonique automatique; ~anschluß-apparat téléph. m téléphone m automatique; ~ansteckung f auto-infection f; ~antrieb m auto-propulsion f; 2anzeigend ⊕ adj. auto-enregistreur, -euse; ~aufgabe f suicide m moral; bsd. pol. compromission f; ~auf-opferung f sacrifice m de soi-même; ~auslöser phot. m déclencheur m automatique; ~aus-schalter ⚡ m interrupteur m automatique; ~bedarf m propres besoins m/pl.; ~bedienung f libre-service m; ~bedienungs-geschäft n, ~laden m magasin m de libre-service; ~bedienungsrestaurant n restaurant m libre-service; ~befriedigung f (Onanie) masturbation f; onanisme m; ~befruchtung ♀ u. zo. f autofécondation f; ~beherrschung f maîtrise f (od. contrôle m) de soi(-même); empire m sur soi(-même); ~ besitzen savoir se maîtriser (od. se dominer); ~beköstigung f alimentation f à ses propres frais; ~beobachtung f introspection f; ~besinnung f: politische ~ recroquevillement m politique; ~bespiegelung fig. f narcissisme m; ~bestätigung f affirmation f de soi; s-e ~ finden (suchen) trouver (chercher) sa vérité; ~bestäubung ♀ f autopollinisation f; ~bestimmung f autodétermination f; libre disposition f de soi; ~bestimmungsrecht n droit m à l'autodétermination; das ~ der Völker le droit des peuples à disposer d'eux-mêmes; ~betrachtung f contemplation f de soi; ~betrug m illusion f que l'on se fait de soi-même; ~bewirtschaftung f gestion f des secondes; 2bewußt adj. ⚡ faire-valoir m direct; 2bewußt adj. qui a le sentiment de sa propre valeur; ~bewußtsein n sentiment m de sa propre valeur; ~bezichtigung f auto-accusation f; ~bildnis n autoportrait m; ~biographie f autobiographie f; ~disziplin f autodiscipline f; ~einschätzung f évaluation f de l'intéressé de ses revenus; ~entsagung f déni m de soi; ~entzündung f auto-inflammation f; e-s Motors: auto-allumage m; ~erhaltung f conservation f de soi; ~erhaltungstrieb m instinct m de (la) conservation; ~erkenntnis f connaissance f de soi-même; ~erniedrigung f humiliation f volontaire; ~erregung ⚡ f auto-excitation f; ~erziehung f auto-éducation f; ~fahrer m Auto: conducteur-propriétaire m; (Rollstuhl) fauteuil m mécanique; ~fahrlafette ⚔ f affût m automoteur; ~fertigung f automatisation f; (weniger gut) automation f; ~finanzierung f autofinancement m; 2gebacken adj. fait à la maison; de ménage; 2gefällig I adj. satisfait de soi-même; suffisant; vaniteux, -euse; infatué de soi-même; présomptueux, -euse; II adv. avec suffisance; ~gefälligkeit f suffisance f; fatuité f; présomption f; 2gefertigt adj.: ~e Bombe engin m de sa confection; ~gefühl n sentiment m de sa propre valeur; conscience f de soi; (Eigenstolz) amour-propre m; j-n in s-m ~ treffen piquer (od. toucher) q. au vif; 2gemacht adj. fait à la maison; de ménage; 2genügsam adj. qui se suffit à lui-même; 2gerecht adj. infatué de soi-même; pharisien, -enne; ~gespräch n monologue m; soliloque m; Selbstgespräche führen monologuer; 2gezogen ♀ adj. cultivé dans son propre jardin; 2haftend text. adj. autofixant; autostable; ~heilverfahren n automédication f; 2herrlich adj. arrogant; autocratique; arbitraire; ~herrlichkeit f arrogance f; autocratisme m; ~hilfe f effort m personnel; F système m D; Sozialpolitik: entraide f; (Notwehr) légitime défense f; 2isch adj. égoïste; 2klebend adj. autocollant; autoadhésif, -ive; ~kosten pl., ~kostenpreis m prix m coûtant (od. de revient); ~kritik f autocritique f (ablegen se livrer à); ~ladegewehr n fusil m automatique; ~ladepistole f pistolet m automatique; ~lader ⚔ m arme f automatique; ~ladevorrichtung ⚔ f chargeur m automatique; ~laut gr. m voyelle f; ~liebe f amour m de soi; égoïsme m; ~lob n éloge m que l'on fait de soi; 2los I adj. désintéressé; II adv. avec désintéressement; ~losigkeit f désintéressement m; ~massage f automassage m; ~mord m suicide m; ~ begehen (verüben) se suicider; in den ~ treiben pousser au suicide; ~mörder(in f) m suicide m, -e f; 2mörderisch adj. de suicide; suicidaire; ~e Absichten haben avoir l'intention de se suicider; ~mordflieger m kamikaze m; ~mordforschung f suicidologie f; ~mordkandidat m candidat m au suicide; ~mordkommando n commando-suicide m; ~mordpsychose f frénésie f suicidaire; ~mordversuch m tentative f de suicide; ~rechtfertigung f autojustification f; 2redend adv. naturellement; bien entendu; ~regier m régulateur m automatique; ~regelung f réglage m (od. régulation f) automatique; 2reinigend adj. autonettoyant; ~schließer m ferme-porte m automatique; 2schmierend adj. à graissage automatique; ~schmierung f graissage m automatique; ~schuß-anlage (in

Gärten) *f* déclencheur *m* automatique de tir; **schutz** *m* autoprotection *f*; ⸚**sicher** *adj.* sûr de soi; assuré; plein d'assurance; **sicherheit** *f* aplomb *m*; assurance *f*; **steuerung** *f* autoguidage *m*; *mit* ~ *versehen* autoguidé; **studium** *n* études *f/pl.* sans professeur; **sucht** *f* égoïsme *m*; ⸚**süchtig** *adj.* égoïste; ⸚**tätig** ⊕ *adj.* automatique; **tätigkeit** ⊕ *f* automaticité *f*; automatisme *m*; **täuschung** *f* illusion *f* que l'on se fait à soi-même; **überschätzung** *f* présomption *f*; **überwachung** *f* autosurveillance *f*; **überwindung** *f* effort *m* sur soi-même; dépassement *m* de soi-même; (*Selbstverleugnung*) abnégation *f*; *es kostet* ~ il faut faire un effort sur soi-même; **unterricht** *m* auto-enseignement *m*; **verachtung** *f* mépris *m* de soi-même; **verbrauch** *m* consommation *f* privée; **verbrennung** *f* suicide *m* par le feu; ⸚**vergessen** *adj.* qui s'oublie pour les autres; plein d'abnégation; **vergessenheit** *f* oubli *m* de soi-même; abnégation *f*; **vergiftung** *f* auto-intoxication *f*; **verlag** *m*: *im* ~ *chez l'auteur*; **verleger** *m* auteur-éditeur *m*; **verleugnung** *f* abnégation *f*; **vernichtung** *f* autodestruction *f*; **verschluß** *m* fermeture *f* automatique; ⸚**verschuldet** *adj.* dont on porte la faute; par sa faute; **versicherung** *f* assurance *f* volontaire; **versorgung** *f* (*Autarkie*) autarcie *f*; *éc.* autosuffisance *f* alimentaire; ⸚**verständlich** I *adj.* naturel, -elle; *das ist* ~ cela (F ça) va de soi (*od.* sans dire); *s'entend*; F cela coule de source; II *adv.* naturellement; bien entendu; **verständlichkeit** *f*: *das ist e-e* ~ cela va de soi (*od.* sans dire); **verstümm(e)lung** *f* mutilation *f* volontaire; **verteidigung** *f* légitime défense *f*; **vertrauen** *n* confiance *f* en soi; ⸚**verwalten** *v/rf.*: *sich* ~ s'autogérer; **verwaltung** *f* autonomie *f* administrative; *in Betrieben*: autogestion *f*; *unter* ~ soi-gestionnaire ~; **wahl** *téléph.* *f* sélection *f* directe; **wähler** *téléph.* *m* téléphone *m* automatique; **wählferndienst** *téléph.* *m* service *m* téléphonique interurbain automatique; **zerfleischung** *f* autodestruction *f*; ⸚**zerstörerisch** *adj.* autodestructeur, -trice; **zerstörung** *f* autodestruction *f*; **zucht** *f* discipline *f* de soi-même; ⸚**zufrieden** *adj.* content de soi-même; *mv.p.* suffisant; **zufriedenheit** *f* contentement *m* de soi-même; *mv.p.* suffisance *f*; **zündung** *f* auto-allumage *m*; allumage *m* spontané; **zweck** *m* but *m* absolu; fin *f* en soi.

Selekti'on *f* sélection *f*.
selek'tiv *adj.* sélectif, -ive.
Selektivi'tät *f* sélectivité *f*.
Se'len 🜞 *n* sélénium *m*; ⸚**haltig** *adj.* sélénifère; **säure** *f* acide *m* sélénique; **zelle** *f* cellule *f* au sélénium.

'**Selfmademan** *m* fils *m* de ses œuvres; autodidacte *m*; *der* ~ *a.* l'homme-qui-s'est-fait-tout-seul.

'**selig** *adj.* (bien) heureux; *er ist ganz* ~ il est transporté de joie, F il est aux anges; (*entzückt*) ravi; (*verstorben*) feu; *défunt*; *mein* ~*er Vater* mon défunt père; feu mon père; *m-e* ~*e Mutter* ma défunte mère; feu ma mère; *die* ⸚*en* les défunts *m/pl.*; ~*en Andenkens* de bienheureuse mémoire; ~ *entschlafen* s'endormir dans la paix du Seigneur; *Gott habe ihn* ~! Dieu ait son âme!; ⸚**keit** *f* grande joie *f*; *rl.* félicité *f*; béatitude *f*; *die ewige* ~ *erlangen* faire son salut; **preisen** *v/t.* proclamer heureux, -euse; ⸚**preisung** *f* glorification *f*; *bibl.* ~*en pl.* béatitudes *f/pl.*; **sprechen** *v/t.* béatifier; ⸚**sprechung** *f* béatification *f*.

'**Sellerie** ♀ *m od. f* céleri *m*; **salat** *m* salade *f* de céleri.

'**selten** I *adj.* rare; (*außerordentlich*) extraordinaire; *sehr* ~ très rare, F rarissime; ~ *er werden* se raréfier; *das ist nichts* ⸚*es* cela n'a rien d'extraordinaire; II *adv.* rarement; *nicht* ~ assez souvent; *sich* ~ *machen* se faire rare; ⸚**heit** *f* rareté *f*; chose *f* rare; (*etw. Merkwürdiges*) curiosité *f*; *um der* ~ *willen* pour la rareté du fait; ⸚**heitswert** *m*: *dieses Buch hat* ~ ce livre a une grande valeur par sa rareté.

'**Selter(s)wasser** *n* eau *f* de Seltz; eau *f* gazeuse; *e-e Flasche* ~ une bouteille d'eau de Seltz; F un siphon.

'**seltsam** *adj.* étrange; extraordinaire; curieux, -euse; bizarre; F farfelu; ⸚**keit** *f* étrangeté *f*; singularité *f*; bizarrerie *f*.

Se'mantik *f* sémantique *f*; ⸚**isch** *adj.* sémantique.
Sema'phor *n od. m* sémaphore *m*.
Se'mester *n* semestre *m*; **schluß** *m* fin *f* du semestre.
Semi'kolon *n* point-virgule *m*.
Semi'nar *n* (*univ. u. Priester*⸚) séminaire *m*; Fr. (*Lehrer*⸚) école *f* normale; *univ.* romanisches ~ Institut *m* (*od.* Section *f*) de Séminaire *f* de philologie romane (*od.* des langues romanes); ~ *für Soziologie* séminaire *m* de sociologie; ~ *über die Stellungsuche* séminaire sur la recherche d'un emploi.
Semi'nar-arbeit *univ. f* travail *m* du séminaire.
Semina'rist(in *f*) *m cath.* seminariste *m*; Fr. (*Lehrer*⸚) élève *m*, *f* d'une école normale; normalien *m*, -enne *f*; *univ.* membre *m* d'un institut (*bzw.* d'un séminaire).
Se'mit|(in *f*) *m* Sémite *m*, *f*; ⸚**isch** *adj.* sémitique.
'**Semmel** *f* petit pain *m*; F *dieser Artikel geht weg wie warme* ~*n* cet article se vend (*od.* s'écoule *od.* s'enlève) comme des petits pains; on s'arrache cet article; ⸚**blond** *adj.* blond pâle.
Se'nat *m* sénat *m*; **or** *m* sénateur *m*; **orin** *f* sénatrice *f*.
sena'torisch *adj.* sénatorial.
Se'nats|ausschuß *m* commission *f* sénatoriale; **beschluß** *m* décret *m* du sénat; **wahlen** *f/pl.* élections *f/pl.* sénatoriales.
'**Send|bote** *m* envoyé *m*; émissaire *m*; *fig.* kultureller ~ multiplicateur *m*; **brief** *m* missive *f*.
'**Sende|anlage** *f* *Radio*: poste *m* émetteur (*od.* d'émission); **antenne** *f* antenne *f* émettrice (*od.* d'émission); **bereich** *m* portée *f* (*od.* zone *f*) d'émission; ⸚**bereit** *adj.* prêt à émettre; **bühne** *f* studio *m* (d'émission); **energie** *f* puissance *f* d'émission; **folge** *f* ordre *m* des émissions; (*Programm*) programme *m* des émissions; **leiter** *m* *rad.*, *télév. m* metteur *m* en ondes; réalisateur *m*; meneur *m* d'émission; producteur *m*; **mast** *rad. m* pylône *m* émetteur.

'**senden** I *v/t.* envoyer; expédier; *tél.* transmettre; *rad.*, *télév.*: émettre; *auf Kurzwellen* ~ émettre sur ondes courtes; II ⸚ *n* envoi *m*, expédition *f*; *tél.* transmission *f*; *rad.*, *télév.*: émission *f*; *rad.* diffusion *f*.

'**Sende|pause** *f* pause *f*; ~*plan* *m* horaire *m* des émissions; → **programm** *n* programme *m* des émissions.

'**Sender** *m* *rad.* station *f* de radio; (poste *m*) émetteur *m*; *télév.* émetteur *m* de télévision; *rad.* *über alle* ~ *verkünden* proclamer sur toutes les radios.

'**Sende|raum** *m* studio *m* (d'émission); **reihe** *f* série *f* d'émissions.

'**Sende|röhre** *f* lampe *f* d'émission; **saal** *m* studio *m* (d'émission); **spiel** *n* pièce *f* radiophonique (*bzw.* télévisée); **stärke** *f* puissance *f* d'émission; **station** *f* station *f* émettrice (*od.* d'émission); **turm** *m* *rad.*: tour *f* de radiodiffusion; *télév.*: tour *f* de télévision; ~ *und Empfangsgerät* *rad. n* (poste *m*) émetteur-récepteur *m*; **zeichen** *n* indicatif *m*; **zeit** *f* tranche *f* horaire.

'**Send|ling** *m* envoyé *m*; émissaire *m*; **schreiben** *n* missive *f*; **ung** *f* envoi *m*; (*Mission*) mission *f*; (*Übertragung*) transmission *f* (*Radio*⸚) émission *f* (radiophonique *od.* de radio); radio-émission *f*; (*Fernseh*⸚) émission *f* télévisée (*od.* de télévision).

Senf *m* moutarde *f*; *fig.* F *er gab s-n* ~ *dazu* il y mit son grain de sel; *darüber macht er e-n langen* ~ il en fait toute une tartine; '~**gas** ⚔ *n* gaz *m* moutarde; ypérite *f*; '~**glas** *n* verre *m* à *bzw.* de moutarde; '~**gurke** *f* cornichon *m* aux graines de moutarde; '~**pflaster** ♣ *n* sinapisme *m*; '~**topf** *m* pot *m* de moutarde; '~**soße** *f* sauce *f* (à la) moutarde.

'**Senge** F *pl.*: ~ *bekommen* recevoir une raclée.
'**sengen** I 1. *v/t.* roussir; brûler; griller; *cuis.* flamber; 2. *v/i.* brûler; ~ *und brennen* mettre tout à feu et à sang; II ⸚ *n cuis.* flambage *m*; ~ *und Brennen* ravages *m/pl.*
'**sengerig** *adv.*: *es riecht* ~ ça sent le roussi (*od.* le brûlé).
se'nil *adj.* sénile.
Senili'tät *f* sénilité *f*.
'**Senior** *m* ancien *m*; *Sport*: senior *m*; *soc.* Seni'oren *pl.* personnes *f/pl.* âgées; *Herr ... M...* père.
'**senior** *adj.* aîné; *Herr ... M...* père.
'**Senkblei** *n* ⚓ sonde *f*; ⊕ fil *m* à plomb.
'**Senkbrunnen** *m* puits *m* foncé.
'**Senke** *f* dépression *f* de terrain.
'**Senkel** *m* lacet *m*.
'**senken** 1. *v/t.* *Geschwindigkeit*: abaisser; *Sarg usw.*: (faire) descendre; *Kopf, Augen, Stimme*: baisser; *Preise usw.*: baisser; réduire; diminuer; (*neigen*) incliner; *den Wasserspiegel*: faire baisser; *den Degen* ~

saluer de l'épée; **2.** *v/rf.*: *sich ~* s'abaisser; *Gebäude, Boden*: s'enfoncer; *s'affaisser*; *(sich setzen)* se tasser; *Nacht*: tomber *(auf, über acc.* sur); *sich unter e-r Last ~* ployer sous un faix.

'**Senker** ⚥ *m* marcotte *f*, *des Weines*: provin *m*.

'**Senk|fuß** *m* pied *m* à voûte affaissée; *(Plattfuß)* pied *m* plat; tarsalgie *f*; **~fuß-einlage** *f* semelle *f* orthopédique *(od.* de redressement); **~grube** *f (Abort)* fosse *f* d'aisances; **~kasten** ⊕ *m* caisson *m*; **~niet** ⊕ *m* rivet *m* à tête noyée; **~rebe** *f* provin *m*; ⚬**recht** *adj.* vertical; à plomb; *bsd.* ⚹ perpendiculaire *(zu* sur); ≅ ~ *aufsteigen* monter en chandelle; **~rechte** *f* verticale *f*; perpendiculaire *f*; *e-e ~ errichten* élever une perpendiculaire *(auf dat.* sur); *e-e ~ fällen* abaisser une perpendiculaire *(auf acc.* sur); *e-e ~ ziehen* tracer une perpendiculaire *(zu* sur); **~rechtfräsmaschine** ⊕ *f* fraiseuse *f* verticale; **~rechtstarter** *m* ≅ avion *m* à décollage vertical; *fig.* homme *m* à succès; **~und-lander** ≅ *m* coléoptère *m*; **~reis** ⚥ *n* marcotte *f*; **~schraube** *f* vis *f* noyée.

'**Senkung** *f a. der Arbeitszeit*: abaissement *m*; *der Preise usw.*: *a.* réduction *f*; diminution *f*; baisse *f*; *im Gelände*: dépression *f*; *géol.* subsidence *f*; *(Neigung)* déclivité *f*, pente *f*; *e-s Gebäudes*: affaissement *m*; *mét.* thésis *f*; *(Blut⚬)* sédimentation *f* (du sang); **~sgeschwindigkeit** ⚹ *f* vitesse *f* de sédimentation.

'**Senkwaage** *phys. f* aréomètre *m*.

'**Senner(in** *f) m* vacher *m*, -ère *f*.

'**Sennes|blätter** *n/pl.* feuilles *f/pl.* de séné; **~strauch** ⚘ *m* séné *m*.

'**Sennhütte** *f* cabane *f* d'alpage.

Sensati'on *f* sensation *f*; *~ machen* faire sensation.

sensatio'nell *adj.* sensationnel, -elle; *à* sensation; *F* fumant; *F* sensas(s).

Sensati'ons|bedürfnis *n* besoin *m* de sensation(s); **~blatt** *n* journal *m* à sensation; **~darsteller(in** *f) cin. m* cascadeur *m*, -euse *f*; **~lust** *f* goût *m (od.* recherche *f)* de la sensation *(od.* du sensationnel); **~lustige(r)** *f* amateur *m* de sensations; **~meldung** *f* nouvelle *f* sensationnelle; **~presse** *f* presse *f* à sensation; **~prozeß** *m* procès *m* sensationnel; cause *f* célèbre; **~stück** *thé. n* pièce *f* à sensation; **~sucht** *f* goût *m (od.* manie *f)* de la sensation.

'**Sense** *f* faux *f*; *mit der ~ abmähen* faucher; *~! F (Ablehnung) int.* des clous!; ceinture!; rien!; zut!; penses-tu!; **~nmann** *fig. m* Mort *f*.

sen'sibel *adj.* sensible.

Sensibili'tät *f* sensibilité *f*.

sensi'tiv *adj.* sensitif, -ive.

sen'sorisch *adj.* sensoriel, -elle.

'**Sensortaste** *télév. f* touche *f* à effleurement.

Sensua'lis|mus *m* sensualisme *m*; **~t** *m* sensualiste *m*; ⚬**tisch** *adj.* sensualiste.

sensu'ell *adj.* sensuel, -elle.

Sen'tenz *f* sentence *f*.

sentenzi'ös *adj.* sentencieux, -euse.

sentimen|'tal *adj.* sentimental; ⚬**tali'tät** *f* sentimentalité *f*.

sepa'rat *adj.* séparé *f*; *particulier*, -ière; ⚬**druck** *typ. m* tirage *m* à part; ⚬**eingang** *m* entrée *f* particulière; ⚬**friede** *m* paix *f* séparée.

Separa'tis|mus *m* séparatisme *m*; **~t** *m* séparatiste *m*; ⚬**tisch** *adj.* séparatiste.

se'phardisch *rl. adj.* sépharade.

'**Sepia** *f icht.* seiche *f*; sépia *f*; *peint.* sépia *f*; ⚬**zeichnung** *f* sépia *f*.

'**Seppelhose** *All. f* culotte *f* de peau.

Sep'tember *m* septembre *m*.

Sep'tett *♪ n* septuor *m*.

Sep'time *♪ f* septième *f*.

'**septisch** ⚚ *adj.* septique.

Septua'ginta *f* version *f* des Septante; Septante *m/pl.*

Se'quenz *f* séquence *f*.

Se'quester ⚖ *n* séquestre *m*.

seques'trier|en ⚖ *v/t.* séquestrer; ⚬**ung** *f* séquestration *f*.

Se'rail *n* sérail *m*.

Se'raph *m* séraphin *m*; ⚬**isch** *adj.* séraphique.

'**Serb|e** *m*, **~in** *f* Serbe *m, f*; **~ien** *n* la Serbie; ⚬**isch** *adj.* serbe.

Sere'nade *f* sérénade *f*.

Serge *f (Stoff)* serge *f*.

'**Serie** *f* série *f*; **~n-arbeit** *f* ouvrage *m* de série; **~n-artikel** *m* article *m* de série; **~nbau** *m* construction *f* en série; **~nfabrikation** *f*, **~nfertigung** *f*, **~nherstellung** *f* fabrication *f* en série; **~nmäßig** *adj. u. adv.* en série; *~ herstellen* fabriquer en série; **~nnummer** *f* numéro *m* de série; **~nschalter** ⚥ *m* commutateur *m* à combinaison; **~nschaltung** ⚥ *f* couplage *m* en série; **~nverkauf** *m* vente *f* en série; **~nwagen** *m* voiture *f* de série; ⚬**nweise** *adv.* en série; **~nziehung** *f* tirage *m* d'une série (de lots).

seri'ös *adj.* sérieux, -euse.

Ser'mon *m péj. (Strafpredigt)* sermon *m*; remontrance *f*.

Serolo'gie *f* sérologie *f*.

Serpen'tine *f* → **~nweg**; **~nstraße** *f* route *f* en lacets; **~nweg** *m* sentier *m* en zigzags.

'**Serum** *n* sérum *m*; **~behandlung** *f* sérothérapie *f*.

Ser'vice *n (Tafelgerät)* vaisselle *f* de table; service *m*; *(Bedienung)* service *m*.

Ser'vier|brett *n* plateau *m*; ⚬**en 1.** *v/t.* servir; **2.** *v/i. (bedienen)* servir (à table); **~er(in** *f) m* serveur *m*, -euse *f*; **~tisch** *m* servante *f*; desserte *f*; **~wagen** *m* table *f* roulante.

Servi'ette *f* serviette *f* (de table); **~nring** *m* rond *m* de serviette; **~ntasche** *f* pochette *f* à serviette de table.

ser'vil *adj.* servile.

Servili'tät *f* servilité *f*.

'**Servo|bremse** *f* servo-frein *m*; **~motor** *m* servo-moteur *m*.

'**Servus!** *östr. int.* salut!

'**Sesam** ⚘ *m* sésame *m*; **~bein** *anat. n* sésamoïde *m*.

'**Sessel** *m* fauteuil *m*; **~lift** *m* télésiège *m*.

'**seßhaft** *adj.* sédentaire; *~ werden* s'établir; ⚬**igkeit** *f* sédentarité *f*.

Sessi'on *f* session *f*.

'**Setz-ei** *n* œuf *m* sur le plat.

'**setzen I 1.** *v/t.* mettre; *(stellen)* poser; placer; *(hinsetzen)* asseoir; *(pflanzen)* planter; ♟ poser; *♪ u. typ.* composer; *(wetten)* miser *(auf acc.* sur); parier (pour); *Punkt*: mettre; *Frist*: fixer; *Ziel*: proposer; fixer; *Denkmal*: ériger; élever; *Ofen*: poser; installer; *den Fall ~* poser le cas, *abs.* supposer; *gesetzt den Fall, es wäre so* supposons qu'il en soit ainsi; *e-r Sache (dat.) Grenzen ~* mettre des bornes à qch.; *alles daran ~* mettre tout en œuvre; *an Land ~* mettre à terre; débarquer; *an den Mund (od. an die Lippen) ~* porter aux lèvres, *Trompete*: emboucher; *s-e Hoffnung auf etw. (acc.) ~* mettre son espoir en qch.; mettre *(od.* placer) ses espérances dans qch.; *s-e Hoffnung auf j-n ~* porter ses espérances sur q.; *j-n an die Luft ~* F flanquer q. à la porte; flanquer q. dehors; *an die Stelle ~ von* substituer à; *auf den Boden ~* mettre à terre; *auf Diät ~* mettre au régime; *auf freien Fuß ~* mettre en liberté; *alles auf e-e Karte ~* jouer son va-tout; *auf j-s Kopf e-n Preis ~* mettre la tête de q. à prix; *auf j-s Rechnung ~* porter au compte de q.; *aufs Spiel ~* risquer; *e-e Frage auf die Tagesordnung ~* mettre (*od.* inscrire) une question à l'ordre du jour; *außer Gebrauch ~* mettre 'hors d'usage; *außer Gefecht ~* mettre 'hors de combat; *außer Kraft ~* abroger; *in Bewegung (od. Gang) ~* mettre en marche, *od.* en train *od.* en mouvement); ⊕ *a.* manœuvrer, commander; *fig. Himmel und Erde in Bewegung ~* remuer ciel et terre; *in Freiheit ~* mettre en liberté; *in Kraft ~* mettre en vigueur; *in Musik ~* mettre en musique; composer; *in Szene ~* mettre en scène; monter; *in die Welt ~* mettre au monde; *in die Zeitung ~* insérer dans le journal; *etw. neben etw. (acc.) ~* mettre qch. à côté de qch.; *j-n über j-n ~* mettre q. au-dessus de q.; *j-n über e-n Fluß ~* faire passer une rivière à q.; *den Fuß über die Schwelle ~* franchir le seuil; *den Punkt über das i ~* mettre le point sur l'i; *j-n unter Druck ~* presser q.; *s-e Unterschrift unter etw. (acc.) ~* apposer sa signature sous qch.; signer qch.; *unter Wasser ~* inonder; submerger; **2.** *v/i.* über e-n Fluß *~* passer une rivière; *über e-n Graben ~* sauter *(od.* franchir) un fossé; *hoch ~* jouer gros jeu; **3.** *v/rf.*: *sich ~ (Platz nehmen)* s'asseoir; se placer; se mettre; *Sie sich!* asseyez-vous; prenez place; *Vögel*: se percher; *(sich niederlassen)* s'établir; se fixer; *(sich senken)* s'affaisser; se tasser; *Teig*: retomber; *♛ ~* se déposer; se précipiter; *sich in Bewegung (od. Gang) ~* se mettre en mouvement *(od.* en marche); s'ébranler; *sich aufs Pferd ~* monter à cheval; *fig. sich aufs hohe Pferd ~* monter sur ses grands chevaux; *sich etw. in den Kopf ~* se mettre qch. en tête; *sich in den Wagen ~* monter en voiture; *sich zu j-m ~* s'asseoir auprès de q.; *sich zur Ruhe ~* se retirer des affaires; *Beamter*: prendre sa retraite; *sich zu Tisch ~* se mettre à table; *sich zur Wehr ~* se défendre; *sich ein Ziel ~* se proposer *(od.* se fixer) un but; **4.** *v/imp.*: *es wird Schläge ~* il y aura des coups (de bâton); **II** ⚬ *n* mise *f*; *♪, typ.* composition *f*.

'**Setzer** *typ. m* compositeur *m*; typographe *m*.

Setze'rei typ. f salle f des compositeurs; atelier m de composition.
'**Setz|fehler** typ. m faute f de composition; coquille f; ~**kasten** typ. m casse f; ~**ling** m ✓ plant m; bouture f; (Fischbrut) alevin m; ~**linie** typ. f filet m; ~**maschine** typ. f machine à composer; ~**reis** ✓ n plant m; ~**schiff** typ. n galée f; ~**tisch** typ. m table f de composition; ~**waage** f niveau m.
'**Seuche** f épidémie f; e-e ~ **einschleppen** introduire une épidémie; **2n-artig** adj. épidémique; ~**nbekämpfung** f lutte f contre les épidémies; ~**ngebiet** n région f contaminée; ~**ngefahr** f danger m d'épidémie; ~**nherd** m foyer m de l'épidémie (od. de la contagion).
'**seufz|en** v/i. soupirer (nach après); (stöhnen) gémir (über acc. de); **2en** n soupirs m/pl.; (Stöhnen) gémissements m/pl.; **2er** m soupir m; (Stöhnen) gémissement m; **2erbrücke** f pont m des Soupirs.
'**Sex-Ap'peal** m sex-appeal m; charme m (od. attrait m) sexuel; ~ **haben** avoir du sex-appeal, F avoir du chien.
'**Sex|biene** F f pin-up f; ~**party** f P partouze f; ~**s machen** P partouzer.
'**Sexta** Bundesrep. f première classe f (= cinquième année f scolaire) d'un lycée classique.
Sex'taner(in f) m élève m, f de la première classe d'un lycée classique.
Sex'tant m sextant m.
'**Sexte** ♪ f sixte f.
Sex'tett ♪ n sextuor m.
Sex'tole ♪ f sextolet m.
Sexuali'tät f sexualité f.
Sexu'al|leben n vie f sexuelle; ~**pädagogik** f éducation f sexuelle; ~**verbrechen** n crime m sadique; ~**verbrecher** m sadique m; auteur m d'un crime sadique; maniaque m; ~**wissenschaft** f sexologie f; ~**wissenschaftler** m sexologue m.
sexu'ell adj. sexuel, -elle; ~**e Aufklärung** initiation f sexuelle.
'**Sexus** m sexe m.
Sezessi'on f sécession f.
Sezessio'nist m sécesssionniste m.
Sezessi'onskrieg m guerre f de sécession.
Se'zier|besteck chir. n trousse f à dissections; **2en** v/t. disséquer; ~**en** n, ~**ung** f dissection f; ~**messer** chir. n scalpel m.
'**Sherry** m sherry m.
Shorts pl. short m.
Shot (Heroinspritze) m *piquouze f.
Show f show m; F fig. e-e ~ **abziehen** faire du cinéma; ~**geschäft** n show (-)business m; industrie f du spectacle.
'**Shylocknatur** f corbeau m.
Sia'me|se m, ~**sin** f Siamois m, -e f; **2sisch** adj. siamois; ~**e Zwillinge** m/pl. frères m/pl. (bzw. sœurs f/pl.) siamois(es).
Si'bir|ien n la Sibérie; ~**ier(in** f) m Sibérien m, -enne f; **2isch** adj. de Sibérie; sibérien, -enne.
sich dat. u. acc. des pr/rf. se (vor vo. od. stummem h: s'); als pr. abs. soi, lui, elle, pl. eux, elles; an (und für) ~ en soi; das Ding an ~ la chose en elle--même; etw. bei ~ haben avoir qch.

sur soi; schlechte Gewohnheiten an ~ haben avoir contracté de mauvaises habitudes; von ~ aus de lui-même; was hat das auf ~? quelle importance cela a-t-il?; das hat nichts auf ~ cela n'a aucune importance.
Sich'ein|arbeiten n rodage m; ~**ordnen** (Auto) n rabattement m; réinsertion f.
'**Sichel** f ✓ faucille f; (Mond2) croissant m; **2förmig** adj. en (forme de) croissant; **2n** v/t. couper à la faucille.
'**sicher I** adj. sûr; (gewiß) certain; (zweifellos) indubitable; (gesichert) assuré; (fest) ferme; solide; (selbst~) plein d'assurance; Gedächtnis: fidèle; ✝ Wechsel, Wertpapier: de tout repos; absolut ~ (Medikament; Maschine) infaillible; ~**es Auftreten** assurance f; ~**er Friede** paix f solide; ~**es Geleit** sauf-conduit m; ~**e Hand** main f sûre; ~ **vor** (dat.) à l'abri de; à couvert de; assurance contre; **vor ihm sind Sie** ~ vous n'avez rien à craindre de lui; e-r Sache (gén.) ~ **sein** être sûr de qch.; **seines Lebens nicht** ~ on y risque sa vie; ~ **ist** ~ deux précautions valent mieux qu'une; das ist ~ c'est certain, F c'est couru; soviel ist ~ cela au moins est certain; ~ **ist, daß er ...** ce qui est certain, c'est qu'il ...; **II** adv. sûrement; (gewiß) certainement; (bestimmt) assurément; (ohne Zweifel) sans doute; ~ **auftreten** avoir de l'assurance; ~**gehen** v/i. (sich vergewissern) s'assurer; **2heit** f sécurité f; sûreté f; (Gewißheit) certitude f; ✝ garantie f; (Bürgschaft) caution f; cautionnement m; (Pfand) nantissement m; in Auftreten: assurance f; aplomb m; **soziale** ~ sécurité f sociale; ~ **im Flugverkehr** sécurité f du trafic aérien; zur größeren ~ pour plus de sécurité, de sûreté; (sich) in ~ **bringen** (se) mettre à l'abri (od. en sûreté); mit ~ **behaupten** soutenir avec assurance; als ~ **annehmen, daß** ... on peut être certain que ...; ✝ e-e ~ **geben** nantir (j-m q.); e-e ~ **leisten** verser une caution; fournir un cautionnement; als ~ **dienen** servir de garantie.
'**Sicherheits|ausschuß** m commission f de sécurité; ~**beamte(r)** m agent m de la Sûreté; ~**behörde** f Sûreté f; police f; ~**bindung** f an Schiern: fixation f de sécurité; ~**dienst** m service m de la Sûreté; ~**einrichtung** f dispositif m de sécurité; ~**faktor** m coefficient m (od. facteur m) de sécurité; ~**fonds** ✝ m fonds m de garantie; ~**geleit** n sauf--conduit m; ~**glas** n verre m de sécurité; ~**gründe** m/pl.: aus ~n pour des raisons de sécurité; ~**gurt** 🚗, Auto m ceinture f de sécurité; s-n ~ anlegen mettre (od. attacher od. boucler) sa ceinture; **2halber** adv. pour plus de sûreté; ~**kette** f chaîne f de sûreté; vél. antivol m; ~**konferenz** f: europäische ~ conférence f sur la sécurité européenne; ~**lampe** f lampe f de sûreté; ~**leistung** ✝ f garantie f; caution f; cautionnement m; **Lenksäule** (Auto) f: teleskopartige ~ direction f repliable; ~**maßnahme** f mesure f de sécurité; 🚗 acte m conservatoire; ~**nadel** f épingle f de sûreté, de nourrice; épingle f anglai-

se, double; ~**pakt** pol. m pacte m de sécurité; ~**pfand** 🚗 m gage m; ~**polizei** f Sûreté f; ~**rat** pol. m Conseil m de sécurité; ~**schloß** n serrure f de sécurité; vél. antivol m; ~**sitz** (Auto) m für Kinder: siège m de sécurité pour enfant; ~**system** pol. n: kollektives ~ système m de sécurité collective; ~**ventil** n soupape f de sécurité; ~**verschluß** m fermeture f de sécurité; ~**vorrichtung** f dispositif m de sécurité; ~**vorschriften** f/pl. consignes f/pl. (od. ⊕ normes f/pl.) de sécurité.
'**sicher|lich** adv. assurément; sûrement; certainement; à coup sûr; (ohne Zweifel) sans doute; ~ **nicht** sûrement non; **bien sûr que non**; ~**n 1.** v/t. assurer (gegen contre); (in Sicherheit bringen) mettre en sécurité; mettre à l'abri; (vor dat. de); (befestigen) consolider (a. Frieden); affermir; Schußwaffe: mettre au cran d'arrêt; **2.** v/rf.: sich ~ s'assurer (gegen contre); (sich in Sicherheit bringen) se mettre en sécurité; se mettre à l'abri (vor dat. de); ✝ prendre des garanties; durch Pfand: se nantir; sich gegen etw. ~ se garantir de (a. contre) qch.; **gesichert sein** être à couvert, durch Pfand: être nanti; ~**stellen** v/t. mettre en sécurité; (in Gewahrsam nehmen) prendre en garde; ✝ garantir; (besorgen) assurer; **2stellung** f mise f en sécurité; (Gewährleistung) garantie f; durch Pfand: nantissement m; **2ung** f (Garantie) garantie f; (Befestigung) consolidation f; ⚡ fusible m; plomb m fusible; plomb m; an der Schußwaffe: cran d'arrêt m; ⚔ détachement m de couverture; ⚡ die ~ **wieder reinstecken** remettre les plombs.
'**Sicherungs|fonds** ✝ m fonds m de garantie; ~**hypothek** f hypothèque f de garantie; ~**übereignung** f 🚗 dation f en séquestre; ~**verwahrung** 🚗 f détention f préventive.
Sich'gehenlassen n laisser-aller m; accoutumance f; die Politik des ~ s a. la politique du fil de l'eau.
Sich'selbst-übertreffen n dépassement m de soi-même.
Sicht f vue f; (~barkeit) visibilité f (a. ⚡); die ~ **nehmen** masquer la vue; in ~ (sein) (être) en vue; in dieser ~ dans cette optique; außer ~ 'hors de vue; in ~ **kommen** apparaître; ✝ auf ~ à vue; auf kurze (lange) ~ à court (long) terme; à courte (longue) échéance; zahlbar bei ~ payable à vue (od. à présentation); zehn Tage nach ~ à dix jours de vue.
'**sichtbar** adj. visible; (wahrnehmbar) perceptible; (augenscheinlich) évident; (offenbar) manifeste; (scheinbar) apparent; ~ **werden** devenir visible; (ap)paraître; (sich offenbaren) se manifester; etw. ~ **anbringen** mettre qch. en évidence; **2keit** f visibilité f.
'**Sicht|bereich** m champ m de visibilité; ~**beton** m béton m exposé; ~**blende** ⚔ f paravent m (od. écran m) anti-vue; mur-rideau m; ~**einlage** ✝ f dépôt m à vue.
'**sicht|en** v/t. (prüfen) examiner; parcourir; (sortieren) trier; ⚓ découvrir; apercevoir; **2en** n (Prüfen) examen

m; (*Sortieren*) tri(age) *m*; **2feld** *n* champ *m* de visibilité; **2fenster** *n*: *Briefumschlag m mit ~* enveloppe *f* à panneau transparent (*od.* à fenêtre); **2flug** *m* vol *m* à vue; **2geschäft** ✝ *n* transaction *f* à vue; **~ig** *adj. Wetter*: clair; **2igkeit** *f* visibilité *f*; **2kartei** *f* fichier *m* synoptique; **~lich** *adj.* visible; (*augenscheinlich*) évident; (*offenbar*) manifeste; (*scheinbar*) apparent; *adv.* visiblement; manifestement; **2tratte** ✝ *f* traite *f* à vue; **2ung** *f* (*Prüfung*) examen *m*; (*Sortierung*) tri(age) *m*; *vorherige ~* préfiltrage *m*; **2verhältnisse** *n/pl.* (conditions *f/pl.* de) visibilité *f*; **2verkehr** *télév. m*: *privater ~* vidéo-transmission *f*; **2vermerk** *m* visa *m*; *mit ~ versehen* viser; **2wechsel** ✝ *m* lettre *f* de change à vue; **2weite** *f* visibilité *f*.

Sich'wiederfinden *n* retrouvailles *f/pl.*

'Sicker|grube *f* puisard *m*; fosse *f* filtrante; fosse *f* à fond perdu; **2n** *v/i. Feuchtigkeit*: s'infiltrer; s'écouler goutte à goutte; suinter; *in den Boden ~* pénétrer (*od.* s'infiltrer) dans le sol; **~wasser** *n* eau *f* de filtrage.

side'ral, si'derisch *ast. adj.* sidéral.

sie I *pr/p. f/sg.* elle, *acc.* la (*vor vo. od. stummem h*: l'), *als pr. abs.* elle; *pl. m*: ils, *f*: elles, *acc.* les, *als pr. abs. m*: eux, *f*: elles; **II 2 1.** *Anrede*: vous; *j-n mit ~ anreden* dire vous à q.; vouvoyer q.; **2.** F *f* (*weibliches Tier*) femelle *f*.

Sieb *n* passoire *f*; *grobes*: crible *m*; *feines*: sas *m*; tamis *m*; *fig. sein Gedächtnis ist wie ein ~* il a une mémoire de lièvre; sa mémoire est une vraie passoire; **'~bein** *anat. n* ethmoïde *m*; **'~druck** *typ. m* sérigraphie *f*.

'sieben[1] **I** *v/t. cuis.* passer; *sonst*: cribler; passer au crible; sasser; tamiser; *Nachrichten*: filtrer; **II 2** *n cuis.* filtrage *m* à travers une passoire; *sonst*: criblage *m*; sassement *m*; tamissage *m*.

'sieben[2] **I** *a/n.c.* sept; **II 2** *f* sept *m*; *böse ~* mégère *f*; chipie *f*; **2'bürgen** *n* la Transylvanie; **2'bürger(in** *f*) *m* Transylvain *m*, -e *f*; Transylvanien *m*, -enne *f*; **~'bürgisch** *adj.* transylvain; transylvanien, -enne; **2eck** ⩓ *n* heptagone *m*; **~eckig** ⩓ *adj.* heptagonal; **~er'lei** *adj.* de sept espèces; **~fach, ~fältig** *adj.* septuple; **2flächner** ⩓ *m* heptaèdre *m*; **~füßig** *adj. Vers*: à (*od.* de) sept pieds; **2gestirn** *ast. n* Pléiade *f* (2 *a. fig.*); **~hundert** *a/n.c.* sept cent(s); **~jährig** *adj.* de sept ans; septennal; *der 2e Krieg* la guerre de Sept Ans; **~mal** *adj.* sept fois; **~malig** *adj.* répété sept fois; **2'meilenstiefel** *m/pl.* bottes *f/pl.* de sept lieues; *mit ~n gehen* marcher à pas de géant; **2'monatskind** *n* prématuré *m* de sept mois; **~prozentig** *adj.* à sept pour cent; **2sachen** *f/pl.* nippes *f/pl.*; 'hardes *f/pl.*; P frusques *f/pl.*; P bazar *m*; P barda *m*; F bataclan *m*; *s-e ~ zusammenpacken* ramasser ses nippes (P tout son saint-frusquin); **2schläfer** *m zo.* loir *m*; **2silbner** *m* heptasyllabe *m*; **~stöckig** *adj.* de (*od.* à) sept étages; **~stündig** *adj.* de sept heures; **~tägig** *adj.* de sept (*od.* 'huit) jours; **~tausend** *a/n.c.* sept mille; **~te** *a/n.o.* septième; *der* (*od. den od. am*) *~(n)* (7.) *Februar* le sept (7.) février; *Karl der 2* (*VII.*) Charles sept (VII); **~s** *Kapitel* chapitre *m* sept; **2tel** *n* septième *m*; **~tens** *adv.* septièmement.

'Sieb|maschine ⚒ *f* crible *m*; **~mehl** *n* criblure *f*; **~trichter** *m* entonnoir *m* à tamis; **~tuch** *n* étamine *f*.

'sieb|zehn *a/n.c.* dix-sept; **~zehnte** *a/n.o.* dix-septième; **2zehntel** *n* dix-septième *m*; **~zig I** *a/n.c.* soixante-dix; *die ~er Jahre* les années *f/pl.* soixante-dix; *in den ~er Jahren* dans les années soixante-dix; **II 2** *f* soixante-dix *m*; **2ziger(in** *f*) *m* septuagénaire *m, f*; **~zigjährig** *adj.* de soixante-dix ans; septuagénaire; **~zigste** *a/n.o.* soixante-dixième; **2zigstel** *n* soixante-dixième *m*.

siech *adj.* souffreteux, -euse; infirme; incurable; **'~en** *v/i.* languir; (*verkümmern, a.* ✿) s'étioler; **'2enheim** *n* hospice *m* destiné aux infirmes; **'2tum** *n* infirmité *f*; état *m* maladif.

'Siede|grad *m* degré *f* d'ébullition; **~hitze** *f* température *f* d'ébullition; *fig.* chaleur *f* tropicale; **~kessel** *m* bouilloire *f*.

'siedeln *v/i.* s'établir.

'sieden I 1. *v/i.* bouillir; être en ébullition; (*brodelnd aufwallen*) bouillonner; **~d** *heiß* bouillant; **2.** *v/t.* faire bouillir; *Zucker*: raffiner; *Seife*: fabriquer; *Salz ~* sauner; **II 2** *n* bouillonnement *m*; ébullition *f*; *v. Zucker*: raffinage *m*; *v. Seife*: fabrication *f*; (*Salz2*) saunage *m*; **~d** *adj.* bouillant.

'Siedepunkt *m* point *m* d'ébullition.

Siede'rei *f Zucker*: raffinerie *f*; *Salz*: saunerie *f*; *Seife*: savonnerie *f*.

'Siedewasser *n* eau *f* bouillante; **~reaktor** *at. m* réacteur *m* à eau bouillante; bouilleur *m*.

'Siedler *m* colon *m*; **~stelle** *f* lot *m*; lotissement *m*.

'Siedlung *f* agglomération *f*; habitat *m*; colonie *f*; (*Arbeiter2*) cité *f* ouvrière; (*Streu2*) habitat *m* dispersé; *geschlossene ~* habitat *m* concentré; (*Parzellierung*) lotissement *m*; **~sgebiet** *n* région *f* de colonisation; **~sgelände** *n* terrain *m* de lotissements; **~sgesellschaft** *f* société *f* de lotissements; **~sraum** *m*, **~swesen** *n* habitat *m*.

Sieg *m* victoire *f*; triomphe *m*; *den ~ davontragen* remporter la victoire (*über j-n* sur q.); triompher (de q.); prendre le meilleur (sur q.).

'Siegel *n* cachet *m*; *amtliches*: sceau *m*; scellés *m/pl.*; *unter dem ~ der Verschwiegenheit* sous le sceau du secret; *Brief und ~ geben* promettre solennellement; *das ist für mich ein Buch mit sieben ~n* c'est de l'hébreu, du chinois pour moi; j'y perds mon latin; **~bewahrer** *m* garde *m* des sceaux; **~lack** *m u. n* cire *f* à cacheter; **~lackstange** *f* bâton *m* de cire à cacheter; **2n** *v/t.* cacheter; *amtlich*: sceller; apposer les scellés (sur); **~n** *n* apposition *f* du cachet (*amtlich*: du sceau *od.* des scellés); **~ring** *m* chevalière *f*.

'siegen I *v/i.* gagner; triompher; *über j-n ~* vaincre q.; être vainqueur de q.; remporter la victoire sur q.; l'emporter sur q.; triompher de q. (*a. Sport*; *mit 3 zu 2* par trois à deux); **II 2** *n* victoire *f*; triomphe *m*; **~d** *adj.* triomphant; triomphateur, -trice; victorieux, -euse.

'Sieger|(in *f*) *m* vainqueur *m* (*über acc.* de); *Sport*: gagnant *m*, -e *f*; *beim Wettbewerb*: *a.* lauréat *m*, -e *f*; *beim Ringkampf*: tombeur *m*; *~ bleiben* triompher (*über j-n* de q.); **~ehrung** *f Sport*: remise *f* des prix; **~mannschaft** *f Sport*: équipe *f* victorieuse (*od.* gagnante); **~nation** *f* nation *f* victorieuse.

'Sieges|aufzug *m* cortège *m* triomphal; **2bewußt** *adj.* sûr de la victoire; sûr de triompher; **~bogen** *m* arc *m* de triomphe; **~denkmal** *n* monument *m* commémoratif d'une victoire; **~feier** *f*, **~fest** *n* célébration *f* d'une victoire; **~geschrei** *n* cris *m/pl.* de victoire (*od.* de triomphe); *ein ~ anstimmen* crier victoire; **2gewiß** *adj.* sûr de la victoire; sûr de triompher; **~gewißheit** *f* certitude *f* de la victoire; **~göttin** *f* (déesse *f* de la) Victoire *f*; **~hymne** *f* hymne *m* triomphal; **~nachricht** *f* nouvelle *f* d'une victoire; **~lauf** *m* avance *f* triomphale; **~palme** *f* palme *f*; **~preis** *m* prix *m* de la victoire; trophée *m*; **~rausch** *m* ivresse *f* de la victoire (*od.* du triomphe); **~säule** *f* colonne *f* triomphale; **2trunken** *adj.* enivré de sa victoire; ivre du succès; **~wagen** *m* char *m* triomphal; **~wille(n)** *m* volonté *f* de triompher; **~zeichen** *n* trophée *m*; **~zug** *m* triomphe *m*; marche *f* triomphale.

'sieg|gekrönt *adj.* triomphateur, -trice; victorieux, -euse; **~gewohnt** *adj.* accoutumé à vaincre; **~haft** *adj.* triomphant; **~reich** *adj.* victorieux, -euse; triomphateur, -trice; vainqueur, victorieuse.

Siel *m od. n* écluse *f* (pratiquée dans une digue).

'Sielen (*der Zugtiere*) *f/pl.* 'harnais *m*; *fig. in den ~n ergrauen* blanchir sous le harnais; *in den ~ sterben* mourir à la tâche (*od.* P dans les brancards); **~geschirr** *n* 'harnais *m*.

Siemens-'Martin|-Ofen *m* four *m* Siemens-Martin; **~stahl** *m* acier *m* Siemens-Martin.

'siezen I *v/t.* dire vous (à); vouvoyer; **II 2** *n* vouvoiement *m*.

'Sigel *n* sigle *m*.

Sig'nal *n* signal *m*; *das ~ geben* donner le signal (zu de); 🚂 *das ~ stellen* commander le signal; *das ~ auf Fahrt* (*Halt*) *stellen* mettre le signal à voie libre (à l'arrêt); *sich dem ~ nähern* aborder le signal; **~anlage** *f* avertisseur *m*; **~buch** *n* code *m* de signaux.

Sig'nal|feuer *n* feu *m* de signal; **~flagge** *f* pavillon *m* de signalisation; **~geber** ⚔ *m* signaleur *m*; **~horn** *n* corne *f* d'appel.

signali'sieren I *v/t.* signaler; **II 2** *n* signalisation *f*.

Sig'nal|licht *n* feu *m* de signal; ✈, ⚓ feu *m* de route; **~mast** *m* sémaphore *m*; **~ordnung** *f* code *m* de signalisation; **~pfeife** *f* sifflet *m* avertisseur; **~rakete** *f* fusée *f* de signalisation; **~scheibe** 🚂 *f* disque *m*; **~stab** 🚂 *m* baguette *f* de signalisation; **~stange** 🚂 *f* sémaphore *m*; **~system** *n* signalisation *f*; **~trompete** ⚔ *f* clairon *m*; **~vorrichtung** *f* avertisseur *m*; **~wärter** 🚂 *m* signaleur *m*.

Signa'tarstaaten *m/pl.* États *m/pl.* signataires.
Signa'tur *f Unterschrift:* signature *f; e-s Buches:* numéro *m* d'ordre; cote *f.*
Si'gnet *n* marque *f.*
sig'nieren *v/t.* signer.
'Silbe *gr. f* syllabe *f; lange~* (syllabe *f*) longue *f; kurze~* (syllabe *f*) brève *f; keine ~ sagen* ne souffler mot; *er versteht keine ~ davon* il n'y entend rien; **~nklaube'rei** F *péj. f* ratiocination *f;* **~nmessung** *f* prosodie *f;* **~nrätsel** *n* charade *f;* **~nsalat** *rad.* (*Störgeräusche*) *m* bruits *m/pl.* parasites; friture *f;* **~ntrennung** *f* séparation *f* des syllabes; division *f* syllabique (*od.* coupure *f*) des mots; **~nweise** *adv.* syllabe par syllabe.
'Silber *n* argent *m; aus ~* d'argent; en argent; **~ader** ⚒ *f* veine *f* d'argent; **~amalgam** *n* amalgame *m* naturel; mercure *m* d'argent; **~arbeit** *f* ouvrage *m* en argent; argenterie *f;* **~barren** *m* lingot *m* d'argent; **~bergwerk** *m* mine *f* d'argent; **~beschlag** *m* garniture *f* d'argent (*od.* en argent); **~besteck** *n* argenterie *f;* **~besteckkasten** *m* coffret *m* à argenterie; **~draht** *m* fil *m* d'argent; **~erz** *n* minerai *m* argentifère; **~farben, ~farbig** *adj.* argentin; argenté; couleur *f* d'argent; **~fisch** *icht. m* poisson *m* rouge; cyprin *m* doré; **~fischchen** *n* petit poisson *m* d'argent; lépisme *m;* **~folie** *f* feuille *f* d'argent; **~fuchs** *zo. m* renard *m* argenté; **~gehalt** *m der Münzen usw.:* titre *m* d'argent; **~geld** *n* monnaie *f* d'argent; **~gerät** *n,* **~geschirr** *n* argenterie *f;* **~glanz** *m* éclat *m* de l'argent; *des Mondes:* rayons *m/pl.* argentés; *den Haaren e-n ~ verleihen* argenter les cheveux; **~grau** *adj.* gris argenté; **~haltig** *adj.* argentifère; **~hell** *adj.* argentin, argenté; **~hochzeit** *f* noces *f/pl.* d'argent; **~ig** *adj.* argenté; **~ling** *m* pièce *f* d'argent; *bibl.* denier *m;* **~löwe** *zo. m* puma *m;* **~medaille** *f* médaille *f* d'argent; **~münze** *f* monnaie *f* d'argent; **~n** *adj.* d'argent; (*silberhell*) argentin; argenté; *~e Hochzeit* noces *f/pl.* d'argent; **~papier** *n* papier *m* d'argent; **~pappel** ♀ *f* peuplier *m* blanc (*od.* argenté); **~plattiert** *adj.* plaqué d'argent; **~reich** *adj.* argentifère; **~reiher** *orn. m* aigrette *f;* **~sachen** *f/pl.* argenterie *f;* **~schimmer** *m* éclat *m* argentin; **~schmied** *m* orfèvre *m;* **~schrank** *m* buffet *m* pour l'argenterie; **~sticke'rei** *f* broderie *f* en argent; **~stoff** *m* brocart *m* d'argent; **~streifen** *m* raie *f* argentée; *fig. ~ am diplomatischen Horizont* éclaircie *f* dans le ciel diplomatique; **~stück** *n* pièce *f* d'argent; **~tanne** ♀ *f* sapin *m* argenté; **~tresse** *f* galon *m* d'argent; **~währung** *f* étalon-argent *m;* **~waren** *f/pl.* argenterie *f;* **~weide** ♀ *f* saule *m* argenté; **~weiß** *adj.* argenté; **~zeug** *n* argenterie *f.*
'silbrig *adj.* argenté.
Silhou'ette *f* silhouette *f.*
si'lier|en ↙ *v/t.* ensiler; **~ung** ↙ *f* ensilage *m;* mise *f* en silo; silotage *m.*
Sili'kat 🜘 *n* silicate *m.*
Si'lizium 🜘 *n* silicium *m.*
'Silo *m* silo *m; in e-n ~ einlagern* ensiler; *Einlagerung f* in e-n ~ ensilage *m;* silotage *m;* **~futter** *n* fourrages *m/pl.* ensilés; **~stapler** *m* gerbeur *m* de silo; silo stockeur *m.*

Si'lur *géol. n* silurien *m;* **~isch** *géol. adj.* silurien, -enne.
Sil'vester|abend *m* la Saint-Sylvestre; veille *f* du jour de l'an; **~nacht** *f* nuit *f* de la Saint-Sylvestre.
'Simili|diamant *m* faux diamant *m;* strass *m;* **~stein** *m* pierre *f* fausse.
'simpel *adj.* (*einfach*) simple; (*einfältig*) niais; nigaud.
'Simplex *gr. n* mot *m* non composé.
Sims *m od. n am Fenster:* rebord *m; Kamin2,* über *e-r Tür:* chambranle *m.*
Simu|'lant(in *f*) *m* simulateur *m,* -trice *f;* **~'lator** ⊕ *m* simulateur *m;* **2'lieren** *v/i. u. v/t.* simuler; feindre; F *fig.* über *etw. ~* réfléchir à (*od.* sur) qch.; F se creuser la tête (*od.* le citron) sur qch.; **~'lieren** *n* simulation *f;* feinte *f;* **2'liert** *adj.* simulé; P bidon *inv.*
simul'tan *adj.* simultané; **2dolmetschen** *n* interprétation *f* simultanée; **2dolmetscher** *m* interprète *m* simultané; **2schule** *f* école *f* interconfessionnelle; **2spiel** *n Schach:* partie *f* simultanée; **2technik** *litt., cin. f* simultanéisme *m.*
Sine'kure *f* sinécure *f.*
Sinfo'nie ♪ *f* symphonie *f;* **~konzert** *n* concert *m* symphonique; **~orchester** *n* orchestre *m* symphonique.
'Sing|akademie *f* école *f* de chant; conservatoire *m;* **2bar** *adj.* chantable; **2en** *v/i. u. v/t.* chanter; *falsch ~* chanter faux; détonner; *richtig ~* chanter juste; *zu hoch (tief) ~* chanter trop 'haut (bas); *ein Duett (Quartett) ~* chanter en duo (en quattuor); *von Liebe ~* chanter l'amour; *vom Blatt ~* chanter à livre ouvert (à première vue); *zum Klavier ~* chanter en s'accompagnant au piano (*od.* avec accompagnement de piano); *heiser (außer Atem) ~* s'enrouer (s'essouffler) à force de chanter; *aus vollem Halse* (*od.* voller Kehle) *~* chanter à pleine gorge; *j-n in den Schlaf ~* endormir *q.* en chantant; chanter des chansons à *q.* pour l'endormir; *j-s Lob ~* faire l'éloge (*od.* chanter les louanges) de *q.; davon kann ich ein Lied ~* j'en sais quelque chose; **~en** *n* chant *m;* **~sang** *m* chant *m* monotone; **~spiel** *n* opérette *f;* (*Lustspiel mit eingelegten Liedern*) vaudeville *m;* **2spiel-artig** *adj.* vaudevillesque; **~spieldichter** *m* vaudevilliste *m;* **~stimme** *f* voix *f;* (*Gesangspartie*) partie *f* de chant; **~stunde** *f* leçon *f* de chant.
'Singular *gr. m* singulier *m.*
singu'larisch *gr. adj.* au singulier.
'Sing|vogel *m* oiseau *m* chanteur; **~weise** *f* manière *f* de chanter; (*Melodie*) mélodie *f;* air *m.*
'sinken I *v/i.* s'abaisser; descendre; (*sich senken*) s'affaisser; (*abnehmen*) diminuer; (*sich zum Ende neigen*) décliner; être sur son déclin; (*verfallen*) être en décadence; (*fallen*) tomber; (*ein~*) s'enfoncer; *Fieber:* baisser; se relâcher (*od.* diminuer; tomber; *Nacht, Nebel:* tomber; *Sonne, Preise:* baisser; *Schiff:* sombrer; couler; *Temperatur:* baisser; tomber; *Hoffnung:* s'évanouir; *~ lassen Stimme, Kopf:* baisser; *den Mut ~ lassen* per-

dre courage; *auf Null ~* descendre à zéro; *j-m in die Arme ~* se jeter dans les bras de *q.; in Ohnmacht ~* s'évanouir; *im Preise ~* baisser de prix; *in tiefen Schlaf ~* tomber dans profond sommeil; *zu Boden ~* tomber à (*od.* par) terre; *j-m zu Füßen ~* se jeter aux pieds de *q.; er ist tief gesunken* il est tombé bas; *er ist in m-r Achtung gesunken* il a baissé dans mon estime; *bis in die ~de Nacht* jusqu'à la nuit tombante; **II** 2 *n* abaissement *m;* descente *f;* (*Fallen*) chute *f;* (*Verminderung*) diminution *f; des Fiebers:* relâchement *m; der Preise:* baisse *f;* (*Sichsenken*) affaissement *m;* (*Verfall*) décadence *f;* déclin *m; e-s Schiffes:* naufrage *m.*
Sinn *m* sens *m;* (*Bedeutung*) *a.* acception *f;* signification *f;* (*Gefühl*) sentiment *m;* (*Neigung*) penchant *m;* goût *m; die fünf ~e* les cinq sens *m/pl.; s-e fünf ~e beisammen haben* avoir tout son bon sens; *das hat keinen ~* c'est absurde, cela ne rime à rien, (*das ist zwecklos*) c'est inutile; *weder ~ noch Verstand haben* n'avoir ni rime ni raison; *ohne ~ und Verstand* sans rime ni raison; *s-r ~e mächtig sein* avoir tout son bon sens; *der ~e beraubt sein* ne plus se connaître; *e-s ~es mit j-m sein* penser comme *q.; andern ~es werden* changer d'avis, se raviser; *ihm schwinden die ~e* il perd connaissance; *das geht mir nicht aus dem ~* cela ne me sort pas de l'esprit (*od.* de la tête); *sich etw. aus dem ~ schlagen* s'ôter qch. de l'esprit; *aus den Augen, aus dem ~* loin des yeux, loin du cœur; *nicht recht bei ~en* (*od. von ~en*) *sein* n'avoir pas tout son bon sens; avoir perdu la tête; *für etw. ~ haben* avoir le sens (*od.* le goût) de qch.; *im besten ~e des Wortes* au meilleur sens du terme; *im eigentlichen* (*bildlichen*) *~e* au sens propre (figuré); *im engeren ~e* au sens étroit; *im weiteren ~e* au sens large; par extension; *in dem ~e, wie ich es verstehe* au sens où je l'entends; *im weitesten ~ des Wortes* au sens le plus large du terme; *im rechtlichen ~e* au sens juridique; *im wahrsten* (*od. vollen*) *~e des Wortes* dans toute la force du terme; *in gewissem ~e* en un sens; *etw. im ~ haben* avoir en vue; envisager qch.; projeter qch.; *in j-s ~e handeln* agir dans l'esprit de *q.; im ~e des Auftrags* selon la teneur de l'ordre; *im ~e des Gesetzes* dans l'esprit de la loi; *das liegt mir im ~* je ne cesse d'y penser; *das will mir nicht in den ~* cela ne veut pas entrer (dans ma tête); *in den ~ kommen* venir à l'idée (*od.* à l'esprit); *was kommt dir denn in den ~?* quelle idée te prend?; quelle mouche te pique?; *er äußerte sich im gleichen ~e* il exprima la même idée (*resp.* la même opinion *resp.* le même sentiment); *das ist nicht in m-m ~e* ce n'est pas à mon gré; *nach s-m ~ à* son gré; à sa guise; selon ses vues; *dem ~e nach* conformément au sens; **'~bild** *n* symbole *m;* (*Emblem*) emblème *m;* (*Gleichnis*) allégorie *f;* **'2bildlich** *adj.* symbolique; (*gleichnishaft*) allégorique; *~ symbolisch darstellen* symboliser; **'~einheit** (*Sprachenlernen*) *f* centre *m* d'intérêt.

'sinnen I v/i. u. v/t. méditer (auf etw. acc. qch.); songer (à); rêver (à); (nachdenken) réfléchir (auf acc. à od. sur); Böses ~ méditer un mauvais coup; auf Mittel und Wege ~ réfléchir, aviser aux moyens; (auf) Rache ~ méditer une vengeance; hin und her ~ se creuser la tête; II 2 n méditations f/pl.; réflexions f/pl.; rêveries f/pl.; all sein ~ und Trachten tout ce qui occupe son esprit; ~d adj. méditatif, -ive; rêveur, -euse; 2freude f, 2lust f volupté f; plaisirs m/pl. des sens; ~freudig adj. voluptueux, -euse; 2molch fig., péj. m bouc m; 2rausch m ivresse f des sens; 2reiz m sensualité f; 2taumel m ivresse f des sens.
'sinn|entstellend adj. qui défigure le sens; 2enwelt f monde m physique (od. sensible); 2erklärung f explication f du sens; 2es-änderung f changement m d'avis (od. d'opinion); 2es-art f mentalité f; 2es-empfindung f sensation f; 2es-täuschung f illusion f des sens; hallucination f; 2eswahrnehmung f perception f sensorielle; 2eswandel m changement m d'esprit (od. d'avis); retours m/pl.; 2eswerkzeug m organe m des sens; 2fällig adj. évident; 2fälligkeit f évidence f; 2gebung f interprétation f; 2gedicht n épigramme f; 2gemäß I adj. conforme au sens; ~e Anwendung finden être appliqué par analogie; t̃z être applicable; II adv. conformément au sens; 2getreu adj. qui rend fidèlement le sens; conforme au sens; ~ieren F v/i. méditer; rêver; songer creux; ~ig adj. (sinnreich) ingénieux, -euse; Gedicht: (zart) délicat; ein ~es Geschenk un cadeau intelligent; ~lich adj. (~ wahrnehmbar) sensible; (körperlich) physique; matériel, -elle; (Sinnengenuß betreffend) sensuel, -elle; (sinnenfreudig) voluptueux, -euse; (sinnenfreudig) charnel, -elle; 2lichkeit f (körperliche Welt) nature f physique; matérialité f; (sinnliche Begierde) sensualité f; (Sinnenfreude) volupté f; ~los adj. (widersinnig, absurd) absurde; vide de sens; qui n'a pas de sens; dénué de sens; (von Sinnen) insensé; fou (vor von. stummem h: fol), folle; ~ betrunken ivre mort; ~es Gerede paroles f/pl. oiseuses; 2losigkeit f (Widersinn, Absurdität) absurdité f; (Verrücktheit, Torheit) folie f; 2pflanze ♀ f sensitive f; ~reich adj. ingénieux, -euse; (geistreich) spirituel, -elle; (gescheit) judicieux, -euse; 2spruch m sentence f; 2verschiebung f glissement m (od. transposition f) de sens; ~verwandt adj. synonyme; ~es Wort synonyme m; 2verwandtschaft f synonymie f; ~voll adj. plein de sens; opportun; (bedeutungsvoll) significatif, -ive; (sinnreich) ingénieux, -euse; (gescheit) judicieux, -euse; Geschenk: (nützlich) utile; (passend) approprié; ~widrig adj. absurde; 2widrigkeit f absurdité f.
Sino|'loge m sinologue m; ~lo'gie f sinologie f.
'Sinter m géol. concrétion f; métall. crasses f/pl. (de fer); laitier m.
'Sintflut f déluge m; cataclysme m.
'Sinus ♀ m sinus m.; ~kurve f sinusoïde f.

'Siphon m siphon m.
'Sipp|e f famille f; parenté f; ~schaft mv.p. f clique f; bande f; smala(h) f; séquelle f; ~enforschung f recherches f/pl. généalogiques.
Si'rene f sirène f; bei ~ngeheul (Alarm) aux mugissements (od. hululements) des sirènes; ~ngesang m chant m des sirènes; ~nhaft adj. de sirène.
'Sirius ast. m Sirius m.
'Sirup m sirop m.
'Sisalhanf m fibre f de sisal.
Sit-'in n sit-in m; ~ machen faire du sit-in.
'Sitte f (Brauch) coutume f; usage m; F règle f; mode f; ~n pl. mœurs f/pl.; (Anstand) honnêteté f; bonnes mœurs f/pl.; die ~n und Gebräuche the us et les coutumes m/pl.; ~ sein être d'usage; das ist ~ bei uns c'est la coutume chez nous; von feinen (groben) ~n bien (mal) élevé; gegen die guten ~n verstoßen offenser les mœurs; andere Zeiten, andere ~ autres temps, autres mœurs; das ist gegen die guten ~n c'est contraire aux mœurs; ~nbild n, ~ngemälde n tableau m de mœurs; ~ngeschichte f histoire f des mœurs; ~ngesetz n loi f morale; ~nlehre f morale f; éthique f; (Abhandlung) traité m de morale; 2nlos adj. sans mœurs; immoral; ~nlosigkeit f immoralité f; ~npolizei f police f des mœurs; ~nprediger m moraliseur m; 2nrein adj. de mœurs pures; ~nreinheit f pureté f de(s) mœurs; ~nrichter m censeur m; ~nroman m roman m de mœurs; 2nstreng adj. de mœurs austères; ~nstrenge f austérité f de(s) mœurs; ~nverderbnis f, ~nverfall m corruption f; dépravation f des mœurs; décadence f des mœurs; ~nverfeinerung f affinement m des mœurs; 2nwidrig adj. contraire aux mœurs; ~e Handlungen verüben attenter aux bonnes mœurs; ~nzwang m étiquette f.
'Sittich orn. m perroquet m, perruche f.
'sittlich adj. moral; éthique; ~es Bewußtsein conscience f morale; 2keit f moralité f; Gefährdung der ~ danger m pour les mœurs; 2keitsgefühl n sens m moral; 2keitsverbrechen n crime m contre les mœurs; 2keitsvergehen n attentat m aux mœurs; délit m contre les mœurs.
'sittsam adj. honnête; décent; sage; vertueux, -euse; 2keit f honnêteté f; décence f; sagesse f; vertu f.
Situati'on f situation f; ling. e-r bestimmten ~ anpassen situationaliser; 2sgebunden adjt. situationnel, -elle; 2sgerecht adj.: ling. ~e Dialoge dialogues m/pl. en situation; écol. ~er Unterricht enseignement m en situation; ~skomik f comique m de situation; ~s-plan m plan m de situation.
situ'iert adj. situé; (vermögend) aisé; gut ~ sein être dans bonne situation, vivre dans l'aisance, F avoir du foin dans ses bottes; F être blindé.
Sitz m siège m; (Platz) place f; der Regierung, der Verwaltung, e-r Gesellschaft usw.: siège m; (Wohn2) domicile m; résidence f; des Reiters:

assiette f; parl. e-n ~ erringen enlever un siège; s-n ~ aufschlagen s'établir; ~ und Stimme im Rat haben avoir une voix au conseil, allgemein: avoir voix au chapitre; am ~ der Gesellschaft au siège de la société; ein ~ wird frei un siège est vacant; die zu besetzenden ~e les sièges m/pl. à pourvoir; e-n ~ neu besetzen combler une vacance; gym. im ~ en position assise; ~arbeit f travail m sédentaire; '~bad n bain m de siège; '~badewanne f baignoire f sabot; '~bank f banc m; banquette f; '~bein anat. n ischion m.
'sitzen I v/i. être assis; Vögel: être perché; F (sich aufhalten) demeurer; résider; Firma usw.: avoir son siège; F (gefangen ~) être en prison; Kleidungsstücke: aller bien; sein; Hieb: porter juste; (arbeiten) travailler (an dat. à); Henne: (brüten) couver (sehr viel ~ mener une vie sédentaire; sitz! (zum Hund) assis!; e-m Maler ~ poser devant un peintre; hier sitzt es sich gut on est bien assis ici; hier sitzt das Übel voilà la source du mal; F e-n ~ haben F avoir une cuite; müßig ~ être (od. demeurer) oisif, -ive; ~ bleiben rester assis; e-e Beleidigung auf sich ~ lassen avaler un affront; wie auf Kohlen ~ être sur des charbons ardents (od. sur la braise od. sur le gril); wie auf Nadeln ~ être sur des épines; auf dem trocknen ~ être à sec; bei Tisch ~ être à table; hinter Schloß und Riegel ~ être sous les verrous; in e-m Ausschuß ~ être membre (od. faire partie) d'un comité; fig. im Fett ~ nager dans l'abondance (od. dans l'opulence); F in der Patsche (od. Tinte) ~ F être dans le pétrin; in der Sexta ~ être en sixième; im trocknen ~ avoir les pieds au chaud; immer über (od. hinter) den Büchern ~ pâlir (od. sécher) sur les livres; zu Gericht ~ juger (über j-n q.); II 2 n position f (od. station f) assise; j-n zum ~ nötigen faire asseoir q.; das viele ~ schadet der Gesundheit la vie sédentaire nuit à la santé; ~bleiben v/i. Mädchen: rester fille; coiffer sainte Catherine; (keinen Tänzer finden) faire tapisserie; Schule: redoubler une classe; zum zweiten Mal ~ tripler une classe; auf e-r Ware ~ ne pas réussir à écouler sa marchandise; F rester en rade (od. F en plan) avec sa marchandise; ne pas trouver preneur pour sa marchandise; bleiben Sie sitzen! restez assis!; Abstimmung durch Aufstehen und 2 vote m par assis et levés; 2bleiben écol. n redoublement m de classe; 2bleiber(in f) m redoublant m, -e f; '~d adj. assis; (gut ~) seyant; Lebensweise vie f sédentaire; ~lassen v/t.: j-n ~ (im Stiche lassen) F laisser q. en panne; abandonner (od. planter là) q.
'Sitz|fläche f siège m; ~fleisch n: ~ haben (beharrlich sein) être persévérant; F avoir un cul de plomb; kein ~ haben ne pas tenir en place, F avoir la bougeotte; ~gelegenheit f siège m; ~kissen n coussin m de siège; pouf m; ~möglichkeiten Auto, ⚓ f/pl. habitabilité f; ~ordnung f allg. répartition f des places (parl. des sièges); Tischordnung: plan m de table; disposition f des invités; ~platz m place f assise; ~reihe f thé. rang m;

allg. travée *f*; ~stange *f für Vögel*: perchoir *m*; ~streik *m* grève *f* sur le tas.

'Sitzung *f* séance *f* (*a. fig.*); session *f*; *e-s Gerichtshofes*: audience *f*; *e-e* ~ *abhalten* tenir une séance (ᵼᵼᵼ une audience); *e-e* ~ *eröffnen* ouvrir une séance (ᵼᵼᵼ une audience); *ich eröffne hiermit die* ~ je déclare la séance ouverte; *Eröffnung e-r* ~ ouverture *f* d'une séance (ᵼᵼᵼ d'une audience); *e-e* ~ *schließen clore* (*od.* lever) une séance (ᵼᵼᵼ une audience); *die* ~ *ist geschlossen* la séance est close; *Schließung e-r* ~ clôture *f* d'une séance (ᵼᵼᵼ d'une audience); *die* ~ *stören* (*unterbrechen*) troubler (suspendre) la séance; *j-n für den Rest der* ~ *aus dem Saal entfernen* exclure q. de la salle pour le reste de la séance; ~bericht *m* procès-verbal *m*; *e-n* ~ *abfassen* rédiger un procès-verbal; *Abfassung e-s* ~*s* rédaction *f* du procès-verbal; ~geld *n* jeton *m* de présence; ~s-periode *f* session *f*; *zwischen den* ~*n dans l'intervalle des sessions*; ~saal *m*, ~szimmer *n* salle *f* des séances; ᵼᵼᵼ salle *f* d'audience.

'Sitz|verstellung *f Auto* réglage *m* automatique des sièges; ~verteilung *parl. f* répartition *f* des sièges.

Sizili'an|er(in *f*) *m* Sicilien *m*, -enne *f*; ²isch *adj.* de Sicile; sicilien, -enne.

Si'zilien *n* la Sicile.

Skai (*Kunstleder*) *n* skaï *m*.

'Skala *f* échelle *f*; ♪ (*Tonleiter*) gamme *f* (*a. fig.*).

'Skalde *m* scalde *m*.

'Skalen|ablesung *f* lecture *f* de l'échelle; ~scheibe *f* cadran *m*.

Skalp *m* scalp *m*.

Skal'pell ❧ *n* scalpel *m*.

skal'pieren *v/t.* scalper.

Skan'dal *m* scandale *m*; (*Lärm*) tapage *m*; (*ärgerlicher Auftritt*) esclandre *m*; ~ *machen* (*Lärm machen*) faire du tapage, (*ärgerlicher Auftritt machen*) faire de l'esclandre; ~blatt *n* feuille *f* à scandales; ~chronik *f* chronique *f* scandaleuse.

skanda'lös *adj.* scandaleux, -euse; révoltant.

Skan'dal|presse *f* presse *f* à scandales; ~prozeß *m* affaire *f* scandaleuse; ~zeitung *f* journal *m* à scandales.

skan'dieren I *v/t. Verse:* scander; rythmer; II ♀ *n* scansion *f*.

Skandi'nav|ien *n* la Scandinavie; ~ier(in *f*) *m* Scandinave *m*, *f*; ²isch *adj.* scandinave; ~'ist(in *f*) *m* scandinaviste *m*, *f*.

Skara'bäus *ent. m* scarabée *m*.

Skat (*deutsches Kartenspiel*) *m* skat *m*.

'Skateboard (*Sport*) *n* planche *f* (*od.* surf *m*) à roulettes; skate board *m*; ~l(äuf)er *m* surfiste *m*.

Ske'lett *n* squelette *m*.

'Skep|sis *f* scepticisme *m*; ~tiker *m* sceptique *m*; ²tisch *adj.* sceptique.

Skepti'zismus *m* scepticisme *m*.

Sketch *m* sketch *m*.

Ski *m* ski *m*; *auf* ~*ern* à skis; ~ *fahren*; ~ *laufen* faire du ski; skier; '~abhang *m* pente *f* à ski; '~anzug *m* costume *m* de ski; '~ausrüstung *f* équipement *m* de ski; '~bindung *f* fixation *f*; '~brille *f* lunettes *f/pl.* de mica; '~fahren *n* ski *m*; *zum* ~ *ausrüsten* équiper pour le ski; '~fahrer(in *f*) *m*

skieur *m*, -euse *f*; '~fahrt *f*: *e-e* ~ *machen* aller dans la neige; '~feld *n*, '~gelände *n* domaine *m* skiable; champ *m* de ski; '~halter (*Auto*) *m* porte-skisauto *m*; '~haserl *n* débutante *f* de ski; '~hose *f* pantalon fuseau *m* pour le ski; '~hütte *f* refuge *m* (*od.* chalet *m*) de ski; '~jacke *f* veste *f* de ski; '~kostüm *n* costume *m* de ski; '~kurs *m* cours *m* de ski; '~laufen *n* ski *m*; *zum* ~ *ausrüsten* équiper pour le ski; '~läufer(in *f*) *m* skieur *m*, -euse *f*; '~lehrer *m* professeur *m* de ski; '~lehrgang *m* cours *m* de ski; '~lift *m* remonte-pente *f*; remontée *f* mécanique; téléski *m*; '~mütze *f* bonnet *m* de ski; passe-montagne *m*; '~schuhe *m/pl.* chaussures *f/pl.* de ski; '~schule *f* école *f* de ski; '~sport *m* ski *m*; '~springen *n* saut *m* à skis; '~springer *m* sauteur *m* à skis; '~sprungschanze *f* tremplin *m* de ski; '~spur *f* trace *f* de ski; '~stiefel *m/pl.* brodequins *m/pl.* (*od.* chaussures *f/pl.*) de ski; '~stock *m* bâton *m* de ski; '~wachs *n* fart *m*.

'Skizze *f* esquisse *f*; ébauche *f*; croquis *m*; ~nbuch *n* album *m* de (*resp.* à) croquis; ²nhaft *adj.* (seulement) esquissé (*od.* ébauché).

skiz'zieren *v/t.* esquisser; ébaucher.

'Sklav|e *m*, ~in *f* esclave *m*, *f*; *j-n zum* ~*n machen* faire de q. un esclave; réduire q. en esclavage; ~*s-r Arbeit sein* être esclave (*a.* l'esclave) de son travail.

'Sklaven|arbeit *fig. f* corvée *f*; ~dienst *m* esclavage *m*; ~handel *m* commerce *m* (*od.* traite *f*) des esclaves; traite *f* des nègres; ~ *treiben* faire le commerce des esclaves (*od.* la traite des nègres); ~händler *m* marchand *m* d'esclaves; négrier *m*; ~schiff *n* négrier *m*; ~seele *f* âme *f* servile; ~staat *hist. m* État *m* esclavagiste.

Sklav|e'rei *f* esclavage *m*; *in* ~ *geraten* être réduit en esclavage; '²isch I *adj.* d'esclave; servile; II *adv.* en esclave; servilement.

Skle'rallinse *opt. f* lentille *f* sclérale.

Skle'rose *f* sclérose *f*; *multiple* ~ sclérose *f* en plaques.

skle'rotisch *adj.* scléreux, -euse.

skon'tieren ✝ *v/t.* escompter.

'Skonto ✝ *m od. n* escompte *m*.

Skor'but ❧ *m* scorbut *m*; ²isch *adj.* scorbutique; ~kranke(r *a. m*) *m*, *f* scorbutique *m*, *f*.

Skorpi'on *m zo.* scorpion *m*; *ast.* Scorpion *m*.

'Skriptgirl *n* script-girl *f*; secrétaire *f* de plateau.

'Skrofel ❧ *f* scrofule *f*; ~kranke(r *a. m*) *m*, *f* scrofuleux *m*, -euse *f*.

skrofu'lös *adj.* scrofuleux, -euse; ²lose ❧ *f* scrofule *f*.

'Skrupel *m* scrupule *m*; ²los *adj.* sans scrupules.

skrupu'lös *adj.* scrupuleux, -euse.

'Skull|boot *n*, ~er *m* skiff *m*.

Skulp'tur *f* sculpture *f*.

Skunk *m* scons(e) *m*; skons *m*; skun(k)s *m*.

skur'ril *adj.* bouffon, -onne; grotesque.

'S-Kurve *f* courbe *f* en S; *Verkehr* virage *m* en S.

'Skylab *n* laboratoire *m* du ciel.

'Skythengrab *antiq. n* tombe *f* scythe; kourgane *m*.

'Slalom *m* slalom *m*; ~lauf *m* descente *f* en slalom; ~läufer *m* slalomeur *m*; coureur *m* de slalom.

'Slaw|e *m*, ~in *f* Slave *m*, *f*; ²isch *adj.* slave.

Sla'wist *m* slavisant *m*; ~ik *f* slavistique *f*; étude *f* des langues slaves.

'Slipper (*Sommerschuh*) *m* loafer *m*.

'Slogan *m* slogan *m*; ~bildung *a. ling. f* sloganisation *f* (*z. B.* métro, boulot, dodo).

Slo'wak|e *m*, ~in *f* Slovaque *m*, *f*.

Slowa'kei *f*: *die* ~ la Slovaquie *f*.

slo'wakisch *adj.* slovaque.

Slo'wen|e *m*, ~in *f* Slovène *m*, *f*; ²isch *adj.* slovène.

Slums *m/pl.* bidonville *m*.

Sma'ragd *m* émeraude *f*; ²en, ²grün *adj.* d'émeraude.

Smog *m* brouillard *m* enfumé (*od.* épais); purée *f* de pois; smog *m*; ~alarm *m* alerte *f* au smog.

'Smok-arbeit *text. f* nid *m* d'abeilles.

'Smoking *m* smoking *m*.

'Smyrnateppich *m* tapis *m* de Smyrne.

'Snack-Bar *f* snack-bar *m*.

Snob *m* snob *m*; F bêcheur *m*.

Sno'bis|mus *m* snobisme *m*; ²tisch *adj.* snob (*a. f*); *etw.* ~ F snobinard; *j-n* ~ *behandeln* F snober q.

so I *adv.* ainsi; comme cela (F ça); de cette manière (*od.* façon); de la sorte; ~ *ist er* il est ainsi fait; *il est comme* ça; ~ *ist es* il en est ainsi; c'est ça; c'est cela même; *und* ~ *weiter* et ainsi de suite; et caetera (*abr.* etc.); ~ *lala* comme ci, comme ça, F couci-couça; ~ *oder* ~ d'une manière ou d'une autre; de manière ou d'autre; ~ *geht es, wenn* ... il en va ainsi quand ...; ~ *voilà ce que c'est que de* ... (*inf.*); ~ *geht es in der Welt* ainsi va le monde; *es mußte* ~ *kommen* c'était inévitable; *il fallait que les choses en viennent, arrivent là*; *recht* ~! à la bonne heure!; (*derartig*) tel, telle; pareil, -eille; ~ *ein Mensch un tel homme*; ~ *ein Dummkopf!* quel imbécile!; ~ *wie er ist* tel qu'il est; ~ *lauteten s-e Worte* telles furent ses paroles; ~ *ist die Angelegenheit* telle est l'affaire; *dieses Land ist sechzehnmal so groß wie Frankreich* ce pays est grand comme seize fois la France; *er spricht bald* ~, *bald* ~ il dit tantôt une chose, tantôt une autre; *hat man je* ~ *etwas gesehen?* a-t-on jamais vu pareille chose?; *nachdrücklich:* si; tellement; *es ist* ~ *schön!* c'est si (*od.* tellement) beau!; *er hat sie* ~ *lieb* il l'aime tant; ~ *schwer ist er nicht, daß* il n'est pas si difficile; *im Vergleich:* aussi; si; *er ist* (*nicht*) *reich wie du* il est aussi (n'est pas si *od.* n'est pas aussi) riche que toi; *folgernd:* si; alors (donc); ~ *ist alles vergebens* ainsi (donc), tout est inutile; *wenn er kommt,* ~ *bleibe ich* s'il vient, (alors) je resterai; *kaum war ich da,* ~ *kam er* auch à peine étais-je là qu'il vint aussi; ~? vraiment?; *vous croyez?*; ~! bon! c'est ça!; *soso! tiens, tiens!*; ~ *seid ihr!* voilà comme vous êtes!; *seien Sie* ~ *gut und* ... soyez assez aimable (*od.* gentil) pour ... (*inf.*); auriez-vous la gentillesse (*od.* l'obligeance *od.* l'amabilité) de ...

(*inf.*); ayez la bonté de ...; *ich bin nicht ~ dumm, es zu glauben* je ne suis pas assez sot, sotte pour le croire; *die Sache ist ~ gut wie abgemacht* la chose est autant dire (*od.* pour ainsi dire) faite; *die anderen machen es auch ~* les autres en font autant; *~ meinte ich es nicht* ce n'est pas ce que j'ai voulu dire; *das sagen Sie ~* vous en parlez à votre aise; *er wird nicht ~ bald zurückkommen* il ne reviendra pas de sitôt; *~ siehst Du aus!* tu ne m'as pas regardé!; *~ gut er kann* de son mieux; *~ gut wie nichts* pour ainsi dire rien; *ich habe ~ e-e Ahnung* j'ai comme un pressentiment; *das Geld reicht gerade ~* l'argent suffit tout juste; *~ manches Buch* tant de livres; *~ manches Jahr* pendant tant d'années; *~ höre doch! mais écoute donc!*; *~ reich er auch sei* si (*od. litt.* quelque *od.* pour) riche qu'il soit; tout riche qu'il est (*od.* soit); *~ daß ... de* (*od.* en) sorte que ... (*final: subj.*); de manière (*od.* de façon) que ... (*final: subj.*); tellement (*od.* à tel point) que ... (*konsekutiv nach verneintem od. fragendem Hauptsatz: subj.*); *~ sehr* tant; tellement; *~ sehr ..., ~ sehr ...* autant ..., autant ...; *um ~ mehr (weniger) als* d'autant plus (moins) que; *um ~ besser (schlimmer)* tant mieux (pis); *~ viel ist gewiß, daß ...* ce qu'il y a de certain, c'est que ...; *~ viel Freunde tant d'amis*; *~ wahr ich lebe* aussi vrai que me voilà; *~ weit sind wir noch nicht* nous n'en sommes pas encore là; *es nicht ~ weit kommen lassen* ne pas laisser les choses en venir là; *man ging ~ weit, zu ...* (*inf.*) on alla jusqu'à... (*inf.*); *wie ... ~ ...* ainsi que ... de même ...; *~ ziemlich* à peu près; *ich mache mir nicht ~ viel daraus* je ne m'en soucie pas tellement; je m'en moque bien; F je ne m'en fais pas; **II** *cj. st.s.* (*wenn*) si; *~ Gott will* s'il plaît à Dieu.

so'**bald** *cj.* dès (lors) que; aussitôt que; *~ wie möglich adv.* dès que possible.
'**Söckchen** *n* socquette *f*.
'**Socke** *f* chaussette *f*; *fig.* F *sich auf die ~n machen* décamper, filer.
'**Sockel** *m* ⚠ socle *m*; soubassement *m*; piédestal *m*; ⚡ *e-r Röhre usw.*: culot *m*; *géol.* socle *m*.
'**Sockenhalter** *m* fixe-chaussette *m*; support-chaussette *m*.
'**Soda** *f u. n* soude *f*; carbonate *m* de soude; *nur n = ~wasser*; *~fabrik f* soudière *f*; *~lauge f* lessive *f* de soude.
so'**dann** *adv.* ensuite; puis.
'**Sodawasser** *n* soda *m*; eau *f* de Seltz; eau *f* gazeuse.
'**Sodbrennen** ⚕ *n* brûlures (*od.* aigreurs *f/pl.*) *f/pl.* d'estomac; pyrosis *m*.
Sodo'**mie** *f* sodomie *f*.
Sodo'**mit** *m* sodomite *m*.
so'**eben** *adv.* tout à l'heure; *~ etw. getan haben* venir de faire qch.; *Buch: ~ erschienen* vient de paraître.
'**Sofa** *n* canapé *m*; sofa *m*; divan *m*.
so'**fern** *cj.* (*falls*) si; (*wenn nur*) pourvu que (*subj.*).
Sof'**fitte** *f* ⚠ soffite *m*; *thé.* frise *f*.
so'**fort** *adv.* aussitôt: sur-le-champ; tout de suite; immédiatement; sans attendre; F illico; **&hilfe** *f* aide *f* immédiate; *~ig adj.* immédiat; prompt; **&maßnahme** *f* mesure *f* d'urgence; **&programm** *n* programme *m* immédiat.

'**Soft-eis** *cuis. n* glace *f* italienne; glace *f* à la crème; crème *f* glacée.
'**Software** *cyb. f* software *m*; logiciel *m*; *~Ingenieur m* ingénieur *m* en programmation.
Sog *m* ⚓, ⚒., *bei Autos*: aspiration *f*; (*Kielwasser*) remous *m*; *a. fig.* sillage *m*; *fig. der Großstadt usw.*: attrait *m*.
so'**gar** *adv.* même; *ja ~* voire même; *man behauptet ~* on va jusqu'à dire; *man verweigert ihnen ~ ein Glas Wasser* on leur refuse jusqu'à un verre d'eau; *~genannt adj.* dit; (*angeblich*) soi-disant; prétendu; *~gleich adv.* → *fort*.
'**Sohle** *f* (*Fuß2*) plante *f* (du pied); (*Schuh2*) semelle *f*; ⛏ sole *f*; *e-s Kanals*: lit *m*; *e-s Tales*: fond *m*; *~ngänger zo. m* plantigrade *m*; *~nleder n* cuir *m* à semelles.
Sohn *m* fils *m*; *bibl. der verlorene ~* l'enfant *m* prodigue.
'**Söhnchen** *n* jeune fils *m*; F fiston *m*.
'**Sohnesliebe** *f* amour *m* filial.
'**Soja|bohne** ♀ *f* soja *m*; soya *m*; *~mehl n* farine *f* de soja (*od.* de soya).
so'**lange** *cj.* tant que; aussi longtemps que.
So'**lar|dach** ⚠ *n* toit *m* solaire; *~energiegewinnung f* héliotechnique *f*; *~flugzeug n* avion *m* solaire; *~zelle f* cellule *f* solaire.
'**Solawechsel** ⚕ *m* seule lettre *f* de change.
'**Solbad** *n* bain *m* d'eau saline; (*Ort*) eaux *f/pl.* salines.
solch *pr/d. u. adj.* tel, telle; pareil, -eille; (*ähnlich*) semblable; *ein ~er Mensch*; *~ ein Mensch* un tel (*od.* un pareil) homme, F un homme comme ça; *als ~er* comme tel; en cette qualité; *ein ~* (*od. ~ ein*) *verrückter Mensch* un fou pareil; un homme (aus)si fou; '*~er-art adv.* de telle façon; de telle manière; de telle sorte; de la sorte; '*~ergestalt adv.* de telle façon; tellement; '*~erlei adv.* de tels; de pareils.
Sold *m* ⚔ solde *f*; paye *f*; paie *f*; *allg. in j-s ~ stehen* être à la solde de q.; *j-n in ~ nehmen* prendre q. à sa solde.
Sol'dat *m* soldat *m*; militaire *m*; *gemeiner ~* simple soldat *m*; P griveton *m*; P troufion *m*; *alter ~* vétéran *m*, F vieux troupier *m*; *~ spielen* jouer au soldat; *~ werden* entrer au service (militaire), (*aus eigenem Antrieb*) se faire soldat; *~enbund m* fédération *f* des anciens combattants; *~enfriedhof m* cimetière *m* militaire; *~engewerkschaft f* comité *m* (*od.* syndicat *m*) de soldats; *~engrab n* tombe *f* de soldat(s); *~enhaarschnitt m* coupe *f* de cheveux de bidasse; *~enheim n* foyer *m* du soldat; *~enkönig hist. m* Roi-Sergent *m*; *~enleben n* vie *f* militaire; *~enlied n* chanson *f* militaire; *~enmädchen péj. n* fille *f* à soldats; *~enmantel m* capote *f*; *~ensprache f* argot *m* militaire; *~enstand m* état *m* militaire; *~entum n* vie *f* militaire.
Solda'teska *f* soldatesque *f*.
Sol'datin *f* femme *f* soldat; F soldate *f*; *~ mit Stahlhelm* soldate *f* casquée.

sol'**datisch** **I** *adj.* de soldat; militaire; **II** *adv.* en soldat; militairement.
'**Soldbuch** *n* livret *m* militaire.
'**Söldling** *m* mercenaire *m*.
'**Söldner** *m* mercenaire *m*; *~heer n* armée *f* de mercenaires; *~truppen f/pl.* troupes *f/pl.* mercenaires.
'**Sole** *f* eau *f* saline (*od.* salée); saumure *f*.
'**Sol-ei** *n* œuf *m* cuit dans l'eau salée.
Soli'**dar|bürgschaft** ⚕ *f* garantie *f* solidaire; *2isch I adj.* solidaire; *~e Verpflichtung* obligation *f* solidaire; **II** *adv.* solidairement; *sich mit j-m ~ erklären* se solidariser avec q.; *sich nicht mit j-m ~ erklären* se désolidariser de q.
Solidari'**tät** *f* solidarité *f*.
Soli'**darschuldner** *m* débiteur *m* solidaire.
so'**lide** *Bauweise*: solide; *Unternehmen*: de confiance; sérieux, -euse; *Lebenswandel*: réglé; *Mensch*: rangé; sérieux, -euse; *~ werden* se ranger.
Solidi'**tät** ⚠ *f* solidité *f*; *e-r Person*: caractère *m* rangé; sérieux *m*.
So'**list(in** *f*) *m* soliste *m, f*.
Soll *n* ⚕ doit *m*; *in der Planwirtschaft*: *das ~ erfüllen* accomplir les normes; *~ausgabe f* dépense *f* prévue; *~bestand* ⚕ *m* effectif *m* prévu; *~einnahme f* recette *f* prévue.
'**sollen I** *v/i. Pflicht*: devoir; *du sollst arbeiten* tu dois travailler; *Notwendigkeit*: falloir; *man sollte ihn bestrafen* il faudrait le punir; *Befehl: durch subj.*; *er soll kommen* qu'il vienne; *Gebot: durch fut.*; *du sollst nicht töten* tu ne tueras pas; *wenn es sein soll* s'il le faut; *was soll ich tun?* que (dois-je) faire?; que veux-tu (*resp.* voulez-vous) que je fasse?; *was soll ich sagen?* que dirai-je?; *was soll das?* que signifie cela?; à quoi bon?; *das sollst du haben* ce sera pour toi; *Sie hätten nur sehen ~ ah!* si vous aviez vu; *wie soll man da nicht lachen?* comment ne pas rire?; *sollte ich auch dabei zugrunde gehen!* même si je devais y rester!; *litt. dussé-je périr!*; *das soll er mir büßen* il me paiera cela; *er soll mir nur kommen!* qu'il y vienne!; *das sollte ich wissen* tu devrais savoir cela; *was soll ich dort?* que ferais-je là?; F qu'est-ce que je ferais là-bas!; *sollten Sie ihn sehen, so grüßen Sie ihn von mir* si par hasard vous le voyez, saluez-le de ma part; *ich soll das tun? moi, faire cela?*; *es hat nicht sein ~* Dieu ne l'a pas voulu; *nun soll mir einer sagen, daß ... maintenant qu'on vienne me dire que ...* (*ind.*); *sollte es möglich sein?* serait-il (*od.* serait-ce) possible?; *sollte er krank sein?* serait-il malade?; *er soll krank sein* on dit qu'il est malade; *sollte er das getan haben?* est-ce possible qu'il ait fait cela?; *wenn es (zufällig) regnen sollte* s'il venait à pleuvoir; *sollte er kommen* s'il venait; *man sollte meinen, daß ...* on dirait que ... (*ind.*); **II** ⚒ *n* devoir *m*.
'**Söller** *m* (*Balkon*) balcon *m*.
'**Soll|kurve** *f* diagramme *m* théorique; *~(l)eistung f* rendement *m* prévu; *Ostblock*: norme *f*; *~posten* ⚕ *m* poste *m* débiteur; *~seite* ⚕ *f* doit *m*; *~stärke f* effectif *m* prévu; *~wert fin. m* valeur *f* nominale.

'solo I *adv.* seul; II ⚥ *n* solo *m* (*pl. a.* soli); ♪ *a.* récital *m*; ⚥**partie** ♪ *f* solo *m*; récital *m*; ⚥**sänger(in** *f*) *m*, ⚥**spieler(in** *f*) *m* soliste *m, f*; ⚥**stimme** *f* voix *f* seule; ⚥**stück** *n* solo *m*; ⚥**tanz** *m* récital *m* de danse; ⚥**tänzer(in** *f*) *m* danseur *m*, -euse *f* étoile.
'**Solquelle** *f* source *f* saline.
sol'ven|t ☦ *adj.* solvable; ⚥**z** ☦ *f* solvabilité *f*.
so'matisch *adj.* somatique.
so'mit *adv.* donc; par conséquent; ainsi.
'**Sommer** *m* été *m*; *im* ~ en été; *mitten im* ~ en plein été; au fort de l'été; ~**abend** *m* soir *m* (*resp.* soirée *f*) d'été; ~**anzug** *m* costume *m* (*od.* tenue *f*) d'été; ~**aufenthalt** *m* séjour *m* d'été; villégiature *f*; ~**fahrplan** 🚂 *m* indicateur *m* (*od.* horaire *m*) d'été; ~**ferien** *pl.* vacances *f/pl.* d'été; ~**festival** *n* festival *m* estival; ~**frische** *f* villégiature *f*; (*Ort*) station *f* estivale; *in die* ~ *gehen* aller en villégiature; aller villégiaturer; *in der* ~ *sein* être en villégiature; villégiaturer; ~**frischler(in** *f*) *m*, ~**gast** *m* estivant *m*, -e *f*; ~**getreide** *n* mars *m/pl.*; ~**haus** *n* maison *f* de campagne; résidence *f* d'été; ~**kleid** *n* robe *f* d'été; ~**kleidung** *f* vêtements *m/pl.* d'été; ⚥**lich** *adj.* d'été; de l'été; comme en été; *bsd.* ♄ *u. zo.* estival; *sich* ~ *kleiden* mettre une tenue d'été; se mettre en (habits d')été; ~**mantel** *m* manteau *m* (*nur für Herren*: pardessus *m*) d'été; ~**mode** *f* mode *f* d'été; ~**monat** *m* mois *m* d'été.
'**Sommer|nacht** *f* nuit *f* d'été; ~**nachts-traum** *m* songe *m* d'une nuit d'été; ~**pause** *a. pol. f* relâche *f* estivale; ~**pflanze** *f* plante *f* estivale; ~**reise** *f* voyage *m* d'été; ~**sachen** *f/pl.* habits *m/pl.* d'été; ~**schlaf** *zo.* ~ estivation *f*; ~**schlußverkauf** *m* soldes *f/pl.* d'été; ~**schuhe** *m/pl.* chaussures *f/pl.* d'été; ~**semester** *n* semestre *m* d'été; ~**sitz** *m* résidence *f* d'été; ~**sonnenwende** *f* solstice *m* d'été; ~**sprossen** *f/pl.* taches *f/pl.* de rousseur, de son; ♂ *phlides* *f/pl.*; ⚥**sprossig** *adj.* couvert de taches de rousseur; ~**(s)zeit** *f* (saison *f*) d'été *m*; ~**tag** *m* jour *m* (*resp.* journée *f*) d'été; ~**überzieher** *m* pardessus *m* d'été.
'**Sömmerung** ♀ *f* transhumance *f*.
'**Sommer|villa** *f* villa *f* estivale; ~**weg** *m* bas-côté *m*; ~**weizen** *m* froment *m* de mars; ~**wohnsitz** *m* résidence *f* d'été; ~**wohnung** *f* demeure *f* d'été; ~**zeit** *f* (saison *f* d')été *m*; *Uhr:* heure *f* d'été.
So'nargerät ⚓ *n* sonar *m*.
So'nate *f* sonate *f*.
Sona'tine ♪ *f* sonatine *f*.
'**Sonde** *f* sonde *f*; (*Raumfahrt*) station *f* interplanétaire; sonde *f*.
'**Sonder|abdruck** *m* tirage *m* à part; ~**abteilung** *f* section *f* spéciale; ~**angebot** *n* offre *f* spéciale; ~**auftrag** *m* mission *f* spéciale; ~**ausbildung** *f* formation *f* spéciale; ✗ instruction *f* spéciale; entraînement *m* spécial; ~**ausführung** *f* modèle *m* 'hors série'; ~**ausgabe** *f* édition *f* spéciale; ~**ausstellung** *f* exposition *f* spéciale.
'**sonderbar** *adj.* singulier, -ière; particulier, -ière; (*seltsam*) curieux, -euse; étrange; (*wunderlich*) bizarre;

(*eigentümlich*) original; (*einzig*) unique; (*komisch*) drôle; ~**erweise** *adv.* chose étrange; ⚥**keit** *f* singularité *f*; particularité *f*; (*Seltsamkeit*) étrangeté *f*; (*Wunderlichkeit*) bizarrerie *f*.
'**Sonder|be-auftragte(r)** *m* représentant *m* spécial; ~**beilage** *f* supplément *m*; ~**bericht** *m* rapport *m* spécial; ~**bericht-erstatter** *m* envoyé *m* spécial; ~**bestimmung** *f* disposition *f* spéciale; ~**bestrebung** *f* tendance *f* particulariste; ~**botschafter** *m* ambassadeur *m* extraordinaire; ~**bus** *m* autocar *m* spécial; ~**druck** *m* tirage *m* à part; ~**einkünfte** *pl.* revenus *m/pl.* accidentels; ~**einnahmen** *f/pl.* recettes *f/pl.* extraordinaires; ~**ermäßigung** *f* réduction *f* spéciale; ~**fahrzeug** *n* véhicule *m* à usage spécial; ~**fall** *m* cas *m* spécial; cas *m* exceptionnel; ~**friede** *m* paix *f* séparée; ~**gebiet** *n* spécialité *f*; ~**genehmigung** *f* autorisation *f* spéciale; ~**gericht** ⚖ *n* tribunal *m* spécial; ~**gesetz** *n* loi *f* extraordinaire; ²**gleichen** *adj.* sans pareil, -eille; ~**interesse** intérêt *m* particulier; ~**klasse** *f* classe *f* spéciale; *als Güte:* classe *f* extra; ~**kommando** *n* commando *m* spécial; ~**kredit** *m* crédit *m* spécial; ⚥**lich I** *adj.* extraordinaire; (*ungewöhnlich*) singulier, -ière; (*besonders*) particulier, -ière; (*beachtlich*) considérable; remarquable; notable; (*wunderlich*) bizarre; original; *ich habe keine* ~ *Lust dazu* je n'en ai pas grande envie; **II** *adv.* (*besonders*) notamment; *nicht* ~ (*bei vb.* ne ...) pas trop; ~**lichkeit** *f* singularité *f*; particularité *f*; originalité *f*; ~**ling** *m* original *m*; homme *m* bizarre; ♀ Olibrius *m*; maniaque *m*; ~**marke** ✉ *f* timbre (-poste) *m* spécial; ~**meldung** *f* communiqué *m* spécial; ~**minister** *m* ministre *m* plénipotentiaire; ~**mission** *f* mission *f* spéciale; ~**modell** (*Auto*) *n* voiture *f* marginale.
'**sondern**[1] *cj.* mais; *nicht nur ..., ~ auch ...* non seulement ..., mais encore ... (*od.* mais aussi ...).
'**sondern**[2] *v/t.* séparer.
'**Sonder|nummer** *f* numéro *m* spécial; ~**preis** *m* prix *m* exceptionnel; ~**rabatt** *m* rabais *m* spécial; remise *f* spéciale; ~**recht** *n* privilège *m*; ~**regelung** *f* règlement *m* spécial.
'**Sonder|schau** *f* exposition *f* spéciale; ~**schule** *f* école *f* pour enfants handicapés; ~**sitzung** *f* séance (*Tagung:* session) *f* extraordinaire; *zu e-r zs.-kommen* se réunir en session spéciale; ~**stahl** *m* acier *m* spécial; ~**stellung** *f* position *f* spéciale; ~**stempel** (*Briefmarke*) *m* timbre *m* à date spéciale; cachet *m* spécial; ~**tarif** *m* tarif *m* spécial; ~**urlaub** *m* congé *m* exceptionnel; ✗ permission *f* spéciale; ~**verband** ✗ *m* unité *f* spéciale; ~**ver-einbarung** *f* accord *m* spécial; ~**verfahren** ⚖ *n* procédure *f* exceptionnelle; ~**vergütung** *f* indemnité *f* spéciale; ~**vollmachten** *f/pl.* pouvoirs *m/pl.* spéciaux; ~**vorschrift** *f* prescription *f* spéciale; ~**zug** 🚂 *m* train *m* spécial; ~**zulage** *f* allocation *f* (*od.* prime *f*) spéciale; ~**zuteilung** *f* répartition *f* spéciale; *an Lebensmitteln:* ration *f* supplémentaire.

son'dier|en *v/t.* sonder; explorer; ⚥**en** *n*, ⚥**ung** *f* sondage *m*; exploration *f*; ⚥**ungs...** *pol.* exploratoire *adj.*
So'nett *n* sonnet *m*.
'**Sonnabend** *m* samedi *m*; (*des*) ~s le samedi.
'**Sonne** *f* soleil *m*; *die* ~ *scheint* il fait (*od.* il y a) du soleil; *in der* ~ au soleil; *die aufgehende* (*untergehende*) ~ le soleil levant (couchant); *von der* ~ *beschienen* ensoleillé; *fig.* Platz an der ~ place *f* au soleil.
'**sonnen I 1.** *v/t.* exposer (*od.* mettre) au soleil; **2.** *v/rfl.: sich* ~ se faire bronzer; prendre un bain de soleil; faire le lézard; *fig. sich in j-s Gunst* ~ faire étalage de la faveur de q.; **II** ⚥ *n* exposition *f* au soleil.
'**Sonnen|anbeter** *m* adorateur *m* du soleil; ~**aufgang** *m* lever *m* du soleil; ~**bad** *n* bain *m* de soleil; (*Ort*) solarium *m*; *ein* ~ *nehmen* prendre un bain de soleil; ~**bahn** *ast.* orbite *f* du soleil; *scheinbare:* écliptique *f*; ~**ball** *m* globe *m* du soleil; ⚥**beschienen** *adj.* ensoleillé; ~**bestrahlung** *f* ensoleillement *m*; insolation *f*; ~**blende** *phot.* parasoleil *m*; △ brise-soleil *m/inv.*; ~ *bewegliche* ~ *n* lames *f/pl.* de persiennes; ~**blendscheibe** *f Auto:* pare-soleil *m*; ~**blume** *f* hélianthe *m*; soleil *m*; ~**brand** *m* coup *m* de soleil; ⛑ érythème *m* solaire; ⚥**braun** *adj.* bronzé; 'hâlé; basané; bruni par le soleil; ~**bräune** *f* bronzage *m*; 'hâle *m*; teint *m* basané; ~**brille** *f* lunettes *f/pl.* de soleil; ~**creme** *f* crème *f* solaire; ~**dach** *n* marquise *f*; ~**einstrahlung** *f* insolation *f*; ~**energie** *f* énergie *f* solaire; *Haus mit Heizung durch* ~ maison *f* solaire; ~**explosion** *f* explosion *f* solaire; ~**ferne** *ast. f* aphélie *m*; ~**finsternis** *f* éclipse *f* de soleil; ~**fleck** *m* tache *f* solaire; ~**glut** *f* ardeur *f* du soleil; ⚥**haft** *adj.* qui est comme le soleil; ~**hitze** *f* chaleur *f* du soleil; *drückende* ~ soleil *m* de plomb; ~**höhe** *f* 'hauteur *f* du soleil; ~**jahr** *n* année *f* solaire; ⚥**klar** *fig. adj.* clair comme le jour; évident; *das ist* ~ cela saute aux yeux; F cela crève les yeux; ~**kollektor** ⊕ *m* capteur *m* solaire; ~**könig** *m* Roi-Soleil *m*; ~**kraftwerk** ⚡ *n* centrale *f* solaire; ~**krem** *f* crème *f* solaire; ~**kur-ort** *m* station *f* estivale; ~**licht** *n* lumière *f* solaire (*od.* du soleil); soleil *m*; ~**monat** *m* mois *m* solaire; ~**nähe** *ast. f* périhélie *m*; ~**ofen** △ *m* four *m* solaire; ~**öl** *n* huile *f* solaire; ~**paddel** (*Skylab*) *n* panneau *m* solaire; ~**pulli** *m* (pull-)débardeur *m*; ~**scheibe** *f* disque *m* solaire; ~**schein** *m* soleil *m*; clarté *f* du soleil; *es ist* ~ il fait (*od.* il y a) du soleil; *auf Regen folgt* ~ après la pluie le beau temps; ~**schirm** *m* ombrelle *f*; *für den Garten, Balkon usw.:* parasol *m*; ~**schutzcreme** *f*, ~**schutzkrem** *f* crème *f* antisolaire; ~**schutzdach** *n* △ brise-soleil *m*; *Raumschiff:* écran *m* solaire; ~**schutzmittel** *n* produit *m* antisolaire; ~**schutzspray** *n* aérosol *m* antisolaire; ~**segel** ⛵ *n* tendelet *m*; ~**seite** *f* côté *m* exposé au soleil; ~**spektrum** *n* spectre *m* solaire; ~**spiegel** *phys. m* héliostat *m*; ~**stand** *ast. m* 'hauteur *f* du soleil; ~**stich** *m* insolation *f*; ~**strahl** *m*

rayon *m* solaire (*od.* du *od. fig.* de soleil); ~**strahlung** *f* radiation *f* solaire; ~**system** *n* système *m* solaire; ~**tag** *m* jour *m* ensoleillé; *ast.* jour *m* solaire; ~**terrasse** *f* solarium *m*; ~**uhr** *f* cadran *m* solaire; ~**untergang** *m* coucher *m* du soleil; *seit* ~ *a.* dès la tombée du soleil; ♀**verbrannt** *adj.* 'hâlé; basané; bronzé; bruni par le soleil; ~**wende** *ast. f* solstice *m*; ~**wind** *m* vent *m* solaire; ~**zeit** *f* heure *f* solaire.

'**sonnig** *adj.* ensoleillé; *fig. a.* riant; radieux, -euse.

'**Sonn|tag** *m* dimanche *m*; *am* ~, *des* ~ le dimanche; *an Sonn- und Feiertagen* les dimanches et jours de fête; ♀**täglich** *adv.* tous les dimanches; *j-n* ~ *anziehen endimancher q.*; *sich* ~ *anziehen* s'endimancher ♀**tags** *adv.* le dimanche.

'**Sonntags|anzug** *m* tenue *f* (*od.* costume *m*) du dimanche; ~**arbeit** *f* travail *m* du dimanche; ~**ausflug** *m* excursion *f* de dimanche; ~**ausflügler(in** *f*) *m* excursionniste *m*, *f* de dimanche; ~**ausgabe** *f* édition *f* de dimanche; ~**dienst** *m* service *m* de dimanche; ~**entheiligung** *f* profanation *f* du dimanche; ~**fahrer** *m* automobiliste *m* (*od.* conducteur *m od.* F rouleur *m*) du dimanche; ~**fahrkarte** *f* billet *m* du dimanche; ~**flieger** *m* planeur *m* du dimanche; ~**heiligung** *f* sanctification *f* du dimanche; ~**jäger** *m* chasseur *m* du dimanche; ~**kind** *n* enfant *m* né le dimanche; *fig.* er ist ein ~ il est né sous une bonne étoile; F c'est un veinard; ~**kleid** *n* robe *f* du dimanche; *das* ~ *anziehen* s'endimancher; ~**kleidung** *f* vêtements *m/pl.* (*od.* habits *m/pl.*) du dimanche; ~ *anlegen* s'endimancher; ~**maler** *m* peintre *m* du dimanche; ~**pilot** *m* pilote *m* du dimanche; ~**rückfahrkarte** *f* billet *m* de week-end (*od.* de dimanche); ~**schule** *f* école *f* du dimanche; ~**spaziergang** *m* promenade *f* (*od.* sortie *f*) dominicale; ~**staat** *m* toilette *f* du dimanche; *im* ~ endimanché; *den* ~ *anziehen* s'endimancher.

'**sonn|verbrannt** *adj.* 'hâlé; basané; bronzé; bruni par le soleil; ♀**wende** *f* solstice *m*.

Sono'graph (*für Stimmanalyse*) *m* sonographe *m*.

so'nor *adj.* sonore.

sonst *adv.* (*zu anderen Zeiten*) en d'autres temps; (*gewöhnlich*) d'ordinaire; à l'ordinaire; d'habitude; (*andernfalls*) autrement; sans cela; sinon; sans quoi; (*übrigens*) d'ailleurs; du reste; *nach comp.*: *als* ~ *irgendwo* que partout ailleurs; ~ *nirgends* (*bei vb. ne ...*) nulle part ailleurs; ~ *etwas* quelque autre chose; quelque chose d'autre; † ~ *noch etwas*? et avec cela?; ~ *nichts*? (*bei vb.* ne ...) rien d'autre?; (*bei vb.* ne ...) rien de plus?; *wenn es* ~ *nichts ist* si ce n'est que cela; *wer* ~?; *wen* ~? qui d'autre?; ~ *jemand* quelqu'un d'autre; ~ *niemand* (*bei vb.* ne ...) personne d'autre, *litt.* autre; '~**ig** *adj.* autre; (*gewöhnlich*) habituel, -elle; (*ehemalig*) de jadis, d'autrefois; '~**wie** *adv.* d'une autre manière; '~**wo** *adv.* (quelque part) ailleurs.

so'oft *cj.* toutes les fois *od.* autant de fois que; tant que.

So'phist *m* sophiste *m*.

Sophiste'rei *f* sophisme *m*.

So'phis|tik *f* sophistique *f*; ♀**tisch** *adj.* sophistique.

So'pran *m* soprano *m*; ~**arie** *f* air *m* de soprano.

Sopra'nist(in *f*) *m* soprano *m*.

'**Sorb|e** *m* Sorabe *m*; ♀**isch** *adj.* sorabe.

'**Sorge** *f* souci *m*; (*Unruhe*) inquiétude *f*; préoccupation *f*; (*Kummer*) peine *f*; *j-m* ~*n machen* causer, donner des soucis à q.; inquiéter q.; *in* ~ *sein*; *sich* ~ *machen* se faire des soucis (*od.* F des cheveux *od.* F de la bile) (*um*; *wegen* au sujet de), se soucier (de), être en peine (de), s'inquiéter (de), F s'en faire; *voller* ~ *sein* macérer dans les soucis; *sich keine* ~ *machen* ne pas se faire de soucis, ne s'inquiéter de rien, F ne pas s'en faire; F ne pas se faire de mousse; *machen Sie sich keine* ~*n*! ne vous en faites pas!; *j-m e-e* ~ *abnehmen* délivrer q. d'un souci; ~ *tragen für* veiller à, prendre (*od.* avoir) soin de, (*sich angelegen sein lassen*) s'occuper de, (*vorsorgen*) pourvoir à; *dafür, daß* ... veiller à ce que ... (*subj.*); *andere* ~*n haben* avoir d'autres soucis (*od.* d'autres chats à fouetter); *seien Sie ohne* ~, ne vous inquiétez pas, F ne vous en faites pas; *lassen Sie das m-e* ~ *sein* j'en fais mon affaire; laissez-moi faire; remettez-vous-en à moi.

'**sorgen** 1. *v/i.* ~ *für* veiller à, prendre (*od.* avoir) soin de, (*sich angelegen sein lassen*) s'occuper de, (*vor* ~) pourvoir à; *dafür, daß* ... veiller à ce que ... (*subj.*); *dafür ist gesorgt* on y a pourvu; *es ist dafür gesorgt, daß die Bäume nicht in den Himmel wachsen* il y a des limites à tout; 2. *v/rf.*: *sich* ~ *um* se soucier de; être en peine de; s'inquiéter de; ♀**brecher** *m* (*Wein*) vin *m*; ~**frei**, ~**los** *adj.* sans souci; ♀**kind** *n* enfant *m* qui cause beaucoup de soucis; ~**voll** *adj.* soucieux, -euse.

'**Sorg|falt** *f* soin *m*; (*Gewissenhaftigkeit*) exactitude *f*; (*Gewissenhaftigkeit*) scrupules *m/pl.*; ~ *verwenden auf* (*acc.*) apporter du soin à; *s-e ganze* ~ *legen auf* (*acc.*) appliquer tous ses soins à; ♀**fältig** *adj.* soigneux, -euse; (*genau*) exact; (*gewissenhaft*) scrupuleux, -euse; ~*e Arbeit* travail *m* soigné; ♀**los** *adj.* sans souci; insouciant; (*ruhig*) tranquille; *ein* ~*es Leben führen* se laisser vivre; F se la couler douce; ~**losigkeit** *f* insouciance *f*; incurie *f*; (*Gleichgültigkeit*) indolence *f*; imprévoyance *f*; ♀**sam** *adj.* → ♀**fältig**; ~**samkeit** *f* → ~**falt**.

'**Sorte** *f* sorte *f*; espèce *f*; genre *m*; (*Typ*) type *m*; (*Marke*) marque *f*; (*Qualität*) qualité *f*; *v. Eis*: parfum *m*; † ~*n pl.* (*Geld*) espèces *f/pl.*; monnaies *f/pl.* étrangères; ~**n-abteilung** † *f* service *m* des monnaies étrangères; ~**nzettel** *m* bordereau *m* d'espèces.

Sor'tier-anlage ⊕ *f* installation *f* de tri.

sor'tier|en *v/t.* assortir; trier; (*einordnen*) classer; (*ordnen*) mettre en ordre; ranger; ♀**en** *n* triage *m*; (*Einordnen*) classement *m*; ♀**er(in** *f*) *m* trieur *m*, -euse *f*; ♀**maschine** *f* trieuse *f*, ♀**ung** *f* triage *m*; (*Einordnung*) classe-

ment *m*.

Sorti'ment *n* assortiment *m*; ~**er** *m*, ~**sbuchhändler** *m* libraire *m* d'assortiment; ~**sbuchhandlung** *f* librairie *f* d'assortiment.

so'sehr *cj.*: ~ *ich das auch billige* quelle que soit mon approbation.

so'so *adv.* tant bien que mal; ~ *lala* comme ci, comme ça, F couci-couça.

SOS-Ruf *m* signal *m* de détresse.

'**Soße** *f* sauce *f*; ~**nlöffel** *m* cuiller *f* à sauce; ~**nnapf** *m*, ~**nschüssel** *f* saucière *f*.

Sou'brette *f* soubrette *f*.

Souff'lé *cuis. n* soufflé *m*.

Souff'|leur *m*, ~'**leuse** *f* souffleur *m*, -euse *f*; ~'**leurkasten** *m* trou *m* du souffleur; ♀'**lieren** *v/i. u. v/t.* souffler (*j-m* q.; *j-m etw.* qch. à q.).

'**so-undso** I *adv.*: ~ *oft* tant de fois; ~ *viel Mark* tant de marks; II ♀: *Herr* ~ Monsieur Un tel; *Frau* ~ Madame Une telle; ~**vielt** *adj.: der* ~*e Teil* *m* tantième partie; *zum* ~*en Male* pour la nième fois; *ich habe deinen Brief vom* ~*en erhalten* j'ai bien reçu ta lettre du tant.

Sou'tane *f* soutane *f*.

Souter'rain *n* sous-sol *m*.

souve'rän I *adj.* souverain; II ♀ *m* souverain *m*.

Souveräni'tät *f* souveraineté *f*.

so'viel I *adv.* autant; *doppelt* ~ deux fois autant; II *cj.*: ~ *wie* autant que; ~ *ich weiß* autant que je sache; à ce que je sais; à ma connaissance; ~'**weit** I *adv.*: *bist du* ~? y es-tu?; tu y es?; *du hast* ~ *recht* jusqu'à un certain point, tu as raison; ~ *sind wir noch nicht* nous n'en sommes pas encore là; ~ *wie möglich* autant que faire se peut; II *cj.* en tant que; autant que; ~ *ich es beurteilen kann* autant que je puisse en juger; ~'**wenig** *adv.* tout aussi peu; *ich kann es* ~ *wie du* je n'en suis pas plus capable que toi; ~'**wie** *cj.* ainsi que; aussi bien que; (*sobald*) dès que; aussi bien que; ~**wieso** *adv.* en tout cas; de toute façon.

'**Sowjet** *m* soviet *m*; *die* ~*s* les Soviétiques; ~**forscher** *m* soviétologue *m*; ~**forschung** *f* soviétologie *f*.

sow'jetisch *adj.* soviétique.

sowjeti'sier|en *v/t.* soviétiser; ♀**ung** *f* soviétisation *f*.

'**Sowjet|regierung** *f* gouvernement *m* des Soviets; ~**rußland** *n* l'U.R.S.S. *f*; ~**stern** *m* étoile *f* des Soviets; ~**union** *f* Union *f* des Républiques socialistes soviétiques (*abr.* U.R.S.S. *f*); Union *f* Soviétique.

so'wohl *cj.*: ~ ... *als auch* ... non seulement ... mais encore (*od.* mais aussi) ...; ~ *wie* aussi bien que.

sozi'al *adj.* social; ~ *schwach* défavorisé; économiquement faible; ~**er** *Wohnungsbau* construction *f* d'habitations à loyer modéré; ♀**abgaben** *f/pl.* charges *f/pl.* sociales; ♀**amt** *n* bureau *m* de l'assistance sociale; Fr. Sécurité *f* sociale; ♀**arbeiter** *m* travailleur *m* social; ~ *für Drogensüchtige* éducateur *m* de rue; ♀**ausschuß** *m* commission *f* des affaires sociales; ♀**beamte(r)** *m*, ♀**beamtin** *f* fonctionnaire *m*, *f* de l'assistance sociale; ♀**demokrat(in** *f*) *m* social-démocrate *m*, *f*; ♀**demokratie** *f* social-démocratie *f*; ~**demokratisch** *adj.* social-

-démocrate; **2einrichtungen** *f/pl.* institutions *f/pl.* sociales; services *m/pl.* sociaux; **2empfinden** *n* sens *m* du social; **2erzieher** *m* éducateur *m* social (*bzw.* de prévention); **2erziehung** *f* éducation *f* sociale; **2ethik** *f* éthique *f* sociale; **2fürsorge** *f* assistance *f* sociale; *Fr.* Sécurité *f* sociale; **2fürsorgerin** *f* assistante *f* sociale; infirmière *f* visiteuse; **~geschädigt** *adjt.* indapté social.

soziali'sier|en *v/t.* socialiser; **2en** *n*, **2ung** *f* socialisation *f*.

Sozia'lis|mus *m* socialisme *m*; **~t(in** *f*) *m* socialiste *m, f*; **2tisch** *adj.* socialiste.

Sozi'al|lasten *f/pl.* charges *f/pl.* sociales; **~leistung** *f* prestation *f* (de sécurité) sociale; **2liberal** (*Bundesrep.*) *adj.* libéral-socialiste; social-libéral; **~ordnung** *f* ordre *m* social; **~pädagogik** *f* sociopédagogie *f*; **~paket** *pol.* *n* paquet *m* social; **~partner** *m/pl.*: *die* ~ les partenaires *m/pl.* sociaux; **~politik** *f* politique *f* sociale; **2politisch** *adj.* socio-politique; **~reform** *f* réforme *f* sociale; **~produkt** *n* produit *m* national; **~rente** *f* retraite *f* de la Sécurité sociale; **~rentner(in** *f*) *m* retraité *m*, -e *f* de la Sécurité sociale; **~tarif** *m* tarif *m* social; **2versichert** *adjt.* assuré social (*pl.* assurés sociaux); **~versicherung** *f* Sécurité *f* sociale; **~versicherungs-empfänger** *m* bénéficiaire *m* de la Sécurité sociale; **2wirtschaftlich** *adj.* socio-économique; **~wissenschaft** *f* sociologie *f*; **~wissenschaftler** *m* sociologue *m*; **2wissenschaftlich** *adj.* sociologique; **~wohnung** *f* (logement *m* dans un) H.L.M. *m*; logement *m* social; habitation *f* à loyer modéré.

Sozio|'drama *litt.* *n* sociodrame *m*; **~'gramm** *n* sociogramme *m*; **~'loge** *m* sociologue *m*; **~lo'gie** *f* sociologie *f*; **2'logisch** *adj.* sociologique.

'Sozius *m* (*Teilhaber*) associé *m*; (*Beifahrer*) passager *m* sur une moto; occupant *m* du siège arrière; **~sitz** *m* *Motorrad*: siège *m* arrière; tan-sad *m*.

sozu'sagen *adv.* pour ainsi dire.

'Spachtel *m, f* spatule *f*; *für Gipsarbeit*: riflard *m*; **~messer** *n* couteau *m* à mastiquer.

Spa'gat *m* *Sport*: grand écart *m*; *östr.* (*Bindfaden*) ficelle *f*.

Spa'ghetti *pl.* spaghetti *m/pl.*

'späh|en *v/i.*: ~ *nach j-m* (*e-r Sache dat.*) guetter (*od.* épier) q. (qch.); chercher à découvrir q. (qch.); (*auf der Lauer sein*) être au guet; **2er** *m* guetteur *m*; ⚔ patrouilleur *m*; éclaireur *m*; **2erblick** *m* regard *m* scrutateur; **2trupp** ⚔ *m* patrouille *f*; section *f* d'éclaireurs; **2trupptätigkeit** ⚔ *f* activité *f* de patrouilles (*od.* d'éclaireurs); **2wagen** *m* char *m* de reconnaissance.

Spa'lier *n* 'haie *f*; ~ *bilden* faire (*od.* former) la haie; ⚘ espalier *m*; (*Wein*2) treille *f*; **~obst** *n* fruits *m/pl.* d'espalier.

Spalt *m*, **'~e** *f* fente *f*; (*Öffnung*) ouverture *f*; (*Schlitz*) fissure *f*; (*Sprung*) crevasse *f* (*a. v. Gletscher*); (*Mauer*2) lézarde *f*; **'2bar** *adj. a. at.* fissile; *nur at.* fissible; ~*es Material* matières *f/pl.* fissiles (*od.* fissibles); **'~barkeit** *at. f* fissibilité *f*; **'~e** *f typ.* colonne *f*; → *Spalt*; **'2en 1.** *v/i.* se fendre; **2.** *v/t.* fendre; *noch einmal* ~ refendre; (*schlitzen*) fissurer; (*Sprünge in etw. machen*) crevasser; fêler; (*in zwei Hälften teilen*) partager (*od.* couper *od.* diviser) en deux; *Atomphysik*: briser; provoquer une fission (de); ⚗ décomposer; *fig.* diviser; scinder; **3.** *v/rf.*: *sich* ~ se fendre; (*Sprünge bekommen*) se crevasser, *Mauer*: se lézarder, se fissurer; *in zwei Hälften*: se partager en deux; *Atomphysik*: subir une fission; ⚗ se décomposer; *fig.* se diviser; se scinder; *die Partei hat sich gespalten* il s'est opéré une scission dans le parti; **'2enlang** *adj.* sur plusieurs colonnes; **'~ensteller** *m* *Schreibmaschine*: tabulateur *m*; **'2enweise** *adv.* par colonnes; **'~er** *pol., péj. m* fractionniste *m*; divisionniste *m*; **'2erisch** *adj.* = ~*er...*; **'~erpolitik** *f* politique *f* scissionniste; **'~füß(l)er** *zo. m/pl.* fissipèdes *m/pl.*; **'~holz** *n* bois *m* de refend; **'~keil** *m* coin *m* de refend; **'~leder** *n* cuir *m* de refend; **'~material** *at. n* matières *f/pl.* fissiles (*od.* fissibles); **'~pfropfung** ⚘ *f* greffe *f* en fente; **'~pilze** ✿ *m/pl.* schizomycètes *m/pl.*; **'~produkt** *n* *Atomphysik*: produit *m* de fission; **'~ung** *f* fendage *m*; *pol., rl., rassisch, phil.* clivage *m*; *Atomphysik*: fission *f*; ⚗ décomposition *f*; (*Bewußtseins*2) dédoublement *m* de la personnalité; *fig.* division *f*; scission *f*; (*Kirchen*2) schisme *m*; **'~ungsprodukt** *n* *Atomphysik*: produit *m* de fission; **'~ungsreaktion** *f* réaction *f* de fission.

Span *m* copeau *m*; éclat *m*; (*dünnes Stückchen Holz*) bûchette *f*; (*Metallspäne*) limaille *f*; *fig.* *wo gehobelt wird, fallen Späne* on ne fait pas d'omelette sans casser les œufs.

'spänen *v/t.* *Parkett*: frotter à la paille de fer.

'Spanferkel *n* cochon *m* de lait.

'Spange *f* agrafe *f*; boucle *f*; *an Büchern*: fermoir *m*; (*Arm*2) bracelet *m*; **~nschuh** *m* soulier *m* à bride.

'Spaniel (*Hunderasse*) *m* épagneul *m*.

'Span|ien *n* l'Espagne *f*; **~ier(in** *f*) *m* Espagnol *m*, -e *f*; **2isch** *adj.* espagnol; d'Espagne; *das* 2*e* l'espagnol *m*; la langue espagnole; ~*e Spracheigentümlichkeit* hispanisme *m*; ~*e Fliege* cantharide *f*; ~*er Pfeffer* ✿ piment *m*; ~*es Rohr* ✿ rotin *m*; ~*e Wand* paravent *m*; ⚔ ~*er Reiter* cheval *m* de frise; *fig.* *das kommt mir* ~ *vor* (*das verstehe ich nicht*) c'est de l'hébreu (*od.* du chinois) pour moi, (*das erscheint mir seltsam*) cela me paraît étrange, (*da steckt etw. dahinter*) il y a anguille sous roche; **2isch-amerikanisch** *adj.* hispano-américain.

Spann *m* *des Fußes*: cou-de-pied *m*; **'~backe** ⊕ *f* mors *m*; **'~beton** *m* béton *m* précontraint; **'~draht** ⊕ *m* 'hauban *m*.

'Spanne *f* (*Hand*2) empan *m*; *e-e kurze* ~ *Zeit* un court espace de temps.

'spannen 1. *v/t.* tendre; (*straffen*) bander; raidir; *Bogen*: tendre; bander; *Muskeln*: contracter; ⚓ *Tau usw.*: rider; *Feder, Pistole*: armer; (*anziehen*) serrer; *fig.* *s-e Erwartungen* (*Hoffnungen*) *hoch* ~ avoir de hautes visées; *s-e Forderungen zu hoch* ~ avoir des prétentions exagérés; *j-s Neugier* ~ exciter la curiosité de q.; *auf die Folter* ~ mettre à la torture; *in den Schraubstock* ~ serrer dans l'étau; *vor* (*od. an*) *den Wagen* ~ *Pferd*: atteler (à); *die Oktave* ~ *können* atteindre à l'octave; **2.** *v/i.* *cout.* gêner; être trop juste; **~d** *fig. adj.* captivant; intéressant; saisissant; palpitant; passionnant; ~*e Literatur a.* littérature *f* à suspense.

'Spanner *m* (*Hosen*2) tendeur *m*; (*Zeitungs*2) porte-journaux *m*; (*Schuh*2) embauchoir *m*; *ent.* phalène *f*.

'Spann|feder *f* ressort *m* tendeur; **~futter** ⊕ *n* mandrin *m* de serrage; **~kloben** ⊕ *m* mors *m*; **~kraft** *f* élasticité *f* (*a. fig.*); force *f* élastique; (*Federkraft*) ressort *m*; *des Dampfes*: tension *f*; (*Dehnbarkeit, bsd. v. Gasen*) expansibilité *f*; *e-s Muskels*: tonicité *f*; **2kräftig** *adj.* élastique; **~muskel** *m* (muscle *m*) extenseur *m*; **~rahmen** *m* étendoir *m*; **~riegel** ⊕ *m* bride *f* de liaison; **~riemen** *cord. m* tire-pied *m*; **~säge** *f* scie *f* à châssis; **~schraube** *f* écrou *m* tendeur; **~seil** *n* câble *m* tendeur; **~tau** *n* amarre *f*.

'Spannung *f* tension *f* (*a. fig.*); *bsd. litt.* suspense *m*; ⚡ *a.* potentiel *m*; voltage *m*; *des Dampfes*: pression *f*; △ *des Gewölbebogens*: ouverture *f*; *fig.* vif intérêt *m*; attente *f* impatiente; vive impatience *f*; (*gespannte Aufmerksamkeit*) attention *f* soutenue; (*Neugier*) curiosité *f*; (*gespanntes Verhältnis*) rapports *m/pl.* tendus; brouille *f*; désaccord *m*; *die* ~ *zwischen uns hat nachgelassen* nos rapports se sont détendus; *j-n in* ~ *versetzen* exciter la curiosité de q.; *j-n in* ~ *halten* entretenir la curiosité de q.; *pol.* *die* ~ *beseitigen* (*vermindern; verschärfen*) liquider (réduire; aggraver) la tension; **~en** *pl. der Haut*: tiraillements *m/pl.*; **~s-abfall** ⚡ *m* chute *f* de potentiel; **~s-ausgleich** ⚡ *m* compensation *f* de potentiel; **2sgeladen** *fig. adj.* captivant; (*Lage*) explosif, -ive; **~sgebiet** *pol.*, ⚔ *n* zone *f* de tension; **2slos** ⚡ *adj.* sans tension; **~smesser** ⚡ *m* voltmètre *m*; **~s-moment** *cin., allg. m* rebondissement *m*; **~sregler** ⚡ *m* régulateur *m* de potentiel; **~s-umschalter** *m* sélecteur *m* de tension; **~s-unterschied** ⚡ *m* différence *f* de potentiel; **~sverlust** ⚡ *m* perte *f* de potentiel; **~swandler** ⚡ *m* transformateur *m* de potentiel.

'Spann|verfahren *bét. n* procédé *m* de précontrainte; **~vorrichtung** ⊕ *f* dispositif *m* de serrage (*bzw.* de fixation); **~weite** *f* ✈ envergure *f* (*a. fig.*); (*lichte Weite*) ouverture *f*; **~werkzeug** ⊕ *n* outil *m* de serrage.

Spant ⚓, ✈ *n* couple *m*.

'Spar|einstellung *f* réglage *m* économique; **~brenner** *m* veilleuse *f*; **~buch** *n* livret *m* de caisse d'épargne; **~büchse** *f* tirelire *f*; **~einlage** *f* dépot *m* d'épargne; **2en 1.** *v/t.* économiser; mettre de côté; ~ *Sie sich die Mühe* épargnez-vous cette peine; ne vous donnez pas ce mal; **2.** *v/i.* faire des économies; *an allem* ~ économiser sur tout; *man hat mit der Sahne nicht* *gespart* on n'a pas épargné (*od.* lésiné sur) la crème; *spare in der Zeit, so hast du in der Not* il faut garder une poire pour la soif; **~en** *n* épargne *f*; économie *f*; **~er(in** *f*) *m* épargnant *m*, -e *f*; *die kleinen ~* les petits épargnants; **~flamme** *f* veilleuse *f*; **~freudigkeit** *f* goût *m* de l'épargne; **~geist** *m* esprit *m* d'épargne.

'**Spargel** ♀ *m* asperge *f*; **~bau** *m* culture *f* des asperges; **~beet** *n* aspergière *f*; aspergerie *f*.

'**Spargelder** *n/pl.* épargnes *f/pl.*; économies *f/pl.*

'**Spargel|kopf** *m*, **~spitze** *f* pointe *f* d'asperge; **~messer** *n*, **~stecher** *m* coupe-asperges *m*; **~suppe** *f* potage *m* aux asperges; **~zeit** *f* saison *f* des asperges.

'**Spar|groschen** *m* petites économies *f/pl.*; petit pécule *m*; F cagnotte *f*; bas *m* de laine; **~guthaben** *n* compte *m* d'épargne; **~herd** *m* fourneau *m* économique; **~kapital** *n* capital *m* d'épargne; **~kasse** *f* caisse *f* d'épargne; *s-e Ersparnisse auf die ~ bringen* mettre ses économies à la caisse d'épargne; *Geld von der ~ abheben* retirer de l'argent a (*od.* de) la caisse d'épargne; **~kassenbuch** *n* livret *m* de caisse d'épargne; **~kocher** *m* économiseur *m*; **~konto** *n* compte *m* d'épargne.

'**spärlich I** *adj.* peu abondant; (*kaum ausreichend*) à peine suffisant; insuffisant; (*ärmlich*) pauvre; (*schäbig*) pauvre; (*knauserig*) parcimonieux, -euse; (*selten*) rare; *Mahl*: frugal; maigre; (*dünn gesät*) clairsemé; **II** *adv.*: *~ bekleidet* peu (*ungenügend*: insuffisamment, *ärmlich*: pauvrement) habillé; **2keit** *f* insuffisance *f*; (*Armseligkeit*) pauvreté *f*; (*Seltenheit*) rareté *f*; *e-s Mahles*: frugalité *f*.

'**Spar|marke** *f* timbre *m* d'épargne; **~maßnahme** *f* mesure *f* d'économie (*od.* d'austérité); **~politik** *f* politique *f* (*restrictive*) d'austérité; **~programm** *éc.* *n* programme *m* d'économies budgétaires.

'**Sparren** (*Dach*≈) chevron *m* (*a.* ⌀); F *fig. e-n ~ haben* F avoir un grain (de folie); avoir le timbre fêlé; **~werk** *n* chevronnage *m*.

'**Sparringpartner** *m* Boxen: sparring-partner *m*; partenaire *m* d'entraînement.

'**sparsam I** *adj. Person*: économe, (*genau im Ausgeben*) regardant; *Dinge*: économique; *~ im Stoffverbrauch*; *ergiebig als Nahrungsmittel*: *a.* F profitant; *~en Gebrauch von etw. machen* user discrètement de qch.; **II** *adv.* avec économie; économiquement; *mit etw. ~ umgehen* être économe de qch.; *~ economiser* qch.; *ménager* qch.; *gratter sur* qch.; *~ leben* vivre avec économie; restreindre ses besoins; **2keit** *f* économie *f*; *a.* économies *f/pl.*; *pol.* austérité *f*; *unangebrachte ~* économie *f* de bouts de chandelles; *aus ~* par économie.

'**Sparschwein** *n* tirelire *f*.

'**Sparsinn** *m* esprit *m* d'épargne; goût *m* de l'épargne.

'**Sparta** *n* Sparte *f*.

Spar'ta|ner(in *f*) *m* Spartiate *f*; **2nisch** *adj.* spartiate; *mit ~er Strenge* (*od.* *Einfachheit*) à la spartiate.

'**Sparte** *f* (*Abteilung*) section *f*; (*Fachgebiet*) branche *f*; (*Rubrik*) rubrique *f*; (*Kategorie*) catégorie *f*; (*Klasse*) classe *f*.

'**Spar|trieb** *m* goût *m* de l'épargne; **~und Darlehenskasse** *f* caisse d'épargne et de prêt; **~verkehr** *m* opérations *f/pl.* d'épargne; **~vertrag** *m* contrat *m* d'épargne.

'**spasmisch** ⚕ *adj.* spasmodique; spastique.

Spaß *m* (*Vergnügen*) amusement *m*; plaisir *m*; divertissement *m*; (*Scherz*) plaisanterie *f*; raillerie *f*; F rigolade *f*; F blague *f*; *schlechter ~* plaisanterie *f* de mauvais goût; *~ beiseite!* trêve de plaisanterie!; *soyons sérieux!*; *viel ~!* beaucoup de plaisir!; *zum ~* par plaisanterie; pour plaisanter; *pour s'amuser*; pour rire; *~ (Freude machen)* faire plaisir, (*scherzen*) plaisanter, railler; *s-n ~ mit j-m treiben* s'amuser de q.; se moquer de q.; *~ verstehen* comprendre la plaisanterie; *keinen ~ verstehen* ne pas comprendre la plaisanterie; *darin versteht er keinen ~* il ne plaisante pas là-dessus; *er hat s-n ~ daran*; *das macht ihm ~* cela l'amuse; *das war nur ~* c'était une (simple) plaisanterie; F c'était pour rire!; *das geht über den ~* c'est pousser la plaisanterie un peu loin!; *das ist ein teurer ~ für mich* cela me coûte les yeux de la tête; *Sie machen mir ~!* P vous en avez une santé!; '**2en** *v/i.* plaisanter; railler; se moquer; F blaguer; *nicht mit sich ~ lassen* ne pas aimer la plaisanterie; *ein Typ, mit dem nicht zu ~ ist a.* P un type à la redresse; *damit ist nicht zu ~* on ne plaisante pas avec ces choses-là; **~e'rei** *f* plaisanterie *f*; (*Tändelei*) badinage *m*; pour rire; '**2eshalber** *adv.* par plaisanterie; pour rire; '**2ig** *adj.* (*belustigend*) amusant; divertissant; (*drollig*) plaisant, drôle; cocasse; facétieux, -euse; rigolo; *die spaßige Seite e-r Angelegenheit* le côté plaisant d'une affaire; '**~macher(in** *f*) *m*, **~vogel** *m* plaisantin *m*; F blagueur *m*, -euse *f*; farceur *m*, -euse *f*; rigolo *m*, -ote *f*; (*Possenreißer*) bouffon *m*, -onne *f*; *cin. plais.* picrécranthrope *m*.

'**spastisch** ⚕ *adj.* spastique; spasmodique.

Spat[1] *min. m* spath *m*.

Spat[2] *vét. m* éparvin *m*.

spät I *adv.* tard; *wie ~ ist es?* quelle heure est-il?; *es ist ~* il est tard; *es wird ~* il se fait tard; *erst ~* sur le tard; *~ am Abend* tard dans la soirée; *bis ~ in die Nacht* jusque tard dans la nuit; jusqu'à une heure tardive de la nuit; F tard dans la nuit; *von früh bis ~* du matin au soir; *zu ~ kommen* être en retard; arriver en retard (*od.* trop tard); *zehn Minuten* de dix minutes); *m-e Uhr geht (um) eine Stunde zu ~* ma montre retarde (*od.*) d'une heure; *besser ~ als nie* mieux vaut tard que jamais; **II** *als attributives adj. ~ eintretend usw.*) tardif, -ive; *Stunde*: avancé; *im ~en Sommer* à la fin de l'été; *~e Reue* regrets *m/pl.* tardifs; '**2aufsteher** *m* lève-tard *m*; '**2aussiedler** *m* rapatrié *m* tardif.

'**Spat-eisenstein** *m* sidérite *f*; sidérose *f*.

'**Spaten** *m* bêche *f*; *mit dem ~ umgraben* bêcher; **~stich** *m* coup *m* de bêche (*od.* pioche).

'**Spät-entwickl|er** *m écol.* enfant *m* tardif; élève *m* à orientation lente; **~ung** *f* tardiveté *f*.

'**später I** *adj.* postérieur (*weiter*) ultérieur; **~e Geschlechter** les générations *f/pl.* futures; *in ~en Zeiten* plus tard; **II** *adv.* plus tard; *früher oder ~* tôt ou tard; **~hin** *adv.* plus tard.

'**spätestens** *adv.* au plus tard.

'**Spät|geburt** *f* accouchement *m* après terme; **~herbst** *m* fin *f* de l'automne; arrière-saison *f*; **2industriell** *adj.* post-industriel, -elle; **~kapitalismus** *éc. m* capitalisme *m* tardif; **~ling** *m* tardillon *m*, -onne *f*; **~e** *iron.* retardataire *m*, *f*; (*Obst*) fruit *m* tardif; **~nachmittag** *m*: *am ~* tard dans l'après-midi; *m/pl.* tardifs; **2reif** *adj.* tardif, -ive; **~romantik** *f* fin *f* du Romantisme; Romantisme *m* finissant; **~sommer** *m* fin *f* de l'été; (*Altweibersommer*) été *m* de la Saint-Martin; **~verkaufsstelle** † *f* nocturne *m*.

Spatz *orn. m* moineau *m*; F pierrot *m* (*a. fig.*); *fig. das Pfeifen die ~en von den Dächern* ça court les rues; c'est le secret de Polichinelle; *ein ~ in der Hand ist besser als e-e Taube auf dem Dach* un «tiens» vaut mieux que deux «tu l'auras»; *mit Kanonen nach ~en schießen* tirer (*od.* user) sa poudre aux moineaux.

'**Spätzündung** *f* retard *m* à l'allumage; allumage *m* retardé.

spa'zieren *v/i.* se promener; faire une promenade; **~fahren** *v/i.* se promener en voiture (*resp.* en bateau *resp.* à bicyclette); **2fahren** *n* promenade *f* en voiture (*resp.* en bateau *resp.* à bicyclette); **~führen** *v/t.*: *j-n ~* promener q.; **~gehen** *v/i.* (aller) se promener; F se balader; faire une promenade (*od.* F une balade); **2gehen** *n* promenade *f*; F balade *f*; **~reiten** *v/i.* se promener à cheval.

Spa'zier|fahrt *f* promenade *f* en voiture (*resp.* en bateau *resp.* à bicyclette); **~gang** *m* promenade *f*; sortie *f*; tour *m*; F balade *f*; **~gänger(in** *f*) *m* promeneur *m*, -euse *f*; **~ritt** *m* promenade *f* (*od.* F balade *f*) à cheval; promenade *f* équestre; **~stock** *m* canne *f*.

Specht *orn. m* pic *m*.

Speck *m* lard *m*; *Stückchen ~* zum *Spicken*: lardon *m*; *~ ansetzen vom Menschen*: avoir des bourrelets; prendre de l'embonpoint (*od.* du poids); F grossir; F profiter; (*durch Nichtstun*) F se faire du lard; *vom Schwein usw.*: engraisser; *cuis. mit ~ spicken* larder; *fig. mit ~ fängt man Mäuse* ce n'est qu'un attrape-nigaud; '**~grieben** *f/pl.* graillons *m/pl.*; '**~hals** *m* cou *m* fort gras; '**2ig** *adj.* (*fett*) gras, grasse; (*schmutzig*) crasseux, -euse; '**~kuchen** *cuis. m* quiche *f* lorraine; '**~scheibe** *f* tranche *f* de lard; '**~schwarte** *f* couenne *f* de lard; '**~seite** *f* flèche *f* de lard; *fig. mit der Wurst nach der ~ werfen* donner un œuf pour avoir un bœuf; '**~stein** *min. m* stéatite *f*.

spe'dieren † *v/t.* expédier.

Spedi'teur *m* transporteur *m*; *rechtlich*: commissionnaire *m* de transport.

Spedition — Spezialgeschäft

Spediti'on f expédition f; transport m; ~s-auftrag m ordre m d'expédition; ~sbüro n bureau m d'expédition; ~sgebühren f/pl., ~skosten pl. frais m/pl. d'expédition; ~sgeschäft n entreprise f de roulage (od. de factage od. de transports).
Speer m hist. lance f; Sport: javelot m; '~werfen n Sport: lancement m du javelot; '~werfer(in f) m lanceur m, -euse f de javelot.
'**Speibecken** n crachoir m.
'**Speiche** f rayon m; rais m; anat. radius m; in die ~n greifen pousser à la roue (a. fig.).
'**Speichel** m salive f; (Auswurf) crachat m; (Geifer) bave f; ~ absondern saliver; fig. j-s ~ lecken lécher les bottes (od. les pieds) de q.; ~drüse anat. f glande f salivaire; ~fluß ✱ m salivation f; sialisme m; ptyalisme m; den ~ anregend salivant; ~lecker m flagorneur m; F lèche-bottes m; litt. caudataire m; litt. thuriféraire m; ~lecke'rei f flagornerie f; F léchage m de bottes; P lèche f.
'**Speichen|kopf** m tête f de rayon; ~rad n roue f à rayons.
'**Speicher** m (Dachboden) grenier m; (Lager) magasin m; entrepôt m; (Silo) silo m; für Wasser: accumulateur m; cyb. mémoire f; appareil m de stockage; ~becken n réservoir m; ~kapazität cyb. f capacité f de mémoire; ~kraftwerk n usine f d'accumulation; 2n v/t. emmagasiner; (stapeln) stocker; (ansammeln) accumuler; cyb. mémoriser; enregistrer; ~ung f emmagasinage m; (Stapelung) stockage m; (Ansammlung) accumulation f; cyb. mise f en mémoire.
'**speien** st.s. v/i. u. v/t. cracher.
'**Speigatt** ⚓ n dalot m.
'**Speise** f (Kost) nourriture f; (Gericht) mets m; plat m; (Süß2) entremets m; plat m sucré; (Nachtisch) dessert m; Speis und Trank le boire et le manger; ~aufzug m monte-plats m; ~automat m distributeur m automatique d'aliments; ~brei physiol. m chyme m; ~eis n glace(s pl.) f; crème f glacée; ~eisverkäufer m marchand m de glaces; als Firmenschild: glacier m; ~fett n graisse f alimentaire; ~kammer f garde-manger m; ~karte f menu m; carte f; ~kartoffeln f/pl. pommes f/pl. de terre de consommation; ~kessel ⊕ m chaudière f alimentaire; ~leitung ⊕ f conduite f d'alimentation; feeder m.
'**speisen I 1.** v/t. (essen) manger; (ernähren) nourrir; donner à manger (à); alimenter (a. ⊕); (laden) ⊕ charger; **2.** v/i. manger; prendre son repas; zu Mittag ~ déjeuner; zu Abend ~ dîner, spät: souper; wünsche wohl zu ~! bon appétit!; **II** 2 n ⊕ alimentation f; 2aufzug m monte-plats m; 2folge f menu m; 2karte f menu m; carte f.
'**Speise|öl** n huile f de table; ~pumpe ⊕ f pompe f d'alimentation; ~raum m salle f à manger; ~reste m/pl. restes m/pl. (du repas); ~rohr ⊕ n tuyau m d'alimentation; ~röhre anat. f œsophage m; ~röhren-entzündung ✱ f inflammation f de l'œsophage; œsophagite f; ~saal m salle f à manger; in Schulen, Klöstern usw.: réfectoire m; ~saft physiol. m chyle m; ~schrank m garde-manger m; ~service ✱ m service-repas m; service m traiteur; ~tisch m table f de salle à manger; ~wagen 🚃 m voiture-restaurant f; ~wärmer m chauffe-plat m; réchaud m; ~wasser ⊕ n eau f d'alimentation; ~wirtschaft f restaurant m; ~zettel m carte f; menu m; ~zimmer n salle f à manger.
'**Speisung** a. ⊕ f alimentation f.
'**Speitüte** ✈ f sac m de papier prévu pour le mal de l'air.
Spek'takel m tapage m; vacarme m; 2n v/i. faire du tapage (od. du vacarme); chahuter.
Spek'tral|analyse f analyse f spectrale; ~farben f/pl. couleurs f/pl. du spectre; ~lampe phys. f lampe f monochromatique.
Spektro'skop n spectroscope m.
'**Spektrum** n spectre m.
Speku'lant(in f) m spéculateur m, -trice f.
Spekulati'on f spéculation f; ~ auf Baisse (auf Hausse) spéculation f à la baisse (à la hausse); gewagte ~ spéculation f hasardeuse; fig. ~en anstellen; sich in ~en ergehen spéculer (über acc. sur); ~sgeschäft n opération f de spéculation; ~sgewinn m profit m de spéculation; ~skäufe m/pl. achats m/pl. spéculatifs; ~s-papiere n/pl. valeurs f/pl. spéculatives; ~sverkäufe m/pl. ventes f/pl. spéculatives.
speku'la'tiv adj. spéculatif, -ive. ~'lieren v/i. ✝ an der Börse ~ spéculer (od. jouer) à la Bourse, péj. boursicoter; auf Baisse (Hausse) ~ spéculer à la baisse (à la hausse); fig. auf etw. (acc.) ~ spéculer sur qch.; jouer (od. F tabler) sur qch.
Spelt ✱ m épeautre m.
Spe'lunke f tripot m; bouge m.
Spelz ✱ m épeautre m; '~e ✱ f balle f; barbe f; der Gräser: glume f.
spen'dabel F adj. qui fait des largesses; généreux m, -euse f.
'**Spend|e** f (Gabe) don m, großzügige: largesse f; (Almosen) aumône f; (milde Stiftung) œuvre f pie; 2en v/t. donner (a. Blut); faire don (de); großzügig ~ faire des largesses; rl. Sakramente: administrer; ~en n → ~e; der Sakramente: administration f; ~er(in f) m donateur m, -trice f; Blut2 donneur m de sang; ~erland n pays m donateur.
spen'dier|en F v/t. (bezahlen) payer; j-m etw. ~ régaler q. de qch.; e-e Flasche Wein ~ offrir (od. F se fendre d')une bouteille de vin; 2hosen F pl.: die ~ anhaben régaler les autres.
'**Spengler** südd. m plombier m.
'**Sperber** orn. m épervier m.
Spe'renzchen F pl.: ~ machen faire des cérémonies; faire du chichi.
'**Sperling** orn. m moineau m; passereau m; F pierrot m.
'**Sperma** n sperme m.
Spermato'zoon n spermatozoïde m.
'**sperr-angelweit** adv.: die Tür steht ~ offen la porte est (toute) grande ouverte.
'**Sperr|ballon** m ballon m de barrage (od. de protection); ~bereich m Radio: bande f (od. gamme f) d'affaiblissement; ~depot ✝ n dépôt m bloqué; ~druck typ. m caractères m/pl. espacés; ~e f auf e-r Straße: barrage m; barrière f; barricade f; (Bahnsteig2) contrôle m; konkret: portillon m; tourniquet m; fig. für Reiseverkehr, Nachrichten, Einwanderer: interdiction f; prohibition f; défense f; (Blockade) blocus m; (Boykott) boycottage m; (Embargo) embargo m; für ein Bankkonto: blocage m; (Suspendierung) suspension f (a. Spielverbot); 2en 1. v/t. Straße: barrer; barricader; Hafen, Konto: bloquer; Gas, Strom: couper; fig. durch Verbot: interdire; Sportler, Zahlungen: suspendre; Urlaub: supprimer; ✝ e-n Scheck ~ suspendre le paiement d'un chèque; ins Gefängnis ~ mettre en prison; **2.** v/rf.: sich ~ se raidir (gegen contre); s'opposer (à); sich gegen j-n a. résister à q.; **3.** v/i.: die Tür sperrt (klemmt) la porte n'a pas assez de jeu (od. reste coincée); ~en (Fußball, Hockey) n obstruction f; ~feder f ressort m d'arrêt; ~feuer ⚔ n tir m d'arrêt (od. de barrage); ~ legen exécuter un tir d'arrêt (od. de barrage); ~fort ⚔ n fort m d'arrêt; ~gebiet n zone f interdite; ~grenze f limite f d'interdiction; ~gürtel m cordon m sanitaire; Artillerie: barrage m; ~gut n marchandises f/pl. encombrantes; ~guthaben n avoir m bloqué; ~haken m crochet m d'arrêt; ~hebel m levier m d'arrêt; ~holz n contre-plaqué m; ~holzplatte f panneau m de contre-plaqué; 2ig adj. Möbel usw.: encombrant; volumineux, -euse; ~kette f chaîne f à barrer (od. d'arrêt); an der Wohnungstür: entrebâilleur m; (Postenkette) cordon m; ~klinke f cliquet m; cran m d'arrêt; ~konto n compte m bloqué; ~kreis m Radio: filtre m; ~mauer f barrage m; ~müll m ordures f/pl. encombrantes; ~müllsammlung f ramassage m des objets volumineux à jeter; ~schichtfotozelle (Art Sonnenbatterie) f photopile f; ~sitz thé. m stalle f; ~ in Parkett fauteuil m d'orchestre; ~stange f barre f; ~stunde ⚔ f couvre-feu m; ~ung f ⚔ (Ver2) barrage m; (Unterbrechung, Abschaltung) interruption f; (coupure f; (Verbot) interdiction f; prohibition f; (Blockierung) blocage m (a. v. Konto, Kredit, Löhnen, Zahlungen); (Blockade) blocus m; (Embargo) embargo m; (Suspendierung) suspension f (a. Sport); ~vermerk ✝ m mention f de blocage; ~vorrichtung f (dispositif m d')arrêt m; ~zoll m droit m prohibitif; ~zone f zone f interdite.
'**Spesen** pl. frais m/pl.; 2frei adj. sans frais; tous frais payés; ~konto n, ~rechnung f compte m des frais; ~vergütung f remboursement m des frais.
Speze'reien f/pl. épices f/pl.
spezi'al adj. spécial, particulier, -ière; 2arzt m spécialiste m; 2ausführung f construction f spéciale; 2bericht m rapport m spécial; 2fach n spécialité f; 2fahrzeug n véhicule m à usage spécial; 2fall m cas m spécial; 2gebiet n spécialité f; 2gerät n gadget m; 2geschäft n magasin m spécialisé.

speziali'sier|en 1. v/t. spécialiser; 2. v/rf.: sich ~ se spécialiser (*für, auf* acc. dans); **2en** n, **2ung** f spécialisation f.
Spezia'list(in f) m spécialiste m, f; fin connaisseur m; ~ **für Knochenleiden** ostéopraticien m; *abus.* ostéopathe m.
Speziali'tät f spécialité f; *cuis. plais.* P amuse-gueule m.
Spezi'al|kräfte f/pl. personnel m qualifié; spécialistes m/pl.; **mischung** f mélange m spécial; **stahl** m acier m spécial.
spezi'ell *adj.* spécial; particulier, -ière; **e Angabe** spécification f; *auf Ihr* **es Wohl!** à votre bonne santé!; *etw.* *~ angeben* spécifier qch.
'Spezies f espèce f; *arith.:* **die vier~ les** quatre opérations f/pl.
Spezifikati'on f spécification f.
spe'zifisch *adj.* spécifique; **es Mittel** spécifique m; *phys.* **es Gewicht** poids m spécifique; **e Wärme** chaleur f spécifique.
spezifi'zier|en v/t. spécifier; **2en** n, **2ung** f spécification f.
'Spezimen n spécimen m.
'Sphär|e f sphère f; **enmusik** f musique f cosmique; **2isch** *adj.* sphérique.
Sphäro'id n sphéroïde m.
Sphinx f sphinx m.
'Spick|aal m anguille f fumée; **2en** v/t. *cuis.* (entre)larder; *fig. Rede:* farcir (*mit* de); F *j-n* *~* graisser la patte à q.; engraisser q.; **gans** f oie f fumée; **nadel** f lardoire f.
'Spiegel m glace f; miroir m (*a. fig.*); (*Pfeiler*) trumeau m; *am Smoking:* revers m de soie; ⚗ spéculum m; (*Reflektor*) réflecteur m; (*Fenster2*) espion m; (*großer Dreh2*) psyché f; *ch.* tache f blanche; derrière m; (*Türfüllung, Deckenfeld*) panneau m; *am Uniformkragen:* écusson m; *e-s Schiffes:* arcasse f; poupe f; *der Schießscheibe:* rond m; *fig.* *es sich hinter den* *~ stecken* (*sich etw. hinter die Ohren schreiben*) en prendre note; se le tenir pour dit; **belag** m étamage m; **bild** n image f reflétée par une glace; reflet m; (*Täuschung*) mirage m; *im ~* reflété; **2blank** *adj.* poli comme un miroir; **ei** n œuf m sur le plat; **fabrik(ation)** f miroiterie f; **fabrikant** m miroitier m; **fechte'rei** *fig.* f feinte f; trompe-l'œil m; comédie f; **fernrohr** n réflecteur m; **fläche** f (surface f d'une) glace f; **folie** f tain m; **glas** n verre m à glace; **glasfabrik(ation)** f glacerie f; manufacture f de glaces; **glashandel** m glacerie f; **glasschleifer** m polisseur m de glace; **2glatt** *adj.* poli comme un miroir; **2gleich** *adj.* symétrique; **gleichheit** f symétrie f; **handel** m miroiterie f; **händler** m miroitier m; (*glänzen*) briller; 2. v/t. (*zurückstrahlen*) refléter; **mikroskop** n microscope m à réflecteur; **2n** 1. v/i. (*schillern*) miroiter; (*glänzen*) briller; 2. v/t. (*zurückstrahlen*) refléter; réfléchir; 3. v/rf.: sich ~ se refléter (*in dat.* dans); se réfléchir (*dans*); **n** n → **ung**; **pfeiler** △ m trumeau m; **reflexkamera** f (appareil m) reflex m; **revers** n, *östr. nur* m revers m de soie; **saal** m salle f des glaces; *von Versailles:* Galerie f des Glaces; **-**

scheibe f glace f; **schleifer** m polisseur m de glace; **schrank** m armoire f à glace(s); **schrift** f écriture f spéculaire (*od.* en miroir); **sextant** *ast.* m sextant m à réflexion; **teleskop** n télescope m à miroir (*od.* de réflexion); **ung** f réflexion f; réfléchissement m; *im Wasser* usw.: miroitement m; (*Luft2*) mirage m.
Spiel n jeu m (*a. e-s Schauspielers, e-s Musikers;* ⊕*raum; fig.*); *thé.* (*Stück*) pièce f; ♪ (*Anschlag des Spielers*) toucher m; (*Vortrag*) exécution f; *Sport:* jeu m; match m; (*Partie*) partie f; (*Arbeits2*) phase f; cycle m; *fig.* (*ball*) jouet m; *~ Karten* jeu m de cartes; *ein* *~ (e-e Partie) machen* jouer (*od.* faire) une partie; *ein gefährliches* *~ treiben* jouer un jeu dangereux; *ein gewagtes* *~ treiben* jouer gros (jeu); *sein* *~ treiben mit* se jouer de; **(raum) haben** avoir du jeu; *fig.* **leichtes** *~ **haben*** avoir beau jeu; **gewonnenes** *~ **haben*** avoir partie gagnée; *j-m freies* *~ lassen* laisser libre jeu à q.; *das* *~ aufgeben* abandonner la partie; *das* *~ verloren geben* regarder la partie comme perdue; *ein* *~ der Winde sein* être le jouet des vents; flotter au gré des vents; *aufs* *~ setzen* mettre en jeu; risquer; *alles aufs* *~ setzen* risquer le tout pour le tout; *auf dem* *~ stehen* être en jeu; *aus dem* *~ lassen* ne pas mettre en jeu, (*beiseite lassen*) laisser de côté; *etw. ins* *~ bringen* mettre qch. en jeu (*a. fig.*); *ins* *~ kommen* entrer en jeu; *im* *~ sein* être en jeu; *s-e Hand im* *~ haben* y être pour qch.; *bei etw. im* *~ sein* se mêler de qch.; *die Hand bei etw. im* *~ haben* avoir la main dans qch.; être mêlé à qch.; *das* *~ ist aus* les jeux sont faits; *Sport: wie steht das* *~?* où en est le match?; *das* *~ steht 2 zu 3* le match en est à 2 contre 3; *das* *~ steht 1 zu 1* le match en est à un but partout; ✂ *mit klingendem* *~ musique* en tête; tambour battant; **'alter** m âge m ludique; **anzug** m salopette f; **'art** f manière f de jouer; jeu m; ♀ *u. zo.* variété f, fig. nuance f; **'automat** m appareil m (*od.* machine f) à sous; **'ball** *fig.* m jouet m; *pol. zum* *~ fremder Mächte geworden sein* (*Land*) *a.* errer à la dérive; **'bank** f casino m; **'2bar** *adj.* jouable; **'bein** *sculp.* n jambe f de jeu; **'brett** n (*Damebrett*) damier m; (*Schachbrett*) échiquier m; **'dauer** f *Sport:* durée f du match; **'dose** ♪ f boîte f à musique.
'spielen v/i. u. v/t. jouer (*a. thé.*); *thé.* donner des représentations (*dans un théâtre;* à *l'Opéra*); (*sich amüsieren*) s'amuser; (*tändeln, scherzen*) badiner; (*müßig sein*) se passer; se dérouler; *ein Spiel* *~* jouer à un jeu; *Billard* (*Karten, Schach, Tennis* usw.) *~* jouer au billard (aux cartes, aux échecs, au tennis, *etc.*); *Fußball* *~* jouer au (*od.* faire du) football; *ein Instrument* *~* jouer d'un instrument; *Flöte* (*Geige, Klavier* usw.) *~* jouer de la flûte (du violon, du piano, *etc.*); *e-e Rolle* (*e-n Walzer*) *~* jouer un rôle (une valse); *e-n Film* *~* (*vorführen*) passer un film; *Komödie* *~* jouer la comédie; *Trumpf* *~* jouer atout; *den großen Mann* *~* jouer (*od.* faire le) grand seigneur; *den Kranken* *~* (*vortäuschen*) jouer (*od.* faire) le malade; *j-m e-n Streich* *~*

jouer un tour à q.; *hoch* *~* jouer gros (jeu); *niedrig* *~* jouer petit jeu; *falsch* *~ tricher; fig.* *~ lassen* faire jouer; *an der Börse* *~* jouer à la Bourse; *diese Farbe spielt ins Blaue* cette couleur tire sur le bleu; *in allen Farben* *~ Diamanten:* briller de mille feux; *j-m etw. in die Hände* *~* livrer qch. à q.; *mit j-m* *~* jouer avec q., (*mit j-m sein Spiel treiben*) se jouer de q.; *fig. mit dem Feuer* *~* jouer avec le feu; *mit dem Gedanken* *~*, zu ... (*inf.*) caresser l'idée de ... (*inf.*); *mit s-r Gesundheit* (*s-m Leben*) *~* jouer avec sa santé (sa vie); *mit der Puppe* *~* jouer à la poupée; *mit den Worten* *~* jouer sur les mots; *die Katze spielt mit der Maus* le chat se joue de la souris; *nicht mit sich* *~ lassen* ne pas entendre raillerie (*od.* la plaisanterie); *um etw.* *~* jouer qch.; *vom Blatt* *~* jouer à livre ouvert (*od.* à première vue); déchiffrer à vue; *dieses Musikstück kann vierhändig gespielt werden* ce morceau peut se jouer à quatre mains; *nach* (*ohne*) *Noten* *~* jouer avec (sans) musique; *die Szene spielt in ...* la scène est à ...; *thé. heute wird nicht gespielt* (il y a) relâche (aujourd'hui); **d** *fig. adv.* *etw.* *~* (*leicht*) *fertigbringen* faire qch. en se jouant; *~ gewinnen* (*Sport*) F arriver dans un fauteuil.
'Spieler(in f) m joueur m, -euse f; *thé.* acteur m, -trice f; *~ mit hohen Einsätzen* *flambeur m.
Spiele'rei f jeu m; *péj.* ⊕ gadget m; (*Scherzen*) badinage m; (*Kinderei*) enfantillage m; *péj.* Hang m zur technischen *~* gadgétisme m.
'Spiel|ergebnis n *Sport:* score m; **2erisch** *adj.* qui aime jouer; (*leicht*) léger, -ère; **feld** n *Sport:* terrain m de jeu; *Tennis:* court m; **film** m long métrage m; grand film m; **folge** f programme m; **führer** m *Sport:* capitaine m; **gefährte** m, **gefährtin** f camarade m, f (*od.* compagnon m, compagne f) de jeu; **geld** n (*Einsatz*) enjeu m; **geschehen** n jeu m; **gewinn** m profit (*od.* gain) m au jeu; **hälfte** f *Fußball:* camp m; **hölle** f tripot m; **höschen** n barboteuse f; **kamerad(in** f) m camarade m, f de jeu; **karte** f carte f à jouer; **kasino** n casino m; **klub** m cercle m (où l'on joue); **leidenschaft** f passion f du jeu; **leiter** m *thé., Film:* metteur m en scène; *rad., télév.* meneur m de jeu; *cin., rad., télév.* réalisateur m; **leitung** f *thé., Film:* mise f en scène, **leute** pl. musiciens m/pl.; **mann** m musicien m; *im Mittelalter:* ménestrel m; **mannszug** ✂ m clique f; **marke** f jeton m; **minute** f minute f de jeu; **oper** f opéra-comique m; **(i)othek** f ludothèque f; **plan** *thé.* m répertoire m; (*programme m des*) spectacles m/pl.; *télév.* programme m de la semaine; *thé. auf dem* *~ stehen* tenir l'affiche; **platz** m emplacement m réservé aux jeux; parc m d'enfants; *Sport:* terrain m (*kleiner:* aire f) de jeux; **ratte** F f joueur m passionné; *Kind:* *er* (*sie*) *ist e-e* *~* il (elle) ne pense qu'au jeu; **raum** m ⊕ jeu m; (*Toleranz*) tolérance f; (*Spanne*) marge f; (*Bewegungsfreiheit*) latitude f; *~ haben* ⊕

avoir du jeu, *Schneiderei*: avoir de l'aisance; ~ *lassen* ⊕ donner du jeu, *Schneiderei*: donner de l'aisance; *fig.* marge *f* de manœuvre; *fig.* freien ~ haben avoir le champ libre; ~**regel** règle *f* du jeu; ~**sachen** *f/pl.* jouets *m/pl.*; joujoux *m/pl.*; ~**sachenverleih** *m* ludothèque *f*; ~**schuld** *f* dette *f* de jeu; ~**schule** *f* école *f* maternelle; jardin *m* d'enfants; ~**straße** *f* rue *f* reservée aux jeux; ~**stunde** *f* heure *f* de récréation; ~**sucht** *f* passion *f* du jeu; ~**tante** F *f* (*Kindergärtnerin*) jardinière *f* d'enfants; ~**teufel** *m* démon *m* du jeu; ~**tisch** *m* table *f* de jeu; *in Spielhäusern*: tapis *m* vert; ~**trieb** *m* instinct *m* du jeu; activité *f* ludique; ~**uhr** *f* montre *f* (*bzw.* pendule *f bzw.* horloge *f*) à musique (od. à carillon); ~**verbot** *n Sport*: suspension *f*; ~**verderber(in** *f*) *m* trouble-fête *m*; rabat-joie *m*; empêcheur *m* de danser en rond; éteignoir *m*; *sei kein* ~! *a.*: ne fais pas le mauvais coucheur!; ~**ver-einigung** *f* club *m*; ~**verlängerung** *f Sport*: prolongation *f* du match; ~**verlauf** *m* jeu *m*; ~**verlust** *m* perte *f* au jeu; ~**waren** *f/pl.* jouets *m/pl.*; ~**warengeschäft** *n*, ~**warenhandlung** *f* magasin *m* de jouets; ~**warenhändler(in** *f*) *m* marchand *m*, -e *f* de jouets; ~**wart** thé., rad. *m* régisseur *m*; ~**werk** *n* mécanisme *m* d'une boîte à musique; ~**wiese** *f* terrain *m* de jeux; ~**wut** *f* passion *f* du jeu; ~**zeit** *f* heure *f* du jeu; *thé.* saison *f*; (*Spieldauer*) durée *f* du match; ~**zeug** *n* jouet *m*; joujou *m*; ~**zeugbrille** *f* lunette-jouet *f*; ~**zeug-eisenbahn** *f* train *m* en miniature; ~**zeugfabrikation** *f* fabrication *f* de jouets; ~**zeughandel** *m* commerce *m* de jouets; ~**zeug-industrie** *f* industrie *f* du jouet; ~**zimmer** *n* chambre *f* à jouer.

'**Spiere** ⚓ *f* espar *m*.

Spieß *m hist.* pique *f*; (*Wurf*2) javelot *m*; (*Jagd*2) épieu *m*; (*Brat*2) broche *f*; ⚔ F (*Hauptfeldwebel*) juteux *m*; P adjupète *m*; *fig.* den ~ *umkehren* se retourner contre o. ses propres arguments; renvoyer la balle; *er schreit wie am* ~ il crie comme si on l'écorchait; ~**bock** *zo. m* oryx *m*; '~**braten** *m* brochette *f*; '~**bürger** *fig. m* petit bourgeois; épicier *m*; F pantouflard *m*; philistin *m*; '2**bürgerlich** *adj.* de petit bourgeois; pantouflard; '~**bürgertum** *n* esprit *m* petit bourgeois (*od.* de clocher) *od.* de clocher); '~**er** *ch.* daguet *m*; (*Rehbockjährling*) brocard *m*; F → ~**bürger**; '~**geselle** *m* complice *m*; acolyte *m*; '~**glanz** *min.* m antimoine *m*; '2**ig** *adj.* petit bourgeois; borné; terre à terre; popote; philistin; pot-au-feu; '~**igkeit** *f* esprit *m* pot-au-feu; '~**rute** *f* verge *f*; ~*n laufen* (*lassen* faire) passer par les verges, *fig.* passer entre deux 'haies de curieux.

'**Spike|reifen** *m* pneu *m* à clous; pneu *m* clouté; ~**s** (*Sport*) *pl.* chaussures *f/pl.* à pointes (*od.* de sprinter).

Spill ⚓ *n* cabestan *m*.

Spin ⚛. *m* spin *m*.

spi'nal *adj.*: ~**e** *Kinderlähmung* poliomyélite *f*.

Spi'nat *m* ♀ épinard *m*; *cuis.* épinards *m/pl.*

Spind *n od. m* armoire *f*.

'**Spindel** *f* fuseau *m*; ⊕ (*Zapfen*) pivot *m*; (*Wellbaum*) arbre *m*; (*Achse*) axe *m*; *Spinnerei*: (*Spule*) bobine *f*; *horl.* fusée *f*; (*Treppen*2) noyau *m* d'escalier; ~**baum** ♀ *m* fusain *m*; ~**beine** F *n/pl.* jambes *f/pl.* comme des allumettes; 2**dürr** *adj.* extrêmement maigre; maigre comme un 'hareng; mince comme un échalas; 2**förmig** *adj.* fusiforme; en forme de fuseau.

Spi'nett ♪ *n* épinette *f*.

'**Spinnaker** ⚓ *m* spi *m*; spinnaker *m*.

'**Spinne** *ent. f* araignée *f*.

'**spinnefeind** *adj.*: *j-m* ~ *sein* F être à couteaux tirés avec q.; avoir q. en horreur.

'**spinnen** I *v/t. u. v/i.* filer; *Katze*: ronronner; *fig.* F bovaryser; *er spinnt* F il est complètement toqué, cinglé, maboul, timbré; il a un grain; *Intrigen*: tramer; ourdir; F *du spinnst* (= *übertreibst*) *wohl*? P *tu charries*?; II 2 *n* filage *m*; 2**gewebe** *n* toile *f* d'araignée.

'**Spinner** *m* fileur *m*; *ent.* bombyx *m*; F *fig.* F toqué *m*.

Spinne'rei *f* filature *f*; F *fig.* vue *f* de l'esprit; ~**besitzer** *m* filateur *m*.

'**Spinnerin** *f* fileuse *f*.

'**Spinn|gewebe** *n* toile *f* d'araignée; ~**maschine** *f* machine *f* (*od.* métier *m*) à filer; jenny *f*; ~**rad** *n* rouet *m*; ~**rocken** *m* quenouille *f*; ~**stoff** *m* textile *m*; ~**stube** *hist. f* chambre *f* des fileuses.

spinti'sier|en F *v/i.* se livrer à des subtilités, F ratiociner; ruminer (des pensées); 2**er** *m* songe-creux *m*; cerveau *m* creux; F ratiocin(at)eur *m*.

Spi'on(in *f*) *m* espion *m*, -onne *f*; (*Spiegel*) espion *m*; *e-r Tür*: œil *m*; espion *m*.

Spio'nage *f* espionnage *m*; ~**nage-abwehr** *f* contre-espionnage *m*; ~**'nage-abwehrdienst** *m* service *m* C.E. (contre-espionnage); ~**'nagekomplex** *m* espionnite *f*; ~**'nagenetz** *n* réseau *m* d'espionnage; ~**'nagesatellit** *m* satellite-espion *m*; 2**nageverdächtig** *adj.* soupçonné d'espionnage; 2**nieren** *v/i.* espionner; ~**nieren** *n*, ~**niere'rei** *f* espionnage *m*; mouchardage *m*.

Spi'räe ♀ *f* spirée *f*.

spi'ral *adj.* en spirale; 2**bohrer** *m* foret *m* hélicoïdal; 2**e** *f* spirale *f*; ⚛ *a.* volute *f*; *in e-r Taschenuhr*: spiral *m*; 2**feder** *f* ressort *m* spiral; *in e-r Taschenuhr*: spiral *m*; 2**förmig** *adj.* spiral; en spirale (*a. adv.*); 2**linie** *f* spirale *f*; 2**nebel** *ast. m* galaxie *f*.

Spiri'tis|mus *m* spiritisme *m*; ~**t(in** *f*) *m* spirite *m*, -te *f*; 2**tisch** *adj.* spirite.

Spiritua'lis|mus *m* spiritualisme *m*; ~**t** *m* spiritualiste *m*; 2**tisch** *adj.* spiritualiste.

Spiritu'osen *pl.* spiritueux *m/pl.*

'**Spiritus** *m* alcool *m* à brûler; esprit-de-vin *m*; ~**kocher** *m* réchaud *m* à alcool; ~**lack** *m* vernis *m* à l'alcool; ~**lampe** *f* lampe *f* à alcool.

Spiro'chäte *biol. f* spirochète *m*.

Spi'tal *östr.* *n* hôpital *m*.

Spitz *zo.* ~ *m* loulou *m*.

spitz *adj.* pointu; aigu, -uë (*a. Winkel*); (*stechend*) piquant (*a. fig.*); ♀ *u. zo.* acéré; ~ (*zulaufend*) en pointe; effilé; ~ *zulaufen* se terminer en pointe; s'effiler; (*dünn*) mince; *Schuh*: à bout pointu; *fig.* (*beißend*) mordant, aigre; ~**e** *Zunge* langue *f* bien affilée; ~**e** *Worte* propos *m/pl.* aigres; '2**axt** ⚔ *f* pic *m*; '2**bart** *m* barbe *f* en pointe; '2**bergen** *géogr.* *n* le Spitzberg; '2**bogen** △ *m* (arc *m* en) ogive *f*; *arc m* ogival); '2**bogenfenster** *n* fenêtre *f* ogivale (*od.* en ogive); '~**bogig** *adj.* ogival; '2**bube** *m*, '2**bübin** *f* (*Dieb*) voleur *m*, -euse *f*; (*Schelm* [-*in*]) coquin *m*, -e *f*; fripon *m*, -onne *f*; '2**bubengesicht** *n* air *m* coquin (*od.* fripon); '2**bubenstreich** *m* coquinerie *f*; friponnerie *f*; '~**bübisch** *adj.* coquin; fripon, -onne.

'**Spitze** *f* pointe *f*; *fig. a.* trait *m*; (*spitzes Ende*) bout *m* pointu; (*äußerstes Ende*) extrémité *f*; *e-s Turmes*: pointe *f*; flèche *f*; aiguille *f*; *e-r Feder*: bec *m*; *e-s Berges*: cime *f* (*a. e-s Baumes*); pic *m*; aiguille *f*, piton *m*; sommet *m* (*a. der Lunge, e-s Dreiecks*); *e-r Lanze*: fer *m*; *e-r Nadel, Pfeife*: bout *m*; (*Zigaretten*2) porte-cigarette *m*; (*Gewebe*) dentelle *f*; point *m*; *e-s Unternehmens*: tête *f* (*a. Sport*); *die* ~**n** *im Verkehr*: les heures *f/pl.* de pointe; *die* ~**n** (*hervorragender Persönlichkeiten*) sommités *f/pl.*; *die* ~ *der internationalen Wissenschaft* la vedette de la science mondiale; ✝ *freie* ~**n** marchandises *f/pl.* au-delà du rationnement; *die* ~ *abbrechen* épointer (*e-s Bleistifts* un crayon); *an der* ~ *sein* être à la (*od.* en) tête; *tenir la tête*; *an der* ~ *liegen* occuper une position de tête; *die* ~ *halten* tenir la cote; *an der* ~ *stehen* (*an die* ~ *treten*) être (se mettre) à la tête (*gén.* de); être en vedette; *fig.* *j-m die* ~ *bieten* tenir tête à q.; *die Dinge auf die* ~ *treiben* pousser les choses à l'extrême; *das ist e-e gegen Sie* c'est une pierre dans votre jardin.

'**Spitzel** *m* mouchard *m*; indicateur *m*; (*Lock*2) agent *m* provocateur; (*Spion*) espion *m*; 2**n** *v/i.* moucharder; espionner.

'**spitzen** *v/t. u. v/rf.* rendre pointu; faire une pointe (à); *Bleistift*: tailler; *den Mund* ~ faire la petite bouche; *die Ohren* ~ dresser les oreilles; *fig.* (*aufmerksam zuhören*) dresser l'oreille; *fig. sich* ~ *auf etw.* (*acc.*) s'attendre à qch.; bien compter sur qch.

'**Spitzen|belastung** ⚡ *f* charge *f* de pointe; ~**besatz** *m* garniture *f* de dentelles; ~**einsatz** *m* entre-deux *m* de dentelle(s); ~**fabrikant** *m* dentellier *m*; ~**fabrikation** *f* dentellerie *f*; ~**gerät** ⊕ *n* appareil *m* idéal; ~**geschwindigkeit** *f* vitesse *f* maxima (*od.* de pointe); ~**gruppe** *f Sport*: peloton *m* de tête; *in e-r Tabelle*: groupe *m* de tête; ~**handel** *m* dentellerie *f*; ~**industrie** *f* industrie *f* de pointe; ~**kandidat** *m* candidat *m* numéro un; ~**klasse** *f*: (*Auto*) *die* ~ *le* 'haut de la gamme; *allg.* élite *f*; ~**kleid** *n* robe *f* (garnie) de dentelle; ~**klöppel** *m* fuseau *m*; ~**klöppler(in** *f*) *m* dentellier *m*, -ière *f*; ~**kragen** *m* col *m* de dentelle; ~**leistung** *f* performance *f*; (*Rekord*) record *m*; ⚡ puissance *f* de crête; ⊕ rendement *m* maximum; *e-r Maschine*: puissance *f* maxima (*od.* maximum); ~**lohn** *m* salaire *m* maximum; ~**mannschaft** *f Sport*: équipe *f* de tête; ~**organisation** *f* organisation *f* centrale; ~**politiker** *m* grand homme *m* politique; politique *m* éminent; ~**reiter** *m Sport*: leader *m* (*od.* premier *m*) du championnat; coureur *m* de tête; équipe *f* de tête; équipe *f* vedette; *fig.* fer *m* de lance; ~**strom** ⚡ *m* courant *m* de pointe; ~**tanz** *m* pointes *f/pl.*; ~**tänzerin** *f* danseuse *f* qui fait des pointes; ~**tuch** *n* mouchoir *m* de dentelle; ~**verband** *m* association *f* centrale (*od.* de plafond); ~**verkehr** *m* trafic *m* de pointe; ~**wert** ⚡ *m* valeur *f* de crête; valeur *f* maxima (*od.* maximum); ~**zacke** *f* picot *m* (de dentelle).

'**Spitzer** *m* (*Bleistift*⚡) taille-crayon *m*. '**spitz|findig** *adj.* subtil; recherché; sophistiqué; ⚡**findigkeit** *f* subtilité *f*; sophistication *f*; ⚡**geschoß** *m* balle *f* pointue; ⚡**glas** *n* flûte *f*; ⚡**hacke** *f*, ⚡**haue** *f* pic *m*; ⚡**hammer** *m* marteau *m* à pointe; *der Steinbrecher*: picot *m*; ~**ig** *adj.* → spitz²; ⚡**kopf** *m* tête *f* pointue; ~**kriegen** F *v/t.*: etw. ~ découvrir qch.; ⚡**kühler** *m Auto*: radiateur *m* en coupe-vent; ⚡**maus** *zo. f* musaraigne *f*; ⚡**meißel** *m* ciseau *m* pointu; *sculp.* pointe *f*; ⚡**name** *m* sobriquet *m*; surnom *m*; ⚡**nase** *f* nez *m* pointu; ⚡**säule** *f* obélisque *m*; ~**wink(e)lig** Ⓐ *adj.* à angle aigu.

Splash'down (*Raumfahrt*) *n* chute *f* en éclaboussures.
Spleen *m* caprice *m*; F marotte *f*; '²**ig** *adj.* bizarre; fantaisiste; capricieux, -euse.
Splint *m* ⚓ aubier *m*; ⊕ goupille *f*. '**spliss|en** *v/t. Seilerei*: épisser; ⚡**en** *n*, ⚡**ung** *f* épissure *f*.
Splitt *m* gravillon *m*; *feiner*: grenaille *f*.
'**Splitter** *m* éclat *m*; *in der Haut*: écharde *f*; 🦴 (*Knochen*⚡) esquille *f*; (*Stein*⚡) écaille *f*; (*Span*) copeau *m*; *fig. der* ~ *im Auge des Nächsten* la paille dans l'œil du voisin; ~**bombe** ⚔ *f* bombe *f* à fragmentation (*od.* à billes *od.* à clous); bombe *f* anti--personnel; ~**bruch** ⚕ *m* fracture *f* esquilleuse; ⚡**frei** *adj. Glas*: de sécurité; ⚡**ig** *adj.* plein d'éclats; ⚡**ig** *v/i.* voler en éclats; (*sich spalten*) se fendre; ⚡**nackt** *adj.* tout nu; nu comme un ver; ~**partei** *pol. f* petit parti *m*; sous-groupe *m*; ⚡**sicher** ⚔ *adj.* à l'abri des éclats; ~**wirkung** *f v. Geschossen*: effet *m* d'éclatement.
Spon'deus *mét. m* spondée *m*.
spon'tan *adj.* spontané.
spo'radisch *adj.* sporadique.
'**Spore** ♀ *f* spore *f*.
Sporn *m* éperon *m* (*a. zo.*, ♀); *des Hahnes*: *a.* ergot *m*; ⚓ béquille *f*; *die Sporen geben* donner de l'éperon; éperonner; *beide Sporen geben* piquer des deux; *fig. sich die Sporen verdienen* gagner ses éperons; conquérir ses galons; '~**rad** ⚙ *n* roue *f* de béquille; '~**rädchen** *man. n* molette *f* (d'éperon); ~**riemen** *f* garniture *f* d'éperon); '²**streichs** *adv.* à toute bride; en toute 'hâte.
Sport *m* sport *m*; ~ *aus Liebhaberei* amateurisme *m*; ~ *treiben* faire du sport; ~ *treibend* sportif, -ive; *der* ~ *am Sonntag* le dimanche sportif; '~**abzeichen** *n* insigne *m* sportif; '~**anlage** *f* établissement *m* (*od.* place *f*) de sport; '~**anzug** *m* costume *m* de sport; '~**arten** *f/pl.* sports *m/pl.*; '~**artikel** *m* article *m* de sport; '²~**ärztlich** *adj.* médico-sportif, -ive; '~**ausrüstung** *f* équipement *m* de sport; ~**befreiung** *écol. f* dispense *f* d'éducation physique; '²**begeistert** *adj.* enragé (*od.* mordu) de sport; ~**beilage** *f* chronique *f* sportive; '~**bericht** *m* reportage *m* sportif; ~**bericht-erstatter** *m* reporter *m* (*od.* chroniqueur *m*) sportif; '²**betont** (*Sommerurlaub*) *adjt.* à dominante sportive; '~**dreß** *m*: *im* ~ F en petite tenue.
'**sporteln** F *v/i.* faire du sport.
'**Sport|er-eignis** *n* événement *m* sportif; ~**ergebnisse** *n/pl.* résultats *m/pl.* sportifs; ~**feld** *n* terrain *n* de sport; (*Stadion*) stade *m*; ~**fest** *n* fête *f* sportive; ~**flieger** *m* aviateur *m* sportif; ~**fliege'rei** *f* aviation *f* sportive; ~**flugzeug** *n* avion *m* de sport; ~**freund(in)** *m* sportif *m*, -ive *f*; ~**geist** *m* esprit *m* sportif; ~**gelände** *n* terrain *m* de sport; ~**geschäft** *n* magasin *m* de sport; ~**halle** *f* salle *f* de sport; *Fr.* Palais *m* des sports; ~**hemd** *n* chemise *f* (*bzw.* maillot *m*) de sport; *gym.* débardeur *m*; maillot *m* de corps; ~**hose** *f* culotte *f* de sport; ~**jacke** *f* veston *m* de sport; ~**kabriolett** *n* cabriolet *m* de sport; ~**kleid** *n* robe *f* sport; ~**kleidung** *f* vêtements *m/pl.* de sport; *in* ~ en tenue de sport; ~**klub** *m* club *m* sportif; ~**kostüm** *n* costume *m* de sport; tailleur *m* sport; ~**laufbahn** *f* carrière *f* sportive; ~**leben** *n* vie *f* sportive; ~**lehrer(in)** *f) m* professeur *m* d'éducation physique; ~**ler(in)** *f) m* sportif *m*, -ive *f* ²**lich** *adj.* sportif, -ive; ~**lichkeit** *f* sportivité *f*; ~**mantel** *m* manteau *m* de sport; ~**modell** *n* modèle *m* de sport (*od.* sportif); ~**mütze** *f* casquette *f* de sport; ~**nachrichten** *f/pl.* nouvelles *f/pl.* sportives; ~**palast** *m* palais *m* des sports; ~**platz** *m* terrain *m* de sport; (*Stadion*) stade *m*; ~**platz-anlage** *f* emplacement *m* sportif; ~**redakteur** *m* rédacteur *m* sportif; ~**reportage** *f* reportage *m* sportif; ~**resultate** *n/pl.* résultats *m/pl.* sportifs; ~**rubrik** *f e-r Zeitung*: rubrique *f* sportive; ~**schriftleiter** *m* rédacteur *m* sportif; ~**schuh** *m*: ~*e pl. a.* chaussures *f/pl.* sport; ~**schule** *f* école *f* de sport (*od.* d'éducation physique); ~**sgeist** *m*: ~ *haben* être sport; ~**skanone** F *f* F as *m*; F crack *m*; ~**slip** *cout. m* slip *m* taille basse; minislip *m*; ~**smann** *m* sportif *m*; ~**strumpf** *m* bas *m* de sport; ~**student(in** *f) m* étudiant *m*, -e *f* en éducation physique; ~**tauchen** *n* plongée *f* au scaphandre; ~**teil** *m e-r Zeitung*: rubrique *f* sportive; ²**treibend** *adj.* sportif, -ive; ~**trikot** *n* maillot *m* de sport; ~**ver-anstaltung** *f* réunion *f* (*od.* manifestation *f*) sportive; ~**verband** *m* association *f* sportive; ~**verein** *m* société *f* sportive; club *m* sportif; ~**wagen** *m* voiture *f* de sport; torpédo *f*; *für Kinder*: poussette *f*; ~**welt** *f* monde *m* du sport; ~**woche** *f* semaine *f* sportive; ~**zeitmessung** *f* chronométrage *m*; ~**zeitung** *f* journal *m* de sport.
Spott *m* raillerie *f*; moquerie *f*; dérision *f*; persiflage *m*; *rl.* blasphème *m*; *beißender* ~ sarcasme *m*; *mit beißendem* ~ *verfolgen* satiriser; *s-n* ~ *mit j-m treiben* tourner q. en ridicule; *der* ~ *der Leute sein* être la risée de tout le monde; ~**bild** *n* caricature *f*; '²**billig** **I** *adj.* très bon marché; **II** *adv.* à un prix dérisoire; '~**drossel** *orn. f* (merle *m*) moqueur *m*.
Spötte'lei *f* raillerie *f*; moquerie *f*; persiflage *m*.
'**spötteln** *v/i.* se moquer (*über etw. acc.* de qch.); persifler (qch.).
'**spotten** *v/i.*: *über etw. acc.* (*j-n*) ~ se moquer de qch. (de q.); railler qch. (q.); tourner qch. (q.) en ridicule; *jeder Beschreibung* ~ défier toute description.
'**Spötter(in** *f) m* moqueur *m*, -euse *f*; railleur *m*, -euse *f*; persifleur *m*, -euse *f*; *über Heiliges*: blasphémateur *m*, -trice *f*.
'**Spott|gebot** † *n* offre *f* dérisoire; ~**gedicht** *n* poème *m* satirique; satire *f*; *kleineres*: épigramme *f*; ⚡**gelächter** *n* rire *m* moqueur; ~**geld** *n*: *für ein* ~ à vil prix; à un prix dérisoire.
'**spöttisch** *adj.* railleur; -euse; gouailleur, -euse; moqueur, -euse; (*beißend*) sarcastique, caustique; (*ironisch*) ironique; (*satirisch*) satirique; ~ *lächeln* ricaner.
'**Spott|lied** *n* chanson *f* satirique; ~**lust** *f* humeur *f* moqueuse (*od.* railleuse); ⚡**lustig** *adj.* moqueur, -euse; railleur, -euse; ~**name** *m* surnom *m*; sobriquet *m*; ~**preis** *m* prix *m* dérisoire; vil prix; *für e-n* ~ à un prix dérisoire; à vil prix; ~**schrift** *f* satire *f*; ~**sucht** *f* manie *f* de railler; causticité *f*; ⚡**süchtig** *adj.* moqueur, -euse; railleur, -euse; ~**vogel** *m orn.* moqueur *m*; *fig.* railleur *m*.
'**Sprach|atlas** *m* atlas *m* linguistique; ~**aufenthalt** *m* séjour *m* linguistique; ~**aufnahme** (*Tonband*) *f* enregistrement *m* de paroles; ⚡**begabt** *adjt.*: ~ *sein* avoir le don des langues; ~**bereich** *m* domaine *m* linguistique; *der französische* ~ les pays d'expression française (*od.* francophones); la francophonie; ~**denkmal** *n* monument *m* d'une langue.
'**Sprache** *f* langue *f*; (*Sprechvermögen*) parole *f*; (*Ausdrucksweise*) langage *m*; (*Sprechweise*) parler *m*; (*Idiom*) idiome *m*; *gewisser Klassen od. Gewerbe*: jargon *m*; argot *m*; *e-s Schriftstellers od. e-s Werkes*: style *m*; diction *f*; (*Mundart*) dialecte *m*, *bsd. des Landvolkes*: patois *m*; *alte* (*neuere*; *lebende*; *tote*; *fremde*) ~ langue *f* ancienne (*moderne*; *vivante*; *morte*; étrangère); *fig. die* ~ *der Vernunft* le langage de la raison; *der Zauber s-r* ~ la magie de son verbe; *e-e* ~ *beherrschen* posséder une langue; *zur* ~ *bringen* évoquer; *zur* ~ *kommen* être discuté; être mis en discussion; être sur le tapis; *die* ~ *verlieren* perdre la langue; *der* ~ *beraubt* aphasique; *Verlust der* ~ aphasie *f*; *j-m die* ~ *verschlagen* interloquer q.; P laisser q. comme deux ronds de frites; *e-e offene* ~ *reden* parler franc et net; *das redet e-e*

deutliche ~ cela parle tout seul (*od.* de soi); *er spricht jetzt e-e ganz andere* ~ il a changé de ton; *mit der* ~ *nicht recht herauswollen* hésiter à parler; *heraus mit der* ~*!* expliquez-vous!
'Sprach|ebene *ling. f* registre *m*; ~eigenheit *f,* ~eigentümlichkeit *f* idiotisme *m*; *deutsche (französische; englische; italienische; spanische; lateinische)* ~ germanisme *m* (gallicisme *m*; anglicisme *m*; italianisme *m*; hispanisme *m*; latinisme *m*); ~endienst *m* service *m* de traduction; interprétariat *m*; ~engewirr *n* babélisme *m*; ~enkampf *m* lutte *f* entre deux (*od.* plusieurs) langues; ~enkarte *f* carte *f* linguistique; ~enverwirrung *f* confusion *f* des langues; ~fehler *m* ♂ défaut *m* de prononciation; faute *f* grammaticale; solécisme *m*; ~ferien *pl.* vacances *f/pl.* linguistiques; ~fertigkeit *f* facilité *f* d'élocution; ~forscher *m* linguiste *m*; philologue *m*; ~forschung *f* linguistique *f*; philologie *f*; ~führer *m* guide *m* de conversation; ~gebiet *n →* ~*bereich*; ~gebrauch *m* usage *m*; ~gefühl *n* sens *m* de la langue; ~genie *n* personne *f* qui a le don des langues; ~geographie *f* géographie *f* linguistique; ²gewandt *adj.* qui a la parole facile; disert; éloquent; ~grenze *f* frontière *f* linguistique; ~heillehrer *m* orthophoniste *m*; ~insel *f* ilot *m* linguistique; ~karte *f* carte *f* linguistique; ~kenntnis *f* connaissance *f* des langues; ²kundig *adj.* qui connaît une (*od.* plusieurs) langue(s); (*vielsprachig*) polyglotte; ~labor *n* laboratoire *m* de langues; ~lehre *f* grammaire *f*; ~lehrer(in *f*) *m* professeur *m* de langue(s); ²lich *adj.* qui concerne la langue; (*grammatisch*) grammatical; ²los *adj.* (*verblüfft*) interdit; stupéfait; pantois; estomaqué; épaté; ahuri; ~ *sein*; ~ *dastehen* rester (*od.* demeurer) interdit; *da bist du* ~*!* P ça te la coupe!; ~losigkeit *f* (*Verblüfftheit*) stupéfaction *f*; ~marotten *f/pl.* tics *m/pl.* de langage; ~mittler *m* interprète *m*; ~mörder *fig., péj. m* linguicide *m*; ~neuerung *f* néologisme *m*; ~niveau *ling. n* niveau *m* linguistique; ~pädagoge *m* pédago-linguiste *m*; ~pädagogik *f* pédago-linguistique *f*; ~pflege *f* défense *f* de la langue; ~raum *m* → ~*bereich*; ~regel *f* règle *f* grammaticale; ~regler *m* décideur *m*; ~reinheit *f* pureté *f* de la langue (*resp.* du langage); ~reiniger *m* puriste *m*; ²richtig *adj.* correct; ~rohr *n* porte-voix *m*; (*Sprecher*) porte-parole *m*; véhicule *m*; *sich zum* ~ *e-r Sache machen* se faire l'interprète de qch.; ~schatz *m* vocabulaire *m*; ~schnitzer *m* petite incorrection *f*; ~schule *f* école *f* de langues; ~störungen *f/pl.* troubles *m/pl.* du langage (*od.* de la phonation); dysphonie *f*; *mit* ~ *behaftet* qui a des troubles du langage, de la parole; ~studium *n* étude *f* des langues; ~unterricht *m* enseignement *m* d'une (*resp.* des) langue(s); ~ *erteilen* enseigner des langues; *französischer* ~ leçons *f/pl.* de français; ~untersuchungen *f/pl.* recherches *f/pl.* linguistiques; ~ver-

besserer *m* réformateur *m* d'une langue; ~verbesserung *f* réforme *f* d'une langue; ~verderber *m* corrupteur *m* d'une langue; ~verein *m* société *f* linguistique; ~vergleichung *f* philologie *f* comparée; ~verschlüsselung *f* cryptophonie *f*; ~werkzeug *n* organe *m* de la parole; ²widrig *adj.* incorrect; contraire au génie de la langue; ~widrigkeit *f* incorrection *f*; barbarisme *m*; ~wissenschaft *f* philologie *f*; linguistique *f*; ~wissenschaftler *m* philologue *m*; linguiste *m*; ²wissenschaftlich *adj.* philologique; linguistique.
Spray *m, n* spray *m*; ¹~dose *f* vaporis(at)eur *m*; atomiseur *m*; brumisateur *m*; spray *m*; ¹²en *v/t.* vaporiser; atomiser; pulvériser.
'Sprech|anlage *f* interphone *m*; *an der Zauntür*: téléphone-portier *m*; ~art *f* (manière *f* de) parler *m*; ~chor *m* chœur *m* parlé.
'sprechen I *v/i. u. v/t.* parler; *j-n* ~; *mit j-m* ~ parler à q., (*sich unterhalten*) parler avec q.; ~ *über (acc.*); ~ *von* parler de; *Gebet, Gedicht, Wahrheit:* dire; *Urteil:* prononcer; *e-e Sprache* ~ parler une langue; *deutsch (französisch usw.)* ~ parler allemand (français, *etc.*); *Recht* ~ rendre la justice; *schuldig* ~ déclarer coupable; *über j-n den Segen* ~ donner la bénédiction à q.; bénir q.; *über (od. von) Politik (Kunst; Geschäfte[n] usw.)* ~ parler politique (art; affaires, *etc.*); *laut (leise)* ~ parler 'haut (bas); *deutlich* ~ parler distinctement, (*klar verständlich*) parler clairement, (*offen*) parler franc (*od.* franchement); *undeutlich* ~ bredouiller; *zu* ~ *sein* recevoir (*für j-n* q.); y être (*für j-n* pour q.); *ich bin für niemanden zu* ~ je n'y suis pour personne; *heute ist der Minister zu* ~ aujourd'hui, le ministre est visible; *für j-n* ~ *stellvertretend:* parler pour q., *zu s-n Gunsten:* parler en sa faveur; *das spricht für sich selbst* cela parle tout seul; cela se passe de commentaires; *alle Anzeichen* ~ *dafür, daß* ... tout porte à croire que ...; *das spricht gegen ihn* cela parle contre lui; *j-n zu* ~ *wünschen* demander (à parler à) q.; *nicht gut zu* ~ *sein* être de mauvaise humeur; *auf j-n nicht gut zu* ~ *sein* en vouloir à q.; *mit sich* ~ *lassen* entendre raison; *von j-m gut (schlecht)* ~ dire du bien (du mal) de q.; *von diesem und jenem* ~ parler de choses et d'autres; *von etw. anderem* ~ parler d'autre chose; ~ *wir nicht davon!* n'en parlons pas!; *zu* ~ *kommen auf (acc.)* en venir à parler de; *wir* ~ *uns noch!* nous nous reverrons! (*a. drohend*); *die Verzweiflung spricht aus ihm* c'est le désespoir qui le fait parler ainsi; *mit wem* ~ *Sie überhaupt?* à qui croyez-vous parler?; *allgemein gesprochen* généralement parlant; *unter uns gesprochen* entre nous; II ² *n* (*Sprechvermögen*) parole *f*; (*Ausdrucksweise*) langage *m*; ²*d adj.* parlant; ~ *ähnlich* d'une ressemblance frappante.
'Sprech|er *m* celui, celle qui parle; (*Wortführer*) porte-parole *m*; *rad.* speaker *m*, -ine *f*; ~erzieher *m* (éducateur *m*) orthophoniste *m*; ~erziehung *f* orthophonie *f*; éducation *f* des organes de la phonation; ~film *m*

film *m* parlant (*od.* sonore); ~frequenz *f* fréquence *f* vocale; ~funk *m* (radiotélé)phonie *f*; *mit j-m in* ~ *treten* prendre contact en phonie avec q.; ~funk-antenne *f* antenne *f* de télécommunication; ~funkgerät *n* appareil *m* de radio-téléphonie; walkie-talkie *m*; talkie-walkie *m*; ~gebühr *téléph. f* taxe *f* téléphonique; ~gesang *m* récitatif *m*; ~kapsel *téléph. f* transmetteur *m*; ~kursus *écol., univ. m* cours *m* de diction; ~probe *thé., rad. f* audition *f*; ~rolle ♪ *f* partie *f* parlée; ~stelle *téléph. f* poste *m* téléphonique; ~stunde *f der Ärzte, Anwälte*: heure *f* de consultation; ~stundenhilfe *f* assistante *f*; ~takt *m* groupe *m* phonétique; ~taste *f* bouton *m* de conversation; ~technik *f* articulation *f*; ~trichter *téléph. m* cornet *m*; ~übungen *f/pl.* exercices *m/pl.* de conversation; ~verkehr *téléph. m* trafic *m* téléphonique; ~vermögen *n*: ♂ *mit dem Verlust des* ~*s* avec perte de langage; ~weise *f* (manière *f* de) parler *m*; langage *m*; diction *f*; élocution *f*; *litt.* parlure *f*; ~zeit *f rad., télév.* créneau *m*; *für e-n Redner:* temps *m* de parole; ~zelle *téléph. f* cabine *f* téléphonique; ~zimmer *n* parloir *m*; *e-s Arztes:* cabinet *m* de consultation.
'Spreiz|e *f* △ étrésillon *m*; *gym.* écartement *m* des jambes; ²en 1. *v/t.* écarter; 2. *v/rf.: sich* ~ *fig.* se rengorger; se pavaner; ~en *n* écartement *m*; ~fuß ♂ *m* pied *m* plat.
'Sprengbombe *f* bombe *f* explosive.
'Sprengel *m e-s Bischofs:* diocèse *m*; *e-s Pfarrers:* paroisse *f*.
'sprengen I 1. *v/t.* (*in die Luft* ~) faire sauter; (*explodieren lassen*) faire éclater; *Schloß:* forcer; *Widerstand:* rompre; briser; *Tür:* enfoncer; *Versammlung, Menschenmenge:* disperser; *Bank:* faire sauter; (*be*~) arroser (*mit* de); *Wäsche:* asperger; mouiller; *Wasser* ~ arroser d'eau; *mit Weihwasser* ~ asperger d'eau bénite; 2. *v/i.* vom *Reiter:* ~ (*bzw.* sortir) au galop; II ² *n* destruction *f* (par explosion); (*Be*²) arrosage *m*.
'Spreng|er *m* arroseur *m*; ~flüssigkeit *f* liquide *m* explosif; ~geschoß *n* projectile *m* explosif; ~granate *f* obus *m* explosif; ~kapsel *f* détonateur *m*; capsule *f* fulminante; ~kommando *n* détachement *m* de dynamitage; ~kopf *m e-s Geschosses, e-r Rakete:* ogive *f*; *e-r Rakete a.:* tête *f* nucléaire; cône *m* de charge; *atomarer* ~ ogive *f* nucléaire; ~körper *m* explosif *m*; engin *m* (explosif); ~kraft *f* force *f* explosive; ~ladung *f* charge *f* explosive; ~loch ⚔ *n* trou *m* de mine; ~mittel *n* explosif *m*; ~patrone *f* cartouche *f* explosive; ~pulver *n* poudre *f* explosive; ~punkt *m* point *m* d'éclatement; ~stoff *m* matière *f* explosive; explosif *m*; plastic *m*; ~stoff-attentat *m* attentat *m* à l'explosif (*od.* par explosif *od.* au plastic); ~stoffbrief *m* lettre *f* piégée (*od.* explosive); ~stück *n* éclat *m* d'obus; ~trichter *m* entonnoir *m*; trou *m* d'obus; ~trupp *m* détachement *m* de dynamiteurs; ~ *und Kehrmaschine* *f* arroseuse-balayeuse *f*; ~ung *f* dynamitage *m*; *e-r*

Versammlung, e-r Menschenmenge: dispersion *f*; ~**wagen** *m* arroseuse *f*; ~**wirkung** *f* effet *m* explosif; ~**zünder** *m* détonateur *m*.

'**Sprenkel** *m* (*Tüpfel*) moucheture *f*; ⩘**ig** *adj*. moucheté; tacheté; ⩘**n** *v/t*. moucheter; tacheter; *rot gesprenkelt* tacheté de rouge.

Spreu *f* balle *f* (*a. fig.*); *die ~ vom Weizen sondern* séparer le bon grain de l'ivraie.

'**Sprich|wort** *n* proverbe *m*; adage *m*; *zum ~ werden* passer en proverbe; ~**wörterforschung** *f* parémiologie *f*; ⩘**wörtlich** *adj*. proverbial; ~**e** *Redensart* diction *f*.

'**sprießen I** *v/i*. pousser; (*keimen*) germer; (*hervor~*) sortir de terre; (*aufblühen*) éclore; (*ausschlagen*) bourgeonner; **II** ⩘ *n* pousse *f*; (*Aufblühen*) éclosion *f*; (*Ausschlagen*) bourgeonnement *m*.

Spriet ⚓ *n* livarde *f*.

'**Springbrunnen** *m* jet *m* d'eau; fontaine *f* jaillissante.

'**springen I** *v/i*. sauter; faire un saut; bondir; faire un bond; (*bersten*) éclater; (*sich spalten*) se fendre; *Glas*: se fêler; se fissurer; *Haut*: se gercer; se crevasser; se fissurer; *Mauer*: se lézarder; se fissurer; *Quelle*: jaillir; *Hengst, Stier*: saillir; monter; *Schwimmsport*: plonger; *aus dem Bett ~* sauter à bas du lit; *aus den Schienen ~* sortir des rails; *das springt in die Augen* cela saute aux yeux; *in den Sattel ~* sauter en selle; *ins Wasser ~* se jeter à (*bzw.* dans) l'eau; *über e-n Graben ~* sauter un fossé; franchir un fossé (en sautant); *vor Freude ~* bondir de joie; *lassen* faire sauter (*a. fig.*); **II** ⩘ *n* sauts *m/pl.*; bonds *m/pl.*; (*Bersten*) éclatement *m*; (*Sprudeln*) jaillissement *m*; *des Hengstes, Stiers*: saillie *f*; monte *f*; ~**d** *adj*. qui saute; bondissant; (*sprudelnd*) jaillissant; *fig. der ~e Punkt* le point essentiel (*od.* capital).

'**Springer**¹ *m Schach*: cavalier *m*.

'**Springer**² *m*, ~**in** *f* sauteur *m*, -euse *f*; *Schwimmsport*: plongeur *m*, -euse *f*.

'**Spring|flut** *f* raz *m* de marée; *an Flußmündungen*: mascaret *m*; ~**insfeld** (*Wildfang*) *fig. m* jeune étourdi *m*; F dératé *m*; ~**kraut** ♀ *n* balsamine *f*; ~**kraft** *f* élasticité *f*; ⩘**lebendig** *adj*. gai comme un pinson; ~**maus** *zo. f* gerboise *f*; ~**pferd** *n* (cheval *m*) sauteur *m*; ~**prozession** *f* procession *f* par bonds; ~**quelle** *f* source *f* jaillissante; ~**seil** *n der Kinder*: corde *f* à sauter; ~**stunde** *f* heure *f* libre; *bsd. écol*. heure *f* creuse; F trou *m*.

Sprint *m Sport*: sprint *m*; '⩘**en** *v/i*. sprinter; '~**er** *m* sprinter *m*; '~**erhose** *f* culotte *f* d'athlétisme.

Sprit *m* alcool *m*; F (*Kraftstoff*) essence *f*; F jus *m*; F sauce *f*.

'**Spritz|beton** *m* béton *m* projeté; ~**blech** *n* garde-boue *m*; ~**düse** *f* gicleur *m*; *f* (*Hand⩘, Klistier⩘*) seringue *f*; (*Feuer⩘*) pompe *f* à incendie; (*Einspritzung*) piqûre *f* (*geben faire*); injection *f* (*geben donner*); (*Teig⩘*) poche *f* à douille; seringue *f* à crème; ⩘**en 1.** *v/t*. (*mit der Handspritze*) seringuer; (*ausstoßen*) projeter; (*be~*) arroser (*mit de*); (*besprengen*) asperger; (*beschmut-*

zen) éclabousser; (*zerstäuben*) atomiser; vaporiser; pulvériser; (*spritzlackieren*) peindre au pistolet; (*ein~*) injecter; (*mit Sodawasser versetzen*) mélanger d'eau minérale; **2.** *v/i*. (*auf~*) jaillir; (*heraus~*) gicler; *Feder*: cracher; *mit der Feuerspritze*: faire jouer une (*od.* les) pompe(s) (à incendie); F (*eilen*) filer comme une flèche; **3.** *v/rf. sich ~* (*Drogensüchtiger*) se piquer; ~**en** *n* (*Auf⩘*) jaillissement *m*; (*Be⩘*) arrosage *m*; (*Besprengen*) aspersion *f*; (*Zerstäuben*) atomisation *f*; vaporisation *f*; pulvérisation *f*; (*Spritzlackieren*) peinture *f* au pistolet; (*Ein⩘*) injection *f*; *der Feder*: crachement *m*; *der Feuerspritze*: jeu *m* d'une (*od.* des) pompe(s) (à incendie); ~**enhaus** *n* dépôt *m* des pompes à incendie; ~**enmeister** *m* capitaine *m* des pompiers; ~**enrohr** *n*, ~**enschlauch** *m* tuyau *m* de pompe à incendie; ~**er** *m* (*Kot⩘*) éclaboussure *f*; ~**fahrt** F *f* petit tour *m*; virée *f* (F en bagnole); ~**flasche** ⚗ *f* pissette *f*; ~**fleck** *m* éclaboussure *f*; ~**guß** ⊕ *m* coulage *m* par injection; ~**gußform** ⊕ *f* moule *m* pour coulage par injection; ⩘**ig** *adj*. (*behend*) agile; (*munter*) gai; primesautier, -ère; (*geistreich*) spirituel, -elle; *Wein*: pétillant; ~**kuchen** *m* échaudé *m*; ⩘**lackieren** *v/t*. peindre au pistolet; ~**lackieren** *n* peinture *f* au pistolet; ~**leder** *vél. ~* pare-boue *m*; ~**motor** (*Auto*) *m* moteur *m* à injection; ~**pistole** *f* pistolet-pulvérisateur *m*; ~**rohr** *n* (*Feuerwehr*) lance *f*; ~**tour** F *f* → *~fahrt*; ~**verfahren** *n* procédé *m* à pistolet; pistolage *m*; ~**vergaser** *m* carburateur *m* à giclage.

'**spröd|e** *adj*. cassant; *v. Metallen*: a. sec, sèche; aigre; pailleux, -euse; *Haut* peau *f* sèche et dure; (*aufgesprungen*) gercé; *fig.* qui manque de souplesse; (*starr*) raide; *Frauen*: prude, *f* bégueule; *das Haar ~ machen* fragiliser les cheveux; ~ *tun* faire la prude; ⩘**igkeit** *f* cassant *m*; *fig.* manque *m* de souplesse; (*Starre*) raideur *f*; *Frauen*: pruderie *f*.

Sproß *m* jet *m*; rejet *m*; rejeton *m* (*a. Nachkomme*); pousse *f*; scion *m*.

'**Sprosse** *f* (*Leiter*) échelon *m*; *am Fenster*: croisillon *m*; *der Wagenleiter*: épar(t) *m*; *ch.* andouiller *m*.

'**Sprossenwand** *gym. f* espalier *m*; échelle *f* suédoise.

'**Spröẞling** *m* → *Sproß*.

'**Sprotte** *icht. f* sprat *m*; *Kieler ~n pl.* sprats *m/pl.* fumés.

Spruch *m* (*Sentenz*) sentence *f*; (*Maxime*) maxime *f*; (*Sinn⩘*) aphorisme *m*; *apophtegme m*; *bibl.* verset *m* (de l'Écriture) ✡ sentence *f*; jugement *m*; arrêt *m*; (*Entscheidung*) décision *f*; *der Geschworenen*: verdict *m*; (*Schieds⩘*) arbitrage *m*; ~**band** *n* banderole *f*; calicot *m*; ~**kammer** *ehm. All. pol. f* chambre *f* de dénazification; ~**reif** *adj*. en état; *fig. die Sache ist ~* la poiré est mûre; ~ *werden lassen* laisser mûrir.

'**Sprudel** *m* eau *f* gazeuse; (*Quelle*) source *f* jaillissante; ⩘**n** *v/i*. sortir en bouillonnant; bouillonner; (*hervor~*) jaillir; (*perlen*) pétiller; (*hastig sprechen*) parler avec une extrême volubilité; ~**n** *f* bouillonnement *m*; (*Her-*

vor⩘) jaillissement *m*; (*Perlen*) pétillement *m*.

'**Sprüh|bombe** *f* bombe *f* aérosol; ⩘**en 1.** *v/t*. (*ausstoßen*) projeter; *Funken*: a. lancer; faire jaillir; **2.** *v/i*. jaillir; (*perlen*) pétiller; (*glitzern*) étinceler; *vor Geist ~* étinceler (*od.* pétiller) d'esprit; *Regen*: es sprüht il bruine; F il brouillasse; ~**en** *n* jaillissement *m*; (*Funken⩘*) étincellement *m*; (*Besprengen*) arrosage *m*; aspersion *f*; (*Perlen*) pétillement *m*; ~**regen** *m* bruine *f*; pluie *f* fine; crachin *m*; ~**schlauch** 🔧 *m* rampe *f* d'arrosage; ~**verband** 🩹 *m* pansement *m* liquide.

Sprung *m* saut *m*; (*Satz*) bond *m*; (*Luft⩘*) cabriole *f*; gambade *f*; (*Kopf⩘*) plongeon *m*; (*Anlauf*) élan *m*; (*Spalte*) crevasse *f*; *in der Haut*: gerçure *f*; crevasse *f*, fissure *f*; *im Glas*: fêlure *f*; fissure *f*; *in e-r Mauer*: lézarde *f*; fissure *f*; *im Holz*: fente *f*; *vét.* saillie *f*; monte *f*; *Sprünge bekommen* se crevasser, *Haut*: se gercer, crevasser, se fissurer, *Glas*: se fêler, se fissurer, *Mauer*: se lézarder, se fissurer, *Holz*: se fendre; *Sprünge machen* faire des bonds; bondir; *mit e-m ~* d'un bond; *in Sprüngen par sauts et par bonds*; *den ~ ins Ungewisse wagen* faire le saut dans l'inconnu; *stets auf dem ~e sein* être toujours prêt à partir; *auf dem ~e sein, zu ...* (*inf.*) être sur le point de ... (*inf.*); *nur auf e-n ~ bei j-m vorbeikommen* ne faire qu'un saut chez q.; *es ist nur ein ~ bis dorthin* il n'y a qu'un pas d'ici; c'est à deux pas d'ici; *fig. j-m auf die Sprünge helfen* mettre q. sur la voie; *j-m auf die Sprünge kommen* découvrir les menées de q.; *er wird damit keine großen Sprünge machen* il n'ira pas loin avec cela; '~**bein** *n anat.* astragale *m*; *Sport*: jambe *f* d'appel; '⩘**bereit** *adj*. prêt à sauter; *Schwimmsport*: prêt à plonger; '~**brett** *n* tremplin *m* (*a. fig.*); *an der Sprunggrube*: planche *f* d'appel; '~**deckel-uhr** *f* (montre *f* à) savonnette *f*; '~**feder** *f* ressort *m* élastique; '~**federmatratze** *f* sommier *m* à ressorts; '~**feld** *n* sautoir *m*; '~**gelenk** *n bei Tieren*: jarret *m*; '~**grube** *f* fosse *f* de saut; sautoir *m*; '⩘**haft I** *adj*. inconstant; versatile; changeant; (*Preisanstieg*) vertigineux, -euse; **II** *adv*. (*sprungweise*) par sauts et par bonds; '~**haftigkeit** *f* inconstance *f*; versatilité *f*; '~**höhe** *f Sport*: hauteur *f* du saut; *géol. f* rejet *m*; '~**latte** *f Sport*: latte *f*; '~**riemen** *m man.* martingale *f*; (*Hosensteg*) sous-pied *m*; '~**schanze** *f* tremplin *m* de saut (*od.* de ski); '~**seil** *n* corde *f* à sauter; '~**stab** *m Sport*: perche *f* (à sauter); '~**tuch** *n der Feuerwehr*: toile *f* de sauvetage; filet *m* de secours; '~**turm** *m* plate-forme *f*; plongeoir *m*; '~**vermögen** (*Sport*) *n* détente *f*; '⩘**weise** *adv*. par sauts et par bonds; ✕ ~ *vorgehen* avancer par bonds; '~**weite** *f* longueur *f* du saut; '~**welle** *f* mascaret *m*.

'**Spuck|e** *f* salive *f*; crachat *m*; P *da bleibt dir die ~ weg* ça te la coupe; ⩘**en** *v/i. u. v/t*. cracher; *auf den Boden ~* cracher par terre; ~**en** *n* crachement *m*; ~**napf** *m* crachoir *m*.

Spuk *m* (*Geistererscheinung*) apparition *f* de fantômes; (*Gespenst*) fan-

tôme *m*; revenant *m*; spectre *m*; **˻₂en** *v/imp.*: *es spukt in diesem Hause* il y a des revenants dans cette maison; cette maison est 'hantée; *fig. diese Idee spukt bei ihm im Kopf* cette idée le hante; F *es spukt bei ihm* (*od. in s-m Kopf*) il a le timbre fêlé; il a un grain (de folie); il est timbré (*od.* toqué, P cinglé *od.* maboul *od.* dingo); '**˻geschichte** *f* conte *f* de revenants; '˻**haft** *adj.* fantomatique; '**˻haus** *n* maison *f* 'hantée.
'**Spülbecken** *n* évier *m*.
'**Spule** *f* bobine *f* (*a. Radio*); (*Feder*˼₂) tuyau *m* de plume.
'**Spüle** *f* évier *m*.
'**spulen I** *v/t.* (*auf*˻) bobiner, (*ab*˻) dévider; II ˼₂ *n* (*Auf*˼₂) bobinage *m*; (*Ab*˼₂) dévidage *m*.
'**spülen I 1.** *v/i. Wellen:* (*netzen*) arroser (*an etw. acc.* qch.); baigner (qch.); **2.** *v/t. Geschirr:* laver; *Gläser, Mund, Wäsche:* rincer; *ans Ufer* ˻ jeter sur le rivage; **II** ˼₂ *n des Geschirrs:* lavage *m*; *der Gläser, des Mundes, der Wäsche:* rinçage *m*.
'**Spulen|gestell** *n* porte-bobines *m*; **˻körper** *m* armature *f* de la bobine.
'**Spuler(in**) *f*) *m* bobineur *m*, -euse *f*.
'**Spüler(in**) *f*) *m* rinceur *m*, -euse *f*; *im Gasthaus:* plongeur *m*, -euse *f*.
'**Spül|faß** *n* baquet *m* à rincer; **˻frau** *f* rinceuse *f*; *im Gasthaus:* plongeuse *f*; **˻icht** *n* eau *f* de vaisselle; lavure *f*; rinçure *f*; **˻junge** *m im Gasthaus:* plongeur *m*; **˻lappen** *m* lavette *f*.
'**Spulmaschine** *f* bobineuse *f*; bobinoir *m*.
'**Spül|maschine** *f* rinceuse *f*; **˻mittel** *n* produit *m* pour laver la vaisselle *bzw.* pour rincer le linge; **˻stein** *m* évier *m*; **˻tisch** *m* évier *m*; **˻ung** *f* lavage *m*; rinçage *m*; ✽ lavement *m*; *Klosett:* = **˻vorrichtung** *f* chasse *f* d'eau; **˻wasser** *n* eau *f* de vaisselle; lavure *f*; rinçure *f*.
'**Spulwurm** *zo. m* ascaride *m*.
Spund *m* bonde *f*; (*˻zapfen*) bondon *m*; (*Pfropfen*) tampon *m*; '**˻bohrer** *m* bondonnière *f*; '˻**en** *v/t.* bondonner; '**˻loch** *n* bonde *f*; '**˻zapfen** *m* bondon *m*.
Spur *f* trace *f* (*a.* 🜛, 🜚, *fig.*); piste *f* (*a. v. Schi, Ton*); *gehoben:* vestige *m*; (*Fleck; Narbe; Merkmal*) marque *f*; (*Abdruck*) empreinte *f*; (*Wagen*˼₂) ornière *f*; ⚒ sillage *m*; *ch. piste f*; voie *f* (*a.* 🜘); *fig.* relent *m*; *s-e Karriere in j-s ˻en machen* faire sa carrière dans les basques (*od.* dans le sillage) de q.; *j-m auf die ˻ kommen* dépister q.; découvrir la piste de q.; *j-n von der ˻ abbringen* dépister q.; détourner q. de la piste; *j-n auf e-e falsche ˻ leiten* mettre q. sur une fausse piste; *fig.* donner le change à q.; *fig. j-m auf die* (*richtige*) ˻ *helfen* mettre q. sur la voie; *fig. keine ˻ von etw.* (*bei vb.* ne ...) pas l'ombre (*od.* la moindre apparence) de qch.
'**spürbar** *adj.* sensible; *fig.* considérable.
'**Spur|breite** 🜘 *f* écartement *m* des rails, de la voie; *Auto:* voie *f*; ˼₂*en v/i. Schi:* tracer la piste; F *fig.* être dans la note.
'**spüren I 1.** *v/t.* sentir; éprouver; (*wahrnehmen*) s'apercevoir de; (*wittern*) flairer; *die Nachwirkungen von etw. ˻ se ressentir de* qch.; **2.** *v/i.:* ˻ *nach ch.* quêter, *fig.* se mettre à la recherche de; **II** ˼₂ *n ch.* quête *f*; *fig.* recherche *f*.
'**Spuren-elemente** *n/pl.* 🜛 éléments *m/pl.* de trace; traceurs *m/pl.*; *biol.* oligo-éléments *m/pl.*
'**spurgeführt** ⊕ (*Transportsystem*) *adj.* guidé.
'**Spür|gerät** *a.* ⚔ *n für Gas:* détecteur *m* (de gaz); **˻hund** *m* limier *m* (*a. fig.*); chien *m* quêteur.
'**spurlos** *adj. u. adv.* sans trace; ˻ *verschwinden* disparaître sans laisser de traces.
'**Spür|nase** *f* bon nez *m*; nez *m* fin; **˻sinn** *m* flair *m*.
'**Spurschalter** (*Tonbandgerät*) *m* contacteur *m* de piste.
Spurt *m Sport:* sprint *m*; *plötzlicher* échappée *f*; '˼₂**en** *v/i. Sport:* sprinter.
'**Spurwechsel** (*im Verkehr*) *m* déboîtement *m*.
'**Spurweite** 🜘 *f* écartement *m* des rails (*od.* de la voie); *Auto:* voie *f*.
'**sputen** P *v/rf.: sich ˻* se dépêcher; P se grouiller.
'**Sputnik** *m* spoutnik *m*.
'**Sputum** 🜛 *n* expectoration *f*.
Sri-'**Lanka** *n:* le Sri-Lanka; *Republik f von ˻* République *f* du Sri-Lanka.
st! *int.* chut!
Staat *m* État *m*; (*Aufwand*) luxe *m*; *in vollem ˻* en grande toilette (*od.* tenue); *großen ˻ machen* mener grand train; faire du luxe; *mit etw. ˻ machen* faire parade de; **˻enbund** *m* confédération *f* d'États; '˼₂**enlos** *adj.* apatride; sans nationalité; **˻enlose**(*r a. m*) *m*, *f* apatride *m*, *f*; **˻enlosigkeit** *f* apatridie *f*.
'**staatlich I** *adj.* (*öffentlich*) public, -ique; (*politisch*) politique; (*national*) national; étatique; (*offiziell*) officiel, -elle; *˻e Planung* planification *f* par l'État; *˻e Einrichtung* institution *f* d'État; **II** *adv.*: *˻ überwacht* contrôlé par l'État; *˻ geprüft* diplômé.
'**Staats|akt** *m* cérémonie *f* officielle; *˻ für j-n* hommage *m* national à q.; **˻aktion** *f* événement *m* politique; F *fig. aus etw. e-e ˻ machen* F en faire une montagne (*od.* F un plat); faire beaucoup de tapage autour de qch.; **˻amt** *n* charge *f* publique; **˻angehörige**(*r a. m*) *m*, *f* ressortissant *m*, -e *f* d'un État; citoyen *m*, -enne *f*; *pl. a.* nationaux *m/pl.*; **˻angehörigkeit** *f* nationalité *f*; citoyenneté *f*; *Mann m mit doppelter ˻* homme *m* qui a une double nationalité; **˻angelegenheit** *f* affaire *f* publique (*od.* d'État); **˻anleihe** *f* emprunt *m* d'État; **˻anwalt** *m* procureur *m*; *Fr.* procureur *m* de la République; **˻anwaltschaft** *f* parquet *m*; **˻anzeiger** *m* journal *m* officiel; **˻apparat** *m* appareil *m* de l'État; **˻archiv** *n* archives *f/pl.* de l'État; **˻aufsicht** *f* contrôle *m* de l'État; **˻ausgaben** *f/pl.* dépenses *f/pl.* de l'État (*od.* publiques); **˻bahn** *f* chemin *m* de fer de l'État; **˻bank** *f* banque *f* d'État; **˻bankrott** *m* faillite (*od.* banqueroute) *f* de l'État; **˻beamte**(*r*) *m* fonctionnaire *m* public; **˻begräbnis** *n* obsèques (*od.* funérailles) *f/pl.* nationales; **˻behörde** *f* autorités *f/pl.* publiques; **˻besuch** *m* visite *f* officielle; **˻betrieb** *m* Régie *f*; **˻bürger(in**) *f*) *m* citoyen *m*, -enne *f*; **˻bürgerkunde** *f* instruction *f* civique; ˼₂**bürgerlich** *adj.* civique; **˻bürgerrechte** *n/pl.* droits *m/pl.* civiques; **˻chef** *m* chef *m* d'État; **˻dienst** *m* service *m* public; **˻domäne** *f* domaine *m* national; **˻druckerei** *f* imprimerie *f* de l'État; ˼₂**eigen** *adj.* appartenent à l'État; **˻eigentum** *n* propriété *f* nationale; **˻einkünfte** *f/pl.* revenus *m/pl.* de l'État (*od.* publics); **˻examen** *n* examen *m* d'État; (*bestandenes*) licence *f*; **˻feind** *m* ennemi *m* de l'État; ˼₂**feindlich** *adj.* hostile à l'État; antiétatique; **˻form** *f* forme *f* de gouvernement; **˻forst** *m* forêt *f* domaniale; **˻gebäude** *n* édifice *m* public; **˻gebiet** *n* territoire *m* national; ˼₂**gefährlich** *adj.* dangereux, -euse pour l'État; **˻gefangene**(*r a. m*) *m*, *f* prisonnier *m*, -ière *f* d'État; **˻gefängnis** *n* prison *f* d'État; **˻geheimnis** *n* secret *m* d'État; **˻gelder** *n/pl.* fonds *m/pl.* publics; **˻gewalt** *f* pouvoir *m* de l'État; **˻grundgesetz** *n* loi *f* fondamentale (*od.* constitutionnelle *od.* organique); **˻gut** *n* ferme *f* d'État; **˻haushalt** *m* budget *m* de l'État; **˻hoheit** *f* souveraineté *f*; **˻interesse** *n* intérêt *m* national; **˻kapitalismus** *m* capitalisme *m* d'État; ˼₂**kapitalistisch** *adj.* étatico-capitaliste; **˻kasse** *f* trésor *m* public; Trésor *m*; **˻kirche** *f* Église *f* nationale; ˼₂**klug** *adj.* d'une grande sagesse politique; **˻klugheit** *f* sagesse *f* politique; **˻kommissar** *m* commissaire *m* du gouvernement; **˻kosten** *pl.: auf ˻* aux frais de l'État, F aux frais de la princesse; **˻kunde** *f* → *˻bürgerkunde*; **˻kunst** *f* art *m* de gouverner; diplomatie *f*; **˻lehre** *f* politologie *f*; science *f* politique; **˻mann** *m* homme *m* d'État; politique *m*; ˼₂**männisch** *adj.* d'homme d'État; politique, -que; **˻mittel** *n/pl.* fonds *m/pl.* publics; **˻monopol** *n* monopole *m* d'État; **˻oberhaupt** *n* chef *m* de l'État; *ein ˻* un chef d'État; **˻organ** *n* organe *m* d'État; **˻papiere** *n/pl.* effets *m/pl.* publics; ˼₂**politisch** *adj.* national; **˻polizei** *Fr. f:* geheime *˻* Sûreté *f*; **˻präsident** *m* président *m* de la République; **˻prüfung** *f* examen *m* d'État; **˻räson** *f* raison *f* d'État; **˻rat** *m* (*Behörde*) conseil *m* d'État; (*Person*) conseiller *m* d'État; **˻recht** *n* droit *m* public (*od.* constitutionnel); **˻rechtler** *m* spécialiste *m* du droit public; constitutionnaliste *m*; ˼₂**rechtlich** *adj.* fondé sur le droit public; de droit public; **˻religion** *f* religion *f* d'État; **˻rente** *fin. f* rente *f* sur l'État; **˻ruder** *n: das ˻ in Händen haben* tenir les rênes du pouvoir; **˻schatz** *m* trésor *m* public; Trésor *m*; **˻schiff** *fig. n* vaisseau *m* de l'État; **˻schuld** *f* dette *f* publique; **˻schuldschein** *m* bon *m* du trésor public; **˻sekretär** *m* secrétaire *m* d'État (*Bundesrep. für den öffentlichen Dienst* à la Fonction publique); **˻sicherheitsdienst** *m* service *m* de la sûreté intérieure de l'État; **˻sicherheitsgerichtshof** *Fr. m* Cour *f* de sûreté; **˻siegel** *n* sceau *m* de l'État; **˻sozialismus** *m* étatisme *m*; socialisme *m* d'État; **˻streich** *m* coup *m* d'État;

~trauer *m* deuil *m* national; ~**umwälzung** *f* révolution *f* (politique); ~**verbrechen** *n* crime *m* politique; ~**verbrecher** *m* criminel *m* politique; ~**verfassung** *f* constitution *f*; ~**vertrag** *m* traité *m* d'État; ~**wirtschaft** *f* économie *f* publique; ~**wissenschaften** *f/pl*. sciences *f/pl*. politiques; ~**wohl** *n* bien *m* public; ~**zimmer** F *n* chambre *f* de parade; ~**zuschuß** *m* subvention *f* de l'État.

Stab *m* bâton *m*; *dünner*: baguette *f*; *Sport*: perche *f*; *v. Eisen*: barre *f*; (*Barren*) lingot *m*; *e-s Gitters*: barreau *m*; ♪ (*Stütze*) échalas *m*; (*Bischofs*♀) crosse *f* (épiscopale); (*Staffel*♀) témoin *m*; ⚔ état-major *m*; *thé*. ~ *des Spielansagers* brigadier *m*; *sich auf e-n* ~ *stützen* s'appuyer sur un bâton; *fig*. *den* ~ *über j-n brechen* jeter la pierre à q.; '~**antenne** *f* antennemât *f*.

'**Stäbchen** *n* bâtonnet *m*; baguette *f*; *für Hemdkragen*: baleine *f* pour col; F (*Zigarette*) cigarette *f*; P grillante *f*; P tige *f*; ~**bakterie** *f* bâtonnet *m*; ♀-**förmig** *adj*. en forme de baguette.

'**Stab|eisen** *n* fer *m* en barres; ~**führung** ♪ *f*: *unter der* ~ *von* sous la direction de; ~**hochspringer** *m* sauteur *m* à la perche; perchiste *m*; ~**hochsprung** *m* saut *m* à la perche.

sta'bil *adj*. stable.

Stabili|'sator ⊕ *m* stabilisateur *m*; ♀**sieren** *v/t*. stabiliser; *s-e Wirtschaft* ~ *a*. asseoir son économie; ~'**sierung** *f* stabilisation *f*; ~'**sierungsfläche** ⚔ *f* empennage *m*; *mit* ~*n versehen* empenner; ~'**sierungsflosse** *f* ailette *f*; ~'**tät** *f* stabilité *f*.

'**Stab|lampe** *f* lampe *f* torche; ~**magnet** *m* barreau *m* aimanté; ~**reim** *m* allitération *f*.

'**Stabs|arzt** ⚔ *m* médecin *m* capitaine; ~**chef** *m* chef *m* d'état-major; ~**kompanie** *f* compagnie *f* du quartier général; ~**offizier** *m* officier *m* supérieur.

'**Stabspringen** *n* saut *m* à la perche.

'**Stabs|quartier** *n* quartier *m* général; ~**unter-offizier** *m* sergent-chef *m*.

'**Stabwechsel** *m Sport*: transmission *f* du témoin.

'**Stachel** *m* pointe *f*; piquant *m* (*a. des Stachelschweins*); ⚘ épine *f*; *der Insekten*: aiguillon *m* (*a*. ⚘, *zum Viehtreiben u. fig*.); dard *m*; *fig*. wider den ~ *löcken se regimber* (contre); ~**beere** *f* groseille *f* à maquereau; ~**beerstrauch** ⚘ *m* groseillier *m* à maquereau; ~**draht** *m* (fil *m* de fer) barbelé *m*; ~**drahthindernis** ⚔ *n* réseau *m* de barbelés; ~**drahtverhau** *m* barbelés *m/pl*.; ~**flosse** *f* nageoire *f* dorsale épineuse; ~**flosser** *icht*. *m/pl*. acanthoptérygiens *m/pl*.; ~**halsband** *n für Hunde*: collier *m* garni de pointes; collier *m* de force; ~**häuter** *zo. m/pl*. échinodermes *m/pl*.

'**stach(e)lig** *adj*. *bsd. Igel*: 'hérissé de piquants; *zo*. aiguillonné (*a*. ⚘); ⚘ épineux, -euse.

'**stacheln** *v/t*. piquer.

'**Stachel|rochen** *icht*. *m* pastenague *f*; ~**schnecke** *zo. f* murex *m*; ~**schwein** *zo. n* porc-épic *m*.

'**Stadion** *n Sport*: stade *m*.

'**Stadium** *n psych., physiol*. stade *m*; (*Phase*) phase *f*; (*Periode*) période *f*;

(*Grad*) degré *m*.

Stadt *f* ville *f*; (*Alt*♀) cité *f*; *in die* ~ (*außer Haus*) *gehen* aller en ville; *in der* ~ (*nicht auf dem Lande*) *leben* vivre à la ville; '~**abgaben** *f/pl*. taxe *f* municipale; '~**anleihe** *f* emprunt *m* minicipal; '~**autobahn** *f* am Außenrand: (boulevard *m*) périphérique *m*; *allg*. voie *f* express; '~**bahn** *f* chemin *m* de fer métropolitain; ~**bahnnetz** *n* réseau *m* du chemin de fer métropolitain; '~**balkon** *m* balcon *m* en citadin; '~**bank** *f* banque *f* municipale; '~**baumeister** *m* architecte *m* municipal; '~**behörde** *f* autorités *f/pl*. municipales; '~**bekannt** *adj*. connu de toute la ville, de notoriété publique; '~**bereich** *m, n* périmètre *m* urbain; '~**bevölkerung** *f* population *f* urbaine; '~**bewohner(in** *f*) *m* habitant *m*, -e *f* d'une ville; citadin *m*, -e *f*; '~**bezirk** *m* arrondissement *m*; '~**bibliothek** *f* bibliothèque *f* municipale; '~**bild** *n* physionomie *f* d'une ville; '~**bürgerrecht** *n* droit *m* de cité.

'**Städtchen** *n* petite ville *f*.

'**Städte|bau** *m* urbanisme *m*; ~**bauer** *m* urbaniste *m*; bâtisseur *m* de villes; ~**bauförderungsgesetz** *n* loi *f* d'urbanisation; ♀**baulich** *adj*. urbanistique; ~**ordnung** *f* règlement *m* municipal; ~**planerisch** *adj*. urbanistique; ~**planung** *f* urbanisme *m*; ~**r(in** *f*) *m* habitant *m*, -e *f* d'une ville; citadin *m*, -e *f*; ~**tag** *m* assemblée *f* des délégués de villes.

'**Stadt|flucht** *f* exode *m* urbain; désertion *f* des villes; ~**führer** (*Gerät*) *m*: *akustische für Touristen* guide *m* sonore portatif (*de Paris*); ~**garten** *m* jardin *m* municipal; ~**gas** *n* gaz *m* de ville; ~**gebiet** *n* périmètre *m* urbain; territoire *m* de la ville; ~**gemeinde** *f* municipalité *f*; ~**gespräch** *n* téléph. communication *f* urbaine; *fig*. ~ *sein* être l'objet de toutes les conversations; *das ist schon* ~ *geworden* la ville en parle; *cela court les rues*; ~**graben** *m* fossé *m* de la ville; ~**haus** *n* hôtel *m* de ville; mairie *f*.

'**städtisch** *adj*. de (la) ville; des villes; citadin; *Rechts- u. Polizeiverhältnisse betreffend*: municipal; urbain; ~**er** *Beamter* fonctionnaire *m* municipal; ~*e* Siedlung cité *f*.

'**Stadt|kämmerer** *m* administrateur *m* des revenus d'une ville; trésorier *m* municipal; ~**kasse** *f* recette *f* municipale; ~**kern** *m* noyau *m* urbain; ~**kind** *n* enfant *m*, *f* de la ville; ~**klatsch** *m* cancans *m/pl*. de la ville; ~**koffer** *m* mallette *f*; ~**kommandant** ⚔ *m* commandant *m* de place; ♀**krank** *adj*.: ~ *sein* avoir mal à la ville; ~**krankheit** *f* mal *m* à la ville; ~**kranz** *m*: *der kleine* (*der große*) ~ *von Paris* la petite (la grande) couronne de Paris; ♀**kundig** *adj*. qui connaît la ville; ~**landschaft** *f* paysage *m* urbain; ~**leben** *n* vie *f* citadine; ~**leute** *pl*. gens *m/pl*. de la ville; citadins *m/pl*.; ~**mauer** *f* murs *m/pl*. de la ville; ~**mission** *rl. f* mission *f* urbaine; ~**mitte** *f* centre *m* de la ville; ~**moloch** *soc.* ⚘ *m* ville *f* pieuvre; anticité *f*; ~**musikant** *m* musicien *m* de la ville; ♀**nah** *adj*. péri-urbain; ~**park** *m* parc *m* municipal; ~**parlament** *n*

conseil *m* municipal; ~**plan** *m* plan *m* d'une ville; ~**planung** *f* urbanisme *m*; ~**polizei** *f* police *f* municipale; ~**rand** *m* périphérie *f*; lisière *f*; ~**rat** *m* (*Behörde*) conseil *m* municipal; (*Person*) conseiller *m* municipal; ~**recht** *n* droit *m* municipal; ~**rundfahrt** *f* tour *m* de la ville en autocar; ~**schreiber** *hist*. *m* greffier *m* municipal; ~**streicher** *péj*. *m* clochard *m*; ~**teil** *m* quartier *m*; ~**theater** *n* théâtre *m* municipal; ~**tor** *n* porte *f* de la ville; ~**ver-ordnete(r** *a. m*) *m, f*, conseiller *m* (-ère *f*) municipal(e); ~**ver-ordnetenversammlung** *f* conseil *m* municipal; ~**verwaltung** *f* municipalité *f*; ~**viertel** *n* quartier *m*; ~**waage** *hist. f* bascule *f* publique; ~**wappen** *n* armes *f/pl*. d'une ville; ~**zentrale** *téléph. f* central *m* urbain; ~**zentrum** *n* centre *m* ville.

Sta'fette *f hist*. estafette *f*; *Sport*: relais *m*, ~**nlauf** *m*, ~**nritt** *m* course *f* de relais.

Staf'fage *f* (*Beiwerk*) accessoires *m/pl*.; décor *m*; *fig*. apparences *f/pl*.; trompe-l'œil *m*.

'**Staffel** *f Sport*: relais *m*; ⚔ escadron *m*; *fig*. échelon *m* (*a*. ⚔); ~**besteuerung** ✝ *f* imposition *f* progressive; ~**betrieb** *téléph*. *m* service *m* échelonné.

Staffe'lei *peint*. *f* chevalet *m*; ~**bild** *n* tableau *m* de chevalet.

'**Staffel|feuer** ⚔ *n* feu *m* échelonné; ♀**förmig** *adj. u. adv*. en (*od*. par) échelons; ~ *aufstellen* échelonner; ~**holz** (*Sport*) *n* témoin *m*; ~**kapitän** ⚔ *m* capitaine *m* d'escadron; ~**lauf** *m* course *f* de relais; parcours *m* par relais; relais *m*; ~**läufer(in** *f*) *m* relayeur *m*, -euse *f*; coureur *m*, -euse *f* de relais; ♀**n** *v/t*. (*Ferien*; *Fahrpläne*) échelonner; étaler; ~ *n* échelonnement *m*; ~**rechnung** ✝ *f* calcul *m* échelonné; ~**stab** *m Sport*: témoin *m*; ~**tarif** ✝ *f* tarif *m* échelonné; ✝ tarif *m* dégressif; ~**ung** *f* échelonnement *m*; ~**zinsen** *m/pl*. intérêts *m/pl*. échelonnés.

Stag ⚓ *n* étai *m*.

Stag|flati'on *éc. f* stagflation *f*; ~**nati'on** *f* stagnation *f*; ♀**nieren** *v/i*. être stagnant; ~**des Wasser** eau *f* stagnante.

Stahl *m* acier *m*; *fig*. fer *m*; '²**artig** *adj*. de la nature de l'acier; '~**bad** ⚕ *n* bain *m* ferrugineux; (*Ort*) eaux *f/pl*. ferrugineuses; '~**band** *n* bande *f* en acier; ruban *m* d'acier; '~**bau** *m* construction *f* métallique; '~**beton** *m* béton *m* armé; ~**betonbau** *m* construction *f* en béton armé; '²**blau** *adj*. bleu acier; '~**blech** *n* tôle *f* d'acier; '~**brunnen** *m* source *f* ferrugineuse; '~**bürste** *f* brosse *f* métallique.

'**stählen** I *v/t. u. v/rf. métall*. aciérer; (*härten*) tremper; *fig*. (*abhärten*) (sich s')endurcir; II ♀ *n métall*. aciération *f*; aciérage *m*; (*Härten*) trempe *f*; *fig*. (*Abhärten*) endurcissement *m*.

'**stählern** *adj*. d'acier; en acier; *fig*. de fer.

'**Stahl|fach** *n* coffre-fort *m*; ~**feder** *f* ressort *m* d'acier; (*Schreibfeder*) plume *f* d'acier; ~**gerüst** *n* charpente *f* métallique; (*Baugerüst*) échafaudage *m* métallique; ~**gieße'rei** *f* fonderie *f*

d'acier; ℒgrau *adj.* gris acier; ~gürtelreifen (*Auto*) *m* pneu *m* à carcasse radiale; ~guß *m* acier *m* coulé; ℒhaltig *adj.* aciéreux, -euse; ℒhart *adj.* dur comme l'acier; ~helm *m* casque *m* d'acier; ~hochstraße *f* route *f* démontable surélevée; ~industrie *f* industrie *f* de l'acier; ~kammer *f* chambre *f* forte; ~kette *f* chaîne *f* d'acier; ~konstruktion *f* construction *f* métallique; ~möbel *n/pl.* meubles *m/pl.* métalliques (*od.* en métal); ~platte *f* plaque *f* d'acier; ~quelle ⚡ *f* source *f* ferrugineuse; ~rohr *n* tube *m* d'acier; ~rohrmöbel *n/pl.* meubles *m/pl.* tubulaires; ~roß F *n* (*Fahrrad*) bicyclette *f*; F bécane *f*; *plais.* monture *f*; ~seil *n* câble *m* en acier; ~skelett *n* charpente *f* métallique; ~skelettbau *m* construction *f* de charpente métallique; ~späne *m/pl.* paille *f* de fer; ~stich *m* gravure *f* sur acier; ~träger △ *m* poutre *f* en acier; ~trust *m* trust *m* de l'acier; ~waren *f/pl.* articles *m/pl.* d'acier; ~werk *n* aciérie *f*; ~wolle ⊕ *f* paille *f* de fer.
'Staken ⚓ *m* gaffe *f*.
'staken *v/i.* gaffer.
Sta'ketenzaun *m* clôture *f* en lattis (*od.* à claire-voie); treillage *m*.
Stak'kato ♪ *n* coupé *m*.
Stalag'mit *min. m* stalagmite *f*.
Stalak'tit *min. m* stalactite *f*.
Stali'nis|mus *m* stalinisme *m*; ~t(in *f*) *m* stalinien *m*, -enne *f*; ℒtisch *adj.* stalinien, -enne.
'Stalin-orgel ⚔ *f* orgues *m/pl.* de Staline.
Stall *m* étable *f*; (*bsd. Pferde*ℒ) écurie *f*; (*Renn*ℒ) écurie *f* (de courses); (*Kuh*ℒ) étable *f* à vaches; (*Schweine*ℒ) porcherie *f*; étable *f* à porcs; (*Schaf*ℒ) bergerie *f*; (*Hühner*ℒ) poulailler *m*; (*Kaninchen*ℒ) clapier *m*; (*Schuppen*) remise *f*; (*Holz*ℒ) bûcher *m*; in den ~ stellen mettre à l'étable (*resp.* à l'écurie, *etc.*); in den ~ sperren enfermer à l'étable (*resp.* à l'écurie, *etc.*); e-n ~ ausmisten nettoyer une étable (une écurie, *etc.*) de son fumier; '~baum *m* bat-flanc *m*; '~bursche *m* valet *m* d'écurie; palefrenier *m*; '~dienst *m* service *m* des écuries; '~dünger *m* fumier *m*; '~fütterung *f* stabulation *f*; '~gefährte *m Sport:* compagnon *m* d'écurie; '~geld *n* établage *m*; '~hase *m* (*Kaninchen*) lapin *m*; '~(l)aterne *f* lanterne *f* d'écurie; falot *m*; '~meister *m im Rennstall:* lad *m*; '~mist *m* fumier *m*; '~ungen *f/pl.* étables *f/pl.*; écuries *f/pl.*; '~wache *f* garde *f* d'écurie.
Stamm *m* tronc *m*; (*Baum*ℒ) *a.* fût *m*; (*Stengel*) tige *f*; (*Geschlecht*) souche *f*; ligne *f*; lignée *f*; race *f*; famille *f*; männlicher ~ ligne *f* masculine; e-n ~ begründen faire souche (*Volks*ℒ) tribu *f*; (~*gäste*) habitués *m/pl.*; *gr.* racine *f*; radical *m*; (~*personal*) cadres *m/pl.*; ⚔ cadre *m*; *fig. der Apfel fällt nicht weit vom ~ tel père, tel fils; bon chien chasse de race;* '~aktie ✝ *f* action *f* ordinaire; '~baum *m* arbre *m* généalogique; '~buch *n* livret *m* de famille; '~einlage ✝ *f* apport *m* social.
Stamme'lei F *f* borborygme *m*.
'stammeln I *v/i. u. v/t.* balbutier; (*stottern*) bégayer; II ℒ *n* balbutiement *m*; (*Stottern*) bégayement *m*.
'stammen *v/i.* descendre (*von* de); tirer son origine (de); être originaire (de); (*herkommen*) provenir (*von* de); *gr.* dériver (*von* de); *aus kleinen* (*od. einfachen od. bescheidenen*) *Verhältnissen ~* être d'origine modeste (*od.* humble od. d'humble origine).
'Stammes|fehde *f* querelle *f* tribale; différend *m* entre tribus; ~gebiet (*Afrika*) *n* chefferie *f*; ~häuptling *m* chef *m* de tribu; ~reservat *n* réserve-refuge *m*.
'Stamm|form *gr. f* forme *f* radicale; ~gast *m* habitué *m*; F (*Zechbruder*) pilier *m* de cabaret; ~gut *n* bien *m* de famille; patrimoine *m*; ~halter *m* rejeton (*od.* descendant) *m* mâle; ~haus ✝ *n* maison *f* mère; ~holz *n* bois *m* de haute futaie.
'stämmig *adj.* robuste; solide; P costaud; râblé; ramassé; trapu; ℒkeit *f* robustesse *f*.
'Stamm|kapital ✝ *n* fonds *m* social; capital *m* initial; ~kneipe F *f* bistrot *m* habituel; ~kunde *m* habitué *m*; client *m* régulier; ~kundschaft *f* clientèle *f* d'habitués; ~land *n* pays *m* d'origine; ~linie *f* ligne *f* principale; ~lokal *n* restaurant *m* habituel *od.* qu'on fréquente en habitué; ~personal *n* personnel *m* stable; (personnel *m* d')encadrement *m*; ~platz *m* place *f* habituelle; ~rolle ⚔ *f* matricule *f*; ~silbe *gr. f* syllabe *f* radicale; ~sitz *m* résidence *f* de famille; *e-s Volkes:* patrie *f* primitive; thé. place *f* d'abonnement; ~tafel *f* tableau *m* généalogique; ~tisch *m* table *f* des habitués; ~tischkrieger *m* va-t-en-guerre *m* de brasserie; ~vater *m* aïeul *m*; ~verwandt *adj.* de la même race; *gr.* du même radical; ~volk *n* peuple *m* primitif; ~wort *gr. n* radical *m*; ~würzgehalt (*Brauerei*) *m* teneur *f* en moût original (*od.* en substance génératrice du moût fabriqué).
'Stampf|asphalt *m* asphalte *m* comprimé; ~bau △ *m* construction *f* en pisé; ~e *f* (*Schlegel*) batte *f*; *cuis.* pilon *m*; (*Ramme*) 'hie *f*; demoiselle *f*; ℒen 1. *v/i.* (*mit den Füßen*) piétiner; trépigner; frapper du pied; *um sich zu erwärmen:* battre la semelle; *Pferd:* piaffer; (*schwer auftreten*) marcher à pas lourds; ⚓ tanguer; 2. *v/t.* (*klein*~) broyer; concasser; piler; *Erze:* bocarder; (*zusammen~, fest~*) fouler; tasser; *cuis.* écraser; (*rammen*) enfoncer (avec une 'hie *od.* avec un mouton); damer; *fig. aus dem Boden ~ faire sortir du sol; wie aus dem Boden gestampft comme jailli du pavé;* ~en *n* (*Trampeln*) trépignement *m*; *der Pferde:* piaffement *m*; (*schweres Auftreten*) marche *f* à pas lourds; ⚓ tangage *m*; (*Klein*ℒ) broyage *m*; concassage *m*; pilage *m*; *der Erze:* bocardage *m*; (*Zusammen*ℒ, *Fest*ℒ) foulage *m*; ~kartoffeln *cuis. f/pl.* purée *f* de pommes de terre.
Stand *m* (*Zu*ℒ) état *m*; (*Lage*) situation *f*; (*Stellung*) position *f*; (*Beruf*) profession *f*; (*Rang*) rang *m*; (*Klasse*) classe *f*; état *m*; (*Kaste*) caste *f*; *die Stände* les états *m/pl.*; *die höheren* (*niederen*) *Stände* les 'hautes (basses)

classes *f/pl.*; gesellschaftlicher ~ condition *f*; Mann von ~ homme *m* de qualité; notable *m*; (*Niveau*) niveau *m*; *des Barometers:* 'hauteur *f*; *des Wassers:* niveau *m*; *der Preise Börse:* cote *f*; cours *m/pl.*; *ast.* configuration *f*; (~*ort*) station *f*; *ch.* demeure *f*; *Sport: des Torwartnisses:* score *m*; *Sprung m aus dem ~* saut *m* sans élan (*od.* à pieds joints); *e-s Marktändlers:* étal *m* (*pl.* étals); *auf-r Ausstellung:* stand *m*; (*Schieß*ℒ) stand *m*; *tir im Stall:* stalle *f*; *gut im ~ sein* être en bon état (*gesundheitlich:* en bonne santé); *j-n in den ~ setzen, zu ...* (*inf.*) mettre q. en état de... (*inf.*); *auf den neuesten ~ bringen* mettre à jour; *den höchsten ~ erreichen* atteindre le niveau maximum; *e-n schweren ~ haben* être dans une situation difficile; *mit j-m e-n harten ~ haben* avoir bien du mal avec q.; *in den ~ der Ehe treten* se marier; *der ledige ~* le célibat; *hist. der dritte ~* le tiers état; *seinem ~e gemäß leben* vivre selon son état; *tenir son rang; sich zum ~ aufrichten* se remettre debout.
'Standard *m* standard *m*; ~bild *n*: *das ~ des Studenten* le portrait-robot de l'étudiant.
standardi'sier|en *v/t.* standardiser; ℒung *f* standardisation *f*.
'Standard|telefon *n* téléphone *m* ordinaire; ~typ *m* type *m* standard; ~werk *n* ouvrage *m* capital.
Stan'darte *f* étendard *m*; ~nträger *m* porte-étendard *m*.
'Stand|bein *sculp. n* jambe *f* de soutien; ~bild *n* statue *f*; *kleines:* statuette *f*; *j-m ein ~ errichten* élever une statue à q., F statufier q.; ~bildserie *cin., écol. f* films *m/pl.* fixes.
'Ständchen *n* (*Abend*ℒ) sérénade *f*; (*Morgen*ℒ) aubade *f*.
'Stände... *soc.* corporatif, -ive *adj.*; ~ordnung *soc. f* corporatisme *m*.
'Stander *m* fanion *m*; guidon *m*.
'Ständer *m* (*Gestell*) support *m*; (*Noten*ℒ) pupitre *m*; *für Menükarten:* porte-menu *m*; (*Gewehr*ℒ) râtelier *m* (d'armes); (*Pfeifen*ℒ) porte-pipes *m*; (*Schirm*ℒ) porte-parapluies *m*; ⚡ (*Stator*) stator *m*; (*Karten*ℒ) *écol.* chevalet *m* pour cartes murales.
'Standes|amt *n* bureau *m* de l'état civil; ℒamtlich I *adj.* par (l'officier de) l'état civil; ~*Trauung* mariage *m* civil; II *adv. a.* civilement; ~beamte(r) *m* officier *m* de l'état civil; ~bewußtsein *n* conscience *f* de classe; ~dünkel *m* fatuité *f* professionnelle; orgueil *m* de la caste; ℒdünkelhaft *adj.* mandarinal; ~ehe *f* mariage *m* de convenance; ~ehre *f* honneur *m* professionnel; ℒgemäß *adj. u. adv.* selon son état; selon son rang; ~ *leben* vivre selon son état; tenir son rang; ~genosse *m* pair *m*; égal *m*; ~interessen *n/pl.* intérêts *m/pl.* de classe; ~person *f* personne *f* de qualité; notable *m*; ~register *n* registre *m* de l'état civil; ~rücksichten *f/pl.* égards *m/pl.* dus à son rang (*od.* au rang de q.); ~unterschied *m* différence *f* de classe; ~vor-urteil *n* préjugé *m* de caste; ℒwidrig *adj.* inconvenant; qui déroge à sa classe, à son rang; ~ *handeln* déroger à sa classe, à son rang.

'stand|fest adj. stable; fixe; (widerstandsfähig) résistant; ⚹**festigkeit** f stabilité f; (Widerstandsfähigkeit) résistance f; ⚹**geld** n (droits m/pl. d')étalage m; Auto: taxe f de stationnement; ⚹**gericht** n cour f martiale.

'standhaft I adj. ferme; persévérant; inébranlable; **II** adv.: ~ bleiben tenir ferme (od. bon); ⚹**igkeit** f fermeté f; persévérance f.

'standhalten v/i. tenir ferme (od. bon); j-m (e-r Sache dat.) ~ résister à q. (à qch.); der Kritik ~ supporter à la critique.

'ständig I adj. constant; permanent; perpétuel, -elle; continuel, -elle; continu; incessant; Einnahme: fixe; stable; ~er Ausschuß commission f permanente; ~e Korrespondenz correspondance f suivie; ~e Mission mission f permanente; ~e Nachfrage ✝ demande f continuelle; ~e Neutralität neutralité f perpétuelle; s-n ~en Wohnsitz nehmen s'établir à demeure; **II** adv. en permanence; continuellement; sans cesse; perpétuellement; (immer) toujours; ✝ dieser Artikel ist ~ gefragt cet article est très recherché.

'ständisch adj. corporatif, -ive.

'Stand|licht n Auto: feux m/pl. de position (od. de stationnement); veilleuse f; lanterne f; das ~ einschalten mettre en veilleuse; ~**ort** m station f; Auto usw.: lieu m de stationnement; (Platz) place f; emplacement m; ⚓ habitat m; ⚔ garnison f; ⚓, ⚒ position f; point m; den ~ bestimmen déterminer la position (od. le point); faire le point (a. fig.); den ~ angeben signaler la position; ~**ortbestimmung** a. fig. pol. f détermination f de la position; ~**ortkommandant** m commandant m de garnison; ~**ortlazarett** ⚔ n infirmerie f (od. hôpital m) de garnison; ~**ortverlegung** f déplacement m; ~**pauke** F f sermon m; semonce f; savon m; algarade f; j-m e-e ~ halten sermonner q.; ~**photo** n photo f fixe; ~**punkt** m point m de vue; fig. a. avis m; témoignage m; überwundener ~ point m de vue dépassé; vieux jeu m; s-n ~ bereits bezogen haben F avoir déjà fait sa religion; den ~ vertreten (od. auf dem ~ stehen), daß ... être d'avis que ...; estimer (od. considérer) que ...; ich vertrete nicht Ihren (od. stehe nicht auf Ihrem) ~ je ne suis pas de votre avis; e-n anderen ~ vertreten; auf e-m anderen ~ stehen être d'un autre avis; penser différemment; j-m den ~ klarmachen dire son fait à q.; ~**quartier** ⚔ n e-s Regiments: garnison f; für Feldtruppen: cantonnement m; ~**recht** n loi f martiale; das ~ verhängen décréter la loi martiale; ⚹**rechtlich** adj. d'après la loi martiale; ~ erschossen werden être passé par les armes; ~**uhr** f horloge f; pendule f; ~**visier** n am Gewehr: 'hausse f fixe; ~**wild** n bêtes f/pl. sédentaires.

'Stange f (Holz⚹) perche f (a. Gerüst⚹); (Stab) bâton m; (Metall⚹) barre f; (Fahnen⚹) 'hampe f; (Hühner⚹) perchoir m; juchoir m; (Gardinen⚹) tringle f; (Pfahl, Pfosten) poteau m; (Zeltpflock) piquet m; (Absteckpfahl) jalon m; (Mast) mât m; für Weinreben: échalas m; für Bohnen usw.: rame f; für Korsett: baleine f; busc m; (Geweih⚹) andouiller m; v. Rasierseife, Siegellack usw.: bâton m; (Salz⚹) bâtonnet m salé; (~ Zigaretten) cartouche f (de cigarettes); F (lange Person) perche f; échalas m; Anzug (od. Kostüm) von der ~ costume m tout fait, prêt-à-porter, de confection; F e-e ~ Geld un argent fou; sich auf e-e ~ setzen Hühner usw.: se percher; se jucher; auf e-r ~ sitzen Hühner usw.: être perché (od. juché); fig. bei der ~ bleiben ne pas s'écarter de son sujet, (standhalten) tenir ferme (od. bon); j-m die ~ halten (beistehen) soutenir q.; prendre le parti de q.; prendre parti pour q.; ~**nbohne** f 'haricot m grimpant; ~**n-eisen** n fer m en barres; ~**n-erbsen** f/pl. pois m/pl. à rames; ~**ngold** n or m en lingots; ~**nklettern** (Sport) n grimper m; ~**npferd** n timonier m; ~**nsilber** n argent m en lingots; ~**nspargel** m asperges f/pl. entières; ~**nzirkel** m compas m à verge.

'Stänker(in f) m F (Zänker[in]) querelleur m, -euse f.

'Stänke'rei f (Zank) querelle f.

'stänkern F v/i. im Garten: répandre une odeur de brûlé bzw. empester (od. infecter) les environs avec son fumier; fig. (zänkisch sein) être querelleur, -euse.

Stanni'ol n papier m (od. feuille f) d'étain bzw. d'aluminium.

'Stanz|e f (Strophe) stance f; (Prägestempel) estampe f; (Loch⚹) poinçonneuse f; ⚹**en** v/t. estamper; (lochen) poinçonner; ~ en estampage m; (Lochen) poinçonnage m; ~**linie** (e-r Abziehklebefolie) f ligne f de découpage; ~**maschine** f poinçonneuse f; estampe f.

'Stapel m ✝ entrepôt m; (Haufen) pile f; tas m; ⚓ cale f; chantier m; auf ~ legen mettre en chantier; vom ~ (laufen) lassen lancer (a. fig.); mettre à l'eau; vom ~ laufen être lancé (a. fig.); être mis à l'eau; ⚹**bar** (Stühle) adj. empilable; ~**fasern** f/pl. bourres f/pl.; fibres f/pl. courtes; ~**höhe** ⊕ f 'hauteur f d'empilage; ~**holz** n bois m de chantier; ~**lauf** ⚓ m mise f à l'eau; lancement m; ⚹**n** 1. v/t. empiler; entasser; (lagern) stocker; emmagasiner; 2. v/rf.: sich ~ s'empiler; ~**platte** (Transport) f palette f; ~**platz** m entrepôt m; ~**zelle** (automatisierte Läger) f alvéole f de stockage.

'Stapfe f empreinte f; ⚹**n** v/t. marcher à pas lourds.

'Stapler ⊕ m chariot m élévateur; élévateur m.

Star[1] orn. m étourneau m; sansonnet m.

Star[2] m Bühne, Film: étoile f; star f; vedette f.

Star[3] m: grauer ~ cataracte f; schwarzer ~ amaurose f; grüner ~ glaucome m; j-n am ~ operieren opérer q. de la cataracte.

'Star-allüren f/pl. airs m/pl. de star.

stark I adj. fort; (groß) grand; (kräftig) robuste; (kraftvoll) vigoureux, -euse; énergique; (fest, solide) solide; (dick) épais, -aisse; (beleibt) gros, -osse; corpulent; (zahlreich) nombreux, -euse; (umfangreich) volumineux, -euse; (beträchtlich) considérable; (intensiv) intense; (massiv) massif, -ive; (mächtig) puissant; (berauschend) capiteux, -euse; (heftig) violent; ~er Applaus vigoureux applaudissements m/pl.; ~e Auflage Buch usw.: gros tirage m; ~er Ausdruck expression f forte (od. énergique); ~er Band gros volume m; ~e Erkältung gros rhume m; ~er Esser gros mangeur m; ~e Familie famille f nombreuse; ~es Fieber forte fièvre f; ~er Frost forte gelée f; ~er Geruch odeur f forte; ~es Geschlecht sexe m fort; ~er Kaffee café m fort; ~er Mann homme m fort; ~es Mittel ⚕ remède m énergique; ~er Motor moteur m puissant; es besteht ~e Nachfrage nach diesem Artikel cet article est très recherché; ~e Devisen fin. devises fortes; ~e Nerven haben avoir les nerfs solides; ~er Regen forte pluie f; ~e Seite fort m; ~e Stimme voix f forte; ~er Stoff étoffe solide; das ist ja ein ~es Stück! c'est (un peu) fort!; elle est raide, celle-là!; ~er Tabak tabac m fort; ~er Trinker grand buveur m; ~er Verkehr circulation f intense; ~er Wind vent m fort; in etw. (dat.) ~ sein être fort en qch.; das Buch ist 100 Seiten ~ le livre compte cent pages; 100 Mann ~ au nombre de cent hommes; drei Zentimeter ~e Mauer mur m épais de trois centimètres; das ist doch zu ~! c'est trop fort!; vor der Gefahr ~ bleiben rester stoïque (od. impassible) devant le danger; sich ~ genug fühlen, um etw. zu tun se sentir de taille à faire qch.; ~ werden devenir fort, (er, beleibt werden) prendre de l'embonpoint; grossir; **II** adv. fort; fortement; vor vb. a. beaucoup, vor adj. a. très; ~ besucht très fréquenté; ~ essen manger beaucoup; ~ gefragt très recherché; ~ machen rendre fort; fortifier; ~ regnen pleuvoir fort.

'Starkasten m nichoir m d'étourneau.

'Starkbier n bière f forte.

'Stärke[1] f force f; (Kraft) vigueur f; robustesse f; (Tatkraft) énergie f; (Festigkeit) solidité f; (Dicke) épaisseur f; grosseur f; (Beleibtheit) corpulence f; embonpoint m; grosseur f; (Intensität) intensité f; (Macht) puissance f; (Heftigkeit) violence f; (Anzahl) nombre m (a. ⚔); ⚔ force f; effectif m; ⚡, des Lichtes: intensité f; (starke Seite) fort m; die Vertreter der ~ pol. les partisans de la manière forte.

'Stärke[2] f (Kraftmehl) amidon m; fécule f; für Wäsche: amidon m; empois m.

'Stärkegrad m intensité f.

'stärke|haltig adj. féculent; ⚹**kleister** m colle f d'amidon; ⚹**mehl** n amidon m; fécule f.

'stärken I 1. v/t. fortifier; ⚕ a. tonifier; (be~) fortifier (in dat. dans); (r)affermir (dans); (bekräftigen) corroborer; (ver~) renforcer; (trösten) réconforter; Mut, Gesundheit: affermir; Wäsche: empeser; amidonner; 2. v/rf.: sich ~ se fortifier, durch Essen u. Trinken a.: se réconforter, se refaire, se restaurer; **II** ⚹ n der Wäsche: empesage m; amidonnage m; ~**d** adj.

fortifiant; ⚕ a. tonique; ~es Mittel fortifiant m; tonique m.
'**Stärkezucker** ⚗ m glucose m.
'**starkknochig** adj. osseux, -euse.
'**Star-kollegin** cin. usw. f covedette f.
'**Stark|strom** ⚡ m courant m fort; ~**strom-anlage** f installation f à 'haute tension; ~**stromkabel** n câble m à 'haute tension; ~**stromleitung** f ligne f à 'haute tension; ~**strommonteur** m monteur m d'installations à haute tension.
'**Star-kult** cin., usw. m vedettisme m.
'**Stärkung** f affermissement m; (Trost) réconfort m; (Imbiß) collation f; ~**smittel** n fortifiant m; tonique m; réconfortant m.
'**stark|wandig** adj. à paroi épaisse; ~**wirkend** ⚕ adj. drastique.
'**Star-operation** f opération f de la cataracte.
starr adj. raide; rigide; (erstarrt) engourdi; (unbeweglich) immobile; (unbeugsam) inflexible; pol. immobiliste; (~sinnig) obstiné; opiniâtre, entêté; Blick: fixe; ~ vor Kälte transi de froid; ~ vor Erstaunen stupéfait; ~ vor Entsetzen pétrifié d'effroi; ~ werden transir (vor dat. de); s'engourdir; ~ ansehen regarder fixement.
'**starren**[1] I v/i.: auf j-n (etw. acc.) ~ regarder q. (qch.) fixement; II ⚘ n regard m fixe.
'**starren**[2] v/i.: vor etw. ~ être 'hérissé de qch.; vor Kälte ~ être transi de froid; vor Schmutz ~ être couvert de boue; vor Waffen ~ être 'hérissé de baïonnettes; être armé jusqu'aux dents.
'**Starr|heit** f raideur f; rigidité f; der Glieder: engourdissement m; (Unbeweglichkeit) immobilité f; (Unbeugsamkeit) inflexibilité f; did. statisme m; pol. monolithisme m; immobilisme m; (Starrsinnigkeit) obstination f; opiniâtreté f; entêtement m; ~**kopf** m entêté m; têtu m; ⚘**köpfig** adj. entêté; têtu, ~**köpfigkeit** f entêtement m; obstination f; opiniâtreté f; ~**krampf** ⚕ m tétanos m; ~**sinn** m, ⚘**sinnig** adj. → **köpfigkeit**, ⚘**köpfig**; ~**sucht** ⚕ f catalepsie f.
Start m départ m; ⚓ a. envol m; décollage m; e-s Fahrzeugs: démarrage m; fliegender (stehender) ~ départ m lancé (arrêté); ~ mit Rückenwind (mit Seitenwind; gegen den Wind) départ m vent arrière (vent de côté; vent debout); gut vom ~ wegkommen faire un beau départ; ~ frei! départ autorisé!; ~ ins Leben départ m dans la vie; '~**bahn** ⚓ f piste f d'envol (od. de décollage); des Flugzeugträgers: pont m d'envol; ⚘**bereit** adj. prêt à partir; ⚓ prêt à s'envoler (od. à décoller); '~**block** m Sport: bloc m (od. plate-forme f) de départ; '⚘**en 1.** v/i. partir; Sport: prendre le départ; ⚓ décoller; s'envoler; larguer les amarres; a. partir; Fahrzeuge: démarrer; **2.** v/t. donner le départ (à); Rakete, Satellit: lancer; (katapultieren) catapulter; (in Gang setzen) a. fig. mettre en marche (od. fig. en train); '~**en** n → Start; '~**ende(r)** m Sport: partant m; '~**er** m starter m; Auto: a. démarreur m; '~**erklappe** f clapet m de départ; '~**erknopf** m bouton m de départ; '~**erlaub-**

nis ⚓ f autorisation f de décoller; '~**flughafen** m aérodrome m de départ; '⚘**klar** ⚓ adj. prêt à s'envoler (od. à décoller); '~**linie** f ligne f de départ; '~**loch** n Sport: trou m de départ; '~**meldung** ⚓ f télégramme m de départ; '~**nummer** f numéro m de départ; '~**ordnung** f ordre m de départ; '~**platz** ⚓ m terrain m de départ; '~**rakete** ⚓ f fusée f de décollage; '~**rille** f der Schallplatte: sillon m de départ; '~**schleuder** ⚓ f catapulte f; '~**schlüssel** m clef f de démarrage; '~**schub** ⚓ m poussée f de décollage; '~**schuß** m Sport: coup m de pistolet; '~**seil** n sandow m de lancement; '~**signal** n signal m de départ; '~**strecke** ⚓ f course f de décollage; '~**verbot** n ⚓ interdiction f de décoller; Sport: suspension f; ~ haben Sport: être suspendu; mit ~ belegen Sport: suspendre; '~**zeichen** n signal m de départ; '~**zeit** f heure f de départ.
'**Statik** f statique f; ~**er** m spécialiste m de la statique.
Stati'on f station f; 🚗 a. gare f; (Halt) 'halte f; Krankenhaus: service m; an der ~ vorbeifahren brûler la station; ~ machen s'arrêter; freie ~ haben être logé et nourri; avoir le vivre et le couvert.
statio'när adj. stationnaire.
statio'nier|en v/t. stationner; ⚘**ung** f stationnement m; ⚘**ungskosten** pl. frais m/pl. de stationnement; Bundesrep. frais m/pl. d'entretien des troupes américaines stationnées en R.F.A.
Stati'ons|arzt m médecin m du service; ~**helferin** f fille f de salle; ~**schwester** f infirmière f du service; ~**vorsteher** 🚗 m chef m de gare.
'**statisch** adj. statique.
'**stätisch** adj. Pferd: rétif, -ive.
Sta'tist(in f) m figurant m, -e f; comparse m, f.
Sta'tist|ik f statistique f; e-e ~ aufstellen établir une statistique; ~**iker(in** f) m statisticien m, -enne f; ⚘**isch** adj. statistique; de statistique.
Sta'tiv n support m; phot. pied m.
'**Stator** m stator m.
Statt f: an Kindes ~ annehmen adopter; an Zahlungs ~ en paiement; Erklärung an Eides ~ déclaration f formelle sans prestation de serment.
statt prp. (gén.; zu inf.) à la place de; au lieu de; pour; ~ meiner à ma place.
'**Stätte** f lieu m; endroit m; der Begegnung: centre m; archäologische ~ site m archéologique; geweihte ~ sanctuaire m.
'**statt|finden** v/i. avoir lieu; se passer; se faire; ~**geben** v/i. donner (od. faire) suite (à); Antrag: admettre (acc.); ⚘**deferer** (à); ~**haft** adj. (zulässig) admissible; (erlaubt) permis; recevable; ⚘**halter** m e-r Provinz: gouverneur m; Christi: vicaire m; ⚘**halterschaft** f e-r Provinz: gouvernement m.
'**stattlich** adj. (imponierend) imposant; de belle taille; bien bâti; bien taillé; bien tourné; F bien campé; bien decouplé; P bien balancé; (majestätisch) majestueux, -euse; (bedeutend) important; (beträchtlich) considérable; ~**e Erscheinung** prestance f;

~**er Mann** homme m de belle taille; ⚘**keit** f (Eleganz) élégance f; (Pracht) magnificence f; (Luxus) luxe m; somptuosité f; (stattliche Erscheinung) prestance f.
'**Statue** f statue f.
Statu'ette f statuette f.
statu'ieren v/t.: ein Exempel ~ faire un exemple.
Sta'tur f stature f; taille f.
'**Status** m état m; ~ quo statu quo m; ~**symbol** n symbole m de standing; étalon m social.
Sta'tut n statut m; die ~**en aufsetzen** rédiger les statuts; durch die ~**en bestimmt** statutaire; ⚘**enmäßig** adj. statutaire; conforme aux statuts; ⚘**enwidrig** adj. contraire aux statuts.
Stau m (bsd. auf der Autobahn) bouchon m; embouteillage m; encombrement m; congestion f.
'**Stau-anlage** f barrage m.
Staub m poussière f; (Kohlen⚘) poussière f de charbon; bsd. für Briketts: poussier m; (Pulver) poudre f; (Blüten⚘) pollen m; kosmischer ~ poussière f cosmique; in ~ verwandeln réduire en poussière; pulvériser; ~ aufwirbeln soulever de la poussière; ~ wischen enlever, ôter la poussière; den ~ von etw. wischen épousseter qch.; fig. viel ~ aufwirbeln faire beaucoup de poussière; in den ~ treten fouler aux pieds; in den ~ zerren traîner dans la boue; F sich aus dem ~ machen s'éclipser; décamper, déguerpir, filer, P s'esbigner, se trotter, se défiler; ⚘**artig** adj. pulvérulent; '~**aufwirbelung** f soulèvement m de poussière; '~**bad** n bain m de poussière; ⚘**bedeckt** adj. couvert de poussière; poussiéreux, -euse; '~**besen** m époussette f; '~**beutel** ⚘ m anthère f; '~**blüte** f fleur f mâle; '~**brille** f lunettes f/pl. contre la poussière; '~**bürste** f brosse f à épousseter.
'**Stäubchen** n grain m de poussière.
'**staubdicht** adj. étanche à la poussière; anti-poussière.
'**Staubecken** n réservoir m de barrage.
'**stauben** v/i. soulever la poussière; v/imp. es staubt il y a (od. ça fait) de la poussière.
'**stäuben 1.** v/i. Wasser: être pulvérisé; **2.** v/rf.: sich ~ Vogel: prendre un bain.
'**Staub|beutel** (des Staubsaugers) m sac m à poussière; ~**faden** ⚘ m filet m de poussière; ~**fänger** m leicht verstaubendes Möbelstück: nid m à poussière; ~**filter** m filtre m à poussière; ⚘**frei** adj. sans poussière; ~**gefäß** ⚘ n étamine f; ⚘**haltig** adj. chargé de poussière; ⚘**ig** adj. couvert de poussière; poussiéreux, -euse.
'**Staubinde** ⚕ f garrot m.
'**Staub|kamm** m peigne m fin; ~**kittel** m blouse f de travail; ~**korn** n grain m de poussière; ~**lappen** m chiffon m à épousseter; ~**lawine** f avalanche f de neige poudreuse; a. poudreuse f; ~**lunge** ⚕ f pneumoconiose f; ~**mantel** m pardessus m léger; ~**pinsel** m pinceau m à épousseter; ~**regen** m pluie f fine; bruine f; ~**sand** m sablon m; ⚘**saugen 1.** v/t.:

Teppiche ~ passer des tapis à l'aspirateur; 2. *v/i.* passer l'aspirateur; **~sauger** *m* aspirateur *m*; **~schicht** *f* couche *f* de poussière (*od.* poussiéreuse); **~tuch** *n* chiffon *m* à épousseter; **~wedel** *m* plumeau *m*; **~wirbel** *m* tourbillon *m* de poussière; **~wolke** *f* nuage *m* de poussière; **~zucker** *m* sucre *m* en poudre.

'**stauchen** *v/t.* (*stoßen*) cogner; (*zusammenpressen*) refouler; ⚓ mettre en bottes; *Niete:* aplatir; *Sack:* tasser.

'**stauchfest** (*Transport*) *adj.* résistant en compression (*od.* à l'écrasement).

'**Staudamm** *m* barrage *m* (de retenue *od.* de régulation).

'**Staude** ♀ *f* sous-arbrisseau *m*.

'**Staudruck** *m* ⊕ pression *f* dynamique; ✈ pression *f* aérodynamique.

'**stauen** 1. *v/t. Wasser:* refouler; ⚓ (*ver~*) arrimer; 2. *v/rfl.: sich ~* (*sich ansammeln*) s'amasser (*a. Wasser*); (*sich anhäufen*) s'entasser, s'empiler; *Blut:* se congestionner.

'**Stauer** ⚓ *m* arrimeur *m*.

'**Staumauer** *f* (*mur m de*) barrage *m*.

'**staunen I** *v/i.* s'étonner (*über acc.* de); être étonné (de); (*überrascht sein*) être surpris (*über acc.* de); (*verblüfft sein*) être interdit (*od.* ébahi); **II** ⚓ *n* étonnement *m*; (*Überraschung*) surprise *f*; *in ~ versetzen* étonner, (*überraschen*) surprendre, (*verblüffen*) ébahir; *aus dem ~ nicht herauskommen* aller de surprise en surprise; **~swert** *adj.* étonnant.

'**Staupe** *vét. f* maladie *f* de Carré; maladie *f* des jeunes chiens.

'**stäupen** *hist.* **I** *v/t.* fustiger; **II** ⚓ *n* fustigation *f*.

'**Stau|see** *m* lac *m* de barrage (*od.* de retenue); retenue *f* d'eau; réservoir *m*; **~ung** *f* (*Ansammlung*) amas *m* (*a. v. Wasser*); (*Anhäufung*) *a.* entassement *m*; empilement *m*; (*Auf⚓*) *v. Wasser:* refoulement *m*; *des Verkehrs:* encombrement *m*, bouchon *m* (de circulation); embouteillage *m*; (*Blut⚓*, *Verkehrs⚓*) congestion *f*; ⚓ (*Ver⚓*) arrimage *m*; **~wasser** *n* eaux *f/pl.* de retenue; étale *f* (de marée); *in e-r Schleuse:* éclusée *f*; **~werk** *n* barrage *m*.

Steak *cuis. n* bifteck *m*.

Stea'rin *n* stéarine *f*; **~kerze** *f*, **~licht** *n* bougie *f* de stéarine; **~säure** 🜔 *f* acide *m* stéarique.

'**Stech|apfel** ♀ *m* (*Pflanze*) datura *m*; (*Frucht*) pomme *f* épineuse; **~bahn** *hist. f* lice *f*; champ *m* clos; **~becken** ⚕ *n* bassin *m*; **~beitel** *m*, **~eisen** *n* ciseau *m*; (*Locheisen*) poinçon *m*; **~eiche** ♀ *f* yeuse *f*; chêne *m* vert.

'**stechen I** *v/t., v/i. u. v/rfl.* (*sich* se) piquer; *Schwein:* saigner; *Sonne:* être brûlant, F taper; *Karte*, *Spargel:* couper; *Wein:* tirer; *Rasen:* lever; *Torf:* extraire; *sich in den Finger ~* se piquer le doigt; *ins Grüne ~* tirer sur le vert; *in Kupfer ~* graver (au burin) sur cuivre; *in See ~* prendre la mer; appareiller; *nach j-m ~* porter un coup de couteau (*etc.*) à q.; *fig. das sticht mir in die Augen* cela me tape dans l'œil; *ihn sticht der Hafer* le succès lui monte à la tête; *vom Kind:* il devient indocile; il commence à regimber; *es sticht mich in der Seite* j'ai un point de côté; **II** ⚓ *n* (*Gravieren*) gravure *f*; *~ in der Seite* point *m* de côté; **~d** *adj.* piquant; *Sonne:* brûlant; ardent; *Blick:* perçant; *~er Schmerz* douleur *f* poignante (*od.* cuisante).

'**Stech|er** *m* (*Kupfer⚓*) graveur *m*; **~fliege** *ent. f* mouche *f* piqueuse; **~ginster** ♀ *m* ajonc *m*; **~heber** *m* pipette *f*; tâte-vin *m*; **~karre** *f* diable *m*; **~mücke** *ent. f* cousin *m*; moustique *m*; **~palme** ♀ *f* 'houx *m*; **~schritt** ⚔ *m* pas *m* de parade (soviétique); *pas m de l'oie;* **~uhr** *f* horloge *f* de pointage; mouchard *m*; **~uhrkontrolle** *f* pointage *m* du personnel; **~zirkel** *m* compas *m* à pointes sèches.

'**Steck|brief** *m* signalement *m*; avis *m* de recherche; mandat *m* d'arrêt; **~brieflich** *adv.: ~ verfolgt werden* être sous le coup d'un mandat d'arrêt; **~dose** ⚡ *f* prise *f* de courant.

'**Stecken** *m* bâton *m*; *fig. Dreck am ~ haben* ne pas avoir les mains propres; être compromis; avoir qch. à se reprocher.

'**stecken 1.** *v/t.* mettre (*in acc.* dans); (*hineinstopfen*) fourrer (*in acc.* dans); (*versenken*) plonger (*in acc.* dans); (*gleiten lassen*) glisser (*in acc.* dans); *Schlüssel:* introduire (*in acc.* dans); *Pfähle:* enfoncer (*in acc.* dans); *Pflanzen:* planter; (*fest~*) attacher, fixer, *mit e-r Nadel:* épingler; *Ziel:* proposer; fixer; *j-m etw. ~* (*heimlich mitteilen*) faire savoir secrètement qch. à q.; *Geld in ein Unternehmen ~* investir de l'argent dans une entreprise; *in Brand ~* mettre le feu à; incendier; *in die Scheide ~ Degen:* rengainer; *in die Tasche ~* empocher; **2.** *v/i.* être; se trouver; (*befestigt sein*) être fixé (*an dat.* à); être attaché (à); *in* (*dat.*); (*eingerammt sein*) être enfoncé (*in dat.* dans); (*hineingestopft sein*) être fourré (*in dat.* dans); (*verborgen sein*) être caché; *wo steckt er denn?* où est-il donc?; *da steckt er!* le voilà!; *dahinter steckt etw.* il y a qch. là-dessous; *wer steckt dahinter?* qui est derrière?; *in ihm steckt etw.* il a de l'étoffe, F il a qch. dans le ventre; *in Arbeit ~* être plongé dans le travail; *es steckt mir in allen Gliedern* je suis tout courbatu; *ich möchte nicht in s-r Haut ~* je ne voudrais pas être dans sa peau; *fig. tief in Schulden ~* être fort endetté; *der Schlüssel steckt in der Tür* la clef est sur la porte (*od.* dans la serrure); *mit j-m unter e-r Decke ~* agir de connivence (F être de mèche) avec q.; *immer zu Hause ~* ne pas bouger de chez soi; se terrer chez soi; être casanier, -ière; *voll ~ von* être plein de; **3.** *v/rfl.: sich hinter j-n ~* se retrancher derrière q.; *sich ein Ziel ~* se proposer (*od.* se fixer) un but; **~bleiben** *v/i.* (*stehenbleiben*) s'arrêter (*in dat.* dans); (*e-e Panne haben*) rester en panne; (*einsinken*) s'enfoncer; *im Dreck ~* s'embourber; s'enliser; *in der Kehle ~* rester dans la gorge; *in der Rede ~* rester court; **~lassen** *v/t.* laisser; *den Schlüssel ~ laisser* la clef sur la porte (*od.* dans la serrure); **~pferd** *n* dada *m*; *fig. a.* violon *m* d'Ingres; marotte *f*; (*als beliebtes Thema*) cheval *m* de bataille; *sein ~ reiten* enfourcher son dada (*a. fig.*).

'**Stecker** ⚡ *m* fiche *f*; *mehrpoliger ~* fiche *f* à plusieurs pôles; **~fassung** ⚡ *f* douille-voleuse *f*.

'**Steck|kissen** *n* coussin *m* porte-bébé *m*; **~kontakt** ⚡ *m* prise *f* de courant; **~ling** ♀ *m* bouture *f*; plant *m*; **~nadel** *f* épingle *f*; *sich mit e-r ~ in den Finger stechen* s'enfoncer une épingle dans le doigt; *man hätte e-e ~ fallen hören* on entendrait voler une mouche; **~nadelkissen** *n* pelote *f* à épingles; **~reis** ♀ *n* bouture *f*; **~rübe** ♀ *f* navet *m*; **~schlüssel** *m* clef *f* à tube; **~schuß** *chir. m* balle *f* restée dans le corps.

Steg *m* (*Fußgängerbrücke*; *Lauf⚓*) passerelle *f*; (*Lande⚓*) (passerelle *f*) embarcadère *m*; *an Saiteninstrumenten:* chevalet *m*; *e-r Brille:* arcade *f*; *an Hosen:* sous-pied *m*; ⊕ (*Strebe*) traverse *f* (*a. e-r Säge*); entretoise *f*; étançon *m* (*a. e-r Kette*); *des Profileisens:* âme *f*; *typ. am Setztisch:* lingot *m*; '**~reif** *m: aus dem ~* à l'improviste; sans préparation; impromptu; *aus dem ~ sprechen* (*dichten*; *spielen*) improviser; **~reifdichter(in** *f*) *m* improvisateur *m*, -trice *f*; '**~reifdichtung** *f* improvisation *f*; '**~reifgedicht** *n* impromptu *m*; '**~reifrede** *f* discours *m* improvisé; improvisation *f*; '**~reifspiel** *n* improvisation *f*; '**~reifstück** *n* impromptu *m*.

Steh|aufmännchen *n* poussah *m*; '**~bierhalle** *f* débit *m* de bière; bar *m*.

'**stehen I** *v/i. u. v/rfl.* être (*od.* se tenir) debout; *da* (*hier*) *steht er* le voilà (voici); *gerade ~* se tenir droit; *gr. se placer*; (*sich befinden*) être; se trouver; (*bestehen*) exister; (*nicht weichen*) ne pas reculer; tenir (bon *od.* ferme); *Uhr:* être arrêté; *Kleidung: j-m gut ~* aller (*od.* seoir) bien à q.; *wie steht's? comment cela va-t-il?*, F (*comment*) ça va?; *es steht gut* (*schlecht*) cela (F ça) va bien (mal); *wie steht das Spiel?* où en est le match?; *das Spiel steht 2 zu 3* le match en est à 2 contre 3; *das Spiel steht 1 zu 1* le match en est à un but partout; *so steht es* il en est ainsi (*mit s-r Angelegenheit* de son affaire); *so wie die Dinge ~* dans ces circonstances; *so wie die Dinge nun einmal ~* au point où nous en sommes; *ich weiß nicht, wo man steht* expliquer où l'on en est; *so wie er ging und stand* tel qu'il était; *die Saat steht gut* les semences sont belles; *das wird ihn teuer zu ~ kommen* il lui en coûtera cher; *solange die Welt steht* depuis que le monde existe; *nicht wissen, wo e-m der Kopf steht* ne pas savoir où donner de la tête; *s-n Mann ~* payer de sa personne; être à la hauteur de sa tâche; *Modell ~* servir de modèle, *peint. a.* poser; *Posten ~* être en sentinelle (*od.* de faction); *j-m Rede* (*und Antwort*) *~* rendre raison à q.; *es steht zu befürchten* il est à craindre; *es steht zu erwarten, daß ...* on peut s'attendre à ce que ... (*subj.*); *es steht geschrieben* il est écrit; *~ bleiben* rester, (*sich nicht setzen*) rester debout; *er stand am Fenster* il était à la fenêtre; *die Aktien ~ auf ...* les actions sont; *gr. der Dativ steht auf die Frage „wem"* le datif répond à la question «à qui?»; *auf der Liste ~* figurer sur la liste; *das Barometer steht auf Regen* le baromètre est à la pluie; *der Zeiger steht auf 2 Uhr* l'aiguille marque deux heures; *auf j-s Seite* ~ être du côté de q.; *auf eigenen Füßen* ~ être indépendant; voler de ses propres ailes; *darauf steht der Tod* c'est défendu sous peine de mort; *bei j-m in Arbeit* ~ travailler (*od.* être en service) chez q.; *bei j-m Geld* ~ *haben* avoir de l'argent placé chez q.; *es steht bei Ihnen, zu ... (inf.)* vous êtes libre de ... (*inf.*); *das steht nicht bei mir* cela ne dépend pas de moi; *für etw. (j-n)* ~ répondre de qch. (de q.); *davon steht nichts im Brief* la lettre n'en dit rien; *in Flammen* ~ être en flammes; *das steht nicht in m-n Kräften* ce n'est pas en mon pouvoir; *Tränen standen ihm in den Augen* il avait les larmes aux yeux; *in Verdacht* ~, *zu ... (inf.)* être soupçonné de ... (*inf.*); *j-m im Wege* ~ faire obstacle à q.; contrarier q.; *wie steht's mit ihm?* comment va-t-il?; comment vont ses affaires?; *es steht gut (schlecht) mit ihm* il va bien (mal); ses affaires vont bien (mal); *wie steht's mit Ihrer Angelegenheit?* où en est votre affaire?; *wie steht es mit ...?* qu'en est-il de ...?; *du stehst allein mit d-r Meinung* tu es seul de ton avis; *mit j-m gut* ~ être bien avec q.; *gr. der Konjunktiv steht nach folgenden Verben* les verbes suivants régissent le subjonctif; *sein Sinn steht nach Ruhm* il aspire à la gloire; *über (unter) j-m* ~ être supérieur (inférieur) à q.; *die Kinder standen um ihn herum* les enfants l'entouraient; *unter j-s Leitung* ~ être sous la direction de q.; *unter Wasser* ~ être inondé (*od.* submergé); *vor e-m Problem* ~ se trouver aux prises avec un problème; *zu etw.* ~ (*an etw. festhalten*) tenir à qch.; *die Haare ihm zu Berge* les cheveux se dressent sur sa tête; *zur Debatte* ~ être discuté; être mis en discussion; *was (Ihnen) zu Diensten?* qu'y a-t-il pour votre service?; *alles steht zu Ihren Diensten* tout est à votre disposition; *j-m zu Diensten* ~ être aux ordres de q.; *j-m zur Seite* ~ seconder (*od.* assister) q.; *sich gut* ~ vivre dans l'aisance; avoir de quoi (vivre); *sich bei etw. gut* ~ trouver son compte à qch.; *sich mit j-m gut* ~ être bien avec q.; être en bons termes avec q.; **II** ⚥ *n* station *f* debout; (*Halten*) stationnement *m*; *zum* ~ *bringen* arrêter; *zum* ~ *kommen* s'arrêter; ~**bleiben** *v/i.* (*anhalten*) s'arrêter; *Auto, fig. im Leben*: F faire du surplace; (*es dabei bewenden lassen*) en rester (*od.* demeurer) là; *auf welcher Seite sind wir stehengeblieben?* à quelle page en sommes-nous restés?; *plötzlich vor j-m* ~ tomber en arrêt devant q.; ⚥*bleiben n* arrêt *m*; stationnement *m*; ~*verboten!* défense de stationner; ~**d** *adj.* debout; *Wasser*: stagnant; (*unbeweglich*) fixe; immobile; *Heer*: permanent; *Ausdruck*: tout fait; consacré; figé; *auf den Füßen* ~ se tenant sur ses pieds; ~*en Fußes* sur-le-champ; immédiatement; *de ce pas*; ~**lassen** *v/t.* laisser; (*im Stich lassen*) abandonner; laisser en plan; laisser là; (*vergessen*) oublier; (*nicht anrühren*) ne pas toucher (à); *sich den Bart* ~ laisser pousser sa barbe; *alles stehen- u. liegenlassen* quitter tout.

'**Steher** *m Sport*: stayer *m*.

'**Steh|kragen** *m* col *m* montant; ~**kragenproletarier** F *m* F prolo *m* intellectuel; ~**lampe** *f* lampe *f* à pied; *große*: lampadaire *m*; ~**leiter** *f* échelle *f* double.

'**stehl|en** *v/t. u. v/rf.* voler; (*entwenden*) dérober; (*wegnehmen*) prendre; enlever; *j-m die Zeit* ~ faire perdre son temps à q.; *er stiehlt dem lieben Herrgott den Tag* c'est un vrai paresseux; F *er kann mir gestohlen bleiben* je me moque de lui; F je me fous pas mal de lui; *bibl. du sollst nicht* ~! tu ne déroberas point!; *sich* ~ *in (acc.)* se glisser furtivement dans; *sich* ~ *aus* sortir furtivement de; ⚥**en** *n* vol *m*; ⚥**er** *m* voleur *m*; ⚥**sucht** *f* cleptomanie *f*.

'**Steh|platz** *m* place *f* debout; ~**pult** *n* pupitre *m* pour écrire debout; ~**umlegekragen** *m* col *m* rabattu.

'**Steier|mark** *f*: *die* ~ la Styrie; ~**märker(in** *f*) *m* Styrien *m*, -enne *f*.

steif I *adj.* raide; rigide; inflexible; (*erstarrt*) transi (*vor dat.* de); engourdi; *Gelenke*: ankylosé; *Penis*: raide; en érection; *Blick*: fixe; *Wäsche*: empesé; *Hut*: dur; *melon*; *Grog*: fort; *Brei*: épais, -aisse; *fig.* (*linkisch*) gauche; (*gezwungen*) contraint; (*förmlich*) cérémonieux, -euse; (*gehemmt*) gêné; *Benehmen*: compassé; *Stil*: guindé; lourd; ~ *machen* raidir, *Gelenke*: ankyloser; ~ *werden* se raidir, *Gelenke*: s'ankyloser, (*erstarren*) s'engourdir; ~ *vor Kälte* transi de froid; ~*e Finger haben* avoir les doigts gourds (*dauernd*: raides); ~*er Hals* torticolis *m*; ⚓ ~*er Wind* grand frais *m*; **II** *adv.*: ~ *und fest behaupten* déclarer catégoriquement; '⚥**e** *f* → ⚥**heit**; *für Wäsche*: empois *m*; *für Stoffe*: apprêt *m*; ⊕ (*Strebe*) étançon *m*; étrésillon *m*; ~**en** *v/t. Wäsche*: empeser; *j-m den Nacken* ~ épauler q.; F mettre du cœur au ventre de q.; ⚥**en** *n der Wäsche*: empesage *m*; '⚥**heit** *f* raideur *f*; ~ *der Gelenke* ankylose *f*; *fig.* gaucherie *f*; contrainte *f*; '⚥**leinen** *n* triplure *f*; bougran *m*.

Steig *m* chemin *m* étroit; sentier *m*; *dial.* sente *f*; '~**bügel** (*a. für Telegrafenarbeiter*) *m* étrier *m*; '~**bügelriemen** *m* étrivière *f*; '~**e** *f* (*steile Fahrstraße*) côte *f*; montée *f*; '~**eisen** *n* crampon *m*.

'**steigen I** *v/i.* monter; (*klimmen*) grimper; gravir; (*zunehmen*) s'accroître; *Wasser*: monter; être en crue; *Preise usw.*: monter; 'hausser; être en 'hausse; *Barometer*: monter; *Nebel*: s'élever; ~ *lassen Drachen usw.*: lancer; *auf e-n Berg* ~ escalader une montagne; faire l'ascension d'une montagne; *fig. j-m aufs Dach* ~ passer un savon à q.; donner (*od.* taper sur) les doigts (*od.* sur les oreilles) à q.; *auf e-e Leiter* ~ escalader une échelle; *aufs Pferd* ~ monter à cheval; *in ein Taxi* ~ monter dans un taxi; *auf den Thron* ~ monter sur le trône; *aus dem Bett* ~ sortir du lit; *aus dem Fenster* ~ sortir par la fenêtre; *aus dem Wagen* ~ descendre de (sa) voiture; *durch das Fenster* ~ entrer (*resp.* sortir) par la fenêtre; *ins Bad* ~ se mettre au bain; entrer dans le bain; *ins Bett* ~ se mettre au lit; *ins Examen* ~ passer (*od.* subir) l'examen; *das Blut steigt mir in den Kopf* le sang me monte à la tête; *im Preise* ~ augmenter de prix; *in den Wagen* ~ monter en voiture; *über etw. (acc.)* ~ franchir qch.; *vom Pferd* ~ descendre de cheval; **II** ⚥*n* montée *f*; (*Be*⚥) ascension *f*; (*Zunahme*) accroissement *m*; *des Wassers*: crue *f*; *der Preise usw.*: 'hausse *f*.

'**Steiger** ⚒ *m* porion *m*.

'**steiger|n** *v/t. u. v/rf.* élever (*a. Ansprüche*); *Preise usw.*: faire monter (*od.* 'hausser); (*vermehren*) augmenter (*a. Preise; Produktion; Leistung; Miete*) (*verschlimmern*) aggraver; (*verstärken*) renforcer; (*intensivieren*) intensifier; *Kraft usw.*: accroître; (*allmählich* ~) graduer; *gr.* mettre au comparatif (*resp.* au superlatif); *auf e-r Auktion* ~ faire une offre; enchérir; *die* (*od.* s-e) *Geschwindigkeit* ~ forcer l'allure; *zur Kunst* ~ élever au rang d'art; *sich* ~ monter, augmenter, (*sich intensivieren*) s'intensifier; ⚥**n** *n*, ⚥**ung** *f* élévation *f*; (*Vermehrung*) augmentation *f* (*a. v. Preisen, Produktion, Leistung, Miete*); † 'hausse *f*; (*Verschlimmerung*) aggravation *f* (*Verstärkung*) renforcement *m*; (*Intensivierung*) intensification *f*; *der Kraft usw.*: accroissement *m*; allmähliche ~ gradation *f*; *gr.* degrés *m/pl.* de comparaison; ~ *des Lebensniveaus* relèvement *m* du niveau de vie; ⚥**ungsstufe** *gr. f* degré *m* de comparaison.

'**Steig|fähigkeit** *f* ⚥ capacité *f* ascensionnelle; *Auto*: aptitude *f* en côte; ~**geschwindigkeit** *f* vitesse *f* ascensionnelle; ~**höhe** *f* ⚥ plafond *m*; *e-s Geschosses*: portée *f* verticale; ~**leitung** *f* ⚡ *Gas, Wasser*: colonne *f* montante; ~**rohr** *n* tuyau *m* ascendant; ~**ung** *f* montée *f*; (*Hang*) pente *f*; rampe *f*; *e-r Straße an*: côte *f*; *e-r Schraube*: pas *m*; ~**winkel** ⚥ *m* angle *m* de montée; ~**zeit** ⚥ *f* temps *m* de montée.

steil I *adj.* escarpé; raide; ~*er Pfad* raidillon *m*; **II** *adv.* (*senkrecht*) à pic; ~ *abfallen* (*Verkaufskurve*) tomber en flèche; ~ *in die Höhe fliegen* monter en chandelle; '⚥**abfall** *m* escarpement *m*; '⚥**e** *f* → ⚥**heit**; '⚥**feuer** ⚔ *n* tir *m* plongeant; '⚥**feuergeschütz** *n* pièce *f* à tir courbe; '⚥**flug** ⚥ *m* chandelle *f*; vol *m* vertical; '⚥**hang** *m* escarpement *m*; '⚥**heit** *f* raideur *f*; '⚥**kurve** ⚥ *f* virage *m* à la verticale; '⚥**küste** *f* falaise *f*; '⚥**paß** *m Fußball*: passe *f* en chandelle; '⚥**schrift** *f* écriture *f* droite; '⚥**ufer** *n* rive *f* escarpée; '⚥**uferstraße** *f* route *f* en corniche; '⚥**wand** *f* paroi *f* abrupte; mur *m* vertical; '⚥**wandbezwinger** *m* varappeur *m*.

Stein *m* pierre *f*; (*Kiesel*⚥) caillou *m*; (*Fels*) roc *m*; rocher *m*; (*Gedenk*⚥) monument *m*; *Spiel*: pion *m*; (*Domino*⚥) domino *m*; ✠ calcul *m*; *von* ~*en säubern Feld*: épierrer; *zu* ~ *werden* se pétrifier; ~ *des Anstoßes* sujet *m*, cause *f* du scandale; pierre *f* d'achoppement; *der Weisen* pierre *f* philosophale; *Uhr, die auf 15* ~*en läuft* montre *f* à quinze rubis; ~ *auf* ~ pierre sur pierre; *aus* ~ de (*od.* en) pierre; ~ *für* ~ pierre à (*od.* par) pierre; *über Stock und* ~ à travers champs; *fig.* hart wie dur comme la pierre; *es friert* ~ *und Bein* il gèle à pierre fendre; *keinen* ~ *auf dem andern lassen* ne pas laisser pierre sur pierre; *fig. den* ~ *ins Rollen bringen* lever (*od.* soulever) le lièvre; *j-m* ~ *e in den Weg legen* mettre des bâtons dans les roues à q.; faire des difficultés à q.; *fig. bei j-m e-n* ~ *im Brett haben* avoir la cote (*od.* une bonne cote) auprès de q.; être la coqueluche de q.; être dans les bonnes grâces de q.; avoir toutes les faveurs de q.; *den ersten* ~ *werfen* jeter la première pierre (*auf acc.* nach à); *mir fällt ein* ~ *vom Herzen* cela m'ôte un poids; *das ist ein Tropfen auf den heißen* ~ c'est une goutte d'eau dans la mer; *steter Tropfen höhlt den* ~ petit à petit l'oiseau fait son nid; *da würde ich lieber* ~*e klopfen* j'aimerais mieux casser des cailloux; *in* ~ *hauen* tailler dans la pierre; *mit* ~*en bewerfen* lapider; '~**acker** *m* champ *m* pierreux; '~**adler** *orn. m* aigle *m* fauve (*od.* doré); '~**alt** *adj.* extrêmement vieux, vieille; '~**artig** *adj.* pierreux, -euse; '~**axt** *hist. f* 'hache *f* de pierre; '~**bank** *f* banc *m* de pierre; *géol.* banc (*od.* lit) *m* de pierres; '~**bau** *m* construction *f* en pierre; '~**baukasten** *m* boîte *f* de construction; '~**beil** *hist. n* 'hache *f* de pierre; '~**bild** *n* statue *f* de pierre; '~**block** *m* bloc *m* de pierre; '~**bock** *m* zo. bouquetin *m*; *ast.* Capricorne *m*; '~**boden** *m* sol *m* pierreux; △ dallage *m*; carrelage *m*; '~**bohrer** *m* trépan *m*; '~**brech** ⚕ *m* saxifrage *f*; '~**brecher** *m* carrier *m*; (*Maschine*) concasseur *m* de pierres; '~**bruch** *m* carrière *f*; '~**bruch-arbeiter** *m*, '~**bruchbesitzer** *m* carrier *m*; '~**brücke** *f* pont *m* en pierre; '~**butt** *icht. m* turbot *m*; '~**damm** *m* digue *f* en pierres; '~**druck** *typ. m* lithographie *f*; '~**drucker** *m* lithographe *m*; ~**drucke'rei** *f* lithographie *f*; '~**eiche** ⚕ *f* (chêne *m*) rouvre *m*; '~**ern** *adj.* de (*od.* en) pierre; *fig.* ~*es Herz* cœur *m* de pierre; '~**fliese** *f* dalle *f*; '~**frucht** ⚕ *f* fruit *m* à noyau; drupe *f*; '~**fußboden** *m* dallage *m*; carrelage *m*; '~**garten** *m* jardin *m* alpin; '~**geröll** *n* pierraille *f*; '~**gut** *n* faïence *f*; grès *m* (cérame); '~**gutfabrik** *f*, '~**guthandel** *m* faïencerie *f*; '~**gutfabrikant** *m*, '~**guthändler** *m* faïencier *m*; '~**hagel** *m* grêle *f* de pierres; '~**hart** *adj.* dur comme la pierre; '~**haue** *f* pic *m*; '~**hauer** *m* tailleur *m* de pierre(s); '~**haufen** *m* tas (*od.* monceau) *m* de pierres; '~**huhn** *orn. m* bartavelle *f*; '~**ig** *adj.* pierreux, -euse; cailouteux, -euse; (*felsig*) rocheux, -euse; '~**igen** *v/t.* lapider; '~**igung** *f* lapidation *f*; '~**kitt** *m* lithocolle *f*; '~**klee** ⚕ *m* méliot *m*; '~**klopfer** *m* casseur *m* de pierres; '~**kohle** *f* 'houille *f*; charbon *m* de terre; '~**kohlenbecken** *n* bassin *m* 'houiller; '~**kohlenbergwerk** ⚒ *n* 'houillère *f*; mine *f* de houille; '~**kohlenflöz** ⚒ *n* couche (*od.* veine) *f* de houille; '~**kohlengas** *n* gaz *m* de houille; '~**kohlenhaltig** *adj.* 'houiller, -ère; '~**kohlenrevier** *n* bassin *m* 'houiller; '~**kohlenrohderivate**

n/pl. produits *m/pl.* carbo-chimiques; '~**kohlenteer** *m* goudron *m* de houille; coaltar *m*; '~**krug** *m* cruche *f* de grès; '~**kunde** *f* minéralogie *f*; lithologie *f*; '~**lawine** *f* avalanche *f* de pierres; '~**marder** *zo. m* fouine *f*; '~**meißel** *m* poinçon *m*; '~**metz** *m* tailleur *m* de pierres; appareilleur *m*; '~**obst** *n* fruits *m/pl.* à noyau; '~**öl** *n* pétrole *m*; naphte *m*; huile *f* minérale; '~**pflaster** *n* pavé *m*; *aus Steinplatten*: carrelage *m*; dallage *m*; '~**pilz** ⚕ *m* cèpe *m*; bolet *m* comestible; '~**platte** *f* dalle *f*; carreau *m*; *mit* ~*n auslegen* daller; carreler; '~**reich** *n* règne *m* minéral; '~**reich** *fig. adj.* richissime; '~**rutsch** *f* chute *f* de pierres; '~**salz** *min. n* sel *m* gemme; '~**sammlung** *f* collection *f* de minéraux; '~**schicht** *f* couche *f* de pierres; *géol.* banc *m* de pierre; '~**schlag** *m im Gebirge*: chute *f* de pierres; éboulement *m*; (*Schotter*) pierres *f/pl.* concassées, ⚅ ballast *m*; '~**schlaghammer** *m* pic *m*; '~**schleifer** *m* polisseur *m* de pierres; '~**schleuder** *f* fronde *f* (*Spielzeug*) lance-pierres *m*; '~**schneider** *m* lapidaire *m*; '~**schotter** *m* pierres *f/pl.* concassées; ⚅ ballast *m*; *mit* ~ *belegen* empierrer; '~**schraube** *f* vis *f* de scellement; '~**schrift** *typ. f* lettres *f/pl.* onciales; '~**setzer** *m* (*Pflasterer*) paveur *m*; '~**tafel** *f* plaque *f* de pierre; '~**topf** *m* pot *m* de grès; '~**würfe** *m/pl.* lancers *m/pl.* de pierres; '~**zeichnung** *f* lithographie *f*; '~**zeit** *f* âge *m* de la pierre; '~**zeitlich** *adj.* de l'âge de la pierre; '~**zeug** *n* poterie *f* de grès.

Steiß *m* derrière *m*; ♒ siège *m*; *der Vögel*: croupion *m*; *bein anat. m* coccyx *m*; F croupion *m*; '~**lage** *f des Fötus*: présentation *f* du siège.

Stel'lage *f* (*Gestell*) tréteau *m*; chevalet *m*.

'**stellbar** *adj.* réglable.

'**Stelldich-ein** *n* rendez-vous *m*; P rancart *m*; *j-m ein* ~ *geben* donner un rendez-vous à q.; *sich ein* ~ *geben* prendre rendez-vous.

'**Stelle** *f* place *f*; (*Ort*) lieu *m*; *bestimmte*: endroit *m*; (*Bau*⚒) emplacement *m*; *für Bauplätze, Staudämme u. Ausgrabungen*: site *m*; *Landungs*⚒ lieu *m* d'atterrissage; ✈ *an unserer* ~ en nos lieux et places; (*Arbeits*⚒, *Amt*) place *f*; poste *m*; emploi *m*; charge *f*; *in en Buch*: passage *m*; (*Dezimal*⚒) décimale *f*; *die Zahl hat 4* ~*n* c'est un nombre de quatre chiffres; *freie* (*od.* unbesetzte) ~ emploi *m* vacant; vacance *f*; *j-s* ~ *einnehmen* prendre la place de q.; remplacer q.; *er nimmt bei ihm die* ~ *des Vaters ein* il lui tient lieu de père; *an* ~ *von* à la place, au lieu de, (*für*) pour; *an der richtigen* ~ *au bon endroit*, (*bei der zuständigen Behörde*) à l'autorité compétente; *an s-r* (*richtigen*) ~ *sein* être à sa place; *wenn ich an Ihrer* ~ *wäre* si j'étais à votre place; *si j'étais de vous; an erster* (*letzter*) ~ *stehen* venir en premier (dernier) lieu; primer; *an höherer* ~ en 'haut lieu; *an Ort und* ~ sur les lieux; sur place; *sich an Ort und* ~ *begeben* se rendre sur place; *sich an Ort und* ~ *einfinden* se trouver à l'endroit convenu; *an Ort und* ~ *gelangen* arriver à destination; *an Ort und* ~

bringen mettre à sa place; *j-n* (*etw.*) *an die* ~ *von j-m* (*von etw.*) *setzen* substituer q. (qch.) à q. (à qch.); (*sich*) *an j-s* ~ *setzen* (se) substituer à q.; *an j-s* ~ *treten* prendre la place de q.; remplacer q.; se substituer à q.; prendre le relais; *fig. auf der* ~ sur-le-champ; à la minute; sur le coup; *auf der* ~ *treten* marquer le pas (*a. fig.*); *sich auf der* ~ *drehen* Rad: patiner; *nicht von der* ~ *kommen* ne pas avancer (*a. fig.*), *sich nicht von der* ~ *rühren* ne pas bouger; *zur* ~ *schaffen* amener, *Sachen*: apporter; *zur* ~ *sein* être présent; *zur* ~! présent!

'**stellen** *v/t. u. v/rf.* (*sich auch*) mettre; (*se*) placer; (*se*) poser; (*aufstellen*) poster; *ordnend*: ranger; disposer; (*liefern*) *a. Bürgen*: fournir; *e-n Bürgen* ~ fournir caution; *Truppen*: recruter; rassembler; *Geiseln*: remettre; (*beisteuern*) contribuer; (*zuweisen*) assigner; *Zeugen*: produire; *Frage, Problem, Bedingung*: poser; *Aufgabe*: donner; *Frist*: fixer; *Falle*: tendre; *Uhr, Maschine*: régler; mettre au point; *Verbrecher, Wild*: arrêter; *Geschütz*: (*richten*) pointer; *höher* ~ placer plus 'haut; *fig.* mettre au-dessus de; *kalt* ~ laisser refroidir; *Getränke*: frapper; *warm* ~ tenir (au) chaud; maintenir chaud; *e-n Antrag* ~ faire une proposition, *an e-e Behörde*: faire une demande, *parl.* présenter une motion; *sich e-e Aufgabe* ~ s'assigner une tâche; *j-m ein Bein* ~ faire un croc-en-jambe (*od.* un croche-pied) à q., *fig.* tendre un piège à q.; *e-n Bürgen* ~ fournir (*od.* donner) caution; *e-e Leiter an die Wand* ~ appuyer (*od.* placer *od.* poser) une échelle contre le mur; *j-n an die Wand* ~ (*erschießen*) coller q. au mur; *in Abrede* ~ contester; *ich stelle es in ihr Belieben* (*Ermessen*) je m'en remets à votre discrétion (à votre jugement); *in Dienst* ~ mettre en service; *in Frage* (*Zweifel*) ~ mettre en question (en doute); ✝ *in Rechnung* ~ passer en compte, faire entrer (*od.* mettre) en ligne de compte (*a. fig.*), compter, (*fakturieren*) facturer; *in den Schuppen* ~ placer (*od.* ranger) sous une remise; remiser; *in den Stall* ~ mettre à l'étable (*od.* à l'écurie); *vor Augen* ~ mettre sous les yeux; *j-n vor Gericht* ~ traduire q. en justice; déférer q. en (*od.* à la) justice; *j-n* (*durch die Polizei*) ~ interpeller q.; *zur Abstimmung* ~ mettre aux voix; *zur Diskussion* ~ mettre en discussion; *j-n zum Kampf* ~ forcer q. à combattre, *Gegner*: accrocher; *j-n über etw.* (*acc.*) *zur Rede* ~ demander raison à q. de qch.; *zur Schau* ~ étaler; mettre à l'étalage; faire montre de; *j-m etw. zur Verfügung* ~ mettre qch. à la disposition de q.; *j-n* ~ (*beim Wort nehmen*) prendre q. au pied levé; *gut gestellt sein* vivre dans l'aisance; avoir de quoi (vivre); *ganz auf sich gestellt sein* sans appui de personne; *sich* ~ (*erscheinen*) se présenter; *sich als Freiwilliger* ~ se porter volontaire; *sich* ~, *als ob* ... faire semblant de ... (*inf.*); *sich krank* ~ faire semblant d'être malade; *sich taub* ~ faire le sourd; *sich dumm* ~ faire la bête; *sich dem Gericht* ~ se présenter

Stellenangebot — sterblich

en justice; ✝ *sich ~ auf (acc.)* s'élever à; *sich auf eigene Füße ~* se rendre indépendant; *sich auf die Hinterbeine ~ se cabren, fig.* regimber; *sich auf die Zehenspitzen ~* se dresser sur la pointe des pieds; *sich mit j-m gut ~* se mettre bien avec q.; *sich vor Augen ~* s'imaginer; se figurer; *sich zum Kampf ~* accepter le combat; faire face à l'adversaire; *sich der Polizei ~* se constituer prisonnier à la police; *wie ~ Sie sich dazu?* qu'en pensez-vous? '**Stellen**|**angebot** *n* offre *f* d'emploi; **~ausschreibung** *f* mise *f* au concours d'un poste (*od.* d'un emploi) vacant; **~einsparung** *f* suppression *f* d'emplois; **~gesuch** *n* demande *f* d'emploi; **~jäger** F *m* coureur *m* de places; ²**los** *adj.* sans place; sans emploi; **~markt** *m* marché *m* de l'emploi; **~nachweis** *m* bureau *m* de placement; **~plan** *adm. m* organigramme *m* des postes réglementaires (*od.* budgétaires); **~sucher** *m* demandeur *m* (d'emploi); **~tausch** *m* permutation *f*; **~vermittler(in** *f*) *m* placeur *m*, -euse *f*; **~vermittlung** *f* placement *m*; → **~vermittlungsbüro** *n* bureau *m* de placement; ²**weise** *adv.* par endroits; par-ci, par-là; **~wert** *fig. m*: *e-r Sache e-n hohen ~ beimessen* accorder (*od.* attacher) une grande importance *f* à une chose; **~zulage** *f* payement *m* supplémentaire pour un poste. '**Stell**|**knopf** ⊕ *m* bouton *m* de réglage; **~macher** *m* charron *m*; **~mutter** ⊕ *f* écrou *m* de fixage (*od.* de réglage); **~ring** ⊕ *m* bague *f* d'arrêt (*od.* de réglage); **~schraube** *f* vis *f* de réglage; **~spiegel** *m* glace *f* mobile. '**Stellung** *f* position *f* (*a.* ⚔); (*Anordnung*) arrangement *m*; disposition *f*; *v. Truppen*: recrutement *m*; rassemblement *m*; formation *f* d'une armée; *v. Geiseln*: remise *f*; *v. Zeugen*: production *f*; (*Körperhaltung*) position *f*, pose *f*, posture *f*, attitude *f*; *esc.* garde *f*; *e-s Geschützes*: emplacement *m*; (*Stand*) état *m*; (*Amt*) place *f*; charge *f*; (*Lage*) situation *f*; (*Rechts*²) condition *f* juridique; *gesellschaftliche ~* position *f* sociale; *condition f*; ⚔ *in ~!* en batterie!; *ausgebaute ~* position *f* aménagée (*od.* organisée); *rückwärtige ~* position *f* arrière; *e-e ~ beziehen* aller occuper une position; *die ~ halten* tenir la position; *e-e ~ einnehmen* prendre une position; *in ~ gehen Geschütz*: se mettre en batterie; *in ~ bringen* placer, *Geschütz*: mettre en batterie; *fig.* führende (*od.* leitende) *~* position *f* dirigeante; *~ nehmen* prendre position; *zu etw. ~ nehmen* se prononcer sur qch.; **~nahme** *f* prise *f* de position; *mit der Bitte um ~* pour avis; *nach ~* après avis; **~befehl** *m* ordre *m* d'appel (*od.* de convocation); **~skrieg** *m* guerre *f* de position; guerre *f* de(s) tranchées; ²**slos** *adj.* sans place; sans emploi; **~slose(r)** *m* sans-emploi *m*; chômeur *m*; ²**s-pflichtig** ⚔ *adj.* soumis au recrutement; **~suchende(r)** *m* demandeur *m* d'emploi; personne *f* en quête d'emploi; **~swechsel** ⚔ *m* changement *m* de position. '**stell**|**vertretend** *adj.* remplaçant;

suppléant; **~er Vorsitzender** vice-président *m*; **~er Generalsekretär** secrétaire *m* général adjoint; *die ~en Außenminister* les suppléants *m/pl.* des ministres des affaires étrangères; **~er Direktor** *écol.* conseiller *m* d'éducation; ²**vertreter(in** *f*) *m* remplaçant *m*, -e *f*; suppléant *m*, -e *f*; adjoint *m*, -e *f*; (*Amts*²) substitut *m*; ⚖, ✝ représentant *m*, -e *f*; *rl.* vicaire *m*; ²**vertretung** *f* remplacement *m*; suppléance *f*; ⚖, ✝ représentation *f*; ✝ *in ~* par procuration; **~vorrichtung** *f* dispositif *m* de réglage; ²**werk** 🚂 *n* poste *m* d'aiguillage. '**Stelz**|**bein** *péj. n* jambe *f* de bois; ²**beinig** *fig. adj.* guindé; **~e** *f* échasse *f* (*a.* F *Bein*); *auf ~n gehen* marcher avec des échasses; **~fuß** *m* jambe *f* de bois; **~vögel** *orn. m/pl.* échassiers *m/pl.* '**Stemm**|**bogen** *m Ski*: virage *m* en stem; **~eisen** *n* fermoir *m*; ²**en 1.** *v/t. Gewichte*: soulever; *Löcher ~* faire des trous avec le fermoir; *die Arme in die Seite ~* mettre les poings sur les 'hanches; **(klauen)* subtiliser; P chiper; **2.** *v/rf.*: *sich ~* s'appuyer (*auf acc.* sur; *gegen* contre), *fig.* s'opposer (*gegen* à), résister (*à*); **~en** ⚒ (*Gewichtheben*) poids et haltères *m/pl.*; **~fahren** *n Ski*: stem *m*; **~kristiania** *m Ski*: christiania *m* stemmé. '**Stempel** *m* cachet *m* (*a. Abdruck*); timbre *m* (*a. Abdruck*); (*Abdruck*) empreinte *f*; (*Siegel*) sceau *m*; (*Locheisen*) poinçon *m*; (*Kolben*) piston *m*; (*Münz*²) coin *m*; ⚒ étançon *m*; (*Kontroll*²) cachet *m* de contrôle (*a. Abdruck*; *Namens*²) griffe *f* (*a. Abdruck*); *auf Waren*: estampille *f*; marque *f*; *auf Edelmetallen*: contrôle *m*; ♀ pistil *m*; *fig.* cachet *m*; empreinte *f*; sceau *m*; coin *m*; *etw. mit e-m ~ versehen* apposer un cachet sur qch.; timbrer qch.; *fig. e-r Sache s-n ~ aufdrücken* marquer qch. de son empreinte; mettre le (*od.* son) sceau sur qch.; *den ~ der Wahrheit tragen* être marqué au coin de la vérité; **~bogen** *m* feuille *f* de papier timbré; **~farbe** *f* encre *f* à tampon; ²**frei** *adj.* exempt du droit de timbre; **~gebühr** *f* (droit *m* de) timbre *m*; **~kissen** *n* tampon *m* encreur; **~marke** *f* timbre *m* fiscal; **~maschine** *f* machine *f* à timbrer; ²**n** *v/t.* timbrer; apposer un cachet (sur); *mit dem Namensstempel*: apposer sa griffe (sur); (*mit e-m Zeichen versehen*) marquer (*a. fig.*); *Waren*: estampiller; *Edelmetalle*: contrôler; *Briefmarke*: oblitérer; F *~ gehen Arbeitsloser*: (aller) pointer; être au chômage; *fig. j-n ~ zu* qualifier q. de; **~n** *n* timbrage *m*; *v. Waren*: estampillage *m*; *v. Briefmarken*: oblitération *f*; **~papier** *n* papier *m* timbré; ²**pflichtig** *adj.* assujetti (*od.* soumis) au timbre; **~steuer** *f* droit *m* de timbre; **~taxe** *f* droit *m* de timbre; **~uhr** *f* horloge *f* de contrôle. '**Stengel** ♀ *m* tige *f*. **Steno**|'**gramm** *n* sténo(gramme) *m*; *ein ~ aufnehmen* prendre en sténo; faire un sténo(gramme); ~'**grammaufnahme** *f* prise *f* de sténo(gramme); ~'**grammblock** *m* bloc *m* sténo; ~'**graph(in** *f*) *m* sténographe *m*, *f*; (*Maschinen*²) sténotypiste *m*, *f*;

~'**graphendienst** *m* service *m* (du compte rendu) sténographique; **~gra**'**phie** *f* sténographie *f*; (*Maschinen*²) sténotypie *f*; ²**gra**'**phieren** *v/t. u. v/i.* sténographier; prendre en sténo; *mit der Maschine*: sténotyper; ~'**graphiermaschine** *f* sténotyper *f*; ²'**graphisch I** *adj.* sténographique; **II** *adv.*: *~ aufnehmen* → ²graphieren; **~ty**'**pie** *f* sténotypie *f*; ²**ty**'**pieren** *v/t.* sténotyper; **~ty**'**pist(in** *f*) *m* sténodactylo *m*, *f*. '**Stentorstimme** *f* voix *f* de stentor. '**Stepp**-**arbeit** (*bei Matratzen usw.*) *f* matelassage *m*. '**Steppdecke** *f* couverture *f* piquée; courtepointe *f*; édredon *m* américain; couvre-pieds *m*. '**Steppe** *f* steppe *f*. '**steppen I** *v/t.* piquer; **II** ² *n* piqûre *f*. '**Steppen**|**bewohner** *m* habitant *m* des steppes; **~fuchs** *zo. m* corsac *m*; **~huhn** *n* perdrix *f* des steppes; **~wolf** *zo. m* loup *m* des prairies; coyote *m*. '**Stepper(in** *f*) *m* piqueur *m*, -euse *f*. **Steppe**'**rei** *f* piqûre *f*. '**Steppfaden** *m* fil *m* à piqûre. '**Steppke** F *m* moucheron *m*. '**Stepp**|**nadel** *f* aiguille *f* à piquer; **~naht** *f* couture *f* piquée; **~stich** *m* point *m* de piqûre. '**Step**|**tanz** *m* claquettes *f/pl.*; **~tänzer** *m* danseur *m* à claquettes. '**Sterbe**|**alter** *n* âge *m* de décès; **~bett** *n* lit *m* de mort; **~fall** *m* cas *m* de décès (*od.* de mort); **~geld** *n* indemnité *f* en cas de décès; **~geldversicherung** *f* assurance-décès *f*; **~gesang** *m* chant *m* funèbre; **~glocke** *f* glas *m*; **~haus** *n* maison *f* mortuaire; **~hemd** *n* linceul *m*; suaire *m*; **~hilfe** *f* → ~geld; (*Euthanasie*) euthanasie *f*; **~kasse** *f* caisse *f* de décès. '**sterben I** *v/i.* mourir (*an, vor dat.*: *aus de; für* pour); *poét.* rendre l'âme; expirer; décéder; *litt.* trépasser; V dégeler; *e-s natürlichen Todes ~* mourir de mort naturelle (*od.* de sa belle mort); *e-s gewaltsamen Todes ~* mourir de mort violente; *durch j-s Hand ~* mourir de la main de q.; *er ist über s-n Plänen gestorben* la mort l'a surpris au milieu de ses projets; *in den Sielen ~* mourir à la peine; *alle Menschen müssen ~* tout homme est mortel; **II** ² *n* mort *f*; *im ~ liegen* être à la mort (*od.* à l'agonie); agoniser; se mourir; être moribond; *wenn es zum ~ kommt* à l'heure de la mort; *zum ~ langweilig* mortellement ennuyeux, -euse; F barbant; F emmerdant; F rasant; ²**de(r** *a. m*) *m*, *f* mourant *m*, -e *f*; agonisant *m*, -e *f*; moribond *m*, -e *f*; ²**s-angst** *f* angoisse *f* mortelle; **~skrank** *adj.* malade à mourir; moribond; ²**swörtchen** *n*: *kein ~ sagen* F ne pas dire un traître mot; ne pas prononcer la moindre parole; n'en souffler mot à âme qui vive. '**Sterbe**|**register** *n* registre *m* des décès (*od.* mortuaire); **~sakramente** *n/pl.* derniers sacrements *m/pl.*; **~stunde** *f* heure *f* de la mort; dernière heure *f*; heure *f* suprême; **~tag** *m* jour *m* de la mort; **~urkunde** *f* acte *m* de décès; **~zimmer** *n* chambre *f* mortuaire. '**sterblich I** *adj.* mortel, -elle; sujet, -ette à la mort; *der gewöhnliche ²e le* commun des mortels; **II** *adv.* mortellement; ~ *verliebt* éperdument amoureux, -euse; ²**keit** *f* mortalité *f*; létalité *f*; ²**keitsziffer** *f* (taux *m* de) mortalité *f*.

¹**Stereo|abspieler** *m* électrophone *m* stéréo; **~anlage** *f* rad. installation *f* stéréophonique; chaîne *f* stéréo; ☊ console *f* stéréo; **~aufnahme** *phot. f* stéréophotographie *f*; **~Cassettenrecorder** rad. *m* magnétophone *m* à cassette stéréo; **~che'mie** *f* stéréochimie *f*; **~empfang** *m* réception *f* en stéréo; **~kamera** *phot. f* appareil *m* stéréoscopique; **~me'trie** *f* stéréométrie *f*; ²**metrisch** *adj.* stéréométrique; **~musiktruhe** *f* meuble *m* chaîne; **~pho'nie** *f* stéréophonie *f*; **~s'kop** *m* stéréoscope *m*; ²**s'kopisch** *adj.* stéréoscopique; **~tonbandgerät** *n* magnétophone *m* stéréo; ²**typ** *adj.* stéréotypé; *ein ~es Lächeln* un sourire stéréotypé; **~typdruck** *m* stéréotype *m*; cliché *m*; **~ty'pie** *typ. f* stéréotypie *f*; ²**ty'pieren** *typ. v/t.* stéréotyper; clicher; **~ty'pieren** *typ. n* stéréotypage *m*; clichage *m*.

ste'ril *adj.* stérile.

sterili'sieren *v/t.* stériliser; ²**sieren** *n* stérilisation *f*; ²**siergerät** *n* stérilisateur *m*; ²**sierung** *f* stérilisation *f*; ²**tät** *f* stérilité *f*.

¹**Sterlet** *icht. m* sterlet *m*.

¹**Sterling** *m* sterling *m*; *Pfund ~* livre *f* sterling; **~block** *m* bloc *m* sterling; **~zone** *f* zone *f* sterling.

Stern *m* étoile *f*; *ast. a.* astre *m*; (*Augen*²) pupille *f*; prunelle *f*; *typ.* astérisque *m*, *bei abgekürzten Namen*: étoile *f*; vedette *f*; star *f*; (*Blesse*) étoile *f* (*a.* Straßen²; *des Generals*) Platz *a.*: rond-point *m*; (*Ordens*²) étoile *f*; plaque *f*; ⚓ poupe *f*; *fig.* étoile *f*; *blinkender ~* étoile *f* clignotante (*od.* étincelante *od.* vacillante); *funkelnder* (*glänzender*) *~* étoile *f* étincelante (brillante); *ein ~ erscheint* une étoile apparaît (*od.* s'allume); *ein ~ verschwindet* une étoile pâlit (*od.* s'éteint); *unter e-m günstigen (ungünstigen) ~ geboren sein* être né sous une bonne (mauvaise) étoile; *von e-m guten ~ geleitet sein* être conduit (*od.* guidé) par une belle étoile; *an s-n ~ glauben* avoir foi en son étoile; *nach den ~ greifen* avoir de hautes visées; viser 'haut; *mit ~n besetzen* (*od.* schmücken) étoiler; *Entstehung der ~e* naissance *f* des étoiles; *Einfluß der ~e* influence *f* astrale; ¹**~anbeter(in** *f*) *m* astrolâtre *m*, *f*; **~anbete'rei** *f* astrolâtrie *f*; ²**artig** *adj.* semblable à une étoile; étoilé; ²**besät** *adj.* semé d'étoiles; étoilé; **~bild** *ast. n* constellation *f*; **~blume** ♀ *f* aster *m*; ¹**~chen** *n typ.* astérisque *m*, *bei abgekürzten Namen*: étoile *f*; **~deuter** *m* astrologue *m*; **~deute'rei** *f*, **~deutung** *f* astrologie *f*; ¹**~drei-eck'anlasser** ⊕ *m* démarreur *m* étoile-triangle; **~banner** *n* bannière *f* étoilée; ¹²**(en)hell**, ¹²**(en)klar** *adj.* étoilé; *es ist ~ il fait un ciel étoilé*; on voit briller les étoiles; ¹**~(en)himmel** *m* voûte *f* étoilée; ¹**~enlicht** *n* clarté *f* des étoiles; **~ensystem** *n* système *m* stellaire; ¹**~enzelt** *n* voûte *f* étoilée; ¹**~fahrt** *Sport:* rallye *m*; ¹²**förmig** *adj.* étoilé;

en étoile; ¹**~gucker** *m* astronome *m*; ¹²**hagelblau** F *adj.* ivre mort; soûl (*od.* saoul) comme une bourrique; P blindé; P rétamé; ¹²**hell** *adj.* → ²*enhell*; ¹**~himmel** *m* → *enhimmel*; ¹**~jahr** *n* année *f* sidérale; ¹**~karte** *f* carte *f* des étoiles (*od.* astronomique); mappemonde *f* céleste; ²**klar** *adj.* → ²*enklar*; ¹**~kunde** *f* astronomie *f*; ¹**~kundige(r)** *m* astronome *m*; ¹**~motor** *m* moteur *m* en étoile; **~nebel** *ast. m* galaxie *f*; **~physik** *f* astrophysique *f*; ¹**~schaltung** ≢ *f* connexion *f* en étoile; ¹**~schnuppe** *f* étoile *f* filante; ¹**~schnuppenregen** *m* pluie *f* d'étoiles filantes; ¹**~stunde** *fig. f* moment *m* extraordinaire; heure *f* fatidique; ¹**~tag** *ast. m* jour *m* sidéral; ¹**~warte** *f* observatoire *m*; ¹**~zeit** *ast. f* heure *f* sidérale.

Sterz *m* (*Pflug*²) mancheron *m*; *der Vögel:* croupion *m*.

stet *adj.* → *~ig*; *fig. ~er Tropfen höhlt den Stein* petit à petit l'oiseau fait son nid; la goutte d'eau creuse la pierre.

Stethos'kop *n* stéthoscope *m*.

¹**stetig** *adj.* continu (*a.* ⚛); (*fest*) fixe; (*fortdauernd*) continuel, -elle; perpétuel, -elle; permanent, (*beharrlich*) constant; ²**keit** *f* continuité *f*; (*Fortdauer*) permanence *f*; (*Beharrlichkeit*) constance *f*.

stets *adv.* toujours; (*fortwährend*) continuellement; sans cesse; en permanence.

¹**Steuer**¹ *n* gouvernail *m* (*a.* ⚓ *u. fig.*); *Auto:* volant *m*; (*Ruderpinne*) timon *m*; barre *f* du gouvernail; *sich ans ~ setzen Auto:* prendre le volant; *am ~ s-s Wagens* au volant de sa voiture; *fig. das ~ übernehmen* (*führen*) prendre (tenir) le gouvernail.

¹**Steuer**² *f* (*Abgabe*) droit *m*; taxe *f*; *staatlich od. sonst auferlegte:* contribution *f*; (*in*)*direkte ~n* contributions *f/pl.* (in)directes; *impôts m/pl.* (in)directes; **~n veranlagen** établir l'assiette d'un impôt; *mit ~n belasten* frapper (*od.* charger *od.* grever) d'impôts; imposer; *e-e ~ erheben* lever (*od.* percevoir) un impôt; **~n hinterziehen** soustraire des impôts; **~abzug** *m* déduction *f* d'impôts (*od.* de taxes); ²**ähnlich** *adj.* parafiscal; **~amnestie** *f* amnistie *f* fiscale; **~amt** *n* recette *f*; **~anschlag** *m* assiette *f* de l'impôt; **~aufkommen** *m* produit *m* total des impôts; **~aufschlag** *m* surtaxe *f* fiscale; **~ausfall** *m* déficit *m* des recouvrements fiscaux; **~ausgleich(ung** *f*) *m* péréquation *f* des impôts; ²**bar** *adj.* (*lenkbar*) gouvernable; maniable; **~be-amte(r)** *m* fonctionnaire *m* du fisc; **~befreiung** *f* détaxation *f*; exonération *f* de l'impôt; ²**begünstigt** *adj.*: *~ sein* jouir d'un avantage fiscal; **~begünstigung** *f* avantage *m* fiscal; **~behörde** *f* fisc *m*; **~beitreibung** *f* recouvrement *m* fiscal (*od.* d'impôts); **~belastung** *f* charges *f/pl.* fiscales; **~bemessungsgrundlage** *f* assiette *f* de l'impôt; **~berater** *m* conseiller *m* fiscal; conseiller *m* en déclarations d'impôts; **~berechnung** *f* calcul *m* de l'impôt; **~bescheid** *m* avis *m* (*od.* feuille *f*) d'impôt; **~betrag** *m* montant *m* des impôts; **~bilanz** *f* bilan *m* fiscal; **~bord** ⚓ *m* tribord *n*; **~druck**

m pression *f* fiscale; **~eingang** *m* rentrée *f* fiscale; **~einkommen** *n* revenu *m* fiscal; **~einnahme** *f* recette *f* fiscale; **~einnehmer** *m* percepteur *m* (des impôts); *~einnehmer m* (des impôts); *~* des contributions; **~einschätzung** *f* établissement *m* de l'assiette de l'impôt; imposition *f*; **~erhebung** *f* perception *f* (des impôts); **~erhöhung** *f* augmentation *f* des impôts; **~erklärung** *f* déclaration *f* d'impôt (*od.* fiscale); *e-e ~ abgeben* remettre une déclaration d'impôt; **~erlaß** *m* détaxe *f*; détaxation *f*; dégrèvement *m*; *j-m ~ erlassen* détaxer *q.*; dégrever *q.*; **~erleichterung** *f*, **~ermäßigung** *f* réduction *f* des impôts; allégement *m* fiscal; **~ertrag** *m* produit *m* des impôts; **~fahndung** *f* enquête *f* fiscale; **~festsetzung** *f* établissement *m* de l'assiette de l'impôt; **~flucht** *f* évasion *f* fiscale; ²**frei** *adj.* exempt (*od.* exonéré *od.* net) d'impôts; non imposable; **~freibetrag** *m* montant *m* exempt (*od.* exonéré) d'impôts; **~freigrenze** *f* limite *f* d'imposition; **~freiheit** *f* exemption (*od.* exonération) *f* d'impôts; franchise *f* d'impôts; **~gerät** rad. *n*, *Tonbandgerät* *n* chaîne *f* amplificateur tuner; **~gerechtigkeit** *f* justice *f* fiscale; **~gesetz** *n* loi *f* fiscale; **~gesetzgebung** *f* législation *f* fiscale; **~grundlage** *f* base *f* de l'imposition; **~gruppe** *f* catégorie *f* d'imposition; **~hebel** *m* levier *m* de commande; ⚓ palonnier *m*; **~hinterziehung** *f* fraude *f* (*od.* dissimulation *f*) fiscale; **~hoheit** *f* droit *m* d'imposition; **~jahr** *n* année *f* fiscale; **~karte** *f* carte *f* fiche; **~klasse** *f* classe *f* d'impôt (*od.* d'imposition); **~knüppel** ✈ *m* manche *m* à balai; levier *m* de commande; *den ~ ziehen* tirer sur le manche à balai; **~kraft** *f* capacité *f* fiscale (*od.* contributive *od.* d'imposition); **~last** *f* charge *f* fiscale; fardeau *m* du contribuable; **~leistung** *f* prestation *f* d'impôt; ²**lich I** *adj.* fiscal; *~e Erfassung* imposition *f*; **II** *adv.*: *~ begünstigt sein* jouir d'un avantage fiscal; *~ veranlagen* établir l'assiette de l'impôt; ²**los** *adj.* sans gouvernail; **~mahnung** *f* sommation *f*; *Fr.* F feuille *f* verte; **~mann** *m* pilote *m*; ⚓ *a.* timonier *m*; *e-s Ruderbootes:* barreur *m*; **~mannsmaat** ⚓ *m* quartier-maître *m* timonier; **~marke** *f* timbre *m* fiscal; **~mehr-einnahmen** *f/pl.* plus-values *f/pl.* fiscales; **~meßzahl** *f* montant *m* indice de l'impôt.

¹**steuern 1.** *v/t.* ⚓ gouverner; *als Lotse:* piloter; *Auto:* conduire; ✈ piloter; ⊕ manœuvrer; commander; (*kontrollieren*) contrôler; (*orientieren*) orienter; (*leiten*) diriger; *elektronisch ~* cybernétiser; **2.** *v/i.* (*fahren*) faire route (*nach vers*); *fig. e-r Sache* (*dat.*) ~ réprimer *qch.*, *vorbeugend:* parer à *qch.*, *abhelfend:* remédier à *qch.*

¹**Steuer|nachlaß** *m* dégrèvement *m*; détaxation *f*; détaxe *f*; *j-m e-n ~ gewähren* dégrever *q.*; détaxer *q.*; **~ordnung** *f* régime *m* (*od.* règlement) *m* fiscal; **~paket** *pol.* *Bundesrep. n* paquet *m* d'impôts; ²**pflichtig** *adj.* imposable; assujetti (*od.* soumis) à l'impôt; contribuable; **~pflichti-**

Steuerpflichtige(r) — **Stiftungsurkunde**

ge(r) m contribuable m; ~politik f politique f fiscale; ~programm n programme m fiscal; ~pultbediener (Computer) m pupitreur m; ~quelle f source f de l'impôt; ~rad n Auto: volant m; ⚓ roue f du gouvernail; ~recht n droit m fiscal; ~reform f réforme f fiscale; ~register n registre m des contributions; ~richtlinien f/pl. principes m/pl. d'imposition; ~rolle f rôle m des contributions; ~rück-erstattung f remboursement m fiscal; ~rücklage f réserve f pour les impôts; ~rückstand m arrérages m/pl. (od. reliquat m) d'impôts; ~ruder ⚓ n gouvernail m; ~sache f: in ~n en matière d'impôts; ~satz m taux m d'imposition; ~schalter ⚡ m combinateur m; ~schraube f: die ~ anziehen augmenter les impôts (od. les charges fiscales); serrer la vis pour la question des impôts; ~schuld f dette f fiscale; ~schuldner m débiteur m d'impôt; ~schwanz (Bombe) m empennage m; ~sender rad. m émetteur m pilote; ~senkung f diminution (od. réduction f) des impôts; ~staffelung f imposition f progressive; ~stufe f échelon m d'imposition; ~stundung f sursis m au paiement de l'impôt; ~system n système m fiscal; Raumschiff: système m d'asservissement; ~tabelle f barème m de l'impôt; ~tisch ⊕ m table f de réglage; pupitre m.

'Steuerung f ⚓, ✈ als Handlung: pilotage m; ⊕ gouverne f; Auto usw.: direction f; conduite f; v. Maschinen: commande f; (Kontrolle) contrôle m; (Orientierung) orientation f; (Leitung) direction f; → Steuer¹; ~slehre f cybernétique f.

'Steuer|ver-anlagung f établissement m de l'assiette de l'impôt; imposition f; ~vergehen n contravention f en matière d'impôt; ~vergünstigung f avantage m fiscal; ~verteilung f répartition f des impôts; ~verwaltung f administration f fiscale; (Behörde) fisc m; ~vorteil m avantage m fiscal; ~welle ⊕ f arbre m de commande; ~wert m matière f imposable; ~wesen n régime m fiscal; ~zahler m contribuable m; payeur m d'impôt; ~zuschlag m surtaxe f fiscale.

'Steven ⚓ m étrave f.

'Steward ⚓, ✈ m steward m; ⚓ garçon m de cabine.

'Stewardess f ⚓ stewardess f; ✈ hôtesse f de l'air.

sti'bitzen F v/t. F chiper, F chaparder; escamoter; F subtiliser.

Stich m piqûre f (a. Insekten⧣); Näherei: point m; weite (enge) ~e grands (petits) points m/pl.; (Kupfer⧣) gravure f; mit Dolch usw.: coup m (a. Stoß); Walzwesen: passe f; ⚓ (Knoten) nœud m; Kartenspiel: levée f; alle ~ machen a. faire un capot, Bridge: faire chelem; keinen ~ machen être capot (adj. inv.), Bridge: être chelem; (Kunstwerk) gravure f; (Schmerz) élancement m; point m; ~ in der Seite point m de côté; fig. pointe f; coup m d'épingle; e-n ~ haben Fleisch: avoir un goût, Wein, Milch: tourner à l'aigre, F Person: avoir un grain (de folie); e-n ~ ins Grüne haben tirer sur le vert; im ~ lassen abandonner, délaisser, planter là, laisser là, F plaquer; mein Gedächtnis läßt mich im ~ ma mémoire me fait défaut; '~blatt n am Degen: garde f; (Trumpf) atout m.

'Stichel m burin m; ciselet m; poinçon m.

Stiche'lei fig. f agacerie f; taquinerie f; coup m de bec od. de dent; quolibet m.

'sticheln fig. v/i. agacer; donner des coups de bec, de dent; taquiner.

'stich|fest fig. adj. Gründe: irréfutable; ²flamme f jet m de flamme; ~haltig adj. (begründet) solide; consistant; (glaubwürdig) plausible; (gültig) valable; wenig ~ inconsistant; peu consistant; ténu; ²haltigkeit f solidité f; (Gültigkeit) validité f; ²ler(in f) m qui donne des coups de bec, de dent; qui taquine; ²ling icht. m épinoche f; ²probe f sondage m; épreuve f (faite) au hasard; contrôle m (fait) au hasard; ~n (beim Zoll) contrôles m/pl. par sondages; ²proben verfahren (Statistik) n système m d'échantillonnage; ²säge f scie f à guichet; ²tag m date f fixée (od. du départ de qch.); (Fälligkeitsdatum) date f d'échéance; (äußerster Termin) date f limite; ²waffe f arme f pointue; ²wahl f ballottage m; second tour m; ²wort n Wörterbuch: mot-souche m; mot-vedette m; entrée f; article m; thé. réplique f; vereinbartes: mot m (od. parole f) du jour; ²wortverzeichnis n index m; ²wunde f blessure f faite avec une arme pointue.

'Stick|arbeit f broderie f; ²en v/t. broder; ~en n broderie f.

Sticke'rei f broderie f.

'Stickerin f brodeuse f.

'Stick|garn n fil m à broder; ~husten ✱ m coqueluche f; ²ig adj. étouffant; suffocant; ~luft f air m étouffant (od. suffocant); ~maschine f machine à broder; ~muster n patron m de broderie; ~nadel f aiguille f à broder; ~rahmen m métier m (à tambour) (à broder); ~seide f soie f à broder.

'Stickstoff ⚛ m azote m; ²arm adj. pauvre en azote; ~dünger m engrais m azoté; ²frei adj. exempt d'azote; ²haltig adj. azoté; nitrique; ²reich adj. riche en azote; ~verbindung f nitrure m.

'stieben v/i. Funken: jaillir.

'Stiefbruder m demi-frère m; Stiefbrüder pl. (Söhne e-s Vaters) frères m/pl. consanguins, (Söhne e-r Mutter) frères m/pl. utérins.

'Stiefel m (Schaft⧣) botte f; (Halb⧣, Schnür⧣) bottine f; brodequin m; s-e ~ anziehen (ausziehen) mettre (ôter) ses bottes; F e-n ~ vertragen können F boire sec; ~absatz m talon de botte; ~anzieher m tire-botte m; ~bürste f brosse f à chaussures; ~knecht m tire-botte m; ~leisten m embauchoir m; ~macher m bottier m; F v/i. marcher à grandes enjambées; ~putzer m cireur m de bottes; ~schaft m tige f de botte; ~spanner m embauchoir m; ~stulpe f revers m de botte.

'Stief-eltern pl. beaux-parents m/pl.

'Stiefelwichse f cirage m.

'Stief|geschwister pl. frères m/pl., sœurs f/pl. de deux lits; ~kind n → ~sohn; ~tochter; fig. laissé-pour-compte m; enfant m mal partagé par (od. disgracié par) la nature; ~mutter f belle-mère f; böse ~ marâtre f; ~mütterchen ♀ n pensée f; ²mütterlich I adj. de belle-mère; péj. de marâtre; II adv. en belle-mère; péj. en marâtre; ~ behandeln traiter en parent(e) pauvre; von der Natur ~ behandelt mal partagé par (od. disgracié par) la nature; ~schwester f demi-sœur f; ~sohn m beau-fils m; ~tochter f belle-fille f; ~vater m beau-père m.

'Stiege f escalier m; für Obst, Gemüse: cageot m.

'Stieglitz orn. m chardonneret m.

Stiel m manche m; mit ~ emmanché; e-r Frucht, Blume, e-s Blattes: queue f; e-s Pinsels: manche m; 'hampe f; ♀ (Stengel) tige f; (Blüten⧣) pédoncule m; fig. mit Stumpf und ~ ausrotten extirper radicalement; couper à la racine; '~augen F n/pl.: er macht ~e les yeux lui sortent de la tête; '~brille f face-à-main m; '²en v/t. emmancher; '~handgranate f grenade f à manche.

Stier m taureau m; ast. Taureau m; den ~ bei den Hörnern packen prendre le taureau par les cornes.

'stieren v/i. regarder fixement (od. d'un œil hagard).

'Stier|fechter m toréador m; ~gefecht n, ~kampf m course f de taureaux; corrida f; tauromachie f; den ~ betreiben toréer; ~käfig m toril m; ~kämpfer m toréador m; ~nacken m cou m de taureau.

Stift¹ m (Zwecke) pointe f; (Pflock) cheville f; goujon m; (Splint) goupille f; (Dorn) broche f; (Zahnstumpf) chicot m; (Blei⧣) crayon m; (Grammophon⧣) aiguille f; (Lippen⧣) bâton m de rouge, F (Lehrling) apprenti m, ✎ fiche f.

Stift² n rl. maison f religieuse; (Kloster) couvent m; (Bistum) évêché m; (Domkapitel) chapitre m; geistliches (weltliches, adliges) ~ maison f régulière (séculière, noble); (Altersheim) maison f de retraite.

'stiften v/t. (gründen) fonder; (schaffen) créer; (hervorbringen) produire; (einsetzen) instituer; (er-, einrichten) établir; Ehe, Frieden, Gutes: faire; Streit: susciter; Zwietracht: semer; Unruhe: provoquer; Unglück: être cause de; Ordnung ~ faire régner l'ordre; Nutzen ~ se rendre utile; j-m etw. ~ faire don de qch. à q.; F ~ gehen F s'éclipser, décamper, déguerpir, filer.

'Stifter(in f) m fondateur m, -trice f; (Spender) donateur m, -trice f.

'Stifts|dame f, ~fräulein n chanoinesse f; ~herr m chanoine m; ~hütte bibl. f tabernacle m (du Seigneur); ~kirche f (église f) collégiale f; (Hauptkirche) cathédrale f.

'Stiftung f fondation f; (Schaffung) création f; (Einsetzung) institution f; (Anstalt) établissement m de charité; milde ~ œuvre f pie; ~sfeier f, ~sfest n anniversaire m d'une fondation (od. de la fondation de); ~s-urkunde f

acte *m* de fondation.
'**Stiftzahn** *m* dent *f* à pivot.
'**Stigma** *n* stigmate *m*.
stigmati'sieren *v/t.* stigmatiser.
Stil *m* style *m*; *gr. a.* élocution *f*; *in großem* ~ de grand style; '~**art** *f* style *m*; *peint.* écriture *f*; graphisme *m*; '~**blütensammlung** *f* sottisier *m*.
Sti'lett *n* stylet *m*.
'**Stil|fehler** *m* faute *f* de style; ~**gebung** *f* stylisation *f*; ~**gefühl** *n* sens *m* du style; 2**gerecht** *adj.* conforme au style; qui a du style; ~ *schreiben* avoir du style.
stili'sieren *v/t.* (*abfassen*) rédiger; *Kunst:* styliser.
Sti'list *m* styliste *m*; ~**ik** *f* stylistique *f*; 2**isch** *adj.* stylistique; *in* ~*er Hinsicht* quant au style; ~*e Feinheiten* finesses *f/pl.* de style.
'**Stilkunde** *f* stylistique *f*.
still *adj.* tranquille; calme; (*unbeweglich*) immobile; (*leblos*) inanimé; (*friedlich*) paisible; (*friedfertig*) pacifique; (*schweigsam*) silencieux, -euse; taciturne; (*stumm*) muet, -ette; (*heimlich*) secret, -ète; *Gefühle, Luft, See, Wetter:* calme; 2*er Freitag* Vendredi *m* saint; ~*es Gebet* oraison *f* mentale; ~*er Gesellschafter* (*od. Teilhaber*) commanditaire *m*; ~*es Glück* bonheur *m* paisible; ~*e Hoffnung* espoir *m* secret; ~*e Jahreszeit* morte--saison *f*; ~*e Liebe* amour *m* secret; ~*e Messe* messe *f* basse; 2*er Ozean* océan *m* Pacifique; ✝ ~*e Reserve* réserve *f* cachée (*od.* latente *od.* occulte); ~*e Übereinkunft* accord *m* tacite; ~*er Vorbehalt* réserve *f* mentale; ~*es Wasser* eau *f* stagnante (*od.* dormante); ~*e Wasser sind tief* il n'est pire eau que l'eau qui dort; ~*e Woche* semaine *f* sainte; ~*e Wut* colère *f* rentrée; ~*!*; *seid* ~*!* silence!; *davon!* n'en parlons pas!; silence là-dessus!; motus!; *im* ~*en* en silence, (*heimlich*) secrètement; *sich* ~ *verhalten* rester tranquille; se tenir coi; ne pas bouger; ~ *werden* se calmer; *es wurde* ~ il se fit un silence; '~**bleiben** *v/i.* rester tranquille; se tenir coi; '2*e f* tranquillité *f*; calme *m* (*a. des Meeres*); (*Ruhe*) repos *m*; (*Friede*) paix *f*; (*Stillschweigen*) silence *m*; *in der* ~*en*, (*heimlich*) secrètement, en sourdine; *in aller* ~ dans le plus grand silence; *en sourdine; in aller* ~ *Hochzeit feiern* célébrer ses noces dans la plus stricte intimité; *die Beisetzung fand in aller* ~ *statt* les obsèques *f/pl.* ont eu lieu dans l'intimité; ~ *trat ein* il se fit un silence; '~*e F adj.* → *still;* '2(**l**)**eben** *peint. n* nature *f* morte; '~(**l**)**egen** *v/t.* arrêter; fermer; ✝ (*lahmlegen*) paralyser; (*außer Betrieb setzen*) immobiliser; abandonner; mettre 'hors d'activité; (*a.* 🚲 ⚓); *Bahnhof:* désaffecter; *Betriebe:* faire chômer; *Hochofen:* éteindre; '2(**l**)**egung** *f* arrêt *m*; fermeture *f*; (*Außerbetriebsetzung*) immobilisation *f* (*a.* 🚲 ✝); désaffectation *f*; mise *f* en sommeil.
'**Stillehre** *f* stylistique *f*.
'**still|en** *v/t. Durst:* étancher; apaiser; *Hunger:* assouvir; apaiser; *Blut:* arrêter; *Rache:* assouvir; *Schmerz:* calmer; apaiser; *Kind:* allaiter; 2**en** *n* apaisement *m*; *des Durstes: a.* étanchement *m*; *des Hungers:* assouvissement *m* (*a. der Rache*); *v. Schmerzen:* apaisement *m*; *e-s Kindes:* allaitement *m*; ~ *e-r Blutung* hémostase *f*; ~**end** 🐟 *adj.* (*blut*~) hémostatique; 2**geld** *n* prime *f* d'allaitement; ~**gestanden!** garde à vous!; 2**-halte-abkommen** *n* accord *m* moratoire; ~**halten** *v/i.* se tenir tranquille; ne pas bouger; 2**halten** *n* 'halte *f*; arrêt *m*; ~(**l**)**iegen** *v/i.* se tenir tranquille; *Betriebe:* chômer; *Verkehr:* être arrêté, (*lahmgelegt sein*) être paralysé.
'**stillos** *adj.* sans style.
'**still|schweigen** *v/i.* se taire (*über etw.* sur qch. *od.* au sujet de qch. *od.* à propos de qch.); garder le silence; 2**schweigen** *n* silence *m*; ~ *bewahren* garder le silence; *mit* ~ *übergehen* passer sous silence; ~**schweigend I** *adj.* tacite; *unausgesprochen:* implicite; ~*e Verlängerung* reconduction *f* tacite; ~*e Zustimmung* consentement *m* tacite; **II** *adv.* tacitement; *unausgesprochen:* implicitement; (*im stillen*) en silence; (*ohne ein Wort zu sagen*) sans mot dire; sans dire mot; ~ *erneuern* renouveler tacitement; ~**sitzen** *v/i.* rester tranquille; demeurer en place; 2**stand** *m* arrêt *m*; (*Untätigkeit*) inaction *f*; (*Unterbrechung*) interruption *f*; suspension *f*; (*Stagnation*) stagnation *f*; *v. Betrieben:* chômage *m*; *am Börsenmarkt:* ankylose *f*; *zum* ~ *bringen* arrêter, (*lahmlegen*) paralyser, *Betriebe:* faire chômer; *zum* ~ *kommen* s'arrêter, (*lahmgelegt sein*) être paralysé, *Betriebe:* chômer; ~ *ist Rückschritt* stagnation égale régression; ~**stehen** *v/i.* s'arrêter; (*nicht vom Platze gehen*) ne pas bouger; demeurer en place; (*lahmgelegt sein*) être paralysé; *Maschinen usw.:* ne plus marcher; *Betriebe:* chômer; ✕ se mettre au garde-à-vous; *da steht mir der Verstand still* les bras m'en tombent; ~**stehend** *adj.* stationnaire; (*unbeweglich*) immobile; (*fest*) fixe; (*stagnierend*) stagnant; *Wasser:* stagnant; dormant; ~**vergnügt** *adj.* qui s'amuse en silence.
'**Stil|möbel** *n/pl.* meubles *m/pl.* de style; (*echte:* d'époque); ~**probe** *f* échantillon *m* de style; ~**übung** *f* exercice *m* de style; 2**voll** *adj.* qui a du style; ~**wörterbuch** *n* dictionnaire *m* de style.
'**Stimm|abgabe** *f* vote *m*; scrutin *m*; ~**band** *anat. n* corde *f* vocale; 2**berechtigt** *adj.* qui a le droit de vote (*od.* de voter); ~**berechtigung** *f* droit *m* de vote; ~**bildung** *f* phonation *f*; ~**bruch** *m* mue *f* (de la voix).
'**Stimme** *f* voix *f*; (*Wahl*2) *a.* suffrage *m*; vote *m*; ♪ voix *f*, (*Part*) partie *f*; (*Presse*2) échos *m/pl.* de la presse; *die* ~ *s-s Gewissens* la voix de sa conscience; *bei* ~ *sein* être en voix; *beratende* ~ voix *f* consultative; *ausschlaggebende* ~ voix *f* prépondérante; *ausschlaggebende* ~ *haben* avoir une voix prépondérante; *abgegebene* ~*n* voix *f/pl.* exprimées; suffrages *m/pl.* exprimés; *die Mehrheit der abgegebenen* ~*n erhalten* recueillir la majorité des voix exprimées; *ungültige* ~ bulletin *m* nul (*od.* en blanc); *s-e* ~ *abgeben* voter (*für* pour; *gegen* contre); donner sa voix (*od.* son suffrage); *j-m s-e* ~ *geben* donner sa voix (*od.* son suffrage) à q.; *sich der* ~ *enthalten* s'abstenir (de voter); *die* ~*n sammeln* recueillir les voix; *die* ~*n zählen* dépouiller le scrutin; compter les voix; *die* ~ *für* (*gegen*) *les voix f/pl.* pour (contre); 5 ~*n erhalten* recueillir cinq voix; *mit 3 gegen 2* ~*n* par trois voix contre deux; *mit 5* ~*n Mehrheit* à cinq voix de majorité; *Sitz und* ~ *im Rat haben* avoir une voix au conseil, *allgemein:* avoir voix au chapitre; *Volkes* ~, *Gottes* ~ voix du peuple, voix de Dieu.
'**stimmen I 1.** *v/t.* ♪ accorder; *höher* ~ 'hausser; *tiefer* ~ baisser; *j-n wohl* (*übel*) ~ mettre q. de bonne (mauvaise) humeur; *j-n ernst* ~ rendre q. grave; *j-n traurig* ~ attrister q.; *j-n für etw.* ~ disposer q. à qch.; *j-n gegen etw.* ~ prévenir q. contre qch.; **2.** *v/i.* être exact (*od.* juste); ♪ s'accorder; être d'accord; *pol.* voter (*für* pour; *gegen* contre), *fig.* ~ *zu* s'accorder (*od.* cadrer) avec; *das stimmt* c'est juste; c'est exact; *es stimmt, daß ...* il est bien exact que ...; *da stimmt etw. nicht* il y a qch. qui ne va pas; *gut* (*schlecht*) *gestimmt sein* être de bonne (de mauvaise) humeur; être bien (mal) disposé; **II** 2 *n* ♪ accordage *m*.
'**Stimmen|anteil** *pol. m* score *m*; ~**auszählung** *pol. f* décompte *m* des voix; ~**einheit** *f*: *mit* ~ à l'unanimité (des voix); ~**gewirr** *n* brouhaha *m*; ~**gleichheit** *f* partage *m* égal des voix; *bei* ~ en cas de partage égal des voix; *die* ~ *aufheben* départager les voix (*od.* les suffrages); ~**kauf** *m* achat *m* de voix; ~**mehrheit** *f* majorité *f* (*od.* pluralité *f*) des voix (*od.* des suffrages *od.* des votes); *mit* ~ à la majorité des voix; *absolute* (*einfache*) ~ majorité *f* absolue (simple, relative) des voix; ~**minderheit** *f* minorité *f* des voix; ~**prüfung** *pol. f* vérification *f* du scrutin.
'**Stimm|enthaltung** *f* abstention *f*; ~**en-unterschied** *m* écart *m* de voix; ~**enzähler** *pol. m* scrutateur *m*; ~**enzählung** *f* dépouillement *m* du scrutin; *pol. die* ~ *vornehmen* dépouiller le scrutin; procéder au dépouillement du scrutin; compter les voix; ~**er** *m* (*Person*) accordeur *m*; ~**gabel** ♪ *f* diapason *m*; 2**gewaltig** *adj.* qui a une voix forte; 2**haft** *adj.* sonore; ~**haftmachen** *ling. n* voisement *m*; ~**hammer** ♪ *m* accordoir *m*; ~**holz** ♪ *n* (*Geige, Cello*) *n* âme *f*; ~**lage** *f* registre *m*; 2**los** *adj.* aphone; *phon.* sourd; ~**losigkeit** *f* aphonie *f*; *phon.* sourdité *f*; ~**losmachen** *ling. n* dévoisement *m*, dévocalisation *f*, assourdissement *m*; ~**recht** *n* droit *m* de vote; *allgemeines* ~ suffrage *m* universel; *das* ~ *ausüben* voter; ~**ritze** *anat. f* glotte *f*; ~**ritzendeckel** *anat. m* épiglotte *f*; ~**schein** *m* bulletin *m* de vote; ~**schlüssel** ♪ *m* accordoir *m*; ~**stock** ♪ *m* âme *f*; ~**ton** ♪ *m* diapason *m*; ~**übung** ♪ *f* vocalise *f*; ~*en machen* faire des vocalises; vocaliser; ~**umfang** *m* étendue *f* de la voix.
'**Stimmung** *f* ♪ accordage *m*; *fig.* état *m* d'âme (*od.* d'esprit); disposition *f*; humeur *f*; (*Atmosphäre*) atmosphère *f*; ambiance *f*; ✕ *der Bevölkerung:*

moral *m*; *Börse*: tendance *f*; *allgemeine* ~ opinion *f* publique; *poét.* impression *f*, ~ haben avoir de la poésie; *peint.* tonalité *f*; effet *m*, ~ haben avoir de l'atmosphère; ~ machen créer une ambiance (*od.* une atmosphère); ~ machen für faire de la propagande pour; *guter* (*schlechter*) ~ sein être de bonne (de mauvaise) humeur; être bien (mal) disposé; *in gedrückter* ~ sein être déprimé (*od.* abattu); *in* (*gehobener*) ~ sein être en train; *in* ~ *bringen* animer; mettre en gaieté; *in* ~ *kommen* s'animer; se mettre en gaieté; *in* ~ *sein zu* être disposé à; ~**s-bericht** *journ. m* papier *m* de physionomie; ~**sbild** *n* impressions *f/pl.*; ~**smacher** *m* animateur *m*; boute-en-train *m*; ~**smache** F *f* bourrage *m* de crâne; ~**smensch** *m* homme *m*, femme *f* impressionnable; *psych.* cyclothymique *m*; ~**smusik** *f* musique *f* d'ambiance; ~**s-umschwung** *m*, ~**swechsel** *m* changement *m* d'humeur; *plötzlicher* ~ saute *f* d'humeur; 2**svoll** *adj.* qui porte au recueillement; *Poesie*: qui a de la poésie; *peint.* qui a de l'atmosphère; (*sentimental*) sentimental; (*eindrucksvoll*) impressionnant; (*ausdrucksvoll*) expressif, -ive.

'**Stimm|vieh** *péj. n* bétail *m* (*od.* cheptel *m*) électoral; ~**wechsel** *m* mue *f* (de la voix); ~**werkzeug** *n* organe *m* vocal; ~**zähler** *m* → ~*enzähler*; ~**zählung** *f* → ~*enzählung*; ~**zettel** *m* bulletin *m* de vote; *Abstimmung durch* ~ vote *m* par bulletins.

'**Stimulans** *n* stimulant *m*; *phm.* ungiftiges ~ stimugène *m*.
stimu'lieren *v/t.* stimuler.
'**Stimulus** *m* stimulus *m*.

'**Stink|bombe** *f* boule *f* puante; 2**en** *v/i.* puer; répandre une odeur infecte; sentir mauvais; P cocot(t)er; P schlinguer; *es stinkt* cela pue, cela sent mauvais; *nach etw.* ~ puer qch.; *wie die Pest* ~ puer comme la peste (*od.* comme un bouc *od.* comme une charogne *od.* comme un rat mort); F *das stinkt zum Himmel* c'est révoltant; cela crie vengeance; 2**end**, 2**ig** *adj.* puant; infect; fétide; 2**faul** *adj.* très paresseux, -euse; 2**langweilig** *adj.* très ennuyeux, -euse; ~**tier** *zo. n* moufette *f*; ~**wut** F *f* rogne *f*; humeur *f* de chien; *e-e* ~ *haben* être en rogne; 2**wütend** *adj.* livré à la rogne et à la grogne.

Stint *icht. m* éperlan *m*.
Stipendi'at(**in** *f*) *m* boursier *m*, -ière *f*; *univ. mit besonderem Forschungsauftrag*: pensionnaire *m*, *f*.
Sti'pendium *n* bourse *f*.
'**stippen** *v/t.* tremper.
'**Stippvisite** F *f* courte visite *f*; visite *f* éclair.

Stirn *f* front *m* (*a. fig.*); gewölbte (fliehende) ~ front *m* bombé (fuyant); *die* ~ *runzeln* froncer les sourcils; *die* ~ *haben zu* ... (*inf.*) avoir le front (F le toupet) de ... (*inf.*); *j-m die* ~ *bieten* faire front (*od.* tenir tête) à q.; *es steht ihm auf der* ~ *geschrieben* cela se lit sur son visage; '~**ader** *f* veine *f* frontale; '~**band** *n* bandeau *m*; *bsd. der Nonnen*: fronteau *m*; *hist.* Hoheitsabzeichen: diadème *m*; '~**bein** *anat. n* (os *m*) frontal *m*; '~**falte** *f* pli *m* du front;

'~**fläche** *f* face *f* frontale; '~**haar** *n* toupet *m*; '~**höhle** *anat. f* sinus *m* frontal; '~**höhlenver-eiterung** 𝒔 *f* sinusite *f*; '~**lage** *f* des Fötus: présentation *f* du front; '~**locke** *f* toupet *m*; '~**muskel** *anat. m* muscle *m* frontal; '~**rad** *mach. n* roue *f* (dentée) droite (*od.* cylindrique); '~**reif** *m* fronteau *m*; '~**runzeln** *n* froncement *m* de sourcils; '~**seite** △ *f* front *m*; façade *f*; (*Frontispiz*) frontispice *m*; '~**wand** *f* mur *m* frontal; (*Auto*) tablier *m*; ~**wunde** *f* plaie *f* au front.

'**stöbern** *v/i.* (*Schneeflocken*) voltiger; *durchsuchen*: fouiller (*in dat.* dans); fureter.

'**stochern** *v/i.* piquer (*in dat.* dans); *im Feuer* ~ attiser le feu; tisonner; *in den Zähnen* ~ se curer les dents.

Stock[1] ⚓ *m* Bankwesen: capital *m*; fonds *m* (*Vorrat*).

Stock[2] *m* (~*werk*) étage *m*; *im ersten* ~ au premier (étage); *das Haus ist 4* ~ *hoch* la maison a quatre étages.

Stock[3] *m* bâton *m*; (*Gerte*) verge *f*; *dünner*: baguette *f*; *der Feldmesser*, *jalon m*; (*Schi*2) bâton *m* de ski; (*Berg*2) alpenstock *m*; (*Billard*2) queue *f*; (*Takt*2) baguette *f* (de chef d'orchestre); (*Spazier*2) canne *f*; (*Rohr*2) 🎋 canne *f* de jonc; *péd.* baguette *f*; (*Bienen*2) ruche *f*; (*Almosen*2) tronc *m*; (*Reb*2) cep *m* (de vigne); *v.* Gewächsen: pied *m*; (*Baumstumpf*) souche *f*; *am* ~ *gehen* marcher avec un bâton; *fig. über* ~ *und Stein* à travers champs; 2**blind** *adj.* complètement aveugle; '~**degen** *m* canne *f* à épée; 2**dumm** *adj.* F archibête; P archicon, -nne; *on* ~ *bête à manger du foin; bête comme ses pieds*; 2**dunkel** *adj.*: *es ist* ~ on n'y voit goutte; il fait noir comme dans un four; il fait nuit noire; *in* ~*er Nacht* par une nuit noire (*od.* très obscure *od.* très sombre); *litt.* à la nuit close.

'**Stöckel|absatz** *m* talon *m* aiguille; ~**schuhe** *m/pl.* chaussures *f/pl.*; ~**souliers** *m/pl.* à talons 'hauts.

'**stocken I** *v/i.* s'arrêter; s'interrompre; *beim Sprechen*: *a.* hésiter; rester court; (*stagnieren*) être stagnant; *Blut*: ne plus circuler; (*gerinnen*) se coaguler; *Verkehr*: se ralentir; être interrompu (*od.* paralysé); *Gespräch*: tarir; languir (*a.* 🎋); *Zahn*: se carier; (*schimmeln*) (se) moisir, (se) chancir; *Bücher*: se piquer; **II** 2 *n* arrêt *m*; interruption *f*; *beim Sprechen*: *a.* hésitation *f*; 🎋 (*Stagnieren*) stagnation *f*; *des Verkehrs*: ralentissement *m*; embouteillage *m*; paralysie *f*; ~ *des Blutes durch Behinderung des Abflusses*: engorgement *m* du sang, durch vermehrten Zufluß: congestion *f*; *ins* ~ *geraten* → stocken.

'**Stock|engländer** *m* Anglais *m* de vieille souche; 2**finster** *adj.* extrêmement obscur; ~**e Nacht** nuit *f* noire; *es ist* ~ on n'y voit goutte; il fait noir; il fait nuit noire; ~**fisch** *m* morue *f* séchée; stockfisch *m*; '~**fleck** *m* tache *f* de moisissure; 2**fleckig** *adj.* taché par la moisissure; *Bücher*: piqué; ~**franzose** *m* Français *m* de vieille souche (*od.* F jusqu'au bout des ongles); ~**hieb** *m* coup *m* de bâton; 2**ig** *adj.* gâté par la moisissure; *Getreide*: échauffé; ~**laterne** *f*

falot *m*; ~**punkt** *m des Öls*: point *m* de coagulation; ~**rose** ♀ *f* rose *f* trémière; ~**schirm** *m* canne-parapluie *f*; ~**schläge** *m/pl.* coups *m/pl.* de bâton; ~**schnupfen** 𝒔 *m* rhume *m* de cerveau; ~**ständer** *m* porte-cannes *m*; 2**steif** *adj.* raide comme un piquet; 2**taub** *adj.* complètement sourd; F sourd comme un pot; ~**ung** *f* → ~*en*; ~**werk** *n* étage *m*; *im ersten* ~ *au premier* (étage); ~**werkgarage** *f* garage *m* à étages; ~**zwinge** *f* embout *m*.

Stoff *m* (*Gewebe*) étoffe *f*; tissu *m*; 🎋 substance *f*; (*Grund*2, *Element*) élément *m*; (*Wirk*2) agent *m*; ⊕ matériau *m*; (*Brenn*2) combustible, *Auto usw.*: carburant *m*; (*Thema*) sujet *m*; ~ *zu* ... *matière à* ...; ~ *zum Lachen de quoi rire*; F (*Haschisch*) F 'hasch *m*; *fig.* ~ *geben* donner (*od.* fournir) matière (*zu etw.* à qch.); alimenter (*zu etw.* qch.); ~ *zum Lachen geben* prêter à rire; '~**anlagerung** *biol. f* apposition *f*; '~**bahn** *f* lé *m*; '~**ballen** *m* balle *f* d'étoffe; 2**bespannt** *adj.* entoilé; ~**bespannung** *f* entoilage *m*; ~**el** F *m* lourdaud *m*; P butor *m*; P pisse-froid *m/inv.*; P péquenot *m*; 2**elig** *adj.* lourdaud; terre-à-terre; '~**handschuh** *m* gant *m* d'étoffe; 2**lich** *adj.* matériel, -elle; 2**los** *adj.* immatériel, -elle; '~**muster** *m* dessin *m*; '~**puppe** *f* poupée *f* en étoffe; '~**rest** *m* bout *m* de tissu; '~**tier** *n* animal *m* en peluche; '~**wechsel** *m physiol.* métabolisme *m*; ~**wechselstörungen** *f/pl.* troubles *m/pl.* du métabolisme.

'**stöhnen I** *v/i.* gémir (*über acc.* de *od.* sur); geindre; *über sein Los* ~ gémir de (*od.* sur) son sort; **II** 2 *n* gémissement *m*.

'**Sto|iker** *m* stoïcien *m*; 2**isch** *adj.* stoïcien, -enne; *fig.* stoïque.
Stoi'zismus *m* stoïcisme *m*.
'**Stola** *cout. f* étole *f*.
'**Stollen** *m* 🎋 galerie *f*; ⚔ (*Laufgraben*) boyau *m*.
'**stolper|n** *v/i.* buter (*über acc.* contre); trébucher (sur); *abs.* faire un faux pas (*alle a. fig.*); 2**n** *n* trébuchement *m*; faux pas *m*.

stolz *adj.* (*a. péj.*: *hochmütig*) fier, fière (*auf acc.* de); (*hochmütig*) orgueilleux, -euse; 'hautain; altier, -ière; (*anmaßend*) arrogant; (*ruhmredig*) glorieux, -euse; (*prächtig*) magnifique; superbe; (*imponierend*) imposant; (*majestätisch*) majestueux, -euse; ~ (*hochmütig*) *machen* enorgueillir; ~ (*hochmütig*) *auf etw. sein* (*od.* *werden*) s'enorgueillir de qch.

Stolz *m* (*a. péj.* Hochmut) fierté *f*; (*Hochmut*) orgueil *m*; fierté *f*; (*Anmaßung*) arrogance *f*; *seinen* ~ *in etw.* (*acc.*) *setzen* mettre son orgueil, sa fierté dans; *er ist der* ~ *s-r Familie* il est (*od.* fait) l'orgueil, la fierté de sa famille.

stol'zieren *v/i.* se pavaner.
stop! *int.* stop! (*a. télégr.*).
'**Stopf-ei** *n* œuf *m* à repriser.

'**stopfen I** **1.** *v/t.* (*hinein*~) fourrer (dans); (*füllen*) remplir; *Pfeife*: bourrer; *Loch*: boucher; *Gans*: farcir; (*mästen*) *Geflügel*: engraisser; gaver; empâter; ⚓ *ein Leck* ~ boucher une voie d'eau; *Strümpfe*, *Wäsche*:

repriser; raccommoder; ravauder; (*kunst*~) stopper; F j-m den Mund ~ fermer la bouche à q., F clouer le bec à q.; **2.** *v/i. Speisen: (sättigen)* rassasier; F bourrer; (*ver*~) constiper; **3.** *v/rf.:* sich ~ se serrer; s'entasser; **II** ⚤ *n v. Strümpfen, Wäsche:* reprise *f;* raccommodage *m;* ravaudage *m;* (*Kunst*~) stoppage *m.*

'**Stopf|garn** *n* fil *m* à repriser; ~**mittel** ♂ *n* astringent *m;* ~**nadel** *f* aiguille *f* à repriser; ~**naht** *f* reprise *f;* ~**nudel** *f* pâton *m;* ~**pilz** *m* champignon *m* à repriser; ~**wachs** *n der Bienen:* propolis *f.*

stopp! *int.* stop; **II** ⚤ *m* blocage *m.*

'**Stoppel** *f* ♂ chaume *m;* éteule *f;* (*Bart*~) poil *m* raide; *die* ~*n auf e-m Acker unterpflügen* déchaumer un champ; ~**bart** *m* barbe *f* de plusieurs jours; ~**feld** *n* chaume *m;* ⚤**ig** *adj.* couvert de chaumes; (*schlecht rasiert*) mal rasé; ⚤**n** *v/t. Ähren:* glaner; ~**n** *n* glanage *m;* ~**werk** *fig.,* péj. *n* compilation *f.*

'**stopp|en** *v/t.* stopper; arrêter; *Fußball: a.* bloquer; *Uhrzeit:* chronométrer; *v/i.* stopper; s'arrêter; ⚤**en** *n* stoppage *m; Fußball: a.* blocage *m;* ⚤**er** *m Fußball:* stoppeur *m;* ~**licht** *n Auto:* feu *m* de stop; feu *m* arrière; feu *m* rouge; stop *m;* ⚤**maßnahme** *f* mesure *f* de blocage; ⚤**schild** *n* panneau *m* de stop; ~**signal** *n* signal *m* de stop; stop *m;* ⚤**taste** *rad. f* bouton *m* (*od.* touche *f*) d'arrêt; ⚤**uhr** *f* chronomètre *m* (à déclic).

'**Stöpsel** *m* bouchon *m;* tampon *m; téléph.* fiche *f;* ~**kontakt** ♂ *m* contact *m* à fiches; ⚤**n** *téléph. v/t.* enficher.

Stör *icht.* m esturgeon *m.*

'**Stör-aktion** *f* action *f* perturbatrice.

Storch *m* cigogne *f;* junger ~ cigogneau *m;* ~**bein** F *n/pl.* F flûtes *f/pl.;* F jambes *f/pl.* en fuseau; ~**ennest** *n* nid *m* de cigogne; '~**schnabel** *m* bec *m* de cigogne; ♀ géranium *m;* ⊕ pantographe *m.*

'**Store** *m* store *m;* voilage *m.*

'**stören** *v/t.* déranger; (*trüben*) troubler (*a. Frieden usw.*); rad., a. *Frieden:* perturber; *rad. a.* brouiller; (*belästigen*) gêner; incommoder; ennuyer; importuner; (*ärgern*) harceler (*a.* ⚔); *lassen Sie sich nicht* ~*!* ne vous dérangez pas!; (*unterbrechen*) interrompre; ~**d** *adj.* (*unangenehm*) fâcheux, -euse (*a.* désagréable; (*lästig*) gênant; (*beunruhigend*) troublant; ⚤**fried** *m* trouble-fête *m;* rabat-joie *m;* perturbateur *m; bsd. écol.* chahuteur *m.*

'**Stör|feuer** ⚔ *n* tir *m* de harcèlement; ~**flugzeug** *n* avion *m* de pénétration; ~**gebiet** *n* zone *f* de brouillage; ~**gerät** *rad. n* brouilleur *m,* saturateur *m;* ~**geräusche** *rad. n/pl.* bruits *m/pl.* parasites; friture *f;* (*absichtliche:* brouillage *m;* ~**grad** *rad. m* intensité *f* du brouillage.

stor'nier|en ♦ *v/t.* (*rückbuchen*) contre-passer; (*rückgängig machen*) annuler; ⚤**ung** *f* (*Rückbuchung*) contre-passation *f; e-s Auftrags:* annulation *f.*

'**störr|ig, ~isch** *adj.* (*widerspenstig*) récalcitrant; rétif, -ive (*a. Pferd*); (*halsstarrig*) opiniâtre; obstiné; têtu; entêté; (*unfreundlich*) revêche;

rébarbatif, -ive (*unlenksam*) intraitable; indocile; ⚤**igkeit** *f* (*Halsstarrigkeit*) opiniâtreté *f;* obstination *f;* entêtement *m.*

'**Stör|schutz** *m* antiparasite *m;* ~**sender** *m* émetteur *m* de brouillage; ~**sendung** *f* brouillage *m.*

'**Störung** *f* dérangement *m;* (*Betriebs*⚤) perturbation *f* (*od.* trouble *m*) d'exploitation; arrêt *m* de fonctionnement; incident *m* du service; (*Verkehrs*⚤) interruption *f* de la circulation; *ast., Wetter:* perturbation *f* (*a. Radio*); atmosphärische ~ perturbation *f* atmosphérique; *Radio:* brouillage *m;* coupure *f;* (*bruit m*) parasite *m;* elektrische ~ panne *f* d'électricité; *örtliche* ~ *en Radio:* parasites *m/pl.* locaux; *téléph.* friture *f;* ⚔ ~*en* troubles *m/pl.;* (*Unterbrechung*) interruption *f;* (*Hindernis*) gêne *f;* (*Plage*) 'harcèlement *m* (*a.* ⚔); *infolge technischer* ~ *en* en raison d'incidents mécaniques; ~**sdienst** *m* service *m* de dépannage; ~**sfeuer** ⚔ *n* tir *m* de harcèlement; ⚤**sfrei** *adj.* sans trouble; *rad.* antiparasite; ~**sschutz** *rad. m* antiparasite; ~**sstelle** *f* → ~*s*-*dienst;* ~**s-trupp** ⚔ *m* équipe *f* de réparation.

Stoß *m* coup *m;* *atout *m;* (*Puff*) poussée *f,* bourrade *f; esc.* botte *f;* estocade *f;* (*An*⚤; *Antrieb*) impulsion *f;* propulsion *f;* (*Erschütterung*) choc *m;* secousse *f;* (*Ruck*) saccade *f; e-s Wagens:* cahot *m; beim Abfeuern:* recul *m;* (*Schwimm*⚤) brasse *f;* (*Verbindungsstelle*) joint *m,* jointure *f;* (*Haufen*) pile *f;* tas *m; v. Papieren, Briefen:* liasse *f;* ~ *Akten* dossier *m; Schneiderei:* bord *m;* j-m e-n ~ versetzen porter un coup à q.; s-m Herzen e-n ~ geben se faire violence; '~**antwort** *cyb.* ⚤ réponse *f* impulsionnelle; ⚤**artig I** *adj.* (*intermittierend*) intermittent; (*periodisch*) périodique; (*ruckartig*) saccadé; **II** *adv.* (*periodisch*) périodiquement; (*ruckartig*) par saccades; par secousses; '~**dämpfer** *m* amortisseur *m;* '~**degen** *esc. m* estoc *m.*

'**Stößel** *m* pilon *m.*

'**stoß-empfindlich** *adj.* sensible aux chocs.

'**stoßen I 1.** *v/t.* pousser; *heftig:* 'heurter; cogner; choquer; (*anrempeln*) bousculer; *mit dem Fuß:* donner un coup de pied (à); (*schlagen*) frapper; (*stecken*) plonger (in *acc.* dans); *Kugel:* lancer; (*klein*~) piler; broyer; concasser; *zu Pulver* ~ pulvériser; *j-m das Messer in die Brust* ~ donner à q. un coup de couteau dans la poitrine; *j-n in die Rippen* ~ donner une bourrade à q.; *j-n mit den Hörnern* ~ donner des coups de cornes à q.; *fig. j-n mit der Nase auf etw. (acc.)* ~ mettre à q. les points sur les i; faire toucher qch. à q. du doigt; mettre à q. le nez sur qch.; *er hat mich mit der Nase auf diese brennende Frage gestoßen* il m'a fait toucher du doigt cette question brûlante; *über den Haufen* ~ renverser; *j-n von sich* ~ repousser q.; *j-n vom Throne* ~ détrôner q.; *j-n vor den Kopf* ~ choquer q.; *fig.* wie vor den Kopf gestoßen sein (en) être tout abasourdi; **2.** *v/i. Bock:* donner des coups de cornes; *Gewehr:* reculer;

avoir du recul; *Wagen:* cahoter; *Motor:* cogner; *esc.* pousser une botte; *an (od.* gegen) *etw. (acc.)* ~ (se) 'heurter contre qch., (se) cogner contre qch., buter contre qch., *fig.* se heurter à qch.; (*grenzen*) confiner à qch., toucher à qch., être voisin de qch., *Grundstücke oft:* être attenant (*od.* contigu) à qch.; *mit dem Fuß an (od.* gegen) *etw. (acc.)* ~ (se) cogner le pied contre qch.; *an Land* ~ prendre terre; atterrir; ~ *auf (acc.)* tomber sur, rencontrer (par hasard), *auf Ablehnung, Schwierigkeit, Widerstand:* se heurter à, trouver, rencontrer, *Raubvögel:* fondre sur; ⚓ *auf den Grund* ~ toucher le fond; *auf den Kern e-s Problems* ~ toucher le fond d'un problème; *ins Horn* ~ donner du cor; *in die Trompete* ~ sonner de la trompette; *mit den Hörnern* ~ donner des coups de cornes; *vom Lande — Schiff:* quitter le rivage; *prendre la mer; j-m* ~ joindre q.; **3.** *v/rf.:* sich ~ se heurter; se cogner; choquer; *sich an etw. (dat. u. acc.)* ~ se heurter (*od.* se cogner) contre qch., *fig.* être choqué de qch.; se formaliser de qch.; être froissé (*od.* offusqué) par qch.; *sich am Kopf* ~ se heurter à la tête; *sich ein Loch in den Kopf* ~ se blesser à la tête; **II** ⚤ *n* poussée *f;* (*Aufprallen*) choc *m;* (*Anrempeln*) bousculade *f; der Kugel:* lancement *m;* (*Klein*⚤) pilage *m;* broyage *m;* concassage *m; e-s Wagens:* cahotage *m; e-r Feuerwaffe:* recul *m; Gewichtheben:* épaulé *m.*

'**Stoß|fänger** *m* pare-chocs *m;* ⚤**fest** *adj.* résistant aux chocs; anti-chocs; ~**festigkeit** *f* résistance *f* aux chocs; ⚤**frei** *adj.* sans chocs; ~**gebet** *n* oraison *f* jaculatoire.

'**stößig** *adj. von Tieren:* qui donne des coups de cornes.

'**Stoß|kante** *f* (re)bord *m;* ~**keil** ⚔ *m* pointe *f;* ~**kraft** *f* puissance *f* de choc; *fig. pol.* pouvoir *m* mobilisateur; ~**kur** ♂ *f* traitement *m* de choc; ~**maschine** ⊕ *f* mortaiseuse *f;* ~**seufzer** *m* profond soupir *m;* ⚤**sicher** *adj.* à l'épreuve des chocs; ~**stange** *f Auto:* pare-chocs *m;* ~**therapie** ♂ *f* thérapie *f* de choc; ~**trupp** ⚔ *m* groupe *m* de choc; *m* de lance; ~**truppgrenadier** ⚔ *m* voltigeur *m;* ~**verkauf** *m* vente *f* dynamique; ~**verkehr** *m* heures *f/pl.* de pointe; ~**vermögen** (*Sport*) *n* détente *f;* ~**waffe** *f* arme *f* d'estoc; ⚤**weise** *adv.* (*periodisch*) périodiquement; (*ruckweise*) par saccades; par secousses; ~**wind** *m* rafale *f;* ~**zahn** *m e-s Elefanten usw.:* défense *f.*

'**Stotter|er** *m,* ~**in** *f* bègue *m, f; gelegentlicher:* bégayeur *m,* -euse *f;* ⚤**n** *v/i.* bégayer; être bègue; (*stammeln*) balbutier; ~**n** *n* bégaiement *m;* (*Stammeln*) balbutiement *m;* F *auf* ~ *kaufen* acheter à tempérament.

Stradi'vari ♪ *f* stradivarius *m.*

'**Straf|androhung** *f* peine *f* comminatoire; ~**anstalt** *f* établissement *m* pénitentiaire; pénitencier *m;* établissement *m* de détention; (*Gefängnis*) prison *f;* ~**antrag** *m des Staatsanwalts:* réquisitoire *m;* (*Strafanzeige*) plainte *f; e-n* ~ *stellen* déposer une plainte *f;* porter plainte; ~**antritt** *m*

commencement *m* de l'emprisonnement; ~anzeige *f* plainte *f*; ~ erstatten porter plainte; déposer une plainte; ~arbeit *f e-s Schülers*: punition *f*; ~aufschub *m* sursis *m*; e-n ~ gewähren (erhalten) accorder (obtenir) un sursis); ~ausschließungsgrund *m* circonstance *f* excluant la peine; ~aussetzung *f* suspension *f* de la peine; ₂bar *adj*. punissable; condamnable; ₂fort criminel, -elle; (*schuldig*) coupable; ~e Handlung fait *m* délictueux; acte *m* criminel; délit *m*; sich ~ machen être passible d'une peine; ~barkeit *f v. Personen*: culpabilité *f*; *v. Handlungen*: criminalité *f*; ~bataillon *n* bataillon *m* disciplinaire; ~befehl *m* procès-verbal *m* de contravention; ~befugnis *f* compétence *f* pénale; ~bestimmung *f* disposition *f* pénale; ~e *f* punition *f*; *bsd.* ₂₇₃ peine *f*; (*Geld*₂) amende *f*; (*Züchtigung*) châtiment *m*; correction *f*; zur ~ en punition (für de); *abs.* pour pénitence; ~ bekommen être puni; être mis à l'amende; e-e ~ verwirken (*verhängen*) encourir (prononcer) une peine; mit e-r ~ belegen infliger une (*od.* frapper d'une) peine; ~ zahlen payer une amende; ~ zahlen müssen devoir payer une amende; être frappé d'une amende; j-m die ~ erlassen lever la punition (*Geld*₂: l'amende) de q., *bei Verbrechen*: gracier q.; bei ~ verboten défendu sous peine d'amende; Unkenntnis des Gesetzes schützt vor ~ nicht nul n'est censé ignorer la loi; ₂en *v/t.* punir; (*züchtigen*) châtier; corriger; *Lügen* ~ démentir; mit Verachtung ~ mépriser; ₂end *adj*. qui punit; ₂₇₃ pénal; (*rächend*) vengeur, -eresse; ~er Blick regard *m* plein de reproches; ~entlassene(r *a. m*), *f* détenu(e *f*) *m* libéré(e); ~entlassung *f* libération *f*; bedingte ~ libération *f* conditionnelle; ~erlaß *m* remise *f* de peine; allgemeiner ~ amnistie *f*; ~expedition *f* expédition *f* punitive.
'straff I *adj*. raide; (fortement) tendu; (*streng*) sévère; rigoureux, -euse; rigide; II *adv.*: ~ anziehen (spannen) tendre (fortement); raidir; bander; ~ anliegend Kleidung collant.
'Straf|fall *m* cas *m* punissable; ₂fällig *adj*. punissable; ~ werden encourir une peine.
'straffen *v/t. (v/rf.*: sich se) tendre; (se) raidir; (se) bander; *fig. Artikel, Rede*: émonder.
'Straffheit *f* raideur *f*; (Strenge) sévérité *f*; rigorisme *m*; rigidité *f*.
'straf|frei I *adj*. impuni; II *adv*. impunément; ~ ausgehen rester impuni; ₂freiheit *f* impunité *f*; ₂fung *f* rationalisation *f*; *des Themas*: concentration *f*; ₂gefangene(r *a. m*) *m*, *f* détenu *m*, -e *f*; prisonnier *m*, -ière *f*; ₂geld *n* amende *f*; ₂gericht *n* (*Bestrafung*) punition *f*; ein ~ ergehen lassen über (*acc.*) faire justice de; ₂gerichtsbarkeit *f* juridiction *f* pénale (*od.* criminelle); ₂gesetz *n* loi *f* pénale (*od.* criminelle); ₂gesetzbuch *n* code *m* pénal; ₂gesetzgebung *f* législation *f* pénale (*od.* criminelle); ₂gewalt *f* pouvoir *m* répressif; ₂kammer *f* chambre *f* correctionnelle; ₂kolonie *f* colonie *f* pénitentiaire; ₂kompanie ⚔ *f* compagnie *f* disciplinaire; ₂lager *n* camp *m* pénitentiaire.
'sträf|lich *adj.* (*unverzeihlich*) impardonnable; ~ling *m* détenu *m*; prisonnier *m*; (*Zuchthäusler*) réclusionnaire *m*; ₂lingskleider *n/pl.* tenue *f* de prisonnier.
'straf|los I *adj*. impuni; II *adv.* impunément; ₂losigkeit *f* impunité *f*; ₂mandat *n* procès-verbal *m* de contravention; ₂maß *n* quantum *m* de la peine; das niedrigste (höchste) ~ le minimum (le maximum) de la peine; ₂maßnahme *f* sanction *f*; ~mildernd *adj*. atténuant; ~e Umstände *f/pl*. atténuantes; ~milderung ₂₇₃ *f* commutation *f* de peine; ~mündig *adj*. majeur pénal; ₂mündigkeit *f* responsabilité *f* pénale; ₂porto *n* surtaxe *f*; mit ~ belegen surtaxer; ₂predigt *f* réprimande *f*; semonce *f*; j-m e-e ~ halten sermonner q.; ₂prozeß *m* procès *m* pénal (*od.* criminel); ₂prozeß-ordnung *f* code *m* de procédure pénale; ₂punkt *m Sport*: pénalisation *f*; mit e-m ~ belegen pénaliser; ₂raum *m* surface *f* (*od.* zone *f*) de réparation (*od.* de pénalisation); ₂recht ₂₇₃ *n* droit *m* pénal (*od.* criminel); ₂rechtler *m* criminologue *m*; pénaliste *m*; ~rechtlich I *adj*. criminel, -elle; sich e-r ~en Verfolgung aussetzen être passible de poursuites pénales; II *adv.*: ~ verfolgen poursuivre pénalement; ₂register *n* casier *m* judiciaire; Auszug aus dem ~ extrait *m* du casier judiciaire; ₂richter *m* juge *m* pénal (*od.* criminel); ₂sache *f* affaire *f* pénale (*od.* criminelle); matière *f* pénale (*od.* criminelle); ₂stoß *m Sport*: (*Freistoß*) coup *m* franc; (*Elfmeter*) penalty *m*; ₂tat *f* fait *m* délictueux; acte *m* criminel; délit *m*; (*Übertretung*) infraction *f*; (*Verbrechen*) crime *m*; ₂umwandlung *f* commutation *f* de peine; ~unmündig *adj*. mineur pénal; ₂verfahren *n* procédure *f* pénale (*od.* criminelle); ein ~ gegen j-n einleiten intenter des poursuites pénales contre q.; ₂verfolgung *f* poursuite *f* pénale (*od.* judiciaire); die ~ einleiten (einstellen) intenter (arrêter) les poursuites pénales; ₂verfügung *f* procès-verbal *m* de contravention; ₂verschärfung *f* aggravation (*od.* majoration) *f* de peine; ~versetzen *v/t.* déplacer (*od.* muter) par mesure de sanction; ₂versetzung *f* déplacement *m* (*od.* mutation *f*) disciplinaire; ₂vollstreckung *f*, ₂vollziehung *f*, ₂vollzug *m* exécution *f* pénale; ₂vollstreckungsbehörde *f* autorité *f* d'exécution pénale; ~würdig *adj*. punissable; ₂zettel (*Auto*) *m* contravention *f*; F contredanse *f*; F papillon *m*; ₂zumessung *f* fixation *f* de la peine.
Strahl *m* rayon *m*; plötzlicher, heller: éclair *m*; (*Wasser*₂) jet *m*; dünner ~ *v. Flüssigkeit*: filet *m*; ⚡ (ligne *f*) droite *f*; kosmische ~n rayons *m/pl.* cosmiques; schädliche ~en radiations *f/pl.* nocives; ~antrieb *m* propulsion *f* par réaction; '~düse *f* éjecteur *m*.
'strahlen I *v/i.* rayonner (*a. fig.*); (*glänzen*) resplendir; briller; ~ vor (*dat.*) rayonner de; être rayonnant de; être radieux, -euse de; II ₂ *n* rayonnement *m* (*a. fig.*).
'Strahlen|alarm *m* alerte *f* aux ayons radioactifs; ~behandlung *f* radiothérapie *f*; actinothérapie *f*; ₂brechend *adj*. réfractif, -ive; réfringent; ~brechung *phys. f* réfraction *f*; ~bündel *n* faisceau *m* de rayons; ₂d *adj*. faisceau *m* de radiations; ₂d *adj*. rayonnant; radiant; *fig.* rayonnant; radieux, -euse; ~dermatitis ⚕ *f* radiodermite *f*; ~detektor *m* détecteur *m* (de radiations); ~einfall *m* incidence *f* de rayons; ~empfindlichkeit *f* radiosensibilité *f*; ₂förmig *adj.*: ~ (angeordnet) radié; rayonné; radiaire; ~forscher(in *f*) *m* radiologue *m*, *f*; radiologiste *m*, *f*; ~forschung *f* radiologie *f*; ~heilkunde *f* radiothérapie *f*; actinothérapie *f*; ~kranz *m*, ~krone *f* auréole *f* (*a. fig.*); nimbe *m*; ~meßgerät *n* opt. actinomètre *m*; *at.* activimètre *m*; ~messung *f* opt. actinométrie *f*; *at.* activimétrie *f*; ~pilz ⚕ *m* actinomycès *m*; actinomycète *m*; ~schädigung *f* radiolésion *f*; ~schutz *m* protection *f* contre les radiations; radioprotection *f*; ~schutz~ antiatomique adj.; ₂sicher *adj*. à l'épreuve des radiations; ~strombegrenzung (*Farbfernsehen*) *f* frein *m* de faisceau; ~therapie *f* radiothérapie *f*; actinothérapie *f*; ~tierchen *n/pl.* radiolaires *m/pl.*; ~zersetzung *f* décomposition *f* par les radiations.
'Strahl|er *m* émetteur *m*; (*Wärme*₂) radiateur *m*; ₂ig *adj.* radié; rayonné; ~pumpe *f* absaugende: éjecteur *m*; ~rohr *n* lance *f* d'incendie; ~triebwerk *n* réacteur *m*; ~turbine *f* turboréacteur *m*.
'Strahlung *f* radiation *f*; rayonnement *m*.
'Strahlungs|energie *f* énergie *f* rayonnée; ~gürtel *m* ceinture *f* (*od.* rideau *m*) de radiations; ~menge *f* quantité *f* de radiations; ~messer *m* actinomètre *m*; ~zone *f* zone *f* de radiations.
'Strähn|e *f v. Haaren*: mèche *f*; *v. Garn*: écheveau *m*; ₂ig *adj*. en mèches; *Rohwolle*: mécheux, -euse.
stramm I *adj.* (*straff*) (fortement) tendu; raide; (*kräftig*) robuste; ~er Bursche solide gaillard *m*; F costaud *m*; ~e Haltung allure *f* martiale; II *adv.*: ~ arbeiten travailler dur; '~stehen ⚔ *v/i.* être au garde-à-vous; se figer; '~ziehen ⚔ (straffziehen) tendre; raidir; bander; F j-m die Hosen ~ donner une bonne fessée à q.
'Strampel|hös-chen *n* grenouillère *f*; ₂n *v/i.* F gigoter; *vél.* pédaler.
Strand *m* plage *f*; rivage *m* (de la mer); (*sandiges Ufer*) grève *f*; (*Küste*) côte *f*; am ~ sur (*od.* à) la plage; auf ~ laufen (*od.* geraten) (s')échouer; '~anzug *m* costume *m* de plage; '~bad *n* plage *f*; '~ball *m* ballon *m* de plage; '~batterie ⚔ *f* batterie *f* côtière; '~burg *f* château *m* de sable; '₂en *v/i.* ⚓ (s')échouer; *fig*. échouer; '~en *n* échouement *m*; '~gerechtigkeit *f* droit *m* d'épaves; '~gut *n* épaves *f/pl.*; '~hafer ⚘ *m* élyme *m* des sables; '~hotel *n* hôtel *m* de la plage; '~jacke (*für Damen*) *f* cache-maillot

m; **'~kleid** *n* robe *f* de plage; **'~korb** *m* fauteuil *m* (*od.* guérite *f*) de plage; fauteuil-cabine *m*; **'~läufer** *orn. m* maubèche *f*; **'~ordnung** *f* règlement *m* pour la plage; **'~promenade** *f* promenade *f* côtière (*od.* le long de la côte); **'~räuber** *m* naufrageur *m*; **'~recht** ⚓ *n* droit *m* d'épaves; **'~restaurant** *m* restaurant *m* de plage; **'~sandale** *f* sandale *f* de plage; **'~schuh** *m* soulier *m* de plage; **'~ung** ⚓ *f* échouement *m*; **'~vögel** *m/pl.* oiseaux *m/pl.* littoraux; **'~wache** *f* gardes-côtes *m/pl.*; **'~wärter** *m* surveillant *m* de la plage; **'~weg** *m* chemin *m* côtier.

Strang *m* corde *f*; *zum Anschirren*: trait *m* (de harnais); *v. Garn*: écheveau *m*; ⚓ voie *f*; *toter ~* voie *f* en cul-de-sac; *zum Tode durch den ~ verurteilen* condamner à être pendu; *am gleichen ~ ziehen* tirer sur la même corde; s'atteler à la même charrue; *wenn alle Stränge reißen* au pis aller; *über die Stränge schlagen* faire des escapades (*od.* des frasques); s'emballer; **'~guß-anlage** ⊕ *f* installation *f* de coulée continue.

strangu'lieren I *v/t.* étrangler; II ⚓ *n* strangulation *f*.

Stra'paze *f* fatigue *f*; F éreintement *m* physique.

strapa'zieren *v/t.* (*v/rf.*: *sich se*) fatiguer; (s')éreinter; *Kleidung*: abimer; **~fähig** *adj. Stoff*: résistant, solide; (*Auto*) robuste; **~fähigkeit** (*Auto*) *f* endurance *f*; robustesse *f*.

strapazi'ös *adj.* fatigant, F éreintant.

Straß *m* (*Schmuck*) strass *m*.

'Straßburg *n* Strasbourg *m*.

'Straße *f* rue *f*; (*Weg*) chemin *m*; voie *f* publique; (*Fahr~*, *Land~*) route *f*; (*Fahrdamm*) chaussée *f*; *Walzwerk*: train *m*; (*Meerenge*) détroit *m*; *~ von Calais* Pas *m* de Calais; *~ von Messina* Détroit *m* de Messine; *belebte* (*abgelegene*) *~* rue *f* passante (écartée); *unbefestigte* (*vereiste*, *verschneite*) *~* route *f* non revêtue (verglacée; enneigée); *der Mann der ~* l'homme *m* de la rue; *auf der ~* dans la rue; *auf offener ~* en pleine rue; *j-n auf die ~ setzen* mettre q. sur le pavé; *auf die ~ werfen* jeter à la rue; *in e-r ~ wohnen* habiter (dans) une rue; *das Fenster geht nach der ~* la fenêtre donne sur la rue; *Bier über die ~* Bier à emporter.

'Straßen|anlage *f* tracé *m* d'une route; **~anzug** *m* costume *m* de ville; complet *m* veston; **~arbeiter** *m* cantonnier *m*; **~bahn** *f* tram(way) *m*; **~bahndepot** *n* dépôt *m* de tram(way)s; **~bahner** *m* traminot *m*; **~bahnführer** *m* conducteur *m* de tram(way); **~bahnhaltestelle** *f* arrêt *m* de tram(way); **~bahn-anhänger** *m* baladeuse *f*; **~bahnlinie** *f* ligne *f* de tram(way)s; **~bahnnetz** *n* réseau *m* de tram(way)s; **~bahnschaffner** *m* receveur *m* de (tram[way]); **~bahnschiene** *f* rail *m* de tram(way)s; **~bahnverkehr** *m* circulation *f* de tram(way)s; **~bahnwagen** *m* tram (-way) *m*; **~bau** *m* construction *f* de routes; **~bau-amt** *n* service *m* des ponts et chaussées; **~bau-arbeiten** *f/pl.* travaux *m/pl.* routiers; **~belag** *m* revêtement *m* routier; **~beleuchtung** *f* éclairage *m* des rues; **~benut-** zer *m* usager *m* de la route; **~benutzungsgebühr** *f* péage *m*; **~biegung** *f* tournant *m*; virage *m*; coude *m*; **~brücke** *f* pont *m* routier; pont-route *m*; **~bummler** *m* batteur *m* de pavé; **~café** *n* café *m* à terrasse; **~damm** *m* chaussée *f*; **~decke** *f* revêtement *m* routier; **~dirne** *f* fille *f* publique; P grue *f*; **~dorf** *n* village-rue *m*; **~ecke** *f* coin *m* de rue; tournant *m*; **~einmündung** *f* débouché *m*; embranchement *m* de rues; **~enge** *f* goulot *m* d'étranglement; **~feger** *m* balayeur *m*; **~filmer** *m* photofilmeur *m*; **~front** *f* front *m*; façade *f*; **~gabelung** *f* bifurcation *f*; **~geld** *n* péage *m* routier; **~gewirr** *n* écheveau *m* de rues; **~graben** *m* fossé *m*; **~handel** *m* commerce *m* ambulant; **~händler(in** *f*) *m* marchand(e *f*) *m* ambulant(e); bradeur *m*, -euse *f*; **~instandsetzung** *f* réfection *f* de la route; **~junge** *m* gamin *m*; polisson *m*; voyou *m*; **~kampf** *m* combat *m* de rue; **~karte** *f* carte *f* routière; **~kehrer** *m* → **~feger**; **~kehricht** *m* crotte *f*; boue *f*; **~kehrmaschine** *f* balayeuse *f*; **~kleid** *n* robe *f* de ville; **~kontrollpunkt** *m* point *m* de contrôle routier; **~kostüm** (*für Frauen*) *n* tailleur *m*; tailleur-pantalon *m*; **~kreuzer** F *m* F tank *m*; paquebot *m* roulant; **~kreuzung** *f* carrefour *m*; croisée *f* de rues (*resp.* de routes); croisement *m* des rues (*resp.* de routes); patte-d'oie *f*; intersection *f*; **~lage** *f Auto*: tenue *f* de route; e-e gute **~** haben tenir bien la route; **~kundgebung** *f* manifestation *f* de rue; **~laterne** *f* lampadaire *m*; réverbère *m*; **~mädchen** *n* fille *f* des rues; *tapineuse *f*; **~maler** *m* dessinateur de trotttoir; **~musikant** *m* musicien *m* ambulant; **~netz** *n* réseau *m* routier; **~ordnung** *f* code *m* de la route; **~pflaster** *n* pavé *m*; **~püppchen** *n* *michetonneuse *f*; **~rand** *m* accotement *m*; bas-côté *m*; **~raub** *m* brigandage *m*; **~räuber** *m* brigand *m*; **~reinigung** *f* nettoyage *m* des rues; (*Amt*) service *m* de la voirie; voirie *f* municipale; **~reinigungsmaschine** *f* arroseuse-balayeuse *f*; **~rennen** *n Sport*: course *f* sur route; **~renner** *m Sport*: routier *m*; coureur *m* cycliste sur route; **~rennstrecke** *f* piste *f* routière; **~sammlung** *f* quête (*od.* collecte) *f* sur la voie publique; **~schild** *n* plaque *f* de rue; **~schlacht** *f* bataille *f* de rue; **~schmutz** *m* crotte *f*; boue *f*; **~schuh** *m* chaussure *f* de ville; **~seite** *f* front *m*; façade *f*; **~sperrung** *f* barrage *m* routier (*od.* de rue); *eng* S: barricade *f*; **~transport** *m* transport *m* routier (*od.* par route); **~tunnel** *m* tunnel *m* routier; **~überführung** *f* passage *m* supérieur; **~übergang** *m* passage *m*; benagelter ~ passage *m* clouté; **~umleitung** *f* déviation *f*; **~unfall** *m* accident *m* dans la rue; **~unterführung** *f* passage *m* souterrain; **~verhältnisse** *n/pl.* état *m* des routes; **~verkauf** *m* vente *f* dans les rues (*od.* sur la voie publique); **~verkäufer(in** *f*) *m* marchand(e *f*) *m* ambulant(e); **~verkehr** *m* circulation *f* routière; trafic *m* routier; **~verkehrs-ordnung** *f* code *m* de la route; **~verkehrsschild** *n* panneau *m* de signalisation routière; **~verstopfung** *f* embouteillage *m*; encombrement *m*; **~verzeichnis** *n* indicateur *m* des rues; **~walze** *f* rouleau *m* compresseur; **~zoll** *hist. m* péage *m*; **~zustand** *m* état *m* des routes.

Stra'tege *m* stratège *m*.

Strate'gie *f* stratégie *f*.

stra'tegisch *adj.* stratégique.

Stratos'phär|e *f* stratosphère *f*; **~enballon** *m* ballon *m* stratosphérique; **~enflugzeug** *n* avion *m* stratosphérique; **2isch** stratosphérique.

'sträuben I *v/t.* 'hérisser; *Haare*: dresser; 2. *v/rf.*: *sich* ~ se hérisser; *Haare*: se dresser; *fig. sich gegen etw.* ~ (se) regimber (*od.* F se rebiffer) contre qch.; se refuser à qch.; résister à qch.; répugner à qch.; *die Feder sträubt sich* la plume se refuse (*zu* à); II ⚓ *n* 'hérissement *m*; *fig.* résistance *f*.

Strauch *m* arbrisseau *m*; *kleiner*: arbuste *m*; (*Busch*) buisson *m*; **'2artig** *adj.* arbustif, -ive; **'~dieb** *m* bandit *m*.

'straucheln *v/i.* trébucher, broncher, faire un faux pas (*alle a. fig.*).

'Strauchwerk *n* broussailles *f/pl.*

Strauß[1] *m Blumen*: bouquet *m*; e-n ~ pflücken (*binden*) cueillir (faire) un bouquet.

Strauß[2] *st.s. m* (*Streit*) querelle *f*; lutte *f*; combat *m*; e-n ~ ausfechten vider une querelle.

Strauß[3] *orn. m* autruche *f*.

'Sträußchen *n* petit bouquet *m*.

'Straußen|ei *n* œuf *m* d'autruche; **~farm** *f* autrucherie *f*; **~feder** *f* plume *f* d'autruche.

'Streaker (*bsd. univ. USA seit 1974*) *m* nudiste *m* galopant.

'Strebe *f* étrésillon *m*; étai *m*; **~balken** *m* chevalet *m*; **~bogen** △ *m* arc-boutant *m*; **~mauer** △ *f* contrefort *m*.

'streben I *v/i.*: *nach etw.* ~ chercher à (*od.* s'efforcer d') atteindre qch.; viser qch.; aspirer (*od.* tendre) à qch.; ambitionner qch.; II ⚓ *n* tendance *f* (*nach* à); aspiration *f* (à); (*Anstrengung*) efforts *m/pl.* (*nach* ... pour ... *inf.*); (*Ehrgeiz*) ambition *f*; *nach Ansehen soc.* soif *f* de considération; ~ *nach Wohlstand* course *f* à l'abondance.

'Strebepfeiler △ *m* contrefort *m*.

'Streber *m* ambitieux *m*; arriviste *m*; *écol.*, *univ.* bête *f* à concours; acharné *m*; **2haft** *adj.* ambitieux, -euse *f*; **~tum** *n* arrivisme *m*.

'strebsam *adj.* ambitieux, -euse; (*eifrig*) zélé *m*; (*fleißig*) appliqué; assidu; **2keit** *f* ambition *f*; (*Eifer*) zèle *m*; (*Fleiß*) application *f*; assiduité *f*.

'streck|bar *adj.* extensible; **2barkeit** *f* extensibilité *f*; **2bett** *chir. m* lit *m* orthopédique.

'Strecke *f* zurückzulegende: trajet *m*; parcours *m* (*a. Sport*) (zurücklegen couvrir *od.* faire); (*Entfernung*) distance *f* (zurücklegen parcourir); (*Verkehrslinie*) ligne *f*; ⚓ (ligne *f*) droite *f*; ⚒ galerie *f*; ⚓ voie *f*; *auf freier ~* en pleine voie; e-e gute ~ Wegs un bon bout de chemin; *ch. zur ~ bringen* abattre; *auf der ~ bleiben*

strecken — **Strenge**

rester sur le carreau;
strecken I 1. *v/t.* étendre; étirer; allonger (*a. Vorräte; Sauce*); *Arme, Beine:* tendre; *métall.* étirer; laminer; *die Waffen* ~ mettre bas les armes; *j-n zu Boden* ~ étendre q. sur le carreau; terrasser q.; F *alle vier(e) von sich* ~ rester étendu les quatre fers en l'air; **2.** *v/rf.: sich* ~ s'étendre; s'étirer; s'allonger; *sich nach der Decke* ~ s'accommoder aux circonstances; vivre selon les moyens; *im gestreckten Galopp* au grand galop; **II** ⚼ *n* extension *f*; allongement *m* (*a. v. Vorräten*); *métall.* étirage *m*; laminage *m*; **⚼arbeiter** *m* cantonnier *f*; **⚼aufseher** *m* surveillant *m* de la voie; **⚼begehung** *f* tournée *f* du surveillant de la voie; **⚼block** ⚒ (*automatische Zugsicherung*) *m* blocage *m* automatique d'une voie; **⚼karte** ⚒ *f* carte *f* de parcours; **⚼wärter** *m* garde-voie *m*; garde-ligne *m*; **~weise** *adv.* par endroits, par places; par-ci, par-là.
Streck|gußeisen *n* fonte *f* ductile; **~maschine** *text. f* étireuse *f*; **~muskel** *anat. m* (muscle *m*) extenseur *m*; **~ung** *f* extension *f*; allongement *m* (*a. v. Vorräten*); *métall.* étirage *m*; laminage *m*; **~verband** ⚕ *m* appareil *m* à extension continue; **~walze** *métall. f* cylindre *m* d'étirage; **~werk** *métall. n* laminoir *m*.
Streich *m* coup *m*; *mit der Hand: a.* F tape *f*; *j-m e-n* ~ *versetzen* porter (*od.* donner, F flanquer) un coup à q.; *mit e-m* ~ d'un seul coup; *fig.* tour *m*; *dummer* ~ sottise *f*, bêtise *f*; folie *f*; *übler* ~ sale coup *m*; P crasse *f*; F entourloupette *f*; *unüberlegter* ~ folie *f*; escapade *f*; incartade *f*; frasque *f*; fredaine *f*; étourderie *f*; facétie *f*; épiquée *f*; *lustiger* ~ bon tour *m*; farce *f*; *schlechter* ~ vilain tour *m*; méchanceté *f*; *er hat manche ~e gemacht* il a fait plus d'un tour; F il en a fait de belles; *er hat noch ganz andere ~e gemacht* il en a fait bien d'autres; *j-m e-n* ~ *spielen* jouer un tour à q.; F faire une niche à q.; *j-m e-n bösen* (*od.* *üblen*) ~ *spielen* jouer un mauvais tour à q.
streicheln I *v/t.* caresser; flatter; **II** ⚼ *n* caresses *f/pl.*
streichen I 1. *v/t.* (*an~*) peindre; (*be~*) enduire (*mit de*); *frisch gestrichen!* peinture fraîche!; attention à la peinture!; (*aus~*) rayer (*aus, von* de); biffer; barrer; raturer; effacer; radier; (*weg~*) supprimer; *Butter:* étendre; *Messer:* repasser; *Zündholz:* frotter; *Bart:* caresser; *Wolle:* carder; *Ziegelsteine:* mouler; ♪ *Segel:* amener; *den Baß* ~ jouer de la basse; *die Flagge* ~ amener le pavillon, *fig.* baisser pavillon; *von e-r Liste* ~ rayer d'une liste; *sich die Haare aus dem Gesicht* ~ écarter les cheveux de son visage; **2.** *v/i.: mit der Hand über etw.* ~ passer la main sur qch.; *j-m über die Wange* ~ caresser la joue à q.; (*herum~*) rôder; vagabonder; *Vögel:* passer; *durch Feld und Wald* ~ courir les champs et les bois; *géol.* nach Norden ~ se diriger vers le nord; **II** ⚼ (*An~*) peinture *f*; (*Aus~*) radiation *f*; rayage *m*; biffage *m*; (*Weg~*) suppression *f*; *der Wolle:* cardage *m*; *der Vögel:* passage *m*.

Streich|er ♪ *m/pl.* (instruments *m/pl.* à) cordes *f/pl.*; quatuor *m* d'orchestre; **~fläche** *f* frottoir *m*; **~garn** *n* fil *m* de laine cardée; **~holz** *n* allumette *f*; **~holzschachtel** *f* boîte *f* d'allumettes; **~instrument** ♪ *n* instrument *m* à cordes; **~käse** *m* fromage *m* à tartiner; **~konzert** *n* concert *m* d'instruments à cordes; **~lack** *m* laque *f* pour peinture; **~musik** *f* musique *f* d'instruments à cordes; **~orchester** *n* orchestre *m* d'instruments à cordes; **~quartett** *n* quatuor *m* à cordes; **~riemen** *m* cuir *m* à rasoir; **~ung** *f* rayage *m*; biffage *m*; rature *f*; radiation *f*; (*Weg⚼*) suppression *f*; (*Kürzung*) coupure *f*; **~wolle** *f* laine *f* cardée.
Streif|band *n:* unter ~ sous bande; **~e** *f* patrouille *f*; ronde *f*; razzia *f*.
Streifen *m* bande *f*; *im Stoff:* raie *f*, *pl. a.* rayure *f*; (*Rille*) strie *f*; *pl.* (*Zebra⚼*) zébrure *f*; F *kurz für* (*Film⚼*) F pellicule *f*; bande *f*.
streifen[1] *v/t.* (*mit Streifen versehen*) rayer; marquer de raies; (*mit Zebrastreifen versehen*) zébrer.
streifen[2] **1.** *v/t. u. v/i.: etw.* ~ effleurer qch. (*a. Thema*), frôler qch.; (*über etw. hingleiten*) glisser sur qch.; *an etw.* (*acc.*) ~ effleurer qch.; frôler qch.; friser qch.; *den Boden* ~ raser le sol; *in die Höhe* ~ *Ärmel:* retrousser; *vom Finger* ~ *Ring:* ôter; *die Kugel hat ihn gestreift* la balle l'a effleuré; **2.** *v/i.* (*umher~*) rôder; vagabonder; *durch die Felder* ~ flâner dans les champs.
Streif|endienst *m* (*Polizeistreife*) patrouille *f* de police; **~enwagen** *m* voiture *f* de patrouille; **⚼ig** *adj.* rayé; **~licht** *n* échappée *f* de lumière; *fig.* remarque *f* (*werfen auf acc.* faire sur); **~schuß** *m*, **~wunde** *f* éraflure *f*; coup *m* orbe; **~ung** *f* rayure *f*; (*Riefelung*) striure *f*; **~zug** *m* randonnée *f*; ⚔ incursion *f*; raid *m*.
Streik *m* grève *f*; *wilder* ~ grève *f* sauvage; *den* ~ *ausrufen* lancer l'ordre de grève; *in den* ~ *treten* se mettre en grève; *sich im* ~ *befinden* être en grève; **~aufruf** *m* appel *m* à la grève; **~bewegung** *f* mouvement *m* de grève; **~brecher(in** *f*) *m* briseur *m*, -euse *f* de grève; jaune *m*; **⚼en** *v/i.* faire grève; être en grève; **~en** *n* grève *f*; **⚼end** *adj.* gréviste; en grève; **~ende(r** *a. m*) *m f* gréviste *m*, *f*; **~führer** *m* meneur *m* de grève; **~hetzer** *m* fauteur *m* de grève; **~kasse** *f* fonds *m* (*od.* caisse *f*) de grève; **~lohn** *m* allocation *f* de grève; **~parole** *f* mot *m* d'ordre de grève; **~posten** *m* piquet *m* de grève; **~recht** *n* droit *m* de grève; **~schürer** *m* F gréviculteur *m*; **~welle** *f* vague *f* de grèves.
Streit *m* querelle *f* (*über acc.* au sujet de); (*Zank*) *a.* démêlé *m*; altercation *f*; *über Rechte, Kompetenzen usw.:* contestation *f* (sur); (*Konflikt*) conflit *m*; (*Meinungs⚼*) différend *m*; (*Wort⚼*) dispute *f*; (*Erörterung*) discussion *f*; *mit Tätlichkeiten:* rixe *f*; ⚖ litige *m*; procès *m*; *gelehrter:* controverse *f*; ~ *um nichts* querelle *f* sans raison; ~ *um Worte* dispute *f* de mots; ~ *um des Kaisers Bart* querelle *f* sans motif; *mit j-m* ~ *anfangen* chercher querelle (*od.* noise *od.* des noises) à

q.; *mit j-m in* ~ *liegen* se quereller avec q. (*über acc.* au sujet de); avoir des démêlés avec q. (au sujet de); *mit j-m in* ~ *geraten* se prendre de querelle avec q. (*über acc.* au sujet de); *e-n vom Zaun brechen* chercher querelle pour des raisons futiles; **~axt** *f* 'hache *f* d'armes; *fig. die* ~ *begraben* enterrer la hache de guerre; quitter le sentier de la guerre; **⚼bar** querelleur, -euse; (*kriegerisch*) belliqueux, -euse; **~barkeit** *f* esprit *m* querelleur.
streiten 1. *v/i.* se quereller (*mit j-m* avec q.; *über acc.* au sujet de); *mit Worten:* se disputer (*mit j-m* avec q.); être en dispute (*mit j-m* avec q.); **2.** *v/rf.: sich mit j-m* ~ se quereller avec q.; *sich mit j-m* ~ se disputer qch.; *sich stundenlang um Nichtigkeiten* ~ discutailler; ergoter; *fig. sich um des Kaisers Bart* ~ se disputer pour des riens; disputer de la chape de l'évêque; *darüber läßt sich* ~ c'est discutable; **~d** *adj.:* ⚖ *die* ~*en Parteien* les parties *f/pl.* plaidantes.
Streiter(in *f*) *m* querelleur *m*, -euse *f*; *mit Worten:* disputeur *m*, -euse *f*; militant *m*, -e *f*.
Streite'rei *f* querelles *f/pl.*; disputes *f/pl.*; *endlose* ~ ergotage *m*.
Streit|fall *m* différend *m*; cas *m* de litige (*od.* litigieux); *e-n* ~ *schlichten* (*od.* *beilegen*) régler un différend; *e-n* ~ *vor Gericht bringen* porter un différend en justice; **~frage** *f* question *f* litigieuse; différend *m*, débat *m*; **~gegenstand** *m* objet *m* de litige; **~gespräch** *n* face-à-face *m*; **~hammel** F *m* querelleur *m*, -euse *f*; ⚼*ig adj.:* ~ *etw. machen* disputer (*od.* contester) qch. à q.; *j-m den Rang* ~ *machen* disputer la préséance à q.; **~igkeiten** *f/pl.* différends *m/pl.*; querelles *f/pl.*; disputes *f/pl.*; contestations *f/pl.*; dissensions *f/pl.*; **~kräfte** ⚔ *f/pl.* forces *f/pl.* (armées); effectifs *m/pl.*; **~lust** *f* esprit *m* querelleur; **⚼lustig** *adj.* querelleur, -euse; **~macht** ⚔ *f* forces *f/pl.* (armées); **~objekt** *n* objet *m* de litige; **~punkt** *m* point *m* de litige (*od.* litigieux); **~roß** *hist. n* cheval *m* de bataille; *poét.* destrier *m*; **~sache** *f* objet *m* de litige (*Prozeß*) procès *m*; **~schrift** *f* écrit *m* polémique; **~sucht** *f* humeur *f* querelleuse; **⚼süchtig** *adj.* querelleur, -euse; **~wagen** *antiq. m* char *m* de guerre; **~wert** ⚖ *m* valeur *f* litigieuse.
streng I *adj.* sévère; rigoureux, -euse; rigide; (*hart*) dur; (*rauh*) rude; (*bestimmt, genau*) strict; exact; *Sitte:* austère; (*herb*) âpre; (*ätzend*) âcre, ~*er Arrest* arrêts *m/pl.* de rigueur; ~*e Kälte* froid *m* rigoureux; ~*es Klima* climat *m* rigoureux; ~*er Winter* hiver *m* rigoureux; rude hiver *m*; *im* ~*sten Winter* au plus fort de l'hiver; *im* ~*sten Sinne des Wortes* à la lettre; au pied de la lettre; *dans toute la force du terme*; **II** *adv.:* befolgen observer strictement; *j-n behandeln* traiter q. sévèrement; être dur pour q.; *j-n* ~ *erziehen* élever q. sévèrement (*od.* à la dure); ~ *überwachen* surveiller étroitement; ~ *verboten* strictement défendu; ~ *vertraulich* strictement confidentiel, -elle; **⚼e** *f* sévérité *f*; rigueur *f*; rigidité *f*; (*Här-*

te) dureté *f*; (*Rauheit*) rudesse *f*; (*Herbheit*) âpreté *f*; (*Genauigkeit*) exactitude *f*; (*Sitten*²) austérité *f*; *der Kälte*: rigueur *f*; *des Winters*: rigueur *f*; rudesse *f*; inclémence *f*; '~genommen *adv.* à proprement parler; '~gläubig *adj.* orthodoxe; rigoriste; '²gläubigkeit *f* orthodoxie *f*.
Strepto'|kokkus *m* streptocoque *m*; ~my'zin *n* streptomycine *f*.
Streß ⚔ *m* stress *m*; agression *f*; tension *f*; état *m* de fatigue et de tension nerveuse.
'Stressor ⚔, *psych. m* facteur *m* de stress (*od.* de tension).
Streu *f* litière *f*; '~büchse *f* flacon *m* à saupoudrer; *für Pfeffer*: poivrier *m*; *für Zucker*: sucrier *m*; *für Salz*: salière *f*; '²en *v/t. u. v/i.* (r)épandre; (*säen*) semer; (*aus~*) éparpiller, disséminer; *Salz* (*Zucker usw.*) ~ *auf etw.* (*acc.*) saupoudrer qch. de sel (de sucre, *etc.*); ✗ disperser; *fig. j-m Sand in die Augen ~* jeter de la poudre aux yeux de q.; *Blumen auf den Weg ~* joncher le chemin de fleurs; *den Kühen ~* faire la litière aux vaches; '~feuer ✗ *n* tir *m* dispersé; '~gold *n* poudre *f* d'or.
'streunen *v/i.* rôder, errer.
'Streu|pflicht *f* obligation *f* des riverains de répandre du sable en cas de gel; ~sand *m* sable *m*; ~siedlung *f* habitat *m* dispersé; ~ung *f* dispersion *f*; *phys.* diffusion *f*; *rad.* dissipation *f*; *der Ferien*: étalement *m*; ~zucker *m* sucre *m* en poudre.
Strich *m* trait *m*; (*Linie*) ligne *f*; (*Quer*²) barre *f*; (*Streifen*) raie *f*; *des Tuches*: sens *m* du poil; *der Vögel*: passage *m*; volée *f*; ~ *mit der Bürste* (♪ *mit dem Bogen*) coup *m* de brosse (d'archet); *Geiger*: e-n *weichen ~ haben* avoir un coup d'archet doux; *mit dem ~ dans le sens du poil*; *gegen den ~* à rebrousse-poil; à rebours; à contre-poil; *etw. gegen den ~ bürsten* (*od. kämmen*) rebrousser qch.; *e-n ~ durch etw. machen* rayer qch.; biffer qch.; *e-n ~ unter etw.* (*acc.*) *machen* souligner qch.; *fig.* en finir avec qch.; *und nun ~ drunter!* il ne reste plus qu'à tirer un trait; *fig. j-m e-n ~ durch die Rechnung machen* contrecarrer (*od.* contrarier) les projets de q.; *das geht mir wider den ~* cela me contrarie, F cela me chiffonne; P *auf den ~ gehen* faire le trottoir (*od.* *le tapin*); ~ *für ~* trait pour trait; *in großen ~en* à grands traits; F *j-n nach ~ und Faden verprügeln* administrer une bonne raclée à q.; '~einteilung *f* graduation *f*; '²eln *v/t.* 'hachurer; ~elung *f* 'hachure *f*; ~mädchen *f* P prostituée *f*; *tapineuse *f*; '~marke *f* trait *m* de repère; '~punkt gr. *m* point-virgule *m*; ~regen *m* pluies *f/pl.* éparses *f*; '~skala *f* échelle *f* graduée; ~vogel *ch. m* oiseau *m* de passage; '²weise *adv.* par endroits; *ch.* ~ *ziehen Vögel*: passer par bandes; '~zeit *f der Vögel*: époque *f* du passage.
Strick *m* corde *f*; F *fig.* garnement *m*; *wenn alle ~e reißen* au pis aller; à la rigueur; *fig. j-m e-n ~ drehen* tendre un piège à q.; '~arbeit *f* tricot *m*; tricotage *m*; '~beutel *m* sac *m* à ouvrage.
'stricken I *v/t.* tricoter; II ² *n* tricot *m*; tricotage *m*.
'Stricker(in *f*) *m* tricoteur *m*, -euse *f*.
Stricke'rei *f* tricotage *m*.
'Strick|garn *n* fil *m* à tricoter; ~handschuhe *m/pl.* gants *m/pl.* tricotés; ~jacke *f* veste *f* en tricot; cardigan *m*; ~kleid *n* robe *f* de tricot; ~leiter *f* échelle *f* de corde; ~maschine *f* machine *f* à tricoter; tricoteuse *f*; ~muster *n* point *m* de tricot; ~nadel *f* aiguille *f* à tricoter; ~strumpf *m* bas *m* (*bzw.* chaussette *f*) tricoté(e); ~sucht *f* tricomanie *f*; ~waren *f/pl.* tricotages *m/pl.*; ~weste *f* (*ohne Ärmel*) gilet *m* tricoté; (*mit Ärmeln*) *cf.* ~jacke; ~wolle *f* laine *f* à tricoter; ~zeug *n* nécessaire *m* de tricot.
'Striegel *m* étrille *f*; ²n *v/t.* étriller, panser; ~n *n* pansage *m*.
'Striem|e *f*, ~en *m auf der Haut*: marque *f* de coup; vergeture *f*; ²ig *adj.* rayé; *Haut*: marqué de coups; vergeté.
strikt *adj.* strict.
'Strippe *f* (*Bindfaden*) ficelle *f*; F *dauernd an der ~ hängen* être toujours pendu au téléphone; *es regnet ~n* il tombe des cordes.
'Striptease-Tänzerin *f* effeuilleuse *f*; stripteaseuse *f*.
'strittig *adj.* contesté; controversé; problématique, contestable; litigieux, -euse *f*; ~er Punkt point *m* litigieux (*od.* de litige).
Stroh *n* paille *f*; (*Dach*²) chaume *m*; *mit ~ ausstopfen* empailler; *mit ~ umwickeln* (*umhüllen*; *abdecken*) empailler; pailler (*a.* 🌿); *fig. leeres ~ dreschen* radoter; enfiler des perles; *im Kopf haben* avoir la tête creuse (*od.* vide); '~ballen *m* balle *f* de paille; '²blond *adj.* blond comme les blés; '~blume ♀ *f* immortelle *f*; '~bund *n* botte *f* de paille; '~dach *n* (toit *m* de) chaume *m*; '²dumm F *adj.*: *sein* être bouché à l'émeri (*od.* V con comme la lune); '²ern *adj.* de paille; *Dach*: de chaume; '~fackel *f* brandon *m*; '²farben *adj.* (couleur) paille; '~feuer *n* feu *m* de paille (*a. fig.*); '~flechter(in *f*) *m* (r)empailleur *m*, -euse *f*; '²gelb *adj.* jaune-paille; '~halm *m* fétu *m*; brin *m* de paille; (*Trinkhalm*) paille *f*; *fig. nach e-m ~ greifen* s'accrocher à la moindre branche; '~haufen *m* tas *m* de paille; '~hut *n* chapeau *m* de paille; '~hütte *f* chaumière *f*; '~kartoffeln *f/pl.* pommes *f/pl.* paille; '~kopf *fig. m* tête *f* creuse (*od.* vide); '~lager *n* couche *f* de paille; '~mann *fig. m* homme *m* de paille; prête-nom *m*; *Kartenspiel*: mort *m*; '~matte *f* natte *f* de paille; paillasson *m*; *Gärtnerei*: abrivent *m*; '~puppe *f* → ~mann; (*Person, die nichts zu sagen hat*) potiche *f*; '~sack *m* paillasse *f*; F *heiliger ~!* nom d'une pipe!; mazette!; sacrebleu!; '~schober *m*, '~schuppen *m* pailler *m*; '~wisch *m* bouchon *m* de paille; Fr. 🌿 (als Zeichen der Beschlagnahmung der Früchte auf dem Halm) brandon *m*; '~witwe(r *m*) *f* femme *f* dont le mari (mari *m* dont la femme) est en voyage.
Strolch *m* vagabond *m*; P trimardeur *m*; (*Apache*) apache *m*; voyou *m*; '²en *v/i.* vagabonder; P trimarder.

Strom *m* fleuve *m* (*a. fig.*); (*Strömung*) courant *m* (*a. ⚡*); *fig.* flot *m*; *v.* *Tränen*: torrent *m*; (*Menschen*²) foule *f*; flot *m* de gens; (~ *von Autos*) grand déferlement *m*; *gegen den ~ contre le courant*; *gegen den ~ schwimmen fig.* marcher à contre-courant; ⚓ *mit dem ~* (*gegen den ~*) *fahren* suivre le cours du fleuve (le remontant); *mit dem ~ schwimmen* suivre le courant, *fig.* se laisser porter par le courant (*od.* par le raz-de-marée); *in Strömen* à grands flots; *es regnet in Strömen* il pleut à verse (*od.* à torrents); F il pleut (*od.* il tombe) des 'hallebardes; ² *unter ~* sous tension; *den ~ abschalten* interrompre le courant; couper le circuit; *den ~ einschalten* fermer le circuit; '~abnehmer *⚡* trolley *m*; *mot.* balai *m*; (*Verbraucher*) consommateur *m* de courant; '~abnehmerstange *f* perche *f* du trolley; ²'ab(wärts) *adv.* en aval; ~schwimmen (*Forelle*) *v/i.* dévaler; '~agggregat *n* groupe *m* électrogène; '~anschluß *m* prise *f* de courant; ²'auf(wärts) *adv.* en amont; '~ausfall *⚡ m* panne *f* de courant; '~bett *n* lit *m* d'un fleuve; '~dichte *⚡ f* densité *f* de courant; '~durchgang *⚡ m* passage *m* de courant.
'strömen *v/i.* couler (à flots); *Licht*: se répandre; *Blut*: se porter (*nach* à); affluer (à); *Menschen*: déferler; se diriger (*nach* vers); se porter en foule (*nach* à; vers); affluer (à); ~der *Regen* pluie *f* torrentielle.
'Strom|enge *f* passage *m* étroit d'un fleuve; ~entnahme *⚡ f* consommation *f* de courant; ~er *F m* vagabond *m*; chemineau *m*; clochard *m*; P trimardeur *m*; ²ern *v/i.* vagabonder; P trimarder; ~erzeuger *⚡ m* générateur *m*; ~erzeugung *⚡ f* production *f* de courant; ²führend *⚡ adj.* parcouru par le courant; sous tension; vif, vive; ~kreis *⚡ m* circuit *m*; ²leitend ⊕, *⚡ adj.* épitropique; ~leiter *⚡ m* conducteur *m*; ~leitung *f* ligne *f* de courant; ~lieferung *f* fourniture *f* de courant; ~linienform *f Auto*: forme *f* aérodynamique; e-r Karrosserie ~ *geben a.* caréner une carrosserie; ²linienförmig *adj.* aérodynamique; caréné; effilé; ²los *adj.* sans courant; ~messer *⚡ m* ampèremètre *m*; ~netz *n* secteur *m*; ~quelle *⚡ f* source *f* de courant; ~rechnung *f* note *f* d'électricité; ~richter *⚡ m* redresseur *m* de courant; ~sammler *m* accumulateur *m*; ~schiene *⚡ f* rail *m* conducteur; ~schnelle *f* rapide *m*; ~schwankung *⚡ f* variation *f* de (l'intensité du) courant; ~spannung *⚡ f* tension *f*; ~speisung *⚡ f*: *zwei Arten der ~ bi-voltage m*; ~sperre *⚡ f* coupure *f* de courant; ~stange *f der Straßenbahn*: perche *f* du trolley; *die ~ ist abgesprungen* la perche du trolley a sauté; ~stärke *⚡ f* intensité *f* du courant; ~stärkemesser *⚡ m* ampèremètre *m*; ~stoß *⚡ m* coup *m* de courant; ~strich *géol. m* thalweg *m*.
'Strömung *f* courant *m* (*a. fig.*); ~slehre *f* mécanique *f* des fluides.
'Strom|unterbrecher *⚡ m* interrupteur *m*; coupe-circuit *m*; ~unter-

brechung ⚡ f coupure f de courant (od. d'électricité); délestage m; ~**verbrauch** m consommation f de courant; ~**verbraucher** m consommateur m d'électricité; ~**verlust** ⚡ m perte f de courant; ~**versorgung** ⚡ f alimentation f en courant; ⚡ acheminement m de l'énergie; ~**verteilung** f distribution f de courant; ~**wandler** ⚡ m transformateur de courant; ~**wender** ⚡ m commutateur m; ~**zähler** ⚡ m compteur m de courant; ~**zuleitung** ⚡ f arrivée f de courant.

'**Strontium** 🜍 n strontium m.
'**Strophe** f strophe f; e-s Liedes: couplet m.
'**strotzen** v/i. regorger (vor de); déborder (de); être débordant (de); vor Gesundheit ~ déborder de santé; vor Hochmut ~ être bouffi d'orgueil; ~**d** adj. regorgeant (vor de); débordant (de); vor Gesundheit ~ débordant de santé.
'**strubbelig** adj. Haar: 'hérissé; hirsute (a. Bart); ébouriffé; 2**kopf** m ébouriffé m.
'**Strudel** m tourbillon m (a. fig.); remous m; (Kuchen) chausson m; 2**n** v/i. tourbillonner; bouillonner; ~**n** n tourbillonnement m; bouillonnement m.
Struk'tur f structure f; organisation f; seelische ~ psychisme m; ~**a'lismus** a. ling. m structuralisme m; ~**a'list** m structuraliste m; 2**a'listisch** adj. structuraliste; ~**analyse** f analyse f structurelle; ~**anstrich** m peinture f structurée; sozialer ~ tissu m social.
struk'turbedingt adjt. Arbeitslosigkeit: technique.
struktu'rell adj. structural; néol. structurel, -elle; ~e Grammatik f grammaire f structurale.
struktu'rieren v/t. structurer.
Struk'turwandel m changement m structurel, -elle (od. de structure).
Strumpf m bas m; (Socke) chaussette f; (Glüh2) manchon m à incandescence; nahtloser ~ bas m sans couture; s-e Strümpfe anziehen mettre (od. enfiler) ses bas; s-e Strümpfe ausziehen enlever (od. ôter) ses bas; fig. F sich auf die Strümpfe machen décamper, filer, se sauver; '~**band** n jarretière f; '~**fabrik** f bonneterie f; '~**fabrikant** m bonnetier m; '~**halter** m jarretelle f; (Sockenhalter) a. fixe--chaussette m; '~**haltergürtel** m porte-jarretelles m; '~**hose** f collants m/pl.; '~**industrie** f bonneterie f; '~**packung** f pochette f de bas; '~**waren** f/pl. bonneterie f; '~**warenhändler(in** f) m bonnetier m, -ière f; '~**wirkerei** f bonneterie f.
Strunk m trognon m.
'**struppig** adj. Haar: 'hérissé; hirsute (a. Bart); (zerzaust) ébouriffé; embroussaillé.
'**Struwwelpeter** m Pierre l'Ébouriffé m.
Strych'nin 🜍 n strychnine f; ~**säure** f acide m strychnique.
'**Stuartkragen** m col m montant.
'**Stubben** m souche f.
'**Stübchen** n petite chambre f; chambrette f.
'**Stube** f pièce f; (bsd. Schlaf2) cham-

bre f; gute ~ salon m.
'**Stuben|älteste(r)** m chef m de chambrée; ~**arrest** m ⚔ consigne f; péd. privation f de sortie; j-m ~ geben consigner q.; priver q. de sortie; ~ haben être privé de sortie; ~**dienst** a. ⚔ m corvée f; ~ haben être de corvée; ~**fliege** ent. f mouche f domestique; ~**gelehrte(r)** m pédant m livresque; ~**genosse** m camarade m de chambre; ~**hocker** m casanier m; F pantouflard m; ~**luft** f air m confiné; ~**mädchen** n femme f de chambre; 2**rein** adj. Hund: propre; ~**wagen** (für Babys) m berceau-chariot m.
Stuck △ m stuc m.
Stück n als Ganzes od. Teil e-s Ganzen: pièce f (a. thé.); abgetrenntes: morceau m (a. Lese2, Musik2); abgesprungenes: éclat m; (Teil2) partie f; (Bruch2) fragment m; im Buch: passage m; (Exemplar) exemplaire m; Vieh: tête f; Land, Weg: bout m; Mauer: pan m; ✝ ~e pl. (Wertpapiere) titres m/pl.; valeurs f/pl.; ~ Geflügel (Wild) pièce f de volaille (de gibier); ein ~ Seife un morceau de savon; ein hübsches ~ Geld une belle somme; ein schweres ~ Arbeit un rude travail; 2 Mark das ~ deux marks la pièce; das ist ein starkes ~ c'est (F par) trop fort; ~ für ~ pièce à (od. par) pièce; fig. de point en point; in allen ~en en tout point; in vielen ~en sous beaucoup de rapports; à beaucoup d'égards; aus e-m ~ d'une seule (od. tout d'une) pièce; nur ⊕ monobloc; aus freien ~en de bon gré; spontanément; volontairement; in ~e schlagen mettre en morceaux; in ~e schneiden couper en morceaux; in ~e gehen tomber en morceaux; sich große ~e einbilden avoir une 'haute opinion de soi; große ~e auf j-n (etw. acc.) halten faire grand cas de q. (de qch.).
'**Stuck-arbeit** f ouvrage m en stuc.
'**Stück-arbeit** f travail m à la pièce.
'**Stuck-arbeiter** m stucateur m.
'**Stück|arbeiter(in** f) m ouvrier m, -ière f à la pièce (od. aux pièces); ~**chen** n petit morceau m; petit bout m; brin m; ~ Land lopin m de terre; ~**enzucker** m sucre m en morceaux; 2**en** n pièce f; barrique f; fût m; tonneau m; ~**gut** n colis m; coll. colis m/pl. isolés; ~**kohle** f gros charbon m; ~**liste** f liste f détaillée; ~**lohn** m salaire m à la pièce (od. aux pièces); ~**pforte** ⚓ f sabord m; ~**preis** m prix m unitaire; ~**verkauf** m (vente f au) détail m; 2**weise** adv. morceau par morceau; (im Akkord) à la pièce; ✝ au détail; (Stück für Stück) pièce à (od. par) pièce; ~**werk** fig. n ouvrage m décousu; pol. pointillisme m; ~ sein être incomplet, -ète; ~**zahl** f nombre m de pièces; ~**zeit** f temps m d'usinage; ~**zinsen** ✝ pl. intérêts m/pl. accrus (od. courus); ~**zucker** m sucre m en morceaux.
Stu'dent|(in f) m étudiant m, -e f; ~ der Medizin (der Naturwissenschaften; der Philosophischen Fakultät; der Rechte) étudiant m, -e f en médecine (en sciences; en lettres; en droit); ~**austausch** m échange m d'étudiants; ~**en-ausweis** m carte f d'étudiant; ~**enbude** F f *turne f; ~**endelegation** f délégation f estudianti-

ne; ~**endemonstration** f manifestation f estudiantine; *manif f; ~**endorf** n village m d'étudiants; ~**enfutter** n: das ~ les quatre mendiants m/pl.; ~**enhaus** n maison f d'étudiants; ~**enheim** n foyer m d'étudiants; ~**enjahre** n/pl. temps m des études; ~**enkorps** univ. (Bundesrep.) n fraternité f d'étudiants; ~**enkundgebung** f manifestation f d'étudiants (od. estudiantine); *manif f; ~**enleben** n vie f d'étudiant; ~**enlied** n chanson f d'étudiant; ~**enlokal** n cabaret m estudiantin; ~**enmütze** f casquette f d'étudiant; ~**enrevolte** f révolte f d'étudiant (od. estudiantine); ~**enschaft** f étudiants m/pl.; population f estudiantine (od. universitaire); ~**enstreich** m tour m d'étudiant(s); ~**en-umzug** m monôme m; ~**en-union** f: die Internationale ~ l'Union f Internationale des Étudiants; ~**en-unruhen** f/pl. troubles m/pl. estudiantins; manifestations f/pl. étudiantes (od. estudiantines); ~**enverbindung** f association f d'étudiants; ~**enwerk** n œuvres f/pl. universitaires; ~**enwohnheim** n cité f universitaire; 2**isch** adj. d'étudiant(s).
'**Studie** f étude f; ~**n-assessor(in** f) m professeur m adjoint; ~**n-ausschuß** m commission f d'enquête; ~**nbeihilfe** f allocation f d'études; ~**ndirektor(in** f) (Bundesrep.) m professeur m de lycée au dernier échélon; directeur m, -trice f d'études secondaires; als stellvertretender Direktor: proviseur m suppléant; ~**nfach** n matière f; discipline f; spécialité f; branche f; ~**nfahrt** f voyage m d'études; ~**nfreund(in** f) m camarade m, f d'études; ~**ngang** m filière f; cours m des études; ~**ngebühren** f/pl. droits m/pl. universitaires; ~**ngenosse** m camarade m d'études; 2**nhalber** adv. pour faire des études; ~**njahre** n/pl. années f/pl. des études; temps m des études; ~**nkommission** f commission f d'enquête; ~**nkopf** peint. m tête f d'étude; ~**nplan** m programme m (od. cours m) des études; ~**nrat** m, ~**nrätin** f professeur m, prof. m, f d'études; ~**nreferendar(in** f) m professeur m stagiaire; Fr. adjoint(e) m (f) d'enseignement; ~**nreise** f voyage m d'études; ~**nverlängerung** f allongement m des études; ~**nzeichnung** f étude f; ~**nzweig** m filière f; ~**nzeit** f années f/pl. d'études.
stu'dier|en v/i. u. v/t. étudier; faire ses études (en); abs. faire ses études; faire des études universitaires; être étudiant m; die Speisekarte ~ examiner le menu; 2**en** n étude(s f pl.); Probieren geht über ~ expérience passe science; 2**zimmer** n cabinet m d'étude.
'**Studio** n studio m.
'**Studium** n étude(s pl.) f; sich dem ~ widmen se livrer (od. s'adonner od. se consacrer od. s'appliquer) à l'étude (e-r Sache gén. de qch); Studien treiben se livrer à des études.
'**Stufe** f marche f; degré m; (Gelände) gradin m; fig. degré m; échelon m; (Rang2) rang m; (Niveau) niveau m; e-r Rakete, e-s Fallschirmes usw.: éta-

ge *m*; von ~ zu ~ de degré en degré; *fig.* die höchste ~ le faîte; le comble; mit j-m auf gleicher ~ stehen être au niveau de q.; j-n mit j-m auf die gleiche ~ stellen mettre q. au niveau de q.; **~nbrunnen** *m* fontaine *f* à bassins étages; *bisw.* château *m* d'eau; **~nfallschirm** *m* parachute *m* à étages; **~nflexibilität** *fin.* (*Weltwährungssystem*) *f* formules *f/pl.* de parité à crémaillère; **~nfolge** *fig. f* gradation *f*; (*Fortschreiten*) progression *f*; nförmig **I** *adj.* en gradins; étagé; **II** *adv.*: ~ anordnen (*od. aufstellen*) étager; ~ ansteigen s'étager; ~ angeordnete Sitzreihen gradins *m/pl.*; **~ngang** *fig. m* développement *m* graduel; **~nhärtung** ⊕ *f* trempe *f* étagée; **~nleiter** *f* échelle *f*; gamme *f*; **~npresse** *f* presse *f* à étages; **~npyramide** *f* pyramide *f* à gradins; **~nrakete** *f* fusée *f* à plusieurs étages; **~nschalter** ⚡ *m* commutateur *m* à plots; **~nschnitt** (*Frisur*) *m* coupe *f* en dégradé; **~nsender** *m* émetteur *m* à plusieurs étages; nweise *adv.* par degrés; par échelons; par gradation; graduellement.
'**Stufung** *f* échelle *f*; gradation *f*; éc., *fin.* cascade *f*.
Stuhl *m* chaise *f*; (*Lehr*) chaire *f*; (*Chor*) stalle *f*; (*~gang*) selle *f*; elektrischer ~ chaise *f* électrique; durch den elektrischen ~ hinrichten électrocuter; Hinrichtung durch den elektrischen ~ électrocution *f*; der Apostolische (*od.* Heilige *od.* Päpstliche) ~ le Saint-Siège; *fig.* j-m den ~ vor die Tür setzen mettre q. à la porte; *fig.* zwischen zwei Stühlen sitzen se trouver entre deux chaises; '**~bein** *n* pied *m* de chaise; '**~drang** *physiol. m* besoin *m* pressant; '**~flechter(in** *f*) *m* mit Stroh: (r)empailleur *m*, -euse *f* (de chaises); *mit Rohr*: canneur *m*, -euse *f*; '²**fördernd** ⚕ *adj.* laxatif, -ive; ~es Mittel laxatif *m*; '**~gang** *m* selle *f*; défécation *f*; déjection *f*; ~ haben avoir des selles; keinen ~ haben être constipé; '**~lehne** *f* dossier (*od.* dos) *m* de chaise; '**~macher** *m* chaisier *m*; '**~vermieterin** *f* chaisière *f*; loueuse *f* de chaises; '**~zwang** ⚖ *m* épreintes *f/pl.*
'**Stuka** *ehm.* ✈ *m* stuka *m*; bombardier *m* allemand d'attaque en piqué.
Stukka|**teur** *m* stucateur *m*; ~'**tur** *f* (ouvrage *m* en) stuc *m*.
'**Stulle** *f* tartine *f*; **~npapier** *n* papier *m* gras.
'**Stulpe** *f allg.* revers *m*; (*Manschette*) manchette *f*.
'**stülpen** *v/t. Ärmel*: retrousser; (*auf~*) mettre.
'**Stulpen**|**ärmel** *m* manche *f* à revers; **~stiefel** *m/pl.* bottes *f/pl.* à revers; **~handschuh** *m* gant *m* à revers.
'**Stülpnase** *f* nez *m* retroussé.
stumm *adj.* muet, -ette; (*schweigsam*) silencieux, -euse; ~ wie ein Fisch muet, -ette comme une carpe; *sich* ~ *stellen* faire le muet; *phon.* ~ werden s'amuïr; devenir muet.
'**Stummel** *m e-r Kerze*: bout *m*; *der Zigarre, Zigarette*: bout *m*, F mégot *m*; F clope *m*; **~sammler** F *m* mégotier *m*.
'**Stumme**|**r** (*a. m*) *m*, *f* muet *m*, -ette

f; **~film** *m* film *m* muet; **~heit** *f* mutisme *m*; (*Schweigen*) silence *m*.
'**Stumpen** *m* (*Hut*) cloche *f* de feutre; (*Zigarre*) cigare *m* suisse.
'**Stümper** *m* (*Pfuscher*) bousilleur *m*; gâcheur *m*; F mazette *f*; *pol.* histrion *m* politique.
Stümpe'**rei** *f* bousillage *m*.
'**stümper**|**haft** *adj.* gâché, bousillé; **~n** *v/i. u. v/t.* gâcher; bousiller; bâcler; *auf dem Klavier* ~ tapoter (du piano); pianoter; *auf der Geige* ~ racler du violon; ²**n** *n* bousillage *m*.
Stumpf *m* (*Baum*) tronçon *m*; *unterer, mit den Wurzeln*: souche *f*; e-r *Kerze*: bout *m*; e-s *Zahnes*: chicot *m*; *v. Gliedmaßen*: moignon *m*; mit ~ und Stiel ausrotten extirper radicalement.
stumpf *adj.* (*nicht scharf*) émoussé (*a. fig.*); ~ machen émousser; ~ werden s'émousser; (*nicht spitz*) sans pointe; épointé; ~ machen épointer; *Kegel*: tronqué; *Winkel*: obtus; (*abgenutzt*) usé; ~ machen user; ~ werden s'user; *Mensch*: abruti, hébété, insensible; (*teilnahmslos*) indifférent, apathique; '²**heit** *f geistige*: abrutissement *m*; hébétement *m*; hébétude *f*; (*Teilnahmslosigkeit*) indifférence *f*; apathie *f*; (*Unempfindlichkeit*) insensibilité *f*; **~lila**(**farben**) *adj.* lilas terne; '²**schweißung** ⊕ *f* soudage *m* en bout; raboutage *m*; '²**sinn** *m* abrutissement *m*; hébétement *m*; hébétude *f*; (*Teilnahmslosigkeit*) indifférence *f*; apathie *f*; '**~sinnig** *adj.* abruti, hébété; (*teilnahmslos*) indifférent; apathique; ~ werden s'abrutir; '**~wink**(**e**)**lig** *adj.* obtusangle.
'**Stunde** *f* heure *f*; (*Weg*) lieue *f*; (*Unterrichts*) classe *f*; von ~ zu ~ d'heure en heure; zur ~ à l'heure qu'il est; zur gelegenen ~ à propos; zur ungelegenen ~ mal à propos; à une heure indue; zu jeder ~ à toute heure; von Stund' an dès cette heure; dès ce moment; dès maintenant; à partir de ce moment; in vorgerückter ~ à une heure avancée; zwei ~n hintereinander deux heures de suite; e-e halbe ~ une demi-heure; e-e ganze ~ une heure entière; ~n geben donner des leçons; außer dem Hause: donner des leçons à domicile, courir le cachet; ~n nehmen prendre des leçons; bei j-m ~n nehmen prendre les leçons de q.; s-e ~ ist gekommen (*od.* hat geschlagen) son heure est venue (*od.* a sonné).
'**stunden** *v/t.*: j-m die Zahlung ~ accorder à q. un délai de paiement; ²**buch** *n* livre *m* d'heures; ²**durchschnitt** *m* moyenne *f* horaire; ²**geld** *n* cachet *m*; ²**geschwindigkeit** *f* vitesse *f* horaire; ²**kilometer** *m* kilomètre-heure *m* (*abr.* km/h.); *fünfzig* ~ cinquante kilomètres *m/pl.* à l'heure (*od.* par heure); **~lang I** *adj.* qui dure des heures; **II** *adv.* durant des heures; des heures entières; ²**leistung** *f* rendement *m* horaire; ²**lohn** *m* salaire *m* horaire; ²**plan** *m* emploi *m* du temps; horaire *m*; ²**satz** *m* taux *m* horaire; ²**schlag** *m*: mit dem ~ à l'heure sonnante; **~weise** *adv.* par heure; à l'heure; ²**weise** *ast. m* angle *m* horaire; ²**zeiger** *m* petite aiguille *f*; aiguille *f* des heures.
'**Ständ**|**lein** *n*: sein letztes ~ ist gekommen (*od.* hat geschlagen) sa dernière

heure (*od.* son heure) est venue (*od.* a sonné); ²**lich** *adv.* d'heure en heure; d'une heure à l'autre; par heure.
'**Stundung** *f*, **~sfrist** *f* délai *m* de paiement; **~sgesuch** *n* demande *f* de délai.
'**Stunk** F *m* (*Zank*) querelle *f*; F grabuge *m*; F disputaillerie *f*; ~ machen (*Streit anfangen*) chercher querelle, (*sich beschweren*) F rouspéter; F râler.
'**Stunt**|**girl** *cin. n* cascadeuse *f*; **~man** *m* cascadeur *m*.
stu'**pide** *adj.* stupide.
Stupidi'**tät** *f* stupidité *f*.
'**Stupsnase** *f* nez *m* retroussé.
stur F *adj.* (*starrsinnig*) entêté; têtu; aveugle; étroit d'idées; buté; (*geisttötend*) abrutissant; F ~er Bock tête *f* de mule; '²**heit** F *f* (*Starrsinnigkeit*) entêtement *m*; (*Stumpfheit*) abrutissement *m*; hébétement *m*; hébétude *f*; esprit *m* de suite.
'**Sturkopf** *m* tête *f* de bois; béotien *m*.
Sturm *m* tempête *f* (*a. fig.*); (*Unwetter*) tourmente *f*; (*Orkan*) ouragan *m* (*a. fig.*); (*Gewitter*) orage *m* (*a. fig.*); (*Windstoß*) coup *m* de vent; rafale *f*; bourrasque *f*; ⚔ assaut *m*; charge *f*; *Sport*: (*Angriff*) attaque *f*; *fig.* fougue *f*; impétuosité *f*; (*Tumult*) tumulte *m*; ~ des Beifalls tempête (*od.* rafale) *f* d'applaudissements; ~ der Entrüstung explosion *f* d'indignation; ~ im Wasserglas tempête *f* dans un verre d'eau; ~ und Drang *m* préromantisme *m*; période *f* d'effervescence littéraire (*od.* de tempête et d'élan [*od.* d'assaut]); *fig.* F auf ~ (*z. B. Krawatte*) en bataille; ~ läuten sonner le tocsin; ~ laufen donner l'assaut (*auf etw. acc.* à qch.); im ~ nehmen prendre d'assaut; **~angriff** ⚔ *m* assaut *m*; charge *f*; **~artillerie** ⚔ *f* artillerie *f* d'assaut; **~bataillon** ⚔ *n* bataillon *m* d'assaut; '**~bö** *f* rafale *f*; '**~bock** *hist. m* bélier *m*; '**~boot** ⚔ *n* bateau *m* d'assaut.
'**stürmen I** 1. *v/t.* donner l'assaut (à); (*angreifen*) attaquer; assaillir; (*im Sturm nehmen*) prendre d'assaut; *hist. Bilder*: briser; 2. *v/i.* ⚔ donner l'assaut; (*angreifen*) attaquer (*a. Sport*); (*sich stürzen*) s'élancer (*auf acc.* sur); se précipiter (sur); fondre (sur); es stürmt il fait de la tempête; **II** ²*n* → Sturm.
'**Stürmer** *m Sport*: avant *m*; **~reihe** *f Sport*: ligne *f* d'avants.
'**Sturm**|**flut** *f* raz *m* de marée; ²**frei** *adj.*: F ~e Bude chambre *f* indépendante; **~gepäck** ⚔ *n* paquetage *m* d'assaut; **~geschütz** ⚔ *n* canon *m* d'assaut; **~glocke** *f* tocsin *m*; **~haube** *hist. f* casque *m*.
'**stürmisch** *adj.* tempétueux, -euse; orageux, -euse; (*ungestüm*) impétueux, -euse; fougueux, -euse; (*wild auffahrend*) emporté; furieux, -euse; (*heftig*) violent; (*tobend*) turbulent; tumultueux, -euse; *Debatte a.*: 'houleux, -euse; ~er Beifall applaudissements *m/pl.* frénétiques; tempête (*od.* rafale) *f* d'applaudissements; ~e See mer *f* démontée (*od.* orageuse *od.* 'houleuse); ~es Wetter gros temps *m*; ~ umarmen embrasser avec effusion; nicht so ~! doucement!
'**Sturm**|**kolonne** ⚔ *f* colonne *f* d'assaut; **~lampe** *f* lampe-tempête *f*;

Sturmlaterne — sud(e)lig

~laterne *f* lanterne-tempête *f*; lampe-tempête *f*; **~lauf** *m* ✕ assaut *m*; **~leiter** *f* échelle *f* d'assaut; **~möwe** *orn. f* goéland *m*; **⸰reif** ✕ *adj.* mûr pour l'assaut; **~riemen** *m* jugulaire *f*; mentonnière *f*; **~schaden** *m*/*pl.* dégâts *m/pl.* causés par la tempête; **~schritt** ✕ *m* pas *m* de charge; **~segel** *n* tourmentin *m*; **~signal** ✕ *n* signal *m* d'assaut; **~trupp** ✕ *m* détachement *m* d'assaut; **~vogel** *orn. m* oiseau--tempête *m*; pétrel *m*; **~warnung** ⚓ *f* avertissement *m* de tempête; **~welle** ✕ *f* vague *f* d'assaut; **~wetter** *n* gros temps *m*; **~wind** *m* vent *m* violent; rafale *f*; bourrasque *f*; **~zeichen** *n* signal *m* annonciateur de tempête (*a. fig.*); *fig.* signe *m* avant--coureur de tempête.

Sturz *m* chute *f* (*a. fig.*); *e-r Regierung*: effondrement *m*; écroulement *m*; renversement *m*; △ (*Fenster*⸰) linteau *m* de fenêtre; (*Tür*⸰) linteau *m* de porte; (*Preis*⸰) chute *f* (*od.* baisse) *f* soudaine des prix; (*Ungnade*) disgrâce *f*; (*Debakel*) débâcle *f*; (*Untergang*) ruine *f*; *dem* ~ *nahe sein* menacer ruine; *e-n* ~ *tun* faire une chute; **'~acker** *m* champ *m* labouré; **'~bach** *m* torrent *m*; ravine *f*.

'stürzen I 1. *v/i.* tomber; faire une chute; (*umgestoßen werden*) être renversé; (*zusammen~ od. ein~*) s'effondrer; s'écrouler; *Pferd*: s'abattre (*mit j-m sous q.*); *vom Pferd* ~ tomber de cheval; *zu Boden* ~ tomber par terre; **2.** *v/i. u. v/rf.* (*sich*) ~ se précipiter (*auf acc.* sur; *in acc.* dans; *von*, *aus de*); fondre (*auf acc.* sur); (*sich*) *in j-s Arme* ~ se jeter dans les bras de *q.*; *sich aus dem Fenster* ~ se jeter, F se flanquer par la fenêtre; *j-m zu Füßen* ~ se jeter aux pieds de *q.*; *sich blindlings in die Gefahr* ~ se précipiter à corps perdu dans le danger; *sich in Schulden* ~ se mettre dans des dettes; s'endetter; *sich in sein Schwert* ~ se transpercer de son épée; *sich in Unkosten* ~ se mettre en frais; *sich ins Wasser* ~ se jeter à l'eau (*um zu ertrinken od. j-n zu retten*); se jeter dans l'eau (*um zu baden*); **3.** *v/t. Regierung*: renverser; (*hinab~*) faire tomber; précipiter; *j-n ins Elend* ~ ruiner *q.*; *j-n ins Verderben* ~ perdre *q.*; *nicht* ~! ne pas renverser!; **II** ⸰ *n* chute *f*; (*Um*⸰) renversement *m*; (*Zusammen*⸰) effondrement *m*; écroulement *m*; *cin.* cascade *f*.

'Sturzflug ✈ *m* descente *f* (*od.* vol *m*) en piqué; *e-n* ~ *machen* piquer; descendre en piqué; **~flugbremse** ✈ *f* frein *m* de piqué; **~güter** ✝ *n/pl.* marchandises *f/pl.* en vrac; **~helm** *m* (casque *m*) intégral *m*; casque *m* de motocycliste *resp.* de scootériste *resp.* de coureur automobile; **~kampfbomber** *m* bombardier *m* d'attaque en piqué; *ehm.* stuka *m*; **~karren** *m* tombereau *m*; **~see** *f*, **~welle** *f* paquet *m* de mer.

Stuß F *m* bêtises *f/pl.*

'Stute *f* jument *f*; **~nfohlen** *n*, **~nfüllen** *n* pouliche *f*.

'Stützbalken *m* lambourde *f*.

'Stutzbart *m* barbe *f* en pointe.

'Stütz|bein *gym. n* jambe *f* d'appui; **~e** *f* appui *m*, soutien *m*, support *m* (*alle a. fig.*); *der Hausfrau*: aide *f*; △

étai *m*; étançon *m*; étrésillon *m*; *Gärtnerei*: tuteur *m*.

'stutzen I 1. *v/t.* (*kürzer machen*) raccourcir; écourter; *Schwanz*, *Ohren*: écourter; *Flügel*: rogner; *Haare*, *Bart*: rafraîchir; *Hecke*: tondre; *Baum*: étêter; (*richtig gestalten*) façonner; **2.** *v/i.* rester interdit; s'arrêter court; être surpris; être déconcerté; (*zögern*) hésiter; *Pferde*: dresser les oreilles; **II** ⸰ *n* (*Kürzen*) raccourcissement *m*; *v. Flügeln*: rognement *m*; *v-r Hecke*: tonte *f*; *e-s Baumes*: étêtage *m*; *fig.* mouvement *m* de surprise; hésitation *f*.

'Stutzen *m* ✕ carabine *f*; (*Muffe*) manchon *m*; (*Wadenstrumpf ohne Ferse*) jambière *f*.

'stützen I *v/t. u. v/rf.* appuyer; *a. fin.* soutenir; △ *a.* étayer; étançonner; arc-bouter; buter; *Bäume*: tuteurer; *sich* ~ *auf* (*acc.*) s'appuyer sur (*a. fig.*); *fig.* se fonder sur; prendre pour base; *abus.* se baser sur; *sich mit dem Ellbogen* ~ s'accouder; *den* (*od. sich mit dem*) *Ellbogen auf den Tisch* ~ appuyer le coude sur la table; *gestützt auf sein Recht* fort de son droit; **II** ⸰ *n* soutènement *m*; étayement *m*, étançonnement *m*.

'Stutzer *m* snob *m*; dandy *m*; **⸰haft** *adj.* de (*adv.* en) snob, *etc.*; **~tum** *n* snobisme *m*.

'Stutzflügel ♪ *m* piano *m* demi--queue.

'stutzig *adj.*: ~ *machen* surprendre, *pfort* déconcerter, déconterner; interloquer; ~ *werden* rester interdit (*od.* interloqué); être surpris, *pfort* être déconcerté; se déconteneur.

'Stütz|isolator *m* isolateur *m* de soutien; **~lager** ⊕ *n* crapaudine *f*; **~mauer** *f* mur *m* de soutènement; **~pfeiler** *m* pilier *m* de soutien; **~preis** *m* prix *m* de soutien (*od.* d'intervention); **~punkt** *m* point *m* d'appui; ✕ *a.* base *f*; sanctuaire *m*.

'Stutz-uhr *f* pendule *f*.

'Stützung ✝ *f* soutien *m*; **~skäufe** *fin. m/pl.* achats *m/pl.* de soutien.

Styro'por (*Kunststoff*) *n* polystyrène *m* expansé.

Su'ada *rhét. f* faconde *f*.

Sua'heli *ling. n* swahili *m*.

subal'tern *adj.* subalterne; ⸰*e*(**r**) *m*, *f* subalterne; F sous-fifre *m*.

Sub'jekt *n* sujet *m* (*a. péj. Person*); *übles* ~ mauvais sujet *m*.

subjek'tiv *adj.* subjectif, -ive.

Subjektivi'tät *f* subjectivité *f*.

'Subkontinent *m* sous-continent *m*.

'Subkultur *soc. f* subculture *f*, sous--culture *f*.

subku'tan 𝒮 *adj.* sous-cutané.

sub'lim *adj.* sublime.

Subli'mat 🜶 *n* sublimé *m*; ⸰**mieren** *v/t.* sublimer; **~'mieren** *n*, **~'mierung** *f* sublimation *f*.

Submissi'on ✝ *f* adjudication *f*, **~sbedingungen** *f/pl.* cahier *m* des charges; **~sweg** *m*: *auf dem* ~*e* par voie d'ajudication.

Submit'tent *m* soumissionnaire *m*.

Sub-ordi|nati'on *gr. f* subordination *f*; ⸰**nieren** *gr. v/t.* subordonner.

Subskri|'bent *m* souscripteur *m*; ⸰**'bieren** *v/i.* souscrire (*auf acc.* à).

Subskripti'on *f* souscription *f*; **~sliste** *f* liste *f* de souscription; **~spreis** *m* prix *m* de souscription.

substanti'ell *adj.* substantiel, -elle.

'Substantiv *gr. n* substantif *m*, nom *m*.

substan'tivisch *gr. I adj.* substantif, -ive; **II** *adv.* substantivement; comme substantif.

Subs'tanz *f* substance *f*; **~schwund** *m*, **~verlust** *m* perte *f* de substance.

substitu'ier|en *v/t.* substituer; ⸰**en** *n*, ⸰**ung** *f* substitution *f*.

Sub'strat *n* substrat(um) *m*.

sub'til *adj.* subtil.

Subtra|'hend *arith. m* nombre *m* à soustraire; ⸰**'hieren** *v/t.* soustraire; *faire la soustraction* (*abs.*); **~kti'on** *f* soustraction *f*; **~kti'onszeichen** *n* signe *m* de la soustraction.

sub'tropisch *adj.* subtropical.

Subven|ti'on *f* subvention *f*; ⸰**tio'nieren** *v/t.* subventionner.

'Such|aktion *f* recherches *f/pl.*; **~anzeige** *f* avis *m* de recherche (d'une personne disparue); **~dienst** *m* bureau *m* de recherches; **~e** *f* recherche *f*; quête *f*; *auf der* ~ *nach* à la recherche (*od.* en quête) de; *auf die* ~ *gehen*; *sich auf die* ~ *machen* aller (*od.* mettre) à la recherche (*nach de*); se mettre en quête (*od.* aux recherches) (*de*); ⸰**en** *v/t.*, *v/i.* chercher; (*eifrig* ~; *nachforschen*) rechercher; (*sich bemühen*) s'efforcer (*zu ... inf.* de ... *inf.*); (*ver~*) chercher (*zu ... inf.* à ... *inf.*); essayer (*od.* tâcher) (*zu ... inf.* de ... *inf.*); (*nach j-m verlangen*) demander; *Minen*: détecter, ⚓ draguer; *Abenteuer* ~ chercher aventure; *Arbeit* ~ rechercher du travail; *das Weite* ~ gagner le large; *bei j-m Rat* ~ demander conseil à *q.*; consulter *q.*; *Händel* ~ chercher querelle; *nach etw.* ~ être à la recherche (*od.* en quête) de *qch.*; *ch.* quêter; **~en** *v/rec.*, *v/i.* chercher(s *pl.*) *f*; *ch.* quête *f*; **~er** *m* chercheur *m*; *chir.* sonde *f*; *phot.* viseur *m*; **~gerät** *n* détecteur *m*; **~hund** *ch. m* limier *m*; **~kartei** *f* fichier *m* des personnes disparues (*od.* recherchées); **~scheinwerfer** *m* phare *m* (*od.* projecteur *m*) orientable; **~stelle** *f* bureau *m* de recherches.

Sucht *f* manie *f*; passion *f*; rage *f*; ~ *nach Altertümern* archéomanie *f*.

'süchtig *adj.* toxicomane; ⸰**e**(**r** *a. m*) *m*, *f* toxicomane *m*, *f*; ⸰**keit** *f* toxicomanie *f*.

'Suchtkranke(**r**) *m* toxicomane *m*.

Sud *m* *phm.* décoction *f*; *Brauerei*: brassage *m*.

Süd *m* sud *m*; midi *m*; *im* ~ *von au sud de*; **'~afrika** *n* l'Afrique *f* du Sud; l'Afrique australe; **~afri'kaner**(**in** *f*) *m* Sud-Africain *m*, -e *f*; ⸰**afri'kanisch** *adj.* sud-africain; **~a'merika** *n* l'Amérique *f* du Sud; **~ameri'kaner**(**in** *f*) *m* Sud-Américain *m*, -e *f*; ⸰**ameri'kanisch** *adj.* sud-américain; de l'Amérique du Sud.

Su'dan *m*: *der* ~ le Soudan.

Suda'ne|se *m*, **~sin** *f* Soudanais *m*, -e *f*; ⸰**sisch** *adj.* soudanais.

'süddeutsch *adj.* de l'Allemagne du Sud; ⸰**e**(**r** *a. m*) *m*, *f* Allemand *m*, -e *f* du Sud; ⸰**land** *n* l'Allemagne *f* du Sud.

Sude'lei *f* (*Pfuscherei*) bousillage *m*; (*Kritzelei*) griffonnage *m*.

'sud(**e**)**lig** *adj.* (*schmutzig*) sale; mal-

propre; *(hingepfuscht)* bousillé; gâché; bâclé; P salopé.
'**sudeln** *v/i. u. v/t. (Schmutz machen)* faire de la saleté; *(beschmieren)* barbouiller; *(pfuschen)* bousiller; gâcher; bâcler; *(kritzeln)* griffonner.
'**Süden** *m* sud *m*; midi *m*; *im ~ von* au sud de; *im ~ Frankreichs* dans le Midi; *nach ~* vers le sud; au sud; au midi.
'**Süd|frankreich** *n* le midi de la France; le Midi; la France méridionale; **~franzose** *m*, **~französin** *f* Méridional *m, -e f*; ²**französisch** *adj.* du midi de la France; méridional; **~e** *Sprache* langue *f* du Midi; occitan *m*; provençal *m*; **~früchte** *f/pl.* fruits *m/pl.* méditerranéens et tropicaux; **~fruchthandlung** *f* magasin *m* de fruits méditerranéens et tropicaux; **~halbkugel** *f* hémisphère *m* austral; **~korea** *n* la Corée *f* du Sud; **~koreaner(in** *f*) *m* Sud-Coréen *m*, -enne *f*; ²**koreanisch** *adj.* sud-coréen, -enne; **~küste** *f* côte *f* méridionale; **~lage** *f* exposition *f* au midi; **~länder(in** *f*) *m* habitant *m, -e f* du sud; ²**ländisch** *adj.* méridional; *die ~en Völker* les peuples méridionaux.
'**südlich** *adj.* du sud; méridional; du midi; *in ~er Richtung* vers le sud; au sud; au midi; **~e** *Halbkugel* hémisphère *m* austral; **~er Pol** pôle *m* sud *(od. antarctique od. austral); ~ von* au sud de.
'**Süd|licht** *n* aurore *f* australe; **~'ost(en)** *m* sud-est *m*; ²**östlich** *adj.* sud-est; *~ von* au sud-est de; **~pol** *m* pôle *m* sud *(od.* antarctique *od.* austral); **~polarforschung** *f* exploration *f* du pôle Sud *(od.* antarctique *od.* austral); **~polarländer** *n/pl.* terres *f/pl.* antarctiques *(od.* australes); **~polarmeer** *n* océan *m* Glacial Antarctique; **~see** *f* (océan *m*) Pacifique *m*; **~seite** *f* côté *m* sud; midi *m*; *e-s Gebirges*: versant *m* sud; **~staaten** *m/pl.* Etats *m/pl.* du sud; **~süd'ost** *m* sud-sud-est *m*; **~süd'west** *m* sud-sud-ouest *m*; **~tirol** *n* le 'Haut-Adige; ²**wärts** *adv.* vers le sud; au midi; au sud; **~'west(en)** *m* sud-ouest *m*; **~'wester** ⚓ *m* suroît *m*; ²**westlich** *adj.* sud-ouest; *~ von* au sud-ouest de; **~'west(wind)** *m* suroît *m*; **~wind** *m* vent *m* du sud *(od.* du midi).
'**Sueskanal** *m* canal *m* de Suez.
Suff F *m* boisson *f*; ivrognerie *f*; *sich dem ~ ergeben* s'adonner à la boisson.
'**süffeln** F *v/i.* F picoler; F biberonner.
'**süffig** *(Wein)* F *adj.* F gouleyant.
süffi'sant *péj. adj.* suffisant.
Suf'fix *gr. n* suffixe *m*.
sugge'rieren *v/t.* suggérer.
Suggesti'on *f* suggestion *f*.
sugges'tiv *adj.* suggestif, -ive; ²**frage** *f* question *f* suggestive.
'**Suhle** *ch. f* bauge *f*; ²**n** *v/rf.: sich ~ se* vautrer.
'**Sühn|altar** *m* autel *m* expiatoire; ²**bar** *adj.* expiable; **~e** *f (Buße)* expiation *f*; 🕊 conciliation *f*; **~emaßnahme** *f* sanction *f*; ²**en** *v/t.* expier; **~everfahren** 🕊 *n* procédure *f* de conciliation; **~everhandlung** *f* audience *f* de conciliation; **~eversuch** *m* tentative *f* de conciliation; **~opfer** *n* holocauste *m*; sacrifice *m* expiatoire.

Su'ite *a.* ♪ *f* suite *f*.
Sui'zidgefährdete(r) *psych. m* suicidaire *m*.
Sukzessi'on *f* succession *f*.
sukzes'siv *adj.* successif, -ive; **~e** *adv.* successivement.
Sul'fat 🜔 *n* sulfate *m*.
Sul'fid 🜔 *n* sulfure *m*.
Sul'fit 🜔 *n* sulfite *m*.
Sulfona'mid *phm. n* sulfamide *m*.
'**Sulky** *hipp. n* sulky *m*.
'**Sultan** *m* sultan *m*.
Sulta'nat *n* sultanat *m*.
Sulta'nine *f* raisin *m* sec.
'**Sülze** *f* gelée *f* de viande; viande *f* en gelée; fromage *m* de tête.
'**Summa** *f* somme *f*; ² *summarum* somme *f* totale; total *m*; *fig.* somme toute, en somme; tout bien pesé.
Sum'mand 🜔 *m* terme *m* d'une somme.
sum'marisch *adj.* sommaire; *(kurz) a.* succinct.
'**Sümmchen** *n* petite somme *f*; *ein hübsches ~* une coquette somme.
'**Summe** *f* somme *f*; total *m*; *e-e ~ abrunden (od. aufrunden)* arrondir une somme.
'**summen** I **1.** *v/i. Insekten:* bourdonner; **2.** *v/t. Lied:* fredonner; **II** ² *n* bourdonnement *m*; *e-s Liedes:* fredonnement *m*.
'**Summer** ∅ *m* vibreur *m*; ronfleur *m*.
sum'mier|en *v/t. u. v/rf.* additionner; totaliser; *sich ~* s'accumuler; ²**ung** *f* addition *f*; *(Anhäufung)* accumulation *f*.
'**Summton** *m* bourdonnement *m*; ronflement *m*; tonalité *f*.
Sumpf *m* marais *m*; *großer ~*: marécage *m*; *fig.* fange *f*; **~boden** *m* sol *m* marécageux; '²**en** P *péj. v/i.* F faire la noce; F bambocher; mener une vie déréglée; **~fieber** 🜔 *n* fièvre *f* des marais; fièvre *f* paludéenne, paludisme *m*; **~gas** 🜔 *n* gaz *m* des marais; méthane *m*; **~gegend** *f* contrée *f* marécageuse; **~huhn** *n* zo. poule *f* d'eau; *fig. péj.* noceur *m*; '²**ig** *adj.* marécageux, -euse; **~land** *n* contrée *f* marécageuse; **~otter** *zo. f* vison *m*; '**~pflanze** ♀ *f* plante *f* des marais; '**~schnepfe** *orn. f* bécassine *f*; '**~vogel** *m* oiseau *m* des marais; '**~wasser** *n* eau *f* marécageuse; **~wiese** *f* pré *m* marécageux.
Sums P *m*: *großen ~ von etw. machen* F faire beaucoup de chichis autour de qch.
Sund *m* détroit *m*.
'**Sunda-inseln** *f/pl.: die ~* l'archipel *m* de la Sonde.
'**Sünde** *f* péché *m*; *kleine:* peccadille *f*; *e-e ~ begehen* commettre un péché; **~nbekenntnis** *n* confession *f* des péchés; **~nbock** *fig. m* bouc *m* émissaire; **~n-erlaß** *m* rémission *f* des péchés; absolution *f*; **~nfall** *m* chute *f*; **~ngeld** F *n (viel Geld)* argent *m* fou; **~nlast** *f* poids *m* des péchés; **~nleben** *n: ein ~ führen* vivre dans le péché; **~nmaß** *n: sein ~ war voll* la mesure était comble; **~npfuhl** *m* fange *f*; **~nregister** *n* liste *f* des péchés commis; **~nschuld** *rl. f* péché *m*; **~nvergebung** *f* rémission *f* des péchés; absolution *f*.
'**Sünd|er(in** *f*) *m* pécheur *m*, pécheresse *f*; ²**haft** *adj.* pécher, péche-

resse; *(schuldig)* coupable; *(fähig zur Sünde)* enclin au péché; *adv.* F *~ teuer sein* coûter les yeux de la tête; **~haftigkeit** *f* penchant *m* au mal; ²**ig** *adj.* pécheur, pécheresse; *(schuldig)* coupable; ²**igen** *v/i.* pécher; commettre un péché; *an j-m ~* mal agir envers q.; *litt.* manquer à q.; **~igen** *n* péchés *m/pl.*; ²**los** *rl. adj.* impeccable; **~losigkeit** *rl. f* impeccabilité *f*.
'**Super|bombe** *f* superbombe *f*; **~bomber** *m* superbombardier *m*; **~champion** *m* superchampion *m*; **~fein** *adj.* superfin; **~festung** *f* superforteresse *f*; **~intendant** *m Allg. prot.* surintendant *m*; *Fr.* inspecteur *m* ecclésiastique; ²**klug** *adj.* trop avisé; *(dünkelhaft)* suffisant; présomptueux, -euse; **~lativ** *gr. m* superlatif *m*; ²**lativisch** *adj.* superlatif, -ive; **~macht** *f* superpuissance *f*; *Supermächte pl. a.* super-Grands *m/pl.*; **~markt** *m* supermarché *m*; grande surface *f*; *ab 2500 m²:* hypermarché *m*; **~oxyd** 🜔 *n* peroxyde *m*; **~tanker** ⚓ *m* pétrolier *m* géant.
Su'pinum *gr. n* supin *m*.
'**Suppe** *f* potage *m*; soupe *f*; *fig. j-m die ~ versalzen* gâter le plaisir à q.; *die ~ auslöffeln* payer les pots cassés; **~nfleisch** *n* pot-au-feu *m*; *gekocht:* bouilli *m*; **~ngrün** *n* herbes *f/pl.* potagères; **~nhuhn** *n* poule *f* au pot *(od.* à cuire); **~nkelle** *f* louche *f*; **~nkraut** *n* herbe *f* potagère; **~nlöffel** *m (Eßlöffel)* cuiller *f* à soupe; *(Suppenkelle)* louche *f*; **~nschüssel** *f*, **~nterrine** *f* soupière *f*; **~nteller** *m* assiette *f* à soupe; **~ntopf** *m* pot-au-feu *m*; **~nwürfel** *m* cube *m*.
Supple'ment *n* supplément *m*; **~band** *m* volume *m* supplémentaire; **~winkel** ⚪ *m* angle *m* supplémentaire.
supranatio'nal *adj.* supranational.
Supra'porte △ *f* dessus *m* de porte.
Supre'mat *rl. m od.* suprématie *f*.
Surrea'lis|mus *m* surréalisme *m*; **~t** *m* surréaliste *m*; ²**tisch** *adj.* surréaliste.
'**surren** I *v/i.* bourdonner; *Motor:* vrombir; ronfler; **II** ² *n* bourdonnement *m*; *des Motors:* vrombissement *m*; ronflement *m*.
Surro'gat *n* succédané *m*.
suspen'dieren *v/t.* suspendre *(vom Amt* de ses fonctions); ²**si'on** *f* suspension *f*; ²**'sorium** 🜔 *n* suspensoir *m*.
süß *adj.* doux, douce *(a. fig.); (zucker~)* sucré; *fig. (niedlich)* mignon, -onne; *(nett)* gentil, -ille; **~ machen** sucrer, mettre du sucre dans, 🜔 dulcifier, édulcorer; **~ schmecken** avoir un goût sucré; **~ klingen** flatter l'oreille; *~ träumen* faire de beaux rêves; '²**e** *f des Geschmacks:* douceur *f*; **~en** *v/t.* sucrer; mettre du sucre dans; 🜔 dulcifier; édulcorer; '²**holz** *n* ♀ réglisse *f*; F *fig. ~ raspeln* conter fleurette; '²**holzraspler** F *m* godelureau *m*; '²**igkeiten** *f/pl.* sucreries *f/pl.*, douceurs *f/pl.*, chatteries *f/pl.*, friandises *f/pl.*; *gern ~ essen* aimer les sucreries *(od.* les douceurs, *etc.)*; '²**kirsche** *f* guigne *f; (Baum)* guignier *m*; '**~lich** *adj.* douceâtre; *Geruch:* suave; *fig.* doucereux, -euse; mielleux, -euse; *~es Lächeln* sourire

m en guimauve; '2lichkeit *f* caractère *m* douceâtre (*od.* doucereux); '~sauer *adj.* aigre-doux, aigre-douce; mit e-m ~en Gesicht mi-figue, mi-raisin; '2schnabel *m* friand *m*, -e *f* de confiseries et de sucreries; F bec *m* sucré; '2speise *f* entremets *m*; dessert *m*; '2stoff *m* saccharine *f*; '2waren *f/pl.* sucreries *f/pl.*; confiserie *f*; '2warenfabrik *f* confiserie *f*; '2warengeschäft *n* confiseur *m*; confiserie *f*; '2wasser *n* eau *f* douce; '2wasserfisch *m* poisson *m* d'eau douce; '2wein *m* vin *m* doux.
Swing fin. *m* → Überziehungskredit.
Syllo'gis|mus *m* syllogisme *m*; 2tisch *adj.* syllogistique.
Symbi'ose *f* symbiose *f*.
Sym'bol *n* symbole *m*; ~ik *f* symbolique *f*; 2isch *adj.* symbolique.
symboli'sier|en *v/t.* symboliser; 2ung *f* symbolisation *f*.
Symbo'lis|mus *m* symbolisme *m*; ~t *m* symboliste *m*; 2tisch *adj.* symboliste.
Symme'trie *f* symétrie *f*.
sym'metrisch *adj.* symétrique.
Sympa'thie *f* sympathie *f*; ~ empfinden éprouver de la sympathie (für pour); sympathiser (avec); ~kundgebung *f* témoignage *m* de sympathie; ~streik *m* grève *f* de solidarité (*od.* de sympathie); in ~ treten se mettre en grève de solidarité (*od.* de sympathie); faire une grève de solidarité.
Sym'pathikus *anat. m* nerf *m* sympathique.
sym'pathisch *adj.* sympathique; F sympa *inv.*; ~es Nervensystem (grand) sympathique *m*.
sympathi'sieren *v/i.* sympathiser (mit avec).
Sympho'nie *f* symphonie *f*; ~konzert *n* concert *m* symphonique; ~orchester *n* orchestre *m* symphonique.
Sym'phoniker *m* symphoniste *m*.
sym'phonisch *adj.* symphonique.
Sym'posion (*Tagung*) *n* symposium

m; *seltener:* symposion *m*.
Symp'tom *n* symptôme *m*.
sympto'matisch *adj.* symptomatique.
Syna'goge *f* synagogue *f*.
Synä'rese *gr. f* synérèse *f*.
Synästhe'sie ✶ *f* synesthésie *f*.
syn'chron *adj.* synchrone; synchronique; 2getriebe *Auto: n* boîte *f* de vitesses synchronisée; synchroniseur *m*; F synchro *m*.
Synchroni'sator ⚡, *biol. m* synchroniseur *m*; *cin.* synchroniseuse *f*.
synchroni'sier|en *v/t.* synchroniser; (*e-n Stummfilm vertonen*) postsynchroniser; (*den Originaltext e-s Films in e-e andere Sprache übertragen*) doubler; 2en *n*, 2ung *f* synchronisation *f*; (*Vertonung e-s Stummfilmes*) postsynchronisation *f*; (*Übertragung des Originaltextes e-s Filmes in e-e andere Sprache*) doublage *m*.
Synchro'nis|mus *m* synchronisme *m*; 2tisch *adj.* synchronique.
Syn'chron|klappe *cin. f* claquette *f*; ~motor *m* moteur *m* synchrone; ~satellit *m* satellite *m* géostationnaire; ~schwimmen *n* natation *f* synchrone.
Synchro'tron *at. n* synchrotron *m*.
Syndika'lis|mus (*Gewerkschaftswesen*) *m* syndicalisme *m*; ~t *m* syndicaliste *m*; 2tisch *adj.* syndicaliste.
Syndi'kat (*Unternehmerverband*) *n* syndicat *m* patronal; consortium *n*.
'Syndikus *m* conseiller *m* juridique.
Syn'drom ✶ *n* syndrome *m*.
Syner'gie ✶ *f* synergie *f*.
Syn'kope¹ ♪ *f* syncope *f*.
'Synkope² *gr.* ✶ *f* syncope *f*.
syn'kopenhaft (*Rhythmus*) *adj.* syncopé; trépidant.
synko'pieren ♪, *gr. v/t.* syncoper.
syn'kopisch ✶ *adj.* syncopal.
Syno'dalverfassung *f* constitution *f* du synode.
Sy'node *f* synode *m*.
sy'nodisch *adj.* synodal.
Syno'nym *ling.* **I** *n* synonyme *m*; **II** 2

2isch *adj.* synonymique; ~ik *f* synonymique *f*.
Sy'nop|se *f* synopsis *f*; 2tisch *adj.* synoptique.
syn'taktisch *gr. adj.* syntaxique.
'Syntax *gr. f* syntaxe *f*.
Syn'the|se *f* synthèse *f*; ~tics *text. pl.* tissus *m/pl.* synthétiques; 2tisch *adj.* synthétique; ~e Chemie *f* chimie *f* de synthèse; ~ herstellen synthétiser.
'Syphilis ✶ *f* syphilis *f*.
Syphi'li|tiker *m* syphilitique *m*; 2tisch *adj.* syphilitique.
'Syr|ien *n* la Syrie; ~ier(in *f*) *m* Syrien *m*, -enne *f*; 2isch *adj.* syrien, -enne.
'Syrte *f*: *die Große* (*Kleine*) ~ la Grande (Petite) Syrte.
Sys'tem *n* système *m*; in ein ~ bringen systématiser.
Sys'tem-analytiker *inform. m* analyste *m*.
Syste'mat|ik *f* systématique *f*; ~iker *m* esprit *m* systématique; 2tisch *adj.* systématique; ~ einteilen (*od.* ordnen) systématiser.
Sys'temgefangene(r) *pol. m* prisonnier *m* de conscience.
sy'stemlos *adj. u. adv.* sans système.
Sy'stemprogrammierer *cyb. m* programmeur *m* système.
'Systole ✶ *f* systole *f*.
Sze'narium ✶ *n* scénario *m*.
'Szene *thé. u. fig. f* scène *f*; (*Bildfolge*) séquence *f*; hinter der ~ (hinter den Kulissen) derrière (*od.* dans) les coulisses; in ~ setzen mettre en scène; *fig.* j-m e-e ~ machen faire une scène à q.; F e-e ~ vorführen faire du cinéma; sich in ~ setzen se donner des airs; ~nbeleuchtung *f* éclairage *m* de la scène; ~nwechsel *m* changement *m* de décor; entracte *m*; ~ auf offener Bühne changement *m* à vue.
Szen|e'rie *f* décors *m/pl.*; 'Sisch *adj.* scénique.
Szintillati'on *ast., at. f* scintillation *f*; ~szähler *at. m* compteur *m* à scintillations.

T

T, t n T, t m.

'Tabak m tabac m; schwarzer (heller) ~ du tabac brun od. noir (blond); aber: ein Paket schwarzen ~ un paquet de tabac gris; ~ kauen chiquer; ~ schnupfen priser; fig. das ist starker ~ F c'est un peu fort; F elle est raide, celle-là; **~bau** m culture f du tabac; **~handel** m commerce m du tabac; **~händler(in** f) m marchand, débitant m, -e f de tabac; buraliste m, f; **~laden** m bureau (od. débit) m de tabac; **~monopol** n monopole m du tabac; **~pflanze** f tabac m; **~pflanzer** m planteur m de tabac; tabaculteur m; **~pflanzung** f plantation f de tabac; **~qualm** m épaisse fumée f de tabac; **~rauch** m fumée f de tabac; **~regie** f régie f des tabacs; **~sbeutel** m blague m à tabac; **~schnupfer** m priseur m; **~sdose** f tabatière f; **~spfeife** f pipe f; **~steuer** m sur le tabac; **~trafik** östr. f F → ~laden; **~vergiftung** f tabagisme m; nicotinisme m; **~waren** f/pl. tabacs m/pl.
tabel'larisch adj. u. adv. sous forme de tableau (synoptique).
Ta'belle f tableau m; table f.
Tabel'liermaschine f tabulatrice f.
Taber'nakel cath. n tabernacle m.
Ta'blett n plateau m.
Ta'blette phm. f comprimé m; **~nsucht** f pharmacomanie f.
'tabu I adj. tabou; **II** ♀ n tabou m.
'tabula 'rasa: ~ mit etw. machen faire table rase de qch.
Tabu'lator m tabulateur m.
Tabula'tur ♪ f tablature f.
Tacho'meter m tachymètre m; Auto: compteur m de vitesse.
'Tadel m blâme m; (Rüge) réprimande f; (Mißbilligung) réprobation f; désapprobation f; (Vorwurf) reproche m; (Kritik) critique f; Schule: mauvaise note f; mauvais point m; ohne ~ sans défaut; sich j-s ~ zuziehen s'attirer (od. encourir) le blâme de q.; **♀frei** adj. → **♀los**, **♀los** adj. sans défauts; irréprochable; impeccable.
'tadeln v/t. blâmer (wegen de); (rügen) réprimander; (mißbilligen) réprouver; désapprouver; (Vorwürfe machen) faire des reproches (à); (kritisieren) critiquer; censurer; an j-m etw. ~; j-n wegen etw. ~ reprocher qch. à q.; an allem etw. zu ~ finden trouver à redire à tout; **~d** adj. réprobateur, -trice; de réprobation; **~swert** adj. blâmable; critiquable; censurable.
'Tadels-antrag parl. m motion f de censure.
'Tafel f table f; (Wand♀) tableau m; (Anzeige♀) écriteau m; (Platte) plaque f; Schokolade: tablette f; △ (Säulenplatte) plinthe f; (Schiefer♀) ardoise f; zur Illustration in Büchern: planche f; die ~ decken mettre le couvert; die ~ abdecken desservir; ôter le couvert; von der ~ aufstehen se lever de table; die ~ aufheben donner le signal de se lever de table; **~apfel** m pomme f à couteau; **~aufsatz** m surtout m (de table); **~besteck** n couvert m; **~birne** f poire f à couteau; **~butter** f beurre m de table; **~decken** n arrangement m de la table; **♀fertig** adj. prêt à être servi; **♀förmig** adj. tabulaire; en forme de table; **~freuden** f/pl. plaisirs m/pl. de la table; **~geschirr** n service m de table; vaisselle f; **~glas** n verre m en feuille.
'Täfelholz ⊕ n boisage m.
'Tafel|land n plateau m; **~musik** f musique f légère.
'tafeln v/i. banqueter; festoyer; faire une festin; oft einfach: être à table.
'täfeln v/t. Wand: lambrisser; boiser; Fußboden: parqueter.
'Tafel|obst n fruits m/pl. de dessert; **~öl** n huile f de table; **~runde** f tablée f; litt. Table f ronde; **~schiefer** m ardoise f en feuilles; **~silber** n argenterie f; **~tuch** n nappe f; **~überreste** m/pl. reliefs m/pl. (de la table).
'Täfelung f der Wand: lambris m; boiserie f.
'Tafel|waage f balance f à plateaux; **~wein** m vin m de table; F gros rouge m.
Taft m taffetas m; **'~kleid** n robe f en taffetas.
Tag m jour m; als Dauer: journée f (a. Gedenk♀); (Datum) date f; ~ für ~ jour par (od. après) jour; au jour le jour; alle ~e tous les jours; jeden ~ chaque jour; tous les jours; journellement; dieser ~e ces jours-ci; e-n ~ um den andern tous les deux jours; un jour sur deux; den ganzen ~ toute la journée; den ganzen ~ über pendant la journée; toute la journée; du matin au soir; den lieben langen ~ toute la sainte journée; zwei ~e lang deux jours (durant); pendant deux jours; ganze ~e lang (pendant) des jours entiers (od. des journées entières); e-s (schönen) ~es un (beau) jour; an e-m schönen ~e par une belle journée; am ~e de jour; pendant la journée; (pendant) le jour; am ~e (gén.) le jour (de); noch an diesem ~e ce jour même; an e-m dieser ~e un de ces jours; am folgenden ~e am ~e darauf le lendemain; le jour suivant; am ~e nach ... le lendemain de ...; am ~e zuvor la veille; le jour précédent; am ~e vor ... la veille de ...; am hellen ~e en plein jour; auf den ~ genau jour pour jour; à pareil jour; bis auf den heutigen ~ jusqu'(à) aujourd'hui; auf m-e alten ~e sur mes vieux jours; auf den ~ (mieten) (louer) à la journée; bei ~e (pendant) le jour; pendant la journée; (bei Licht) au (grand) jour; in unseren ~en de nos jours; in 14 ~en dans quinze jours; seit dem ~e, an dem ... du jour où ...; ✕ über ~ à ciel ouvert; ✕ unter ~e souterrain, adv. souterrainement; von ~ zu ~ de jour en jour; von e-m ~ zum andern d'un jour à l'autre; du jour au lendemain; vom ersten ~e an du premier jour; was ist heute für ein ~? quel jour sommes-nous aujourd'hui?; es vergeht kein ~, ohne daß ... il ne se passe pas un jour sans que ... (subj.); freier ~ jour m (od. journée f) de congé; ~ und Nacht jour et nuit; das ist wie ~ und Nacht (etw. ganz anderes) c'est comme le jour et la nuit; e-n ~ bestimmen (od. festlegen) fixer un jour (für etw. pour qch.); s-n guten ~ haben être dans son bon jour; an den ~ bringen mettre au jour; faire connaître; révéler; an den ~ kommen se faire jour, se révéler; Geheimnis: éclater; an den ~ legen manifester; afficher; in den ~ hineinleben vivre au jour le jour; in den ~ hinein (od. bis in den hellen ~) schlafen faire la grasse matinée; es wird ~ le jour se lève (od. poét. point); il commence à faire jour; es ist (heller) ~ il fait (grand) jour; guten ~! bonjour!; nochmals guten ~! rebonjour!; j-m guten ~ sagen dire bonjour à q.; j-m e-n guten ~ wünschen souhaiter (od. donner) le bonjour à q.; der Jüngste ~ le jour du jugement dernier; jeder hat s-e Plage à chaque jour suffit sa peine; man soll den ~ nicht vor dem Abend loben tel qui rit vendredi, dimanche pleurera; il ne faut chômer les fêtes avant qu'elles soient venues; attendons la fin; es ist noch nicht aller ~e Abend qui vivra verra; **'~arbeit** f travail m de jour; **♀aus** adv.: ~, tagein jour après jour; chaque jour; tous les jours; **'♀blind** adj. nyctalope; **'~blindheit** f nyctalopie f.
'Tage|bau ✕ m exploitation f à ciel ouvert (à jour); **~blatt** n (journal m) quotidien m; **~buch** n journal m; carnet m intime; **~dieb(in** f) m fainéant m, -e f; **~geld** n indemnité f journalière; **~er** n/pl. a. frais m/pl. de déplacement.
'tage|lang I adj. qui dure des jours entiers (od. des journées entières); **II** adv. des jours entiers, des journées entières; **♀lohn** m salaire m journalier; journée f; im ~ arbeiten travailler à la journée; **♀löhner(in** f) m journalier m, -ière f; homme m (femme f)

de journée; ⁨2⁩marsch *m als Strecke*: journée *f* de marche.
'tagen *v/i.*: *Versammlung*: siéger; (*beraten*) délibérer; *pol.* tenir ses assises.
'Tagereise *f* voyage *m* d'une journée; *als Strecke*: journée *f* de voyage.
'Tages|anbruch *m* pointe (*od.* naissance) *f* du jour; *vor* ~ avant le jour; *bei* ~ à la pointe du jour; ~angriff ⚔ *m* attaque *f* de jour; ~arbeit *f* journée *f*; ~ausflug *m* excursion *f* d'une journée; ~befehl ⚔ *m* ordre *m* du jour; ~bericht *m* bulletin *m* du jour; ~bettdecke *f* couvre-lit *m*; ~creme *f* crème *f* de jour; ~dienst *m* service *m* de jour; ~einnahme *f* recette *f* journalière (*od.* de la journée); ~ereignis *n* événement *m* du jour; ~(fahr)karte *f* billet *m* à la journée; ~flug ⚔ *f* (*Flug am Tage*) *m* vol *m* diurne; ~förderung ⚒ *f* extraction *f* journalière; ~fragen *f/pl.* questions *f/pl.* (à l'ordre) du jour; ~gericht *n* plat *m* du jour; ~gespräch *n* nouvelle *f* du jour; *es ist das* ~ tout le monde en parle, ~helle *f* clarté *f* du jour; ~kasse *f* bureau *m* de location; → ~einnahme; ~kino *n* (cinéma *m*) permanent *m*; ~krem *f od. m* crème *f* de jour; ~kurs *m* cours *m* du jour; ~leistung *f e-r Maschine*: rendement (*od.* débit) *m* journalier; (*Tagesproduktion*) production *f* journalière; ⚒ extraction *f* journalière; ~licht *n* (lumière *f* du) jour *m*; *das* ~ *erblicken* voir le jour; *das* ~ *scheuen* craindre le grand jour; *ans* ~ *bringen* mettre au jour; faire connaître; révéler; *ans* ~ *kommen* se faire jour; se révéler; ~lichtprojektor *écol. usw. m* rétroprojecteur *m*; ~lohn *m* salaire *m* journalier; journée *f*; ~marsch *m* journée *f* de marche; ~meldung *f* nouvelle *f* du jour; ~nachrichten *f/pl.* nouvelles *f/pl.* (*od.* événements *m/pl.*) du jour; ~neuigkeit *f* nouvelle *f* du jour; ~ordnung *f* ordre *m* du jour (*a. fig.*); *Aufstellung der* ~ établissement *m* de l'ordre du jour; *die* ~ *aufstellen* établir (*od.* dresser *od.* élaborer) l'ordre du jour; *Annahme der* ~ adoption *f* de l'ordre du jour; *die* ~ *annehmen* adopter l'ordre du jour; *Antrag auf Annahme e-r Frage in die* ~ demande *f* d'inscription à l'ordre du jour; *auf die* ~ *setzen* mettre (*od.* inscrire) à l'ordre du jour; *auf der* ~ *stehen* figurer à l'ordre du jour; *von der* ~ *streichen* (*zurückziehen*) rayer (retirer) de l'ordre du jour; *die* ~ *überladen* (*erschöpfen*) surcharger (épuiser) l'ordre du jour; *ein Punkt auf der* ~ un point figurant à l'ordre du jour; *Punkt 1 der* ~ le premier point à l'ordre du jour; *zur* ~ *schreiten* (*od. übergehen*) passer à l'ordre du jour; *wir kommen zu Punkt 5 der* ~ passons à la discussion du point 5 de l'ordre du jour; l'ordre du jour appelle la discussion du point 5; *an der* ~ *sein, zur* ~ *gehören fig.* être à l'ordre du jour; être monnaie courante; ~ordnungs-ausschuß *m* commission *f* de l'ordre du jour; ~ordnungs-entwurf *m* projet *m* d'ordre du jour; ~platte *cuis. f* plat *m* du jour; ~preis ✝ *m* prix du jour; ~presse *f* presse *f* quotidienne; ~produktion *f* production *f* journalière; ~ration *f* ration *f* journalière; ~satz *m* ✝ taux *m* journalier; (*Tagesration*) ration *f* journalière; ~schau *f Fernsehen*: journal *m* télévisé; téléjournal *m*; ~schicht *f* équipe *f* de jour; ~ haben être de jour; ~spesen *pl.* frais *m/pl.* de déplacement; ~stätte (*für Kinder*) *f* garderie *f* d'enfants; ~stempel *m* (timbre *m*) dateur *m*; ~umsatz ✝ *m* vente *f* journalière; ~verdienst *m* gain *m* journalier; ~verpflegung *f* (*Tagesration*) ration *f* journalière; ~zeit *f* heure *f* du jour; *zu jeder* ~ à toute heure; ~zeitung *f* (journal *m*) quotidien *m*; ~zinsen ✝ *m/pl.* intérêts *m/pl.* journaliers.
'tage|weise *adv.* à la journée; ⁨2⁩werk *n* tâche *f* journalière; journée *f*.
'Tag|falter *ent. m* papillon *m* diurne; ⁨2⁩hell *adj.* clair comme le jour; *es ist* ~ il fait (grand) jour.
'täglich I *adj.* journalier, -ière; quotidien, -ienne; de tous les jours; de chaque jour, *zo.*, ♀ diurne; *unser* ~(*es*) *Brot* notre pain quotidien; II *adv.* tous les jours; chaque jour; journellement; par jour; *zweimal* ~ deux fois par jour.
tags *adv.* le jour; pendant le jour; ~ *darauf* le lendemain; le jour suivant; ~ *zuvor* la veille; le jour précédent.
'Tag|schicht *f* équipe *f* de jour; ⁨2⁩über *adv.* pendant la journée; toute la journée; ~ *bin ich nicht da, denn ich helfe m-m Mann* je ne suis pas là dans la journée, car j'aide mon mari; ⁨2⁩täglich I *adj.* journalier, -ière; quotidien, -ienne, II *adv.* tous les jours; chaque jour; ~ *und* 'Nachtgleiche *f* équinoxe *m*; ~ung *f* réunion *f*; session *f*; congrès *m*; conférence *f*; colloque *m*, discussion *f*; (*Sitzung*) séance *f*; symposium *m*; forum *m*; *e-e* ~ *abhalten* tenir une réunion; *an e-r* ~ *teilnehmen* participer (*od.* prendre part) à une réunion; ~ungsteilnehmer(in *f*) *m* congressiste *m*, *f*; ⁨2⁩weise *adv.* à la journée.
Tai'fun *m* typhon *m*.
'Taille *f* taille *f*; *auf* ~ *gearbeitet* ajusté; *nicht auf* ~ *gearbeitet* décintré; ~n-umfang *m*, ~nweite *f* tour *m* de taille; ceinture *f*.
tail'lier|en *v/t.* cintrer; ~t *adj.* cintré; *nicht* ~ décintré.
'Takel ⚓ *n* palan *m*.
Take'lage *f* → Takelwerk.
'takel|n ⚓ *v/t.* gréer; garnir; ⁨2⁩ung *f*, ⁨2⁩werk *n* ⚓ gréement *m*; agrès *m/pl.*; cordages *m/pl.*; garniture *f*.
Takt *m* ♪ (*Rhythmus*) cadence *f*; *des Motors*: temps *m*; *fig.* tact *m*; entregent *m*; savoir-vivre *m*; discrétion *f*; *im* ~ en cadence; *den* ~ *schlagen* battre (*od.* marquer) la mesure (*od.* la cadence); *den* ~ *halten; im* ~ *bleiben* garder la mesure (*od.* la cadence); *aus dem* ~ *kommen* perdre la mesure (*od.* la cadence), *fig.* se déconcerter; s'embrouiller; *j-n aus dem* ~ *bringen* faire perdre la mesure (*od.* la cadence) à q., *fig.* déconcerter q., embrouiller q.; *fig.* ~ *haben* avoir du tact; ⁨2⁩fest *adj.* qui garde bien la mesure (*od.* la cadence); *fig.* ferme; *f-* ~ *sein* (*gesundheitlich*) avoir une santé robuste; '~gefühl *n* sens *m* de la mesure; *fig.* tact *m*; savoir-vivre *m*; discrétion *f*.

tak'tieren *v/i.* ♪ battre (*od.* marquer) la mesure; (*geschickt vorgehen*) agir avec dextérité.
'Takt|ik *f* tactique *f* (*a. fig.*); scénario *m*; ~iker *m* tacticien *m*; ⁨2⁩isch *adj.* tactique; ~e *Einheit* unité *f* tactique.
'takt|los *adj.* qui manque de tact; sans tact; indiscret, -ète; ⁨2⁩losigkeit *f* manque *m* de tact; indiscrétion *f*; F gaffe *f*; *e-e* ~ *begehen* commettre une indiscrétion, F faire une gaffe, gaffer; ⁨2⁩maß *n* mesure *f*; ~mäßig I *adj.* cadencé; rythmique; II *adv.* en cadence; en mesure; ⁨2⁩messer *m* métronome *m*; ⁨2⁩schlagen *n* battement *m* de la mesure; ⁨2⁩stock *m* baguette *f* de chef d'orchestre; ⁨2⁩strich *m* barre *f* de mesure; ~voll *adj.* plein de tact; discret, -ète; sensé; ~ *sein a.* avoir du tact; faire preuve de tact.
Tal *n* vallée *f*; *in Namen u. poét.* val *m*; *kleines* ~ vallon *m*; *über Berg und* ~ par monts et par vaux; *zu* ~ *fahren* aller en aval; ⁨2⁩ab(wärts) *adv.* en descendant la vallée; en aval.
Ta'lar *m* robe *f*; *der Professoren*: toge *f*.
tal|'auf(wärts) *adv.* en remontant la vallée; en amont; ⁨2⁩enge *f* étranglement *m* d'une vallée.
Ta'lent *n* talent *m* (*für etw.* de qch.). talen'tiert *adj.* qui a du talent; talentueux, -euse; plein de talent.
ta'lent|los *adj.* sans talent; ⁨2⁩losigkeit *f* manque *m* de talent; ~voll *adj.* qui a du talent; plein de talent.
'Taler *hist. m Fr.* écu *m*; *All.* thaler *m*.
'Talfahrt *f* descente *f*; *fig. éc.* déchéance *f* économique.
Talg *m* suif *m*; *mit* ~ *einschmieren* suiffer; ⁨2⁩artig *adj.* suiffeux, -euse; '~drüse *anat. f* glande *f* sébacée; '~fett *n* stéarine *f*; ⁨2⁩ig *adj.* couvert de suif (*aus Talg*) de suif; '~licht *n* chandelle *f*.
'Talisman *m* talisman *m*; porte-bonheur *m*.
'Talje ⚓ *f* palan *m*.
Talk *min. m* talc *m*; *mit* ~ *einreiben* talquer; '⁨2⁩artig *adj.* talqueux, -euse; ~drüse *anat. f* glande *f* sébacée; '~erde *f* magnésie *f*.
'Tal-kessel *m* cirque *m*; cuvette *f*.
'talk|haltig, ~ig *adj.* talqueux, -euse; ⁨2⁩puder *m*, ⁨2⁩um *n* (poudre *f* de) talc.
'Talmi(gold) *n* similor *m*.
Talmulde *f* fond *m* de vallée.
Ta'lon ✝ *m* talon *m*; souche *f*.
'Tal|schlucht *f* gorge *f*; ~senke *f*, ~sohle *f* fond *m* de la vallée; *fig. éc., pol.*: *die* ~ *erreichen* toucher le fond; *die* ~ *erreicht haben* avoir atteint le point le plus bas de la crise (*od.* le creux de la récession); être au creux de la vague; *in der* ~ *bleiben* rester dans le creux; *aus der* ~ *bringen* sortir l'économie de l'ornière; ~sperre *f* barrage-réservoir *m*; ~station *f* station *f* de vallée; ~terrasse *f* terrasse *f* de vallée; replat *m*; ~überführung *f* viaduc *m*; ~verengung *f* étranglement *m* d'une vallée; ~verkehr ⚓ *m* mouvement *m* aval; ~wand *f* paroi *f* d'une vallée; ⁨2⁩wärts *adv.* en descendant la vallée; en aval; ~weg *m* chemin *m* qui suit la vallée; (*Strombahn*) t(h)alweg *m*.
Tama'rinde ♀ *f* tamarin *m*; ~nbaum *m* tamarin(ier) *m*.

Tama'riske ♀ f tamaris m.
'Tambour m tambour m; **~major** m tambour-major m; **~stock** m bâton m du tambour-major.
Tambu'rin n tambourin m; (Schellentrommel) tambour m de basque; (Strickrahmen) tambour m.
Tam'pon 🗲 m tampon m.
tampo'nieren 🗲 I v/t. tamponner; II ℒ n tamponnement m.
Tam'tam F n tam-tam m (a. fig.); fig. ~ machen faire du tam-tam (um etw. à propos de qch.).
Tand m (wertloses Zeug) colifichets m/pl.; brimborions m/pl.; babioles f/pl.
Tände'lei f badinage m; flirt m; marivaudage m.
'tändeln v/i. badiner; flirter; marivauder.
'Tandem n tandem m; **~an-ordnung** ⊕ f système m en tandem; **~fahrer(in** f) m tandémiste m, f; **~Fahrzeug** 🚲 n train m d'atterrissage monotrace.
Tang m varech m; fucus m.
Tan'gente ⩜ f tangente f.
tan'gieren v/t. toucher.
'Tango m tango m.
Tank m (Behälter) réservoir m; citerne f; ⚔ tank m; char m d'assaut; ℒ**en** v/t. prendre de l'essence; faire le plein (d'essence); ⚓ Rohöl ~ mazouter; fig. Luft und Sonne ~ faire provision de grand air et de soleil; **'~en** n ravitaillement m en essence; **'~er** ⚓ m pétrolier m; tanker m; bateau--citerne m; **'~flugzeug** n avion-citerne m; **'~säule** f distributeur m d'essence; **'~schiff** n → ~er; **~stelle** f poste m (od. station f) d'essence; station-service f; **'~stellenwart** m pompiste m; **~wagen** m camion--citerne m; citerne f d'essence; 🚂 wagon-citerne m; **'~wart** m pompiste m.
'Tanne f sapin m.
'tannen adj. de sapin.
'Tannen|baum m sapin m; **~gehölz** n sapinière f; **~harz** n résine f de sapin; **~holz** n (bois m de) sapin m; **~nadel** f aiguille f de sapin; **~wald** m sapinière f; **~zapfen** ♀ m pomme f (od. cône m) de pin.
Tantalusqualen f/pl. supplice m de Tantale (a. fig.).
'Tante f tante f; enf., P tata f.
'Tante-'Emma-Laden F m petit magasin m du coin.
Tanti'eme f tantième m; **~nsteuer** f impôt m sur les tantièmes.
Tanz m danse f (a. Musik); (~vergnügen) bal m; F (Schwof) guinche m; P gambille f; fig. (Streit) querelle f; j-n zum ~ auffordern inviter q. à faire un tour de danse; zum ~ aufspielen jouer une danse; den ~ eröffnen ouvrir (od. commencer) la danse; **'~abend** m soirée dansante; **'~bar** f dancing m; **'~bär** m ours m savant (od. dressé); **'~bein** n: das ~ schwingen danser; **'~boden** m salle f de danse; **~dame** f cavalière f; **'~diele** f salle f de danse; dancing m.
'tänzeln v/i. (hüpfen) sautiller Pferd: piaffer.
'tanzen I v/i. danser (nach sur); P guincher; P gambiller; Schiff: se balancer; sich müde ~ danser jusqu'à

épuisement; hier wird getanzt on danse ici; nach e-r elektronischen Musik ~ danser sur une musique électronique; fig. aus der Reihe ~ n'en faire qu'à sa tête; II ℒ n danse f.
'Tänzer(in f) m danseur m, -euse f; (Mitℒ) cavalier m, -ière f; ein guter Tänzer, e-e gute Tänzerin sein être bon danseur, bonne danseuse.
'Tanz|fest n bal m; **~fläche** f piste f de danse; **~gesellschaft** f soirée f dansante; bal m; **~gruppe** f groupe m de danseurs; **~herr** m cavalier m; **~kapelle** f orchestre m de danse; **~kunst** f art m de la danse; **~lehrer (-in** f) m professeur m de danse; **~lied** n air m de danse; **~lokal** n dancing m; ℒ**lustig** adj. qui aime la danse; **~matinee** f matinée f dansante; **~melodie** f air m de danse; **~musik** f musique f de danse; **~orchester** n orchestre m de danse; **~paar** n couple m de danseurs; **~partner(in** f) m cavalier m, -ière f; **~saal** m salle f de danse; **~schritt** m pas m de danse; **~schuh** m soulier m de bal; escarpin m; **~stunde** f leçon f de danse; **~tee** m thé m dansant; **~turnier** n concours m de danse; **~unterricht** m leçon f de danse; **~vergnügen** n bal m; réunion f dansante; kleines: sauterie f; privates ~ surprise-partie f; **~weise** f air m de danse.
'taperig F (gebrechlich) adj. tremblotant.
Ta'pet n: etw. aufs ~ bringen mettre qch. sur le tapis.
Ta'pete f papier m peint; papier m à tapisser; papier-tenture m; (papier m de) tenture f; **~nbahn** f lé m de papier peint; **~nborte** f bordure f de papier peint; **~nhändler(in** f) m vendeur m, -euse f de papiers peints; **~nleiste** f bordure f; **~nmusik** f (Hintergrundmusik) 🎵 f musique f d'ameublement; **~nnagel** m broquette f; **~ntür** f porte f dérobée; **~nwechsel** F fig. m changement m d'atmosphère.
tape'zieren v/t. tapisser; ℒ**en** n pose f de papiers peints; ℒ**er** m tapissier m (décorateur).
'tapfer adj. courageux, -euse; sich ~ halten tenir bon; **~keit** f courage m; ℒ**keitsmedaille** f médaille f de la bravoure (od. du courage).
Tapi'oka f tapioca m.
Ta'pir zo. m tapir m.
Tapisse'rie f tapisserie f.
'tappen v/i. marcher d'un pas lourd; (tasten) tâtonner; im Dunkeln ~ marcher à tâtons; fig. im dunkeln ~ être encore en plein brouillard.
'täppisch adj. lourd; lourdaud; gauche.
Taps m (Tolpatsch) lourdaud m; ℒ**en** v/i. marcher d'un pas lourd.
Tara ✝ f tare f.
Ta'rantel f ent. tarentule f; fig. wie von der ~ gestochen sein être piqué par la tarentule.
Taran'tella f tarentelle f.
'Target|kern at. m noyau-cible m; **~material** at. m matériau-cible m.
ta'rieren ✝ v/t. tarer.
Ta'rif m tarif m; e-n ~ aufstellen établir un tarif; den ~ für etw. festsetzen établir le tarif de qch.; tarifer

qch.; **~abkommen** n accord m tarifaire; **~änderung** f changement m tarifaire; **~art** f genre m de tarif; **~autonomie** f autonomie f des partenaires sociaux; **~bestimmung** f disposition f tarifaire; **~bindungen** f/pl. (Zoll) consolidations f/pl. tarifaires; (Arbeitsvertrag) couverture f conventionnelle; **~bruch** m rupture f du tarif; **~erhöhung** f augmentation (od. majoration) f de tarif; **~ermäßigung** f réduction f de tarif; **~festsetzung** f tarification f; **~gemeinschaft** f communauté f tarifaire; **~gestaltung** f tarification f; ℒ**lich** adj. tarifaire; conforme au tarif; **~lohn** m salaire m tarifaire; ℒ**mäßig** adj. tarifaire; conforme au tarif; **~ordnung** f convention f collective; **~partner** m partie f à un contrat tarifaire; **~politik** f politique f tarifaire; **~satz** m taux m tarifaire; **~senkung** f abaissement m du tarif; **~stufen** f/pl. échelons m/pl. du tarif; **~system** n système m tarifaire; **~tabelle** f barème m; **~verhandlungen** f/pl. négociations f/pl. (od. marchandages m/pl.) tarifaires; **~vertrag** m convention f collective.
'Tarn|anstrich m peinture f de camouflage; **~anzug** m vêtement m de camouflage; **~bezeichnung** ⚔ f mot m conventionnel; **~bezug** m bâche f de camouflage; ℒ**en** v/t. camoufler; (Gesicht usw.) dissimuler; **~farbe** f teinte f de camouflage; **~netz** n filet m de camouflage; **~plane** f bâche f de camouflage; **~ung** f camouflage m; **~uniform** ⚔ f tenue f léopard.
Ta'rock n od. m jeu m de tarots; ~ spielen, taro'ckieren (v/i.) jouer aux tarots; **~karten** f/pl. tarots m/pl.; **~spiel** n jeu m de tarots.
Tar'tarenbeefsteak n bifteck m tartare.
'Täschchen n petite poche f; pochette f.
'Tasche f cout. poche f; (Westenℒ) gousset m; (Einkaufsℒ) sac m à provisions; (Aktenℒ) serviette f; für Schallplatte: pochette f; wattierée (für Postsendungen) pochette f matelassée; (Umhängeℒ) sacoche f; (Etui) étui m; (Reiseℒ) sac m de voyage; (Jagdℒ) gibecière f; (Schulℒ) cartable m; (Handℒ) sac m (à main); in die ~ stecken mettre dans sa poche; mettre en poche (a. fig.); empocher; aus der ~ holen tirer de sa poche; etw. aus s-r eigenen ~ bezahlen payer qch. de sa poche; fig. in der ~ (sicher) haben tenir dans sa poche; avoir en poche; in die eigene ~ wirtschaften faire danser l'anse du panier; faire venir l'eau à son moulin; tief in die ~ greifen faire des saignées à sa bourse; F ich habe es in der ~ c'est dans la poche; fig. j-m auf der ~ liegen vivre aux crochets de q.
'Täschelkraut ♀ n thlaspi m.
'Taschen|ausgabe f édition f de poche; **~buch** n als Format: livre m de poche; **~dieb(in** f) m voleur m, -euse f à la tire; pickpocket m; vor Taschendieben wird gewarnt! gare (od. prenez garde) aux pickpockets!; **~diebstahl** m vol m à la tire; ~ durch Anrempeln vol m à l'esbroufe; **~empfänger** rad. m (poste m) transistor m; **~fahrplan**

m horaire *m* de poche; **~format** *n* format *m* de poche; formule-poche *f*; **~geld** *n* argent *m* de poche; **~kalender** *m* calendrier *m* de poche; agenda *m*; **~kamm** *m* peigne *m* de poche; **~krebs** zo. *m* crabe *m*; **~lampe** *f* lampe *f* de poche; torche *f* électrique; **~messer** *n* couteau *m* de poche; **~rechner** *m* calculateur *m* de poche; **~schirm** *m* parapluie *m* automatique (od. télescopique od. mini); F tom-pouce *m*; **~Schnapsfläschchen** (F "Flachmann") *n* flasque *f*; petite bouteille *f* plate d'eau-de-vie; **~spiegel** *m* miroir *m* de poche; **~spieler** *m* prestidigitateur *m*; escamoteur *m*; **~spiele'rei** *f* prestidigitation *f*; **~spielerstück** *n* tour *m* de passe-passe; **~tuch** *n* mouchoir *m*; **~uhr** *f* montre *f*; F toquante *f*; **~wörterbuch** *n* dictionnaire *m* de poche.
'**Taschevoll** (Einkaufs- od. Handtasche) *f*: e-e ~ un sac plein (de ...).
'**Tasse** *f* tasse *f*; ohne Henkel: bol *m*; fig. F nicht alle ~n im Schrank haben avoir une case en moins; être marteau; avoir un petit ciné dans la tête.
Tasta'tur *f* clavier *m*; touches *f*/*pl*.
'**tastbar** adj. palpable.
'**Tast|e** *f* touche *f*; ♪ clé *f*; **⚷en** *v*/*i*. im Dunkeln: tâtonner; nach etw. ~ étendre la main pour saisir qch. ~ chercher qch. à tâtons; **~en** *n* tâtonnement(s *pl*.) *m*; **⚷end** adv. à tâtons; **~enbrett** *n*, **⚷enfeld** *n* clavier *m*; touches *f*/*pl*.; **~er** *m* ⚷ manipulateur *m*; ent. palpe *m*; **~organ** *n*, **~werkzeug** *n* organe *m* du toucher (od. du tact); **~sinn** *m* (sens *m* du) toucher *m*.
Tat *f* action *f*; acte *m*; fait *m*; (Helden⚷) exploit *m*; 'haut fait *m*; zur ~ schreiten passer aux actes; passer (od. en venir) à l'exécution; etw. in die ~ umsetzen réaliser qch.; traduire qch. (od. faire passer qch.) dans les faits (od. dans la réalité); j-m mit Rat und ~ beistehen aider q. par tous les moyens; auf frischer ~ ertappen prendre sur le fait (od. en flagrant délit); in der ~ en effet; de fait; en réalité; den Willen für die ~ annehmen se contenter de la bonne intention.
Ta'tar *m* Tatar *m*; Tartare *m*.
Ta'tar|ensauce cuis. *f* sauce *f* tartare; **⚷isch** ling. adj. tatar.
'**Tat|bericht** *m* exposé *m* des faits; **~bestand** ⚖ *m* énoncé *m* des faits; **~bestands-aufnahme** *f* procès-verbal *m* de constatation; constat *m*; **~beweis** *m* preuve *f* matérielle.
'**Taten|drang** *m*, **~durst** *m* soif *f* (od. boulimie *f*) d'activité; **⚷durstig** adj. assoiffé d'action; avide de se signaler; **~los** I adj. inactif, -ive; inerte; II adv. dans l'inaction; **~losigkeit** *f* inactivité *f*; inertie *f*; **⚷reich** adj.: ein ~es Leben une vie active (od. bien remplie).
'**Täter**(**in** *f*) *m* auteur *m*; (Schuldiger) coupable *m*, *f*; **~schaft** *f* (Schuld) culpabilité *f*; **~zeichnung** ⚖ *f* portrait-robot *m*.
'**tätig** adj. actif, -ive; (in aktivem Dienst) en activité (a. Vulkan); von Diplomaten im Ausland: in Belgien ~ en poste en Belgique; ~ sein als travailler comme; e-n ~en Anteil nehmen an (dat.) prendre une part active à; **~en** *v*/*t*. effectuer; **⚷keit** *f* activité

f; action *f*; (Beschäftigung) occupation *f*; (Beruf) profession *f*; fonction *f*; außer ~ setzen mettre 'hors d'activité', Beamte: mettre en non-activité; (mit Pension entlassen) mettre à la retraite; in ~ setzen mettre en activité (od. en marche), faire marcher, Maschine: faire fonctionner; in ~ treten entrer en action (od. en activité); **⚷keitsbereich** *m* sphère *f* d'activité; **⚷keitsbericht** *m* rapport (od. compte rendu) *m* d'activité; **⚷keitsfeld** *n* champ *m* d'activité; **⚷keitsform** gr. *f* actif *m*; voix *f* active; **⚷keitsgebiet** *n* champ *m* d'activité; **⚷keitswort** gr. *n* verbe *m*.
'**Tat|kraft** *f* énergie *f*; **⚷kräftig** adj. énergique.
'**tätlich** adj.: ~ werden se livrer à des voies de fait (gegen j-n sur q.); **⚷keit** *f* voie *f* de fait; (acte *m* de) violence *f*.
'**Tat-ort** *m* ⚖ lieu *m* du crime; (Schauplatz) théâtre *m*.
täto'wier|en *v*/*t*. (*v*/*rf*.): sich se tatouer; **⚷en** *n*, **⚷ung** *f* tatouage *m*; **⚷er** *m* tatoueur *m*.
'**Tat|sache** *f* fait *m*; (es ist e-e) ~! c'est un fait!; ~ ist, daß ... il est de fait que ...; le fait est que ...; angesichts der Tatsache en présence du fait; auf Grund dieser ~ de ce fait; es ist anerkannte ~ c'est un fait avéré; entlastende ~n faits *m*/*pl*. justificatoires; rechtserhebliche ~n faits *m*/*pl*. admissibles et pertinents; die ~n sprechen lassen laisser parler les faits; vollendete ~ fait *m* accompli; j-n vor vollendete ~n stellen mettre q. devant un fait accompli; etw. als ~ hinnehmen tenir pour un fait acquis; als ~ hinstellen, daß ... mettre (od. poser) en fait que ...; e-e ~ geltend machen plaider un fait; sich auf den Boden der ~n stellen s'en tenir aux faits; das ändert nichts an der ~, daß ... cela ne change rien au fait que ...; die ~n sprechen deutlich genug les faits parlent d'eux-mêmes; **~sachenbericht** *m* récit *m* véridique; témoignage *m*; Zeitung: article *m* documentaire; **~sachenfilm** *m* (film *m*) documentaire *m*; **~sachenmensch** *m* esprit *m* positif; **⚷sächlich** I adj. effectif, -ive; réel; fondé sur les faits; **~er** Wert valeur *f* réelle; **~er** Besitz possession *f* de fait; in **~er** Beziehung; nach den **~en** Feststellungen en fait; in **~er** und rechtlicher Beziehung en fait et en droit; II adv. en effet; de (od. en) fait; (= übrigens) als Satzanfang) à la vérité; III int., iron. ~?! bof!
'**tätscheln** *v*/*t*. caresser.
'**Tattergreis** F *m* P croulant *m*.
'**Tatterich** F *m* F tremblote *f*.
'**Tat|umstände** *m*/*pl*. circonstances *f*/*pl*. du fait; faits *m*/*pl*.; **~verdacht** *m* suspicion *f*.
'**Tatze** *f* patte *f*; **~nhieb** *m* coup *m* de patte.
Tau[1] ⚓ *n* cordage *m*; câble *m*; (Halte⚷) amarre *f*.
Tau[2] *m* rosée *f*; es fällt ~ la rosée tombe; il tombe de la rosée.
taub adj. sourd; Gliedmaßen: engourdi; gourd; Blüte, Gestein: stérile; Ähre: vide; **~e** Nuß noix *f* creuse (od. vide); auf e-m Ohr (auf beiden Ohren) ~ sein être sourd d'une oreille (des deux oreilles); ~ machen rendre

sourd; wie ~ machen rendre comme sourd; assourdir; fig. ~ gegen (od. für) sourd à; sich ~ stellen faire le sourd; faire la sourde oreille; **~en** Ohren predigen prêcher dans le désert.
'**Täubchen** *n* petit pigeon *m*; pigeonneau *m*; fig. mein ~! mon petit pigeon!
'**Taube** *f* pigeon *m*; weibliche: pigeonne *f*; junge ~ pigeonneau *m*; poét. colombe *f*; (Ringel⚷) ramier *m*; palombe *f*; fig. F er denkt, die gebratenen ~n werden ihm ins Maul fliegen il attend que les alouettes lui tombent toutes rôties dans le bec; **~n-ausstellung** *f* exposition *f* de pigeons; **~n-ei** *n* œuf *m* de pigeon; **⚷nfarbig** adj. gorge-de-pigeon; **~nfreund** *m* colombophile *m*; **~nhaus** *n* → ~schlag; **~nmist** *m* colombine *f*; **~npaar** *n* couple *m* de pigeons; **~npost** *f* poste *f* par pigeons; **~nschießen** *n* tir *m* aux pigeons; **~nschlag** *m* pigeonnier *m*; colombier *m*; **~nschmutz** *m* crotte *f* de pigeon; **~nzucht** *f* élevage *m* de pigeons; **~nzüchter** *m* éleveur *m* de pigeons.
'**Taube**(**r** a. *m*), *m*, *f* sourd *m*, -e *f*.
'**Tauber** *m*, '**Täuber**(**ich**) *m* pigeon *m* mâle.
'**Taub|heit** *f* surdité *f*; der Gliedmaßen: engourdissement *m*; der Blüten, des Gesteins: stérilité *f*; **~nessel** ♀ *f* lamier *m*; **⚷stumm** adj. sourd-muet, sourde-muette; sourd(e) et muet (-te); **~stummen-anstalt** *f* institution *f* des sourds-muets; **~stummenlehrer**(**in** *f*) *m* instituteur *m*, -trice *f* des sourds-muets; **~stumme**(**r** a. *m*) *m*, *f* sourd-muet *m*, sourde-muette *f*; **~stummheit** *f* surdi-mutité *f*.
'**Tauch|batterie** ⚷ *f* pile *f* à plonger; **~boot** ⚷ *n* zur Tiefseeforschung: bathyscaphe *m*; **⚷en** 1. *v*/*t*. plonger; tremper (in acc. dans); 2. *v*/*i*. plonger; **~en** *n* plongée *f*; e-s U-Boots a.: immersion *f*; **~er**(**in** *f*) *m* plongeur *m*, -euse *f*; mit Ausrüstung: scaphandrier *m*; plongeuse *f* munie d'un scaphandre; orn. plongeon *m*; **~eranzug** *m* scaphandre *m*; **~erglocke** *f* caisson *m* sphérique; soucoupe *f* plongeante; cloche *f* à plongeur; **~erhelm** *m* casque *m* de scaphandrier; **~erkugel** *f* zur Erforschung der Meerestiefen: bathysphère *f*; **~eruhr** *f* montre *f* automatique sous-marine; **⚷fähig** adj. submersible; **~fähigkeit** *f* submersibilité *f*; **⚷klar** adj. U-Boot: prêt à plonger; **~kolben** ⊕ *m* piston *m* plongeur; **~maske** *f* masque *m* de plongée; **~sieder** *m* thermoplongeur *m*; **~sport** *m* sport *m* de plongée au scaphandre; **~verfahren** ⊕ *n*: im ~ par trempage.
'**tauen**[1] I *v*/*i*. Eis, Schnee: fondre; es taut il dégèle; der Schnee ist getaut la neige a fondu; II ⚷ *n* dégel *m*.
'**tauen**[2] I *v*/*i*.: es taut (fällt Tau) la rosée tombe; il tombe de la rosée; II ⚷ *n* chute *f* de la rosée.
'**Tau-ende** *n* bout *m* de câble.
'**Tauf|akt** *m* (cérémonie *f* du) baptême *m*; **~becken** *n* fonts *m*/*pl*. baptismaux; **~buch** *n* registre *m* des baptêmes; **~e** *f* baptême *m*; j-m die ~ erteilen baptiser q.; donner (od. administrer od. conférer) le baptême à

q.; die~ empfangen recevoir le baptême; être baptisé; j-n aus der ~ heben (od. über die ~ halten) tenir q. sur les fonts baptismaux; fig. etw. aus der ~ heben porter qch. sur les fonts baptismaux; 2en v/t. baptiser; donner (od. administrer od. conférer) le baptême (à); Wein: baptiser; er ist auf den Namen ... getauft on lui a donné au baptême le nom de ...; ~en n baptême m.

'taufeucht adj. humide de rosée.

'Tauf|formel f liturgie f baptismale; ~handlung f (cérémonie f du) baptême m; ~kapelle f baptistère m; ~kissen n coussin m baptismal; ~kleid n robe f de baptême.

'Täufling m enfant (resp. prosélyte) m qui reçoit le baptême.

'Tauf|name m nom m de baptême; prénom m; ~pate m parrain m; ~patin f marraine f; ~register n registre m des baptêmes; Auszug aus dem ~ (extrait m) baptistaire m; ~schein m extrait m de baptême; baptistaire m; ~wasser n eau f baptismale; ~zeuge m parrain m; ~zeugin f marraine f.

'taug|en v/i. valoir; être bon, bonne (od. propre od. apte) (zu à); (zu) nichts ~ ne rien valoir; n'être bon, bonne (od. propre od. apte) à rien; das taugt nichts F c'est zéro; 2enichts m vaurien m; propre m à rien; mauvais sujet m; ~lich adj. bon, bonne (od. propre od. apte) (zu à); ✕ bon pour le (od. apte au) service; 2-lichkeit f aptitude f; 2lichkeitsgrad m degré m d'aptitude; 2lichkeitszeugnis n certificat m d'aptitude.

'tauig adj. couvert de rosée.

'Taumel m (Schwindel) vertige m; étourdissement m; (Rausch) ivresse f, enivrement m, pfort délire m; (Aufwallung) transports m/pl.; ivresses f/pl.; der Sinne: tumulte m; 2ig adj. chancelant; (schwindelig) pris de vertige; 2n v/i. chanceler; tituber; marcher d'un pas mal assuré; (schwindelig sein) avoir le vertige (od. un étourdissement); ~n n chancellement m; démarche f chancelante.

'Taupunkt phys. m point m de rosée.

Tausch m échange m; change m; ✝ échange m; troc m; e-s Amtes: permutation f; in ~ gegen en échange de; in ~ nehmen (geben) accepter (donner) en échange; 2en v/t. u. v/i. échanger (gegen contre); changer (contre); ✝ échanger; troquer; faire un échange; Amt: permuter (mit j-m avec q.); ⚔ permuter; ich möchte nicht mit ihm ~ je ne voudrais pas être à sa place.

'täuschen I 1. v/t. u. v/i. tromper; F feinter; (betrügen) a. frauder (a. ⚖ u. Schule); duper; (mogeln) tricher; (irreführen) donner le change (à); (hintergehen) tromper; duper; abuser; (foppen) mystifier; duper; berner; Sport, Gegner: feinter; 2. v/rfl.: sich ~ se tromper (in dat. sur); se méprendre (in dat. à; hinsichtlich sur); (sich Illusionen machen) s'illusionner (über acc. sur); sich durch etw. ~ lassen se laisser prendre à qch.; darin ~ Sie sich c'est ce qui vous trompe; II ♀ n tromperie f; (Betrügen) a. fraude f (a. ⚖ u. Schule); duperie f; (Mogeln) tricherie f; (Foppen) mystification f; duperie f; des Gegners: feinte f; ~d

adj. trompeur, -euse; das ist ~ ähnlich c'est à s'y méprendre (od. tromper); ~ nachahmen imiter à s'y méprendre (od. tromper).

'Tausch|geschäft n opération f d'échange (od. de troc); ~handel m commerce m d'échange; (Tausch) échange m; troc m; ~ treiben échanger; troquer; ~mittel n moyen m d'échange; ~objekt n objet m d'échange; ~partner m adm. permutant m; ⚔ échangiste m.

'Täuschung f tromperie f; (Betrug) a. fraude f (a. ⚖ u. Schule); duperie f; (Mogelei) tricherie f; (Foppen) mystification f; duperie f; (Illusion) illusion f; des Gegners: feinte f; ⚔ arglistige ~ dol m; optische ~ illusion f d'optique; sich ~en hingeben se tromper (in acc. sur); s'illusionner (sur); se faire des illusions (sur); ~s-absicht ⚖ f intention f de frauder (a. Schule); ~s-angriff ✕ m attaque f simulée; fausse attaque f; ~smanöver ✕ n démonstration f; ~sversuch ⚖ m tentative f de fraude (a. Schule).

'Tausch|verkehr m transactions f/pl. d'échange; ~vertrag m contrat m d'échange; ~weise adv. en échange; ~wert m valeur f d'échange.

'tausend I a/n.c. mille; in Jahreszahlen: a. mil; ~ Dank! mille mercis (od. remerciements)!; II ♀ n (die Zahl) (nombre m od. chiffre m) mille m; (tausend Stück) mille m; millier m; ~e von Menschen des milliers d'hommes; zu ~en par milliers; nicht e-r unter ~ pas un entre mille (bei vb. mit ne); ~e und aber ~e Demonstranten des milliers de manifestants; in die ~e gehen se chiffrer par milliers; ✝ im ~ pour mille; 2er arith. m mille m; (Tausendmarkschein) billet m de mille (marks); ~erlei adj. mille espèces de; ~ Dinge mille et mille choses f/pl.; ~fach, ~fältig I adj. mille fois répété; e Vergrößerung grossissement m de mille (fois); II adv. mille fois autant (od. plus); 2fuß m, 2füßler m zo. mille-pattes m; myriapode m; 2güldenkraut ♀ n centaurée f commune; 2jahrfeier f (fête f du) millénaire m; ~jährig adj. millénaire; ~es Reich rl. règne m millénaire; 2künstler m homme m habile à tout; ~mal adv. mille fois m; tausend und aber ~ mille et mille fois; ~malig adj. répété mille fois; 2markschein m billet m de mille (marks); 2sas(s)a m diable m d'homme; touche-à-tout m; 2schön(chen) ♀ n pâquerette f double; ~ste a/n.o. millième f; 2stel n millième m; 2undeine Nacht f: die Märchen aus Tausendundeiner Nacht les Mille et une Nuits f/pl.

Tautolo'gie f tautologie f.
tauto'logisch adj. tautologique.

'Tau|tropfen m goutte f de rosée; ~werk n cordage m; ~wetter n dégel m; wir haben ~ le temps est au dégel; ~wind m vent m de dégel; ~ziehen n Sport: lutte f à la corde; fig. pol. tiraillements m/pl.

Taxa'meter m taximètre m.

Ta'xator m taxateur m; vereidigter ~ commissaire-priseur m.

'Taxe f (zu zahlender Betrag) taxe f; (Gebühren) droits m/pl.; (Tarif) tarif m; (Schätzung bei Inventur, Verstei-

gerung) prisée f; évaluation f; estimation f; (Auto) taxi m.

'tax|frei adj. exempt de droits; 2-gebühren f/pl. taxes f/pl.

'Taxi n taxi m; ~chauffeur m chauffeur m de taxi.

ta'xier|en v/t. taxer; estimer; évaluer; bei Inventur, Versteigerung: priser; zu hoch ~ surtaxer; surestimer; 2en n, 2ung f taxation f; estimation f; évaluation f; bei Inventur, Versteigerung: prisée f.

'Taxifahrerin f femme f taxi; femme-chauffeur f de taxi.

'Taxistand m station f de taxis; lieu m de stationnement pour taxis.

'Taxus ♀ n if m.

'Taxwert m valeur f d'estimation.

'Teakholz n bois m de teck.

'Team|arbeit f travail m d'équipe; ~geist m esprit m d'équipe.

'Technik f technique f; ~er m technicien m; ingénieur m; ~um n école f technique.

'technisch adj. technique; ~e Abteilung service m technique; ~er Ausdruck terme m technique; ~er Charakter technicité f; ~er Direktor directeur m technique; ~e Hilfe assistance f technique; 2e Hochschule École f Supérieure Technique; ~er Leiter ingénieur m en chef; ~es Personal personnel m technique; the. a. machinistes m/pl.; ~e Sprache langue f des techniques; infolge ~er Störungen en raison d'incidents mécaniques; ~es Zeichnen dessin m industriel; ~er Zeichner dessinateur m industriel; ein Unternehmen von hohem technischen Können une entreprise de haute technicité; 2e Universität Université f Technique; Fr. École f technique supérieure.

Techni'sierung f mécanisation f.

Techno'krat m technocrate m; ~ie f technocratie f; 2isch adj. technocratique.

technokrati'sier|en v/t. technocratiser; 2ung f technocratisation f.

Techno|'loge m technologue m, technologiste m; ~lo'gie f technologie f; 2logisch adj. technologique.

Techtel'mechtel F n amourette f.

'Teckel m basset m.

'Teddy|bär m ours m en peluche; enf. nounours m; ~boy F péj. m zazou m.

Tee m thé m; ⚕ tisane f; infusion f; ~ trinken prendre du thé; '~büchse f, '~dose f boîte f à thé; '~ei n œuf m à thé; '~gebäck n petits gâteaux m/pl. secs; petits fours m/pl.; '~geschirr n service m à thé; '~gesellschaft f thé m; '~gespräch pol. n thé-conférence m; '~haube f couvre-théière m; '~kanne f théière f; '~kessel m bouilloire f; '~löffel m petite cuiller f; '~maschine f samovar m; '~mischung f mélange m de thé; '~mütze f couvre-théière m.

'Teenager m: ein ~ un(e) moins de vingt ans.

'Teepause f pause-thé f.

Teer m goudron m; ❘²artig adj. goudronneux, -euse.

'Teeraum m salon m de thé.

'Teer|brennerei f goudronnerie f; 2en v/t. goudronner; ~en n goudronnage m; ~farbstoffe m/pl. colorants m/pl. dérivés de goudrons; 2ig adj.

goudronneux, -euse; ~jacke F *fig.* loup *m* de mer; ~leinwand *f* toile *f* goudronnée; ~maschine *f* goudronneuse *f*.
'Teerose ♀ *f* rose *f* thé.
'Teer|pappe *f* carton *m* goudronnée (*od.* bitumé); ~ung *f* goudronnage *m*.
'Tee|salon *m* salon *m* de thé; ~service *n* service *m* à thé; ~sieb *n* passe-thé *m*; ~strauch ♀ *m* thé *m*; ~tasse *f* tasse *f* à thé; ~tisch *m* table *f* à thé; ~wagen *m* table *f* roulante; ~wärmer *m* couvre-théière *m*; ~wasser *n* eau *f* pour le thé.
Teich *m* étang *m*; (*Fisch*~) vivier *m*.
Teig *m* pâte *f*; '~ig *adj.* pâteux, -euse; '~knetmaschine *f* pétrin *m* mécanique; '~mulde *f* pétrin *m*; '~rädchen *n* coupe-pâte *m* à roulette; videlle *f*; '~rolle *f* rouleau *m* à pâtisserie; '~waren *f/pl.* pâtes *f/pl.* alimentaires.
Teil *m u. n* partie *f*; *nach e-r Teilung*: portion *f*; (*a. An*~) part *f*; (*Bruchstück*) fragment *m*; (*Band*) tome *m*; (*Bestand*~) élément *m*; (*Einzel*~) pièce *f*; (*Zubehör*~) accessoire *m*; *der beste ~* la meilleure partie; *ein gut ~ von* une bonne partie (*od.* part) de, F pas mal de; *ein gut ~ größer* beaucoup plus grand; *zu gleichen ~en à* parts égales; *zum ~* en partie; partiellement; *zum großen ~* en grande partie; *pour une large part; zum größten ~ pour la plus grande partie; pour la plupart; der größte ~ der Menschen* la plupart des hommes; *zu e-m guten ~ pour une bonne part; ich für mein ~ pour ma part; quant à moi; fig. er wird schon sein ~ bekommen* il aura sa part; (*nichts sagen, aber*) *sich sein ~ denken* (ne rien dire, mais) n'en penser pas moins; *sein ~ beitragen* y mettre du sien; ~ *der klagende ~* la partie plaignante; le demandeur; *der beklagte ~* la partie défenderesse; le défendeur; '~abkommen *n* accord *m* partiel; '~ansicht *f* vue *f* partielle; '~arbeit *f* travail *m* partiel (*od.* parcellaire); '~ausführung *f* exécution *f* partielle.
'teilbar *adj.* divisible; ~keit *f* divisibilité *f*.
'Teil|begriff *m* notion *f* partielle; ~beschäftigung *f* travail *m* à temps partiel; chômage *m* partiel; *mit ~ travaillant à temps partiel*; ~betrag *m* montant *m* partiel; ~chen *n* particule *f*; ~chenbeschleuniger *at. m* accélérateur *m* de particules; synchrotron *m*.
'teilen *v/t. u. v/rf.* diviser (*in acc.* en); (*auf~; ver*~) partager (*in acc.* en; *unter acc.* entre); (*trennen; absondern*) séparer; (*zerstückeln*) morceler; démembrer; (*zerschneiden*) découper; *Ansicht, Schicksal, Freude, Leid*: partager; *den Gewinn ~* partager le profit (F le gâteau); *sich in etw.* (*acc.*) ~ partager qch. (*mit j-m* avec q.); *sich in etw.* (*acc.*) *zur Hälfte ~* partager qch. en deux; *die Meinungen sind geteilt*; *man ist geteilter Meinung* les opinions sont partagées; *der Weg teilt sich* le chemin bifurque.
'Teiler *arith. m* diviseur *m*.
'Teil|erfolg *m* succès *m* partiel; ~ergebnis *n* résultat *m* partiel; ~gebiet *n* section *f*; branche *f*; ~haben *v/i.* avoir part (*an dat.* à); participer (à); ~haber(in *f*) *m* associé *m*, -e *f*; *stiller ~* commanditaire *m*, *f*; ~haberschaft *f* participation *f*; qualité *f* d'associé; ~haft(ig) *adj.*: *e-r Sache* (*gén.*) *~* qui participe à (*od.* participant à qch.); *e-r Sache* (*gén.*) *~ werden* participer à qch.; ~lieferung *f* livraison *f* partielle; ~möbliert *adj.* partiellement meublé; ~montage ⊕ *f* montage *m* partiel; ~motorisiert *adj.* partiellement motorisé; ~nahme *f* participation *f* (*an dat.* à); (*Mitwirkung*) coopération *f*; collaboration *f*; (*Mittäterschaft*) complicité *f*; (*Mitleid*) pitié *f*; (*Interesse*) intérêt *m*; (*Sympathie*) sympathie *f*; (*Beileid*) condoléances *f/pl.*; *j-m s-e ~* (*Beileid*) *ausdrücken* faire (*od.* offrir *od.* présenter) ses condoléances à q.; ~nahmegebühr *f* frais *m/pl.* de participation; ~nahmslos *adj.* (*gleichgültig*) indifférent; insensible (*apathisch*) apathique; (*gefühllos*) insensible; impassible; (*kalt*) froid; (*passiv*) passif, -ive; ~nahmslosigkeit *f* (*Gleichgültigkeit*) indifférence *f*; insensibilité *f*; (*Apathie*) apathie *f*; (*Gefühllosigkeit*) insensibilité *f*; impassibilité *f*; (*Kälte*) froid *m*; froideur *f*; (*Passivität*) passivité *f*; ~nehmen *v/i.* prendre part (*an dat.* à); participer (à); (*eingreifen*) intervenir (dans); (*mitwirken*) coopérer (à); collaborer (à); *fig. an j-s Ergehen*: montrer de la sympathie (pour qch.); s'intéresser (à); *an e-m Verbrechen ~* tremper dans (*od.* être complice d')un crime; *am 100-m-Lauf ~* courir les cent mètres; ~nehmend *adj.* participant (à); (*interessiert*) qui porte de l'intérêt (à); (*mitfühlend*) sympathique; compatissant; ~nehmer(in *f*) *m* participant *m*, -e *f*; *an e-m Kongreß*: congressiste *m*, *f*; *Sport*: concurrent *m*, -e *f*; (*Anwesende*[*r*]) assistant *m*, -e *f*; ✆ associé *m*, -e *f*; *téléph.* abonné *m*, -e *f*; ~nehmerliste *f*, ~nehmerverzeichnis *n* liste *f* des participants; *téléph.* liste *f* des abonnés; ~nehmerstaat *m* État *m* participant; ~reform *péj. f* réformette *f*; ~rente *f* rente *f* partielle.
teils *adv.* (en) partie; *~ ..., ~ ...* (en) partie ..., (en) partie ...
'Teil|schaden *m* dommage *m* partiel; ~schuldverschreibung ✝ *f* obligation *f* partielle; ~sendung *f* envoi *m* partiel; ~stillegung (*e-r Fabrik*) *f* mise *f* en sommeil partielle; ~strecke *f* Straßenbahn : section *f*; trajet *m* partiel; 🚗, Autobahn tronçon *m*; ~streik *m* grève *f* partielle (*od.* tournante); ~strich *m* trait *m* de graduation; ~stück *n* section *f*; (*Bruchstück*) fragment *m*.
'Teilung *f* division *f*; (*Ver*~) partage *m* (*a. e-s Erbes usw.*); (*Absonderung*) séparation *f*; (*Spaltung*) scission *f*; *e-r Linie, e-s Weges usw.*: bifurcation *f*; *e-s Gebietes*: *a.* démembrement *m*; (*Gradein*~) graduation *f*; *biol. bsd. des Eies*: segmentation *f*; *Fortpflanzung durch ~* scissiparité *f*; fissiparité *f*; *die ~ Deutschlands* (*1948*) la division de l'Allemagne en deux; *hist. ~ Polens* partage *m* de la Pologne; ~s-artikel *gr. m* article *m* partitif; ~smasse ✝✝ *f* masse *f* de partage; ~svertrag *m* convention *f* de partage; ~szahl *f* dividende *m*; ~szeichen ♠ *n* signe *m* de division.
'Teil|verlust *m* perte *f* partielle; ~weise *adj.* partiel, -elle; *adv.* en partie; partiellement; ~wert *m* valeur *f* partielle; ~wissen *n* savoir *m* parcellaire (*od. fragmentaire*); ~zahlung *f* paiement *m* partiel; *auf ~ kaufen* acheter à tempérament; ~zahlungssystem *n* système *m* de paiements par acomptes *od.* échelonnés; ~zahlungsverkauf *m* vente *f* à tempérament; ~zeit... à temps partiel; ~zeitarbeit *f* travail *m* à temps partiel; ~zeiteigentum (*während der Ferien*) *n* multipropriété *f*; ~zeiteigentümer *m* multipropriétaire *m*.
Te'in ~ *n* théine *f*.
'T-Eisen ⊕ *n* fer *m* en T.
Tek'ton|ik *f* tectonique *f*; ~isch *adj.* tectonique.
Tek'tur *typ. f* corrigé *m* intercalé.
'Tele-Beobachtungsgerät (*Auto*) *n* vidéo *m*.
Tele'fon *n* téléphone *m*; *~ haben* avoir le téléphone; *sie werden am ~ verlangt* on vous demande (*od.* appelle) au téléphone; ~adapter *m* capteur *m* téléphonique; ~anruf *m* appel *m* téléphonique; ~anschluß *m* communication *f* téléphonique; *haben Sie ~?* avez-vous le téléphone (chez vous)?; ~apparat *m* téléphone *m*; appareil *m* téléphonique.
Tele'fonat *n* appel *m* téléphonique.
Tele'fon|beantworter ⊕ *m* répondeur *m*; ~buch *n* annuaire *m* du téléphone; ~draht *m* fil *m* téléphonique; ~gebühr *f* taxe *f* téléphonique; ~geheimnis *n* secret *m* des communications téléphoniques; ~gespräch *n* conversation *f* téléphonique; communication *f* (*od.* appel *m*) téléphonique.
Telefo'nie *f* téléphonie *f*.
telefo'nieren *v/i.* téléphoner (*mit j-m à* q.; *von j-m* de chez q.); donner (*od.* F de lui); P *a. plais.* phoner (à q.).
Telefoniere'rei *f* téléphonite *f*.
tele'fonisch I *adj.* téléphonique; *~e Mitteilung* communication *f* téléphonique; II *adv.* par téléphone; *j-n ~ erreichen* toucher q. par téléphone; *~ durchsagen* transmettre par téléphone (*od.* par fil).
Telefo'nist(in *f*) *m* opérateur *m*, -trice *f*; téléphoniste *m*, *f*; standardiste *m*, *f*; *a.* demoiselle *f* du téléphone.
Tele'fon|kabel *n* câble *m* téléphonique; ~leitung *f* ligne *f* téléphonique; ~netz *n* réseau *m* téléphonique; ~nummer *f* numéro *m* de téléphone (*od.* d'appel); ~seelsorge *f* télé-accueil *m*; secours *m* moral par téléphone; ~stecker *m* cheville *f* de téléphone; ~verbindung *f* communication *f* téléphonique; *e-e ~ herstellen* donner une communication téléphonique; ~zelle *f* cabine *f* téléphonique; taxiphone *m*; ~zentrale *f* central *m* téléphonique; standard *m*.
Tele'graf *m* télégraphe *m*.
Tele'grafen|dienst *m* bureau *m* télégraphique; ~be-amter *m*, ~be-amtin *f* télégraphiste *m*, *f*; ~bote *m* télégraphiste *m*; ~draht *m* fil *m* télé-

graphique; ~**kabel** *n* câble *m* télégraphique; ~**leitung** *f* ligne *f* télégraphique; ~**mast** *m* poteau *m* télégraphique; ~**netz** *n* réseau *m* télégraphique; ~**stange** *f* poteau *m* télégraphique; ~**wesen** *n* télégraphie *f*.
Telegra'fie *f* télégraphie *f*; ⚥**ren** *v/t*. télégraphier.
tele'grafisch I *adj.* télégraphique; *auf* ~*em Wege* par voie télégraphique; ~*e Postanweisung* mandat-poste *m* télégraphique; **II** *adv.* télégraphiquement; ~ *überweisen* transmettre télégraphiquement.
Telegra'fist(in *f*) *m* télégraphiste *m*, *f*.
Tele'gramm *n* télégramme *m*; *dringendes* ~ télégramme *m* urgent; *ein* ~ *aufgeben* (*schicken*) expédier (envoyer) un télégramme; ~**adresse** *f*, ~**anschrift** *f* adresse *f* télégraphique; ~**annahme** *f* guichet *m* des télégrammes; ~**formular** *n* formule *f* de télégramme; ~**gebühr** *f* taxe *f* télégraphique; ~**schalter** *m* guichet *m* des télégrammes; ~**stil** *m* style *m* télégraphique; ~**verbindung** *f*: *ständige* ~ permanence *f*.
'Tele|informatik *f* télé(infor)matique *f*; ~**kon'greß** *m* télécongrès *m*.
Tele'matik ⊕ (*Verwendung von Computern, Terminals, Fernmeldesystemen u. des Fernsehens*) *f* télématique *f*; ⚥**isch** ⊕ *adj.* télématique; ⚥**i'sieren** ⊕ *v/t.* télématiser.
'Tele-objektiv *n* téléobjectif *m*.
Teleo|lo'gie *f* téléologie *f*; ⚥**'logisch** *adj.* téléologique.
Telepa'thie *f* télépathie *f*.
tele'pathisch *adj.* télépathique.
Telephon *n* → Telefon.
'Telephotographie *f* téléphotographie *f*.
Teles'kop *n* télescope *m*; ⚥**isch** *adj.* télescopique.
'Telex ⚥ *n* télex *m*; ~**adresse** *f* adresse *f* télex; ⚥**en** *v/t.* télexer; transmettre par télex; ~**vermittlung** *f* central *m* télex; central *m* de commutation télex.
'Teller *m* assiette *f*; ⊕ plateau *m*; disque *m*; *am Schistock*: rondelle *f*; *flacher* (*tiefer*) ~ assiette *f* plate (creuse); ⚥**förmig** *adj.* en forme d'assiette; ~**mütze** *f* casquette *f* plate; ~**schrank** *m* buffet *m*; vaisselier *m*; ~**tuch** *n* torchon *m*; ~**ventil** ⊕ *n* soupape *f* à disque; ~**voll** *m* assiettée *f*; ~**wärmer** *m* chauffe-assiette(s) *m*; ~**wäscher(in** *f*) *m* plongeur *m*, -euse *f*.
'Tellmuschel *cuis. f* téline *f*.
Tel'lur ⚕ *n* tellure *m*; ⚥**isch** *adj.* tellurique; ~**säure** *f* acide *m* tellurique; ~**silber** *n* argent *m* telluré.
'Tempel *m* temple *m*; ~**herr** *m* Templier *m*; ~**orden** *m* ordre *m* du Temple; ~**raub** *m*, ~**räuber** *m* sacrilège *m*; ~**ritter** *m* Templier *m*; ~**schänder** *m* sacrilège *m*; ⚥**schänderisch** *adj.* sacrilège; ~**schändung** *f* sacrilège *m*.
'Tempera|farbe *f peint.* détrempe *f*; *mit* ~ *malen* peindre à la *od.* en détrempe; ~**malerei** *f* détrempe *f*; peinture *f* a tempera.
Tempera'ment *n* (*Lebhaftigkeit*) vivacité *f*; entrain *m*; sémillance *f*; verve *f*; (*Gemütsart*) tempérament

m; ~ *haben* être plein de vie; être vif, -ive; *an* ⚥ *adj.* phlegmatique; ~**losigkeit** *f* manque *m* de dynamisme; ⚥**voll** *adj.* vif, -ive; dynamique; fringant; impulsif, -ive; sémillant.
Tempera'tur *f* température *f*; ♨ ~ *haben* avoir de la température; ~**anstieg** *m*, ~**erhöhung** *f* augmentation (*od.* élévation) *f* de température; ~**einfluß** *m* influence *f* de la température; ~**fühler** ⚡ *m* palpeur *m* de température; ~**kurve** *f* courbe *f* de température; ~**messung** *f* mesure *f* de la température; ~**regler** *m* régulateur *m* de température; ~**rückgang** *m* baisse *f* de température; ~**schwankung** *f* fluctuation *f* (*od.* saute *f*) de température; ~**sturz** *m* chute *f* de température; ~**unterschied** *m* différence *f* (*od.* écart *m*) de température; ~**wechsel** *m* changement *m* de température.
tempe'rieren ♩ *v/t.* tempérer.
'Templer *hist. m* templier *m*.
'Tempo *n* (*Rhythmus*) rythme *m*; cadence *f* (*a.* ⊕); (*Gangart*) allure *f*; (*Geschwindigkeit*) vitesse *f*; ♩ tempo *m*; mouvement *m*; *Sport*: train *m*; ⊕ cadence *f*; *fig.* (*Hektik*) vitesse *f* de vie; tourbillonnement *m*; *in rasendem* ~ à une vitesse folle (*od.* vertigineuse); *in rasendem* ~ *starten Auto*: démarrer sur les chapeaux de roue; *in schnellem* ~ *angefahren kommen* survenir (*od.* surgir) à vive allure; *ein tolles* ~ *vorlegen* aller un train d'enfer; *in langsamem* ~ lentement; ~! dépêchez-vous!; dépêche-toi!
tempo'ral *gr. adj.* temporel, -lle.
tempo'rär *adj.* temporaire.
'Tempotaschentuch *n* mouchoir *m* de (*od.* en) papier; Kleenex *m*.
'Tempus *gr. n* temps *m*.
Ten'denz *f* tendance *f* (*nach etw. hin* vers qch., *fig. a.* à qch.); *e-e rückläufige* ~ *haben* avoir une tendance à la baisse.
tendenzi'ös *adj.* tendancieux, -euse.
Ten'denz|roman *m* roman *m* à thèse; ~**stück** *n* pièce *f* à thèse; ~**wende** *pol. f* renversement *m* (*od.* changement *m*) de tendance.
'Tender ⚙ *m* tender *m*; ~**maschine** ⚙ *f* locomotive-tender *f*.
ten'dieren *v/i.* avoir une tendance (*nach etw. hin* vers qch., *fig. a.* à qch.); tendre (vers *od.* à); incliner (à qch.); *sie* ~ *zu vergessen* ils ont tendance à oublier.
'Tenne *f* aire *f*.
'Tennis *n* tennis *m*; ~ *spielen* jouer au tennis; ~**ball** *m* balle *f* de tennis; ~**halle** *f* court *m* couvert; ~**lehrer** *m* professeur *m* de tennis; ~**meisterschaft** *f* championnat *m* de tennis; ~**platz** *m* court *m*; *auf dem* ~ sur le court; ~**schläger** *m* raquette *f*; ~**schuhe** *m/pl.* chaussures *f/pl.* de tennis; *ein Paar* ~ une paire *f* de tennis; ~**spiel** *n* partie *f* de tennis; ~**spieler(-in** *f*) *m* joueur *m*, -euse *f* de tennis; ~**sport** *m*: ~ *spielen* faire du tennis; ~**turnier** *n* tournoi *m* de tennis.
'Tenor[1] *m* teneur *f*.
Te'nor[2] ♩ *m* ténor *m*.
Teno'rist ♩ *m* ténor *m*.
Te'norstimme ♩ *f* (voix *f* de) ténor *m*.
'Teppich *m* tapis *m*; (*Wand*⚥) tapis-

serie *f*; *kleiner* ~ carpette *f*; ~**e klopfen** battre des tapis; ~**boden** *m* moquette *f*; ~**bürste** *f* brosse *f* à tapis; ~**geschäft** *n* magasin *m* de tapis; ~**kehrmaschine** *f* machine *f* à brosser les tapis; ~**klopfer** *m* tapette *f* (*Person* batteur *m*) de tapis; ~**stange** *f* barre *f* à tapis; ~**weber** *m*, ~**wirker** *m* fabricant *m* de tapis; ~**wirkerei** *f* fabrique *f* de tapis.
Ter'min *m* date *f* (limite); *beim Arzt etc.*: rendez-vous *m*; (*Erfüllungstag*) échéance *f*; (*Gerichtssitzung*) audience *f*; (*Vorladung*) assignation *f*; *e-n* ~ (*Zeitpunkt*) festsetzen (einhalten) fixer (respecter) une date limite.
'Terminals *inform. n/pl.* terminaux *m/pl.*
Ter'min|einlage *f* dépôt *m* à terme; ⚥**gemäß**, ⚥**gerecht** *adv.* conformément au terme fixé (*od.* à la date fixée); ~**geschäft** *n* opération (*od.* affaire) *f* à terme; ~**handel** *m* opération (*od.* transaction) *f* à terme; ~**kalender** *m* agenda *m*; ✞ échéancier *m*; ~**kauf** *m* achat *m* à terme; ~**lieferung** *f* livraison *f* à terme; ~**markt** *m* marché *m* à terme.
Termino|lo'gie *f* terminologie *f*; ⚥**'logisch** *adj.* terminologique.
'Terminus *m* (*Fachausdruck*) terme *m*; ~ *technicus* terme *m* technique.
Ter'min|verkauf *m* vente *f* à terme; ~**verlängerung** *f* prolongation (*od.* prorogation) *f* de terme (*od.* d'un terme *od.* de délai *od.* d'un délai); ⚥**weise** *adv.* par termes; ~**zahlung** (*in Raten*) *f* paiement *m* par termes (*od.* par acomptes); (*Betrag*) terme *m*; acompte *m*.
Ter'mite *ent. f* termite *m*; ~**nhügel** *m* termitière *f*; ~**nstaat** *m* colonie *f* de termites.
Terpen'tin ⚗ *n* térébenthine *f*; ~**öl** *n* essence *f* de térébenthine.
Ter'rain *n* terrain *m* (*a. fig.*); *fig.* ~ *gewinnen* (*od. aufholen*) gagner du terrain; ~ *verlieren* perdre du terrain; *das* ~ *sondieren* sonder le terrain; ~**aufnahme** *f* levé *m* de terrain; ~**kur** ⚕ *f* promenades *f/pl.* sur un terrain plat; ~**schwierigkeiten** *f/pl.* difficultés *f/pl.* du terrain; ~**spekulation** *f* spéculation *f* sur les terrains; ~**verhältnisse** *n/pl.* (nature *f* du) terrain *m*.
Terra'kotta *f* terre *f* cuite.
Ter'rarium *n* vivarium *m*.
Ter'rasse *f* terrasse *f*; ⚥**nförmig** *adj.* en terrasse(s); ~**nhaus** △ *n* maison *f* en terrasses.
'Terrier *m* terrier *m*.
Ter'rine *f* soupière *f*.
territori'al *adj.* territorial; ⚥**armee** *f* armée *f* territoriale; ⚥**gewässer** *n/pl.* eaux *f/pl.* territoriales.
Terri'torium *n* territoire *m*.
'Terror *m* terreur *f*; terrorisme *m*.
terro|ri'sieren *v/t.* terroriser; ⚥**'rismus** *m* terrorisme *m*; ⚥**'rist** *m* terroriste *m*; ⚥**'ristenbekämpfung** *f* action *f* antiterroriste; lutte *f* contre le terrorisme; ~**'ristisch** *adj.* terroriste.
'Terrorwelle *f* flambée *f* de terrorisme.
'Tertia *Bundesrep. f* les quatrième et cinquième classes (= huitième et neuvième années scolaires) d'un lycée.

Terti'aner(in *f)* m élève *m, f* de la quatrième ou cinquième classe d'un lycée.
terti'är I *adj.* tertiaire; **II** ⚳ *n* tertiaire *m*; ⚳**formation** *géol. f* formation *f* tertiaire.
Terz *f esc.* tierce *f*; ♪ *große (kleine)* ~ tierce *f* majeure (mineure).
Ter'zett *n* trio *m*.
Ter'zine *mét. f* tercet *m*.
'Tesafilm *m* scotch *m*; ruban *m* adhésif transparent.
'Tesching *n* carabine *f* de petit calibre.
Tes'sin *m*: *der* ~ le Tessin.
Test *a. écol. m* test *m*; interrogation (F interro) *f* écrite.
Testa'ment *n* testament *m*; dernières volontés *f/pl.*; *sein* ~ *machen* faire son testament; *tester; ohne* ~ *sterben* mourir (*od.* décéder) intestat; *Altes (Neues)* ~ Ancien (Nouveau) Testament *m*.
testamen'tarisch I *adj.* testamentaire; **II** *adv.* par testament.
Testa'ments|bestimmung *f* disposition *f* testamentaire; ~**erbe** *m*, ~**erbin** *f* héritier *m*, -ière *f* testamentaire; ~**er-öffnung** *f* ouverture *f* du testament; ~**nachtrag** *m* codicille *m*; ~**vollstrecker** *m* exécuteur *m* testamentaire.
Tes'tat *n* attestation *f*; *für Studenten*: certificat *m* de présence.
Tes'tator ⚳ *m* testateur *m*.
'Testbefragung *f* consultation-test *f*.
'testen *v/t.* tester.
'Test|fahrer *Auto m* pilote *m* d'essai; essayeur *m*; ~**gruppe** *f*, ~**menge** *biol. f* population *f*.
tes'tier|en *v/t. u. v/i.* attester; *den Besuch e-r Vorlesung*: certifier la présence (d'un étudiant); (*letztwillig verfügen*) faire un testament (*über acc.* de); tester; ~**fähig** ⚳ *adj.* habile à tester; ⚳**fähigkeit** *f* testabilité *f*; ~**unfähig** ⚳ *adj.* inhabile à tester.
'Test|pilot *m* pilote *m* d'essai; ~**reihe** *f* essai *m* d'utilisation; ~**stopp** *at. m* cessation *f* des essais nucléaires; ~**sucht** *écol. f* testomanie *f*.
'Tetanus ⚕ *m* tétanos *m*; ~**spritze** *f* piqûre *f* antitétanique.
Tetra'eder ⚛ *n* tétraèdre *m*.
'teuer *adj.* (*kostspielig*) cher, -ère; coûteux, -euse; *fig.* prix élevé; *fig.* cher, -ère; (*herzlich geliebt*) chéri; es *ist* ~ c'est cher; cela coûte cher; *dreimal so* ~ trois fois son prix; *wie* ~ (*ist das*)? combien cela coûte-t-il?; combien cela vaut-il?; quel en est le prix?; *das Leben ist hier* ~; *man lebt hier* ~ la vie est chère ici; il fait cher vivre ici; ~ *kaufen* (*verkaufen; bezahlen*) acheter (vendre; payer) cher; *sein Leben* ~ *verkaufen* vendre chèrement sa vie; ~ *werden* renchérir; ~ *zu stehen kommen*; ~ *sein* coûter cher; *das wird ihm* ~ *zu stehen kommen* il lui en coûtera cher; *da ist guter Rat* ~ c'est un cas bien difficile.
'Teuerung *f* cherté *f*; 'hausse (*od.* augmentation) *f* des prix; renchérissement *m*; (*Not*) disette *f*; ~**swelle** *f* vague *f* de renchérissement; ~**szulage** *f* indemnité *f* (*od.* supplément *m*) de vie chère.
Teufe ⚒ *f* profondeur *f*.

'Teufel *m* diable *m*; (*Dämon*) démon *m*; *armer* ~ pauvre diable *m*; pauvre bougre *m*; pauvre 'hère *m*; miséreux *m*; *ein* ~ *von e-m Weib* une diablesse de femme; *wie der* ~ comme le diable; *bist du des* ~*s*? as-tu perdu la tête?; *der* ~ *ist los* tout se déchaîne; ça barde; *er fragt den* ~ *danach* il s'en moque bien; *er hat den* ~ *im Leib* il reitet *der* ~ il a le diable au corps; *in des* ~*s Küche sein* être dans une mauvaise position; *man soll den* ~ *nicht an die Wand malen* il ne faut pas tenter le diable; *das hieße, den* ~ *mit dem Beelzebub austreiben* le remède est pire que le mal; *das müßte mit dem* ~ *zugehen* à moins que le diable ne s'en mêle; *hol' dich der* ~!; *der* ~ *soll dich holen!* que le diable t'emporte!; *pfui* ~! quelle horreur!; *zum* ~! diable!; mille tonnerres!; bigre!; fichtre!; diantre!; peste!; *zum* ~ *mit dieser Angelegenheit!* au diable cette affaire!; *j-n zum* ~ *jagen* F remballer q.; *zum* ~ *wünschen* donner (*od.* envoyer) au diable (*F* fichu); *scher dich zum* ~! va-t-en au diable!; *sein Vermögen ist zum* ~ sa fortune est perdue (F fichue); *in der Not frißt der* ~ *Fliegen* faute de grives on mange des merles.
Teufe'lei *f* diablerie *f*.
'Teufels|arbeit *f*: *das ist e-e* ~ F c'est le diable à confesser; ~**beschwörer** *m* exorciste *m*; ~**beschwörung** *f* exorcisme *m*; ~**brut** F *f* sale engeance *f*; ~**dreck** *phm. m* assa-fœtida *f*; ~**kerl** F *m* diable *m* d'homme; *cin.* cascadeur *m*, -euse *f*; *ein* ~ *sein* avoir du chien; ~**kreis** *fig. m* cercle *m* vicieux (*od.* infernal); ~**lärm** *m*: e-n ~ *machen* faire le diable (à quatre); ~**weib** F *n* bewundernd: drôle *f* de diablesse; ~**werk** F *n* œuvre *f* du diable.
'teuflisch *adj.* diabolique; infernal.
Teu'ton|e *m*, ~**in** *f* Teuton *m*, -onne *f*; ⚳**isch** *adj.* teuton, -onne.
Text *m* texte *m*; *zu e-r Abbildung usw.*: légende *f*; (*Lied*⚳) paroles *f/pl.*; *fig. aus dem* ~ *kommen* perdre le fil; s'embrouiller; *j-n aus dem* ~ *bringen* faire perdre le fil à q.; embrouiller q.; *fahren Sie im* ~! continuez!; '~**analyse** *f* analyse *f* de texte; '~**ausgabe** *f* texte *m* sans notes (*od.* non annoté); '~**bezogen** *adj.* contextuel, -elle; '~**buch** *thé. n* livret *m*; libretto *m*; '~**dichter** *thé. m* librettiste *m*; '~**er** ♪ parolier *m*; ~ *e-r Zeitung* rédacteur *m* d'un journal.
Tex'til|arbeiter(in *f)* *m* ouvrier *m*, -ière *f* de l'industrie textile; ~**ien** *pl.* textiles *m/pl.*; ~**industrie** *f* industrie *f* textile; ~**messe** *f* foire *f* des textiles; ~**waren** *f/pl.* textiles *m/pl.*
'Text|interpretation *f* explication *f* de texte; ~**kritik** *f* textologie *f*.
'text|lich *adj.* textuel, -elle; ⚳**schreiber** ♪ *m* parolier *m*; ⚳**vergleichung** *f* comparaison *f*, collation *f*, collationnement *m* de textes.
'Thai|land *n* la Thaïlande; ~**länder(-in** *f) m* Thaïlandais *m*, -e *f*; ⚳**ländisch** *adj.* thaïlandais.
The'ater *n* théâtre *m*; (*Vorstellung*) spectacle *m*; *fig. péj.* (*z. B. von e-m Prozeß*) mascarade *f*; ~ *spielen* donner un spectacle, *fig.* jouer la comédie; *zum* ~ *gehen* se faire acteur, -trice; F monter sur les planches; *ins* ~ *gehen* aller au théâtre (*od.* au spectacle); *häufig ins* ~ *gehen* aller souvent au théâtre; *fig.* ~ *machen* (*sich aufspielen*) faire l'important; se donner des airs; *es ist immer dasselbe* ~ c'est toujours la même histoire; *fig. das ist ja doch alles* ~! allons! ce sont des histoires!; tout ça, c'est du cinéma!; ~**abend** *m* soirée *f* théâtrale; ~**agentur** *f* agence *f* de théâtre; ~**bericht** *m* chronique *f* théâtrale; ~**besuch** *m* fréquentation *f* du théâtre; *a.* → ~**vorstellung**; ~**besucher(in** *f) m* spectateur *m*, -trice *f*; ~**dichter** *m* auteur *m* dramatique; ~**direktor** *m* directeur *m* de théâtre; ~**effekt** *m* effet *m* théâtral; ~**karte** *f* billet *m* de théâtre; ~**kasse** *f* bureau *m* de location; ~**kritik** *f* critique *f* théâtrale; ~**kritiker** *m* critique *m* théâtral; ~**leben** *n* vie *f* théâtrale; ~**maler** *m* peintre *m* de décors; ~**probe** *f* répétition *f*; ~**restaurant** *Fr. n* café-théâtre *m*; ~**saal** *m* salle *f* de spectacle; ~**saison** *f* saison *f* théâtrale; ~**schneider(in** *f) m* costumier *m*, -ière *f*; ~**schriftsteller** *m* auteur *m* dramatique; ~**schule** *f* école *f* d'art dramatique; école *f* théâtrale; ~**stück** *n* pièce *f* de théâtre; ~**vorstellung** *f* représentation *f* théâtrale; spectacle *m*; ~**wesen** *n* théâtre *m*; ~**woche** *f* semaine *f* théâtrale; ~**zettel** *m* programme *m*; affiche *f* de théâtre.
Thea'tralik *f* théâtralisme *m*.
thea'tralisch *adj.* théâtral.
The'is|mus *m* théisme *m*; ~**t** *m* théiste *m*; ⚳**tisch** *adj.* théiste.
'Theke *f* comptoir *m*; F zinc *m*.
'Thema *n* (*spezielles Gesprächs*⚳ *od. Aufsatz*⚳) sujet *m*; (*Grund*⚳, *a.* ♪) thème *m*; ♪ *a.* motif *m*; *das gehört nicht zum* ~ *vom* ~ *abschweifen* s'écarter (*od.* s'éloigner) du sujet.
the'matisch ♪ *adj.* thématique.
'themengebunden *adj.*: ~e *Überlegung* réflexion *f* à thème.
'Themse *f*: *die* ~ la Tamise.
Theodi'zee *f* théodicée *f*.
Theodo'lit *m* théodolite *m*.
Theo'krat *m* théocrate *m*.
Theokra'tie *f* théocratie *f*.
theo'kratisch *adj.* théocratique.
Theo'log|e *m*, ~**in** *f* théologien *m*, -enne *f*; (*Student*) étudiant *m*, -e *f* en théologie.
Theolo'gie *f* théologie *f*.
theo'logisch *adj.* théologique.
Theo'rem *n* théorème *m*.
Theo'retiker(in *f) m* théoricien *m*, -enne *f*; ⚳**isch** *adj.* théorique; ~ *werden tomber dans la théorie*; ⚳**i'sieren** *v/i.* théoriser; faire de la théorie.
Theo'rie *f* théorie *f*; *fig. péj.* graue ~ vue *f* de l'esprit.
Theo'soph *m* théosophe *m*.
Theoso'phie *f* théosophie *f*.
theo'sophisch *adj.* théosophique.
Thera'peut *m* thérapeute *m*; ~**ik** *f*, ~**'pie** *f* thérapeutique *f*; ~**'peutisch** *adj.* thérapeutique.
Ther'malquelle *f* source *f* thermale.
'Thermen *f/pl.* thermes *m/pl.*
'thermisch *adj.* thermique.

Thermo|che'mie f thermochimie f; **~dy'namik** f thermodynamique f; **²e'lektrisch** adj. thermo-électrique; **~elektrizi'tät** f thermo-électricité f; **~gra'phie** ⚙ f thermographie f; **²'graphisch** ⚙ thermographique.

Thermo'meter n thermomètre m; *das ~ steht auf ...* le thermomètre marque (od. est à) ...; **~säule** f colonne f thermométrique; **~stand** m 'hauteur f du thermomètre.

thermonukle'ar adj. thermonucléaire.

thermo'plastisch adj. thermoplastique.

'Thermosflasche f (bouteille f) thermos m od. f.

Thermos'tat m thermostat m.

thesau'rier|en v/t. thésauriser; **²en** n, **²ung** f thésaurisation f.

'These f thèse f; **~nroman** litt. m roman m à thèse; **~nstück** thé. n pièce f à thèse.

Thes'salien n la Thessalie.

'Thrakerforschung f thracologie f.

'Thrazien n la Thrace.

Throm'bose f thrombose f.

Thron m trône m; *den ~ besteigen* monter sur le trône; *j-n vom ~ stoßen* détrôner q.; **~besteigung** f avènement m au trône; **²en** fig. v/i. trôner; **~entsagung** f abdication f; **~erbe** m, **~erbin** f héritier m, -ière f du trône; **~folge** f succession f au trône; **~folger(in** f) m héritier m, -ière f du trône; **~himmel** m dais m; baldaquin m; **~prätendent(in** f) m prétendant m, -e f au trône; **~räuber** m usurpateur m; **~rede** f discours m du trône; **~wechsel** m changement m de règne.

'Thuja ♀ f thuya m.

'Thunfisch m thon m; **~netz** n thon(n)aire m.

'Thürin|gen n la Thuringe; **~ger(in** f) m Thuringien m, -enne f; **²gisch** adj. thuringien, -enne.

'Thymian ♀ m thym m.

Ti'ara f tiare f.

'Tiber m: *der ~* le Tibre.

'Tibet n le Tibet.

Tibe'tan|er m Tibétain m; **²isch** adj. tibétain.

Tick m ⚙ tic m; fig. (*Marotte*) manie f; *e-n ~ haben* avoir la tête fêlée (od. une araignée); être toqué; avoir un grain.

'ticken v/i. faire tic tac; tictaquer.

'Ticktack n tic-tac m.

tief I adj. profond (a. fig.); (niedrig) bas, basse; ♪ bas, basse; grave (a. gr.); *Farbe:* foncé; *Geheimnis, Trauer:* grand; *wie ~ ist ?* quelle profondeur cela a-t-il?; *es ist 3 m ~* cela a trois mètres de profondeur; *c'est profond de trois mètres; ~er Schnee* neige f épaisse; *~er Teller* assiette f creuse; ~ *im Lande* bien avant dans le pays; ~ *in der Nacht* bien avant dans la nuit; ~ *im Schlamm* enfoncé dans la vase; *in ~er Trauer* en grand deuil; ~ *im Walde* (*Wasser*) au fond du bois (de l'eau); *aus ~stem Herzen* du plus profond du cœur; *im ~sten Winter* au cœur de l'hiver; **II** adv. profondément; ~ (*ein*)*atmen* respirer profondément; prendre une grande inspiration; ~ *seufzen* pousser de profonds soupirs; *sich ~ verbeugen* faire une profonde révérence; *den Hut ~ in die Augen drücken* enfoncer son chapeau sur ses yeux; ~ *im Innern Sibiriens* au fin fond de la Sibérie; fig. ~ *in Schulden stecken* être dans les dettes jusqu'au cou; *~er legen* mettre plus bas; baisser; *e-n Ton ~er singen* descendre d'un ton; *~er stimmen* ♪ baisser; fig. *das läßt~ blicken* cela donne à penser; **III** ♀ n ⊕ eau f profonde; météo. zone f de basse pression f; ensemble f de dépression f; **~angriff** m (*Tiefliegerangriff*) attaque f à basse altitude; **²aufschlag** m Tennis: balle f basse; **²ausläufer** météo. m dépression f; **²bau** m construction(s pl.) f souterraine(s); travaux m/pl. de génie civil; travaux m/pl. au-dessous du sol; **²bauamt** n (service m des) ponts m/pl. et chaussées f/pl.; **~betrübt** adj. profondément affligé; **~bewegt** adj. profondément ému; **~blau** adj. bleu foncé; (od. profond); **²blick** m regard m pénétrant; pénétration f; perspicacité f; **~blickend** adj. pénétrant; perspicace; **²bauunternehmer** m entrepreneur m de travaux publics (od. de génie civil); **²druck** typ. m impression f hélio; **~druckgebiet** n zone f dépressionnaire; zone f de basse pression; **²e** f profondeur f (a. fig.); ♪ gravité f; (*Abgrund*) abîme m; fig. *in die ~ greifen* se faire incisif, -ive; **²ebene** f plaine f basse; **~empfunden** adj. profondément senti; **²enfeuer** ⚔ n tir m progressif (od. échelonné); **²enmessung** f bathymétrie f; **²enpsychologie** f psychologie f des profondeurs (od. en profondeur); **²enschärfe** phot. f profondeur f de champ; **²ensonde** ⊕ f bathysonde f; **²ensprechgerät** (*für eingeschlossene Höhlenforscher*) n téléphone m des profondeurs; **²enwirkung** f effet m en profondeur; *phm. mit ~* ultrapénétrant; en pénétrant jusqu'au plus profond des pores; **~ernst** adj. très grave; **²fliegerangriff** m attaque f à basse altitude; **²flug** m rase-mottes; vol m à très basse altitude; *im ~ fliegen* voler en rase-mottes; faire du rase-mottes; *im ~ mit Bordwaffen angreifen* straffer; **²gang** ⊕ m tirant m d'eau; **²garage** f garage m souterrain; **~gehend** ⊕ adj. d'un fort tirant d'eau; fig. profond; qui va loin; **~gekühlt** adj. surgelé; **~greifend** adj. profond; viscéral; ~ *Untersuchungen* enquêtes f/pl. en profondeur; **~gründig** adj. profond; **²konjunktur** f période f de dépression économique; **~kühlen** v/t. surgeler; congeler; **~kühlfach** n compartiment m de congélation; **²kühlindustrie** f industrie f du surgelé; **²kühlkost** f produits m/pl. surgelés; **²kühltruhe** f congélateur m; **²kühlung** f surgélation f; bisw. (sur)congélation f; **~kühlverfahren** m surgelé m; **²land** n plaine f; contrées f/pl. basses; **~liegend** adj. bas, basse; *er hat ~e Augen* il a les yeux creux; **²punkt** m point m le plus bas; **²schlag** m Boxen: coup m bas; **~schürfend** adj. profond; **~schwarz** adj. noir profond; **²see** f abysses m/pl. (marins); **²seeforscher** m aquanaute m; **²seeforschung** f recherches f/pl. océanographiques; **²seekabel** n câble m de haute mer; **²seemessung** f bathymétrie f; **²seetauchboot** n bathyscaphe m; **²seetauchkugel** f bathysphère f; **²silo** n silo m surbaissé; **²sinn** m profondeur f d'esprit; (*Schwermut*) mélancolie f; **~sinnig** adj. (d'esprit) profond; (*schwermütig*) mélancolique; **²sprung** m saut m en profondeur; **²stand** m niveau m le plus bas; fig. tunnel m; ♪ a. dépression f; baisse f (a. des Barometers); **~stehend** adj. bas, basse; fig. a. inférieur; **²stwert** m valeur f minima (od. minimum); **²temperaturmessung** f cryométrie f; **²temperaturtechnik** (*Kältetechnik*) f cryotechnique f; **~wurzelnd** adj. profondément enraciné; **~ziehen** ⊕ v/t. emboutir.

'Tiegel m cuis. casserole f; ⊕ (*Schmelz²*) creuset m; typ. platine f; **~druck** typ. m impression f à platine; **~ofen** m fourneau m à creusets.

Tier n animal m; *im Gegensatz zu Mensch:* bête f; *mikroskopisch kleines ~* animalcule m; F fig. *hohes ~* gros bonnet m; *grosse légume f;* huile f; F *pontife m; zum ~ machen* bestialiser; *auf die Stufe e-s ~es stellen* animaliser; **~art** f espèce f animale; **~arzt** m vétérinaire m; **~ärztlich** adj. vétérinaire; **~bändiger(in** f) m dompteur m, -euse f; **~beschreibung** f zoographie f; **~bildhauer** m sculpteur m animalier; **~chen** n petit animal m; petite bête f; bestiole f; (*mikroskopisch kleines Tier*) animalcule m; **~fabel** f fable f qui met en scène des animaux; **~fett** n graisse f animale; **~film** m film m animalier; **~freund(in** f) m ami m, -e f des animaux; **~garten** m jardin m zoologique; **~gattung** f genre m d'animaux; **~gehege** (*im Labor*) n animalerie f; **~halter(in** f) m détenteur m, -trice f d'animaux; **~heilkunde** f médecine f vétérinaire; zoothérapie f; **~heim** n refuge m pour animaux; **²isch** adj. animal; fig. bestial; brutal; *~es Wesen* animalité f, fig. bestialité f; brutalité f; **~kadaver** m cadavre m d'animal; **~klinik** f clinique f vétérinaire; **~kohle** f noir m animal; **~kreis** ast. m zodiaque m; **~kreiszeichen** n signe m du zodiaque; **~kunde** f zoologie f; **~leben** n vie f animale; **²lieb** adj. zoophile; **~liebe** f amour m des animaux (od. des bêtes); affection f pour l'animal; **~maler** m animalier m; **~natur** f animalité f; **~park** m parc m animalier; (*Tierschau im Zirkus*) ménagerie f; (*Tiergarten*) jardin m zoologique; **~photograph** m photographe m animalier; **~psychologe** m zoopsychologue m; **~psychologie** f zoopsychologie f; psychologie f animale; **~quäler** m celui qui tourmente les animaux; **~quälerei** f cruauté f envers les animaux; **~reich** n règne m animal; **²reich** adj. riche en animaux; **~rettungshilfe** f secourisme m animalier; **~schau** f exposition f animale; *im Zirkus:* ménagerie f; **~schriftsteller** m écrivain m animalier; **~schutz** m protection f des animaux; '~schutzgebiet *n* réserve *f* zoologique; '~schutzverein *m* société *f* protectrice des animaux; '~sprache *f* langage *m* des animaux; langue *f* animale; '~vergiftung (*durch Biß od. Stich*) *f* envenimation *f*; '~versuch *m* expérience *f* faite sur des animaux; '~wärter *m* gardien *m* de ménagerie; '~welt *f* monde *m* animal; (*Tierreich*) règne *m* animal; '~zucht *f* zootechnie *f*; élevage *m* d'animaux; '~züchter *m* zootechnicien *m*; éleveur *m* d'animaux; '~zuchtstation *f* station *f* d'élevage (*od.* de sélection animale).

'Tiger|(in *f*) *m* tigre *m*, tigresse *f*; wie ein ~ gestreift tigré; ~fell *n* peau *f* de tigre; ~katze *f* chat-tigre *m*; ~weibchen *n* tigresse *f*.

'Tilde *f* tilde *m*; *im Wörterbuch*: (*Wiederholungszeichen*) signe *m* de répétition.

'tilg|bar *adj.* effaçable; *Rente*: rachetable; *Schuld*: amortissable; *Kredit a.*: remboursable; ₂barkeit *f* possibilité *f* d'effacer; *e-r Rente*: possibilité *f* de racheter; *e-r Schuld*: possibilité *f* d'amortir; *e-s Kredits*: possibilité *f* de rembourser; ~en *v/t*. (*auslöschen*) effacer, éteindre; (*beseitigen*) faire disparaître, supprimer; (*streichen*) radier; (*aufheben*) annuler; (*vernichten*) détruire, anéantir; (*ausrotten*) exterminer; *Rente*: racheter; *Schuld*: amortir; éteindre; *Kredit*: rembourser; *aus s-m Gedächtnis* ~ bannir de sa mémoire; ₂en *n*, ₂ung *f* (*Auslöschen*) effacement *m*; extinction *f*; (*Beseitigen*) suppression *f*; (*Streichen*) radiation *f*; (*Aufheben*) annulation *f*; (*Vernichten*) destruction *f*; anéantissement *m*; (*Ausrotten*) extermination *f*; *e-r Rente*: rachat *m*; *e-r Schuld*: amortissement *m*; *e-s Kredits*: remboursement *m*; ₂ungs-anleihe *f* emprunt *m* d'amortissement; ₂ungsdauer *f* durée *f* d'amortissement; ₂ungsfonds *m* fonds *m* d'amortissement; ₂ungskasse *f* caisse *f* d'amortissement; ₂ungsplan *m* plan *m* d'amortissement; ₂ungsrücklage *f* réserve *f* d'amortissement; ₂ungstermin *m* date *f* d'amortissement; ₂ungszeichen *typ. n* deleatur *m*.

Timo|kra'tie *f* timocratie *f*; ₂'kratisch *adj.* timocratique.

'Tingeltangel *m u. n* café-concert *m*, caf'conc' *m*; P beuglant *m*; P boui-boui *m*.

Tink'tur *f* teinture *f*.

'Tinnef F *m* F camelote *f*; toc *m*.

'Tinte *f* encre *f*; F *fig. in der* ~ *sitzen* être dans le pétrin; *das ist klar wie dicke* ~ c'est tout ce qu'il y a de plus clair; c'est aussi clair que deux fois deux font quatre; F *du hast wohl* ~ *gesoffen?* tu es toqué (*od.* timbré, P cinglé *od.* maboul *od.* dingo); ~nfaß *n* encrier *m*; ~nfisch *icht. m* seiche *f*; ~nflasche *f* bouteille *f* à encre; ~nfleck *m*, ~nklecks *m* tache *f* d'encre; pâté *m*; ~ngummi *m* gomme *f* à encre; ~nklecker F *m* (*Federfuchser*) gratte-papier *m*; plumitif *m*; F scribouillard *m*; écrivassier *m*; écrivailleur *m*; ~nlöscher *m* buvard *m*; ~nstift *m* crayon *m* encre; ~nwischer *m* essuie-plume *m*.

Tip *m* F tuyau *m*; *j-m e-n* ~ *geben* donner un tuyau à q.

'Tipp|elbruder F *m* vagabond *m*; chemineau *m*; P trimardeur *m*; ₂eln F *v/i*. (*zu Fuß gehen*) marcher à pied; F prendre le train onze; ₂en *v/t. u. v/i.* (*leicht berühren*) toucher du bout du doigt; F (*auf der Schreibmaschine schreiben*) taper (à la machine); F (*wetten*) parier (*auf acc.* pour, *Tier: a.* sur), miser (sur); (*s-n Totoschein ausfüllen*) remplir son coupon de pronostics (de football); ~fehler *m* faute *f* de frappe; ~fräulein F *n* dactylo(graphe) *f*.

Tip'pöse F *f*, 'Tippse F *m* péj. *f* dactylo *f*.

'tipp'topp F *adj.* chic; épatant; F chouette; P bath; *adv.* irréprochablement.

Ti'rol *n* le Tyrol; ~er(in *f*) *m* Tyrolien *m*, -enne *f*; ₂(er)isch *adj.* tyrolien, -enne; du Tyrol.

Tisch *m* table *f*; *bei* ~ à table; *vor* (*nach*) ~ avant (après) le repas; *z-h getrennt von* ~ *und Bett* séparé de corps et de biens; *fig.* grüner ~ tapis vert; *auf den* ~ *schlagen* (*od.* hauen) taper sur la table; *reinen* ~ *machen* faire table rase; *den* ~ *decken* (*od.* bereiten) mettre (*od.* dresser) le couvert (*od.* la table); *den* ~ *abdecken* (*od.* abnehmen) ôter (*od.* enlever) le couvert; desservir; *fig. das fiel unter den* ~ cela a passé inaperçu; on ne s'en est pas occupé; *vom* ~ *aufstehen* se lever (*od.* sortir) de table; *etw. vom* ~ *nehmen* prendre qch. sur la table; *zu* ~ *bleiben* rester à déjeuner (*resp.* à dîner); *zu* ~ *gehen* aller déjeuner (*resp.* dîner); *zu* ~ *laden* inviter à déjeuner (*resp.* à dîner); *sich zu* ~ *setzen* se mettre (*od.* s'asseoir) à table; ~apparat *m* téléph. *m* téléphone *m* de table; '~bein *n* pied *m* de table; '~besen *m* ramasse-miettes *m*; '~besteck *n* couvert *m*; '~blatt (*Tischplatte*) *n* dessus *m* de table; ~chen *n* petite table *f*; guéridon *m*; '~dame *f* voisine *f* de table; '~decke *f* tapis *m* de table; '~ende *n: das obere* (*untere*) ~ le haut (le bas) bout de la table; '₂fertig *adj.* prêt à être servi; '~fußball *m* baby-foot *m*; '~gast *m* convive *m*; '~gebet *n* bénédicité *m*; *nach der Mahlzeit*: grâces *f/pl.*; '~genosse *m*, '~genossin *f* commensal *m*, -e *f*; '~gerät *n* service *m* de table; '~geschirr *n* vaisselle *f*; '~gesellschaft *f* convives *m/pl.*; tablée *f*; '~gespräch *m* propos *m/pl.* de table; '~getränk *n* boisson *f* de table; '~glocke *f* sonnette *f* de table; '~herr *m* voisin *m* de table; '~kante *f* bord *m* de table; '~karte *f für den Platz des Gastes*: carton *m* de table; '~kasten *m*, '~lade *f* tiroir *m* de table; '~klappe *f* abattant *m*; '~klopfen *n tables f/pl.* parlantes; '~lampe *f* de table; '~läufer *m* chemin *m* de table.

'Tischler *m* menuisier *m*; (*Kunst*₂) ébéniste *m*; ~arbeit *f* menuiserie *f*; (*Kunst*₂) ébénisterie *f*.

Tischle'rei *f* menuiserie *f*; (*Kunst*₂) ébénisterie *f*.

'Tischler|geselle *m* ouvrier *m* menuisier; (*Kunst*₂) garçon *m* ébéniste; ~lehrling *m* apprenti *m* menuisier (*Kunst*₂) apprenti *m* ébéniste; ~leim *m* colle *f* forte; ~meister *m* menuisier *m*; (*Kunst*₂) ébéniste *m*; ₂n *v/i.* menuiser; ~werkstatt *f* (atelier *m* de menuiserie *f*; (*Kunst*₂) (atelier *m* d')ébénisterie *f*.

'Tisch|leuchter *m* bougeoir *m*; ~lied *n* chanson *f* de table; ~manieren *f/pl.* savoir-vivre *m* à table; ~messer *n* couteau *m* de table; ~nachbar(in *f*) *m* voisin *m*, -e *f* de table; ~ordnung *f* (ordre *m* de) préséance *f* à table; ~platte *f* dessus *m* de table; *zur Verlängerung des Tisches*: rallonge *f*; ~rede *f* discours *m* de banquet; toast *m*; ~rücken *n* tables *f/pl.* tournantes; ~schublade *f* tiroir *m* de table; ~sitten *f/pl.* usages *m/pl.* à table; ~telefon *n* téléphone *m* de table; ~tennis *n* tennis *m* de table; ping-pong *m*; ~tuch *n* nappe *f*; ~tuchklammer *f* fixe-nappe *m*; ~wein *m* vin *m* ordinaire (*od.* de table); ~zeit *f* heure *f* du repas; ~zeug *n* linge *m* de table.

Ti'tan¹ *m*, ~e *m* titan *m*.

Ti'tan² ₂ *n* titane *m*.

ti'tan|enhaft, ~isch *adj.* titanesque.

Ti'tansäure ₂ *f* acide *m* titanique.

'Titel *m* titre *m*; *j-m e-n* ~ *verleihen* donner un titre à q.; titrer q.; *e-r Sache e-n* ~ *geben* intituler qch.; *sich den* ~ *Graf ... geben* (*od.* beilegen) se donner le titre de comte ...; s'intituler comte ...; *den* ~ ... *führen* porter le titre de ...; *e-n* ~ *innehaben Sport*: détenir un titre; *das Buch trägt den* ~ ... le livre est intitulé (*od.* s'intitule) ...; ~bild *n* frontispice *m*; *als* ~ *en couverture*; ~blatt *n* frontispice *m*; page *f* de titre; ~halter(in *f*) *m*, ~inhaber(in *f*) *m Sport*: détenteur *m*, -trice *f* du titre; ~kopf *m* en-tête *m*; ~rolle *f* thé. *f* rôle *m* du personnage principal; ~seite *f* page *f* de titre; *journ. auf der* ~ *erscheinen* apparaître à la une; ~sucht *f* manie *f* des titres; ~verteidiger(in *f*) *m Sport*: défenseur *m* du titre; ~vorspann *cin. m* générique *m*; ~zeile *f* ligne *f* de tête.

Ti'trier|analyse ₂ *f* analyse *f* volumétrique; ₂en *v/t.* titrer; ~en *n* titrage *m*.

Titu'lar *m* titulaire *m*.

Titula'tur *f* titre(s *pl.*) *m*.

titu'lieren *v/t.* (*betiteln*) intituler; (*bezeichnen*) qualifier (*als* de).

'Tituskopf *m* (*Frisur*) coiffure *f* à la Titus.

Toast *m* toast *m* (*a. fig.*); *e-n* ~ *auf j-n ausbringen* porter un toast à q.; ~brot *n* pain *m* à griller (*bzw.* grillé); '₂en *cuis.* (*rösten*) *v/t.* griller; ~er *m* grille-pain *m*; ~schnitte *f* rôtie *f*; belegte ~ canapé *m*.

'Tobak F *m* tabac *m*; *das ist starker* ~! elle est raide, celle-là!; *anno* ~ il y a fort longtemps; il y a belle lurette.

'toben *v/i.* tempêter; être furieux, -euse (*od.* enragé); pester; F rager; *Elemente, Schlacht*: faire rage; se déchaîner; être déchaîné; (*zornig schreien*) vociférer; (*lärmen*) faire du tapage; (*herum*~) se démener; ~d *adj.* enragé; furieux, -euse; déchaîné; ~*See* mer *f* déchaînée (*od.* orageuse); ~*er Beifall* applaudissements *m/pl.* frénétiques.

'Tob|sucht *f* folie *f* furieuse; ₂süch-

tobsüchtig — Ton

tig *adj.* fou furieux (*a.* 🐶); ~suchtsanfall *m* accès *m* de folie furieuse; accès *m* de fureur, de rage.
to'charisch *ling. adj.* tokharien, -enne.
'Tochter *f* fille *f*; heiratsfähige ~ fille *f* en âge de se marier.
'Töchterchen *n* petite fille; fillette *f*.
'Tochtergesellschaft ✝ *f* (société *f*) filiale *f*.
'töchterlich *adj.* de fille; filial.
'Tochtersprache *f* langue *f* dérivée.
Tod *m* mort *f*; ⚕ décès *m*; *poét.* trépas *m*; *plötzlicher (früher)* ~ mort *f* subite (prématurée); e-s natürlichen ~es sterben mourir de mort naturelle (*od.* de sa belle mort); e-s gewaltsamen ~es sterben mourir de mort violente; *ein Kind des* ~es sein être perdu; *auf Leben und* ~ à la vie et à la mort; *Kampf auf Leben und* ~ combat *m* à mort; *Recht auf Leben und* ~ droit *m* de vie et de mort; *auf den* ~ *nicht leiden können* 'haïr à mort (*od.* comme la mort *od.* comme la peste); *dem* ~ *ins Auge sehen* voir la mort en face; *dem* ~ *mutig ins Auge schauen* envisager la mort avec fermeté; *bis in den* ~ jusqu'à la mort; *das ist mir in den* ~ *zuwider* je hais cela comme la peste; *mit dem* ~ *ringen* être à l'agonie; agoniser; *nach j-s* ~ *veröffentlichte Werke* œuvres *f/pl.* posthumes de q.; *es geht um Leben und* ~ il y va de sa vie; *j-n vom* ~ *erretten* sauver la vie à q.; *sich zu* ~e *arbeiten* se tuer au travail; *sich zu* ~e *ärgern* mourir (*od.* crever) de dépit; *zu* ~e *betrübt* mortellement affligé; *zu* ~e *erschrecken* avoir une frayeur mortelle; *zu* ~e *hetzen Wild:* forcer; *sich zu* ~e *langweilen* s'ennuyer à mort (*od.* à mourir); mourir (*od.* crever) d'ennui; *zu* ~e *quälen* tourmenter à mort; *ein Pferd zu* ~e *reiten* crever un cheval; *zum* ~e *verurteilen* condamner à mort; *zwischen* ~ *und Leben schweben* être entre la vie et la mort; ²bringend *adj.* mortel, -elle; délétère; ²ernst F *adj.* très sérieux, -euse.
'Todes|ahnung *f* pressentiment *m* d'une (*resp.* de la, de ma, *etc.*) mort prochaine; ~angst *f* affres *f/pl.* de la mort; *fig.* Todesängste ausstehen être dans des angoisses (*od.* dans des transes) mortelles; ~anzeige *f* faire-part *m* de décès; *bei der Behörde:* déclaration *f* de décès; *in der Zeitung* annonce *f* de décès; ~art *f* (genre *m* de) mort *f*; ~blässe *f* pâleur *f* mortelle; ~bote *m* messager *m* de mort; ~engel *m* ange *m* de la mort; ~erklärung *f* déclaration *f* de décès; ~fall *m* mort *f*; ⚕ décès *m*; *im* ~ *en cas de mort (resp.* de décès); ~furcht *f* peur (*od.* crainte) *f* de la mort; ~gefahr *f* danger *m* de mort; *j-n aus* ~ *retten* sauver la vie à q.; ~kampf *m* agonie *f*; ~kandidat F (*Todkranker*) *m* moribond *m*; ~keim *m* germe *m* de mort; ²mutig *adj.* bravant la mort; ~nachricht *f* nouvelle *f* de la mort; (*Trauerbrief*) faire-part *m* de décès; ~opfer *n* mort, -e *f*; ~pein *f*, ~qualen *f/pl.* souffrances *f/pl.* de la mort; ~ *ausstehen* souffrir mille morts; ~röcheln *n* râle *m* de l'agonie; ~stoß *m*, ~streich *m* coup *m* mortel; (*Gnadenstoß*) coup *m* de grâce; ~-

strafe *f* peine *f* capitale (*od.* de mort); *bei* ~ sous peine de mort; ~strahlen *m/pl.* rayons *m/pl.* de la mort; ~stunde *f* heure *f* de la mort; dernière heure *f*; ~sturz *m* chute *f* mortelle; ~tag *m* jour *m* de la mort; (*Jahrestag*) anniversaire *m* de la mort; ~ursache *f* cause *f* de (la) mort; ~urteil *n* arrêt *m* de mort; sentence *f* capitale; condamnation *f* à mort; ~verachtung *f* mépris *m* de la mort; *mit* ~ à corps perdu; ~wunde *f* blessure *f* mortelle.
'Tod|feind(in *f*) *m* ennemi *m*, -e *f* mortel, -elle; ~feindschaft *f* inimitié *f* mortelle; ²geweiht *adj.* voué (*od.* promis) à la mort; ²krank *adj.* malade à mourir; F condamné.
'tödlich I *adj.* mortel, -elle; délétère; (*mörderisch*) meurtrier, -ière; *mit* ~*er Sicherheit behaupten* soutenir avec une assurance absolue; II *adv.* mortellement; à mort; ~ *überfahren werden* être mort écrasé par une auto; ~ *verunglücken* être tué (*od.* trouver la mort) dans un accident; se tuer dans un accident; ~ *verwunden* blesser mortellement (*od.* à mort); ~ *hassen* 'haïr à mort; *sich* ~ *langweilen* s'ennuyer à mort (*od.* à mourir).
'tod|müde *adj.* fatigué à mort; accablé de fatigue; P lessivé; F claqué; F sur les genoux; ~schick *adj.* très chic; ultra-chic; ~sicher I *adj.* absolument sûr; *das ist* ~ c'est absolument sûr, F c'est dans la poche; II *adv.* (*zweifellos*) sans aucun doute; *er kommt* ~ il est absolument sûr qu'il viendra; ²sünde *rl. f* péché *m* mortel; ~unglücklich *adj.* extrêmement malheureux, -euse; malheureux, -euse comme les pierres.
'Toga *f* toge *f*.
'Tohuwa'bohu *n* tohu-bohu *m*.
Toi'lette *f* (*Sichherrichten;* *Kleidung;* *Wasch-, Frisiergelegenheit*) toilette *f*; (*Abort*) cabinets *m/pl.*; toilettes *f/pl.*; lavabos *m/pl.*; F W.-C. *m/pl.*; *wo ist die* ~? où sont les lavabos (*od.* les toilettes *od.* les cabinets *od.* les W.-C.)?; *s-e* ~ *machen* faire sa toilette; *in großer* ~ (en grande) toilette; ~n-artikel *m* article *m* de toilette; ~ngarnitur *f* garniture *f* de toilette; ~nnecessaire *n* nécessaire *m* de toilette; ~npapier *n* papier *m* hygiénique; ~nseife *f* savon *m* de toilette; ~nspiegel *m* miroir *m* de toilette; *großer:* psyché *f*; ~ntisch *m* coiffeuse *f*; (table *f* de) toilette *f*.
Tok'kata ♪ *f* toccata *m*.
tole'rant *adj.* tolérant; *übermäßig* ~ *bsd. péd.* permissif, -ive; ²ranz *f* tolérance *f*; *übermäßige* ~ *bsd. péd.* permissivité *f*; ²ranzbreite (*Statistik*) *f* range *m*; ²ranzmeßgerät ⊕, ⚒ *n* écartomètre *m*; ~'rieren *v/t.* tolérer.
toll I (*verrückt*) fou (*vor vo. od.* stummem *h:* fol), folle, insensé, aliéné; (*rasend*) furieux, -euse; forcené, frénétique; *Beifall:* délirant, frénetique; *Hund:* enragé; *qui a la rage; fig.* fou (*vor vo. od.* stummem *h:* fol), extravagant; (*unerfreulich;* verdrießlich) fâcheux, -euse; *Tempo:* endiablé; infernal; (*ausgefallen*) extraordinaire; (*ungereimt*) absurde; (*spaßhaft*) drôle; (*unerhört*) inouï; ~er (*unüberlegter*) *Streich* escapade *f*; incartade *f*; frasque *f*; fredaine *f*; étourderie *f*; équipée *f*; ~er *Einfall* idée *f* extravagante (*bzw.* fantastique); ~es *Gelächter* fou rire *m*; *es herrscht ein* ~es *Gedränge* il y a un monde fou; *ein* ~es *Tempo vorlegen* aller à un train d'enfer; *das ist e-e* ~e *Sache* F c'est épatant (*od.* F fumant); *ein* ~es *Ding drehen* F (*Ganoven*) réussir un coup fumant; *ein* ~es *Leben führen* bambocher; *das ist zu* ~ c'est trop fort; F *er (es) ist nicht so* ~ il (ce) n'est pas tellement fort; *ein* ~*er Bursche* (*od.* *Hecht*) un gai luron; un fameux lapin; *ein* ~es *Weib* une femme formidable; II *adv.*: *es* ~ *treiben* aller trop loin; *es ging* ~ *her on* s'amusait follement; *sich* ~ *amüsieren* P s'en payer une tranche; *es kommt noch* ~*er* il y aura mieux encore; ²e *f* (*Haarschopf*) toupet *m*; 'en *v/i.* *von Kindern:* (*sich austoben*) s'ébattre; (*Krach machen*) faire un tapage infernal; ²haus *n* asile *m* d'aliénés; ²heit *f* (*toller Streich*) folie *f*; extravagance *f*; ²kirsche ♀ *f* belladone *f*; ²kopf *m* cerveau *m* brûlé; ~kühn *adj.* téméraire; d'une folle audace; ²kühnheit *f* témérité *f*; ²wut *f* 🐶, *vét.* rage *f*; '~wütig *adj.* 🐶, *vét.* qui a la rage; *vét.*, *f* enragé; ²wutimpfung *vét.* *f* vaccination *f* antirabique.
'Tolpatsch *m* maladroit *m*; *s. a.* Tölpel; ²ig *adj.* → tölpelhaft; ²igkeit *f* maladresse *f*.
'Tölpel *m* lourdaud *m*; pataud *m*; balourd *m*; butor *m*; rustre *m*; *orn.* fou *m*; benêt *m*.
Tölpe'lei *f* balourdise *f*.
'tölpel|haft *adj.* lourdaud; lourd; pataud; (*ungeschickt*) maladroit; *sich* ~ *benehmen* faire des balourdises; ²-haftigkeit *f* balourdise *f*; (*Ungeschicklichkeit*) maladresse *f*.
To'mate ♀ *f* tomate *f*; ~nmark *n* concentré *m* de tomates; ~nsaft *m* jus *m* de tomates; ~nsalat *m* salade *f* de tomates; ~nsuppe *f* soupe *f* à la tomate.
'Tombak *m* tombac *m*.
'Tombola *f* tombola *f*.
Tomo'graph 🏥 *électron. m* tomographe *m*.
Ton¹ *min. m* argile *f*; (terre *f*) glaise *f*; *feuerfester* ~ argile *f* réfractaire.
Ton² *m* ♪ ton *m* (*a. fig.*), (*Note*) note *f*; (~*art*) mode *m*; tonalité *f*; ton *m*; (*Klangfarbe*) timbre *m*; (*Schall*) son *m*; (*Betonung*) accent *m*; (*Farb*²) ton *m*; teinte *f*; *guter* ~ bon ton *m*; *zum guten* ~ *gehören* être de bon ton (*zu de*); *den* ~ *angeben* donner le ton, *fig. a.* donner le la; *e-n* ~ *anschlagen* prendre un ton; *e-n anderen* ~ *anschlagen* changer de ton; *ich werde ihm andere Töne beibringen* je le ferai chanter sur un autre ton; *den* ~ *legen auf (acc.)* mettre l'accent sur; *der* ~ *liegt auf (dat.)* l'accent est sur; *wenn Sie in diesem* ~ *reden* si vous le prenez sur ce ton; *ich verbitte mir diesen* ~ je vous interdis ce ton; *in höchsten Tönen reden von* faire de grands éloges de; *in ironischem* ~ sur le ton de l'ironie; *keinen* ~ *von sich geben* ne dire mot; ne souffler mot; *der* ~ *macht die Musik* c'est le ton qui fait la musique

(od. la chanson); keinen ~ mehr! pas un mot de plus!; F hat man Töne? a-t--on jamais vu pareille chose?; '~abnehmer m pick-up m; '~angabe ♪ f intonation f; '²angebend adj. qui donne le ton (a. fig.); '~angeber fig. péj. m mandarin m; '~arm m (Tonbandgerät) bras m de lecture; (Plattenspieler) bras m de phono-capteur; bras m de pick-up; '~armgriff (Plattenspieler) m poignée f de cellule; '~art ♪ f mode m; tonalité f; ton m; in e-e andere ~ übergehen moduler; fig. in allen ~en sur tous les tons; e-e andere ~ anschlagen changer de ton; '²artig adj. argileux, -euse; '~aufnahme f prise f de son; enregistrement m sonore; '~aufnehmer (Person) m preneur m de son; '~bad phot. n (bain m de) virage m; '~band n bande f magnétique (od. sonore); tragbares ~ (als Touristenführer) auto-guide m; auf ~ aufnehmen enregistrer sur bande magnétique; '~bandaufnahme f enregistrement m sur bande magnétique; '~bandgerät n magnétophone m; '~bandtaste rad. f touche f pour lecture des enregistrements; touche f pour magnétophone; magnétophone m; '~bereich m portée f du son; '~blende f régulateur m de son; réglage m de tonalité; '~boden m sol (od. terrain) m argileux; '~dichter m compositeur m; '~dichtung f composition f musicale; '~empfänger rad. m récepteur m de son.

'tönen I 1. v/i. (schallen) sonner; (widerhallen) résonner, retentir; 2. v/t. (färben) colorer; Augenlider ombrer; phot. virer; II ♀ n sons m/pl.; farbliches: coloration f; phot. virage m.

'Ton-erde f argile f; (terre f) glaise f; ♀ alumine f; essigsaure ~ acétate m d'alumine; ~frachter ♆ m aluminier m.

'tönern adj. d'argile; de (terre) glaise; de terre; Koloß mit ~en Füßen colosse m aux pieds d'argile.

'Ton|fall m ♪ cadence f; (Intonation) intonation f; (Akzent) accent m; ~farbe f timbre m; ~film m film m sonore (od. parlant); ~fixierbad phot. n (bain m de) viro-fixage m; ~folge ♪ f suite (od. succession) f de sons; ~frequenz f fréquence f acoustique; ~fülle f sonorité f; ampleur f de son; ~gefäß n vase m de terre; ~geschirr n poterie f; vaisselle f de terre; ~gefäß f glaisière f; ²haltig adj. argilifère; ~höhe ♪ f 'hauteur f du son; ~höhenschwankungen (Tonbandgerät) f/pl. pleurages m/pl.; taux m de pleurage.

'Tonika ♪ f tonique f.

'Ton-ingenieur m ingénieur m du son.

'tonisch adj. tonique.

'Ton|kalk m chaux f argileuse; ~kamera f cin. caméra-son f; caméra f sonore; (Tonband) → ~projektor; ~kapsel (Plattenspieler) f → ~kopf; ~kopf m Tonbandgerät: tête f de lecture; tête f magnétique; lecteur m; Plattenspieler: tête f de pick-up; lecteur m de disque; ~kunst f art m musical; (art m de la) musique f; ~künstler(in f) m musicien(ne, -enne

f; ~lage ♪ f 'hauteur f du ton; ~lager n couche f argileuse; ~leiter f gamme f; échelle f; ~leitung ⊕ (Tonbandgerät) f câble m de modulation et de transcription; ²los adj. qui ne rend pas de son; (unbetont) atone; non accentué; (stumm) muet, -ette; (ohne Stimme) aphone; ~meister m ingénieur m du son; ~messer phys. m sonomètre m; ~messung phys. f sonométrie f; ~mischer rad., cin. m mélangeur m de son; ~mischpult n pupitre m de mixage; s. a. Mischpult; ~mischraum m salle f de mixage; ~mischung f mixage m; ~mixer (Person) m preneur m de son; ~montage f montage m sonore.

Ton'nage f tonnage m.

'Tonne f tonneau m; große: tonne f; (Maß) tonneau m métrique; (Faß) baril m; ♆ (Boje) bouée f; balise f; ~ndach n toit m en berceau; ~ngehalt ♆ m tonnage m; ~ngewölbe n voûte f en berceau; tonnelle f.

'Ton|papier n papier m Canson; phot. papier m viro-fixateur; ~pfeife f pipe f en terre; ~projektor m Film: projecteur m sonore; (Tonband) magnétophone m à images; ~regisseur rad. m preneur m de son; metteur m en charge de la sonorisation; ~rille f der Schallplatte: sillon m d'enregistrement; ~röhre f tuyau m de terre; ~schiefer min. m schiste m argileux; ~schwund m Radio: fading m; évanouissement m; ~setzer ♪ m compositeur m; ~silbe ♪ f syllabe f accentuée (od. tonique); ~sonde ♆ f sonar m; ~spur f piste f sonore; ~stärke f puissance f du son; ~streifen m bande f sonore; ~stück n morceau m de musique; ~stufe ♪ f intervalle m.

Ton'sur f tonsure f.

'Ton|taube f pigeon m d'argile; ~taubenschießen n tir m aux pigeons d'argile; ~techniker m ingénieur m du son; rad. preneur m de son; ~träger m support m de son.

'Ton-umfang m registre m; étendue f.

'Tönung f farbliche: coloration f; phot. virage m.

'Ton|untermalung f sonorisation f; ~ver-änderung f changement m de ton; (Modulation) modulation f; ~verstärker m amplificateur m acoustique; ~wagen cin. m voiture--son f; ~waren f/pl. poterie f; ~wiedergabe f reproduction f sonore; qualité f musicale; (Klangreinheit) netteté f; ~zeichen n ♪ note f; gr. accent m; rad., télév. top m.

To'pas m topaze f.

Topf m pot m; irdener: pot m de terre; (Koch²) marmite f; (Nacht²) vase m de nuit; Pflanzen: in e-n ~ einsetzen empoter; aus dem ~ herausnehmen dépoter; fig. in e-n ~ werfen mettre dans le même sac; '~blume f fleur f en pot.

'Topfdeckel m couvercle m de marmite, de casserole.

'Topfen östr. m fromage m blanc.

'Töpfer m potier m; ~arbeit f poterie f.

Töpfe'rei f poterie f.

'Töpfer|erde f terre f à potier; ~handwerk n poterie f; ~scheibe f tour m de potier; ~ton m terre f à

potier; ~ware f, ~werkstatt f poterie f.

'Topf|gewächs n plante f en pot; ~gucker m renifleur m de plats; weit S. fouineur m; ~lappen m gant m; main f; poignée f ~manschette ✔ f cache-pot m; ~pflanze f plante f en pot; ~ständer m jardinière f; ~voll m potée f.

Topo|graph m topographe m; ~gra'phie f topographie f; ²'graphisch adj. topographique.

topp int.: ~! d'accord!; tope!

Topp ♆ m tête f de mât; ~mast m mât m de hune; ~segel n 'hunier m.

Tor¹ m insensé m; fou m.

Tor² n porte f; Sport: but m, F bois m/pl.; Slalom: porte f; aus e-m Gitter bestehend: barrière f; ein ~ schießen Sport: marquer un but; ~bogen m arceau m; '~chance f Sport: occasion f de marquer un but; '~einfahrt f porte f cochère; '~esschluß m: fig. kurz vor ~ au dernier moment.

Torf m tourbe f; ~ stechen extraire (od. exploiter od. couper od. enlever od. piquer) la tourbe; tourber; ²artig adj. tourbeux, -euse; '~boden m terrain m tourbeux; '~erde f terre f tourbeuse; '~feuerung f chauffage m à la tourbe; '~gewinnung f extraction (od. exploitation) f de tourbe; ~grube f tourbière f; ~grubenbesitzer m tourbier m; ~kohle f charbon m de tourbe; '~lager n gisement m de tourbe.

'Torflügel m battant m; vantail m.

'Torf|mischdünger ✔ m tourbe f horticole enrichie; ~moor n tourbière f; ~mull m poussier m de tourbe; ~stechen n, ~stich m extraction (od. exploitation) f de tourbe; tourbage m; ~stecher m tourbier m; ~streu f litière f de tourbe; ~stück n motte f de tourbe.

'Tor|halle f porche m; ~hieft m folie f; (Dummheit) sottise f; bêtise f; Alter schützt vor ~ nicht on fait des sottises à tout âge; ~hüter m portier m; Sport: → Torwart.

'töricht adj. insensé; sot, sotte; fou (vor vo. od. stummem h: fol) folle; ~erweise adv. follement.

'Törin f insensée f; folle f.

'torkeln v/i. zigzaguer; F marcher de traviole; tituber; chanceler.

'Tor|latte f Sport: (Torpfosten) poteau m; montant m; (Querlatte) barre f; ~lauf m Ski: slalom m; ~linie f Sport: ligne f de but.

Tor'nado m tornade f.

Tor'nister m sac m; (Schulranzen) cartable m; sac m d'écolier.

torpe'dier•en v/t. torpiller (a. fig.); ²en n, ²ung f torpillage m.

Tor'pedo m torpille f; ~bahn f sillage m de la torpille; ~boot n torpilleur m; ~bootzerstörer m contre-torpilleur m; ~flugzeug n avion m torpilleur; ~jäger m contre-torpilleur m; ~kanone f lance-torpilles m; ~rohr n tube m lance-torpilles; ~zerstörer m contre-torpilleur m.

'Tor|pfosten m poteau m; montant m; ~raum m Sport: surface f de but; ~schluß hist. m fermeture f des portes; ~schuß m Sport: tir m au but; ~schütze m Sport: marqueur m de but; buteur m.

Torsi'on ⊕ f torsion f; ~sbe-anspruchung f effort m de torsion; ~sfeder f ressort m à torsion; ~sfestigkeit f résistance f à la torsion; ~sstab m barre f de torsion.
'Torso m torse m.
'Torstand m Sport: score m.
Tort m: j-m e-n ~ antun blesser q.; causer un désagrément à q.
'Törtchen n tartelette f.
'Torte f tarte f; gâteau m; (Creme2) moka m; ~nform f tourtière f; ~nheber m pelle f à tarte; ~nschachtel f boîte f tartes.
Tor'tur f torture f; j-n auf die ~ spannen mettre q. à la torture.
'Tor|wart m Sport: gardien m de but; ~weg m porte f cochère.
'tosen I v/i. Sturm: être déchaîné; Wogen: déferler; Meer: mugir; (lärmen) faire du vacarme; ~der Beifall applaudissements frénétiques; II 2 n déchaînement m; des Meeres: mugissement m; (Lärm) vacarme m.
tot adj. mort; (verstorben) a. défunt; décédé; (leblos) inanimé; (glanzlos) éteint; (ohne Lebensäußerung) inerte; (öde) désert; ✱ stérile; ⊕ ~er Gang jeu m inutile; ~es Gebirge roches f/pl. sans minérai; ~es Gleis voie f morte; ⚰ ~e Hand mainmorte f; ~es Kapital capital m improductif; das 2e Meer la mer Morte; ~er Punkt point m mort, fig. impasse f; fig. an (od. auf) e-m ~en Punkt angelangt (od. angekommen) sein être dans une impasse; den ~en Punkt überwinden sortir de l'impasse; ~er Raum espace m mort; ~es Rennen course f nulle; ~e Sprache langue f morte; ~es Wasser eau f croupie, stagnante; ~er Winkel angle m mort; ~e Zeit morte-saison f; ~e Zone Radio: zone f de silence; ~ umfallen tomber raide mort.
to'tal adj. total; der ~e Staat l'État m totalitaire; adv. totalement; entièrement; complètement; tout à fait; 2ansicht f vue f d'ensemble; vue f panoramique; panorama m; 2ausverkauf m liquidation f; 2betrag m montant m total; 2finsternis f éclipse f totale.
Totali'sator ⊕ m totalisateur m.
totali'tär adj. totalitaire.
Totali'tät f totalité f.
'Total-Mo'bility-'Reifen (Auto) m pneu m à mobilité intégrale.
To'talverlust m perte f totale.
'tot-arbeiten v/rf.: sich ~ se tuer au travail.
'Totem n totem m.
Tote'mis|mus m totémisme m; 2tisch adj. totémique.
'töten 1. v/t. tuer; mettre à mort; faire mourir; *dessouder; Zahn: dévitaliser; bibl. du sollst nicht ~ tu ne tueras point; 2. v/r.: sich ~ se tuer.
'Toten|amt n office m (od. messe f) des morts; ~bahre f civière f; ~beschwörung f nécromancie f; ~bett n lit m de mort; 2'blaß, 2'bleich adj. pâle comme un mort; d'une pâleur mortelle; (fahl) livide; ~blässe f pâleur f mortelle; ~ehrung f éloge m funèbre; ~feier f funérailles f/pl.; service m funèbre; ~geläut n glas m (funèbre); ~geleit n cortège (od. convoi) m funèbre; j-m das ~ geben assister aux obsèques de q.;

rendre les derniers honneurs à q.; ~gerippe n squelette m; ~geruch m odeur f cadavéreuse; ~gesang m chant m funèbre; ~glocke f glas m; ~gräber m fossoyeur m; ent. nécrophore m; fig. pol. naufrageur m; ~gruft f caveau m (funéraire); in Kirchen: crypte f; ~haus n maison f mortuaire; ~hemd m suaire m; linceul m; ~klage f plainte f funèbre; ~kopf m tête f de mort; ent. sphinx m tête-de-mort; ~kranz m couronne f funéraire; ~liste f liste f des morts; nécrologe m; ~maske f masque f mortuaire; ~messe cath. f messe f des morts; requiem m; ~register n registre m des décès; ~reich n royaume m des morts; ~schädel m tête f de mort; ~schein m acte (od. certificat) m de décès; ~sonntag prot. m jour m (od. fête f) des morts; ~stadt antiq. f nécropole f; ~starre f rigidité f cadavérique; 2still adj. d'un silence absolu; où règne un silence de mort; ~stille f silence m de mort; ~tanz m danse f macabre; ~uhr ent. f pou m de bois; ~urne f urne f sépulcrale; ~vogel orn. m chevêche f; ~wache f veillée f; die ~ bei j-m halten veiller q.
'Tote(r a. m) m, f mort m, -e f; défunt m, -e f; st.s. trépassé m, -e f.
'tot|fahren v/t. écraser; 2geboren adj. mort-né (a. fig.); ~es Kind enfant m (f) mort-né(e); mort-né m, -e f; 2geburt f (enfant m) mort-né m; Zahl der ~en mortinatalité f; ~lachen v/rf.: sich ~ mourir de rire; 2lachen n: es ist zum ~ c'est à mourir de rire; P c'est marrant; P c'est à se rouler; 2last f poids m mort; ~machen v/t. tuer; mettre à mort; faire mourir; (ersticken) étouffer; '2mannschaltung ⚡ f mise f en contact à main vive.
'Toto m allg. pari m mutuel urbain; (Pferde2) tiercé m; als Viererwette: quarté m; ~schein m coupon (od. bulletin) m de concours de pronostics (de football).
Tot|punkt ⊕ m point m mort; 2schießen v/t. abattre d'un coup de feu; ~schlag m homicide m; meurtre m; 2schlagen v/t. assommer; tuer, assassiner (a. Zeit); ~schläger m homicide m; meurtrier m; (Stock) assommoir m; casse-tête m; 2schweigen v/t. passer sous silence; faire le silence sur; Angelegenheit: étouffer; j-n ~ (feindre d')ignorer q.; 2stellen v/rf.: sich ~ faire le mort; 2treten v/t. écraser du pied.
'Tötung f homicide m; fahrlässige ~ homicide m par imprudence (od. par négligence od. involontaire); vorsätzliche ~; ~ mit Vorbedacht homicide m intentionnel (od. prémédité od. volontaire).
Tour f tour m (a. Fahrt; Reise; beim Tanz; ⊕); (Ausflug) excursion f; (Tournee) tournée f; krumme ~en machen faire de sales tours; auf ~ (Tournee) en tournée; auf ~en kommen Auto: prendre de la vitesse; fig. a. prendre son essor; fig. auf vollen ~en laufen battre son plein; marcher à plein; etw. auf vollen ~en laufen lassen faire fonctionner qch. à plein rendement; in e-r ~ (unaufhörlich) sans

cesse; '~enkarte f carte f routière; '~enrad vél. n routière f; '~enwagen m voiture f de tourisme; '~enzahl f nombre m de tours; '~enzähler m compte-tours m.
Tou'rist|(in f) m touriste m, f; ~enklasse f classe f touriste; ~enrundfahrt f circuit m touristique; ~enstrom m flot m touristique; ~enverkehr m tourisme m; ~ik f tourisme m; 2isch adj. touristique.
Tour'nee f tournée f; auf ~ en tournée; auf ~ gehen faire une tournée.
Toxikolo'gie ✱ f toxicologie f.
To'xin ✱ n toxine f.
'toxisch ⚕ biol. adj. toxique.
Trab m trot m; deutscher (englischer) ~ trot m assis (enlevé); ~ reiten aller au trot; in ~ setzen mettre au trot; im ~ au trot; in vollem ~ au grand trot; fig. F j-n auf ~ bringen faire marcher q.
Tra'bant m. satellite m (a. fig.); ~engemeinde △ f commune f satellisée; ~enstadt △ f ville f satellite; grand ensemble m.
'trab|en v/i. trotter; aller au trot; 2en n trot m; 2er man. m trotteur m; 2erwagen m sulky m; 2rennbahn f piste f pour les courses au trot; 2rennen n course f au trot.
Tracht f (Kleidung) costume m; (Volks2) costume m régional; (Mode) mode f; zo. (Junge) portée f; ~ Prügel correction f, volée f (de coups de bâton), dégelée f, fessée f, F rossée f, raclée f, pile f.
'trachten I v/i.: nach etw. ~ aspirer (od. viser od. tendre) à qch.; j-m nach dem Leben ~ attenter aux jours de q.; II 2 n aspirations f/pl.; visées f/pl.
'Trachten|ball m bal m costumé; ~figur f poupée f régionale.
'trächtig adj. qui porte; pleine; 2keit f gestation f.
Traditi'on f tradition f.
traditio'nell adj. traditionnel, -elle.
traditi'ons|bewußt adj. traditionaliste; 2bewußtsein n traditionalisme m; ~gebunden adj. traditionaliste; orthodoxe; ~er Mensch traditionaliste m; 2gebundenheit f traditionalisme m; orthodoxie f.
'Trag|bahre f civière f; brancard m; ~balken △ m sommier m; ~band n bretelle f; 2bar adj. portatif, -ive; Kleidung: mettable; portable; néol. sortable; (erträglich) supportable; (zulässig) admissible; (vernünftig) raisonnable; (vertretbar) défendable; soutenable; justifiable; ~e f civière f; brancard m.
'träge adj. (faul) paresseux, -euse; (langsam) lent; (lässig) indolent; (schläfrig) endormi; (schwerfällig) pesant; lourd; ∅, phys. inerte.
'Tragebeutel ✝ (für Waschpulver) m valisette f.
'tragen I 1. v/t. porter; (stützen) soutenir; supporter; (hervorbringen) produire; donner; (er~) subir; supporter; Früchte: porter; donner; Kosten: payer; Name, Titel, Verantwortung: porter; Zinsen: porter; rapporter; Bedenken, etw. zu tun hésiter à faire qch.; e-e Brille ~ porter des lunettes; das Haar kurz ~ porter les cheveux courts; e-r Sache (dat.) Rechnung ~ tenir compte de qch.; wer trägt die Schuld (daran)? à qui la

faute?; à qui en est la faute?; *er trägt die Schuld daran* c'est (de) sa faute; la faute en est à lui; *Sorge ~ für* veiller à, prendre (*od.* avoir) soin de, (*sich angelegen sein lassen*) s'occuper de, (*vorsorgen*) pourvoir à; *dafür Sorge ~, daß ...* veiller à ce que ...; *Verlangen ~ nach etw.* avoir envie de qch.; *auf den Armen ~* porter dans ses bras; *fig. j-n auf Händen ~* être aux petits soins pour q.; choyer q.; *auf dem Rücken ~* porter sur son dos; *auf den Schultern ~* porter sur ses épaules; *bei sich ~* avoir sur soi; *in der Hand ~* porter à la main; *ein Kind unter dem Herzen ~* attendre un bébé; *zur Schau ~* faire étalage (*od.* montre *od.* parade) de, afficher, (*heucheln*) affecter; *s-e Haut zu Markte ~* risquer sa peau; faire bon marché de sa peau; **2.** *v/i.* porter (*a. Waffe; Eis*); *Baum*: porter (*od.* donner) des fruits; *zo.* porter; être pleine; *schwer zu ~ haben* être lourdement chargé; *fig. schwer ~ an* (*dat.*) être accablé de; **3.** *v/rf.*: *sich ~* se porter; *sich gut ~ Stoff*: être d'un bon usage; *sich müde ~* se fatiguer à force de porter; *dies trägt sich unbequem* cela n'est pas commode de à porter; *sich mit der Absicht ~, zu* ... (*inf.*) avoir l'intention de ... (*inf.*); *sich mit trüben Gedanken ~* nourrir de tristes pensées; **II** ⚥ *n* portage *m*; *v. Kleidung, Waffen*: port *m*.

'Träger *m* (*Gepäck*⚥) porteur *m*; (*Stütze*) support *m*; △ poutre *f*; poutrelle *f*; (*Pfeiler*) pilier *m*; (*Längs*-⚥) longeron *m*; *v. Hosen, Rock, Hemd usw.*: bretelle *f*; *fig. der Wirtschaft usw.*: représentant *m*, *-e f*; *e-r Idee a.*: protagoniste *m*; *F champion m*; **~frequenz** *rad. f* fréquence *f* du courant porteur; **~in** *f* porteuse *f*; **~kleid** *n* robe *f* à bretelles; **~lohn** *m* factage *m*; ⚥**los** *adj. Kleid*: sans bretelles; **~rakete** *f* fusée *f* porteuse; **~rock** *m* jupe *f* à bretelles; **~schürze** *f* tablier *m* à bretelles; **~waffe** *f* véhicule *m* porteur; **~welle** *rad.* onde *f* porteuse.

'trag|fähig *adj.* capable de porter; solide; ⚥**fähigkeit** *f* force *f* portante; (*Belastungsgrenze*) limite *f* de charge; *Auto*, 🚗 capacité *f* de transport; 🛩️ fertilité *f*; productivité *f*, (*Nutzlast*) charge *f* utile; △ solidité *f*; (*Fassungsvermögen*) capacité *f*; (*Tonnage*) tonnage *m*; ⚥**fläche** 🛩️ aile *f*; ⚥**flügelboot** *n* hydroptère *m*; ⚥**griff** *m* poignée *f* de transport; ⚥**gurt** *m* bretelle *f*; sangle *f*; *des Gepäckträgers*: bricole *f*.

'Trägheit *f* (*Faulheit*) paresse *f*; (*Langsamkeit*) lenteur *f*; (*Lässigkeit*) indolence *f*; (*Schwerfälligkeit*) lourdeur *f*; 🔭, *phys.* inertie *f*; **~sgesetz** *n* loi *f* d'inertie; ⚥**frei** *phys. adj.* soustrait à la force d'inertie; **~smoment** *n* moment *m* d'inertie.

'Tragik *f* tragique *m*; **~er** *m* tragique *m*.

tragi'komisch *adj.* tragi-comique.

Tragiko'mödie *f* tragi-comédie *f*.

'tragisch **I** *adj.* tragique; *e-e ~e Wendung nehmen* tourner au tragique; **II** *adv.* tragiquement; *F etw. ~ nehmen* prendre qch. au tragique; ⚥*e n* tragique *m*.

'Trag|korb *m* 'hotte *f*; **~kraft** *f* → **~fähigkeit**; **~last** *f* charge *f*.

'Traglufthalle △ *f* structure *f* (*od.* 'hall *m*) gonflable.

Tra'göd|e *m*, **~in** *f* tragédien *m*, -enne *f*; **~ie** *f* tragédie *f*; **~iendichter** *m* auteur *m* de tragédies; tragique *m*; auteur *m* tragique.

'Trag|pfeiler △ *m* pilier *m*; **~riemen** *m* bretelle *f* (*a. am Gewehr*); sangle *f*; *des Gepäckträgers*: bricole *f*; **~sattel** *m* bât *m*; **~schrauber** 🚁 *m* autogire *m*; **~seil** *n* câble *m* porteur; ✈ *für Luftkabel*: fil *m* de suspension; **~sessel** *m* chaise *f* à porteurs; **~stein** △ *m* console *f*; **~weite** *f* portée *f*; **~werk** 🛩️ *n* voilure *f*; **~werke** △ *n/pl.* constructions *f/pl.* portantes.

'Trainer *m* entraîneur *m*.

trai'nieren **I** 1. *v/t.* entraîner; **2.** *v/i.* s'entraîner (*auf die Weltmeisterschaft* pour le championnat du monde); **II** ⚥ *n*, 'Training *n* entraînement *m*; *beim ~ sein* être à l'entraînement.

'Trainings|anzug *m* survêtement *m*; **~lager** *n* camp *m* d'entraînement; **~spiel** *n* match *m* d'entraînement.

Tra'jekt *n* (*a. m*), **~schiff** *n* ferry-boat *m*.

Trakt △ *m* partie *f*; dépendance *f*.

Trak'tat *m od. n* (*Abhandlung*) traité *m*; (*Flugschrift*) tract *m*.

Trak'tätchen *n* tract *m* religieux.

trak'tieren F *v/t.* (*sehr schlecht behandeln*) martyriser.

'Traktor 🚜 *m* tracteur *m*.

Trakto'rist 🚜 *m* tractoriste *m*.

'Tralje *f* barreau *m* d'une grille.

'trällern **I** *v/i.* fredonner; **II** ⚥ *n* fredonnement *m*.

'Trambahn *f* tram(way) *m*.

'Trampel *m* maladroit *m*; F gaffeur *m*, *-euse f*, P péquenaud *m*; **~loge** F *f* poulailler *m*; paradis *m*; ⚥*n v/i.* trépigner; *auf etw.* (*acc.*) **~** (*reiter piétiner*) qch.; F (*Fahrrad ~*) pédaler; **~n** *n* trépignements *m/pl.*; piétinement *m*; **~pfad** *m* sentier *m* battu; **~tier** *n zo.* dromadaire *m*; *fig.* pataud *m*, *-e f*.

'trampen *v/i.* faire de l'auto-stop.

'Tramper *m* F routard *m*; auto-stoppeur *m*.

Tran *m* huile *f* de baleine (*od.* de poisson); *fig.* F *im ~ sein* être mal éveillé, (*betrunken sein*) être ivre (*od.* soûl).

'Trance *f* transe *f*.

'Tranche *f* tranche *f*.

Tran'chier|besteck *n* ensemble *m* à découper; ⚥**en** *v/t.* découper; **~messer** *n* couteau *m* à découper.

'Träne *f* larme *f*; **~n** *pl. litt. a.* pleurs *m/pl.*; *den ~n nahe sein* être au bord des larmes; *~n vergießen* verser des larmes; *~n lachen* rire aux larmes; *j-m die ~n trocknen* sécher (*od.* essuyer) les larmes de q.; *ganz in ~n aufgelöst sein*; *in ~n zerfließen* être tout en larmes (*od.* en pleurs); *fondre en larmes*; se noyer dans les larmes (*od.* dans les pleurs); pleurer à chaudes larmes; *in ~n ausbrechen* avoir une crise de larmes; *mit ~n in den Augen*; *unter ~n* les larmes aux yeux; F *mit e-r ~ im Knopfloch* avec un léger regret; *zu ~n gerührt* ému (*od.* touché) (jusqu')aux larmes; *leicht zu ~n gerührt sein* avoir toujours la larme à l'œil; *j-n bis zu ~n rühren* faire venir les larmes aux yeux de q.; arracher des larmes à q.

'tränen **I** *v/i.* pleurer; *die Augen ~ ihm* il a les larmes aux yeux; **II** ⚥ 🐟 *n* larmoiement *m*; ⚥**ausbruch** *m* crise *f* de larmes; ⚥**bein** *anat.* n os *m* lacrymal; ⚥**drüse** *f anat.* glande *f* lacrymale; *des Hirsches*: larmier *m*; *journ.* F *zu der Gattung gehören, die auf die ~ drückt* être du genre presse du cœur; **~erstickt** *adj.*: *mit ~er Stimme* avec des larmes dans la voix; d'une voix entrecoupée de sanglots; ⚥**gas** *n* gaz *m* lacrymogène; ⚥**gasbombe** *f* bombe *f* lacrymogène; ⚥**kanal** *m* canal *m* (*od.* conduit) *m* lacrymal; ⚥**los** *adj. u. adv.* sans larmes; ⚥**sack** *m* sac *m* lacrymal; ⚥**strom** *m* torrent *m* de larmes; ⚥**überströmt** *adj.* noyé de larmes; ⚥**winkel** *m* larmier *m*.

'tranig *adj. Geschmack*: qui a un goût d'huile de poisson; rance; *fig.* (*schwerfällig*) lourd; lourdaud; pesant; (*dösig*) engourdi; (*schlafmützig*) gnangnan.

Trank *m* boisson *f*; 💊 potion *f*; *bsd. vét.* breuvage *m*; (*Tee für Kranke*) tisane *f*; *Speis*(*e*) *und ~* le boire et le manger.

'Tränke *f* abreuvoir *m*; ⚥**n** *v/t. Tiere*: donner à boire (à); faire boire; abreuver; (*imprägnieren*) imbiber (mit de); ⚥ imprégner (mit de); 🔧 (*sättigen*) saturer; *Hölzer a.*: injecter; **~n** *n des Viehes*: abreuvage *m*; abreuvement *m*; ⚥ (*Imprägnierung*) imbibition *f*; imprégnation *f*; 🔧 (*Sättigen*) saturation *f*; *v. Hölzern*: injection *f*.

'Trank-opfer *antiq. n* libation *f*.

Trans-akti'on *f* transaction *f*.

trans|al'pin(isch) *adj.* transalpin; **~at'lantisch** *adj.* transatlantique.

Trans'fer ♦, *fin.*, ⚖️, *cyb.*, *inform.*, ⚥, *biol.*, *péd.*, *psych. m* transfert *m*; **~abkommen** *n* accord *m* sur les transferts; **~dienst** *m* service *m* des transferts; **~gebühr** *f* droit *m* (*od.* frais *m/pl.*) de transfert.

transfe'rier|bar ♦ *adj.* transférable; **~en** *v/t.* transférer; ⚥**en** *n*, ⚥**ung** *fin.*, ♦ *f* transfert *m*.

Transfor|mati'on *f* transformation *f*; **~'mator** *m* transformateur *m*; F transfo *m*; **~ma'toren-öl** *n* huile *f* pour transformateurs; ⚥**mieren** *v/t.* transformer.

Transfusi'on 🩸 *f* transfusion *f*.

Tran'sistor *m* transistor *m*.

Tran'sit *m* transit *m*; **~abkommen** (1971) *n* accord *m* sur Berlin (1971); **~gut** ♦ *n* marchandises *f/pl.* en transit; **~hafen** *m* port *m* de transit; **~handel** *m* commerce *m* de transit.

'transitiv *gr. adj.* transitif, -ive.

transi'torisch *adj.* transitoire.

Tran'sit|verkehr *m* trafic *m* de transit; *im ~ verfrachten*; *im ~ durchgehen* transiter; **~zoll** *m* droits *m/pl.* de transit.

Transjor'danien *n* la Transjordanie.

Transmissi'on *f* transmission *f*; **~sriemen** *m* courroie *f* de transmission; **~swelle** *f* arbre *m* de transmission.

trans-oze'anisch *adj.* transocéanique.

transpa'rent **I** *adj.* transparent; **II** ⚥ *n* transparent *m*; (*Spruchband*) calicot *m*; pancarte *f*; ⚥**fenster** (*e-s*

Briefumschlags) *n* panneau *m* transparent d'une enveloppe.
Transpi|rati'on *f* transpiration *f*; ℒ**'rieren** *v/i.* transpirer; ∼**'rieren** *n* transpiration *f*.
Transplan|'tat *chir. n* transplant *m*; greffon *m*; ∼**tati'on** *f* transplantation *f*; ℒ**'tieren** *v/t.* transplanter.
Trans'ponder ✈, ⚓ (*Funktechnik*) *m* transpondeur *m*.
transpo'nier|en *v/t.* transposer; ℒ**en** *n*, ℒ**ung** *f* transposition *f*.
Trans|'port *m* transport *m*; messageries *f/pl.*; ⚒ convoi *m*; ✝ (*Übertrag*) report *m*; ℒ**por'tabel** *adj.* transportable; (*tragbar*) portatif, -ive; ∼**'portarbeiter** *m* ouvrier *m* des transports; ∼**'portbehälter** *m* container *m*; conteneur *m*; ∼**'portbegleitschein** ⚓ *m* manifeste *m* de bord; ∼**'porter** ⚓ *m* transport *m*; ∼**por'teur** *m* transporteur *m*; ⚓ rapporteur *m*; ℒ**'portfähig** *adj.* transportable; ∼**'portfirma** *f* → ∼*portunternehmen*; ∼**'portflugzeug** *n* avion-cargo *m*; avion *m* de transport; ∼**'portführer** ⚒ *m* chef *m* de convoi; ∼**'portgesellschaft** *f* compagnie (*od.* société) *f* de transport; ℒ**por'tierbar** *adj.* transportable; ℒ**por'tieren** *v/t.* transporter; ✝ (*übertragen*) reporter.
Trans'port|kosten *pl.* frais *m/pl.* de transport; ∼**mittel** *n* moyen *m* de transport; ∼**offizier** *m* régulateur *m* des transports; ∼**schiff** ⚓ *n* rapport *m*; ∼**schnecke** ⊕ *f* vis *f* transporteuse; ∼**unternehmen** *n* entreprise *f* de transports (*od.* de messageries); ∼**unternehmer** *m* entrepreneur *m* de transports; ∼**versicherung** *f* assurance-transport *f*; ∼**wesen** *n* transports *m/pl.*
transsi'birisch *adj.* transsibérien, -enne; *die* ∼*e Bahn* le Transsibérien.
Transsubstantiati'on *cath. f* transsubstantiation *f*.
'Transuse F *f* F nouille *f*; F gnangnan *m*.
Transves'tismus *psych. m* travestisme *m*; ∼**it** *m* travesti *m*.
transzen|'dent *adj.* transcendant; ∼**den'tal** *adj.* transcendantal.
'Trantüte F *péj. f* tortue *f*.
Tra'pez *n* trapèze *m* (*a. Sport*); ℒ**förmig** *adj.* trapézoïdal; ∼**gewinde** ⊕ *n* filet *m* trapézoïdal; ∼**künstler(in** *f) m* trapéziste *m, f*.
Trapezo'eder *n* trapézoèdre *m*.
'Trappe *orn. m od. f* outarde *f*.
'trappeln I *v/i.* trottiner; II ℒ *n* trottinement *m*.
'Trapper *m* trappeur *m*.
Trap'pist *m* trappiste *m*; ∼**enorden** *m* ordre *m* de la Trappe.
Tra'ra F *n*: ∼ *machen* faire des chichis; *viel* ∼ *um etw. machen* faire grand bruit de qch.
Traß *min. m* trass *m*.
Tras'sant ✝ *m e-s Wechsels*: tireur *m*.
Tras'sat ✝ *m* tiré *m*; payeur *m*.
'Trasse ⊕ *f* tracé *m*.
tras'sieren *v/t.* ✝ tirer; ⊕ tracer.
Tratsch F *m*, ∼**e'rei** *f* F potins *m/pl.*; ℒ**en** F *v/i.* F caqueter; F commérer; F potiner.
'Tratte ✝ *f* traite *f*; effet *m* tiré.
'Trau-altar *m*: *zum* ∼ *führen* mener à l'autel.
'Traube *f* raisin *m*; grappe *f* (de raisin); ∼**nbeere** *f* grain *m* de raisin; ∼**n-ernte** *f* vendange *f*; ℒ**nförmig** *adj.* en grappe; ∼**nkern** *m* noyau *m* de raisin; ∼**nkur** ✞ *f* cure *f* uvale (*od.* de raisin); ∼**nlese** *f* vendange *f*; ∼**nmost** *m* moût *m* (de raisin); ∼**npresse** *f* pressoir *m*; ∼**nsaft** *m* jus *m* de raisin; ∼**nsäure** *f* acide *m* tartrique; ∼**nstock** *m* vigne *f*; ∼**nzucker** *m* glucose *m*.
'trauen[1] *v/i. u. v/rfl.*: *j-m (e-r Sache dat.)* ∼ avoir confiance en q. (en qch.); *dans une chose* [*dans vor art.*]); *e-r Sache* ∼ *a.* se fier à une chose; *s-n Ohren (s-n Augen) nicht* ∼ ne pas en croire ses oreilles (ses yeux); ... *daß man s-n Augen nicht* ∼ *kann (od. konnte)* ... à n'en pas croire ses yeux; *sich* ∼ *zu* ... (*inf.*) oser ... (*reiner inf.*).
'trauen[2] *v/t. Ehepaar*: unir; marier; *rl.* bénir; *sich* ∼ *lassen* se marier.
'Trauer *f* tristesse *f*; affliction *f*; désolation *f*; regret *m*; *um Tote*: deuil *m*; *tiefe* ∼ grand deuil *m*; *in* ∼ *sein*; ∼ *tragen* être en (*od.* porter le) deuil (*um de*); ∼ *anlegen* (*ablegen*) prendre (quitter) le deuil; *in* ∼ *versetzen* (*hüllen*) endeuiller; ∼**anzeige** *f* faire-part *m* de décès; ∼**binde** *f* (brassard *m* de) crêpe *m*; *am Hut*: ruban *m* de deuil; ∼**birke** ♦ *f* bouleau *m* pleureur; ∼**botschaft** *f* nouvelle *f* de décès de q.; *fig.* funeste nouvelle *f*; ∼**brief** *m* → ∼*anzeige*; *a.* lettre *f* de condoléances; ∼**esche** ♦ *f* frêne *m* pleureur; ∼**fahne** *f* drapeau *m* en berne; ∼**fall** *m* décès *m*; ∼**feier** *f* funérailles *f/pl.*; ∼**flor** *m* brassard *m* de deuil; crêpe *m* (de deuil); ∼**gefolge** *n*, ∼**geleit** *n* cortège (*od.* convoi) *m* funèbre; deuil *m*; ∼**geläut** *n* glas *m*; ∼**gerüst** *n* catafalque *m*; ∼**gesang** *m* chant *m* funèbre; ∼**gottesdienst** *m* service *m* funèbre; ∼**haus** *n* maison *f* de deuil; maison *f* mortuaire; ∼**jahr** *n* année *f* de deuil; ∼**kleid** *n*, ∼**kleidung** *f* (vêtement *m* de) deuil *m*; ∼**kloß** F *m* F rabat-joie *m*; trouble-fête *m*; ∼**mantel** *ent. m* vulcain *m*; ∼**marsch** *m* marche *f* funèbre; ∼**musik** *f* musique *f* funèbre; ℒ**n** *v/i.* être affligé (*um de*); s'affliger (*de od.* que); *um j-n* ∼ pleurer (la mort de) q., *äußerlich*: être en (*od.* porter le) deuil de q.; ∼**n** *n* affliction *f*; tristesse *f*; désolation *f*; deuil *m*; ∼**nachricht** *f* nouvelle *f* du décès de q.; *fig.* funeste nouvelle *f*; ∼**papier** *n* papier *m* de deuil; ∼**rand** *m* bordure *f* de deuil; *mit* ∼ *bordé de noir*; F *Trauerränder an den Fingernägeln haben* avoir les ongles en deuil; ∼**rede** *f* oraison *f* funèbre; ∼**schleier** *m* voile *m* de deuil; ∼**spiel** *n* tragédie *f*; ∼**tag** *m* jour *m* de deuil; ℒ**voll** *adj.* funeste; déplorable; ∼**wagen** *m* corbillard *m*; voiture *f* des pompes funèbres; fourgon *m* mortuaire; ∼**weide** ♦ *f* saule *m* pleureur; ∼**zeit** *f* (durée *f* du) deuil *m*; ∼**zug** *m* cortège (*od.* convoi) *m* funèbre; deuil *m*.
'Traufe *f* (*Unterteil des Daches*) larmier *m*; (*Dachrinnenwasser*) eau *f* de gouttière.
'träufeln I 1. *v/i.* dégoutter; couler goutte à goutte; 2. *v/t.* verser goutte à goutte; ✞ instiller; II ℒ *n* chute *f* (*bzw.* versement *m*) goutte à goutte; ✞ instillation *f*.
'Trauformel *f* formule *f* de bénédiction nuptiale.
'Trauf|rinne *f* gouttière *f*; ∼**röhre** (*Fallrohr*) *f* tuyau *m* (*od.* tube *m*) de descente.
'Trauhandlung *f* standesamtlich: acte *m* de mariage; *kirchlich*: cérémonie *f* du mariage.
'traulich *adj.* intime; ∼ *beisammen sein* être en tête à tête; ℒ**keit** *f* atmosphère *f* intime.
Traum *m* rêve *m* (*a. fig.*); †, *nur noch litt.*: songe *m*; *wirrer* ∼ rêvasserie *f*; *quälender* ∼ cauchemar *m*; *e-n* ∼ *haben* faire un rêve; *e-n* ∼ *erfüllen* réaliser un rêve; *wie im* ∼ comme dans un rêve; *das fällt mir (selbst) im* ∼ *nicht ein* je suis loin d'y penser; cette idée ne m'effleure même pas l'esprit; *Träume sind Schäume* tout songe est mensonge.
'Trauma *n* traumatisme *m*.
trau'matisch *adj.* traumatique.
Traumato'loge ✞ *m* traumatologue *m*.
'Traum|bild *n* vision *f*; chimère *f*; utopie *f*; fantôme *m*; ∼**buch** *n* clef *f* des songes; ∼**deuter(in** *f) m* interprète *m, f* des songes; oniromancien *m*, -enne *f*; ∼**deute'rei**, ∼**deutung** *f* interprétation *f* des songes; oniromancie *f*.
'träum|en *v/i. u. v/t.* rêver (*von de*); (*wirr* ∼) rêvasser; *e-n Traum* ∼ faire un rêve; *es träumte mir* j'ai rêvé; *fig. das hätte ich mir nie* ∼ *lassen* j'étais loin de m'y attendre; ∼ *n m/pl.*; *fig.* rêverie *f*; ℒ**er(in** *f) m* rêveur *m*, -euse *f*; (*Geisterseher*) visionnaire *m, f*; (*Phantast*) songe-creux *m*.
Träume'rei *f* rêverie *f* (*a.* ♪); (*Hirngespinst*) rêvasserie *f*; chimère *f*.
'träumerisch *adj.* rêveur, -euse.
'Traum|gesicht *n*, ∼**gestalt** *f* vision *f*; (*Phantom*) fantôme *m*; ℒ**haft** *adj.* comme un (*od.* en) rêve; ∼**haus** *n* maison *f* de rêve; ∼**land** *n* pays *m* des rêves; ∼**landschaft** *f* paysage *m* imaginaire; ℒ**verloren**, ℒ**versunken** *adj.* perdu dans ses rêves; ∼**welt** *f* monde *f* des rêves; ∼**zustand** *m* (*Trance*) transe *f*.
'Trauregister *n* registre *m* des mariages.
'traurig *adj.* triste (*über acc.* de); (*betrübend*) attristant; affligeant; (*betrübt*) affligé; (*betrüblich*) désolant; (*schwermütig*) mélancolique; (*düster*) morne; (*elend*) misérable; (*unglücklich*) malheureux, -euse; (*erbärmlich*) piteux, -euse; lamentable; déplorable; *ein* ∼*es Ende nehmen* finir mal; ∼ *machen* (*od.* *stimmen*) attrister; ∼ *werden* être attristé (*über par*); s'attrister (*über acc. od. bisw. sur*); ℒ**keit** *f* tristesse *f*; affliction *f*; (*Schwermut*) mélancolie *f*.
'Trau|ring *m* alliance *f*; ∼**schein** *m* acte *m* de mariage.
traut *adj.* (*lieb*) cher, -ère; (*behaglich*) intime.
'Trau|ung *f* (cérémonie *f* du) mariage *m*; *rl.* bénédiction *f* nuptiale; ∼**zeuge** *m* témoin *m* au mariage civil.
'Travellerscheck *m* traveller's chèque; F chèque *m* de voyage.
Traves'tie *litt. f* parodie *f*; ℒ**ren** *v/t.* parodier; ∼**rung** *f* imitation *f* burlesque.
'Trebegänger *soc. m* (jeune) sans-

'Treber *pl. des Weines*: marc *m* (de raisin); *der Gerste*: drêche *f*.
Treck *m* (*Auszug*) exode *m*; (*Wagenkolonne*) convoi *m*; ⎮²en *v*/*i*. s'en aller en convois; *v*/*t*. ⚓ 'haler; ⎮.er *m* tracteur *m*; ⎮.seil ⚓ *n* corde *f* de 'halage.
Treff¹ F (*Treffen*) *m* rendez-vous *m*.
Treff² *n Kartenspiel*: trèfle *m*.
'treffen I 1. *v*/*t*. u. *v*/*i*. (*erreichen*) atteindre; (*an.*, *beggenen*) rencontrer; (*vorfinden*) trouver; *fig*. j-n empfindlich ~ faire mouche; *ich habe ihn nicht zu Hause getroffen* je ne l'ai pas trouvé chez lui; (*erraten*) deviner; *das Richtige* ~ toucher juste; *Sie haben es getroffen* vous y êtes; *Ziel*: toucher, *nicht* ~ manquer, rater; *Worte, Feuerwaffen*: porter juste; *esc., Boxen*: toucher; *Entscheidung, Maßnahmen*: prendre; *Wahl, Vorbereitung*: faire; *Vereinbarung*: conclure; *peint*. bien saisir la ressemblance; *Sie sind gut getroffen* votre portrait est bien ressemblant; *Sänger*: chanter juste; *e-e Verabredung* ~ prendre (un) rendez-vous (*mit avec*; *für pour*); *es gut* ~ (*Glück haben*) avoir de la chance; ~ *auf* (*acc*.) tomber sur; *das Los traf ihn* le sort tomba sur lui; *wen trifft die Schuld* (*daran*)? à qui la faute?; à qui en est la faute?; *vom Blitz getroffen* frappé par la foudre; *sich getroffen fühlen* se sentir atteint; 2. *v*/*rf*.: *sich* ~ se rencontrer, (*sich versammeln*) se réunir; *das trifft sich gut* (*schlecht*) cela (F ça) tombe bien (mal); *es traf sich, daß* ... il arriva que ...; II ⎮ *n* (*Begegnung*) rencontre *f*; ⚔ *a*. combat *m* (*liefern* livrer); (*Schlacht*) bataille *f*; (*Zusammenkunft*) réunion *f*; congrès *m*; (*Verabredung*) rendez-vous *m*; (*Unterredung*) entrevue *f*; *ins* ~ *führen* mener au combat, *fig*. *Gründe*: produire; ~d *adj*. qui porte; qui touche au but; (*genau*) exact; (*richtig*) juste; (*schlagend*) frappant; (*angemessen*; *passend*) convenable; approprié; (*etw. Sache gehörig*) pertinent; *das* ~e *Wort* le mot propre.
'Treff|er *m* coup *m* qui porte juste; coup *m* réussi; coup *m* au but; *Fußball*: but *m*; *esc., Boxen*: touche *f*; (*Gewinnlos*) billet *m* gagnant; *fig*. coup *m* heureux; e-n ~ *erzielen Fußball*: marquer un but, *esc., Boxen*: toucher; **~genauigkeit** *f* précision *f* du tir; ⎮lich *adj*. excellent; parfait; **~lichkeit** *f* excellence *f*; (*etw. Trefflliches*) chose *f* excellente; **~punkt** *m* rendez-vous *m*; *fig. a*. carrefour *m*; *Artillerie*: point *m* d'impact; ⎮**sicher** *adj*. qui porte; qui touche le but; (*zutreffend*) juste; exact; **~sicherheit** *f* précision *f* de tir.
'Treib|anker *m* ancre *f* flottante; **~eis** *n* glaces *f*/*pl*. en dérive; **~eisbildung** *f* vêlage *m*; **~eisgrenze** *f* barrières *f*/*pl*. de dégel.
'treiben I 1. *v*/*t*. (*vorwärts*~) pousser; (*an~*) *a*. inciter; exciter; (*drängen*) presser; (*ver~*) chasser (*aus de*); *ch*. traquer; rabattre; (*Sprachen be.*~) faire; se livrer à l'étude (de); s'occuper (de); (*Gewerbe be.*~) exercer; (*einschlagen*) enfoncer (*in acc*. dans); *Knospen, Blüten*: pousser; *Herde*: mener; conduire; *Allotria* ~ faire des siennes; *großen Aufwand* ~ mener grand train; *Französisch* ~ faire du français; *Handel* ~ *abs*. faire du commerce; *mit etw. Handel* ~ faire le commerce de qch.; *mit j-m Handel* ~ commercer (*od*. faire du commerce) avec q.; *den Harn* ~ faire uriner; être diurétique; *den Schweiß* ~ faire transpirer; provoquer la transpiration; *Sport* (*Sprachen*) ~ faire du sport (des langues); *s-n Spott mit j-m* ~ tourner q. *in* ridicule; ⚔ *Strecken* ~ percer des galeries; *die Hefe treibt den Teig* la levure fait lever la pâte; *sein Wesen* ~ (*dumme Streiche machen*) faire des siennes, *Geister*: 'hanter (un endroit); *die Dinge auf die Spitze* ~ pousser les choses à l'extrême; *fig. in die Enge* ~ coincer; mettre au pied du mur; acculer; serrer de près; *in die Flucht* ~ mettre en fuite ⚔ en déroute); *das Blut ins Gesicht* ~ faire rougir; faire monter le rouge au visage; *in die Höhe* ~ faire monter; (faire) 'hausser; *zur Arbeit* ~ pousser au travail; *die Dinge zum Äußersten* ~ pousser les choses à l'extrême; *zur Verzweiflung* ~ pousser au désespoir; *was treibst du? que fais-tu?*; *es toll* (*od. zu weit*) ~ aller trop loin; *es treibt mich dazu* j'y suis poussé; *die Dinge* ~ *lassen* laisser aller les choses; *sich* ~ *lassen* ⚓ flotter au gré du vent (*od*. des flots) (*auf dem Rücken schwimmen*) faire la planche, *fig*. aller à la dérive; 2. *v*/*i*. ⚓ flotter au gré du vent (*od*. des flots) *Pflanzen*: pousser; *Saft*: monter; *Teig*: lever; *ans Ufer* ~ être jeté à la côte; *das Eis treibt auf dem Fluß* la rivière charrie des glaçons; II ⎮ *n der Blätter, Blüten*: pousse *f*; bourgeonnement *m*; (*Bewegung*) mouvement *m*; (*Belebtheit*) animation *f*; (*Unruhe*) trouble *m*; agitation *f*; (*Beschäftigung*) occupation *f*; (*Ausübung*) exercice *m*; pratique *f*; (*Studium*) étude *f*; (*Tun*) activité *f*; *ch*. battue *f*; (*Kniffe*) menées *f*/*pl*.; manège *m*; *das* ~ *der Welt* la vie; le train du monde; *das Tun und* ~ les faits et gestes *m*/*pl*.; **~d** *adj*.: ~e *Kraft* force *f* motrice.
'Treiber *m* (*Vieh*⚓) gardien *m*, bouvier *m*; *ch*. rabatteur *m*; traqueur *m*.
Treibe'rei *f*: **~en** *pl*. menées *f*/*pl*.
'Treib|fäustel ⚒ *m* masse *f*; *kleiner*: massette *f*; **~gas** *n* carburant *m* gazeux; **~gut** *n* épaves *f*/*pl*.; **~hammer** *m* emboutissoir *m*; **~haus** *n* serre *f* (chaude); **~hauskultur** *f* culture *f* forcée; **~hauszüchter** *m* serriste *m*; **~holz** *n* bois *m* flottant; (*angetriebenes Holz*) bois *m* flotté; **~jagd** *f* battue *f*; **~kraft** *f* force *f* motrice; **~ladung** *f e-r Rakete*: charge *f* propulsive; **~mine** *f* mine *f* dérivante; **~mittel** *n* ⊕ agent *m* moteur; ⚛ propulseur *m* d'aérosols; *in Vakumpumpen*: fluide *m* moteur; *zum Backen*: levain *m*; **~rad** *n* roue *f* motrice; **~riemen** *m* courroie *f* de transmission; **~sand** *m* sable *m* mouvant; **~stoff** *m* carburant *m*; combustible *m*; **~stofflager** *n* entrepôt *m* de carburant; **~stofftank** *m* réservoir *m* de carburant; **~stoffversorgung** ⚔ *f* approvisionnement *m* en carburant.
'treideln ⚓ *v*/*t*. 'haler; ⎮n *n* 'halage *m*; ⎮pfad *m*, ⎮weg *m* chemin *m* de 'halage.
'Trema *gr. n* tréma *m*.
tremo'lieren ♪ *v*/*i*. *Gesang*: trembl(ot)er; *Instrument*: faire des trémolos.
'Tremolo ♪ *n* trémolo *m*.
Trend *m* tendance *f* (*zu* à).
'Trennarbeitseinheit *at. f* unité *f* de travail de séparation.
'trenn|bar *adj*. séparable; **~en** 1. *v*/*t*. séparer; (*loslösen*) détacher; 🚲 *e-n Fall vom andern*: disjoindre; (*entzweien*) désunir; (*zerlegen*) décomposer; (*auflösen*) dissoudre; dissocier; désagréger; *Ehe*: rompre; (*entwirren*) démêler; *Zusammengenähtes*: découdre; *Naht*: défaire; *téléph*. couper; ⚡ déconnecter; (*teilen*) diviser (*a. Wort*); 2. *v*/*rf*.: *sich* ~ se séparer, *mit Scheidung*: divorcer, *Wege*: bifurquer; ⎮**folie** ⊕ *f* agent *m* de démoulage; ⎮**messer** *n* couteau *m* à découper; **~scharf** *adj. Radio*: sélectif, -ive; ⎮**schärfe** *f* sélectivité *f*; ⎮**ung** *f* séparation *f*; *v. Zusammengehörigem*: disjonction *f*; (*Entzweiung*) désunion *f*; (*Zerlegung*) décomposition *f*; (*Auflösung*) dissolution *f*; dissociation *f*; désagrégation *f*; *pol*. sécession *f*; (*Scheidung*) divorce *m*; *v. Wegen*: bifurcation *f*; (*Teilung*) division *f*; (*Silben*⎮) division *f* syllabique des mots; 🚲 *von Tisch und Bett* séparation *f* des corps (*von j-m* d'avec q.); ⎮**ungs-entschädigung** *f* indemnité *f* de séparation; ⎮**ungslinie** *f* ligne *f* de séparation; ⎮**ungsschmerz** *m* douleur *f* de la séparation; ⎮**ungsstrich** (*Orthographie*) *m* tiret *m*; ⎮**ungszulage** *f* indemnité *f* de séparation; ⎮**wand** *f* cloison *f*; mur *m* de séparation; *in e-m Zelt*: penderie *f*.
'Trense *man. f* bridon *m*.
trepa'nier|en *chir*. *v*/*t*. trépaner; ⎮ung *f* trépanation *f*.
trepp|'ab *adv*. en descendant l'escalier; **~auf** *adv*. en montant l'escalier; ~ *und treppab gehen* monter et descendre les escaliers.
'Treppe *f* escalier *m*; ⚓ échelle *f*; (*Frei*⎮) perron *m*; *eine* ~ *hoch au premier* (*étage*); *auf der* ~ dans l'escalier; *e-e* ~ *hinaufsteigen* monter un escalier; *e-e* ~ *in großen Sprüngen hinuntereilen* descendre un escalier quatre à quatre (*auf der*) (*acc*.) l'escalier *m* débouche sur; *die* ~ *führt in den Keller hinunter* l'escalier descend à la cave.
'Treppen|absatz *m* palier *m*; *zwischen den Etagen*: repos *m*; **~beleuchtung** *f* éclairage *m* des escaliers; (*Automat*) minuterie *f*; **~flur** *m* palier *m*; **~förmig** *adj*. en escalier; en gradins; **~geländer** *n* rampe *f* d'escalier; balustrade *f*; **~haus** *n* cage *f* d'escalier; **~läufer** *m* tapis *m* d'escalier; **~pfeiler** *m* montant *m* d'escalier; **~spindel** *f* noyau *m* d'escalier; **~steigen** *n* ascension *f* d'escaliers; **~stufe** *f* marche *f* d'escalier; **~tischler** *m* escaliéteur *m*; **~witz** *m* plaisanterie *f* de mauvais goût.
Tre'sor *m* (*Panzerschrank*) coffre-fort *m*; (*Stahlkammer*) chambre-forte *f*; ⎮**fach** *n* compartiment *m* blindé; **~schlüssel** *m* clé *f* du compartiment blindé.

¹**Tresse** f galon m; passement m; mit ~n besetzen galonner.

'**Trester** pl. marc m (de raisin); ~**wein** m piquette f.

'**Tret|auto** n (Spielzeug) auto f à pédales; ~**boot** n pédalo m; ~**eimer** m poubelle f à pédale; ²**en** 1. v/i. (gehen) marcher; (sich stellen) se mettre; se placer; (sich bewegen) remuer les pieds; (radeln) pédaler; Pferd: ruer; an etw. (acc.) ~ s'avancer vers (od. s'approcher de) qch., gr. Endung: s'ajouter à qch.; an die Spitze ~ se mettre à la tête; an j-s Stelle ~ prendre la place de q.; remplacer q.; être en lieu et place de q.; auf etw. (acc.) ~ marcher sur qch.; fig. auf j-s Seite ~ se ranger du côté de q.; prendre le parti de q.; auf der Stelle ~ marquer le pas; aus etw. ~ Raum: sortir de qch., Partei, Amt: se retirer de qch., quitter qch.; ~ in etw. (acc.) entrer dans qch.; in die Augen ~ Tränen: venir aux yeux; in Beziehung ~ zu; in Verbindung ~ mit entrer en rapport (od. en relation) avec; in den Hintergrund ~ passer au second plan, fig. s'effacer; in Kraft ~ entrer en vigueur; ins Leben ~ naître; in den Vordergrund ~ passer au premier plan, fig. se mettre en vedette; j-m in den Weg ~ barrer le passage à q.; über die Ufer ~ sortir de son lit; déborder; j-m unter die Augen ~; vor j-n ~ paraître (od. se présenter) devant q.; unter ein Dach ~ se mettre (od. se placer) sous un toit; vor etw. (acc.) ~ passer devant qch.; zu j-m ~ avancer vers q.; j-m zu nahe ~ fig. froisser q.; ~ Sie näher! entrez!; 2. v/t. u. v/rf. (in Gang setzen) mettre en marche (od. actionner) avec le(s) pied(s); Pflaster: battre; Hahn: côcher; Trauben: fouler; Orgel: souffler; j-n ~ (versehentlich) marcher sur le pied à (od. de) q.; (ihm e-n Fußtritt versetzen) donner un coup de pied à q.; den Takt ~ battre la mesure avec le pied; sich e-n Dorn in den Fuß ~ s'enfoncer une épine dans le pied; in die Pedale ~ pédaler; etw. in den Staub ~ fouler qch. aux pieds; etw. mit Füßen ~ fouler qch. aux pieds (a. fig.); piétiner qch.; ~**er** F (Schuh) m P croquenot m; péniche f; P targette f; *tartine f; ~**kurbel** vél. f manivelle f du pédalier; ~**lager** n pédalier m; ~**mine** ⚔ f mine f antipersonnel, mine f explosive souterraine; ~**mühle** f zur Bewässerung: noria f; fig. collier m de misère; ~**roller** m trottinette f; ~**strahler** vél. m réflecteur m de pédale.

treu adj. fidèle; (ergeben) loyal; dévoué; (aufrichtig) sincère; (zuverlässig) sûr; (beständig) constant; sich selber ~ fidèle à soi-même; s-n Grundsätzen ~ bleiben rester fidèle à ses principes; zu ~en Händen übergeben remettre en mains sûres; ²**bruch** m violation f de la foi jurée; féod. félonie f; ~**brüchig** adj. qui viole sa foi; ¹²**e** f fidélité f; (Ergebenheit) loyauté f; dévouement m; (Aufrichtigkeit) sincérité f; (Beständigkeit) constance f; bsd. im Halten e-r Zusage: foi f; eheliche ~ foi f conjugale; j-m die ~ halten rester fidèle à q.; die ~ brechen manquer à sa foi; auf Treu und Glauben en toute bonne foi; ¹²**eid** m serment m de fidélité; ¹~**ergeben** adj. sincèrement dévoué; ¹~**gesinnt** adj. loyal; ¹²**hand-abkommen** pol. n accord m de tutelle; ¹²**händer** ✝ m fiduciaire; commissaire; agent m fiduciaire; ¹~**händerisch** ✝ I adj. fiduciaire; II adv.: ~ verwalten administrer à titre fiduciaire; ¹²**händerrat** pol. m conseil m de tutelle; ¹²**händerschaft** ⚖ f fidéicommissariat m; fiducie f; ¹²**handgebiet** pol. n territoire m sous tutelle; ¹²**handgesellschaft** ✝ f société f fiduciaire; ¹²**handschaftsrat** pol. m conseil m de tutelle; ¹²**handsystem** pol. n: régime m de tutelle; ¹²**handvertrag** ✝ m contrat m fiduciaire; ¹²**handverwaltung** f administration f fiduciaire; ¹~**herzig** adj. de bonne foi; sincère; (offen) franc, franche; (unbefangen) naïf, naïve; ingénu; (arglos) candide; ¹²**herzigkeit** f bonne foi f; sincérité f; (Offenheit) franchise f; (Unbefangenheit) naïveté f; ingénuité f; (Arglosigkeit) candeur f; ¹~**lich** adv. fidèlement; loyalement; ¹~**los** adj. infidèle; perfide; déloyal; sans foi; (verräterisch) traître, -esse; ¹²**losigkeit** f infidélité f; perfidie f; déloyauté f; mauvaise foi f; (Verrat) trahison f.

'**Triangel** ♀ u. ♪ m triangle m; ~**sonne** (Feuerwerk) f girandole f triangulaire.

Tri'arier antiq. m triaire m.

'**Trias** géol. f trias m.

Tri'bun hist. m tribun m.

Tribu'nal n tribunal m.

Tri'büne f tribune f; estrade f.

Tri'but m tribut m (a. fig.); fig. ~ zollen (dat.) payer tribut (à); ~**pflichtig** adj. tributaire (j-m de q.); ~**zahlung** f paiement m du tribut.

Tri'chine zo. f trichine f; ~**nkrankheit** f trichinose f.

trichi|'nös adj. trichineux, -euse; trichiné; ²**nose** f trichinose f.

'**Trichter** m entonnoir m (a. ⚔); (Schall²) pavillon m; (Füll²) trémie f; ~**feld** ⚔ n champ m d'entonnoirs; ²**förmig** adj. en forme d'entonnoir; ~**lautsprecher** m 'haut-parleur m à pavillon; ~**mündung** géol. f estuaire m; ~**wagen** 🚂 m wagon-trémie m.

Trick m (Kniff) truc m; ~**s** pl. a. ficelles f/pl.; ¹~**aufnahme** f truquage m; trucage m; ¹~**film** m dessins m/pl. animés; film m d'animation; ~**filmzeichner** m animateur m; ~**taste** (Tonbandgerät) f touche f de trucage; ¹~**track** m trictrac m; ~**überblendung** f fondu m enchaîné.

Trieb m ♀ force f végétative, (Schößling) pousse f; jet m; aus dem Stamme: rejeton m; (Antrieb) impulsion f; (Neigung) penchant m; inclination f; tendance f; (Regung) mouvement m; natürlicher ~ instinct m; sinnlicher ~ appétit m sensuel; ¹~**feder** f ressort m; fig. mobile m; ¹²**haft** I adj. instinctif, -ive; II adv. instinctivement; par instinct; d'instinct; ¹~**kraft** f force f motrice; ~**rad** n roue f motrice; ¹~**stange** f bielle f motrice; ¹~**verbrecher** m maniaque m; ¹~**wagen** 🚂 m automotrice f; autorail m; Straßenbahn: motrice f de tramway; ¹~**wagenzug** 🚂 m train m automoteur; ¹~**welle** ⊕ f arbre m de commande; ~**werk** n mécanisme m de moteur (od. de commande); (Getriebe) engrenage m; rouages m/pl.; (Rakete) propulseur m; ⚔ réacteur m; ¹~**werksraum** m e-r Rakete: compartiment m moteur.

'**Trief|auge** n œil m chassieux; ²**äugig** adj. chassieux, -euse; ²**en** v/i. u. v/t. dégoutter (von de); ruisseler (von de); vor Schweiß ~ ruisseler de sueur; F dégouliner; ihm ~ die Augen les yeux lui pleurent; ihm trieft die Nase il a la goutte au nez; le nez lui coule; F fig. iron. vor Weisheit ~ être débordant de sagesse; ²**end** adj. ruisselant; von Regen ~ dégouttant de pluie; ~**nase** f nez m morveux; ²**nasig** adj. morveux, -euse.

'**triezen** F v/t.: j-n ~ brimer q.; écol. (schlauchen) P pomper.

Trift f (Weide) pâturage m; pacage m; ♣ courant m; (Holz²) flottage m; ¹²**ig** adj. Grund: valable; Argument: solide; bien fondé; plausible; ¹~**igkeit** f bien-fondé m.

Trigono|me'trie f trigonométrie f; ²**metrisch** adj. trigonométrique.

Triko'lore f drapeau m tricolore.

Tri'kot ¹ text. m tricot m; ~² n tricot m; maillot m.

Triko'tagen pl. tricotages m/pl.

Tri'kotwaren f/pl. tricotages m/pl.

'**Triller** m ♪ trille m; (Lauf) roulade f; ²**n** v/i. u. v/t. triller; faire un (resp. des) trille(s); faire des roulades; ~**n** n trilles m/pl.; ~**pfeife** f sifflet m à roulette.

Trilli'on f trillion f.

Trilo'gie f trilogie f.

Tri'mester n trimestre m.

Tri'meter mét. m (vers m) trimètre m.

'**Trimm-dich-Pfad** m parcours m du sportif; sentier m sportif; parcours m aménagé pour faire du sport de compensation; piste f de santé.

'**trimmen** 1. v/t. ♣ arrimer; Hund: tondre; 2. v/rf. sich ~ faire du sport de compensation; se recycler.

Trini'tät rl. f trinité f.

'**trink|bar** adj. buvable; Wasser: potable; ²**barkeit** f des Wassers: potabilité f; ²**becher** m gobelet m; timbale f; ~**en** v/t. u. v/i. boire; Kaffee (Tee) ~ prendre le (od. du) café (thé); boire du café (od. thé); an e-r Quelle ~ boire à une source; auf j-s Gesundheit (od. Wohl) ~ boire à la santé de q.; aus der Flasche (aus e-m Glas; der hohlen Hand) ~ boire à (même) la bouteille (dans un verre; dans le creux de la main); in kleinen Schlucken (in langen Zügen) ~ boire à petites gorgées (à longs od. à larges traits); sich ~ lassen se boire; leer ~ vider; e-n ~ boire un coup; gern e-n ~ lever le coude; tüchtig ~ boire sec; mit j-m Brüderschaft ~ fraterniser avec q. le verre en main; ²**en** n boire m; (Trunksucht) ivrognerie f; sich das ~ angewöhnen prendre (od. contracter) l'habitude de boire; sich aufs ~ legen se mettre à boire; durch vieles ~ à force de boire; ²**er(in** f) m buveur, -euse f; pfort ivrogne m, P-esse f; éthylique m, f; ~**fest** adj. qui boit sec; ²**gefäß** n récipient m pour boire; ²**gelage** n beuverie f; ²**geld** n pourboire m; F pot m de vin; Schwarzafrika: matabiche m; service m; ~ einbegriffen service compris; ²**glas** n verre m (à

boire); **halle** f buvette f; **kur** f diète f hydrique; **lied** n chanson f à boire; **schale** f coupe f; **spruch** m toast m; auf j-n e-n ~ ausbringen porter un toast à q.; **strohhalm** m paille f; **stube** f bar m; **wasser** n eau f potable; **wasserversorgung** f approvisionnement m en eau potable.
'**Trio** n trio m (a. fig.).
Tri'ode ⚡ f triode f.
Tri'ole ♪ f triolet m.
Trip * m voyage m; trip m.
'**trippeln** I v/i. aller à petits pas; trottiner; II ⚓ n trottinement m.
'**Tripper** ♂ m gonorrhée f; blenorragie f; P coulante f.
'**Tryptychon** △ n triptyque m.
'**Triptyk** n triptique m.
Tritt m pas m; (Spur) trace f de pas; (Fuß⚓) coup m de pied; ⊕ pédale f; (Stufe) marche f; an der Tür: tapis m de la porte; (~brett; ~leiter) marchepied m; im ~! au pas!; ohne ~! sans cadence!; ~ fassen se mettre au pas; ~ halten garder le pas; aus dem ~ geraten perdre le pas; den ~ wechseln changer de pas; j-n an s-m ~ erkennen reconnaître q. à son pas; e-n sicheren ~ haben marcher d'un pas ferme; j-m e-n ~ versetzen donner un coup de pied à q.; in gleichem Schritt und ~ au pas; du même pas; auf Schritt und ~ à chaque pas; j-m auf Schritt und ~ folgen être attaché (od. s'attacher) aux pas de q.; suivre q. pas à pas; '~**brett** n marchepied m; '**fest** adj. antiglissant; bei Spieleisenbahnschienen: résistant à l'écrasement; '~**fläche** f giron m; '~**leiter** f escabeau m; marchepied m.
Tri'umph m triomphe m.
trium'phal adj. triomphal.
Trium'phator m triomphateur m.
Tri'umph|bogen m arc m de triomphe; ~**gesang** m chant m de triomphe.
trium'phieren v/i. triompher (über acc. de).
Tri'umph|marsch m marche f triomphale; ~**wagen** m char m de triomphe; ~**zug** m marche f triomphale; (Einzug) entrée f triomphale.
trivi'al adj. banal; plat; usé; **i'tät** f banalité f; platitude f; **literatur** f littérature f populaire (od. de second ordre); sous-littérature f; péj. littérature f de bas étage.
tro'chä|isch adj. trochaïque; **us** m trochée m.
'**trocken** adj. sec, sèche (a. fig.); (dürr) aride (a. fig.); (Stil) étriqué; ~**en Fußes** à pied sec; Wetter: es ist ~ il fait sec; ~ werden sécher; ~ aufbewahren (od. halten) tenir au sec; ~ bleiben rester au sec; fig. auf dem ~**en** sitzen être à sec; im ~**en** sitzen être à l'abri; e-e ~**e** Kehle haben avoir le gosier sec; noch nicht ~ hinter den Ohren être un blanc-bec; sein Schäfchen ins ~**e** bringen faire sa pelote; **anlage** f sécherie f; **apparat** m sécheur m; sécholir m; dessiccateur m; **batterie** ⚡ f pile f sèche; **boden** m séchoir m; **dampf** m vapeur f sèche; **dock** ⚓ n bassin m de radoub; cale f sèche; cale f d'échouage; **eis** n neige f carbonique; carboglace f; **farbe** f couleur f en poudre; **fäule** f pourriture f sèche; **fisch** cuis. m poisson m séché; **fotokopie** f reprographie f;

fotokopieren v/t. reprographier; **fotokopiergerät** n reprographieur m; **futter** n fourrage m sec; auf ~ setzen mettre au sec; **gemüse** n légumes m/pl. secs; **gestell** n séchoir m; **haube** f casque m sèche-cheveux; casque m séchoir; **hefe** f levure f en poudre; **heit** f sécheresse f (a. fig.); (Dürre) aridité f (a. fig.); **kammer** f séchoir m; **kartoffeln** f/pl. pommes f/pl. de terre sèches; **kost** f régime m sec; **kur** f diète f sèche; ~**legen** v/t. assécher; dessécher; mettre à sec; drainer; Kind: changer; **legen** n, **legung** f assèchement m; dessèchement m; drainage m; **luftfilter** (Auto) n épurateur m d'air sec; **maß** n mesure f sèche; **milch** f lait m en poudre; **mittel** n dessiccatif m; **obst** n fruits m/pl. secs; **platz** m séchoir m; **rasieren** v/refl. rasoir m électrique; **reinigung** f nettoyage m à sec; **rudern** n aviron m sur machine à ramer; **schaum** m mousse f sèche; **schleuder** f essoreuse f; **schliff** ⊕ m affûtage m à sec; **ständer** m séchoir m; **trommel** phot. f tambour m sécheur; **verfahren** m procédé m de séchage; **wäsche** f linge m pesé sec.
'**trock|nen** 1. v/i. sécher; Früchte usw.: se dessécher; 2. v/t. (v/rf.: sich se) sécher; faire sécher; **nen** n séchage m; dessiccation f; (Aus) dessèchement m; zum ~ aufhängen mettre à sécher; **nend** adj.: schnell ~ à séchage rapide.
'**Troddel** f 'houppe f; (Degen) dragonne f.
'**Trödel** m friperie f; bric-à-brac m; ~**bude** f boutique f de fripier (od. de brocanteur).
Tröde'lei F f F façon f de lambiner, de traînasser.
'**Trödel|händler(in** f) m → **Trödler** (-in); ~**kram** m friperie f; bric-à-brac m; ~**laden** m friperie f; boutique f de fripier (od. de brocanteur); ~**markt** m marché m aux puces; **n** F v/i. (Zeit vertun) traîner, traînasser, F lanterner, lambiner; ~**ware** f bric-à-brac m.
Trödler(in f) m marchand m, -e f de bric-à-brac; fripier m, -ière f; brocanteur m, -euse f; (langsamer Arbeiter) F lambin m, -e f; traînard m, -e f.
Trog m auge f; (Tränke) abreuvoir m; (Futter) mangeoire f.
'**T-Rohr** ⊕ n tube m en té.
'**Troja** antiq. n Troie f.
Tro'jan|er(in f) antiq. m Troyen m, -enne f; **isch** adj. troyen, -enne; der e Krieg la guerre de Troie; das e Pferd le cheval de Troie.
'**trollen** v/rf.: sich ~ s'en aller; se sauver; F s'éclipser; décamper; déguerpir; filer; P se trotter.
'**Trolleybus** m trolleybus m.
'**Trommel** f tambour m (a. ⊕); caisse f; die kleine ~ la caisse claire; die große ~ la grosse caisse; des Revolvers: barillet m; die ~ schlagen (rühren) battre le tambour; ~**fell** n peau f de tambour, de caisse; anat. tympan m; **fell-erschütternd** adj. à crever le tympan; ~**feuer** ⚔ n pilonnage m; mit ~ belegen pilonner; **n** 1. v/i. battre le tambour; tambouriner (auf dat. sur); nervös mit den Fingern

tambouriner (avec les doigts); 2. v/t. Marsch: battre; j-n aus dem Schlaf ~ réveiller q. en faisant du vacarme; ~**n** n bruit (od. roulement) m de tambour(s); tambourinage m; tambourinement m; ~**parkrad** ⊕ (zum Parken) n tambour m rotatif; ~**rad** mach. n tympan m; ~**revolver** m revolver m à barillet; ~**schlag** m roulement m de tambour; ~**stock** m baguette f de tambour; ~**waschmaschine** f machine f à laver à tambour; ~**wicklung** ⚡ f bobinage m en tambour; ~**wirbel** m roulement m de tambour; unter ~ tambour battant.
'**Trommler** m tambour m.
'**Trompe** △ f trompe f.
Trom'pete f trompette f; auf der ~ blasen sonner de la trompette; **n** v/i. sonner de la trompette; Elefant: barrir; ~**n** n son m de la trompette; des Elefanten: barrissement m; ~**nbläser** m trompette m; im Orchester: trompettiste m; ~**ngeschmetter** n bruit m des trompettes; fanfares f/pl.; ~**nschall** m son m de la (resp. des) trompette(s); ~**nsignal** n sonnerie f; ~**nstoß** m coup m de trompette; ~**nstück** n air m de trompette; ~**r** m trompette m; im Orchester: trompettiste m.
'**Tropen** pl. tropiques m/pl.; in den ~ sous les tropiques; ~**anzug** m tenue f coloniale; ~**arzt** m médecin m tropical; **beständig**, **fest** adj. tropicalisé; ~ machen tropicaliser; ~**fieber** n (Malaria) malaria f; ~**gegend** f région f tropicale; ~**helm** m casque m colonial; ~**klima** n climat m tropical; ~**koller** ♂ m F coup m de bambou; ~**krankheit** f maladie f des tropiques; ~**pflanze** f plante f tropicale; ~**welt** f régions f/pl. tropicales.
Tropf¹ F ♂ (Blutinfusion) m perfusion f de sang; er hängt am ~ il est alimenté avec du sérum; F on lui fait du od. il est au goutte-à-goutte.
Tropf² m sot m; benêt m; nigaud m; armer ~ pauvre diable m; pauvre m.
'**Tröpfchen** n gouttelette f.
'**tröpfeln** I 1. v/i. goutter; tomber goutte à goutte; (herab) dégoutter; vom Dach ~ dégoutter du toit; es tröpfelt Regen: il tombe des gouttes (de pluie), 2. v/t. verser goutte à goutte; (einträufeln) instiller; II ⚓ n (Einträufeln) instillation f.
'**tropfen** I 1. v/i. goutter; tomber goutte à goutte; (herab~) dégoutter (von de); es tropft Regen: il tombe des gouttes (de pluie); der Schweiß tropft ihm von der Stirn son front est ruisselant de sueur; 2. v/t. verser goutte à goutte; II ⚓ m goutte f; in dicken ~ à grosses gouttes; das ist ein guter ~ voilà du vin qui se laisse boire; fig. keinen ~ Blut in den Adern haben n'avoir pas une goutte de sang dans les veines; das ist ein ~ auf den heißen Stein c'est une goutte d'eau dans la mer; steter ~ höhlt den Stein petit à petit l'oiseau fait son nid; **fänger** m attrape-gouttes; **form** f forme f de goutte; **förmig** adj. en forme de goutte; ~**weise** adv. goutte à goutte; au compte-gouttes; **zähler** m compte-gouttes m; stilligoutte m.
'**Tropf|flasche** f flacon m compte-gouttes; ~**gerät** ♂ n goutte-à-goutte

m; ~**hahn** *m* robinet *m* compte-gouttes; ²**naß** *adj.* ruisselant; ~**öler** *m* graisseur *m* compte-gouttes; ~**stein** *m* stalactite *f*; *vom Boden aufsteigend:* stalagmite *f*; ~**steinhöhle** *f* grotte *f* de stalactites (*resp.* de stalagmites).

Tro'phäe *f* trophée *m*.

'tropisch *adj.* tropical; *rhét.* figuré.

Tropo'sphäre *f* troposphère *f*.

Troß *m* ✕ train *m*; gros bagages *m/pl.*; *hist. (Gefolge)* suite *f*.

'Trosse *f* câble *m*; ⚓ ('h)aussière *f*.

'Troß|knecht *hist. m* valet *m* d'armée; ~**pferd** *hist. n* cheval *m* du train; ~**wagen** *hist. m* fourgon *m*.

Trost *m* consolation *f*; réconfort *m*; *ein schwacher* ~ une faible consolation; *un maigre réconfort*; *j-m* ~ *zusprechen* consoler q.; *das ist mir ein* ~; *ich finde* ~ *darin* c'est une consolation pour moi; F *nicht recht bei* ~*e sein* avoir perdu la raison; F *du bist wohl nicht recht bei* ~*e?!* tu ne te sens plus?!; !²**bedürftig** *adj.* qui a besoin d'être consolé; !²**bringend** *adj.* consolant.

'tröst|en *v/t. u. v/rf.* consoler; réconforter; *sich* ~ se consoler (*über acc.* de); *sich mit dem Gedanken* ~, *daß* ... se consoler à la pensée que ...; ²**er(in** *f) m* consolateur *m*, -trice *f*; ~**lich** *adj.* consolant; consolateur, -trice; réconfortant; rassurant.

'trost|los *adj.* (*Ort; Situation*) désolé; désespéré; (*Anblick, Wetter, Zustand*) désolant, désespérant; ²**losigkeit** *f* désolation *f*; (*Verzweiflung*) désespoir *m*; *e-r Gegend:* aspect *m* désolant; ²**preis** *m* prix *m* (*od.* lot *m*) de consolation; ~**reich** *adj.* consolant; ²**spruch** *m* parole *f*, maxime *f* de consolation.

'Tröstung *f* consolation *f*.

'trost|voll *adj.* consolant; ²**wort** *n* parole *f* consolante (*od.* réconfortante); consolation *f*.

Trott *m* trot *m*; *s-n alten* ~ *gehen* aller son petit train; *wieder in s-n alten* ~ *verfallen* retomber dans le train-train quotidien *od.* dans ses vieilles ornières.

'Trottel F *m* imbécile *m*; F ganache *f*; F gaga *m*; F vieille baderne *f*; fossile *m*.

'trotten *v/i.* trotter; aller son petit train.

Trot'toir *n* trottoir *m*.

Trotz *m* entêtement *m*; opiniâtreté *f*; obstination *f*; *j-m (e-r Sache dat.)* ~ *bieten* braver q. (qch.); affronter q. (qch.); *j-m zum* ~ en dépit de q.

trotz *prp.* (*gén. u. bsd. südd. u. östr. dat.*) malgré; nonobstant; en dépit de; ~ *alledem* malgré tout (cela); ~**'dem I** *adv.* tout de même; quand même; **II** *abus. cj.* bien que (*subj.*); malgré que (*subj.*), quoique (*subj.*).

'trotzen I *v/i.:* *j-m (e-r Sache dat.)* ~ braver q. (qch.); affronter q. (qch.); *abs.* prendre un air de défi; faire la mauvaise tête; **II** ² *n* bravade *f*.

'trotzig *adj.* qui fait la mauvaise tête; (*eigensinnig*) entêté; (*halsstarrig*) opiniâtre; (*ungebeugt*) insoumis; (*widerspenstig*) récalcitrant; *j-n* ~ *ansehen* regarder q. d'un air de défi; ²**kopf** *m* esprit *m* obstiné; mauvaise tête *f*; ~**köpfig** *adj.* entêté; obstiné; ²**reak-**

tion *f:* *in j-m e-e* ~ *hervorrufen* buter q.

Trouba'dour *m* troubadour *m*.

'trüb(e) *adj. Flüssigkeit:* trouble; (*undurchsichtig*) opaque; (*glanzlos*) terne; *Wetter:* sombre; *Stimmung:* morne, *pfort* sombre; ~ (*glanzlos*) *machen* ternir; ~ (*glanzlos*) *werden* se ternir; *bei* ~*em Wetter* par temps couvert; *es ist* ~ il fait sombre; *der Himmel wird* ~ le ciel s'assombrit (*od.* se couvre); *fig.* *es sieht* ~ *aus* les perspectives ne sont pas brillantes; *im* ~*en fischen* pêcher en eau trouble.

'Trubel *m* agitation *f*; animation *f*; brouhaha *m*; *fig.* tourbillon *m*.

'trüb|en *v/t.* (*v/rf.:* *sich se*) troubler; *durch Umrühren:* brouiller; (*glanzlos machen*) (*sich se*) ternir; *fig.* das Urteil *j-s* ~ F biaiser le jugement de q.; *der Himmel trübt sich* le ciel s'assombrit (*od.* se couvre); *er sieht aus, als könne er kein Wässerchen* ~ on lui donnerait le bon Dieu sans confession; ²**heit** *f* (*Undurchsichtigkeit*) opacité *f*; ²**sal** *f* affliction *f*; (*Not*) misère *f*; ~ *blasen* chanter misère; faire triste mine; broyer du noir; ~**selig** *adj.* qui fait triste mine; qui broie du noir; morose; triste; (*betrübend*) affligeant; (*jämmerlich*) piteux, -euse; lamentable; pitoyable; ²**seligkeit** *f* affliction *f*; tristesse *f*; ²**sinn** *m* mélancolie *f*; humeur *f* sombre; (*Traurigkeit*) tristesse *f*; ~**sinnig** *adj.* mélancolique; sombre; triste; ²**ung** *f* (*Undurchsichtigkeit*) opacité *f*.

'Truchseß *hist. m* écuyer *m* tranchant.

'trudeln ✈ **I** *v/i.* faire la vrille; **II** ² *n* vrille *f*.

'Trüffel ♀ *f* truffe *f*; ~**eiche** *f* chêne *m* truffier; ~**leberpastete** *f* pâté *m* de foie gras truffé; ²**n** *v/t.* garnir de truffes; truffer; ~**sucher** *m* chercheur *m* de truffes; *Hund:* chien *m* truffier; ~**zucht** *f* trufficulture *f*.

Trug *m* tromperie *f*; imposture *f*; *der Sinne:* illusion *f*; !**bild** *n* image *f* trompeuse; illusion *f*, fantôme *m*.

'trügen *v/t. u. v/i.* tromper; (*täuschen*) abuser; *der Schein trügt* les apparences sont trompeuses.

'trügerisch *adj.* trompeur, -euse; mensonger, -ère; *Argument:* fallacieux, -euse; fantasmatique; *Hoffnung:* illusoire; *Wetter:* incertain; *Gedächtnis:* infidèle.

'Trug|gebilde *n*, ~**gestalt** *f* fantôme *m*; ~**schluß** *m* fausse conclusion *f*; paralogisme *m*; *spitzfindiger:* sophisme *m*.

Truhe *f* coffre *m*; bahut *m*.

'Trümmer *pl.* débris *m/pl.*; ruines *f/pl.*; démolitions *f/pl.*; (*Schutt*) décombres *m/pl.*; *in* ~ *gehen* tomber en ruines; s'effondrer; *Scheiben, Spiegel:* se casser en mille morceaux; *in* ~ *schlagen* mettre en morceaux; ~**berg** *m* montagne *f* de débris; ~**beseitigung** *f* déblaiement *m*; ~**feld** *n* monceau *m* de décombres; ~**frau** *f* déblayeuse *f*; ~**gestein** *géol. n* roches *f/pl.* ruiniformes; brèche *f*; ~**haufen** *m* monceau *m* de décombres; ~**stätte** *f* ruines *f/pl.*; ~**verwertung** *f* utilisation (*od.* récupération) *f* des décombres.

Trumpf *m* atout *m*; *was ist* ~? qu'est--ce qui est atout?; *Pik ist* ~ c'est atout pique; ~ *ausspielen* jouer atout; *fig.* *alle Trümpfe in der Hand haben* avoir tous les atouts en main; *s-n letzten* ~ *ausspielen* jouer son dernier atout; *fig. Mode:* ~ *sein* primer; faire fureur; !**farbe** *f* couleur *f* de l'atout; !**karte** *f* atout *m*.

Trunk *st.s. m (Getränk, ~sucht)* boisson *f*; (*Schluck*) gorgée *f*; coup *m*; *e-n* ~ *tun* boire un coup; *dem* ~*e ergeben* adonné à la boisson; *im* ~ pris de boisson; !²**en** *adj.* ivre (*a. fig.*); *in* ~*em Zustande* en état d'ébriété; ~ *vor Freude* ivre de joie; ~ *machen* enivrer; ~**enbold** *m* ivrogne *m*; F pochard *m*; P poivrot *m*; soûlard *m*; P soûlographe *m*; !**enheit** *f* ivresse *f*; ébriété *f*; *wegen* ~ *am Steuer* pour conduite en état d'ivresse; !²**sucht** *f* ivrognerie *f*; alcoolisme *m*; !²**süchtig** *adj.* ivrogne.

Trupp *m* troupe *f*; bande *f*; groupe *m*; (*Arbeits*~) équipe *f*; ✕ détachement *m*; peloton *m*; !**e** *f* troupe *f* (*a. thé.*); *thé. a.* compagnie *f*.

'Truppen|ansammlung *f* concentration *f* de troupes; ~**arzt** *m* médecin *m* militaire; ~**aushebung** *f* recrutement *m*; ~**bewegungen** *f/pl.* mouvements *m/pl.* de troupes; ~**entflechtung** *f* désengagement *m* militaire (*od.* des forces armées); séparation *f* des forces; ~**gattung** *f* arme *f*; ~**offizier** *m* officier *m* de troupe; ~**schau** *f* revue *f* (militaire); ~**teil** *m* unité *f*; formation *f*; ~**transport** *m* transport *m* de troupes; convoi *m* militaire; ~**transporter** *m* ⚓ transporteur *m* de troupes; ✈ avion *m* transporteur de troupes; ~**übungsplatz** *m* camp *m* d'instruction; ~**unterkunft** *f* cantonnement *m*; casernement *m*; ~**verbandplatz** *m* poste *m* de secours; ~**verschiebung** *f* déplacement *m* de troupes.

'truppweise *adv.* en troupe; par troupes; par bandes; par équipes.

Trust *m* trust *m*.

'Trut|hahn *m* dindon *m*; ~**henne** *f*, ~**huhn** *n* dinde *f*.

Trutz *m*: *Bündnis zu Schutz und* ~ alliance *f* offensive et défensive.

Tschako *m* s(c)hako *m*.

'Tschech|e *m*, ~**in** *f* Tchèque *m, f*; ²**isch** *adj.* tchèque.

Tschecho|slo'wake *m*, ~**slo'wakin** *f* Tchécoslovaque *m, f*; ~**slowa'kei** *f:* *die* ~ la Tchécoslovaquie; ²**slo'wakisch** *adj.* tchécoslovaque.

'Tsetsefliege *ent. f* mouche *f* tsé-tsé; tsé-tsé *f*.

'T-Shirt *cout. n* tee-shirt *m*; maillot *m* rayé.

'Tuba ♪ *f* tuba *m*.

'Tube *f* tube *m*; F *fig. auf die* ~ *drücken* (*rasen, v. Auto*) foncer à pleins tubes.

Tu'berkel ❦ *m* tubercule *m*.

tuberku|'lös ❦ *adj.* tuberculeux, -euse; ²**lose** ❦ *f* tuberculose *f*.

Tube'rose ♀ *f* tubéreuse *f*.

Tuch *n* drap *m*; étoffe *f*; *allg.* (*Gewebe*) tissu *m*; (*Stück* ~) pièce *f* de drap; (*Hand*²) essuie-main; (*Hals*²) *für Herren:* cache-nez *m*, *Damen:* fichu *m*, *seidenes:* foulard *m*; (*großes Umschlag*²) châle *m*; (*Wischlappen*) lavette *f*; (*Staub*²) chiffon *m* à épousseter; *das wirkt wie ein rotes* ~ *auf ihn* cela le fait voir rouge; !**ballen** *m* pièce f de drap; ²en adj. de drap; '~fabrik f draperie f; '~fabrikant m drapier m; '~fühlung f ⚔ accoudement m; contact m au coude à coude; in ~ coude à coude; ~ nehmen s'accouder; fig. contact m étroit; ~ mit j-m nehmen entrer en contact avec q.; '~geschäft n, ~handel m draperie f; ~händler m draper m; ~handlung f magasin m de draps (od. de draperie); '~macher m drapier m; ~mache'rei f draperie f; '~rest m coupon m; '~schere f forces f/pl.; '~schermaschine f tondeuse f.

'tüchtig I adj. (über alle erforderlichen Eigenschaften verfügend) bon, bonne; qui a toutes les qualités requises; travailleur; (v. Wert) de valeur; distingué; (v. Verdienst) de mérite; (geschickt) habile; (fähig) capable; (ausgezeichnet) distingué; (vortrefflich) excellent; (gediegen) solide; in etw. (dat.) ~ versé dans, qualifié dans, F calé en qch.; II F adv. (sehr) bien; beaucoup; ~ arbeiten travailler bien (od. beaucoup); ~ essen manger beaucoup (od. copieusement); bien manger; ~ mithelfen bien aider; j-n verhauen administrer une sérieuse correction à q.; ~ rosser q. d'importance; ~ ausschreiten aller bon train; ²keit f habileté f; capacité f; aptitude f; qualification f.

'Tuch|waren f/pl. draps m/pl.; draperie f; ~weber(in f) m drapier m, -ière f; ~webe'rei f draperie f.

'Tücke f malice f; malignité f; méchanceté f; perfidie f; ~ des Schicksals malignité f du sort.

tuckeln F v/i. (Auto) F faire teufteuf.

'tückisch adj. malicieux, -euse, malin, -igne (a. Krankheit); méchant; perfide.

Tuff m, '~stein min. m tuf m.

Tüfte'lei f subtilités f/pl.

'Tüft(e)ler m (Grübler) songe-creux m; rêveur m; (Bastler) bricoleur m; (Kleinigkeitskrämer) formaliste m; F tatillon m; ²elig adj. (grüblerisch) rêveur, -euse; (kleinlich) formaliste, -euse; (subtil) subtil, -e; ²eln v/i. subtiliser; se creuser la tête (an dat. au sujet de); über etw. ~ raffiner (od. ratiociner) sur qch.

'Tugend f vertu f; aus der Not e-e ~ machen faire de nécessité vertu; ~bold F m parangon m de vertu; ²haft adj. vertueux, -euse; ~haftigkeit f vertu f; ~held iron. m parangon m de vertu; ~lehre f morale f.

Tüll text. m tulle m.

'Tülle f bec m; ⊕ douille f; am Leuchter: bobèche f.

Tulpe ⚘ f tulipe f; ~nbaum ⚘ m tulipier m; ~nbeet n planche f de tulipes; ~nzwiebel f oignon m de tulipe.

'Tumbler (Wäschetrockner) m machine f à sécher.

'tummel|n 1. v/t. Pferd: faire caracoler; 2. v/rf.: sich ~ prendre ses ébats; s'ébattre; F se défouler; se dissiper; ²platz m terrain m de jeu (Treffpunkt) rendez-vous m; ~ für Diebe u. Gauner foire f d'empoigne.

'Tummler (Schwenkglas) m boit-tout m.

'Tümmler m icht. marsouin m; orn. pigeon m culbutant.

'Tumor ✱ m tumeur f.

'Tümpel m mare f.

Tu'mult m (Lärm) tumulte m; vacarme m; brouhaha m; (Aufruhr) émeute f; sédition f.

Tumultu|'ant m (Ruhestörer) chahuteur m; (Aufrührer) séditieux m; ²'arisch adj. (lärmend) tumultueux, -euse.

tun I v/t. u. v/i. (machen) faire; (hin²) mettre; so ~ als ob faire semblant (de); er tut so, als sei er krank il fait semblant d'être malade; il fait le malade; er tat so, als höre er nichts il affecta (od. il feignit) de ne rien entendre; er tut so, als ob il fait semblant; er tut gelehrt il fait le savant; ~ Sie, als ob Sie zu Hause wären! faites comme chez vous; das will getan sein il faut que l'on s'en occupe; damit ist es nicht getan cela ne suffit pas; (das) tut nichts n'importe, ce n'est rien, cela ne fait rien, als Antwort auf e-e Entschuldigung: (il n'y a) pas de quoi od. de mal; de rien; ce n'est rien; cela (od. F ça) ne fait rien; das tut ihm nichts cela ne lui importe guère; cela ne lui fait rien; es tut sich etw. il se trame quelque chose; das tut nichts zur Sache cela ne fait rien à l'affaire; das tut man nicht cela ne se fait pas; Sie ~ gut daran, zu ... (inf.) vous faites bien de ... (inf.); Sie täten besser daran, zu ... (inf.) vous feriez mieux de ... (inf.); Sie haben gut daran getan vous avez bien fait; ~ Sie doch nicht so! ne prenez pas ces airs-là!; was tut das? qu'est-ce que cela (F ça) fait?; qu'importe?; was ist zu ~? que (od. quoi) faire?; was soll ich ~? que dois-je faire?; que voulez-vous que je fasse?; ich kann nichts dazu ~ je n'y puis rien; Sie haben hier nichts zu ~ vous n'avez rien à faire ici; es ist mir darum zu ~, zu ... (inf.) il m'importe de ... (inf.); je tiens à ... (inf.); es ist mir darum zu ~, daß ... (subj.) il m'importe que ... (subj.); je tiens à ce que ... (subj.); es ist mir sehr darum zu ~ cela m'importe beaucoup; j'y tiens beaucoup; es ist mir nur darum zu ~, zu ... (inf.) il s'agit seulement pour moi de ... (inf.); es ist ihm nur um das Geld zu ~ il n'a rien voulu que l'argent; il n'en veut qu'à l'argent; mit j-m zu ~ haben avoir affaire à q.; ich habe niemals etw. mit ihm zu ~ gehabt je n'ai jamais eu affaire à lui; mit Ihnen habe ich nichts zu ~ je n'ai rien à faire avec vous; ich will damit nichts zu ~ haben je ne veux pas m'en mêler; damit habe ich nichts zu ~ cela ne me regarde pas; das hat damit nichts zu ~ cela n'a rien à y voir; das hat nichts zu ~ mit cela n'a rien à voir avec ...; viel zu ~ haben avoir beaucoup à faire; être très occupé; das tut (e-m) gut cela (vous) fait du bien; (j-m) Gutes ~ faire du bien (à q.); zuviel des Guten ~ exagérer; (dé)passer la mesure; F er tut nichts als arbeiten il ne fait que travailler; sein Bestes ~ faire de son mieux; e-n flüchtigen Blick ~ in (acc.) jeter un coup d'œil dans; ~ Sie mir diesen Gefallen faites-moi ce plaisir; rendez-moi ce service; es tut mir leid, daß ... (resp. zu ... inf.) je regrette (od. je suis fâché) que ... (subj.) (resp. de ... inf.); das tut mir leid j'en suis fâché;

du tust ihm leid tu lui fais pitié; das Seinige ~ faire son possible; j-m Unrecht ~ faire tort à q.; j-m weh ~ faire mal à q.; j-m s-n Willen ~ faire les volontés de q.; j-m etw. zuleide ~ faire du mal à q.; II ² n (Handlungsweise) manière (od. façon) f d'agir; (Beschäftigung) occupations f/pl.; (Verhalten) comportement m; conduite f; (Handlung) action f; sein ~ und Treiben ses faits et gestes m/pl.

'Tünche f badigeon m; fig. fard m; vernis m; ²n v/t. badigeonner; blanchir à la chaux; fig. farder; ~n badigeonnage m.

'Tundra géogr. f toundra f.

Tu'nes|ien n la Tunisie f; ~ier(in f) m Tunisien m, -enne f; ²isch adj. tunisien, -enne.

'Tunichtgut m vaurien m; mauvais sujet m.

'Tunika f tunique f.

'Tunis n (Stadt) Tunis m.

'Tunke f sauce f; ²n v/t. tremper.

'tunlich adj. opportun; ~st adv.: ~ bald aussitôt que possible; le plus tôt possible.

'Tunnel m tunnel m; ~bau m construction f d'un tunnel; ~effekt phys. m effet m tunnel.

Tupf m (Flecken) tache f; (Punkt) point m.

'Tüpfel m u. n (Punkt) point m; (kleiner Flecken) petite tache f; Textil: moucheture f; ~chen n: das ~ auf dem i le point sur l'i; ~katze zo. f chat-pêcheur m; ²n v/t. (sprenkeln) moucheter.

'tupfen I v/t. (leicht berühren) toucher légèrement; mit e-m Wattebausch tamponner; (sprenkeln) moucheter; II ² m (Flecken) tache f; (Punkt) point m.

'Tupfer m ✱ tampon m; Motorrad: poussoir m; (Flecken) tache f; (Punkt) point m; cosm. touche f.

'Tuppe △ (Mörtelträge) f oiseau m; bayart m; bourriquet m.

Tür f porte f; e-s Autos od. Wagens: portière f; die ~ aufmachen (öffnen) ouvrir la porte; die ~ schließen (od. zumachen) fermer la porte; die ~ hinter sich (dat.) zumachen fermer la porte derrière soi; fig. ~ und Tor öffnen ouvrir toutes les portes; donner accès; fig. offene ~en einrennen enfoncer une porte ouverte; Politik der offenen ~ politique f de la porte ouverte; j-m die ~ weisen; j-n vor die ~ setzen; j-n den Stuhl vor die ~ setzen mettre q. à la porte; j-m die ~ vor der Nase zuschlagen fermer à q. la porte au nez; bei verschlossenen ~en à huis clos; fig. mit der ~ ins Haus fallen casser les vitres; brusquer les choses; ne pas y aller par quatre chemins; von ~ zu ~ gehen (betteln) aller (mendier) de porte en porte; vor der ~ stehen être à la porte, fig. être proche; fig. vor verschlossene ~en kommen trouver porte close; kehren Sie vor Ihrer ~! occupez-vous de vos oignons!; zwischen ~ und Angel entre deux portes; en sortant; au dernier moment; '~angel f gond m.

'Turban m turban m.

Tur'bine f turbine f; ~ndampfer m vapeur m à turbine; ~nhalle f salle f des turbines; ~nschaufel f aube f de

turbine; ~nstrahltriebwerk n turboréacteur m; ~ntriebwerk n moteur m à turbine; ~nwagen (Auto) m turbovoiture f; voiture f à turbine.
'Türbodendichtung ⊕ f bas m de porte adhésif.
'Turbo|gebläse n turbosoufflante f; ~generator m turbogénérateur m; ~kompressor m turbocompresseur m; ~reaktor m turboréacteur m; ~zug 🚂 m turbo-train m.
turbu'len|t adj. turbulent; 2z f turbulence f.
'Tür|drücker m poignée f de porte; ~einfassung f encadrement m de porte; ~flügel m battant m de porte; vantail m; ~füllung f panneau m de porte.
'Turgor (Gewebespannung) biol. m turgescence f.
'Türgriff m poignée f de porte.
tu'rinisch adj. turinois.
'Türk|e m, ~in f Turc m, Turque f.
Tür'kei f: die ~ la Turquie.
'Türkensäbel m cimeterre m.
'Türkette f chaîne f de sûreté.
Tür'kis m turquoise f.
'türkisch adj. turc, turque; das 2e la langue turque; le turc; ~blau adj. bleu turquoise; ~rot adj. rouge m d'Andrinople.
'Tür|klinke f poignée f (de porte); bec-de-cane m; ~klopfer m 'heurtoir m; marteau m de la porte; ~knopf m bouton m de porte.
Turm m tour f (a. fig. u. Schach); (Kirch2) clocher m; (Geschütz2) tourelle f; e-s U-Boots: kiosque m; e-r Festung: donjon m; Schwimmsport (Sprung2): plongeoir m.
'Türmatte f tapis-brosse m; paillasson m.
'Türmchen n tourelle f.
'türmen 1. v/t. (v/rf.: sich s')amonceler (a. Wolken); (s')entasser; 2. v/i. F (abhauen) s'éclipser; décamper; déguerpir; filer; P se trotter; F mettre les bouts; F faire haut le pied; F prendre la clé des champs.
'Turm|fahne f girouette f; ~falke orn. m crécerelle f; ~garage f silo m à automobiles; ~geschütz n pièce f de tourelle; 2hoch adj. très haut; fig. ~ überlegen de loin supérieur à; ~schwalbe orn. f martinet m; ~spitze f pointe (od. flèche) f d'une tour (resp. d'un clocher); ~springen n plongeons m/pl. de haut vol; ~uhr f horloge f; ~verlies n oubliettes f/pl.; ~wächter m gardien m d'une tour; ~wagen (Auto zur Reparatur von Straßenlampen) m voiture f à échafaudage; ~zinne f créneau m d'une tour.
'Turn|anzug m survêtement m; 2en v/i. faire des exercices physiques; faire de la gymnastique; ~en n exercices m/pl. physiques; gymnastique f; ~er(in f) m gymnaste m, f; 2erisch adj. gymnastique; ~erschaft f gymnastes m/pl.; ~fest n fête f de gymnastique; ~gerät n appareil m de gymnastique; pl. a. agrès m/pl.; ~halle f gymnase m; salle f de gymnastique; ~hemd n maillot m de gymnastique; ~hose f culotte f de gymnastique.
Tur'nier n hist. tournoi m; heute: (Reit2) concours m hippique; ~platz hist. m lice f; champ m clos.
'Turn|lehrer(in f) m professeur m d'éducation physique, de gymnastique; ~riege f section f; ~schuh m chaussure f de gymnastique; ~spiele n/pl. jeux m/pl. de gymnastique; ~stunde f cours m, leçon f de gymnastique; ~übung f exercice m (de) gymnastique; ~unterricht m gymnastique f.
'Turnus m roulement m; 2mäßig adj. u. adv. par roulement.
'Turnverein m société f de gymnastique.
'Tür|öffner ⊕ m ouvre-porte m; ~öffnung ⚠ f baie f de porte; ~pfosten m montant m de porte; ~rahmen m châssis m de porte; ~riegel m verrou m de porte; ~schild n plaque f de porte; ~schließer m portier m; (Apparat) ferme-porte m automatique; ~schloß n serrure f de porte; ~schlüssel m clef f de porte; ~schwelle f seuil m de porte.
'Turtel|taube orn. f tourterelle f; F fig. blau wie e-e ~ sein être soûl comme une grive; ~täubchen n tourtereau m.
'Tür|verkleidung f chambranle m de porte; ~vorhang m portière f.
Tusch ♪ m fanfare f; e-n ~ blasen sonner une fanfare.
'Tusche f encre f de Chine.
'tuscheln I v/i. chuchoter; II 2 n chuchotement(s pl.) m.
'tusch|en 1. v/t. peint. laver; 2. v/i. faire un lavis; getuscht au lavis; 2en n lavis m; 2farben f/pl. couleurs f/pl. à l'eau (od. de l'aquarelle); 2kasten m boîte f de couleurs; 2napf m godet m; 2pinsel m pinceau m pour aquarelle; 2zeichnung f lavis m.
Tu'tant(in f) m écol. Bundesrep. élève m, f appartenant au second cycle et relevant d'un conseiller pédagogique.
'Tüte f cornet m; sac m de papier; F das kommt nicht in die ~! non! rien à faire!; Auto: in die ~ blasen (Alkoholtest) souffler dans le ballon.
'tuten v/i. u. v/t. Schiff: donner un coup de sirène; (hupen) klaxonner; corner; (Horn blasen) sonner du cor; er hat vom 2 und Blasen keine Ahnung il s'y entend comme à ramer des choux.
'Tütenwein m vin m en bloc-pack.
'Tutor(in f) m écol. Bundesrep: conseiller m pédagogique.
TÜV (Auto) m visite f technique périodique.
'Twinset m twin-set m.
Twist m fil m de coton; Tanz: twist m; '~tänzerin f twisteuse f.
'Tympanon ⚠ n tympan m.
Tympano'plastik chir. f tympanoplastie f.
Typ m type m; F asticot m; ⊕, allg. formule f; gleichen ~s de même type; j-s ~ sein être le type de q.
'Type f typ. caractère m; type m; lettre f d'imprimerie; fig. F e-e komische ~ un drôle de type; un drôle d'asticot; F un pante; 2 üble ~ sale type; P arsouille m, f; voyou m; *fripouille f; P frappe f; ~ndruck typ. m impression f typographique; ~nhebel m barre f à caractère; ~nschild ⊕ n plaque f signalétique.
ty'phös ⚕ adj. typhoïde.
'Typhus ⚕ m fièvre f typhoïde; (Fleck2) typhus m (exanthématique); 2artig adj. typhoïde; ~bazillus m, ~erreger m bacille m typhique (od. de la typhoïde); ~impfung f vaccination f antityphoïdique; 2krank adj. typhique; ~kranke(r a. m) m, f typhique m, f.
'typisch adj. typique; caractéristique (für de); ein ~er Fehler a. une faute caractérisée.
typi'sier|en v/t. standardiser; 2en n, 2ung f standardisation f.
Typo|'graph m typographe m; ~gra'phie f typographie f; 2'graphisch adj. typographique.
Ty'rann m tyran m (a. fig.).
Tyran'nei f tyrannie f (a. fig.).
Ty'rannen|herrschaft f tyrannie f; despotisme m; ~mord m tyrannicide m; ~mörder(in f) m tyrannicide m, f.
ty'rannisch I adj. tyrannique; II adv. tyranniquement; en tyran.
tyranni'sieren v/t. tyranniser.
tyr'rhenisch adj. tyrrhénien, -enne.

U

U, u *n* U, u *m*.

U-Bahn *f* métro *m*; **~-Fahrer** *(am Steuer)* *m* conducteur *m* de métro; **~-Schacht** *m* galerie *f* de métro; **~-Sperre** *(Paris)* *f*: *sich automatisch schließende* ~ portillon *m* automatique; **~-Streik** *m* grève *f* du métro; **~-Zug** *m* rame *f* du métro.

'übel I *adj.* mauvais; ~ *dran sein* être mal en point; *in e-e üble Geschichte geraten* se mettre dans un bourbier; *sich in e-r üblen Lage befinden* être en mauvaise posture; *üble Laune haben* être de mauvaise humeur; *üble Nachrede* médisance *f*; diffamation *f*; *j-n in üble Nachrede bringen* médire de q.; diffamer q.; *j-m e-n üblen Streich spielen* jouer un mauvais tour à q.; *mir ist (wird)* ~ j'ai mal au cœur; je me sens mal; je me trouve mal; *dabei kann e-m* ~ *werden* cela donne la nausée; cela soulève le cœur; *nicht* ~ *!* pas mal!; *das ist nicht* ~ *!* ce n'est pas mal!; **II** *adv.* mal; ~ *angebracht sein* être déplacé; ~ *angeschrieben sein* être mal noté *(bei* chez*)*; ~ *ankommen* *tomber sur un bec; ~ *aufnehmen* prendre mal; *es wird ihm* ~ *bekommen* cela ne lui réussira pas; *j-n* ~ *beraten* donner un mauvais conseil à q.; ~ *beraten sein* être mal conseillé; ~ *berüchtigt sein* être mal famé; ~ *gelaunt sein* être de mauvaise humeur; être maussade; *j-m* ~ *gesinnt sein* vouloir du mal à q.; *j-m* ~ *mitspielen* jouer un mauvais tour à q.; faire un mauvais parti à q.; ~ *riechen* sentir mauvais; ~ *zurichten* malmener; *wohl oder* ~ bon gré, mal gré; **III** *2* ~ *m* mal *m*; *notwendiges* ~ *mal m nécessaire; eingebildetes* ~ *mal m imaginaire; Wurzel des* ~*s* source *f* du mal; *das* ~ *mit der Wurzel ausrotten* couper le mal à sa racine; *von zwei* ~*n das kleinere wählen* choisir le moindre de deux maux; *vom* ~ *sein* être désavantageux, -euse *(od.* préjudiciable *od.* nuisible); **~angebracht** *adj.* déplacé; **2befinden** *n* indisposition *f*; **~beraten** *adj.* mal conseillé; **~berüchtigt** *adj.* mal famé; **~gelaunt** *adj.* de mauvaise humeur; maussade; grincheux, -euse; **~gesinnt** *adj.* mal intentionné; **2keit** *f* mal *m* au cœur; nausée *f*; 'haut-le-cœur' *m*; *erregen* donner la nausée; soulever le cœur; ~ *erregend* nauséabond; nauséeux, -euse; **~launig** *adj.* maussade; grincheux, -euse; **~nehmen** *v/t.*: *etw.* ~ prendre mal; se formaliser de qch.; *j-m etw.* ~ tenir rigueur à q. de qch.; *nehmen Sie es mir nicht übel!* ne le prenez pas mal; *nehmen Sie es nicht* ~, *wenn ich Ihnen sage* permettez-moi de vous dire; **~nehmerisch**

adj. susceptible; **~riechend** *adj.* fétide; qui sent mauvais; **2stand** *m* inconvénient *m*; **~ste(r) I** *adj.* le (*f*: la) pire; **II** *n*: *das* ~*ste le pis*; **2tat** *f* mauvaise action *f*; méfait *m*; *schwere*: forfait *m*; crime *m*; *(Delikt)* délit *m*; **2täter(in** *f)* *m* malfaiteur *m*, -trice *f*; **~wollen** *v/i.*: *j-m* ~ vouloir du mal à q.; **2wollen** *n* malveillance *f*; **~wollend** *adj.* malveillant; ~ *sein a.* avoir l'esprit mal tourné.

'üben I *v/t. u. v/i. (v/rf.: sich* ~)exercer; faire des exercices *(aus~)* pratiquer; ♪ répéter *(a. Lied); Gewalt*: user de; *Barmherzigkeit* ~ être miséricordieux, -euse *(an dat.* envers); *Geduld* ~ montrer de la patience; *Gerechtigkeit* ~ pratiquer la justice; *Nachsicht* ~ user d'indulgence *(gegen* pour *od.* envers); *Rache* ~ se venger *(an j-m* de q.); *Vergeltung* ~ user de représailles; *Verrat* ~ commettre une trahison; **II** *2 n* exercice *m*; *Sport*: entraînement *m*.

'über I *prp. (dat. resp. acc.)* **a)** *örtlich*: sur; au-dessus de; *(jenseits)* au-delà de; de l'autre côté de; *(durch)* par; *immer* ~ *den Büchern sitzen* pâlir *(od.* sécher) sur les livres; ~ *j-m stehen* être au-dessus *(od.* le supérieur) de q.; ~ *die Straße gehen* aller de l'autre côté de *(od.* traverser) la rue; ~ *Paris reisen* passer par *(od.* via) Paris; *télév.* ~ *Satellit* par satellite; ~ *die ganze Welt verstreut* disséminé de par le monde; **b)** *zeitlich*: pendant; dans; *den ganzen Tag* ~ (pendant) toute la journée; ~*s Jahr* dans un an; *heute* ~ *acht Tage* (d')aujourd'hui en 'huit; **c)** *Maß u. Zahl*: au-dessus de; au-delà de; plus de; plus que; *das geht mir* ~ *alles* je mets cela au-dessus de tout; *das geht* ~ *-me Kräfte* c'est au-dessus de mes forces; ~ *alles Erwarten* au--delà de toute attente; ~ *100 Mark* plus de cent marks; ~ *Gebühr* plus que de raison; ~ *40 (Jahre alt) sein* avoir passé la quarantaine; *es geht mir nichts* ~ ... rien n'égale à mes yeux ...; **d)** *Anhäufung*: sur; envers; *e-n andere coup sur coup; Fehler* ~ *Fehler* faute sur faute; **e)** *fig.* de; sur; au sujet de; *e-e Rechnung* ~ un compte de; *schreiben, sprechen, streiten, klagen, sich freuen usw.* ~ *s. die betr. vb.*; **f)** *bei Verwünschungen*: à; *Fluch* ~ *dich!* malheur à toi!; sois maudit!; **g)** *j-n (durch j-s Vermittlung)* par l'intermédiaire de q.; *heute a.*: à travers q.; **h)** ~ *(Angabe der Versandroute)* par voie de ...; via ...; **II** *adv.*: ~ *und* ~ entièrement; tout (à fait); ~ *kurz oder lang* tôt ou tard; *j-m* ~ *(legen) sein* être supérieur à q.; *(das) Gewehr* ~ *!* l'arme sur l'épaule-droite!

über'all *adv.* partout; en tous lieux; ~ *dabeisein* se multiplier; **~'her** *adv.* de partout; **~'hin** *adv.* dans toutes les directions.

über'alter|t *adj.* (*zu alt*) trop vieux, vieille; *(veraltet)* vieilli; *(altmodisch)* suranné; **2ung** *f* vieillissement *m*; gérontogénie *f*; *fig. der Lehrpläne usw.*: inadaptation *f*.

'Über-angebot *n* ✝ profusion *f*; *(Überschuß)* excédent *m*.

'überängstlich *adj.* super-scrupuleux, -euse.

über'anstreng|en 1. *v/t.* surmener; **2.** *v/rf.*: *sich* ~ se surmener; **2ung** *f* surmenage *m*.

über'antwort|en *v/t.* remettre; *(ausliefern)* livrer, *ausländische Verbrecher*: extrader; **2en** *n*, **2ung** *f* remise *f*; *v. ausländischen Verbrechern*: extradition *f*.

über'arbeit|en 1. *v/t.* remanier; retoucher; *journ.* repiquer; **2.** *v/rf.*: *sich* ~ *(überanstrengen)* se surmener; **2en** *n*, **2ung** *f* remaniement *m*; retouche *f*; *(Überanstrengung)* surmenage *m*.

'Über-ärmel *m* fausse manche *f*; garde-manche *m*.

'überaus *adv.* extrêmement; infiniment; *(übermäßig)* excessivement.

über'backen I *v/t.* gratiner; faire dorer au four; **II** *adj.* au gratin.

'Über|bau *m* superstructure *f*; **2be-anspruchen** *v/t.* ⊕ soumettre à des efforts excessifs; *(überbelasten)* surcharger; *(überanstrengen)* surmener; **2begabt** *adj.* surdoué; **2behalten** *v/t. Kleidungsstück*: garder; ne pas ôter; **~bein** *n am Fuße*: exostose *f*; *an Sehnen*: ganglion *m*, *vét.* suros *m*; **2belasten** *v/t.* surcharger; **~belastung** *f* surcharge *f*; **2belegt** *adj.* surpeuplé; **~belegung** *(v. Krankenhäusern)* *f* surpeuplement *m*; **2belichten** *phot. v/t.* surexposer; **~belichtung** *f* surexposition *f*; **~beschäftigung** *f* suremploi *m*; **~besetzt** *adj.*: *mit Personal* ~ trop équipé en personnel; **2betonen** *v/t.* mettre trop en relief; **~betonung** *f* mise *f* en relief exagérée; **2betrieblich** *adj.* inter-entreprises; **2beugen** *v/rf.*: *sich nach vorn* ~ pencher le corps en avant; **~bevölkerung** *f* surpeuplement *m*; **~bewaffnung** *f* surarmement *m*; **2bewerten** *v/t.* surestimer; surévaluer; **~bewertung** *f* surestimation *f*; survalorisation *f*.

über'bieten *v/t. u. v/rf. Auktion*: (r)enchérir *(j-n* sur q., *etw.* sur qch.); surenchérir *(j-n* sur q., *etw.* sur qch.); faire une surenchère; *Spiel*: *(den Einsatz erhöhen)* relancer; *fig.* dépasser; surpasser; surclasser; *sich* (*selbst*) *in etw.* (*dat.*) ~ se surpasser en qch.; *j-n in etw.* (*dat.*) *zu* ~ *suchen* faire assaut de qch. avec q.; ²**bieter** *m* surenchérisseur *m*; ²**bietung** *f* surenchère *f*; ¹**bleibsel** *n* reste *m*; (*Trümmer*) débris *m/pl.*; (*Rückstand*) résidu *m*; *Mahlzeit*: reliefs *m/pl.*; ~**blenden** *v/t. Film*: passer en fondu enchaîné; *Tonband*: surimpressionner; *a.* commuter; ²**blendung** *f phot.* obturation *f*; *Film*: fondu *m* enchaîné; *Tonband*: surimpression *f*; *a.* commutation *f*; ¹²**blick** *m* coup *m* d'œil (*über acc.* sur); vue *f* d'ensemble, panorama *m* (*de*); aperçu *m* (*über acc.* de); exposé *m* (de); résumé *m*; *e-n allgemeinen* ~ *über die Lage geben* faire un tour d'horizon de la situation; *e-n umfassenden* ~ *über e-e Frage geben* faire un exposé complet d'une question; ~**blicken** *v/t.* jeter un coup d'œil sur; embrasser d'un coup d'œil; ~**bringen** *v/t.* (ap)porter; (*zustellen*) remettre; transmettre; ²**bringer**(**in** *f*) *m* porteur *m*, -euse *f*; ²**bringerscheck** *m* chèque *m* au porteur; ²**bringung** *f* remise *f*; transmission *f*; ~**brückbar** *adj.* franchissable; ~**brücken** *v/t. Fluß*: jeter (*od.* lancer) un pont (sur); *fig. Schwierigkeit*: surmonter; franchir; *Zeitraum*: faire la soudure (entre deux choses); ²**brückung** *f* construction *f* d'un pont (sur); (*Viadukt*) viaduc *m*; ²**brückungshilfe** *f* aide *f* transitoire; ²**brückungskredit** *m* crédit *m* de transition; ¹²**buchen** ✍ *n* surbooking *m*; ~**bürden** *v/t.* surmener; surcharger; ²**bürdung** *f* surmenage *m*; surcharge *f*; ²**dach** *n* auvent *m*; *e-s Zeltes*: double-toit *m*; ~**dachen** *v/t.* couvrir d'un toit; abriter; ~**dacht** ⚖ *adj.* couvert; *Ausstellung*: sous 'hall; *nicht* ~ à l'air libre; ~**dauern** *v/t.*: *etw.* ~ survivre à qch.; ¹²**decke** *f* couverture *f*; ~**decken** *v/t.* (re)couvrir (*mit de*); ²**deckung** ⊕ *f* recouvrement *m*; ~**denken** *v/t.* réfléchir (à *od.* sur); méditer (sur); *pol., éc.* réimaginer; *etw. neu* ~ repenser qch.; ²**denken** *n* réflexion *f*; méditation *f*; *pol., éc.* redéfinition *f*; ~**dies** *adv.* en outre; de plus; au surplus; de (*od.* par) surcroît; d'ailleurs; ²**dosis** *f* dose *f* trop forte; *Drogensucht*: overdose *f*; ~**drehen 1.** *v/t. Gewinde usw.*: forcer; **2.** *v/rf.*: *sich* ~ *Schraube*: foirer; ~¹**dreht** F *fig.* (*fexig*) *adj.* F surexcité; ¹²**druck** *m* (*a. Briefmarken*) surcharge *f*; ⊕ suppression *f*; *typ.* surimpression *f*; ¹~**drucken** *v/t.* surcharger; surimprimer; ²**druckkabine** *f* cabine *f* étanche (*od.* pressurisée); ²**drucksauerstoffkammer** 🜨 *f* caisson *m* d'oxygénothérapie hyperbare; ²**druckventil** *n* soupape *f* de sûreté (*od.* de suppression); ¹²**druß** *m* dégoût *m*; ennui *m*; écœurement *m*; *bis zum* ~ à satiété; ¹~**drüssig** *adj.* dégoûté; écœuré; ¹~**durchschnittlich** *adj.* au-dessus de la moyenne; (*außergewöhnlich*) extraordinaire; ~**eck** *adv.* en travers; ¹²**eifer** *m* excès *m* de zèle; ~**eifrig** *adj.* trop zélé; ~**eignen** *v/t.* transmettre (la propriété); ²**eignung** *f* transmission *f* (de la propriété); transfert *m* (de la propriété); *acte m* translatif de propriété); ~¹**eilen 1.**

v/t.: *etw.* ~ précipiter qch.; **2.** *v/rf.*: *sich* ~ se presser trop; ~¹**eilt** *adj.* précipité; (*unbedacht*) inconsidéré, irréfléchi; ²**eilung** *f* précipitation *f*. ¹**über-ei**|**nander** *adv.* l'un sur (*od.* au-dessus de *od.* par-dessus) l'autre; ~**greifen** *v/i.* (*od. v/rf.* se) chevaucher; ²**greifen** *n* chevauchement *m*; ~**legen**, ~**setzen**, ~**stellen** *v/t.* mettre l'un sur l'autre; superposer; *zu e-m Haufen*: entasser; ~**schlagen** *v/t. Beine*: croiser. **über'ein|kommen** *v/i.* s'accorder (*über* sur); se mettre d'accord (sur); ~ *über* (*acc.*) convenir de (convenir *mit* avoir *u. litt.* être); ²**kommen** *n*, ²**kunft** *f* accord *m*; convention *f*; arrangement *m*; *laut* ~ par convention (passée) avec; *e-e* ~ *treffen* conclure un accord; ~**stimmen** *v/i.*: *mit j-m* ~ être d'accord avec q. (*in dat.* sur); *ich stimme mit Ihnen darin überein* là-dessus, je suis d'accord avec vous; *mit etw.* ~ s'accorder avec qch. (*a. gr.*); *alle stimmen darin überein* tout le monde est d'accord là-dessus; ~**stimmend I** *adj.* conforme; *bsd. pol.* convergent; *nach der* ~**en Meinung von...** de l'avis unanime de ...; **II** *adv.*: ~ *mit* conformément à; en conformité avec; en harmonie avec; *man sagt* ~ on s'accorde à dire; ~ *darauf hinweisen, daß* ... concorder pour indiquer que ...; ²**stimmung** *f* accord *m* (*a. gr.*); concordance *f* (*a. gr. der Zeiten*); conformité *f*; *bsd. pol.* consensus *m*; convergence *f*; similitude *f* (*od.* unité *f*) de vues (*über* sur); *in* ~ *mit* conforme (*adv.* conformément) à; de concert avec; en conformité avec; *in* ~ *bringen mit* faire accorder avec (*a. gr.*); conformer à; mettre d'accord avec. **über-empfindlich** *adj.* hypersensible; hypersensitif, -ive; *d'une sensibilité excessive*; (*allergisch*) allergique; ²**keit** *f* hypersensibilité *f*; hyperesthésie *f*; sensibilité *f* excessive; (*Allergie*) allergie *f*. ¹**Über-engagement** *pol. n* surengagement *m*. ¹**Über-entäußerung** *f*: *sprachliche* ~ hypercorrection *f*. **über-entwickelt** *adj.* surdéveloppé. ¹**über-erfüllen** *v/t.*: *die Normen* ~ dépasser les normes. ¹**Über-ernährung** *f* excès *m* d'alimentation; suralimentation *f*. ¹**über-erregbar** *adj.* surexcitable; hyperémotif, -ive; ²**keit** *f* surexcitation *f*; hyperémotivité *f*. **über**|¹**essen** *v/rf.*: *sich* ~ manger trop, se gaver (*mit* de); ¹~**essen** *v/rf.*: *sich e-e Speise* ~ se dégoûter d'un mets (pour en avoir trop mangé); ~¹**fahren** *v/t.*: *j-n* ~ écraser q.; faucher q.; *das Auto hat ihn* ~ *a.* l'auto lui est passée sur le corps (*od.* F dessus); ~ *werden* passer sous une voiture; être écrasé (*od.* fauché) par une voiture; *Fluß*: traverser; *Signal*: passer; brûler; *ein rotes Licht* ~ *a.* F griller (*od.* forcer) un feu rouge; ²**fahrt** ⚓ *f* traversée *f*; ¹²**fall** *m* attaque *f* (par) surprise; ⚔ embuscade *f*; *auf ein Land*: envahissement *m* (*auf acc.* de); (*Handstreich*) coup *m* de main; 'hold-up' *m*; attaque *f* à main armée; (*Einfall*) incursion *f*; invasion *f*; ~

¹**fallen** *v/t.* attaquer par surprise; (*herfallen*) fondre (sur); tomber (sur); assaillir; *Land*: envahir; *fig.* (*überkommen*) prendre; *der Schlaf überfällt mich* le sommeil me prend; ¹~**fallen** *v/i.*: *nach vorn* ~ piquer une tête; *nach hinten* ~ tomber à la renverse; ²**fallhemd** *n* surchemise *f*; ~**hose** *f* cuissard *m*; ~**fällig** ⚓ *u.* ✈ en retard; pas encore arrivé; ~ *sein* être porté disparu; ¹²**fallkommando** *n* police *f* secours; *das* ~ *rufen* appeler police secours; ¹~**fein** *adj.* (*hochfein*) superfin; surfin; (*zu fein*) trop raffiné; ²**fischen** *v.* (*v. Seefischen*) *n* pêche *f* maritime trop intensive; ~¹**fliegen** *v/t.* ✈ survoler; *Grenze*: franchir en avion; *fig.* parcourir; ²¹**fliegen** *n* ✈ survol *m*; ~**fließen** *v/i. Flüssigkeiten*, *Flüsse usw.*: déborder; *fig. vor Freude* ~ ne pouvoir contenir sa joie; ¹²**fließen** *n* débordement *m*; ~**flügeln** *v/t.* ⚔ déborder; *fig.* surpasser; dépasser; devancer; surclasser; ²**flügelung** *f* ⚔ débordement *m*; dépassement *m* débordant; ¹²**flurhydrant** *m* bouche *f* d'incendie; ¹²**fluß** *m* abondance *f* (*an dat.* de); surabondance *f* (de); pléthore *f* (de); (*Fülle*) profusion *f*; *an etw.* (*dat.*) ~ *haben*; *etw. im* ~ *haben* abonder en qch.; foisonner en; *im* ~ en abondance; à profusion; *im* ~ *vorhanden sein* (sur)abonder; foisonner; *im* ~ *leben* vivre dans l'abondance; *im* ~ *schwelgen* (*schwimmen*) nager dans l'abondance; *zu allem* ~ pour comble; ¹~**flüssig** *adj.* superflu; qui est de trop; oiseux, -euse; inutile; superfétatoire; ¹²**flüssige** *n* superflu *m*; ¹~**flüssigerweise** *adv.* inutilement; ¹²**flüssigkeit** *f* chose *f* superflue; ~¹**fluten** *v/t.* inonder; ²**flutung** *f* inondation *f*; ~**fordern** *v/t.*: *j-n* ~ (*zuviel bezahlen lassen*) demander trop à q., F écorcher q., (*überanstrengen*) surmener q.; *a. écol.* malmener q.; ¹~**fordert** *adj. a.* débordé; submergé de travail; ²**forderung** *f* (*Überanstrengung*) surmenage *m*; ¹²**fracht** *f* surcharge *f*; *v. Gepäck*: excédent *m* de bagage; ~**fragen** *v/t.*: *da bin ich überfragt* vous m'en demandez trop; ²**fremdung** *f* surpopulation *f* étrangère; envahissement *m* par les étrangers; *éc.* aliénation *f* économique; *éc.* Befreiung *f* von der ~ désaliénation *f* économique; ~**fressen** *v/rf.*: *sich* ~ se gaver (*mit* de); ²**frieren** *n* regel(s *pl.*) *m*; ~¹**führen** *v/t.* transporter; transférer; ⚖ convaincre (*e-r Sache gén.* de qch.); ²**führung** *f* transport *m*; transfert *m*; translation *f*; ⚖ conviction *f*; preuve *f* convaincante; *ins Krankenhaus*: admission *f*; *für Fußgänger*: passerelle *f*; passage *m* supérieur; *a. für Autos*: pont-route *m*; 🚗 viaduc *m*; ²**führungsgleis** *n* voie *f* de dégagement; ¹²**fülle** *f* surabondance *f*; profusion *f*; exubérance *f*; luxuriance *f*; ~¹**füllen** *v/t.* remplir trop; surcharger; encombrer; *Saal*: combler; ~**füllt** *adj.* comble; archicomble; bondé; *écol.* (*Klasse*) *a.* pléthorique; surchargé; F bourré; *Beruf*: encombré; ²**füllung** *f* surcharge *f*; *a. univ.* encombrement *m* (*a. Verkehr*; *e-s Berufes*); *Beruf a.* embouteillage *m*; *v. Krankenhäusern*:

surpeuplement *m*; ~'**füttern** *v/t.*: j-n ~ gaver q. (*mit de*); donner à q. trop à manger; suralimenter q.; ℒ'**füttern** *n*, ℒ'**fütterung** *f* excès *m* d'alimentation; suralimentation *f*; '**gabe** *f* remise *f*; *a. Staffellauf*: transmission *f*; ⚖ délivrance *f*; tradition *f*; ⚔ reddition *f*; capitulation *f*; *bedingungslose* ~ *reddition f sans conditions* (*od.* inconditionnelle); *zur* ~ *auffordern* sommer de se rendre; '℔**gang** *m* passage *m*; ~ *über die Alpen* passage *m* des Alpes; *fig.* transition *f*; '℔**gangsbestimmung** *f* disposition *f* transitoire; '℔**gangshilfe** *f* aide *f* transitoire; '℔**gangsklasse** *écol. f* classe *f* de transition; classe *f* passerelle; ℒ**gangskleid** *n* robe *f* (de) demi--saison; '℔**gangskleidung** *f* vêtements *m/pl.* (de) demi-saison; '℔**gangskostüm** *n* tailleur *m* de demi--saison; '℔**gangslösung** *f* solution *f* transitoire (*od.* provisoire); '℔**gangsmantel** *m* manteau *m* de demi--saison; '℔**gangsmöglichkeit** *écol. f* passerelle *f*; '℔**gangsperiode** *f* période *f* transitoire (*od.* de transition); '℔**gangsstadium** *n* état *m* transitoire (*od.* de transition); '℔**gangsstelle** *f* passage *m*; '℔**gangs-überzieher** *m* pardessus *m* de demi-saison; '℔**gangszeit** *f* période *f* transitoire (*od.* intérimaire *od.* de transition); mi--saison *f*; ~**geben 1.** *v/t.* remettre; transmettre; *in die Gewalt e-s andern*: livrer; *dem Verkehr* ~ livrer (*od.* ouvrir) à la circulation. **2.** *v/rf.*: *sich* ~ ⚔ se rendre, capituler, (*erbrechen*) vomir; ℒ**geben** *n* → *Übergabe*; (*Erbrechen*) vomissement *m*; '℔**gebot** *n* surenchère *f*; '~**gehen** *v/i.* passer de l'autre côté, (*sich übertragen*) se transmettre (*auf acc.* à); (*sich verwandeln*) se changer (*in acc.* en); (*Wählerstimmen*) se reporter (*auf sur*); *in j-s Besitz* ~ passer à q.; *in Fäulnis* ~ pourrir; se putréfier; *in andere Hände* ~ changer de mains; *ins andere Lager* ~ changer de parti; virer de bord; ~ *zu passer à*; *zum Angriff* ~ passer à l'attaque; *wieder zum Angriff* ~ repartir à l'attaque; *zum Feinde* ~ passer à l'ennemi; *die Augen gingen ihm über* les larmes lui vinrent aux yeux; ses yeux se remplirent de larmes; ℒ**gehen** *n*: ~ *zum Feinde* désertion *f*; ~**gehen** *v/t.* (*hinweggehen*) passer (sur); (*auslassen*) omettre; (*vergessen*) oublier; (*beiseite lassen*) laisser de côté; (*vernachlässigen*) négliger; *mit Stillschweigen* ~ passer sous silence; *j-n* (*ausschalten*) court-circuiter q.; (*nicht befördern*) faire (subir) un passe-droit à q.; ℒ'**gehung** *f* omission *f*; oubli *m*; *bei Beförderung*: passe-droit *m*; *vorsätzliche* ~ réticence *f*; ~**genug** *adv.* plus qu'il n'en (*od.* ne) faut; à l'excès; (*de*) trop, plus suffisant; '~**ge-ordnet** *adj.* supérieur; '~**geschnappt** F *adj.* timbré, toqué; F ravagé; F cinglé; maboul; dingue; '~**geschwindigkeit** *f* survitesse *f*; '℔**gewicht** *N* surpoids *m*; excédent *m* de poids; *fig.* supériorité *f* (*über acc.* sur); prépondérance *f*; suprématie *f*; *das* ~ *bekom-*

men fig. l'emporter, faire pencher la balance; *fig.*: *das* ~ *haben* avoir le dessus; '~**gießen** *v/t.* verser (sur); ~'**gießen** *v/t.* arroser, asperger (*mit de*); *cuis.* napper (*de*); 🎵 transfuser; ℒ'**gießen** *n* arrosage *m*; 🎵 transfusion *f*; ~'**glasen** *v/t.* couvrir de vitres; '~**glücklich** *adj.* extrêmement heureux, -euse; '~**greifen** *v/i.* (*sich überlappen*) (se) chevaucher; *Feuer usw.*: ~ *auf* (*acc.*) envahir (*acc.*), se communiquer à; se propager à; *auf fremde Rechte*: empiéter sur; ♪ démancher; '℔**greifen** *n* envahissement *m* (*auf acc.* de); *auf fremde Rechte*: empiétement *m* (*auf acc.* sur); '~**groß** *adj.* trop grand; (*gewaltig*) énorme; 'ℒ**guß** *m* enduit *m*; couche *f*; '~**haben** *v/t. Kleidungsstück*: être vêtu de; porter; (*übrig haben*) avoir de reste; F *etw.* ~ (*satt haben*) en avoir assez de qch.; être las, lasse de qch.; être rassasié de qch.; ~'**handnehmen** *v/i.* s'accroître outre mesure; ℒ'**handnehmen** *n* accroissement *m* excessif; '℔**hang** *m* △ (*Vorsprung*) avance *f*; saillie *f*; *géol.* ~ *e-r Verwerfung* rejet *m* d'une faille; (*Vorhang*) rideau *m*; *fig.* (*z. B. an Lehrern*) surplus *m*; nombre *m* trop grand; '~**hängen 1.** *v/i. Felsen*: surplomber; △ *a.* saillir; avancer; **2.** *v/t. aufhängen*: suspendre; *Mantel usw.*: jeter sur l'épaule; se couvrir (*mit de*); '~**hängend** *adj.* en surplomb; (*Berg*) surplombant; ~'**hasten** *v/t.* précipiter; ~'**hastet** *adj.* précipité; ~'**häufen** *v/t.* combler (*mit de*); (*überladen*) surcharger (*mit de*); (*gleichsam erdrücken*) accabler (*mit de*); *mit Arbeit überhäuft* accablé de travail; '~**haupt** *adv.* d'une façon générale; généralement; en général; (*im ganzen*) somme toute; en somme; (*schließlich*) après tout; enfin; ~ *nicht* (*bei vb.* ne) pas du tout; (*bei vb.* ne) nullement; *gibt es* ~ *e-e Möglichkeit?* y a-t-il une possibilité quelconque?; *wenn* ~! et encore!; '~**heben 1.** *v/t.*: *j-n e-r Sache* (*gén.*) ~ *dispenser* (*od.* exempter) q. de qch. à *q.*; (*j-m etw. ersparen*) épargner qch. à *q.*; **2.** *v/rf.*: *sich* ~ se faire du mal en soulevant qch.; faire un effort trop grand pour soulever qch.; ~'**heblich** *adj.* présomptueux, -euse; arrogant; outrecuidant; cavalier, -ère; ℒ'**heblichkeit** *f* présomption *f*; arrogance *f*; outrecuidance *f*; ~'**heizen**, '~**hitzen** *v/t.* surchauffer; ℒ'**heizen** *n*, ℒ'**heizung** *f* surchauffe *f*; ℒ'**hitzung** *fig. f.* ~ *der Wirtschaft* l'emballement de l'économie; la surchauffe (économique); ~'**höhen** *v/t.* △ surélever (*a. Preise*); surhausser (*a. Preise*); ~'**höht** *adj.* △ surélevé (*a. Preise*); surhaussé (*a. Preise*); *nur Preise*: excessif, -ive; surfait; *Verkauf zu* ~*en Preisen* survente *f*; ~*e Geschwindigkeit* excès *m* de vitesse; ℒ'**höhung** △ *f* surélévation *f*; surélèvement *m*; surhaussement *m*; *der Preise, Tarife usw.*: surélévation *f*; '~**holen** *v/t.*: *hol über!* hé! passeur!; ⚓ *die Segel* ~ changer les voiles, '~**holen** *v/t.* (*vorbeifahren*) doubler; dépasser; *Sport*: distancer; *am Zielband* ~ coiffer sur le fil; *nicht* ~! défense de doubler!; ⊕ réviser; examiner; *fig.* (*übertreffen*) dépasser;

surpasser; devancer; surclasser; ℒ~'**holen** *n* ⊕ révision *f*; examen *m*; *im Verkehr*: dépassement *m*; ℒ'**holmanöver** *n* manœuvre *f* de dépassement; ~'**holt** *adj.* (*veraltet*) dépassé; démodé; F sclérosé; ℒ'**holung** ⊕ *f* révision *f* complète; remise *f* à neuf; *e-s Autos a.* check-up *m*; examen *m*; *e-r Kartei*: remise *f* à jour; ℒ'**holungslücke** (*Autobahn*) *f* créneau *m* de dépassement; ~'**hören** *v/t.* ne pas entendre; (*absichtlich*): faire semblant de ne pas entendre; *e-e Bitte* ~ faire la sourde oreille à une demande; 'ℒ**hori**'**zontradargerät** ⊕ *n* radar *m* à réflexion d'outre-horizon; '~**industrialisiert** *adj.* surindustrialisé; '~**irdisch** *adj.* (*himmlisch*) céleste; (*übernatürlich*) surnaturel, -elle; ~'**kandidelt** F *adj.* toqué; excentrique; bizarre; extravagant; 'ℒ**kapitalisierung** *f* surcapitalisation *f*; ℒ'**kappung** ⚡ *f*: ~ *der Pulpa* coiffage *m* pulpaire; '~**kippen** *v/t. u. v/i.* basculer; '~**kleben** *v/t.* coller dessus; ~'**kleben** *v/t.* coller (sur); ℒ'**kleber** *pol.* (*v. Plakaten*) cache *m*; ℒ'**kleid** *n* vêtement *m* de dessus; ~'**kleiden** *v/t.* revêtir (*mit de*); ℒ'**kleidung** *f* vêtements *m/pl.* de dessus; '~**klug** *adj.* trop avisé; '~**kochen** *v/i.* déborder; *Milch*: *a.* se sauver; *fig.* sortir de ses gonds; ~'**kommen** *v/t.* prendre; *in Fieber überkommt ihn* une fièvre le prend; '~**kompensieren** *v/t.* surcompenser; ~'**kronen** (*Zahn*) *v/t.* couronner; '~**laden** *v/t.* transborder; ℒ'**laden** *n* transbordement *m*; ~'**laden I** *v/t./v/rf.*: *sich* ~ surcharger (*mit de*); **II** *adj.* surchargé; ℒ'**ladung** *f* surcharge *f*; ~ *mit Speisen* réplétion *f*; '~**lagern** *v/t.* superposer; ℒ'**lagerung** *f* superposition *f*; ℒ'**lagerungsempfang** *rad. m* réception *f* par hétérodyne; ℒ'**lagerungsempfänger** *m Radio*: superhétérodyne *m*; ℒ'**landbus** *m* autocar *m*; F car *m*; ℒ'**landflug** ✈ *m* vol *m* à travers un pays; ℒ'**landleitung** ⚡ *f* ligne *f* à grand transport d'énergie; ℒ'**landpost** ✉ *f* courrier *m* rural; ℒ'**landverkehr** *m* trafic *m* interurbain; ℒ'**landzentrale** ⚡ *f* centrale *f* régionale; ℒ'**länge** *f* excédent *m* de longueur; '~**lappen** *v/rf.*: *sich* ~ (se) chevaucher; ℒ'**lappung** *f* chevauchement *m*; imbrication *f*; enchevêtrement *m*; '~**lassen 1.** *v/t.* laisser (*abtreten*) céder; (*preisgeben*) abandonner; (*ausliefern*) livrer; (*übertragen*) transmettre; *es j-m* ~, *zu* ... (*inf.*) s'en remettre à q. pour ... (*inf.*); *j-n s-m Schicksal* ~ abandonner q. à son sort; **2.** *v/rf.*: *sich e-r Sache* (*dat.*) ~ se livrer à qch.; ℒ'**lassung** *f* cession *f*; abandon *m*; (*Übertragung*) transmission *f*; ~ *zur Nutznießung* cession *f* en usufruit; 'ℒ**last** *f* surcharge *f*; '~**lasten** *v/t.* (*v/rf.*: *sich se*) surcharger (*mit de*); *e-e Maschine*: emballer; *fig. a.* accabler (*mit de*); ~'**lastet** *adj.* débordé, surchargé, surmené (*mit Arbeit de* travail); ℒ'**lastung** *f* surcharge *f*; (*Kabelnetz*, *Straße*) saturation *f*; *e-r Maschine*: emballement *m*; '~**laufen** *v/i. Flüssigkeit*: déborder; *Kochendes*: *a.* se sauver; *zum Feinde* ~ passer à l'ennemi; déserter; ℒ'**laufen** *n* débordement *m*; ⚔ désertion *f*; ~'**lau-**

fen I v/t.: *es überläuft mich kalt* cela me donne un frisson; *von Bettlern ~ werden* être importuné par des mendiants; II *adj. Laufbahn:* encombré; ²'**läufer** m transfuge m; déserteur m; ²'**laufrohr** n tuyau m de trop-plein; ²'**laufventil** n soupape f de trop--plein; '~**laut** *adj.* trop bruyant; ~**leben 1.** v/t.: j-n (etw.) ~ survivre à q. (à qch.); **2.** v/rf.: *das hat sich überlebt* cela a fait son temps; ²'**lebende**(r *a. m*) *m, f* survivant m, -e f; ²'**lebens-ausrüstung** (*Mondfahrt*) f équipement m portatif (*od.* appareillage m individuel) de survie; ²'**lebens-chancen** f/pl. chances f/pl. de survie; '~**lebensgroß** *adj.* plus grand que nature; '~**legen** v/t. *Kind:* donner une fessée à; ~'**legen** I v/t. réfléchir (à *od.* sur); (*erwägen*) considérer; (*abwägen*) peser; (*mit sich zu Rate gehen*) délibérer; *es sich genau* (*od. zweimal*) *~ y regarder à deux fois; das wäre zu ~* cela mérite réflexion; *sich etw. reiflich ~* réfléchir mûrement sur qch.; peser qch.; *~ Sie sich das gut! réfléchissez mûrement!; vorher ~* préméditer; *mit j-m etw. ~* délibérer qch. avec q.; II *adj.* supérieur (*j-m à q.; an, in dat.* en); devancer (*j-m* q.); *zahlenmäßig ~* numériquement supérieur; *mit ~er Ruhe* avec un calme souverain; ~ wirken avoir un air de supériorité; ²'**legenheit** f supériorité f (*über acc.* sur; *an, in dat.* en); *zahlenmäßige ~* supériorité f numérique; ²'**legung** f réflexion f; considération f; délibération f; (*Vorbedacht*) préméditation f; *bei ruhiger ~* à tout prendre; *mit ~ handeln* agir après réflexion; *nach reiflicher ~* toute réflexion faite; *après avoir mûrement réfléchi; ohne ~* sans réfléchir; étourdie; '~**leiten 1.** v/t. ⚔ *Blut:* transfuser; **2.** v/i. *fig.* former la transition (*zu etw.* à qch.); enchaîner sur (*od.* F avec) qch.; entamer (qch.); ²'**leitfähigkeit** *phys.* f supraconductibilité f; supraconduction f; supraconductivité f; ²'**leitung** f ⚔ v. *Blut:* transfusion f; *fig.* transition f (*zu etw.* à qch.); enchaînement m (sur [*od.* F avec] qch.); ~'**lesen** v/t. parcourir; (*übersehen*) sauter; passer; ~'**liefern** v/t. transmettre; (*ausliefern*) livrer; ~'**liefert** *adj.* transmis; traditionnel, -elle; ²'**lieferung** f transmission f; (*Tradition*) tradition f; '~**liegen** ⚓ v/i. donner de la bande; ~'**listen** v/t. duper; tromper; attraper; surprendre; *zu ~ suchen* jouer au plus fin; ²'**listung** f duperie f; ²'**macht** f supériorité f numérique; *der ~ weichen* céder au nombre; '~**mächtig** *adj.* qui dispose de forces supérieures; trop puissant; ~'**malen** v/t. (*neu streichen*) repeindre; *mit e-m andern Anstrich od. Gemälde:* recouvrir d'une autre peinture; (*nachbessern*) retoucher; ²'**malung** f repeint m; (*Retusche*) retouche f; ~**man'gansauer** 🜛 *adj.*: *~es Kali* permanganate m de potassium; ²**man'gansäure** 🜛 f acide m permanganique; ~**mannen** *fig.* v/t.: *der Schlaf übermannt mich* le sommeil me prend; ²'**maß** n excès m (*an dat.* de); démesure f; *das Übermaß an Elend* le ras-le-bol de la misère; *im ~* à l'excès; excessivement; '~**mäßig** I *adj.* excessif, -ive; démesuré; exorbitant; exagéré; immodéré; ~**e** *Absonderung* ✱ hypersécrétion f; ~**es** *Wachstum* hypertrophie f; ~**es** *Wachstum bewirken* hypertrophier; ~**e** *Ausrüstung* suréquipement m; ~**e** *Besteuerung* surimposition f; II *adv.* à l'excès; excessivement; démesurément; ²'**mensch** m surhomme m; '~**menschlich** *adj.* surhumain; ~'**mitteln** v/t. transmettre; ²'**mitt(e)lung** f transmission f; ²'**mittlungsgebühr** ☏ f taxe f de transmission; '~**mittig** ⊕ *adj.* excentrique; '~**morgen** *adv.* après-demain; ~'**müdet** *adj.* accablé de fatigue; ²'**müdung** f excès m de fatigue; ²'**mut** m impétuosité f; exubérance f; pétulance f; *etw. aus ~ tun* faire qch. par caprice; '~**mütig** *adj.* impétueux; pétulant; exubérant; '~**nächst** *adj.*: *der ~e Tag, am ~en Tag* le surlendemain; *der ~e Krieg plais.* la prochaine prochaine guerre; *~es Jahr advt.* dans deux ans; *~e Serie* ⊕ (*im Kontext*) la série suivante; ~'**nachten** passer la nuit; ~'**nächtigt** *adj.*: *~ aussehen* avoir la mine défaite; ²'**nachtung** f nuit f (passée à resp. dans resp. chez); ²'**nachtungsgeld** n prix m d'hébergement; *im Hotel:* frais m/pl. d'hôtel; ²'**nahme** f: *~ e-s Amtes* entrée f en fonction; *e-r Arbeit:* entreprise f; *e-r Erbschaft:* acceptation f; *e-s Besitzes:* prise f; '~**national** *adj.* supranational; néol. transnational; ~'**natürlich** *adj.* surnaturel, -elle; (*wunderbar*) miraculeux, -euse; '~**nehmen** v/t. *Mantel usw.:* jeter sur ses épaules; ~'**nehmen 1.** v/t. prendre; (*in Empfang nehmen*) recevoir; *Erbschaft:* accepter; (*auf sich nehmen*) prendre sur soi; se charger de; (*in Besitz nehmen*) prendre possession de; *Arbeit, Bauten:* entreprendre; *Verantwortung:* assumer; endosser; *Interessen:* assumer; *Meinung:* adopter; *Sendung:* relayer; *ein Amt ~* (*es antreten*) entrer en fonction; *e-e Bürgschaft ~* s'engager par caution; *ein Geschäft ~* reprendre un magasin; *ein Land ~* prendre un pays en main; *den Vorsitz ~* prendre la présidence; **2.** v/rf.: *sich ~* se surcharger (*mit etw. dat.* de qch.), (*sich zuviel zumuten*) se surmener; présumer trop de ses forces; '~**ordnen** v/t. mettre au-dessus (de); '~**organisieren** *abs. u.* v/t. organiser à l'excès; ~'**parteilich** *adj.* au-dessus des partis; ²'**pflanze** 🌱 f plante f superposée; ~'**pinseln** v/t. peindre; ~'**plätten** v/t. donner un coup de fer à; ²'**preis** m prix m excessif; ²'**produktion** f surproduction f; surcapacité(s *pl.*) f; ~'**prüfen** v/t. réviser; revoir; examiner; contrôler; (*nach~*) vérifier; *e-e Lage ~ a.* faire le point d'une situation; ²'**prüfung** f révision f; visite f; examen m; contrôle m; vérification f; ~'**quellen** v/i. déborder (*von* de); regorger (*von* de); ~'**queren** v/t. traverser; ²'**querung** f traversée f; ~'**ragen** v/t. surmonter; dépasser; (*beherrschen*) dominer; *fig.* surpasser; '~**ragend** *adj.* éminent; supérieur; remarquable; de premier plan; ~'**raschen** v/t. surprendre; prendre à l'improviste; F époustoufler; *ich bin angenehm überrascht* ça a été pour moi une agréable surprise; ~'**raschend** I *adj.* surprenant; II *adv.* à l'improviste; ²'**raschung** f surprise f; *péj. éc., soc., pol.* unangenehme ~ accident m de parcours; F coup m d'assommoir; ²'**raschungsangriff** m attaque f (par) surprise; ²'**raschungsmoment** n facteur m surprise; effet m de surprise; ²'**raschungs-tor** *Fußball* n but m surprise; ~'**rechnen** v/t. supputer; calculer approximativement; ~'**reden** v/t.: *j-n ~, zu ... (inf.)* persuader q. de ... (*inf.*); ²'**redung** f persuasion f; ²'**redungsgabe** f, ²'**redungskraft** f don m de persuasion; ~'**regional** *adj.* à l'échelon national; interrégional; supraregional; '~**reich** *adj.* extrêmement riche; ~'**reichen** v/t. présenter; remettre; *vom Verfasser überreicht* hommage de l'auteur; '~**reichlich** I *adj.* surabondant; II *adv.* surabondamment; à profusion; ²'**reichung** f présentation f; remise f; '~**reif** *adj.* trop mûr; ~'**reizen** v/t. surexciter; ~'**reizt** *adj.* hyperémotif, -ive; ²'**reiztheit** f, ²'**reizung** f surexcitation f; *psych.* hyperémotivité f; ~'**rennen** v/t. renverser; *Feind:* bousculer; dépasser; *Stellung:* submerger; *Menschenmenge über e-e Fußballwiese:* envahir; ²'**rest** m reste(s *pl.*) m; ~ *pl.* (*Trümmer*) débris m/pl.; *sterbliche ~e* dépouille f mortelle; restes m/pl.; ~'**rollen** v/t. *Panzer:* envahir; prendre à l'improviste (*Sport:* à contre-pied); déborder; *Feind:* bousculer; culbuter; *Festung:* enlever (d'un coup de main); ²'**rumpelung** f surprise f; (*Handstreich*) coup m de main; ⚔ débordement m; ~'**runden** v/t. *Sport:* doubler; *j-n ~ a.* gagner (*od.* prendre) q. de vitesse; ~'**sät** *adj.* parsemé (*mit* de); *fig. mit Fehlern ~* émaillé de fautes; ~'**sättigen** v/t. (*v/rf.:* sich *se*) rassasier à l'excès; 🝆 sursaturer; *fig. übersättigt sein von* être dégoûté de; ✍ *die übersättigten Böden* les sols gorgés; ²'**sättigung** f satiété f excessive; *fig. a.* dégoût m; 🝆 sursaturation f; ²'**schallflugzeug** n (avion m) supersonique m; ²'**schallgeschwindigkeit** f vitesse f supersonique; ~'**schatten** v/t. ombrager; *fig.* assombrir; (*j-s Ehre*) entacher; ~'**schätzen 1.** v/t. surestimer; surévaluer; *j-n ~* avoir trop bonne opinion de q.; *s-e Kräfte ~* trop présumer de ses forces. **2.** v/rf.: *sich ~* avoir trop bonne opinion de soi; ²'**schätzung** f surestimation f; ~ *s-r selbst* présomption f; ~'**schauen** v/t. jeter un coup d'œil d'ensemble (sur); (*beherrschen*) dominer; '~**schäumen** v/i. déborder (*a. fig.*; *vor* de); ~'**schäumend** *adj.* débordant; volcanique; ²'**schicht** f travail m supplémentaire; *~en machen* faire des heures supplémentaires; ²'**schichtung** *géol.* f étagement m; ²'**schiebung** *géol.* f charriage m; ~'**schlafen** v/t.: *etw. ~* laisser passer la nuit sur qch.; *es ~* F consulter son oreiller; ²'**schlag** m estimation f approximative; supputation f; (*Kosten*²) devis m; *gym.* culbute f; ✈ looping m; *Schneiderei:* rabat m; '~

überschlagen — übertragen

schlagen 1. v/i. Funken: jaillir; in etw. (acc.) ~ (verwandeln) se changer en qch.; das schlägt in mein Fach über cela touche à ma spécialité; 2. v/t. Mantel usw.: jeter sur ses épaules; Beine: croiser; ~'schlagen 1. v/t. (berechnen) supputer; évaluer approximativement; calculer en chiffres ronds; 2. v/rf.: sich ~ culbuter, faire la culbute, Auto: se renverser; a. capoter (a. ✈), faire un tonneau; faire panache; stimmlich: forcer sa voix; faire un couac; Ereignisse: se précipiter; ℒ'schlagen (Auto) n capotage m; '~schläglich adj. approximatif, -ive; ⊕ estimé; évalué; '~schnappen v/i. ⊕ Feder: sauter; mit der Stimme ~ faire un couac; fig. F übergeschnappt sein être timbré (od. toqué, P cinglé od. maboul od. dingo); ~'schneiden v/rf.: sich ~ se croiser, zeitlich: coïncider; (übereinandergreifen) (se) chevaucher; ~'schneidung f intersection f; zeitliche: coïncidence f (mit avec); von Interessen usw.: chevauchement m; enchevêtrement m; ~'schreiben v/t. ✝ (übertragen) reporter; Grundstück, Geld: transférer; (betiteln) intituler; titrer; ℒ-'schreibung f ✝ report m; transfert m; ~'schreien 1. v/t. crier plus fort que ...; couvrir la voix de; 2. v/rf.: sich ~ forcer sa voix; ~'schreitbar adj. franchissable; ~'schreiten v/t. franchir; Straße: traverser; Rechte, Anzahl: excéder; Gesetz, Regel: transgresser; enfreindre; violer; Machtbefugnisse: outrepasser; Maß: passer; Frist, Kredit, Termin, zulässige Geschwindigkeit: dépasser; ~'schreitung f des Gesetzes: transgression f; violation f; der Frist, des Kredits, Termins, der zulässigen Geschwindigkeit: dépassement m; ~ der Amtsgewalt excès m de pouvoir; '~schrift f titre m; journ. a. en-tête m; 'ℒschuhe m/pl. couvre-chaussures m/pl. de caoutchouc; ~'schuldet adj. criblé de dettes; ℒ'schuldung f endettement m; 'ℒschuß m excédent m; surplus m; 'ℒschußgebiet n région f excédentaire; '~schüssig adj. excédentaire; qui est en excédent; ~'schütten v/t. couvrir (mit de); fig. combler (mit de), gorger (de), bei üblen Dingen: accabler (de); ⚔ mit Raketen ~ arroser de roquettes; 'ℒ-schwang m der Freude usw.: débordement m; ~'schwemmen v/t. inonder (a. fig.); pfort submerger; ℒ'schwemmung f inondation f; völlige: submersion f; ℒ'schwemmungswelle f vague f de 'hautes eaux'; '~schwenglich adj. (übermäßig) excessif, -ive; (überspannt) exalté; (übertrieben) exagéré; 'ℒ-schwenglichkeit f exaltation f; exagération f; '~see f: in ~ outre-mer; nach ~ gehen aller s'établir outre-mer; ~... d'outre-mer; transatlantique; 'ℒseebank f banque f d'outre-mer; 'ℒseedampfer m transatlantique m; 'ℒseehandel m commerce m d'outre-mer; '~see-isch adj. d'outre-mer; transatlantique; 'ℒseekabel n câble m sous-marin; 'ℒseekoffer m malle-cabine f; cantine f; 'ℒseeländer n/pl. pays m/pl. d'outre-mer; 'ℒseeverkehr m trafic m d'ou-

tre-mer; 'ℒseeverpackung f emballage m maritime; ~'sehbar adj. qu'on peut embrasser d'un coup d'œil; fig. calculable; ~'sehen v/t. embrasser d'un coup d'œil; (nicht sehen) ne pas voir; (nicht bemerken) ne pas remarquer; (auslassen) omettre; (überlesen) sauter; passer; (die Tragweite erfassen) saisir la portée (de); er hat es ~ cela lui a échappé; j-s Fehler (absichtlich) ~ fermer les yeux sur les fautes de q.; '~selig adj. au comble de la joie; '~senden v/t. envoyer; expédier; faire parvenir; ℒ'sender(in f) m envoyeur m, -euse f; expéditeur m, -trice f; ~'sendung f envoi m; expédition f; ~'setzbar adj. traduisible; ℒ'setzbarkeit f in e-e andere Sprache: possibilité f de traduire qch.; ich zweifle an der ~ dieses Fachausdrucks je doute que ce terme technique puisse se traduire; '~setzen 1. v/i. sauter par-dessus; über ein Wasser: passer (en bateau, etc.); 2. v/t.: j-n auf das andere Ufer ~ conduire q. sur l'autre rive; ℒ'setzen n passage m; ~'setzen v/t. traduire (ins Französische en français); ℒ'setzer(in f) m traducteur m, -trice f; ℒ'setzung f traduction f; écol. in die Muttersprache: version f; aus der Muttersprache: thème m; ⊕ transmission f; engrenage m; am Fahrrad: multiplication f; für die Richtigkeit der ~ pour traduction conforme; ℒ'setzungsbüro n bureau m de traduction; ℒ'setzungsfehler m faute f de traduction; ℒ'setzungs-übung f exercice m de traduction; ℒ'setzungsverhältnis ⊕ n rapport m de transmission.

'Übersicht f coup m d'œil (über acc. sur); vue f d'ensemble (de); (Darstellung) aperçu m (über acc. de); exposé m (de); (Abriß) abrégé m; précis m; (Zusammenfassung) résumé m, des Inhalts: sommaire m; ℒlich adj. clair; bien disposé; ⊕ panoptique; ~ nebeneinandergestellt synoptique; ~lichkeit f clarté f; ⚠ ~s-plan m plan m d'ensemble; ⚠ ~ plan m de masse; ~s-tabelle f, ~s-tafel f tableau m synoptique.

'über|siedeln v/i. aller s'établir (nach en resp. à); nur noch e-m anderen Land: émigrer (en bzw. à); ℒsiedelung f (Auswanderung) émigration f; sonst verbal; ~'sinnlich adj. transcendant; (übernatürlich) surnaturel, -elle.

über|'spannen v/t. recouvrir (mit de); (zu stark spannen) tendre trop; (übertreiben) exagérer; outrer; Nerven: surexciter; den Bogen ~ exagérer; aller trop loin; passer les limites, les bornes, la mesure; ~'spannt adj. trop tendu; fig. exalté; extravagant; excentrique; romanesque; ℒ-'spanntheit f exaltation f; extravagance f; excentricité f; ℒ'spannung ⚡ f surtension f; survoltage m; ~'spielen v/t. Fußball: dribbler; (übertreffen) dépasser; (ausschalten) éliminer; (übertönen) couvrir; Schallplatte: repiquer; rad. transmettre; Tonband: réenregistrer; ~'spielung f (e-r Schallplatte) repiquage m; (e-s Tonbands) réenregistrement m; ~'spitzen v/t. outrer; ~'spitzt adj. outré; Tonart: monté de

ton; ℒ'spitztheit f outrance f; ℒ-'sprechen téléph. n diaphonie f; mélange m; ~'springen v/i. sauter; ⚡ auf (acc.) se communiquer à; Funke: jaillir; ~'springen v/t. sauter; écol. e-e Klasse: a. enjamber; '~sprudeln v/i. déborder; fig. vor Witz ~ pétiller d'esprit; '~staatlich adj. supranational; ~'stechen v/t. Kartenspiel: surcouper; ~'stehen v/i. faire saillie; saillir; Schneiderei: déborder; dépasser; ~'stehen v/t. (ertragen) supporter; Schwierigkeit: surmonter; Gefahr: échapper (à); Krankheit: réchapper (de); ~'steigbar adj. surmontable; franchissable; ~'steigen v/t. surmonter; Mauer: escalader; Berg: franchir; passer; fig. dépasser; surpasser; excéder; das übersteigt m-e Kräfte cela dépasse (od. c'est au--dessus de) mes forces; ℒ'steigen n, ℒ'steigung f passage m; e-r Mauer: escalade f; ~'steigern v/t. Preise: surhausser; j-n ~ renchérir sur q. (a. fig.); ℒ'steigerung f der Preise: surhaussement m; bei e-r Auktion: surenchère f; ℒ'stellung ⚛ (v. Gefangenen) f transfert m; ~'steuern v/t. Radio: surmoduler; ~'stimmen v/t. mettre en minorité; ~'strahlen v/t. (bestrahlen) répandre ses rayons (sur); fig. éclipser; ~'streichen v/t. enduire (mit de); ~'streifen v/t. passer (sur); ~'streuen v/t. saupoudrer; '~strömen fig. v/i.: vor Freude ~ déborder de joie; ~'strömen v/t. inonder; pfort submerger; ~'stülpen v/t. mettre par-dessus; 'ℒstunde f heure f supplémentaire; '~stürzen v/i. (Purzelbaum schlagen) culbuter; faire la culbute, ⚔, Auto: capoter; nach hinten ~ tomber à la renverse; ~'stürzen 1. v/t. précipiter; 2. v/rf.: sich ~ aller trop vite; Ereignisse: se précipiter; ℒ'stürzung f précipitation f; ℒ'tage... ⚒ à ciel ouvert; '~tariflich adj., adv. 'hors tarif; ~'täuben v/t. couvrir; ~'teuern v/t. surfaire; j-n ~ demander trop à q., F écorcher q.; ~'tölpeln v/t. duper; F rouler; F empaumer; F attraper; ℒ'tölpelung f duperie f; ~'tönen v/t. Stimme: couvrir; 'ℒtrag ✝ m report m; ~'tragbar adj. ⚛ transmissible; transférable; (umsetzbar) négociable; (indossierbar) endossable; ⚡ communicable; (übersetzbar) traduisible; ~'tragbarkeit f transmissibilité f; ~'tragen 1. v/t. transmettre (auf acc. à); transférer (a. ⚛); Summe: reporter; (aufnehmen) endosser; (in ein anderes Buch schreiben) transcrire; (abtreten) céder; (übersetzen) traduire (ins Französische en français); Recht, Würde: conférer; Befugnis: déléguer; Blut: transfuser; Haut: transplanter; Krankheit: communiquer; Sendung: transmettre, (weiter-)retransmettre; durch Fernsehen ~ téléviser; durch Radio ~ radiodiffuser; über Satellit ~ relayer; j-m ein Amt ~ charger q. d'une fonction; confier une fonction à q.; etw. auf j-s Namen ~ passer qch. au nom de q.; die ihm ~en Aufgaben les fonctions qui lui sont dévolues; in ~er Bedeutung au (sens) figuré; ⚕ e-e Niere ~ greffer un rein; 2. v/rf.: sich ~ Krankheit: se communiquer (*auf acc.* à); ²'**träger** *biol. m* vecteur *m*;²'**tragung** *f* transmission *f* (*a.* ⊕); transfert *m* (*a.* ⚡); *e-r Summe*: report *m*; (*Indossierung*) endossement *m*; (*Umschrift*) transcription *f*; (*Abtretung*) cession *f*; (*Übersetzung*) traduction *f*; *e-s Titels, Grades*: collation *f*; *v. Befugnissen*: délégation *f*; (*Blut*⊋) transfusion *f* sanguine; *v. Haut*: transplantation *f*; *v. Organen*: greffe *f*; ☤ *v. Impulsen*: conduction *f*; *v. Krankheit*: communication *f*; *e-r Rente*: réversion *f*; *e-r Sendung*: transmission *f*, (*Weiter*⊋) retransmission *f*; (*Fernseh*⊋) transmission *f* de télévision; gleichzeitige ~ *auf zwei Kanälen* doublon *m*; (*Radio*⊋) radiodiffusion *f*; ²'**tragungsurkunde** *f* certificat *m* de transfert; ²'**tragungswagen** *Auto, télév. m* car *m* vidéo-direct; car *m* de reportage; ~'**trainiert** *adj.* surentraîné; ~'**treffen** *v/t. u. v/rf.* surpasser (*in dat.* en); dépasser; devancer; surclasser; être supérieur (à); l'emporter (sur); primer; *j-n* ~ *a.* prendre le pas sur q.; précéder q.; *alle Erwartungen* ~ dépasser toutes les attentes; *sich selbst*~ se surpasser; se dépasser; *sich selbst an Liebenswürdigkeit* ~ se mettre en frais d'amabilités; ~'**treffend** *adj.* éminent; *alles* ~ suréminent; ~'**treiben** *v/t.* exagérer; outrer; *Bericht*: grossir; hypertrophier; ²'**treibung** *f* exagération *f*; (*Überspitztheit*) outrance *f*; *rhét.* hyperbole *f*; '**treten** *v/i.* (*auf die andere Seite gehen*) passer de l'autre côté; *Wasser*: déborder; *zu j-m* ~ se ranger du côté (*od.* du parti) de q.; *zum Feinde* ~ passer à l'ennemi; déserter; *zum Christentum* ~ embrasser le christianisme; '²**treten** *n* passage *m* des *Wassers*: débordement *m*; ~'**treten** *v/t.* franchir; passer; *Gesetz, Regel*: enfreindre; transgresser; violer; ²'**treter**(**in** *f*) *m* violateur *m*, -trice *f*; ²'**tretung** *f* transgression *f*; violation *f*; infraction *f* (à); *sich e-r* ~ *schuldig machen* se mettre en infraction; ²'**tretungsfall** *m*: *im* ~ *en cas d'infraction*; ~'**trieben** *adj.* exagéré; outré; *Preis*: exorbitant; *rhét.* hyperbolique; '²**tritt** *m* passage *m* (*zu* à); *rl.* conversion *f*; ~'**trumpfen** *v/t. Kartenspiel*: surcouper; *fig.* surpasser; dépasser; surclasser; être supérieur (à); l'emporter (sur); *sich von j-m* ~ *lassen* se laisser distancer par q.; ~'**tünchen** *v/t.* badigeonner; *fig.* farder; '~**übermorgen** F *adv.* dans trois jours; '²**verbrauch** *m* surconsommation *f*; '²**verglasung** *f* survitrage *m*; ~'**versichern** *v/t.* surassurer; '²**versicherung** *f* surassurance *f*; ~'**völkern** *v/t.* surpeupler; ²'**völkerung** *f* surpeuplement *m*; surpopulation *f*; '~**voll** *adj.* trop plein; comble; ~ *sein a.* déborder (*von* de); ~'**vorteilen** *v/t.* faire tort (à); (*betrügen*) tromper; ~'**wachen** *v/t.* surveiller; (*kontrollieren*) contrôler; ²~'**wachung** *f* surveillance *f*; suivi *m*; (*Kontrolle*) contrôle *m*; *e-s Museums*: gardiennage *m* (*zu* à); *technische* ~ *der Kraftfahrzeuge*: contrôle *m* technique; ²'**wachungs-ausschuß** *m* commission *f* de contrôle; ²'**wachungsdienst** *m* service *m* de surveillance (*bzw.* de contrôle); ²'**wachungsstelle** *f* office *m* de contrôle; ~ *für Mietpreise* observatoire *m*; ~'**wachsen** *v/t.* couvrir (de végétation); ~'**wältigen** *v/t.* (*besiegen*) vaincre; (*niederschlagen*) réduire q. à l'impuissance; maîtriser; abattre; terrasser; *Nachricht usw.*: bouleverser; *Schlaf*: accabler; ~'**wältigend** *adj.* *Mehrheit*: écrasant; (*großartig*) grandiose; '²**wasserschiff** *n* navire *m* à flot; '²**weg** *m*: ~ *für Fußgänger* passage *m* pour piétons, matérialisé, clouté; ²'**weiden** ⚐ *n* surpâturage *m*; ~'**weisen** *v/t.* transférer; transmettre; (*übergeben*) remettre; *durch die Bank*: virer; *auf j-s Konto* ~ virer au compte de q.; ²'**weisung** *f durch die Bank*: virement *m*; transfert *m*; ²~'**weisungs-auftrag** *m* ordre *m* de virement; ²'**weisungsformular** *n* formule *f* de virement; ²'**weisungsscheck** *m* chèque *m* de virement; ²'**weisungsverkehr** *m* virements *m/pl.*; ~'**wendlich** I *adj.*: ~*e Naht* surjet *m*; II *adv.*: ~ *nähen* coudre en surjet; '~**werfen** *v/t.* jeter par-dessus; *Mantel usw.*: jeter sur ses épaules; ~'**werfen** *v/rf.*: *sich mit j-m* ~ se brouiller avec q.; ~'**wiegen** *v/i.* (*mehr wiegen als*) être plus pesant que; *fig.* être prépondérant; (*Vorrang haben*) l'emporter (sur); prévaloir (sur); (*vorherrschen*) prédominer; dominer; ~'**wiegend** *adj.* prépondérant; ~'**winden** 1. *v/t.* vaincre; triompher (de); l'emporter (sur); *Schwierigkeit*: surmonter; 2. *v/rf.*: *sich* ~ se vaincre, (*es über sich bringen*) faire un effort sur soi-même; ²'**winder** *m* vainqueur *m*; triomphateur *m*; ²'**windung** *f* triomphe *m* (remporté sur); ~ *kosten* coûter; *was* ~ *kostet, ist der Anfang* ce qui coûte, c'est le commencer; *es kostet ihn* ~, *zu* ... (*inf.*) il lui en coûte de ... (*inf.*); ~'**wintern** 1. *v/i.* passer l'hiver; hiverner; 2. *v/t.* conserver pendant l'hiver; ²'**winterung** *f* hivernage *m*; ~'**wölben** *v/t.* voûter; ~'**worfen** *adj.*: *mit j-m* ~ *sein* être en rupture de q.; ~'**wuchern** *v/t.* envahir (*a. fig.*); (*ersticken*) étouffer; ²'**wucherung** *f* envahissement *m*; ~'**wunden** *adj.* (*überholt*) dépassé; '²**zahl** *f* majorité *f*; (*zahlenmäßige Übermacht*) supériorité *f* numérique; *in der* ~ *sein* être en surnombre; *der* ~ *weichen* céder au nombre; ~'**zahlen** *v/t.* payer en trop (*od.* en excédent); ~'**zählen** *v/t.* (re-)compter; '~**zählig** *adj.* en surnombre; *Beamter*: surnuméraire;⚔ 'hors cadres'; ~'**zeichnen** ✝ *v/t.* dépasser; surpasser; ~'**zeugen** 1. *v/t.* convaincre, persuader (*j-n von q.* de). 2. *v/rf.*: *sich* ~ se convaincre; *sich mit eigenen Augen* ~ *von* s'assurer par ses propres yeux de q.; ~'**zeugend** *adj.* convaincant; (*beweisend*) concluant; ²'**zeugung** *f* conviction *f*; persuasion *f*; ²'**zeugungskraft** *f* force *f* de persuasion, convaincante; '~**ziehen** *v/t. Mantel usw.*: mettre par-dessus; *Hiebe*: administrer; ~'**ziehen** 1. *v/t.*: ~ *mit* couvrir de, garnir de, revêtir de, (*bestreichen*) enduire de; *Konto*: mettre à découvert; *ein Bett (mit Wäsche)* ~ mettre des draps à un lit; *ein Land mit Krieg* ~ envahir (*od.* porter la guerre dans*) un pays; *mit Zucker* ~ glacer; *Früchte, Gebäck*: enrober; 2. *v/rf.*: *der Himmel überzieht sich (mit Wolken)* le ciel se couvre; ²'**zieher** *m* pardessus *m*; paletot *m*; ²'**ziehung** *f*: ~ *e-s Kontos* découvert *m* d'un compte; ²'**ziehungskredit** (*Swing*) *m* crédit *m* de dépassement sans intérêts; ~'**zogen** *adj. fin.* dépassé; à découvert; sans provision; ⊕ *mit Schaumgummi* ~ recouvert de mousse; F *fig. sehr von sich* ~ *sein* se gober; ~'**zuckern** *v/t.* saupoudrer de sucre; *mit Zuckerguß*: glacer; ~'**züchtet** *vét. adj.* trop poussé; taré; '²**zug** *m* (*Decke*) couverture *f*; (*Verkleidung*) revêtement *m*; chemise *f*; enveloppe *f*; (*Kopfkissen*⊋) taie *f* d'oreiller; (*Möbel*⊋) 'housse *f*; (*Schicht*) couche *f*; enduit *m*; ⚗ ⊕ feuil *m*.

'**übler** (*comp. v. übel*) I *adj.* pire; II *adv.* pis.

'**üblich** *adj.* usuel, -elle; d'usage; *bsd. Wörter*: usité; (*gewöhnlich*) habituel, -elle; (*normal*) normal; (*durch die Sitte geheiligt*) reçu; *das ist so* ~ c'est l'usage; *es ist* ~, *daß* ... il est de règle que ... (*subj.*); *nicht mehr* ~ désuet, -ète; tombé en désuétude; *auf dem* ~*en diplomatischen Wege* par la voie diplomatique normale; ☤ *diese Operation ist heute etwas* ~ cette opération est courante aujourd'hui; *adv. wie* ~ *a.* comme à l'ordinaire.

'**U-Boot** *n* sous-marin *m*; ~**Abwehr** *f* défense *f* contre les sous-marins; ~**Bunker** *m* abri *m* de sous-marins; ~**Falle** *f* piège *m* à sous-marins; ~**Jäger** *m* chasseur *m* de sous-marins; ~**Kommandant** *m* commandant *m* de sous-marin; ~**Krieg** *m* guerre *f* sous-marine.

'**übrig** *adj.* de reste; restant; *das* ~*e* le reste; *das* ~*e können Sie sich denken* vous devinez le reste; *die* ~*en* le reste; les autres; *im* ~*en* du reste; d'ailleurs; au reste; au surplus; *ein* ~*es tun* faire plus qu'il ne faut; ~ *sein* rester; ~ *haben* avoir de reste; garder; *für j-n etw.* ~ *haben* avoir un faible pour q.; ~**behalten** *v/t.* avoir de reste; garder; ~**bleiben** *v/i.* rester; ~**ens** *adv.* du reste; d'ailleurs; au reste; au surplus; au fait; à propos; (= *tatsächlich*; *als Satzanfang*) à la vérité; ~**lassen** *v/t.* laisser (de reste); *zu wünschen* ~ laisser à désirer.

'**Übung** *f* exercice *m*; (*Training*) entraînement *m*; (*Schulung*) instruction *f*; ♪ étude *f*; (*Ausüben*) pratique *f*; *aus der* ~ *kommen* perdre l'habitude; *in der* ~ *bleiben* s'entretenir; *fig.* ~ *macht den Meister* c'est en forgeant qu'on devient forgeron; ~**s-arbeit** *f*, ~**s-aufgabe** *f* exercice *m*; ~**sball** *m Boxen*: punching-ball *m*; ~**sbuch** *n* livre *m* d'exercices; ~**sflug** *m* vol *m* d'entraînement (*od.* d'exercice); ~**sflugzeug** *n* avion *m* d'entraînement (*od.* d'instruction); ~**sgelände** *n* terrain *m* d'entraînement (*od.* d'exercice *od.* ⚔ d'instruction); ~**sgranate** *f* obus *m* d'exercice; ~**sheft** *n* cahier *m* de devoirs; ~**slager** *n* camp *m* d'entraînement (*od.* d'instruction); ~**smarsch** *m* marche *f* d'épreuve; ~**smunition** *f* munition *f* d'exercice; ~**splatz** ⚔ *m* champ *m*, terrain *m* de manœuvre; terrain *m* d'instruction; ~sschießen *n* tir *m* d'instruction; ~sspiel *n* match *m* (*od.* partie *f*) d'entraînement; ~sstück ♪ *n* étude *f*.

'Ufer *n* bord *m*; rivage *m*; *am Fluß, See*: *a.* rive *f*; (*Meeresküste*) côte *f*; (*steiles Fluß*₂) berge *f*; *am ~ der Seine au bord de la Seine*; *ans ~ spülen* jeter sur le rivage; *über die ~ treten* sortir de son lit; déborder; ~bahn *f* chemin *m* de fer riverain; ~bewohner(in *f*) *m* riverain, -e *f*; ~damm *m* quai *m*; 2los *fig. adj.* illimité; sans limites; *Debatte*: interminable; *~e Pläne* projets *m/pl.* à perte de vue; ~losigkeit *fig.* (*e-r Wissenschaft*) *f* vastitude *f*; ~mauer *f* quai *m*; ~schutzbauten *m/pl.* digues *f/pl.*; ~seite *f* rive *f*; ~staat *m* État *m* riverain; ~straße *f* route *f* riveraine; ~streifen *m* littoral *m*.

Ufo *n* ovni *m*; ~forschung *f* ovniologie *f*.

Uhr *f* (*Taschen*₂) montre *f* (*goldene* en or); (*Armband*₂) montre-bracelet *f*; (*Stutz*₂) pendule *f*; (*Turm*₂) horloge *f*; *nach der ~ sehen* regarder l'heure; *j-n nach der ~ fragen* demander l'heure à q.; *wieviel ~?* à quelle heure?; *wieviel ~ ist es?* quelle heure est-il?; *es ist ein ~* il est une heure; *es ist halb zwei* il est une heure et demie; *es ist Punkt zwei ~* il est deux heures précises; *es ist 12 ~* (*mittags*) il est midi, (*nachts*) il est minuit; '~armband *n* bracelet *m* (de montre); '~deckel *m* couvercle *m* de montre; ~enfabrik *f* horlogerie *f*; '~enfabrikant *m* horloger *m*; '~engeschäft *n*, '~enhandel *m* horlogerie *f*; '~en-industrie *f* industrie *f* horlogère; '~entechnik *f* technique *f* horlogère; '~feder *f* ressort *m* de montre; '~gehänge *n* breloques *f/pl.*; '~gehäuse *n* (*Taschen*₂) boîtier *m* de montre; '~gewicht *n* poids *m* de l'horloge; '~glas *n* verre *m* de montre; '~kette *f* chaîne *f* de montre; '~macher(in *f*) *m* horloger *m*, -ère *f*; ~mache'rei *f* horlogerie *f*; '~pendel *n* pendule *m*; balancier *m*; '~schlüssel *m* clef *f* de montre; '~tasche *f* gousset *m*; '~werk *n* mouvement *m*; rouages *m/pl.* d'une montre; '~zeiger *m* aiguille *f* de montre; '~zeigersinn *m*: *im ~* dans le sens des aiguilles d'une montre; *entgegen dem ~* en sens inverse des aiguilles d'une montre; '~zeit *f* heure *f*; *die ~ vergleichen* prendre l'heure.

'Uhu *orn. m* grand duc *m*.

U'krain|e *f*: *die ~* l'Ukraine *f*; ~er(in *f*) *m* Ukrainien *m*, -enne *f*; 2isch *adj.* ukrainien, -enne.

U'K-Stellung ⚔ *f* affectation *f* spéciale.

Ulk *m* plaisanterie *f*; F blague *f*; F rigolade *f*; (*Studenten*₂) canular *m*; *~ treiben* = '2en *v/i.* plaisanter; F faire des blagues; F rigoler; *Studenten*: monter un canular; '2ig *adj.* drôle; F rigolo.

'Ulme ♣ *f* orme *m*.

ultima'tiv *adj.* impératif, -ive; *in ~er Form* sous forme d'ultimatum.

Ulti'matum *n* ultimatum *m*.

'Ultimo *m* fin *f* du mois; *des laufenden Monats*: fin *f* courant; ~abrechnung *f*, ~regulierung *f* liquidation *f*

de fin de mois; ~wechsel *m* traite *f* de fin de mois.

'Ultra *pol. m* ultra *m*; ~kurzwelle *f phys.* onde *f* ultra-courte; *rad.* modulation *f* de fréquence (*abr.* FM); ~kurzwellensender *m* émetteur *m* en modulation de fréquence; ~ma'rin *n* outremer *m*; 2mon'tan *adj.* ultramontain; 2rot *adj.* infrarouge; ~schall *m* ultrason *m*; ~schallregistrierung *f* ultrasonographie *f*; ~schallsonde *f* sondeuse *f* à ultrasons; ~schalltherapie *f* ultrasonothérapie *f*; ~schallwelle *f* onde *f* ultrasonore; ~schnellbahn ❤ *f* chemin *m* de fer ultra-rapide; 2violett *adj.* ultraviolet, -ette.

um I *prp.* (*acc.*) a) *örtlich*: *~* (*...herum*) autour de; b) *zeitlich*: à; (*gegen*) vers; *sur*; *~ ein Uhr* à une heure; *~ die 6. Stunde* vers (*od.* sur) les six heures; *e-r ~ den andern* l'un après l'autre; *Tag ~ Tag* jour après jour; *e-n Tag ~ den andern* un jour sur deux; *tous les deux jours*; c) *Maß*: de; pour; *~ ein Jahr älter* d'un an plus âgé; *~ die Hälfte kürzen* diminuer de moitié; *Geld spielen* jouer pour de l'argent; *Auge ~ Auge* œil pour œil; *~ alles in der Welt nicht* pour rien au monde (*bei vb. mit* ne); *~ so ärmer* d'autant plus pauvre; *~ so besser* (*schlimmer*) tant mieux (*pis*); *~ so mehr* d'autant plus; raison de plus; à plus forte raison; *~ so mehr als* d'autant plus que; *~ so weniger* d'autant moins; d) *Grund*: pour; à cause de; *~seinetwillen* pour l'amour de lui; *~ Himmels willen* au nom du ciel; *~ etw. wissen* avoir connaissance de qch.; *wie steht's ~ ihn?* où en est-il?; *es ist ~ ihn geschehen* c'en est fait de lui; *~ etw. betrügen* frustrer de qch.; *~ etw. kommen* perdre qch.; II *cj. ~ zu ...* (*inf.*) pour (*od.* afin de) ... (*inf.*); III *adv. ~ und ~* tout autour; de tous côtés; de toutes parts; (*ganz und gar*) absolument; totalement; *die Zeit ist ~* le temps est révolu.

'um|adressieren *v/t.* changer l'adresse (de); 2adressieren *n* changement *m* d'adresse; ~ändern *v/t.* changer; modifier; 2änderung *f* changement *m*; modification *f*; ~arbeiten *v/t.* remanier; völlig ~ refondre; *Kleidung*: transformer; 2arbeitung *f* remaniement *m*; völlige ~ refonte *f*; *v. Kleidung*: transformation.

um'arm|en *v/t.* (*v/rf.*: *sich s'*)embrasser; (s')étreindre; 2ung *f* embrassement *m*; étreinte *f*; *vor Freude*: embrassade *f*; accolade *f*.

'Umbau *m* transformation *f*; *wegen ~ geschlossen* fermé pour cause de transformation; 2en *v/t.* transformer.

um'bauen *v/t.* entourer de bâtiments.

'Umbau|liege *f* meuble-lit *m*; ~möbel *n/pl.* meubles *m/pl.* transformables.

'um|behalten *v/t.* garder (sur soi); ~benennen *v/t.* changer le nom (de); *Straße*: débaptiser; rebaptiser; 2benennung (*e-r Straße*) *f* rebaptisation *f*; ~besetzen *thé v/t.*: *die Rollen ~* changer la distribution des rôles; 2besetzung *thé f*: *~ der Rollen* chan-

gement *m* de la (*od.* dans la) distribution des rôles; ~betten *v/t.* changer de lit; ~biegen *v/t.* (*v/rf.*: *sich se*) replier; (*krümmen*) (sich) recourber; ~bilden *v/t.* transformer; *fig. a.* réorganiser; *Regierung, Kabinett*: remanier; 2bildung *f* transformation *f*; *fig. a.* réorganisation *f*; *der Regierung, des Kabinetts*: remaniement *m*; ~binden *v/t. Schlips, Schal, Schürze*: mettre; ~blasen *v/t.* renverser d'un souffle; ~blättern *v/t. u. v/i.* tourner une (*resp.* les) page(s); ~blicken *v/rf.*: *sich ~* regarder autour de soi, (*zurückblicken*) tourner la tête; ~brechen 1. *v/t.* casser; ✍ défoncer; défricher; 2. *v/i.* se rompre sous le poids.

um'brechen *typ. v/t.* mettre en pages.

'um|bringen 1. *v/t.* tuer; assassiner; faire mourir; 2. *v/rf.*: *sich ~* se tuer; se suicider; mettre fin à ses jours; 2bruch *m* ✍ terre *f* défrichée; *typ.* mise *f* en pages; *fig.* changement *m* radical (*pol.* de régime); *Revolution*: révolution *f*; ~buchen *v/t.* ❤ transférer; transporter; passer une somme d'un compte à un autre; *Reise*: reporter la date de son départ au...; changer la réservation (de q.); 2buchung ❤ *f* transfert *m*; transport *m*; ~bügeln *v/t.* casser au fer; ~denken *v/i.* se réorienter; 2denkungsprozeß *m* réorientation *f*; ~deuten *v/t.* donner un autre sens à; ~disponieren *v/t. u. v/i.* disposer autrement.

um'drängen *v/t.* assiéger.

'umdrehen 1. *v/t.* tourner; *um s-e Achse*: faire pivoter; *j-m den Hals ~* tordre le cou à q.; couper la gorge à q.; 2. *v/rf.*: *sich ~* se retourner (*nach vers od.* du côté de); *fig. den Spieß ~* retourner contre q. ses propres arguments; renvoyer la balle.

Um'drehung *f e-s Motors*: tour *m*; *um e-e Achse*: rotation *f*; *um e-n Mittelpunkt*: révolution *f*; ~sgeschwindigkeit *f* vitesse *f* de rotation; ~szahl *f* nombre *m* de tours; ~szähler *m* compteur *m* de tours.

'Umdruck *typ. m* réimpression *f*; copie *f* réimprimée; 2en *typ. v/t.* réimprimer; ~en *n* réimpression *f*.

um-ein'ander *adv.* l'un autour de l'autre; les uns autour des autres.

'um|erziehen *v/t.* rééduquer; 2erziehung *f* rééducation *f*; ~fahren *a.* Auto *v/t.* renverser.

um'fahren *v/t.* faire le tour (de); contourner; *Paris ~* contourner Paris; *Kap*: doubler; (*umschiffen*) circumnaviguer; 2fahren *n*, 2fahrung *f* (*Umschiffung*) circumnavigation *f*; 2fahrt *f* tournée *f*; tour *m*; '~fallen *v/i.* tomber à la renverse; *Auto*: capoter; *pol.* lâcher son parti; '2fallen *n* chute *f*; *zum ~ müde sein* tomber de fatigue; '2fang *m* (*Umkreis*) circonférence *f*; périphérie *f* (*a.* ⚭); ⚭ périmètre *m* (*a. e-r Stadt*); *e-s Platzes*: pourtour *m*; *Schneiderei*: tour *m* de taille; (*Ausdehnung, Ausmaß*) étendue *f* (*a. fig.*); (*Reichweite*) portée *f*; (*Volumen*) volume *m*; (*Dikke*) grosseur *f*; '~fangen *v/t.* embrasser; *Nebel*: entourer; '~fangreich *adj.* volumineux, -euse; (*weitläufig*) étendu; vaste; ample; (*breit angelegt*)

large; '∼**färben** v/t. reteindre; *gestohlenes Auto*: maquiller.
um'fass|en v/t. *Person* étreindre; ⚔ encercler; envelopper; *fig.* comporter; comprendre; contenir; ∼**end** *adj.* étendu;vaste; ample; ♀**ung** ⚔ *m* encerclement *m*; ♀**ungsbewegung** *f* mouvement *m* enveloppant.
um|'flattern v/t. voltiger autour de; ∼**'flechten** v/t. tresser (mit de); ∼**'fliegen** v/t. voler autour de; ∼**'fließen** v/t. couler autour de; ∼**'fluten** v/t. entourer de ses eaux; '∼**formen** v/t. transformer; ⚒ convertir; '♀**former** ⚒ *m* convertisseur *m*; '♀**frage** *f* enquête *f*; sondage *m*; '♀**fragemanie** *f* sondomanie *f*; '∼**fragen** v/i. faire une enquête; ∼**'fried(ig)en** v/t. entourer d'une clôture (od. d'une enceinte); ♀**'fried(ig)ung** *f* clôture *f*; enceinte *f*; '∼**füllen** v/t. transvaser; '♀**füllung** *f* transvasement *m*; '♀**gang** *m* (*Rundgang*) ronde *f*; tour *m*; *feierlicher*: procession *f*; (*Beziehungen*) relations *f/pl.*; rapports *m/pl.*; ⚖ zweifelhafter ∼ compagnonnage *m* douteux; ⚠ galerie *f*; mit j-m ∼ haben fréquenter q.; avoir des relations avec q.; *litt.* avoir commerce avec q.; *mit j-m* ∼ pflegen entretenir des relations avec q.; *der* ∼ *mit Gebildeten* la fréquentation de gens cultivés; *litt.* le commerce d'esprits cultivés; ∼ *mit Menschen* maniement *m* des hommes.
umgänglich *adj.* sociable; liant; d'un commerce agréable; ♀**keit** *f* sociabilité *f*.
'Umgangs|formen *f/pl.*: ∼ haben avoir du savoir-vivre; ∼**sprache** *f* langage *m* courant (*od.* familier).
um|'garnen v/t.: *j-n* ∼ prendre q. dans ses filets; entortiller, enjôler q.; ∼**'gaukeln** v/t. voltiger autour de; ∼**'geben** v/t. (v/rf.: *sich* s')entourer (mit de); (s')environner (de); (*einschließen*) ceindre; enceindre; enclore; *kreisförmig* ∼ cerner; ♀**'gebung** *f* (*Umwelt*) entourage *m*; ambiance *f*; (*Milieu*) milieu *m*; *soc.* contexte *m*; (*Umgegend*) environs *m/pl.*; alentours *m/pl.*; ♀**'gebungstemperatur** ⊕ *f* température *f* ambiante; '♀**gegend** *f* environs *m/pl.*; alentours *m/pl.*; '∼**gehen** v/i. circuler; (*die Runde machen*) faire la ronde; *Geister*: revenir; *es geht in diesem Schlosse um* il y a des revenants dans ce château; ce château est 'hanté; *mit etw.* ∼ (*handhaben*) manier qch. (*a. Geld*), manipuler qch., (*Gebrauch machen*) user de qch.; *mit etw. sparsam* ∼ être économe de qch.; économiser qch.; épargner qch.; *großzügig mit etw.* ∼ ne pas économiser *od.* épargner qch.; *mit j-m* ∼ (*verkehren*) fréquenter q., (*j-n behandeln*) traiter q.; *mit Kindern umzugehen wissen* savoir s'y prendre avec les enfants; *mit e-m Plane* ∼ rouler un projet dans sa tête; ∼**'gehen** v/t. faire le tour (de); *Feind*: contourner; éviter; *Hindernis*: tourner; *fig.* éluder; esquiver; ∼**'gehend I** *adj.* immédiat; **II** *adv.* immédiatement; *mit* ∼**er Post** par retour du courrier; ♀**'gehung** *f Verkehr*: contournement *m*; ♀**'gehungsbahn** *f* ligne *f* de contournement; ♀**'gehungsbewegung** ⚔ *f* mouve-

ment *m* tournant; ♀**'gehungsstraße** *f* route *f* de contournement; boulevard *m* (*od.* voie *f*) périphérique; rocade *f*; '∼**gekehrt I** *adj.* (*verkehrt*) renversé; (*entgegengesetzt*) inverse; ∼**er Fall** inverse *m*; *im* ∼**en Fall** à l'inverse; *in* ∼**er Richtung** en sens inverse; *in* ∼**em Verhältnis** (*stehen* être) en raison inverse; *mit* ∼**em Vorzeichen** de signe contraire (*a. fig.*); ∼! au contraire!; **II** *adv.* inversement; à l'inverse; (*dasselbe* ∼) vice versa; ∼ proportional inversement proportionnel, -elle; '♀**gekehrte** *n* inverse *m*; '∼**gestalten** v/t. transformer; *fig. a.* réorganiser; '♀**gestaltung** *f* transformation *f*; *fig. a.* réorganisation *f*; (*Reform*) réforme *f*; *landschaftliche* ∼ aménagement *m* du territoire; '∼**gießen** v/t. *Flüssigkeit*: transvaser; ⊕ refondre; '♀**gießen** *n* transvasement *m*; ⊕ refonte *f*; '∼**graben** v/t. bêcher; retourner; v/i. remuer la terre; '♀**graben** *n* bêchage *m*; ∼**'grenzen** v/t. (*einfrieden*) entourer d'une clôture (*od.* d'une enceinte); *fig.* (*abgrenzen*) délimiter; circonscrire; ♀**'grenzung** *f* (*Einfriedung*) clôture *f*; enceinte *f*; *fig.* (*Abgrenzung*) délimitation *f*; circonscription *f*; '∼**gründen** ✝ v/t. réorganiser; '♀**gründung** ✝ *f* réorganisation *f*; '∼**gruppieren** v/t. regrouper; '♀**gruppierung** *f* regroupement *m*; '∼**gürten** v/t. ceindre; ∼**'gürten** v/t. ceindre; '♀**guß** *m* refonte *f*; '∼**haben** v/t. porter; '∼**hacken** v/t. *Boden*: biner; (*fällen*) abattre à coups de 'hache; ∼**'halsen** v/t. embrasser; sauter au cou de q.; '∼**hang** *m* cape *f*; pèlerine *f*; mantelet *m*; '∼**hängemikrophon** *n* micro-cravate *m*; '∼**hängen** v/t. *Mantel usw.*: jeter sur ses épaules; *etw. quer über die Schulter* ∼ mettre qch. en bandoulière; *etw. umgehängt tragen* porter qch. en bandoulière; (*anderswohin hängen*) suspendre ailleurs; *fig. e-r Sache (dat.) ein Mäntelchen* ∼ pallier (*od.* voiler) qch.; ∼**'hängen** v/t.: *etw. mit etw.* ∼ suspendre qch. autour de qch.; '♀**hängeriemen** *m* bandoulière *f* (*verstellbar* réglable); '♀**hängetasche** *f für Handwerker, a. für Schüler*: sacoche *f*; *ch.* gibecière *f*; *für Damen*: sac *m* (à) bandoulière; '∼**hauen** v/t. abattre à coups de hache; F *fig.* renverser; *v. e-r Nachricht a.*: couper le souffle, P la chique; scier.
um'her *adv.* (tout) autour; (*in e-m Kreise*) à la ronde; (*nach allen Seiten*) de tous côtés; (*hier u. da*) de côté et d'autre; çà et là; ∼**blicken** v/i. regarder tout autour (de soi); ∼**bummeln** v/i. flâner; F se balader; ∼**fahren** v/i. se promener (à [*od.* F en] bicyclette *od.* en voiture *od.* en bateau, *etc.*); ∼**flattern** v/i. voltiger çà et là; ∼**fliegen** v/i. voler çà et là; *Blätter*: s'envoler au gré du vent; ∼**führen** v/t. conduire, promener, piloter un peu partout; ∼**gehen** v/i. aller çà et là; se promener; déambuler; ∼**irren** v/i. errer; vagabonder; ∼**laufen** v/i. courir çà et là; ∼**schleichen** v/i. rôder; ∼**schlendern** v/i. flâner; F se balader; ∼**schweifen** v/i. rôder; vagabonder; *s-e Blicke* ∼ *lassen* laisser errer *od.* promener ses regards; ∼

springen v/i. gambader; ∼**streifen** v/i. rôder; ∼**wandern** v/i. errer; vagabonder; ∼**ziehend** *adj.* ambulant; (*nomadisch*) nomade.
um'hinkönnen v/i.: *nicht* ∼ *zu* (*inf.*) ne pouvoir s'empêcher de (*inf.*).
um'hüll|en v/t. envelopper (*mit* de); entourer (de); recouvrir (de); (*verkleiden*) revêtir (*mit* de); (*verschleiern*) voiler (*mit* de); ♀**ung** *f* enveloppement *m*; (*Hülle*) enveloppe *f*; (*Verkleidung*) revêtement *m*; (*Verpackung*) emballage *m*; *e-s Kabels*: armature *f*; gaine *f*.
um'jubeln v/t. acclamer; fêter.
'Umkehr *f* retour *m* (*a. fig.*); *fig.* (*Bekehrung*) conversion *f*; ♀**bar** *adj.* réversible; ♀**en 1.** v/i. (s'en) retourner; faire marche arrière; revenir sur ses pas; rebrousser chemin; **2.** v/t. *Taschen*: retourner; ⚒ invertir; ⚕ *Bruch*: renverser; *gr. Wortfolge*: intervertir; *alles* ∼ (*das Unterste zuoberst kehren*) mettre tout sens dessus dessous; (*vollständig abändern*) changer complètement; '∼**film** *phot. m* film *m* inversible; ∼**motor** *m* moteur *m* réversible; ∼**ung** *f* inversion *f* (*a. gr.*); ⚕, ♪ renversement *m*; ∼ *der Werte* inversion *f* des valeurs.
'umkipp|bar *adj.* renversable; ∼**en 1.** v/i. perdre l'équilibre; *Auto*: capoter, se renverser, faire un tonneau; ⚓, *Auto*: chavirer; *Heuwagen*: verser; **2.** v/t. renverser; culbuter.
um|'klammern 1. v/t. tenir embrassé; saisir à bras le corps; étreindre; ⚔ encercler; **2.** v/rf.: *sich* ∼ s'enlacer; s'étreindre; *Boxen*: s'accrocher; ♀**'klammerung** *f* ⚔ encerclement *m*; *Boxen*: accrochage *m*; '∼**klappbar** *adj.* rabattable; '∼**klappen** v/t. rabattre; '♀**kleidekabine** *f im Schwimmbad* cabine *f* de bain; *im Geschäft* cabine *f* d'essayage; '∼**kleiden 1.** v/t. changer (les vêtements de); **2.** v/rf.: *sich* ∼ se changer, changer de vêtements; '♀**kleiden** *n* changement *m* de vêtements; ∼**'kleiden** v/t. revêtir (*mit* de); ♀**'kleiderraum** *m* vestiaire *m*; ♀**'kleidung** *f* revêtement *m*; '∼**knicken 1.** v/t. briser; *Papier*: plier; **2.** v/i. se briser; *mit dem Fuß* ∼ se fouler le pied; '∼**kommen** v/i. périr; mourir; succomber; *v. Sachen*: se perdre; se gâter; *vor Hitze* ∼ mourir de chaleur; ∼**'kränzen** v/t. couronner; '∼**kreis** *m* cercle *m*; périphérie *f* (*a.* ⚕); circonférence *f*; *im* ∼ (*in der Runde*) à la ronde; *in* ∼ *von* dans un rayon de q.; ∼**'kreisen** v/t. tourner autour de; '∼**krempeln** v/t. (*aufkrempeln*) retrousser; F *völlig* ∼ (*umarbeiten*) refondre; ♀**'ladegebühr** *f* frais *m/pl.* de transbordement; '∼**laden** v/t. transborder; '♀**laden** *n* transbordement *m*; '♀**lader** *m* transbordeur *m*; '♀**ladung** *f* transbordement *m*; '♀**lage** *f* (*Sonderbeitrag*) cotisation *f*; contribution *f*; (*Abzug*) prélèvement *m*; (*Steuer*♀) répartition *f* des impôts; ∼**'lagern** v/t. assiéger; '∼**lagern** v/t. changer d'entrepôt; stocker ailleurs.
'Umlauf *m Blut, Geld*: circulation *f*; *ast.* révolution *f*; tour *m*; ⊕ rotation *f*; tour *m*; (*dauernde Bewegung*) circulation *f*; cours *m*; (∼**schreiben**) circulaire *f*; ✍ (*Nagelgeschwür*) panaris

m; *in* ~ *sein* circuler; être en circulation; *Gerüchte a.*: aller bon train; *in* ~ *bringen* (*od.* *setzen*) mettre en circulation, faire circuler, *Geld*: *a.* émettre; *Falschgeld*: écouler; *Gerücht*: répandre, faire courir; ~**aufzug** ⊕ *m* paternoster *m*; ~**bahn** (*Raumfahrt*) *f*: sich in die ~ einschwenken se mettre en orbite; ²**en 1.** *v/i.* *Blut, Geld, Gerücht*: circuler; **2.** *v/t.* renverser.

um'laufen *v/t.* faire le tour (de); contourner.

'**umlauf|end** ⊕ *adj.* rotatif, -ive; tournant; ²**geschwindigkeit** ⊕ *f* vitesse *f* de rotation; *ast.* vitesse *f* orbitale; ²**skapital** *n* capital *m* circulant; ²**sschreiben** *n* circulaire *f*; ²**szeit** *ast. f* révolution *f*.

'**Umlaut** *gr. m* métaphonie *f*; inflexion *f*; (*Laut*) voyelle *f* infléchie.

'**Umlege|kragen** *m* col *m* rabattu; ²**n** *v/t.* mettre autour (de); (*falten*) plier; *Kragen*: rabattre; (*umdrehen*) retourner; (*hinlegen*) coucher; (*umwerfen*), renverser; *Fußball*: faucher; (*zu Boden werfen*) terrasser; F (*töten*) descendre; (*verteilen*) répartir (*auf acc.* entre); (*verlegen*) *zeitlich*: remettre (*auf acc.* à); (*anders legen*) poser autrement; changer de place; *téléph.* ein Gespräch ~ passer une conversation (*od.* une communication) sur un autre poste (*bzw.* sur une autre ligne); *Mantel*: mettre; *Verband*: appliquer.

um'legen *cuis. v/t.* envelopper (*mit de*); entourer (*de*).

'**um|leiten** *v/t.* détourner; dévier; *den Verkehr* ~ détourner (*od.* dévier) la circulation; ²**leitung** *f Verkehr*: déviation *f*; ~**lenken** *v/t.* den Verkehr: détourner; *v/i.* changer de direction; ~**lernen** *v/i.* (*umdenken*) orienter autrement sa pensée; *beruflich*: se reclasser; se reconvertir; se recycler; ²**lerner** *m* travailleur *m* en cours de reconversion; ~**liegend** *adj.* environnant; die ~e *Gegend* les environs *m/pl.*; les alentours *m/pl.*; die ~en *Dörfer* les villages *m/pl.* d'alentour.

'**um|machen** F *v/t.* mettre; ~'**manteln** ⊕ *v/t.* envelopper; enrober; ²'**mantelung** ⊕ *f* revêtement *m*; enveloppe *f*; gaine *f*; ~'**mauern** *v/t.* entourer de murs; ~'**modeln** *v/t.* modifier; ~'**münzen** *v/t.* refondre; ~'**nachtet** *adj. fig.* aliéné; troublé; ²**nachtung** *f*: geistige ~ aliénation *f* mentale; ~'**nähen** *v/t.* border; ourler; ~'**nebeln** *v/t.* envelopper d'un brouillard; *Geist*: troubler; ~'**nehmen** *v/t.* s'envelopper (de); ~'**organisieren** *v/t.* réorganiser; ~'**orientierung** *f* réorientation *f*; *a. pol.* réajustement *m*; '~**packen** *v/t.* *Koffer*: refaire; ✝ changer l'emballage (de); ~'**pflanzen** *v/t.* transplanter; replanter; *aus Töpfen*: rempoter; dépoter; ²'**pflanzen** *n* transplantation *f*; replantage *m*; replantation *f*; *aus Töpfen*: rempotage *m*; dépotage *m*; ~'**pflanzen** *v/t.* entourer (*mit de*); ~'**pflügen** *v/t.* labourer; ~'**polen** ⊕ *v/t.* inverser les pôles (de); ~'**prägen** *v/t. Geld*: refondre; ²'**prägung** *f* des *Geldes*: refonte *f*; ~'**quartieren** *v/t.* loger autre part; (*bei Sanierung*) *a.* muter; ⚔ faire changer de cantonnement; ~'**rahmen** *v/t.* encadrer; ²~'**rahmung** *f* encadrement *m*; ~'**randen** *v/t.* border (*mit de*); ²'**randung** *f* bordure *f*; ~'**ranken** *v/t.* couvrir de son feuillage; '~**räumen** *v/t.* disposer autrement; '~**rechnen** *v/t.* convertir; ²'**rechnung** *f* conversion *f*; ²'**rechnungskurs** *m* cours *m* de conversion; ²'**rechnungstabelle** *f* tableau *m* de conversion; '~**reißen** *v/t.* renverser; *Bäume*: abattre; *Haus*: démolir; ²'**reißen** *n* renversement *m*; *e-s Hauses*: démolition *f*; ~'**reißen** *v/t.* ébaucher; esquisser; '~**reiten** *v/t.* renverser avec son cheval; ~'**reiten** *v/t.* faire (à cheval) le tour (de); '~**rennen** *v/t.* renverser (en courant); ~'**ringen** *v/t.* entourer (von de); (*umzingeln*) cerner; '²**riß** *m* contour *m*; silhouette *f*; (*Entwurf*) ébauche *f*; croquis *m*; *fig.* in großen Umrissen à grands traits; ~'**rissen** *adj.*: fest ~er *Fragebogen* questionnaire *m* directif; ²'**rißkarte** *écol. géogr. f* carte *f* muette; '²**rißzeichnung** *f* croquis *m*; ébauche *f*; ~'**rühren** *v/t.* remuer; ~'**rüsten** ⚔ *v/i.* réorganiser les armements; ²'**rüstung** ⚔ *f* réorganisation *f* des armements; '~**sägen** *v/t.* scier; '~**satteln 1.** *v/t.* mettre une autre selle (à); **2.** *v/i.* changer de selle; *fig.* (*Beruf wechseln*) changer de profession; (*die Meinung wechseln*) changer d'opinion; tourner casaque; ²**satteln** *n* changement *m* de selle; *beruflich*: changement *m* de profession; ²**satz** *m* chiffre *m* d'affaires; opérations (*od.* transactions) *f/pl.* commerciales; (*Absatz*) débit *m*; (*Verkauf*) vente *f*; (*Einnahme*) recette *f*; ²'**satzkapital** *n* capital *m* circulant; ²'**satzsteuer** *f* impôt *m* sur le chiffre d'affaires; ~'**säumen** *v/t.* ourler tout autour, (*umgeben*) entourer.

'**umschalt|bar** *adj.* commutable; ~**en** *v/t.* ⚡ commuter; *Auto*: changer de vitesse, *rad.* de longueur d'onde; ²**er** ⚡ *m* commutateur *m*; ²**hebel** ⚡ *m* levier *m* du commutateur; ²**stöpsel** ⚡ *m* fiche *f* du commutateur; ²**taste** *f* an der *Schreibmaschine*: touche *f* des majuscules; ²**ung** *f* ⚡ commutation *f*; *Auto*: changement *m* de vitesse, *rad.* de longueur d'onde.

um'schatten *v/t.* ombrager.

'**Umschau** *f* panorama *m*; tour *m* d'horizon; revue *f*; ~ *halten* regarder autour de soi; *nach etw.* ~ *halten* chercher qch.; ²**en** *v/rf.*: sich ~ regarder autour de soi, (*zurückschauen*) tourner la tête; *sich in der Welt* ~ voir le monde.

'**umschaufeln** *v/t.* pelleter; remuer à la pelle.

'**umschicht|en** *v/t. fig.* regrouper; bouleverser; ~**ig** *adv.* à tour de rôle; ²**ung** *f*: soziale ~ regroupement (*od.* bouleversement) *m* social.

um'schiffen *v/t.* circumnaviguer; naviguer autour de; *Kap*: doubler.

Um'schiffung *f* circumnavigation *f*.

'**Umschlag** *m* (*Brief*~) enveloppe *f*; (*Buch*~) jaquette *f*; *für Hefte*: chemise *f*; (*Umschwung*) changement *m* subit; revirement *m*; (*Schicksalswende*) péripétie *f*; (*umgeschlagene Falte*) repli *m*; (*umgeklappter Rand*) rebord *m*; e-n *Brief* in e-n ~ stecken mettre une lettre sous enveloppe; e-n ~ zukleben (*mit e-r Briefmarke versehen*) coller (affranchir *od.* timbrer) une enveloppe; *im* ~ sous pli (*od.* enveloppe); *in verschlossenem* ~ sous pli (*od.* enveloppe) fermé(e); ✉ compresse *f*; (*Brei*~) cataplasme *m*; ²**en 1.** *v/i. Boot*: chavirer; *Wetter, Krankheit*: changer subitement; *Wind, Glück*: tourner; *Bier, Wein*: tourner; *zum Schlechten* ~ tourner mal; *ins Gegenteil* ~ changer du tout au tout; **2.** *v/t.* (*umwerfen*) renverser; (*herumlegen*) mettre autour de; *Kragen*: rabattre; *Ärmel*: retrousser; *Seite, Karte*: tourner; ⚔ (*umladen*) transborder; ~**en** *n* (*Wechseln*) changement *m* subit; revirement *m*; (*Umwerfen*) renversement *m*; *e-s Schiffes*: chavirement *m*; *des Ärmels*: retroussement *m*; (*Umladen*) transbordement *m*; ~(**e**)**tuch** *n* châle *m*; ~**hafen** *m* port *m* de transbordement; ~**platz** *m* place *f* de transbordement; ~**stelle** *f* centre *m* de transbordement.

um|'schleichen *v/t.* rôder autour de; ~'**schließen** *v/t.* entourer; (*einschließen*) enfermer; enceindre; enclore; ⚔ cerner; encercler; investir; ²'**schließen** *n*, ²'**schließung** *f* ⚔ encerclement *m*; investissement *m*; (*nur Umschließung*) enceinte *f*; ~'**schlingen** *v/t.* (*v/rf.*: sich ~) enlacer; (s')étreindre; ²'**schlingen** *n*, ²'**schlingung** *f* enlacement *m*; étreinte *f*; ~'**schmeicheln** *v/t.* flatter; cajoler; ~'**schmelzen** ⚔ *v/t.* renverser; ~'**schmelzen** *v/t.* refondre; ²'**schmelzen** *n* refonte *f*; '~**schnallen** (*Sicherheitsgurt*) *v/t.* mettre; boucler; accrocher; ~'**schnüren** *v/t.* ficeler; ~'**schreiben** *v/t.* exprimer par une périphrase; ⚔ circonscrire; '~**schreiben** *v/t.* récrire; ✝ transférer; ~'**schreibend** *adj.* périphrastique; ²'**schreibung** *f* circonlocution *f*; périphrase *f*; ²'**schreibung** ✝ *f* transfert *m*; ²'**schrift** *f* e-r *Münze*: légende *f*; *phonetische* ~ transcription *f* phonétique; '~**schulen** *v/t.* envoyer à une autre école; faire changer d'école; *pol.* rééduquer; *sich beruflich* ~ *lassen* se reconvertir; ²'**schulung** *f* changement *m* d'école; *pol.* rééducation *f*; *berufliche* ~ rééducation *f* professionnelle; recyclage *m*; reclassement *m*; reconversion *f*; réorientation *f*; ~'**schütteln** *v/t.* secouer; ~'**schütten** *v/t.* renverser; *in ein anderes Gefäß*: transvaser; ~'**schwärmen** *v/t.* voltiger autour de; entourer; *Menschen*: adorer; ~'**schweben** *v/t.* planer autour de; ²'**schweif** *m* détour *m*; (*Abschweifung*) digression *f*; ~e *machen* faire des, user de détours; *ohne* ~e sans détours; sans ambages; '~**schwenken** *v/t.* ⚔ effectuer une conversion; changer de direction; faire un changement de direction; *fig.* virer de bord; changer d'opinion; tourner casaque (*od.* sa veste); '~**schwirren** *v/t.* voleter (*od.* bourdonner) autour de; ²'**schwung** *m* changement *m* subit; revirement *m*; *bsd. pol.* palinodies *f/pl.*; mutation *f*; coup *m* de théâtre; (*Schicksalswende*) péripétie *f*; *pol.* renversement *m*; (*Umwälzung*) *f*, révolution *f*; ~'**segeln** *v/t.* circumnaviguer; naviguer autour de;

Kap: doubler; ²'**seg(e)lung** *f* circumnavigation *f*; '~**sehen** *v/rf*.: *sich* ~ regarder autour de soi; *(zurücksehen)* tourner la tête; *sich nochmal* ~, *ob* ... jeter un coup d'œil circulaire pour voir si ...; *abs. (sich orientieren)* prendre le vent; *sich nach j-m* ~ chercher q. (des yeux); *sich nach etw.* ~ chercher qch.; *sich in e-r Stadt* ~ visiter *(od.* faire un tour dans*)* une ville; *sich in der Welt* ~ voir le monde; *im ℚ en un clin d'œil*; '~**seitig** *adj. u. adv.* au verso; de l'autre côté; au dos; '~**setzbar** † *adj. (zu Geld zu machen)* réalisable; *(marktfähig)* négociable; *(konvertierbar)* convertible; '~**setzen** *v/t. u. v/rf. (anders setzen)* changer de place; *(Schüler; Gast) a*.: déplacer; *(anders stellen)* disposer autrement; ♂ transplanter; *(umwandeln) (sich se)* transformer *(in acc.* en); changer (en); ♪ transposer; *typ.* recomposer; † *(verkaufen)* vendre; *(zu Geld machen)* réaliser; convertir en argent; *in die Tat* ~ réaliser; '²**setzen** *n*, '²**setzung** *f* changement *m* de place; ♂ transplantation *f*; *(Umwandlung)* transformation *f (in acc.* en); ♪ transposition *f*; *typ.* recomposition *f*; † *(Verkauf)* vente *f*; *(Absatz)* débit *m*; *(Flüssigmachung)* réalisation *f*; *(Konvertierung)* conversion *f*; '²**setzer** *m cyb.* compilateur *m*; ⚠ agent *m* chargé de faire évacuer les maisons à démolir; '²**sichgreifen** *n* extension *f*; propagation *f*; '²**sicht** *f* vue *f* panoramique; *fig.* circonspection *f*; prudence *f*; précaution *f*; '~**sichtig** *adj.* circonspect; prudent; précautionneux, -euse; '~**siedeln** *v/t. Bevölkerung*: transférer; '²**siedler** *m* personne *f* déplacée; '²**siedlung** *f* transferts *m/pl.* de populations; '~**sinken** *v/i.* (se laisser) tomber; s'affaisser; *(ohnmächtig werden)* s'évanouir; *vor Müdigkeit* ~ tomber de fatigue; ~'**sonst** *adv.* pour rien; gratuitement; gratis; F pour des prunes; *(vergebens)* en vain; vainement; inutilement; *völlig* ~ en pure perte; *alles war* ~ tout fut inutile; *sich* ~ bemühen perdre sa peine; '~**spannen 1.** *v/t. (die Pferde wechseln)* changer de chevaux; **2.** *fig.* ♂ transformer; '²**spannen** *v/t*.: *mit den Armen* ~ entourer de ses bras; *fig.* embrasser; *geistig*: dominer; '²**spanner** ⚡ *m* transformateur *m*; '²**spannwerk** ⚡ *n* poste *m* de transformation; ~'**spielen** *v/t. Fußball*: dribbler; ~'**spinnen** *v/t.* entourer de fils; *Draht*: guiper; ~'**springen** *v/i. Wind*: sauter; tourner; *mit j-m (etw.)* ~ traiter q. (qch.) cavalièrement; F faire marcher q.; '²**springen** *n: das* ~ *des Windes* saute *f* de vent; ~'**springen** *v/t.* gambader autour de; '~**spulen** *v/t.* rebobiner; ~'**spülen** *v/t.* baigner *(od.* arroser*)* de tous côtés; '²**stand** *m* circonstance *f*; *(Einzelheit)* détail *m*; *(Lage)* situation *f*; '²**stände** *m/pl.* circonstances *f/pl.*; *(Förmlichkeiten)* façons *f/pl.*; manières *f/pl.*; cérémonies *f/pl.*; F chichis *m/pl.*; *unter* ~*n* le cas échéant; *si les circonstances s'y prêtent*; *unter allen* ~*n* en tout cas; *unter keinen* ~ *sous aucun prétexte (bei vb. mit* ne*)*; en aucun cas *(bei vb. mit* ne*)*; *unter diesen (od. solchen)* ~*n* dans ces conditions;

dans ce contexte; *unter den gleichen* ~*n* toutes choses égales; *infolge unvorhergesehener* ~ par suite de circonstances imprévues; *ohne* ~ sans façon; *(sich)* ~ *machen* (se) mettre en peine *(um* de*)*; *nicht viel* ~ *machen* ne pas faire beaucoup de façons *(od.* manières*)*; *machen Sie keine* ~! ne faites pas de façons *(od.* manières*)*; *sich die* ~ *zunutze machen* profiter des circonstances; ⚖ *mildernde (erschwerende)* ~ *circonstances f/pl.* atténuantes (aggravantes); *in andern* ~*n (schwanger) sein* être enceinte; '~**ständlich** *péj.* **I** *adj.* compliqué; *(weitschweifig)* prolixe; *trop minutieux, -euse; (kleinlich)* formaliste; *Personen*: cérémonieux, -euse; *(langwierig)* long, longue; *(beschwerlich)* embarrassant; **II** *adv.* d'une manière prolixe *(od.* circonstanciée*)*; '²**ständlichkeit** *f (Weitschweifigkeit)* prolixité *f*; '²**standskleidung** *f* vêtement *m* de grossesse; '²**standskrämer** *m* formaliste *m*; chicaneur *m*; '²**standssatz** *gr. m* proposition *f* circonstancielle; '²**standswort** *gr. n* adverbe *m*; '~**stecken** *v/t. Frisur*: refaire; '²**steckkalender** *m* calendrier *m* cartonné interchangeable; '~**stehen** *v/t.* entourer *(od.* cerner*)*; '~**stehend I** *adj.*: *die* ~*e Seite* la page suivante *(vorausgehende*: précédente); *die* ²*en* les personnes *f/pl.* présentes; **II** *adv.* au verso; '²**steigefahrschein** *m*, '²**steigekarte** *f (billet m od.* ticket *m* de*)* correspondance *f*; '~**steigen** *v/i.* changer de voiture *(resp.* de train *od.* de ligne*)*; ~'**stellen 1.** *v/t.* disposer *(od.* placer*)* autrement; changer de place; déplacer; *arith.* renverser; permuter; *gr., typ.* transposer; *(umbilden)* réorganiser; *(umgruppieren)* regrouper; *(konvertieren)* convertir; *auf Computer* ~ cybernétiser; *auf Goldwährung* ~ adopter l'étalon-or; **2.** *v/rf.: sich* ~ *fig.* se conformer aux circonstances; s'adapter à la nouvelle situation; *sich beruflich* ~ se reconvertir; ~'**stellen** *v/t.* entourer *(mit de*); *(umzingeln)* cerner; encercler; investir; *ch.* traquer; '²**stellung** *f* changement *m* de place; *arith.* renversement *m*; permutation *f*; *éc.* reconversion *f*; *gr., typ.* transposition *f*; *geistige*: changement *m* d'opinion; *(Umbildung)* réorganisation *f*; *(Umgruppierung)* regroupement *m*; *berufliche* ~ réadaptation *f* professionnelle; ~ *der Landwirtschaft* reconversion *f* de l'agriculture; *die* ~ *auf Computer* la mise de qch. sur *(od.* en*)* ordinateur; la cybernétisation de qch.; ~ *auf Goldwährung* adoption *f* de l'étalon-or; '~**steuern** ⊕ *v/t.* renverser la marche; '~**stimmen** *v/t.* ♪ accorder autrement; *fig. j-n* ~ faire changer q. d'avis; *aber: ich stimme ihn um* je le fais changer d'avis; '~**stoßen** *v/t.* renverser *(a. fig.)*; culbuter; *(für ungültig erklären)* annuler; ⚖ casser, invalider; '²**stoßen** *n*, '²**stoßung** *f* renversement *m (a. fig.)*; *(Annullierung)* annulation *f*; ⚖ invalidation *f*, cassation *f*; ~'**strahlen** *v/t.* entourer de rayons; ~'**stricken** *fig. v/t.* enjôler; F entortiller; ~'**stritten** *adj.* discuté; contesté; controversé; '~**strukturieren** *v/t.* restruc-

turer; '²**strukturierung** *f* restructuration *f*; '~**stülpen** *v/t. Tasche*: retourner; *Hut, Ärmel*: retrousser; *fig. etw.* ~ F chambarder qch.; F chambouler qch.; F mettre qch. cul par-dessus tête; '²**sturz** *pol. m* renversement *m*; bouleversement *m*; subversion *f*; *(Revolution)* révolution *f*; '²**sturzbestrebungen** *f/pl.* tendances *f/pl.* subversives; '²**sturzbewegung** *f* mouvement *m* révolutionnaire *(od.* subversif*)*; '~**stürzen 1.** *v/t.* renverser, bouleverser; *(Denkmal)* déboulonner; **2.** *v/i.* tomber à la renverse; se renverser; *Pferdewagen*: verser; *Auto*: capoter; chavirer, culbuter, se renverser, se retourner; *(zusammenstürzen)* s'écrouler; s'effondrer; '²**stürzler** *in f) m* révolutionnaire *f, m*; '~**stürzlerisch** *adj.* révolutionnaire; subversif, -ive; '²**sturzpartei** *f* parti *m* révolutionnaire; ~'**tanzen** *v/t.* danser autour de; ~'**taufen** *v/t.* débaptiser *(in acc.* en*)*; '~**tausch** *m* échange *m*; *(Konvertierung)* conversion *f*; *zwecks* ~ pour échange; ~ *nicht gestattet* on n'échange pas les objets achetés; '~**tauschbar** *adj.* échangeable; *(konvertierbar)* convertible; '~**tauschen** *v/t.* échanger *(für* pour; *gegen* contre); *(konvertieren)* convertir; '²**tauschfrist** *f* délai *m* d'échange; '²**tauschstelle** *f* bureau *m* d'échange; ~'**toben** *v/t.* faire rage autour de; '~**topfen** *v/t.* rempoter; dépoter; '²**topfen** *n* rempotage *m*; dépotage *m*; ~'**tosen** *v/t.* déferler autour de; '²**triebe** *m/pl.* menées *f/pl.*; machinations *f/pl.*; ⚔ chouanneries *f/pl.*; '~**tun 1.** *v/t.* mettre; *(gürten)* ceindre; **2.** *v/rf.*: *sich nach etw.* ~ chercher qch.; ²'**wallung** *f* circonvallation *f*; '²**walzanlage** *(Schwimmbecken) f* système *m* de filtration; '~**wälzen** *v/t.* rouler; *(umstürzen)* renverser; bouleverser; *(revolutionieren)* révolutionner; '~**wälzend** *adj. (epochemachend)* qui fait époque; '²**wälzung** *f* révolution *f*; renversement *m*; bouleversement *m*; '~**wandelbar** *adj.* transformable; convertible (*a.* †); convertissable (*a.* †); *Strafe*: commuable; '²**wandelbarkeit** *f* convertibilité *f*; *e-r Strafe*: commuabilité *f*; '~**wandeln 1.** *v/t.* transformer *(in acc.* en*)*; convertir (*a.* †, *in acc.* en) changer (en); *Strafe*: commuer *(in acc.* en*)*; *at.* transmuter; *rl.* transsubstantier; **2.** *v/rf.*: *sich* ~ se transformer *(in acc.* en*)*; se convertir (en); changer (en); '²**wandler** ⚡ *m* transformateur *m*; convertisseur *m*; '²**wandlung** *f* transformation *f*; convertissement *m (a.* †); changement *m*; † conversion *f*; *e-r Strafe*: commutation *f*; *at.* transmutation *f*; *rl.* transsubstantiation *f*; '~**wechseln** *v/t.* changer; '²**wechseln** *n* change *m*; '²**wechslungskurs** *m* cours *m* de change; '²**weg** *m* détour *m*; *fig. a.* moyen *m (od.* chemin *m)* détourné; biais *m*; *e-n* ~ *machen* faire un détour; F se rallonger; *fig.* ~*e machen* biaiser; *auf den* ~ *von Prozessen* par le biais de procès; *auf* ~*en* indirectement; par des moyens détournés; en biaisant; *ohne* ~*e* sans détours; directement; '~**wehen** *v/t.* renverser; ~'**wehen** *v/t.* souffler autour de; '⁁welt *fig. f* entourage *m*; ambiance *f*; (*Milieu*) milieu *m*; *ökologisch*: environnement *m*; '⁁welt... environnemental; environnementel, -elle; '⁁welt-einflüsse *m/pl.* influences *f/pl.* ambiantes (*bzw.* écologiques); '⁀weltfeindlich *adj.* polluant; défavorable à l'environnement; '⁁weltforscher *m* environnementaliste *m*; '⁁weltforschung *f* recherches *f/pl.* environnementales; '⁀weltfreundlich *adj.* antipolluant; non polluant; biodégradable; favorable à l'environnement; '⁁weltschäden *m/pl.* nuisances *f/pl.*; '⁀weltschädlich *adj.* nuisible à l'environnement; nocif, -ive; saccageur, -euse; '⁁weltschutz *m* protection *f* (*od.* défense *f*) de l'environnement; '⁁weltschützer *m* écologiste *m*; '⁁weltverschmutzung *f* pollution *f* (*od.* détérioration *f*) de l'environnement; '⁁weltvorsorge *f* mesures *f/pl.* antipollution prophylactiques; '⁀wenden *v/t.* (*v/rf.*: *sich se*) retourner; *Hand, Seite, Wagen*: tourner; ⁀'werben *v/t.*: *j-n* ⁀ courtiser q.; rechercher q.; ⁀'werfen *v/t.* renverser; *j-n* ⁀ annihiler q.; *Mantel usw.*: jeter sur ses épaules; ⁀'werten *v/t.* réévaluer; *phil.* renverser les valeurs; '⁁wertung *f* réévaluation *f*; *phil.* transvaluation *f*; renversement *m* des valeurs; ⁀'wickeln *v/t.* envelopper (*mit de*); ⊕ guiper; *mit Stroh* ⁀ empailler; ⁂'wickeln *n*, ⁂'wick(e)lung *f* enveloppement *m*; ⁀'widmen *v/t.*: *ein Gelände* ⁀ utiliser un terrain à autre chose; ⁀'winden *v/t.* enlacer (*mit de*); (*umkränzen*) couronner (*mit de*); ⁀'wogen *v/t.* battre de ses flots; '⁀wohnend *adj.* d'alentour; des environs; du voisinage; ⁀'wölken *v/t.* (*v/rf.*: *sich se*) couvrir (de nuages); (s')assombrir (*a. fig.*); ⁀'wühlen *v/t.* fouiller; ⁀'zäunen *v/t.* entourer d'une clôture, enclore; ⁂'zäunung *f* clôture *f*; '⁀ziehen 1. *v/i.* déménager; changer de logement; 2. *v/t.*: *j-n* ⁀ changer les vêtements de q.; mettre d'autres vêtements à q.; 3. *v/rf.*: *sich* ⁀ se changer; changer de vêtements; *sich (zum Empfang) umzuziehen beginnen* se mettre à sa toilette; ⁀'zingeln *v/t.* cerner; encercler; investir; ⁂'zing(e)lung *f* encerclement *m*; investissement *m*; '⁁zinglungskomplex *pol. m* 'hantise *f* de l'encerclement; '⁁zug *m* déménagement *m*; (*Festzug*) cortège *m*; (*Kundgebung*) défilé *m*; *rl.* procession *f*; '⁁zugskosten *pl.* frais *m/pl.* de déménagement; ⁂'zugstermin *m* date *f* de déménagement; ⁂'zugsvergütung *f* indemnité *f* de déménagement.

un-ab'änderlich *adj.* invariable; immuable; ⚖ irrévocable; ⁂keit *f* invariabilité *f*; ⚖ irrévocabilité *f*.

un-ab'dingbar *adj. Recht*: inaliénable; ⁂keit *f* inaliénabilité *f*.

'**un-abgefertigt** *adj.* non expédié.

'**un-abhängig** *adj.* indépendant; *adv.* ⁀ *hiervon* à part cela; ⁂keit *f* indépendance *f*; *nach* ⁀ *verlangend* indépendantiste; ⁂keitskämpfer *m* combattant *m* pour l'indépendance; indépendantiste *m*; ⁂keitskrieg *m* guerre *f* d'indépendance.

'**un-abkömmlich** *adj.* indispensable; indisponible; irremplaçable; ⚖ en sursis d'appel; ⁂keit *f* indispensabilité *f*; indisponibilité *f*.

un-ab|'lässig I *adj.* continuel, -elle; incessant; **II** *adv.* continuellement; incessamment; sans cesse; sans relâche; ⁀'lösbar, ⁀'löslich *adj.* non détachable; ✝ *Hypothek*: non amortissable; *unablösbare Anleihe* emprunt *m* consolidé; ⁀'sehbar *adj.* (*ungeheuer*) immense; (*unvorhersehbar*) imprévisible; (*unberechenbar*) incalculable; ⁂'sehbarkeit *f* (*ungeheure Größe od. Weite*) immensité *f*; ⁀'setzbar *fig. adj.* inamovible; ⁂'setzbarkeit *fig. f* inamovibilité *f*; ⁀'sichtlich **I** *adj.* non prémédité; **II** *adv.* sans intention; sans préméditation; ⁂'sichtlichkeit *f* absence *f* de préméditation; ⁀'weisbar, ⁀'weislich *adj.* (*dringend, gebieterisch*) impérieux, -euse; pressant, urgent.

un-ab'wendbar *adj.* inévitable; inéluctable; irréversible; fatal; ⁂keit *f* caractère *m* inévitable (*od.* fatal); fatalité *f*.

'**un-achtsam** *adj.* inattentif, -ive; (*nachlässig*) négligent; (*zerstreut*) distrait; (*leichtfertig*) léger, -ère; (*unbesonnen*) étourdi; ⁂keit *f* inattention *f*; manque *m* d'attention; (*Nachlässigkeit*) négligence *f*; (*Zerstreutheit*) distraction *f*; (*Leichtfertigkeit*) légèreté *f*; (*Unbesonnenheit*) étourderie *f*; (*Versehen*) inadvertance *f*; *aus* ⁀ par inadvertance.

'**un-ähnlich** *adj.* dissemblable; peu ressemblant; ⁂keit *f* dissemblance *f*.

'**un-an|bringlich** ⚖ *adj.* en rebut; ⁀fechtbar *adj.* inattaquable; (*unbestreitbar*) incontestable; ⁀gebracht *adj.* déplacé; peu convenable; intempestif, -ive; ⁀gefochten *adj.* incontesté; ⁀ *lassen* laisser tranquille; ⁀gemeldet **I** *adj.* non annoncé; *Vermögen*: non déclaré; **II** *adv.* sans se faire annoncer; sans s'annoncer; ⁀gemessen *adj.* inadéquat; (*ungeeignet*) impropre; (*unschicklich*) inconvenant; peu convenable; ⁂gemessenheit *f* caractère *m* inadéquat; (*Ungeeignetheit*) impropriété *f*; (*Unschicklichkeit*) inconvenance *f*; ⁀genehm *adj.* désagréable; (*mißfällig*) déplaisant; (*mißlich*) fâcheux, -euse; embarrassant; ⁀getastet *adj.* intact.

un-an|'greifbar *adj.* inattaquable; ⁀'nehmbar *adj.* inacceptable; ⁂'nehmbarkeit *f* caractère *m* inacceptable; '**Un-annehmlichkeit** *f* désagrément *m*; inconvénient *m*; ennui *m*; F embêtement *m*; (*Ärger*) contrariété *f*; *sich* ⁀*en aussetzen* F se mouiller.

'**un-anpassungsfähig** *adj.* inassimilable (*an acc.* à).

'**un-ansehnlich** *adj.* (*häßlich*) de mauvaise apparence; laid; ⁂keit *f* (*Häßlichkeit*) mauvaise apparence *f*; laideur *f*.

'**un-anständig** *adj.* indécent; inconvenant; déshonnête; choquant; polisson, -onne; ⁂keit *f* inconvenance *f*; indécence *f*; polissonnerie *f*.

un-an'tastbar *adj.* inviolable; *pol.* intangible; *iron.* sacro-saint; ⚖ insaisissable; ⁂keit *f* inviolabilité *f*; garantie *f* institutionnelle; ⚖ insaisissabilité *f*.

'**un-anwendbar** *adj.* inapplicable.

'**un-appetitlich** *adj.* peu appétissant; (*widerlich*) dégoûtant.

'**Un-art** *f* mauvaises manières *f/pl.*; (*üble Angewohnheit*) vilaine habitude *f*; *bsd. e-s Kindes*: méchanceté *f*; (*Unanständigkeit*) inconvenance *f*, *pfort* grossièreté *f*; (*Unhöflichkeit*) impolitesse *f*; ⁂ig *adj. Kind*: mal élevé; (*unhöflich*) impoli; (*unanständig*) inconvenant, *pfort* grossier, -ière; ⁂igkeit *f* mauvaise conduite *f*.

'**un-artikuliert** *adj.* inarticulé.

'**un-ästhetisch** *adj.* peu esthétique.

'**un-auf|fällig I** *adj.* discret, -ète; **II** *adv.* discrètement; ⁀'findbar *adj.* introuvable; ⁀gefordert *adv.* sans y avoir été invité; (*aus eigenem Antrieb*) spontanément; de son propre mouvement; ⁀geklärt *adj.* non éclairci; ⁀'haltbar *adj.* irréversible; ⁀'haltsam *adj.* qu'on ne peut arrêter; irrésistible; *adv.* ⁀ *vorwärtsgehen* (*a. fig.*) brûler toutes les étapes; ⁂'haltsamkeit *f* caractère *m* irrésistible, implacable, impérieux, ⁀'hörlich **I** *adj.* incessant; perpétuel, -elle, sans discontinuer; sans fin; **II** *adv.* incessamment; sans cesse; sans relâche; (*endlos*) sans fin; ⁀'lösbar *Problem*: insoluble; *Ehe*: indissoluble; ⁀'löslich 🜂 insoluble; ⁂'lösbarkeit *f* 🜂 *e-s Problems*: insolubilité *f*; *e-r Ehe*: indissolubilité *f*; ⁀merksam *adj.* inattentif, -ive; (*zerstreut*) distrait; ⁂merksamkeit *f* inattention *f*; manque *m* d'attention; (*Zerstreutheit*) distraction *f*; ⁀richtig *adj.* hypocrite; *litt.* insincère; ⁂richtigkeit *f* hypocrisie *f*; *litt.* insincérité *f*; mauvaise foi *f*; ⁀'schiebbar *adj.* qu'on ne peut remettre (*od.* différer); (*dringend*) urgent; ⁂'schiebbarkeit *f* (*Dringlichkeit*) urgence *f*.

un-aus|'bleiblich *adj.* (*sicher*) infaillible; immanquable; (*unvermeidlich*) inévitable; (*schicksalhaft*) fatal; ⁀'denkbar *adj.* inimaginable; impensable; ⁀'führbar *adj.* inexécutable; irréalisable; impraticable; infaisable; (*unmöglich*) impossible; ⁂'führbarkeit *f* impossibilité *f* d'exécuter; ⁀gebildet *adj.* qui n'est pas développé; ♀ *u. zo.* rudimentaire; *beruflich*: sans formation; ⚖ non instruit; ⁀'geführt *adj.* inexécuté; ⁀'gefüllt *adj.* qui n'a pas été rempli; *Quittung*: en blanc; *Mensch*: insatisfait; plein d'ennui (*od.* de cafard); ⁀'gefülltheit *fig. f*: *das Gefühl der* ⁀ l'ennui *m*; ⁀'geglichen *adj.* déséquilibré; '⁀gesetzt **I** *adj.* ininterrompu; continu; incessant; **II** *adv.* sans interruption; sans relâche; continuellement; incessamment; sans cesse; ⁀'löschlich indélébile (*a. fig.*); *Tinte*: indélébile (*a. fig.*); ⁀'rottbar inextirpable; ⁀'sprechbar *adj.* imprononçable; ⁀'sprechlich *adj.* inexprimable; indicible; ineffable; ⁀'stehlich *adj.* insupportable; F assommant; F tuant; F infernal; (*widerwärtig*) odieux, -euse; *er ist mir* ⁀ F c'est ma bête noire; ⁀'weichlich *adj.* inévitable; inéluctable.

'**unbändig** *adj. Kind*: indomptable; indocile; intraitable; *Freude*: sans limite; débordant; pétulant; *Lachen*,

Zorn: fou (fol), folle; effréné; ⁂**keit** f nature f (od. caractère m) indomptable; (*Ungestüm*) pétulance f.

'**unbarmherzig** adj. impitoyable; sans pitié; (*hart*) dur; (*grausam*) cruel, -elle; ⁂**keit** f caractère m impitoyable; (*Härte*) dureté f; (*Grausamkeit*) cruauté f.

'**unbe|absichtigt I** adj. non voulu; **II** adv. sans intention; ~**achtet** adj. inaperçu; ~ *lassen* ne pas faire attention (à); ~**anstandet** adj. incontesté; ⚜ ~ *bleiben* ne pas donner lieu à des réclamations; ~**antwortet** adj.: ~ *bleiben* rester sans réponse; ~**arbeitet** ⊕ adj. brut; cru; non usiné; ~**aufsichtigt** adj. non surveillé; sans surveillance; ~**baubar** adj. incultivable; ~**baut** adj. 🞂 inculte; non cultivé; *Straßen:* sans bâtiments; *Gelände:* vague; ~**dacht** adj. irréfléchi; inconsidéré; (*leichtsinnig*) étourdi; léger, -ère; ⁂**dachtsamkeit** f irréflexion f; (*Leichtsinn*) étourderie f; légèreté f; ~**deckt** adj. découvert; (*bloß*) nu; *mit ~em Haupt* nu-tête; tête nue; ~**denklich** adj. qui n'offre aucune difficulté (*od.* aucun inconvénient); ⁂**denklichkeitsbescheinigung** f certificat m de non-objection (*od.* de non-opposition); ~**deutend** adj. insignifiant; peu important; sans importance; (*gering*) petit; futile; ~**dingt I** adj. (*bedingungslos*) inconditionnel, -elle; (*absolut*) absolu; **II** adv. (*bedingungslos*) sans condition; (*absolut*) absolument; (*auf jeden Fall*) en tout cas; ⁂**dingtheit** f caractère m absolu; ~**eindruckt** adj. insensible; indifférent; *j-n ~ lassen* a. laisser q. froid (*od.* de glace); ~**einflußt** adj. non influencé; ~**einträchtigt** adj. ⚜ sans être lésé dans ses intérêts; *fig.* (*unparteiisch*) impartial; ~**fähigt** adj. incapable; qui n'a pas les qualités requises; ~'**fahrbar** adj. impraticable; inutilisable; ⁇ non-navigable; ~**fangen** adj. non prévenu; (*unparteiisch*) impartial; (*harmlos*) ingénu; (*naiv*) naïf, naïve; (*natürlich*) naturel, -elle; (*treuherzig*) candide; ⁂**fangenheit** f esprit m non prévenu; (*Unparteilichkeit*) impartialité f; (*Harmlosigkeit*) ingénuité f; (*Naivität*) naïveté f; (*Natürlichkeit*) naturel m; (*Treuherzigkeit*) candeur f; ~**festigt** adj. *Ort:* non fortifié; ouvert; *Straße:* non macadamisé; ~**fleckt** *fig.* adj. sans tache; pur; (*jungfräulich*) vierge; *rl.* immaculée; *rl. die* ⁂e *Empfängnis* l'Immaculée Conception f; ~**friedigend** adj. peu satisfaisant; *écol.* (*nicht ausreichend*) insuffisant; ~**friedigt** adj. insatisfait (*von* de); mécontent (de); ~**fristet** adj. à durée non limitée; non soumis à un délai; ~**fugt** adj. non autorisé; ⚖ incompétent; ⁂en *ist der Eintritt verboten!* entrée interdite à toute personne étrangère au service; défense d'entrer sans motif de service; ~**fugter'weise** adv. sans autorisation; ⁂**fugtheit** ⚖ f incompétence f; ~**gabt** adj. peu doué; ~**glaubigt** adj. non légalisé; ~**glichen** adj. *Rechnung:* impayé; non réglé; ~'**greiflich** adj. inconcevable; incompréhensible; *das ist mir ~ a.* je m'y perds; ⁂'**greiflichkeit** f chose f incompré-

hensible; ~**grenzt** adj. illimité; ⁂**grenztheit** f caractère m illimité; ~**gründet** adj. sans fondement; dépourvu de fondement; non (*od.* mal) fondé; injustifié; ~**gütert** adj. sans fortune (*od.* biens); ~**haart** adj. *Kinn, Gesicht,* ♀ glabre; *Kopf:* chauve; ~**hagen** n malaise m; ~**haglich** adj. (*unbequem*) inconfortable; incommode; (*gezwungen*) gêné; *~es Gefühl* sentiment m de malaise; *sich ~ fühlen* se sentir mal à l'aise; *mir ist ~* je suis mal à l'aise; ⁂**haglichkeit** f sentiment m de malaise (*od.* de gêne); ~**haun** adj. brut; ~**helligt** adj. sans être molesté; sans éprouver aucun ennui; ~ *lassen* laisser tranquille; ~**herrscht** *fig.* adj. qui ne sait pas se maîtriser (*od.* se dominer); ~**herrschtheit** f manque m de maîtrise de soi(-même); ~**hindert** adj. libre; adv. a. sans être empêché; ~**holfen** adj. maladroit; gauche; lourd; F empoté, F godiche; empêtré; emprunté; ⁂**holfenheit** f maladresse f; gaucherie f; (*Plumpheit*) lourdeur f; ~'**irrbar** adj. (*fest*) ferme; (*sicher*) sûr; ~'**irrt** adv. sans se laisser déconcerter; ~**kannt** adj. (*nicht bekannt*) inconnu; ignoré; (*namenlos*) obscur; (*seinen Namen verschweigend*) anonyme; (*fremd*) étranger, -ère; *~e Größe* ♄ inconnue f; *ich bin hier ~* je suis étranger, -ère ici; *er ist mir ~* je ne le connais pas; *das ist mir ~* je n'en sais rien; *es wird dir nicht ~ sein, daß ...* tu n'es pas sans savoir que ...; tu ne peux ignorer que ...; *~ verzogen* parti sans laisser d'adresse; ⁂**kannte(r** a. m), f inconnu m, -e f (a. ♄); ~**kannter'weise** adv. sans être connu; *grüßen Sie Ihren Bruder ~* mes compliments à votre frère bien que je n'aie pas le plaisir de le connaître; ⁂**kannte(s)** n inconnu m; ~**kleidet** adj. nu; ~**kümmert** adj. sans souci; insouciant; *seien Sie deswegen ~* ne vous mettez pas en peine; ⁂'**kümmertheit** f insouciance f; désinvolture f; ~**laden** adj. non chargé; ~**lastet** adj. non chargé; *Grundstück:* non grevé d'hypothèques; *fig.* (*vorurteilsfrei*) sans préjugés; ~**laubt** ♀ adj. sans feuilles, aphylle; ~**lebt** adj. inanimé; sans vie; *Straße a.:* peu fréquenté; ~'**lehrbar** adj. incorrigible; ~**lesen** adj. peu cultivé; qui n'a pas lu beaucoup; qui a peu lu; ⁂**lesenheit** f manque m de lecture; ~**lichtet** phot. adj. non exposé; vierge; ~**liebt** adj. peu aimé; peu sympathique; antipathique; *beim Volk ~* impopulaire; ⁂**liebtheit** f manque m de sympathie; *~ beim Volk* impopularité f; ~**lohnt** adj. u. adv. sans récompense; ~**mannt** adj. ⚓ non équipé; *Raumschiff, Satellit:* non habité; automatique; inhabité; sans équipage; ~**merkbar** adj. imperceptible; ~**merkt** adj. inaperçu; *~ bleiben* passer inaperçu; ~**mittelt** adj. sans fortune (*od.* biens); (*bedürftig*) indigent; ⁂**mitteltheit** f manque m de fortune; (*Bedürftigkeit*) indigence f; ~**nannt** adj. sans nom; anonyme; *~e Zahl* nombre m abstrait; ~**nennbar** adj. innommable; ~'**nommen**: *es bleibt Ihnen ~, zu ...* (*inf.*) vous êtes lib... de ... (*inf.*); ~**nutzt** adj. inutili-

sé; inemployé; (*neu*) neuf, neuve; *Gebäude:* abandonné; désaffecté; *Kapital:* qui dort; ~**obachtet** adj. inobservé; ~**quem** adj. incommode; inconfortable; (*lästig*) gênant; (*unangenehm*) désagréable; *Sie sitzen ~* vous êtes mal assis; ⁂**quemlichkeit** f incommodité f; manque m de confort; ~'**rechenbar** adj. incalculable; *Person:* déconcertant; (*unergründlich*) insondable; ⁂'**rechenbarkeit** f caractère m incalculable *bzw.* déconcertant *bzw.* insondable; ~**rechtigt** adj. non autorisé; *Forderung:* injustifié; ~**rechtigter'weise** adv. sans droit; sans justification; ~**rücksichtigt** adj. dont on n'a pas tenu compte; etw. ~ *lassen* ne pas tenir compte de qch.; ~'**rufen** int.: ~, toi, toi, toi! touchons du bois!; ~'**rührbar** adj. intangible; *die* ⁂en (*Parias*) les intouchables m/pl.; ~'**rührbarkeit** f intangibilité f; ~**rührt** adj. (*unversehrt*) intact; *fig.* à l'écart (*von* de); *etw. ~ lassen* ne pas toucher à qch.; *fig.* (*es nicht erwähnen*) passer qch. sous silence; ~'**schadet** prp. (*gén.*) sans préjudice de; (*trotz*) nonobstant; ~**schädigt** adj. non endommagé; indemne; intact; ~**schäftigt** adj. inoccupé; sans occupation; désœuvré; ⁂**schäftigte(r** a. m), f sans-travail m inv.; ~**scheiden** adj. pas modeste; ⁂**scheidenheit** f manque m de modestie; ~**schlagen** adj. qui n'est pas ferré (a. *fig.*; *in dat.* en *bzw.* sur); ~**scholten** adj. intègre; d'une réputation intacte; irréprochable; ⚖ sans antécédents judiciaires; ⁂**scholtenheit** f réputation f intacte; intégrité f; ~**schrankt** adj. *Übergang:* non gardé; ~**schränkt** adj. illimité; sans restriction (a. adv.); *mit ~er Haftung* à responsabilité illimitée; ⁂**schränktheit** f étendue f illimitée; *fig. die völlige ~ m-r Studien* la liberté absolue de mes études; ~'**schreiblich** adj. indescriptible; inexprimable; indicible; ineffable; *Benehmen:* inqualifiable; ~**schrieben** adj. blanc, blanche; *~e Seite* page f blanche (*od.* vierge); *~ lassen* laisser en blanc; *fig. ein ~es Blatt sein* être une page blanche; ~**schützt** adj. sans défense; ~**schwert** adj. *phys.* non chargé; *Gewissen:* net, nette; (*unbekümmert*) sans souci; insouciant; (*heiter*) enjoué; *ein ~er Dialog* un dialogue serein; ⁂**schwertheit** f des *Gewissens:* netteté f; (*Unbekümmertheit*) insouciance f; (*Heiterkeit*) enjouement m; ~**seelt** adj. inanimé; sans âme; ~'**sehen** adj. sans l'avoir vu; sans examen; ~**setzt** adj. inoccupé; (*leer*) vide; *Stelle:* vacant; ~'**siegbar** adj. invincible; ⁂'**siegbarkeit** f invincibilité f; ~**siegt** adj. invaincu; ~**soldet** adj. non rétribué; ~**sonnen** adj. irréfléchi; inconsidéré; (*leichtsinnig*) étourdi; léger, -ère; ⁂**sonnene(r)** m étourdi m; écervelé m; F hurluberlu m; ⁂**sonnenheit** f irréflexion f; (*Leichtsinn*) étourderie f; légèreté f; ~**sorgt** adj. sans souci; *seien Sie deswegen ~!* ne vous mettez pas en souci (*od.* en peine) pour cela!; F ne vous en faites pas!; ~**spielt** (*Tonband*) adj. vierge; ~**ständig** adj. inconstant; instable; (*ver-*

änderlich) changeant; variable; (wankelmütig) versatile; (flatterhaft) volage; inconsistant; (schwankend) chancelant; 2ständigkeit f inconstance f; instabilité f; (Veränderlichkeit) variabilité f; (Wankelmütigkeit) versatilité f; ~stätigt adj. non confirmé; ~'stechlich adj. incorruptible; 2stechlichkeit f incorruptibilité f; ~steigbar adj. inaccessible; 2steigbarkeit f inaccessibilité f; ~'stellbar adj. ✍ au rebut; en souffrance; falls ~, zurück an Absender si inconnu à l'adresse, prière de retourner à l'expéditeur; ✍ qui ne peut être labouré; ~stellt adj. Brief usw.: qui n'a pas été distribué; Ware: non commandé; ✍ non labouré; inculte; en friche; ~steuert adj. non imposé; ~'stimmbar adj. indéterminable; indéfinissable; ~stimmt adj. indéterminé (a. ♫); indéfini (a. gr.); (unklar) indistinct; vague; (verworren) confus, (unsicher) incertain; auf ~e Zeit pour un (laps de) temps indéterminé; 2stimmtheit f indétermination f; vague m; ~straft adj. impuni; adv. impunément; ~'streitbar adj. incontestable; 2streitbarkeit f incontestabilité f; ~'stritten adj. incontesté; adv. sans conteste; ~'teiligt adj. étranger, -ère (an dat. à); am Gewinn: non intéressé (à); (gleichgültig) indifférent (à); an etw. (dat.) ~ sein ne pas participer (od. ne pas prendre part) à qch.; ~tont adj. non accentué; atone; ~'trächtlich adj. peu considérable; de peu d'importance; ~treten adj. Weg: non battu.
un'beugsam adj. intransigeant; inflexible; 2keit f intransigeance f; inflexibilité f.
unbe|wacht adj. non surveillé; sans surveillance; Übergang: non gardé; ~waffnet adj. non armé; sans armes; ~waldet adj. non boisé; ~wandert adj. peu versé (in dat. dans); ~'weglich adj. immobile; fixe; ✍ ~e Güter biens m/pl. immeubles (od. immobiliers); fig. impassible; 2weglichkeit f immobilité f; litt. fixité f; fig. impassibilité f; did., éc. statisme m; ~wegt adj. immobile; fig. impassible; ~weibt adj. sans femme; célibataire; ~weint adj. qui n'est pas pleuré (od. regretté); ~weisbar adj. improuvable; indémontrable; ~wiesen adj. non prouvé; non démontré; ~wirtschaftet adj. Waren usw.: non rationné; libre; ~wohnbar adj. inhabitable; ~wohnt adj. inhabité; für den Augenblick: vacant; (verödet) désert; ~wölkt adj. sans nuages; ~wußt I adj. inconscient; (unwillkürlich) involontaire; machinal; (instinktmäßig) instinctif, -ive; II adv. inconsciemment; 2wußte(s) phil. n inconscient m; ~'zahlbar adj. impayable; 'hors de prix; inestimable; ~zahlt adj. impayé; non réglé; Arbeit: non salarié; Urlaub: non payé; ~'zähmbar adj. indomptable; ~zeugt adj. non attesté; ~'zwingbar adj. invincible; irréductible; Festung: imprenable; 2zwingbarkeit f invincibilité f; ~zwungen adj. invaincu; Berg: inviolé; encore invaincu.
'unbiegsam adj. inflexible.

'Unbilden f/pl.: ~ der Witterung intempéries f/pl.; inclémence f du temps.
'Unbildung f manque m de culture.
'unbillig adj. (ungerecht) peu équitable; inique; injuste.
'unblutig I adj. non sanglant; II adv. sans répandre de sang.
'unbotmäßig adj. insubordonné; 2keit f insubordination f.
'unbrauchbar adj. inutilisable; qui n'est bon, bonne à rien; (unnütz) inutile; (untauglich) inapte; 2keit f inutilité f; (Untauglichkeit) inaptitude f.
'unbußfertig adj. impénitent; 2keit f impénitence f.
'unchristlich adj. peu chrétien, -enne; indigne d'un chrétien.
und cj. et; bei negativer Verbindung: ne ... ni ... ni ...; kein Brot ~ kein Geld haben n'avoir ni pain ni argent; (na) ~?; ~ dann? et après?; et puis?; iron. na~! bof!; ~ so weiter et ainsi de suite; et cætera (abr. etc.); geh ~ hole mir ...! va me chercher ...; ~ ich erst! et moi donc!
'Undank m ingratitude f; j-m mit ~ lohnen payer q. d'ingratitude; nur ~ ernten ne recueillir (od. récolter) que de l'ingratitude; ~ ist der Welt Lohn le monde (vous) paie d'ingratitude; 2bar adj. ingrat (gegen envers); ~bare(r a. m) m, f ingrat m, -e f; ~barkeit f ingratitude f.
un|da'tiert adj. non daté; sans date; ~defi'nierbar adj. indéfinissable; '~dehnbar adj. inextensible; non élastique; ~dekli'nierbar gr. adj. indéclinable; '~denkbar adj. impensable; inimaginable; (unbegreiflich) incompréhensible, inconcevable; ~'denklich adj.: seit ~en Zeiten de temps immémorial; ~deutlich adj. indistinct; imprécis; indécis; vague; (verworren) confus; (schwer zu verstehen) inintelligible; (dunkel) obscur; phot. flou; Laut: inarticulé; Schrift: illisible; ~ und schnell sprechen bredouiller; 2deutlichkeit f manque m de netteté; phot. flou m; '~deutsch adj. Sitte, ling. qui n'est pas allemand; péj. (Verhalten) peu digne d'un Allemand; ling. dieser Ausdruck ist ~ cette expression n'est pas allemande (od. du bon allemand); '~dicht adj. qui n'est pas étanche; (durchlässig) perméable; ~ sein Gefäß: fuir; '~dienlich adj. inopportun; '2ding n absurdité f; '~diszipliniert adj. indiscipliné; '2disziplinlertheit f manque m de discipline; caractère m indiscipliné; '~dramatisch adj. peu dramatique; '~duldsam I adj. intolérant; II adv. avec intolérance; '2duldsamkeit f intolérance f.
undurch|'dringlich adj. impénétrable (a. fig.); für Flüssigkeiten: imperméable; 2'dringlichkeit f impénétrabilité f; imperméabilité f; '~führbar adj. inexécutable; '~lässig adj. imperméable; ~schaubar adj. impénétrable; ~er Charakter a. caractère m renfermé; ~ sein être renfermé; '~sichtig adj. opaque; Verhalten: louche; '2sichtigkeit f opacité f; fig. vom Verhalten: comportement m louche; ⚖ a. maquis m; (Unklarheit) obscurcissement m.
'un-eben adj. inégal; Weg: raboteux, -euse; Gelände: accidenté; fig. F (das ist) nicht ~ (ce n'est) pas mal; ~bürtig adj. de condition (od. naissance) inférieure; 2heit f inégalité f; ~ des Geländes allg. terrain m accidenté; einzelne: accident m de terrain; ~mäßig adj. inégal; asymétrique.
'un|echt adj. faux, fausse; (verfälscht) falsifié; (nachgemacht) imité; contrefait; Schmuck: en simili; Haar: postiche; Text, Urkunde: inauthentique; arith. 2bruch nombre m fractionnaire; 2echtheit f fausseté f; e-r Urkunde: inauthenticité f; ~edel adj. ignoble; (gemein) vulgaire; Metall: commun; ~ehelich adj. (unredlich) illégitime; naturel, -elle 2ehelichkeit f e-s Kindes: illégitimité f.
'Un-ehr|e f déshonneur m; j-m ~ machen déshonorer q.; 2enhaft adj. déshonorant; malhonnête; 2erbietig adj. irrespectueux, -euse; irrévérencieux, -euse; sich ~ gegen j-n benehmen manquer de respect à q.; ~erbietigkeit f manque m de respect; irrévérence f; 2lich adj. (unredlich) malhonnête; indélicat; (treulos) déloyal; (falsch) faux, fausse; (unaufrichtig) insincère; ~lichkeit f malhonnêteté f; mauvaise foi f; déloyauté f; fausseté f; insincérité f.
'un-eigennützig I adj. désintéressé; II adv. avec désintéressement; 2keit f désintéressement m.
'un-eigentlich F adj.: ... aber ~ könntest du doch zwei Theaterkarten besorgen ... mais tu pourrais pourtant aller chercher deux billets.
un-ein|'bringlich † adj. irrécouvrable; inexigible; 2'bringlichkeit † f inexigibilité f; '~gedenk adj.: e-r Sache (gén.) ~ sans soucier de; sans penser (od. songer) à qch.; '~geladen I adj. non invité; II adv. sans être invité; '~gelöst † adj. non remboursé; Wechsel: non honoré; '~geschränkt adj. illimité; sans restriction (a. adv.); Macht: absolu; '~gestanden adj. inavoué; '~geweiht adj. Person: non initié; '~heitlich adj. qui manque d'unité; (nicht gleichförmig) non uniforme; '~ig adj. désuni; en désaccord; mit sich ~ irrésolu; mit j-m über etw. (acc.) ~ sein être (se trouver) en désaccord avec q. sur qch.; ~ werden se mettre en désaccord; '2igkeit f désunion f; désaccord f; (Spaltung) division f; (Meinungsverschiedenheit) divergence f d'opinions; dissentiment m; ~ in etw. (acc.) bringen semer la discorde dans qch.; '~nehmbar adj. imprenable; inexpugnable; '~s adj. → ~ig.
'un|elastisch adj. non élastique; ~elegant adj. inélégant.
'un-empfänglich adj.: ~ für insensible à; inaccessible à; ⚕ non prédisposé à; durch Betäubung: insensibilisé à; ⚕ indifférent à; 2keit f insensibilité f (für à).
'un-empfindlich adj. insensible (gegen à); (gefühllos) impassible (apathisch) apathique; (kalt) froid; (gleichgültig) indifférent (gegen à); Glied: engourdi; (anästhesiert) anesthésié; ⚕ ~ machen insensibiliser,

(*anästhesieren*) anesthésier; **keit** *f* insensibilité *f*; (*Gefühllosigkeit*) impassibilité *f*; (*Apathie*) apathie *f*; (*Anästhesie*) anesthésie *f*; ⚕ anergie *f*.

un'endlich I *adj.* infini; (*unermeßlich*) immense; *das* **e** *l'infini m*; *auf* **e** *einstellen* régler à l'infini (*it*); **II** *adv.* infiniment; ∼ *klein* infiniment petit; (*infinitesimal*) infinitésimal; **e** *n* infini *m*; *im* ∼*n* à l'infini; **keit** *f* infinité *f*; (*Unermeßlichkeit*) immensité *f*.

un-ent|'behrlich *adj.* indispensable; **²'behrlichkeit** *f* nécessité *f* absolue; ∼**'geltlich I** *adj.* gratuit; **II** *adv.* gratuitement; gratis; **²'geltlichkeit** *f* gratuité *f*; ∼**'haltsam** *adj.* incontinent *f*; **²'haltsamkeit** *f* incontinence *f*; ∼**'rinnbar** *adj.* inévitable; **²'rinnbarkeit** *f* caractère *m* inévitable; ∼**'schieden** *adj.* indécis; (*zweifelhaft*) douteux, -euse; incertain; (*noch schwebend*) en suspens; pendant; ∼ *spielen Sport:* faire match nul; **²schieden** *n Sport:* égalité *f* de points; *Fußball usw.*: match *m* nul; **²schiedenheit** *f* indécision *f*; ∼**'schlossen** *adj.* irrésolu; indécis; **²'schlossenheit** *f* irrésolution *f*; indécision *f*; ∼**'schuldbar** *adj.* inexcusable; ∼**'wegt** *adj.* (*unerschütterlich*) inébranlable; (*unerschrocken*) intrépide; **²'wegte(r)** *m* indéracinable *m*; *Sport*: F mordu *m*; *die* ∼*n a.* les tifosi; ∼**'wickelt** *adj.* qui n'est pas encore (suffisamment) développé; ∼**'wirrbar** *adj.* inextricable; ∼**'zifferbar** *adj.* indéchiffrable; ∼**'zündbar** *adj.* ininflammable; non inflammable; ignifuge.

un-er|'bittlich *adj.* inexorable; implacable; (*unbeugsam*) inflexible; (*erbarmungslos*) impitoyable; féroce; **²'bittlichkeit** *f* inexorabilité *f*; implacabilité *f*; (*Unbeugsamkeit*) inflexibilité *f*; ∼**'fahren** *adj.* inexpérimenté (*in dat.* dans); *Neuling*: novice; **²fahrenheit** *f* inexpérience *f*; ∼**'findlich** *adj.* (*unbegreiflich*) inconcevable; incompréhensible; (*unerklärlich*) inexplicable; ∼**'forschlich** *adj.* inexplorable; *fig.* impénétrable; insondable; **²'forschlichkeit** *f* impénétrabilité *f*; insondabilité *f*; ∼**'forscht** *adj.* inexploré; ∼**'freulich** *adj.* peu réjouissant; ennuyeux, -euse; contrariant; navrant; désagréable; affligeant; fâcheux, -euse; *Szene*: pénible; ∼**'füllbar** *adj.* irréalisable; chimérique; **²'füllbarkeit** *f* caractère *m* irréalisable; ∼**'füllt** *adj.* non réalisé; *Wunsch*: inexaucé; ∼**'giebig** *adj.* improductif, -ive; **²'giebigkeit** *f* improductivité *f*; ∼**'gründlich** *adj.* insondable; impénétrable; **²'gründlichkeit** *f* insondabilité *f*; impénétrabilité *f*; ∼**'heblich** *adj.* insignifiant; sans importance; **²heblichkeit** *f* insignifiance *f*; peu *m* d'importance; ∼**'hört** *adj.* (*beispiellos*) inouï (*fabelhaft*) fabuleux, -euse; *Preis*: exorbitant; *das ist* ∼*!* c'est inouï!; F ça n'a pas de nom!; F on n'a pas idée de cela!; ∼**'hört** *adj.* (*nicht erhört*) inexaucé; ∼**'kannt** *adv.* sans être reconnu; incognito; ∼**'klärbar**, ∼**'klärlich** *adj.* inexplicable; ∼**'läßlich** *adj.* indispensable; impératif, -ive; ∼**'laubt** *adj.* illicite;

(*verboten*) défendu; ∼**'ledigt** *adj.* non réglé; *Arbeit, Rechnung*: en souffrance; *Frage*: en suspens; ∼**'meßlich** *adj.* immense; infini; incommensurable; illimité; énorme; **²'meßlichkeit** *f* immensité *f*; incommensurabilité *f*; grandeur *f* énorme; énormité *f*; ∼**'müdlich** *adj.* infatigable; assidu; **²'müdlichkeit** *f* zèle *m* infatigable; ∼**'örtert** *adj.* qui n'a pas été discuté; ∼ *lassen* ne pas discuter; ∼**'probt** *adj.* non éprouvé; ∼**'quicklich** *adj.* → *unerfreulich*; ∼**'reichbar** *adj.* inaccessible; **²'reichbarkeit** *f* inaccessibilité *f*; ∼**'reicht** *adj.* (*ohnegleichen*) sans pareil, -eille; sans égal; ∼**'sättlich** *adj.* insatiable (*a. fig.*); **²'sättlichkeit** *f* insatiabilité *f*; ∼**'schöpflich** *adj.* inépuisable; (*unversiegbar*) intarissable; ∼**'schrocken** *adj.* intrépide; **²'schrockenheit** *f* intrépidité *f*; ∼**'schütterlich** *adj.* inébranlable; imperturbable; (*fest*) ferme; **²'schütterlichkeit** *f* imperturbabilité *f*; fermeté *f* inébranlable; ∼**'schüttert** *adj.* sans être ébranlé; ∼**'schwinglich** *adj. Waren*: 'hors de prix; *Preis*: exorbitant; inabordable; énorme; prohibitif, -ive; ∼**'setzbar**, ∼**'setzlich** *adj.* irremplaçable; *Verlust*: irréparable; ∼**'sprießlich** *adj.* peu profitable; infructueux, -euse; (*unangenehm*) désagréable; ∼**'träglich** *adj.* insupportable; *nur von Personen*: F assommant; **²'träglichkeit** *f* caractère *m* insupportable; ∼**'wähnt** *adj.* non mentionné; *etw.* ∼ *lassen* passer qch. sous silence; ∼**'wartet I** *adj.* inattendu; imprévu; inopiné; inespéré; (*plötzlich*) soudain; brusque; **II** *adv.* à l'improviste; (*durch Zufall*) par 'hasard; *das kommt mir sehr* ∼ je ne m'y attendais pas; ∼**'widert** *adj.* à qui (*resp.* à quoi) on ne répond pas; ∼*er Besuch* visite *f* qu'on n'a pas rendue; ∼**'wünscht I** *adj.* indésirable; **II** *adv.* mal à propos; à contretemps; ∼**'zogen** *adj.* (*schlecht erzogen*) mal élevé.

'unfähig *adj.*: ∼ *zu* incapable de; ∼ *zu zahlen* insolvable; **²keit** *f* incapacité *f*.

'unfair *adj.* déloyal; irrégulier, -ière; **²neß** *f* déloyauté *f*; mauvaise foi *f*.

'Unfall *m* accident *m*; ∼**arzt** *m*, ∼**ärztin** *f* traumatologue *m*, *f*; ∼**beteiligte(r)** *m* personne *f* impliquée dans un accident; ∼**chirurgie** *f* traumatologie *f*; **²frei** *adj.* non accidenté; sans accident; ∼**helfer** *m* secouriste *m*; ∼**rente** *f* rente-accident *f*; ∼**schaden** *m* dommage *m* d'accident; ∼**station** *f* poste *m* de secours; ∼**statistik** *f* statistique *f* des accidents; ∼**stelle** *f* lieu *m* de l'accident; ∼**tod** *m* mort *f* accidentelle; **²trächtig** *adj.* où le risque d'accidents est très grand; ∼**verhütung** *f* prévention *f* des accidents; ∼**verhütungsvorschrift** *f* prescription *f* de prévention des accidents; ∼**versicherung** *f* assurance-accidents *f*; ∼**versicherungsgesellschaft** *f* compagnie *f* d'assurance--accidents; ∼**wagen** *m* voiture *f* accidentée; (*Krankenwagen*) ambulance *f*; ∼**ziffer** *f* chiffre *m* des accidents.

un'faßbar, un'faßlich *adj.* incompréhensible; inconcevable; *phil. die* ∼*e Welt des Irrealen* le monde sans

repères de l'irréel; **²keit** *f* incompréhensibilité *f*.

un'fehlbar I *adj.* infaillible; **II** *adv.* (*sicher*) à coup sûr; **²keit** *f* infaillibilité *f*.

'un|fein *adj.* peu délicat; indélicat; sans tact; ∼**fertig** *fig. péj. adj.* (*unreif*) non mûr; (*zu jung*) trop jeune; **²flat** *m* immondices *f/pl.*; ordures *f/pl.*; ∼**flätig** *adj.* (*ungehörig*) inconvenant; (*zotig*) ordurier, -ière; obscène; **²flätigkeit** *f* (*Ungehörigkeit*) inconvenance *f*; (*Zote*) obscénité *f*; ∼**folgsam** *adj.* indocile; désobéissant; **²folgsamkeit** *f* indocilité *f*; désobéissance *f*; ∼**formell** *adj.* non formel, -elle; *abus.* informel, -elle; ∼**förmig** *adj.* informe; difforme; **²förmigkeit** *f* difformité *f*; ∼**förmlich** *adj. u. adv.* sans façons; ∼**frankiert I** *adj.* non affranchi; **II** *adv.* en port dû; ∼**französisch** *adj. Sitte, ling.* qui n'est pas français; *péj.* (*Verhalten*) peu digne d'un Français; ∼**frei** *adj.* qui n'est pas libre; non libre; (*nicht freigelassen*) non affranchi; (*leibeigen*) serf, serve; **²freie(r** *a. m*) *m*, *f* serf *m*, serve *f*; ∼**freiwillig I** *adj.* involontaire; (*gezwungen*) forcé; **II** *adv.* involontairement; malgré soi; ∼**freundlich** *adj.* peu bienveillant; peu aimable; *bsd. pol.* inamical; peu accueillant; (*ungefällig*) désobligeant; disgracieux, -euse; (*barsch*) brusque; (*übelgelaunt*) maussade; *Wetter*: inclément; **²freundlichkeit** *f* caractère *m* peu bienveillant; manières *f/pl.* peu aimables; (*Ungefälligkeit*) désobligeance *f*; *des Wetters*: inclémence *f*; ∼**freundschaftlich** *adj.* peu amical; **²friede(n)** *m* discorde *f*; dissension *f*; ∼**fruchtbar** *adj.* stérile, infécond, infertile (*alle a. fig.*); ∼ *machen* stériliser; **²fruchtbarkeit** *f* stérilité *f*, infécondité *f*, infertilité *f* (*alle a. fig.*); **²fug** *m* (*Streich*) frasque *f*; bêtise *f*; **²er** *grober* ∼ *scandale m*; incartades *f/pl.*

'un|fundiert *adj.* ✝ non consolidé; flottant; *Gerücht*: non fondé; sans fondement; *Kenntnisse*: mal fondé; ∼**galant** *adj.* peu galant; ∼**gangbar** *adj. Weg*: impraticable.

'Ungar *m*, ∼**in** *f* 'Hongrois *m*, -e *f*; **²isch** *adj.* 'hongrois; ∼*n* *n* la Hongrie.

'ungastlich *adj.* inhospitalier, -ière; **²keit** *f* manque *m* d'hospitalité; caractère *m* inhospitalier.

unge|'achtet *prp.* (*gén.*) malgré; en dépit de; ∼**'ahndet I** *adj.* impuni; **II** *adv.* impunément; ∼**'ahnt** *adj.* inespéré; imprévu; ∼**'bärdig** *adj.* récalcitrant; ∼**'beten I** *adj.* non invité; **II** *adv.* sans avoir été invité; ∼*er Gast* intrus *m*; ∼**'beugt** *adj.* insoumis; qui ne s'est pas laissé abattre; ∼**'bildet** *adj.* inculte; illettré; sans instruction; ∼**'bleicht** *adj.* qui n'est pas blanchi; ∼*e Leinwand* toile *f* écrue; ∼**'boren** *adj.*: *noch* ∼, *noch* encore à naître; ∼**'brannt** *adj. Backsteine*: cru; *Kaffee*: vert; ∼**'bräuchlich** *adj.* inusité; rare; désuet, -ète; ∼**'braucht** *adj.* inutilisé; inemployé; (*ganz neu*) tout neuf, toute neuve; ∼**'brochen** *fig. adj.* qui n'est pas abattu.

'ungebührlich I *adj.* inconvenant; indu; **II** *adv.* de façon inconvenante;

indûment; keit f inconvenance f. 'ungebunden adj. Buch: non relié; fig. (frei) libre; (ledig) célibataire; Preis: libre; non réglementé; heit f liberté f.

'unge|dämpft adj. non amorti; deckt adj. ⚔ sans abri; (adv. à) découvert; Sport: démarqué; † à découvert; Wechsel: non provisionné; der Tisch ist noch le couvert n'est pas encore mis; dient⚔ adj. qui n'a pas fait son service militaire; druckt litt. adj. non imprimé; (noch unveröffentlicht) inédit; duld f impatience f; duldig I adj. impatient; II adv. impatiemment; avec impatience; machen impatienter; werden s'impatienter; duldige(r a. m) m, f impatient m, -e f; eignet adj. impropre (zu à); Person a.: inapte (à); non qualifié (pour); Zeit: inopportun; 'fähr I F adj. approximatif, -ive; II adv. à peu près; environ; approximativement; von par 'hasard; fünfzig Jahre alt F âgé de quelque chose comme la cinquantaine; fährdet adj. sans danger; fährlich adj. sans danger; non dangereux, -euse; Heilmittel: inoffensif, -ive; fällig adj. peu complaisant; désobligeant; fälligkeit f manque m de complaisance; désobligeance f; fälscht adj. non falsifié; (rein) pur; (natürlich) naturel, -elle; färbt adj. Haar, Wolle: non teint; fragt adv. sans avoir été demandé; frühstückt adj. à jeun; fügig adj. peu souple; v. Personen: a. peu accommodant; Kind: indocile; Volk: insoumis; goren adj. non fermenté; halten adj. fâché (über acc. de); (aufgebracht, entrüstet) indigné (über acc. de); werden über (acc.) se fâcher de, (sich entrüsten) s'indigner (über acc. de); heißen adv. (eigenmächtig) de son propre chef; heizt adj. non chauffé; hemmt I adj. qui n'est pas entravé; libre; II adv. librement; sans entraves; heuchelt adj. sans feinte; (aufrichtig) sincère.

'unge|heuer (a. unge'heuer) I adj. monstrueux, -euse; prodigieux, -euse; formidable; excessif, -ive; (riesig, groß) colossal; énorme; (unermeßlich) vaste; immense; (unerhört) inouï; II adv. énormément; heuer n monstre m; heuerlich adj. monstrueux, -euse; (empörend) révoltant; heuerlichkeit f monstruosité f; hindert I adj. libre; II adv. librement; sans être empêché; hobelt adj. non raboté; brut; fig. grossier, -ière; impoli; er Mensch rustre m; hörig I adj. inconvenant; indu; II adv. de façon inconvenante; indûment; hörigkeit f inconvenance f; incartade f; incivilité f; incongruité f; horsam adj. désobéissant (gegen à); ⚔ insubordonné; horsam m désobéissance f (gegen à); ⚔ insubordination f; hört adv. sans avoir été entendu; kämmt adj. non peigné; ⊕ Wolle: non cardé; klärt adj. non éclairci; (in der Schwebe) en suspens; (unentschieden) indécis; (zweifelhaft) douteux, -euse; kocht adj. non cuit; (roh) cru; künstelt adj. sans affectation (a. adv.); sans recherche (a. adv.);

(einfach) simple; (natürlich) naturel, -elle; künsteltheit f simplicité f; naturel m; kürzt adj. Text, Ausgabe: intégral; laden adj. Gast: non invité; ⚔, Waffe: non chargé; läufig adj. peu usité; legen I adj. importun; fâcheux, -euse; (unzeitig) inopportun; intempestif, -ive; zu er Stunde à une heure indue; II adv. mal à propos; à contretemps; j-m kommen déranger q.; legenheit f importunité f; (Unannehmlichkeit) désagrément m; ennui m; (ungünstiger Zeitpunkt) inopportunité f; j-m en bereiten importuner q.; lehrig adj. indocile; lenk(ig) adj. peu souple; raide; (linkisch) gauche; (ungeschickt) maladroit; lenkigkeit f manque m de souplesse; raideur f; (Ungeschicklichkeit) gaucherie f; maladresse f; lernt adj. Arbeiter: non qualifié; löscht adj. non éteint; er Kalk chaux f vive; mach st.s. n ennuis m/pl.; inconvénients m/pl.; 'mahlen adj. non moulu; 'mein I adj. peu commun; (außergewöhnlich) extraordinaire; énorme; (erstaunlich) prodigieux, -euse; II adv. extrêmement; énormément; mischt adj. (rein) pur; münzt adj. non monnayé; mütlich adj. Ort: où l'on ne se sent pas à son aise; peu confortable; Person: peu sympathique, désagréable; manchmal: mal disposé; Wetter: vilain; mütlichkeit f e-s Ortes: manque m de confort; e-r Person: caractère m désagréable; nannt adj. qui n'est pas nommé; (anonym) anonyme; nau adj. inexact; nauigkeit f inexactitude f; neigt adj. peu enclin; peu bienveillant; neigtheit f dispositions f/pl. peu bienveillantes; 'niert adj. u. adv. sans gêne; sans façon; désinvolte; 'niertheit f sans-gêne m; 'nießbar adj. Speisen: immangeable; Getränke, fig. Roman: imbuvable; fig. insipide; fastidieux, -euse F Person: insupportable; 'nießbarkeit f impossibilité f de manger (resp. de boire) qch.; fig. insipidité f; e-r Person: caractère m insupportable; nügend adj. a. écol. insuffisant; II adv. insuffisamment; nützt I adj. inutilisé; inemployé; II adv. sans en profiter; ordnet adj. sans ordre; en désordre; pflastert adj. non pavé; pflegt adj. négligé; Kleidung a.: débraillé; pflügt ✓ adj. non labouré; (brach) en friche; rächt I adj. impuni; II adv. impunément; das soll nicht bleiben cela sera vengé; rade adj. Zahl: impair; raten adj. Kind: qui a mal tourné.

'ungerecht adj. injuste; (unbillig) inique; fertigt adj. non justifié; injustifié; illégitime; igkeit f injustice f; iniquité f.

'ungeregelt adj. non réglé; es Leben vie f déréglée.

'ungereimt adj. non rimé; e Verse vers m/pl. blancs; fig. absurde; heit f absurdité f.

'ungern adv. à regret; à contrecœur; de mauvaise grâce; de mauvais gré; avec répugnance.

'unge|rufen adv. sans être appelé; rührt fig. adj. impassible; sans émotion; froid; sagt adv.: etw. lassen ne pas dire qch.; passer qch. sous silence; salzen adj. non salé; sattelt adj., adv. sans selle; sättigt adj. non rassasié; ⚗ non saturé; säuert adj. Brot: sans levain; azyme; säumt adj. non ourlé; schehen adj.: das läßt sich nicht machen ce qui est fait est fait.

'Ungeschick|lichkeit f maladresse f; inhabilité f; gaucherie f; anderen gegenüber: F gaffe f; t adj. maladroit; inhabile; (linkisch) gauche.

'unge|schlacht adj. rude; grossier, -ière; lourdaud; schlagen adj. Holz: sur pied; schliffen adj. Messer usw.: non affilé; Stein: non taillé; brut; fig. impoli; (grob) grossier, -ière; fruste; schliffenheit fig. f impolitesse f; grossièreté f; schmälert adj. intégral; entier, -ière; schminkt adj. non od. pas maquillé; fig. sans fard; fig. a. cru; (aufrichtig) sincère; e Wahrheit vérité f toute crue; schoren adj. non tondu; fig. lassen laisser tranquille; schrieben adj. non écrit; schult adj. non instruit; schützt adj. gegen Wind und Wetter: sans abri; schwächt adj. qui n'est pas affaibli; sehen adj. inaperçu; sellig adj. insociable; sauvage; farouche; selligkeit f insociabilité f; sauvagerie f; setzlich adj. illégal; (unrechtmäßig) illégitime; setzlichkeit f illégalité f; illégitimité f; (abbildend) adj. incivil; grossier, -ière; sittetheit f grossièreté f; stalt adj. difforme; disgracié; stärkt adj. Wäsche usw.: non empesé; stempelt adj. non timbré; stillt adj. Hunger: inapaisé; Durst a.: non étanché; Leidenschaft: inassouvi; stört adv. sans être dérangé; (in Frieden) en paix; straft I adj. impuni; II adv. impunément; stüm adj. impétueux, -euse; fougueux, -euse; (heftig) violent; véhément; (unbändig) pétulant; (lärmend) turbulent; stüm n impétuosité f; fougue f; (Heftigkeit) violence f; véhémence f; (Unbändigkeit) pétulance f; (lärmendes Wesen) turbulence f; sund (der Gesundheit schädlich) malsain; Luft, Ort, Wohnung usw.: insalubre; Aussehen: maladif, -ive; allzuviel ist l'excès en tout est un défaut; tan adj.: lassen ne pas faire; teilt I adj. non divisé; non partagé; (ganz) (tout) entier, -ière; fig. (einmütig) unanime; II adv. ⚔ (gemeinschaftlich) par indivis; treu adj. infidèle; (treulos) déloyal; perfide; trübt adj. qui n'est pas troublé; serein; Glück: durable; sans nuage; tüm n monstre m; übt adj. qui manque de pratique; inexercé; übtheit f manque m de pratique; waschen adj. non lavé; (schmutzig) sale; e Wolle laine f en suint; wiß adj. incertain; (zweifelhaft) douteux, -euse; (unbestimmt) indécis; (noch fraglich) problématique; (vom Zufall abhängig) aléatoire; aufs ungewisse au 'hasard; im ungewissen lassen laisser dans l'incertitude; wißheit f incertitude f; équivoque f; doute m; witter n tempête f; violent orage m; wöhnlich adj. extraordinaire; insolite; inhabituel, -elle; (seltsam) étrange; ²wöhnlichkeit f caractère m insolite; (Seltsamkeit) étrangeté f; chose f insolite; ~wohnt adj. inaccoutumé; ²wohntheit f manque m d'habitude; ~wollt I adj. non voulu; non intentionné; II adv. sans intention; ~zählt adj. (zahllos) innombrable; sans nombre; ~zähmt adj. non apprivoisé; (wild) farouche; (zügellos) effréné; ²ziefer n vermine f; ²zieferbekämpfung f lutte f contre la vermine; ~ziemend adj. peu convenable; inconvenant; ~ziert adj. sans affectation (a. adv.); (einfach) simple; (natürlich) naturel, -elle; ²zogen adj. pas sage; mal élevé; (unartig) méchant; (frech) impertinent; (gassenjungenhaft) polisson, -onne; ²zogenheit f manque m d'éducation; (Unartigkeit) méchanceté f; (Frechheit) impertinence f; ~zügelt adj. sans frein; fig. effréné; ~zwungen adj. sans contrainte; (frei) libre; (freimütig) franc, franche; décontracté; Benehmen: aisé; dégagé; (natürlich) naturel, -elle; ~es Wesen manières f/pl. aisées; aisance f des manières; ²zwungenheit f aisance f (des manières); décontraction f.

'Unglaub|e rl. m incrédulité f; manque m de foi; ²haft adj. incroyable.

'ungläubig adj. incrédule; sceptique; rl. incroyant; mécréant; ²e(r a. m) m, f rl. incroyant m, -e f; mécréant m, -e f; infidèle m, f; ²keit f incrédulité f; scepticisme m.

un'glaublich adj. incroyable, (unerhört) inouï; das ist ~! c'est à ne pas y croire, (unerhört) c'est inouï.

'unglaubwürdig adj. incroyable; qui n'est pas digne de foi; peu digne de foi; ²keit f (Sache) incrédibilité f; caractère m incroyable; (Person) manque m de bonne foi.

'ungleich I adj. inégal; (verschieden) différent; (unähnlich) dissemblable; (nicht zusammenpassend) disparate; (nicht zusammengehörig) dépareillé; II adv. vor Komparativ: infiniment beaucoup; ~artig adj. de nature différente; hétérogène; ²artigkeit f hétérogénéité f; ~förmig adj. dissemblable; de forme différente; (ungleich) inégal; (unregelmäßig) irrégulier, -ière; (ohne Symmetrie) asymétrique; ²förmigkeit f dissemblance f; (Unregelmäßigkeit) irrégularité f; (Ungleichheit) inégalité f; (Asymmetrie) asymétrie f; ²gewicht ⚔ n déséquilibre m d'armements; ²heit f inégalité f; différence f; sc. hétérogénéité f; disparité f; (Mißverhältnis) disproportion f; (Unähnlichkeit) dissemblance f; (Unregelmäßigkeit) irrégularité f; soc. inadéquation f; ~mäßig adj. inégal; disparate; ²mäßigkeit f inégalité f; ~namig ⚛ adj. au dénominateur différent; ~seitig ⚛ adj. scalène.

'Unglück n malheur m; (Unfall) accident m; (Mißgeschick) infortune f; adversité f; (Pech) malchance f, F déveine f, F bsd. beim Spiel: guigne f; (Schicksalsschlag) revers m (de fortune); (furchtbares Unglück e-r Gegend) désastre m; calamité f; (Katastrophe) catastrophe f; durch Feuersbrunst usw.: sinistre m; das ist weiter kein ~! il n'y a pas grand mal; le grand malheur!; viel ~ erfahren essuyer bien des revers; ~ bringen porter malheur; j-n ins ~ bringen faire le malheur de q.; ~ haben F avoir la guigne (od. de la déveine); j-n ins ~ stürzen causer la ruine de q.; zum ~ par malheur; malheureusement; zu m-m ~ pour mon malheur; zu allem ~ pour comble de malheur; ein ~ kommt selten allein un malheur ne vient jamais seul; ²lich adj. malheureux, -euse; Personen a.: infortuné; malchanceux, -euse; Dinge: malencontreux, -euse; funeste; désastreux, -euse; fatal; ~ enden finir mal; ~ spielen jouer de malheur; ²licherweise adv. malheureusement; par malheur; ~sbote m messager m de malheur; ~sbringer m porte-malheur m; ²selig adj. malheureux, -euse; Dinge: funeste; désastreux, -euse; ~sfall m malheur m; (Unfall) accident m; ~sgefährte m compagnon m d'infortune; ~spsychose f sinistrose f; ~srabe m (Pechvogel) malchanceux m; ~s-tag m jour m funeste; mauvais jour m; ²svoll adj. Epoche: fertile en calamités; ~swurm F m pauvre créature f.

'Ungnade f disgrâce f; in ~ fallen tomber en disgrâce; sich j-s ~ zuziehen encourir la disgrâce de q.; sich j-m auf Gnade und ~ ergeben se livrer à la merci de q.

'ungnädig I. adj. peu gracieux, -euse; peu bienveillant; défavorable; (übellaunig) de mauvaise humeur; II adv. de (od. avec) mauvaise grâce; avec humeur.

'ungültig adj. non valable; Geld: qui n'a pas cours; ⚖ invalide; ~er Stimmzettel bulletin m nul; für ~ erklären; ~ machen annuler, ⚖ a. invalider, casser, infirmer; ~ werden se périmer; durch Verjährung ~ geworden prescrit; ²keit f invalidité f; non-validité f; nullité f; caducité f; ²keits-erklärung f invalidation f; ²machung f invalidation f; annulation f.

'Ungunst f défaveur f; der Witterung: inclémence f; zu j-s ~ en au préjudice de q.; au désavantage de q.

'ungünstig adj. défavorable; désavantageux, -euse; Stundenplan: malcommode.

'ungut adj.: für ~ (übel) nehmen prendre mal; nichts für ~! ne vous en déplaise!; F sans rancune!; ne m'en veuillez pas!

un'haltbar adj. Sport: imparable; ⚔ intenable; Behauptung: insoutenable; indéfendable; ²keit f e-r Behauptung: impossibilité f de soutenir.

'unhandlich adj. peu maniable.

'unharmonisch adj. peu harmonieux, -euse; discordant.

'Unheil n mal m; malheur m; das ein Land trifft: désastre m; calamité f; ~ anrichten (od. stiften) causer des malheurs; ²bar incurable; inguérissable; fig. irrémédiable; irréparable; ~barkeit f incurabilité f; ²bringend adj. qui porte malheur; funeste (für à); fatal (für à); ²schwanger st.s. adj. gros, -osse de malheur; ~stifter(in f) m artisan m, -e f de malheur; ²verkündend adj. de mauvais augure; sinistre; ²voll adj. funeste; maléfique; sinistre.

'un|heimlich I adj. inquiétant; pfort lugubre; cauchemardesque; II F fig. adv. (sehr; F riesig) énormément; F bigrement; P bougrement; (sehr) F vachement; ~höflich adj. impoli; (ungefällig) désobligeant; ²höflichkeit f impolitesse f; (Ungefälligkeit) désobligeance f; ²hold m esprit m malin; démon m; von e-m Wüstling: monstre m; maniaque m.

un'hörbar adj. inaudible; imperceptible.

'unhygienisch adj. peu hygiénique.

u'ni † adj. uni.

Uni'form f uniforme m; in großer ~ en grande tenue; die ~ anziehen revêtir l'uniforme.

uni'form adj. uniforme.

unifor'mier|en v/t. faire revêtir l'uniforme; fig. uniformiser; ²ung fig. f uniformisation f.

Uniformi'tät f uniformité f.

'Unikum n (Buch) exemplaire m unique; fig. chose f unique; (Person) drôle m d'homme (F de type); original m; F péj. olibrius m.

'un-interess|ant adj. peu intéressant; inintéressant; ~iert adj. qui ne s'intéresse pas (an dat. à); ich bin daran ~ cela ne m'intéresse pas; ²iertheit f manque m d'intérêt.

Uni'on f union f.

uni'sono ♪ adv. à l'unisson.

univer'sal adj. universel, -elle; ²erbe m (²erbin f) légataire m, f universel(le); ²genie n génie m universel.

Universali'tät f universalité f.

Univer'sal|lexikon n encyclopédie f; ~mittel n remède m universel; panacée f; ~(schrauben)schlüssel m clef f universelle.

Universi'tät f université f; (Fakultät) faculté f; neue ~ campus m; auf der ~ à l'université; auf der ~ sein suivre les cours d'une faculté; ~gebäude n université f; ~gelände n campus m universitaire; ~hausmeister m, ~spedell m appariteur m; ~sprofessor(in f) m professeur m d'université; universitaire m, f; F prof m, f de fac; ~sstadt f ville f universitaire; ~sstudien n/pl. études f/pl. universitaires.

Uni'versum n univers m.

'Unk|e zo. crapaud m; fig. F prophète m de malheur; ²en fig. F v/i. prédire des malheurs.

'unkennt|lich adj. méconnaissable; ~ machen Handschrift, Stimme: déguiser; ²nis f ignorance f; ~ (des Gesetzes) schützt vor Strafe nicht nul n'est censé ignorer la loi.

'un|keusch adj. impudique; ²keuschheit f impudicité f; ~kindlich adj. précoce; avancé; gegen die Eltern: peu filial; ~ aussehen avoir l'air vieux avant l'âge; ~klar adj. peu clair; qui manque de clarté; (vage) vague; (dunkel) obscur; Stil, Bericht: confus; embrouillé; im ~en bleiben (lassen) rester (laisser) dans le vague; ²klarheit f manque m de clarté; (Dunkelheit) obscurité f; (Verworrenheit) confusion f; ~kleidsam adj. peu seyant; qui va (od. sied) mal; ~klug adj. pas très intelligent; bête; (unüberlegt) irréfléchi; ²klugheit f

manque *m* de réflexion; bêtise *f*; ~kollegial *adj.* qui ne se fait pas entre collègues; peu confraternel, -elle; ~kompliziert *adj.* peu compliqué.
un|kontrol'lierbar *adj.* incontrôlable; '~konventionell *adj.* peu conventionnel, -lle; '~konvertierbar *adj.* inconvertible; '~körperlich *adj.* incorporel, -elle; immatériel, -elle; '2körperlichkeit *f* immatérialité *f*; '~korrekt *adj.* incorrect; *adm., éc. a.* laxiste; '2korrektheit *f* incorrection *f*; *bsd. ling.* impropriété *f*; *adm., éc.* laxisme *m*; ~korri'gierbar *adj.* (*Schülerarbeit*) impossible à corriger; *als Bemerkung*: correction *f* impossible; (*Charakter*) incorrigible; '2kosten *pl.* frais *m/pl.*; dépenses *f/pl.*; 𝆕 dépens *m/pl.*; ✝ *nach Abzug aller* ~ tous frais déduits; *unter Berücksichtigung aller* ~ compte tenu de tous les frais (*od.* de toutes les dépenses); *sich in* ~ *stürzen* se mettre en frais (*für j-n* pour q.); ~ *verursachen faire* (*od.* occasionner) des frais (*od.* des dépenses); '2kosten-aufstellung *f* établissement *m* (*od.* état *m*) des frais; '2kostenbeitrag *m* participation *f* aux frais; '2kostenberechnung *f* calcul *m* des frais (*od.* des dépenses); '2kostenkonto *n* compte *m* des frais (*od.* des dépenses); '2kostenvergütung *f* remboursement *m* des frais (*od.* des dépenses); '2kraut *n* mauvaise herbe *f*; ~ *vergeht nicht* mauvaise herbe croît toujours; '2krautvertilgungsmittel *n* désherbant *m*; '~kriegerisch *adj.* peu guerrier, -ière; '~kultiviert *adj. a.* ✓ inculte; *fig. a.* barbare; '2kultur *f* manque *m* de culture; inculture *f*; barbarie *f*; '~kündbar *adj.* ✝ non remboursable; consolidé; ~e *Rente* rente *f* perpétuelle; *Vertrag*: qui ne peut pas être résilié; *Stellung*: permanent; inamovible; '~kundig *adj.* ignorant (*e-r Sache gén.* qch.); profane (en la matière); *e-r Sache* (*gén.*) ~ *sein* ignorer qch.; *des Französischen* ~ *sein* ne pas savoir le français; '~künstlerisch *adj.* peu artistique; '~längst *adv.* il y a peu de temps; il n'y a pas longtemps; récemment; l'autre jour; naguère; '~lauter *adj. Charakter*: déloyal; *Wettbewerb a.*: illicite; *Geschäft*: véreux, -euse; '~leidlich *adj.* insupportable; '~lenksam *adj.* indocile; intraitable; '2lenksamkeit *f* indocilité *f*; '~lesbar, '~leslich *adj.* illisible; *pfort* indéchiffrable; '2lesbarkeit *f*, '2leserlichkeit *f* illisibilité *f*; ~leugbar *adj.* indéniable; incontestable; évident; 2'leugbarkeit *f* incontestabilité *f*; évidence *f*; '~lieb *adj.*: *es ist mir nicht* ~, *es zu erfahren* je suis content de l'apprendre; '~liebenswürdig *adj.* peu aimable; (*ungefällig*) désobligeant; '~liebsam *adj.* désagréable; '~liniiert *adj.* non réglé; '~logisch *adj.* illogique; ~lösbar, ~löslich *adj.* insoluble; (*unentwirrbar*) inextricable; *Ehe*: indissoluble; 2'lösbarkeit *f* insolubilité *f*; *der Ehe*: indissolubilité *f*; '2lust *f* déplaisir *m*; (*Überdruß*) ennui *m*; (*Abneigung*) répugnance *f*; aversion *f*; *mit* ~ à contrecœur; '~lustig *adj.* qui n'a pas envie de faire

qch.; (*mißgestimmt*) maussade; chagrin; morose; '~manierlich *adj.* qui n'a pas de bonnes manières; '~männlich *adj.* peu viril; (*weibisch*) efféminé; '2männlichkeit *f* manque *m* de virilité; caractère *m* peu viril (*od.* efféminé); '2maß *n* démesure *f*; excès *m*; *im* ~ à l'excès; '2masse *f* quantité *f* énorme; '~maßgeblich *adj.* qui ne fait pas loi (*od.* autorité); *Person*: incompétent; *nach m-r* ~en *Meinung* à mon humble opinion (*od.* avis); '~mäßig *adj.* immodéré; démesuré; énorme; (*übertrieben*) excessif, -ive; *im Essen u. Trinken*: intempérant; '2mäßigkeit *f* démesure *f*; excès *m*; *im Essen u. Trinken*: intempérance *f*; '2menge *f* quantité *f* énorme; '2mensch *m* monstre *m*; barbare *m*; brute *f*; *ich bin doch kein* ~! mais je ne suis pas un monstre!; '~menschlich *adj.* inhumain; barbare; brutal; cruel, -elle; '2menschlichkeit *f* inhumanité *f*; barbarie *f*; brutalité *f*; cruauté *f*; '~merkbar, '~merklich *adj.* imperceptible; insensible; *adv.* insensiblement; *a.* obscurément; '~meßbar *adj.* incommensurable; '~methodisch *adj. u. adv.* sans méthode; '~militärisch *adj.* peu militaire; '~mißverständlich I *adj.* catégorique; carré; dénué d'équivoque; II *adv.* catégoriquement; carrément; sans ambiguïté; '~mittelbar *adj.* immédiat; direct; ~ *bevorstehend* imminent; '2mittelbarkeit *f* caractère *m* immédiat (*od.* direct); '~möbliert *adj.* non meublé; '~modern, '~modisch *adj.* passé de mode; démodé; *werden* se démoder; '~möglich I *adj.* impossible; *es ist mir* ~, *zu ...* (*inf.*) il m'est impossible de ... (*inf.*); *sich* ~ *machen* se rendre impossible (*od.* F imbuvable); II *adv.*: *ich kann es* ~ *tun* il m'est impossible de le faire; 2'mögliche(s) *n* impossible *m*; *Unmögliches leisten* faire l'impossible; *man kann von niemandem etw. Unmögliches verlangen* à l'impossible nul n'est tenu; '2möglichkeit *f* impossibilité *f*; *ein Ding der* ~ chose *f* impossible (*od.* infaisable); '~moralisch *adj.* immoral; '~motiviert *adj. Person*: sans motif; gratuit; *péd.* ~e *Handlung* acte *m* gratuit; *péd.* ~e *Schüler* élèves non motivés; '~mündig *adj.* mineur; '2mündigkeit *f* minorité *f*; '~musikalisch *adj.* qui n'est pas musicien, -enne; qui n'entend rien à la musique; '~mut *m* maussaderie *f*; morosité *f*; mauvaise humeur *f*; '~mutig *adj.* maussade; morose; de mauvaise humeur; mal disposé; *adv.* avec humeur; '~nach-ahmbar *adj.* inimitable; '~nachgiebig *adj.* inflexible; intransigeant; '2nachgiebigkeit *f* inflexibilité *f*; intransigeance *f*; '~nachsichtig *adj. u. adv.* sans indulgence; ~nahbar *adj.* inaccessible; inabordable; 2nahbarkeit *f* inaccessibilité *f*; '~natur *f* monstruosité *f*; '~natürlich *adj.* peu naturel, -elle; (*entartet*) dénaturé; (*geziert*) affecté; (*gezwungen*) contraint; '2natürlichkeit *f* manque *m* de naturel, (*Geziertheit*) affectation *f*; ~nennbar *adj.* innommable; indicible; inexprimable; ineffable; '~normal *adj.*

anormal; '~notiert *adj. Börse*: non coté; '~nötig *adj.* inutile; (*überflüssig*) superflu; '~nötigerweise *adv.* inutilement; sans nécessité; '~nütz *adj.* inutile; vain; qui ne sert à rien; (*überflüssig*) superflu; ~es *Zeug* (*Plunder*) fatras *m*, (*dummes Zeug*) bêtises *f/pl.*; '~nützerweise *adv.* inutilement.
UNO *pol. f*: *die* ~ l'O.N.U. *f*; l'Organisation *f* des Nations Unies; ~... *de* l'O.N.U.; onusien, -enne; ~-Mitglieder *n/pl.* membres *m/pl.* de l'O.N.U.
'un|operierbar ⚕ *adj.* inopérable; '~ordentlich *adj. Person*: désordonné; (*schlampig*) débraillé; *Dinge*: en désordre; *Krawatte a.* F en bataille; *Leben*: déréglé; '2ordentlichkeit *f* manque *m* d'ordre; '2ordnung *f* désordre *m*; (*Durcheinander*) *a.* remue-ménage *m*, F pagaille *f*, pagaye *f*; *bsd. moralisch*: dérèglement *m*; *in* ~ *bringen* mettre en désordre, déranger, désorganiser, bouleverser; *j-m die Frisur* (*od. die Haare*) *in* ~ *bringen* décoiffer q.; *in* ~ *geraten* (*od.* kommen) se déranger, se désorganiser; '~orthodox *fig. adj.* peu orthodoxe; '~paarig ⚤ *adj.* impair; '~pädagogisch *adj.* peu pédagogique; '~parlamentarisch *adj.* contraire aux usages parlementaires; '~partei-isch I *adj.* impartial; II *adv.* impartialement; sans partialité; sans parti pris; '2parteiische(r) *f* arbitre *m*; '2parteilichkeit *f* impartialité *f*; '~passend *adj.* mal choisi; (*ungeeignet*) impropre; (*unschicklich*) inconvenant; peu convenable; (*unangebracht*) déplacé; (*ungelegen*) inopportun; mal à propos; ~pas'sierbar *adj.* impraticable; *Fluß*: non-navigable; '~päßlich *adj.* indisposé; '2päßlichkeit *f* indisposition *f*; '~patriotisch *adj.* non patriotique; '~persönlich *adj.* impersonnel, -elle; ~pfändbar *adj.* insaisissable; 2'pfändbarkeit *f* insaisissabilité *f*; '~philosophisch *adj.* peu philosophique; '~po-etisch *adj.* peu poétique; '~politisch *adj.* non politique; apolitique; (*politisch unklug*) impolitique; ~e *Haltung* apolitisme *m*; '2populär *adj.* impopulaire; '2popularität *f* impopularité *f*; '~praktisch *adj.* peu pratique; *Person*: maladroit; '~produktiv *adj.* improductif, -ive; '2produktivität *f* improductivité *f*; '~proportioniert *adj.* disproportionné; '~pünktlich *adj.* non ponctuel, -elle; inexact; '2pünktlichkeit *f* manque *m* de ponctualité; inexactitude *f*; '~qualifizierbar *adj.* inqualifiable; '~quittiert *adj.* non acquitté; '~rasiert *adj.* non rasé; sans s'être rasé; '2rast *f* agitation *f* fébrile; *in* ~ere: inquiétude *f*; '2rat *m* immondices *f/pl.*; (*Abfälle*) déchet(s *pl.*) *m*; (*Kehricht*) balayures *f/pl.*; ordures *f/pl.*; (*Menschenkot*) excréments *m/pl.*; '~rationell *adj.* irrationnel, -elle; '~ratsam *adj.* inopportun; qu'on ne peut conseiller; '~realistisch *adj.* peu réaliste.
'Unrecht *n* injustice *f*; tort *m*; *mit* ~ *zu* ~ à tort; injustement; *zu Recht oder* ~ à tort ou à raison; *nicht mit* ~ non sans raison; *im* ~ *sein* avoir tort; ~

leiden être victime d'une injustice; *es geschieht ihm ~* on lui fait du tort.

'**unrecht** *adj.* qui n'est pas juste; (*schlecht*; *übel*) mauvais (*adv.* mal); (*ungelegen*) inopportun (*adv.* mal à propos); *zur ~en Zeit* mal à propos; *am ~en Platz sein* être déplacé; *~ haben* avoir tort; *j-m ~ geben* (*tun*) donner (faire du) tort à q.; *in ~e Hände kommen Brief usw.*: n'être pas remis à la bonne adresse; *~ Gut gedeihet nicht* bien mal acquis ne profite jamais; ♀**e(r)** *m*: *an den ~n kommen* F taper à la mauvaise porte; **~mäßig I** *adj.* illégitime; **II** *adv.*: *~ erworben* mal acquis; *sich etw. ~ aneignen* usurper qch.; ♀**mäßigkeit** *f* illégitimité *f.*

un|redlich *adj.* malhonnête; ♀**redlichkeit** *f* malhonnêteté *f*; mauvaise foi *f*; *an ~ grenzen* friser la mauvaise foi; **~re-ell** *adj.* (*unlauter*) déloyal; trompeur, -euse; véreux, -euse; malhonnête; **~regelmäßig** *adj.* irrégulier, -ière; ♀**regelmäßigkeit** *f* irrégularité *f*; **~reif** *adj.* non mûr (*a. fig.*); *Früchte: a.* vert; (*zu jung*) trop jeune; *psych.* immature; ♀**reife** *f* immaturité *f* (*a. fig.*); **~rein** *adj.* impur (*a. fig.*); (*schmutzig*) sale; malpropre; (*trübe*) trouble; *~er Ton* faux ton *m*; *das ♀e* le brouillon; *ins ~e schreiben* écrire au brouillon; *ein ♀es von etw. machen* faire le brouillon de qch.; ♀**reinheit** *f* impureté *f* (*a. fig.*); **~reinlich** *adj.* malpropre; ♀**reinlichkeit** *f* malpropreté *f*; **~rentabel** *adj.* non rentable; **~rettbar** *adj.* qu'on ne peut pas sauver; *~ verloren* perdu sans remède; **~rhythmisch** *adj.* arythmique; **~richtig** *adj.* qui n'est pas juste; (*falsch*) faux, fausse; (*irrig*) erroné; (*fehlerhaft*) fautif, -ive; incorrect; (*ungenau*) inexact; ♀**richtigkeit** *f* manque *m* de justesse; fausseté *f*; incorrection *f*; inexactitude *f*; **~ritterlich** *adj.* peu chevaleresque; peu galant; ♀**ruh** *horl. f* balancier *m*; ♀**ruhe** *f* inquiétude *f*; alarme *f*; (*Nervosität*) nervosité *f*; *pol.* remous *m/pl.*; (*Bewegung*) mouvement *m*; (*Aufregung*) agitation *f*; (*Lärm*) bruit *m*; *~n pl.* (*Aufruhr*) troubles *m/pl.*; *j-n in ~ versetzen* inquiéter q.; *in ~ geraten* s'inquiéter q.; ♀**ruheherd** *m* foyer *m* de troubles; ♀**ruhestifter** *pol. m* agitateur *m*; fauteur *m*, (*od.* semeur *m*) de troubles; **baroudeur m*; ♀**ruhestiftung** *f* fomentation *f* de troubles; **~ruhig** *adj.* inquiet, -ète; (*nervös*) nerveux, -euse; (*bewegt*) mouvementé (*a. fig.*); (*immer in Bewegung*) remuant (*a. Kind*); (*aufgeregt*) agité; (*verwirrt*) troublé; (*lärmend*) bruyant; turbulent; *~er Geist* esprit *m* remuant; *~e See* mer *f* agitée (*od.* 'houleuse'); *~ werden* (*Meer*) se lever; grossir; **~rühmlich I** *adj.* peu glorieux, -euse; **II** *adv.* sans gloire.

uns *pr/p.* nous; *als dat. des pr. abs.*: à nous; *ein Freund von ~* un ami à nous; un de nos amis.

'**unsach|gemäß** *adj. Verpackung*: non adéquat; *Behandlung* (*ärztlich*) mal approprié; (*durch Personal*) mauvais; *Ausdruck*: impropre; **~lich** *adj.* non conforme aux faits; subjectif, -ive; ♀**lichkeit** *f* subjectivité *f*.

un|'sagbar, ~'säglich *adj.* indicible; ineffable; (*unermeßlich*) immense; '**~sanft** *adv.* brutalement; rudement; '**~sauber** *adj.* sale; malpropre; ♀**sauberkeit** *f* malpropreté *f*; *fig.* malhonnêteté *f*; '**~schädlich** *adj.* qui n'est pas nuisible; (*harmlos*) inoffensif, -ive; *~ machen* mettre 'hors d'état de nuire, *Gift*: neutraliser; *Munition*: (*entschärfen*) désamorcer; ⚔, *pol.* démanteler; ♀**schädlichkeit** *f* (*Harmlosigkeit*) innocuité *f*; ♀**schädlichmachung** *f e-s Giftes usw.*: neutralisation *f*; *v. Munition*: (*Entschärfung*) désamorçage *m*; '**~scharf** *phot. adj.* flou; '♀**schärfe** *phot. f* flou *m*; '**~schätzbar** *adj.* inestimable; inappréciable; ♀**schätzbarkeit** *f* valeur *f* inestimable; '**~scheinbar** *adj.* (*unbedeutend*) insignifiant; anodin; (*zurückhaltend*) discret, -ète; (*unauffällig*) peu frappant; (*Person*; *Verhalten*) effacé; '♀**scheinbarkeit** *f* (*Unbedeutendheit*) insignifiance *f*; caractère *m* insignifiant; médiocrité *f*; '**~schicklich** *adj.* inconvenant; indécent; déshonnête; '♀**schicklichkeit** *f* inconvenance *f*; indécence *f*; '**~schlagbar** *adj.* imbattable; F 'hors concours'; F incollable (*in sur*); '♀**schlitt** *n* suif *m*; '**~schlüssig** *adj.* irrésolu; indécis; (*zaudernd*) hésitant; (*ratlos*) perplexe; '♀**schlüssigkeit** *f* irrésolution *f*, indécision *f*; hésitation *f*; perplexité *f*; '**~schmackhaft** *adj.* sans goût; (*schal*) fade; insipide; '♀**schmackhaftigkeit** *f* fadeur *f*; '**~schön** *adj.* qui n'est pas beau, belle; *das ist sehr ~ von ihm* ce n'est pas très chic (*od.* bien) de sa part.

'**Unschuld** *f* innocence *f*; (*Arglosigkeit*) candeur *f*; ingénuité *f*; (*Keuschheit*) virginité *f*; *s-e ~ beteuern* ⚖ plaider innocent; *s-e Hände in ~ waschen* s'en laver les mains; *F ~ vom Lande* (*type m d'une*) Agnès *f*; ingénue *f*; ♀**ig** *adj.* innocent (*an dat. de*); (*arglos*) candide; ingénu; (*rein*) pur; (*jungfräulich*) vierge; *ein sexuell ~er Junge* (*Mann*) un garçon vierge; F *un puceau* (*un homme vierge*); *~ wie ein Lamm* innocent comme l'enfant qui vient de naître; *j-n für ~ erklären* innocenter q.; **~ige**(*a. m*) *m, f* innocent *m*, *-e f*; **~smiene** *f* air *m* d'innocence; **~svermutung** ⚖ *f* présomption *f* d'innocence; ♀**svoll** *adj.* plein d'innocence; innocent.

'**un|schwer I** *adj.* facile; **II** *adv.* facilement; sans difficulté; sans peine; ♀**segen** *m* (*Fluch*) malédiction *f*; **~selbständig** *adj.* dépendant; *Künstler*: qui manque d'originalité; *~e Arbeit* travail *m* salarié; travail *m* fait avec l'aide d'un autre; ♀**selbständigkeit** *f* manque *m* d'indépendance; **~selig** *adj.* funeste; fatal.

'**unser I** *pr/p.* (*gén.*) de nous; *es waren ~ drei* nous étions (au nombre de) trois; *er gedenkt ~* il se souvient de nous; *il est peu dignes de nous*; **II** *adj.*, *pr/poss.* *~*(*e f*) *m u. n* notre, *pl.* nos; *dies ist ~* cela est à nous; **III** *su.*, *pr/poss.* *~er, ~e, ~es*: *der* (*die, das*) *~e od. ~ige* le (la) nôtre; *~einer, ~eins adv.* nous autres; *~einer, der* gens comme nous; *~*(*er*)*seits adv.* de notre part (*od.* côté); *~*(*e*)*sgleichen advt.* des gens comme nous; *~thalben, ~twegen*

adv. pour nous; à cause de nous.

'**unsicher** *adj.* peu sûr; incertain; (*zweifelhaft*) douteux, -euse; (*vom Zufall abhängig*) aléatoire; (*gefahrvoll*) peu sûr; peu rassurant; périlleux, -euse; *Existenz*: précaire; *Gedächtnis*: infidèle; *~e Hand* main *f* mal assurée; *~ machen Gegend*: infester; ♀**heit** *f* incertitude *f*; *e-r Gegend*: insécurité *f*; danger *m*; *der Existenz*: précarité *f*; *des Gedächtnisses*: infidélité *f*.

'**unsichtbar** *adj.* invisible; *~ werden*; *sich ~ machen* s'éclipser; ♀**keit** *f* invisibilité *f*.

'**Unsinn** *m* non-sens *m*; insanité *f*; (*Ungereimtheit*) absurdité *f*; (*Narrheit*) folie *f*; (*Geschwätz*) radotage *m*; (*dummes Zeug*) bêtises *f/pl.*; insanités *f/pl.*; *ach, was! ~!* quelle bêtise!; quelle sottise!; *~ reden* radoter; déraisonner; dire des bêtises; ♀**ig** *adj.* insensé; absurde; déraisonnable; fou, folle; **~igkeit** *f* absurdité *f*.

'**Unsitt|e** *f* mauvaise habitude *f*; ♀**lich** *adj.* immoral; **~lichkeit** *f* immoralité *f*.

'**un|solid**(**e**) *adj. Mensch*: peu sérieux, -euse (*a. Unternehmen*); léger, -ère; *Leben a.*: déréglé; ♀**solidität** *f e-s Menschen*: vie *f* déréglée; **~sozial** *adj.* peu social; antisocial; **~sportlich** *adj.* peu sportif, -ive.

'**unsrige** → *unser*.

'**un|stabil** *adj.* instable; **~starr** *adj.* souple; **~statthaft** *adj.* inadmissible; illicite; défendu.

'**unsterblich** *adj.* immortel, -elle; (*sich*) *~ machen* (s')immortaliser; ♀**keit** *f* immortalité *f*.

'**Un|stern** *m* mauvaise étoile *f*; fatalité *f*; ♀**stet**(**ig**) *adj.* inconstant; mobile; changeant; (*umherziehend*) errant; vagabond; *Blick*: fuyant; **~stetigkeit** *f* inconstance *f*; humeur *f* vagabonde.

un|'stillbar *adj.* inapaisable; (*unersättlich*) insatiable; '**~stimmig** *adj.* en désaccord (*über etw.* sur qch.); '♀**stimmigkeit** *f* désaccord *m*; incohérence *f*; dissension *f*; '**~sträflich** *adj.* irréprochable; intègre; '**~strittig** *adj.* indubitable; incontestable; *adv.* incontestablement; sans doute; assurément; '**~'sühnbar** *adj.* inexpiable; '♀**summe** *f* somme *f* énorme; '**~symmetrisch** *adj.* asymétrique; sans symétrie; '**~sympathisch** *adj.* peu sympathique; antipathique; **~'tadelhaft, ~'tadelig** *adj.* irréprochable; irrépréhensible; impeccable; '♀**tat** *f* grave méfait *m*; forfait *m* atroce; '**~tätig** *adj.* inactif, -ive; (*müßig*) oisif, -ive; désœuvré; sans occupation; ⚖ inerte; '♀**tätigkeit** *f augenblickliche*: inaction *f*; *dauernde*: inactivité *f*; (*Müßiggang*) oisiveté *f*; désœuvrement *m*; ⚖ inertie *f*; '**~tauglich** *adv.* impropre (*zu* à); inapte (à); incapable (de); ⚔ (*dienst~*) inapte (*od.* impropre) au service; *als ~ entlassen* réformer; '♀**tauglichkeit** *f* inaptitude *f*; incapacité *f* (de); impropriété *f* (à); ⚔ (*Dienst♀*) inaptitude *f* au service; *wegen ~ entlassen* réformer; *wegen ~ entlassener Soldat* réformé *m*; '**~teilbar** *adj.* indivisible; '♀**teilbarkeit** *f* indivisibilité *f*.

'**unten** *adv.* en bas; au-dessous; *dort ~*

là-bas; *hier* ~ ici en bas, *(untenstehend)* ci-dessous; *siehe* ~ voir ci-dessous; *weiter* ~ plus bas; *nach* ~ vers le bas; *von* ~ d'en bas; *die Welt von* ~ *verändern* changer le monde par en bas; *von* ~ *nach oben* de bas en 'haut; *von oben bis* ~ du haut en bas; ~ *durch* par en dessous; ~ *in (dat.)* au fond de; ~ *an etw. (dat.)* au bas (od. au pied) de qch.; ⚔ *von* ~ *auf dienen* sortir du rang; *von* ~ *her* d'en bas; *nach* ~ *hin* vers le bas, ⌐**an** *adv.* au bas bout; ~ *sitzen* avoir la dernière place; ⌐**erwähnt**, ⌐**genannt** *adj.* mentionné ci-des sous; ⌐**stehend** *adj.* mentionné ci-dessous.

'**unter** I *prp. (dat., resp. acc.)* **a)** *örtlich*: sous; *(unterhalb)* au-dessous de; *(zwischen, inmitten)* entre; parmi; au nombre de; au milieu de; ~ *Wasser* sous l'eau; entre deux eaux; ~ *Freunden* entre amis; ~ *der Menge* parmi la foule; *mitten* ~ *uns* au milieu de nous; ~ *die Feinde geraten* tomber entre les *(od. aux)* mains de l'ennemi; ~ *uns gesagt* entre nous soit dit; ~ *vier Augen* en tête(-)à(-)tête; entre quatre yeux; F entre quat'-z-yeux; seul à seul *(a. veränderlich!)*; ~ *anderem* entre autres (choses); ~ *dem Tisch hervorziehen* tirer de dessous la table; ~ *freiem Himmel* en plein air, *nachts*: à la belle étoile; ~ *dem dreißigsten Grad nördlicher Breite* à trente degrés de latitude nord; *fig.* ~ *e-n Hut bringen* mettre d'accord; **b)** *zeitlich*: à; sous; pendant; ~ *dem heutigen Datum* à la date d'aujourd'hui; ~ *der Regierung Ludwigs XIV.* sous le règne de Louis XIV; ~ *Napoleon I.* sous Napoléon Iᵉʳ (premier); ~ *der dritten Republik* sous la IIIᵉ (troisième) République; **c)** *ein geringes Maß an Wert od. Zeit*: au--dessous de; à moins de; ~ *dem Preis* au-dessous du prix; *nicht* ~ *100 mark (bei vb.* ne ...) pas (à) moins de cent marks; ~ *aller Kritik* au-dessous de tout; **d)** *Abhängigkeit*: sous; ~ *s-r Leitung* sous sa direction; **e)** *Art u. Weise*: à; sous; dans; ~ *dieser Bedingung* à cette condition; ~ *Glockengeläut* au son des cloches; ~ *e-m Vorwand* sous un prétexte; ~ *diesen Umständen* dans ces circonstances; **II** *adj.* inférieur; *(nieder)* bas, basse, *(unter etw. anderem gelegen)* d'en bas; de dessous; ⌐**e** *Beamte* fonctionnaires du niveau inférieur; ⌐**es** *Bild journ.* photo *f* du bas; *der* ⌐**e** *Teil* la partie inférieure; *le bas*; *die* ⌐**e** *Stadt* la ville basse; *die* ⌐**en** *Klassen* les classes *f/pl.* inférieures, les basses classes *f/pl. (a. Schule)*, *Grundschule*: les petites classes *f/pl.*; *die* ⌐**en** *Zimmer* les chambres *f/pl.* d'en bas; ²**abschnitt** *m* sous-chapitre *m*; ²**abteilung** *f* subdivision *f*; *e-r Wissenschaft usw.*: branche *f*; ²**arm** *anat. m* avant-bras *m*; ²**armgriff** *(Ringkampf) m* manchette *f*; ²**art** *biol. f* sous-espèce *f*; variété *f*; ²**ausschuß** *m* sous-commission *f*; sous-comité *m*; ²**bau** *m* ⚒ substruction *f*; *(Fundament)* fondation *f*; fondement *m*; sous--œuvre *m*; *(Grundmauer)* soubassement *m*; 🚗, *e-r Straße*: infrastructure *f*.

unter|'bauen *v/t. (abstützen)* étayer *(a. fig.; mit de)*; ²**beamte(r)** *m*, ²**beamtin** *f* fonctionnaire *m*, *f* subalterne; ²**beinkleid** *n* caleçon *m*; ⌐**belichten** *phot. v/t.* sous-exposer; ²**belichtung** *phot. f* sous-exposition *f*; ²**beschäftigung** *f* sous-emploi *m*; ²**bett** *n* lit *m* de dessous; *(Rheuma*⚕*)* gros molleton *m* en laine; ⌐**bewerten** *v/t.* sous-estimer; ²**bewertung** *f* sous-estimation *f*; ⌐**bewußt** *adj.* subconscient; ²**bewußtsein** *n* subconscient *m*; subconscience *f*; ⌐**bieten** *v/t.* vendre au-dessous des prix; *Rekord*: battre; ²**bilanz** ✝ *f* déficit *m*; ⌐**binden** *v/t.* lier; *chir.* ligaturer; *fig.* arrêter; *(verhindern)* empêcher; ⌐**binden** *v/t.* attacher (par-)dessous; ²**bindung** *f chir.* ligature *f*; *fig.* arrêt *m*; ⌐**bleiben** *v/t.* ne pas avoir lieu; ne pas se produire; *(nicht wieder eintreten)* ne plus se reproduire; *(aufhören)* cesser; *(verboten sein)* être défendu; *das hätte* ~ *können* on aurait pu s'en dispenser; ²**bodenschutz** *(Auto) m* revêtement *m* protecteur du châssis; ⌐**brechen** *v/t. (v/rf.: sich* s*')*interrompre *(a.* ⚡*)*; discontinuer; *zeitweilig*: suspendre; ⚡ *couper*; ²**brecher** ⚡ *m* interrupteur *m*; coupe-circuit *m*; *Turbinenwagen*: rupteur *m*; ²**brechung** *f* interruption *f (a.* ⚡*)*; discontinuation *f*; *zeitweilige*: suspension *f*; ⚡ coupure *f*; ⌐**breiten** *v/t. Vorschlag, Gesuch*: présenter; soumettre; ⌐**bringen** *v/t.* mettre à l'abri; abriter; *(beherbergen)* loger; héberger; *nach e-m Brand*: reloger; *s-e Kinder*: établir; *(in e-e Stelle bringen)* placer *(a. Geld, Waren)*; F caser; *e-n Schüler wieder* ~ F recaser un élève; *in e-m Krankenhaus* ~ hospitaliser; *Wagen*: remiser; garer; *Vieh*: mettre à l'étable; ⚔ cantonner; ²**bringung** *f v. Personen, Geld*: placement *m*; *(Beherbergung)* logement *m*; hébergement *m*; ~ *in e-m Krankenhaus* hospitalisation *f*; ⚔ cantonnement *m*; ²**bringungsmöglichkeit** *Auto, ⚓ f* parcage *m*; ⌐**en** *pl. in Hotels* capacité *f* hôtelière; ²**deck** ⚓ *n* premier pont *m*; ⌐**der'hand** *adv.* en sous-main; en cachette; clandestinement; ⌐**des** (-**sen**) *adv. u.cj.* sur ces entrefaites; en attendant; entre-temps; ²**druck** *m* dépression *f*; ~ *des Blutes* hypotension *f*; ⌐**drücken** *v/t.* réprimer; supprimer; *(ersticken)* étouffer; *Angst*: a. gommer; *Tränen*: retenir; *Volk*: opprimer; ²**drücker** *m* oppresseur *m*; ²**druckmesser** *m* vacuomètre *m*; ²**drückung** *f* répression *f*; suppression *f*; *e-s Volkes*: oppression *f*; ⌐**durchschnittlich** *adj.* au-dessous de la moyenne.

'**unter-ein-ander** *adv.* l'un au--dessous de l'autre.

unter-ein-'ander *adv.* entre eux (nous, *etc.*); mutuellement; *(gegenseitig)* réciproquement; ⌐**legen** *v/t.* mettre l'un au-dessous de l'autre; ⌐**mengen**, ⌐**mischen** *v/t.* mélanger, entremêler.

'**Unter-einteilung** *f* subdivision *f*.

'**unter-entwick**|**elt** *adj.* sous-développé; ²**lung** *f* sous-développement *m*.

'**unter-ernähr**|**en** *v/t.* sous-alimenter; nourrir insuffisamment; ⌐**t** *adj.* sous-alimenté; ²**ung** *f* sous-alimentation *f*; alimentation *f* insuffisante; hypotrophie *f*.

unter|'fangen *v/rf.: sich* ~ *etw. zu tun* oser faire qch.; avoir l'audace de faire qch.; s'aviser de faire qch.; ²**fangen** *n* entreprise *f* (audacieuse); ⌐**fassen** 1. *v/t.*: *j-n* ~ prendre le bras de q.; *untergefaßt gehen* aller bras dessus, bras dessous. **2.** *v/rf.*: *sich* ~ se donner le bras; ⌐**fertigen** *v/t.* signer; ²**fertigte(r** *a. m) m*, *f* soussigné *m*, -e *f*; ²**flurhydrant** *m* sortie *f* de refoulement; ²**führer** *m* sous-chef *m*; ²**führung** *f* passage *m* inférieur; tunnel-route *m*; *im Bahnhof*: passage *m* souterrain; ²**futter** *n* doublure *f*; ⌐**füttern** *v/t.* doubler; ²**gang** *m* ast. coucher *m*; *(Zugrundegehen)* ruine *f*; perte *f (a.* ♟*)*; *(Schiffbruch)* naufrage *m (a. fig.)*; *(Zerstörtwerden)* destruction *f*; *e-s Reiches*: chute *f*; *(Verfall)* décadence *f*; ~ *der Welt* fin *f* du monde; ²**gangsstimmung** *f* sinistrose *f*; ⌐**gärig** *adj.* à fermentation basse; ²**gattung** *f* sous-genre *m*; ⌐**geben** *adj.*: *j-m* ~ *sein* être subordonné à q.; être sous les ordres de q.; ²**gebene(r** *a. m) m,f* subordonné *m*, -e *f*; subalterne *m*, *f*; ⌐**gehakt** *adv.*: ~ *gehen* aller bras dessus, bras dessous; ⌐**gehen** *v/i.* ast. se coucher; *im Wasser*: être submergé; ⚓ couler; sombrer; *mit Mann und Maus* ~ périr corps et biens; *(zugrunde gehen)* périr; se perdre; aller à sa perte *(od. à sa ruine)*; *(zerstört werden)* être détruit; *(sich verlieren)* se perdre; ⌐**ge-ordnet** *adj.* subordonné; subalterne; *an Bedeutung*: secondaire; inférieur; *in* ⌐**er** *Stellung* en sous-ordre; dans une position subalterne; ²**ge-ordnete(r)** *m* subordonné *m*; subalterne *m*; sous--ordre *m*; ⌐**geschoben** *adj.* supposé; *(ändernd eingeschoben)* interpolé; ²**geschoß** 🏠 *n* rez-de-chaussée *m*; ²**gesenk** ⚙ *n* étampe *f* inférieure; matrice *f*; ²**gestell** *n* train *m*; *Auto*: châssis *m*; ²**gewand** *n* vêtement *m* de dessous; ²**gewicht** *n* insuffisance *f* de poids; ⌐**graben** *v/t.* miner, saper *(beide a. fig.)*; ⌐**graben** *v/t. Dung*: enfouir; ²**grabung** *f* sape *f*; ²**grund** 🌱 *m* sous-sol *m*; *peint. u. typ.* fond *m*; *pol.* clandestinité *f*; *soc.* vie *f* marginale; ²**grundbahn** *f* métro *m*; chemin *m* de fer souterrain; ²**grundbewegung** *f* mouvement *m* clandestin; ⌐**gründig** *adj.* subreptice; ²**grundkämpfer** *m* combattant *m* de la clandestinité; ²**gruppe** *f* sous-groupe *m*; ⌐**haken** *v/t. u. v/rf.* → ⌐**fassen**; ⌐**halb** *prp. (gén.)* au--dessous de; *v. Flüssen*: en aval de; ²**halt** *m* entretien *m*; subsistance *f*; *s-n* ~ *haben* avoir de quoi vivre; *s-n* ~ *bestreiten* subvenir à ses besoins; *für den* ~ *sorgen* assurer la subsistance; *s-n* ~ *(selbst) verdienen* gagner sa vie; ⌐**halten** 1. *v/t.* entretenir; *(ernähren)* a. nourrir, subvenir aux besoins de, 🐴 alimenter; *(instand halten)* entretenir; tenir en bon état; *(vergnügen)* amuser; divertir; distraire; *j-n angenehm* ~ faire des frais pour q. **2.** *v/rf.*: *sich* ~ *(gesprächsweise)* s'entretenir *(mit j-m über etw. acc.* de qch. avec q.); *(sich vergnügen)* s'amuser; se divertir; se distraire; ⌐**haltend**, ⌐**haltsam** *adj.* amusant; divertissant; ²**halter** *m*: *ein glänzender* ~ un brillant causeur. '**Unterhalts|anspruch** m droit m à l'entretien; **~beitrag** m contribution f alimentaire; ²**berechtigt** adj.: ~ sein avoir droit à l'entretien; pro ~er Person par personne à charge; **~forderung** f créance f alimentaire; **~gewährung** f prestation f de l'entretien; **~kosten** pl. frais m/pl. d'entretien; **~pflicht** f obligation f alimentaire (od. d'entretien); **~pflichtige(r)** m débiteur m alimentaire; **~rente** f pension f alimentaire.

Unter'haltung f conversation f; (Unterredung, Instandhaltung) entretien m; (Vergnügen) amusement m; distraction f; vertrauliche ~ tête-à-tête m; face-à-face m; im Laufe der ~ de fil en aiguille; **~sbeilage** f feuilleton m; supplément m littéraire; **~sfilm** m film m d'agrément; **~skosten** pl. frais m/pl. d'entretien; **~slektüre** f lecture f divertissante; **~sliteratur** f littérature f divertissante; **~smusik** f musique f légère; **~sroman** m roman m divertissant; **~sstoff** m sujet m de conversation; **~sstück** n divertissement m; **~s-teil** m → ~sbeilage; **~s-ton** m ton m de conversation.

unter'handeln v/i. négocier (über etw. acc. qch.); ⚔ parlementer; ²**händler** m négociateur m; ⚔ parlementaire m; ²**handlung** f négociation f; pourparlers m/pl.; in ~en treten entrer en négociations (od. en pourparlers); entamer des négociations (od. des pourparlers); ²**haus** n Chambre f des Communes; '²**hemd** n maillot m (od. tricot m) de corps; **~höhlen** v/t. miner, saper (beide a. fig.); '²**holz** n taillis m; sous-bois m; '²**holzpflanzen** f/pl. brande f; '²**hose** f caleçon m; kurze: slip m; '**~irdisch** adj. souterrain; '²**italien** n l'Italie f inférieure; '²**jacke** f gilet m (de corps); **~jochen** v/t. subjuguer; asservir; assujettir; ²**jochung** f subjugation f; asservissement m; assujettissement m; ²**kiefer** anat. m mâchoire f inférieure; maxillaire m inférieur; '**~kittig** F (anrüchig) adj. louche; interlope; '²**kleid** n combinaison f; '²**kleider** n/pl. sous-vêtements m/pl.; (vêtements m/pl. de) dessous m/pl.; '**~kommen** v/i. (Obdach) trouver un abri; (Aufnahme finden) trouver un logis (od. à se loger od. à se caser); (e-e Stellung finden) trouver une place (od. un emploi à se placer od. à se caser); ²**kommen** n (Obdach) abri m; im Gebirge: refuge m; (Logis) logement m; gîte m; '²**körper** m partie f inférieure du corps; '**~kriegen** F v/t. l'emporter sur; laß dich nicht ~! tiens ferme (od. bon); **~'kühlen** v/t. ⚙ refroidir au-dessous de la température normale; ²**kühlung** f ⊕ surfusion f; ⚙ hypothermie f; an ~ sterben a. mourir de froid; ⚙ künstliche ~ hibernation f artificielle; '²**kunft** f abri m; im Gebirge: refuge m; (Logis) logement m; gîte m; j-m ~ bieten (od. gewähren) loger q.; héberger q.; '²**kunftshütte** f refuge m; '²**kunftsraum** ⚔ m abri m; '²**kunftsvermittler** Fr., Bundesrep. m: illegaler ~ für Gastarbeiter marchand m de sommeil; '²**lage** f base f (a. fig.); für Kinder- od. Krankenbett:

alèse f; (unterste Schicht) couche f inférieure; géol. substrat(um) m; (Schreib²) sous-main m; ⊕ appui m; support m; (Urkunde) document m; (Beleg) pièce f justificative (od. à l'appui); preuve f; ~n pl. dossier m; documents m/pl.; documentation f; als ~ à titre documentaire; j-n mit ~n versehen documenter q.; ~n sammeln se documenter; die ~n zusammenstellen réunir la documentation; ~n beibringen produire des pièces; nach Prüfung der ~n sur le vu des pièces; statistische ~n données f/pl. statistiques; '²**land** n pays m bas; '²**laß** m: ohne ~ sans relâche; sans cesse; continuellement; sans discontinuer; **~'lassen** v/t. omettre; (außer acht lassen) négliger; (sich enthalten) s'abstenir de; ich werde nicht ~ zu ... (inf.) je ne manquerai pas de ... (inf.); ²**lassung** f omission f; (Enthaltung) abstention f; ²**lassungsfehler** m faute f par omission; ²**lassungssünde** f péché m d'omission; '²**lauf** m cours m inférieur; **~'laufen I** v/i.: es ist ein Fehler ~ il s'est glissé une faute; mir ist ein Fehler ~ une faute m'a échappé; **II** adj.: mit Blut ~ ecchymosé; ~es Auge a. F œil m au beurre noir; **~'legen** v/t. mettre (od. placer) dessous; (füttern) doubler; e-m Huhn Eier zum Brüten ~ faire couver une poule; fig. Sinn: attribuer; prêter; e-r Melodie e-n Text ~ mettre des paroles sur un air; unterlegte Musik musique f de fond; **~'legen I** v/t. ~ mit garnir de; **II** adj. inférieur (j-m à q.); ²**legene(r** a. m) m, f vaincu m, -e f; ²**legenheit** f infériorité f (an Zahl numérique); e-r Partei: déconfiture f; ²**legscheibe** ⊕ rondelle f; '²**leib** m bas-ventre m; abdomen m; '²**lieferant** m sous-traitant m; **~'liegen** v/i. succomber (à); (den kürzeren ziehen) avoir le dessous; fig. être sujet, -ette (à); e-r Bestimmung, dem Zoll sous-mis (à); es unterliegt keinem Zweifel cela ne souffre aucun doute; '²**lippe** f lèvre f inférieure; **~'malen** v/t. donner la couche de fond (à); peint. die Leinwand ~ apprêter la toile; mit Musik ~ donner un fond musical (à); mit Ton ~ Film: sonoriser; ²**malung** f (Grundierung) application f de la couche de fond; peint. apprêt m; musikalische ~ fond m musical (od. sonore); (Ton²) sonorisation f; enregistrement m musical; **~'mauern** v/t. ⚠ frisch ~ reprendre en sous-œuvre; (abstützen) étayer (a. fig.; mit de); e-e Behauptung mit Beispielen ~ étayer d'exemples une affirmation; apporter des exemples à l'appui d'une affirmation; '**~mengen**, '**mengen** v/t. entremêler (mit de); '²**mensch** m brute f; sous-homme m; '²**miete** f sous-location f; '²**mieter(in** f) m sous-locataire m, f; **~mi'nieren** v/t. miner; a. pol. saper; pol. noyauter; '**~mischen**, **~'mischen** v/t. → ~mengen.

unter'nehm|en v/t. entreprendre; (versuchen) essayer; ²**en** n entreprise f; opération f; (Versuch) tentative f; **~end** adj. entreprenant; ²**ensforschung** f recherches f/pl. opérationnelles; ²**ensführung** f gestion f; ²**er(in** f) m entrepreneur m, -euse f;

femme f chef d'entreprise; ²**ergruppe** ✝ f grande entreprise f; ²**er-organisation** f organisation f patronale; ²**ertum** n entrepreneurs m/pl.; patronat m; ²**erverband** m syndicat m patronal; ²**ung** f entreprise f; ²**ungsgeist** m esprit m d'entreprise (od. d'initiative); allant m; **~ungslustig** adj. entreprenant; dynamique; **~ungsmüde** adj. dégoûté d'entreprendre.

'**Unter|offizier** m sous-officier m; der Infanterie: sergent m; der Kavallerie, Artillerie: maréchal m des logis; ²**ordnen** v/t. (v/rf.: sich se) subordonner; ²**ordnung** f subordination f; **~pacht** f sous-bail m; sous-affermage m; **~pächter(in** f) m sous-fermier m, -ière f; **~pfand** n gage m; **~pflügen** ✔ v/t. enfouir à la charrue; **~präfekt** m sous-préfet m; **~präfektur** f sous-préfecture f; **~prima** f Bundesrep. 'huitième classe f (douzième année scolaire) d'un lycée classique.

Unter|pri'maner(in f) m élève m, f de la 'huitième classe f d'un lycée classique; '**~proletariat** n sous--prolétariat m; quart-monde f; '**~redung** f entretien m; '**~rhein** m Rhin m inférieur; bas Rhin m.

'**Unterricht** m (Lehrtätigkeit) enseignement m; cours m/pl.; leçons f/pl.; (Belehrung) instruction f; (Schul²) classe f; ~ erteilen enseigner od. apprendre (j-m in etw. à q. à q.); faire la classe (j-m à q.); abs. faire l'école; an der Sorbonne ~ geben enseigner (od. donner des cours) à la Sorbonne; französischen ~ geben donner des cours od. des leçons de français; enseigner le français; morgen ist kein ~ il n'y aura pas classe od. cours demain; bei j-m ~ nehmen prendre des leçons auprès de q.

unter'richten 1. v/t. enseigner; donner des cours od. des leçons (à); abs. (Unterricht erteilen) faire la classe (od. l'école); (belehren, informieren) instruire; informer; j-n in etw. (dat.) ~ enseigner (od. apprendre) qch. à q.; j-n über etw. (acc.) ~; j-n von etw. ~ instruire (od. informer) q. de qch.; warnend: avertir q. de qch., im voraus: prévenir q. de qch., (j-m Auskunft geben) renseigner q. sur qch.; in unterrichteten Kreisen dans les milieux informés; **2.** v/rf.: sich über etw. (acc.) ~ s'informer de qch.; se renseigner sur qch.

'**Unterrichts|anstalt** f établissement m d'enseignement; **~ausfall** écol. m suppression f de cours (Grundschule: d'heures de classe); allg. perte f d'heures d'enseignement; **~fach** n matière f; **~film** m film m scolaire (od. éducatif); **~gegenstand** m matière f d'enseignement; **~methode** f méthode f d'enseignement (für Sprachen des langues); **~minister** m ministre m de l'éducation nationale; **~ministerium** n ministère m de l'éducation nationale; **~plan** m programme m d'enseignement; **~raum** m (salle f de) classe f; **~stoff** m matière f d'enseignement; **~stunde** f leçon f; classe f; heure f; cours m; bisw. als Anglizismus: période f; **~werk** n (Schulbuch) livre m de classe; manuel *m* scolaire; **~wesen** *n* instruction *f* publique; *das ~ aufeinander abstimmen* harmoniser les enseignements; **~ziel** *n* objectif *m*.

Unter'richtung *f* information *f*; (*Belehrung*) instruction *f*; *zu Ihrer ~* à titre d'information; à titre indicatif.

¹Unterrock *m* jupon *m*.

unter|'sagen *v/t.* interdire; défendre; *v. Staats wegen: a.* prohiber; **²'sagen** *n*, **²'sagung** *f* interdiction *f*; défense *f*; *v. Staats wegen: a.* prohibition *f*; **¹²satz** *m* base *f*; (*Stütze*) soutien *m*; appui *m*; (*Platte*) plateau *m*; *für Töpfe*: dessous *m*; *für Gläser*: soucoupe *f*; ⚠ socle *m*; *Logik*: mineure *f*, F (*Auto*) fahrbarer ~ F tacot *m*; **¹²schallflugzeug** *n* avion *m* subsonique; **²schallgeschwindigkeit** *f* vitesse *f* subsonique; **~'schätzen** *v/t.* sous-estimer; déprécier; faire trop peu de cas de; **²'schätzung** *f* sous-estimation *f*; **~'scheidbar** *adj.* qu'on peut distinguer; (*erkennbar*) discernable; **~'scheiden** *v/t.* (*v/rf.: sich se*) distinguer (*von* de); (*auseinanderhalten*) discerner (*von* de); (*den Unterschied hervorheben*) différencier; (*e-n Unterschied machen*) faire une différence (*zwischen dat.* entre); **~'scheidend** *adj.* distinctif, -ive; (*charakteristisch*) caractéristique; **²'scheidung** *f* distinction *f*; **²'scheidungsfähigkeit** *f*, **²'scheidungskraft** *f* discernement *m*; **²'scheidungsmerkmal** *n* caractéristique *f*; marque *f* distinctive; **²'scheidungsvermögen** *n* discernement *m*; pouvoir *m* discriminateur; **¹²schenkel** *m* jambe *f*; **¹²schicht** *f* couche *f* inférieure; *géol.* substrat(um *m*) *m*; **'~schieben** *v/t.* glisser (*od.* fourrer) dessous; *Kind*: substituer; *j-m etw. ~* attribuer faussement qch. à q.; *den Worten e-n falschen Sinn ~* donner (*od.* prêter) un sens faux aux paroles; **²'schiebung** *f* substitution *f*; **¹²schied** *m* différence *f*; décalage *m*; (*Unterscheidung*) distinction *f*; (*Ungleichheit*) inégalité *f*; feiner ~ nuance *f*; *zum ~ von*; *im ~ zu* à la différence de; *ohne ~* sans distinction; indistinctement; indifféremment; *e-n ~ machen* faire une différence (*zwischen dat.* entre); *ohne ~ der Rasse, des Geschlechts usw.* sans distinction de race, de sexe, etc.; **¹~'schiedlich** I *adj.* différent; II *adv.* différemment; *~ behandeln* (*diskriminieren*) discriminer; **~'schiedslos** *adv.* sans distinction; indistinctement; **~'schlagen** *v/t. Geld*: soustraire; détourner; (*verschwinden lassen*) faire disparaître; supprimer; *Brief*: intercepter; ⚖ (*verheimlichen*) receler; **²'schlagung** *f* détournement *m*; soustraction *f*; malversation *f*; péculat *m*; concussion *f*; déprédation *f*; *v. Briefen*: interception *f*; (*Verschwindenlassen*) suppression *f*; ⚖ (*Verheimlichung*) recel *m*; **¹²schleif** *m* → *Unterschlagung*; **¹²schlupf** *m* cachette *f*; (*Obdach*) abri *m*; ⚖ *j-m ~ gewähren* receler q.; **~'schreiben** *v/t.* signer; soussigner; *billigend*: souscrire; *fig.* souscrire (à); *eigenhändig unterschrieben* signé de sa propre main; **~'schreiten** *v/t. Voranschlag*: rester inférieur à; *Betrag*: ne pas atteindre;

Preise: offrir meilleur marché; offrir à un prix inférieur; **¹²schrift** *f* signature *f*; *billigende*: souscription *f*; *unter e-m Bild*: légende *f*; *beglaubigte ~ signature f* légalisée; *eigenhändige ~ signature f* autographe (*od.* de sa propre main); *zur ~ vorlegen* présenter (*od.* soumettre) à la signature; *mit s-r ~ versehen* revêtir de sa signature; *s-e ~ setzen unter* (*acc.*) apposer sa signature au bas de; *j-s ~ tragen* porter la signature de q.; *e-e ~ beglaubigen* (*nachprüfen*; *fälschen od. nachmachen*) légaliser (vérifier; contrefaire) une signature; **¹²schriftenmappe** *f* portefeuille *m* à signatures; chemise *f* pour le courrier à signer; **¹²schriftprobe** *f* spécimen *m* de signature; **¹²schriftsbeglaubigung** *f* légalisation *f* de signature; **¹~schriftsberechtigt** *adj.* autorisé à signer; **¹²schriftsstempel** *m* timbre *m* de signature en caoutchouc; **¹~schwellig** *psych. adj.* latent; infraliminaire; sous-jacent; **¹~seeboot** *n* → *U-Boot*(...); **¹~see-isch** *adj.* sous-marin; **¹²seekabel** *n* câble *m* sous-marin; **¹²seite** *f* dessous *m*; **¹²sekunda** *f Bundesrep.*: sixième classe (dixième année scolaire) d'un lycée classique; **²sekun'daner(in** *f*) *m* élève *m*, *f* de la sixième classe d'un lycée classique; **~'setzen** *v/t.* mettre dessous; **~'setzt** *adj.* trapu; bréviligne; ramassé; **²'setzung** ⊕ *f* réduction *f*; démultiplication *f*; **²'setzungsgetriebe** ⊕ *n* démultiplicateur *m*; **¹~sinken** *v/i.* couler; sombrer; **¹²spannung** *f* sous-tension *f*; **~'spülen** *v/t.* affouiller; miner; ronger; éroder; dégravoyer; **²'spülen** *n* affouillement *m*.

¹unterst *adj.* (*sup. von* unter) le plus bas, la plus basse; *zu~* tout au bas; tout au fond; *der* **²e** le dernier; *das* **²e** *zuoberst kehren* mettre tout sens dessus dessous.

¹Unter|staatssekretär *m* sous-secrétaire *m* d'État; **~stadt** *f* ville *f* basse; **~stand** *m* abri *m* (*betonierter bétonné*; *bombensicherer* à l'épreuve des bombes); ⚔ **gourbi m.*

unter|'stehen 1. *v/i.* être subordonné (à); être le subordonné (de); être sous les ordres (de); dépendre (de); relever (de) (*a. fig.*); *der örtlichen Gerichtsbarkeit ~* relever de la juridiction locale; *der örtlichen Gerichtsbarkeit nicht ~ a.* être soustrait à la juridiction locale; **2.** *v/rf.: sich ~, etw. zu tun* oser faire qch.; avoir l'audace de faire qch.; s'aviser de faire qch.; **~'stellen** *v/t.* (*unterordnen*) subordonner (*j-m* à q.); soumettre; *fig.* (*beschuldigen*) imputer (*j-m etw.* qch. à q.); *j-m etw. fälschlich ~* attribuer faussement qch. à q.; *unterstellt sein* être subordonné (à); être le subordonné (de); être sous les ordres (de); dépendre (de); relever (de) (*a. fig.*); *der örtlichen Gerichtsbarkeit unterstellt sein* relever de la juridiction locale; *der örtlichen Gerichtsbarkeit nicht unterstellt sein a.* être soustrait à la juridiction locale; **¹~stellen** *v/t.* mettre dessous; *zum Schutz:* (*v/rf.: sich se*) mettre à l'abri; (*v/rf.: sich s'*)abriter; *Auto*: remiser; garer; *Möbel*: mettre en gar-

de; **¹²stellen** *n* mise *f* à l'abri (*od. e-s Autos*: au garage *m*); **¹²stellraum** *m* remise *f*; garage *m*; **²¹stellung** *f* subordination *f*; (*Beschuldigung*) imputation *f*; **~'streichen** *v/t.* souligner (*a. fig.*); *fig. a.* mettre en relief (*od.* en exergue *od.* en évidence); mettre l'accent sur; évoquer; faire ressortir; **²'streichen** *n* soulignement *m*; **¹~streuen** *v/t.: den Pferden Stroh ~* faire la litière aux chevaux; **¹²strömung** *f* courant *m* de fond; **¹²stufe** *f Schule*: degré *m* inférieur; basses classes *f/pl.*; premier cycle *m*.

unter|'stütz|en *v/t. u. v/rf.* appuyer; soutenir; (*helfen*) aider (*mit* de); secourir; assister; soutenir; (*subventionieren*) subventionner; *j-n mit Rat und Tat ~* aider q. par tous les moyens; *sich gegenseitig ~* s'entraider; se soutenir; **²ung** *f* soutien *m*; appui *m*; (*Hilfe*) aide *f*; secours *m*; assistance *f*; soutien *m*; (*Subvention*) subvention *f*; subside *m*; *soziale*: allocation *f* (*beziehen* toucher); **~ungsbedürftig** *adj.* qui a besoin de secours; **²ungs-empfänger(in** *f*) *m* allocataire *m*, *f*; **²ungsfonds** *m* fonds *m* de secours; **²ungsgelder** *pl.* subsides *m/pl.*; **²ungsgesuch** *n* demande *f* de secours; **²ungskasse** *f* caisse *f* de secours.

unter|'such|en *v/t.* examiner (*a. ⚕*); étudier; (*erforschen*) rechercher; (*sondieren*) sonder; scruter; explorer; (*nachprüfen*) vérifier; (*kontrollieren*) contrôler; (*inspizieren*) inspecter; *durch e-n Sachverständigen*: expertiser; ⚕ analyser; *am Zoll*: visiter; ⚖ *etw. ~* faire des recherches sur qch.; **²ung** *f* examen *m* (*a. ⚕*); étude *f* (*a. Studie*); (*Er-, Nachforschung*) recherche *f* (*Ermittlung, Erhebung*) enquête *f*; (*Sondierung*) sondage *m*; exploration *f*; (*Nachprüfung*) vérification *f*; (*Kontrolle*) contrôle *m*; (*Inspizierung*) inspection *f*; *e-s Sachverständigen*: expertise *f*; ⚕ analyse *f*; *am Zoll*: visite *f*; ⚖ recherche *f*; enquête *f*; instruction *f*; gerichtliche *~* enquête (*od.* instruction) *f* judiciaire; *e-e ~ anstellen* (*Studie*) faire une étude (*über acc.* sur), ⚖ faire une enquête (*über acc.* sur), enquêter (sur); *ärztliche ~* examen *m* médical.

Unter'suchungs|ausschuß *m* commission *f* d'enquête; **~gefangene(r** *a. m*) *m*, *f* prévenu *m*, -e *f*; **~gefängnis** *n* maison *f* d'arrêt; **~haft** *f* prévention *f*; détention *f* préventive; *in ~* en prévention; **~kommission** *f* → *~ausschuß*; **~richter** ⚖ *m* juge *m* d'instruction; **~sofa** (*beim Arzt*) *n* divan *m* examen.

Unter'tage|arbeiter ⛏ *m* mineur *m* de fond; **~bau** *m*, **~betrieb** *m* ⛏ exploitation *f* au fond; **~deponie** *at. f* décharge *f* souterraine de déchets atomiques.

¹untertan *adj.* soumis (*j-m* à q.); *sich ein Volk ~ machen* assujettir un peuple.

¹Untertan *m*, **~in** *f* sujet *m*, -ette *f*.

¹untertänig *adj.* soumis; (*ergeben*) humble; **²keit** *f* sujétion *f*; soumission *f*; (*Ergebenheit*) humilité *f*.

¹Unter'tasse *f* soucoupe *f*; *fliegende ~* soucoupe *f* volante; **²tauchen 1.** *v/i.* plonger; faire le (*od.* un) plongeon;

pol. (*verschwinden*) faire la taupe; *allg.* disparaître; P se planquer; *in der Menge* ~ se fondre dans la foule; *als bedeutende Person*: prendre un bain de foule; **2.** *v/t.* plonger; immerger; submerger; **~tauchen** n plongée *f*; *fig.* disparition *f*; **~teil** *m* (*a. n*) partie *f* inférieure; bas *m*; dessous *m*.
unter|'teilen *v/t.* subdiviser; ²'**teilung** *f* subdivision *f*; ²'**temperatur** ✱ *f* hypothermie *f*; ²'**tertia** *f Bundesrep.*: quatrième classe *f* (huitième année scolaire) d'un lycée classique; ¹²'**titel** *m* sous-titre *m*; *cin. in Originalfassung mit* ~n en version originale sous-titrée; ¹²'**ton** *fig. m* grain *m*; pointe *f*; **~'treiben** *v/t.* minimiser; ²'**treibung** *f* minimisation *f*; litote *f*; **~'treten** *v/i.* se mettre à l'abri (*od.* à couvert); **~'tunneln** *v/t.* percer un tunnel sous...; **¹~vermieten** *v/t.* sous-louer; ¹²**vermieter**(**in** *f*) *m* sous-loueur *m*, -euse *f*; ¹'**vermietung** *f* sous-location *f*; **¹~versichern** *v/t.* sous-assurer; ¹²**versicherung** *f* sous-assurance *f*; **~'versorgt** *adj.*: *ärztlich* ~ sous-médicalisé; **~'wandern** *v/t.* s'infiltrer dans; ²'**wanderung** *f* infiltration *f*; *pol.* subversion *f*; noyautage *m*; entrisme *m*; **~'wärts** *adv.* vers le bas; ¹²**wäsche** *f* linge *m* de corps; lingerie *f*; *der Damen*: dessous *m/pl.*; ²'**wasserarchäologie** *f* archéologie *f* sous-marine; ¹²'**wasserbombe** *f* bombe *f* sous-marine; ²'**wasserdruckstrahlmassage** ✱ *f* hydromassage *m* sous pression; ²'**wasserfelsenküste** *f* tombant *m*; ¹'**wasserforscher** *m* explorateur *m* sous-marin; ²'**wasserhorchgerät** *n* sonar *m* de détection sous-marine; ²'**wasserjeep** *m* sous-marin *m* porte-plongeur; ²'**wasser-ortungsgerät** *n* sonar *m*; ²'**wassersauger** ⊕ *m* aspirateur *m* sous-marin; suceuse *f*; **~'wegs** *adv.* en chemin; chemin faisant; en route (*nach pour*); *immer* ~ *sein* être toujours en route (*od.* par voies et par chemins *od.* par monts et par vaux); voyager continuellement; ne jamais rester en place; F rouler sa bosse; **~'weisen** *v/t.* instruire; initier; ²'**weisen** *n*, ²'**weisung** *f* instruction *f*; initiation *f*; ¹²**welt** *f* enfers *m/pl.*; (*Verbrecherwelt*) monde *m* interlope; canaille *f*; pègre *f*; milieu *m*; **~'werfen** *v/t.* (*v/r.*: *sich se*) soumettre; (*unterjochen*) subjuguer; asservir; *litt.* assujettir; ²'**werfung** *f* soumission *f*; (*Unterjochung*) subjugation *f*; asservissement *m*; **~'worfen** *adj.* soumis (à); *Krankheiten* ~ sujet, -ette à des maladies; *der Mode* ~ *sein* dépendre de la mode; **~'wühlen** *v/t.* miner; **~'würfig** *péj. adj.* obséquieux, -euse; servile; ²'**würfigkeit** *péj. f* obséquiosité *f*; servilité *f*; ¹²**zahn** *m* dent *f* du bas (*od.* de la mâchoire inférieure).
unter'zeich|nen *v/t.* signer; *billigend*: souscrire; **²ner**(**in** *f*) *m* signataire *m*, *f*; **²nete**(**r** *a. m*) *m*, *f*: *ich* ~ *je soussigné(e)*; **²nung** *f* signature *f*; *billigende*: souscription *f*.
¹**Unter|'zeug** *n* sous-vêtements *m/pl.*; vêtements *m/pl.* de dessous; **²ziehen** *v/t. Kleidungsstücke*: mettre par-dessous.
unter'ziehen *v/rfl.*: *sich e-r Sache*

(*dat.*) ~ se soumettre à qch.; (*auf sich nehmen*) prendre qch. sur soi; se charger de qch.; *sich e-r Operation* ~ subir une opération; *etw. e-r Prüfung* ~ soumettre qch. à l'examen; mettre qch. à l'épreuve; *sich e-r Arbeit* ~ *a.* s'astreindre à un travail; *sich e-r Prüfung* ~ subir (*od.* passer) un examen.
¹**Unterzieh|jäckchen** *n* sous-blouse *f*; **~pulli** *m* sous-pull *m*.
'**untief** *adj.* peu profond.
'**Untiefe** *f* ⚓ bas-fond *m*; (*Sandbank*) banc *m* de sable, *im Fluß*: ensablement *m*; *fig. unergründliche Tiefe*: abîme *m*; abysse *m*.
'**Untier** *n* monstre *m* (*a. fig.*).
un|'tilgbar *adj.* (*unauslöschbar*) inextinguible; *Flecken*: ineffaçable; *Tinte*: indélébile; (*unzerstörbar*) indestructible; *Schuld*: non amortissable; *Hypothek*: non rachetable; **~'tragbar** *fig. adj.* insupportable; **~'trennbar** *adj.* inséparable; *Ehe*: indissoluble; ²'**trennbarkeit** *f* impossibilité *f* de séparer, inséparabilité *f*; *e-r Ehe*: indissolubilité *f*.
'**untreu** *adj.* infidèle; *s-m Versprechen* ~ *werden* manquer à sa promesse; *s-n Gewohnheiten* ~ *werden* déroger à ses habitudes; *sich selbst* ~ *werden* se renier; ²**e** *f* infidélité *f*; ~ *im Amt* prévarication *f*.
un|'tröstlich *adj.* inconsolable; désolé; ²'**tröstlichkeit** *f* désolation *f*; **~'trüglich** *adj.* qui ne trompe pas; (*unfehlbar*) infaillible; (*sicher*) sûr; certain; ²'**trüglichkeit** *f* (*Unfehlbarkeit*) infaillibilité *f*; (*Sicherheit*) sûreté *f*; certitude *f*; **~'tüchtig** *adj.* incapable (*zu* de); inapte; ¹²'**tüchtigkeit** *f* incapacité *f* (de); inaptitude *f* (à); ¹²'**tugend** *f* défaut *m*; vice *m*; (*üble Gewohnheit*) mauvaise habitude *f*; accoutumance *f*; **~'typisch** *adj.* atypique (*für* de).
'**un-über|brückbar** *fig. adj.* insurmontable; infranchissable; inconciliable; **~legt** *adj.* irréfléchi; inconsidéré; (*leichtsinnig*) léger, -ère; ²**legtheit** *f* irréflexion *f*; (*Leichtsinn*) légèreté *f*; étourderie *f*; **~'prüfbar** *adj.* invérifiable; **~'schreitbar** *adj.* infranchissable; **~'sehbar** *adj.* (*unermeßlich*) immense; (*noch nicht übersehbar*) incalculable; ²'**sehbarkeit** *f* immensité *f*; **~setzbar** *adj.* intraduisible; ²**setzbarkeit** *f* impossibilité *f* de traduire; **~sichtlich** *adj.* peu clair; (*verwickelt*) compliqué; **~**e *Straßenecke* (*od. Kurve*) tournant *m* à mauvaise visibilité; ✗ **~**es *Gelände* terrain *m* sans vue dégagée; **~'steigbar** *adj.* insurmontable; infranchissable; **~'tragbar** *adj.* intransférable; intransmissible; incessible; incommutable; ²'**tragbarkeit** *f* incessibilité *f*; incommutabilité *f*; **~'trefflich** *adj.* insurpassable; (*unvergleichlich*) incomparable; **~'troffen** *adj.* inégalé; qui n'a pas été surpassé (*od.* dépassé); **~'windlich** *adj.* insurmontable; (*unbesiegbar*) invincible; *Festung*: imprenable; ²'**windlichkeit** *f* (*Unbesiegbarkeit*) invincibilité *f*.
'**un-um|gänglich** *adj.* inévitable; indispensable; **~schränkt** *adj.* absolu; souverain; **~stößlich** *adj. Prinzipien*: immuable; (*unwiderlegbar*) irréfuta-

ble; péremptoire; (*unbestreitbar*) incontestable; (*unwiderruflich*) *Beschluß*: irrévocable; indiscutable; ²'**stößlichkeit** *f v. Prinzipien*: immu(t)abilité *f*; (*Unwiderlegbarkeit*) caractère *m* irréfutable; (*Unbestreitbarkeit*) incontestabilité *f*; (*Unwiderruflichkeit*) irrévocabilité *f*; **~'stritten** *adj.* incontesté; **~'wunden** *adv.* franchement; carrément; net(tement); sans détour; sans phrases; sans ambages.
'**un-unter|brochen I** *adj.* ininterrompu; continuel, -elle; (*fortlaufend*) continu; (*unaufhörlich*) incessant; **II** *adv.* sans cesse; sans interruption; continuellement; *8 Stunden* ~ *arbeiten* travailler 'huit heures d'affilée (*od.* d'une seule traite); **~'scheidbar** *adj.* indiscernable; **~'sucht** *adj.*: *ich will es* ~ *lassen, ob ... je* n'examinerai pas si ...
'**unver|änderlich** *adj.* invariable (*a. gr.*); inaltérable; (*unwandelbar*) immuable; (*beständig*) stable; constant; fixe; ²**änderlichkeit** *f* invariabilité *f* (*a. gr.*); inaltérabilité *f* (*Unwandelbarkeit*) immuabilité *f*; immutabilité *f*; (*Beständigkeit*) stabilité *f*; constance *f*; fixité *f*; **~ändert** *adj.* inchangé; inaltéré; qui n'a pas (été) changé; toujours le même; **~antwortlich** *adj.* irresponsable; (*unverzeihlich*) ²**antwortlichkeit** *f* irresponsabilité *f*; (*Unverzeihlichkeit*) caractère *m* impardonnable; **~arbeitet** *adj.* non usiné; non ouvré; brut; cru; *fig.* mal assimilé; mal digéré; **~äußerlich** *adj.* inaliénable; non négociable; ²**äußerlichkeit** *f* inaliénabilité *f*; **~baubar** ⚠ *adj.*: *suche Haus mit* ~*er Sicht* cherche maison, vue imprenable; **~besserlich** *adj.* incorrigible; ²**besserlichkeit** *f* incorrigibilité *f*; **~bindlich I** *adj.* qui n'oblige (*od.* n'engage) à rien; (*wahlfrei*) facultatif, -ive; (*ungefällig*) désobligeant; **II** *adv.* sans engagement; sans obligation; **~'blümt I** *adj.* cru; sec, sèche; carré; **II** *adv.* crûment; sèchement; sans fard; carrément; sans phrases; sans ambages; ~ *s-e Meinung sagen a.* ne pas envoyer dire ce qu'on pense; ²'**blümtheit** (*der Rede*) *f* verdeur *f*; franchise *f* brutale; **~braucht** *adj.* inépuisé; (*frisch*) frais, fraîche; **~brennbar** *adj.* incombustible; résistant au feu; à l'épreuve du feu; **~brüchlich** *adj.* inaltérable; (*unverletzlich*) inviolable; (*Freundschaft*) indéfectible; inébranlable; **~bürgt** *adj.* inauthentique; non confirmé; **~dächtig** *adj.* non suspect; **~daulich** *adj.* indigeste; ²**daulichkeit** *f* indigestibilité *f*; caractère *m* indigeste; **~daut** *adj.* non digéré (*a. fig.*); mal digéré; **~dient** I *adj.* non mérité; immérité; (*ungerecht*) injuste; **II** *adv.* → **~dienterweise** *adv.* sans l'avoir mérité; (*ungerechterweise*) injustement; à tort; **~dorben** *adj.* qui n'est pas corrompu (*od.* gâté); *fig. a.* qui n'est pas dépravé; (*gesund*) sain; (*rein*) pur; (*unschuldig*) innocent; ²**dorbenheit** *f* (*Reinheit*) pureté *f*; innocence *f*; **~drossen I** *adj.* infatigable; irréductible; (*geduldig*) patient; **II** *adv.* infatigablement; sans se lasser; (*ungedul-*

dig) impatiemment; ⁀**drossenheit** *f* patience *f* à toute épreuve; ⁀**dünnt** *adj. Flüssigkeit*: non dilué; *Getränke*: non coupé; ⁀**ehelicht** *adj.* non marié; célibataire; ⁀**eidigt** *adj.* non assermenté; ⁀**einbar** *adj.* incompatible (*mit* avec); inconciliable (avec); ⁀**einbarkeit** *f* incompatibilité *f*; inconciliabilité *f*; ⁀**fälscht** *adj.* non falsifié; (*echt*) authentique; *Wein*: non frelaté; (*lauter*) pur; ⁀**fälschtheit** *f* (*Lauterkeit*) pureté *f*; ⁀**fänglich I** *adj.* qui n'est pas captieux, -euse; (*harmlos*) anodin; inoffensif, -ive; innocent; (*natürlich*) naturel, -elle; **II** *adv.* (*harmlos*) inoffensivement; (*ohne Hintergedanken*) sans arrière-pensée; ⁀**fänglichkeit** *f* (*Harmlosigkeit*) caractère *m* anodin (*od.* inoffensif; ⁀**froren** fig. *adj.* effronté; impudent; ⁀**frorenheit** *f* effronterie *f*; impudence *f*; F toupet *m*; *mit der nötigen ~ vorgehen* jouer de culot; ⁀**gänglich** *adj.* impérissable; indélébile; (*unsterblich*) immortel, -elle; ⁀**gänglichkeit** *f* immortalité *f*; ⁀**gessen** *adj.* inoublié; qui n'est pas oublié; ⁀**geßlich** *adj.* inoubliable; qu'on ne peut oublier; ⁀**gleichbar**, ⁀**gleichlich** *adj.* incomparable; sans pareil, -eille; sans égal; 'hors ligne (*od.* classe); (*einzig*) unique (en son genre); ⁀**hältnismäßig** *adj.* disproportionné; 'hors de proportion; (*übermäßig*) excessif, -ive; ⁀**heiratet** *adj.* non marié; célibataire; ⁀**hofft I** *adj.* inespéré; (*unvermutet*) inopiné; (*unerwartet*) inattendu; (*unvorhergesehen*) imprévu; **II** *adv.* à l'improviste; ⁀**hohlen I** *adj.* non déguisé; (*offen*) ouvert; (*frei*) franc, franche, net, nette; **II** *adv.* sans déguisement; (*offen*) ouvertement; (*frei*) franchement; net(tement); ⁀**jährbar** ⚖ *adj.* imprescriptible; ⁀**jährbarkeit** ⚖ *f* imprescriptibilité *f*; ⁀**jährt** ⚖ *adj.* non prescrit; ⁀**käuflich** *adj.* invendable; † *a.* 'hors vente (*od.* commerce); ⁀**kauft** *adj.* non vendu; ⁀**kennbar I** *adj.* qu'on ne peut méconnaître; (*offensichtlich*) évident; **II** *adv.* à ne pas s'y tromper; (*offensichtlich*) évidemment; ⁀**kürzt I** *adj.* entier, -ière; complet, -ète; *Text*: intégral; **II** *adv.* entièrement; dans son entier; complètement; ⁀**letzbar**, ⁀**letzlich** *adj.* inviolable; (*unverwundbar*) invulnérable; ⁀**letzbarkeit** *f* inviolabilité *f*; (*Immunität*) immunité *f*; (*Unverwundbarkeit*) invulnérabilité *f*; ⁀**letzt** *adj.* sans blessure; indemne; intact; (*wohlbehalten*) sain et sauf, saine et sauve; ⁀**lierbar** *adj.* imperdable; qui ne peut se perdre; ⁀**mählt** *adj.* non marié; célibataire; ⁀**meidlich** *adj.* inévitable; ⁀**mietet** *adj.* non loué; ⁀**mindert** *adj.* non diminué; (*unverkürzt*) entier, -ière; complet, -ète; ⁀**mischbar** 🝛 *adj.* immiscible; ⁀**mischbarkeit** 🝛 *f* immiscibilité *f*; ⁀**mischt** *adj.* pur; ⁀**mittelt** *adj.* direct; immédiat; (*plötzlich*) soudain; brusque; *adv.*: *ganz ~* tout à trac; soudain; tout d'un coup; brusquement; ⁀**mögen** *n* incapacité *f*; impuissance *f*; ⁀**mögend** *adj.* incapable (*zu* de); impuissant (*zu* à); (*mittellos*) sans fortune; ⁀**mutet I** *adj.* inopiné; inattendu;

imprévu; **II** *adv.* inopinément; à l'improviste; ⁀**nunft** *f* déraison *f*; ⁀**nünftig** *adj.* déraisonnable; (*sinnlos*) absurde; *~ reden* déraisonner; ⁀**öffentlicht** *adj.* inédit; ⁀**packt** *adj.* non emballé; ⁀**putzt** △ *adj.* brut; ⁀**richteterdinge** *adv.*: *~ zurückkommen* revenir bredouille; ⁀**rückbar** *adv.*: *es steht ~ fest, daß* ... il est indiscutable (*od.* indéniable) que ... (*ind.*); ⁀**schämt** *adj.* effronté; insolent; impertinent; *Preis*: exorbitant; ⁀**schämtheit** *f* effronterie *f*; insolence *f*; impertinence *f*; ⁀**schließbar** *adj.* qu'on ne peut fermer à clef; ⁀**schlossen** *adj.* non fermé; ⁀**schuldet** *adj.* (*ohne eigene Schuld*) sans qu'il y ait de ma (ta, sa, *etc.*) faute; (*ohne Schulden*) qui n'a pas de dettes; ⁀**sehens** *adv.* à l'improviste; ⁀**sehrt** *adj.* indemne; intact; (*wohlbehalten*) sain et sauf, saine et sauve; ⁀**senkbar** *adj.* insubmersible; ⁀**sichert** *adj.* non assuré; ⁀**siegbar** *adj.* intarissable; ⁀**siegelt** *adj.* non cacheté; ⁀**söhnlich** *adj.* irréconciliable; implacable; intransigeant; ⁀**söhnlichkeit** *f* humeur *f* irréconciliable irréconciliabilité *f*; implacabilité *f*; intransigeance *f*; ⁀**sorgt** *adj.* sans moyens d'existence; ⁀**stand** *m* déraison *f*; (*Torheit*) sottise *f*; bêtise *f*; ⁀**standen** *adj.* incompris; (*verkannt*) méconnu; ⁀**ständig** *adj.* peu raisonnable; ⁀**ständlich** *adj.* incompréhensible; inintelligible; (*rätselhaft*) énigmatique; (*dunkel*) obscur; (*undeutlich*) indistinct; *Stil a.*: apocalyptique; ⁀**ständlichkeit** *f* incompréhensibilité *f*; inintelligibilité *f*; (*Dunkelheit*) obscurité *f*; ⁀**ständnis** *n* incompréhension *f*; manque *m* de compréhension; ⁀**steuert** *adj.* non imposé; ⁀**sucht** *adj.*: *nichts ~ lassen, um zu ...* (*inf.*) épuiser tous les moyens pour ... (*inf.*); essayer par tous les moyens de ... (*inf.*); ⁀**teidigt** *adj.* non défendu; ⁀**träglich** *adj.* insociable; intraitable; (*streitsüchtig*) querelleur, -euse; (*unvereinbar*) incompatible; ⁀**träglichkeit** *f* insociabilité *f*; (*Streitsucht*) humeur *f* querelleuse; (*Unvereinbarkeit*) incompatibilité *f*; ⁀**wandt** *adj. Blick*: fixe; *adv. ~ ansehen* ne pas quitter des yeux; regarder fixement; ⁀**wechselbar** *adj.* sur quoi on ne peut se tromper; (*klar*) clair; évident; ⁀**wehrt** *adj.*: *es ist Ihnen ~, zu ...* (*inf.*) vous êtes libre (*od.* libre à vous) de ... (*inf.*); ⁀**wendbar** *adj.* inemployable; inutilisable; ⁀**weslich** *adj.* imputrescible; ⁀**wischbar** *adj.* ineffaçable; indélébile; ⁀**wundbar** *adj.* invulnérable; ⁀**wundbarkeit** *f* invulnérabilité *f*; ⁀**wüstlich** *adj.* indestructible; *Stoff*: durable; inusable; ⊕ increvable; ⁀**e Gesundheit** santé *f* de fer; ⁀**zagt** *adj.* (*unerschrocken*) intrépide; (*tapfer*) brave; (*mutig*) courageux, -euse; ⁀**zagtheit** *f* (*Unerschrockenheit*) intrépidité *f*; (*Mut*) courage *m*; ⁀**zeihlich** *adj.* impardonnable; ⁀**zinslich** *adv.* ne rapporte pas d'intérêts; *~es Darlehen* prêt *m* sans intérêts; ⁀**zollt** *adj.* (*zollfrei*) en franchise; (*noch nicht verzollt*) non dédouané; (*noch im Zollverschluß*) en entrepôt; ⁀**züglich I** *adj.* immédiat;

II *adv.* immédiatement; sans retard; tout de suite; sur-le-champ; sans délai; séance tenante;

¹**unvoll|endet** *adj.* inachevé; ⁀**kommen** *adj.* imparfait; (*mangelhaft*) défectueux, -euse; ⁀**kommenheit** *f* imperfection *f*; (*Mangelhaftigkeit*) défectuosité *f*; ⁀**ständig** *adj.* incomplet, -ète; fragmentaire; défectueux, -euse; *gr. Verb*: défectif, -ive; ⁀**ständigkeit** *f* état *m* incomplet; (*Mangelhaftigkeit*) défectuosité *f*.

¹**unvor|bereitet I** *adj.* non préparé; improvisé; **II** *adv.* sans préparation; (*unversehens*) au dépourvu; *~ sprechen* improviser; ⁀**denklich** *adj.*: *seit ~en Zeiten* de temps immémorial; ⁀**eingenommen** *adj.* non prévenu; ⁀**hergesehen I** *adj.* imprévu; (*plötzlich*) soudain; brusque; **II** *adv.* à l'improviste; ⁀**hersehbar** *adj.* imprévisible; ⁀**sätzlich I** *adj.* non prémédité; **II** *adv.* sans préméditation; ⁀**schriftsmäßig** *adj.* contraire aux instructions (*a.* ⊕); contraire au règlement; non réglementaire; ⁀**sichtig** *adj.* imprudent; (*unüberlegt*) inconsidéré; ⁀**sichtigkeit** *f* imprudence *f*; *aus ~* par imprudence; ⁀**stellbar** *adj.* inimaginable; *das ist ~ a.* cela passe l'imagination; ⁀**teilhaft** *adj.* désavantageux, -euse.

¹**unwägbar** *adj.* impondérable; ⁀**keit** *f* impondérabilité *f*.

¹**unwahr** *adj.* faux, fausse; (*lügenhaft*) mensonger, -ère; (*erdichtet*) controuvé; (*lügnerisch*) menteur, -euse; ⁀**haftigkeit** *f* fausseté *f*; manque *m* de véracité; ⁀**heit** *f* fausseté *f*; (*Lüge*) mensonge *m*; *die ~ sagen* mentir; ⁀**nehmbar** *adj.* imperceptible; ⁀**scheinlich** *adj.* invraisemblable; improbable; ⁀**scheinlichkeit** *f* invraisemblance *f*; improbabilité *f*.

¹**unwandelbar** *adj.* immuable; invariable; (*unverbrüchlich*) inaltérable; ⁀**keit** *f* immuabilité *f*; immutabilité *f*; invariabilité *f*; (*Unverbrüchlichkeit*) inaltérabilité *f*.

¹**unwegsam** *adj.* impraticable.

¹**unweiblich** *adj.* qui ne convient pas à la femme; peu féminin.

¹**unweigerlich I** *adj.* (*zwangsläufig*) nécessaire; (*unbedingt*) absolu; (*schicksalhaft*) fatal; **II** *adv.* (*sicher*) à coup sûr; immanquablement; infailliblement.

¹**unweise** *adj.* peu sage; (*unklug*) imprudent.

¹**unweit** *adv.* tout près; non loin, F pas loin (*von od. gén.* de); qui n'est pas loin (de).

¹**Unwert** *m* peu *m* de valeur; (*Nichtigkeit*) futilité *f*.

¹**Unwesen** *n*: *an e-m Ort sein ~ treiben Räuber, Ratten*: infester (*Geister*: 'hanter) un lieu.

¹**unwesentlich** *adj.* non essentiel, -elle; peu important; accessoire; secondaire; ⁀**keit** *f* caractère *m* accessoire.

¹**Unwetter** *n* mauvais temps *m*; (*Sturm*) tempête *f*; (*Gewitter*) orage *m*; *bsd. auf See*: gros temps *m*; *litt.* tourmente *f*.

¹**unwichtig** *adj.* peu important; (*unbedeutend*) insignifiant; ⁀**keit** *f* peu *m* d'importance; insignifiance *f*; *~en pl.* futilités *f/pl.*; bagatelles *f/pl.*

unwider|legbar, ~'leglich adj. irréfutable; *Argument*: a. invincible; péremptoire; ²**leglbarkeit** f, ²**leglichkeit** f irréfutabilité f; **~'ruflich** adj. irrévocable; ²**ruflichkeit** f caractère m irrévocable; irrévocabilité f; **~'sprochen I** adj. non contredit; **II** adv. sans contredit; **~'stehlich** adj. irrésistible; ²**stehlichkeit** f irrésistibilité f.
unwieder'bringlich adj. irréparable; ~ verloren perdu sans retour.
'Unwill|e m indignation f; irritation f; (*Ärger*) dépit m; (*Zorn*) colère f; *s-m ~n gegen etw. Luft machen* se soulager en invectivant (*od.* pestant *od.* déblatérant) contre qch.; ²**ig I** adj. indigné (*über acc.* de); peu disposé (zu à); **II** adv. (*widerstrebend*) à contrecœur; *werden* s'indigner (*über acc.* de); ²**kommen** adj. qui arrive mal à propos; qui tombe mal; (*lästig*) importun; (*unangenehm*) désagréable.
unwill'kürlich I adj. involontaire; spontané; machinal; **II** adv. involontairement; spontanément; machinalement; sans le vouloir.
'unwirk|lich adj. irréel, -elle; ²**lichkeit** f irréalité f; caractère m irréel; **~sam** adj. inefficace; ✻ inactif, -ive; *phm.* fantaisiste; ²**samkeit** f inefficacité f; ✻ inactivité f.
'unwirsch adj. de mauvaise humeur; maussade; renfrogné; (*barsch*) brusque.
unwirt|lich adj. inhospitalier, -ière; ²**lichkeit** f caractère m inhospitalier; **~schaftlich** adj. peu (*od.* non) économique; *Person*: peu économe; (*unrentabel*) non rentable.
'unwissen|d adj. ignorant (*in etw. dat.* en qch.); ²**heit** f ignorance f; *s-e ~ zeigen a.* F montrer (*od.* laisser passer) le bout de l'oreille; **~schaftlich** adj. peu scientifique; **~tlich** adv. sans le savoir (à mon (ton, etc.) insu.
'unwohl adj.: *mir ist ~; ich fühle mich ~* je suis indisposé; je ne me sens pas bien; je suis mal à l'aise; ²**sein** n indisposition f; malaise m.
'unwohnlich adj. peu confortable.
'Unwucht ⊕ f balourd m.
'unwürdig adj. indigne (e-r *Sache gén.* de qch.); ²**keit** f indignité f.
'Unzahl f nombre m énorme (*od.* infini); légion f.
unzähl|bar, ~ig adj. innombrable; **~igemal** adv. mille et mille fois.
unzähmbar adj. indomptable.
'unzart adj. qui manque de délicatesse; sans tact; indélicat; (*rauh, hart*) rude; (*grob*) grossier, -ière.
'Unze f: zur ~ mal à propos; à contretemps; 'hors de saison; ²**gemäß** adj. inactuel, -elle; démodé; *Person*: inadapté; mal adapté au monde moderne; ²**ig** adj. intempestif, -ive; inopportun; (*zu früh*) prématuré.
'unzer|brechlich adj. incassable; **~legbar** ⚗ adj. indécomposable; **~reißbar** adj. indéchirable; **~störbar** adj. indestructible; ²**störbarkeit** f indestructibilité f; **~trennlich** adj. inséparable; ²**trennlichkeit** f inséparabilité f; caractère m inséparable.
'unziem|end, ~lich adj. peu convenable; inconvenant; indécent; ²**lichkeit** f inconvenance f; indécence f.
'unzivilisiert adj. non civilisé; *pfort* barbare.
'Unzucht f impudicité f; paillardise f; luxure f; (*Prostitution*) prostitution f; *der ~ preisgeben* prostituer; *~ treiben* se prostituer.
'unzüchtig adj. impudique; lascif, -ive; obscène; (*ausschweifend*) luxurieux, -euse; licencieux, -euse; *Vornahme ~er Handlungen* attentat m à la pudeur; ²**keit** f impudicité f; lasciveté f; obscénité f.
'unzu|frieden adj. mécontent (*mit* de); insatisfait (de); ²**friedene(r** a. m) m, f mécontent m, -e f; ²**friedenheit** f mécontentement m; insatisfaction f; (*Mißvergnügen*) déplaisir m; *j-m Anlaß zur ~ geben* mécontenter q.; **~gänglich** adj. inaccessible; intraitable; ²**gänglichkeit** f inaccessibilité f; **~länglich** adj. insuffisant; ²**länglichkeit** f insuffisance f; **~lässig** adj. inadmissible; ²**lässigkeit** f inadmissibilité f; **~mutbar** adj. impossible; qui ne peut être demandé (*od.* exigé); (*unvernünftig*) déraisonnable; (*unverschämt*) impudent; **~rechnungsfähig** adj. irresponsable; incapable de discernement; qui agit sans discernement; (*schwachsinnig*) imbécile; ²**rechnungsfähigkeit** f irresponsabilité f; (*Schwachsinnigkeit*) imbécillité f; **~reichend** adj. insuffisant; **~sammenhängend** adj. incohérent; *Rede, Stil*: a. décousu; **~ständig** adj. incompétent; *sich für ~ erklären* se déclarer incompétent; ²**ständigkeit** f incompétence f; **~stellbar** ✉ adj. en souffrance; tombé au rebut; non-distribuable; indistribuable; non retiré; non réclamé; ²**stellbarkeit** ✉ f non-remise f; **~träglich** adj. nuisible; désavantageux, -euse; malsain; ²**träglichkeit** f inconvénient m; **~treffend** adj. inexact; **~verlässig** adj. sur qui (*resp.* sur quoi) on ne peut compter; (*ungenau*) inexact; (*unsicher*) peu sûr; incertain; (*zweifelhaft*) douteux, -euse; *Gedächtnis*: infidèle; *~er Schüler a.* F élève m fumiste; ²**verlässigkeit** f *Person*: manque m de sérieux; *a. e-r Uhr*: inexactitude f; *e-r Nachrichtenquelle*: manque m de sûreté; incertitude f; *des Gedächtnisses*: infidélité f.
'unzweckmäßig adj. (*unangebracht*) inopportun; (*ungeeignet*) inopportun; (*schlecht angemessen*) mal approprié; ²**keit** f inopportunité f; (*Ungeeignetheit*) impropriété f.
'unzweideutig adj. non équivoque; sans ambiguïté; (*klar*) clair; net, -nette; adv. nettement; sans ambages.
'unzweifelhaft I adj. indubitable; **II** adv. sans doute; indubitablement.
'üppig adj. 🌿 luxuriant; *Stil*: a. abondant; étoffé; (*wuchernd*) exubérant; (*reichlich*) copieux, -euse; abondant; plantureux, -euse; (*sehr reich; stark entwickelt*) opulent (a. *Schönheit*); (*luxuriös*) luxueux, -euse; (*Aufwand liebend*) somptueux, -euse; fastueux, -euse; (*wollüstig*) voluptueux, -euse; (*übermütig*) pétulant; exubérant; F (*füllig*) plantureux, -euse; dodu; replet, -ète; rondelet, -ette; ²**keit** f (*Überfülle*) luxuriance f (a. 🌿, *Stil*); exubérance f; (*Überfluß*) abondance f; opulence f (a. *des Fleisches*); (*Luxus*) luxe m; (*Prachtaufwand*) somptuosité f; (*Wollust*) volupté f; (*Übermut*) pétulance f.
Ur zo. m aurochs m; urus m; ure m; **~abstimmung** f vote m primaire; **'~ahn(e** f) m bisaïeul m, -e f; *die ~en* les ancêtres m/pl.; les aïeux m/pl.
U'ral m: *der ~ (Fluß)* l'Oural m, (*Gebirge*) l'Oural m, monts m/pl. Oural.
'ur-alt adj. extrêmement vieux, vieille; *seit ~en Zeiten* de temps immémorial; F *das ist ~* cela date du (*od.* remonte au) déluge.
U'ran n uranium m; *angereichertes ~* uranium m enrichi.
'Ur|anfang m origine f première; principe m; ²**anfänglich** adj. primitif, -ive; primordial.
U'ran|anreicherungsanlage f installation f d'enrichissement de l'uranium; ²**haltig** adj. uranifère.
Urani'nit min. n uraninite f.
U'rankern at. m noyau m d'uranium.
'Ur-anlage f disposition f primitive.
U'ran|oxyd n oxyde m d'uranium; **~pech-erz** n pechblende f; **~reihe** at. f famille f (radioactive) de l'uranium; **~salz** n uranate m; **~säure** f acide m uranique; **~spaltung** at. f fission f de l'uranium *od.* uranique; **~stab** at. m barre f d'uranium; **~verbindung** 🜇 f composé m de l'uranium; **~vorkommen** n gisement m d'uranium *od.* uranifère.
'ur-aufführ|en v/t. jouer (*thé.* a. représenter) pour la première fois; ²**ung** f première f; création f.
ur'ban adj. qui a de l'urbanité; **~isieren** v/t. urbaniser; ²**i'sierung** f urbanisation f; ²**istik** f urbanisme m; **~istisch** adj. urbaniste; urbanistique.
Urbani'tät f urbanité f.
'urbar adj. (*anbaufähig*) cultivable; *~ machen* défricher; ²**machung** f défrichage m; défrichement m.
'Ur|bedeutung f sens m primitif; **~beginn** m origine f première; **~begriff** m idée f primitive; **~bestandteil** m élément m primitif; **~bevölkerung** f, **~bewohner** m/pl. premiers habitants m/pl.; aborigènes m/pl.; autochtones m/pl.; **~bild** n original m; prototype m; archétype m; (*Ideal*) idéal m; **~christentum** n christianisme m primitif; ²**deutsch** adj. foncièrement (*od.* bien) allemand; ²**eigen** adj. (*angeboren*) inné; (*innewohnend*) inhérent; **~enkel(in** f) m arrière-petit-fils m, arrière-petite-fille f; **~fehde** hist. f trêve f; serment m de ne se pas venger; ²**fi'del** adj. bien gai; ²**französisch** adj. *plais.*: *ein ~er Name* un nom plus français que nature; **~gebirge** géol. n terrain m primitif; ²**gemütlich** adj. *Ort*: très confortable; *Person*: très agréable; *Person u. Ort* P: bien pépère; **~geschichte** f préhistoire f; ²**geschichtlich** adj. préhistorique; **~gestein** n roche f primitive; **~großeltern** pl. arrière-grands-parents m/pl.; **~großmutter** f arrière-grand-mère f; bisaïeule

f; ~**großvater** *m* arrière-grand-père *m*; bisaïeul *m*; ~**grund** *m* cause *f* première.
'**Urheber**|(**in** *f*) *m* auteur *m*; initiateur *m*, -trice *f*; *e-s Werkes der bildenden Kunst*: créateur *m*, -trice *f*; ♪ compositeur *m*, -trice *f*; ~**recht** *n* droit *m* d'auteur; copyright *m*; *e-s Künstlers*: propriété *f* artistique; ~**schaft** *f* qualité *f* d'auteur, de compositeur *usw*.
'**urig** F *adj*. F farfelu.
U'rin *m* urine *f*; ~ *lassen* uriner; ~**glas** *n* urinal *m*.
uri'nieren *v*/*t*. uriner.
u'rin|**treibend** *adj*. diurétique; 2**untersuchung** ♣ *f* uroscopie *f*.
'**Ur**|**kirche** *f* Église *f* primitive; 2'**komisch** *adj*. extrêmement comique (*od*. drôle); F tordant; P marrant; P gondolant; F canularesque; F impayable; ~**kraft** *f* force *f* élémentaire; ~**kunde** *f* document *m*; (*Beleg*) pièce *f* justificative; titre *m*; (*Akte*) acte *m*; notariale ~ acte *m* notarié; *s-n pl*. erbringen documenter (*über etw. acc*. qch.); *zu Urkund dessen* ... en foi de quoi; ~**kundenbeweis** *m* preuve *f* documentaire; ~**kundenfälscher** *m* faussaire *m* (de documents); ~**kundenfälschung** *f* faux *m* en écriture; falsification *f* de documents; ~**kundenmaterial** *n* documentation *f*; ~**kundensammlung** *f* archives *f*/*pl*.; 2**kundlich** *adj*. documentaire; ~ *belegen* documenter; ~**kundsbeamte**(**r**) 🏛 *m* greffier *m*; agent *m* habilité à dresser un document authentique; *Fr*. huissier *m*; officier *m* ministériel; ~**laub** *m* congé *m*; ✕ permission *f*, F perme *f*; ~ *beantragen* (geben; nehmen) demander (donner; prendre) un congé (✕ une permission); *auf* (*od. in*) ~ *sein*; ~ *haben* être en congé (*od. en vacances*, ✕ en permission); *in* ~ *gehen* (*fahren*) aller (partir) en congé (*od. en vacances*, ✕ en permission); ~ *auf 2 Tage* congé *m* (✕ permission *f*) de deux jours; *bezahlter* ~ congé *m* payé; ~**lauber** *m* vacancier *m*; ✕ permissionnaire *m*; ~**lauberstrom** *m* raz-de-marée *m* de vacanciers; ~**lauberzug** ⛟ *m* train *m* de permissionnaires; ~**laubsgesuch** *n* demande *f* de congé (✕ de permission); ~**laubsliste** *f* liste *f* des congés (✕ des permissions); ~**laubsreisende**(**r**) *m* vacancier *m*; ~**laubsschein** ✕ *m* titre *m* de permission; ~**laubssperre** *f* suspension *f* des permissions; ~**laubsverlängerung** *f* prolongation *f* de congé (✕ de permission); ~**laubszeit** *f* congé *m*; vacances *f*/*pl*.; ✕ permission *f*; ~**mensch** *m* premier homme *m*; (homme *m*) primitif *m*.
'**Urne** *f* urne *f*; ~**nhalle** *f* columbarium *m*.
Uro|'**loge** *m* urologue *m*; ~**lo'gie** *f* urologie *f*; ~'**meter** ♣ *n* pèse-urine *m*; uromètre *m*; uréomètre *m*; ~**sko**'**pie** ♣ *f* uroscopie *f*.

'**ur**|**plötzlich I** *adj*. soudain; subit; **II** *adv*. soudain(ement); subitement; tout à coup; 2**produkt** *n* produit *m* primitif; 2**produktionswirtschaft** *éc*. *f* secteur *m* (économique) primaire; 2**quell** *fig*. *m* source *f*; 2**rasse** *f* race *f* primitive; 2**sache** *f* cause *f*; (*Grund*) raison *f*; (*Beweggrund*) motif *m*; (*Anlaß*) sujet *m*; (*alle*) ~ *haben, zu* ... (*inf*.) avoir (tout) lieu de ... (*inf*.); *keine* ~! *beim Danken*: (il n'y a) pas de quoi!, de rien!, *bei e-r Entschuldigung*: (il n'y a) pas de mal!; *kleine* ~, *große Wirkung* à petite cause grands effets; ~**sächlich** *adj*. causal; *gr. a*. causatif, -ive; 2**sächlichkeit** *f* causalité *f*; 2**schrift** *f* original *m*; minute *f*; autographe *m*; ~**schriftlich** *adj*. en original; autographe; 2**sprache** *f* langue *f* primitive; 2**sprung** *m* origine *f*; (*Herkunft*) *a*. provenance *f*; (*Quelle*) source *f*; (*Entstehung*) naissance *f*; *der* ~ *e-r Quelle* le griffon d'une source; *s-n* ~ *nehmen von* tirer son origine de; provenir de; ~**sprünglich I** *adj*. (*anfänglich*; *Gründungs*...) originel; (*uranfänglich*) primitif, -ive; primordial; *géol*. (*Wasserlauf*) antécédent; **II** *adv*. originairement; primitivement; à l'origine; (*zuerst*) d'abord; ~ *aus Deutschland stammen* être originaire d'Allemagne; 2**sprünglichkeit** *f* originalité *f*; 2**sprungsangabe** *f* indication *f* d'origine; 2**sprungsbescheinigung** *f* certificat *m* d'origine; 2**sprungsbezeichnung** *f* appellation *f* d'origine; 2**sprungsland** *n* pays *m* d'origine (*od*. de provenance); 2**sprungsnachweis** *m* attestation *f* d'origine; 2**sprungsvermerk** *m* indication *f* d'origine; 2**sprungszeugnis** *n* certificat *m* d'origine.
'**Urstoff** *m* matière *f* première.
'**Urteil** *n* jugement *m*; *e-s höheren Gerichtshofes*: arrêt *m*; sentence *f*; (*Meinung*) opinion *f*; avis *m*; (*Entscheidung*) décision *f*; *ein* ~ *erwirken* (*fällen od. verkünden*; *bestätigen*; *aufheben*; *abändern*; *vollstrecken*) obtenir (prononcer *od.* rendre; confirmer; annuler *od.* casser *od.* infirmer; réformer; exécuter) un jugement; *gegen ein* ~ *Berufung einlegen* appeler d'un jugement; *gegen das* ~ *kann Berufung eingelegt werden* le jugement est susceptible d'appel; *ein* ~ *anfechten* revenir contre un jugement; *sich dem* ~ *unterwerfen* se soumettre au jugement; *sich selbst sein* ~ *sprechen* prononcer sa propre condamnation; *ein* ~ *fällen über* (*acc*.) porter un jugement sur; *sein* ~ *abgeben über* (*acc*.) donner son jugement sur; *sich ein* ~ *erlauben* (*od.* anmaßen) se permettre un jugement (*über acc.* sur); *sich ein* ~ *bilden über* (*acc*.) se faire une idée de; *kein* ~ *haben manquer de* jugement; *ein gesundes* ~ *haben* avoir le jugement sain; *m-m* ~

nach à mon avis; selon moi; *nach dem* ~ *von Sachverständigen* au dire des experts; 2**en** *v*/*i*. juger (*über acc.* de); porter un jugement (sur); *nach seinen Worten zu* ~ à l'en croire; *nach den Nachrichten zu* ~ à en juger par les nouvelles; ~ *Sie selbst* à vous de juger.
'**Urteils**|**aufhebung** *f* cassation *f* d'un jugement; ~**begründung** *f* motifs *m*/*pl*. d'un jugement; ~**eröffnung** *f* prononcé *m* de la sentence; 2**fähig** *adj*. capable de juger; ~**fähigkeit** *f* jugement *f*; discernement *m*; ~**fällung** *f* prononcé *m* du jugement; 2**kraft** *f* jugement *m*; (*Unterscheidungsvermögen*) discernement *m*; ~**spruch** *m* jugement *m*; arrêt *m*; sentence *f*; ~**verkündigung** *f* prononcé *m* du jugement; ~**vermögen** *n* jugement *m*; discernement *m*; ~**vollstreckung** *f* exécution *f* du jugement.
'**Ur**|**text** *m* (texte *m*) original *m*; ~**tierchen** *n*/*pl*. protozoaires *m*/*pl*.; 2**tümlich** *adj*. primitif, -ive.
'**Uruguay** *n* l'Uruguay *m*.
Urugu'ay|**er** *m* Uruguayen *m*; 2**isch** *adj*. uruguayen, -enne.
'**Ur-ur**|**ahn** *m* trisaïeul *m*; ~**enkel**(**in** *f*) *m* descendant *m*, -e *f* de la quatrième génération; ~**großmutter** *f* trisaïeule *f*; ~**großvater** *m* trisaïeul *m*.
'**ur**|**verwandt** *adj*. *Sprachen*: d'origine commune; 2**verwandtschaft** *f* *der Sprachen*: communauté *f* d'origine; 2**volk** *n* peuple *m* primitif; 2**wahl** *f* élection *f* primaire; 2**wald** *m* forêt *f* vierge; 2**welt** *f* monde *m* primitif; 2**weltlich** *adj*. primitif, -ive; préhistorique; 2**wort** *n* mot *m* primitif; ~**wüchsig** *adj*. primitif, -ive; original; truculent; robuste; *fig*. naturel, -elle; naïf, naïve; primesautier, -ière; 2**wüchsigkeit** *f* originalité *f*; truculence *f*; robustesse *f*; *fig*. naïveté *f*; tempérament *m* primesautier; simplicité *f* dure; 2**zeit** *f* temps *m*/*pl*. primitifs; *seit* ~**en** depuis le fond des âges; 2**zelle** *f* cellule *f* primitive; 2**zeugung** *biol*. *f* génération *f* spontanée; 2**zustand** *m* état *m* primitif; 2**zweck** *m* but *m* premier.
'**Usowechsel** † *m* traite *f* d'usage.
Usur|**pati'on** *f* usurpation *f*; ~'**pator** *m* usurpateur *m*; 2**pa'torisch** *adj*. usurpatoire; 2'**pieren** *v*/*t*. usurper.
'**Usus** *m* usage *m*; habitude *f*.
usw. etc.; et j'en passe.
Uten'silien *pl*. ustensiles *m*/*pl*.
'**Uterus** *anat*. *m* utérus *m*.
Utili'**tarier** *m* utilitaire *m*; ~**ta'rismus** *m* utilitarisme *m*; 2**ta'ristisch** *adj*. utilitaire.
Uto'pie *f* utopie *f*.
u'topisch *adj*. utopique; *litt*. ~**e Literatur** littérature *f* d'anticipation.
Uto'pist *m* utopiste *m*.
'**uz**|**en** F *v*/*t*. (*hänseln*) taquiner; 2**e'rei** F *f* (*Hänselei*) taquinerie *f*.

V

V, v n V, v m.
Vaga'bund|(**in** f) m vagabond m, -e f; *trimardeur m; **~enleben** n vie f vagabonde.
vagabun'dieren I v/i. vagabonder; II ℒ n vagabondage m; **~d** adj.: **~er** Strom ≠ courant m vagabond.
Va'gant hist. m étudiant m (od. clerc m) vagabond; goliard m.
'**vag**|**e** adj. vague; adv. a. obscurément; **ℒheit** f vague m.
va'kant adj. vacant; **ℒz** f vacance f.
'**Vakuum** n vide m; **~bremse** ⊕ f frein m à vide; **~kammer** at. f chambre f à vide; **~pumpe** ⊕ f pompe f à vide; **~röhre** f tube m à vide; **~verpackung** f emballage m sous vide; **~verschlossen** adj. Flasche: bouchée (part. f) sous vide.
Vak'zin n vaccin m.
vakzi'nieren v/t. vacciner.
Va'lenz 🜚 f valence f.
valori'sier|**en** v/t. valoriser; **ℒung** f valorisation f.
Va'luta f (Währungsgeld) monnaie f étrangère; **~klausel** f mention f de la valeur fournie; **~kurs** m cours m du change; **~notierung** f cote f des changes; **ℒschwach** adj. de faible change; **ℒstark** adj. de change élevé.
valu'tier|**en** v/t. évaluer; **ℒung** f évaluation f.
Vamp cin. m vamp f.
'**Vampir** zo. m vampire m (a. fig.).
Van'dal|**e** m Vandale m; **ℒisch** adj. (adv. en) vandale(s).
Vanda'lismus m vandalisme m.
Va'nille f vanille f; **~eis** n glace f à la vanille; **~schokolade** f chocolat m vanillé (od. à la vanille).
vari'abel adj. variable.
Vari'ante f variante f.
Variati'on f variation f; **ℒsfähig** adj. variable.
Varie'tät f variété f.
Varie'té n music-hall m; **~künstler**(**in** f) m artiste m, f de music--hall; **~sänger**(**in** f) m chanteur m, -euse f de music-hall; **~theater** n music-hall m; **~vorstellung** f spectacle m de variétés; représentation f de music-hall.
vari'ieren v/t. u. v/i. varier.
Vario'meter n variomètre m.
Va'sall|(**in** f) m vassal m, -e f; **~endienst** m vasselage m; **~en-eid** m, **~enhuldigung** f hommage m; **~enstaat** m État m vassal.
'**Vase** f vase m.
Vase'line f vaseline f.
'**Vater** m père m; sein leiblicher **~** son propre père; Ihr Herr **~** Monsieur votre père m; der Heilige **~** le Saint--Père; vom **~** auf den Sohn de père en fils; **~freuden** f/pl. joie f d'être père;

~haus n maison f paternelle; **~land** n patrie f; pays m (natal); **ℒländisch** adj. de la patrie; du pays; patriotique; national.
'**Vaterlands**|**liebe** f amour m de la patrie; patriotisme m; **ℒliebend** adj. patriote; **ℒlos** adj. sans patrie; **~verräter** m traître m à son pays; **~verteidiger** m défenseur m de la patrie.
'**väterlich** adj. paternel, -elle; **~erseits** adv. du côté paternel.
'**Vater**|**liebe** f amour m paternel; **ℒlos** adj. sans père; orphelin de père; **~mord** m parricide m; **~mörder**(**in** f) m parricide m,f; **~schaft** f paternité f; **~schafts-ermittlung** f recherche f de la paternité; **~stadt** f ville f natale; **~stelle** f: bei j-m **~** vertreten tenir lieu de père à q.; **~tag** m fête f des pères.
Vater-'unser n Notre-Père m; pater m; oraison f dominicale; ein **~** beten dire un Notre-Père (od. un pater).
'**Vati** F m papa m.
Vati'kan m Vatican m; **~stadt** f cité f du Vatican.
Vege'tar|**ier**(**in** f) m végétarien m, -enne f; **ℒisch** adj. végétarien, -enne.
Vegetati'on f végétation f.
vegeta'tiv adj. végétatif, -ive; **~es** Nervensystem système m neuro-végétatif.
vege'tieren fig. v/i. végéter; vivoter.
vehe'men|**t** adj. véhément; adv. avec véhémence; **ℒz** f véhémence f.
Ve'hikel péj. n F tacot m; *tire f; F guimbarde f.
'**Veilchen** ♀ n violette f; **ℒblau** adj. violet, -ette; violacé; **~blau** n violet m; **~duft** m odeur f de violettes; **~gewächse** n/pl. violacées f/pl.; **~strauß** m bouquet m de violettes.
'**Veits-tanz** ✠ m danse f de Saint--Guy; chorée f.
'**Vektor** ✠ m vecteur m; **~rechnung** f calcul m vectoriel.
velari'sieren phon. v/t. vélariser.
Ve'linpapier n (papier m) vélin m.
Ve'lours m velours m.
Vene anat. f veine f.
Ve'nedig n Venise f.
Venen|**blut** anat. n sang m veineux; **~entferner** chir. **~** tire-veine m; stripper m; **~entfernung** chir. f éveinage m; stripping m; **~entzündung** ✠ f phlébite f.
ve'nerisch adj. vénérien, -enne.
Venezi'an|**er**(**in** f) m Vénitien m, -enne f; **ℒisch** adj. vénitien, -enne.
Venezu'ela n le Venezuela; **~er**(**-in** f) m Vénézuélien m, -enne f; **ℒisch** adj. vénézuélien, -enne.
Ven'til n soupape f; clapet m; des Luftschlauches: valve f.
Ventilati'on f ventilation f; aération f; **~s-anlage** f dispositif m de ventilation; **~s-apparat** m ventilateur m; **~slöcher** n/pl. trous m/pl. d'aération.
Venti'lator m ventilateur m.
venti'lieren I v/t. ventiler; aérer; fig. examiner (avec soin); II ℒ n ventilation f; aération f.
Ven'til|**klappe** f clapet m de soupape; **~kolben** m piston m à soupape; **~sitz** m siège m de soupape; **~steuerung** f commande f à soupapes; **~stößel** m poussoir m de soupape; **~teller** m tête f de soupape.
'**Venus** f Vénus f; **~-Atmosphäre** f atmosphère f de Vénus; **~-Raumstation** f station f de vénus.
ver'ab|**folgen** v/t. donner; remettre; délivrer; Medizin: administrer; Schläge, Hiebe: F administrer; donner; **ℒfolgung** f remise f, délivrance f; livraison f; v. Medizin: administration f; **~reden** 1. v/t. convenir (etw. de qch.); se mettre d'accord (sur qch.); s'entendre (sur qch.); se concerter (à propos de qch.); 2. v/rf.: sich **~** zum Treffen: prendre rendez--vous od. date (mit avec; für pour); **~redet** adj.: mit j-m **~** sein avoir rendez-vous avec q.; wie **~** → **rederter'maßen** adv. comme convenu; **ℒredung** f zum Treffen: rendez-vous m; e-e **~** mit j-m treffen prendre rendez-vous od. date avec q.; **~reichen** v/t. Medizin: administrer; Schläge, Hiebe: F administrer; donner; assener; **~scheuen** v/t. détester; abhorrer; abominer; exécrer; **~scheuenswert** adj. détestable; exécrable; abominable; **ℒscheuung** f abomination f; exécration f; **~schieden** 1. v/t. mettre à la retraite; congédier; donner son congé (à); renvoyer; ✠ mettre à la réforme; réformer; Truppen: démobiliser; licencier; Gesetz: voter; 2. v/rf.: sich **~** prendre congé (von od. bei de); **ℒschiedung** f mise f à la retraite (od. en congé); ✠ réforme f; Truppen: démobilisation f; licenciement m; e-s Gesetzes, des Haushaltes: vote m; adoption f.
ver'achten v/t. mépriser; faire fi (de); (geringschätzen) dédaigner; Gefahr, Tod: braver.
Ver'ächt|**er**(**in** f) m contempteur m, -trice f; (k)ein **~** von etwas sein (ne pas) dédaigner qch.; **ℒlich** adj. méprisable; (geringschätzig) méprisant; dédaigneux, -euse; (verworfen) abject; **~** machen avilir; rendre méprisable; **~** behandeln traiter avec mépris; **~lichmachung** f: **~** des Gerichts offense f à la cour.
Ver'achtung f mépris m; dédain m; mit **~** strafen mépriser.

ver'albern v/t. ridiculiser.
ver-allge'meiner|n v/t. généraliser; ℒung f généralisation f.
ver'alte|n v/i. vieillir; Mode: passer; ℒn n vieillissement m; ~t adj. vieilli, suranné; démodé; passé de mode; sclérosé; tombé en désuétude; désuet, -ète; z. B. Flugzeug: 'hors d'âge; ~er Ausdruck archaïsme m.
Ve'randa f véranda f.
ver'änder|lich adj. variable (a. gr. u. ℟); changeant; (unbeständig) inconstant; Charakter: inégal; (wankelmütig) versatile; ℒlichkeit f variabilité f; fluidité f; inconstance f; des Charakters: inégalité f; (Wankelmütigkeit) versatilité f; ~n 1. v/t. changer, (verwandeln) transformer; modifier; (abwechseln) varier; nachteilig: altérer; 2. v/rf.: sich ~ changer, (die Arbeitsstelle wechseln) changer sa place, d'emploi, de position, de patron; ℒung f changement m; (Verwandlung) transformation f; modification f; (Abwechslung) variation f; nachteilige: altération f.
ver'ängstigt adj. intimidé; timoré; apeuré.
ver'ankern I v/t. ancrer (a. fig.); II ℒ n ancrage m.
ver'anlag|en v/t.: die Steuern ~ établir l'assiette de l'impôt; ~t adj.: gut ~ (begabt) bien doué; für etw. ~ sein avoir de grands talents pour qch.; er ist für Sprache ~ il a le don des langues; ℒung f (Steuer℘) établissement m de l'assiette de l'impôt; imposition f; geistige: don m (für de); talent m (pour); ⚕ prédisposition f (à); ℒungszeitraum m für Steuern: période f d'assiette.
ver'anlass|en v/t. causer; provoquer; occasionner; donner lieu (à); etw. ~ faire faire qch.; donner l'ordre de faire qch.; apporter des suites à qch.; j-n zu engagen (od. amener od. déterminer) à faire qch.; sich veranlasst fühlen zu se sentir amené à, obligé de, contraint de od. à; ich bitte Sie, zu ~, daß er womit keine raison; auf s-e ~ à son instigation; ~ haben zu avoir (tout) lieu de; ~ geben zu donner lieu à; mit der Bitte um weitere ~ pour suite à donner; zur weiteren ~ à toutes fins utiles.
ver'anschaulich|en v/t. illustrer; sich etw. ~ se représenter concrètement qch.; ℒung f illustration f.
ver'anschlag|en v/t. évaluer; estimer; taxer; ℒung f évaluation f; estimation f; taxation f.
ver'anstalt|en v/t. organiser; arranger; (geben) donner; ℒer(in f) m organisateur m, -trice f; e-s Boxkampfes: promoteur m; ℒung f organisation f; arrangement m; (Versammlung) réunion f; (Kundgebung) manifestation f; Sport: meeting m; (Feier) fête f; cérémonie f; ~en pl. distractions f/pl.
ver'antwort|en 1. v/t.: etw. ~ répondre de qch.; prendre qch. sur soi; 2. v/rf.: sich bei j-m wegen etw. ~ se justifier de qch. auprès de q.; ~lich adj. responsable (für de); (rechenschaftspflichtig) comptable (j-m für etw. de qch. envers q.); ~e Stellung position f de responsabilité; j-m für etw. ~ sein (devoir) répondre à q. de qch.; j-n für etw. ~ machen rendre q. responsable de qch.; ℒliche(r) m responsable m; ℒlichkeit f responsabilité f; ℒlichkeitsgefühl n sens m des responsabilités; ℒung f responsabilité f (für de); (Rechtfertigung) justification f; auf m-e ~ sous ma (propre) responsabilité; die ~ übernehmen prendre (od. assumer) la responsabilité (für de); die ~ für ein Verbrechen übernehmen revendiquer un crime; die ~ ablehnen décliner la responsabilité (für de); die ~ auf j-n abwälzen rejeter la responsabilité sur q. (für etw. de qch.); die ~ auf sich ziehen demander compte à q. de qch.; sich gegenseitig die ~ zuschieben se rejeter mutuellement la responsabilité; ~ungsbewußt adj. qui se sent responsable; ℒungsbewußtsein n sentiment m de responsabilité; ~ungsfreudig adj. qui a le goût de la responsabilité; ℒungsfreude f goût m de la responsabilité; ~ungslos adj. sans responsabilité; ~ungsvoll adj. plein de responsabilités.
ver'äppeln F v/t. F blaguer; railler.
ver'arbeit|en v/t. (verwenden) employer; utiliser (zu etw. à qch., pour faire qch.); ⊕ transformer; usiner; ouvrer; façonner; physiol. Speisen: élaborer; fig. digerer; ~end adj.: ~e Industrie industrie transformatrice; ℒung f (Verwendung) emploi m; ⊕ transformation f; usinage m; Mode: finition f; physiol. v. Speisen: élaboration f; fig. assimilation f; ℒungs-industrie f industrie f de transformation; ℒungs-schiff (Fischfang) n chalutier m de transformation.
ver'argen v/t.: j-m etw. ~ en vouloir à q. de qch.
ver'ärger|n v/t. fâcher; irriter; ~t adjt.: wegen etw. ~ sein bouder à cause de qch.; ℒung f irritation f.
ver'arm|en v/i. s'appauvrir; tomber dans la misère; ~t adj. appauvri; ℒung f appauvrissement m.
ver'arzten F v/t.: j-n ~ (sich mit j-m befassen) s'occuper de q.; (zurechtweisen) faire une remontrance (à q.).
ver'ästel|n v/rf.: sich ~ se ramifier; ℒung f ramification f.
ver-auktio'nier|en v/t. mettre (od. vendre) aux enchères; ℒung f vente f aux enchères.
ver'aus|gaben 1. v/t. dépenser; 2. v/rf.: sich ~ F se mettre à sec; dépenser au-dessus de ses moyens; fig. physisch: se dépenser trop; ℒgabung f dépense f; ~lagen v/t. débourser; avancer.
Ver'äußer|er m aliénateur m; ℒlich adj. aliénable; ℒlichen v/i. devenir superficiel, -lle; ℒn v/t. aliéner; vendre; monnayer; ℒung f aliénation f; vente f; wirtschaftliche ~ aliénation f économique; ~ungsrecht n droit m d'aliénation; ~ungsverbot n interdiction f d'aliénation.
Verb n verbe m.
ver'backen v/t. Mehl: employer.
Ver'bal-adjektiv gr. n adjectif m verbal.
Ver'bal-injurie f invective f; injure f.
ver'ballhornen v/t. défigurer; estropier.
Ver'bal|note f note f verbale; ~substantiv gr. n substantif m verbal; ~suggestion psych. f verbalisation f.
Ver'band m association f; société f; union f; (Kartell) cartel m; (Syndikat) syndicat m; ⚔ unité f; formation f (a. ✈); chir. pansement m (anlegen appliquer; mettre; abnehmen lever); (Binde) bandage m; △ appareil m; △, ⊕ entretoisement m; ~gaze f gaze f; ~kasten m boîte f à pansement; ~mull m gaze f hydrophile; ~päckchen n pansement m individuel; ~platz a. ⚔ m poste m de secours; antenne f chirurgicale; ~s-angelegenheiten f/pl. affaires f/pl. d'une association, etc.; ~sflug ✈ m vol m en formation; ~skasse f caisse f d'une association, etc.; ~smitglied n membre m d'une association, etc.; ~spreis m prix m fixé par une association, etc.; ~s-tag m congrès m des membres d'une association, etc.; ~stelle a. ⚔ f poste m de secours; ~stoff chir. m gaze f hydrophile; ~watte f ouate f; coton m hydrophile; ~zeug chir. n pansements m/pl.; boîte f à pansement.
ver'bann|en v/t. bannir; exiler; proscrire; ℒte(r a. m) m, f banni m, -e f; exilé m, -e f; proscrit m, -e f; ℒung f bannissement m; exil m; proscription f; in die ~ sein (in die ~ schicken) être (envoyer) en exil; ℒungslager n camp m à régime sévère.
verbarrika'dieren v/t. (v/rf.: sich se) barricader.
ver'baubar adj.: Haus mit nicht ~er Sicht maison f avec vue imprenable.
ver'bauen v/t. (bauend versperren) obstruer le passage par des constructions; e-m Hause die Aussicht ~ masquer la vue d'une maison; Geld: dépenser à bâtir; Material: consommer à bâtir; (falsch bauen) mal bâtir.
ver'bauern F v/i. devenir paysan, -anne; perdre l'habitude du monde.
verbe'amt|en v/t. fonctionnariser; (fest anstellen) titulariser; ℒung f fonctionnarisation f.
ver'beiß|en 1. v/t. (verbergen) cacher; (unterdrücken) réprimer; Kummer: dévorer; Zorn: contenir; dissimuler; s-n Schmerz ~ serrer les dents pour cacher sa souffrance; sich das Lachen ~ se mordre les lèvres pour ne pas rire; sich das Lachen nicht ~ können ne pouvoir s'empêcher de rire. 2. v/rf.: sich in etw. (acc.) ~ s'acharner à qch.
ver'bergen 1. v/t. cacher; voiler (vor j-m à q.); dissimuler; vor aller Augen ~ cacher à tous les regards; (dem Auge entziehen) dérober à la vue; ⚖ receler; (verschweigen) taire; (verschleiern) voiler; (verhüllen) masquer; (tarnen) camoufler; 2. v/rf.: sich vor j-m ~ se soustraire (od. se dérober) aux regards de q.; s. a. verstecken; sich ~ se dissimuler.
Ver'besser|er m (Welt℘) redresseur m de tort; (Umgestalter) réformateur m; ℒn 1. v/t. améliorer; amender; rendre meilleur; Fehler: corriger; (vervollkommnen) perfectionner; (besser machen od. gestalten) réformer; Boden: amender; bonifier; (berichtigen;

richtigstellen) rectifier; *die Beziehungen zu e-m Lande* ~ améliorer les relations avec un pays; *verbesserte Auflage* édition revue et corrigée; **2.** *v/rf.: sich* ~ s'améliorer; *bei e-m Fehler*: se corriger; *beim Sprechen*: se reprendre; *in der Lage*: améliorer sa situation; (*sich vervollkommnen*) se perfectionner; ~**ung** *f* amélioration *f*; *des Bodens*: amendement *m*; *v. Fehlern*: correction *f*, écol. (*von Schülern verbesserte Arbeit*) corrigé *m*; (*verbessernde Umgestaltung*) réforme *f*; (*Vervollkommnung*) perfectionnement *m*; (*Richtigstellung*) rectification *f*; ~ *der Beziehungen zu e-m Lande* amélioration *f* des relations avec un pays; ~**ungsfähig** *adj.* susceptible d'amélioration (*od.* de perfectionnement).

ver'beug|en *v/rf.: sich* ~ s'incliner (*vor j-m* devant q.); ~**ung** *f* inclination *f* (de tête, du buste).

ver'beulen *v/t.* bosseler; bossuer.

ver'biegen *v/t.* (*v/rf.: sich* se) fausser; (se) voiler; (*aus der Form bringen*) (*sich se*) déformer; *Holz: sich* ~ (se) gauchir; se déjeter.

ver'bieten *v/t.* défendre; (*untersagen*) interdire; *adm.* prohiber; *Zeitung*: supprimer; interdire; *j-m das Wort* ~ interdire à q. de parler.

ver'bild|en *v/t.* mal former; (*entstellen*) déformer; défigurer; *fig.* déformer, *abs.* fausser l'esprit; ~**ung** *f* déformation *f*; défaut *m*; *geistige*: fausse culture *f* (de l'esprit).

ver'billig|en *v/t.* réduire (*od.* diminuer) le prix (de); ~**ung** *f* réduction (*od.* diminution) *f* du prix.

ver'bind|en **1.** *v/t.* lier (*mit* à); joindre (*mit* à); (*vereinigen*) unir (*mit* à [*a. fig.*] avec); réunir (à); associer (à, *zur Einheit*: avec); *anheftend*: attacher (*mit* à); ⌒ combiner (*mit* avec); *péd.* articuler (*mit* avec); ⊕ assembler; ⚡ raccorder; connecter; *pol.* apparenter; *Augen*: bander; *Wunde*: panser; *ehelich* ~ marier; unir; *téléph. j-n falsch* ~ donner une mauvaise communication à q.; *Sie mich mit* ... donnez-moi (la communication avec) ...; *falsch verbunden* il y a erreur (de numéro, de communication); *mit Kosten verbunden sein* entraîner des frais (*od.* des dépenses); *j-m sehr verbunden sein* être très obligé à q.; **2.** *v/rf.: sich* ~ se lier (*mit* avec); se joindre (à); (*sich vereinigen*) s'unir (*mit* avec); se réunir (avec); s'associer (à, *zur Einheit*: avec); (*sich verbünden*) s'allier (*mit à od.* avec); ⌒ se combiner; *sich ehelich* ~ se marier; s'unir; *sich geschäftlich mit j-m* ~ s'associer avec q.; *damit verbindet sich die Vorstellung* ... à cela se rattache l'idée ...; *ein Wort verbindet sich mit dem anderen* s'enchevêtre avec l'autre; ~**en** *n e-r Wunde*: pansement *m*; ~**end** *adj.*: ~**e** *Texte* (*Worte*) textes *m/pl.* (paroles *f/pl.*) de liaison; ~**e** *Musik* liaison *f* sonore; ~**lich** *adj.* (*verpflichtend*) obligatoire; (*gefällig*) obligeant; ~**sten Dank!* tous mes remerciements!; ~**lichkeit** *f* caractère *m* obligatoire; (*Verpflichtung*) obligation *f*; engagement *m*; (*Gefälligkeit*) obligeance *f*; ✝ *ohne* ~ sans engagement; sans obligation; e-e

eingehen assumer (*od.* contracter) une obligation (*od.* un engagement); *s-n* ~**en nachkommen; s-e** ~**en erfüllen** s'acquitter de (*od.* satisfaire à *od.* remplir) ses obligations (*od.* ses engagements); *s-e* ~*en nicht erfüllen a.* manquer à ses obligations (*od.* à ses engagements); ~**ung** *f* liaison *f* (*a.* ⚡); jonction *f*; (ré)union *f*; connexion *f*; alliance *f*; (*Beziehung*) communication *f*; contact *m*; relation *f*; rapport *m*; (*Gesellschaft*) association *f*; société *f*; union *f*; *studentische*: association *f* (*schlagende*: fraternité *f*) d'étudiants; *eheliche* ~ mariage *m*; union *f* conjugale; *téléph.*, *Verkehr*: communication *f*; *regelmäßige* ~ desserte *f* (*mit* de; *sicherstellen* assurer); *e-e Flug*⌒ *nach* ... *sicherstellen* assurer une correspondance pour ...; ⌒ combinaison *f*, (*Produkt*) *a.* composé *m*, combiné *m*; ⚛ combinaison *f*; ⊕ assemblage *m*; jonction *f*; ⚡ raccordement *m*; connexion *f*; (*Gedanken*⌒) association *f* d'idées; (*Geschäfts*⌒) relations *f/pl.* commerciales (*od.* d'affaires); ~ *rückwärtige* ~*en pl.* liaisons *f/pl.* arrière; *in* ~ *mit* en liaison avec; conjointement avec; ⌒ *e-e* ~ *eingehen* entrer en combinaison; *téléph.* ~ *herstellen* (*trennen*) établir (rompre) la communication; *téléph. falsche* ~ erreur *f* de communication; *mit j-m* ~ *aufnehmen*; *mit j-m in* ~ *treten* entrer en (*od.* prendre) contact avec q.; contacter q.; entrer en communication (*od.* en relations *od.* en rapport) avec q.; *in* ~ *bringen* mettre en rapport (*mit* avec); *er hat die Interessenten in* ~ *gebracht* il a mis en rapport (*od.* il a abouché) les intéressés; *sich mit j-m in* ~ *setzen* se mettre en contact (*od.* en communication *od.* en relation *od.* en rapport *od.* en liaison) avec q.; contacter q.; s'aboucher avec q.; *mit j-m in* ~ *stehen* être en contact (*od.* en communication *od.* en relations *od.* en rapport *od.* en liaison) avec q., *brieflich*: correspondre avec q.

Ver'bindungs|bahn ⛟ *f* ligne *f* de jonction; ~**büro** *a. pol. n* bureau *m* de liaison; ~**draht** ⚡ *m* fil *m* de raccordement; ~**gang** *m* couloir *m*; ~**gleis** *n* voie *f* de jonction; ~**glied** *n* raccord *m*; ~**graben** ⚔ *m* boyau *m* de communication; ~**kabel** *m* câble *m* de raccord; ~**kanal** *m* canal *m* de jonction; ~**klemme** ⚡ *f* borne *f* de jonction; ~**linie** *f* ligne *f* de communication (*od.* de jonction); ~**mann** *m* homme (*od.* agent) *m* de liaison; ~**offizier** *m* officier *m* de liaison; ~**rohr** *n* tuyau *m* de communication (*od.* de jonction); ~**schnur** ⚡ *f* cordon *m* de raccordement; ~**stange** *f* barre *f* de raccordement; ~**stecker** ⚡ *m* fiche *f* de raccordement; ~**stelle** *f* point *m* de jonction; (*Fuge*) jointure *f*; ~**straße** *f* route *f* de communication; *a.* ✕ rocade *f*; *Haupt*⌒ pénétrante *f*; ~**stück** *n* raccord *m*; ~**tunnel** *m* tunnel *m* de communication; ~**tür** *f* porte *f* de communication; ~**wärme** ⌒ *f* chaleur *f* de combinaison; ~**weg** *m* voie *f* de communication.

ver'bissen *adj.* (*erbittert*) acharné; âpre; (*Wut*) rentré; (*Gesicht*) aigri; ~**heit** *f* acharnement *m*.

ver'bitten *v/t.: sich etw.* ~ défendre à q. de faire qch.; *das verbitte ich mir* (*für die Zukunft*)! que cela ne vous arrive plus!

ver'bitter|n *v/t.* rendre amer, -ère; aigrir; *das Leben* ~ rendre la vie amère; ~**t** *adj.* aigri; acrimonieux *m*, -euse *f*; ~**ung** *f* amertume *f*; aigreur *f*.

ver'blassen I *v/i.* pâlir; *Farben*: passer; *Stoffe*: perdre sa couleur; se faner; *Erinnerung*: s'effacer; *fig.* rentrer dans l'insignifiance; ~ *lassen Farben*, *Stoffe*: défraîchir, *Farben*, *Erinnerung*: effacer; II ⌒ *n v. Manuskripten*: oblitération *f*.

ver'bleib *m* séjour *m*; *e-r Postsendung*: sort *m*; ~**en** *v/i.* rester; demeurer; (*verharren*) persévérer (*bei* dans); persister (dans); *Briefschluß*: ... *verbleibe ich Ihr ergebener X* j'ai l'honneur d'être votre dévoué X.

ver'blend|en *v/t.* aveugler; *durch Glanz*: éblouir; (*verdecken*) masquer, recouvrir; △ revêtir; ✕ camoufler; ~**ung** *f* aveuglement *m*; *durch Glanz*: éblouissement *m*; △ revêtement *m*; recouvrement *m*; ✕ camouflage *m*; ~**klinker** *m*, ~**stein** *m* △ pierre *f* de revêtement.

ver'bleuen F *v/t.* rouer de coups; rosser; étriller; F tremper une soupe (à q.).

Ver'blichene(r *a. m*) *m*, *f* défunt *m*, -e *f*.

ver'blöd|en **1.** *v/i.* s'abêtir; s'abrutir; **2.** *v/t.* abêtir; abrutir; ~**ung** *f* abêtissement *m*; abrutissement *m*.

ver'blüff|en *v/t.* ébahir; ahurir; ébouriffer; abasourdir; démonter; stupéfier; déconcerter; décontenancer; F épater; F époustoufler; laisser pantois; ~**end** *adj.* ébouriffant; abasourdissant; déconcertant; confondant; F écrasant; F épatant; ~**t** *adj.* ébahi; ahuri; abasourdi; démonté; stupéfait; médusé; déconcerté; décontenancé; interdit; F épaté; sidéré; ~ *sein* F *a.* rester baba (*od.* pantois *od.* penaud); ~**ung** *f* ébahissement *m*; ahurissement *m*; F épatement *m*.

ver'blühen I *v/i.* défleurir; se faner (*a. fig.*); II ⌒ *n* défloraison *f*.

ver'blümt *adj.* à mots couverts.

ver'blut|en *v/i.* perdre tout son sang; ✝ mourir d'une hémorragie; ~**en** *n*, ~**ung** *f* ✝ hémorragie *f*.

ver'bohr|en F *v/rf.: sich in etw.* (*acc.*) ~ s'obstiner dans (*od.* à faire) qch.; ~**t** *adj.* obstiné; obsédé *m*; ~**theit** F *f* obstination *f*.

ver'bolzen *v/t.* boulonner.

ver'borgen[1] *v/t.* prêter.

ver'borgen[2] *adj.* caché; dérobé; obscur; (*geheim*) secret, -ète; occulte; (*heimlich*) clandestin; (*zurückgezogen*) retiré; *Krankheit*: latent; ~ *halten* receler (*etw. vor j-m* qch. à q.); ⚔ *j-n* ~ *halten* receler q.; *sich* ~ *halten* se cacher; *im* ⌒ *en* en cachette; en secret; à la dérobée; *fast im* ⌒ *en* dans le quasi-clandestinité; ~**heit** *f* obscurité *f*; (*Zurückgezogenheit*) retraite *f*; *in der* ~ *leben* vivre retiré (*od.* dans l'ombre).

Ver'bot *n* défense *f*; interdiction *f*; *adm.* prohibition *f*; *e-r Zeitung*: suppression *f*; interdiction *f*; ~**en** *adj.* défendu; interdit; *Rauchen* ~ défense

de fumer; ~szeichen *n* signal *m* d'interdiction.
ver'bräm|en *v/t*. chamarrer (*a. fig.*); 2ung *f* chamarrure *f* (*a. fig.*).
ver'braten P *v/t*. (*ausgeben*) P écosser; (*j-n ausbeuten*) F écorcher.
Ver'brauch *m* consommation *f* (*an dat*. de); 2en *v/t*. consommer; (*ganz ~*) épuiser; (*abnutzen*) user; *fig*. (*aufreiben*) consumer; ~er(in *f*) *m* consommateur *m*, -trice *f*; ~erbewußtsein *n* consumérisme *m*; ~erforschung *f* consommatique *f*; ~ergesellschaft *f* société *f* de consommation; ~ergruppe *f* groupe *m* de consommateurs; ~erklub *m* club-consommateur *m*; ~erkultur *péj. f* civilisation *f* de consommation; ~erland *n* pays *m* consommateur; ~erpreis *m* prix *m* à la consommation; ~erschafts-sachverständige(r) *m* consommaticien *m*; ~ertheater *péj. n* théâtre-consommation *m*; ~s-artikel *m* article *m* de consommation; ~sgüter *n/pl*. biens *m/pl*. de consommation; ~sgüter-industrie *f* industrie *f* des biens de consommation; ~slenkung *f* orientation *f* de la consommation; ~sregelung *f* règlement *m* de la consommation; ~s-stand *m* niveau *m* de la consommation; ~ssteuer *f* impôt *m* sur la consommation; ~swirtschaft *f* économie *f* de consommation; 2t *adj*. (*abgenutzt*) usé; *Kräfte*: épuisé; *Luft*: vicié; confiné.
ver'brechen *v/t*.: *etw.* ~ commettre un crime; *was hat er verbrochen?* quel mal a-t-il fait?; *ich habe nichts verbrochen* je n'ai rien fait de mal.
Ver'brechen *n* crime *m*; 2begünstigend *adj*. criminogène; ~s-bekämpfung *f* lutte *f* contre le crime; lutte *f* antigang; ~s-forschung *f* criminologie *f*; criminogenèse *f*.
Ver'brecher|(in *f*) *m* criminel *m*, -elle *f*; malfaiteur *m*, -trice *f*; ✞ délinquant *m*, -e *f*; (*Gangster*) gangster *m*; ~album *n* fichier *m* de la police; ~bande *f* gang *m*; bande *f* de malfaiteurs; 2isch *adj*. criminel, -elle; ~kneipe *f* bouge *m*; ~kolonie *f* colonie *f* pénitentiaire; ~physiognomie *f* mine (*od.* figure) *f* patibulaire; ~ring *m*: den ~ zurückverfolgen remonter la filière; ~sprache *f* argot *m* des malfaiteurs; ~tum *n* criminels *m/pl*.; banditisme *m*; gangstérisme *m*; ~viertel *n* quartier *m* des malfaiteurs (*od.* des apaches); ~welt *f* Milieu *m*; pègre *f*.
ver'breit|en *v/t. u. v/rf*. (*sich se*) répandre; (*sich se*) propager; (*aussäen*) disséminer; (*verteilen*) distribuer; *Geheimnis*: divulguer; *Gerücht*: faire courir; *Nachrichten*: colporter; divulguer; propager; *Radio* diffuser; *durch Radio* ~ radiodiffuser; *sich* ~ *über* (*acc*.) s'étendre sur; 2er(in *f*) *m* propagateur *m*, -trice *f*; *v. Nachrichten*: divulgateur *m*, -trice *f*; *a. v. Sprache u. Kultur*: multiplicateur *m*; ~ern *v/t*. élargir; 2erung *f* élargissement *m*; 2ung *f* propagation *f*; diffusion *f*; dissémination *f*; (*Verteilung*) distribution *f*; *e-s Geheimnisses*: divulgation *f*; ~ *durch Radio* radiodiffusion *f*; 2ungsgebiet *zo.*, ♀ *n* habitat

m.

ver'brenn|bar *adj*. combustible; 2-barkeit *f* combustibilité *f*; ~en 1. *v/t*. (*v/rf*. *sich se*) brûler; *Braten, Abfälle*: *a*. calciner; ⚡ *Draht*: griller; (*brennend aufbrauchen*) consumer; *Leichen*: incinérer; *zu Asche* ~ réduire en cendres; *bei lebendigem Leibe verbrannt werden* être brûlé(e) vif (vive); *ein Tischtuch mit e-r Zigarette* ~ griller une nappe avec une cigarette; *von der Sonne verbrannt* 'hâlé; basané; bronzé; *sich die Finger* ~ se brûler les doigts; 2. *v/i*. brûler; se consumer par le feu; 3. *v/rf. sich* ~ se suicider par le feu; se sacrifier dans les flammes; 2ung *f* combustion *f*; ⚗ déflagration *f*; (*Leichen2*) crémation *f*; (*a. Müll2*) incinération *f*; (*Feuertod*) supplice *m* du feu; (*Brandwunde*) brûlure *f*; 2ungs-anlage *f* incinérateur *m*; 2ungsgas *n* gaz *m* de combustion; 2ungsgeschwindigkeit *f Auto*: vitesse *f* de combustion; 2ungskammer *f* chambre *f* de combustion; 2ungsmotor *m* moteur *m* à explosion; moteur *m* à combustion interne; 2ungs-ofen *m* four *m* crématoire; 2ungs-produkt *n* produit *m* de combustion; 2ungs-prozeß *m*, 2ungsvorgang *m* combustion *f*; 2ungsraum *m* chambre *f* de combustion; 2ungsstufe (*Rakete*) *f* étage *m* à carburant; 2ungswärme *f* chaleur *f* de combustion.
ver'brief|en *v/t*. reconnaître par écrit; ~t *adj*. reconnu par écrit.
ver'bringen *v/t*. *Zeit*: passer; (*vergeuden*) dissiper; gaspiller; gâcher.
ver'brüder|n *v/rf*.: *sich mit j-m* ~ fraterniser avec q.; 2ung *f* fraternisation *f*.
ver'brühen *v/t*. (*v/rf*.: *sich* s'ébouillanter, échauder.
ver'buchen *v/t*. passer écriture (de); comptabiliser; passer dans les livres; passer en compte; *fig*. *e-n Erfolg* ~ se tailler un succès.
ver'buddeln F *v/t*. enterrer.
ver'bummeln F 1. *v/t*. (*vergeuden*) dissiper; gaspiller; gâcher; (*verabsäumen*) négliger; (*vergessen*) oublier; (*verlieren*) perdre; 2. *v/i*. gâcher sa vie; *verbummelter Kerl* raté *m*.
Ver'bund ⚡ *m* raccordement *m*; ~netz ⚡ *n* réseau *m* d'interconnexion; ~studie *fig. f* enquête *f* en (*od*. par) équipe.
ver'bunden *adj*. *gr*. conjoint; *j-m sehr* ~ *sein* être très obligé envers q.
ver'bünden *v/t*. (*v/rf*.: *sich* s')allier (*mit a. od*. avec); (*se*) coaliser; (*se*) liguer; *bundesstaatlich*: (*sich se*) confédérer.
Ver'bundenheit *f* solidarité *f*; (*Zuneigung*) affection *f*.
Ver'bündete(r) *m* allié *m*; coalisé *m*; confédéré *m*; *die* ~*n pl*. les alliés *m/pl*.
Ver'bund|glas *n* verre *m* feuilleté; verre *m* sandwich; ~maschine ⊕ *f* machine *f* compound; ~motor *m* moteur *m* compound; ~pflaster △ *n* pavage *m* composite; ~studie *univ. f* enquête *f* en (*od*. par) équipe; ~wirtschaft ⚡ *f* interconnexion *f* économique.
ver'bürgen *v/t. u. v/rf*.: (*sich für*) *etw*. ~ garantir qch.; se porter garant de

qch.; répondre de qch.; *sich für j-n* ~ cautionner q.; être caution de q.
ver'bürgerlich|en *v/t*. embourgeoiser; 2ung *f* embourgeoisement *m*.
ver'bürgt *adj*. authentique; de source sûre.
verbürokrati'sieren *v/t*. rendre bureaucratique; fonctionnariser.
ver'büßen *v/t*. *Strafe*: subir; purger.
ver'buttern F *v/t*. (*vergeuden*) dissiper; gaspiller; gâcher.
ver'chromen I *v/t*. chromer; II 2 *n* chromage *m*.
Ver'dacht *m* soupçon *m*; suspicion *f*; *in* ~ (*kommen*) bringen (se) rendre suspect; *j-n in* ~ *haben* soupçonner q.; suspecter q.; tenir q. pour suspect; *j-n wegen e-r Sache in* ~ *haben* soupçonner q. de qch.; pour suspect de qch.; *wegen e-r Sache in* ~ *stehen* être soupçonné de qch.; être suspect de qch.; ~ *schöpfen* prendre ombrage; concevoir des soupçons; ~ *erregen* exciter (*od.* inspirer) des soupçons.
ver'dächtig *adj*. suspect; (*zweifelhaft*) douteux, -euse; louche; (*sich*) ~ *machen* (se) rendre suspect; *das kommt mir* ~ *vor* il y a du louche là-dedans; ~en *v/t*. soupçonner (*e-r Sache gén*. de qch.); suspecter; 2ung *f* suspicion *f*.
Ver'dachts|gründe *m/pl*. motifs *m/pl*. de suspicion; ~moment *n* point *m* suspect; ~person *f* suspect *m*, -e *f*.
ver'damm|en *v/t*. condamner; maudire; *rl. a*. damner; réprouver; ~enswert *adj*. condamnable; maudissable; *rl*. damnable; réprouvable; 2nis *f rl*.: *ewige* ~ damnation *f* éternelle; ~t I *adj*. maudit; *rl*. damné; réprouvé; *ein* ~*er Schurke* un satané coquin; ~! nom d'un chien!; flûte, zut, mince alors!; sapristi!; nom de nom!; II *adv*. (*sehr*) diablement; 2te(r) *m* maudit *m*; *rl*. damné *m*; réprouvé *m*; 2ung *f* condamnation *f*; *rl*. réprobation *f*.
ver'dampf|bar *adj*. évaporable; ~en 1. *v/i*. s'évaporer; se vaporiser; se volatiliser; 2. *v/t*. évaporer; vaporiser; 2er *m* évaporateur *m*; 2ung *f* évaporation *f*; vaporisation *f*.
ver'danken *v/t*.: *j-m etw*. ~ devoir qch. à q.
ver'dattert F *adj*.: ~ *sein* F en rester baba (*od*. pantois *od*. comme deux ronds de flan).
ver'dau|en *v/t*. digérer (*a. fig*.); ~lich *adj*. facile à digérer; digestible; *schwer* ~ indigeste; 2lichkeit *f* digestibilité *f*; 2ung *f* digestion *f*; *schlechte* ~ digestion *f* difficile; dyspepsie *f*; *an schlechter* ~ *Leidende(r)* dyspepsique *m, f*; dyspeptique *m, f*.
Ver'dauungs|apparat *anat. m* appareil *m* digestif; ~beschwerden *f/pl*. troubles *m/pl*. de la digestion; indigestion *f*; ~kanal *m* canal *m* digestif; ~likör *m* liqueur *f* digestive; ~mittel *n* digestif *m*; ~organ *n* organe *m* de la digestion, organe *m* digestif; ~spaziergang *m* promenade *f* digestive; ~störung *f* indigestion *f*.
Ver'deck *n Auto*: capote *f*; *oberer Teil der Karosserie*: pavillon *m*; *auf Omnibussen usw*.: impériale *f*; ⚓ pont *m*; *aufklappbares* ~ (*Auto*) toit *m* ou-

vrant; ⟨en v/t. couvrir (a. fig.); (verbergen) cacher; (dem Auge entziehen) dérober à la vue; (verhüllen) masquer; (tarnen) camoufler; (verkleiden) déguiser; (verschleiern) voiler; (einhüllen) envelopper; (nicht merken lassen) dissimuler; (bemänteln) pallier; fig. mit verdeckten Karten spielen cacher son jeu.

ver'denken v/t. ich kann es ihm nicht ⟨, daß er das gemacht hat je peux bien comprendre qu'il ait fait cela.

Ver'derb m perte f; ruine f; auf Gedeih und ⟨ pour le meilleur et pour le pire; ⟨en 1. v/i. se gâter; s'abîmer; (schlechter werden) s'altérer; se détériorer; se délabrer; Luft: se vicier; sittlich: se corrompre; (in Fäulnis übergehen) se corrompre; pourrir; (Beschädigungen erleiden) s'endommager; 2. v/t. gâter; abîmer; (schlechter machen) altérer; détériorer; délabrer; (verpesten) infecter; Luft: vicier; sittlich: corrompre; pervertir; dépraver; (zugrunde richten) perdre; ruiner; (beschädigen) endommager; avarier; Gesundheit: ruiner; j-m die Freude (den Spaß) ⟨ gâter la joie (le plaisir) de q.; das Geschäft (die Preise) ⟨ gâcher le métier (les prix); sich die Augen ⟨ s'abîmer les yeux; (sich) den Magen ⟨ (se) donner une indigestion; es mit j-m ⟨ gâter ses rapports avec q.; es mit niemand ⟨ wollen rester bien avec tout le monde; ménager tout le monde; F ménager la chèvre et le chou; ⟨en n sittliches: corruption f; dépravation f; (Verschlechterung) altération f; détérioration f; (Beschädigung) endommagement m; (Untergang) perte f; ruine f; rl. perdition f; j-n ins ⟨ stürzen perdre q.; ins ⟨ rennen courir à sa perte; ⟨enbringend adj. fatal, funeste; ⟨er(in f) m corrupteur m, -trice f; ⟨lich adj. corrupteur, -trice; (schädlich) pernicieux, -euse; nuisible; (ruinierend) ruineux, -euse; (unheilvoll) funeste; fatal; Waren: périssable; ⟨lichkeit (e-r Ware) f état m périssable; ⟨nis f corruption f; perversion f; ⟨t adj. corrompu; pervers; dépravé; (lasterhaft) vicieux, -euse; Text: défectueux, -euse; gr. corrompu; ⟨theit f corruption f; perversité f; dépravation f.

ver'deutlich|en v/t. rendre clair; élucider; ⟨ung f élucidation f.

ver'deutsch|en v/t. traduire en allemand; ⟨ung f traduction f en allemand.

ver'dicht|bar phys. adj. condensable; ⟨en v/t. (v/rf.: sich se) condenser; (komprimieren) (sich se) comprimer; (konzentrieren) (sich se) concentrer; fig. condenser; sich ⟨ (Gestalt annehmen) prendre forme, Verdacht: se fortifier; ⟨ung f condensation f; compression f; ⟨ concentration f.

ver'dick|en v/t. (v/rf.: sich s')épaissir; ⟨ung f épaississement m.

ver'dienen v/t. gagner (bei, an dat. à); (würdig sein) mériter; être digne (de); s-n Lebensunterhalt ⟨ gagner sa vie; gut ⟨ gagner bien (sa vie); F gagner gros; das habe ich nicht um Sie verdient je ne méritais pas cela de votre part; sich verdient machen um bien mériter

de.

Ver'dienst 1. m (Lohn, Gehalt) salaire m; gains m/pl.; (Gewinn) profit m; bénéfice m; 2. n mérite m; sich etw. als ⟨ anrechnen se faire un mérite de qch.; ⟨ausfall m perte f de salaire (od. de gains); ⟨kreuz n croix f pour services rendus; großes ⟨ grand-croix f du mérite; ⟨los adj. qui ne gagne rien; fig. sans mérite; ⟨medaille f médaille f pour services rendus; ⟨möglichkeit f possibilité f de gain; ⟨spanne f marge f bénéficiaire (od. de bénéfice); ⟨voll adj. méritoire; Person: de mérite.

ver'dient adj.: ⟨er Mann homme m de mérite; s-n ⟨en Lohn erhalten être traité selon ses mérites; sich ⟨ machen um bien mériter de; ⟨er'maßen adv. selon mes (tes, etc.) mérites.

Ver'dikt ⟨ n verdict m.

ver'ding|en v/rf.: sich bei j-m ⟨ s'engager au service de q.

ver'dolmetsch|en v/t. interpréter; ⟨ung f interprétation f.

ver'donnern F v/t. (verurteilen) condamner.

ver'doppel|n v/t. doubler; fig. redoubler (de); v/rf. sich ⟨ être multiplié par deux; ⟨ung f redoublement m; gr. a. réduplication f; ⟨ duplication f.

ver'dorben adj. Luft: vicié; Lebensmittel: pourri; (verpestet) infect; sittlich: corrompu; pervers; dépravé; e-n ⟨en Magen haben avoir une indigestion; du hast es mit ihm ⟨ tu n'es plus dans ses bonnes grâces; ⟨heit f corruption f; perversion f; dépravation f.

ver'dorren I v/i. se dessécher; in der Sonne ⟨ brûler au soleil; II ⟨ n dessèchement m.

Ver'drahtung ⟨ f: elektrische ⟨ fils m/pl. conducteurs électriques.

ver'dräng|en v/t. déplacer; (wegschieben) écarter, repousser; (verjagen) chasser (aus de); expulser (de); (aus e-r Stellung, e-m Amt ⟨) supplanter; évincer; F dégommer; déloger (a. aus e-r Wohnung ⟨; ⟨ (aus der Stellung ⟨) déloger; débusquer; (ausstechen) supplanter; évincer; débusquer; (unterdrücken) supprimer; psych. refouler; j-n aus s-m Besitz ⟨ déposséder q.; ⟨ung f déplacement m; (Ausstechung) supplantation f; (Unterdrückung) suppression f; psych. (bewußte) répression f; (unbewußte) refoulement m; ⟨ aus dem Besitz dépossession f; ⟨ungskomplex psych. m refoulement m.

ver'dreck|en F v/t. salir; ⟨t adj. sali; (schmutzig) sale.

ver'dreh|en v/t. u. v/rf. (sich se) tordre; (se) contourner; tourner de travers; (verstellen) dérégler; Augen: rouler; Schlüssel: fausser; Sinn, Wahrheit: altérer; dénaturer; défigurer; donner une entorse (à; a. Recht, Gesetz); fig. j-m den Kopf ⟨ tourner la tête à q.; ⟨t adj. absurde; biscornu; Person: F toqué; ⟨theit f esprit m biscornu; absurdité f; ⟨ung f contorsion f; tournement m; fig. fausse interprétation f; sophistication f; altération f; entorse f (a. v. Gesetz, Recht).

ver'dreifach|en v/t. (u. v/rf.: sich ⟨)

tripler; ⟨ung f triplement m.

ver'dreschen F v/t. rouer de coups.

ver'drieß|en v/t. contrarier; ennuyer; chagriner; fâcher; vexer; dépiter; er läßt es sich nicht ⟨ il ne se laisse pas rebuter (od. décourager); il ne se rebute pas; ⟨lich adj. chagrin, mécontent (über acc. de); (mißmutig) de mauvaise humeur; renfrogné; rechigné; (Verdruß erregend) contrariant; ennuyeux, -euse; fâcheux, -euse; fastidieux, -euse; vexant; (unangenehm) désagréable; adv. avec humeur; ⟨ machen contrarier; chagriner; ⟨ werden se chagriner; ⟨ aussehen faire grise mine; ⟨lichkeit f (Kummer) chagrin m; (Mißmut) (mauvaise) humeur f; (Unannehmlichkeit) ennui m; désagrément m; contrariété f.

ver'drossen I adj. (grämlich) chagrin; (mürrisch) maussade; (mißmutig) de mauvaise humeur; (ohne Lust, etw. zu tun) qui n'a pas envie de faire qch.; dégoûté de tout; II adv. à contrecœur; de mauvaise grâce; ⟨heit f (Gram) chagrin m; (Mißvergnügen) déplaisir m; (Mißmut) (mauvaise) humeur f.

ver'drucken typ. v/t.: das ist verdruckt c'est une faute d'impression.

ver'drücken F 1. v/t. (essen) manger; F bouffer; 2. v/rf.: sich ⟨ s'éclipser; filer à l'anglaise; s'esquiver.

Ver'druß m ennui(s pl.) m; (Kummer) chagrin m; (Ärger) dépit m; contrariété f; (Mißvergnügen) déplaisir m; (Enttäuschung) déboire m; j-m ⟨ machen chagriner q.; j-m zum ⟨ au grand déplaisir od. mécontentement de q.

ver'dübeln ⟨ v/t. cheviller.

ver'duften F fig. v/i. s'évaporer; F jouer des flûtes; F enfiler la venelle; F jouer la fille de l'air; P se tirer; P se barrer; se volatiliser; F s'éclipser; filer à l'anglaise; *se casser; P ne pas demander son reste.

ver'dumm|en 1. v/i. s'abêtir; s'abrutir; 2. v/t. abêtir; bêtifier; abrutir; hébéter; F décerveler; ⟨ung f abêtissement m; abrutissement m; crétinisation f; bourrage m de crâne; F décervelage m; ⟨ungs-taktik f obscurantisme m.

ver'dunkel|n v/t. u. v/rf. (sich s')obscurcir; (s')assombrir; Farbe: rendre plus foncé; rembrunir; Luftschutz: camoufler les lumières; ast. u. fig. éclipser; (weit übertreffen) effacer; ⟨ obscurcir; ⟨ung f obscurcissement m; assombrissement m; der Farbe: rembrunissement m; Luftschutz: camouflage m des lumières; black-out m; ast. u. fig. éclipse f; ⟨ obscurcissement m; ⟨ungsgefahr ⟨ f danger m d'obscurcissement; ⟨ungspapier n papier m opaque.

ver'dünn|en v/t. u. v/rf. (sich s')amincir; Flüssigkeit: délayer; diluer; ⟨ atténuer; Wein: couper; baptiser; Tunke: allonger; Luft: raréfier; ⟨en n, ⟨ung f amincissement m; e-r Flüssigkeit: délayage m; dilution f; ⟨ atténuation f; des Weines: coupage m; e-r Soße: allongement m; der Luft: raréfaction f.

ver'dunsten v/i. s'évaporer; ⟨ lassen faire évaporer.

Ver'dunstung f évaporation f.

ver'dursten *v/i.* mourir de soif.
ver'düster|n *v/t.* (*v/rf.*: *sich* s')assombrir (*a. fig.*); (s')obscurcir; *Sonne*: *sich* ~ s'éclipser; ⸰ung *f* assombrissement *m*; obscurcissement *m*; *der Sonne*: éclipse *f*.
ver'dutz|en *v/t.* ébahir; ahurir; abasourdir; démonter; stupéfier; déconcerter; décontenancer; F épater; F laisser pantois; ~t *adj.* ébahi; ahuri; abasourdi; démonté; stupéfait; déconcerté; décontenancé; interdit; interloqué; F épaté; sidéré; ~ *sein* F *a.* rester baba (*od.* pantois *od.* penaud); ⸰theit *f* stupéfaction *f*.
ver'ebben *v/i.* descendre peu à peu.
ver'edel|n *v/t. u. v/rf.* (*sich* s')ennoblir; (*heben*) relever; (*verbessern*) améliorer; (*läutern*) épurer; (*vervollkommnen*) perfectionner; ⊕ affiner; ✓ greffer; ⸰ung *f* ennoblissement *m*; (*Verbesserung*) amélioration *f*; (*Läuterung*) épurement *m*; (*Vervollkommnung*) perfectionnement *m*; ⊕ affinage *m*; finissage *m*; ✓ greffage *m*; ⸰ungs-industrie *f* industrie *f* d'affinage (*od.* de finissage); ⸰ungs-stelle ✓ *f* emplacement *m* de la greffe.
ver'ehelich|en *v/t.* (*v/rf.*: *sich* se) marier; ⸰ung *f* mariage *m*.
ver'ehr|en *v/t.* révérer; vénérer; (*anbeten*) adorer; *j-m etw.* ~ faire hommage (*od.* présent) de qch. à q.; *Verehrte Anwesende!* Mesdames et Messieurs!; ⸰er(in *f*) *m* e-s *Mädchens*: ami *m*; (*Bewunderer*[*in*]) admirateur *m*, -trice *f*; (*Anbeter*[*in*]) adorateur *m*, -trice *f*; ⸰ung *f* vénération *f*; (*Anbetung*) adoration *f*; ~ungs-würdig *adj.* vénérable; adorable.
ver'eidig|en *v/t.* assermenter; faire prêter serment (à); ~t *adj.* assermenté; juré; ⸰ung *f* prestation *f* de serment.
Ver'ein *m* association *f*; société *f*; cercle *m*; club *m*; union *f*; *im* ~ *mit* avec le concours de; en collaboration avec; ⸰bar *adj.* compatible (*mit* avec); conciliable (avec); ⸰baren *v/t. u. v/rf.* convenir (*etw.* de qch.); tomber (*od.* se mettre) d'accord (sur qch.); (*vertraglich festlegen*) stipuler; *ein Treffen mit j-m* ~ prendre rendez--vous (*od.* date) avec q.; *sich nicht* ~ *lassen* ne pas être compatible (*mit* avec); être incompatible (avec); ⸰bart *adj.* convenu; (*vertraglich festgelegt*) stipulé; *es gilt als ausdrücklich* ~, *daß* ... il est expressément convenu que ...; *wenn nichts anderes* ~ *ist* sauf convention (*od.* arrangement) contraire; ⸰barung *f* accord *m*; convention *f*; ⚖ stipulation *f*; *mündliche* ~ convention *f* verbale; *e-e* ~ *treffen* faire un accord (*über etw. acc.* sur qch.); convenir (de qch.); *zu e-r* ~ *kommen* tomber d'accord (*über etw. acc.* sur qch.) ⸰barungsgemäß *adv.* conformément à la convention (*od.* à notre décision); F comme convenu; comme il a été décidé; ⚖ selon le vœu exprimé; *v/t.* → *vereinigen*; *Vereinte Nationen* Nations *f/pl.* Unies; *mit vereinten Kräften* de toutes leurs forces.
ver'ein|fachen *v/t.* simplifier; A (*kürzen*) réduire; ~fachend *adj.* simplificateur *m*, -trice *f*; péj. simpliste; ⸰fachung *f* simplification *f*; ~heitlichen *v/t.* uniformiser; standardiser; ⸰heitlichung *f* uniformisation *f*; standardisation *f*.
ver'einig|en 1. *v/t.* unir (*mit* à [*a. fig.*] *od.* avec); réunir (à); associer (à); (*verbinden*) lier (*mit* à); joindre (à); (*kombinieren*) combiner (*mit* avec); (*verbünden*) allier (*mit* à *od.* avec); coaliser; liguer; *bundesstaatlich*: confédérer; (*konzentrieren*) concentrer; (*fusionieren*) fusionner; (*sammeln*) ⚔ rallier; (*zusammenpassen*) raccorder; *Zusammenpassendes*: assortir; pol. unifier; 2. *v/rf.*: *sich* ~ s'unir (*mit* avec); se réunir (avec); s'associer (à *od.* avec); (*sich verbinden*) se lier (*mit* à, *freundschaftlich*: avec); se joindre (à *od.* avec); (*sich verbünden*) s'allier (*mit* à *od.* avec); se coaliser; se liguer; *bundesstaatlich*: se confédérer; (*sich konzentrieren*) se concentrer; (*sich versöhnen*) se réconcilier (*mit* avec); (*fusionieren*) fusionner; *Fluß*: confluer (*mit* avec); *sich nicht* ~ (*vereinbaren*) *lassen* ne pas être compatible (*mit* avec); être incompatible (avec); ~t *adj.*: *die* ⸰en *Staaten von Amerika* les États-Unis *m/pl.* (d'Amérique); *das Vereinigte Königreich von Großbritannien und Nordirland* le Royaume-Uni de Grande-Bretagne et d'Irlande du Nord; ⸰ung *f* (ré)union *f*; jonction *f*; association *f*; liaison *f*; (*Kombination*) combinaison *f*; (*Sammeln*) ⚔ ralliement *m*; (*Zusammenpassen*) raccordement *m*; *v. Zusammenpassendem*: assortiment *m*; (*Konzentration*) concentration *f*; (*Bündnis*) alliance *f*; (*Koalition*) coalition *f*; pol. unification *f*; (*Fusion*) fusion *f*; (*Verein*) association *f*; union *f*; société *f*; club *m*; *v. Flüssen*: confluence *f*; (*Stelle*) confluent *m* (*a. v. Adern*); ⸰ungs-punkt ⚔ *m* point *m* de jonction; ⚔ point *m* de ralliement.
ver'ein|nahmen *v/t.* toucher; encaisser; ⸰nahmung *f* encaissement *m*; mise *f* en caisse; ~samen *v/i.* devenir solitaire; s'isoler; ~samt *adj.* esseulé; isolé; ⸰samung *f* isolement *m*; esseulement *m*; *rl.* déréliction *f*.
Ver'eins|bruder *m* camarade *m* de club; ~freiheit *f* liberté *f* d'association; ~gesetz *n* loi *f* sur les associations; ~kamerad *m* camarade *m* de club; ~kasse *f* caisse *f* de l'association; ~lokal *n* club *m*; ~meie'rei *f* manie *f* de l'association; ~mitglied *n* membre *m* d'une association; ~nudel *fig. plais. f* boute-en-train *m*; ~wesen *n* associations *f/pl.*; univ., écol. ~ *Ehemaliger* amicalisme *m*.
ver'eint *adj.*: *mit* ~en *Kräften* de toutes leurs forces.
ver'einzel|t *adj.* (~ *auftretend*) sporadique; ⸰ung *f* isolement *m*.
ver'eis|en 1. *v/t. chir.* anesthésier localement (par le froid); 2. *v/i.* geler; (se) prendre; *Straße*: se couvrir de verglas; ⚔ se givrer; ~t *adj.* couvert de glace; ⸰ung *f allg.* englacement *m*; englaciation *f*; ⚔ givrage *m*; ⸰ungsgefahr ⚔ *f* danger *m* de givrage.
ver'eitel|n *v/t.* déjouer; faire échouer; *Plan a.*: court-circuiter; *Hoffnung*: frustrer; trahir; anéantir; ⸰ung *f* frustration *f*; *e-s Plans*: mise *f* en échec.
ver'eiter|t *adj.* abcédé; ⸰ung *f* transformation *f* en abcès; (*Geschwür*) abcès *m*.
ver'ekeln *v/t.*: *j-m etw.* ~ dégoûter q. de qch.
ver'elend|en *v/i.* s'appauvrir; ⸰ung *f* appauvrissement *m*.
ver'enden *v/i.* succomber; mourir; *Tiere*, P *Menschen*: crever.
ver'enger|n *v/t. u. v/rf.* (*sich* se) rétrécir; (se) resserrer; ⸰ung *f* rétrécissement *m*; resserrement *m*.
ver'erb|en 1. *v/t.*: *j-m* (*od. auf j-n*) *etw.* ~ laisser (*od.* léguer; *Krankheit*: transmettre) qch. à q.; 2. *v/i.*: *sich auf j-n* ~ passer à q. par voie de succession, *Krankheit*: se transmettre héréditairement à q.; *Vermögen*: *sich* ~ se léguer; ~lich *adj.* héréditaire; ~t *adj.* héréditaire; ⸰ung *f* hérédité *f*; ☤ transmission *f* héréditaire; ⸰ungsforscher *m* généticien *m*; ⸰ungsforschung *f* génétique *f*; ⸰ungsgesetz *n* loi *f* de l'hérédité; ⸰ungslehre *f*, ⸰ungstheorie *f* théorie *f* de l'hérédité.
ver'ewig|en *v/t. u. v/rf.* (*sich* s')éterniser; (se) perpétuer; *sich* (*s-n Namen*, *sein Andenken*) ~ s'immortaliser; ⸰ung *f* perpétuation *f* (*Unsterblichmachung*) immortalisation *f*.
ver'fahren[1] *v/i.* procéder; agir; *mit j-m schlecht* ~ agir mal envers q.; *mit etw. schlecht* ~ user mal de qch.; *streng* ~ user de rigueur (*mit* avec); *nachsichtig* ~ user d'indulgence; 2. *v/t.*: *Geld*: dépenser en voyages (*zur Arbeitsstelle*: en trajets, en métro *usw.*); 3. *v/rf.*: *sich* ~ se tromper de route; s'égarer; se fourvoyer.
ver'fahren[2] *adj.* (*Autofahrer*) égaré; *fig. die Sache ist* ~ l'affaire *f* est mal engagée (*od.* F mal embarquée).
Ver'fahren *n* manière *f* d'agir; (*Methode*) méthode *f*, ⊕, ⚙ procédé *m*; opération *f*; (*Anwendung*) pratique *f*; ⚖ procédure *f*; *mündliches* (*verkürztes*) ~ procédure *f* orale (sommaire); *ein* ~ *einleiten* (*eröffnen*) engager (ouvrir) une procédure; *das* ~ *einstellen* arrêter la procédure (*od.* les poursuites); *Eröffnung* (*Einleitung*) *des* ~s ouverture *f* de la procédure; ~s-antrag *m* motion *f* de procédure; ~sfrage *f* question *f* de procédure; ~skosten ⚖ *pl.* frais *m/pl.* de procédure; ~s-technik *f* technique *f* des procédés; ⊕ technologie *f* de fabrication; ~svorschrift ⚖ *f* disposition (*od.* prescription) *f* de procédure; ~sweise *f* éc., pol., ⚖ *f* scénario *m*.
Ver'fall *m* décadence *f*; ruine *f*; (*Niedergang*) déclin *m*; *v. Gebäuden*: délabrement *m*; (*Dahinsiechen*) dépérissement *m*; (*Auflösung*) désorganisation *f*; (*Entartung*) dégénération *f*; (*Kräfte*) ☤ marasme *m*; (*Verderbnis*) corruption *f*; *e-s Pfandes*, *Rechtes*, *Wechsels*: échéance *f*; ✝ *bei* ~ à terme échu; à l'échéance; *in* ~ *geraten* → ⸰en[1]; *vom* ~ *bedroht sein* menacer ruine; ~buch ✝ *n* échéancier *m*; ~datum *n* date *f* d'échéance.
ver'fallen[1] tomber en ruines; se délabrer; (*dahinsiechen*) dépérir (*a. Kräfte*, *Betrieb*); *fig.* tomber en décadence; (*sich auflösen*) se désorganiser; (*entarten*) dégénérer;

✝ (fällig werden) échoir; venir à échéance; (ungültig werden) se périmer; (ablaufen) expirer; j-m ~ (anheimfallen) échoir à q.; fig. j-m (dem Laster) ~ devenir l'esclave de q. (du vice); auf etw. (acc.) ~ avoir l'idée de qch.; s'aviser de qch.; s'imaginer qch.; ~ in (acc.) tomber dans.

ver'fallen² adj. Gebäude: délabré; ⚖ caduc, -uque; ✝ (fällig) échu; Briefmarke (ungültig geworden) périmé; a. Fahrkarte: expiré; retiré de service; 'hors cours', fig. j-m (dem Laster) ~ sein être l'esclave de q. (du vice); e-m regelmäßigen Tabakgenuß ~ sein être installé dans un tabagisme régulier; dem Tode ~ sein être voué à la mort.

Ver'fall|s-erscheinung f symptôme m de décadence; ~tag m jour (od. terme) m d'échéance; ~zeit f terme m (od. date f) d'échéance.

ver'fälsch|en v/t. falsifier, altérer, Lebensmittel u. Getränke: a. frelater, dénaturer, Wein a.: P trafiquer; (falsch auslegen) fausser; (nicht richtig wiedergeben) Gedanken: trahir; déformer; (nachmachen) contrefaire; F truquer; ℒer m falsificateur m; ℒung f falsification f (a. fig.); v. Lebensmitteln u. Getränken: a. frelatage m; dénaturation f.

ver'fangen 1. v/i. Mahnungen: nicht ~ ne pas prendre (bei sur); 2. v/rf.: sich ~ s'embrouiller; s'empêtrer; Wind: s'engouffrer (in dat. dans).

ver'fänglich adj. Frage: insidieux, -euse; embarrassant; captieux, -euse.

ver'färben v/rf.: sich ~ changer de couleur; nur text.: décharger; déteindre.

ver'fass|en v/t. composer; Buch: écrire; Aufsatz: rédiger; Urkunde: dresser; ℒen n composition f; (Abfassen) rédaction f; → ℒung; ℒer(in f) m auteur m; vom ~ überreicht hommage de l'auteur; ℒerkatalog m catalogue-auteurs m; ℒerschaft f paternité f; ℒung f (Zustand) m; disposition f; forme f (Lage) situation f; moralische: moral m; (Staats) constitution f; in guter ~ sein être en bonne disposition (od. forme); être en bon état; in keiner guten ~ sein a. ne pas être (od. ne pas se sentir) dans son assiette; ~unggebend adj. constituant.

Ver'fassungs|änderung f révision f constitutionnelle od. de la Constitution; ~bruch m violation f de la constitution; ~feind m ennemi m de la Constitution; ℒfeindlich adj. anticonstitutionnel, -elle; hostile à la Constitution; ~gericht n tribunal m constitutionnel; ℒmäßig adj. constitutionnel, -elle; ℒmäßigkeit f constitutionnalité f; ~recht n droit m constitutionnel; ~reform f réforme f constitutionnelle; ~schutz m protection f de la constitution; ~treue f fidélité f à la Constitution; ~urkunde f constitution f; ℒwidrig adj. inconstitutionnel, -elle; contraire à la constitution; ~widrigkeit f inconstitutionnalité f.

ver'faulen v/i. pourrir; se putréfier; se décomposer; II ℒ n putréfaction f; décomposition f.

ver'fecht|en v/t. combattre (pour); se faire le champion (de); Meinung: soutenir; Recht: défendre; j-s Sache ~ plaider la cause de q.; ℒen n défense f; ℒer(in f) m défenseur m; champion m; a. pol. partisan m; tenant m.

ver'fehl|en v/t. manquer; rater; P louper; das Thema ~ sortir du sujet; s-e Wirkung ~ rater son effet; die Wirkung auf das Publikum nicht ~ prendre sur le public; nicht ~ zu ... (inf.) ne pas manquer de ... (inf.); ℒung f délit m.

ver'feind|en v/t. (v/rf.: sich se) brouiller; ℒung f brouille f.

ver'feiner|n v/t. u. v/rf. (sich se) raffiner; (s')affiner; Metalle: affiner; (glätten) (sich se) polir; (läutern) (sich) s'épurer; (verbessern) (sich s') améliorer; Menschen: (sich se) civiliser; ℒung f raffinement m; v. Zucker, Erdöl: raffinage m; v. Metallen: affinage m; (Läuterung) épurement m; (Verbesserung) amélioration f; v. Menschen: civilisation f; des Geschmacks: raffinement m; sublimation f.

ver'fem|en v/t. mettre au ban (od. 'hors la loi); ℒungspolitik f politique f d'ostracisme.

ver'fertig|en v/t. faire; fabriquer; Kleider: confectionner; ℒer(in f) m fabricant m; faiseur m, -euse f; ℒung f fabrication f; v. Kleidern: confection f.

ver'festigen ⚛ v/t. solidifier.

Ver'fettung ⚕ f dégénérescence f graisseuse; adipose f.

ver'feuern v/t. Holz usw.: brûler; consommer.

ver'film|en v/t. filmer; Buch: porter à l'écran; tirer un film (de); ℒung f mise f à l'écran (Bearbeitung für den Film) adaptation f cinématographique.

ver'filzt adjt.: ~er Wollstoff lainage m feutré.

Ver'filzung péj. f népotisme m.

ver'finster|n v/t. (v/rf.: sich s')obscurcir; (s')assombrir (a. fig.); ast. (s')éclipser; ℒung f obscurcissement m; ast. éclipse f.

ver'flach|en fig. v/i. tomber dans la platitude; devenir plat; ℒung f aplatissement m; fig. univ.: die ~ des Universitätsunterrichts l'infantilisation des études supérieures.

ver'flecht|en v/t. u. v/rf (sich s')entrelacer; enlacer; éc. cartelliser; grouper en cartel; fig. enchevêtrer; ~ in (acc.) impliquer dans; ℒung f entrelacement m; enlacement m; fig. enchevêtrement m; engrenage m; ✝ interpénétration f; interdépendance f; éc. cartellisation f; ~ in (acc.) implication f dans; ~ von Umständen combinaison f.

ver'fliegen 1. v/i. 🜕 se volatiliser; s'évaporer; Zeit: fuir; s'enfuir; passer vite; fig. se dissiper; 2. v/rf.: sich ~ ⚡ s'égarer.

ver'fließen v/i. Tage, Wochen: s'écouler; passer; Frist: expirer; ineinander ~ se fondre.

ver'flixt F adj. u. int. satané; fichu; ein ~er Kerl un satané coquin; ~! sapristi!; flûte!; ~ und zugenäht! sacré nom de nom!; zut (alors)!; nom d'un chien!; nom d'une pipe!; sacré bleu!

ver'flossen adj. passé; F seine ℒe son ex-amie f; son ancienne amie f.

ver'flöß|en v/t. Holz: faire flotter; ℒen n, ℒung f flottage m.

ver'fluch|en v/t. maudire; rl. anathématiser; ~t I adj. u. int. → verflixt; II adv. (sehr) diablement; ℒte(r) rl. m maudit m, -e f; anathème m; ℒung f malédiction f; rl. anathème m.

ver'flüchtig|en 🜕 v/t. (v/rf.: sich se) volatiliser; (s')évaporer; fig. sich ~ se volatiliser; s'évaporer; s'éclipser; filer à l'anglaise; ℒen n, ℒung 🜕 f volatilisation f; évaporation f.

ver'flüssig|en v/t. (v/rf.: sich se) liquéfier; ℒung f liquéfaction f.

Ver'folg m: im ~ (gén.) au cours (de); fig. ~ im m-s letzten Schreibens comme suite à ma dernière lettre.

ver'folg|en v/t. poursuivre (a. ⚖); ungerecht od. grausam: persécuter; hartnäckig: prendre en chasse; pourchasser; Laufbahn, Spur usw.: suivre; (hetzen) traquer (a. ch.); ch. forcer; Politik: poursuivre; (belästigen) obséder; (weiter ~) continuer; (beobachten) observer; mit den Augen ~ suivre des yeux; strafrechtlich ~ poursuivre pénalement; ℒer(in f) m persécuteur m, -trice f; Sport: vél. poursuiteur m; ℒte(r a. m) m, f persécuté m, -e f; ℒung f poursuite f (a. ⚖); ungerechte od. grausame: persécution f; (Belästigung) obsession f; ℒungswahn m manie f, délire m de la persécution; délire m obsidional.

ver'form|bar ⊕ adj. déformable; ~en v/t. déformer; ℒung f déformation f.

ver'frachten ⚓, ⚡ v/t. fréter.

ver'franzen F ✈ v/rf.: sich ~ s'égarer.

Ver'fremdungs-effekt litt. m effet m de distanciation.

ver'fressen P péj. adj. boulimique.

ver'froren adj. frileux, -euse.

ver'früht adj. prématuré.

ver'füg|bar adj. disponible; ℒbarkeit f disponibilité f; ~en 1. v/t. disposer; (anordnen) ordonner; décréter; ⚖ décerner; (entscheiden) décider; 2. v/i. disposer (über acc. de); avoir la disposition (de); ℒung f disposition f; (Anordnung) ordonnance f; ordre m; décret m; (Entscheidung) f; einstweilige ~ ordonnance f de référé; ein Verfahren zum Erlaß e-r einstweiligen ~ einleiten engager une instance en référé; e-e ~ erlassen rendre une ordonnance; zu Ihrer ~ à votre disposition; zur ~ haben avoir à sa disposition; j-m zur ~ stehen (stellen) être (mettre) à la disposition de q.; ℒungsberechtigt adj. autorisé à disposer; ℒungsbeschränkung f limitation f du droit de disposer; ℒungsgewalt f pouvoir m de disposer; ℒungsrecht n droit m de disposition (od. de disposer).

ver'führ|en v/t. séduire; j-n zu e-m unsoliden Lebenswandel ~ corrompre q.; (verleiten) suborner; ~ zu entraîner (od. induire) à; ℒer(in f) m séducteur m, -trice f; F tombeur m; ~erisch adj. séducteur, -trice; (verlockend) séduisant; ℒung f séduction f; (Verleitung) subornation f.

ver'fünffachen v/t. (v/rf.: sich se)

quintupler.
ver'füttern v/t. consommer en fourrage.
Ver'gabe † (v. Aufträgen) f adjudication f.
ver'gaffen F v/rf.: sich in (acc.) ~ s'amouracher de; s'enticher de; se toquer de; s'engouer de.
ver'gällen v/t. Alkohol: dénaturer fig. gâter; j-m das Leben ~ rendre la vie amère à q.
vergalop'pieren F v/rf.: sich ~ se fourvoyer (a. fig.).
ver'gangen adj. passé; écoulé; ~es Jahr l'année f passée (od. dernière); l'an passé od. dernier; 2heit f passé m; in der (bzw. in die) ~ gr. au passé; allg. zeitlich: dans le passé; der ~ angehören être du passé; ~heitsverbunden adj. passéiste.
ver'gänglich adj. passager, -ère; éphémère; Freuden: fugitif, -ive; Glück, alles Irdische: fragile; 2keit f caractère m éphémère.
ver'gas|en v/t. gazéifier; Auto: carburer; Gelände, Menschen: gazer; 2er m Auto: carburateur m; 2erbrand m incendie m de carburateur; 2erdüse f gicleur m de carburateur; venturi m; 2ermotor m moteur m à carburateur.
Ver'gasung f gazéification f; Auto: carburation f; v. Menschen: gazage m.
ver'geb|en v/t. u. v/rf. donner; Recht: céder; Amt: conférer; (verteilen) répartir; zu ~ haben disposer (de); zu ~ sein être libre (od. vacant); (verzeihen) pardonner; Sünde: remettre; an den Meistbietenden: adjuger; sich ~ se tromper en donnant; es ist ~ Kartenspiel: il y a maldonne; sich etw. ~ se compromettre; sich nichts ~ être jaloux, -ouse de sa réputation od. de son honneur; ~ens adv. en vain; vainement; inutilement; ~ bitten avoir beau prier; ~lich I adj. vain, inutile; infructueux, -euse; ~e Mühe peine f perdue; II adv. en vain; vainement; inutilement; en pure perte; sich ~ bemühen perdre sa peine; 2lichkeit f inutilité f; 2ung f (Verteilung) répartition f; e-s Rechtes: cession f; e-s Amtes: attribution f; (Verzeihung) pardon m; der Sünden: rémission f; an den Meistbietenden: adjudication f.
ver'gegenständlichen v/t. objectiver.
vergegen'wärtigen v/t. rendre présent à l'esprit; rappeler (à la mémoire); Ereignisse: retracer; sich etw. ~ se représenter qch.; sich ~, daß ... se mettre bien dans l'esprit que ...
ver'gehen I 1. v/i. Zeit: passer; s'écouler; (nachlassen) diminuer; (verschwinden) disparaître; (sich verwischen) s'effacer; (sich verlieren) se perdre; Ärger: se dissiper; (umkommen) périr; Frist: expirer; ~ vor brûler de; die Lust dazu ist mir vergangen j'en ai perdu l'envie; ihm verging Hören und Sehen il en fut tout étourdi; der Appetit ist mir vergangen j'ai perdu l'appétit; 2. v/rf.: sich ~ commettre une faute; pécher (gegen contre); sich gegen j-n ~ manquer à q.; sich an j-m ~ attenter à la personne de q., (j-n schänden) violer q.; sich tätlich an j-m

~ porter la main sur q.; sich gegen das Gesetz ~ transgresser (od. violer) la loi; II 2 n faute f; ⚖ délit m; (Übertretung) contravention f.
ver'geistig|en v/t. spiritualiser; 2ung f spiritualisation f.
ver'gelt|en v/t.: j-m etw. ~ (j-n für etw. belohnen) récompenser q. de qch.; Gleiches mit Gleichem ~ rendre la pareille à q.; Böses mit Gutem ~ rendre le bien pour le mal; 2ung f (Rache) revanche f; (Repressalien) représailles f/pl.; zur ~ en revanche; ~ üben prendre sa revanche; user de représailles; 2ungsfeuer ⚔ n tir m de représailles; 2ungsmaßnahme (mesure f, ⚔ opération f de) représailles f/pl.; mesure f de rétorsion.
verge'sellschaft|en v/t. socialiser; 2ung f socialisation f.
ver'gess|en I v/t. (v/rf.: sich s')oublier; (auslassen) omettre; (außer acht lassen) négliger; seine Pflicht ~ manquer à son devoir; das werde ich dir nicht ~ tu peux être sûr que je m'en souviendrai; das vergißt sich leicht cela s'oublie facilement; II 2 n oubli m; 2heit f oubli m; in ~ geraten tomber (od. sombrer) dans l'oubli; être oublié; nicht in ~ geraten passer à la postérité; der ~ entreißen tirer de l'oubli.
ver'geßlich adj. oublieux, -euse; distrait; 2keit f oubli m; distraction f; étourderie f; aus ~ par oubli (od. distraction); par étourderie.
ver'geud|en v/t. dissiper; gaspiller; dilapider; gâcher; (verschwenden) prodiguer; 2er(in f) m dissipateur m, -trice f; gaspilleur m, -euse f dilapidateur m, -trice f; (Verschwender[in]) prodigue m, f; 2ung f dissipation f; gaspillage m; dilapidation f; (Verschwendung) prodigalité f.
verge'waltig|en v/t. faire violence (à); violenter; Frau: violer, violenter; abuser de; 2ung f violence f (faite à); e-r Frau: viol m.
verge'wissern v/rf.: sich ~ s'assurer (e-r Sache gén. de qch.).
ver'gießen v/t. verser; répandre.
ver'gift|en 1. v/t. empoisonner; (infizieren) envenimer (a. fig.); ✚ intoxiquer; 2. v/rf.: sich ~ s'empoisonner; prendre du poison; 2ung f empoisonnement m; (Infizierung) envenimement m; ✚ intoxication f; 2ungserscheinung f symptôme m d'intoxication.
Ver'gil m Virgile m.
ver'gilben v/i. jaunir.
ver'gipsen v/t. plâtrer.
Ver'gißmeinnicht ♀ n myosotis m; ne-m'oubliez-pas m.
ver'gittern v/t. grillager; mit Drahtgitter: treillisser.
ver'glas|en v/t. Fenster: vitrer; (zu Glas verarbeiten) vitrifier; 2. v/i. se vitrifier; 2en n, 2ung f v. Fenstern: vitrage m; (Verarbeitung zu Glas) vitrification f.
Ver'gleich m comparaison f; (Gegenüberstellung) a. parallèle m; (Einigung) arrangement m; conciliation f; accommodement m; accord m; compromis m; entente f; ⚖ transaction f; abstoßender ~ repoussoir m; im ~ mit (od. zu) en comparaison de; par rapport à; par comparaison avec; e-n ~

ziehen établir une comparaison; von etw. e-n ~ ziehen zu mettre qch. en comparaison avec; den ~ aushalten soutenir la comparaison (mit avec); e-n ~ schließen en venir à un arrangement (od. à un accommodement); zu e-m ~ kommen s'arranger; s'accommoder; 2bar adj. comparable (mit à od. avec); ~barkeit f comparabilité f; 2e impér.: ~ Seite ... voir page ...; 2en v/t. u. v/rf. comparer (mit à, bei genauen Vergleich: avec); (aussöhnen) concilier; Streit: aplanir; Texte: comparer; collationner; sich ~ lassen mit se laisser comparer à (bei genauen Vergleich: avec); être comparable à (od. avec); entrer en comparaison avec; nicht zu ~ sein ne pas soutenir la comparaison (mit avec); sich ~ (einigen) s'arranger; s'accommoder; verglichen mit en comparaison de; ~en → ~ung; 2end adj. comparatif, -ive; Wissenschaft: comparé; comparatiste; ~e Literatur littérature f comparée; ~e Studien études f/pl. comparatistes; 2lich adj. comparable; ~smaßstab m terme m de comparaison; ~s-punkt m point m de comparaison; ~ssumme f somme f à payer en vertu d'un arrangement; ~s-tafel f tableau m comparatif; ~sverfahren n procédure f de conciliation; 2sweise adv. par comparaison; comparativement; ~swert m valeur f de comparaison; ~szahl f chiffre m comparatif; ~szeit f période f correspondante; ~ung f → Vergleich; v. Texten od. Listen: comparaison f; collationnement m; collation f.
ver'gletschern v/i. se changer en glacier.
ver'glimmen, ver'glühen v/i. s'éteindre peu à peu.
ver'gnügen 1. v/t. amuser; divertir; 2. v/rf.: sich ~ mit etw. (od. an etw. dat.) s'amuser (od. se divertir) (de avec) qch.; trouver du plaisir à qch.
Ver'gnügen n plaisir m; amusement m; divertissement m; (Annehmlichkeit) agrément m; (Zerstreuung) distraction f; (Freude) joie f; mit ~ avec plaisir; zum ~ par plaisir; nur zum ~ (od. zum bloßen) ~ pour le (od. pour son) plaisir; pour s'amuser; ~ schaffen (od. machen) faire plaisir; an etw. (dat.) ~ finden prendre plaisir à qch.; sich ein ~ machen aus se faire un plaisir de; wenn es Ihnen ~ macht si le cœur vous en dit; si cela vous fait plaisir; viel ~! amusez-vous bien!; beaucoup de (ou. bien du) plaisir!
ver'gnüg|lich adj. amusant; réjouissant; ~t adj. réjoui; (lustig) gai; joyeux, -euse; 2theit f: allgemeine ~ réjouissance f.
Ver'gnügung f amusement m; divertissement m; (Zerstreuung) distraction f.
Ver'gnügungs|ausschuß m comité m des fêtes; ~dampfer m bateau m de plaisance; ~lokal n cabaret m; (Nachtlokal) boîte f de nuit; ~park m parc m d'attractions; ~ort m lieu m de plaisir; ~reise f voyage m d'agrément; ~reisende(r a. m) m, f touriste m, f; ~schiffahrt f navigation f de plaisance; ~stätte f → ~lokal; ~steuer f impôt m sur les spectacles et divertissements; droit m des pau-

vres; ~**sucht** f goût m des plaisirs; 2**süchtig** adj. avide de plaisirs; ~**er Mensch** viveur m, F noceur m.

ver|gold|en v/t. dorer (a. fig.); 2**er** m doreur m; 2**ung** f dorure f; **die ~ entfernen** dédorer (von etw. qch.); **die ~ verlieren** se dédorer.

ver|gönnen v/t.: **es war mir vergönnt, zu ... (inf.)** j'avais le plaisir de ... (inf.); **il m'était loisible de ... (inf.).**

ver|götter|n v/t. déifier; (abgöttisch verehren) idolâtrer; (in den Himmel erheben) porter aux nues; élever au ciel; 2**n** n, 2**ung** f déification f; (abgöttische Verehrung) idolâtrie f; allg. vedettisation f; péj. vedettisme m.

ver|graben I v/t. u. v/rf. enterrer; enfouir; v. Tieren: **sich ~** se terrer; (sich völlig zurückziehen) se séquestrer; **II** 2**n** enfouissement m.

ver|grämt adj. rongé de chagrin.

ver|greifen v/rf.: **sich ~** (fehlgreifen) se méprendre, ♪ toucher à faux; **sich an j-m ~** porter la main sur q.; (j-n schänden) violer q.; **sich an etw. (dat.) ~ an fremdem Eigentum:** empiéter sur qch., toucher à qch., se saisir de qch., mettre la main sur qch., **an Heiligem:** profaner; **sich an der Kasse ~** toucher à la caisse; **sich im Ton ~** parler sur un ton déplacé.

ver|greis|en v/i. devenir sénile; 2**ung** f sénescence f.

ver|griffen adj. Ware, Buch: épuisé.

ver|gröbern v/t. rendre plus grossier, -ière.

ver|größer|n 1. v/t. agrandir; opt. a. grossir; (verbreitern) élargir; (vermehren) augmenter; accroître; (verschlimmern) aggraver; **2.** v/rf.: **sich ~** s'agrandir; (sich vermehren) s'accroître; augmenter; 2**ung** f agrandissement m; opt. a. grossissement m; (Verbreiterung) élargissement m; (Vermehrung) augmentation f; accroissement m; (Verschlimmerung) aggravation f; **100fache ~** grossissement m multiplié par 100 (cent).

Ver|größerungs|apparat m agrandisseur m; 2**fähig** adj. susceptible d'être agrandi; ~**glas** n verre m grossissant; (Lupe) loupe f; (Mikroskop) microscope m.

ver|gucken F v/rf.: **sich in j-n ~** s'amouracher de q.

Ver|günstigung f faveur f; (Vorteil) avantage m; (Vorrecht) privilège m; ~**sklausel** f clause f préférentielle; ~**szoll** m droits m/pl. de faveur.

Ver|guß △ m scellement m au mortier.

ver|güt|en v/t. rémunérer; (rück~) rembourser; (entschädigen) dédommager (j-m etw. q. de qch.); indemniser (q. de qch.); (verrechnen) compenser; 2**ung** f rémunération f; (Rück2) remboursement m; (Entschädigung) dédommagement m; indemnisation f; (Entschädigungssumme) indemnité f; (Verrechnung) compensation f.

ver|haft|en v/t. arrêter; ½ (ergreifen) appréhender; ~**et** adj.: **~ sein mit** être attaché à; 2**ete** (r a. m) m, f détenu m, -e f; prisonnier m, -ière f; 2**ung** f arrestation f; prise f de corps; 2**ungsbefehl** ½ m mandat m d'arrêt; **e-n ~ gegen j-n erlassen** lancer un mandat d'arrêt contre q.; 2**ungswelle** f vague f d'arrestations.

ver|hallen v/i. expirer; se perdre.

ver|halten I 1. v/t. Atem, Urin: retenir; Tränen, Schmerz, Lachen: contenir; (unterdrücken) réprimer; Groll: rentrer; **2.** v/rf.: **sich ~ (sich benehmen)** se comporter (gegen j-n envers od. à l'égard de q.); se conduire; **sich ruhig ~** se tenir tranquille; **ich weiß nicht, wie ich mich dabei (od. dazu) ~ soll** je ne sais comment m'y prendre; ⅄ **sich zu etw. ~ wie .. être à qch. comme ...**; **sich umgekehrt ~ wie ...** être inversement proportionnel, -elle à ...; **wie verhält sich der Sache?** qu'en est-il (od. où en est) l'affaire?; **es verhält sich so il en est ainsi; es verhält sich mit ... ebenso wie mit ... il en est de ... comme de ...**; **II** 2 **n** ✗ rétention f; (Benehmen) comportement m; conduite f; attitude f; allures f/pl.; (Verfahren) procédé m, zur Erreichung e-s Zweckes: tactique f; (Beziehungen) rapports m/pl.; (Reaktion) réaction f; 2**sforscher** m éthologiste m; 2**sforschung** f éthologie f; **~sgestört** psych. adj. caractériel, -ielle; handicapé; inadapté; 2**s-psychologie** f psychologie f du comportement; 2**s-störungen** psych. f/pl. troubles m/pl. du comportement; 2**s-weise** psych. f structuration f de comportement.

Ver|hältnis n proportion f; (Beziehung) rapport m; relation f; (Liebes 2) liaison f; F: (Freundin) amie f; F chérie f; **im ~ zu** en raison de; en proportion de; **in richtigem ~ zu** en (juste) proportion avec; **den ~sen entsprechend** toute proportion gardée; **(nicht) im ~ stehend mit** proportionné (disproportionné) à; ⅄ **in umgekehrtem ~** en raison inverse; **in ein passendes ~ setzen zu** proportionner à; ~**se** pl. (Lage) situation f, conditions f/pl.; (Vermögenslage) situation f financière, moyens m/pl., (Umstände) circonstances f/pl.; **unter solchen ~sen** dans ces conditions; **über s-e ~se leben** vivre au-dessus de ses moyens; **aus kleinen (od. einfachen od. bescheidenen) ~sen stammen** être d'origine modeste (od. humble od. d'humble origine); ~**anteil** m quote-part f; 2**mäßig I** adj. relatif, -ive; (proportional) proportionnel, -elle; **II** adv. relativement; (proportional) proportionnellement; toute proportion gardée; ~**mäßigkeit** f proportionnalité f; ~**wahl** f vote m (od. scrutin m) proportionnel; 2**widrig** adj. disproportionné (zu à); ~**wort** gr. n préposition f; ~**zahl** f nombre m proportionnel.

Ver|haltungs|maßregel f instruction f; directive f; ~**sweise** f conduite f à tenir (im Falle gén. od. von en cas de).

ver|hand|eln v/i.: **mit j-m über etw. ~** négocier (od. traiter) qch. avec q.; **mit j-m über den Frieden ~** négocier la paix (od. traiter les accords de paix od. dipl. traiter la paix) avec q.; **mit j-m über ein Abkommen ~** négocier (od. traiter) une convention avec q.; allg. discuter (acc.); (lebhaft erörtern) débattre (acc.); ½ **gerichtlich ~** procéder par-devant un tribunal (gegen contre); 2**lung** f négociation f; discussion f; débats m/pl. (a. ½); pourparlers m/pl.; (Konferenz) conférence f; **langwierige ~en** négociations f/pl. laborieuses; **in ~en eintreten** entamer des négociations; **die ~en abbrechen (wiederaufnehmen)** rompre (reprendre od. renouer) les négociations; ~**en führen** mener des négociations; ~**lungsbereit** adj. prêt à négocier; 2**lungsbericht** m compte m rendu (des débats); 2**lungsbevollmächtigte(r)** m mandataire m ayant le pouvoir de négocier; 2**lungsgegenstand** m sujet m des négociations; 2**lungs-paket** fig. n dossier m; 2**lungs-partner** m partie f; (Unterhändler) négociateur m; ~**lungsraum** m salle f des débats; 2**lungsrunde** f tour m de table; 2**lungssprache** f langue f de travail; 2**lungs-tisch** m (Konferenztisch) table f de conférence; **j-n an den ~ ziehen** entraîner q. à la table des négociations; ~**lungs-unfähig** adj. inapte à suivre les débats; 2**lungsweg** m: **auf dem ~e** par la voie des négociations.

ver|hängen v/t. Fenster: masquer; boucher; (mit de); (verfügen) décréter; (auferlegen) imposer; **über j-n etw. ~** décréter qch. contre q.; **den Belagerungszustand ~** décréter (od. proclamer) l'état de siège; **e-e Strafe über j-n ~** infliger une peine à q.; **die Todesstrafe über j-n ~** condamner q. à mort; **mit verhängtem Zügel** à bride abattue.

Ver|hängnis n sort m fatal; fatalité f; malheur m; **das war sein ~** ça a été fatal pour lui; 2**voll** adj. fatal; (unheilvoll) funeste.

ver|harmlosen v/t. minimiser; édulcorer.

ver|härmt adj. consumé de chagrin; marqué par le chagrin.

ver|harren I v/i.: bei, auf, in etw. (dat.) **~** persister (od. persévérer) dans qch.; **im Schweigen ~** garder le silence; **II** 2 **n** persistance f; persévérance f.

ver|harsch|en v/i. Schnee: durcir; ~**t** adj. croûteux, -euse; tôlé; 2**ung** f des Schnees: durcissement m.

ver|härt|en 1. v/i. (se) durcir; ✗ s'indurer; **2.** v/t. (v/rf.: sich se) durcir; ✗ indurer; **den Leib ~** constiper; fig. (sich s')endurcir; **die Fronten haben sich ~et** les positions se sont durcies; 2**ung** f a. pol. durcissement m; pol. raidissement m; ✗ induration f; (Schwiele) durillon m; cal m; callosité f; fig. endurcissement m.

ver|harzen v/t. (v/i. se) résinifier.

ver|haspeln v/rf.: **sich ~** s'embrouiller; F cafouiller; s'empêtrer; *vasouiller; F **se prendre les pieds dans une phrase**.

ver|haßt adj. odieux, -euse; détesté; **sich bei j-m ~ machen** se rendre odieux, -euse à q.; **se faire 'hair de q.; er ist mir ~** je le déteste; **das ist mir ~** j'ai cela en horreur.

ver|hätschel|n v/t. dorloter; choyer; bichonner; F bouchonner; câliner; gâter; 2**ung** f dorlotement m; bichonnage m.

Ver|hau ✗ m od. n abattis m; (Draht 2) réseau m de barbelés.

ver|hauen F **1.** v/t. (verprügeln) rouer de coups; rosser; P tabasser; F Prüfung, Arbeit: ne pas réussir; rater; F

louper; *attraper une bulle; j-n tüchtig ~ rosser q. d'importance; 2. v/rf.: sich ~ im Reden: s'embrouiller.
ver'heben v/rf.: sich ~ se donner un tour de reins.
ver'heddern F v/rf.: sich ~ s'embrouiller.
ver'heer|en v/t. ravager; dévaster; (zerstören) détruire; ~end adj. dévastateur, -trice; (zerstörerisch) destructeur, -trice; (schrecklich) affreux, -euse; 2ung f ravage m; dévastation f; (Zerstörung) destruction f; ~en anrichten faire des ravages.
ver'hehl|en v/t. dissimuler; cacher (etw. vor j-m qch. à q.); 2ung f dissimulation f.
ver'heilen v/i. Wunden: se fermer; (vernarben) se cicatriser.
ver'heimlich|en v/t. tenir secret, -ète; cacher (etw. vor j-m qch. à q.); (verschweigen) taire; (nicht merken lassen) dissimuler; 2ung f dissimulation f.
ver'heirat|en 1. v/t. marier (mit à od. avec); 2. v/rf.: sich ~ se marier (mit avec); sich wieder ~ se remarier; ~et adj. marié; F fig. ich bin ja nicht mit ihm ~ je ne suis pas marié avec lui; 2ung f mariage m.
ver'heiß|en v/t. promettre; 2ung f promesse f; bibl. das Land der ~ la Terre promise; ~ungsvoll adj. plein de promesses; prometteur, -euse.
ver'helfen v/i.: j-m zu etw. ~ aider q. à obtenir qch.; j-m zu seinem Recht ~ rendre justice à q.
ver'herrlich|en v/t. glorifier; 2ung f glorification f.
ver'hetz|en v/t. exciter (gegen contre); 2ung f excitation f.
ver'heuer|n ⚓ v/t. fréter; 2n n, 2ung f frètement m.
ver'hex|en v/t. ensorceler; jeter un sort sur; ~t adj. ensorcelé; fig. das ist wie ~ il faut qu'il y ait un sort; on dirait que le diable s'en mêle; 2ung f ensorcellement m.
ver'himmeln v/t. F porter aux nues; adorer.
ver'hinder|n v/t. empêcher; Unglück: prévenir; ~t adj. empêché; 2ung f empêchement m; im Falle der ~ en cas d'empêchement.
ver'hohlen adj. dissimulé; sournois.
ver'|höhnen, F ~'hohnepipeln v/t. railler; bafouer; se moquer (de); persifler; Vernunft: insulter (à); ~'hohnepipeln F adj. F courtelinesque; 2'höhnung f raillerie f; moquerie f; persiflage m.
ver'hökern F v/t. brader; F bazarder.
ver'holen ⚓ I v/t. Schiff: touer; II 2 n touage m.
Ver'hör m des Angeklagten: interrogatoire m; der Zeugen: audition f; j-n ins ~ nehmen = 2en v/t.: j-n Angeklagten: interroger q., faire subir un interrogatoire à q., Zeugen: procéder à l'audition de q.; 2. v/rf.: sich ~ entendre de travers; (mißverstehen) ne pas saisir.
ver'hüllen v/t. (verschleiern) voiler; (verbergen) cacher; in verhüllten Worten à mots couverts.
ver'hundertfachen v/t. (v/rf.: sich se) centupler.

ver'hungern v/i. mourir de faim; verhungert aussehen avoir l'air affamé; j-n ~ lassen laisser q. mourir de faim.
ver'hunz|en F v/t. F massacrer; F bousiller; gâter; F louper; Text, Musikstück: estropier; Sprache: écorcher; 2ung F f F massacre m.
ver'hüt|en v/t. empêcher; Unglück: prévenir; das verhüte Gott! à Dieu ne plaise!; ~d adj. (vorbeugend) préventif, -ive, ✚ prophylactique.
ver'hütt|en v/t. Erze: fondre; 2en n, 2ung f fonte f.
Ver'hütung f empêchement m; (Vorbeugung) prévention f, ✚ prophylaxie f; ~smaßnahme f mesure f préventive; ~smittel n contraceptif m.
ver'hutzelt adj. ratatiné.
verifi'zier|en v/t. vérifier; 2en n, 2ung f vérification f.
Ver'innerlichung rl. f: echte ~ toute intériorité f.
ver'irr|en v/rf.: sich ~ s'égarer; se fourvoyer; se perdre; ~t adj. égaré; ~es Schaf brebis f égarée; ~e Kugel balle f perdue; 2te(r) fig. m dévoyé m; 2ung fig. f égarement m; aberration f; erreur f.
ver'jag|en v/t. chasser; expulser; 2en n, 2ung f expulsion f.
ver'jähr|bar adj. prescriptible; 2barkeit f prescriptibilité f; ~en v/i. se prescrire; Geldschuld (verfallen) venir à échéance; ~t adj. suranné; ✝ prescrit; 2ung f prescription f; 2ungsfrist f délai m de la prescription.
ver'jubeln v/t. dissiper; gaspiller; gâcher; dilapider.
ver'jüng|en v/t. (v/rf.: sich se) rajeunir; Maß: réduire; im verjüngten Maßstab en petit; en raccourci; (sich se) diminuer; v/rf. sich ~ Straße: se rétrécir; 2ung f rajeunissement m; e-s Maßes: réduction f; ▲ diminution f; 2ungskur f cure f de rajeunissement.
ver'juxen v/t. dissiper; gaspiller; gâcher; dilapider.
ver'kabel|n ⚡ v/t. mettre en câble; 2ung ⚡ f mise f en câble; e-r Stadt: câblage m.
ver'kalk|en 1. v/t. (in Kalk verwandeln) calciner; 2. v/i. (in Kalk verwandelt werden) se calciner; ✚ se calcifier; se scléroser; fig. (altern) se ramollir; ~t adj. ✚ sclérosé, -euse; u. fig. sclérosé; fig. ~ sein n'avoir plus sa tête; être gâteux; 2ung f ✚ calcination f; physiol. calcification f; ✚ sclérose f.
verkalku'lieren v/rf.: sich ~ se tromper dans son calcul (a. fig.).
ver'kannt adj. méconnu.
ver'kappt adj. déguisé; camouflé; larvé.
ver'kapsel|n 1. v/t. Flaschen: capsuler; 2. v/rf.: sich ~ ✚ s'enkyster; 2ung f v. Flaschen: capsulage m; ✚ enkystement m.
ver'karsten géol. v/i. prendre un relief karstique; devenir rocheux, -euse (od. stérile).
ver'käs|en v/i. caséifier; 2ung f caséification f.
ver'katert F adj. qui a mal aux cheveux; qui a la gueule de bois.
Ver'kauf m vente f; (Absatz) débit m;

placement m; ~ mit Verlust vente f à perte; ~ zu überhöhten Preisen survente f; zum ~ anbieten offrir; vendre; zum ~ stellen exposer; mettre en vente; 2en v/t. (v/rf.: sich se) vendre; placer; zu ~ à vendre; sich leicht (schwer) ~ se vendre facilement (difficilement); billig ~ vendre bon marché; teuer ~ vendre cher; sein Leben teuer ~ vendre chèrement sa vie; bar (auf Kredit; auf Termin; in Bausch und Bogen; mit Gewinn; mit Verlust; nach Gewicht; zu jedem Preis; zum Selbstkostenpreis) ~ vendre au comptant (à crédit; à terme; en bloc; avec profit; à perte; au poids; à tout prix; au prix coûtant); im kleinen ~ vendre au détail; détailler; im großen ~ vendre en gros; verraten und verkauft perdu.
Ver'käufer(in) m vendeur m, -euse f; in Warenhäusern a.: demoiselle f de magasin; 2lich adj. à vendre; vendable; gut ~ à forte rotation; leicht ~ de bonne vente; de vente facile; facile à vendre; schwer ~ de vente difficile; difficile à vendre.
Ver'kaufs|abteilung f service m de vente; ~angebot n offre f de vente; ~auftrag m ordre m de vente; ~ausstellung f exposition-vente f; ~automat m distributeur m automatique; ~bedingung f condition f de vente; ~büro n bureau m de vente; ~erlös m produit m de vente; ~förderer m animateur m de ventes; ~kontrolle f contrôle m de vente; ~kurve f courbe f de vente; ~leiter m chef m de vente; ~möglichkeit f possibilité f de vente; ~organisation f organisation f de vente; ~plan m plan m de vente; ~preis m prix m de vente; ~raum m salle f de vente; ~recht n droit m de vente; ~schlager m article m choc; best-seller m; ~stand m Ausstellung: stand m; Campingplatz: boutique f; Orient: bazar m; ~steigerung f promotion-vente f; ~stelle f débit m de vente; als Vertretung: point m de vente; ~ und Einkaufsgenossenschaft f coopérative f d'achat et de vente; ~urkunde f acte m de vente; ~verbot n interdiction f de vente; ~vertrag m contrat m de vente; ~werbung f publicité f de vente; ~wert m valeur f de vente; ~ziffern f/pl. chiffres m/pl. de vente.
Ver'kehr m circulation f; trafic m; (bsd. Auto2) évolutions f/pl.; Beförderung, Transport: transports m/pl.; 🚂 u. 🚢 service m; (Geschäfts2) mouvement m d'affaires; transactions f/pl.; (Handels2) échanges m/pl. commerciaux; trafic m commercial; (Schrift2) correspondance f; (Hin- u. Her) va-et-vient m; (Umgang, Beziehungen) relations f/pl.; rapports m/pl.; (Geschlechts2) rapports m/pl. sexuels, (Akt) coït m; ehelichen ~ relations f/pl. conjugales; mit j-m in ~ stehen être en ~ (od. avoir des) relations avec q., litt. avoir commerce avec q., frayer avec q., fréquenter q., brieflich: correspondre avec q.; keinen ~ haben (od. pflegen) ne voir personne; öffentlicher ~ circulation f sur la voie publique; dem ~ übergeben ouvrir (od. livrer) à la circulation; für den ~ gesperrt fermé à la circulation; aus

dem ~ ziehen *Wagen*: retirer de la circulation, du service, *Geld*: retirer de la circulation; ⓁEn 1. *v/i.* aller et venir; 🚋 *u.* 🚌 circuler, *regelmäßig*: desservir (*nach etw. qch.*); *in e-m Hause* ~ fréquenter une maison; *mit j-m* ~ fréquenter q., frayer avec q., être en (*od.* avoir des) relations avec q., *litt.* avoir commerce avec q., *brieflich*: correspondre avec q.; *mit niemandem* ~ ne voir personne; 2. *v/t. fig. Trauer in Freude*: transformer (*in en*); 3. *v/rf.*: *sich ins Gegenteil* ~ se transformer en son contraire.

ver'**kehrs-abhängig** *adj.*: ~*e Signalisierung* commande *f* adaptative des feux de signalisation.

Ver'**kehrs**|**abwicklung** *f* écoulement *m* (*od.* déroulement *m*) de trafic; ~**ader** *f* artère *f*; ~**ampel** *f* feux *m/pl.* de signalisation; F feu *m* tricolore; F feux *m/pl.*; ~**amt** *m* syndicat *m* d'initiative; office *m* de tourisme; ~**andrang** *m* affluence *f* du trafic; Ⓛarm *adj.*: ~*e Zeit* période *f* creuse; ~**bedingung** *f* condition *f* de circulation; ~**delikt** *n* infraction *f* au code de la route; ~**dichte** *f* densité *f* du trafic; ~**durchsage** *f* für *Autofahrer*: message *m* routier; ~**entlastung** *f* délestage *m*; désembouteillage *m*; ~**erhebung** *f* enquête *f* de la circulation; ~**erziehung** *f* → ~*unterricht*; ~**flieger** *m* pilote *m* de ligne; ~**flucht** *f* délit *m* de fuite; ~**flugzeug** *n* avion *m* de ligne, avion *m* commercial; ~**fluß** *m* der *Busse, Flugzeuge usw.*: rotation *f*, *allg.* écoulement *m*; fluidité *f* de la circulation; ~**gesetz** *n* loi *f* sur la circulation routière; ~**gewerbe** *n* transports *m/pl.*; ~**hindernis** *n* obstacle *m* (sur la route); ~**insel** *f* refuge *m*; ~**knotenpunkt** *m* carrefour *m*; nœud *m* de voies de communications; *bsd. Auto*: échangeur *m*; ~**kontrolle** *f* contrôle *m* de la circulation; ~**kreuz** (*Auto*) *n* échangeur *m*; ~**linie** *f* voie *f* de communication; ~**minister** *m* ministre *m* des transports; ~**ministerium** *n* ministère *m* des transports; ~**mittel** *n* moyen *m* de communication (*od.* de transport); *öffentliche* ~ *pl.* transports *m/pl.* en commun; ~**netz** *n* réseau *m* de communications; ~**ordnung** *f* code *m* de la route; ~**polizei** *f* police *f* de la route; ~**polizeiwagen** *m* voiture-piège *f*; voiture *f* banalisée; ~**polizist** *m*, ~**posten** *m* agent *m* de circulation; *piéton m; ~**regel** *f* règle *f* de la circulation; ~*n pl. a.* code *m* de la route; ~**regelung** *f* réglementation *f* de la circulation (*od.* du trafic); Ⓛreich *adj. Straße*: très fréquenté; très animé; très utilisé; à grande affluence (*od.* circulation); très passant; de grosse circulation; ~*e Zeit* heures *f/pl.* de pointe (*od.* de trafic intense); ~**rowdy** *m* chauffard *m* (*bzw.* motard *m*) sans scrupules; ~**schild** *n* panneau *m* routier (*od.* indicateur *m*); Ⓛschwach *adj.* peu fréquenté; peu animé; ~*e Zeit* heures *f/pl.* creuses (*od.* de faible trafic); ~**sicherheit** *f* sécurité *f* de la circulation; ~**sperre** *f* supension *f*, arrêt *m* de la circulation; ~**spitze** *f* pointe *f* du trafic, heures *f/pl.* de pointe; ~**sprache** *f* langue *f* véhiculaire; Ⓛ-

stark *adj.*: ~*e Zeit* heure *f* de pointe; heure *f* d'affluence; période *f* de pointe; période *f* de fort trafic; ~**stau** *m*, ~**stauung** *f*, ~**stockung** *f* F bouchon *m*; encombrement *m*, embouteillage *m*; congestion *f*; embarras *m* (*od.* enchevêtrement *m*) de trafic; ~**störung** *f* interruption *f* du trafic; ~**straße** *f* artère *f* centrale; ~**strom** flot *m* (*od.* courant *m*) de trafic; ~**sünder** *m* délinquant *m* de la route; chauffard *m*; conducteur *m* en infraction; ~**sünderkartei** *f* fichier *m* des délinquants de la route (*od.* du code de la route); ~**tafel** *f* panneau *m* (de signalisation routière); ~**teilnehmer** *m* usager *m* de la route; ~**tote**(**r** *a. m*) *m*, *f* victime *f* de la route; ~**turm** *m* tour(elle) *f* de signalisation; ~**überwachung** *f* surveillance *f* de la circulation; ~**unfall** *m* accident *m* de la route; ~**unfallverhütung** *f* prévention *f* routière; ~**unternehmen** *n* entreprise *f* de transports; ~**unterricht** *m* enseignement *m* du code de la route (*od.* des règles de circulation routière); instruction *f* en matière de circulation; ~**verbindung** *f* communication *f*; ~**verein** *m* syndicat *m* d'initiative; ~**verhältnisse** *n/pl.* conditions *f/pl.* de circulation; ~**verletzte** *m/pl.* blessés *m/pl.* de la route; ~**vorschriften** *f/pl.* code *m* de la route; ~**weg** *m* voie *f* de communication; ~**werbung** *f* publicité *f* pour le tourisme; ~**wert** *m* valeur *f* courante; ~**wesen** *n* transports *m/pl.*; ~**zählung** *f* comptage *m* (*od.* dénombrement *m*) du trafic (*od.* de la circulation); pointage *m*; ~**zeichen** *n* signal *m* (de circulation); ~**zentrale** *f* centre *m* de synchronisation des signaux lumineux.

ver'**kehrt** *adj. u. adv.* à l'envers; retourné; (*falsch*) faux, fausse; (*unsinnig*) absurde; (*sinnwidrig*) à contresens; *die* ~*e* (*linke*) *Seite* à l'envers *m*; *die* ~*e Welt* le monde renversé (*od.* à l'envers); *an* ~*er Stelle* déplacé; *e-n* ~*en Weg einschlagen* se tromper de route; *etw.* ~ *auffassen* comprendre qch. de travers *od.* à l'envers; *etw.* ~ *machen* faire qch. de travers *od.* à l'envers; *etw.* ~ *anfangen* s'y prendre de travers; ~ *anziehen* mettre à l'envers; Ⓛheit *f* travers *m* (d'esprit); absurdité *f*.

ver'**keilen** *v/t.* ⊕ caler; claveter; F (*verprügeln*) rouer de coups; rosser.

ver'**kennen** *v/t.* méconnaître; Ⓛen *n*, Ⓛung *f* méconnaissance *f*.

ver'**kett**|**en** *v/t.* (*v/rf.*: *sich s'*)enchaîner; Ⓛung *f* enchaînement *m*.

ver'**ketzer**|**n** *fig. v/t.* diffamer; Ⓛung *fig. f* diffamation *f*.

ver'**kitt**|**en** *v/t.* mastiquer; Ⓛen *n*, Ⓛung *f* masticage *m*.

ver'**klag**|**en** *v/t.*: *j-n* ~ porter plainte contre q.; intenter une action contre q. (*od.* en justice); *j-n wegen e-r Schuld* ~ poursuivre q. pour dettes; Ⓛte(**r** *a. m*) *m*, *f* défendeur *m*, *-eresse f*; accusé *m*, *-e f*.

ver'**klammern** *v/t.* cramponner.

ver'**klär**|**en** *v/t.* (*v/rf.*: *sich se*) transfigurer; ~**t** *adj.* transfiguré; (*strahlend*) radieux, -euse; Ⓛung *f* transfiguration *f*.

ver'**klausu**'**lier**|**en** *v/t.* restreindre par des clauses; (*unverständlich machen*) formuler de façon incompréhensible; Ⓛung *f* restriction *f* par des clauses.

ver'**kleben** *v/t.* coller; *chir.* agglutiner.

ver'**kleid**|**en** *v/t. u. v/rf.* (*sich se*) déguiser (*als en*); (*kostümieren*) (*sich se*) travestir (*als Frau en femme*); (se) costumer; ⊕ (*verdecken*) revêtir (*mit de*); couvrir (*de*); *innen*: doubler; garnir; (*täfeln*) lambrisser; ⚒ *Schacht*: cuveler; Ⓛung *f* déguisement *m*; (*Kostümierung*) travestissement *m*; (*Kostüm*) travesti *m*; costume *m*; ⊕ revêtement *m*; *innere*: doublure *f*; garniture *f*; (*Täfelung*) lambrissage *m*; ⚒ *des Schachtes*: cuvelage *m*; *an e-m Fenster- od. Türrahmen*: chambranle *m*.

ver'**kleiner**|**n** *v/t. u. v/rf.* (*sich se*) (*verringern*) diminuer; amoindrir; *arith.* réduire; *Ruf*: dénigrer; *Verdienst*: rabaisser; *Wert*: déprécier; Ⓛung *f* rapetissement *m*; (*Verringerung*) diminution *f*; amoindrissement *m*; *arith.* réduction *f*; *fig.* dénigrement *m*; dépréciation *f*; *des Verdienstes*: rabaissement *m*; Ⓛungsmaßstab *m* échelle *f* de réduction; Ⓛungssilbe *f* syllabe *f* diminutive; Ⓛungswort *gr. n* diminutif *m*.

ver'**kleistern** *v/t.* coller.

ver'**klemmt** *psych. adj.* refoulé; complexé; Ⓛheit *psych. f* refoulement *m*.

ver'**klingen** *v/i.* se perdre; expirer; s'évanouir; se dissiper; mourir.

ver'**kloppen** F *v/t.* (*verprügeln*) rouer de coups; rosser; (*verkaufen*) F bazarder.

ver'**knacken** F *v/t.*: *j-n zu drei Monaten Gefängnis* ~ P coller trois mois de prison à q.

ver'**knall**|**en** F *v/rf.*: *sich in j-n* ~ s'amouracher (*od.* s'enticher *od.* se toquer *od.* s'engouer) de q.; F avoir le coup de foudre pour q.; ~**t** *adj.*: *in j-n* ~ *sein* aimer q. à la folie; P être chipé pour q.; être entiché *od.* amoureux fou *od.* toqué *od.* engoué *od.* fou, folle) de q.; raffoler de q., F avoir un béguin pour q.

ver'**knapp**|**en** *v/i.* devenir rare; Ⓛung *f* pénurie *f* (*an dat. de*); raréfaction *f*.

ver'**kneifen** *v/t.* réprimer; retenir; *sich etw. Gutes* (*od. fig. sich ein Vergnügen*) ~ bouder contre son ventre; *sich nicht* ~ *können zu* ... (*inf.*) ne pouvoir s'empêcher de *od.* se retenir de ... (*inf.*); *es sich kaum* ~ *können* réprimer difficilement l'envie (de + *inf.*); F *sich etw.* ~ *müssen* (*auf etw. verzichten müssen*) devoir renoncer à qch.; *abs.* devoir se mettre la ceinture.

ver'**knöcher**|**n** 1. *v/t.* ossifier; 2. *v/i. fig.* s'encroûter; se ramollir; ~**t** *fig. adj.* encroûté; Ⓛung *f* ossification *f*; *fig.* encroûtement *m*.

ver'**knorpeln** *v/i.* devenir cartilagineux, -euse.

ver'**knoten** *v/t.* nouer.

ver'**knüpfen** *v/t.* nouer; (*verbinden*) lier (*mit à*), joindre (à); (*kombinieren*) combiner (avec); (*verketten*) enchaîner; *mit Schwierigkeiten verknüpft sein*

Verknüpfung — verlaufen

présenter des difficultés; ⁀ung f liaison f; jonction f; (ré)union f; combinaison f; (Verkettung) enchaînement m; suite f.
ver'knusen F v/t.: j-n nicht ~ können ne pouvoir sentir (od. supporter, P blairer) q.; F ne pas pouvoir encaisser q.
ver'kochen v/t. (zu lange kochen) faire cuire trop longtemps; (beim Kochen verbrauchen) consommer par la cuisson.
ver'kohl|en 1. v/t. carboniser; réduire en charbon; F fig. j-n ~ F se payer la tête de q.; 2. v/i. se carboniser; se réduire en charbon; ~t adj. Leiche: calciné; ⁀ung f carbonisation f.
ver'kok|en v/t. cokéfier; ⁀ung f cokéfaction f.
ver'kommen¹ v/i. Garten, Besitz: être laissé à l'abandon; Gebäude: se délabrer; Lebensmittel: se gâter; fig. Person: tomber dans la déchéance; dégénérer; tomber bien bas.
ver'kommen² adj. Garten, Besitz: laissé à l'abandon; Gebäude: délabré; Lebensmittel: gâté; fig. Person: déchu; (entartet) dégénéré; dépravé; démoralisé; bsd. junger Mensch: dévoyé; ⁀heit f dépravation f; démoralisation f.
ver'koppeln v/t. (verbinden) accoupler.
ver'korken v/t. boucher.
ver'korks|en F v/t. gâcher; gâter; ⊦ bousiller; sich den Magen ~ se donner une indigestion; ~t F adj. Angelegenheit: raté; F à la manque.
ver'körper|n v/t. personnifier (in dat. en); incarner (en); ⁀ung f personnification f; incarnation f.
ver'krach|en F v/rf.: sich mit j-m ~ se brouiller avec q.; se mettre q. à dos; ~t adj. ~e Existenz raté m.
ver'kraften F fig. v/t. F digérer; supporter; endurer.
ver'kramen v/t. égarer.
ver'krampft adj. crispé; (unnatürlich) peu naturel, -elle; (gezwungen) contraint.
ver'kriechen v/rf.: sich ~ se fourrer, se terrer (in acc. dans); (sich verstekken) éviter (vor j-m q.); se cacher (vor j-m pour ne pas être vu par q.).
ver'krümeln F v/rf.: sich ~ Erbe: s'émietter; Schlüssel: s'égarer; Person: F s'éclipser; filer à l'anglaise; partir sans tambour ni trompette.
ver'krümm|en 1. v/t. déformer; 2. v/rf.: sich ~ se déformer, Wirbelsäule: dévier; ⁀ung f déformation f; der Wirbelsäule: déviation f.
ver'krüppel|n v/t. estropier; ~t adj. estropié; ⁀te(r a. m) m, f estropié m, -e f.
ver'krust|en 1. v/t. incruster; 2. v/i. u. v/rf.: sich ~ s'incruster; ⁀ung f incrustation f.
ver'kühlen F v/rf.: sich ~ prendre froid; se refroidir; s'enrhumer; attraper un rhume; attraper un chaud et froid.
ver'kümmer|n v/i. se rabougrir, s'étioler (beide a. fig.); aus Mangel an Nahrung: s'atrophier (a. fig.); (dahinsiechen) dépérir; languir; ~t adj. rabougri; étiolé; atrophié; ⁀ung f rabougrissement m, étiolement m (beide a. fig.); aus Mangel an Nah-

rung: atrophie f (a. fig.); (Dahinsiechen) dépérissement m.
ver'künd|en ⁂ v/t. Urteil: prononcer; ~igen v/t. annoncer; faire savoir; (veröffentlichen) publier; (ausrufen) proclamer; (predigen) prêcher; (weissagen) présager; Urteil: prononcer; Gesetze: promulguer; ⁀igung f annonce f; (Veröffentlichung) publication f; (Ausrufung) proclamation f; (Weissagung) prédiction f; rl. Mariä Verkündigung Annonciation f (a. das Fest); ⁀ung ⁂ f e-s Urteils: prononcé m; prononciation f; v. Gesetzen: promulgation f.
ver'kupfern ⊕ I v/t. cuivrer; II ⁀ n cuivrage m.
ver'kuppel|n v/t. Tiere: accoupler; fig. j-n ~ faire l'entremetteuse; péj. ein Mädchen mit e-m reichen Alten ~ F pousser une jeune fille dans les bras d'un riche vieillard; pfort prostituer une jeune fille à un riche vieillard; ⁀ung f Tiere: accouplement m; iron. a. Menschen: accouplement m; péj. prostitution f.
ver'kürz|en v/t. u. v/rf. (sich se) raccourcir; écourter (a. Ferien); (abkürzen) abréger (a. Zeit); (vermindern) diminuer; réduire (a. Zeit); j-m die Zeit ~ faire passer le temps à q.; sich die Zeit ~ s'amuser; se divertir; tuer le temps; ⁀ung f raccourcissement m; (Abkürzung) abréviation f; (Verminderung) diminution f; réduction f.
ver'lachen v/t. (se) rire de; se moquer de.
Ver'lade|anlage f installation f de chargement (bsd. ⚓ d'embarquement); ~bahnhof m gare f de chargement (bsd. ⚓ d'embarquement); ~brücke f pont m de chargement (bsd. ⚓ d'embarquement); ~kran m grue f de chargement (bsd. ⚓ d'embarquement).
ver'laden I v/t. charger; bsd. ⚓ embarquer; II ⁀ n chargement m; bsd. ⚓ embarquement m.
Ver'lade|platz m embarcadère m; ~rampe f rampe f (od. quai m) de chargement (bsd. ⚓ d'embarquement); ~rinne f goulotte f (od. canal m) de chargement; ~stelle f station f de chargement (bsd. ⚓ d'embarquement).
Ver'ladung f chargement m; bsd. ⚓ embarquement m; ~skosten pl. frais m/pl. de chargement (bsd. ⚓ d'embarquement); ~spapiere n/pl. documents m/pl. de chargement (bsd. ⚓ d'embarquement); ~sschein m feuille f de chargement; ⚓ connaissement m.
Ver'lag m maison f d'édition; maison f d'éditeur (od. éditrice); in ~ nehmen éditer; im ~ ... erscheinen paraître chez ...
ver'lager|n 1. v/t. déplacer; (transportieren) transporter; (überführen) transférer; (evakuieren) évacuer; 2. v/rf.: sich ~ se déplacer (a. fig.); ⁀ung f déplacement m; (Transport) transport m; (Überführung) transfert m; (Evakuierung) évacuation f.
Ver'lags|anstalt f maison f d'édition; ~autoren m/pl. auteurs-maison m/pl.; ~buchhändler m libraire-éditeur m; ~buchhandlung f librairie f d'édition; ~haus n → ~an-

stalt; ~katalog m catalogue m des livres de fonds; ~kosten pl. frais m/pl. de publication; ~land n pays m éditeur; ~recht n droit m de publication; ~werk n ouvrage m de fonds.
ver'langen I 1. v/t. demander; requérir; (wollen) vouloir; (fordern) exiger; Recht: réclamer; revendiquer; was ist für das Buch? combien voulez-vous (od. demandez-vous) pour ce livre?; Sie werden am Telefon verlangt on vous demande (od. appelle) au téléphone; 2. v/i. u. v/imp.: nach etw. ~ désirer vivement qch.; avoir grande envie de qch.; es verlangt ihn, sie zu sehen il a grande envie (od. il lui tarde) de la voir; II ⁀ n (Forderung) demande f; exigence f; (Sehnsucht) désir m; e-s Rechtes: réclamation f; auf ~ sur demande; auf allgemeines ~ à la demande générale; etw. auf j-s ~ tun faire qch. à (od. sur) la demande de q.; nach etw. ~ haben (od. hegen od. tragen) demander qch., sehnsüchtig: désirer qch., être animé du désir de q., kein ~ haben, zu ... (inf.) ne pas avoir envie de ... (inf.).
ver'länger|n v/t. (v/rf.: sich s'allonger; (se) rallonger; (se) prolonger (a. zeitlich); nur zeitlich: (se) proroger; ⁀ung f allongement m; prolongement m; zeitliche: prolongation f; prorogation f; des Studiums: allongement m; (Weiterführung) e-s Vertrages: reconduction f; (~sstück) rallonge f; ~ des bezahlten Urlaubs allongement m des congés payés; ⁀ungsschnur f corde f (od. cordon m) d'allongement (od. de prolongement); ⁂ fil m de raccord; ⚡ ligne f (électrique); ⁀ungsstück n rallonge f; ⊤ e-s Wechsels: allonge f.
ver'langsam|en v/t. ralentir; ⁀ung f ralentissement m; décélération f.
ver'läppern F v/t. Geld: gaspiller.
Ver'laß m: es ist kein ~ auf ihn on ne peut pas compter sur lui.
ver'lassen I 1. v/t. quitter; (im Stich lassen) abandonner; délaisser; er verläßt sein Haus gegen neun Uhr il quitte (od. il sort de) sa maison tous les jours vers les neuf heures; 2. v/rf.: sich ~ auf (acc.) compter sur; s'en rapporter à; se fier à; II ⁀ adj. abandonné; délaissé; (allein) tout seul; (nicht mehr bewohnt) inhabité; (verödet) désert; III ⁀ n, ⁀heit f abandon m; délaissement m.
ver'läßlich adj. sûr; sur qui (resp. sur quoi) on peut compter; a. ⊕ fiable; ⁀keit f sûreté f; a. ⊕ fiabilité f.
Ver'laub m: mit ~ avec votre permission; sauf votre respect; ne vous en déplaise.
Ver'lauf m zeitlicher: écoulement m; cours m (a. e-r Angelegenheit, Krankheit); marche f; (Entwicklung) développement m; (Ausgang) dénouement m; e-r Straße, Grenze: tracé m; weiterer ~ suite f; fig. der ~ der Verhandlungen: le scénario des négociations; im ~ (gén.) au cours (de); nach ~ von au bout de; s-n ~ nehmen suivre son cours; e-n normalen ~ nehmen suivre son cours normal; guten (schlimmen) ~ nehmen se développer bien (mal); ⁀en 1. v/i. Wasser: s'écouler; Zeit: a. se passer (a. Angelegenheit); (sich entwickeln) se dé-

velopper; *Grenze:* courir; aller; *Farben:* se fondre; *der Eingriff verläuft gut* l'intervention se passe bien; 2. *v/rf.: sich ~ Menge:* se disperser; *(sich verirren)* s'égarer; se perdre; se tromper de chemin; *sich im Sande ~ Fluß:* se perdre dans le sable, *fig.* finir en queue de poisson, échouer.
ver'laust *adj.* pouilleux, -euse; couvert de poux.
ver'lautbar|en *v/t. u. v/i.* communiquer; *es verlautbart, daß ... on dit (od.* le bruit court) que ...; ℒ**ung** *f* communication *f;* amtliche *~* communiqué *m* officiel.
ver'lauten *v/i. (bekannt werden)* s'ébruiter; *~ lassen* donner à s'entendre; *es verlautet, daß ...* le bruit court que ...; *wie verlautet* à ce qu'on dit; *es verlautet aus sicherer Quelle, daß ...* on apprend de source sûre que ...; *nichts davon ~ lassen* n'en souffler mot; n'en rien laisser transpirer.
ver'leben *v/t.* passer.
ver'lebt *adj. (abgelebt)* usé; consumé; décrépit.
ver'legen¹ I 1. *v/t.* déplacer; *Geschäft, Wohnsitz:* transférer *(an e-e falsche Stelle legen)* égarer; *(verschieben)* remettre *(auf acc.* à); ajourner (à); *Rohre, Leitung:* poser; *Bücher:* publier, éditer; *Handlung:* situer *(in acc., nach* à *resp.* en); *Truppen: (in e-e andere Garnison legen)* faire changer de garnison; 2. *v/rf.: sich ~ auf (acc.) (sich hingeben)* s'adonner à; s'appliquer à, *(s-e Zuflucht nehmen)* recourir *(od.* avoir recours) à; *sich aufs Romanschreiben ~* se lancer dans le roman; II ℒ *n* déplacement *m;* (*Überführen*) transfert *m;* (*Evakuieren*) évacuation *f; v. Büchern:* publication *f;* édition *f; zeitliches:* remise *f,* ajournement *m (auf* à).
ver'legen² *adj. (befangen)* embarrassé; gêné; *(gezwungen)* contraint; *(verwirrt)* confus, perplexe; *~ machen* embarrasser; *um etw. ~ sein* être en peine de qch.; *um Geld (e-e Antwort) ~ sein* être à court d'argent (de riposte); *um e-e Antwort nicht ~ sein* être prompt à la riposte; ℒ**heit** *f* embarras *m;* gêne *f;* (*Gezwungenheit*) contrainte *f;* (*Verwirrung*) confusion *f;* perplexité *f; in ~ bringen* mettre dans l'embarras; embarrasser; *in ~ sein* être embarrassé, *geldlich:* être à court d'argent; *in ~ geraten (od.* kommen) se trouver embarrassé; être pris de court; *in ~ ziehen; j-m aus der ~ helfen* tirer q. d'embarras, tendre la perche à q., F dépanner q.
Ver'legeplan ⊕ *m* répartition *f.*
Ver'leger *m* éditeur *m.*
Ver'legung *f* → *verlegen¹* II.
ver'leiden *v/t.:* j-m etw. *~* dégoûter q. de qch.; *j-m die Freude ~* gâter la joie de q.
Ver'leih *m Autos:* location *f;* (*Film*ℒ) distribution *f* de films; *~ von Büchern* prêt *m* de livres; ℒ**en** *v/t. Geld od. Bücher:* prêter; *Autos:* donner en location; *Film a.:* distribuer; s'occuper de la distribution de films, *(geben)* donner; *(gewähren)* accorder; *Würde:* investir (de); *Amt, Titel usw.:* conférer (de); *Rechte usw.:* concéder; *Preis:* décerner; attribuer; *j-m e-n Orden ~* décorer q.; *j-m*

décoration à q.; ℒ**er(in** *f) m* prêteur *m,* -euse *f; v. Autos:* garagiste *m,f* qui s'occupe de la location de voitures; *Film:* distributeur *m;* ℒ**ung** *f v. Geld od. Büchern:* prêt *m; v. Autos:* location *f; v. Filmen:* distribution *f;* e-r *Würde:* investiture *f;* e-s *Rechtes:* concession *f;* e-s *Preises:* attribution *f;* e-s *Ordens:* remise *f;* univ. e-s *Grades:* collation *f.*
ver'leit|en *v/t.* entraîner (*zu* à); induire (à); provoquer (à); *(verführen)* séduire; ℒ**en** *n,* ℒ**ung** *f* entraînement *m;* provocation *f.*
ver'lernen *v/t.* désapprendre; *(vergessen)* oublier.
ver'les|en 1. *v/t.* donner lecture (etw. de qch.); faire la lecture (de qch.); lire (qch.); *Gemüse:* éplucher; *Erbsen:* trier; *die Namen ~* faire l'appel nominal; 2. *v/rf.: sich ~* se tromper en lisant; ℒ**en** *n,* ℒ**ung** *f* lecture *f; v. Gemüse:* épluchage *m; v. Erbsen:* tri(age) *m; ~ der Namen* appel *m* nominal; ⚖ *nach der Verlesung* après lecture faite.
ver'letz|bar *adj.* vulnérable, (*empfindlich*) susceptible; délicat; ℒ**barkeit** *f* vulnérabilité *f;* (*Empfindlichkeit*) susceptibilité *f;* délicatesse *f;* **~en** *v/t. u. v/rf. (sich* se) blesser (a. fig.); ✠, *psych.* traumatiser; *(beschädigen)* endommager; léser; *(kränken)* 'heurter; froisser; offenser; *zutiefst ~* brûler au fer rouge; *Vertrag, Gesetz:* violer (a. *Luftraum*); enfreindre; *Pflicht, Anstand:* manquer (à); s-e *Amtspflicht ~* prévariquer; *leicht* (*schwer/tödlich*) *~* blesser légèrement (grièvement, mortellement *od.* à mort); **~end** *adj.* blessant; ⚖ attentatoire (à); ℒ**te(r** *a. m) m, f* blessé *m,* -e *f;* ℒ**ung** *f* blessure *f;* ✠, *psych.* traumatisme *m;* ℀ u. ⚖ lésion *f;* (*Beschädigung*) endommagement *m;* (*Kränkung*) froissement *m;* offense *f;* e-s *Vertrages, Gesetzes:* violation *f* (a. *des Luftraumes*); infraction *f* (à); *~ s-r Amtspflichten* prévarication *f;* forfaiture *f.*
ver'leugn|en *v/t. u. v/rf.* renier; *Glauben: a.* abjurer; *(nicht anerkennen)* désavouer; *(Lügen strafen* se) démentir; *sich ~ lassen* faire dire qu'on est absent; ℒ**en** *n,* ℒ**ung** *f* reniement *m;* (*Nichtanerkennung*) désaveu *m.*
ver'leumd|en *v/t.* calomnier; diffamer; dénigrer; décrier; médire (de); ℒ**er(in** *f) m* calomniateur *m,* -trice *f;* diffamateur *m,* -trice *f;* détracteur *m,* -trice *f;* médisant *m,* -e *f;* **~erisch** *adj.* calomniateur, -trice; diffamatoire; détracteur, -trice; médisant; *~e Presse* mauvaise littérature; ℒ**ung** *f* calomnie *f;* diffamation *f;* dénigrement *m;* médisance *f;* ℒ**ungsfeldzug** *m* campagne *f* de calomnie; ℒ**ungsklage** *f* plainte *f* en diffamation.
ver'lieb|en *v/rf.: sich ~ in (acc.)* s'éprendre de; tomber amoureux, -euse de; *sich bis über die Ohren in j-n ~* tomber follement amoureux, -euse de q.; s'engouer de q., **~t** *adj.* amoureux, -euse *(in acc.* de); épris (de); *j-m ~e Augen zuwerfen* faire les yeux doux à q.; *bis über die Ohren in j-n ~ sein* être éperdument amoureux, -euse de q.; ℒ**te(r**

a. m), f amoureux *m,* -euse *f;* ℒ**theit** *f* amour *m;* passion *f.*
ver'lier|en 1. *v/t.* perdre; *nichts zu ~ haben* n'avoir rien à perdre; *die Fassung ~* perdre contenance; se décontenancer; *die Geduld ~* perdre patience; *den Mut ~* perdre courage; *an etw. (dat.) ~* perdre sur; *an Boden ~* perdre du terrain; *aus den Augen ~* perdre de vue; *pol.* 5% *(bei der Wahl) ~* perdre cinq pour cent; reculer de cinq pour cent; 2. *v/rf.: sich ~* se perdre (*in dat. resp. acc.* dans); *(verschwinden)* disparaître, *(sich verwischen)* s'effacer; *Menge:* se disperser; *Farben:* passer; *sich in Einzelheiten ~* se perdre (*od.* se noyer) dans des détails; ℒ**en** *n* perte *f;* (*Verschwinden*) disparition *f;* ℒ**er(in** *f) m* perdant *m,* -e *f;* ein guter (*schlechter*) *~* un beau (mauvais) joueur.
Ver'lies *n* oubliettes *f/pl.*
ver'loben *v/t. (v/rf.: sich* se) fiancer *(mit* à *od.* avec).
ver'lobt *adj.* fiancé; ℒ**e(r** *a. m) m, f* fiancé *m,* -e *f.*
Ver'lobung *f* fiançailles *f/pl.;* e-e *~ aufheben* rompre les fiançailles, *~s-anzeige* faire-part *m* de fiançailles; *~sring m* bague *f* de fiançailles.
ver'lock|en *v/t.* séduire; tenter; **~end** *adj.* séduisant; tentant; alléchant; *etw. ~ ausmalen* faire miroiter qch.; ℒ**ung** *f* séduction *f;* tentation *f.*
ver'logen *adj. Person:* menteur, -euse; *Äußerung:* mensonger, -ère; ℒ**heit** *f* e-r *Person:* penchant *m* au mensonge; e-r *Äußerung:* caractère *m* mensonger.
ver'loren *adj.* perdu; *~es Ei* œuf *m* poché; *bibl. der ~e Sohn* l'enfant *m* prodigue; *~ geben* regarder comme perdu; *ich gebe das Spiel ~* je me tiens pour battu; *auf ~em Posten stehen* défendre une cause perdue; être perdu; *~gehen* *v/i.* se perdre; s'égarer.
ver'los|en *v/t.* mettre en loterie; ℒ**ung** *f* loterie *f;* tombola *f.*
ver'löt|en *v/t.* souder; F e-n *~* boire un coup; ℒ**en** *n,* ℒ**ung** *f* soudage *m;* soudure *f.*
ver'lotter|n *v/i. Person:* tomber bien bas; s'encanailler; *Sache:* être (laissé) à l'abandon; *~t adj. Person:* démoralisé.
Ver'lust *m* perte *f;* ⊕ (*Abgang*) *a.* déperdition *f;* déchet *m;* (*Defizit*) déficit *m;* (*Schaden*) dommage *m; ~ der bürgerlichen Ehrenrechte* perte (*od.* privation) *f* des droits civiques; dégradation *f* civique; *reiner ~* perte *f* nette; *ein schwerer ~* une grosse perte; *mit ~* à perte; *e-n ~ zufügen* (*erleiden; decken; ersetzen*) causer (subir *od.* essuyer; couvrir *od.* combler; réparer) une perte; *~ bringen* entraîner une perte; *~e beibringen* infliger (*od.* faire subir) des pertes; *~e essuyer*) des pertes; *in ~ geraten* s'égarer; *~anzeige* *f* déclaration *f* (*od.* avis *m*) de perte; *~bilanz* *f* bilan *m* déficitaire; ℒ**bringend** *adj.* préjudiciable; *~geschäft* *n* opération *f* à perte; ℒ**ig** *adj.: e-r Sache (gén.) ~ gehen* perdre qch.; être privé de qch.; *j-n e-r Sache (gén.) für ~ erklären* déclarer q. déchu de qch.; *~jahr* ✝ *n* exercice *m* déficitaire; *~konto n* compte *m* des pertes;

Verlustliste — vermuten

~liste ⚔ f liste f (od. état m) des pertes; ~meldung f déclaration f (od. avis m) de perte; ~rechnung f compte m des pertes; 2reich adj. Kampf: sanglant; ~ und Gewinnkonto n (compte m des) profits et pertes m/pl.

ver'machen v/t. léguer; donner (od. laisser) par testament.

Ver'mächtnis n legs m (a. fig.); (Testament) testament m; ein ~ aussetzen faire un legs; ~nehmer m légataire m.

ver'mahlen v/t. Weizen usw.: moudre.

ver'mähl|en 1. v/t. marier (mit à od. avec); 2. v/rf.: sich mit j-m ~ se marier avec q.; épouser q.; ~t adj. marié; die 2en les mariés m/pl.; 2ung f mariage m.

ver'mahn|en v/t. avertir (j-n q.); faire des remontrances (à q.); 2ung f avertissement m; remontrance f.

vermale'deien F v/t. maudire.

ver'männlich|en v/t. masculiniser; viriliser; 2ung f virilisation f.

ver'manschen F v/t. (vermischen) mêler (mit avec).

ver'mark|en v/t. borner; 2ung f bornage m.

ver'markten F a. péj. v/t.: etw. (fig. die Gesellschaft) ~ commercialiser qch. (fig. la société).

ver'masseln F v/t. gâcher; F bousiller; F louper.

ver'mass|en v/t. massifier; 2ung f massification f; nivellement m; soc. tribalisation f.

ver'mauern v/t. murer.

ver'mehr|en 1. v/t. augmenter; accroître; an Zahl: multiplier; (fortpflanzen) propager; 2. v/rf.: sich ~ (s')augmenter; s'accroître; an Zahl: se multiplier; (sich fortpflanzen) se propager; sich rasch und stark ~ pulluler; foisonner; ~t adj.: ~e Auflage édition f augmentée; 2ung f augmentation f; accroissement m; an Zahl: multiplication f; (Fortpflanzung) propagation f; rasche und starke ~ pullulement m; foisonnement m.

ver'meid|bar adj. évitable; ~en v/t. éviter; (fliehen) fuir; (umgehen) éluder; esquiver; ~lich adj. évitable; 2ung f fuite f.

ver'meintlich adj. (angeblich) prétendu; soi-disant.

ver'meng|en v/t.(v/rf.: sich se) mêler (mit avec); (se) mélanger; 2ung f mélange m; a. fig. amalgame m.

ver'menschlich|en v/t. représenter sous une forme humaine; moralisch: humaniser; 2ung f humanisation f; anthropomorphisme m.

Ver'merk m remarque f; note f; den ~ tragen porter la mention; 2en v/t. remarquer; noter; mentionner; im Protokoll ~ (verzeichnen) consigner au procès-verbal; (ins Protokoll aufnehmen) insérer au procès-verbal; übel ~ prendre très mal.

ver'messen¹ 1. v/t. mesurer; métrer; Land: arpenter; Holz: métrer; cuber; 2. v/rf.: sich ~ se tromper en mesurant; fig. sich ~, etw. zu tun avoir l'audace (F le toupet) de faire qch.

ver'messen² adj. (anmaßend) présomptueux, -euse; outrecuidant; 2heit f (Anmaßung) présomption f;
outrecuidance f.

Ver'mess|er m métreur m; arp. arpenteur m; ~ung f mesurage m; métrage m; arp. arpentage m; ~ungs-amt n office m d'arpentage; ~ungs-arbeit f travail m d'arpentage; ~ungs-ingenieur m arpenteur-géomètre m; géomètre m expert diplômé; ~ungskunde f géodésie f; ~ungswesen n arpentage m; géodésie f.

ver'miet|bar adj. qui peut être loué; ~en 1. v/t. louer; bsd. Autos: donner en location; ⚓ fréter; 2. v/rf.: sich ~ s'engager; 2en n, 2ung f a. v. Autos: location f; ⚓ frètement m; 2er(in f) m loueur m, -euse f; ⚓ fréteur m.

ver'minder|n v/t. u. v/rf. (a. sich) diminuer; (sich s')amoindrir; (sich se) réduire; 2ung f diminution f; amoindrissement m; réduction f.

ver'min|en v/t. miner; 2ung ⚔ f minage m.

ver'misch|en v/t. u. v/rf. (sich se) mêler (mit à, avec); (se) mélanger (mit à, avec); Metalle: allier; Rassen: (sich se) croiser; Wein mit Wasser ~ couper le vin (d'eau); ~t adj.: ~e Nachrichten faits m/pl. divers; ~e Schriften mélanges m/pl. littéraires; 2te(s) n variétés f/pl.; 2ung f mélange m; v. Metallen: alliage m; v. Rassen: croisement m.

ver'missen v/t. etw.: ne pas retrouver; (beklagen) regretter; etw. ~ lassen manquer de qch.

ver'mißt adj. disparu; ~ werden avoir disparu; als ~ melden porter disparu (od. manquant); 2e(r a. m) m, f disparu m, -e f; 2enkartei f fichier m des disparitions.

ver'mitt|eln 1. v/t. Anleihe, Geschäft: négocier; Zusammenkunft: ménager; arranger; (beschaffen) procurer; Bild, Eindruck, Vorstellung: donner; Kenntnisse, Wissen: donner; communiquer; transmettre; 2. v/i. servir de médiateur, -trice (bei, in dat. dans; zwischen dat. entre); s'entremettre (bei, in dat. dans); intervenir (bei, in dat. dans); s'interposer (zwischen dat. entre; in dat. dans); ~elnd adj. médiateur, -trice; ~ eingreifen → vermitteln 2.; ~els, ~elst prp. (gén.) au moyen de; moyennant; 2ler(in f) m médiateur m, -trice f; intermédiaire m, f; négociateur m, -trice f; (Schlichter[in]) conciliateur m, -trice f; 2lergebühr ⚓ f commission f; 2lung f médiation f; e-r Anleihe, e-s Geschäfts: négociation f; (Schlichtung) arrangement m; conciliation f; (Verwendung) entremise f; (Einschreiten) intervention f; interposition f; durch j-s ~ par l'entremise de q.; s-e ~ anbieten offrir son entremise; sich der ~ j-s bedienen se servir de l'entremise de q.; ~lungs-ausschuß m comité m de conciliation; 2lungsgeschäft n affaire f de médiation; 2lungsstelle f téléph. f central m téléphonique; in e-m Betrieb: standard m téléphonique; 2lungsversuch m tentative f de conciliation; 2lungsvorschlag m proposition f de conciliation; 2lungswissenschaft f didactique f.

ver'möbeln F v/t. (verprügeln) rouer de coups; rosser.

ver'moder|n v/i. pourrir; se putréfier; se décomposer; 2n n, 2ung f putréfaction f; décomposition f.

ver'möge prp. (gén.) (dank) grâce à; (kraft) en vertu de.

ver'mögen v/t. pouvoir; être capable (de); alles bei j-m ~ pouvoir tout auprès de q.

Ver'mögen n pouvoir m; geistiges: faculté f; capacité f; (Besitz) fortune f; bien m; kein ~ besitzen être sans fortune; ein ~ erwerben (verdienen) acquérir (gagner) une fortune; ~ haben avoir du bien (od. de la fortune).

ver'mögend adj. (wohlhabend) fortuné; riche; aisé; viel ~ puissant; influent.

Ver'mögens|abgabe f prélèvement m sur la fortune; ~abschätzung f évaluation f de la fortune; ~anfall m dévolution f de patrimoine (od. de biens); ~anlage f placement m; investissement m; ~anmeldung f déclaration f de la fortune; ~aufnahme f enregistrement (od. recensement) m de la fortune; ~aufsicht f contrôle m des biens et des fortunes; ~aufstellung f relevé m de fortune; ~beschlagnahme f saisie f des biens; ~bestandteil m élément m de fortune; ~besteuerung f imposition f de la fortune; ~beteiligung soc. f intéressement m des travailleurs aux résultats de l'entreprise; ~bilanz f bilan m de la fortune; 2bildend adj. pancapitaliste; ~bildung f formation f de fortune; réalisation f d'une fortune; soc. capitalisation f ouvrière; formation f d'un capital; pancapitalisme m; ~einziehung f confiscation f de biens; ~erfassung f recensement m des biens; ~erklärung f déclaration f de la fortune; ~lage f état m de fortune, situation f financière; ~masse f masse f des biens; ~nachweis m déclaration f de la fortune; ~schichtung f répartition f de la fortune; ~stand m état m de fortune; ~steuer f impôt m sur la fortune; ~steuergesetz n loi f relative à l'impôt sur la fortune; ~übertragung f cession f de biens; ~umschichtung f déplacement m des fortunes; ~verfall m écroulement m d'une fortune; ~verhältnisse n/pl. situation f de fortune; situation f financière; ~verlust m perte f de fortune; ~verwalter m gérant m de biens; ~verwaltung f gestion f de biens; ~werte m/pl. biens m/pl.; valeurs f/pl. de la fortune; ~zusammenbruch m F déconfiture f; ~zuwachs m accroissement m de la fortune; ~zuwachssteuer f impôt m sur l'accroissement de la fortune.

ver'mottet adj. mité; rongé par les mites.

ver'mumm|en v/t. u. v/rf. (verkleiden) (sich se) déguiser; (sich se) masquer; 2ung F f déguisement m; travesti m.

ver'murks|en F v/t. F bousiller; gâcher; ~t F adj. bousillé; gâché; P à la manque.

ver'mut|en v/t. supposer; présumer; (als bloße Annahme) conjecturer; (ahnen) se douter (de); (argwöhnen) soupçonner; (erwarten) s'attendre (à); alles läßt ~, daß ... tout porte à

croire que ...; tout indique que ...; ~**lich I** adj. présumable; (wahrscheinlich) vraisemblable; probable; ~**er** Erbe héritier m présomptif; **II** adv. sans doute; selon toute apparence; **⁀ung** f supposition f; présomption f; (als bloße Annahme) conjecture f; (Argwohn) soupçon m; bloße ~ pure supposition f; gegen alle ~ contre toute attente; ~**en anstellen** faire (od. former od. se livrer à od. échafauder) des conjectures (über acc. sur); conjecturer (sur).
ver'**nachlässig|en** v/t. négliger; prendre peu de soin (de); **⁀ung** f négligence f.
ver'**nagel|n** v/t. clouer; ~**t** F fig. adj.: wie ~ sein (behämmert) être bouché à l'émeri; (sprachlos) rester bouche bée.
ver'**nähen** v/t. (zunähen) coudre; Garn: employer à coudre.
ver'**narb|en** v/i. se cicatriser; **⁀en** n, **⁀ung** f cicatrisation f.
ver'**narr|en** v/rf.: sich in j-n ~ s'amouracher (od. s'enticher od. se toquer od. s'engouer) de q.; ~**t** adj.: in j-n ~ sein être entiché (od. toqué od. engoué od. fou, folle) de q., F raffoler de q., F avoir un béguin pour q.; **⁀theit** f engouement m.
ver'**nasch|en** v/t. dépenser en friandises; ~**t** adj. friand.
ver'**nebel|n** v/t. camoufler par brouillard artificiel; dissimuler par la fumée; (entourer d'un nuage de fumée; fig. obscurcir; **⁀ung** f camouflage m par brouillard artificiel; fig. obscurcissement m.
ver'**nehm|bar** adj. audible; perceptible (à l'oreille); **⁀barkeit** f audibilité f; ~**en** v/t. (hören) entendre; (erfahren) apprendre; ich habe vernommen j'ai entendu (od. oft plais. ouï) dire; ᚛ᚁ interroger; **⁀en** n: dem ~ nach à ce qu'on dit; ~**lich** adj. Stimme: distinct; clair; ᚛ᚁ f interrogatoire m; v. Zeugen: audition f; ~**ungsfähig** adj. en état de déposer.
ver'**neig|en** v/rf.: sich ~ s'incliner (vor dat. devant); faire la révérence; **⁀ung** f révérence f.
ver'**nein|en** v/t. dire que non; répondre négativement (e-e Frage à une question); (leugnen) nier; (nicht anerkennen) désavouer; gr. mettre à la forme négative; ~**end** adj. négatif, -ive; ~**er** Satz (phrase f) négative f; **⁀ung** f négation f; **⁀ungsfall** m: im ~ en cas de réponse négative.
ver'**nicht|en** v/t. anéantir; réduire à néant; annihiler; (zerstören) détruire; démolir; (ausrotten) exterminer; (zerschmettern) écraser, démanteler, fig. a. foudroyer; rf. sich gegenseitig ~ s'entre-détruire; ~**end** adj. (zerstörend) destructeur, -trice; (ausrottend) exterminateur, -trice; (zerschmetternd) écrasant; Blick: foudroyant; ~ schlagen écraser; **⁀ung** f anéantissement m; annihilation f; (Zerstörung) destruction f; démolition f; (Ausrottung) extermination f; (Zerschmetterung) écrasement m; démantèlement m; **⁀ungsfeuer** ⚔ n tir m d'anéantissement; **⁀ungskrieg** m guerre f destructrice; guerre f d'extermination; **⁀ungslager** n camp m d'extermination; **⁀ungsschlacht** f bataille f d'anéantissement.
ver'**nickel|n** v/t. nickeler; **⁀n** n, **⁀ung** f nickelage m.
ver'**niedlich|en** v/t. minimiser; minorer; édulcorer; simplifier; **⁀ung** f minimisation f.
ver'**niet|en** v/t. river; **⁀en** n, **⁀ung** f rivetage m; rivure f.
Ver'**nunft** f raison f; (Begriffsvermögen) entendement m; (gesunder Menschenverstand) bon sens m; j-n zur ~ bringen mettre q. à la raison; faire entendre raison à q.; wieder zur ~ bringen ramener à la raison; ~ annehmen entendre raison; j-m zur ~ raten conseiller à q. d'être raisonnable; parler raison à (od. avec) q.; wieder ~ annehmen en revenir à la raison; **⁀begabt** adj. doué de raison; ~**ehe** f mariage m de raison.
Vernünfte'**lei** péj. f ratiocination f.
ver'**nünfteln** péj. v/i. ratiociner.
ver'**nunft|gemäß** adj. conforme à la raison; raisonnable; rationnel, -elle; logique; **⁀glaube** m rationalisme m; **⁀gläubige(r)** m rationaliste m; **⁀grund** m motif m raisonnable; **⁀heirat** f → ⁀ehe.
ver'**nünftig** adj. raisonnable; sensé; (gescheit) judicieux, -euse; (folgerichtig) logique; (auf Vernunft gegründet) rationnel, -elle; Kind: sage; réfléchi; ~ reden parler raisonnablement.
ver'**nunft|mäßig** adj. rationnel, -elle; **⁀mäßigkeit** f rationalité f; **⁀mensch** m homme m de raison; **⁀schluß** m syllogisme m; **⁀wesen** n être m raisonnable; ~**widrig** adj. contraire à la raison; déraisonnable; absurde; **⁀widrigkeit** f absurdité f.
ver'**nuten** ⊕ v/t. rainer.
ver'**öd|en 1.** v/t. dévaster; rendre désert; désoler; (entvölkert) dépeupler; **2.** v/i. devenir désert; (sich entvölkern) se dépeupler; **⁀ung** f dévastation f; désolation f; (Entvölkerung) dépeuplement m.
ver'**öffentlich|en** v/t. publier; pol. rendre public; Gesetz: promulguer; **⁀en** n, **⁀ung** f publication f; e-s Gesetzes: promulgation f.
ver'**ordn|en** v/t. ordonner; décréter; ᚛ᚁ ordonner; prescrire; **⁀ung** f ordonnance f; décret m; päpstliche: décrétale f; ᚛ᚁ ordonnance f; prescription f; e-e ~ erlassen rendre une ordonnance (od. un décret); **⁀ungsblatt** n journal m officiel; **⁀ungsweg** m: auf dem ~ par ordonnance; par décret.
ver'**pacht|en** v/t. affermer; donner à bail; **⁀en** n, **⁀ung** f affermage m; location f à bail.
Ver'**pächter(in** f) m bailleur m, -eresse f.
ver'**pack|en** v/t. emballer; empaqueter; **⁀en** n emballage m; empaquetage m; **⁀er(in** f) m emballeur m, -euse f; **⁀ung** f emballage m; conditionnement m; ~ extra emballage en sus; **⁀ungsgewicht** n tare f; **⁀ungskosten** pl. frais m/pl. (od. coût m) d'emballage; **⁀ungsmaterial** n matériel m d'emballage.
ver'**päppeln** F v/t. dorloter; gâter.
ver'**passen** v/t. Zug: manquer; rater; Gelegenheit: a. laisser échapper; j-m e-n Schlag (od. Hieb) ~; F j-m eins ~ administrer (od. donner od. porter) un coup (F un gnon) à q.; F e-n (od. eins) verpaßt kriegen recevoir un coup (F un gnon); F fig. e-e Zigarre verpaßt bekommen F se faire enguirlander; F recevoir son paquet.
ver'**patzen** F v/t. F bousiller; gâcher; bsd. écol. F louper.
ver'**pest|en** v/t. empester; infecter; empuantir; ~**end** adj. méphitique; **⁀ung** f infection f; empuantissement m.
ver'**petzen** F v/t. F moucharder.
ver'**pfänd|en** v/t. mettre en gage; engager (a. Wort); mettre au mont-de-piété; F porter au clou; ᚛ᚁ hypothéquer; donner en nantissement; ~**et** adj. mis en gage; **⁀ung** f mise f en gage; engagement m; ᚛ᚁ hypothèque f.
ver'**pfeifen** F v/t. a. F vendre; F donner.
ver'**pflanz|en** v/t. transplanter (a. fig.); **⁀ung** f transplantation f.
ver'**pfleg|en** v/t. nourrir; alimenter; (unterhalten) entretenir; Kranke usw.: soigner; prendre (od. avoir) soin de; ⚔ approvisionner; ravitailler; **⁀ung** f nourriture f; alimentation f; (Unterhalt) entretien m; (Ration) ration f; ⚔ approvisionnement m; ravitaillement m.
Ver'**pflegungs|amt** ⚔ n Intendance f; service m des subsistances; ~**ausgabe** ⚔ f distribution f des subsistances; ~**ausgabestelle** ⚔ f centre m de distribution des subsistances; ~**empfang** ⚔ m réception f des subsistances; ~**kosten** pl. frais m/pl. d'entretien; ~**lage** f situation f en vivres; ~**lager** ⚔ n dépôt m de vivres (od. des subsistances); ~**offizier** m officier m d'approvisionnement; ~**satz** m ration f; ~**stärke** f effectif m des rationnaires; ~**station** f poste m de ravitaillement; ~**truppen** f/pl. compagnies f/pl. de ravitaillement de l'Intendance; ~**wesen** ⚔ n services m des subsistances.
ver'**pflicht|en** v/t. u. v/rf. obliger (zu à); engager (à); astreindre (à); j-n (zu Dank) ~ obliger q.; eidlich ~ assermenter; sich ~ s'engager à; ~**et** adj. obligé (zu de); tenu (à od. de); j-m ~ sein être l'obligé de q.; ~**end** adj. obligatoire; **⁀ung** f obligation f; engagement m; charge f; (Pflicht) devoir m; e-e ~ eingehen (od. übernehmen) contracter (od. assumer) une obligation (od. un engagement); s-n ~**en** nachkommen, s-e ~**en** erfüllen s'acquitter de (od. satisfaire à od. remplir) ses obligations (od. ses engagements); s-e ~**en** nicht erfüllen a. manquer à ses obligations (od. à ses engagements); j-m e-e ~ auferlegen imposer une obligation à q., j-m gegenüber haben être l'obligé de q.
ver'**pfuschen** F v/t. F bousiller; gâcher (a. Leben); F louper.
ver'**pimpeln** F v/t. dorloter; gâter; fragiliser; élever dans du coton; v/rf. sich ~ F s'écouler trop.
ver'**plappern** F **1.** v/t.: die Zeit ~ passer son temps à bavarder; **2.** v/rf.: sich ~ se trahir en bavardant.
ver'**plaudern** v/t.: die Zeit ~ passer

son temps à bavarder.
ver'plempern F **1.** v/t. Geld: dépenser mal à propos; (vergeuden) dissiper; gaspiller; gâcher; **2.** v/rf.: sich ~ s'amouracher sottement.
verpoliti'sier|en v/t. politiser; ⁑ung f politisation f.
ver'pönt adj. mal vu.
ver'prass|en v/t. dissiper; gaspiller; gâcher; ⁑en n, ⁑ung f dissipation f; gaspillage m.
ver'prellen F v/t. choquer; scandaliser; 'heurter; offusquer.
verproletari'sieren v/t. (v/i. se) prolétariser.
verprovian'tier|en v/t. (v/rf.: sich s')approvisionner; (se) ravitailler; ⁑ung f approvisionnement m; ravitaillement m.
ver'prügeln v/t. rouer de coups; rosser; P tabasser.
ver'puffen fig. v/i. se perdre (en fumée); s'évanouir en fumée.
ver'pulvern F v/t. Geld: dissiper.
ver'pupp|en v/rf.: sich ~ se changer en chrysalide; ⁑en n, ⁑ung f changement m en chrysalide.
ver'pusten F v/rf.: sich ~ reprendre haleine (od. son souffle).
Ver'putz m crépi m; ⁑en v/t. Haus: crépir; F fig. (essen) dévorer; F boulotter; ⁑en n e-s Hauses: crépissage m.
ver'qualm|en F v/t. Tabak: fumer; ⁑t adj. envahi par la fumée.
ver'quellen v/i. gonfler.
ver'quer F adv. de travers.
ver'quick|en v/t. amalgamer (a. fig.; mit avec); ⁑ung f amalgamation f.
ver'quollen adj. Tür, Fenster, Augen: gonflé.
ver'rammeln v/t. barricader.
ver'ramschen F v/t. F bazarder; vendre à vil (od. à tout) prix; brader.
ver'rannt F adj. (besessen) obsédé (von par).
Ver'rat m trahison f; (Tücke) traîtrise f; ~ üben (od. begehen) commettre une trahison; faire œuvre de trahison; e-n ~ an j-m begehen trahir q.; ⁑en v/t. v/rf. (sich se) trahir (a. fig.); (preisgeben) livrer; (offenbaren) (sich) révéler; s-e Komplizen ~ P se mettre à table; P manger (od. lâcher) le morceau; F donner ses complices; sich ~ (s-e wahre Natur zeigen) laisser deviner son vrai caractère; laisser passer le bout de l'oreille; ~ und verkauft perdu.
Ver'räter(in f) m traître m, -esse f.
Verräte'rei f trahison f.
ver'räterisch I adj. traître, -esse; **II** adv. traîtreusement.
ver'rauchen v/i. s'en aller en fumée; (verdampfen) s'évaporer; fig. se dissiper; ~ lassen faire passer; **2.** v/t. Geld: dépenser en tabac.
ver'räuchert adj. Zimmer: enfumé.
ver'rauschen fig. v/i. disparaître; s'enfuir.
ver'rechn|en 1. v/t. passer (od. porter) en compte; (abziehen) décompter; (vergüten) compenser; bar ~ régler en numéraire (od. en espèces); **2.** v/rf.: sich ~ se tromper dans son calcul (a. fig.); faire une faute de calcul; sich ~ um se tromper de; ⁑ung f passation f en compte; (Abzug) décompte m; (Ver-
gütung) compensation f; (Rechenfehler) faute (od. erreur) f de calcul.
Ver'rechnungs|abkommen n accord m de compensation; ⁑einheit f unité f de compte; ⁑geschäft n marché m de compensation; ⁑kammer f chambre f de compensation; ⁑kasse f caisse f de compensation; ⁑konto n compte m de clearing; ⁑kurs m cours m de compensation; ⁑scheck m chèque m barré; ⁑stelle f office m de compensation; ⁑system n système m de compensation; ⁑verkehr m trafic m de compensation.
ver'recken P v/i. crever.
ver'regnet adj. Veranstaltung: gâché (od. gâté) par la pluie; ⁑er Sommer été m pluvieux (od. pourri).
ver'reiben v/t. répartir; étendre; (zerreiben) triturer; broyer.
ver'reis|en 1. v/i. partir (en voyage) (nach pour); **2.** v/t. Geld: dépenser en voyages; ⁑t adj. en voyage.
ver'reißen F (fig. heruntermachen) v/t.: j-n ~ habiller q. à belles dents; éreinter (od. étriller) q.
ver'renk|en v/t. (ausrenken) démettre; luxer; disloquer; déboîter; sich den Arm (die Schulter) ~ se démettre le bras (l'épaule); ⁑ung f luxation f; dislocation f; déboîtement m.
ver'richt|en v/t. faire; (ausführen) exécuter; accomplir; (erfüllen) remplir; s'acquitter (de); sein Gebet ~ faire sa prière; s-e Notdurft ~ faire ses besoins; ⁑ung f exécution f; accomplissement m; bsd. der Organe: fonction f; (Arbeit) travail m.
ver'riegeln v/t. fermer au verrou; verrouiller; fig. bloquer; barricader.
ver'ringer|n 1. v/t. diminuer; amoindrir; réduire; abaisser; die Geschwindigkeit ~ réduire la vitesse; **2.** v/rf.: sich ~ (se) diminuer; s'amoindrir; ⁑ung f diminution f; amoindrissement m; réduction f; abaissement m.
ver'rinnen v/i. s'écouler; Zeit: a. s'enfuir.
Ver'riß F (scharfe Kritik) m éreintement m.
ver'roh|en 1. v/t. rendre grossier, -ière; rendre brutal; **2.** v/i. devenir grossier, -ière; devenir brutal; ⁑ung f grossièreté f croissante.
ver'rost|en v/i. se rouiller (a. fig.); ⁑en n, ⁑ung f rouillure f.
ver'rott|en v/i. pourrir; ⁑et adj. pourri.
ver'rucht adj. infâme; scélérat; (gottlos) impie; ⁑heit f infamie f; (Gottlosigkeit) impiété f.
ver'rücken v/t. (u. v/rf. se) déplacer; **II** ⁑ n déplacement m.
ver'rückt adj. (toll) fou (vor vo. od. stummem h: fol), folle (auf acc.; nach dat. de); F timbré; toqué; F détraqué; F piqué; P cinglé; maboul; F dingo; F dingue (nach de); ⚕ paranoïaque; ⁑e Idee folie f; ~ werden devenir fou, folle; ~ machen rendre fou, folle; es ist zum ⁑werden c'est à devenir fou, folle; ⁑heit f folie f.
Ver'ruf m discrédit m; mauvaise réputation f; in ~ kommen tomber en discrédit; in ~ stehen être mal famé; in ~ bringen discréditer; décrier; ⁑en adj. décrié; mal famé.
ver'rühren v/t. mêler (od. mélanger)
en remuant.
ver'rußen v/t. (u. v/i. s')encrasser de suie.
ver'rutschen v/i. se déplacer.
Vers m vers m; (Strophe) couplet m; strophe f; (Bibel⁑, Gesangbuch⁑) verset m; in ~e bringen mettre en vers; versifier; ich kann mir daraus keinen ~ machen je ne vois pas à quoi cela rime.
ver'sachlich|en v/t. objectiver; ⁑ung f objectivation f.
ver'sacken v/i. (sinken) s'enfoncer.
ver'sag|en 1. v/t. refuser; sich nichts ~ ne rien se refuser; er mußte sich alles ~ il devait se priver de tout; ich kann es mir nicht ~ zu ... (inf.) je ne puis me défendre de ... (inf.); **2.** v/i. Stimme, Kräfte, écol., Sport F flancher; Schußwaffe, Motor: rater; méc. ne pas fonctionner; die Knie versagten mir mes genoux se dérobaient sous moi; ⁑en n défaillance f; faille f; (Panne) panne f; déficience f; technisches (menschliches) ~ défaillance f technique (humaine); ⁑er m raté m; Person: F a. fruit m sec; ⁑ung f (Ablehnung) refus m.
'Vers-akzent m accent m métrique.
ver'salzen v/t. trop saler; fig. gâter.
ver'samm|eln v/t. u. v/rf. (se) rassembler; se réunir; ⁑lung f (General⁑, Aktionärs⁑) assemblée f; v. einzelnen Interessengruppen: réunion f; (Massen⁑) meeting m; beratende (gesetzgebende; verfassunggebende) assemblée f consultative (législative; constituante); öffentliche ~ réunion f publique; e-e ~ einberufen convoquer une assemblée; e-e ~ abhalten tenir une assemblée (resp. une réunion); e-r ~ beiwohnen (an e-r ~ teilnehmen) assister (participer) à une assemblée (resp. à une réunion); den Vorsitz bei e-r ~ führen présider une assemblée; j-n aus der Mitte e-r ~ wählen élire q. au sein d'une assemblée; ⁑lungs-ort m lieu m de réunion; ⁑lungsraum m salle f de réunion; ⁑lungsrecht n droit m de réunion.
Ver'sand m envoi m; expédition f; (Export) exportation f; v. Briefpost usw. in-em Großbetrieb: adressage m; ⁑abteilung f service m d'expédition; ⁑anzeige ✝ f avis m d'expédition; ⁑artikel m article m destiné à l'expédition; ⁑bereit adj. prêt à être expédié.
ver'sanden I v/i. s'ensabler; **II** ⁑ n ensablement m.
ver'sand|fertig adj. prêt à être expédié; ⁑handel m vente f par correspondance; ⁑haus m maison f (od. firme f) de vente par correspondance; ⁑karton m carton m d'expédition; ⁑katalog m catalogue m de vente par correspondance; ⁑kosten pl. frais m/pl. d'expédition; ⁑rechnung f facture f d'expédition; ⁑tasche ✉ f pochette f matelassée; sachet m.
Ver'satz m: in ~ geben engager; donner en gage; ⁑amt n mont-de-piété m; ⁑stück n gage m; thé. ~e pl. décors m/pl. mobiles.
ver'sauen P v/t. (verderben) gâter; abîmer; (verpfuschen) F bousiller; gâcher; F louper; (besudeln) salir; F cochonner.

ver'sauern *fig. v/i.* s'encroûter.
ver'saufen P *v/t. Geld:* dépenser à boire; *s-n Verstand* ~ s'abrutir par la boisson.
ver'säum|en *v/t. Schule:* manquer; *Gelegenheit, Zug: a.* rater; *Pflicht, Appell:* manquer (à); *Zeit:* perdre; *(verabsäumen)* négliger; *(unterlassen)* omettre; *(vergessen)* oublier; *ich habe nichts zu* ~ je n'ai rien de pressant à faire; ⟨nis 1. *n e-r Gelegenheit:* perte *f;* abandon *m; (versäumte Zeit)* perte *f* de temps; *(Vernachlässigung)* négligence *f;* (*Unterlassung)* omission *f;* *(Vergessen)* oubli *m; Schule:* absence *f;* ~*se pol., éc. pl.* carences *f/pl.;* 2. ✠*f* contumace *f;* ⟨nisliste *f* liste *f* des absents (*od.* des absences); ⟨nis-urteil ✠ *n* jugement *m* par défaut; ⟨te(s) *n: écol.* ~ *nachholen* rattraper les leçons manquées.
'Versbau *m* versification *f;* métrique *f.*
ver'schachern F *v/t.* F bazarder.
ver'schachtelt *adj.:* ~*er Satz* phrase *f* compliquée.
ver'schaff|en *v/t.* procurer, F faire avoir (qch. à q.); *(liefern)* fournir; *Unterredung:* ménager; *sich etw.* ~ se procurer qch.; *sich Genugtuung* ~ se faire rendre raison; *sich Respekt* ~ se faire respecter; *sich e-n Vorteil* ~ obtenir un avantage; ⟨ung *f (Lieferung)* fourniture *f.*
ver'schal|en *v/t.* beim *Betonieren* coffrer; ⟨ung *f* coffrage *m.*
ver'schämt *adj.* timide; 'honteux, -euse; *(verlegen)* confus; ⟨heit *f* timidité *f;* *(Verlegenheit)* confusion *f.*
ver'schandeln *v/t.* F massacrer; F bousiller; gâcher; gâter; ⚠ enlaidir; *Text, Musikstück:* estropier; *Sprache:* écorcher.
ver'schanz|en *v/t. (v/rf.: sich se)* retrancher; *fig. sich* ~ *hinter dat.* se retrancher derrière; *sich hinter Allgemeinheiten* ~ se cantonner dans des généralités; ⟨ung *f* retranchement *m.*
ver'schärf|en *v/t.* aggraver; *Tempo:* accélérer; *v/rf. sich* ~ être en recrudescence; ⟨ung *f* aggravation *f; des Tempos:* accélération *f;* ✕ escalade *f* militaire; intensification *f* des opérations militaires; ~ *der Lage* aggravation *f* de la situation.
ver'scharren *v/t.* enfouir; enterrer.
ver'schätzen *v/i.* se tromper dans son estimation; commettre des erreurs d'appréciation.
ver'scheiden I *v/i.* décéder; trépasser; expirer; mourir; II ⟨ *n* décès *m;* trépas *m;* mort *f.*
ver'schenken I *v/t.* donner en cadeau; faire cadeau (*od.* présent) de; offrir; II ⟨ *n* donation *f.*
ver'scherzen *v/t.* perdre par sa faute; *Glück, Jugend:* gaspiller; gâcher; *v/rf.: sich die Sympathie der Bevölkerung* ~ s'aliéner la sympathie de la population.
ver'scheuchen *v/t.* effaroucher; *Sorgen:* chasser; dissiper.
ver'scheuern F *v/t.* F bazarder.
ver'schick|en *v/t.* envoyer; *Waren:* expédier; ⟨ung *f* envoi *m;* expédition *f.*
ver'schieb|bar *adj.* mobile; *(regulierbar)* réglable; *zeitlich:* ajournable;

⟨ebahnhof *m* gare *f* de triage; ⟨egleis *n* voie *f* de triage; ~en *v/t. u. v/rf. (sich se)* déplacer; *zeitlich:* (sich se) remettre *(auf acc.);* renvoyer (à); reporter (à); différer; *(vertagen)* ajourner *(auf à); Termin:* reculer; *Waren:* trafiquer; ⟨ung *f* déplacement *m; zeitliche:* remise *f;* ~ *auf e-n späteren Termin* report *m* à une date ultérieure; *(Vertagung)* ajournement *m;* *(Aufschub)* délai *m; v. Waren:* trafic *m.*
ver'schieden I *adj.* différent; *(divers)* divers; *(abweichend)* divergent; *(unähnlich)* dissemblable; *(sich deutlich unterscheidend)* distinct; *(mannigfaltig)* varié; ~ *sein* différer; ~*er Meinung sein* différer; être d'un avis différent; *an* ~*en Orten* en divers lieux; *bei* ~*en Gelegenheiten* en diverses occasions; *zu* ~*en Malen* à diverses (*od.* à plusieurs *od.* à différentes) reprises; *das ist* ~ *(das kommt darauf an)* cela dépend; c'est selon; II *adv.* différemment; d'une manière différente; de différentes manières; ~artig *adj.* d'espèce *(od.* de nature) différente; de caractère différent; divers; *(mannigfach)* varié; *(nicht zusammenpassend)* disparate; *(entgegengesetzt)* opposé; *(heterogen)* hétérogène; *soc.* pluraliste; ⟨artigkeit *f* nature *f* différente; diversité *f;* *(Mannigfaltigkeit)* variété *f;* *(Ungleichheit)* disparité *f;* *(Heterogenität)* hétérogénéité *f; soc.* pluralisme *m;* ~erlei *adj.* divers; différent; *auf* ~ *Art* de différentes manières; ⟨e(s) *n (mancherlei)* toutes sortes *f/pl.* de choses; *als Zeitungsrubrik:* faits *m/pl.* divers; *Verschiedenes auf e-r Tagesordnung:* questions diverses; F *da hört doch Verschiedenes auf!* c'est le comble!; ~farbig *adj.* de couleurs différentes; ⟨heit *f* différence *f; (Verschiedenartigkeit)* diversité *f;* *(Unähnlichkeit)* dissemblance *f;* *(Mannigfaltigkeit)* variété *f;* *(Ungleichheit)* disparité *f; der Meinungen:* divergence *f;* ~tlich *adv.* à diverses (*od.* à plusieurs *od.* à différentes) reprises; en diverses circonstances.
ver'schießen 1. *v/t. (aufbrauchen)* épuiser; *Pfeile:* décocher; *typ.* transposer; *fig. sein Pulver unnütz* ~ tirer sa poudre aux moineaux, 2. *v/rf.: sich* ~ épuiser ses munitions; *(fehlschießen)* manquer son coup; 3. *v/i. Farben:* passer; se faner; *Stoffe:* se décolorer.
ver'schiff|en *v/t.* transporter *(außer Landes:* exporter) par eau; *(verladen)* embarquer; ⟨ung *f* transport *m* par eau; *(Verladung)* embarquement *m;* ⟨ungshafen *m* port *m* d'embarquement; ⟨ungs-papiere *n/pl.* connaissements *m/pl.;* ⟨ungsspesen *pl.* frais *m/pl.* d'embarquement.
ver'schimmeln *v/i.* (se) moisir; ⟨ *n* moisissure *f.*
ver'schlack|en *v/i.* se scorifier; ⟨ung *f* scorification *f.*
ver'schlafen I *v/t. (schlafend verbringen)* passer à dormir; *die Zeit* ~ se lever (*od.* se réveiller) trop tard; *s-n Rausch* ~ cuver son vin; II *adj.* mal réveillé; pas encore tout endormi.
Ver'schlag *m* réduit *m;* cagibi *m;* débarras *m; für Pferde:* stalle *f;* box *m.*
ver'schlagen[1] *v/t. (abtrennen)* cloi-

sonner; *mit Brettern* ~ revêtir de planches; *mit Nägeln* ~ clouer; *Buchseite, Ball:* perdre; *Schiff:* dériver; *j-m die Sprache* ~ interloquer q.; ♠ ~ *werden* dériver; *an die Küste* ~ *werden* être jeté à la côte.
ver'schlagen[2] *adj.* astucieux, -euse; sournois; malin, -igne; rusé; F roublard; ⟨heit *f* astuce *f;* sournoiserie *f;* malice *f;* ruse *f.*
ver'schlammen *v/i.* s'envaser.
ver'schlämmen *(verstopfen) v/t.* remplir de vase.
ver'schlechter|n 1. *v/t.* détériorer; dégrader; *(verschlimmern)* aggraver; 2. *v/rf.: sich* ~ se détériorer, se dégrader, *(sich verschlimmern)* empirer, s'aggraver, *Wetter:* se gâter, *in der Leistung:* baisser; *Schüler:* obtenir des notes de plus en plus mauvaises; ⟨ung *f* détérioration *f;* *(Verschlimmerung)* aggravation *f, in der Leistung:* baisse *f;* ~ *der Lage* dégradation *f* de la situation.
ver'schleier|n *v/t.* voiler; *(verkleiden)* déguiser; *(maskieren)* masquer; *(einkleiden) fig.* enrober; *Bilanz:* camoufler; truquer; ⟨ung *f der Bilanz:* camouflage *m (a.* ✕); truquage *m.*
ver'schleifen *v/t. Töne:* couler.
ver'schleim|en *v/i.* s'engorger; *verschleimt sein* avoir la poitrine prise; avoir des crachats; ⟨ung *f* engorgement *m.*
Ver'schleiß *m* usure *f;* ~ *des Materials* usure *f (od.* fatigue *f)* du matériel; ⟨en 1. *v/t.* user; abîmer; 2. *v/i. (u. v/rf.: sich* ~) s'user; ~en *n* usure *f;* ~erscheinung ✪, *a. pol. f* symptôme *m* d'usure.
ver'schlemmen *v/t.* dissiper en débauches.
ver'schlepp|en *v/t. Menschen:* déporter; déplacer; *(entführen)* enlever; *bsd. Kind:* kidnapper; *Tiere:* traîner quelque part; *zeitlich:* retarder; *(in die Länge ziehen)* traîner en longueur; *Seuche:* répandre, propager; *Krankheit:* faire traîner; négliger; ⟨te(r *a. m*) *m, f* personne *f* déportée *bzw.* déplacée; ⟨ung *f v. Menschen:* déportation *f;* déplacement *m;* *(Entführung)* enlèvement *m; zeitlich:* retardement *m; e-r Seuche:* propagation *f; pol.* obstruction *f;* ⟨ungsmanöver *n* obstruction *f;* ⟨ungs-politik *f,* ⟨ungs-taktik *f* obstructionnisme *m;* ⟨ungs-politiker *m,* ⟨ungs-taktiker *m* obstructionniste *m.*
ver'schleuder|n *v/t.* dissiper; gaspiller; gâcher; dilapider; ✝ vendre à vil prix; *im Straßenverkauf:* brader; ⟨ung *f* dissipation *f;* gaspillage *m;* dilapidation *f;* ✝ vente *f* à vil prix; *im Straßenverkauf:* braderie *f.*
ver'schließ|bar *adj.* qui ferme à clef; ~en 1. *v/t.* fermer; *mit e-m Schlüssel:* fermer à clef; *(verkorken)* boucher; *die Augen vor etw. (dat.)* ~ fermer les yeux sur qch.; 2. *v/rf.: fig. sich e-r Feststellung* ~ se retrancher une constatation; *sich vor j-m (vor e-r Sache)* ~ être réservé vis-à-vis de q. (vis-à-vis de qch.); *sich vor allen Freunden* ~ se cacher à (*od.* se tenir à l'écart de) tous ses amis; *sich der Welt (den Augen der Welt)* gegenüber ~ se cacher au

monde (aux yeux du monde); ²en *n* fermeture *f*.
ver'schlimmer|n 1. *v/t*. empirer; (*erschweren*) aggraver; 2. *v/rf*.: *sich ~* empirer; s'aggraver; ²**ung** *f* aggravation *f*.
ver'schling|en I *v/t. u. v/rf*. avaler; croquer; engloutir; F empiffrer; P (s')enfiler; F enfourner; F engouffrer; (*fressen*) dévorer (*a. Geld*); (*verknoten*) (sich se) nouer; (*sich s'*)entrelacer; II ² *n* engloutissement *m*.
ver'schlissen *adj*. usé jusqu'à la corde; râpé; élimé.
ver'schlossen *adj. Person*: réservé; renfermé; peu communicatif, -ive; (*schweigsam*) taciturne; *hinter* (*od. bei*) *~en Türen* à huis clos (*a. ₤*); ²**heit** *f* caractère *m* renfermé; (*extrême*) réserve *f*.
ver'schlucken 1. *v/t*. avaler; *fig. Silben*: *a.* manger; 2. *v/rf*.: *sich ~* avaler de travers.
Ver'schluß *m* fermeture *f*; (*Schloß*) serrure *f*; *phot*. obturateur *m*, *am Schmuck*: fermoir *m*; *Gewehr*: culasse *f*; *unter ~ halten* avoir (*od*. garder) sous clef; **~bügel** (*Aktentasche*) *m* pontet *m*.
ver'schlüssel|n *v/t*. chiffrer; **~t** *adj. a*. en code; ²**ung** *f* chiffrement *m*; ²**ungsgerät** *n* appareil *m* à coder.
Ver'schluß|kappe *f des Füllfederhalters*: capuchon *m*; **~laut** *gr. m* occlusive *f*.
ver'schmachten I *v/i*. languir; *~ vor* (*dat*.) mourir de; II ² *n* langueur *f*.
ver'schmäh|en *v/t*. dédaigner; faire fi (de); ne pas vouloir (de); ²**ung** *f* dédain *m*.
ver'schmelz|en 1. *v/t*. fondre (*mit dans*); unir (à [*a. fig.*] *od*. avec); ✝ fusionner (avec); *die Wirtschaftszweige* (*der EG-Länder*) *~* intégrer les économies; 2. *v/i*. se fondre (*mit avec*); s'unir (avec; à); ✝ fusionner (avec); ²**ung** *f* fonte *f*; union *f*; ✝ fusion *f*; fusionnement *m*.
ver'schmerzen *v/t*.: *etw. ~* se consoler de qch.; (*ertragen*) supporter qch.; F digérer qch.
ver'schmieren *v/t. Loch*: boucher; *Fugen*: jointoyer; (*schmutzig machen*) graisser; *Papier*: barbouiller.
ver'schmitzt *adj*. futé; madré; entendu; ²**heit** *f* esprit *m* futé (*od*. madré).
ver'schmoren *cuis. v/i*. faire cuire trop longtemps.
ver'schmutz|en 1. *v/t*. salir; encrasser; 2. *v/i*. se salir; s'encrasser; **~end** *adj*. polluant; ²**ung** *f*: *~ der Luft* pollution *f* de l'air; ²**ungsbekämpfung** *f* lutte *f* contre la pollution; (*lutte f*) anti-pollution *f*.
ver'schnappen F *v/rf*.: *sich ~* se trahir; F se couper.
ver'schnaufen (*h*. *u. v/rf*.: *sich ~*) reprendre haleine (*od*. son souffle); *~ lassen* laisser souffler; *sich* *~n Augenblick ~ können* pouvoir un moment souffler.
ver'schneiden I *v/t. Hecke*: tailler; *Kleid*: mal couper; *Wein*: couper (*mit* de); II ² *n e-r Hecke*: taille *f*; *des Weines*: coupage *m*.
ver'schneit *adj*. enneigé; (*durch Schnee versperrt*) obstrué par la neige.

Ver'schnitt *m* coupage *m*.
Ver'schnittene(r) *m* castrat *m*; eunuque *m*.
ver'schnörkeln *v/t*. charger de fioritures (*Handschrift*: de parafes).
ver'schnupft *adj*.: *~ sein* être enrhumé; avoir un gros rhume; *fig*. être vexé (*od*. F offusqué).
ver'schnüren I *v/t*. ficeler; II ² *n* ficelage *m*.
ver'schollen *adj*. disparu; ²**e**(**r** *a. m*) *m*, *f* disparu *m*, -e *f*; ²**heits-erklärung** *₤ f* déclaration *f* d'absence.
ver'schonen *v/t*. épargner; ménager; *j-n mit etw. ~* épargner qch. à q.; faire grâce à q. de qch.
ver'schöner|n *v/t.* (*u. v/rf*.: *sich ~*) embellir; ²**ung** *f* embellissement *m*.
ver'schont *part*.: *~ bleiben* être épargné.
ver'schossen *adj. Farbe*: passé; fané; *Stoff*: décoloré.
ver'schränk|en *v/t. Arme*: croiser; **~t** *adj*.: *mit ~en Armen* les bras croisés.
ver'schraub|en *v/t*. visser; ²**ung** *f* vissage *m*; (*Ding*) bouchon *m* (*resp*. fermeture *f*) à vis.
ver'schreib|en *v/t. u. v/rf. Arznei*: ordonner; prescrire; *Wort*: mal écrire; écrire de travers; mal orthographier; *das Wort ist verschrieben a*. il y a une faute dans le mot; *Papier*: employer; *viel Tinte ~* user beaucoup d'encre; *sich ~* faire une faute d'orthographe; commettre une erreur d'écriture; *sich e-r Sache* (*dat*.) *~* se vouer (*od*. se dévouer *od*. se consacrer *od*. s'adonner) à qch.; *sich dem Teufel ~* vendre son âme au diable; ²**ung** *f e-r Arznei*: ordonnance *f*; prescription *f*.
ver'schrie(e)n *adj*. décrié; mal famé; *als Geizhals ~ sein* passer pour un avare.
ver'schroben *adj. Mensch*: bizarre; excentrique; F tordu; *Idee: a*. F biscornu; F farfelu; F saugrenu; ²**heit** *f e-s Menschen*, *e-r Idee*: bizarrerie *f*; excentricité *f*.
ver'schrott|en *v/t*. mettre (*od*. jeter) à la ferraille (à la casse); fracasser; compresser; ²**er** (*v. Autos*) *m* casseur *m*; ²**ung** (*v. Autos*) *f* casse *f*; déchiquetage *m*; ²**ungsmaschine** *f* presse *f* hydraulique; déchiqueteur *m*.
ver'schrumpeln F *v/i*. se ratatiner.
ver'schüchtern *v/t*. intimider; effaroucher.
ver'schuld|en *v/t*. être (la) cause de qch.; *j-n in* faute *f*; *ohne mein ~* sans qu'il y ait de ma faute; **~et** *adj*. endetté; criblé de dettes; ²**ung** *f e-s Hauses usw*.: endettement *m*.
ver'schütt|en *v/t. Flüssigkeit*: répandre; verser; *bei e-m Unglück*: ensevelir; ²**ung** *f* ensevelissement *m*.
ver'schwäger|n *v/rf*.: *sich ~* apparenter; ²**ung** *f* alliance *f* par mariage.
ver'schwatzen *v/t*.: *die Zeit ~* passer son temps à bavarder.
ver'schweigen *v/t*. taire; se taire sur; passer sous silence; *j-m etw. ~* cacher qch. à q.; II ² *n* silence *m* (gardé sur); *₤* réticence *f*.
ver'schweißen *v/t*. souder.
ver'schwend|en *v/t*. prodiguer; dissiper; gaspiller; gâcher; dilapider; ²**er**(**in** *f*) *m* prodigue *m*, *f*; dissipateur *m*, -trice *f*; gaspilleur *m*, -euse *f*; dilapidateur *m*, -trice *f*; **~erisch** I *adj*. prodigue (*mit* de); dissipateur, -trice *f*; gaspilleur, -euse; dilapidateur, -trice; (*Aufwand liebend*) somptueux, -euse; *in ~er Fülle* à profusion; II *adv*. à profusion; ²**ung** *f* prodigalité *f*; dissipation *f*; gaspillage *m*; dilapidation *f*; ²**ungssucht** *f* prodigalité *f*.
ver'schwiegen *adj*. (*zurückhaltend*) discret, -ète; (*geheim*) secret, -ète; (*schweigsam*) taciturne; *~ wie das Grab* muet, -ette comme la tombe (*od*. une carpe); ²**heit** *f* discrétion *f*; (*Schweigsamkeit*) taciturnité *f*.
ver'schwimmen *v/i. Umriß*: se perdre dans le flou; (*ineinander ~*) se fondre; (*sich verwischen*) s'estomper.
ver'schwind|en I *v/i*. disparaître; (*verklingen*) s'évanouir; se dissiper; (*verfließen*) s'écouler; (*erlöschen*) s'éteindre; (*sich verlieren*) se perdre; (*sich entfernen*) s'éclipser; *geschickt lassen* escamoter; F *verschwinde!* déguerpis!; enlève-toi de là!; *fig. von der politischen Bühne ~* rentrer dans la coulisse; II ² *n* disparition *f*; **~d** *adj*.: *~ klein* infiniment petit.
ver'schwistert *adj*.: *~ sein* être frères; être sœurs; être frère(s) et sœur(s).
ver'schwitzen *v/t. Hemd*: tremper (*od*. mouiller) de sueur; F (*vergessen*) oublier.
ver'schwommen *adj*. vague; flou (*a. phot*.; *Zukunft*) fumeux, -euse; diffus; indécis; imprécis; confus; ²**heit** *f* vague *m* (*a. phot*.); imprécision *f*; confusion *f*; *télév*. entrelacement *m*.
ver'schwören *v/rf*.: *sich ~* se conjurer (*mit j-m gegen j-n* avec q. contre q.); comploter (*gegen* contre); conspirer (*gegen* contre); se liguer (*gegen* contre); *fig. alles hat sich gegen mich verschworen* tout s'est ligué contre moi.
Ver'schworene(r *a. m*) *m*, *f*, **Ver'schwörer(in** *f*) *m* conjuré *m*, -e *f*; conspirateur *m*, -trice *f*.
Ver'schwörung *f* conjuration *f*; conspiration *f*; complot *m*; *e-e ~ anzetteln* tramer (*od*. machiner) une conjuration (*od*. une conspiration *od*. un complot).
ver'sehen I *v/t. u. v/rf. Amt*: exercer; *Dienst*: faire; accomplir; assurer; *Pfarramt*: desservir; *Funktion*: remplir; *Küche, Stall usw*.: avoir la charge (de); (*ausstatten*) garnir (*mit* de); (*sich*) *~ mit* (se) pourvoir de; (se) munir de; (*sich*) *mit Vorräten ~* (s')approvisionner, (se) ravitailler; *j-s Stelle ~* remplacer q.; ✝ *mit Akzept ~* revêtir de l'acceptation; *mit e-m Giro ~* endosser; *mit s-r Unterschrift ~* signer; *mit e-r Vollmacht ~* investir de plein(s) pouvoir(s), ✝ donner une procuration; *sich ~* (*sich irren*) se tromper; se méprendre; *ehe man sich versieht* en un clin d'œil; avant qu'on y ait pris garde; II ² *n* méprise *f*; erreur *f*; bévue *f*; (*Unachtsamkeit*) inadvertance *f*; (*Nachlässigkeit*) négligence *f*; *grobes ~* grosse erreur *f*; lourde bévue *f*; *aus ~ → ~tlich adv*. par mégarde; par méprise; (*aus Unachtsamkeit*) par inadvertance; (*aus Nachlässigkeit*) par négligence.

Ver'sehr|tensport *m* gymnastique *f* pour mutilés; **~te(r)** *m* mutilé *m*; invalide *m*; **~theit** *f* invalidité *f*.
ver'selbständigen *v/rf.* sich ~ se rendre indépendant.
'Versemacher *péj. m* poétereau *m*.
ver'send|en *v/t.* envoyer; expédier; *ins Ausland* exporter; **2en** *n*, **2ung** *f* envoi *m*; expédition *f*; ~ *ins Ausland* exportation *f*.
ver'sengen *v/t.* (*v/rf.: sich se*) brûler; griller; *durch Bügeln*: roussir.
ver'senk|bar *adj.* Möbel-, Maschinenteil, thé. escamotable; **~e Scheibe** glace *f* descendante; **~en 1.** *v/t.* Tote, Kabel *usw.*: immerger; *Schiff*: couler, envoyer par le fond, *selbst ~ durch Anbohren*: saborder; *Sarg*: descendre; *Schraube usw.*: noyer; *Abfälle*: immerger; déverser. **2.** *v/rf. Schiff: sich selbst ~ durch Anbohren*: se saborder; *fig.* sich in etw. (acc.) ~ se plonger (*od.* s'absorber *od.* s'abîmer) dans qch.; **2ung** *f* enfoncement *m*; (*Eintauchen*) plongement *m*; (*e-s Schiffs*, *Untertauchen*) immersion *f*; submersion *f*; *e-s Schiffes*: coulage *m*, (*Selbst2*) *durch Anbohren*: sabordage *m*; *e-s Sarges*: descente *f*; *thé.* dessous *m*; (*Falltür*) trappe *f*; ~ *von Atommüll* déversement *m* des déchets (*od.* détritus) radioactifs; *fig. in der ~ verschwinden* tomber dans l'oubli.
ver'sessen *adj.*: ~ *auf* (*acc.*) engoué de; féru de; acharné à; **2heit** *f* acharnement *m* (à).
ver'setz|en *v/t. u. v/rf.* déplacer (*a. Beamte*); changer de place; *auf e-n andern Posten*: nommer à un autre poste; *Beamte*: muter; ♪ transplanter; repiquer; ♪, *typ.* transposer; ♫ permuter; (*antworten*) répliquer; repartir; *in Gedanken*: (sich se) transporter; (*verpfänden*) engager, mettre au mont-de-piété, F porter au clou; (*vermischen*) mêler (*mit etw.*), mélanger, *Metalle*: allier; (*versperren*) barrer; barricader; *Schüler*: faire passer (dans la classe supérieure), *versetzt werden* monter d'une classe; passer dans *od.* à la classe supérieure; *nicht versetzt werden* redoubler une classe; *Schlag*: porter; assener; *Ohrfeige*: administrer; donner; *j-n* ~ (*nicht kommen*) planter q. là, F plaquer q.; faire faux bond à q.; *j-m e-n Schlag* (*od. Hieb*) ~; F *j-m e-n* (*od. eins*) ~ administrer *od.* donner *od.* porter un coup (F un gnon) à q.; *j-m e-n Faustschlag* ~ ♫ décocher un coup de poing à q.; *fig.* F *j-m eins* ~ donner un coup de griffe (*od.* de dent) à q.; F *e-n* (*od. eins*) versetzt kriegen recevoir un coup (F un gnon); *j-n in Angst* ~ faire peur à q.; effrayer q.; *in den Anklagezustand* ~ mettre en état d'accusation; *j-n in große Freude* ~ causer une grande joie à q.; *sich in j-s Lage* ~ se mettre à la place de q.; *in den Ruhestand* ~ mettre à la retraite; *in Schwingungen* ~ faire vibrer; **2ung** *f* déplacement *m* (*a. v. Beamten*); changement *m* de place (*resp.* de poste); *v. Beamten*: mutation *f*; ♪ transplantation *f*; repiquage *m*; repiquement *m*; ♪, *typ.* transposition *f*; ♫ permutation *f*; (*Verpfändung*) engagement *m*; mise *f* en gage; (*Vermischung*) mélange *m*, *v. Metallen*: alliage *m*; (*Ver-*

sperrung) barrage *m*; *Schule*: passage *m* (dans une autre classe); ~ *in den Anklagezustand* mise *f* en état d'accusation; ~ *in den Ruhestand* mise *f* à la retraite; *ling.* ~ *der Anfangs-buchstaben od. -silben* contrepèterie *f*;
2ungszeichen ♪ *n* accident *m*; bécarre *m*.
ver'seuch|en *v/t.* infecter; polluer; *bsd. at.* contaminer; **2ung** *f* infection *f*; *radioaktive* ~ pollution *f* radioactive; contamination *f* nucléaire.
'Versfuß *m* pied *m*.
ver'sicher|bar *adj.* assurable; **~n 1.** *v/t.* assurer (*a. Haus usw.*; *gegen* contre); (*beteuern*) protester (de); (*behaupten*) affirmer; *eidesstattlich* affirmer sous (la foi du) serment; *sein Leben* ~ *mit ... Franken de ... frs.*); *seien Sie m-r Ergebenheit versichert* soyez assuré de mon dévouement; **2.** *v/rf.: sich* ~ s'assurer (*gegen* contre); prendre une assurance (contre); *sich e-r Sache* (*e-r Person*) (*gén.*) ~ s'assurer d'une chose (d'une personne); **2te(r** *a. m*) *m, f* assuré *m, -e f*; *freiwillige(r)* ~ assuré *m, -e f* volontaire; **2ung** *f* assurance *f*; (*Behauptung*) affirmation *f*; *eidesstattliche* ~ affirmation *f* sous (la foi du) serment; *freiwillige* assurance *f* volontaire; ~ *auf Gegenseitigkeit* (*gegen alle Gefahren*) assurance *f* mutuelle (tous risques) maritime; *mit Gewinnbeteiligung* assurance *f* mutuelle (tous risques) maritime; *avec participation aux bénéfices*; *e-e* ~ *abschließen* contracter (*od.* conclure *od.* effectuer) une assurance (*gegen* contre).
Ver'sicherungs|abschluß *m* conclusion *f* d'une assurance, **~agent** *m* agent *m* d'assurances; **~angestellte** *f* employée *f* d'assurances; **~anspruch** *m* droit *m* à l'assurance; **~anstalt** *f* établissement *m* d'assurances; *Fr.* mutuelle *f*; **~antrag** *m* demande *f* d'assurance; **~aufsichtsbehörde** *f* autorité *f* de contrôle des assurances; **~beamte(r)** *m* employé *m* d'assurances; **~bedingungen** *f/pl.* conditions *f/pl.* d'assurance; **~beginn** *m* début *m* de l'assurance; **~beitrag** *m* prime *f* d'assurance; **~betrag** *m* somme *f* assurée; **~betrug** *m* escroquerie *f* à l'assurance; **~fähig** *adj.* assurable; **~fall** *m* (*Schadensfall*) réalisation *f* du sinistre; **~fonds** *m* fonds *m* d'assurance; **~form** *f* type *m* d'assurance; **~geber** *m* assureur *m*; **~gebühr** *f* prime *f* d'assurance; **~gegenstand** *m* objet *m* de l'assurance; **~gesellschaft** *f* compagnie *f* (*od.* société *f*) d'assurances; **~gesetz** *n* loi *f* sur les assurances; **~gewerbe** *n* assurances *f/pl.*; **~leistung** *f* prestation *f* d'assurance; **~makler** *m* courtier *m* en assurances; **~marke** *f* timbre *m* d'assurance; **~nehmer(in** *f*) *m* assuré *m, -e f*; **~pflicht** *f* assurance *f* obligatoire; **2pflichtig** *adj.* assujetti à l'assurance; **~pflichtige(r** *a. m*) *m, f* assujetti *m, -e f* à l'assurance; **~police** *f* police *f* d'assurance; **~prämie** *f* prime *f* d'assurance; **~rückkauf** *m* rachat *m* d'une assurance; **~schein** *m* police *f* d'assurance; **~schutz** *m* couverture *f*, garantie *f* de l'assurance; **~schwindel** *m* escroquerie *f* à l'assurance; **~statistiker** *m* statisticien *m*

d'assurance; **~steuer** *f* impôt *m* sur les assurances; **~summe** *f* somme *f* assurée; **~träger** *m* assureur *m*; organisme *m* d'assurance; **~unternehmen** *n* compagnie *f* (*od.* société *f*) d'assurances; **~vertrag** *m* contrat *m* d'assurances; **~vertreter** *m* agent *m* d'assurance; **~wert** *m* valeur *f* assurée; **~wesen** *n* assurances *f/pl.*; **~zeit** *f* période *f* assurée (*od.* d'assurance); **~zwang** *m* obligation *f* de s'assurer.
ver'sieben F *v/t.* gâcher; F bousiller; F louper; (*vergessen*) oublier.
ver'siegbar *adj.* tarissable.
ver'siegel|n *v/t.* cacheter; *gerichtlich*: sceller; mettre sous scellés; apposer les scellés (à); **2ung** *f*: *gerichtliche* ~ apposition *f* des scellés.
ver'siegen I *v/i.* tarir (*a. fig.*); ~ *lassen* tarir (*a. fig.*); *fig.* laisser tomber; paralyser; **II 2** *n* tarissement *m*; **~d** *adj.* tarissant.
ver'siert *adj.* versé (*in dat.* dans).
versifi'zier|en *v/t.* versifier; **2en** *n*, **2ung** *f* versification *f*.
ver'silber|n *v/t.* argenter; **2ung** *f* argenture *f*.
ver'simpel|n (*vereinfachen*) *v/t.* simplifier; *péj.* infantiliser; **~nd** *adj.* simplificateur, -trice; *péj.* infantilisant; **2ung** *f* simplification *f*; *péj.* infantilisation *f*.
ver'sinken *v/i.* s'enfoncer; *im Schlamm*: s'enliser; *im Wasser*: être submergé (*od.* englouti); *Schiff*: sombrer; couler; *fig.* ~ *in* (*acc.*) se perdre (*od.* s'abîmer) dans.
ver'sinnbildlich|en *v/t.* symboliser; **2ung** *f* symbolisation *f*.
Versi'on *f* version *f*.
ver'sippt *péj. adj.*: *mitea.* ~ *weitS.* faisant partie de la même bande; *mit der Mafia* ~ acoquiné avec la Mafia.
ver'sittlichen *v/t.* civiliser.
ver'sklav|en *v/t.* rendre esclave; asservir; vassaliser; **2ung** *f* asservissement *m*; esclavage *m*; mise *f* en esclavage; vassalisation *f*.
'Vers|kunst *f* versification *f*; **~lehre** *f* métrique *f*; **~maß** *n* mesure *f*; mètre *m*.
'Verso I *n* verso *m*; **II 2** *adv.* au verso.
ver'soffen P *adj.* P de soûlard; **~er Kerl** F soûlographe *m*; **2heit** P *f* F soûlographie *f*.
ver'sohlen F *fig. v/t.* rosser; P dérouiller; P tabasser.
ver'söhn|en *v/t.* (*v/rf.: sich se*) réconcilier (*mit avec*); F (se) rabibocher; F (se) raccommoder; **~lich** *adj.* conciliant; accommodant; **2lichkeit** *f* esprit (*od.* caractère) *m* conciliant (*od.* accommodant); **2ung** *f* réconciliation *f*.
ver'sonnen *adj.* rêveur, -euse; perdu dans son rêve; **2heit** *f* esprit *m* rêveur (*od.* méditatif).
ver'sorg|en *v/t. u. v/rf.* (*beruflich unterbringen*) établir; F caser; (*unterhalten*) veiller à l'entretien (de); (*Sorge tragen für*) avoir (*od.* prendre) soin (de); (*beliefern*) fournir (*mit* de); (sich) ~ *mit* (se) pourvoir de; (sich) munir de; (sich) *mit Vorräten* (*Lebensmitteln, Munition usw.*) ~ (s')approvisionner (*mit* en, de; *aus der Luft* par avions); (se) ravitailler; *verkehrsmäßig, mit Strom od. seelsorgerisch*: des-

servir; ⁀**er(in** *f*) *m* celui, celle qui veille à l'entretien (de); (*Ernährer*) soutien *m* de famille; ⁀**ung** *f* (*berufliche Unterbringung*) placement *m*; (*Unterhalt*) entretien *m*; (*Belieferung*) .fourniture *f*; ~ mit Vorräten (*Lebensmitteln*, *Munition usw.*) approvisionnement *m* (mit en; aus der Luft par avions) ravitaillement *m*; mit Strom usw.: distribution *f*; der Opfer: assistance *f* (à); (*Betreuung*) soins *m/pl.* (donnés à).
Ver'**sorgungs|anspruch** *m* auf Anstellung: droit *m* à un emploi de l'administration; Pension: droit *m* à une pension; ⁀**basis** ⚔ *f* base *f* de ravitaillement; ⁀**berechtigt** *adj.* ayant droit à une place (dans l'administration); Pension: ayant droit à une pension; ⁀**betriebe** *m/pl.* services *m/pl.* publics; ⁀**bezüge** *m/pl.* pension *f* de retraite; ⁀**empfänger(in** *f*) *m* (*Pensionär[in]*) pensionné *m*, -*e f*; bénéficiaire *m*, *f* d'une pension; (*Unterstützungsempfänger[in]*) allocataire *m*, *f*; ⁀**flugzeug** *n* (avion *m*) ravitailleur *m*; ⁀**gesetz** ⚔ *n* loi *f* relative aux pensions de guerre; ⁀**lage** *f* situation *f* d'approvisionnement; ⁀**lager** *n* centre *m* de ravitaillement; ⚔ dépôt *m* logistique; ⁀**lücke** *f* insuffisance *f* de l'approvisionnement; ⁀**schiff** *n* (navire *m*) ravitailleur *m*; ⁀**staat** *m* État-providence *m*; ⁀**stützpunkt** *m* base *f* de ravitaillement; ⁀**truppen** *f/pl.* troupes *f/pl.* de ravitaillement; ⁀**weg** ⚔ *m* voie *f* de ravitaillement; ⁀**zentrum** *n* centre *m* de ravitaillement.
ver'**spann|en** ⊕ *v/t.* 'haubaner; ⁀**ung** *f* 'haubanage *m*; ⁀**ungskabel** *n* 'hauban *m*.
ver'**spät|en** *v/rf.*: sich ~ être (od. arriver) en retard (um de), (sich aufhalten) s'attarder (bei j-m chez q.); ⁀**et** *adj.* tardif, -ive; retardé; ⁀**e** Ankunft arrivée *f* retardée; sich ~ haben être en retard (um de); ⁀**ung** *f* retard *m*; e-e Stunde ~ une heure de retard.
ver'**speisen** *v/t.* manger; consommer.
verspeku'**lieren** 1. *v/t.* perdre en spéculation; 2. *v/rf.*: sich ~ faire un mauvais calcul; an der Börse faire de mauvaises spéculations.
ver'**sperr|en** *v/t.* barrer; barricader; bloquer; obstruer; *Aussicht*: masquer; boucher; j-m den Weg ~ barrer le chemin à q.; ⁀**ung** *f* barrage *m*; blocage *m*; obstruction *f*.
ver'**spiel|en** 1. *v/t. Partie*: perdre; Geld: perdre au jeu; Zeit: passer à jouer; 2. *v/i.* perdre la partie; *fig.* er hat bei mir verspielt il n'est plus dans mes bonnes grâces; ⁀**t** *adj. Kind*: distrait; er (sie) ist sehr ~ *a.* il (elle) ne pense qu'au jeu.
ver'**splinten** *v/t.* goupiller.
ver'**sponnen** *adj.* méditatif, -ive; ~ in (*acc.*) absorbé dans.
ver'**spott|en** *v/t.* railler; se moquer (de); (*verhöhnen*) *a.* persifler; bafouer; ⁀**ung** *f* raillerie *f*; moquerie *f*; persiflage *m*.
ver'**sprech|en** 1. *v/t.* promettre; goldene Berge ~ promettre monts et merveilles; er verspricht leicht il n'en est pas à une promesse près; das Wetter verspricht gut zu werden le temps est prometteur; 2. *v/rf.*: sich ~ in der Rede: se tromper en parlant; faire un lapsus linguae; er hat sich versprochen la langue lui a fourché; sich viel ~ von attendre beaucoup de; ⁀**en** *n* promesse *f*; in der Rede: lapsus *m* linguae; sein ~ halten (nicht halten) tenir (manquer à) sa promesse; j-m ein ~ abnehmen faire promettre qch. à q.; ⁀**ung** *f* promesse *f*; große ⁀en machen promettre monts et merveilles.
ver'**spreng|en** *a.* ⚔ *v/t.* disperser; ⁀**en** *n* dispersion *f*; ⁀**te(r)** *m* isolé *m*.
ver'**spritzen** *v/t.* faire jaillir; (*verschütten*) verser (*a. Blut*).
ver'**sprochenermaßen** *adv.* comme (il a été) promis (*od.* convenu).
ver'**sprühen** *v/t.* faire jaillir.
ver'**spüren** *v/t.* sentir; ressentir; Hunger ~ sentir la faim; se sentir affamé.
ver'**staatlich|en** *v/t.* nationaliser; étatiser; in den Volksdemokratien: socialiser; kirchliche Güter: séculariser; Schulen: laïciser; zu ~ nationalisable; ⁀**ung** *f* nationalisation *f*; étatisation *f*; socialisation *f*; kirchlicher Güter: sécularisation *f*; v. Schulen: laïcisation *f*.
ver'**städter|n** *v/t.* urbaniser; ⁀**ung** *f* urbanisation *f*.
Ver'**stand** *m* intelligence *f*; intellect *m*; (*Geist*) esprit *m*; (*Vernunft*) raison *f*; bon sens *m*; sens *m* commun; (*Begriffsvermögen*) entendement *m*; (*Urteilsfähigkeit*) jugement *m*; discernement *m*; e-n klaren ~ haben avoir l'esprit clair; den ~ verlieren perdre la raison; bei vollem ~ sein avoir toute sa raison; F etw. mit ~ essen savourer qch.; ohne Sinn und ~ sans rime ni raison; weder Sinn noch ~ haben n'avoir ni rime ni raison; ohne ~ reden déraisonner; über j-s ~ gehen dépasser q.; j-n um den ~ bringen faire perdre la raison à q.; zu ~ kommen atteindre l'âge de raison, (vernünftig werden) devenir raisonnable; wieder zu ~ kommen revenir à la raison; da steht mir der ~ still les bras m'en tombent; mehr Glück als ~ haben avoir plus de chance que d'intelligence.
Ver'**standes|kraft** *f* faculté *f* intellectuelle; ⁀**mäßig** *adj.* logique; rationnel, -elle; intellectuel, -elle; ⁀**mensch** *m* intellectuel *m*; ⁀**schärfe** *f* pénétration *f*; perspicacité *f*; lucidité *f*; sagacité *f*; ⁀**wesen** *n* être *m* raisonnable.
ver'**ständig** *adj.* intelligent; (*einsichtig*) compréhensif, -ive; (*vernünftig*) raisonnable, sensé; sage; (*gescheit*) judicieux, -euse; das ⁀**e** Alter l'âge *m* de raison; ⁀**en** *v/t. u. v/rf.*: j-n von etw. ~ faire savoir qch. à q., informer q. de qch., faire connaître qch. à q., communiquer qch. à q., *warnend*: avertir q. de qch.; *im voraus*: prévenir q. de qch.; sich ~ (*verständlich machen*) se faire comprendre, (*im Einverständnis sein*) s'entendre (mit j-m avec q.; über *acc.* sur), (*sich besprechen*) se concerter (mit avec); ⁀**keit** *f* bon sens *m*; (*Weisheit*) sagesse *f*; ⁀**ung** *f* (*Benachrichtigung*) information *f*; (*Mitteilung*) communication *f*; avertissement *m*; *a. pol.* (*Einvernehmen*) entente *f*; conciliation *f*; compréhension *f*; (*Übereinkunft*) accord *m*; (*Einigungsbestreben*) concertation *f*; *téléph.* audibilité *f*; ⁀**ungsbereitschaft** *f* disposition *f* à s'entendre; ⁀**ungsfrieden** *m* paix *f* basée sur la compréhension, l'entente; ⁀**ungsgrundlage** *f* terrain *m* d'entente; ⁀**ungsmöglichkeit** *f* communicabilité *f*; ⁀**ungspolitik** *f* politique *f* d'entente.
ver'**ständlich** *adj.* intelligible; (*begreiflich*) compréhensible; (*deutlich*) distinct; (*klar*) clair; net, nette; (*faßlich*) facile à comprendre; allgemein ~ à la portée de tout le monde; j-m etw. ~ machen faire comprendre qch. à q.; sich ~ (*hörbar*) machen se faire entendre; ⁀**keit** *f* intelligibilité *f*; (*Klarheit*) clarté *f*; netteté *f*.
Ver'**ständnis** *n* intelligence *f*; compréhension *f*; entendement *m*; entente *f*; (*Mitgefühl*) sympathie *f*; für j-n (etw.) ~ haben comprendre q. (qch.), (mit j-m mitfühlen) sympathiser avec q.; er hat kein ~ dafür il ne comprend pas ces choses-là; il n'y entend rien; ⁀**innig** *adj.*: ⁀**er** Blick regard *m* d'intelligence; ⁀**los** *adj.* qui ne comprend pas; incompréhensif, -ive; (*ohne Mitgefühl*) sans sympathie; ⁀**losigkeit** *f* manque *m* de compréhension; (*Mangel an Mitgefühl*) manque *m* de sympathie; ⁀**voll** *adj.* plein de compréhension; compréhensif, -ive; (*mitfühlend*) sympathique, -ives; *Augenzwinkern*: entendu.
ver'**stänkern** F *v/t.* empuantir; empester.
ver'**stärk|en** 1. *v/t.* rendre plus fort; fortifier; an Zahl: renforcer (*a. phot.*); (*vermehren*) augmenter; accroître; (*intensivieren*) intensifier; Radio: amplifier; 2. *v/rf.*: sich ~ devenir plus fort; se fortifier; an Zahl: se renforcer; (*sich vermehren*) augmenter; s'accroître; (*sich intensivieren*) s'intensifier; ⁀**er** *m phot.* renforçateur *m*; Radio: amplificateur *m*; téléph. répéteur *m*; ⁀**erröhre** *f* Radio: lampe *f* amplificatrice (*od.* d'amplification); ⁀**erstufe** *f* étage *m* amplificateur (*od.* d'amplification); ⁀**ung** *f* renforcement *m* (*a. phot.*); (*Vermehrung*) augmentation *f*; accroissement *m*; (*Intensivierung*) intensification *f*; Radio: amplification *f*; ⚔ taktische: renfort *m*; zur ~ holen appeler en renfort; zur ~ kommen intervenir en renfort.
ver'**staub|en** *v/i.* s'empoussiérer; se couvrir de poussière; ⁀**t** *adj.* poussiéreux, -euse.
ver'**stauch|en** *v/t.*: sich den Fuß ~ fouler le pied; se donner une entorse (*od.* une foulure) au pied; sich den Fuß verstaucht haben avoir le pied foulé; ⁀**ung** *f* foulure *f*; entorse *f*; distension *f*; *vét.* effort *m*.
ver'**stau|en** *v/t.* caser; ⚓ arrimer; ⁀**en** *n*, ⁀**ung** *f* ⚓ arrimage *m*.
Ver'**steck** *n* cachette *f*; (*Hinterhalt*) embuscade *f*; ⁀**spielen** jouer à cache-cache; ⁀**en** 1. *v/t.* cacher (vor j-m à q.); dissimuler; ⚖ receler; 2. *v/rf.* sich vor j-m ~ se soustraire (*od.* se dérober) aux regards de q.; éviter q.; sie versteckt sich vor ihm *a.* elle se

cache pour qu'il ne la voie pas (*od.* pour ne pas être vue par lui); *sich hinter e-m Pfeiler* ~ *a.* se dissimuler derrière un pilier; *fig. sich im Vergleich zu etw. dahinter* ~ *können* faire figure de parent pauvre en face de qch.; ~**spiel** *n* cache-cache *m*; ⩲**t** *adj.* caché; dissimulé; *(geheim)* secret, -ète; *mit* ~**en** *Anspielungen* à mots *m/pl.* couverts; ~**er** *Vorwurf* reproche *m* indirect; ~**theit** *f* sournoiserie *f*.

ver'**stehen I 1.** *v/t.* entendre; *(begreifen)* comprendre, concevoir; saisir; *entraver; *(wissen)* savoir; *(kennen)* connaître; *Französisch* ~ *comprendre le français; Spaß* ~ *comprendre la plaisanterie; falsch* ~ *mal comprendre; es* ~, *zu* ... *(inf.)* savoir ... *(inf.); zu* ~ *geben* donner à *(od.* laisser *od.* faire) entendre; *was* ~ *Sie unter* ... *(dat.) (darunter?)* qu'entendez-vous par ... (par là)?; *nichts* ~ *von (keine Ahnung haben)* ne rien entendre *(od.* comprendre) à; n'avoir aucune idée de; *ich verstehe nichts davon* je ne m'y connais pas; je n'y comprends *(od.* entends) rien; F *nur Bahnhof verstehen* *y entraver que dalle; *ich verstehe!* je comprends!; ~ *Sie?* vous comprenez?; *verstanden? compris?; verstanden haben* avoir compris; *man kann sein eigenes Wort nicht* ~ on ne peut s'entendre; *s-e Sache* ~ savoir son métier; *etw. von der Sache* ~ être du métier; *ich verstehe nichts von Politik* je n'y connais rien en politique; je ne connais rien à la politique; **2.** *v/rf.: sich* ~ *auf (acc.)* s'y connaître *(od.* s'y entendre) en; *ich verstehe mich auf Politik* je m'y connais *od.* je m'y entends; *sich* ~ *zu* consentir à; se prêter à; *sich mit j-m* ~ s'entendre avec q.; *sich mit j-m nicht (besonders)* ~ F ne pas se sentir en phase avec q.; être en froid avec q.; ~ *wir uns recht! entendons-nous!; (das) versteht sich* cela (F ça) se comprend; *das versteht sich von selbst* cela va de soi *(od.* sans dire); **II** ⩲ *n* intelligence *f*; compréhension *f*; *a. pol.* malaise *m*; *f* désac-

ver'**steifen 1.** *v/t.* raidir; *(verstärken)* renforcer; *Schneiderei:* entoiler; **2.** *v/rf.: sich* ~ (se) raidir; *(sich verstärken)* se renforcer; *fig. sich auf etw. (acc.)* ~ s'obstiner *(od.* s'entêter *od.* s'opiniâtrer) dans qch. *(od.* à faire qch.); ⩲**ung** *f a.* △ raidissement *m;* *(Verstärkung)* renforcement *m;* *fig.* obstination *f;* entêtement *m;* ⩲**ungsrippe** ⊕ *f* nervure *f* raidisseuse.

ver'**steigen** *v/rf.:* *sich* ~ s'égarer (en montant); *fig. er verstieg sich zu der Behauptung* ... il alla jusqu'à prétendre que ...

Ver'steiger|er *m* commissaire-priseur *m;* ⩲**n** *v/t.* vendre aux enchères; ⚖ liciter; ~**ung** *f* vente *f* aux enchères; ⚖ licitation *f*.

ver'**steiner|n** *v/t. (v/i.* se) pétrifier; *fig. wie versteinert dastehen* rester cloué sur place; ~**ung** *f* pétrification *f;* *(das zu Stein Gewordene)* fossile *m;* *fig. pol.* monolithisme *m.*

ver'**stell|bar** *adj.* réglable; *(herunterklappbar)* rabattable; *(dreh-, schwenkbar)* orientable; ⩲**barkeit** ⊕ *f* réglage *m;* ~**en 1.** *v/t.* déplacer;

(falsch stellen) Uhr: dérégler; *(in Unordnung bringen) Bücher usw.:* mettre en désordre; déranger; *Stimme, Schrift usw.:* déguiser; **2.** *v/rf.: sich* ~ user de dissimulation; feindre; P faire du chiqué; *sich zu* ~ *wissen* savoir feindre; ⩲**ung** *f* déplacement *m; der Stimme, Schrift:* déguisement *m; fig.* dissimulation *f;* feinte *f;* F chiqué *m;* faux semblant *m;* hypocrisie *f;* ⩲**ungskunst** *f* art *m* de feindre.

ver'**steuer|n** *v/t.* **1.** imposer; frapper de l'impôt; taxer; **2.** payer l'impôt (sur); ⩲**ung** *f* paiement *m* de l'impôt (sur).

ver'**stiegen** *adj. (verschroben)* bizarre; excentrique; paradoxal; ⩲**heit** *f* bizarrerie *f;* excentricité *f;* paradoxe *m.*

ver'**stimm|en** *v/t. u. v/rf.* indisposer; contrarier; fâcher; donner de l'humeur (à); ♪ *(sich se)* désaccorder; ~**t** *adj.* de mauvaise humeur; contrarié; fâché; renfrogné; ♪ désaccordé; ~**es Klavier** *a.* piano *m* désaccordé; *fig.* ~ *sein* être de mauvaise humeur; ~ *werden* se piquer; *e-n* ~**en Magen haben** avoir une indigestion; ⩲**ung** *f* mauvaise humeur *f;* *a. pol.* malaise *m;* ♪ désaccord *m;* *(Magen⩲)* indigestion *f.*

ver'**stock|t** *adj. (stockfleckig)* moisi; *fig.* endurci; entêté; obstiné; ⩲**theit** *f* endurcissement *m;* entêtement *m;* obstination *f.*

ver'**stohlen I** *adj.* furtif, -ive; subreptice; ~**er Blick** regard *m* furtif; **II** *adv.* furtivement; subrepticement; à la dérobée; en cachette; ~ *auf etw. blicken* guigner qch.

ver'**stopf|en** *v/t. u. v/rf. (sich* se) boucher; *Ritzen:* calfeutrer; *Rohre:* (*sich* s')engorger; (s')obstruer; *mit e-m Stöpsel usw.:* boucher; *Verkehrswege:* embouteiller; encombrer; congestionner; embarrasser; ✂ constiper; *(verschlämmen)* envaser; *mit Werg* ~ étouper; ~**t** *adj.t. (Straße)* bouchée, engorgée *part. f;* ~ *sein (Verkehr)* F bouchonner; *(Mensch)* être constipé; ⩲**ung** *f* bouchage *m;* *Ritzen:* calfeutrage *m;* *v. Rohren:* engorgement *m;* obstruction *f;* *mit e-m Stöpsel usw.:* bouchage *m;* *v. Verkehrswegen usw.:* embouteillage *m;* encombrement *m;* ✂ constipation *f; an* ~ *leiden* être constipé; *(Verschlämmung)* envasement *m;* ~ *mit Werg* étoupement *m.*

ver'**storben** *adj.* mort; trépassé; *bsd.* ⚖ décédé; défunt; *m-e* ~ *Mutter* ma défunte mère; feu ma mère; ma feue mère; ⩲**e(r** *a. m) m, f* défunt *m,* -e *f;* *die* ~**en** *pl.* les morts *m/pl.;* les trépassés *m/pl.*

ver'**stört** *adj.* effaré; bouleversé; retourné; chaviré; troublé; 'hagard; ~ *aussehen* avoir l'air 'hagard, retourné, chaviré; ⩲**heit** *f* trouble *m.*

Ver'stoß *m* faute *f;* manquement *m* (*gegen* à); ⚖ infraction *f (gegen* à); ⩲**en 1.** *v/t.* repousser; *Frau:* répudier; ~ *aus* chasser de; expulser de; **2.** *v/i.: gegen etw.* ~ pécher contre qch.; manquer à qch.; déroger à qch.; *gegen das Gesetz* ~ enfreindre *(od.* violer) la loi; faire une entorse à la loi; *gegen die Grammatik* ~ donner une entorse à la grammaire; ~**ene(r**

a. m) m, f réprouvé *m,* -e *f;* ~**ung** *f* expulsion *f; e-r Frau:* répudiation *f.*

ver'**streben** *v/t.* étrésillonner; ⩲**ung** *f* étrésillon *m.*

ver'**streich|en 1.** *v/i. Zeit:* passer; s'écouler; *Termin:* expirer; **2.** *v/t. Butter usw.:* étendre; *die Fugen* ~ boucher les joints; jointoyer; ⩲**en** *n der Zeit:* fuite *f; e-r Frist:* expiration *f;* ~ *der Fugen* jointoiement *m.*

ver'**streu|en** *v/t.* éparpiller; disperser; *(zur Streu verbrauchen)* employer en litière; *in alle Winde* ~ semer à tous les vents; ⩲**en** *n,* ⩲**ung** *f* éparpillement *m;* dispersion *f.*

ver'**stricken** *v/t. u. v/rf. Wolle:* employer ... en tricotant; ⩲ en tricotant; tricoter; *fig. (sich* s')empêtrer (*in acc.* dans); *sich in grobe Lügen* ~ s'enferrer dans des mensonges grossiers.

ver'**stümmel|n** *v/t. (v/rf.:* *sich* se) mutiler; (s')estropier; *Text:* tronquer; F châtrer; ⩲**ung** *f* mutilation *f.*

ver'**stumm|en** *v/i.* devenir muet, -ette; se taire; *Lärm:* cesser, s'arrêter; *gr.* s'amuïr; ⩲**ung** *gr. f* amuïssement *m.*

Ver'such *m* essai *m;* tentative *f;* *(Experiment)* expérience *f;* *(Probe)* épreuve *f;* *erster* ~ coup *m* d'essai; *e-n* ~ *machen (od.* unternehmen) faire un essai *(mit de),* faire *(od.* tenter) une expérience, *fig.* F tenter le coup; ~**e** *anstellen* faire ~ e (*mit* à) des essais *(mit de), (experimentieren)* expérimenter *(mit etw.* qch.); *mit j-m* (*etw.*) *e-n* ~ *machen (auf Probe nehmen)* prendre q. (qch.) à l'essai; *e-n* ~ *mit j-m machen* tenter un essai avec q. (essayer qch.); ⩲**en** *v/t. u. v/rf.* essayer; *(sich bemühen)* tâcher; *Schwieriges:* tenter; *(kosten)* goûter (*a.* à *od.* de), essayer, *Getränke:* déguster, essayer; *(erproben)* éprouver; mettre à l'épreuve; *(in Versuchung führen)* tenter; *sich an (in) etw. (dat.)* ~ s'essayer à qch.; *sich auf allen Gebieten* ~ essayer de tout; *es mit j-m* ~ *(auf Probe nehmen)* prendre q. (qch.) à l'essai; → *Versuch;* ~**er(in** *f) m* tentateur *m,* -trice *f.*

Ver'suchs|anlage *f* installation *f* d'essai; ~**anstalt** *f* station *f* d'essai; ~**ballon** *m* ballon *m* d'essai *(a. fig.);* ~**bohrung** *f* sondage *m;* ~**bühne** *f* théâtre *m* d'essai; ~**ehe** *f* mariage *m* à l'essai; ~**ergebnis** *n* résultat *m* d'essai; ~**fahrt** *f Auto usw.:* sortie *f* d'essai; essai *m* sur route; ~**feld** *n* champ *m* d'essai *(od.* d'expérience); ~**flug** *m* vol *m* d'essai; ~**gelände** *n* terrain *m* d'essai *(od.* d'expérience); ~**kaninchen** *fig. m:* ~ *sein* F servir de cobaye; F essuyer les plâtres; ~**klasse** *écol. f* classe *f* expérimentale; ~**laboratorium** *n* laboratoire *m* d'expériences; ~**modell** *n* modèle *m* d'essai; ~ *e-s Hauses* modèle *m* d'une maison; ~**person** *f* sujet *m* d'expérience; sujet *m* témoin; ~**pilot** *m* pilote *m* d'essai; ~**raum** *m* salle *f* d'expériences; ~**reaktor** *m* réacteur *m* d'essai; pile *f* expérimentale; ~**reihe** *f* série *f* d'expériences; ~**stadium** *n* phase *f* d'essai; *(Probezeit)* période *f* d'essai; ~**stand** *m* banc *m* d'essai; ~**station** *f* station *f* d'essai; ~**strecke** *f* piste *f* d'essais; ✈ station *f* d'essai; ~**tier** *n* animal *m* d'expérience *(resp.* de laboratoire); F co-

baye m; weise adv. à titre d'essai; à titre expérimental; à l'essai; zweck m but m (od. fin f) d'essai.
Ver'suchung f tentation f; in führen tenter; induire en tentation; in geraten être tenté (zu ... inf. de ... inf.).
ver'sumpfen v/i. se changer en marais; fig. tomber bien bas.
ver'sündig|en v/rf.: sich an (dat.) pécher contre; sich an Gott offenser Dieu; ung f péché m (an dat. contre); an Gott offense f à Dieu.
ver'sunken adjt. fig. in (acc.) absorbé dans; in Gedanken plongé dans la méditation; perdu dans ses réflexions; in tiefen Schlaf plongé dans le sommeil; heit psych. f absorption f (in acc. dans).
ver'süß|en v/t. u. v/rf. adoucir (a. fig.); (zu süß machen) sucrer trop; phm. dulcifier; édulcorer (a. fig.); fig. die Pille dorer la pilule; F fig. sich das Leben F se la couler douce; ung f adoucissement m (a. fig.); phm. dulcification f; édulcoration f (a. fig.).
ver'tag|en v/t. (v/rf.: sich s')ajourner (auf à); (se) remettre (à); reporter (à); renvoyer (à); pol. proroger; ung f ajournement m (auf à); renvoi m (à); pol. prorogation f.
ver'tändeln v/t.: die Zeit passer son temps à des bêtises od. niaiseries.
ver'täuen v/t. Schiff: amarrer.
ver'tausch|bar adj. échangeable, permutable; barkeit f permutabilité f; en v/t. échanger (für; gegen; mit; um contre); abandonner (etw. mit qch. contre); changer; troquer; (verwechseln) prendre l'un pour l'autre; confondre (mit avec); Amt: permuter (a.); die Rollen échanger (od. intervertir) les rôles; man hat s-n Mantel vertauscht on lui a donné par erreur un autre manteau; ung f (Verwechslung) échange m involontaire; e-s Amtes: permutation f (a.).
ver'teidig|en v/t. u. v/rf. (sich se) défendre; (rechtfertigen) (sich se) justifier; These: soutenir; e-e Sache plaider une cause; er(in f) m défenseur m; avocat m, -e f; Sport: arrière m; ung f défense f; (Rechtfertigung) justification f; e-r These: soutenance f; plaidoirie f; in der sur la défensive; zur von (od. gén.) pour la défense de; j-s übernehmen prendre la défense de q.; in die drängen acculer à la défensive; in die gehen se mettre en défense.
Ver'teidigungs|anlagen f/pl. défenses f/pl.; beitrag m contribution f à la défense commune; bündnis n alliance f défensive; gemeinschaft f communauté f de défense; gürtel m périmètre m défensif; krieg m guerre f défensive; minister m ministre m de la Défense (nationale); ministerium n ministère m de la Défense (nationale); organisation f organisation f défensive; rede f plaidoyer m; schild m bouclier m défensif; schirm m ombrelle f défensive; schlacht f bataille f défensive; schrift f apologie f; stellung f position f défensive; in en défense; sur la défensive; system n système m défensif; (Befestigungen) système m de

défenses; waffe f arme f défensive; werke n/pl. ouvrages m/pl. défensifs; défenses f/pl.; werkzeuge n/pl. défenses f/pl.; zustand m état m de défense; in setzen mettre en état de défense.
ver'teil|bar adj. distribuable; en v/t. u. v/rf. (sich se) distribuer; (aufteilen) (sich se) partager (auf, unter acc. entre); (in zukommenden Teilen) (sich se) répartir (auf, unter acc. entre); (ausbreiten) répandre (auf acc. sur); (zerstreuen) (sich se) disperser; (s')éparpiller; (se) dissiper (a. Nebel); er m distributeur m; (Liste) liste f des destinataires; Autobahnkreuzung: échangeur m; téléph. répartiteur m; erbahnhof m gare f de triage; erfinger m (Rotor) rotor m; erkasten m boîte f de distribution; ermaschine f: elektronische trieuse f électronique; ung f distribution f; (Aufteilung) partage m; in zukommenden Teilen: répartition f; (Zerstreuung) dispersion f; dissipation f; fin. ventilation f; der Ferien auf drei Monate étalement m des congés sur trois mois; der Kosten répartition f des frais; die nach Strecken durch den Postkunden vor der Ablieferung vornehmen faire le routage par le client avant la mise à la poste; ungsmodus m mode m de répartition; ungsnetz n réseau m de distribution; ungs-plan plan m de répartition; ungsschlüssel m clef f de répartition.
ver'teuer|n v/t. renchérir; ung f renchérissement m.
ver'teufeln v/t. diffamer.
ver'teufelt I adj. satané; endiablé; er Kerl diable m d'homme; II adv. F (sehr) diablement.
Ver'teufelung f diffamation f.
ver'tief|en 1. v/t. rendre plus profond; a. fig. approfondir; (austiefen) creuser, sculp. fouiller; 2. v/rf.: sich devenir plus profond; (sich austiefen) se creuser; fig. sich in (acc.) s'enfoncer dans; t adj.: in (acc.) enfoncé dans; ung f approfondissement m; (Höhlung) cavité f; (Vertieftes) creux m; im Gelände: dépression f; sculp. en ausmeißeln fouiller (in etw. acc. qch.).
ver'tier|en v/i. s'abrutir; t adj. abruti; ung f abrutissement m.
verti'kal adj. vertical; e f verticale f; starter m avion m à décollage vertical.
ver'tilg|en v/t. exterminer; extirper; anéantir; détruire; F (verspeisen) consommer; ung f extermination f; extirpation f; anéantissement m; destruction f; ungsmittel n pesticide m.
ver'tippen 1. v/t. taper de travers; 2. v/rf. faire une faute de frappe.
ver'tobacken P v/t. P dérouiller.
ver'ton|en v/t. mettre en musique; ung f mise f en musique.
ver'trackt F adj. (verwickelt) embrouillé; compliqué; inextricable; (mißlich) embarrassant; (ärgerlich) fâcheux, -euse.
Ver'trag m privater: contrat m; staatlicher: traité m; (Abkommen) accord m; (Übereinkunft) convention f; (Pakt) pacte m; e-m beitreten adhé-

rer à un traité; e-n einhalten observer les clauses d'un traité; e-m zuwiderhandeln violer un traité.
ver'tragen 1. v/t. (aushalten) supporter; endurer; Schmerzliches: souffrir; (geduldig lassen) tolérer; viel können Wein usw.: supporter bien; 2. v/rf.: sich s'accorder (mit avec); sich mit j-m wieder se réconcilier (od. F se raccommoder) avec q.; sich (gut) miteinander Personen: s'entendre bien, être en bons termes, vivre en bonne harmonie (od. F bonne intelligence) (mit j-m avec q.), Sachen: être compatible (mit avec), aller bien ensemble; sich nicht Personen: être en mauvais termes (avec); ne pouvoir se supporter (od. se souffrir), Sachen: jurer ensemble.
ver'traglich I adj. stipulé par contrat; contractuel, -elle; II adv. par contrat.
ver'träglich adj. conciliant; accommodant; (friedfertig) pacifique; v. Sachen: compatible (mit avec); keit f esprit m conciliant; v. Sachen: compatibilité f.
Ver'trags|abschluß m passation f d'un contrat; pol. conclusion f d'un traité; ansprüche m/pl. prétentions f/pl. contractuelles; droits m/pl. contractuels; bestimmung f clause f; bruch m rupture f de contrat (pol. de traité); brüchig adj. qui a rompu le contrat (pol. le traité); er Staat État m en rupture de traité.
ver'tragschließend adj. contractuel; e Partei; er Teil partie f contractante; e(r) m contractant m; partie f contractante.
Ver'trags|dauer f durée f d'un contrat (pol. d'un traité); entwurf m projet m de contrat (pol. de traité); gegenstand m objet m du contrat; gemäß adj. conforme au contrat (pol. au traité); contractuel, -elle; conventionnel, -elle; händler m concessionnaire m; inhalt m contenu m d'un contrat (pol. d'un traité); klage f action f contractuelle; kontrahent m contractant m; leistung f prestation f contractuelle; mäßig adj. → gemäß; partei partie f contractante; partner m contractant m; partie f contractante; preis m prix m contractuel; recht n droit m contractuel; strafe f peine f contractuelle (od. conventionnelle); streitigkeit f différend m contractuel; summe f somme f contractuelle; tarif m tarif m stipulé par contrat od. contractuel; treue f fidélité f à un contrat (pol. à un traité); unternehmer m entrepreneur m contractant m; urkunde f (document m de) contrat m; pol. (document m de) traité m; verbindlichkeit f obligation f contractuelle; verletzung f violation f d'un contrat (pol. d'un traité); werk n contrat m; pol. traité m; werkstatt f (Auto) f atelier m travaillant par contrat; widrig adj. contraire au contrat (pol. au traité).
ver'trauen v/i.: j-m (e-r Sache) avoir confiance en q. (en qch.); auf j-n (etw. acc.) mettre sa confiance en q. (en qch.); se fier à q. (à qch.); vertraue darauf! aie confiance!; tu

peux t'y fier!
Ver'trauen *n* confiance *f*; *im ~ en confidence*; *im ~ gesagt* soit dit entre nous; *im ~ auf sein Recht* confiant en son bon droit; *~ haben* avoir confiance (*zu en*, *vor Artikel*: dans); *sein ~ setzen auf* (*in*) (*acc.*) mettre (*od.* placer) sa confiance en; *j-m sein ~ schenken* donner sa (*od.* faire) confiance à q.; *j-s ~ gewinnen* (*verlieren*) gagner (perdre) la confiance de q.; *das ~ verlieren* perdre confiance; *~ einflößen* (*od. erwecken*) inspirer confiance; *j-s ~ genießen* avoir la confiance de q.; *volles ~ genießen* jouir de l'entière confiance; *parl. das ~ aussprechen* accorder sa confiance; *j-n ins ~ ziehen* mettre (*od.* prendre) q. dans la confidence; *von j-m ins ~ gezogen worden sein* être dans la confidence de q.; **⁀erweckend** *adj.* qui inspire confiance.
Ver'trauens|amt *n* poste *m* de confiance; **~arzt** *m* médecin-conseil *m*; **~beweis** *m* preuve *f* de confiance; **~bruch** *m* abus *m* de confiance; **~frage** *f* question (*od.* motion) *f* de confiance (*stellen* poser); **~mann** *m* homme *m* de confiance; **~männergremium** *n* collège *m* d'hommes de confiance; **~person** *f* personne *f* de confiance; **~posten** *m* poste *m* de confiance; **~sache** *f* affaire *f* de confiance; **~schwund** *m* baisse *f* de confiance; **⁀selig** *adj.* trop confiant; d'une confiance aveugle; **⁀seligkeit** *f* confiance *f* aveugle; **~stellung** *f* place *f* (*od.* poste *m*) de confiance; **⁀voll** *adj.* confiant; plein de confiance; **~votum** *n* vote *m* de confiance; **⁀würdig** *adj.* digne de confiance; crédible; **~würdigkeit** *f* véracité *f*; crédibilité *f*.
ver'trauern *v/t.*: *s-e Tage ~* passer ses jours dans le deuil.
ver'traulich I *adj.* familier, -ière; intime; *Mitteilung*: confidentiel, -elle; *~e Mitteilung* communication *f* confidentielle; confidence *f*; *j-m ~e Mitteilungen machen* faire des confidences à q., F tuyauter q.; (*streng*) *~* (strictement) confidentiel, -elle; **II** *adv.*: *etw. ~ behandeln* traiter qch. confidentiellement; *j-m etw. ~ mitteilen* faire confidence de qch. à q.; **⁀keit** *f* familiarité *f*; intimité *f*; privauté *f*; *e-r Mitteilung*: caractère *m* confidentiel; *sich ~en herausnehmen* prendre (*od.* se permettre) des familiarités (*od.* des privautés) (*mit j-m* avec q.).
ver'träum|en *v/t.*: *die Zeit ~* passer le temps à rêver; F bayer aux corneilles; **~t** *adj.* rêveur, -euse.
ver'traut *adj.* familier, -ière; (*intim*) intime; *mit j-m auf ~em Fuße stehen* être intime (od. en relations intimes) avec q.; *mit etw. ~ sein* connaître qch. à fond, (*darüber auf dem laufenden sein*) être au fait de qch.; (*sich*) *mit etw. ~ machen* (se) familiariser avec qch., ([*sich*] *darüber auf dem laufenden halten*) (se) mettre au courant de qch.; *diese Sprache* (*diese Frage*) *ist ihm ~* cette langue (cette question) lui est familière; **⁀e**(**r** *a. m*) *m, f* confident *m*, -e *f*; **⁀heit** *f* (*gute Kenntnis*) bonne (*od.* profonde) connaissance *f* (*mit de*).

ver'treib|en *v/t.* chasser (*aus* de); expulser (de); (*aus e-r Stellung*) déloger, ⚔ *a.* débusquer; ✝ débiter; vendre; *im Hausierhandel*: colporter; *Fieber*: faire passer; chasser; *Angst, Müdigkeit*: gommer; *Sorgen*, chasser; dissiper; *sich die Zeit mit etw. ~* s'amuser à faire qch.; *j-n aus s-m Besitz ~* déposséder q., ⚖ évincer q.; **⁀ung** *f* expulsion *f*; ✝ débit *m*; (*Hausieren*) colportage *m*; *~ aus dem Besitz* dépossession *f*, ⚖ évincement *m*.
ver'tret|bar *adj.* justifiable; **~en** *v/t. u. v/rf.* représenter; (*ersetzen*) remplacer; suppléer; se substituer (à q.); (*verteidigen*) défendre; soutenir; *die Ansicht* (*od. die Meinung od. die Auffassung od. den Standpunkt*) *~*, *daß* ... être d'avis que ...; *e-e andere Ansicht ~* être d'un autre avis; penser différemment; *ich vertrete nicht Ihre Ansicht* je ne suis pas de votre avis; *welche Ansicht ~ Sie* (*über acc.*)? quel est votre avis (sur *od.* au sujet de)?; *que pensez-vous* (*de*)?; *bei j-m Vaterstelle ~* tenir lieu de père à q.; *j-s Sache ~* plaider la cause de q.; *j-m den Weg ~* barrer le chemin à q.; *sich den Fuß ~* se fouler le pied; *ich habe mir den Fuß ~* je me suis foulé le pied; *j'ai le pied foulé*; *sich die Beine ~* se dégourdir les jambes (en marchant); ✝ *nicht ~ sein* (*fehlen*) manquer; faire défaut; **⁀er**(**in** *f*) *m* représentant *m*, -e *f*; *pol. a.* délégué *m*, -e *f*; ✝ représentant *m*, -e *f* (*in dat. en*); agent *m*; (*StellQ*) remplaçant *m*, -e *f*; suppléant *m*, -e *f*, ⚖ *~ des Staatsanwalts*: substitut *m*; (*Verteidiger*) défenseur *m*; **⁀ung** *f* représentation *f*; (*StellQ*) remplacement *m*; suppléance *f*; ✝ agence *f*; *in ~* (*Unterschrift*) par procuration (*par délégation*), (*signé*) pour; *Abstimmung in ~* vote *m* par procuration; **⁀ungsbefugnis** *f* droit (*od.* pouvoir) *m* de représentation; **~ungsberechtigt** *adj.* autorisé à représenter; **~ungsweise** *adv.* en remplacement (de); par intérim.
Ver'trieb *m* débit *m*; vente *f*; placement *m*; (*Verteilung*) distribution *f*; *v. Büchern*: diffusion *f*.
Ver'triebene(**r** *a. m*) *m, f* expulsé *m*, -e *f*.
Ver'triebs|abteilung *f* service *m* de vente; diffusion *f*; **~gesellschaft** *f* société *f* de vente; **~kosten** *pl.* frais *m/pl.* de distribution; **~leiter** *m* chef *m* de vente; **~recht** *n* droit *m* de vente; **~stelle** *f* comptoir *m* (*od.* point *m*) de vente.
ver'trimmen F *v/t.*: *j-n ~* P tabasser, carder q.
ver'trinken *v/t.*: *sein Geld ~* dépenser son argent à boire.
ver'trocknen I *v/i.* sécher; se dessécher; **II** ⚖ *n* dessèchement *m*.
ver'trödeln *v/t.*: *die Zeit ~* gâcher (*od.* perdre) son temps.
ver'trösten *v/t. u. v/rf.*: *j-n mit etw.* (*acc.*) *~* faire espérer qch. à q.; *Gläubiger*: faire attendre; F faire lanterner.
ver'trottelt F *adj t.* F gâteux.
ver'trusten *v/t.* truster.
ver'tun 1. *v/t.* gaspiller; dissiper; gâcher; **2.** *v/rf.*: *sich ~* F se tromper.
ver'tuschen *v/t. Fehler*: cacher; *Angelegenheit*: étouffer; camoufler; pallier.
ver'übeln *v/t.*: *j-m etw. ~ en vouloir* à q. de qch.
ver'üb|en *v/t. Verbrechen*: commettre; *Grausamkeit*: exercer; ⚖ perpétrer; **⁀ung** *f* perpétration *f*.
ver'ulken *v/t.* blaguer; railler; bafouer; se moquer (de q.); F se payer la tête (de q.).
ver'un|ehren *v/t.* déshonorer; **~einigen** *v/t.* (*v/rf.*: *sich se*) désunir; (se) brouiller; *v/rf.* se quereller; tomber en désaccord; **⁀einigung** *f* désunion *f*; brouille *f*; **~glimpfen** *v/t.* diffamer; dénigrer; calomnier; ravaler; ravilir; **⁀glimpfung** *f* diffamation *f*; dénigrement *m*; calomnie *f*; **~glücken** *v/i.* avoir un accident; être victime d'un accident; *tödlich*: périr dans un accident; se tuer; ⚓ faire naufrage; **~glückt** *adj. im Verkehr*: accidenté; **⁀glückte**(**r** *a. m*) *m, f* accidenté *m*, -e *f*; victime *f* (d'un accident); **~reinigen** *v/t. u. v/rf.* (*sich se*) souiller; (se) salir; *Luft, Wasser*: polluer; *Luft a.*: infecter; **⁀reinigung** *f* souillure *f*; *der Luft, des Wassers*: pollution *f*; *der Luft a.*: infection *f*; **~sichern** *v/t.*: *j-n ~* décourager q.; désorienter q.; faire perdre tous ses moyens à q.; *ein Land ~* déstabiliser un pays; **~sichernd** *adj.* insécurisant; **⁀sicherung** *f pol.* déstabilisation *f*; *a. allg.* désorientation *f*; **~stalten** *v/t.* défigurer; déformer; (*häßlich machen*) enlaidir; **~staltet** *adj.* contrefait; **⁀staltung** *f* déformation *f*; (*Häßlichmachen*) enlaidissement *m*; **~treuen** *v/t.* détourner; soustraire; **⁀treuung** *f* détournement *m*; déprédation *f*; malversation *f*; soustraction *f*; *öffentlicher Gelder*: concussion *f*; **~zieren** *v/t.* déparer.
ver'ur|sachen *v/t.* causer; occasionner; être à l'origine (de); produire; faire naître; (*hervorrufen*) provoquer; *Kosten*: faire (*a. Tote*); occasionner; **~teilen** *v/t.* condamner (*zu* à); *zu 3 Monaten Gefängnis ~* condamner à trois mois de prison; *zum Tode ~* condamner à mort; *zu den Kosten verurteilt werden* être condamné aux dépens; *fig. zum Scheitern verurteilt* voué (*od.* condamné) à l'échec; **⁀teilte**(**r** *a. m*) *m, f* condamné *m*, -e *f*; **⁀teilung** *f* condamnation *f*.
ver'vielfältig|en *v/t. u. v/rf.* (*sich se*) multiplier; *phot.* reproduire; *Text*: polycopier; ronéotyper; hectographier; reprographier; (*abziehen*) tirer; *~tes Kolleg univ.* polycopie *m*; **⁀er** ⊕ *m* ronéo *m*; reprographieur *m*; **⁀ung** *f* multiplication *f*; *phot.* reproduction *f*; *v. Texten*: polycopie *f*; reprographie *f*; xérographie *f*; (*Abziehen*) tirage *m*; **⁀ungs-apparat** *m* duplicateur *m*; machine *f* à polycopier; **⁀ungsrecht** *n* droit *m* de reproduction; **⁀ungsverfahren** *n* polycopie *f*; reprographie *f*.
ver'vierfachen *v/t.* quadrupler; **⁀ung** *f* quadruplement *m*.
ver'vollkommn|en *v/t.* (*v/rf.*: *sich se*) perfectionner; **⁀ung** *f* perfectionnement *m*; **⁀ungsfähig** *adj.* perfectible; **⁀ungsfähigkeit** *f* perfectibilité *f*.
ver'vollständig|en *v/t.* (*v/rf.*: *sich se*) compléter; **⁀ung** *f* complètement

ver'wachsen¹ v/i. (sich verschlingen) s'entrelacer; Wunde: se fermer; se cicatriser; fig. ~ mit jeter des racines dans.

ver'wachs|en² adj. difforme; contrefait; mal bâti; (bucklig) bossu; dicht ~ Wald: touffu; ~ mit ✽ adhérent à; ~ sein (eins sein) ne faire qu'un; mit j-m ~ sein être intimement lié avec q.; ♀ung f difformité f; ✽ adhérence f.

ver'wahr|en 1. v/t. garder; (wegschließen) serrer; zu ~ geben déposer en garde; mettre en dépôt; 2. v/rf.: sich gegen etw. ~ protester contre qch.; ♀er m dépositaire m; ~losen 1. v/t. négliger; laisser à l'abandon; 2. v/i. être négligé (od. à l'abandon); Mensch: tomber dans la déchéance; tomber bien bas; s'encanailler; ~lost adj. négligé; (laissé) à l'abandon; Mensch: déchu; dépravé; démoralisé; ♀losung f abandon m; négligence f; e-s Menschen: déchéance f; démoralisation f; ♀ung f garde f; dépôt m; in ~ geben déposer en garde; mettre en dépôt; in ~ nehmen prendre en garde (od. en dépôt); in ~ haben garder; ~ einlegen protester (gegen contre); ♀ungs-ort m dépôt m; ♀ungsvertrag m contrat m de dépôt.

ver'wais|en v/i. devenir orphelin; fig. être délaissé; ~t adj. orphelin; fig. délaissé.

ver'walken F v/t. rouer de coups.

ver'walt|en v/t. administrer; gérer; Amt: exercer; ♀er(in f) m administrateur m, -trice f; gérant m, -e f; (bsd. Guts♀) régisseur m; intendant m; ♀ung f administration f; gestion f; öffentliche: régie f; e-s Amtes: exercice m.

Ver'waltungs|abteilung f service m administratif; ~akt m acte m administratif; ~apparat m appareil m administratif; ~aufbau m organisation f (od. schéma m od. plan m od. schéma m od. organigramme m) de l'administration; ~ausgaben f/pl. dépenses f/pl. administratives; ~ausschuß m comité m d'administration; ~be-amte(r) m fonctionnaire m administratif; ~behörde f autorité f administrative; direction f; ~bereich m ressort m administratif; ~bezirk m circonscription f administrative; district m administratif; ~dienst m service m administratif; ~gebäude n bâtiment m administratif; ~gebühr f frais m/pl. administratifs; ~gericht n tribunal m administratif; ~kommission f commission f administrative; ~kosten pl. frais m/pl. d'administration; ~organisation f organisation f administrative; ~rat m conseil m administratif (od. d'administration); ~recht n droit m administratif; ~reform f réforme f administrative; ~sprache f langage m administratif; ~system n système m administratif; ~ und Finanzausschuß m comité m des questions administratives et financières; ~vereinbarung f arrangement m administratif; ~vorschrift f prescription f administrative; ~weg m: auf dem ~(e) par la voie administrative; par le canal administratif; ~wesen n administration f; ~zentrum n e-r Stadt: centre m administratif; ~zweig m branche f d'administration.

ver'wand|elbar adj. transformable (a. ♇); transmu(t)able; convertible; Strafe: commuable; ~eln v/t. u. v/rf. (sich se) changer (in acc. en); (sich se) transformer (en; a. ♇ u. Fußball); transmu(t)er (en); convertir (en); bsd. myth. u. ☒ (sich se) métamorphoser; Strafe: commuer; in Asche ~ réduire en cendres; rl. tanssubstantier; ♀ung f changement m; transformation f (a. ♇); transmutation f; conversion f; bsd. myth. u. ☒ métamorphose f; e-r Strafe: commutation f; rl. transsubstantiation f; thé. changement m de scène; ♀ungskünstler m illusionniste m; prestidigitateur m; a. frégoli m.

ver'wandt adj. parent (mit de); ⚖ allié; er ist mit mir ~ il est mon parent; nous sommes parents; wir sind nahe (weitläufig) ~ nous sommes proches parents (parents éloignés); fig. apparenté (mit dat. à); semblable; analogue; ~e Industriegruppen industries f/pl. connexes; ♀e(r a. m) m, f parent m, -e f; naher ~r proche parent m; unsere ~n nos proches m/pl.; entfernter ~r parent m éloigné; ♀schaft f parenté f; fig. affinité f (a. ⚗); analogie f; ressemblance f; ~schaftlich adj. de (adj. en) parent; ♀schaftsgrad m degré m de parenté; ♀schaftsverhältnis n parenté f.

ver'wanzt adj. plein de punaises.

ver'warn|en v/t. avertir; Sport: donner un avertissement (à); ♀ung f avertissement m (a. Sport); mise f en garde; remontrance f; gebührenpflichtige ~ contravention f.

ver'waschen adj. Farben: délavé; Kleidung: décoloré.

ver'wässern v/t. mettre trop d'eau dans; fig. délayer.

ver'wechsel|bar adj.: leicht ~ facile à confondre; ~n v/t. confondre (mit avec); prendre l'un pour l'autre; sie sehen sich zum ♀ ähnlich ils sont à s'y méprendre; sein Mantel ist verwechselt worden on lui a pris par erreur son manteau; ♀ung f confusion f; (Irrtum) erreur f; (Vertauschung) échange m involontaire; (Fehlgriff) méprise f.

ver'wegen adj. téméraire; (kühn) audacieux, -euse; 'hardi; osé; ♀e(r) m téméraire m; risque-tout m; ♀heit f témérité f; (Kühnheit) audace f; litt. 'hardiesse f.

ver'weh|en 1. v/t. vom Wind: emporter; chasser; (zerstreuen) dissiper; Spuren: effacer; mit Schnee ~ couvrir de neige; mit Sand ~ ensabler; 2. v/i. se dissiper; être dispersé; ♀ung f (Schnee♀) congère f; (Versandung) ensablement m.

ver'wehren st. s. v/t.: j-m etw. ~ empêcher q. de faire qch., (verbieten) défendre (od. interdire) qch. à q.

ver'weiblich|en v/t. féminiser; die Briefträgerschaft ~ féminiser le corps des préposés; v/i. se féminiser; ♀ung f féminisation f.

ver'weichlich|en v/t. (v/rf.: sich s')amollir; (s')efféminer; ~t adj. efféminé; ♀ung f amollissement m.

ver'weiger|n v/t. refuser; j-m den Gehorsam ~ désobéir à q.; ♀ung f refus m; ♀ungsfall m: im ~ en cas de refus.

ver'weilen I v/i. u. v/rf. (bleiben) demeurer; längere Zeit: séjourner; bei etw. ~ s'arrêter (od. s'appesantir) sur qch.; II ♀ n arrêt m; längeres: séjour m.

ver'weint adj.: ~ aussehen; ~e Augen haben avoir les yeux gonflés de larmes.

Ver'weis m réprimande f; semonce f; blâme m; pfort objurgation f; (Warnung) remontrance f; admonestation f; avertissement m; e-s Schülers aus der Schule ~ m (à qch. a. Hinweis auf etw.): exclusion f; j-m wegen etw. e-n ~ erteilen réprimander q. à cause de qch.; blâmer q. de qch.; donner un avertissement à q.

ver'weis|en v/t. renvoyer (an, auf acc. à); adresser (à); aus dem Saal ~ expulser de la salle; von der Schule ~ renvoyer de l'école; des Landes ~ expulser (du pays); exiler; bannir; ♀en n, ♀ung f renvoi m (an, auf acc. à); (Landes♀) expulsion f; bannissement m; ~ aus dem Saal expulsion f de la salle; ♀ungs-karte (Bücherei) f fiche f de renvoi.

ver'welken v/i. se faner; se flétrir.

ver'weltlich|en v/t. Klöster usw.: séculariser; Schulen: laïciser; v/i. prendre un caractère laïque; ♀ung f v. Klöstern usw.: sécularisation f; v. Schulen: laïcisation f.

ver'wendbar adj. utilisable; employable; ~ für (acc.) applicable à; ♀keit f utilité f pratique; applicabilité f (für acc. à).

ver'wend|en 1. v/t. employer, utiliser (für, zu à); (anwenden) appliquer (à); (aufwenden) Summe: affecter; Zeit, Mühe: consacrer (auf acc. à); Sorgfalt ~ auf (acc.) apporter du soin à; s-e ganze Sorgfalt ~ auf (acc.) mettre tout son soin à; 2. v/rf.: sich für j-n ~ s'employer (od. s'entremettre) pour q., intercéder en faveur de q. (bei j-m pour q. od. auprès de q.); être l'interlocuteur de q.; ♀ung f emploi m; utilisation f; e-r Summe: affectation f; a. application f (für à); fig. entremise f (zugunsten j-s en faveur de q.); intercession f; für etw. keine ~ haben ne pas pouvoir employer qch.; ♀ungsbereich m champ m d'utilisation; ♀ungsmöglichkeit f application f; ♀ungszweck m but m (od. fin f) d'utilisation.

ver'werf|en v/t. (zurückweisen) rejeter; repousser; écarter; (mißbilligen) désavouer; rl., Lehre: réprouver; v/i. vét. avorter; v/rf.: sich ~ Holz: gauchir; se déjeter; ~lich adj. rejetable; (schlecht) mauvais; (tadelnswert) répréhensible; blâmable; condamnable; (abscheulich) abominable; (ruchlos) scélérat; ♀lichkeit f caractere m répréhensible; ♀ung f e-s Plans: rejet m; géol. recouvrement m; faille f; rl., e-r Lehre: réprobation f; vét. avortement m.

ver'wert|bar adj. utilisable; ~en v/t. utiliser; mettre en valeur; Alteisen: récupérer; Wertpapiere usw.: réaliser; ♀ung f utilisation f; e-s Patents: exploitation f; v. Altmaterialien: récupération f; v. Wertpapieren: réali-

ver'wesen v/i. se décomposer; se putréfier.
ver'weslich adj. putrescible; Skeit f putrescibilité f.
ver'westlich|en v/t. (v/i. s')occidentaliser; Sung f occidentalisation f.
Ver'wesung f putréfaction f; décomposition f; in ~ übergehen commencer à se décomposer, à se putréfier.
Ver'wesungs-prozeß m putréfaction f.
ver'wetten v/t. (verlieren) perdre dans un pari.
ver'wichsen F v/t. (verprügeln) rosser; flanquer une raclée od. une volée (à q.); bisw. astiquer.
ver'wickel|n v/t. u. v/rf. (sich s')enchevêtrer; (s')entortiller (verwirren) (sich s')embrouiller; s'embarrasser; fig. embrouiller; compliquer; j-n in e-e Angelegenheit ~ engager (od. F embarquer) q. dans une affaire; j-n in e-e Anklage ~ impliquer q. dans une accusation; sich in Widersprüche ~ tomber dans des contradictions; ~t adj. compliqué; complexe; embrouillé; Sung f enchevêtrement m; entortillement m; (Verwirrung) embrouillement m; embarras m; (Verwickeltsein) complication f; pol., ⚔ imbroglio m; ⚖ implication f; thé. intrigue f; nœud m; imbroglio m.
ver'wilder|n v/i. devenir sauvage; Felder, Gärten: être (laissé) à l'abandon; Sitten: se relâcher; se dépraver; ~ lassen laisser à l'abandon, Kinder: négliger l'éducation (de); ~t adj. sauvage; inculte, (laissé) à l'abandon, abandonné; (undiszipliniert) indiscipliné; Sung f retour m à l'état sauvage; (Verwahrlosung) abandon m; négligence f; der Sitten: relâchement m; dépravation f.
ver'winden v/t. den Schmerz: surmonter; se consoler (de).
ver'wirken v/t.: sein Leben verwirkt haben avoir mérité la mort.
ver'wirklich|en v/t. (v/rf.: sich se) réaliser; v/rf. phil. sich ~ s'assumer; Sung f réalisation f; traduction f dans les faits (de qch.).
ver'wirr|en v/t. u. v/rf. (sich s')embrouiller; j-n ~ embrouiller q.; déconcerter q.; décontenancer q.; démonter q.; dépayser q.; dérouter q.; effarer q.; embarrasser q.; troubler q.; (in Unordnung bringen) déranger; mettre en désordre; ~t adj. confus; embrouillé; déconcerté; effaré; ~ aussehen avoir l'air égaré; j-n ~ machen = j-n verwirren; Sung f embrouillement m; confusion f; embarras m; trouble m; effarement m; (Unordnung) désordre m; dérangement m; j-n in ~ bringen = j-n verwirren; in ~ geraten s'embrouiller; se déconcerter; se décontenancer; se dérouter; s'embarrasser; se troubler.
ver'wirtschaften péj. v/t. dissiper; gaspiller.
ver'wischen v/t. u. v/rf. (sich s')effacer; (s')oblitérer; mit dem Wischer: estomper; (in Unordnung bringen) brouiller; fig. sich ~ se perdre.
ver'witter|n v/i. se décomposer; s'effriter (sous l'influence de l'air); se désagréger; être rongé par le temps; se dégrader; ~t adj. rongé par le temps; ravagé par les intempéries; Sung f décomposition f; effritement m; désagrégation f; dégradation f; ⚒ efflorescence f.
ver'witwet adj. veuf, veuve, v. fürstlichen Witwen: douairière.
ver'woben adj.: eng miteinander ~ sein être étroitement lié(e)s.
ver'wöhn|en v/t. gâter (verhätscheln) choyer; dorloter; j-n im Essen ~ rendre q. difficile sur la nourriture; sich von j-m ~ lassen se laisser gâter (od. F dorloter) par q.; ~t adj. gâté; ~es Söhnchen F fils m à papa; Sung f gâterie f.
ver'worfen adj. (niederträchtig) vil; abject; infâme; (lasterhaft) dépravé; rl. réprouvé; Se(r) (Samuel Becket) m enlisé m; Sheit f infamie f; (Verderbtheit) dépravation f; rl. réprobation f.
ver'worren adj. confus; embrouillé; Sheit f confusion f; embrouillement m.
ver'wund|bar adj. vulnérable; Sbarkeit f vulnérabilité f; ~en v/t. blesser.
ver'wunder|lich adj. étonnant; surprenant; étrange; ~n 1. v/t. étonner; surprendre; émerveiller; 2. v/rf. sich ~ s'étonner (über acc. de); être étonné (od. surpris) (de); s'émerveiller (de); ~t adj. étonné; surpris; Sung f étonnement m; surprise f; émerveillement m; in ~ setzen émerveiller; in ~ geraten s'étonner (über acc. de); s'émerveiller (de).
Ver'wund|eten-abzeichen n insigne m (od. ruban m od. médaille f) des blessés; ~ete(r a. m) m, f blessé m, -e f; ~ung f blessure f; (Wunde) plaie f.
ver'wunschen adj. enchanté.
ver'wünsch|en v/t. (verfluchen) maudire; (verzaubern) enchanter; ensorceler; ~t! int. peste!; au diable!; Sung f (Verfluchung) malédiction f; imprécation f.
ver'wurzel|n v/i. prendre racine, s'enraciner (beide a. fig.); ~t adj. enraciné (in dat. dans); stark ~ sein in (dat.) avoir de profondes racines dans; Sung a. soc. f enracinement m.
ver'wüst|en v/t. ravager; dévaster; désoler; Sung f ravage m; dévastation f; désolation f; Ökologie: désertification f.
ver'zag|en v/i. perdre courage; se décourager; ~t adj. découragé; ~ machen werden perdre courage; se décourager; Stheit f découragement m.
ver'zählen v/rf.: sich ~ se tromper en comptant; sich um zwei ~ se tromper de deux.
ver'zahn|en v/t. u. v/rf. adenter; (einzahnen) endenter; sich (ineinander) s'engrener (a. fig.; mit avec); Sung f engrenage m (a. fig.); e-s Rades: denture f; charp. adent m; fig. von 2 Laufbahngruppen: jonction f; transition f; interpénétration f.
ver'zapfen fig. F v/t.: Unsinn ~ débiter des bêtises m. des inepties.
ver'zärtel|n v/t. (v/rf.: sich s')amollir; Kind: dorloter; choyer; (verwöhnen) gâter; Sung f amollissement m; e-s Kindes: dorlotement m.
ver'zauber|n v/t. ensorceler; enchanter; ~ in (acc.) changer en; ~t adj. enchanté; Sung f ensorcellement m; enchantement m.
ver'zäun|en v/t. entourer d'une clôture; Sung f clôture f.
ver'zechen v/t. Geld: dépenser à boire.
ver'zehnfachen v/t. (v/rf.: sich se) décupler.
Ver'zehr m consommation f; Sen 1. v/t. consommer; Feuer: calciner; consumer; Krankheit: consumer, ronger, fig. a. miner; Leidenschaft: dévorer; Vermögen: manger; dépenser; 2. v/rf.: sich vor Gram ~ se consumer (od. se ronger) de chagrin; Send adj. fig. qui consume; ~er(in f) m consommateur m, -trice f; ~ung f consommation f.
ver'zeich|nen v/t. noter; mettre par écrit; consigner; (registrieren) enregistrer; (katalogisieren) cataloguer; (inventarisieren) inventorier; répertorier; Kurse: coter; Bild: mal dessiner; (entstellen) défigurer; déformer (a. Fernsehen); im einzelnen ~ spécifier; auf e-r Liste ~ inscrire sur une liste; auf e-r Liste verzeichnet sein figurer sur une liste; Erfolg ~ können (od. zu ~ haben) avoir eu du succès; große Gewinne ~ können (od. zu ~ haben) avoir réalisé de gros gains; Siege ~ können (od. zu ~ haben) avoir remporté des victoires (über j-n sur q.); Snis n (Liste) liste f; état m; tableau m; (Aufstellung) relevé m; bordereau m; (Register) registre m; (Katalog) catalogue m; (Prospekt) prospectus m; (Inventar) inventaire m; (Matrikel) matricule m; (lange Aufzählung) nomenclature f; (Einzelaufführung) spécification f; (InhaltsS) table f des matières; (DruckfehlerS) errata m; ~ der Warenpreise tarif m.
ver'zeih|en v/t. pardonner; passer; Höflichkeitsformel: ~ Sie! pardon!; pardonnez-moi!; excusez-moi!; (entschuldigen) excuser; ~ Sie mir den Ausdruck! passez-moi l'expression!; rl. remettre; ~lich adj. pardonnable; (entschuldbar) excusable; Slichkeit f caractère m pardonnable; Sung f pardon m; (Entschuldigung) excuse f; rl. rémission f; (ich bitte um) ~! (je vous demande) pardon!; j-n um ~ bitten demander pardon à q.
ver'zerr|en 1. v/t. (verrenken) distordre; (entstellen) défigurer; déformer (a. Ton, Bild); Gesicht: décomposer; Muskel: claquer; verzerrte Züge traits m/pl. décomposés (od. bsd. Picasso: désaxés); 2. v/rf.: sich ~ Gesicht: se décomposer; sich krampfhaft ~ se convulser; Sung f (Verrenkung) distorsion f; (Entstellung) défiguration f; déformation f (a. des Tones, Bildes); des Tones, Bildes: distorsion f; des Gesichts: décomposition f; des Muskels: claquage m.
ver'zettel|n 1. v/t. éparpiller; (vergeuden) gaspiller; 2. v/rf.: sich ~ éparpiller ses forces; s'éparpiller; F papillonner; Sung f éparpillement m; gaspillage m.
Ver'zicht m renonciation f (auf acc. à); (Entsagung) renoncement m (à); (Aufgabe) abandon m (de); ⚖ désistement m (de); ~ leisten = Sen v/t.:

auf etw. (acc.) ~ renoncer à qch., *bsd.* ⚖ se désister de qch., *(abtreten) litt.* résigner qch., se dessaisir de qch.; *Sport: (s-e Meldung zurücknehmen)* déclarer forfait; **~leistung** *f* → *Verzicht;* **~politik** *f* politique *f* d'abandon.

ver'zieh|en I 1. *v/t. (verzerren)* distordre; *das Gesicht* ~ faire la grimace *(od.* la moue); *den Mund* ~ tordre la bouche; *ohne e-e Miene zu* ~ sans sourciller; *Kind:* gâter; mal élever; F élever dans du coton; *(in die Länge ziehen)* traîner en longueur; **2.** *v/i. (umziehen)* déménager; changer de domicile *(od.* de résidence); **3.** *v/rfl: sich* ~ *(sich verbiegen)* se fausser, se voiler, *Holz:* se déjeter, gauchir, *Gesicht:* se crisper, *Kleidung:* faire de faux plis, *Wolken, Gewitter, Dampf, Menge:* se dissiper, *Geschwulst:* tomber, *Geschwür:* se résoudre, *(verschwinden)* disparaître; **II** ⚲ *n (Umziehen)* déménagement *m;* changement *m* de domicile *(od.* de résidence); *des Holzes:* déjettement *m;* gauchissement *m.*

ver'zier|en *v/t.* orner; parer; *(dekorieren)* décorer; *mit Zieraten:* enjoliver; *mit Ornamenten:* ornementer; *durch Besatz:* garnir; *Buch:* illustrer; ⚲**ung** *f* décoration *f;* *(Schmuck)* enjolivement *m, kleine:* enjolivure *f; (Ornament)* ornement *m (a.* ♣ *u.* rhét.*);* *(Besatz)* garniture *f; e-s Buches:* illustration *f.*

ver'zink|en *v/t.* zinguer; ⚲**en** *n* zingage *m;* ⚲**er** *m* zingueur *m.*

ver'zinn|en *v/t.* étamer; ⚲**en** *n* étamage *m;* ⚲**er** *m* étameur *m.*

ver'zins|bar *adj.* productif, -ive d'intérêts; **~en 1.** *v/t.: etw.* ~ payer les intérêts de qch.; **2.** *v/rfl: sich* ~ rapporter des intérêts; *sich mit 3%* ~ rapporter trois pour cent; **~lich** *adj.* productif, -ive d'intérêts; **~es Darlehen** prêt *m* à intérêts; **~e Papiere** papiers *m/pl.* rapportant des intérêts; ~ *anlegen* mettre à intérêts; ⚲**ung** *f* paiement *m* des intérêts; *(Ertrag)* rapport *m.*

ver'zogen I *p.p. v. verziehen;* **II** *adj. Kind:* gâté; pourri.

ver'zöger|n 1. *v/t.* retarder; *(aufschieben)* différer; **2.** *v/rfl: sich* ~ se retarder *(um de); (sich in die Länge ziehen)* traîner *(od.* tirer) en longueur; *(auf sich warten lassen)* se faire attendre; **~nd** *adj.* retardateur, -trice; ⚲**ung** *f* retard *m;* retardement *m; phys.* retardation *f; (Aufschub)* délai *m; in* ~ *geraten* se retarder; *keine* ~ *dulden* ne souffrir *(od.* n'admettre) aucun retard; ⚲**ungs-taktik** *f* tactique *f* de retardement.

ver'zoll|bar *adj.* soumis aux droits de douane; **~en** *v/t.* dédouaner; payer la douane *(od.* les droits de douane) *(de); haben Sie etw. zu* ~? avez-vous qch. à déclarer?; ⚲**ung** *f* dédouanement *m;* paiement *m* des droits de douane.

ver'zück|en *v/t.* ravir; plonger dans l'extase; **~t** *adj.* ravi; extasié; ⚲**ung** *f* ravissement *m,* extase *f; über etw. (acc.) in* ~ *geraten* s'extasier sur qch.

Ver'zug *m* retard *m; (Aufschub)* délai *m;* ⚖ demeure *f; ohne* ~ sans retard *(od.* délai); *in* ~ *sein* être en retard *(mit pour); in* ~ *bringen* retarder; *in* ~

geraten se retarder; prendre du retard; *es ist Gefahr im* ~ il y a péril en la demeure; **~sstrafe** *f* amende *f* pour retard; **~szinsen** *pl.* intérêts *m/pl.* moratoires; **~szuschlag** *m* supplément *m* de retard.

Ver'zurrband *(bei Stapelware) n* encageur *m.*

ver'zweif|eln *v/i.* désespérer *(an dat.* de); *abs.* se désespérer; s'abandonner au désespoir; *es ist zum* ⚲ c'est à désespérer; **~elt I** *adj.* désespéré; **II** *F adv. (höchst)* extrêmement; ⚲**lung** *f* désespoir *m;* zur ~ *bringen* mettre au désespoir; désespérer; *in* ~ *geraten* se désespérer.

ver'zweig|en *v/rfl: sich* ~ se ramifier; bifurquer; ⚲**ung** *f* ramification *f;* bifurcation *f.*

ver'zwickt *adj.* embrouillé; compliqué; inextricable; **~e Angelegenheit** *a.* F sac *m* de nœuds.

'Vesper *cath. f* vêpres *f/pl.;* **~brot** *n* goûter *m;* ⚲**n** *v/i.* goûter; **~n** *n* goûter *m.*

Ves'talin *f* vestale *f.*

Vesti'bül *n* vestibule *m.*

Ve'suv *m: der* ~ le Vésuve.

Vete'ran *m* vétéran *m.*

Veteri'när *m* vétérinaire *m.*

'Veto *n* veto *m;* **~recht** *n* droit *m* de veto; *ein* ~ *besitzen* disposer d'un droit de veto.

'Vettel *f* F garce *f; P* salope *f.*

'Vetter *m* cousin *m;* **~nwirtschaft** *f* népotisme *m;* favoritisme *m; bsd. pol.* clientélisme *m.*

Ve'xier|bild *n* dessin-devinette *m;* **~spiegel** *m* miroir *m* à surprises.

via *prép.:* ~ *Marseille* via *(od.* par) Marseille.

Via'dukt *m* viaduc *m.*

Vibrati'on *f* vibration *f;* **~s-förderer** ⊕ *m* transporteur *m* vibrateur; **~s-massage** ♪ *f* massage *m* vibratoire.

Vi'brato ♪ *n* vibrato *m.*

vi'brier|en *v/i.* vibrer; ⚲**en** *n,* ⚲**ung** *f* vibration *f.*

videogra'fieren *télév. v/t.* vidéographier.

'Video|-Kassette *f* vidéo-cassette *f;* **~Monitor** *télév. m* monitor *m* vidéo; **~platte** *f* vidéodisque *m;* **~recorder** *télév. m* magnétoscope *m;* **~text** *m* vidéotexte *m.*

Vieche'rei F *f (Roheit)* brutalité *f; (Schinderei)* travail *m* de chien; corvée *f.*

Vieh *n coll.* bétail *m;* bestiaux *m/pl.; zwanzig Stück n/pl.* ~ vingt têtes *f/pl.* de bétail; *lebendes* ~ bétail *m* sur pied *(od.* vivant); *(einzelnes Tier)* bête *f; péj. (brutaler Mensch)* brute *f; das große (kleine)* ~ le gros (menu) bétail; ~ *halten* élever du bétail; *zum* ~ *machen* bestialiser; abrutir; *zum* ~ *werden* bestialiser; s'abrutir; *wie* ~ *zusammengepfercht sein* être entassés *(od.* parqués) comme des bestiaux; **~ausstellung** *f* exposition *f* de bétail; **'~bestand** *m* cheptel *m;* **'~futter** *n* fourrage *m;* **'~halter** *m* éleveur *m;* **'~haltung** *f* élevage *m* (de bétail); **'~handel** *m* commerce *m* de bétail; **'~händler** *m* marchand *m* de bétail; négociant *m* en bestiaux; **'~herde** *f* troupeau *m;* **'~hof** *m (Schlachthaus)* abattoir *m;* **'⚲isch** *adj.* brutal, bestial; **'~markt** *m* foire *f od.* marché *m*

aux *(od.* à) bestiaux *(od.* au bétail); **'~mast** *f* engraissement *m* des bestiaux; **'~pacht** *f* cheptel *m;* **'~pächter(in** *f) m* cheptelier *m,* -ière *f;* **'~salz** *n* sel *m* gris; **'~schwemme** *f* abreuvoir *m;* **'~seuche** *f* épizootie *f;* **'~stall** *m* étable *f;* **'~stand** *m* cheptel *m;* **'~tränke** *f* abreuvoir *m;* **'~transporter** *(Auto) m* bétaillère *f;* **'~treiber** *m* vacher *m;* bouvier *m;* **'~wagen** 🚃 *m* wagon *m* à bestiaux; **'~weg** *m* piste *f* du bétail; **'~weide** *f* pâturage *m;* pacage *m;* **'~wirtschaft** *f* production *f* animale; **'~zählung** *f* recensement *m* du bétail; **'~zoll** *m* droit *m* d'importation sur le bétail; **'~zucht** *f* élevage *m* (du bétail); ~ *treiben* élever des bestiaux; faire de l'élevage; **'~züchter** *m* éleveur *m;* **'⚲zuchttreibend** *adj.* qui élève des bestiaux; qui fait de l'élevage.

viel *adj. u. adv.* beaucoup; ~ *Geld* beaucoup d'argent; *trotz s-s* ~**en** *Geldes* malgré tout l'argent qu'il possède; ~ *e Leute* beaucoup de gens; beaucoup de monde; ~**e** *Male* beaucoup de fois; *die* ~**e** *Arbeit* tout ce travail; *m-e* ~**en** *Freunde* le grand nombre de mes amis; *die* ~**en** *Menschen, die ...* le grand nombre de personnes qui ...; toutes les personnes qui ...; *diese* ~**en** *Wagen* toutes ces voitures; ~ *Wesens von etw. machen* faire grand bruit de qch.; ~**en** *Dank!* merci beaucoup *(od.* bien)!; *sagen Sie ihm* ~**en** *Dank meinerseits!* dites-lui (un) grand merci de ma part!; ~ *Glück!* bonne chance!; *durch* ~ *Arbeit* à force de travail; ~**e** *Hunderte* des centaines; ~ *hundert Zuschauer* des centaines de spectateurs; ~ *größer* beaucoup plus grand; *ein* ~ *größerer Kreis* un cercle beaucoup plus grand; *um* ~**es** *größer* de beaucoup plus grand; *in* ~**em** à beaucoup d'égards; ~**es** *bien des choses; nicht* ~ *(bei vb. ne* ...) pas beaucoup, *(bei vb. ne* ...) pas grand-chose; *das will nicht* ~ *sagen* cela ne veut pas dire grand-chose; *e-r von* ~**en** un parmi d'autres; *ein bißchen* ~, *etw.* ~ un peu trop; beaucoup; *gar* ~ vraiment beaucoup; *er arbeitet* ~ *(sehr* ~) il travaille beaucoup (énormément *od.* F comme un nègre); *er denkt sehr* ~ il pense intensément; *sehr* ~ *Geld* bien de l'argent, énormément d'argent; *sehr* ~ *e Wagen* bien des voitures; *sehr* ~**e** *andere* bien d'autres; *so* ~ *tant; bsd. im negativen Vergleich:* F tellement; *so* ~ *Geld* tant, tellement d'argent; *so* ~**e** *Male wie nötig* autant de fois que ce sera nécessaire; *unendlich* ~ infiniment; *man braucht unendlich* ~ *Geduld, um ... (inf.)* il faut infiniment de patience pour ...; *ziemlich* ~ assez; *ziemlich* ~ *Geld* assez d'argent; *pas mal* d'argent; *ziemlich* ~**e** *Leute* assez de gens; *pas mal de gens; zu* ~ *trop;* ~ *zuviel* beaucoup trop; ~ *zuwenig* beaucoup trop peu; *es hätte nicht* ~ *gefehlt, so ...* il s'en est fallu de peu *(od.* de peu s'en est fallu) que ... (ne) ... *(subj.); er ist* ~ *(oft) bei ihr* il est souvent chez elle; **~armig** *adj.* à plusieurs bras; **~bändig** *adj.* en beaucoup de volumes; **'~beschäftigt** *adj.* très *(od.* fort) occupé; '~

besprochen adj. dont on parle beaucoup (od. partout); dont tout le monde parle; dont il est question partout; ¹∼**deutig** adj. qui a plusieurs sens; ambigu, -ë; diversement interprétable; ²**deutigkeit** f ambiguïté f; ¹²**eck** ⚔ n polygone m; ¹∼**eckig** ⚔ adj. polygonal; ¹²**ehe** f polygamie f; ¹∼**erfahren** adj. très expérimenté; ¹∼**erlei** adj. divers; toutes sortes (de); substantivisch: toutes sortes de choses; auf ∼ Arten de diverses manières; ¹∼**er-örtert** adj. → ∼besprochen; ¹∼**fach I** adj. multiple; (wiederholt) multiplié; réitéré; ∼**er** Millionär multimillionnaire m; **II** adv. souvent; fréquemment; ¹²**fache(s)** n multiple m; um ein ∼s größer plusieurs fois plus grand; ¹²**fachschalter** ⚡ m commutateur m multiple; ¹²**fachschaltung** ⚡ f connexion f multiple; ¹²**falt** f multiplicité f; ethnische ∼ pluralisme m ethnique; ∼der Tendenzen pluralisme m des tendances; ¹∼**fältig** adj. multiple; (mannigfaltig) varié; divers; pluralistes; ¹²**fältigkeit** f multiplicité f; (Mannigfaltigkeit) variété f; diversité f; pluralisme m; ¹∼**farbig** adj. multicolore; polychrome; ²∼**farbigkeit** f polychromie f; ¹∼**flächig** adj. polyèdre; ¹²**flächner** m polyèdre m; ¹∼**förmig** adj. multiforme; ¹∼**fraß** m glouton m; goinfre m; ¹∼**gelesen** adjt. (Presse) de large audience; (Buch) très lu; ¹∼**geliebt** adj. bien-aimé; ∼**genannt** adj. souvent nommé; (berühmt) renommé; ∼**geprüft** adj. fort éprouvé; ∼**gereist** adj. qui a beaucoup voyagé; ¹∼**gestaltig** adj. multiforme; polymorphe; litt. protéiforme; (verschiedenartig) varié; complexe; ¹²**gestaltigkeit** f complexité f; polythéisme m; ²**heit** f multiplicité f; pluralité f; (Menge) quantité f; ¹∼**jährig** adj. (qui date) de longues années; à plusieurs têtes; fig. nombreux, -euse.

viel'leicht adv. peut-être; (etwa) par hasard; F sonderbar; F possible que ... (subj.); F das ist ∼ e-e Freude! quelle joie!; F das ist ∼ 'ne Hitze! il fait une de ces chaleurs!

¹**Viel|liebchen** n bien-aimé f m; (Spiel) philippine f; ²**malig** adj. répété; réitéré; (häufig) fréquent; ²**mals** adv. bien des fois; mille fois; souvent; danke ∼! merci beaucoup (od. bien)!; mille mercis (od. remerciements); ich bitte ∼ um Entschuldigung mille pardons (f); er läßt Sie ∼ grüßen il vous donne le bonjour; er läßt ∼ grüßen bien des choses de sa part; ∼**männe'rei** f polyandrie f; ²**mehr** adv. plutôt; (im Gegenteil) au contraire; ²**phasig** ⚡ adj. polyphasé; ²**polig** ⚡ adj. multipolaire; ∼**redner** m grand parleur m; ²**sagend** adj. qui dit beaucoup; qui en dit long (für sur); expressif, -ive; (bedeutungsvoll) significatif, -ive; ²**schichtig** fig. multiple; complexe; ∼**schreiber** m polygraphe m; ∼**schreiberei** péj. f F graphorrée f; ²**seitig** adj. multilatéral; polygonal; fig. (verschiedenartig) varié; (ausgedehnt) étendu; vaste; ∼**er Geist** esprit m universel (od. très cultivé); ∼**seitigkeit** f (Verschiedenartigkeit) variété f;

geistige: esprit m universel; ∼**seitigkeits-prüfung** f Sport: épreuve f combinée; ²**silbig** adj. polysyllabique; polysyllabe; ²**sprachig** adj. polyglotte; ²**stimmig** adj. à plusieurs voix; polyphonique; ∼**stimmigkeit** f polyphonie f; ²**umfassend** adj. qui embrasse beaucoup; étendu; vaste; ²**verheißend**, ²**versprechend** adj. prometteur, -euse; plein de promesses; ²**vermögend** adj. très influent (od. important) qui peut beaucoup; très puissant; ∼**weibe'rei** f polygamie f; ²**wissend** adj., ∼**wisser** m qui a des connaissances encyclopédiques; F bibliothèque f vivante; péj. pédant m; den Vielwisser spielen faire le pédant; pontifier; ∼**wisse'rei** péj. f savoir m encyclopédique mais superficiel; pédantisme m; ∼**zahl** f multiplicité f; pluralité f.

vier I a/n.c. quatre; zu ∼en à quatre; unter ∼ Augen entre quatre yeux, F entre quat'z'yeux; en tête à tête; F auf allen ∼en gehen marcher à quatre pattes; F alle ∼e von sich strecken s'étendre de tout son long; um halb ∼ (Uhr) à trois heures et demie; ∼ Wochen f/pl. un mois; **II** ² f quatre m; écol. e-e ∼ haben avoir la note «passable»; ¹∼**basisch** 🜚 adj. tétrabasique; ¹∼**beinig** adj. à quatre pieds; zo. quadrupède; ¹∼**blätt(e)rig** adj. à quatre feuilles; quadrifolié; ∼**dimensional** adj. quadridimensionnel, -elle; ¹²**eck** n quadrilatère m; (Quadrat) carré m; ¹∼**eckig** adj. quadrangulaire; carré.

¹**Vierer** ⚔ m canot m à quatre rameurs (mit Steuermann avec barreur); ∼**bande** (Peking) f bande f des quatre; ∼**bob** m bobsleigh m à quatre; ∼**konferenz** f conférence f quadripartite (od. à quatre); ²**lei** adj. de quatre espèces; ²**takt** ♪ m mesure f à quatre temps.

¹**vier|fach** adj. quadruple; ²**fache(s)** n quadruple m; ²**farbendruck** m impression f en quatre couleurs; quadrichromie f; ∼**farbig** adj. quadricolore; ²¹**felderwirtschaft** f culture f à quatre assolements; ∼**flächig** adj. tétraèdre; ∼**füßig** adj. quadrupède; ∼**füß(l)er** m quadrupède m; ²**ganggetriebe** n boîte f à quatre vitesses; ²**gespann** n équipage m de quatre chevaux; hist. quadrige m; ∼**händig** adj. quadrumane; ♪ à quatre mains; ∼**hundert** a/n.c. quatre cent(s); ²**hundert**¹**jahrfeier** f quadricentenaire m; ²¹**jahres-plan** m plan m quadriennal; ∼**jährig** adj. (âgé) de quatre ans; de (od. qui dure) quatre ans; quadriennal; ²**kant** ⊕ m carré m; ²**kanteisen** n fer m carré; ²**kantholz** n bois m équarri; ∼**kantig** adj. à quatre pans; quadrangulaire; ∼ behauen (od. schneiden) Holz: équarrir; ²**kantschlüssel** m clef f à quatre pans; ²**kantstahl** m acier m carré; ²**klang** télév. m quadriphonie f; ∼**traphonie** f; ²**linge** pl. quadruplés m/pl., quadruplées f/pl.; ²¹**mächteabkommen** n accord m quadripartite; ²¹**mächtekonferenz** f conférence f quadripartite (od. à quatre); ²¹**mächtestatus** m statut m quadriparti(te); ²¹**mächteverantwortung** f responsabilité f quadripartite; ∼-

mal adv. quatre fois; ∼**malig** adj. quatre fois répété; ²**master** ⚓ m quatre-mâts m; ∼**motorig** adj. quadrimoteur; à quatre moteurs; ²**pack** (Verpackung) m quadrette f; ∼**polig** adj. quadripolaire; ∼**prozentig** adj. à quatre pour cent; ²**radbremse** f Auto: frein m sur quatre roues; ∼**schrötig** adj. carré; trapu; costaud; *balaise; râblé; courtaud; (bien) étoffé; (plump) grossier, -ière; ∼**seitig** adj. à quatre côtés; quadrilatéral; ∼**silbig** adj. quadrisyllabique; ²**silber** m quadrisyllabe m; ²**sitzer** m voiture f à quatre places; ∼**sitzig** adj. à quatre places; ∼**spaltig** adj. à quatre colonnes; ²**spänner** m voiture f à quatre chevaux; ∼**spännig** adj. attelé de quatre chevaux; ∼**stellig** adj. Zahl: de quatre chiffres; ∼**stimmig** ♪ adj. à quatre voix; ∼**stöckig** adj. à quatre étages; ∼**stufig** (Rakete) adj. à quatre étages; ∼**stündig** adj. de quatre heures; ²¹**tagewoche** soc. f semaine f de quatre jours; ∼**tägig** adj. de quatre jours; ²**taktmotor** m moteur m à quatre temps; ²**taktprozeß** m cycle m à quatre temps; ∼**tausend** a/n.c. quatre mille; ∼**t** adv.: zu ∼ à quatre; ∼**te** a/n.o. quatrième; der (den, am) ∼(n) (4.) Januar le quatre (4) janvier; Heinrich IV. (der ²) Henri IV Quatre; ∼**teilen** v/t. hist. écarteler; fig. v/rf. sich ∼ se mettre en quatre; ²**teilen** hist. n écartèlement m; ²**teiler** cin. m film m en quatre parties.

¹**Viertel** n quart m; ein ∼ Meter un quart de mètre; (ein) ∼ nach eins une heure et quart; drei ∼ vier quatre heures moins le quart; ∼ e-r Stadt, e-s Apfels, des Mondes: quartier m; ∼**finale** n Sport: quart m de finale; ∼**jahr** n trois mois m/pl.; trimestre m; drei ∼e neuf mois m/pl.; ²**jährig** adj. de trois mois; ²**jährlich I** adj. qui se fait tous les trois mois; trimestriel, -elle; ∼e Zahlung trimestre m; **II** adv. trimestriellement; par trimestre; tous les trois mois; ∼¹**jahresschrift** f revue f trimestrielle; ∼**note** ♪ f noire f; ∼**pause** ♪ f soupir m; ∼**pfund** n quart m (de livre); ∼¹**stunde** f quart m d'heure; ²**stündlich** adj. d'un quart d'heure; ²**stündlich** adj. tous les quarts d'heure; ∼**ton** ♪ m quart m de ton.

¹**viertens** adv. quatrièmement; en quatrième lieu.

¹**Vierung** △ f in e-r Kirche: intersection f de la nef; croisée f du transept. **Vier'vierteltakt** ♪ m mesure f à quatre-quatre.

Vierwaldstätter See m lac m des Quatre-Cantons.

¹**vierzehn** a/n.c. quatorze; ∼ Tage quinze jours m/pl.; etwa ∼ Tage une quinzaine; ²**ender** ch. m cerf m quatorze cors; ²**tägig** adj. de quinze jours; ∼**te** a/n.o. quatorzième; der (den, am) ∼(n) (14.) Juli le quatorze (14) juillet; Ludwig XIV. (der ²) Louis XIV (quatorze); ²**tel** n quatorzième m.

¹**Vierzei|ler** m (²**ig** adj.: ∼es Gedicht) quatrain m.

¹**vierzig I** a/n.c. quarante; etwa (od. gegen od. rund) ∼ une quarantaine (de); die ∼er Jahre les années f/pl.

quarante; *in den ~er Jahren* dans les années quarante; **II** ⚷ *f* quarante *m*; ⚷**er(in** *f*) *m* quadragénaire *m, f*; *in den Vierzigern sein* avoir dépassé la quarantaine; **~jährig** *adj.* (âgé) de quarante ans; quadragénaire; *s/n.o.* quarantième; **⚷stel** *n* quarantième *m*; ⚷**'stundenwoche** *f* semaine *f* de quarante heures.

'**Vierzylindermotor** *m* moteur *m* à quatre cylindres.

'**Vietnam** *n* le Viêt-nam.

Vietna'mes|e *m* Vietnamien *m*; ⚷**isch** *adj.* vietnamien, -ienne.

Vi'gnette *f* vignette *f*.

Vi'kar *m* vicaire *m*.

Vikari'at *n* vicariat *m*.

'**Villa** *f* villa *f*.

'**Villen|besitzer(in** *f*) *m* propriétaire *m, f* d'une villa; **~kolonie** *f*, **~viertel** *n* quartier *m* de villas; **~stadt** *f* cité *f* pavillonnaire.

Vi'ola ♪ *f hist.* viole *f*; (*Bratsche*) alto *m*.

vio'lett I *adj.* violet, -ette; (*ins Violette spielend*) violacé; **II** ⚷ *n* violet *m*.

Vio'lin|bogen *m* archet *m*; **~hals** *m* manche *m* de violon.

Violi'nist(in *f*) *m* violoniste *m, f*.

Vio'lin|kasten *m* étui *m* (boîte *f*) à violon; **~konzert** *n* concerto *m* pour violon; *e-s Solisten*: récital *m* de violon; **~schlüssel** *m* clef *f* de sol; **~solo** *n* solo *m* de violon; **~spieler(in** *f*) *m* → **~ist(in)**; **~virtuose** *m*, **~virtuosin** *f* virtuose *m, f* du violon.

Violon'cello *n* violoncelle *m*; **~cel'list(in** *f*) *m* violoncelliste *m, f*.

'**Viper** *zo. f* vipère *f*.

Virgi'nal ♪ *hist. n* virginal *m*.

Vir'ginia *f* cigare *m* de Virginie; **~tabak** *m* virginie *m*.

vi'ril *adj.* viril.

Virili'tät *f* virilité *f*.

Virtuali'tät *f* virtualité *f*.

virtu'ell *adj.* virtuel, -elle.

virtu'os I *adj.* qui fait preuve de virtuosité; **II** *adv.* avec virtuosité.

Virtu'os|e *m*, **~in** *f* virtuose *m, f*; ⚷**enhaft** *adj.* de (*adv.* en) virtuose.

Virtuosi'tät *f* virtuosité *f*.

viru'len|t *adj.* virulent; ⚷**z** *f* virulence *f*.

'**Virus** *n, f m* virus *m*; **~forscher** *m* virologiste *m*; **~forschung** *f* virologie *f*; **~grippe** *f* grippe *f* à virus; **~krankheit** *f* maladie *f* à virus.

Vi'sag|e *pej. f* F bouille *f*; P bille *f*; P binette *f*; P bobine *f*; P trombine *f*; **~ist** *m* visagiste *m*.

Vi'sier *n am Helm*: visière *f*; *am Gewehr*: 'hausse *f*, **~einrichtung** *f* dispositif *m* de visée; ⚷**en 1.** *v/t. Paß*: viser; *messend*: ajuster; *Hohlmaße*: jauger; **2.** *v/i.* (*zielen*) viser (*nach* à); **~fernrohr** *n* lunette *f* de visée; **~kimme** *f* cran *m* de mire; **~korn** *n* guidon *m*; **~linie** *f* ligne *f* de mire; **~stab** *m* jauge *f*.

Visi'on *f* vision *f*.

Visio'när *m* visionnaire *m*.

Visitati'on *f* (*Durchsuchung*) visite *f*; (*Besichtigung*) inspection *f*.

Vi'site *f* visite *f*; **~nkarte** *f* carte *f* (de visite); **~nkartenbehälter** *m*, **~nkartentäschchen** porte-cartes *m*.

visi'tieren *v/t.* (*durchsuchen*) visiter; (*besichtigen*) inspecter; faire l'inspection (de).

vis'kos *adj.* visqueux, -euse.

Vis'kose *f* viscose *f*; **~faser** *text. f* fibranne *f*.

Viskosi'meter *n* viscosimètre *m*.

Viskosi'tät *f* viscosité *f*.

visu'ell *adj.* visuel, -elle.

'**Visum** *n* visa *m*.

vi'tal *adj.* vital.

Vita'lismus *m* vitalisme *m*.

Vitali'tät *f* vitalité *f*.

Vita'min *n* vitamine *f*; *mit ~en anreichern* vitaminer; ⚷**arm** *adj.* pauvre en vitamines; ⚷**haltig** *adj.* vitaminé; **~mangel** *m* avitaminose *f*; ⚷**reich** *adj.* riche en vitamines; **~stoß** *m* administration *f* de vitamines en dose de choc; apport *m* massif de vitamines.

Vi'trine *f* vitrine *f*.

Vitri'ol *n* vitriol *m*; *mit ~ besprechen* vitrioler; ⚷**haltig** *adj.* vitriolé.

'**vivat I** *int.* ~ ...! vive ...!; **II** ⚷ *n* vivat *m*.

Vivisekti'on *f* vivisection *f*.

'**Vize|admiral** *m* vice-amiral *m*; **~kanzler** *m* vice-chancelier *m*; **~könig** *m* vice-roi *m*; **~konsul** *m* vice-consul *m*; **~präsident** *m* vice-président *m*.

Vlies *n* toison *f*; lainage *m*; *das Goldene ~* la Toison d'or.

'**Vogel** *m* oiseau *m*; *~ Strauß* autruche *f*; *lockerer ~* personne *f* légère; *loser ~* évaporé *m*, -e *f*; *lustiger ~* joyeux compère *m*; joyeux drille *m* (*od.* luron *m*); F rigolo *m*; loustic *m*; *komischer ~* drôle *m* de type (F de coco *od.* de loustic); *fig. den ~ abschießen* décrocher la timbale; *fig.* F *e-n ~ haben* avoir un petit vélo dans la tête; avoir le timbre fêlé; être piqué; *friß, ~, oder stirb!* marche ou crève!; *j-m den ~ zeigen* faire signe à q. qu'il est toqué (*od.* toc-toc); *sie zeigen den ~* ils se font mutuellement toc-toc; **~bauer** *n* cage *f*; **~beerbaum** *m* sorbier *m*; **~beere** ♀ *f* sorbe *f*; **~dreck** *m* fiente *f* d'oiseau(x); **~dunst** *ch. m* dragée *f* cendrée *f*; **~ei** *n* œuf *m* d'oiseau; **~fang** *m* oisellerie *f*; **~fänger** *m* oiseleur *m*; **~flug** *m* vol *m* des oiseaux; ⚷**frei** *adj.* 'hors la loi; *für ~ erklären* mettre 'hors la loi; **~futter** *n* graines *f/pl.* pour les oiseaux; **~gesang** *m* chant *m* des oiseaux; ramage *m*; **~händler** *m* oiselier *m*; marchand *m* d'oiseaux; **~handlung** *f* oisellerie *f*; **~haus** (*Zoo*) *n* volière *f*; **~häuschen** nichoir *m*; **~hecke** *f* oisellerie *f*; **~käfig** *m* cage *f*; *großer ~* volière *f*; **~kenner** *m* ornithologiste *m*; ornithologue *m*; **~kirsche** ♀ *f* merise *f*; (*Baum*) merisier *m*; **~kunde** *f* ornithologie *f*; **~kundige(r)** *m* → **~kenner**; **~leim** *m* glu *f*; *mit ~ bestreichen* (*od.* *fangen*) engluer; **~miere** ♀ *f* mouron *m* des oiseaux, morgeline *f*; **~mist** *m* fiente *f* d'oiseaux; guano *m*.

vögeln V **1.** *v/i.* faire l'amour; P croquer la pomme; P tirer un coup; **2.** *v/t.* V baiser.

'**Vogel|napf** *m*, **~näpfchen** *n* auget *m*; **~nest** *n* nid *m* d'oiseau; **~perspektive** *f*, **~schau** *f*: *aus der ~ à vol d'oiseau*; **~pfeife** *f* appeau *m*; **~scheuche** *f* épouvantail *m* (à moineaux) (*a. fig.*); *v. e-r Frau*: F mocheté *f*; **~schießen** *n* tir *m* aux oiseaux; **~schutz** *m* protection *f* des oiseaux; **~steller** *m* oiseleur *m*; **~'Strauß-Politik** *f* politique *f* de l'autruche; *~ treiben* pratiquer la politique de l'autruche; faire l'autruche; faire une politique de gribouille; **~warte** *f* station *f* ornithologique; **~zucht** *f* oisellerie *f*; aviculture *f*; **~züchter** *m* oiselier *m*; aviculteur *m*; **~zug** *m* migration *f* des oiseaux.

Vo'gesen *pl.* Vosges *f/pl.*

'**Vöglein** *n* petit oiseau *m*; oisillon *m*.

Vogt *m hist.* bailli *m*; prévôt *m*; (*Schloß*⚷) intendant *m*.

Vog'tei *f hist.* bailliage *m*; prévôté *f*; (*Schloß*⚷) intendance *f*.

'**Voile** *m*, **~stoff** *m* voile *m*; **~store** *m* voilage *m*.

Vo'kabel *f* mot *m*; **~schatz** *m* vocabulaire *m*.

Vokabu'lar(ium) *n* vocabulaire *m*.

Vo'kal *m* voyelle *f*; **~anlaut** *m* voyelle *f* initiale; **~auslaut** *m* voyelle *f* finale.

vo'kalisch *adj.* vocalique.

vokali'sier|en *v/i.* vocaliser; ⚷**ung** *f* vocalisation *f*.

Voka'lismus *m* vocalisme *m*.

Vo'kal|konzert *n* concert *m* vocal; **~musik** *f* musique *f* vocale; **~partie** ♪ *f* partie *f* vocale.

'**Vokativ** *gr. m* vocatif *m*.

Vo'lant *cout. m* volant *m*.

Volk *n* peuple *m*; (*Nation*) nation *f*; (*Leute*) gens *m/pl.*; *Vögel*: volée *f*; *Rebhühner*: compagnie *f*; *Bienen*: colonie *f*; *pej. das arbeitende ~* les travailleurs *m/pl.*; *la classe ~ ouvrière*; *ein Mann aus dem ~e* un homme du peuple; *viel ~(s)* beaucoup de monde (*od.* de gens); *beim ~ beliebt* populaire; *das auserwählte ~* le peuple élu; *das gemeine ~* la populace, le bas peuple, F le populo; '⚷**arm** *adj.* peu peuplé.

'**Völker|beschreibung** *f* ethnographie *f*; **~bund** (*1920–1946*) *m* Société *f* des Nations (*abr.* S.d.N.); **~freundschaft** *f* amitié *f* entre les peuples; **~friede** *m* paix *f* internationale (*od.* entre les peuples); **~gemisch** *n* amalgame *m* de peuples; **~kunde** *f* ethnologie *f*; beschreibende ~ ethnographie *f*; **~kundler** *m* ethnologiste *m*; ethnologue *m*; ⚷**kundlich** *adj.* ethnologique; **~mord** *m* génocide *m*; ethnocide *m*; **~psychologie** *f* psychologie *f* des peuples; **~recht** *n* droit *m* international public; droit *m* des gens; ⚷**rechtlich** *adj.* de droit international; *e Anerkennung e-s Staates* reconnaissance *f* en droit international d'un État; **~schaft** *f* peuplade *f*; **~schlacht** *f bei Leipzig*: bataille *f* des nations (*od.* des peuples); **~versöhnung** *f* rapprochement *m* des peuples; **~verständigung** *f* entente *f* entre les peuples; **~wanderung** *f* migration *f* des peuples; *hist.* grandes invasions *f/pl.* barbares.

'**völkisch** *adj.* national. *péj.* nationaliste; raciste.

'**volkreich** *adj.* populeux, -euse.

'**Volks|abstimmung** *f* plébiscite *m*; moderner: référendum *m*; *durch e-e ~ entscheiden* plébisciter; moderner: décider par un référendum; **~aufstand** *m* soulèvement *m* populaire; insurrection *f* populaire; émeute *f*;

~aufwiegler m démagogue m; agitateur m; ~ausgabe f édition f populaire; ~bank f banque f populaire; ~be·auftragte(r a. m) m, f délégué m, -e f du peuple; ~befragung f consultation f populaire; → ~abstimmung; ~begehren n demande f de référendum; ~belustigungen f/pl. réjouissances f/pl. publiques; ~bibliothek f bibliothèque f populaire; ~bildung f éducation f populaire; ~bildungswerk n œuvre f d'éducation populaire; ~buch n livre m populaire; (Sagenbuch) recueil m de légendes populaires; ~büche'rei f bibliothèque f populaire; ~charakter m caractère m national; ~demokratie f démocratie f populaire; ~dichte f densité f démographique; ~dichter m poète m populaire; ~dichtung f poésie f populaire; 2eigen adj. collectivisé; nationalisé; appartenant au peuple; ~eigentum n propriété f nationale; ins ~ überführen collectiviser; étatiser; nationaliser; ~einkommen n revenu m national; ~entscheid m → ~abstimmung; ~erhebung f → ~aufstand; ~erziehung f éducation f nationale; ~etymologie f étymologie f populaire; ~feind(in) m ennemi m, -e f du peuple; 2feindlich adj. hostile au peuple; ~fest n fête f populaire (od. nationale); ~freund(in f) m ami m, -e f du peuple; 2freundlich adj. (adv. en) ami du peuple; ~front f front m populaire; ~gemeinschaft f collectivité f (od. communauté f) nationale; ~genosse m, ~genossin m, f; ~gericht n tribunal m du peuple; ~gesang m chant m populaire; ~gesundheit f santé f du peuple; ~glaube m croyance f populaire; ~gruppe f groupe m ethnique; ethnie f; fremde ~ îlot m allogène; ~gunst f popularité f; ~haufe(n) m foule f; multitude f; ~heer n armée f nationale; ~herrschaft f démocratie f; ~hochschule f université f populaire; ~kammer pol. (DDR) f Chambre f populaire; ~kino n cinéma m populiste; ~kommissar m commissaire m du peuple; ~konzert n concert m populaire; ~küche f soupe f populaire; ~kunde f folklore m; ~kundler m folkloriste m; 2kundlich adj. folklorique; ~kunst f art m populaire (od. folklorique); ~leben n vie f du peuple; ~lied n chanson f populaire (od. folklorique); ~masse f masse f (populaire); ~meinung f opinion f publique (od. du peuple); ~menge f foule f; multitude f; mv.p. populace f; ~mund m: im ~ dans le langage populaire; ~musik f musique f populaire; 2nah litt. adj. populiste; ~er Realismus populisme m; ~partei f parti m populaire; ~poesie f poésie f populaire; ~polizei f police f populaire; ~polizist (DDR) m policier m de la police populaire; ~redner m tribun m; orateur m populaire; ~regierung f gouvernement m populaire; ~republik f république f populaire; ~roman m roman m populiste; ~sage f légende f populaire; ~schicht f couche f sociale; classe f; ~schlag m

espèce f d'hommes; ~schule f école f primaire; ~schullehrer(in f) m instituteur m, -trice f; ~schulwesen n enseignement m primaire; ~sitte f coutume f nationale; ~sport m sport m populaire; ~sprache f langage m populaire (od. du peuple); langue f vulgaire; ~staat m État m populaire; ~stamm m tribu f; ~stimme f voix f du peuple; ~stimmung f atmosphère f qui règne parmi le peuple; ~stück n pièce f populaire; ~tanz m danse f populaire (od. folklorique); ~theater n théâtre m populaire; ~tracht f costume m national; ~trauertag m jour m de deuil national; ~tribun hist. m tribun m du peuple; ~tum n caractéristiques f/pl. d'une nation; 2tümlich adj. populaire; (dem Volkstum gemäß) national; ~tümlichkeit f popularité f; ~überlieferung f tradition f populaire; ~verbundenheit f attachement m au peuple (od. à la nation); ~vermögen n fortune f nationale; ~versammlung f réunion f populaire; meeting m; ~vertreter(in f) m représentant m, -e f du peuple; député m; ~vertretung f représentation f nationale; députés m/pl.; ~wagen m (Marke) Volkswagen f; F coccinelle f; ~wirtschaft f économie f politique; *univ. ÉCO f PO; ~wirt(schaftler) m économiste m; 2wirtschaftlich adj. politico-économique; ~wirtschaftslehre f économie f politique; ~wohl n bien m public; ~wut f fureur f du peuple; ~zählung f recensement m de la population; ~zugehörigkeit f origine f ethnique.

voll I adj. plein, (gefüllt) a. rempli; (ganz) a. comble; bondé; bourré; (~ständig) entier, -ière; complet, -ète; (bedeckt) couvert (de); (beladen) chargé (de); Körperformen: arrondi; potelé; (satt) rassasié; F plein; (betrunken) F soûl, F plein; ~ Wasser plein d'eau; 10 Minuten nach ~ dix minutes après l'heure; ~e 8 Tage 'huit jours ben comptés; ein ~es Jahr lang toute une année; ~e 20 Jahre vingt ans accomplis; den ~en Fahrpreis bezahlen payer place entière; die ~e Summe la somme entière (od. totale); die ~e Wahrheit toute la vérité; war es nicht ~? y avait-il beaucoup de monde?; das Theater war ganz ~ le théâtre était archicomble (od. archiplein od. bondé od. bourré); ein ~es Haus machen faire salle comble; auf ~en Touren laufen battre son plein; aus ~er Brust; aus ~em Halse à gorge déployée; aus ~em Herzen du fond du cœur; aus dem ~en schöpfen (wirtschaften) puiser (dépenser) largement; bei ~er Besinnung sein avoir toute sa connaissance; in ~er Blüte stehen être tout en fleur; in ~er Fahrt à toute allure; im ~en Sinne des Wortes dans toute la force du terme; in ~en Zügen à longs traits; mit ~en Händen à pleines mains; mit ~em Recht à juste titre; à bon droit; mit ~en Segeln à pleines voiles; mit ~er Stimme à pleine voix; **II** adv.: ~ und ganz entièrement; pleinement; ✝ ~ eingezahlt entièrement versé (od. libéré); ~ schlagen Uhr: sonner l'heure; ~

schöpfen remplir; j-m den Buckel ~ hauen rouer q. de coups; den Mund ~ nehmen fanfaronner; faire le fanfaron; nicht für ~ nehmen ne pas prendre au sérieux; traiter (q.) par-dessous la jambe; 2aktie f action f libérée.
'**Vollast** ⚡ f (bei Trennung: Voll-last) pleine charge f.
voll'auf adv. complètement.
'**vollaufen** (bei Trennung: voll-laufen) v/i. se remplir (de); F fig. sich ~ lassen F se soûler.
'**voll|automatisch** adj. entièrement automatique; 2**bad** n bain m complet; 2**bart** m grande barbe f; e-n ~ tragen porter la od. une barbe (od. un collier de barbe); ~**belastet** ⚡ adj. à pleine charge; ~**berechtigt** adj. doté de tous les droits; ~**beschäftigt** adj.: ~ sein travailler à plein temps; 2**beschäftigung** f plein emploi m; poste m à plein temps (od. à temps complet); 2**besitz** m: im ~ en pleine possession; 2**blut** man. n pur sang m; ~**blütig** adj. man. pur sang; fig. F plein de vitalité; 2**blütler** m, 2**blutpferd** n pur sang m; ~**bringen** v/t. accomplir; Leistung: réaliser; 2-'**bringung** f accomplissement m; réalisation f; ~**busig** adj. plantureuse adj./f; 2**dampf** m: mit ~ à toute vapeur; 2**einzahlung** f versement m entier; ~**elektronisch** adj. entièrement électronique; ~**enden** v/t. achever; finir; terminer; accomplir; consommer; ~**endet** adj. achevé; accompli; (vollkommen) parfait; consommé; zeitlich: révolu; j-n vor ~e Tatsachen stellen mettre q. devant le fait accompli; ~**ends** adv. tout à fait; entièrement; das hat ihn ~ zugrunde gerichtet cela a achevé de le ruiner; 2'**endung** f achèvement m; accomplissement m; (Vollkommenheit) perfection f; mit (od. nach) ~ des 60. Lebensjahres à soixante ans révolus.
'**voller I** comp. v. voll; **II** mit gén. (= voll von) plein de.
Völle'rei f intempérance f; bombance f; im Trinken: ivrognerie f.
'**Volleyball** m Sport: volley-ball m; ~**spieler(in** f) m volleyeur m, -euse f.
'**vollfressen** P v/rf.: sich ~ se remplir le ventre; F s'empiffrer; *(se) morfaler; F se taper la cloche; F se goinfrer; F s'en mettre plein la lampe; F se caler l'estomac (od. les joues).
voll'führ|en v/t. exécuter; mettre à exécution; 2**ung** f exécution f.
'**voll|füllen** v/t. remplir (de); 2**gas** n: mit ~ à pleins gaz (a. fig.); ~ geben appuyer à fond sur l'accélérateur; F écraser le champignon; F mettre toute la gomme; F donner (od. mettre) toute la sauce; mit ~ fahren rouler à pleins gaz; 2**gefühl** n: im ~ s-r Würde pleinement conscient de sa dignité; 2**gehalt** m e-r Münze: bon aloi m (a. fig.); 2**genuß** m pleine jouissance f; ~**gepfropft**, ~**gestopft** adj. bourré; bondé; comble; 2**gewicht** n poids m exigé; ~**gießen** v/t. remplir (mit de); ~**gültig** adj. qui a la valeur requise; Beweis: irrécusable; 2**gültigkeit** f valeur f requise; parfaite validité f; 2**gummireifen** m pneu m plein; bandage m plein.
'**völlig I** adj. (ganz) entier, -ière; total;

(*vollständig*) complet, -ète; (*absolut*) absolu; **II** *adv.* (*gänzlich*) entièrement; totalement; (*vollständig*) complètement; (*absolut*) absolument; (*ganz und gar*) tout à fait; de fond en comble; de toutes pièces; ~ besiegen ⚔ *a.* F battre à plate couture; ~ besoffen complètement saoûl.

'**voll-inhaltlich** *adj.* intégral.

'**volljährig** *adj.* majeur; ²**keit** *f* majorité *f*; ²**keits-erklärung** *f* émancipation *f*; déclaration *f* de majorité.

'**vollkaskoversicher|t** *adjt.* assuré tous risques; ²**ung** *f* assurance *f* tous risques.

'**Voll|kettenfahrzeug** *n* véhicule *m* chenillé; ~**komfortwohnung** *f* appartement *m* tout confort.

voll'**kommen** *adj.* parfait; consommé; achevé; accompli; (*vollständig*) complet, -ète; entier, -ière; (*weit*) ample; ²**heit** *f* perfection *f*.

'**Voll|kornbrot** *n* pain *m* complet; ~**kraft** *f* pleine force *f*; *in der* ~ *des Lebens* à la fleur de l'âge; ²**machen** *v/t.* remplir (*mit* de); *Maß*: combler; *Summe*: compléter; parfaire; (*beschmutzen*) salir; souiller; *um das Unglück vollzumachen* pour comble de malheur; ~**macht** *f* pleins pouvoirs *m/pl.*; procuration *f*; mandat *m*; *fig.* F carte *f* blanche; *j-m* ~ *erteilen* j-n mit ~ *ausstatten* investir (*od.* munir) q. de pleins pouvoirs; donner procuration à q.; ~ *haben* avoir les pleins pouvoirs; *s-e* ~*en überschreiten* excéder (*od.* outrepasser) ses pouvoirs; ~**machtgeber** *m* mandant *m*; ~**milch** *f* lait *m* entier; lait *m* complet; ~**mond** *m* pleine lune *f*; *wir haben* ~ *es ist* ~ c'est la pleine lune; nous sommes à la pleine lune; ~**mondgesicht** F *n* F tête *f* (*od.* visage *m*) de pleine lune; ²**motorisiert** *adj.* entièrement motorisé; ²**packen** *v/t.* remplir (*mit* de); ~**pension** *f* pension *f* complète; ~**pensionär(in** *f*) *m* pensionnaire *m*, *f*; ²**pfropfen** *v/t.* bourrer (*mit* de); ²**reif** *adj. Früchte*: mûr à point; ~**rente** *f* rente *f* entière; ²**saufen** P *v/rf.*: *sich* ~ F se soûler; F s'imbiber; P prendre une biture; ²**saugen** *v/t.* imprégner; *v/rf.*: *sich* ~ s'imbiber (*mit* de); ²**schenken** *v/t.* remplir (jusqu'au bord) (*mit* de); ~**schiff** *n* trois-mâts *m*; ²**schlagen** F *v/rf.*: *sich den Bauch* ~ se bourrer le ventre, P s'en mettre plein la lampe; ²**schlank** *adj.* bien en chair; ²**schreiben** *v/t. Seite*: remplir; ~**sitzung** *f* séance *f* plénière; ~**spur** *f* voie *f* normale; ~**spurbahn** *f* ligne *f* à voie normale; ²**spurig** *adj.* à voie normale; ²**ständig I** *adj.* complet, -ète; (*ganz*) entier, -ière; total; (*ungekürzt*) intégral; **II** *adv.* complètement; fin; (*gänzlich*) entièrement; totalement; (*ungekürzt*) intégralement; ~ *besetzt* au complet; ~ *machen* compléter; ~**ständigkeit** *f* état *m* complet; intégralité *f*, intégrité *f*; ²**stopfen 1.** *v/t.* bourer (*mit* de); *mit Wissen*: *a.* gaver (*mit* de); **2.** *v/rf.*: *sich* ~ se bourrer (*mit* de).

voll'**streck|bar** *adj.* ⚖ exécutoire; *allg.* exécutable; ²**barkeit** *f* caractère *m* exécutoire; ~**en** *v/t.* exécuter; mettre à exécution; *das Todesurteil an j-m* ~ exécuter q.; ~**er** *m* exécuteur *m*; ²**ung** *f* exécution *f*; ²**ungsbeamte(r)** *m* huissier *m*; ²**ungsbefehl** *m* exécutoire *m*; mandat *m* exécutoire (*od.* d'exécution).

'**vollsynthetisch** *adj.* entièrement synthétique.

'**volltanken** *v/t.* faire le plein.

'**voll|tönend** *adj.* sonore; *Reim*: riche; ²**treffer** *m* coup *m* au but (*od.* dans le mille); *fig.* trouvaille *f*; *Buch*: *ein* ~ *sein* faire mouche; ~**trinken** *v/rf.*: *sich* ~ F se soûler; F s'imbiber; ²**verb** *n* verbe *m* à sens plein; ²**versammlung** *f* assemblée *f* plénière; ²**waise** *f* orphelin *m*, -e *f* de père et de mère; ~**wertig** *adj.* qui a toute sa valeur; ²**zählig** *adj.* complet, -ète; *sein* être au complet; ~ *machen* compléter; ²**zähligkeit** *f* état *m* complet; ²**zeit**... à temps complet.

voll'**zieh|en 1.** *v/t.* effectuer; exécuter; mettre à exécution; *Ehe*: consommer; ~**de Gewalt** pouvoir *m* exécutif; **2.** *v/rf.*: *sich* ~ s'effectuer; ²**ung** *f* exécution *f*; *e-r Ehe*: consommation *f*.

Voll'**zug** *m* → *Vollziehung*; ~**gewalt** *f* pouvoir *m* exécutif; ~**smeldung** *f* compte *m* rendu d'exécution; ~**srat** *m* conseil *m* exécutif.

Volon'**tär(in** *f*) *m* stagiaire *m*, *f*.

Volt *n* volt *m*.

Voltai'**rianer** *m* voltairien *m*.

vol'**ta-isch** *adj.* voltaïque.

Volt-am'**pere** *n* voltampère *m*.

'**Volte** *man. f* volte *f*.

'**Voltmeter** *n* voltmètre *m*.

'**Volt-Universalmeter** (*Tonband- u. Stereogeräte*) *n* VU (*od.* vu)-mètre *m*.

Vo'**lumen** *n* volume *m*; ~**einheit** *f* unité *f* de volume.

volu'**metrisch** *adj.* volumétrique.

Vo'**lumgewicht** *n* poids *m* spécifique.

volumi'**nös** *adj.* volumineux, -euse.

Vo'**lumteile** *m/pl.* parties *f/pl.* en volume.

Vo'**lute** △ *f* volute *f*.

von *prp.* (*dat.*) **a)** *örtlich*: de; ~ *Paris kommen* venir de Paris; *ich komme* ~ *m-m Vater* je viens de chez mon père; ~ ... *ab*; ~ ... *an* depuis ...; ~ *Berlin bis Paris* de Berlin à Paris; depuis Berlin jusqu'à Paris; *a.* 🚂 ~ *und nach Paris* en provenance et en direction de Paris; *Indien aus* ~ *à partir de l'Inde*; ~ (*unten*) *d'en 'haut (bas)*; ~ *oben bis unten* du 'haut en bas; ~ *unten nach oben* de bas en 'haut; ~ *Stadt zu Stadt* de ville en ville; ~ *der Seite* de côté; ~ *hinten* (*vorn*) par derrière (devant); **b)** *zeitlich*: de; à partir de; depuis; dès; ~ *Montag bis Freitag* du lundi à mercredi; ~ *früh bis spät* du matin au soir; *depuis* le matin jusqu'au soir; *vom 1. Januar ab* (*od.* an; *a. à partir*) du 1ᵉʳ (*premier*) janvier; ~ *Zeit zu Zeit* de temps en temps; de temps à autre; ~ *neuem* (*od.* à) *nouveau*; ~ *heute an à partir d'aujourd'hui*; ~ *nun ab* désormais; dorénavant; ~ *da an depuis* dès; lors; ~ *Jugend auf* dès l'enfance; **c)** *Urheberschaft*: bloße, zusatzliche Nennung *e-s Verfassers unter od. neben e-m Buchtitel od. Artikel, e-s Malers, Komponisten usw. und im Passiv*: par; *Über die Liebe*, *von Stendhal* De l'amour, par Stendhal; *Einleitung von Paul Bourget* Introduction par Paul Bourget; *G. Sand*, *von A. de Musset* (als *Porträt*) G. Sand, par A. de Musset; dagegen steht in e-m zusammenhängenden Text, in Theateranzeigen, Buch-, Film- *od.* Musikbesprechungen: de; *Philosophisches Wörterbuch*. Werk von *Voltaire*. Dictionnaire philosophique. Œuvre de Voltaire; *Mein Vater hatte recht, von Sacha Guitry.* Mon père avait raison, de Sacha Guitry; *Von unserer Sonderkorrespondentin in Rom*, *Marianne Lohse* De notre envoyée spéciale à Rome Marianne Lohse; **d)** *Ursache*: de; en; ~ *geschlagen werden* ~ être battu par; ~ *Gottes Gnaden* par la grâce de Dieu, *Königtum*: de droit divin; **e)** *Stoff, aus dem etw. gemacht ist*: de; en; *e-n Uhr* ~ *Gold* une montre d' (*od.* en) or; **f)** *Eigenschaft, Maß*: de; *klein* ~ *Gestalt* de petite taille; *ein Kind* ~ *5 Jahren* un enfant de cinq ans; **g)** *Teil*: de; *ein Stück* ~ *diesem Brot* un morceau de ce pain; *e-r* ~ *uns* l'un de (*od.* d'entre) nous; **h)** *statt gén.*: *König* ~ *Schweden* roi *m* de Suède; *ein Freund* ~ *mir* un de mes amis; un ami à moi; *litt.* un mien ami; **i)** (*von seiten*) de la part de; *das ist schön* ~ *ihr* de sa part; **j)** *Adelsbezeichnung*: de; *Frau Staël* Madame de Staël; ~**ei**'**nander** *adv.* l'un de l'autre; ~'**nöten** *adj.* nécessaire; ~'**statten** *adv.*: *gut* ~ *gehen* bien avancer (*od.* marcher).

vor I *prp.* (*dat. resp. acc.*) **a)** *örtlich*: devant; ~ *der Tür* devant la porte; **b)** *zeitlich*: avant; ~ *der Abreise* avant le départ; ~ *8* (*schon vergangenen*) *Tagen* il y a 'huit jours; ~ (*Ablauf von*) 8 *Tagen* avant 'huit jours; ~ *einigen Jahren* (*schon vergangenen*) *a.* quelques années plus tôt; ~ *genau vier Jahren* il y a tout juste quatre ans; *der Tag* ~ *Fest* la veille de la fête; ~ *Zeiten* au temps jadis; **c)** *Rang*: avant; ~ *allem* avant tout (*od.* toute chose); surtout; **d)** *Ursache*: ~ *Freude* de joie; **e)** (*für*) pour; *aus Achtung* ~ (*dat.*) par respect pour; **II** *adv.*: ~*! avancez!*; *nach* ~ comme toujours; comme par le passé; ~'**ab** *adv.* avant tout; '²**abend** *m* veille *f*; *am* ~ la veille au soir.

'**Vor-ahnung** *f* pressentiment *m*.

'**Vor-alpen** *f/pl.* Préalpes *f/pl.*

vo'**ran** *adv.* en avant; (*an der* [*resp. die*] *Spitze*) à la tête; ~*! en avant!*; ~**bringen** *v/t.* faire avancer; ~**eilen** *v/i.* prendre les devants; *j-m* ~ précéder q.; devancer q.; ~**gehen** *v/i.* marcher en tête; prendre les devants; *Arbeit*: avancer; *fig.* ouvrir un (*od.* le) chemin; *j-m* ~ précéder q.; devancer q.; *gehen Sie* ~! passez; passez (le premier, la première); après vous!; *mit gutem Beispiel* ~ donner le bon exemple; ~**kommen** *v/i.* avancer; *tüchtig* ~ bien avancer.

'**Vor-ankündigung** *f* avis *m*; avertissement *m* préalable.

'**Vor-anmeldung** *f* avis *m*; avertissement *m* préalable.

vo'**ranschicken** *v/t.*: *j-n* ~ faire prendre les devants à q.

'**Vor-anschlag** *m* évaluation *f*; *bsd.* △ devis *m*; (*Haushalts²*) prévisions *f/pl.* budgétaires.

vo'**ran**|**schreiten** *v/i.* marcher à la tête (de); *Arbeit*: avancer; ~**stellen** *v/t.* mettre (*od.* placer) en tête (de); *Wort*: antéposer; ²**stellung** *f* *e-s Wortes*: antéposition *f*.

'Vor-anstrich *m* couche *f* d'apprêt légère.
'Vor-antike *f* avant-antiquité *f*.
vo'rantreiben *v/t. Arbeit:* avancer; activer; accélérer; *z. B. die Raumforschung:* poursuivre plus avant; *die Motorisierung* ~ pousser la motorisation.
'Vor-anzeige *f* avis *m* préalable (*od.* préliminaire); avertissement *m* préalable.
'Vor-arbeit *f* travail *m* préparatoire; préparatifs *m/pl.*; travaux *m/pl.* préliminaires; (*Entwurf*) ébauche *f*; ℒen 1. *v/i.* faire les travaux préparatoires; *vor dem Urlaub:* faire son travail à l'avance; *Schüler:* préparer d'avance; 2. *v/rf.:* sich ~ (*sich e-n Weg bahnen*) se frayer un chemin; ⚔ avancer (*sprungweise par bonds*); progresser; ~er(in *f*) *m* contremaître *m*, -esse *f*.
vo'raus *adv. örtlich:* en avant; *zeitlich:* im ¹voraus d'avance; par avance; à l'avance; par anticipation; *anderen (s-r Zeit)* ~ *sein* être en avance sur les autres (sur son temps); *j-m* ~ *sein* avoir de l'avance sur q.; devancer q.; *s-m Jahrhundert* ~ *sein* être en avance sur (*od.* devancer) son siècle; ℒabteilung *f* détachement *m* avancé; ~ahnen *v/t.* pressentir; avoir le pressentiment (de); ℒahnung *f* prescience *f*; pressentiment *m*; ℒanalyse *ec. f* analyse *f* prospective; ~bedingen *v/t.* stipuler d'avance; ~berechnen *v/t.* calculer (*od.* évaluer) d'avance; ℒberechnung *f* estimation *f*; *éc.* anticipation *f*; ~bestellen *v/t.* commander d'avance; retenir; ℒbestellung *f* commande *f* préalable; ~bestimmen *v/t.* destiner à l'avance; ~bezahlen *v/t.* payer d'avance; ℒbezahlung *f* paiement *m* d'avance (*od.* anticipé); ~datieren *v/t. mit e-m späteren Datum versehen:* postdater; ~eilen *v/i.* prendre les devants; *j-m* ~ précéder q.; devancer q.; ~empfangen *v/t.* recevoir d'avance; ℒentwertung ✂ *f* préoblitération *f*; oblitération *f* préalable; ~fahren, ~gehen *v/i.* prendre les devants; *j-m* ~ précéder q.; devancer q.; ~gesetzt *p.p.:* ~, *daß* ... supposé (*od.* pourvu) que ... (*subj.*); ~haben *v/t.: vor j-m etw.* ~ avoir un avantage sur q.; l'emporter sur q. par qch.; ~laufen *v/i.* → ~eilen; ℒnahme *f* anticipation *f*; ~nehmen *v/t.* anticiper; ℒplaner *éc. m* prévisionniste *m*; ~reisen *v/i.* partir avant les autres; ~reiten *v/i.* partir à cheval avant les autres; ℒsage *f* prédiction *f; des Wetters:* prévision *f; a. allg.* pronostics *m/pl.; Person, die* ~en macht *a. im Sport:* pronostiqueur *m,* -euse *f*; ~sagen *v/t.* prédire; prévoir; pronostiquer; ℒschau *f* prévision *f*; prévoyance *f*; ~schauen *v/i.* prévoir; ~schauend *adj.* prévoyant; ~schicken *v/t.* envoyer d'avance; *j-n* ~ faire prendre les devants à q.; *eine Bemerkung* ~ faire une remarque préliminaire; ~sehen *v/t.* prévoir; ~setzen *v/t.* supposer; présupposer; *vorausgesetzt, daß* ... supposé (*od.* pourvu) que ... (*subj.*); ℒsetzung *f* supposition *f*, présupposition *f;* (*Hypothese*) hypothèse *f;* (*Vorbedingung*) condition *f* préalable; *unter der* ~, *daß* ... supposé (*od.* pourvu) que ... (*subj.*); *unter dieser* ~

cette hypothèse; *zur* ~ *haben* supposer; présupposer; ℒsicht *f* prévision *f*; prévoyance *f; aller* ~ *nach* selon toutes possibilités; ~sichtlich I *adj.* probable; II *adv.* probablement; ~werfen *v/t.: die Ereignisse werfen ihre Schatten voraus* les événements projettent leurs ombres en avant; ~zahlen *v/t.* payer d'avance; ℒzahlung *f* paiement *m* d'avance (*od.* anticipé).
'Vorbau △ *m* partie *f* saillante; avant-corps *m*; ℒen 1. *v/t.* bâtir en saillie; 2. *v/i. fig.* prendre ses précautions; *e-r Sache (dat.)* ~ prévenir qch.; parer à qch.; obvier à qch.
'Vorbe|dacht *m* préméditation *f; mit* ~ avec préméditation; délibérément; de propos délibéré; ℒdeuten *v/t.* présager; ~deutung *f* présage *m; gute* ~ bon augure *m;* ℒdingen *v/t.* stipuler d'avance; ~dingung *f* condition *f* préalable; préalable *m*; ~halt *m* réserve *f* (*anmelden* formuler); geistiger ~ restriction *f* mentale; *mit* ~ sous (toute) réserve; *ohne* ~ sans réserve; purement et simplement; *unter dem* ~, *daß* ... à la réserve que ...; sauf à ... (*inf.*); *unter üblichem* ~ sous les réserves d'usage; *unter* ~ *aller Rechte* sous tous droits réservés; *s-e* ~*e machen* faire ses réserves; ℒhalten 1. *v/t.* réserver; *Irrtum* ~ sauf erreur; *Irrtümer od. Auslassungen* ~ sauf erreur ou omission; 2. *v/rf.: sich das Recht* ~ se réserver le droit (*zu* de); *sich* ~, *zu* ... (*inf.*) se réserver de ... (*inf.*); ℒhaltlich *prp.* (*gén.*) sous réserve de; sauf; ~ *des Artikels* ... sous réserve de l'article ...; ℒhaltlos *u. adv.* sans réserve; sans réticence. ~haltsklausel *f* clause *f* de réserve (*od.* de sauvegarde); ~handlung *text. f* préformage *m*.
vor'bei *adv. örtlich:* devant; (*daneben*) à côté; *zeitlich:* passé; fini; (*gefehlt*) manqué; *es ist 6 Uhr* ~ il est six heures passées; *ich kann nicht* ~ je ne peux pas passer; *ich muß* ~ il faut que je passe; *lassen Sie mich* ~ laissez-moi passer; ~ *ist* ~ le passé est le passé; *es ist mit ihm* ~ c'en est fait de lui; il est fini; ~benehmen *v/rf.: sich* ~ se conduire mal; ~eilen *v/i.* passer en trombe *od.* en toute 'hâte (*an dat.* devant); ~fahren *v/i.* passer (*an dat.* devant *od.* à côté de); *im* ℒ *en passant*; ~fließen *v/i.: an der Mauer* ~ couler le long du mur; ~flitzen *v/i.* passer en trombe *od.* comme un bolide (*an dat.* devant); ~gehen *v/i.* passer; *Schuß:* manquer (*od.* rater) le but; ~ *an (dat.)* passer devant (*od.* à côté de); *im* ℒ *en passant; am Ziel* ~ passer à côté du but; ~kommen *v/i.* passer *an dat.* devant; *bei j-m* chez q.; *bei j-m nur auf e-n Sprung* ~ ne faire qu'un saut chez q.; ~lassen *v/t.* laisser passer (*an dat.* devant *od.* à côté de); ℒmarsch ⚔ *m* défilé *m*; ~marschieren ⚔ *v/i.* défiler (*an dat.* devant); ~reden *v/i.: aneinander* ~ parler sans s'entendre; ne pas tenir le même langage; ~sausen *v/i.* passer comme un bolide, passer en trombe (*an dat.* devant); ~schießen *v/i.* manquer (*od.* rater) le but; F (*eilen*) passer comme une flèche *od.* comme un trait (*an dat.* devant); ~schlagen *v/i.* manquer son coup; F taper à

côté; ~werfen *v/i.* manquer le but; ~ziehen *v/i.* défiler (*an dat.* devant).
'vorbeleuchten (*Auto*) *v/i.* balayer une courbe.
'Vor|bemerkung *f* remarque *f* préliminaire; *Buch:* avertissement *m*; avant-propos *m*; ℒbenannt *adj.* sus--mentionné; susdit; précité; mentionné ci-dessus (*od.* ci-devant); sus-cité; susindique; ℒberaten *v/i.* avoir une délibération préparatoire (sur); ~beratung *f* délibération *f* préparatoire; ~bereiten *v/t. u. v/rf.* (*sich se*) préparer (*auf acc.* à); (s')apprêter (à); ℒbereitend *adj.* préparatoire; ~bereitung *f* préparation *f* (*auf acc.* à); étape *f* préparatoire (à); *Restaurant:* ~ *der Gedecke* mise *f* en place des couverts; ~en zu e-r Reise treffen faire des préparatifs d'un départ; ~bereitungs-anstalt *f* établissement *m* préparatoire; ~bereitungs-arbeiten *f/pl.* travaux *m/pl.* préparatoires; ~bereitungsdienst *m* stage *m*; période *f* de formation; ~bereitungsklasse *f* classe *f* préparatoire; ~bereitungskurs *m* cours *m* préparatoire; ~bereitungsschule *f* école *f* préparatoire; ~bereitungszeit *f* stage *m*; ~berge *géogr. m/pl.* contreforts *m/pl.*; ~bericht *m* rapport *m* préliminaire; ℒberuflich *adj.* préprofessionnel, -elle; ~bescheid *m* décision *f* préliminaire; ~besichtigung *f* inspection *f* préalable (*od.* préliminaire); *e-r Gemäldeausstellung:* vernissage *m*; ~besprechung *f* conférence *f* préparatoire; ℒbestellen *v/t.* commander d'avance; retenir; ~bestellung *f* commande *f* préalable; (*Reservierung*) réservation *f*; (*Mieten*) location *f*; ℒbestraft *adj.* qui a déjà subi une condamnation; qui a un casier judiciaire; qui a des antécédents judiciaires; ~bestrafte(r *a. m) m, f* repris *m*, -e *f* de justice; récidiviste *m, f;* F cheval *m* de retour; ~bestrafung *f* ⚖ condamnation *f* antérieure; ℒbeten 1. F *fig. péj., pol. v/t.: j-m etw.* ~ F bourrer le crâne à q.; endoctriner q.; 2. *v/i.: j-m* ~ réciter une prière devant q.; ~beter *m* celui qui récite les prières devant les fidèles; ~beugehaft *f* détention *f* préventive; ℒbeugen 1. *v/t.* (*v/rf.: sich se*) pencher en avant; 2. *v/i.: e-r Sache (dat.)* ~ prévenir qch.; parer à qch.; obvier à qch.; ℒbeugend *adj.* préventif, -ive; ⚕ *a.* prophylactique; ~beugung *f* prévention *f*; ⚕ *a.* prophylaxie *f*; *zur* ~ prophylactiquement; ~beugungsmaßnahme *f* mesure *f* préventive (⚕ *a.* prophylactique); ~beugungsmittel ⚕ *n* remède *m* prophylactique; ~bild *n* modèle *m*; exemple *m; als* ~ *dienen* servir de modèle; *j-n zum* ~ *nehmen* prendre q. pour modèle; prendre modèle sur q.; *se modeler sur q.; nach dem* ~ *von* à l'exemple de; ℒbildlich *adj.* modèle; exemplaire; (*ideal*) idéal; ~bildlichkeit *f* caractère *m* exemplaire; ~bildung *f* formation *f* préparatoire; ℒbinden *v/t. Schürze usw.:* mettre; ℒbohren *v/t.* ⊕ percer un avant--trou; F *fig. bei j-m* (*vorfühlen*) F tâter le terrain auprès de q.; ~bohrer *m* amorçoir *m; für Nägel:* avant-clou *m*; ~börse ✝ *f* marché *m* libre;

vorbörslich — vorgenannt

₂börslich *adv.*: ~ notiert coté avant l'ouverture de la Bourse; ~bote *m* avant-coureur *m*; précurseur *m*; (*Vorzeichen*) présage *m*; signe *m* avant-coureur (*od.* précurseur); ⚕ prodrome *m*; symptôme *m* avant--coureur; ₂bringen *v/t.* *Wünsche usw.*: présenter; (*zur Sprache bringen*) mettre en discussion; mettre sur le tapis; *Plan*: avancer; *Gründe*: alléguer; *Beweise*: produire; fournir; ~bringen *n* v. *Wünschen, Klagen, Forderungen, Entschuldigungen*: présentation *f*; v. *Gründen*: allégation *f*; ~bühne *thé. f* avant-scène *f*; ₂christlich *adj.* avant l'ère chrétienne; ~e Zeit époque *f* avant Jésus-Christ; ~dach *n* auvent *m*; avant-toit *m*; ~damm *m* digue *f* avancée; ₂datieren *v/t.* (*mit e-m früheren Datum versehen*) antidater; mettre une date antérieure; (*mit e-m späteren Datum versehen*) postdater; mettre une date postérieure; ~dem *adv.* autrefois; jadis.

'Vorder|achs-antrieb *m* traction *f* avant; ~achse *f* essieu *m* avant; ~ansicht *f* vue *f* de face; ~arm *m* avant-bras *m*; ~asien *n* le Proche--Orient; ~bein *n* jambe (*resp.* patte) *f* de devant; ~deck ⚓ *n* gaillard *m* d'avant.

'vorder|(e) *adj.* de devant; *bsd.* v. *Körperteilen*: antérieur; der ~e Eingang l'entrée *f* à l'avant *od.* de devant; die ~en Reihen les premiers rangs *m/pl.*; ~e Seite devant *m*; der ₂e Orient le Proche-Orient.

'Vorder|flügel *m bei Kerbtieren*: aile *f* antérieure; ~front ⚒ *f* façade *f*; ~fuß *m* pied *m* (*resp.* patte *f*) de devant; ~gebäude *n* devant *m* (d'une maison); ~gestell *n* e-s *Pferdewagens*: avant-train *m*; ~grund *m* devant *m*; *thé., phot., fig.* premier plan *m*; *im* ~ au premier plan; *fig. in den* ~ *stellen* mettre au premier plan (*od.* en vedette); *in den* ~ *treten* se mettre au premier plan (*od.* en avant *od.* en vedette); se faire remarquer; ₂gründig *adj.* apparent; spécieux, -euse; superficiel, -elle.

'Vorderhand *man. f* avant-main *m*.

vorder'hand *adv.* en attendant; pour le moment.

'Vorder|haus *n* maison *f* de devant; ~lader *hist.* ~ *m* fusil *m* à baguette; ₂lastig *adj.* lourd de l'avant; ~lauf *Hase*: jambe (*od.* patte) *f* antérieure (*od.* de devant); ~mann *m* celui qui précède; ✠ chef *m* de file; ✝ cédant *m; bei Wechseln*: endosseur *m* précédent; ✗ ~ nehmen (halten) couvrir son chef de file; *fig. j-n auf* ~ *bringen* mettre q. au pas; ~mast ⚓ *m* mât *m* de misaine; ~pfote *f* patte *f* de devant; ~plattform *f* plate-forme *f* avant; ~rad *n* roue *f* avant; ~rad-antrieb *m* traction *f* avant; ~radbremse *f* frein *m* avant; ~reihe *f* premier rang *m*; ~seite *f* façade *f*; front *m*; frontispice *m*; *dev.* ~ *m*; e-r *Münze usw.*: face *f*; *typ.* recto *m*, *auf der* ~ au recto; ~sitz *m* siège *m* (*od.* place *f*) avant; ₂st (*sup.* v. vorder[e]) le premier; le plus avancé; ~steven ⚓ *m* étrave *f*; ~teil *m od. n* devant *m*; e-s *Autos*: train *m* avant; ~tür *f* porte *f* avant; ~zahn *m* dent *f* de devant;

~zimmer *n* chambre *f* de devant (*od.* donnant sur la rue).

'vor|dränge(l)n *v/rf.*: sich ~ se faufiler *od.* se glisser en avant; jouer des coudes; resquiller; *fig. oft péj.* se mettre en avant; ~dringen *v/i.* avancer; ⚔ gagner du terrain; ₂dringen *n* avancement *m*; ~dringlich *adj.* prioritaire; qui a la priorité; très urgent; d'extrême urgence; *etw.* ~ *behandeln* donner la priorité à qch.; ₂dringlichkeit *f* priorité *f*; ₂druck *m* formulaire *m*; formule *f*; ~ehelich *adj.* avant le mariage; ~eilen *v/i.* prendre les devants; *j-m* ~ précéder q.; devancer q.; ~eilig I *adj.* trop prompt; précipité; hâtif, -ive; (*verfrüht*) prématuré; (*unbedacht*) inconsidéré; étourdi; ~e Schlüsse ziehen tirer des conclusions prématurées (*aus* de); II *adv.* précipitamment; trop vite; à l'étourdie; à la légère; ~ urteilen être trop prompt dans ses jugements; porter un jugement téméraire (*über acc.* de); *nicht so* ~! pas si vite!; doucement!; ₂eiligkeit *f* précipitation *f*; étourderie *f*.

'vor-eingenommen *adj.* prévenu; *gegen j-n* ~ *sein a.* avoir d'emblée un préjugé défavorable sur q.; ₂heit *f* prévention *f*; parti *m* pris.

'Vor|eltern *pl.* ancêtres *m/pl.*; *weiter entfernt*: aïeux *m/pl.*; ~enthalten *v/t.* retenir qch. à q.; priver q. de qch.; *j-m s-e Ansichten* ~ cacher ses opinions à q.; se cacher à q.; *j-m die Wahrheit* ~ cacher (*od.* dissimuler) la vérité à q.; ~enthaltung *f* *Verheimlichung*: dissimulation *f*; ~entscheidung *f* décision *f* préalable (*Präjudiz*) décision *f* préjudicielle; *Sport*: demi-finale *f*; ~entwurf *m* avant--projet *m*; ~erbe *m* (~erbin *f*) héritier *m* (-ière *f*) antérieur(e) (*od.* par précipt); ₂erst *adv.* (*zunächst*) d'abord; en premier lieu; premièrement; avant tout(es choses); (*fürs erste*) pour le moment; ₂erwähnt *adj.* mentionné ci-dessus; susdit, précité; ₂erzählen F *v/t.*: *j-m etw.* ~ raconter des blagues qch. *od.* F monter un bateau) à q.; ~examen *n* examen *m* préalable; ~fahren *m/pl.* ancêtres *m/pl.*, *litt.* aïeux *m/pl.*; ₂fahren *v/i.*: *bei j-m* ~ faire arrêter sa voiture à la porte de q.; *den Wagen* ~ *lassen* faire venir la voiture; *j-n* ~ *lassen* céder (*od.* laisser) le passage à q.; ~vorgefahren kommen arriver en voiture. ~fahrt *f* priorité *f*; *als Verkehrsschild*: véhicule *m* prioritaire; ~ *haben* avoir la priorité (*vor dat.* sur); *j-m die* ~ *lassen* céder (*od.* laisser) la priorité à q.; ~fahrtsregel *f* règle *f* de priorité (*beachten* respecter); ~fahrtsstraße *f* route *f* à priorité; ~fahrtszeichen *n* signal *m* de priorité; ~fall *m* affaire *f*; (*Begebenheit*) événement *m*; (*Fall*) cas *m*; (*Zwischenfall*) incident *m*; *unerwünschter Vorfall* incident *m* de parcours; (*Unfall*) accident *m*; ⚕ prolapsus *m*; ₂fallen *v/i.* arriver; se passer; se produire; *plötzlich*: survenir; ⚕ se déplacer; sortir; *als wenn nichts vorgefallen wäre* comme si de rien n'était; ~feier *f* prélude *m* d'une fête; ~feld ⚔ *n* glacis *m*; avancées *f/pl.*; ~fenster *n* contre-fenêtre *f*; ~finanzierung *f* préfinancement *m*;

₂finden *v/t.* trouver (à son arrivée); ~flügelklappe ✈ *f* volet *m* de fente avant; ₂flunkern F *v/t.*: *j-m etw.* ~ en conter (de belles) à q.; ~frage *f* question *f* préalable (*stellen* poser); ~freude *f* joie *f* anticipée; F acompte *m*; ~frühling *m* commencement *m* du printemps; ₂fühlen *v/i.* tâter le terrain; *bei j-m* ~ *a.* faire des approches à q.; ~führdame *f* mannequin *m*; ₂führen *v/t.* (*zeigen*) présenter; *Apparate usw.*: démontrer; *thé.* représenter; *Film*: projeter; *Platten*: faire entendre; *Zeugen*: produire; *j-n dem Richter* ~ amener q. devant le juge; ~führer(in *f*) *m* démonstrateur *m*, -trice *f*; (*Film*⚙) opérateur *m*, -trice *f*; ~führraum *m* salle *f* de démonstration; (*Film*⚙) salle *f* de projections, *engS.* cabine *f* de projection; ~führung *f* présentation *f*; *thé.* représentation *f; v. Geräten*: démonstration *f*; *v. Filmen*: projection *f*; *v. Platten*: audition *f; v. Zeugen*: production *f*; ~führungsbefehl *m* mandat *m* d'amener; ~führungsmodell *n* modèle *m* de démonstration; ~gabe *f* *Sport*: rendement *m*; 'handicap *m*; ~gang *m* (*Hergang*) cours *m*; marche *f*; (*Ereignis*) événement *m*; (*Zwischenfall*) incident *m*; (*Angelegenheit*) affaire *f*; (*Sachverhalt*) faits *m/pl.*; (*Akten*) dossier *m*; ⊕, 🔬 ⚕ processus *m*; (*Natur*⚙) phénomène *m*; ~gänger(in *f*) *m* devancier *m*, -ière *f*; prédécesseur *m*; ~garten *m* jardin *m* devant la maison; *e-s Cafés*: terrasse *f*; ₂gaukeln F *v/t.*: *j-m etw.* ~ faire miroiter qch. aux yeux de q.; ₂geben 1. *v/t.*: e-n *Zettel dem Redner* ~ faire passer une fiche au conférencier; (*behaupten*) prétendre; (*vorschützen*) prétexter; (*erheucheln*) feindre; *Gründe*: alléguer; 2. *v/i.* *Sport*, *Punkte im Spiel*: rendre des points (*j-m* à q.); ~gebirge *n* cap *m*; promontoire *m*; (*Vorberge*) contreforts *m/pl.*; ₂geblich I *adj.* prétendu; soi--disant; supposé; II *adv.* à ce que l'on prétend; ₂geburtlich *adj.* prénatal; ₂gefaßt *adj.*: ~e *Meinung* opinion *f* préconçu; préjugé *m*; prévention *f*; parti *m* pris; ₂gefertigt *adj.* préfabiqué; ₂gefühl *n* pressentiment *m*; ₂gehalten *adj.*: *mit* ~er *Hand etw. sagen* dire qch. à mots couverts (*od.* à voix basse); ₂gehen *v/i.* (*vorausgehen*) prendre les devants; *j-m* ~ précéder q.; devancer q.; (*den Vorrang haben*) passer le premier, la première; avoir le pas (*sur*); avoir la priorité; (*vorwärts gehen*) avancer (*a.* Uhr); *auf ein Ziel*: marcher (*sur*); ⚔ avancer; progresser; *auf (gegen) den Feind* ~ marcher sur l'ennemi; (*geschehen*) se passer; se produire; (*handeln*) agir; *gegen j-n* ~ partir en campagne contre q.; ⚖ *gegen j-n gerichtlich* ~ porter plainte contre q.; intenter une action à (*od.* contre) q.; *die Arbeit geht vor!* le travail d'abord!; ~gehen *n* avancement *m*; progression *f*; (*Handlungsweise*) manière *f* d'agir; (*Verfahren*) procédé *m*; *pol.* geme insames ~ ligne *f* de conduite commune; ₂gekocht *adj.* pré-cuisiné; ₂gelagert *adj.* situé devant; ~gelände ⚔ *n* glacis *m*; avancées *f/pl.*; ₂genannt *adj.* mentionné ci-dessus; susdit; précité; ~**genuß** *m* jouissance *f* anticipée; ~**gericht** *cuis. n* entrée *f*; 'hors-d'œuvre *m*; 2**gerückt** *adj.* avancé; ~**geschichte** *f* préhistoire *f*; *e-r Angelegenheit*: faits *m/pl.* antécédents, antécédents *m/pl.* 2**geschichtlich** *adj.* préhistorique; ~**geschmack** *m* avant-goût *m*; 2**geschoben** *adj.* avancé; ✕ ~**er Posten** sentinelle *f* perdue; 2**geschrieben** *adj.*: ~ *sein* être de rigueur; être obligatoire; *Frack* ~ l'habit de rigueur; *es Formblatt* formule *f* légale; 2**gesehen** *adjt.* prévu; ~! attention!; prenez garde!; gare!; ~**gesetzte**(**r** *a. m*) *m, f* supérieur *m*, -e *f*; chef *m*; 2**gespannt** *adjt.*: ~**es Glas** verre *m* trempé; ~**gespräche** *n/pl.* conversations *f/pl.* exploratoires; 2**gestern** *adv.* avant-hier; 2**gestrig** *adj.* d'avant-hier; *der* ~**e Tag** l'avant-veille *f*; 2**getäuscht** *adjt.* simulé; F bidon *inv.*; 2**gezogen** (*Wahlen*) *adjt.* à terme avancé; anticipées; 2**greifen** *v/i.*: *auf etw. (acc.)* ~ anticiper sur qch.; *j-m* ~ (*zuvorkommen*) prévenir les intentions de q., (*tun, was e-m andern gebührt*) empiéter sur les droits de q.; ~**griff** *m* anticipation *f*; ~**gucken** *v/i. Gegenstand*: sortir (*aus de*); ~**haben** *v/t. Schürze usw.*: porter; *fig.* avoir en vue; projeter; compter faire; avoir l'intention de (*inf.*); se proposer de (*inf.*); *etw.* ~ *für den Abend usw.*: être pris (*od.* retenu) (*für* pour); ~**haben** *n* projet *m*; intention *f*; dessein *m*; propos *m*; plan *m*; *pol.*, ✕ scénario *m*; ~**hafen** ⚓ *m* avant-port *m*; ~**halle** *f* vestibule *m*; thé. foyer *m*; *im Gericht, Bahnhof*: salle *f* des pas perdus; *bsd. e-r Kirche*: porche *m*; ~**halt** ♪ *m* retard *m*; 2**halten 1.** *v/t.* (*vor etw. halten*) tenir devant; *fig. j-m etw.* ~ remontrer (*od.* reprocher) qch. à q.; 2. *v/i. Erholung, gute Vorsätze*: *nicht lange* ~ ne pas avoir un long effet; *dieses Essen hält nicht lange vor* ce repas ne soutient pas longtemps; ~**haltung** *f* remontrance *f*; reproche *m*; *j-m* ~**en machen** faire des remontrances à q.; ~**hand** *f Tennis*: coup *m* droit; *Kartenspiel*: main *f*; *in der* ~ *sein*; *die* ~ *haben* avoir la main.

vor'handen *adj.* existant; (*gegenwärtig*) présent; actuel, -elle; (*verfügbar*) disponible; ~ *sein* exister, (*sich vorfinden*) se trouver; 2**sein** *n* existence *f*; présence *f*.

'**Vor**|**handschlag** *m Tennis*: coup *m* droit; ~**hang** *m* rideau *m* (*a. thé.*); store *m*; (*Tür*2) portière *f*; *eiserner* ~ rideau *m* de fer; *den* ~ *aufziehen* (*herunterlassen*) lever (baisser) le rideau; 2**hängen** *v/t.* (*vor etw. hängen*) (sus)pendre devant; *Schloß*: mettre; ~**hängeschloß** *n* cadenas *m*; *mit e-m* ~ *verschließen* cadenasser; ~**hangwand** △ *f* mur-rideau *m*; ~**haut** *anat. f* prépuce *m*; ~**heizung** *f* préchauffage *m*; ~**hemd** *n* plastron *m*.

vor'**her** *adv.* (*früher*) plus tôt; (*im voraus*) d'avance; par avance; à l'avance; (*zuvor*) avant; au préalable; préalablement; auparavant; *kurz* ~ peu de temps avant; *lange* ~ *bestellen* retenir longtemps à l'avance; *wie* ~ comme avant; *der* (*am*) *Tag* ~ la veille; *am*

Abend ~ la veille au soir; ~**bedenken** *v/t.* réfléchir d'avance (à); préméditer; ~**bestellen** *v/t.* commander d'avance; retenir; ~**bestimmen** *v/t.* déterminer d'avance; préétablir; préfixer; *rl.* prédestiner; 2**bestimmung** *rl. f* prédestination *f*; ~**gehen** *v/i.*: *e-r Sache* (*dat.*) ~ précéder qch.; ~**gehend** *adj.* précédent, précédent; antérieur; *aus dem* 2**en folgt, daß** ... il résulte de ce qui précède que ...; ~**ig** *adj.* précédent; antérieur; (*ehemalig*) ancien, -enne.

'**Vorherr**|**schaft** *f* prédominance *f*; prépondérance *f*; suprématie *f*; (*Hegemonie*) hégémonie *f*; 2**schen** *v/i.* prédominer; ~**schen** *n* prédominance *f*; prépondérance *f*; 2**schend** *adj.* prédominant; prépondérant.

Vor'**her**|**sage** *f* prédiction *f*; *des Wetters*: prévisions *f/pl.*; ~**sagegültigkeit** *psych., écol. f* validité *f* prédictive; 2**sagen** *v/t.* prédire; prévoir; pronostiquer; 2**sehen** *v/t.* prévoir; deviner; 2**wissen** *v/t.* savoir d'avance; avoir la prescience (de); ~**wissen** *n* prescience *f*.

'**Vor**|**himmel** *rl. m* limbes *m/pl.*; 2'**hin** *adv.* (*eben erst*) tout à l'heure; 2**historisch** *adj.* préhistorique; ~**hof** *m* cour *f* d'entrée; avant-cour *f*; *e-r Kirche*: parvis *m*; *anat. des Ohres*: vestibule *m, des Herzens*: oreillette *f*; ~**hut** ✕ *f* avant-garde *f*; 2**ig** *adj.* antérieur; précédent; (*vergangen*) passé; dernier, -ière; *es Jahr* l'année *f* passée (*od.* dernière); 2**instanz** *f* première instance *f*; ~**jahr** *n* année *f* de l'année passée (*od.* précédente); 2**jährig** *adj.* de l'année passée (*od.* précédente); 2**jammern** *v/t.*: *j-m etw.* ~ importuner q. par ses lamentations; ~**jugendliche** (*5–12 Jahre*) *m/pl.* préadolescents *m/pl.*; ~**kammer** *f anat. des Herzens*: oreillette *f*; *des Motors*: chambre *f* de précombustion; préchambre *f*; ~**kampf** *m beim Boxkampf usw.*: combat *m* préliminaire (*od.* en lever de rideau); (*Ausscheidungskampf*) éliminatoire *f*; ~**kämpfer**(**in** *f*) *m* champion *m*, -onne *f*; pionnier *m*; protagoniste nur *m*; instigateur *m*, -trice *f*; fer *m* de lance; 2**kapitalistisch** *adj.* précapitaliste; 2**kauen** *v/t.*: *j-m etw.* ~ mâcher qch. à q. (*a. fig.* F); ~**kauf** ⚖ *m* préemption *f*; ~**kaufspreis** *m* prix *m* de préemption; ~**kaufsrecht** *n* droit *m* de préemption; ~**kehrung** *f* mesure *f* (*treffen* prendre); disposition *f* (*treffen* prendre); préparatifs *m/pl.* (*treffen faire*); ~**kenntnisse** *f/pl.* connaissances *f/pl.* préliminaires; *einige* ~ *im Französischen* quelques notions de français; 2**klassisch** *adj.* préclassique; 2**knöpfen** F *v/t.*: *sich j-n* ~ F sonner les cloches à q.; F passer un savon à q.; ~**kommando** *n* détachement *m* précurseur; 2**kommen 1.** *v/i.* (*sich ereignen*) arriver; se passer; se produire; avoir lieu; (*e-n Eindruck hinterlassen*) sembler; paraître; (*existieren*) exister; (*sich finden*) se trouver (*a. Pflanzen*); se rencontrer; se voir; habiter; (*sich darbieten*) se présenter; s'offrir; *a. écol.*, ✕ (*heraustreten*) sortir du rang; *das kommt bei ihm nicht vor* cela ne lui arrive pas; *was ist vorgekommen?*

qu'est-il arrivé?; que s'est-il passé?; *so etw. kommt vor* ça arrive; cela se rencontre; cela se voit; *so etw. ist noch nicht vorgekommen* on n'a jamais rien vu de pareil; *daß mir das nicht noch einmal vorkommt!* que cela ne se reproduise pas!; *das Wort kommt vor bei* ... le mot se trouve chez ...; *j-m* ~ *wie* faire à q. l'effet de; *ich weiß nicht, wie Sie mir heute* ~ je ne sais que penser de vous aujourd'hui; *er kommt mir bekannt vor* il me semble que je le connais; **2.** *v/rf.*: *sich* ~ *wie* se croire (*acc.*); ~**kommen** *n ling.* occurrence *f*; *v. Pflanzen*: habitat *m*; *géol.*, ⚒ gisement *m*; 2**kommen**|**falls** *adv.* le cas échéant; ~**kommnis** *n* événement *m*; (*Fall*) cas *m*; (*Zwischenfall*) incident *m*; *unerwünschtes* ~ incident *m* de parcours; ~**kriegs**-**preis** *m* prix *m* d'avant-guerre; ~**kriegsproduktion** *f* production *f* d'avant-guerre; ~**kriegsverhältnisse** *n/pl.* situation *f* d'avant-guerre; ~**kriegszeit** *f* avant-guerre *m* (*od. f*); 2**kühlen** *v/t.* préréfrigérer; ~**kursus** *m*: ~ *an der Universität* prestage *m* universitaire; 2**laden** ⚖ *v/t.* convoquer; citer; assigner; intimer; ~**ladung** ⚖ *f* convocation *f*; citation *f*; assignation *f*; ~**lage** *f* (*Muster*) modèle *m*; *typ.* (*Satz*2) copie *f*; (*Gesetzes*2) projet *m* de loi; *e-r Urkunde*: présentation *f*; production *f*; exhibition *f*; 🜲 récipient *m*; *Fußball*: passe *f*; *Schi*: position *f* inclinée vers avant; *bei* (*gegen*) ~ sur (contre) présentation; ~**land** *n* partie *f* avancée d'un territoire; 2**lassen** *v/t.* beim *Anstehen*: *j-n* ~ laisser q. passer devant; (*empfangen*) laisser entrer q.; recevoir q.; ~**lauf** *m Sport*: éliminatoire *f*; *Tonband*: défilement *m* (en) avant; ~**läufer** *m* précurseur *m*; ~**läufig I** *adj.* provisoire; préliminaire; ~**e Entscheidung** (ordonnance *f* de) référé *m*; *e-e* ~**e Entscheidung beantragen** appeler (*od.* plaider) en référé; *e-e* ~**e Entscheidung treffen** prononcer en référé; **II** *adv.* provisoirement; (*fürs erste*) pour le moment; en attendant; 2**laut** *adj.* qui parle avant son tour; qui a la langue trop longue; peu discret, -ète; ~**leben** *n* vie *f* antérieure; *bsd.* ⚖ antécédents *m/pl.*; 2**legbar** *adj.* présentable.

'**Vorlege**|**besteck** *n* service *m* à découper; ~**frist** ✝ *f* délai *m* de présentation; ~**gabel** *f* grande fourchette *f*; ~**löffel** *m* grande cuiller *f*; ~**messer** *n* couteau *m* à découper; 2**n 1.** *v/t.* mettre (*od.* placer) devant (qch.); (*darreichen*) présenter; (*anbieten*) offrir; *Speisen*: servir; (*zeigen*) montrer; (*unterbreiten*) soumettre; *Fußball*: passer; *Schloß*: mettre; *Frage*: poser; *Urkunde usw.*: présenter; produire; fournir; exhiber; *pol. dem Parlament e-n Gesetzentwurf* ~ saisir le Parlement d'un projet de loi; *e-r Versammlung e-n Bericht* ~ soumettre (*od.* présenter) un rapport à une assemblée; *ein tolles Tempo* ~ aller à (*od.* rouler à) un train d'enfer; **2.** *v/rf.*: *sich* ~ se mettre (*od.* se placer) devant (qch.); ~**n** *n v. Urkunden usw.*: présentation *f*; production *f*; exhibition *f*; ~**r** *m* (*Bett*2) descente *f*

de lit; ~schloß *n* cadenas *m*.
'Vorleistungen *a. pol. f/pl.* concessions *f/pl.* anticipées et spontanées.
'vorles|en *v/t.*: j-m etw. ~ lire qch. à q.; ℒen *n* lecture *f*; ℒer(in *f*) *m* lecteur *m*, -trice *f*; ℒung *f univ.* cours *m*; (*Vortrag*) conférence *f*; e-e ~ halten faire un cours (*über acc.* sur); e-e ~ belegen s'inscrire à un cours; e-e ~ besuchen (*hören*) suivre un cours; ℒungs-ausfall *univ. m* suppression *f* de cours; ℒungsbeginn *univ. m* rentrée *f*; ℒungsplan *m* horaire *m* des cours; ℒungsverzeichnis *n* programme *m* des cours.
'vorletzt *adj.* avant-dernier, -ière; *gr.* ~e Silbe (syllabe *f*) pénultième *f*.
'Vorliebe *f* prédilection *f* (für pour); préférence *f* (für pour); mit ~ de préférence; e-e ~ haben für avoir une prédilection pour.
vor'liebnehmen *v/i.* se contenter (mit de).
'vor|liegen *v/i.*: das Resultat soll am ... ~ le résultat sera disponible le ...; j-m ~ être sous les yeux de q.; was liegt vor? qu'est-ce qu'il y a?; es liegt nichts vor il n'y a rien; was liegt denn gegen ihn vor? qu'est-ce qu'on lui reproche?; es liegt nichts gegen ihn vor on n'a rien à lui reprocher; ~liegend *adj.* présent; im ~en Fall dans (*od.* en) ce cas; en l'occurence; en l'espèce; ~lochen *cyb. v/t.* préperforer; perforer d'avance; ~lügen *v/t.*: j-m etw. ~ dire des mensonges à q.; ~machen *v/t.* Brett usw.: mettre devant (qch.); j-m etw. ~ montrer à q. comment on s'y prend, (*um ihn zu täuschen*) en conter (*od.* en faire accroire) à q.; machen wir uns nichts vor! ne nous berçons pas d'illusions!; ne nous illusionnons pas!; ℒmacht(stellung) *f* prépondérance *f*; (*Hegemonie*) hégémonie *f*; ℒmagen *zo. m* jabot *m*; (*Pansen*) panse *f*; ~malig *adj.* ancien, -enne; d'autrefois; ~mals *adv.* anciennement; autrefois; jadis; ℒmarsch *m* avance *f*; marche *f* en avant; progression *f*; ~marschieren *v/i.* avancer; progresser; ~merken *v/t.* prendre note (de); noter; Datum, Platz: retenir; (*reservieren*) réserver; Platz, Zimmer: réserver; ℒmerkkalender *m* calendrier *m* mémorandum; agenda *m*; ℒmerkung *f* note *f*; (*Reservierung*) réservation *f*; ~militärisch *adj.* prémilitaire; ℒmittag *m* matin *m*; (~szeit) matinée *f*; am ~; im Laufe des ~s dans la matinée; heute ℒ ce matin; gestern ℒ hier matin; am späten ~ en fin de matinée; morgen ℒ demain matin; ~mittags *adv.* dans la matinée; bei der Uhrzeit: du matin; ℒmittagsstunden *f/pl.* matinée *f*; in den ~ dans la matinée; ℒmittags-unterricht *m* classes *f/pl.* du matin; ℒmittags-zeit *f* matinée *f*; ℒmonat *m* mois *m* précédent; ℒmund *m* tuteur *m*, -trice *f*; v. Erwachsenen: curateur *m*, -trice *f*.
'Vormundschaft ⚖ *f* tutelle *f*; *a. v.* Erwachsenen: curatelle *f*; unter ~ stehen (stellen) être (mettre) en tutelle (Erwachsene: en curatelle); ℒlich *adj.* tutélaire; ~sgericht *n* tribunal *m* des tutelles; ~ssache *f* affaire *f* de tutelle (v. Erwachsenen: de curatelle).

vorn *adv.* devant; en tête; von ~ par devant, de front, de (*od.* en) face, (neu anfangend) de nouveau, (vom Anfang) dès le début; von ~ bis hinten d'un bout à l'autre; von ~ angreifen attaquer de front; von ~ einsteigen entrer, monter par l'avant (*od.* par devant); ~ sitzen être au premier rang; ~ im Buch en tête du livre; ~ wohnen loger sur le devant; nach ~ liegen Räume: donner sur la rue; nach ~ geneigt penché en avant; von ~ (von neuem) anfangen commencer de nouveau; recommencer dès le début (*od.* de plus belle); ~ und hinten sein être partout.
'Vornahme *f* (Ausführung) exécution *f*; réalisation *f*.
'Vorname *m* prénom *m*; F nom *m* de baptême; le petit nom *m*.
'vorn'an *adv.* à la tête.
'vornehm *adj.* distingué; d'un rang élevé; de qualité; (aristokratisch) aristocratique; (elegant) élégant; (edel) noble; ~e Gesinnung sentiments *m/pl.* nobles; ~es Wesen (Aussehen) air *m* distingué (de distinction); die ~en Leute; die ~e Welt le grand monde, les personnalités de haute volée, F le gratin; die ~ste Pflicht le premier devoir; die ~ste Aufgabe la première tâche; ~ tun se donner de grands airs; jouer au grand seigneur (à la grande dame).
'vornehmen *v/t.* Schürze usw.: mettre; Bücher usw.: sortir; etw. ~ entreprendre qch.; s'occuper de qch.; Veränderungen: faire; Frage, Beratung: aborder; Überweisung: effectuer; opérer; Nachprüfung: procéder (à); sich etw. ~ se proposer de faire qch.; projeter qch.; j-n ~ (tadeln) reprendre q., faire la leçon à q., (prüfen) examiner q.; wer sich zuviel vornimmt, führt nichts richtig durch qui trop embrasse, mal étreint.
'Vornehmheit *f* distinction *f*; (Eleganz) élégance *f*; der Gesinnung: noblesse *f*.
'vornehmlich *adv.* surtout; avant tout; principalement; particulièrement.
Vornehmtue'rei *f* grands airs *m/pl.*
'Vorneverteidigung *f* défense *f* avancée.
'vornhe'rein *adv.*: von ~ de prime abord; tout d'abord; d'entrée de jeu.
'vornotieren *v/t.* ~ vormerken.
vorn'-über *adv.* la tête en avant.
'Vor-ort *m* banlieue *f*; ~bahn *f* ligne *f* de banlieue; ~bewohner(in *f*) *m* habitant *m*, -e *f* de la banlieue; F banlieusard *m*, -e *f*; ~verkehr *m* service *m* de banlieue; trafic *m* suburbain; ~zug *m* train *m* de banlieue.
'Vor|platz *m* esplanade *f*; e-r Kirche: parvis *m*; ~posten *m* avant-poste *m*; ~ der atlantischen Verteidigung créneau *m* de la défense atlantique; ~postengefecht *n* combat *m* d'avant-postes; ~postenkette *f* cordon *m* d'avant-postes; ℒprogrammiert *cyb. adjt.* préprogrammé; ~programmierung *cyb. f* préprogrammation *f*; ~prüfung *f* examen *m* préalable; Sport: (Ausscheidungskampf) éliminatoire *f*; ~rang *m* préséance *f*; prééminence *f*; priorité *f*; ⚖ préférence *f*; den ~ vor etw. haben

avoir (*od.* prendre) le pas sur qch.; den ~ vor j-m haben avoir la préséance (*od.* le pas) sur q.; j-m den ~ lassen céder le pas à q.; j-n mit ~ abfertigen accorder un tour de faveur à q.; vor etw. (dat.) den ~ haben avoir la priorité sur qch.; passer avant qch.; ℒrangig *adj.* prioritaire; *adv.* en priorité; ~rat *m* provisions *f/pl.*; ✝ stock *m*; (Reserve) réserve *f*; an Devisen: fonds *m*; ✝ e-n ~ anlegen constituer un stock; den ~ angreifen entamer le stock; auf ~ arbeiten travailler pour le stock; sich e-n ~ von etw. anlegen faire un stock de *od.* provision de qch.; ✝ ~ stocker qch.; ✝ solange (der) ~ reicht jusqu'à épuisement du stock; wegen ausgehenden ~s en rupture de stock.
'vorrätig *adj.* disponible; ✝ en (*od.* au) stock; en magasin.
'Vorrats|behälter *m* réservoir *m*; ~bildung *f* stockage *m*; ~haus *n* entrepôt *m*; ~kammer *f* chambre *f* à provisions, *große*: magasin *m*; ~keller *m* cave *f* à provisions; ~lager *n* stock *m*; ~raum *m* → ~kammer; ~schrank *m* garde-manger *m*.
'Vorraum *m* antichambre *f*; (Warteraum) salle *f* d'attente.
'vor|rechnen *v/t.*: j-m etw. ~ calculer qch. à q., faire le compte de qch. à q., (aufzählen) énumérer qch. à q.; ℒrecht *n* privilège *m*; *st.s.* apanage *m*; ausschließliches: prérogative *f*; ein ~ bewilligen (einräumen) accorder (concéder) un privilège; ein ~ genießen jouir d'un privilège; ℒrede *f* préface *f*; kürzere: avant-propos *m*; e-e ~ zu e-m Buch schreiben préfacer un livre; (Einleitung zur Hauptrede) préambule *m*; ~reden *v/t.*: j-m etw. ~ en conter (*od.* en faire accroire) à q.; ℒredner(in *f*) *m* orateur *m* (-trice *f*) précédent(e); mein Herr ~ l'orateur qui m'a précédé; ~reiten 1. *v/i.* prendre les devants (avec son cheval); j-m ~ précéder (*od.* devancer) q. (à cheval), (das Reiten zeigen) montrer à q. à aller à cheval; 2. *v/t.* Pferd: présenter; ℒreiter *m* piqueur *m*; ℒrichtung *f* dispositif *m*; appareil *m*; mécanisme *m*; besondere technische ~ gadget *m*; ~rollen △ (Steinblöcke) *v/t.* rouler devant; ~rücken 1. *v/t.* Stuhl, Uhr usw.: avancer; mettre en avant; 2. *v/i.* avancer; in vorgerücktem Alter à un âge avancé; zu vorgerückter Stunde tard dans la soirée; ℒrücken ⚔ *n* avance *f*; progression *f*; ~rufen *v/t.* appeler; ℒrunde *f* Sport: premier tour *m*; ℒsaal *m* antichambre *m*; (Wartesaal) salle *f* d'attente; e-s Gerichtshofs, Parlaments usw.: salle *f* des pas perdus; ~sagen I *écol. v/t.* souffler (j-m etw. qch. à q.); II ℒ *écol. n* soufflage *m*; ℒsager *m* souffleur *m*; ℒsaison *f* avant-saison *f*; ℒsänger *égl. m* premier chantre *m*; ℒsatz *m* (Absicht) intention *f*; dessein *m*; (Plan) projet *m*; (Entschluß) résolution *f*; *st.s.* propos *m*; mit ~ avec intention; avec préméditation; à dessein; de propos délibéré; exprès; mit dem ~, zu ... (inf.) avec l'intention de ... (inf.); der Weg zur Hölle ist mit guten Vorsätzen gepflastert l'enfer est pavé de bonnes intentions; ~sätzlich I *bsd.* ⚖ *adj.* prémédité; II *bsd.* ⚖

adv. avec préméditation; ⟂**satzlinse** *phot. f* bonnette *f*; ⟂**schalten** ⚡ *v/t.* monter en série; ⟂**schaltwiderstand** ⚡ *m* résistance *f* en série; ⟂**schau** *f cin.*, *rad.*, *télév.* aperçu *m* du programme (*Vorfilme*) avant-programme *m*; → *Programm*⟂; ⟂**schein** *m*: zum ~ kommen paraître; apparaître; se montrer; zum ~ bringen mettre au jour; *aus s-n Taschen usw.*: sortir; ⟂**schicken** *v/t.*; j-n ~ faire prendre les devants à q.; ✗ *Truppen*: faire avancer; ⟂**schieben** *v/t.* pousser en avant; *Riegel*: pousser, *fig.* j-m e-n *Riegel* ~ arrêter q. dans ses projets; (*weiter* ~) avancer; *fig.* (*etw. als Vorwand*) mettre en avant; se retrancher derrière; prétexter; *Gründe*: invoquer; ⟂**schießen 1.** *v/t.* Geld: avancer; *Bären* ~, *s. Bär*; 2. *v/i.* s'élancer en avant; ⟂**schiff** ⚓ *n* proue *f*; avant *m*.

'**Vorschlag** *m* proposition *f*; (*Empfehlung*) recommandation *f*; (*Anregung*) suggestion *f*; (*Anerbieten*) offre *f*; (*Antrag*) motion *f*; ♪ appogiature *f*; *auf* ~ *von* sur la recommandation de; *ein* ~ *zur Güte* une tentative de conciliation; *in* ~ *bringen* = ⟂**en** *v/t.* proposer (*für* pour); *für ein Amt*: présenter (*für e-e Stelle pour un emploi*); (*empfehlen*) recommander (*anregen*) suggérer; (*anbieten*) offrir; ⟂**hammer** *m* marteau *m* à frapper devant; frappe-devant *m*; ⟂**sliste** *f für Beförderungen*: tableau *m* d'avancement; *bei Wahlen*: liste *f* des candidats; ⟂**srecht** *n* droit *m* de présentation.

'**vorschleifen I** *v/t.* dégrossir; **II** ⟂ *n*, '**Vorschliff** *m* dégrossissage *m*; dégrossissement *m*.

'**Vorschlußrunde** *f Sport*: demi-finale *f*.

'**vor|schmecken** *v/i.* avoir un goût prédominant; ⟂**schneidemesser** *n* couteau *m* à découper; ⟂**schneiden** *v/t.* découper; ⊕ *Gewinde*: ébaucher; ⟂**schneider** *für Gewinde*: taraud *m* d'ébauchage; ⟂**schnell I** *adj.* trop prompt; précipité; irréfléchi, inconsidéré; étourdi; **II** *adv.* précipitamment; trop vite; à la légère; à l'étourdie; ⟂**schreiben** *v/t.*: zum *Nachschreiben für ein Kind*: *etw.* ~ écrire des modèles de lettres ou de mots, *fig.* prescrire; ordonner; (*bestimmen*) stipuler; *ich lasse mir nichts* ~ je n'ai d'ordres à recevoir de personne.

'**Vorschrift** *f* prescription *f*; (*Anweisung*) instruction *f*; règlement *m*; directive *f*; ordre *m*; ordonnance *f (a. ärztliche* ~); ~ *sein* être de rigueur; *ich lasse mir keine* ⟂**en** *machen* je n'ai d'ordres à recevoir de personne; *Arbeit f nach* ~ grève *f* du zèle; *nach* ~ *arbeiten* travailler au ralenti; faire la grève du zèle; ⟂**smäßig** *adj.* conforme (*adv.* conformément) aux instructions (*a.* ⊕); réglementaire; correct; ⟂**e** *Papiere haben* avoir des papiers en règle; ⟂**swidrig** *adj.* contraire aux instructions (*od.* au règlement).

'**Vor|schub** *m* ⊕ avance *f*; avancement *m*; *fig.* aide *f*; assistance *f*; secours *m*; j-m ~ *leisten* donner à; prêter main-forte à q.; aider (*od.* secourir *od.* assister) q.; *e-r Sache* (*dat.*) ~ *leisten* favoriser qch.; ⟂**schuh**

m empeigne *f*; ⟂**schul-alter** *n* âge *m* préscolaire; ⟂**schule** *f* école *f* maternelle; ⟂**schul-erziehung** *f* préscolarisation *f*; ⟂**schulisch** *adj.* préscolaire; ⟂**schul-unterrricht** *m* (enseignement *m*) préscolaire *m*.

'**Vorschuß** *m* avance *f*; acompte *m*; *fin.* à-valoir *m*; (*Darlehen*) prêt *m*; ~ *auf den Lohn* avance *f* sur le salaire; *e-n* ~ *gewähren* (*geben*) accorder (faire) une avance; ⟂**bewilligung** *f* octroi *m* d'une avance; ⟂**dividende** *f* dividende *m* intérimaire; ⟂**kasse** *f* caisse *f* d'avances; ⟂**leistung** *f* avance *f*; ⟂**lorbeeren** F *pl.*: ~ *für j-n austeilen* combler q. d'honneurs prématurés; ⟂**weise** *adv.* à titre d'avance; ⟂**zahlung** *f* paiement *m* provisionnel.

'**vor|schützen** *v/t.* prétexter; *Gründe*: alléguer; *sein Alter* ~ s'excuser de son âge; *Unwissenheit* ~ feindre d'ignorer; ⟂**schützen** n *v. Gründen*: allégation *f*; ⟂**schwatzen** *v/t.*: j-m etw. ~ en conter à q.; ⟂**schweben** *v/i.*: *mir schwebt etw. vor* j'ai une vague idée de qch.; *es schwebt mir vor, zu* ... (*inf.*) j'ai vaguement l'intention de ... (*inf.*); *wie es mir vorschwebt* comme je me représente la chose; ⟂**schwindeln** *v/t.*: j-m etw. ~ raconter des histoires à q.; en faire accroire à q.; ⟂**sehen 1.** *v/t.* prévoir; *für j-n* ~ prévoir pour q.; destiner à q.; **2.** *v/rfl.*: *sich* ~ prendre garde (*vor dat.* à); *abs.* être (*od.* se tenir) sur ses gardes; (*sich schützen*) se prémunir (*vor dat.* contre); *in Artikel* ... *vorgesehen* prévu à l'article ...; *vorgesehen!* prenez garde!; gare!; attention!; ⟂**sehung** *f* providence *f*; *göttliche*: Providence *f*; ⟂**setzen** *v/t.* (*vor etw. setzen*) placer (*od.* mettre) devant; (*weiter* ~) avancer; mettre en avant; (*anbieten*) offrir; *Speisen*: servir.

'**Vorsicht** *f* prudence *f*; précaution *f*; (*Umsicht*) circonspection *f*; ⟂**!** prenez garde!; gare!; attention!; ~ *am Zuge!* attention au départ!; *aus* (*mit*) ~ par (avec) précaution; ~ *ist die Mutter der Weisheit* (F *der Porzellankiste*) prudence est mère de sûreté!; ~ *ist besser als Nachsicht* mieux vaut prévenir que guérir; *er ist mit* ~ *zu genießen* avec lui, il faut être prudent *od.* il faut se tenir sur ses gardes; il prendre certaines précautions avec lui; ⟂**ig I** *adj.* prudent; précautionneux, -euse; circonspect; *Spiel*: serré; ~**!** prenez garde!; gare!; attention!; **II** *adv.* prudemment; avec précaution; précautionneusement; avec circonspection; avec prudence; ~ *zu Werke gehen* user de précautions; ⟂**shalber** *adv.* par précaution; ⟂**smaßnahme** *f* mesure *f* de précaution (*od.* de prudence); ~*n treffen* prendre ses précautions (*gegen* contre).

'**Vor|signal** *n* signal *m* d'avertissement; ⟂**silbe** *gr.* *f* préfixe *m*; ⟂**singen** *v/t.*: j-m etw. ~ chanter qch. à q.; ⟂**sintflutlich** *adj.* antédiluvien, -enne (*a. fig.*); ⟂**sitz** *m* présidence *f*; *unter dem* ~ *von* sous la présidence de; *der turnusmäßig wechselnde* ~ la présidence par roulement; *den* ~ *übernehmen* prendre la présidence; *den* ~ *über*

e-e Versammlung führen assurer la présidence d'une (*od.* présider une) assemblée; ⟂**sitzende**(**r** *a. m*), *f*, président *m*, -e *f*; *der stellvertretende Vorsitzende* le vice-président; ⟂**sommer** *m* commencement *m* (*od.* début *m*) de l'été; ⟂**sorge** *f* prévoyance *f*; ~ *treffen* prendre les précautions nécessaires (*gegen* contre); tout prévoir (*für* pour); *dafür* ~ *treffen, daß* ... prendre les précautions nécessaires pour que ... (*subj.*); ⟂**sorgen** *v/i.* prendre les précautions nécessaires; *für etw.* ~ pourvoir à qch.; ⟂**sorglich I** *adj.* prévoyant; **II** *adv.* par précaution; ⟂**sortiert** ⚙ *adjt.* trié à l'avance; pré-trié; ⟂**spann** F (*R a. m*) générique *m*; *e-s Artikels*: chapeau *m*; ⟂**spannbeton** △ *m* béton *m* précontraint; ⟂**spannen** *v/t.* (*vor etw. spannen*) tendre devant (qch.); *Pferde*: atteler; ⟂**spannung** *télév. f* prémagnétisation *f*; ⟂**speichern** *inform.* *v/t.* initialiser; ⟂**speise** *f* entrée *f*; 'hors-d'œuvre *m*; ⟂**speiseschälchen** *n*: *längliches* ~ ravier *m*; ⟂**spiegeln** *v/t.*: j-m etw. ~ *fig.* faire miroiter qch. aux yeux de q.; donner des illusions à q.; ⟂**spiegelung** *f* (*Täuschung*) tromperie *f*; *wegen* ~ *falscher Tatsachen* pour inventions mensongères; pour allégation de faits inexistants; ⟂**spiel** *n* prélude *m*; ouverture *f*; *thé.* prologue *m*; lever *m* de rideau; *Sport*: match *m* préliminaire; ⟂**spielen** *v/t.*: j-m etw. ~ jouer qch. à q.; ⟂**spinnmaschine** *f* métier *m* à filer en gros; ⟂**sprechen 1.** *v/t.* dire (*resp.* prononcer) pour faire répéter; **2.** *v/i.*: *bei j-m* ~ *rendre* (*od.* faire une) visite à q.; se présenter chez q.; ⟂**springen** *v/i.* sauter (*od.* s'élancer) en avant; △ faire saillie; saillir; se forjeter; avancer; (*am Rande vorstehen*) déborder; ⟂**springend** *adj.* saillant; proéminent; ⟂**er** *Bau* construction *f* en saillie; ⟂**es** *Kinn* menton *m* saillant; ⟂**er** *Winkel* angle *m* saillant; ⟂**sprung** *m* △ saillie *f*; avance *f*; projecture *f*; *fig. u. Sport*: avance *f* (*vor dat.* sur); avantage *m* (*sur*); *géol.* (*Gebirgs*⟂) éperon *m*; *e-n* ~ *vor j-m gewinnen Sport*: distancer q.; décrocher q.; ~ *von zehn Längen* avance *f* de dix longueurs; *mit* ~ *an der Spitze liegen Pferderennen*: faire cavalier seul; ⟂**stadt** *f* faubourg *m*; banlieue *f*; ⟂**städter**(**in** *f*) *m* faubourien *m*, -enne *f*; habitant *m*, -e *f* de la banlieue; F banlieusard *m*, -e *f*; F zonard *m*; ⟂**städtisch** *adj.* suburbain; faubourien, -enne; ⟂**stadtleben** *n* vie *f* en banlieue; ⟂**stadttheater** *n* théâtre *m* de faubourg.

'**Vorstand** *m* comité *m* de direction; *e-s Unternehmens*: direction *f*; *e-r Partei*: bureau *m*; (*Person*) directeur *m*; président *m*; chef *m*; ⟂**sdame** (*e-s Wohltätigkeitsvereins*) oft *iron.* *f* dame *f* patronnesse; ⟂**smitglied** *n* membre *m* du (*od.* d'un) comité de direction; ⟂**ssitzung** *f* séance *f* du comité de direction; ⟂**swahl** *f* élection *f* du comité de direction.

'**vorstehen** *v/i.* △ avancer; saillir; *e-r Sache* (*dat.*) ~ (*leiten*) diriger qch.; avoir la direction de; être à la tête de qch.; être préposé à qch.; ⟂**end** *adj.* saillant; proéminent; *in e-m Text*: précédent; ⟂**e** *Zähne* dents *f*/*pl.* proéminentes; *das ⁀e* ce qui précède; *aus dem ⁀en* de ce qui précède; *im ⁀en* dans ce qui précède, *(weiter oben)* ci-dessus; ⁀**er(in** *f) m* directeur *m*, -trice *f*; chef *m*; préposé *m*, -e *f*; *(Gemeinde⁀)* maire *m*; *e-s kleinen Postamts)* receveur *m*; ⁀**erdrüse** *anat. f* prostate *f*; ⁀**hund** *ch. m* chien *m* d'arrêt.

'**vorstell|bar** *adj*. imaginable; ⁀**en** *v/t. u. v/rf. (vor etw. stellen)* (sich se) placer *(od.* [se] mettre) devant; *gr*. antéposer; poser devant; *(weiter ⁀)* avancer *(a. Uhr)*; mettre en avant; *(bedeuten)* signifier; *was soll das ⁀?* que signifie cela?; qu'est-ce que cela veut dire?; *thé*. représenter; *j-n j-m ⁀* présenter q. à q.; *darf ich Ihnen Herrn ... ⁀?* puis-je vous présenter *(od.* permettez-moi de vous présenter) Monsieur ...?; *sich j-m ⁀* se présenter à q.; *sich etw. ⁀* se représenter *(od.* s'imaginer *od.* se figurer *od.* se faire une idée de) qch.; *stell dir m-e Überraschung vor!* imagine-toi *od.* représente-toi ma surprise; *das hätte ich mir nicht vorgestellt* je ne m'en serais pas douté; je ne m'y serais pas attendu; *er stellt etw. vor* il représente bien; ⁀**ig** *adj*.: *bei j-m ⁀ werden* intervenir auprès de q.; adresser une réclamation à q.; ⁀**ung** *f* présentation *f*; *persönliche ⁀* présentation *f* personnelle; *thé*. représentation *f*; spectacle *m*; *(Kino⁀)* séance *f* (de cinéma); *gr*. antéposition *f*; *keine ⁀* (il y a) relâche; *(Vorhaltung)* remontrance *f*; *(Einspruch)* réclamation *f*; *(Begriff)* idée *f*; notion *f*; conception *f*; *das geht über alle ⁀* cela dépasse l'imagination; c'est inimaginable; ⁀**ungskraft** *f*, ⁀**ungsvermögen** *n* imagination *f*.

'**Vorsteuerpauschale** *fin. f* versement *m* préalable forfaitaire de l'impôt.

'**Vor|stoß** *m* ⁀ raid *m*; attaque *f* brusquée *f*; *Schneiderei*: débord *m*; dépassant *m*; liséré *m*; *pol. ⁀ der Linken* poussée *f* de la gauche; *fig. (Versuch)* essai *m*; tentative *f*; *geistiger ⁀* cheminement *m* intellectuel; ⁀**stoßen** ⁀ *v/i*. pousser en avant; avancer en combattant; pénétrer profondément *(in* dans); ⁀**strafe** *f* condamnation *f* antérieure; ⁀**strafen(register** *n) pl*. casier *m* judiciaire; ⁀**straße** *f e-s Walzwerkes*: dégrossisseur *m*; ⁀**strecken** *v/t*. avancer *(a. Geld)*; ⁀**strecken** *n* avance *f*; ⁀**studien** *f/pl*. études *f/pl*. préliminaires; ⁀**streichen** *v/t*.: *e-e Wand ⁀* appliquer une première couche sur un mur; ⁀**stufe** *f* premier degré *m*; *(Anfangsgründe)* maximes *m/pl*.; *(Lehrgang)* cours *m* élémentaire; ⁀**stürmen** ⁀ *v/i*. s'élancer à l'assaut de; ⁀**stürzen** *v/i*. s'élancer en avant; ⁀**tag** *m*: *am ⁀e* le jour précédent; la veille; ⁀**tanzen** *v/t*.: *j-m e-n Walzer ⁀* danser une valse devant q.; ⁀**tänzer(-in** *f) m* premier danseur *m*, première danseuse *f*; ⁀**täuschen** *v/t*. feindre; simuler; prétexter; ⁀**täuschung** *f* feinte *f*; simulation *f*.

'**Vorteil** *m* avantage *m*; *(Gewinn, Nutzen)* profit *m*; bénéfice *m*; gain *m*; intérêt *m*; parti *m*; *sich e-n ⁀ verschaffen* obtenir un avantage; *s-n ⁀ wahrnehmen* profiter de son avantage; *das bietet viele ⁀e* cela présente beaucoup d'avantages; *auf s-n ⁀ bedacht sein*; *sich auf s-n ⁀ verstehen* savoir défendre ses intérêts; *aus etw. ⁀ ziehen* tirer avantage *(od.* parti) de qch.; *s-n ⁀ bénéficier d'un avantage*; *zu j-s ⁀* à l'avantage de q.; *j-m zum ⁀ gereichen* être avantageux, -euse pour q.; *zum ⁀ de q.*; ⁀**haft I** *adj*. avantageux, -euse *(für* pour); *(nutzbringend)* profitable; *(gewinnreich)* lucratif, -ive; *(günstig)* favorable; *Stoff usw.*: avantageux; *e Frisur* coiffure *f* avantageuse; **II** *adv*. avantageusement; *sie ist⁀ gekleidet* ses vêtements l'avantagent beaucoup.

'**Vortrag** *m* conférence *f*; communication *f (halten* faire; *über acc*. sur); *(Plauderei)* causerie *f*; *(Bericht)* rapport *m*; exposé *m*; *e-r Dichtung*: récitation *f*; déclamation *f*; ♪ exécution *f*; interprétation *f*; *(⁀sweise)* diction *f*; élocution *f*; ✝ *auf neue Rechnung* report *m* à nouveau; ⁀**en** *v/t. (darlegen)* exposer; *(berichten)* rapporter; *Dichtung*: déclamer; ♪ exécuter; interpréter; *Lied*: chanter; *Angriff*: lancer; ✝ *den Saldo auf neue Rechnung ⁀* reporter le solde à nouveau; ⁀**ende(r** *a. m) m, f* conférencier *m*, -ière *f*; *(Berichterstatter)* rapporteur *m*.

'**Vortrags|art** *rhét. f* diction *f*; élocution *f*; ⁀**folge** *f* programme *m*; ⁀**kunst** *f* art *m* de la déclamation; ⁀**künstler(in** *f) m* diseur *m*, -euse *f*; déclamateur *m*; ⁀**reise** *f* tournée *f* de conférence; ⁀**saal** *m* salle *f* de conférences; ⁀**weise** *f → ⁀art*.

vor|'trefflich I *adj*. excellent; *(auserlesen)* exquis; *(vollkommen)* parfait; *(bewundernswert)* admirable; **II** *adv*. excellemment; *(vollkommen)* parfaitement; à la perfection; *(wunderbar)* à merveille; ⁀**keit** *f* excellence *f*; perfection *f*.

'**vor|treiben** *v/t*.: *e-n Tunnel ⁀* creuser un tunnel; ⁀**treppe** *f* perron *m*; ⁀**treten** *v/i. (vor etw. hintreten)* se mettre devant (qch.); *(nach vorn treten)* avancer; *aus der Reihe* sortir du rang; ⁀**trieb** ⁀ *m* propulsion *f*; ⁀**triebs-schild** ⁀ *m* bouclier *m*; ⁀**tritt** *fig. m* préséance *f*; *den ⁀ vor j-m haben* avoir le pas *(od.* la préséance) sur q.; *j-m den ⁀ lassen* céder le pas à q.; ⁀**trupp** ⁀ *m* avant-garde *f*, *a. fig*. fer *m* de lance; ⁀**turnen** *v/i*. montrer des exercices gymnastiques; ⁀**turner(in** *f) m* moniteur *m*, -trice *f*.

vo|'rüber *adv*. passé; *der Regen ist ⁀ la pluie a cessé*; ⁀**fliegen**, ⁀**fließen**, ⁀**gehen** *(a. zeitlich) v/i*. passer *(an dat*. devant); *im ⁀ en passant*; ⁀**gehend** *adj. zeitlich*: passager, -ère *m*; momentané; provisoire; transitoire; *(kurzlebig)* éphémère; *(zeitweilig)* temporaire; *⁀e Aufheiterung Wetter*: éclaircie *f*; *⁀ in der Hauptstadt sein* être de passage dans la capitale; ⁀**ziehen** *v/i*. passer *(an dat*. devant).

'**Vorübung** *f* exercice *m* préparatoire; ⁀**untersuchung** *f* instruction *f* (⁀ examen *m* médical) préalable.

'**Vor-urteil** *n* préjugé *m*; *a*. apriorisme *m*; ⁀**sfrei**, ⁀**slos** *adj*. sans *(od*. exempt de) préjugés; ⁀**svoll** *adj*. plein de préjugés.

'**Vor|väter** *m/pl*. ancêtres *m/pl*.; ⁀**verbrennung** *f Motor*: précombustion *f*; ⁀**verfahren** *f n* préliminaires *m/pl*.; ⁀**vergangenheit** *gr. f* plus-que-parfait *m*; passé *m* antérieur; ⁀**verhandlungen** *f/pl*. prénégociations *f/pl*.; ⁀**verkauf** *m thé*. location *f*; ⁀**verkaufskasse** *f* bureau *m* de location; ⁀**verlegen** *v/t*. avancer *(um de)*; ⁀ *das Feuer* ⁀ allonger le tir; ⁀**verlegung** *f* avancement *m*; ⁀**vertrag** *m* contrat *(pol*. traité) *m* préliminaire; ⁀**vorgestern** *adv*. il y a trois jours; ⁀**vorig** *adj*. avant-dernier, -ière; ⁀**vorletzt** *adj*. qui précède l'avant-dernier, -ière; *⁀e Silbe* (syllabe *f*) antépénultième *f*; ⁀**wagen** *v/rf*. *sich ⁀* oser avancer; *sich zu weit ⁀* s'avancer trop; ⁀**wahl...** *pol*. pré-électoral; ⁀**wahl** *f* premier tour *m* de scrutin; scrutin *m* éliminatoire; *téléph*. (composition *f* de l')indicatif; ⊕ présélection *f*; *⁀en pol. (USA) pl*. élections *f/pl*. primaires; ⁀**wähler** ⊕ *m* présélecteur *m*; ⁀**wahlnummer** *téléph. f* indicatif *m*; ⁀**walten** *v/i*. prévaloir; prédominer; ⁀**wand** *m* prétexte *m*; *(Ausflucht)* subterfuge *m*; *peint*. prétextat *m*; *unter dem ⁀* sous prétexte *(von od. gén*. de; *daß* que); *etw. zum ⁀ nehmen* prendre prétexte de qch.; ⁀**wärmen** *v/t*. préchauffer; ⁀**wärmen** *n* préchauffage *m*; ⁀**wärmer** *m* préchauffeur *m*.

'**vorwärts** *adv*. en avant; *⁀!* en avant!; allons!; partons!; en route!; *⁀ gehen* marcher *(od*. aller) en avant; *sich ⁀ bewegen*; *⁀ rücken* avancer; ⁀**bewegung** *f* mouvement *m (od*. marche *f)* en avant; ⁀**bringen** *v/t*. faire avancer; *die Forschung*: poursuivre plus avant; ⁀**fahren** *v/t*.: *den Wagen ⁀* avancer; ⁀**gang** *m* marche *f* avant; ⁀**gehen** *v/i*. avancer; ⁀**geschwindigkeit** *f* vitesse *f* d'avancement; ⁀**kommen** *v/i*. avancer; faire des progrès; progresser; *im Leben*: faire son chemin; *tüchtig ⁀* aller de l'avant; ⁀**kommen** *n* avancement *m*; *berufliches*: progression *f* de carrière; ⁀**strategie** ⚔ *f* stratégie *f* de l'avant; ⁀**treiben** ⊕ *v/t*. propulser; *fig. e-e Angelegenheit ⁀* pousser à fond une affaire.

'**Vorwäsche** *(Waschmaschine) f* prélavage *m*; *(Friseur)* lavage *m* préliminaire.

vor|'weg *adv*. *(im voraus)* d'avance; par avance; à l'avance; par anticipation; ⁀**nahme** *f* anticipation *f*; prélèvement *m*; ⁀**nehmen** *v/t*. anticiper; prélever.

'**vor|weisen** *v/t*. montrer; faire voir; *Urkunden usw*.: présenter; produire; exhiber; ⁀**weisen** *n*, ⁀**weisung** *f* présentation *f*; production *f*; exhibition *f*; ⁀**welt** *f* monde *m* primitif; ⁀**weltlich** *adj*. du monde primitif; antédiluvien, -enne; ⁀**werfen** *v/t. u. v/rf. (vor etw. hinwerfen)* (sich se) jeter devant (qch.); *e-m Tier etw. ⁀* jeter qch. à un animal; *j-m etw. ⁀ fig*. reprocher qch. à q.; *sie haben sich nichts vorzuwerfen (taugen beide nichts)* ils se valent; ⁀**werk** ⚔ *n* ouvrage *m* avancé; ⁀**wiegen** *v/t*. prévaloir; prédominer; être prépondérant *(od*. prédominant); ⁀**wiegend I** *adj*. prépondérant; prédominant; **II** *adv.* surtout; pour la plupart; 2-**winter** *m* commencement *m* de l'hiver; 2**witz** *m* indiscrétion *f*; ~**witzig** *adj.* indiscret, -ète; 2**wort** *n* avant--propos *m*; préface *f*; avis *m* au lecteur; *ein* ~ *zu e-m Buch schreiben* préfacer un livre; 2**wortschreiber** *m* préfacier *m*; 2**wurf** *m* reproche *m*; (*Tadel*) blâme *m*; réprobation *f*; (*Thema*) sujet *m*; *j-m etw. zum* ~ *machen* reprocher qch. à q.; ~**wurfsfrei** *adj.* sans reproche; irréprochable; ~**wurfsvoll I** *adj.* plein de reproches; (*tadelnd*) réprobateur, -trice; **II** *adv.* d'un air de reproche; ~**zählen** *v/t.* compter (*j-m etw.* qch. à q.); (*aufzählen*) énumérer; 2**zeichen** *n* signe *m* avant-coureur (*od.* précurseur); (*Omen*) présage *m*; augure *m*; ♂ prodrome *m*; symptôme *m* avant--coureur; ♈ signe *m*; ♩ altération *f*; *mit umgekehrtem* ~ de signe contraire (*a. fig.*); *das ist ein schlechtes* ~ c'est de mauvais augure; ~**zeichnen** *v/t.*: *j-m etw.* (*Nachzureichendes*) ~ dessiner (*od.* tracer) un modèle à q.; *j-m den Weg* ~ tracer le chemin à q.; 2**zeichnung** *f* (*Vorzeichnen*) traçage *m*; (*Modell*) modèle *m*; *Stickerei*: tracé *m*; ♂ armature *f*; armure *f*; 2**zeigen** *v/t.* montrer; faire voir; *Urkunde usw.*: présenter; produire; exhiber; 2**zeigen** *n* présentation *f*; production *f*; exhibition *f*; 2**zeiger**(**in** *f*) *m* présentateur *m*, -trice *f*; ~ *dieses* porteur *m*, -euse *f* de la présente; 2**zeit** *f* passé *m*; (*Altertum*) antiquité *f*; *in der* ~ dans le passé (dans l'antiquité); *in der grauen* ~ dans les temps les plus reculés; dans la nuit des temps.

vor'zeiten *adv.* autrefois; jadis.

'vor|zeitig *adj.* prématuré; anticipé; (*frühreif*) précoce; *gr.* passé; *adv.* avant l'heure; ~**ziehen** *v/t.* (*vor etw. ziehen*) tirer devant (qch.); (*vorrücken*) avancer; *fig.* préférer; *vorzuziehen sein* être préférable; *abs.*: *dieser Lehrer zieht vor* ce prof chouchoute (*od.* a ses chouchoux [*bzw.* chouchoutes] *od.* a ses préféré(e)s *od.* a des préférences *od.* *note à la tête du client); 2**zensur** *écol. f* moyenne *f* (*od.* note *f*) préliminaire; 2**zimmer** *n* antichambre *f*.

'Vorzug[1] 🚂 *m* train *m* précurseur.

'Vorzug[2] *m* préférence *f*; (*Vorrang*) priorité *f*; (*Vorteil*) avantage *m*; atout *m*; (*gute Eigenschaft*) qualité *f* éminente; (*Überlegenheit*) supériorité *f*; (*Verdienst*) mérite *m*; *den* ~ *haben, zu ... (inf.)* avoir l'avantage de ... (*inf.*); *den* ~ *geben donner* (*qc.*) *accorder* la préférence (à); préférer (*acc.*); *den* ~ *haben vor* (*dat.*) avoir la préférence sur.

vor'züglich I *adj.* supérieur; excellent; insigne; *ganz* ~ exquis; ~*er als* supérieur à; *mit* ~*er Hochachtung* avec l'expression de ma parfaite considération (*od.* de mes sentiments distingués); veuillez agréer, Monsieur (*bzw.* Madame *bzw.* Mademoiselle) l'expression de ma considération distinguée; **II** *adv.* excellemment; à merveille; 2**keit** *f* qualité *f* excellente; supériorité *f*; excellence *f*.

'Vorzugs|aktie *f* action *f* privilégiée (*od.* de préférence *od.* de priorité); ~**bedingung** *f* condition *f* de faveur; ~**behandlung** *f* traitement *m* de faveur; ~**karte** *f* billet *m* de faveur; ~**preis** *m* prix *m* de faveur; ~**rabatt** *m* rabais *m* de faveur; ~**recht** *n* droit *m* de priorité (*od.* de préférence); privilège *m*; ~**tarif** *m* tarif *m* préférentiel (*od.* de faveur); 2**weise** *adv.* de préférence; ~**zoll** *m* tarif *m* préférentiel.

'Vorzündung *f* avance *f* à l'allumage.

vo'tieren *v/i.* voter.

Vo'tiv|bild *n*, ~**gemälde** *n*, ~**tafel** *f* tableau *m* votif; ex-voto *m*.

'Votum *n* vote *m*; suffrage *m*; voix *f*; *sein* ~ *abgeben* voter; donner sa voix.

vul'gär *adj.* vulgaire; *pfort* trivial.

Vul'gata *f*: *die* ~ la Vulgate.

Vul'kan *m* volcan *m*; *erloschener* (*untätiger*) ~ volcan *m* éteint (en sommeil); ~**fiber** ⊕ *f* fibre *f* vulcanisée; ~**forscher** *m* volcanologue *m*; 2**isch** *adj.* volcanique.

vulkani'sier|en ⊕ *v/t.* vulcaniser; 2**ung** *f* vulcanisation *f*.

Vulka'nismus *m* volcanisme *m*.

W

W, w n W, w m.

'**Waadt**|**land** n le (pays de) Vaud; ~**länder(in** f) m Vaudois m, -e f.

'**Waage** f balance f; (Dezimal~) bascule f; (Brief~) pèse-lettres m; (Personen~) pèse-personne m; (Wasser~) niveau m à bulle d'air; gym. planche f; ast. Balance f; fig. die ~ halten (dat.) contrebalancer (acc.); faire contrepoids (à); sich die ~ halten se contrebalancer; ~**balken** m fléau m de la balance; ~**meister** hist. m préposé m au poids public; 2~**recht** adj. horizontal; de niveau.

'**Waagschale** f plateau (od. bassin) m de balance; auf die ~ legen mettre dans la balance; fig. s-e Worte auf die ~ legen peser ses paroles od. chaque mot; fig. schwer in die ~ fallen peser dans la balance.

'**wabb(e)lig** F adj. flasque; mollasse.

'**Wabe** f rayon m de miel; ~**nhonig** m miel m en rayons; ~**nkühler** ⊕ m radiateur m à nids d'abeilles.

wach adj. réveillé; ~ sein être réveillé; ~ werden se réveiller; ~ machen réveiller.

'**Wach**|**bataillon** n bataillon m de garde; ~**boot** n patrouilleur m; ~**dienst** m service m de garde; ⚓ f garde m (Schild~) sentinelle f; ⚓ quart m; vigie f; bei Kranken usw.: veille f; veillée f; (Wachlokal) corps m de garde; poste m (a. Polizei); aufziehende (abziehende) ~ garde f montante (descendante); ~ haben être de garde; ⚓ être de quart (od. en vigie); auf ~ ziehen (stehen) prendre la garde; die ~ ablösen relever la garde; ~ raus! aux armes!; j-n auf die (od. zur) ~ bringen conduire q. au poste; ~ halten veiller (über acc. sur; bei e-m Kranken auprès d'un malade); ⚓ v/i. veiller; rester éveillé; ~ über (acc.) veiller sur; bei j-m veiller (auprès de q.). ~**en** n veille f; ~**feuer** n feu m de bivouac; ⚓**habend** adj. de garde; ⚓ de quart; ~**habende(r)** m homme m de garde (⚓ de quart); 2~**halten** v/t. tenir éveillé; ~**häus-chen** ⚓ n guérite f; ~**hund** m chien m de garde; ~**kompanie** f compagnie f de garde; ~**lokal** n corps m de garde; poste m (a. Polizei); ~**mannschaft** f (hommes m/pl. de) garde f; poste m; ⚓ quart m.

Wa'cholder m genièvre m; ~**beere** f baie f de genièvre; ~**branntwein** m (eau-de-vie f de) genièvre m; ~**strauch** m genévrier m.

'**Wach**|**parade** f parade f de la garde montante; ~**posten** m poste m; factionnaire m; sentinelle f.

'**wach**|**rufen** v/t. réveiller; fig. évoquer; Interesse: provoquer; ~**rütteln** v/t. arracher à son sommeil.

Wachs n cire f; für Schier: fart m; mit ~ einreiben cirer, Schier: farter; '~**abdruck** m empreinte f sur cire.

'**wachsam** adj. vigilant; ⚓ u. fig. sur le qui-vive; ein ~es Auge haben auf (acc.) avoir l'œil sur; 2~**keit** f vigilance f.

'**Wachs**|**bild** n figur(in e) f de cire; ~**bildnerei** f céroplastique f; ~**decke** f toile f cirée.

'**wachsen**[1] I v/i. croître; Personen: grandir; Pflanzen, Bart, Nägel usw.: pousser; (zunehmen) augmenter; s'accroître; (sich ausdehnen) s'étendre; (sich entwickeln) se développer; Werk: avancer; se développer; gerade ~ pousser droit; schief ~ pousser de travers; in die Breite ~ s'élargir; in die Höhe ~ s'élever; fig. j-m über den Kopf ~ dépasser q.; j-m gewachsen sein être de taille à se mesurer avec q.; e-r Sache (dat.) gewachsen sein être à la hauteur de qch.; gut gewachsen bien fait (od. bien bâti); das ist ihm ans Herz gewachsen cela lui tient à cœur; er ist aus den Kleidern gewachsen ses vêtements sont devenus trop courts pour lui; II 2~ n croissance f; (Zunehmen) augmentation f; accroissement m; e-r Arbeit: développement m.

'**wachsen**[2] I v/t. (mit Wachs einreiben) cirer; Schier: farter; II 2~ n cirage m; der Schier: fartage m.

'**wachsend** adj. croissant; grandissant.

'**Wachs**|**figur** f figur(in e) f en cire; ~**figurenkabinett** n cabinet m de figures de cire; 2~**gelb** adj. jaune comme cire; ~**kerze** f, ~**licht** n bougie f; in Kirchen: cierge m; ~**leinwand** f toile f cirée; ~**matrize** f stencil m; ~**modell** n modèle m en cire; ~**papier** n papier m ciré; ~**perle** f perle f en cire; ~**puppe** f poupée f en cire; ~**salbe** phm. f cérat m.

'**Wachstube** f corps m de garde; poste m (a. Polizei).

'**Wachs-tuch** n toile f cirée.

'**Wachstum** n a. éc., e-r Stadt: croissance f; v. Pflanzen: végétation f; Wein: mein eigenes ~ de mon cru; 2~**fördernd** adj. favorable à la croissance; 2~**freudig** adj. de verdeur f; 2~**shemmend** adj. défavorable à la croissance; ~**skrise** f crise f de croissance; ~**srate** éc. f taux m de croissance (od. d'expansion); ~**srückgang** m décélération f; décroissance f.

Wacht f garde f.

'**Wächte** f corniche f de neige.

'**Wachtel** orn. f caille f; ~**hund** m, ~**hündin** f épagneul m, -e f; ~**könig** orn. m râle f des genêts; ~**schlag** m cri m de la caille; courcaillet m; ~**strich** ch. m passage m de cailles.

'**Wächter**|(**in** f) m garde m; (Hüter) gardien m, -enne f; (Nacht~) garde m de nuit; ~**häus-chen** n ⚓ guérite f; für e-n Nachtwächter: cabane f.

'**Wacht**|**feuer** n, ⚓**habend** adj., ~**habende(r)** m, ~**lokal** n, ~**mannschaft** f → Wach...; ~**meister** m der Polizei: brigadier m; ~**parade** f, ~**posten** m → Wach...

'**Wach-traum** m rêve m éveillé.

'**Wacht**|**schiff** n patrouilleur m; ~**stube** f → Wachlokal; ~**turm** ⚓ m heute: mirador m; tour f de guet.

'**Wach- und 'Schließgesellschaft** f société f de surveillance d'immeubles.

'**wack**|**(e)lig** adj. branlant; vacillant; Tisch usw.: boiteux, -euse; Gang: incertain; mal assuré; Kontakt: intermittent; Hufeisen: qui loche; ~**er Zahn** dent f branlante; fig. ~ stehen branler dans le manche; 2~**elkontakt** ⚡ m contact m intermittent; ~**eln** v/i. branler (a. Zahn); (schwanken) chanceler; vaciller; hin und her: balancer; (schlagen) flotter; Tisch usw.: être boiteux, -euse; Kontakt: être intermittent; Hufeisen: locher; mit den Hüften ~ se balancer (sur ses hanches); déhancher; tortiller des hanches; mit dem Kopf ~ branler la tête; dodeliner de la tête; mit dem Stuhl ~ se balancer sur sa chaise; 2~**eln** n branlement m; vacillation f.

'**wacker** I adj. (rechtschaffen) brave; honnête; (mutig) courageux, -euse; II adv. bravement; comme il faut.

'**Wade** anat. f mollet m; ~**nbein** anat. n péroné m; ~**nkrampf** ⚓ m crampe f de la jambe; ~**nstrumpf** m chaussette f; demi-bas m; mi-bas m; bas m de sport.

'**Waffel** f gaufre f; kleine: gaufrette f; (Eis~) cornet m de glace.

'**Waffen**|**arsenal** n arsenal m; ~**besitz** m: (unbefugter) ~ détention f (illégale) d'armes; ~**bruder** m compagnon (od. frère) m d'armes; ~**brüderschaft** f fraternité f d'armes; ~**dienst** m service m militaire; ~**fabrik** f fabrique f (od. manufacture f) d'armes; armurerie f; ~**fabrikant** m fabricant m d'armes; armurier m; ~**fabrikation** f fabrication f d'armes; ⚹fähig *adj.* en état de porter les armes; ⚹**gang** *m* passe *f* d'armes; ⚹**gattung** *f* arme *f*; ⚹**geklirr** *n*, ⚹**getöse** *n* cliquetis *m* d'armes; bruit *m* des armes; ⚹**gewalt** *f* force *f* des armes; *mit* ~ par la force des armes; à main armée; *Anwendung f von* ~ emploi *m* des armes; ⚹**glück** *n* fortune *f* des armes; ⚹**handel** *m* trafic *m* d'armes; ⚹**handhabung** *f* maniement *m* des armes; ⚹**händler** *m* marchand *m* d'armes; armurier *m*; *péj.* trafiquant *m* d'armes; ⚹**handlung** *f* armurerie *f*; ⚹**herstellung** *f* fabrication *f* d'armes; ⚹**lager** *n* dépôt *m* d'armes; ⚹**lieferung** *f* fourniture *f* (*od.* livraison *f*) d'armes; (*Waffensendung*) envoi *m* d'armes; ⚹**los** *adj.* sans armes; désarmé; ⚹**meister** *m* chef-armurier *m*; ⚹**meisterei** ⚔ *f* armurerie *f*; ⚹**pflege** *f* entretien *m* des armes; ⚹**rock** ⚔ *m* tunique *f*; ⚹**ruhe** *f* suspension *f* d'armes (*od.* des hostilités); trêve *f*; ⚹**ruhm** *m* gloire *f* militaire; ⚹**sammlung** *f* collection *f* d'armes, panoplie *f*; ⚹**schein** *m* port *m* d'armes; ⚹**schmied** *m* armurier *m*; ⚹**schmiede** *f* armurerie *f*; ⚹**schmuggel** *m*: ~ *über die Grenze* contrebande *f* (*od.* infiltrations *f/pl.*) d'armes à travers la frontière; ⚹**schmuggler** *m* passeur *m* (*od.* trafiquant *m od.* contrebandier *m*) d'armes; ⚹**sendung** *f* envoi *m* d'armes; ⚹**stillstand** *m* armistice *m*; ⚹**stillstandskommission** *f* commission *f* d'armistice; ⚹**stillstandsvertrag** *m* convention *f* d'armistice; ⚹**tat** *f* fait *m* d'armes; exploit *m* (guerrier); ⚹**tragen** *n* port *m* d'armes; ⚹**träger** *m* homme *m* d'armes; ⚹**übung** *f* exercice *m* militaire.

'**wägbar** *adj.* pondérable; ⚹**keit** *f* pondérabilité *f*.

'**Wage|hals** *m* risque-tout *m*; casse-cou; téméraire *m*; ⚹**mut** *m* audace *f*; témérité *f*; ⚹**mutig** *adj.* audacieux, -euse; téméraire; aventurier, -ière.

'**wagen I. 1.** *v/t.* oser (*etw. zu tun* faire qch.); (*aufs Spiel setzen*) risquer (*sein Leben* sa vie); 'hasarder; *alles* ~ risquer le tout pour le tout; *es* ~ *se* hasarder (*zu* à); faire le saut; *es mit etw.* ~ essayer qch.; *es mit j-m* ~ (*versuchen*) tenter un essai avec q.; *wer nicht wagt, der nicht gewinnt* qui ne risque rien n'a rien; **2.** *v/rf.: sich an ein Geschäft* ~ se risquer dans une affaire; *sich an j-n* ~ oser se mesurer avec (*od.* s'attaquer à) q.; → *gewagt*; **II** ⚹ *n* risque *m*.

'**Wagen** *m* voiture *f* (*a. Auto*); (*Auto*) F bagnole *f*; F tacot *m*; *Auto:* ~ *mit Anhänger a.* véhicule *m* articulé; (*bsd. Leiter*⚹) chariot *m* (*a. Schreibmaschine*); *antiq. für Kämpfe, Spiele:* char *m*; (*Karren*) charrette *f*; 🚃 wagon *m*; (*Einkaufs*⚹) chariot *m*; caddy *m*; poussette *f*; *ast. der Große* ~ la Grande Ourse; *fig. j-m an den* ~ *fahren* froisser q.

'**Wagen|abteil** 🚃 *n* compartiment *m*; ⚹**achse** *f* essieu *m*; ⚹**aufbau** *m* carrosserie *f*; ⚹**bau** *m* carrosserie *f*; ⚹**bauer** *m* (*Autos*) carrossier *m*; *Stellmacher m*; charron *m*; ⚹**besitzer** *m* propriétaire *m od.* possesseur *m* de voiture; ⚹**burg** *hist. f* barricade *f* de chariots; ⚹**decke** *f* bâche *f*; ⚹**deichsel** *f* timon *m*; ⚹**fenster** *n* glace *f*; ⚹**folge** 🚃 *f* convoi *m*; rame *f*; ⚹**führer(in** *f*) *m* conducteur *m*, -trice *f*; *Auto: a.* chauffeur *m*; (*Kutscher*) cocher *m*; *der Straßenbahn:* conducteur *m*, -trice *f* de tramway; ⚹**gerassel** *n* roulement *m* de(s) voitures; ⚹**gestell** *n* châssis *m*; ⚹**halle** *f* garage *m*; ⚹**haltung** *f* (*Pflege*) entretien *m* de la voiture; ⚹**heber** *m* cric *m*; vérin *m*; ⚹**kolonne** *f* convoi *m*; file *f* de voitures; ⚹**ladung** *f* voiture *f*; *mit Heu a.*: voiturée *f*; 🚃 wagon *m*; ⚹**leiter** *f e-s Leiterwagens:* ridelle *f*; ⚹**lenker** *antiq. m* conducteur *m* de char; ⚹**park** *m* (*Autos*) parc *m* automobile; 🚃 matériel *m* roulant; ⚹**pflege** *f* entretien *m* de la voiture; ⚹**plane** *f* bâche *f*; ⚹**reihe** *f* file *f* de voitures; ⚹**rennen** *antiq. n* course *f* de chars; ⚹**schlag** *m* portière *f*; ⚹**schlange** *f* file *f* de voitures; ⚹**schlüssel** (*Auto*) *m/pl.* clés *f/pl.* de voiture; ⚹**schmiere** *f* cambouis *m*; ⚹**schuppen** *m* remise *f*; ⚹**spur** *f für Autos auf Straßen usw. vorgezeichnet:* voie *f*; *allg. auf Landwegen:* ornière *f*; ⚹**tür** *f* portière *f*; porte *f*; ⚹**verdeck** *n* capote *f*; *Bus:* impériale *f*; ⚹**verkehr** (*Autos*) *m* circulation *f* (*od.* trafic *m*) automobile; ⚹**wechsel** *a.* 🚃 *m* changement *m* de voiture; ⚹**winde** *f* cric *m*.

'**Wagestück** *n* entreprise *f* 'hasardeuse; coup *m* osé (*od.* d'audace).

Wag|gon *m* risque *m*. **Wag|gon** *m* wagon *m*; ⚹**ladung** *f* wagon *m*; ⚹**weise** *adj.* par wagons.

'**waghalsig** *adj.* téméraire; 'hasardeux, -euse (*a. Unternehmen*); casse-cou; aventurier, -ière; ⚹**keit** *f* témérité *f*.

'**Wagnis** *n* risque *m*.

Wahl *f* (*Auswahl*) choix *m* zwischen zweien: alternative *f*; *écol., univ. e-s Themas od. Fachs:* option *f*; *pol.* freie ~ *en élections f/pl.* libres; *allererster* ~ de tout premier choix; *die* ~ *haben* avoir le choix; *keine* ~ *haben* n'avoir pas le choix; *es bleibt keine* ~ il n'y a pas à tortiller; *e-e gute* (*schlechte*) ~ *treffen* faire un bon (mauvais) choix; *s-e* ~ *treffen* faire son choix; *j-m die* ~ *lassen* laisser le choix à q.; *s-e* ~ *fiel auf* (*acc.*) son choix s'est porté (*od.* arrêté) sur; (*Abstimmung*) élection *f*; vote *m*; (*Zettel*⚹) scrutin *m*; (*Stich*⚹) scrutin *m* de ballotage; *zur* ~ *schreiten* faire une élection; '⚹**akt** *m* élection *f*; '⚹**alter** *n* âge *m* légal pour voter; '⚹**amt** *n* charge *f* élective; ⚹**aufruf** *m* manifeste *m* électoral; '⚹**(ausgangs)vorhersager** *pol. m* pointeur *m*; '⚹**ausschuß** *m* comité *m* électoral; '⚹**ausweis** *m* carte *f* d'électeur, -trice.

'**wählbar** *adj.* éligible; *nicht* ~ inéligible; ⚹**keit** *f* éligibilité *f*.

'**Wahl|be-auftragte(r)** *m* boîtier *m*; ⚹**be-einflussung** *f* pression *f* électorale; lobbying *m*; ⚹**berechtigt** *adj.: ~ sein* avoir le droit de vote; être autorisé à voter; ⚹**berechtigte(r)** *m* électeur *m* inscrit; ⚹**berechtigung** *f* droit *m* de vote; ⚹**bestechung** *f* corruption *f* électorale; ⚹**beteiligung** *f* participation *f* électorale; ⚹**beteiligungsquote** *f* indice *m* de fréquentation.

'**Wählbetrieb** *tel. m: automatischer* ~ commutation *f* automatique; auto-commutation *f*; *Vermittlungsstelle f mit automatischem* ~ central *m* auto-commutateur.

'**Wahl|betrug** *m* fraude *f* électorale; *grenouillage m* électoral; ⚹**bezirk** *m* circonscription *f* électorale; ⚹**broschüre** *f* brochure *f* électorale; ⚹**bündnis** *n* apparentement *m*; *ein* ~ *eingehen* s'apparenter (*mit* à); ⚹**büro** *n* bureau *m* de vote.

'**wählen** *v/t.* (*aus*) choisir; ~ *Sie!* choisissez!; à votre choix!; *notgedrungen:* opter (pour); *durch Abstimmung:* élire; *pol.* voter (*j-n* pour q.); *einstimmig* (*mit absoluter Mehrheit; mit Stimmenmehrheit; beim ersten Wahlgang*) ~ élire à l'unanimité (à la majorité absolue; à la majorité des voix; au premier tour de scrutin); *j-n zum König* ~ élire q. roi; *Telefonnummer:* composer, *abs.* faire le numéro; *Beruf:* embrasser.

'**Wähler** *m* électeur *m*; votant *m*; *téléph.* sélecteur *m*; (*Person*) abonné *m* demandeur.

'**Wahl-ergebnis** *n* score *m* électoral; résultat *m* des élections.

'**Wählerin** *f* électrice *f*; votante *f*. '**wählerisch** *adj.* difficile (*in dat.* sur); ~ *sein* être difficile; faire le difficile. '**Wähler|liste** *f* liste *f* électorale; ⚹**schaft** *f* électeurs *m/pl.*; électorat *m*; ⚹**versammlung** *f* réunion *f* électorale.

'**Wahl|fach** *n* matière *f* facultative; option *f*; matière *f* à option; ⚹**fähig** *adj.* qui a le droit de vote; (*wählbar*) éligible; *das* ~*e Alter* l'âge légal pour voter; ⚹**fähigkeit** *f* droit *m* de vote; (*Wählbarkeit*) éligibilité *f*; ⚹**fälschung** *f* fraude *f* électorale; ⚹**feldzug** *m* campagne *f* électorale; ⚹**frei** *adj.* facultatif, -ive; ⚹**gang** *m* tour *m* de scrutin; ⚹**gebiet** *écol., univ. n* option *f*; ⚹**geheimnis** *n* secret *m* du vote; ⚹**gesetz** *n* loi *f* électorale; ⚹**heimat** *f* pays *m* d'adoption (*od.* adoptif, -ive); ⚹**helfer(in** *f*) *m* aide *m*, *f* d'un bureau de vote; ⚹**kampagne** *f* → ⚹*feldzug*; ⚹**kampf** *m* lutte *f* électorale; ⚹**köder** *pol. m* surenchère *f* électorale; ⚹**kreis** *m* circonscription *f* électorale; ⚹**leiter** *m* président *m* du bureau électoral; ⚹**liste** *f* liste *f* électorale; ⚹**listenpartner** *m* colistier *m*; ⚹**lokal** *n* bureau *m* de vote; ⚹**los** *adv.* sans choisir; au 'hasard; ⚹**mache** F *péj. f* électoralisme *m*; ⚹**mann** *m* délégué *m*; ⚹**manöver** *n* manœuvre *f* électorale; ⚹**maschine** *électron. f* machine *f* à voter; ⚹**müde** *adj.* las, lasse des élections; ⚹**ordnung** *f* règlement *m* électoral; modalités *f/pl.* d'élection; ⚹**ort** *m* lieu *m* de vote; ⚹**periode** *f* législature *f*; ⚹**pflicht** *f* obligation *f* de voter; ⚹**pflichtfach** *écol. n* option *f* obligatoire; ⚹**plakat** *n* panneau *m* électoral; ⚹**plattform** *f* plate-forme *f* électorale; ⚹**programm** *n* plate-forme *f* électorale; ⚹**propaganda** *f* propagande *f* électorale; ⚹**prüfer** *m* scrutateur *m*; ⚹**prüfung** *f* vérification *f* du scrutin; ⚹**recht** *n subjektives:* droit *m* de vote (*od.* de suffrage); *objektives:* droit *m* électoral; *aktives* ~ électorat *m*; *allgemeines* ~ suffrage *m* universel; *passives* ~ éligibilité *f*; *das* ~ *ausüben* exercer le droit de vote; ⚹**rede** *f* discours *m* électoral; ⚹**redner** *m* orateur *m* électoral; ⚹**reform** *f* réforme *f* élec-

torale; ~resultat n résultat m des élections.
'Wählscheibe téléph. f cadran m.
'Wahl|schlacht f bataille f électorale; ~schwindel m a. charcutage m électoral; truquage m des élections; débauche f électorale; → ~betrug; ~spruch m devise f; ~stimme f voix f; suffrage m; ~system n système m électoral; mode m de scrutin; ~tag m journée f électorale; jour m du scrutin; ~taktik f tactique f électorale; electoralisme m; ~taktiker m électoraliste m; 2taktisch adj. électoraliste; ~taste rad. f bouton m de sélection; ~tournee f journée f électorale; ~umtriebe pl. manœuvres f/pl. électorales; ~unterstützungsausschuß m comité m de soutien; ~urne f urne f électorale; ~verfahren n procédure f électorale; ~versammlung f réunion f électorale; ~versprechungen f/pl. promesses f/pl. électorales; 2verwandt adj. qui ont des affinités électives; ~verwandtschaft f affinités f/pl. électives; ♐ affinité f; ~vorstand m comité m électoral; ~vorsteher m président m du bureau de vote; ~zelle f isoloir m; ~zettel m bulletin m de vote.
Wahn m (Illusion) illusion f; (Irrtum) erreur f; (Verblendung) aveuglement m; ✣ (Sinn) folie f; (Fieber2) délire m; '~bild n chimère f; mirage m; fantôme m; fantasmagorie f.
'Wahn|gebilde n chimère f; fantôme m; ~glaube m croyance f chimérique; superstition f; ~sinn m folie f; démence f; ✣ aliénation f mentale; in ~ verfallen être pris (od. frappé) de démence; 2sinnig I adj. fou (vor vo. od. stummem h: fol), folle; aliéné; dément; insensé; ~ werden devenir fou, folle; être pris (od. frappé) de démence; II adv. follement; F in j-n ~ verliebt sein aimer q. à la folie; F ~ viel zu tun haben avoir un travail fou; ~sinnige(r a. m) m, f fou m, folle f; aliéné m, -e f; dément m, -e f; insensé m, -e f; ~vorstellung f hallucination f; ~witz m folie f; absurdité f; déraison f; 2witzig adj. fou (vor vo. od. stummem h: fol), folle; absurde; déraisonnable.
wahr adj. vrai; (wirklich) véritable; (aufrichtig) sincère; (echt) authentique; im ~sten Sinne des Wortes dans toute l'acception du terme; nicht ~? n'est-ce pas?; pas vrai?; schon nicht mehr ~ sein n'être plus qu'un lointain souvenir; so ~ mir Gott helfe! je le jure!; so ~ ich lebe! aussi vrai que j'existe!; es ist kein ~es Wort daran il n'y a pas un mot de vrai; ~ machen réaliser; ~ werden se réaliser; ~ sprechen dire vrai; etw. für ~ halten tenir qch. pour vrai; croire qch.; was an der Sache ~ ist ce qu'il y a de vrai là-dedans; das 2e le vrai.
'wahren v/t. garder; maintenir; Rechte: défendre; den Schein ~ sauver les apparences.
'währen st.s. v/i. durer.
'während I prp. (gén.) pendant; durant; ~ des Abends am Sonntag a. dans la soirée de dimanche; II cj. zeitlich: pendant que (ind.); tandis que (ind.); gegensätzlich: tandis que (ind.); alors que (ind.); cependant (seltener: pendant) que (ind.); ~dessen adv. pendant ce temps; cependant.
'wahrhaben v/t.: etw. nicht ~ wollen ne pas vouloir convenir de qch.
'wahrhaft adj. vrai; véritable; sincère.
wahr'haftig adj. → wahrhaft; ~! vraiment!; ma foi!; ~? vraiment?; 2keit f véracité f; sincérité f.
'Wahrheit f vérité f; die ~ sagen (od. sprechen) dire vrai; ich muß Ihnen die ~ sagen il faut que je vous dise la vérité; je vous dois la vérité; (um) die ~ zu sagen pour dire la vérité; à dire vrai; à vrai dire; j-m (gehörig od. ordentlich) die ~ sagen dire son fait à q.; dire à q. ses quatre vérités; in ~ en vérité; en réalité; der ~ gemäß conforme à la vérité; ~sbeweis m preuve f de la vérité; 2sgemäß, 2sgetreu adj. conforme à la vérité; adv. conformément à la vérité; ~sliebe f amour m de la vérité; véracité f; 2sliebend adj. véridique; ~ssucher m chercheur m de la vérité.
'wahrlich adv. en vérité; II int.: ~! vraiment!; ma foi!
'wahrnehm|bar adj. perceptible; sensible; (hörbar) audible; (sichtbar) visible; (Hörbarkeit) audibilité f; (Sichtbarkeit) visibilité f; ~en percevoir; (bemerken) remarquer, s'apercevoir (de), flüchtig: apercevoir; (hören) entendre; (sehen) voir; (beobachten) observer; Gelegenheit: profiter (de); saisir; Interessen: veiller (à); sauvegarder; défendre; 2ung f perception f; aperception f; (Beobachtung) observation f; mit der ~ m-r Interessen betraut chargé de mes intérêts; mit der ~ der Geschäfte beauftragt chargé de l'expédition des affaires courantes; 2ungsvermögen n perception f.
'wahrsag|en v/t. u. v/i. dire la bonne aventure; (voraussagen) prédire; sich ~ lassen se faire dire la bonne aventure; aus den Karten ~ tirer les cartes; aus der Hand ~ lire dans la main; 2en n prédiction f de l'avenir; divination f; ~ aus der Hand chiromancie f; 2er(in f) m devin m, -eresse f; diseur m, -euse f de bonne aventure; ~ aus den Karten tireur m, -euse f de cartes; ~ aus der Hand chiromancien m, -enne f.
wahr'scheinlich I adj. vraisemblable; probable; II adv. vraisemblablement; probablement; sans doute; 2keit f vraisemblance f; probabilité f; 2keitsrechnung f calcul m des probabilités.
'Wahr|spruch m der Geschworenen: verdict m; ~ung f maintien m; der Rechte: sauvegarde f; défense f.
'Währung f monnaie f; valeur f monétaire; change m; harte ~ monnaie f forte; devises f/pl. fortes; ~s-abkommen n accord m monétaire; ~s-angleichung f assimilation f monétaire; ~s-ausgleich m égalisation f des changes; ~s-ausgleichsfonds m fonds m d'égalisation des changes; ~s-ausschuß m comité m monétaire; ~sbank f banque f d'émission; ~s-einheit f unité f monétaire; ~sfonds m: Internationaler ~ Fonds m monétaire international; ~sfrage f question f monétaire; ~sgebiet n zone f monétaire; ~sgesetz n loi f monétaire; ~skorb m corbeille f monétaire; ~skrise f crise f monétaire; ~slage f situation f monétaire; ~smaßnahme f mesure f monétaire; ~s-parität f parité f monétaire; ~spolitik f politique f monétaire; ~s-problem n problème m monétaire; ~sreform f réforme f monétaire; ~sreserve f réserve f monétaire; ~sschlange (EG) f serpent m monétaire; 2s-schwach adj. à monnaie faible; ~s-stabilisierung f stabilisation f monétaire; ~sstandard m standard m monétaire; ~ssystem n système m monétaire; ~s-umstellung f conversion f monétaire; ~sverbund m bloc m monétaire; ~sverfall m dépréciation f monétaire; ~szusammenbruch m effondrement m monétaire.
'Wahrzeichen n marque f distinctive; (Sinnbild) symbole m; emblème m.
Waid ♀ m pastel m.
'Waise f orphelin m, -e f; ~nhaus n orphelinat m; ~nkind n → Waise; ~nknabe m orphelin m; fig. enfant m de chœur; F fig. er ist ein ~ il est naïf; er ist ein ~ gegen ihn il n'arrive pas à sa ceinture (od. à sa cheville); ~nmädchen n orpheline f; ~nrente f pension f d'orphelin(e).
Wal zo. m baleine f; junger ~ baleineau m; ~e pl. ⌸ cétacés m/pl.
Wala'chei hist. f: die ~ la Valachie.
wa'lachisch hist. adj. valaque.
Wald m forêt f; kleiner: bois m; im tiefen ~ au plus épais de la forêt; au plus profond des bois; fig. er sieht den ~ vor lauter Bäumen nicht il se perd dans les détails (et ne voit plus l'essentiel); wie man in den ~ hineinruft, so schallt's auch wieder heraus telle demande, telle réponse; ~ameise ent. f fourmi f rouge; '~arbeiter m ouvrier m forestier; 2bedeckt adj. boisé; '~beere ♀ f myrtille f; '~blöße f clairière f; '~blume f fleur f sylvestre; '~brand m incendie m (od. feu m) de forêt.
'Wäldchen n petit bois m; bosquet m; boqueteau m.
Wal'denser(in f) m Vaudois m, -e f; 2isch adj. vaudois.
'Wald|erdbeere ♀ f fraise f (Pflanze: fraisier m) des bois; ~frevel m délit m forestier; ~gegend f contrée f (od. zone f) boisée; ~gott m divinité f sylvestre; sylvain m; faune m; ~göttin f nymphe f des bois; dryade f; ~grenze f im Gebirge: limite f d'arbres; ~honig m miel m de forêt (od. de sapin od. des Alpes); ~horn ♪ n cor m (de chasse); ~hüter m garde m forestier; 2ig adj. boisé; ~kapelle f chapelle f en pleine forêt; ~kauz orn. m chat-huant m; 'hulotte f; ~kultur f sylviculture f; ~land n terrain m boisé; ~lauf m Sport: cross-country m; footing m dans les bois; ~lichtung f clairière f; ~maus zo. f mulot m; ~meister ♀ m aspérule f odorante; petit muguet m; ~mensch m homme m des bois; ~nymphe f nymphe f des bois; dryade f; ~parzelle f parcelle f boisée; ~pflanze f plante f sylvestre; ~rand m orée f; lisière f du bois (od. de la forêt);

~reich adj. très boisé; riche en forêts (od. en bois); forestier, -ière; ~reichtum m richesse f en forêts; ~saum m → ~rand; ~schäden m/pl. dégâts m/pl. causés à la forêt; ~schnepfe f bécasse f (commune); ~schule f école f près d'un bzw. dans un bois; ~ung f forêt f; kleine: bois m; ~vogel m oiseau m des bois; ~weg m chemin m forestier; als Spaziergang: sentier m forestier; ~wirtschaft f sylviculture f; ~zone f zone f boisée.

'Wales n le pays de Galles.

'Wall|fangboot n baleinier m; baleinière f; ~fänger m baleinier m (a. Schiff); ~fangflotte f flottille f de baleiniers; ~fisch m baleine f; junger ~ baleineau m; ~fischjagd f chasse f à la baleine; ~fischkenner m cétologue m.

'walken text. v/t. fouler.

Wal'küre myth. f Valkyrie f; ~nritt m chevauchée f des Valkyries.

Wall m rempart m (a. fig.); (Erd~) remblai m.

'Wallach m (cheval m) 'hongre m.

'wallen I v/i. (sich wellenförmig bewegen) onduler; ondoyer; (flattern, wehen) flotter; (sieden) bouillonner; Blut in den Adern: bouillir; II 2 n ondulations f/pl.; (Sieden) bouillonnement m.

'Wall|fahrer(in f) m pèlerin m, -e f; ~fahrt f pèlerinage m; 2fahrten v/i. aller en pèlerinage (nach Mekka à La Mecque); ~fahrts-ort m (lieu m de) pèlerinage m; ~graben m fossé m du rempart.

'Wallis n: das ~ le Valais.

Wal'lis|er(in f) m Valaisan m, -anne f; 2isch adj. du Valais; valaisan, -anne.

Wal'lon|e m, ~in f Wallon m, -onne f; 2isch adj. wallon, -onne.

'Wallung f ébullition f, bouillonnement m, effervescence f (alle a. fig.); (Blutandrang) congestion f; (Erregung) émotion f; in ~ bringen mettre en ébullition (od. en effervescence); faire bouillonner; (erregen) agiter; émouvoir; in ~ kommen (od. geraten) bouillonner, entrer en ébullition, (sich erregen) s'agiter, s'émouvoir.

'Walmdach △ n toit m à quatre pans.

'Walnuß f noix f; ~baum ♀ m noyer m.

'Wall|rat m od. n blanc m de baleine; ~roß zo. n morse m; cheval m marin; ~speck m lard m de baleine.

'walten I v/i. régner (über acc. sur); (wirken) agir; s-s Amtes ~ faire son devoir; im Hause ~ diriger (od. gouverner) la maison; commander dans la maison; j-n ~ lassen laisser faire (od. agir) q.; Gnade ~ lassen user de clémence; schalten und ~ n'en faire qu'à sa guise; j-n schalten und ~ lassen laisser q. faire à sa guise; mit etw. schalten und ~ disposer de qch. à sa guise; das walte Gott! ainsi soit-il!; unter den ~den Umständen dans les circonstances présentes; II 2 n règne m; action f.

'Walter m Gaut(h)ier m.

'Walz|blech n tôle f laminée; ~draht m fil m laminé; ~e f cylindre m; tambour m; rouleau m; v. Straßen2: rouleau m compresseur; fig. F auf der ~ sein *être en vadrouille (od. P en balade); ~eisen n fer m laminé.

'walzen I v/t. Straßen usw.: cylindrer; Metall: laminer; ✓ rouler; Bäckerei: den Teig ~ étendre la pâte au rouleau; II 2 n v. Straßen usw.: cylindrage m; v. Metallen: laminage m; ✓ roulage m.

'wälzen I v/t. u. v/rf. (sich se) rouler; Bücher: compulser; Probleme, Gedanken: ruminer; sich im Sande ~ se rouler sur (bzw. dans) le sable; sich im Schmutz ~ se vautrer dans la boue; etw. von sich ~ se décharger de qch.; die Schuld auf j-n ~ rejeter la faute sur q.; sich ~ vor Lachen se tordre de rire; II 2 n roulement m.

'walzenförmig adj. cylindrique.

'Walzer m valse f.

'Wälzer F m gros bouquin m.

'Walzertänzer(in f) m valseur m, -euse f.

'Wälzlager ⊕ n palier m à roulement.

'Walz|maschine f, ~werk n laminoir m; ~stahl m acier m laminé.

'Wamme f Rind: fanon m, Hirsch: 'hampe f; F (dicker Bauch) F panse f.

Wams hist. n pourpoint m.

Wand f mur m (Verschlag, Scheide2) cloison f; (Gefäß, Zelt2 usw.) paroi f; spanische ~ paravent m; (Fels2) paroi f de rocher; ⚒ (senkrechtes Gestein) paroi f; roche f; blinde ~ mur m orbe; die vier Wände (das Heim) le chez-soi (chez-moi, etc.); in m-n vier Wänden chez moi; j-n an die ~ stoßen pousser q. contre le mur; j-n an die ~ drücken (ausschalten) mettre q. au pied du mur; éliminer q.; j-n an die ~ stellen (erschießen) coller (od. mettre) q. au mur; mit dem Kopf gegen (fig. durch) die ~ rennen (fig. a. wollen) se cogner la tête contre le (od. au) mur; donner de la tête contre le mur; j-m nur die nackten Wände lassen ne laisser que les quatre murs à q.; die Wände haben Ohren les murs ont des oreilles; da kann man ja die Wände hochgehen c'est à désespérer!; c'est à se taper la tête contre les murs!; ~'ale m → Vandale; '~anstrich m peinture f; '~arm m applique f; '~bekleidung f lambris m; hölzerne: boiserie f; '~beleuchtung f applique f; '~beschmierer m graffitiste m; '~bewurf m crépi m; '~brettchen n étagère f; '~dekoration f décoration f murale.

'Wandel m (Änderung) changement m; mutation f; (Lebens2) conduite f; vie f; Handel und ~ trafic m; in etw. (dat.) ~ schaffen apporter des changements, des modifications à qch.; ~anleihe ♀ f emprunt m convertisable; 2bar adj. (unbeständig) instable; inconstant; (wechselhaft) changeant; (veränderlich) variable; ~barkeit f (Unbeständigkeit) instabilité f; inconstance f; (Laune) humeur f changeante; (Veränderlichkeit) variabilité f; des Geschicks: vicissitudes f/pl.; ~halle f salle f des pas perdus; 2n 1. v/t. (bedächtig spazierengehen) déambuler; se promener; F fig. ~de Leiche cadavre m ambulant; ~des Lexikon dictionnaire m vivant; 2. v/rf.: (se) changer (in acc. en); se transformer (en); ~obligation ♀ f obligation f convertible; ~stern m planète f.

'Wander|arbeiter m travailleur m saisonnier; ~ausrüstung f équipement m touristique (od. d'excursionniste); ~ausstellung f exposition f ambulante; ~bibliothek f bibliothèque f ambulante; ~block m bloc m erratique; ~bücherei (Bus) f bibliobus m; ~bühne f théâtre m ambulant; (Schauspielertruppe) troupe f en tournée; ~düne f dune f mouvante; ~er m excursionniste m; randonneur m; ~falke m faucon m pèlerin; ~fahrt f excursion f; ~führer (Buch) m topo-guide m; ~gewerbe n colportage m; ~gewerbeschein m permis m de colportage; ~heuschrecke ent. f criquet m migrateur; ~in f excursionniste f; randonneuse f; ~jahre n/pl. années f/pl. de voyage, ~karte f carte f touristique (od. routière); ~kino n cinémobil m; cinéma m ambulant; ~leben n vie f nomade (od. vagabonde); ~lust f goût m du voyage; humeur f voyageuse (od. vagabonde); 2n v/i. faire de la marche, faire une randonnée (od. une excursion); Völker, Vögel: émigrer; Düne: se déplacer; fig. errer; ins Gefängnis ~ entrer en prison; ~n n marche f; → ~ung; 2nd adj. voyageur, -euse; migrateur, -trice; (umherziehend) ambulant, ambulatoire; (nomadisch) nomade; ~niere anat. f rein m flottant (od. mobile); ectopie f rénale; ~pokal m Sport: challenge m; ~prediger m prédicateur m itinérant; ~preis m Sport: challenge m; Inhaber e-s ~es challenger m; ~ratte zo. f surmulot m; ~schaft f voyage m (à pied); hist. Handwerker: auf ~ sein faire son tour (de France, etc.); ~schau f exposition f itinérante; muséobus m; musée m roulant; ~ski m ski m de balade (od. de randonnée); ~smann F → ~er; ~sport m tourisme m pédestre; ~stab m bâton m d'excursionniste; fig. den ~ ergreifen se mettre en route; ~tag écol. m journée f de plein air; ~trieb m instinct m migrateur; ~truppe thé. f troupe f en tournée; ~ung f randonnée f; tour m; hist. der Handwerksgesellen: tour m (de France, etc.); v. Völkern, Vögeln, phys. Ionen: migration f; ~vogel m orn. oiseau m migrateur (od. de passage); fig. (Pfadfinder) éclaireur m; scout m; ~volk n peuple m nomade; ~weg m sentier m pédestre; sentier m de randonnée; ~welle phys. f onde f progressive; ~zirkus m cirque m ambulant.

'Wand|fläche f pan m de mur; panneau m; ~fliese f carreau m de mur; ~gemälde n peinture f murale; ~gestell n étagère f; ~kalender m calendrier m mural; ~karte f carte f murale; ~kühlschrank m réfrigérateur m mural.

'Wandler ✗ m transformateur m.

'Wandleuchter m applique f.

'Wandlung f changement m; transformation f; retournement m; rl. transsubstantiation f; ~sfähigkeit litt. f mimétisme m.

'Wand|malerei f peinture f murale; im Großformat: muralisme m; arch. peinture f pariétale; ~pfeiler m pilastre m; ~schirm m écran m; (spanische Wand) paravent m; ~schmuck m décor m mural; ~schrank m placard *m*; ~**spiegel** *m* trumeau *m*; ~**tafel** *f* tableau *m* (noir); ~**teller** *m* assiette *f* murale; ~**teppich** *m* tapisserie *f*; ~**tisch** *m* console *f*; ~**uhr** *f* pendule *f*; cartel *m*; ~**ung** *f* paroi *f*; ~**verkleidung** *f* lambris *m*; *hölzerne*: boiserie *f*; ~**zeitung** *f* journal *m* mural.

'**Wange** *f* joue *f*; △ *e-r Treppe*: limon *m*; ⊕ jumelle *f*; ~**nrot** *n* fard *m* à joues.

'**Wankel|mut** *m* versatilité *f*; irrésolution *f*; vacillation *f*; 2**mütig** *adj*. versatile; irrésolu; vaillant.

'**wanken I** *v/i*. chanceler; vaciller; branler; *Knie*: flageoler; *Boden*: se dérober; *fig*. chanceler; vaciller; fléchir; ~ *machen* ébranler; *nicht ~ noch weichen* tenir ferme; **II** 2 *n* chancellement *m*; vacillement *m*; branlement *m*; *ins* (*od. zum*) ~ *bringen* ébranler; *ins ~ geraten* être ébranlé.

wann *adv*. quand; ~? *à quand?*; *seit ~?* depuis quand?; *bis ~?* jusqu'à quand?; *es sei, ~ es wolle* en quelque moment que ce soit; *dann und ~* de temps à autre; de temps en temps.

'**Wanne** *f* cuve *f*; (*Bottich*) *a*. baquet *m*; (*Kessel*) bassine *f*; (*Bade*2) baignoire *f*; (*ÖR*) carter *m* d'huile.

'**Wannenbad** *n* bain *m* en baignoire.

Wanst *m* panse *f*; P *sich den ~ vollschlagen* se bourrer le ventre; s'en flanquer plein la lampe.

'**Wanten** ⚓ *f/pl*. 'haubans *m/pl*.

'**Wanze** *f* punaise *f*; *fig*. F (*Abhörgerät*) micro-espion *m*; micro-émetteur *m*; micro *m* miniaturisé; oreille *f* électronique; dispositif *m* d'écoute; ~**nstich** *m* morsure *f* de punaise.

'**Wappen** *n* armoiries *f/pl*.; armes *f/pl*.; *im ~ führen* porter dans ses armes; ~**bild** *n* symbole *m*; ~**buch** *n* armorial *m*; ~**feld** *n* champ *m* de l'écu; quartier *m*; ~**kunde** *f* héraldique *f*; science *f* héraldique; blason *m*; ~**maler** *m* peintre *m* d'armoiries; ~**schild** *m* écu *m*; blason *m*; écusson *m*; ~**spruch** *m* devise *f*; ~**tier** *n* animal *m* héraldique.

'**wappnen** *v/t*. (*v/rf*.: *sich s'*)armer (*mit* de).

'**Ware** *f* marchandise *f*; *eingegangene ~n* arrivages *m/pl*.; *verbotene ~n* contrebande *f*; *schlechte ~* camelote *f*; F pacotille *f*; *bewirtschaftete ~n* marchandises *f/pl*. rationnées (*od*. contingentées); *~n des täglichen Bedarfs* marchandises *f/pl*. d'usage courant; *leicht verderbliche ~* denrée *f* périssable.

'**Waren|absatz** *m* débit *m* de marchandises; ~**aufzug** *m* monte-charge *m*; ~**ausfuhr** *f* exportation *f* (de marchandises); ~**ausgänge** *m/pl*. sorties *f/pl*.; ~**ausgangsbuch** *n* registre *m* des sorties; ~**aus-tausch** *m* échanges *m/pl*. commerciaux; ~**austausch-abkommen** *n* accord *m* sur l'échange de marchandises; ~**automat** *m* distributeur *m* automatique de marchandises; ~**ballen** *m* balle *f*; ~**bedarf** *m* besoins *m/pl*. en marchandises; ~**bestand** *m* stock *m*; fonds *m* de marchandises; ~**bestands-aufnahme** *f* inventaire *m* de marchandises; ~**bestellbuch** *n* livre *m* des commandes; ~**bezeichnung** *f* désignation *f* des marchandises; ~**börse** *f* bourse *f* de marchandises; ~**einfuhr** *f* importation *f* (de marchandises); ~**eingang** *m* arrivage *m*; ~**eingänge** *m/pl*. entrées *f/pl*.; ~**eingangsbuch** *n* registre *m* des entrées; ~**eingangs- und -ausgangsbuch** *n* registre *m* des entrées et sorties; ~**empfänger** *m* consignataire *f*; ~**forderungen** *f/pl*. créances *f/pl*. en marchandises; ~**gattung** *f* espèce *f* de marchandises; ~**haus** *n* grand magasin *m*; ~**hausdiebstahl** *m* vol *m* aux étalages; ~**hauskette** *f* chaîne *f* de grands magasins; ~**kenntnis** *f* connaissance *f* des marchandises; ~**konto** *n* compte-marchandises *m*; ~**kontrolle** *f* contrôle *m* des marchandises; ~**kontrollstelle** *f* service *m* de contrôle des marchandises; ~**korb** (*Preisstatistik*) *m* panier *m* type; ~**kredit** *m* crédit *m* commercial; ~**lager** *n* dépôt *m* de marchandises; entrepôt *m*; (*Warenbestand*) stock *m*; fonds *m* de marchandises; ~**lieferant** *m* fournisseur *m* (de marchandises); ~**lieferung** *f* livraison *f* (*od*. fourniture) *f* de marchandises; ~**markt** *m* marché *m* des marchandises; ~**probe** *f* échantillon *m*; spécimen *m*; ~**rechnung** *f* facture *f*; ~**schein** *m* warrant *m*; ~**schuld** *f* dette *f* commerciale; ~**sendung** *f* envoi *m* de marchandises; ~**speicher** *m* magasin *m* de stockage; entrepôt *m*; ~**stempel** *m* marque *f* de fabrique; *in der Mode*: griffe *f*; ~**steuer** *f* impôt *m* sur les marchandises; ~**transport** *m* transport *m* de marchandises; ~**umsatz** *m* chiffre *m* de ventes; ~**verkehr** *m* trafic *m* des marchandises; échanges *m/pl*.; ~**verknappung** *f* raréfaction *f* de marchandises; ~**verzeichnis** *n* liste *f* des marchandises; *mit Preisangabe*: prix *m* courant; (*Bestandsaufnahme*) inventaire *m* des marchandises; ~**vorrat** *m* stock *m*; fonds *m* de marchandises; ~**wechsel** *m* effet *m* de commerce; ~**wert** *m* valeur *f* des marchandises; ~**zeichen** *n* marque *f* de fabrique; *in der Mode*: griffe *f*; ~**zustellung** *f* factage *m*.

warm I *adj*. chaud; chaleureux, -euse; ~*er Empfang* accueil *m* chaleureux; ~*e Worte* paroles *f/pl*. chaleureuses; *es ist ~* il fait chaud; *mir ist ~* j'ai chaud; *weder ~ noch kalt sein* n'être ni chaud ni froid (*a. fig.*); ~ *werden* s'échauffer (*a. fig.*); *fig.* ~ *werden für* (commencer à) s'intéresser à; *fig. mit j-m ~ werden* s'entendre avec q.; **II** *adv*. chaudement; *fig.* chaleureusement; ~ *machen* (*schnell*) chauffer; (*allmählich*) réchauffer; ~ *servieren* (*essen, trinken*) servir (manger; boire) chaud; ~ *stellen* (*halten*) mettre (tenir) (au) chaud; *sich ~ halten* se tenir chaud; (*sich*) ~ *anziehen* (s')habiller chaudement; *sich ~ arbeiten* se réchauffer en travaillant; ~ *baden* prendre un bain chaud; *die Sonne scheint ~* le soleil est chaud; ~ *empfehlen* recommander chaleureusement; *fig*. ~ *sitzen* être au chaud; 2**bad** *n* bain *m* chaud; 2**blüter** *m* animal *m* à sang chaud; *sc*. homéotherme; '~**blütig** *adj*. à sang chaud; *sc*. homéotherme.

'**Wärme** *f* chaleur *f*; *Zustand*: chaud *m*; *phys*. calorique *m*; *zwei Grad ~* deux degrés au-dessus de zéro; ~**abgabe** *f* dégagement *m* de chaleur; ~**aufnahme** *f* absorption *f* de chaleur; ~**ausnutzung** *f* utilisation *f* de la chaleur; ~**aus-tausch** *m* échange *m* de chaleur; ~**bedarf** ⊕ *m* consommation *f* calorifique; ~**dämmung** *f* calorifugeage *m*; isolation *f* thermique; ~**einheit** *f* calorie *f*; ~**entwicklung** *f* dégagement *m* de chaleur; 2**erzeugend** *adj*. calorifique; thermogène; ~**erzeugung** *f* dégagement *m* de chaleur; *zo*. calorification *f*; ~**grad** *m* degré *m* de chaleur; température *f*; 2**härtend** *adj*. thermodurcissable; 2**isolierend** *adj*. calorifuge; ~**isolierung** *f* calorifugeage *m*; isolation *f* thermique; ~**kapazität** *f* capacité *f* calorifique; ~**kraftwerk** *n* centrale *f* thermique; ~**lehre** *f* thermologie *f*; ~**leiter** *phys*. *m* conducteur *m* de la chaleur; ~**leitfähigkeit** *f* conductibilité *f* thermique; ~**mechanik** *f* thermodynamique *f*; ~**menge** *f* quantité *f* de chaleur; ~**messer** *m* calorimètre *m*; ~**messung** *f* calorimétrie *f*; ~**müll** *m* chaleur *f* résiduaire (*od*. d'échappement).

'**wärmen** *v/t*. *u*. *v/rf*. (*sich se*) (ré-)chauffer.

'**Wärme|quelle** *f* source *f* de chaleur; ~**regler** *m* thermorégulateur *m*; (*Thermostat*) thermostat *m*; ~**schild** (*Raumkapsel*) *m* bouclier *m* (de protection) thermique; ~**schutz** *m* calorifugeage *m*; protection *f* thermique; revêtement *m* calorifuge; ~**schutzstoff** *m* calorifuge *m*; ~**speicher** *m* accumulateur *m* thermique; récupérateur *m*; ~**techniker** *m* thermicien *m*; ~**übertrager** *m* caloporteur *m*; 2**undurchlässig** *adj*. athermane; ~**undurchlässigkeit** *f* athermanéité *f*; ~**verlust** *m* perte *f* de chaleur; déperdition *f* calorique; ~**wert** *m* valeur *f* thermique; ~**zufuhr** *f* amenée (*od*. adduction *od*. admission) *f* de chaleur.

'**warmfest** ⊕ *adj*. résistant à la chaleur; 2**igkeit** *f* résistance *f* à la chaleur.

'**Wärmflasche** *f* bouillotte *f*.

'**warm|halten** *v/t*.: F *sich j-n ~* cultiver les bonnes relations avec q.; 2**halteplatte** ⚡ *f* chauffe-plats *m*; ~**herzig** *adj*. chaleureux, -euse.

'**warm|laufen** ⊕ *v/i*. s'échauffer; 2**laufen** ⊕ *n* échauffement *m*; 2**luft** *f* air *m* chaud; 2**luftheizer** ⊕ *m* radiateur *m* turbo-soufflant; 2**luftheizung** *f* chauffage *m* à air chaud.

'**Wärmplatte** *f* chauffe-plats *m*.

'**Warmverformung** ⊕ *f* façonnage *m* à chaud.

Warm'wasser|bereiter *m* chauffe-eau *m*; ~**heizung** *f* chauffage *m* par eau chaude; ~**leitung** *f* conduite *f* d'eau chaude; ~**speicher** ⚡ *m* Gas *m* chauffe-eau *m*; ~**versorgung** *f* ravitaillement *m* en eau chaude.

'**Warn|boje** *f* bouée *f* d'avertissement; ~**dienst** *m* service *m* d'alerte; ~**dreieck** (*Auto*) *n* triangle *m* de présignalisation; 2**en** *v/t*. avertir; prévenir; alerter; *vor e-r Gefahr ~* avertir d'un danger; *vor j-m* (*vor etw*.) *~* mettre en garde contre q. (contre qch.); † *vor Nachahmungen wird gewarnt* se méfier des imitations; *vor*

Taschendieben wird gewarnt! attention (*od.* prenez garde) aux pickpockets!; ~er *m* avertisseur *m*; alarmiste *m*; ~licht ⚡, ⚓, *Lokomotive n* fanal *m*; ~meldedienst *m* service *m* d'alerte; ~ruf *m* cri *m* d'avertissement, d'alarme; ~säule (*Autobahn*) *f* borne-avertisseur *f*; ~schild *n* (*Verkehr*) signal *m* d'avertissement; *allg.* panneau *m* d'avertissement; ~schuß *m* coup *m* tiré en l'air; ⚓, ✕, *fig.* coup *m* de semonce; e-n ~ abgeben tirer en l'air, ⚓ tirer un coup de semonce; ~signal *n* signal *m* d'avertissement; ~streik *m* grève *f* d'avertissement; ~ung *f* avertissement *m*; mise *f* en garde; (*Wink*) avis *m*; ohne (*vorherige*) ~ sans avis préalable; sans crier gare; *lassen Sie sich das zur ~ dienen* que cela vous serve d'avertissement (*od.* de leçon).

'**Warschau** *n* Varsovie *f*; *pol.* ~er Pakt *m* Pacte *m* de Varsovie.

'**Wart**|**e** *fig.* *f* point *m* de vue; ~**efrist** *f* délai *m* d'attente; ~**egeld** *n* prime *f* d'attente; traitement *m* de disponibilité; ~**ehalle** e-s Busbahnhofs *f* 'hall *m* d'attente.

'**warten I 1.** *v/i.* attendre; *auf j-n* ~ attendre q.; *ungeduldig auf (etw. acc.)* ~ attendre après q. (qch.); *j-n ~ lassen* faire attendre (*od.* faire lanterner) q. P faire poireauter) q.; *auf sich ~ lassen* se faire attendre; ~, *bis ...* attendre que ... (*subj.*); *bis 3 Uhr ~ attendre* jusqu'à trois heures; *bis morgen ~ attendre* (à *od.* jusqu'à) demain; *lange ~ attendre* longtemps, P poireauter, faire le poireau; *da können Sie lange ~ vous* pouvez toujours attendre; F *attendez-moi sous l'orme.* **2.** *v/t. Kinder, Kranke:* soigner; avoir (*od.* prendre) soin (de); garder; (*instand halten*) entretenir; **II** ♀ *n* attente *f*; *nach langem ~* après avoir longtemps attendu; *des ~s müde sein* être las, -se d'attendre.

'**Wärter**(**in** *f*) *m* gardien *m*, -enne *f*; *bei Kranken:* garde-malade *m*, *f*; (*Schrankenwärter*) garde-barrière *m*.

'**Warte**|**raum** *m*, ~**saal** *m* salle *f* d'attente.

'**Wärterhäus-chen** 🏠 *n* maisonnette *f* de garde-barrière.

'**Warte**|**schlange** *f* file *f* d'attente; ~**stellung** *pol. f* attentisme *m*; ~**zeit** *f* période *f* d'attente; ~**zimmer** *n* e-s Arztes usw.: salle *f* d'attente.

'**Wartung** ⊕ *f* entretien *m*; maintenance *f*.

wa'rum *adv.* pourquoi; pour quelle raison; ~ *nicht?* pourquoi pas?

'**Warz**|**e** *f* verrue *f*; (*Brust*♀) mamelon *m*; *bout m* du sein; ~**enschwein** *zo. n* phacochère *m*; ♀**ig** *adj.* verruqueux, -euse.

was I *pr/i. allein u. betont:* quoi; *unbetont:* suj.: que; acc.: que, qu'est-ce que; ~? *unhöflich:* quoi?; *höflich:* vous dites?, vous disiez?; ~ (*gibt es*) *Schöneres als ...?* qu'y a-t-il (*od.* quoi) de plus beau que de ... (*mit folgendem inf.*)?; ~ (*soll ich*) *tun?* que (*od.* quoi) faire?; ~ *wollen Sie von mir?* que me voulez--vous?; ~ *soll aus mir werden?* que deviendrai-je?; ~ *fehlt Ihnen denn?* qu'avez-vous donc?; ~ *ist das?* qu'est--ce que (c'est) cela?; ~ *ist die Bretagne?* qu'est la Bretagne? (*od.* qu'est-ce que c'est que la Bretagne?); ~ *ist dein Vater?* qu'est ce qu'il est, ton père?; ~ *für ein(e) quel(le)*; ~ *für ein Mann ist es?* quel homme (*od.* quelle espèce d'homme) est-ce?; ~ *kostet das?* combien (cela coûte-t-il)?; F ~ *ist die Uhr?* quelle heure est-il?; F ~ *lachst du?* pourquoi ris-tu?; qu'as-tu -à rire?; F ~ *haben wir gelacht!* qu'est--ce qu'on a ri!; *ach* ~! bah!; **II** *pr/r. suj.:* ce qui, *acc.* ce que; *ich weiß*, ~ *dich betrübt* (~ *du willst*) je sais ce qui t'afflige (ce que tu veux); ~ *noch mehr* (*noch schlimmer*) *ist* qui plus (pis) est; *es koste*, ~ *es wolle* coûte que coûte; *ich habe verstanden*, ~ *das Design ist* j'ai compris ce qu'est le design; *ich weiß nicht*, ~ *das Leben ist* je ne sais pas ce que c'est que la vie; ~ *mich betrifft* quant à moi; ~ *auch immer* quoi que (*subj.*); ~ *für Mittel er auch haben mag* quelles que soient ses ressources; *er läuft*, ~ *er kann* il court tant qu'il peut; **III** F *das ist* ~ (*etwas*) *anderes* c'est autre chose; ~ *Neues?* y a-t-il du nouveau?; *hat man so* ~ *schon gesehen?* a-t-on jamais vu pareille chose?; *st.s.* vit-on jamais rien de pareil?

'**Wasch**|**anlage** ⊕ *f* laverie *f*; lavoir *m*; *für Autos:* lavage *m* de la station--service; ~**anstalt** *f* blanchisserie *f*; *moderne:* laverie *f* automatique; ~**automat** *m* machine *f* à laver; lave--linge *m*; ♀**bar** *adj.* lavable; ~**bär** *zo. m* raton *m* laveur; ~**barkeit** *f* lavabilité *f*; ~**becken** *n* lavabo *m*; ~**blau** *n* bleu *m*; ~**brett** *n* planche *f* à laver.

'**Wäsche** *f* (*Waschen*) blanchissage *m*; lavage *m* (a. ⊕); (*große*) ~ lessive *f*; *kleine* ~ petite lessive *f*; (*Wäschestücke*) linge *m*; *schmutzige* (*reine*) ~ linge *m* sale (propre *od.* blanc); (*große*) ~ *haben* faire la lessive; *in die* ~ *geben* (*in der* ~ *sein*) donner (être) à la lessive, (*in die Wäscherei geben*) envoyer au blanchissage, (*in der Wäscherei sein*) être au blanchissage; *freie* ~ *haben* F être blanchi; *die* ~ *wechseln* changer de linge; *frische* (*od. reine od. saubere*) ~ *anziehen* mettre du linge propre; ~ *zum Trocknen aufhängen* mettre du linge à sécher; *fig.* man soll schmutzige ~ *nicht in der Öffentlichkeit waschen* il faut laver son linge sale en famille; ~**beschließerin** *in e-m Hotel usw. f* lingère *f*; ~**beutel** *m* sac *m* à linge (sale).

'**wasch-echt** *adj.* solide (*od.* résistant) au lavage; bon (*od.* grand) teint (*a. fig.*); *ein ~er Berliner* un Berlinois cent pour cent (*od.* F pur-sang).

'**Wäsche**|**fabrik** *f* fabrique *f* de linge; ~**geschäft** *n* magasin *m* de blanc (*od.* de lingerie); ~**handel** *m* lingerie *f*; ~**kammer** *f* lingerie *f*; ~**klammer** *f* pince *f* à linge; ~**knopf** *m* bouton *m* de lingerie; ~**leine** *f* corde *f* à linge; étendoir *m*; ~**mangel** *f* calandre *f*.

'**waschen I** *v/t., v/i. u. v/rf.* (*sich se*) laver (*a.* ⊕, *Auto usw.*); *Wäsche a.:* blanchir; *in der Lauge:* lessiver; *abs.* faire la lessive; *mit Wasser* ~ laver à l'eau; *den Kopf* ~ laver la tête (*od.* passer un savon) à q.; *s-e Hände in Unschuld* ~ s'en laver les mains; *e-e Hand wäscht die andere* une main lave l'autre; *mit allen Wassern gewaschen sein* être rusé (*od.* roué *od.* madré *od.* vieux routier); *das hat sich gewaschen* c'est épatant; **II** ♀ *n* lavage *m* (*a.* ✈, ⊕, *Auto usw.*); *v. Wäsche:* blanchissage *m*; lessive *f*; *beim Friseur:* ~ *u. Legen* un shampooing et une mise en plis.

'**Wäscher** *m* laveur *m*; *v. Wäsche:* blanchisseur *m*.

'**Wäscherechnung** *f* note *f* de blanchissage.

Wäsche'rei *f* blanchisserie *f*.

'**Wäscherin** *f* laveuse *f*; *v. Wäsche:* blanchisseuse *f*.

'**Wäsche**|**rolle** *f* calandre *f*; ~**sack** *m* sac *m* à linge (sale); ~**schleuder** ⊕ *f* essoreuse *f*; ~**schrank** *m* armoire *f* à linge; ~**spinne** (*ausziehbares Gestell*) *f* séchoir *m* parapluie; *bisw.* étendage *m*; ~**stange** *f*, ~**stütze** *f* perche *f*; ~**tinte** *f* encre *f* à marquer le linge; ~**topf** *m* lessiveuse *f*; ~**trockenplatz** *m*, ~**trockenständer** *m* séchoir *m*; ~**trockner** ⊕ ⚡ *m* sèche-linge *m*; séchoir *m* rotatif.

'**Wasch**|**faß** *n* cuvier *m*; cuve *f* (*od.* baquet *m*) à lessive; ~**frau** *f* blanchisseuse *f*; ~**handschuh** *m* gant *m* de toilette; ~**kleid** *n* robe *f* lavable; ~**korb** *m* panier *m* à linge; manne *f*; ~**küche** *f* buanderie *f*; F 🌫 (*dichter Nebel*) purée *f* de pois; ~**lappen** *m* *fürs Geschirr:* lavette *f*; *für Körperwäsche:* gant *m* de toilette; F *fig.* F lavette *f*; chiffe *f*; nouille *f*; femmelette *f*; pâte *f* molle; mannequin *m*; ~**lauge** *f* lessive *f*; eau *f* savonneuse; ~**leder** *n* peau *f* de chamois; ~**maschine** *f* machine *f* à laver; lave--linge *m*; ~ *mit Schleuder* laveuse--essoreuse *f*; ~**mittel** *n* lessive *f*; produit *m* lessiviel; ~**platz** *m* lavoir *m*; ~**pulver** *n* lessive *f* en poudre; poudre *f* à laver; ~**raum** *m* cabinet *m* de toilette; lavabo *m*; ~**salon** *m* blanchisserie *f*; *modern:* laverie *f* automatique; ~**samt** *m* velours *m* lavable; ~**schüssel** *f* cuvette *f*; ~**seide** *f* soie *f* lavable; ~**seife** *f* savon *m* de Marseille (*od.* de ménage); ~**tag** *m* jour *m* de lessive; ~**tisch** *m*, ~**toilette** *f* table *f* de toilette; ~**tönung** (*Haar*) *f* coloration *f*; ~**wanne** *f* baquet *m*; ~**weib** F *fig. péj.* F bavard *m*, -e *f*; *nur für e-e Frau* péj. commère *f*; ~**zettel** *m* *Buchhandel:* prière *f* d'insérer; ~**zeug** *n* nécessaire *m* de toilette.

wash-and-wear-Kleidung *f* vêtements *m/pl.* durables press.

'**Wasser** *n* eau *f*; *fließendes* (*stehendes*, 🝛 *schweres*) ~ eau *f* courante (stagnante *od.* dormante; lourde); *Kölnisches* ~ eau *f* de Cologne; ~ *lassen* (*urinieren*) uriner; *beim Schwimmen:* ~ *schlucken* F boire un coup; ~ *ziehen* (*undicht sein*) prendre l'eau; *das ist* ~ *auf s-e Mühle* cela (F ça) fait venir l'eau à son moulin, F ça va mettre du beurre dans ses épinards; *j-m das abgraben* couper l'herbe sous les pieds de q.; *j-m nicht das ~ reichen können* ne pas arriver à la cheville (*od.* à la ceinture) de q.; *stille* ~ *sind tief* il n'est (*od.* il n'y a) pire eau que l'eau qui dort; *da liegt e-m das* ~ *im Mund zusammen* cela fait venir l'eau à la bouche; l'eau en vient à la bouche; *fig. reinsten ~s* achevé; *auf dem ~ sur* l'eau; *bei ~ und Brot sitzen* être au pain et à l'eau; *fig. ein Schlag ins* ~ un coup d'épée dans l'eau; *fig. ins* ~ *fallen (Pläne)* tomber à l'eau; F s'en aller en eau de boudin *(od.* à vau-l'eau); *ins* ~ *gehen (springen)* se jeter à *(od.* dans) l'eau; *mit* ~ *waschen (spülen)* laver (rincer) à l'eau; *mit allen* ~*n gewaschen sein* être rusé *(od.* roué *od.* retors *od.* madré *od.* vieux routier); *fig. sich über* ~ *halten* se tenir à flot; garder la tête hors de l'eau; *unter* ~ sous l'eau; entre deux eaux; *unter* ~ *schwimmen* nager entre deux eaux; *unter* ~ *setzen* inonder, submerger; *unter* ~ *stehen* être inondé *(od.* submergé); *zu* ~ *zu Lande und in der Luft* par terre, par mer *(od.* sur terre, sur mer) et dans les airs; *zu* ~ *bringen (Rettungsboote)* mettre à l'eau; ~ *hat keine Balken* les eaux sont perfides; ~**abfluß** *m* écoulement *m* des eaux; *als Vorrichtung:* tout-à-l'égout *m*; ²**abstoßend** *adj.* hydrofuge; ~**ader** *f* couche *f* aquifère; ~**anschluß** *m* prise *f* d'eau; *im Hause:* point *m* d'eau; ~**arm** *m* bras *m* de rivière *(resp.* de mer); ²**arm** *adj.* pauvre en eau, aride; ~**armut** *f* manque *m* d'eau; ²**aufsaugend** *adj.* hydrophile; ~**bad** ⚕ *cuis.* n bain-marie *m*; ~**ball** *m Sport:* water-polo *m*; ~**bassin** *n* → ~**becken**; ~**bau** *m* construction *f* hydraulique; ~**bauingenieur** *m* hydraulicien *m*; ~**baukunst** *f* architecture *f* hydraulique; ~**becken** *n* bassin *m*; *im Garten:* pièce *f* d'eau; ~**bedarf** *m* besoin *m* en eau; ~**behälter** *m* réservoir *m* d'eau; ~**blase** *f* bulle *f* d'eau; ⚕ ampoule *f*; cloque *f*; ~**blume** ⚕ *f* fleur *f* aquatique; ~**bombe** *f* grenade *f* sous-marine; ~**bomber** Fr. ✈ *(gegen Waldbrände) m* bombardier *m* à eau; ~**bruch** ⚕ *m* hydrocèle *f*; ~**büffel** *zo. m* buffle *m* indien; arni *m*.

'**Wässerchen** *fig. n:* kein ~ *trüben können* être incapable de faire du mal à une mouche; *er sieht aus, als könnte er kein* ~ *trüben* on lui donnerait le bon Dieu sans confession.

'**Wasser**|**dampf** *m* vapeur *f* d'eau; ²**dicht** *adj.* imperméable; ⚓ étanche; ~ *sein a.* ne pas prendre l'eau; ~ *machen* imperméabiliser, ⚓ rendre étanche; ~**druck** *m* pression *f* hydraulique; ~**druckbremse** *f* frein *m* hydraulique; ²**durchlässig** *adj.* perméable; ~**eimer** *m* seau *m*; ~**enthärtung** *f* adoucissement *m* de l'eau; ~**enthärtungs-anlage** *f* adoucisseur *m*; ²**entziehend** *adj.* déshydratant; ~**entziehung** *f* déshydratation *f*; ~**fahrt** *f* promenade *f* sur l'eau; ~**fall** *m* chute *f* d'eau; cascade *f*; *großer:* cataracte *f*; *fig. er redet wie ein* ~ c'est un moulin à paroles; ~**farbe** *f* couleur *f* od. peinture *f* à l'eau; *peint.* gouache *f*; détrempe *f*; ~**farbengemälde** *n* aquarelle *f*; gouache *f*; ²**fest** *adj.* résistant à l'eau; ~**fläche** *f breite, ruhige:* nappe *f* d'eau; ~**flasche** *f* carafe *f* (à eau); ~**fleck(en)** *m* tache *f* d'eau; ~**floh** *ent. m* puce *f* d'eau; daphnie *f*; ~**flughafen** *m* hydrobase *f*; ~**flugzeug** *n* hydravion *m*; ~**flut** *f* inondation *f*; *pfort* déluge *m*; ²**führend** *adj.* aquifère; ~**gehalt** *m* teneur *f* en eau; ~**geist** *myth. m* génie *m* des eaux; ondin *m*, -e *f*; ²**gekühlt** *adj.* refroidi par eau; ~**gewächs** ⚕ *n* plante *f* aquatique; ~**glas** *n* verre *m* à eau; 🜂 silicate *m* de potasse; *fig. Sturm im* ~ tempête *f* dans un verre d'eau; ~**graben** *m* fossé *m* (rempli d'eau); ✗ rigole *f*; saignée *f*; ~**hahn** *m* robinet *m* d'eau; ²**haltig** *adj.* qui contient de l'eau; aqueux, -euse; aquifère; 🜂 hydraté; ~**haushalt** *cosm. m* équilibre *m* en eau; ~**heilverfahren** *n* hydrothérapie *f*; ~**höhe** *f* niveau *m* de l'eau; ~**hose** *f* trombe *f* (d'eau); ~**huhn** *orn. n* poule *f* d'eau; *sc.* foulque *f*.

'**wässerig** *adj.* rempli *(od.* plein) d'eau; aqueux, -euse; aquifère; ⚕ séreux, -euse; *fig.* fade; insipide; *j-m den Mund* ~ *machen* faire venir l'eau à la bouche de q. *(aber:* cela lui fait venir ...).

'**Wasser**|**jungfer** *ent. f* libellule *f*; demoiselle *f*; ~**kanne** *f* broc *m*; ~**kante** *f* côte *f*; ~**kanone** *f* canon-lance *m*; canon *m* à eau; ~**karte** *f* carte *f* hydrographique; ~**kessel** *m* chaudière *f*; *in der Küche:* bouilloire *f*; ~**kopf** ⚕ *m* hydrocéphalie *f*; *(Person)* hydrocéphale *m, f*; ~**kraft** *f* énergie *(od.* force*) f* hydraulique *(od.* ~**kraftwerk** *n* complexe *m od.* centrale *f)* hydro-électrique; hydrocentrale *f*; ~**kran** ⚓ grue *f* d'alimentation); *zu Aufzugszwecken:* grue *f* hydraulique; ~**krug** *m* cruche *f*; *großer:* jarre *f*; ~**kühlung** *f* refroidissement *m* par eau; ~**kultur** ⚕ *f* culture *f* hydrophonique; ~**kunde** *f* hydrologie *f*; ~**kunst** *f* jeux *m/pl.* d'eau; grandes eaux *f/pl.*; *die Wasserkünste springen lassen* faire jouer les grandes eaux; ~**kur** *f* cure *f* hydrothérapique; ~**lache** *f* flaque *f* d'eau; ~**lauf** *m* cours *m* d'eau; *Camargue:* roubine *f*; ²**leer** *adj.* dépourvu d'eau; sec, sèche; ~**leitung** *f im Hause:* conduite *f* d'eau; *(Wasserhahn)* robinet *m* d'eau; *(Aquädukt)* aqueduc *m*; ~**leitungsrohr** *n* tuyau *m* d'eau; ~**lilie** ⚕ *f* nénuphar *m*; ~**linie** *f* ligne *f* de flottaison; ~**linse** ⚕ *f* lentille *f* d'eau; ~**loch** *n* trou *m* d'eau; ²**löslich** *adj.* soluble dans l'eau; ~**mangel** *m* manque *m (od.* pénurie *f)* d'eau; ~**mann** *ast. m* Verseau *m*; ~**sche Reaktion** réaction *f* de Wassermann; ~**mantel** ⊕ *m* chemise *f* d'eau; ~**marke** *f* niveau *m* de l'eau; ~**massen** *f/pl.* eaux *f/pl.*; ~**melone** *f* melon *m* d'eau; pastèque *f*; ~**messer** *m* hydromètre *m*; ~**meßkunst** *f* hydrométrie *f*; ~**mine** ✗ *f* mine *f* sous-marine; ~**mühle** *f* moulin *m* à eau.

'**wassern** ✈ I *v/i.* amerrir; se poser sur l'eau; II ⚐ *n* amerrissage *m*.

'**wässern** I *v/t. Wäsche, Lebensmittel:* tremper; *phot.* laver; *Heringe:* dessaler; II ⚐ *n (Be*⚐*) phot.* lavage *m; v. Heringen:* dessalaison *f*.

'**Wasser**|**nixe** *myth. f* ondine *f*; ~**not** *f* disette *f (od.* pénurie *f)* d'eau; ~**nymphe** *f* nymphe *f*; naïade *f*; ~**partie** *f* → ~*fahrt*; ~**pfeife** *f* narguilé *m*; narghileh *m*; ~**pflanze** ⚕ *f* plante *f* aquatique; ~**pfütze** *f* flaque *f* d'eau; ~**pistole** *f* pistolet *m* à eau; ~**pocken** ⚕ *f/pl.* varicelle *f*; ~**polizei** *f* police *f* fluviale; police *f* des voies fluviales *(od.* des eaux); ~**pumpe** *f* pompe *f* à eau; ~**quelle** *f* source *f*; ~**rad** *n* roue *f* hydraulique; *Sport:* pédalo *m*; ~**ratte** *f zo.* rat *m* d'eau; F *fig.* mordu *m*, -e *f* de la nage; F véritable poisson *m*; ²**reich** *adj.* abondant en eau; ~**reinigung** *f* purification *f (od.* épuration *f)* de l'eau; ~**rinne** *f* rigole *f*; ~**rohr** *n* tuyau *m (od.* conduite *f)* d'eau; ~**rose** ⚕ *f* nénuphar *m*; ~**säule** *f* colonne *f* d'eau; ~**schaden** *m/pl.* causés par l'eau; *Versicherung:* dégâts *m/pl.* des eaux; ~**schaufel** *f (Schöpfkelle)* écope *f*; ~**scheide** *f* ligne *f* de partage des eaux; ~**schenkel** ⚠ *m* renvoi *m* d'eau; ~**scheu** *f* horreur *f* de l'eau; hydrophobie *f*; ²~**scheu** *adj.* qui a l'eau en horreur; hydrophobe; *er ist* ~ *a.* F c'est un marin d'eau douce; ~**schi** *m* ski *m* nautique; ~**schlange** *zo. f* serpent *m* aquatique; ~**schlauch** *m* outre *f* à eau; *zum Sprengen:* tuyau *m* d'arrosage; ~**spaniel** *zo. m* barbet *m*; ~**speicher** *m* réservoir *m* d'eau; ~**speier** ⚠ *m* gargouille *f*; tarasque *f*; ~**spiegel** *m* niveau *m* d'eau; ~**spinne** *f* araignée *f* aquatique; ~**sport** *m* sport *m* nautique; canotage *m*; nautisme *m*; yachting *m*; ~ *treiben a.* faire du bateau; ~**sportler** *m* plaisancier *m*; ~**spülung** *f* chasse *f* d'eau; ~**stand** *m* niveau *m* d'eau; ~**standsanzeiger** *m*, ~**standsmesser** *m* indicateur *m* de niveau d'eau; fluviomètre *m*; fluviographe *m*; ~**stein** *m* incrustation *f*; ~**stelle** *f* point *m* d'eau; ~**stiefel** *m* botte *f* en caoutchouc *od.* en plastique; ~**stoff** ⚕ *m* hydrogène *m*; ~**stoffbombe** *f* bombe *f* H *(od.* à hydrogène); ~**stoffgas** ⚕ *n (gaz m)* hydrogène *m*; ²**stoffhaltig** *adj.* hydrogéné; ~**stoffleitung** *at. f* hydrogénoduc *m*; ~**stoffsäure** *f* hydracide *m*; ~**stoffsuper-oxyd** ⚕ *n* eau *f* oxygénée; ~**strahl** *m* jet *m* d'eau; *fig. kalter* ~ douche *f*; ~**strahlregler** *m* brise-jet *m*; ~**straße** *f* voie *f* navigable; cours *m* d'eau artificiel; canal *m*; artère *f* fluviale; ~**straßennetz** *n* réseau *m* de voies navigables; ~**strudel** *m* tourbillon *m*; ~**sucht** *f* hydropisie *f*; ²**süchtig** *adj.* hydropique; ~**tiere** *n/pl.* animaux *m/pl.* aquatiques; ~**topf** *m* pot *m* à eau; ~**tracht** ⚓ *f* flottaison *f*; ~**träger** *m* porteur *m* d'eau; ~**transport** *m* transport *m* par eau; ~**treten** *n (Kneippkur)* bain *m* de pieds hydrothérapique; *(Schwimmsport)* nage *f* sur place; ~**tropfen** *m* goutte *f* d'eau; ~**turbine** *f* turbine *f* hydraulique; ~**turm** *m* château *m* d'eau; réservoir *m* d'eau; ~**uhr** *f* compteur *m* à eau; ²**undurchlässig** *adj.* → ²*dicht*.

'**Wasserung** *f* amerrissage *m*.

'**Wässerung** *f* → *Wässern*.

'**Wasser**|**verbrauch** *m* consommation *f* d'eau; ~**verdrängung** ⚓ *f* déplacement *m*; ~**verschmutzung** *f* pollution *f* de l'eau; ~**versorgung** *f* ravitaillement *m* en eau; ~**verteilung** *f* distribution *f* d'eau; ~**verunreinigung** *f* pollution *f* des eaux; ~**vogel** *m* oiseau *m* aquatique; ~**vögel** *pl. a.* sauvagine *f*; gibier *m* d'eau; ~**vorrat** *m* provision *f* d'eau; ~**waage** *f* niveau *m* à bulle d'air; ~**wagen** *m* citerne *f*; ~**wanze** *ent. f* punaise *f* d'eau; ~**weg** *m: auf dem* ~*e* par eau; ~**welle** *f (Frisur)* mise *f* en plis; ~**werfer** *m* lance *f* à eau; lance *f* d'incendie;

kleinerer: auto-pompe *f*; ⸺**werk** *n* (*Versorgungsanlage*) usine *f* hydraulique; *städtische* ⸺e service *m* des eaux; ⸺**wirtschaft** *f* aménagement *m* des eaux; ⸺**zähler** *m* compteur *m* à eau; ⸺**zeichen** *n* filigrane *m*; ⸺**zufuhr** *f* amenée (*od.* adduction) *f* d'eau.

'**waten** *v/i.* patauger; *durch e-n Bach* ⸺ passer un ruisseau à gué.

'**Watergate-Affäre** *pol. f: die* ⸺ l'affaire *f* du Watergate.

'**watschel|ig** F *adj.* dégingandé; ⸺**n** F *v/i.* se dandiner (en marchant); 2**n** *n* dandinement *m*.

Watt¹ ⚓ *n* sables *m/pl.* mouillés; estran *m*.

Watt² ∉ *n* watt *m*.

'**Watte** *f* ouate *f*; (*Verbands*2) ouate *f* (*od.* coton *m*) hydrophile; *mit* ⸺ füttern ouater; ouatiner; 2**artig** *adj.* ouateux, -euse; ⸺**bausch** *m* tampon *m* de (*od.* d')ouate; ⸺**futterstoff** *m* ouatine *f*; ⸺**kugel** *f* boule *f* de (*od.* d')ouate.

'**Wattenmeer** *géogr. Bundesrep. n* Watten *m/pl.*

'**Watte|pfropfen** *m* tampon *m* de (*od.* d')ouate; ⸺**stäbchen** *n* coton-tige *m*; 2**weich** *adj.* ouateux, -euse.

wat'tieren I *v/t.* ouater; ouatiner; II 2 *n* ouatage *m*.

'**Watt|leistung** ∉ *f* puissance *f* réelle; ⸺**stunde** ∉ *f* watt-heure *m*; ⸺**verbrauch** *m* wattage *m*.

'**Wau'wau** *enf. m* toutou *m*.

'**Web-art** *f* texture *f*.

'**Webe|faser** *f* fibre *f* textile; ⸺**kunst** *f* art *m* de tisser (*od.* de tissage).

'**weben** I *v/t.* tisser; II 2 *n* tissage *m*.

'**Weber|(in** *f) m* tisserand *m*, -e *f*; *in Fabriken*: tisseur *m*, -euse *f*; ⸺**baum** *m* ensouple *f*.

Webe'rei *f als Betrieb*: atelier *m* de tissage.

'**Weber|einschlag** *m* trame *f*; ⸺**kamm** *m* peigne *m* de tisserand; ⸺**knecht** *ent. m* faucheux *m*; faucheur *m*; ⸺**knoten** *m* nœud *m* de tisserand; ⸺**schiffchen** *n* navette *f* (de tissage); ⸺**spule** *f* bobine *f*; ⸺**vogel** *orn. m* tisserin *m*.

'**Web|fehler** *m* défaut *m* de tissage; ⸺**stuhl** *m* métier *m* (à tisser); ⸺**waren** *f/pl.* tissus *m/pl.*; textiles *m/pl.*; ⸺**weise** *f* texture *f*.

'**Wechsel** *m* changement *m*; (*Abwandlung*) variation *f*; (*Umschwung*) revirement *m*; *der Jahreszeit*: retour *m*; *ast.* révolution *f*; *Sport*: relais *m*; *v. Beamten, Personal od. e-s Sportlers zu e-m anderen Klub*: mutation *f*; *ch.* passée *f*; (*Austausch*) échange *m*; (*Geld*2) change *m*; ✝ effet *m*; lettre *f* de change; *pol.* Politik *f* des schnellen ⸺s politique *f* en coups d'accordéon; ⸺ *auf den Inhaber* effet *m* au porteur; ⸺ *auf kurze Sicht* effet *m* à courte échéance; *begebbarer* ⸺ traite *f* négociable; *eigener* (*trockener*) ⸺ billet *m* à ordre; *nicht eingelöster* ⸺ traite *f* en souffrance; *offener* ⸺ lettre *f* de crédit; *unbegebbarer* ⸺ traite *f* non négociable; *e-n* ⸺ *ausstellen* tirer une traite (*auf j-n sur q.*); émettre un effet (*auf j-n sur q.*); *e-n* ⸺ *akzeptieren* (*einlösen*) *einkassieren*; *prolongieren*; *sperren*; *überprüfen*) accepter (honorer; encaisser; proroger; bloquer; vérifier) un effet; *e-n* ⸺ *protestieren lassen* faire protester un effet; ⸺**abrechnung** *f* liquidation *f* d'une lettre de change; ⸺**abteilung** *f* service *m* des effets; ⸺**agent** *m* agent *m* de change; ⸺**agio** *n* commission *f* de banque sur traite; ⸺**akzept** *n* acceptation *f* d'une lettre de change; ⸺**arbitrage** *f* arbitrage *m* de change; ⸺**aussteller** *m* tireur (*od.* émetteur) *m* d'un effet (*od.* d'une lettre de change); ⸺**bad** *n* bain *m* alternatif; douche *f* écossaise; bain *m* alternativement chaud et froid; ⸺**balg** *m* enfant *m* supposé; ⸺**bank** *f* banque *f* de change; ⸺**begebung** *f* négociation *f* d'une lettre de change; ⸺**begriff** *m* corrélatif *m*; ⸺**bestand** *m* portefeuille-effets *m*; ⸺**bewegung** *phys. f* mouvement *m* réciproque; ⸺**beziehung** *f* relation *f* réciproque (*zwischen dat.* entre); corrélation *f* (de); ⸺**buch** *n* livre *m* d'effets; ⸺**bürge** *m* avaliste *m*; ⸺**bürgschaft** *f* aval *m*; *e-e* ⸺ *übernehmen* avaliser (*für etw. qch.*); ⸺**diskont** *m* escompte *m* des effets; ⸺**domizilierung** *f* domiciliation *f* d'un effet; ⸺**einlösung** *f* paiement *m* d'un effet; 2**fähig** *adj.* apte à tirer un effet; ⸺**fälle** *m/pl.*: *des Lebens* vicissitudes *f/pl.*; ⸺**fälscher(in** *f) m* faussaire *m*, *f* d'une lettre de change; ⸺**fälschung** *f* falsification *f* d'une lettre de change; ⸺**fieber** ⚕ *n* fièvre *f* intermittente; ⸺**folge** *f* alternance *f*; ⸺**forderung** *f* effet *m* à recevoir; ⸺**frist** *f* échéance *f* de traite; ⸺**geber** *m* tireur (*od.* émetteur) *m* d'un effet (*od.* d'une lettre de change); ⸺**geld** *n* (*Kleingeld*) monnaie *f*; ⸺**gesang** *m* chant *m* alterné; antienne *f*; ⸺**geschäft** *n* affaire *f* de change; ⸺**gespräch** *n* dialogue *m*; ⸺**getriebe** *n* boîte *f* de vitesses; ⸺**gläubiger** *m* créancier *m* d'une lettre de change; 2**haft** *adj.* instable; ⸺**inhaber(in** *f) m* porteur *m*, -euse *f* d'une lettre de change; ⸺**inkasso** *n* encaissement *m* de traites; ⸺**jahre** *n/pl. der Frauen*: retour *m* d'âge; âge *m* critique; ⚥ ménopause *f*; ⸺**klage** *f* action *f* en paiement d'une traite; ⸺**kosten** *pl.* frais *m/pl.* de change; ⸺**kurs** *m* cours *m* du change; *gleitender* ⸺ taux *m* de change flottant; ⸺**makler** *m* agent (*od.* courtier) *m* de change; ⸺**markt** *m* marché *m* des changes.

wechseln I *v/t. u. v/i.* changer; *e-m Kind* (*e-m Kranken*) *die Wäsche* ⸺ changer un enfant (un malade); *etw.* ⸺ *ausländisches Geld*: changer *qch.*, *Wohnung, Kleider, Farbe, Schritt, Wäsche, Besitzer, Gang beim Auto*: changer de *qch.*; *Geld* ⸺ faire de la monnaie; *in ausländisches Geld*: changer de l'argent; (*austauschen*) échanger (*a. Blicke, Komplimente, Schläge, Worte*); (*ab*⸺) alterner; *Stimme*: muer; *ch.* passer dans d'autres lieux; (*sich erneuern*) se renouveler; (*an die Stelle v. etw. treten*) se succéder; se remplacer; *Briefe* ⸺ échanger des lettres; être en correspondance (*mit* avec); correspondre (avec); *fig.* die Farbe (die Partei) ⸺ changer de parti (*od.* d'opinion); tourner casaque; *s-n Wohnort* ⸺ changer de résidence; *das Kind wechselt die Zähne* l'enfant fait sa seconde dentition; II 2 *n* changement *m*; (*Tausch*) échange *m*; (*Ab*2) alternance *f*; *der Stimme*: mue *f*; ⸺**d** *adj.* changeant; variable; alternatif, -ive; *mit* ⸺**em Glück** avec des fortunes diverses.

'**Wechsel|nehmer** *m* preneur *m* d'une lettre de change; ⸺**ordnung** *f* règlement *m* concernant les lettres de change; ⸺**protest** *m* protêt *m*; *e-n* ⸺ *erheben* dresser un protêt; ⸺**provision** *f* commission *f* de banque; ⸺**prozeß** *m* procédure *f* sur effets de commerce (*od.* sur billets à ordre); ⸺**rechnung** *f* compte *m* de change; ⸺**recht** *n* droit *m* cambial; ⸺**rede** *f* dialogue *m*; ⸺**reime** *m/pl.* rimes *f/pl.* croisées; ⸺**reiter** *m* qui emploie des billets de complaisance; ⸺**reite'rei** *f* emploi *m* de billets de complaisance; traites *f/pl.* de cavalerie; tirage *m* en l'air; ⸺**richter** ∉ *m* ondulateur *m*; ⸺**schalter** ∉ *m* commutateur *m* à deux directions sans arrêt; ⸺**schuld** *f* dette *f* fondée sur une lettre de change; ⸺**schuldner** *m* débiteur *m* d'une lettre de change; 2**seitig** *adj.* réciproque; mutuel, -elle; ⸺**seitigkeit** *f* réciprocité *f*; mutualité *f*; ⸺**spesen** *pl.* frais *m/pl.* de change; ⸺**sprechanlage** *téléph. f* interphone *m*; ⸺**steuer** *f* impôt *m* sur les lettres de change; ⸺**strom** ∉ *m* courant *m* alternatif; ⸺**stromgenerator** *m* alternateur *m*; ⸺**strommotor** *m* moteur *m* à courant alternatif; ⸺**stube** *f* bureau *m* (*bisw. a.* officine *f*) de change; ⸺**tierchen** *zo.* ⸺ amibe *f*; ⸺**umsatz** *m* mouvement *m* du portefeuille-effets; ⸺**verbindlichkeit** *f* engagement *m* (*od.* obligation *f*) de change; ⸺**verkauf** *m* négociation *f* d'un effet; ⸺**verkehr** *m* transactions *f/pl.* par traites; ⸺**verkehrszeichen** *n* signal *m* routier variable; ⸺**verlängerung** *f* prorogation *f* d'une lettre de change; ⸺**verpflichtung** *f* engagement *m* par lettre de change; 2**voll** *adj.* sujet, -ette à des vicissitudes (*od.* à de fréquents changements); (*bewegt*) mouvementé; *Landschaft*: varié; ⸺**e Laufbahn** *a.* carrière *f* en dents de scie; ⸺**wähler** *pol. m* électeur *m* indécis; partisan *m* du Marais; ⸺**wählerschaft** *f* Marais *m*; électorat *m* indécis; 2**weise** *adj.* alternant; à l'alternat; *adv.* réciproquement; (*abwechselnd*) tour à tour; ⸺**winkel** *m* angle *m* alterne; ⸺**wirkung** *f* action *f* réciproque; ⸺**wirtschaft** ∉ *f* assolement *m*; rotation *f* (*od.* alternat *m*) des cultures; ⸺**zahlung** *f* paiement *m* par lettre de change.

'**Wechsler** *m* changeur *m* (*a. e-s Plattenspielers*); cambiste *m*; *at.* échangeur *m*.

'**Wecken** *südd., östr. m* petit pain *m*.

'**wecken** I *v/t.* réveiller; *fig.* éveiller; *Interesse*: *a.* provoquer; *die Neugier* ⸺ éveiller la curiosité; II 2 *n* réveil *m*.

'**Wecker** *m* (*Weckeruhr*) réveil *m*; *den* ⸺ *auf drei Uhr stellen* mettre le réveil à trois heures; F *fig. j-m auf den* ⸺ *fallen* F taper sur les nerfs (*od.* F sur le système) à *q.* (*nur mit dat. pr.!*); gêner *q.*; importuner *q.*; P casser les pieds de *q.*; ⸺**armbanduhr** *f* montre-bracelet *f* à sonnerie; ⸺**uhr** *f* réveil *m*.

Weckglas *n* bocal *m* à conserves.
Weckruf ⚔ *m* réveil *m*.
Wedel *m* (*Fliegen⚔*) chasse-mouches *m*; (*Staub⚔*) plumeau *m*; (*Weih⚔*) goupillon *m*; *ch.* (*Schwanz*) queue *f*; ⚔**n** *v/t. u. v/i.*: *mit dem Fächer* ~ s'éventer; *mit dem Schwanz* ~ remuer (*od.* agiter) la queue.
weder *cj.*: ~ ... *noch* ... *ni* ... *ni* ... (*mit ne beim Verb*); ~ *du noch ich* ni toi ni moi.
Weg *m* chemin *m*; (*Landstraße*) route *f*; (~ *zu Lande usw.*) voie *f* (*a. fig.*); (*Pfad*) sentier *m*; (*Durchgang*) passage *m*; (*Reise-, Marsch⚔*) itinéraire *m*; (*Art u. Weise*) manière *f*; (*Methode*) méthode *f*; (*zurückzulegende Straße*) parcours *m*; trajet *m*; (*Besorgung*) course *f*; *fig.* scénario *m*; *der* ~ *nach* ... le chemin de ...; *Stück* ~ bout *m* de chemin; *der kürzeste* ~ le chemin le plus court; *den kürzesten* ~ *einschlagen* prendre au plus court; *e-n kürzeren* ~ *einschlagen* prendre un raccourci; *sich e-n* ~ *bahnen* se frayer un chemin (*durch die Menge* à travers [*od.* parmi] la foule); *e-n* ~ *benutzen* (*einschlagen*) prendre (*od.* suivre *od.* emprunter) un chemin; *fig. j-m den* ~ *ebnen* frayer le chemin (*od.* la voie) à q.; *fig. s-n* ~ *gehen* faire son chemin; *still s-n* ~ *gehen* aller son chemin; *fig. keine krummen* ~ *gehen* aller droit son chemin; *geh deiner* ~ *e*! passe ton chemin!; *s-n* ~ *nehmen* prendre son chemin (*od.* sa route) (*über acc.* par); *Mittel und* ~ *finden* trouver moyen (*zu* de); *woher des* ~*es*? d'où venez--vous?; *er kam des* ~*es* il vint à passer; *drei Meilen* ~*es* trois lieues (de chemin); *am* ~ sur le (*od.* au bord du) chemin; *fig. auf dem* ~*e* (*gén.*) (*durch*) par la voie de; *auf dem* ~*e* (*unterwegs*) en route; en chemin; chemin faisant; *auf dem* ~ *nach* en allant à; sur le chemin de; en route pour; *auf dem* ~*e von* en venant de; sur le trajet de; *auf dem ganzen* ~*e* tout le long du chemin; pendant tout le trajet; *ein kleines Dorf auf halbem* ~ *e zwischen Lyon und Grenoble gelegen* un petit village situé à mi-distance de L. et de Gr.; *auf halbem* ~*e* à mi-chemin; *auf halbem* ~*e stehenbleiben* s'arrêter à mi--chemin; *fig. j-m auf halbem* ~*e entgegenkommen* faire la moitié du chemin au-devant de q.; *auf dem* ~*e der Besserung sein* être en voie de guérison; *auf dem üblichen diplomatischen* ~*e* par la voie diplomatique normale; *auf gesetzlichem* ~*e* par la voie légale; *auf gütlichem* ~*e* à l'amiable; *auf dem kürzesten* ~*e* par la voie la plus directe; *auf dem richtigen* ~*e* en bonne voie; *auf schnellstem* ~*e* par la voie la plus rapide; *du bist auf dem falschen* ~*e* tu es sur la mauvaise (*od.* fausse) voie; F *tu n'es pas sur la bonne antenne*; *tu marches à côté de tes pompes; auf den falschen* ~ *geraten* faire fausse route; *auf den* (*wieder*) *auf den* ~ *machen* se (re)mettre en route (*od.* en chemin *od.* en marche); *aus dem* ~*e*! ôtez-vous de là!; *j-m aus dem* ~*e gehen* faire place à q.; laisser passer q., *fig.* éviter q.; *j-m (e-r Sache) aus dem* ~*e gehen* esquiver q. (qch.); *e-r Frage aus dem* ~*e gehen* éluder (*od.* esquiver) une question; *aus dem* ~*e*

räumen (*od. schaffen*) écarter; se débarrasser (de); *j-m im* ~*e stehen; j-m Hindernisse in den* ~ *legen* faire obstacle à q.; contrarier q.; *sich selbst im* ~*e stehen* être un empêchement pour soi-même; *j-m in den* ~ *laufen* croiser q.; se trouver sur le chemin de q.; *sich j-m in den* ~ *stellen* barrer le chemin à q., *fig.* contrecarrer (les projets de) q.; *etw. in die* ~*e leiten* mettre qch. en chantier; préparer qch.; *j-m nicht über den* ~ *trauen* n'avoir aucune confiance en q.
weg I *adv.* (*fort*) parti; (*verloren*) perdu; égaré; *weit* ~ éloigné; fort à l'écart; F *ganz* ~ *sein* ne plus se posséder (*vor Freude* de joie); être 'hors de soi, (*verblüfft sein*) être ébahi (*od.* épaté, F sidéré *od.* F ébaubi); *rester baba* (*od.* F pantois); **II** *int.*: ~ *da*! ôtez-vous de là!; F *déguerpissez*!; F tirez-vous de là! (*od.* *de mes pattes*!); F *faites place!*; *foutez le camp!*; *libérez le chantier!*; (*Vorsicht!*) attention!; gare!; *Kopf* ~! attention à votre tête!; gare à la tête!; *Hände* ~! bas les mains! (*od.* F *les pattes!*); ~ *damit*! enlevez-moi ça!;
' **ätzen** *v/t.* enlever à l'eau-forte; ⚔ cautériser; **'** ~**beizen** *v/t.* enlever à l'eau-forte; *métall.* décaper; **'** ~**begeben** *v/rf.*: *sich* ~ s'en aller; partir; **'** ~**bekommen** *v/t.*: *etw.* ~ parvenir à enlever qch.
'Wegbereiter *fig. m* pionnier *m*; introducteur *m*; initiateur *m*; champion *m*.
weg|blasen *v/t.* souffler; enlever en soufflant; ~**bleiben** *v/i.* ne pas venir; *Sache*: (*ausgelassen werden*) être omis; *lange* ~ tarder à revenir; ~**blicken** *v/i.* détourner les yeux; ~**bringen** *v/t.* emporter; *Personen*: emmener; (*befördern*) transporter; ôter; ~**denken** *v/t.*: *etw.* ~ faire abstraction de qch.; ~**drängen** *v/t.* repousser; écarter; ~**dürfen** *v/i.* avoir la permission de s'en aller.
'Wege|arbeiter *m* cantonnier *m*; ~**bau** *m* construction *f* des routes; ~**gabelung** *f* bifurcation *f*; ~**geld** *n* péage *m*.
'weg-eilen *v/i.* se hâter de partir; partir à la hâte.
'Wege|karte *f* carte *f* routière; ~**lagerer** *m* brigand *m*; détrousseur *m od.* voleur *m* de grands chemins.
'wegen *prp.* (*gén.*) à cause de; pour; (*infolge*) par suite de; *von Rechts* ~ de par la loi; de plein droit; *von Amts* d'office; ~ *Krankheit* pour cause de maladie.
'Wegenetz *n* réseau *m* routier.
'Wegerich ♀ *m* plantain *m*.
'weg-essen *v/t.*: *j-m alles* ~ ne pas laisser une miette à q.
'weg|fahren 1. *v/i.* partir (en voiture, *etc.*); **2.** *v/t.* emporter (*Personen*: emmener) (en voiture, *etc.*); ⚔**fall** *m* suppression *f*; *in* ~ *kommen* → ~**fallen** *v/i.* tomber; être supprimé; ~**lassen** supprimer; ~**fangen** *v/t.* attraper; F *j-m etw.* ~ F souffler qch. à q.; ~**fegen** *v/t.* balayer; ~**feilen** *v/t.* limer; enlever à la lime; ~**fliegen** *v/i.* s'envoler; *v. Sachen*: être emporté par le vent; ~**fließen** *v/i.* s'écouler; ~**führen** *v/t.* emmener; ⚔**gang** *m* départ *m*; *beim* ~ *en partant; au sortir*

(*aus* de); ~**geben** *v/t.* donner; (*sich entledigen*) se débarrasser (de); se défaire (de); *Sohn usw.* (*in Pension geben*) mettre en pension; ~**gehen** *v/i.* s'en aller; (*abreisen*) partir; (*hinausgehen*) sortir; *beim* ~ au départ; en partant; F *dieser Artikel geht weg wie warme Semmeln* cet article se vend (*od.* s'écoule *od.* s'enlève) comme des petits pains.
'Weggenosse *m* compagnon *m* de route.
'weg|gießen *v/t.* jeter; ~**haben** *v/t.*: *etw.* ~ être intelligent; F *es* ~ avoir compris; F *e-n* ~ (*betrunken sein*) avoir bu un coup de trop, (*verrückt sein*) F être cinglé (*od.* dingo *od.* maboul *od.* toqué *od.* timbré); ~**hängen** *v/t.* pendre ailleurs; (*verwahren*) serrer; ~**haschen** *v/t.* attraper au passage (*od.* au vol); ~**helfen** *v/i.*: *j-m* ~ aider q. à partir; *j-m* ~ *über etw.* (*acc.*) aider q. à passer par-dessus qch.; ~**hinken, ~humpeln** *v/i.* s'éloigner (*od.* s'en aller) en boitant; ~**hobeln** *v/t.* raboter; enlever au rabot; ~**holen** *v/t.* (*wegschaffen*) enlever; ⚔**holen** *n* (*Wegschaffen*) enlèvement *m*; ~**jagen** *v/t.* chasser; mettre à la porte; ~**kapern** *v/t.* capturer; ~**kehren** *v/t.* balayer; ~**kommen** *v/i.* partir; s'en aller; *machen Sie, daß Sie* ~! allez--vous-en!; (*abhanden kommen*) s'égarer; *fig. bei etw. gut* (*schlecht*) ~ s'en tirer bien (mal); ~**kratzen** *v/t.* gratter; enlever en grattant.
'Wegkreuzung *f* croisée *f* de (*bzw.* des) chemins.
'weg|kriechen *v/i.* s'éloigner en rampant; ~**kriegen** *v/t.*: *etw.* ~ parvenir à enlever qch.; ~**lassen** *v/t.* laisser partir; (*auslassen*) omettre; (*wegstreichen*) supprimer; ⚔ négliger; *gr.* (*elidieren*) élider; ⚔**lassung** *f* (*Auslassung*) omission *f*; (*Streichung*) suppression *f*; *gr.* (*Elision*) élision *f*; ~**laufen** *v/i.* s'éloigner en courant; (*davonlaufen*) se sauver, s'enfuir, décamper; (*desertieren*) déserter; *Hals über Kopf* ~ s'enfuir à toutes jambes; ~**legen** *v/t.* mettre de côté; (*verwahren*) serrer; *Akten*: classer; ~**leugnen** *v/t.* nier; ~**locken** *v/t.* attirer; ~**machen 1.** *v/t.* enlever; faire disparaître; **2.** P *v/i. u. v/rf.*: (*sich*) ~ F s'éclipser; F filer; F décamper; déguerpir.
'Weg|markierung *f* jalonnement *m* d'un itinéraire; *an Wegweisern*: fléchage *m*; balisage *m*; ~**messer** *m* odomètre *m*.
'weg|müssen *v/i.* être obligé de (*od.* devoir) partir; ⚔**nahme** *f* enlèvement *m*; (*Entwendung*) soustraction *f*; (*Beschlag*) saisie *f*, séquestration *f*, confiscation *f*, ⚔ réquisition *f*; *v. Schmuggelware*: capture *f*; ~**nehmen** *v/t.* ôter; enlever; (*verschwinden lassen*) faire disparaître; (*entwenden*) soustraire; prendre; dérober; (*mit Beschlag belegen*) saisir, séquestrer, confisquer, ⚔ réquisitionner; *v. Schmuggelware*: capturer; (*einnehmen*) prendre; *Zeit, Raum usw.*: prendre; *Gas*: couper; *j-n von der Schule* ~ retirer q. de l'école; ⚔**nehmen** *n* → ⚔**nahme**; ~**packen 1.** *v/t.* ranger; **2.** *v/rf.*: *sich* ~ F filer; décamper; déguerpir; ~**radieren** *v/t.*

gommer; ~**raffen** v/t. ramasser; F rafler; enlever; *durch Krankheit*: emporter; enlever; faucher; ~**räumen** v/t. ranger; mettre de côté; remettre à sa place; *(verwahren)* serrer; *Schutt, Erde*: déblayer *Hindernis*: écarter; ~**reisen** v/i. partir en voyage; ~**reißen** v/t. arracher; enlever de force; ²**reißen** n enlèvement m; ~**reiten** v/i. partir (à cheval); ~**rennen** v/i. s'éloigner en courant; *(davonlaufen)* se sauver, s'enfuir, F décamper; ~**rücken** 1. v/t. écarter, éloigner; 2. v/i. faire place; se ranger; ~**rufen** v/t. rappeler; ~**schaffen** v/t. enlever; emporter; transporter; éloigner; *Schutt, Erde*: déblayer; *Personen*: emmener; *Gefährdete*: évacuer; ²**schaffen** n enlèvement m; transport m; éloignement m; évacuation f; ~**schaufeln** v/t. enlever avec une pelle.

'**Wegscheide** f croisement m (de chemins); croisée f des chemins; *(Wegegabelung)* bifurcation f.

'**weg|scheren** v/rf.: sich ~ F décamper; F filer; déguerpir; F ficher *(od.* foutre*)* le camp; ~**scheuchen** v/t. effaroucher; ~**schicken** v/t. envoyer; expédier (F a. q.); *(entlassen)* renvoyer; ~**schieben** v/t. écarter (en poussant); repousser; ~**schleichen** v/rf.: sich ~ s'esquiver; F filer à l'anglaise; ~**schleppen** v/t. emporter; traîner après soi; ~**schleudern** v/t. lancer (au loin); ~**schließen** v/t. mettre sous clef; ~**schmeißen** F v/t. jeter; F mettre à la rancart; ~**schnappen** v/t. 'happer; attraper; ~**schneiden** v/t. couper; ~**schütten** v/t. jeter; ~**schwemmen** v/t. emporter; entraîner; ~**schwimmen** v/i. *Dinge*: être emporté par le courant; *Menschen, Tiere*: s'éloigner à la nage; ~**sehen** v/i. détourner les yeux; *fig.* ~ über *(acc.)* fermer les yeux sur; ~**sehnen** v/rf.: sich ~ désirer ardemment partir; ~**setzen** 1. v/t. mettre de côté; *écol.* e-n Schüler ~ faire changer un élève de place. 2. v/i.: über etw. *(acc.)* ~ sauter par-dessus qch. 3. v/rf.: sich über etw. *(acc.)* ~ se mettre au-dessus de qch.; se moquer de qch.; ~**spülen** v/t. *Fluten*: emporter; ~**stecken** v/t. *(verbergen)* cacher; ~**stehlen** 1. v/t. voler; 2. v/rf.: sich ~ F s'éclipser; ~**stellen** v/t. mettre ailleurs; éloigner; ~**sterben** v/i. *Familie, Volksstamm*: s'éteindre; être en voie de disparition *(bzw. beim Volk bsd.* d'extinction); ~**stoßen** v/t. repousser.

'**Wegstrecke** f parcours m; trajet m; *schwierige* ~ parcours m difficile.

'**wegstreichen** v/t. supprimer; *(ausstreichen)* biffer; raturer; effacer; *Haare*: enlever de la figure.

'**Wegstunde** f heure f de marche.

'**weg|tragen** v/t. emporter; ~**treiben** 1. v/t. chasser; 2. v/i.: *mit dem Strom* ~ être emporté par le courant; ~**treten** v/i. se retirer;⚔ rompez les rangs; ~! rompez (les rangs)!; ~**tun** v/t. *(wegnehmen)* ôter; *(beiseite tun)* mettre de côté; *(verwahren)* serrer; ~**wälzen** v/t. enlever (en roulant); ~**waschen** v/t. laver; ~**wehen** v/t. emporter.

'**wegweisend** *fig. adj.* qui ouvre des perspectives.

'**Wegweiser** m poteau m *(od.* panneau

m) indicateur; pancarte f de signalisation.

'**weg|wenden** v/t. (v/rf.: sich se) détourner; ²**werf-artikel** m jetable m; ²**werfbeutel** m sac m à jeter; ~**werfen** 1. v/t. jeter; 2. v/rf.: sich ~ s'abaisser; s'avilir; ~**werfend** *adj.* dédaigneux, -euse; méprisant.

'**Wegwerf|flasche** f bouteille f perdue; ~**handtuch** n serviette f à jeter; ~**kleidung** f habillement m éphémère; ~**papier** n papier m jetable; ~**rakete** f fusée f à jeter; ~**säckchen** n sachet m pour jeter; ~**tuch** n essuie m à jeter; ~**verpackung** f emballage m perdu.

'**weg|wischen** v/t. effacer; essuyer; ~**wünschen** v/t.: *j-n* ~ désirer que q. soit parti; souhaiter le départ de q.; ~**zaubern** v/t. escamoter.

'**Wegzehrung** f viatique m.

'**Wegzeichen** n plaque f (indicatrice); *(Wegweiser)* poteau m indicateur.

'**weg|zerren** v/t. arracher; tirer de force; ~**ziehen** 1. v/t. enlever; 2. v/i. *aus der Wohnung*: déménager; *Vögel*: émigrer; ²**zug** m *aus der Wohnung*: déménagement m; *der Vögel*: départ m.

Weh n: *Ach und* ~ *über sein Los schreien* se lamenter sur son sort; *da hilft ihm kein Ach u.* ~ il a beau se lamenter.

weh[1] *adj. u. adv.*: *j-m* ~ *tun* faire mal à q.; *wo tut es dir* ~? où as-tu mal?; *es ist mir* ~ *ums Herz* j'ai le cœur gros *(od.* serré); *der Kopf tut mir* ~ j'ai mal à la tête.

weh[2], ~**e** *int.*: au ~! aïe!; o ~! aïe!; hélas!; *ach und* ~ *schreien* jeter les 'hauts cris; *drohend*: ~ *ihm!* malheur à lui!

'**Wehen** ⚕ f/pl. douleurs f/pl. de l'accouchement; *in den* ~ *liegen* être dans les douleurs; être en travail.

'**wehen I** v/i. *Wind*: souffler; *Fahne usw.*: flotter; *mit dem Taschentuch* ~ agiter son mouchoir; *es weht kein Lüftchen* il n'y a pas un souffle *(od.* un brin) de vent; *der Geist weht, wo er will* l'esprit souffle où il veut; **II** 2 n souffle m.

'**Weh|geschrei** n lamentations f/pl.; ~**klage** f plaintes f/pl.; lamentations f/pl.; ~**klagen** v/i. se lamenter; gémir; ²**leidig** *adj.* gémissant, plaintif, -ive; F geignard; ~**mut** f mélancolie f; ²**mütig** *adj.* mélancolique.

Wehr[1] n (Staudamm) barrage m.

Wehr[2] f: *sich zur* ~ *setzen* se défendre; se mettre en (état de) défense; résister; '**bauer** m soldat m défricheur; '~**be-auftragte(r)** m commissaire m des forces armées; *Bundesrep.*: délégué m parlementaire à la défense; '~**beitrag** m contribution f à la défense commune; '~**bezirk** m subdivision f militaire; '~**dienst** m service m militaire; '~**dienstverweigerer** m réfractaire m au service militaire *(od.* armé); *aus Gewissensgründen*: objecteur m de conscience; '~**dorf** ⚔ n hameau m *(od.* village m) stratégique; village m fortifié.

'**wehren** 1. v/rf.: sich ~ se défendre; se mettre en (état de) défense; *(Widerstand leisten)* résister; *sich mit aller Macht (mit Händen und Füßen)* ~ se défendre de toutes ses forces (à coups de pied et à coups de poing);

sich s-r Haut (s-s Lebens) ~ défendre sa peau (sa vie); 2. *st.s. v/i.*: *e-r Leidenschaft*: réprimer qch.; *wer will es ihm* ~? qui l'en empêchera?

'**Wehr|ertüchtigung** f préparation f militaire; ~**etat** m budget m de la défense nationale; ²**fähig** *adj.* en âge de porter les armes; apte au service militaire; ²**gehänge** *hist.* n baudrier m; ²**haft** *adj.* qui peut *(od.* en état de) se défendre; *(tapfer)* vaillant; ~ *machen* armer; ~**hoheit** f souveraineté f militaire; ~**kraft** f force f militaire; ~**kreis** m région f militaire; ²**los** *adj.* sans armes; sans défense *(a. Tiere)*; 'hors d'état de se défendre; *(schwach)* faible; ~ *machen* désarmer; ~**lose(r)** m, f sans-défense m, f; ~**losigkeit** f manque m de moyens de défense; impuissance f à se défendre; *(Schwäche)* faiblesse f; ~**losmachung** f désarmement m; ~**macht** f force f armée; armée f; ~**machtbericht** m communiqué m du 'haut commandement; ~**machtzersetzung** f démoralisation f de l'armée; ~**meldeamt** n bureau m de recrutement; ~**paß** m passeport m militaire; ~**pflicht** f service m militaire obligatoire; ~**pflichtgesetz** n loi f sur le service militaire obligatoire; ²**pflichtig** *adj.* astreint au service militaire; ~**sold** m prêt m; solde f; ~**sport** m sport m militaire; ~**stammbuch** n livret m matricule; ~**stammnummer** f numéro m matricule; ~**stammrolle** f matricule f; registre m matricule; ~**stand** m état m militaire.

Weib n *dial., poét., bibl.* femme f; *(Gattin)* épouse f; *péj.* schmutziges, häßliches ~ maritorne f; '~**chen** *zo.* n femelle f.

'**Weiber|art** f manière f des femmes; ~**feind** m misogyne m; ~**feindschaft** f misogynie f; ~**geschwätz** n commérages m/pl.; ~**held** m homme m à femmes; coureur m de femmes; ~**herrschaft** f domination f des femmes; ~**klatsch** m commérages m/pl.; ~**laune** f caprice m de femme; ~**list** f ruse f de femme; ~**regiment** *péj.* n domination f des femmes; ~**volk** *péj.* n femmes f/pl.

'**weib|isch** *adj.* efféminé; ~ *machen* efféminer; ~**lich** *adj.* féminin; ⚥ *u. zo.* femelle; ²**lichkeit** f féminité f; nature f féminine; *die holde* ~ le beau sexe.

'**Weibsbild** *péj.* n P femelle f; créature f.

weich *adj., adv.* mou *(vor vo. od.* stummem h: mol), molle; *(zart)* tendre; délicat; *(geschmeidig)* souple *(a. Kragen)*, *(~herzig)* sensible; *peint.* flou; *Haar*: soyeux, -euse; *Frucht*: fondant; *Hand, Bett*: douillet, -ette; *Brot*: mollet, -ette; *Sitz, Stoff*: moelleux, -euse *(a. Bett)*, *Töne, Wasser, Eisen*: doux, douce; ~**es Ei** œuf m à la coque *(od.* mollet); *ein* ~**es Herz in rauher Schale** un cœur d'or sous une rude écorce; ~**e Knie haben** avoir les jambes en coton *(od.* en pâte de foie); ~ **landen** atterrir *(bzw.* alunir) *od.* se poser en douceur; ~ **machen** amollir, *(rühren)* attendrir, *Stahl*: détremper; F *fig. j-n* ~ **machen** *mit e-r Bitte*: avoir q. à l'usure; ~

werden s'amollir, (sich rühren lassen) s'attendrir; ~ kneten malaxer; sich ~ anfühlen être doux au toucher; '♀bild n e-r Stadt: banlieue f.

'Weiche ⚓ f aiguille f; e-e ~ stellen manœuvrer une aiguille; fig. die Diplomatie stellt die ~n la diplomatie ouvre la voie.

'weichen I v/i. céder (vor dat. devant); reculer (vor dat. devant); fléchir; j-m nicht von der Seite ~ ne pas quitter q. d'un pas; suivre q. comme son ombre; von der Stelle ~ céder la place à q.; nicht von der Stelle ~ ne pas céder (un pouce de terrain), ne pas reculer d'une semelle, (sich nicht rühren) ne pas bouger; II ♀ n recul m; fléchissement m; j-n zum ~ bringen faire céder (od. reculer od. fléchir) q.

'Weichen vét., anat. f/pl. flancs m/pl. 'Weichen|kreuz ⚓ n bretelle f; ~signal n signal m de branchement; ~steller m aiguilleur m; ~stellung f aiguillage m; ~stellwerk n poste m d'aiguillage.

'weich|fallend (Tischtuch) adj. souple; ~gekocht adj. Ei: à la coque; ♀heit f der Sprache, des Stils: douceur f; (Obst, Fleisch) tendreté f; (Geschmeidigkeit) souplesse f; ~ des Gemütes douceur f; sensibilité f; ~herzig adj. (au cœur) tendre; sensible; ♀herzigkeit f tendresse f de cœur; sensibilité f; ♀holz n bois m tendre; ♀käse m fromage m à pâte molle; ~laufen (neue Schuhe) v/t. briser; F faire; ~lich adj. mou (vor vo. od. stummem h: mol), molle; efféminé; veule; douillet, -ette; (allzu ~) mollasse; ♀lichkeit f mollesse f; veulerie f; ♀ling m efféminé m; douillet m; sybarite m; ♀macher m (Mörtelschippe) bouloir m; fürs Wasser: adoucisseur m d'eau; für die Wäsche: assouplisseur m; adoucissant m; adoucisseur m textile antistatique; (Plastverarbeitung) plastifiant m.

'Weichsel f Vistule f.

'Weichsel|holz n bois m de griottier; ~kirsche ♀ f griotte f; ~kirschbaum m griottier m.

'Weich|teile n/pl. parties f/pl. molles; ~tiere zo. n/pl. mollusques m/pl.; ~tierkundler m malacologiste m; ~werden n ramollissement m; fig. attendrissement m; amollissement m.

'Weide¹ ♀ f saule m; (Korb♀) osier m. 'Weide² f (Vieh♀) pâturage m; pacage m; pâture f; herbage m; auf die ~ führen (od. treiben) mener paître; mettre au pacage od. au pacage od. en pâture od. à l'herbage; ~land n pâturage(s pl.) m.

'weiden I 1. v/i. paître; pâturer; pacager; brouter (l'herbe); 2. v/t. faire paître (od. pâturer); pacager; herbager; 3. v/rf.: sich an etw. (dat.) ~ fig. se repaître (od. se délecter) de qch.; II ♀ n pâturage m; pacage m.

'Weiden|baum m saule m; (Korb♀) osier m; ~gebüsch n, ~gehölz n saulaie f; oseraie f; ~gerte f Korbflechterei: verge f d'osier; ~kätzchen ♀ n chaton m de saule; ~korb m panier m d'osier; ~rute f verge f de saule.

'Weide|platz m pâture f; pacage m; pâturage m; ~recht n droit m de pacage (od. de pâturage).

'Weiderich ♀ m salicaire f.

'weidgerecht adj. en vrai chasseur; conforme aux usages de la vénerie. 'Weid|mann m chasseur m; ♀männisch adj. de (adv. en) chasseur; ~manns|heil n: ~! bonne chasse!; ~mannssprache f langage m des chasseurs; ~messer n couteau m de chasse; ~werk n chasse f; vénerie f; ♀wund ch. adj. blessé.

'weiger|n v/rf.: sich ~, etw. zu tun refuser de faire qch.; ♀ung f refus m; ♀ungsfall m: im ~e en cas de refus. Weih orn. m busard m.

'Weih|altar m autel m consacré; ~becken n bénitier m; ~bild n ex-voto m; ~bischof m évêque m auxiliaire. 'Weihe¹ orn. m u. f busard m.

'Weihe² f consécration f; e-r Kirche: a. dédicace f; (Segnung) bénédiction f; (Einweihung) inauguration f; e-s Priesters: ordination f; e-s Bischofs, Königs: sacre m; fig. solennité f; e-r Sache (dat.) die rechte ~ verleihen rendre qch. solennel, -elle.

'weihen v/t. u. v/rf. (sich se) consacrer; (se) vouer; (heiligen) sanctifier; Hostie: consacrer; Kirche: dédier; (segnen) bénir; j-n zum Priester ~ ordonner q. prêtre; j-n zum Bischof ~ sacrer q. évêque.

'Weiher m étang m; (Fisch♀) vivier m. 'Weihe|stunde f heure f de recueillement (od. d'édification); ♀voll adj. solennel, -elle.

'Weih|gabe f, ~geschenk n offrande f.

'Weihnacht|en n Noël m; zu ~ à Noël; fröhliche ~! joyeux Noël!; als ~ (= das Weihnachtsfest) heranrückte à l'approche de la Noël; ♀lich adj. de Noël.

'Weihnachts|abend m veille f de Noël; ~baum m arbre m de Noël; ~bescherung f distribution f de cadeaux de Noël; ~brauch m coutume f de Noël; ~feier f célébration f de la fête de Noël; ~feiertage m/pl.: fêtes f/pl. de Noël; ~fest n fête f de Noël; Noël m; ~gast m réveillonneur m; ~geschenk n cadeau m de Noël; in Fr. oft zu Neujahr: étrenne f; ~gratifikation f gratification f de Noël; ~kugeln f/pl. boules f/pl.; ~lied n noël m; chant (od. cantique) m de Noël; ~mann m père m Noël; ~markt m marché m de Noël; ~mette f messe f de minuit; ~papier n papier-cadeau m; ~tag m jour m de Noël; ~zeit f époque f de Noël.

'Weihrauch m encens m; ~dampf m fumée f de l'encens; ~faß n encensoir m; ~streuen n encensement m.

'Weih|wasser n eau f bénite; ~wasserbecken n bénitier m; ~wedel m goupillon m; aspersoir m.

weil cj. parce que (ind.); bei gleichem suj.: pour (inf. passé).

'Weilchen n petit moment m.

'Weile f temps m; moment m; e-e ganze ~ un bon (od. long) moment; es ist schon e-e gute ~ her, daß ... il y a beau temps que ...; e-e kleine ~ später peu de temps après; vor e-r kleinen ~ il n'y a que peu de temps; gut Ding will ~ haben il ne faut rien précipiter; eile mit ~ 'hâte-toi lentement.

'weilen st.s. v/i. demeurer; séjourner; fig. er weilt nicht mehr unter uns il n'est plus parmi nous.

'Weiler m 'hameau m.

Wein m vin m; (~rebe) ♀ vigne f; junger ~ vin m nouveau; schwerer ~ vin m fort (od. corsé); vin m qui a du corps; leichter ~ vin m léger; naturreiner ~ vin m naturel; verschnittener ~ vin m de coupage; mit Wasser verdünnter ~ vin m trempé; herber ~ vin m sec; wilder ~ vigne f vierge; nach ~ schmeckend vineux, -euse; fig. j-m reinen ~ einschenken dire à q. la vérité toute nue; ♀artig adj. vineux, -euse; '~ausschank m débit m de vin; '~bau m culture f de la vigne; viticulture f; industrie f viticole; viniculture f; ~ treiben cultiver la vigne; '~bauer m vigneron m; im großen: viticulteur m; '~baugebiet n région f vinicole; '~becher m gobelet m à vin; '~beere f grume f; grain m de raisin; '~bereitung f vinification f; '~berg m vigne f; vignoble m; '~berg(s)hacke f fossoir m; zweizinkige ~ bigot m; '~berg(s)schnecke zo. f escargot m de Bourgogne; '~blatt n feuille f de vigne; '~blüte f fleur f de la vigne; Zeit: floraison f de la vigne; '~brand m eau-de-vie f; cognac m.

'wein|en v/i. pleurer; verser des larmes; über den Verlust e-r Sache ~ pleurer (sur) qch.; um j-n ~ pleurer (sur) q.; vor Freude ~ pleurer de joie; heftig ~ pleurer à chaudes larmes; ♀en n larmes f/pl.; j-n zum ~ bringen faire pleurer q.; arracher des larmes à q.; dem ~ nahe sein être près de pleurer, être au bord des larmes; ~erlich adj. pleurnicheur, -euse; thé. Stück: larmoyant; ~ tun pleurnicher.

'Wein|ernte f vendange f; ~ertrag m production f viticole; ~essig m vinaigre m (de vin); ♀farben, ♀farbig adj. vineux, -euse; ~faß n tonneau m à vin; ~flasche f bouteille f à vin; ~garten m vigne f; ~gärtner m vigneron m; ~gegend f région f vinicole; ~gehalt m vinosité f; ~geist m esprit-de-vin m; ~geländer n treille f; ~geschmack m goût m vineux; ~glas n verre m à vin; ~gut n domaine m viticole; clos m; ~handel m commerce m de vins; ~händler m marchand m de vin(s); Großhändler: négociant m en vins; ~handlung f débit m de vin; commerce m de vins; ~heber m tâte-vin m; ~hefe f lie f de vin; ~jahr n: gutes ~ bonne année pour le vin; ~kanne f pot m à vin; ~karte f carte f des vins; ~keller m cave f (à vin); sommellerie f; cellier m; chai m; ~kelter f pressoir f; ~kenner(in f) m connaisseur m, -euse f en vins; ~kiepe f 'hotte f de vendangeur; ~krampf m crise f de larmes; ~krug m cruche f à vin; ~lager n entrepôt m de vins; ~land n pays m viticole; ~laub n feuillage m de la vigne; pampres m/pl.; ~laube f treille f; ~lese f vendange f; Zeit der ~vendanges f/pl.; ~ halten faire la vendange; vendanger; ~leser(in f) m vendangeur m, -euse f; ~lesezeit f (saison f des) vendanges f/pl.; ~lokal n cave f de dégustation; taverne f; ~markt m marché m aux vins; ~niederlage f entrepôt m de vins; ~presse f pressoir m; ~probe f échantillon m de vin; (das Probieren)

dégustation f du vin; ~probierkeller m œnothèque f; ~ranke f sarment m; pampre m; ~rebe f ⚥ vigne f; (Rebstock) cep m (de vigne); poét. pampre m; ℒreich adj. riche (od. fertile) en vin; ℒrot adj. vineux; ~säure ⚥ f acide m tartrique; ~schenke f cabaret m; ~schlauch m outre f à vin; ~schmecker m dégustateur m; piqueur m de vin; tâte-vin m; ℒselig adj. aviné; in ~er Laune sein être dans les vignes du Seigneur; ~spalier n treillage m; ~spender m fontaine f à vin; ~stein ⚥ m tartre m; ~steuer f impôt m sur les vins; ~stock m (cep m de) vigne f; ~stube f dégustation (f de); ~traube f (grappe f de) raisin m; ~traubenkur f cure f uvale; ~treber pl., ~trester pl. marc m de raisin; ~trinker m buveur de vin; ⚥ alcoolique m vinique; ℒtrunken adj. aviné; ~tüte f bloc-pack m; ~vertreter m représentant m en vins; ~vorrat m: e-n guten ~ haben avoir une bonne cave; ~zwang m obligation f de prendre du vin.
'weise adj. sage; circonspect.
'Weise f manière f; façon f; sorte f; ♪ air m; mélodie f; auf diese ~ de cette manière (od. façon); auf die e-e oder andere ~ de façon ou d'autre; auf gleiche ~ de la même manière (od. façon); auf jede ~ de toute façon; auf keine ~ (bei vb. mit ne) en aucune manière (od. façon), (bei vb. ne ...) nullement; auf m-e ~ à ma manière; auf alle mögliche ~ de toutes les manières possibles; auf welche (od. was für e-e) ~? de quelle manière (od. façon)?; in der ~, daß ... de manière (od. de façon de sorte) que ... (final: subj.); jeder nach s-r ~ chacun à sa façon (od. guise).
'weisen v/t. Weg: montrer; indiquer; Sport: vom Felde ~ expulser du terrain; j-m die Tür ~ mettre q. à la porte; auf 12 (24 Uhr) ~ marquer midi (minuit); von der Hand (od. sich) ~ repousser; rejeter.
'Weise(r) m sage m; der Stein der Weisen la pierre philosophale; bibl. die Weisen aus dem Morgenland les Rois mages m/pl.
'Weisheit f sagesse f; (Wissen) savoir m; science f; der ~ letzter Schluß le dernier recours; mit s-r ~ zu Ende sein être au bout de son latin (od. de son rouleau); être à court d'arguments; F die ~ mit Löffeln gegessen haben avoir la science infuse; ℒsvoll adj. plein de sagesse; ~szahn anat. m dent f de sagesse.
'weis|lich adv. sagement; prudemment; ~machen v/t.: j-m etw. ~ en faire accroire à q.; j-m ~ wollen daß ... faire croire à q. que ...; das machen Sie andern weis! à d'autres!
weiß I adj. blanc, blanche; ~es Blutkörperchen globule m blanc; leucocyte m; ~ machen (werden) blanchir; sich mit Farbe ~ machen se salir avec de la peinture blanche; sich das Gesicht ~ pudern se blanchir la figure; ~ anstreichen blanchir, ⚠ a. badigeonner; ~ gerben mégisser; mégir; ~ kleiden habiller de blanc; ⚥ ℒe Woche semaine f de blanc; fig. mit ~er Weste blanc, blanche comme neige; e-e ~e Weste haben avoir les mains nettes; II

ℒ n blanc m; couleur f (als Anstrichmasse: peinture f) blanche; in ~ gekleidet vêtu de blanc.
'weissag|en v/t. prédire; présager; prophétiser; ~end adj. prophétique; ℒer(in f) m prophète m, prophétesse f; ℒung f prédiction f; prophétie f.
'Weiß|bier n bière f blanche; ~blech n fer-blanc m; ~brot n pain m blanc; ~buch pol. n Livre m blanc; ~buche ⚥ f charme m; ~dorn ⚥ m aubépine f; ~e f blancheur f; die (Berliner) ~ la bière blanche (de Berlin); ℒen v/t. blanchir, ⚠ a. badigeonner; ~en n blanchiment m, ⚠ a. badigeonnage m; ~(e)r n blanc m (im Auge de l'œil; im Ei de l'œuf); ~fisch icht. m poisson m blanc; ~fluß ⚥ m leucorrhée f; ~fuchs zo. m renard m blanc; ℒgekleidet adj. vêtu de blanc; ℒgelb adj. jaune pâle; ~gerber m mégissier m; ~gerbe'rei f mégisserie f; ~glühen n incandescence f; ℒglühend adj. chauffé à blanc; incandescent; ~glut f incandescence f; ⊕ auf ~ erhitzen chauffer à blanc (a. fig. bis zur ~ reizen); fig. j-n zur ~ bringen F faire damner q.; ~gold n or m blanc; ℒgrau adj. gris pâle; ℒhaarig adj. aux cheveux blancs; ~käse m fromage m blanc; ~kehlchen orn. n gorge-blanche f; ~kohl m, ~kraut n chou m blanc; ℒlich adj. blanchâtre; ~ling ent. m papillon m blanc; sc. piéride f; ~mehl n farine f blanche; ~metall n métal m blanc; ~näherin f lingère f; ~pappel ⚥ f peuplier m blanc; ~russe m Biélorussien m; ℒrussisch adj. biélorussien, -ienne; ~rußland n la Biélorussie; ℒseiden adj. de (od. en) soie blanche; ~sticke'rei f broderie f blanche; ~tanne ⚥ f sapin m blanc; ~waren pl. articles m/pl. de blanc; lingerie f; ~warengeschäft n maison f de blanc; ~wäsche f linge m blanc; ~wein m vin m blanc.
'Weisung f instruction f; directive f; injonction f; consigne f (a. ⚔); (Befehl) ordre m; ℒsgemäß adv. conformément aux instructions (od. aux ordres); ℒsgebunden adj. soumis aux ordres.
weit I adj. (ausgedehnt) large; étendu; grand; (geräumig) spacieux, -euse; vaste; immense; (entfernt) éloigné; lointain; Kleid: large; ample; Weg, Reise: long, longue; ist es ~ von hier nach dem Bahnhof? y a-t-il loin d'ici à (od. jusqu'à) la gare? (od. F d'ici la gare?); ~ und ~ il y a loin (von ... nach ... de ... à ...); fig. das liegt noch ~ im Feld il y a encore beaucoup à faire; ein ~es Gewissen haben avoir la conscience large (od. élastique); im ~esten Sinne des Wortes au sens le plus large du terme; dans toute l'acception du mot; es ist ein ~er Unterschied zwischen ... und ... il y a une grande différence entre ... et ... (od. de ... à ...); il y a loin de ... à...); II adv. loin (a. fig.); ~ entfernt loin (a. fig.; von de); nicht ~ von unserer Wohnung pas loin de chez nous; es ist noch ~ c'est (od. il y a) encore loin; il reste encore beaucoup de chemin à faire; ~ davon entfernt, zu ... (inf.) loin de ... (inf.); ~ gefehlt! loin de là!; ~ mehr beaucoup plus; ~ offen grand ouvert; ~ und breit partout à la ronde; ~ verbreitet très répandu; ~ weg au loin; dans le lointain; ~ zurückliegend zeitlich: lointain; ~ vom Thema abkommen; ~ abschweifen se perdre dans le lointain; die Augen ~ aufmachen ouvrir les yeux tout grands; faire de grands yeux; ~ ausholen remonter au déluge; es ~ bringen bien réussir; faire son chemin; ~ gehen aller loin (a. fig.); fig. sie ist nicht ganz so ~ gegangen elle n'est pas allée tout à fait jusque-là; zu ~ gehen aller trop loin; fig. aller fort; P charrier; das geht zu ~ c'en est trop; c'est trop fort; ~ mit etw. kommen aller loin avec qch.; fig. er wird nicht sehr ~ damit kommen il n'ira pas bien loin; er ist ~ gekommen; er hat es ~ gebracht il a bien réussi; il a fait son chemin; mit ihm ist es ~ gekommen il est tombé bien bas; er ist noch nicht ~ gekommen il n'en est pas encore loin; ~ reichen porter loin; ~ sehen voir loin (a. fig.); etw. sehr (zu) ~ treiben pousser qch. très (trop) loin; es zu ~ treiben aller trop loin; es zu ~ von sich weisen rejeter loin; das ist nicht ~ her cela ne vaut pas grand-chose; es ist nicht ~ her mit ihm ce n'est pas un as; die Verzweiflung kann e-n so ~ bringen, daß man ... le désespoir peut vous porter jusqu'à ... (inf.); er ist ~ über 40 Jahre alt il a de beaucoup passé la quarantaine; wie ~ bist du? où en es-tu?; wie ~ bist du mit deiner Arbeit? où en est ton travail?; noch nicht so ~ sein ne pas en être encore là; wie ~ ist es nach ...? quelle distance (od. combien de kilomètres) y a-t-il d'ici à ...?; wie ~ will er gehen? jusqu'où veut-il aller?; haben wir es noch ~? y a-t-il encore loin?; bei ~em der wichtigste de loin le plus important; bei ~em nicht tant s'en faut; bei ~em nicht vollständig sein être loin d'être complet, -ète; von ~em (in) loin (de); ~'ab adv. loin (d'ici); ~'aus adv.: der größte de loin (od. de beaucoup) le plus grand; ℒblick m largeur f de vues (od. de l'esprit); prévoyance f; ~'blickend adj. qui voit loin; (vorausgehend) prévoyant.
'Weite I f largeur f; ampleur f; e-s Weges: longueur f; e-s Begriffes: étendue f; portée f; (weiter Raum) vaste espace m; (Durchmesser) diamètre m; (Ferne) lointain m; in die ~ ziehen partir au loin; II n: das ~ suchen gagner le large; prendre la clef des champs.
'weiten v/t. (v/rf.: sich s')élargir (a. fig.).
'weiter comp. v. weit; (sonstig) autre; ultérieur; ~e Fragen d'autres questions f/pl.; die ~en Ansprüche prétentions f/pl. ultérieures; bis auf ~en Befehl jusqu'à nouvel ordre; bis auf ~es ⚖ jusqu'à plus ample informé; im ~en Sinne au sens large; ohne ~en Aufschub sans plus de délai; ohne ~e Umstände sans plus de façons; ohne ~e Auskunft bei ... pour plus amples renseignements s'adresser à ...; zur ~en Veranlassung pour suite à donner; ~ oben ci-dessus; ~ unten ci-dessous; ci-après; und so ~ et ainsi de suite; wer ~? et qui encore?; ~ niemand personne d'autre (bei vb. mit

ne); ~ nichts? c'est tout?; nichts ~! voilà tout!; was ~?; und ~? et puis?; et après?; wenn's ~ nichts ist? si ce n'est que cela?; ~ machen élargir; ~ werden s'élargir; ~ schnallen desserrer; ~ etw. tun continuer à (od. se) faire qch.; nur ~! continuez!; nichts ~! arrêtez!; ~ nichts zu sagen haben n'avoir rien à ajouter; das hat ~ nichts zu sagen cela ne veut rien dire; ce n'est rien; er hat ~ nichts zu tun als ..(inf.) il ne lui reste plus qu'à ... (inf.); was willst du noch ~? que veux-tu encore?; ich kann nicht mehr ~ (mit m-n Kräften) je n'en peux plus; das ist ~ kein Unglück il n'y a pas grand mal; le grand malheur!; ~befördern v/t. réexpédier; ⌾ réacheminer; 2beförderung f réexpédition f; ⌾ réacheminement m; ~behandeln v/t. continuer à (od. de) traiter; 2bestand m maintien m; continuation f; continuité f; ~bestehen v/i. continuer d'exister; subsister; se maintenir; ~bilden v/t. (v/rf.: sich se) recycler; (se) perfectionner; 2bildung f formation f professionnelle complémentaire; perfectionnement m; formation f (od. éducation f) permanente; recyclage m; ~bringen v/t. avancer; ~denken v/t. réfléchir aux suites; ~dienen ⚔ v/i. se rengager; ~empfehlen v/t. recommander; ~entwickeln 1. v/t. continuer à (od. de) développer; poursuivre plus avant; 2. v/rf.: sich ~ continuer à (od. de) se développer; évoluer; 2entwicklung f évolution f; ~erzählen v/t. continuer à (od. de) raconter.

'Weitere(s) n: das ~ ce qui suit; la suite; le reste; bis auf 2s jusqu'à nouvel ordre; ohne 2s sans façon; sans plus; sans formalité; das ~ übernehmen se charger du reste; das ~ siehe ... pour plus de détails, voir ...

'weiter|fahren v/i. continuer sa route; passer; ~! circulez!; 2fahrt f continuation f de la route; ~fliegen v/i. continuer son vol; 2flug m continuation f du vol; ~führen fig. v/t. continuer; poursuivre; 2führung f continuation f; poursuite f; 2gabe f transmission f; ~geben v/t. transmettre; (herumreichen) faire passer (od. circuler); ~gehen v/i. continuer son chemin; passer; (fortfahren) continuer; ~! circulez!; so kann es nicht ~ ça ne peut pas durer comme ça; ~helfen v/i.: j-m ~ aider q. à faire qch.; ~hin adv. (in Zukunft) à l'avenir; désormais; (ferner) en outre; encore; de plus; ~kämpfen v/i. continuer à (od. de) combattre; ~kommen v/i. avancer; nur fig. faire des progrès; nicht ~ a. rester stationnaire; 2kommen n avancement m; ~können v/i. pouvoir continuer; → ~fahren, ~gehen; ich kann nicht mehr weiter (mit m-n Kräften) je n'en peux plus; ~laufen v/i. continuer à courir; poursuivre sa course; ~leben v/i. continuer à (od. de) vivre; survivre (in dat. dans); 2leben n survie f (a. ~ nach dem Tode); ~leiten v/t. transmettre; ⚔ régulier; 2leitung f transmission f; ⚔ régulation f; ~lesen v/t. continuer à (od. de) lire; ~machen v/t. continuer; ~reichen v/t. transmettre; (herumreichen) faire passer (od. circuler); 2reise f continuation f du voyage; ~reisen v/i. continuer (od. poursuivre) son voyage; ~sagen v/t. répéter; redire; rapporter; 2schulung f formation f ultérieure; ~sehen v/i. réfléchir à ce qu'on peut faire; abs. aviser; 2übermittlung ⌾ f retransmission f.

'Weiterungen f/pl. (lästige Folgen) complications f/pl.; difficultés f/pl.; suites (od. conséquences) f/pl. fâcheuses.

'Weiter|ver-arbeitung f traitement m ultérieur; 2verbreiten v/t. Nachricht: répandre; colporter; propager; divulguer; 2verfolgen v/t. poursuivre; ~verkauf m revente f; 2vermieten v/t. sous-louer; ~vermietung f sous-location f; ~vertrieb m revente f; 2zahlen v/t. continuer à (od. de) payer; 2ziehen v/i. continuer son chemin.

'weit|gefächert adj. multidimensionnel, -elle; ~gehend I adj. large; (umfangreich) ample, vaste; (beträchtlich) considérable; II adv. largement; ~gereist adj. qui a beaucoup voyagé; ~gespannt adj.: ~e Politik politique f globalisante; ~e Operationen opérations d'envergure; ~gesteckt adj.: ~e Ziele haben avoir de 'hautes visées'; viser 'haut'; ~greifend adj. vaste; ample; ~her adv. de loin; ~herzig adj. large; libéral; généreux, -euse; rl. latitudinaire; 2herzigkeit f largesse f; libéralité f; générosité f; ~'hin, hi'naus adv. au loin; ~läufig I adj. (ausgedehnt) étendu; vaste; ample; (geräumig) spacieux, -euse; (ausführlich) circonstancié, (ausführlich) détaillé; (weitschweifig) prolixe; long, longue; (sehr genau) minutieux, -euse; (verwickelt) compliqué; (schwierig) qui entraîne beaucoup de formalités; plein de difficultés; (entfernt) éloigné (a. Verwandter); II adv. (ausführlich) en détail; tout au long; ~ verwandt parents éloignés; 2läufigkeit f (großer Umfang) vaste étendue f; (Weitschweifigkeit) prolixité f; longueur f; ~maschig adj. à larges mailles; ~reichend adj. vaste (a. fig.); étendu (weittragend) d'une grande portée; Pläne: de grande portée; ~e Veränderungen modifications qui vont loin; Geschütz: à longue portée; ~schauend adj. qui voit loin; 2schuß m Fußball: tir m lointain; ~schweifig adj. prolixe; long, longue; 2schweifigkeit f prolixité f; longueur f; verbosité f; 2schwimmer m nageur m de grand fond; ~sicht fig. f ampleur f de vues; prévoyance f; ~sichtig adj. presbyte; fig. prévoyant; 2sichtigkeit f presbytie f; fig. prévoyance f; 2sprung m saut m en longueur; ~tragend adj. d'une grande portée; ⚔ Geschütz: à longue portée; 2ung f élargissement m; ~verbreitet adj. très répandu; Zeitung: à gros tirage; ~verzweigt adj. qui a beaucoup de ramifications.

'Weizen m blé m; froment m; türkischer ~ blé m de Turquie; maïs m; fig. sein ~ blüht les affaires sont florissantes; la fortune lui sourit; ~brot n pain m de froment; ~ernte f moisson f; ~mehl n farine f de blé od. de froment; ~schrot n froment m égrugé.

welch pr/i.: ~ ein(e) ...! quel(le) ...!

'welch|e, ~er, ~es I pr/i. u. adj. verbunden: quel, quelle; unverbunden: lequel, laquelle; F welche (einige) quelques-uns, quelques-unes; haben Sie Geld?; wollen Sie welches?; ich habe welches avez-vous de l'argent?; en voulez-vous?; j'en ai; II pr/r. qui; lequel; laquelle; III pr/ind.: ~ auch immer quel (quelle) que ... (subj.); welches auch immer s-e Gründe sein mögen quelles que soient ses raisons; welche Fehler du auch haben magst quelles que soient tes fautes; quelques fautes que tu aies.

'welcher'art adv.: ~ auch s-e Gründe sein mögen quelles que soient ses raisons.

welk adj. fané; (ganz verblüht) flétri; ~ machen faner; flétrir; ~ werden = '~en v/i. se faner; se flétrir.

'Wellblech n tôle f ondulée.

'Welle f vague f (a. fig.); sanfte: onde f (a. phys.); wild bewegte: flot m; alles mit sich fortreißend: lame f; ⊕ arbre m; gym. soleil m; (~nbewegung, ~nlinie) ondulation f (a. Haar); (Dauer 2) permanente f; (Wasser2 als Frisur) mise f en plis; Verkehr: grüne ~ feux m/pl. synchronisés; F die grüne ~ haben avoir toujours le feu vert.

'wellen I v/t. (v/rf.: sich ~) onduler; das Gelände wellt sich le terrain est ondulé (od. a des ondulations); gewelltes Haar cheveux m/pl. ondulés; II 2 n ondulation f.

'Wellen|anzeiger m Radio: détecteur m d'ondes; 2artig adj. onduleux, -euse; ~ausbreitung f propagation f des ondes; ~bad n piscine f à vagues; ~bereich m Radio: bande f de fréquences; gamme f d'ondes; ~berg m ⊕ crête f d'une vague; phys. crête f de l'onde; ~bewegung f mouvement m ondulatoire; ondulation f; ~brecher ⊕ m brise-lames m; ~einstellknopf m Radio: bouton m de réglage d'ondes; ~erreger phys. m générateur m (od. excitateur m) d'ondes; 2förmig adj. onduleux, -euse; ondulatoire; ~gang m ondulation f; ~kupplung ⊕ f accouplement m de l'arbre; ~länge f Radio: longueur f d'onde; F die beiden haben nicht die gleiche ~ F les deux ne sont pas sur la même longueur d'onde; ~linie f ligne f ondulée; ondulation f; typ., Zeichnung: (filet m) tremblé m; ~mechanik f mécanique f ondulatoire; ~messer m ondemètre m; ~reiten n surf m; monoski m; surfing m; motorisiertes Brett zum ~ planche f à surf motorisée; surf m à moteur; ~reiter m surfiste m; ~schlag m choc m des vagues; (Brandung) déferlement m des flots; ressac m; ~schlitten m hydroglisseur m; hydroplane m; ~schreiber m ondographe m; ~schwingung f ondulation f; ~sittich m perruche f; ~strom ⚡ m courant m ondulatoire; ~tal n creux m d'une vague; phys. creux m de l'onde; ~theorie f théorie f des ondulations; ~zapfen ⊕ m tourillon m de l'arbre.

'Wellfleisch n porc m bouilli.

'wellig adj. onduleux, -euse; ondulé; Gelände: accidenté; mamelonné.

'Well|papier n papier m ondulé; ~

pappe f carton m ondulé.
'**Welpe** m (*junger Hund*) jeune chien m; chiot m; (*junger Fuchs*) renardeau m; (*junger Wolf*) louveteau m.
Wels *icht*. m silure m.
welsch adj. étranger, -ère; *die* ⌂*en* pl. les peuples m/pl. romans; *die* ~*e Schweiz* la Suisse romande.
Welt f monde m (a. *fig*.); (*Weltall*) univers m; (*Erde*) terre f; (~*kugel*) globe m (terrestre); *die Alte* (*Neue*) ~ l'Ancien (le Nouveau) Monde m; *die Freie*~ *pol*. le monde libre; *die geistige* (*sittliche*) ~ le monde intellectuel (moral); *die vornehme* ~ le grand monde; *die ganze* ~ le monde entier; *alle* ~ (*jedermann*) tout le monde; *vor aller* ~ aux yeux de tout le monde; *was in aller* ~ que diable; *in der* ~ au monde; *dans le monde*, *fig.* e-e ~ *für sich* un monde replié sur soi-même; *um alles in der* ~ *nicht* (*bei vb*. ne ...) pour rien au monde; *in alle* ~ *zerstreut* dispersé aux quatre coins du monde; *auf der* ~ sur terre; au monde; *auf die* ~ *kommen*; *das Licht der* ~ *erblicken* venir au monde; voir le jour; naître; *zur* ~ *bringen* mettre au monde; *aus der* ~ *schaffen* se défaire (de); se débarrasser (de); *aus der* ~ (*entlegen*) *sein* être très éloigné; *die Staatschefs der ganzen* ~ les chefs d'État de par le monde; *e-e Reise um die* ~ *machen* faire le tour du monde; *das ist der* ~ *Lauf* ainsi va le monde; *am Ende der* ~ au bout du monde; *bis ans Ende der* ~ jusqu'au bout du monde; *solange die* ~ *steht* depuis que le monde est monde (*od*. existe); *die* ~ *steht kopf* c'est le monde renversé; *ein Mann von* ~ *sein* être homme du monde; être mondain; avoir du savoir-vivre; '²**abgeschieden**, '²**abgewandt** adj. retiré; isolé; '~**all** n univers m; '~**alter** n âge m du monde; '²**anschaulich** adj. idéologique; '~**anschauung** f conception f (*od*. vision f) du monde; (*Ideologie*) idéologie f; (*Philosophie*) philosophie f; '~**ausstellung** f exposition f universelle (*od*. mondiale); '²**aufgeschlossen** adj. mondialiste; ouvert au monde; '~**aufgeschlossenheit** f mondialisme m; '~**ausfuhr** f échanges m/pl. mondiaux; chiffre m mondial des exportations; '²**bekannt** adj. universellement connu; '²**berühmt** adj. célèbre dans le monde entier; '~**bestleistung** f record m mondial; '~**bewegung** f mouvement m mondial; '~**bild** n conception f (*od*. image f) du monde; '~**blatt** n journal m de réputation internationale; '~**brand** m conflagration f universelle; '~**bund** m union f internationale; '~**bürger**(**in** f) m cosmopolite m, f; '²**bürgerlich** adj. cosmopolite; '~**bürgertum** n cosmopolitisme m; '~**dame** f femme f du monde; grande dame f; mondaine f; '~**einbildung** f cosmogonie f; '~**enbummler** m globe-trotter m; '~**enraum** m univers m; '~**er-eignis** n événement m mondial; '²**erfahren** adj. qui connaît le monde; qui a une large expérience (du monde); '~**erfahrung** f expérience f du monde; '~**ergewicht**(**ler** m) n Boxen: poids m welter (*od*. mi--moyen); '~**eroberer** m conquérant

m du monde; '²**erschütternd** adj. qui ébranle le monde entier; '~**firma** f maison f de réputation mondiale; '~**flucht** f fuite f du monde; '²**fremd** adj. étranger, -ère au monde; naïf, naïve; F déphasé; '~**fremdheit** f manque m d'harmonie avec la réalité présente; naïveté f; F déphasage m; '~**friede**(**n**) m paix f du monde; paix f mondiale (*od*. universelle); '~**frontkämpferbund** m fédération f mondiale des anciens combattants; '~**geistliche**(**r**) m prêtre m séculier; '~**geltung** f réputation f mondiale; '~**gericht** *rl*. n jugement m dernier; '~**gerichtshof** m Cour f de justice internationale; '~**geschichte** f histoire f universelle; '²**geschichtlich** adj. de (*od*. relatif, -ive à) l'histoire universelle; ~*es Ereignis* événement m historique d'importance mondiale; '~**gesundheits-organisation** f Organisation f mondiale de la santé (*abr*. O.M.S.); '²**gewandt** adj. qui a l'usage du monde; '~**gewandtheit** f urbanité f; usage m du monde; '~**gewerkschaftsbund** m fédération f syndicale mondiale; '~**handel** m commerce m mondial; '~**herrschaft** f hégémonie f mondiale; domination f du monde; '~**jugendfest** n festival m mondial de la jeunesse; '~**karte** f carte f du monde; mappemonde f; '~**kenntnis** f connaissance (*od*. expérience) f du monde; '~**kirchenrat** m conseil m œcuménique des Églises; '²**klug** adj. qui a une large expérience (du monde); '~**klugheit** f expérience f du monde; sagesse f pratique de la vie; '~**kongreß** m congrès m mondial; '~**konjunktur** f conjoncture f mondiale; '~**körper** m corps m céleste; '~**krieg** m guerre f mondiale; *der erste* ~ la Première Guerre mondiale; la Grande Guerre; *der zweite* ~ la Seconde Guerre mondiale; '~**kugel** f globe m (terrestre); '~**lage** f situation f mondiale; '~**lauf** m cours m des choses; '²**lich** adj. du (*od*. de ce) monde; mondain; (*irdisch*) terrestre; temporel, -elle; (*nicht kirchlich*) profane; (*nicht priesterlich*) laïque; (*nicht klösterlich*) séculier, -ière; '~**lichkeit** f mondanité f; *v. Schulen*: laïcité f; *v. Priestern usw*.: état m séculier; sécularité f; (*weltliche Macht*) (pouvoir m) temporel m; '~**literatur** f littérature f universelle (*od*. mondiale); '~**macht** f puissance f mondiale; '~**mann** m homme m du monde; mondain m; '²**männisch** adj. d'homme du monde; mondain; '~**markt** m marché m mondial; '~**marktpreis** m prix m mondial; '~**meer** n océan m; '~**meinung** f opinion f mondiale; '~**meister**(**in** f) m Sport: champion m, -onne f du monde; '~**meisterschaft** f championnat m du monde; '~**meistertitel** m titre m de champion du monde; '²**müde** adj. las, lasse du monde; '~**nachrichtenver-ein** m Union f internationale des télécommunications; '²**offen** *pol.* adj. ouvert sur le monde; mondialiste; planétaire; '~**offenheit** f mondialisme m; '~**organisation** f organisation f mondiale; '~**politik** f politique f mondiale; '²**politisch** adj.: ~*e Rolle*

rôle m politique mondial; '~**postver-ein** m Union f postale universelle; '~**postvertrag** m Convention f postale universelle; '~**produktion** f production f mondiale; '~**rätsel** n énigme f de l'univers; '~**raum** m univers m; espaces m/pl. interstellaires (*od*. sidéraux *od*. extra-terrestres); espace m intersidéral; espace(s pl.) m interplanétaire(s); '~**raumaffe** m singe m de l'espace; '~**raumbahnhof** m aire f (*od*. centre m) de lancement de fusées; *USSR*: cosmodrome m; '~**raumbegegnung** f rendez-vous m spatial; rencontre f orbitale; '~**raumfahrer** m astronaute m; *USSR*: cosmonaute m; '~**raumfahrt** f astronautique f; *konkret*: vol m spatial; '~**raumfunkstelle** f station f de radiocommunication spatiale; '~**raumrakete** f fusée f interplanétaire; engin m spatial; '~**raumschiff** n astronef m; aéronef m (*od*. vaisseau) m interplanétaire; '~**raumstation** f station f spatiale; '~**raumtreffen** n → ~*begegnung*; '~**reich** n empire m; '~**reise** f tour m du monde; '~**reisende**(**r**) m globe-trotter m; '~**rekord** m record m mondial (*od*. du monde); performance f mondiale; '~**rekord-inhaber** m, ~**rekordler** m, ~**rekordmann** m détenteur m du record mondial; '~**ruf** m réputation f (*od*. renommée) f mondiale; '~**schmerz** m mal m du siècle; vague m à l'âme; '~**schöpfer** m créateur m de l'univers; '~**sprache** f langue f universelle; '~**stadt** f métropole f; '²**städtisch** adj. de grande capitale; métropolitain; '~**stellung** f position f dans le monde; '~**teil** m partie f du monde; (*Erdteil*) continent m; '~**tierschutzver-ein** m Fédération f mondiale pour la protection des animaux; '²**umfassend** adj. universel, -elle; global; planétaire; '~**umseg**(**e**)**lung** f circumnavigation f; '~**umsegler** m circumnavigateur m; '²**umspannend** adj. universel, -elle; global; *éc*. tentaculaire; *a. allg*. planétaire; '~**untergang** m fin f du monde; '~**ur-aufführung** f première f mondiale; '~**verband** m union f internationale; '~**verbesserer** m réformateur m du monde; '~**ver-ein** m organisation f internationale; '~**verkehr** m commerce m international; relations f/pl. internationales; '²**weit** adj. bzw. adv. qui s'étend au monde entier; mondial; mondialiste; planétaire; universel, -elle; e-e ~*e Entspannung* une détente à l'échelle mondiale; ~*e Erfassung télév*., *rad.* planétarisation f; planétisation f; *die Bewirtschaftung des Kupfers* ~ *regeln* mondialiser la gestion du cuivre; ~*e Verhandlungen pol.* négociations f/pl. tous azimuts; '~**wetterdienst** m Organisation f météorologique mondiale (*abr*. O.M.M.); '~**wirtschaft** f économie f mondiale; '²**wirtschaftlich** adj. relatif, -ive à l'économie mondiale; '~**wirtschaftskonferenz** f conférence f économique internationale; '~**wirtschaftskrise** f crise f économique mondiale; '~**wirtschaftsordnung** f ordre m économique mondial; '~**wunder** n merveille f du monde; '~**zentralbank** f ban-

que *f* centrale mondiale.
wem *dat. v. wer*: ~? à qui?; *mit* ~? avec qui?; **²fall** *gr. m* datif *m*.
wen *acc. v. wer*: ~? qui (est-ce que); *für* ~? pour qui?
'wendbar *cout. adj.* réversible.
'Wende|¹ *m*, **~in** *f* Wende *m, f*.
'Wende² *f* tour *m*; (*Biegung*) tournant *m*· (*a. zeitlich*); (*Änderung*) changement *m*; renversement *m*; *um die ~ des 20. Jahrhunderts* vers la fin du XXe siècle; aux alentours de l'an 2000; **~hals** *orn. m* torcol *m*; **~kreis** *Auto*: rayon *m* (*od.* diamètre *m*) de braquage; *géogr.* tropique *m* (*des Krebses du Cancer*).
'Wendeltreppe *f* escalier *m* tournant (*od.* en colimaçon *od.* en vis *od.* en spirale *od.* en tire-bouchon).
'Wende|mantel *m* manteau *m* réversible; **~marke** *f Sport*: marque *f* (*od.* ⚓ bouée *f*) de virage; **~maschine** *f für Heu*: faneuse *f*.
'wenden I 1. *v/t.* tourner (*a. Buchseite*); *Kleidung*: retourner; *Heu*: faner; (*richten*) diriger; ⚓ *das Schiff ~* virer de bord; *nach rechts* (*links*) ~ tourner à droite (à gauche); *zu s-m Vorteil ~* tourner à son avantage; *bitte ~!* tournez, s'il vous plaît!; 2. *v/i. Auto*, ⚓, *Schwimmer*: faire un virage; virer; tourner; *Schiff*: virer de bord; 3. *v/rf.*: *sich ~* se tourner (*an j-n* vers q.); *sich an j-n ~* s'adresser (*od.* faire appel *od.* avoir recours) à q.; adresser la parole à q.; *sich ~ gegen* se retourner contre; diriger ses attaques contre; *sich von j-m ~* se détourner de q.; *sich zum Guten ~* bien tourner; *das Blatt hat sich gewendet* la chance a tourné; **II** ² *n Auto*: virage *m*.
'Wende|pol ⚡ *m* pôle *m* de commutation; **~punkt** *m ast.* point *m* solsticial; *fig.* tournant *m*; moment *m* critique; crise *f*; *e-n ~ bedeuten* marquer un tournant.
'wendig *adj.* maniable; manœuvrable; facile à manœuvrer; *fig. Person*: adroit; habile; F débrouillard; *~ sein fig. a.* savoir s'adapter à toutes les situations; savoir se retourner; tourner à tous les vents; **²keit** *f* maniabilité *f*; *fig.* faculté *f* d'adaptation; F débrouillardise *f*; souplesse *f* d'esprit.
'wendisch *adj.* wende, sorabe.
'Wendung *f* tour *m*; *esc.* volte *f*; ✈ (*Schwenkung*) conversion *f*; *Auto usw.*: virage *m*; ✈ virement *m* de bord; (*Rede*²) tournure *f*; locution *f*; *fig.* changement *m*; revirement *m*; retournement *m*; tournure *f*; *e-e gute ~* (*od. e-e zum Bessern*) *nehmen* tourner bien; prendre une bonne tournure; *e-e schlechte ~* (*od. e-e zum Schlechteren*) *nehmen* tourner mal; prendre une mauvaise tournure; *e-e tragische ~ nehmen* tourner au tragique; *dem Gespräch e-e andere ~ geben* changer de conversation, F changer de disque.
'Wenfall *gr. m* accusatif *m*.
'wenig *adj. u. adv.* peu; ne ... guère; *~ Geld* peu d'argent; *ein ~* un peu; quelque peu; *ein ~ Geld* un peu d'argent; *ein klein ~* un petit peu; *ein ganz klein ~* un tout petit peu; un tant soit peu; *~ oder viel* peu ou prou; *sei es auch noch so ~* si peu que ce soit; tant soit peu; aussi peu soit-il; *das ~e* le peu; *das ~e Geld* le peu d'argent; *~e peu de*; *wie es nur ~e gibt* comme il y en a peu; *einige ~e* un petit nombre (de); *die ~en Augenblicke* les rares (*od.* les quelques *od.* le peu de) moments; *die ~en Leute* le peu de gens; *nur ~e Schritte von hier* à deux pas d'ici; *in ~en Worten* en deux mots; *es fehlt ~ daran, daß ...* peu s'en faut que ...; *es ist ~ (od. wenig) daran* il s'en faut (de peu) que ... (*subj.*); *~ gerechnet* tout au moins; à tout le moins; pour le moins; *~er comp. v. wenig*: moins; *viel ~ bien* moins; *nicht ~ als* (*bei vb.* ne ...) pas moins que (*vor Zahlen*: de); *nichts ~ als* (*bei vb.* ne ...) rien moins que; *mehr oder ~* plus ou moins; *nicht mehr und nicht ~* ni plus ni moins; *eins ~* un de moins; *je ~ ..., desto ~ ...* moins ... moins ...; *um so ~* d'autant moins; *in ~ als zeitlich*: en moins de; *immer ~* de moins en moins; *~ denn je* moins que jamais; *der e-e mehr, der andere ~* qui plus, qui moins; *~ werden diminuer;* **²keit** *F f*: *m-e ~* ma modeste (*od.* mon humble) personne; **~st** *sup. v. wenig*: *das ~e*; *am ~en* le moins; *das ist das ~e* (*was Sie tun können*) c'est (bien) le moins (que vous puissiez faire); *das ~e, was man sagen kann* le moins qu'on puisse dire; *die ~en* peu de gens seulement; un très petit nombre (de); **~stens** *adv.* au moins; pour le moins; du moins.
wenn I *cj. zeitlich*: quand; (*dann wenn, zur Zeit wo*) lorsque; *~ man ihn hört, sollte man glauben* à l'entendre, on croirait; *das kommt davon, ~ man ... voilà ce que c'est que de ...* (*inf.*); *jedesmal ~ ...* chaque fois que ...; *toutes les fois que* ...; *bedingend* (*falls*): si; *~ es so* (*od. an dem od. der Fall*) *ist, daß ...* si tant est que ... (*subj.*); *~ nicht ..., so doch ...* sinon (*od.* si ce n'est) ..., du moins ...; *~ nicht, denn nicht* si cela ne doit pas être, tant pis; *~ nur* seulement; pourvu que (*subj.*); *als* (*wie*) *~* comme si; *außer ~* excepté si; *~ einmal* une fois que; *si jamais; einräumend*: *~ auch mein Freund ist* bien qu'il (*od.* quoiqu'il) soit mon ami; *~ er auch noch so reich ist* si riche qu'il soit; tout riche qu'il est; *~ er doch käme!* je voudrais qu'il vienne!; *~ Sie doch früher gekommen wären!* que n'êtes-vous venu plus tôt!; *na, ~ schon!* qu'importe!; *schon, denn schon!* s'il le faut, allons-y!; **II** ² *n si m; ein ~ oder ein Aber* un si ou un mais; F *nach vielem ~ und Aber* après bien des si et des mais;
'gleich, ~'schon *cj.* bien que (*subj.*), quoique (*subj.*); (*selbst wenn*) même si (*ind.*).
'Wenzel *m* (*Karte*) valet *m*.
wer I *pr/i.* qui (est-ce qui)?; *~ von euch weiß, wann ...?* qui d'entre vous (*od.* qui de vous *od.* qui parmi vous) sait quand ...?; *~ von beiden?* lequel de deux?; *~ anders als er?* qui d'autre, sinon lui?; *~ ist da?* qui est là?; *~ da? qui vive?*; *qui va là?* **II** *pr/r.* celui (celle) qui; qui; *~ auch immer* quiconque; *~ er auch sei* qui que ce soit; quel qu'il soit.
'Werbe|abteilung *f* service *m* de publicité; **~aktion** *f* → **~feldzug**; **~artikel** *m* article *m* de publicité; **~büro** ✝ *n* bureau *m* de publicité; **~chef** *m* chef *m* de publicité; **~drucksache** *f* imprimé *m* publicitaire; **~exemplar** *n* exemplaire *m* de publicité; **~fachmann** *m* publicitaire *m*; expert *m* en publicité; **~feldzug** *m* campagne *f* de publicité; **~fernsehen** *n* publicité *f* télévisée; **~film** *m* film *m* de publicité (*od.* publicitaire); **~fläche** *f* panneau *m* publicitaire; panneau-réclame *m*; **~flut** *f* déluge *m* publicitaire; **~fonds** *m* budget *m* de publicité; **~graphik** *f* art *m* de la publicité commerciale; **~kosten** *pl.* frais *m/pl.* de publicité; **~leiter** *m* chef *m* de publicité; **~material** *n* matériel *m* de publicité; **~mittel** *n* moyen *m* de publicité.
'werben *v/t. u. v/i.*: *Mitglieder, Arbeitskräfte usw.*: recruter; ✕ *a.* enrôler; recruter; *mit List*: racoler; ✕ *Arbeiter a.*: embaucher; *~ um* rechercher; *Gunst*: briguer, solliciter, *Mädchen*: demander en mariage, demander la main (*de*); ✝ faire de la publicité (*od.* de la réclame) (*für* pour).
'Werbe|nummer *f* numéro *m* de publicité; **~plakat** *n* affiche *f* publicitaire; **~preis** *m* prix-réclame *m*; prix *m* de promotion.
'Werber *m v. Arbeitern*: embaucheur *m*; ✝ agent *m* de publicité; *pol.* propagandiste *m*.
'Werbe|schild *n* panneau *m* publicitaire; panneau-réclame *m*; **~schrift** *f* brochure *f* publicitaire; prospectus *m*; **~sendung** *f Radio*: émission *f* de publicité; *a. télév.* kurze ~ spot *m* publicitaire; **~spruch** *m* slogan *m* publicitaire; **~tätigkeit** *f* activité *f* publicitaire; opération *f* promotionnelle; *pol.* propagande *f*; **~tafel** *f* panneau *m* publicitaire; panneau-réclame *m*; **~trommel** *f*: *die ~ rühren* faire de la réclame tapageuse; *fig.* battre la grosse caisse; **~verkauf** *m* vente-réclame *f*; vente *f* en promotion; **~wesen** *n* publicité *f* réclame *f*; **~woche** *f* semaine *f* de réclame; **~zwecke** *m/pl.* fins *f/pl.* de publicité.
'Werbung *f* ✕ enrôlement *m*; recrutement *m*; *mv.p.* racolage *m*; *v. Arbeitern*: embauche *f*; embauchage *m*; *um ein Mädchen*: demande *f* en mariage; ✝ publicité *f*; réclame *f*; propagande *f* (*a. pol.*); **~skosten** (*Steuer*) *pl.* frais *m/pl.* professionnels.
'Werdegang *m* développement *m*; évolution *f*; *beruflicher*: carrière *f*.
'werden I 1. *v/aux.* **a)** *fut.*: *wir ausgehen* nous allons sortir; nous sortirons, **b)** *pass.* être; *geschlagen ~* être battu; *er ist geschlagen worden* il a été battu; *im Pass.* du battu; *was wird kalt getrunken* cela se boit froid; **c)** *mit su. od. adj.*: *Arzt ~* devenir (*od.* F se faire) médecin; *Kaufmann ~* entrer dans le commerce; *Leutnant ~* (*befördert ~*) passer lieutenant; *alt ~* vieillir; *a.* devenir vieux; *das muß anders ~* il faut que cela change; *was wird aus ihm?* que deviendra-t-il?; *aus ihm wird etw.* il arrivera à qch.; il fera son chemin; *was soll daraus ~?* qu'en adviendra-t-il?; *daraus wird nichts* il n'en sera rien; *wird's?* ça va venir?; *na, wird's bald?* eh bien, c'est pour quand?; *est-ce que ça va venir?*; *aurez-vous bientôt fini?*; est-ce pour

bientôt?; *es wird schon* ~ patience, cela va venir; *der Kranke wird wieder le malade se remet; es werde Licht!* que la lumière soit!; *zu etw.* ~ *se changer* (*od.* se transformer) en qch.; *das Wetter wird schlecht* le temps s'annonce mauvais; *es wird Winter* l'hiver approche (*od.* arrive à grands pas); F cela sent l'hiver; **2.** (*entstehen*) naître; *am 13. Mai wurde ich 16 Jahre alt* le 13 mai, j'ai eu seize ans; **II** ⚥ *n* devenir *m*; (*Wachsen*) croissance *f*; (*Entwicklung*) développement *m*; évolution *f*; (*Entstehen*) naissance *f*; *im* ~ *sein* être en train de se faire; *noch im* ~ *sein* être encore en germe; être en voie de développement; ~**d** *adj.* naissant; ~*e Mutter sein* attendre un bébé.

'**Werder** *m* îlot *m*.

'**Werfall** *gr. m* nominatif *m*.

'**werfen 1.** *v/t.* jeter; (*schleudern*) lancer, déverser (*a. Bomben*); *Falten* faire; *zuerst* ~ *beim Kegeln*: avoir la boule, *beim Würfeln*: avoir le dé; *Junge* ~ mettre bas; *etw. nach j-m* ~ jeter qch. à q.; *den Anker* ~ jeter l'ancre; mouiller; *ein Auge* (*od.* e-n *Blick*) ~ *auf* (*acc.*) jeter un regard sur; *fig. auf etw. ein Auge* ~ jeter son dévolu sur qch.; *zu Boden* ~ renverser, *fig.* accabler; *über Bord* ~ jeter par-dessus bord (*a. fig.*); *die Flinte ins Korn* ~ jeter le manche après la cognée; *ins Gefängnis* ~ jeter en prison; *über den Haufen* ~ culbuter, renverser, F chambarder, *fig.* jeter par-dessus bord, (*verachten*) faire fi (de); *aus dem Hause* ~ mettre q. à la porte, F flanquer dehors; *j-m etw. an den Kopf* ~ jeter qch. à la tête de q. (*nur mit dat. pr.*); *ein günstiges* (*ungünstiges*) *Licht auf etw.* (*acc.*) ~ montrer (*od.* faire paraître) qch. sous un jour favorable (défavorable); *aufs Papier* ~ jeter (*od.* mettre) sur le papier; *Schatten* ~ faire de l'ombre (*auf acc.* à); projeter son ombre; *über die Schulter* ~ jeter sur les épaules; ✂ *aus e-r Stellung* ~ déloger; débusquer; *mit Geld um sich* ~ jeter l'argent par la fenêtre; *mit Schimpfwörtern um sich* ~ se répandre en injures; *auf Kisten*: *nicht* ~*!* fragile!; **2.** *v/rfl.*: *sich* ~ se jeter; *Holz*: se déjeter; (se) gauchir; *fig. sich auf etw.* (*acc.*) ~ se jeter dans qch.; *sich j-m in die Arme* ~ se jeter dans les bras de q.; *sich in die Brust* ~ se rengorger; se pavaner; *sich j-m zu Füßen* ~ se jeter aux pieds de q.; *sich j-m an den Hals* ~ se jeter au cou de q.

Werft ⚓ *f* chantier *m* naval; *für Kriegsschiffe, z. B. Brest*: arsenal *m*; '~**arbeiter** *m* ouvrier *m* d'un chantier naval.

Werg *n* étoupe *f*.

Werk *n hinsichtlich des Hervorgebrachten*: ouvrage *m* (*a.* ✗); *hinsichtlich des Hervorbringers*: œuvre *f*; (*Arbeit*) travail *m*; besogne *f*; (*Mechanismus*) mécanisme *m*; (*in Gang Uhr*): mouvement *m*; (*Unternehmung*) entreprise *f*; (*Erzeugnis*) production *f*; (*Fabrik*) usine *f*; fabrique *f*; ateliers *m/pl.*; établissement *m*; *ausgewählte* (*sämtliche*) ~*e œuvres f/pl.* choisies (complètes); *rl. gute* ~*e* bonnes œuvres *f/pl.*; *ein gutes* ~ *tun* faire une bonne œuvre; *das* ~ *e-s Augenblicks* l'affaire *f* d'un moment; *ans* ~*! à l'œuvre!*; *ans* ~ *gehen; sich ans* ~ *machen* se mettre à l'ouvrage (*od.* à l'œuvre *od.* à la besogne); *ins* ~ *setzen* mettre en œuvre, (*in Gang bringen*) mettre en train, (*verwirklichen*) réaliser; *vorsichtig zu* ~*e gehen* user de précautions; '~**anlage** *f* usines *f/pl.*; ateliers *m/pl.*; '~**bahn** *f* voie *f* d'usine; '~**bank** *f* établi *m*; '~**chen** *n* petit ouvrage *m*; opuscule *m*; '~**en** *écol. v/i.* bricoler; ~*en écol. n* éducation *f* manuelle; '~**führer** *m* chef *m* d'atelier; '~**halle** *f* atelier *m*; '~**kantine** *f* cantine *f* d'entreprise; '~**leute** *pl.* ouvriers *m/pl.*; '~**lieferungsvertrag** *m* contrat *m* d'entreprise; '~**meister** *m* contremaître *m*; chef *m* d'atelier; '~**schutz** *m* service *m* de sécurité de l'entreprise; '~**schutzverbände** *m/pl.* groupes *m/pl.* de combat d'entreprises; '~**s-kantine** *f* cantine *f* d'entreprise; '~**spionage** *m* espionnage *m* industriel; '~**statt** *f*, '~**stätte** *f* atelier *m*; '~**stattwagen** *m* voiture-atelier *f*; '~**stattzeichnung** *f* dessin *m* d'atelier; *im Großformat*: épure *f*; *Blaupause*: bleu *m*; '~**stattzug** *m* train-atelier *m*; '~**stein** ⛏ *m* pierre *f* de taille; '~**stoff** *m* matériau *m*; matière *f*; '~**stoff-ermüdung** *f* fatigue *f* du matériau; '~**stück** *n* pièce *f* à usiner; '~**student**(*in f*) *m* étudiant-ouvrier *m*, étudiante-ouvrière *f*; '~**tag** *m* jour *m* ouvrable; *an* ~*en* → '²**tags** *adv.* les jours ouvrables; en semaine; '~**tätige**(**r** *m*) *m, f* ouvrier *m*, -ière *f*; *die* ~*n* la classe ouvrière; les travailleurs *m/pl. od.* salariés *m/pl.*; '~**tisch** *m* établi *m*; '~**unterricht** *m* éducation *f* manuelle; '~**vertrag** *m* contrat *m* d'entreprise; '~**zeitung** *f* journal *m* d'entreprise.

'**Werkzeug** *n* outil *m*; instrument *m* (*a. fig.*); *phys.* organe *m*; *mit* ~(*en*) *ausrüsten* (*od.* versehen) outiller; ~**ausrüstung** *f* outillage *m*; ~**halter** *m* porte-outil *m*; ~**kasten** *m* boîte *f* à (*resp.* d')outils; ~**macher** *m* outilleur *m*; ~**maschine** *f* machine-outil *f*; ~**schrank** *m* armoire *f* à outils; ~**stahl** *m* acier *m* à outils; ~**tasche** *f* trousse *f* à outils; *Fahrrad, Motorrad*: sacoche *f*.

'**Wermut** ♃ *m* absinthe *f*; (*Wein*) vermouth *m*; *fig.* amertume *f*; ~**stropfen** *fig. m* goutte *f* d'amertume.

wert *adj.* (*teuer, lieb*) cher, chère; (*geehrt*) honoré; (*achtbar*) respectable; (*würdig*) digne; ~*er Herr* cher monsieur; *wie ist Ihr* ~*er Name?* ai-je l'honneur de parler?; *Ihr* ~*es Schreiben* votre honorée; ~ *sein* valoir; *es ist nicht der Mühe* ~ cela n'en vaut pas la peine; *cela ne vaut pas la peine*; *das ist nicht der Rede* ~ cela ne vaut pas la peine d'en parler; *fig.* er *ist keinen Schuß Pulver* ~ il ne vaut pas la corde pour le pendre; *das ist nicht viel* ~ cela ne vaut pas grand-chose; *das ist mir viel* ~ j'y tiens beaucoup; *das ist schon viel* ~ c'est déjà un (grand) point (d')acquis; *mehr* ~ *sein als valoir plus que*, *mit folgender Zahlenangabe*: valoir plus de, *fig.* valoir mieux que.

Wert *m* valeur *f*; (*Preis*) prix *m*; (*Verdienst*) mérite *m*; (*gute Eigenschaft*) qualité *f*; *im* ~*e von d'une valeur de*; *s-m* ~ *entsprechend* à sa valeur; *das behält immer s-n* ~ cela vaut toujours son prix; *im* ~ *abnehmen* (*steigen*) diminuer (augmenter) de valeur; ~ *verlieren* perdre de sa valeur; *fin.* se dévaloriser; se déprécier; *großen* ~ *legen auf* (*acc.*) tenir beaucoup à *bzw.* darauf, daß ... à ce que ... (*subj.*).

'**Wert**|**angabe** ⚥ *f* déclaration *f* de valeur; valeur *f* déclarée; ~**arbeit** *f* travail *m* qualifié; ~**berichtigung** *f* réévaluation *f*; ²**beständig** *adj. Währung*: stabilisé; *Ware*: de valeur stable (*od.* fixe); ~**beständigkeit** *f* stabilité *f*; ~**bestimmung** *f* estimation *f*; évaluation *f*; taxation *f*; ~**brief** *m* lettre *f* chargée; ~**einheit** *f* unité *f* de valeur; ~**en** *v/t.* estimer; évaluer; taxer; *Sport*: pointer; ~**eskala** *f* échelle *f* de valeurs; ~**gegenstand** *m* objet *m* de valeur; ~**herabsetzung** *f* dépréciation *f*; ²**ig** ⚛ *adj.* valent; *z.B. zwei*~ bivalent; ~**igkeit** ⚛ *f* valence *f*; ~**leistungsfaktor** ✝ *m* coefficient *m* capacité/valeur; ²**los** *adj.* sans valeur; ~**losigkeit** *f* non-valeur *f*; ~**messer** *m* critère *m* (*od.* mesure *f*) de la valeur; *das ist der* ~ *für* ... cela donne la mesure de ...; ~**minderung** *f* moins-value *f*; diminution *f* de la valeur; dépréciation *f*; ~**paket** *n* colis *m* avec valeur déclarée; ~**papier** ✝ *n* valeur *f*; effet *m*; titre *m*; ~**papier-anlage** *f* placement *m* en valeurs; ~**papierbörse** *f* bourse *f* des valeurs; ~**papierhandel** *m* commerce *m* des valeurs; ~**papiermarkt** *m* marché *m* des valeurs; ~**sachen** *f/pl.* objets *m/pl.* de valeur; ²**schaffend** *adj.* productif, -ive; ²**schätzen** *v/t.* estimer; faire grand cas de; ~**schätzung** *f* estime *f* (*qu'on a pour*); ~**sendung** ⚥ *f* envoi *m* avec valeur déclarée; ~**steigerung** *f* plus-value *f*; accroissement *m* (*od.* augmentation *f*) de la valeur; ~**stück** *n* objet *m* de valeur; ~**ung** *f* estimation *f*; évaluation *f*; taxation *f*; *Sport*: pointage *m*; ~**urteil** *n* jugement *m* de valeur (*über etw. sur qch.*); ~**verlust** *m* perte *f* de valeur; ~**verminderung** *f*, ~**verringerung** *f* moins-value *f*; diminution *f* de la valeur; dépréciation *f*; ²**voll** *adj.* précieux, -euse; ~**er Mensch** personne *f* de (grande) valeur (morale); ~**zuwachs** *m* plus-value *f*; accroissement *m* de la valeur; ~**zuwachssteuer** *f* impôt *m* sur la plus-value.

'**Werwolf** *myth. m* loup-garou *m*.

Wesen *n* (*Charakter*) caractère *m*; nature *f*; naturel *m*; air *m*; (*Lebe*²*, Geschöpf*) *phil. Sein*) être *m*; essence *f*; *phil.* entité *f*; (*Art u. Weise*) manière *f* d'être; *e-s Volks*: génie *m*; (*Benehmen*) manières *f/pl.*; façons *f/pl.*; F *armes* ~ pauvre créature *f*; *es war kein lebendes* ~ *zu sehen* on ne voyait âme qui vive; *gesetztes* ~ caractère *m* posé; *gezwungenes* ~ manières *f/pl.* empruntées, contraintes; *air m* affecté; *kindisches* ~ puérilité *f*; *bäurisches* ~ rusticité *f*; *tierisches* ~ bestialité *f*; *das Höchste* ~ l'Être *m* suprême; *zum* ~ *e-r Sache gehören* être essentiel, -elle à qch.; faire partie intégrante de qch.; *sein* ~ *treiben* faire des siennes, *Geister*: 'hanter (un

endroit); viel ~(s) von etw. machen faire grand bruit de qch.; nicht viel ~s mit j-m machen traiter q. sans façons; ²haft (artbestimmend) adj. déterminant; réel, -elle; substantiel, -elle; ~heit f essence f; entité f; ²los adj. irréel, -elle; vain; chimérique; ~losigkeit f irréalité f; ~s-art f caractère m; nature f; manière f d'être; tournure f d'esprit; ²s-eigen adj. caractéristique (j-m de q.); ²sfremd adj. étranger, -ère à la nature (de); (unvereinbar) incompatible (avec); ²sgleich adj. identique (mit j-m à q.); ~sgleichheit f identité f; ²smäßig adj. essentiel, -elle; constitutif, -ive; ~szug m trait m caractéristique; qualité f foncière; ²tlich I adj. essentiel, -elle; substantiel, -elle; constitutif, -ive; fondamental; (bedeutend) considérable; non négligeable; important; ~er Inhalt e-s Buches usw.: substance f; im ~en en substance; das ²e l'essentiel m; le principal; II adv. essentiellement.
'Wesfall gr. m génitif m.
wes'halb adv. pourquoi?; (und deshalb) c'est (od. voilà) pourquoi.
'Wespe ent. f guêpe f; ~nnest n guêpier m; fig. in ein ~ stechen donner dans un guêpier; ~nstich m piqûre f de guêpe; ~ntaille cout. f taille f de guêpe.
'wessen gén. v. wer u. v. was: ~ Sohn ist er? de qui est-il le fils?; ~ Mantel ist das? à qui est ce manteau?; ~ Schuld ist es? à qui la faute?; ~ klagt man dich an? de quoi t'accuse-t-on?; relativisch: ~ er mich anklagt ce dont il m'accuse.
West m ouest m; ¹~'afrika n l'Afrique f occidentale (od. de l'Ouest); ¹~Berlin f Berlin-Ouest m; ¹²deutsch adj. ouest-allemand; ¹~deutsche(r a. m) m, f Allemand m, -e f de l'Ouest; ¹~deutschland n l'Allemagne f occidentale (od. de l'Ouest).
'Weste f gilet m; cardigan m; fig. mit weißer (od. reiner) ~ blanc, blanche comme neige; e-e weiße (od. reine) ~ haben avoir les mains nettes.
'Westen m ouest m; occident m; im ~ von à l'ouest de.
'Westen|futter n doublure f de gilet; ~tasche f poche f de gilet; (Uhrtasche) gousset m; fig. wie s-e ~ kennen connaître comme sa poche.
'West|ern cin. m western m; ~eu'ropa n l'Europe f occidentale; ²euro'päisch adj. d'Europe occidentale; ~front ⚔ f front m ouest; ~gote m, ~gotin f hist. Wisigoth m, -e f; ²gotisch adj. wisigoth; ~'indien n les Indes f/pl. occidentales; ²'indisch adj. des Indes occidentales; ~küste f côte f occidentale; ²lich adj. occidental; ~ von à l'ouest de; ~mächte f/pl. puissances f/pl. occidentales; Occidentaux m/pl.; ~mark fin. f mark m ouest; ²römisch hist. adj.: das ~e Reich l'empire m d'Occident; ~seite f côté m ouest; ~sektor m secteur m ouest; ²wärts adv. vers l'occident; vers l'ouest; ~wind m vent m d'ouest.
wes'wegen → weshalb.
'Wett-annahme f (bureau m de) pari m mutuel.
'Wettbewerb m concours m; compé-

tition f (a. Sport); ✝ concurrence f; freier ~ libre concurrence f; unlauterer ~ concurrence f déloyale; außer ~ 'hors concours; in ~ treten entrer en concurrence od. en compétition (mit avec); mit j-m in ~ stehen faire concurrence à q.; faire face à la concurrence de q.; concurrencer q.; ~sbedingung f condition f concurrentielle; ~sbeschränkung f restriction f de concurrence; ²sfähig adj. capable d'entrer en concurrence (mit avec); capable de faire concurrence (à); ~sverbot m interdiction f de concurrence; ~swirtschaft f économie f concurrentielle.
'Wett|büro n (bureau m de) pari m mutuel; ~e f pari m; gageure f; e-e ~ eingehen (abschließen) faire un pari; parier; was gilt die ~? que pariez-vous?; die ~ soll gelten je tiens le pari; um die ~ à l'envi; à qui mieux mieux; ~eifer m émulation f; rivalité f; ²eifern v/i.: mit j-m um (od. in) etw. ~ rivaliser de qch. avec q.; ²en v/t. u. v/i. parier; faire un pari; um e-e Mark ~ parier un mark; zwei gegen eins ~ parier deux contre un; ich wette hundert gegen eins il y a cent à parier contre un; je parie cent contre un; ich wette m-n Kopf, daß ... je mettrais (od. donnerais) ma tête à couper que ...; ich wette darauf j'en fais le pari; ~ parions?; on parie?; ich wette mit Ihnen a. F je vous fiche mon billet.
'Wetter¹ m, ~in f parieur m, -euse f.
'Wetter² n temps m; conditions f/pl. atmosphériques (od. météorologiques); (Gewitter) orage m; ⚒ schlagende ~ pl. grisou m; nach dem ~ sehen regarder le temps qu'il fait; wie ist das ~? quel temps fait-il?; comment est le temps?; es ist schönes ~ il fait beau (temps); le temps est beau; das ~ wird wieder schön le temps se remet au beau; wir bekommen anderes ~ le temps va changer; das ~ verspricht gut zu werden le temps est prometteur; bei schönem ~ par beau temps; → werden 1; ~amt n office m météorologique; ~ansage f ~bericht; ~aussichten f/pl. temps m probable; prévisions f/pl. météorologiques; ~bedingungen f/pl. conditions f/pl. météorologiques; ~be-obachtung f observation f météorologique; ~bericht m bulletin m météorologique; ~besserung f amélioration f du temps; ²beständig adj. résistant aux intempéries; ~beständigkeit f résistance f aux intempéries; ~dach n abri m; an e-m Hause: auvent m; appentis m; ~dienst m service m météorologique (od. F météo); ~dienststelle f poste m météorologique; ~fahne f girouette f (a. fig.); fig. politische ~ protée m politique; ²fest adj. résistant aux (od. à l'épreuve des) intempéries; ~forschung f météorologie f; ~frosch F plais. m météorologiste m; météorologue m; ²fühlig adj. sensible aux variations (od. aux fluctuations) de temps; ~führung ⚒ f ventilation f; aérage m; ~hahn m coq m du clocher; ✗ coq-girouette m; ~häus-chen n baromètre m en forme de chalet; ~karte f carte f météorologique; ~kunde f météorologie f; ~kundige(r) m mé-

téorologue m; météorologiste m; ~lage f situation f météorologique; ²leuchten v/imp.: es wetterleuchtet il fait des éclairs de chaleur; ~leuchten n éclairs m/pl. de chaleur; fulguration f; ~mantel m imperméable m; ~meldung f information f météorologique; ²n v/i. u. v/imp.: es wettert il fait de l'orage; (schimpfen) pester; tempêter; fulminer; invectiver (alle gegen, über contre); ~prognose f → ~vorhersage; ~prophet m personne f qui prédit le temps; ~satellit m satellite m météorologique; ~schacht ⚒ m puits m d'aérage; ~schaden m dégât m causé par l'orage; ~scheide f limite f météorologique; ~schutz m protection f contre les intempéries; ~seite f côté m exposé aux intempéries; ~sturz m chute f de température; ~umschlag m brusque changement m de temps; ~verhältnisse n/pl. conditions f/pl. météorologiques; ~verschlechterung f aggravation f du temps; ~vorhersage f prévisions f/pl. météorologiques (du temps); ~warte f station f météorologique; ~wechsel m changement m de temps; ~wendisch adj. inconstant; versatile; changeant; ~er Mensch protée m; ~wolke f nuée f d'orage.
'Wett|fahrt f course f; ~fliegen n, ~flug m concours m de vol; ~gesang m concours m de chant; ~kampf m concours m; compétition f; bsd. Sport: match m; épreuve f; championnat m; ~kämpfer(in f) m concurrent m, -e f; rival m, -e f; champion m, -onne f; ~lauf m, ~laufen n course f; ~läufer(in f) m coureur m; participante f à une course sportive; ²machen v/t. (wiedergutmachen) réparer; (ausgleichen) compenser; ~rennen n course f; ~rudern n course f à l'aviron; ~rüsten ⚔ n course f aux armements (od. à l'armement); ~schwimmen n épreuve f de natation; ~schwimmer m nageur m de compétition; ~segeln n régates f/pl.; ~spiel n match m; ein ~ austragen disputer un match; ein unentschiedenes ~ liefern faire match nul; ~streit m concours m; lutte f; fig. rivalité f; émulation f; sich mit j-m in e-n ~ einlassen rivaliser avec q. (um etw. de qch.); ~(t)anzen n concours m de danse.
'wetz|en v/t. aiguiser; affiler; ²en n aiguisage m; affilage m; ²stahl m fusil m (à aiguiser); affiloir m; ²stein m pierre f à aiguiser; queux f.
'Whisky m whisky m; ~spender m fontaine f à whisky.
Wichs F m: in vollem ~ en grande tenue.
'Wichse¹ f für Schuhe: cirage m.
'Wichse² F f (Prügel) frottée f; F rossée f; F raclée f; fessée f.
'wichsen I v/t. cirer; Fußboden: encaustiquer; II ² n cirage m; des Fußbodens: encaustiquage m.
Wicht m: armer ~ pauvre diable m; kleiner ~ bout m d'homme, nabot m, (Kind) ~ mioche m; erbärmlicher (elender) ~ misérable m; pleutre m.
'Wichtelmännchen n lutin m; gnome m.
'wichtig adj. important; (erheblich)

considérable; *höchst* ~ de la plus 'haute importance; ~ *sein a.* importer; *das ist mir sehr* ~ cela m'importe beaucoup; *es ist mir sehr* ~, *daß ... il* m'importe beaucoup que ... (*subj.*); ~ *nehmen* prendre au sérieux; ~ *tun*; *sich* ~ *machen* faire l'important; se donner de grands airs; poser; faire le fanfaron (F le zouave); se vanter; crâner; F faire de l'esbroufe; *das 2e l'important m*; *das 2ste* le plus important; l'esssentiel *m*; *das 2ste werden* prendre le dessus; **2keit** *f* importance *f*; (*Tragweite*) conséquence *f*; **2tu-er** *m* homme *m* qui fait l'important (*od.* qui se donne de grands airs); poseur *m*; fanfaron *m*; vantard *m*; crâneur *m*; F esbroufeur *m*; *den* ~ *spielen* → *wichtig tun*; **2tu-e'rei** *f* étalage *m* de grands airs; fanfaronnade *f*; vantardise *f*; crânerie *f*; F esbroufe *f*; **~tu-erisch** *adj.* qui fait l'important; qui se donne de grands airs; poseur, -euse; fanfaron, -onne; vantard; crâneur, -euse.

'**Wicke** ⚘ *f* vesce *f*; *wohlriechende* ~ pois *m* de senteur.

'**Wickel** *m* (*Knäuel*) peloton *m*; pelote *f*; (*Locken2*) bigoudi *m*; *aus Papier*: papillote *f*; ✱ enveloppement *m*; F *j-n beim* ~ *nehmen* saisir q. au collet; **~gamasche** *f* (*bande f*) molletière *f*; **~kind** *n* enfant *m* au maillot; bébé *m*; poupon *m*; **~kommode** *f* meuble *m* à langer; **~maschine** *f* bobineuse *f*; bobinoir *m*; **~mulde** (*für Babys*) *f* forme *f* à langer; **2n** *v/t. u. v/rf.*: (*sich* se) rouler; *Garn*: pelotonner; *Locken: abs.* mettre ses bigoudis; *Zigarren*: faire; *Baby*: emmailloter; langer; ✱ bobiner; (*ein*~) (*sich* s')envelopper (*in acc.* dans); (*sich*) *um etw.* ~ (s')enrouler autour de qch.; *fig.* man *kann ihn um den Finger* ~; *er ist* (*leicht*) *um den Finger zu* ~ on peut le mener par le bout du nez; on peut l'avoir comme on veut; il est souple comme un gant; **~schwanz** *zo. m* queue *f* prenante (*od.* préhensile); **~tisch** *m* table *f* à langer; **~tuch** *n* lange *m*.

'**Wicklung** ⚡ *f* bobinage *m*.

'**Widder** *m zo.* bélier *m*; *ast.* Bélier *m*.

'**wider** *prp.* (*acc.*) contre; ~ (*m-n*) *Willen malgré moi*; *das Für und 2 le* pour et le contre; **~'fahren** *v/i.* arriver; *j-m Gerechtigkeit* ~ *lassen* rendre justice à q.; **~haken** *m* crochet *m*; *mit* ~ *versehen* barbelé; **2hall** *m* écho *m*; retentissement *m*; résonance *f*; *fig.* retombée *f*; impact *m*; *e-n* ~ *finden in* (*dat.*) retentir (*a. fig.*); *e-n großen* ~ *bei j-m finden* avoir un gros impact sur q.; **2halt** *m* appui *m*; **2klage** *f* demande *f* reconventionnelle; **2la-ger** ⚠ *n* contrefort *m*; *e-r Brücke*: butée *f*; *e-s Gewölbes*: pied-droit *m*, piédroit *m*; **~'legbar** *adj.* réfutable; **~'legen** *v/t.* réfuter; **2'legung** *f* réfutation *f*; **~lich** *adj.* écoeurant; dégoûtant; rebutant; répugnant; repoussant; F empoisonnant; (*nur v. Sachen*) fétide; **2lichkeit** *f* caractère *m* rebutant (*od.* dégoûtant); **~natürlich** *adj.* contre nature; (*pervers*) pervers; **2natürlichkeit** *f* (*Perversität*) perversité *f*; **~'raten** *v/t.: j-m etw.* ~ dissuader q. de qch.; déconseiller qch. à q.; **~rechtlich** *adj.* contraire au droit (*od.* à la justice *od.* à la loi);

(*ungesetzlich*) illégal; *sich* ~ *etw. aneignen* empiéter sur qch.; usurper qch.; **2rechtlichkeit** *f* (*Ungesetzlichkeit*) illégalité *f*; **2rede** *f* contradiction *f*; *ohne* ~ sans contredit; **2rist** *vét. m* garrot *m*; **2ruf** *m* révocation *f*; désaveu *m*; rétractation *f*; dédit *m*; *e-r Nachricht*: démenti *m*; ~ *e-s Befehls* (*e-r Bestellung*) contrordre *m*; *bis auf* ~ jusqu'à nouvel ordre; **~'rufbar** *adj.* révocable; rétractable; **2'rufbarkeit** *f* révocabilité *f*; **~'rufen** *v/t.* révoquer; désavouer; rétracter; se dédire (de); *Nachricht*: démentir; *Befehl*: annuler; *litt.* contremander; *abs.* se rétracter; se dédire; **~'rufend** 👂 *adj.* révocatoire; **~'ruflich** *adj.* révocable; **2'ruflichkeit** *f* révocabilité *f*; **2sacher(in** *f*) *m* adversaire *m,f*; ennemi *m, -e f*; **2schein** *m* reflet *m*; **~'setzen** *v/rf.*: *sich* ~ s'opposer (à), résister (à), (*nicht gehorchen*) désobéir (à), **~'setzlich** *adj.* insubordonné; réfractaire; rebelle; récalcitrant; (*ungehorsam*) désobéissant; **2'setzlichkeit** *f* insubordination *f*; (*Ungehorsam*) désobéissance *f*; insoumission *f*; **2sinn** *m*, **2sinnigkeit** *f* contresens *m*; absurdité *f*; **~sinnig** *adj.* absurde; paradoxal; qui n'a pas le sens commun; **~spenstig** *adj.* récalcitrant; rétif, -ive; rebelle (*a. Haar*); réfractaire (*gegen* à); (*ungehorsam*) désobéissant; (*halsstarrig*) opiniâtre; obstiné; revêche; têtu; entêté; (*unlenksam*) intraitable; indocile; **2spenstige(r)** *m* réfractaire *m*; *Der Widerspenstigen Zähmung* La Mégère apprivoisée; **2spenstigkeit** *f* humeur *f* récalcitrante; (*Ungehorsam*) désobéissance *f*; (*Halsstarrigkeit*) opiniâtreté *f*; obstination *f*; entêtement *m*; (*Unlenksamkeit*) indocilité *f*; **~spiegeln** *v/t. (v/rf.: sich* se) refléter; (se) réfléchir; **2spiel** *n* contraire *m*; **~'sprechen 1.** *v/i.* contredire (*j-m* q.); (*protestieren*) protester (contre); *abs.* contester; **2.** *v/rf.: sich* ~ se contredire; **2'sprechen** *n* contradiction *f*; (*Protest*) protestation *f*; **~'sprechend** *adj.* contradictoire; **2spruch** *m* contradiction *f*; (*Protest*) protestation *f*; contestation *f*; (*Mißverhältnis*) désaccord *m*; *erheben* protester; *im* ~ *stehen mit* être en contradiction avec; *mit j-m in* ~ *geraten* entrer en contestation avec q.; *im* ~ *zu* contraire à; *ohne* ~ sans discussion; **2sprüchlichkeit** *f* incohérence *f*; **2spruchsgeist** *m* esprit *m* de contradiction; esprit *m* frondeur (*od.* de fronde); **~spruchslos** *adv.* sans discussion; **~spruchsvoll** *adj.* plein de contradictions; **2stand** *m* résistance *f* (*a. phys., méc.,* ⚡ *u.* ✖); *gegen* à); opposition *f* (*gegen* à); hinhaltender (*passiver*) ~ résistance *f* retardatrice (*passive*); ~ *leisten* résister (à); opposer de la résistance (à); *auf~stoßen* trouver de la résistance; *den* ~ *brechen* forcer la résistance; *der* ~ *versteift sich* la résistance se raidit; **2standsbewegung** *f* mouvement *m* de résistance; *in Frankreich 1940 bis 1944*: Résistance *f*; maquis *m*; **~standsfähig** *adj.* résistant; capable de résistance; **2standsfähigkeit** *f* résistance *f*; **2standskämpfer** *m* résistant *m*; *in Frankreich 1940-1944*:

a. maquisard *m*; **2standskraft** *f* (force *f* de) résistance *f*; **2standslinie** *f* ligne *f* de résistance; **~standslos** *adv.* sans résistance; **2standsmesser** ⚡ *m* ohmmètre *m*; résistivimètre *m*; **2standsnest** *n* nid *m* de résistance; **2standsschweißen** ⊕ *n* soudage *m* par résistance; **2standswert** *m* valeur *f* de la résistance; **~'stehen** *v/i.* résister (à); s'opposer (à); (*zuwider sein*) répugner (à); *der Versuchung* ~ résister à la tentation; *der Versuchung nicht* ~ *können* succomber à la tentation; **~'streben** *v/i.* résister (à); s'opposer (à); (*zuwider sein*) répugner (à); *es widerstrebt mir, zu ...* (*inf.*) il me répugne de ... (*inf.*); **2'streben** *n* résistance *f*; opposition *f*; (*Widerwille*) répugnance *f*; *mit* ~ → **~'strebend** *adv.* à contre-cœur; **2streit** *m* conflit *m*; antagonisme *m*; contradiction *f*; *im* ~ *stehen* (*mit*) → **~'streiten** *v/i.* être en contradiction (à); être en conflit (*od.* en contradiction) (avec); **~'streitend** *adj.* opposé; contradictoire; divergent; **~wärtig** *adj.* désagréable; (*ärgerlich*) fâcheux, -euse; contrariant; F embêtant; (*zuwider*) antipathique; (*abstoßend*) rebutant; repoussant; répugnant; écoeurant; dégoûtant; **2wärtigkeit** *f* caractère *m* désagréable; (*Unannehmlichkeit*) désagrément *m*; ennui *m*; (*Ärger*) contrariété *f*; (*widriger Zufall*) contretemps *m*; (*Schicksalsschlag*) revers *m* de fortune; **2wille** *m* répugnance *f* (*gegen* pour); aversion *f* (pour *od.* contre); antipathie *f* (pour) (*Ekel*) dégoût *m* (pour); *e-n* ~ *gegen j-n* (*etw.*) *hegen* éprouver de la répugnance pour q. (qch.) en aversion; ~*n empfinden* (*zeigen*) témoigner de la répugnance (*gegen etw.* pour qch.), F renâcler (à qch.); *mit* ~*n* → **~willig** *adv.* à contre-cœur; avec répugnance; contre son gré; de mauvais gré; de mauvaise grâce; ~ *essen* F manger du bout des dents.

'**widm|en 1.** *v/t.* consacrer; vouer; *Buch*: dédier; **2.** *v/rf.: sich* ~ se consacrer; se dédier; **2ung** *f* dédicace *f*; *mit e-r* ~ *versehen* dédicacer.

'**widrig** *adj.* contraire; *Schicksal*: adverse; **~enfalls** *adv.* dans le cas contraire; sinon; autrement; faute de quoi; **2keit** *f* (*Mißgeschick*) adversité *f*; (*Unannehmlichkeit*) désagrément *m*; ennui *m*; (*Ärger*) contrariété *f*; (*widriger Zufall*) contretemps *m*.

wie I *adv. u. cj.* **a)** *fragend*: comment; de quelle manière (*od.* façon); ~ *geht es Ihnen*? comment allez-vous?; F (comment) ça va (*od.* marche)?; ~ *alt sind Sie*? quel âge avez-vous?; ~ *breit ist dieses Zimmer*? de quelle largeur est cette chambre?; ~ *lange*? combien de temps?; ~ *lange ist er hier*? depuis quand est-il ici?; ~ *lange sollen wir noch warten*? jusqu'à quand attendrons-nous?; ~ *oft*? combien de fois?; ~ *spät ist es*? quelle heure est-il?; ~ *teuer*? quel en est le prix?; F c'est combien?; combien est-ce?; P ça fait combien?; combien vous dois-je?; quel est le prix?; combien?; ~ *teuer ist dieses Buch*? combien (coûte) ce livre?; ~ *weit ist es nach ...*? quelle distance (y a-t-il) d'ici à ...?; ~ *weit gehen wir*? jusqu'où allons-nous?; ~ weit bist du? où en es-tu?; ~ weit bist du mit deiner Arbeit? où en es-tu de ton travail?; ~ bitte? pardon?; comment?; vous disiez?; *st.s.* plaît-il?; ~ *gefällt es Ihnen in Paris?* est-ce que vous vous plaisez à Paris?; est-ce que Paris vous plaît?; F est-ce que ça vous plaît Paris?; ~ *kommt es, daß ...?* d'où vient que ...?; comment se fait-il que ...?; ~ *kam das?* comment est-ce arrivé?; comment cela s'est-il produit?; ~ *komme ich zu dieser Ehre?* d'où me vient cet honneur?; ~ *meinen Sie das?* que voulez-vous dire par là?; **b)** *im Ausruf:* ~ glücklich ich bin! (*od.* comme *od.* combien) je suis heureux, -euse!; ~ *niedlich sie ist!* qu'elle (*od.* F ce qu'elle) est mignonne!; ~ *lebte man doch besser ohne Atome!* qu'est-ce qu'on vivait mieux sans atomes!; ~ *erstaunte ich!* quelle fut ma surprise!; ~ *siehst du aus!* quelle mine tu as *od.* tu fais!; *iron.* eh bien, te voilà beau (*od.* joli)!; ~ *oft!* que de fois!; ~ *schade!* quel dommage!; ~ *wenig!* comme ... peu!; ~ *wichtig ist es, zu ...!* comme il est important de ...!; **c)** *im Vergleich:* er denkt ~ du il pense comme toi; ~ *keiner* comme pas un (*od.* comme personne); *ein Mann* ~ *er* un homme comme (*od.* tel que) lui; *so* ~ *ich bin tel*, telle que je suis; *in dem Sinne*, ~ *ich es verstehe* au sens où je l'entends; ~ *wenn* (*als ob*) comme si; *schlau* ~ *er ist* rusé comme il est; *in homme rusé qu'il est; ich weiß,* ~ *das ist* je sais ce que c'est; ~ *ich glaube* à ce que je crois; ~ *man mir gesagt hat* à ce qu'on m'a dit; ~ *oben* comme précédemment; ~ *die Sachen jetzt stehen* dans l'état actuel des choses; *aussehen* ~ ... avoir l'air de ...; ~ *es gerade kommt* comme cela se trouve; ~ *du mir, so ich dir* à bon chat, bon rat; **d)** *erklärend: wenn er zurückkommt,* ~ *ich glaube* s'il revient, comme je crois; ~ *gesagt* comme je viens de dire; **e)** *zeitlich:* ~ *ich hinausging* comme (*od.* au moment où *od.* lorsque) je sortais; *ich sah,* ~ *er aufstand* je le vis se lever; **f)** *einräumend:* ~ *dem auch sei* quoi qu'il en soit; ~ *reich er auch sein mag* tout riche qu'il est; si (*od.* quelque) riche qu'il soit; **II** 2 *n: das* ~ le comment; *auf das* ~ *kommt es an* c'est le ton qui fait la musique (*od.* la chanson); *er findet immer ein* ~ il trouve toujours un moyen (*Vorwand:* prétexte).

'**Wiedehopf** *orn. m* 'huppe *f*.

'**wieder** *adv.* de (*od.* à) nouveau; encore (une fois); *in Zssgn durch das Präfix* re ... *bzw.* ré ...; *ich bin gleich* ~ *da* à tout de suite!; je reviens tout de suite!; *da bin ich* ~! F me revoilà!; me voilà de retour!; 2**abdruck** *typ. m* réimpression *f;* ~'**abdrucken** *typ. v/t.* réimprimer; ~'**abreisen** *v/i.* repartir; ~'**abtreten** *v/t.* rétrocéder; 2'**abtretung** *f* rétrocession *f;* 2**anfang** *m* recommencement *m;* ~ *der Schule* rentrée *f* des classes; ~'**anfangen** *v/t.* recommencer; ~'**anknüpfen** *v/t.* rattacher; *bsd. fig.* renouer; *v/i. im Gespräch an etw.* revenir à qch.; ~'**ankoppeln** (*Raumfahrt*) *v/i.* se réaccoupler; ~'**ankurbeln** *éc. v/t.* relancer; redresser; 2'**ankurbelung** *éc. f* relance *f;* F redémarrage *m;* redressement *m;* 2**anlage** ✝ *f* remploi *m;* 2'**annäherung** *pol. f* rapprochement *m;* ~'**anpassen** *v/t.* réadapter; 2'**anpassung** *f* réadaptation *f;* ~'**anstellen** *v/t.* reprendre (dans son service); *Beamte:* réintégrer; 2**anstellung** *f v. Beamten:* réintégration *f;* ~'**anziehen** *v/t. Kleider:* remettre; ~'**anzünden** *v/t.* rallumer; 2'**aufbau** *m* reconstruction *f;* 2'**aufbaudarlehen** *n* prêt *m* de réinstallation; ~'**aufbauen** *v/t.* reconstruire; *Staat, Wirtschaft:* reconstituer; *éc. a.* redresser; 2'**aufbauprogramm** *n* programme *m* de reconstruction; ~'**aufbauwerk** *n* œuvre *f* de reconstruction; ~'**aufbereiten** *at. v/t.:* den *Atommüll* ~ retraiter les déchets radio-actifs; 2'**aufbereitung** *at. f* retraitement *m;* 2'**aufbereitungsanlage** *at. f* usine *f* de retraitement; ~'**aufblühen** *v/i.* refleurir; renaître; 2'**aufblühen** *n* renaissance *f; éc.* renouveau *m;* reprise *f* d'activité; ~'**auf-erstehen** *v/i.* ressusciter; 2~'**auf-erstehung** *f* résurrection *f;* ~'**aufflackern** *n* relance *f;* recrudescence *f;* ~'**aufflammen** (*Krise*) *n* rebondir; ~'**aufforsten** *v/t.* reboiser; 2'**aufforstung** *f* reboisement *m;* ~'**aufführen** *thé. v/t.* reprendre; remettre à la scène; 2'**aufführung** *f* reprise *f;* ~'**aufholen** *v/t.:* e-e *Verspätung* ~ résorber un retard; ~'**aufkommen** *v/i. Brauch, Mode:* se rétablir; revivre; renaître; reparaître; réapparaître; 2'**aufkommen** *n* retour *m;* renaissance *f;* réapparition *f;* ~'**aufladen** *v/t. Batterie usw.:* recharger; ~'**aufleben** *v/i.* se rétablir; revivre; renaître; se raviver; 2'**aufleben** *n* renaissance *f; éc.* reprise *f; pol.* résurgence *f;* 2'**aufnahme** *f* reprise *f;* ♎ *des Verfahrens* reprise *f* d'instance; (*Revision*) révision *f; in e-e Organisation:* réintégration *f;* ~'**aufnahmeverfahren** ♎ *n* procédure *f* de révision; ~'**aufnehmen** *v/t.* reprendre; *in e-e Organisation:* réintégrer; ~'**aufrichten** *v/t.* redresser; relever; *fig.* réconforter; ~'**aufrüsten** *v/t.* réarmer; 2'**aufrüstung** *f* réarmement *m;* ~'**aufstehen** *v/i.* se relever; 2'**aufstieg** *m éc.* redressement *m;* relance *f; e-s Staates:* relèvement *m;* 2'**auftauchen** *v/i. fig.* reparaître; réapparaître; ⚓ reparaître; ⚓ reparaître à la surface; refaire surface (*a. fig.*); ~'**auftreten** *v/i.* reparaître; réapparaître; *thé.* rentrer en scène; 2'**auftreten** *n* réapparition *f; thé.* rentrée *f;* ~'**aufwachen** *v/i.* se réveiller de nouveau; 2'**ausbalancieren** *n* rééquilibrage *m;* ~'**ausbrechen** *v/i.* s'échapper de nouveau; *fig.* éclater de nouveau; 2~'**ausfuhr** *f* réexportation *f;* ~'**ausführen** *v/t.* réexporter; ~'**ausgraben** *v/t.* exhumer; 2'**ausgrabung** *f e-r Leiche:* exhumation *f;* 2'**ausreise** *f* sortie *f;* ~'**aussöhnen** *v/t.* (*v/rf.:* sich se) réconcilier; 2'**aussöhnung** *f* réconciliation *f;* '2**begegnung** *f* retrouvailles *f/pl.;* '2**beginn** *m* recommencement *m;* reprise *f;* ~ *der Schule* rentrée *f* des classes; ~**bekommen** *v/t.* recouvrer; rentrer en possession (de); ~**beleben** *v/t.* rappeler à la vie;

✝ réanimer; *a.* ✝ ressusciter; *rl., fig.* ranimer; *fig.* revivifier; *biol., fig.* revitaliser; raviver (*a. fig.*); *pol.* réactiver; *die Wirtschaft* ~ remettre l'économie à flot; 2**belebung** *f* rappel *m* à la vie; ✝ réanimation *f; a.* ✝ ressuscitation *f; zo.,* ♃, *fig.* revivification *f;* ~ *der Wirtschaft* relance *f od.* F redémarrage *m* (de l'économie); *a. pol.* réactivation *f;* redressement *m* (*od.* reprise *f*) économique; 2**belebungsversuch** *m* tentative *f* de rappel à la vie (*od.* ✝ de réanimation); ~**beschaffen** *v/t.* rendre; restituer; 2**beschaffung** *f* restitution *f;* ~**besetzen** *v/t.* réoccuper; 2**besetzung** *f* réoccupation *f;* ~**bewaffnen** *v/t.* réarmer; 2**bewaffnung** *f* réarmement *m;* 2**bringen** *v/t.* rapporter; rendre; restituer; *j-n* ~ ramener q.; ~'**einbringen** *v/t. verlorene Stunden, Arbeitstage:* rattraper; *Verlust:* réparer; ~'**einfinden** *v/rf.: sich* ~ se retrouver; 2'**einfuhr** *f* réimportation *f;* ~'**einführen** *v/t.* rétablir (e-e *Strafe* une peine); réintroduire; ~'**importer;** 2'**einführung** *f* rétablissement *m* (*der Todesstrafe* de la peine de mort); réintroduction *f;* ✝ réimportation *f;* 2'**eingewöhnung** *f* réadaptation *f;* rééducation *f;* ~'**eingliedern** *v/t.* réintégrer; 2'**eingliederung** *f* réintégration *f;* soziale ~ *a.* réinsertion *f* sociale; ~'**einkerkern** *v/t.* réincarcérer; 2'**einkerkerung** *f* réincarcération *f;* ~'**einlösen** *v/t. Pfand:* dégager; 2'**einlösung** *f* dégagement *m;* 2'**einnahme** ⚔ *f* reprise *f;* ~'**einnehmen** ⚔ *v/t.* reprendre; ~'**einpacken** *v/t.* rempaqueter; remballer; ~'**einrenken** *v/t.* remboîter; ~'**einschiffen** *v/t.* rembarquer; 2'**einschiffung** *f* rembarquement *m;* ~'**einschlafen** *v/i.* se rendormir; *fig. Briefwechsel:* s'arrêter; s'interrompre; ~'**einsetzen** *v/t. in sein Amt, s-e Rechte:* rétablir (in acc. dans); restituer (dans); réintégrer (dans); *in den Besitz* ~ remettre en possession *de; pol. e-n König:* restaurer; 2'**einsetzung** *f* rétablissement *m;* restitution *f;* réintégration *f;* ~ *in den Besitz* remise *f* en possession; *pol. des Königtums:* restauration *f;* ~'**einstellen 1.** *v/t. Arbeiter usw.:* réemployer; réembaucher; rengager; réintégrer; **2.** *v/rf.: sich* ~ reparaître; réapparaître; 2'**einstellung** *f v. Arbeitern usw.:* rengagement *m;* réembauche *f;* réintégration *f;* ~'**eintreten** *v/i.* rentrer; *in den Militärdienst* ~ ⚔ (se) rengager; *als Offizier usw.:* reprendre du service; 2'**eintrittskapsel** (*Raumfahrt*) *f* module *m* de réentrée; ~**ergreifen** *v/t.* rattraper; reprendre; 2**ergreifung** *f* reprise *f;* ~**erhalten** *v/t.* recouvrer; récupérer; rentrer en possession de; ravoir (*nur im inf.!*); ~**erkennen** *v/t. u. v/rf.* (*sich od. einander* ~ se) reconnaître; 2**erkennung** *f* reconnaissance *f;* ~**erlangen** *v/t.* recouvrer; récupérer; ravoir (*nur im inf.!*); *Freiheit: a.* retrouver; 2**erlangung** *f* recouvrement *m;* récupération *f;* ~**er-obern** *v/t.* reconquérir; reprendre; 2**er-oberung** *f* reconquête *f;* reprise *f;* ~**eröffnen** *v/t. Geschäft:* rouvrir; *Feindseligkeiten:* reprendre; 2**er-öffnung** *f e-s Ge-*

schäfts: réouverture *f*; *der Feindseligkeiten*: reprise *f*; ⁀**erscheinen** *v/i.* reparaître; réapparaître; ⁀**erscheinen** *n* réapparition *f*; *e-r Zeitung*: reparution *f*; ⁀**erstatten** *v/t.* restituer; *Geld*: rembourser; ⁀**erstattung** *f* restitution *f*; *v. Geld*: remboursement *m*; ⁀**erstehen** *v/i.* se relever; revivre; renaître; ressusciter; ⁀**erwachen** *v/i.* se réveiller; ⁀**erwachen** *n* réveil *m*; ⁀**erwärmung** *f* météo. redoux *m*; *allg.* réchauffement *m*; ⁀**erwecken** *v/t.* réveiller; ranimer; ressusciter; raviver; ⁀**erzählen** *v/t.* redire; répéter; ⁀**finden** *v/t.* retrouver; ⁀**flottmachen** *v/t.* renflouer *(a. fig.)*; remettre à flot; ⁀**'flottmachen** *n* renflouage *m (a. fig.)*; ⁀**gabe** *f* restitution *f*; *(Nachbildung)* reproduction *f*; *(Übersetzung)* traduction *f*; ⁀**gabetreue** *rad. usw.* 'haute fidélité *f*; ⁀**gabekopf** *(Tonbandgerät)* m lecteur *m*; ⁀**geben** *v/t.* rendre; restituer; *fig.* redonner; *(nachbilden)* reproduire; *(Gehörtes)* rapporter; *(übersetzen)* traduire; *nicht richtig* ⁀ *Gedanken*: déformer; ⁀**geburt** *f* renaissance *f*, *rl.* régénération *f*; *phil.* palingénésie *f*; ⁀**gewinnen** *v/t.* regagner; rattraper; récupérer; ⁀**gewinnung** ⊕ *f* récupération *f*; ⁀**grüßen** *v/t.*: *j-n* ⁀ rendre le *(od. son)* salut à q.; ⁀**'gutmachen** *v/t.* réparer; *nicht wiedergutzumachen* irréparable; ⁀²**'gutmachung** *f* réparation *f*; ⁀²**'gutmachungskommission** *f* commission *f* des réparations; ⁀**haben** *v/t.* recouvrer; ⁀**'herstellen** *v/t.* rétablir *(a. Verbindung,* ✈ *u. fig.)*; restaurer *(a. Kräfte u. fig.)*; réparer *(a. Kräfte u. fig.)*; refaire *(Text, Inschrift*: restituer; *Frieden*: ramener; ⁀²**'hersteller** *m* réparateur *m*; restaurateur *m*; ⁀²**'herstellung** *f* rétablissement *m (a. e-r Verbindung,* ✈ *u. fig.)*; restauration *f (a.* ⚕, *der Kräfte u. fig.)*; réparation *f (a. der Kräfte u. fig.)*; *Mauer, Straße*: réfection *f*; *e-s Originaltexts*: restitution *f*; ⁀²**'herstellungskosten** ⚕ *pl.* frais *m/pl.* de restauration; ⁀**'holbar** *adj.* ce qui peut se répéter; ⁄ réitérable; ⁀²**'holbarkeit** *f* possibilité *f* de se répéter; ⁀**holen** *v/t. (zurückholen)* aller reprendre; ⁀**'holen** *v/t. u. v/rf. (sich se)* répéter; réitérer; *Gelerntes*: repasser; réviser; *kurz* ⁀ résumer; récapituler; *zum Verdruß* ⁀ ressasser; F rabâcher; ⁀**holt I** *adj.* répété; réitéré; *zu* ⁀*en Malen* → **II** *adv.* à plusieurs reprises; maintes fois; ⁀²**'holung** *f* répétition *f*; réitération *f*; *Schule*: répétition *f*; révision *f*; ⁀ *im Chor* répétition *f* en chœur; *thé.,* ⁀ reprise *f*; *kurze* ⁀ résumé *m*; récapitulation *f*; ⁀²**'holungsfall** *m*: *im* ⁀*e en cas de récidive*; ⁀²**'holungsimpfung** ⚕, *vét. f* vaccination *f* de rappel; revaccination *f*; ⁀²**'holungszeichen** ♪ *n* points *m/pl.* de reprise; ⁀**hören** *n*: *auf* ⁀! au revoir!; à la prochaine!; ⁀**impfen** ⚕ *v/t.* revacciner; ⁀**in'dienststellung** *f* remise *f* en service; ⁀**in'gangsetzung** *f* remise *f* en marche; ⁀**in'kraftsetzung** *f* remise *f* en vigueur; ⁀**in'standsetzen** *v/t.* réparer; refaire; remettre en état; ⁀²**in'standsetzung** *f* réparation *f*; réfection *f*; remise *f* en état; ⁀**käuen**

v/t. ruminer; remâcher; *fig.* F rabâcher; F ressasser; régurgiter; ⁀²**käuen** *n* rumination *f*; *fig.* F rabâchage *m*; ⁀²**käuer** *zo. m* ruminant *m*; ⁀²**kauf** *m* rachat *m*; ⁀**kaufen** *v/t.* racheter; ⁀²**kehr** *f retour m*; ⁀**kehren** *v/i.* revenir; retourner; *(sich wiederholen)* se répéter; *diese Gelegenheit kehrt nie wieder* cette occasion ne va plus jamais se présenter; ⁀**kehrend** *adj.*: *regelmäßig* ⁀ périodique; ⁀**kommen** *v/i.* revenir; P rappliquer; ✝ *(Krankheit)* récidiver; ⁀**vergelten** *v/t.* reprendre; ⁀**sagen** *v/t.* répéter; redire; ⁀**sehen** *v/t.* revoir; *sieht man Sie auch mal wieder!* ça fait plaisir de vous revoir!; ⁀²**sehen** *n* revoir *m*; *auf* ⁀! au revoir!; *auf baldiges* ⁀! à bientôt!; ⁀²**täufer** *rl. m* anabaptiste *m*; ⁀**tun** *v/t.* refaire; répéter; ⁀**um** *adv. (nochmals)* de *(od.* à) nouveau; *(anderseits)* d'autre part; d'un autre côté; *(dagegen)* par contre; en revanche; ⁀**ver-einigen** *v/t.* réunir; *pol.* réunifier; ⁀²**ver-einigung** *f* réunion *f*; *pol.* réunification *f*; ⁀**vergelten** *v/t.* rendre la pareille; ⁀²**vergeltung** *f* revanche *f*; *(Vergeltungsmaßnahmen)* représailles *f/pl.*; ⁀²**verhärtung** *fig. pol. f* regel *m*; ⁀**verheiraten** *v/rf.*: *sich* ⁀ se remarier; ⁀²**verheiratung** *f* second mariage *m*; remariage *m*; ⁀²**verkauf** *m* revente *f*; ⁀**verkaufen** *v/t.* revendre; vendre au détail; ⁀**verkäufer(in** *f) m* revendeur *m*, -euse *f*; détaillant *m*, -e *f*; ⁀**vermieten** *v/t.* relouer; sous-louer; ⁀**vermietung** *f* relocation *f*; sous-location *f*; ⁀**verwenden** *v/t.* réemployer; réutiliser; ⁀²**verwendung** *f* réemploi *m*; réutilisation *f*; ⁀**verwerten** *v/t.* récupérer; recycler; ⁀²**verwertung** *f* récupération *f*; recyclage *m*; ⁀²**wahl** *f* réélection *f*; ⁀**wählbar** *adj.* réélégible; ⁀²**wählbarkeit** *f* réélégibilité *f*; ⁀**wählen** *v/t.* réélire; ⁀**'zulassen** *v/t.* réadmettre; ⁀²**zulassung** *f* réadmission *f*; ⁀**zu'sammenflicken** *pol. n* replâtrage *m*; ⁀²**zu'sammenführung** *f*: ⁀ *der Familien* réunion *f* des familles; ⁀**zu'sammentreten** *v/i.* se réunir; ⁀**zu'sammentreten** *n*, ⁀²**zu'sammentritt** *m* *parl.* rentrée *f*; ⁀**'zustellen** *v/t. (zurückschicken)* retourner; ⁀²**'zustellung** *f* retour *m*.

Wiege *f* berceau *m (a. fig.)*; *von der* ⁀ *an* dès le berceau; *von der* ⁀ *bis zur Bahre* du berceau à la tombe; ⁀**brett** *cuis. n* planche *f* à 'hacher; ⁀**messer** *cuis. n* 'hachoir *m*.

wiegen¹ **I** *v/t.* peser; 2. *v/i.* peser; avoir un poids (de); *schwerer* ⁀ *als ...* peser plus lourd que ...; *fig. schwer* ⁀ être d'un grand poids; **II** ⁀²*n* pesée *f*; pesage *m*.

wiegen² **I** *v/t. u. v/rf. Kind*: bercer; *in den Schlaf* ⁀ bercer; endormir en berçant; *(schaukeln)* (se) balancer; *sich in den Hüften* ⁀; *e-n* ⁀*den Gang haben* se dandiner; *sich in falschen Hoffnungen* ⁀ se bercer de faux espoirs; *cuis. Fleisch*: 'hacher; **II** ⁀²*n* bercement *m*; balancement *m*.

Wiegen|druck *typ. m* incunable *m*; ⁀**fest** *n* anniversaire *m*; ⁀**lied** *n* berceuse *f*.

Wiegeplatz *m Sport*: pesage *m*.

Wieger(in *f) m* peseur *m*, -euse *f*.

wiehern I *v/i.* 'hennir; F *fig. (laut lachen)* rire aux éclats; **II** ⁀²*n* 'hennissement *m*.

Wien *n* Vienne *f*; ⁀**'er(in** *f) m* Viennois *m*, -e *f*; ⁀²**erisch** *adj.* viennois; de Vienne.

'wienern F *v/t.* faire briller; astiquer; fourbir.

'Wiese *f* pré *m*; prairie *f*; *auf der (bzw. auf die)* ⁀ dans le pré.

'Wiesel *zo. n* belette *f*.

'Wiesen|blume *f* fleur *f* des prés; ⁀**grund** *m* prairie *f* au fond d'une vallée; ⁀**klee** *m* trèfle *m* commun (des prés); ⁀**knopf** ♀ *m* sanguisorbe *f*; pimprenelle *f*; ⁀**land** *n* prairie *f*; ⁀**pieper** *orn. m* farlouse *f*; ⁀**raute** ♀ *f* pigamon *m*; ⁀**schaumkraut** ♀ *n* cardamine *f* des prés; ⁀**tal** *n* vallée *f* couverte de prairies; ⁀**wirtschaft** *f* culture *f* des prés; *sc.* praticulture *f*.

wie'so? F *adv.* comment cela?; ⁀ *denn?* comment donc?; ⁀**'viel** *adv.* combien; ⁀ *Geld?* combien d'argent?; ⁀ *unnütze Mühe!* que de peine perdue!; ⁀ *Uhr ist es?* quelle heure est-il?; ⁀ *schöner wäre es ...* comme ce serait plus beau ...; ⁀**'vielte**: *der* ⁀ *ist er?* quelle place a-t-il?; *den* ⁀*n haben wir heute?* quel jour sommes-nous?; F *le combien sommes-nous?*; *der* ⁀ *Band?* quel volume?; ⁀**'weit** *cj.* jusqu'à quel point; dans quelle mesure.

wild *adj.* sauvage (⚘ *u. zo.*); *(barbarisch)* barbare; *(nicht gezähmt)* non apprivoisé; *(ungezähmt)* farouche; *(blutgierig)* féroce; *(unzivilisiert)* non civilisé; *(ungestüm)* fougueux, -euse; *(lärmend)* turbulent, *(auffahrend)* emporté; *(zügellos)* effréné, *(töricht)* *a.* ♀) fou *(vor vo. od. stummem* n: fol), folle; *(wütend)* furieux, -euse; *Pferd*: emballé; emporté; ⁀*er Boden* terre *f* inculte; ⁀*e Ehe* faux ménage *m*; union *f* libre; ⁀*es Fleisch* excroissance *f* (de chair); ⁀*e Flucht* fuite *f* précipitée; ⁀*es Geschrei* cris *m/pl.* de sauvage; *die* ⁀*e Jagd* la chasse infernale; ⁀*e Rose* rose *f* sauvage; ⁀*er Streik* grève *f* sauvage; ⁀*er Wein* vigne *f* vierge; ⁀ *machen* effaroucher; *(wütend machen)* mettre en colère; *ganz* ⁀ *sein auf (gern haben wollen)* s'emballer pour; ⁀ *wachsen* croître à l'état sauvage; ⁀ *werden* s'emporter; s'emballer; *seid nicht so* ⁀*!* ne faites pas tant de bruit!

Wild *n ch. coll.* gibier *m*; *ein Stück* ⁀ une pièce de gibier; *(Hoch*⁀*)* gros gibier *m*; *(Klein*⁀*)* menu gibier *m*; ⁀**'bach** *m* torrent *m*; ⁀**bahn** *f* terrain *m* de chasse; ⁀**'braten** *m* rôti *m* de gibier *(od.* de venaison); ⁀**'bret** *cuis. n* gibier *m* (od. de venaison); ⁀**'dieb** *m* braconnier *m*; ⁀**diebe'rei** *f* braconnage *m*; ⁀**'ente** *f* canard *m* sauvage; ⁀**'e**(*r a. m*) *m*, *f* sauvage *m*, *f*; ⁀**'erer** *m* braconnier *m*; ⁀**'ern** *v/i.* braconner; ⁀**'ern** *n* braconnage *m*; ⁀**'esel** *m* âne *m* sauvage; onagre *m*; ⁀**'fang** *fig. m* sauvageon *m*, -onne *f*; petit diable *m*; petite diablesse *f*; jeune étourdi, -e *m*, *f*; ⁀**'fleisch** *n* gibier *m*; venaison *f*; ⁀²**'fremd** F *adj.* entièrement étranger, -ère; ⁀**'gans** *f* oie *f* sauvage; ⁀**gehege** *n* parc *m* à gibier; ⁀**geschmack** *m* goût *m* de gibier; ⁀**heit** *f* nature *f (od.* caractère *m od.* état *m) f* sauvage; sauvagerie *f*; barbarie *f*; férocité *f*; *(Ungestüm)* turbulence *f*; fougue *f*; emportement *m*; ⁀**'hüter** *m* garde-chasse m; ~kaninchen n lapin m de garenne; ~leder n (peau f de) daim m; chamois f; ²ledern adj. en (peau de) daim (od. de chamois); ~lederhandschuh m gant m de daim (od. de chamois); ~lederschuh m soulier m de daim (od. de chamois); ~ling m ♂ sauvageon m; ~nis f désert m; contrée f déserte; réserve f naturelle; ~park m parc m à gibier; ²reich adj. giboyeux, -euse; ~sau f laie f; ~schaden m dégât(s pl.) m causé(s) par le gibier; ¹~schütz(e) m braconnier m; ~schwein n sanglier m; ~schweinskopf m 'hure f du sanglier; ¹~wachsend ⚥ adj. sauvage; agreste; ~wasser n torrent m; ~westfilm m western m; ~wuchs fig. pol., fin. m dépenses f/pl. (publiques) excessives.

'Wilhelm m Guillaume m.

'Wille (~n) m volonté f; (Wollen) vouloir m; (Absicht) intention f; dessein m; freier ~ libre arbitre m; aus freiem ~n de bon gré; de son plein gré; spontanément; guter (böser) ~ bonne (mauvaise) volonté f; Mensch guten ~ns homme m de bonne volonté; guten ~n zeigen montrer de la bonne volonté; voll guten ~ns sein; den besten ~n haben être plein de bonne volonté; Letzter ~ dernières volontés f/pl.; volonté f dernière; der ~ zur Macht la volonté de puissance; gegen (od. wider) m-n ~n malgré moi; contre ma volonté; contre mon gré; mit ~ à dessein; exprès; um ... ~n pour l'amour de; à cause de; um Gottes ~n pour l'amour de Dieu; um Himmels ~n au nom du ciel; sein ~ geschehe! que sa volonté soit faite!; j-m s-n ~n tun; j-m zu ~n sein faire les volontés de q.; accéder à la volonté de q.; se rendre agréable à q.; litt. complaire à q.; j-m s-n ~n lassen laisser faire q. à sa guise; s-n ~n haben wollen vouloir en faire à sa tête; s-n ~n durchsetzen arriver à ses fins; ich habe beim besten ~n nicht kommen können il m'a été absolument impossible de venir; er hat keinen eigenen ~n il n'a aucune volonté; il va comme on le pousse; wo ein ~ ist, ist auch ein Weg vouloir, c'est pouvoir.

'willenlos adj. sans volonté; veule; psych. aboulique; (schwach) faible (unentschlossen) indécis; ~es Werkzeug instrument m docile; ²losigkeit f manque m de volonté; veulerie f; psych. aboulie f; (Schwäche) faiblesse f.

'willens adv.: ~ sein, zu ... (inf.) avoir l'intention de ... (inf.); vouloir bien ... (inf.); être disposé à ... (inf.).

'Willens|akt m acte m de volonté; phil. volition f; ~änderung f changement m de volonté; ~äußerung f manifestation f de volonté; ~bestimmung f in e-m Testament: disposition f testamentaire; ~bildung f formation f (od. affermissement m) de la volonté; psych. formation f volitionnelle; ~erklärung f déclaration f de volonté; ~freiheit f libre arbitre m; ~kraft f force f de volonté; dynamisme m; énergie f; ~kundgebung f manifestation f de volonté; ²schwach adj. faible; velléitaire; ~

schwäche f faiblesse f (de volonté); velléité f; ²stark adj. énergique; dynamique; ~stärke f énergie f; dynamisme m; force f de volonté.

'willentlich adv. à dessein; exprès.

'will|fahren v/i.: j-m etw. (dat.) ~ concéder qch. à q.; der Bitte (dat.) j-s ~ acquiescer (od. déférer) à la demande de q.; ¹~fährig I adj. déférent; complaisant; accommodant; II adv. avec complaisance; de bonne grâce; bien disposé; (folgsam) docile; j-m ein ~es Ohr leihen prêter une oreille complaisante à q.; favorablement; bei j-m ein ~es Ohr finden avoir l'oreille de q.; ²fährigkeit f bonne volonté f; ²¹~ig adj. de bonne volonté; ²kommen n bienvenue f; ~'kommen adj. bienvenu; seien Sie herzlich ~! soyez le (la) bienvenu(e)!; j-n ~ heißen souhaiter la bienvenue à q.; (gern gesehen) bien vu; (angenehm) agréable; (gelegen) qui vient à propos; ²¹kommensgruß m souhait m de bienvenue.

'Willkür f arbitraire m; nach ~ handeln agir sa fantaisie; ~akt m acte m arbitraire; ~herrschaft f despotisme m; tyrannie f; règne m de l'arbitraire; ²lich adj. arbitraire; (despotisch) despotique; ~es Handeln action f gratuite; ~lichkeit f caractère m arbitraire; (Handlung) acte m arbitraire.

'wimmeln I v/i. fourmiller (von de); grouiller (de); (im Überfluß vorhanden sein) foisonner; pulluler; II ⚥ n fourmillement m; grouillement m; pullulement m.

'Wimmerkasten F (Klavier) m F casserole f; F chaudron m.

'wimmern I v/i. gémir; se lamenter; II ⚥ n gémissements m/pl.; lamentations f/pl.

'Wimpel m banderole f; fanion m; ⚓ guidon m.

'Wimper f cil m; ohne mit der ~ zu zucken sans sourciller; sans broncher; ~nstift m bâton m à paupière; ~ntusche f mascara m; fard m à cils; bisw. rimmel m.

Wind m vent m; ch. vent m; (Witterung) flair m; (Blähung) vent m, flatuosité f, flatulence f, P pet m; böiger ~ vent m à rafales; sanfter ~ brise f; zéphyr m; schneidender ~ bise f; umspringende ~e sautes f/pl. de vent; es weht ein starker ~ il fait grand vent; der ~ flaut ab (frischt auf; hat sich gelegt; springt um) le vent mollit (fraîchit od. se lève; est tombé; tourne); im ~e au vent; bei ~ und Wetter par tous les temps; ⚓ gegen den ~ segeln aller contre le vent; den ~ gegen sich haben avoir vent debout; guten ~ haben, den ~ im Rücken haben avoir vent arrière; mit dem ~ segeln aller selon le vent; vor dem ~ segeln être sous le vent; dem ~ preisgegeben sein ⚓ flotter au gré du vent; im ~ flattern flotter au vent; in alle ~e zerstreut jeter (od. envoyer) aux quatre vents; disperser en tous sens; ~ machen faire du vent (mit dem Fächer avec l'éventail), fig. F faire du bruit; fig. guten ~ machen courir les antichambres; wissen, woher der ~ kommt savoir d'où vient le vent; j-m den ~ aus den Segeln nehmen paralyser les efforts de q.;

neutraliser les projets de q.; couper l'herbe sous les pieds de q.; fig. in den ~ reden parler en l'air; das ist alles in den ~ gesprochen autant en emporte le vent (a. = „Vom ~e verweht"); F c'est comme si on chantait; etw. in den ~ schlagen ne tenir aucun compte de qch.; se moquer de qch.; fig. sich nach dem ~e richten aller selon le vent; F sein Mäntelchen nach dem ~e drehen tourner comme une girouette; s'accommoder aux circonstances; fig. er hat sich den ~ um die Nase wehen lassen il a vu beaucoup de pays; F il a roulé sa bosse; il a beaucoup voyagé; von etw. ~ bekommen avoir vent de qch.; ~ säen und Sturm ernten semer le vent et récolter la tempête; viel ~ um sich machen brasser (de) l'air (od. du vent); ¹~bluse f blouson m à fermeture-éclair; ~bruch m chablis m; ¹~druck m pression f du vent.

'Winde f ♀ liseron m; (Schrauben²) vérin m; ⊕ treuil m; zum Heben von Lasten: cric m; ⚓ cabestan m.

'Wind-ei orn. n œuf m 'hardé', œuf m sans coquille.

'Windel f couche f; pointe f; in ~n wickeln emmailloter; F fig. noch in den ~n stecken être encore dans les langes (od. au maillot); ²¹weich adv.: j-n ~ schlagen battre q. comme plâtre.

'winden 1. v/t. tordre; (mehrmals herumdrehen) tortiller; Kränze: faire; tresser; in die Höhe ~ guinder; 'hisser; j-m etw. aus der Hand ~ arracher qch. des mains de q.; etw. um die Stirn ~ ceindre le front de qch.; 2. v/rf.: sich ~ se tordre, (sich mehrmals herumdrehen) se tortiller, Bach, Weg: serpenter; sich ~ durch se faufiler à travers; sich ~ um s'enrouler (od. s'enlacer) autour de; sich vor Schmerz ~ se tordre de douleur; fig. sich drehen und ~ se démener comme un diable dans un bénitier; sich wie ein Aal ~ être glissant (od. souple) comme une anguille.

'Windes|eile f: in ~ comme le vent; sich in ~ verbreiten se répandre comme une traînée de poudre.

'Wind|fang m bei Türen: tambour m; ~fangtür f porte f à tambour; ²geschützt adj. à l'abri du vent; ~geschwindigkeit f vitesse f du vent; ~harfe f 'harpe f éolienne; ~hauch m souffle m d'air; ~hose f tourbillon m de vent; trombe f; ~hund m zo. lévrier m; F fig. évaporé m; écervelé m; F fumiste m; mystificateur m; ~hündin f levrette f; ²ig adj. venteux, -euse; es ist ~ il fait (il y a) du vent; es ist sehr ~ il fait grand vent; bei ~em Wetter par grand vent; fig. Sache: précaire; dangereux, -euse; ~jacke f veste f imperméable; anorak m; marinière f; ~kanal m tunnel m aérodynamique; soufflerie f; ~karte ⚓ f carte f des vents; ~kessel m réservoir m à air; ~klappe f e-s Blasebalgs: soupape f; ~lade f der Orgel: porte-vent m; ~licht n fanal m; ~messer m anémomètre m; ~messung f anémométrie f; ~motor m aéromoteur m; éolienne f; ~mühle f moulin m à vent; fig. gegen ~n kämpfen se battre contre des moulins à vent; ~mühlenflügel m aile f de moulin à vent; ~mühlenflugzeug n

autogire m; **~pocken** f/pl. varicelle f; **~rad** n roue f éolienne; **~richtung** f direction f du vent; **~rös-chen** n anémone f; **~rose** f rose f des vents; **~sack** m manche f à air; **~sbraut** poét. f bourrasque f; rafale f; **~schatten** m côté m sous le vent; **2schief** adj. déjeté; gauchi; tout de travers; ~ werden se déjeter; ~ **schirm** (Hecke) m brise-vent m; **~schreiber** m anémographe m; **~schutz** m abri m contre le vent; **~schutzscheibe** f Auto: pare-brise m; **~seite** f côté m du vent; lof m; **~spiel** n lévrier m, levrette f; kleines: levron m, -ette f; **~stärke** f force f du vent; **2still** adj. calme; **~stille** f calme m; vorübergehende: accalmie f; **~stoß** m coup m de vent; rafale f; bourrasque f; **~strich** m lit m du vent; rhumb m; **~strömung** f courant m d'air; **~sturm** m ouragan m; bourrasque f; **~surf-anzug** f (hautnahe Sportkleidung) m: ~ mit Slip justaucorps m; **~surfer** (Sport) m véliplanchiste m; surfiste m à voile; **~surfing** (Sport) n planche f à voile; surf m à voile.
'**Windung** f tour m; détour m; (das Winden) tortillement m; (Krümmung) sinuosité f; e-r Schraube: pas m; e-r Spirale: spirale f; e-r Schlange: repli m; anat. circonvolution f; **~szahl** f nombre m de spires.
'**wind|wärts** adv. au lof; **2zug** m courant m d'air.
Wink m signe m; fig. a. avis m, avertissement m, F tuyau m; auf e-n ~ à un signe; j-m e-n ~ geben faire signe à q. (mit de), fig. avertir q., F tuyauter q.; j-m e-n ~ mit dem Zaunpfahl geben donner un coup de coude à q.; pousser q. du coude pour l'avertir.
'**Winkel** m u. angle m; (~maß) équerre f; rechter (spitzer; stumpfer; toter) ~ angle m droit (aigu; obtus; mort); (Ärmelzeichen) bsd. chevron m; (Ecke) coin m; verborgener: recoin m; des Herzens: repli m; im entlegensten ~ e-s Landes au fin fond d'un pays; **~advokat** m avocat m marron; F avocaillon m; **~börse** f bourse f noire; **~börsenspekulant** m boursicoteur m; boursicotier m; **~eisen** n cornière f; équerre f en fer; **2förmig** adj. en (forme d')angle; **~haken** m équerre f; typ. composteur m; **~halbierende** f bissectrice f; **2ig** adj. à angles; (e-n Winkel bildend) angulaire; (mit vielen Winkeln) à coins et recoins; anguleux, -euse; (gewunden) tortueux, -euse; sinueux, -euse; **~journalist** péj. m journaleux m; **~kneipe** f P bistrot m; P caboulot m; **~makler** m courtier m marron; **~maß** n équerre f; **~messer** m rapporteur m; arp. graphomètre m; **~prisma** n équerre f à prisme; **2recht** adj. rectangulaire; à angle droit; d'équerre; **~sucher** phot. m viseur m angulaire; **~züge** m/pl. détours m/pl.; biais m/pl.; subterfuges m/pl.; tergiversations f/pl.; faux-fuyants m/pl.; ~ machen louvoyer; biaiser; tergiverser; prendre des détours; F s'échapper par (od. prendre) la tangente.
'**wink|en** v/i. u. v/t. faire signe (mit de); (signalisieren) faire des signaux optiques; mit dem Taschentuch ~ agiter son mouchoir; j-n zu sich ~ faire signe à q. d'approcher; fig. vom Glück usw.: s'offrir; **2er** signaleur m; Auto, früher: indicateur m de direction; flèche f; jetzt: (Blinklicht) clignotant m; **2erflagge** f fanion m de signaleur; **2zeichen** n signal m optique; ~ geben faire des signaux optiques.
'**winseln I** v/i. gémir; geindre; Hund: 'hurler; a. F couiner; **II** 2 n gémissements m/pl.; geignements m/pl.; Hund: 'hurlements m/pl.
'**Winter** m hiver m; mitten im ~ au milieu (od. au plus fort od. au cœur) de l'hiver; den ~ überstehen résister à l'hiver; **~abend** m soirée f (od. soir m) d'hiver; **~anzug** m costume m d'hiver; **~apfel** m pomme f d'hiver; **~aufenthalt** m séjour m d'hiver; **~aufstieg** alp. m (ascension f) hivernale f; **~bestellung** f hivernage m; **~camping** n caravaneige m; **~fahrplan** m horaire m d'hiver; **~feldzug** m campagne f d'hiver; **2fest** adj.: ~ machen protéger contre bzw. équiper pour le froid; hivériser; ~ **festmachung** (Einhausung) f protection f contre le froid d'hiver; **~garten** m jardin m d'hiver; **~gerste** f escourgeon m; écourgeon m; **~getreide** n céréales f/pl. d'hiver; semis m d'automne; semences f/pl. d'hiver; **~haar** n pelage m (od. poil m od. toison f) d'hiver; **~hafen** m port m d'hiver; hivernage m; **~halbjahr** n semestre m d'hiver; **~handschuh** m gant m d'hiver; **~hut** m chapeau m d'hiver; **~kälte** f froid m d'hiver; **~kartoffel** f pomme f de terre tardive (od. d'hiver); **~kleid** n robe f d'hiver; **~kleidung** f vêtements m/pl. d'hiver; **~kohl** m chou m vert; **~korn** n → ~getreide; **~kurgast** m hivernant m, -e f; **~kurort** m station f d'hiver; **~landschaft** f paysage m d'hiver; **~lich I** adj. d'hiver; de l'hiver; hivernal; **II** adv. comme en hiver; **~mantel** m manteau m d'hiver; **~märchen** m conte m d'hiver; **~mode** f mode f d'hiver; **~monat** mois m d'hiver; **~morgen** m matin m d'hiver; **~mütze** f bonnet m; cagoule f; passe-montagne f; **~obst** n fruits m/pl. de garde; **~olympiade** f olympiade f d'hiver; **~pelz** zo. m pelage m (od. poil m od. toison f) d'hiver; **~pflanze** f plante f d'hiver; **~quartier** n quartier m d'hiver; die ~e beziehen prendre ses quartiers d'hiver; **~reifen** (Auto) m pneu m neige; mit Spikes: pneu m à clous; **~reise** f voyage m d'hiver; **~saat** f semailles f/pl. d'automne; **~sachen** f/pl. vêtements m/pl. d'hiver; **~schlaf** m sommeil m hibernal; hibernation f; den ~ halten hiberner; **~schlußverkauf** m soldes m/pl. d'hiver; **~semester** n semestre m d'hiver; **~sonnenwende** f solstice m d'hiver; **~spiele** n/pl.: Olympische ~ jeux m/pl. Olympiques d'hiver; **~sport** m sports m/pl. d'hiver; **~sportplatz** m station f de sports d'hiver; **~stürme** m/pl. ouragans m/pl. hivernaux; **~szeit** f hiver m; **~tag** m jour m d'hiver; **~überzieher** m pardessus m d'hiver; **~urlaub** m vacances f/pl. d'hiver; **~vorrat** m provisions f/pl. pour l'hiver; **~wetter** n temps m d'hiver; **~zeit** f Uhr: heure f d'hiver.
'**Winzer(in** f) m vigneron m, -onne f; im großen: viticulteur m; **~fest** n fête f des vendanges; **~messer** n serpette f.
'**winzig** adj. minuscule; extrêmement petit; tout petit; minime; menu; exigu, -ë; (kümmerlich) chétif, -ive; **2keit** f extrême petitesse f; exiguïté f.
'**Wipfel** poét. m cime f; sommet m.
'**Wippe** f bascule f; balançoire f; **2n** v/i. se balancer; mit dem Schwanz ~ balancer la queue; **~n** n balancement m.
wir pr/p. nous; ~ sind es c'est nous; ~ Deutschen sind der Ansicht, daß ... nous Allemands, nous estimons que ...; bei Betonung e-s Gegensatzes: nous autres Allemands estimons que ...
'**Wirbel** m tourbillon m (a. fig.); remous m/pl. (a. fig.); (kreisende Drehung) tourbillonnement m; anat. vertèbre f; der Haare: épi m; (Strudel) tourbillon m; auf der Trommel: roulement m (de tambour); zum Spannen v. Saiten: cheville f; fig. trouble m; **~kasten** m chevillier m; **~knochen** anat. m vertèbre f; **2los** adj. invertébré; **2n 1.** v/i. tournoyer; tourbillonner; auf der Trommel: exécuter un roulement (de tambour); **2.** v/t. faire tournoyer; **~n** n tournoiement m; tourbillonnement m; auf der Trommel: roulement m (de tambour); **~säule** anat. f colonne f vertébrale; **~ströme** m/pl. courants m/pl. de Foucault; **~sturm** m tourbillon m; cyclone m; **~tier** zo. n vertébré m; **~wind** m tourbillon m; F wie ein ~ dahergefegt kommen arriver en trombe.
'**wirk|en 1.** v/t.: Wunder ~ faire merveille (od. des merveilles od. des miracles); Wirkwaren: tricoter; **2.** v/i. agir (auf acc. sur); opérer (auf acc. sur); (als Forscher schaffen) œuvrer; (wirksam sein) être efficace; faire de (l')effet; (Wirkung ausüben) avoir de l'effet (auf acc. sur); (s-e Wirkung tun) faire (od. produire) son effet; (Eindruck machen) faire de l'effet; faire impression; (Anklang finden) prendre (sur); (den Zweck erreichen) porter; ~ wie faire l'effet de; auf j-n ~ wie faire à q. l'effet de; gut (schlecht) ~ (sich gut [schlecht] ausnehmen) faire (od. produire) bon (mauvais) effet; Gutes ~ faire du bien; ~ wollen viser à l'effet (od. à faire de l'effet); beruhigend ~ être calmant; als Arzt ~ exercer la médecine; an e-r Schule (als Lehrer) ~ être instituteur (resp. professeur) dans une école; **2en** n action f; opération f; Tätigkeit: activité f; v. Wirkwaren: tricotage m; **~end** adj. agissant; opérant; efficace (a. Gnade); efficient (a. phil.); **2er** m (Weber) tisserand m; **2e'rei** f Werkstatt: atelier m de tricotage; tricoterie f; **2leistung** f puissance f réelle.
'**wirklich I** adj. réel, -elle; véritable; vrai; positif, -ive; effectif, -ive; **II** adv. réellement; véritablement; positivement; effectivement; vraiment; en effet; ~? vraiment?; c'est vrai?; ~, Sie gehen schon? quoi! vous

partez déjà?; *ich muß ~ anerkennen, daß* ... je dois, en effet, reconnaître que ...; je suis, en effet, forcé de reconnaître que ...; ⁂**keit** *f* réalité *f*; *in ~ realité*; *den Boden der ~ verlassen* se livrer à des spéculations; *(zur) ~ werden* devenir une réalité; ⁂**keitsform** *gr. f* indicatif *m*; **~keitsfremd** *adj.* peu réaliste; décroché du réel; **~keitsnah** *adj.* réaliste; ⁂**keitsnähe** *f* réalisme *m*; ⁂**keitssinn** *m* sens *m* des réalités; réalisme *m*.

'**Wirkmaschine** *f* machine *f* od. métier *m* (à tricoter); tricoteuse *f*; machine *f* de bonneterie.

'**wirksam** *adj.* efficace; déterminant; *(wirkend)* actif, -ive; *(kräftig)* énergique; puissant; *~ gegen* bon, bonne pour; *~ sein* être efficace; faire (de l')effet; *~ werden* prendre effet; entrer dans les faits; ⁂**keit** *f* efficacité *f*; activité *f*.

'**Wirkstoff** ⚕ *(Behandlungsmittel) m* élément *m* (od. produit *m*) traitant; agent *m* thérapeutique; hormone *f*.

'**Wirkung** *f* effet *m*; *(Eindruck)* a. impression *f*; *(Einfluß)* influence *f*; *(Tätigkeit)* activité *f*; action *f*; *(Folge)* conséquence *f*; suite *f*; *(Ergebnis)* résultat *m*; *aufschiebende (heilsame) ~ effet m suspensif (salutaire); mit ~ vom 15. Januar* avec *(od.* prenant effet au) effet du 15 (quinze) janvier; *mit sofortiger ~* avec effet immédiat; *s-e ~ tun* faire *(od.* produire) son effet; *~ ausüben* avoir de l'effet *(auf acc.* sur), *(Anklang finden)* prendre (sur); *gute (schlechte) ~ erzielen* faire *(od.* produire) bon (mauvais) effet; *e-e entscheidende ~ haben* produire un effet décisif; *auf ~ bedacht sein* viser à l'effet *(od.* à faire de l'effet); *keine ~ haben* rester *(od.* être) sans effet; *s-e ~ verfehlen* manquer *(od.* rater) son effet; *keine ~ ohne Ursache* il n'y a pas d'effet sans cause; *kleine Ursache, große ~* à petite cause grands effets; **~sbereich** *m* sphère *f* d'activité; zone *f (od.* champ *m)* d'action; **~sfeld** *n* champ *m* d'activité; **~sgrad** *m* efficacité *f*; rendement *m*; **~skraft** *f* efficacité *f*; ⁂**skräftig** *adj.:* *~ sein* être marqué du sceau de l'efficacité; **~skreis** *m* sphère *f* d'activité; rayon *m* d'action; **~slos** *adj.* sans effet; inefficace; **~slosigkeit** *f* inefficacité *f*; ⁂**svoll** *adj.* efficace; **~sweise** *f* manière *f* d'opérer.

'**Wirkwaren** *f/pl.* tricotages *m/pl.*; bonneterie *f*.

wirr *adj.* confus; embrouillé; *Haare:* en désordre; *(durcheinander)* pêle-mêle, F en pagaille, en pagaye; *Person:* déboussolé; *~es Durcheinander* pêle-mêle *m*, F gâchis *m*, pagaille *f*, pagaye *f*, tohu-bohu *m*, fouillis *m*, embrouillamini *m*; *mir ist ganz ~ im Kopf* la tête me tourne; *~es Zeug reden* déraisonner; divaguer; battre la campagne.

'**Wirren** *f/pl.* troubles *m/pl.*; remous *m/pl.*; *(Verwicklungen)* complications *f/pl.*

'**Wirr|kopf** *m* brouillon *m*; **~nis** *f*, **~sal** *n* confusion *f*; embrouillement *m*; embrouillage *m*; **~warr** *m* pêle-mêle *m*; F pagaille *f*; pagaye *f*; tohu-bohu *m*; F fouillis *m*, F embrouillamini *m*; *(Chaos)* chaos *m*.

'**Wirsing** *m*, **~kohl** *m* chou *m* frisé *(od.* de Milan).

'**Wirt(in** *f) m* patron *m*, -onne *f*; *e-s Gasthofs:* a. aubergiste *m, f*; *e-s Hotels:* hôtelier *m*, -ière *f*; *(Schenke)* cabaretier *m*, -ière *f*; cafetier *m*; *e-s Restaurants:* patron *m*, -onne *f*; restaurateur *m*; *e-s Cafés:* patron *m*, -onne *f*; propriétaire *m, f*; *(Hausⵒ)* propriétaire *m, f*; *(Hausherr)* maître *m*, -esse *f* de maison; *(Zimmervermieter)* logeur *m*, -euse *f*; *die Rechnung ohne den ~ machen* se tromper dans ces calculs; compter sans son hôte.

'**Wirtschaft** *f* économie *f*; *freie ~* économie *f* libre *(od.* libérale *od.* compétitive); liberalisme *m*; *gelenkte ~* économie *f* dirigée; dirigisme *m*; *gewerbliche ~* économie *f* industrielle; *(Bauernⵒ)* ferme *f*, exploitation *f* agricole; *(Gastⵒ)* auberge *f*; restaurant *m*; café *m*; *(Bahnhofsⵒ)* buffet *m*; *(Haushalt)* ménage *m*; *die ~ (den Haushalt) führen* tenir le ménage; gouverner la maison; *j-m die ~ (den Haushalt) führen* faire le ménage à q.; *j-s ~ (Haushalt) führen* tenir le ménage de q.; *F (Unordnung)* remue-ménage *m*; désordre *m*; F pagaille *f*; ⁂**en** *v/i.* *(verwalten)* administrer; gérer; *(Haushalt führen)* tenir le ménage; gouverner la maison; F *(herum~)* s'affairer; *aus dem vollen ~* dépenser largement; **~er** *m* économe *m*; *e-s Landguts:* régisseur *m*; gérant *m*; **~erin** *f* employée *f* de maison; **~ler** *m* économiste *m*; ⁂**lich** *adj.* (a. sparsam, rationell [v. Dingen]): économique; *Person:* économe; *(rentabel)* rentable; *Auto:* économique; qui consomme peu; **~lichkeit** *f* *(Rentabilität)* rentabilité *f*.

'**Wirtschafts|abkommen** *n* accord *m* économique; **~ab-ordnung** *f* délégation *f* économique; **~anstieg** *m* expansion *f* économique; **~aufschwung** *m* redressement *m (od.* envol *m)* économique; relance *f*; essor *m* économique; **~barometer** *m* baromètre *m* économique; ⁂**bedingt** *adj.:* *~e Arbeitslosigkeit* chômage *m* technique; **~belebung** *f* redressement *m (od.* reprise *f)* économique; **~berater** *m* conseiller *m* économique; **~bereich** *m* (secteur *m*) économique *m*; **~besprechungen** *f/pl.* conversations *f/pl.* économiques; **~beziehungen** *f/pl.* relations *f/pl.* économiques; **~buch** *n* livre *m* de ménage; **~depression** *f* dépression *f* économique; **~einheit** *f* unité *f* économique; **~form** *f* système *m* économique; **~forscher** *m* économétricien *m*; **~forschung** *f* économétrie *f*; **~frage** *f* problème *m* économique; **~führer** *m* maître *m* de l'économie; **~gebäude** ⚔ *n/pl.* communs *m/pl.*; **~gefüge** *n* structure *f* économique; **~geld** *n* argent *m* de ménage; **~geographie** *f* géographie *f* économique; **~gespräch** *m* colloque *m* économique; **~güter** *n/pl.* biens *m/pl.* économiques; **~hilfe** *f* aide *f* économique; **~hof** *m* cour *f* des communs; **~ingenieur** *m* ingénieur *m* économiste; **~interesse** *n* intérêt *m* économique; **~jahr** *n* exercice *m*; **~kommission** *f* commission *f* économique; **~konferenz** *f* conférence *f* économique; **~kontrolle** *f* contrôle *m* économique; **~korrespondent** *m* correspondant *m* économique; **~kreise** *m/pl.* milieux *m/pl.* économiques; **~krieg** *m* guerre *f* économique; **~krise** *f* crise *f* économique; récession *f*; **~lage** *f* situation *f* économique; **~leben** *n* vie *f* économique; **~lehre** *f* doctrine *f* économique; **~lenkung** *f* dirigisme *m*; **~literatur** *f* littérature *f* économique; **~minister** *m* ministre *m* de l'Économie *(od.* des affaires économiques); **~ministerium** *n* ministère *m* de l'Économie; **~niedergang** *m* marasme *m* économique; dépression *f*; **~ordnung** *f* ordre *m* économique; **~organisation** *f* organisation *f* économique; **~partner** *m* partenaire *m* économique; **~plan** *m* plan *m* économique; **~planung** *f* planification *f* économique; **~politik** *f* politique *f* économique; ⁂**politisch** *adj.* politico-économique; **~potential** *n* potentiel *m* économique; **~prognose** *f* pronostic *m* économique; **~prüfer** *m* expert-comptable *m*; **~räume** *m/pl.* locaux *m/pl.* de service; **~redakteur** *m* rédacteur *m* économique; **~sachverständige(r)** *m* expert *m* économique; **~sanktionen** *f/pl.* sanctions *f/pl.* économiques; **~spionage** *f* espionnage *m* économique; **~statistik** *f* statistique *f* économique; **~system** *n* système *m* économique; **~teil** *m* *e-r Zeitung:* rubrique *f* économique; **~theoretiker** *m* théoricien *m* de l'économie; **~theorie** *f* théorie *f* économique; **~ und Sozialrat** *(UNO) m* Conseil *m* économique et social; **~union** *f*, **~verband** *m* union *f* économique; **~vereinigung** *f* association *f* économique; **~verfall** *m* déclin *m* économique; **~verhandlungen** *f/pl.* négociations *f/pl.* commerciales; **~werbung** *f* publicité *f* économique; **~wissenschaften** *f/pl.* sciences *f/pl.* économiques; **~wissenschaftler** *m* économiste *m*; **~wunder** *n* miracle *m* économique; boom *m* économique; **~zerfall** *m* désagrégation *f* économique; **~zweig** *m* branche *f* économique.

'**Wirts|haus** *n* auberge *f*; *(Schenke)* café *m*; P bistro(t) *m*; **~leute** *pl.:* *die ~* le patron et la patronne; **~stube** *f* salle *f* d'auberge *(resp.* de bistrot).

Wisch *(Stück Papier) m* chiffon *m*; morceau *m* de papier.

'**wisch|en** *v/t.* essuyer; *peint.* estomper; *mit e-m Lappen ~ a.* P torcher; *Staub ~* ôter la poussière; *den Staub von etw. ~* épousseter qch.; *(D) den Schweiß von der Stirn ~* (s')essuyer la sueur du front; *sich den Mund ~* s'essuyer la bouche *(mit dem Taschentuch* avec son mouchoir); ⁂**er** *m peint.* estompe *f*; *(Geschützⵒ)* écouvillon *m*; *Auto:* *(Scheibenⵒ)* essuie-glace *m*; **~lappen** *m*, **~tuch** *n* chiffon *m*; lavette *f*; *(Scheuerlappen)* serpillière *f*.

'**Wisent** *m* bison *m*.

'**Wismut** *n* bismuth *m*.

'**wispern I** *v/i.* chuchoter; **II** ⚥ *n* chuchotement(s *pl.*) *m*.

'**Wiß|begier(de)** *f* curiosité *f*; avidité *f* de savoir *(od.* de s'instruire); ⁂-

begierig adj. curieux, -euse; avide de savoir (od. de s'instruire).
'**wissen** I v/t. savoir; (kennen) connaître; écol. etw. ~ être à flot; etw. durch j-n (od. von j-m) ~ savoir qch. par q.; ~ von (od. über acc.) etw. (über j-n) savoir de qch. (de od. sur q.); nicht ~ ignorer; rein gar nichts ~ ne savoir rien de rien; sehr wohl ~ ne pas ignorer; j-n etw. ~ lassen faire savoir qch. à q.; etw. zu ~ bekommen apprendre qch.; über etw. (acc.) Bescheid ~ être au courant (od. au fait) de qch.; etw. über j-n ~ savoir qch. sur q. (od. sur son compte od. à son sujet); über j-n gut Bescheid ~ (j-n kennen) être bien renseigné sur q.; en savoir long sur q.; bien connaître q., (~, was mit ihm los ist) connaître le numéro; mit (in dat.) etw. Bescheid ~ s'y connaître en qch.; savoir s'y prendre à qch.; er weiß in dem Hause Bescheid il connaît la maison; ich weiß, woran ich bin je sais à quoi m'en tenir; F Bescheid ~ la connaître; j-m für etw. Dank ~ savoir gré à q. de qch.; sich keinen Rat ~ ne savoir que (od. quoi) faire; weder ein noch aus ~ savoir que (od. quoi) faire; ne (pas) savoir où donner de la tête; sich nicht mehr zu helfen ~ ne plus savoir que faire; zu leben ~ savoir vivre; auswendig ~ savoir par cœur; ich möchte gern ~ je voudrais bien savoir; ich weiß nicht wer (was, wie) je ne sais qui (quoi; comment); Sie ~ doch wohl, daß ... vous n'êtes pas sans savoir que ...; das weiß ja jedes Kind tout le monde le sait; man will ~, daß ... le bruit court que ...; Sie müssen ~, sachez ...; ich weiß schon je sais bien; ich weiß nicht recht je ne sais pas au juste; ich weiß nichts davon je n'en sais rien; er will nichts davon ~ il n'en veut rien savoir, (er behauptet, nichts davon zu ~) il prétend qu'il n'en sait rien; man kann nie ~ sait-on jamais?; ich weiß nicht, wo mir der Kopf steht je ne sais où donner de la tête; das weiß er am besten il est bien placé pour le savoir; gut, daß ich es weiß c'est bon à savoir; weißt du noch, als ...? te rappelles-tu le temps où ...?; nicht, daß ich wüßte pas que je sache; ich wüßte nicht, daß ... je ne saurais vous le dire si ... (subj.); ich wüßte niemand, der ... je ne connais personne qui ... (subj.); soviel ich weiß autant que je sache; à ce que je sais; à ma connaissance; als Einschub: que je sache; er ist nicht gekommen, soviel ich weiß il n'est pas venu, que je sache; weiß Gott! Dieu sait; als Nachsatz: es bleibt nur zu ~, ob ... reste à savoir (od. nur: savoir) si ...; II 2 n savoir n; (Kenntnisse) connaissances f/pl.; (Wissenschaft) science f; m-s ~ à ma connaissance; à ce que je sais; autant que je sache; m-s ~s ist er nicht gekommen il n'est pas venu, que je sache; mit ~ und Willen à bon escient; de propos délibéré. etw. nach bestem ~ beantworten répondre à qch. au mieux de ses connaissances; nach bestem ~ und Gewissen en toute conscience; ohne mein ~ à mon insu; ohne j-s ~ à l'insu de q.; wider besseres ~ tout en sachant le contraire; malgré sa propre conviction; avec mauvaise foi; ~ ist Macht savoir, c'est pouvoir;

2**de**(r a. m) m, f celui (celle) qui sait; (Eingeweihter) initié m, -e f.
'**Wissenschaft** f science f; ~**ler** m savant m; scientifique m; homme m d'étude; 2**lich** adj. scientifique; ~**lichkeit** f caractère m scientifique; esprit m scientifique; scientificité f; ~**slehre** f théorie f de la science; 2**s-orientiert** adj. scientiste.
'**Wissens|drang** m, ~**durst** m curiosité f; désir m (od. soif f) de savoir (od. de s'instruire); 2**durstig** adj. curieux, -euse; avide de savoir (od. de s'instruire); ~**gebiet** n (branche f de la) science f; ~**schatz** m fonds m d'érudition; 2**wert** adj. qui vaut la peine d'être connu; (interessant) intéressant; ~**zweig** m (branche f de la) science f.
'**wissentlich** I adj. intentionnel, -elle; II adj. sciemment; à bon escient; de propos délibéré.
'**wittern** v/t. flairer; fig. a. avoir vent (de); pol. a. subodorer; e-e Gefahr ~ flairer un danger; ein gutes Geschäft ~ F voir un filon.
'**Witterung**[1] f ch. (Geruchssinn) flair m; (Geruch des Wildes) vent m; fig. von etw. ~ haben avoir vent de qch.
'**Witterung**[2] f temps m; température f; bei jeder ~ par tous les temps; ~**s-einflüsse** m/pl. influences f/pl. atmosphériques; ~**s-umschwung** m changement m de temps; transition f de température; ~**s-unbilden** pl. intempéries f/pl.; ~**sverhältnisse** n/pl. conditions f/pl. atmosphériques.
'**Witwe** f veuve f; von Stand: douairière f.
'**Witwen|geld** n pension f de veuve; ~**jahr** n année f de deuil; ~**kasse** f caisse f d'assistance aux veuves; ~**rente** f pension f de veuve (od. de réversion); ~**stand** m veuvage m.
'**Witwer** m veuf m; ~**stand** m veuvage m.
Witz m plaisanterie f; F blague f; (witziger Einfall) saillie f; pointe f; (~wort) bon mot m; mot m (od. trait m) d'esprit; mot m pour rire; (Wortspiel) jeu m de mots; calembour f; anzüglicher ~ F gaudriole f; derber ~ gauloiserie f; ~e reißen faire des mots d'esprit (od. des bons mots); faire de l'esprit; faule ~e machen faire de mauvaises plaisanteries (od. des quolibets od. des lazzi[s]); F das ist der ganze ~ voilà tout; F das ist ja ein ~! c'est du folklore!; '~**blatt** n journal m amusant (od. humoristique od. satirique); '~**bold** m plaisantin m; farceur m; F blagueur m; ~**e'lei** f plaisanterie f (od. allusion f) piquante; manie f de faire de l'esprit; raillerie f; anzügliche ~en pl. gaillardises f/pl. '2**eln** v/i. faire de l'esprit; ~ über (acc.) railler; ridiculiser; 2**ig** adj. spirituel, -elle; Sachen: a. piquant; F canularesque; iron. wie ~! quel esprit!; ~**er Einfall** saillie f; pointe f.
wo pr/i., pr/r. u. cj. où; zu e-r Zeit, ~ ... en un temps où ...; zur Zeit, ~ ... du temps que ... (ind.); (wenn) si; ~ nicht sinon; ~ möglich si possible; ~ auch immer où que (subj.); i ~! pensez-vous!; ach ~! il s'en faut (de) beaucoup; ~ sind wir stehengeblieben? où en sommes-nous restés?; ~**'anders**

(**-hin**) F adv. ailleurs; autre part.
wo'bei F adv. à quelle occasion?; pr/r. oft durch gér. übersetzt; à l'occasion duquel bzw. de laquelle; ~ hat er sich verletzt? à quelle occasion s'est-il blessé?; ~ es sein Bewenden hatte en en resta là; ~ mir einfällt ce qui me rappelle.
'**Woche** f semaine f; laufende ~ semaine f en cours; (die) letzte (od. vergangene) ~ la semaine passée (od. dernière); (die) nächste (od. kommende) ~ la semaine prochaine; in (od. über) drei ~n dans trois semaines; † Weiße ~ semaine f de blanc; ~n pl. ⚕ (~nbett) couches f/pl.; in die ~n kommen accoucher (od. faire ses couches); in den ~n sein être en (od. faire ses) couches; aus den ~n kommen relever de couches.
'**Wochen|arbeit** f travail m hebdomadaire; ~**ausgabe** f édition f hebdomadaire; ~**ausweis** † m bilan m hebdomadaire; ~**bericht** m rapport m hebdomadaire; ~**bett** n couches f/pl.; ~**bilanz** f bilan m hebdomadaire; ~**blatt** n journal m hebdomadaire; ~**ende** n fin f de semaine; week-end m; verlängertes ~ pont m; fête f chômée; am ~ en fin de semaine; ~ machen faire la semaine anglaise; zum ~ verreisen partir en week-end; ~**endhaus** n maison f de week-end; ~**endkarte** 🚉 f billet m de week-end (od. de fin de semaine); ~**fieber** n fièvre f puerpérale; ~**geld** n, ~**hilfe** f secours m de maternité; ~**karte** f carte f hebdomadaire; 2**lang** I adj. qui dure des semaines entières; II adv. des semaines entières; ~**lohn** m salaire m hebdomadaire; semaine f; ~**markt** m marché m de la semaine; ~**produktion** f production f hebdomadaire; ~**schau** f cin., télév. actualités f/pl.; ~**schrift** f publication f hebdomadaire; ~**stunden** f/pl.: 40 ~ quarante heures f/pl. du temps de travail hebdomadaire; ~**tag** m jour m de semaine; jour m ouvrable; 2**tags** adv. en semaine; les jours de semaine.
'**wöchentlich** I adj. de chaque semaine; hebdomadaire; II adv. toutes les semaines; chaque semaine; dreimal ~ trois fois par semaine.
'**Wochen|übersicht** f revue f de la semaine; 2**weise** adv. par semaines; ~**zeitschrift** f revue f hebdomadaire; ~**zeitung** f (journal m) hebdomadaire m; F hebdo m.
'**Wöchnerin** f accouchée f; femme f en couches; ~**nenheim** n maternité f.
'**Wodka** m vodka f.
wo'durch I pr/i. par quoi?; par quel moyen?; II pr/r. par où ...; ce qui a causé qch.; ce qui m'a (od. nous a) permis de ... (inf.); fait m (bzw. moyen) par lequel; pour quelle raison; mesure par (od. grâce à) laquelle; grâce à quoi; ~**'für** I pr/i. pour quoi?; ~ ist das gut? à quoi cela est-il bon?; à quoi cela sert-il?; ~ halten Sie mich? pour qui me prenez-vous?; II pr/r. tauschend: en échange de quoi; nach frz. Ausdrücken des Dankes: chose dont (bzw. pour laquelle); er ist nicht das, ~ er sich ausgibt il n'est pas ce qu'il veut paraître.
'**Woge** f vague f (a. fig.); sanfte: onde f; wild bewegte: flot m; alles mit sich

fortreißende: lame *f*.
wo'gegen I *pr/i.* contre quoi?; **II** *pr/r.* fait contre lequel ...; *journ.* contre quoi.
'wogen I *v/i.* ondoyer; onduler; *Busen*: palpiter; *hin und her*: flotter; *das Meer wogt* la mer est agitée (*od.* 'houleuse); **II** 2 *n* ondoiement *m*; ondulation *f*; *des Meeres*: agitation *f*; ~d *adj.* ondoyant; ondulant; *Meer*: agité; 'houleux, -euse.
wo|'her *pr/i.* d'où?; de quel côté?; ~ *kommt es, daß* ...? d'où vient que ...?; ~'**hin** *pr/i.* où?; ~**hin'gegen** *cj.* tandis que; alors que.
wohl *adj. u. adv.* bien (*comp.* ~*er* mieux; *sup.* am ~*sten* le mieux); (*bei guter Gesundheit*) *a.* bien portant; ~ *aussehen* avoir bonne mine; *sich* ~ *befinden* aller bien; se porter bien; être bien; *sich* ~ *fühlen* se sentir bien; éprouver du bien-être; *mir ist nicht* ~ je ne me sens pas bien; je me sens mal; je me trouve mal; *das tut* ~ cela fait du bien; *sich's* ~ *sein lassen* se donner du bon temps, F se la couler douce; *ich weiß* ~ je sais bien; *das lasse ich* ~ *bleiben* je m'en garderai bien; *das ist* ~ *möglich* c'est bien possible; *das ist* ~ *nicht möglich* cela n'est guère possible; *nun* ~! eh bien!; ~ *dem, der* ... heureux celui qui ...; *leben Sie* ~! adieu!; ~ *bekomm's!* (*zum Wohle!*) à votre santé!; (*guten Appetit!*) bon appétit!; ~ *oder übel* bon gré, mal gré; *er ist* ~ *krank* il semble qu'il soit malade; *es ist* ~ *so* il faut croire qu'il en est ainsi; *es sind* ~ *drei Tage her, daß* ... il y a bien trois jours que ...; *ob er* ~ *kommen wird?* je me demande s'il va venir; *er kommt* ~ *morgen* il viendra probablement demain.
Wohl *n* bien *m*; (*Wohlergehen*) bien-être *m*, prospérité *f*; (*Glück*) bonheur *m*; (*Heil*) salut *m*; *das öffentliche* ~ le bien public; *Zuruf*: *auf Ihr* ~! à votre santé!, *Antwort*: à la vôtre!
wohl|'an! *int.* eh bien!; allons!; ~'**auf I** *adj.* er ist ~ il se porte (*od.* il va) bien; il est bien portant; **II** *int.*: ~! eh bien!; allons!; '~**bedacht** *adj.* bien réfléchi; *alles* ~ toute réflexion faite; après avoir mûrement réfléchi; tout bien pesé; 2 **befinden** *n* bien-être *m*; '~**begründet** *adj.* bien fondé; solide; 2 **behagen** *n* bien-être *m*; *er ist auf sein* ~ *bedacht* il aime ses aises (*f/pl.*); '~**behalten** *adj.* sain(e) et sauf (sauve); *v. Sachen*: bien conservé; en bon état; '~**bekannt** *adj.* bien connu; '~**beleibt** *adj.* corpulent, replet, -ète; ~ *sein a.* avoir de l'embonpoint; 2 **beleibtheit** *f* corpulence *f*; embonpoint *m*; '~**bestallt** (*Beamter*) *adj.* solidement établi; bien en place; bien installé; '~**bewandert** *adj.* très versé (*in dat.* dans); 2 **ergehen** *n* bien-être *m*; prospérité *f*; (*Gesundheit*) santé *f*; '~**erwogen** *adj.* bien considéré; '~**erworben** *adj.* bien acquis; légitime; '~**erzogen** *adj.* bien élevé.
'Wohlfahrt *f* bienfaisance *f*; (~*shilfe*) aide *f* sociale; ~**s-amt** *n* bureau *m* d'aide sociale; ~**s-ausschuß** *hist. m* comité *m* de salut public; ~**brief- marke** *f* timbre *m* de bienfaisance; ~**s-einrichtung** *f* institution *f* de bienfaisance; ~**s-empfänger** *m*: *Mentalität f von* ~*n* mentalité *f* d'assistés; ~**s-organisation** *f* organisation *f* de bienfaisance; ~**spflege** *f* aide *f* sociale; ~**sstaat** *m* Etat-providence *m*; ~**s-unterstützung** *f* geldliche: aide *f* sociale.
'wohl|feil *adj. u. adv.* bon marché; ~**ge-artet** *adj.* d'un bon naturel; ~**gebaut** *adj.* bien fait (*od.* bâti); 2 **gefallen** *n* plaisir *m*; satisfaction *f*; *sein* ~ *an etw.* (*dat.*) *haben* trouver du (*od.* prendre) plaisir à qch.; *sich in* ~ *auflösen* finir à la satisfaction générale, *fig.* (*in Rauch aufgehen*) s'en aller en fumée; 2 **gefällig I** *adj. Blick*: content; satisfait; **II** *adv.* avec plaisir; avec satisfaction; 2 **gefühl** *n* sentiment *m* de bien-être; ~**gemeint** *adj.* bien intentionné; *Rat*: amical; ~**gemerkt** *adv.* bien entendu; ~**gemut** *adj.* gai; de bonne humeur; ~**genährt** *adj.* bien nourri; ~**geraten** *adj.* bien fait; réussi; (*wohlerzogen*) bien élevé; 2 **geruch** *m* parfum *m*; odeur *f* agréable; 2 **geschmack** *m* bon goût *m*; goût *m* agréable; ~**gesetzt** *adj. Worte*: bien choisi; *Rede*: bien fait; ~**gesinnt** *adj.* bien intentionné; bien pensant; ~**gesittet** *adj.* qui a de bonnes mœurs (*od.* manières); ~**gestalt(et)** *adj.* bien fait (*od.* bâti); ~**getan** *adj.* bien fait; ~**habend** *adj.* aisé; à l'aise; ~ *sein* vivre dans l'aisance; 2 **habenheit** *f* aisance *f*; ~**ig** *adj.* qui se sent à son aise; *Wärme usw.*: agréable; 2 **klang** *m*, 2 **laut** *m* harmonie *f*; *gr.* euphonie *f*; ~**klingend** *adj.* harmonieux, -euse; mélodieux, -euse; *gr.* euphonique; 2 **leben** *n* vie *f* aisée; ~**meinend** *adj.* bien intentionné; (*wohlwollend*) bienveillant; ~**riechend** *adj.* qui sent bon; parfumé; odorant; odoriférant; ~**schmeckend** *adj.* qui a bon goût; savoureux, -euse; 2 **sein** *n* bien-être *m*; (*zum*) ~! à votre santé!, *Antwort*: à la vôtre!; 2 **stand** *m* aisance *f*; prospérité *f*; richesse *f*; *im* ~ *leben* vivre dans l'aisance; *im* ~ *schwimmen* nager dans l'opulence; ~**standsgesellschaft** *f* société *f* d'abondance (*od.* d'opulence *od.* jouissant du bien-être); ~**standskrankheit** *f* maladie *f* de pléthore; 2 **standsmüll** *m* laissés-pour-compte *m/pl.* de la société de consommation; 2 **standsstaat** *m* État *m* du bien-être; 2 **tat** *f* bienfait *m*; (*Annehmlichkeit*) agrément *m*; *j-m* ~*en erweisen* faire du bien à q.; 2 **täter(in** *f*) *m* bienfaiteur *m*, -trice *f*; ~**tätig** *adj.* bienfaisant; (*mildtätig*) charitable; 2 **tätigkeit** *f* bienfaisance *f*; (*Mildtätigkeit*) charité *f*; 2 **tätigkeitskonzert** *n* concert *m* de bienfaisance; 2 **tätigkeitsveranstaltung** *f* gala *m* de charité; 2 **tätigkeitsverein** *m* association *f* de bienfaisance; ~**tuend** *adj.* qui fait du bien; bienfaisant; (*angenehm*) agréable; (*lindernd*) qui soulage; *Schlaf*: réparateur; ~**tun** *v/i.*: (*gut handeln*) bien faire; faire le bien; *das tut e-m wohl* cela vous fait du bien; ~**über'legt** *adj.* bien réfléchi; *alles* ~ toute réflexion faite; après avoir mûrement réfléchi; tout bien pesé; ~**unter'richtet** *adj.* bien informé; ~**verdient** *adj.* bien mérité; 2 **verhalten** *n* bonne conduite *f*; ~**verstanden** *adv.* bien entendu; ~**verwahrt** *adj.* bien gardé; bien conservé; ~'**weislich** *adv.*: er hat es ~ nicht getan il s'est bien gardé de le faire; ~**wollen** *v/i.*: j-m ~ vouloir du bien à q.; 2 **wollen** *n* bienveillance *f*; ~**wollend** *adj.* bienveillant.
'Wohn|anhänger (*Auto*) *m* roulotte *f*; caravane *f*; remorque *f* de camping; ~**anlage** △ *f* ensemble *m*; ~**baracke** *f* baraque *f* (d'habitation); ~**bereich** *m* zone *f* d'habitation; ~**bezirk** *m* quartier *m* d'habitation; *vornehmer*: quartier *m* résidentiel; ~**block** *m* pâté *m* (*od.* îlot *m*) de maisons; *moderner*: ~ grand ensemble *m*; bloc *m*; 2 **en** *v/i.* habiter; *seltener*: demeurer; F rester; (*Unterkunft haben*) loger (bei chez); être logé (chez); *ständig*: être domicilié; *offiziell*: résider (*a. fig.*); *in der Stadt* ~ habiter la (*od.* en); *in Paris* ~ habiter (à) Paris; *auf dem Lande* ~ habiter (à) la campagne; *in e-m schönen Hause* ~ habiter (dans) une belle maison; *in der Provinz* ~ habiter la (*od.* en) province; *im Vorort* ~ *a.* F rester en banlieue; ~**en** *n* habitation *f*; ~**fabrik** *péj. f* casernes *f/pl.*; cages *f/pl.* à lapin; usine *f* à habiter; ~**fläche** *f* surface *f* habitable; ~**gebäude** *n* bâtiment (*od.* immeuble) *m* d'habitation (*od.* résidentiel) = maison *f* d'habitation; ~**gebiet** *n* zone *f* résidentielle; ~**gemeinde** *f* commune *f* de domicile; ~**gemeinschaft** *f* domicile *m* commun; *in e-r* ~ *leben a.* vivre dans une communauté hippie; 2 **haft** *adj.* demeurant; habitant; *ständig*: domicilié; *offiziell*: résidant; ~**haus** *n* → ~*gebäude*; ~**heim** *n* foyer *m*; ~**küche** *f* cuisine-séjour *f*; chambre-cuisine *f*; ~**kultur** *f* style *m* (*od.* standing *m*) d'habitation; ~**laube** *f* cabanon *m*; 2 **lich** *adj.* confortable; commode; F vivable; ~**mobil** *n* camping-car *m*; ~**ort** *m* domicile *m*; résidence *f*; (*Aufenthaltsort*) *a.* séjour *m*; *s-n* ~ *wechseln* changer de domicile (*od.* de résidence); ~**ortswechsel** *m* changement *m* de domicile (*od.* de résidence); ~**park** *m* ensemble *m* immobilier; ~**partei** *f* ménage *m*; ~**raum** *m* local *m* (*od.* pièce *f*) d'habitation; (*Größe*) volume *m* de logement; *weitS.* logement *m*; habitat *m*; ~**raumbewirtschaftung** *f* rationnement *m* de l'habitation (*od.* des logements); contrôle *m* des logements; ~**recht** *n* droit *m* d'habitation; ~**schiff** *n* bateau-logement *m*; ~**siedlung** *f* grand ensemble *m*; ~**silo** *m* silo *m* d'habitation; ~**sitz** *m* domicile *m*; résidence *f*; demeure *f*; (*Aufenthalt*) séjour *m*; *zweiter* ~ résidence *f* secondaire; *mit* ~ *in* demeurant à; *ohne festen* ~ sans domicile fixe; *s-n* ~ *haben* → *wohnen*; *s-n* ~ *aufschlagen* (*od.* *nehmen*) établir son domicile (*od.* sa résidence); *s-n* ~ *wechseln* changer de domicile (*od.* de résidence); ~**sitzwechsel** *m* changement *m* de domicile (*od.* de résidence); ~**stätte** *f* habitation *f*; ~**straße** *f* rue *f* d'habitation; ~**turm** *m* tour *f*; ~**ung** *f* logement *m*; habitation *f*; domicile *m*; résidence *f*; demeure *f*; (*Heim*) chez-soi *m*; 'home *m*; *größere*: ap-

partement *m*; ~ nehmen loger (*bei chez*); *s-e* ~ wechseln changer de logement (*od.* de domicile *od.* de résidence); *aus e-r* ~ ziehen déménager; *die neue* ~ einweihen F pendre la crémaillère; *in e-e* ~ ziehen emménager; *j-m e-e neue* ~ einrichten emménager q.

'**Wohnungs**|**amt** *n* bureau *m* du logement; **~änderung** *f* → *~wechsel*; **~anwärter** *m* souscripteur *m* d'habitation; **~bau** *m* construction *f* d'habitations; opérations *f/pl.* de logement; *sozialer* ~ construction *f* de logements sociaux; habitat *m* social; **~bauten** *pl.* constructions *f/pl.* locatives; **~einrichtung** *f* ameublement *m*; mobilier *m*; **~frage** *f* problème *m* du logement; **~geldzuschuß** *m* indemnité *f* de logement (*od.* de résidence); *sozialer*: allocation-logement *f*; **~inhaber**(**in** *f*) *m* locataire *m*, *f*; **~kredit** *m* crédit-logement *m*; ℒ**los** *adj.* sans domicile; sans demeure; **~mangel** *m* manque *m* (*od.* pénurie *f*) de logements; **~nachweis** *m* agence *f* de location; **~not** *f* crise *f* du logement; **~politik** *f* politique *f* du logement; **~suche** *f* recherches *f/pl.* d'un logement; **~tausch** *m* échange *m* de logements; **~wechsel** *m* changement *m* de logement (*od.* de domicile *od.* de résidence); **~zwangswirtschaft** *f* rationnement *m* de l'habitation (*od.* des logements); contrôle *m* des logements.

'**Wohn**|**verhältnisse** *n/pl.* habitat *m*, **~viertel** *n* quartier *m* d'habitation (*od.* résidentiel *od.* habité); **~wagen** *m* roulotte *f*; *Camping*: caravane *f*; **~wagen-anhänger** *m* remorque-camping *f*; **~wagenbesitzer** *m* caravanier *m*; **~zimmer** *n* salle *f* de séjour; living-room *m*.

'**wölb**|**en** *v/t. u. v/rf.* (sich se) voûter; (*ausbauchen*) bomber; (*biegen*) cintrer; ℒ**stein** *m* voussoir *m*; **~voussure** *m*; pierre *f* de voûte; ℒ**ung** *f* voussure *f*; (*Gewölbe*) voûte *f*; (*Ausbauchung*) bombement *m*; (*Bogen*) cintre *m*.

Wolf *m* ('**Wölfin** *f*) loup *m*, louve *f*; *junger* ~ louveteau *m*; (*Fleischwolf*) 'hachoir *m*; 'hache-viande *m*; *durch den* ~ drehen *Fleisch*: 'hacher; *fig.* .. *im Schafspelz* loup *m* habillé en berger; *mit den Wölfen heulen* 'hurler avec les loups; *pol.* déguiser sa cocarde; *wenn man vom* ~ *spricht, ist er nicht weit* quand on parle du loup, on en voit la queue.

'**Wolfram** ? *n* tungstène *m*; wolfram *m*; **~karbid** *n* carbure *m* de tungstène; **~stahl** *m* acier *m* au tungstène.

'**Wolfs**|**eisen** *ch. n* chausse-trape *f*; **~falle** *f*, **~grube** *f* piège *m* à loups; **~hund** *m* chien-loup *m*; **~hunger** *m*: *e-n* ~ haben avoir une faim de loup; **~jagd** *f* chasse *f* aux loups; **~milch** ♀ *f* euphorbe *f*; **~rachen** *m* bec-de-lièvre *m*; gueule-de-loup *f*; **~rudel** *n* bande *f* de loups; **~schanze** *f* tanière *f* du loup.

'**Wolga** *f* Volga *f*.

'**Wolke** *f* nuage *m*; (*Wetter*ℒ) nuée *f* d'orage; *poét.* ~ *pl.* nues *f/pl.*; *fig.* nuée *f* (*a. Schwarm, Haufen*); *fig. aus allen* ~ *n fallen* tomber des nues; **~bank** *f* banc *m* de nuages; **~bildung** *f* formation *f* des nuages; **~nbruch** *m* pluie *f* torrentielle (*od.* diluvienne); **~ndecke** *f* couche *f* de nuages; **~nfetzen** *m/pl.* lambeaux *m/pl.* de nuages; **~ngrenze** *f*: *obere* ~ limite *f* supérieure des nuages; **~nhimmel** *m* ciel *m* nuageux; **~nhöhe** ⚡ *f* plafond *m*; **~nkratzer** *m* gratte-ciel *m*; **~nkuckucksheim** *n* pays *m* imaginaire; ~ leben vivre dans un monde imaginaire *od.* dans la lune; ℒ**nlos** *adj.* sans nuage; (*heiter*) serein; **~nmeer** *n* océan *m* de nuages; **~nschicht** *f* couche *f* de nuages; **~nschleier** *m* voile *m* de nuages; ℒ**numhüllt** *adj.* couvert de nuages; **~nwand** *f* mur *m* de nuages; **~nzug** *m* marche *f* des nuages.

'**wolkig** *adj.* nuageux, -euse; couvert de nuages.

'**Woll**|**abfälle** *m/pl.* déchets *m/pl.* de laine; **~arbeiter**(**in** *f*) *m* lainier *m*, -ière *f*; ℒ**artig** *adj.* laineux, -euse; **~decke** *f* couverture *f* de laine; **~e** *f* laine *f*; *fig.* F *j-n in die* ~ *bringen* faire enrager q.; mettre q. en fureur; F *sich in die* ~ *kriegen* F se prendre de querelle; F *se prendre au toupet (mit* avec).

'**wollen**[1] *adj.* de (*od.* en) laine.

'**wollen**[2] I *v/t.* vouloir; (*beabsichtigen*) avoir l'intention (de); se proposer (de); penser (*od.* compter) faire qch.; (*verlangen*) demander; exiger; (*behaupten*) prétendre; (*im Begriff sein*) aller; être sur le point (de); *lieber* ~ aimer mieux (*acc. bzw. inf.*); préférer (*acc. bzw. inf.*); *ganz wie Sie* ~ (tout) comme vous voudrez; *was* ~ *Sie von mir?* que me voulez-vous?; *zu wem* ~ *Sie?* qui demandez-vous?; qui cherchez-vous?; *dem sei, wie ihm wolle!* quoi qu'il en soit; *so Gott will!* s'il plaît à Dieu!; *das wolle Gott!* plût à Dieu!; *das wolle Gott nicht!* à Dieu ne plaise!; *nicht jeder, der es will, ist der liebe Gott* n'est pas le bon Dieu qui veut; *er wollte nichts von der Verheiratung wissen* il ne voulait pas du mariage; *man mag* ~ *oder nicht* bon gré, mal gré; *du hast es so gewollt* tu l'as voulu; *mir will scheinen, daß* ... il me semble que ... (*ind.*); *das will ich hoffen* j'espère bien; *das will ich meinen* je crois bien; *das will nichts sagen* (*od. bedeuten od. heißen*) cela ne veut rien dire; cela n'a pas d'importance; *der Student will e-e verantwortliche Person sein* l'étudiant se veut une personne responsable; *wir* ~ *sehen* nous verrons; *ich will nichts gesagt haben* alors je n'ai rien dit; *ich will es nicht gehört haben* je ne veux pas entendre cela; *er will es gesehen haben* il prétend l'avoir vu; *das will vorsichtig gemacht werden* cela demande à être fait avec prudence; II ℒ *n* vouloir *m*; volonté *f*; (*Willensäußerung*) volition *f*.

'**Woll**|**fabrikation** *f* lainerie *f*; **~faser** *f* fibre *f* de laine; **~fett** *n* suint *m*; **~filz** *m* feutre *m* de laine; **~garn** *n* fil *m* de laine; **~gewebe** *n* tissu *m* de laine; *fig. schöne* (*leere*) ~ belles paroles *f/pl.*; **~gras** ♀ *n* linaigrette *f*; **~handel** *m* commerce *m* des laines; **~händler** *m* lainier *m*; ℒ**ig** *adj.* laineux, -euse; (*flockig*) cotonneux, -euse; *Haar*: crépu; ⚡ *u. zo.* lanifère, -euse; (*behaart*) velu; **~industrie** *f* industrie *f* lainière; **~jacke** *f* cardi-
gan *m*; **~kamm** *m* carde *f*; **~kleid** *n* robe *f* de laine; **~kleidung** *f* vêtements *m/pl.* en laine; lainages *m/pl.*; **~knäuel** *n* pelote *f* de laine; **~markt** *m* marché *m* de la laine; **~produktion** *f* production *f* lainière; **~sachen** *f/pl.* lainages *m/pl.*; **~schur** *f/pl.* tonte *f*; **~stoff** *m* étoffe *f* de laine; lainage *m*; *grober* ~ bure *f*; **~strumpf** *m* bas *m* de laine; **~tiere** *n/pl.* bêtes *f/pl.* à laine;

'**Woll**|**ust** *f* volupté *f*; *mv.p.* luxure *f*; lascivité *f*; lasciveté *f*; débauche *f*; libertinage *m*; ℒ**üstig** *adj.* voluptueux, -euse; *mv.p.* luxurieux, -euse; lascif, -ive; débauché; libertin; **~üstling** *m* voluptueux *m*; débauché *m*; libertin *m*.

'**Woll**|**waren** *f/pl.* articles *m/pl.* en laine; lainages *m/pl.*; lainerie *f*; **~warenhändler**(**in** *f*) *m* lainier *m*, -ière *f*; **~warenhandlung** *f* lainerie *f*; **~weste** *f* gilet *m* de laine; cardigan *m*; **~zeug** *n* lainage *m*.

wo|'**mit** I *pr/i.* avec (*resp.* à *resp.* de) quoi?; ~ *kann ich Ihnen dienen?* qu'y a-t-il pour votre service? en quoi puis-je vous servir?; II *pr/r.* chose avec (*bzw.* à) laquelle; chose dont; **~'möglich** *adv.* peut-être; **~'nach** I *pr/i.* après (*resp.* sur *resp.* avec) quoi?; (*gemäß*) d'après quoi?; ~ *fragt er?* qu'est-ce qu'il demande?; ~ *schmeckt das?* quel goût cela a-t-il?; II *pr/r.* après quoi; *nach* ",*sich sehnen*": chose à laquelle *bzw.* ce que.

'**Wonne** *f* délice *m*; grande joie *f*; ravissement *m*; enchantement *m*; **~gefühl** *n* sentiment *m* de délices; ravissement *m*; enchantement *m*; **~leben** *n* vie *f* de délices; **~monat** *m*, **~mond** *m* mois *m* de mai; **~proppen** F *m* poupard *m*; ℒ**trunken** *adj.* ivre de joie; au comble de la joie; en extase; ℒ**voll** *adj.* plein de délices.

'**wonnig**(**lich**) *adj.* délicieux, -euse; ravissant; enchanteur, -eresse.

wo|'**ran** I *pr/i.* à quoi?; ~ *denkst du?* à quoi penses-tu?; ~ *liegt es?* à quoi, chose à laquelle; *ich weiß nicht,* ~ *ich mit ihm bin* je ne sais à quoi m'en tenir avec lui; **~'rauf** I *pr/i.* sur (*resp.* à) quoi?; ~ *wartest du?* qu'est-ce que tu attends?; II *pr/r.* sur (*resp.* à) quoi; *zeitlich*: après quoi; **~'raus** I *pr/i.* de quoi?; d'où?; II *pr/r.* d'où; **~'rein** I *pr/i.* dans quoi?; où?; II *pr/r.* dans quoi; où.

'**worfeln** *v/t.* vanner.

wo|'**rin** I *pr/i.* en quoi?; II *pr/r.* en quoi; point de vue au sujet duquel.

Wort *n* mot *m*; (*Ausdruck*) terme *m*; expression *f*; (*Vokabel*) vocable *m*; *gr.* nom *m*; (*Ausspruch*) *kürzerer*: mot *m*, *bedeutsamer*: parole *f*; (*Sprichwort*) proverbe *m*; **~geflügeltes** ~ dicton *m*; sentence *f*; *rl.* verbe *m*; ~ *Gottes* parole *f* de Dieu; ~ *e-s Liedes* paroles *f/pl.* d'une chanson; *das passende* ~ le mot propre; *große* (*hochtrabende*) *~e* grands mots *m/pl.*; *das sind leere* ~*e*; *das sind nur* (*od.* bloße) ~*e* ce ne sont que des mots; *schöne* (*leere*) ~*e* belles paroles *f/pl.*; *geistreiches* (*kluges*) ~ mot *m* fin; *zweideutiges* ~ mot *m* à double sens (*od.* entente); *genug der* ~*e!* assez de paroles!; *kein* ~ *mehr!* pas un mot de plus!; *ein Mann von* ~ *sein* être homme de parole; *ein Mann, ein* ~ homme d'honneur n'a qu'une parole; ~ für ~ mot à mot; mot pour mot; *das ist mein letztes* ~ c'est mon dernier mot; *das letzte* ~ *haben* avoir le dernier mot; *s-e ~e abwägen* peser (*od.* compter) ses mots; *sein ~ brechen* manquer à sa parole; *ein gutes* ~ *bei j-m einlegen für* intercéder auprès de q. pour; *das ~ entziehen* (*ergreifen*; *erteilen*) retirer (prendre; donner) la parole; *das ~ führen* avoir la parole; *das große ~ führen* avoir le verbe 'haut (*od.* la parole 'haute); *das ~ haben* avoir la parole; *das ~ hat* ... la parole est à ...; *sein ~ halten* tenir sa parole; *nicht viele ~e machen* être bref, -ève; *ein ~ mitzureden haben* avoir son (mon, *etc.*) mot à dire; avoir voix au chapitre; *j-m (e-r Sache dat.) das ~ reden* parler en faveur de q. (de qch.); *mit j-m ein ernstes ~ reden* dire un mot (*od.* deux *od.* quatre mots) à q.; *kein ~ sagen* ne dire mot; *ohne ein ~ zu sagen* sans mot dire; sans dire mot; *die Hälfte s-r ~e verschlucken* manger la moitié de ses mots; *écol. e-n Text mit s-n eigenen ~en wiedergeben* résumer un texte avec ses propres termes; *bei etw. höheren Anforderungen*: transposer un texte en d'autres termes; *sein ~ zurücknehmen* reprendre sa parole; *auf ein ~!* un mot, s'il vous plaît!; *auf mein ~!* (ma) parole d'honneur!; ma parole!; *aufs ~* sur parole; *auf diese ~e, bei diesen ~en* à ces mots; *aufs ~ gehorchen* obéir au premier mot; *j-m aufs ~ glauben* croire q. sur parole; *jedes ~ auf die Goldwaage legen* peser tous ses mots; *bei s-m ~ bleiben* n'avoir qu'une parole; *beim ~ nehmen* prendre au mot; *nicht für Geld und gute ~* (*bei vb.* ne ...) pas pour tout l'or du monde; *in ~en* (*ganz ausgeschrieben*) en toutes lettres; *in wenigen ~en* en peu de mots; *j-m ins ~ fallen* couper la parole à q.; *in ~e fassen* formuler; *mit e-m ~* en un mot; bref; *mit andern ~en* en d'autres mots; *mit ~en* (*schönen ~en*) *abspeisen* payer en (*od.* par de) belles paroles; F payer en monnaie de singe; *mit ~en spielen* jouer sur les mots; *j-n mit s-n eigenen ~en schlagen* retourner contre q. ses propres arguments; *s-e ~e in die Tat umsetzen* convertir ses paroles en actes; passer des paroles aux actes; *ums ~ bitten*; *sich zum ~ melden* demander la parole; *nicht zu ~ kommen* ne pas parvenir à placer un mot; *nicht zu ~ kommen lassen* ne pas laisser parler; *ein ~ gibt das andere* un mot amène l'autre; *ich verstehe kein ~ davon* je n'y comprends rien; *man kann sein eigenes ~ nicht verstehen* on ne peut (*od.* on n'arrive pas à) s'entendre; F *hat man ~e?* a-t-on jamais vu pareille chose?; ¹**-ableitung** f dérivation f des mots; ¹**-akzent** m accent m de mot; ²**-arm** adj.: *~e Sprache* langue f pauvre, pauvreté f de mots; **-art** gr. f catégorie f de mot; ¹**-aufwand** m: *mit großem ~ à grand renfort de mots*; ¹**-bedeutungslehre** f sémantique f; ¹**-bildung** f formation f des mots; **-bruch** m manque m de parole; ²**-brüchig** adj. qui manque à sa parole; (*eidbrüchig*) parjure; *~ werden* manquer à sa parole.

¹**Wörtchen** n petit mot m; *gr. particu-*le f; *ein ~ mitzureden haben* avoir son (mon, *etc.*) mot à dire; avoir voix au chapitre.

¹**Wörterbuch** n dictionnaire m; *für einzelne Werke*: lexique m; F *fig. wandelndes ~* dictionnaire m vivant; **-verfasser** m lexicographe m; *plais.* dictionnariste m.

¹**Wort-erklärung** f explication f de mots.

¹**Wörterverzeichnis** n vocabulaire m; *für bestimmte Autoren*: lexique m; *mit Erklärungen*: glossaire m.

¹**Wort|familie** f famille f de mots; **-folge** f ordre m des mots; **-führer** m porte-parole m; organe m; *fig. sich zum ~ von etw. machen* se faire le champion de qch.; **-fülle** f abondance f de paroles; verbosité f; verbiage m; redondance f; (*Weitschweifigkeit*) prolixité f; **-gebühr** ⚒ f tarif m (*od.* taxe f) par mot; **-gefecht** n dispute f; débat m; joute f (*od.* duel m) oratoire; **-geklingel** n verbalisme m; cliquetis m de mots; phrases f/pl. creuses; **-gepränge** n termes m/pl. pompeux; grands mots m/pl.; redondances f/pl.; ²**getreu** I adj. littéral; II adv. littéralement; à la lettre; au pied de la lettre; ²**gewandt** adj. qui a la parole facile; (*beredt*) disert; éloquent; **-inhalt** ling. m signifié m; ²**karg** adj. avare de paroles; taciturne; **-kargheit** f taciturnité f; **-klasse** f classe f de mots; **-klauber** m éplucheur m de mots; **-klaube'rei** f chicane f sur les mots; **-körper** ling. m signifiant m; **-kunst** f poésie f; **-laut** m texte m; teneur f; *der ~ des Briefes* les termes de la lettre; *e-e Note folgenden ~s*: ... une note ainsi conçue: ...; *im vollen ~ zitieren* citer in extenso; *nach dem ~* (gén.) aux termes de.

wörtlich I adj. littéral; textuel, -elle; II adv. littéralement; textuellement; à la lettre; au pied de la lettre; mot à mot; mot pour mot.

¹**Wort|rätsel** n logogriphe m; **-register** n index m; ²**reich** adj. riche en mots; *Stil*: abondant; *péj.* verbeux, -euse; redondant; prolixe; **-reichtum** m abondance f de mots; **-schatz** m vocabulaire m; **-schwall** m flux m (*od.* flot m) de paroles; verbosité f; verbiage m; redondance f; *litt.* logorrhée f; **-spiel** n jeu m de mots; calembour m; **-stamm** gr. m radical m; **-stellung** f ordre m (*od.* disposition f) des mots; **-streit** m querelle f de mots; (*Wortgefecht*) dispute f; **-verdrehung** f altération f du sens d'un mot; *pol. a.* amalgame m; **-verkürzung** ling. f troncation f; **-wechsel** m vive discussion f; dispute f; altercation f; *a. pol.* échange m de propos; F prise f de bec (*mit j-m avec* q.); **-witz** m jeu m de mots; calembour m; ²**wörtlich** adj. mot (*od.* pour) mot.

wo|rüber I pr/i. sur (resp. de) quoi?; *~ lachst du?* de quoi ris-tu?; II pr/r. sur quoi; chose dont; **-rum** I pr/i. de quoi?; *~ handelt es sich?* de quoi s'agit-il?; II pr/r. sous quoi; **-runter** I pr/i. sous quoi?; II pr/r. sous quoi; terme sous lequel; **-'von** I pr/i. de quoi?; *~ spricht er?* de quoi parle-t-il?; II pr/r. de quoi; chose dont; **-'vor** I pr/i. devant (resp. de) quoi?; *~ fürchtest du dich?* de quoi as-tu peur?; II pr/r. devant (resp. de) quoi, chose devant laquelle; chose dont; **-'zu** I pr/i. à quoi?; (*warum*) pourquoi?; à quoi bon?; dans quel but?; à quelle fin?; *~ das?* à quoi bon cela?; II pr/r. à quoi; *~ kommt, daß* ... ajoutons (à cela) que ...; *etw., ~ ich Ihnen nicht rate* chose que je ne vous conseille pas.

Wrack n ⚓, ✈ épave f; ✈, Auto: carcasse f; (*Schiff*) bateau m naufragé; *fig.* (*Mensch*) épave f; loque f; ¹**-gut** n épaves f/pl.

Wrasen m buée f.

¹**wring|en** v/t. *Wäsche*: tordre; essorer; ²**maschine** f essoreuse f.

¹**Wruke** f (*Runkelrübe*) betterave f fourragère.

¹**Wucher** m usure f; *~ treiben* faire de l'usure; **-blume** ♣ f chrysanthème m.

Wuche'rei f usure f.

¹**Wucher|er** m, **-in** f usurier m, -ière f; **-geschäft** n marché m usuraire; **-gesetz** n loi f contre l'usure; **-gewinn** m bénéfice m usuraire; ²**isch** adj. usuraire; **-kredit** m crédit m usuraire; **-n** v/i. pulluler; foisonner; **-n** n ♣ pullulation f; foisonnement m; (*Wucherei*) usure f; **-preis** m prix m usuraire; **-ung** f prolifération f; ✴ excroissance f; **-zinsen** m/pl. intérêts m/pl. usuraires; *zu ~ leihen* prêter à usure.

Wuchs m (*Wachsen*) croissance f; (*Zunahme*) accroissement m; (*Gestalt*) taille f; stature f.

Wucht f *phys.* énergie f cinétique; (*Last*) pesanteur f; (*Gewicht*) poids m; (*Kraft*) *Auto usw.*: *mit voller ~ zusammenstoßen* se heurter de plein fouet; *fig.* énergie f; (*Heftigkeit*) violence f; (*Masse*) masse f; *mit voller ~* de toute sa force; de tout son poids; F *e-e ~* (*Prügel*) rossée f; raclée f; F pile f; *das ist 'ne ~* (*e-e tolle Sache*) c'est épatant; ¹²**en** 1. v/i. F (*schuften*) F trimer, P turbiner, P boulonner; 2. v/t. soulever péniblement; ¹²**ig** adj. (*eindrucksvoll*) imposant; massif, -ive; *Schlag*: violent; *fig.* énergique.

¹**Wühl|arbeit** *fig.* f menées f/pl. subversives; *e-e genau ausgeheckte ~ a.* un travail de sape minutieusement orchestré; ²**en** v/i. fouiller (*in dat. dans*); *Maulwurf usw.*: fouir; *Wildschwein*: fouger; *Wasser*: creuser; *pol.* agiter les esprits; *fig. in e-r Wunde noch ~* retourner le fer dans la plaie; *in den Därmen ~* déchirer les entrailles; **-en** n fouilles f/pl.; *des Maulwurfs usw.*: fouissement m; *des Wassers*: creusement m; **-er** m fouilleur m; *zo.* fouisseur m; *pol.* agitateur m; meneur m; démagogue m; ²**erisch** *pol. adj.* subversif, -ive; **-korb** ✟ m gondole f; corbeille f; **-tisch** ✟ m comptoir m de soldes; **-maus** zo. f campagnol m.

Wulst m, f (*Bausch*) bourrelet m; (*Kissen*) coussinet m (*a.* △); (*Haar*²) bourrelet m de cheveux; *des Reifens*: talon m; ✳ protubérance f; **-felge** f jante f à talon; ²**ig** adj. *Lippe*: charnu; épais; ¹**-lippen** f/pl. lèvres f/pl. charnues (*od.* épaisses); ¹**-reifen** m pneu m à talon.

'**Wummern** (*der Motoren*) *n* vrombissement *m*; trépidation *f*; ⌂ *v/i.* vrombir; ronronner.
wund *adj.* blessé; meurtri; écorché; excorié; ~ **schlagen** meurtrir; (*sich*) ~ **reiben** (s')écorcher (s')excorier; *sich die Füße* ~ *laufen* s'écorcher les pieds en marchant; ~**e** *Stelle* plaie *f*, blessure *f*, meurtrissure *f*, écorchure *f*, excoriation *f*, *fig.* côté *m* faible; *fig.* ~**er** *Punkt* point *m* faible (*od.* névralgique *od.* vulnérable *od.* sensible); *den* ~**en** *Punkt aufdecken* mettre le doigt sur la plaie; '⌂**balsam** *m* (baume *m*) vulnéraire *m*; '⌂**brand** ⚥ *m* gangrène *f*; '⌂**e** *f* blessure *f*, (*Wundfläche*) plaie *f* (*beide a. fig.*); *s-n* ~**n** *erliegen* mourir de ses blessures; *tiefe* ~**n** *schlagen* faire (*od.* infliger) de profondes blessures; *fig. e-e alte* ~ *aufreißen* rouvrir une plaie; *Balsam auf e-e* ~ *träufeln* verser (*od.* répandre) du baume sur une blessure.
'**Wunder** *n* miracle *m* (*a. rl.*); (~*ding*) prodige *m*; (~*werk*) merveille *f*; (*seltsame Naturerscheinung*) phénomène *m*; *wie durch ein* ~ par miracle; ~ *wirken* (*od. tun*) faire merveille (*od.* des merveilles *od.* des miracles); *an ein* ~ *grenzen* tenir du miracle (*od.* du prodige *od.* de la merveille); F *sein blaues* ~ *erleben* en voir de belles; *das ist kein* ~ *was* (à cela)?; *sich* ⌂ *was einbilden* s'imaginer Dieu sait quoi; *er bildet sich* ⌂ *was darauf ein* il en est tout fier; *ich dachte* ⌂ *was je m'attendais à qch.* de sensationnel (*od.* de merveilleux); *was* ... *daß* ... faut-il s'étonner que ... (*subj.*) (*od.* de ce que ... [*ind.*]); *es nimmt mich* ⌂, *daß* ... je suis étonné de ... (*subj.*) (*od.* de ce que ... [*a. ind.*]); *es ist ein* ~ *c'est miracle* (*daß* ... *que* ...[*subj.*]); ~**arzt** *m* docteur-miracle *m*; ⌂**bar I** *adj.* merveilleux, -euse; miraculeux, -euse; prodigieux, -euse; qui tient du miracle (*od.* du prodige); F épatant; F terrible; sensationnel; phénoménal; formidable; magnifique; **II** *adv.* à merveille; merveilleusement; ~**bare(s)** *n* merveilleux *m*; *ans* ~ *grenzen* tenir du miracle (*od.* du prodige); ~**bild** *n* image *f* miraculeuse; ~**ding** *n* prodige *m*; ~**doktor** *péj. m* guérisseur *m*; charlatan *m*; ~**droge** *f* drogue-miracle *f*; ~**geschichte** *f* histoire *f* merveilleuse; ~**glaube** *m* croyance *f* aux miracles; ⌂**gläubig** *adj.* qui croit aux miracles; ⌂**heilmittel** *n* médicament *m* (*od.* remède *m*) miracle; ⌂**hübsch** *adj.* ravissant, charmant; ~**kerze** *f* cierge *m* merveilleux; ~**kind** *n* enfant *m* prodige; ~**kraft** *f* pouvoir *m* magique; ~**kur** *f* cure *f* miraculeuse; ~**lampe** *f* lanterne *f* magique; ~**land** *n* pays *m* merveilleux (*od.* des merveilles); ⌂**lich** *adj.* bizarre; étrange; singulier, -ière; original; ~**er** *Kauz* original *m*; drôle *m* de type (F de coco *od.* de pistolet); ~**lichkeit** *f* bizarrerie *f*; étrangeté *f*; singularité *f*; originalité *f*; ~**lösung** *f* solution-miracle *f*; ~**mittel** *n* remède *m* universel; panacée *f*; ⌂**n** *v/t. u. v/i.*: *sich* ~ *über* (*acc.*) s'étonner (de; être surpris de; *das wundert mich* cela m'étonne; *es soll mich doch* ~, *ob* ... je serais curieux, -euse de savoir si ...; *sich nicht genug* ~ *können* crier (au) miracle; ~**n** *n* étonnement *m*; surprise *f*; ⌂**sam** *adj.* (*seltsam*) étrange; (*eigentümlich*) singulier, -ière; ⌂**schön I** *adj.* merveilleusement beau, belle; merveilleuse, -euse; ravissant; (*herrlich*) magnifique; **II** *adv.* à merveille, merveilleusement; ~**spiegel** *m* miroir *m* magique; ~**tat** *f* miracle *m*; *fait m* miraculeux; ~**täter(in** *f*) *m* thaumaturge *m*, *f*; ⌂**tätig** *adj.* miraculeux, -euse; ~**tier** F *fig. n* phénomène *m*; ⌂**voll** *adj.* merveilleux, -euse; ~**welt** *f* monde *m* enchanté; ~**werk** *n* merveille *f*; ⌂**wirkend** *adj.* miraculeux, -euse; ~**zeichen** *n* signe *m* miraculeux.
'**Wund**|**fieber** ⚥ *n* fièvre *f* traumatique; ~**fläche** *f* plaie *f*; ⌂**gelaufen** *adj.* écorché; ~**kraut** ⚘ *n* vulnéraire *f*; ⌂**liegen** *v/rl.*: *sich* ~ s'écorcher à force d'être couché; ~**mal** *n* cicatrice *f*; *rl.* stigmate *m*; ~**naht** *f* suture *f*; ~**pflaster** *n* pansement *m* pour blessures; ~**rand** *m* lèvres *f/pl.* d'une plaie; ~**salbe** *f* pommade *f* pour blessures; ~**starrkrampf** *m* tétanos *m*.
'**Wune** *f* trou *m* fait dans la glace.
Wunsch *m* (*Verlangen, Begehren*) désir *m* (*nach* de); (*Herzens*⌂) souhait *m*; vœu *m*; *auf* ~ sur demande; *auf j-s* ~ à la demande de q.; *auf allgemeinen* ~ à la demande générale; *nach* ~ à souhait; *ihm geht alles nach* ~ tout lui réussit; *ein frommer* ~ *bleiben* rester un vœu pieux; *das ist mein* ~ c'est mon désir; *mein innigster* (*od. sehnlichster*) ~ mon vœu (*m.* mon désir) le plus cher; *den* ~ *hegen zu* ... (*inf.*) former (le dessein d') éprouver) le désir de ... (*inf.*); *mit den besten Wünschen zum Jahreswechsel* avec les meilleurs vœux de bonne année; *haben Sie noch e-n* ~? désirez-vous encore qch.?; *von dem* ~ *beseelt* (*od. geleitet*), *zu* ... (*inf.*) animé du désir de ... (*inf.*); '~**bild** *n* idéal *m*; '~**denken** *n* illusion *f* d'optique; illusions *f/pl.*
'**Wünschelrute** *f* baguette *f* de coudrier (*od.* de sourcier, *od.* de radiesthésiste); ~**ngänger** *m* sourcier *m*; radiesthésiste *m*.
'**wünschen** *v/t.* désirer; (*bsd. anderen etw.* ~) souhaiter; *ich wünsche mir* ... je voudrais avoir ...; (*ich wünsche Ihnen*) *gute Besserung!* meilleure santé!; prompt rétablissement!; (*ich wünsche Ihnen*) *viel Glück!* bonne chance!; (*ich wünsche Ihnen*) *alles Gute!* toutes sortes de bonnes choses!; (*ich*) *wünsche wohl geruht zu haben* j'espère que vous avez bien dormi; *j-m ein gutes Jahr* ~ souhaiter la bonne année à q.; *j-m e-n guten Morgen* (*Abend*) ~ souhaiter le bonjour (le bonsoir) à q.; *j-m e-e gute Nacht* ~ souhaiter une bonne nuit à q.; (*viel*) *zu* ~ *übriglassen* laisser (beaucoup) à désirer; *wie Sie* ~ comme vous voudrez; ~ *Sie sonst noch etw., mein Herr? im Laden*: et avec cela, monsieur?; ⌂**swert** *adj.* désirable; souhaitable.
'**Wunsch**|**form** *gr. f* optatif *m*; ⌂**gemäß** *adv.* conformément à votre (vos) désir(s); ~**konzert** *n* Radio: concert *m* (*od.* disque *m*) des auditeurs; ~**linie** (*Verkehrsregelung*) *f* ligne *f* de désir; ~**musik** *f* musique *f* demandée; ~**zettel** (*zu Weihnachten*) *m* lettre *f* au Père Noël.
wupp! *int.* vlan!
'**Wuppdich** F *m*: *mit e-m* ~ F en cinq sec.
'**Würde** *f* dignité *f*; *ich halte es* (*für*) *unter m-r* ~ *zu* ... (*inf.*) je trouve au-dessous de moi de ... (*inf.*); je considère indigne de moi de ... (*inf.*); *unter aller* ~ au-dessous de tout; *zu den höchsten* ~**n** *erheben* élever aux plus hautes dignités; *in Amt und* ~**n** *stehen* être arrivé (aux honneurs); ⌂**los** *adj.* indigne; sans (*od.* dépourvu de) dignité; ~**nträger** *m* dignitaire *m*; ⌂**voll I** *adj.* plein de dignité (*od.* de noblesse); digne; noble; grave; **II** *adv.* avec dignité.
'**würdig** *adj.* digne (*e-r Sache gén.* de qch.); ~**en** *v/t.* estimer (*od.* juger) digne (*e-r Sache gén.* de qch.); (*anerkennend hervorheben*) faire mention honorable (de); reconnaître; apprécier; *j-n keiner Antwort* ~ ne pas daigner répondre à q.; *j-n keines Blickes* ~ ne pas daigner regarder q.; ⌂**ung** *f* appréciation *f*.
Wurf *m* jet *m*; Sport: lancement *m*; *Spiel*: coup *m*; *v. Tieren*: mise *f* bas, (*die Jungen*) portée *f*; *den ersten* ~ *haben beim Kegeln*: avoir la boule, *beim Würfeln*: avoir le dé; *e-n guten* ~ *tun* faire un coup heureux; *alles auf e-n* ~ *setzen* jouer son va-tout.
'**Würfel** *m* dé *m*; ⚥ cube *m* (*a. cuis.*); hexaèdre *m*; *auf Stoffen*: carreau *m*; ~ *spielen* jouer aux dés; *in* ~ *schneiden* couper en petits carrés; *fig. die* ~ *sind gefallen* le sort en est jeté; *les dés sont jetés*; *les jeux sont faits*; ~**becher** *m* cornet *m* à dés; ~**bude** *f* baraque *f* de foire où l'on joue aux dés; ~**form** *f* forme *f* cubique; ⌂**förmig** *adj.* cubique; en forme de cube; ~**muster** *n* dessin *m* à carreaux; ⌂**n 1.** *v/i.* jouer aux dés; *um etw.* ~ jouer qch. aux dés; **2.** *v/t.* couper en petits dés; *auf* ~~ ~**spiel** *n* jeu *m* de dés; ~**spieler(in** *f*) *m* joueur *m*, -euse *f* de dés; ~**zucker** *m* sucre *m* en morceaux.
'**Wurf**|**geschoß** *n* projectile *m*; ~**hammer** (Sport) *m* marteau *m*; ~**linie** *f* trajectoire *f*; ~**maschine** *hist. f* catapulte *f*; baliste *f*; ~**netz** *n* épervier *m*; ~**scheibe** *f* disque *m*; ~**schlinge** *f* lasso *m*; ~**sendung** *f* envoi *m* collectif; ~**speer** *m*, ~**spieß** *m* javelot *m*; ~**taube** *f* Sport: pigeon *m* d'argile; ~**weite** ⚔ *f* portée *f*.
'**Würge**|**eisen** *n* garrot *m*; ~**griff** (*Judo*) *m* étranglement *m*; ~**halsband** (*für Hunde*) *n* collier *m* garni de pointes.
'**würg**|**en 1.** *v/t.*: *j-n* ~ serrer q. à la gorge; **2.** *v/i. an etw.* (*dat.*) ~ ne pouvoir avaler qch., *an e-r Arbeit*: suer sang et eau pour venir à bout de qch.; ⌂**en** *n* (*Neigung zum Erbrechen*) nausée *f*; (*Schlucken*) efforts *m/pl.* pour avaler; F *mit Hängen und* ~ à grand-peine; ~**engel** *m* ange *m* exterminateur; ~**er** *m* égorgeur *m*; *orn.* pie-grièche *f*.
Wurm¹ *m* ver *m*; (*Spul*⌂) ascaride *m*; *fig. da ist der* ~ *drin* il y a qch. qui cloche; *fig. nagender* ~ ver rongeur; *von Würmern zerfressen* vermoulu; *fig. j-m die Würmer aus der Nase ziehen* tirer à q. les vers du nez.

Wurm² *fig. n: armes* ~ *pauvret m, -ette f; pauvre petit(e f) m.*
'**wurm|abtreibend** *adj.* vermifuge; ~**es Mittel** vermifuge *m*; ~**artig** *adj.* vermiculaire; ⚠ ~**e Verzierung** vermiculure *f.*
'**Würmchen** *n* vermisseau *m (a. fig.).*
'**wurmen** *v/i.* tracasser; tourmenter; *das wurmt mich (od. in mir)* cela me ronge.
'**wurm|förmig** *adj.* vermiforme; vermiculaire; ♀**fortsatz** *anat. m* appendice *m* (vermiculaire); ♀**fraß** *m* vermoulure *f*; ~**ig** *adj.* vermoulu; *Früchte:* véreux, -euse; ~**krank** *adj.* qui a des vers; ~**krankheit** *f* vers *m/pl.*; ~**kraut** ♀ *n* herbe *f* vermifuge; ♀**loch** *n* piqûre *f* de ver; ♀**mehl** *n* vermoulure *f*; ♀**mittel** ♂ *n* vermifuge *m*; ♀**stich** *m* piqûre *f* de ver; ~**stichig** *adj.* vermoulu; *Früchte:* véreux, -euse *(a. fig.)*; ~**werden** *Holz:* se manger aux vers; se vermouler; ~**treibend** *adj.* vermifuge.
Wurst *f* saucisse *f*; *(Schnitt♀)* saucisson *m*; *(Blut♀)* boudin *m*; *(Kaldaunen♀)* andouille *f*; *(Schlack♀)* cervelas *m*; *F fig. das ist mir* ~ cela m'est égal; je m'en fiche; *F jetzt geht es um die* ~ c'est le moment décisif; c'est maintenant que ça se décide; *F* ~ *wider* ~ donnant donnant; à bon chat, bon rat; un prêté pour un rendu; '~**blatt** *péj., journ. n* feuille *f* de chou.
'**Würstchen** *n* saucisse *f*; *Frankfurter* ~ saucisse *f* de Frankfurt; *F fig.* petit bonhomme *m.*
'**Wurstdarm** *m* boyau *m* à saucisse.
'**Wurst|e|lei** *F f (Schluderei)* bousillage *m*; bâclage *m*; ♀**eln** *F v/i. (schludern)* bousiller; bâcler; lambiner; ♀**en** *v/i.* faire des saucisses, *etc.*; ~**fabrik** *f* fabrique *f* de saucisses; charcuterie *f* industrielle; ~**geschäft** *n* charcuterie *f*; ~**händler(in** *f) m* marchand *m*, -e *f* de saucisses; charcutier *m*, -ière *f*; ♀**ig** *F adj.* insouciant; ~**igkeit** *F f* insouciance *f*; je-m'en-fichisme *m*; ~**laden** *m* charcuterie *f*; ~**macher(in** *f) m* charcutier *m*, -ière *f*; ~**pelle** *f* peau *f* de saucisse; ~**scheibe** *f* tranche *f* de saucisson; ~**vergiftung** *f* botulisme

m; ~**waren** *f/pl.*, ~**warengeschäft** *n* charcuterie *f*; ~**zipfel** *m* bout *m* de saucisse, de saucissons.
'**Würze** *f* assaisonnement *m (a. fig.)*; condiment *m (a. fig.)*; *(Aroma)* arôme *m*; *Brauerei:* moût *m*; *(Gewürz)* épice *f*; *fig.* saveur *f*; sel *m.*
'**Wurzel** *f* racine *f (a.* ⚕ *u. fig.)*; *gr. a.* radical *m*; *(Fuß♀)* tarse *m*; *(Hand♀)* poignet *m*; ⚕ **zweite** *(dritte, vierte, nte)* ~ **racine** *f* carrée (cubique; quatrième; nième); ⚕ **die vierte** ~ **ziehen aus** extraire la racine quatrième de; *die* ~ *des Übels* la source du mal; *das Übel mit der* ~ *ausrotten* couper le mal à sa racine; ~*(n)* **schlagen** *(od. fassen)* prendre racine, s'enraciner *(beide a. fig.)*; *tiefe* ~*n* **schlagen** jeter de profondes racines; *mit der* ~ *ausreißen* déraciner; ~**artig** *adj.* radiciforme; ~**behandlung** *f Zahn:* traitement *m* de la racine; ~**bildung** ♀ *f* radication *f.*
'**Würzelchen** *n* radicelle *f.*
'**wurzel|echt** ♀ *adj.* franc de pied; ♀**exponent** ⚕ *m* indice *m* de la racine; ♀**faser** *f* fibrille *f*; ~**fressend** *adj.* radicivore; ~**ig** *adj.* plein de racines; ♀**keim** *m* radicule *f*; ♀**knolle** *f der Kartoffel:* tubercule *m*; *der Zwiebel:* bulbe *m*; ♀**los** *adj.* sans racines; *fig.* déraciné; ~**n** *v/i.* avoir pris racine; *fig. in etw. (dat.)* ~ avoir sa racine dans qch.; ♀**schößling** *m* drageon *m*; surgeon *m*; ♀**silbe** *gr. f* racine *f*; radical *m*; ♀**stand** ♀ *m* radication *f*; ♀**stock** ♀ *m* rhizome *m*; ♀**trieb** *m* drageon *m*; surgeon *m*; ♀**werk** *n* racines *f/pl.*; ♀**wort** *gr. n* racine *f*; radical *m*; ♀**zeichen** ⚕ *n* radical *m*; ♀**ziehen** ⚕ *n* extraction *f* d'une racine.
'**würz|en** *v/t.* assaisonner *(a. fig.;* mit de); épicer *(a. fig.;* mit de); *dem Geruch nach:* aromatiser; ♀**en** *n* assaisonnement *m*; *dem Geruch nach:* aromatisation *f*; ♀**kräuter** *n/pl.* épices *f/pl.*; ~**ig** *adj.* savoureux, -euse; *dem Geruch nach:* aromatique; ~**los** *adj.* non épicé; fade; sans goût; ♀**stoff** *m* condiment *m*; ♀**wein** *m* vin *m* aromatisé.
'**wuschel|ig** *adj. (zerzaust)* ébouriffé;

♀**kopf** *m* tête *f* ébouriffée.
Wust *m (Kram)* fatras *m*; *(Durcheinander)* fouillis *m*; amas confus; pêle-mêle *m.*
wüst *adj. (öde)* désert; *(unbebaut)* inculte; *(verödet)* désolé; *(unordentlich)* en désordre; *(ausschweifend)* débauché; libertin; déréglé; dissolu; *Ton, Benehmen:* sauvage; *ein* ~*es Leben führen* vivre dans la débauche; '♀**e** *f* désert *m*; *zur* ~ *machen* dévaster; '~**en** *F v/i. mit dem Gelde* ~ gaspiller son argent; '♀**enbildung** *géol. f* désertification *f*; ♀**e'nei** *f* désert *m*; '♀**enfuchs** *zo. m* fennec *m*; '♀**enhund** *m* chien *m* du désert; '♀**enkrieg** *m* guerre *f* du désert; '♀**enlandschaft** *f* paysage *m* désertique; '♀**ling** *m* débauché *m*; libertin *m*; ♀**ung** *hist. géogr. f* vestiges *m/pl.* d'un village abandonné.
Wut *f* rage *f (a. fig.)*; fureur *f*; *(Raserei)* furie *f*; *(Zorn)* colère *f*; *in* ~ *geraten* entrer *(od.* se mettre*) en* fureur; enrager; s'emporter; *j-n in* ~ *bringen* mettre q. en fureur; faire enrager q.; exaspérer q.; *vor* ~ *schäumen* écumer de rage; s-e ~ *an j-m auslassen* passer sa fureur sur q.; '~**anfall** *m*, '~**ausbruch** *m* accès *m* de rage *(od.* de fureur*).*
'**wüten** I *v/i.* être en fureur *(od.* en rage*)*; *(toben, rasen)* faire rage, *F* rager; *Sturm:* se déchaîner avec furie; *(Verwüstungen anrichten)* faire des ravages; *Krankheit:* sévir; II ♀ *n* accès *m* de rage *(od.* de fureur*)*; rage *f*; fureur *f*; ~**d** *adj.* furieux, -euse; enragé; furibond; *auf j-n* ~ *sein* être furieux, -euse contre q.; être enragé contre q.; ~ *werden* entrer *(od.* se mettre*)* en fureur; enrager; s'emporter; ~ *machen* mettre en fureur; faire enrager; exaspérer.
'**wut|entbrannt** *adj.* fou de rage; ~**erfüllt** *adj.* furieux, -euse; enragé.
'**Wüterich** *m* homme *m* furieux; forcené *m*; *(grausamer Mensch)* être *m* féroce; *(blutdürstiger Tyrann)* tyran *m* sanguinaire.
'**Wutgeschrei** *n* cris *m/pl.* de rage.
'**wutschnaubend** *adj.* écumant de rage.

X

X, x n X, x m; ⚥ n m; x Generationen n générations f/pl.; die Stunde X l'heure «H»; der Tag X le jour «J»; j-m ein X für ein U vormachen faire prendre à q. des vessies pour des lanternes.
'x-Achse ⚥ f axe m des x.
Xan'thippe fig. f femme f acariâtre; mégère f; 'harpie f; pie-grièche f; querelleuse f.
'X|-Beine n/pl. jambes f/pl. cagneuses (od. en X); ~ haben être cagneux, -euse; ~beinig adj. cagneux, -euse; ⚥-beliebig adj.: ein ~es Buch n'importe quel livre; un livre quelconque; ~beliebige(r a. m) m, f n'importe qui; ~beliebige(s) n n'importe quoi; ⚥-mal adv. je ne sais combien de fois; ⚥-te adj. nième.
Xylo'graph m xylographe m; graveur m sur bois.
Xylogra'phie f xylographie f; gravure f sur bois. ⚥ren v/t. graver sur bois.
Xylo'phon ♪ n xylophone m.

Y

Y, y n Y, y m.
'y-Achse ⚥ f axe m des y.
Yacht f yacht m.
Yak m (Grunzochse) ya(c)k m.
'Yamswurzel f igname f; (Frucht) tubercule m d'igname.
'Yankee m yankee m.
Yard n yard m.
Ype'rit ⚗ n ypérite f.
'Ypsilon n i m grec.
'Ysop ♣ m hysope f.
'Yukka ♣ f yucca m.

Z

Z, z *n* Z, z *m*; *von A bis Z* depuis A jusqu'à Z; de A à Z; d'un bout à l'autre.

'Zacke *f*, **~n** *m Schneiderei*: dent *f*; dentelure *f*; *e-s Sterns etc.* pointe *f*; *géogr.* dent *f*.

'zacken *v/t.* garnir de pointes; denteler; déchiqueter.

'zackig *adj.* garni de pointes; denté; ♀, *zo.* dentelé; *fig.* F (*schneidig*) crânement; (*autorität*) pète-sec; *Rhythmus*: endiablé.

'zag|haft I *adj.* (*furchtsam*) craintif, -ive; (*ängstlich*) peureux, -euse; (*schüchtern*) timide; (*unentschlossen*) irrésolu; **II** *adv. a.* en tremblant; ♀**haftigkeit** *f* (*Schüchternheit*) timidité *f*; (*Unentschlossenheit*) irrésolution *f*.

'zäh(e) *adj.* tenace (*a. fig.*); *Fleisch usw.*: dur; coriace; (*hartnäckig*) opiniâtre; *von Natur* ~ *sein* avoir la vie dure; ~**flüssig** *adj.* visqueux, -euse; *Verkehr*: ralenti, difficile; dense; chargé; embarrassé; encombré; ~**er Stil** style *m* pâteux; ♀**flüssigkeit** *f* viscosité *f*; *Verkehr*: ralentissement(s) *m/pl.*; tassement *m*; ♀**igkeit** *f* ténacité *f* (*a. fig.*).

Zahl *f* nombre *m*; (*Ziffer*) chiffre *m*; (*Nummer*) numéro *m*; *dreistellige* ~ nombre *m* de trois chiffres; *zehn an der* ~ au nombre de dix; *an* ~ *übertreffen* être numériquement supérieur (à); *in großer* ~ en grand nombre; *in runden Zahlen* en rond; *um die* ~ *vollzumachen* pour faire nombre; ~**en beweisen** les chiffres sont éloquents.

Zahl|adverb *n* adverbe *m* numéral; ♀**bar** *adj.* payable; ~ *bei Lieferung in drei Monaten*; *bei Sicht*; *an den Überbringer*) payable à la livraison (en trois mois; à vue; au porteur).

'zählbar *adj.* dénombrable.

'zählebig *adj.* qui a la vie dure.

'zahlen I *v/t.* payer; *Kellner,* ~! garçon, l'addition (s'il vous plaît)!; (*abtragen*) acquitter; (*ein-*) verser; *bar* ~ payer comptant; *in Raten* ~ payer par acomptes; **II** ♀ *n* paiement *m*; (*Ein*♀) versement *m*.

'zählen *v/t., v/i. u. v/rf.* compter; dénombrer; (*sich belaufen auf*) se monter (*od.* s'élever) à; *Bevölkerung*: recenser; faire le recensement (de); *die Stimmen* ~ dépouiller le scrutin; *compter les voix*; *10 Jahre* ~ compter dix ans; ~ *auf* (*acc.*) compter sur; ~ *zu* compter au nombre de (*od.* parmi); *das* (*er*) *zählt nicht* cela (il) ne compte pas; *fig. ehe man* (*bis*) *drei* ~ *konnte* en un clin d'œil; F *er kann nicht bis drei* ~ il n'a pas inventé la poudre (*od.* le fil à couper le beurre); *s-e Tage sind gezählt* ses jours sont comptés.

'Zahlen|angabe *f* indication *f* numérique; ~**beispiel** *n* exemple *m* numérique; ~**bruch** *m* fraction *f* numérique; ~**folge** *f* suite *f* de nombres; ~**gedächtnis** *n* mémoire *f* des nombres; ~**größe** *f* quantité *f* numérique; ~**lehre** *f* arithmétique *f*; ~**lotto** *n* loterie *f* à numéros; ♀**mäßig** *adj.* numérique; ~ *überlegen sein* être numériquement supérieur (*j-m à q.*); ~**material** *n* indications *f/pl.* numériques; ~**reihe** *f* série *f* de nombres; ~**schloß** *n* serrure *f* à combinaison; ~**sinn** *m* sens *m* des nombres; ~**system** *n* système *m* arithmétique; ~**verhältnis** *n* proportion *f* numérique; ~**wert** *m* valeur *f* numérique.

'Zahler(in *f*) *m* payeur *m*, -euse *f*.

'Zähler(in *f*) *m* compteur *m*, -euse *f*; (*Zählerapparat*) compteur *m*; *arith.* numérateur *m*.

'Zahl|karte ⚒ *f* mandat-carte *m*; ~**kellner** *m* garçon *m* qui fait l'addition; ♀**los** *adj.* innombrable; ~**meister** ⚔ *m* officier *m* payeur (*od.* comptable); trésorier *m*; ♀**reich I** *adj.* nombreux, -euse; **II** *adv.* en grand nombre; ~**stelle** *f* caisse *f*; ~**tag** *m* (jour *m* de) paye *f*; ~**tisch** *m* comptoir *m*; ~**ung** *f* paiement *m od.* payement *m*; *gegen* ~ contre paiement; *als* ~ en paiement; *Ersatzleistung f als* ~ paiement *f* en paiement; *e-e* ~ *leisten* faire (*od.* effectuer) un paiement; *die* ~**en einstellen** cesser (*od.* suspendre) les paiements; *in* ~ *nehmen* prendre en paiement; *zur* ~ *auffordern* sommer de payer.

'Zählung *f* comptage *m*; dénombrement *m*; *der Bevölkerung*: recensement *m*; (*Stimmen*♀) dépouillement *m du scrutin*.

'Zahlungs|abkommen *n* accord *m* de paiement; ~**angebot** *n* offre *f* de paiement; ~**anweisung** *f* mandat *m* de paiement; ~**art** *f* mode *m* de paiement; ~**aufforderung** *f* sommation *f* de payer; mise *f* en demeure; ~**aufschub** *m* prorogation *f* du délai de paiement; ~**auftrag** *m* mandat *m* de paiement; ~**bedingungen** *f/pl.* conditions *f/pl.* de paiement; ~**befehl** *m* sommation *f* de payer; ~**beleg** *m* récépissé *m* de paiement; ~**bestätigung** *f* quittance *f*; acquit *m*; ~**bilanz** *f* balance *f* des paiements; ~**eingang** *m* rentrée *f* de paiements; encaissement *m*; ~**einstellung** *f* cessation *f* des paiements; ~**empfänger** *m* bénéficiaire *m* d'un paiement; ~**erleichterungen** *f/pl.* facilités *f/pl.* de paiement; ♀**fähig** *adj.* solvable; ~**fähigkeit** *f* solvabilité *f*; ~**frist** *f* délai *m* de paiement; ~**mittel** *n* moyen *m* de paiement; *gesetzliches* ~ monnaie *f* légale; ~**ort** *m* lieu *m* de paiement; ~**rückstand** *m* retard *m* dans le paiement; ~**schwierigkeiten** *f/pl.* difficultés *f/pl.* de paiement; ~**sperre** *f* blocage *m* des paiements; ~**system** *n* système *m* de paiement; ~**termin** *m* terme *m* du paiement; ♀**unfähig** *adj.* insolvable; ~**unfähigkeit** *f* insolvabilité *f*; ~**verbindlichkeit** *f* obligation *f* de paiement (*od.* de payer); ~**verkehr** *m* paiements *m/pl.*; ~**versprechen** *n* promesse *f* de paiement; ~**verweigerung** *f* refus *m* de paiement; ~**verzug** *m* retard *m* dans le paiement; ~**weise** *f* mode *m* de paiement.

'Zählwerk *n* mécanisme *m* compteur.

'Zahl|wert *m* valeur *f* numéraire; ~**wort** *gr. n* adjectif *m* numéral; nom *m* de nombre; ~**zeichen** *n* chiffre *m*.

zahm *adj.* (*gezähmt*) apprivoisé; *Haustier*: domestique; ~ *werden* s'apprivoiser.

'zähm|bar *adj.* qui se laisse apprivoiser; apprivoisable; domptable; ~**en** *v/t.* apprivoiser; (*bändigen*) dompter (*a. fig.*); *zu e-m Haustier*: domestiquer; ♀**ung** *f* apprivoisement *m*; (*Bändigung*) domptage *m*; *zu e-m Haustier*: domestication *f*.

Zahn *m* dent *f*; *hohler* ~ dent *f* creuse; *gute Zähne haben* avoir de bonnes dents; *fig. der* ~ *der Zeit* les ravages *m/pl.* du temps; *bis an die Zähne bewaffnet* armé jusqu'aux dents; *Zähne bekommen* faire ses dents; *e-n* ~ *ziehen* extraire (*od.* arracher) une dent; *die Zähne ausbrechen* casser les dents (*j-m à q.*); *e-m Kamm* (*e-r Säge*) *die Zähne ausbrechen* édenter un peigne (une scie); *die Zähne verlieren* perdre ses dents, *Kamm, Säge usw.* s'édenter; *sich die Zähne in Ordnung bringen lassen* se faire soigner les dents; *sich e-n* ~ *ausbrechen* s'ébrécher une dent; *mit den Zähnen klappern* claquer des dents (*vor Kälte de froid*); *mit den Zähnen knirschen* grincer des dents; *j-m auf den* ~ *fühlen* sonder les intentions de q.; *fig.* Haare *auf den Zähnen haben* avoir bec et ongles; n'avoir pas froid aux yeux; *fig. sich die Zähne an etw.* (*dat.*) *ausbeißen* se casser les dents sur qch.; *fig. j-m die Zähne zeigen* montrer les dents à q.; *die Zähne zusammenbeißen* serrer les dents (*vor Kälte de froid*); *die Zähne nicht auseinanderkriegen* ne pas desserrer les dents; F *e-n* ~ *draufhaben* mener un train (*od.* rouler à un train) d'enfer; **~arzt** *m*, **'ärztin** *f* dentiste *m, f*; **'ärztlich** *adj.* du (*od.* de) dentiste; **~arztpraxis** *f* cabinet *m* de dentiste; **'ausfall** *m* chute *f* des dents; **'behandlung** *f* soins *m/pl.* dentaires; **˷bein** *anat. n* dentine *f*; **˷belag** *m* tartre *m*; **˷bildung** *f* dentification *f*; **˷bohrer** *m* roulette *f* de dentiste; **˷bürste** *f* brosse *f* à dents.

'**Zähnchen** *n* denticule *m*; (*Kinder*˷) quenotte *f*.

'**Zahn|chirurg** *m* chirurgien *m* dentiste; **˷chirurgie** *f* chirurgie *f* dentaire; **˷durchbruch** *m* dentition *f*.

'**Zähne|fletschen** *n* grincement *m* de dents; **˷klappern** *n* claquement *m* de dents; **˷knirschen** *n* grincement *m* de dents; 2**knirschend** *adv.* en grinçant des dents.

'**zahnen** I *v/i.* faire ses dents; II 2 *n* dentition *f*.

'**zähnen** *v/t.* denter; denteler.

'**Zahn|ersatz** *m* dents *f/pl.* artificielles; (*Prothese*) prothèse *f* dentaire; dentier *m*; **˷fäule** ⚕ *f* carie *f* dentaire; **˷fistel** ⚕ *f* fistule *f* dentaire; **˷fleisch** *anat. n* gencive(s *pl.*) *f*; **˷fleischbluten** *n* gingivorragie *f*; **˷fleisch-entzündung** *f* gingivite *f*; **˷füllung** *f* plombage *m*; obturation *f*; **˷geschwür** ⚕ *n* abcès *m* dentaire; **˷hals** *m* collet *m* d'une dent; **˷heilkunde** *f* odontologie *f*; dentisterie *f*; **˷höhle** *anat. f* alvéole *m* dentaire; **˷hygiene** *f* hygiène *f* dentaire; **˷implantat** *n* implant *m* dentaire; **˷karies** *f* carie *f* dentaire; **˷klinik** *f* clinique *f* dentaire; **˷krankheit** *f* maladie *f* des dents; **˷kranz** ⊕ *m* couronne *f* dentée; **˷krem** *f od. m* dentifrice *m*; **˷krone** *f* couronne *f* d'une dent; **˷laut** *gr. m* dentale *f*; **˷lehre** *f* odontologie *f*; 2**los** *adj.* sans dents; édenté; **˷lücke** *f* brèche *f*; ⊕ creux *m*; 2**lückig** *adj.* avec une bouche édentée; F, *a. iron.* à la mâchoire ébréchée; **˷medizin** *f* odontologie *f*; **˷nerv** *anat. m* nerf *m* dentaire; **˷pasta** *f*, **˷paste** *f* dentifrice *m*; *Tube* ˷ tube *m* de dentifrice; **˷pflege** *f* soins *m/pl.* dentaires; **˷plombe** *f* plombage *m*; obturation *f*; **˷prothese** *f* prothèse *f* dentaire; dentier *m*; **˷prothesenhersteller** *m* prothésiste *m*; **˷pulver** *n* poudre *f* dentifrice; **˷rad** *n* roue *f* dentée; *kleines:* pignon *m*; **˷rad-antrieb** *m* commande *f* par engrenages; **˷radbahn** *f* chemin *m* de fer à crémaillère; **˷radgetriebe** *n* engrenage *m*; *Auto:* boîte *f* d'engrenages; 2**reinigend** *adj.* dentifrice; **˷schmelz** *m* émail *m* des dents; **˷schmerz** ⚕ *m* mal *m* de dent; odontalgie *f*; ˷en haben avoir mal aux dents; *wahnsinnige* ˷en rage *f* de dents; (*gut*) gegen ˷en odontalgique; *Mittel gegen* ˷en odontalgique *m*; **˷schutz** *m Boxen:* protège-dents *m*; **˷stange** ⊕ *f* crémaillère *f*; **˷stein** *m* tartre *m*; **˷stocher** *m* cure-dent *m*; **˷stumpf** *m* chicot *m*; **˷techniker** *m* mécanicien--dentiste *m*; **˷transplantat** *n* greffon *m* dentaire.

'**Zahnung** ⊕ *f* denture *f*.

'**Zahn|wechsel** *m* seconde dentition *f*; **˷wurzel** *f* racine *f* de la dent; **˷zange** *f* davier *m*; **˷zerfall** *m* carie *f* dentaire; **˷ziehen** *n* extraction *f* (de dent); **˷zwischenräume** *m/pl.* interstices *m/pl.* dentaires.

'**Zair|e** *géogr. n* le Zaïre; 2**isch** *adj.* zaïrois.

'**Zander** *icht. m* sandre *m od. f*.

'**Zange** *f* (*Kneif*˷) tenailles *f/pl.*; (*Flach*˷) pince *f* plate; (*Geburts*˷) forceps *m*; **˷nbewegung** ✕ *f* offensive *f* en tenaille; **˷ngeburt** *f* accouchement *m* au forceps.

Zank *m* querelle *f*; démêlé *m*; (*Wortwechsel*) dispute *f*; (*Auseinandersetzung*) altercation *f*; *mit j-m* ˷ *suchen* chercher querelle (*od.* noise) à q.; '**˷apfel** *m* pomme *f* de discorde; 2**en** *v/i. u. v/rf.: sich* ˷ se quereller (*mit* avec); se disputer (avec); *sich mit j-m um etw.* ˷ se disputer avec q. au sujet de qc.

'**Zänker(in** *f*) *m* querelleur *m*, -euse *f*.

Zänke'rei *f* querelle *f*.

'**zänkisch** *adj.* querelleur, -euse; 'hargneux, -euse; acariâtre.

'**Zank|sucht** *f* humeur *f* querelleuse; 2**süchtig** *adj.* querelleur, -euse.

'**Zäpfchen** *n anat.* luette *f* (du palais); *phm.* suppositoire *m*.

'**zapfen** *v/t. Wein usw.:* tirer.

'**Zapfen** *m* (*Pflock*) cheville *f*; goujon *m*; (*Lager*˷) tourillon *m*; (*Dreh*˷) pivot *m*; (*Tannen*˷) pomme *f* (*od.* cône *m*) de pin; (*Eis*˷) glaçon *m* **˷lager** *n* palier *m* d'un tourillon; **˷loch** *n men. u. charp.* mortaise *f*; **˷streich** ✕ *m* couvre-feu *m*; *nach e-m Manöver:* retraite *f*; *den* ˷ *blasen* sonner la retraite; 2**tragend** ♀ *adj.* conifère.

'**Zapf|säule** *f*, **˷stelle** *f für Benzin:* pompe *f* à essence; distributeur *m* d'essence; **˷stelle für Wasser:** prise *f* d'eau.

zapp|(e)lig *adj.* frétillant; *Kind:* agité; remuant; **˷eln** *v/i.* frétiller; (*strampeln*) remuer sans cesse les jambes, F gigoter; *fig. j-n* ˷ *lassen* tenir la dragée 'haute à q.; 2**eln** *n* frétillement *m*; 2**elphilipp** F *m* boisseau *m* de puces.

'**Zar(in** *f*) *m* tsar *m*, tsarine *f*; **˷entum** *n* tsarisme *m*.

'**Zarge** *f e-r Schachtel:* corps *m* de boîte; *e-s Fensters, e-r Tür:* cadre *m*; châssis *m*; *e-s Plattenspielers:* socle *m*; *e-s Saiteninstruments:* éclisse *f*.

za'ristisch *adj.* tsariste.

zart *adj.* tendre (*a. Fleisch*); *Haut, Geschmack, Gefühl, Gesundheit:* délicat; (*fein*) fin; (*empfindlich*) sensible; (*dünn*) délié; ténu; (*zerbrechlich*) fragile; (*sanft*) doux, douce; (*schwach*) faible; (*leicht*) léger, -ère; **˷be'saitet** *adj.* sensible; '**˷fühlend** *adj.* délicat; (*taktvoll*) qui a du tact; 2**gefühl** *n* délicatesse *f* (du sentiment); tendresse *f*; (*Takt*) tact *m*; 2**heit** *f* délicatesse *f*; finesse *f*; (*Empfindlichkeit*) sensibilité *f*; (*Zerbrechlichkeit*) fragilité *f*; (*Sanftheit*) douceur *f*; (*Schwäche*) faiblesse *f*; *des Fleisches:* tendreté *f*.

'**zärtlich** *adj.* tendre; (*liebevoll*) affectueux, -euse; 2**keit** *f* tendresse *f*; affection *f*; 2**keitsbedürfnis** *n* besoin *m* de tendresse.

'**Zartmacher** ⊕ (*Fleischerei*) *m* attendrisseur *m*.

zart'rosa *adj.* rose tendre; *litt.* incarnadin.

'**Zaster** P *m* (*Geld*) P fric *m*; P galette *f*; P pognon *m*; P braise *f*; P picaillons *m/pl.*; *★pèze m*.

Zä'sur *f* césure *f*.

'**Zauber** *m* charme *m*; enchantement *m*; effet *m* magique; magie *f*; *den* ˷ *lösen* rompre le charme; F *fauler* ˷*!* chansons (*od.* baliverness) que tout cela!; **˷buch** *n* livre *m* de magie; grimoire *m*.

Zaube'rei *f* enchantement *m*; ensorcellement *m*; (*Kunst*) magie *f*; sorcellerie *f*; sortilège *m*.

'**Zauber|er** *m*, **˷in** *f* enchanteur *m*, -teresse *f*; *in Afrika:* griot *m*; (*Künstler*) magicien *m*, -enne *f*; (*Hexenmeister*) sorcier *m*, -ière *f*; (*Taschenspieler*) prestidigitateur *m*; **˷flöte** *f: die* ˷ la Flûte enchantée; **˷formel** *f* formule *f* magique; 2**haft**, 2**isch** *adj.* magique; enchanté; féerique; (*blendend*) prestigieux, -euse; *fig.* enchanteur, -eresse; (*reizend*) ravissant; (*wunderbar*) merveilleux, -euse; **˷kraft** *f* pouvoir *m* (*od.* vertu *f*) magique; **˷kunst** *f* magie *f*; (*Taschenspielerkunst*) prestidigitation *f*; *Zauberkünste pl.* tours *m/pl.* de magicien; **˷künstler** *m* magicien *m*; illusionniste *m*; prestidigitateur *m*; **˷kunststück** *n* tour *m* de prestidigitation; **˷land** *n* pays *m* enchanté; **˷lehrling** *m* apprenti *m* sorcier; **˷mittel** *n* charme *m*; 2**n** 1. *v/i.* user de charmes; pratiquer la magie; ˷ *können* être sorcier, -ière (*als Kunst:* magicien, -enne); 2. *v/t.: etw. aus der Tasche* ˷ faire sortir qch. de sa poche comme par enchantement; *j-m etw. in die Tasche* ˷ faire passer qch. comme par enchantement dans la poche de q.; **˷ring** *m* anneau *m* magique; **˷schlag** *m fig.: wie mit e-m* ˷ *e* comme par enchantement; **˷schloß** *n* château *m* enchanté; **˷spiegel** *m* miroir *m* magique; **˷spruch** *m* formule *f* magique; **˷stab** *m* baguette *f* magique; **˷stück** *n* tour *m* de magicien; *thé.* féerie *f*; **˷trank** *m* philtre *m*; **˷wort** *n* mot *m* magique.

'**Zauder|er** *m*, **˷in** *f* hésitant *m*, -ante *f*; indécis *m*, -ise *f*; (*bessere Zeiten abwartend*) temporisateur *m*, -trice *f*; 2**n** *v/i.* hésiter (*etw. zu tun* à faire qch.); tarder (à); (*abwarten*) temporiser; **˷n** *n* hésitation *f*; (*abwartende Haltung*) temporisation *f*.

Zaum *m man.* bride *f*; *fig. a.* frein *m*; *fig. j-n im* ˷*e halten* tenir q. en bride; tenir la bride 'haute à q.; *die Zunge im* ˷ *halten* tenir sa langue; *s-n Zorn im* ˷ *halten* réprimer sa colère; *sich im* ˷ *halten* se dominer.

'**zäumen** *v/t.* brider; mettre la bride (à).

'**Zaumzeug** *n* bride *f*.

Zaun *m* clôture *f*; (*Pfahl*˷) palissade *f*; (*Hecke*) 'haie *f*; *fig. e-n Streit vom* ˷ *brechen* chercher querelle pour des raisons futiles; '**˷ammer** *orn. f* zizi *m*; '**˷gast** *m* resquilleur *m*; '**˷könig** *orn. m* troglodyte *m*; *abus.* roitelet *m*; '**˷pfahl** *m* palis *m*; *e-n Wink mit dem* ˷ *geben* faire une allusion claire et nette; laisser entendre d'une manière significative; '**˷winde** ♀ *f* liseron *m* des 'haies.

'**zausen** *v/t.: j-n bei den Haaren* ˷ tirer les cheveux à q.

'**Zebra** *zo. n* zèbre *m*; 2**artig** *adj.:* ˷ *streifen* zébrer; **˷streifen** *m/pl.* Straße: passage *m* pour piétons.

'**Zebu** *m* zébu *m*.

'Zech|bruder *m* buveur *m*; P pochard *m*; P riboteur *m*; ⸗e *f* (*Rechnung*) addition *f*; (*zu zahlender Anteil*) écot *m*; (*Verzehr*) consommation *f*; die ⸗ bezahlen payer son écot, se défrayer, F payer les violons; *fig.* payer les pots cassés; ⚒ mine *f*, (*Steinkohlen*⸗) 'houillère *f*; ⸗en *v/i.* boire (copieusement); P chopiner; P pinter; ⸗en|koks *m* coke *m* métallurgique; ⸗er (-in *f*) *m* buveur *m*, -euse *f*; F pochard *m*, -e *f*; ⸗e'rei *f*, ⸗gelage *n* beuverie *f*; libations *f/pl.*; F bamboche *f*; ⸗kumpan *m* copain *m* de bistrot; ⸗preller *m* pique-assiette *m*; resquilleur *m*; ⸗prelle'rei *f* resquille *f*; *auf* ⸗ *ausgehen* resquiller.

'Zecke *ent. f* tique *f*.

Ze'dent(in *f*) ₂͞₂ *m* cédant *m*, -e *f*.

'Zeder ⚥ *f* cèdre *m*; ⸗nholz *n* (bois *m* de) cèdre *m*; ⸗nwald *m* forêt *f* de cèdres.

ze'dieren I *v/t.* céder; faire cession (de); II ⚥ *n* cession *f*.

Zeh *m*, ⸗e *f* doigt *m* de pied; orteil *m*; *große Zehe* (gros) orteil *m*; *v. Knoblauch usw.*: gousse *f*; '⸗engänger *zo. m/pl.* digitigrades *m/pl.*; ⸗enspitzen *f/pl.*: *auf* ⸗ *gehen* marcher sur la pointe des pieds.

zehn I *a/n.c.* dix; *die* ⚥ *Gebote n/pl.* les dix commandements *m/pl.*; le Décalogue; *etwa* ⸗ une dizaine (de); *Zeitraum von* ⸗ *Tagen* décade *f*; II ⚥ *f* dix *m*; ⚥eck ⚥ *n* décagone *m*; ⸗eckig ⚥ *adj.* décagonal *m*; ⚥ender *ch. m* (cerf *m*) dix cors *m*; '⚥er ⚥ *m* dizaine *f*; ⸗er'lei *adj.* de dix espèces; '⚥ersystem *n* système *m* décimal; '⸗fach, '⸗fältig *adj.* décuple; *adv.* dix fois autant; *das* ⚥e le décuple; '⚥flächner *m* décaèdre *m*; ⚥'jahres-plan *m* plan *m* décennal; '⸗jährig *adj.* (âgé) de dix ans; de (*od.* qui dure) dix ans; décennal; '⸗kampf *m Sport*: décathlon *m*; '⚥kämpfer *m* décathlonien *m*; '⸗mal *adv.* dix fois; '⸗malig *adj.* répété dix fois; ⚥'pfennigstück *n* pièce *f* de dix pfennigs; '⸗prozentig *adj.* à dix pour cent; '⚥silbig *adj.* décasyllab(iqu)e; '⚥silber *m* décasyllabe *m*; '⸗stündig *adj.* de dix heures; '⸗tätig *adj.* de dix jours; '⸗'tausend *a/n.c.* dix mille; F *die oberen* ⚥ la crème de la société; le grand monde; l'élite mondaine; les gens du monde; F les gens de la haute; les grands; F les grosses légumes; F le dessus du panier; P la croûte; les notables; les gens bien; F les gros bonnets; *zu den oberen* ⸗ *gehören* tenir le haut du pavé; faire partie des deux cents familles; '⸗te *a/n.o.* dixième; *der* (*den, am*) ⸗(*n*) (10.) *Oktober* le dix (10) octobre; ⸗es *Kapitel* chapitre *m* dix; '⚥te *hist. m* dîme *f*; '⚥tel *n* dixième *m*; '⸗tens *adv.* dixièmement; en dixième lieu.

'zehr|en *v/i. fig. von s-m Ruhme* ⸗ se reposer sur ses lauriers; vivre de sa gloire; *Seeluft, Sport*: faire maigrir; consumer; ronger; ⚥geld *n*, ⚥pfennig *m* viatique *m*.

'Zeichen *n* signe *m*; (*Signal*) signal *m*; (*Kenn*⚥) marque *f*; (*An*⚥) indice *m*; (*Symptom*) symptôme *m*; (*Vor*⚥) présage *m*; (*Unterscheidungsmerkmal*) caractéristique *f*; marque *f* distinctive; (*Merk*⚥) repère *m*; (*Stigma*) stigmate *m*; (*Ab*⚥) insigne *m*; (*Buch*⚥, *Lese*⚥) signet *m*; (*Satz*⚥) signe *m* de ponctuation; *der Goldarbeiter*: coin *m*; (*Bezeugung*) témoignage *m*; (*Beweis*) preuve *f*; ✝ *Ihr* ⸗ votre référence; *das* ⸗ *des Kreuzes* le signe de la croix; *ein* ⸗ *geben* faire signe (*mit dem Kopf* de la tête); *das* ⸗ *geben* donner le signal (*zu* de); *auf ein* ⸗ à un signal; *im* ⸗ (*gén.*) sous le signe de; *als* ⸗; *zum* ⸗ (*gén.*) en signe de; en témoignage de; *das ist ein gutes* (*schlechtes*) ⸗ c'est bon (mauvais) signe; c'est de bon (de mauvais) augure; *das ist ein* ⸗ *der Zeit* c'est un signe des temps; *die ersten* ⸗ *für e-e neue Weltwirtschaftsordnung setzen* poser les premiers jalons du nouvel ordre économique mondial; ⸗ *setzen a.* marquer des points; *die* ⸗ *setzen fig.* marquer le pas; *sein* ⸗ *setzen* mettre sa marque; *dieser Besuch erfolgt im* ⸗ *des Kulturaustausches* cette visite se fait au titre des échanges culturels; *gr. die* ⸗*n* (*Satz*⚥) *setzen* mettre la ponctuation; *zum* ⸗, *daß* ... pour preuve que ...; *er ist s-s* ⸗*s Schmied* il est forgeron de son métier; ⸗block *m* bloc *m* de papier à dessin; ⸗brett *n* planche *f* à dessin; ⸗büro *n* bureau *m* de dessin; ⸗deuter(in *f*) *m* devin *m*, -eresse *f*; ⸗erklärung *f* explication *f* des signes; *auf Landkarten usw.*: légende *f*; ⸗feder *f* plume *f* à dessin; ⸗gebung *f* signalisation *f*; ⸗gummi *m* gomme *f* à dessin; ⸗kohle *f* fusain *m*; ⸗kreide *f* craie à dessin; ⸗kunst *f* (art *m* du) dessin *m*; ⸗lehrer(in *f*) *m* professeur *m* de dessin; ⸗mappe *f* carton *m* (à dessins); ⸗material *n* matériel *m* de dessin; ⸗papier *n* papier *m* à dessin; ⸗saal *m* salle *f* de dessin; ⸗setzung *gr. f* ponctuation *f*; ⸗sprache *f* langage *m* par signes; ⸗stift *m* crayon *m* à dessin; ⸗stunde *f* leçon *f* de dessin; ⸗trickfilm *m* dessin *m* animé; ⸗unterricht *m* cours *m* de dessin; ⸗vorlage *f* modèle *m*.

'zeichn|en *v/t. u. v/i.* dessiner; (*flüchtig* ⸗) esquisser; ébaucher; (*kenn*⸗) marquer; (*unter*⸗) signer; *Linie usw.*: tracer; ✝ souscrire (*e-n Betrag von* ... pour un montant de ...); *e-e Anleihe à un emprunt*; *mit Kreide* (*im verkleinerten Maßstab*) *nach dem Leben*) ⸗ dessiner à la craie (à échelle réduite; d'après nature); ⚥en *n* dessin *m*; ✝ souscription *f*; *technisches* ⸗ dessin *m* industriel; ⸗er(in *f*) *m* dessinateur *m*, -trice *f*; ✝ souscripteur *m*; *technische*(*r*) ⸗ dessinateur *m* (-trice *f*) industriel(le); ⸗erisch I *adj.* de dessin; (*graphisch*) graphique; ⸗e *Darstellung* graphique *m*; II *adv.* au point de vue du dessin; comme dessin; (*graphisch*) graphiquement; ⚥ung *f* dessin *m*; (*Skizze*) esquisse *f*; ébauche *f*; croquis *m*; (*Unter*⚥) signature *f*; *e-r Linie usw.*: tracement *m*; ✝ souscription *f*; *zur* ⸗ *auflegen* mettre en (*od.* offrir à) souscription; ⸗ *von Aktien* souscription *f* à des actions; ⚥ungsangebot *n* offre *f* de souscription; ⸗ungsberechtigt *adj.* autorisé à signer; ⚥ungsbetrag *m* montant *m* de souscription; ⚥ungsformular *n* bulletin *m* de souscription; ⚥ungsfrist *f* délai *m* de souscription; ⚥ungsliste *f* liste *f* de souscription; ⚥ungsvollmacht *f* pouvoir *m* de signer.

'Zeidler *südd. m* apiculteur *m*.

'Zeige|finger *m* index *m*; ⚥en *v/t., v/rf. u. v/i.* montrer; faire voir; (*an den Tag legen*) faire paraître; *Film*: passer; (*zu Schau stellen*) étaler; (*angeben*) indiquer; (*bezeugen*) témoigner; (*beweisen*) démontrer; faire preuve (de); *durch sein Benehmen*: faire acte (de); *Thermometer*: marquer (*zehn Grad* dix degrés); *Uhr*: marquer (*auf drei Uhr* trois heures); *auf j-n* ⸗ montrer q.; *mit dem Finger auf j-n* ⸗ montrer (*od.* désigner) q. du doigt; pointer le doigt vers q.; *Interesse* ⸗ *für etw.* (*für j-n*) montrer (*od.* témoigner) de l'intérêt pour qch. (de, pour q.); *nach Norden* ⸗ montrer le nord; *sich* ⸗ se montrer, (*erscheinen*) paraître, apparaître; (*sich offenbaren*) se manifester, se faire jour; *das wird sich bald* ⸗ cela se verra sous peu; ⸗er *m e-r Uhr, e-s Meßinstruments*: aiguille *f* de l'intérêt pour qch.; *Uhr*: aiguille *f* de l'aiguille; ⸗stock *m* baguette *f*.

'Zeile *f* ligne *f*, *v. Häusern*: rangée *f*; *télév.* ligne *f* d'exploration (*od.* d'analyse); *eingerückte* ⸗ alinéa *m*; *neue* ⸗ ! à la ligne!; *e-e neue* ⸗ *anfangen aller* (*od.* mettre) à la ligne; *j-m ein paar* ⸗*n schreiben* écrire deux lignes à q.; *zwischen die* ⸗*n schreiben* interligner; *das zwischen zwei* ⸗ *Geschriebene* interligne *m*; entre-ligne *m*; ⸗ *schinden* tirer à la ligne; *nach* ⸗*n bezahlen* payer à la ligne; *fig. zwischen den* ⸗*n lesen* lire entre les lignes; ⸗n-abstand *m* interligne *m*; entre-ligne *m*; ⸗ngießmaschine *typ. f* linotype *f*; ⸗nhonorar *n* rémunération *f* à la ligne; pige *f*; ⸗ *geben* (*bekommen*) payer (être payé) à la ligne; ⸗nschalthebel *m Schreibmaschine*: levier *m* d'interligne; ⸗nschinder *m* lignard *m*; bourreur *m* de lignes; ⸗nsetzmaschine *f* linotype *f*; ⸗nsprungverfahren *télév. n* analyse *f* entrelacée; ⸗nvertauschung *impr. f* interversion *f* de lignes; ⚥nweise *adv.* par ligne(s); ⸗ *bezahlen* payer à la ligne; ⸗nzahl *f* lignage *m*; *Fernsehen*: définition *f*; *mit hoher* ⸗ à 'haute définition'; ⸗nzwischenraum *m* interligne *m*; entre-ligne *m*.

'Zeisig *orn. m* tarin *m*; *fig. lockerer* ⸗ bon vivant *m*; ⚥grün *adj.* vert de tarin.

Zeit *f* temps *m* (*a. gr.*; *Sport*); (⸗raum) période *f*; espace (*od.* laps) *m* de temps; (⸗abschnitt) époque *f*; période *f*; (⸗alter) âge *m*; siècle *m*; (⸗punkt) moment *m*; (*Frist*) terme *m*; délai *m*; (*Datum*) date *f*; (*Uhr*⸗) heure *f*; (*Jahres*⸗) saison *f*; (*Phase*) phase *f*; ♪ mesure *f*; *freie* ⸗ loisir *m* (*zu* de); *die gute alte* ⸗ le bon vieux temps; *die neue* ⸗ les temps *m/pl.* modernes; *schlechte* ⸗*en* temps *m/pl.* durs (*od.* difficiles); *du liebe* ⸗! bonté divine!; *die ganze* ⸗ über pendant tout ce temps; ⸗ *gewinnen* gagner du temps; ⸗ *haben* avoir le temps (*zu* ... [*inf.*] de ... [*inf.*]); avoir le loisir (de); *wir haben genug* ⸗ nous avons bien le temps; *das hat noch* ⸗; *damit hat es* noch ~ cela ne presse pas; *das hat noch ~ bis morgen* nous pouvons remettre cela à demain; *keine ~ haben* n'avoir pas le temps (*zu ... [inf.] de ... [inf.]*); *viel ~ kosten* (*od. in Anspruch nehmen*) prendre beaucoup de temps; *viel ~ brauchen, um zu ... (inf.)* rester longtemps à ... (*inf.*); *j-m ~ lassen* donner du temps à q.; *sich ~ lassen* (*od. nehmen*) prendre son temps; *Sport: die ~ nehmen* chronométrer (*von etw. qch.*); *es ist* (*höchste*) *~* il est (grand) temps (*zu ... [inf.] de ... [inf.]; daß ... que ... [subj.]*); *es ist genug ~* nous avons bien le temps; *die ~ totschlagen* tuer le temps; *~ verlieren* perdre du (*od.* son) temps; *es ist keine ~ zu verlieren* il n'y a pas de temps à perdre; *die* (*s-e*) *~ verbringen* passer le (son) temps (*mit* à); *sich die ~ vertreiben mit* passer son temps à; *j-m die ~ vertreiben* faire passer le temps à q.; *ihm wird die ~ lang* le temps lui ennuie; *es ist an der ~, zu ... (inf.)* le moment est venu (*od.* il est temps) de ... (*inf.*); *¶ auf ~* à terme; *auf einige ~ pour quelque temps; auf kurze ~* pour peu de temps; ✝ à court terme; *auf der Höhe s-r ~ sein* être à la hauteur de son temps; *für alle ~en* pour toujours; *für die ~ bis zu* pour la période allant jusqu'à; *hinter s-r ~ zurück sein* (*zurückbleiben*) retarder (*od.* être en retard) sur son temps; *in der ~, da* (*od. wo*) *...* dans le temps où ...; *pendant que ...; in der ~ von 3 bis 5 Uhr* de trois à cinq heures; *in der ~ vom 5. bis 10. Januar* du cinq au dix janvier; *in früheren ~en* au temps jadis; autrefois; *in kurzer ~* en peu de temps; sous peu; avant peu; *in kürzester ~* dans le plus bref délai; *im Laufe der ~* avec le temps; à la longue; *in letzter ~* ces derniers temps; *in unserer ~* de nos jours; *mit der ~* avec le temps; à la longue; à la longue; à la longue; *mit der* (*od. s-r*) *~ mitgehen* marcher avec son temps; être de son époque, de son temps; *mit der ~ Schritt halten* être à la page; rester au rythme de son temps; F être dans le train; *die ~ nach dem Zweiten Weltkriege* le deuxième après-guerre; *die ~ zwischen den beiden Weltkriegen* (*1918–1939*) l'entre-deux-guerres; *nach einiger ~* quelque temps après; *seit der ~; von der ~ an* dès lors; depuis lors; depuis ce temps-là; *seit einiger ~* depuis quelque temps; *es sind schon zwei Tage über der ~* la date est déjà dépassée de deux jours; *um welche ~?* à quelle époque?, (*um wieviel Uhr?*) à quelle heure?; *um die ~ der Ernte* vers l'époque de la moisson; *von ~ zu ~* de temps en temps, de temps à autre; *vor der ~* prématurément; trop tôt; *vor ~en* autrefois; jadis; il y a bien longtemps; *vor kurzer ~* il y a peu de temps; *vor langer ~* il y a longtemps; *zur ~* (*rechtzeitig*) à temps, (*gegenwärtig*) à présent, présentement, actuellement, maintenant; *zur ~* (*gén.*) à l'époque (de); *zur ~ Ludwigs XIV.* au temps (*oft auch:* du temps) de Louis XIV; *zur ~ schläft er wenig* il dort peu en ce moment; *zu allen ~en* à toutes les époques; en tout temps; toujours; *zur gleichen ~; zur selben ~* à la même époque (*a. des Jahres*), (*gleich-*

zeitig) en même temps; *zu jeder ~* en tout temps, toujours, (*zu jeder Stunde*) à toute heure; *zu s-r ~* en son temps, (*zu s-n Lebzeiten*) de son vivant; *alles zu s-r ~* chaque chose en son temps; il y a temps pour tout; *zur rechten ~* en temps opportun (*od.* utile), (*wie gerufen*) à propos, F à pic; *zu ungelegener ~* à contretemps; *mal à propos; zu unpassender* (*a. nachtschlafender*) *~* à une heure indue; *zur festgesetzten ~* à l'heure dite; *sich die ~ vertreiben* (*mit Lesen*) passer son temps (à lire); *andere ~en, andere Sitten* autres temps, autres mœurs; *~ ist Geld* le temps, c'est de l'argent; *kommt ~, kommt Rat* le temps est un bon conseiller; qui vivra verra; *spare in der ~, so hast du in der Not* il faut garder une poire pour la soif.

zeit *prp.:* ~ *s-s Lebens* pendant toute sa vie; sa vie durant.

¹**Zeit|ablauf** *m* laps *m* de temps; **~abschnitt** *m* période *f;* époque *f;* temps *m;* *kurzer ~* laps *m* de temps; **~abstand** *m* intervalle *m;* *in regelmäßigen Zeitabständen* périodiquement; **~alter** *n* âge *m;* siècle *m;* époque *f;* temps *m;* **~angabe** *f* date *f; Radio:* heure *f* exacte; horloge *f* parlante; **~ansage** *f Radio:* heure *f* exacte; *téléph.* service *m* de l'heure; **~aufnahme** *f phot.* f pose *f;* **~aufwand** *m* sacrifice *m* de temps; temps *m* (consacré à); ²**bedingt** *adj.* lié au temps (*bzw.* à l'époque); **~begriff** *m* notion *f* de temps; **~bestimmung** *gr. f* complément *m* de temps; **~bild** *n* tableau *m* d'une époque; **~bombe** *f* bombe *f* à retardement; **~dauer** *f* durée *f;* période *f;* temps *m;* **~dokument** *n* document *m* de l'époque; **~druck** *m: unter ~* pressé par le temps; **~einheit** *f* unité *f* de temps; **~einteilung** *f* segmentation *f* (*od.* emploi *m*) du temps; minutage *m;* **~enfolge** *gr. f* concordance *f* des temps; **~er-eignis** *n* événement *m* actuel (*od.* du jour); **~erfassungsgerät** *n* appareil *m* de pointage; F mouchard *m;* **~ersparnis** *f* économie *f* de temps; **~folge** *f* chronologie *f;* ordre *m* chronologique; **~form** *gr. f* temps *m;* **~frage** *f* question *f* de temps; **~funk** *m Radio:* actualités *f/pl.;* chronique *f* du jour (*resp.* de la semaine, etc.); **~gefühl** *n* sens *m* du temps qui passe; **~geist** *m* esprit *m* de l'époque (*od.* du siècle); ²**gemäß** *adj.* moderne; actuel, -elle; (*angebracht*) opportun; *nicht mehr ~* 'hors de saison; inopportun; **~genosse** *m,* **~genossin** *f* contemporain *m, -e f;* ²**genössisch** *adj.* contemporain; **~geschäft** ✝ *n* opération *f* à terme; **~geschehen** *n: aus dem ~ Radio:* actualités *f/pl.;* **~geschichte** *f* histoire *f* contemporaine; **~gewinn** *m* gain *m* de temps; **~grenze** *f* frontière *f* de l'heure; ²**ig** *adv.* de bonne heure; tôt; (*recht ~*) à temps; ²**igen** *v/t. Er-folge:* produire; **~karte** *f* abonnement *m;* *e-e ~ kaufen* (*od. nehmen*) prendre un abonnement; s'abonner (à); **~karten-inhaber**(**in** *f*) *m* abonné *m, -e f;* **~kauf** ✝ *m* marché *m* à terme; **~konstante** *f* constante *f* de temps; **~lang** *f: eine ~* pendant quelque temps; un certain temps; **~lauf**

m cours *m* du temps; ²**lebens** *adv.* pendant toute ma (sa *usw.*) vie; toute la vie; ²**lich** *adj.* temporel, -elle; de ce monde; (*irdisch*) terrestre; (*vergänglich*) passager, -ère; *in ~er Reihenfolge* par ordre chronologique; *das ²e segnen* rendre son âme à Dieu; mourir; *~ zusammenfallen* coïncider (*mit etw.*); **~lichkeit** *phil. f* temporalité *f;* ²**los** *adj.* intemporel, -elle; *litt.* atemporel, -elle; **~losigkeit** *f* intemporalité *f;* **~lupe** *f* ralentisseur *m; in ~,* *mit der ~* au (*od.* en) ralenti; **~lupen-aufnahme** *f Film:* ralenti *m; in ~* au ralenti; **~mangel** *m* manque *m* de temps; *aus ~* faute de temps; **~maß** ♩ *n* mesure *f;* **~messer** *m* chronomètre *m;* garde-temps *m;* **~messung** *f* mesure *f* du temps, chronométrie *f;* **~nah**(**e**) *adj.* actuel, -elle; **~nehmen** *n* chronométrage *m;* **~nehmer** *m Sport:* chronométreur *m;* pointeur *m;* **~pacht** *f* bail *m* temporaire; **~plan** *m* horaire *m;* **~problem** *n* problème *m* actuel (*od.* du jour); **~punkt** *m* moment *m;* temps *m;* **~raffer** *m* accélérateur *m;* **~raffer-aufnahme** *f* accéléré *m;* ²**raubend** *adj.* qui exige beaucoup de temps; F prenant; **~raum** *m* période *f;* espace (*od.* laps) *m* de temps; **~rechnung** *f* chronologie *f; christliche ~* ère *f* chrétienne; **~relais** ⚡ *n* relais *m* temporisé; **~schalter** ⚡ *m* interrupteur *m* à minuterie; *Treppe, Telefon:* minuterie *f; Grillgerät, Kochherd:* sélecteur *m* du temps de cuisson; **~schrift** *f* revue *f;* périodique *m;* **~spanne** *f →* *~raum;* ²**sparend** *adj.* qui épargne (*od.* fait économiser *od.* fait gagner) du temps; **~spiegel** *m* miroir *m* du temps; **~stempel** *m* chronotimbre *m;* **~stil** *m* style *m* d'époque; **~stück** *thé. n* pièce *f* de circonstance; **~tafel** *f* table *f* chronologique; **~takt** *téléph. m* unité *f* de temps (*od.* de durée); **~umstände** *m/pl.* circonstances *f/pl.*

¹**Zeitung** *f* journal *m;* F canard *m;* P papelard *m; e-e Annonce in e-e ~ setzen* mettre une annonce dans un journal.

¹**Zeitungs|abonnement** *n* abonnement *m* à un journal; **~anzeige** *f;* **~artikel** *m* article *m* de journal; **~ausschnitt** *m* coupure *f* de journal (*od.* de presse); **~austräger** *m →* *~junge;* **~beilage** *f* supplément *m* de journal; **~bericht-erstatter** *m* reporter *m;* **~bude** *f* kiosque *m* à journaux; **~drucke'rei** *f* imprimerie *f* de presse; **~ente** *f* canard *m;* F bobard *m;* **~expedition** *f* bureau *m* du (*od.* d'un) journal; **~frau** *f* porteuse (*od.* livreuse) *f* de journaux; **~halter** *m* porte-journaux *m;* **~händler**(**in** *f*) *m →* *~verkäufer*(**in**); **~inserat** *n* annonce *f;* **~junge** *m* gamin *m* aux journaux; porteur (*od.* livreur) *m* de journaux; **~kiosk** *m* kiosque *m* à journaux; **~korrespondent** *m* correspondant *m* d'un journal; **~kunde** *f →* *~wissenschaft;* **~leser** *m* lecteur *m* d'un journal; **~notiz** *f* nouvelle *f* (de presse); **~nummer** *f* numéro *m* d'un journal; **~papier** *n* papier *m* à journaux; **~redakteur** *m* rédacteur *m* d'un journal; **~redaktion** *f* rédaction *f* d'un journal; **~reklame** *f* publicité-

-presse f; ~roman m roman-feuilleton m; ~schreiber(in f) m journaliste m, f; ~spanner m porte-journaux m; ~stand m kiosque m à journaux; ~stil m style m journalistique; ~verkäufer(in f) m vendeur m, -euse f de journaux; ~verlag m maison f de presse; ~verleger m éditeur m d'un journal; ~werbung f publicité-presse f; ~wesen n journalisme m; presse f; ~wissenschaft f science f du journalisme.

'Zeit|unterschied m différence f de temps; (Ost-West) a. décalage m horaire; ~vergeudung f gaspillage m de temps; ~verhältnisse n/pl. circonstances f/pl.; ~verlust m perte f de temps; ohne ~ sans perdre de temps; sans délai; ~verschwendung f → ~vergeudung; ~vertreib m passe-temps m; amusement m; zum ~ pour passer le temps; pour se distraire; ♀weilig adj. temporaire; ♀weise adv. par moments; par intervalles; temporairement; passagèrement; ~wort gr. n verbe m; ~zeichen n Radio: signal m (od. top n) horaire; ~zünder m fusée f à retardement; Bombe mit ~ bombe f à retardement.

zele'brieren v/t. célébrer.

'Zell|e f cellule f; der Bienenwabe: alvéole f; (Bade♀) cabine f; (Fernsprech♀) cabine f téléphonique f; pol. cellule f; noyau m; pol. etw. mit ~n durchsetzen; ~n bilden in etw. (dat.) noyauter qch.; Durchsetzung mit ~n noyautage m; ~en-aufbau m constitution f de la cellule; ~enbildung f formation f de la cellule (a. pol.); pol. (Durchsetzung mit Zellen) noyautage m; ♀enförmig adj. celluliforme; ~enforschung biol. f cytologie f; ~engefangene(r) m prisonnier m en cellule; ~engefängnis n prison f cellulaire; ~enkühler m Auto: radiateur m à cellules; ~enstruktur f structure f cellulaire; ~ensystem n système m cellulaire; ~entheorie f théorie f cellulaire; ~enwagen m voiture f cellulaire; ~faser f cellulose f; ~gewebe n tissu m cellulaire; ~gewebs-entzündung f cellulite f; ~glas n cellophane f; ~haut biol. f membrane f cellulaire; ♀ig adj. cellulaire; ~kern m noyau m de la cellule; ~kernhülle f membrane f nucléaire.

Zello'phan n cellophane f; ~ in ~ sous cellophane; ~umschlag m couverture f de cellophane.

'Zell|stoff m cellulose f; pâte f de bois; ~tätigkeit f activité f cellulaire; ~teilung f division f cellulaire.

zellu'lar adj. cellulaire.

Zellu'loid n celluloïd m; ~'lose f cellulose f; ~'losefasern text. f/pl. rayonne f; ♀'losehaltig adj. cellulosique.

'Zell|wand f membrane f cellulaire; ~wolle f fibranne f.

Zelt n tente f; F allg., ⚔ guitoune f; ein ~ aufschlagen dresser (od. planter od. monter) une tente; ein ~ abbrechen plier (od. lever od. démonter) une tente; fig. s-e ~ abbrechen lever le camp; '~ausrüstung f matériel m de campement; '~bahn f toile f de tente; '~bau m dressage m d'une tente; '~bett n lit m de camp; '~dach n (toit m de) tente f; △ toit m en pavillon; für olympische Spiele: voile m en matière plastique; ~dorf n village m de toile; '♀en v/i. faire du camping; camper; '~en n campement m; camping m.

'Zelter m hist. palefroi m; (Paßgänger) cheval m qui va l'amble.

'Zelt|lager n camp m de toile; ~leine f cordeau m de tente; ~leinwand f toile f de tente; ~ler(in f) m campeur m, -euse f; ~pfahl m, ~pflock m piquet m de tente; ~stange f mât m de tente; ~stock m, ~stütze f support m de tente; ~stuhl m (siège m) pliant m; ~tuch n toile f de tente; ~urlauber(in f) m a. tentiste su.

Ze'ment m ciment m; ~arbeiter m cimentier m; ~ausblühungen f/pl. efflorescences f/pl. de ciment; ~beton m béton m de ciment; ~bewurf m enduit m de ciment; ~boden △ m sol m en ciment; ~fabrik f fabrique f de ciment; cimenterie f; ~faserplatte f plaque f de fibrociment; ~füllung △ f remplissage m en ciment; ~fußboden m plancher m cimenté.

zemen'tier|en v/t. cimenter (a. fig.); métall. cémenter; ♀ung f cimentation f; métall. cémentation f.

Ze'ment|industrie f industrie f cimentière; ~leim m colle f de ciment; ~mörtel m mortier m de ciment; ~pulver métall. n cément m; ~putz m enduit m de ciment; ~stein m pierre f de ciment.

Ze'nit m zénith m (a. fig.); im ~ au zénith.

zen'sieren v/t. censurer; soumettre à la censure; Schule: donner une note (à); noter; coter; streng ~ noter sévère(ment).

'Zensor hist., fig. m censeur m.

Zen'sur f censure f; Schule: note f; ~enbuch écol. n cahier m des notes; ~enkonferenz f conférence f (pour la fixation des notes); conseil m de classe; ~enliste f Schule: liste f des notes.

Zen'taur myth. m centaure m.

Zentesi'malwaage f balance f centésimale.

Zenti'folie ❦ f rose f à cent feuilles; '~grad n centigrade m; ~'gramm n centigramme m.

Zen'til (Statistik) n centile m; ~'ierung f centilage m.

Zenti'liter n centilitre m.

Zenti'|meter n (a. m) centimètre m; ~'metermaß n centimètre m; ~'poise (technische Maßeinheit) n centipoise m.

Zen'tilnote (Statistik) f note-centile f.

Zentner m demi-quintal m; cinquante kilos m/pl.; ~gewicht n poids m d'un demi-quintal, ~last fig. f fardeau m accablant; ♀schwer fig. adj. accablant.

zen'tral adj. central; ~afrikanisch adj.: ~e Republik f République f centrafricaine; ♀asien n l'Asie f centrale; ♀ausschuß m commission f centrale; comité m central; ♀bahnhof m gare f centrale; ♀bank f banque f centrale; ♀behörde f administration f centrale; ♀computer m terminal m; ♀e f centrale f; téléph. central m; ♀gewalt pol. f pouvoir m central; ♀heizung f chauffage m central; ♀heizungsmonteur m plombier--monteur m en chauffage central.

Zentrali|sati'on f centralisation f; ♀'sieren v/t. centraliser; ♀'sierend adj. centralisateur, -trice; ~'sierung f centralisation f.

Zentra'lismus m centralisme m.

Zen'tral|komitee n comité m central; ~nervensystem n système m nerveux central; ~stelle f service m central; ~verband m association f centrale.

zen'trier|en v/t. centrer; ♀stück (Plattenspieler) n centreur m; ♀ung f centrage m.

zentrifu'gal adj. centrifuge; ♀kraft f force f centrifuge.

Zentri'fuge f im Labor: centrifugeur m; (Milch♀) écrémeuse f; ♀'fu'gieren v/t. centrifuger; ♀pe'tal adj. centripète; ~pe'talkraft f force f centripète.

'zentrisch adj. central.

'Zentrum n centre m; im ~ Athens dans le centre d'Athènes.

'Zephir m zéphyr m.

Zeppe'lin m dirigeable m.

'Zepter n sceptre m.

zer'|beißen v/t. casser avec les dents; ~'bersten v/i. voler en éclats.

'Zerberus F (Portier) m F cerbère m.

zer'|beulen v/t. bosseler; cabosser; ~'bomben v/t. détruire par les bombes; ~'brechen 1. v/t. briser; casser; rompre; mettre en pièces; fig. sich den Kopf ~ se casser la tête; F se creuser la tête (od. la cervelle od. l'esprit od. les méninges); F se pressurer le cerveau; 2. v/i. se briser; se casser; ♀'brechen n casse f; ~'brechlich adj. fragile; cassant; ♀'brechlichkeit f fragilité f; ~'bröckeln 1. v/t. émietter; effriter; 2. v/i. s'émietter; s'effriter; ♀'bröckeln n émiettement m; effritement m; ~'drücken v/t. écraser; (zerknittern) froisser; chiffonner; ♀'drücken n écrasement m; (Zerknittern) froissement m; chiffonnage m.

zere'bral adj. cérébral.

Zeremo'nie f cérémonie f; ~ni'ell n cérémonial m, ♀ni'ell, ♀ni'ös adj. cérémonieux, -euse.

Zere'monienmeister m maître m des cérémonies.

zer'|fahren I v/t. e-e Straße: défoncer; II adj. Weg: défoncé; fig. Person: distrait; ♀'fahrenheit f e-r Person: distraction f; ♀'fall m décadence f; ruine f; phys. at. désintégration f; 🜏 décomposition f; désagrégation f (a. fig.); dissociation f; ~'fallen v/i. Gebäude, Reich: tomber en ruine; se délabrer; se disloquer; at. se désintégrer; 🜏 se décomposer; se désagréger; se dissocier; fig. tomber en décadence; mit j-m ~ se brouiller avec q.; Roman in mehrere Teile: se diviser ser; ♀'fallen n délabrement m; (Auseinandergehen) dislocation f; at. désintégration f; 🜏 décomposition f; désagrégation f; dissociation f; fig. décadence f; ruine f; ♀'falls-energie at. f énergie f de désintégration; ♀'fallskonstante at. f constante f de désintégration; ♀'fallsprodukt at. n produit m de désintégration; ♀'fallsreihe at. f filiation f (od. famille f) de désintégration; série f radioactive; ℒ'**falls-teilchen** at. n particule f de désintégration; ~'**fasern** v/t. effilocher; ℒ'**fasern** n, ℒ'**faserung** f effilochage m; ~'**fetzen** v/t. mettre en lambeaux; déchiqueter; déchirer; lacérer; ℒ'**fetzen** n déchiquetage m; déchirement m; lacération f; ~'**fleischen** v/t. déchirer; ~'**fließen** v/i. fondre; fig. in Tränen ~ fondre en larmes; ~'**fressen** v/t. ronger; manger; ⚙ corroder; entamer; ℒ'**fressen** n rongement m; ⚙ corrosion f; ~'**furcht** adj. Gesicht: ridé; sillonné de rides; ~'**gehen** v/i. fondre; se dissoudre; ℒ'**gehen** n fonte f; ~'**gliedern** v/t. analyser; gr. décomposer; anat. disséquer; ℒ'**gliederung** f analyse f; gr. décomposition f; anat. dissection f; ~'**hacken** 'hacher; couper en morceaux; ℒ'**hacken** n 'hachage m; 'hachement m; ~'**hauen** v/t. couper en morceaux; Schlächterei: dépecer; débiter; ~'**kauen** v/t. mâcher; triturer; ℒ'**kleinerer** ⊕ m concasseur m; broyeur m; ~'**kleinern** v/t. réduire en menus morceaux; Pfeffer, Erze usw.: concasser; broyer; ℒ'**kleinerung** f concassage m; broyage m; ~'**klopfen** v/t. casser (en frappant); ~'**klüftet** adj. crevassé; fissuré; Küste: déchiqueté; ~'**knallen** v/i. exploser; faire explosion; éclater; crever; ~'**knautschen** F v/t. → knüllen; ~'**knicken** v/t. briser; ~'**knirscht** adj. contrit; ℒ'**knirschtheit** f, ℒ'**knirschung** f contrition f; brisement m de cœur; ~'**knittern**, ~'**knüllen** v/t. froisser; chiffonner; friper; ~'**kochen** 1. v/t. faire trop cuire; (zu Brei: réduire en bouillie; 2. v/i. être reduit en bouillie; ~'**kratzen** v/t. égratigner; griffer; rayer; ~'**krümeln** v/t. émietter; ~'**lassen** Butter: faire fondre; ~'**legbar** adj. démontable; ⚙ décomposable; (teilbar) divisible; ~'**legen** v/t. décomposer; analyser; (zerteilen) diviser (in acc. en); anat. disséquer; cuis. découper; dépecer; Schlächterei: découper; dépecer; débiter; ⊕ Maschine usw.: démonter; ℒ'**legen** n, ℒ'**legung** f décomposition f; analyse f; (Zerteilung) division f; anat. dissection f; cuis. découpage m; Schlächterei: découpage m; dépècement m; dépeçage m; ⊕ démontage m; ~'**lesen** adj. Buch: usé; fatigué; ~'**löchern** v/t. percer de trous; trouer; ~'**lumpt** adj. en lambeaux; déguenillé; F dépenaillé; haillonneux, -euse; ~'**mahlen** v/t. moudre; ~'**malmen** v/t. écraser (a. fig.); P bousiller; broyer; fig. anéantir; ℒ'**malmen** n, ℒ'**malmung** f écrasement m (a. fig.); broyage m; fig. anéantissement m; ~'**martern** F v/rf. sich ~ F se triturer (od. se creuser) la cervelle (od. les méninges); ~'**mürben** v/t. user; démoraliser; ℒ'**mürbung** f usure f; démoralisation f; ℒ'**mürbungskrieg** m guerre f d'usure; ℒ'**mürbungs-politik** f politique f de grignotage; ~'**nagen** v/t. ronger; beizend: corroder; ~'**pflükken** v/t. effeuiller; fig. éplucher; ~'**platzen** v/i. crever; éclater; a. fig. Plan, Kompromiß: voler en éclats; (explodieren) exploser; faire explosion; ℒ'**platzen** n éclatement m; (Ex-

plosion) explosion f; ~'**quetschen** v/t. écraser (a. Kartoffeln usw.); broyer; ℒ'**quetschen** n, ℒ'**quetschung** f écrasement m (a. v. Kartoffeln usw.); broyage m.
'**Zerrbild** n caricature f.
zer'**reiben** v/t. triturer; broyer; zu Pulver: pulvériser; ~'**reißbar** adj. qu'on peut déchirer; ~'**reißen** 1. v/t. déchirer; lacérer; (zerfetzen) a. mettre en lambeaux; Sohlen: user; Faden usw.: rompre; in Stücke ~ mettre en morceaux; das zerreißt mir das Herz cela me fend le cœur; 2. v/i. se déchirer; Seil usw.: se rompre; cin. der Film ist dreimal zerrissen le film a cassé trois fois; ℒ'**reißen** n déchirement m; e-s Fadens usw.: rupture f; ℒ'**reißfestigkeit** f résistance f à la rupture; ℒ'**reißprobe** fig. f épreuve poussée à outrance; vor e-r ~ stehen se trouver à un moment crucial.
'**zerren** I v/t. tirer (an dat. sur); (hinund her~) tirailler; j-m die Kleider vom Leibe ~ arracher ses vêtements à q.; j-n vor Gericht ~ traduire q. en justice; fig. in den Schmutz ~ traîner dans la boue; ✠ sich e-n Muskel ~ se froisser un muscle; II ℒ n (Hin- und Her℧) tiraillements m/pl.
zer'**rinnen** v/t. s'écouler; fondre; fig. s'écouler; se dissiper; in Nichts ~ se réduire à rien; das Geld zerrinnt ihm zwischen den Fingern l'argent lui file entre les doigts; ~'**rissen** adj. déchiré (a. fig.); ~'**rissenheit** fig. f discorde (a. fig.), désunion f.
'**Zerr**|**spiegel** m miroir m déformant; ~**ung** f (Muskel℧) claquage m.
zer'**rupfen** v/t. effeuiller.
zer'**rütt**|**en** v/t. désorganiser; disloquer; ébranler; bouleverser; Geist: déranger; détraquer; Gesundheit: ruiner; altérer; délabrer; Ehe: désunir; ℒ**ung** f désorganisation f; ébranlement m; bouleversement m; geistige: dérangement m; détraquement m; der Gesundheit: ruine f; altération f; délabrement m; der Ehe: désunion f.
zer'**sägen** v/t. scier; couper avec la scie; ℒ'**sägen** n sciage m; ~'**schellen** v/i. s'écraser (a. ✈; am Boden au sol); ✠ se désintégrer; ~'**schlagen** I 1. v/t. briser; casser; Organisation: démanteler; Komplott, Regierung: décapiter; Scheiben ~ a. faire voler en éclats les vitres; 2. v/rf.: sich ~ Geschäft: échouer; rater; Angriff: se briser; Hoffnung: être déçu; II adj. wie ~ sein être courbatu (od. moulu); être brisé (od. rompu) de fatigue; ℒ'**schlagen** ✢ n: das ~ der Preise le cassage des prix; ℒ'**schlagung** éc. f: ~ der Produktionssysteme destructuration f des systèmes productifs; ~'**schleißen** F v/t. user; ~'**schmeißen** v/t. briser; casser; mettre en morceaux; ~'**schmelzen** v/i. fondre; ~'**schmettern** 1. v/t. écraser; fracasser; 2. v/i. s'écraser; ~'**schneiden** v/t. couper en morceaux (resp. en tranches; trancher; (zerlegen) découper; dépecer; cuis. das Fleisch zu Schnitzeln ~ escaloper la viande; ~'**schossen** adj. troué (od. percé) de balles; ~'**schrammen** v/t. égratigner; ~'**schroten** v/t. broyer; ~'**setzen** v/t. u. v/rf. (sich se) décomposer;

(se) désagréger; (demoralisieren) démoraliser; a. at. désintégrer; ℒ'**setzend** adj. démoralisant; corrupteur, -trice du moral (de q.); pol. subversif, -ive; ℒ'**setzung** f décomposition f; désagrégation f; (Demoralisierung) démoralisation f; ℒ'**setzungsmittel** n agent m de décomposition; ~'**siedeln** péj. v/t.: e-e Gegend ~ désagréger (od. banlieuser) une région; ℒ'**siedelung** f désagrégation f territoriale; mitage m; aménagement m non-planifié du territoire; ~'**spalten** v/t. fendre; ℒ'**spannbarkeit** ⊕ (des Stahls) f usinabilité f; ~'**splittern** 1. v/t. faire voler en éclats; fig. éparpiller; disperser; Grundbesitz: morceler; 2. v/i. voler en éclats; fig. s'éparpiller; se disperser; ℒ'**splitterung** fig. f éparpillement m; dispersion f; v. Grundbesitz: morcellement m; pol. die ~ der Linken la dislocation de la gauche; ~'**sprengen** v/t. faire éclater (od. sauter); Menge: disperser; ⚔ mettre en déroute; ~'**springen** v/i. se fendre; se briser; se rompre; crever; leicht ~: se fêler (zerplatzen) éclater; der Kopf will mir ~ ma tête va éclater; ℒ'**springen** n rupture f; (Zerplatzen) éclatement m; ~'**stampfen** v/t. concasser; broyer; im Mörser: piler; zu Pulver: pulvériser; ~'**stäuben** v/t. pulvériser; vaporiser; atomiser; fig. disperser; ℒ'**stäuber** m pulvérisateur m; vaporisateur m; atomiseur m; ⊕ diffuseur m; ~'**stechen** v/t. couvrir de piqûres; ~'**stieben** v/i. se pulvériser; Menge: se disperser.
zer'**stör**|**bar** adj. destructible; ~**en** v/t. détruire; Gebautes: démolir; raser; Hoffnung: ruiner; ~**end** adj. destructif, -ive; destructeur, -trice; ℒ**er** m destructeur m; ⚓ destroyer m (a. ✈); ⚓ contre-torpilleur m; ℒ**erin** f destructrice f; ℒ**ung** f destruction f; (Abbruch) démolition f; der Hoffnung: ruine f; ℒ**ungskraft** f puissance f de destruction; ℒ**ungs-trieb** m penchant m à détruire; ℒ**ungswerk** n (œuvre f de) destruction f; ℒ**ungswut** f vandalisme m; envie f de tout casser.
zer'**stoßen** v/t. concasser; broyer; im Mörser: piler; zu Pulver: pulvériser.
Zer'**strahlung** at. f dématérialisation f.
zer'**streu**|**en** v/t. u. v/rf. (sich se) disperser; (se) disséminer; (s')éparpiller; Licht: (sich se) diffuser; fig. Bedenken usw.: dissiper; (belustigen) (sich se) distraire; (se) divertir; (s')amuser; die Demonstranten ~ disperser les manifestants; ~**t** adj. dispersé; disséminé; éparpillé; (vereinzelt) épars; fig. distrait; préoccupé; ℒ**theit** f distraction f; inattention f; ℒ**ung** f dispersion f; dissémination f; éparpillement m (a. fig.); des Lichtes: diffusion f; (Vertreibung) dissipation f; (Belustigung) distraction f; divertissement m; ~ suchen se dissiper; ℒ**ungslinse** f lentille f divergente.
zer'**stritten** adj. profondément divisé; ~ mit ... en brouille avec ...; brouillé avec ...; pol. ~e Welt a. monde m manichéen.
zer'**stückel**|**n** v/t. morceler; diviser

Zerstückelung — ziehen

en morceaux; découper; dépecer; (*zerfetzen*) déchiqueter; déchirer; (*zerteilen*) diviser; *Land*: démembrer; **~ung** *f* morcellement *m*; découpage *m*; dépècement *m*; (*Zerteilung*) division *f*; *v. Land*: démembrement *m*; **~ungs-anlage** (*für alte Autos*) *f* machine *f* à déchiqueter des carcasses d'automobiles.
zer'teil|bar *adj*. divisible; **~en** *v/t. u. v/rf.* (*sich se*) diviser; (*trennen*) (*sich se*) séparer; (*se*) disjoindre; (*teilend zerlegen*) décomposer; (*zergehen machen*) fondre; résoudre; *Land*: démembrer; *Fluten*: (*sich se*) fendre; *Nebel*: (*sich se*) dissiper; **~en** *n*, **~ung** *f* division *f*; (*Trennen*) séparation *f*; disjonction *f*; (*Zerlegen*) décomposition *f*; *v. Land*: démembrement *m*.
Zertifi'kat *n* certificat *m*.
zer'|trampeln F *v/t*. piétiner; fouler aux pieds (*a. fig.*); **~'trennen** *v/t*. séparer; disjoindre; *Naht*: défaire; découdre; **2'trennung** *f* séparation *f*; disjonction *f*; **~'treten** *v/t*. piétiner; écraser du pied; fouler aux pieds (*a. fig.*); **~'trümmern** 1. *v/t*. démolir; détruire; fracasser; écraser; briser; *Auto a.*: pulvériser; *Atom*: désintégrer; 2. *v/i*. s'écraser; **2'trümmerung** *f* démolition *f*; destruction *f*; écrasement *m*; *Atom*: désintégration *f*.
Zerve'latwurst *f* cervelas *m*.
zer'|wühlen *v/t*. fouiller (*a. fig.*); F farfouiller; **2'würfnis** *n* différend *m*; désaccord *m*; désunion *f*; mésintelligence *f*; F brouille *f*; **~'zausen** *v/t*. embrouiller; *Haare: a.* ébouriffer; *j-n* **~** décoiffer q.; défriser q.; **~'zaust** *adj*. embrouillé; ébouriffé; en désordre; épars; **~'zupfen** *v/t*. effilocher.
Zessi'on *f* cession *f*.
Zessio'nar *m* cessionnaire *m*.
'Zeter *n*: F **~** und Mordio schreien pousser les 'hauts cris'; **~geschrei** *n* tollé *m*; *ein allgemeines* **~** *hervorrufen* soulever un tollé général; **2n** F *v/i*. criailler.
'Zettel *m* bout *m* de papier; *beschriebener*: billet *m*; (*Notiz2*) fiche *f*; (*Wahl2*) bulletin *m*; (*Anschlag*) affiche *f*; placard *m*; **~ankleben** *n* affichage *m*; **~** *ist verboten* défense d'afficher; **~ankleber** *m* afficheur *m*; colleur *m* d'affiches; **~kartei** *f*, **~kasten** *m* fichier *m*; **~katalog** *m* catalogue *m* sur fiches.
Zeug *n* F *Kram*: F bazar *m*; P barda *m*; F bataclan *m*; *fig*. dummes **~** bêtises *f/pl*.; sottises *f/pl*.; insanités *f/pl*.; radotage *m*; *dummes* **~** *reden* dire des bêtises; débiter; radoter; *wirres* **~** *reden* déraisonner; divaguer; battre la campagne; P débloquer; *fig. das* **~** *zu etw. haben* avoir l'étoffe (*od.* F la bosse) de qch.; *er hat das* **~** *dazu* il a l'étoffe; F *was das* **~** *hält* tant qu'on peut; *j-m am* **~e** *flicken wollen* chercher des poux dans la tête à q.; *sich ins* **~** *legen* faire tout ce qu'on peut.
'Zeuge *m* témoin *m*; *als* **~n** *anrufen* prendre à témoin; *zum* **~n** *nehmen* prendre pour témoin; *e-n* **~n** *vereidigen* (*ablehnen*) assermenter (récuser) un témoin; *als* **~** *aussagen* témoigner (*gegen j-n* contre q.; *vor Gericht en justice*); déposer comme témoin; *als*

~n hören (*vorladen*) entendre (appeler) comme témoin; **~** *sein* (*gén.*) être témoin (de); *Aufruf* (*Vernehmung*) *der* **~n** appel *m* (audition *f*) des témoins.
'zeugen[1] *v/t*. procréer; engendrer.
'zeugen[2] *v/i*. témoigner (*von* de); rendre témoignage (de); **2** déposer; **2aussage** *f* déposition *f* du (*resp.* des) témoin(s); témoignage *m*; **2bank** *f* banc *m* des témoins; **2berg** *géol. m* montagne-témoin *f*; **2bestechung** *f* subornation *f* de témoins; **2beweis** *m* preuve *f* testimoniale; **2eid** *m* serment *m* prêté par un témoin; **2gebühr** *f* indemnité *f* de témoin; **2verhör** *n*, **2vernehmung** *f* audition *f* des témoins.
'Zeughaus *hist.* **~** *n* dépôt *m* d'armes et d'engins.
'Zeugin *f* témoin *f*.
'Zeugnis *n* (*Bezeugung*) témoignage *m*; **2** déposition *f*; (*Bescheinigung*) attestation *f*; certificat *m*; *Schule*: livret *m*; bulletin *m*; (*relevé m de*) notes *f/pl*.; *e-r Prüfung*: diplôme *m*; (*Reife2*) diplôme *m* du baccalauréat; *ärztliches* **~** certificat *m* médical; *ein* **~** *ausstellen* (*vorlegen*) délivrer (produire) un certificat; **~** *ablegen* rendre témoignage (*von* de); témoigner (de); *sich auf j-s* **~** *berufen* s'en rapporter au témoignage de q.; **2** *sein* **~** *ablegen* faire sa déposition; déposer; **~abschrift** *f* copie *f* de certificat; **~heft** *n* livret *m* scolaire; **~pflicht** *f* obligation *f* de témoigner; **~verweigerung** *f* refus *m* de témoigner.
'Zeugung *f* génération *f*; procréation *f*; *zo*. reproduction *f*.
'Zeugungs|akt *m* coït *m*; **2fähig** *adj*. apte à procréer; **~fähigkeit** *f* aptitude *f* à procréer; facultés *f/pl*. génésiques; pouvoir *m* de procréer (*od.* d'engendrer); **~glied** *n* membre *m* viril; **~kraft** *f* puissance *f* génératrice (*od.* procréatrice); **~organe** *n/pl*. organes *m/pl*. générateurs; **~trieb** *m* instinct *m* sexuel (*od.* génésique *od.* *zo*. de reproduction); **2unfähig** *adj*. inapte à procréer; impuissant; **~unfähigkeit** *f* inaptitude *f* à procréer; impuissance *f*.
Zibetkatze *f* civette *f*.
Zi'chorie *f* chicorée *f*.
'Zickle F *f* chèvre *f*; bique *f*; *fig.* **~n** *machen* F faire des siennes; *fig*. machen Sie keine **~n**! pas d'histoires!; **~lein** *n* chevreau *m*; cabri *m*.
'Zickzack *m* zigzag *m*; *im* **~** *gehen* marcher en zigzag; zigzaguer; **2förmig** *adj*. zigzagué; en zigzag; **~kurs** *pol. m* politique *f* en zigzag; embardées *f/pl*.; **~linie** *f* (ligne *f* en) zigzag *m*; ligne *f* zigzagante.
'Ziege *f* chèvre *f*; F bique *f*; *kleine* **~** chevrette *f*; *péj.* alte **~** (*Schimpfwort*) F vieille toupie *f* (*od.* bique); *dumme* **~** F godiche *f*; F pécore *f*; F péronnelle *f*.
'Ziegel *m* brique *f*; (*Dach2*) tuile *f*; **~bau** *m* construction *f* en briques; **~brennen** *n* cuisson *f* des briques (*v. Dachziegeln*: des tuiles); **~brenner** *m* briquetier *m*; (*Dach2*) tuilier *m*; **~dach** *n* toit *m* en tuiles.
Ziege'lei *f* briqueterie *f*; *für Dachziegel*: tuilerie *f*; **~arbeiter** *m* briquetier *m*; *für Dachziegel*: tuilier *m*.
'Ziegel|splitt *m* cassons *m/pl*. de bri-

ques; **~stein** *m* brique *f*.
'Ziegen|bart *m* barbe *f* de bouc; *v. Menschen: a.* bouc *m*; **~bock** *m* bouc *m*; **~fell** *n* peau *f* de chèvre; **~hirt**(*in f*) *m* chevrier *m*, -ière *f*; **~käse** *m* fromage *m* de chèvre; **~leder** *n* chevreau *m*; chevrotin *m*; **~milch** *f* lait *m* de chèvre; **~peter** *s² m* oreillons *m/pl*.; parotidite *f*; **~stall** *m* étable *f* à chèvres.
'Ziehbrunnen *m* puits *m*.
'ziehen I 1. *v/t*. tirer; *Wagen usw. a.* traîner; (*schleppen*) traîner, ⚓ remorquer, 'haler, touer; (*strecken*) étirer; *Linie*: tirer; tracer; *Furche*: tracer; *Kreis*: décrire; *Senkrechte*: tirer (*zu sur*); *Gewehrlauf*: rayer; *Kerzen*: faire; *Graben*: creuser; *Zahn*: extraire (*a. Wurzel ¥ aus* de); arracher; *Pflanzen*: cultiver; *Kinder, Vieh, Mauer*: élever; *Spielfigur*: jouer; *Bilanz*: tirer; dresser; *Wechsel*: tirer (*auf j-n sur* q.); *Lehre, Schluß*: tirer (*aus* de); *Hut*: tirer; *ein Gesicht* **~** faire la grimace; grimacer; *Gewinn* **~** *aus* tirer profit de; *den kürzeren* **~** avoir le dessous; *das Los* **~** tirer au sort; *e-n Vergleich* **~** établir une comparaison; *Wasser* **~** (*undicht sein*) prendre l'eau; *j-n am Arm* (*an den Haaren*) **~** tirer q. par le bras (par les cheveux); *j-n am Ohr* **~** tirer l'oreille à q.; tirer q. par l'oreille; *an sich* (*acc.*) **~** attirer; *die Aufmerksamkeit* (*die Blicke*) *auf sich* (*acc.*) **~** attirer l'attention (les regards) sur soi; *auf Fäden Perlen*: enfiler; *auf Flaschen* **~** mettre en bouteilles; *aufs trockene* **~** mettre au sec; *auf Wache* **~** prendre la garde; **~** *aus* (*Schlüsse*) tirer de; *der Tasche*: sortir de, *aus dem Verkehr*: retirer de; **~** *durch* passer par; *etw. in Betracht* **~** prendre qch. en considération; *die Stirn in Falten* **~** froncer les sourcils; *in die Höhe* **~** lever, (*hochraffen*) relever, retrousser, (*hinauf* **~**) tirer en 'haut; *Last*: guinder, 'hisser; *ins Lächerliche* **~** tourner en ridicule; ridiculiser; *fig. in die Länge* **~** faire traîner en longueur; *in den Schmutz* **~** traîner dans la boue; *ins Vertrauen* **~** mettre dans la confidence; *in Zweifel* **~** mettre en doute; *nach sich* **~** (*anlocken*) attirer, (*zur Folge haben*) entraîner; *j-m das Fell über die Ohren* **~** écorcher q.; F rouler q.; *ein Kleid über das andere* **~** mettre un vêtement par-dessus l'autre; *zu Draht* **~** tréfiler; *j-n zu Rate* **~** consulter q.; *j-n zur Rechenschaft* **~** demander compte (*od.* raison) à q. (*über acc. de*); 2. *v/i. Ofen, Pfeife, Zigarre*: tirer; (*marschieren*) marcher; *Vögel*: émigrer; passer; *es zieht* il y a un courant d'air; *es zieht durch die Tür* il y a un vent coulis à travers la porte; *das Stück zieht* la pièce prend sur le public (*od.* passe la rampe); *das zieht bei mir nicht* cela (F ça) ne prend pas avec moi; **~** *lassen Tee*: laisser infuser; *an etw.* (*dat.*) **~** tirer sur qch.; *aufs Land* **~** aller à la campagne; *in ein anderes Zimmer* **~** changer de chambre; *aus e-r Wohnung* **~** déménager; *durch ein Dorf* **~** traverser un village; *ins Feld* (*in den Krieg*) **~** partir (*od.* s'en aller) en guerre; *in die Stadt* **~** (aller) s'installer (*od.* se loger) en ville; *in e-e Wohnung* **~** emménager; *übers Meer* **~** traverser

la mer; *zu j-m ~ aller* demeurer chez q.; F *sehr weh tun*: faire très mal; *Rute, Stock a.*: causer une douleur cinglante; **3.** *v/rf*.: *sich ~ (erstrecken)* s'étendre *(über acc.* sur; *bis zu* jusqu'à; *durch* à travers); *(sich strecken, dehnen)* s'étirer; *(sich werfen)* se déjeter; (se) gauchir; *sich aus der Affäre ~* se tirer d'affaire; *sich in die Länge ~* tirer *(od.* traîner) en longueur; **II** ⚥ *n* traction *f*; tirage *m*; *(Strecken)* étirage *m*; *(Schleppen)* traînage *m*, ⚓ remorquage *m*, 'halage *m*, touage *m*; *des Ofens*: tirage *m*; ⚥ culture *f*; *zo.* élevage *m*; *der Vögel*: migration *f*; passage *m*; *(Umzug)* déménagement *m*; ⚔ *(Reißen)* tiraillements *m/pl.*; élancements *m/pl.*

'**Zieh|er** ⚔ *m* tireur *m*; **~harmonika** *f* accordéon *m*; **~hund** *m* chien *m* de trait; **~kind** *n* enfant *m* en nourrice; **~leute** *pl.* déménageurs *m/pl.*; **~mutter** *f* nourrice *f*.

'**Ziehung** *f der Lotterie*: tirage *m*; **~sliste** *f* liste *f* des gagnants; **~s-tag** *m* jour *m* du tirage.

Ziel *n* but *m*; objectif *m*; *fig. a.* objet *m*; fins *f/pl.*; visées *f/pl.*; *hohes (od. a. pol. begehrtes) ~* enjeu *m*; grand dessein *m*; *(Bestimmungsort)* (lieu *m* de) destination *f*; *(Ankunft)* arrivée *f (a. als Markierung)*; *(~linie)* ligne *f* d'arrivée; *(~scheibe)* cible *f*; *(fig. Grenze)* borne *f*; *(Termin)* terme *m*; ⚔ *auf ~* à terme; *auf drei Monate ~* à trois mois; *mit Maß und ~* avec mesure; *ohne Maß und ~* outre mesure; *weder Maß noch ~ kennen* ne pas connaître de bornes; *das ~ erreichen* atteindre le *(mühsam*: au) but; *sein ~ erreichen (s-n Willen durchsetzen)* arriver à ses fins; *das ~ treffen* toucher *(od.* frapper) le but; *das ~ verfehlen* manquer le but; *ein ~ verfolgen* poursuivre un but; ⚔ *das ~ ansprechen* (erkennen; erfassen) désigner (repérer; saisir) l'objectif; *sich ein ~ setzen (od.* stecken) se proposer se fixer *(od.* s'assigner) un but; *sich als (od. zum) ~ nehmen* se proposer comme objectif; *sich ein hohes ~ stekken* avoir de hautes visées; *viser* 'haut; *am ~ ankommen* arriver au but, *(am Bestimmungsort)* arriver à sa destination; *(direkt) aufs ~ lossteuern* aller (droit) au but; *Sport*: *durchs ~ gehen* franchir la ligne d'arrivée; *als Dritter durchs ~ gehen* être placé troisième; *über das ~ hinausschießen* (dé-) passer les bornes; *weit vom ~* loin du but; *zum ~ führen* (glücken) réussir; *nicht zum ~ führen* (scheitern) ne pas réussir; échouer; rater; *zum ~ gelangen* (kommen) parvenir au but, atteindre le but, *(Erfolg haben)* réussir; *zum ~ haben* avoir pour but *(od.* objet); viser à; '**~ansprache** ⚔ *f* désignation *f* de l'objectif; '**~band** *n Sport*: fil *m* d'arrivée; *am ~ überholen* coiffer sur le fil; '²**bewußt** *adj.* qui sait ce qu'il veut; qui va droit au but qu'il s'est fixé; '²**en** *v/i*.: *auf j-n ~* viser q.; mettre *(od.* coucher) q. en joue; *auf die Mitte der Zielscheibe ~* viser le centre de la cible; *aufs Herz (auf den Kopf) ~* viser au cœur (à la tête); *fig. auf etw. ~* viser à qch.; tendre à qch.; mettre *(od.* coucher) qch. en joue; '**~en** *n* visée *f*; '**~fehler** ⚔ *m* faute *f* de visée; '**~fernrohr** *n*

lunette *f* de visée; '**~flug** *m* 'homing *m*; vol *m* au but radioguidé; '**~flug- -Peil-anlage** *f* radiogoniomètre *m* 'homing; '**~genauigkeit** ⚔ *f* précision *f* du tir; '**~gerade** *f Sport*: dernière ligne *f* droite; '**~gerät** *n* appareil *m* de visée; viseur *m*; '**~kamera** *(Sport) f* caméra *f* pour la photo d'arrivée; '**~landung** ✈ *f* atterrissage *f* de précision; '**~linie** *f* ligne *f* de mire; *Sport*: ligne *f* d'arrivée; '²**los** *adj. u. adv.* sans but; '**~photo** *n* photo *f* d'arrivée; '**~punkt** *m* point *m* de mire; but *m*; objectif *m*; '**~richter** *m Sport*: juge *m* à l'arrivée; '**~scheibe** *f* cible *f*; *fig. a.* but *m*; point *m* de mire; '**~schlitz** *m* fente *f* de visée; '**~setzung** *f* but *m* visé; *die ~ des Unterrichts* la finalité de l'enseignement; '**~sprache** *f* langue *f* cible; '²**strebig** *adj.* qui va droit au but qu'il s'est fixé bien organisé.

'**ziemen** *v/i*. *(v/rf*.: *sich ~)* convenir; être convenable.

'**Ziemer** *m (Lendenstück)* cimier *m*; *(männliches Glied größerer Tiere)* verge *f*; *(Ochsen*⚥*)* nerf *m* de bœuf.

'**ziemlich I** *adj.* assez considérable; *e-e ~ Anzahl* un assez grand nombre (de); **II** *adv.* assez; *P un rien; (ungefähr)* à peu près; *~ gut* assez bon, bonne *(resp.* bien); *~ oft* assez souvent; *~ viel Geld* pas mal d'argent; *~ viele Leute* un assez grand nombre de gens; pas mal de gens; *so ~ dasselbe* à peu près la même chose; *es ist ~ kalt* il fait assez *(od.* P un rien) froid.

'**ziepen** *v/t*.: *j-n an den Haaren ~* tirer les cheveux à q.

'**Zieper** F *n/pl. (Haarknäuel)* F catons *m/pl.*

'**Zier|affe** *fig. m* gandin *m*; fat *m*; **~at** *m* ornement *m*; enjolivement *m*; décoration *f*; *kleiner ~* enjolivure *f*; **~baum** *m* arbre *m* d'ornement; **~blech** *n* plaque *f* décorative; **~buchstabe** *m* lettre *f* ornée; **~de** *f* ornement *m*; décoration *f*; *(Putz)* parure *f*; ²**en 1.** *v/t*. orner *(mit de)*; parer (de); décorer (de); **2.** *v/rf*.: *sich ~* minauder; être affecté; faire des simagrées; faire des façons *(od.* des manières); **~e'rei** *péj. f* affectation *f*; manières *f/pl.* affectées; minauderie(s *pl.*) *f*; simagrées *f/pl.*; mignardises *f/pl.*; **~garten** *m* jardin *m* d'agrément; **~leiste** *f* moulure *f*; *typ.* fleuron *m*; vignette *f*; ²**lich** *adj.* gracile; *(anmutig)* gracieux, -euse; *(allerliebst)* mignon, -onne; *(zart)* délicat; *(fein)* élégant; **~lichkeit** *f* gracilité *f*; *(Anmut)* grâce *f*; *(Zartheit)* délicatesse *f*; *(Feinheit)* élégance *f*; **~pflanze** *f* plante *f* ornementale, d'agrément; **~puppe** *f* minaudière *f*; mijaurée *f*; **~schrift** *typ. f* lettres *f/pl.* historiées; **~strauch** *m* arbuste *m* d'ornement.

'**Ziffer** *f* chiffre *m*; *in ~n* en chiffres; *mit ~n bezeichnen* chiffrer; **~blatt** *n* cadran *m*; ²**mäßig** *adj.* en chiffres.

zig F *adj.*: *es waren ~ Leute da* il y avait là je ne sais combien de gens.

Ziga'rett|e *f* cigarette *f*; *P* sèche *f*; *F* cibiche *f*; *P* ballot *m* de pipe; *e-e ~ rauchen* (drehen) fumer (rouler) une cigarette; *wieder zur ~ greifen* retoucher à la cigarette; *Päckchen ~n* paquet *m* de cigarettes; **~en-automat** *m* distributeur *m* de cigarettes; **~en-**

etui *n* étui *m* à cigarettes; porte- -cigarettes *m*; **~enmarke** *f* marque *f* de cigarettes; **~enpackung** *f* paquet *m* de cigarettes; **~enpapier** *n* papier *m* à cigarettes; **~enspitze** *f* fume- -cigarette *m*; **~enstummel** *m* bout *m* de cigarette; F mégot *m*; **~entabak** *m* tabac *m* à cigarettes.

Ziga'rillo *m* petit cigare *m*.

Zi'garr|e *f* cigare *m*; F *fig. e-e ~ verpaßt bekommen* recevoir son paquet; avoir une sérénade; **~en-abschneider** *m* coupe-cigares *m*; **~en-anfeuchter** *(Kästchen)* *m* humidificateur *m* à cigares; **~en-anzünder** *m* allume-cigare *m*; **~en-asche** *f* cendres *f/pl.* de cigares; **~en-etui** *n* étui *m* à cigares; porte-cigares *m*; **~enkiste** *f* boîte *f* de *(resp.* à) cigares; **~enspitze** *f* fume-cigare *m*; **~enstummel** *m* bout *m* de cigare; F mégot *m*; **~entabak** *m* tabac *m* à cigares.

Zi'geuner|(in *f) m* bohémien *m*, -enne *f*; tzigane *m*, *f*; tsigane *m*, *f*; *mv.p.* romanichel *m*, -elle *f*; *spanische(r) ~* gitan *m*, -e *f*; ²**haft**, ²**isch** *adj.* tzigane, tsigane; *de* (adv. *en*) bohémien, -enne; *mv.p. de* (adv. *en*) romanichel, -elle; **~kapelle** *f* orchestre *m* tzigane *(od.* tsigane); **~kolonie** *f* colonie *f* tzigane; **~lager** *n* campement *m* de bohémiens; **~leben** *n* vie *f* des bohémiens; **~musik** *f* musique *f* tzigane *(od.* tsigane); **~wagen** *m* roulotte *f* de bohémiens.

zig|mal F *adv.* n + 1 *(une)* fois; '**~ste** F *adj.* F nième; *die ~ Analyse* la nième analyse.

Zi'kade *ent. f* cigale *f*.

'**Zimbel** ♪ *f* cymbale *f*.

Zi'melien *f/pl.* trésors *m/pl.* de la Bibliothèque.

'**Zimmer** *n* pièce *f*; *(bsd. Schlaf*⚥*)* chambre *f*; *größeres*: salle *f*; möbliertes *~* chambre *f* meublée; *ineinandergehende ~ pl.* pièces *f/pl.* attenantes *(od.* communicantes); *das ~ aufräumen (od.* machen) ranger la pièce *bzw.* faire la chambre; *das ~ hüten* garder la chambre, **~antenne** *f* antenne *f* intérieure; **~baro'meter** *n* baromètre *m* d'appartement; **~besen** *m* balai *m* d'appartement; **~bestellung** *f (Reservierung)* réservation *f* d'une chambre; *(Mieten)* location *f* d'une chambre; **~decke** *f* plafond *m*; **~einrichtung** *f* ameublement *m*; **~flucht** *f* enfilade *f* de pièces; **~geselle** *m* garçon *m* charpentier; **~gymnastik** *f* gymnastique *f* en chambre; **~handwerk** *n* métier *m* de charpentier; charpenterie *f*; **~kellner** *m* garçon *m* d'étage; **~lautstärke** *f*: *auf ~ stellen* mettre en sourdine; **~mädchen** *n* bonne *f*; femme *f* de chambre; **~mann** *m* charpentier *m*; ⚥ *v/t*. charpenter; *Tisch, Regal usw.*: faire; confectionner; **~pflanze** *f* plante *f* d'appartement; **~temperatur** *f* température *f* d'appartement; **~thermometer** *n* thermomètre *m* d'appartement; **~training** *n* entraînement *m* en chambre; **~vermieter** *(-in f) m* logeur *m*, -euse *f*.

'**zimperlich** *adj. (überempfindlich)* hypersensible; *(prüde)* prude; *(geziert)* affecté; mignard; *(weichlich)* douillet, -ette; efféminé; ²**keit** *f*

(*Überempfindlichkeit*) hypersensibilité *f*; (*Prüderie*) pruderie *f*; (*Geziertheit*) affectation *f*; mignardise *f*.
Zimt *m* cannelle *f*; *gemahlener* ~ poudre *f* de cannelle; ~**baum** ♀ *m* cannelier *m*; ~**farben** *adj.* couleur de cannelle; ~**stange** *f* bâton *m* de cannelle.
Zink *n* zinc *m*; ~**arbeiter** *m* zingueur *m*; ~**blech** *n* tôle *f* de zinc; ⚠ *mit* ~ *decken* zinguer; ~**blende** *min. f* zinc *m* sulfuré; *blende* (*?*); ~**dach** *n* toit *m* couvert en zinc; ~**druck** *f* zincographie *f*; zincogravure *f*.
'**Zinke** *f* dent *f*; *e-r Gabel, Forke a.*: fourchon *m*; ♪ cornet *m*; *auf Spielkarten* (*Zeichen*): marque *f*.
'**Zinken**¹ *m* P (*Nase*) P pif *m*; P blair *m*; P tarin *m*; ~² *n Karten*: biseautage *m*.
'**zinken**¹ *adj.* de (*od.* en) zinc.
'**zinken**² *v/t. Karten*: biseauter.
'**Zink**|**erz** *min. n* minerai *m* de zinc; ~**haltig** *adj.* zincifère; ~**hütte** *f* zinguerie *f*.
'**Zink**|**platte** *f* plaque *f* de zinc; ~**salbe** *f* pommade *f* de zinc; ~**überzug** *m* couche *f* de zinc; ~**weiß** *n* blanc *m* de zinc.
Zinn *n* étain *m*.
'**Zinne** ⚠ *f* créneau *m*.
'**zinn**|**ern** *adj.* en (*od.* d')étain; ~**erz** *min. n* minerai *m* d'étain; ~**folie** *f* feuille *f* d'étain; ~**geschirr** *n* vaisselle *f* (*od.* poterie *f*) d'étain; ~**haltig** *adj.* stannifère.
'**Zinnie** ♀ *f* zinnia *m*.
'**Zinnkrug** *m* pichet *m* d'étain.
Zin'nober *min. m* cinabre *m*; *peint.* vermillon *m*; ~**rot** *n* vermillon *m*.
'**Zinn**|**oxyd** ⚗ *n* oxyde *m* stannique; ~**schüssel** *f* plat *m* d'étain; ~**soldat** *m* soldat *m* de plomb; ~**teller** *m* assiette *f* d'étain.
Zins *m féod.* cens *m*; *heute*: (*Miet*²) loyer *m*; (*Grund*², *Boden*²) redevance *f*; rente *f* foncière; *auf Kapital, mst.* ~**en** intérêts *m/pl.*; ~**abschnitt** *m* coupon *m* d'intérêts; ~**abzug** *m* escompte *m*; ~**anhäufung** *f* accumulation *f* d'intérêts; ~**bar** *adj.* → ~pflichtig; ~ *anlegen* placer à intérêt; ~**bogen** *m* feuille *f* de coupons d'intérêts; ~**bringend** *adj.* productif, -ive d'intérêts; rapportant des intérêts; ~*e Kapitalsanlage* placement *m* à intérêts; ~**coupon** *m* coupon *m* d'intérêts.
'**Zinsen** *m/pl.* intérêts *m/pl.*; *angefallene* (*fällige*; *laufende*) ~ intérêts *m/pl.* courus (dus *od.* échus; courants); *rückständige* ~ intérêts *m/pl.* en retard; arriéré *m* d'intérêts; arrérages *m/pl.*; *die* ~ *abheben* (*anstehen lassen*) toucher (accumuler) les intérêts; *jährliche* ~ intérêts *m/pl.* annuels; *auf* ~ *ausleihen* prêter à intérêt; *Geld auf* ~ *legen* placer de l'argent à intérêt; ~ *bringen* rapporter (*od.* porter *od.* produire) des intérêts; *die* ~ *zum Kapital schlagen* capitaliser les intérêts; joindre les intérêts au capital; *zu hohen* ~ à gros intérêts; à intérêts élevés; *zu niedrigen* ~ à bas intérêts; à intérêts modiques; ~**ausfall** *m* perte *f* d'intérêts; ~**berechnung** *f* calcul *m* des intérêts; ~**dienst** *m* service *m* des intérêts; ~**last** *f* charge *f* d'intérêts.
'**Zins**|**erhöhung** *f* augmentation *f* des intérêts; ~**ermäßigung** *f* réduction *f* des intérêts; ~**ertrag** *m* montant *m* d'intérêts; ~**eszins** *m* intérêts *m/pl.* composés; ~**eszinsrechnung** *f* calcul *m* des intérêts composés; ~**forderung** *f* créance *f* d'intérêts; ~**frei** *adj.* sans intérêts; ~**fuß** *m* taux *m* d'intérêt; ~**genuß** *m* jouissance *f* d'intérêts; ~**herabsetzung** *f* réduction *f* des intérêts; ~**los** *adj.* sans intérêts; exempt d'intérêts; ~**pflicht** *féod. f* obligation *f* de payer le cens (*od.* le tribut); ~**pflichtig** *adj.* assujetti au service des intérêts; *féod.* tributaire; ~**rechnung** *f* calcul *m* des intérêts; ~**rückstände** *m/pl.* arrérages *m/pl.*; ~**satz** *m* taux *m* d'intérêt; ~**schein** *m* coupon *m* d'intérêts; ~**schuld** *f* dette *f* de l'intérêt; ~**spanne** *f* marge *f* d'intérêts; ~**staffel** *f* barème *m* d'intérêts; ~**stundung** *f* ajournement *m* du paiement des intérêts; ~**tabelle** *f* barème *m* d'intérêts; ~**termin** *m* échéance *f* des intérêts; ~**tragend** *adj.* productif, -ive d'intérêts; rapportant des intérêts; ~**umwandlung** *f* conversion *f* des intérêts; ~**verlust** *m* perte *f* d'intérêts; ~**voraus** *m* avance *f* des intérêts; ~**wucher** *m* usure *f* d'intérêts; ~**zahlung** *f* paiement *m* des intérêts.
Zio'nis|**mus** *m* sionisme *m*; ~**t** *m* sioniste *m*; ~**tisch** *adj.* sioniste.
'**Zipfel** *m* bout *m*; *des Taschentuches*: coin *m*; *e-s Rockes*: pan *m*; *e-s Sackes*: oreille *f*; *des Ohrs*: lobe *m*; ~**mütze** *f* bonnet *m* de nuit.
'**Zipperlein** F 🏥 *n* goutte *f*; F (*Wehwehchen*) plais. *jeder hat sein* ~ F à chacun sa maladie; chacun a ses petits maux.
'**Zirbeldrüse** *anat. f* glande *f* pinéale.
'**zirka** *adv.* environ.
'**Zirkel** *m* (*Instrument*) compas *m*; *von Personen*: cercle *m*; ~**n** *v/t.* mesurer au compas; (*ab*~) compasser; ~**rund** *adj.* circulaire; ~**spitze** *f* pointe *f* du compas.
Zirku'lar *n* circulaire *f*.
Zirkulati'on *f* circulation *f*.
zirku'lieren *v/i.* circuler.
Zirkum'flex *gr. m* circonflexe *m*.
'**Zirkus** *m* cirque *m*; ~**reiter**(**in** *f*) *m* écuyer *m*, -ère *f* de cirque.
'**zirpen** I *v/i. Zikade*: chanter; *Grille a.*: grésiller; *Vögel*: pépier; II ♀ *n Zikade*: chant *m* (de la cigale); *der Grille*: chant *m*; grésillement *m*; *der Vögel*: pépiement *m*.
'**Zirruswolke** *f* cirrus *m*.
Zisch|**e'lei** *f* chuchotement *m*; ~**eln** *v/i.* chuchoter; ~**eln** *n* chuchotement *m*; ~**en** *v/i.* siffler; *Wasser*: chanter; *Braten*: grésiller; F *e-n* (*trinken*) boire un coup; P en écluser un; *gern e-n* ~ *lever* le coude; ~**en** *n* sifflement *m*; *des Wassers*: chantonnement *m*; *des Bratens*: grésillement *m*; ~**laut** *gr. m* sifflante *f*.
Zise'|lierarbeit *f* ciselure *f*; ~**lieren** *v/t.* ciseler.
Zis'terne *f* citerne *f*.
Zisterzi'enser *m* cistercien *m*; ~**kloster** *n* couvent *m* de cisterciens; ~**orden** *m* ordre *m* de Cîteaux (*od.* des cisterciens).
Zita'delle *f* citadelle *f*.
Zi'tat *n* citation *f*; passage *m* cité.
'**Zither** *f* cithare *f*; *die* ~ *spielen* jouer de la cithare; ~**spieler**(**in** *f*) *m* cithariste *m*, *f*.
zi'tieren I *v/t.* citer; ⚖ *a.* assigner; II ♀ *n* citation *f*; ⚖ *a.* assignation *f*.
Zi'trat *n* citrate *m*.
Zitro'nat *n* citronnat *m*.
Zi'trone *f* citron *m*; *e-e* ~ *auspressen* presser un citron; *mit* ~ au citron; citronné; ~**nbaum** *m* citronnier *m*; ~**n-eis** *n* glace *f* au citron; ~**ngelb** *adj.* jaune citron; ~**ngelb** *n* jaune *m* citron; ~**nlikör** *m* citronnelle *f*; ~**nlimonade** *f* citronnade *f*; ~**npresse** *f* presse-citron; ~**nsaft** *m* jus *m* de citron; ~**nsäure** *f* acide *m* citrique; ~**nschale** *f* zeste *m* de citron; écorce *f* de citron; ~**nscheibe** *f* rouelle (*od.* tranche) *f* de citron; ~**nwasser** *n* citronnade *f*.
Zi'trusfrüchte *f/pl.* agrumes *m/pl.*; ~**schäler** *cuis. m* zesteur *m*.
'**Zitter**|**aal** *icht. m* gymnote *m*; ~**gras** ♀ *n* brize *f*; amourette *f*; ♀**ig** *adj.* tremblotant; ~**n** *v/t.* trembler (*vor dat.* de); *alter Mann*: *sucrer les fraises; (etwas ~) trembloter; (schaudern) frissonner (a. fröstein); frémir, tressaillir; (vibrieren) vibrer; am ganzen Leibe* ~ trembler de tout son corps; *vor Kälte* ~ trembler de froid; grelotter; ~**n** *n* tremblement *m*; *leichtes*: tremblotement *m*; (*Schaudern*) frissonnement *m* (*a. Fröstein*); frémissement *m*; tressaillement *m*; (*Vibrieren*) vibration *f*; ~**pappel** ♀ *f* tremble *m*; ~**rochen** *icht. m* torpille *f*.
'**Zitze** *f am Euter der Kühe, Ziegen*: trayon *m*; tette *f*; *bei anderen Säugetieren*: *a*. tétine *f*.
zi'vil *adj.* civil; *Preis*: modéré.
Zi'vil *n* tenue *f* civile; *in* ~ en civil; ~ *tragen* être en civil; ~**angestellte**(**r**) ⚔ *m* employé *m* civil; ~**behörde** *f* autorité *f* civile; ~**bevölkerung** *f* population *f* civile; ~**beruf** *m*: *er ist Anwalt im* ~ il est avocat dans le civil; ~**courage** *f* courage *m* civique; ~**dienst** *m* service *m* civil; ~**ehe** *f* mariage *m* civil; ~**flugzeug** *n* avion *m* civil.
Zivilisati'on *f* civilisation *f*.
zivilisa'torisch *adj.* civilisateur, -trice.
zivili'sier|**en** *v/t.* civiliser; ~**t** *adj.* civilisé; policé.
Zivi'list *m* civil *m*; ⚔ *péj.* pékin *m*.
Zi'vil|**klage** *f* action *f* civile; ~**kleidung** *f* tenue *f* civile; ~**luftfahrt** *f* aviation *f* civile; ~**person** *f* civil *m*; ~**prozeß** *m* procès *m* civil; ~**prozeßordnung** *f* code *m* de procédure civile; ~**recht** *n* droit *m* civil; ~**rechtlich** *adj.* de droit civil; *j-n* ~ *verfolgen* poursuivre *q.* civilement; ~**sache** *f* affaire *f* civile; ~**schutz** *m* protection *f* civile; ~**trauung** *f* mariage *m* civil; ~**verteidigung** *f* défense *f* civile; ~**verwaltung** *f* administration *f* civile.
'**Zobel** *zo.* *m* zibeline *f*; ~**pelz** *m* (fourrure *f* de) zibeline *f*.
Zodia'kallicht *n* lumière *f* zodiacale.
Zo'diakus *m* zodiaque *m*.
'**Zofe** *f* femme *f* de chambre; *thé.* soubrette *f*.
'**zögern** I *v/i.* hésiter (*zu* à); tarder (à); II ♀ *n* hésitation *f*; réticences *f/pl.*
'**Zögling** (*Internatsschüler*) *m* élève *m*, *f*.

Zöli'bat *n u. m* célibat *m*; *im ~ leben* être célibataire.

Zoll¹ *m (Maß)* pouce *m*.

Zoll² *m* douane *f*; (*~gebühren*) droits *m/pl.* de douane; (*Brücken~ usw.*) péage *m*; *fig.* tribut *m*; **'~abbau** *m* désarmement *m* (*od.* démantèlement *m*) douanier (*od.* tarifaire); baisse *f* des tarifs; réduction *f* des droits de douane; suppression *f* progressive des droits de douane; **'~abfertigung** *f* formalités *f/pl.* de douane; **'~abfertigungsstelle** *f* (bureau *m* de) douane *f*; **'~abkommen** *n* accord *m* douanier; **'~amt** *n* (bureau *m* de) douane *f*; **'²amtlich** *adj.*: *~e Bescheinigung* certificat *m* de douane; *unter ~em Verschluß* en entrepôt douanier; *~ abfertigen* procéder aux formalités de douane; **'~angabe** *f*, **'~anmeldung** *f* déclaration *f* en douane; **'~aufschlag** *m* majoration *f* du tarif douanier; **'~beamte(r)** *m* douanier *m*; employé *m* des douanes; **'~begleitschein** *m* acquit-à-caution *m*; **~behörde** *f* autorité *f* douanière; **'~deklaration** *f* déclaration *f* en douane; **'~durchfuhrschein** *m* acquit *m* de transit; **'~einnahme** *f* recette *f* douanière.

'zollen *v/t.*: *fig. j-m Achtung ~* avoir (*od.* témoigner) du respect pour q.; *j-m Beifall ~* applaudir q.; *j-m Bewunderung ~* avoir de l'admiration pour q.

'Zoll|erhöhung *f* augmentation *f* des droits de douane; **~erklärung** *f* déclaration *f* en douane; **~ermäßigung** *f* réduction *f* des droits de douane; **~fahndungsstelle** *f* service *m* des enquêtes en douane; **~formalitäten** *f/pl.* formalités *f/pl.* de douane; **²frei** *adj.* exempt de droits de douane; **~freiheit** *f* franchise *f* douanière; **~gebiet** *n* territoire *m* douanier; **~gebühren** *f/pl.* droits *m/pl.* de douane; **~gesetz** *n* loi *f* douanière; **~gesetzgebung** *f* législation *f* douanière; **~grenze** *f* frontière *f* douanière; **~gürtel** *m* ceinture *f* douanière; **~haus** *n* douane *f*; **~hinterziehung** *f* fraude *f* douanière; **~inhalts-erklärung** *f* déclaration *f* en douane; **~inspektor** *m* inspecteur *m* des douanes; **~kontrolle** *f* contrôle *m* douanier (*od.* de douane); **~krieg** *m* guerre *f* douanière (*od.* de tarifs); **~(l)ager** *n* entrepôt douanier; **~maßnahme** *f* mesure *f* douanière.

'Zöllner *m* douanier *m*; (*Brücken² usw.*) péager *m*; *bibl.* publicain *m*.

'Zoll|niederlage *f* entrepôt *m* douanier; **~papiere** *n/pl.* papiers *m/pl.* de douane; **~passierschein** *m* acquit-à--caution *m*; **²pflichtig** *adj.* soumis à la douane; **~pflichtigkeit** *f* obligation *f* de payer un droit (d'entrée); **~plombe** *f* plomb *m* de la douane; **~politik** *f* politique *f* douanière; **~präferenzen** *f/pl.* préférences *f/pl.* tarifaires; **~quittung** *f* reçu *m*, acquit *m* de douane; **~reform** *f* réforme *f* douanière; **~regelung** *f* règlement *m* douanier; **~revision** *f* visite *f* douanière (*od.* de la douane); **~satz** *m* tarif *m* douanier; **~schein** *m* acquit *m* de douane; (*Passierschein*) acquit--à-caution *m*; **~schiff** ⚓ *n* patache *f*; **~schranke** *f* barrière *f* douanière;

~schutz *m* protection *f* douanière; **~senkung** *f* réduction *f* des droits de douane; **~speicher** *m* entrepôt *m* douanier; **~statistik** *f* statistique *f* douanière; **~stelle** *f* (bureau *m* de) douane *f*; **~stempel** *m* timbre *m* du bureau de douane; **~stock** *m* mètre *m* pliant; **~system** *n* système *m* douanier; **~tarif** *m* tarif *m* douanier; **~union** *f*, **~verband** *m*, **~verein** *m* union *f* douanière; **~vergehen** *n* délit *m* en matière de douane; **~vergütung** *f* remboursement *m* des droits de douane; **~verhandlungen** *f/pl.* négociations *f/pl.* douanières; **~verschluß** *m*: *unter ~* en entrepôt; *unter ~ lassen* laisser à l'entrepôt; **~verwaltung** *f* administration *f* des douanes; **~vorschrift** *f* règlement *m* de la douane; **~wesen** *n* douanes *f/pl.*; **~wert** *m* valeur *f* en douane.

zo'nal *biol, géogr. adj.* zonal; **~e Einteilung** *f* zonation *f*.

'Zone *f* zone *f*; *atomfreie ~ zone f* dénucléarisée (*od.* désatomisée); *Schaffung f e-r atomfreien ~* dénucléarisation *f*; **~nrandbewohner** *m* zonard *m*; **~ntarif** *m* tarif *m* par zones.

Zoo *m* zoo *m*; **'~besucher(in** *f*) *m* visiteur *m*, -euse *f* du zoo.

Zoo'loge *m* zoologiste *m*.

Zoolo'gie *f* zoologie *f*.

zoo'logisch *adj.* zoologique; *²er Garten* (*abr.* Zoo) jardin *m* zoologique (*abr.* zoo).

Zooto'mie *f* zootomie *f*.

Zopf *m* natte *f*; *fig. das ist ein alter ~* c'est démodé; *allg.* c'est une vieille histoire; *in Zöpfe flechten* natter; tresser en nattes; **'~perücke** *f* perruque *f* à queue; **'~stil** *m* style *m* rococo; **'~zeit** *f* époque *f* de la perruque.

Zorn *m* colère *f*; irritation *f*; *poét.* courroux *m*; *in ~ geraten* se mettre en colère; se fâcher; s'irriter (*über acc.* de); *leicht in ~ geraten* être soupe au lait; *in ~ bringen* mettre en colère; fâcher; *sich im ~ fortreißen lassen* se laisser emporter par la colère; **'~ausbruch** *m* accès *m* de colère; **²entbrannt** *adj.* fou de colère; **²ig** *adj.* en colère; fâché; *poét.* courroucé; *~ machen* mettre en colère; fâcher; irriter; *~ sein* être en colère; *~ werden* se mettre en colère; se fâcher; s'irriter.

'Zot|e *f* obscénité *f*; polissonnerie *f*; grivoiserie *f*; gauloiserie *f*; ordure *f*; saleté *f*; **~n reißen** dire des obscénités (*od.* des polissonneries, *etc.*); **²enhaft**, **²ig** *adj.* obscène; polisson, -onne; grivois; gaulois; graveleux, -euse *f* ordurier, -ière; sale; **~enreißer** *m* personne *f* qui se plaît à dire des obscénités (*od.* des polissonneries, *etc.*); plaisantin *m*.

'Zott|e *f* touffe *f* de cheveux; (*Tülle*) bec *m*; **~n** *pl.* (*Darmzotten*) villosités *f/pl.* intestinales; **~el** *f* touffe *f* de cheveux, *bei Tieren*: de poils; **~elbart** *m* barbe *f* hirsute; **²ig** *adj.* embroussaillé; en touffes; hirsute; (*rauh behaart*) velu.

zu I *prp.* (*dat.*) **a)** *örtlich*: à; (*in j-s Wohnung*) chez; (*in j-s Nähe*) auprès de; (*in der Richtung nach j-m od. nach etw. hin*) vers; *der Weg ~m Bahnhofe*

chemin de la gare; **b)** *zeitlich*: à; en; de; *~ Ostern* à Pâques; *~ Mittag* à midi; *~ gleicher Zeit* en même temps; *von Tag zu Tag* de jour en jour; *~ s-r Zeit* en son temps, (*~ s-n Lebzeiten*) de son vivant; **c)** *Art u. Weise*: à; en; par; pour; *~r Hälfte* à moitié; *~m Teil* en partie; *~ Hunderten* par centaines; *~m Glück* par bonheur; heureusement; *zum Unglück* par malheur; malheureusement; *~ zweien* à deux; *je zweien* deux par deux; *~m Beispiel* par exemple (*abr.* p. ex.); *~m erstenmal* pour la première fois; *Versteigerung*: *zum ersten, zum zweiten und zum dritten!* une fois, deux fois, trois fois (adjugé!); **d)** *Mittel*: à; en; par; *~ Fuß* à pied; *~ Wagen* en voiture; *~ Schiff* par (voie d') eau, par voie de mer; **e)** *Ziel, Zweck*: à; pour; *~ Wasser ~m Trinken* de l'eau à *od.* pour boire; *~ Hilfe!* au secours!; *~ d-m Besten* pour ton bien; **f)** *Verbindung*: *~m Brot ~m Fleisch essen* manger du pain avec la viande; **g)** *mit inf.*: à; de; *ohne prp.*; *II prp.*: *nach Süden ~* vers le sud; *nur ~!* allez-y!; *~ groß* trop grand; *sehr ~*; *~ viel trop*; *~ wenig* trop peu; (*geschlossen, verschlossen*) fermé; (*die*) *Tür ~!* fermez la porte!

zu-aller|'erst *adv.* avant tout; en tout premier lieu; **~'letzt** *adv.* en tout dernier lieu.

Zu'ave *hist.* ✕ *m* zouave *m*.

'zubauen *v/t.* fermer par une (*od.* par des) construction(s); boucher (la vue).

'Zubehör *n od.* 🔧 *m* accessoires *m/pl.*; *Schneiderei*: fournitures *f/pl.*; *Arbeit und ~* façon et fournitures *f/pl.*; (*Nebengebäude*) dépendances *f/pl.*; appartenances *f/pl.*; **~teil** ⊕ *n* accessoire *m*; *zusätzliches ~* extra *m*; *Lieferant m von Auto²en* accessoiriste *m* d'auto.

'zubeißen *v/i.* 'happer.

'zubekommen *v/t.* parvenir à fermer; 🛫 recevoir en plus (*od.* en sus).

'zubenannt *adj.* surnommé; dit.

'Zuber *m* baquet *m*; cuve *f*; *kleiner ~* cuveau *m*.

'zubereit|en *v/t.* préparer; apprêter; *Salat*: faire; **²en** *n*, **²ung** *f* préparation *f*.

Zu'bettgehen *n* coucher *m*; *beim ~* en se couchant; à l'heure du coucher.

'zu|billigen *v/t.* accorder; **~binden** *v/t.* fermer; lier; *Augen*: bander; **~bleiben** *v/i.* rester fermé; **~blinzeln** *v/i.* faire signe du coin de l'œil.

'zubring|en *v/t.* 🏛 (*Vermögen*) apporter; ⊕ amener, (*speisen*) alimenter; *die Zeit mit etw. ~* passer le temps à qch.; 🏛 *das zugebrachte Vermögen* les apports *m/pl.*; **²er** *m*, **²erbus** 🚌 *m* autobus *m* de desserte (*od.* de liaison aéroport-ville); car-navette *m*; autobus *m* réservé au transport des passagers; **²erdienst** *m Verkehr*: desserte *f*; service *m* de raccordement; **²erindustrie** *f* industrie *f* d'alimentation; **²erstraße** *f* route *f* (*od.* bretelle *f od.* voie *f*) d'accès.

'zubrüllen *v/t.* 'hurler.

'Zubuße *f* surtaxe *f*; supplément *m*.

'zubuttern F *v/t.*: *Geld ~* perdre son argent; F en être de sa poche.

Zucht *f v. Tieren*: élevage *m*; (*Rasse*) race *f*; 🌱 culture *f*; (*Schul-, Mannes²*) discipline *f*; an ~ gewöhnen discipliner; former à la discipline; sich an ~ gewöhnen se discipliner; in ~ halten faire observer la discipline (à); '~bulle *m* taureau *m* reproducteur (*od.* d'élevage); ~eber *m* verrat *m*.

'züchten *v/t. Tiere:* élever; ♀ cultiver (*a. Perlen*); ⚤en *n* élevage *m*; ♀ culture *f* (*a. v. Perlen*); ⚤er(in *f*) *m* éleveur *m*, -euse *f*; *v. Rassetieren:* naisseur *m*; ♀ cultivateur *m*, -trice *f*.

'Zucht|haus *n* maison *f* de réclusion; (~strafe) réclusion *f*; lebenslänglich(es) ~ réclusion à perpétuité; zu zehn Jahren ~ verurteilen condamner à dix ans de réclusion; ~häusler(in *f*) *m*, ~haussträfling *m* réclusionnaire *m, f*; früher forçat *m*; ~hengst *m* étalon *m*; ~henne *f* poule *f* d'élevage.

'züchtig *adj.* honnête; chaste.

'züchtigen *v/t.* châtier; corriger; ⚤ung *f:* körperliche Züchtigung correction *f*; châtiment *m* corporel; ⚤ungsrecht *n* droit *m* de corriger.

'zucht|los *adj.* indiscipliné; ⚤losigkeit *f* indiscipline *f*; ⚤mittel *n* moyen *m* de correction; ~perle *f* perle *f* de culture; ⚤pferd *n* cheval *m* de haras; ⚤rute *f* verge *f*; férule *f*; ⚤schaf *n* brebis *f* de race; ⚤schwein *n* truie *f*; ⚤stier *m* taureau *m* reproducteur; ⚤stute *f* (jument *f*) poulinière *f*; ⚤tier *n*: männliches ~ géniteur *m*; reproducteur *m*.

'Züchtung *f* élevage *m*; ♀ culture *f*.

'Zucht|vieh *n* animaux *m/pl.* reproducteurs; ~wahl *f: natürliche ~* sélection *f* naturelle.

'zuckeln F *v/i.* aller doucement.

'zucken I 1. *v/i.* faire un mouvement brusque; tressaillir; *krampfhaft:* avoir des spasmes, *Muskel:* palpiter; *Blitz:* jaillir; *Blitze ~ durch die Luft* des éclairs sillonnent le ciel; 2. *v/t. u. v/i.: mit den Augenlidern ~* clignoter des yeux; *ohne mit der Wimper zu ~* sans sourciller; *die Achseln (od. mit den Achseln) ~* 'hausser les épaules; II ⚤ *n* mouvement *m* brusque; tressaillement *m*; *krampfhaftes:* convulsion *f*, palpitation *f*; 🞸 tic *m* nerveux.

'zücken *v/t. Brieftasche:* sortir; *Schwert:* tirer.

'Zucker *m* sucre *m*; *in etw. ~ tun* sucrer qch.; *er hat ~* il a du diabète; il est diabétique; ~bildung 🞸*f* saccharification *f*; ~ ♀ glycogénèse *f*; ~börse ✝ *f* bourse *f* des sucres; ~büchse *f*, ~dose *f* sucrier *m*; ~fabrik *f* sucrerie *f*; ~gehalt *m* teneur *f* en sucre; ~glasur *cuis.* *f* sucre *m* glacé; ~guß *m* glace *f*; *mit ~ glacé*; ~haltig *adj.* qui contient du sucre; saccharifère; ~hut *m* pain *m* de sucre; ⚤ig *adj.* sucré; ~industrie *f* industrie *f* sucrière; ~kand *m* sucre *m* candi; ⚤krank *adj.* diabétique; ~kranke(r *a. m*) *m, f* diabétique *m, f*; ~krankheit 🞸 *f* diabète *m*; ~lecken F *fig. n: das war kein ~* ce n'était pas de la tarte; ~löffel *m* cuiller *f* à sucre; ~melone *f* melon *m* sucré; (melon *m*) sucrin *m*; ⚤n *v/t.* sucrer; ~n *n* sucrage *m*; ~messer 🞸 *m* saccharimètre *m*; ~messung *f* saccharimétrie *f*; ~pflanzung *f* plantation *f* de cannes à sucre; ~raffinerie *f* raffinerie *f* de sucre; ~rohr ♀ *n* canne *f* à sucre; ~rübe ♀ *f* betterave *f* sucrière; ~ruhr 🞸 *f* glycosurie *f*; ~säure 🞸 *f* acide *m* saccharique; ~spiegel *m des Blutes:* taux *m* de sucre; ⚤süß *adj.* doux, douce comme du sucre; sucré; *fig.* mielleux, -euse; ~waren *f/pl.*, ~werk *n* sucreries *f/pl.*; confiseries *f/pl.*; ~wasser *n* eau *f* sucrée; ~zange *f* pince *f* à sucre.

'Zuckung *f* convulsion *f*; palpitation *f*; mouvement *m* brusque; tressaillement *m*; *die letzten ~en* l'agonie *f*.

'zudämmen *v/t.* endiguer.

'zudecken *v/t.* couvrir (mit de); mit e-m Deckel ~ mettre un couvercle sur.

zu'dem *adv.* (*überdies*) en outre; de plus; en plus; (*übrigens*) au reste; du reste, d'ailleurs; au surplus.

'zu|diktieren *v/t. Strafe:* infliger; ⚤drang *m* affluence *f*; afflux *m*; foule *f*; ~drehen *v/t. Hahn:* fermer; *Schraube:* serrer; *j-m den Rücken ~* tourner le dos à q.

'zudringlich *adj.* importun; indiscret, -ète; *~ werden* se faire pressant; *j-m gegenüber ~ werden* importuner q.; ⚤keit *f* importunité *f*; indiscrétion *f*.

'zudrücken *v/t.* fermer (en pressant); *j-m die Augen ~* fermer les yeux à q.; *fig. ein Auge bei etw. ~* (*nicht sehen wollen*) fermer les yeux sur qch., (*nicht so genau nehmen*) ne pas y regarder de trop près.

'zu-eign|en *v/t.* adjuger; (*zuschreiben*) attribuer; (*widmen*) dédier; ⚤ung *f* adjudication *f*; attribution *f*; (*Widmung*) dédicace *f*.

'zu-eilen *v/i.: auf j-n ~* courir vers q.; (*herbeieilen*) accourir; *fig. s-m Verderben ~* courir à sa perte.

zu-ei'nander *adv.: ~ kommen* (aller) se voir; *~ passen* aller bien ensemble, *zwei Dinge, die ein Paar bilden:* faire la paire; *nicht ~ passen* jurer; *v. Farben a.:* détonner; *biol. ~ gehörig adj.* allélomorphe; ~gesellen *v/rf.:* sich ~ se joindre.

'zu-erkenn|en *v/t.* attribuer; (*zuerteilen*) adjuger; *Preis:* décerner; *Würde:* conférer; *Strafe:* infliger; ⚤ung *f* attribution *f*; (*Zuerteilung*) adjudication *f*; *e-s Preises:* décernement *m*.

zu-'erst *adv.* (*als erster*) le premier, la première; (*an erster Stelle*) premièrement; en premier lieu; d'abord; (*vor allem übrigen*) avant tout; *~ lesen, dann ... gleich ~* dès le commencement; *fig. wer ~ kommt, mahlt ~* les premiers arrivés sont les premiers servis.

'zu-erteil|en *v/t.* adjuger; ⚤ung *f* adjudication *f*.

'zufächeln *v/t.: j-m Kühlung (od. Luft) ~* éventer q.; *sich Luft ~* s'éventer.

'zufahr|en *v/i.* aller vers; ⚓ se diriger vers; mettre le cap sur; ⚤t *f* accès *m*; *zu e-m Gebäude:* avenue *f*; ⚤tsstraße *f* chemin *m* de desserte (*od.* d'exploitation); route *f* d'amenée; voie *f* (*od.* bretelle *f*) d'accès; ~ *zur Autobahn a.* bretelle *f* de raccordement avec (*od.* échangeur *m* pour) l'autoroute.

'Zufall *m* 'hasard *m*; (*etw., was j-m zustößt*) cas *m* imprévu; *durch ~* par hasard; *glücklicher ~* chance *f*; *widriger ~* contretemps *m*; *dem ~ überlassen* laisser (*od.* livrer) au hasard; *es dem ~ überlassen* s'en remettre au hasard.

'zufallen *v/i. Tür:* se fermer brusquement; (*obliegen*) incomber; *als* (*od. durch*) *Erbschaft ~* échoir en héritage; *die Augen fallen ihm zu* il tombe de sommeil.

'zufällig I *adj.* fortuit; accidentel, -elle; II *adv. = ~er'weise adv.* par hasard; par extraordinaire; fortuitement; accidentellement; par rencontre; *etw. ~ tun* venir à faire qch.; *j-n ~ treffen* rencontrer q. par hasard; tomber sur q.; ⚤keit *f* 'hasard *m*; contingence *f*.

'zufalls|bedingt *adj.* dû, due au hasard; aléatoire; ~mehrheit *f* majorité *f* d'occasion; ⚤tor *n Sport:* but *m* dû au hasard.

'zu|fassen *v/i.* (*mithelfen*) aider; donner un coup de main; (*die Gelegenheit ergreifen*) saisir l'occasion; ~fliegen *v/i. Tür:* se fermer brusquement; *e-m Orte:* voler vers; *fig.* venir comme par enchantement; *écol. es fliegt ihm (ihr) alles zu* il (elle) a des facilités; ~fließen *v/i.* couler vers; *fig.* affluer; *j-m etw. ~ lassen* faire parvenir qch. à q.

'Zuflucht *f* refuge *m*; (*Mittel*) recours *m*; *s-e ~ zu j-m nehmen* se réfugier auprès de q.; *s-e ~ zu etw. nehmen* recourir (*od.* avoir recours) à qch.; ~s-hafen *m* port *m* de salut (*od.* de refuge); ~s-ort *m*, ~sstätte *f* refuge *m*; asile *m*; *litt.* sanctuaire *m*.

'Zufluß *m* affluence *f*; afflux *m*; (*Nebenfluß*) affluent *m*.

'zuflüstern *v/t.: j-m etw. ~* souffler qch. à q.

zu'folge *prp.* (*nachstehend mit dat.*) (*gemäß*) suivant; selon; d'après; conformément à.

zu'frieden *adj.* content (mit de); (*zufriedengestellt*) satisfait (mit de); *ich bin's ~* je ne demande pas mieux; j'y consens, je veux bien; *mit s-m Schicksal ~ sein* s'en trouver bien; *nicht ~ damit, daß ...* non content de ...; ~geben *v/rf.:* sich mit etw. ~ se contenter de qch.; ⚤heit *f* contentement *m*; satisfaction *f*; ~lassen *v/t.: j-n ~* laisser q. tranquille (*od.* en paix); ~stellen *v/t.* satisfaire; contenter; ~stellend *adj.* satisfaisant.

'zufrieren *v/i.* geler complètement; *Teich usw.:* prendre; ~fügen *v/t.* ajouter; (*verursachen*) causer; *Leid:* faire; *Niederlage:* infliger; ⚤fuhr *f* amenée *f*; adduction *f*; *v. Waren:* arrivage *m*; (*Versorgung*) ravitaillement *m*; approvisionnement *m*; *e-r Stadt die ~ abschneiden* couper les vivres à une ville; ~führen *v/t.* amener; conduire; (*à resp. chez resp. vers*); (*beschicken*) alimenter; *j-n j-m ~* amener q. à q.; *s-r Bestimmung ~* amener à sa destination; *s-r Bestrafung ~* punir; *e-m Heer Lebensmittel ~* approvisionner (*od.* ravitailler) une armée; ⚤führung *f* amenée *f*; adduction *f*; (*Beschickung*) alimentation *f*; (~sdraht) fil *m* d'amenée; (*Zufahrtsstraße*) voie *f* d'accès; *~ von Lebensmitteln* approvisionnement *m*; ravitaillement *m*.

'Zuführungs|draht *m* fil *m* d'amenée; ~kabel *n* câble *m* alimentaire (*od.* d'amenée); ~leitung *f* conduite *f* (*od.* conduit *m*) alimentaire (*od.*

d'amenée); ~rohr *n* tuyau *m* alimentaire (*od.* d'amenée).

'zu**füllen** *v/t.* (*hinzufügen*) ajouter; (*zuschütten*) combler; remblayer.

Zug *m* 🚂 train *m*; fahrplanmäßiger (eingelegter; liegengebliebener) ~ train *m* régulier (supplémentaire; en détresse); den ~ erreichen avoir (*od.* attraper *od.* prendre) son train; den ~ verpassen manquer (*od.* rater) le train; im ~e dans le train; mit dem ~e kommen venir par le train; der ~ hat Verspätung le train a du retard; der ~ aus Bordeaux le train venant (*od.* en provenance) de Bordeaux; der ~ nach Paris le train (à destination) de Paris; le train pour Paris; (*Wagenfolge*) convoi *m*; rame *f*; (*Marsch*) marche *f*; (*Feld*⚔) campagne *f*; expédition *f* militaire; (*Ziehen*) traction *f*; (*Flaschen*⚔) moufle *m od.* (*Feder*⚔) trait *m* de plume, *an der Unterschrift*: paraphe *m*, parafe *m*; *beim Spiel*: coup *m*; (*Atem*⚔) souffle *m*; *an der Orgel*: registre *m*; (*Durch*⚔) passage *m*, (*Luft*) courant *m* d'air; vent *m* coulis; *Ofen*: tirage *m*; der Ofen hat keinen ~ le poêle ne tire pas; (*Gebirgs*⚔) chaîne *f* de montagnes; (*der Wolken*: cours *m*; *v. Personen*: file *f*; colonne *f*; ⚔ section *f*, Kavallerie, Panzertruppen: peloton *m*; *feierlicher*: cortège *m*, *rl.* procession *f*; *v. Tieren*: troupe *f*, bande *f*; (*Gespann*) attelage *m*; *v. Vögeln*: volée *f*; (*Fisch*⚔) coup *m* de filet; *v. Schiffen*: convoi *m*; *des Gesichts, Charakters*: trait *m*; *des Stiefels*: élastique *m*; (*~schnur*) cordon *m*; *in Gewehr- und Kanonenrohren*: rayure *f*; *beim Rauchen*: bouffée *f*; *aus dem Glase*: coup *m*; trait *m*; gorgée *f*; (*Schublade*) tiroir *m*; (*Neigung*) penchant *m* (zu à); (*Tendenz*) tendance *f* (zu à); ein ~ unserer Zeit un trait de notre époque; im ~e der Entwicklung au train où vont les choses; ~ des Herzens voix *f* du cœur; in e-m ~ d'un seul trait, tout d'un trait; so recht im ~e sein être bien en train; im ~e der Neugestaltung au cours de la réorganisation; in großen Zügen à grands (*od.* gros) traits; dans les grandes lignes; in kurzen Zügen en peu de mots; in den letzten Zügen liegen être à l'agonie; in vollen Zügen genießen goûter (*od.* savourer) pleinement; ~ um ~ du tac au tac; donnant donnant; *fig.* nicht zum ~ kommen n'avoir aucune chance; da ist kein ~ (*Schwung*) drin cela (F ça) manque d'entrain (*od.* de verve); *Schach*: den ersten ~ haben avoir le (premier) trait; *fig.* ~ zum Vulgären penchant *m* à la vulgarité.

'**Zugabe** *f* ✝ supplément *m* (*a. e-s Künstlers*); prime *f*; ♪ morceau *m* 'hors programme; als ~ en supplément, ✝ en prime, ♪ en morceau 'hors programme.

'**Zug-abstand** *m* espacement *m* des (*od.* entre les) trains.

'**Zugang** *m* accès *m* (nach, zu à); (*Eintritt*) entrée *f*; Weg zu e-m Gebäude: voie *f* d'accès; (*Zuwachs*) accroissement *m*; augmentation *f*; apport *m*; (*Einnahme*) recette *f*; ✝ (*Eingang*) entrée *f*, rentrée *f*; (*Waren*⚔) arrivage *m*; (*Neuerscheinung*) nouvelle acquisition *f*; *freier* ~ libre accès *m* (nach, zu à); ~ finden (*gewähren*; haben; sich verschaffen*) trouver (donner; avoir; se procurer) accès (zu à); zu j-m ~ haben avoir accès auprès de q.

'**zugänglich** *adj.* accessible (*a. fig.* für à); *fig.* abordable; affable; fréquentable; ~ sein à. F n'avoir pas la gale; leicht ~ sein être d'un accès facile; der Allgemeinheit ~ ouvert au public; *fig.* der breiten Öffentlichkeit ~ machen rendre accessible à tout le monde; vulgariser; populariser; &-**keit** *f* accessibilité *f*; approche *f*.

'**Zugangs**|**straße** ⚔ *f* route *f* surprise; ~**weg** *m* voie *f* d'accès.

'**Zug**|**artikel** *m* article *m* choc; ~**beanspruchung** ⊕ *f* effort *m* de traction; ~**begleitung** *f* personnel *m* du train; ~**brücke** *f* pont-levis *m*; ~**dichte** *f* fréquence *f* des trains.

'**zugeben** *v/t.* (*hinzufügen*) ajouter; ✝ donner en plus; donner par-dessus le marché; als Gehilfen: adjoindre; *fig.* admettre; avouer; convenir (de); ♪ ein Stück ~ jouer un morceau 'hors programme; zugegeben admettons, zugegeben! d'accord!

zu'**gegen** *adv.*: ~ sein être présent (bei à); assister (à); persönlich ~ sein être présent en personne.

'**zugehen** *v/i.* Tür usw.: (se) fermer; ~ auf (*acc.*) aller (*od.* se diriger *od.* s'avancer) vers; Weg: auf die Stadt ~ mener (*od.* conduire) à la ville; *fig.* das Ende ~ toucher à sa fin; spitz ~ se terminer en pointe; Paket: j-m ~ lassen faire parvenir à q.; kräftig (tüchtig) ~ aller bon train; *fig.* (geschehen*) arriver; se passer; se faire; wie ist das zugegangen? comment cela est-il arrivé?; wie geht das zu? comment cela se fait-il?; wie geht es zu, daß ...? comment se fait-il que ...?; das geht nicht mit rechten Dingen zu ce n'est pas naturel; es müßte nicht mit rechten Dingen ~, wenn ... il faudrait que le diable s'en mêle pour que ... (*subj.*).

'**zugehör**|**ig** *adj.* appartenant (à); qui appartient (à); qui fait partie (de); (*passend*) qui va bien (avec); assorti (à); &**igkeit** *f a. pol.* appartenance *f* (zu à); *pol.* (*Partei*⚔) adhésion *f* (zu à); politische ~ couleur *f* politique.

'**zugeknöpft** F *fig. adj.* réservé.

'**Zügel** *m* rêne *f*; bride *f* (*beide a. fig.*); am Zaum der Wagenpferde: a. guide *f*; *fig.* die ~ zu locker lassen *a.* laisser trop la bride sur le cou; die ~ der Macht in den Händen halten détenir les rênes du pouvoir; j-m die ~ schießen lassen lâcher la bride à q.; &**los** *fig. adj.* effréné; sans frein; &**losigkeit** *f* licence *f*; dérèglement *m*; &**n** 1. *v/t.* Pferd: serrer la bride (à); *fig.* refréner; mettre un frein (à); réprimer; contenir; 2. *v/rf.*: sich ~ se réprimer; se contenir; ~**n** *fig. n* refrènement *m*; ~**ung** *pol. f.*: die ~ der Liberalen la mise au pas des libéraux.

'**zugenäht** F *int.*: verflixt (*od.* verflucht) und ~! F zut (alors)!; P nom de Dieu!; nom de nom!

'**Zug-entgleisung** *f* déraillement *m*.

'**Zugereiste(r** *a. m*) *m, f* nouveau venu *m*, nouvelle venue *f*.

'**zu**|**gesellen** 1. *v/t.* associer (à); adjoindre (à); joindre (à); 2. *v/rf.*: sich j-m ~ s'associer à q.; se joindre à q.; &**geständnis** *n* concession *f*; j-m ~ se machen faire des concessions à q.; ~**gestehen** *v/t.* (*bewilligen*) accorder; Rechte: concéder; (*zugeben*) admettre; avouer; convenir (de); ~**getan** *adj.*: j-m ~ sein avoir de l'affection (*od.* de l'attachement *od.* de la sympathie) pour q.

'**Zug**|**feder** *f* ressort *m* de traction; ~**festigkeit** *f* résistance *f* à la traction; ~**folge** *f* fréquence *f* (*od.* espacement *m*) des trains; &**frei** *adj.* à l'abri des courants d'air; ~**führer** 🚂 *m* chef *m* de train; ⚔ chef *m* de section; ~**garnitur** 🚂, métro *f* rame *f*.

'**zugießen** *v/t.* (*hinzufügen*) ajouter; (*füllen*) remplir (*mit* de).

'**zugig** *adj.* exposé aux courants d'air.

'**zügig I** *adj.* (*schnell*) rapide; expéditif, -ive; (*sofortig*) immédiat; Verkehr: ininterrompu; **II** *adv.* (*schnell*) rapidement; vite; (*sofort*) immédiatement; Verkehr: sans interruption; ~ arbeiten abattre de la besogne; ~ fahren aller bon train; ~ Kontrolle contrôle *m* suivi; &**keit** *f* rapidité *f*.

'**Zug**|**kette** ⊕ *f* chaîne *f* de traction; 🚂 chaîne *f* d'attelage; ~**klappe** *f am Kamin*: registre *m*; tablier *m*; ~**kraft** *f* force *f* de traction; attraction *f* (*a. fig.*); &**kräftig** *adj.* qui attire le public; qui prend sur le public; ~**es Stück** pièce *f* à succès.

zu'**gleich** *adv.* en même temps; ~ mit mir en même temps que moi; alle ~ tous à la fois.

'**Zug**|**leine** *des Pferdes*: trait *m*; ~**loch** *n e-s Herdes*: ventouse *f*; évent *m*; ~**luft** *f* courant *m* d'air; vent *m* coulis; ~**maschine** *f* tracteur *m*; ~**material** 🚂 *n* matériel *m* roulant; ~**meldedienst** 🚂 *m* signalisation *f*; ~**mittel** *n*, ~**nummer** *f* principale attraction *f*; clou *m*; ~**ochse** *m* bœuf *m* de trait; ~**personal** 🚂 *n* personnel *m* du train; ~**pferd** *n* cheval *m* de trait; *fig.* locomotive *f*; fer *m* de lance; pôle *m* d'attraction; ~**pflaster** *phm. n* vésicatoire *m*; vésicant *m*; ~**regler** *m am Kamin*: régulateur *m* de tirage.

'**zugreifen** *v/i.* Polizei: mettre la main dessus; bei Tisch: se servir; (*die Gelegenheit ergreifen*) saisir l'occasion; (*selbst Hand anlegen*) mettre la main à la pâte (*od.* à l'ouvrage).

'**Zugriff** *m pol.* emprise *f*; mainmise *f*; (*Ergreifen*) prise *f*; ~ der Polizei (*Verhaftung*) arrestation *f*; prise *f* de corps.

zu'**grunde** *adv.*: ~ gehen périr; succomber; ~ legen prendre pour base; ~ liegen être à la base (de); ~ richten ruiner; sich ~ richten se ruiner; aller à sa ruine; j-n vollends ~ richten achever (de ruiner) q.; &**legung** *f*: unter ~ (*gén. od.* von) en prenant pour base; ~**liegend** *adj.* qui est à la base (de).

'**Zug**|**salbe** ✻ *f* onguent *m* vésicant (*od.* vésicatoire); ~**schaffner** 🚂 *m* contrôleur *m*; ~**schalter** ⚡ *m* interrupteur *m* à cordon; ~**schnur** *f* cordon *m*; ~**seil** *n e-r Schwebebahn*: câble *m* tracteur, (*Schleppseil*) câble *m* de remorque; ~**stiefel** *m* bottine *f* à élastique; ~**stück** *thé. n* pièce *f* à succès; clou *m*; ~**tier** *n* bête *f* de trait.

'**zugucken** *v/i.* regarder; j-m ~ regar-

'Zug-unglück n accident m ferroviaire (od. de chemin de fer).
zu|'gunsten prp. (gén.) en faveur de; au profit de; ~'gute adv.: j-m etw. ~ halten tenir compte à q. de qch.; j-m ~ kommen profiter à q.; sich etw. ~ tun s'offrir un extra; sich etw. auf etw. (acc.) ~ tun tirer vanité de qch.
'Zug|verbindung 🚂 f communication f ferroviaire; ~verkehr 🚂 m trafic m ferroviaire; ~verspätung 🚂 f retard m du train; ~vogel m oiseau m migrateur (od. de passage); 2weise adv. par troupes; 🚂 par sections; par (od. en) colonnes; ~winde ⊕ f palan m.
'Zugzwang m: sich im ~ befinden; unter ~ setzen être forcé d'agir.
'zu|haken v/t. agrafer; ~halten 1. v/t. tenir fermé; fermer; sich die Ohren ~ se boucher les oreilles; 2. v/i. ⚓, ✈ auf (acc.) mettre le cap sur; 2hälter m souteneur m; maquereau m; P marlon m; P mec m.
Zuhälte'rei f proxénétisme m; maquereautage m.
'Zuhaltung f am Türschloß: gâchette f.
'zu|hängen v/t. fermer par un rideau; ~hauen 1. v/t. (hauend zurichten) façonner à la hache; Steine: tailler; Schlächterei: dépecer; débiter; 2. v/i.: ~ auf (acc.) taper sur.
zu'hauf adv. en tas; en foule.
zu'haus adv.: ~ bleiben rester à la maison (od. chez soi).
Zu'hause n chez-soi (chez-moi, etc.) m; 'home m.
'zuheften v/t. fermer en cousant.
'zuheil|en v/i. se fermer; (vernarben) se cicatriser; wieder ~ se refermer; 2en n, 2ung f cicatrisation f.
Zu'hilfenahme f: mit (ohne) ~ von avec (sans) le secours de.
zu'hinterst adv. tout au bout.
'zuhör|en (dat.) écouter (acc.); 2er (-in f) m auditeur m, -trice f; 2erraum m salle f (de conférence); 2erschaft f auditoire m; auditeurs m/pl.
zu-'innerst adv. tout au fond.
'zu|jauchzen, ~jubeln v/i.: j-m ~ acclamer q.; ovationner q.; 2jubeln n acclamation f; ovation f; ~kaufen v/t. acheter en plus (zu de); ~kehren v/t. tourner; j-m das Gesicht ~ tourner son visage vers q.; j-m den Rücken ~ tourner le dos à q.; ~kitten v/t. boucher avec du mastic; ~klappen 1. v/t. fermer; 2. v/i. se fermer; ~kleben v/t. coller; ~klinken v/t. fermer; ~knallen v/t. (faire) claquer; ~knöpfen v/t. (v/refl.: sich se) boutonner; 2knöpfen n: zum ~ à boutons; ~kommen v/i.: ~ auf (acc.) s'avancer vers; fig. j-m ~ revenir (de droit) à q., être dû, due à q.; (j-m zuteil werden) échoir en partage à q., als Aufgabe: incomber à q.; es kommt mir nicht zu, zu ... (inf.) ce n'est pas à moi (od. il ne m'appartient pas) de ... (inf.); j-m etw. ~ lassen faire parvenir qch. à q., (hinlangen) passer qch. à q., (überlassen) donner o. céder qch. à q.; jedem, was ihm zukommt à chacun son dû; ~korken v/t. boucher; 2kost cuis. f garniture f; légumes m/pl.;
2kunft f avenir m; a. gr. futur m;

Mensch mit ~ personne f qui a de l'avenir; in ~ à (od. dans) l'avenir, désormais, dans le (gr. au) futur, (in der Folge) dans la suite; in naher ~ dans un proche avenir; s-e ~ sichern assurer son avenir; ~ haben avoir de l'avenir; e-e glänzende ~ vor sich haben avoir un brillant avenir devant soi; man muß der ~ (ruhig) ins Auge sehen il faut voir venir; ~künftig I adj. futur; à venir; II adv. à l'avenir; 2künftige(r a. m) F m, f F futur m, -e f; 2kunfts-aussichten f/pl. perspectives f/pl. d'avenir; 2kunftsmusik f, 2kunftspläne m/pl. projets m/pl. d'avenir; ~kunftsreich adj. qui a de l'avenir; 2kunftsroman m roman m d'anticipation; 2kunfts-romangattung f science-fiction f; ~kunftsträchtig adj. porteur, -euse d'avenir; lourd de conséquences pour l'avenir; 2kunfts-traum m anticipation f; ~kunftsvoll adj. qui a de l'avenir; 2kunftsvision f vision f du futur; bsd. éc., pol. scénario m; ~lächeln v/i.: j-m ~ sourire à q.; 2lage f (Lohn2, Gehalts2) augmentation f, majoration f, supplément m; (Entschädigung) indemnité f; e-e ~ (Gehalts2) geben augmenter le traitement (Arbeitern: le salaire; Hausangestellten: les gages) de q.
zu'lande adv.: bei uns ~ chez nous.
'zu|langen v/i. prendre; bei Tisch: se servir; tüchtig ~ avoir un bon coup de fourchette; se servir copieusement; F (genügen): suffire; ~länglich adj. suffisant; 2länglichkeit f suffisance f; ~lassen v/t. admettre; (erlauben) permettre; (dulden) tolérer; Entschuldigung, Möglichkeit: comporter; (ermächtigen) autoriser; Auto usw.: immatriculer; autoriser à circuler; (geschlossen lassen) laisser la porte fermée; amtlich ~ (z. B. e-e Partei) légaliser; ~lässig adj. admissible; (erlaubt) permis; ⚖ recevable; 2lässigkeit f admissibilité f; ⚖ recevabilité f; 2lassung f admission f; (Erlaubnis) permission f; (Ermächtigung) autorisation f; Auto usw.: permis m de circulation; Fr. carte f grise; 2lassungs-antrag m, 2lassungsgesuch n demande f d'admission; 2lassungsbedingung f condition f d'admission; 2lassungskarte f carte f d'admission; Fr. Auto: carte f grise; 2lassungsnummer f Auto usw.: numéro m d'immatriculation; 2lassungsprüfung f examen m d'admission; 2lassungsschein m Auto usw.: permis m de circulation; Fr. carte f grise; 2lassungsschild n Auto usw.: plaque f minéralogique (od. d'immatriculation); 2lauf m affluence f; afflux m; großen ~ haben v. Kunden, Patienten: avoir une grosse clientèle, Veranstaltung: être très fréquenté (od. couru); ~laufen v/i. (herbeiströmen) affluer; (enden) se terminer; spitz m pointe; (weiterlaufen) poursuivre sa course; (sich beeilen) se dépêcher; ~ auf (acc.) courir à (od. vers); zugelaufener Hund chien m trouvé (od. recueilli); ~legen 1. v/t. (hinzufügen) ajouter; (draufgeben) donner en plus; j-m etw. ~ (an Gehalt) augmenter le traitement (Arbeitern: le salaire; Hausgestell-

ten: les gages) de q.; sich etw. ~ s'acheter qch.; se procurer qch.; F sich e-e Frau ~ prendre femme; F sich e-e neue Frisur ~ adopter une nouvelle coiffure; F sich e-n Schmerbauch ~ prendre de l'embonpoint; 2. v/i. se dépêcher.
zu'leide adv.: j-m etw. ~ tun faire du mal à q.
'zuleit|en v/t. (weitergeben) transmettre; Gesuch usw.: adresser; ⊕ amener; (beschicken) alimenter; 2ung f (Weitergabe) transmission f; ⊕ amenée f; adduction f; (Beschickung) alimentation f; ~ 2ungsdraht m fil m d'amenée; 2ungskabel n câble m d'alimentation (od. d'amenée); 2ungskanal m adducteur m; 2ungsrohr n tuyau m (od. conduite f od. conduit m) d'alimentation (od. d'amenée).
zu'letzt adv. à la fin; en dernier lieu; finalement; (schließlich) en fin de compte; (endlich) enfin; ~ kommen arriver le dernier, la dernière.
zu'liebe adv.: j-m ~ pour l'amour de q.
'Zuliefer|er ✝ m sous-traitant m; etw. j-m als ~ überschreiben sous-traiter qch. à q.; ~ung a. ⊕ f approvisionnement m; durch den Unterlieferanten: sous-traitance f.
'zumachen v/t. Brief, Fenster, Tür: fermer; Flaschen: boucher; Jacke: boutonner; die Tür hinter sich (dat.) ~ fermer la porte sur od. derrière soi; die ganze Nacht kein Auge ~ ne pas fermer l'œil de toute la nuit.
zu'mal adv. surtout, particulièrement; cj. d'autant plus que.
'zumauern I v/t. murer; maçonner; Tür usw.: condamner; II 2 n murage m.
zu'meist adv. pour la plupart; la plupart du temps; le plus souvent.
'zumessen v/t. mesurer; (dosieren) doser; (zuschreiben) attribuer; Strafe: infliger; j-m etw. ~ mesurer qch. à q., Anteil: donner sa part (od. sa portion) à q.
zu'mindest adv. au moins; du moins; pour le moins; tout au moins.
'zumutbar adj. Vorschlag: raisonnable; réalisable; possible; qu'on peut mettre en pratique; das ist für ihn nicht ~ on ne peut pas exiger cela de lui.
zu'mute adv.: mir ist wohl (übel) ~ je me sens bien (mal) à l'aise; wenn Ihnen danach ~ ist si le cœur vous en dit; wie ist Ihnen ~? comment vous sentez-vous?; mir ist nicht danach ~ je n'y suis pas disposé.
'zumut|en v/t.: j-m etw. ~ exiger qch. de q.; sich zuviel ~ présumer trop de ses forces; 2ung f exigence f impudente; das ist e-e ~ il faut en avoir de l'aplomb (od. du toupet).
zu'nächst adv. zeitlich: tout d'abord; de prime abord; en premier lieu; avant tout.
'zu|nageln v/t. clouer; ~nähen v/t. fermer; coudre; 2nahme f agrandissement m; accroissement m; (Vermehrung) augmentation f; (Intensivierung) intensification f; 2name m nom m de famille; (Beiname) surnom m; (Spitzname) sobriquet m.
'Zünd|anlage f Auto usw.: allumage

m; ~**blättchen** *n* amorce *f*; ~**einstellung** *f* réglage *m* de l'allumage; **2en 1.** *v/i.* s'allumer (*a. Auto usw.*); prendre feu; s'enflammer; *fig. bei j-m* ~ prendre sur q.; électriser q.; enflammer q.; **2.** *v/t. Bombe*: mettre à feu; **2end** *adj.*: ~e Rede discours *m* enflammé.

'**Zunder** *m* amadou *m*; F (*Prügel*) rossée *f*; raclée *f*; (*Beschießung*) bombardement *m*; *j-m* ~ *geben* (*j-n verprügeln*) rosser q., (*j-n beschießen*) bombarder q.

'**Zünd|er** *m in Sprengkörpern*: fusée *f*; détonateur *m*; amorce *f*; ~**folge** *f Motor*: ordre *m* d'allumage; ~**funke** *m* étincelle *f* d'allumage; ~**holz** *n*, ~**hölzchen** *n* allumette *f*; ~**holzschachtel** *f* boîte *f* d'allumettes; ~**hütchen** *n* amorce *f*; ~**kabel** *n* câble *m* d'allumage; ~**kapsel** *f* détonateur *m*; ~**kerze** *f Auto*: bougie *f*; ~**kerzen-elektrode** *f* électrode *f* des bougies; ~**ladung** *f* charge *f* d'amorçage; ~**magnet** *m* magnéto *m* (d'allumage); ~**punkt** *m* point *m* d'allumage; ~**schlüssel** *m* clef *f* de contact; ~**schnur** *f* cordeau *m* Bickford; (*Lunte*) mèche *f*; ~**spule** *f* bobine *f* d'allumage; ~**stoff** *m* matière *f* inflammable; *fig.* détonateur *m*; ~**ung** *f Auto usw.*: allumage *m*; *Bombe*: mise *f* à feu; *die* ~ *ausschalten* couper l'allumage; ~**verteiler** *m* distributeur *m* d'allumage.

zunehmen I *v/i.* augmenter (*an dat. de*) (*a. Tage*) (*anwachsen*) s'accroître; (*länger werden*) s'allonger (*a. Tage*); *Hochwasser*: monter; être en crue; *Übel*: s'aggraver; *Mond*: croître; être dans son premier quartier; (*groß od. größer werden*) grandir, (*sich ausdehnen*) s'agrandir; (*Fortschritte machen*) faire des progrès; (*intensiver werden*) s'intensifier; (*fett werden*) engraisser; (*dicker werden*) grossir, *Person*: *a.* prendre de l'embonpoint; *an Gewicht* ~ augmenter de (*od.* prendre du) poids; *an Kräften* ~ prendre des forces; *beim Stricken, e-e Masche*: ajouter; *abs.* augmenter le nombre des mailles; **II 2** *n* → **Zunahme**; *das* ~ *der Diebstähle* la recrudescence des vols; *der Mond ist im* ~ la lune est dans son premier quartier; ~**d** *adj.*: ~**er** Mond croissant *m* (de la lune); *l2gemäß adj.* wir haben ~**en** Mond la lune est dans son croissant; *mit* ~**em** Alter à mesure que l'on avance en âge; ~**e** Gewitterneigung aggravation *f* orageuse; *in e-m Maße de plus en plus*; *es wird* ~ *dunkler* il fait de plus en plus sombre.

'**zuneig|en** *v/i. u. v/rf.* (*sich s'*)incliner à *od.* vers (*a. fig.*); *sich s-m Ende* ~ tirer à sa fin; **2ung** *f* inclination *f*; affection *f*; attachement *m*; sympathie *f*; ~ *zu j-m fassen* prendre q. en affection.

Zunft *hist. f* corps *m* de métier; corporation *f*; **l2gemäß** *hist. adj.* conforme aux statuts d'une corporation.

'**zünftig** *adj. fig.* (*fachmännisch*) de spécialiste; compétent; (*echt*) vrai; véritable; F *ein* ~**er** Schluck une grande gorgée; *adv.* ~ *gekleidet* vêtu comme il faut.

'**Zunft|sprache** *f* argot *m* de métier; ~**wesen** *n* (régime *m*) des corporations *f/pl.*; régime *m* corporatif.

'**Zunge** *f* langue *f*, P lavette *f*; (*Sprache*) *a.* parole *f*; *e-s Blasinstruments, e-r Orgel*: anche *f*; *e-r Schnalle*: ardillon *m*; *an der Waage*: aiguille *f*, languette *f*; *icht.* (*See2*) sole *f*; 🐟 belegte ~ langue *f* chargée; *fig. e-e böse* ~ *haben* être une mauvaise (*od.* méchante) langue; *eine* ~ *wie eine Schlange* avoir une langue de serpent; *e-e scharfe* ~ *haben* avoir la langue bien affilée; *e-e schwere* ~ *haben* avoir la langue épaisse; *e-e feine* ~ *haben* avoir le bec fin; être un gourmet; *die* ~ *heraushängen Tiere*: tirer la langue; *j-m die* ~ *herausstrecken* (*od. zeigen*) tirer la langue à q.; *j-m die* ~ *lösen* délier la langue à q.; *sich auf die* ~ *beißen* se mordre la langue; *das Wort liegt* (*od. schwebt*) *mir auf der* ~ j'ai le mot sur le bout de la langue; *das Herz auf der* ~ *haben* avoir le cœur sur les lèvres; parler à cœur ouvert; *die* ~ *im Zaum halten* tenir sa langue; *mit der* ~ *schnalzen* faire claquer sa langue; claquer de la langue.

'**züngeln** *v/i.* darder la langue.

'**Zungen|band** *anat. n* filet *m* de la langue; ~**bein** *anat. n* (os *m*) hyoïde *m*; ~**belag** *m* enduit *m* de la langue; ~**fehler** *m* vice *m* de la langue; **2fertig** *adj.* qui parle avec facilité (*od.* avec volubilité); qui a la parole facile; ~**fertigkeit** *f* facilité *f* de parole; volubilité *f*; *e-e große* ~ *besitzen* avoir la langue bien pendue; **2förmig** *adj.* linguiforme; ~**halter** ⚕ *m* abaisse-langue; ~**laut** *gr. m* linguale *f*; ~**pfeife** ♪ *f* tuyau *m* à anche; ~**schlag** *m* coup *m* de langue; ~**spitze** *f* bout *f* de la langue.

'**Zünglein** *n* languette *f*; *an der Waage*: aiguille *f*; languette *f*; *fig. das* ~ *an der Waage sein* faire pencher la balance.

zu'nichte *adv.*: ~ *machen* anéantir; ruiner, *Pläne*: déjouer; ~ *werden* se réduire (*od.* être réduit) à néant.

'**zunicken** *v/i.*: *j-m* ~ faire un signe de tête à q.

zu'nutze *adv.*: *sich etw.* ~ *machen* profiter (*od.* tirer profit) de qch.

zu-'oberst *adv.* tout en 'haut; *das Unterste* ~ *kehren* mettre tout sens dessus dessous.

'**zu|ordnen** *v/t. e-r Sache*: classer (dans); *e-r Person*: adjoindre; attribuer; *Begriffe, e-r Gruppe*: ranger, classer (sous); ~**packen** (*selbst Hand anlegen*) mettre la main à la pâte (*od.* à l'œuvre *od.* à l'ouvrage); *alles, was* ~ *kann* tout ce qu'on compte de muscle.

zu'paß *adv.* à propos; à point; *das kommt mir* ~ cela tombe bien (*od.* F à pic); cela m'arrange bien.

'**zupf|en** *v/t.* tirer; *j-n am Ärmel* ~ tirer q. par la manche; *j-n am Ohr* ~ tirer l'oreille à q.; tirer q. par l'oreille; *auf der Geige* ~ pincer les cordes du violon; *die Gitarre* ~ (*spielen*) pincer de la guitare; **2geige** F *f* guitare *f*; **2instrument** *n* instrument *m* à cordes pincées.

'**zu|pfropfen** *v/t.* boucher; ~**prosten** *v/i.*: *j-m* ~ boire (*od.* lever son verre) à la santé de q.; ~**raten** *v/t.*: *j-m etw.* ~ conseiller (*od.* recommander) qch. à q. (*od.* à q. de faire qch.); **2raten** *n*: *auf mein* ~ sur mon conseil.

Zu'ratziehung *f* consultation *f*.

'**zuraunen** *v/t.*: *j-m etw.* ~ chuchoter qch. à l'oreille de q.

'**zurechn|en** *v/t.*: *e-n Künstler den Modernen* ~ compter parmi les modernes; **2ung** *f*: *mit* ~ *aller Kosten* en y ajoutant tous les frais; ~**ungsfähig** *adj.* responsable de ses actes, apte (*od.* capable) de discernement; ~**es Alter** âge *m* de raison; **2ungsfähigkeit** *f* responsabilité *f* de ses actes; discernement *m*.

zu'recht|biegen F *v/t. e-e Angelegenheit*: régler à l'amiable; arranger; ~**finden** *v/rf.*: *sich* ~ se reconnaître; s'orienter; trouver son chemin; ~**flicken** F *v/t.* raccommoder, rapiécer (*a. fig.*); ~**kommen** *v/i.*: *mit etw.* ~ venir à bout de qch.; *mit j-m* ~ s'arranger avec q.; ~**legen** *v/t.* mettre en ordre; (*vorbereiten*) préparer; ~**machen 1.** *v/t.* préparer; apprêter; arranger; *Bett, Zimmer, Salat*: faire; **2.** *v/rf.*: *sich* ~ s'apprêter (*für, zu* à, *a. pour*); *sich etwas* ~ *Damen*: faire un brin de toilette; ~**rücken**, ~**setzen** *v/t.* arranger; *Brille usw.*: rajuster, remonter; *fig. j-m den Kopf* ~ mettre q. à la raison; ~**schneidern** F *fig. v/t.*: *die Fragen geschickt* ~ biaiser les questions; ~**schustern** F (*Text*) *v/t.* F rapetasser; ~**stellen** *v/t.* arranger; ~**stutzen** *v/t.* façonner; *Baum*: tailler; *Stück für die Bühne*: arranger; ~**weisen** *v/t.*: *j-n* ~ blâmer, faire des remontrances à q., remettre q. à sa place, réprimander, F rembarrer q., remiser q., *moralisch*: faire la morale à q., moraliser q.; ~**weisung** *f* remontrance *f*; réprimande *f*.

'**zureden I** *v/i.*: *j-m gut* ~ chercher à persuader q.; encourager q.; **II 2** *n* exhortations *f/pl.*; instances *f/pl.*; *auf unser* ~ sur nos instances; *trotz allen* ~**s** en dépit de toutes les exhortations.

'**zureichen** *v/t.* tendre; présenter; passer.

'**zureit|en 1.** *v/t. Pferd*: dresser; **2.** *v/i.*: ~ *auf* (*acc.*) s'avancer (à cheval) vers; *tüchtig* ~ mener son cheval bon train; **2en** *n* dressage *m*; **2er** *m* dresseur *m* de chevaux; *man.* écuyer *m*.

'**zuricht|en** *v/t.* (*herrichten*) préparer; apprêter (*a. Stoff*) ⊕ unir; dégauchir; dresser; parer; *Leder*: corroyer; *übel* ~ *iron.* joliment arranger; maltraiter; bourrer de coups; **2er** ⊕ *m* metteur *m*; **2ung** *f* apprêt *m* (*a. v. Stoff*); préparation *f*; *des Leders*: corroyage *m*.

'**zuriegeln** *v/t.* verrouiller; fermer au verrou.

'**zürnen** *v/i.* être en colère; être irrité; *j-m* ~ en vouloir à q. (*wegen etw.* de qch.).

'**zurren** ⚓ *v/t.* amarrer.

Zur'schautragen *n* affichage *m*; exhibition *f*; étalage *m*.

zu'rück *adv.* en arrière; (~*geblieben*) *fig.* arriéré; déficient; *écol. a.* à la traîne; *Land, Kind*: attardé; (*gekehrt*) de retour; ~! reculez!; ~ *an Absender!* retour à l'expéditeur (*od.* à l'envoyeur)!; *aus Paris* ~ *schicke ich Ihnen ...* de retour de Paris (*heute oft nur*: retour de Paris) je vous envoie ...; *hinter s-r Zeit* ~ *sein* retarder (*od.* être en retard) sur son temps; *écol.*

sein être à la traîne; ⚥ n: es gibt für ihn kein ~ mehr il ne peut plus reculer (od. revenir en arrière); il est embarqué; ~begeben v/rf.: sich ~ retourner; s'en retourner; ~begleiten v/t. reconduire; ~behalten v/t. retenir; (reservieren) réserver; unrechtmäßigerweise: détenir; ⚥behaltungsrecht n droit m de rétention; ~bekommen v/t. récupérer; recouvrer; recevoir en retour; rentrer en possession (de); F ravoir (nur inf.!); ich habe das Buch ~ on m'a rendu le livre; sein Geld ~ rentrer dans ses frais; ich bekomme noch 10 Mark zurück on me doit encore dix marks; ~berufen v/t. rappeler; (absetzen) révoquer; ⚥berufung f rappel m; (Absetzung) révocation f; ~beugen 1. v/t. courber en arrière; 2. v/rf.: sich ~ se pencher en arrière; ~bezahlen v/t. rembourser; ⚥bezahlung f remboursement m; ~biegen v/t. courber en arrière; ~bleiben v/i. rester en arrière (a. fig.; hinter dat. de); ⚔ traîner; Uhr: retarder; (übrigbleiben) être de reste; rester; (dableiben) rester; écol. ne pas pouvoir suivre; rétrograder; Sport: décoller; weit ~ être à la traîne; fig. hinter s-r Zeit ~ rester en arrière de son temps; retarder sur son temps; hinter den Erwartungen ~ ne pas répondre aux espérances; ⚥bleiben n retard m; ~bleibend 🔁, ⚔ adj. résiduel, -elle; ~blicken v/i. regarder en arrière (a. fig.); ~bringen v/t. rapporter; Person, Gefährt: ramener; fig. faire reculer; ins Leben ~ ramener (od. rappeler) à la vie; ~datieren v/t. antidater; ~denken v/i. se rappeler le passé; an j-n (etw. acc.) ~ se rappeler q. (qch.); ~drängen v/t. repousser; refouler (a. fig.); fig. réprimer; ~drehen v/t. tourner en arrière; ~dürfen v/i. avoir la permission de retourner (od. de revenir); ~eilen v/i. revenir en 'hâte; se hâter de revenir; ~erbitten v/t. redemander; ~erhalten v/t. → ~bekommen; ~er-obern v/t. reconquérir; reprendre; ~erstatten v/t. rendre; restituer; (zurückzahlen) rembourser; ~fahren 1. v/i. retourner (en voiture, etc.); in e-e Stadt ~ reprendre la route d'une ville; (sich plötzlich rückwärts bewegen) reculer brusquement; (rückwärts fahren) faire marche arrière; 2. v/t. ramener (en voiture, etc.); ~fallen v/i. retomber; (rückwärts fallen) tomber à la renverse; (zurückbleiben) rester en arrière (a. fig.; hinter acc. de); Licht: être réfléchi (od. reflété); Güter usw.: an j-n ~ revenir à q.; fig. auf j-n ~ retomber (od. rejaillir) sur q.; ~ in (acc.) retomber dans; redonner dans; in e-e Krankheit ~ avoir une rechute; in denselben Fehler ~ retomber dans la même faute; avoir une rechute; ~finden v/i. retrouver son chemin; ~fliegen v/i. Personen: rentrer (od. retourner) en (od. par) avion; ein Flugzeug: rentrer; retourner; ~fließen v/i., ~fluten v/i. refluer; ⚥fließen n, ⚥fluten n reflux m; ~fordern v/t. redemander; réclamer; Recht: revendiquer; ⚥fordern v/t., *forderung f réclamation f; v. Rechten: revendication f; ~führen v/t.

ramener; reconduire; fig. ~ auf (acc.) ramener à, Grund: attribuer à; sich ~ lassen auf (acc.) se ramener à; remonter (à); auf s-n wahren Wert ~ réduire à sa juste valeur; ~geben v/t. rendre; etw. Abstraktes: redonner; → ~schießen; (rückerstatten) restituer; Land: rétrocéder; ~gebliebenen fig. adv. arriéré mental; déficient mental; Kind a.: retardé; geistig ~ mentalement retardé; ⚥gebliebene(r) m psych.: geistig ~ retardé m mental; ~gehen v/i. (s'en) retourner; rebrousser chemin; (rückwärts gehen) aller en arrière; zeitlich ~ faire marche arrière; (sich rücklaufig bewegen) rétrograder, (regressiv sein) régresser; (zurückweichen) reculer; (abnehmen) diminuer; Geschäfte, Preise, Kurse, Wasser: baisser; Umsatz: a. fléchir (mit avoir!); Einfuhren a.: tomber (mit être!); Krankheit: décliner; Wunde: (se) guérir; se cicatriser; Schwellung: se dégonfler; (se) désenfler; Fieber: baisser; décliner; tomber; fig. ~ auf (acc.) remonter à; ~ lassen Schwellung: dégonfler, désenfler, Fieber: faire baisser (od. tomber), Gesuch, Waren: renvoyer, remonter; ~gehen n retour m; (rückläufige Bewegung) rétrogradation f; (Regression) régression f; (Zurückweichen) recul m; reculade f; (Abnahme) diminution f; v. Geschäften, Preisen, Wasser: baisse f; ~geleiten v/t. reconduire; ~gestellt ⚔ adj.: als unerledigt ~ mis en instance; ⚥gestellte(r) ⚔ m sursitaire m; ~gezogen adj. retiré; replié; ~ leben vivre retiré; ⚥gezogenheit f retraite f; solitude f; isolement m; ~greifen v/i. fig.: ~ auf (acc.) remonter à; auf Molière ~ en revenir à Molière; weiter ~ reprendre plus 'haut (de. plus loin); ~haben v/t. ravoir; ~halten 1. v/t. retenir (a. Tränen); unrechtmäßigerweise: détenir; Gefühle: réprimer; contenir; (verbergen) cacher; zurückgehalten werden Geld: se resserrer; 2. v/rf.: sich ~ se retenir; se mettre sur la touche; (sich zügeln) se réprimer; se contenir; (zurückhaltend sein) être réservé (od. retenu od. discret, -ète); 3. v/i.: mit etw. ~ retenir qch., (verbergen) cacher qch.; mit dem Lob nicht ~ ne pas ménager ses éloges; mit s-r Meinung ~ réserver son opinion; ⚥halten n rétention f; des Geldes: resserrement m; ~haltend adj. réservé; discret, -ète; réticent; (bescheiden) retenu; effacé; ~ bleiben rester sur la réserve; ⚥haltung fig. f réserve f; discrétion f; réticences f/pl.; modération f; retenue f; effacement m; ~ üben (sich auferlegen) être réservé (od. discret, -ète od. retenu); ~holen v/t. Sache: aller reprendre; Person: ramener; faire revenir; ~jagen v/t. chasser; ~kämmen v/t. peigner en arrière; ~kaufen v/t. racheter; ~kehren v/i. retourner; revenir; aus den USA ~ a. rentrer des États-Unis; nach Hause ~ rentrer chez soi; revenir à la maison; reprendre le chemin de sa maison; auf s-n Posten ~ reprendre son poste; ~klappen v/t. replier; ~kommen v/i. revenir; être de retour; *rappliquer; fig. auf etw. (acc.) ~ revenir sur (od. à) qch., en revenir à qch., Gespräch: a. retomber sur; von

s-r Meinung ~ changer d'avis; se raviser; ~können v/i. pouvoir reculer; fig. pouvoir se rétracter; ~lassen v/t. laisser; (im Stich lassen) abandonner; délaisser; (überholen) dépasser; distancer; ~laufen v/i. retourner à pied; (zurückfließen) refluer; ~legen v/t. Kopf: mettre en arrière; (beiseite legen) mettre de côté; mettre en réserve; réserver; Geld ~ mettre de l'argent de côté, abs. faire des économies; Weg: faire; Sport: couvrir; 100 km ~ couvrir (od. faire) cent km; e-e Strecke ~ couvrir (od. faire) un parcours, parcourir (od. effectuer) une distance; etw. auf s-n Platz ~ remettre à sa place; ~lehnen v/rf.: sich ~ abs. s'adosser; se pencher en arrière; sich in e-n Sessel ~ se renverser dans un fauteuil; ~leiten v/t. ramener; ~liefern v/t. rendre; renvoyer; ~marschieren v/i. ⚔ revenir en arrière; se replier; F plais. (zurücklaufen) revenir sur ses pas; ~melden 1. v/t. annoncer le retour de q.; 2. v/rf.: sich ~ annoncer son retour; ⚔ se faire porter rentrant; ~müssen v/i. être obligé de retourner; ⚥nahme f reprise f; (Widerruf) révocation f; rétractation f; dédit m; (Abbestellung) contrordre m; ~ der Front (e-s Gesetzentwurfes) retrait m du front (d'un projet de loi); ~nehmen v/t. reprendre; (zurückziehen) retirer (a. Wort, Versprechen); (abbestellen) décommander; contremander; (widerrufen) révoquer; rétracter; se dédire (de); ⚔⚔ se désister (de); s-n Entschluß ~ revenir sur sa décision; das Gesagte ~ se rétracter; se dédire; Sport: s-e Meldung ~ déclarer forfait; ~prallen v/i. rebondir; fig. vor Schreck ~ reculer d'effroi; ~reichen v/t. rendre; v/i. fig. remonter (à); ~reisen v/t. faire le voyage de retour; rentrer; retourner; repartir; ~rücken v/t. mettre en arrière; reculer; ~rufen v/t. a. téléph. rappeler; F retéléphoner; Wechsel: retirer; ins Leben ~ rappeler (od. ramener) à la vie; faire revivre; sich etw. ins Gedächtnis ~ se rappeler qch.; j-m etw. ins Gedächtnis ~ rappeler qch. à q.; ~sagen v/t. rapporter; ~schallen v/i. faire écho; ~schalten v/t. Auto abs. rétrograder; in den zweiten Gang ~ repasser, rétrograder, revenir en seconde; ~schaudern v/i. reculer d'effroi; ~schauen v/i. regarder en arrière (a. fig.); ~scheuen v/i. reculer (vor dat. devant); ~schicken v/t. renvoyer; etw. ~ a. retourner qch.; ~schieben v/t. repousser; Stuhl: reculer; ~schießen v/t. Fußball: den Ball ~ redonner le ballon; ⚔ riposter au feu de l'ennemi; allg. répondre aux coups de feu; ~schlagen 1. v/t. repousser; Decke: rejeter; Schal: ramener; Ball: renvoyer; Kapuze, Verdeck: rabattre; ⚔ e-n Angriff ~ riposter à une attaque; 2. v/i. ⚔ riposter; faire une contre-attaque; die Flammen schlagen zurück il y a des retours de flamme; ~schleppen v/t. rapporter; ~schnellen v/i. rebondir; Feder: se débander; ~schrauben fig. v/t. réduire; ~schrecken 1. v/t. intimider; effrayer; faire reculer; 2. v/i. reculer (vor dat. devant); s'effrayer (de); vor nichts ~ ne reculer (od. n'hésiter) devant rien; ne craindre ni Dieu ni diable; F n'avoir pas froid aux yeux; ~schreiben v/t. répondre (par écrit); réécrire; ~sehen v/t. regarder en arrière; ~sehnen v/rfl.: sich ~ désirer s'en retourner, sich ~ nach (vermissen) regretter; ~senden v/t. renvoyer; etw. ~ a. retourner qch.; ~setzen v/t. Waren: vendre au rabais; Preise: baisser; réduire; fig. j-n ~ traiter q. avec moins d'égards que d'autres, (vernachlässigen) négliger q., (demütigen) humilier q.; (enttäuschen) frustrer; 2setzung f der Preise: baisse f; réduction f; (Demütigung) humiliation f; (Enttäuschung) frustration f; (Ungerechtigkeit) injustice f; ~sinken v/i. (se laisser) tomber en arrière; fig. ~ in (acc.) retomber dans; ~spiegeln v/t. refléter; réfléchir; ~spielen v/t. Ball: renvoyer; ~springen v/i. faire un bond en arrière; (zurückprallen) rebondir; rejaillir; ⚠ rentrer; Feder: se débander; ~spulen (Tonband) v/t.: das Band ~ ramener la bande; ~stecken v/t. mettre en arrière; fig. s-e Ansprüche ~ mettre une sourdine à ses prétentions; ~stehen v/i. se tenir en arrière; fig. ~ hinter (dat.) le céder à; être inférieur à; ~ müssen devoir attendre, (verzichten müssen) devoir renoncer (à); in nichts hinter etw. ~ ne céder en rien à qch.; ~stellen v/t. mettre en arrière; reculer; Buch: remettre en place; zeitlich: remettre (auf acc. à); renvoyer; ajourner; Uhr: retarder (um de); für später: mettre en réserve; réserver; Vorhaben: mettre en sommeil; ✕ Dienstpflichtigen od. Prüfungskandidaten: ajourner; (hintansetzen) laisser de côté; 2stellung f ajournement m; ✕ a. sursis m d'incorporation; report m; réforme f temporaire; ~stoßen v/t. repousser (a. fig.), éloigner; ~strahlen 1. v/t. réfléchir; refléter; renvoyer; réverbérer; 2. v/i. se réfléchir; être réfléchi; se refléter; être reflété; fig. se refléter (auf acc. sur); rejaillir (sur); 2strahlung f réflexion f; réverbération f; fig. litt. rejaillissement m; ~streichen v/t. Haare: ramener; ~streifen v/t. Ärmel: retrousser; ~strömen v/i. refluer; ~stufen v/t.: j-n ~ reléguer q.; Beamten: rétrograder q.; ~taumeln v/i. reculer en chancelant; ~telegrafieren v/t. répondre par télégramme; ~tragen v/t. rapporter; seltener: reporter; (wegtragen) remporter; ~treiben v/t. repousser; refouler; das Vieh: ramener; ~treten v/i. reculer; faire un pas en arrière; ⚠ rentrer; Meer: se retirer; ✕ ins Glied ~ rentrer dans les rangs; fig. (verzichten) renoncer (à), ⚕ se désister (de); ~ lassen mettre de côté; ~ von se retirer de, (widerrufen) se dédire de; bescheiden vor j-m ~ s'effacer devant q.; céder le pas (la place) à q.; von s-m Amt ~ se démettre de sa charge; démissionner; donner sa démission; von s-r Bewerbung ~ retirer sa candidature; ~! reculez!; ~tun v/t. Buch usw.: remettre à sa place; e-n Schritt ~ faire un pas en arrière; ~übersetzen v/t. → rückübersetzen; ~übersetzung f → Rück-

übersetzung; ~vergüten v/t. → rückvergüten; ~verlangen v/t. redemander; réclamer; ~verlegen v/t. Grenze; zeitlich: reculer; Grenze: réduire; ramener; ~versetzen 1. v/t. Schüler: faire redoubler; renvoyer dans une classe inférieure; 2. v/rfl.: sich ~ in (acc.) fig. se reporter à; ~verweisen v/t. renvoyer (auf acc. à); 2verweisung f renvoi m (auf acc. à); ~wandern v/i. retourner à pied; ~weichen v/i. reculer; (sich zurückziehen) se retirer; fig. (nachgeben) céder; 2weichen n recul m; retraite f; ~weisen v/t. Geschenk: refuser; Argument: réfuter; Vorschlag, Bitte: repousser; rejeter; Geschenk: refuser; ⚖ Zeugen, Richter: récuser; Wechsel: retourner; 2weisung f refus e-s Geschenks, e-s Vorschlags, e-r Bitte: rejet m; ⚖ v. Zeugen, Richtern: récusation f; ~wenden v/rfl.: sich ~ se retourner; ~werfen v/t. rejeter; ✕ rejeter; repousser; refouler; phys. réfléchir; refléter; Schall: répercuter; Ball: renvoyer; fig. in der Entwicklung: faire reculer; faire revenir en arrière; 'handicaper'; désavantager; 2werfen n rejet m; ✕ repoussement m; refoulement m; phys. réflexion f; des Schalles: répercussion f; e-s Balles: renvoi m; ~wirken v/i. réagir (auf acc. sur); ~wollen v/i. vouloir (s'en) retourner; ~wünschen v/t. souhaiter le retour (de); ~zahlen v/t. rembourser; fig. payer de retour; 2zahlung f remboursement m; ~ziehen 1. v/t. retirer; (widerrufen) révoquer; rétracter; se dédire (de); ~ se désister (de); aus dem Verkehr ~ retirer de la circulation; 2. v/rfl.: sich ~ se retirer (von de), ✕ a. se replier, (in den Ruhestand treten) prendre sa retraite; sich völlig ~ se séquestrer; sich von der Bühne ~ quitter la scène; se retirer; sich auf sich selbst ~ se replier sur soi; 3. v/i.: an e-n Ort ~ retourner dans un endroit; in s-e alte Wohnung ~ reprendre son ancien logement; 2ziehung f retrait m; révocation f; rétractation f.
'Zuruf m appel m; acclamation f; durch ~ wählen élire par acclamation; 2en v/t.: j-m etw. ~ crier qch. à q.; j-m beifällig ~ acclamer q.; applaudir q.
'zurüst|en v/t. préparer; apprêter; 2ung f préparatifs m/pl.
'Zusage f (Zustimmung) consentement m; assentiment m; auf e-e Einladung: acceptation f; (Versprechen) promesse f; (Verpflichtung) engagement m; 2n 1. v/i. (einwilligen) consentir; donner son assentiment; (die Einladung annehmen) accepter l'invitation; (sich verpflichten) s'engager; (behagen) plaire; (genehm sein) convenir; 2. v/t.: j-m etw. ~ promettre qch. à q.; j-m etw. auf den Kopf ~ dire ouvertement qch. à q.; accuser q. ouvertement de qch.
zu'sammen adv. ensemble; conjointement; de compagnie; de concert; (im ganzen) en tout; 2arbeit f coopération f; concours m; a. péj. mit dem Feind: collaboration f; die internationale ~ fördern encourager (od. favoriser) la coopération internationale; enge (gedeihliche) ~ collaboration f étroite (prospère); ~arbeiten v/i.

travailler ensemble; coopérer; pol. a. faire équipe; pol. a. péj. collaborer; ~ballen v/rfl. sich ~ (Wolken) s'amasser; s'accumuler; s'amonceler (alle a. fig.); Menschenmassen: se concentrer; phys. s'agglomérer; 2bau ⊕ m assemblage m; montage m; ~bauen ⊕ v/t. assembler; monter; ~beißen v/t. die Zähne: serrer; ~bekommen v/t. parvenir à réunir; Geld: genug ~ trouver assez (de); ~betteln v/t. mendier; ramasser en mendiant; ~binden v/t. lier (ensemble); joindre; faire un paquet (resp. un bouquet resp. une gerbe) (de); ~bleiben v/i. rester ensemble; ~brauen v/t. (zubereiten) préparer; v/rfl. fig. sich ~ (Gewitter) se préparer; es braut sich etw. ~ il se trame qch.; ~brechen v/i. s'effondrer, s'écrouler, crouler (alle a. fig.); (zusammensacken) s'affaisser (a. 👤); ~bringen v/t. (r)amasser; rassembler; réunir; Personen: mettre en rapport, aboucher, (annähern, versöhnen) rapprocher; Geld: (aufbringen) trouver, mobiliser; 2bringen n rassemblement m; réunion f; v. Personen: (Annäherung, Versöhnung) rapprochement m; 2bruch m effondrement m (a. 👤), écroulement m (beide a. fig.); (Zusammensacken) affaissement m (a. 👤); † faillite f; (Nerven 2) crise f de nerfs; (Kollaps) collapsus m; éc. wirtschaftlicher ~ asphyxie f économique; ~drängen v/t. u. v/rfl. (sich se) serrer; (se) presser (verdichten) (sich se) comprimer; (se) condenser; Gedanken: condenser; Personen: (sich s')entasser; (zusammenballen) (sich se) ramasser; (verengen) resserrer; (kürzen) raccourcir; ~drehen v/t. tortiller; ~drückbar adj. compressible; ~drücken v/t. serrer; comprimer; presser; fig. étreindre; 2drücken n, 2drückung f compression f; pression f; fig. étreinte f; ~eilen v/i. se rassembler (od. se réunir) à la hâte; ~fahren 1. v/i. voyager (od. faire route) ensemble; (zusammenstoßen) entrer en collision (mit etw. avec qch.); tamponner (qch.); télescoper (qch.); se tamponner; se télescoper; (zusammenzucken) sursauter; tressaillir; 2. v/t. écraser; ~fallen v/i. (zusammenbrechen) s'effondrer, s'écrouler, crouler (alle a. fig.); (zusammensacken) s'affaisser (a. 👤); (verfallen) tomber en ruines, se délabrer, Personen: dépérir, se dessécher; Aufgeblähtes: se dégonfler; se désenfler; räumlich: se rencontrer; zeitlich: coïncider; se chevaucher; 2fallen n (Zusammenbrechen) effondrement m, écroulement m (beide a. fig.); (Zusammensacken) affaissement m (a. 👤); (Verfallen) délabrement m, v. Personen: dépérissement m; v. etw. Aufgeblähtem: dégonflement m; zeitliches: coïncidence f; ~falten v/t. plier; ~fassen v/t. (vereinigen) réunir; (zentralisieren) centraliser; (konzentrieren) concentrer; (sammeln) rassembler; ramasser; (integrieren) intégrer; kurz ~ ramasser en quelques mots; résumer en deux lignes; donner un sommaire (de); récapituler; e-n Gedanken in wenigen Worten ~

renfermer une pensée dans peu de mots; ~fassend adj.: kurz ~ récapitulatif, -ive; ²fassung f (Vereinigung) réunion f; (Zentralisierung) centralisation f; (Konzentrierung) concentration f; (Sammlung) rassemblement m; (Integration) intégration f; kurze ~ résumé m; récapitulation f; condensé m; synthèse f; ~fegen v/t. balayer (et mettre en tas); ~finden v/rf.: sich ~ se rencontrer; se réunir; ~flechten v/t. tresser; entrelacer; ~flicken v/t. rapiécer; rafistoler; raccommoder; rapetasser; Buch: (zusammenstoppeln) compiler; ²flikken pol. n: erneutes ~ e-r Front replâtrage m d'un front; ~fließen v/i. se réunir; confluer; se joindre; Tönungen: se fondre; se confondre; se perdre l'un dans l'autre; ²fließen n, ²fluß m confluent m; jonction f; v. Tönungen: fusion f; ~fügen v/t. u. v/rf. (sich se) joindre; (se) réunir; (s')unir; ⊕ monter; assembler; (verzahnen) adenter; (einzahnen) endenter; (kuppeln) accoupler; ²fügung f jonction f; (ré)union f; ⊕ montage m; assemblage m; ~führen v/t. réunir; ~geben v/i. unir; marier; ~gehen v/i. (~, irgendwohin) aller ensemble (od. de compagnie); (gemeinsame Sache machen) faire cause commune; pol. ~ mit avoir partie liée avec; ~gehören v/i. Farben, Kleider: aller bien ensemble; s'harmoniser; (für einander geschaffen sein) être faits l'un pour l'autre; zwei Dinge, die ein Paar bilden: aller de pair; faire la paire; Gemälde usw.: faire pendant; Menschen, Tiere, Pflanzen: être de la même famille; ~gehörig adj. allant ensemble; (gleichartig) homogène; ²gehörigkeit f affinité f de nature; (Gleichartigkeit) homogénéité f; ²gehörigkeitsgefühl n solidarité f; esprit m de corps; ²gepferchtsein n promiscuité f; ~geraten v/i. (aneinandergeraten) en venir aux mains; ~gesellen v/rf.: sich ~ se rassembler; ~gesetzt adj. composé; ~gewürfelt fig. adj. bigarré; hétéroclite; ~gießen v/t. mêler; ~grenzen v/i. avoir des frontières communes; être contigus, -uës; confiner (mit ø od. avec); ²halt fig. m fig. solidarité f; camaraderie f; cohésion f; ~halten 1. v/t. tenir ensemble; sein Geld ~ être économe; ne pas être dépensier; 2. v/i. tenir (ferme) ensemble; Personen: être solidaires; s'entraider; alle haben zs.-gehalten F on a tous fait bloc; ²hang m liaison f (mit avec); cohérence f; connexion f; connexité f; lien m; (Beziehung) rapport m; relation f; (Verkettung) suite f; enchaînement m; (Kontinuität) continuité f; e-s Textes: contexte m; phys. cohésion f; ohne ~ décousu; incohérent; sans suite; in welchem ~? à quel propos?; in diesem ~ dans cet ordre d'idées; par rapport à cette question; à ce propos; aus dem ~ kommen beim Sprechen: perdre le fil; aus dem ~ reißen Worte: séparer du contexte; in ~ bringen établir un (od. des) rapport(s) (entre); etw. in ~ bringen mit etw. (dat.) rapprocher qch. de qch.; in dem gleichen ~ toujours dans le même ordre d'idées; (verbinden) lier (mit à); im ~ stehen mit avoir des rapports avec; être en rapport avec; ~hängen v/i. Räume: communiquer; être contigus, contiguës; phys. avoir de la cohésion; ~ mit avoir des rapports avec; être en rapport avec; ~hängend adj. cohérent; (fortlaufend) suivi; continu; (in Beziehung stehend) connexe; (angrenzend) contigu, -uë (a. fig.); (voneinander abhängig) interdépendant; ~hanglos adj. décousu; sans suite; incohérent; ²hanglosigkeit f manque m de suite; décousu m; incohérence f; ~hauen v/t. ✂ tailler en pièces; Arbeit: bâcler; j-n F démolir q.; j-n zu Brei ~ F réduire q. en bouillie; F mettre q. en capilotade; ~heften v/t. coudre (ensemble); Buch: brocher; ~heilen v/i. Wunde: se fermer; (vernarben) se cicatriser; ~holen v/t. aller chercher; rassembler; ~kauern v/rf.: sich ~ se recroqueviller; se blottir; s'accroupir; se pelotonner; ~kaufen v/t. acheter en bloc; wucherisch: accaparer; ~ketten v/t. enchaîner ensemble; ~kitten v/t. cimenter; ²klang m accord m; consonance f; a. ♪ harmonie f; a. pol. concert m; ~klappbar adj. pliant; ~klappen 1. v/t. replier; Buch, Messer: refermer; 2. v/i. F s'affaisser; tomber de fatigue; ~kleben 1. v/t. coller (ensemble); agglutiner (a. ✝); 2. v/i. coller ensemble; être collé; s'agglutiner (a. ✝); être agglutiné (a. ✝); ~klingen ♪ v/i. former une consonance (od. un accord); ~kneifen v/t. serrer; Augen: cligner des yeux; ~knüllen v/t. froisser; chiffonner; friper; ~knüpfen v/t. nouer; ~kommen v/i. s'assembler; se réunir; (sich treffen) se rencontrer; (sich sehen) se voir; mit j-m ~ rencontrer q.; (sich ansammeln) s'amasser; s'accumuler; s'entasser; ~koppeln v/t. ch. (Hunde), ⊕, ⚙ coupler; Tiere, ⊕, fig. accoupler; ~krachen v/i. s'effondrer; s'écrouler; crouler (alle a. fig.); ~krampfen v/rf.: sich ~ se contracter; se crisper; ~kratzen v/t.: s-e letzten Heller ~ réunir ses derniers sous, F gratter les fonds de tiroir; ²kunft f réunion f; assemblée f; v. Spezialisten a.: symposium m; bsd. v. zwei Personen: entrevue f; verabredete: rendez-vous m; (Treffen) rencontre f; (Konferenz) conférence f; pol. ~ auf höchster Ebene réunion f au plus haut niveau; ~läppern F v/rf.: sich ~ s'amasser petit à petit; ~laufen v/i. Personen: accourir (od. s'assembler od. se réunir) en foule; (e-n Auflauf bilden) s'attrouper; Flüsse: confluer; Farben: se fondre; Linien: concourir; converger; Stoffe: (se) rétrécir; Milch: se coaguler; fig. da läuft e-m das Wasser im Mund zusammen cela fait venir l'eau à la bouche; l'eau en vient à la bouche; ²laufen n v. Stoffen: rétrécissement m; Milch: coagulation f; ²leben n vie f commune; vie f en commun; cohabitation f; ~legbar adj. pliant; ~legen v/t. mettre ensemble (falten) plier; Grundstücke: réunir; regrouper; (zentralisieren) centraliser; Firmen: fusionner; Anleihen: consolider; das Geld ~ (gemeinsame Kasse führen) faire bourse commune; écol. zwei Klassen ~ fondre deux classes; ²legung f v. Firmen u. Schulklassen: fusion f; v. Geldern: mise f en commun; ~leimen v/t. coller; ~lesen v/t. ramasser; ~löten v/t. souder; ~nageln v/t. clouer; ~nähen v/t. coudre; ~nehmen 1. v/t. ramasser; rassembler; alles zusammengenommen à tout prendre; 2. v/rf.: sich ~ faire un effort sur soi-même, (sich fassen) se ressaisir, (sich beherrschen) se contenir, garder son calme; se maîtriser; ~packen v/t. mettre en un paquet; empaqueter; emballer; faire sa malle; ~passen v/i. aller bien ensemble; s'adapter l'un à l'autre; s'accorder; nur Personen: se convenir; se plaire; Farben: nicht ~ a. jurer; ~pferchen v/t. entasser, F empiler; ²prall m choc m (a. ⚡ u. fig.); 'heurt m (a. fig.); 🚗, Auto usw.: collision f (a. fig.); tamponnement m; télescopage m; ~prallen v/i. se heurter, s'entrechoquer (beide a. fig.), 🚗, Auto usw.: entrer en collision (a. ⚡; mit mu. avec qch.); F s'emboutir (contre qch.); tamponner (qch.); télescoper (qch.); se tamponner; se télescoper; mit voller Wucht mit e-m LKW ~ heurter de plein fouet un camion; ~raffen 1. v/t. ramasser; schnell ~ ramasser à la hâte; 2. v/rf.: sich ~ → ~nehmen 2; ~rechnen v/t. additionner; faire le total (de); totaliser; alles zusammengerechnet au total; fig. au bout du compte; ²rechnen n addition f; ~reimen 1. v/t.: sich etw. ~ s'expliquer qch.; a. se laisser mystifier; 2. v/i.: wie reimt sich das zusammen? à quoi cela rime-t-il?; ~reißen F v/rf.: sich ~ faire un effort sur soi-même; ~rollen 1. v/t. enrouler; ⚓ Tau: lover; 2. v/rf.: sich ~ s'enrouler; se recroquiller; se mettre en chien de fusil; se pelotonner; se mettre en boule; ~rotten v/rf.: sich ~ s'attrouper; s'ameuter; ²rottung f attroupement m; ~rücken 1. v/t. rapprocher; 2. v/i. se rapprocher; ~, um für j-n Platz zu machen se serrer pour faire place à q.; ~rufen v/t. convoquer; assembler; réunir; ~sacken v/i. s'affaisser (a. ✝); Reifen: se dégonfler; ~scharen v/rf.: sich ~ se rassembler; ~scharren v/t. (r)amasser; ~schiebbar adj. (ineinanderschiebbar) télescopique; ~schieben v/t. rapprocher; Stativ (ineinanderschieben) faire coulisser (un pied dans l'autre); ~schießen v/t. abattre à coups de fusil; mit Artillerie: pilonner; (Geld zur Bezahlung) se cotiser; ~schlagen 1. v/t. Zeitung: plier; j-n ~ F démolir q.; j-n zu Brei ~ réduire q. en bouillie; mettre q. en capilotade; die Hacken ~ claquer les talons; die Hände ~ battre des mains; die Hände überm Kopf ~ vor Staunen: (en) être tout stupéfait; vor Entrüstung: lever les bras au ciel; 2. v/i. über j-n ~ Wellen: se refermer sur q.; engloutir q.; ~schließen v/rf.: sich ~ (sich vereinigen) s'associer, se réunir; pol. (sich zusammenrotten) s'attrouper, ✝ fusionner, s'associer; pol., zu e-m Bund se fédérer; sich zu e-m Berufsverband ~ se syndiquer; ²schluß m association f, réunion f, groupement m; ✝ fusion *f*; association *f*; *éc.* entente *f*; *der* ~ *der souveränen Staaten* la mise en commun des États souverains; ~**schmelzen 1.** *v/t.* fondre ensemble; **2.** *v/i.* fondre *(a. fig.)*; ~**schnüren** *v/t.* ficeler; *j-m die Kehle* ~ serrer la gorge à q.; étrangler q.; *fig. das schnürt mir das Herz zusammen* cela me serre le cœur; ~**schrauben** *v/t.* visser; *mit Bolzen*: boulonner; ~**schreiben** *v/t.* *(zusammenstellen)* compiler; *(in e-m Wort schreiben)* écrire en un mot; *péj. viel* ~ noircir beaucoup de papier; écrivailler; écrivasser; ~**schrumpfen** *v/i.* se ratatiner; se recroqueviller; se rétrécir; se contracter; *fig.* diminuer; ~**schustern** F *fig. v/t.* rapiécer; rapetasser; ~**schütten** *v/t.* mettre ensemble; mélanger; ~**schweißen** *v/t.* souder *(a. fig.)*; ~**setzen 1.** *v/t.* composer; *(aneinanderfügen)* joindre, ⊕ monter; assembler; ⚔ *die Gewehre* ~ former les faisceaux; **2.** *v/rf.: sich* ~ s'asseoir l'un auprès de l'autre *(od.* côte à côte), *(zusammenkommen)* se réunir, se rencontrer; *sich* ~ *aus* se composer de; ⁀**setzung** *f* composition *f*; *(Synthese)* synthèse *f*; *(Zusammenfügung)* jonction *f*; ⊕ montage *m*; assemblage *m*; *(Struktur)* structure *m*; *(das Zusammengesetzte)* composé *m (aus* de); *bunte* ~ *a. pol.* échantillonnage *m* varié; ~ *e-s Make-ups* texture *f* d'un maquillage; ~**sinken** *v/i.* s'affaisser *(a.* ⚓*)*; *(zusammenstürzen)* s'effondrer; s'écrouler; ~**sparen** *v/t.* amasser; économiser; ~**sperren** *v/t.* enfermer ensemble; ⁀**spiel** *n* thé. ensemble *m*; *Sport*: jeu *m* d'équipe, *(Kombinieren)* combinaison *f*; *(Zusammenarbeit)* coopération *f*; ~**stauchen** F *(abkanzeln)* *v/t.* 'houspiller; ~*gestaucht werden éсol.* se faire 'houspiller; ~**stecken** *v/t.* mettre ensemble; *fig. die Köpfe* ~ se chuchoter à l'oreille; *sie stecken immer zusammen* ils sont toujours ensemble; ~**stehen** *v/i.* être ensemble; *fig.* s'entraider; F se serrer les coudes; être du même parti; faire cause commune; ~**stellen** *v/t.* mettre ensemble; ⊕ monter; assembler; *Sendung, Programm, Menü*: composer; *Zeitung*: faire; confectionner; *Unterlagen*: rassembler; réunir; *aus Büchern kompilieren*: compiler; *(anordnen)* arranger; *nach Gruppen*: grouper; *nach Klassen*: classer; classifier; *passend*: assortir; *vergleichend*: rapprocher; comparer; *Truppen*: rassembler; *Liste*: établir; dresser; faire; ⁀**stellung** ⊕ *f* montage *m*; assemblage *m*; *(Zusammensetzung)* composition *f*; *(Vereinigung)* réunion *f*; *(Kompilation)* compilation *f*; *(Anordnung)* arrangement *m*; *nach Gruppen*: groupement *m*; *nach Klassen*: classement *m*; classification *f*; *passende*: assortiment *m*; *vergleichende*: rapprochement *m*; comparaison *f*; *v. Truppen*: rassemblement *m*; *(Liste)* liste *f*; *(Tabelle)* table *f*; tableau *m*; *(Übersichtstabelle)* tableau *m* synoptique; ~**stoppeln** *v/t.* F rapetasser; *das ist zusammengestoppelt* c'est fait de bric et de broc; ⁀**stoß** *m* choc *m (a.* ⚔ *u. fig.)*; *a. pol.* 'heurt *m (a. fig.)*; 🚗, *Auto usw.*: collision *f (a. fig.)*; tamponnement

m; télescopage *m*; rencontre *f (brutale) (a.* ⚔*)*; △, ⚓ collision *f*; abordage *m*; *fig. (Konflikt)* conflit *m*; *a. mit der Polizei*: accrochage *m*; 'heurt *m*; ~**stoßen** *v/i.* se heurter, s'entrechoquer *(beide a. fig.)*; 🚗, *Auto usw.*: entrer en collision *(a.* ⚔, ⚓; *mit etw.* avec qch.); heurter *(z. B. un camion)*; tamponner (qch.); télescoper (qch.); se tamponner; se télescoper; ⚓ aborder *(mit etw.* qch.); s'aborder; *(zusammengrenzen)* être contigus, -uës; confiner; *(sich berühren)* se toucher; *mit e-m Zug* ~ percuter un train; ~**streichen** *v/t.* faire des coupures (dans); écourter; ~**strömen** *v/i.* affluer; *Menschen a.*: s'agglutiner; ~**stürzen** *v/i.* s'écrouler; s'effondrer; crouler; ~**suchen** *v/t.* ramasser; recueillir; ~**tragen** *v/t.* ramasser; *fig.* réunir; rassembler; recueillir; ramasser; *aus Büchern*: compiler; ~**treffen** *v/i.* se rencontrer; *mit j-m* ~ rencontrer q.; *zeitlich*: coïncider; ⁀**treffen** *n* rencontre *f*; *zeitliches*: coïncidence *f*; ~ *von Umständen* concours *m* de circonstances; ~**treiben** *v/t.* rassembler; *ch.* rabattre; ~**treten** *v/i.* se réunir; s'assembler; ~**trommeln** F *v/t.* rassembler; ~**tun** *v/t. (v/rf.: sich se)* mettre ensemble, (se) grouper; (se) rassembler; (se) réunir; (se) joindre; s'associer; *sich zu dreien* ~, *um zu* ... se mettre à trois pour ...; ~**wachsen** *v/i.* ⚕, ✽ se souder; ~**wehen** *v/t.* amonceler; ~**werfen** *v/t.* jeter pêle-mêle, *(verwechseln)* confondre; ~**wickeln** *v/t.* enrouler; ~**wirken** *v/i.* agir ensemble; coopérer; *zu e-m Ergebnis* ~ concourir à un effet; ⁀**wirken** *n* efforts *m/pl.* combinés; coopération *f*; concours *m*; ~**wohnen** *v/i.* cohabiter; ~**würfeln** *v/t.* réunir au hasard; *bunt zusammengewürfelte Gesellschaft* société *f* bigarrée; ~**zählen** *v/t.* faire le total (de); additionner; totaliser; ⁀**zählen** *n* addition *f*; ~**ziehbar** *physiol. adj.* contractile; ~**ziehen 1.** *v/t.* contracter *(a. gr.)*; *(sammeln)* rassembler; réunir; (r)amasser; *(konzentrieren)* concentrer; *(zentralisieren)* centraliser; *(verengen)* resserrer; rétrécir; *(kürzen)* abréger; raccourcir; *Summen*: additionner; *Augenbrauen*: froncer; *gr. zusammengezogen werden* se contracter; **2.** *v/rf.: sich* ~ se contracter, *krampfhaft*: se crisper, *Wolken*: s'assembler, *Gewitter*: se former; **3.** *v/i.* aller demeurer ensemble; ~**ziehend** ✽ *adj.* astringent; ~*es Mittel* astringent *m*; ⁀**ziehen** *n*, ⁀**ziehung** *f* contraction *f (a. gr.)*; *(Sammeln)* réunion *f*; rassemblement *m*; *(Konzentration)* concentration *f*; *(Zentralisierung)* centralisation *f*; *(Verengen)* resserrement *m*; *v. Beträgen*: addition *f*; *der Augenbrauen*: froncement *m*; ~**zucken** *v/i.* tressaillir.

'**Zusatz** *m* addition *f*; *(Hinzufügung)* adjonction *f*; *(Erweiterung)* amplification *f*; *(Nachtrag)* supplément *m*; annexe *f*; *zu e-m Schreiben*: post-scriptum *m*; *zu e-m Testament*: codicille *m*; *(hinzugefügte Anmerkung)* note *f* (additionnelle); Zusätze *(am Ende e-s Buches)* addenda *m*; ~**abkommen** *n* accord *m* complémen-

taire *(od.* additionnel); ~**aggregat** ⊕ *n* groupe *m* de machines d'appoint; ~**antrag** *m* amendement *m*; ~**artikel** *m* article *m* additionnel; ~**batterie** *f* batterie *f* auxiliaire; ~**bericht** *m* rapport *m* supplémentaire; ~**bestimmung** *f* prescription *(od.* disposition) *f* additionnelle; ~**gerät** *n* appareil *m* complémentaire; ~**haushalt** *fin. m* budget *m* supplémentaire; ~**heizung** *f* chauffage *m* d'appoint; ~**karte** *f* carte *f* complémentaire; ~**klausel** *f* clause *f* additionnelle; ~**kontingent** *n* contingent *m* supplémentaire; ~**kredit** *m* crédit *m* supplémentaire.

'**zusätzlich I** *adj.* additionnel, -elle; supplémentaire; *(ergänzend)* complémentaire; ⊕ auxiliaire; *er Job* job *m* d'appoint; **II** *adv.* *(plus)* plus; *(außerdem)* en outre; de *(od.* en) plus; en surplus; ~ *zu* ... en plus de la (du, des) ...

'**Zusatz|nahrung** *f* nourriture *f* supplémentaire; ~**patent** *n* brevet *m* additionnel; ~**prämie** *f* prime *f* supplémentaire; surprime *f*; ~**protokoll** *n* protocole *m* additionnel; ~**steuer** *f* impôt *m* supplémentaire; ~**vereinbarung** *f* accord *m* complémentaire *(od.* additionnel); ~**versicherung** *f* assurance *f* supplémentaire; ~**versorgung** *f* approvisionnement *m* supplémentaire; ~**vertrag** *m* avenant *m*; contrat *m* annexe *(od.* additionnel); ~**widerstand** *m* résistance *f* supplémentaire; ~**zahl** *(Lotto) f* numéro *m* complémentaire.

zu'**schanden** *adv.*: ~ *gehen*; ~ *werden* s'abîmer, *(scheitern)* échouer; ~ *machen* abîmer, gâter, ruiner, *Hoffnung*: anéantir, briser, décevoir; détruire, ruiner; *Plan*: déjouer.

'**zu|schanzen** F *v/t.*: *j-m etw.* ~ procurer *(od.* faire passer *od.* faire parvenir) qch. à q.; ~**scharren** *v/t.* remplir; combler.

'**zuschau|en** *v/i.* regarder; être spectateur, -trice (de); *j-m* ~ regarder faire q.; ⁀**er(in** *f) m* spectateur, -trice *f*; *bei Pferderennen a.* F: pelousard *m*; *(Zeuge)* témoin *m (a. für das f)*; *(Fernseh*⁀*)* téléspectateur *m*, -trice *f*; ⁀**erplätze** *m/pl.* places *f/pl.* des spectateurs, ⁀**erraum** *thé. m* salle *f* de spectacle, ⁀**erschaft** *f* spectateurs *m/pl.*; ⁀**ertribüne** *f* tribune *f* du public.

'**zu|schaufeln** *v/t.* combler; ~**schicken** *v/t.* envoyer; faire parvenir; expédier; ~**schieben** *v/t. Schubfach*: fermer; *Riegel*: pousser; F *fig. j-m etw.* ~ faire passer qch. à q.; *Unangenehmes*: se décharger de qch. sur q.; *j-m den Eid* ~ déférer le serment à q.; *j-m die Schuld* ~ imputer la faute à q.; rejeter la faute sur q.; *j-m die Schuld an etw. (dat.)* ~ imputer à q. la faute de qch.; ~**schießen 1.** *v/t.: fin. Geld* ~ contribuer à qch. avec *(od.* faire la contribution d')une certaine somme; contribuer; fournir pour qch. des fonds supplémentaires; *fig. j-m Blicke* ~ lancer des regards à q.; **2.** *v/i. fig. auf j-n* ~ se précipiter vers q.

'**Zuschlag** *m* supplément *m*; surtaxe *f (a.* ⚖*)*; *(Steuer*⁀*)* surtaxe *f* fiscale; *(Erhöhung)* augmentation *f*; majoration *f*; *métall.* fondant *m*; *bei e-r*

Ausschreibung, Versteigerung: adjudication *f*; *auf etw. den ~ erteilen* adjuger qch.; ⸨en 1. *v/t. Buch*: fermer; *Tür*: fermer violemment; claquer; *Ball*: lancer; (*erhöhen*) augmenter; majorer; *bei e-r Ausschreibung, Versteigerung*: j-m etw. *~* adjuger qch. à q.; 2. *v/i.* porter des coups (*auf acc.* à); frapper; *gleich ~* avoir la main leste; *Tür usw.*: se fermer violemment; *Auktionator*: frapper le coup de marteau final.

'Zuschläger ⊕ *m* frappeur *m*.

'Zuschlag(s)gebühr *f* surtaxe *f*; *~karte* 🚃 *f* supplément *m*; ⸨pflichtig *adj*. soumis à une surtaxe (🚃 à un supplément); *~porto n* surtaxe *f*; *~prämie f* surprime *f*.

'zu|schließen *v/t*. fermer à clef; *~schmeißen* F *v/t. Tür*: fermer violemment; claquer; *~schnallen v/t*. boucler; *~schnappen v/i. Tür*: se refermer brusquement; *Hund usw.*: mordre.

'zuschneid|en *v/t. cout.* couper; *Fleisch*: découper; *Bretter*: façonner; *Holz*: débiter; ⸨en *n v. Kleidern*: coupe *f*; *v. Holz*: débitage *m*; ⸨er(in *f*) *m* Schneiderei: coupeur *m*, -euse *f*.

Zuschneide'rei *cout. f* atelier *m* de coupe.

'zu|schneien *v/i.* se couvrir de neige; ⸨schnitt *m* coupe *f*; façon *f* (*a. fig.*); *~schnüren v/t*. ficeler; *Schuhe*: lacer; *j-m die Kehle ~* serrer la gorge à q.; étrangler q.; *~schrauben v/t*. visser; *~schreiben v/t*.: *j-m etw. ~* attribuer qch. à q., (*zur Last legen*) imputer qch. à q.; *zuzuschreiben sein* être imputable (*j-m* à q.); *er hat es sich selbst zu~* il ne peut s'en prendre qu'à lui-même; *j-m ~ e Summe ~* porter une somme au compte de q.; *~schreien v/t*.: *j-m etw. ~* crier qch. à q.; *~schreiten v/i.*: *tüchtig ~* aller bon train; marcher à grands pas; *~ auf (acc.)* s'avancer vers; ⸨schrift *f* lettre *f*.

zu'schulden *adv.*: *sich etw. ~ kommen lassen* se rendre coupable de qch.

'Zu|schuß *m* (*Beihilfe*) aide *f*; subside *m*; subvention *f*; (*Zuschlag*) supplément *m*; (*soziale Unterstützung*) allocation *f*; ✝ versement *m* supplémentaire; *typ.* (*main f de*) passe *f*; *staatlicher ~* subvention *f*; *~schußbetrieb m* entreprise *f* subventionnée; *~schußbogen typ. m* (main *f* de) passe *f*; ⸨schußgebiet *n* région *f* déficitaire; ⸨schütten *v/t*. combler; remplir; (*hinzufügen*) ajouter; ⸨sehen *v/i*. regarder; être spectateur, -trice (de); assister (à); *~ (sorgen), daß ...* veiller à ce que ..., faire en sorte que ..., avoir soin que ... (*subj.*); *j-m ~ regarder faire q.; da mag er ~* c'est son affaire; cela le regarde; *bei genauerem ⸨ à y regarder de plus près*; ⸨sehends *adv.* à vue d'œil; ⸨senden *v/t*. envoyer; expédier; *~sendung f* envoi *m*; expédition *f*; ⸨setzen 1. *v/t*. (*hinzufügen*) ajouter; (*einbüßen*) perdre; (*opfern*) sacrifier; 2. *v/i*.: *j-m ~* presser q. (*mit de*), (*belästigen*) importuner q. (de), incommoder (de), (*plagen*) tourmenter q., tracasser q., (*verfolgen*) obséder q.; F tarabuster q.; *j-m mit Fragen ~* harceler q. de questions; *j-m hart ~* serrer q. de près; mettre q. au pied du mur; acculer q.; ⸨sichern *v/t*. assurer; garantir; *~sicherung f* assurance *f*; garantie *f*; *~'spätkommende(r) f* (*m*) retardataire *m*, *f*; ⸨sperren *v/t*. fermer; barrer; *~spiel n Sport*: passe *f*; ⸨spielen *v/t*. passer; servir; ⸨spitzen 1. *v/t*. tailler en pointe; rendre pointu; 2. *v/rf.*: *sich ~ se* terminer en pointe; *fig.* devenir explosif, -ive; s'aggraver; arriver à son point (*od.* devenir) critique; *~spitzung pol. f* escalade *f*; surenchère *f*; *es zu e-r ~ kommen lassen* laisser s'aggraver la crise; ⸨sprechen 1. *v/t*. (*zuerteilen*) adjuger; *Preis*: décerner; *j-m ~* (*beistehen*) assister q.; *j-m Trost ~* consoler q.; *j-m Mut ~* encourager q.; exhorter q.; ✝ *das Kind wird der Mutter zugesprochen* le jugement accorde le droit de garde de l'enfant à la mère; 2. *v/i.*: *e-r Speise fleißig ~* faire honneur à un plat; *der Flasche tüchtig ~* caresser la bouteille; ⸨springen *v/i. Tür usw.*: se fermer brusquement; *auf j-n ~* s'élancer vers q.; *~spruch m* (*Beistand*) assistance *f*; (*Ermunterung*) encouragement *m*; (*Trost*) consolation *f*; (*Zuerteilung*) adjudication *f*; (*Zulauf*) affluence *f*; *guten ~ haben* avoir une grosse clientèle, *Veranstaltung*: être très fréquenté (*od.* couru); *~stand m* état *m*; (*Lage*) situation *f*; position *f*; configuration *f*; (*Beschaffenheit*) condition *f*; *in gutem ~ en bon état*; *in betrunkenem ~ en état d'ivresse*; *s-e Zustände haben* avoir sa crise.

zu'stande *adv.*: *etw. ~ bringen* venir à bout de qch.; faire aboutir qch.; réussir à qch.; réaliser qch.; *~ kommen* se faire, se réaliser, avoir lieu, *Gesetz*: passer, *Zusammenkunft*: ménager; *nicht ~ kommen a.* échouer; ⸨bringen *n*, ⸨kommen *n* réalisation *f*; mise *f* sur pied.

'zuständig *adj*. compétent; *dafür ist er ~* c'est (*od.* cela relève) de sa compétence; *cela rentre dans ses attributions*; *dafür ist er nicht ~ a.* cela sort de sa compétence (*od.* de ses attributions); *an die ~e Stelle* (*od. Person*) à qui de droit; *sich an die ~e Stelle wenden* s'adresser à l'autorité compétente; *~er Vertreter* représentant *m* accrédité; ⸨keit *f* compétence *f*; attributions *f/pl.*; *in j-s ~ liegen* être (*od.* relever) de la compétence (*od.* du ressort) de q.; *nicht in j-s ~ liegen* sortir de la compétence de q.; *die ~ e-s Gerichts ablehnen* décliner la compétence d'un tribunal; ⸨keitsbereich *m* ressort *m*, *~keitshalber adv.* pour attributions.

zu'statten *adv.*: *j-m ~ kommen* profiter à q.; (*gelegen kommen*) venir à propos.

'zu|stecken *v/t*. fermer avec une (*resp.* des) épingle(s); *j-m etw. ~* passer (*od.* glisser) qch. à q.; *~stehen fig. v/i.*: *j-m ~* être (*od.* relever) de la compétence de q.; appartenir à q.; revenir à q.; *es steht mir nicht zu, zu ...* (*inf.*) il ne m'appartient pas de ... (*inf.*); *das steht ihm von Rechts wegen zu* cela lui revient de droit; ⸨stellbezirk *m* secteur *m* de distribution; *~stellen v/t*. ✝ livrer à domicile; *a.* 🚃 remettre; 🚃 *a.* distribuer; ✝ notifier; *Tür usw.*: barricader; obstruer; condamner; ⸨steller 🚃 *m* facteur *m*; *adm.* préposé *m*; ⸨stellung *f* remise *f*; livraison *f*; 🚃 distribution *f*; factage *m*; ✝ notification *f*; ⸨stellungsbescheinigung 🚃 *f* récépissé *m* de remise; ⸨stellungsgebühr *f* taxe *f* de livraison; *~steuern 1. v/t*.: *zu etw. hundert Mark ~* contribuer à qch. pour cent marks; 2. *v/i.*: *~ auf (acc.)* se diriger vers; ✈ mettre le cap sur.

'zustimm|en *v/i.* (*dat.*) approuver (*acc.*); être (*od.* se déclarer) d'accord (avec); (*einwilligen*) consentir (à); donner son consentement (*od.* assentiment *od.* son adhésion) (à); acquiescer (à); *~end I adj*. approbateur, -trice; approbatif, -ive; (*bejahend*) affirmatif, -ive; II *adv.* avec approbation; approbativement; (*bejahend*) affirmativement; *~ nicken* incliner la tête en signe d'approbation; faire un signe d'assentiment; ⸨ung *f* approbation *f*; consentement *m*; assentiment *m*; acquiescement *m*; adhésion *f*.

'zu|stopfen *v/t*. boucher; *mit Werg ~* étouper; *Kleidung*: raccommoder; repriser; ravauder; *~stöpseln v/t*. boucher; *~stoßen v/t. Tür*: pousser pour fermer; *beim Fechten*: porter une botte; (*widerfahren*) arriver; *~streben v/t*. tendre (à); *der Stadt ~ se* diriger vers la ville; *~strom m* afflux *m*; affluence *f*; *~strömen v/i.* affluer; *~stürzen v/i.*: *auf j-n ~* se précipiter vers q.; *~stutzen v/t*. façonner; *Baum*: tailler; *Stück für die Bühne usw.*: adapter.

zu'tage *adv.*: *~ fördern* ⛏ extraire; *fig.* mettre au jour; révéler; *~ evident (od.* manifeste); *~ treten* apparaître; paraître au grand jour; se révéler; se manifester; *fig. offen ~ liegen* être évident (*od.* manifeste).

'Zutaten *f/pl. Schneiderei*: fournitures *f/pl.*; *cuis.* ingrédients *m/pl.*

zu'teil *adv.*: *~ werden* 🕮 tomber en partage, être dévolu; *~ werden lassen* accorder, donner; *ihm wurde e-e freundliche Aufnahme ~* on lui a fait (un) bon accueil.

'zuteil|en *v/t*. attribuer; (*austeilen*) distribuer; répartir (*a. Aktien*); (*anweisen*) assigner; (*gewähren*) accorder; (*rationieren*) rationner; contingenter; (*zuerteilen*) adjuger; *e-m Posten*: affecter (à); détacher (à); ⸨ung *f* attribution *f*; (*Austeilung*) distribution *f*; répartition *f* (*a. v. Aktien*); (*Anweisung*) assignation *f*; (*Rationierung*) rationnement *m*; contingentement *m*; (*Ration*) ration *f*; (*Zuerteilung*) adjudication *f*; *zu e-m Posten*: affectation *f* (à); ⸨ungssystem *n* système *m* de répartition.

zu'tiefst *adv.* très profondément.

'zu|traben *v/i.* aller au grand trot (*auf acc.* vers); *~tragen 1. v/t. fig. péj.* (*berichten*) rapporter; 2. *v/rf.*: *sich ~* se passer; arriver.

'Zuträg|er(in *f*) *m* rapporteur *m*, -euse *f*; F mouchard *m*, -e *f*; ⸨lich *adj*. profitable; utile; bon, bonne (pour); (*heilsam*) salutaire, *Luft*: salubre.

'zutrau|en *v/t*.: *j-m etw. ~* croire q.

capable de qch.; *j-m viel ~* avoir bonne opinion de q.; *sich zuviel ~* présumer trop de ses forces; *sich nicht viel ~* ne pas se croire, se sentir assez fort; ne pas avoir le courage; se défier de ses forces; ⒉**en** *n* confiance *f* (*zu en*); *zu j-m ~ fassen* prendre confiance en q.; **~lich** *adj.* plein de confiance; ouvert; communicatif, -ive; expansif, -ive; confiant; familier, -ière; ⒉**lichkeit** *f* confiance *f*; caractère *m* ouvert usw.; familiarité *f*.

'**zutreffen** *v/i.* être juste; être exact; (*zur Sache gehören*) être pertinent; *~ auf* (*acc.*) s'appliquer à; être vrai de; **~d** *adj.* juste; exact; (*zur Sache gehörig*) pertinent; **~den'falls** *adv.* dans l'affirmative; le cas échéant.

'**zu**|**treiben 1.** *v/t. ch. das Wild:* rabattre (vers); **2.** *v/i.* ⚓ être poussé vers; **~trinken** *v/i.: j-m ~* boire *à* (*od.* lever son verre à) la santé de q.; ⒉**tritt** *m* accès *m* (*zu* à); entrée *f*; ~ *verboten* entrée interdite, défense d'entrer; *freier ~* entrée libre (*od.* gratuite); *thé. freien ~ haben* avoir ses entrées (*zu etw.* dans qch.; *zu j-m* chez q.); **~tun** *v/t.* F ajouter; *die ganze Nacht kein Auge ~* ne pas fermer l'œil de toute la nuit; ⒉**tun** *n: ohne mein ~* sans que j'y sois pour rien.

zu|'**ungunsten** *adv.* au préjudice de; *~'unterst adv.* sens dessus en bas; *das Oberste ~ kehren* mettre tout sens dessus dessous.

'**zuverlässig** *adj.* sûr; sur qui (*resp.* quoi) on peut compter; loyal; ⊕, *Person*: fiable; *Sachen*: solide; *Nachricht*: sûr; certain; (*verbürgt*) authentique; *Arbeit*: consciencieux, -euse; (*erprobt*) éprouvé; à toute épreuve; (*wahrheitsgetreu*) véridique; *aus ~er Quelle wissen* tenir de source sûre; ⒉**keit** *f* sûreté *f*; *e-r Nachricht*: certitude *f*; authenticité *f*; (*Wahrhaftigkeit*) véracité *f*; véridicité *f*; *fig. e-r Person*: fiabilité *f*; ⒉**keitsfahrt** *f*, ⒉**keits-prüfung** *f* test *m* de fiabilité.

'**Zuversicht** *f* confiance *f*; assurance *f*; ⒉**lich** *adj.* plein d'assurance; **~lichkeit** *f* assurance *f*; (*Sicherheit im Auftreten*) aplomb *m*.

zu|'**viel** *adv.* trop; *~ Arbeit* trop de travail; *e-r ~ un* de trop; *das ist ~* c'en est trop; *mehr als ~* tant et plus; *viel ~* beaucoup trop; *das ist des Guten ~* c'est trop; *etw. ~ besitzen* posséder qch. en trop; ⒉**viel** *n* excès *m*; **~'vor** *adv.* auparavant; préalablement; au préalable; précédemment; *kurz ~* peu de temps avant; *wie ~* comme avant; **~'vörderst** *adv.* premièrement; avant tout; préalablement; au préalable.

zu|'**vor**|**kommen** *v/i.: j-m ~* devancer q.; gagner (*od.* prendre) q. de vitesse; *e-r Sache* (*dat.*) *~* prévenir qch.; obvier à qch.; **~kommend** *adj.* prévenant; obligeant; courtois; *pfort* empressé; ⒉**kommenheit** *f* prévenance *f*; courtoisie *f*.

'**Zuwachs** *m* accroissement *m*; augmentation *f*; surcroît *m* (*an dat.* de); *auf ~* en prévision de la croissance; F *trop grand*; F *die Familie M. hat ~ bekommen* il y a une naissance chez les M.

'**zuwachsen** *v/i. Wunde usw.:* se fermer; *Vorteil*: revenir; échoir.

'**Zuwachs**|**rate** *éc. f* taux *m* d'accroissement; **~steuer** *f* impôt *m* sur l'accroissement de la fortune.

'**zuwander**|**n** *v/i.* (*einwandern*) immigrer; ⒉**ung** *f* afflux *m* de population; (*Einwanderung*) immigration *f*.

Zu|'**wasserlassen** ⚓ *n* mise *f* à l'eau.

zu|'**wege** *adv.: etw. ~ bringen* venir à bout de qch.; faire aboutir qch.; réussir à faire qch.

'**zuwehen** *v/t.: mit Schnee ~* combler de neige.

zu|'**weilen** *adv.* parfois; quelquefois; de temps en temps; de temps à autre.

'**zu**|**weisen** *v/t.* assigner; (*zuerkennen*) attribuer; (*zuerteilen*) adjuger; *e-m Posten*: affecter (à); *j-m Kunden ~* adresser des clients à q.; ⒉**weisung** *f* assignation *f*; (*Zuerkennung*) attribution *f*; (*Zuerteilung*) adjudication *f*; *zu e-m Posten*: affectation *f* (à); **~wenden 1.** *v/t.* tourner (vers); *j-m etw. ~* (*geben*) donner qch. à q., (*verschaffen*) procurer qch. à q.; F *faire avoir qch. à q.; j-m den Rücken ~* tourner le dos à q.; *s-e Bemühungen e-r Sache* (*dat.*) *~* tourner ses efforts vers (*od.* sur) qch.; *j-m s-e Liebe ~* tourner son amour vers q.; *s-e Aufmerksamkeit ~* (*dat.*) porter (*od.* fixer) son attention (sur); **2.** *v/rf.: sich ~* (*dat.*) se tourner vers; *sich e-m Ort ~* (*dat.*) se tourner ses pas (*od.* se tourner) vers un endroit; *sich e-r Sache* (*dat.*) *~* (*schreiten zu*) passer à qch.; procéder à qch., (*sich widmen*) se consacrer à qch., se (dé)vouer à qch.; *sich alle Herzen ~* gagner tous les cœurs; *sich e-r Frage ~* se pencher sur une question; ⒉**wendung** *f* (*Beihilfe*) aide *f*; subside *m*; subvention *f*; (*soziale Unterstützung*) allocation *f*; (*Gabe*) don *m*; (*Geschenk*) présent *m*; cadeau *m*; (*Schenkung*) don *m*; donation *f*.

zu|'**wenig** *adv.* trop peu.

'**zuwerfen** *v/t.: j-m etw. ~* jeter qch. à q.; *fig. Blicke*: lancer; *Tür*: fermer violemment; claquer; *Graben*: combler.

zu|'**wider I** *adj.: das ist ihm ~* cela lui répugne; il a cela en horreur; *er ist mir ~* je l'ai en horreur (*od.* en aversion); *e-r Sache* (*dat.*) *~ sein* (*zuwiderlaufen*) être contraire à qch.; **II** *adv.* contrairement (à); **~handeln** *v/i.* contrevenir (à); *e-m Vertrag ~* violer un traité; ⒉**handelnde**(**r** *a. m*) *m, f* contrevenant *m*, -e *f*; ⒉**handlung** *f* contravention *f*; **~laufen** *v/i.* être contraire (à); aller à l'encontre (de).

'**zuwinken** *v/i.: j-m ~* faire signe à q.

'**zuzahlen** *v/t.* payer en supplément.

'**zuzählen** *v/t.* (*hinzufügen*) ajouter.

'**Zuzahlung** *f* paiement *m* supplémentaire.

'**zuzieh**|**en 1.** *v/t. Knoten*: serrer; *Vorhang*: tirer; fermer; *Arzt usw.:* consulter; *j-n zu etw. ~* inviter q. à prendre part à qch.; *sich etw. ~* s'attirer qch.; *sich e-n Tadel ~* encourir (*od.* s'attirer) un blâme; *sich e-n Bruch ~* se faire une fracture; *sich e-e Krankheit ~* contracter (*od.* attraper) une maladie; *dadurch zog er sich den Tod zu* cela a été la cause de sa mort; *cela lui a coûté la vie*; **2.** *v/i. vor kurzem zugezogen sein* venir de s'établir; ⒉**ung** *f: unter ~* (*gén.*) compte tenu de; *Person*: assisté de.

'**Zu**|**zug** *m* arrivée *f*; (*Einwanderung*) immigration *f*; (*Zustrom*) afflux *m*; affluence *f*; ✕ renfort *m*; ⒉**züglich** *prp.* (*gén.*) plus (*acc.*); **~zugsgenehmigung** *f* autorisation *f* de résidence; ⒉**zwinkern** *v/i.: j-m ~* lancer un clin d'œil à q.; cligner de l'œil à q.

'**zwacken** F *v/t.* pincer (*ins Bein* à la jambe).

Zwang *m* contrainte *f*; (*Hemmung*) gêne *f*; (*Gewalt*) violence *f*; force *f*; (*Druck*) pression *f* (*ausüben auf acc.* exercer sur); ⚖ coercition *f*; *den Zwängen nicht entkommen* ne pas échapper aux servitudes; *unter ~* sous la contrainte; *~ anwenden* user de contrainte; *j-m ~ antun* (*od.* *auferlegen*) contraindre q., forcer q., faire violence à q., (*hemmen*) gêner q.; *sich ~ antun* (*od.* *auferlegen*) se contraindre, se faire violence; *sich gehemmt geben*; *sich keinen ~ antun* (*od.* *auferlegen*) ne pas se gêner; n'être pas gêné; être sans gêne; *iron. tun Sie Ihren Gefühlen keinen ~ an!* ne vous gênez pas.

'**zwängen 1.** *v/t.* presser; serrer; *durch etw. ~* faire passer de force par qch.; **2.** *v/rf. sich ~* (*in ein Bekleidungsstück*) se serrer, F se boudiner (dans).

'**zwanglos** *adj.* sans contrainte, sans façons, sans gêne (*alle a. adv.*); non formel, -elle; (*ungezwungen*) aisé; (*natürlich*) naturel, -elle; *~es Beisammensein* réunion *f* en toute intimité; *~e Unterhaltung f* conversation *f* à bâtons rompus; ⒉**igkeit** *f* absence *f* de contrainte (*od.* de gêne); cadre *m* intime; ambiance *f* à la bonne franquette; (*Ungezwungenheit*) aisance *f*; (*Sichgehenlassen*) laisser-aller *m*.

'**Zwangs**|**aktion** *f* action *f* coercitive; **~anleihe** *f* emprunt *m* forcé; **~arbeit** *f* travaux *m/pl.* forcés; **~arbeiter** *m* travailleur *m* astreint aux travaux forcés; **~aufenthalt** *m* résidence *f* forcée; **~aushebung** *f* recrutement *m* forcé; **~beitreibung** *f* recouvrement *m* par contrainte; **~bindung** *f* obligation *f* imposée; **~enteignung** *f* expropriation *f* forcée; **~erziehungs-anstalt** *f* maison *f* de redressement; **~haft** *f* contrainte *f* par corps; **~handlung** ✱, *psych. f* impulsion *f* motrice; **~herrschaft** *f* tyrannie *f*; despotisme *m*; **~idee** *psych. f* idée *f* obsessionnelle; **~jacke** *f* camisole *f* de force; **~kauf** *m* achat *m* obligatoire; **~kollektivierung** *f* collectivisation *f* forcée; **~kurs** † *m* cours *m* forcé; **~lage** *f* (*Notlage*) nécessité *f*; *j-n in die ~ versetzen* mettre q. dans la (*od.* réduire q. à la) nécessité (*zu de*); ⒉**läufig I** *adj.* forcé; obligatoire; (*unvermeidlich*) inévitable; (*notwendig*) nécessaire; **II** *adv.* forcément; par la force des choses; (*notwendigerweise*) nécessairement; **~läufigkeit** *f* force *f* des choses; **~liquidation** *f* liquidation *f* forcée; **~maßnahme** *f* mesure *f* coercitive (*od.* restrictive); **~mischer** ⚙ *m* malaxeur *m* à mélange forcé; **~mittel** *n* moyen *m* coercitif (*od.* de contrainte); **~neurose** *f* névrose *f* obsessionnelle; **~organisation** *f* organisation *f* forcée; **~pensionierung** *f* retraite *f* forcée; **~räumung** *f* évacuation *f* forcée;

~umtausch *fin. m* change *m* obligatoire; **~verfahren** *n* procédure *f* coercitive; **~vergleich** *m* arrangement *m* forcé; **~verkauf** *m* vente *f* forcée; **~versicherte(r** *a. m) m, f* assuré *m*, -e *f* obligatoire; **~versicherung** *f* assurance *f* obligatoire; **~versteigerung** *f* licitation *f* judiciaire; **~verwalter** *m* séquestre *m*; **~verwaltung** *f* mise *f* sous séquestre; **~vollstreckung** *f* saisie *f*; saisie-exécution *f*; **~vorstellung** *f* idée *f* fixe; obsession *f*; idée-force *f*; **2weise** *adv.* par contrainte; de (*od.* par) force; obligatoirement; ⚖ par coercition; **~wirtschaft** *f* économie *f* dirigée.

'zwanzig I *a/n.c.* vingt; *etwa* (*od. gegen od. rund*) ~ une vingtaine (de); *die* ~*er Jahre* les années *f/pl.* vingt; *in den* ~*er Jahren* dans les années vingt; **II** 2 *f* vingt *m*; **2er(in** *f*) *m* homme *m* (femme *f*) de vingt ans; **~er'lei** *adv.* de vingt espèces; **~fach, ~fältig** *adj.* vingt fois autant; vingtuple; *das* 2*e* le vingtuple; **~jährig** *adj.* (âgé) de vingt ans; de (*od.* qui dure) vingt ans; **~mal** *adv.* vingt fois; **2'markschein** *m* billet *m* de vingt marks; **~ste** *a/n.o.* vingtième; *der* (*den, am*) ~(*n*) (*20.*) *März* le vingt (20) mars; **2stel** *n* vingtième *m*; **~stens** *adv.* vingtièmement; en vingtième lieu.

zwar *adv.* il est vrai; à vrai dire; à la vérité; en effet; sans doute; *und* ~ et cela, *in Aufzählungen*: (à) savoir; *und* ~ *so* et voici comment.

Zweck *m* but *m*; objectif *m*; (*Ziel*) *a.* objet *m*; fin *f*; *e-s Gebäudes usw.*: usage *m*; destination *f*; (*Absicht*) intention *f*; dessein *m*; (*Wirkung*) effet *m*; (*Verwendung*) application *f*; (*Funktion*) fonction *f*; (*Sinn*) sens *m*; *zu welchem* ~? à quelle fin?; *zu diesem* ~ à cette fin; à ces fins; à cet effet; *zum* ~ (*gén.*) en vue de; *welchen* ~ *hat es, zu ...* (*inf.*)? à quoi sert-il de ... (*inf.*)?; *das hat keinen* ~ cela ne sert à rien; *e-n* ~ *verfolgen* poursuivre un but; *s-n* ~ *erreichen* (*verfehlen*) atteindre (manquer) son but; *s-n* ~ *erfüllen* être utile; *sein* ~ *und Ziel ist* il a pour but (*od.* objet); *der* ~ *heiligt die Mittel* la fin (*od.* le but) justifie les moyens; **'2bestimmt** *adj.* finaliste; fonctionnel, -elle; (*tendenziös*) tendancieux, -euse; **'~bestimmung** *f* affectation *f*; **'2betont** *adj.* utilitaire; fonctionnel, -elle; **'2dienlich** *adj.* (*nützlich*) utile; (*wirksam*) efficace; (*passend*) approprié; (*zur Sache gehörig*) pertinent; répondant aux faits; **'~dienlichkeit** *f* (*Nützlichkeit*) utilité *f*; (*Wirksamkeit*) efficacité *f*; (*Sachdienlichkeit*) pertinence *f*; **'~e** *f cord.* pointe *f*; (*Reiß*2) punaise *f*; **'2entfremdend** *adj.* contraire au but envisagé; **'2entfremdet** *adj.* désaffecté; **'~entfremdung** *f* désaffectation *f*; **'2entsprechend** *adj.* fonctionnel, -elle; conforme au but; (*nützlich*) utile; (*passend*) approprié; **'2los** *adj.* inutile; **'~losigkeit** *f* inutilité *f*; **'2mäßig** *adj.* conforme au but; (*praktisch*) pratique; (*nützlich*) utile; (*angemessen*) approprié; (*günstig*) opportun; (*ratsam*) expédient; indiqué (*zu* de); (*funktionell*) fonctionnel, -elle; **'~mäßigkeit** *f* utilité *f* fonctionnelle; *als günstige Gelegenheit*: opportunité *f*; **'~mäßigkeitsdenken** *n* opportunisme *m*; **'~meldung** *f* nouvelle *f* tendancieuse; **2s** *prp.* (*gén.*) en vue de; **'~optimismus** *m* optimisme *m* de circonstance (*od.* opportuniste); **'~orientiertheit** *f* fonctionnalisme *m*; **'~verband** *m* syndicat *m* (*od.* association *f*) ayant un but déterminé; **'2widrig** *adj.* contraire au but; inapproprié; impropre; inadéquat.

zwei I *a/n.c.* deux; *zu* ~*en* à deux; **II** 2 *f* deux *m*; **'2achser** *m* camion *m* à deux essieux; **'~armig** *adj.* à deux bras (*resp.* branches); **'~atomig** *adj.* diatomique; **'~bändig** *adj.* en deux volumes; **'~basisch** *adj.* bibasique; **'2bein** *n* bipied *m*; **'~beinig** *adj.* à deux jambes (*resp.* pattes); **'2bettzimmer** *n* chambre *f* à deux lits; **'~blätt(e)rig** ♀ *adj.* à deux feuilles; **'2decker** ✈ *m* biplan *m*; **'~deutig** *adj.* ambigu, -ë; équivoque (*a. mv.p.*); (*verdächtig*) louche; *Hotel*: borgne; ~*es Wort* mot *m* à double sens (*od.* entente); **'2deutigkeit** *f* ambiguïté *f*; équivoque *f* (*a. mv.p.*); amphibologie *f*; **'~dimensional** *adj.* à deux dimensions; **~drähtig** *adj.* bifilaire; **2'drittelmehrheit** *f* majorité *f* des deux tiers; *mit* ~ à la majorité des deux tiers; **'2er** *m* (*Ruderboot*) canot *m* à deux rameurs; **~er'lei** *adj.* de deux espèces; *das ist* ~ ce sont deux choses différentes, F ça fait deux; *auf* ~ *Weise* de deux manières différentes; **'2erstadt** ▲ *f* bipole *f*; **2e'tagenwohnung** *f* duplex *m*; **'~fach, '~fältig** *adj.* deux fois autant; double; **'2fadenlampe** *f* ampoule *f* à deux filaments; **'2familienhaus** *n* maison *f* pour (*od.* à) deux familles; **'2farbendruck** *m* impression *f* bicolore (*od.* en deux couleurs); **'~farbig** *adj.* de deux couleurs; bicolore.

'Zweifel *m* doute *m*; (*Bedenken*) scrupule *m*; (*Ungewißheit*) incertitude *f*; équivoque *f*; (*Verdacht*) soupçon *m*; suspicion *f*; ~ *haben* (*od. hegen*) avoir des doutes (*wegen, hinsichtlich* sur); *im* ~ *sein* être en (*od.* dans le) doute (*wegen* au sujet de); *im* ~ *lassen* laisser dans le doute; *in* ~ *ziehen* mettre en doute; *mir kommen* ~ il me vient des doutes; *es unterliegt keinem* ~, *daß ...* il est incontestable que ... (*ind.*); *außer allem* ~ 'hors de doute; *ohne* ~ *einräumend*: sans doute, (*sicherlich*) sans aucun doute; *das ist über jeden* ~ *erhaben* cela est 'hors de doute; **2haft** *adj.* (*ungewiß*) douteux, -euse; incertain; (*fraglich*) problématique; (*unentschlossen*) indécis; irrésolu; (*verdächtig*) suspect; louche; ~ *machen* jeter le doute sur; **~haftigkeit** *f* caractère *m* douteux; (*Ungewißheit*) incertitude *f*; (*Unentschlossenheit*) indécision *f*; irrésolution *f*; **2los I** *adj.* indubitable; **II** *adv.* indubitablement; sans aucun (*od.* nul) doute; 'hors de doute; **2n** *v/i.* douter (*an dat.* de); **~n** *n* doute *m*; **~sfall** *m*: *im* ~ en cas de doute; **2s-'ohne** *adv.* sans aucun doute; indubitablement.

'Zweifler|(in *f*) *m* sceptique *m, f*; **2isch** *adj.* sceptique.

'zwei|flügelig *adj.* à deux ailes; diptère; *Tür*: à deux battants; **2flügler** *ent. m/pl.* diptères *m/pl.*; **2'frontenkrieg** *m* guerre *f* sur deux fronts; **~füßig** *adj.* à deux pieds (*resp.* pattes); bipède; **2füßler** *m* bipède *m*.

Zweig *m* branche *f* (*a. fig.*); *kleiner*: rameau *m*; *écol.* filière *f*; (*Abzweigung*) embranchement *m*, ⚡ branchement *m*; *fig. auf keinen grünen* ~ *kommen* ne pas réussir.

'Zweig|anstalt *f* succursale *f*; **~bahn** 🚂 *f* embranchement *m*; ligne *f* secondaire; **~bank** *f* succursale *f* d'une banque.

'zwei|geschlechtig *adj.* bissexué; **2gespann** *n* attelage *m* à deux chevaux; **~gestrichen** ♪ *adj.*: ~*e Note* note *f* de la région quatre.

'Zweig|geschäft *n* succursale *f*, filiale *f*; **~gesellschaft** *f* société (*od.* compagnie) *f* affiliée.

'Zwei|gitterröhre *f* lampe *f* à deux grilles; **2gleisig** *adj.* à deux voies; à double voie.

'Zweig|leitung ⚡ *f* dérivation *f*; **~linie** *f* → ~*bahn*; **~niederlassung** *f* → ~*geschäft*; **~station** 🚂 *f* station *f* de bifurcation; **~stelle** *f* succursale *f*; (*e-s Instituts od. Krankenhauses*) antenne *f*; *téléph.* poste *m* supplémentaire; **~verein** *m* société *f* affiliée.

'zwei|händig *adj.* à deux mains (*a.* ♪); *biol.* bimane; **2heit** *f* dualité *f*; **~höckerig** *adj.* à deux bosses; **~hörnig** *adj.* bicorne; **2hufer** *zo. m/pl.* fissipèdes *m/pl.*; bisulques *m/pl.*; **~hufig** *adj.* bisulque; **~hundert** *a/n.c.* deux cent(s); **2hundert'jahrfeier** *f* bicentenaire *m*; **~jährig** *adj.* (âgé) de deux ans; de (*od.* qui dure) deux ans; *Ämter usw.*: biennal; **~jährlich** *adj.* qui revient tous les deux ans; bisannuel, -elle; **2kammersystem** *pol. n* bicamérisme *m*; **2kampf** *m* duel *m*; **2kindersystem** *n* système *m* familial à deux enfants; **~köpfig** *adj.* bicéphale; **2kreisbremse** (*Auto*) *f* frein *m* à double circuit; **2kreistriebwerk** *n* turboréacteur *m* à double flux; **~lappig** ♀ *adj.* bilobé; **2leiterkabel** *n* câble *m* à deux conducteurs; **~mal** *adv.* deux fois; ~ *im Jahre* (*im Monat; täglich*) *erscheinend* semestriel, -elle (bimensuel, -elle; biquotidien, -enne); *es sich nicht* ~ *sagen lassen* ne pas se le faire dire deux fois; ne pas se le faire répéter; **~malig** *adj.* qui se fait deux fois; (*wiederholt*) répété; **2'markstück** *n* pièce *f* de deux marks; **2master** ⚓ *m* deux-mâts *m*; brick *m*; **~monatig** *adj.* de deux mois; **~monatlich** *adj.* bimestriel, -elle; **~motorig** *adj.* bimoteur; **2parteienpolitik** *f* politique *f* bi-partisane; **2parteiensystem** *pol. n* bipartisme *m*; *weitS.* dyarchie *f*; **2personenbett** *n* lit *m* à deux personnes; **2'pfennigstück** *n* pièce *f* de deux pfennigs; **~phasig** ⚡ *adj.* biphasé; **~polig** *adj.* bipolaire; **2rad** *n* bicyclette *f*; **~räd(e)rig** *adj.* à deux roues; **~reihig** *adj.* *Bahnwaggon, Flugzeug*: à deux rangs; *Anzug*: croisé; ~*er Überzieher* pardessus *m* à double boutonnage; **2'röhren-apparat** *m*, **2'röhren-empfänger** *m* *Radio*: poste *m* à deux lampes; **2rohrflakgeschütz** *n* bitube *m* anti-aérien; **~schneidig** *adj.* à deux tranchants (*a. fig.*); **~seitig** *adj.* bilatéral; *Vertrag*: biparti; bipartite; *Schrift-*

stück: de deux pages; ~*er Stoff* étoffe *f* réversible (*od.* double face); ~**silbig** *adj.* de deux syllabes; dissyllab(i-qu)e; ~*es Wort* dissyllabe *m*; ⚷**sitzer** *m* voiture *f* à deux places; (*Fahrrad*) tandem *m*; ⚹ biplace *m*; ~**sitzig** *adj.* à deux sièges (*od.* places); biplace; ~*es Fahrrad* tandem *m*; ~**spaltig** *typ. adj.* à deux colonnes; ⚷**spänner** *m* voiture *f* à deux chevaux; ~**spännig** *adj.* à deux chevaux; ⚷**spitz** *m* bicorne *m*; ~**sprachig** *adj.* en deux langues; bilingue; ⚷**sprachigkeit** *f* bilinguisme *m*; *in e-m Land*: diglossie *f*; ~**spurig** *adj.* à deux voies (*od.* files); à double voie; ~**stellig** *adj. Zahl*: de deux chiffres; ~**stimmig** ♪ *adj.* à deux voix; à deux parties; ~**stöckig** *adj.* à deux étages; ~**stufig** *adj.* à deux étages; ~**stündig** *adj.* de deux heures; ~**stündlich** *adv.* toutes les deux heures.

zweit *adv.*: *zu* ~ à deux; deux par deux.

'**zwei**|**tägig** *adj.* (âgé) de deux jours; de (*od.* qui dure) deux jours; ⚷**taktgemisch** *n* mélange *m* deux temps; ⚷**taktmotor** *m* moteur *m* à deux temps; ⚷**takt-öl** *n* huile *f* pour deux temps.

'**zweit-ältest** *adj.* cadet, -ette; ⚷**e**(**r** *a. m*) *m*, *f* second *m*, -e *f* en âge.

zweitausend *a/n.c.* deux mille.

'**Zweit**|**ausfertigung** *f* duplicata *m*; copie *f*; double *m*; ⚷⚷ ampliation *f*; ⚷**best** *écol. adj.* second de la classe; deuxième parmi les élèves.

'**zweite** *a/n.o.* deuxième; second; *ein* ~*r Racine* un autre (*od.* second) Racine; *der* (*den, am*) ~(*n*) (2.) *September* le deux (2) septembre; *Heinrich der* ⚷ (*II.*) Henri deux (II); *ein* ~*s Selbst* un autre moi-même; *das* ~ *Gesicht* le don de double vue (*od.* de seconde vue); *an* ~*r Stelle* en second; *aus* ~*r Hand* de seconde main; *fig. die* ~ *Geige spielen* F être le sous-fifre.

'**Zweiteil**|**er** *cout. m* deux-pièces *m*; ⚷**ig** *adj.* en deux parties; divisé en deux; composé de deux parties; biparti; bipartite; ~**ung** *f* division *f* en deux parties; bipartition *f*.

'**zweitens** *adv.* deuxièmement; secondement; en second lieu; secundo (*geschr.* 2°).

'**zweit**|**geboren** *adj.* puîné; second; ⚷**gläubige**(**r**) *m* créancier *m* en sous-ordre; ~**jüngst** *adj.* avant-dernier, -ière; ⚷**jüngste**(**r** *a. m*) *m*, *f* avant-dernier *m*, -ière *f*; ~**klassig**, ~**rangig** *adj.* de peu de valeur; inférieur; mineur; de seconde zone; ~**letzt** *adj.* avant-dernier, -ière; ⚷**schrift** *f* duplicata *m*; double *m*; copie *f*; ⚷⚷ ampliation *f*; ⚷**wohnung** *f* résidence *f* secondaire.

Zwei-und'dreißigstelnote *f* triple croche *f*.

Zwei'vierteltakt ♪ *m* (mesure *f* à) deux-quatre *m*.

'**Zwei**|**wegehahn** *m* robinet *m* à deux voies; ~**wegepalette** (*Transport*) *f* palette *f* à deux entrées; ~**wegumschalter** *m* commutateur *m* à deux directions; ~**wegreißverschluß** *cout. m* fermeture *f* à glissière à ouvrir et fermer des deux bouts; ⚷**wertig** *adj.* bivalent; ~**wertigkeit** *f* bivalence *f*; ~**zack** *m* fourche *f* à deux dents; ⚷**zackig** *adj.* à deux dents; *Fuß*: fourchu; ♀ bifurqué; ~**zeiler** *m* distique *m*; ⚷**zeilig** *adj.* de deux lignes; de deux vers; ~**zimmerwohnung** *f* deux-pièces *m*; ~**zylindermotor** *m* moteur *m* à deux cylindres.

'**Zwerchfell** *n anat.* diaphragme *m*; *fig. das* ~ *erschüttern* désopiler; ⚷**erschütternd** *fig. adj.* désopilant; qui fait rire de bon cœur.

'**Zwerg**|(**in** *f*) *m* nain *m*, -e *f* (*a. fig.*); ~**baum** *m* arbre *m* nain; ⚷**enhaft** *adj.* nain; ~**geschlecht** *n* race *f* naine; ~**kiefer** ♀ *f* pin *m* alpestre; ~**maus** *zo. f* petite musaraigne *f*; ~**palme** ♀ *f* chamérops *m*; palmier *m* nain; ~**pudel** *m* caniche *m* nain; ~**volk** *n* peuple *m* de nains; ~**wuchs** *m* nanisme *m*.

'**Zwetsch**(**g**)**e** *südd.* ♀ *f* quetsche *f*; ~**nbaum** *m* prunier *m*; ~**nmus** *n* confiture *f* de quetsches; ~**nschnaps** *m*, ~**nwasser** *n* quetsche *f*.

'**Zwickel** *m cout.* (*Keil*) coin *m*; quille *f*; soufflet *m*; △ clef *f* de voûte.

'**zwicken** I *v/t.* pincer; II ⚷ *n* pincement *m*.

'**Zwicker** *m* pince-nez *m*; lorgnon *m*.

'**Zwick**|**mühle** *fig. f* grand embarras *m*; ~**zange** *f* pince *f* coupante.

'**Zwieback** *m* biscotte *f*; (*Schiffs*⚷) biscuit *m* de mer.

'**Zwiebel** *f* oignon *m*; (*Blumen*⚷) *a.* bulbe *m* (*a.* △); F (*Taschenuhr*) oignon *m*, F toquante *f*; ~**aggregat** (*Gezeitenkraftwerk*) *n* groupe-bulbe *m*; ⚷**artig** *adj.* bulbeux, -euse; ~**beet** *n* oignonière *f*; ~**dach** *n* coupole *f* bulbeuse; ~**eierkuchen** *m* omelette *f* aux oignons; ~**feld** *n* oignonière *f*; ~**fisch** *typ. m* coquille *f*; ⚷**förmig** *adj.* bulbeux, -euse; ~**gericht** *n* oignonade *f*; ~**geruch** *m* odeur *f* d'oignon; ~**geschmack** *m* goût *m* d'oignon; ~**gewächs** *n* plante *f* bulbeuse; ~**knollen** *m* bulbe *m*; ~**kuppel** *f* coupole *f* bulbeuse; ~**muster** *n auf Porzellan usw.*: modèle-oignon *m*; ⚷**n** F *fig. v/t.* F asticoter; F bizuter; brimer; → *schlauchen*; *écol.* er hat ihn gezwiebelt F il lui en a fait roter (*od.* baver); ~**samen** *m* graine *f* d'oignon; ~**schale** *f* pelure *f* d'oignon; tunique *f*; ~**soße** *f*, ~**tunke** *f cuis.* sauce *f* à l'oignon; ~**suppe** *f* soupe *f* à l'oignon; ~**turm** *m* clocher *m* à bulbe.

'**zwie**|**fach, ~fältig** *adj.* double; ⚷**gespräch** *n* dialogue *m*; vertrauliches: tête-à-tête *m*; face-à-face *m*; ⚷**licht** *n* demi-jour *m*; *im* ~ entre chien et loup.

'**Zwie**|**spalt** *m* (*Uneinigkeit*) désunion *f*; désaccord *m*; (*Mißhelligkeit*) discordance *f*; dissension *f*; (*Spaltung*) division *f*; *im* ~ *sein* être (*od.* se trouver) en désaccord (*mit j-m* avec q.); ⚷**spältig** *adj.* divisé en désaccord; ~**sprache** *f* → ~*gespräch*; ~**tracht** *f* discorde *f*; zizanie *f*; désunion *f*; mésentente *f*; ~ *säen* (*od.* stiften) semer la discorde (*od.* la zizanie); ⚷**trächtig** *adj.* divisé; désuni.

'**Zwi**(**li**)**ch** *m Weberei*: coutil *m*.

'**Zwilling** *m* (*Knabe*) jumeau *m*; (*Mädchen*) jumelle *f*; *ast. die* ~**e** les Gémeaux *m/pl.*; *ein-eiige* ~**e** jumeaux *m/pl.* homozygotes; *mit* ~**en niederkommen** accoucher de jumeaux (*resp.* de jumelles); ~**sanordnung** *f* disposition *f* jumelle; ~**sbereifung** *f Auto usw.*: pneus *m/pl.* jumelés; ~**sbruder** *m* frère *m* jumeau; ~**sgeschwister** *pl.*, ~**spaar** *n* jumeaux *m/pl.*, jumelles *f/pl.*; ~**skinderwagen** *m* landau *m* jumeaux; ~**sklemme** ⚡ *f* borne *f* double (*od.* jumelée); ~**sreifen** *m/pl. Auto*: pneus *m/pl.* jumelés; ~**sschwester** *f* sœur *f* jumelle.

'**Zwingburg** *hist. f* château *m* fort; citadelle *f*; bastille *f*.

'**Zwinge** *f* (*Metallring*) frette *f*; *an Messer, Stock*: virole *f*; (*Schraubstock*) étau *m*; *Tischlerei*: serre-joint *m*.

'**zwingen** *v/t. u. v/rf.* (*sich se*) forcer (*zu* à); (se) contraindre (à); (*nötigen*) (s')obliger (*zu* à); *ich bin gezwungen abzufahren* je suis forcé de partir; *sich* ~ *a.* faire un effort (*zu* ... *inf.* pour ... *inf.*); *gezwungen lachen* ne rire que du bout des lèvres; ~**d** *adj. Schluß*: concluant; ⚷⚷ coercitif, -ive; ~*de Umstände* force *f* majeure.

'**Zwinger** *m* (*Hunde*⚷) chenil *m*; (*Kampfplatz für wilde Tiere*) arène *f*; (*fester Turm*) donjon *m*; (*Zwingburg*) château *m* fort; bastille *f*; (*Kerker*) geôle *f*.

'**Zwing**|**herr** *m* despote *m*; tyran *m*; ~**herrschaft** *f* despotisme *m*; tyrannie *f*.

'**zwinkern** *v/i.*: *mit den Augen* ~ cligner des yeux.

'**zwirbeln** *v/t.*: *den Schnurrbart* ~ friser sa moustache.

Zwirn *m* fil *m* fort.

'**zwirnen**[1] *adj.* de fil fort.

'**zwirnen**[2] I *v/t.* retordre; *Seide*: mouliner; II ⚷ *n* retordage *m*; *der Seide*: moulinage *m*.

'**Zwirn**|**handschuh** *m* gant *m* de fil; ~**knäuel** *m u. n* peloton *m* de fil; ~**spitze** *f* dentelle *f* de fil.

'**zwischen** *prp.* (*wo? dat.* ~ *wohin? acc.*) entre; (*mitten unter*) parmi; (*während*) pendant; ~ *den Sitzungsperioden* pendant l'intersession; *im* intervalle des sessions; ~ *heut und morgen* d'ici à demain; ~**abkommen** *n* accord *m* provisoire, intérimaire; ⚷**abschluß** ✝ *m* bilan *m* provisoire; ⚷**akt** *thé. m* intermède *m*; ⚷**aktmusik** *f* intermède *m* musical; ~**balkanisch** *a. pol. adj.* interbalkanique; ~**bemerkung** *f* interruption *f*; remarque *f*; objection *f*; ⚷**bericht** *m* rapport *m* provisoire; ⚷**bescheid** *m* réponse *f* provisoire; ⚷**bilanz** *f* bilan *m* provisoire; ⚷**deck** ⚓ *n* entrepont *m*; ~**deutsch** *adj.* interallemand; ⚷**ding** *n* intermédiaire *m* (*zwischen dat.* entre); chose *f* qui tient le milieu entre ... et ...; ~'**durch** *adv.* au travers; zeitlich: (*inzwischen*) entre-temps; (*gleichzeitig*) en même temps; ⚷**eiszeit** *f* période *f* interglaciaire; ⚷**empfang** *m* réception *f* intermédiaire; ⚷**entscheid** *m* interlocutoire *f*; ⚷**ergebnis** *n* résultat *m* provisoire; ~**europäisch** *pol. adj.* intereuropéen, -enne; ⚷**fall** *m* incident *m*; *unerwünschter* ~ incident *m* de parcours; ⚷**farbe** *f* demi-teinte *f*; ⚷**flughafen** *m* escale *f*; ⚷**form** *f* forme *f* intermédiaire (*od.* de transition); ⚷**frage** *f* question *f* de incidente; ⚷**frequenz** *f* fréquence *f* intermédire; Ձ**fruchtbau** ✓ *m* culture *f* dérobée; Ձ**futter** *n* doublure *f* intercalaire; Ձ**gang** *m*, Ձ**gericht** *n cuis.* entremets *m*; Ձ**geschoß** ▲ *n* entresol *m*; Ձ**glied** *n* membre *m* intermédiaire; Ձ**glühen** *métall. n* recuit *m* intermédiaire; Ձ**hafen** ⚓ *m* port *m* de relâche; Ձ**handel** *m* commerce *m* intermédiaire; demi-gros *m*; Ձ**händler** *m* intermédiaire *m*; Ձ**handlung** *litt., thé. f* épisode *m*; Ձ**kiefer** *m* os *m* intermaxillaire; Ձ**kredit** *m* crédit *m* provisoire; Ձ**kriegszeit** (*1918–1939*) *f* entre-deux-guerres *m*; **~landen** ✈ *v/i.* faire escale; Ձ**landung** ✈ *f* escale *f*; *ohne* ~ sans escale; *e-e* ~ *machen* faire escale; **~liegend** *adj.* intermédiaire; Ձ**lösung** *f* solution *f* provisoire; Ձ**mahlzeit** *f* encas *m*; goûter *m*; casse-croûte *m*; repas *m* rapide; repas *m* pris à la va-vite; Ձ**mauer** *f* mur *m* mitoyen; **~menschlich** *adj.* entre les humains; Ձ**pause** *f* intervalle *m*; Ձ**person** *f* intermédiaire *m*; Ձ**produkt** *n* produit *m* intermédiaire; Ձ**prüfung** *f* examen *m* de contrôle *m*; Ձ**raum** *m* espace *m* intermédiaire; intervalle *m*; *kleiner*: interstice *m*; *zum Passieren*: échappée *f*; (*Lücke*) lacune *f*; (*Spielraum*) jeu *m*; (*Zeilenabstand*) interligne *m*; (*Entfernung*) distance *f*; *typ.* blanc *m*; *zwischen etw. ~ lassen* espacer qch.; Ձ**raumtaste** *f Schreibmaschine*: barre *f* d'espacement; Ձ**rechnung** *f* facture *f* provisoire; Ձ**rede** *f* interruption *f*; (*Abschweifung*) digression *f*; Ձ**regelung** *f* règlement *m* provisoire; Ձ**regierung** *f* interrègne *m*; Ձ**ruf** *m* interruption *f*; Ձ**rufer** *m* interrupteur *m*; Ձ**runde** *f Sport*: tour *m* de repêchage; demi-finale *f*; Ձ**satz** *gr. m* proposition *f* incidente (*od.* incise *od.* intercalée); Ձ**schaltung** ⚡ *f* intercalation *f*; Ձ**schein** *m* certificat *m* provisoire; Ձ**schicht** *f*: *isolierende* ~ couche *f* isolante; Ձ**sender** *m* émetteur-relais *m*; Ձ**sohle** *f* semelle *f* intercalaire; Ձ**spiel** *thé. n* intermède *m*; jeu *m* intermédiaire; **~staatlich** *adj.* international(iste); interétatique; Ձ**stadium** *n* phase *f* intermédiaire; Ձ**station** 🚉 *f* station *f* intermédiaire; Ձ**stecker** ⚡ *m* fiche *f* intermédiaire; **~stellen** *v/t.* interposer; Ձ**stock** ▲ *m* entresol *m*; Ձ**stück** *n* pièce *f* intermédiaire; Ձ**stufe** *f* degré *m* intermédiaire; Ձ**titel** *journ. m* intertitre *m*; Ձ**unternehmer** ⊕ *m* sous-entrepreneur *m*; Ձ**urteil** ⚖ *n* interlocutoire *m*; Ձ**verkauf** *m* vente *f* par intermédiaire; Ձ**wand** *f* cloison *f*; Ձ**zeile** *f* interligne *m*; **~zeilig** *adj.* interlinéaire; Ձ**zeit** *f* intervalle *m*; temps *m* intermédiaire; (*Interim*) intérim *m*; *in der* ~ entre-temps, en attendant, sur ces entrefaites, durant ce temps (-là), (*interimistisch*) par intérim; provisoirement; Ձ**zinsen** *pl.* intérêts *m/pl.* intermédiaires.

Zwist *m* (*Zwietracht*) discorde *f*; (*Uneinigkeit*) désunion *f*; désaccord *m*; (*Streit*) querelle *f*; différend *m*; **'~igkeit** *f* → *Zwist.*

'zwitschern I *v/i. u. v/t.* gazouiller; F *e-n* ~ (*trinken*) P en écluser un; F siffler un verre; P boire un coup; P se rincer la dalle; *gern e-n* ~ lever le coude; **II** Ձ *n* gazouillement *m*.

'Zwitter *m* hermaphrodite *m*; ⚘ *a.* androgyne *m*; **~bildung** *f* hermaphrodisme *m*; **~blüte** ⚘ *f* fleur *f* hermaphrodite; **~ding** *n* chose *f* bâtarde (*od.* hybride); Ձ**haft** *adj.* hermaphrodite; ⚘ *a.* androgyne; **~haftigkeit** *f* caractère *m* hermaphrodite (⚘ *a.* androgyne); **~stellung** *fig. f* position *f* ambiguë; **~tum** *n* hermaphrodisme *m*.

zwo (*im Telefonverkehr*) *a/n.c.* deux.

zwölf I *a/n.c.* douze; *etwa* (*od. gegen od. rund*) ~ une douzaine (de); *um ~ Uhr* à midi, *nachts*: à minuit; **II** Ձ *f* douze *m*; **'**Ձ**eck** ⛛ *n* dodécagone *m*; **'~eckig** *adj.* dodécagonal; **'**Ձ**ender** *ch. m* cerf *m* douze cors; **~er'lei** *adj.* de douze espèces; **'~fach, '~fältig** *adj.* douze fois autant; Ձ**'fingerdarm** *anat. m* duodénum *m*; **'~flächig** *adj.* dodécaédrique; **'**Ձ**flächner** *m* dodécaèdre *m*; **'~jährig** *adj.* (âgé) de douze ans; de (*od.* qui dure) douze ans; **'~mal** *adv.* douze fois; **'~malig** *adj.* répété douze fois; **'~seitig** ⛛ *adj.* dodécagonal; **'~silbig** *adj.* de douze syllabes; **'**Ձ**silbner** *m* alexandrin *m*; **'~stündig** *adj.* de douze heures; Ձ**'tafelgesetz** *hist. n* loi *f* des douze Tables; **'~tägig** *adj.* de douze jours; **'~te** *a/n.o.* douzième; *der* (*den, am*) *~(n)* (*12.*) *Februar* le douze (12) février; *Karl der* Ձ (*XII.*) Charles douze (XII); **'**Ձ**tel** *n* douzième *m*; **'~tens** *adv.* douzièmement; en douzième lieu; **'**Ձ**tonmusik** *f* musique *f* sérielle (*od.* dodécaphonique); **'**Ձ**tonsystem** ♪ *n* dodécaphonisme *m*.

Zy'an ⚗ *n* cyanogène *m*.

Zya'nid ⚗ *n* cyanure *m*; prussiate *m*.

Zyan'kali *n* cyanure *m* de potassium.

Zy'anwasserstoffsäure *f* acide *m* cyanhydrique (*od.* prussique).

'zyklisch *adj.* cyclique.

Zy'klon *m* cyclone *m*.

Zy'klop *myth. m* Cyclope *m*; Ձ**isch** *adj.* cyclopéen, -enne.

Zyklothy'mie *psych. f* cyclothymie *f*.

Zyklo'tron *at. n* cyclotron *m*.

'Zyklus *m* cycle *m*; *v. Vorträgen usw.*: série *f*.

Zy'linder *m* cylindre *m*; (*Lampen*Ձ) verre *m* de lampe; ⚗ (*Probierglas*) éprouvette *f*; → *~hut*; **~block** *m* bloc *m* de cylindres (*od.* de culage); **~durchmesser** *m* alésage *m* d'un cylindre; **~hut** *m* chapeau *m* 'haut de forme; 'haut-de-forme *m*; gibus *m*; F tube *m*; F tuyau *m* de poêle; Ձ**förmig** *adj.* cylindrique; **~inhalt** *m Auto usw.*: cylindrée *f*; **~kopf** *m* culasse *f*; **~mantel** *m* enveloppe *f* du cylindre; **~wand** *f* paroi *f* du cylindre.

zy'lindrisch *adj.* cylindrique.

Zy'mase ⚗ *f* zymase *f*.

'Zyn|iker *m* cynique *m*; Ձ**isch** *adj.* cynique; (*schamlos*) *a.* impudent.

Zy'nismus *m* cynisme *m*; (*Schamlosigkeit*) *a.* impudence *f*.

'Zypern *n* la Chypre.

Zy'presse ⚘ *f* cyprès *m*; **~nhain** *m*, **~nwald** *m* forêt *f* de cyprès; cyprière *f*.

Zypri'ot|(in *f*) *m* C(h)ypriote *m, f*; Ձ**isch** *adj.* c(h)ypriote.

Zysto|'skop ⚕ *n* cystoscope *m*; **~sko'pie** ⚕ *f* cystoscopie *f*.

Zytolo'gie *biol. f* cytologie *f*.

Gebräuchliche deutsche Abkürzungen

A

AA *Auswärtiges Amt* ministère des Affaires étrangères.
a.a.O. *am angeführten Ort* à l'endroit cité (précédemment).
Abb. *Abbildung* illustration.
Abf. *Abfahrt* départ.
Abg. *Abgeordneter* député.
Abk. *Abkürzung* abréviation.
Abs. *Absender* expéditeur; *Absatz* alinéa.
Abt. *Abteilung* département; subdivision.
a.D. *außer Dienst* en retraite.
ADAC *Allgemeiner Deutscher Automobil-Club* Automobile-Club général d'Allemagne.
ADN *Allgemeiner Deutscher Nachrichtendienst* (*DDR*) Agence générale allemande d'information (*R.D.A.*).
Adr. *Adresse* adresse.
AG *Aktiengesellschaft* Société anonyme (par actions).
allg. *allgemein* général(ement).
Anh. *Anhang* appendice.
Ank. *Ankunft* arrivée.
Anl. *Anlage* pièce jointe.
Anm. *Anmerkung* remarque; note.
AOK *Allgemeine Ortskrankenkasse* caisse générale locale de maladie.
a.o. Prof. *außerordentlicher Professor* professeur extraordinaire.
APO *Außerparlamentarische Opposition* opposition extra-parlementaire.
ARD *Arbeitsgemeinschaft der Rundfunkanstalten Deutschlands* Association des radios de la République fédérale d'Allemagne; Première chaîne de télévision allemande.
AStA *Allgemeiner Studentenausschuß* Comité général des étudiants.
atü *Atmosphärenüberdruck* kilogramme(s).
Aufl. *Auflage* tirage; édition.
Ausg. *Ausgabe* édition.
AvD *Automobilclub von Deutschland* Automobile-Club d'Allemagne.
Azubi *Auszubildender* apprenti; stagiaire.

B

B *Bundesstraße* (*BRD*) route fédérale, route nationale (*R.F.A.*).
BAB *Bundesautobahn* (*BRD*) autoroute fédérale (*R.F.A.*).
BAFÖG *Bundesausbildungsförderungsgesetz* (*BRD*) loi fédérale sur les bourses d'études (*R.F.A.*).
Bd. *Band* volume.
BDI *Bundesverband der Deutschen Industrie* Union fédérale de l'industrie allemande.
BDÜ *Bundesverband der Dolmetscher und Übersetzer* Union fédérale des interprètes et traducteurs.
beil. *beiliegend* ci-joint; ci-inclus.
Bem. *Bemerkung* remarque; note.
Benelux *Belgien, Niederlande, Luxemburg* Belgique, Pays-Bas, Luxembourg.
bes. *besonders* particulièrement.
Betr. *Betreff* objet.
Bez. *Bezeichnung* désignation; *Bezirk* district.
bez. *bezahlt* payé.
BfA *Bundesversicherungsanstalt für Angestellte* (*BRD*) Caisse fédérale de retraite des employés (*R.F.A.*).
BGB *Bürgerliches Gesetzbuch* Code civil allemand.
BH *Büstenhalter* soutien-gorge.
Bhf. *Bahnhof* gare.
BIZ *Bank für internationalen Zahlungsausgleich* Banque des règlements internationaux (B.R.I.).
BKA *Bundeskriminalamt* (*BRD*) Office fédéral de la police judiciaire (*R.F.A.*).
BRD *Bundesrepublik Deutschland* République fédérale d'Allemagne (*R.F.A.*).
BRT *Bruttoregistertonnen* tonneaux de jauge brut.
b.w. *bitte wenden* tournez, s'il vous plaît!
bzw. *beziehungsweise* ou bien; respectivement.

C

ca. *circa, ungefähr* environ.
cbm *Kubikmeter* mètre cube.
ccm *Kubikzentimeter* centimètre cube.
CDU *Christlich-Demokratische Union* (*BRD*) Union chrétienne-démocrate (*R.F.A.*).
Co. *Kompanie* compagnie.
Comecon *Rat für gegenseitige Wirtschaftshilfe* (*der Ostblockstaaten*) Conseil d'aide économique mutuelle.
CSU *Christlich-Soziale Union* Union chrétienne-sociale (*Bavière*).
c.t. *cum tempore* avec un quart d'heure de retard.
CVJM *Christlicher Verein junger Männer* Union chrétienne de jeunes gens.

D

DAAD *Deutscher Akademischer Austauschdienst* Service allemand d'échanges d'universitaires.
DAG *Deutsche Angestellten-Gewerkschaft* Syndicat des employés allemands.
DB *Deutsche Bundesbahn* Chemins de fer de la République fédérale d'Allemagne.
DBGM *Deutsches Bundes-Gebrauchsmuster* modèle déposé dans la République fédérale d'Allemagne.
DDR *Deutsche Demokratische Republik* République démocratique allemande (R.D.A.).
desgl. *desgleichen* de même.
DFB *Deutscher Fußballbund* Fédération allemande de football.
DGB *Deutscher Gewerkschaftsbund* (*BRD*) Fédération des syndicats ouvriers allemands (*R.F.A.*).
dgl. *dergleichen* tel; pareil; de la sorte.
d.Gr. *der Große* le Grand.
d.h. *das heißt* c'est-à-dire.
DIN *Deutsche Industrie-Norm(en)* norme(s) technique(s) de l'industrie allemande.
Dipl.-Ing. *Diplomingenieur* ingénieur diplômé.
d.J. *dieses Jahres* de cette année.
DKP *Deutsche Kommunistische Partei* parti communiste allemand.
DLRG *Deutsche Lebensrettungsgesellschaft* Société allemande de sauvetage.
DM *Deutsche Mark* mark allemand.
d.M. *dieses Monats* de ce mois.
do. *dito; dasselbe* dito; la même chose.
dpa *Deutsche Presse-Agentur* Agence allemande de presse.
Dr. *Doktor* docteur.
Dr.-Ing. *Doktor der Ingenieurwissenschaft* ingénieur-docteur.
Dr.jur. *Doktor der Rechte* docteur en droit.
Dr.med. *Doktor der Medizin* docteur en médecine.
Dr.phil. *Doktor der Philosophie* docteur ès lettres.
Dr.rer.pol. *Doktor der Staatswissenschaften* docteur ès sciences politiques.
d.R. *der Reserve* de réserve.
DRK *Deutsches Rotes Kreuz* Croix-Rouge allemande.
dt. *deutsch* allemand.
d.U. *der Unterzeichnete* le soussigné.
dz *Doppelzentner* quintal.
D-Zug *Durchgangszug; Schnellzug* rapide; express.

E

EDV *Elektronische Datenverarbeitung* traitement électronique de l'infor-

mation.
EFTA *Europäische Freihandelszone* Association européenne de libre-échange (A.E.L.E.).
EG *Europäische Gemeinschaft* Communauté (économique) européenne (C.E.E.).
einschl. *einschließlich* inclusivement; y compris.
EKD *Evangelische Kirche in Deutschland* Église protestante d'Allemagne.
EKG *Elektrokardiogramm* électrocardiogramme.
entspr. *entsprechend* correspondant.
erg. *ergänze* à compléter; complétez!
erl. *erledigt* réglé; classé.
Euratom *Europäische Atomgemeinschaft* Communauté européenne de l'énergie atomique.
ev. *evangelisch* évangélique; protestant.
e.V. *eingetragener Verein* association enregistrée.
evtl. *eventuell* éventuel(lement).
EWA *Europäisches Währungsabkommen* Accord monétaire européen (A.M.E.).
EWG *Europäische Wirtschaftsgemeinschaft* Communauté économique européenne (C.E.E.).
EZU *Europäische Zahlungsunion* Union européenne de paiements (U.E.P.).

F

f. *folgende Seite* page suivante; *für* pour.
Fa. *Firma* maison; firme.
FC *Fußballclub* club de football.
FDGB *Freier Deutscher Gewerkschaftsbund (DDR)* Fédération allemande libre des syndicats ouvriers (R.D.A.).
FDJ *Freie Deutsche Jugend (DDR)* Jeunesse allemande libre (R.D.A.).
FDP *Freie Demokratische Partei (BRD)* Parti démocrate libre (R.F.A.).
f.d.R. *für die Richtigkeit* certifié conforme.
ff. *folgende Seiten* pages suivantes.
FKK *Freikörperkultur* nudisme; naturisme.
Forts. *Fortsetzung* suite.
Fr. *Frau* Madame; *Franken* franc (F).
frdl. *freundlich* aimable.
Frl. *Fräulein* Mademoiselle.
frz. *französisch* français.
FU *Freie Universität* Université libre (Berlin-Ouest).

G

GATT *Allgemeines Zoll- und Handelsabkommen* Accord général sur les tarifs douaniers et le commerce (G.A.T.T.).
geb. *geboren(e)* né(e).
Gebr. *Gebrüder* frères.
gegr. *gegründet* fondé.
GEMA *Gesellschaft für musikalische Aufführungs- und mechanische Vervielfältigungsrechte* Société pour les droits d'audition et de reproduction musicales; Société des auteurs, compositeurs et éditeurs de musique (S.A.C.E.M.).
Ges. *Gesellschaft* société; *Gesetz* loi.
gesch. *geschieden* divorcé(e).
ges. gesch. *gesetzlich geschützt* protégé par la loi.
gest. *gestorben* mort; décédé.
Gew. *Gewicht* poids.
gez. *gezeichnet* signé.
ggf. *gegebenenfalls* le cas échéant.
GmbH *Gesellschaft mit beschränkter Haftung* société à responsabilité limitée (S.A.R.L.).

H

Hbf. *Hauptbahnhof* gare centrale *od.* principale.
HGB *Handelsgesetzbuch* Code de commerce.
hl. *heilige(r)* saint(e).
HNO *Hals-, Nasen-, Ohrenheilkunde* oto-rhino-laryngologie (O.R.L.).
HO *Handelsorganisation (DDR)* Organisation commerciale d'État (R.D.A.).
HTL *Höhere Technische Lehranstalt* école technique supérieure.

I

i.A. *im Auftrag* par ordre; par délégation.
IAA *Internationales Arbeitsamt* Bureau international du travail (B.I.T.).
i. allg. *im allgemeinen* en général; généralement.
IG *Industriegewerkschaft* syndicat ouvrier.
i.J. *im Jahre* en (l'an).
Ing. *Ingenieur* ingénieur.
Inh. *Inhaber* propriétaire; *Inhalt* contenu.
inkl. *inklusive, einschließlich* inclus; inclusivement; y compris.
insb. *insbesondere* en particulier; particulièrement.
Interpol *Internationale Kriminalpolizeiliche Organisation* Organisation internationale de police criminelle (O.I.P.C.).
IOK *Internationales Olympisches Komitee* Comité international olympique (C.I.O.).
i.R. *im Ruhestand* en retraite.
IRK *Internationales Rotes Kreuz* Croix-Rouge internationale (C.R.I.).
i.V. *in Vertretung* par intérim; par délégation.
IWF *Internationaler Währungsfonds* Fonds monétaire international (F.M.I.).

J

Jg. *Jahrgang* année.
JH *Jugendherberge* auberge de jeunesse.
Jh. *Jahrhundert* siècle.
jr., jun. *junior* fils (*commerce*).
Juso *Jungsozialist* jeune socialiste.

K

Kap. *Kapitel* chapitre.
kath. *katholisch* catholique.
kfm. *kaufmännisch* commercial.
Kfz. *Kraftfahrzeug* automobile; véhicule à moteur.
KG *Kommanditgesellschaft* société en commandite.
Kl. *Klasse* classe.
K.o. *Knockout* knock-out.
KP(D) *Kommunistische Partei (Deutschlands)* Parti communiste (allemand).
Kripo *Kriminalpolizei* police judiciaire (P.J.).
k. u. k. *kaiserlich und königlich* impérial et royal.
KZ *Konzentrationslager* camp de concentration.

L

landw. *landwirtschaftlich* agricole.
led. *ledig* célibataire.
lfd. *laufend* courant.
Lkw, LKW *Lastkraftwagen* camion; poids lourd.
LP *Langspielplatte* disque à microsillon.
lt. *laut* conformément à.
luth. *lutherisch* luthérien(ne).

M

M *Mark* mark.
M.d.B., MdB *Mitglied des Bundestages* membre du Bundestag.
M.d.L., MdL *Mitglied des Landtages* membre du Landtag.
m.E. *meines Erachtens* à mon avis.
MEZ *Mitteleuropäische Zeit* heure de l'Europe centrale (H.E.C.).
MG *Maschinengewehr* mitrailleuse.
Mio. *Millionen* millions.
möbl. *möbliert* meublé.
mtl. *monatlich* mensuel(lement).
m.W. *meines Wissens* à ma connaissance; autant que je sache.
MwSt. *Mehrwertsteuer* taxe sur la valeur ajoutée (T.V.A.).

N

N *Norden* nord (N)
Nachf. *Nachfolger* successeur.
nachm. *nachmittags* (de) l'après-midi.
NATO *Nordatlantikpakt-Organisation* Organisation du traité de l'Atlantique Nord (O.T.A.N.).
NB *nota bene* nota bene.
n.Chr. *nach Christus* après Jésus-Christ.
NDR *Norddeutscher Rundfunk* radio de l'Allemagne du Nord.
n.J. *nächsten Jahres* de l'année pro-

chaine.
n. M. *nächsten Monats* du mois prochain.
N.N. *nomen nescio, Name unbekannt* nom inconnu (X).
NO *Nordosten* nord-est (N.E.).
NOK *Nationales Olympisches Komitee* Comité olympique national.
NPD *Nationaldemokratische Partei Deutschlands* Parti national-démocrate d'Allemagne.
Nr. *Nummer* numéro.
NS *nationalsozialistisch* nazi.
NW *Nordwesten* nord-ouest (N.O.).

O

O *Osten* est (E).
o. *ohne* sans; *oben* en haut.
OAS *Organisation der Amerikanischen Staaten* Organisation des États américains (O.E.A.).
OAU *Organisation für die Einheit Afrikas* Organisation de l'unité africaine (O.U.A.).
OB *Oberbürgermeister* premier bourgmestre; maire.
o.B. *ohne Befund* symptômes néant.
Obb. *Oberbayern* Haute-Bavière.
ÖBB *Österreichische Bundesbahnen* Chemins de fer fédéraux d'Autriche.
OECD *Organisation für wirtschaftliche Zusammenarbeit und Entwicklung* Organisation de coopération et de développement économiques (O.C.D.E.).
OHG *Offene Handelsgesellschaft* société en nom collectif.
OP *Operationssaal* salle d'opération.
OPEC *Organisation erdölexportierender Länder* Organisation des pays exportateurs de pétrole (O.P.E.P.).
ÖVP *Österreichische Volkspartei* Parti populaire autrichien.

P

Pf *Pfennig* pfennig.
Pfd. *Pfund* livre.
PH *Pädagogische Hochschule* École normale.
Pkt. *Punkt* point.
Pkw, PKW *Personenkraftwagen* voiture de tourisme.
PLO *Palästinensische Befreiungsfront* Organisation de libération palestinienne (O.L.P.).
pp., ppa. *per procura* par procuration.
prakt. Arzt *praktischer Arzt* médecin généraliste.
Prof. *Professor* professeur.
PS *Pferdestärke* cheval-vapeur (ch); *Postskriptum* post-scriptum.
PVC *Polyvinylchlorid* chlorure de polyvinyle.

Q

qkm *Quadratkilometer* kilomètre carré.
qm *Quadratmeter* mètre carré.

R

rd. *rund* environ; en chiffres ronds.
Reg.-Bez. *Regierungsbezirk etwa* département.
Rhld. *Rheinland* Rhénanie.
RIAS *Rundfunk im amerikanischen Sektor (von Berlin)* radio du secteur américain (de Berlin).
röm. *römisch* romain.
Rp. *Rappen (Schweiz)* centime (Suisse).

S

S *Süden* sud (S); *Schilling* schilling.
S. *Seite* page.
s. *siehe* voir.
S-Bahn *Schnellbahn* Réseau express régional (R.E.R.).
SBB *Schweizerische Bundesbahnen* Chemins de fer fédéraux (suisses) (C.F.F.).
Schw. *Schwester* sœur.
s.d. *siehe dies* voir ce mot.
SEATO *Südostasienpakt* Organisation du traité de l'Asie du Sud-Est (O.T.A.S.E.).
SED *Sozialistische Einheitspartei Deutschlands (DDR)* Parti socialiste unifié d'Allemagne (R.D.A.).
sen. *senior* père *(commerce).*
sfr, sFr. *Schweizer Franken* franc(s) suisse(s).
SO *Südosten* sud-est (S.E.).
s.o. *siehe oben* voir ci-dessus *od.* plus haut.
sog. *sogenannt* dit; prétendu; soi-disant.
SPD *Sozialdemokratische Partei Deutschlands (BRD)* Parti social-démocrate d'Allemagne (R.F.A.).
SPÖ *Sozialistische Partei Österreichs* Parti socialiste autrichien.
St. *Sankt* Saint (St).
Std. *Stunde* heure.
StGB *Strafgesetzbuch* Code pénal.
StPO *Strafprozeßordnung* Code de procédure pénale.
Str. *Straße* rue; avenue; route.
StVO *Straßenverkehrsordnung* Code de la route.
s.u. *siehe unten* voir ci-dessous *od.* plus bas.
SV *Sportverein* club sportif.
SW *Südwesten* sud-ouest (S.O.).
s.Z. *seinerzeit* en ce temps-là.

T

tägl. *täglich* quotidien(nement).
Tb(c) *Tuberkulose* tuberculose.
Tel. *Telefon* téléphone.
TH *Technische Hochschule* École supérieure technique.
TU *Technische Universität* Université technique.
TÜV *Technischer Überwachungs-Verein* Association pour la surveillance technique; service des Mines.
TV *Television, Fernsehen* télévision.

U

u. *und* et.
u.a. *unter anderem, unter anderen* entre autres; *und andere(s)* et autres (et autre chose).
u.ä. *und ähnliches* et (d')autres (choses) semblables.
u.a.m. *und anderes mehr* et d'autres encore.
u.A.w.g. *um Antwort wird gebeten* prière de répondre.
U-Bahn *Untergrundbahn* (chemin de fer) métropolitain.
u.dgl.(m.) *und dergleichen (mehr)* et (d')autres (choses) semblables.
ü.d.M. *über dem Meeresspiegel* au-dessus du niveau de la mer.
UdSSR *Union der Sozialistischen Sowjetrepubliken* Union des républiques socialistes soviétiques (U.R.S.S.).
u.E. *unseres Erachtens* à notre avis.
Ufo *unbekanntes Flugobjekt* objet volant non identifié (O.V.N.I.).
UKW *Ultrakurzwelle* modulation de fréquence (FM).
UNO *Organisation der Vereinten Nationen* Organisation des Nations Unies (O.N.U.).
urspr. *ursprünglich* à l'origine; primitivement.
US(A) *Vereinigte Staaten (von Amerika)* États-Unis d'Amérique.
usf. *und so fort* et ainsi de suite; etc.
usw. *und so weiter* etc.
u.U. *unter Umständen* éventuellement; selon les circonstances.
u.W. *unseres Wissens* à notre connaissance.

V

v.Chr. *vor Christus* avant Jésus-Christ.
VDI *Verein Deutscher Ingenieure* Association des ingénieurs allemands.
VEB *Volkseigener Betrieb (DDR)* entreprise collectivisée (R.D.A.).
Verf. *Verfasser* auteur.
verh. *verheiratet* marié(e).
Verl *Verlag* maison d'édition.
verw. *verwitwet* veuf, veuve.
vgl. *vergleiche* voir.
v.H. *vom Hundert* pour cent.
VHS *Volkshochschule* université populaire.
v.J. *vorigen Jahres* de l'année passée.
v.M. *vorigen Monats* du mois dernier.
vorm. *vormals* autrefois; *vormittags* le (du) matin.
Vors. *Vorsitzender* président.
v.T. *vom Tausend* pour mille.
VW *Volkswagen* Volkswagen.

W

W *Westen* ouest (O).

WDR *Westdeutscher Rundfunk* radio de la Rhénanie-Westphalie.
WEU *Westeuropäische Union* Union de l'Europe occidentale (U.E.O.).
WGB *Weltgewerkschaftsbund* Fédération syndicale mondiale (F.S.M.).
Wwe. *Witwe* veuve.

Z

z.B. *zum Beispiel* par exemple.
ZDF *Zweites Deutsches Fernsehen* Deuxième chaîne de télévision allemande.
z.H. *zu Händen* à l'attention de.
ZK *Zentralkomitee* Comité central.

ZPO *Zivilprozeßordnung* Code de procédure civile.
z.T. *zum Teil* en partie.
Ztr. *Zentner* 50 kilos.
zw. *zwischen* entre.
z.Z(t). *zur Zeit* en ce moment; actuellement.

Zahlwörter
Adjectifs numéraux

Grundzahlen
Nombres cardinaux

0 null *zéro*
1 eins *un, une*
2 zwei *deux*
3 drei *trois*
4 vier *quatre*
5 fünf *cinq*
6 sechs *six*
7 sieben *sept*
8 acht *huit*
9 neun *neuf*
10 zehn *dix*
11 elf *onze*
12 zwölf *douze*
13 dreizehn *treize*
14 vierzehn *quatorze*
15 fünfzehn *quinze*
16 sechzehn *seize*
17 siebzehn *dix-sept*
18 achtzehn *dix-huit*
19 neunzehn *dix-neuf*
20 zwanzig *vingt*
21 einundzwanzig *vingt et un*
22 zweiundzwanzig *vingt-deux*
23 dreiundzwanzig *vingt-trois*
24 vierundzwanzig *vingt-quatre*
25 fünfundzwanzig *vingt-cinq*
26 sechsundzwanzig *vingt-six*
27 siebenundzwanzig *vingt-sept*
28 achtundzwanzig *vingt-huit*
29 neunundzwanzig *vingt-neuf*
30 dreißig *trente*
31 einunddreißig *trente et un*
32 zweiunddreißig *trente-deux*
40 vierzig *quarante*
50 fünfzig *cinquante*
60 sechzig *soixante*
70 siebzig *soixante-dix*
71 einundsiebzig *soixante et onze*
72 zweiundsiebzig *soixante-douze*
80 achtzig *quatre-vingt(s)*
81 einundachtzig *quatre-vingt-un*
82 zweiundachtzig *quatre-vingt-deux*
90 neunzig *quatre-vingt-dix*
91 einundneunzig *quatre-vingt-onze*
92 zweiundneunzig *quatre-vingt-douze*
100 hundert *cent*
101 einhunderteins *cent un*
200 zweihundert *deux cent(s)*
300 dreihundert *trois cent(s)*
400 vierhundert *quatre cent(s)*
500 fünfhundert *cinq cent(s)*
600 sechshundert *six cent(s)*
700 siebenhundert *sept cent(s)*
800 achthundert *huit cent(s)*
900 neunhundert *neuf cent(s)*
1000 tausend *mille*
1001 eintausendeins *mille un*
1002 eintausendzwei *mille deux*
1100 eintausendeinhundert *onze cents*
2000 zweitausend *deux mille*
3000 dreitausend *trois mille*
100 000 hunderttausend *cent mille*
1 000 000 eine Million *un million*
1 000 000 000 eine Milliarde *un milliard*

Ordnungszahlen
Nombres ordinaux

1. der erste *le premier*; die erste *la première*
2. zweite *le od. la deuxième*
3. dritte *troisième*
4. vierte *quatrième*
5. fünfte *cinquième*
6. sechste *sixième*
7. siebente *septième*
8. achte *huitième*
9. neunte *neuvième*
10. zehnte *dixième*
11. elfte *onzième*
12. zwölfte *douzième*
13. dreizehnte *treizième*
14. vierzehnte *quatorzième*
15. fünfzehnte *quinzième*
16. sechzehnte *seizième*
17. siebzehnte *dix-septième*
18. achtzehnte *dix-huitième*
19. neunzehnte *dix-neuvième*
20. zwanzigste *vingtième*
21. einundzwanzigste *vingt et unième*
22. zweiundzwanzigste *vingt-deuxième*
23. dreiundzwanzigste *vingt-troisième*
30. dreißigste *trentième*
31. einunddreißigste *trente et unième*
32. zweiunddreißigste *trente-deuxième*
40. vierzigste *quarantième*
50. fünfzigste *cinquantième*
60. sechzigste *soixantième*
70. siebzigste *soixante-dixième*
71. einundsiebzigste *soixante et onzième*
72. zweiundsiebzigste *soixante-douzième*
80. achtzigste *quatre-vingtième*
81. einundachtzigste *quatre-vingt-unième*
82. zweiundachtzigste *quatre-vingt-deuxième*
90. neunzigste *quatre-vingt-dixième*
91. einundneunzigste *quatre-vingt-onzième*
92. zweiundneunzigste *quatre-vingt-douzième*
100. hundertste *centième*
101. hundertste *cent unième*
200. zweihundertste *deux centième*
300. dreihundertste *trois centième*
400. vierhundertste *quatre centième*
500. fünfhundertste *cinq centième*
600. sechshundertste *six centième*
700. siebenhundertste *sept centième*
800. achthundertste *huit centième*
900. neunhundertste *neuf centième*
1000. tausendste *millième*
2000. zweitausendste *deux millième*
100 000. hunderttausendste *cent millième*
1 000 000. millionste *millionième*

Bruchzahlen
Nombres fractionnaires

$1/2$ ein halb *(un) demi*; die Hälfte *la moitié*
$1/3$ ein Drittel *un tiers*
$2/3$ zwei Drittel *(les) deux tiers*
$1/4$ ein Viertel *un quart*
$3/4$ drei Viertel *(les) trois quarts*
$1/5$ ein Fünftel *un cinquième*
$5/8$ fünf Achtel *(les) cinq huitièmes*
$9/10$ neun Zehntel *(les) neuf dixièmes*

Vervielfältigungszahlen
Multiplicateurs

zweifach *deux fois autant*
fünffach *cinq fois autant*
zwanzigmal mehr *vingt fois plus*
einfach *simple*
doppelt *double*
dreifach *triple*
vierfach *quadruple*
fünffach *quintuple*
sechsfach *sextuple*
hundertfach *centuple*

Deutsche Maße und Gewichte
Poids et mesures allemands

Längenmaße
Longueur

1 **mm**	*Millimeter* millimètre
1 **cm**	*Zentimeter* centimètre
1 **dm**	*Dezimeter* décimètre
1 **m**	*Meter* mètre
1 **km**	*Kilometer* kilomètre
1 **sm**	*Seemeile* mille marin = 1852 m

Hohlmaße
Capacité

1 **dl**	*Deziliter* décilitre
1 **l**	*Liter* litre
1 **hl**	*Hektoliter* hectolitre

Flächenmaße
Superficie

1 **qmm**	*Quadratmillimeter* millimètre carré
1 **qcm**	*Quadratzentimeter* centimètre carré
1 **qdm**	*Quadratdezimeter* décimètre carré
1 **qm**	*Quadratmeter* mètre carré
1 **a**	*Ar* are
1 **ha**	*Hektar* hectare
1 **qkm**	*Quadratkilometer* kilomètre carré
1 **Morgen**	*arpent*

Raummaße
Volume

1 **cmm**	*Kubikmillimeter* millimètre cube
1 **ccm**	*Kubikzentimeter* centimètre cube
1 **cdm**	*Kubikdezimeter* décimètre cube
1 **cbm**	*Kubikmeter* mètre cube
1 **rm**	*Raummeter* mètre cube
1 **fm**	*Festmeter* stère
1 **BRT**	*Bruttoregistertonne* tonneau de jauge brute

Gewichte
Poids

1 **mg**	*Milligramm* milligramme
1 **g**	*Gramm* gramme
1 **dag**	*Dekagramm* décagramme
1 **Pfd.**	*Pfund* livre
1 **kg**	*Kilogramm* kilogramme
1 **Ztr.**	*Zentner* 50 kg
1 **dz**	*Doppelzentner* quintal
1 **t**	*Tonne* tonne

Mengenbezeichnungen
Quantité

1 **Dtzd.**	*Dutzend* douzaine

Verbes forts et irréguliers en allemand

La 2ᵉ et la 3ᵉ personne du singulier du présent ainsi que l'impératif sont mentionnés entre parenthèses après l'infinitif, si la voyelle du radical change par rapport à celle de l'infinitif.

Le subjonctif prétérit est mentionné entre parenthèses après le prétérit, si la voyelle du radical change par rapport à celle du prétérit.

Infinitif	Prétérit	Participe passé	Infinitif	Prétérit	Participe passé
backen (du bäckst, er bäckt)	backte [*vieux:* buk]	gebacken	dürfen (ich darf, du darfst, er darf)	durfte (dürfte)	gedurft
befehlen (du befiehlst, er befiehlt; befiehl!)	befahl (beföhle, *aussi:* befähle)	befohlen	empfehlen (du empfiehlst, er empfiehlt; empfiehl!)	empfahl (empföhle, *aussi:* empfähle)	empfohlen
beginnen	begann (begönne, *aussi:* begänne)	begonnen	erlöschen (du erlischst, er erlischt)	erlosch (erlösche)	erloschen
beißen	biß	gebissen	erschrecken (du erschrickst, er erschrickt; erschrick!)	erschrak (erschräke)	erschrocken
bergen (du birgst, er birgt; birg!)	barg (bärge)	geborgen			
bersten (du birst, er birst [*rare:* er berstet])	barst (bärste)	geborsten	essen (du ißt, er ißt; iß!)	aß (äße)	gegessen
bewegen	bewog (bewöge)	bewogen			
biegen	bog (böge)	gebogen	fahren (du fährst, er fährt)	fuhr (führe)	gefahren
bieten	bot (böte)	geboten			
binden	band (bände)	gebunden	fallen (du fällst, er fällt)	fiel	gefallen
bitten	bat (bäte)	gebeten			
blasen (du bläst, er bläst)	blies	geblasen	fangen (du fängst, er fängt)	fing	gefangen
bleiben	blieb	geblieben			
braten (du brätst, er brät)	briet	gebraten	fechten (er ficht)	focht (föchte)	gefochten
brechen (du brichst, er bricht; brich!)	brach (bräche)	gebrochen	finden	fand (fände)	gefunden
			flechten (du flich[t]st, er flicht)	flocht (flöchte)	geflochten
brennen	brannte (brennte [*rare*])	gebrannt			
bringen	brachte (brächte)	gebracht			
denken	dachte (dächte)	gedacht	fliegen	flog (flöge)	geflogen
dingen	dingte [*vieux:* dang]	gedungen	fliehen	floh (flöhe)	geflohen
			fließen	floß (flösse)	geflossen
dreschen (du drischst, er drischt; drisch!)	drosch (drösche)	gedroschen	fressen (du frißt, er frißt; friß!)	fraß (fräße)	gefressen
dringen	drang (dränge)	gedrungen	frieren	fror (fröre)	gefroren

Infinitif	Prétérit	Participe passé	Infinitif	Prétérit	Participe passé
gären	gor [aussi: gärte] (göre)	gegoren [aussi: gegärt]	lassen (du läßt, er läßt)	ließ	gelassen
gebären (st. s. du gebierst, sie gebiert)	gebar (gebäre)	geboren	laufen (du läufst, er läuft)	lief	gelaufen
			leiden	litt	gelitten
geben (du gibst, er gibt; gib!)	gab (gäbe)	gegeben	leihen	lieh	geliehen
			lesen (du liest, er liest; lies!)	las (läse)	gelesen
gedeihen	gedieh	gediehen			
gehen	ging	gegangen	liegen	lag (läge)	gelegen
gelingen	gelang (gelänge)	gelungen	lügen	log (löge)	gelogen
gelten (du giltst, er gilt; gilt!)	galt (gälte, gölte)	gegolten	mahlen	mahlte	gemahlen
			meiden	mied	gemieden
genesen	genas (genäse)	genesen	melken (du melkst, milkst, er melkt, milkt; melke, milk!)	melkte, molk	gemolken [aussi: gemelkt]
genießen	genoß (genösse)	genossen			
geschehen (es geschieht)	geschah (geschähe)	geschehen			
gewinnen	gewann (gewönne, aussi: gewänne)	gewonnen	messen (du mißt, er mißt; miß!)	maß (mäße)	gemessen
gießen	goß (gösse)	gegossen	mißlingen	mißlang (mißlänge)	mißlungen
gleichen	glich	geglichen			
gleiten	glitt	geglitten	mögen (ich mag, du magst, er mag)	mochte (möchte)	gemocht
glimmen	glomm [aussi: glimmte] (glömme)	geglommen [aussi: geglimmt]			
			müssen (ich muß, du mußt, er muß)	mußte (müßte)	gemußt
graben (du gräbst, er gräbt)	grub (grübe)	gegraben			
greifen	griff	gegriffen	nehmen (du nimmst, er nimmt; nimm!)	nahm (nähme)	genommen
haben (du hast, er hat)	hatte (hätte)	gehabt			
halten (du hältst, er hält)	hielt	gehalten	nennen	nannte (nennte [rare])	genannt
hängen	hing	gehangen			
hauen	haute, st. s. hieb	gehauen	pfeifen	pfiff	gepfiffen
heben	hob (höbe)	gehoben	preisen	pries	gepriesen
heißen	hieß	geheißen			
helfen (du hilfst, er hilft; hilf!)	half (hülfe)	geholfen	quellen (du quillst, er quillt; quill!)	quoll (quölle)	gequollen
kennen	kannte (kennte [rare])	gekannt	raten (du rätst, er rät)	riet	geraten
klimmen	klomm (klömme)	geklommen	reiben	rieb	gerieben
klingen	klang (klänge)	geklungen	reißen	riß	gerissen
kneifen	kniff	gekniffen	reiten	ritt	geritten
kommen	kam (käme)	gekommen	rennen	rannte (rennte [rare])	gerannt
können (ich kann, du kannst, er kann)	konnte (könnte)	gekonnt			
			riechen	roch (röche)	gerochen
			ringen	rang (ränge)	gerungen
kriechen	kroch (kröche)	gekrochen	rinnen	rann (ränne)	geronnen
küren	kürte [aussi: kor]	gekürt [aussi: gekoren]	rufen	rief	gerufen
			salzen	salzte	gesalzen
laden (du lädst, er lädt [aussi: ladet])	lud (lüde)	geladen	saufen (du säufst, er säuft)	soff (söffe)	gesoffen

Infinitif	Prétérit	Participe passé	Infinitif	Prétérit	Participe passé
saugen	saugte, sog	gesaugt, gesogen	sieden	siedete, sott	gesotten, gesiedet
schaffen	schuf (schüfe)	geschaffen	singen	sang (sänge)	gesungen
scheiden	schied	geschieden	sinken	sank (sänke)	gesunken
scheinen	schien	geschienen	sinnen	sann (sänne)	gesonnen
scheißen	schiß	geschissen	sitzen	saß (säße)	gesessen
schelten (du schiltst, er schilt; schilt!)	schalt (schölte)	gescholten	sollen (ich soll, du sollst, er soll)	sollte	gesollt
scheren	schor (schöre)	geschoren	speien	spie	gespie[e]n
schieben	schob (schöbe)	geschoben	spinnen	spann (spönne, aussi: spänne)	gesponnen
schießen	schoß (schösse)	geschossen			
schinden	schund [rare]	geschunden	spleißen	spliß	gesplissen
schlafen (du schläfst, er schläft)	schlief	geschlafen	sprechen (du sprichst, er spricht; sprich!)	sprach (spräche)	gesprochen
schlagen (du schlägst, er schlägt)	schlug (schlüge)	geschlagen	sprießen	sproß (sprösse)	gesprossen
			springen	sprang (spränge)	gesprungen
			stechen (du stichst, er sticht; stich!)	stach (stäche)	gestochen
schleichen	schlich	geschlichen			
schleifen	schliff	geschliffen			
schleißen	schliß, schleißte	geschlissen, geschleißt	stehen	stand (stünde, stände)	gestanden
schließen	schloß (schlösse)	geschlossen	stehlen (du stiehlst, er stiehlt; stiehl!)	stahl (stähle)	gestohlen
schlingen	schlang (schlänge)	geschlungen			
schmeißen	schmiß	geschmissen			
schmelzen (du schmilzt, er schmilzt; schmilz!)	schmolz (schmölze)	geschmolzen	steigen	stieg	gestiegen
			sterben (du stirbst, er stirbt; stirb!)	starb (stürbe)	gestorben
schneiden	schnitt	geschnitten			
schreiben	schrieb	geschrieben	stieben	stob (stöbe)	gestoben
schreien	schrie	geschrie[e]n	stinken	stank (stänke)	gestunken
schreiten	schritt	geschritten	stoßen (du stößt, er stößt)	stieß	gestoßen
schweigen	schwieg	geschwiegen			
schwellen (du schwillst, er schwillt)	schwoll (schwölle)	geschwollen	streichen	strich	gestrichen
			streiten	stritt	gestritten
schwimmen	schwamm (schwömme, aussi: schwämme)	geschwommen	tragen (du trägst, er trägt)	trug (trüge)	getragen
			treffen (du triffst, er trifft; triff!)	traf (träfe)	getroffen
schwinden	schwand (schwände)	geschwunden	treiben	trieb	getrieben
schwingen	schwang (schwänge)	geschwungen	treten (du trittst, er tritt; tritt!)	trat (träte)	getreten
schwören	schwor (schwüre)	geschworen	trinken	trank (tränke)	getrunken
sehen (du siehst, er sieht; sieh[e]!)	sah (sähe)	gesehen	trügen	trog (tröge)	getrogen
			tun	tat (täte)	getan
sein (ich bin, du bist, er ist, wir sind, ihr seid, sie sind; sei!, seid!; subj. prés. ich sei)	war (wäre)	gewesen	verderben (du verdirbst, er verdirbt; verdirb!)	verdarb (verdürbe)	verdorben
			verdrießen	verdroß (verdrösse)	verdrossen
senden	sandte, sendete (sendete [rare])	gesandt, gesendet	vergessen (du vergißt, er vergißt; vergiß!)	vergaß (vergäße)	vergessen

Infinitif	Prétérit	Participe passé	Infinitif	Prétérit	Participe passé
verlieren	verlor (verlöre)	verloren	werden (du wirst, er wird; werde!)	wurde [*poét.* ward] (würde)	[ge]worden
wachsen (du wächst, er wächst)	wuchs (wüchse)	gewachsen	werfen (du wirfst, er wirft; wirf!)	warf (würfe)	geworfen
wägen	wog (wöge)	gewogen	wiegen	wog (wöge)	gewogen
waschen (du wäschst, er wäscht)	wusch (wüsche)	gewaschen	winden	wand (wände)	gewunden
			wissen (ich weiß, du weißt, er weiß)	wußte (wüßte)	gewußt
weben	wob, webte (wöbe)	gewoben, gewebt	wollen (ich will, du willst, er will)	wollte	gewollt
weichen	wich	gewichen			
weisen	wies	gewiesen			
wenden	wandte, wendete (wendete [*rare*])	gewandt, gewendet	wringen	wrang (wränge)	gewrungen
werben (du wirbst, er wirbt; wirb!)	warb (würbe)	geworben	zeihen	zieh	geziehen
			ziehen	zog (zöge)	gezogen
			zwingen	zwang (zwänge)	gezwungen

Orthographe et ponctuation allemandes

A. L'EMPLOI DES MAJUSCULES

Contrairement à l'usage français, prennent une majuscule en allemand :

1° les substantifs,

par ex. **der Wald, das Verständnis, die Verantwortung;**

2° les autres mots pris substantivement, tels que les adjectifs et participes,

par ex. **das Schöne, der Abgeordnete, Gutes und Böses, ins Lächerliche ziehen, ihr Hübschen,**

surtout après les adverbes de quantité : **nichts Neues, etwas Wichtiges, alles in seiner Macht Stehende, allerlei Nettes**

(*mais:* **im dunkeln tappen, im großen und ganzen, aufs neue, um ein beträchtliches, es ist das klügste, zu ..., ein beliebiger, er tut alles mögliche, alt und jung** [adjectifs pris soit adverbialement soit pronominalement];

der klügste seiner Schüler [adjectif se rapportant à un substantif]),

les adjectifs numéraux et pronoms,

par ex. **eine Fünf, das erste Hundert, das steife Sie, ein gewisser Jemand**

(*mais:* **die drei, der andere, ein jeder** [pris pronominalement malgré l'article]),

les adverbes, prépositions, conjonctions, interjections,

par ex. **das Ja, das Auf und Ab, das Wenn und Aber, das Weh und Ach,**

et les infinitifs,

par ex. **das Lesen und Schreiben, das In-den-Tag-hinein-Leben, im Sitzen, beim Anstreichen, zum Verwechseln ähnlich, lautes Schnarchen, ihr Schluchzen;**

3° les pronoms de la 2e personne du singulier et du pluriel dans une lettre, ainsi que le pronom de politesse **Sie** (avec son possessif **Ihr**) dans tous les cas,

par ex. **Hast Du Dich gut erholt?**
Wir danken Euch für Eure Hilfe, die Ihr uns gewährt habt.
Wie geht es Ihren Kindern?
Haben Sie sich verletzt? (le pronom réfléchi **sich** ne prend pas de majuscule).

B. LA COUPURE DES MOTS À LA FIN D'UNE LIGNE

1. Les mots simples

Les mots simples de plus d'une syllabe se divisent selon les règles suivantes :

On renvoie à la ligne suivante une consonne seule ou la dernière de plusieurs consonnes,

par ex. **Ga-be, nä-hen, Flie-ger, wer-den, hand-le, kämpf-te, Fin-ger.**

Les groupes de consonnes **ch, sch, ß, st** sont inséparables,

par ex. **Ler-che, Flei-scher, rei-ßen, We-ste, sech-ste.**

Le groupe **ck** se sépare en **k-k**,

par ex. **rük-ken, Lok-ke.**

On ne détache pas une voyelle seule,

par ex. **Ader, Uhu, Klaue;**
mais **oh-ne** (h allongeant la voyelle).

Deux voyelles formant une unité phonétique et les diphtongues sont inséparables,

par ex. **Waa-ge, Bäu-me.**

On peut séparer deux voyelles quand elles appartiennent à deux syllabes différentes,

par ex. **Mau-er, Be-frei-ung, be-er-ben, bö-ig.**

On notera que les suffixes commençant par une voyelle entraînent la consonne précédente à la ligne suivante,

par ex. **Steue-rung, Freun-din, Bü-che-rei,**

tandis que les préfixes gardent leur consonne finale,

par ex. **ent-er-ben, ver-ei-ni-gen.**

2. Les mots composés

Les mots composés se divisent en leurs constituants, ceux-ci se redivisant de leur côté comme des mots simples, *par ex.* **Heu-schnup-fen, Schul-buch-ver-lag, Haus-mei-ster, Ob-acht, Diens-tag, war-um, dar-auf.**

La consonne supprimée lors de la rencontre de trois consonnes identiques réapparaît dans la séparation,

par ex. **Kon-troll-lam-pe, Schiff-fahrt.**

Exceptions: **den-noch, Drit-teil, Mit-tag.**

3. Les mots étrangers

Les mots étrangers se divisent en général comme les mots allemands,

par ex. **Bal-kon, Ho-tel, Aku-stik.**

Cependant on tient compte, dans la mesure des connaissances, des groupes de lettres inséparables et des constituants étymologiques de la langue d'origine,

par ex. **Pro-phet, Diar-rhöe, ka-tho-lisch, Pu-bli-kum, Di-plom, De-pres-sion, Hydrant, Ma-gnet, At-mo-sphä-re, Mi-kro-skop, In-ter-es-se.**

Mais on a tendance à séparer les mots étrangers très employés selon les règles appliquées aux mots allemands,

par ex. **ab-strakt** au lieu de **abs-trakt**
Tran-sit au lieu de **Trans-it.**

C. L'EMPLOI DES SIGNES DE PONCTUATION

Le point, le point-virgule, les deux points, le point d'interrogation, le point d'exclamation, le tiret, les guillemets, les parenthèses et les crochets, les points de suspension sont employés, à quelques petites différences près, comme en français.

En allemand il faut mettre, par exemple, un point après les nombres ordinaux,

par ex. **der 1. Januar; im 20. Jahrhundert; Ludwig XIV.;**

le point ne s'emploie pas dans les sigles où l'on ne prononce plus que les initiales et qui sont, pour ainsi dire, devenus de nouveaux mots,

par ex. **GmbH, KG, USA**

(*mais* **i. A., b. w.,** *etc.*).

Le point d'exclamation peut s'employer après les formules de politesse du début des lettres, telles que:

Sehr geehrter Herr Müller!
Lieber Hans!

Les guillemets ont d'ordinaire cette forme: „ ".

La virgule, par contre, s'emploie dans certains cas d'une façon très différente.

1° Dans un groupe de propositions.

En allemand la virgule sépare toujours la principale de la subordonnée. On sépare donc, entre autres, par une virgule aussi bien la principale de la subordonnée commençant par «daß» que la principale de la proposition relative déterminative,

par ex. **Ich weiß, daß er kommt.**
Hunde, die viel bellen, beißen nicht.

«Und» et «oder» sont précédés d'une virgule lorsqu'ils introduisent une proposition complète (c'est-à-dire formée d'un sujet et d'un verbe),

par ex. **Nur noch wenige Minuten, und wir können beginnen.**

mais **Er stand auf und ging spazieren.**

2° Dans une proposition.

Contrairement à l'usage français, la virgule ne s'emploie pas en allemand après le complément circonstanciel placé en tête de la phrase,

par ex. **Auf den Feldern lag Schnee.**
Vor fünf Minuten bin ich ihm begegnet.

Par contre, la virgule s'emploie toujours avec une proposition infinitive comprenant: un élément quelconque + zu + infinitif,

par ex. **Wir hoffen, Ihren Wünschen entsprochen zu haben.**
Wir sind bereit, ihm zu helfen.
Er kam herein, ohne zu grüßen.
Sie ging in die Stadt, um einzukaufen.
Er hatte das Gefühl, betrogen zu werden.

mais **Ich glaubte zu träumen.** (simple infinitif avec zu)
Sie haben nichts zu verlieren. (l'infinitif dépend d'un verbe auxiliaire)

3° Dans une énumération.

En allemand «usw.» et «etc.» ne sont pas précédés d'une virgule,

par ex. **Paris, London, Berlin usw.**

NOTIZEN

NOTIZEN

NOTIZEN

NOTIZEN

Langenscheidts Großwörterbuch Französisch (Sachs-Villatte)

Teil I: Französisch-Deutsch
Begründet von Prof. Dr. Karl Sachs und Prof. Dr. Césaire Villatte.
Herausgegeben von Prof. Dr. Erich Weis.
32 + 1048 Seiten, Großformat 18,2 × 26,3 cm, Ganzleinen.

Teil II: Deutsch-Französisch
Herausgegeben von Prof. Dr. Walter Gottschalk und Gaston Bentot.
32 + 1080 Seiten, Großformat 18,2 × 26,3 cm, Ganzleinen.

Dieses anerkannte Standardwerk enthält in beiden Teilen rund 310000 Stichwörter und Wendungen mit einem Vielfachen an Übersetzungen, Anwendungsbeispielen, Redewendungen und weiteren Informationen zur Grammatik, Aussprache und Sprachgebrauchsebene.
Es erfaßt alle Bereiche der modernen französischen und deutschen Hoch- und Umgangssprache sowie den Kernwortschatz aller wichtigen Wissensgebiete mit einer Fülle von Neologismen, z. B. aus den Bereichen der Technologie, der Wirtschaft, des Rechts, der Naturwissenschaften und der Medizin.

Hachette · Dictionnaire pratique du français

1235 Seiten, Format 15 × 21 cm, gebunden.

Das umfassende einsprachige Wörterbuch für Schule und Hochschule.
Ein Nachschlagewerk mit 40000 Stichwörtern der modernen französischen Umgangssprache und 150000 klaren, leichtverständlichen Definitionen. Vollständige Satzbeispiele verdeutlichen Gebrauch und Anwendung der Stichwörter.
Ein echtes Lernwörterbuch: mit ausführlichen Angaben zur Grammatik und Aussprache (Internationale Lautschrift), präziser Kennzeichnung der Sprach- und Stilebene. Jedes Stichwort enthält zusätzlich etymologische Angaben.
Die ausführlichen Anhänge enthalten u. a. Tafeln zur Verbkonjugation.
Eine unentbehrliche Arbeitshilfe für alle, die bei ihrer Arbeit auf ein zuverlässiges Wörterbuch angewiesen sind.

Langenscheidts Handbuch der französischen Wirtschaftssprache

Von Prof. Dr. Dr. Horst Schumacher.
416 Seiten, Format 14,9 × 21,5 cm, Kunststoffeinband.

Dieses Handbuch ist eine Kombination von Sach- und Sprachdarstellung: es erläutert in Deutsch die wirtschaftlichen Gegebenheiten mit ihrem jeweiligen französischen Fachwortschatz. Parallelen, Unterschiede und Gegensätze zur deutschen Wirtschaft werden klar herausgearbeitet. Mit Hilfe eines französischen Registers mit über 6000 Stichwörtern ist es ein unentbehrliches Nachschlagewerk für jeden, der bei seiner Arbeit oder im Studium Zugang zur französischen Wirtschaft und ihrer Fachsprache sucht.

Langenscheidt ... weil Sprachen verbinden

Langenscheidts Musterbriefe
100 Briefe Französisch für Export und Import

Von Hubert de la Croix-Vaubois.
148 Seiten, Format 14 × 20,5 cm, kartoniert-laminiert.

Die hier enthaltenen Musterbriefe wurden speziell für die französische Geschäftskorrespondenz zusammengestellt. Unter dem Gesichtspunkt „aus der Praxis für die Praxis" wird bei aller Kürze in den Briefen das Wesentliche klar herausgestellt. Übersetzungshilfen erleichtern die Benutzung. Der Anhang enthält neben den gebräuchlichsten kaufmännischen Abkürzungen ein Verzeichnis der französischen Maße und Gewichte.

Langenscheidts Kontextwörterbuch
Französisch-Deutsch

Von Peter Illgenfritz und Nicole Stephan-Gabinel.
320 Seiten, Format 14,9 × 21,3 cm, kartoniert-laminiert.

Basis dieses Wörterbuches sind 3500 französische Substantive, die nach der Maxime „welches Wort paßt dazu?" in ihrem typischen Kontext dargestellt werden. Es werden über 21 000 Verbindungen eines Substantivs mit eng zugehörigen Adjektiven oder Verben (Kollokationen mit ihrer deutschen Übersetzung) vorgestellt.

Ausgangspunkt für die Anlage dieses Wörterbuches ist die Erkenntnis, daß im Französischen diese Verbindungen oft nicht frei kombinierbar sind, sondern feste Muster bilden, z. B.: Der französische Hahn „kräht" nicht (er „singt"); eine Freundschaft „kühlt" nicht „ab" (sie wird „lau"); der Beifall ist nicht „anhaltend" (sondern „wohlgenährt"); ein Rotlicht wird nicht „überfahren" (sondern „angebrannt") etc.

Das Wörterbuch ist somit eine Arbeitshilfe für jeden, der aktiv mit der französischen Sprache umgehen muß – beim Schreiben von Aufsätzen, beim Übersetzen, bei der Vorbereitung eines mündlichen Vortrags, beim Nachschlagen von Zweifelsfällen und natürlich auch zum Lernen.

1000 französische Redensarten

Von Dr. Hans W. Klein.
239 Seiten, Format 12,4 × 19,2 cm, illustriert, kartoniert-laminiert.

Die französische Sprache besitzt einen reichen Schatz an idiomatischen Redensarten.

Die wichtigsten 1000 dieser Wendungen, die Ihnen im Gespräch oder bei der Lektüre immer wieder begegnen werden, sind in diesem Buch zusammengestellt.
Die alphabetische Anordnung der Kernbegriffe macht die einzelnen Redensarten leicht auffindbar.

Langenscheidt ... weil Sprachen verbinden